Beck'sche Kurz-Kommentare

Band 48

Jugendgerichtsgesetz

Bearbeitet von

Dr. Ralf Kölbel

o. Professor an der Ludwig-Maximilians-Universität München

26. Auflage 2025

des von Ulrich Eisenberg begründeten
und bis zur 20. Auflage bearbeiteten Werkes

C.H.BECK

Zitiervorschlag:
Eisenberg/Kölbel Gesetz Paragraf Randnummer
Eisenberg/Kölbel JGG § 1 Rn. 1

beck.de

ISBN 978 3 406 82352 7

Wilhelmstraße 9, 80801 München
info@beck.de
Satz, Druck und Bindung: Druckerei C.H.Beck Nördlingen
(Adresse wie Verlag)
Umschlag: Druckerei C.H.Beck Nördlingen

myclimate
shape our future
chbeck.de/nachhaltig
produktsicherheit.beck.de

Gedruckt auf säurefreiem, alterungsbeständigem Papier
(hergestellt aus chlorfrei gebleichtem Zellstoff)

Vorwort

Mit dieser Auflage wird der vorliegende Kommentar auf den Stand von Mitte Januar 2025 gebracht. Die bis dahin veröffentliche Judikatur und Literatur, aber auch die aktuellen rechtspolitischen Vorgänge sind durchweg berücksichtigt und eingearbeitet worden, insbesondere natürlich die zahlreichen Entwicklungen seit der Vorauflage. Jugendstrafrechtlich relevante Gesetzesänderungen auch jenseits des JGG haben gleichfalls Eingang in die vorliegenden Kommentierungen gefunden – ebenso wie die in der Rechtspraxis geführten Debatten und die neueren Erkenntnisse der jugendstrafrechtlich relevanten empirischen Forschung. Über diese regelmäßigen Aktualisierungen hinaus versuche ich seit der Übernahme der Bearbeitung eine umfassende Neubearbeitung des Werkes schrittweise voranzubringen. Bislang ist dies in der Einführung und den § 1 bis § 85 sowie in den §§ 93, 105, 113 erfolgt.

Auch bei der 26. Auflage konnte ich mich wieder auf die redaktionelle Unterstützung durch Mitarbeiterinnen meines Lehrstuhls verlassen. Besonders erwähnen und danken möchte ich Clara Bante und Lucie Brinker. Wie stets gilt ein weiterer Dank dem Lektorat des Verlags für die anhaltend unkomplizierte Zusammenarbeit.

München im Januar 2025 Ralf Kölbel

Inhaltsverzeichnis

Jugendgerichtsgesetz (JGG)

Erster Teil. Anwendungsbereich

Zweiter Teil. Jugendliche

Erstes Hauptstück. Verfehlungen Jugendlicher und ihre Folgen

Erster Abschnitt. Allgemeine Vorschriften

Zweiter Abschnitt. Erziehungsmaßregeln

Dritter Abschnitt. Zuchtmittel

Vierter Abschnitt. Die Jugendstrafe

Dritter Abschnitt. Jugendstrafverfahren

Erster Unterabschnitt. Das Vorverfahren

Zweiter Unterabschnitt. Das Hauptverfahren

Dritter Unterabschnitt. Rechtsmittelverfahren

Vierter Unterabschnitt. Verfahren bei Aussetzung der Jugendstrafe zur Bewährung

Fünfter Unterabschnitt. Verfahren bei Aussetzung der Verhängung der Jugendstrafe

Sechster Unterabschnitt. Ergänzende Entscheidungen

Siebenter Unterabschnitt. Gemeinsame Verfahrensvorschriften

Achter Unterabschnitt. Vereinfachtes Jugendverfahren

Neunter Unterabschnitt. Ausschluß von Vorschriften des allgemeinen Verfahrensrechts

Zehnter Unterabschnitt. Anordnung der Sicherungsverwahrung

Drittes Hauptstück. Vollstreckung und Vollzug

Erster Abschnitt. Vollstreckung

Erster Unterabschnitt. Verfassung der Vollstreckung und Zuständigkeit

Zweiter Unterabschnitt. Jugendarrest

Dritter Unterabschnitt. Jugendstrafe

Vierter Unterabschnitt. Untersuchungshaft

Zweiter Abschnitt. Vollzug

Viertes Hauptstück. Beseitigung des Strafmakels

Fünftes Hauptstück. Jugendliche vor Gerichten, die für allgemeine Strafsachen zuständig sind

Dritter Teil. Heranwachsende

Erster Abschnitt. Anwendung des sachlichen Strafrechts

Inhalt

Zweiter Abschnitt. Gerichtsverfassung und Verfahren

Dritter Abschnitt. Vollstreckung, Vollzug und Beseitigung des Strafmakels

Vierter Abschnitt. Heranwachsende vor Gerichten, die für allgemeine Strafsachen zuständig sind

Vierter Teil. Sondervorschriften für Soldaten der Bundeswehr

Fünfter Teil. Schluß- und Übergangsvorschriften

Anhang

Verzeichnis der allgemeinen Abkürzungen

aA	andere(r) Ansicht/Auffassung
Abb.	Abbildung
abgedr.	abgedruckt
Abh.	Abhandlung(en)
Abk.	Abkommen
ABl.	Amtsblatt
abl.	ablehnend
Abs.	Absatz
abschl.	abschließend
Abschn.	Abschnitt
Abt.	Abteilung
abw.	abweichend
abwM	abweichende Meinung
abzgl.	abzüglich
aE	am Ende
aF	alte Fassung
AGJ	Arbeitsgemeinschaft für Kinder- und Jugendhilfe
AK	Arbeitskreis
allg.	allgemein(e), (es), (er), (em), (en)
allgA	allgemeine Ansicht
allgM	allgemeine Meinung
Alt.	Alternative
aM	andere(r) Meinung
amtl.	amtlich
Änd.	Änderung
ÄndG	Änderungsgesetz
ÄndVO	Änderungsverordnung
Anh.	Anhang
Anl.	Anlage
Anm.	Anmerkung
Arg.	Argument, Argumentation
Art.	Artikel
AT	Allgemeiner Teil
Auff.	Auffassung
aufgeh.	aufgehoben
Aufl.	Auflage
ausdr.	ausdrücklich
ausf.	ausführlich
ausl.	ausländisch
ausschl.	ausschließlich
Az.	Aktenzeichen
BAG	Bundesarbeitsgericht
BAnz.	Bundesanzeiger
Bay.	Bayern

Abkürzungen

bay.	bayerisch
Bbg.	Brandenburg
Bd.	Band
Bde.	Bände
Begr.	Begründung
begr.	begründet
Beil.	Beilage
Bek.	Bekanntmachung
Bem.	Bemerkung
Ber.	Berichtigung
ber.	berichtigt
bes.	besonders
Beschl.	Beschluss
beschr.	beschränkt
Bespr.	Besprechung
bespr.	besprochen
bestr.	bestritten
Betr.	Betreff
betr.	betrifft, betreffend
BewHelfer	Bewährungshelfer
BewHilfe	Bewährungshilfe
BewHiSt	Bewährungshilfestatistik
BewPlan	Bewährungsplan
BezG	Bezirksgericht
BGBl.	Bundesgesetzblatt
BGH	Bundesgerichtshof
Bl.	Blatt
Bln.	Berlin
BMI	Bundesministerium des Innern
BMJV	Bundesministerium der Justiz und für Verbraucherschutz
BR	Bundesrat
BRD	Bundesrepublik Deutschland
BR-Drs.	Bundesrats-Drucksache
BR-Prot.	Bundesrats-Protokoll
BSG	Bundessozialgericht
Bsp.	Beispiel(e)
bspw.	beispielsweise
BT	Bundestag; Besonderer Teil
BT-Drs.	Bundestags-Drucksache
BtM	Betäubungsmittel
BT-Prot.	Bundestags-Protokoll
Buchst.	Buchstabe
BVerfG	Bundesverfassungsgericht
BVerwG	Bundesverwaltungsgericht
BW	Baden-Württemberg
bzgl.	bezüglich
BZR	Bundeszentralregister
bzw.	beziehungsweise

ca.	circa
DDR	Deutsche Demokratische Republik
dementspr.	dementsprechend
dgl.	dergleichen, desgleichen
dh	das heißt
diesbzgl.	diesbezüglich
diff.	differenziert, differenzierend
DIJuF	Deutsches Institut für Jugendhilfe und Familienrecht e. V.
Diss.	Dissertation
div.	diverse
DJGT	Deutscher Jugendgerichtstag
DJT	Deutscher Juristentag
DJI	Deutsches Jugendinstitut e. V.
Dok.	Dokument
Drs.	Drucksache
dt.	deutsch
DVJJ	Deutsche Vereinigung für Jugendgerichte und Jugendgerichtshilfen
DVO	Durchführungsverordnung
E	Entwurf
EB	Erziehungsbeistand, Erziehungsbeistandschaft
ebd.	ebenda
EGMR	Europäischer Gerichtshof für Menschenrechte
ehem.	ehemalig/e/er/es
Einf.	Einführung
einf.	einführend
eing.	eingehend
eingef.	eingefügt
Einl.	Einleitung
einschl.	einschließlich
einschr.	einschränkend
EL	Ergänzungslieferung
endg.	endgültig
entspr.	entspricht, entsprechend
Erg.	Ergebnis, Ergänzung
erg.	ergänzend
Ergbd.	Ergänzungsband
Erkl.	Erklärung
Erl.	Erlass, Erläuterung(en)
Erwgr	Erwägungsgrund
etc	et cetera (und so weiter)
EuG	Gericht erster Instanz der Europäischen Gemeinschaften
EuGH	Europäischer Gerichtshof
evtl.	eventuell

Abkürzungen

f., ff.	folgende Seite bzw. Seiten
FAER	Fahreignungsregister
FamG	Familiengericht
FE	Freiheitsentziehung
Fn.	Fußnote
FS	Festschrift
G	Gesetz
GBA	Generalbundesanwalt/Generalbundesanwältin
GBl.	Gesetzblatt
GE	Gesetzesentwurf
geänd.	geändert
gem.	gemäß
ggf.	gegebenenfalls
ggü.	gegenüber
GMBl.	Gemeinsames Ministerialblatt
GmS-OBG	Gemeinsamer Senat der obersten Gerichtshöfe des Bundes
grdl.	grundlegend
grds.	grundsätzlich
GS	Gedenkschrift, Gedächtnisschrift
GVBl.	Gesetz- und Verordnungsblatt
GVOBl.	Gesetz- und Verordnungsblatt
hA	herrschende Ansicht/Auffassung
Halbbd.	Halbband
HdB	Handbuch
Hess.	Hessen
hess.	hessisch
hL	herrschende Lehre
hM	herrschende Meinung
Hmb.	Hamburg
Hrsg.	Herausgeber
hrsg.	herausgegeben
Hs.	Halbsatz
HV	Hauptverhandlung
idF	in der Fassung
idR	in der Regel
idS	in diesem Sinne
iE	im Einzelnen
i. E.	im Erscheinen
iErg	im Ergebnis
ieS	im engeren Sinne
IGfH	Internationale Gesellschaft für erzieherische Hilfen
insbes.	insbesondere
insges.	insgesamt
int.	international
iRd	im Rahmen des/der
iRv	im Rahmen von

iS	im Sinne
iSd	im Sinne des/der
iSv	im Sinne von
iÜ	im Übrigen
iVm	in Verbindung mit
iwS	im weiteren Sinne
iZm	in Zusammenhang mit
JA	Jugendarrest
JAmt	Jugendamt
Jg.	Jahrgang
JGericht	Jugendgericht
Jh.	Jahrhundert
JKammer	Jugendkammer
JMBl.	Justizministerialblatt
JRichter	Jugendrichter
JSchöffen	Jugendschöffen
JSchöffG	Jugendschöffengericht
JStA	Jugendstaatsanwalt(schaft)
JStR	Jugendstrafrecht
jstr	jugendstrafrechtlich
JStrafe	Jugendstrafe
JStV	Jugendstrafverfahren
JStVollz	Jugendstrafvollzug
JuMiKo	Justizministerkonferenz
JVA	Justizvollzugsanstalt
JVerfahren	Jugendverfahren
Kap.	Kapitel, Kapital
Kfz	Kraftfahrzeug
krit.	kritisch
KuJHiSt	Statistik der Kinder- und Jugendhilfe. Erzieherische Hilfe, Eingliederungshilfe für seelisch behinderte junge Menschen, Hilfe für junge Volljährige
Lbj.	Lebensjahr
lfd.	laufend
Lfg.	Lieferung
LG	Landgericht
Lit.	Literatur
Lkw	Lastkraftwagen
Ls.	Leitsatz
LSA	Sachsen-Anhalt
LSG	Landessozialgericht
LT-Drs.	Landtags-Drucksache
LT-Prot.	Landtags-Protokoll
mablAnm	mit ablehnender Anmerkung
mÄnd	mit Änderungen
mAnm	mit Anmerkung

Abkürzungen

maW	mit anderen Worten
max.	maximal
mBespr	mit Besprechung
MBl.	Ministerialblatt
mE	meines Erachtens
mind.	mindestens
Mio.	Million(en)
mkritAnm	mit kritischer Anmerkung
mN	mit Nachweisen
Mrd.	Milliarde(n)
mtl.	monatlich
MV	Mecklenburg-Vorpommern
mwN	mit weiteren Nachweisen
mWv	mit Wirkung vom
mzustAnm	mit zustimmender Anmerkung
n.	näher
Nachw.	Nachweise
Nds.	Niedersachsen
nF	neue Fassung
Nr.	Nummer
NRW	Nordrhein-Westfalen
oJ	ohne Jahrgang
OLG	Oberlandesgericht
oV	ohne Verfasser
OVG	Oberverwaltungsgericht
OWi	Ordnungswidrigkeiten
OWiR	Ordnungswidrigkeitenrecht
PDV	Polizeidienstvorschrift
PKS	Polizeiliche Kriminalstatistik
Pkw	Personenkraftwagen
Prot.	Protokoll
rd.	rund
RdErl.	Runderlass
RdSchr.	Rundschreiben
RefE	Referentenentwurf
RegE	Regierungsentwurf
RGBl.	Reichsgesetzblatt
RhPf	Rheinland Pfalz
RKrSt	Reichskriminalstatistik
RL	Richtlinien (zum Jugendgerichtsgesetz)
RMBliV.	Reichsministerialblatt der inneren Verwaltung
Rn.	Randnummer
RPflSt	Rechtspflegestatistik
Rspr.	Rechtsprechung
RT	Reichstag
RT-Drs.	Reichstags-Drucksache

RT-Prot.	Reichstags-Protokoll
RVO	Rechtsverordnung; Reichsversicherungsordnung (SozR)
S.	Seite(n), Satz
s.	siehe
s. a.	siehe auch
s. o.	siehe oben
s. u.	siehe unten
Saarl.	Saarland
Sachs.	Sachsen
SchlH	Schleswig-Holstein
SG	Sozialgericht
Slg.	Sammlung
sog.	sogenannt
Sp.	Spalte
st.	ständig
StA	Staatsanwalt oder Staatsanwaltschaft
StatJb	Statistisches Jahrbuch für die Bundesrepublik Deutschland
StBest-St	Statistik zum Bestand der Gefangenen und Verwahrten
StR	Strafrecht
str.	streitig, strittig
StrafSt	Strafverfolgungsstatistik
stRspr	ständige Rechtsprechung
StVerf	Strafverfahren
StVollzSt	Strafvollzugsstatistik
StVR	Strafverfahrensrecht
Suppl.	Supplement
Tab.	Tabelle
teilw.	teilweise
Thür.	Thüringen
TOA	Täter-Opfer-Ausgleich
ua	unter anderem, und andere
UAbs.	Unterabsatz
uam	und anderes mehr
überarb.	überarbeitet
Überbl.	Überblick
überw.	überwiegend
Übk.	Übereinkommen
umstr.	umstritten
unstr.	unstreitig
unv.	unverändert, unveränderte Auflage
unveröff.	unveröffentlicht
unzutr.	unzutreffend
Urt.	Urteil

Abkürzungen

usw	und so weiter
uU	unter Umständen
v.	vom, von
va	vor allem
Var.	Variante
Verf.	Verfasser, Verfassung, Verfahren
VerfG	Verfassungsgericht
VerfGH	Verfassungsgerichtshof
vern.	verneinend
Vfg.	Verfügung
VG	Verwaltungsgericht
VGH	Verwaltungsgerichtshof
vgl.	vergleiche
VO	Verordnung
Vollstr	Vollstreckung
Voraufl.	Vorauflage
Vor	Vorbemerkung
vorl.	vorläufig
vs.	versus
wN	weitere Nachweise
zB	zum Beispiel
zBew	zur Bewährung
Ziff.	Ziffer
zT	zum Teil
zusf.	zusammenfassend
zust.	zustimmend
zutr.	zutreffend
zw.	zweifelhaft
zzgl.	zuzüglich
zzt.	zurzeit

Verzeichnis der abgekürzt zitierten Literatur

Albrecht JugendStrafR	Albrecht, Jugendstrafrecht, 3. Aufl. 2000
Alsberg Beweisantrag	Alsberg, Der Beweisantrag im Strafprozess, 8. Aufl. 2022
Altermann Vorverurteilung	Altermann, Medienöffentliche Vorverurteilung – strafjustitielle Folgerungen für das Erwachsenen- und das Jugendstrafverfahren?, 1. Aufl. 2009
AnwK U-Haft	König, Anwaltkommentar Untersuchungshaft, 1. Aufl. 2011
AnwK-StGB	Leipold/Tsambikakis/Zöller, Anwaltkommentar StGB, 3. Aufl. 2020
AnwK-StPO	Krekeler/Löffelmann/Sommer, Anwaltkommentar StPO, 2. Aufl. 2010
APA Handbook	APA Handbook of Psychology and Juvenile Justice, 1. Aufl. 2016
Arloth	Strafvollzugsgesetz: StVollzG, 2. Aufl. 2008
Arloth/Krä	Arloth/Krä, Strafvollzugsgesetz: StVollzG, 5. Aufl. 2021
Barton/Kölbel Opferzuwendung	Barton/Kölbel, Ambivalenzen der Opferzuwendung des Strafrechts, 1. Aufl. 2012
Bender JGG	Bender, Jugendgerichtsgesetz mit den ergänzenden bundeseinheitlichen Gesetzen, VOen und Vven, Loseblattausgabe
BeckOK	Beck'sche Online-Kommentare (zum JGG, zum GVG, zur StPO usw)
Beulke/Swoboda JugendStrafR	Beulke/Swoboda, Jugendstrafrecht, 16. Aufl. 2020
Bierbrauer/Gottwald/ Birnbreuer-Stahlberger Verfahrensgerechtigkeit	Bierbrauer/Gottwald/Birnbreuer-Stahlberger, Verfahrensgerechtigkeit, 1. Aufl. 1995
Birkhoff/Lemke GnadenR	Birkhoff/Lemke, Gnadenrecht, 1. Aufl. 2012
Bliesener ua	Bliesener/Lösel/Dahle (Hrsg.), Lehrbuch Rechtspsychologie, 2. Aufl. 2023
BMJ 1986	BMJ, Neue ambulante Maßnahmen nach dem JGG, 1. Aufl. 1986
BMJ 1987	BMJ, Verteidigung in Jugendstrafsachen, 1. Aufl. 1987
BMJ 1989	BMJ, Jugendstrafrechtsreform durch die Praxis, 1. Aufl. 1989

Literatur

BMJ 1992	BMJ, Grundfragen des Jugendkriminalrechts und seiner Neuregelung, 1. Aufl. 1992
BMJ 2009	BMJ, Jugendkriminalrecht vor neuen Herausforderungen?, 1. Aufl. 2009
BMJV 2017	BMJV, Berliner Symposium zum Jugendkriminalrecht und seiner Praxis, 1. Aufl. 2017
Boers/Reinecke Altersverlauf	Boers/Reinecke (Hrsg.), Kriminalität im Altersverlauf, 1. Aufl. 2019
Boers/Schaerff Kriminologische Welt	Boers/Schaerff (Hrsg.), Kriminologische Welt in Bewegung, 1. Aufl. 2018
Böhm/Feuerhelm JugendStrafR	Böhm/Feuerhelm, Einführung in das Jugendstrafrecht, 4. Aufl. 2004
Boxberg Jugendstrafe	Boxberg, Entwicklungsintervention Jugendstrafe, 1. Aufl. 2018
Brunner/Dölling	Brunner/Dölling, Jugendgerichtsgesetz, 14. Aufl. 2023
Buckolt Jugendstrafe	Buckolt, Die Zumessung der Jugendstrafe – eine kriminologisch-empirische und rechtsdogmatische Untersuchung, 1. Aufl. 2009
Budelmann JugendStrafR	Budelmann, Jugendstrafrecht für Erwachsene?, 1. Aufl. 2005
Burscheidt Verbot	Burscheidt, Das Verbot der Schlechterstellung Jugendlicher und Heranwachsender gegenüber Erwachsenen in vergleichbarer Verfahrenslage, 1. Aufl. 2000
Bussmann/Kreissl Kritische Kriminologie	Bussmann/Kreissl, Kritische Kriminologie in der Diskussion, 1. Aufl. 1996
Dallinger/Lackner	Dallinger/Lackner, Jugendgerichtsgesetz, 2. Aufl. 1965
Denkschrift 1964	Schüler-Springorium, Denkschrift über die Reform des Jugendgerichtsgesetzes im Rahmen der Großen Strafrechtsreform, 1. Aufl. 1964
Denkschrift 1977	DVJJ, Denkschrift über die kriminalrechtliche Behandlung junger Volljähriger, 1. Aufl. 1977
DGHP Juvenile	Dünkel/Grzywa/Horsfield/Pruin, Juvenile Justice Systems in Europe, 1. Aufl. 2010
Diemer/Schatz/Sonnen	Diemer/Schatz/Sonnen, Kommentar zum JGG, 8. Aufl. 2020
Dölling/Jehle Täter – Taten – Opfer	Dölling/Jehle, Täter – Taten – Opfer, 1. Aufl. 2013
Dollinger Jugendkriminalität	Dollinger, Jugendkriminalität als Kulturkonflikt, 1. Aufl. 2010

Dollinger/Schabdach Jugendkriminalität	Dollinger/Schabdach, Jugendkriminalität, 1. Aufl. 2013
Dollinger/Schmidt-Semisch Jugendkriminalität-HdB	Dollinger/Schmidt-Semisch, Handbuch Jugendkriminalität, 3. Aufl. 2018
Dünkel Freiheitsentzug	Dünkel, Freiheitsentzug für junge Rechtsbrecher, 1. Aufl. 1990
DVJJ 1928	DVJJ (Hrsg), Die Durchführung des JGG als Personenfrage, Berlin 1928
DVJJ 1977	DVJJ (Hrsg), Junge Volljährige im Kriminalrecht, München 1997
DVJJ 1981	DVJJ (Hrsg), Die jugendrichterlichen Entscheidungen – Anspruch und Wirklichkeit, München 1981
DVJJ 1984	DVJJ (Hrsg), Jugendgerichtsverfahren und Kriminalprävention, 1984
DVJJ 1987	DVJJ (Hrsg), Und wenn es künftig weniger werden. – Die Herausforderung der geburtenschwachen Jahrgänge –, München 1987
DVJJ 1990	DVJJ (Hrsg), Mehrfach Auffällige, Hannover 1990
DVJJ 1993	DVJJ (Hrsg), Jugend im sozialen Rechtsstaat. Für ein neues Jugendgerichtsgesetz, Texte des DJGT 1992
DVJJ 1996/1997	DVJJ (Hrsg), Sozialer Wandel und Jugendkriminalität, Texte des DJGT 1995
DVJJ 1999	DVJJ (Hrsg), Kinder und Jugendliche als Opfer und Täter, Texte des DJGT 1998
DVJJ 2003	DVJJ (Hrsg), Jugend, Gesellschaft und Recht im neuen Jahrtausend, Texte des DJGT 2001
DVJJ 2006	DVJJ (Hrsg), Verantwortung für Jugend, Texte des DJGT 2004
DVJJ 2008	DVJJ (Hrsg), Fördern, Fordern, Fallenlassen, Texte des DJGT 2007
DVJJ 2012	DVJJ (Hrsg), Achtung (für) Jugend. Praxis und Perspektiven des Jugendkriminalrechts, Texte des DJGT 2010
DVJJ 2015	DVJJ (Hrsg), Jugend ohne Rettungsschirm, Herausforderungen annehmen, Texte des DJGT 2013
DVJJ 2019	DVJJ (Hrsg), Herein-, Heraus-, Heran- Junge Menschen wachsen lassen, Texte des DJGT 2017
DVJJ 2022	DVJJ (Hrsg), Jugend, Recht und Öffentlichkeit – Selbstbilder, Fremdbilder, Zerrbilder, Texte des DJGT 2021
DVJJ 2024	DVJJ (Hrsg.), Recht auf Jugend – 100 Jahre Jugendgerichtsgesetz, Texte des DJGT 2023
DVJJ-BAG 2022	Bundesarbeitsgemeinschaft der Jugendhilfe im Strafverfahren, Grundsätze für die Mitwirkung der

	Jugendhilfe in Verfahren nach dem Jugendgerichtsgesetz, 2. Aufl. 2022
DVJJ-Journal	DVJJ-Journal. Vormalige Zeitschrift (zitiert nach Jahr und Seite)
Eisenberg Bestrebungen	Eisenberg, Bestrebungen zur Änderung des JGG, 1. Aufl. 1984
Eisenberg BeweisR StPO	Eisenberg, Beweisrecht der StPO, 10. Aufl. 2017
Eisenberg/Kölbel Kriminologie	Eisenberg/Kölbel, Kriminologie, 8. Aufl. 2024
Elster/Lingemann/Sieverts KrimHdWB	Elster/Lingemann/Sieverts, Handwörterbuch der Kriminologie, 2. Aufl. 1966
Feld/Bishop Juvenile Crime and Juvenile Justice	Feld/Bishop, The Oxford Handbook of Juvenile Crime and Juvenile Justice, 1. Aufl. 2012
Feuerhelm Gemeinnützige Arbeit	Feuerhelm, Stellung und Ausgestaltung der gemeinnützigen Arbeit im Strafrecht, 1. Aufl. 1997
Fischer StGB	Fischer, Strafgesetzbuch. Bearbeitet von Fischer/Anstötz/Lutz, 72. Aufl. 2025
FS	Forum Strafvollzug, Fachzeitschrift (zitiert nach Jahr und Seite)
FS Amelung	Böse/Sternberg-Lieben, Grundlagen des Straf- und Strafverfahrensrechts: FS für Knut Amelung zum 70. Geburtstag, 2009
FS Beulke	Fahl/Müller/Satzger/Swoboda, Ein menschengerechtes Strafrecht als Lebensaufgabe: FS für Werner Beulke zum 70. Geburtstag, 2015
FS Blau	Schwind/Berz/Geilen/Herzberg/Warda, FS für Günter Blau zum 70. Geburtstag, 1985
FS Böhm	Feuerhelm/Schwind/Bock, FS für Alexander Böhm zum 70. Geburtstag, 1999
FS Böttcher	Schöch/Dölling/Helgerth/König, Recht gestalten – dem Recht dienen: FS für Reinhard Böttcher zum 70. Geburtstag, 2007
FS Brudermüller	Götz/Schwenzer/Seelmann/Taupitz, Familie – Recht – Ethik. FS für Gerd Brudermüller, 2014
FS Dölling	Beisel/Verrel/Laue/Meier/Hartmann/Hermann, Die Kriminalwissenschaften als Teil der Humanwissenschaften, FS für Dieter Dölling zum 70. Geburtstag, 2023
FS Dünkel	Drenkhahn/Geng/Grzywa-Holten/Harrendorf/Morgenstern/Pruin, Kriminologie und Kriminalpolitik im Dienste der Menschenwürde, FS für Frieder Dünkel zum 70. Geburtstag, 2020

Grethlein Verschlechterungsverbot	Grethlein, Problematik des Verschlechterungsverbotes im Hinblick auf die besonderen Maßnahmen des Jugendrechts, 1. Aufl. 1963
Grützner/Pötz/Kreß/Gazeas	Grützner/Pötz/Kreß/Gazeas (Hrsg.), Internationaler Rechtshilfeverkehr in Strafsachen
GS H. Kaufmann	Hirsch/Kaiser/Marquardt, Gedächtnisschrift für Hilde Kaufmann, 1986
GS M. Walter	Neubacher/Kubink, Kriminologie – Jugendkriminalrecht – Strafvollzug, Gedächtnisschrift für Michael Walter, 2014
GS Weßlau	Herzog/Schlothauer/Wohlers, Rechtsstaatlicher Strafprozess und Bürgerrechte, Gedächtnisschrift für Edda Weßlau, 2016
GS Zipf	Gössel/Triffterer, Gedächtnisschrift für Heinz Zipf, 1999
Güntner Einbindung	Güntner, Die Einbindung Erziehungsberechtigter und gesetzlicher Vertreter in das Jugendstrafverfahren, 2024
Hartman-Hilter Verteidigung	Hartman-Hilter, Notwendige Verteidigung und Pflichtverteidigerbestellung im Jugendstrafverfahren, 1. Aufl. 1989
Hauber Funktionsverteilung	Hauber, Die Funktionsverteilung zwischen Richter und Sachverständigem im deutschen Jugendgerichtsverfahren, 1. Aufl. 1976
Hauser Jugendrichter	Hauser, Der Jugendrichter – Idee und Wirklichkeit, 1. Aufl. 1980
Hdb-StrafR	Bockemühl, Handbuch Strafrecht, 9. Aufl. 2024
Heinz Blindflug	Heinz, „Blindflug"?! Normsetzung und Normanwendung in der Jugendkriminalrechtspflege im Lichte der empirischen Sanktions- und Wirkungsforschung, 1. Aufl. 2024
Heinz Sekundäranalyse	Heinz, Sekundäranalyse empirischer Untersuchungen zu jugendkriminalrechtlichen Maßnahmen, deren Anwendungspraxis, Ausgestaltung und Erfolg, 1. Aufl. 2020
Heiland Wiederaufnahme	Heiland, Die Wiederaufnahme des nach den §§ 45, 47 JGG eingestellten Strafverfahrens, 1. Aufl. 2008
Hellwig JGG	Hellwig, Jugendgerichtsgesetz. Mit Einleitung und Erläuterungen, 1. Aufl. 1923
HK-JGG	Meier/Rössner/Trüg/Wulf/Bannenberg/Bartsch, Jugendgerichtsgesetz, 3. Aufl. 2024
Höfer Sanktionskarrieren	Höfer, Sanktionskarrieren, 1. Aufl. 2003

Literatur

Höynck/Leuschner Jugendgerichts-barometer I	Höynck/Leuschner, Das Jugendgerichtsbarometer, Ergebnisse einer bundesweiten Befragung von Jugendrichtern und Jugendstaatsanwälten, 1. Aufl. 2014
Höynck ua Jugend-gerichtsbarometer II	Höynck/Freuwört/Holthusen/Willems, Das Jugendgerichtsbarometer 2021/2022. Eine bundesweite (Wiederholungs-)Befragung von Jugendrichter:innen und Jugendstaatsanwält:innen, 1. Aufl. 2022
ICD-10	World Health Organisation, The ICD-10 Classification of Mental and Behavioural Disorders. Clinical Descriptions and Diagnostic Guidelines, 1. Aufl. 2015
JAHT Legalbewährung	Jehle/Albrecht/Hohmann-Fricke/Tetal, Legalbewährung nach strafrechtlichen Sanktionen, 1. Aufl. 2016
JAHT Legalbewährung 2021	Jehle/Albrecht/Hohmann-Fricke/Tetal, Legalbewährung nach strafrechtlichen Sanktionen, 1. Aufl. 2021
JStVollzKomm	Jugendstrafvollzugskommission, Abschlussbericht, 1. Aufl. 1980
Kiesow JGG	Kiesow, Jugendgerichtsgesetz vom 16. Februar 1923, 1. Aufl. 1923
KK-OWiG	Mitsch, Karlsruher Kommentar zum Gesetz über Ordnungswidrigkeiten: OWiG, 5. Aufl. 2018
KK-StPO	Barthe/Gericke, Karlsruher Kommentar zur Strafprozessordnung: StPO, 9. Aufl. 2023
Klocke Entschuldigung	Klocke, Entschuldigung und Entschuldigungsannahme im Täter-Opfer-Ausgleich, 1. Aufl. 2013
KMR-StPO	von Heintschel-Heinegg/Bockemühl, KMR – Kommentar zur Strafprozessordnung
Königschulte Kompetenz	Königschulte, Die Kompetenzverteilung zwischen Justiz und Jugendhilfe bei Entscheidungen zu erzieherischen ambulanten Maßnahmen im JGG, insbes. § 10 JGG, 1. Aufl. 2017
Kremerskothen Arbeitsauflagen	Kremerskothen, Arbeitsweisungen und Arbeitsauflagen im Jugendstrafrecht, 1. Aufl. 2001

Kröber/Dölling/ Leygraf Forensische Psychiatrie-HdB	Kröber/Dölling/Leygraf, Handbuch der Forensischen Psychiatrie, 1. Aufl. 2006
Kümmerlein RJGG ...	Kümmerlein, Reichsjugendgerichtsgesetz vom 6. November 1943, mit den ergänzenden Rechts- und Verwaltungsvorschriften auf dem Gebiet des Jugendstrafrechts, Jugendhilferechts und des strafrechtlichen Jugendschutzes, 1. Aufl. 1944
Kunz StrEG	Kunz, Gesetz über die Entschädigung für Strafverfolgungsmaßnahmen: StrEG, 4. Aufl. 2010
Kurzberg Jugendstrafe	Kurzberg, Jugendstrafe aufgrund schwerer Kriminalität, 1. Aufl. 2009
Lackner/Kühl/Heger	Lackner/Kühl/Heger, Strafgesetzbuch, StGB, 30. Aufl. 2023
Laubenthal Jugendgerichtshilfe	Laubenthal, Jugendgerichtshilfe im Strafverfahren, 1. Aufl. 1993
Laubenthal Strafvollzug	Laubenthal, Strafvollzug, 8. Aufl. 2019
Laubenthal/Baier/ Nestler JugendStrafR	Laubenthal/Baier/Nestler, Jugendstrafrecht, 3. Aufl. 2015
Lobinger Kostentragung	Lobinger, Kostentragung und Anordnungskompetenz im Verhältnis von Justiz und Jugendhilfe, 1. Aufl. 2015
Löwe/Rosenberg	Becker/Erb/Esser/Graalmann-Scheerer/Hilger/Ignor, Strafprozessordnung und Gerichtsverfassungsgesetz, 26. Aufl. 2006 ff. bzw. 27. Aufl. 2016 ff.
LPK-SGB VIII	Kunkel/Kepert/Pattar, Sozialgesetzbuch VIII. Kinder- und Jugendhilfe, 8. Aufl. 2022
MAH Strafverteidigung	Müller/Schlothauer/Knauer, Münchener Anwaltshandbuch Strafverteidigung, 3. Aufl. 2022
MBH JugendStrafR ..	Meier/Bannenberg/Höffler, Jugendstrafrecht, 4. Aufl. 2019
Meyer StrEG	Meyer, StrEG, 11. Aufl. 2020
Meyer-Goßner/ Schmitt	Meyer-Goßner/Schmitt, Strafprozessordnung: StPO, 67. Aufl. 2024
MüKoStGB	Joecks/Miebach, Münchener Kommentar zum StGB, 4. Aufl. 2020 ff.
MüKoStPO	Knauer/Kudlich/Schneider, Münchener Kommentar zur StPO, 2. Aufl. 2023 ff.
Münder/Meysen/ Trenczek	Münder/Meysen/Trenczek, Frankfurter Kommentar SGB VIII, 9. Aufl. 2022

Literatur

Neubacher/Bögelein Krise – Kriminalität – Kriminologie	Neubacher/Bögelein, Krise – Kriminalität – Kriminologie, 1. Aufl. 2016
Nix	Nix, Kurzkommentar zum Jugendgerichtsgesetz, mit Richtlinien und Verwaltungsvorschriften, 1. Aufl. 1994
Nix/Pschorr	Nix/Pschorr, Jugendgerichtsgesetz, 1. Aufl. 2023
NK-JGG	Ostendorf, Jugendgerichtsgesetz, 11. Aufl. 2021
Nöding Verteidigung	Nöding, Verteidigung in Jugendstrafsachen, 8. Aufl. 2023
Ostendorf Jugend-StrafVollzR	Ostendorf, Jugendstrafvollzugsrecht, 4. Aufl. 2022
Palmowski Sanktionierung	Palmowski, Sanktionierung und Rückfälligkeit von Heranwachsenden, 1. Aufl. 2019
Patzak/Fabricius	Patzak/Fabricius, Betäubungsmittelgesetz, 11. Aufl. 2024
Peters RJGG	Peters, Reichsjugendgerichtsgesetz vom 6. November 1943, 2. Aufl. 1944
Peters Strafprozess	Peters, Strafprozess, Ein Lehrbuch, 4. Aufl. 1985
Pohlenk Jugendgerichtshilfe	Pohlenk, Die Jugendgerichtshilfe im Spannungsfeld zwischen Jugendhilfe und Gerichtshilfe, 1. Aufl. 2022
Potrykus	Potrykus, Kommentar zum Jugendgerichtsgesetz, 4. Aufl. 1955
Pütter Soziale Arbeit	Pütter, Soziale Arbeit und Polizei, 1. Aufl. 2022
Radtke/Hohmann	Radtke/Hohmann, Strafprozessordnung: StPO, 1. Aufl. 2011
Rettenberger/von Franqué Kriminalprognostische Verf-HdB ..	Rettenberger/von Franqué, Handbuch kriminalprognostischer Verfahren, 1. Aufl. 2013
Reuther Elternrecht ..	Reuther, Elternrecht bei Trennung aufgrund stationärer jugendstrafrechtlicher Sanktionen, 1. Aufl. 2008
Richmann Beteiligung	Richmann, Die Beteiligung des Erziehungsberechtigten und des gesetzlichen Vertreters am Jugendstrafverfahren, 1. Aufl. 2002
Rieke Vernehmung ..	Rieke, Die polizeiliche und staatsanwaltliche Vernehmung Minderjähriger, 1. Aufl. 2003
Schäfer/Sander/van Gemmeren Strafzumessung	Schäfer/Sander/van Gemmeren, Praxis der Strafzumessung, 6. Aufl. 2017

Schlothauer/Nobis/ Voigt/Wolf U-Haft ...	Schlothauer/Nobis/Voigt/Wolf, Untersuchungshaft, 6. Aufl. 2023
Schmidt-Quernheim/ Hax-Schoppenhorst ForensPsych	Schmidt-Quernheim/Hax-Schoppenhorst, Praxisbuch Forensische Psychiatrie, 3. Aufl. 2018
Schmoll ua Jugendgerichtshilfebarometer	Schmoll/Lampe/Holthusen, Jugendgerichtshilfebarometer 2022, 1. Aufl. 2024
Schneider ua Begutachtung	Schneider/Frister/Olzen, Begutachtung psychischer Störungen, 5. Aufl. 2024
TK-StGB	Tübinger Kommentar, Strafgesetzbuch: StGB, 31. Aufl. 2025
Schumann/Wapler Erziehen und Strafen	Schumann/Wapler, Erziehen und Strafen, Bessern und Bewahren, 1. Aufl. 2017
Schwer Stellung	Schwer, Die Stellung der Erziehungsberechtigten und gesetzlichen Vertreter im Jugendstrafverfahren, 1. Aufl. 2004
Schomburg/Lagodny	Schomburg/Lagodny, Internationale Rechtshilfe in Strafsachen = International Cooperation in Criminal Matters, 6. Aufl. 2020
SK-StPO	Wolter, Systematischer Kommentar zur Strafprozessordnung, 5. Aufl. 2015 ff.
Sowada Richter	Sowada, Der gesetzliche Richter im Strafverfahren, 1. Aufl. 2002
SSW StGB	Satzger/Schluckebier/Widmaier, Strafgesetzbuch, 6. Aufl. 2024
SSW StPO	Satzger/Schluckebier/Widmaier, Strafprozessordnung, 5. Aufl. 2023
Steller/Dahle/Basqué Straftäterbehandlung ..	Steller/Dahle/Basqué Straftäterbehandlung, 2. Aufl. 2003
Strafverteidigertag 2018	Organisationsbüro der Strafverteidigervereinigungen, Räume der Unfreiheit. Texte und Ergebnisse des 42. Strafverteidigertages, 1. Aufl. 2018
Streng JugendStrafR ..	Streng, Jugendstrafrecht, 6. Aufl. 2024
Thomae Soziale Reife	Thomae, Das Problem der sozialen Reife von 14- bis 20jährigen, 1. Aufl. 1973
Tölle/Windgassen Psychiatrie	Tölle/Windgassen, Psychiatrie, einschließlich Psychotherapie, 17. Aufl. 2014
Trenczek/Schmoll Jugendkriminalität	Trenczek/Schmoll, Jugendkriminalität, Jugendhilfe und Strafjustiz, 2. Aufl. 2024

Undeutsch Psych-HdB	Undeutsch, Handbuch der Psychologie, Band 11, Forensische Psychologie, 1. Aufl. 1967
Vanderhallen Young Suspects	Vanderhallen/van Oosterhout/Panzavolta/de Vocht (Hrsg.), Interrogating Young Suspects. Procedural Safeguards from an Empirical Perspective, 1. Aufl. 2016
VFDH Psych. Begutachtung-HdB ...	Venzlaff/Foerster/Dreßing/Habermeyer, Psychiatrische Begutachtung, 7. Aufl. 2021
Wallner ua Devianz und Delinquenz	Wallner/Weiss/Reinecke/Stemmler, Devianz und Delinquenz in Kindheit und Jugend, 1. Aufl. 2019
Walter/Rotthaus/ Geiter Bruchstücke ...	Walter/Rotthaus/Geiter, Bruchstücke: Strafvollzugsprobleme aus der Sicht der Beteiligten, 1. Aufl. 1992
Weber BtMG	Weber/Kornprobst/Maier, Betäubungsmittelgesetz: BtMG, 6. Aufl. 2021
Weber Schuldprinzip	Weber, Die Bedeutung des Schuldprinzips im Jugendstrafrecht, 1. Aufl. 2011
Weidinger Strafaussetzung	Weidinger, Die Strafaussetzungsmöglichkeiten zur Bewährung im deutschen Jugendstrafrecht, 1. Aufl. 2011
Wiesener Qualitätsanforderungen	Wiesener, Qualitätsanforderungen an Jugendrichter und Jugendstaatsanwälte, 1. Aufl. 2014
Wiesner/Wapler	Wiesner/Wapler, SGB VIII – Kinder- und Jugendhilfe, 6. Aufl. 2022
Zbl	Zentralblatt für Jugendrecht und Jugendwohlfahrt (vormalige Zeitschrift, heute Zeitschrift für Kindschaftsrecht und Jugendhilfe)
ZfJ	Zentralblatt für Jugendrecht (vormalige Zeitschrift, heute Zeitschrift für Kindschaftsrecht und Jugendhilfe)
Zierer Grundsatz	Zierer, Der Grundsatz der jugendgemäßen Auslegung, 2023

Übersicht über die Änderungen des JGG

Laufende Nr.	Änderndes Gesetz	Datum (Inkrafttretung)	Reichs- bzw. Bundesgesetzbl. I Seite	geänderte Paragraphen des JGG	Art d. Änderung
1	Gesetz zur Abänderung der Strafprozessordnung	27.12.1926 (27.12.1926)	529	§ 28 Abs. 4	aufgeh.
2	Ausführungsgesetz zu dem Gesetz gegen gefährliche Gewohnheitsverbrecher und über Maßregeln der Sicherung und Besserung	24.11.1933 (1.1.1934)	1000	§ 9 Abs. 5	geänd.
3	VO zur Durchführung der VO über die Zuständigkeit der Strafgerichte, die Sondergerichte und sonstige strafverfahrensrechtliche Vorschriften	13.3.1940 (15.3.1940)	489	§ 17 Abs. 2, 3, § 29 Abs. 1, 2, 3 S. 1 Hs. 2, § 38 Abs. 2	aufgeh.
4	VO zur Ergänzung des Jugendstrafrechts	4.10.1940 (11.10.1940)	1336	§ 39	geänd.
5	VO über die Vereinfachung und Vereinheitlichung des Jugendstrafrechts (Jugendstrafrechts-VO)	6.11.1943 (6.11.1943)	635	§ 40 Abs. 1, 2, 3	aufgeh.
6	Neue Bekanntmachung (RJGG)	6.11.1943 (1.1.1944)	637		
7	Neubekanntmachung des Jugendgerichtsgesetzes	4.8.1953 (1.10.1953)	751		
8	EG zum Wehrstrafgesetz	30.3.1957 (30.4.1957)	306	§§ 112a–112e, § 115 Abs. 3	eingef.
9	Gesetz zur Änderung und Ergänzung des Reichsjugendwohlfahrtsgesetzes	11.8.1961 (1.7.1962)	1193	§ 8 Abs. 2 S. 1, 3, § 9 Nr. 2, § 12, § 34 Abs. 3 Nr. 3, § 48 Abs. 2, § 76 Abs. 1 S. 1, § 82 Abs. 2,	geänd.

Änderungen des JGG

Laufende Nr.	Änderndes Gesetz	Datum (Inkrafttretung)	Reichs- bzw. Bundesgesetzbl. I Seite	geänderte Paragraphen des JGG	Art d. Änderung
				§ 93 Abs. 3, § 112a Nr. 1	
				§ 38 Abs. 2 S. 6	aufgeh.
10	2. Gesetz zur Sicherung des Straßenverkehrs	26.11.1964 (26.12.1964)	921	§ 39 Abs. 1, § 75 Abs. 1 S. 1, § 76 Abs. 1 S. 1	geänd.
11	Gesetz zur Änderung der Strafprozessordnung und des Gerichtsverfassungsgesetzes	19.12.1964 (1.4.1965)	1067	§§ 34 Abs. 3 Nr. 1, § 61 Abs. 2 S. 2, § 69 Abs. 3 S. 2, § 71 Abs. 2 S. 2	geänd.
				§ 39 Abs. 1 S. 2, § 40 Abs. 1 S. 2	eingef.
				§ 68 Nr. 1	aufgeh.
12	EG zum Gesetz über Ordnungswidrigkeiten	24.5.1968 (1.10.1968)	503	§ 42 Abs. 1, § 75 Abs. 1 S. 2	geänd. aufgeh.
13	Erstes Gesetz zur Reform des Strafrechts	25.6.1969 (1.4.1970)	645	§ 6, § 18 Abs. 1 S. 2, § 21, § 22, § 24, § 25, § 26, § 28, § 30 Abs. 1 S. 2, § 58 Abs. 1 S. 1, § 60 Abs. 1 S. 2, § 88 Abs. 1, 5, § 89 Abs. 1, § 92 Abs. 2 S. 2, 3, § 94 Abs. 1 S. 2, § 96 Abs. 2 S. 1, 106, § 108 Abs. 3, § 112a Nr. 4, § 114	geänd.
				§§ 10 Abs. 1 S. 2, § 15 Abs. 1 S. 2, § 23 Abs. 2, § 26a, § 57 Abs. 3, § 87 Abs. 3 S. 2	eingef.
				§ 20	aufgeh.
14	Gesetz zur allgemeinen Einführung eines zweiten Rechtszuges in Staatsschutz-Strafsachen	8.9.1969 (1.10.1969)	1582	§ 102 S. 2	eingef.

Laufende Nr.	Änderndes Gesetz	Datum (Inkrafttretung)	Reichs- bzw. Bundesgesetzbl. I Seite	geänderte Paragraphen des JGG	Art d. Änderung
15	Gesetz über das Zentralregister und das Erziehungsregister (Bundeszentralregistergesetz – BZRG)	18.3.1971 (1.1.1972)	243	§ 13 Abs. 3, § 97, § 101, § 111, § 94, § 95, § 96, § 100	geänd. aufgeh.
16	Gesetz über den Verkehr mit Betäubungsmitteln (Betäubungsmittelgesetz)	22.12.1971 (23.12.1971)	2092	§ 5 Abs. 3, § 7, § 10 Abs. 2, § 110 Abs. 1, 93a	geänd. eingef.
17	Gesetz zur Neuordnung des Wehrdisziplinarrechts	21.8.1972 (23.12.1972)	1481	§ 112c Abs. 4	aufgeh.
18	Bekanntmachung der Neufassung des Jugendgerichtsgesetzes	1.3.1973 (1.3.1973)	149	§ 34 Abs. 1, 3, § 59 Abs. 3, 4, § 72 Abs. 5, § 88 Abs. 4, § 109, § 119, § 117 Abs. 1 S. 2, 3, § 118, § 121, § 122	geänd. (teilw. redaktionell) aufgeh.
19	EG zum Strafgesetzbuch (EGStGB)	2.3.1974 (1.1.1975)	469	§ 4, § 5 Abs. 3, § 6 Abs. 1, 2, § 7, § 8 Abs. 2, § 10 Abs. 1 S. 3, § 11 Abs. 1, 2, 3, § 12 S. 2, § 13 Abs. 2, 3, § 15 Abs. 1, 3, § 19 Abs. 3, § 21 Abs. 1, § 23 Abs. 1, 2, § 24 Abs. 2, § 25 S. 4, § 26 Abs. 1, 2, 3, § 29 S. 1, § 38 Abs. 2, § 39 Abs. 2, § 45 Abs. 1, § 48 Abs. 2 S. 1, § 50 Abs. 2, § 52, § 57 Abs. 3, 4, § 59 Abs. 2 S. 1, § 60 Abs. 1, 3, § 62 Abs. 1, § 64 S. 2, § 65 Abs. 1, § 76 Abs. 1, § 78 Abs. 1, § 81,	geänd. (teilw. redaktionell)

Änderungen des JGG

Laufende Nr.	Änderndes Gesetz	Datum (Inkrafttretung)	Reichs- bzw. Bundesgesetzbl. I Seite	geänderte Paragraphen des JGG	Art d. Änderung
				§ 83 S. 1, § 88 Abs. 1, 2, 3, 4, 5, § 89 Abs. 1, 2, 3, 4, § 93 Abs. 3, § 93a Abs. 1, § 97 Abs. 2, 3, § 105 Abs. 3, § 106 Abs. 2 S. 2, § 109 Abs. 2, § 111, § 112a, § 112d, § 123, § 124	
				§ 52a, § 55 Abs. 3, § 83 Abs. 2, § 100, § 105 Abs. 2, § 109 Abs. 2 S. 2, § 123	eingef.
				§ 1 Abs. 3, § 8 Abs. 2 S. 2, § 13 Abs. 3 S. 2, § 22 Abs. 3, § 38 Abs. 3 S. 3, § 52 Abs. 2, 3, § 75, § 76 Abs. 2, § 80 Abs. 3 S. 2, § 90 Abs. 3, 4, § 97 Abs. 1, § 106 Abs. 2 S. 1, § 119 Abs. 2	aufgeh.
20	Gesetz zur Neuregelung des Volljährigkeitsalters	31.7.1974 (1.1.1975)	1713	§ 105 Abs. 1, § 107, § 109 Abs. 1, 2, § 110 Abs. 1	geänd.
21	Erstes Gesetz zur Reform des Strafverfahrensrechts	9.12.1974 (1.1.1975)	3393	§ 33 Abs. 2, 4, § 34 Abs. 1, § 35 Abs. 1 S. 1, § 39 Abs. 1 S. 1, § 40 Abs. 3, § 69 Abs. 3 S. 2, § 83, § 104 Abs. 1 Nr. 5, § 108 Abs. 2, § 109 Abs. 2 S. 1, § 112 S. 1	geänd.
					eingef.

Laufende Nr.	Änderndes Gesetz	Datum (Inkrafttretung)	Reichs- bzw. Bundesgesetzbl. I Seite	geänderte Paragraphen des JGG	Art d. Änderung
				§ 82 Abs. 1 S. 2, § 112 S. 3	
				§ 61	aufgeh.
22	Bekanntmachung der Neufassung des Jugendgerichtsgesetzes	11.12.1974 (1.1.1975)	3427	§ 83 Abs. 3, § 88 Abs. 5, § 109 Abs. 1	redaktionell geänd.
23	Strafverfahrensänderungsgesetz 1979 (StVÄG 1979)	5.10.1978 (1.1.1979)	1645	§ 39 Abs. 1 S. 3, 40 Abs. 1 S. 2, 41 Abs. 1 Nr. 1, 2, 62 Abs. 4, 102 S. 1, 103 Abs. 2, 109 Abs. 1 S. 1	geänd.
				§§ 39 Abs. 1 S. 2, 41 Abs. 1 Nr. 3, 47a, 58 Abs. 2	eingef.
				§ 102 S. 3	aufgeh.
24	20. Strafrechtsänderungsgesetz	8.12.1981 (1.5.1982)	1329	§ 26 Abs. 2	geänd.
25	StVollzÄndG	20.12.1984 (1.1.1985)	1654	§ 7	geänd.
26	KJHG (SGB VIII)	26.6.1990 (1.1.1991 (vorm DDR: 3.10.1990))	1163	§ 8 Abs. 1 S. 2, § 9, § 12, § 34 Abs. 3, § 43 Abs. 2, 3, § 55 Abs. 1 S. 2, § 71 Abs. 1, § 76 S. 1, § 77 Abs. 1 S. 1, § 78 Abs. 1 S. 2, § 82 Abs. 2, § 90 Abs. 2 S. 3, § 112a Nr. 1	geänd. (teilw. aufgehoben)
27	1. JGG-ÄndG	30.8.1990 (1.12.1990)	1853	§ 10 Abs. 1 S. 3 Nr. 3, 9, § 11 Abs. 1 S. 2, Abs. 3 S. 3, § 15 Abs. 1 S. 1 Nr. 2, Abs. 3 S. 1, § 16 Abs. 2, § 21 Abs. 1, 2, § 24 Abs. 1 S. 1, Abs. 3 S. 5, § 25	geänd.

Änderungen des JGG

Laufende Nr.	Änderndes Gesetz	Datum (Inkrafttretung)	Reichs- bzw. Bundesgesetzbl. I Seite	geänderte Paragraphen des JGG	Art d. Änderung
				S. 2, § 26 Abs. 2, § 29, § 34 Abs. 2 S. 2, Abs. 3 Nr. 1, 2, § 39 Abs. 2 Hs. 1, § 43 Abs. 1 S. 2, 3, Abs. 2, Abs. 3 S. 2, § 45, § 47 Abs. 1, Abs. 2 S. 1, § 48 Abs. 2, § 58 Abs. 1 S. 1, § 59 Abs. 2, § 60 Abs. 1 S. 2, 3, § 62 Abs. 4, § 64 S. 2, § 65 Abs. 1 S. 4, § 68 Nr. 2, 3, § 70 S. 1, § 71 Abs. 2, § 72 Abs. 4 S. 1, § 73 Abs. 1 S. 1, § 76 S. 1, § 83 Abs. 1, § 87 Abs. 3 S. 4, § 88 Abs. 1, Abs. 2 S. 1, Abs. 6, § 89 Abs. 3, § 91 Abs. 2 S. 3, § 93 Abs. 1, 3, § 109 Abs. 1 S. 1, Abs. 2 S. 1, § 110 Abs. 2, § 121	
				§ 10 Abs. 1 S. 3 Nr. 5–7, § 15 Abs. 1 S. 1 Nr. 3, § 24 Abs. 1 S. 3, Abs. 2, § 26 Abs. 1 S. 2, § 38 Abs. 2 S. 3, 4, 7, Abs. 3 S. 3 Hs. 2, § 50 Abs. 4, § 58 Abs. 1 S. 3, § 65 Abs. 1 S. 2, 3, § 68 Nr. 4, § 72 Abs. 1 S. 2, 3, Abs. 2, § 72a,	eingef.

Laufende Nr.	Änderndes Gesetz	Datum (Inkrafttretung)	Reichs- bzw. Bundesgesetzbl. I Seite	geänderte Paragraphen des JGG	Art d. Änderung
				§ 85 Abs. 2–4, 6, 7, § 87 Abs. 3 S. 1, 2, § 88 Abs. 3, § 89a, § 90 Abs. 1 S. 2, 3	
				§ 16 Abs. 3, § 19, § 30 Abs. 1 S. 2, § 52a Abs. 2, § 89, § 90 Abs. 2 S. 3, § 116 Abs. 3	aufgeh.
28	Rechtspflegeentlastungsgesetz	11.1.1993 (1.3.1993)	50	§ 33a, § 33b, § 109 Abs. 3	eingef.
				§ 33 Abs. 3	aufgeh.
				§ 107, § 108 Abs. 3	geänd.
29	Erstes Gesetz zur Änderung des Achten Buches Sozialgesetzbuch (Art. 1 KJHG)	16.2.1993 (1.4.1993)	239	§ 9 Nr. 2, § 12, § 35 Abs. 1 S. 1, Abs. 2 S. 1, Abs. 3 S. 1, Abs. 4, § 55 Abs. 1 S. 2	geänd.
30	Gesetz zur Änderung des Strafgesetzbuches, der Strafprozessordnung und anderer Gesetze	28.10.1994 (1.12.1994)	3186	§ 109 Abs. 2 S. 3	eingef.
31	Justizmitteilungsgesetz	18.6.1997 (1.6.1998)	1430	§ 70 S. 3	eingef.
32	Gesetz zur Reform des Kindschaftsrechts	16.12.1997 (1.7.1998)	2942	§ 84 Abs. 2 S. 3,	eingef.
				§ 3, § 34 Abs. 2 S. 1, Abs. 3, § 42 Abs. 1, Abs. 2, § 53, § 54 Abs. 1, § 55 Abs. 1, § 70 S. 3, § 84 Abs. 2, § 98 Abs. 1, § 104 Abs. 4, § 34	geänd.
				Abs. 2 S. 1	aufgeh.

Änderungen des JGG

Laufende Nr.	Änderndes Gesetz	Datum (Inkrafttretung)	Reichs- bzw. Bundesgesetzbl. I Seite	geänderte Paragraphen des JGG	Art d. Änderung
33	Gesetz zur Bekämpfung von Sexualdelikten und anderen gefährlichen Straftaten	26.1.1998 (31.1.1998) (1.7.1998)	160	§ 88 Abs. 1, Abs. 3, § 97 Abs. 1 S. 3, § 100 S. 2	geänd. eingef.
34	Gesetz zur Verlängerung der Besetzungsreduktion bei Strafkammern	19.12.2000 (23.12.2000)	1756	§ 33b Abs. 2 S. 2	eingef.
35	Gesetz zur Änderung der Vorschriften über die Straftaten gegen die sexuelle Selbstbestimmung und zur Änderung anderer Vorschriften	27.12.2003 (1.4.2004)	3007	§ 106 Abs. 1, § 106 Abs. 2 S. 2 § 106 Abs. 2 S. 1 § 106 Abs. 3, 4	geänd. aufgeh. eingef.
36	Gesetz zur Einführung der nachträglichen Sicherungsverwahrung	23.7.2004 (29.7.2004)	1838	§ 106 Abs. 5, 6 § 108 Abs. 3	eingef. geänd.
37	Gesetz zur Modernisierung der Justiz	24.8.2004 (25.8.2004)	2198	§ 49	aufgeh.
38	Anhörungsrügengesetz	9.12.2004 (1.1.2005)	3220	§ 55 Abs. 4	eingef.
39	Gesetz zur Vereinfachung und Vereinheitlichung der Verfahrensvorschriften zur Wahl und Berufung ehrenamtlicher Richter	21.12.2004 (1.1.2005)	3599	§ 35 Abs. 1 S. 1, Abs. 2 S. 1	geänd.
40	2. Justizmodernisierungsgesetz	22.12.2006 (31.12.2006)	3416	§ 41 Abs. 1 Nr. 4, § 51 Abs. 2–5, § 68 Nr. 3, § 74 S. 2, § 78 Abs. 3 S. 3, § 109 Abs. 2 S. 4	eingef.
				§ 48 Abs. 2 S. 1, § 80 Abs. 3, § 109 Abs. 1 S. 1, Abs. 2 S. 1	geänd.

Laufende Nr.	Änderndes Gesetz	Datum (Inkrafttretung)	Reichs- bzw. Bundesgesetzbl. I Seite	geänderte Paragraphen des JGG	Art d. Änderung
41	Gesetz zur Reform der Führungsaufsicht und zur Änderung der Vorschriften über die nachträgliche Sicherungsverwahrung	13.4.2007 (18.4.2007)	513	§ 106 Abs. 5 S. 2	eingef.
42	2. Gesetz zur Änderung des Jugendgerichtsgesetzes und anderer Gesetze	13.12.2007 (1.1.2008)	2894	§ 2 Abs. 1 § 17 Abs. 1, § 83 Abs. 1, § 85 Abs. 2 S. 1, Abs. 3 S. 1–3, §§ 91, 92, § 112b Abs. 2 S. 2, § 114, § 121	eingef. geänd.
				§ 115 Abs. 1, 2	aufgeh.
43	Gesetz zur Einführung der nachträglichen Sicherungsverwahrung bei Verurteilungen nach Jugendstrafrecht	8.7.2008 (12.7.2008)	1212	§ 7 Abs. 2–4, § 41 Abs. 1 Nr. 5, § 82 Abs. 3, § 106 Abs. 7 § 41 Abs. 1 Nr. 3, Nr. 4	eingef. geänd.
44	Gesetz zur Reform des Verfahrens in Familiensachen und in den Angelegenheiten der freiwilligen Gerichtsbarkeit	17.12.2008 (1.9.2009)	2586	§ 3 S. 2, § 34 Abs. 2 S. 1, Abs. 3, § 42 Abs. 1 Nr. 1, Abs. 2, § 53 S. 1, 2, § 55 Abs. 1 S. 1, § 67 Abs. 4 S. 3, § 70 S. 1, 3, § 84 Abs. 2 S. 1, 2, § 98 Abs. 1 S. 1, § 104 Abs. 4 S. 1	geänd.
45	Gesetz zur Änderung des Untersuchungshaftrechts	29.7.2009 (1.1.2010)	2274	§§ 72b, 89b, 89c, 121 Abs. 2	eingef.
				§§ 91, 93	aufgeh.
				§ 83 Abs. 1, § 92 Abs. 6 S. 1, § 109 Abs. 1 S. 1, § 110 Abs. 2	geänd.
46	Zweites Opferrechtsreformgesetz	29.7.2009 (1.10.2009)	2280	§ 80 Abs. 3 S. 2	geänd.

Änderungen des JGG

Laufende Nr.	Änderndes Gesetz	Datum (Inkrafttretung)	Reichs- bzw. Bundesgesetzbl. I Seite	geänderte Paragraphen des JGG	Art d. Änderung
47	Gesetz über die weitere Bereinigung von Bundesrecht	8.12.2010 (15.12.2010)	1864	§ 35 Abs. 3 S. 2	geänd.
				§ 35 Abs. 6	eingef.
				§ 112a Nr. 2	aufgeh.
				§ 112b	aufgeh.
				§ 112c Abs. 1	aufgeh.
				§ 112c Abs. 2 (neu als Abs. 1)	geänd.
				§ 112c Abs. 3 (neu als Abs. 2)	geänd.
				§ 112d	geänd.
				§ 112e	geänd.
				§ 115	aufgeh.
				§ 116 Abs. 1 S. 2	aufgeh.
				§ 116 Abs. 2	aufgeh.
				§ 117	aufgeh.
				§ 118	aufgeh.
				§ 119	aufgeh.
				§ 120	aufgeh.
				§ 122	aufgeh.
				§ 123	aufgeh.
				§ 124	aufgeh.
48	Gesetz zur Neuordnung des Rechts der Sicherungsverwahrung und zu begleitenden Regelungen	20.12.2010 (23.12.2010)	2300	§ 7 Abs. 3 Nr. 2	geänd.
				§ 7 Abs. 4 S. 1	eingef.
				§ 81a	eingef.
				§ 104 Abs. 1 Nr. 13	geänd.
				§ 104 Abs. 1 Nr. 14	geänd.

Laufende Nr.	Änderndes Gesetz	Datum (Inkrafttretung)	Reichs- bzw. Bundesgesetzbl. I Seite	geänderte Paragraphen des JGG	Art d. Änderung
				§ 104 Abs. 1 Nr. 15	eingef.
				§ 106 Abs. 3 S. 3	geänd.
				§ 106 Abs. 6 S. 1 Nr. 2	geänd.
				§ 106 Abs. 7	aufgeh.
				§ 109 Abs. 1 S. 1	geänd.
49	Gesetz über die Besetzung der großen Straf- und Jugendkammern in der Hauptverhandlung	6.12.2011 (1.1.2012)	2554	§ 33b Abs. 2	aufgeh.
				§ 33b Abs. 2–6	eingef.
				§ 33b Abs. 7	eingef. (statt § 33b aF)
				§ 108 Abs. 3 S. 3	eingef.
				§ 121 Abs. 2 aF	aufgeh.
				§ 121 Abs. 2 und Abs. 3	eingef.
50	Gesetz zur Erweiterung jugendgerichtlicher Handlungsmöglichkeiten	4.9.2012 (8.9.2012) (7.10.2012)	1854	§ 105 Abs. 3 S. 2	eingef.
				§ 26 Abs. 1 S. 1	geänd.
				§ 26 Abs. 1 S. 3	angef.
				§ 26 Abs. 2	geänd.
				§ 26 Abs. 3 S. 2	geänd.
				§ 57 Abs. 1 S. 2	geänd.
				§ 57 Abs. 2	geänd.
				§ 61 Abs. 1	eingef.
				§ 61 Abs. 2	eingef.
				§ 61 Abs. 3 S. 2–4	eingef.

Änderungen des JGG

Laufende Nr.	Änderndes Gesetz	Datum (Inkrafttretung)	Reichs- bzw. Bundesgesetzbl. I Seite	geänderte Paragraphen des JGG	Art d. Änderung
				§ 61a Abs. 1	eingef.
				§ 61a Abs. 2	eingef.
				§ 61b Abs. 1	eingef.
				§ 61b Abs. 2	eingef.
				§ 61b Abs. 3	eingef.
				§ 61b Abs. 4 S. 1 und 2	eingef.
				§ 70a	eingef.
				§ 89	eingef.
				§ 104 Abs. 5	eingef.
				§ 109 Abs. 1 S. 1	geänd.
		(7.3.2013)		§ 8 Abs. 2 S. 1	geänd.
				§ 8 Abs. 2 S. 2	geänd.
				§ 8 Abs. 3	geänd.
				§ 16a Abs. 1	eingef.
				§ 16a Abs. 2	geänd.
				§ 21 Abs. 1 S. 1	eingef.
				§ 21 Abs. 1 S. 3	eingef.
				§ 21 Abs. 2	geänd.
				§ 26 Abs. 3 S. 3	angef.
				§ 30 Abs. 1	geänd.
				§ 30 Abs. 1 S. 2	angef.
				§ 30 Abs. 2	geänd.
				§ 31 Abs. 1 S. 1	angef.
				§ 31 Abs. 2 S. 2	geänd.
				§ 31 Abs. 2 S. 3	geänd.
				§ 31 Abs. 3 S. 1	geänd.
				§ 31 Abs. 3 S. 2	angef.
				§ 59 Abs. 1 S. 1	geänd.
				§ 61 Abs. 3 S. 1	geänd.
				§ 61b Abs. 4 S. 3	geänd.
				§ 87 Abs. 3 S. 4	geänd.

Laufende Nr.	Änderndes Gesetz	Datum (Inkrafttretung)	Reichs- bzw. Bundesgesetzbl. I Seite	geänderte Paragraphen des JGG	Art d. Änderung
				§ 87 Abs. 4 S. 2 und S. 3	eingef.
51	Gesetz zur bundesrechtlichen Umsetzung des Abstandsgebotes im Recht der Sicherungsverwahrung	5.12.2012 (1.6.2013)	2425	§ 7 Abs. 2 und 3	statt Abs. 2 aF
				§ 7 Abs. 4	bisher Abs. 3
				§ 7 Abs. 5	statt Abs. 4 aF
				§ 81a Abs. 2	aufgeh.
				§ 82 Abs. 3	geänd.
				§ 92 Abs. 1	geänd.
				§ 92 Abs. 2 S. 2	geänd.
				§ 92 Abs. 4 S. 1	geänd.
				§ 92 Abs. 6	geänd.
				§ 106 Abs. 3 und 4	statt Abs. 3 aF
				§ 106 Abs. 5	statt Abs. 4 aF
				§ 106 Abs. 6	statt Abs. 5 aF
				§ 106 Abs. 7	bisher Abs. 6
				§ 108 Abs. 3 S. 2	geänd.
52	Gesetz zur Stärkung der Opfer sexuellen Missbrauchs	26.6.2013 (1.1.2014)	1805	§ 36 Abs. 1 S. 2	angef.
				§ 36 Abs. 2	angef.
				§ 109 Abs. 1 S. 1	geänd.

Änderungen des JGG

Laufende Nr.	Änderndes Gesetz	Datum (Inkrafttretung)	Reichs- bzw. Bundesgesetzbl. I Seite	geänderte Paragraphen des JGG	Art d. Änderung
53	Gesetz zur Stärkung des Rechts des Angeklagten auf Vertretung in der Berufungsverhandlung und über die Anerkennung von Abwesenheitsentscheidungen in der Rechtshilfe	17.7.2015 (25.7.2015)	1332	§ 69 Abs. 3 S. 3	angef.
54	Gesetz zur Reform der strafrechtlichen Vermögensabschöpfung	13.4.2017 (1.7.2017)	872	§ 76 S. 1	geänd.
55	Gesetz zur effektiveren und praxistauglicheren Ausgestaltung des Strafverfahrens	17.8.2017 (24.8.2017)	3202	§ 8 Abs. 3 S. 2	angef.
				§ 89a Abs. 1 S. 5	geänd.
56	2. Gesetz zur Stärkung der Verfahrensrechte von Beschuldigten im Strafverfahren und zur Änderung des Schöffenrechts	27.8.2017 (5.9.2017)	3295	§ 67a § 78 Abs. 3 S. 2 § 104 Abs. 1 Nr. 9	eingef. geänd. geänd.
57	Gesetz zur Stärkung der Rechte von Betroffenen bei Fixierung im Rahmen von Freiheitsentziehungen	19.6.2019 (28.6.2019)	840	§ 93	neu gef.
58	Gesetz zur Modernisierung des Strafverfahrens	13.12.2019	2121	§ 80	geänd.
59	Gesetz zur Stärkung der Verfahrensrechte von Beschuldigten im Jugendstrafverfahren	17.12.2019	2146	§ 1, § 38, § 43, § 44, § 50, § 51, § 67, § 68, § 70, § 70b, § 78, § 89c, § 92, § 93, § 104, § 109, § 110	geänd.
		17.12.2019		§ 67a	neu gef.

Laufende Nr.	Änderndes Gesetz	Datum (Inkrafttretung)	Reichs- bzw. Bundesgesetzbl. I Seite	geänderte Paragraphen des JGG	Art d. Änderung
		17.12.2019		§ 46a, § 51a, § 68a, § 68b, § 70a	eingef.
		1.1.2020		§ 70c	geänd.
60	Gesetz zur Reform des Vormundschafts- und Betreuungsrechts	1.1.2023	882	§ 34	geänd.
61	Kinder- und Jugendstärkungsgesetz	10.6.2021	1444	§ 37a	eingef.
62	Gesetz zur Bekämpfung sexualisierter Gewalt gegen Kinder	1.7.2021	1810	§ 106	geänd.
		1.1.2022		§ 37	geänd.
63	Gesetz zur Fortentwicklung der StPO und zur Änd. weiterer Vorschriften	1.7.2021	2099	§§ 35, 81, 109	geänd.

Jugendgerichtsgesetz (JGG)

In der Fassung der Bekanntmachung vom 11.12.1974 (BGBl. I S. 3427)
FNA 451-1

Zuletzt geändert durch Gesetz zur Fortentwicklung der StrafprozessO und zur Änd. weiterer Vorschriften vom 25.6.2021 (BGBl. I S. 2099)

Einleitung

Schrifttum: Artkämper, Verfahren vor Jugendgerichten, 2020; Baier/Pfeiffer/Simonson/Rabold, Jugendliche in Deutschland als Opfer und Täter von Gewalt, 2009; Bartz, Die besondere polizeiliche Erfassung von Intensivtätern, 2008; Berger (Hrsg.), Verfolgte Kindheit. Kinder und Jugendliche als Opfer der NS-Sozialverwaltung, 2007; Bochmann, Entwicklung eines europäischen Jugendstrafrechts, 2009; Boers/Krawinkel, Intensivtäterschaft und Delinquenzabbruch, 2016; Decker/Marteache (Hrsg.), International Handbook of Juvenile Justice, 2. Aufl. 2017; Holzmann, Polizeilicher Umgang mit unter 14-jährigen Tatverdächtigen, 2008; Farrington/Murray (Hrsg.), Labeling Theory, 2014; Fritsch, Die jugendstrafrechtliche Reformbewegung, 1999; Gensing, Jugendgerichtsbarkeit und Jugendstrafverfahren im europäischen Vergleich, 2014; Groenemeyer/Hoffmann (Hrsg.), Jugend als soziales Problem, 2014; Hinz, Old enough to commit a Crime – Old enough to do the time?, 2021; Hoffmann/Matthes (Hrsg.), 100 Jahre Reichsjugendwohlfahrtsgesetz und Reichsjugendgesetz, 2024; Junger-Tas/Marshall/Enzmann ua (Hrsg.), The Many Faces of Youth Crime, 2012; Kebbedies, Außer Kontrolle, 2000; Khostevan, Zügiges Strafverfahren bei jugendlichen Mehrfach- und Intensivtätern, 2009; Kubink, Strafen und ihre Alternativen im zeitlichen Wandel, 2002; Kühl, Die gesetzliche Reform des Jugendstrafvollzug in Deutschland im Licht der European Rules for Juvenile Offenders Subject to Sanctions or Measures, 2012; Ludwig-Mayerhofer, Das Strafrecht und seine administrative Rationalisierung, 1998; Mertens, Schnell oder gut? Die Bedeutung des Beschleunigungsgrundsatzes im Jugendstrafverfahren, 2003; Oberwittler, Von der Strafe zur Erziehung?, 2000; Reichert (Hrsg.), Sozialwissenschaftliche Analysen jugendgerichtlicher Interaktion, 1984; Roth, Die Erfindung des Jugendlichen, 1983; Schady, Die Praxis des Jugendstrafrechts in der Weimarer Republik, 2003; Schaerff, Die Behandlung junger Straftäter in den USA, 2015; Stolp, Die geschichtliche Entwicklung des Jugendstrafrechts von 1923 bis heute, 2015; Stump, „Adult time for adult crime" – Jugendliche zwischen Jugend- und Erwachsenenstrafrecht, 2003; Wagner-Kern, Präventive Sicherheitsordnung, 2. Aufl. 2019.

Übersicht

I. Altersgerechte Reaktionen auf Jugenddelinquenz

1. Delinquenz junger Menschen

1 **a) Hellfeldbefunde.** Jugendliche und jüngere Erwachsene sind – bezogen auf die Größe der jeweiligen Bevölkerungsgruppen – deutlicher stärker als die übrigen (jüngeren und älteren) Bevölkerungsteile in die **institutionell registrierte** Kriminalität involviert. Das betrifft sowohl die Viktimisierungs- als auch die Deliktsbegehungshäufigkeit (zusf. Eisenberg/Kölbel Kriminologie § 48 Rn. 3f., 12ff., § 49 Rn. 1). Für 2023 weist die PKS einen Tatverdächtigenanteil der 14- bis 18-Jährigen von 9,2 %, der 18- bis 21-Jährigen von 7,6 % und der 21- bis 25-Jährigen von 10,4 % aus. Die Tatverdächtigenbelastungsziffer (Anzahl Tatverdächtige pro 100.000 der jeweiligen Altersgruppe) betrug bei Jugendlichen 5.165, bei Heranwachsenden 4.939 und bei 21- bis 25-Jährigen 3.999, während sie über alle Altersgruppen hinweg im Bevölkerungsdurchschnitt (ab 8. Lbj.) bei 1.983 lag (jeweils für die deutsche

Bevölkerung). Diese doch recht klare deliktische **Mehrauffälligkeit junger Menschen** ist ein internationaler Befund (vgl. etwa die schwedische Kohortenstudie von Carlsson/Sivertsson Journal of Developmental and Life-Course Criminology 7 (2021) 359 (372)). Obendrein geht sie aus den Kriminalstatistiken im Grunde schon seit deren Einführung hervor – doch in ihrer Deutlichkeit hat sie sich erst nach dem 2. Weltkrieg herausgeformt.

Ungeachtet dessen ist festzuhalten, dass den zeitweiligen Anstiegen der polizeilichen Registrierung immer gegenläufige Entwicklungen folgten. So kam es auch nach einer merklichen Zunahme in den 1990er Jahren (bis ca. 2007/08) zu einem anhaltenden Rückgang (zu dieser Entwicklung der registrierten und nicht registrierten Delinquenz etwa Antholz ZJJ 2014, 230; Albrecht RdJB 2016, 395 (396 ff.); Heinz Sekundäranalyse S. 234 ff., 310 ff.; Streng ZJJ 2024, 282 (284 ff.); zusf. Eisenberg/Kölbel Kriminologie § 48 Rn. 24 ff.). Diese zeigte sich international in sehr vielen Rechtsordnungen (vgl. etwa für Europa Albrecht RdJB 2018, 382 (384); Goldson, Juvenile Justice Europe/McAra/McVie 2019, S. 78 ff. jeweils mwN; zu Erklärungsansätzen für die langfristige und jüngere Entwicklung s. etwa Baier/Pfeiffer/Hanslmaier ZJJ 2013, 279 (283 ff.); Albrecht RdJB 2016, 395 (418 ff.); Streng ZJJ 2024, 282 (285 f.)). Allerdings relativiert sich dieser Trend in den deutschen Werten seit 2015 (Krieg/Rook/Beckmann/Kliem, Jugendliche in Niedersachsen 2019, 2020, S. 12 ff., 45 ff., 62 ff.). Seither steigen die Belastungszahlen (sieht man von den Pandemiejahren 2020/21 ab) wieder an (n. auch Baier/Kliem ZJJ 2019, 104; Prätor/Baier ZJJ 2024, 107 (108 ff.)). Ob sich darin tatsächlich eine Trendumkehr niederschlägt (so Baier FPPK 14 (2020), 141), ist derzeit aber noch nicht genau einzuschätzen. Zumindest teilw. spielen wohl auch vorübergehende Nachholeffekte bei jenen Geburtsjahrgängen eine Rolle, die in ihrer normalerweise delinquenzintensivsten Lebensphase an diesem (Erprobungs-)Verhalten durch die Pandemiemaßnahmen in der „Corona-Zeit" gehindert waren (Nägel/Kroneberg KrimOJ 2023, 182). Auch ist eine neuerliche Zunahme des Deliktsaufkommens in Dunkelfelddaten nur zwischen 2015 und 2019, nicht aber für 2021/22 zu erkennen (Dreißigacker/Schröder/Krieg ua, Jugendliche in Niedersachsen 2022, 2023, S. 29 ff.). 2

Die quantitative Mehrbelastung wird iÜ qualitativ dadurch relativiert, dass die Schwerpunkte der Delinquenz von 14- bis 25-Jährigen eindeutig in der **Bagatell- und Massenkriminalität** liegen. Das Straftatenspektrum konzentriert sich meist auf Eigentums-, Körperverletzungs- und Betäubungsmittelkriminalität. Schadensintensive Kriminalitätsformen (etwa folgenschwere Gewaltdelikte; Wirtschaftsdelinquenz) treten bei dieser Altersgruppe dagegen selten auf, seltener jedenfalls als bei älteren Erwachsenen (Dollinger/Schabdach Jugendkriminalität S. 113 f.; MBH/Meier JugendStrafR § 3 Rn. 24 ff.; Eisenberg/Kölbel Kriminologie § 48 Rn. 21 ff.). Als **charakteristische** Umstände, unter denen es durch junge Menschen zu Delikten kommt, gelten iÜ die Begehung im Gruppenkontext und im öffentlichen Bereich, die Bedeutung expressiver sowie risiko- oder erlebnisbezogener Elemente und die Spontanität bzw. Ungeplantheit und Gelegenheitsbedingtheit der Taten (vgl. bspw. Niggli/Marty, Risiken der Sicherheitsgesellschaft/Leitgöb/Birklbauer/Hirtenlehner, 2014, S. 388; Meenaghan/Nee/van Gelder ua BJC 60 (2020), 742; speziell zum Gruppenbezug n. Boers/Reinecke Altersverlauf/Bentrup S. 243 ff.; Wallner ua Devianz und Delinquenz/Wallner/Weiss S. 51 f. sowie die Übersichten bei Krohn/Hendrix/Hall/Lizotte, 3

Handbook on Crime and Deviance/Boman, 2. Aufl. 2019, S. 479ff.; Krohn/Lane, Handbook of Juvenile Delinquency and Juvenile Justice/Eassey/Buchanan, 2015, S. 199ff.; zusf. auch Eisenberg/Kölbel Kriminologie § 48 Rn. 23, § 58 Rn. 6f.).

4 **b) Dunkelfeldbefunde.** Die Untersuchungen der Dunkelfeldforschung zeigen auf, dass nur ein Ausschnitt des strafrechtlich ggf. einordenbaren Geschehens institutionell überhaupt bekannt und bearbeitet wird. Selbst wenn dieser Teil bei älteren Bevölkerungsgruppen noch stärker selektiert sein dürfte (Dollinger/Schabdach Jugendkriminalität S. 112), ist er auch bei jungen Menschen sehr klein. Häufig wird davon ausgegangen, dass es bei wenig mehr als 10% der Delikte junger Menschen zu einem Polizeikontakt kommt (Brettfeld/Wetzels PraxRPsych 2003, 226 (234f.); Görgen/Taefi/Kraus/Wagner, Jugendkriminalität und Jugendgewalt/Taefi/Görgen, S. 64; Wallner ua Devianz und Delinquenz/Wallner/Weiss S. 47ff.). Für die institutionell unentdeckt gebliebene Delinquenz werden die genannten, hellfeldbasierten Beobachtungen zu den Verteilungs- und Merkmalsstrukturen allerdings im Wesentlichen bestätigt. Aus der Verbreitung von (meist geringfügigen) Straftaten unter jungen Menschen muss indes gefolgert werden, dass jedenfalls minder schwere Delinquenz bei ihnen (statistisch) normal und unabhängig von der sozio-ökonomischen Herkunft (dh **ubiquitär**) ist (vgl. etwa die Daten bei Boers/Reinecke/Bentrup MschKrim 2014, 183 (186); ferner Boers MschKrim 2019, 3 (7ff.); s. jeweils mwN auch Dollinger/Schabdach Jugendkriminalität S. 115f.; Eisenberg/Kölbel Kriminologie § 48 Rn. 18).

5 **c) Spontanbewährung und Persistenz.** Die in der angehobenen Deliktsbelastung junger Menschen liegende Problematik ist auch deshalb zu relativieren, weil die strafrechtlich relevante Aktivität mit dem Älterwerden – beginnend indes bereits in der Mitte der Jugendphase – kontinuierlich auf das gesellschaftlich normale Maß zurückgeht. Diese sog. Spontanbewährung ist nicht von äußeren oder gar strafrechtlichen Einwirkungen abhängig (Boers/Reinecke/Bentrup MschKrim 2014, 183 (187); Boers MschKrim 2019, 3 (7ff.); Wallner ua Devianz und Delinquenz/Wallner/Weiss S. 53f.; dazu, dass im Hellfeld die Maximalbelastung etwas später im Heranwachsendenalter liegt, vgl. etwa die Daten bei Albrecht/Grundies MschKrim 2009, 326 (327)). Jugenddeliktische Auffälligkeit kann daher als ein **passageres** Phänomen eingeordnet werden, das mit **alterstypischen sozialisatorischen** Prozessen zusammenhängt (dazu jeweils zusf. Walter/Neubacher, Jugendkriminalität, 4. Aufl. 2011, Rn. 159ff.; Eisenberg/Kölbel Kriminologie § 48 Rn. 35).

6 Deutlichster Ausdruck des episodenhaften Charakters von Jugenddelinquenz ist, dass die allermeisten strafrechtlich erfassten Jugendlichen gar nicht erneut registriert bzw. sanktioniert werden, oder jedenfalls nur noch selten und zeitlich begrenzt (dazu anhand von BZR-Daten etwa DVJJ/Jehle 2019, S. 188f.). Etwas anders verhält es sich bei einer kleineren Teilgruppe, die iZm einem oft riskanteren und weniger angepassten Lebensstil (dazu mwN Eisenberg/Kölbel Kriminologie § 48 Rn. 32ff.) eine über das alterstypische Maß **quantitativ** und **qualitativ hinausgehende** Deliktsauffälligkeit zeigt. Dies äußert sich gleichermaßen in der Hellfeld- (vgl. etwa Groenemeyer/Hoffmann, Jugend als soziales Problem/Kopp/Schubarth, 2014, S. 363ff.; Neubacher/Bögelein Krise – Kriminalität – Kriminologie/Hohmann-Fricke

S. 462 ff.; JAHT, Legalbewährung, 2021, S. 243) wie auch in der Dunkelfeldbelastung (vgl. etwa Boers/Reinecke/Bentrup MschKrim 2014, 183 (188); Boers MschKrim 2019, 3 (9 ff.); Sturzbecher/Bredow/Büttner, Wandel der Jugend in Brandenburg/Schmidt/Sturzbecher, 2019, S. 157 ff.; zu den hierfür relevanten Risikofaktoren → § 5 Rn. 47 ff.). Dabei hat die sog. Lebenslaufskriminologie gezeigt, dass insofern zwischen **verschiedenen** Untergruppen zu differenzieren ist, deren jeweilige Mitglieder sich in ihren charakteristischen biografischen Auffälligkeitsverläufen (bzgl. Beginn, Ausmaß und Dauer der gesteigerten Auffälligkeit) ähneln (für Deutschland etwa Boers/Reinecke/Bentrup MschKrim 2014, 183 (189); Boers/Reinecke Altersverlauf/Reinecke S. 148 ff., 161 ff.; international statt vieler bspw. Cauffman/Beardslee/Sbeglia ua Journal of Research on Adolescence 34 (2024), 1312; s. auch die Überblicksdarstellungen etwa bei Liberman, The Long View of Crime: A Synthesis of Longitudinal Research/Piquero, 2008, S. 23 ff.; Jennings/Reingle Journal of Criminal Justice 2012, 472; Boers MschKrim 2019, 3 (12 ff.); zusf. Eisenberg/Kölbel Kriminologie § 55 Rn. 15 ff.).

Unabhängig davon ist aber gleichermaßen dokumentiert, dass auch die Teilgruppe der mehrauffälligen Jugendlichen insgesamt schon ab dem 16. Lbj. immer kleiner wird (vgl. etwa Boers/Krawinkel, Intensivtäterschaft und Delinquenzabbruch, 2016, S. 46 ff.; Boers/Reinecke Altersverlauf/Reinecke S. 161 ff.). Es kommt also bei den meisten Jugendlichen und Heranwachsenden, die (zeitweilig) stärker deviant agieren, früher oder später ebenfalls zu einer Rückbildung der Mehrbelastung und Auffälligkeit (zusf. Liberman, The Long View of Crime: A Synthesis of Longitudinal Research/Piquero, 2008, S. 33 ff.; Boers MschKrim 2019, 3 (19 f.); s. auch Eisenberg/Kölbel Kriminologie § 55 Rn. 4 ff. jeweils mwN). Dass deren biografische Persistenz also selten ist, zeigt, dass es selbst bei zunächst sehr problematischen Individualentwicklungen **keine Zwangsläufigkeit** der Fortsetzung gibt (n. → § 5 Rn. 58 f.). Zu der Frage, welche Rolle strafrechtliche Interventionen hierbei spielen – dh wann die Auffälligkeitsrückgänge und „Karriereabbrüche" hierdurch angeregt und unterstützt werden können –, sind allerdings keine verallgemeinernden Aussagen möglich (zu vergleichenden Wirksamkeitsbefunden jugendstrafrechtlicher Reaktionen ua Eisenberg/Kölbel Kriminologie § 41). 7

d) Dysfunktionale Interventionen. Die neuere Forschung macht aber jedenfalls zunehmend klar, dass – gewissermaßen umgekehrt – gravierende Eingriffe und massive Sanktionen vielfach delinquenzbegünstigend wirken (vgl. etwa Bales/Piquero Journal of Experimental Criminology 2012, 71 ff.; Farrington/Murray, Labeling Theory/Murray/Blokland/Farrington/Theobald, 2014, S. 209 ff.). Dies beruht ua auch darauf, dass invasive Maßnahmen die Anbindung an delinquente Peers fördern (Bernburg/Krohn/Rivera JRCD 2006, 67; Boers/Reinecke Altersverlauf/Schulte S. 451 ff.; Rowan/Fine/Steonberg ua Criminology 2023, 731), die Schwierigkeiten im schulischen bzw. beruflichen Bereich steigern (Bernburg/Krohn Criminology 2003, 1287; Dessecker, Jugendarbeitslosigkeit und Kriminalität/Schumann, 2. Aufl. 2007, S. 55 f., 64 f.) sowie das Selbstbild und die auf die Lebensführung bezogenen Haltungen ungünstig beeinflussen (Farrington/Murray, Labeling Theory/Krohn/Lopes, 2014, S. 179 (196 ff.); Restivo/Lanier Justice Quarterly 2015, 116). Insgesamt liegen viele markante Hinweise auf die 8

Entwicklungsschädlichkeit zumindest früher strafrechtlicher Reaktionen vor (n. dazu auch → § 5 Rn. 67 f.; n. zum Forschungsstand Farrington/Murray, Labeling Theory/Barrick, 2014, S. 89 ff.; Boers/Herlth MschKrim 2016, 101 (115 ff.); Boers MschKrim 2019, 3 (30 ff.); Eisenberg/Kölbel Kriminologie § 55 Rn. 28 ff. jeweils mwN).

2. Sachbedingtes vorpositives Anforderungsprofil an altersgerechte Reaktionsstrukturen

9 **a) Jugendadäquate Rechtsfolgen und Vorgehensweisen.** Die Häufigkeit von Spontanbewährungsprozessen und die bestenfalls begrenzte Funktionalität massiver strafförmiger Maßnahmen sprechen dafür, bei Jugenddelinquenz prinzipiell auf einwirkungsarme und/oder entwicklungsfördernde Interventionen oder auch auf Interventionsverzicht zu setzen. Altersgerechte Reaktionen müssen ihrer Art nach deshalb – anders als die insofern evident ungeeigneten Strafformen des StGB (zu den Wirkungsproblemen des Freiheits- oder Geldentzugs s. zusf. Eisenberg/Kölbel Kriminologie §§ 32, 38 sowie § 41 Rn. 16 ff., 71 f.) – an die Lebenssituation, Leistungsfähigkeit und Weltsicht junger Menschen angepasst sein. Dies macht **andere** bzw. eigene **„Sanktions"-Formen** notwendig, beginnend mit der Non-Intervention über chancenverbessernde Hilfestellungen bis hin zur nachdrücklichen Bearbeitung sozialisatorischer Fehlentwicklungen.

10 Auf der Basis der primär schuldorientierten Sanktionszumessungskriterien des allg. StR (§ 46 StGB) wäre es nicht gewährleistet, dass dieses breitere, altersorientierte Spektrum der Reaktionsformen angepasst an die individuell jeweils bestehenden, unterschiedlichen Interventionserfordernisse angewandt wird. Um dies sicherzustellen, bedarf es im Jugendstrafrecht vielmehr einer **Logik der Rechtsfolgenbestimmung,** die die Verwirklichung der jeweiligen Straftat tendenziell nur als Anlass des Eingreifens versteht, während die Wahl und Bemessung der Reaktion vorwiegend am konkreten **Einwirkungsbedarf** auszurichten sind. Damit gehen dann allerdings auch **gesteigerte Anforderungen** an das **Verfahren** einher. Wenn nämlich nicht nur tat-, sondern auch personenbezogene Umstände für die Entscheidung bestimmend sind, erfordert dies prozedurale Instrumente, mit denen die (zur individuell passförmigen Reaktion) erforderliche Diagnose- und Prognoseleistung erbracht werden kann (im Rahmen der in → § 5 Rn. 31 ff. erläuterten engen Möglichkeitsgrenzen). Zu dieser spezialpräventiven Ausrichtung gehört es auch, die prozessbedingten Belastungen für die Vorwurfsadressaten zu reduzieren und die verfahrenseigenen Interaktionsformen an deren Perspektiven und Interaktionskompetenzen anzunähern.

11 **b) Rechtsstaatliche Limitierung.** Bei all dem darf jedoch nicht in den Hintergrund treten, dass auch eine zukunftsorientiert und fördernd ausgerichtete Intervention in den Phasen der Anlassklärung, der Interventionsentscheidung und der Interventionsumsetzung mit teilw. erheblichen Belastungen und **Grundrechtseingriffen** für die Betroffenen verbunden ist – besonders wenn dies als ein straf- und strafprozessrechtliches Vorgehen gerahmt und ausgestaltet wird. Es muss daher ohne Einschränkung und in jeder Hinsicht mit Verhältnismäßigkeitserfordernissen und anderen **rechtsstaatlichen** Garantien in Einklang stehen (zur partiellen Realisierung dieses Anforderungsprofils → Rn. 36 ff.).

II. Entwicklung des deutschen Jugendstrafrechts

1. JGG 1923

a) Herausbildung. Die Entwicklung des frühen Jugendstrafrechts steht historisch iZm der Herausbildung und kulturellen Anerkennung eines eigenständigen Lebensabschnittes „Jugend“, der sich „zwischen“ das Kind-Sein und den (ursprünglich unmittelbar) folgenden Erwachsenenstand schob (für einen Überblick vgl. Dollinger/Schmidt-Semisch Jugendkriminalität-HdB/Scherr S. 19 ff.; zu einem anfänglich auf randseitige und korrekturbedürftige Personen bezogenen Jugendverständnis s. etwa von Trotha KZfSS 1982, 254; Roth, Die Erfindung des Jugendlichen, 1983, S. 98 ff.; Heinz/Hübner-Funk Diskurs 1997, 4; n. King/Noel Déviance & Société 1994, 9 ff.). Ungeachtet eines sich damit herausbildenden Bewusstseins, das schon in der **Zeit um 1800** für die Besonderheiten von Jugenddelinquenz und die Notwendigkeit einer spezifischen Reaktion erkennbar war (für Preußen Dollinger/Keßler/Rocher ZJJ 2023, 4; Dollinger Soziale Probleme 2024, 183), lag eine selbstständige jugendstrafrechtliche Gesetzgebung in Dtl. erstmals erst mit dem JGG v. 16.2.1923 (RGBl. I 135) vor. Dieses Gesetz verdankte sich letztlich dem Drängen der **Jugendgerichtsbewegung,** in der wiederum ganz verschiedene gesellschaftliche Diskurslinien (in der Rechtspraxis, der Gefängniskunde usw, aber auch von internationalen Vorbildern) zusammengetroffen waren (zur Entwicklung seit Mitte des 19. Jahrhunderts s. Fritsch, Die jugendstrafrechtliche Reformbewegung, 1999, S. 24 ff.; Oberwittler, Von der Strafe zur Erziehung?, 2000, S. 59 ff.; Kubink, Strafen und ihre Alternativen im zeitlichen Wandel, 2002, S. 127 ff.; Dollinger/Schabdach Jugendkriminalität S. 23 ff.; Dollinger/Schmidt-Semisch Jugendkriminalität-HdB/Cornel S. 545 ff.; zu damals wesentlichen Akteuren vgl. zB Pieplow ZJJ 2022, 16; zur vorbildhaften Entwicklung in den USA vgl. etwa Stump, „Adult time for adult crime“, 2003, S. 48 ff.; Schaerff, Die Behandlung junger Straftäter in den USA, 2015, S. 138 ff.). 12

Das JGG 1923 trat an die Stelle der §§ 55–57 StGB aF, die ua den Beginn der Strafmündigkeit mit Vollendung des 12. Lbj. vorgesehen hatten, aber als Regelungsbereich in der Praxis nur geringe Bedeutung erlangten. Mit dem neuen JGG war für die Reaktion auf die Delinquenz junger Menschen dagegen eine eigene ausdifferenzierte Regelung vorgesehen, die sich allerdings va auf (einige) prozessuale und (viele) Rechtsfolgenfragen konzentrierte und hinsichtlich der Strafbarkeitsvoraussetzungen weitgehend an das allg. StR gebunden blieb (weshalb das Gesetz auch die Bezeichnung „Jugendgerichts-„ und nicht „Jugendstrafgesetz“ erhielt (dazu Schumann/Wapler Erziehen und Strafen/Ostendorf S. 51)). Das JGG 1923 markierte damit aber zugleich auch die Entscheidung, für die jugendgemäße Deliktsreaktion auf ein **Sonderstrafrecht** zu setzen (für einen Überblick über das Verhältnis von JStR und allg. StR und dessen Entwicklung seit 1923 s. Kuhli/Papenfuß ZJJ 2024, 12). 13

Als Sonderstrafrecht war das JGG weder nach seinen Zielvorgaben noch nach seiner rechtlichen Ausgestaltung als ein Jugendfürsorgerecht konzipiert. Ein solches war vielmehr mit dem 1922 erlassenen und 1924 in Kraft getretenen **Reichsjugendwohlfahrtsgesetz** geschaffen worden, weil auf Jugenddelinquenz sowohl mit den Mitteln des JStR als auch der JHilfe 13a reagiert werden sollte (zur Entstehung und Weiterentwicklung etwa Wiesner ZJJ 2023, 104 (104 ff.); Hoffmann/Matthes, 100 Jahre Reichsjugendwohlfahrtsgesetz (…)/Kuhlmann, 2024, S. 130 ff.; zur Entwicklung des JAmts Eisenberg Zbl 1991, 250 f.; Hoffmann/Matthes, 100 Jahre Reichsjugendwohlfahrtsgesetz (…)/Uhlendorff, 2024, S. 41 ff.). In diesem Nebeneinander lag der bis heute wirksame Abschied von der gleichermaßen denkbaren Option, ein einspuriges Modell zu verfolgen und ein einheitliches Jugendinterventionsrecht (mit der integrierten Bearbeitung von Jugendschutz, Jugendfürsorge und Deliktsreaktion) zu erschaffen (zur später gelegentlich aufkommenden Diskussion um die beiden Grundmodelle etwa Kubink, Strafen und ihre Alternativen im zeitlichen Wandel, 2002, S. 487 ff.; zu entspr. jüngeren Kontroversen etwa Wiesner FS Heinz, 2012, 542 ff.; Wiesner ZJJ 2023, 104 (107)).

14 **b) Inhalte.** Was die **konkreten Festlegungen** betraf, so begründete das JGG 1923 im Bereich des materiellen JStR die Straffreiheit für Kinder im Alter von 12 und 13 Jahren (zur Kinderdelinquenz → § 1 Rn. 8 ff.), während es für Jugendliche (im Alter von 14 bis unter 18 Jahren) die Strafen durch ein System von erzieherischen Rechtsfolgen ergänzte. Für eine Bestrafung wurde (neben der geistigen und sittlichen Reife) vorausgesetzt, dass Erziehungsmaßregeln nicht ausreichten. Eine Begrenzung des Mindestmaßes der Freiheitsstrafe war nicht vorgesehen, sodass auch kurzzeitige Freiheitsstrafen verhängt werden konnten (was in der Praxis auch vergleichsweise häufig geschah). Eine „unbestimmte Strafe" war nicht zulässig. Die Vollstr. der Strafe konnte auf Probe ausgesetzt werden (§§ 10 ff. JGG 1923), ohne dass eine spezielle Institution zur Kontrolle oder Betreuung der Betroffenen während der Probezeit vorgesehen gewesen wäre (s. zum Ganzen auch den Überblick bei Kubink, Strafen und ihre Alternativen im zeitlichen Wandel, 2002, S. 188 ff.; Schumann/Wapler Erziehen und Strafen/Ostendorf S. 51 f.; zur gleichwohl eher traditionell straforientierten Praxis nach 1923 vgl. Schady, Die Praxis des Jugendstrafrechts in der Weimarer Republik, 2003; überblicksartig auch Gies, Göttinger Rechtszeitschrift 2018, 17 (19 f.)). – Im Bereich des formellen JStR wurde das Verfahren teilw. eigenständig ausgestaltet. Dies betraf einmal die partiell schon vorher errichteten und nun gleichsam „legalisierten" JGerichte (erstinstanzlich als stets mit Schöffen besetzte kleine oder große JGerichte). Es zeigte sich aber auch am Ausschluss der Öffentlichkeit und der Einschränkung des Legalitätsprinzips. Zur Persönlichkeitsbeurteilung und Kontrolle oder aber Betreuung der Betroffenen war die – vorzugsweise dem JAmt übertragene – JGH vorgesehen.

2. NS-Zeit

15 **a) Neuordnung.** Während der NS-Zeit wurde zunächst durch VO v. 4.10.1939 (RGBl. I 2000) eine Schärfung dergestalt eingeführt, dass auf Jugendliche im Alter ab 16 Jahren bei als besonders verwerflich beurteilter „verbrecherischer Gesinnung oder zum Schutz des Volkes" (§ 1 Abs. 2) das allg. StR einschließlich der Todesstrafe (zu deren Häufigkeit Löffelsender ZJJ 2017, 215 (219) mwN) angewandt werden konnte. Durch VO v. 4.10.1940 (RGBl. I 1336) wurde der JA (n. → § 13 Rn. 3 ff.) und anschließend durch VO v. 10.9.1941 (RGBl. I 567) die Jugendgefängnisstrafe von unbestimmter Dauer implementiert (s. zum Ganzen auch Kubink, Strafen

und ihre Alternativen im zeitlichen Wandel, 2002, S. 280 ff.). Sodann führte das **RJGG** v. **6.11.1943** (RGBl. I 637) unter Beibehaltung dieser Neuerungen zu weitgreifenden Umgestaltungen im gesamten JStR (n. Kebbedies, Außer Kontrolle, 2000, S. 101 ff.; Götte, Jugendstrafvollzug im „Dritten Reich", 2003, S. 79 ff.). Bspw. sieht das Gesetz seither die „schädlichen Neigungen" als eine Verhängungsvoraussetzung von JStrafe vor (→ § 17 Rn. 20 f.). Gemäß § 4 der JStR-VO v. 6.11.1943 (RGBl. I 635) waren die RL der Allg. Verfügung des Reichsjustizministers v. 15.1.1944 (Sonderveröffentlichung der DJ Nr. 30), die Zweifelsfragen des RJGG 1943 klärten, verbindliches Recht. Insgesamt kamen die in der NS-Zeit erfolgten Eingriffe in das JGG 1923 teilw. dessen Entstellung gleich (vgl. auch Schumann/Wapler Erziehen und Strafen/Ostendorf S. 55: „in weiten Teilen Ausdruck der NS-Ideologie"). Erleichtert wurde dies durch die teils erzwungene, teils akzeptierte oder gar gewollte Anpassung nichtstaatlicher Gremien (vgl. detailliert zur DVJJ Schumann ZJJ 2017, 313 (314 ff.); ferner Schumann/Wapler Erziehen und Strafen/Schumann S. 73 ff.; DVJJ/Schumann 2019, S. 39 ff.).

b) Konkrete Regelungen. Die umfassende Umgestaltung durch das 16
RJGG 1943 betraf besonders die **Rechtsfolgen.** In diesem Bereich wurde die dreischrittige Abstufung von Erziehungsmaßregeln über Zuchtmittel zu Jugendgefängnis eingeführt, wobei der bereits 1940 durch Verordnung implementierte JA (als Zuchtmittel) die kurzzeitige Freiheitsstrafe ersetzen sollte. Das Mindestmaß der Jugendgefängnisstrafe stieg (von ursprünglich einem Tag nach dem JGG 1923) auf zunächst drei Monate an (zur Lebenswirklichkeit im JStVollz s. Götte, Jugendstrafvollzug im „Dritten Reich", 2003, S. 141 ff., 224 ff.). Es wurden die Strafrahmen des allg. StR für unanwendbar erklärt, einige Vorschriften über Vollstr. und Vollzug sowie die „Beseitigung des Strafmakels durch Richterspruch" eingeführt und ferner die Möglichkeit der Aussetzung auf Probe aufgehoben. Die Altersgrenzen erfuhren eine Relativierung, da erstens Kinder schon ab dem Alter von 12 Jahren in als „schwer" beurteilten Fällen durchaus bestraft werden konnten (§ 3 Abs. 2 S. 2 RJGG) und zweitens das allg. StR auf sog. frühreife Personen (§ 20 Abs. 1 RJGG) bzw. „charakterlich abartige Schwerverbrecher" (§ 20 Abs. 2 RJGG) schon vor Erreichen des 18. Lbj. angewandt werden durfte.

§ 60 RJGG 1943 erlaubte es iÜ, die Jugendlichen nach Voll- oder Teil- 17
vollstreckung der JStrafe in „Jugendschutzlagern" unterzubringen, wenn bei ihnen eine Anpassung an die Volksgemeinschaft nicht zu erwarten sei (Kebbedies, Außer Kontrolle, 2000, S. 240 ff.). Dem war ab 1940 die Entwicklung ähnlicher polizeilicher Lager vorausgegangen (vgl. die Quellenauszüge in DVJJ-Journal 1992, 242 ff.), in die Jugendliche auch ohne (gar gerichtlich festgestellte) Deliktsbegehung zB schon aufgrund der Ablehnung der NS-Ideologie zwangsuntergebracht wurden. Überwiegend hat es sich aber wohl um Abgeschobene aus der Fürsorgeerziehung gehandelt (dazu und zu den Lagerbedingungen etwa Berger, Verfolgte Kindheit/Fritz, 2007, S. 311 ff., 318 ff.). Aus den Lagern wurden die Untergebrachten nach „Beobachtung" (vgl. etwa Berger, Verfolgte Kindheit/Fritz, 2007, S. 322 ff.) entweder zum Militär oder in Konzentrationslager verbracht (vgl. Schumann ZJJ 2017, 313 (318) mwN).

18 Zum **JStV** meinte seinerzeit Peters, dass es „(…) noch nicht in der gleichen Weise wie das materielle JStR seine Loslösung von dem Erwachsenenstrafrecht gefunden (…)“ habe und demgemäß einen „Doppelcharakter“ aufweise (RJGG Vor §§ 21 ff. Anm. 2 f.). Immerhin führte § 23 RJGG 1943 (erstmals) eine JStA ein. Als erstinstanzliche Gerichte wurden die mit Schöffen besetzten Spruchkörper nunmehr durch JRichter und die JKammer ersetzt. Zugleich wurde durch § 25 Abs. 1 RJGG 1943 festgelegt, dass „im gesamten Verfahren die Hitler-Jugend und die JGH zur Mitarbeit herangezogen werden“ sollen (n. Stolp, Die geschichtliche Entwicklung des Jugendstrafrechts von 1923 bis heute, 2015, S. 85 ff.; zur Funktion von ministeriellen Anweisungen bzw. sog. Richterbriefen wie auch Rechtsreferenten der Hitler-Jugend s. etwa Wolff, Jugendliche vor Gericht im Dritten Reich, 1992, S. 116 ff.).

3. Entwicklung in der Bundesrepublik

19 **a) JGG 1953.** Das JGG v. 4.8.1953 (BGBl. I 751) hob – ungeachtet breiter Diskussionen (dazu Kebbedies, Außer Kontrolle, 2000, S. 105 ff., 112 ff.) – **nur einige** (aber keineswegs alle) **Umgestaltungen** aus der Zeit des Dritten Reiches **auf,** wie etwa die Durchbrechung der Altersgrenzen, die Vorrangstellung der Strafe und die sog. „strengen Tage“ im JAVollzug (bei sonstiger Beibehaltung des JA). Allerdings waren diese Korrekturen in der Praxis ohnehin schon vor- und vorweggenommen worden (krit. daher auch DVJJ 1999, AK II–5). Die legislatorische Distanzierung zum JGG 1943 hielt sich in relativ engen Grenzen (Kubink, Strafen und ihre Alternativen im zeitlichen Wandel, 2002, S. 353 ff.; n. auch Streng ZJJ 2022, 266). Dies war ua der personellen Kontinuität in maßgebenden Einrichtungen (vgl. etwa Safferling FS Streng, 2017, 612 speziell zur Beibehaltung des JA) bzw. in beratenden Organisationen geschuldet (dazu für die DVJJ n. Schumann ZJJ 2017, 313 (324 ff.)). Immerhin wurde aber zumindest die Möglichkeit (wieder) eingeführt, die Vollstr. der JStrafe **zBew auszusetzen,** wobei die Voraussetzungen und die Ausgestaltung (insb. Bewährungshilfe und -aufsicht) genauere Konturen erhielten (zu den Diskussionen mwN Stolp, Die geschichtliche Entwicklung des Jugendstrafrechts von 1923 bis heute, 2015, S. 127 ff., 132). Ferner sah das JGG 1953 (in Anlehnung an einzelne ausländische Regelungen) nunmehr die Möglichkeit der **Aussetzung** der **Verhängung** einer JStrafe **zBew** vor (dazu Potrykus NJW 1953, 1454; Lackner JZ 1953, 529).

20 Die JGerichtsverfassung erfuhr eine gewisse Neuordnung, wie zB durch Wiedereinführung des Schöffensystems (vgl. näher Stolp, Die geschichtliche Entwicklung des Jugendstrafrechts von 1923 bis heute, 2015, S. 155 f.). Zu Änderungen kam es ebenso im Jugendstrafverfahren. So wurde insb. die **Zuständigkeit** der **JGerichte** auch für Verfahren gegenüber solchen Personen festgelegt, die zur Zeit der Tat **Heranwachsende** waren. Darüber hinaus ist auf diese Personengruppe seither unter bestimmten Voraussetzungen, aber nicht etwa nur als Ausnahme (vgl. BT-Drs. 1/3264, 36 f.; BT-Drs. I/4437, 2 f.), auch **materielles JStR** anzuwenden.

21 **b) Neuregelung 1990.** Das **1. JGG-ÄndG** v. 30.8.1990 (BGBl. I 1853) als weiterer prägender Gesetzgebungsschritt nahm zunächst einmal vorwiegend technische Anpassungen an sinnvolle Entwicklungen in der Praxis vor

(zu dem zugrunde liegenden rechtspolitischen Diskurs vgl. die Analysen bei Lampe Soziale Probleme 2016, S. 95 (106)). Diese Angleichung betraf insb. Alternativen zur formellen Verfahrensdurchführung und zur Untersuchungshaft. So wurden einzelne der Einstellungsregelungen (§§ 45, 47) näher ausgestaltet und von Kann- in Mussvorschriften umgewandelt (→ Rn. 44). Die Voraussetzungen und Modalitäten der U-Haft sahen nunmehr höhere Hürden vor, auch wegen der neuen Funktionen der JGH. Im Bereich der Rechtsfolgen baute das Gesetz zwar die Kategorie der Zuchtmittel durch Legalisierung einer Arbeitsauflage aus, hob andererseits aber die JStrafe unbestimmter Dauer auf. Das Spektrum der benannten Weisungen wurde um neue ambulante Maßnahmen ergänzt (sozialer Trainingskurs, Betreuungsweisung). Dass die Reichweite der Neuerungen insgesamt aber gleichwohl noch recht begrenzt war, ist daran zu erkennen, dass durch den Bundestags-Rechtsausschuss zugleich etliche, offen gebliebene Aspekte der rechtspolitischen Weiterentwicklung markiert wurden (BT-Drs. 11/7421, 3; dazu Schumann/Wapler Erziehen und Strafen/Ostendorf S. 57). – Das fast gleichzeitig erlassene **SGB VIII** v. 26.6.1990 (BGBl. I 1163) enthielt, geleitet von einer partizipativen (statt kontrollierenden) Perspektive, einige Änderungen, die in mehrfacher Hinsicht relevante Konsequenzen für die Praxis des JStR haben (s. nur §§ 36a, 52 SGB VIII; aber auch → Rn. 25). – Außerdem kam es ebenfalls fast gleichzeitig (mWv 3.10.1990) zu einer Erstreckung des JGG auch auf das Gebiet der ehemaligen DDR (zur dortigen Entwicklung in den 1980er Jahren s. Steinberg ZStW 132 (2020), 397 (413 ff.)). Dies geschah zunächst allerdings mit gewissen Modifikationen durch den Einigungsvertrag und gerichtliche Entscheidungen (vgl. dazu die Erl. bis zur → 13. Aufl.; s. auch BT-Drs. 11/7817, 52 f.; zur Aufhebung iRd Rechtsbereinigung vgl. Gesetz v. 8.12.2010, BGBl. I 1864).

c) Anschließende Neuregelungen. Die Änderungen des JGG, zu denen es nach 1990 kam, blieben von wenigen Ausnahmen (→ Rn. 32 f.) abgesehen hinter den Erfordernissen einer nicht-punitiven, sachangemessenen Rechtspolitik insgesamt (wenn auch nicht in allen Einzelpunkten) zurück (für eine umfassende Rekonstruktion und Auswertung vgl. Kölbel ZStW 2021, 169; Kölbel ZJJ 2021, 307). Mit dem **JuMoG** v. 22.12.2006 (BGBl. I 3416) wurden – teilweise unter Hintanstellung des Erziehungsgedankens – mehrere Verfahrensvorschriften geändert (dazu etwa → § 41 Rn. 11 ff., → § 80 Rn. 20 ff.). Das **2. JGG-ÄndG** v. 13.12.2007 (BGBl. I 2894) bekannte sich mit Einführung des § 2 Abs. 1 dagegen zum Erziehungsgedanken (→ § 2 Rn. 2 ff.) und gestaltete iZm der Föderalismusreform die bundesrechtlichen Vorschriften zum Vollzug der JStrafe um, wobei die längst überfälligen, sonstigen Rechtsgrundlagen für das **JStVollzR** ab 1.1.2008 durch Landesgesetze geschaffen wurden (näher → § 92 Rn. 3 ff.). Hierbei handelte es sich ganz überwiegend um selbstständige Gesetze, in mehreren Ländern aber auch (nur) um spezielle Abschnitte allg. Justizvollzugsgesetze. Durch das U-HaftRÄndG v. 29.7.2009 (BGBl. I 2274) wurde ua § 89c eingefügt (teilw. in Orientierung am vormaligen § 93 Abs. 1 und 2) und die Anwendung des § 72a auf Heranwachsende erstreckt (§ 109 Abs. 1 S. 1). Der **U-Haftvollzug** ist indes ebenfalls Gegenstand von Landesgesetzen (näher → § 89c Rn. 6 ff.). Das im Juli 2012 verabschiedete Gesetz zur Erweiterung jugendgerichtlicher Handlungsmöglichkeiten (für eine Bilanz s. Höffler/Kaspar RdJB 2018, 449) positivierte die sog. „Vorbewährung" und führte 22 eine Regelung zum Vorbehalt nachträglicher Entscheidung über die Aussetzung der Vollstr. der JStrafe zBew (§§ 61–61b) ein. Außerdem ermöglicht das JGG seither den sog. Kopplungs-JA (§ 8 Abs. 2 S. 2 bzw. § 61 Abs. 3 S. 1, jeweils iVm § 16a). Für dessen Vollzug wie auch den des allg. JA wurde seit 2013 in fast allen Ländern eine Gesetzesgrundlage geschaffen (→ § 89c Rn. 6).

23 Eine dem Erziehungsauftrag (§ 2 Abs. 1) besonders klar zuwiderlaufende Tendenz (ebenso die Kritik bei Höynck/Ernst KJ 2014, 249 (253 f.)) weist das Gesetz v. 8.7.2008 (BGBl. I 1212, nicht korrigiert durch das Gesetz v. 20.12.2010 (BGBl. I 2300)) auf, welches die nachträgliche Anordnung von Sicherungsverwahrung bei nach JStR Verurteilten ermöglichte (zur Einordnung der Sicherungsverwahrung als „originäres NS-Projekt" vgl. Wagner-Kern, Präventive Sicherheitsordnung, 2019, S. 54 ff.). Bei Heranwachsenden, die nach allg. StR sanktioniert werden, waren die vorbehaltene und die nachträgliche Sicherungsverwahrung bereits 2003 bzw. 2004 zugelassen worden. Eingebettet war dies in eine dichte Abfolge von Gesetzgebungsanträgen, die in dieser Phase (2000 bis 2003) auf diverse Verschärfungen des JStR hinwirken wollten (Zusammenstellung bei Hotter/Albrecht RdJB 2003, 282 (285 ff.)). Diese legislative Aktivität stand iZm der Verschiebung des kriminalpolitischen Diskurses, der Kriminalität anders als in den davor liegenden Jahren weniger als Ergebnis dysfunktionaler und desintegrativer gesellschaftlicher Bedingungen begriff, sondern zunehmend dazu tendierte, die Verantwortung bei der betr. Person und deren Gefährlichkeit zu verorten (n. dazu die diskursanalytischen Auswertungen bei Groenemeyer/Hoffmann, Jugend als soziales Problem/Dollinger/Rudolph/Schmidt-Semisch/Urban, 2014, S. 140 ff.; Dollinger/Rudolph Zeitschrift für Diskursforschung 2016, 51; Dollinger ZJJ 2018, 213 (215 ff.)).

24 Nachdem in BVerfGE 128, 326 = NJW 2011, 1931 die Verfassungswidrigkeit der insofern kennzeichnenden Regelungen zur Sicherungsverwahrung (einschließlich derjenigen des § 106 Abs. 3, 5 und 6) festgestellt worden war (näher → § 7 Rn. 30 ff., → § 106 Rn. 11 ff.), führte das daraufhin geschaffene AbstandsgebotsG v. 5.12.2012 (BGBl. I 2425; grundsätzlich krit. Höffler/Kaspar ZStW 2012, 87) die vorbehaltene Sicherungsverwahrung für „Neufälle" im JGG ein – dies aber, ohne den dahingehenden Bedarf und die Zuverlässigkeitsgrenzen der dafür erforderlichen Prognosemethoden geprüft zu haben –, wohingegen es bei „Altfällen" die bisherige Regelung beibehielt (vgl. Art. 316f EGStGB). Immerhin hat dieses Gesetz wenigstens erhebliche Änderungen iZm und beim Vollzug von Sicherungsverwahrung mit sich gebracht (näher → § 92 Rn. 155 ff.).

25 **d) Anstöße im Jugendhilferecht.** Das BKiSchG v. 22.12.2011 (BGBl. I 2975) hatte für die Jugendbehörden eine Pflicht zu „struktureller Zusammenarbeit" konkretisiert (vgl. § 81 Nr. 2 und Nr. 9 SGB VIII). Der Entwurf des Kinder- und Jugendstärkungsgesetzes (KJSG), der vom Deutschen Bundestag am 29.6.2017 verabschiedet wurde (BR-Drs. 553/17), sah dann (neben vielen sonstigen Neuregelungen) auch spezifische Formen der **einzelfallbezogenen Zusammenarbeit** mit „anderen öffentlichen Einrichtungen und sonstigen Stellen" vor (konkret durch § 52 Abs. 1 S. 2 und S. 3 SGB VIII). Die Zusammenarbeit von JRichtern und JStA mit öffentlichen Einrichtungen und anderen Stellen sollte durch Einführung eines § 37a JGG geregelt werden (vgl. auch den Überblick bei Struck ZJJ 2017, 269 (271 f.)).

Der Bundesrat hatte die Beratungen zum SGB VIII am 22.9.2017 von der Tagesordnung genommen und den Gesetzgebungsprozess dauerhaft gestoppt. In der 19. Legislaturperiode kam es dann allerdings doch zu einer Umsetzung dieser Vorhaben (→ § 37a Rn. 2; für eine Übersicht über die sonstigen Änderungen durch das KJSG s. Struck ZJJ 2021, 263). Die Förderung der einzelfallbezogenen Kooperation birgt indes auch Risiken, insbes. für die Durchsetzung der sozialpädagogischen ggü. den strafverfolgungsorientierten Belangen (n. → § 37a Rn. 11 ff.).

e) Jüngste Entwicklungen. Insgesamt betrachtet ist die gesetzgeberische Dynamik im JStR eher moderat. Dies gilt jedenfalls im Vergleich zu vielen Bereichen des allg. StR und StVerf, wobei sich allerdings viele der dortigen Rechtsänderungen durch § 2 Abs. 2 auch im JStR niederschlagen – ohne dass dies legislatorisch immer hinreichend reflektiert worden ist (dazu sogleich → Rn. 27). Die wichtigsten spezifisch jugendstrafrechtlichen Neuregelungen wurden in jüngerer Zeit allerdings durch **Vorgaben der EU** initiiert (→ Rn. 32 f.). In deren Umsetzung hat das Gesetz zur Stärkung der Verfahrensrechte von Beschuldigten im Jugendstrafverfahren gleich eine ganze Kette von Einzelbestimmungen in das JGG eingeführt, durch die bspw. die Stellung der JGH und der Strafverteidigung gestärkt worden ist. **26**

4. Rechtspolitik und empirische Forschung

Unabhängig davon, wie die relative Stabilität in der Jugendstrafgesetzgebung zu beurteilen ist, bestätigt sich in der bisherigen Entwicklung die Notwendigkeit der Beobachtungs- und Nachbesserungspflicht des Gesetzgebers, zumal es verschiedentlich zu **rational nicht begründeten (bzw. nicht begründbaren)** gesetzlichen Regelungen kommt (vgl. dazu näher etwa Rolinski FS Eisenberg, 2009, 179 ff.; Hillenkamp FS Eisenberg, 2009, 302 f. (307 ff., 313 ff., 320)). Dies betraf in der Vergangenheit einmal Legislativakte, die sich erklärtermaßen über die ausdrücklichen Bedenken und Einwände der Fachwissenschaften hinwegsetzten, wie etwa das Gesetz zur Erweiterung der jugendgerichtlichen Handlungsmöglichkeiten v. 4.9.2012, das das JGG um den erwähnten Kopplungsarrest (→ Rn. 22) sowie die Strafrahmenerweiterung in § 105 Abs. 3 S. 2 – unter expliziter Hintanstellung kriminologischer Vorbehalte (→ § 16a Rn. 3, → § 105 Rn. 56) – erweitert hat. Zum anderen zeigt sich dies bei jenen Modifikationen des StGB und der StPO, die über § 2 Abs. 2 auch im JGG zu berücksichtigen sind, ohne dass diese „Ausstrahlungswirkung" und die Frage der jugendstrafrechtlichen „Verträglichkeit" im Gesetzgebungsprozess überhaupt mitbedacht wurden (n. dazu die Gesetzgebungsauswertung bei Kölbel ZJJ 2021, 40). Beispiele hierfür bieten die Neuregelung der Vermögensabschöpfung (→ § 6 Rn. 9 ff.) und der Ausbau strafprozessualer Opferrechte (zu gesetzgeberischen Nichterörterung ihrer Relevanz im JGG vgl. BMJV/Kölbel 2017, S. 10). **27**

Dass die Kenntnisnahme und Berücksichtigung der (jugend-)kriminologischen Forschung nicht immer in der erforderlichen Weise geschieht, äußert sich ferner in (jeweils tagesaktuellen oder „zeitgeistgeprägten") kriminalpolitischen Verlautbarungen, denen stets auch das Potenzial einer letztlich unzuträglichen Umsetzung im JStR innewohnt. Dies betrifft bspw. die periodisch wiederkehrende **Behauptung** einer insgesamt steigenden Tendenz der Jugendgewalt – sei es bzgl. deren Verbreitung (so etwa für Gewalt **28** gegenüber der Polizei BT-Drs. 18/11161) oder bzgl. der Brutalität in deren Begehung (zu entspr. Annahmen in der StA etwa BGH NStZ-RR 2013, 169 (170)). In beiderlei Hinsicht wird ein solches undifferenziertes Vorbringen durch die empirische Forschung aber nicht bestätigt (dazu etwa Baier, Entwicklung der Jugenddelinquenz und ausgewählte Bedingungsfaktoren (...), 2008, S. 22 ff.; Baier/Pfeiffer/Simonson/Rabold, Jugendliche in Deutschland als Opfer und Täter von Gewalt, 2009, S. 19 ff., 92 ff.; Baier/Pfeiffer/Hanslmaier ZJJ 2013, 279 (281 f.); vgl. auch Luff, Gewalt: mehr oder weniger, 2015, S. 105 ff.; Baier/Kliem ZJJ 2019, 104; Schaffer, Brutalisierung der Jugendgewalt?, 2022 sowie zusf. und mwN Eisenberg/Kölbel Kriminologie § 44 Rn. 11 ff., § 48 Rn. 24 ff.; speziell zur polizeigerichteten Gewalt s. Singelnstein/Puschke NJW 2011, 3473; Puschke/Rienhoff JZ 2017, 924). Vielmehr gelten auch hier die Aussagen zur (zumindest phasenweise rückläufigen) Entwicklung der Jugendkriminalität insgesamt (→ Rn. 2).

29 Fehlbehauptungen der genannten Art haben nicht nur alltagstheoretische Grundlagen, sondern ihre Ursachen auch in der Zweideutigkeit gängiger **Datengrundlagen.** So ist mit Blick auf die PKS die Möglichkeit der erheblichen Übererfassungen bzw. Totalverzerrung nachgewiesen (vgl. Feltes Kriminalistik 2009, 37 sowie mwN n. Eisenberg/Kölbel Kriminologie § 15 Rn. 22 ff.). Bedeutsam dürfte auch die kriminalitätsbezogene Berichterstattung in den Medien mit ihrer dramatisierenden Grundrichtung sein (zu Befunden Eisenberg/Kölbel Kriminologie § 22 Rn. 39 ff.). Unstreitig finden aus Anlass von Einzelfällen – und zwar oftmals vor deren näherer Aufklärung – eskalierende Kampagnen in öffentlichen Diskursen statt (zu dahingehenden Auswertungen etwa Reichert KrimJ 2009, 105; Hanslmaier/Kemme Zeitschrift für Rechtssoziologie 2011, 129). Dabei steht tendenziell der Anprangerung des Beschuldigten eine Idealisierung des mutmaßlichen Opfers gegenüber (vgl. empirisch etwa Hestermann Kriminalistik 2016, 731 (734 f.)). – Diese und andere Bedingungen fördern Fehlwahrnehmungen der Kriminalitätsentwicklung, und das auch bei der StA und dem Straf- bzw. JGericht (vgl. Gerhardt ZRP 2009, 247 ff. (250)) ebenso wie bei der JGH (vgl. näher aufgrund empirischer Untersuchung Baier/Höynck/Wallaschek/Klatt RPsych 2017, 146 (158 f., 176) betr. Jugendgewalt). Dass die Rechtspolitik hiervon frei wäre, ist nicht anzunehmen.

5. Internationale Ebene

30 **a) Allgemeines.** Auch wenn internationale Vergleichsaussagen auf der Basis der verfügbaren Datengrundlagen nur mit ganz erheblichen Abstrichen möglich sind (speziell zu jugendkriminalitäsbezogenen Statistiken in Europa s. Campistol/Aebi European Journal on Criminal Policy and Research 2018, 55; zur Problematik ferner Eisenberg/Kölbel Kriminologie § 43 Rn. 11 ff.), gelten die in → Rn. 1 ff. gemachten Aussagen zur Jugenddelinquenz (innerhalb der westlichen Welt) als generalisierbar (kennzeichnende Befunde bei Junger-Tas/Marshall/Enzmann ua (Hrsg.), The Many Faces of Youth Crime, 2012). Demzufolge ist auch das jugendstrafrechtliche Anforderungsprofil (→ Rn. 9 ff.) von allg. Art. Gleichwohl ist der auf Kinder, Jugendliche und Heranwachsende bezogene straf- und strafverfahrensrechtliche Regelungsbereich auf europäischer Ebene (auch in den Mitgliedstaaten der EU) traditionell durchaus unterschiedlich gestaltet (etwa → § 3 Rn. 6, → § 11 Rn. 9,

→ § 89c Rn. 2, → § 105 Rn. 4). Hierzu liegen einige rechtsvergleichende Detailuntersuchungen vor (s. zB zum US-amerikanischen JStR Schaerff, Die Behandlung junger Straftäter in den USA, 2015, S. 199 ff., 247 ff.). In etlichen Sammelwerken wird das JStR verschiedener Staaten systematisch dar- und gegenübergestellt (s. speziell für Europa Stump, „Adult time for adult crime", 2003, S. 184 ff.; vertiefend DGHP Juvenile; Dünkel RdJB 2022, 577 und 2023, 143; für den angelsächsischen und australischen Rechtskreis Goldson/Cunneen/Russell ua, Youth Justice and Penalty in Comparative Context, 2021; für weitere Rechtsordnungen bspw. Muncie/Goldson, Comparative Youth Justice, 2006; Winterdyck, Juvenile Justice, 2015; Decker/Marteache, International Handbook of Juvenile Justice, 2017). Dabei haben die nähere Analyse und systematische Untersuchung der verschiedenen Ausrichtungen und Grundstrukturen eine Reihe von Typologien hervorgebracht (etwa „welfare model", „justice model", „minimum intervention model" usw – hierzu den zusammenfassenden Überblick bei Dollinger/Schabdach Jugendkriminalität S. 222 ff. mwN; vgl. auch Albrecht RdJB 2018, 382 (391 f.); Dünkel RdBJ 2022, 577 (583 f.)).

b) Verfahrensbezogene Anstöße des internationalen Rechts. Innerhalb der EU wurde für das JStV zwischenzeitlich indes eine gewisse Angleichung erreicht (dazu für europäische Staaten n. und diff. Gensing, Jugendgerichtsbarkeit und Jugendstrafverfahren im europäischen Vergleich, 2014, S. 143 ff.; ferner anhand der Rechtsstellung der mutmaßlich Geschädigten BMJV/Kölbel 2017, S. 27 f.). Systemdifferenzen grundlegender Art sind selten (s. hier aber auch rechtspolitisch Bochmann, Entwicklung eines europäischen Jugendstrafrechts, 2009, S. 88 ff., 127 ff.). Die relative und zunehmende Harmonisierung beruht ua auf dem Einfluss internationaler Standards, die va in Regelwerken, Resolutionen und Empfehlungen der UN und des Europarates enthalten sind (Zusammenstellung bei Höynck/Neubacher/Ernst/Zähringer, Internationale Menschenrechtsstandards und das Jugendkriminalrecht, 2020, S. 29 ff., 363 ff.). Dies betrifft insbes. die **UN-Kinderrechtskonvention** (dazu eingehend Keiser ZStW 2008, 25 (31 ff.); Bung StV 2011, 626; Pruin ZJJ 2011, 127; Albrecht RdJB 2018, 382 (386 ff.); aus internationaler Warte etwa Todres/King Oxford Handbook of Children's Rights Law/Liefaard, 2020, S. 279). 31

Eine gewisse Rolle hat in diesem Prozess aber auch die Umsetzung von Europäischen Richtlinien gespielt (vgl. etwa betr. Haftverschonung bei U-Haftanordnung den Rahmenbeschluss 2009/829/JI (ABl. 2009 L 294, 20 ff.)). Die auf der EMRK basierende Rspr. des **EGMR** (dazu Arnold/Rehmet RdJB 2018, 401, umfassend Knauer ZJJ 2019, 39) betraf bislang viele Fälle von Ausweisungen und unangemessenen (polizeilichen) Behandlungen Jugendlicher in den Unterzeichnerstaaten. Auch hat seine Judikatur zur anwaltlichen Begleitung die entspr. EU-Richtlinien (Rn. 32) mitgeprägt (Rap/Zlotnik EJCCLCJ 2018, 110 (119)). Für die Normauslegung im JGG ist die EGMR-Judikatur aber kaum relevant geworden (zu punktuellen Ausnahmen beim Widerruf einer Aussetzung zur Bewährung → §§ 26, 26a Rn. 8; für die Vereinbarkeit der jugendstrafrechtlichen Sicherungsverwahrung mit der EMRK → § 7 Rn. 33). 31a

Einzelne Spuren hat auch die Tätigkeit des **Anti-Folter-Komitees** des Europarates im deutschen JStR hinterlassen. Von dieser Institution wurden Standards entwickelt, mit denen Folter v. a. im Polizeigewahrsam und in 31b

Haft- sowie Unterbringungsanstalten vorgebeugt werden soll (https://www.coe.int/de/web/cpt/about-the-cpt). Entspr. Standards liegen auch speziell für Jugendliche vor (Europäisches Komitee zur Verhütung von Folter und unmenschlicher oder erniedrigender Behandlung oder Strafe, CPT/Inf (2015)1-part, 2015, Nr. 96 ff.). In den Berichten des Anti-Folter-Komitees, die nach Inspektionen in Dtl. erfolgten (https://www.coe.int/de/web/cpt/germany), wurden v. a. die (lange Zeit) fehlende anwaltliche Mitwirkung bei vielen Vernehmungen polizeilich festgehaltener Jugendlicher und einige Disziplinarpraktiken im Jugendstrafvollzug kritisiert (vgl. auch → § 92 Rn. 146a bzgl. der dortigen Zwangsbehandlung; ferner → § 2 Rn. 40 bzgl. Polizeigewahrsam).

32 **c) Verfahrensbezogene Anstöße des EU-Rechts.** Von besonderem Gewicht für die Entwicklung gemeinsamer EU-weiter Standards des JStV ist die **RL (EU) 2016/800** v. 11.5.2016 zu „Verfahrensgarantien in Strafverfahren für Kinder, die verdächtigte oder beschuldigte Personen in Strafverfahren sind" (zu deren Entwicklung n. Gerbig Öffentlichkeit S. 105 ff.; für inhaltliche Einzelheiten der RL vgl. → 20. Aufl. Rn. 12a ff.; ferner EuGH BeckRS 2024, 22796; BMJV/Sommerfeld 2017, S. 68 ff.; DVJJ/Sommerfeld 2019, S. 497 ff.; Höynck StraFo 2017, 267 (271 ff.); Bock StV 2019, 508; Nixdorf NK 2018, 355; Trenczek/Goldberg RPsych 5 (2019), 475; speziell zu einigen – hinsichtlich Schutzbelangen teilw. noch ausgedehnteren – Entwürfen und Stellungnahmen im Vorfeld der RL vgl. 18. Aufl.; ferner Rap/Zlotnik EJCCLCJ 2018, 110 (110 ff.)). Ausdrückliches Anliegen der RL sind das Kindeswohl, die Verfahrensfairness sowie die Entwicklung und soziale Integration beschuldigter Kinder (Erwägungsgründe 1, 8 und 9). Viele der in der RL hierfür vorgesehenen Verfahrensstandards waren im deutschen JStV allerdings bereits gewährleistet. Die erforderlichen Änderungen im JGG erfolgten sodann durch das Gesetz zur Stärkung der Verfahrensrechte von Beschuldigten im Jugendstrafverfahren, dies allerdings erst nach Ablauf der Umsetzungsfrist. In der Verspätungsphase bedurfte es einer RL-orientierten Auslegung (LG Chemnitz StV 2019, 601) und unmittelbaren RiL-Anwendung (dazu im Detail Bock/Puschke ZJJ 2019, 224 (227 ff.); s. auch Eckel/Körner NStZ 2019, 433; ähnlich AG Freiburg BeckRS 2019, 19711; s. auch → 22. Aufl. 2021, Rn. 32).

33 In der Summe ergeben sich aus dem schließlich ergangenen **Gesetz zur Stärkung der Verfahrensrechte von Beschuldigten im Jugendstrafverfahren** eine doch relativ umfangreiche Neugestaltung vieler Einzelbestimmungen (auch → Rn. 26). Besonders bemerkbar macht sich dies in einer verstärkten Einbindung der JGH (s. § 38), in erweiterten Unterrichtungspflichten (s. § 70a) und in einer Ausweitung der auf Erziehungsberechtigte und gesetzliche Vertreter bezogenen Regelungen (s. §§ 51, 67 f.). Im Zusammenhang mit der Umsetzung der RL (EU) 2016/1919 kam es zudem zu einem Ausbau und einer früheren Beteiligung der notwendigen Verteidigung (s. §§ 68 ff.). Diese insgesamt recht positiven Auswirkungen der RL (EU) 800/2016 erstrecken sich – nach der Konzeption des JGG konsequenterweise – im Wesentlichen auch auf Heranwachsende (s. § 109). Die europäischen Vorgaben sind indes nur für Jugendliche verbindlich (Art. 3 Nr. 1 RL (EU) 2016/800). Hierfür ist das Alter bei Verfahrensbeginn maßgeblich, wobei die Gewährleistungen der RL bei Erreichen der Volljährigkeit während des Verfahrens nur dann fortgelten, wenn dies im Einzelfall

„angemessen" ist (dazu n. EuGH BeckRS 2024, 22796, Rn. 126 ff.; s. auch Bock StV 2019, 508 (510)). Das Gesetz zur Stärkung der Verfahrensrechte von Beschuldigten im Jugendstrafverfahren ging über diesen engen Zuschnitt der RL, die weder an das Tatzeitalter anknüpft noch Heranwachsende einbezieht, also hinaus. Durch Art. 23 RL (EU) 2016/800 war es indes auch ausschlossen, bereits bestehende weitergehende Maßgaben des deutschen Rechts (va die §§ 105 ff.) zurückzunehmen bzw. das Schutzniveau für Heranwachsende gleichsam negativ-anpassend zu beschneiden.

d) Anstöße des EU und internationalen Rechts im materiellen JStR. Richtungsweisend für den Rechtsfolgenbereich sind verschiedene (meist allerdings nicht verbindliche) Regelwerke der Vereinten Nationen und des Europarats (zusammenfassender Überblick bei BMJ/Neubacher 2009, S. 277 ff.; Bochmann, Entwicklung eines europäischen Jugendstrafrechts, 2009, S. 21 ff.; vgl. – auch unter Hinweis auf Umsetzungsdefizite – ferner Hinz, Old enough (…), 2021, S. 23 ff., 47 ff.). Dazu zählen insb. die ERJOSSM (November 2008; näher dazu Kühl, Die gesetzliche Reform des Jugendstrafvollzugs (…), 2012, S. 28 ff.; Dünkel GS Walter, 2014, 275), die sich bei bestimmten tatsächlichen Voraussetzungen auch auf Heranwachsende beziehen. Im Übrigen verlangen Nr. 18 und 19 ERJOSSM für das JStV auch ein besonders befähigtes Personal (einschr. zur Umsetzung in den Mitgliedstaaten Dünkel GS Walter, 2014, 294; zu den Sozialen Diensten Jehle/Palmowski Bewährungshilfe 2015, 101). Von Experten der Vereinten Nationen ist ein „Model Law on Juvenile Justice" erarbeitet worden (dazu Dünkel FS Streng, 2017, 417). Bedeutsam sind ferner die (auch für Erwachsene geltenden) European Prison Rules (Neufassung 2006; zusf. zu europäischen und internationalen Kontrollmechanismen des Strafvollzugs Flügge FS 2012, 150; detailliert zu Verstößen Goerdeler FS Ostendorf, 2015, 380 ff.). Diese stehen ihrerseits iZm den Mindestgrundsätzen der Vereinten Nationen zur Behandlung von Gefangenen, welche am 17.12.2015 eine Neufassung erfahren haben. 34

Bisweilen bestehen bzgl. der Rechtsfolgen auch Vorgaben des **EU-Rechts.** So ist die grenzüberschreitende Abgabe und Übernahme der Bewährungsüberwachung (auch) für den Anwendungsbereich des JGG durch Rahmenbeschluss des Rates v. 27.11.2008 (2008/947/JI 2008/947/JI (ABl. 2008 L 337, 102 ff.)) geregelt worden (zur Umsetzung im IRG → § 1 Rn. 40 ff.). Was die Sanktionsregimes und -praktiken betrifft, zeigen sich im JStR der europäischen Rechtsordnungen (ungeachtet der Gemeinsamkeiten in der spezialpräventiven Grundausrichtung und der zurückhaltenden Inhaftierung) teilw. nicht unerhebliche Unterschiede (DGHP Juvenile/Dünkel/Pruin/Grzywa S. 1623 ff.). 35

III. Umsetzung eines jugendgemäßen Sonderstrafrechts im JGG und deren Defizite

1. Grundlagen

a) Jugend-Strafgerichtsbarkeit. Zur Umsetzung des oben skizzierten Anforderungsprofils (→ Rn. 9 ff.) setzt die deutsche Jugendgerichtsbarkeit auf die Konzeption des **strafrechtlichen Modells** (bzw. „justice models") 36 und der sanktionsförmigen Intervention im Rahmen eines (besonderen) Strafverfahrens. Das Gegenmodell eines einheitlichen („einspurigen") JHilferechts, bei dessen deliktsveranlassten Reaktionen das fürsorgerische oder sozialpädagogische Vorgehen im Vordergrund stünde, hat sich weder bei Inkrafttreten des JWG und des JGG 1923 noch iRd Vorbereitung und Fortentwicklung des Kinder- und Jugendhilferechts im SGB VIII durchgesetzt (→ Rn. 13). Tendenziell **verstärkt** wird diese Grundausrichtung durch die insofern aufschlussreiche Judikatur zur institutionellen Struktur: Während die höchstrichterliche Rspr. den JGerichten noch im Jahre 1962 einen eigenständigen Aufbau mit besonderer Zuständigkeit zuerkannte, gelten die JGerichte seit einer Entscheidung des Großen Senats für Strafsachen (BGHSt 18, 79 = NJW 1963, 60) als Abteilungen der allg. Strafgerichte (n. → §§ 33–33b Rn. 6 ff.).

37 Allerdings nimmt das Gesetz auch eine gewisse **Öffnung** hin zum **einspurigen** Modell vor, indem es eine institutionelle Verzahnung vorschreibt. Dies betrifft einmal die Einbindung der JGH in das Strafverfahren (§ 38) und zum anderen etliche Zuständigkeiten, die dem JRichter in familienrechtlichen Fragen übertragen werden (§ 34 Abs. 2; vgl. auch § 53 zur Überlassung der Rechtsfolgenanordnung an das Familiengericht). Auf eine Vertiefung dieser Verbindung zielt auch die Einführung von § 37a sowie die regionale Etablierung sog. „Fallkonferenzen" oder sog. „Häuser des Jugendrechts" ab (s. auch § 52 Abs. 1 SGB VIII), bei denen allerdings die damit verbundenen Nachteile überwiegen (n. → Rn. 25, → § 37a Rn. 15 ff., → § 79 Rn. 11 f.).

38 In die gleiche Richtung weist die Notwendigkeit der besonderen **jugenderzieherischen Befähigung** und **Erfahrung** des die Jugendgerichtsorganisation tragenden Personals (vgl. § 35 Abs. 2 S. 2, §§ 36 f.). Allerdings wurde die dahingehende Notwendigkeit hinsichtlich der JStA und der JGerichte lange Zeit nicht eingelöst (→ § 37 Rn. 5 ff.). Möglich war dies durch die legislatorische Entscheidung, das Kompetenzerfordernis nur ansatzweise sowie mit einer begrenzten Verbindlichkeit bzw. mit Soll-Bestimmungen auszugestalten (s. aber RL Nr. 1–3 zu §§ 36, 37). Dieser Verpflichtungsgrad wurde sodann in der Auslegung durch die herrschende Rspr. (vgl. etwa schon BGH NJW 1958, 639 (Ls.) = BeckRS 1958, 31194845), der zufolge eine fehlende erzieherische Befähigung keinen revisiblen Verfahrensverstoß darstelle, de facto noch weiter herabgesetzt. Demgemäß erfuhr die Frage der individuellen fachlichen Eignung bei der Geschäftsverteilung oft keine prioritäre Beachtung (krit. bspw. auch Beulke/Swoboda JugendStrafR Rn. 571 ff.). Das evidente Erfordernis, durch eine spezifische Qualifikation des Personals auf die **Qualitätssicherung** im JStV hinzuwirken, wurde also auf allen Ebenen geschwächt. Der hiergegen gerichtete Vorstoß, der im RegE-StORMG v. 23.3.2011 unternommen wurde (n. → § 37 Rn. 11), blieb – sieht man von nebensächlichen Modifikationen in § 36 ab (→ § 36 Rn. 11, 14, 17) – aus justizökonomischen und -organisatorischen Gründen zunächst erfolglos (Gesetz v. 29.6.2013 (BGBl. I 1805)). **2021** wurden die meisten dieser Vorschläge mit dem Gesetz zur Bekämpfung sexualisierter Gewalt gegen Kinder realisiert. Allerdings war hierfür (offiziell) weniger eine jugendstrafrechtspolitische Erwägung ausschlaggebend, sondern eher der Bedarf an jugend- und kindesbezogenen Fähigkeiten, der in den Jugendgerichten bei Jugendschutzverfahren (→ §§ 33–33b Rn. 11 ff., 35 ff.) besteht (kennzeichnend BT-Drs. 19/23707, 25 f., 59 f.). Ob das generelle fachspezifische Qualifikationsniveau durch die erweiterten Vorgaben in § 37 (→ § 37 Rn. 14 ff.) tatsächlich steigt, wird man iÜ beobachten müssen.

b) Erzieherische Ausrichtung. Jugendliche befinden sich einerseits in einer Lebensphase der zeitlich begrenzten Freisetzung und Entpflichtung von gesellschaftlichen Aufgaben und Teilhabeformen (zur Jugend als „Moratorium" n. BT-Drs. 18/11059, 89 ff.). Zugleich gehen mit diesem **Übergangsstadium** zwischen Kindheit und Erwachsenenalter aber (infolge biologisch-sexueller und psychischer Entwicklungsprozesse) im Allgemeinen – und unabhängig von der Frage der Verantwortlichkeit (§ 3 S. 1) – auch erhebliche **Unsicherheiten** hinsichtlich ihrer Identität und Rolle sowie der für sie verbindlichen Verhaltensnormen einher (zum Überblick Schneider/Lindenberger, Entwicklungspsychologie/Weichold/Silbereisen, 8. Aufl. 2018, S. 239 ff.). Unterstützung und emotionaler Rückhalt von erwachsenen Bezugspersonen sind für die erfolgreiche Herausbildung von Eigenständigkeit und Selbstverantwortung unentbehrlich. Insofern besteht bei ihnen ein erhöhtes **Bedürfnis** nach Angeboten für unterschiedlichste Hilfestellungen, mit dem allerdings auch eine besondere Ansprechbarkeit für entspr. Maßnahmen korrespondiert. 39

Das JGG ist daran – iRd strafrechtlichen Modells (s. auch → § 2 Rn. 15) – jedenfalls partiell angepasst und durch die erzieherische Grundausrichtung der **zukünftigen Entwicklung** Jugendlicher und Heranwachsender verpflichtet. Diese grundsätzlich begrüßenswerte normative Konzeption entspricht der allg. jugendkriminologischen Problemstruktur (→ Rn. 9 ff.) und ist zugleich Ausdruck mehrfacher grundgesetzlicher Vorgaben. Dazu zählt das Sozialstaatsprinzip, das den Staat ua dazu anhält, auf das Ausbleiben (weiterer) künftiger Repressionsanlässe hinzuwirken, da hiervon entspr. Reaktionen und darüber die Gefahr desintegrativer Entwicklungen hervorgerufen würden. Dies korrespondiert wiederum mit dem allg. Persönlichkeitsrecht als einem umfassenden Anspruch auf Achtung und Entfaltung der Persönlichkeit. Die hierauf beruhende, grundsätzlich förderungsorientierte Grundausrichtung des Gesetzes besteht trotz einer erheblichen **Relativität** der strafrechtlichen Erfassung, die sich daraus ergibt, dass zum einen die Vorschriften der tatbestandlichen Verhaltenseinordnung von (kriminal-)politischer Natur und also weithin variablem politischem Dafürhalten unterworfen sind, und dass zum anderen deren tatsächliche Anwendung von einer Vielzahl außerrechtlicher Umstände abhängt. 40

Die soziale Wirklichkeit des Jugendstrafrechts ist also alles andere als eine spiegelbildliche Umsetzung des JGG. Sie ist auch keine direkte Realisierung der Hinweise, Empfehlungen und Anweisungen zur Anwendung des JGG, die sich in den RL (→ Anh. 2) als – von den Landesjustizverwaltungen erlassenen – einheitlichen VV finden. Das Geschehen in den jugendstrafrechtlichen Institutionen ist vielmehr **beeinflusst** vom dortigen hierarchischen Aufbau, von den Binnennormen, Handlungsroutinen und informellen Praxismustern. Eine hierfür exemplarische Handlungsnorm, die auch für arbeitsorganisatorische Überlegungen funktionelle Bedeutung erlangt, betrifft die Erwartung, effektiv zu arbeiten. Die entspr. Wirksamkeitskriterien richten sich weniger auf die Intensität und Qualität der Tätigkeit als **vielmehr** auf die **Anzahl** der während der Dienstzeit **erledigten Fälle.** Nach diesen Effizienzkriterien entwickeln sich in der Praxis Reduktionsregeln, denen zufolge aus der Komplexität und Individualität jedes Falles 41 nach Möglichkeit einzelne wenige, häufig wiederkehrende Fakten herausgegriffen werden, um eine möglichst reibungslose, auf Erledigung orientierte Fallbearbeitung zu gewährleisten. Auch werden die Voraussetzungen zur Verwirklichung zentraler Elemente des Erziehungsauftrags – etwa Schutz (anschaulich Nöding Verteidigung Rn. 248 ff.), Förderung und Integration (ebenso BGH BeckRS 2016, 15483 Rn. 44) – nicht nur im öffentlichen Bewusstsein, sondern mitunter auch bei den Amtsträgern nur eingeschränkt akzeptiert (vgl. etwa zur JGH Dollinger ZJJ 2012, 416 (424 f.); ferner → Rn. 23). – Das JGG in seiner individuumsbezogenen, fördernden und zukunftsorientierten Ausrichtung bedarf einer Auslegung, die dessen Widerständigkeit gegenüber all diesen Relativierungen stärkt.

2. Jugendstrafverfahren

42 **a) Beschleunigung.** Im Bereich des JStV wird eine (im Vergleich zum allg. StVerf.) besondere **jugendgemäße** Gestaltung nur **eingeschränkt** realisiert. Dies gilt zunächst für die prinzipiell gebotene **Beschleunigung** (Art. 6 Abs. 1 S. 1 letzte Alt. EMRK; vgl. auch rechtsvergleichend für die EU Dünkel ZJJ 2015, 19 (21 ff.)). Hinsichtlich einer besonders schnellen Verfahrensdurchführung ist allerdings darauf hinzuweisen, dass diese nicht nur der Qualität der Entscheidungsfindung dienen kann (etwa bei sonst drohendem Beweismittelverlust). Vielmehr besteht hier insofern ein Spannungsverhältnis, als eine „zügige und sorgfältige Bearbeitung der Fälle" (Art. 13 Abs. 1 RL EU 2016/800; dazu etwa Sommerfeld ZJJ 2018, 296 (301) erforderlich ist (vgl. etwa auch MüKoStPO/Kölbel/Ibold StPO § 160 Rn. 33 mwN). Die verschiedenen, meist lokalen Modelle, mit denen in Deutschland eine beschleunigte Verfahrensabwicklung zu erreichen versucht wurde, haben dies bestätigt. Dort hat sich gezeigt, dass unter der systematischen Ablaufstraffung und interinstitutionellen Koordination die Einbindung der JGH und bisweilen sogar die Einräumung von Beschuldigtenrechten leiden können (n. → §§ 76–78 Rn. 7; s. auch → § 79 Rn. 11 f.). Im Übrigen hat die Evaluation dieser Projekte wiederholt deutlich gemacht, wie ungesichert das normative Leitbild (RL zu §§ 82–85 III Nr. 1; Schatz FS Ostendorf, 2015, 804) und die verbreitete Annahme, wonach gerade eine kurzfristige Deliktsreaktion entwicklungsförderlich wirke (mit Abstrichen etwa Rose NStZ 2013, 315 (317 f., 327); Ostendorf ZJJ 2014, 253 (254)), empirisch eigentlich sind (Dünkel ZJJ 2015, 19 (20 f.); Goeckenjan ZJJ 2015, 26 (31); eingehend zur **Ambivalenz** der Verfahrensbeschleunigung Mertens, Schnell oder gut?, 2003, S. 35 ff.; Mertens/Murges-Kemper ZJJ 2008, 356; Degener ZJJ 2015, 1; Dollinger ZJJ 2015, 19). Zumindest haben einige Untersuchungen keine verbesserten spezialpräventiven Effekte einer beschleunigten Verfahrensdurchführung nachweisen können (Bliesener/Thomas ZJJ 2012, 382; Ebert ZJJ 2015, 32; anhand eines Modells für Intensivtäter vgl. Khostevan, Zügiges Strafverfahren bei jugendlichen Mehrfach- und Intensivtätern, 2009, S. 218 ff.; Boers/Krawinkel, Intensivtäterschaft und Delinquenzabbruch, 2016, S. 60 ff.). Erhebliche „Erfolgs"-Unterschiede zu Verfahren mit sonst üblicher Dauer bestehen kaum (zusf. Eisenberg/Kölbel Kriminologie § 41 Rn. 14 f.).

43 Dass es gleichwohl erforderlich ist, gerade das JStV ohne unnötige Verzögerung durchzuführen, beruht auf den verfahrensbedingten Beeinträchtigungen für die beschuldigte Person. Gerade bei jungen Betroffenen machen

sich die allein vom Prozess ausgehenden Belastungen besonders bemerkbar (je nach Person: U-Haft (→ § 89c Rn. 44 ff., → § 72 Rn. 11) und andere Verfahrenseingriffe, psychischer Druck durch den unvorhersehbaren Verfahrensausgang, Inanspruchnahme zeitlicher und finanzieller Ressourcen, Rufschädigung usw). Insofern lässt es aufmerken, dass die insofern als noch tragbar geltende Dauer (vgl. etwa OLG Karlsruhe NStZ-RR 2017, 59: „maximal" 6–9 Monate „gerade noch" zulässig) offenbar nicht selten überschritten wird. Zumindest andeutungsweise erkennbar ist dies anhand der vorliegenden Daten zur Länge der Hauptverfahren (zur amtlichen Statistik und zu diversen Aktenanalysen s. Ostendorf ZJJ 2014, 253 (255); ferner Ferber, Strafkammerbericht, 2017, S. 48 ff., 66 ff. (dort auch zur Häufigkeit von Kompensationen, die JKammern wegen überlanger Verfahrensdauer gewähren)).

b) Vor- und Zwischenverfahren. Für das **Vorverfahren** sind einige Sondervorschriften vorgesehen (§§ 43–46 sowie ua auch für dieses Verfahrensstadium die §§ 67–74 sowie §§ 79 Abs. 1, 80). Soweit es sich dabei um Soll- bzw. Ermessens-Vorschriften handelt, kann dies Konsequenzen für ihre Befolgung haben – sowohl wegen der eingeschränkten gerichtlichen Überprüfbarkeit als auch wegen der Spielräume in der Handhabung, durch die sich ggf. behördeneigene Belange bemerkbar machen. Besondere Bedeutung haben die Möglichkeiten zur **informellen Verfahrensbeendigung,** die § 45 für Phase des Vorverfahrens eröffnet. Die Relevanz dieser Option liegt nicht allein an ihrer praktisch außerordentlich häufigen Inanspruchnahme, sondern auch daran, dass sie eine bedarfs- und altersgruppengerechte Reaktion von geringer Stigmatisierungswirkung erlaubt, die sich in der Lebensführung des Jugendlichen oder Heranwachsenden nicht nachteilig bemerkbar macht (n. → § 45 Rn. 17 f., 20 ff.). – Für den Bereich des Zwischenverfahrens (§§ 199 ff. StPO) hat der Gesetzgeber (abgesehen von § 79 Abs. 2) keine ausdrücklichen Sonderregelungen getroffen (vgl. aber § 47 Abs. 1, § 67a Abs. 1 iVm § 201 StPO sowie §§ 209, 209a Nr. 2 StPO und §§ 210 Abs. 2, 209a Nr. 2 StPO). 44

Was die Tätigkeit der am Vorverfahren beteiligten Organe angeht, so **entbehrt** der **„Verfahrensbeginn"** (§ 163 Abs. 1 StPO) einer **jugenderzieherischen** Prägung (zust. Bottke ZStW 83 (1995), 69 ff. (87)). An sich würde es dem Auftrag des § 2 Abs. 1 nur gerecht werden, wenn Ermittlungsbeamte (§ 152 StPO iVm § 2 Abs. 2) über eine spezielle Zuständigkeit und va spezielle Qualifikation iSv § 37 verfügten. In Übereinstimmung mit empirischen Befunden zum Polizei-Beschuldigten-Kontakt (n. → § 37 Rn. 13) wird die Notwendigkeit besonderer Sachkunde durch Art. 20 Abs. 1 RL (EU) 800/2016 (→ Rn. 32) ebenfalls eingefordert („angemessene spezifische Schulungen"; dazu etwa Sommerfeld ZJJ 2018, 296 (303)). Dass dahingehende Anforderungen in den polizeibezogenen Vorschriften nicht enthalten sind und das Gesetz auch keine eigene „Jugendkriminalpolizei" vorschreibt (s. etwa RegE BT-Drs. 19/13837, 36), macht sich vor allem deshalb nachteilig bemerkbar, weil die gesetzlich vorgesehene Steuerung des Vorverfahrens durch die JStA (§§ 160 ff. StPO) de facto vielfach nicht eingelöst wird. In der Regel werden die Vorgänge erst nach Abschluss der Ermittlungen durch die Polizeibehörden an die JStA übersandt (allg. zur Problematik mwN MüKoStPO/Kölbel/Ibold StPO § 160 Rn. 16 ff.). Die zum frühestmöglichen Verfahrenszeitpunkt (§ 38 Abs. 5 einzurichtende Beteiligung 45 der JGH könnte dafür zwar einen gewissen Ausgleich bieten, gerade auch wegen ihrer partiell „polizeifremden" Funktionen und Zielvorstellungen (Gloss RdJB 2010, 323 (324 ff.); erg. → § 43 Rn. 17). Allerdings nimmt der Vertreter der JGH seine Tätigkeit immer erst nach Information über eine bereits laufende strafrechtliche Ermittlung auf und ist deshalb selten die erste institutionelle Kontaktperson des beschuldigten Jugendlichen (zum bisher oft erst relativ späten Beginn der Kontaktaufnahme durch die JGH → § 38 Rn. 77).

46 Der polizeilich-institutionell verankerten Tendenz zu einer eher strafrechts- als jugendorientiert geführten Ermittlungsphase wird aber immerhin durch etliche begrüßenswerte Vorgaben in der „**PDV 382** – Zur Bearbeitung von Jugendsachen" entgegengewirkt (für einen Überblick über die Inhalte und den Reformbedarf s. DVJJ/Gloss 2019, S. 365; zur aktuellen Weiterentwicklung DVJJ/Gloss 2022, S. 303). Ferner wird das Problem in der Praxis etwas gemildert, wenn bei den Polizeibehörden spezielle **Kommissariate für Jugendstrafsachen** eingerichtet sind und diese dank einer besonderen Qualifizierung (oder doch zumindest einer beruflichen Erfahrung) eine altersgerechte und erzieherische Ausrichtung des ersten institutionellen Kontaktes gewährleisten können. Entgegen PDV 382 bestehen solche Jugendfachkommissariate aber nicht einheitlich (zu einer ausführlichen Übersicht schon Folberth DVJJ-Journal 1994, 327; vgl. ferner Brandes/Piszczan Kriminalistik 2013, 551 (für Nds.); Gloss persönliche Mitteilung v. 30.9.2013: „in der Mehrheit der Bundesländer keine (flächendeckenden) Strukturen polizeilicher Jugendsachbearbeitung", wohl aber zB in Hmb. und dem Saarl.). Auch scheint nicht hinreichend geklärt, dass bzw. inwieweit die eingesetzten Polizeibeamten über eine besondere jugenderzieherische Befähigung und Erfahrung verfügen (zu den Anforderungen Hübner/Kerner/Kunath/Planas ZJJ 2012, 430 (432 ff.)), zumal nach einer bundesweit angelegten Befragung nicht einmal 50 % der Jugendsachbearbeiter diese Materie als ihren Haupteinsatzbereich bezeichneten (Holzmann, Polizeilicher Umgang mit unter 14-jährigen Tatverdächtigen, 2008 (Angaben ohne BW, Bay. und Thür.)). Ferner wirken sich innerorganisatorische Effizienzstrategien einschränkend aus. So sind in einzelnen Bundesländern die Jugendbeauftragten, die koordinierende Funktionen innehaben, weggefallen (vgl. Gloss ZJJ 2018, 92: „Fluktuation und Entspezifizierung"). Damit entfallen die Akteure, die die polizeiliche Jugendsachbearbeitung gezielt fachlich steuern und kontrollieren und die aufwändige Vernetzungsarbeit mit anderen Institutionen (Justiz, Jugendhilfe und Schulen) leisten.

47 Selbst bei vorhandenen Jugendfachkommissariaten ist iÜ nicht gesichert, dass sich deren Zuständigkeit auf alle Delikte erstreckt (was jedenfalls früher nur ausnahmsweise gegeben war (s. Poerting/Dörmann/Grimminger, Polizeiliche Jugendarbeit, 2. Aufl. 1982, S. 24; ferner DVJJ/Hoffmann 2012, S. 115 f.)) und dass sie zudem auch alle (vom JGG einbezogenen) Altersgruppen einschließt. Soweit Heranwachsende im Allgemeinen ausgenommen sind (vgl. etwa in Nds (vgl. RdErl. MI Nds. v. 29.3.2012, Nr. 3.3.6 – VORIS 21021); in BW mit Ausnahme von sog. „Intensivtätern" (persönliche Mitteilung LKA v. 7.10.2013); teilweise auch in NRW (Gloss persönliche Mitteilung v. 30.9.2013: „Mischformen")), verträgt sich dies mit § 107 iVm § 36 und mit § 41 SGB VIII kaum (vgl. auch Höynck ZJJ 2013, 343 (343): „Beitrag zur ‚kalten' Entfernung der Heranwachsenden aus den Möglichkeiten des JGG bzw. SGB VIII"). – Ohnehin nicht ausgeschlossen ist (zumal bei Zuständigkeit nach dem Tatort; vgl. hingegen zum Wohnortprinzip in BW Gloss ZJJ 2007, 278 (281)), dass die ersten Maßnahmen von insoweit „fachfremden" Bediensteten vorgenommen oder die Jugendsachbearbeiter gar erst nach Ermittlung des jugendlichen Tatverdächtigen eingeschaltet werden (s. allerdings PDV 382, 3.2.7).

c) Beweiserhebung. Jugendliche und Heranwachsende verfügen in Er- 48
mittlungssituationen entwicklungsbedingt oft über relativ geringe Widerstands- und Vorwurfsabwehrressourcen (n. zum Forschungsstand Feld/Bishop Juvenile Crime and Juvenile Justice/Feld S. 669 ff.; Lamb/Sim Youth Justice 2013, 131 (134 ff.) jeweils mwN; n. → § 70c Rn. 6 ff.). Auch die Alters- und Statusunterschiede zu den Amtsträgern in den Strafverfolgungsinstitutionen sowie die damit einhergehenden Zugangsschranken und (Miss-)Verständnismöglichkeiten (einschließlich einer etwaigen Tendenz zur Voreingenommenheit) rufen ein spezifisches Fehlerrisiko hervor, das an sich einer ausgleichenden, **entwicklungspsychologisch sensiblen Methodik** der Beweiserhebung bedarf. Dahingehende Vorkehrungen sind gesetzlich indes nur bedingt vorgesehen (im Wesentlichen nur für die Vernehmung, → Rn. 49). Daraus folgt (auch) eine Erhöhung der (generellen) Gefahr, dass das Strafverfahren mit fehlerhaften Ergebnissen endet – einschließlich der verschiedenen Formen eines Fehlurteils (zum Stand der Forschung bzgl. Prävalenz und Risikofaktoren von Fehlurteilen s. allg. Kölbel/Puschke/Singelnstein GA 2019, 129). Fehlerhafte Entscheidungen sind indes umso abträglicher (weil zerstörender), je jünger die Betroffenen sind.

Ein Problembereich, bei dem die besagte Gefahr jugendspezifischer Be- 49
weiserhebungsfehler mit besonderer Dringlichkeit besteht, liegt in der (polizeilichen) **Vernehmung** junger Beschuldigter (zur Gefahr von falschen selbstbelastenden „Einlassungen" in der Vernehmung eingehend → § 70c Rn. 9 ff.; zu Problemen beim ggf. erforderlichen Einsatz von Dolmetschern → § 50 Rn. 19 f.; n. zum Ganzen mwN auch Eisenberg/Kölbel Kriminologie § 26 Rn. 7 ff., 48 ff.). Die Überforderung mit der Situation erschwert dort den Jugendlichen zudem die Vertretung ihrer Eigeninteressen. Deshalb sehen §§ 70b, 70c Abs. 1 eine spezifisch jugendgemäße Interaktionsweise und § 67 Abs. 3 ein Recht auf elterliche Anwesenheit vor. Neben den ohnehin geltenden, herkömmlichen Vorkehrungen (§§ 136, 136a StPO) weitet § 70c Abs. 3 – 4 zudem die Schutzmechanismen der audiovisuellen Vernehmung und des Verteidigerkonsultationsrechts tendenziell aus (vgl. auch §§ 68 ff. zur notwendigen Verteidigung).

d) Hauptverfahren. Ist das Hauptverfahren eröffnet, greifen einige **Son-** 50
derbestimmungen ein (§§ 47–54, aber auch §§ 67–69, 71–74, 81). Hierdurch soll ua eine altersgerechte Kommunikation und jugenderzieherische Gestaltung in der HV ermöglicht werden. Teilweise steht dies allerdings in einem gewissen Spannungsverhältnis mit den allg. rechtsstaatlich garantierten Verfahrensrechten – bspw., wenn es um eine reduzierte Förmlichkeit geht (→ § 48 Rn. 8 ff.) oder um den Schutz vor abträglichen Situationen (→ § 51 Rn. 5 ff.) oder um Fragen der rechtlichen Verständlichkeit (→ § 54 Rn. 5 ff.). Eine ähnliche Problematik besteht iÜ hinsichtlich der Besonderheiten sowohl des vereinfachten JVerfahrens (§§ 76–78) als auch des Rechtsmittelverfahrens (n. → § 55 Rn. 57 ff.).

Soweit eine Verwirklichung des Erziehungsauftrags (§ 2 Abs. 1) durch 51
entspr. Einwirkung in der **Hauptverhandlung** erwogen wird (dazu pro-

grammatisch allg. Wexler William & Mary Law Review 1993, 279), ist hierfür schon keine Rechtsgrundlage gegeben. Ein solcher Ansatz lässt sich auch kaum mit der Unschuldsvermutung (Art. 6 Abs. 2 EMRK) vereinbaren, da er (über eine altersgerecht angemessene Verhandlungsatmosphäre hinausgehend) auf eine kommunikative Intervention setzt, obwohl der Interventionsanlass (dh die Tatschuld als der Anlass für erzieherisches Bemühen) noch gar nicht durch ein prozessordnungsgemäßes Verfahren festgestellt worden ist (dazu, dass dies auch pädagogisch kaum vertretbar wäre, vgl. schon Mrozynski RdJB 1976, 1 (5 f.)). – Ohnehin sind der erzieherischen Verhandlungsgestaltung rechtliche Grenzen gesetzt. So muss der JRichter stets eine „Rest-Formalität" (Belehrungen usw) und rechtsstaatliche Mindeststandards wahren. Deshalb stellt bspw. die Herstellung einer erziehungsförderlichen Gesprächsatmosphäre stets einen Balanceakt dar, insofern sie nicht darauf ausgelegt sein darf, den Angeklagten zu selbstbelastenden Erklärungen zu veranlassen. Unabhängig davon, ob dem Geständnis eine pädagogische Funktionalität zukommt, würde hierdurch nämlich jedenfalls auch die strafrechtliche Überführung gefördert – womit sich das pädagogische Vorgehen im Kern als (getarnter) Ermittlungsvorgang erwies.

52 Ohnehin wird sich die Kommunikationsstruktur ihres strafprozessualen alltagsfremden Charakters nur eingeschränkt entheben lassen (näher etwa Legnaro KrimJ 1991, 272): Auch im Jugendgericht findet die Verhandlung nämlich vor einem Sanktions- und Zwangshintergrund statt, der sich schlecht mit einem einwirkungsförderlichen Kontext verträgt (dazu, dass dieser auch präsent bleibt, vgl. die Prozessbeobachtungen bspw. bei Reichertz, Sozialwissenschaftliche Analysen jugendgerichtlicher Interaktion/ Muth, 1984, S. 58 ff.; Ludwig-Mayerhofer, Das Strafrecht und seine administrative Rationalisierung, 1998, S. 152 ff.; Dollinger/Fröschle/Gilde/ Vietig MschKrim 2016, 325; Lampe/Schmoll ZJJ 2023, 27 (29 ff.); s. auch Ohder FS Eisenberg, 2009, 434: „idR Mangel an Dialog"). Die **Kommunikationsstruktur** der HV (dazu → § 50 Rn. 10 ff.) ist durch die Dominanz der richterlichen Akteure bestimmt, die über die interaktiven Vorrechte verfügen, also etwa über die Befugnis zu fragen und zu bestimmen, wer sich wozu wann äußern darf usw (Eisenberg/Kölbel Kriminologie § 30 Rn. 17 ff. mwN). Verstärkt wird dies durch die vielfach eingeschränkte situative Handlungsfähigkeit des Angeklagten (Eisenberg BeweisR StPO Rn. 844 ff.), was das Verstehen des Geschehens oft limitiert (Artkämper, Verfahren vor Jugendgerichten, 2020, S. 121 ff.) und die Tendenz zu einer einseitigen oder bisweilen gar autoritär ausgerichteten Kommunikationsbeziehung evoziert. Solche Bedingungen sind für eine individuell angepasste erzieherische Wirksamkeit kontraindiziert. Zu berücksichtigen ist ferner, dass die Beteiligten miteinander lediglich in punktuellem oder gar einmaligem Kontakt stehen.

53 Der fortschreitende Ausbau, den die Aktiv- und Passivrechtsstellung von mutmaßlich geschädigten Personen erfahren hat (zur Entwicklung der sog. prozessualen **„Opferrechte"** BMJV/Kölbel 2017, S. 10 f., 30 f.), hat Rahmensetzungen für die HV mit sich gebracht, die mit Blick auf § 2 Abs. 1 regelrecht **dysfunktional** sind. Dies betrifft nicht nur Einschränkungen der Verteidigungs- und Beweiserhebungsmöglichkeiten etwa infolge des Aktenwissens oder der Abschirmung von sog. Opferzeugen (→ §§ 33–33b Rn. 61 ff.), sondern auch eine Tendenz zu Interaktionsstrukturen, die eine altersgerechte und zielführende Kommunikation mit dem Angeklagten erschweren. So führen die unterschiedlichen (anwaltlichen, psychosozialen

usw) Beistände, die der mutmaßlich Verletzte in der Verhandlung hinzuziehen kann, zu einer unmäßigen Übermacht der „Anklägerseite“ und zumindest bei der Nebenklage leicht auch zu einer konfrontativen Verhärtung (n. → § 80 Rn. 13 f.; zum Ganzen bspw. auch Zöller FS Paeffgen, 2015, 719; Kölbel ZJJ 2015, 58; BMJV/Kölbel 2017, S. 14 ff.; zu Fragen der – früher im OEG und jetzt im SGB XIV geregelten – Opferentschädigung etwa Brettel FS Rössner, 2015, 483 ff.).

3. Rechtsfolgen, Vollstreckung, Vollzug

a) Allgemeines. Das materielle JStR kennt keine Sonderregelungen bzgl. der **Straftatbestände** wie auch der dogmatischen Bewertung eines Geschehensablaufs als **Straftat,** sodass gem. § 2 Abs. 2 bzw. § 10 StGB die Vorschriften des **allg. StR** gelten. Jedoch ist bei deren Auslegung der Erziehungsauftrag (§ 2 Abs. 1) zu berücksichtigen, wobei diese Frage mangels gesetzlicher Vorgaben teilw. kontrovers beurteilt wird (n. dazu → § 2 Rn. 28 ff.). Hinsichtlich der **jugendstrafrechtlichen Rechtsfolgen** sieht das JGG jedoch umfangreiche Sondervorschriften vor (n. → § 5 Rn. 9 ff.), durch die das Sanktionsregime des allg. StR weitgehend verdrängt wird (zu Ausnahmen aber → § 6 Rn. 4). Teilweise müssen diese Sanktionen des JStR (jedenfalls in ihrer aktuellen Vollzugsgestaltung) mit Blick auf die gesetzliche Grundausrichtung als **problematisch** gelten, denn Erziehung ist hier „von Strafmotiven durchdrungen“ (Dollinger/Schabdach Jugendkriminalität S. 52). Das betrifft neben der Möglichkeit, lange JStrafen zu verhängen, die (jedenfalls auch) repressiv orientierte Institution des JA (→ § 16 Rn. 4 f.) und einige eher als Disziplinierungsmittel eingesetzte ambulante Sanktionen (insb. die Arbeitsauflage). Gerade bei den stationären Sanktionen (wie auch der U-Haft) sind – von Einzelaspekten und -ansätzen abgesehen – keine strukturell angelegten Strategien zur Überwindung des strafrechtlichen Modells ersichtlich. Umgekehrt wäre im Bereich der Weisungen ein weiterer Ausbau sozialpädagogischer Interventionen wünschenswert. 54

Im Übrigen entwickelt die Praxis teilw. eine **Tendenz zur Angleichung** an die Rechtsfolgen des allg. StR. Dies äußert sich bspw. in einer stark tatorientierten Rechtsfolgenbemessung (→ § 18 Rn. 12) und in der rechtstatsächlichen Prominenz des sanktionsbezogenen Eskalationsprinzips bei wiederholter Erfassung (vgl. etwa Höfer Sanktionskarrieren S. 138 ff.; betr. Verkehrsdelikte Reiff, Straßenverkehrsdelinquenz in Deutschland, 2015, S. 271 f.; ferner → § 5 Rn. 8), ebenso aber auch in der dogmatischen Gleichsetzung von Freiheits- und JStrafen durch einen Teil der Judikatur und Literatur (hierzu n. → § 17 Rn. 3, → § 17 Rn. 60 ff., → § 7 Rn. 52). Im OWiR gelten die allg. Bestimmungen ohnehin schon von Gesetzes wegen einheitlich, sodass es auch gegenüber Jugendlichen zur Verhängung der Geldbuße kommt. Erst das Vollstreckungs- (§ 98 OWiG) oder das Einspruchsverfahren (§ 78 Abs. 4 iVm § 98 Abs. 1 OWiG) bieten eine gewisse Anpassung an jugendbezogene Rechtsfolgen. 55

b) § 105 Abs. 1. Die unter bestimmten Voraussetzungen eröffnete Möglichkeit, **materielles JStR** auf Heranwachsende anzuwenden, wird ausgesprochen uneinheitlich wahrgenommen (→ § 105 Rn. 10 f.). Das spricht gegen die Sachgerechtigkeit einer auf den Einzelfall abstellenden Regelung. Die gebotene Homogenisierung kann allerdings nur in der Einbeziehung 56 aller Heranwachsenden in das Sanktionsregime des JGG bestehen, da die Alternative (dh die generelle Herausnahme der Heranwachsenden aus dem Anwendungsbereich des materiellen JStR) aus entwicklungspsychologischer wie aus sozialwissenschaftlicher Sicht evident sachwidrig wäre (vgl. zum Ausmaß von Plastizität auch über das 18. Lbj. hinaus schon Thomae Soziale Reife; zur neueren Forschung Dünkel/Geng/Passow ZJJ 2017, 123; n. → § 105 Rn. 5 f.). Das gilt besonders in schwierigen Lebenslagen (zur erforderlichen Unterstützung beim Übergang aus der Heimerziehung etwa Strahl/Thomas Forum Erziehungshilfen 2014, 132 (133 f.); zum Hilfebedarf im Falle einer sozialgesetzlichen oder ausländerrechtlichen Sanktionierung Wiesner, Hilfen für junge Volljährige. Rechtliche Ausgangssituation, 2014, S. 28 f., 40 ff.).

57 **c) Vollstreckung und Vollzug.** Für die Umsetzung der Rechtsfolgen enthält das JGG einige besondere Einzelvorschriften – und zwar sowohl für die Vollstr. (vgl. §§ 83 ff., 56 sowie §§ 57 ff., 62 ff., 65 f.) als auch den Vollzug (§§ 90, 93a). Ergänzt wird dies durch Landesgesetze zum U-Haftvollzug (n. → § 89c Rn. 6 ff.), zum JStrafvollzug (→ § 92 Rn. 8 f.) sowie zum JA-Vollzug (→ § 90 Rn. 5). Mit diesen föderalen Vollzugsregelungen hat sich die ehemals problematische Situation zwar nicht unbedingt in der Vollzugsausgestaltung, immerhin aber hinsichtlich rechtsstaatlicher Fragen (Gesetzesvorbehalt) entschärft (→ Rn. 22). So wurden etwa die vormaligen VVJug, die die JStVollzO v. 1.9.1944 (AV des Reichsjustizministers, Sonderveröffentlichung DJ Nr. 32) gegenstandslos gemacht hatten (vgl. ausdrücklich etwa JMBl. NW 1977, 5), abgelöst bzw. aufgehoben (vgl. ausdrücklich etwa AV Bbg. v. 14.2.2009 (MBl. 35)). Detailliert geregelt ist damit vornehmlich die Umsetzung stationärer Sanktionen (einschließlich der Formen von Aussetzung zBew). Dagegen fehlt es hinsichtlich (sonstiger) jugendstrafrechtlicher Rechtsfolgen an speziellen gesetzlichen Regelungen, insb. für Rechtsfolgen nichtfreiheitsentziehender Art. – Soweit das JGG keine Sonderregelungen enthält, kommen gem. § 2 Abs. 2 für die Vollstr. die Bestimmungen der §§ 449 ff. StPO zur Anwendung. Entsprechendes gilt für das Verhältnis der RL zum JGG gegenüber den VV zur StrVollstrO. Dabei verlangen die RL zu §§ 82–85, abgesehen von der Generalklausel (III Nr. 1), eine beschleunigte Vollstr. nur bei einigen stationären Rechtsfolgen (V. Nr. 2, VI Nr. 2; s. auch VII Nr. 2.b)).

4. Präventivpolizeiliche Kopplungen

58 Von institutioneller Seite geht man bei der „Verbrechensbekämpfung" zunehmend zu repressiv-präventiven Komplexmaßnahmen über, die verschiedene Elemente der staatlichen Gefahrenabwehr und Deliktsverfolgung (über die wechselseitige Nutzung jeweils angefallener Informationen hinaus) systematisch miteinander verzahnen. Die hiervon erwarteten Effizienzgewinne korrespondieren dabei idR mit einer Eingriffskumulation bei den Betroffenen (für einen Überblick s. Eisenberg/Kölbel Kriminologie § 27 Rn. 69 ff.). Speziell im JStR äußert sich dies (neben dem Vorgehen gegenüber „radikalisierten Personen") etwa in sog. **polizeilichen Intensivtäterprogrammen** (zu deren Entstehung und einer umfassenden Zusammenstellung vgl. Bartz, Die besondere polizeiliche Erfassung von Intensivtätern, 2008, S. 10 ff., 55 ff.). Hierin aufgenommen werden Jugendliche und Heran-

wachsende nach teilweise divergierenden Erfassungskriterien (dazu und zu den darin liegenden Typisierungen vgl. etwa Groenemeyer/Hoffmann, Jugend als soziales Problem/Kopp/Schubarth, 2014, S. 358 ff.; Eisenberg/Kölbel Kriminologie § 19 Rn. 17 f.; s. auch Sonka/Riesner FPPK 6 (2012), 119 ff.) sowie auf der Grundlage individueller Einschätzungen der beteiligten Sachbearbeiter (für widersprüchliche Befunde zur Tragfähigkeit ihres Expertenwissens vgl. Bergmann Expertise in der Prognose von Kriminalität, 2018; n. und krit. zu den Aufnahmekriterien → § 5 Rn. 60; s. auch → § 1 Rn. 19, → § 36 Rn. 16).

Anlass für eine sozialpädagogische Intervention der JHilfe-Träger ist die Aufnahme in ein Programm idR nicht. Ausnahmen ergeben sich nur bei einer entspr. interinstitutionellen Kooperation (Pütter Soziale Arbeit S. 101 ff.; n. zu entspr. Projekten → § 37a Rn. 11 ff.). Ansonsten kommen gegenüber den einbezogenen Jugendlichen auf Basis einer personenbezogenen Zuständigkeitskonzentration und institutionellen Koordinierung vielfach nur **präventiv-repressive Maßnahmebündel** zum Einsatz (für einen Überblick Riesner/Bliesener/Thomas ZJJ 2012, 40 (41 f.); Goeckenjan ZJJ 2015, 26 (27 ff.)). Diese setzen sich aus polizeilichen Präventivaktivitäten (Aufklärungsgespräche mit Familie, Kontrollbesuche, polizeiliche Beobachtung, Gefährderansprachen usw), Umfeldermittlungen und systematischer personenbezogener Informationssammlung zusammen (allg. dazu n. Tausendteufel/Bindel-Kögel/Kühne, Deliktunspezifische Mehrfachtäter als Zielgruppe von Ermittlungen im Bereich der sexuellen Gewaltdelikte, 2006, S. 168 ff., 199 ff.). Die systematische Erfassung und Dokumentation kann sich va bei U-Haftentscheidungen oder der Begründung schädlicher Neigungen nachteilig für die Betroffenen auswirken. Im Falle von Straftaten kommt es iÜ zu einer priorisierten und beschleunigten Fallbearbeitung (was bisweilen bedeuten kann, dass der Sachverhalt im beschleunigten JVerfahren oder im sog. vorrangigen Verfahren bearbeitet wird (→ §§ 76–78 Rn. 7; → § 79 Rn. 11 f.; erg. auch → Rn. 42 f.)). 59

Bezeichnenderweise wird an den Programmen von den beteiligten Sachbearbeitern der Polizei und StA (neben den ablauftechnischen Aspekten) insb. die Ermittlungsförderung als Vorteil geschätzt, deutlich mehr jedenfalls als der Präventivaspekt (vgl. die Befragung bei Riesner/Bliesener/Thomas ZJJ 2012, 40 (41 f.)). In der Tat ist ein solcher Kontext für die Tatentdeckung ebenso wie für die Beweissammlung förderlich – und zwar teilw. ohne dass die Informationserhebung an die strengen Voraussetzungen der StPO geknüpft wäre, wenn bspw. die informelle **Gefährderansprache** de facto die Beschuldigtenvernehmung informatorisch substituiert (vgl. etwa Goeckenjan ZJJ 2015, 26 (30)). Überhaupt wohnt der Gefährderansprache eine erhebliche Problematik inne (n. DVJJ/Jasch 2015, S. 91 ff.; Estermann, Der Kampf ums Recht/Jasch, 2012, S. 139 ff.), schon wegen ihrer Stigmatisierungstendenz (auch nach der Art der rhetorischen Ausgestaltung – vgl. anschaulich dazu etwa Wesely ZJJ 2015, 64 (65)). Rechtlich handelt es sich jenseits eines nur „banalen Rats zur Legalität“ hierbei iÜ um einen Grundrechtseingriff (Art. 2 Abs. 1 GG), für den die gesetzliche Ermächtigungsgrundlage nicht immer klar ist (zur Problematik allg. etwa NdsOVG NJW 2006, 391; HessVGH NVwZ-RR 2012, 344: polizeiliche Generalklausel; s. auch Gloss RdJB 2010, 323 (330 ff.); Meyn Kriminalistik 2008, 672 (673 ff.); Thiel ZJJ 2024, 260 (261 ff.)). 60

5. Jugendstrafrecht als Aliud

61 Die 1923 realisierte **Zweispurigkeit** aus Sanktionierung (JGG) und JHilfe (Jugendwohlfahrtsrecht) setzte mit dem JStR damit auch auf eine Spur, die ungeachtet des darin enthaltenen Erziehungskonzeptes keineswegs nur unterstützende oder entwicklungsfördernde, sondern von Anbeginn auch deutliche Kontroll-, Straf- und Disziplinierungskomponenten aufwies (→ Rn. 12 ff.; n. dazu Dollinger/Schabdach Jugendkriminalität S. 27 ff.). Diesen Charakter hat das JGG ganz gewiss nicht verloren. Allerdings hat es sich vom allg. StR seither zugleich in einem Maße emanzipiert, dass es inzwischen **etwas anderes als nur dessen „Ableger" oder „Sonderform"** ist. Dies beruht auf der stark gestiegenen Vielzahl an prozessualen Sonderregelungen – aber eben auch an der zunehmenden Annäherung an das Recht der Jugendfürsorge: sei bei den Personalanforderungen (§ 37 JGG), der Verzahnung mit Institutionen der JHilfe (§§ 34 Abs. 2, 37a, 53 JGG) oder der entscheidungsrelevanten (§ 46a JGG) Stellung der JGH (§ 38 JGG). Hinzu kommt das eigenständige und partiell sozialpädagogisch orientierte Reaktionsspektrum, das den Jugendbehörden mitunter sogar Mitentscheidungsmöglichkeiten (→ § 10 Rn. 10, 64 ff.). Besonders gravierend ist indes die in § 2 Abs. 1 JGG positivierte Basisbestimmung, dank derer die Täterausrichtung als Leitlinie des JStR amtiert. Der Summenwert dieser Spezifika gibt ihm **ggü. dem allg. StR** einen **aliud-Charakter** (s. auch Kölbel JR 2024, 158 (158); zu den methodischen Konsequenzen → § 2 Rn. 15).

Erster Teil. Anwendungsbereich

Persönlicher und sachlicher Anwendungsbereich

1 (1) **Dieses Gesetz gilt, wenn ein Jugendlicher oder ein Heranwachsender eine Verfehlung begeht, die nach den allgemeinen Vorschriften mit Strafe bedroht ist.**

(2) **Jugendlicher ist, wer zur Zeit der Tat vierzehn, aber noch nicht achtzehn, Heranwachsender, wer zur Zeit der Tat achtzehn, aber noch nicht einundzwanzig Jahre alt ist.**

(3) **Ist zweifelhaft, ob der Beschuldigte zur Zeit der Tat das achtzehnte Lebensjahr vollendet hat, sind die für Jugendliche geltenden Verfahrensvorschriften anzuwenden.**

Schrifttum: Baier/Pfeiffer/Rabold ua, Kinder und Jugendliche in Deutschland: Gewalterfahrungen, Integration, Medienkonsum, 2010; Beelmann/Raabe, Dissoziales Verhalten von Kindern und Jugendlichen, 2007; Cipriani, Children's Rights and the Minimum Age of Criminal Responsibility, 2009; Holthusen, Projekt: Polizeilich mehrfach auffällige Strafunmündige, 2011; Holzmann, Polizeilicher Umgang mit unter 14-jährigen Tatverdächtigen, 2008; Meier (Hrsg.), Kinder im Unrecht, 2010; Reinecke/Stemmler/Wittenberg (Hrsg.), Devianz und Delinquenz im Kindes- und Jugendalter, 2016; Weinand, Das Verfahren der Altersfeststellung bei unbegleiteten jungen Ausländern (§ 42f SGB VIII); Zopfs, Der Grundsatz „in dubio pro reo", 1999.

Übersicht

I. Persönlicher Anwendungsbereich des JGG

1. Jugendliche und Heranwachsende

1 **a) Allgemeine Festlegung.** Abs. 1 stellt klar, dass das Gesetz (nur) für Jugendliche und Heranwachsende gilt. Für Angehörige älterer Altersgruppen hat das JGG also keine unmittelbare Bedeutung (s. aber § 114). Auch für jüngere Personen (Kinder) gilt allein das allg. StR und StVR, wobei dies aber im Wesentlichen nur die Regelung zur Strafunmündigkeit betrifft (→ § 3 Rn. 3 ff.; n. unten → Rn. 11 ff.). Auf Jugendliche und Heranwachsende ist das JStR hingegen auch dann anzuwenden, wenn das gegen sie gerichtete Verfahren ausnahmsweise (etwa nach §§ 102, 103 Abs. 2 S. 2) vor den für allg. Strafsachen zuständigen Gerichten stattfindet (s. auch § 104).

2 In **Abs. 2** sind die insofern maßgeblichen Legaldefinitionen enthalten, wobei die **Berechnung** des hierbei ausschlaggebenden Alters (mangels entspr. Vorschriften im JStR) nach den allg. Maßgaben des Zivilrechts erfolgen muss (§§ 186, 187 Abs. 2 BGB). Das hat zur Folge, dass jede Person bereits mit Beginn des Tages, an dem sie ihr 14. bzw. 18. bzw. 21. Lbj. vollendet, die jeweils nächste Altersstufe (Jugendlicher, Heranwachsender, Erwachsener) erreicht (allgA). Die auf das konkrete Alter abstellenden Kriterien des Abs. 2 sind iÜ abschließender Art. Zivilrechtliche Sondernormen, etwa die bei Ausländern nach ausländischem Recht ggf. mögliche Volljährigkeitserklärung, sind für die Einstufung daher unbeachtlich (→ § 67 Rn. 3).

3 Nach Abs. 2 ist der für die **Einordnung relevante Zeitpunkt** derjenige der **Tat.** Es kommt also auf das Alter bei Begehung der Verfehlung an – konkret: auf jenen Zeitpunkt, zu dem die für die Erfüllung des Straftatbestands entscheidende Willensbetätigung stattgefunden hat oder (bei Unterlassungsdelikten) spätestens hätte stattfinden müssen (s. § 8 StGB). Das Alter bei Eintritt des Taterfolges oder zur Zeit der strafrechtlichen Verfolgung

(Anklageerhebung, Aburteilung usw) ist für die Anwendbarkeit des JGG folglich grds. ohne Bedeutung. Dies hindert aber nicht daran, bei speziellen Rechtsfragen – dh hierauf begrenzt und aus dort jeweils relevanten besonderen Gründen – **ausnahmsweise** auf das Alter zum **Verfahrenszeitpunkt** abzustellen (dazu bei der Rechtsfolgenentscheidung → Rn. 6). Das ist va bei prozessualen Regelungen der Fall, die ua auch an das elterliche Erziehungsrecht bei Minderjährigen anknüpfen und deren Grundlage nach Erreichen des 18. Lbj. entfällt (→ § 50 Rn. 2, → § 67 Rn. 2).

b) Maßgaben bei speziellen Deliktskonstellationen. Die Bestimmung des grds. maßgeblichen Tatzeitalters ist problematisch, wenn sich das strafrechtlich relevante Verhalten über einen **gewissen Zeitraum erstreckt** (wie zB beim Dauerdelikt oder der Einordnung mehrerer Tatbestandsverwirklichungen als nur eine Tat (→ § 3 Rn. 12)) und die minderjährige Person erst während dieses Zeitraums ihr 14. Lbj. vollendet. Dann hängt die JGG-Anwendbarkeit (ebenso wie die Strafbarkeit) davon ab, ob ihr (auch) für die Deliktsverwirklichungsphase, die nach dem Erreichen der in Abs. 2 genannten Grenze (bzw. nach Erreichen der Strafmündigkeit (§ 19 StGB)) liegt, ein Vorsatz zugerechnet werden kann. Das Verhalten in den vorherigen Stadien bleibt jedenfalls außer Betracht (vgl. zu § 9 JGG 1923 auch RGSt 66, 3; für Konstellationen, in denen auf die sich über einen gewissen Zeitraum erstreckende Verfehlung teils JStR und teils allg. StR anzuwenden ist, vgl. → § 32 Rn. 3 und 15). 4

Sind **mehrere Personen** zu unterschiedlichen Zeitpunkten an einer Tat beteiligt, so kommt es für die jeweils individuelle Beurteilung auf den Zeitpunkt des – gesondert zu betrachtenden – Tatbeitrages jedes einzelnen an. Demgemäß kann eine Handlung im strafunmündigen Alter nicht deshalb die Anwendbarkeit des JGG (und die Strafbarkeit) begründen, dass es nach Erreichen des 14. Lbj. zu Tatbeiträgen anderer Mittäter kommt (vgl. auch § 29 StGB; s. ferner Brunner/Dölling Rn. 20; offen geblieben für die obere Altersgrenze und die StGB-Anwendung in BGH JR 1954, 271). Insoweit ist es ebenfalls unerheblich, wenn der Vorsatz des nur im Kindesalter tätig gewordenen Gehilfen schon alle Haupttäterhandlungen umfasst, deren Ausführung erst für einen Zeitpunkt nach der in Abs. 2 genannten Grenze (bzw. nach Eintritt seiner Strafmündigkeit) vorgesehen ist. 5

c) Verfahren gegen inzwischen erwachsen Gewordene. Aus den in → Rn. 3 genannten Maßgaben folgt, dass das JGG auch bei Verfehlungen solcher Personen anzuwenden ist, die zur Tatzeit noch Jugendliche oder Heranwachsende waren, zum Zeitpunkt des Verfahrens jedoch Erwachsene sind (dazu n. und unter Auswertung unveröffentlichter Judikatur Budelmann JugendStrafR S. 157 ff.). Dies gilt selbst dann, wenn es erst sehr lange nach dem Delikt zum Strafprozess kommt (vgl. etwa OLG Hamm BeckRS 2015, 6744: 23 Jahre zurückliegende Tat; LG Flensburg BeckRS 2017, 103090: 35 Jahre zurückliegend). Gerechtfertigt wird dies durch den Umstand, dass Delikte junger Menschen von altersbedingt herabgesetzter Vorwerfbarkeit sind (vgl. etwa Streng JugendStrafR Rn. 12; n. auch → § 17 Rn. 54) und das Sonderstrafrecht im JGG insgesamt ua auch hierauf abgestimmt ist. Dennoch können in diesen ausgesprochen seltenen Konstellationen (Palmowski Sanktionierung S. 329 ff. mit Zahlen) gewisse Besonderheiten bei der Anwendung des JGG zu berücksichtigen sein, insb. mit Blick auf die Rechtsfolgen (dazu etwa → § 17 Rn. 57, → § 31 Rn. 30 f.). Der Grund dafür liegt 6 darin, dass die Bedeutung des Erziehungsgedankens für die Sanktionsentscheidung in solchen atypischen Fällen mit fortschreitendem Erwachsenenalter sinkt (BGH NStZ 2016, 101 (102); 680 (681); n. zu dieser Problematik Beulke FS Streng, 2017, 411; Bachmann JZ 2019, 759 (761 ff.)).

7 **d) Sonderfragen.** Das JGG gilt auch für jugendliche und heranwachsende **Soldatinnen** und **Soldaten** (§§ 112a ff.). – Zur Frage der Geltung des JGG für **Nichtdeutsche** und **Auslandstaten** enthält das JGG keine ausdrückliche Regelung, weshalb es gem. § 2 Abs. 2 für Jugendliche und Heranwachsende beim allg. Strafanwendungsrecht bleibt. Unter den Voraussetzungen der §§ 3–7 StGB – mit der Reichweite des allg. StR also korrespondierend – gilt das JGG prinzipiell auch für Nichtdeutsche und Auslandstaten. Soweit das JStR auch Rechtsfolgen kennt, die speziell der Erziehung dienen sollen und die von Trägern der Jugendhilfe organisiert werden (insb. Erziehungsmaßregeln), folgt deren Anwendbarkeit auf Nichtdeutsche (auch) aus § 6 Abs. 1 und 2 SGB VIII (vgl. näher Wiesner/Wapler/Elmauer SGB VIII § 6 Rn. 14 ff.; vgl. iÜ zu Ansprüchen Nichtdeutscher auf Jugendhilfe das Europäische Fürsorgeabkommen (BGBl. 1956 II 563) sowie das Haager Minderjährigenschutzabkommen (BGBl. 1971 II 217); speziell für Österreich BGBl. 1969 II 1; näher hierzu Münder/Meysen/Trenczek/Münder/Eschelbach SGB VIII § 6 Rn. 13 ff.).

2. Rechtslage bei Kindern

8 **a) Grundlagen. aa) Kriminologische Prävalenz- und Entwicklungsbefunde.** Verglichen mit der Delinquenz anderer Bevölkerungsgruppen sind Kinder (dh Personen bis zur Vollendung des 14. Lbj.) in der PKS **unterdurchschnittlich** erfasst (mit zuletzt 3–6 % aller Tatverdächtigen). Der Art nach bezieht sich die Registrierung ganz überwiegend auf einfachen Diebstahl, wobei (mit Abstrichen) auch Sachbeschädigung und Brandstiftung gewisse Schwerpunkte bilden. Das Deliktsspektrum ist aber schmal (speziell zur polizeilich nur sehr selten erfassten (schweren) Gewaltdelinquenz unter Kindern vgl. BT-Drs. 20/6674). Da gegen Kinder mangels Strafmündigkeit gar keine Ermittlungen geführt werden dürfen (→ Rn. 11 ff.), sind die statistischen Angaben – unabhängig von der Frage, ob sie überhaupt auf einer zulässigen Erfassung beruhen – allerdings besonders lückenhaft. Verdachtslagen bleiben hier (häufiger als bei anderen Altersgruppen) unbearbeitet oder jedenfalls unregistriert. Ohnehin wird auf (private) Strafanzeigen gegen Kinder sehr häufig verzichtet. Das **Dunkelfeld** ist deswegen beträchtlich. Aus der sich verändernden Registrierungshäufigkeit in der PKS – die bis Mitte der 2010er Jahre einen langfristigen Rückgang und danach (mit Ausnahme der „Corona-Jahre") einen Wiederanstieg der Belastungszahlen ausweist (Prätor/Baier ZJJ 2024, 107 (112 f.) kann daher nur mit noch größerer Unsicherheit als bei anderen Altersgruppen auf die Realentwicklung geschlossen werden.

8a Ausreichende, wiederholt durchgeführte Dunkelfeldstudien, mit denen dieses Problem teilw. gelöst werden könnte, liegen nicht. Die (in dieser Altersgruppe indes sehr unzuverlässigen) Befragungen geben aber gewisse Hinweise auf die Dimension von Kinderdelinquenz. So geben bspw. bis zu 16 % bzw. 13 % der interviewten Viert- und Fünftklässler an, im vergangenen Jahr (mindestens) ein Eigentums- bzw. Sachbeschädigungsdelikt begangen zu haben (vgl. hierzu die insgesamt sehr inhomogenen Daten bei Baier/Pfeiffer/Rabold ua, Kinder und Jugendliche in Deutschland: Gewalterfahrungen, Integration, Medienkonsum, 2010, S. 271; Baier/Rabold, Kinder- und Jugenddelinquenz im Bundesland Saarland, 2012, S. 55; Reinecke/Stemmler/Wittenberg, Devianz und Delinquenz im Kindes- und Jugendalter/Wittenberg/Wallner, 2016, S. 39; speziell zu Vandalismus bei 13- bis 14-Jährigen s. Hirtenlehner/Leitgöb/Stiebellehner ua ZJJ 2019, 120; für einen Überblick zum Ganzen s. auch Eisenberg/Kölbel Kriminologie § 48 Rn. 7 ff.; Holthusen ZJJ 2023, 243; Grüne/Hoops/Schmoll/Willems Forum Kriminalprävention 2024, 21).

Im Normalfall geht Kinderdelinquenz in die entwicklungstypische und insges. wenig problematische (weil passagere, gelegentliche und bagatellarische) Jugenddelinquenz über, die nur manchmal eine nicht unerhebliche – wenn auch idR episodenhafte („adolescence-limited") – Ausprägung annimmt (→ Einl. Rn. 5 ff.). Teilweise anders ist dies indes bei einer sehr **kleinen Teilpopulation,** bei der sich sehr früh eine Symptomatik antisozialer Verhaltensauffälligkeiten zeigt (Überblick über diesbzgl. (Prävalenz-) Befunde bei Beelmann/Raabe, Dissoziales Verhalten von Kindern und Jugendlichen, 2007, S. 37 ff.). Delinquenz hat hier quantitativ und qualitativ größeres Gewicht sowie biografisch eine andere Relevanz (oft allein schon wegen der dadurch hervorgerufenen Reaktionen). Meist geht dies auf soziale oder familiäre und zuweilen auch persönlichkeitsspezifische Belastungsfaktoren zurück (vgl. etwa Wallner ua Devianz und Delinquenz/Wallner/Stemmler S. 134 f.). Obwohl die Mehrauffälligkeit in dieser Gruppe vielfach über längere Phasen anhält, handelt es sich hierbei aber nicht um einen zwangsläufigen Verlauf (Eisenberg/Kölbel Kriminologie § 55 Rn. 6 ff. mwN). Ernsthafte und/oder **gehäufte Kinderdelinquenz** („early onset") ist lediglich eine begrenzt relevante (und nur bedingt hinweiskräftige) Risikokonstellation für eine stabil-delinquente Entwicklung (vgl. den Forschungsüberblick bei Boers MschKrim 2019, 3 (12 ff.)). Beispielsweise wurden in einer deutschen Verlaufsstudie 2,1 % (Jungen) bzw. 0,5 % (Mädchen) der knapp 3.400 befragten Siebtklässler als „Mehrfachintensivtäter" eingestuft (= mindestens fünf schwere, selbst berichtete Gewaltdelikte im vergangenen Jahr), doch bildete sich die deliktische Belastung bei einem erheblichen Teil dieser frühauffälligen Kinder schon im Jugendalter zurück (Dölling/Jehle Täter – Taten – Opfer/Boers S. 13, 19 f.; n. → § 5 Rn. 58 f.). 9

bb) Einordnung. Aus einer vorstrafrechtlichen Warte stellen „Kinderdelikte" idR gar keine „strafrechtlich erfassbaren Vorgänge" dar. Entwicklungspsychologische, pädagogische und soziologische Untersuchungen haben deutlich gemacht, dass sich die individuellen Tathintergründe, Motivlagen und Steuerungskapazitäten bei Kindern wesentlich von denen der Erwachsenen unterscheiden (zu den neurobiologischen und entwicklungspsychologischen Grundlagen vgl. den Forschungsüberblick bei Dünkel/Geng/Passow ZJJ 2017, 123 (124 ff.)). Hinter einem formal straftatbestandlichen Sachverhalt verbirgt sich bei einem kindlichen Urheber daher meist ein ganz anderer lebensweltlicher Handlungssinn und daher qualitativ auch ein ganz anderes Ereignis als beim gleichen Vorgehen einer erwachsenen Person (Spaß, Austesten, Erprobung, Sport, Abenteuersuche, altersgemäße Konfliktaustragung usw). Bei einer **altersgruppenbezogenen Interpretation** geht es hierbei also nicht um „echt deliktswertige" Normverstöße. 10

Dem wird das Strafrecht in Deutschland (wie in vielen anderen Rechtsordnungen auch (→ § 3 Rn. 6)) dadurch gerecht, dass es solche Verhaltensweisen bei bis zu 13-jährigen Kindern – rechtstechnisch über eine generelle unwiderlegliche Schuldunfähigkeitsfiktion (§ 19 StGB) – pauschal für straflos erklärt (zur prinzipiellen Angemessenheit dieser Strafmündigkeitsgrenze → § 3 Rn. 8; Eisenberg/Kölbel Kriminologie § 23 Rn. 38 jeweils mwN). Eine davon unabhängige Frage ist, ob eine **Einschaltung der (Kriminal-) Polizei** bei tatbestandsmäßigen Taten von Kindern (ohne anschließendes Strafverfahren) ggf. entwicklungsförderlich und der jeweiligen Normverinnerlichung dienlich sein kann. Dafürsprechende empirische Anhaltspunkte liegen allerdings nicht vor.

11 **b) Keine strafrechtliche Reaktion.** Weil die – bedingte (vgl. § 3) – Strafmündigkeit mit 14 Jahren beginnt (§ 19 StGB iVm § 2 Abs. 2) und jüngere Kinder deshalb im Wege einer unwiderleglichen Vermutung als **nicht schuldfähig** gelten (BGHSt 68, 15 = NJW 2024, 604; BGH NStZ-RR 2009, 308), ist eine strafrechtliche Verfolgung der von ihnen begangenen tatbestandsmäßigen und rechtswidrigen Taten nicht möglich. Prozessual gesehen **fehlt** es an einer **Prozessvoraussetzung** (vgl. etwa RGSt 57, 206 (208); Beulke/Swoboda JugendStrafR Rn. 150). Da dieses Verfahrenshindernis in jeder Verfahrenslage zu beachten ist und ein Kind mangels (von Amts wegen zu prüfender) Verfolgbarkeit nicht Beschuldigter iSv §§ 136, 163a StPO sein kann, muss ein Ermittlungsverfahren gegen eine unter 14-jährige Person vollständig unterbleiben (vgl. nur NK-JGG/Ostendorf Rn. 4; Rieke Vernehmung S. 220, 235 f.). Der Vorgang darf daher nicht über die bloße Anzeigeaufnahme hinaus weiter betrieben werden (vgl. auch Gloss FS Eisenberg II, 2019, 221). Wird von diesen Maßgaben abgewichen, liegt darin grds. ein amtsseitiger **Verstoß gegen ein Verbot.**

12 Wo solche Ermittlungen dennoch erfolgen – sei es wegen Unkenntnis oder Irrtums bzgl. des Alters oder (wie offenbar bei LG Verden StV 2023, 158 = BeckRS 2022, 43695) wegen bewusster Missachtung des Prozessführungsverbots –, hat das betroffene Kind unstreitig die Rechte eines Beschuldigten im JStV (allgA). Obwohl das JGG bei im strafunmündigen Alter begangenen Taten grds. unanwendbar ist (→ Rn. 1), müssen dessen jugendspezifische Gewährleistungen dort, wo es zu einem (Ermittlungs-) Verfahren kommt, ebenfalls berücksichtigt werden. Deshalb ist bspw. die JGH einzuschalten (→ § 38 Rn. 57 ff.; vgl. auch Nixdorf NK 2018, 355 (361)). Bereits in der ersten Vernehmung, in der Kinder zu Klärung eines gegen sie gerichteten Anfangsverdachts befragt werden (zur damit eintretenden Beschuldigtenstellung bspw. MüKoStPO/Kölbel/Ibold StPO § 163a Rn. 2 f.), müssen sämtliche Modi und Bedingungen einer regulären Beschuldigtenvernehmung nach JGG eingehalten werden (zu den Anforderungen → § 70c Rn. 12 ff.; speziell zur Verteidigerbestellung LG Verden StV 2023, 158 = BeckRS 2022, 43695). Sobald den Strafverfolgungsbehörden die Strafunmündigkeit bekannt wird, ist das Ermittlungsverfahren unverzüglich einzustellen (§§ 170 Abs. 2, 204, 206a StPO iVm § 2 Abs. 2; nach Eröffnung des Hauptverfahrens gem. § 260 Abs. 3 durch Prozessurteil). Wird das Verfahren mit der Begründung eingestellt, der Täter sei zur Zeit der Tat noch nicht 14 Jahre alt gewesen, ist ein Klageerzwingungsverfahren (gem. § 172 StPO) nur zulässig, wenn Zweifel an der Richtigkeit dieser altersbezogenen Feststellung bestehen. Deshalb ist auch allein im Falle eines

solchen Zweifels eine Zustellung der Einstellungsentscheidung an den „Antragsteller" (§ 171 StPO) angebracht (Nr. 91 Abs. 2 S. 2 RiStBV). Andernfalls erfolgt lediglich eine formlose Benachrichtigung von der Einstellung.

Allerdings kann sich im Zusammenhang mit dem tatbestandlichen Ver- 13
halten eines strafunmündigen Kindes eine andere strafmündige Person strafbar gemacht haben. Liegt hierfür ein Anfangsverdacht vor, darf das fragliche Kinderdelikt zum Anlass genommen werden, um ein Ermittlungsverfahren (allein) **gegen diesen Dritten** (oder gegen Unbekannt) zu führen. Das Kind kann dann von den Ermittlungen mitbetroffen sein, insbes. als Zeuge (krit. zu dieser Konsequenz Franzke JZ 2024, 204 (206 f.)). Eine entspr. Konstellation kann bei **mittäterschaftlicher** Tatbegehung gegeben sein. Hierbei ist es prinzipiell möglich, dass ein Kind im Zusammenwirken mit einem schuldfähigen Täter eine Tat für diesen zu einer gefährlichen Tat qualifiziert (s. auch BGHSt 23, 122 = NJW 1970, 105: da der natürliche Tatwille genüge). Bei einer tatbestandsmäßigen und rechtswidrigen (Haupt-)Tat des Kindes kommt die mittelbare Täterschaft (BGHSt 68, 15 = NJW 2024, 604) oder gem. §§ 26, 27 iVm § 29 StGB ggf. auch die strafbare **Teilnahme** jugendlicher, heranwachsender oder erwachsener Personen in Betracht (wobei es hier aber oft am erforderlichen (Haupttat-)Vorsatz des Kindes fehlen wird – vgl. BGH NJW 2018, 3658 (3659); auch → § 2 Rn. 28 ff.). Zudem kann ein strafmündiger Dritter in Anknüpfung an die rechtswidrige Tat eines Kindes eine Hehlerei (BGHSt 1, 47 (50)) oder eine Begünstigung begehen – nicht aber eine Strafvereitelung (weil eine schuldunfähige Person der Bestrafung nicht entzogen werden kann).

c) Un-/Zulässigkeit von Ermittlungsmaßnahmen. Da ein Kind nicht 14
als Beschuldigter behandelt werden darf, sind ihm gegenüber nur wenige strafprozessuale Ermittlungseingriffe zulässig (eingehend schon Frehsee ZStW 1988, 290 (301 ff.); zur ggf. gegebenen Strafbarkeit **(§ 344 StGB)** von Polizisten, die unzulässige Maßnahmen ggü. Kindern vornehmen, vgl. Hirt Kriminalistik 2003, 570 (577); Gärditz VerfBlog 2020/11/19 (doi: 10.17176/20201119-200107-0). Wo die Möglichkeit eines strafprozessualen Eingriffs grds. besteht, hängt die einzelfallkonkrete Befugnis zudem von einer besonders strengen Verhältnismäßigkeitsprüfung ab, weil den altersspezifisch intensivierten Eingriffsfolgen dadurch Rechnung getragen werden muss (Thiel/Brüggemeier ZJJ 2023, 140 (142 ff.).

Konkret ist (wegen der fehlenden Beschuldigteneigenschaft) bspw. eine 14a
strafprozessuale **Festnahme** des Kindes – anders als eine Gewahrsamsnahme auf polizeirechtlicher Grundlage (→ Rn. 17a) – **nicht** möglich, auch nicht nach § 127 StPO (vgl. nur OLG Bamberg NStZ 1989, 40; Meyer-Goßner/Schmitt/Schmitt StPO § 127 Rn. 3a; Löwe/Rosenberg/Gärtner StPO § 127 Rn. 14; KK-StPO/Glaser StPO § 127 Rn. 8; Diemer/Schatz/Sonnen/Sonnen Rn. 22; Thiel/Brüggemeier ZJJ 2023, 140 (145), aA KG JR 1971, 30; Brunner/Dölling Rn. 26; Verrel NStZ 2001, 284 (286 f.)). Eine körperliche Untersuchung gem. **§ 81a StPO scheidet** ebenfalls **aus.** Lediglich zur Feststellung der Strafmündigkeit (→ Rn. 24 ff.) ist sie als äußerstes Mittel und in engen Grenzen erlaubt (ebenso Frehsee ZfJ 1991, 223 (225 f.); nicht unbedenklich PDV 382, 7.1.1 S. 1: bei „schwerwiegenden Straftaten"). Auch eine Maßnahme der DNA-Identitätsfeststellung nach § 81g StPO ist unzulässig (ebenso Meyer-Goßner/Schmitt/Schmitt StPO § 81g Rn. 5).

15 Nach überwiegender Auffassung besteht keine Befugnis für eine **erkennungsdienstliche** Behandlung (Löwe/Rosenberg/Krause StPO § 81b Rn. 8 f.; Meyer-Goßner/Schmitt/Schmitt StPO § 81b Rn. 7; SK-StPO/Rogall StPO § 81b Rn. 28; NK-JGG/Ostendorf Rn. 2; Eisenberg StV 1989, 554 (556); Walter-Freise DVJJ-Journal 1995, 314; Apel/Eisenhardt StV 2006, 490 (493); ebenso für § 81b Abs. 1 Alt. 1 StPO KK-StPO/Hadamitzky StPO § 81b Rn. 2; Verrel NStZ 2001, 284 (286); aber → Rn. 24 ff.). Mit Blick auf **§ 81b Abs. 1 Alt. 2 StPO** (Strafverfolgungsvorsorge) geht man – entgegen der hier vertretenen Ansicht (s. bspw. auch MüKoStPO/Kölbel/Ibold StPO § 160 Rn. 12; Eisenberg/Singelnstein GA 2006, 168 (170); Frister FS Amelung, 2009, 614 f.; E. Müller GA 2013, 510 (512 f.); Mayer Kriminalistik 2015, 520) – allerdings teilw. davon aus, dass es sich hierbei gar nicht um eine strafprozessuale, sondern um eine polizeirechtliche Maßnahme handele (so etwa BVerwG NJW 2006, 1225 mkritAnm Eisenberg/Puschke JZ 2006, 728; OLG Celle NStZ-RR 2012, 254). Aber auch bei einer solchen Einordnung ist die Maßnahme tatbestandlich an den Beschuldigten-Status geknüpft, weshalb sie bei Kindern ausscheidet (Frehsee ZStW 1988, 290 (302 f.); Streng FS Gössel, 2002, 505; vgl. auch Frehsee ZfJ 1991, 223 (225 ff.); abw. KK-StPO/Hadamitzky StPO § 81b Rn. 2; Brunner/Dölling Rn. 26; Verrel NStZ 2001, 284 (286)). Unzulässig ist daher ebenfalls die Speicherung der fraglichen Daten (Apel/Eisenhardt StV 2006, 490 (493 ff.); s. auch → Rn. 20). Maßnahmen zur Identitätsfeststellung sind bei Kindern allein im Rahmen von **§ 163b Abs. 2 StPO** bei drittgerichteten Ermittlungen erzwingbar (Thiel/Brüggemeier ZJJ 2023, 140 (144)). Dagegen setzt § 163b Abs. 1 StPO die bei Kindern nicht mögliche Situation voraus, einer Straftatbegehung verdächtig zu sein. Eine Eingriffsbefugnis besteht auf dieser Grundlage daher nur, falls das Alter bzw. die Strafunmündigkeit des verdächtigen Kindes äußerlich nicht sicher erkennbar ist und sich ausschließlich über die Identitätsfeststellung klären lässt (Löwe/Rosenberg/Erb StPO § 163b Rn. 15; MüKoStPO/Kölbel/Neßeler StPO § 163b Rn. 9; Verrel NStZ 2001, 284 (285); Streng FS Gössel, 2002, 504).

16 Eine (Wohnungs-)**Durchsuchung** bei einem Kind kommt allenfalls in Betracht, wenn sich die Ermittlungen gegen Dritte richten, nicht aber im Verfahren gegen den Strafunmündigen selbst (OLG Bamberg NStZ 1989, 40; n. Eisenberg StV 1989, 556; vgl. auch Thiel/Brüggemeier ZJJ 2023, 140 (143)). – Für die nicht an die Beschuldigteneigenschaft geknüpfte **Beschlagnahme** bestehen solche Begrenzungen dagegen nicht (Thiel/Brüggemeier ZJJ 2023, 140 (145)). Dies gilt auch für die Beschlagnahme gem. § 111b StPO. Da die hierdurch gesicherte Einziehung oder Unbrauchbarmachung auch bei schuldunfähigen Personen zulässig ist, ergeben sich bei Kindern hier ebenfalls keine Beschränkungen (BeckOK StPO/Huber StPO § 111b Rn. 5; ebenso zu § 111b Abs. 5 StPO aF Verrel NStZ 2001, 284 (285 f.); abw. NK-JGG/Ostendorf Rn. 4).

17 Auch Kinder unterliegen prinzipiell der Zeugenpflicht (n. Meier, Kinder im Unrecht/Keiser, 2010, S. 118 ff.; n. zu den Einzelheiten und der Aussagefähigkeit → §§ 33–33b Rn. 36 ff.). Wird ein Kind als **Zeuge** vernommen, ist § 52 StPO zu beachten (Löwe/Rosenberg/Sander/Cirener StPO § 252 Rn. 17; n. Eisenberg BeweisR StPO Rn. 1217 ff.; zu hier bestehenden Schutzpflichten der JHilfe schon Rauschert Zbl 1989, 477 f.). Gegebenenfalls ist gem. § 52 Abs. 2 StPO eine Zustimmung der sorgeberechtigten Personen erforderlich (n. dazu Löwe/Rosenberg/Ignor/Bertheau StPO § 52

Rn. 25 ff.). Im Falle einer „Tatbeteiligung“ ist eine namentliche Nennung zu vermeiden und – wegen drohender sanktionsäquivalenter Auswirkungen (vgl. nur § 1666a BGB, § 34 SGB VIII sowie → Rn. 18) – auch § 55 StPO entsprechend anzuwenden (vgl. Eisenberg GA 2001, 153 (156 f.); abw. Verrel NStZ 2001, 284 (285); mit zust. Tendenz dagegen Ellbogen/Wichmann JuS 2007, 114 (117); weitergehend noch Ostendorf FS Heinz, 2012, 470 f.: Belehrung nach § 136 Abs. 1).

d) Polizeirechtliche Maßnahmen. Wird iZm Kinderdelikten eine darüber hinausgehende Gefährung (etwa des Kindes oder dritter Personen) festgestellt, können ggf. polizeirechtliche Maßnahmen auch gegen das Kind vorgenommen werden (speziell zu polizeirechtlichen Speicherbefugnissen → Rn. 20). Das betrifft bspw. die Befugnis zur Identitätsfeststellung (Walter-Freise DVJJ-Journal 1995, 314 (315 f.); Meier/Hüneke, Kinder im Unrecht, 2010, S. 92 f.) sowie uU sogar die Gewahrsamnahme, die in bestimmten **Gefährdungssituationen** ebenfalls zulässig sei kann (Kahl Kriminalistik 2013, 208 ff.). Mit Blick auf die alterstypische Vulnerabilität (etwa gegenüber einem einschüchternden, Angst machenden usw. polizeilichen Auftreten) ist die Erforderlichkeit und Angemessenehit eines abwehrrechtlichen Vorgehens allerdings nur bei einer entsprechenden **Risikozuspitzung** zu bejahen (n. zur hier angezeigten strengen Verhältnismäßigkeitsprüfung Thiel ZJJ 2022, 4; dazu anhand der entspr. Einschränkungen bei polizeirechtlichen Befugnissen zur DNA-Identitätsfeststellung auch OLG Frankfurt a. M. BeckRS 2011, 00336: besondere Prüfung der Verhältnismäßigkeit erforderlich). 17a

e) Sonstige außerstrafrechtliche Folgen. Auch bei ausbleibenden straf- und strafprozessualen Konsequenzen kann Kinderdelinquenz anderweitige Folgen haben (international dazu Cipriani, Children's Rights (…), 2009, S. 136 ff., 139 ff. unter Hinweis auf ausländische Rechtsordnungen, die hier teilw. überhaupt keine Interventionen, teilw. aber auch ausgesprochen harsche Freiheitsentziehungen erlauben). Stellt die JStA das Verfahren bei einer Strafanzeige gegenüber einem Kind wegen Schuldunfähigkeit ein, so hat sie demgemäß zu prüfen, wer zu benachrichtigen und ob ggf. gegen Aufsichtspflichtige einzuschreiten ist (RL 2 aF). Das Verhalten des Kindes kann – sofern (weitere) aussagekräftige Hinweise zu entspr. psychosozialen Bedingungen vorliegen (s. etwa Brettel ZJJ 2012, 352) – ein Anlass sein, um kinder- und jugendhilferechtlich von einem Hilfebedarf auszugehen und **Maßnahmen nach SGB VIII** zu ergreifen (dazu der Überblick bei Lohse ZJJ 2023, 314 (315 f.)). Deshalb übersendet die StA sowie oft schon die Polizei – namentlich in Fällen, in denen ein entspr. Anlass gesehen wird – eine Information sowie ggf. auch ermittlungsgenerierte Unterlagen an das JAmt, etwa sog. Risikomitteilungen (zur ggf. bestehenden Information der JGH vgl. PDV Nr. 382, 3.2.7; s. erg. auch → § 70 Rn. 16 zu § 5 KKG). Eine Rechtsgrundlage für diese **Meldungen,** die einen informatorischen Eingriff darstellen, ist nicht ohne weiteres ersichtlich (→ Rn. 20). § 70 Abs. 2 (dafür Holthusen ZJJ 2023, 242 (248)) setzt jedenfalls ein eröffnetes Strafverfahren und einen Beschuldigten voraus – also Bedingungen, an denen es fehlt, wenn der Kindesstatus von vornherein feststeht. 18

Diese Mitteilungen enthalten vielfach einschlägige Hinweise für eine jugendamtliche Intervention (dazu die Erhebung bei Bähr/Hartmann/Hoffmann, Evaluation des Handlungskonzeptes „Stopp der Jugendgewalt“, 2015, 18a

S. 3 ff., 277 ff.; vgl. aber zur eingeschränkten Reaktionsquote der Jugendämter die Regionalbefunde bei Bindel-Kögel/Heßler/Münder unsere jugend 2003, 333; Holthusen, Projekt: Polizeilich mehrfach auffällige Strafunmündige, 2011, S. 9, 20). Auch ist die polizeiliche Ermittlung von Taten ein wesentlicher Anlass für ein familiengerichtliches Tätigwerden gem. §§ 1631b, 1666 f. BGB (s. etwa Meier, Kinder im Unrecht/Schmieder, 2010, S. 97 ff.; Holldorf ZJJ 2012, 363; Lohse ZJJ 2023, 314 (316 f.); vgl. auch den Vorstoß in BR-Drs. 645/98, wonach eine Kindeswohlgefährdung bei wiederholter schwerwiegender Delinquenz Strafunmündiger gesetzlich vermutet werden sollte). Insofern wird allerdings das vergleichsweise formstrenge JStV bei der strafrechtlichen Erfassung von Kinderverhalten (und auch bei Jugendlichen (§ 3 S. 2)) durch das eher formlose Verfahren der freiwilligen Gerichtsbarkeit ersetzt (zu den Fairnessanforderungen EGMR v. 23.3.2016 – 47152/06 Rn. 179 ff.). Insgesamt ist kaum überschaubar, welche Reaktionsmuster in der Praxis dominieren (krit. zu einigen Maßnahmen und der defizitären Einbeziehung von Eltern aber Schäfer DVJJ-Journal 2000, 134 (137 f.); iÜ → § 3 Rn. 37 ff. sowie va § 12 Rn. 19 ff.). Bisweilen kommt es indes sogar zur **geschlossenen** Unterbringung in Einrichtungen der Jugendhilfe (vgl. etwa die hierfür in Bay. speziell vorgesehenen „Clearingstellen" für „massiv-dissoziale und kriminell auffällige Kinder" (n. etwa ZJJ 2003, 44; BayLT-Drs. 16/7070); zu den hier durch Art 5 Abs. 1 EMRK gesetzten Grenzen s. EGMR Nr. 47152/06 Rn. 164 ff.). Es liegen Anhaltspunkte vor, dass darin funktional ein sanktionsersetzendes Vorgehen gesehen werden kann (Antholz KJ 2016, 363).

19 **f) Registrierung und Auswirkungen auf spätere Strafverfahren. aa) Informationserfassung.** Kam es wegen eines Deliktes, das in strafunmündigem Alter begangen wurde, zu einem Polizeikontakt, sind die sich daraus ergebenden **Informationen** auch in Ermittlungsverfahren, die wegen eines späteren Deliktes nach Erreichen des 14. Lbj. geführt werden, institutionell vielfach verfügbar. Dies beruht auf verschiedenen „Kanälen". So legt die Polizei anlässlich von Ermittlungsverfahren über die Beschuldigten häufig eine sog. Kriminalakte an, wenn sie von diesen Personen eine neuerliche Straftat erwartet. Das geschieht auch bei Kindern, wenngleich teilw. unter einer anderen Aktenartbezeichnung (vgl. die bundesweite (ohne BW, Bay. und Thür.) Befragung von Holzmann (Polizeilicher Umgang mit unter 14-jährigen Tatverdächtigen, 2008), in der ca. 1/3 der Jugendsachbearbeiter angaben, bei der (ersten) Anzeige entspr. vorzugehen). Auch in der JStA liegen infolge hausinterner Registrierung in den Folgeverfahren idR die entspr. Kenntnisse vor (zu §§ 492 ff. StPO dagegen sogleich → Rn. 20). Im Übrigen werden teilw. unter 14-Jährige in die behördeneigenen Intensivtäterlisten (→ Einl. Rn. 58 ff., → § 5 Rn. 60) aufgenommen und entspr. behandelt (Brodkorb ZJJ 2006, 62 (63); Ostendorf FS Heinz, 2012, 467 f.; Goeckenjan ZJJ 2015, 26 (28)). Von den JGerichten wird wiederum teilw. über die JStA eine unmittelbare Auskunft von der Polizei angefordert. Eine ältere schriftliche Befragung von JStA (N=193) bzw. JGerichten (N=381) ergab insofern erhebliche Unterschiede hinsichtlich der diesbzgl. Informationsquellen, wobei aber neben der polizeilichen Mitteilung auch der JGH-Bericht besonders häufig erwähnt wurde (Bottke FS Geerds, 1995, 270 (272); zur Inkenntnissetzung der JGH → Rn. 18).

Mit Blick auf die aktenförmige Erfassung oder Speicherung sowie die jeweilige Weitergabe entspr. Informationen bestehen **datenschutzrechtliche** Bedenken (dazu bei der JGH → § 38 Rn. 28 ff., 41 f.). In der StPO ist die hierfür jeweils erforderliche gesetzliche Grundlage nicht ersichtlich, da die entspr. allg. Befugnisse in §§ 474 ff., 483 ff., 492 ff. StPO an eine Beschuldigtenstellung und ein zulässig geführtes Verfahren anknüpfen, woran es bei Strafunmündigen gerade fehlt (OLG Frankfurt a. M. ZD 2023, 688). Eine Ausnahme ergibt sich für die Datenspeicherung implizit aus der Löschungsfristregelung in § 489 Abs. 3 Nr. 4 StPO allein für jene Fälle, in denen die Strafunmündigkeit zunächst (bei der Datenerfassung) unbekannt war (BayObLG BeckRS 2024, 22054; MüKoStPO/Singelnstein StPO § 489 Rn. 20; Hilger NStZ 2001, 15 (19); ebenso wohl auch BT-Drs. 14/1484, 34 f.; s. ferner Bottke FS Geerds, 1995, 282). Bei der Erfassung und Speicherung auf polizeirechtlicher Grundlage (§ 483 Abs. 3 StPO), die an die Notwendigkeit zur Gefahrenabwehr und nicht an die Beschuldigtenstellung anknüpft, ergeben sich jedoch uU weitergehende Befugnisse (vgl. etwa Kirchhoff NJW 2020, 1993 (1995)). Das ist aber auch bei Regelungen wie Art. 54 Abs. 2 iVm Art 56 BayPAG nur eingeschränkt der Fall, weil es sich hiernach um Daten von verdächtigten Personen oder solchen aus Ermittlungsverfahren handeln muss (was Daten von offensichtlich Strafunmündigen ausschließt). 20

Soweit eine Speicherung (bzw. Aktenaufbewahrung) auf strafprozessualer Grundlage nach den vorgenannten Kriterien überhaupt erfolgen darf, kann dies nur in dem Umfang und so lange geschehen, wie dies für die **Vorgangsverwaltung** (§ 485 Abs. 1 StPO) notwendig ist (dazu im Detail BayObLG BeckRS 2024, 22054 mwN auch zur aA). Bei Wegfall der Erfassungsnotwendigkeit müssen die Daten **gelöscht** werden, was spätestens nach zwei Jahren zu überprüfen ist (§ 489 Abs. 3 und 4 Nr. 4 StPO; ebenso die ordnungsrechtlichen und innerpolizeilichen Regelungen, etwa Art. 54 Abs. 2 S. 3 BayPAG und KpS-RL Bremen Nr. 5.2.4 (bei Fällen von „geringerer Bedeutung“ maximal ein Jahr)). Gleichfalls problematisch ist indes, dass prinzipiell über diese Aussonderungsprüfpflicht hinaus eine weitere Speicherung und Aufbewahrung für mehrere Jahre als zulässig behandelt wird, „wenn Tatsachen die Annahme rechtfertigen, dass wegen Art und Ausführung der Tat, die der Betroffene begangen hat oder derer er verdächtigt war, die Gefahr der Wiederholung besteht oder die Aufbewahrung der Unterlagen aus anderen schwerwiegenden Gründen zur Aufgabenerfüllung (…) weiterhin erforderlich ist“ (so etwa KpS-RL Bremen Nr. 5.3). Dies kann im Einzelfall zu einer Datenvorhaltedauer führen, die länger ist, als es die gem. §§ 46, 51 BZRG zulässige Informationsverwertung selbst bei strafrechtlicher Verfolgung der fraglichen Tat wäre (kennzeichnender Fall bei BGH NStZ 2005, 397). 21

bb) Informationsverwertung. Was die Verwertung einschlägiger aktenmäßiger Unterlagen in einem (späteren) JStV angeht, so ergab die früher durchgeführte Befragung von Bottke (FS Geerds, 1995, 273) einige Hinweise darauf, dass Delikte im strafunmündigen Alter von der JStA bei später begangenen Straftaten durchaus häufig berücksichtigt werden, etwa bei der Wahl zwischen Verfahrenseinstellung und Anklageerhebung oder beim Antrag auf Verhängung von JStrafe wegen „schädlicher Neigungen“. Auch durch die JGerichte werden hiernach die Informationen über „Frühdelikte“ 22 bei der Rechtsfolgenauswahl und -bemessung herangezogen, und zwar insb. bei Erziehungsmaßregeln und Zuchtmitteln, aber (gleichfalls) auch bei JStrafe wegen „schädlicher Neigungen" (zur Heranziehung bei Anordnungen nach § 16a s. die Befragung bei Schmidt NK 2019, 74 (81)). Eine solche rechtspraktische Handhabung ist an sich nicht prinzipiell abzulehnen (diese einschränkungslos für zulässig haltend Brunner/Dölling Rn. 26). So kann die Kenntnis von abweichendem Verhalten aus der Kindheit mitunter für eine erzieherisch adäquate Rechtsfolgenbestimmung vorteilhaft sein (etwa wenn sich die Interpretation einer Jugendstraftat als – vermutliche – Episode gerade durch die Feststellung eröffnet, dass der Beschuldigte vor Jahren als Kind zwar in ähnlicher Weise einmal punktuell erfasst worden war, in seinem Sozialverhalten ansonsten jedoch unauffällig blieb).

23 Die de facto im Vordergrund stehende Berücksichtigung früherer Kinderdelikte **zulasten** der betreffenden Beschuldigten begegnet indes **erheblichen Bedenken:** Wenn Verhaltensweisen aus der Kindheit etwa bei der Rechtsfolgenverhängung (zB von JA) als negativer Umstand (im Sinne einer gesteigerten Interventionsbedürftigkeit) gewertet werden und somit ein restriktiveres Vorgehen begründen, fungiert die straflos begangene Tat nämlich als Stufe einer Sanktionseskalation – was die gesetzliche Grenzziehung (§ 19 StGB) iErg zum Nachteil des Beschuldigten unterläuft (krit. zB auch AnwK-StGB/Conen StGB § 19 Rn. 7; Eisenberg ZKJ 2020, 300 (302 f.)). Darin liegt auch eine Schlechterstellung gegenüber Erwachsenen, bei denen eine solche strafschwerende Berücksichtigung nach hM nicht zulässig ist (für das allg. StR OLG Köln StV 2017, 665 (Ls.) = BeckRS 2016, 126206; anders für § 66 Abs. 1 S. 1 Nr. 4 StGB aber BGH NStZ 2005, 397). Im Übrigen beruhen die Informationen zu tatbestandswertigem Handeln strafunmündiger Personen ausschließlich auf polizeilichen Feststellungen und Bewertungen, ohne dass Tatbestandsmäßigkeit und Rechtswidrigkeit der fraglichen Taten einer richterlichen Beurteilung unterzogen worden wären (dazu auch BGH NStZ-RR 2009, 308 309: Ermittlungsverfahren ist „kein Tatnachweis"; ebenfalls krit. unter Betonung der Unschuldsvermutung etwa Bottke FS Geerds, 1995, 291).

3. Probleme bei der Altersgruppeneinordnung

24 **a) Feststellungspflicht und -methoden. aa) Grundlagen.** Das (Tatzeit-)Alter des Beschuldigten darf in keinem JStV offen bleiben (zur **Aufklärungspflicht** und **Feststellungsbedürftigkeit** zB BGH NStZ 1998, 50; OLG Hamburg StV 2020, 673 = BeckRS 2019, 31272). Es ist nicht nur eine wesentliche Bedingung für die Anwendbarkeit des JGG (→ Rn. 1) und für die Klärung der Strafmündigkeit (→ § 3 Rn. 3). Die Einordnung in die verschiedenen Altersgruppen (Jugendliche, Heranwachsende, Erwachsene) hat vielmehr auch eine erhebliche Rechtsanwendungsbedeutung bei der Rechtsfolgenentscheidung (vgl. etwa §§ 105, 106) wie auch bei Zuständigkeits- und prozessualen Fragen (vgl. etwa §§ 107 ff.; s. bspw. auch → § 50 Rn. 2, → § 67 Rn. 2). Deshalb muss das (Tatzeit-)Alter stets von Amts wegen eigens überprüft und in den Urteilsgründen **explizit** festgestellt werden (vor StVerf vor den allg. Strafgerichten dagegen einschr. OLG Brandenburg BeckRS 2024, 9871).

24a IdR ist die Altersfeststellung anhand der **üblicherweise verfügbaren Grundlagen** (Meldedaten, Personaldokumente usw) ohne weiteres möglich.

Sofern sie sich hiermit ausnahmsweise nicht gewährleisten lässt, bedarf es indes einer **vertiefenden Erhebung.** Anlass hierfür besteht bisweilen bei nichtdeutschen Beschuldigten, so etwa bei um Jahre verspäteter Eintragung in das Geburtenregister oder im Falle einer Pauschaldatierung des Geburtsdatums (zB 1.1.) bei der Einreise (zur – das JGericht nicht bindenden (LG Berlin FamZ 2020, 842 = BeckRS 2019, 43814) Altersbestimmung im JHilfe-Verfahren gem. **§ 42f SGB VIII** n. Trenczek Inobhutnahme/Achterfeld/Beckmann, 2023, S. 366 ff.; Weinand, Das Verfahren zur Altersfeststellung (…), 2022, S. 52 ff.). International handelt es sich hierbei um ein (strafrechtliches) Problem mit hoher Verbreitung (insb. infolge von Migrationsprozessen oder von Unzulänglichkeiten im Meldewesen), auf das man in den verschiedenen Rechtsordnungen mit einem weiten Spektrum von Maßnahmen reagiert (Cipriani, Children's Rights (…), 2009, S. 131 ff.: beginnend mit der richterlichen Altersschätzung bis zur medizinischen Untersuchung).

25 **bb) Besondere Feststellungsmethoden.** Für die Altersfeststellung kann auf naheliegende (außer-medizinische) Informationsquellen zurückgegriffen werden (Befragung der beschuldigten und angehörigen Personen, Behördenauskünfte, Dokumentenbeibringung). Daneben sind prinzipiell auch Altersfeststellungen durch medizinische Sachverständige denkbar. Dabei werden verschiedene Verfahren diskutiert (für einen Überblick über die **forensische Altersdiagnostik** vgl. bspw. Geserick/Schmeling/Kaatsch ua Kriminalistik 2001, 428; Wissenschaftlicher Dienst BTag WD9–3000-001/18, 5 ff.; Jung StV 2013, 51 (52 ff.); Weinand, Das Verfahren zur Altersfeststellung (…), 2022, S. 88 ff.; n. etwa Schmeling/Dettmeyer/Rudolf ua Deutsches Ärzteblatt 2016, 45; Schmeling/Schmidt/Schulz/Wirth ArchKrim 2018, 162; Lauscher/Kramer/Ritter ua Archiv für Kriminologie 2019, 12). Neben der Erfassung äußerlicher Reifezeichen (sekundäre Geschlechtsmerkmale, Gewicht, Größe und ggf. Wachstum während des Verfahrens) basieren diese bspw. auf der Entwicklung des Schlüsselbeins und des Handwurzelknochens (jeweils Grad der Schließung von Wachstumsspalten) sowie der Gebissentwicklung (Durchbruch, Reife und Wurzelentwicklung der Weisheitszähne). Von der strafrechtlichen Judikatur sind diese Methoden anerkannt (vgl. etwa LG Hamburg BeckRS 2013, 7408). Stützt sich das Tatgericht auf ein entspr. Sachverständigengutachten, muss es im Urteil allerdings darlegen, welche Methode eingesetzt wurde und aufgrund welcher Anknüpfungstatsachen welche Schlüsse gezogen wurden (BGH NStZ-RR 2020, 259 (Ls.) = BeckRS 2020, 12208).

26 Nicht selten müssen die altersdiagnostischen Messungen durch – medizin-ethisch problematische (Cremer ZJJ 2016, 4; s. schon Beck DVJJ-Journal 1995, 323) und juristisch fragwürdige (→ Rn. 27; vgl. auch Weinand, Das Verfahren zur Altersfeststellung (…), 2022, S. 113 ff. mit Blick auf § 83 StrlSchG) – Röntgenuntersuchungen vorgenommen werden (bzgl. der Schlüsselbeinverknöcherung sogar durch uceine Computertomographie). Und selbst auf dieser Basis ist eine genaue Datierung des Geburtszeitpunktes nicht immer möglich. Es lassen sich hierbei vielmehr idR nur **Altersspannen** (sowie das Mindest- und das wahrscheinlichste Alter) feststellen (Knell Kriminalistik 2012, 122), auch weil die körperliche Reifung nach dem Geschlecht sowie interindividuell variiert (vgl. etwa Wissenschaftlicher Dienst BTag WD9–3000-006/18, 6 f.) und von den (ua auch sozio-öko-

nomisch geprägten) Bedingungen des Aufwachsens ggf. beeinflusst wird (Gelhaar KJ 2018, 179 (183 ff.); generell einschränkend Jung StV 2013, 51 (53)). Die möglichen Altersspannen nehmen mit dem Alter ohnehin auch zu (Lauer DVJJ-Journal 1995, 317 (321); Rötzscher/Grundmann Kriminalistik 2004, 337 (339)). All dies hat zur Infragestellung der Methoden geführt (vgl. Nowotny/Eisenberg/Mohnike Deutsches Ärzteblatt 2014, A786; für einen Verfahrensbericht mit einer sachverständigen Einordnung ein und desselben Angeklagten sowohl als Erwachsener als auch als Jugendlicher s. Thielemann StraFo 2004, 6).

26a Die Unschärfen und Unsicherheiten der Aussagen lassen sich lediglich durch die **Kombination** mehrerer Methoden verringern (Schmidt/Schramm/Ribbecke ua ArchKrim 2016, 25 ff.; Schmeling/Dettmeyer/Rudolf ua Deutsches Ärzteblatt 2016, 45 (47)). Dabei muss der Sachverständige die verschiedenen körperlichen Entwicklungsindikatoren – in nach außen hin nachvollziehbarer Weise – zueinander in Beziehung setzen und gewichten (OLG Hamburg StV 2005, 206 = LSK 2005, 230572; abw. Gundelach ZJJ 2018, 139 (141 f.): angesichts des fachwissenschaftlichen Dissenses keine richterliche Anknüpfung an Gutachten mit den fragliche Methoden möglich). Punktuellen Daten zufolge kommen die auf dieser Grundlage erfolgenden Untersuchungen in der Praxis nicht selten zum Befund, dass das reale Lebensalter höher als das Lebensalter, das nach einer sozialpädagogischen Prüfung geschätzt (Hagen/Schmidt/Rudolf/Schmeling Rechtsmedizin 2020, S. 233) oder selbst angegeben wurde, sein müsse (für die Rechtsmedizin in Münster in den Jahren 2007–2018 vgl. Hagen/Schmidt/Schulz ua Rechtsmedizin 2019, 323 (341): von 594 Personen, deren Minderjährigkeit durch Behörden angezweifelt wurde, waren 234 volljährig).

27 **cc) Zulässigkeitsgrenzen.** Mit Blick auf die Zulässigkeit der besagten Vorgehensweisen ist zu berücksichtigen, dass hiermit (medizinisch nicht indizierte) Eingriffe in die körperliche Unversehrtheit (Röntgenaufnahmen) und Eingriffe in die Intimsphäre (äußerliche körperliche Untersuchung) einhergehen (die Zulässigkeit mit Blick auf die UN-Kinderrechtskonvention abl. Cremer ZJJ 2016, 4 (8); vgl. auch Gelhaar KJ 2018, 179 (185 ff.)). Dass die Befugnisse in §§ 81a, 81b Var. 1 StPO iVm § 2 Abs. 2 dafür eine ausreichende Grundlage bieten (zur Nichteinschlägigkeit von § 43 Abs. 2 → § 43 Rn. 32), ist insb. bei den mit Strahlenbelastung verbundenen Methoden nicht unproblematisch. Prinzipiell werden Röntgenuntersuchungen von der hM zwar für erlaubt erachtet (Eisenberg BeweisR StPO Rn. 1638; SK-StPO/Rogall StPO § 81a Rn. 49; MüKoStPO/Trück StPO § 81a Rn. 16 mwN), doch beim Einsatz für die Altersbestimmung ist wegen der erwartbaren Ergebnisungenauigkeit die **Verhältnismäßigkeit** des hierfür vorgenommenen Eingriffs fraglich (s. auch Lauer DVJJ-Journal 1995, 317 (320 ff.)). Unabhängig davon bestimmt sich die Angemessenheit bzw. Proportionalität der besagten Maßnahmen einzelfallabhängig. An ihr kann es wegen besonderer personaler Bedingungen (Bsp.: vorherige Strahlenexposition des Beschuldigten) oder wegen einer fallkonkret geringen Tragweite der Alterskonsequenzen fehlen (Bsp.: geringfügiges Delikt). Reichen andere Informationsquellen aus, ist eine medizinische Untersuchung als **ultima ratio** ausgeschlossen (RL (EU) 2016/800 Erwgr. 13; vgl. auch RegE BT-Drs. 19/13837, 20: Konsequenz des Verhältnismäßigkeitsprinzips). Als medizinisch schonendere Verfahren der Altersbestimmung (ohne Röntgenuntersuchung) kommen zwar neben Ultraschallmessungen (noch nicht ausreichend evaluiert) ggf. DNA-Analysen in Betracht (speziell hierzu Wissenschaftlicher Dienst BTag WD9–3000-006/18, 4 ff.; vgl. auch BT-Drs. 19/14747, 27). Eine dahingehende Nutzung von molekulargenetischem Material wird durch § 81e Abs. 2 StPO jedoch allein zur Suche nach noch nicht identifizierten Personen („unbekannte Spurenleger") erlaubt, nicht aber bei einem Beschuldigten.

b) Abs. 3 und andere Konstellationen des unaufklärbaren Zweifels. aa) Unklare Strafmündigkeit. Gelegentlich besteht anhaltender Anlass für Zweifel am Tatzeitalter. Bezieht sich dieser Zweifel auf die Strafmündigkeit der beschuldigten Person und ist er mit den zulässigen und verfügbaren Methoden nicht zu beheben, dann steht das Erreichen der Altersgrenze nicht mit der erforderlichen Sicherheit fest. Hier muss (gem. dem Grundsatz **in dubio pro reo**) davon ausgegangen werden, dass das 14. Lbj. bei der Tat noch nicht vollendet war. Der Vorwurf ist dann also gegen eine Person gerichtet, die als Kind gilt und der es daher an der Schuldfähigkeit mangelt. Das Verfahren ist deshalb – ebenso wie bei Nichtausschließbarkeit anderer Prozesshindernisse (dazu bei der Verjährung BGHSt 18, 274 = NJW 1963, 1209; allg. Zopfs, Der Grundsatz „in dubio pro reo", 1999, S. 345 ff.) – durch JStA und JGericht einzustellen. Dabei ist es unerheblich, ob sich der Zeitpunkt der Geburt oder der der Tatbegehung nicht mit der erforderlichen Genauigkeit bestimmen lässt. Es kommt allein auf die unklar bleibende Strafmündigkeit an. Ob allerdings schon durch unsubstantiierte (Tatzeit-) Behauptungen ein Anlass für einen dahingehenden Zweifel begründet wird, hängt vom Einzelfall ab (KG StV 2019, 438 = BeckRS 2019, 9343)) 28

bb) Unklare Volljährigkeit. Führt die nicht zu beseitigende Unsicherheit bzgl. des Alters und/oder Tatzeitpunktes dazu, dass Zweifel hinsichtlich der Einordnung in die verschiedenen jugendstrafrechtlichen Altersgruppen – also hinsichtlich der Zugehörigkeit zur Gruppe der **Jugendlichen oder Heranwachsenden** – fortbestehen, ist nach demselben Prinzip zu verfahren (OLG Hamm StV 2000, 187 = BeckRS 1999, 13129). Dies gilt jedenfalls **in verfahrensrechtlichen Fragen** (n. und diff. zur diesbzgl. allg. Problematik Zopfs, Der Grundsatz „in dubio pro reo", 1999, S. 338 ff.). Für den Beschuldigten, der in solchen Fällen prozessual als Jugendlicher behandelt werden muss, sind dann sämtliche Verfahrensvorschriften der §§ 43 ff. ohne die sich aus § 109 ergebenden Einschränkungen anzuwenden. Dies entspricht einer seit langem vertretenen Ansicht (vgl. etwa 20. Aufl. § 1 Rn. 11) und wird seit Ende 2019 durch **Abs. 3** auch ausdrücklich bestimmt (dazu und zur sinngleichen Vorgabe in Art. 3 S. 2 RL (EU) 2016/800 s. RegE BT-Drs. 19/13837, 47; MüKoStGB/Laue Rn. 10; Bock StV 2019, 308 (310)). Auf die Frage, ob sich aus §§ 109 Abs. 2, 105 Abs. 1 fallkonkret die gleiche Folge ergäbe, kommt es hier gar nicht mehr an. Deshalb ist bspw. ein Nebenklageanschluss (außerhalb der in § 80 S. 1 geregelten Fälle) stets unzulässig, wenn nicht feststeht, dass der Beschuldigte zur Tatzeit das achtzehnte Lbj. bereits vollendet hatte (aA nach früherer Rechtslage BGH ZJJ 2007, 414 = BeckRS 2007, 16297). 29

Der in Abs. 3 positivierte Gedanke, bei Altersunklarheit das für die jüngere Altersgruppe geltende Prozessrecht heranzuziehen, kommt im Übrigen auch dort zum Tragen, wo das **JStV** zwischen Jugendlichen altersmäßig unterscheidet (s. die besonderen Haftgrundeinschränkung bis **zum 16. Lbj.** 29a in § 72 Abs. 2). In Zweifelsfällen wird auch hier die weniger eingriffsintensive Rechtsvariante zugrunde gelegt, die für die jüngeren Jugendlichen gilt.

30 Für die **Rechtsfolgenentscheidung** gilt Abs. 3 dagegen nicht. Das „Günstigkeitsprinzip", wonach bei unklarem Alter in dubio pro reo die „beschuldigtenfreundlichere" Handhabung angezeigt ist, greift hier zwar ebenfalls ein. Dies erfolgt aber **nicht in der pauschalisierten Form von Abs. 3,** wonach im Zweifel das für Jugendliche vorgesehene Recht gilt, sondern in einer schrittweise differenzierenden, **materiellen Einzelfallprüfung.** Dabei wird zunächst das Vorliegen der Voraussetzungen des § 3 S. 1 geprüft und im Falle fehlender Verantwortlichkeit (sowie bei nicht behebbaren Zweifeln bzgl. der Verantwortungsreife (→ § 3 Rn. 11)) zugunsten des Beschuldigten ein Tatzeitalter von unter 18 Jahren unterstellt (was dann allein die Rechtsfolgen von § 3 S. 2 ermöglicht). Andernfalls ist zu untersuchen, ob bei ihm (bei Annahme eines über 18 Jahren liegenden Alters) die Voraussetzungen von § 105 Abs. 1 vorlägen. Ist dies zu bejahen, wirkt sich die Unklarheit über das reale Tatzeitalter nicht aus, denn es kommt jeweils materielles JStR zur Anwendung. Liegen die Voraussetzungen des § 105 Abs. 1 dagegen nicht vor oder ist deren Vorliegen zweifelhaft, müssen die fallkonkret angemessenen Rechtsfolgen sowohl nach JStR als auch nach allg StR bestimmt und dann diejenigen verhängt werden, die weniger schwer in die Rechtsstellung des Beschuldigten eingreifen (n. → Rn. 32; → § 105 Rn. 47 f.; ebenso bspw. MüKoStGB/Laue Rn. 8 ff.).

31 **cc) Unklare Anwendbarkeit des JGG.** Auch mit Blick auf die Unterscheidung von **Heranwachsenden und Erwachsenen** kann es wegen Unaufklärbarkeit des Alters und/oder der Tatzeit offen sein, ob der Angeklagte das 21. Lbj. zur Tat bereits (oder noch nicht) vollendet hatte. Hier bezieht sich der Zweifel auf die **Anwendbarkeit** von § 105 und **des JGG insgesamt** (weshalb das Alter auch eine doppelrelevante Tatsache darstellt – vgl. BGH NStZ 2013, 290). Da das materielle JStR und das Recht des JStV eine deutlich stärkere Ausrichtung auf die Lebenssituation, Entwicklungsbedarfe und Verantwortlichkeitslagen junger Menschen aufweisen, muss es als ein Strafrechtsgebiet gelten, das für Beschuldigte im Ganzen gesehen vorteilhafter als die Anwendung von StGB und StPO ist. Deshalb ist in den besagten Situationen in dubio pro reo davon auszugehen, dass das **21. Lbj.** zur Tatzeit noch nicht vollendet war (BGHSt 5, 366 = NJW 1954, 847; BGHSt 47, 311 (313) = NJW 2002, 2483; BGH NStZ-RR 1996, 250; ZJJ 2007, 216 = BeckRS 2007, 8322; NStZ-RR 2020, 259 (Ls.) = BeckRS 2020, 12208; KG StV 2019, 438 = BeckRS 2019, 9343; abw. MüKoStGB/Laue Rn. 17 ff.).

32 Denkbar ist ferner, dass selbst nach Ausschöpfung aller Ermittlungsmöglichkeiten nicht mit Sicherheit festgestellt werden kann, ob der Heranwachsende noch einem Jugendlichen gleichsteht und/oder ob die Tat sich als Jugendverfehlung erweist. Hier bezieht sich der Zweifel lediglich darauf, ob iRd sicher anwendbaren JStR die Voraussetzungen des **§ 105 Abs. 1** vorliegen – und ob die besonderen **Rechtsfolgen des JStR** (sowie einige prozessuale Maßgaben des JGG gem. § 109 Abs. 2) heranzuziehen sind oder nicht. Da sich die Günstigkeitsfrage an diesem speziellen Punkt (anders als beim allgemeinen Vergleich von allg. StR und JStR) keineswegs pauschal oder einheitlich beantworten lässt, hat das JGericht in solchen Fällen zu prüfen, zu welchen Konsequenzen das allg. StR und das JStR für den

individuellen Angeklagten führen. Nach dem Grundsatz „in dubio pro reo" muss es sodann die konkret eingriffsärmere Variante wählen (n. → § 105 Rn. 47 f.).

II. Sachlicher Anwendungsbereich des JGG

Der in Abs. 1 zur Bestimmung des sachlichen Anwendungsbereichs ge- 33
nutzte Begriff der **Verfehlung** bezeichnet jede **rechtswidrige Tat** iSv §§ 11 Abs. 1 Nr. 5, 12 StGB (Haupt- oder Nebenstrafrecht einschließlich entsprechender landesrechtlicher Bestimmungen). Bei der fallkonkreten Feststellung einer Straftatbegehung sind indes die in → § 2 Rn. 28 ff. erörterten Grundsätze einer jugendgemäßen Normauslegung zu berücksichtigen. Die nähere normtextliche Kennzeichnung („nach allgemeinen Vorschriften mit Strafe bedroht") stellt sodann klar, dass bei allen Sanktionsregimes, die nicht mit eine Strafbewehrung im engeren technischen Sinne operieren, keine Verfehlungen in Betracht kommen. Auf die hier stattfindenden Verstöße ist das JGG nicht anwendbar. Das betrifft bspw. Pflichtverletzungen, die **disziplinar**rechtlich geahndet werden. Auch **Ordnungswidrigkeiten** zählen nicht zu den Verfehlungen iSd Norm. Jedoch findet das JGG auf das Bußgeldverfahren kraft ausdrücklicher Anordnung sinngemäße Anwendung, soweit das OWiG nichts anderes bestimmt (§ 46 Abs. 1 OWiG; RL 2 S. 1; n. → § 2 Rn. 64 ff.).

Bei einem Verhalten, für das **Ordnungs-** oder Zwangsmittel vorgesehen 34
sind, handelt es sich ebenfalls nicht um eine Verfehlung iSv Abs. 1 (vgl. RL 1 S. 1). Pflichtverstöße der hier zugehörigen Art können auch im Verlauf eines JStV begangen werden (vgl. etwa ungebührliches Verhalten gem. § 178 GVG, zeugenpflichtwidriges Verhalten gem. §§ 51, 70 StPO – jeweils iVm § 2 Abs. 2). Die Sanktionierung setzt dann Verschulden – dh auch das Erreichen des 14. Lbj. (§ 19 StGB entsprechend) und die erforderliche Altersreife (entsprechend § 3 S. 1) – voraus (Eisenberg BeweisR StPO Rn. 1072; Brunner/Dölling Rn. 3; Meier JZ 1991, 638 (640)). Gegenüber Kindern kommt Ordnungsgeld oder -haft also nicht in Betracht (BVerfGE 20, 323 (333 f.) = NJW 1967, 195 (196); Meyer-Goßner/Schmitt/Schmitt StPO § 51 Rn. 15). Auch die zwangsweise Vorführung kindlicher Zeugen verbietet sich regelhaft. Zwar handelt es sich hier um eine Vollstreckungsmaßnahme, für die die sanktionsrelevanten Maßgaben der bedingten Strafmündigkeit keine Bedeutung haben, doch muss ein solches Vorgehen wegen der hiervon drohenden entwicklungsschädlichen Folgen meist – auch wegen der ggf. möglichen kommissarischen Vernehmung – als unverhältnismäßig gelten (vgl. NK-JGG/Ostendorf Rn. 10; Meyer-Goßner/Schmitt/Schmitt StPO § 51 Rn. 20; n. zum Ganzen Meier JZ 1991, 638 (640)). Verhindern Eltern, dass ihre Kinder als Zeugen vor Gericht erscheinen, läge in der Vorführung zudem ein Eingriff in deren Sorge- und Aufenthaltsbestimmungsrecht. In diesen Fällen können allenfalls Eingriffe gem. § 1666 BGB geprüft werden. Ordnungsmaßnahmen gegenüber den Eltern sind mangels einer gesetzlichen Regelung nicht zulässig (OLG Hamm NJW 1965, 1613; KG BeckRS 2014, 13844; Meyer-Goßner/Schmitt/Schmitt StPO § 51 Rn. 1).

III. Folgen falscher Einordnung

35 Beruht ein Urteil auf einer altersbezogen falschen Einordnung des Beschuldigten, so ist es wegen einer Verletzung von materiellem JStR mit den gesetzlich vorgesehenen Rechtsmitteln anfechtbar. Auch kann es wegen des altersbedingten Vollstreckungshindernisses nicht vollstreckt werden (vgl. Löwe/Rosenberg/Kühne Einl. K Rn. 121). **Umstritten** ist indes, **ob** und ggf. unter welchen Voraussetzungen ein solches Urteil bei formeller Rechtskraft auch materiell rechtskräftig werden kann oder aber **nichtig** (und damit für jeden unbeachtlich) ist. Im Allgemeinen wird Nichtigkeit nur dann angenommen, wenn ein Urteil offensichtlich nicht hätte ergehen dürfen und sein Bestand als für die Allgemeinheit unerträglich bewertet wird – und wenn die schwere Fehlerhaftigkeit aus dem Urteil selbst heraus offensichtlich und erkennbar ist (BGH NStZ 1984, 279; KG NJW 1954, 1901; OLG Hamm NStZ 2011, 527 (528); Roxin/Schünemann, Strafverfahrensrecht, 30. Aufl. 2022, § 52 Rn. 25; krit. Meyer-Goßner/Schmitt/Schmitt Einl. Rn. 104 mwN). Verurteilungen von Kindern nach JStR und von Jugendlichen nach allg. StR sollen nach oft vertretener Ansicht einen derartigen Grad der Fehlerhaftigkeit nicht erreichen (vgl. Löwe/Rosenberg/Kühne Einl. K Rn. 121 mwN). Dies wird mit Blick auf die Schutzerfordernisse bei Minderjährigen allerdings bezweifelt (gegen die hM Potrykus § 1 Anm. 4; NK-JGG/Ostendorf Rn. 13; Frehsee ZStW 1988, 290 (296); Roxin/Schünemann, Strafverfahrensrecht, 30. Aufl. 2022, § 52 Rn. 26).

36 Richtigerweise ist zu **differenzieren:** Beruht die falsche Einordnung auf Mängeln bei der Bildung des Entscheidungssachverhalts, ist die Entscheidung nicht aus sich selbst heraus unrichtig. Vielmehr ergibt sich die Fehlerhaftigkeit erst aus inhaltlich veränderten tatsächlichen Feststellungen. Es liegt dann kein nichtiges Urteil vor (aA NK-JGG/Ostendorf Rn. 13). In solchen Fällen kommt die Wiederaufnahme des Verfahrens (§§ 359, 362 StPO) in Betracht (OLG Hamburg NJW 1952, 1150; KreisG Saalfeld DVJJ-Journal 1993, 305; Dallinger/Lackner Rn. 20; MüKoStGB/Laue Rn. 23; Brunner/Dölling Rn. 24; aA Potrykus Anm. 4; Potrykus NJW 1953, 93). – Basiert die falsche Einordnung indes auf einer **fehlerhaften Rechtsanwendung,** ist das Urteil jedenfalls dann nichtig, wenn gegen eine strafunmündige oder jugendliche Person auf eine Rechtsfolge erkannt wird, die bei ihr rechtlich unmöglich ist (und auch durch das FamG gegen sie nicht angeordnet werden dürfte). Dagegen hat die Rspr. eine Nichtigkeit selbst dann abgelehnt, wenn ein Jugendlicher zu Freiheitsstrafe verurteilt wurde (BGH bei Dallinger MDR 1954, 400 (401); ebenso Dallinger/Lackner Rn. 21). Zuzustimmen ist ihr aber darin, dass umgekehrt die Verurteilung eines Erwachsenen nach JStR keine Nichtigkeit begründet (BGH bei Dallinger MDR 1954, 400; OLG Hamm NStZ 2011, 527 (528); LG Berlin 11.4.2013 – 518 Qs 19/13 bei Fricke StRR 2014, 478).

37 Bei Nichtigkeit des Urteils kann das Strafverfahren vor dem zuständigen Gericht erneuert bzw. von dem Verfahrensstand aus, in dem es sich vor Ergehen des Urteils befand, fortgesetzt und durch eine neue Entscheidung beendet werden. Eine solche neue Entscheidung hat das nichtige Urteil unerwähnt zu lassen, weil dieses als nicht vorhanden gilt. – Nach überwiegender Auffassung kann gegen ein nichtiges Urteil (aus Praktikabilitäts-

gründen) ein **ordentliches Rechtsmittel** eingelegt werden. Teilweise hält man – was besonders im Falle des Ablaufs der Rechtsmittelfrist bedeutsam ist – einen **Antrag** auf beschlussförmige **Feststellung** der **Nichtigkeit** für zulässig (Peters Strafprozess S. 524; abw. Löwe/Rosenberg/Kühne Einl. K Rn. 130: Korrektur nur inzident anlässlich allg. Rechtsmittel). Der Beschuldigte kann die Nichtigkeit eines rechtskräftigen Urteils iÜ durch Einwendungen gegen die Zulässigkeit der Strafvollstreckung gem. § 458 StPO geltend machen.

IV. Rechtshilfe bei Jugendlichen und Heranwachsenden

1. Rechtshilfe zugunsten ausländischer Strafverfolgung

a) Ermittlungshandlungen. Für Fragen der Internationalen Rechtshilfe 38 gelten das IRG sowie die einschlägigen völkerrechtlichen Vereinbarungen und Verträge, wobei für die Mitgliedsstaaten der EU idR Besonderheiten zu beachten sind. Verpflichtungen zur sog. sonstigen Rechtshilfe, die auch strafprozessuale Ermittlungshandlungen einschließen kann, ergeben sich aus §§ 59 ff. IRG und dem EuRHÜbk. Dort sind jeweils keine Sonderregelungen für Jugendliche und Heranwachsende enthalten. Fraglich kann im Einzelfall die Zulässigkeit von Rechtshilfemaßnahmen sein, die sich gegen **Kinder** richten. Der **ordre public** (§ 73 IRG; Art. 2 Buchst. b EuRHÜbk) ist allerdings nach hM (BGHSt 30, 55 (61) = NJW 1981, 1166 (1167); Grützner/Pötz/Kreß/Gazeas/Johnson IRG § 59 Rn. 31) nur verletzt, wenn die fragliche Rechtshilfeleistung den von allen Rechtsstaaten anerkannten Grundsätzen widerspricht. Deshalb wurde es für zulässig gehalten, in der Bundesrepublik die im türkischen Recht vorgesehene Feststellung der „Urteilsfähigkeit" eines 13-jährigen Verfolgten durchzuführen (OLG Stuttgart NJW 1985, 573 (574)). Auch die richterliche Vernehmung einer 11-jährigen Person berühre den ordre public iSd Art. 2 Buchst. b EuRHÜbk nicht (OLG Schleswig NJW 1989, 2207 (2208) mzustAnm Walter NStZ 1989, 537; krit. Schomburg/Lagodny/Trautmann/Zimmermann IRG § 59 Rn. 63 f.; Mayer GA 1990, 508 (513 f.): nur verhältnismäßig, wenn Strafmündigkeit im ersuchenden Staat bereits festgestellt). Dem Ersuchen eines türkischen Gerichts (gem. Art. 1 Abs. 1 EuRhÜbK), einen wegen desselben Tatvorwurfs in Deutschland bereits rechtskräftig Verurteilten zu vernehmen, soll das Verbot der Doppelbestrafung (Art. 103 Abs. 3 GG; § 59 Abs. 3 IRG) nicht entgegenstehen, weil es keine Regel des Völkerrechts iSd Art. 25 S. 1 GG sei und sich nur auf deutsche Gerichte beziehe (BVerfGK 19, 265 = NJW 2012, 1202; OLG Stuttgart NStZ-RR 2015, 387 (zum allg. StR)). In Fällen, in denen die Art der Rechtshilfemaßnahme ein krasses Missverhältnis zu der nach deutscher Beurteilung eher geringfügigen Tat aufweist, können jedoch Gründe der **Verhältnismäßigkeit** gegen die Zulässigkeit der Rechtshilfeleistung sprechen.

b) Maßnahmen der Überwachung. aa) Überwachung zur U-Haft- 39 vermeidung. Gesteigerte Rechtshilfepflichten bestehen zwischen den **Mitgliedstaaten der EU** (dazu bzgl. der Auslieferung zur Strafverfolgung in einem anderen Staat → Rn. 43 ff.). Ein Bsp. hierfür bietet die Anordnung von Überwachungsmaßnahmen zur Vermeidung von U-Haftvollzug. Die hierfür in §§ 90o ff. IRG erfolgte Regelung setzt den EU-Rahmenbeschluss

2009/829/JI v. 23.10.2009 (ABl. 2009 L 294, 20 ff. = RB EuÜA) um (n. bspw. Morgenstern ZIS 2014, 216; Schlothauer/Nobis/Voigt/Wolf U-Haft Rn. 584 ff.). Relevant ist dies insb. für Beschuldigte, die in der Bundesrepublik zu Haus sind und gegen die in einem anderen Mitgliedsstaat ein Ermittlungsverfahren geführt wird. Um eine U-Haft im ermittlungsführenden Staat zu vermeiden, werden diese Personen durch die deutschen Strafverfolgungsbehörden mittels der in § 90p Abs. 1 S. 2 Nr. 4 IRG genannten Auflagen, Verpflichtungen und Maßnahmen überwacht, was mit ambulanten Mitteln ein Sichentziehen der Beschuldigten verhindern soll. Dies gilt auch für Jugendliche und Heranwachsende (zumal diese Option in ihrer Zielrichtung dem Subsidiaritätsgebot in § 72 entspricht). Bei Kindern und Jugendlichen, bei denen es am Erfordernis des § 3 fehlt, wären U-Haft und U-Haftvermeidende Maßnahmen im Rahmen deutscher Ermittlungen nicht erlaubt. Deshalb ist bei ihnen auch eine Überwachung für einen anderen Staat unzulässig (§ 90p Abs. 3 Nr. 1 IRG). – Bei einem in einem anderen Mitgliedsstaat lebenden Beschuldigten können die deutschen Behörden die Überwachung abgeben (§ 90y IRG).

40 **bb) Überwachung der Bewährung.** §§ 90a ff. IRG regeln in Umsetzung des EU-Rahmenbeschlusses 2008/947/JI (ABl. 2008 L 337, 102 ff.) die grenzüberschreitende Übernahme der Bewährungsüberwachung (zur Übertragung der Überwachung einer deutschen Bewährungsentscheidung an einen anderen Mitgliedsstaat s. §§ 90l ff. IRG). Wurde eine Person im Ausland verurteilt, so wird diese, wenn sie sich in der Bewährungszeit in der Bundesrepublik aufhält, durch deutsche Institutionen kontrolliert. Dies gilt einmal für mitgliedsstaatliche gerichtliche Entscheidungen, durch die eine verhängte freiheitsentziehende Sanktion ganz (oder nach Teilvollstreckung) partiell zBew ausgesetzt worden ist, zum anderen aber auch für die gerichtliche Anordnung einer anderweitigen Sanktion, die (ohne im deutschen Recht vorgesehen zu sein) inhaltlich Bewährungsauflagen oder -weisungen entspricht und für den Fall des Verstoßes eine zu vollstreckende freiheitsentziehende Sanktion nach sich zieht (§ 90b Abs. 1 Nr. 1, Nr. 2 IRG). Zu beachten ist, dass Übernahme wie Abgabe der Bewährungsüberwachung bei Entscheidungen, die nach oder entsprechend §§ 27 ff. getroffen wurden, nicht möglich sind (Rothärmel ZJJ 2016, 232 (233)). Hierbei handelt es sich um keine Aussetzung zBew im fraglichen Sinne, weil eine ggf. verhängte JStrafe in diesen Konstellationen nicht an den Verstoß gegen Bewährungsmaßnahmen geknüpft ist (→ § 30 Rn. 6: ein solcher gilt eher nur als Indiz für die Verhängungsvoraussetzung).

41 Mit der Übernahme der Bewährungsaufsicht geht im Regelfall das gesamte Vollstreckungsverfahren über (§ 90j Abs. 1 IRG), dh auch die Zuständigkeit für alle Folgeentscheidungen, einschließlich des Bewährungswiderrufs und der ggf. auf Vollstr. der Sanktion gerichteten Entscheidungen (vgl. dazu bspw. Rothärmel ZJJ 2016, 232 (234)). Deshalb muss in der Übernahmeerklärung die fragliche freiheitsentziehende Sanktion für in Deutschland vollstreckbar erklärt werden; erforderlichenfalls müssen diese Sanktion und die festgelegten Bewährungsmaßnahmen dabei in Sanktionen und Maßnahmen des deutschen Strafrechts umgewandelt werden (§ 90h Abs. 3–5, 7 IRG). Bei Jugendlichen und Heranwachsenden sind die entspr. ausländischen Festlegungen folglich in die ähnlichsten **Rechtsfolgen** und **Verpflichtungen** des **JGG** umzubilden (auch → Rn. 49 ff.). Einer solchen

Anpassung bedarf es bspw. bei eingehenden Ersuchen zur Überwachung solcher Bewährungsmaßnahmen, deren Ausgestaltung oder Dauer im deutschen Recht bzw. JStR so nicht vorgesehen ist oder an deren Voraussetzungen es nach deutschem Recht fehlt oder die nicht hinreichend bestimmt sind (dazu, dass bei festgelegten Auslandssanktionen, die sich nicht in eine zBew ausgesetzte JStrafe des deutschen Rechts überführen lassen, die Übernahme auf die bloße Überwachung beschränkt ist, s. § 90h Abs. 6 IRG sowie BT-Drs. 18/4347, 158; Rothärmel ZJJ 2016, 232 (233)).

Verfahrensrechtlich muss die gem. §§ 50, 51 IRG zuständige StA (als Bewilligungsbehörde gem. § 90f IRG), sofern sie die Bewilligung eines eingehenden Ersuchens beabsichtigt und hierzu eine vorläufige Bewilligungsentscheidung trifft und begründet, bei dem zuständigen LG (hier: **JKammer**) beantragen, dass die Überwachung der Bewährungsmaßnahmen für zulässig erklärt wird. Neben den Zulässigkeitsvoraussetzungen prüft das Gericht danach auch die Ermessensausübung seitens der StA (§§ 90f Abs. 2, 90h Abs. 3 IRG), bevor es die eben (→ Rn. 41) genannten Entscheidungen trifft. Mit der Bewilligungsentscheidung durch die StA wird das LG auch für die Überwachung der verurteilten Person während der Bewährungszeit und für Folgeentscheidungen zuständig. Bei Jugendlichen und Heranwachsenden liegt die Zuständigkeit für die Überwachung hingegen beim **JRichter** (§ 90j Abs. 1 S. 3 IRG). – **Abgelehnt** werden dürfen eingehende Ersuchen iÜ nur, wenn ein Zulässigkeits- oder aber ein Bewilligungshindernis besteht (s. §§ 90b f., 90e IRG). Als zwingendes Zulässigkeitshindernis ist ua auch die fehlende Strafmündigkeit (§ 19 StGB) bzw. Einsichtsunfähigkeit (§ 3 S. 1 JGG) angeführt (s. § 90c Abs. 1 Nr. 1 IRG) – ebenso wie ein Mangel an Bezügen zu Deutschland als Vollstreckungsstaat. Auch kann die Bewilligungsbehörde in Ausübung ihres Ermessens ein Bewilligungshindernis geltend machen (bspw., wenn die verbleibende Dauer der Bewährungsmaßnahme weniger als sechs Monate beträgt (s. § 90e Abs. 1 Nr. 4)). Mit Blick auf das Anliegen des EU-Rahmenbeschlusses 2008/947/JI, auch bei grenzüberschreitenden Lebenssachverhalten eine Bewährungssanktion praktisch zu ermöglichen und die Aussetzung zBew dadurch zu fördern, ist eine bewilligungsfreundliche Ermessensausübung in den hierfür vorgesehenen Fällen angezeigt. 42

c) Auslieferung. aa) Grundlagen. Die relativ strengen Voraussetzungen einer Auslieferung sind zwischen den **Mitgliedsstaaten der EU** abgesenkt. Hier lassen die §§ 78 ff. IRG bspw. das Auslieferungshindernis der deutschen Staatsangehörigkeit weitgehend entfallen (§ 80 IRG); auch das Erfordernis der beiderseitigen Strafbarkeit wird eingeschränkt (§ 81 IRG). Die Bindung des ersuchenden Staates an die (ua vorwurfsbezogenen) Grundlagen der Auslieferungsentscheidung (Spezialitätsgrundsatz gem. § 11 IRG) wird bei Vorliegen eines Europäischen Haftbefehls modifiziert (§§ 82, 83h IRG). Speziell bei der Auslieferung zur Vollstr. einer Auslandsentscheidung erfährt die Einschränkung, die für in Abwesenheit verhängte Sanktionen an sich besteht (§ 83 Abs. 1 Nr. 3 IRG), durch § 83 Abs. 2–4 IRG eine Reihe von weitreichenden Ausnahmen (zu den Gegenausnahmen, die indes durch RL 2016/343 bei Abwesenheitsurteilen in sog. Fluchtfällen zu berücksichtigen sind und die auch die in → Rn. 49 ff. behandelte Vollstreckungshilfe betreffen, s. eingehend Böse StV 2017, 754). 43

bb) Ausnahmen von der Auslieferung. Die Auslieferung eines zur Tatzeit nach deutschem Strafrecht strafunmündigen **Kindes** ist, auch bei 44 zwischenzeitlichem Eintritt der Strafmündigkeit oder Volljährigkeit, **unzulässig.** Innerhalb der EU ist dies ausdrücklich festgelegt (§ 83 Abs. 1 Nr. 2 IRG; vgl. auch Art. 3 Nr. 3 RB-EUHb). Mit Blick auf Drittstaaten folgt dies aus dem Vorbehalt des ordre public in § 73 IRG (BT-Drs. 9/1338, 36; OLG Hamm StraFo 2007, 160 = BeckRS 2007, 03177; Schomburg/Lagodny/Gleß/Wahl/Zimmermann IRG § 3 Rn. 15 und § 73 Rn. 61 f.; geringfügig abw. Grützner/Pötz/Kreß/Gazeas/Vogel/Burchard IRG § 3 Rn. 52: „scheitert in aller Regel"). Das Auslieferungsverbot gilt ebenso, wenn sich die Strafmündigkeit der verfolgten Person nicht zweifelsfrei feststellen lässt (→ Rn. 28). Wegen des Auslieferungsverbotes ist auch die Auslieferungshaft unzulässig (Schomburg/Lagodny/Hackner IRG § 27 Rn. 7).

45 Bei **Jugendlichen** oder **Heranwachsenden** sind hingegen entspr. Einschränkungen jedenfalls nicht eigens positiviert – auch nicht im Verhältnis zu den EU-Mitgliedsstaaten oder iZm den Regelungen zum Europäischen Haftbefehl (krit. daher schon Schünemann StV 2003, 531 (532); s. auch Ranft wistra 2005, 361 (368)). Obwohl die strafrechtliche Verfolgung von 14- bis 21-Jährigen in manchen EU- und Drittstaaten hinter den Standards zurückbleibt, die in Deutschland für eine altersgruppengerechte strafrechtliche Reaktion umgesetzt wurden, besteht kein spezielles, auf das JStR bezogenes Auslieferungshindernis (OLG Hamm StraFo 2007, 160 = BeckRS 2007, 03177). § 40 Abs. 2 Nr. 3 IRG, der für jugendliche Verfolgte einen Pflichtbeistand im Auslieferungsverfahren vorschreibt, zeigt vielmehr die prinzipielle gesetzliche Zulassung der Auslieferung an (für die damit verbundenen Härten kennzeichnend OLG Schleswig SchlHA 2003, 217 = BeckRS 2002, 17748; OLG Stuttgart NStZ-RR 2004, 345). Ausnahmen können sich allein aus zwischenstaatlichen Verträgen ergeben. – Diese Rechtslage ist **unbefriedigend.** Nicht von Ungefähr sollen nach einer Empfehlung des Ministerkomitees des Europarates (schon v. 21.5.1975) bei der Prüfung der Auslieferungsvoraussetzungen die Interessen des im ersuchten Staat lebenden Jugendlichen berücksichtigt werden. Es sei zu versuchen, sich auf andere Maßnahmen zu verständigen, wenn durch die Auslieferung die „Re-Sozialisierung" des Jugendlichen beeinträchtigt werden könnte (n. Grützner/Pötz/Kreß/Gazeas/Vogel IRG § 73 Rn. 104 f.).

46 Bisweilen folgt ein Auslieferungsverbot – abgesehen von den Konstellationen des **§ 9 Nr. 1 IRG** (Fall der deutschen Gerichtsbarkeit und einer abschließenden (nicht notwendig rechtskräftigen) Entscheidung deutscher Gerichte oder Behörden (auch nach §§ 45, 47)) – allerdings aus der **ordre public**-Klausel (§ 73 IRG). Dies hängt davon ab, dass die beteiligten Institutionen mit Blick auf die Strafverfolgungsbedingungen im ersuchenden Staat (und die individuellen Verhältnisse der verfolgten Person) anerkennen, dass die Rechtshilfegewährung allg. anerkannten Rechtsgrundsätzen widerspräche (→ Rn. 38). Solche Widersprüche bestehen, wenn im ersuchenden Staat von grundlegenden Prinzipien des deutschen JStR abgewichen wird, etwa wenn dort gar kein besonderes StR für Jugendliche und Heranwachsende vorgesehen ist (vgl. nur Grützner/Pötz/Kreß/Gazeas/Vogel IRG § 73 Rn. 103 ff.) oder das strafvollzugliche Trennungsprinzip (n. → § 92 Rn. 1 ff.) nicht gilt.

47 Der Rspr. zufolge kann eine Auslieferung ferner abgelehnt werden, wenn es mit Blick auf das Verhältnis zwischen Tatvorwurf und der **unerträglichen Härte** der drohenden oder bereits verhängten Strafe anderenfalls zu einem (gemessen an deutschen Verhältnissen) unverhältnismäßigen Eingriff in die Rechte der verfolgten Person (etwa in deren Recht auf Familienleben gem. Art 8 EMRK) käme (OLG Stuttgart Die Justiz 2004, 362 = BeckRS 2004, 5729; OLG Karlsruhe StV 2007, 145 = BeckRS 2006, 10835; OLG Hamm NStZ-RR 2014, 156; NStZ-RR 2014, 227; Brunner/Dölling Rn. 6). Eine solche Belastungsintensität kann sich auch aus atypischen persönlichen Verhältnissen (Kleinkinder usw) ergeben (OLG Hamm StraFo 2007, 160 = BeckRS 2007, 03177) oder auf den Gegebenheiten des **Sanktionsvollzugs** beruhen. Letzteres ist dann der Fall, wenn dem Jugendlichen oder Heranwachsenden eine Freiheitsstrafe unter unwürdigen Haftbedingungen (dazu zum allg. StR etwa BVerfG NJW 2018, 686 (689); OLG Hamm StraFo 2013, 215 = BeckRS 2013, 6212) oder (im Bereich der EU) eine unmenschliche oder erniedrigende Behandlung iSv **Art. 4 GRCh** droht (BVerfGE 156, 182 = NJW 2021, 1518; BVerfG NStZ-RR 2021, 257; zu den richterlichen Prüfungspflichten BVerfG NJW 2021, 3176 (Ls.) = BeckRS 2021, 24419). – Im Rahmen des Entscheidungsermessens, über das die deutschen Institutionen im Auslieferungsverfahren teilw. verfügen (etwa bzgl. des Bewilligungshindernisses gem. § 83b Abs. 2 Nr. 2 IRG), kann ggf. gegen eine Auslieferung sprechen, dass die erzieherischen bzw. **resozialisatorischen Aussichten** bei einem Sanktionsvollzug in Deutschland deutlich höher wären (OLG Karlsruhe StV 2015, 371 = BeckRS 2015, 3541; NStZ-RR 2021, 26 bzgl. eines schon lange in der BRD lebenden Ausländers).

cc) Prozessuales und Vollzug. Zuständig zur Vorbereitung und Durchführung einer bewilligten Auslieferung ist die StA bei dem OLG (§ 13 Abs. 2 IRG). – Für die **Auslieferungshaft** Jugendlicher und das Verfahren, mit dem ein **Europäischer Haftbefehl** gegen einen Jugendlichen in Deutschland vollstreckt werden soll, verlangt das EU-Recht besondere Vorkehrungen, im Wesentlichen nämlich die Einhaltung der für das JStV generell bestehenden, prozessualen Mindestanforderungen (Art. 2 Abs. 2 und Art. 17 RL (EU) 2016/800). Diese Anforderungen sind in den Verfahrensvorschriften des IRG umgesetzt (teilw. in den Einzelregelungen, teilw. durch die ergänzende Anwendbarkeit der Vorschriften des JGG gem. § 77 Abs. 1 IRG). So gilt durch die Verweisung in § 25 Abs. 2 IRG das jugendstrafrechtliche Subsidiaritätsprinzip für die Haftbefehlsvollstreckung (§ 72 Abs. 1 S. 1). Bei Aussetzung des Vollzugs des Auslieferungshaftbefehls bestimmt die StA gem. § 27 Abs. 2 IRG auch das Heim der JHilfe (vgl. Schomburg/Lagodny/Hackner IRG § 27 Rn. 4). Wird die Auslieferungshaft jedoch vollstreckt, richtet sich der Vollzug gem. § 27 Abs. 1 IRG nach den Vorschriften der U-Haftvollzugsgesetze der Länder (zu diesen n. → § 89c Rn. 6 ff.). Bei (zur Tatzeit) jugendlichen oder heranwachsenden Personen gilt dies gem. § 27 Abs. 1 iVm §§ 89c, 110 Abs. 2 JGG bis zum Ende des 21. Lbj. einschränkungslos und bei entspr. richterlicher Entscheidung (§ 27 Abs. 3 IRG iVm § 89c Abs. 1 S. 3) auch noch bis zum Ende des 24. Lbj. 48

2. Vollstreckungshilfe

a) Grundlagen. Die Rechtshilfe durch innerdeutsche Vollstr. einer im Ausland rechtskräftig verhängten Sanktion ist gegen einen zur Tatzeit noch **nicht 14-Jährigen** gem. § 49 Abs. 1 Nr. 3 IRG **unzulässig.** Dagegen gelten bei Strafmündigkeit die allg. Regeln in §§ 48 ff. IRG. Hiernach muss 49 das ausländische Erkenntnis durch gerichtliche Entscheidung iSv § 55 IRG für vollstreckbar erklärt werden („Exequaturentscheidung"). Dabei ist die verhängte Sanktion in die ihr im deutschen Recht am besten entsprechende Sanktion umzuwandeln (§§ 54 Abs. 1 S. 2, 84g Abs. 5 IRG), wobei hinsichtlich der Höhe der Sanktion die ausländische Entscheidung maßgebend ist (§ 54 Abs. 1 S. 3 IRG). – Bei der Vollstreckbarkeitserklärung sind iÜ die im Ausland bereits erfolgten Teilvollstreckungen anzurechnen (§ 54 Abs. 4 IRG). Dabei darf das Gericht aber keinen eigenen Umrechnungsmaßstab bilden, um die ggf. bestehenden Härten ausländischer Vollzugsbedingungen auszugleichen (zu dieser sonst bestehenden Möglichkeit → § 52a Rn. 12 f.), da § 51 Abs. 4 S. 2 StGB in diesem Zusammenhang unanwendbar ist (dazu jeweils im allg. StR etwa OLG Celle NStZ-RR 2011, 248; OLG Stuttgart NStZ-RR 2017, 257; für eine Berücksichtigung bei der Bestimmung der Mindestvollzugsdauer bei der Strafrestaussetzung aber Lagodny StV 2010, 85 (87)).

50 **b) Umwandlung der Sanktion.** Geht es um die innerdeutsche Vollstr. einer gegen einen **Jugendlichen** verhängten Sanktion, ist für die Umwandlung in die ähnlichste Sanktion das JGG entspr. anzuwenden (§ 54 Abs. 3 IRG). Werden die dort geregelten Höchstmaße für eine freiheitsentziehende Sanktion im ausländischen Erkenntnis überschritten, bedarf es der in § 54 Abs. 1 S. 3 und 4 IRG sowie § 84g Abs. 4 IRG vorgesehenen Ermäßigungen. Von diesem Fall abgesehen ist eine solche gesetzlich nicht vorgesehen (OLG Celle StV 2023, 697 = BeckRS 2022, 21800). Im Regelfall ist also eine Jugendstrafe mit der selben Länge festzulegen, wie sie für die freiheitsentziehende ausländische Sanktion festgelegt worden war. Unterschreitet die ausländische Sanktion die Mindestdauer einer JStrafe (§ 18 Abs. 1 JGG), darf deshalb auch die Jugendstrafe nicht länger sein (BT-Drs. 9/1338, 76).

50a War im Ausland die Zahlung eines Geldbetrages angeordnet worden, kann dies in eine ambulante Rechtsfolge des JGG umgewandelt werden. Meist wird von den Gerichten hier die Geldauflage gewählt (dies befürwortend BT-Drs. 19/19852, 43), wenngleich bei Rechtshilfe für einen EU-Mitgliedstaat gem. § 87i Abs. 3 S. 2 IRG grundsätzlich auch eine andere Auflage oder Erziehungsmaßregel in Betracht kommt. Die hierbei nach deutschem JStR bestehenden Begrenzungen (bei der Geldauflage bspw. § 15 Abs. 1 S. 2, Abs. 2) sind dabei aber nicht außer Kraft gesetzt (tendenziell abw. und zw. OLG Hamburg ZIS 2015, 119 mzustAnm Johnson ZIS 2015, 121; OLG Karlsruhe NZV 2020, 313 (314); betragsmäßige Herabsetzung auf Niveau von § 15 Abs. 2 nur ausnahmsweise geboten; idR sei nur Ratenzahlung ausreichend). Eine Umwandlung in JA oder gar in eine Rechtsfolge gem. § 17 oder § 27 kommt aber – ebenso wie generell auch der Nichtbefolgungsarrest gem. § 11 Abs. 3 (vgl. § 87n Abs. 3 IRG) – jedenfalls nicht in Betracht (Schomburg/Lagodny/Trautmann IRG § 87i Rn. 6 f.; vgl. dazu auch § 87i Abs. 3 S. 4 IRG). – Wenn das JGG gar keine Sanktion kennt, die der im Ausland verhängten Sanktion der Art nach entspricht, ist die rechtshilfeförmige Vollstr. unzulässig (§ 49 Abs. 4 IRG). Soweit aber eine Sanktion in eine nach dem JGG zulässige Rechtsfolge umgewandelt worden ist, richten sich deren Vollstr. und Vollzug nach dem deutschen JStR (§ 57 Abs. 4 IRG).

51 Auch bei **Heranwachsenden** erfolgt die Umwandlung in eine JGG-Sanktion (§§ 54 Abs. 3, 84g Abs. 5 Nr. 2 IRG). Wurde die fragliche

Person im Ausland jedoch nach Erwachsenenstrafrecht verurteilt, müssen hierfür indes die Voraussetzungen des § 105 Abs. 1 festgestellt werden (dazu und zur hier ggf. bestehenden Notwendigkeit „einer ergänzenden Beweiserhebung" gem. § 84f Abs. 5 iVm § 30 Abs. 2 IRG s. BT-Drs. 9/1338, 75; OLG Hamburg ZIS 2015, 119 mzustAnm Johnson ZIS 2015, 121; OLG Celle StV 2023, 697 = BeckRS 2022, 21800; vgl. auch Schomburg/Lagodny/Hackner IRG § 54 Rn. 36 sowie für EU-Mitgliedstaaten § 87i Abs. 3 S. 3 IRG). Bleiben in dieser Hinsicht unbehebbare Zweifel, ist bei der Umwandlung im Exequaturverfahren das JGG anzuwenden (Schomburg/Lagodny/Hackner IRG § 54 Rn. 36), wenn daraus dem Verurteilten keine Nachteile erwachsen (Grützner/Pötz/Kreß/Gazeas/Grotz IRG § 54 Rn. 17). Bei Verneinung von § 105 Abs. 1 wird das ausländische Erkenntnis dagegen nach den allg. Regeln (→ Rn. 49) für vollstreckbar erklärt (s. auch § 87i Abs. 4 S. 3 IRG).

c) Prozessuales. Abgesehen von den Fällen des §§ 87g Abs. 1, 87i Abs. 1 52
IRG (Vollstreckungshilfe zwischen EU-Mitgliedern bei Geldsanktionen), in denen der JRichter zuständig ist, liegt die **Zuständigkeit** für die von der JStA (§ 50 S. 2 IRG, § 84f Abs. 1 S. 2 IRG) zu beantragende Vollstreckbarkeitsentscheidung gegen Jugendliche und Heranwachsende bei der JKammer (Eisenberg/Goeckenjan NStZ 1999, 536; ebenso Brunner/Dölling Rn. 8; Diemer/Schatz/Sonnen/Schatz § 41 Rn. 3; aA KG NStZ 1999, 196 (196 f.); Nr. 68 RiVASt: Strafvollstreckungskammer wie bei Erwachsenen (§ 78a Abs. 1 S. 2 Nr. GVG)). Dies ergibt sich gesetzessystematisch daraus, dass die Aufgaben der Strafvollstreckungskammer im Bereich des JStR generell durch JGerichte – meist durch den JRichter (vgl. §§ 82 Abs. 1, 83, 110), hier aber mit Blick auf § 50 S. 1 IRG durch die JKammer – wahrgenommen werden. Auch weisen weder der Wortlaut des § 78a Abs. 1 S. 1 GVG („soweit … Erwachsene") noch die Entstehungsgeschichte des IRG auf eine abw. Regelung bei der Vollstreckungshilfe hin (kennzeichnend BT-Drs. 9/1338, 75 und 18/4347, 124, 171). Für die hier vertretene Auffassung spricht ferner, dass in den Fällen, in denen das Vorliegen der Voraussetzungen des § 105 Abs. 1 geprüft werden muss (→ Rn. 51), eine Beurteilung der Täterpersönlichkeit erforderlich sein kann. Ohnehin können bei der Umwandlung diverse Auswahl- und Bemessungsentscheidungen zu treffen sein (→ Rn. 50), sodass ein Bedarf für die besondere jugendstrafrechtliche Befähigung (§ 37) besteht.

3. Auslieferung und Ausweisung nach Inlandsverurteilung

Die Vollstr. einer in Deutschland verhängten Sanktion gegen einen Ju- 53
gendlichen oder Heranwachsenden kann unter den Voraussetzungen des **§ 71 IRG** an einen anderen (hierbei Rechtshilfe leistenden) Staat übertragen werden. Teilweise geschieht dies im Interesse des Verurteilten (bspw., wenn er aus dem Vollstreckungsstaat stammt und/oder dort lebt). Es können aber auch öffentliche Interessen bzw. solche der Strafverfolgungsinstitutionen anlassgebend sein. Entsprechende Möglichkeiten beruhen iÜ auch auf dem Übereinkommen über die Überstellung verurteilter Personen (BGBl. 1991 II 1006). Nach **§ 85 IRG** darf obendrein die Vollstr. einer freiheitsentziehenden Sanktion an einen EU-Mitgliedstaat übertragen werden. In der Regel kommt es bei all diesen Varianten nicht zwingend auf eine

Zustimmung des (nichtdeutschen) Betroffenen an. Es müssen dann allerdings die jeweiligen Voraussetzungen einer unfreiwilligen Übertragung geprüft und festgestellt werden (vgl. etwa zu § 85c IRG und der JStrafen-Vollstreckung in Rumänien OLG Celle StraFo 2016, 431 = BeckRS 2016, 15370). Auch muss in verlässlicher Weise geprüft werden, ob der Strafvollzug des Vollstreckungsstaates die grundlegenden Mindeststandards iSd ordre public (§ 73 IRG) wahrt (VerfGH Berlin StV 2015, 368 = BeckRS 2015, 41897). Umgekehrt darf eine Übertragung aber auch nicht einfach deshalb abgelehnt werden, weil man im übernehmenden Staat einen besonders schonenden Umgang (besonders frühzeitige Entlassung usw) erwartet (zum diesbzgl. Ermessensfehlgebrauch vgl. im allg. StR etwa KG StV 2016, 243 = BeckRS 2015, 19929; OLG Köln StV 2018, 587 = BeckRS 2017, 101911).

54 Daneben erlaubt es **§ 456a StPO,** aus Interessen der Strafverfolgungsinstitutionen heraus (zur Entlastung des Vollzugs) bei jenen Personen, die ohnehin nach Ende der freiheitsentziehenden Sanktion die Bundesrepublik absehbar verlassen müssen (dazu → § 5 Rn. 15; → § 18 Rn. 34, → § 88 Rn. 41), von deren Vollstr. ganz oder teilw. abzusehen und diese auszuliefern oder auszuweisen (n. bspw. Pohlreich ZStW 2015, 410 (417 ff., 420 ff.); zur einschlägigen EGMR-Judikatur s. Arnold/Rehmet RdJB 2018, 401 (411 ff.); zur Praxis und der vorgenannten Vollstreckungsübertragung s. BT-Drs. 19/3596; Eisenberg/Kölbel Kriminologie § 38 Rn. 11 f.). Dies gilt auch für die JStrafe (Brunner/Dölling Rn. 9). Vielfach ist das Absehen von der Verfolgung mit einer Abschiebung des (nichtdeutschen) Verurteilten in die Freiheit verbunden. Ob es hierzu kommt, liegt im Ermessen der Vollstreckungsbehörde, die sich dabei ua mit Blick auf den frühestmöglichen Absehenszeitpunkt an landesrechtlichen RL zu orientieren hat (vgl. deren Zusammenstellung bei BeckOK StPO/Coen StPO § 456a Rn. 4.1). Beispielsweise kann nach Rundschreiben RhPf v. 23.4.2001 (JBl. 2001, 213 f.; vgl. ähnlich schon AV Bbg. v. 20.3.1997 (JMBl. 38), zuletzt geänd. durch AV v. 2.2.2011 (JMBl. 18)) bei Jugendlichen oder Heranwachsenden idR nach Vollstr. von 1/3 der JStrafe von der weiteren Vollstr. abgesehen werden (im Einzelfall auch schon früher) – wobei aber zusätzlich zu berücksichtigen ist, ob das Erziehungsziel in dieser Zeit bereits erreicht wurde oder künftig noch erreicht werden kann. Trotz dieses zusätzlichen individualpräventiven Kriteriums kann nicht etwa aus erzieherischen Gründen eine längere Vollstr. vor Anwendung des § 456a StPO als bei Erwachsenen in Betracht kommen (zust. Schmülling/Walter StV 1998, 313 (320): Schlechterstellung). Eine ggf. negative Kriminalprognose darf für die Ermessensentscheidung nur dann bedeutsam sein, wenn sie tatsächlich begründet wird und zudem Anhaltspunkte dafür bestehen, der Verurteilte werde nach Deutschland zurückkehren (OLG Karlsruhe NStZ-RR 2013, 227; OLG Bamberg StraFo 2014, 259 = BeckRS 2014, 9279 jeweils zum allg. StR).

55 Eine Vorweganordnung, die Vollstr. einer JStrafe (bzw. eines JStrafrestes) im Falle der Rückkehr nach Deutschland nachzuholen, und der Erlass eines dies sichernden Haftbefehls (§ 456a Abs. 2 S. 3 StPO), dürfen keine automatisch ergehenden Nebenentscheidungen bei einem Absehen von der Verfolgung sein. Bei der Ausübung des diesbzgl. Ermessens sind ua auch erzieherische und zukunftsorientierte Belange (§ 2 Abs. 1) zu berücksichtigen (AG Ahrensburg StRR 2010, 76).

Ziel des Jugendstrafrechts; Anwendung des allgemeinen Strafrechts

2 (1) [1]**Die Anwendung des Jugendstrafrechts soll vor allem erneuten Straftaten eines Jugendlichen oder Heranwachsenden entgegenwirken.** [2]**Um dieses Ziel zu erreichen, sind die Rechtsfolgen und unter Beachtung des elterlichen Erziehungsrechts auch das Verfahren vorrangig am Erziehungsgedanken auszurichten.**

(2) **Die allgemeinen Vorschriften gelten nur, soweit in diesem Gesetz nichts anderes bestimmt ist.**

Schrifttum: Bausch, Die Berücksichtigung der individuellen Entwicklung bei der Auslegung strafrechtlicher Normen am Beispiel des dolus eventualis, 2020; Beier, Zulässigkeit und Modalitäten von Verständigungen im Jugendstrafrecht, 2014; Flitner, Konrad, sprach die Frau Mama …, 1982; Haasis, Die Verständigung im Jugendstrafverfahren. Grundlagen, Grenzen und Leitlinien, 2022; Harnach, Psychosoziale Diagnostik in der Jugendhilfe, 7. Aufl. 2021; Heuer, Strafe als pädagogisches Prinzip, 2021; Huhle, Die Sanktionierung von jungen Menschen im Ordnungswidrigkeitenrecht, 2017; Kraul/Marotzki/Schweppe (Hrsg.), Biographie und Profession, 2002; Kron/Jürgens/Standop, Grundwissen Pädagogik, 8. Aufl. 2013; Lehmann-Björnekärr, Der Gruppenbezug jugendlicher Delinquenz, 2014; Märker, Vorsatz und Fahrlässigkeit bei jugendlichen Straftätern, 1995; Marks/Meyer/Schreckling/Wandrey (Hrsg.), Wiedergutmachung und Strafrechtspraxis, 1993; Pankiewicz, Absprachen im Jugendstrafrecht, 2008; Seidel/Krapp, Pädagogische Psychologie, 6. Aufl. 2014; Tyler/Trinkner, Why Children Follow Rules, 2017; Walter, Formelle Disziplinierung im Jugendstrafvollzug, 1998; Zapf, Opferschutz und Erziehungsgedanke im Jugendstrafverfahren, 2012; Zeltwanger, Die Motive bei Tötungsdelikten Jugendlicher und Heranwachsender, 1989.

Übersicht

I. Anwendungsbereich

1 Die Vorschrift gilt unmittelbar auch dann, wenn das Verfahren gegen Jugendliche oder Heranwachsende vor einem für **allg. Strafsachen** zuständigen **Gericht** stattfindet (→ § 112 Rn. 2, → § 104 Rn. 28).

II. Grundausrichtung des gesamten JGG

1. Struktur der gesetzlichen Zielfestlegung

2 **a) Grundsatz in Abs. 1 S. 1.** Abs. 1 wurde durch Gesetz v. 13.12.2007 (BGBl. 2007 I 2894) eingeführt. Die Norm legt in S. 1 das Ziel des JStR ausdrücklich fest („erneuten Straftaten […] entgegenwirken“). Daher sind

die Auslegung und fallkonkrete Anwendung des JGG ganz dezidiert an der spezialpräventiven Wirksamkeit zu orientieren. Dies gilt angesichts der weiten Formulierung („des Jugendstrafrechts") für das **gesamte,** dh sowohl für das materielle wie auch das formelle JStR und damit für jede jugendstrafrechtlich getragene Inter-/Aktion mit bzw. gegenüber Jugendlichen und Heranwachsenden (vgl. für Jugendliche auch Art. 40 Kinderechtskonvention: „soziale Wiedereingliederung sowie die Übernahme einer konstruktiven Rolle in der Gesellschaft durch das Kind zu fördern").

b) Konkretisierung in Abs. 1 S. 2. Was die grundlegende spezialpräventive Orientierung des materiellen und formellen JStR bedeutet, wird in Abs. 1 S. 2 näher konkretisiert. Die Norm bestimmt ein „Mittel" (BT-Drs. 16/6293, 9) bzw. einen Weg, „um dieses Ziel zu erreichen". Hiernach ist das gesamte JStR „am Erziehungsgedanken auszurichten". Ungeachtet der in einem Erziehungsprogramm liegenden Problematik (n. → Rn. 8 ff.) schließt das Gesetz damit einige denkbare Modi, individualpräventive Wirksamkeit zu entwickeln, mit außerordentlicher Deutlichkeit aus (insb. ein auf sog. Sicherungs- und negative Spezialprävention setzendes Vorgehen). Das gesamte JStR soll vielmehr so ausgelegt und angewandt werden, dass dies zu einer Gesetzeshandhabung führt, bei der zukunftsbezogen fördernd und chanceneröffnend auf den Jugendlichen oder Heranwachsenden eingewirkt wird (→ Rn. 14). Das das JGG in funktionaler Hinsicht durchziehende Leitprinzip ist also das der **positiven Spezialprävention** bzw. „das **Verfassungsrang** beanspruchende Ziel möglichst weitgehender **sozialer Integration**" (BVerfG NJW 2008, 281 (283)). 3

c) Konsequenzen und Relativierung. aa) Materielles Recht. Für das materielle JStR begründet dieses jugendstrafrechtliche Leitprinzip zunächst einmal eine **fundamentale Abweichung** von der Logik und den Kriterien, die im allg. StR bestimmend sind. Die Maßgabe des § 46 Abs. 1 StGB, wonach spezialpräventive Gesichtspunkte allein in den Grenzen des primär zu berücksichtigenden **Schuldausgleichs** zum Tragen kommen sollen, gilt angesichts von Abs. 1 (sowie § 18 Abs. 2) im JStR nicht (ebenso zB OLG Frankfurt a. M. BeckRS 2024, 25750). Hier kommt es für die Sanktionswahl und -bemessung vielmehr umgekehrt auf die spezialpräventive Einwirkungsbedürftigkeit an (n. → § 5 Rn. 16 ff.), wohingegen der Schuldausgleich dabei allein als „Limitierung nach oben" von Bedeutung ist (BT-Drs. 16/6293, 10; zum Ganzen n. bei der JStrafe → § 18 Rn. 33, 35 ff.). 4

Abschreckungszwecke haben für die jugendstrafrechtliche Rechtsfolgenbestimmung keine Bedeutung (zu deren Dysfunktionalität → § 5 Rn. 69 f.; international hierzu und zur völkerrechtlichen Begrenzung der Abschreckungslogik etwa Crofts/Dolmage/Janes Youth Justice 2023, 182). Ähnlich verhält es sich mit Blick auf die sog. **positive Generalprävention**. Dass das Ziel, derartige Wirkungen erreichen zu wollen, die Rechtsfolgenentscheidung prägen oder beeinflussen darf (dafür insb. Kaspar FS Schöch, 2012, 215; vgl. auch Swoboda ZStW 2013, 86 (91 ff.); DVJJ/Christoph 2022, S. 506 ff.), wird selbst im allg. StR bezweifelt oder doch zumindest diff. auf eng konturierte Konstellationen begrenzt (zusf. TK-StGB/Kinzig StGB § 46 Rn. 5 f.). Ohnehin ist die Frage, ob es sich bei Belangen der Abschreckung oder der (unterstellten) öffentlichen Sanktionserwartung um zulässige Aspekte der Sanktionsbestimmung handelt, immer nur dann von Interesse, wenn 5 eine spezialpräventiv angemessene Reaktion in diesen Hinsichten als „zu wenig" erscheint. Es geht hierbei also stets darum, allein für generalpräventive Zwecke über das der individuellen Einwirkungsbedürftigkeit entspr. Maß hinauszugehen. Dem wird im JStR jedoch eine Absage erteilt. Die Möglichkeit, generalpräventiv orientierte Rechtsfolgen anzuordnen, ist in Abs. 1 nicht vorgesehen und wird hierdurch also versperrt (→ § 5 Rn. 3, → § 17 Rn. 6 f., → § 18 Rn. 43). Dass entspr. Effekte ggf. „bei Gelegenheit" der JStR-Anwendung eintreten können (so etwa BGHSt 65, 242 (249) = NStZ 2021, 679 (681): „Nebeneffekt"; MüKoStGB/Laue Rn. 2: „Reflexwirkung"), ist für die Zielbestimmung ohne Belang.

6 All das gilt ungeachtet der partiell einschränkenden Fassung von Abs. 1, die das Leitprinzip positiv-spezialpräventiver Einwirkung in seiner Maßgeblichkeit **geringfügig relativiert** (BGHSt 64, 242 (248) = NStZ 2021, 679 (681)). Nach den Erläuterungen bei Normerlass soll es hierdurch aber keineswegs möglich gemacht werden, dass generalpräventive Interessen in gewissem Maße zum Tragen kommen (dies ausdrücklich ausschließend BT-Drs. 16/6293, 10). Deshalb verlangt der Normtext, dass „erneuten Straftaten eines Jugendlichen" anstatt „Straftaten von Jugendlichen" entgegengewirkt wird (vgl. auch MüKoStGB/Laue Rn. 2). Insofern zielt das Gesetz allein darauf, dass bei bestimmten Sanktionen (Zuchtmittel, JStrafe gem. § 17 Abs. 2 Var. 2) durchaus „auch Belangen des Schuldausgleichs Rechnung getragen" wird (BT-Drs. 16/6293, 9). Die konkrete Fassung der normtextlichen Einschübe bringt allerdings zum Ausdruck, dass das Kriterium der zu fördernden individuellen Entwicklung dabei in keinem Einzelfall negiert oder in den Hintergrund gedrängt werden darf. Der Formulierung („vor allem", „vorwiegend") zufolge ist die „Erziehung" in manchen Fällen nur nicht allein oder exklusiv zu berücksichtigen, wiewohl es in der Relevanz und Gewichtung aber auch hier allen anderen Belangen **vorgeht** (zust. OLG Frankfurt a. M. BeckRS 2024, 25750).

7 **bb) Prozessrecht.** Hinsichtlich des JStV und der Bestimmungen, die hierfür im JGG vorgesehen oder nach Abs. 2 aus dem allg. Prozessrecht transferiert werden, verpflichtet Abs. 1 ebenfalls zu einer Handhabung, die der spezialpräventiven Grundausrichtung des JStR dienlich ist und zumindest die hierfür abträglichen Begleiteffekte des Verfahrens minimiert. Bei Interventionen mit Eingriffs- und Zwangselementen besteht angesichts der einschränkenden Formulierung ein spezifischer Vorbehalt („unter Beachtung des elterlichen Erziehungsrechts", im RegE noch „soweit möglich"). Dies soll nach der legislatorischen Begründung klarstellen, dass derartige Maßnahmen erst nach einer Verurteilung zulässig sind – im vorangehenden Verfahren dagegen nur, sofern es für die betroffenen Jugendlichen „lediglich vorteilhaft und auf ihr Wohl ausgerichtet" ist (so BT-Drs. 16/6293, 9 unter Hinweis auf Maßnahmen nach § 72 Abs. 1 zur Vermeidung von U-Haft). Hierdurch wird der elterliche Erziehungsvorrang bis zur urteilsförmigen Feststellung des Bedarfs an staatlicher erzieherischer Intervention gewährleistet. Das prozessuale Vorgehen an sonstigen (erziehungsunabhängigen) Belangen auszurichten und dafür Abstriche an der spezialpräventiven Eignung in Kauf nehmen zu dürfen, soll durch die Fassung des Normtextes dagegen ausdrücklich nicht erlaubt werden.

2. Aspekte des Erziehungsgedankens (Abs. 1 S. 2)

a) Zur Problematik des gesetzlichen Erziehungsziels. aa) Erziehung. Zum Verständnis von Erziehung findet sich in Wissenschaft und Praxis ein weites Spektrum zwischen der „dialogischen Begegnung der Generationen einerseits und teleologischer Manipulation andererseits" (Langhanky DVJJ-Journal 1996, 150; zu Vorstellungen in der Gründungszeit des JGG vgl. etwa Pieplow ZJJ 2022, 16). Die vorherrschende Auffassung in Pädagogik und pädagogischer Psychologie begreift hierunter die personale **Einflussnahme** eines Erziehenden, die auf (je nach Erziehungsziel und -situation) spezifische **Veränderungen** bei der zu erziehenden Person abzielt. Dies ist indes nicht im Sinne einer einseitigen Einwirkung, sondern als ein Prozess wechselwirkender Interaktion zu verstehen, der seitens des Jugendlichen zB die Interpretation der Einflussnahme und die damit verbundenen Empfindungen und Reaktionen ebenso umfasst wie die darauf wiederum folgenden Reflektionen und Antworten der erziehenden Person (vgl. Kron/Jürgens/Standop, Grundwissen Pädagogik, 8. Aufl. 2013, S. 58 f.; Dollinger/Schabdach Jugendkriminalität S. 46 f.). – Erziehung unterscheidet sich iÜ von Prozessen der **Sozialisation** (oder „Sozialwerdung"), die über die Erziehung hinaus auch „ungeplante" Lernvorgänge in der Auseinandersetzung mit der sozialen Umwelt einschließen (vgl. dazu etwa Harnach, Psychosoziale Diagnostik in der Jugendhilfe, 7. Aufl. 2021, S. 45 ff., 56 ff.) und erzieherische Verläufe überformen und modifizieren (zu unterschiedlichen Sozialisationsmodellen s. die Beiträge in Hurrelmann/Bauer/Grundmann/Walper, Handbuch Sozialisationsforschung, 8. Aufl. 2015, S. 144 ff.). 8

bb) Erziehungsziel. Als Ziele von Erziehung bezeichnet man häufig den Schutz sowie die Förderung und Integration junger Menschen. In der sozialen Wirklichkeit und den realen Praktiken sind die dazu bestehenden Auffassungen indes heterogen. Auch unterliegen Erziehungsziele der gesellschaftlichen Entwicklung (vgl. dazu etwa Harnach, Psychosoziale Diagnostik in der Jugendhilfe, 7. Aufl. 2021, S. 49 ff.). Insgesamt besteht hier ein enger Zusammenhang mit der jeweiligen gesellschaftlichen Wertestruktur. Die damit verbundene Offenheit des Erziehungsbegriffs ist im strafrechtlichen Kontext allerdings merklich reduziert: Das Ziel der Einwirkung wird hier durch die Festlegung in Abs. 1 S. 1 auf die **soziale Konformität** festgelegt: Es geht also nicht um Moralbildung (vgl. bspw. Brunner/Dölling Rn. 3; BMJ/Weigend 1992, S. 167; Dollinger/Schabdach Jugendkriminalität S. 40; abw. BeckOK JGG/Putzke Rn. 8), sondern um die Bereitschaft und Fähigkeit, ein Leben ohne Straftaten zu führen. Dieses Konformitätsziel hat eine protektive Seite, insofern die Adressaten präventiv vor längerfristiger Marginalisierung und Desintegration, vor Verstrickung in Abhängigkeitsbeziehungen (etwa im Rahmen „Organisierter Kriminalität" oder politisch-ideologisch bzw. religiös radikalisierter Gruppen) und vor den destruktiven Seiten wiederholter staatlicher Sanktionierung geschützt werden sollen (auch → Einl. Rn. 40). Es ist aber nicht zu übersehen, dass in der Praxis oft auch repressive Deliktsreaktionen als „erzieherisch" ausgeflaggt werden (dazu statt vieler etwa Ostendorf RdJB 2020, 462 (465 f.)). Auch kann die in Abs. 1 formulierte Zielstellung ungeachtet ihrer positiv-rechtlichen Verbindlichkeit durchaus disziplinierend-kontrollierende Züge annehmen. Soweit hiernach der „ideale" Jugendliche als angepasst verstanden wird, liegt darin die Gefahr, 9 dass auf eine schweigende Jugend hingewirkt wird, die die Erwachsenengesellschaft reproduziert, ohne deren Unzulänglichkeiten in Frage zu stellen (zu der diesbzgl. Funktion von Delinquenz s. Eisenberg/Kölbel Kriminologie § 11 Rn. 12 ff.).

10 **b) Zur Problematik erzieherischer Methoden. aa) Grenzen der Strenge.** Unabhängig von der Problematik der Ziele ist stets zu überprüfen, ob das reale Erziehungsverhalten hierfür jeweils dienlich ist. Versteht man unter Erziehen ein Begleiten und Mitwirken „an dem, was im Zusammenleben von Menschen, also unabhängig von der Erziehung, von selbst geschieht", indem dieses (von selbst) Geschehende „verstärkt, korrigiert und vor schädlichem Einfluss bewahrt" wird, wirft dies die Frage nach den zuträglichen und angemessenen **Techniken** auf. Negative Sanktionen scheinen dazu – wenn überhaupt – nur dann zu zählen, wenn sie „eine aufbauende Komponente haben, mit der sich die Verletzung der Grenze und die Verletzung der Beziehung überwinden lässt" (Flitner, Konrad, sprach die Frau Mama …, 1982, S. 63, 86). Vordergründig mag zwar auch ein auf Unterordnung ausgerichteter Einwirkungsstil zur Erreichung bestimmter Ziele durchaus oder sogar besonders effektiv sein. Dies hält in der Regel jedoch nur so lange an, wie Kontrolle ausgeübt wird (vgl. dazu Lewin/Lippitt/White Journal of Social Psychology 1939, 271; Tausch/Tausch, Erziehungspsychologie, 11. Aufl. 1998, S. 332 ff.). Ungeachtet der ungeklärten Potenziale „pädagogischer Strafen" (zu den sehr verschiedenen erziehungswissenschaftlichen Konzeptionalisierungen vgl. Heuer, Strafe als pädagogisches Prinzip, 2021, S. 90 ff.) gilt jedenfalls die dauerhafte Konfrontation mit Strenge (insb. in der Kombination mit Minderausprägungen von emotionaler Zuwendung, Wertschätzung und Unterstützung) als wesentlich für Anpassungsprobleme und Verhaltensauffälligkeiten bei Kindern und Jugendlichen (vgl. etwa Hoeve/Dubas/Eichelsheim ua Journal of Abnormal Child Psychology 2009, 749; Kawabata/Alink/Tseng ua Developmental Review 2011, 240). Einengende Rigorosität hemmt die Entwicklung von Autonomie und damit einhergehend die des Selbstwertgefühls und der Fähigkeit zur Verantwortungsübernahme von Jugendlichen (vgl. etwa Kuntsche/Reitzle/Silbereisen, Psychologie in Erziehung und Unterricht, 2003, S. 143). Vorzugswürdig ist im sozialen Kontext ein Einwirkungsverhalten, das von Zuwendung, gewährter Selbstbestimmung und positiver Bekräftigung erwünschten Verhaltens gekennzeichnet ist.

11 **bb) Generationelle Perspektivität.** Ein Problem, das sich auch beim zuwendenden erzieherischen Umgang mit Minderjährigen stellt, scheint darin zu liegen, dass Erwachsene (zB Eltern, Sozialarbeiter, Richter, Gutachter) die Belange von Minderjährigen ausschließlich aus Erwachsenen-Sicht beurteilen. Vor dem Hintergrund von „Erfahrungen" bestimmen sie, was „das Beste", was „vernünftig" und „richtig" für junge Menschen ist – ohne deren Weltsicht einnehmen zu können und ohne die früher selbst gemachten Erfahrungen mit dem „Rechthaben" Erwachsener noch präsent zu haben. Durch die sich zwischen den Generationen schnell ändernden Jugendkulturen wird die **lebensweltliche Kluft** noch verstärkt (vgl. Plewig ZJJ 2013, 240 (243): Erwachsenen „fehlt die Vorstellung von Zukunft"). Jugendliche Verhaltensinhalte bzw. Interessen erscheinen Erwachsenen dadurch als „unvernünftig" und „problematisch", auch wenn sie für die Handelnden aus deren Sicht durchaus sinnvoll bzw. sinnstiftend sind (vgl. auch

BMJ/Winkler 2009, S. 144: „große Welterfahrung und Weltkenntnis hochbelasteter Kinder und Jugendlicher"). Umgekehrt schätzen Jugendliche zwar auch im strafrechtlichen Kontext spürbaren Respekt, anerkennende Selbstständigkeit und reale Hilfe, weisen aufgedrängte Erziehungsansprüche aber eher zurück (vgl. Scholz DVJJ-Journal 1999, 232 (239); siehe hierzu die Befunde bei Dollinger/Fröschle/Gilde/Vietig MschKrim 2016, 325; Weinbach/Coelen/Dollinger ua, Folgen sozialer Hilfen/Dollinger/Gilde/Heppchen/Vietig, 2017, S. 168 ff.). Ohne das aufwändige und einfühlsame Bemühen, die Perspektiven Minderjähriger im Allgemeinen und im konkreten Fall verstehend zu erschließen, gerät erwachsenes Reagieren daher leicht zur vorschnellen und ggf. gar repressiven Grenzensetzung, die alle Entscheidungsanteile der Minderjährigen eliminiert. Entwicklungsfördernd ist es dagegen, (anstelle einer Unterordnung unter eine „Erwachsenenvernunft") mit den eigenen Wünschen und Vorstellungen ernst genommen zu werden – also neben der notwendigen **Orientierung** auch einen **Freiraum** für die Selbsterprobung zu erhalten. „Interventionen" und Hilfsangebote (auch solche von institutioneller Seite) sind so gesehen besonders dann vielversprechend, wenn sie auf der Zustimmung oder freiwilligen Annahme des Jugendlichen beruhen (vgl. auch Sonnen FS Wolter, 2013, 1232).

c) Zur Problematik der Erziehung im Strafrecht. Das JStR bietet als **Strafrecht schwerlich ein geeignetes Umfeld** für erzieherische Einwirkungen (n. Tyler/Trinkner, Why Children Follow Rules, 2017, S. 184 ff.). Abgesehen von einigen besonderen Sanktionsformen, bei denen der Jugendliche in eine längerfristige Beziehung zu bestimmten Funktionsträgern tritt (bspw. Betreuern, Bewährungshelfern usw), bleibt es hier idR bei punktuellen Kontakten (insb. zum JRichter). Dabei fehlt es nahezu durchgehend an der für Lernprozesse (sei es für die Rolle eines Modells oder die Funktion eines Verstärkers) notwendigen emotionalen Verbindung. Charakteristisch ist vielmehr eine ausgesprochen hierarchische Beziehungsstruktur, aus der heraus die Intervention in einem autoritären Modus – also weitgehend ohne Anteile eines interaktiven Bestimmens – festgelegt und durchgeführt wird. Das dabei nur gering ausgeprägte Maß an anerkannter Gleichwertigkeit (vgl. BMJ/Winkler 2009, S. 143: zumindest „Minimum") oder an „basaler Akzeptanz" des Beschuldigten (nicht des vorgeworfenen Verhaltens – näher Ohder FS Eisenberg, 2009, 435) macht das Vorgehen zur Maßregelung, die leicht eine Abwehrhaltung (anstelle einer Übernahme von Handlungsverantwortung) provoziert. Ein etwaiger Misserfolg der Intervention wird dann von institutioneller Seite idR dem Erziehungs-„Objekt" angelastet (zust. Walter, Formelle Disziplinierung im Jugendstrafvollzug, 1998, S. 224), was bei Wiederholung leicht zu einer Sanktionseskalation führen kann. 12

Als ein Strafrecht muss sich das JStR zwangsläufig auf die Auseinandersetzung mit der Person des Jugendlichen beschränken. Da eine hinreichend differenzierte Würdigung der individuellen Disposition des Beschuldigten iRd JStV rechtstatsächlich aber selten erwartbar ist, bleibt stets eine erhebliche Unsicherheit, ob sich die im konkreten Einzelfall vorgesehene Rechtsfolge mit einiger Wahrscheinlichkeit als ein geeignetes erzieherisches Vorgehen erweisen wird. Überhaupt stellt sich die Frage, wie sinnvoll eine Maßnahme sein kann, die auf den **einzelnen** Beschuldigten abzielt, obwohl davon ausgegangen werden muss, dass das deliktische Verhalten zu einem ganz erheblichen Teil durch oft schwer rekonstruierbare **soziale Einflüsse** 13 (der Eltern, Gleichaltriger, der Umwelt insgesamt) ebenso wie durch Ausgrenzungen ggf. auch durch staatliche Behörden mitbestimmt wird (→ § 5 Rn. 47 ff.). Im Kontext des StR geht es um eine Sanktion, die mit einer individualisierenden Abwertung auf ein persönliches „Fehlverhalten" reagiert und dadurch in ihrem Wirkungs- und Präventionsanspruch von den oft komplexen Zusammenhängen, die zu dem Geschehen geführt oder beigetragen haben, abstrahiert (vgl. auch Dollinger ZJJ 2012, 28 (33)). Selbst dort, wo die Rechtsfolge einen dezidiert unterstützenden Charakter hat, weist sie deshalb einen individualisierenden Zuschnitt auf, mit dem das Scheitern selbst von vielversprechend erscheinenden Interventionen teilw. erklärt werden kann.

14 **d) Konsequenzen für die Handhabung von Abs. 1 S. 2.** Vor diesem Anspruchs- und Problemhintergrund kann der in Abs. 1 S. 2 positivierte Erziehungsgedanke allein als **regulatives Prinzip** aufgefasst werden, das durch das materielle und prozessuale JStR stets nur „nach Möglichkeit" zu realisieren ist und das sich auch nicht in konkrete Maßgaben umlegen, sondern allein in weitgehend allgemeinen Attributen und Kennzeichen reformulieren lässt – das hierdurch aber eine hinreichend deutliche, leitlinienartige **Orientierungswirkung** für eine an der positiven Spezialprävention orientierte Auslegung und Anwendung des JStR entwickelt. Der Grund hierfür liegt auch darin, dass Erziehung eine Fähigkeit verlangt, die wegen ihres Lebenswelt- und Einzelfallbezugs nur begrenzt lehr-, regulier- und darstellbar ist (Kraul/Marotzki/Schweppe/Oevermann, Biographie und Profession, 2002, S. 19 ff.). Dementsprechend sind auch die dahingehenden Vorgaben des Gesetzes begrenzt. Bei der systematischen Interpretation aller Gesetzestextstellen, in denen im JGG von Erziehung die Rede ist, erschließt sich (iS einer objektiven Sinnstruktur) vielmehr nur ein **gesetzesimmanentes Verständnis,** wonach es sich bei Erziehung um ein rechtskonformitätsförderndes Vorgehen handelt, das sowohl im Schutz des Jugendlichen vor einer ungünstigen (prozesserzeugten) Umfeld (kennzeichnend etwa § 54 Abs. 1) als auch in der positiven Veränderung seiner individuellen Handlungsbedingungen besteht (kennzeichnend § 21 Abs. 1). Dabei grenzt sich Erziehung (wie § 24 Abs. 3 zeigt) sowohl von nur-beschränkenden als auch nur-unterstützenden Interventionen ab (eingehend zum Ganzen Kölbel ZJJ 2022, 252 (253 ff.); für eine die Problematik drastisch verkürzende Kritik vgl. Nix/Pschorr/Nix §§ 1–2 Rn. 39).

14a Dieses normtextliche „Erziehungskonzept" hat zweifellos eine ausgesprochen unscharfe Kontur. Immerhin ist danach aber festgelegt, dass sich das JStR jenen Reaktionsformen verpflichtet, die gerade **keinen paternalistischen** und auch **keinen retributiven** Charakter haben (diese Strafabkehr betonend auch Pieplow GS Walter, 2014, 341; Hoffmann/Matthes (Hrsg.), 100 Jahre Reichsjugendwohlfahrtsgesetz und Reichsjugendgesetz/Pieplow, 2024, 174 ff.; DVJJ 2024/Pieplow S. 99 ff. („Mäßigungsappell"; „behutsames Verantwortlichmachen"); zust. Swoboda ZStW 2013, 86 (92)). Es spricht viel dafür, dass stattdessen auf eine Verarbeitung von strafrechtlich einordbaren Ereignissen gesetzt wird, die an die fraglichen Personen fördernd und chanceneröffnend herantritt (etwa Walkenhorst RdJB 2016, 469 (473)), sie dabei **vor abträglichen Strafrechtswirkungen schützt** und sich in dieser Weise als **entwicklungs- und zukunftsbezogene** Intervention versteht. Dabei nimmt das JStR eine durch und durch individualisierende Ausrichtung an, die an Art und Maß des jeweiligen Interventionsbedarfs angepasst ist (zum Individualisierungsprinzip s. etwa Grunewald NStZ 2002, 452 (456 f.)) und deshalb vielfach (dh bei der ubiquitären Massendelinquenz) auf eine Nicht- oder Geringst-Intervention hinauslaufen muss (vgl. bspw. Dollinger/Schabdach Jugendkriminalität S. 37 f.). Ohnehin hat, da es sich bei den von Abs. 1 S. 2 geleiteten Maßnahmen um staatliches und deshalb auch grundrechtlich gebundenes Vorgehen handelt, sich dieses zugleich als **verhältnismäßig** zu erweisen (s. auch Brunner/Dölling Rn. 3) – es hat also nicht nur im eben genannten Sinne erzieherisch funktional, sondern auch auf das notwendige und dem Interventionsanlass proportionale Maß beschränkt zu sein (dazu unter dem Gesichtspunkt der Schuldlimitierung → § 18 Rn. 33, 35 ff.).

III. Auslegungsprinzipien

1. Teleologische Interpretation der JGG-Normen

Es sind verschiedene methodische Herangehensweisen an die Konkretisierung des JStR möglich. Das eine Ende des Spektrums wird durch ein Auslegungsprinzip gebildet, das die grundlegende Trennung von JStR und Jugendhilferecht (→ Einl. Rn. 13) unterstreicht und das JStR daher de facto als Spielart oder **bloße** (punktuelle) **Modifizierung** des allg. StR begreift. Aus dieser Warte wird das Gesetz in der gleichen formalen Weise interpretiert, wie dies üblicherweise bei StGB und StPO geschieht. Tiefgehende Besonderheiten der jugendstrafrechtlichen Regelungsmaterie erfahren dabei, soweit diese nicht ausdrücklich positiviert wurden, keine systematische Berücksichtigung (**„dogmatisch-strafrechtliches Modell"** – repräsentativ hierfür bspw. Altenhain NStZ 2011, 272 (betr. Einziehung); MüKoStGB/Radtke/Scholze § 18 Rn. 15, 23 (betr. JStrafbemessung); Kulhanek JZ 2022, 49 (50 ff.) (für beide Fragen)). Den gegenüberliegenden Pol markiert das hier vertretene **„teleologisch-empirische Modell"**, das die spezifische Zweckbestimmung des JGG in den Vordergrund rückt und das JStR vom allg. StR emanzipiert („aliud"; n. → Einl. Rn. 61; vgl. auch Höynck StraFo 2017, 267 (267 f.); Kölbel KriPoZ 2024, 304 (305 f.)). Dabei werden die altersbedingten Eigenarten der zu verarbeitenden Delinquenz systematisch und empirieorientiert in Rechnung gestellt, um hierdurch – in den Grenzen der Gesetzesbindung und unter Wahrung des Verhältnismäßigkeitsprinzips – bei möglichst jeder Einzelfrage zu einer positiv-spezialpräventiv möglichst funktionalen Norminterpretation zu gelangen. 15

Dieses Auslegungsprogramm wird durch die gesetzliche Zielstellung in Abs. 1 autorisiert und iÜ auch von deren legislatorischen Erläuterung in seiner Notwendigkeit deutlich gemacht (zum Folgenden BT-Drs. 16/6293, 10). Die Zweckausrichtung des Gesetzes besage nämlich, „dass bei der Auslegung und Anwendung des JStR **normative Erwägungen nicht genügen** können." Stattdessen „müssen die Berücksichtigung von Wirkungszusammenhängen und **empirische Einschätzungen im Vordergrund** stehen". Dies wiederum „verlangt die besondere Beachtung kriminologischer, pädagogischer, jugendpsychologischer und anderer fachlicher Erkenntnisse" insb. zu den Merkmalen von Jugenddelinquenz (→ Einl. Rn. 1 ff.; betr. Episodenhaftigkeit auch BVerfG NJW 2008, 281 (282)) und 16 den Effekten jugendstrafrechtlicher Intervention (Eisenberg/Kölbel Kriminologie § 41 Rn. 22 ff., 63 ff.).

2. Geltung und Interpretation allg. Vorschriften (Abs. 2)

17 **a) Vorrangigkeit des JGG.** Da das materielle und prozessuale StR für Jugendliche und Heranwachsende im JGG nur eine partielle, nicht-erschöpfende Sonderregelung erfahren hat, muss für die nicht speziell geregelten Fragen auf die „allg. Vorschriften" zurückgegriffen werden. Insofern statuiert Abs. 2 (deklaratorisch) das Prinzip der **Subsidiarität** (BT-Drs. 1/4437, 3; abw. MüKoStGB/Laue Rn. 10: Spezialität), wonach diese Bestimmungen immer dann (und soweit) anwendbar sind, wenn (und soweit) das JGG keine eigene Regelung vorsieht. Dies betrifft sämtliche Rechtsnormen zur strafrechtlichen Erfassung, die **unabhängig** vom **Alter** des Beschuldigten (§ 1) gelten. Werden außerhalb des JGG bestimmte sanktionsrelevante Materien dagegen speziell für Jugendliche oder Heranwachsende normiert (zB betr. Schulpflichtverletzung), können Besonderheiten zu berücksichtigen und die Bestimmungen des JGG ggf. sogar nachrangig sein.

18 Subsidiäre **allg. Vorschriften** iSv Abs. 2 sind das StGB (vgl. auch § 10 StGB), die StPO und das GVG, aber auch das BtMG, StVG sowie alle Spezialregelungen zB im Bereich des Neben-StR (zu Ordnungswidrigkeiten dagegen → Rn. 64 ff.). Für das materielle StR finden sich insb. bzgl. der Rechtsfolgen jugendstrafrechtliche Sondervorschriften, wohingegen für Strafbarkeitsvoraussetzungen die allg. Regelungen gelten (vgl. aber § 3). Dazu zählen auch die Maßgaben zur Wahlfeststellung (n. Mitsch JR 2017, 8 (11 ff.) sowie mit Abstrichen (§ 31) die Regelungen über sog. Konkurrenzen (n. → § 18 Rn. 54, → § 31 Rn. 3 ff.). Bezogen auf das allg. StVR enthält das JGG in §§ 39 ff. etliche Sonderregelungen. Einige der allg. Prozessvorschriften werden auch ausdrücklich ausgeschlossen (durch §§ 79–81, 109 Abs. 2) oder ergänzt (zB durch § 43) bzw. modifiziert (zB § 42). – Bei strafrechtlich relevanten VV (zB RiStBV, GnadenO) führt die entsprechende Anwendung von Abs. 2 (abl. NK-JGG/Ostendorf Rn. 14; MüKoStGB/Laue Rn. 15) zu deren Subsidiarität gegenüber denjenigen **VV,** die speziell für Jugendliche und Heranwachsende erlassen worden sind (insb. **RL zum JGG** (vgl. Anh. 2)). Auch setzt die (ergänzende) Anwendung von allg. VV auf Jugendliche und Heranwachsende voraus, dass diese den Grundsätzen des JGG nicht zuwiderlaufen.

19 **b) Prinzip der jugendgemäßen Auslegung. aa) Koordinierende Begriffsinterpretation.** Soweit allg. Vorschriften auf Jugendliche oder Heranwachsende anwendbar sind, kann bei deren Auslegung eine Inbezugsetzung von Vorschriften des JStR erforderlich sein. Bisweilen bereitet dies gewisse Schwierigkeiten, weil einzelnen **Begriffen ein unterschiedlicher Sinngehalt** zugeordnet wird. Dies zeigt sich etwa bei der Kategorie der „Strafe", die das JStR ausschließlich in Form der JStrafe kennt (§ 13 Abs. 3; s. auch → § 17 Rn. 3). Kommen Vorschriften des allg. StR, die an das Merkmal der „Strafe" anknüpfen, im Bereich des JStR zum Tragen, bedarf es dann ggf. einer weiten („untechnischen") Auslegung. Dies betrifft zB §§ 46a, 157 Abs. 2, 158 Abs. 1, 199 StGB, §§ 154, 154a, § 466 StPO, das Verschlechterungsverbot (→ § 55 Rn. 31 ff.) und das BZRG. Hier gelten auch die Erziehungsmaßregeln und Zuchtmittel – entgegen ihrer jugend-

strafrechtlichen Bedeutung – ggf. als **„Strafen"** (dazu bereits OVG NRW NJW 1972, 1965 zu § 10 Abs. 1 S. 2 AuslG aF). Stets relevant ist dies für § 60 StGB (wie hier BayObLG NJW 1992, 1520 (1521) mAnm Brunner JR 1992, 387 und Anm Scheffler NStZ 1992, 491; einschr. Bringewat NStZ 1992, 315 (317 f.); Streng JugendStrafR Rn. 258) und für die anderen Fälle des „Absehens von Strafe" (Zusammenstellung etwa bei KK-StPO/Diemer StPO § 153b Rn. 2). Immer dann, wenn das JGericht hier bei Erwachsenen auf eine „Strafe" verzichten würde, darf es auch keine Erziehungsmaßregeln und Zuchtmittel anordnen. Hiervon aus erzieherischen Gründen eine Ausnahme zuzulassen (so BayObLGSt 1961, 171; grds. Altermann Vorverurteilung S. 198 ff.), widerspräche dem in → Rn. 23 erörterten Schlechterstellungsverbot.

bb) Differenzierende Interpretation. Die vorgenannte, JGG-orientierte Lesart, derer es bei einzelnen allg. Vorschriften zur „technischen" Koordinierung bedarf, ist nur punktuell bedeutsam. Aus § 2 ergibt sich aber auch das **Auslegungsprinzip** der jugendgemäßen Norminterpretation, dessen Relevanz bei **jeder** Anwendung des allg. StR und StVR im Bereich des JGG zu prüfen ist. Dass nach Abs. 2 die allg. Vorschriften nur gelten, soweit im JGG „nichts anderes bestimmt ist", geht als Vorrangregelung über die Gesetzessubsidiarität (→ Rn. 17) nämlich deutlich hinaus. Vielmehr hat dies auch für die allg. Bestimmungen in der StPO und dem StGB, für die das JGG keine verdrängende Sonderregelung enthält, eine erhebliche Bedeutung. Diese allg. Vorschriften greifen im JStR – ungeachtet ihrer prinzipiellen Geltung – „inhaltlich" nämlich nur mit jenen Maßgaben und Rechtsfolgen ein, zu denen es im JGG keine abw. Festlegung gibt. Bei der Auslegung der im JGG-Bereich prinzipiell anwendbaren StGB- und StPO-Normen ist also ein „Übertragbarkeitstest" (BMJV/Kölbel 2017, S. 29) vorzunehmen und gem. Abs. 2 stets zu fragen, ob deren „Normalinterpretation" bei Jugendlichen und Heranwachsenden aufrechterhalten werden kann oder ob das JStR etwas „anderes bestimmt". Zu den JGG-Bestimmungen, anhand derer diese Prüfung vorzunehmen ist, zählt (neben den Einzelregelungen in §§ 3 ff.) auch Abs. 1. Dies geht aus dem Wortlaut von Abs. 2 eindeutig hervor („in diesem Gesetz nichts anderes bestimmt" anstatt „in den folgenden Vorschriften nichts anderes bestimmt"). Daher ist die spezialpräventive Grundausrichtung nicht nur für die Auslegung der JGG-Regelungen leitend (→ Rn. 15 f.), sondern ebenso bei der Deutung und Handhabung des jugendstrafrechtlich anwendbaren allg. StR und StVR. 20

Diese allg. Normen sind – **ggf. abw. von ihrer üblichen Konkretisierung** – immer in einer jugendgemäßen (dh in einer der **Spezialprävention möglichst dienlichen** und an Besonderheiten der Adressaten und ihrer Ansprechbarkeit orientierten) Weise zu interpretieren (dazu auch Eisenberg ZJJ 2018, 33; Strafverteidigertag 2018/Kölbel, S. 337; ebenso oder sehr ähnlich wie hier OLG Karlsruhe NStZ 2000, 485; Diemer/Schatz/Sonnen/Sonnen Rn. 15; NK-JGG/Ostendorf § 1 Rn. 10; Bringewat NStZ 1992, 315 (316 f.); Schady/Sommerfeld ZJJ 2018, 219 (222 f.); Mitsch NStZ 2019, 681 (681); vertiefend und mit rechtsmethodischer Grundlegung Zierer Grundsatz S. 52 ff.). Das kann dann (abhängig von den problemkonkreten Sach- und Rechtsstrukturen) zu einer modifizierten Auslegung der allg. Vorschriften führen, ggf. aber auch zu einer die Anwendbarkeit einschränkenden Interpretation. Relevant ist das in erster Linie für Regelungen der 21

StPO (→ Rn. 39 ff.), darüber hinaus aber auch für manche Maßgaben des allg. materiellen StR (→ Rn. 28 ff.). Dafür bedarf es jeweils einer **jugendkriminologischen Plausibilisierung** der altersgruppentypischen Besonderheiten und der hiervon nahegelegten jugendgemäßen Sonderauslegung. Die so indizierte Differenzierung kann dann jedenfalls dort interpretatorisch umgesetzt werden, wo sie vom Gesetzgeber bei Erlass der fraglichen StR- oder StVerf-Norm **nicht explizit zurückgewiesen** worden ist. Das gilt ganz besonders, wenn eine uneingeschränkte altersgruppenübergreifende Anwendbarkeit der fraglichen Vorschrift legislatorisch gar nicht eigens geprüft und thematisiert worden ist, sondern diesbzgl. ein Erwägungsmangel vorliegt, den man mit einer verwaltungsrechtlichen Anleihe als Abwägungsdefizit oder Ermessensunterschreitung bezeichnen kann (n. zum Ganzen Kölbel ZJJ 2021, 40 (44)).

22 **cc) Einwände.** Allerdings wird die Notwendigkeit der jugendgemäßen Auslegung nicht selten bestritten (s. etwa Altenhain NStZ 2011, 272 (272 f.); Beulke/Swoboda JugendStrafR Rn. 163; HdB-Strafrecht III/Swoboda § 68 Rn. 19; ferner MüKoStGB/Laue Rn. 23 mwN). Diese Gegenansicht kann indes die Existenz von Abs. 2 nicht erklären. Da sich die technische Subsidiarität der StGB-/StPO-Vorschriften (→ Rn. 17 f.) bereits aus dem sondergesetzlichen Charakter des JGG ergibt, bedürfte es der dahingehenden Festlegung nicht (vgl. auch BT-Drs. 1/4437, 3: Subsidiarität ist ohnehin geltendes Recht). Soll das Gesetz an einer regelungssystematisch so hervorgehobenen Stelle wie der des § 2 Abs. 2 nicht eine überflüssige, nur-deklaratorische Bestimmung enthalten, muss die Regelung also die hier vertretene, darüberhinausgehende Wirkung haben. Insbesondere aber nimmt die **aA** eine offensichtliche **Widersprüchlichkeit** in Kauf, wenn ihr zufolge die allg. Vorschriften selbst in einer erziehungsfeindlichen Auslegung – trotz Abs. 1 – allein deshalb im JStR gelten sollen, weil es dort an einer eigenen Sondernorm fehlt (für ein plastisches Bsp. derartiger Dysfunktionalitäten → § 6 Rn. 9 ff. bei der Einziehung). – Teilw. wird die hiesige Position auch gar nicht grundsätzlich abgelehnt. Im Einzelfall sei (bei entspr. Anlass) die Berücksichtigung des jugendstrafrechtlichen Kontextes bei der Auslegung allg. Vorschriften durchaus möglich und geboten, nur gebe es kein dahingehendes Prinzip (Brunner/Dölling Rn. 6, 11; mit Blick auf das materielle StR mwN → Rn. 28 ff.). Allerdings wird erst durch Anerkennung der hier vertretenen, bei jeder Auslegung zu bedenkenden **Maxime** sichergestellt, dass die jugendorientierte Auslegungsnotwendigkeit nicht nur zufällig berücksichtigt wird.

23 **c) Verbot der Schlechterstellung.** Eine besondere Ausprägung der jugendgemäßen Auslegung besteht in dem Prinzip, wonach – abgesehen von den gesetzlich vorgesehenen Fällen (etwa § 55 Abs. 1 und 2 (dazu → § 55 Rn. 57 ff.)) – durch Auslegung des JGG sicherzustellen ist, dass Jugendliche und Heranwachsende in der Handhabung des JStR **nicht rechtlich benachteiligt** und schlechter gestellt werden als Erwachsene in vergleichbarer Situation bei Anwendung des allg. StR. Dieser Auslegungsgrundsatz repräsentiert eine international verbreitet eingenommene Position (vgl. Recommendation CM/Rec (2008)11 on the ERJOSSM Nr. 13 S. 2: „Juveniles shall not have fewer legal rights and safeguards than those provided to adult offenders by the general rules of criminal procedure" (dazu Dünkel RdJB 2014, 294 (296); Dünkel/Baechtold/van Zyl Smit, in BMJ 2009, 303; s. aber

Knauer ZJJ 2019, 39 (48) mwN zur diesbzgl. widersprüchlichen Haltung des EGMR)). Er wird daher auch mit Blick auf die Auslegung des JGG vielfach zust. vertreten (vgl. zB BayObLG NJW 1992, 1520 (1521); LG Itzehoe StV 1993, 537 mAnm Ostendorf StV 1993, 538; NK-JGG/Ostendorf § 18 Rn. 6; Diemer/Schatz/Sonnen/Sonnen Rn. 9; MüKoStGB/Laue Rn. 21; Laubenthal/Baier/Nestler JugendStrafR Rn. 6; Walter/Neubacher Jugendkriminalität, 4. Aufl. 2011, Rn. 553; Nöding Verteidigung Rn. 53; Zierer Grundsatz S. 84 ff.; Bottke NJW 1987, 1068; BMJ/Bottke 1987, S. 76 ff.; Marks/Meyer/Schreckling/Wandrey, Wiedergutmachung und Strafrechtspraxis/Weigend, 1993, S. 48; Kemme/Stoll MschKrim 2012, 32 (45); Sonnen FS Wolter, 2013, 1232).

Dies hat bei **zahlreichen Einzelfragen** konkrete Konsequenzen (so etwa 24
bei der Rechtsfolgenbemessung: → § 1 Rn. 23, → § 18 Rn. 8 f., → § 18 Rn. 40; bei der U-Haftanrechnung: → § 52a Rn. 11; bei der Verfahrensverzögerung: → § 15 Rn. 26, → § 16 Rn. 33, → § 18 Rn. 45; bei der Verfahrenseinstellung: → § 45 Rn. 7 ff., → § 47 Rn. 5; bei der Arbeitsweisung: → § 9 Rn. 9; bei der Einheitssanktion: → § 31 Rn. 20 f., 38, 53; bei der zeitweiligen Ausschließung: → § 51 Rn. 5; bei der Entschädigung → Rn. 62). Zu berücksichtigen ist hierbei jedoch, dass das Schlechterstellungsverbot durchaus auch auf Ablehnung stößt (vgl. zB Beulke/Swoboda JugendStrafR Rn. 575; Hdb Strafrecht III/Swoboda § 68 Rn. 9 und Hdb Strafrecht IX/Swoboda § 68 Rn. 20; Diemer/Schatz/Sonnen/Schatz § 55 Rn. 6; BeckOK JGG/Putzke Rn. 31.2; Streng JugendStrafR Rn. 13; Beulke GA 1999, 143 (145); Grunewald NStZ 2002, 452 (456); Fahl FS Schreiber, 2003, 68 ff.; Fahl NStZ 2009, 613 (615)). Misst man dem Erziehungsgedanken (Abs. 1 S. 2) allerdings die Bedeutung einer **eingriffsbegrenzenden** und von Strafe weglenkenden Grundorientierung zu (→ Rn. 14), spricht dies indes für die hiesige Position, wenn nicht sogar für eine prinzipielle Besserstellung junger Menschen im StR (s. Münder/Meysen/Trenczek/Trenczek SGB VIII § 52 Rn. 8 f.; Hoffmann-Holland FS Eisenberg, 2009, 80; zur Heranziehung von Art. 3 Abs. 1 GG Burscheidt Verbot S. 31 ff.; Heiland Wiederaufnahme S. 106 f.; Hartman-Hilter Verteidigung S. 14; Altermann Vorverurteilung S. 201 f.).

Jedenfalls kann auch die Kritik nicht hinter eine **Minimalfassung** des 25
Schlechterstellungsverbotes zurückfallen, wonach **Art. 3 Abs. 1 GG** eine (gemessen am allg. StR und StVR) benachteiligende Regelung im JStR einer konkreten sachlichen Rechtfertigung bedarf (vgl. dazu ausdrücklich BVerfG NStZ 1988, 34; ähnlich MüKoStPO/Höffler/Kaspar Einl. Rn. 39: nur bei „sachlich einleuchtenden Gründen" zulässig). In diesem Zusammenhang überzeugt das Argument der aA, dass der Erziehungsgedanke eine spezialpräventiv indizierte Schlechterstellung im JGG gerade erforderlich machen könne, bei näherem Hinsehen keineswegs. Da eine benachteiligende Vorgehensweise von den Betroffenen als ungerecht erlebt werden dürfte, ist es nämlich schwer vorstellbar, dass und wie eine solche Praxis erzieherisch förderlich sein kann (Mitsch JR 2017, 8 (15)). Vielmehr wird umgekehrt das Schlechterstellungsverbot von der sog. Procedural Justice-Forschung ersichtlich gestützt, weil ihr zufolge die Urteilsakzeptanz und die anschließende Legalbewährung (auch) junger Angeklagter ua davon abhängt, dass diese sich **fair** (dh also auch nicht schlechter als andere) **behandelt** fühlen (näher dazu → § 5 Rn. 71 sowie der Forschungsüberblick bei Kölbel FS Schild, 2018, 57). In die gleiche Richtung weist der von Sherman (JRCD 1993, 445

(459 ff.)) begründete Ansatz, wonach als unfair und unangemessen erlebte strafrechtliche Prozeduren und Sanktionen vielfach Ärger- und Trotzreaktionen hervorrufen, was eine Deliktsverstärkung bewirkt.

IV. Materiell-rechtliche Konsequenzen der jugendgemäßen Auslegung

1. Einheitliche Geltung von Strafnormen

26 Das JStR enthält keine Sonderregelungen bzgl. der Strafbarkeitsvoraussetzungen (s. aber § 3). Dies ist verständlich, weil Jugendlichen bzw. Heranwachsenden der Schutz der tatbestandlichen **Garantiefunktion** nicht entzogen werden darf. Auch dient das JStR der Einübung von konformem Verhalten in einer gemeinsamen Legalordnung (→ Rn. 2). Allerdings bestehen gegenüber der einheitlichen Geltung von Strafnormen insoweit **Bedenken,** als bestimmte Tatbestände (insb. solche mit hoher sozialer Sichtbarkeit) den Status, den Entwicklungsstand und die Verhaltensmuster von Jugendlichen und Heranwachsenden mehr berühren, als es bei Erwachsenen der Fall ist (zB Eigenkonsum von Cannabis). Die Wahrscheinlichkeit für junge Menschen, einen bestimmten Straftatbestand zu verletzen, steigt, wenn bzw. weil die altersgruppentypischen Alltagspraktiken und Lebensstile eine größere Nähe zu den Regelungsbereichen dieser Strafnormen begründen (Eisenberg/Kölbel Kriminologie § 21 Rn. 35 f.; dazu am Bsp. „gemeinschaftlicher Begehung" auch Eisenberg ZJJ 2018, 33 (35)). Bisweilen wohnt den Straftatbeständen sogar eine **Kriminalisierung normaler** und oft unproblematischer alterstypischer Verhaltensformen inne (dazu am Bsp. früher einvernehmlicher Sexualkontakte zwischen Kindern unter und über der sog. Schutzaltersgrenze von 14 Jahren die Daten bei Franzke, Der „einvernehmliche Missbrauch" von Kindern durch Jugendliche und Heranwachsende, 2021, S. 199 ff.). Durch eine besondere Entdeckungsselektivität wird all dies nicht kompensiert. Vielmehr hängen Anzeigerisiken und Verfolgungsintensitäten von unterschiedlichsten außerrechtlichen Begleitumständen ab (Privat- und institutionelle Interessen, Stereotypen, moralische, ökonomische und selbst ästhetische Aspekte), die insgesamt zu keiner korrigierend-vermindertem Verfolgungsdichte dieser jugendtypischen Delinquenz führen (vgl. zusf. etwa Eisenberg/Kölbel Kriminologie § 24 Rn. 14 ff., 30 ff., § 25 Rn. 59 ff.; § 28 Rn. 29 ff.).

27 Bisweilen haben derartige und ähnliche Erwägungen zu Reformvorschlägen geführt, die auf (altersgruppenbezogene) **Strafrechtsanpassungen** hinauslaufen (vgl. etwa zur materiellen Entkriminalisierung im „Bagatell- und Ubiquitätsbereich" abwägend BMJ/Viehmann 1992, S. 455 f.; zur Frage einer Strafbarkeitseinschränkung wegen „jugend- bzw. sozialtypischen" Verhaltens sowie bei Geringfügigkeit von Gefährdung oder Schaden s. BMJ/Ostendorf 1992, S. 199 ff.; UK I DVJJ-Journal 1992, 10 f., 12 f.; zum Verzicht auf Mord(-merkmale) im JStR s. Zeltwanger, Die Motive bei Tötungsdelikten Jugendlicher und Heranwachsender, 1989, S. 258 f.; ähnlich Mitsch NStZ 2019, 681 (682); zur Herausnahme gesetzlicher Qualifikationsmerkmale im JStR und „nicht passender" bzw. „nicht notwendiger" Tatbestände aus dem Deliktskatalog s. Ostendorf BJM 1989, 335 f.; UK I DVJJ-Journal 1992, 12). Derartige Vorstöße sind, auch mit Blick auf die Klarheit und

Konsequenz der Gesetzesgeltung (zu diesen Prinzipien aus polizeilicher Sicht Dietsch/Gloss, Handbuch der polizeilichen Jugendarbeit, 2005, Rn. 109 ff.) auf Einwände gestoßen (vgl. etwa Walter/Kubink GA 1995, 51 (53); DVJJ/Robra 1993, S. 62 f.; Laubenthal JZ 2002, 807 (813)). Dass es bislang keine Anzeichen einer gesetzgeberischen Berücksichtigung gibt (Mitsch JR 2017, 8 (11)), hat indes andere Gründe: Die Frage, ob jugendspezifische Bedingungen eine andere strafrechtliche Bewertung tatbestandlicher Ereignisse als bei Erwachsenen nahelegen, wird in den **legislatorischen Diskursen** nämlich gar **nicht,** dh nicht einmal in Ansätzen **reflektiert** (dazu nach Auswertung von Strafgesetzgebungsprozessen der letzten Jahrzehnte Kölbel ZJJ 2021, 40 (41 f.)).

2. Beispiele der an Abs. 1 orientierten Auslegung

a) Subsumtions- und Auslegungsgrundsatz. Grds. muss die rechtliche **Subsumtion** eines Sachverhalts unter einen Straftatbestand auch nach hier vertr. Ansicht nach den allgemeinen Prinzipien erfolgen. Die Rechtsordnung kann Unrecht nur einheitlich bewerten, schon um eine unberechenbare Anwendung der Straftatbestände zu vermeiden. Vielfach will man aber bei bestimmten wertausfüllungsbedürftigen Begriffen gewisse Bewertungsunterschiede zulassen (vgl. Dallinger/Lackner § 2 Rn. 5), etwa wenn subjektive Umstände bei einem Jugendlichen anders zu beurteilen seien als bei einem Erwachsenen (Walter/Kubink GA 1995, 51 (53): zB betr. „rücksichtslos" in § 315c Abs. 1 Nr. 2 StGB, soweit nicht Gleichgültigkeit, sondern Spiel, Mutprobe oder Abenteuer das Verhalten prägen). Richtigerweise muss jedoch generell das Vorliegen auch anderer **Strafbarkeitsmerkmale** stets daraufhin überprüft werden, ob sich unter Gesichtspunkten der Jugendtypik ggf. Abweichungen von der sonstigen Handhabung bei Erwachsenen ergeben (ebenso bspw. NK-JGG/Ostendorf § 1 Rn. 10; HK-JGG/Rössner/Bannenberg Rn. 32; Diemer/Schatz/Sonnen/Sonnen Rn. 8 ff.; H.-J. Albrecht, Gutachten Deutscher Juristentag, 2002, D 109; Nöding Verteidigung Rn. 51; Kotz/Rahlf BtMStrafR/Schimmel Kap. 9 Rn. 22; Huhle, Die Sanktionierung von jungen Menschen im Ordnungswidrigkeitenrecht, 2017, S. 164 ff.; Bausch, Die Berücksichtigung der individuellen Entwicklung bei der Auslegung strafrechtlicher Normen am Beispiel des dolus eventualis, 2020, S. 206 ff., 215 ff.; Zierer Grundsatz S. 93 ff., 154 ff.; sowie schon Elster/Lingemann/Sieverts KrimHdWB/Peters S. 455 ff.; Laubenthal JZ 2002, 807 (813)). Dabei handelt es sich um eine Spielart der **an Spezialprävention orientierten Interpretation** allg. Vorschriften (→ Rn. 20 ff.). Diese äußert sich hier darin, dass den Besonderheiten der Normadressaten und den „qualitativen Unterschieden" äußerlich identischen Verhaltens (Albrecht JugendStrafR S. 93 f.) bei der Frage nach dem Vorliegen eines Sanktionsanlasses (bzw. einer Verfehlung) in verschiedenartig Weise Rechnung getragen wird: entweder indem man bestimmte Tatbestandsmerkmale bei Jugendlichen und Heranwachsenden in **spezifischer** und einschr. Weise **auslegt** (→ Rn. 30 ff., 37) oder indem man bei der **Fallzuordnung altersgruppen-sensibel** verfährt und zu einer zurückhaltenden Subsumtion gelangt (→ Rn. 29). 28

Quantitativ die größere Bedeutung hat die zweite Spielart der jugendspezifischen Strafrechtshandhabung. In der erstgenannten Variante sind die Modi und Folgen der altersgruppengerechten Auslegung jeweils tatbestands- 29 spezifisch geprägt. Neben den Konstellationen, die in (→ Rn. 35 ff., 38) erörtert werden, bietet hierfür § 249 StGB beim Bedrohen und „Abziehen" von Sachen ein Bsp. (dazu Wronn DVJJ-Journal 1993, 183; Rentzel-Rothe DVJJ-Journal 2000, 191; Eisenberg DRiZ 2006, 120 (120 f.); Altermann FS Eisenberg, 2009, 244; abw. AG Bremerhafen DVJJ-Journal 2000, 190). Ähnlich verhält es sich bei der Auslegung von § 184c Abs. 4 StGB und dem Tausch erotischer Bilder unter Jugendlichen (n. Franzke ZJJ 2020, 273; DVJJ/Franzke 2022, S. 205), bei der Beleidigung durch „Liken" und „Teilen" von in sozialen Netzwerken (näher Salemi/Zoller jM 2022, 428 (432 f.)) und anderen Tatbeständen (vgl. AG Saalfeld NStZ-RR 2004, 264: großmäulige Todesdrohung auf Pausenhof ohne ernstlichen Charakter iSv § 241 StGB; s. weiter BGH NStZ-RR 2013, 291; BGH StV 2017, 40 = BeckRS 2016, 7025; LG Limburg BeckRS 2015, 7831: mildernde Berücksichtigung des geringen Altersabstands zwischen den Beteiligten eines sexuellen Missbrauchs). Die Diskussion hierzu ist alles andere als abgeschlossen.

30 **b) Subjektive Merkmale und Altersspezifik.** Der vorgenannte Grundsatz macht sich ganz besonders bei den **subjektiven Strafbarkeitsmerkmalen** bemerkbar (vgl. etwa Lüderssen FS Schreiber, 2003, 294; Eisenberg StV 2022, 686 (691 f.)). So muss die Frage, welche Folgen (fahrlässigkeitsbegründend) **subjektiv vorhersehbar** sind, bei Jugendlichen und Heranwachsenden unter Berücksichtigung ihres Erfahrungshintergrundes und Entwicklungsstandes beurteilt werden (daran gemessen verkürzt BGH ZJJ 2021, 149 = BeckRS 2021, 2810 mablAnm Eisenberg ZJJ 2021, 150 (152); für die strafrechtliche Unbeachtlichkeit unbewusster Fahrlässigkeit bei Jugendlichen Märker, Vorsatz und Fahrlässigkeit bei jugendlichen Straftätern, 1995, S. 28). Wegen der Besonderheiten der Weltsichten und Vorstellungsbilder, der situativen Perspektiven und spezifischen Intentionen junger Menschen können ihnen auch Vorsatz und spezifische Absichten nicht in der gleichen Weise zugeschrieben werden wie Erwachsenen. Bspw. ist eine altersgerechte Handhabung des **Eventualvorsatzes** letztlich nur durch angehobene Anforderungen ua an die Bejahung des Wissenselements bzw. des Risikoerkennens erreichbar (Stefanopoulou HRRS 2021, 301 (304 f.)). Ohne dass dies als Ausdruck eines systematischen jugendspezifischen Auslegungsprinzips ausgeflaggt würde, wird dieses Prinzip in der Judikatur in manchen Entscheidungen durchaus anerkannt (vgl. etwa bei § 316 StGB BGH NStZ 2013, 231 (232) kein Vorsatz „aufgrund jugendlicher Selbstüberschätzung"; bei § 95 Abs. 1 Nr. 3 AufenthG BGH NJW 2018, 3658 (3659): „das jugendliche (…) Alter und die Unreife des Haupttäters können gegen eine Vorsatztat sprechen"). Besonders im Bereich der **Tötungsdelikte** liegt eine umfangreiche (allerdings nicht widerspruchsfreie) Kasuistik vor, in der der Tatvorsatz unter Bezug auf altersspezifische Bedingungen problematisiert wird.

31 Generell gilt eine lebensgefährliche Handlungsweise in der Rspr. des BGH als zentraler Indikator eines Tötungsvorsatzes. Da dies jedoch weder „einer unzulässigen Beweisregel" nahekommen, noch auf „eine vom Einzelfall gelöste Festlegung des Beweiswerts und der Beweisrichtung" eines typischen Situationselements hinauslaufen darf (BGH NStZ-RR 2013, 89 (90)), ist stets nach entkräftenden Gegenindizien zu fragen. Auch im JGG-Bereich bedarf es der „Erörterung vorsatzkritischer Umstände" (BGH NStZ-RR

2019, 137 (138)). „Selbst die offen zu Tage tretende Lebensgefährlichkeit zugefügter Verletzungen bedeutet zwar ein gewichtiges Indiz für einen (bedingten) Tötungsvorsatz, stellt aber keinen zwingenden Beweisgrund dar" (BGH NStZ 2013, 538 (540)). Gefordert wird daher eine fallbezogene, vollständige und widerspruchsfreie Würdigung aller sich anbietenden Anhaltspunkte (BGH NStZ 2019, 468 (469); vgl. für das allg. StR die Rspr.-Analysen bei MüKoStGB/Schneider StGB § 212 Rn. 18 ff.; Steinberg/Stam NStZ 2011, 177; s. auch MüKoStGB/Laue Rn. 25). Wollte man dabei daraus, dass das Bewusstsein um die Gefährlichkeit bestimmter Handlungsformen unter Jugendlichen situationsgelöst durchaus gegeben sein mag, auf den Vorsatz einer individuellen Person bei Vornahme entspr. Tathandlungen schließen (so Heinke NStZ 2010, 119 auf der Grundlage einer methodisch höchst anfechtbaren Befragung zum sog. Tottreten), würde man der notwendigen fallkonkreten Gesamtwürdigung deshalb schwerlich gerecht (n. Eisenberg NStZ 2010, 125; Eisenberg ZKJ 2012, 54 (57 f.)). Es kommt vielmehr stets auf die **Erfahrungshintergründe** und **Situationssichten** der jeweils Handelnden an (vgl. näher Lempp, Jugendliche Mörder, 1977, S. 175).

Die **Rspr.** stellt daher zutr. auf die konkreten Bedingungen ab, die sich 32
aus – auch **altersspezifischen** – situativen und personalen Gegebenheiten ergeben, wenn es um die Verneinung insb. des voluntativen Vorsatzelements geht (vgl. etwa BGH BeckRS 2000, 30143443: Tötung ungeeignet, um anwesenden Freunden zu „imponieren"; BGH NStZ 2003, 369 (370): wollte nur „nicht als Feigling dastehen"; BGH NStZ 1983, 365: wollte nur gefährliches „Spiel"; BGH BeckRS 1999, 30071125: der „noch unreife Angeklagte" wollte das Opfer allein „in die Schranken weisen"; BGH StV 2004, 74 = BeckRS 2003, 1203; BGH BeckRS 2005, 1760; NStZ 2012, 384; 2013, 538 (539); NStZ-RR 2013, 242 (243 f.); NStZ 2014, 35; 2016, 668; 2019, 725 (726): objektiv gefährliche Handlung wird „spontan" bzw. „ohne einsichtigen Grund" bzw. in provokationsbedingter „Erregung" ausgeführt; BGH NStZ 2020, 290 (291): Handeln, „um sich selbst zu beweisen", wobei bei „gruppendynamisch geprägten Gewalthandlungen" von „gedankenloser Verletzungsabsicht" abzugrenzen ist). Auch vorsatzbejahende Entscheidungen gehen auf jugendtypische Aspekte ein (vgl. etwa bzgl. einer Auseinandersetzung zwischen zwei Jugendcliquen BGH ZJJ 2010, 326 (327 f.) = BeckRS 2010, 15452: „auch unter Berücksichtigung des Alters sowie des Bildungs- und Kenntnisstands der Angeklagten drängte sich die Lebensgefährlichkeit (…) auf"; ansatzweise ferner BGH NStZ 2018, 460 (462): „Unterschätzung von Gefahren und zur Überschätzung der eigenen Fähigkeiten" bei selbst- und drittgefährdendem Verhalten). Es liegen allerdings auch zahlreiche Judikate vor, die den Vorsatz für möglich halten und die Altersproblematik dabei nicht eigens berücksichtigen besonders deutlich etwa BGH NStZ 2022, 753 (754); 2023, 160; BeckRS 2019, 32558; 2024, 2064; s. auch die Zusammenstellung in → 20. Aufl. § 1 Rn. 24e; erg. ferner Bausch, Die Berücksichtigung der individuellen Entwicklung bei der Auslegung strafrechtlicher Normen am Beispiel des dolus eventualis, 2020, S. 201 ff.).

Die Pflicht zur Prüfung und Würdigung jugendspezifischer Intentionen 33
bezieht sich ferner auf **mordqualifizierende subjektive Merkmale** (dazu Zierer Grundsatz S. 136 ff., ferner fallbezogen Eisenberg HRRS 2012, 23; Eisenberg JA 2013, 34 ff.), wobei für die Ermittlung des Tatmotivs die

Aussage des jugendlichen bzw. heranwachsenden Beschuldigten oftmals ungeeignet oder gar hinderlich ist (s. dazu Lempp, Jugendliche Mörder, 1977, S. 164 sowie die Fallstudie bei Eisenberg/Schmitz NStZ 2008, 95 (96)). Gelegentlich klingen altersorientierte Aspekte in einzelnen Entscheidungen durchaus an (zur möglichen Verneinung von Habgier und Ermöglichungsabsicht wegen „mitbestimmenden Fluchtimpulses" BGH BeckRS 2016, 9879). Beispielsweise wurden niedrige Beweggründe verneint bei einem affektiv erregten und alkoholisierten Angeklagten in einem eifersuchtsmotivierten Kampf „Mann gegen Mann" (BGH BeckRS 2014, 18815) und bei einem „fest in seine Familie eingebundenen Angeklagten, der glaubte, sich zur Rettung der verletzten Familienehre einsetzen zu müssen" (BGH StV 1994, 182 = BeckRS 2009, 17620)). Allerdings sind auch Entscheidungen verbreitet, die sich einer offensichtlich angezeigten Problematisierung verweigern (etwa BGH NStZ 2019, 680 (681) mAnm Mitsch NStZ 2019, 681: Mordlust bei 15-Jährigen bejaht, der aus Spannungssuche nach Identifizierung mit Comic-Figur gehandelt hatte; ferner bspw. LG München BeckRS 2012, 587: Bejahung niedriger Beweggründe bei „Rache", und zwar trotz tatsituativer Gruppendynamik und opferseitiger Eskalationsanteile (nicht beanstandet von BGH BeckRS 2011, 23618); BGH NStZ 2021, 734: Unerheblichkeit eines gruppeneigenen Ehrenkodex; BGH 2024, 480: Unerheblichkeit des Motivs, einer jungen Frau mit erbeuteten Kfz imponieren zu wollen).

34 Prinzipiell ist auch bei anderen subjektiven Kategorien des allg. StR zu berücksichtigen, dass das Vorgehen und die Situationswahrnehmung von Jugendlichen und Heranwachsenden durch alterstypische Perspektiven und lebensweltliche Verständnisse geprägt sind. Das kann Ereignisbewertungen erforderlich machen, die anders als bei erwachsenen Akteuren ausfallen. Anknüpfungspunkte hierfür stellen bspw. das für **Mittäterschaft** erforderliche Tatinteresse und Tatherrschaftsbewusstsein dar. Bei der Beihilfe betrifft dies die Berücksichtigung vorsatzkritischer Gesichtspunkte bei der Würdigung des Gehilfenvorsatzes (BGH BeckRS 2021, 7954). Entwicklungsspezifische Intentionen sind – entgegen der Rspr. (für eine Zusammenstellung → 20. Aufl. § 1 Rn. 24h) – uU auch iRd **Rücktritt**sprüfung zu berücksichtigen, namentlich bei der Fallzuordnung zu den Kategorien des beendeten, unbeendeten oder fehlgeschlagenen Versuchs sowie bei der Frage der Freiwilligkeit (vgl. Eisenberg ZKJ 2020, 300 (300)). Ähnlich verhält es sich hinsichtlich des Vorsatzes zur Erforderlichkeit einer Hilfeleistung bei § 323c StGB (indifferent aber BGH NStZ 2021, 236) oder zur sog. Garantenstellung bei unechten Unterlassensdelikten (dazu für eine Situation gemeinsamen „Kiffens" BGH StV 2020, 373 = BeckRS 2019, 34879).

35 **c) Strafbarkeitsmerkmale mit Gruppenbezug.** Jugenddelikte werden außerordentlich häufig **in der Gruppe,** dh von mindestens zwei Personen gemeinschaftlich, oder aus einer Gruppe heraus, dh unter dem Einfluss wechselseitiger Beeinflussung, begangen (vgl. Kriminologie § 58 Rn. 6 ff.; s. auch Einl. Rn. 2 jeweils mwN). In dieser Hinsicht bestehen erhebliche Unterschiede zur allg. Kriminalität. Dies wirft also öfter als bei Erwachsenen die Frage auf, ob die strafrechtliche Zuweisung der **persönlichen Tatverantwortung** angemessen ist oder ob dies nicht eher die Bindung individuellen Verhaltens an heterogene Gruppen- oder Organisationsnormen übergeht (vgl. bspw. BGH NStZ 2008, 644 (645): „im Zusammenhang mit dem

gruppendynamischen Hintergrund"; zur Problematik auch Eisenberg/Kölbel Kriminologie § 58 Rn. 6 ff.; s. ferner Schumacher StV 1993, 540; Hoffmann StV 2001, 196; näher Zierer Grundsatz S. 104 ff.). Unabhängig davon steht der deliktische Gruppenbezug in einem Spannungsverhältnis mit den Festlegungen des allg. StR, wonach kollektive (und daher auch als gefährlicher geltende) Formen der Tatbegehung als Deliktsqualifikationen eingestuft werden. Eine solche unrechtssteigernde Berücksichtigung ist bei jungen Menschen aber vielfach nicht berechtigt, da die gruppenförmige Vorgehensweise bei ihnen (stärker als bei Erwachsenen) einen typischen bzw. normalen Fall der Deliktsverwirklichung darstellt und keinen Modus mit angehobenem Gewicht. Daher ist eine dies berücksichtigende Auslegung jener Tatbestände angezeigt, die (wie §§ 224 Abs. 1 Nr. 4, 113 Abs. 2 S. 2 Nr. 3 StGB) eine **gemeinschaftliche Begehung** unter Strafe stellen (s. Eisenberg ZJJ 2018, 33 (35)).

Ebenso verhält es sich bei den Qualifikationstatbeständen, die an das Vorhandensein einer Bande und die Verwirklichung eines für Jugenddelinquenz charakteristischen Grunddeliktes anknüpfen. So ist aus den erwähnten Gründen die Anwendbarkeit von § 244a StGB auf eine Deliktsgemeinschaft Jugendlicher („Jugendbande") idR höchst zweifelhaft (dazu eingehend Möller StraFo 2009, 92; Lehmann-Björnekärr, Der Gruppenbezug jugendlicher Delinquenz, 2014, S. 102 ff., 210 ff.). Die höchstrichterliche Rspr. akzeptiert dahingehende Einschränkungen allerdings nicht (vgl. BGH NStZ 1998, 197 (Ls.); NStZ-RR 2000, 344; NStZ 2006, 574; 2008, 625; ebenso zu § 250 Abs. 1 Nr. 2 StGB gar betr. 14- bis 18-Jährige AG Bonn ZJJ 2016, 77 mkritAnm Eisenberg ZJJ 2016, 80; zu § 30 Abs. 1 Nr. 1 BtMG bei 15-Jährigem BGH BeckRS 2008, 21117). Bei solchen Einordnungen handelt es sich um eine qualitative Verzeichnung von außerordentlicher Deutlichkeit, ohne dass dem durch ein Einschwenken auf einen minderschweren Fall (§ 244a Abs. 2 StGB) substantiell abgeholfen werden könnte (kritisch auch NK-StGB/Kindhäuser StGB § 244a Rn. 2). – Besondere Probleme können sich bei (körperlichen) Auseinandersetzungen innerhalb einer Gleichaltrigengruppe ergeben, insofern hier auch die Fähigkeit, mit rechtfertigender Wirkung **einzuwilligen,** problematisch sein kann und nicht nur mit Blick auf die individuelle Reifeentwicklung (so BGH NStZ 2021, 494 (497)), sondern auch den situativen Kontext zu beurteilen ist. 36

d) Besonderheiten in Fragen der Schuldfähigkeit. Mit Blick auf die im Kern dem **allg. StR entsprechende Schuldfähigkeitsprüfung** ist stets zu prüfen, ob zB der Einfluss von Alkohol oder Drogen anders beurteilt werden muss als bei Erwachsenen. Anlass dafür geben die biologische Entwicklung von Jugendlichen und Heranwachsenden, ihr Reifegrad und ihre meist geringere Konsumgewöhnung (zur gebotenen Heranziehung eines Sachverständigen BGH StV 1993, 168 = BeckRS 1992, 1542; BGH NStZ 2008, 644). Nach der Rspr. ist anerkannt, dass bei Jugendlichen und Heranwachsenden (ungeachtet eines ggf. noch intakten Leistungsverhaltens) schon BAK-Werte unter 3 ‰ zu Schuldunfähigkeit (vgl. etwa BGH BeckRS 2012, 23336; OLG Düsseldorf NStZ-RR 1998, 86) bzw. solche unter 2 ‰ zu einer erheblichen Minderung der Schuldfähigkeit führen können (BGH NStZ-RR 1997, 65; 2012, 137 (betr. 2,2 ‰); s. dazu auch MüKoStGB/Laue Rn. 25 sowie mwN → § 18 Rn. 26). 37

38 **e) Aufklärungshilfe.** Die entspr. Anwendung von **§ 46b StGB** und **§ 31 BtMG** im JStV ist problematisch. Die Rspr. tendiert dazu, die Frage (ohne Erörterung der Vereinbarkeit mit Abs. 1) zu bejahen (vgl. nur BGH NStZ-RR 2017, 28 (Ls.) = BeckRS 2016, 16023; BGH NStZ 2021, 372; ebenso Christoph, Der Kronzeuge im Strafgesetzbuch, 2019, S. 124 ff.; anders bei § 31 BtMG aber AG Saalfeld StV 2007, 16). Dafür spricht die anderenfalls drohende Schlechterstellung gegenüber Erwachsenen (ebenso Hüneke ZJJ 2009, 335 (336)). Andererseits wird die Sanktionsfestlegung im JGG eigenständig geregelt (§§ 5, 18). Es kann ferner bezweifelt werden, dass sich das Sanktionszugeständnis für die „Illoyalität des Kronzeugen" mit dem Erziehungsauftrag deckt (sehr skeptisch auch Weber Schuldprinzip S. 136). Zudem handelt es sich bei den fraglichen Konstellationen idR auch um Sonderkonstellationen von Absprachen, die (insb. im JStV) ihrerseits fragwürdig sind (→ Rn. 47 ff.). Bei einer jugendgemäßen Auslegung spricht deshalb viel für die Nichtanwendbarkeit, wobei die Aufklärungshilfe aber iRd allg. Erwägungen zur Bemessung von Rechtsfolgen berücksichtigt werden kann und muss (zust. MüKoStGB/Maier StGB § 46b Rn. 17).

V. Prozessrechtliche Konsequenzen der jugendgemäßen Auslegung

1. Grundsatz

39 Der Vorrang des JGG gegenüber den allg. Vorschriften (Abs. 2) besteht nicht nur für ausdrückliche Bestimmungen, sondern auch für Grundsätze des JGG (ebenso zB Laubenthal/Baier/Nestler JugendStrafR Rn. 262), sofern das allg. StVR diesen widerspricht (Dallinger/Lackner Rn. 7) oder dessen Anwendung zu einem spezialpräventiv nicht funktionalen Ergebnis führen würde (Potrykus Anm. 2). Bei prozessrechtlichen Vorschriften, die mangels einer abw. Regelung im JGG prinzipiell anwendbar sind, ist daher stets zu prüfen, ob ihre übliche Handhabung (dh die im allg. StVR) auch den Besonderheiten der jugendstrafrechtlichen Adressaten und ihrer Ansprechbarkeit gerecht wird (Eisenberg NStZ 1999, 281). Abs. 2 iVm Abs. 1 macht dann ggf. eine **jugendgemäße Auslegung** (dh eine besondere und an spezialpräventiven Erfordernissen orientierte Interpretation) notwendig (n. → Rn. 20 ff.). Die Anwendung der im JGG geltenden Normen des allg. StVR muss also nicht nur von einer besonders strengen Verhältnismäßigkeitsprüfung abhängig gemacht werden (so aber (Thiel/Brüggemeier ZJJ 2023, 140 (142 ff.)), sondern bei Auslegungsfragen auch jugend- bzw. heranwachsenden-typische Umstände berücksichtigen (Zierer Grundsatz S. 181 ff.). Dadurch ist eine Verfahrensführung sicherzustellen, die die meist noch geringe Verhandlungskompetenz junger Beschuldigter in Rechnung stellt. Auch in jenen Fragen, in denen der Strafprozess durch allg. Vorschriften geregelt wird, muss eine einschüchterungsfreie und einfühlsame Prozedur gewährleistet sein. Art. 13 Abs. 2 RL 2016/800 verlangt ausdrücklich, dass Jugendliche „immer auf eine Art und Weise behandelt werden, die ihre Würde schützt und die ihrem Alter, ihrem Reifegrad und ihrem Verständnis entspricht und jegliche besonderen Bedürfnisse einschließlich etwaiger Kommunikationsschwierigkeiten, die sie möglicherweise haben, berücksichtigt".

2. Beispiele der an Abs. 1 orientierten Auslegung

a) Einzelne (Ermittlungs-)Maßnahmen. aa) Vorläufige Festnahme. 40
Auch ohne ausdrückliche gesetzliche Vorschrift ist idR eine altersangemessene Methode der **Festnahme** geboten, dh eine möglichst von Zwangsmitteln absehende Vorgehensweise (zur Belehrung § 70b). Die pflichtgemäße Vorführung vor Gericht soll im allg. StVR im Falle von § 128 Abs. 1 StPO (anders aber § 115 StPO) bei entspr. Ermittlungsbedarf (in den Grenzen der Vorführungsfrist) hinausgeschoben werden dürfen, um zwischenzeitlich noch weitere polizeiliche Vernehmungen durchführen zu können (dazu mwN auch zur aA etwa KK-StPO/Glaser StPO § 128 Rn. 5). Bei einer Festnahme Jugendlicher ist – mit Blick auf deren erhöhte Schutzbedürftigkeit (zur Unzuträglichkeit auch vorübergehender Freiheitsentziehungen → § 72 Rn. 11) – diese Möglichkeit jedoch stark begrenzt. „Unverzüglichkeit" der Vorführung ist hier als „schnellst möglich" zu verstehen; die im allg. StVR akzeptierten Ausnahmen setzen im JStV deshalb einen besonders gewichtigen Verzögerungsgrund (zB naheliegende Entlastungsmöglichkeit; notwendige Bestellung eines Pflichtverteidigers) voraus (ohne Problemerörterung abw. aber BGH ZJJ 2017, 185 = BeckRS 2017, 104457 mkritAnm Eisenberg ZJJ 2017, 186 (188)). – Im **Polizeigewahrsam** sind einschneidende Maßnahmen (zB Fixierung) bei Jugendlichen und Heranwachsenden unzulässig. Die Ausstattung der Hafträume (mindestens Matratzen) muss den Schutzpflichten ggü. Jugendlichen genügen (vgl. zum Ganzen etwa Bericht Europarat CPT//Inf (2017) 13, v. 1.6.2017). Besonderer Sorgfalt bedarf es bei Anhaltspunkten für eine fehlende oder eingeschränkte Gewahrsamstauglichkeit (zB Bewusstlosigkeit, Alkoholvergiftung, reaktiv-depressive Suizidgefahr – n. zu den hier bestehenden Mängeln und regionalen Unterschieden der diesbzgl. Prüfung Kleiber/Heide FS G. Fischer, 2010, 169 (betr. allg. StR)).

bb) Erfassung der Person. Bei einer Identitätsfeststellung gem. **§ 163b** 41
StPO iVm Abs. 2 zählt zu den allg. Voraussetzungen der Rechtmäßigkeit auch die Eröffnung des Tatverdachts (MüKoStPO/Kölbel/Neßeler StPO § 163b Rn. 20 mwN), wobei hier im JStV auf § 70b zu achten ist. Soll eine erkennungsdienstliche Behandlung (**§ 81b StPO** iVm Abs. 2) vorgenommen werden, haben die Erziehungsberechtigten ein Anwesenheitsrecht (n. → § 67 Rn. 24), sodass sie von der Polizei zu benachrichtigen sind. Bei einem vorliegenden Einverständnis entfällt die zwangsweise Vornahme der fraglichen Maßnahmen, wobei es dafür auf eine entspr. Erklärung sowohl des Jugendlichen wie auch der Erziehungsberechtigten – nach jeweiliger Aufklärung über Art und Tragweite der Maßnahme – ankommt (zum Ganzen OVG LSA BeckRS 2012, 59635, AG Bielefeld StraFo 2014, 208 = BeckRS 2014, 11787 mzustAnm Eisenberg StraFo 2014, 208; für den Fall widersprüchlicher Erklärungen s. → § 67 Rn. 11). Andernfalls besteht idR ein Verwertungsverbot. Die für eine erkennungsdienstliche Behandlung nach § 81b Abs. 1 Alt. 2 StPO erforderliche Wiederholungsgefahr kann bei Jugendlichen nicht in gleicher Weise wie bei Erwachsenen geprüft werden (OVG Berlin-Brandenburg BeckRS 2013, 59231; verkannt von VG Göttingen ZJJ 2010, 71 = BeckRS 2009, 41336 mkritAnm Bezjak/Sommerfeld ZJJ 2010, 72). Auf Basis einer jugendgemäßen Auslegung, die hier auch die maßnahmebedingten Wirkungen für die „weitere Entwicklung (…) zu berücksichtigen" hat, ist die

Frage der Erforderlichkeit besonders streng zu prüfen und bei moderater oder erstmaliger (und vermutlich passagerer) Auffälligkeit idR zu verneinen (VG München StraFo 2004, 53; VG Potsdam ZJJ 2022, 229 (231); zu den angehobenen Voraussetzungen auch für die neuerliche Vornahme der Maßnahme vgl. n. BeckOK StPO/Goers § 81b Rn. 12).

42 Stärker noch als bei § 81b StPO begründen Maßnahmen nach **§ 81g StPO** die Gefahr einer stigmatisierenden „Brandmarkung“, die die Integration in der weiteren Entwicklung (und damit auch die Legalbewährung der betroffenen Person) zu behindern geeignet ist (ausdrücklich anerkannt von BVerfG NJW 2008, 281; StV 2014, 578 = BeckRS 2013, 53073). Durch die sachliche und zeitliche Ausdehnung der befugniseröffnenden Sachverhalte in § 81g Abs. 1 S. 2 und Abs. 4 StPO wird die Problematik noch vertieft (krit. daher auch Duttge/Hörnle/Renzikowski NJW 2004, 1065 (1071 f.) betr. allg. StR; zu den zeitlichen Grenzen iSv § 81g Abs. 4 s. LG Aachen StV 2004, 9 = LSK 2004, 060254). Wenngleich die Vorschriften zur DNA-Analyse und -Identitätsfeststellung prinzipiell bei Jugendlichen und Heranwachsenden anwendbar sind, stehen diese Maßnahmen also in einem Widerspruch zu Abs. 1, weshalb ihre restriktive Handhabung und eine jugendgemäße Auslegung von § 81g StPO angezeigt ist (vgl. etwa die dementspr. strenge Prüfung der Deliktsprognose bei LG Rostock ZJJ 2024, 55 = BeckRS 2024, 20300).

43 Unter Berücksichtigung des Umstandes, dass bestimmte Delikte qualitativ bei Jugendlichen einen anderen Stellenwert und ein geringeres Gewicht als bei Erwachsenen haben (dazu iZm alterstypischen Verhaltensmustern auch → Rn. 26), sind an das Merkmal „Straftat von erheblicher Bedeutung“ besonders hohe Anforderungen anzulegen (woran es bspw. bei einer Einstellung nach §§ 45, 47 grundsätzlich fehlt (vgl. LG Hanau BeckRS 2015, 07828)). Angesichts des passageren Charakters von – durchaus auch schwerer und/oder gehäufter – Jugenddelinquenz (→ Einl. Rn. 5, 7) bestehen zudem gesteigerte (Begründungs-)Anforderungen hinsichtlich der eingriffseröffnenden **Negativprognose.** Aufzeigbar ist diese idR nur bei Personen mit einer atypisch stark ausgeprägten Belastungssituation (so in der Sache jeweils auch BVerfG NJW 2008, 281; StV 2014, 578 = BeckRS 2013, 53073; OLG Karlsruhe DVJJ-Journal 2002, 465 (466); LG Freiburg NStZ-RR 2001, 336; LG Berlin StraFo 2004, 320; vgl. auch LG Weiden StV 2005, 494; AG St. Wedel ZJJ 2010, 432; LG Darmstadt StV 2011, 402 = BeckRS 2011, 17716; Eisenberg FS Meyer-Goßner, 2001, 301 (301 f.); Höynck DVJJ-Journal 2000, 287 (290); bedenklich dagegen AG Hamburg StV 2001, 11). Diese Eingriffsvoraussetzungen dürfen nicht dadurch umgangen werden, dass man den Beschuldigten die Abgabe des entspr. Probenmaterials gleichsam informell abverlangt (Nöding Verteidigung Rn. 361: unzulässige Praxis). Im Übrigen können die Befugnisgrundlagen nur festgestellt werden, wenn ausreichende Kompetenzen zur Beurteilung individueller Entwicklungsumstände vorhanden sind. Daher bestimmt sich die Zuständigkeit zur Anordnung der fraglichen Maßnahmen in jugendgemäßer Auslegung richtigerweise nach den §§ 34, 107 JGG (ebenso LG Weiden StV 2005, 495; Meyer-Goßner/Schmitt/Schmitt StPO § 81g Rn. 15; Eisenberg FS Meyer-Goßner, 2001, 302; Bareis ZJJ 2006, 392 (395); abw. LG Berlin NStZ 2006, 525). Praktikabilitäts- und Effektivitätsinteressen, die der abw. Geschäftsverteilung bei sonstigen Zwangsmaßnahmen (krit. → § 34 Rn. 4 f.) zugrunde liegen dürften, sind hier von sekundärem Rang.

cc) Weitere Eingriffsformen. Im Falle einer **Durchsuchung** bei Jugendlichen und Heranwachsenden (§ 102 StPO iVm Abs. 2) sind die Schutz- und Kontrollvorschriften (§§ 105, 106 StPO) besonders sorgfältig zu berücksichtigen (AG Cottbus StraFo 2005, 198). – Sog. „Brechmitteleinsätze" schienen, wo sie praktiziert wurden, allerdings besonders auch gegenüber jüngeren Personen zum Einsatz gekommen zu sein (s. etwa Pollähne/Kemper KrimJ 2005, 200 (207): betr. Hmb. überwiegend gegenüber Nichterwachsenen; Bausch, Brechmitteleinsatz zur Exkorporation von Betäubungsmitteln – eine zulässige Maßnahme der Beweissicherung?, 2007, S. 46 betr. Bremen: überwiegend gegenüber Jugendlichen). Die Vomitivmittelvergabe ist (inzwischen) indes (generell) unzulässig (dazu im allg. StVR EGMR NJW 2006, 3117 mzustAnm Kemper/Pollähne ZJJ 2006, 438: Verletzung von Art. 3 und Art. 6 Abs. 1 EMRK). 44

b) Verhandlung. aa) §§ 177 ff. GVG. Hinsichtlich der sitzungspolizeilichen Gewalt sind die Maßgaben der §§ 177 ff. GVG nur mit Einschränkungen auf das Verfahren ggü. jugendlichen Angeklagten übertragbar. Dies betrifft insb. die Zielsetzung, „ungebührliches" Verhalten mit Ordnungsmitteln zu ahnden (§ 178 GVG), sofern dies auf eine (nicht näher definierte) Wahrung der Würde des Gerichts und die Beachtung traditioneller Förmlichkeiten abzielt (vgl. KK-StPO/Diemer GVG § 178 Rn. 1). Ein autoritär geprägtes Kommunikationsverständnis widerspricht jedenfalls dem Leitbild des JStV, das vielmehr den Anspruch verfolgt, einen Zugang zum Angeklagten und ggf. auch eine gewisse Verfahrensakzeptanz zu finden. Die jugendgemäße Auslegung der §§ 177 ff. GVG führt daher zu einer restriktiven Anwendung und tatbestandlichen Modifikationen. So unterliegt die Qualifizierung eines Verhaltens als „ungebührlich" erhöhten Anforderungen (vgl. schon betr. „Beatles-Frisur" KG JR 1966, 73). Das demonstrative Kauen eines Kaugummis oder ein situationsunangemessenes Grinsen genügen daher nicht (Nöding Verteidigung Rn. 131; zw. dagegen OLG Bamberg OLGSt GVG § 178 Nr. 11 = BeckRS 2014, 9441). Im Übrigen kann das diesbzgl. **Verschulden** nicht ohne weiteres bejaht werden. Da sich „Ungebühr" auch am Maßstab ungeschriebener, institutioneller Verhaltenserwartungen bemisst, ist die dahingehende Einsichtsfähigkeit mit Blick auf den Reifegrad oder die situative Verunsicherung des Angeklagten keineswegs selbstverständlich zu erwarten (nicht erörtert bzgl. „Unflätigkeit" durch OLG Hamburg StV 2015, 680 = BeckRS 2014, 22297 mAnm Rinio StV 2015, 681). – Mit den sachlichen Voraussetzungen korrespondierend sind auch die darauf bezogenen Protokollierungspflichten (§ 182 GVG) erhöht (vgl. schon zum allg. StVR OLG Nürnberg StraFo 2013, 213: „Dazwischenreden" genügt jedenfalls ohne Präzisierung von Art und Umfang nicht). 45

bb) Schutz vor Öffentlichkeit. Wie anhand von §§ 48, 6 Abs. 1 S. 2 ersichtlich ist, zählt zu einer spezialpräventiven Ausgestaltung des JStV nach der Konzeption des Gesetzes auch der Grundsatz der Nichtöffentlichkeit. Dem widerspricht es, wenn im Zuge einer öffentlichen Zustellung der Ladung (§ 40 StPO) ein Aushang an der Gerichtstafel vorgenommen (vgl. § 37 Abs. 1 StPO iVm §§ 185 ff. ZPO) und dabei auch der Name (ggf. auch der Tatvorwurf) genannt wird (OLG Stuttgart NStZ 1987, 443; Meyer-Goßner/Schmitt/Schmitt StPO § 40 Rn. 2; MüKoStPO/Valerius StPO § 40 Rn. 6; Diemer/Schatz/Sonnen/Sonnen Rn. 16). Daher ist ein solcher Modus der Ladung gegen zur Tatzeit (n. → § 48 Rn. 2) Jugendliche (auch 46 für die Berufungsverhandlung) unzulässig (abw. KG NStZ-RR 2006, 120 (121 f.) mkritAnm Eisenberg/Haeseler JR 2006, 301; LG Zweibrücken MDR 1991, 985; Nowak JR 2008, 234).

46a **cc) Veränderte rechtliche Gesichtspunkte.** Die jugendgemäße Auslegung gebietet es, in Fällen des § 265 Abs. 2 oder 3 StPO grds. nach § 265 Abs. 4 StPO zu verfahren und das Verfahren von Amts wegen auszusetzen. § 265 Abs. 3 gewährt dem bestreitenden Jugendlichen, wenn er keinen Verteidiger hat, wegen des Antragserfordernisses nur einen unzureichenden Schutz (vgl. Eisenberg NStZ 1999, 281 (284)).

47 **c) Absprachen im Strafverfahren. aa) Jugendgemäße Zulässigkeitsbedingungen.** Eine Anklageerledigungsform, bei der ein Austausch von beweisführungserleichternden Leistungen und sanktionsförmigen Zugeständnissen im Vordergrund steht, kann weder auf Sanktionen abzielen, die die Entwicklung des Beschuldigten iSv Abs. 1 S. 2 möglichst individuell angepasst fördern, noch kann sie ein Interesse an den spezialpräventiv relevanten Erhebungen (§ 43) im gebotenen Maße aufbringen. Das Abspracheverfahren verkörpert vielmehr die (allein an institutioneller Effizienz orientierte) Abkehr vom Programm der positiven Einwirkung (instruktiv hierfür, weil Entstehungszusammenhänge der Taten außen vor lassend, etwa das Verfahren von LG Berlin ZJJ 2012, 203 mAnm Eisenberg ZJJ 2012, 204). Prozessual kann – entgegen dem Gebot jugendgerechter Kommunikation (vgl. nur → § 50 Rn. 14 ff.) – der Verständigungsablauf kaum anders gestaltet sein als im allgemeinen StV (vgl. auch Pankiewicz, Absprachen im Jugendstrafrecht, 2008, S. 287 ff., 316 ff.). Ohnehin lassen die subtilen Zwangselemente und der nicht zu leugnende zynische Utilitarismus, die der sog. Verständigung innewohnen, es als schwer vorstellbar erscheinen, dass und wie ein solches Verfahren iSv Abs. 1 S. 2 „am Erziehungsgedanken" ausgerichtet sein soll (abw. Kudlich/Lang JR 2021, 593 (593)).

48 Da eine ggf. erreichbare Verfahrensbeschleunigung kein von der Ergebnis- und Prozessqualität unabhängiger Eigenwert ist (→ Einl. Rn. 42 f.), spricht für die Anerkennung der Absprache im JStV ganz allein der Aspekt, dass junge Angeklagte dieselben Chancen auf einen Sanktionsbonus wie Erwachsene haben sollten (→ 20. Aufl. Rn. 33d sowie zB Diemer/Schatz/Sonnen/Diemer § 5 Rn. 27; Meyer-Goßner StraFo 2003, 401 (404); Beier, Zulässigkeit und Modalitäten von Verständigungen im Jugendstrafrecht, 2014, S. 178 ff.; n. zum Schlechterstellungsverbot → Rn. 23 ff.). Doch da diese „Chance" auf der Preisgabe der Glaubwürdigkeit des Prozesses beruht, geht mit ihr notwendigerweise ein Verlust an Institutionen- und Rechtsvertrauen einher. Diese Begleitwirkung durch Zulassung der Absprache sehenden Auges zu akzeptieren, lässt sich mit der dezidiert spezialpräventiven Orientierung des JStR nicht vereinbaren. Aus diesem Grund sind im JStV keine „geeigneten Fälle" iSv § 257c Abs. 1 StPO denkbar (auch → § 105 Rn. 2, → § 27 Rn. 12) und Verfahrensabsprachen **unzulässig** (ebenfalls für Unzulässigkeit oder zumindest für sehr starke Einschränkungen SK-StPO/Velten StPO § 257c Rn. 9; Hdb Strafrecht IX/Swoboda Rn. 123; Pankiewicz, Absprachen im Jugendstrafrecht, 2008, S. 240 ff.; Fahl NStZ 2009, 613 (614 f.); Knauer ZJJ 2010, 15 (18); vgl. auch BT-Drs. 16/11736, 9: „Aspekte des Erziehungsgedankens in der Regel entgegenstehen werden").

48a Die „Erörterung der in Betracht kommenden Sanktionen mit dem Beschuldigten und das Hinwirken auf dessen Mitwirkungsbereitschaft" stellen allerdings keine Verständigung dar (BT-Drs. 16/11736, 8; vgl. auch Haasis, Die Verständigung im Jugendstrafverfahren, 2022, 80 ff.). Überhaupt wird hier lediglich die Absprache iS eines Handels (dh eines Synallagmas von jugendlichem Prozessverhalten und gerichtlicher Sanktion) abgelehnt – nicht aber die prozessüblich-**kooperative Annäherung** iS „einer grundlegenden Methodik der forensischen Sachverhaltskonstruktion" (Kuntze-Kaufhold MschKrim 2003, 390 (403); n. Starystach, Die soziale Praxis des Gerichtsverfahrens, 2018, S. 126 ff., 175 ff.). Deshalb kann und soll die Verteidigung auch nach der hiesigen Auffassung namentlich mit Blick auf eine **Einstellungsentscheidung** (§§ 45, 47) das Gespräch mit der JStA und dem JRichter führen und suchen (vgl. MüKoStPO/Jahn StPO § 160b Rn. 12). Dies gilt aber nur, solange es dabei nicht um eine mehr oder weniger gut bemäntelte Austauschbeziehung und ein Gegenleistungsverhältnis geht, sondern allein um die jeweiligen Optionen einer iSv Abs. 1 zielführenden Erledigungs- und Reaktionsform.

bb) Jugendgemäße Modalitäten. Die hier vertretene jugendspezifische Auslegung von § 257c StPO iVm Abs. 2 wird in der Literatur nicht durchgehend geteilt (dezidiert für die Zulässigkeit der Absprache im JStV etwa MüKoStPO/Jahn StPO § 257c Rn. 86; Nöding Verteidigung Rn. 418 ff.; s. ferner etwa NK-JGG/Ostendorf § 18 Rn. 16; MüKoStPO/Höffler/Kaspar Einl. Rn. 42 ff.; Haasis, Die Verständigung im Jugendstrafverfahren, 2022, S. 88 ff., 123 ff.; Nowak JR 2010, 248). Der BGH hatte zunächst Bedenken geäußert (BGH NJW 2001, 2642 mAnm Eisenberg NStZ 2001, 556), sich sodann offener gezeigt (BGHSt 52, 165 = NJW 2008, 1752 mAnm Eisenberg NStZ 2008, 698), um später wieder zu betonen, „dass Verfahrensabsprachen im Jugendstrafverfahren nur in besonderen Ausnahmefällen in Frage kommen" (BGH StV 2019, 437 (Ls.) = BeckRS 2018, 3836). 49

Soweit man in diesem Rahmen eine Absprache im JStV für zulässig hält und ein entspr. geeigneter Fall verhandelt wird, ist das Vorgehen indes mit einer Reihe von Problemen und Maßgaben verknüpft. Das gilt für die Transparenz- und Mitteilungspflichten gem. § 243 Abs. 4 StPO (BGH StV 2021, 3 = BeckRS 2020, 30631) und die zwingende Verteidigereinbindung (→ § 68 Rn. 26; ebenso bspw. Begr. BT-Drs. 16/11736, 9; MüKoStPO/Jahn StPO § 257c Rn. 87; Knauer ZJJ 2010, 15 (17)). Darüber hinaus stellt sich die Frage, ob bei einer Absprache die **spezifischen Beteiligungsregeln des JGG** suspendiert werden können. Während das bei den (elterlichen usw) Anwesenheitsrechten gem. § 67 naheliegt (weil diese von den Rechten des Jugendlichen abgeleitet sind), ist es bei der JGH weniger klar. Mit Blick auf deren Mitwirkungsrechte (→ § 38 Rn. 9 f., 57 f.) erscheint eine Einbeziehung in die Verständigung idR als angezeigt (Haasis, Die Verständigung im Jugendstrafverfahren, 2022, S. 170 f.; vgl. auch MüKoStPO/Jahn StPO § 160b/12: „beteiligungsfähig"). Zumindest muss die **JGH** bereits ihren Bericht erstattet haben, sodass dieser in der Verständigung berücksichtigt werden kann (Nöding Verteidigung Rn. 421). Anderenfalls wäre die JGH wegen der rechtlichen und psychischen Bindungswirkung eines bereits vereinbarten Absprachеergebnisses nur pro forma eingebunden (vgl. zudem zur Unerlässlichkeit der Untersuchung gem. **§ 43** n. Knauer ZJJ 2010, 15 (17); ähnlich Nowak JR 2010, 248 (251); Beier, Zulässigkeit und Modalitäten von Verständigungen im Jugendstrafrecht, 2014, S. 306). Ungeklärt ist, 49a ob die von § 257c Abs. 3 S. 4 geforderte Zustimmung auch durch die Eltern erteilt werden muss.

50 Die Zusage einer **Sanktionsobergrenze** kommt überhaupt nur in Betracht, wenn die Anwendungsvoraussetzungen der jeweiligen Sanktionsart (s. insbes. § 17) vorab bereits festgestellt wurden (dann die Zusage im JStV für zulässig haltend BGHSt 52, 165 = NJW 2008, 1752 mAnm Eisenberg NStZ 2008, 698; BGH StV 2005, 489 = BeckRS 2005, 8391; Noack StV 2002, 445 (448 f.); Nowak JR 2010, 248 (251 ff.)). Allerdings ist dann die Mitteilung einer (beim Nichtzustandekommen der Absprache erwartbaren) Alternativstrafe problematisch. Schon im allg. StR sind die Übergänge zu einer Sanktionsschere, mit der unzulässiger Druck ausgeübt wird, fließend (s. nur MüKoStPO/Jahn StPO § 257c Rn. 56, 131 ff.; vgl. zur Illustration der Problematik die Auskunft des Verteidigers im Verfahren bei BVerfG StraFo 2013, 160 (v. 18.4.2013): Verurteilung zu Dauerarrest nach vorheriger Ankündigung einer zBew ausgesetzten JStrafe von 1 Jahr und 3 Monaten). Im JStV kommt hinzu, dass das prozessuale Vorgehen erziehungsförderlich sein soll (Abs. 1 S. 2), was bei der (stets nötigungsnahen) Alternativstrafennennung kaum zu gewährleisten ist (diese folgerichtig für unzulässig haltend Beier, Zulässigkeit und Modalitäten von Verständigungen im Jugendstrafrecht, 2014, S. 267 f.; vgl. iÜ → § 105 Rn. 2 zur Unzulässigkeit einer auf § 105 Abs. 1 bezogenen Absprache).

50a Soweit eine Sanktionsobergrenze zugesagt worden ist, kann sich das Gericht hiervon iÜ kaum befreien. Die in § 257c Abs. 4 StPO abschließend geregelten Gründe für einen Wegfall der **Bindung** sind im JStV teilw. unanwendbar (vgl. auch Knauer ZJJ 2012, 260 (262); Beier, Zulässigkeit und Modalitäten von Verständigungen im Jugendstrafrecht, 2014, S. 290 ff.). Dies betrifft namentlich die für die jugendstrafrechtliche Sanktionsbemessung nachrangige (→ § 5 Rn. 3 ff.) Konstellation, in der „der in Aussicht gestellte Rahmen nicht mehr tat- oder schuldangemessen ist“. Das Gericht wird also allein dadurch frei, dass der Angeklagte seine Zusage bricht (§ 257c Abs. 4 S. 2 StPO), nachdem er vor der Verständigung (BGH StV 2022, 433 (Ls.) = BeckRS 2021, 40851) gem. § 257c Abs. 5 StPO belehrt worden ist.

51 **d) Rechtsstellung von Zeugen und (mutmaßlich) Verletzten. aa) Zeugenvernehmung.** Eine etwaige **Vereidigung** von Zeugen im JStV bestimmt sich nach § 59 Abs. 1 S. 1 StPO iVm Abs. 2. Handelt es sich beim Zeugen um ein Kind oder einen Jugendlichen (→ §§ 33–33b Rn. 36 ff.), besteht das Vereidigungsverbot nach § 60 Nr. 1 StPO. Die Zeugenvereidigung ist an die Bedingung ihrer Notwendigkeit geknüpft, sodass hierfür weniger Raum ist als für die – im richterlichen Ermessen stehende – Vereidigung von Sachverständigen (§ 79 Abs. 1 S. 1 StPO iVm Abs. 2). Für eine entspr. Ermessenswahrnehmung spricht hierbei iÜ, dass die Aussage des Sachverständigen faktisch mit institutioneller Machtausübung ggü. dem jugendlichen oder heranwachsenden Angeklagten einhergeht und durch die Vereidigungsmöglichkeit gewissermaßen eingegrenzt wird.

52 Prinzipiell haben Zeugen gem. § 68b Abs. 1 StPO iVm Abs. 2 auch im JStV das Recht auf **anwaltlichen Beistand** (wobei dieser nach Freund, Die Weisungsgebundenheit der Rechtsanwälte von Verletzten und Zeugen, 2014, S. 203 ff. wie ein Verteidiger weisungsgebunden ist). Für einen Ausschluss des Beistands (§ 68b Abs. 1 S. 3 StPO) besteht im JStV allerdings eher Anlass als im allg. StV, insb. bei einer vom Beistand ausgehenden

Beeinflussung (minderjähriger) Zeugen oder wenn die Anwesenheit den Beschuldigten als Erkenntnisquelle beeinträchtigt. Eine Beiordnung gem. § 68b Abs. 2 S. 1 StPO ist schon im allg. StVR „nur in außergewöhnlichen Situationen vorgesehen“ (MüKoStPO/Maier StPO § 68b Rn. 66; für ein nicht unproblematisches Bsp. vgl. OLG Stuttgart NJW 2001, 1589).

bb) Einschränkungen der Verletztenrechte. Das außerordentlich 53
breite Spektrum an **Aktiv- und Passivrechten** der mutmaßlich geschädigten Person (sog. „Opfer“-Rechte, s. dazu die Zusammenstellung bei BMJV/Kölbel 2017, S. 30 f.) soll nach einer verbreiteten Auffassung auch im JStV gelten – ausgenommen die an die Nebenklagebefugnis geknüpften Rechtspositionen, die nur bei einer entspr. Berechtigung anwendbar seien (s. etwa Diemer/Schatz/Sonnen/Schatz § 80 Rn. 32 f.; Schöch ZJJ 2012, 246 (251 ff.)). Solche Rechtspositionen kommen, bedenkt man die erhebliche, doppelrollenartige Überschneidung von „Täter“- und „Opfer“-Gruppen (DVJJ/Hartmann 2022, S. 524 ff.), durchaus auch den originären Zielgruppen des JStR zugute. Dennoch ist nicht zu übersehen, dass die meisten prozessualen „Verletzten“-Rechte auch für solche „Opfer“-Interessen nutzbar sind, deren Realisierung (wie bspw. bei Genugtuungs- und Vergeltungsbedürfnissen oder bestimmten materiellen Zielen) zu spezialpräventiv dysfunktionalen Verfahrensverläufen und -ergebnissen führt (BMJV/Kölbel 2017, S. 16 f.; aus der internationalen Literatur ebenso etwa Henning California Law Journal 2009, 1107). Durch den weiten Kreis an Personen, die **§ 373b StPO** zu Verletzten oder Gleichgestellten erklärt, wird diese Problematik zusätzlich verschärft (kennzeichnend BT-Drs. 19/27654, 102 ff.). Deshalb muss die **Verträglichkeit** dieser Rechtspositionen **mit Abs. 1** stets konkret überprüft und ggf. eine jugendorientierte Auslegung vorgenommen werden (ebenso SK-StPO/Velten/Greco/Werkmeister StPO Vor §§ 406d–406h Rn. 9; grundsätzlich auch Löwe/Rosenberg/Hilger StPO Vor § 406d Rn. 6; näher Zierer Grundsatz S. 213 ff.). Dies gilt sowohl bei der Nebenklage (Strafverteidigertag 2018/Kölbel, S., 338; → § 80 Rn. 13 ff.) und den von einer Nebenklagebefugnis abhängigen Rechten (→ § 80 Rn. 38 f.) als auch bei hiervon entkoppelten Rechtspositionen (bzgl. der Anwesenheitsrechte → § 48 Rn. 22 f.; erg. zur Problematik der Vernehmungsoptionen gem. § 247 S. 2, §§ 168e, 247a und §§ 58a, 255a StPO vgl. auch → §§ 33–33b Rn. 55 ff.).

So ist das JGericht bspw. nicht nur regelhaft gehalten, die nach § 406e 54
Abs. 1 und 3 iVm Abs. 2 StPO begehrte **Akteneinsicht** durch den (mutmaßlich) Verletzten bei dessen noch bevorstehender Zeugenbefragung (s. § 406e Abs. 2 S. 2 StPO) zu versagen (AG Saalfeld NStZ 2005, 656; dazu im allg. StR OLG Hamburg NStZ 2015, 105; MüKoStPO/Grau, 1. Aufl. 2019, StPO § 406e Rn. 14; Baumhöfener/Daber/Wenske NStZ 2017, 562; für Einzelfallprüfung bspw. OLG Karlsruhe BeckRS 2024, 6516; erg. zur Problematik Schroth NJW 2009, 2916 (2918 f.); Kölbel StV 2014, 698 (701 f.); Zöller FS Paeffgen, 2015, 719 ff. (732); → §§ 33–33b Rn. 65; aus den die Problematik relativierenden Stellungnahmen vgl. etwa Zapf, Opferschutz und Erziehungsgedanke im Jugendstrafverfahren, 2012, S. 71 ff.). Vielmehr hat es auch zu berücksichtigen, dass die Akten infolge der Ermittlungen, die dezidiert auf den jugendlichen Beschuldigten hin orientiert sind (§ 43), in besonderem Maße persönlichkeitsrechtlich relevante Informationen enthalten. Werden diese Daten dritten Personen zugänglich, handelt es

sich ggf. um einen tiefgreifenden Grundrechtseingriff (BVerfG NJW 2017, 1164) und meist um eine entwicklungsabträgliche, Abs. 1 widersprechende Situation. Um dies zu vermeiden, muss die Akteneinsicht idR nach § 406e Abs. 2 S. 1 StPO abgelehnt oder jedenfalls auf die nicht-personenbezogenen Aktenbestandteile beschränkt werden (zur Erforderlichkeit einer vorherigen Anhörung des Beschuldigten BVerfG BeckRS 2016, 55370; n. zur entspr. Problematik beim Nebenkläger → § 80 Rn. 34). Im Übrigen ist auch **§ 406d Abs. 2 StPO** allenfalls restriktiv anwendbar (vgl. DVJJ/Höynck 2008, S. 430: „unbelasteter Neuanfang“).

55 Die **psychosoziale Prozessbegleitung** läuft den Belangen von Abs. 1 S. 2 schon deshalb zuwider, weil sie die ohnehin kaum überwindbaren Kommunikationshürden in der HV zusätzlich erhöht (zu Einschüchterungseffekten, die von der Anwesenheit zusätzlicher Erwachsener ausgeht, vgl. auch Neuhaus StV 2017, 55 (61)). Auch blieb bei ihrer Einführung außer Acht, dass der beschuldigte oder angeklagte Jugendliche – unabhängig davon, ob der Tatvorwurf zutrifft – oft ebenso wie und ggf. sogar eher als der mutmaßlich „Verletzte“ einer psychosozialen Prozessbegleitung bedarf (BMJV/Kölbel 2017, S. 19; n. → § 50 Rn. 10 ff.; → § 70c Rn. 8). Dass eine solche Unterstützung nur das mutmaßliche „Opfer“, nicht aber der mutmaßliche „Täter“ erhält, dürfte von den Beschuldigten gerade bei Jugendstraftaten, die aus einem sozialen Kontakt- oder gar Beziehungsverhältnis oder aus uneindeutigen Geschehensabläufen heraus entstehen, schwerlich als gerecht empfunden werden und eher eine Abwehrhaltung provozieren (vgl. zudem → Rn. 25). Diese Ungleichbehandlung, die durch die JGH (infolge ihrer Doppelrolle) nicht kompensiert werden kann (s. auch → § 69 Rn. 4), erklärt sich mit einer legislatorischen Strategie, die dem mutmaßlich Geschädigten von vornherein einen Opfernimbus verleiht. Dies steht in einem offensichtlichen Spannungsverhältnis mit der Unschuldsvermutung (ebenso etwa Stremlau PraxRPsych 2016, 125 (130)) und der Ergebnisoffenheit, die einem Rechtsverfahren an sich innewohnen sollte – was sich als besonders misslich erweist, wenn der Opferstatus am Ende verneint oder relativiert werden muss. Unabhängig davon, dass die psychosoziale Prozessbegleitung an den JGerichten eher selten vorzukommen scheint (s. die Befraungsdaten bei Höynck ua Jugendgerichtsbarometer II S. 115), ist die jugendstrafrechtliche Anwendbarkeit von § 406g StPO vor diesem Hintergrund generell nicht zweifelsfrei (eingehend Eisenberg ZJJ 2016, 33; zust. BeckOK JGG/Putzke Rn. 34). Bestärkt wird dies durch erhebliche Bedenken, die mit Blick auf die Waffengleichheit im Prozess und eine begleitungsbedingte subtile Beeinflussung der Aussage des fraglichen Zeugen besteht (n. → §§ 33–33b Rn. 63 f.; zum Ganzen abw. und die Einwände relativierend zB NK-JGG/Sommerfeld § 80 Rn. 1 f.; Ilsener, Psychosoziale Prozessbegleitung im Strafverfahren, 2021, S. 91 f.; Ferber NJW 2016, 279 (281); DVJJ/Riekenbrauk 2019, S. 271 ff.; Riekenbrauk/Temme HRRS 2022, 74 (77 ff.)).

56 **e) Diverse andere Einzelregelungen. aa) § 187 Abs. 2 und 3 GVG.** Mit Blick auf die noch laufende Reifeentwicklung der Beschuldigten sind idR keine Einschränkungen des – belehrungspflichtigen (§ 163a Abs. 5 StPO) – Anspruchs auf eine **schriftliche Übersetzung** von freiheitsentziehenden Anordnungen sowie von Anklageschriften usw angängig (was etwa in den bspw. von Schacht RdJB 2016, 428 behandelten Verfahren gegen unbegleitete minderjährige Flüchtlinge relevant ist). Problematisch sind da-

her zunächst einmal die Anspruchsrelativierungen in § 187 Abs. 2 S. 2 und S. 4 sowie insb. S. 5 GVG, weil sich die Abwälzung der Übersetzungsleistung auf die Verteidigung nicht damit verträgt, dass es hier um eine besondere staatliche Fürsorgepflicht geht. Vor allem aber reicht es im JStV-Recht (anders als im allg. StVR) für einen wirksamen Verzicht auf eine schriftliche Übersetzung nicht aus, dass der Beschuldigte zuvor über sein diesbzgl. Recht und die Folgen eines Verzichts formal belehrt worden ist (dazu und zur Dokumentation von Belehrung und Verzicht s. § 187 Abs. 3 GVG). Vielmehr muss die Belehrung in der gem. § 70b Abs. 1 vorgeschriebenen Weise geschehen und es muss sichergestellt sein, dass der Beschuldigte die Bedeutung der Belehrung und die Tragweite des Verzichts verstanden hat.

bb) Revision und Verwertungsverbote. Auf der Basis einer jugend- 57
spezifischen Auslegung kommt ein Vorgehen des Revisionsgerichts nach § 354 Abs. 1a StPO im JStV nicht in Betracht (→ § 54 Rn. 44). Die Revisionsverwerfung nach **§ 349 Abs. 2 StPO** kann nur mit Einschränkungen vorgenommen werden (zur hier vertretenen Ansicht n. Eisenberg NK 2013, 229 (239, 244)). Dem Beschluss muss – die Befähigung des Berichterstatters und/oder des Vorsitzenden iSv § 37 vorausgesetzt – ua eine Einsichtnahme aller beteiligten Senatsmitglieder in die Aktenunterlagen vorausgegangen sein (offenlassend BGH NStZ-RR 2013, 214 zum allg. StR). Sofern der Antrag der StA unzutreffend oder unvollständig begründet ist, müssen dem Beschluss (unter Beachtung von § 54 Abs. 1 S. 2 und Abs. 2) zudem Erläuterungen angefügt werden. – Mit Blick auf die sog. **Abwägungslösung,** mit der die Rspr. das Eingreifen eines Beweisverwertungsverbots prüft, spricht viel für den Vorschlag von Mitsch (NStZ 2019, 681 (682)), das „Abwägungskriterium der ‚Schwere des Tatvorwurfs' durch die ‚Schwere des erzieherischen Mangels' zu ersetzen oder zumindest zu ergänzen".

cc) Einwendungen gegen die Vollstreckung. Das Verhältnis von 58
Rechtsmittelrecht (einschließlich der Wiederaufnahme des Verfahrens) und Vollstreckungsrecht zeigt, dass **§ 458 Abs. 1 Alt. 3 StPO** nicht auch solche Einwendungen einschließt, die sich gegen den Bestand oder die inhaltliche Richtigkeit der zu vollstreckenden Entscheidung richten (allgA). Ausnahmen bestehen aber bei als „unerträglich" empfundenen Verstößen gegen elementare strafrechtliche Grundsätze (insb. in Form von Eingriffen in die Freiheit der Person). Im Hinblick hierauf ist im allg. StR fraglich, ob ein entspr. Vollstreckungshindernis zB dort vorliegt, wo das Doppelbestrafungsverbot (Art. 103 Abs. 3 GG) verletzt wurde (bejahend Meyer-Goßner/Schmitt StPO § 458 Rn. 9 iVm § 359 Rn. 39; abw. KK-StPO/Appl StPO § 458 Rn. 13) oder ein Verstoß gegen das Rückwirkungsverbot (Abs. 2, § 2 Abs. 1 StGB, Art. 103 Abs. 2 GG, Art. 7 Abs. 1 EMRK) geschehen ist. Im JStR ist vor dem Hintergrund von Abs. 1 in derartigen Fällen zu berücksichtigen, dass letztlich nur eine glaubwürdige Strafverfolgung spezialpräventiv wirksam sein kann, sodass die jugendgemäße Auslegung für die Anwendbarkeit von § 458 Abs. 1 Alt. 3 StPO spricht (abw. LG München ZJJ 2014, 398 mAnm Eisenberg ZJJ 2014, 399 (401 f.)). Dies gilt besonders, wenn der Verurteilte um die inhaltliche Unrichtigkeit weiß und/oder eine „offensichtliche Rechtswidrigkeit" konstatiert werden muss (AG München ZJJ 2016, 83).

59 **f) Entschädigung. aa) StrEG.** Macht der Jugendliche oder Heranwachsende im JStV die Erfahrung irregulären staatlichen Vorgehens – etwa in Form institutionell initiierten und durchgesetzten Unrechts (zB U-Haft bei anschließendem Freispruch) –, handelt es sich um eine erzieherisch abträgliche Beeinträchtigung höheren Grades. Insofern besteht Anlass zu einer auch symbolisch sichtbaren Selbstkorrektur des Staates. Die Regelungen zum Ausgleich unberechtigter (strafprozessualer und materiellrechtlicher) Strafeingriffe weisen indes eine Reihe von strukturellen Defiziten auf (n. Hoffmann/Leuschner, Rehabilitation und Entschädigung nach Vollstr. einer Freiheitsstrafe und erfolgreicher Wiederaufnahme, 2017). Dies ist durch eine jugendgemäße Handhabung nicht nur einiger Ausschlusstatbestände (→ Rn. 60 ff.), sondern auch der Bestimmungen zum Anspruchsumfang immerhin bedingt abzumindern. Beispielsweise ist bei Strafverfolgungsmaßnahmen gegenüber Jugendlichen und Heranwachsenden, die einen Anspruch nach StrEG begründen, ein entschädigungspflichtiger Vermögensschaden (§ 7 Abs. 1 StrEG) ggf. auch durch entgangenen Gewinn infolge einer Unterrichts- oder Ausbildungsunterbrechung anzuerkennen. Dessen bedarf es insb., wenn der Jugendliche maßnahmebedingt ein Schuljahr wiederholen muss (vgl. dazu etwa den bei Eisenberg StraFo 2010, 421 (424); s. auch Eisenberg Kriminalistik 2010, 44 behandelten Fall) oder an der Ablegung einer Abschlussprüfung gehindert wird (nicht erörtert von OLG Stuttgart NStZ-RR 2014, 120 mAnm Eisenberg ZKJ 2013, 491; Eisenberg GA 2014, 107).

60 Bei der Frage, ob der Jugendliche oder Heranwachsende die Strafverfolgungsmaßnahme durch sein Aussageverhalten ggf. (in anspruchsausschließender Weise) **grob fahrlässig verursacht** hat (§ 5 Abs. 2 S. 1 bzw. S. 2 StrEG), ist die alterstypische Überforderung junger Beschuldigter bei ihrer Vernehmung zu berücksichtigen (zB betr. widerlegbares Alibi, widersprüchliche oder lückenhafte Angaben); für die entspr. Verantwortungszuweisung ist danach selten Raum (neben § 44 im Allgemeinen auch → 70c Rn. 8). Das Gleiche gilt bei einem ggf. abgelegten falschen Geständnis (§ 6 Abs. 1 Nr. 1 StrEG; zu jugendtypischen Entstehungszusammenhängen n. → § 70c Rn. 9 ff.). – Im Übrigen ist die Ausschlussregelung des **§ 5 Abs. 1 Nr. 1 StrEG,** die bei formaler Gesetzesauslegung die Vorschrift des § 52a Abs. 1 S. 1 und sogar den Ausnahmefall der Nichtanrechnung auf JA (§ 52) einschließt, im JStR nicht uneingeschränkt anwendbar, da sie der Umsetzung des schadensersatzrechtlichen Grundsatzes dient, dass mitwirkendes Verschulden des Geschädigten den Ersatzanspruch aufhebt oder mindert. Im Gegensatz dazu lässt § 52a eine Nichtanrechnung aber auch aus erzieherischen Gründen zu. Da solche Fälle nicht zu den Sachverhalten gehören, auf die sich die Ausschlussvorschrift zweckhaft bezieht, kann der Ersatzanspruch hier nicht versagt werden (diff. aber Meyer StrEG § 6 Rn. 43 ff.; offenlassend MüKoStPO/Kunz StrEG § 5 Rn. 3).

61 Die Entschädigung in Fällen, in denen es nach einer U-Haft zu einer Einstellung gem. §§ 45, 47 (dann § 3 StrEG) oder der urteilsförmigen Anordnung einer ambulanten Rechtsfolge (dann § 4 Abs. 1 Nr. 2 StrEG) kommt, kann nach **§ 6 Abs. 2 StrEG** ganz oder teilw. versagt werden, wenn das Gericht die besagte Entscheidung deshalb trifft, weil es von einem Wegfall der erzieherischen Erforderlichkeit von JA oder JStrafe durch die bereits erfolgte Freiheitsentziehung ausgeht. Bei solchen Prozessverläufen stellt sich regelmäßig die Frage, ob die Rechtsfolgenentscheidung nicht die

zuvor angenommene Verhältnismäßigkeit der U-Haft als fragwürdig erscheinen lässt (näher → § 72 Rn. 14). Ungeachtet dessen soll die Entschädigung unterbleiben können, weil der Freiheitsentzug faktisch angerechnet wird und sich „günstig" in einer eingriffsarmen Sanktion auswirkt (Meyer StrEG § 6 Rn. 42; Kunz StrEG § 6 Rn. 38 f.). Nach der jugendgemäßen Auslegung des Rechtsbegriffs „berücksichtigen" reicht es aber nicht aus, dass das Gericht eine erzieherische Wirkung der U-Haft behauptet; es muss diese Wirkungen vielmehr nach Beratung durch die JGH (dazu Eisenberg ZKJ 2013, 491 (492)) einzelfallbezogen und empirisch tragfähig begründen. „Dabei dürfen freilich keine erzieherischen Erwägungen konstruiert werden, um unzulässigen, etwa von vornherein unverhältnismäßigen Inhaftierungen Jugendlicher nachträglich eine Rechtfertigung zu verschaffen." (BVerfG BeckRS 2012, 56127; vgl. dazu auch MüKoStPO/Kunz StrEG § 6 Rn. 44). Kann eine entspr. Begründung nicht aufgezeigt werden (bspw. weil die U-Haft irregulär war und der Betroffene ohnehin auch gar keine Indikation einer stationären Einwirkung aufweist), ist die Entschädigung der „überschießenden" U-Haft also nicht ausgeschlossen (vgl. auch Meyer StrEG § 6 Rn. 42: Nachweis des Erfolgs).

Insgesamt wird sich die Rechtspraxis hiernach nur selten auf § 6 Abs. 2 StrEG berufen können (weil das Aufzeigen „echter erzieherisch günstiger" U-Hafteffekte methodisch schwierig ist – vgl. Eisenberg/Reuther ZKJ 2006, 490 (492)). Diese Konsequenz ist aber auch notwendig, weil sich das JGericht bei der Ablehnung der Entschädigung sonst – auch in Fällen apokrypher Haftgründe oder unverhältnismäßiger U-Haftdauer – hinter pauschalen Behauptungen zur U-Haftwirkung letztlich verstecken kann (wie dies in den Verfahren von BGH BeckRS 2012, 15988; KG NStZ 2010, 284; OLG Stuttgart NStZ-RR 2014, 120 auch geschehen ist). Nur durch die weitgehende Zurückdrängung von § 6 Abs. 2 StrEG kommt es für die Entschädigung auf die richterliche Anwendung von §§ 3, 4 Abs. 1 Nr. 2 StrEG an, sodass der Jugendliche oder Heranwachsende in die Lage versetzt wird, die hier jeweils vorzunehmenden Billigkeitswertungen des JGerichts ggf. im Beschwerdeverfahren zumindest auf Ermessensfehler (dazu KG NStZ 2010, 284 (285)) hin überprüfen zu lassen. Allein auf diese Weise wird eine unzulässige Schlechterstellung gegenüber Erwachsenen (→ Rn. 23 ff.), bei denen § 6 Abs. 2 StrEG gar nicht gilt, ausgeschlossen (n. zum Ganzen Eisenberg GA 2014, 107). 62

bb) EMRK. Sind Rechte des **Art. 5 Abs. 1–4 EMRK** durch rechtswidrige Festnahme oder Haft verletzt worden, so hat der Betroffene einen zwingenden und verschuldensunabhängigen Anspruch auf Schadensersatz gegen den jeweiligen Mitgliedstaat (Art. 5 Abs. 5 EMRK), der vor den Zivilgerichten geltend zu machen ist (wobei ein immaterieller Schadensersatz entsprechend Art. 41 EMRK bestimmt wird (vgl. etwa BGHZ 122, 268 = NJW 1993, 2927)). Da dieser Anspruch nicht den Beschränkungen des allgemeinen Staatshaftungsrechts oder des StrEG unterliegt, bleibt er durch einen Entschädigungsanspruch nach dem StrEG oder durch dessen Versagung unberührt. Somit kann Art. 5 Abs. 5 EMRK im JStR wegen der benachteiligenden Besonderheiten des § 6 Abs. 2 StrEG (→ Rn. 61 f.) rechtstatsächlich noch größere Bedeutung zukommen als im allg. StR. – Im Einzelnen ist hinsichtlich Art. 5 Abs. 1 S. 2 Buchst. c EMRK wesentlich, dass es für die Rechtmäßigkeit oder Rechtswidrigkeit von U-Haft auf die 63

Einhaltung der einzelnen, in den nationalen Gesetzen geregelten Voraussetzungen ankommt (allg. Auffassung, vgl. zur Herleitung EGMR 20.3.2001 – 33591/96 Rn. 46, 50; näher Löwe/Rosenberg/Esser EMRK Art. 5 Rn. 46, 104; zum Ganzen Krauße StraFo 2017, 349). Die Kriterien einer schadensersatzrelevanten Verletzung bestimmen sich (auch) nach nationalem Recht – einschließlich der §§ 72, 72a.

VI. Umgekehrte Vorrangbeziehung im Ordnungswidrigkeitenrecht

64 Innerhalb des **prozessualen** OWiR gelten vorrangig die Vorschriften des OWiG, die (Verfahrens-)Vorschriften von JGG, StPO und GVG dagegen lediglich sinngemäß und auch dies nur, soweit das OWiG nichts anderes bestimmt (§ 46 Abs. 1 OWiG). Prinzipiell, dh unter dem Vorbehalt nicht vorhandener Spezialregelungen im OWiR, sind diese Vorgaben aber im OWiR durchaus von Bedeutung. Im Rahmen dieses „Transfers" gilt, soweit es um Jugendliche und Heranwachsende geht, wiederum der Vorrang des JGG gegenüber der StPO (→ Rn. 17 f.) und die jugendgemäße Auslegung des allg. StVR (→ Rn. 20 ff.). Infolgedessen kommt es auch nicht zu einem Konflikt mit EU-rechtlichen Mindeststandards (→ Einl. Rn. 32), deren Anwendungsbereich sich gem. Art. 2 Abs. 6 RL (EU) 2016/800 (zu dessen deutscher Lesart Sommerfeld ZJJ 2018, 296 (297)) auf das gerichtliche Verfahrensstadium im Bußgeldverfahren erstreckt (zur dortigen, durch Art. 7 Abs. 9 RL (EU) 2016/800 ermöglichten Nichtheranziehung der JGH gem. § 46 Abs. 6 OWiG s. RegE BT-Drs. 19/13837, 18 f.; ferner → § 43 Rn. 5).

65 Ein **Kind** kann nicht ordnungswidrig handeln (§ 12 Abs. 1 S. 1 OWiG) und deshalb weder verwarnt (§ 56 OWiG) noch einem Bußgeldverfahren unterzogen werden (§ 46 Abs. 1 OWiG). Bei **Jugendlichen** kommt es darauf an, ob sie (nach den Kriterien des § 3) ihrer Entwicklung nach für die Tat verantwortlich sind (§ 12 Abs. 1 S. 2 OWiG). Allerdings wird die Prüfung der Voraussetzungen des § 3 S. 1 durch die jeweiligen Behördenvertreter idR nur schematisch und nicht in jener Tiefe erfolgen können, die im JStV anzustreben ist. Gerade bei Verkehrsordnungswidrigkeiten Jugendlicher wird eine hinreichende Einsichtsfähigkeit idR vorliegen (schon wegen der allg. Verkehrsaufklärung und des schulischen Verkehrsunterrichts), doch wäre auch in diesem Bereich der Umstand altersgruppenmäßig unterschiedlicher Verhaltensmuster (dazu → Rn. 26) zu beachten. Im Zweifel ist die bußgeldrechtliche Verantwortlichkeit des Jugendlichen zu verneinen (KK-OWiG/Rengier OWiG § 12 Rn. 9 unter Hinweis darauf, dass „hier der Handlungsunwert oft schwer fassbar ist").

66 Bei bejahter Verantwortlichkeit kann der betroffene Jugendliche verwarnt und mit einem Verwarnungsgeld belegt werden (§ 56 OWiG). Im Bußgeldverfahren darf auch gegenüber Jugendlichen und Heranwachsenden nur auf Geldbuße (§ 1 OWiG) oder allenfalls auf Fahrverbot (§ 25 StVG) erkannt werden (BayObLG NJW 1972, 837; de lege ferenda für die Einführung jugendbezogener Sanktionen im OWiG etwa Huhle, Die Sanktionierung von jungen Menschen im Ordnungswidrigkeitenrecht, 2017, S. 303 ff.). Die Umwandlung der Geldbuße in eine gewisse Auswahl spezifisch **jugendbezogener Rechtsfolgen** ist erst nachgeschaltet iRv Vollstreckungsanordnungen (sei es nach Nichtzahlung im Vollstreckungsverfahren gem. § 98 OWiG oder nach Einspruch gem. § 78 Abs. 4 iVm § 98 Abs. 1 OWiG im gerichtlichen Verfahren vor dem gem. § 68 Abs. 2 OWiG zuständigen Jugendrichter) möglich (n. zur Vollstr. → § 82 Rn. 30 ff.). Das Einheitsprinzip (§ 31) gilt im OWiR nicht (→ § 31 Rn. 9). Diese erheblichen Abweichungen von der Grundorientierung des JGG in Abs. 1 werden damit begründet, dass erzieherische Aufgaben den Verwaltungsbehörden wesensfremd, dagegen die grundsätzliche Einschaltung des JRichters unangemessen sei (Göhler/Thoma OWiG § 12 Rn. 8; zur Verfassungsmäßigkeit der Regelungslage s. Huhle, Die Sanktionierung von jungen Menschen im Ordnungswidrigkeitenrecht, 2017, S. 217 ff.).

Bei der **Bemessung** von Verwarnungsgeld und von **Geldbußen** sind die wirtschaftlichen Verhältnisse zu berücksichtigen (s. dann § 28a StVG), nicht aber bei geringfügigen Ordnungswidrigkeiten (§ 56 Abs. 1 S. 1 OWiG, § 17 Abs. 3 S. 2 Hs. 2 OWiG). Auf eine etwaige Mittellosigkeit des Jugendlichen oder Heranwachsenden kommt es nur in diesem Rahmen, also nur bei höheren Geldbußen an (dazu auch Fromm NZV 2016, 57 (59)). Die Geldbuße darf nach hM allerdings ohne Rücksicht auf die Einschränkung in § 15 Abs. 2 Nr. 1 festgesetzt werden. Jene (altersbezogenen) Umstände können nach § 98 OWiG bei der (jugendgemäßen) Vollstr. beachtet werden (Göhler/Seitz/Bauer OWiG § 47 Rn. 21). Gegenüber einer solchen, nicht auf jugendtypische Besonderheiten eingehenden Handhabung bestehen indes insofern Bedenken, als das Problem der Leistungsabwälzbarkeit dadurch nicht beseitigt wird, zumal es sich keineswegs immer nur um sehr geringe Beträge handeln muss (vgl. auch → § 15 Rn. 22). **67**

Gegen ein Urteil, durch das „anstelle einer zu verhängenden Geldbuße" nach § 78 Abs. 4 OwiG eine Arbeitsauflage angeordnet wurde, ist die **Rechtsbeschwerde** möglich, ohne dass es deren Zulassung bedarf (§ 79 Abs. 1 S. 1 Nr. 1, 2 OWiG; BayObLG bei Rüth DAR 1984, 248; s. auch OLG Schleswig bei Lorenzen/Görl SchlHA 1989, 121). – Zur Zuständigkeit des JugendR s. § 68 Abs. 2 OWiG. **68**

Zweiter Teil. Jugendliche

Erstes Hauptstück. Verfehlungen Jugendlicher und ihre Folgen

Erster Abschnitt. Allgemeine Vorschriften

Verantwortlichkeit

3 **[1] Ein Jugendlicher ist strafrechtlich verantwortlich, wenn er zur Zeit der Tat nach seiner sittlichen und geistigen Entwicklung reif genug ist, das Unrecht der Tat einzusehen und nach dieser Einsicht zu handeln. [2] Zur Erziehung eines Jugendlichen, der mangels Reife strafrechtlich nicht verantwortlich ist, kann der Richter dieselben Maßnahmen anordnen wie das Familiengericht.**

Schrifttum: Barnikol, Unterstellt statt überprüft? Das richterliche Vorgehen bei der Verantwortlichkeitsbeurteilung nach § 3 JGG, 2012; Berk, Entwicklungspsychologie, 7. Aufl. 2020; Cipriani, Children's Rights and the Minimum Age of Criminal Responsibility, 2009; Dräger, Die Strafmündigkeitsgrenzen in der deutschen Kriminalgesetzgebung des 19. Jahrhunderts, 1992; Egg (Hrsg.), Psychologisch-psychiatrische Begutachtung in der Strafjustiz, 2012; Fischer, Strafmündigkeit und Strafwürdigkeit im Jugendstrafrecht, 2000; Lemm, Die strafrechtliche Verantwortlichkeit jugendlicher Rechtsbrecher, 2000; Nissen/Schmitz (Hrsg.), Strafmündigkeit. Juristische, jugendpsychiatrische und theologische Aspekte, 1973; Roesler, Die Diskussion um die Herabsetzung der Strafmündigkeitsgrenze und den Umgang mit Kinderdelinquenz, 2008; Rupp-Diakojanni, Die Schuldfähigkeit Jugendlicher innerhalb der jugendstrafrechtlichen Systematik, 1990; Stolp, Die geschichtliche Entwicklung des Jugendstrafrechts von 1923 bis heute, 2015; Wenn, Beurteilung der strafrechtlichen Verantwortlichkeit und der Schuldfähigkeit in jugendpsychiatrischen Gutachten, 1992.

Übersicht

I. Anwendungsbereich

1. Jugendliche

1 Die Vorschrift findet auf Jugendliche grds. auch dann Anwendung, wenn das Verfahren vor den für allg. Strafsachen zuständigen Gerichten durchgeführt wird (§ 104 Abs. 1 Nr. 1). Wird für einzelne Straftatbestände gesetzlich das Fehlen der erforderlichen Reife von Jugendlichen unwiderleglich vermutet und mangelt es deliktsspezifisch schon deswegen an der Strafmündigkeit, ist § 3 nicht anwendbar. Ein solcher Fall liegt mit Blick auf § 60 Nr. 1 StPO (Vermutung, dass Minderjährigen die zur Erfassung der Eidesbedeutung nötige Reife fehlt) vor, wenn ein Jugendlicher gleichwohl vernommen wird und dabei einen Meineid begeht (näher Eisenberg BeweisR StPO Rn. 1145).

2. Heranwachsende

2 Die Vorschrift gilt für Heranwachsende auch dann **nicht,** wenn sie nach ihrem Entwicklungsstand noch einem Jugendlichen gleichstehen und bei ihnen deshalb materielles JStR angewandt wird (§ 105 Abs. 1). Sie sind stets uneingeschränkt und ohne konkrete Überprüfung strafmündig (allgA). Erhebliche Entwicklungsmängel können bei ihnen allenfalls unter den Voraussetzungen von §§ 20, 21 StGB berücksichtigt werden (zust. Weber Schuldprinzip S. 77).

II. Allgemeine Einordnung

1. Funktion der Norm

Auch wenn das JStR die Rechtsfolgenbestimmung von Schuldgesichtspunkten (mit Ausnahme der Limitierungsfunktion (→ § 2 Rn. 4; → § 5 Rn. 22; → § 18 Rn. 33)) entkoppelt, hält es am Schuldvorwurf als **Rechtsfolgevoraussetzung** fest (vertiefend, aber krit. Haffke FS Amelung, 2009, 35). Dieser Schuldvorwurf setzt in konstitutioneller Hinsicht stets auch einen bestimmten Entwicklungsstand des Adressaten voraus, wobei hierbei verschiedene Regelungsmodelle möglich sind. Ein strafrechtliches Regelungskonzept, das allein ein Mindestalter normiert (**absolute** Strafmündigkeit), lässt nach dem Überschreiten dieser Altersschwelle eine Einschränkung der Schuldfähigkeit nur zu, wenn einer der allg. Ausnahmetatbestände vorliegt (§§ 20, 21 StGB). Im Regelfall geht es indes von einer unbeeinträchtigten Einsichts- und Steuerungsfähigkeit aus. Bei sehr jungen Personen ist eine solche generalisierende Unterstellung aber nicht ohne weiteres gerechtfertigt. Vielmehr können Entwicklungsprozesse formal strafmündiger Jugendlicher bisweilen so verzögert verlaufen, dass ihre Einsichts- oder Selbstkontrollfähigkeiten erst in späteren Jahren in dem Maße ausgebildet ist, in dem es als erwachsenenähnlich und daher als ausreichend gilt. Solchen sozialisatorischen Unterschieden wird das im JGG geltende Konzept der **relativen bzw. bedingten** Strafmündigkeit gerecht, indem die Schuldfähigkeit nach Überschreiten der Altersgrenze hiernach **eigens zu überprüfen** und **positiv festzustellen** ist (S. 1). Um dem Jugendlichen die Verantwortung für die Tat zuschreiben zu können, genügen das Erreichen des 14. Lbj. (§ 19 StGB) und das Fehlen von Hinweisen auf einen pathologischen Defekt nicht; vielmehr muss darüber hinaus konstatiert werden können, dass der individuelle Jugendliche (dank entspr., schon entwickelter Fähigkeiten) für die verletzte Strafnorm tatsächlich in hinlänglichem Maße ansprechbar war. Diese tat- und schuldstrafrechtliche Vorkehrung wird indes durch die Maßgabe ergänzt, gegenüber dem Jugendlichen auch bei fehlender Verantwortlichkeit diverse (familiengerichtliche) **Erziehungsmaßnahmen** veranlassen zu können (S. 2). Diese Option entspricht in ihrer positiven, zukunftsgerichteten Einwirkungsorientierung der im JGG sonst vorgesehenen täterstrafrechtlichen spezialpräventiven Intervention. 3

2. Entwicklung der Norm

Noch im 19. Jh. war die Regelung der Strafmündigkeit in Deutschland uneinheitlich (ausf. Dräger, Die Strafmündigkeitsgrenzen in der deutschen Kriminalgesetzgebung des 19. Jahrhunderts, 1992, S. 25 ff.; Fritsch, Die jugendstrafrechtliche Reformbewegung, 1999, S. 99). Die deutschen Partikulargesetze legten eine absolute Strafmündigkeit von zuletzt 14 Jahren (im bay. StGB von 1810 acht Jahre) fest, wobei für die Altersgruppe bis zu 16 und zuletzt bis zu 18 Jahren eine Strafminderung vorgesehen war. Demgegenüber trat die Strafmündigkeit nach dem Code pénal (1810) mit Vollendung des 16. Lbj. ein, wobei jüngere Personen bedingt strafmündig waren (nämlich abhängig davon, ob sie Recht und Unrecht zu unterscheiden vermochten). Preußen (1851) und Bay. (1861) übernahmen dieses System. Das 4

RStGB von 1871 setzte sodann ein absolutes Strafmündigkeitsalter bei Vollendung des 12. Lbj. fest (§ 55). Eine 12- bis 18-jährige Person war in abgemilderter Weise zu bestrafen (§ 57) oder – wenn sie bei der Tatbegehung „die zur Erkenntniß ihrer Strafbarkeit erforderliche Einsicht nicht besaß" – freizusprechen (§ 56). Trotzdem wurden zB in den Jahren 1908 bzw. 1912 insgesamt 4.192 bzw. 4.121 12- und 13-Jährige zu Gefängnisstrafe verurteilt (RKrSt 1908 Tab. I, 35; 1912 Tab. I, 43).

5 Das **JGG 1923** hob die Strafmündigkeitsgrenze auf 14 Jahre an. Die strafrechtliche Verantwortlichkeit von Personen zwischen 14 und 18 Jahren wurde an die Bedingung von geistiger und sittlicher Reife geknüpft. Rechtstechnisch war dies (in § 3) negativ formuliert, dh die Strafbarkeit entfiel bei Feststellbarkeit fehlender Reifevoraussetzungen. Durch das **RJGG 1943** wurde die Vorschrift in eine positive Fassung überführt (Reife als notwendiges Erfordernis der Verantwortlichkeit), womit (ohne eine Veränderung des Kriteriums) sogar eine konsequentere Prüfpraxis nahegelegt war (s. aber davor schon ähnlich RGSt 58, 128). Anders als gem. § 3 JGG 1923 musste sich die Einsichtsfähigkeit nicht mehr auf das „Ungesetzliche", sondern das „Unrecht" der Tat beziehen. Besonders deutlich wurde der zeitgenössische ideologische Kontext indes in den Aufweichungen der Strafmündigkeitsnorm – nämlich in der Möglichkeit, JStR ausnahmsweise auch schon auf 12-Jährige anwenden und unter 18-Jährige ggf. mit schwersten Rechtsfolgen und dem allg. StR sanktionieren zu können (n. → Einl. Rn. 15 sowie Stolp Die geschichtliche Entwicklung des Jugendstrafrechts von 1923 bis heute, 2015, S. 69 ff.).

3. Kriminalpolitische Aspekte des Mindestalters

6 **a) Die permanente Debatte.** Kinder, dh Personen unter 14 Jahren, sind seither in Deutschland ausnahmslos strafunmündig. Bei dieser Grenze handelt es sich indes um eine Festlegung, die aus keiner vorpositiven Gegebenheit ableitbar und daher kontingent ist. Bei einem weltweiten Vergleich ergeben sich denn auch erhebliche Varianzen (vgl. die Zusammenstellung bei Cipriani, Children's Rights and the Minimum Age of Criminal Responsibility, 2009, S. 93 ff.). In den **europäischen** Rechtsordnungen wird die Strafmündigkeit allerdings idR recht ähnlich bestimmt. Teilw. liegen die Werte hier aber auch etwas höher als in Deutschland und vereinzelt darunter bei 12 oder 13 Jahren (s. eingehend DGHP Juvenile, Vol. 4, 1820 ff. sowie Dünkel RdJB 1999, 291 (292 ff.); Dünkel NK 2008, 102 ff.; Drenkhahn/Schwan PraxRPsych 2014, 24 (35 ff.); Heinz Sekundäranalyse S. 572 f.; Wissenschaftlicher Dienst BT WD7–3000-120/19; Nelken/Hamilton, Research Handbook of Comparative Criminal Justice/Dünkel, 2022, 36 ff.; Leenknecht, EU Youth Justice, 2023, 189 ff., speziell zur Situation in England und Wales, wo mit 10 Jahren die niedrigste Grenze gilt, vgl. Crofts ZStW 111 (1999), 728 sowie die eingehende Kritik bei Goldson Youth Justice 13 (2013), 111; zu dortigen Verurteilungszahlen bei 10- bis 13-Jährigen s. etwa Boers/Schaerff Kriminologische Welt/Kaiser/Schaerff/Boers S. 344 (347)).

7 Vor dem Hintergrund dieser grds. Variabilität wurde verschiedentlich nicht nur empfohlen, iS einer höheren Bestrafungsmündigkeit bei 14- und 15-Jährigen die JStrafe (oder gar alle freiheitsentziehenden Rechtsfolgen) auszuschließen (DVJJ/AK II/1 1993; abl. Streng JugendStrafR Rn. 67),

sondern darüberhinausgehend das Strafmündigkeitsalter auf **16 Jahre** hinaufzusetzen (vgl. dazu etwa NK-JGG/Ostendorf Grdl. zu §§ 1–2 Rn. 10; Busch Zbl 1985, 393 (396 f.); Fischer, Strafmündigkeit und Strafwürdigkeit im Jugendstrafrecht, 2000, S. 146 ff.; Nickolai NK 2006, 3 f.; Beinder JR 2019, 554 (558 ff.); für 18 Jahre s. Sondervotum 4 der DVJJ-Kommission zur Reform des Jugendkriminalrechts UK I in DVJJ-Journal 1992, 16). Umgekehrt finden sich aber immer wieder auch Forderungen nach einer **Senkung** der Strafmündigkeitsgrenze (vgl. etwa für die CSU Ullrich DRiZ 2020, 54; ferner aus der Lit. Hinz ZRP 2000, 107 (111 f.); Paul ZRP 2003, 204 ff.; Hinz NJW 2023, 3138; s. mwN auch Roesler, Die Diskussion um die Herabsetzung (…), 2008, S. 6 f.; zu entspr. Einstellungen unter StAen und Schöffen vgl. Egg, Psychologisch-psychiatrische Begutachtung in der Strafjustiz/Köhnken/Bliesener/Ostendorf ua, 2012, S. 131 ff.). Ebenso wie bei den vergleichbaren Debatten zu § 105 (→ § 105 Rn. 5) wird dies jedoch von der klar vorherrschenden Ansicht **entschieden abgelehnt** (vgl. bspw. Hefendehl JZ 2000, 600 (604 ff.); Albrecht DJT 2002, D 79 ff.; Laubenthal JZ 2002, 807 (811 f.); Momsen ZJJ 2005, 179 ff.; Dehne-Niemann HRRS 2020, 295 ff.; Preuß ZJJ 2020, 348 (353 ff.)); Knop/Zimmermann ZJJ 2023, 172; Bock/Höffler NK 2024, 271; Kemme/Müller/Schmitz ZJJ 2024, 266 (267 ff.); aus kinder- und jugendpsychiatrischer Warte Kölch ZJJ 2024, 36 (39); aus polizeilicher und justizieller Perspektive etwa Haase DVJJ-Journal 1996, 328; Hübner/Kunath DVJJ-Journal 1996, 334 f.; Pflieger SchlHA 1999, 88; Hirt Kriminalistik 2003, 570 (573); Kleimann/Schneider/Höynck NJW 2024, 1487).

b) Stellungnahme. In der Tat gibt es gute Gründe, jedenfalls die unter 14-jährigen Kinder aus dem Strafrechtssystem herauszuhalten (zusf. Heinz Sekundäranalyse S. 577 f.). Nach dem Stand der entwicklungspsychologischen Forschung ist eine charakteristische Impulsivität im Handeln von Kindern belegt (Haines/Case/Smith ua Youth Justice 21 (2021), 275: „think and behave in the moment"), weshalb **nicht** davon ausgegangen werden kann, dass die übergroße **Mehrheit** der 12- und 13-Jährigen den für eine strafrechtliche Verantwortlichkeit erforderlichen Grad an **Selbstkontrolle** ausgebildet hat (dazu n. etwa etwa Hommers/Lewand MschKrim 84 (2001), 425; Hommers/Lewand MschKrim 88 (2005), 61; Doering/Kemme/Zähringer PraxRPsych 2014, 163 (168 ff.); zusf. Lösel/Bliesener DVJJ-Journal 1997, 387; zust. BGH NJW 2024, 604 (606)). Eine schuldausgleichende Reaktion auf Kinderdelinquenz, die die Befürworter einer niedrigeren Strafmündigkeitsgrenze für erforderlich halten, wäre daher nur bei einer begrenzten Teilgruppe der fraglichen Ereignisse möglich und abhängig davon, dass diese Deliktsfälle bei der durchgängig durchzuführenden (und iÜ recht aufwändigen) Verantwortlichkeitsprüfung (→ Rn. 11 ff.) identifiziert werden (hierzu systematisch und auch unter Hinweis auf völkerrechtliche Vorgaben auch Goldson Youth Justice 13 (2013), 111 (117 ff.); vgl. ferner aus der internationalen philosophischen Debatte zur Strafunmündigkeit von Kindern etwa Yaffe, Age of Culpability, 2018). **8**

Mit Blick auf die **präventive Zielsetzung** des JStR spricht vieles gegen eine entsprechend absenkende Anpassung der Strafmündigkeit. Hierbei fällt zum einen der erfahrungswissenschaftlich dokumentierte Umstand besonders ins Gewicht, dass Strafdrohungen bei dieser Adressatengruppe ausgesprochen begrenzte Abschreckungswirkungen entwickeln. Zum anderen haben straf- **8a** rechtsgetragene Interventionen bei dieser Altersgruppe auch kaum positiv-förderliche Wirkungen gezeigt. Häufig sind sie für die weitere (Legal-) Entwicklung der Betroffenen im Gegenteil sogar **kontraproduktiv.** Das gilt iÜ auch für **sanktionsvorgelagerte** strafprozessuale Maßnahmen – also eben die staatlichen Aktivitäten, mit denen selbst jene Kinder konfrontiert wären, bei denen die Verantwortlichkeit am Ende verneint wird. Zumindest international hat dies die Forschung mit zunehmender Klarheit gezeigt. In der großen australischen Vergleichsstudie von Malvaso/Magann/Ribeiro Santiago ua, Current Issues in Criminal Justice 2023, 16) war mit einem frühen Kontakt zu Strafverfolgungsinstitutionen (im 10. bis zum 13. Lbj) anschließend eine schlechtere Konformitätsentwicklung (mehr und schwere Sanktionen) assoziiert als bei Jugendlichen, bei denen es erst nach dem 14. Lbj. zu diesen Erstkontakten kam (für ebenfalls deutliche Hinweise auf die abträglichen Effekte von jugendstrafrechtlichen Maßnahmen, die in sehr jungem Alter einsetzen, s. Novak Journal of Developmental and Life-Course Criminology 5 (2019), 536). Auch wenn einzuräumen ist, dass die Leistungsfähigkeit der derzeit praktizierten jugendhilferechtlichen Reaktionen auf Kinderdelinquenz (→ § 1 Rn. 18) wissenschaftlich noch weitgehend ungeklärt ist (insoweit zutr. Baur ZRP 2024, 243 (245); Baur/Rueß/Schaffeld/Fegert KriPoZ 2024, 245 (248 f.)), ist **keine präventive Überlegenheit** des frühen strafrechtlichen Eingreifens zu erkennen.

4. Praktische Handhabung der Verantwortlichkeitsprüfung

9 Der Reifegrad ist nach Erreichen der Strafmündigkeit gem. S. 1 stets positiv festzustellen. (→ Rn. 11). Dabei handelt es sich jedoch um eine Materie, die sich in der unmittelbaren Anschauung oft nicht erschließt. Zu einer dahingehenden sachverständigen Beurteilung (zur Notwendigkeit → Rn. 32) kommt es, zieht man die hierzu vorliegenden empirischen Analysen heran, gleichwohl eher selten (vgl. etwa die Auswertung bei Schöttle, Die Schuldfähigkeitsbegutachtung im Jugendstrafverfahren, 2013, S. 162 ff.; Pahl, Begutachtungspraxis bei langen Jugendstrafen, 2018, S. 138, 184; s. auch Warncke/Trott/Remschmidt, Forensische Kinder- und Jugendpsychiatrie/Schepker, 1997, S. 292). Allerdings ist auch die gutachterliche Verantwortlichkeitsdiagnose aufgrund von Maßstabs- und Methodenproblemen (→ Rn. 15 ff.) durchaus diffizil und nicht selten kontrovers (vgl. den dafür kennzeichnenden Fall bei Häßler/Reis/Wilfert/Steinhäuser FPPK 2023, 314; zur im Übrigen eher seltenen Anerkennung von Reifemängeln durch Sachverständige s. Wenn, Beurteilung der strafrechtlichen Verantwortlichkeit (…), 1992, S. 52; Hinrichs/Köhler PraxRPsych 2014, 7 (13 f.) mwN).

9a De facto wird die notwendige Reife jedenfalls nicht nur meist auf Basis **justizieller Wertungen** konstatiert (n. Eisenberg/Kölbel Kriminologie § 23 Rn. 39), sondern als Prüfungsfrage in der Praxis zudem noch vielfach **vernachlässigt.** Ältere, aber auch aktuellere Auswertungen und Berichte zeigen, dass die JGerichte (wie iÜ oft auch die StA und die JGH) die Voraussetzungen des S. 1 meist nur floskelhaft bejahen (charakteristisch AG Alsfeld BeckRS 2010, 06887; AG Solingen BeckRS 2010, 13625; LG Essen BeckRS 2015, 9). Eine fallkonkrete inhaltliche Auseinandersetzung erfolgt idR bloß kursorisch oder gar nicht (Keller/Kuhn/Lempp MschKrim 58 (1975), 153 (160 ff.); Knoll, Empirische Untersuchungen zur richterlichen Sanktionsauswahl, 1978, S. 77; Momberg MschKrim 65 (1982), 65 (73);

Zieger StV 1988, 308 (309); Lemm, Die strafrechtliche Verantwortlichkeit jugendlicher Rechtsbrecher, 2000, S. 44 ff.). Auch scheint der Einschätzung oft eher der Reifeeindruck zum Begutachtungszeitpunkt zugrunde gelegt zu werden und keine richtige Rückschau auf den Tatzeitpunkt zu erfolgen (Streng GS Walter, 2014, 423 (435)). Der Eindruck einer tendenziell unzulänglichen Prüfung von § 3 JGG hat sich in neueren Befragungen und empirischen Analysen weiterhin bestätigt (Egg, Psychologisch-psychiatrische Begutachtung in der Strafjustiz/Köhnken/Bliesener/Ostendorf ua, 2012, S. 131 ff.; Barnikol, Unterstellt statt überprüft?, 2012, S. 175 ff.; Köhler FPR 2013, 431 (431); zusf. Heinz Sekundäranalyse S. 579 ff.). Nur bei Sexualdelikten verfährt die Praxis offenbar anders (vgl. die diff. Befunde bei Franzke, Der „einvernehmliche Missbrauch" von Kindern durch Jugendliche und Heranwachsende, 2021, S. 267, 293).

Im Ergebnis wird die Anerkennung relevanter Reifeverzögerungen damit auf (beinahe) pathologische bzw. vom „normalen" Entwicklungsprozess extrem abweichende Einzelfälle reduziert (prägnant Bohnert NStZ 1988, 249 (250): „geistiger Entwicklungsrückstand vom Ausmaß des Schwachsinns oder eine gleichartige seelische Abartigkeit"). Offen bleibt, ob dies (unzulässigen) generalpräventiven Erwägungen geschuldet ist oder auf institutionellen Eigenbelangen beruht (dh auf Bedürfnissen nach Vereinfachung, Routinisierung und Effektivierung der Jugendstrafjustiz). Strukturanalytisch liegt jedenfalls ein Zusammenhang auf der Hand: Würde die erforderliche Reife mit (deutlich) größerer Häufigkeit ausgeschlossen, läge darin eine Infragestellung der schuldstrafrechtlichen Prämisse (dh der Annahme einer für (jugendliche) Menschen charakteristischen Freiverantwortlichkeit). So gesehen kommt die Vernachlässigung der Prüfungspflicht einer Delegitimierung der Jugendstrafgerichtsbarkeit gleichsam zuvor, wodurch sie für die Stabilisierung der organisierten JStR-Pflege **funktional** ist (zur Parallelproblematik bei §§ 20, 21 StGB vgl. Eisenberg BeweisR StPO Rn. 1714; Eisenberg/Kölbel Kriminologie § 23 Rn. 9 f.). 10

III. Voraussetzungen der Verantwortlichkeit nach S. 1

1. Grundlegende Vorgaben

a) Die Verantwortlichkeit der fraglichen Person muss dieser **positiv attestiert** werden. Für eine Verurteilung genügt es nicht, das Fehlen eines entspr. Mangels durch Nicht-Erörterung der Thematik zum Ausdruck zu bringen (OLG Hamm ZJJ 2005, 447 (448) = BeckRS 2007, 5923: Urteilsaufhebung wegen Nicht-Feststellung). Auch wenn sich die fraglichen Feststellungen allein aus dem Gesamtzusammenhang der Urteilsgründe ergeben (wie bei OLG Celle StV 2017, 722 = BeckRS 2016, 20007), entspricht dies den Anforderungen von S. 1 nur bedingt. Bei **nicht behebbaren Zweifeln** ist (gem. dem Grundsatz in dubio pro reo) zugunsten des Beschuldigten das Fehlen der Verantwortlichkeit anzunehmen (BGH ZJJ 2005, 205 = BeckRS 2005, 2472 mAnm Ostendorf ZJJ 2005, 205). Ist die Steuerungsfähigkeit nach Überzeugung des Tatgerichts eingeschränkt, so bedeutet dies (zugunsten des Angeklagten) eine Verneinung des „reif-genug"-Seins (LG Hamburg 27.2.2012 – 604 Ks 13/11, S. 41 f.). Fälle mit einer anderen Bewertung sind entgegen der Annahme von BGH NStZ 2013, 286 mAnm Eisenberg ZKJ 11

2013, 347 kaum denkbar. Eine sichere positive Feststellung der Verantwortlichkeit ist hier nämlich unmöglich, weil eine „nicht ausgeschlossene Steuerungsfähigkeit" dafür nicht reicht (Problematik ignoriert bei AG Reutlingen ZJJ 2014, 176).

12 **b)** Der Entwicklungsstand zu diversen verfahrensbezogenen Zeitpunkten (Anklage, Begutachtung, Verurteilung) hat keine Bedeutung. Die Voraussetzungen des S. 1 müssen vielmehr **„zur Zeit der Tat"** (dh der konkreten einzelnen Rechtsverletzung) vorgelegen haben. Besonderer Sorgfalt bedarf es dabei dort, wo sich die fragliche Verfehlung (nur) als Fortsetzung eines im strafunmündigen Alter begonnenen Verhaltens darstellt (instruktiv Thomsen ZJJ 2009, 52; hierzu und zu ähnlichen Konstellationen n. auch → § 1 Rn. 3 ff.). Geht es um **mehrere Taten,** hat dies zur Folge, dass die Verantwortlichkeit sowohl zeitlich auf diese verschiedenen Bezüge hin zu prüfen ist (ggf. mehrere Tatzeitpunkte), als auch sachlich mit Blick auf die verschiedenen normativen Verhaltenserwartungen. Weil sich die Voraussetzungen des S. 1 weder im zeitlichen Ablauf noch bzgl. unterschiedlicher situativer und rechtlicher Umstände einheitlich feststellen lassen, müssen sie für jede Tat gesondert beurteilt und gesondert bejaht oder verneint werden. Unterschiedliche Ergebnisse (sog. partielle Schuldfähigkeit) sind dabei prinzipiell möglich.

13 Bei materiellrechtlicher **Tatmehrheit** ist eine bezüglich der einzelnen Taten differierende Beurteilung der Voraussetzungen des S. 1 folglich ohne weiteres zulässig, und zwar unabhängig von der zeitlichen Reihenfolge der Taten (BGH bei Herlan GA 1961, 358). Aber auch bei **Tateinheit** (im materiellrechtlichen Sinne) lässt sich die Verantwortlichkeit nicht etwa von vornherein für alle im Rahmen der Handlungseinheit verwirklichten Delikte als einheitlich gegeben unterstellen (zur auch hier bestehenden Möglichkeit unterschiedlicher Beurteilungen vgl. RGSt 47, 385; vgl. erg. BGHSt 10, 35 = NJW 1957, 229; BGHSt 15, 377 = NJW 1961, 1031; MüKoStGB/Laue Rn. 11). Ebenso verhält es sich bei **Gesetzeskonkurrenz** mehrerer Tatbestände. Sind diese durch eine quantitative oder qualitative Unrechtssteigerung gekennzeichnet, können die Voraussetzungen des S. 1 bspw. bei der leichteren Verfehlung bejaht und für die schwerere Tat verneint werden, sodass jene die leichtere Verfehlung im konkreten Fall nicht verdrängt. Im Verhältnis von Grund- und Qualifikationstatbeständen ist es deshalb möglich, dass nur wegen des Grundtatbestandes eine Verurteilung in Betracht kommt (BGH ZJJ 2005, 205 = BeckRS 2005, 2472 mAnm Ostendorf ZJJ 2005, 205 und Böhm NStZ-RR 2005, 289).

2. Voraussetzungen der Verantwortungsreife

14 **a) Grundlagen und Beurteilungskriterien.** Um die Verantwortlichkeit Jugendlicher annehmen zu können, muss deren Einsichtsfähigkeit (als eine emotionale und eine kognitive Qualität (n. → Rn. 19 f.)) und deren Steuerungsfähigkeit (als eine volitive Qualität (n. → Rn. 21)) bejaht werden. Indem der Normtext diese Bedingungen in einen Zusammenhang mit dem individuellen Reifegrad stellt, wird deren Entstehungsgrund markiert, nicht aber (künstlich) eine eigene weitere Voraussetzung statuiert (MüKoStGB/Laue Rn. 6 ff.; offenbar abw. Streng GS Walter, 2014, 423 (430)). Das maßgebliche gesetzliche **Verantwortlichkeitskriterium** ist vielmehr ein hinreichender individueller Entwicklungsstand, der das positiv festgestellte Vor-

liegen dieser beiden Qualitäten impliziert und darin zum Ausdruck gelangt (s. auch Schneider ua Begutachtung, S. 195: „Fähigkeit zu einer hinreichend strukturierten Willensbildung"). Zur Debatte steht dabei idR auch nicht das Fehlen (denn dann kommt weithin § 20 StGB iVm § 2 Abs. 2 zur Anwendung), sondern nur eine etwaige Einschränkung der geforderten Kompetenz. Dem entspricht es, dass S. 1 eine eingeschränkte Einsichts- bzw. Steuerungsfähigkeit als selbstständige Kategorie oder ein eingeschränktes „reif-genug"-Sein nicht kennt (s. bereits → Rn. 11). Die Unterscheidung zwischen den Einsichts- und Steuerungsfähigkeiten ist, bei aller gebotenen Bemühung um genaue Trennung (Bohnert NStZ 1988, 249 (250 ff.)), iÜ nur begrenzt durchführbar, zumal die konkrete Aktualisierung der Voraussetzungen normorientierten Verhaltens nicht allein von einer isolierten Wissens- und Willenspotenz, sondern von den gesamten, miteinander interagierenden, inneren und äußeren Situationsbedingungen abhängig ist (Trenczek/Schmoll Jugendkriminalität Rn. 664 ff.). Meist liegt das zentrale Problem in einer Diskrepanz zwischen der prinzipiellen Normkenntnis und der Fähigkeit zur Integration dieser Normen in das Verhalten (etwa infolge einer Bindung an Gruppennormen).

Der in S. 1 verwendete Begriff der Reife entspricht einer sozio-kulturell **15**
abhängigen Konvention; er ist ideologiebefrachtet, am Idealfall orientiert und **nicht** in einem engeren Sinne **mess-** oder **berechenbar** (ebenso zB auch Streng GS Walter, 2014, 423 (428 f.)). Die bisherigen (fach-)wissenschaftlichen Bemühungen um Beurteilungskriterien der Verantwortungsreife sind demgemäß nur begrenzt erfolgreich gewesen. Anfänglich erfolgten sie vorwiegend aus einer medizinischen bzw. **(jugend-)psychiatrischen Sicht.** So hielt Lempp (in Nissen/Schmitz (Hrsg.), Strafmündigkeit, 1973, S. 15 ff.) eine empirisch-psychiatrische Antwort für prinzipiell möglich, da kein Maßstab für eine allgemeine Verantwortungsreife gefordert, sondern konkret die Einsichts- und Handlungsfähigkeit einer Person für eine bestimmte Tat zu prüfen ist. Hierbei komme es wesentlich auf die Leistungsfähigkeit zur Zeit der Tat (zB Einfluss von Ermüdung, besondere Belastung) an sowie auf die Überschaubarkeit der Tatsituation, auf das Vorliegen ungewohnter und affektiv getönter Umstände oder auf das Vorhandensein sozialen Drucks durch Gruppenabhängigkeit. In den letzten Jahrzehnten trat indes eher eine **psychologische** Perspektive in den Vordergrund (vgl. etwa Karle PraxRPsych 13 (2003), 274 ff.).

Die entwicklungspsychologischen Theorien zur Moralentwicklung sind **16**
bei aller Anerkennung allerdings immer auch kontrovers geblieben (Kemme/Müller/Schmitz ZJJ 2024, 266 (269 f.), einschließlich der – oft herangezogenen (etwa Schilling NStZ 1997, 261 (262 f.); Klosinski FPPK 2 (2008), 162 (165); Doering/Kemme/Zähringer PraxRPsych 2014, 163 (164 ff.)) – Modelle von Piaget und Kohlberg (einschr. etwa Weyers KrimJ 2005, 3 (14 ff.); s. andererseits aber auch Hommers ZEntwPädPsych 20 (1988), 121; Hommers/Lewand MschKrim 84 (2001), 425 (430 ff.); erg. Hommers/Lewand ZfJ 2003, 7 ff.; Hommers/Lewand MschKrim 88 (2005), 61 (67); Berk, Entwicklungspsychologie, 2020, S. 619 ff.). Ohnehin wird hier nur ein eng umgrenztes Teilgebiet möglicher moralischer Dilemmata erfasst (die Wahl zwischen zwei einander ausschließenden, grundsätzlich aber moralisch vertretbaren Handlungsalternativen). Unabhängig von der Bezugnahme auf diese oder anderweitige psychologische Forschungslinien (zur Relevanz kognitionspsychologischer Arbeiten → 21. Aufl. Rn. 12b) bleibt

grds. zweifelhaft, ob die Annahme eines gleichsam auf alle Lebensbereiche bezogenen moralischen und rechtlichen Bewusstseins tragfähig sein kann. Vielmehr ist eine einzelfallorientierte Würdigung unter Berücksichtigung des jeweils in Betracht kommenden **Straftatbestandes** vonnöten. Dabei dürfte eine Kombination standardisierter Entwicklungs-, Intelligenz- und Sozialreifetests (vgl. dazu etwa Lemm, Die strafrechtliche Verantwortlichkeit jugendlicher Rechtsbrecher, 2000, S. 91 ff., 134 ff.; vgl. auch Köhler FPR 2013, 431 (432 f.)), ggf. in Verbindung mit anderen Untersuchungsmethoden (insb. der klinischen Diagnose), hilfreich und einer subjektiv-intuitiven Beurteilung überlegen sein. Allerdings bedarf es hierbei – die methodische Sicherheit und Eignung der Testverfahren unterstellt – stets einer „Übersetzung" der Messergebnisse in die Kategorien des S. 1. Hier muss die Gefahr berücksichtigt werden, dass die Befunde eine von Beurteilungsmaßstäben der Verwaltungs- und Justizbehörden mitgeprägte Interpretation erfahren können.

17 **b) Kompetenzentwicklung, Einsichts- und Selbstregulationsfähigkeit. aa)** Die von S. 1 vorausgesetzte Reife muss dem Normtext zufolge ein Stand der „sittlichen und geistigen Entwicklung" sein. Der Begriff der „sittlichen Entwicklung" wird dabei vielfach nicht iS einer ethischen (so noch RGSt 58, 128), sondern einer **sozialen Reife** interpretiert (s. schon Wegener, Einführung in die forensische Psychologie, 1992; Peters ZStW 94 (1982), 1001 (1011)), was mit Blick auf den strafrechtsbezogenen Normzweck und die Unterbestimmtheit ethischer Normensysteme auch Zustimmung verdient (ebenso Doering/Kemme/Zähringer PraxRPsych 2014, 163 (172 f.)). Es geht bei diesem Aspekt um ein akzeptierendes Gespür für die gemeinschaftsbezogene Notwendigkeit der fraglichen rechtlichen Regeln. Dessen Entfaltung kann bei einer längerfristigen, die Normgeltung relativierenden Einflussnahme deliktisch orientierter Bezugspersonen eingeschränkt sein (s. auch → Rn. 28; in einem Fall der Zugehörigkeit zu einer islamistischen Gruppierung ignoriert durch BGH ZJJ 2016, 410 = BeckRS 2016, 17711 mAnm Eisenberg/Wolf ZJJ 2016, 410). Wenn bereits ein Gefühl für unmoralisches Handeln ausgebildet ist, bedeutet dies iÜ nicht zugleich auch ein hinlängliches „Bewusstsein für ‚rechtliches' Unrecht, Ungesetzlichkeit und rechtliche Schuld" (Undeutsch Psych-HdB/Peters S. 264; ähnl. Beulke/Swoboda JugendStrafR Rn. 174). Auch hat die Vielfalt der Normen moderner Rechtsordnungen zur Folge, dass manche formalen Verhaltenserwartungen nicht oder nur vage aus Alltagsbezügen abgeleitet werden können und dann auch nicht eingängig sind (vereinzelt relevant etwa bei Steuerdelikten und anderen Tatbegehungsweisen, die außerhalb der jugendtypischen Denk- und Erlebniswelt liegen (vgl. schon Dallinger/Lackner Rn. 13–17; s. bspw. auch Crofts ZStW 108 (1996), 214 (225); Clearly Psychol. Pub. Pol'y & L. 23 (2017), 118)).

18 Bei der „geistigen Entwicklung" handelt es sich um die Verstandesreife als einem **kognitiven** Element. Dabei kommt es nicht nur darauf an, dass der Jugendliche allg. zur Unterscheidung von Recht und Unrecht imstande (gewesen) ist. Vielmehr muss er zu der Einsicht reif (gewesen) sein, dass sein konkretes Verhalten nicht erlaubt, sondern verboten, und zwar **in strafbarer Weise verboten** ist (vgl. schon §§ 56, 57 RStGB 1871: „die zur Erkenntnis der Strafbarkeit erforderliche Einsicht"). Zwar stellte das JGG 1923 unspezifischer auf das Bewusstsein für das „Ungesetzliche" ab (dies nach RG 58,

100 iwS und auch betr. außerstrafrechtliche Gesetze) und seit dem RJGG 1943 muss sogar nur das „Unrecht der Tat“ eingesehen werden (so denn auch zB Diemer/Schatz/Sonnen/Diemer Rn. 3; Streng JugendStrafR Rn. 48; ebenso nach – nicht zwingendem – Schluss aus § 12 Abs. 1 S. 2 OWiG etwa Weiss ZJJ 2023, 114 (117)). Allerdings verbieten es die erzieherischen Grundsätze der Transparenz und des Schutzes, Jugendliche gerade strafrechtlich zu verfolgen, wenn ihnen die Reife zum Erkennen dieser Konsequenz fehlte. Nichts anderes ergibt sich aus dem Verbot der Schlechterstellung gegenüber Erwachsenen (→ § 2 Rn. 23 ff.), soweit der Auffassung gefolgt wird, die auch im allg. StR nach einem traditionsreichen Grundsatz (vgl. etwa Laubenthal/Baier GA 2000, 205 (207)) das Bewusstsein um das strafrechtliche Unrecht zur Voraussetzung erklärt (aA BGHSt 52, 227 (239) = BeckRS 2008, 11757; Fischer/Fischer/Anstötz StGB § 17 Rn. 3a).

19 **bb)** Die **Einsichtsfähigkeit** ist zumindest bei den meisten charakteristischen Jugenddelikten idR gegeben, weil die kognitive und soziale Kompetenz, derer es zum Verbots- und Unrechtsbewusstsein bedarf, hinsichtlich vieler altersgruppentypischer Devianzformen (Schlagen, Wegnehmen, Anzünden usw) im Zuge von Nahrauminteraktionen schon früh (teilweise bereits im Vorschulalter) herausgebildet wird (zum Forschungsstand vgl. etwa Lampe ARSP 92 (2006), 397; Kerner/Bott/Reich FS Schwind, 2006, 975 ff.; Nunner-Winkler FPPK 2 (2008), 146 (148 ff.); Weyers Journal für Psychologie 20 (2012), Ausgabe 2; einschr. Pongratz/Schäfer/Weiße/Jürgensen, Kinderdelinquenz, 1975, S. 47). Bei Delikten, deren juristische Konstruktion ohne ein Erfahrungskorrelat in der jugendlichen Lebenswelt bleibt (zB Weiterverkauf eigener Diebesbeute als zusätzliches (Betrugs-)Delikt), ist dies aber nicht ohne weiteres anzunehmen (→ Rn. 17). Da das Denken von Kindern eher um konkret-anschauliche Gegebenheiten kreist, ohne hiervon zu abstrahieren (vgl. Schneider/Lindenberger, Entwicklungspsychologie/Sodian/Nunner-Winkler/Paulus, 8. Aufl. 2018, S. 395 ff., 537 ff.), setzt die Reflexion solcher Verbotsformen einen stärker entwickelten Entwicklungsgrad voraus (vgl. auch Weiss ZJJ 2023, 114 (116)). Auch kann jungen Jugendlichen die angehobene (sanktionsbewehrte) Nachdrücklichkeit eines strafrechtlichen Verbots nicht hinreichend bewusst (und in ihren Augen etwa einem „Handy-Verbot“ gleichgestellt) sein. Ist hier die Möglichkeit auszuschließen, dass lediglich „Ausreden“ oder nachträgliche Neutralisierungen vorgebracht werden, steht in solchen Fällen – etwa beim „Frisieren“ von Fahrzeugen oder dem Fahren ohne Fahrerlaubnis (vgl. BMJ/Ostendorf 1992, S. 203) – die hinreichende **Differenzierungsfähigkeit** zwischen Recht und deliktsspezifischem Unrecht in Frage (vgl. dazu etwa Schlüchter ZRP 1992, 390 (394); Peterson Canadian Journal of Criminology and Criminal Justice 30 (1988), 381 (388, 394)).

20 Substanziell verfehlt und simplifizierend ist es, zur Prüfung der geistigen Reife und zur Begründung der Einsichtsfähigkeit auf den **allg. intellektuellen Entwicklungsstand** abzustellen und daher allein auf entspr. Indikatoren zu verweisen (zB Schulerfolg, altersentsprechendes Auftreten, gemessener Intelligenzquotient). In der Praxis scheint dies allerdings verbreitet zu sein (so etwa anhand eines 14-Jährigen LG Heilbronn v. 17.12.2012 – 2 (3) KLs 46 Js 3954/10 jug, S. 80 (überdurchschnittlich intelligent, altersgerechte Entwicklung)). Abgesehen davon, dass es in einer solchen Herangehensweise leicht nur bei Anzeichen für erhebliche Intelligenzminderungen zu Zweifeln an der Verantwortlichkeit kommt (zu in diesem Zusammenhang bestehen-

den Stereotypen bei Laienrichtern s. Najdowski/Bottoms JForPsychiatrPsych 26 (2015), 407), werden die Voraussetzungen des S. 1 hierbei mit der Fähigkeit zu zweckrationalem Verhalten verwechselt. Allg. Leistungskapazitäten sind nicht verkürzend mit einer speziellen und tatsituativen Normeinsicht gleich zu setzen. Vielmehr ist es wesentlich, ob rechtliche Verhaltenserwartungen in die kognitiven Problem- und Konfliktbewältigungsverfahren des individuellen Jugendlichen bereits hinreichend integriert werden (ähnlich Klosinski FPPK 2 (2008), 162 (165 f.)). Die allg. intellektuelle Entwicklung stellt hierfür lediglich eine Grundbedingung dar.

21 **cc)** Hinsichtlich der Fähigkeit, das eigene **Verhalten zu steuern,** gibt das JStR den etwaigen Einschränkungen der prinzipiell unterstellten Willensfreiheit und den Möglichkeiten einer hiervon unabhängigen Verhaltensdeterminiertheit eher Raum als das allg. StR. Satz 1 verweist nämlich auch auf Situationen, in denen die individuelle Kompetenz, konkrete Hemmungsvorstellungen oder innere Kontrollen und Widerstände wirksam werden zu lassen, sozialisatorisch noch nicht hinreichend ausgebildet ist – jedenfalls nicht in dem Maße, um die Bedingungen einzugrenzen, die zur Begehung einer als Unrecht erkannten Tat aktuell hinlenken (n. → Rn. 23 ff.; vgl. auch Doering/Kemme/Zähringer PraxRPsych 2014, 163 (174); Berk, Entwicklungspsychologie, 2020, S. 587). Das ist gerade mit Blick auf entwicklungsbiologische Befunde bedeutsam, denen zufolge die Fähigkeiten zur (emotionalen, spontanitätsbegrenzenden) **Selbstregulation,** derer es zur Umsetzung einer Unrechtseinsicht bedarf, vor Abschluss langjähriger hirnphysiologischer Reifungsprozesse nur in engen Grenzen bestehen (vgl. Klosinski FPPK 2 (2008), 162 (164)). Medizinisch, psychiatrisch oder psychologisch ist es im Einzelfall jedoch allenfalls feststellbar, wenn die fragliche individuelle Kompetenz vergleichsweise gering ausgeprägt war. Darüber hinaus anzuerkennen, dass in der Tatsituation deshalb eine spezifische Form der Überforderung bestand, setzt indes ersichtlich eine Wertung voraus (Streng JugendStrafR Rn. 51: „Rechtsgefühl").

3. Beurteilungsrelevante Umstände

22 **a) Grundsätzliches.** Für die Beurteilung gem. S. 1 kommt es darauf an, dass die Anforderungen, um sich unter den konkreten tatsituativen Bedingungen und Einflüssen (Anreize, Zwänge, Druck usw.) konform verhalten zu können, die individuellen entwicklungsbedingten Möglichkeiten nicht überstiegen haben (Bliesener ua/Dahle/Richter S. 377). Es besteht Einigkeit darüber, dass das Vorliegen dieser Voraussetzungen durch eine Vielzahl von Einzelfaktoren beeinflusst wird. Die Bildung von **Kategorien,** bei denen ein **Fehlen** der **Verantwortungsreife naheliegt,** kann hierbei eine (zumindest vorläufige) Beurteilung durch Institutionen der Strafverfolgung erleichtern. Dabei ist indes Sorge zu tragen, dass die sich hieraus ergebenden Maßstäbe nicht primär durch das Bedürfnis nach erleichternder Routinisierung oder durch andere institutionelle Handlungsnormen (dazu Eisenberg/Kölbel Kriminologie § 31) geprägt werden. Zudem ist klar, dass diverse Beeinträchtigungen im Persönlichkeitsbereich – auch unterhalb des Niveaus der psychischen Auffälligkeit (hier zur Abgrenzung gegenüber §§ 20, 21 StGB → Rn. 46 ff.) – in diese Kategorisierung nicht eingehen, sondern idR nur durch Sachverständige festgestellt werden können (n. → Rn. 32).

Im Übrigen kommt diesen Kategorien keine größere Relevanz als der eines Anhaltspunktes zu (vgl. auch Weiss ZJJ 2023, 114 (116)). So ist bspw. eine Verneinung der Verantwortlichkeit mit Blick auf das **Lebensalter** umso eher in Betracht zu ziehen, je weniger der Übergang aus der Kindheit bei der Tatbegehung zurücklag, also insbes. bei 14- und auch bei 15-Jährigen. Allerdings bestehen erhebliche interindividuelle Unterschiede in der Entwicklung, sodass das jeweilige Alter zwar als erste Anknüpfung dienen kann, aber keine fundierte Orientierung bei der Beurteilung des Einzelfalles (etwa im Sinne eines damit assoziierten „normalen" Entwicklungsstandes) bietet (vgl. auch Weber Schuldprinzip S. 82: keine allgemeine Regel). Da sich die Idee einer angehobenen Bestrafungsmündigkeit (bisher) nicht durchgesetzt hat (→ Rn. 7), wird in der Praxis denn auch nicht ganz selten sogar JStrafe gegenüber Jugendlichen im Alter von 14 bis 16 Jahren verhängt (n. → § 92 Rn. 14a). 23

b) Innere und äußere Tatumstände. Bei vielen Deliktstypen ist zu berücksichtigen, ob es bei der konkreten Begehung womöglich an einer unmittelbaren Beziehung zu dem Geschädigten und/oder an der Wahrnehmbarkeit einer Individualschädigung fehlt. Je stärker sich das Geschehen als **entpersonalisiert** darstellt, desto blasser kann sich das Verbotsbewusstsein ausnehmen. Zwar ist hier ggf. auch eine Umkehrung möglich, wenn es (zB bei einem bestimmten Bereich der Gewaltdelinquenz) für die Motivation geradezu ausschlaggebend ist, das Opfer nicht zu kennen (vgl. dazu etwa Kersten RdJB 1994, 187 (188 f.)). Doch normalerweise sind Verhältnisse zwischen Täter und Opfer, die von **Anonymität** gekennzeichnet werden, eher ein Anlass zur Frage, ob die jugendliche Person das begangene Unrecht tatsächlich als solches zu bewerten vermag. Beispiele hierfür liegen bei der Wegnahme oder Beschädigung von Sachen im öffentlichen Besitz vor, ggf. auch bei Hehlerei, Beteiligung am Glücksspiel oder Gebrauchsentwendungen ohne „Diebstahlsabsicht" (dazu bereits Nissen/Schmitz, Strafmündigkeit/Lempp, 1973, S. 19 ff.). 24

Bei **(sozialen) Konflikt**situationen (Zwangslagen, eskalierende Auseinandersetzungen, überforderungsnahe Entwicklungen usw) ist in besonderem Maße zu prüfen, ob der Jugendliche über die erforderliche sittliche (dh soziale) Reife bzw. die erforderliche Selbstregulationsfähigkeit verfügt hat und normativen Erwartungen zu entsprechen vermochte. Dies steht ebenso bei Delikten zur Debatte, zu denen es infolge **spontaner** Reaktionen auf unvorhersehbare Ereignisse (vgl. schon Undeutsch Psych-HdB/Peters S. 263 ff., 268) oder **emotionaler Zuspitzungen** kommt (vgl. LG Hamburg StV 2019, 478 (479) = BeckRS 2018, 44751 für die Situation andauernder Zurückweisung). Entsprechende Impulse, deren Dynamik die individuelle Selbststeuerungsfähigkeit bisweilen übersteigt, können auch im Kontext der Peer-Group ausgelöst werden. Das gilt va für deliktisches Verhalten, mit dem (etwa iS einer „Mutprobe") ein Zuwendungs- oder Anerkennungsbedürfnis bei einem fragilen Selbstwertgefühl eingelöst werden soll (vgl. dazu bspw. Hülshoff, Medizinische Grundlagen der Heilpädagogik, 4. Aufl. 2022, S. 405 f.). 25

Ähnlich liegt es bei deliktischem Geschehen, an dem auch **Autoritäts**personen beteiligt sind (zB Eltern, ältere Geschwister, Anführer einer Gleichaltrigengruppe (s. OLG Hamm NStZ-RR 2007, 123 (124); AG Eilenburg 19.10.2022 – 9 Ds 647 Js 1866/22; Lempp DVJJ-Journal 1994, 26

60)) oder an dem andere (nicht notwendig ältere) Tatbeteiligte mitwirken, die vom Jugendlichen als überlegen oder besonders erfahren erlebt werden (vgl. etwa LG Hamburg 27.2.2012 – 604 Ks 13/11; unklar dazu BGH NStZ 2013, 286 mAnm Eisenberg ZKJ 2013, 347; Problematik nicht erörtert von LG Münster ZJJ 2013, 323 mAnm Eisenberg ZJJ 2013, 325). Der hiervon ausgehende Erwartungsdruck kann ebenfalls stärker als die individuell bereits entwickelte Selbstkontrollkompetenz sein (vgl. Beulke/Swoboda JugendStrafR Rn. 177; näher Bohnert NStZ 1988, 249 (254 f.)). In solchen Konstellationen bedarf es dann der Prüfung, ob der Jugendliche nur als Tatwerkzeug fungierte und mittelbare Täterschaft zu bejahen ist (vgl. dazu Schaffstein FS Stutte, 1979, 269; Schaffstein GS Weßlau, 2016, 67 ff.).

27 Hinsichtlich der bio-psychologischen Entwicklung kann der **Pubertät** iZm ihren behavioralen und psychologischen Auswirkungen etwa bei Protestverhalten oder ggf. auch bei Impulsivakten iRv (ua familiären) konfliktbehafteten Entwicklungen eine wesentliche Bedeutung zukommen und ggf. zur Verneinung der Reife führen (Berk, Entwicklungspsychologie, 2020, S. 558 ff.; s. ferner Kemme/Müller/Schmitz ZJJ 2024, 266 (267 ff.)). Um dies verifizieren zu können, bedarf es bei entspr. Anlass idR der Heranziehung eines Sachverständigen, und zwar unter Einhaltung des § 43 Abs. 2 S. 2 (zu den dahingehenden Unterlassungen im Verfahren des LG Berlin (530) 1 Kap Js 1874/05 KLs (101/05) bzw. (539 KLs) 234 Js 368/13 (2/14) siehe die Anm. zu den Revisionsverwerfungsbeschlüssen BGH NStZ 2007, 522; BGH BeckRS 2015, 12159 von Eisenberg/Schmitz NStZ 2008, 94; Eisenberg StV 2016, 709). Speziell bei strafrechtlich relevantem **sexualität**sbezogenem Verhalten wird – abgesehen von der insoweit erhöhten Problematik der Einsichtsfähigkeit (va bei Sachverhalten iSv § 176 StGB unter nahezu Gleichaltrigen) – teilw. angenommen, der Jugendliche werde bisweilen von der Wirkung des Geschlechtstriebs gewissermaßen überfordert oder überrascht, sodass er seine Verhaltenssteuerung nicht darauf habe einstellen können. Auch sollen bei Sexualdelikten die Verantwortlichkeitsvoraussetzungen des S. 1 bei besonderen Belastungen in der Sozialisation (zB Intoleranz der Erziehungsperson bzw. Erfahrungen als Zeuge oder Opfer sexueller Gewalt) vergleichsweise häufig zu verneinen sein.

28 **c) Sozialisatorische Kontexte.** Probleme im Bereich der **elterlichen Erziehung** können über ihre allg. Bedeutung (n. → § 5 Rn. 50 f.) hinaus auch für S. 1 zu berücksichtigen sein. Aus lernpsychologischer Sicht tragen verschiedene innerfamiliäre Faktoren zu einer fehlenden oder gestörten Identifikation mit sozialen Normen bei, ua auch eine für Kinder abträgliche Familienatmosphäre. Bisweilen reichen diese Defizite bis hin zur schweren Deprivation an Zuneigung, grundsätzlichem Respekt, Vertrauensvermittlung und an Voraussetzungen der kognitiven Entwicklung (für drastische Konstellationen s. LG Passau NJW 1997, 1165 mkritAnm Eisenberg NJW 1997, 1136 und mzustAnm Brunner JR 1997, 120; nicht erörtert in BGH NStZ 2007, 522 mAnm Eisenberg/Schmitz NStZ 2008, 94; n. Eisenberg GS Walter, 2014, 55 ff.). Aber auch unterhalb dieses Extremfall-Niveaus können desinteressierte, inkonsistente oder sonst dysfunktionale Erziehungsstile ebenso wie deliktstolerante Orientierungsmuster der Eltern, deren Suchtmittelmissbrauch oder innerfamiliäre Gewalt (Übergriffe zwischen den Partnern/innen; Kindesmisshandlung) das Verständnis für die Einhaltung von StR-Normen beeinträchtigen oder verzögern (für ein Bsp. LG Hamburg

StV 2019, 478 = BeckRS 2018, 44751; vgl. zu diesem Forschungsbereich n. Eisenberg/Kölbel Kriminologie § 56 Rn. 9 ff. mwN).

29 Bei öffentlicher Erziehung außerhalb einer Familie kann der von S. 1 vorausgesetzte Entwicklungsstand insbes. in Fällen von **Heimerziehung,** namentlich soweit diese in einer geschlossenen Einrichtung erfolgt ist, zweifelhaft sein. Ungeachtet der in den 1970er Jahren begonnenen Veränderungen reduziert die Reglementierung in Heimen die Identifikationsmöglichkeiten, die auf persönlichen Beziehungen beruhen, verlangsamt so ggf. die Herausbildung sozialer Fähigkeiten wie zB die zur Bewältigung zwischenmenschlicher Konflikte (s. ferner → Rn. 39). Zu berücksichtigen ist ferner, dass sich die in Heimen erzogene und von der Außenwelt partiell isolierte Gruppe tendenziell aus Kindern zusammensetzt, die besonders häufig durch soziale, psychische oder physische Problemlagen beeinträchtigt werden und deshalb als Gleichaltrigengruppe oft ein ungünstiges sozialisatorisches Umfeld darstellt (s. auch Eisenberg/Kölbel Kriminologie § 58 Rn. 8 ff.).

30 Anlass für eine besonders sorgfältige Prüfung iSv S. 1 besteht mitunter bei Jugendlichen, die unter **divergierenden kulturellen** Bedingungen aufwachsen und daher mit einer (bereichsbezogenen) Orientierungsunsicherheit konfrontiert sein können (s. auch → § 105 Rn. 33 ff.). Auf diese Möglichkeit wird seit langem va bei der „zweiten" und „dritten Generation" von Zugewanderten hingewiesen (vgl. aus psychiatrischer Sicht etwa schon Focken StV 1982, 313), besonders aber auch bei sehr jungen unbegleiteten Geflüchteten (zu deren Problemfeldern etwa Dittmann/Müller ForE 2013, 262; speziell bei deren Heimunterbringung etwa Brinks/Dittmann ForE 2016, 113). Schwierigkeiten bei der Identifizierung mit der Herkunfts- und/oder Mehrheitskultur können hier mit Nachteilen in den sozio-ökonomischen Rahmenbedingungen sowie Zurückweisungs- und Isolationserfahrungen zusammentreffen und namentlich im Jugendalter ggf. mit allgemeinen Formen phasenspezifischer Normenverunsicherung kumulieren.

4. Einzelne prozessuale Fragen

31 **a) Zeitpunkt der Prüfung und Entscheidung.** Zur Vermeidung einer unnötigen und unzulässigen Prozessfortsetzung, die idR grundrechtseingreifende und ggf. erzieherisch nachteilige Wirkungen hat, sollte die Verantwortlichkeit iSv S. 1 **möglichst frühzeitig** geprüft und bei negativem Ergebnis umgehend eine Verfahrensbeendigung herbeigeführt werden. Die Frage der Reife ist daher bereits im Ermittlungsverfahren (auch durch die JGH, § 38 Abs. 2 S. 2) aufzuwerfen, zumindest aber im Zwischenverfahren und ohnehin in der HV. Demgemäß sollte bei fehlender Reife möglichst schon die JStA wegen mangelnden Tatverdachts einstellen (§ 170 Abs. 2 StPO; s. auch RL Nr. 2) oder jedenfalls das JGericht die Eröffnung des Hauptverfahrens ablehnen (§ 204 StPO). Stets ist daran zu erinnern, dass der Gerichtssaal nach Peters (Strafprozess S. 405) als „der ungeeignetste Ort gilt, in das geistig-seelische Leben eines Menschen einzudringen", wobei es hinsichtlich der Voraussetzungen des S. 1 ohnehin auf den Zeitpunkt der Tat ankommt (→ Rn. 12). Eine Erledigung gem. § 47 Abs. 1 S. 1 Nr. 4 ist allerdings nur in der HV zulässig (n. → § 47 Rn. 19; dazu, dass die StA darauf hinwirken soll, s. RL Nr. 3). Ob das Verfahren, wenn es bis in dieses

Stadium gelangt ist, tatsächlich auf dieser Grundlage eingestellt oder durch Freispruch wegen mangelnder Reife beendet werden sollte, hat das Gericht abzuwägen. Gegen den Freispruch spricht, dass er Feststellungen zum äußeren Straftatbestand (zur hier gleichwohl bestehenden Erheblichkeit sich darauf beziehender Beweistatsachen s. Alsberg/Güntge Beweisantrag Kap. 5 Rn. 452) im Urteil gleichsam fixiert. Andererseits spielt auch der Zeitpunkt, zu dem die Wahl zwischen Urteil und Einstellung zu treffen ist, eine Rolle (n. → § 47 Rn. 9). Eine Eintragung ins **Erziehungsregister** erfolgt gem. § 60 Abs. 1 Nr. 6 und 7 BZRG indes in allen hier genannten Erledigungsformen (abw. für §§ 170 Abs. 2, 203 StPO aber NK-JGG/Ostendorf Rn. 21).

32 **b) Heranziehung von Sachverständigen.** Die Ermittlungen (auch) zur Frage der Verantwortlichkeit sind unter Einschaltung der JGH zu führen. JStA und JRichter haben bei einer ggf. nach § 44 durchgeführten Vernehmung die Möglichkeit, eine Prüfung der Voraussetzungen des S. 1 vorzubereiten. Sofern sich beim beschuldigten Jugendlichen besondere Auffälligkeiten zeigen (etwa eine Alkohol- bzw. Drogenabhängigkeit) oder die oben (→ Rn. 24 ff.) genannten bzw. ähnliche Anhaltspunkte vorliegen, bedarf es angesichts der richterlichen Aufklärungspflicht, die hinsichtlich der positiv festzustellenden Reife iSv S. 1 besteht, einer näheren Prüfung. Diese Prüfung muss in den Urteilsgründen erkennbar werden, wenngleich der **Begründungsaufwand** durch die Bedingungen des Falles und das Vorwurfsgewicht beeinflusst wird (Weiss ZJJ 2023, 114 (117)). Verbleiben dabei Zweifel, was bei einer abw. Einschätzung der JGH nach OLG Hamm NStZ-RR 2007, 123 (124) allerdings nicht zwangsläufig der Fall ist, wird die Zuziehung eines **Sachverständigen** (§ 43 Abs. 2 S. 2) und ggf. auch die Unterbringung zur Beobachtung (§ 73) erforderlich (→ § 43 Rn. 33, 43; zum Vorgehen bei der sachverständigen Beurteilung vgl. Bliesener ua/Dahle/Richter S. 375 ff.). In Fällen, in denen die damit verbundenen Eingriffe angesichts des Tatvorwurfs unverhältnismäßig wären (zur Problematik MüKoStPO/Kölbel/Ibold StPO § 160 Rn. 88), ist die Situation des Zweifels hinzunehmen und nach dem in dubio pro reo-Grundsatz (→ Rn. 11) zu verfahren (ebenso BeckOK JGG/Schlehofer Rn. 15; enger MüKoStGB/Laue Rn. 19).

33 **c) StrEG.** Wurde die strafrechtliche Verantwortlichkeit zunächst zu Unrecht bejaht, kommt es dann aber zu Freispruch oder Einstellung, gelten für eine etwaige Entschädigung (dazu allg. → § 2 Rn. 59 ff.) Besonderheiten. So kann, wenn der Jugendliche ohne den Reifemangel verurteilt worden wäre, eine Entschädigung gem. § 6 Abs. 1 Nr. 2 StrEG **entfallen**. Abhängig ist dies von einer Gesamtabwägung, die das Gewicht der strafrechtlichen Eingriffe wie auch des Tatvorwurfs einbeziehen muss (dazu und zur dahingehenden eigenen Ermessensentscheidung auch des Beschwerdegerichts s. OLG Hamm NJW 2012, 3046 (zum allg. StR)). Zulasten des Entschädigungsanspruchs darf hierbei ferner berücksichtigt werden, wenn der Betroffene anlässlich einer (einstweiligen) jugendgerichtlichen Unterbringung eine „wichtige Förderung" erfahren hat (vgl. LG Hamburg 27.2.2012 – 604 Ks 13/11, 46; MüKoStPO/Kunz StrEG § 6 Rn. 30; Eisenberg ZKJ 2013, 347).

IV. Familiengerichtliche Maßnahmen gemäß S. 2

1. Materielle Anforderungen

a) Allgemeine Voraussetzungen. Wird vom JGericht die Verantwortlichkeit iSv S. 1 verneint, scheiden sämtliche Sanktionen des JStR aus (nach hier vertretener Ansicht (→ Rn. 51 f.) auch die Unterbringung gem. § 63 StGB iVm § 7 Abs. 1). Gleichwohl kann ein Jugenddelikt bei fehlender Reife eine erzieherische Reaktion nach sich ziehen. Möglich ist dies (ausschließlich) durch die in S. 2 genannten Rechtsfolgen. Werden diese nicht befolgt, ist allerdings (zumal Erziehungsmaßregeln gem. § 9 entfallen) die Anwendung des § 11 Abs. 3 ausgeschlossen (und zwar unabhängig davon, ob bei Missachtung der angeordneten Maßnahmen die Reife im Sinne des S. 1 gegeben wäre). 34

Ungeachtet des Normwortlauts („nicht verantwortlich ist") darf das JGericht auch dann nach S. 2 vorgehen, wenn das Fehlen der Verantwortlichkeit nicht eigens festgestellt wird, sondern in Zweifelsfällen hiervon lediglich iS des **in dubio pro reo**-Grundsatzes (→ Rn. 11) auszugehen ist (aA BeckOK JGG/Schlehofer Rn. 46 ff.). Alles andere wäre widersprüchlich, da gegen strafrechtlich verantwortliche bzw. nicht verantwortliche Jugendliche die Rechtsfolgen gem. § 5 bzw. die Maßnahmen nach S. 2 angeordnet werden können, während für diejenigen, bei denen zweifelhaft ist, zu welcher dieser beiden Gruppen sie gehören, gleichsam eine Reaktionslücke bestünde (Dallinger/Lackner Rn. 42; MüKoStGB/Laue Rn. 33). Die abw. Regeln für § 63 StGB lassen, weil dort schuldfähigkeitsbezogene Zweifelsfälle nur iZm § 21 StGB praktische Folgen haben und anstelle der dann ausgeschlossenen Unterbringung (n. → § 7 Rn. 7) eine „normale" Sanktion verhängt wird, für die vorliegende Konstellation keine gegenteiligen Schlüsse zu. Der Gefahr, dass eine Maßnahme gem. S. 2 zu schwerwiegenden Beeinträchtigungen zu führen vermag, wenn sie auf einer vom Tatsächlichen her möglicherweise verfehlten Grundlage ergeht (Nix/Cabanis/Nix Rn. 19), ist bei der Ermessensausübung (→ Rn. 40) Rechnung zu tragen. 35

b) Spezielle Voraussetzungen. Gegenstand der von S. 2 zugelassenen Anordnungen können alle **familiengerichtlichen Erziehungsmaßnahmen** iSv § 34 Abs. 3 sein, insbesondere solche gem. §§ 1666 f. und § 1915 BGB. Ungeachtet der Nichtanwendbarkeit von § 12 schließt dies die Maßnahmen gem. §§ 27 ff. SGB VIII ein, da das FamG bzgl. dieser Erziehungshilfen unter den tatbestandlichen Voraussetzungen des § 1666 BGB hierfür (auch mit Blick auf § 1 Abs. 3 SGB VIII) gleichermaßen anordnungsberechtigt ist (ebenso Diemer/Schatz/Sonnen/Diemer Rn. 36; einschr. bzgl. der Bindung des JAmtes Brunner/Dölling Rn. 23; Miehe FS Fenge, 1996, 439 ff.). Für die Festlegung der genannten Maßnahmen hat das JGericht das Vorliegen der materiell-rechtlichen Voraussetzungen der jeweiligen **Rechtsgrundlagen im BGB** zu prüfen. Durch S. 2 wird (nur) die Anordnungszuständigkeit auf das JGericht ausgedehnt, diesem aber kein eigener, befugnisbegründender Eingriffstatbestand zur Verfügung gestellt (allgA). Mit der Zuständigkeitserweiterung soll eine stärkere Konzentration und Beschleunigung des Vorgehens erreicht werden können. Darüber, ob diese Möglichkeit (bei erfüllten Anordnungsvoraussetzungen) zweckmäßigerweise genutzt wer- 36 den soll, hat das JGericht indes im Rahmen pflichtgemäßen Ermessens zu entscheiden (n. → Rn. 40).

37 **c) Gründe für zurückhaltende Interventionen. aa)** Bei Prüfung der jeweiligen Anordnungsvoraussetzungen ist der **Verhältnismäßigkeitsgrundsatz** zu berücksichtigen und dabei jeweils im Einzelnen abzuwägen, ob bei Anordnung einer Maßnahme die erzieherischen Vorteile oder Nachteile überwiegen. Hierbei muss die **Ambivalenz** vieler in Betracht kommender Interventionsformen berücksichtigt werden. Dazu zählt, dass Kinder und Jugendliche aus sozio-ökonomisch benachteiligten Bevölkerungsgruppen von den in Betracht kommenden Maßnahmen generell mit angehobener Häufigkeit betroffen sind, sodass bei neuerlicher Anordnung deren (erhöhte) Segregation reproduziert werden kann. Darüber hinaus kann die „fürsorgerische" oder „pädagogisch-therapeutische" Amtstätigkeit zu einer früheren und/oder verstärkten strafrechtlichen Erfassung beitragen. Dabei spielt die intensivere institutionelle Kontrolldichte ebenso eine Rolle wie die Gefahr, dass es im Zuge misslingender oder eskalierender Beziehungsformen zur Verfestigung deliktischer Fremd- und Selbstbilder kommt. Wenngleich es methodisch außerordentlich schwierig ist, die Effekte einer frühen behördlichen Intervention auf individuelle Sanktionsbiografien aufzuzeigen, liegt die Möglichkeit einer unbeabsichtigten negativen (desintegrativen) Verstärkung alles andere als fern (vgl. Eisenberg/Kölbel Kriminologie § 55 Rn. 30 ff., § 56 Rn. 23 f.; siehe aber für die Unterbringung in Pflegefamilien auch die eher positiven Entwicklungsverläufe bei Gleißner/Johler/Ney-Wilkens/Hollmann Bildung und Erziehung 66 (2013), 99).

38 **bb)** Die Berücksichtigung des **Willens** der betroffenen Jugendlichen ist schon deshalb angezeigt, weil es für einen erzieherischen Erfolg wesentlich auf die Mitwirkungsbereitschaft der Minderjährigen ankommt. Aufgezwungene Maßnahme sind dagegen wenig sinnvoll (vgl. aber näher Schwabe/Wust unsere jugend 2008, 5), jedenfalls wenn die Minderjährigen – ihrem jeweiligen Entwicklungsstadium gemäß – „gute Gründe" für ihre Ablehnung haben. Das Problem besteht hier aber offensichtlich in der Bestimmung dessen, was deshalb als „gute Gründe" akzeptiert werden sollte. Durch die Tendenz, hier in erster Linie nach den Vorstellungen der erwachsenen Entscheidungsträger zu verfahren (zur meist beschr. Partizipation der Betroffenen s. die Befragung bei JÄmtern von Kotthaus ZKJ 2007, 174), bleibt der Bezug zur (erwünschten funktionalen) Freiwilligkeit häufig schwach. Die fragliche Maßnahme spiegelt dann eher den allg. Konflikt zwischen Erziehungsanspruch und (oftmals empfundenem) Strafcharakter von Rechtsfolgen wider, zumal die Jugendlichen häufig kaum in der Lage sind, ihre Bedürfnisse und Interessen in der Sprache der zuständigen Behörden verständlich zu machen.

39 **cc)** Speziell bei der **Heimunterbringung** (zu deren Problematik im Detail → § 12 Rn. 17 ff., 25 ff.) kann nicht ignoriert werden, dass Personen, deren strafrechtliche Erfassung biografisch besonders anhaltend oder ausgeprägt ist, ungewöhnlich oft ihre Kindheit und Jugend teilw. in entspr. (va geschlossenen) Einrichtungen verbracht haben (vgl. bspw. Entorf/Meyer/Möbert, Evaluation des Justizvollzugs, 2008, S. 42; Stelly/Thomas/Vester/Schaffer MschKrim 97 (2014), 267 (275)). Sicher ist hierbei unklar, zu welchen Anteilen dieser Befund mit der Ausgestaltung der öffentlichen Erziehung und/oder der Vorauswahl der hier untergebrachten Kinder und

Jugendlichen erklärt werden muss (zumal stets von einer Wechselwirkung mit etwaigen anderen Einflussfaktoren auszugehen ist). So kann die Entwicklung sozialer Orientierungen durch das Aufwachsen oder längere Aufenthalte in einer Heimumwelt beeinflusst werden, aber auch den lebensgeschichtlichen Vorerfahrungen eine größere Bedeutung zukommen. Überdies können Heime schon aufgrund ihrer geordneten Struktur durchaus ein gewisses „Schonklima" gegenüber den sozialen Verhältnissen außerhalb bieten. Andererseits fungieren sie tendenziell als letztes „Auffangbecken" von ansonsten unerwünschten oder als nicht anderweitig betreubar eingestuften Kindern und Jugendlichen, was im Bewusstsein vieler Betroffener vielfach verankert ist (vgl. auch die Interviews bei Menk/Schnorr/Schrapper, Woher die Freiheit bei all dem Zwange?, 2013, S. 63 ff., 159 ff.).

2. Verfahrens- und Zuständigkeitsfragen

Bei der Ermessensentscheidung über die Inanspruchnahme der aus S. 2 40
folgenden **Anordnungszuständigkeit** hat sich das JGericht an § 2 Abs. 1 zu orientieren, wobei verschiedene (Zweckmäßigkeits-)Aspekte von Belang sind. Eine Inanspruchnahme von S. 2 kann va in einem fortgeschrittenen Verfahrensstadium angezeigt sein, in dem der Jugendliche wegen fehlender Verantwortungsreife freizusprechen ist (etwa bei hier bestehender Notwendigkeit kurzfristiger Maßnahmen oder bei drohender Missverständlichkeit des folgenlosen Verfahrensabschlusses). Ob das JGericht eine entsprechende Anordnung nach Möglichkeit dem FamG überlassen sollte (so Brunner/Dölling Rn. 23), weil diesem insoweit eine höhere Sachkompetenz zukomme oder weil eine Anordnung des JGerichts (als eines Strafgerichts) im Allg. eine erhöht stigmatisierende Auswirkung habe, ist umstritten (dazu auch Ostendorf JZ 1986, 664 (668); NK-JGG/Ostendorf Rn. 18). Empirische Befunde, an denen die Ermessensentscheidung zu orientieren wäre, liegen bislang nicht vor. Geht das JGericht nach S. 2 vor, trifft es die Anordnungen in der jeweiligen verfahrensabschließenden Entscheidung, also im Beschluss gem. § 47 Abs. 1 Nr. 4 oder im freisprechenden Urteil (Diemer/Schatz/Sonnen/Diemer Rn. 38; abw. Bohnert NStZ 1988, 249 (255): stets eigener Beschluss).

Im Übrigen kann die **JStA,** wenn sie das Verfahren wegen eines Reife- 41
mangels einstellt, die Anordnung von familiengerichtlichen Erziehungsmaßnahmen beim **JGericht beantragen** (nach HK-JGG/Rössner/Bannenberg Rn. 34 analog §§ 413 ff. StPO; abl. BeckOK JGG/Schlehofer Rn. 52 f.). Dieses wird hierdurch – sofern es nach einer prozessordnungsgemäßen Prüfung das Vorliegen einer rechtswidrigen Tat bejaht – zur Entscheidung über den Gebrauch der sich aus S. 2 ergebenden Zuständigkeit veranlasst. Außerdem hat die JStA in diesem Fall (ebenso wie in späteren Verfahrensphasen daneben auch das JGericht) die Möglichkeit, eine Anordnung von als erforderlich erachteten erzieherischen Maßnahmen bei dem **FamG anzuregen** (§ 24 Abs. 1 FamFG). Dieses wird dann nach den Vorschriften des FamFG eine Prüfung vornehmen, denn seine Anordnungskompetenz besteht unabhängig vom strafprozessualen Geschehen (also auch unabhängig davon, ob und in welchem Verfahrensabschnitt das Fehlen der Voraussetzungen des S. 1 festgestellt wird).

Ordnet das JGericht gem. S. 2 eine Maßnahme an und wird dazu eine 42
nachträgliche Änderung erforderlich, so bleibt es hierfür wegen des

inhaltlichen Zusammenhangs (und zur Vermeidung von sonst drohenden Entscheidungswidersprüchen) zuständig (Diemer/Schatz/Sonnen/Diemer Rn. 37; abw. Brunner/Dölling Rn. 24; BeckOK JGG/Schlehofer Rn. 44). Die **Angreifbarkeit** der Anordnung des JGerichts bestimmt sich nach den Vorschriften des JGG und der StPO (aA Bohnert NStZ 1988, 249 (255): nach FamFG), sei es für die Beschwerde oder für Berufung und Revision. Eine Rechtsmittelbeschränkung gem. § 55 Abs. 1 besteht nicht, da die Anordnung gem. S. 2 in § 55 Abs. 1 nicht angeführt ist, jedoch gilt nach allgA die instanzielle Rechtsmittelbeschränkung auch hier (§ 55 Abs. 2).

V. Verhältnis von § 3 zum Irrtum und zu §§ 20, 21 StGB

1. Irrtum

43 **a)** Die Frage eines **Tatbestandsirrtums** (§ 16 StGB iVm § 2 Abs. 2) betrifft sachverhaltsbezogene Fehlvorstellungen und weist daher keine Überschneidungen mit dem Regelungsbereich von S. 1 auf. Allerdings kann jugendbedingte Unwissenheit und Unerfahrenheit eine tatbestandliche Fehlvorstellung begünstigen (BGH NJW 2018, 3658 (3659); eingehend → § 2 Rn. 30 ff.). Deshalb weist ein Tatbestandirrtum umgekehrt auch auf die Notwendigkeit hin, im Zusammenhang mit einer etwaigen Fahrlässigkeitsstrafbarkeit die Verantwortlichkeit iSv S. 1 besonders zu prüfen (zur besonderen Prüfungsbedürftigkeit auch der Erfolgsvorhersehbarkeit bei Jugendlichen s. MüKoStGB/Laue Rn. 20).

44 **b)** Den Voraussetzungen des S. 1 und denjenigen des **Verbotsirrtums** (§ 17 StGB iVm § 2 Abs. 2) ist gemeinsam, dass sie sich jeweils auf die individuelle Vorwerfbarkeit des Geschehens beziehen. Darüber hinaus geht es bei S. 1 Alt. 1 ebenso wie bei § 17 StGB um die Unrechtseinsicht (weshalb die jeweilige thematische Eigenständigkeit von MüKoStGB/Laue Rn. 23 f.; Bohnert NStZ 1988, 249 (251) bestritten wird). Allerdings betrifft S. 1 den unreife- und § 17 den „intellektuell bedingten" Verbotsirrtum (Nöding Verteidigung Rn. 60; ebenso etwa BeckOK JGG/Schlehofer Rn. 24 f.; Streng JugendStrafR Rn. 49 f.; Walter/Kubink GA 1995, 51 (58); Weiss ZJJ 2023, 114 (118)). Da die jeweiligen Irrtumsgründe also auf verschiedenen Ebenen liegen, sind die beiden Schuldausschlusskonstellationen selbstständig voneinander zu prüfen, zumal auch ihre Konsequenz für die Rechtsfolgenverhängung unterschiedlich ist (vgl. auch Streng GS Walter, 2014, 423 (431 ff.)). Dabei müssen, wie das Verhältnis der Voraussetzungen zeigt, **zunächst** diejenigen des **S. 1** untersucht werden.

45 Außerdem bestehen bei der Anwendung von § 17 StGB Besonderheiten. Unterliegt ein Jugendlicher einem Verbotsirrtum (etwa einer Fehlvorstellung über die Verbotsreichweite), ist durch die (vorherige) Bejahung seiner prinzipiellen Einsichts- und Steuerungsfähigkeit noch nichts dazu gesagt, ob er das konkrete Unrecht seines Tuns hätte einsehen können. Zwischen beiden Gesichtspunkten besteht keine Abhängigkeit (zust. Walter/Kubink GA 1995, 51 (57)). An die **Unvermeidbarkeit** eines Verbotsirrtums (etwa bei eingeholtem Rechtsrat) sind indes, wie sich aus Existenz und Struktur eines eigenen materiellen JStR ergibt, geringere Anforderungen als im allg. StR zu stellen (vgl. schon Dallinger/Lackner § 3 Rn. 36; kategorisch Ostendorf JZ 1986, 664 (665); aA Diemer/Schatz/Sonnen/Diemer Rn. 9). Im Übri-

gen ist die Möglichkeit, bei verschuldetem Verbotsirrtum zumindest die Sanktionen zu mildern (§ 49 StGB), für die spezifische Sanktionsentscheidung im JStR formell ohne Belang. Sachlich muss dieser Aspekt bei der Auswahl der JGG-Rechtsfolgen aber in Rechnung gestellt werden (→ § 18 Rn. 26 f.).

2. §§ 20, 21 StGB

a) Abgrenzung. §§ 20, 21 StGB iVm § 2 Abs. 2 verlangen (bei entspr. Anlass) ebenso wie S. 1 die Prüfung der Einsichts- und Steuerungsfähigkeit. Allerdings **unterscheiden** sich nicht nur die Rechtsfolgen, die an die Feststellung dahingehender Einschränkungen geknüpft sind, sondern auch die jeweils erfassten **Einschränkungsgründe:** Während § 3 nur dort zum Tragen kommt, wo die Verantwortlichkeit wegen Verzögerungen in der Reifeentwicklung fehlt (und sich mit dem Älterwerden erst noch einstellen muss), bezieht sich **§ 20 StGB** auf ein Verantwortlichkeits-Defizit, das auf einem (vom Reifungsprozess unabhängigen) psychopathologischen Zustand beruht (BayObLGSt 1958, 263 (264); TK-StGB/Weißer/Steinberg StGB § 20 Rn. 44; Beulke/Swoboda JugendStrafR Rn. 183 f.; Rupp-Diakojanni, Die Schuldfähigkeit Jugendlicher innerhalb der jugendstrafrechtlichen Systematik, 1990, S. 63 ff.). Im Rahmen dieser Differenzierung ist im jeweiligen Einzelfall zu entscheiden, aufgrund welcher Variante der Schuldvorwurf konkret auszuschließen ist. 46

Ähnliches gilt für das Verhältnis zwischen § 3 und **§ 21 StGB,** der mit der möglichen Folge iSv § 63 StGB iVm § 7 Abs. 1 auf Jugendliche anwendbar ist (→ § 7 Rn. 11; zur Berücksichtigung in der Rechtsfolgenentscheidung → § 18 Rn. 9, 16). In dieser Hinsicht kommt es für die Abgrenzung ebenfalls darauf an, ob ein ggf. vorliegender Mangel bei der Einsichts- oder Steuerungsfähigkeit entwicklungs- oder psychopathologisch bedingt ist (für eine zweifelhafte Fallzuordnung zu § 21 StGB s. BGH StV 2020, 464 = BeckRS 2020, 6231 mkritAnm Eisenberg ZKJ 2020, 300 (301)). Dabei schließt das Vorhandensein der Verantwortlichkeit nach S. 1 die Feststellung verminderter Schuldfähigkeit gem. § 21 StGB nicht aus (s. aber BMJ/Bernsmann 1992, S. 205 (213)). Vielmehr können die grds. Altersreife und eine erheblich verminderte Schuldfähigkeit gleichzeitig gegeben sein (BGH bei Böhm NStZ 1985, 447; BayObLGSt 1958, 263 (265); LG Hamburg StV 2019, 478 = BeckRS 2018, 44751; TK-StGB/Weißer/Steinberg StGB § 21 Rn. 27). Deswegen besteht das Erfordernis, die Voraussetzungen einer fakultativen Schuldminderung nach § 21 StGB zu prüfen, auch bei Bejahung der Voraussetzungen nach S. 1 fort (zur Tatbegehung unter Alkoholeinfluss, wo diese Notwendigkeit besonders evident ist, → § 18 Rn. 26). 47

Die Abgrenzung zwischen den Anwendungsbereichen der jeweiligen Normen wird, ungeachtet ihrer systematischen Klarheit, in der Praxis durch nicht unerhebliche **Überlappungen** merklich erschwert. Insbesondere bei Entwicklungsstörungen, die nicht (allein) sozialisatorisch, sondern ganz oder teilw. biologisch oder psychopathologisch bedingt sind (sog. Retardierung), verliert die Unterscheidung zwischen § 3 und §§ 20, 21 StGB an Klarheit (vgl. etwa Klosinski FPPK 2 (2008), 162 (166 f.)). Dem Rechtsprogramm entspricht es hier, mit sachverständiger Unterstützung (→ Rn. 32) die fallkonkret richtige Einordnung gleichwohl zu finden (wobei § 3 immer dann einschlägig ist, wenn eine weitere Reifeentwicklung auch ohne intensive 48

Heilbehandlung nicht aussichtslos ist). Lässt sich nicht aufklären, ob das Fehlen der Schuldvoraussetzungen primär entwicklungsbedingt (S. 1) ist oder primär auf davon unabhängigen Beeinträchtigungen beruht (§§ 20, 21 StGB), so ist nur S. 1 anzuwenden. Die mit der Anwendung der §§ 20, 21 StGB ggf. verbundenen Folgen (va § 63 StGB iVm § 7 Abs. 1) setzen nach dem Grundsatz **in dubio pro reo** das sichere Vorliegen der hierfür notwendigen Schulddefekte voraus (TK-StGB/Weißer/Steinberg StGB § 20 Rn. 44; VFDH Psych. Begutachtung-HdB/Schreiber/Rosenau S. 114; Streng JugendStrafR Rn. 62; vgl. auch schon ZStW/Schaffstein 1977, S. (65), 191 (195)).

49 **b) Vorrangproblematik.** Besondere Schwierigkeiten rufen die genannten Überlappungen in tatbestandlichen **Konkurrenzlagen** hervor, in denen sich der Fall nicht eindeutig (→ Rn. 46 f.) und auch nicht im Sinne eines non liquet (→ Rn. 48) einordnen lässt, weil die Vorwerfbarkeit vielmehr aus Sicht des Gerichts sowohl aus Gründen des S. 1 als auch aus Gründen der §§ 20, 21 StGB eingeschränkt bzw. verneint werden muss. Möglich ist dies, wo ein Entwicklungsmangel auf psychopathologischer Grundlage mit zunehmendem Alter einen Ausgleich erwarten lässt oder wo voneinander unabhängige Ursachen den Ausschluss der Verantwortlichkeit sowohl nach S. 1 als auch nach § 20 StGB (bzw. deren Verminderung nach § 21 StGB) bewirken. Für solche Konstellationen (zu deren offenbar überschaubarer Häufigkeit vgl. Wenn, Beurteilung der strafrechtlichen Verantwortlichkeit (…), 1992, S. 37 f.) werden kontroverse Auffassungen vertreten.

50 Nach wohl hM sind hier idR nur die **§§ 20, 21 StGB anzuwenden.** Dies hat zur Folge, dass bei Vorliegen der übrigen Voraussetzungen des § 63 StGB eine Unterbringung in der psychiatrischen Klinik angeordnet werden muss und die fehlende Verantwortungsreife nach S. 1 rechtlich bedeutungslos bleibt. Diese Handhabung diene, so wird unterstellt, „nicht nur dem allgemeinen Sicherungsbedürfnis, sondern auch dem Wohl des betroffenen Jugendlichen", zumal die Störung iSv §§ 20, 21 StGB regelmäßig, so die hinzukommende Mutmaßung, von größerer Bedeutung sei (BGHSt 26, 67 (70) = NJW 1975, 1469 (1470) mzustAnm Brunner JR 1976, 116; OLG Jena NStZ-RR 2007, 217 (218 f.) mAnm Otto R&P 2008, 165 dieser Rspr. zust. Diemer/Schatz/Sonnen/Diemer Rn. 28; Brunner/Dölling Rn. 13; Schneider ua Begutachtung S. 197; Gabber ZJJ 2007, 167 (171 f., 173); krit. zum Streitstand in der Psychiatrie Rupp-Diakojanni, Die Schuldfähigkeit Jugendlicher innerhalb der jugendstrafrechtlichen Systematik, 1990, S. 64 ff.). Nur wenn die Erforderlichkeit der Unterbringung zweifelhaft ist, soll S. 1 ausnahmsweise relevant werden und eine erzieherische Maßnahme gem. S. 2 angeordnet werden können (Brunner/Dölling Rn. 13; Diemer/Schatz/Sonnen/Diemer Rn. 29; Dehne-Niemann NStZ 2018, 375 (377 f.)). – Teile der Literatur lehnen das von der hM behauptete Vorrangverhältnis ab. Aus der parallelen tatbestandlichen Einschlägigkeit von § 3 und §§ 20, 21 StGB folge, dass das Gericht zwischen den jeweiligen Rechtsfolgen **wählen** und sich für die Reaktion entscheiden könne, von der es die höchste Einzelfallgerechtigkeit oder Zweckmäßigkeit erwartet (vgl. TK-StGB/Weißer/Steinberg StGB § 20 Rn. 44; BeckOK JGG/Schlehofer Rn. 34, 37; Beulke/Swoboda JugendStrafR Rn. 185; MBH/Meier JugendStrafR § 5 Rn. 18 sowie schon Schaffstein ZStW 1965, 191 (194); Dallinger/Lackner Rn. 32; ähnlich unter Verhältnismäßigkeitsaspekten Weiss ZJJ 2023, 114 (120)).

Richtigerweise liegt der **Anwendungsvorrang bei S. 1.** Gegenüber Jugendlichen mit mangelnder Verantwortungsreife sind die §§ 20, 21 StGB gleichsam verdrängt (OLG Karlsruhe NStZ 2000, 485 (486); MüKoStGB/Laue Rn. 27, 30; Nix/Pschorr/Nix Rn. 39 ff.; Undeutsch Psych-HdB/Peters S. 281; Lempp RdJB 1972, 326 (330); BMJ/Bernsmann 1992, S. 205 (211 ff.); ähnlich NK-JGG/Ostendorf Rn. 20: Rechtsfolgen iSv § 63 StGB gegenüber S. 2 subsidiär). Diese Auffassung wird den Grundsätzen des JStR am besten gerecht (zust. Renzikowski NJW 1990, 2905 (2910 Fn. 67); Nix/Nix/Cabanis Rn. 5; Drenkhahn/Schwan PraxRPsych 2014, 24 (31); offen gelassen in BGH BeckRS 2016, 15483 mAnm Laue NStZ 2017, 646). Bei der zeitlich nur bedingt limitierten Unterbringung handelt es sich nämlich um eine der eingriffsinvasivsten Rechtsfolgen, die gegenüber Jugendlichen überhaupt zulässig sind (kennzeichnend der Verlauf bei OLG Hamm BeckRS 2017, 135404). Zugleich ist deren Anordnung in den hier interessierenden Fällen, in denen eine Defektlage besteht, an keine übermäßig strengen, sondern nur noch an „weiche" sonstige Anforderungen (Prognose, Verhältnismäßigkeit) geknüpft (§ 63 StGB iVm § 7 Abs. 1). Dass die nach hM (beinahe) exklusiv zum Tragen kommen und zugleich die altersangepasste Rechtsfolge, die das JStR bei einem Fehlen der Verantwortlichkeitsreife originär vorsieht (S. 2), ohne dezidierte Klarstellung (fast) vollständig verdrängt werden soll, unterstellt dem Gesetz einen inakzeptablen funktionalen Bruch. 51

Im Übrigen ergibt sich die hier vertretene Lösung schon daraus, dass bei fehlender Verantwortlichkeitsreife deliktssystematisch gar kein Raum mehr ist, die sich nur bei gegebener Strafmündigkeit stellende Frage nach der allg. Schuldfähigkeit aufzuwerfen (abw. Dehne-Niemann NStZ 2018, 374 (376)). Deshalb muss nach hier vertretener Ansicht in einer Konkurrenz mit § 20 StGB ausschließlich S. 1 angewandt werden. Eine Heranziehung des § 21 StGB kommt in Fällen, in denen bereits die Vorwerfbarkeit iSv S. 1 zu verneinen ist, erst recht nicht in Betracht (ebenso Laubenthal/Baier/Nestler JugendStrafR Rn. 79; Beulke/Swoboda JugendStrafR Rn. 186; AnwK-StGB/Conen StGB § 21 Rn. 48; HK-JGG/Remschmidt/Rössner Rn. 18). Mangelt es bereits am elementaren Straftatelement der strafrechtlichen Verantwortlichkeit, wird die Frage nach einer nur rechtsfolgenrelevanten Schuldminderung obsolet (vgl. auch NK-JGG/Ostendorf Rn. 4). 52

Rechtliche Einordnung der Taten Jugendlicher

4 Ob die rechtswidrige Tat eines Jugendlichen als Verbrechen oder Vergehen anzusehen ist und wann sie verjährt, richtet sich nach den Vorschriften des allgemeinen Strafrechts.

Schrifttum: Asholt, Verjährung im Strafrecht, 2016; Jakobs, Strafrecht Allgemeiner Teil, 2. Aufl. 1993; Radtke, Bestrafungshindernisse aufgrund des Zeitablaufs, 2001.

I. Anwendungsbereich

Die Vorschrift ist für Jugendliche auch dann heranzuziehen, wenn das Verfahren vor den für allg. Strafsachen zuständigen Gerichten stattfindet (§ 104 Abs. 1 Nr. 1). 1

2 Die Vorschrift gilt für Heranwachsende – vor Jugendgerichten wie vor den für allg. Strafsachen zuständigen Gerichten – dann, wenn auf sie materielles JStR angewandt wird (§ 105 Abs. 1, § 112 S. 1 und 2, § 104 Abs. 1 Nr. 1).

II. Einstufung der Taten

3 Bei einer Reihe von Fragen kommt es auch im JStR darauf an, ob die Verfehlung (§ 1 Abs. 1) bzw. Straftat (§ 5 Abs. 1 und 2) als Verbrechen oder Vergehen einzustufen ist. Diese Einordnung hängt im allg. StR von der Strafhöhe ab, die in der fallkonkret jeweils verletzten Strafnorm angedroht wird. Infolge der Nichtgeltung von Strafdrohungen des StGB (§ 18 Abs. 1 S. 3) würde es im JStR indes an dieser Entscheidungsgrundlage fehlen. Nur durch die Vorgabe in § 4 kann die **Strafdrohung** des **allg. StR** (§ 12 StGB iVm § 2 Abs. 2) auch im JStR als **Kriterium** für die Einstufung der Tat fungieren. Für die etwaige Erweiterung des JStrafrahmens gem. § 18 Abs. 1 S. 2 hat dies – abgesehen von § 12 Abs. 3 StGB (dazu → § 18 Rn. 7) – lediglich deklaratorische Bedeutung, weil das geltende Strafrecht ohnehin nur bei Verbrechen eine mehr als zehnjährige Freiheitsstrafe vorsieht (BeckOK JGG/Putzke Rn. 3.1). An anderer Stelle ist die Festlegung jedoch durchaus praktisch relevant – namentlich für den Widerruf der Strafmakelbeseitigung bei Begehung eines Verbrechens oder vorsätzlichen Vergehens (§ 101 S. 1) sowie für Fragen des Versuchs (§ 23 StGB iVm § 2 Abs. 2) und die Anwendung von § 45 Abs. 1 iVm § 153 StPO sowie von § 7 Abs. 2 S. 1 Nr. 1, § 106 Abs. 3 Nr. 1 und von § 80 Abs. 3 S. 1. Auch bei **außerstrafrechtlichen** Materien kann es von Bedeutung sein, dass bzw. ob es sich bei der Straftat, an die eine (meist öffentlich-rechtliche) Folge geknüpft wird, gem. § 12 StGB iVm § 4 um ein Verbrechen handelt (dazu anhand von § 5 Nr. 1d BVFG VG Köln BeckRS 2020, 18071).

III. Verfolgungsverjährung

4 Der Eintritt der Verfolgungsverjährung von Taten bestimmt sich auch im JStR nach **§§ 78 ff. StGB** (§ 2 Abs. 2). Eine eingetretene Verjährung steht der Einleitung und Durchführung jedes Strafverfahrens entgegen, selbst wenn allein ein erzieherisches Vorgehen im Rahmen einer Diversionsentscheidung oder durch Verhängung von Erziehungsmaßregeln beabsichtigt ist. – Überhaupt gelten für Verjährungsfragen im JStV die allg. Maßgaben (MüKoStGB/Mitsch StGB Vor § 78 Rn. 2; krit. Radke, Bestrafungshindernisse aufgrund des Zeitablaufs, 2000, S. 147 f.). Deshalb bewirken zB Maßnahmen des Richters nach § 45 Abs. 3, § 47 keine Verjährungsunterbrechung, weil es sich hierbei um keinen der in § 78c StGB iVm § 2 Abs. 2 geregelten Fälle handelt (ebenso NK-JGG/Ostendorf Rn. 3; Diemer/Schatz/Sonnen/Diemer Rn. 3). Als Ausnahmevorschrift ist die Regelung zur Verjährungsunterbrechung eng auszulegen und, da den Beschuldigten belastend, einer analogen Anwendung unzugänglich. Einer vom allg. StrafR abw. Handhabung stünde iÜ auch das Schlechterstellungsverbot entgegen (→ § 2 Rn. 23).

IV. Vollstreckungsverjährung

5 Die Vorschrift regelt allein die Verfolgungs- und nicht auch die Vollstreckungsverjährung („Tat … verjährt“, nicht „Rechtsfolge … verjährt“). Wann ein verjährungsbedingtes Vollstreckungshindernis eintritt, ist im JGG überhaupt nur fragmentarisch normiert. So gilt für den **JA** die Vorschrift in § 87 Abs. 3 S. 2 und Abs. 4 (→ § 87 Rn. 6b, → § 87 Rn. 10 ff.). Ansonsten fehlt es im JStR an eigenen Bestimmungen über die Vollstreckungsverjährung bei jugendstrafrechtlichen Rechtsfolgen (vgl. aber für Geldbußen wegen Ordnungswidrigkeiten Jugendlicher oder Heranwachsender die allg. Regelung in § 34 OWiG). Rechtspraktisch hat dieses Regelungsdefizits nur selten Konsequenzen. In den wenigen Ausnahmefällen ist die Regelungslage dann jedoch bedenklich (eingehend Radke, Bestrafungshindernisse aufgrund des Zeitablaufs, 2000, S. 149 ff.). Sie kann hier nämlich dazu führen, dass es (wegen des Nicht-Eintritts der Vollstreckungsverjährung) zur Vollstr einer erzieherisch ausgerichteten Rechtsfolge ggf. (erst) zu einem Zeitpunkt kommt, in dem dies **spezialpräventiv nicht mehr vertretbar** ist.

6 So wird von der hM bei den **Maßregeln** der Besserung und Sicherung und der **JStrafe** die sinngemäße Geltung (§ 2 Abs. 2) der §§ 79 ff. StGB angenommen (VerfG Bbg BeckRS 2015, 56548; MüKoStGB/Mitsch StGB § 79 Rn. 3; offen gelassen bei BVerfG ZJJ 2013, 315 (317) = BeckRS 2013, 49763). Die damit in das JStR inkorporierten Verjährungsfristen (zum Ruhen der Verjährung während der Bewährungszeit gem. § 79a Nr. 2b StGB iVm § 2 Abs. 2 vgl. → § 22 Rn. 10, → § 28 Rn. 6) sind va bei der JStrafe misslich. Hier haben sie zur Folge, dass die Vollstr frühestens (abhängig von der verhängten Dauer) nach fünf Jahren unzulässig wird. Problematisch ist dies mit Blick auf den Zweck der JStrafe (dazu § 2 Abs. 1, § 18 Abs. 2) und den daraus resultierenden Umstand, dass deren Anordnung in Ob und Maß einer spezialpräventiven (dh täterbezogenen und zukunftsorientierten) Notwendigkeit entsprechen muss. Eine erzieherische Angezeigtheit der stationären Sanktion ist hiernach nämlich nicht nur zur Zeit der Verurteilung erforderlich (→ § 17 Rn. 34 bzw. → § 17 Rn. 55), sondern folgerichtig auch zu Beginn der Strafvollstr. Der Möglichkeit, dass die angehobene Interventionsbedürftigkeit nach der Verurteilung infolge alterstypisch-dynamischer Persönlichkeitsentwicklungen durchaus kurzfristig wegfallen kann (→ Einl. Rn. 7), werden die langen Fristen in § 79 Abs. 3 StGB nicht gerecht (ebenso zB Asholt, Verjährung im Strafrecht, 2016, S. 120) – und dies, obwohl sich die §§ 78 ff. StGB nach teilw. vertretener Ansicht an sich auch damit erklären sollen, dass sich die Identität des Täters „insb. bei Jugendlichen und Jungerwachsenen“ (Jakobs Strafrecht AT, 1993, 10. Abschnitt Rn. 22) mit der Zeit ändern kann (s. auch MüKoStGB/Mitsch StGB § 78 Rn. 3; Asholt, Verjährung im Strafrecht, 2016, S. 116 ff.)).

7 Um zu verhindern, dass die spezialpräventiv strukturierte JStrafe trotz zwischenzeitlichen Wegfalls ihrer Notwendigkeit und ihrer Eignung vollstreckt wird, bedarf es daher de lege ferenda einer kürzeren altersgruppenorientierten Fristbestimmung für das JStR (MüKoStGB/Mitsch StGB § 79 Rn. 3). Nach deren Ablauf sollte entweder das Voraussetzungsspektrum des § 17 Abs. 2, § 18 Abs. 2 für eine Haftladung erneut zu prüfen sein

oder eine Vollstr (wie beim JA nach § 87 Abs. 4) sogar stets unzulässig werden. Eine Differenzierung zwischen den beiden Anordnungsgründen in § 17 Abs. 2 wäre hierbei iU nicht angezeigt. Erstens bedarf es in beiden Varianten der spezialpräventiven Indikation und zweitens gäbe es sonst auf der Stufe der Vollstr zwei verschiedene JStrafen (ganz abgesehen davon, dass diese Unterscheidung bei Verhängung wegen beider Alternativen des § 17 Abs. 2 kaum möglich wäre). Solange eine solche verjährungsrechtliche Spezialregelung im JGG nicht existiert, haben die Maßgaben von Art 2 Abs. 2 S. 2 GG eine besondere Bedeutung: Ist das Einwirkungsziel infolge einer positiven Entwicklung, die der Verurteilte während der (längeren) Zeit einer nicht erfolgenden Vollstr nimmt, bereits erreicht, kann die JStrafe deshalb im Einzelfall auch vor Ablauf der Verjährungsfristen unnötig und deshalb zu einem **unverhältnismäßigen Eingriff** in das Freiheitsgrundrecht werden (so explizit BVerfG ZJJ 2013, 315 (317) = BeckRS 2013, 49763).

8 Bei **Erziehungsmaßregeln** ist die Problematik in dem Sinne verschärft, als die angeordnete Maßnahme hier eine besonders starke Individualisierung aufweisen soll und idR stärker auf die konkrete Einwirkungsbedürftigkeit ausgerichtet ist. Ein im Urteilszeitpunkt als richtig angesehenes erzieherisches Eingreifen kann hier schon nach einigen (vollstreckungsfreien) Monaten ungeeignet werden, deutlich schneller also als bei der JStrafe. Dennoch ist die Vollstreckungsverjährung hier gar nicht geregelt, da sich auch aus § 79 StGB keine einschlägige Begrenzung ergibt. Allerdings erledigen sich Weisungen mit dem Zeitablauf (§ 11 Abs. 1). Auch wird dadurch, dass sie (wenn erzieherisch geboten) abänder- oder aufhebbar sind (§ 11 Abs. 2), das Problem etwas entschärft. Außerdem kann die Befolgung von (ungeeignet gewordenen) Weisungen nicht im Wege der Zwangsvollstreckung erzwungen werden. Im Falle eines Nichtbefolgungsarrestes (§ 11 Abs. 3) ist § 87 Abs. 4 S. 1 entspr. anzuwenden, wobei es für die Fristberechnung auf die Rechtskraft der Weisungsanordnung ankommen muss (ebenso bspw. BeckOK JGG/Putzke Rn. 12; abw. Diemer/Schatz/Sonnen/Diemer Rn. 5; zu einem Vollstreckungsverbot bei mittlerweile Erwachsenen NK-JGG/Ostendorf Rn. 4 und § 11 Rn. 14).

9 Im Übrigen kann die Zulässigkeit von Erziehungsmaßregeln auch (reifungsunabhängig) allein durch das Älterwerden der Adressaten entfallen, so insbes. bei der EB und der Verpflichtung nach § 12 Nr. 2 (n. → § 12 Rn. 13 und → § 12 Rn. 27). Gegen einen inzwischen Heranwachsenden, bei dem diese Erziehungsmaßregeln danach idR unzulässig sind, kommt eine Vollstr folglich nicht mehr in Betracht (ebenso MüKoStGB/Laue Rn. 8). Spätestens bei Vollendung des 24. Lbj. gilt dies nach dem Rechtsgedanken in § 89b Abs. 1 S. 2 sowie § 63 Abs. 1 BZRG generell (abl. MüKoStGB/Laue Rn. 8). – Für die **Zuchtmittel** der Verwarnung und der Erteilung von Auflagen bestehen ebenfalls keine Vorschriften über die Vollstreckungsverjährung. Aus den Regelungen in § 15 Abs. 3 ergibt sich letztlich die gleiche notdürftige Abhilfe wie aus § 11 Abs. 2 und 3. Eine legislative Problemklärung wäre jeweils angezeigt.

Die Folgen der Jugendstraftat

5 (1) **Aus Anlaß der Straftat eines Jugendlichen können Erziehungsmaßregeln angeordnet werden.**

(2) **Die Straftat eines Jugendlichen wird mit Zuchtmitteln oder mit Jugendstrafe geahndet, wenn Erziehungsmaßregeln nicht ausreichen.**

(3) **Von Zuchtmitteln und Jugendstrafe wird abgesehen, wenn die Unterbringung in einem psychiatrischen Krankenhaus oder einer Entziehungsanstalt die Ahndung durch den Richter entbehrlich macht.**

Schrifttum: Bauer, Schmerzgrenze, 2011; Block, Jugendkriminalität und staatliche Reaktion in Hamburg 1997–2007, 2010; Eckert, Die Dynamik jugendlicher Gruppen, 2012; Farrington/Kazemian/Piquero (Hrsg.), The Oxford Handbook of Developmental and Life-Course Criminology, 2019; Farrington/Murray (Hrsg.), Labeling Theory, 2014; Fittkau/Graser, Zur Kriminologie und Soziologie von Tötungsdelikten Jugendlicher und Heranwachsender, 2008; Freiheit/Groß/Wandschneider/Heitmeyer, Mehrfachtäterschaft im Jugendalter, 2018; Fuchs/Lamnek/Luedtke/Baur, Gewalt an Schulen, 2. Aufl. 2009; Görgen/Taefi/Kraus/Wagner, Jugendkriminalität und Jugendgewalt, 2013; Grunewald, Die De-Individualisierung des Erziehungsgedankens im Jugendstrafrecht, 2003; Hacker, Gewalt in der Schule, 2010; Hering, Mechanismen justitieller Eskalation im Jugendstrafverfahren, 1993; Hohmann-Fricke, Strafwirkung und Rückfall, 2012; Junger-Tas/Marshall/Enzmann ua (Hrsg.), The Many Faces of Youth Crime, 2012; Kanz, Medienkonsum und Delinquenz, 2014; Lenz, Die Rechtsfolgensystematik im JGG, 2007; Meier, Jugendliche Gewalttäter zwischen Jugendhilfe- und krimineller Karriere, 2015; Oberwittler/Blank/Köllisch/Naplava, Soziale Lebenslagen und Delinquenz, 2001; Opp, Methodologie der Sozialwissenschaften, 7. Aufl. 2014; Petersen, Sanktionsmaßstäbe im Jugendstrafrecht, 2007; Quenzer, Jugendliche und heranwachsende Sexualstraftäter, 2009; Reich, Integrations- und Desintegrationsprozesse junger männlicher Aussiedler aus der GUS, 2005; Retzlaff, Böse Mädchen, 2017; Schumann (Hrsg.), Delinquenz im Lebensverlauf, 2003; Serafin, Delinquenz-Verläufe im Jugendalter, 2018; Silkenbeuner, Biografische Selbstentwürfe und Weiblichkeitskonzepte aggressiver Mädchen und junger Frauen, 2007; Sitzer, Jugendliche Gewalttäter, 2009; Sutterlüty, Gewaltkarrieren, 2002; Walburg, Migration und Jugenddelinquenz, 2014; Walser, Freizeitverhalten und Gewalt bei Jugendlichen, 2013; Wetzels/Brettfeld, Gewalt und Delinquenz junger Menschen in Bremen 2008–2010, 2011; Woll, Kriminalität bei Berufsschülern, 2011; Zdun, Ablauf, Funktion und Prävention von Gewalt, 2007.

Übersicht

I. Anwendungsbereich

1 Die Vorschrift ist für Jugendliche auch dann heranzuziehen, wenn das Verfahren vor den für allg. Strafsachen zuständigen Gerichten stattfindet (§ 104 Abs. 1 Nr. 1).

2 Die Vorschrift gilt für Heranwachsende – vor Jugendgerichten wie vor den für allg. Strafsachen zuständigen Gerichten – dann, wenn auf sie materielles JStR angewandt wird (§ 105 Abs. 1, § 112 S. 1 und 2, § 104 Abs. 1 Nr. 1).

II. Das Rechtsfolgensystem im JGG

1. Leitlinien der Rechtsfolgenentscheidung

3 **a) Legalbewährung als Einwirkungszweck.** Der Einsatzzweck von jugendstrafrechtlichen Reaktionsformen entspricht der Zweckrichtung des JStR insgesamt: Nach § 2 Abs. 1 „sind die Rechtsfolgen (...) am Erziehungsgedanken auszurichten", um das in der Norm genannte „Ziel zu

erreichen", nämlich „erneuten Straftaten (...) entgegenzuwirken". Hierbei geht es **ausschließlich** um eine möglichst gute Legalbewährung. Dass der Normtext allein die neuerlichen Delikte „eines" Jugendlichen (dh die des jeweils konkret sanktionierten Jugendlichen) benennt, nicht aber die Verhinderung der Delikte „von" oder „der" Jugendlichen, macht überaus deutlich, dass präventive Wirkungen bei anderen Gesellschaftsmitgliedern, dh Wirkungen der negativen oder positiven **Generalprävention keine** zulässigen Einwirkungszwecke sind (n. → § 2 Rn. 5 sowie speziell für die JStrafe → § 17 Rn. 6 f.; → § 18 Rn. 43).

An anderer Stelle weist das Gesetz allerdings beiläufig auch den **rechtschaffenen Lebenswandel** als Zielkriterium aus (vgl. § 21 Abs. 1 S. 1; s. ferner § 97 Abs. 1 S. 1). Mit dieser Normtextpassage hat das JGG von 1953 die aus dem RJGG herrührende Normtextfassung („Einordnung in die Volksgemeinschaft") ersetzt (BT-Drs. I/3264, 35, 41). Inhaltlich wurde und wird damit auf einen internen Bereich normaffirmativer Haltungen rekurriert (etwa OLG Koblenz GA 1978, 83; Gräf, Die Diversion im Jugendstrafrecht (...), 2015, S. 45 ff.; Grunewald NStZ 2002, 452 (457 f.): Vermittlung der der Verfassung zugrundeliegenden Grundwerte). Hierauf hinzuwirken entspräche dem Erziehungszweck des JStR, da eine nur-äußerliche Gesetzeskonformität bei Jugendlichen ohne innerliche Normakzeptanz kaum zu erwarten sei (auch wegen ihrer noch laufenden kognitiven und sozialen Kompetenzentwicklung). Abgesehen von der fraglichen Tragfähigkeit dieser Annahme blieb indes unklar, ob die gewünschten Normbindungen mit jugendstrafrechtlichen Mitteln überhaupt herstellbar sind. Insbesondere aber verträgt es sich nicht mit grundrechtlichen Gewährleistungen, wenn das Strafrecht nicht nur die gesellschaftliche Verträglichkeit des Verhaltens sichern, sondern darüber hinaus auch dezidiert gewissens-, überzeugungs- und moralbildend auf das Innere seiner Adressaten einwirken soll (dazu im Zusammenhang mit Art. 4 GG etwa Kölbel FS Roxin, 2011, 1924 ff.). 4

Nach den Grundsätzen der Subsidiarität und der Verhältnismäßigkeit darf erzieherische Einwirkung mittels jugendstrafrechtlicher Reaktionen nicht weiter gehen, als für ein **strafrechtskonformes Leben** unerlässlich ist (ebenso etwa NK-JGG/Ostendorf Grdl. z. §§ 1–2 Rn. 4; Diemer/Schatz/Sonnen/Diemer Rn. 4; Westphal, Die Aussetzung der Jugendstrafe zur Bewährung gem. § 21 JGG, 1995, S. 75; Petersen, Sanktionsmaßstäbe im Jugendstrafrecht, 2007, S. 42 f.). Aus diesem Grund stellt auch die **„Sühneleistung"** – verstanden als Unrechtseinsicht und „Leidensdruck" (Reue, „schlechtes Gewissen") – keine Zielgröße jugendstrafrechtlicher Interventionen dar. Selbst wenn das Schuldgefühl legalbewährungsdienlich sein mag (empirische Hinweise Hosser/Windzio/Greve CJB 35 (2008), 138; zur diff. Forschungslage Eisenberg/Kölbel Kriminologie § 34 Rn. 82), ist angesichts variierender Verständnis- und Äußerungsformen doch schon dessen Feststellbarkeit zweifelhaft. Abgesehen davon, dass eine einsichtige Haltung oft (gerade bei uneindeutiger Tatentstehung) kaum erwartet werden kann, handelt es sich beim hierfür erforderlichen Reflexionsniveau auch keineswegs um eine generell unterstellbare Fähigkeit. Im Übrigen wird der Begriff ohnehin oft sinnentstellend gebraucht (ähnlich Grunewald, Die De-Individualisierung des Erziehungsgedankens im Jugendstrafrecht, 2003, S. 141; Swoboda ZStW 125 (2013), 86 (108)). Das zeigt sich etwa bei der Gleichsetzung von Vergeltung und Sühne (wie bei LG Berlin BeckRS 2013, 14274), 5 die eine nachtatliche Leistung des Täters mit einem Akt assoziiert, der im Vollzug am Täter für kollektive Genugtuung sorgt.

6 **b) Ermöglichung positiver sozialer Erfahrung als Einwirkungsmittel.** Als eines der Mittel zur Erreichung des (Legalbewährungs-)Ziels bestimmt § 2 Abs. 1 die erzieherische Ausrichtung der angeordneten Rechtsfolgen (→ § 2 Rn. 3; zur Begrenzung durch die Grundsätze der Subsidiarität und der Verhältnismäßigkeit → Rn. 21). Dies meint eine **Zukunftsorientierung** aller Interventionen (zust. Kornprobst JR 2002, 309 (310), die weniger auf das zurückliegende Tatereignis, sondern primär auf den darin erkennbar werdenden (größeren oder kleineren) Unterstützungsbedarf reagieren und zur weiteren positiven Entwicklung des Jugendlichen beitragen sollen. In diesem Sinne wird das vorwurfsreagierende Konditionalprogramm des allg. StR durch ein Finalprogramm ersetzt (Bock NK 2014, 301 (302)). Mit Blick auf die danach obligatorische erzieherische Ausgestaltung bestehen indes Unschärfen und im strafrechtlichen Sanktionskontext auch funktionale Konflikte, sodass diese Vorgabe als regulatives Prinzip aufzufassen ist (→ § 2 Rn. 8–14). Dieses macht jedoch (trotz der verbleibenden Unterbestimmtheit) einige Grundlinien klar, etwa zur Frage nach dem sanktionierenden bzw. übelszufügenden Charakter der jugendstrafrechtlichen Intervention. So wird die notwendig zu vermittelnde Erfahrung, dass Verfehlungen bestimmte (Rechts-)Folgen nach sich ziehen, gelegentlich als Begründung für die Auffassung verwandt, Erziehung und Ahndung bedingten sich gegenseitig. Dies wird im Gesetz nach Abs. 2 und 3 aber allenfalls für einen Ausschnitt des Rechtsfolgenspektrums anerkannt (→ Rn. 11). Im übrigen Teil findet demgegenüber der Umstand (besser) Berücksichtigung, dass **Ahndung** als Schmerzzufügung durchaus demütigende und andere aggressionsfördernde Momente impliziert (vgl. systematisch Bauer, Schmerzgrenze, 2011, S. 11; Bauer ZJJ 2013, 357 (357 f.)).

7 Im Allgemeinen ist davon auszugehen, dass eine erzieherisch positive Beeinflussung von (beanstandeten) Verhaltensweisen von einer Änderung im Bereich der **Einstellungen** und Verhaltensorientierungen abhängig ist. Diese aber ändern sich (allein), wenn sich das Bewertungssystem verschiebt oder entwickelt. Eine solche Modifizierung ist wiederum meist nur dann möglich, falls andere, und zwar positive soziale Erfahrungen gemacht werden (Erfolgserlebnisse, Wertschätzung, Zuwendung). Aus diesem Grunde ist **fördernden** Rechtsfolgen idR der Vorzug vor belastenden Sanktionen zu geben und – auch gem. dem Grundsatz der Verhältnismäßigkeit (vgl. Viehmann DVJJ 2012, 613 (623 f.)) – auf eine jugendstrafrechtliche Reaktion wo immer möglich zu verzichten (→ Rn. 67 f.). Dagegen lässt sich eine wirksame erzieherische Intervention kaum erwarten, wo der Jugendliche durch Rechtsfolgen gewissermaßen gesellschaftlich ausgegrenzt wird und die Möglichkeiten, soziale Belohnung zu erhalten, reduziert werden. Vor diesem Zusammenhang erweist es sich iÜ auch als notwendig, dem Verurteilten durch eine nachvollziehbare Begründung die Möglichkeit zu geben, eine verhängte Rechtsfolge als im Interesse des gesellschaftlichen Zusammenlebens liegend zu akzeptieren (→ Rn. 75).

8 Hoch problematisch ist dagegen die sich weithin niederschlagende Tendenz, bei einem Rückfall die neuerliche Sanktion beinahe automatisch – dh allein wegen des Wiederholungscharakters und relativ unabhängig von der Qualität der fraglichen Tat – einschneidender und repressiver als die voran-

gegangene werden zu lassen (dazu die teilw. etwas diff. Daten bei Kraus/Rolinski MschKrim 75 (1992), 32 (42); Hering, Mechanismen justitieller Eskalation im Jugendstrafverfahren, 1993, S. 207 ff., 220 ff.; Gerken/Schumann, Ein trojanisches Pferd im Rechtsstaat/Gerken/Berlitz, 1988, S. 11 (19 ff.); Höfer Sanktionskarrieren S. 134 ff.; Bliesener/Thomas FS Ostendorf, 2015, 78 ff.). Mag diese **Sanktionseskalation** auch durch innerinstitutionelle Mechanismen in den Behörden und Gerichten erklärbar und pädagogisch gedacht sein (so die Annahme von Streng JugendStrafR Rn. 455) – erziehungs- und entwicklungspsychologisch zu rechtfertigen ist sie jedenfalls nicht (dazu auch bei der nachträglichen Bildung einer Einheitssanktion → § 31 Rn. 45). Abgesehen davon, dass fortgesetzt und eskalierend verfolgte Personen zu einer Relativierung drohender Sanktionen tendieren können (so etwa BMJ/Karstedt-Henke 1989 S. 191 f.; s. auch → Rn. 69 f.), wird die besagte Praxis weder jugendspezifischen Zeitwahrnehmungen noch ihren Erfahrungs- und Lernbedürfnissen gerecht (vgl. auch Scholz DVJJ-J 1999, 232 (239)). Insbesondere aber repräsentiert sie eine Logik der Ahndung und nicht die der Förderung von positiver sozialer Erfahrung (zum Wirkungsvergleich de- und eskalierender Sanktionsverläufe diff. Bliesener/Thomas FS Ostendorf, 2015, 81 ff.).

2. Rechtsfolgen des Jugendstrafrechts

a) Überblick über die gesetzlich vorgesehenen Reaktionsformen. 9
aa) Den besonderen entwicklungsbezogenen Umständen Jugendlicher und ggf. auch Heranwachsender (§ 105 Abs. 1) trägt das JGG wesentlich dadurch Rechnung, dass es eigenständige Rechtsfolgen vorsieht, die sich vom allg. StR unterscheiden (s. aber zu den Rechtsfolgen von Ordnungswidrigkeiten → § 2 Rn. 64 ff.). Diese **originär** jugendstrafrechtlichen Reaktionsformen werden **in § 5 bestimmt.** Daneben sind im JStR nur noch – teilw. und mit Einschränkungen – einige Nebenfolgen (vgl. § 6) und Maßregeln der Besserung und Sicherung (vgl. § 7) des allg. StR anwendbar. Die Hauptstrafen des StGB dürfen dagegen nicht verhängt werden (§ 2 Abs. 2). Das Rechtsfolgensystem des JGG hat **abschließenden** Charakter. Im deutschen Jugendstrafrecht besteht anders als in anderen Rechtsordnungen auch keine Möglichkeit, zumindest in ausgewählten schweren Fällen auf (das Verfahren, die Gerichte und va die) Sanktionen des allg. StrR überzugehen (dazu für England/Wales und Kanada Keiser ZStW 120 (2008), 25 (42 ff.); für die USA und die dortige Praxis bspw. Stump, „Adult time for adult crime", 2003, S. 98 ff.; Schaerff, Die Behandlung junger Straftäter in den USA, 2015, S. 250 ff., 267 ff.; Feld Crime and Justice 47 (2018), 417 (451 ff.)).

bb) Das Reaktionsspektrum, dass das eigenständige Rechtsfolgensystem 10
des JStR vorsieht, schließt die Möglichkeit des vollständigen oder weitgehenden Sanktions- bzw. Reaktionsverzichts ein. Dies beruht auf den abgestuften Optionen der formlosen **Verfahrenseinstellung,** die gem. §§ 45, 47 ohne oder mit richterlich bestimmten Maßnahmen oder ggf. auch im Zusammenhang mit anderen (privaten oder semi-/formellen) Maßnahmen vorgenommen werden kann. Die Rechtsfolgen, die sodann im Rahmen förmlicher richterlicher Entscheidungen zur Verfügung stehen, sind in der **Dreiteilung** von Erziehungsmaßregeln, Zuchtmitteln und JStrafe organisiert. Dabei handelt es sich bei Erziehungsmaßregeln nicht um

Sanktionen im engeren (Ahndungs-)Sinne. Sie sind (idealiter) ausschließlich dem Erziehungsprinzip verpflichtet, wohingegen Zuchtmittel (auch) eine gewisse ahndende Bedeutung haben (§ 13 Abs. 1) und JStrafe noch etwas mehr Raum für eine (begrenzte) Berücksichtigung des Schuldausgleichs bietet.

11 Diese **Struktur** des Systems förmlicher Rechtsfolgen wird in der gesetzlichen Differenzierung zwischen Erziehungsmaßregeln gem. Abs. 1 und den „ahndenden" Reaktionen in Abs. 2 (**Zuchtmittel** und **JStrafe**) deutlich. In der Abstufung kommt nicht nur die Abgrenzung der **Erziehungsmaßregeln** zum Ausdruck, sondern im Zusammenhang mit § 2 Abs. 1 auch deren Priorität gegenüber Zuchtmittel und JStrafe (aA Diemer/Schatz/Sonnen/Diemer Rn. 17). Zugleich steht sie einer verschiedentlich erkennbaren Neigung entgegen, die Unterschiede zwischen den Sanktionsformen zu nivellieren. Zwar mag eine solche Tendenz durch die Vorschrift des § 8 begünstigt werden, weil hiernach Erziehungsmaßregeln und Zuchtmittel grds. nebeneinander angeordnet werden dürfen, doch stellt dies schon von der systematischen Stellung im Gesetz her eher eine ergänzende Möglichkeit dar. Auch durch die (va früher) angedachte Einführung der „Erziehungsmaßnahmen" als Oberbegriff für Erziehungsmaßregeln und Zuchtmittel (vgl. dazu die Thesen des Arbeitskreises V in DVJJ 1981, 288) würden kategoriale Unterschiede überdeckt.

12 **b) Anordnungsstruktur in der Praxis.** In der Praxis des JStR stehen quantitativ die **informellen** Erledigungsformen im Vordergrund. Dabei werden die meisten Verfahren durch die JStA ohne Einbeziehung der JGerichte (also gem. § 45 Abs. 1 und 2) erledigt (→ § 45 Rn. 20). In den Verfahren, die mit einem formellen Abschluss enden, dominiert die Anordnung von **Zuchtmitteln.** Verglichen mit diesen (auch) ahndenden Rechtsfolgen haben die Erziehungsmaßregeln eine eingeschränkte Bedeutung (vgl. Tab.; speziell für den Vergleich zwischen Rechtsfolgen gegenüber Jugendlichen und Heranwachsenden → § 105 Rn. 49). Dies ist einmal auf den hohen Diversionsanteil zurückzuführen, der sich auch auf viele (sonst) für Weisungen geeignete Fälle erstreckt. Zugleich drückt sich hierin aber auch eine strafrechtspraktische Zurückhaltung gegenüber nicht-ahndenden, nur-erzieherischen Reaktionen – insb. einigen der sog. neuen ambulanten Maßnahmen (TOA, Trainingskurse, Betreuungsweisungen) – aus (empirisch hierzu auch die Erhebung von Riechert-Rother, Jugendarrest und ambulante Maßnahmen, 2008, S. 205, 335 ff.; zusf. Heinz Sekundäranalyse S. 1009 ff.). Festzuhalten ist ferner, dass der Anteil **freiheitsentziehender** Rechtsfolgen deutlich höher als im allgemeinen StR liegt (vgl. schon Pfeiffer DVJJ-Journal 1991, 114 ff.; zu regionalen Unterschieden Dölling, Das Jugendstrafrecht an der Wende zum 21. Jahrhundert/Heinz, 2001, S. 93). Statistisch beruht die im Vergleich hohe Rate stationärer Sanktionen auf der Anordnungshäufigkeit von JA (zur Einordnung des Ganzen n. Heinz Sekundäranalyse S. 1499 ff., 1514 ff.).

13 **Tab.:** Wegen Verbrechen und Vergehen nach Jugendstrafrecht Verurteilte nach der schwersten Rechtsfolge (StrafSt Tabelle 2.3, 4.1 und 4.3; zu den Vorjahren RpflSt Tabelle 3.4; bis 2006 für die „alten" Bundesländer (einschließlich Gesamt-Bln.), danach für Deutschland insgesamt)

Kategorie/Jahr	absolut in % 2002		absolut in % 2010		absolut in % 2014		absolut in % 2018		absolut in % 2022	
Verurteilte insgesamt	101.482	100	108.464	100	72.094	100	59.278	100	42.659	100
von diesen erhielten als schwerste Rechtsfolge										
– Erziehungsmaßregeln davon:	7.155	7,1	9.846	9,1	8.753	12,1	7.681	13,0	7.022	16,5
• Weisungen, EB[1]	7.100	99,2	9.788	99,4	8.703	99,4	7.665	99,8	7.000	99,7
• Heimerziehung	55	0,8	58	0,6	50	0,5	16	0,2	22	0,3
– Zuchtmittel davon:	76.643	75,5	81.377	75,0	51.569	71,5	42.365	71,5	29.557	69,3
• Verwarnung, Auflagen[2]	57.892	75,5	61.485	75,5	38.863	75,4	32.686	77,2	24.145	81,7
• JA	18.751	24,5	19.892	24,4	12.706	24,6	9.679	22,8	5.412	18,3
– nach § 16a[3]							673		384	
– Jugendstrafe davon:	17.684	17,4	17.241	15,9	11.772	16,1	9.232	15,6	6.080	14,3
• Aussetzung gem. § 21	10.876	61,5	10.858	62,9	7.222	61,3	5.513	59,7	3.684	60,6
• ohne Aussetzung gem. § 21	6.808	38,5	6.383	37,0	4.550	38,6	3.719	40,3	2.396	39,4

c) Außerstrafrechtliche (Rechts-)Folgen. Das lebenspraktisch bedeutsame Gesamtspektrum an Sanktionen ist indes deutlich breiter. Abgesehen von den aversiven, sanktionsartigen Reaktionen, die ein Delikt in der Familie und im Umfeld des Jugendlichen auslösen kann, kommt es nicht selten auch noch zu weiteren mittelbaren Rechtsfolgen, die an die jugendstrafrechtliche Entscheidung anknüpfen und über die dort veranlasste Anordnung hinausgehen. Nicht selten geht mit selbst ambulanten Sanktionen (Trainingskurse, Arbeitsweisungen) eine erhebliche (bspw. auch zeitliche) Belastungswirkung einher, die zu individuellen Überforderungen und der **Vernachlässigung sonstiger Alltagspflichten** (etwa der Mitwirkung an berufsfördernden Maßnahmen) führen kann (Höynck/Hurler ZJJ 2022, 36 (42)). Darüber hinaus sind je nach der Deliktskonstellation und Lebenslage prinzipiell ganz unterschiedliche außerstrafrechtliche Konsequenzen denkbar (arbeits- oder dienstrechtliche Sanktionen; Schadensersatz und andere 14

[1] Errechnet als Differenz von Erziehungsmaßregeln als schwerste Rechtsfolge und Heimerziehung (unter der Vorgabe, dass diese (stets) als schwerste Rechtsfolge angeordnet werde).

[2] Errechnet als Differenz von Zuchtmitteln als schwerste Rechtsfolge und JA (unter der Vorgabe, dass JA (stets) als schwerste Rechtsfolge angeordnet werde).

[3] Ohne Bezeichnung als schwerste Rechtsfolge.

zivilrechtliche Haftung; Einschränkungen der gewerbe- und berufsrechtlichen Zulässigkeit, aber auch bei der Einstellung in den Öffentlichen Dienst, bei Unterhaltsansprüchen und Umgangsrechten). Dadurch werden – selbst bei informeller Verfahrenserledigung (näher → § 45 Rn. 63) – **kumulierte** Sanktionswirkungen möglich, die nur teilweise auf der jugendstrafrechtlichen Rechtsfolge beruhen (und ohne eine systematische Koordination der Reaktionsformen und Anordnungsentscheidungen entstehen).

15 Bedeutung hat dies auch bei **ausländerrechtlichen Folgen** (Überblick bei Heinhold ZJJ 2016, 271; n. Hundt ZJJ 2023, 219 (223 ff.); Weiss ZJJ 2024, 101), insb. für Fragen einer etwaigen Ausweisung. Für eine solche Maßnahme muss das öffentliche Ausreise- das individuelle Verbleibsinteresse überwiegen, wofür ua die Frage des „rechtstreuen Verhaltens" zu berücksichtigen ist (§ 53 Abs. 1 und 2 AufenthG). Dabei wird das öffentliche Ausweiseinteresse in § 54 Abs. 1 und Abs. 2 AufenthG bei Vorsatzstraftaten, die zu bestimmten Deliktsgruppen gehören und/oder zu JStrafe von jeweils festgelegter Höhe führen, als (besonders) schwer definiert (ohne dass eine etwaige Aussetzung der Vollstr. zBew hierfür stets erheblich wäre). Auch liegt die relevante Strafdauer nur teilw. etwas höher als bei Freiheitsstrafen nach allg. StrafR (Anhaltspunkte zur Häufigkeit von Ausweisungs-Konsequenzen bei Eisenberg/Kölbel Kriminologie § 38 Rn. 11 f.; vgl. zudem BayVGH BeckRS 2017, 108379 als Bsp. dafür, dass dieses Regelungsregime selbst unter den strengeren Voraussetzungen, die § 53 Abs. 3–4 AufenthG ua im Asylbereich und dem des Assoziationsabkommens EWG/Türkei vorsehen, praktisch relevant ist). Berücksichtigt werden muss in diesem Zusammenhang ferner, dass eine Verurteilung nach JStR ggf. eine Einschränkung des Abschiebeschutzes (§ 60 Abs. 8 S. 3 AufenthG) sowie den Ausschluss einer Niederlassungserlaubnis (§ 35 Abs. 3 AufenthG) oder der Einbürgerung (§§ 10 f., 12b StAG) nach sich zieht (zu den abträglichen Konsequenzen eines bereits laufenden Ermittlungsverfahrens → § 36 Rn. 4). De facto kann sich das Sanktionsniveau durch all dies für nicht-deutsche Verurteilte also drastisch erhöhen (was in der Rspr. bei der jugendstrafrechtlichen Rechtsfolgenentscheidung aber nur zurückhaltend und uneinheitlich berücksichtigt wird; s. → § 18 Rn. 34; s. auch → § 88 Rn. 41).

3. Zentrale Kriterien der Rechtsfolgenentscheidung

16 **a) Erziehungsbedürftigkeit, -fähigkeit und -bereitschaft. aa)** Der Grad, in dem der Erziehungsauftrag als regulatives Prinzip (→ Rn. 6) bei der Bestimmung, Bemessung und Ausgestaltung von Rechtsfolgen umsetzbar ist, hängt von zahlreichen fallkonkreten Bedingungen ab. Diese werden teilw. in den Kategorien der Erziehungsbedürftigkeit und Erziehungsfähigkeit zusammengeführt (dazu insb. im Zusammenhang mit Erziehungsmaßregeln Brunner/Dölling § 9 Rn. 4; NK-JGG/Ostendorf § 9 Rn. 6; Nix/Semler/Möller § 9 Rn. 2; zur Diskussion in der Lit. Petersen, Sanktionsmaßstäbe im Jugendstrafrecht, 2007, S. 215 ff.) und schließen – entspr. dem Wesen der Erziehung als einem auf Gegenseitigkeit gründenden Geschehen – auch die Erziehungsbereitschaft ein. Die Kategorie der **Erziehungsbedürftigkeit** betrifft die Abgrenzung des Bereiches, in dem der Staat intervenieren darf oder muss, wobei diesbzgl. für das JStR das Prinzip der Subsidiarität öffent-

licher Erziehung ebenfalls gilt (Art. 6 Abs. 2 GG, § 1 Abs. 2 SGB VIII; vgl. hierzu Wiesner/Wapler/Wapler SGB VIII § 1 Rn. 17 f.). Bei der Einschätzung des Interventionsbedarfs verbietet sich zudem ein verengtes Verständnis, das zu einer individualisierenden Problemzuschreibung tendiert. Gegen das Bestehen von Erziehungsbedürftigkeit spricht außerdem, wenn für die Straftat nicht Defizite der Normakzeptanz oder ähnliche Probleme der Verhaltensregulation maßgeblich waren, sondern andere Gegebenheiten. In Betracht kommt das bei tatfördernden situativen Umständen sowie besonderen Konfliktsituationen oder unbedachten Taten ohne Wiederholungswahrscheinlichkeit oder solchen aus Unachtsamkeit. Die Häufigkeit derartiger Konstellationen spiegelt sich in der Erkenntnis wider, dass es sich bei der überwiegenden Zahl der Delikte biografisch um eine „Episode" handelt (dazu → Einl. Rn. 5 f.).

Die Konsequenz liegt nicht etwa darin, in diesen Fällen den eher 17
straf-ähnlichen Rechtsfolgen den Vorzug zu geben (zur drohenden Benachteiligung des „Wohlerzogenen" durch Zuchtmittel oder gar JStrafe bspw. schon Meyer-Höger Jura 1991, 429 (433)). Vielmehr ergibt sich hieraus, dass in einer Vielzahl von Verfahren der Erziehungsbezug (§ 2 Abs. 1) nicht nur eine förmliche Rechtsfolge als überflüssig erkennen lässt, sondern gerade durch deren **Unterlassung** erleichtert, dass es bei einer Episode bleiben kann (vgl. bereits Eisenberg, Bestrebungen S. 7; näher Eisenberg/Kölbel Kriminologie § 55 Rn. 28 ff.). Gestützt wird das durch die Befunde der Dunkelfeldforschung, denen zufolge das delinquente Verhalten der meisten Kinder und Jugendlichen institutionell unbemerkt bleibt und sich hier idR auch ohne staatliche Intervention „von selbst" (BReg, BT-Drs. 10/6739, 29) wieder verliert (n. dazu → Rn. 67 f., s. auch → Einl. Rn. 4 f.). Erziehungs- und Interventionsbedürftigkeit besteht daher lediglich bei einer im Vergleich zu Gleichaltrigen (bzw. im Vergleich zur typischen passageren Delinquenz) angehobenen „Rückfall"-Erwartung.

bb) Mit der Kategorie der **Erziehungsfähigkeit** wird idR auf Bedingun- 18
gen verwiesen, die einerseits die Eignung der Intervention (dh des Rechtsfolgenvollzugs und der darin amtsseitig eingebundenen Personen), andererseits aber auch die **Ansprechbarkeit** des Beschuldigten betreffen. Dass eine solche „Erziehbarkeit" prinzipiell unterstellt werden kann, ergibt sich aus entwicklungskriminologischen Ansätzen, denen zufolge auch deliktisch stark auffällige Kinder und Jugendliche bei sich aufbauenden sozialen Bindungen und einer sich verbessernden gesellschaftlichen Integration vielfach konformere Verhaltensstile herausbilden (vgl. Farrington/Kazemian/Piquero, The Oxford Handbook of Developmental and Life-Course Criminology/Laub/Rowan/Sampson, 2019, S. 295; zu entspr. Befunden → Rn. 59 sowie → Einl. Rn. 7). Zugänglichkeit und Beeinflussungsmöglichkeiten sind daher idR nicht schon deshalb zu verneinen, weil eine Reihe früherer jugendstrafrechtlicher Reaktionen an einer anhaltenden Deliktsbegehung nichts geändert hat (zur Auseinandersetzung mit kriminologischen Konzepten, die bei Teilgruppen von einer unveränderlichen delinquenten Tendenz ausgehen, s. Eisenberg/Kölbel Kriminologie § 9 Rn. 17 ff. und § 55 Rn. 6 ff. mwN). Konkretere Aussagen zu den individuellen Voraussetzungen, von denen die jeweiligen „Erziehungschancen" abhängig sind, lassen sich allerdings nur mit erheblichen Einschränkungen machen. Dies liegt zum einen an den Unwägbarkeiten jeder zukünftigen Entwicklung und den sich daraus ergebenden Einschränkungen jeder Prognosestellung, basiert aber auch auf

dem Umstand, dass zu den Entstehungszusammenhängen jugendstrafrechtlich erfassten Verhaltens lediglich probabilistische Aussagen möglich sind (dazu → Rn. 37).

19 Im Hinblick auf eine konkret in Betracht kommende **Reaktion** ist stets zu prüfen, ob deren Einwirkung **im Einzelfall geeignet** ist, einem Erziehungsbedürfnis abzuhelfen (wobei sich die hierfür ebenfalls maßgebliche, ganz individuelle Umsetzung der Rechtsfolge für das JGericht oft nur teilw. vorhersehen lassen wird). Bei einem Teil der anwendbaren Sanktionen sind der erzieherischen Funktionalität allerdings von vorneherein enge Grenzen gesetzt (s. auch → Rn. 71 ff.). Dass der Gesetzgeber die Eignung unterstellt (Diemer/Schatz/Sonnen/Diemer Rn. 14), ist insofern unerheblich. Zwar bleibt die verbreitete Annahme, dass Jugendliche meist durchaus eine Antwort auf ihr (Fehl-)Verhalten erwarten, nicht unplausibel, doch folgt daraus nicht, dass es hierbei stets um eine repressive Reaktion gehen müsse. Auch ist ein erzieherischer Vorgang am ehesten bei einer dauerhaften, durch Wertschätzung sowie durch positive Emotionen gekennzeichneten interpersonalen Beziehung zwischen Jugendlichem und Erziehendem denkbar. Diese Qualitäten sind im Rahmen der Machtausübung bei jugendstrafrechtlichen Rechtsfolgen nur eingeschränkt erreichbar (→ § 2 Rn. 12 f.).

20 **cc)** Nicht nur die Kompetenz, sondern auch die Bereitschaft, erzieherisch zu agieren, ist auf Seiten der Amtsträger va durch eine Befähigung und ein Selbstverständnis bedingt, die allerdings nicht einschränkungslos vorhanden sind (dazu am Bsp. der justiziellen Akteure → § 37 Rn. 5 ff.). Beim betroffenen Jugendlichen setzt **Erziehungsbereitschaft** (dazu auch Hdb Strafrecht III/Swoboda § 68 Rn. 39) voraus, dass er sich nicht als Objekt von „Behandlung" oder Betreuung begreift, sondern – woran es nicht selten fehlt – als Partner „auf Augenhöhe" empfindet. Hierzu gehört auch, dass er den Ausspruch bzw. die Durchführung der Rechtsfolge als eine Hilfestellung akzeptiert. Dies ist keineswegs selbstverständlich (zur Möglichkeit, dem entgegenstehender neutralisierender Deutungsmuster vgl. Eisenberg/Kölbel Kriminologie § 23 Rn. 7 mwN), wobei indes aus fehlenden Anzeichen von Frei- und Bereitwilligkeit nicht ohne weiteres auf mangelnde Bereitschaft geschlossen werden kann (vgl. Scholz DVJJ-J 1999, 232 (239): „aufsuchende Sozialarbeit" unabdingbar). Berücksichtigt man das altersbezogene und verfahrensbedingte Machtgefälle und die prozessualen Belastungen des Jugendlichen, folgt die fragliche Motiviertheit oder doch Motivierbarkeit aber auch nicht schon umgekehrt daraus, dass von ihm kein Widerstand artikuliert worden ist.

21 **b) Verhältnismäßigkeitsprinzip.** Jede Anordnung von Rechtsfolgen im JStR ist wie sämtliches staatliche Handeln an grundgesetzliche Limitierungen gebunden. Die vielfältigen Grundrechtseingriffe, die den sanktionsbedingten Handlungs- und Unterlassenspflichten auch bei einer erzieherischen Ausrichtung innewohnen (mindestens als Eingriff in Art. 2 Abs. 1 GG), sind daher nur im Falle ihrer konkreten Verhältnismäßigkeit erlaubt und verfassungsgemäß (dazu → § 2 Rn. 14; ähnlich Ostendorf ZJJ 2017, 332 (337)). Die jugendstrafrechtlichen Interventionen müssen dafür einen verfassungsmäßigen Zweck verfolgen (hier: Stabilisierung der Normgeltung durch eine verbesserte Legalbewährung (→ Rn. 3)) und sich zu dessen Erreichung **eignen** (dh hier: erzieherisch funktional sein (→ Rn. 19)). Unter erzieherisch geeigneten Anordnungen ist sodann diejenige zu wählen, deren Eingriffs-

wirkung die (im Vergleich) **mildeste** ist (zu diesem Erforderlichkeitskriterium im JStR systematisch Lenz, Die Rechtsfolgensystematik im JGG, 2007, S. 167 ff.; ferner zB auch MBH/Rössner/Bannenberg JugendStrafR § 6 Rn. 11 ff.). Mit Blick auf dieses Erfordernis sind die verschiedenen jugendstrafrechtlichen Reaktionsformen hinsichtlich ihrer materiellen grundrechtsbezogenen Beeinträchtigungseffekte zu unterscheiden und abzustufen. **Unabhängig** von der sich aus **Abs. 1 und Abs. 2 ergebenden Systematik** stellt eine freiheitsentziehende Rechtsfolge hiernach immer einen schwereren Eingriff als ambulante Rechtsfolgen dar, unter denen wiederum eine formelle schwerer als eine informelle Anordnung wiegt. Für die Abstufung innerhalb der drei Gruppen muss es dann auf den konkreten Anordnungsinhalt (zB Dauer und Nicht-/Vollstreckung der Freiheitsentziehung; Art und Umfang der ambulanten Verpflichtung) ankommen (dazu n. → § 55 Rn. 34 ff.).

Diese Gewährleistung (die sich auch als **Prinzip der Subsidiarität** be- 22
zeichnen lässt) verlangt, die eingriffsinvasiveren Rechtsfolgen zugunsten moderaterer Rechtsfolgen mit ähnlicher erzieherischer Wirksamkeit auszuschließen. Auch bei der jeweils mildesten (und deshalb erforderlichen) funktionalen Reaktion ist sodann abschließend die Angemessenheit des Eingriffs zu prüfen (systematisch Lenz, Die Rechtsfolgensystematik im JGG, 2007, S. 206 ff.). Auf dieser Stufe wird durch die hM zutr. sichergestellt, dass die Beeinträchtigungswirkung der Intervention nicht außer Verhältnis zur Straftat steht, aus deren Anlass (Abs. 1) sie angeordnet wird. Unabhängig von der erzieherischen Funktionalität resultiert daraus ein generelles Verbot, Rechtsfolgen anzuordnen, die die **Vorwurfsproportionalität** übersteigen (Streng JugendStrafR Rn. 247; MBH/Rössner/Bannenberg JugendStrafR § 6 Rn. 17). Speziell bei der JStrafe besteht (angesichts ihres materiellen Strafcharakters) diese „Obergrenze" in deren noch schuldangemessener Dauer (n. zu dieser Limitierungsfunktion → § 2 Rn. 4, → § 18 Rn. 33).

4. Voraussetzungen der allgemeinen Rechtsfolgen (Abs. 1 und 2)

a) Funktion von § 5. Die Norm legt zunächst einmal das abschließende 23
Spektrum der im JStR möglichen Rechtsfolgen fest (→ Rn. 9), wobei dieses sodann nach den vorgenannten Prinzipien (→ Rn. 16 ff.) zu handhaben ist. Darüber hinaus unterliegt die Anwendbarkeit der einzelnen Rechtsfolgen konkreten Bedingungen, die sich einmal aus speziellen Vorschriften ergeben (ua aus §§ 9 ff., §§ 13 ff. und §§ 17 f.), aber teilw. auch in § 5 enthalten sind. Durch die Abs. 1–3 werden innerhalb dieser Regelungsstruktur also ua auch **Anwendungsvoraussetzungen** der jugendstrafrechtlichen Reaktionsformen normiert. – Dazu zählt als eine erste gemeinsame Voraussetzung für den Ausspruch von Rechtsfolgen des JStR eine **„Straftat"**. Durch diese sehr grundlegende Bedingung stellen Abs. 1 und Abs. 2 (gemeinsam mit § 1 Abs. 1) klar, dass das jugendstrafrechtliche Vorgehen (anders als das des Jugendhilferechts) an die Begehung einer tatbestandsmäßigen, rechtswidrigen und schuldhaften Tat gebunden ist.

b) Erziehungsmaßregeln (Abs. 1). Bei den in Abs. 1 genannten Vor- 24
gehensweisen handelt es sich um Rechtsfolgen, mit denen je nach Sachlage stützend, helfend oder fördernd auf den Jugendlichen eingewirkt wird, um

dessen Lebensführung so zukunftsgerichtet zu beeinflussen. Mit den fraglichen Maßnahmen werden verschiedene, sich (idealiter) positiv auswirkende Entwicklungsbedingungen gesetzt. Diese Ausrichtung macht Abs. 1 durch die **Bezeichnung** der Intervention als „Erziehungs"-Maßregel deutlich, aber auch durch die Festlegung, dass es zu deren Anordnung **„aus Anlass"** der Straftat kommt (eindeutig auch § 10 Abs. 1 S. 1). Das Delikt ist deshalb nicht der Grund der Reaktion und so auch kein Maßstab für deren Ausgestaltung. Repressive Erwägungen (dh der Ausgleich des Tatunrechts) dürfen für die Bestimmung von Erziehungsmaßregeln keine Rolle spielen (vgl. insofern aber die durch § 8 ermöglichten Kombinationen mit Zuchtmitteln und JStrafe).

25 Nach Abs. 2 sind Erziehungsmaßregeln so lange anzuwenden, wie sie **„ausreichen".** Davon muss idR ausgegangen werden, so lange es an den (in § 13 Abs. 1 geregelten) Voraussetzungen einer Zuchtmittelanordnung fehlt (zur Prüfungsabfolge auch Putzke Jura 2009, 631 (632)). Im Einzelfall ist es aber nicht ausgeschlossen, Erziehungsmaßregeln auch bei Anwendbarkeit von Zuchtmitteln noch für geeignet und daher ausreichend zu halten. Dann macht es das Verhältnismäßigkeitsprinzip erforderlich, die **eingriffsmildere** Variante der fallkonkret an sich zulässigen Rechtsfolgen auszuwählen. Ggf. werden also „ausreichende", den Jugendlichen aber stark beeinträchtigende Erziehungsmaßregeln hinter insoweit eingriffsärmeren Zuchtmitteln zurückgestellt.

26 Erziehungsmaßregeln kommen allerdings **nicht in Betracht,** wenn gar **kein erzieherischer Einwirkungsbedarf** (dh kein „Erziehungsmangel") besteht. Das Vorliegen einer spezialpräventiven Indikation ist nämlich eine unverzichtbare Anwendungsvoraussetzung, wie sich nicht (allein) aus Abs. 1, sondern (auch) aus dem Verhältnismäßigkeitsprinzip ergibt (weil eine erzieherisch ausgestaltete Maßnahme bei Personen ohne dahingehende Erfordernisse kein geeignetes Mittel zur Sicherung der Legalbewährung wäre). Ähnlich verhält es sich bei einer bestehenden Entwicklungsproblematik, die in der fraglichen Tat jedoch **nicht zum Ausdruck** gekommen ist (etwa bei einem Fahrlässigkeitsdelikt eines Jugendlichen, der zu „verwahrlosen" droht). In diesen Konstellationen gibt die Straftat keinen „Anlass" iSv Abs. 1, weshalb Erziehungsmaßregeln nicht anwendbar sind. Bei beiden Fallvarianten hängt es dann vom Nicht-/Vorliegen der in § 13 Abs. 1 normierten Bedingungen ab, ob entweder ein Sanktionsverzicht gem. §§ 45, 47 vorzunehmen oder ein Zuchtmittel anzuordnen ist (wobei aus Verhältnismäßigkeitsgründen oft nur eine eingriffsarme Variante legitimierbar sein wird).

27 **c) Zuchtmittel und Jugendstrafe (Abs. 2).** Zuchtmitteln wird durch Abs. 2 eine (auch) ahndende Funktion zugewiesen. Neben ihren jeweils eigenen Voraussetzungen (dazu → § 13 Rn. 10 ff., → § 14 Rn. 5 ff., → § 15 Rn. 3 ff., → § 16 Rn. 19 ff.) ergibt sich aus den vorangehenden Erläuterungen eine weitere (negative) Anwendungsbedingung: Zuchtmittel sind **ausgeschlossen,** wenn informelle Erledigungen oder Erziehungsmaßregeln gem. Abs. 2 „ausreichen" (BGH StV 2017, 713 = BeckRS 2017, 122307) und zugleich verhältnismäßiger sind.

28 JStrafe darf iS **strenger Subsidiarität** allein dann verhängt werden, wenn Erziehungsmaßregeln „nicht ausreichen" (Abs. 2) und wenn sie auch im Verhältnis zum JA „geboten ist" (§ 13 Abs. 1). Ein solcher Fall liegt aus-

schließlich unter den von § 17 Abs. 2 ausgestalteten Bedingungen vor (→ § 17 Rn. 20 ff., 45 ff.).

5. Besonderheiten bei Maßregeln der Besserung und Sicherung (Abs. 3)

Die Voraussetzungen der Unterbringungen gem. §§ 63, 64 StGB ergeben sich aus § 7 Abs. 1 und dem dortigen Rechtsgrundverweis. Abs. 3 setzt die Zulässigkeit dieser Maßregeln voraus und sieht insofern auch keine zusätzlichen Anforderungen vor. Stattdessen enthält die Vorschrift spezielle Maßgaben für die **JStrafen- und Zuchtmittelanordnung.** Diese unterbleibt, sofern sie neben der Maßregel als **entbehrlich** erscheint. Entbehrlichkeit ist gegeben, wenn die spezialpräventiven Einwirkungs- und die hinzukommenden Ahndungszwecke durch die Unterbringung in ausreichender Weise verfolgt und realisiert werden. Davon kann mit Blick auf die freiheitsentziehenden und therapeutischen Elemente der Unterbringung häufig ausgegangen werden. Demgemäß wird auch in der Praxis die Entbehrlichkeit vielfach für möglich gehalten und/oder bejaht. Dies gilt va für die (idR langjährige) Unterbringung in einem psychiatrischen Krankenhaus (kennzeichnend dafür etwa BGH NStZ-RR 2003, 186; BGH BeckRS 2009, 22491; vgl. auch NStZ-RR 1998, 188 (189)), und zwar selbst bei schwerster Delinquenz (LG Deggendorf BeckRS 2023, 25378: versuchter Mord). Im Grunde verfolgt die Praxis diese Tendenz aber auch bei der (idR kürzeren) Unterbringung in einer Entziehungsanstalt (kennzeichnend dafür etwa BGH StV 2009, 353 = BeckRS 2009, 4280; BGH NStZ-RR 2017, 346 (347)). Das **29**

Auf diese Weise ermöglicht es Abs. 3, dem Grundsatz der **Einspurigkeit** (→ § 8 Rn. 6) Rechnung zu tragen (BGHSt 39, 92 (95) = NJW 1993, 1404; BGH NStZ-RR 2020, 158; 2020, 158). Konkret wird die Kumulation oder Zweispurigkeit von (auch stationären) Rechtsfolgen, wie sie im allg. StR grds. vorgesehen und lediglich durch einen sog. vikariierenden Sanktionsvollzug (§ 67 Abs. 1 und 4 StGB) abzuwenden ist, von ihrer konkreten Notwendigkeit abhängig gemacht. Zuchtmittel bzw. JStrafen sollen neben der stationären Maßregel nur dann angeordnet werden, wenn jene gewissermaßen als „zu wenig" erscheint – etwa, weil die maßregelbezogene Therapiebereitschaft fragil ist (RL S. 1) oder weil neben einer Suchtmittelabhängigkeit noch ein weiterer, davon unabhängiger Interventionsbedarf besteht (stellvertretend etwa BGH BeckRS 2022, 15155; BeckRS 2022, 1947; zur dann stets erforderlichen **Erörterung** des Nicht-/Absehens n. → Rn. 76). Wird dies verneint, kann es bei der (auf das individuelle Hauptproblem abzielenden) Unterbringung bleiben. Die Einschlägigkeit der dies erlaubenden Vorschrift setzt aber voraus, dass zunächst die Anwendbarkeit beider Rechtsfolgen **völlig unabhängig voneinander** bejaht und für die (neben der Maßregel angeordnete) JStrafe (bzw. für das Zuchtmittel) eine selbstständige Bemessung vorgenommen worden ist (gegen jede Vermengung zutr. auch Diemer/Schatz/Sonnen/Diemer Rn. 20; MüKoStGB/Laue Rn. 23; unklar insofern RL S. 2; zu den *revisionsrechtlichen* Konsequenzen, die Abs. 3 trotz dieser Selbstständigkeit beider Entscheidungen hat, vgl. n. → § 7 Rn. 17 und 28 sowie → § 55 Rn. 21 f.). **30**

III. Prognosestellung bei der Rechtsfolgenwahl

1. Methodologische Grundlagen und deren Konsequenz

31 **a) Prognosen als Entscheidungskern.** Der Auftrag und Anspruch jugendstrafrechtlicher Rechtsfolgenanordnungen, erzieherisch positiv auf die Entwicklung der jeweiligen Jugendlichen Einfluss zu nehmen, impliziert ausgeprägte **prognostische Elemente** im Entscheidungsvorgang. Insbesondere muss der biografische Verlauf, der in der Folge verschiedener (in Betracht kommender) (Non-)Interventionen zu erwarten ist, abgeschätzt werden, um hernach die aussichtsreichste Option auswählen zu können. Diese Notwendigkeit besteht zwar prinzipiell auch im allg. StR (vgl. § 46 Abs. 1 S. 2 StGB), dort aber als ein die Schuldbewertung ergänzender Aspekt. Im Rechtsfolgensystem des JStR handelt es sich hierbei dagegen um den zentralen (und teilw. auch exklusiven) Entscheidungskern. Dies gilt nicht nur bei jenen Reaktionsformen, bei denen eine Prognose im Normtext explizit eingefordert wird (wie etwa bei der JStrafenaussetzung zBew → § 21 Rn. 15 ff.), sondern bei **jeder Rechtsfolgenentscheidung** schlechthin (→ Rn. 16 ff.).

32 Während die tatstrafrechtliche Rechtsfolgen-Logik grds. die Möglichkeit bietet, zumindest in den schuldbezogenen Entscheidungselementen eine gewisse Wertungs-Ähnlichkeit sicherzustellen und durch eine Orientierung an zentralen Deliktsparametern einen (wenn auch stark) eingeschränkten Standardisierungsgrad zu erreichen, besteht diese Aussicht im Täterstrafrecht des JGG nicht einmal in der Theorie. Die hier geforderte Ausrichtung auf die **Persönlichkeit** und die jeweils ganz spezifischen Bedingungen des Verurteilten, bedeutet eine erhebliche Relativierung der im allg. StR geltenden **Beurteilungsmaßstäbe.** Mit der angestrebten individuellen „Passförmigkeit" der Sanktion sind allerdings erhebliche Einschränkungen bei der Rechtsfolgengleichheit verbunden und intendiert, was rechtsstaatlich nur dann akzeptabel ist, wenn dieses Vorgehen tatsächlich auch im Interesse des Verurteilten ein höheres Maß an entwicklungsfördernder Effizienz erbringt. Das setzt wiederum voraus, dass sich der prognostisch getragene Kern der Rechtsfolgenentscheidung auf eine tragfähige methodische Grundlage stützen kann.

33 **b) Erfahrung und Vorhersage.** Das Abschätzen der künftigen Entwicklung einer Person ist höchst anforderungsreich (zum Folgenden etwa Opp, Methodologie der Sozialwissenschaften, 2014, S. 85 ff.). Um eine solche Prognose vornehmen zu können, muss die bisherige Entwicklung der Person mit Hilfe gesicherter **Erfahrungssätze** (dh wissenschaftlich bestätigter Erklärungen) auf die maßgeblichen Bedingungen zurückgeführt werden können. Unter der Voraussetzung, dass diese Bedingungen stabil bleiben (dazu etwa auch Bachleitner/Weichbold/Pausch, Empirische Prognoseverfahren in den Sozialwissenschaften/Bachleitner, 2016, S. 75 (86 ff.)), lässt sich dann mittels derselben Erfahrungssätze auf das weitere Geschehen schließen. Da aber die biologischen, psychischen und sozialen Lebensbedingungen einer Person immer in Bewegung sind – und das nicht zuletzt auch wegen der in Frage stehenden Rechtsfolgenentscheidung –, müssen diese Bedingungsveränderungen ihrerseits prognostiziert werden. Auf dieser Grundlage kann

dann wiederum auf Erfahrungssätze, die zu den Folgen dieser Bedingungsveränderung vorliegen, zurückgegriffen werden, um eben jene Folgen abzuschätzen (n. hierzu auch Dollinger ZJJ 2014, 237 (238 f.)).

Eine Grundvoraussetzung der hier relevanten Prognosen ist also das Vorhandensein von Erfahrungssätzen, die tragfähig und inhaltlich ergiebig sowie für die jeweils in Frage stehende Person einschlägig und der Entscheidungsperson bekannt sind. Bei der sog. **intuitiven** Methode beruhen die herangezogenen Erfahrungssätze allerdings allein auf dem subjektiven Weltwissen (dh den Alltags- und/oder Professionserfahrungen) der jeweiligen Amtsperson. Sieht man von den Ausnahmen fachlich vertiefter, individueller Sonderkenntnisse und der Heranziehung eines Sachverständigen (→ § 43 Rn. 27 ff.) ab, handelt es sich hierbei um den Normalfall, mit dem der prognostische Entscheidungskern in der Praxis der JRichter (sowie JStA und Polizei) umgesetzt wird. Dass die dabei herangezogenen individuellen Berufserfahrungen das Kriterium der **Tragfähigkeit** erfüllen, steht indes nachdrücklich in Frage (kennzeichnend etwa Bergmann FPPK 13 (2019), 386 mit Befunden zu einer (ggü. Laien) nur moderat höheren Treffergenauigkeit von Polizeibeamten bei der Risikoeinschätzung jugendlicher Straftäter). 34

Bei Prognoseverfahren, denen ein stärker wissenschaftlicher Charakter zugeschrieben wird, beruhen die Erfahrungssätze auf der individuellen Expertenerfahrung einer psychologisch, psychiatrisch, kriminologisch usw geschulten Person (sog. **klinische** Prognose) oder auf der systematischen wissenschaftlichen Erhebung von protektiven und risikoerhöhenden Faktoren („Prädiktoren"), deren fallbezogenes Vorliegen festgestellt und zu einer Vorhersage „verrechnet" wird (sog. **statistische** Methode). Durch Sachverständige werden klinische und statistische Prognosemethoden idR **kombiniert** (für einen Überblick etwa Kröber/Steller, Psychologische Begutachtung im Strafverfahren/Dahle, 2. Aufl. 2005, S. 133 ff.; Dahle/Lehmann FPPK 10 (2016), 248 ff.). Mit Blick auf die größere Zuverlässigkeit und Differenziertheit der Erfahrungssätze sowie den höheren Reflexionsgrad ihrer fallbezogenen Anwendung verspricht dies eine bessere Vorhersagegenauigkeit als bei der intuitiven Prognose. In Vergleichsuntersuchungen (s. hier aber zu den erheblichen methodischen Problemen Eisenberg/Kölbel Kriminologie § 19 Rn. 29) schneiden statistische und kombinierte Verfahren daher auch besser ab (so speziell bei Jugendlichen etwa Welsh/Schmidt/McKinnon ua Assessment 15 (2008), 104 ff.; Hilterman/Nicholls/van Nieuwenhuizen Assessment 21 (2014), 324; allg. dazu etwa Rettenberger FPPK 12 (2018), 28; Dahle/Lehmann FPPK 12 (2018), 37). 35

Während die Prognoseverfahren, die für die „normale" Jugenddelinquenz vorgesehen sind, entweder kontrovers (zur sog. MIVEA vgl. die Beiträge in Göppinger, Kriminologie, 6. Aufl. 2008, §§ 15 ff.; aus der krit. Lit. etwa Graebsch/Burkhardt StV 2008, 327) oder ohne praktischen Anwendungsbezug geblieben sind (vgl. das Modell bei Wallner ua Devianz und Delinquenz/Stemmler/Wallner S. 141 ff.), ist speziell für bestimmte Deliktsgruppen und/oder einen angehobenen Auffälligkeitsgrad bereits eine ganz Reihe von verschiedenen statistisch-prognostischen **Instrumenten** verfügbar. Gemeinsam ist ihnen, dass anhand der dort jeweils aktuarisch aufgelisteten Risikomerkmale ein Rückfallrisiko-Profil erstellt werden kann (bspw.: static-99/R, Structured Assessment of Violence Risk in Youth (SAVRY), Youth Level of Service/Case Management Inventory (YLS/CMI), Violence Risk Appraisal Guide (VRAG), Sexual Offender Risk Appraisal Guide 36

(SORAG), Psychopathy Checklist: Youth Version (PCL:YV), HCR-20 oder Sexual Violence Risk (SVR) 20 – hierzu jeweils n. die Beiträge in Rettenberger/von Franqué Kriminalprognostische Verf-HdB; für einen Überblick Quenzer, Jugendliche und heranwachsende Sexualstraftäter, 2009, S. 19 ff., 30 ff., 90 ff.; zu einem Instrument speziell für verhatensauffällige Kinder s. Koegl/Farrington/Augimeri Journal of Developmental and Life-Course Criminology 2021, 17). Ungeachtet der prinzipiell bejahten prognostischen Funktionalität wird deren Vorhersage-Validität teilw. und im Detail auch kritisch bewertet (vgl. etwa Dahle/Janka/Gallasch/Lehmann FPPK 2 (2008), 213 (217 f.); Eher/Rettenberger/Matthes MschKrim 92 (2009), 18 (22 f.); Müller NStZ 2011, 665 ff.; Fazel/Singh/Doll/Grann BMJ 345 (2012), e4692; speziell bei Jugendlichen mit Migrationshintergrund Dahle/Schmidt FPPK 8 (2014), 104 (109 f.)). Teilw. beziehen sich die Verfahren auch nur auf strafunmündige Kinder (für ein Bsp. vgl. Koegl/Farrington/Augimeri Journal of Developmental and Life-Course Criminology 2021, 17).

37 Ohnehin bestehen die Prognoseergebnisse auch bei den neueren statistischen Methoden immer nur in **probabilistischen Aussagen** – also etwa in der Angabe, dass die fragliche Person einer Gruppe angehöre, bei der von einer Rückfallwahrscheinlichkeit von bspw. 30 % auszugehen sei. Individuelle Befunde – etwa, dass und va warum die Person infolge ihrer Individualität zu der 30 %-igen oder der 70 %-igen Subpopulation gehört – werden nicht getroffen. Die persönliche Entwicklungsdynamik und die Handlungslogik gehen in die Standardmerkmale und Gruppenbefunde nirgendwo ein. Vielmehr besteht die Gefahr, dass Besonderheiten in der Persönlichkeit und/oder den Lebensumständen der fraglichen Person bei den Untersuchungsgruppen, an denen die jeweiligen Prädiktoren entwickelt und getestet wurden, unterrepräsentiert waren, wodurch deren Anwendbarkeit fragwürdig wäre (n. Dollinger ZJJ 2014, 237 (239 ff.).

38 Außerdem sind sämtliche Prädiktoren eng mit Stand und Zuverlässigkeit der dahingehenden, jeweils als gültig akzeptierten Erklärungsansätze und dem Grad ihrer Bewährung verknüpft. Viele als kriminogen geltende Faktoren treten aber prinzipiell auch bei (weitgehend) konform lebenden Personen auf (weil sie bspw. allgemein typisch für die jeweilige Altersgruppe sind). Sie stellen also Risiken dar, die sich lediglich in bestimmten (oft unklaren) Konstellationen bemerkbar machen. Gerade bzgl. dieser sog. **Trennschärfe** einzelner Faktoren ist zudem der Forschungsstand fortwährend „im Fluss". Auch sind sämtliche Prognosemethoden vorwiegend nur bei **Extremgruppen,** bei denen die Risikofaktoren bzw. Prädiktoren besonders klar oder besonders wenig vorliegen, zu Vorhersagen im Stande. Eine mittlere Ausprägung – und dies ist rechtspraktisch ein häufiger Regelfall – erlaubt demgegenüber nur eine diffuse Einschätzung. Dies beruht nicht allein (und nicht einmal in erster Linie) auf einer methodischen Insuffizienz der Prognoseverfahren. Es ist vielmehr sachimmanent, weil mit einer mittleren Ausprägung indizieller Umstände auch eine tatsächlich mittlere Wahrscheinlichkeit des (positiven bzw. negativen) Legalverhaltensverlaufs korrespondiert.

39 **c) Bedingungen und Grenzen der justiziellen Prognose.** Für JGerichte (und JStA) hat all dies va Bedeutung, wenn ausnahmsweise ein Sachverständigengutachten zu Rechtsfolgenfragen eingeholt wurde und zu beur-

teilen ist. Ansonsten bleibt es bei den Rechtsfolgenentscheidungen im JStR indes bei der intuitiven justiziellen Prognose, die verfahrensökonomisch (und oft auch aus Verhältnismäßigkeitsgründen) in keiner Weise zu ersetzen ist. Diese Unabänderlichkeit lässt indes die Zuverlässigkeitsproblematik (→ Rn. 34) unberührt, zumal sich justizpraktisch auch **kaum eine Selbstevaluierung** erwarten lässt: Dass Amtsträger einen neuerlichen Kontakt mit abgeurteilten Jugendlichen idR nur bei deren „Rückfälligkeit" haben, erlaubt nämlich nur Lernerfahrungen von sehr einseitiger Art – und zwar anhand von günstigen Verlaufserwartungen, die sich als falsch herausgestellt haben, oder anhand von ungünstigen Verlaufserwartungen, die bestätigt wurden. – Dabei bleibt iÜ vollständig verdeckt, inwiefern die ursprüngliche Prognoseentscheidung zu diesem Verlauf beigetragen und durch ihre Auswirkungen ggf. eine sich selbst erfüllende Prophezeiung ausgelöst hat (n. Opp, Methodologie der Sozialwissenschaften, 2014, S. 91 ff.).

Bei diesen Schwierigkeiten handelt es sich um Bedingungen, die der 40
Rechtsfolgenentscheidung im JStR unvermeidbar innewohnen. Sie müssen reflektiert, können aber nicht behoben werden. Möglich ist es jedoch, schematisierende Verkürzungen abzubauen und in die justiziellen Vorhersagen einen zwar noch alltagstauglichen, aber doch auch erweiterten und empirisch fundierten Kreis an **Anknüpfungskriterien** eingehen zu lassen. Diese beruhen auf den kriminologischen Erkenntnissen sowohl zu den Deliktshintergründen (→ Rn. 47 ff.) als auch zu den Wirkungen verschiedener Sanktionsformen (→ Rn. 67 ff.). Deren fundierte Anwendung besteht dann darin, sie einzelfallbezogen auf ihre konkrete Tragfähigkeit hin abzuschätzen. Dabei sind die Wechselwirkungen zu erwägen, die zwischen offen wahrnehmbaren und verdeckten, aber gleichwohl vorhandenen Faktoren bestehen können, und Annahmen zu den interventionsbeeinflussten Entwicklungen – zumindest im Vergleich von alternativ in Betracht kommenden Rechtsfolgen – zu bilden. Auf diese Weise geht die Prognose über ein nur-intuitives Niveau hinaus und wird jedenfalls **partiell substantiiert.**

Natürlich setzt dies aber auch eine ausreichende **Kenntnis** der **individuellen** Gegebenheiten voraus. Hierfür bedarf es der entspr. Zuarbeit durch 41
die JGH (→ § 38 Rn. 7 ff., 62 ff.) sowie einschlägiger Ermittlungen (vgl. §§ 43, 44) und ggf. der Heranziehung außer-/strafrechtlicher Akten (zur allerdings eingeschränkten informatorischen Ergiebigkeit von JHilfe-Unterlagen n. Riesner ZJJ 2016, 395 (397 f.; s. ferner zur häufigen Nichterhebung prognoserelevanter Bedingungen in der Justizpraxis am Bsp. der Alkohol- und Drogenproblematik Heimerdinger, Alkoholabhängige Täter, 2006, S. 54, 139 ff.). Das Spannungsverhältnis zwischen der Erforschung persönlicher Umstände und rechtsstaatlichen Begrenzungen (s. etwa → § 1 Rn. 22 f., → § 43 Rn. 12) ist hierbei indes stets zu berücksichtigen.

d) Folgerung. Aus all diesen Gründen ist die gerichtliche Prognose stets 42
von **limitierter Tragfähigkeit.** Wegen dieser Begrenztheit macht der Verhältnismäßigkeitsgrundsatz (→ Rn. 21 f.) unter Berücksichtigung der potenziell abträglichen Effekte eingriffsinvasiver Rechtsfolgen (→ Rn. 67 f.) eine **Maxime** erforderlich, die im Zweifel zu milderen Sanktionen greifen und **erst, wenn deren Fehleignung klar** erkennbar wird, die Intensität des Vorgehens steigern lässt. Zwar ist die Kritik (wie etwa bei Bock NK 2014, 301 (303 ff.)) an einem diesbzgl. Schematismus (dazu auch → Rn. 8) ebenso berechtigt, wie es wünschenswert ist, die aktuell und individuell jeweils

bestmöglich passende Sanktion zu finden (um bspw. nicht durch eine allzu defensive Reaktion eine „Verfestigung" ungünstiger Entwicklungen geschehen zu lassen). Doch zugleich bedarf es für den Anspruch, „jetzt das Richtige" (dh bei Bedarf eben schon beim ersten Mal etwas „Gravierendes") anzuordnen (Bock NK 2014, 301 (304); Gräf, Die Diversion im Jugendstrafrecht (…), 2015, S. 160 ff.), eines Korrektivs, wie es in der hier geforderten Maxime besteht. Angesichts der Begrenztheit gerichtlicher (wie iÜ auch kriminologischer) Möglichkeiten, denen eine biografische Verlaufsvorhersage stets unterliegt, wäre eine frühe „harte" bzw. nachdrückliche Intervention sonst in allzu vielen Fällen nur scheinbar „das Richtige" – wohingegen sie tatsächlich auf einer unzutreffend ungünstigen Prognose beruhte und sich bei diesen „false positives" als schadensstiftend erwies (ähnlich die Warnung vor Kriminalprognosen der JGH bei Trenczek/Goldberg RPsych 5 (2019), 475 (492 f.)).

2. Entwicklungsbezogene prognostisch relevante Zusammenhänge

43 **a) Grundlagen.** Die kriminologische Forschung zu Verlaufs- und Entstehungszusammenhängen von (Kinder- und Jugend-)Delinquenz zeigt die Notwendigkeit auf, einerseits **situative Bedingungen** zu untersuchen (Anreiz-, Konfliktstrukturen usw), andererseits und insbesondere aber auch die unterschiedlichen Lebens- bzw. **Verhaltensstile** sowie **Haltungen** bzw. Normorientierungen, mit denen die Wahrscheinlichkeit, in deliktsnahe Situationen zu geraten, ebenso variiert wie die Bereitschaft, dort nonkonform zu agieren. Diese Stile und Haltungen werden durch hintergründige Lebensbedingungen geprägt, die durch die sozio-ökonomische Stellung und die Zugehörigkeit zu bestimmten Milieus ihren spezifischen Rahmen erhalten. Außerdem werden sie durch Sozialisationsinstanzen und soziale Beziehungen (also durch Schule, Arbeit, Freunde, Familie, Medien) beeinflusst (kennzeichnend zum Ganzen die Ansätze etwa von Wikström MschKrim 98 (2015), 177; Wikström/Oberwittler/Treiber/Hardie, Breaking Rules, 2012; Wikström Journal of Developmental and Life-Course Criminology 2020, 188; Boers/Reinecke Altersverlauf/Boers/Reinecke S. 77 ff.). Diese situations- (→ Rn. 61 ff.) und personenbezogenen Bedingungen (→ Rn. 47) können folglich als Risikofaktoren interpretiert werden, bei deren Vorliegen die individuelle Deliktsbegehungswahrscheinlichkeit steigt. Ihre fallkonkrete Feststellung kann deshalb iS der oben genannten Prognoselogik (→ Rn. 33) durch das JGericht für Überlegungen zur künftigen Entwicklung der zu beurteilenden Person herangezogen werden.

44 Während situationsbezogene Bedingungen durch Ereignisanalysen empirisch relativ gut rekonstruierbar sind (über Aktenauswertungen, Interviews usw), bereitet die Feststellung relevanter personenbezogener Bedingungen größere Schwierigkeiten. Das Vorgehen **traditioneller** kriminologischer Forschungsarbeiten beruht vielfach darauf, deliktisch (mehrfach) erfasste Jugendliche zu untersuchen. Dabei werden die bei ihnen aktuell vor- sowie biografisch zurückliegenden Bedingungen individueller, familiärer usw Art daraufhin analysiert, ob sie von den Gegebenheiten bei institutionell nicht erfassten Jugendlichen abweichen. Daran gemessen weist die neuere kriminologische Forschung in den letzten Jahrzehnten zwei wesentlichen Erweiterungen auf. Die erste Neuausrichtung besteht darin, nicht (allein) auf die

registrierte strafrechtliche Erfassung von Jugendlichen abzustellen, sondern (auch) auf unentdeckt bleibende Deliktsereignisse **(Dunkelfeld).** Der Grund dafür liegt in der Selektivität, von der die Prozesse der Strafanzeige, der strafrechtlichen Erfassung und der polizeilich-justiziellen Verarbeitung durchzogen sind (vgl. bspw. Köllisch MschKrim 92 (2009), 28; speziell zur Meldung von Schulgewalt Villmow/Savinsky FS Streng, 2017, 641 ff. sowie die Übersicht bei Eisenberg/Kölbel Kriminologie § 24 Rn. 25 ff., § 25 Rn. 41 ff.). Bei einer methodischen Beschränkung auf Hellfelddaten wird der Vergleich zwischen mehr und weniger belasteten Gruppen deshalb merklich verzerrt.

Die zweite wesentliche Erweiterung besteht darin, nicht mehr von einem punktuellen Erhebungs- und Vergleichszeitpunkt retrospektiv die jeweiligen Bedingungen zu erheben, sondern größere Gruppen von Kindern und Jugendlichen über mehrere Jahre gleichsam zu begleiten und ihre Hell- und Dunkelfeld-Deliktsbelastung sowie ihre Lebensumstände usw dabei kontinuierlich zu erheben. Dabei zeigt sich zum einen, dass nicht einfach zwischen mehr oder minder belasteten Jugendlichen getrennt werden kann, sondern eine **größere Zahl typischer Verläufe** der biografischen Deliktsbelastungsentwicklung unterschieden werden muss. So hat bspw. eine großangelegte deutsche Verlaufsstudie bis zu 7 Teilgruppen identifiziert (Boers/Reinecke/Bentrup ua MschKrim 97 (2014), 183 (189): dauerhaft nicht (43 %) oder nur wenig auffällig (14 %); früher (9 %) oder im Verlauf des Jugendalters (15 %) erfolgender Abbruch einer moderaten Belastung; persistente Belastung (8 %), Abbruch im Jugendalter nach hoher Belastung (6 %) und späte Belastungsentwicklung (6 %)). Ähnliche Beobachtungen werden regelmäßig gemacht (→ Einl. Rn. 6). Soweit sich dabei darüber hinaus Zusammenhänge zwischen den langfristigen Verläufen der Delinquenz und der Entwicklung personaler, sozialer usw Bedingungen aufzeigen lassen, sind diese Befunde differenzierter und aussagekräftiger (etwa bei der zeitlichen Verortung von etwaigen Auswirkungen). 45

Hinsichtlich der methodischen Anforderungen und Tragfähigkeit besteht zwischen den drei Forschungsarten zwar eine augenscheinliche Rangfolge, aber gleichwohl schließen sich die jeweiligen Befunde gegenseitig nicht unbedingt aus. Oft liegen vielmehr übereinstimmende und/oder sich wechselseitig ergänzende Forschungsergebnisse vor. Dieser Bestand ist im Rahmen justizieller Rechtsfolgenentscheidungen zwar nicht als ein Spektrum regelrechter Prädiktoren heranziehbar, wohl aber als ein **Anknüpfungs- und Hintergrundwissen** im oben (→ Rn. 40) genannten Sinne (s. zum Folgenden auch die Übersichten zur internationalen Forschung bei Loeber/Farrington/Stouthamer-Loeber/White, Violence and serious theft/Farrington/Loeber/Jolliffe/Pardini, 2008, S. 169, 204 ff.; Welsh/Farrington, Oxford Handbook of Crime Prevention/Farrington/Loeber/Ttofi, 2012, S. 46 ff.; Cullen/Wilcox, Oxford Handbook of Criminological Theory/Tanner-Smith/Wilson/Lipsey, 2013, S. 89 ff. sowie die Beiträge in APA Handbook, 177 ff.; sekundäranalytisch etwa Aebi FPPK 13 (2019), 166; s. ferner mwN auch 21. Aufl. Rn. 37 sowie Eisenberg/Kölbel Kriminologie §§ 53, 56, 59, 60). Dabei ist zu berücksichtigen, dass die fraglichen Befunde, obwohl sie teilw. nur anhand **männlicher** Jugendlicher gewonnen wurden, auch für die Risikomerkmale bei **weiblichen** Jugendlichen weithin zutr. sind (vgl. dazu eingehend Wong/Slotboom/Bijleveld EJC 7 (2010), 266; für Deutschland s. entspr. etwa Retzlaff, Böse Mädchen, 2017, S. 49 ff., 153 ff. 46

sowie die Rekonstruktion subjektiver Perspektiven bei Silkenbeuner, Biografische Selbstentwürfe und Weiblichkeitskonzepte aggressiver Mädchen und junger Frauen, 2007, S. 126 ff.). Noch wenig geklärt sind indes die hier relevanten geschlechtsbezogenen Unterschiede in den sozialen Verpflichtungen und Kontrollen (s. dazu KZfSS/Seus/Prein SH 43 2004, 215 ff.).

47 **b) Personale und soziale Faktoren. aa)** Hinsichtlich des **familiären Hintergrundes** ist in der kriminologischen Forschung sehr eindeutig gezeigt worden, dass Eltern für gesellschaftskonforme Einstellungen, Werte und Normbindungen ihrer Nachkömmlinge idR von erheblicher Bedeutung sind (Fine/Thomas/van Rooij/Cauffman Journal of Developmental and Life-Course Criminology 6 (2020) 25). Umgekehrt zeigen Jugendliche aus Elternhäusern mit **deliktischer Belastung** – besonders bei Inhaftierung eines Elternteils (dazu etwa van de Rakt/MurrayNieuwbeerta JRCD 49 (2012), 81; Wildeman/Andersen Criminology 55 (2017), 32) – eine deutlich angehobene strafrechtliche Auffälligkeit (für Deutschland Entorf/Sieger, Unzureichende Bildung: Folgekosten durch Kriminalität, 2010, S. 26 ff.; international etwa van de Rakt/Nieuwbeerta/Graaf BJC 48 (2008), 538; Besemer/Farrington EJC 9 (2012), 120; Besemer/Axelsson/Sarnecki Journal of Developmental and Life Course Criminology 2 (2016), 417). Unklar ist dabei indes, worauf diese sog. Transmission konkret beruht (Lernvorgänge, ungünstige Aufwachsensbedingungen, soziale Nachteile, selektive behördliche Aufmerksamkeit).

48 Ähnlich unklar sind die Zusammenhänge mit der ausgeprägten **sozio-ökonomischen Schlechterstellung** der Herkunftsfamilie (zur stärkeren Deliktsbelastung von deren Nachkömmlingen vgl. Schumann, Delinquenz im Lebensverlauf/Prein/Schumann, 2003, S. 181; mit Einschränkungen auch Albrecht/Howe KZfSS 44 (1992), 697; s. ferner Mehlkop/Becker KZfSS 56 (2004), 95 (121 ff.); international Steffensmeier/Ulmer/Feldmeyer/Harris Criminology (2010), 1133; Teymoori/Côté/Jones ua JAMA Network Open. 2018;1(8):e186364.). Erneut machen sich hier eine größere amtsseitige Kontrolldichte und größere Sanktionswahrscheinlichkeiten bemerkbar (dazu die Daten bei Besemer/Farrington/Bijleveld BJC 53 (2013), 438). Außerdem spricht viel dafür, dass sich die ökonomische Deprivation nur dann kriminologisch nachteilig auswirkt, wenn sie bspw. zu (einer Kombination von) Chancenverlusten (etwa infolge elterlicher Bildungsnachteile (dazu Derzon Journal of Experimental Criminology (2010), 263 (273 f.)), zu ungünstigen Freizeit- und Beziehungsmustern (etwa infolge eines entspr. sozialökologischen Wohnumfeldes (→ Rn. 54)) oder zu abträglichen Erziehungsstilen (→ Rn. 50 f.) führt. Zu berücksichtigen ist ferner, dass unter sozial an sich ausreichend abgesicherten Jugendlichen eher Leistungs- und Beziehungsfaktoren (→ Rn. 52 ff.) sowie **milieuspezifische Grundhaltungen** in den Vordergrund rücken. Dies betrifft Werte-Konfigurationen, die man sozialwissenschaftlich in unterschiedlichen Ausprägungen erfasst – als reputationsorientierten, gewaltaffirmierenden „code of the street" (Ernst/Lenkewitz KrimOJ 2 (2020), 39), als dezidierte Ehr- und Männlichkeitsvorstellungen (dazu bspw. Enzmann/Brettfeld/Wetzels KZfSS SH 43 (2004), 264; speziell bei Russlanddeutschen Zdun, Ablauf, Funktion und Prävention von Gewalt, 2007, S. 69 ff.; zusf. Eisenberg/Kölbel Kriminologie § 51 Rn. 11 f. mwN) oder auch als verstärkt hedonistische und/oder egozentrische Präferenzen (s. Heitmeyer/Collmann/Conrads ua Gewalt/

Möller/Kühnel/Matuschek, 3. Aufl. 1998, S. 347 (361 ff.); Oberwittler/Blank/Köllisch/Naplava, Soziale Lebenslagen und Delinquenz von Jugendlichen, 2001, S. 56 ff.; Woll, Kriminalität bei Berufsschülern, 2011, S. 147 ff., 174 ff.; Boers/Reinecke Altersverlauf/Seddig S. 196 ff.).

Die tendenziell stärker ausgeprägte Deliktsproblematik bei Kindern und Jugendlichen aus **unvollständigen Elternhäusern** (Entorf/Sieger, Unzureichende Bildung: Folgekosten durch Kriminalität, 2010, S. 26 ff.; Stelly/Thomas/Vester/Schaffer MschKrim 97 (2014), 267 (270); international Lucia/Killias Trauma & Gewalt 5 (2011), 1 (5 ff.)) verweist nur bedingt auf einen Risikofaktor. Ausschlaggebend sind vielmehr ungünstige Beziehungsmuster sowie verminderte Unterstützungsmöglichkeiten, zu denen es in Broken Home-Konstellationen allerdings häufiger kommt (instruktive Daten bei Kierkus/Baer Canadian Journal of Criminology 44 (2002), 425; Demuth/Brown JRCD 41 (2004), 58; Skarðhamar EJC 6 (2009), 203; Kroese/Bernasco/Liefbroer/Rouwendal Journal of Developmental and Life-Course Criminology 7 (2021) 596; s. auch Serafin, Delinquenz-Verläufe im Jugendalter, 2018, S. 237 ff.). Eine ablehnende und kalte Atmosphäre in einer vollständigen Familie scheint deliktische Entwicklungen jedenfalls stärker als deren Unvollständigkeit zu begünstigen (Simmons/Steinberg/Frick/Cauffman Journal of Adolescence 62 (2018), 9). 49

Überhaupt werden **Erziehungsmerkmale,** deren Nicht-/Vorliegen kriminologische Relevanz haben kann, in der Kriminologie seit jeher problematisiert (zu dieser (auch älteren) Lit. Eisenberg/Kölbel Kriminologie § 56 Rn. 17 ff.). Empirisch haben sich va elterliche Beobachtung und Kontrolle als protektiv, Gleichgültigkeit, Zurückweisung und feindselige Tendenzen dagegen als risikoerhöhend erwiesen (Hoeve/Dubas/Eichelsheim Journal of Abnormal Child Psychology 37 (2009), 749; Zych/Farrington/Ribeaud/Eisner Journal of Developmental and Life-Course Criminology 7 (2021), 308). In deutschen Untersuchungen wird dies im Vergleich von zugewandten, empathischen mit sanktionsorientierten oder inkonsistenten oder gleichgültigen Erziehungsstilen repliziert (Sutterlüty, Gewaltkarrieren, 2002, S. 103 ff.; Raithel NK 14 (2002), 62 (63 f.); Sitzer, Jugendliche Gewalttäter, 2009, S. 137 ff.; Niggli/Marty, Risiken der Sicherheitsgesellschaft/Baier, 2014, S. 80 (92 f.); Boers/Reinecke/Bentrup ua MschKrim 97 (2014), 183 (191); Wallner ua Devianz und Delinquenz/Sauter/Wallner/Stemmler S. 205, 218 ff.; Serafin, Delinquenz-Verläufe im Jugendalter, 2018, S. 227 ff.; speziell zu den Besonderheiten beim Aufwachsen in **Heimen** und anderen außerfamiliären Unterbringungsformen → § 12 Rn. 17 ff., 25 ff.). Gleichwohl sind vorübergehende „Straßenkarrieren" weggelaufener Jugendlicher, bei denen die familiäre Beziehung besonders starke Brüche aufweist, idR eher ein Indikator für einen fürsorgerischen und weniger für einen jugendstrafrechtlichen Interventionsbedarf (zur Forschungslage Herrmann, Soziales Leben gestalten/Affeld, 2009, S. 134 ff.). 50

Im Spektrum dysfunktionaler Erziehungsstile werden dem elterlichen Alkoholmissbrauch (Hummel Praxis der Kinderpsychologie und Kinderpsychiatrie 48 (1999), 734 (739 f., 742 ff.) und va der elterlichen **Misshandlung** und/oder Vernachlässigung eine gesteigerte kriminogene Bedeutung zugewiesen (speziell zu sexuellen Missbrauchserfahrungen als Risikofaktor s. Urban/Fiebig Zeitschrift für Soziologie 40 (2011), 42; Dudeck/Drenkhahn/Spitzer ua Psychiatrische Praxis 39 (2012), 217; Urban/Fiebig, Quantitative Meta-Analyse zur Überprüfung sozialwissenschaftlicher Hypothesen, 2015, 51

S. 110 ff.). Die Wahrscheinlichkeit eigenen Gewaltverhaltens ist ausweislich zahlreicher Belege bei gewalthaltiger elterlicher Behandlung deutlich angehoben (vgl. bspw. Sutterlüty, Gewaltkarrieren, 2002, S. 150 ff., 181 ff., 250 ff.; Raithel MschKrim 86 (2003), 287; Hosser/Raddatz ZJJ 2005, 15 (17 ff.); Fuchs/Lamnek/Luedtke/Baur, Gewalt an Schulen, 2009, S. 156 ff.; Baier/Pfeiffer/Simonson/Rabold, Jugendliche in Deutschland als Opfer und Täter von Gewalt, 2009, S. 80; Bannenberg/Jehle, Gewaltdelinquenz, Lange, Freiheitsentziehung, Delinquenzverläufe/Trunk, 2011, S. 17; Baier/Rabold, Kinder- und Jugenddelinquenz im Bundesland Saarland, 2012, S. 98 f.; Bentrup MschKrim 103 (2020), 97; für Europa Manzoni/Schwarzenegger European Journal on Criminal Policy and Research 25 (2019), 225). Erklärt wird diese Form der Devianztransformation einerseits mit Lern- und Übernahmeprozessen, andererseits aber auch mit einer desorganisierten innerfamiliären Bindung, die wiederum die Entwicklung der Emotionsregulation erschwert.

52 **bb)** Unter den Faktoren im **Leistungsbereich** geht mit einer erhöhten Deliktsbelastung vielfach eine höhere Rate an Misserfolgsanzeichen bzgl. **Schule,** Berufsausbildung und Arbeitsmarktintegration einher (Gibson/Krohn Handbook of Life-Course Criminology/Payne/Welch, 2013, S. 93). Als Risikofaktoren gelten daher fehlende Schulabschlüsse (Ohder, Intensivtäter in Berlin. Teil II, 2007, S. 42 ff.; Stelly/Thomas/Vester/Schaffer MschKrim 97 (2014), 267 (270)) und Abbrüche der Lehrausbildung (vgl. hier aber auch Dessecker, Jugendarbeitslosigkeit und Kriminalität/Schumann, 2. Aufl. 2007, S. 43 (53 ff.), während die Aufnahme einer **Berufsausbildung** die Wahrscheinlichkeit devianter Aktivitäten reduziert (Daniel, Schule, Ausbildung, Arbeitslosigkeit, 2021, S. 209 ff.; zur Frage der Arbeitslosigkeit differenzierend Eisenberg/Kölbel Kriminologie § 56 Rn. 33 ff.). Mit Blick auf Schulabsentismus gilt das Gegenteil, dies angesichts der diesbzgl. Verbreitung (zusf. Wagner RdJB 2012, 35 (38 ff.)) allerdings nur für das hartnäckige **Schulschwänzen** (s. etwa Beckmann/Bergmann ZJJ 2017, 347). Im Übrigen ist nicht geklärt, ob der fragliche Zusammenhang über verschlechterte Lebensführungschancen und/oder über Marginalisierungen und deviante Freundeskreise vermittelt wird. Weiterhin liegen zahlreiche Hinweise darauf vor, dass sich eine ungünstige Zusammensetzung der Schülerschaft und unzuträgliche **pädagogische Bedingungen** (geringer Klassenzusammenhalt, negative Beziehungen unter Schülern und zu Lehrern, verbale Gewalt etc.) deliktsförderlich auswirken können (Tillmann/Holler-Nowitzki/Holtappels ua, Schülergewalt als Schulproblem, 1999, S. 232 ff.; Groenemeyer/Hoffmann, Jugend als soziales Problem/Moldenhauer, 2014, S. 371 (380 ff.); Boers/Reinecke Altersverlauf/Theimann S. 295 ff.; international etwa Steffgen/Recchia/Viechtbauer Aggressive and Violent Behavior 18 (2013), S. 300; speziell zur Eskalation von auffälligem Schulverhalten und überforderungsbedingter schulseitiger Abwertung s. etwa Deakin/Fox/Matos EJC 19 (2022), 653 (661 ff.); zusammenfassend Eisenberg/Kölbel Kriminologie § 55 Rn. 31 f. mwN). Umgekehrt wirkt ein gutes schulisches Umfeld aber auch risikodämpfend (vgl. etwa Eklund/Fritzell EJC 11 (2014), 682). Die Befunde zu den jeweiligen Zusammenhängen sind aber durchaus noch diffus (relativierende Ergebnisse etwa bei Wallner ua Devianz und Delinquenz/Weiss S. 187 (195 ff.)).

53 **cc)** Im Hinblick auf den **kulturellen** und **sozialen Kontext** der Jugendlichen ist zunächst der Konsum gewalthaltiger **Medieninhalte** (Filme, Com-

puterspiele) kriminologisch relevant. In der Zusammenschau einer außerordentlich umfangreichen, differenzierten und in ihren Inhalten teilw. auch widersprüchlichen Forschung spricht viel dafür, dass sich Mediengewalt bei einer gesteigerten Nutzung auf interne verhaltensbeeinflussende Ressourcen auswirken (Einstellungen, Wahrnehmungsmuster, Verhaltensskripte) und sich in diesem Sinne durchaus mittelbar als deliktsförderlich erweisen kann (Krahé European Revue of Social Psychology 25 (2014), S. 71; Anderson/Suzuki/Swing PSPB 43 (2017), 1). Für eine hierdurch bewirkte Zunahme tatsächlichen gewaltförmigen Verhaltens liegen zwar ebenfalls Hinweise vor (s. etwa Hopf/Huber/Weiß Journal of Media Psychology 20 (2008), 79; Kanz, Medienkonsum und Delinquenz, 2014, S. 189 ff., 242 ff.; Hirtenlehner/Strohmeier MschKrim 98 (2015), 444 (451 ff.); Sauter/Wallner/Stemmler/Reinecke RPsych 2 (2016), 149). Diese sind aber alles in allem deutlich schwächer (s. etwa Krahé FS Pfeiffer, 2014, 367; Bushman/Anderson American Behavioral Scientist 59 (2015), S. 1807 (1816)). Auch werden die jeweils relevanten Detailbedingungen (Konsummodi, Medienformate usw) derzeit noch ebenso kontrovers beurteilt wie die Frage nach der Interaktion mit anderen Resilienz- und Risikofaktoren (dazu und zum Forschungsstand Mößle, „dick, dumm, abhängig, gewalttätig?", 2012, S. 260 ff., 316 ff., 333 ff.; Gunter, Does Playing Video Games Make Players More Violent?, 2016, S. 93 ff., 239 ff.; aus der diff. Lit. etwa Ferguson/Olson/Kutner/Warner Crime & Delinquency 60 (2014), 764; Liedtke, School Shooting and Counter-Strike, 2015, S. 90 ff.; Markey/Markey/French, Psychology of popular media culture 4 (2015), S. 277; vgl. auch Fuchs/Lamnek/Luedtke/Baur, Gewalt an Schulen, 2009, S. 206 f.; Hacker, Gewalt in der Schule, 2010, S. 143 ff.; zu den Besonderheiten des „pathologischen" oder „suchtartigen" Glücksspiels vgl. zusf. Schäffler ZJJ 2016, 349 (351) und 21. Aufl. 5/81a).

Für deliktisch mehrauffällige Jugendliche ist charakteristisch, dass von ihnen überdurchschnittlich große **Freizeitanteile unstrukturiert** mit der Peer-Group im außerhäuslichen Bereich verbracht werden (Walser, Freizeitverhalten und Gewalt bei Jugendlichen, 2013, S. 116 ff.; Walburg, Migration und Jugenddelinquenz, 2014, S. 243 ff.; Weerman/Bernasco/Bruinsma/Pauwels Crime & Delinquency 61 (2015), 1386). Dabei handelt es sich idR bei vielen Freunden um ähnlich stark belastete Personen. Zwischen der individuellen Deliktsrate Jugendlicher und der Anzahl deliktisch agierender Peers besteht ein enger Zusammenhang (Baier/Pfeiffer/Simonson/Rabold, Jugendliche in Deutschland als Opfer und Täter von Gewalt, 2009, S. 83 ff.; Block/Brettfeld/Wetzels ZJJ 2009, 129 (135 ff.); Junger-Tas/Marshall/Enzmann ua, Juvenile delinquency in Europe and beyond/Enzmann, 2010, S. 47; Wetzels/Brettfeld, Gewalt und Delinquenz junger Menschen in Bremen 2008–2010, 2011, S. 72 ff.; Seyboth-Teßmer, Kinderdelinquenz in Deutschland, 2013, S. 205 ff.; Bentrup, Lernprozesse und Jugenddelinquenz, 2014, S. 259 ff.). Das gilt besonders, wenn sehr viel Zeit mit **devianten Freunden** verbracht wird (Svensson/Oberwittler Journal of Criminal Justice 38 (2010), 1006; Junger-Tas/Marshall/Enzmann ua, The many faces of youth crime/Steketee ua, 2012, S. 237; Gerstner/Oberwittler MschKrim 98 (2015), 204). Offenbar gehen damit deliktsstimulierende gruppendynamische Prozesse (→ Rn. 64) und zahlreiche situative Tatgelegenheiten einher. Außerdem ist dann der Zugang zu konformen Gleichaltrigen-Gruppen tendenziell erschwert, sodass sich die dort bestehenden Bindungen nicht bemerkbar 54 machen können (zusf. zum Ganzen etwa Hoeben/Meldrum/Walker/Young Journal of Criminal Justice 47 (2016), 108). Zusammenhänge zwischen dem Aufwachsen in einer sozio-ökonomisch benachteiligten **Wohngegend** und der Deliktsbelastung Jugendlicher (etwa Peeples/Loeber J.Quant.Criminol. 10 (1994), 141 (149 ff.); Junger-Tas/Marshall/Enzmann ua, The many faces of youth crime/Junger-Tas ua, 2012, S. 329; Vogel/Hoeben/Bernasco BJC 61 (2021), 228) realisieren sich gerade bei jener Teilgruppe, für die die genannte Freundes- und Freizeitstruktur kennzeichnend ist (Oberwittler KZfSS SH 43 (2004), 135; Oberwittler/Rabold/Baier, Städtische Armutsquartiere – Kriminelle Lebenswelten/Rabold/Baier, 2013, S. 169 (181 ff.)).

55 **dd)** Hinsichtlich der psychischen Merkmale lässt der Forschungsstand keine Aussagen zu klaren Risikofaktoren zu. Für Persönlichkeitsmerkmale und Intelligenz zeigen die vorliegenden Daten insgesamt keine ausreichende Trennschärfe auf (zusf. Eisenberg/Kölbel Kriminologie § 56 Rn. 40 ff.). Am ehesten scheinen Eigenschaften, die man mit **Impulsivität,** Ärgeranfälligkeit und/oder geringe Selbstkontrolle umschreiben (und an aufsässigen, unangepassten Verhaltensstilen beobachten) kann, mit einer höheren Deliktsbelastung zusammenzuhängen (vgl. bspw. DeLisi/Vaughn Journal of Criminal Justice 42 (2014), 10 (12 ff.); Vazsonyi/Mikuška/Kelley Journal of Criminal Justice 48 (2017), 48; Lichtenstein/Cederlof/Lundström ua Journal of Child Psychology and Psychiatry 61 (2020), 798; Zych/Farrington/Ribeaud/Eisner, Journal of Developmental and Life-Course Criminology 7 (2021), 308). Dies gilt prinzipiell auch bei einer medizinisch relevanten Hyperaktivität und/oder dem Aufmerksamkeits-Defizit-Syndrom (Peeples/Loeber J.Quant.Criminol. 10 (1994), 141 (153); Pratt/Cullen/Blevins International Journal of Police Science & Management Vol. 4 (2002), 344; Hosser/Jungmann/Zöllner ZJJ 2007, 244; Savolainen/Hurtig/Ebeling ua EJC 7 (2010), 442; Vloet/von Polier/Bachmann/Herpertz-Dahlmann MschKrim 97 (2014), 430; Just/Kaiser/Retz ua FPPK 11 (2017), 96). Vermutlich steht hierbei im Vordergrund, dass störungsbedingte Verhaltens- und Leistungsauffälligkeiten solche ablehnenden Reaktionen im Umfeld oder der Schule hervorrufen, die die Betroffenen zu devianten Aktivitäten und Peers drängen.

56 Im Übrigen weisen psychiatrisch orientierte Befunde für manche Krankheiten und Störungen einen angehobenen Grad der Deliktswahrscheinlichkeit auf. Auch liegen diese unter Jugendlichen, die stationär sanktioniert werden, überproportional häufig vor. Bezogen auf die von den JGerichten zu beurteilenden Fälle betrifft dies aber nur einen kleinen Ausschnitt (für eine Übersicht etwa Allroggen ZJJ 2018, 105; Eisenberg/Kölbel Kriminologie § 35 Rn. 28 f., § 56 Rn. 45 ff.) – wobei die sich dabei ergebenden Fragestellungen (ebenso wie bei neurophysiologischen Anomalien) eher iRv sachverständigen (Schuldfähigkeits-)Gutachten zu beurteilen sind (bzw. beurteilt werden sollten), nicht aber bei den (hier behandelten) erzieherisch orientierten Prognosen innerhalb der regulären justiziellen Rechtsfolgenentscheidung. Teilw. anders verhält es sich bei Alkohol- und Drogen**missbrauch,** bei dem es sich obendrein um einen klaren Risikofaktor handelt (Galanter, Recent Developments in Alcoholism 13/Galanter ua, 1997, S. 245 (261 ff.); Bennett/Holloway/Farrington Aggression and Violent Behavior 13 (2008), 107; ten Have/Graaf/van Weeghel/van Dorsselaer Psychological Medicine 44 (2014), 1485; Elkington/Teplin/Abram ua Journal of the American Academy of Child & Adolescent Psychiatry 54 (2015), 302;

APA Handbook/Chassin/Mansion/Nichter/Pandika in APA Handbook S. 277 ff.; Rocca/Verde/Gatti European Journal on Criminal Policy and Research 25 (2019), 259). Das gilt va für den sehr früh beginnenden Konsum (Nagin/Barker/Lacourse/Tremblay MschKrim 92 (2009), 102 (113); für Alkohol ebenso Baier/Schepker/Bergmann ZJJ 2016, 324 (330)).

ee) IdR ist davon auszugehen, dass alle vorgenannten Bedingungen die Risiken einer (vorübergehenden) deliktischen Entwicklung für sich genommen nur moderat erhöhen. Problematisch ist dagegen die „cumulative continuity of disadvantage" (Thornberry, Developmental theories of crime and delinquency/Sampson/Laub, 1997, S. 13), weil die einzelnen Faktoren hier interagieren und sich im Sozialisationsprozess wechselseitig verstärken (sehr deutlich bspw. in den Daten von TenEyck/Barnes/El Sayed Journal of Developmental and Life-Course Criminology 2023, 555). Nicht von Ungefähr werden entspr. Merkmalsbündel – dh die **Kumulation von Risikofaktoren** – gerade bei sog. **Intensivtätern** festgestellt (Wetzels/Brettfeld, Gewalt und Delinquenz junger Menschen in Bremen 2008–2010, 2011, S. 106 ff.; zusf. APA Handbook/Russel/Odgers S. 159 ff.; s. auch Beller FPPK 8 (2014), 96 (100); Meier, Jugendliche Gewalttäter (…), 2015, S. 19 ff.; Görgen/Taefi/Kraus/Wagner, Jugendkriminalität und Jugendgewalt, 2013, S. 64 ff., einschr. aber Pollich, Problembelastung und Gewalt, 2010, S. 146 ff.). In der kriminologischen Forschung wird diese Gruppe teilw. empirisch bestimmt, indem man mit Hilfe spezifischer statistischer Instrumente (explorative Klassifikationsverfahren) eine distinkte Teilpopulation anhand auffällig ausgeprägter Delinquenzmuster identifiziert (Block/Brettfeld/Wetzels ZJJ 2009, 129 (133 ff.); Block, Jugendkriminalität und staatliche Reaktion in Hamburg 1997–2007, 2010, S. 251 ff.; Wetzels/Brettfeld, Gewalt und Delinquenz junger Menschen in Bremen 2008–2010, 2011, S. 95 ff.). In anderen Arbeiten legt man dagegen (normativ) diverse Zuordnungskriterien fest (bspw.: 5 und mehr (Gewalt-)Delikte im vergangenen Jahr), um sodann den Kreis der Jugendlichen festzustellen, die diese Merkmale aufweisen (vgl. etwa Boers MschKrim 102 (2019), 3 (9 f.)). Auch wegen der hierbei bestehenden Handhabungsunterschiede (die aber nur bei einer normativen Zuordnung definitorisch zu beseitigen wären) werden dabei verschiedene Gruppengrößen ausgemacht (idR aber nicht über 5 % bis 7 %), bei denen dann meist das besagte Zusammentreffen von Risikofaktoren gegeben ist. 57

Dennoch lassen Risikobedingungen allenfalls **probabilistische** Tendenzaussagen zu (→ Rn. 37; vgl. auch Dollinger/Schabdach Jugendkriminalität S. 145 f.; vgl. zu Jugendlichen, die trotz entspr. Risikomerkmale strafrechtlich unauffällig bleiben, die klassische Studie von Nickolai/Reindl, Sozialarbeit und Kriminalpolitik/Kerner, 1993, S. 28). Auch eine ungünstige Entwicklungsprognose, die sich (daneben oder allein) auf eine hohe Deliktsbelastung bzw. Rückfälligkeit stützt, wäre fehlergefährdet. Dies gilt selbst dann, wenn die jeweilige Person hierbei einer Intensivtätergruppe kriminologisch zutreffend zugeordnet würde (s. auch Dollinger Diskurs Kindheits- und Jugendforschung 2014, S. 81 (87); Glaubitz/Bliesener/Klatt FPPK 11 (2017), 349 (351)). In Studien, die eine Stichprobe über Jahre hinweg wiederholt untersuchen, ergibt sich nämlich durchweg, dass die intensiv- bzw. **mehrauffällige** Teilgruppe bei den Erhebungen im Jugend- und Heranwachsendenalter **kontinuierlich kleiner** wird (vgl. etwa Boers/Reinecke Altersverlauf/Walburg/Verneuer S. 136 ff.). Stellt man auf das institu- 58 tionelle Hellfeld ab, bleibt es demgemäß bei den meisten erfassten Jugendlichen bei einer Registrierung, wobei mehr als drei sehr selten sind (JAHT, Legalbewährung, 2021, S. 243

58a Unterscheidet man die untersuchten Jugendlichen nach der langfristigen Entwicklung ihrer Deliktsbelastung (→ Rn. 45), zeigt sich selbst bei den früh und am stärksten belasteten Teilgruppen, dass mit dem Älterwerden (entweder schon im frühen oder doch im späten Jugendalter) die jährliche Deliktsrate deutlich sinkt (Boers/Reinecke/Bentrup ua MschKrim 97 (2014), 183 (189 f.); Boers/Reinecke Altersverlauf/Reinecke S. 161 ff.; s. auch Albrecht/Grundies MschKrim 92 (2009), 326 (329 ff.)). Dies deckt sich mit den Ergebnissen internationaler entwicklungskriminologischer Studien (zusf. Boers MschKrim 102 (2019), 3 (19 f.)). Insofern spricht die Forschungslage sehr eindeutig dafür, dass ungeachtet einer zeitweiligen Intensivtäterschaft **konforme Entwicklungen** möglich und sogar häufig sind (vgl. auch → Einl. Rn. 7, → § 1 Rn. 9). Das Einpegeln auf ein „Normalniveau" an erwachsenentypischer verdeckter Jedermannsdelinquenz (dazu Eisenberg/Kölbel Kriminologie § 44 Rn. 70 ff. mwN) scheint bei den besonders auffälligen jugendlichen Teilgruppen also der Normalfall zu sein.

59 Soweit sich die kriminologische Forschung mit den **Bedingungen** eines solchen **„Abbruchs"** empirisch befasst, wird idR auf die Bedeutung bindungserhöhender, reintegrativer Veränderungen in den Lebensumständen (also auf die Entstehung protektiver Faktoren) verwiesen. Im Wesentlichen geht es hierbei darum, dass sich – va durch den Wechsel von Freundesgruppen, die Aufnahme positiv erlebter Arbeit, den Eintritt in Partnerschaften sowie ggf. auch Elternschaft – prozesshaft neue Beziehungen und Systeme wechselseitiger Verpflichtungen etablieren, die einerseits mit Kontrollen, Verhaltenserwartungen und Verbindlichkeiten einhergehen, zugleich aber auch Vorzüge (Zuwendung, Anerkennung, materielle Werte) bieten (vgl. etwa Stelly/Thomas, Kriminalität im Lebenslauf, 2005, S. 208 ff., 261 f.; Stelly/Thomas ZJJ 2006, 45 (46 ff.); vgl. auch Ehret, Strafen oder Erziehen?, 2007, S. 346 ff.). Prognostisch bietet dies gewisse Anknüpfungspunkte, wenngleich die Interaktion von Veränderungen in den äußerlich erkennbaren Lebensverhältnissen und dem jeweiligen Selbstbild kriminologisch noch intensiv diskutiert wird (aus der Forschung etwa Shapland/Farrall/Bottoms, Global perspectives on desistance/Bottoms/Shapland, 2016, S. 99; Freiheit/Groß/Wandschneider/Heitmeyer, Mehrfachtäterschaft im Jugendalter, 2018, S. 101 ff.; Serafin, Delinquenz-Verläufe im Jugendalter, 2018, S. 265 ff.; Übersichtsdarstellungen bei Hofinger, Desistance from crime, 2013, S. 6 ff.; Boers/Herlth MschKrim 99 (2016), 101; Eisenberg/Kölbel Kriminologie § 55 Rn. 41 ff.). Vielfach stellt sich der Abbruch offenbar allein schon im Zuge der allg. psycho-sozialen Reife ein (vgl. Monahan/Steinberg/Cauffman/Mulvey Developmental Psychology 45 (2009), 1654; Steinberg/Cauffman/Monahan Juvenile Justice Bulletin 3/2015 (online): „maturing out of crime"). Lange Zeit war die Annahme verbreitet, dass eine frühe (im Kindesalter) ausgeprägte Auffälligkeit sehr häufig in eine persistente Auffälligkeit übergehe und insofern ein guter Prädiktor anhaltender Delinquenz sei (Lahey/Kazdin, Advances in Clinical Child Psychology/Farrington ua, Vol. 13, 1990, S. 283 ff.; Moffitt Psychological Review 100 (1993), 674; auf der Basis der MIVEA ebenso Gräf, Die Diversion im Jugendstrafrecht (…), 2015, S. 223: „Syndrome krimineller Gefährdung", die mit „fast sicherer Wahrscheinlichkeit" zur Intensivtäterschaft führen

sollen). Dies wurde aber bereits in der älteren Lit. teilw. kritisch gesehen (differenzierend bspw. Traulsen KrimJ 6 (1974), 23 (27); s. ferner 21. Aufl. § 5 Rn. 53, 54 mwN) und muss zumindest auf der Basis des heutigen Wissensstands sehr klar zurückgewiesen werden (Boers MschKrim 102 (2019), 3 (16, 19)).

Besonders unzulänglich ist der Schluss auf eine ungünstige Kontinuitäts- 60
annahme, wenn die Intensivtätereinstufung auch oder gar allein auf einer entspr. **polizeilichen Einordnung** beruht (entspr. Anzeichen aber bspw. bei LG Berlin BeckRS 2007, 17912; LG Berlin NStZ 2010, 286 (287); vgl. auch OLG Frankfurt a. M. BeckRS 2019, 15451; kennzeichnend auch die Aktenauswertungsbefunde bei Brodkorb ZJJ 2006, 62 (64)). Zwischen dem kriminologischen und dem polizeilichen Intensivtäter-Konzept bestehen erhebliche Differenzen (unscharf insofern Kopp ZJJ 2011, 265 (269 f.)). Die Aufnahme in sog. Intensivtäter-Programme erfolgt idR anhand einer bestimmten Mindestanzahl registrierter Delikte, die teilw. anhand von Punktwertsystemen gewichtet werden, und oftmals um eine Einzelfallbewertung ergänzt wird (zus. und mwN Eisenberg/Kölbel Kriminologie § 18 Rn. 17 f.). Regional variiert dies inhaltlich und prozedural aber stark. Insgesamt sind die Erfassungskriterien, wie deren nähere Überprüfung zeigt, oft jedoch „weder theoretisch noch empirisch fundiert, sondern nach praktischer Relevanz festgelegt worden" (Bliesener/Riesner FPPK 6 (2012), 111 (113); krit. bspw. auch Goeckenjan ZJJ 2015, 26 (29)). Inhaltlich beruhen die Programme auf einer „Bifurkation", die zwischen relativ alltäglichen und „bedrohlichen" Kriminalitätsformen differenziert (Dollinger Diskurs Kindheits- und Jugendforschung 2014, S. 81 (83)) und gegenüber der zweiten Variante dezidiert auf eine Erweiterung der polizeilichen Handlungsmöglichkeiten setzt (→ Einl. Rn. 58 ff., s. auch → § 36 Rn. 16). Eine systematische Rezeption der lebenslaufskriminologischen Forschung ist dabei nicht erfolgt. Die empirisch aufgezeigten Befunde spiegeln sich in der Programmaufnahme nicht wider, weder die verschiedenen Verlaufstypen noch die regelhaften Abbrüche deliktischer Entwicklungen. In der ausschließlich kontrollorientierten Programmgestaltung spielen demgemäß die hinter der Auffälligkeit stehenden Problemlagen und die damit einhergehenden Unterstützungsnotwendigkeiten (dazu etwa Ohder ZJJ 2007, 56 (58 ff.); Huck, Jugendliche Intensivtäter/innen, 2009, S. 117 ff.; ferner iVm jugendpsychiatrischen Hilfsbedarfen Huck/Mielenz ZJJ 2011, 404) kaum eine Rolle.

Stattdessen würde das dem polizeilichen Intensivtäterbegriff innewoh- 60a
nende **stigmatisierende Potenzial** (dazu etwa Walsh RdJB 2014, 347 (353)) **aktiviert,** wenn eine justizielle Rechtsfolgenentscheidung hieran unvermittelt anknüpfen dürfte. Dies spricht iÜ auch gegen neuere Ansätze der algorithmen-basierten polizeilichen Intensivtätereinstufung (für ein Bsp. Bergmann/Wesely ZJJ 2020, 170), die zwar auf relativ zuverlässige Risikofaktoren gestützt werden kann (n. etwa Endres/Stemmler ZJJ 2021, 32), aber der lebensweltlichen Eigendynamik jugendlicher Entwicklungen (incl. ihrer spontanen „Karriere"-Abbrüche) und den reaktiv-delinquenzverstärkenden Effekten des Eingestuftwerdens nicht gerecht werden können (n. zur Kritik etwa Dollinger ZJJ 2021, 13; Graebsch/Schorsch ZJJ 2021, 26). Dass die standardisierte Risikoeinschätzung auch zur regelhaften Mitberücksichtigung protektiver Einzelfallbedingungen beitragen kann (Bergmann/Wesely ZJJ 2021, 194 (196 ff.)), tritt demgegenüber in den Hinter-

grund, zumindest bei der absehbaren polizeipraktischen Nutzung der Einstufungsinstrumente.

61 **c) Tat- und situationsbezogene Faktoren. aa)** Für den prognostischen Kern der Rechtsfolgenentscheidung können tat- und situationsbezogene Faktoren in unterschiedlicher Weise von Bedeutung sein. Die Art der bekannten und dem Jugendlichen zuordenbaren Delikte iS ihrer Gleichartigkeit und sich steigernden Intensität sind hierbei allerdings nur vereinzelt und mit größter Zurückhaltung relevant. Aus den vorliegenden Befunden zur **Spezialisierung** und **Eskalation** in der deliktischen Entwicklung (zusf. Boers MschKrim 102 (2019), 3 (5 ff.); Eisenberg/Kölbel Kriminologie § 55 Rn. 10 ff.) ergeben sich keine charakteristischen Muster, von denen sich auf die erwartbare künftige Belastung schließen lässt. Eher ergiebig ist eine Betrachtung der abzuurteilenden (und ggf. früheren) Straftaten daraufhin, in welchem Maße sie der **Selbstdefinition** des Jugendlichen entsprechen und für seine Beurteilung daher hinweiskräftig sind oder stärker durch **situative Bedingungen bestimmt** wurden und somit über die Person und deren erwartbare Entwicklung weniger aussagen (vgl. die dafür kennzeichnenden Fallanalyse zu Tötungsdelikten Jugendlicher und Heranwachsender bei Taefi/Kraus/Görgen ZJJ 2017, 56 (58 ff.)). Dies zu prüfen, ist va bei fahrlässigem oder Zufallsgeschehen oder bei Handeln aus Zwangslagen heraus geboten. Ein entspr. Anlass ergibt sich aber letztlich auch aus dem kriminologisch dokumentierten Umstand, dass ein ganz erheblicher Anteil der „traditionellen" Delinquenz gerade (aber nicht nur) bei Jugendlichen nicht vorbereitet und nicht einmal in groben Zügen geplant wird, sondern wesentlich aus den situativen Gegebenheiten hervorgeht (Eisenberg/Kölbel Kriminologie § 58 Rn. 7, § 59 Rn. 6 f. mwN).

62 Prinzipiell ist also bei einem breiten Tatspektrum die prognostische Einordnung näher zu untersuchen. Das bedeutet nicht, dass bei allen stimulierenden oder begünstigenden Situationsmerkmalen ein Anlass besteht, das Delikt – iÜ ebenso wie bei sämtlichen Fällen, die Ausdruck der normalen, bagatellarischen Jugenddelinquenz (→ Einl. Rn. 1 ff.) sind – bei der persönlichen Entwicklungsprognose gleichsam zu ignorieren. Vielmehr kommt es hierfür auf die konkreten Bedingungen an. Im Spektrum von attraktiven Tatgelegenheiten, dem Fehlen von Schutzvorkehrungen und Kontrollen bis zu anonymen, entpersonalisierten Handlungsräumen sind deshalb auch keine generalisierenden „Schwellwerte" möglich. Benannt werden können allein einige charakteristische, ggf. relevant werdende Konstellationen:

63 **bb)** Bei einem **ersten** Beispiel handelt es sich um Situationen, die (altersspezifische) **soziale Bedürfnisse aktivieren.** Relevant ist das bspw. mit Blick auf das Bedürfnis nach Anerkennung (vgl. zu deren kriminologisch relevanter Versagung Sitzer, Jugendliche Gewalttäter, 2009, S. 130 ff.; Equit, Gewaltkarrieren von Mädchen, 2011, S. 163 ff.; Freiheit/Groß/Wandschneider/Heitmeyer, Mehrfachtäterschaft im Jugendalter, 2018, S. 71 ff.), nach Aufhebung herabsetzender oder sonst negativ besetzter Rollen (zB als sog. innerfamiliärer „Sündenbock") sowie nach Zugehörigkeit und einem respektierten Status. Das kann bei der Würdigung von Tatsituationen, in denen eine deliktische Beschaffung von jugendtypischen Statussymbolen (bestimmte Kleidungsstücke usw) möglich ist, zu berücksichtigen sein. – Ähnlich verhält es sich ggf. bei **Sexualdelikten,** die durch eine pubertär-situative Konfrontation mit dem Geschlechtstrieb ausgelöst werden (zust. LG Frei-

burg NStZ-RR 2001, 336; nicht erörtert in BGH BeckRS 2017, 121833). Hinweise auf die situativ relevante Interaktion von Anreizwirkungen und noch laufender psychosozialer Persönlichkeitsreifung gibt etwa die Untersuchung, die von Hummel (Aggressive Sexualdelinquenz im Jugendalter, 2008, S. 82 ff., 107 ff.) an jugendlichen und heranwachsenden sexuellen Gewaltstraftätern vorgenommen wurde. Habermann (Jugendliche Sexualmörder, 2008, S. 93 ff., 124 f.) zeigt für junge Sexualstraftäter (Sexualmord), dass die Tatentwicklung vielfach mit sexueller Unerfahrenheit bei übermächtigem Kontaktwunsch und/oder der Enttäuschung und Kränkung nach gescheitertem Kontakt zusammenhängt.

Bei Taten **aus** einer (Gleichaltrigen-)**Gruppe heraus** können im Zusam- 64
menhang mit der Gruppendynamik vielfach Bedürfnisse nach Wertschätzung sowie Zusammen- und Zugehörigkeit eine bestimmende Rolle spielen (s. etwa Eckert, Die Dynamik jugendlicher Gruppen, 2012, S. 67 ff.; vgl. exemplarisch auch Fittkau/Graser, Zur Kriminologie und Soziologie von Tötungsdelikten Jugendlicher und Heranwachsender, 2008, S. 159 ff.; Meier, Der Fußballfan, 2017, S. 57 ff.; zusf. Krohn/Lizotte/Hall, Handbook on Crime and Deviance/Warr, 2009, S. 383 ff.; s. auch Krohn/Hendrix/Hall/Lizotte, Handbook on Crime and Deviance/Boman, 2. Aufl. 2019, S. 479 ff.), was nicht selten für einen passageren Charakter sprechen kann. Handelt es sich jedoch (ausnahmsweise) um eine stabile Gruppenstruktur mit deliktischer Ausrichtung, stellt die fortbestehende Zugehörigkeit einen ungünstigen sozialen Prognosefaktor dar (→ Rn. 54). Relevant ist das etwa bei bandenähnlichen Verbindungen oder bei gewaltaffinen linken, rechten und islamistischen Gruppierungen (aus der kriminologischen Forschung Loeber/Farrington, Serious and Violent Juvenile Offenders/Hawkins/Herrenkohl/Farrington ua, 1998, S. 106 ff.; Klein/Weerman/Thornberry EJC 3 (2006), 413 (422 ff., 428 ff.); Pyrooz/Turanovic/Decker/Wu Criminal Justice and Behavior 43 (2016), 365 (379, 383); zusf. Eisenberg/Kölbel Kriminologie § 58 Rn. 22 ff., 35 ff.).

cc) Eine **zweite** exemplarische Konstellation findet sich in dem bei Tat- 65
begehung bestehenden **Alkoholeinfluss.** Den vorliegenden Hell- und Dunkelfelddaten zufolge hat dies (auch bei jungen Menschen) besonders bei Straßenverkehrs- und gewaltbezogenen Delikten eine besondere Bedeutung (Felson/Savolainen/Aaltonen/Moustgaard Criminology 46 (2008), 785; Özsöz ZJJ 2014, 152; Görgen/Nowak, Alkohol und Gewalt, 2013, S. 5 ff.; siehe auch Dehos Journal of Health Economics 2022, 102555). Die kriminologische Relevanz beruht hier auf den enthemmenden und reizbarkeitserhöhenden Konsumfolgen, sei es durch Beeinträchtigung neurologischer Selbstregelungsmechanismen oder durch situative Fehldeutungen infolge einer eingeschränkten Informationsaufnahme (zusf. Beck/Heinz Deutsches Ärzteblatt International 110 (2013), 711 (712 f.)).

dd) Ein **drittes** Beispiel für bestimmende situative Bedingungen bietet 66
die **situative Interaktionsdynamik,** die bestimmte Deliktsverläufe nachdrücklich beeinflussen kann. Bei Gewaltdelikten betrifft das va Konstellationen, die weder durch eine instrumentelle Vorgehensweise noch durch „intrinsische" Gewaltmotive (dazu etwa Sutterlüty, Gewaltkarrieren, 2002, S. 41 ff., 77 ff.: gleichsam euphorisierende Wirkung; Friedmann ZJJ 2012, 60 (64 f.)), sondern durch einen eskalierenden Konflikt zwischen den Beteiligten gekennzeichnet ist (Wahl, Aggression und Gewalt, 2009, S. 41 ff.; für Tötungsdelikte (ua auch) durch Jugendliche etwa Dobash/Dobash, When

Man Murder Woman, 2015, S. 42ff., 63; s. ferner Geraedts, Zur Tötungsdelinquenz bei jugendlichen und heranwachsenden Straftätern, 1998). Die Frage, welche prognostische Relevanz das angeklagte Verhalten hat, kann dann nicht unabhängig von den auslösenden, provozierenden oder zur Aufschaukelung beitragenden Akten des späteren Opfers beantwortet werden (zu den hier bestehenden Schwierigkeiten der empirischen Erfassung s. aber bspw. Reich, Integrations- und Desintegrationsprozesse junger männlicher Aussiedler aus der GUS, 2005, S. 276ff., 292ff.).

3. Maßnahmebezogene, prognostisch relevante Zusammenhänge

67 **a) Potenziell abträgliche Interventionswirkungen.** Bei den Erwägungen, ob und wie welche jugendstrafrechtliche Rechtsfolge die ggf. abschätzbare Entwicklung der fraglichen Person vermutlich beeinflussen wird, ist stets zu berücksichtigen, dass ungewollt negative Auswirkungen keinesfalls atypisch sind. In der internationalen Forschung liegt inzwischen eine Fülle von Studien vor, in denen für Jugendliche, die mit jugendstrafrechtlichen Maßnahmen und/oder Sanktionen konfrontiert waren, eine tendenziell **ungünstigere (legalbiografische) Entwicklung** nachgewiesen wird, als sie bei Jugendlichen eintritt, die (abgesehen vom Ausbleiben der fraglichen Intervention) sehr ähnliche Merkmale aufweisen. Anhand einer solchen Gegenüberstellung von Vergleichsgruppen wurde dies gezeigt für polizeiliche Kontrollen, Arrest und jugendstrafrechtliche Sanktionen (Wiley/Slocum/Esbensen Criminology 51 (2013), 927; Wiley/Esbensen Crime & Delinquency 62 (2016), 283; Liberman/Kirk/Kim Criminology 52 (2016), 345; Del Toro/Lloyd/Buchanan ua PNAS 116 (2019), 8261; Motz/Barnes/Caspi ua Criminology 58 (2020), 307). Auch Langzeitverlaufs-Untersuchungen kamen zu diesem Befund (McAra/McVie EJC 4 (2007), 315; Nieuwbeerta/Nagin/Blokland J.Quant.Criminol. 25 (2009), 227; Farrington/Murray, Labeling Theory/Murray ua, 2014, S. 209; Aizer/Doyle Quarterly Journal of Economis 2015, 759; Eren/Mocan Review of Economics and Statistics 2021, 34). In Deutschland wurden diese Zusammenhänge im Grunde (wenn auch in etwas schwächerer Ausprägung) ebenfalls dokumentiert (Boers/Reinecke Altersverlauf/Schulte S. 451ff.; vgl. auch Schumann, Delinquenz im Lebensverlauf/Prein/Schumann, 2003, S. 181 (203) sowie vergleichend Ehret, Strafen oder Erziehen?, 2007, S. 242ff., 275ff.; Schumann/Huizinga/Ehret/Elliott MschKrim 92 (2009), 309 (319ff.); nur mittelbar auch Boers/Kaiser/Schaerff/Wikström Journal of Developmental and Life-Course Criminology 2023, 433).

68 Solche abträglichen Wirkungen scheinen sich eher bei **jüngeren** Jugendlichen (Wiley Journal of Developmental and Life-Course Criminology 1 (2015), 411) und bei stärker (vor-)belasteten Betroffenen zu äußern (dazu bspw. Morris/Piquero Justice Quarterly 30 (2013), 837). Auch werden sie durch die Interventionen vorwiegend mittelbar generiert (zu veränderten Selbstbildern und Ausgrenzungsgefühlen der betroffenen Jugendlichen Sutterlüty, Gewaltkarrieren, 2002, S. 205ff.; diff. McGrath Crime & Delinquency 60 (2014), 884; zusf. Boers MschKrim 102 (2019), 3 (32)). Detailstudien sprechen dafür, dass die institutionelle Reaktion zu spezifischen „Zwischenfolgen" – etwa einem vermehrten Anschluss an delinquente **Peers** (Bernburg/Krohn/Rivera JRCD 43 (2006), 67; Restivo/Lanier Justi-

ce Quarterly 32 (2015), 116; Rowan/Fine/Steinberg ua, Criminology 2023, 731) und erschwerten **schulischen** sowie beruflichen Erfolgen und Einbindungen (Bernburg/Krohn Criminology 41 (2003), 1287; Lopes/Krohn/Lizotte Crime & Delinquency 58 (2012), 456; Farrington/Murray Labeling Theory/Krohn/Lopes/Ward, 2014, S. 179; s. auch Aizer/Doyle Quarterly Journal of Economics 130 (2015), 759) – führen und sich über die so erzeugten Risikofaktoren abträglich auswirken kann (dazu eingehend auch Kavish/Mullins/Soto Crime & Delinquency 62 (2016), 1313). Eine eigenständige Rolle dürfte auch die ggf. stigmatisierende und kontrollintensivere Anschluss-Behandlung in der Schule oder durch (Jugend-)Behörden spielen (s. die Biografie-Rekonstruktionen bei Serafin, Delinquenz-Verläufe im Jugendalter, 2018, S. 253 ff.; vgl. auch die Anhaltspunkte bei Meier, Jugendliche Gewalttäter (…), 2015, S. 31 ff.; zum Ganzen ferner Eisenberg/Kölbel Kriminologie § 55 Rn. 28 ff., s. auch → Einl. Rn. 8).

b) Zu relativierende Abschreckungs-Erwartung. Die Annahme, ein- **69**
griffsbetonende (übelszufügende) jugendstrafrechtliche Rechtsfolgen könnten bei den sanktionierten Personen als „Denkzettel", „Warnschüsse" oder in anderer Weise negativ-spezialpräventiv wirken, findet in der kriminologischen **Forschung keine Basis.** So wird der Abbruch deliktisch belasteter biografischer Entwicklungen zwar wesentlich durch Prozesse des Umdenkens und der Selbstbildänderung unterstützt (→ Rn. 59), doch dafür spielt die Furcht vor einer neuerlichen Bestrafung wohl nur am Rande eine förderliche Rolle. Zuverlässig untersucht worden ist dies aber noch nicht (zu den vorhandenen Befunden zus. Eisenberg/Kölbel Kriminologie § 55 Rn. 46 ff.). Auch wenn die Bestrafung als schwer und belastend wahrgenommen wird, wirkt sich dies kaum in einem gesteigerten negativ-spezialpräventiven Effekt aus (vgl. Loughran/Brame/Fagan ua Juvenile Justice Bulletin 8/2015 (online); s. ferner die uneinheitlichen Befunde für Jugendstrafgefangene in Dtl. bei Windzio Punishment & Society 8 (2006), 341). In situativ-tatbezogenen Entscheidungen kann das, soweit es sich nicht um spontane Tatbegehungen handelt, bisweilen anders sein. Dies betrifft dann aber vorwiegend die erstmals oder doch selten erfassten Jugendlichen, bei denen dieser Effekt mit allgemeinen, sanktionsunabhängigen Konformitätsfaktoren verwoben ist und hiervon stark überlagert wird (zum Ganzen n. Fagan/Piquero Journal of Empirical Legal Studies 4 (2007), 715).

Hiervon abgesehen wird in einer inzwischen beträchtlichen Anzahl von **70**
Studien gezeigt, dass die konformitätsfördernden Abschreckungswirkungen von jugendstrafrechtlichen Sanktionen deutlich **schwächer als** deren **kriminogene** Folgen sind (Wiley/Esbensen Crime & Delinquency 62 (2016), 283, Motz/Barnes/Caspi ua Criminology 58 (2020), 307; vgl. auch Ward/Tittle Deviant Behavior 14 (1993), 43). Die stärkere Anbindung an deviante Peers, zu der es infolge von Sanktionserfahrungen vielfach kommt, reduziert und/oder überdeckt dann die etwaigen Wiederbestrafungs-Ängste und hebt die hiervon ausgehenden Komformitätsimpulse auf (so für Deutschland Boers/Reinecke Altersverlauf/Schulte S. 455 ff.). Deshalb haben jugendstrafrechtliche Interventionsformen, mit denen man gezielt auf Abschreckungseffekte hat hinwirken wollen, international keine relevanten Erfolge aufweisen können. Das betrifft sog. „Boot Camps" (Meade/Steiner Journal of Criminal Justice 38 (2010), 841; meta-analytisch Wilson/MacKenzie/Mitchell Campbell Systematic Reviews 2005:6) sowie Gefängnisbesuchs- und

ähnliche „scared straight“-Programme (meta-analytisch Petrosino/Turpin-Petrosino/Hollis-Peel/Lavenberg Campbell Systematic Reviews 2013:5; etwas stärker differenzierend van der Put/Boekhout/van Solinge ua International Journal of Offender Therapy and Comparative Criminology 2021, 68; umfassend auch Sturm, Gefängnisbesuchsprojekte in Deutschland, 2020, S. 97 ff.; zur Unergiebigkeit der vorliegenden deutschen Daten vgl. Walsh NK 2019, 219 (226 ff.)). Bei einem systematischen Vergleich zeigen rehabilitative und/oder kompetenzvermittelnde Behandlungsformen bei mehrfach auffälligen Jugendlichen deutlich bessere Konformitätserfolge als abschreckungsorientierte Sanktionen (Loeber/Farrington, Serious and Violent Juvenile Offenders/Lipsey/Wilson, 1998, S. 313; Pappas/Dent Journal of Experimental Criminology 2023, 1).

71 **c) Zur Leistungsfähigkeit verschiedener Reaktionsformen.** Hinweise darauf, ob bei Anordnung der verschiedenen jugendstrafrechtlichen Reaktionsformen grds. mit entwicklungsfördernden Folgen gerechnet werden kann und in welchem Maße diese ggf. zu erwarten sind, werden in den Erläuterungen der einzelnen Rechtsfolgen und ihrer Rechtsgrundlagen gegeben (s. bspw. → § 16 Rn. 17, → § 17 Rn. 16 ff., → § 18 Rn. 13, → § 21 Rn. 9, → § 45 Rn. 24 f.). Hier ist daher allein auf **wirkungsvergleichende** Befunde hinzuweisen, die für die Rechtsfolgenwahl von übergreifender Bedeutung sind. Diesen zufolge kommt es für die positiv-spezialpräventive Wirksamkeit zunächst einmal darauf an, wie der prozedurale Weg hin zur Rechtsfolgenentscheidung von den Adressaten wahrgenommen wird. Die Möglichkeiten, dass diese die institutionelle Entscheidung akzeptieren, scheinen nämlich ebenso wie die daran anknüpfenden Chancen auf eine günstige Beeinflussung der Jugendlichen zu steigen, je mehr diese sich **fair behandelt** fühlen (so tendenziell Fagan/Piquero Journal of Empirical Legal Studies 4 (2007), 715; Sprott/Greene Crime & Delinquency 56 (2010), 269; Penner/Viljoen/Douglas/Roesch Law and Human Behavior 38 (2014), 225; Slocum/Wiley/Esbensen Law and Human Behavior 43 (2016), 7) und das amtliche/justizielle Vorgehen als legitim empfinden (vgl. Cavanagh/Cauffmann Psychology, Public Policy, and Law 21 (2015), 432 sowie mwN Tankebe/Liebling, Legitimacy and Criminal Justice/Eisner/Nivette, 2013, S. 308 (313 ff.); zusammenfassend auch Kölbel FS Schild, 2018, 57).

72 Mit Blick auf die im JGG vorgesehenen Rechtsfolgen ist sodann festzuhalten, dass die Legalbewährung als Einwirkungszweck (→ Rn. 3) von den **eingriffsintensivsten** und in einer Ahndung bestehenden Sanktionen am wenigsten verwirklicht wird. Die im BZR rekonstruierbaren **Rückfallwerte** (Häufigkeit und Schwere) sind für die JStrafe (ohne und mBew) am ungünstigsten, gefolgt von JStrafe mBew sowie Vorbehalt gem. § 27 und JA. Bei einer Diversionserledigung ist die Bewährungsquote sehr viel besser und bei Auflagen/Weisungen liegt sie gleichsam dazwischen (dazu im Einzelnen JAHT, Legalbewährung, 2021, S. 59 f., 137 ff.; Hohmann-Fricke, Strafwirkung und Rückfall, 2012, S. 98 ff.; Hohmann-Fricke/Jehle/Palmowski RdJB 2014, 313 (317 ff.)). Da sich aber die Gruppen Jugendlicher, bei denen die verschiedenen Rechtsfolgen angeordnet wurden, nicht nur hinsichtlich der jeweiligen Delikte, sondern auch in ihrer Vorauffälligkeit und ihrer Belastung mit Risikomerkmalen unterscheiden, bedarf es für den Vergleich der Sanktionswirksamkeit detaillierter Studien, bei denen die **Komparabilität** der untersuchten Populationen sichergestellt ist (dazu und zum Bedarf an

methodisch tragfähigen Befunden im Grunde immer noch weitgehend aktuell Albrecht ZJJ 2003, 224 (227 f.); ebenso bspw. Heinz Sekundäranalyse S. 1867).

In Deutschland haben entspr. quasi-experimentell angelegte Studien daher Jugendliche, die wegen eines gleichen Delikts verfolgt wurden (idR einfacher oder schwerer Diebstahl) und jeweils dieselbe Anzahl von Vorerfassungen aufwiesen, gegenübergestellt und dabei gezeigt, dass Rückfälle nach einer **informellen Erledigung** seltener als nach einer Verurteilung auftraten (Hohmann-Fricke, Strafwirkung und Rückfall, 2012, S. 151 ff., 160 ff.; vgl. ähnlich bereits BMJ, Diversion im Jugendstrafverfahren der Bundesrepublik Deutschland/Storz, 1992, S. 131 (164); Spiess FS Heinz, 2012, 301 ff.). Dieser Befund, wonach das Diversionsvorgehen gegenüber einem formellen Verfahrensabschluss jedenfalls bei großen Teilen der alterstypischen Delinquenz gleichwertig oder gar überlegen ist, wurde auch unter Berücksichtigung von Dunkelfelddaten in etlichen anderen deutschen Untersuchungen repliziert (umfassende Zusammenstellung bei Heinz Sekundäranalyse S. 1869 ff.; → vgl. auch § 45 Rn. 24 f.). Dies gilt gleichermaßen für internationale (und teilw. methodisch noch etwas aufwändigere, experimentelle) Untersuchungen (Petrosino/Turpin-Petrosino/Guckenburg Campbell Systematic Reviews 2010:1; Wilson/Brennan/Olaghere Campbell Systematic Reviews 2018:5). Diese Vergleichs-Beobachtungen sind iÜ nicht auf „unproblematische" Jugendliche beschränkt (Wilson/Hoge Criminal Justice and Behavior 40 (2013), 497; vgl. auch die Daten bei Cauffman/Beardslee/Sbeglia ua Journal of Research on Adolescence 34 (2024), 1312 (1319 ff.)). 73

Mit Blick auf stärker belastete Teilgruppen sprechen die vorliegenden Evaluationen dafür, dass die **bedarfsadäquat,** individuell angepasste, fördernde Behandlung für die weitere Entwicklung ausschlaggebend ist, wobei dies aber grds. im Rahmen einer **ambulanten** – mindestens! – genauso gut wie in einer **stationären** Intervention erfolgen kann (Lipsey Victims and Offenders 4 (2009), 124; s. auch Villettaz/Gillieron/Killias Campbell Systematic Reviews 2015:1; speziell für Community Sanctions in den Niederlangen Koops-Geuze/Wermink/Weerman Youth Violence and Juvenile Justice 2023, 106; meta-analytisch Koops-Geuze/Weerman EJC 2023, 758; weitere Arbeiten bei Heinz Sekundäranalyse S. 2132 f.). Die kriminologisch weithin akzeptierte **Austauschbarkeits**-Maxime, wonach eingriffsintensivere Interventionen idR ohne Wirksamkeitsverluste (oft sogar mit dahingehenden Vorteilen) durch eingriffsärmere Interventionen ersetzt werden können (etwa Kerner DVJJ 2008, 49, 51) – und dann nach dem Verhältnismäßigkeitsprinzip auch ersetzt werden müssen (→ Rn. 22) –, gilt in diesem Sinne also auch in jenem Bereich (Heinz Sekundäranalyse S. 1868). 74

IV. Ausführungen zu den Rechtsfolgen im Urteil

1. Urteilsbegründung

Im Allgemeinen wird davon ausgegangen, dass in der Urteilsbegründung ebenso wie im allg. StVR nur diejenigen Umstände angeführt werden müssten, die für die gerichtliche Entscheidung „bestimmend" (§ 54 Abs. 1 S. 1) waren. Gegen eine hierbei drohende Verkürzung bestehen aus spezialpräventiver Sicht ebenso wie aus allg. sozialpsychologisch-interaktionisti- 75 schen Erwägungen heraus Bedenken, weil eine solche Art der Begründung dem Verurteilten als Verzeichnung des Geschehens erscheinen kann und dessen Mitwirkungsbereitschaft bei der Rechtsfolgenumsetzung daher ggf. mindert. Dem BGH zufolge müssen „die Urteilsgründe (…) in jedem Fall erkennen lassen, dass dem Erziehungsgedanken die ihm zukommende Beachtung geschenkt worden ist" (StV 1993, 532 = BeckRS 1992, 31081369). Dies bedeutet aber nicht, die Rechtsfolgenentscheidung im Urteil nur juristisch mit Blick auf ein etwaiges Rechtsmittelgericht zu rechtfertigen. Mit Blick auf § 2 Abs. 1 S. 2 obliegt es dem Gericht vielmehr, die Anordnung **der verurteilten Person** in verständlicher Weise **zu erklären** (n. → § 54 Rn. 22 f.).

76 Im Einzelnen muss nach § 54 und entspr. den **Voraussetzungen** der **Rechtsfolgenverhängung** (→ Rn. 24 ff.) jeweils begründet werden, ob Erziehungsmaßregeln geeignet und ausreichend sind oder ob dies nicht der Fall ist. Ähnlich ist bei Zuchtmitteln und bei Verhängung von JStrafe zu begründen, warum ein anderes Vorgehen nicht ausreicht und weshalb sie angeordnet werden müssen. Begründungsbedürftig ist insb. auch, weshalb die **Entbehrlichkeit ahndender Rechtsfolgen gem. Abs. 3** (→ Rn. 29 f.) angenommen oder verneint wird (BGH StV 1993, 534 = BeckRS 1993, 31083921; BGH NStZ-RR 2002, 182). Dies hat stets ausdrücklich zu geschehen (abw. etwa BGH BeckRS 2015, 14631, wonach sich die Nichtentbehrlichkeit auch aus dem Gesamtzusammenhang der Urteilsgründe ergeben könne), und zwar auch bei (scheinbar) fernliegender Entbehrlichkeit (BGH NStZ 2004, 296; BeckRS 2009, 20909; StraFo 2011, 288 = BeckRS 2011, 16284; abw. aber BGH BeckRS 2015, 13121; 2021, 2969). Fehlt eine (hinreichende) Begründung, ist der Rechtsfolgenausspruch insgesamt aufzuheben (stellvertretend BGH NJW 2009, 2694 (2695); StV 2011, 591 = BeckRS 2011, 7699; BGH BeckRS 2016, 4091; NStZ-RR 2017, 346; ferner → Rn. 30). Die Rspr. macht hiervon indes eine (nicht unproblematische) Ausnahme, wenn das tatrichterliche Absehen von der Zuchtmittel- oder JStrafenanordnung auszuschließen ist (etwa BGH BeckRS 2023, 1618: fallkonkret war stationäre Einwirkung erforderlich, die über die Dauer der Unterbringung gem. § 64 StGB hinausgeht).

2. Urteilsformel

77 Es wird hier **nur** diejenige Rechtsfolge genannt, die angeordnet oder verhängt wird. Ein Hinweis darauf, dass auf eine weniger oder aber auf eine stärker eingreifende Rechtsfolge nicht erkannt wird, unterbleibt. Dies ergibt sich daraus, dass die Verhängung einer stärker eingreifenden Rechtsfolge unzulässig ist, wenn eine weniger eingreifende Rechtsfolge ausreicht, sodass es sich hinsichtlich der jeweils schwereren Rechtsfolge nicht etwa um einen Fall des Absehens von Strafe handelt. Im Übrigen wird auch die Entbehrlichkeit der Ahndung iSd Abs. 3 in der Urteilsformel nicht ausgesprochen. Zwar bestimmt § 260 Abs. 4 S. 4 StPO iVm § 2 Abs. 2, dass das Absehen von Strafe im Urteilsspruch zum Ausdruck zu bringen ist, doch betrifft dies nicht den hier genannten Zusammenhang.

V. Registereintragungen

1. Bundeszentralregister

In das BZR werden JStrafe, Maßregeln der Besserung und Sicherung sowie die Aussetzung der Verhängung einer JStrafe zBew **eingetragen** (§ 4 Nr. 1, 2, 4 BZRG; eingeh. Wohlfahrt StraFo 2024, 362 (362 f.); zur Eintragung der sog. Vorbewährung gem. §§ 61 ff. vgl. § 7 Abs. 1 und 2 BZRG sowie Ernst ZJJ 2017, 365 (366)). Bei Erziehungsmaßregeln, Zuchtmitteln, Nebenstrafen und Nebenfolgen erfolgt eine Registrierung nur dann, wenn sie mit den vorgenannten Rechtsfolgen verbunden werden (§ 5 Abs. 2 BZRG; s. aber iÜ → Rn. 82). Wird festgestellt, dass es an der Verantwortlichkeit gem. § 3 S. 1 fehlt oder kann das Fehlen nicht ausgeschlossen werden, unterbleibt eine Eintragung (§ 11 Abs. 3 BZRG). 78

Bei Erteilung eines **Führungszeugnisses** gem. §§ 30 ff. BZRG (für einen Überblick s. Wohlfahrt StraFo 2024, 448 (449 ff.)) gilt der Grundsatz, dass darin die in das BZR eingetragenen strafgerichtlichen Verurteilungen aufgenommen werden (§ 32 Abs. 1 S. 1 BZRG). Abgesehen von einer Verurteilung nach bestimmten, va sexualstrafrechtlichen Tatbeständen (§ 32 Abs. 1 S. 2 BZRG) sind hierbei jedoch Einschränkungen zu beachten, die für nach JStR verurteilte Personen weiter als für nach allg. StR verurteilte Personen reichen (vgl. § 32 Abs. 2 Nr. 2–4 BZRG; zur verbleibenden „Gefahr der Enttarnung" und dadurch entstehender Nachteile bspw. auf dem Arbeitsmarkt s. etwa Stelly/Thomas Bewährungshilfe 2003, 51 (59)). Bei einer Auskunft an die in § 41 Abs. 1 BZRG bestimmten Behörden der StR-Pflege besteht diese Besserstellung allerdings nicht (vgl. aber einschr. wiederum § 41 Abs. 2 und 3 BZRG). 79

Die **Fristen** zur **Tilgung** von Registereintragungen sind prinzipiell nach §§ 186 ff. BGB zu berechnen (vgl. nur BGH NStZ-RR 2014, 356; Wohlfahrt StraFo 2024, 362 (364 f.)). Soweit es sich nicht um Verurteilungen nach den in § 46 Abs. 1 Nr. 3 BZRG bezeichneten Straftatbeständen handelt, bestehen auch hier Unterschiede zwischen Verurteilten nach JStR und allg. StR (§ 46 Abs. 1 Nr. 1 lit. c–f, Nr. 2 lit. c BZRG). Außerdem gibt es – über die Tilgungsregelung hinausgehend – für besondere Fälle gem. §§ 97 ff. die Option der „Beseitigung des Strafmakels" (s. auch § 13 Abs. 1 Nr. 5 BZRG, § 32 Abs. 2 Nr. 4 BZRG). Soweit der Verurteilte hierfür in der Variante des § 97 den Eindruck vermittelt haben muss, ein „rechtschaffener Mensch" zu sein (n. → § 97 Rn. 11), unterliegt dies allerdings den oben (→ Rn. 4) erörterten Bedenken. 80

Ist beim Ende der HV – nicht zum Zeitpunkt der Tatbegehung (vgl. zum allg. StR nur BGH StV 1999, 639 = BeckRS 1999, 30068350; BGH NStZ-RR 2016, 120) – bereits **Tilgungsreife** (n. §§ 45 ff. BZRG) eingetreten, so ist eine Verwertung der registrierten Tat auch dann unzulässig, wenn das Delikt und die Verurteilung vom Angeklagten selbst mitgeteilt wird (vgl. zum allg. StR BGHSt 57, 300 (302) = NStZ 2013, 34 (35); BGH NStZ-RR 2002, 332; 2012, 143; s. auch → § 18 Rn. 39). Anders soll dies bzgl. des Urteilstenors sein, wenn sich der Angeklagte auf die fragliche Verurteilung zu seiner Entlastung beruft (BGHSt 27, 108 = NJW 1977, 816; BGH StV 2002, 479 = BeckRS 2000, 9337). Auch die Verwertung einer ausländischen Verurteilung ist in einem in Deutschland 81 geführten StVerf zum Nachteil des Beschuldigten nur zulässig, solange diese bei entspr. Verurteilung nach deutschem Recht nicht tilgungsreif wäre (§§ 51 Abs. 1, 56 Abs. 1 S. 1 BZRG iVm § 2 Abs. 2). Dies gilt (auf der Grundlage von § 58 BZRG iVm § 2 Abs. 2) unabhängig davon, ob die Verurteilung im BZRG eingetragen ist (BGH NStZ-RR 2012, 305). Die für die Frage der Tilgungsreife erforderlichen Feststellungen sind vom JGericht zu treffen und zu bewerten sowie im Urteil darzulegen (BGH NStZ-RR 2012, 305 (306) zum allg. StR). Dies gilt auch, wenn Anhaltspunkte bestehen, dass rechtsstaatliche Mindeststandards im ausländischen Verfahren nicht gewahrt wurden und sich daher eine Verwertung verbietet (vgl. BVerfG NJW 2017, 1731).

2. Erziehungsregister

82 Entscheidungen der JGerichte, die **nicht in das BZR** eingehen, werden nach Maßgabe des § 60 BZRG in das Erziehungsregister eingetragen (eingeh. Wohlfahrt StraFo 2024, 362 (368 f.)). Das betrifft bspw. Einstellungen gem. §§ 45 und 47, Erziehungsmaßregeln und Zuchtmittel sowie Anordnungen gem. § 3 S. 2 (zur Einbeziehung des JA gem. §§ 11 Abs. 3, 15 Abs. 3 vgl. Ernst ZJJ 2017, 365 (367 f.)). In das Führungszeugnis (→ Rn. 79) gehen diese Eintragungen allerdings nicht ein (s. auch § 61 BZRG bzw. § 64 BZRG zur (begrenzten) Auskunfts- bzw. Offenbarungspflicht). All dies soll einerseits Stigmatisierungen vermeiden, die mit der Zentralregister-Eintragung verbunden sind, und andererseits die Erfassung und Berücksichtigungsfähigkeit jugendstrafrechtlicher Interventionen durch die Strafverfolgungsbehörden in gleicher Weise wie bei der „normalen" Registrierung gewährleisten. Da aus der Eintragung der Tathergang (zB Ausmaß des Schadens, Gewicht des Deliktes usw) nicht ersichtlich ist, können allein aus Art und Höhe der Rechtsfolge gewisse (durchaus fehleranfällige) Schlüsse gezogen werden (vgl. dazu Eisenberg DRiZ 2006, 120 (124); vgl. auch Ernst ZJJ 2017, 365 (369)). Ohnehin müssen das Zentral- und Erziehungsregister als „Treiber" der problematischen rechtspraktischen Tendenz zur Sanktionseskalation gelten (dazu → Rn. 8 und → Rn. 60). – Historisch geht die Institution des Erziehungsregisters iÜ auf die Anordnung zur Einführung einer „gerichtlichen Erziehungskartei" durch die NS-Rechtspolitik zurück (AV des RJM v. 16.12.1943 (DJ 1943, 578), neu gefasst im Jahre 1955; für eine Streichung der Vorschriften vgl. schon Carspecken Zbl 1983, 254).

83 § 63 BZRG regelt die **Entfernung** dieser **Eintragungen,** die mit Vollendung des **24. Lbj.** zu erfolgen hat (dazu etwa Wohlfahrt StraFo 2024, 362 (369)). Ab diesem Zeitpunkt (dh mit „Entfernungsreife"), und sei es am Tag der Urteilsverkündung, dürfen die (nur) im Erziehungsregister enthaltenen Eintragungen gem. § 63 Abs. 4 nicht mehr zum Nachteil des Betroffenen verwertet werden (BVerfGK 15, 532 = BVerfG BeckRS 2009, 34898; BGH StraFo 2009, 161 = BeckRS 2009, 5408; BGH BeckRS 2013, 03737; 2014, 18918; bzgl. Revisibilität relativierend aber BGH BeckRS 2024, 14689). Anders verhält es sich nur, wenn für die fragliche Person im Zentralregister eine der in § 63 Abs. 2 BZRG genannten Rechtsfolgen eingetragen ist (wobei der JA nach § 11 Abs. 3 nicht hierunter fällt (vgl. BGH StraFo 2012, 424 = BeckRS 2012, 15074)). Bis zu deren Tilgungsreife (→ Rn. 81) bleiben dann auch die Eintragungen im Erziehungsregister erhalten (BGH

BeckRS 2012, 2360; 2019, 44151). – Von all dem unabhängig sind **besondere Tilgungsgründe,** die auch im Erziehungsregister zum Tragen kommen. Das betrifft etwa § 40 Abs. I KCanG (Sanktionierung wegen Betäubungsmitteldelikten, die inzwischen nicht mehr strafbar sind) Über ihren Wortlaut hinaus erstreckt sich die Tilgungspflicht auch auf informelle Reaktionen (§§ 45, 47) auf entspr. Vorwurfssachverhalte (n. Reuer NJOZ 2024, 673; allg. zur Registrierung von Diversionsentscheidungen → § 45 Rn. 61 f.).

3. Dateiregelungen; Zentrales Verfahrensregister

Gem. **§§ 483 ff. StPO** iVm § 2 Abs. 2 sind die dort (in § 483 Abs. 1 bzw. 2 StPO) genannten Gerichte bzw. Stellen berechtigt, **personenbezogene Daten** zu speichern, zu verändern und zu nutzen, soweit dies für Zwecke des Strafverfahrens bzw. für den Gebrauch in anderen Strafverfahren erforderlich ist. Die Verwendung von Daten für künftige Strafverfahren bzw. für die Übermittlung gespeicherter Daten bestimmt sich nach § 484 bzw. § 487 StPO iVm § 2 Abs. 2. Hinsichtlich der Löschung verpflichtet § 489 Abs. 3 S. 1 iVm § 2 Abs. 2 dazu, im Rahmen einer „Einzelfallbearbeitung" die Erforderlichkeit der fortgesetzten Speicherung zu prüfen (vgl. näher OLG Frankfurt a. M. NStZ-RR 2008, 183; OLG Hamburg NStZ 2009, 707 mAnm Habenicht NStZ 2009, 708; OLG Hamburg StraFo 2010, 85 = BeckRS 2009, 86766; KG StV 2010, 513 = BeckRS 2009, 12839 (jeweils zum allg. StR)). Bei Daten für Zwecke künftiger Strafverfahren besteht bei (zur Tatzeit) Jugendlichen eine Prüffrist von 5 Jahren (§ 489 Abs. 3 S. 2 Nr. 2 StPO). Im Übrigen bezieht sich § 489 Abs. 3 S. 2 Nr. 4 StPO zB auf Fälle, in denen das Alter im Zeitpunkt der Speicherung nicht bekannt war, wohingegen die grds. Unzulässigkeit der Speicherung bei Kindern hiervon unberührt bleibt (denn diese können keine Beschuldigten sein (→ § 1 Rn. 20)). 84

Darüber hinaus besteht auf Grundlage der §§ 492 ff. StPO, die nach § 2 Abs. 2 auch auf das JStV Anwendung finden, beim Bundesamt für Justiz (Registerbehörde) ein **zentrales staatsanwaltschaftliches Verfahrensregister** (ZStAVerfR). Die Speicherung betrifft gem. § 494 Abs. 2 StPO auch rechtskräftige Freisprüche sowie endgültige und vorläufige Verfahrenseinstellungen. Dazu gehören die Verfahrensbeendigung nach § 153a StPO und nach § 170 Abs. 2 StPO (zur Beschränkung auf Namen und Aktenzeichen zwecks „leichter Wiederauffindbarkeit der Akte" OLG Frankfurt a. M. NStZ-RR 2008, 183 (184); OLG Hamburg NStZ 2009, 707 (708); OLG Frankfurt a. M. NStZ-RR 2010, 350 (351) zum allg. StR). Die Entscheidung des Gesetzgebers, bestimmte Arten der Verfahrenseinstellung nicht in das Erziehungsregister einzutragen (§ 60 BZRG), wird hiermit in einer Weise konterkariert, die durch das aus § 160 Abs. 1 und 2 StPO resultierende Informationsbedürfnis der StA nur schwer zu rechtfertigen ist. Zu bedenken ist außerdem, dass die anlassabhängige lückenhafte Zulässigkeitskontrolle, die § 493 Abs. 3 StPO für das automatisierte Abrufverfahren vorsieht, den schutzwürdigen Interessen des Betroffenen kaum genügend Rechnung tragen kann. 85

Nebenfolgen

6 (1) [1] **Auf Unfähigkeit, öffentliche Ämter zu bekleiden, Rechte aus öffentlichen Wahlen zu erlangen oder in öffentlichen Angelegenheiten zu wählen oder zu stimmen, darf nicht erkannt werden.** [2] **Die Bekanntgabe der Verurteilung darf nicht angeordnet werden.**

(2) **Der Verlust der Fähigkeit, öffentliche Ämter zu bekleiden und Rechte aus öffentlichen Wahlen zu erlangen (§ 45 Abs. 1 des Strafgesetzbuches), tritt nicht ein.**

Schrifttum: Sobota, Die Nebenfolge im System strafrechtlicher Sanktionen, 2015.

Übersicht

I. Anwendungsbereich

1 Es gelten die Ausführungen zu § 4 (→ § 4 Rn. 1 f.) entsprechend. – Wird auf Heranwachsende allg. StR angewandt, so kommt die Kann-Vorschrift des § 106 Abs. 2 zur Anwendung (RL Nr. 2).

II. Zulässige und unzulässige Nebenfolgen

1. Grundlagen zum Rechtsfolgenspektrum im Jugendstrafrecht

1a Die Vorschriften in § 6 stehen in einem Zusammenhang mit § 5 Abs. 1 und Abs. 2 sowie § 7. Durch diese Regelungen wird das Reaktionsspektrum im JStR bestimmt. Danach können im JStV neben den spezifischen Rechtsfolgen iSv §§ 9 ff. auch die **Maßregeln** der Besserung und Sicherung iSv § 61 StGB (mit Ausnahme des Berufsverbots) angewandt werden (dies allerdings nur nach den besonderen Maßgaben des § 7). Außerdem darf im JStV prinzipiell auf alle jene **Neben-Rechtsfolgen** des allg. StR erkannt werden, die **in § 6 nicht genannt** sind (BGHSt 6, 258 (259) = NJW 1954, 1616 (1617)) – wobei dies ungeachtet der Regelungsüberschrift und der Fassung von § 8 Abs. 3 nicht nur „Nebenfolgen" und auch nicht nur „Nebenstrafen und Nebenfolgen" im engeren technischen Sinne des StGB betrifft (zum insofern eigenständigen Begriffsgebrauch des JGG vgl. Weiss GA 2022, 146 (147 f.)). Vielmehr sind alle Rechtsfolgen, die in einem allg. StVerf neben einer Geld- und Freiheitsstrafe grds. anordnungsfähig sind und die nicht durch § 6 ausgeschlossen oder von § 7 speziell geregelt werden, prinzipiell auch im JStV anwendbar. Dies ergibt sich aus § 2 Abs. 2. Die Rechtsfolgenoptionen des JStR reichen insgesamt also über die originär-jugendstrafrechtlichen Interventionen merklich hinaus.

2. Durch Abs. 1 und Abs. 2 ausgeschlossene Rechtsfolgen

Im JStR dürfen die Amtsfähigkeit, die Wählbarkeit und das Stimmrecht – entgegen den (Kann-)Vorschriften des § 45 Abs. 2 und 5 StGB – auch bei Verwirklichung einschlägiger Straftatbestände (s. etwa § 358 StGB, § 375 Abs. 1 AO) nicht aberkannt werden **(Abs. 1 S. 1).** Ferner tritt der Verlust der Amtsfähigkeit und der Wählbarkeit, der unter den in § 45 Abs. 1 StGB geregelten Voraussetzungen im allg. StR zwingend ist, gem. **Abs. 2** nicht ein. Mit all dem sollen Rechtsfolgen, deren Funktion bei Jugendlichen ins Leere liefe und die sich hier allein als erziehungsschädliches Symbol einer spezifischen Desintegration darstellen würden, vermieden werden. 2

Nach **Abs. 1 S. 2** darf die Nebenfolge, die Verurteilung bekanntzugeben, entgegen den Vorschriften des allg. StR (zB §§ 165, 200 StGB) nicht angeordnet werden. Dies ist Ausdruck des jugendstrafrechtlichen Schutzprinzips (Vermeidung von Bloßstellung und Stigmatisierung, vgl. → § 48 Rn. 8 ff.). 3

3. Prinzipiell zulässige Neben-Rechtsfolgen

Welche Neben-Rechtsfolgen wegen ihrer Nichterwähnung in Abs. 1 oder Abs. 2 im JStR dagegen zulässig sind, wird durch die Regelungen im allg. StR bestimmt (→ Rn. 1a). Dabei ist es unerheblich, ob sich die fragliche Regelung im StGB oder einem anderen Gesetz findet, ob ihre Anwendung der Rechtsfolge im allg. StR isoliert oder nur neben einer (Haupt-)Strafe möglich ist und ob sie im objektiven Verfahren (§§ 435 ff. StPO) veranlasst werden können. Die in Betracht kommenden Reaktionsformen werden durch das JStR nicht (über § 6 hinausgehend) limitiert und sind daher **theoretisch sehr weit.** Nur dort, wo die Anordnung an die Verurteilung zu einer bestimmten Freiheitsstrafe geknüpft wird bzw. würde – also an eine Sanktion, die das JStR nach Art und Qualität nicht kennt –, kommt bzw. käme diese Neben-Rechtsfolge im JStV nicht Betracht (vgl. erg. auch Sobota, Nebenfolge im System strafrechtlicher Sanktionen, 2015, S. 238 f. sowie → § 17 Rn. 62). 4

Auf der Basis der im geltenden allg. StR vorgesehenen Sanktionsformen ergibt sich aus dem Umkehrschluss von § 6 allerdings ohnehin nur die 5 jugendstrafrechtliche Anwendbarkeit des **Fahrverbots** und der **Einziehung.** Hinsichtlich ihrer fallkonkreten Anordnung sind zudem Einschränkungen zu beachten, die sich aus den allg. Grundsätzen des JStR ergeben. Dies betrifft namentlich die Vereinbarkeit mit erzieherischen Belangen (vgl. auch RL zu Nr. 1). Konkret unterliegt der Einsatz der fraglichen Rechtsfolgen im JStR stets der jugendspezifischen Auslegung (hierzu → § 2 Rn. 20 ff.; abw. MüKoStGB/Laue Rn. 8; Diemer/Schatz/Sonnen/Diemer Rn. 3; Nix/Pschorr/Pschorr Rn. 6). Durch diese **teleologisch-systematische Interpretation** wird der jeweilige Anwendungsbereich tendenziell reduziert (in der Sache zust., aber über eine analoge Anwendung von §§ 6 Abs. 1, 106 Abs. 2 Sobota, Nebenfolge im System strafrechtlicher Sanktionen, 2015, S. 234 ff.).

III. Fahrverbot

1. Problematik der Rechtsfolge

6 Die jugendstrafrechtliche Zulässigkeit des Fahrverbots (§ 44 StGB) geht auch aus § 8 Abs. 3 S. 2 und § 76 S. 1 hervor. In der Praxis eingesetzt wird diese Nebenstrafe in moderater, aber relevanter Häufigkeit (StrafSt Tabelle 5.3: in 2022 bei 275 Jugendlichen und 1.816 Heranwachsenden; vgl. auch Weiss ZJJ 2024, 172 (173)). Allerdings gehen hiermit charakteristische Schwierigkeiten einher. So kann der Alltagsvollzug durch eine entsprechende Anordnung in einer sensiblen Phase (zB Aufrechterhaltung einer Ausbildung, Berufseinstieg) zeitweilig verbaut werden (Hettenbach KrimJ 2007, 33 (35 ff.); DVJJ 2024/AK 7, S. 394). **Erzieherisch** wäre dies ersichtlich **kontraindiziert** (zu dieser, sich bei der Entziehung der Fahrerlaubnis noch drängender stellenden Problematik s. auch Weiss ZJJ 2024, 172 (174) sowie → § 7 Rn. 63).

6a Darüber hinaus ist die Möglichkeit, ein Fahrverbot zu verhängen, **nicht** (mehr) auf Delikte mit **Straßenverkehrsbezug** begrenzt. Durch Gesetz v. 17.8.2017 (BGBl. I 3202) wurde der Anwendungsbereich des Fahrverbots für sämtliche – nach der Rechtsänderung begangenen (BGH BeckRS 2018, 20463) – Straftaten geöffnet (§ 44 Abs. 1 S. 2 StGB). Diese Ausdehnung ist zwar mit Einwänden behaftet (vgl. etwa Bömke DAR 2000, 385; Kühn NK 2008, 132; zum Ganzen näher Zopfs FS Wolter, 2013, 820 (betr. allg. StR); kriminalpolitisch zu einer Umgestaltung in eine selbstständige Hauptstrafe etwa Verrel Bonner Rechtsjournal 2014, 135; Wedler NZV 2015, 209; Schöch FS Rengier, 2018, 657; abl. bspw. Heinz ZJJ 2008, 60 (62); Sonnen DRiZ 2010, 119). Trotzdem wurde im Gesetzgebungsverfahren die pauschal postulierte jugendstrafrechtliche Anwendbarkeit (BT-Drs. 18/12785, 45) nicht daraufhin überprüft, ob bzw. hinsichtlich welcher Straftatbestände die Neuregelung im JStR mit § 2 Abs. 1 verträglich sein könnte (abl. DRiB Nr. 16/16, August 2016; DAV 47/16 v. 23.8.2016). Die Anwendung des Fahrverbots gem. § 44 Abs. 1 S. 2 StGB, mag sie auch im allg. StR gerade von ihrer Erforderlichkeit zum Unrechtsausgleich abhängig sein (so jedenfalls OLG Dresden NStZ 2023, 43), muss sich im JStR an § 2 Abs. 1 orientieren. Doch stellt sich dann zwangsläufig die Frage, welchen spezialpräventiven Sinn ein Ausschluss von der Verkehrsteilnahme nach allgemeiner Delinquenz haben soll. Auch dürfte die Akzeptanzfähigkeit der Fahrverbotssanktion, zu der der Tatvorwurf in keinem Verkehrszusammenhang steht, bei jungen Menschen regelhaft fehlen (Nöding Verteidigung Rn. 206; dazu mit empirischen Hinweisen schon Streng ZRP 2004, 237 (239f.); das Problem bestreitend Schöch FS Rengier, 2018, 661). Ohne eine dies berücksichtigende **jugendspezifische** Auslegung (→ Rn. 5) handelt es sich bei der Sanktion daher um eine (das JGG tendenziell entstellende) systematische Fehlkonstruktion.

2. Handhabung der Problematik im JStR

Nach der demnach gebotenen, an § 2 Abs. 1 orientierten Auslegung von § 44 StGB kann ein Fahrverbot nur verhängt werden, wenn die Folgen für den Verbotsadressaten iRd Rechtsfolgenermessens in einer **nicht-schematisierenden** Weise in Rechnung gestellt wurden. Die Maßnahme muss zur (verkehrs-)erzieherischen Einwirkung konkret angezeigt und geeignet sein (AG Saalfeld DAR 2005, 52 (53)). Drohen spezialpräventiv schädliche Nebenwirkungen, muss von einer Anordnung (auch bei den Regelfahrverbotskonstellationen des § 44 Abs. 1 S. 3 StGB) ganz abgesehen werden (ähnlich Weiss ZJJ 2024, 172 (176f.)). In diesen Fällen kann auf das deliktische Verhalten mit einer Weisung gem. § 10 Abs. 1 S. 3 Nr. 9 reagiert werden. 7

Bei Nichtverkehrsdelikten setzt darüber hinaus schon das allg. StR voraus, dass es der Hauptsanktion für sich genommen an hinreichender Wirksamkeit im jeweiligen Einzelfall fehlt. Im Bereich des JGG ist dies durch die dezidierten **Subsidiaritätsmaßgaben** (etwa: § 5 Abs. 2) insofern verschärft, als die Erforderlichkeit sowohl im Verhältnis zu Erziehungsmaßregeln als auch zu Zuchtmitteln bzw. JStrafe konkret gegeben sein muss. Ohnehin kommt ein Fahrverbot hier von vornherein nur zu Einwirkungszwecken und nicht auch zur „Verteidigung der Rechtsordnung" (§ 44 Abs. 1 S. 2 Hs. 2 Var. 2 StGB) in Betracht (dazu allg. → § 17 Rn. 6f., → § 18 Rn. 43). Das Gericht hat dann also nicht nur wie bei einem Verkehrsdelikt gem. § 2 Abs. 1 das Fehlen einer erzieherischen Kontraindikation und die individuelle spezialpräventive Funktionalität darzulegen (so Dölling FS Fischer, 2018, 866), sondern auch die einwirkungsbezogene Unentbehrlichkeit (§ 44 Abs. 1 S. 2 StGB). Bei Fehlen eines Zusammenhangs zwischen Delikt und Sanktion wird das selten belastbar gelingen (iErg. ebenso Weiss ZJJ 2024, 172 (177)). Im Übrigen sind einschränkend wirkende Gesichtspunkte aus dem allg. StR im JStR gleichermaßen zu beachten. Beispielsweise darf die Fahrverbotsentscheidung nicht von der Nicht-/Inanspruchnahme prozessualer Rechte abhängig gemacht werden (OLG Bamberg NZV 2018, 91). 7a

Mit Blick auf die **Fahrverbotsdauer** wird den Besonderheiten des JStR bereits dadurch Rechnung getragen, dass das Fahrverbot gem. § 8 Abs. 3 S. 2 – anders als nach allg. StR (§ 44 Abs. 1 S. 1 StGB: sechs Monate) – die Höchstdauer von drei Monaten nicht überschreiten darf. Da die aktive Teilnahme am Straßenverkehr für viele Jugendliche von besonderem Symbol- und Prestigewert ist (Eisenberg/Kölbel Kriminologie § 47 Rn. 20) und der Ablauf von Verbotsfristen ihnen reifebedingt ohnehin oft subjektiv kaum erträglich erscheint, ist es allerdings für sie qualitativ schwerer, eine mehrmonatige Verbotsdauer ohne – abermals strafrechtlich relevante – Nichtbefolgung durchzustehen. Hinzukommen die erwähnten Nebenwirkungen in der allg. Lebensführung, die spezialpräventiv abträglich sein können. Die Gerichte sind daher auch mit Blick auf die zeitliche Bemessung zu einer 8 zurückhaltenden Anordnung gehalten (zur Sanktionspraxis s. auch → § 7 Rn. 64).

IV. Einziehung (§§ 73 ff. StGB)

1. Entwicklung der Problematik

9 Die mit Gesetz v. 13.4.2017 (BGBl. 2017 I 872) neu geregelte, mit einem speziellen Entschädigungsverfahren (§ 459h StPO) verbundene Vermögensabschöpfung sieht die **obligatorische** Einziehung aller deliktsbedingten Vorteile (auch Surrogate und Nutzungen) vor (§ 73 StGB). Bei Verlust, Verbrauch usw des originären Vorteils ist dessen Wert, der nach § 73d Abs. 2 StGB ggf. geschätzt werden kann (zu den Anforderungen bspw. BGH BeckRS 2024, 2354), einzuziehen (§ 73c StGB; zur Nichtabzugsfähigkeit der zur Tat eingesetzten Eigenmittel („Bruttoprinzip") vgl. § 73d Abs. 1 StGB). Die Durchsetzung der Einziehungsanordnung (ggf. nebst Herausgabe bzw. Auskehrung an den Verletzten vgl. §§ 459j, 459k StPO) ist von hoher Verbindlichkeit (vgl. auch BGH NStZ 2019, 221 mkritAnm Eisenberg NStZ 2019, 222: revisibler Fehler, wenn Tatgericht die mögliche Einziehung nicht erörtert). Ein Abschöpfungsverzicht wird vom Gesetz auf Ausnahmefälle (Bagatellen, unverhältnismäßiger Aufwand) und entspr. Ermessensausübung von StA und Gericht beschränkt (§ 421 StPO; vgl. auch § 435 Abs. 1 S. 2 StPO). Bei der Wertersatzeinziehung muss aber gem. § 459g Abs. 5 StPO von deren Vollstr bei Unverhältnismäßigkeit des Vorgehens abgesehen werden (wobei dann jedoch nach teilw. vertr., aber sehr zw. Ansicht trotzdem in manchen Fällen (§ 459h Abs. 2 S. 2 iVm § 111i Abs. 2 StPO: Antrag von zwei Verletzten) ein Insolvenzverfahren ausgelöst werden könne – so Reitemeier ZJJ 2017, 354 (357); s. auch Swoboda ZStW 132 (2020), 826 (873 f.)). Auch bedarf es im Verfahren ggf. eines gerichtlichen Hinweises (§ 265 StPO iVm § 2 Abs. 2), damit sich der Jugendliche gegen die Einziehung verteidigen kann (BGH BeckRS 2024, 36472).

10 Dieser gesamte Regelungskomplex gelte der Rspr. zufolge **im JStR einschränkungslos.** Angesichts der knappen Erwähnung in § 76 JGG und des Nicht-Ausschlusses in § 6 wurde dies bereits für die §§ 73 ff. StGB aF vertreten (BGHSt 55, 174 = NStZ 2011, 270 mzustAnm Altenhain NStZ 2011, 272; erörterungslos ebenso BGH NJW 2001, 1805; NJW 2009, 2755; NStZ-RR 2017, 14; BeckRS 2011, 04347; 2012, 12752; 2017, 133981; krit. bzgl. § 73a StGB aF Laubenthal/Baier/Nestler JugendStrafR Rn. 430; Eisenberg StV 2010, 580). Für das jetzige Abschöpfungsrecht hält man daran weiterhin fest. Anfänglich geschah das idR ohne inhaltliche Auseinandersetzung (so bspw. in BGH NStZ 2018, 654; ZJJ 2018, 338 = BeckRS 2018, 13566; NJW 2019, 1008; AG München ZJJ 2018, 166 (168)). Später wurde diese Position, die als charakteristischer Ausdruck des **dogmatisch-strafrechtlichen Modells** gelten kann (→ § 2 Rn. 15), allerdings auch ganz ausdrücklich vertreten (ausführlich BGH NStZ-RR 2020, 124 mkritAnm Eisenberg ZJJ 2020, 203; ferner bspw. BGH ZJJ 2019, 285 = BeckRS 2019, 9584; BGH BeckRS 2019, 20407; 2019, 35553; NStZ-RR 2020, 261; NZWiSt 2021, 40 = BeckRS 2020, 35345; OLG Frankfurt a. M. BeckRS 2019, 5748 mkritAnm Eisenberg ZKJ 2019, 356; OLG Zweibrücken BeckRS 2019, 24556; OLG Brandenburg ZJJ 2021, 60 = BeckRS 2020,

41715; LG Trier BeckRS 2017, 129590; LG Limburg BeckRS 2019, 15472; LG Köln NStZ-RR 2019, 232). In der Lit. stieß diese Position bisweilen ebenfalls auf Zustimmung (Diemer/Schatz/Sonnen/Diemer § 8 Rn. 11 ff.; Brunner/Dölling Rn. 5; Reitemeier ZJJ 2017, 354; Eckel ZJJ 2020, 265 (268); unter Hinweis auf § 828 Abs. 3 BGB Schumann StraFo 2018, 415 (418 f.); offenlassend MüKoStGB/Laue Rn. 8 ff.; Reh NZWiSt 2018, 20 (23 f.)). Auf dieser Grundlage ist iÜ nicht nur bei einer Verurteilung, sondern auch bei einer Einstellung nach §§ 45, 47 die (dann sog. **selbstständige**) Einziehung möglich (→ § 45 Rn. 59; → § 47 Rn. 27).

Sofern der deliktisch erworbene Vorteil (oder das Surrogat oder der Verkaufserlös) noch vorhanden und der Verurteilte **noch bereichert** ist, ist die Einziehung nicht überfordernd, nicht erziehungsfeindlich und rechtlich daher auch nicht problematisch. Dagegen wurde für Konstellationen, in denen bei der Wertersatzeinziehung der Vorteil entfallen ist, von Anbeginn auf **widersinnige** Effekte der Rechtsfolge (→ Rn. 13) hingewiesen, zumal diese im JStR vielfach mittellose Personen betrifft. Teile der Lit. und einzelne Gerichte traten daher von Anbeginn für eine **jugendorientierte einschr. Auslegung** von § 73c StGB iVm § 2 Abs. 2 und § 6 ein, wonach von einer Anordnung im JStR ggf. abzusehen sei (n. Strafverteidigertag 2018/Kölbel 2018, S. 334 ff., 339 f.; iErg ähnlich LG Münster NStZ 2018, 669; AG Rudolstadt ZJJ 2018, 63; AG Frankfurt a. M. ZJJ 2018, 249 (250 f.) = BeckRS 2018, 21953; AG Frankfurt a. M. ZJJ 2018, 251 (252 f.) = BeckRS 2018, 21956; s. aber auch LG Neuruppin ZJJ 2019, 284 mAnm Eisenberg ZJJ 2019, 286; Schady/Sommerfeld ZJJ 2018, 219 (223 f.); Berberich/Singelnstein StV 2019, 505 (506 f.): bei fallindividuell aufzeigbarer Erziehungsschädlichkeit). In Anerkennung der Problemlage trat der 1. Senat dem sich daraus ergebenden Anliegen bei und leitete aus § 8 Abs. 3 S. 1 ab, dass die Anordnung der Wertersatzeinziehung im Ermessen des Gerichts stünde (n. zu diesem Anknüpfungspunkt → § 8 Rn. 4). Da der entspr. Anfragebeschluss (BGH NStZ 2019, 682 mAnm Eisenberg JR 2019, 598) bei den anderen Senaten nur geringe Gefolgschaft fand, legte der 1. Senat diese Auslegung dem **Großen Senat** vor (BGH ZJJ 2020, 306 = BeckRS 2020, 18436), der sich daraufhin ablehnend gab. Der Ansatz, die (an sich zwingende) Anordnung des Wertersatzes speziell im JStR an eine entspr. richterliche Ermessensentscheidung zu knüpfen, wurde von ihm nicht anerkannt. Die Maßnahme käme im JStR vielmehr ebenso wie im allg. StR zum Einsatz (BGH NStZ 2021, 679). 11

2. Erforderlichkeit von Einschränkungen bei der Wertersatzeinziehung

a) Normsystematischer Bruch. Die Entscheidung des Großen Senats kann in keiner Weise überzeugen und gibt vielfachen Anlass zur Kritik. In ihr wird die grundlegende **Inkompatibilität** der Wertersatzeinziehung und zentraler jugendstrafrechtlicher Maximen ersichtlich verkannt. So war **§ 15 Abs. 2 Nr. 2** eingeführt worden, um eine spezifisch jugendstrafrechtliche Möglichkeit der Vorteilsentziehung zu schaffen. Die besonderen Begrenzungen dieser Abschöpfungsform – die Ermessensabhängigkeit und die Beschränkung auf den noch vorhandenen Nettodeliktsgewinn – waren gesetzgeberisch beabsichtigt. Trotzdem galt die Norm als ein „hinreichender Ersatz" für die (damals ins JGG nicht übernommene) Vermögensabschöpfung 12

(BT-Drs. 1/3264, 40). Durch die vom Großen Senat bejahte obligatorische und abzugslose Wertersatzeinziehung wird dieses Rechtsinstitut indes obsolet, da das Gericht bei Wegfall der Tatvorteile zwar keine Geldauflage anordnen darf, im Widerspruch dazu aber die wirtschaftlich äquivalent wirkende Einziehung veranlassen muss. Die Begrenzungswirkung von § 15 Abs. 2 Nr. 2 kommt so nur noch bei einem Vorgehen nach § 421 StPO zum Tragen, wobei die Anordnung einer jugendstrafrechtlichen Geldauflage außerhalb dieser Ausnahmekonstellationen ohnehin sinnlos geworden ist (→ § 15 Rn. 25a). Der Große Senat tut dieses Problem mit einem unzutr. Hinweis auf eine angebliche legislatorische Absicht ab (BGHSt 65, 242 (246 f.) = NStZ 2021, 679 (681 f.)). Darauf, dass der spezifisch jugendstrafrechtliche Ansatz, verschuldungserzeugende finanzielle **Folgelasten zu vermeiden** (vgl. neben § 15 Abs. 2 Nr. 2 auch § 74 und die Unzulässigkeit der Geldstrafe), hierdurch unterlaufen wird, geht er sodann gar nicht erst ein (krit. Kölbel/Eisenberg/Sonnen NStZ 2021, 683 (684); Weiss GA 2022, 146 (157 f.)).

13 **b) Spezialpräventive Dysfunktionalität.** Die Wertersatzeinziehung greift nicht nur geldstrafenähnlich auf das „allgemeine Vermögen" des Jugendlichen zu, sondern erfolgt sogar ohne Rücksicht auf dessen Leistungsfähigkeit. Dass die Belastung nicht aus vorhandenen Mitteln erbracht werden kann, ist für Angeklagte im JStVerf – angesichts der alterstypischen Vermögenslosigkeit und erlebnisorientierter jugendlicher Lebensstile – aber geradezu charakteristisch. Das erklärt die Regelungen in § 15 Abs. 2 und § 74, in denen das Prinzip zum Ausdruck kommt, verfahrensbedingte finanzielle Belastungen lediglich bei fallkonkreter Zumutbarkeit zuzulassen. Die Anwendung von § 73c StGB führt für die Adressaten dagegen häufig zu einer anhaltenden biografischen Hypothek, die Chancen, Entfaltungspotenziale und Entwicklungsmöglichkeiten der betroffenen jungen Menschen erheblich beschränkt und die **zukunftsorientiert**-fördernde Ausrichtung der daneben angeordneten, spezialpräventiv ausgerichteter Rechtsfolgen **auf bizarre Weise konterkariert** (für Fälle mit sogar erdrosselnder Wirkung s. BGH BeckRS 2017, 131923 und BeckRS 2021, 55293 (jeweils 20.000 EUR); BGH NStZ-RR 2021, 79 (Ls.) = BeckRS 2020, 36449 (über 45.000 EUR); BGH BeckRS 2023, 33402 (knapp 228.000 EUR), alle aus BtM-Transaktionen; BGH BeckRS 2021, 4843 (über 70.000 EUR) bei Bandenbetrug; BGH BeckRS 2023, 23186 (über 141.000 EUR) bei Serieneinbrüchen). Dass die Wertersatzeinziehung daher **das Gegenteil einer sinnvollen erzieherischen Intervention** im JStR darstellt, wird (offenbar) selbst vom Großen Senat nicht bestritten (vgl. die Andeutungen in BGHSt 65, 242 (257) = NStZ 2021, 679 (683); Unbehagen auch bei OLG Hamm BeckRS 2020, 21462; gänzlich abw. und eine erzieherische Zweckmäßigkeit bejahend aber BGH NStZ-RR 2020, 124 (125); LG Limburg BeckRS 2019, 15472; Korte NZWiSt 2018, 231 (233); Kudlich/Lang JR 2021, 593 (596 f.); DVJJ/Hartmann 2022, S. 545 f.; König FS Dölling, 2023, 575 f.). Ob hierdurch wenigstens ein Beitrag zur positiven Generalprävention geleistet werden kann, spielt (abgesehen von der Unplausibilität einer dahingehenden Annahme) iÜ überhaupt keine Rolle, weil die Aufhebung des mit dem JStR verfolgten Hauptzwecks (Spezialprävention) durch den Eintritt jenes Nebeneffektes (→ § 2 Rn. 5) schwerlich legitimiert werden kann (abw. wohl BGHSt 65, 242 (248 f.) = NStZ 2021, 679 (681)).

c) Kein hinlänglicher Schutz im Vollstreckungsverfahren. Der spezialpräventiven Dysfunktionalität einer überfordernden Wertersatzeinziehung werde aus Sicht des Großen Senats durch §§ 421, 459g Abs. 5 StPO ausreichend Rechnung getragen (BGHSt 65, 242 (252 ff.) = NStZ 2021, 679 (682 f.); ebenso bspw. schon BGH ZJJ 2019, 285 = BeckRS 2019, 9584; NStZ-RR 2020, 124 (126); BeckRS 2019, 20407; 2020, 10799; OLG Hamm BeckRS 2020, 21462; LG Köln NStZ-RR 2019, 232 (Ls.) = BeckRS 2019, 5463; NK-JGG/Ostendorf Rn. 9; n. etwa Schumann StraFo 2018, 415 (420 ff.); Schumann StraFo 2019, 431 (431 f.); Schumann NK 2020, 471 (479 ff.); Kudlich/Lang JR 2021, 593 (596 f.); diff. Schady/Sommerfeld ZJJ 2019, 235 (238 f.)). Doch das Absehen von der Einziehung gem. **§ 421 StPO** iVm § 2 Abs. 2 kommt nur in den **problemärmsten** Fällen einer geringfügigen Wertersatzeinziehung in Betracht (und ist selbst dann in das ungeregelte Justizermessen gestellt). Auch durch den Vollstreckungsschutz gem. **§ 459g StPO** iVm § 2 Abs. 2 wird der behauptete Schutz des Jugendlichen nicht hinreichend sichergestellt (Kölbel/Eisenberg/Sonnen NStZ 2021, 683 (684); ähnlich schon BGH NZWiSt 2019, 360 (363) mAnm Eisenberg JR 2019, 598; BGH ZJJ 2020, 306 (308 f.) = BeckRS 2020, 18436; vgl. auch Eckel ZJJ 2020, 265 (267 f.)). Die Entscheidung erfolgt hier weitgehend intransparent; sie ist dem Hauptverhandlungsdiskurs wie auch dem regulären Instanzenzug entzogen, zumal die Aufklärungsmöglichkeiten in dieser Phase deutlich erschwert und unverteidigte Verurteilte weitgehend **wehrlos** sind (s. auch → Rn. 19). Auch verschafft der Vollstreckungsschutz nur einen Aufschub, weil die Umsetzung der Einziehung bei einer späteren wirtschaftlichen Konsolidierung des Jugendlichen wiederaufgenommen werden muss (§ 459g Abs. 5 S. 2 StPO iVm § 2 Abs. 2). Insbes. aber ignoriert der Große Senat die Änderung in § 459g Abs. 5 S. 1 StPO, der zufolge eine Vollstreckung **nur noch bei Unverhältnismäßigkeit** unterbleiben und die Entreicherung hierfür „im Grundsatz nicht" (BT-Drs. 19/27654, 111 f.) mehr ausreichen soll (dieses Ergebnis auch im JStR allerdings sogar ausdrücklich billigend Kulhanek JZ 2022, 49 (52); die Möglichkeit von – unklar bleibenden – Ausnahmen annehmend Eckel ZJJ 2021, 381 (382); König, FS Dölling, 2023, 577; wie hier Weiss GA 2022, 146 (159 f.)). 14

d) Indifferenz legislatorischer Absichten. Obendrein wurde die Problematik legislatorisch offenbar überhaupt nicht bedacht. Gesetzgeberische Überlegungen sind angesichts der hierzu vollständig schweigenden Gesetzesmaterialien nirgends ersichtlich (ebenso BGH ZJJ 2020, 306 (308 ff.) = BeckRS 2020, 18436; Berberich/Singelnstein StV 2019, 505 (507); Eisenberg ZJJ 2019, 286 (286 f.); Eisenberg ZJJ 2020, 203 (204); Schady/Sommerfeld ZJJ 2019, 235 (236, 239)). In BT-Drs. 18/9525, 104 wird auf drei Zeilen die redaktionelle Anpassung in § 76 lediglich als solche erklärt. Erkennbar wird daran **allein,** dass die **grds. Anwendbarkeit** der §§ 73 ff. StGB im JStR beabsichtigt war, **ohne** dass dies etwas über deren **Nicht-/Einschränkbarkeit** besagen würde (zu insg. unergiebigen Äußerungen aus der ministeriellen Referatsebene einerseits Köhler NStZ 2018, 730 (730 f.); Korte NZWiSt 2018, 231 (233); andererseits aber Sommerfeld/Schady ZJJ 2019, 235 (236, 239)). Die Behauptung des Großen Senats, dass eine Klarstellung in den Gesetzesmaterialien angesichts der früheren Judikatur (→ Rn. 10) gar nicht zu erwarten gewesen sei (BGHSt 65, 242 (245 f.) = 15

NStZ 2021, 679 (680); zust. Kudlich/Lang JR 2021, 593 (595)), überzeugt nicht. Denn die damalige Judikatur war gerade deshalb umstr., weil der Gesetzgeber schon bei Einführung der §§ 73 ff. StGB aF nicht erklärt hatte, in welchem Umfang der Verfall im JStV anordnungsfähig sei (vgl. BT-Drs. 7/550, 331; ferner BT-Drs. 7/1261, 37 ff.). Für den Gesetzgeber von 2017 wäre, wenn er die Materie berücksichtigt hätte, eine klare Positionierung deshalb mehr als naheliegend gewesen (Kölbel/Eisenberg/Sonnen NStZ 2021, 683 (685)). Im Ref-E des Gesetzes zur Fortentwicklung der Strafprozessordnung und zur Änderung weiterer Vorschriften v. 6.10.2020, S. 33 wurde iÜ – im außerordentlich deutlichen Widerspruch zu den Behauptungen des Großen Senats – klargestellt, dass die Problematik legislatorisch gerade nicht entschieden worden sei (S. 33: der „höchstrichterlichen Klärung" obliegend; ähnlich auch BT-Drs. 19/27654, 40).

16 e) **Konsequenz.** Bei unvoreingenommener Betrachtung gibt es zur Nicht-/Einschränkbarkeit der jugendstrafrechtlichen Wertersatzeinziehung keinen Regelungswillen, der in die Auslegung eingehen und diese ggf. leiten könnte. Die Norminterpretation muss daher **ohne die normgenetischen** Aspekte erfolgen – also allein anhand der vorhandenen Normtexte sowie normsystematischer und teleologischer Topoi. Danach folgt aus § 76 JGG einerseits die dort vorausgesetzte grds. Anwendbarkeit der §§ 73 ff. StGB im JStR. Anderseits sprechen die sonst drohenden normsystematischen und funktionalen Verwerfungen (→ Rn. 12 ff.) für eine **jugendgemäße Auslegung** von § 6 JGG iVm § 73c StGB (dazu allg. → § 2 Rn. 15 ff.). Ein tatbedingt erworbener Vermögenswert, der im Urteilszeitpunkt nicht mehr vorhanden ist, unterliegt danach im JStR keiner Einziehung. Diese hier schon bislang vertretene Interpretation (vgl. → 22. Aufl. Rn. 11 ff.) wird durch die Entscheidung des Großen Senats (BGHSt 65, 242 = NStZ 2021, 679) und deren faktische Bindungswirkung **keineswegs verstellt,** weil dieser Rechtsspruch allein auf die Vorlage des 1. Senats und dessen Interpretation von § 8 Abs. 3 JGG bezogen war.

3. Jugendstrafrechtsspezifische Handhabung der Wertersatzeinziehung

16a Dass die Auslegung des Großen Senats dem JStR schadet, wird nicht nur von ihm selbst angedeutet (BGHSt 65, 242 (255) = NStZ 2021, 679 (683)). Vielmehr scheint dies auch in Teilen der Praxis anerkannt zu sein (vgl. etwa DVJJ 2024/AK 7, S. 391 ff.). Vor diesem Hintergrund hat die Bund-Länder-Arbeitsgruppe zur Optimierung des Rechts der Vermögensabschöpfung in ihrem Abschlussbericht vom März 2024 (S. 405 ff.), gewisse Neuregelungsvorschläge gemacht (darunter ua eine jugendstrafrechtsspezifische Ausweitung der Möglichkeiten, von der Wertersatzeinziehung abzusehen, eine spezielle modifizierte Vollstreckungsregelung und die aufsuchende Hilfe beim Ableisten der finanziellen Belastung). Das BMJ wurde daraufhin durch die JuMiKo v. 5./6.6.2024 ersucht, die Umsetzung eines solchen Ansatzes zu prüfen. Dass dies zu **legislatorischen Entwicklungen führt,** ist trotz einer entspr. Regelungsinitiative (BT-Drs. 20/14258, 39 ff.) derzeit aber fraglich. Wird in dieser Situation nicht der hier entwickelten Position (→ Rn. 16) gefolgt, sondern von der uneingeschränkten Anwendbarkeit des Abschöpfungsrechts im JStR ausgegangen, sind die Besonderheiten der Altersgruppe vorerst also noch durch eine **jugendorientierte Gestaltung der Werteinziehungsdetails** in Rechnung zu stellen (ebenso bereits Höynck FS Eisenberg II, 2019, 255; Ostendorf FS Dünkel, 2020, 674).

a) Entscheidung gem. § 421 StPO iVm § 2 Abs. 2. Allerdings beste- 17
hen dafür im Rahmen, den der Große Senat gesetzt hat, nur wenige Möglichkeiten (was die Dringlichkeit einer gesetzgeberischen Korrektur unterstreicht). Wie gering die Spielräume sind, zeigt sich schon an den Optionen von § 421 StPO iVm § 2 Abs. 2: Denn wegen § 422 StPO iVm § 2 Abs. 2 erlauben es prozessökonomische Aspekte kaum, **von der Einziehung abzusehen** (vgl. BeckOK StPO/Temming StPO § 421 Rn. 7). In Betracht kommt dies nach wohl hM am ehesten bei **bagatellarischen** Beträgen iSv § 421 Abs. 1 Nr. 1 StPO (so etwa Rose NStZ 2019, 648 (649); vorzugswürdig KK-StPO/Schmidt/Scheuß StPO § 421 Rn. 3: **bis 500 EUR**).

b) Keine Gesamtschuld. Eine Einziehungsanordnung setzt stets voraus, 18
dass das Vermögensgut, das die verurteilte Person aus der Tat erlangt hat, **konkret nachgewiesen** ist. Das gilt besonders bei mehreren Mitwirkenden (vgl. auch BGH BeckRS 2022, 43650: Erfahrungssatz, dass mit einer erheblichen Tatbeteiligung auch ein relevanter Beuteanteil einhergehe, existiert nicht). Kann hiernach eine (Vorteils- oder Wertersatz-)Einziehung bei **mehreren Tatbeteiligten** erfolgen, ist bei einer jugendorientierten Handhabung der jeweilige Betrag auch entspr. des persönlich erlangten Vorteils zu individualisieren, weil nur so die Rechtsfolge mit dem jeweils zu verantwortenden Tatbeitrag korrespondiert. Dieser erzieherische Aspekt würde durch eine gemeinschaftliche Haftung negiert (so tendenziell auch Eckel ZJJ 2020, 265 (270); diff. NK-JGG/Ostendorf Rn. 6). Deshalb kommt die Anordnung einer **Gesamtschuld nicht** in Betracht.

In Fällen, in denen mehrere Beteiligte faktische bzw. wirtschaftliche Mit- 18a
verfügungsgewalt über den Tatvorteil erlangt haben (zu diesem Kriterium BGH NStZ 2019, 20; BGH StV 2022, 2 = BeckRS 2021, 31901), weicht die **stRspr** hiervon aber ab und ordnet wie im allg. StR eine gesamtschuldnerische Haftung an (etwa BGH ZJJ 2018, 338 = BeckRS 2018, 13566 mkritAnm Laue ZJJ 2018, 340 (341 f.); BGH NStZ 2018, 654; 2019, 221 mkritAnm Eisenberg NStZ 2019, 222 (223); BGH BeckRS 2019, 29190). Dies ignoriert, dass viele Jugendliche die Rechtslogik der Gesamtschuld nicht verstehen und als ungerecht empfinden. Denn hierbei wird ein Mitverurteilter für alle anderen Mittäter herangezogen – und das ersten in einer ggf. priorisierten Weise (nur wegen seiner evtl. etwas besseren finanziellen Ausstattung) und zweitens auch dann, wenn sein Tatgewinn deutlich geringer als bei den anderen Beteiligten war (dazu auch DVJJ 2024/AK 7, S. 392) oder die Mittäter vom Gericht gar nicht benannt werden können (BGH BeckRS 2024, 15332). Dass die Rechtsfolgenentscheidung des Gerichts **als fair wahrgenommen** und so erzieherisch wirksam werden kann, ist dann von vornherein **unwahrscheinlich.** Wenn man dennoch der Judikatur folgt, ist zu berücksichtigen, dass Ausgleichszahlungen eines Mitangeklagten gem. § 73e StGB und § 422 Abs. 1 BGB auch für die Jugendlichen zum Ausschluss der Einziehung führen (BGH BeckRS 2024, 16798).

c) Vollstreckungsschutz. Nach der Vorstellung des Großen Senats muss 19
eine angeordnete Wertersatzeinziehung nach **§ 459g Abs. 5 S. 1 StPO**

iVm § 2 Abs. 2 in verschiedenen Konstellationen unterbleiben: wenn es dafür erzieherische Gründe gibt, wenn der Jugendliche entreichert ist oder wenn die Vollstr eine erdrückende und daher unverhältnismäßige Wirkung entwickelt (BGHSt 65, 242 (253) = NStZ 2021, 679 (681); ähnlich Rose NStZ 2019, 648 (651)). Die Mittellosigkeit des Verurteilten als insofern wichtigster Fall soll nach § 459g Abs. 5 StPO in der inzwischen geänderten Fassung zwar nicht mehr an der Vollstr hindern (und nach BT-Drs. 19/27654, 111 f.: nur noch durch Pfändungsschutz berücksichtigt), doch sind hiervon im JStR Abstriche zu machen. § 2 Abs. 1 (zu dessen Geltung im Vollstreckungsverfahren → § 82 Rn. 3) verlangt angesichts der entwicklungsverstellenden Effekte einer erzwungenen Überschuldung, die Beurteilungs- und Abwägungsspielräume in der **Verhältnismäßigkeitsprüfung beschuldigtenfreundlich** und zukunftsorientiert zu nutzen. Eine Vollstr, die überfordernd wirkt und zu langwährenden Entwicklungsblockaden führt, ist unverhältnismäßig (ebenso Bittmann NStZ 2022, 8 (17); im allg. StVR auch BeckOK StPO/Coen StPO § 459g Rn. 32; iErg ebenso Nöding Verteidigung Rn. 212). Die dahingehende Prüfung kann vom Jugendlichen beantragt werden (BGH wistra 2018, 427 = BeckRS 2018, 7862), ist aber auch **von Amts wegen** vorzunehmen. Damit der entscheidungszuständige JRichter (→ § 82 Rn. 9 und 14) eine solche Prüfung vornehmen kann, muss ihm die Sache durch den Rechtspfleger, der mit der Vollstr administrativ befasst ist, vorgelegt werden. Um dessen Aufmerksamkeit in dieser Phase der Vorgangsbearbeitung für eine etwaige Unverhältnismäßigkeit sicherzustellen, sollte das JGericht die dafür maßgeblichen Informationen **bereits im Urteil feststellen.** Auch würde der Jugendliche mit der dahingehenden Antrags- und Darlegungslast (KG BeckRS 2020, 39454) sonst leicht überfordert (zur Bestellung eines Verteidigers → § 83 Rn. 15). Erfolgt eine Vollstr, müssen die Möglichkeiten von **Zahlungserleichterungen** (dazu etwa KG StraFo 2021, 87 = BeckRS 2020, 36765) ausgeschöpft werden.

4. §§ 74 ff. StGB

20 Die Differenzierungen der jugendgemäßen Auslegung des allg. Abschöpfungsrechts sind in entsprechender Weise auf die Regelungen der §§ 74 ff. StGB und auf anderweitige Spezialbestimmungen in Nebengesetzen zu erstrecken. Zulässig sind daher bspw. die Einziehung von Tatprodukten (§ 74 StGB), die Unbrauchbarmachung (§ 74d StGB; zust. Laubenthal/Baier/Nestler JugendStrafR Rn. 442) und die Einziehung des Jagdscheines (§ 40 BJagdG). Soweit Abschöpfungsregelungen als faktische Nebenstrafen bzw. Strafäquivalente wirken, muss sich dies **mindernd auf die Bemessung** der Hauptrechtsfolge auswirken (s. für § 74 im allg. StR bspw. BGH NStZ 2020, 407; vgl. etwa auch BGH BeckRS 2020, 36278; wistra 2021, 398 = BeckRS 2021, 14916). Nach hier vertr. Ansicht gilt indes die in → Rn. 16 dargestellte Einschränkung (etwa bei §§ 8 ff. WiStG, § 375 Abs. 2 AO). Dies betrifft auch den (durch Gesetz v. 13.4.2017 (BGBl. I 872) neu gefassten) **§ 74c StGB.** Die hier erlaubte Form der Wertersatzeinziehung ist zur Vermeidung erzieherisch abträglicher Folgen gleichermaßen auf Fälle beschränkt, in denen keine Entreicherung eingetreten ist und der Verurteilte den entsprechenden Geldbetrag zur Verfügung hat (abw NK-JGG/Ostendorf Rn. 20; Ostendorf FS Dünkel, 2020, 678). Zumindest sind diese Aspekte bei Wahrnehmung des **Anordnungsermessens,** das in allen Varianten der §§ 74 ff.

StGB besteht (vgl. auch BGH BeckRS 2021, 23161), eigens zu berücksichtigen.

Maßregeln der Besserung und Sicherung

7 (1) **Als Maßregeln der Besserung und Sicherung im Sinne des allgemeinen Strafrechts können die Unterbringung in einem psychiatrischen Krankenhaus oder einer Entziehungsanstalt, die Führungsaufsicht oder die Entziehung der Fahrerlaubnis angeordnet werden (§ 61 Nr. 1, 2, 4 und 5 des Strafgesetzbuches).**

(2) [1] **Das Gericht kann im Urteil die Anordnung der Sicherungsverwahrung vorbehalten, wenn**

1. **der Jugendliche zu einer Jugendstrafe von mindestens sieben Jahren verurteilt wird wegen oder auch wegen eines Verbrechens**
   a) **gegen das Leben, die körperliche Unversehrtheit oder die sexuelle Selbstbestimmung oder**
   b) **nach § 251 des Strafgesetzbuches, auch in Verbindung mit § 252 oder § 255 des Strafgesetzbuches,**

   durch welches das Opfer seelisch oder körperlich schwer geschädigt oder einer solchen Gefahr ausgesetzt worden ist, und
2. **die Gesamtwürdigung des Jugendlichen und seiner Tat oder seiner Taten ergibt, dass er mit hoher Wahrscheinlichkeit erneut Straftaten der in Nummer 1 bezeichneten Art begehen wird.**

[2] **Das Gericht ordnet die Sicherungsverwahrung an, wenn die Gesamtwürdigung des Verurteilten, seiner Tat oder seiner Taten und ergänzend seiner Entwicklung bis zum Zeitpunkt der Entscheidung ergibt, dass von ihm Straftaten der in Satz 1 Nummer 1 bezeichneten Art zu erwarten sind; § 66a Absatz 3 Satz 1 des Strafgesetzbuches gilt entsprechend.** [3] **Für die Prüfung, ob die Unterbringung in der Sicherungsverwahrung am Ende des Vollzugs der Jugendstrafe auszusetzen ist, und für den Eintritt der Führungsaufsicht gilt § 67c Absatz 1 des Strafgesetzbuches entsprechend.**

(3) [1] **Wird neben der Jugendstrafe die Anordnung der Sicherungsverwahrung vorbehalten und hat der Verurteilte das siebenundzwanzigste Lebensjahr noch nicht vollendet, so ordnet das Gericht an, dass bereits die Jugendstrafe in einer sozialtherapeutischen Einrichtung zu vollziehen ist, es sei denn, dass die Resozialisierung des Verurteilten dadurch nicht besser gefördert werden kann.** [2] **Diese Anordnung kann auch nachträglich erfolgen.** [3] **Solange der Vollzug in einer sozialtherapeutischen Einrichtung noch nicht angeordnet oder der Gefangene noch nicht in eine sozialtherapeutische Einrichtung verlegt worden ist, ist darüber jeweils nach sechs Monaten neu zu entscheiden.** [4] **Für die nachträgliche Anordnung nach Satz 2 ist die Strafvollstreckungskammer zuständig, wenn der Betroffene das vierundzwanzigste Lebensjahr vollendet hat, sonst die für die Entscheidung über Vollzugsmaßnahmen nach § 92 Absatz 2 zuständige Jugendkammer.** [5] **Im Übrigen gelten zum Vollzug der Jugendstrafe § 66c Absatz 2 und § 67a Absatz 2 bis 4 des Strafgesetzbuches entsprechend.**

(4) **Ist die wegen einer Tat der in Absatz 2 bezeichneten Art angeordnete Unterbringung in einem psychiatrischen Krankenhaus nach § 67d Abs. 6 des Strafgesetzbuches für erledigt erklärt worden, weil der die Schuldfähigkeit ausschließende oder vermindernde Zustand, auf dem die Unterbringung beruhte, im Zeitpunkt der Erledigungsentscheidung nicht bestanden hat, so kann das Gericht nachträglich die Unterbringung in der Sicherungsverwahrung anordnen, wenn**

1. die Unterbringung des Betroffenen nach § 63 des Strafgesetzbuches wegen mehrerer solcher Taten angeordnet wurde oder wenn der Betroffene wegen einer oder mehrerer solcher Taten, die er vor der zur Unterbringung nach § 63 des Strafgesetzbuches führenden Tat begangen hat, schon einmal zu einer Jugendstrafe von mindestens drei Jahren verurteilt oder in einem psychiatrischen Krankenhaus untergebracht worden war und

2. die Gesamtwürdigung des Betroffenen, seiner Taten und ergänzend seiner Entwicklung bis zum Zeitpunkt der Entscheidung ergibt, dass er mit hoher Wahrscheinlichkeit erneut Straftaten der in Absatz 2 bezeichneten Art begehen wird.

(5) **Die regelmäßige Frist zur Prüfung, ob die weitere Vollstreckung der Unterbringung in der Sicherungsverwahrung zur Bewährung auszusetzen oder für erledigt zu erklären ist (§ 67e des Strafgesetzbuches), beträgt in den Fällen der Absätze 2 und 4 sechs Monate, wenn die untergebrachte Person bei Beginn des Fristlaufs das vierundzwanzigste Lebensjahr noch nicht vollendet hat.**

Schrifttum: Bruhn, Die Sicherungsverwahrung im Jugendstrafrecht, 2010; Carroll, Die nachträgliche Sicherungsverwahrung im Jugendstrafrecht, 2014; Gundelach, Die Führungsaufsicht nach der Vollverbüßung einer Jugendstrafe, 2015; Höffler (Hrsg.), Brauchen wir eine Reform der freiheitsentziehenden Sanktionen?, 2015; Karmrodt, Sicherungsverwahrung bei Verurteilungen nach Jugendstrafrecht, 2012; Kaspar (Hrsg.), Sicherungsverwahrung 2.0?, 2017; Kinzig, Die Legalbewährung gefährlicher Rückfalltäter, 2. Aufl. 2010; Mushoff, Strafe – Maßregel – Sicherungsverwahrung, 2008; Rohrbach, Die Entwicklung der Führungsaufsicht unter besonderer Berücksichtigung der Praxis in Mecklenburg-Vorpommern, 2014; Rüter, Nachträgliche Sicherungsverwahrung im Jugendstrafrecht, 2011; Schmitt-Homann, Alkohol- und drogenabhängige Patienten im Maßregelvollzug nach § 64 StGB am Beispiel des Bundeslandes Hessen, 2001; Tessenow, Jugendliche und Heranwachsende im psychiatrischen Maßregelvollzug, 2002.

Übersicht

I. Allgemeines

1. Anwendungsbereich

1 Es gelten die Ausführungen zu → § 4 Rn. 1 f. entsprechend.

2. Regelungsgeschichte

2 Von den Maßregeln des allg. StR, die das **Gesetz** gegen **gefährliche Gewohnheitsverbrecher** und über Maßregeln der Sicherung und Besserung v. 24.11.1933 in § 42a RStGB implementiert hatte (RGBl. I 995 (996)), wurden im AusführungsG (RGBl. I 1000 (1005)) durch Änderung von § 9 Abs. 5 JGG 1923 lediglich die Unterbringung in einer Heil- und

Pflegeanstalt sowie in einer Trinkerheilanstalt als zulässig erklärt. § 17 RJGG 1943 (RGBl. I 639 (641)) nahm sodann eine weitere Beschränkung auf die erstgenannte Maßregel vor, da man für Trinkerheilanstalten bei Jugendlichen kein Bedürfnis und auch keine passende Ausrichtung sah (Deutsche Justiz/ Kümmerlein 1943, S. 529 (536)). Allerdings ermöglichte § 60 RJGG 1943 die sog. „Jugendbewahrung", die bereits durch Erlass des Reichsministers des Inneren v. 3.10.1941 eingeführt worden war und als Sicherungsverwahrungs-Ersatz für Jugendliche galt (Peters RJGG § 17 Anm. 3, § 60 Anm. 1). Hiernach konnte ein Jugendlicher nach Vollstr. der JStrafe – bei unbestimmter JStrafe bereits nach Teilvollstreckung – vom Vollstreckungsleiter zur Unterbringung in ein polizeiliches „Jugendschutzlager" überwiesen werden, sofern er „die Einordnung in die Volksgemeinschaft nicht erwarten" ließ (→ Einl. Rn. 17). Das **JGG 1953** nahm die „Jugendbewahrung" aus dem Gesetz heraus und sah in § 7 die Möglichkeit vor, die Maßregeln der Fahrerlaubnisentziehung und der Unterbringung in einer Heil- und Pflegeanstalt anzuordnen. Dies wurde bei der Neufassung des JGG vom 1.1.1973 (BGBl. 1973 I 149) um die Führungsaufsicht, die das 2. StRG 1969 in das allg. StR eingeführt hatte, und die Unterbringung in einer Entziehungsanstalt ergänzt (durch Erweiterung von § 7 und Einfügung von § 93a; zur Begründung s. BT-Drs. VI/3250, 313).

3 Die Vorschriften zur **Sicherungsverwahrung** verdanken sich hingegen einer regelrechten Kaskade von (zunächst) nur-repressiven Neuregelungen (s. auch → Rn. 30 ff.; zu grundsätzlichen Einwänden stellvertretend Mushoff, Strafe – Maßregel – Sicherungsverwahrung, 2008, S. 305 ff., 426 ff. (betr. allg. StR)). So wurde zunächst durch die Gesetze v. 27.10.2003 bzw. 23.7.2004 die Basis geschaffen, bei Heranwachsenden im Falle der Anwendung von allg. StR die (spätere) Anordnung von Sicherungsverwahrung vorzubehalten oder eine solche nachträglich zu veranlassen (dazu → § 106 Rn. 13–15). Dem folgte mit dem Gesetz v. 8.7.2008 (BGBl. I 1212) die Möglichkeit der nachträglich ergehenden Anordnung dieser Maßregel auch bei Verurteilungen nach JStR (wobei sich die diesbzgl. Einschränkungen durch das Gesetz v. 22.12.2010 (BGBl. I 2300) nur auf das allg. StR (§ 66a StGB) bezogen und das JStR ausklammerten (vgl. auch → § 81a Rn. 3)). In Reaktion auf die verfassungsrechtliche Judikatur kam es sodann allerdings zu weiteren gesetzlichen Änderungen durch Gesetz v. 1.1.2011 (BGBl. 2010 I 2300) und v. 5.12.2012 (BGBl. I 2425), die die Ausgestaltung der vorbehaltenen Sicherungsverwahrung betrafen (n. → Rn. 39 ff., → § 106 Rn. 10 ff.). Die zweitgenannte Neuregelung, dh das AbstandsgebotsG zur Umsetzung der in BVerfGE 128, 326 = NJW 2011, 1931 formulierten Anforderungen (dazu etwa Höffler/Kaspar ZStW 124 (2012), 87), ersetzte indes auch die nachträgliche Sicherungsverwahrung – sei es nach vorherigem JStVollz (Abs. 2 aF) bzw. betr. Heranwachsende nach vorherigem Freiheitsstrafvollzug (§ 106 Abs. 5 aF) – zugunsten der vorbehaltenen Sicherungsverwahrung. Dies war aber (in Abs. 2 bzw. in § 106 Abs. 3 und Abs. 4) auf Fälle beschränkt, in denen die letzte Anlasstat nach Inkrafttreten dieser Neuregelung begangen wurde. Für sog. „Altfälle" galten die bisherigen Vorschriften fort (§ 316f EGStGB), dies allerdings unter den einschränkenden Voraussetzungen von BVerfGE 128, 326 (= NJW 2011, 1931).

3. Verhältnis zum Erziehungsziel

4 Die Zweispurigkeit von Strafe und Maßregel irritiert mit Blick auf **antithetische** Aspekte des Verhältnisses von Schuld (die ein autonom agierendes Subjekt unterstellt) und Maßregelbedürftigkeit (die von einer determinierten Gefährlichkeit der Person ausgeht). Das gilt nicht nur für das allg. StR, sondern auch für das JStR, das (ungeachtet § 5 Abs. 3) die Zweispurigkeit ebenfalls kennt. Darüber hinaus ist hier aber auch die **Vereinbarkeit** von Maßregeln der Besserung und Sicherung mit dem Erziehungsgedanken **fraglich** (aus den sehr seltenen Problematisierungen vgl. v. Beckerath, Jugendstrafrechtliche Reaktionen bei Mehrfachtäterschaft, 1997, S. 69 ff.; Baur FS 2019, 105 (107 f.)). Die Rechtsfolgenvielfalt und -flexibilität im JStR lässt schon kaum ein Bedürfnis nach zusätzlichen Maßnahmen mit zugleich bessernder wie sichernder Ausrichtung erkennen. Ohnehin wird bei diesen Interventionen die erzieherische Ausrichtung umso stärker geschwächt, je dominanter die Sicherungsbelange ausfallen (vgl. hierzu bei der Führungsaufsicht → Rn. 50 f.; bei der Entziehung der Fahrerlaubnis → Rn. 63; bei §§ 63, 64 StGB → § 92 Rn. 146 ff. bzw. 151 ff.; zur diesbzgl. gesteigerten Problematik bei der Sicherungsverwahrung → Rn. 34 f., → § 106 Rn. 14, 15; → § 92 Rn. 155 ff.).

5 Der grundsätzliche Widerspruch äußert sich indes in der maßregeltypischen Anknüpfung an die durchgängig bestehenden Voraussetzungen der Gefahr bzw. **Gefährlichkeit,** die gleichsam artifiziell eine Vielzahl von Faktoren unterschiedlicher Problembereiche umfassen und sich unmittelbar weder auf juristische noch auf verhaltenswissenschaftliche Prüfkriterien beziehen. Die hiermit verbundene Einstufungslogik wird den Bedingungen bei Personen, die sich mitten in dynamischen Entwicklungs- und Reifungsprozessen befinden, wenig gerecht (dazu bei der Unterbringung im psychiatrischen Krankenhaus → Rn. 8 und bei der Sicherungsverwahrung → Rn. 34). Dass gegenüber diesen Brüchen eine begrifflich synthetisierende Betrachtung iS einer contra legem postulierten Einspurigkeit des jugendstrafrechtlichen Rechtsfolgensystems (s. NK-JGG/Ostendorf Grdl. zu §§ 5–8 Rn. 3) Abhilfe verspricht, ist zweifelhaft.

4. Jugendgemäße Handhabung

6 Die Normtextfassung von Abs. 1: („können … angeordnet werden") bestimmt das Spektrum der im JStR zulässigen Maßregeln der Besserung und Sicherung. Für die Voraussetzungen der jeweiligen Anordnung und für die Durchführung gelten dabei jeweils die Bestimmungen des allg. StR. Das JGericht hat deshalb hierbei auch nur insoweit ein Entscheidungsermessen, als ein solches im allg. StR besteht (BGHSt 37, 373 (374) = NJW 1992, 1570 mAnm Walter NStZ 1992, 100; BGHSt 39, 92 (95) = NJW 1993, 1404; BGHSt 65, 242 (256) = NStZ 2021, 679 (683); Weiss ZJJ 2024, 172 (181); missverständlich BVerfG NStZ-RR 2008, 217 (218); für Anordnungsermessen im JStR Baur FS 2019, 105 (107)). Allerdings muss die Prüfung der konkreten Anordnungsvoraussetzungen – insb. die Gefährlichkeitsprognose samt den hierfür maßgeblichen Tatsachen – ebenso wie die Abwägung der Verhältnismäßigkeit (§ 62 StGB) unter **Orientierung** an der besonderen **erzieherischen Leitausrichtung** des JStR erfolgen (teilw. abw. NK-JGG/Ostendorf Rn. 3). Soweit dies in der gegebenen Spannungslage

möglich ist (→ Rn. 5 f.), gilt der Grundsatz der jugendgemäßen Handhabung (dazu für materiell- und prozessrechtliche Fragen → § 2 Rn. 28 ff., → § 2 Rn. 39 ff.) grds. auch im Maßregelbereich (→ § 2 Rn. 19 ff.; für eine restriktive aA vgl. MüKoStGB/Laue Rn. 7 f.). Das macht generell eine **besonders strenge** Verhältnismäßigkeitsprüfung erforderlich (BGHSt 37, 373 = NJW 1992, 1570 mAnm Walter NStZ 1992, 100) und kann bisweilen auch zu weiteren Abweichungen vom allg. StR führen (s. etwa die hier vertr. Modifizierungen bzgl. der Anwendbarkeit von § 68 Abs. 2 StGB → Rn. 53 f. und bzgl. der Regelvermutung des § 69 Abs. 2 StGB → Rn. 66 f.).

II. Unterbringung in einem psychiatrischen Krankenhaus

1. Anordnung

7 **a) Voraussetzungen.** § 63 StGB iVm Abs. 1 und § 2 Abs. 2 setzt eine Anlasstat voraus, die in einem von **§ 20 StGB oder § 21 StGB** erfassten Zustand begangen wurde. Steht die Schuldunfähigkeit nicht fest, muss zumindest das Vorliegen einer erheblichen Einschränkung der Schuldfähigkeit (§ 21 StGB) begründet sein. Es genügt also nicht, dass eine solche Einschränkung lediglich „nicht auszuschließen" ist (stRspr). Der fragliche verantwortlichkeitseinschränkende Zustand muss – unter erschöpfender Abwägung der dafür und dagegen sprechenden Gründe (BGH NStZ-RR 2007, 73 (74); BGH BeckRS 2010, 18742) – als **sicher bestehend** und iÜ auch länger andauernd (→ Rn. 8 f.) **festgestellt** werden (vgl. nur BGHR StGB § 63 Zustand 27 (Gründe) = BeckRS 1997, 31119992). Auch muss er sich in der konkreten Tatsituation und der situativen Einsichts- und/oder Steuerungsfähigkeit einschränkend ausgewirkt haben. Mängel in der argumentativen Plausibilisierung eines entspr. Zustandes und seiner Folgen für das Anlassdelikt werden in der Praxis immer wieder gerügt (vgl. etwa BGH NStZ-RR 2010, 309 (311); BeckRS 2013, 17468; 2014, 14636; 2014, 14632; 2015, 17661; 2016, 6433; 2016, 11572; 2016, 11645; 2017, 129026; 2021, 12735). So genügt es bspw. nicht, diagnostizierte kognitive Defizite und/oder wahnhafte Störungen wiederzugeben, ohne deren konkrete Konsequenzen für die fraglichen Verhaltensweisen aufzuzeigen (BGH StV 2017, 585 = BeckRS 2016, 20934; 2024, 33591).

8 Über die sog. Defekttat hinaus ist die Unterbringung gem. § 63 StGB an die **Prognose** erheblicher rechtswidriger Taten geknüpft (n. Eher/Lindemann/Birklbauer/Müller R&P 2016, 96). Dabei wird auf die Perspektive zum Aburteilungszeitpunkt abgestellt und eine Wahrscheinlichkeit höheren Grades vorausgesetzt (BGH NStZ-RR 2015, 72: „eine lediglich latente Gefahr reicht (…) nicht aus"). Dass bei bestimmten Diagnosen statistisch eine angehobene Deliktsbelastung besteht, genügt dafür nicht (BGH StV 2017, 585 = BeckRS 2016, 20934). IdR wird sich die fragliche Erwartung nur unter Hinzuziehung der bisherigen Biografie, der Krankheitsgeschichte, der Lebensbedingungen und der Tatzusammenhänge begründen lassen (BGH NStZ-RR 2018, 139; Bsp. für fehlende Schlüssigkeit der tatgerichtlichen Begründung etwa bei BGH NStZ-RR 2011, 241; NStZ 2015, 394 (395)). Konflikten und Delikten während einer (vorläufigen) Unterbringung oder in anderen stationären Kontexten wohnt hier wegen der häufig situativ

geprägten Zusammenhänge oft nur eine sehr geringe Hinweiskraft inne (BGH NStZ-RR 2011, 202; BeckRS 2012, 23337; NStZ-RR 2020, 140; nur bedingt überzeugend dagegen die Relativierungen etwa in BGH BeckRS 2017, 106508; 2019, 23885; NStZ 2020, 278; indifferent Babucke RPsych 6 (2020), 274 (282 f.)). Nach der Neufassung durch Gesetz v. 8.7.2016 (BGBl. I 1610) muss es sich bei den prognostizierten **schweren Straftaten** iÜ um solche handeln, durch die Personen „seelisch oder körperlich erheblich geschädigt oder erheblich gefährdet" werden oder durch die „schwerer wirtschaftlicher Schaden angerichtet" wird (§ 63 S. 1 StGB). Bleibt das Anlassdelikt hinter diesem Unrechtsniveau zurück, steigen die Prognoseanforderungen. Dann ist die besagte Deliktserwartung auf „besondere Umstände" zu stützen (§ 63 S. 2 StGB). Das Tatgericht muss insofern zeigen, dass und aus welchen konkreten Gründen die künftige Delinquenz qualitativ von der Anlasstat abweichen wird (BGH StV 2017, 585 = BeckRS 2016, 20934).

Zwischen psychischer Verfassung und **Gefährlichkeit** muss ein **sympto-** 9
matischer Zusammenhang dergestalt bestehen, dass sich sowohl die Anlasstat (BGH NStZ 2007, 266 sowie → Rn. 7) als auch die (zukünftig) zu befürchtenden rechtswidrigen Taten als Folgen dieser Verfassung erweisen. Mit Blick auf die damit verbundenen diagnostischen und prognostischen Aspekte bedarf es im JStR einer **besonders gründlichen** Prüfung der tatsächlichen Voraussetzungen (BGHSt 37, 373 = NJW 1992, 1570 mAnm Walter NStZ 1992, 100; BGHR JGG § 5 Abs. 3 Absehen 1 = BeckRS 1993, 31083921). Hierbei ist ein früheres Verhalten im strafunmündigen Alter, falls es überhaupt berücksichtigt werden darf (→ § 1 Rn. 22 f.), von oft begrenzter und fallkonkret jedenfalls begründungsbedürftiger Aussagekraft (zw. daher BGH BeckRS 2016, 15483). Dies gilt grds. auch für ein frühes Erstdeliktsalter (Stöver/Hupp/Wendt FPPK 7 (2013), 183 (190); erg. → § 5 Rn. 59). Auch wenn zur Beurteilung der genannten Voraussetzungen ein **Sachverständiger** zu hören ist (s. § 246a Abs. 1 StPO iVm § 2 Abs. 2 und → Rn. 15), bleibt es gerade bei sehr jungen Tätern idR höchst fraglich, ob ihr noch recht kurzer Lebensverlauf bereits eine hinreichend tragfähige Gefährlichkeitsbeurteilung erlaubt (eingehend Lammel FPPK 4 (2010), 248 (255 f.); in problematischer Weise bei knapp 15-Jährigem dagegen allein auf die Anlasstat fokussierend BGH BeckRS 2019, 23885).

Nach dem allg. **Verhältnismäßigkeitsgrundsatz** des § 62 StGB muss 10
die Unterbringung „im öffentlichen Interesse **unerlässlich**" sein (vgl. BVerfG BeckRS 2013, 53753; BGH BeckRS 2015, 8001; BGH StV 2016, 732 = BeckRS 2015, 2485; Eher/Lindemann/Birklbauer/Müller R&P 2016, 96 (104)). Über die dahingehende Maßgabe des allg. StR hinaus bedarf es im JStR einer besonders sorgfältigen Prüfung, ob weniger einschneidende Maßnahmen ähnlich geeignet und daher vorzuziehen sind (BGH DVJJ-Journal 2002, 464 = BeckRS 2002, 7265; NStZ 2022, 349 (350); OLG Jena NStZ-RR 2007, 218 (219); einschr. MüKoStGB/Laue Rn. 8). Berücksichtigt man, dass eine jugendgemäß-erzieherische Ausrichtung der Unterbringung de facto nur selten gewährleistet ist (→ § 92 Rn. 148), muss das fast immer bejaht werden. Bisweilen kann selbst eine (unter dem Vorbehalt von § 5 Abs. 3) erwogene JStrafe gegenüber der unbefristeten Unterbringung vorrangig sein (BGHR JGG § 5 Abs. 3 Absehen 1 = BeckRS 1993, 31083921; BGH NStZ 1998, 86 (87)). Als vorzugswürdige unterbringungsersetzende Anordnungen kommen aber insbes. eine

Weisung nach § 10 Abs. 2 oder anderweitige Unterbringungsformen (notfalls auch eine solche gem. § 64 StGB) in Frage (BGH NJW 1951, 450; BGHR StGB § 63 Gefährlichkeit 18 (Gründe) = BeckRS 1992, 31081505). Das gilt insbesondere, wenn durch eine Fremdunterbringung die hinter der Tat stehende Konfliktlage aufgehoben wird (BGH NStZ 2022, 349 (350)). Angesichts des hohen Anteils unter den in Betracht kommenden Jugendlichen, bei dem es zu früherer mehrjähriger Heimunterbringung bzw. kinder- und jugendpsychiatrischer Behandlung gekommen war (vgl. etwa Stöver/Hupp/Wendt FPPK 7 (2013), 183 (187); Schmidt-Quernheim/Hax-Schoppenhorst ForensPsych/Elsner S. 437), können solche **Alternativen** zur Maßregelanordnung gem. § 63 StGB auch nicht schon deshalb ausscheiden, weil sie zuvor bereits (ggf. mehrfach) durchgeführt worden sind. Hierfür spricht ferner, dass es stets auf die Art der Maßnahmedurchführung ankommt und die individuelle Entwicklung oft unerwartete Wendungen nimmt.

11 **b) Abgrenzung.** Eine Anordnung nach § 63 StGB kommt nach allgA nicht in Betracht, wenn es beim Anlassdelikt ausschließlich an der strafrechtlichen **Verantwortlichkeit iSv § 3 S. 1** fehlt (s. nur Dehne-Niemann NStZ 2018, 375 (375) mwN). Ein Sicherungsverfahren (§§ 413 ff. StPO iVm § 2 Abs. 2) darf dann folglich nicht durchgeführt werden (Meyer-Goßner/Schmitt/Schmitt § 413 Rn. 4). All dies gilt gleichermaßen in Fällen, in denen der Reifemangel iSv § 3 S. 1 mit einem Zustand iSv §§ 20, 21 StGB zusammenfällt. Von der Rspr. wird in dieser Konstellation allerdings eine abw. Auffassung vertreten (dazu n. → § 3 Rn. 50 f.; speziell zur Zulässigkeit des Sicherungsverfahrens bei Schuldunfähigkeit vgl. hier das obiter dictum bei BGHSt 26, 67 (70) = NJW 1975, 1469 (1470)). Soweit die Schuldfähigkeit dagegen bei gem. § 3 S. 1 vorliegenden Reifevoraussetzungen eingeschränkt ist und eine Unterbringung gem. § 63 StGB angeordnet wird, erlaubt das JGG eine Verbindung mit sämtlichen Rechtsfolgen des JStR (s. auch → § 8 Rn. 5). Von einer JStrafe ist davon jedoch unter Bezugnahme auf § 5 Abs. 3 im Regelfall abzusehen (→ § 5 Rn. 29). Dies gilt ebenso für Zuchtmittel. Auch die Verbindung der Unterbringung mit Erziehungsmaßregeln stellt höchst selten eine spezialpräventiv funktionale Interventionskombination dar.

2. Beendigung

12 **a) Erledigungserklärung.** Im Falle der Anordnung hat das Gericht stets die Voraussetzungen der **sofortigen Aussetzung** der Vollstr zBew (§ 67b Abs. 1 S. 1 StGB iVm § 2 Abs. 2) zu prüfen (vgl. zum allg. StR etwa BGH NStZ-RR 2010, 171). Wird diese Möglichkeit verneint, ist die Unterbringung prinzipiell auch bei Jugendlichen zeitlich nicht definitiv befristet (§ 67d StGB) und (anders als die Unterbringung in einer Entziehungsanstalt) potenziell lebenslang möglich. Zu einer Beendigung durch das Gericht – dh durch den Jugendrichter als Vollstreckungsleiter (§§ 82 Abs. 1, 83 Abs. 1) – kommt es nur in vier Konstellationen. Gem. **§ 67d Abs. 6 S. 1 Alt. 1 StGB** iVm § 2 Abs. 2 wird die Maßregel (selbst bei der Befürchtung neuer Straftaten) für erledigt erklärt, sofern die Grundlage für ihre Anordnung entfallen ist, etwa wegen vollständiger Heilung (überzogen OLG Braunschweig NStZ-RR 2014, 357; NStZ-RR 2015, 190 zum allg. StR: Voraussetzungs-

wegfall müsse „mit Sicherheit feststehen"). Diesem ausdrücklich geregelten Fall steht es nach allgA gleich, wenn sich herausstellt, dass man aufgrund einer Fehldiagnose die Anordnungsvoraussetzungen im Erkenntnisverfahren zu Unrecht angenommen hatte (OLG Jena NStZ-RR 2011, 61; siehe aber ua auch BVerfG NStZ-RR 2007, 29 (30); NStZ-RR 2015, 59; TK-StGB/Kinzig StGB § 67d Rn. 24: nur bei falscher tatsächlicher Einschätzung des psychischen Zustandes und nicht auch bei falscher rechtlicher Schuldunfähigkeits- oder Gefährlichkeitsbewertung (alle zum allg. StR)). In beiden Varianten kann ggf. aber gem. **Abs. 4** eine Sicherungsverwahrung nachträglich angeordnet werden (→ Rn. 47).

Eine **dritte Erledigungsvariante** tritt ein, falls die weitere Unterbringung unverhältnismäßig wäre (§ 67d Abs. 6 S. 1 Alt. 2 StGB iVm § 2 Abs. 2). Dies setzt allerdings eine so lange Vollzugszeit voraus, dass eine Verlängerung (selbst bei bestehenden Therapiechancen) durch die fortbestehende Gefahrenprognose nicht mehr zu rechtfertigen ist. Für die dahingehende Abwägung stellt die Aburteilung nach JStR ein (verkürzendes) Kriterium dar (vgl. BVerfG BeckRS 2014, 54608 Rn. 27; nicht erörtert von OLG Karlsruhe BeckRS 2017, 116955). Nach 6- bzw. 10-jähriger Unterbringung werden die Fortdauerbedingungen durch § 67d Abs. 6 S. 2 und 3 StGB iVm § 2 Abs. 2 in zwei Stufen (insofern krit. Schalast/Lindemann R&P 2015, 72 (79 f.)) weiter verschärft. Das Andauern der Unterbringung ist dann nur noch – als eine begründungsbedürftige Ausnahme von der Regel (KG StV 2017, 604) – bei zu erwarteten Delikten verhältnismäßig, die über den Grad der Erheblichkeit (→ Rn. 8) hinausgehen und die im Gesetz genannten schweren Folgen hervorrufen würden (zur hiermit verbundenen Aufklärungspflicht vgl. etwa OLG Karlsruhe BeckRS 2017, 116955). – Bei allen Erledigungsvarianten tritt mit Entlassung aus dem Vollzug nach hM die Führungsaufsicht ein (→ Rn. 56). 13

b) Aussetzung zur Bewährung. Rechtspraktisch werden die vorgenannten Beendigungsformen nur selten bejaht. Den typischen Beendigungsfall bildet vielmehr die Aussetzung der Vollstr zBew gem. **§ 67d Abs. 2 StGB** iVm § 2 Abs. 2 (Eisenberg/Kölbel Kriminologie § 38 Rn. 33 Fn. 32 mwN). Für die Aussetzung der Unterbringung verlangt das Gesetz eine **Prognose,** wonach die betr. Person nach ihrer Entlassung keine erheblichen (→ Rn. 8) Delikte begehen wird. Die Anforderungen an die diesbzgl. Erwartungssicherheit liegen umso höher, je schwerer die zur Debatte stehenden Straftaten sind (OLG Hamm BeckRS 2016, 3122). Ob nach diesen Maßstäben eine Fortdauer der Unterbringung notwendig oder eine Entlassung vertretbar ist, bedarf einer in regelmäßigen Abständen – mindestens jährlich (§ 67e Abs. 2 StGB) – vorzunehmenden Überprüfung. Die dahingehende Regelung ist allerdings **nicht** an die Besonderheiten junger Menschen **angepasst,** auch nicht hinsichtlich des Prüfintervalls (dazu Baur FS 2019, 105 (106 f.) mit zutr. Kritik an der Nichtgeltung und für analoge Anwendung von Abs. 5 (→ Rn. 46)). In der Sache hängen die fraglichen Prognosen va von den therapeutischen Entwicklungen in der Unterbringung ab, daneben bspw. aber auch von der stabilitätsfördernden Situation nach einer Entlassung. Faktische Einschränkungen bei der familiären Aufnahmebereitschaft oder bei den Unterbringungsmöglichkeiten in Übergangs- und Pflegeeinrichtungen (zum hier bestehenden Einwilligungserfordernis gem. §§ 68b Abs. 2 S. 4, 56c Abs. 3 StGB iVm § 2 Abs. 2 vgl. LG Stralsund 14

NStZ-RR 2008, 59) wirken sich in der Praxis deshalb nicht selten in Form von an sich vermeidbaren Vollzugsverlängerungen aus.

15 Dass das Gericht nach § 463 Abs. 4 S. 1 StPO iVm § 2 Abs. 2 eine Stellungnahme der jeweiligen Einrichtung bzw. des dort behandelnden Arztes einholen und sich bei seiner Prognose hierauf de facto auch wesentlich stützen muss, zwingt den Betroffenen zur absoluten Unterwerfung während des Vollzugs (vgl. dazu auch die Bemerkungen bei BVerfG NStZ-RR 2010, 122) und fördert zudem überstrenge Prognosen (vgl. dazu durch Vergleich zwischen externen und internen Gutachten etwa Müller/Becker/Stolpmann R&P 2006, 174 ff.). Die Problematik wird inzwischen (seit Gesetz v. 8.7.2016 (BGBl. I 1610)) etwas abgemildert, weil gem. § 463 Abs. 4 S. 2–4 StPO iVm § 2 Abs. 2 regelmäßig auch ein externer **Sachverständiger** einzubinden ist (iS einer Soll-Vorschrift). § 463 Abs. 4 S. 5 StPO iVm § 2 Abs. 2 verengt dies auf die „ärztliche oder psychologische" Profession (krit. Brettel/Höffler medstra 2016, 67), wobei die fragliche Person „über forensisch-psychiatrische Sachkunde und Erfahrung verfügen" soll. Die erforderliche spezifisch-entwicklungsbezogene Expertise – hier namentlich: die jugendpsychiatrische Sachkunde (dazu bei jungen Untergebrachten → § 43 Rn. 34 f., 38) – wird mit dieser Regelung aber nicht hinreichend sichergestellt.

15a Im Übrigen ist eine **mündliche Anhörung** durch das Gericht zwingend (§§ 463 Abs. 4 S. 7, 454 Abs. 2 S. 3 StPO iVm § 2 Abs. 2). Das gilt für den Untergebrachten auch bei einem etwaigen Verzicht oder einer vorfristigen Fortdauerentscheidung (OLG Brandenburg NStZ-RR 2011, 125) und ergibt sich bereits aus den gesteigerten Beurteilungsproblemen bei jungen Probanden. Über den Wortlaut von § 463 Abs. 4 S. 8 StPO iVm § 2 Abs. 2 JGG hinaus handelt es sich iÜ nach allg. Grundsätzen (→ § 68 Rn. 26 ff.: drohende Überforderung des Untergebrachten) bei jeder Entscheidung iSv § 67e StGB iVm § 2 Abs. 2 um eine Konstellation der notwendigen Verteidigung (diff. aber OLG Braunschweig R&P 2017, 252 = BeckRS 2017, 114197 mkritAnm Schiemann R&P 2017, 253).

15b Die **Kosten,** die für die nach § 463 Abs. 4 S. 2–4 StPO iVm § 2 Abs. 2 einzuholenden Gutachten entstehen, trägt (ebenso wie in vergleichbaren Konstellationen (etwa den Fällen von § 463 Abs. 3 S. 3 StPO) nach hier vertretener Auffassung die Staatskasse. Dies gilt – entgegen der hM im allg. StR (vgl. nur OLG Koblenz JR 2006, 83 = BeckRS 2005, 6392 mablAnm. Eisenberg JR 2006, 57 (59 f.); vgl. erg. BVerfGK 8, 285 = BeckRS 2006, 18227 mablAnm Eisenberg JR 2006, 482; OLG Frankfurt a. M. NStZ-RR 2010, 359; KK-StPO/Gieg StPO § 464a Rn. 5) – auch für Heranwachsende, auf die allg. StR angewandt wird (vgl. jeweils zum allg. StR OLG Hamm NStZ 2001, 168; n. Löwe/Rosenberg/Hilger StPO § 464a Rn. 18a). Einer Zuordnung zu den Vollstreckungskosten iSv § 464a Abs. 1 S. 2 StPO steht der Umstand entgegen, dass Maßregeln wegen ihrer irrtumsanfälligen Prognosegrundlage stets „Sonderopfer für die Gemeinschaft" sind. IÜ entstehen die Gutachterkosten durch eine selbstständige inhaltliche Prüfung eines anderen als des erkennenden Gerichts. Jedenfalls wäre, folgt man der hM, im persönlichen Anwendungsbereich von § 74 zwingend eine Kostenbefreiung vorzunehmen (→ § 74 Rn. 10 ff.), denn die Kostenlast widerspräche – va bei Jugendlichen und Heranwachsenden – der staatlichen Pflicht, eine (Wieder-) Eingliederung nicht zu erschweren (§ 2 Abs. 1).

3. Vollstreckungsreihenfolge

16 Bei erfolgter Unterbringungsanordnung und (trotz § 5 Abs. 3) hinzukommender JStrafe ist die **Maßregel vorrangig** zu vollstrecken (§ 67 Abs. 1 StGB). Abgesehen von den Besonderheiten bei nichtdeutschen Personen (§ 67 Abs. 2 S. 4 StGB) darf hiervon gem. § 67 Abs. 2 S. 1 StGB **nur abgewichen** werden, wenn der Zweck der Maßregel dadurch leichter erreicht wird, was sich aus tatsächlichen Umständen ergeben muss. Die Annahme, dass ein „strenger Rahmen" zur Lebensgestaltung (zB regelmäßige Arbeit) erzieherisch angezeigt sei und „derzeit" besser vom JStVollz erreicht werden könne, reicht dafür nicht. Gänzlich unzureichend ist die spekulative Erwartung, der Betroffene müsse einem gewissen Leidens- oder Motivationsdruck „unterworfen" werden, „damit er für therapeutische Maßnahmen aufgeschlossener" sei (vgl. BGH bei Böhm NStZ 1988, 490 (493); BGH StraFo 2006, 299 (299 f.) = BeckRS 2006, 4009). Die Vorwegvollstreckung der JStrafe ist stets zu begründen (vgl. bspw. BGH NStZ-RR 2016, 214 (215); n. MüKoStGB/Maier StGB § 67 Rn. 59 f.). Fehlt es daran, so ist die Maßregel aufzuheben (dazu mit umfassender Kasuistik MüKoStGB/Maier StGB § 67 Rn. 61 ff.).

4. Revision

17 Richtet sich die Revision gegen ein Urteil, das bei Schuldunfähigkeit **allein** eine Unterbringung anordnet, bestehen keine besonderen Probleme. Schwierigkeiten ergeben sich dagegen, wenn **mehrere Rechtsfolgen nebeneinanderstehen (könnten).** Hier wird für die Kombination der Unterbringung mit einem Zuchtmittel oder einer JStrafe durch § 5 Abs. 3 eine Verknüpfung erzeugt. Kommt es zur Aufhebung der Maßregelanordnung, ist einer ggf. erfolgten Entbehrlichkeitsentscheidung iSv § 5 Abs. 3 die Grundlage entzogen, was deren Aufhebung zur Folge hat (vgl. nur BGH NStZ-RR 2018, 139 (140); BeckRS 2024, 23139; s. aber krit. → § 55 Rn. 54). Wird eine Nichtanordnung der Maßregel aufgehoben, erstreckt sich dies wiederum auf die festgelegte JStrafe oder den JA (vgl. dazu die zu § 64 StGB ergangene Judikatur in → Rn. 28). Ähnlich verhält es sich, wo revisionsrichterlich eine fehlerhafte Anordnung der JStrafe bzw. des Zuchtmittels moniert wird. Hier schließt die Rspr. aus § 5 Abs. 3, dass der ebenfalls angegriffenen Maßregelausspruch selbst dann aufzuheben sei, wenn dessen Begründung für sich genommen beanstandungsfrei ist (so BGH StV 2014, 282 = BeckRS 2013, 19681; BGH BeckRS 2015, 14381; NStZ-RR 2023, 190 (Ls.) = BeckRS 2023, 3608; BeckRS 2024, 16341). Ebenso wie in der davor genannten Konstellation wird der Tatrichter hier nämlich nur durch die umfassende Beseitigung aller Rechtsfolgenfestlegungen in die Lage versetzt, eine neue einheitliche Rechtsfolgenentscheidung zu treffen. Ähnlich verfährt die Judikatur, wenn gar keine Entscheidung iSv Abs. 3 vorgenommen wurde bzw. erkennbar ist (näher zu dieser Fallvariante → § 5 Rn. 76). Anders liegen die Dinge nur, wenn die Unterbringungsanordnung wirksam von der Anfechtung des Rechtsfolgenspruchs **ausgenommen** worden war (zu den Fällen, in denen dies zulässig ist, vgl. → § 55 Rn. 21 f.).

5. Rechtstatsächliches

18 Von der Maßregel ist in der Praxis nur eine **kleine Gruppe** junger Menschen betroffen (zu typischen Einweisungsdiagnosen, Anlassdelikten und soziobiografischen Merkmalen vgl. Weissbeck/Günter R&P 2010, 10 (14 f.); Stöver/Hupp/Wendt FPPK 7 (2013), 183 (185 ff.)). Der Ausnahmecharakter zeigt sich auch im Bereich schwerer Delinquenz (kennzeichnend die Auswertung bei Pahl, Begutachtungspraxis bei langen Jugendstrafen, 2018, S. 181 ff.). Unterbringungen im psychiatrischen Krankenhaus wurden von 2011 bis 2017 in Deutschland iRv Aburteilungen jahresdurchschnittlich gegen 18 Jugendliche (2019/22: 32/16) und ggü. 49 Heranwachsende (2019/22: 50/49) angeordnet, wobei es sich stets zu mind. 75 % um männliche Personen handelte (StrafSt Tab. 5.5 bzw. 24311-30). Unter den Abgeurteilten, die als schuldunfähig eingestuft werden, ist der Anteil, bei dem eine Anordnung nach § 63 erfolgt, im JStR dennoch fast so hoch wie im allg. StR (2017: 71,9 % ggü. 77,8 %, 2018: 68,4 % ggü. 79,2 %; 2021: 75,0 % ggü. 80,5 %, 2022: 70,6 % ggü. 83,5 % (StrafSt Tab. 5.6 bzw. 24311-35); zu ähnlichen älteren Zahlen s. Heinz Sekundäranalyse S. 1340 ff.). Bei der empirischen Einordnung ist zudem zu berücksichtigen, dass die Unterbringung von erheblicher **Dauer** (und iÜ deutlich länger als eine ggf. parallel angeordnete JStrafe) sein kann. Die Anzahl der unter 21-jährigen Personen, die sich in der Unterbringung befinden, dürfte daher deutlich und dauerhaft im dreistelligen Bereich liegen (nach Baur FS 2019, 105 (109) waren es 2017 186). Konkrete verlässliche Daten liegen hierzu aber nicht vor (zur diesbzgl. Problematik n. Tessenow, Jugendliche und Heranwachsende im psychiatrischen Maßregelvollzug, 2002, S. 202 ff.; Weissbeck/Günter R&P 2010, 10 (12 f.); Burchard ZJJ 2015, 164).

III. Unterbringung in einer Entziehungsanstalt

1. Anordnung

19 **a) Allgemeine Voraussetzungen.** Hinsichtlich der Voraussetzungen der Unterbringung in einer Entziehungsanstalt (Hang, überwiegend hangbedingte rechtswidrige Anlasstat und Gefahr, Erfolgsaussicht, Verhältnismäßigkeit) ist hier lediglich auf einige Aspekte hinzuweisen, die im JStR von rechtlicher oder praktischer Bedeutung sind (grds. zum Reformbedarf dieser Maßregel Querengässer/Ross/Bulla/Hoffmann NStZ 2016, 508; Schalast NStZ 2017, 433). Das Erfordernis eines **„Hanges“** wird in der – durchaus kritikwürdigen (n. NK-StGB/Pollähne StGB § 64 Rn. 44 ff.) – Judikatur als verstetigter Drang zum übermäßigen Rauschmittelkonsum aufgefasst und bei gewohnheitsmäßigem Missbrauch ebenso wie bei psychischer und/oder physischer Abhängigkeit bejaht (hierzu aus der Rspr. im JStR etwa BGH NStZ-RR 2002, 107: bei „systematischem Alkoholmissbrauch“ (trotz Gruppendynamik bei der Tat); vgl. ferner zB BGH NStZ-RR 2008, 8; BeckRS 2011, 16208). Dass der Grad einer körperlichen Abhängigkeit erreicht wurde, ist indes nicht unbedingt erforderlich (vgl. etwa BGH BeckRS 2021, 4264; BeckRS 2023, 22712). Ausreichend ist auch nach § 64 Abs. 1 Hs. 2 StGB eine „Substanzkonsumstörung“, die allerdings seit dem Gesetz zur Überarbeitung des Sanktionenrechts zu einer dauernden und schwerwiegen-

den Beeinträchtigung der Lebensgestaltung, der Gesundheit, der Arbeits- oder der Leistungsfähigkeit geführt haben muss (n. etwa Kinzig StV 2024, 544 (545 ff.)). Mit der Annahme eines Hanges ist es daher nicht länger verträglich, wenn die betroffene Person in ihrer „Arbeits- und Leistungsfähigkeit" kaum beeinträchtigt war (so zur a. F. BGH BeckRS 2017, 103567; BeckRS 2019, 21918) oder während des U-Haftvollzugs „keine schwerwiegenden Entzugssymptome" aufwies (zu a. F. BGH BeckRS 2016, 14080; BeckRS 2020, 878; dazu und zu Abstinenzintervallen auch BGH BeckRS 2021, 42652). Die geforderte Dauerhaftigkeit der Beeinträchtigung ist bei Jugendlichen wiederum altersbedingt schwer festzustellen (für abgesenkte Anforderungen daher Schwarz/Kaspar/Werner ua FPPK 2024, 239 (244) (zw.)).

Im Sinne eines **symptomatischen Zusammenhangs** muss sowohl die 20
konkrete rechtswidrige (ggf. auch schuldhaft begangene) Anlasstat sowie die Gefahr künftiger erheblicher Delikte auf diesen Hang zurückgehen. Bei den begangenen und erwarteten Taten kann es sich um Beschaffungsdelikte handeln oder um Taten in rauschbedingter Enthemmung (BGH NStZ-RR 2020, 338 (Ls.) = BeckRS 2020, 12221). Bei sonstigen Delikten, insbes. wenn diese aus Konflikten zwischen den Beteiligten oder deren „Szenezugehörigkeit" hervorgingen, muss der konkrete Bedingungszusammenhang einzelfallbezogen aufgezeigt werden (BGH NStZ-RR 2023, 309). Wesentlich ist jeweils, dass der Hang als vorrangige Ursache gelten kann und ausschlaggebender als andere Umstände ist (BGH NStZ-RR 2024, 13; StV 2024, 510 = BeckRS 2023, 40220; Kinzig StV 2024, 544 (547)), was mit Blick auf jugendtypische Deliktsumstände (Gruppendynamik usw.) oft zweifelhaft sein kann (Schwarz/Kaspar/Werner ua FPPK 2024, 239 (243 f.) mit der zw. Anregung, den Punkt weniger strikt zu handhaben). Unter dieser Voraussetzung ist eine Hangbedingtheit der **Anlasstat** auch dann möglich, wenn deren Planung in nüchternem Zustand geschah (vgl. BGH BeckRS 2016, 19823) oder wenn es auch anderweitige Mitursachen (Persönlichkeitsproblematik, Geltungsdrang, Fixierung auf Waffen) gab (BGH NStZ-RR 2019, 74 (75); BGH BeckRS 2021, 4264). Es kann ggf. genügen, wenn der Hang die Modalitäten bzw. die Qualität der Tat wesentlich beeinflusst hat (vgl. etwa zur aF BGH BeckRS 2016, 115539), wenngleich hier aber meist fraglich sein wird, dass der Hang für den Tat einen größeren Ausschlag als andere Ursachen gegeben hat (BGH StV 2024, 510 = BeckRS 2023, 40220).

Mit Blick auf die hangbezogene **Gefährlichkeitserwartung** sind das 20a
Konsumverhalten, die bisherige Entwicklung und Auffälligkeit, die Lebensumstände und die Anlasstat zu würdigen. Handelt es sich bei der Anlasstat um ein schweres Delikt, soll die Gefahr künftiger hangbedingter Straftaten allerdings hierdurch bereits ausreichend belegt sein (so BGH BeckRS 2015, 400; NStZ-RR 2020, 170). Das ist bei Jugendlichen fraglich, da die Bedeutung der Suchtproblematik für deren weitere Entwicklung oft durch jugendtypische kriminogene Faktoren (Gruppeneinbindung usw.) überlagert wird (Schwarz/Kaspar/Werner ua FPPK 2024, 239 (243)). Zu all diesen Fragen wie auch zu den Behandlungsaussichten ist nach § 246a Abs. 1 StPO iVm § 2 Abs. 2 jedenfalls ein **Sachverständiger** heranzuziehen.

b) Hinreichend konkrete Aussicht. Auch wenn bei Vorliegen der vor- 21
genannten Voraussetzungen eine Unterbringungsanordnung nach § 64 S. 1 StGB iVm Abs. 1 ergehen „soll", steht dies unter dem Vorbehalt der – zum

Zeitpunkt der HV gegebenen (BGH NStZ-RR 2018, 275) und konkret feststellungsbedürftigen (BGH StraFo 2009, 247 = BeckRS 2009, 10284) – Aussicht auf einen erfolgreichen Verlauf der Entziehungskur (§ 64 S. 2 StGB iVm Abs. 1). Angesichts der eingeschränkten therapeutischen Erfolgsmöglichkeiten ist insofern allerdings eine realistische Chance als ausreichend anzusehen, zumal wenn der Angeklagte sich davor noch keiner Drogentherapie unterzogen hatte (BGH BeckRS 2016, 3830; s. jetzt aber auch BGH NStZ-RR 2024, 340 (Ls.) = BeckRS 2024, 21040: „Wahrscheinlichkeit höheren Grades"). Dabei ist die Bewertung dieser Aussicht **im Urteil darzulegen** (zum gleichwohl empirisch-methodisch überfordernden Charakter der Prognose s. aber Quergässer/Ross MschKrim 98 (2015), 335). Bloße Floskeln (etwa: „nicht von vornherein aussichtslos") genügen hierfür nicht (BGH NStZ-RR 2005, 10). Dies wird durch § 64 S. 2 StGB insofern unterstrichen, als es für die Prognose hiernach stützender tatsächlicher Anhaltspunkte bedarf (n. zu entspr. Gesichtspunkten Kinzig StV 2024, 544 (548 f.)). Zu berücksichtigen ist, dass der fragliche Erfolg ausdrücklich innerhalb der „Frist nach § 67d Abs. 1 S. 1 oder 3" zu erwarten sein muss (dazu BGH BeckRS 2018, 1514; vor Einfügung dieser Passage mit Gesetz v. 8.7.2016 (BGBl. I 1610) ebenso schon Schneider NStZ 2014, 617). Die strengere und auf zwei Jahre abstellende Auffassung von BGH NJW 2012, 2292 widersprach der empirischen Erfahrung, wonach in vielen Fällen von langwierigeren Verläufen auszugehen ist (dazu LG Kleve StV 2010, 687 = BeckRS 2010, 23156; für Befunde zur Problematik s. etwa Kemper R&P 2008, 15 (18); Dimmek/Brunn/Meier ua, Bewährungsverlauf und Wiedereingliederung suchtkranker Rechtsbrecher, 2010; Trenckmann NStZ 2011, 322 (325 ff.)).

22 Die Erfolgsaussicht ist zu substantiieren, denn sie ergibt sich nicht schon aus einer pauschalen Zusicherung des Angeklagten (BGH BeckRS 2024, 36779). Umgekehrt scheitert sie aber nicht schon daran, dass Therapien früher bereits abgebrochen wurden (BGH BeckRS 2008, 06228; 2015, 14859) oder dass es aktuell noch an Krankheitseinsicht und/oder „ernsthafter **Therapiemotivation**" fehlt (NStZ-RR 2016, 246; BeckRS 2020, 181; 2020, 12221). Die Unterbringung unterbleibt hier nur, sofern sich die Mitwirkungsbereitschaft durch therapeutische Bemühungen nicht noch entwickeln kann (n. dazu BGH NStZ-RR 2009, 277; Dannhorn NStZ 2012, 414 (417 f.)). Allerdings muss im Urteil konkret dargelegt werden, mit welchen aussichtsreichen Mitteln die Mitwirkungsbereitschaft des Jugendlichen im Maßregelvollzug herbeiführbar ist (BGH NStZ-RR 2024, 340 (Ls.) = BeckRS 2024, 21040). Sprachliche Verständigungsschwierigkeiten bei **nichtdeutschen Personen** schließen die Erfolgsaussicht für sich genommen noch nicht aus (BGH NStZ-RR 2018, 273 (274); 2018, 369: Grundkenntnisse ausreichend; BGH StV 2019, 267 = BeckRS 2017, 119774: englische Sprachkompetenz und deutsche Spracherwerbsbereitschaft ausreichend; zur Problematik auch Korn JR 2015, 411). Dies – wie iÜ auch eine absehbare oder feststehende Ausreisepflicht – kann die Erfolgsaussicht aber im Zusammenwirken mit anderen Therapiehindernissen aufheben (BT-Drs. 16/5137, 10; kennzeichnend BGH BeckRS 2019, 35915; weitergehend BGH NStZ 2009, 204 (205) mkritAnm Jung StV 2009, 586; s. auch § 67 Abs. 2 S. 4, Abs. 3 S. 2 StGB).

23 **Fehlt** es an einer **geeigneten** Anstalt oder an Behandlungsangeboten bzw. an einem Platz in einer passenden Einrichtung, darf die Unterbringung **nicht**

angeordnet werden (ebenso NK-JGG/Ostendorf Rn. 13; Laubenthal/Baier/Nestler JugendStrafR Rn. 436). In diesem Fall mangelt es nicht nur an der Voraussetzung von § 64 S. 2 StGB, sondern auch an einem Merkmal der Eingriffsverhältnismäßigkeit (→ § 5 Rn. 19, 21 f.: spezialpräventive Eignung). Der hiervon abw. hM (vgl. BGH BeckRS 2012, 20647; MüKoStGB/Laue Rn. 16; für das allg. StR s. BGHSt 28, 327 = NJW 1979, 1941; BGHSt 36, 199 (201) = NJW 1989, 2337; BGH NStZ-RR 1997, 97) kann allenfalls dort gefolgt werden, wo die verfügbare Unterbringungsoption in den Augen des Gerichts zwar suboptimal, aber nicht dysfunktional ist. Eine Unterbringung unter erkanntermaßen ungeeigneten Bedingungen ist dagegen rechtswidrig, jedenfalls wenn sie über einen sehr kurzen, konkret absehbaren Übergangszeitraum hinausgeht (zur sog. Organisationshaft → Rn. 27).

c) Fragen der Verhältnismäßigkeit. Nicht selten stehen (sofern kein 24
Fall des § 20 StGB angenommen wird) auch eingriffsmildere Rechtsfolgen des JStR zur Verfügung. Denkbar ist insofern die **Weisung,** sich einer ambulanten Entziehungskur zu unterziehen (§ 10 Abs. 2; n. → § 10 Rn. 50 ff.). Deren vergleichbare Eignung kann selbst in Fällen chronischen Rauschmittelkonsums nicht von vornherein in Abrede gestellt werden, solange eine Aussicht auf Distanzierung von den einschlägigen Vorerfahrungen besteht. Ggf. kommt auch eine JStrafe mit Zurückstellung der Strafvollstreckung gem. **§§ 35 f., 38 BtMG** in Betracht. Die Rspr. lehnt, sofern die Voraussetzungen des § 64 StGB iVm Abs. 1 vorliegen, eine dahingehende Subsidiarität der Maßregelanordnung allerdings rigoros ab (so im JStR BGH NStZ-RR 2003, 12; 2010, 319; BeckRS 2017, 103567). Angesichts der höheren Eingriffsintensität ist dies mit dem Verhältnismäßigkeitsgrundsatz (→ § 5 Rn. 21) jedoch nur dann zu vereinbaren, wenn bei Vorhandensein geeigneter Unterbringungsalternativen deren vorrangige Umsetzung durch eine hierdurch erwachsende Pflicht zur Bewährungsaussetzung gem. § 67b StGB sichergestellt wird.

Sind keine jugendstrafrechtlichen Rechtsfolgen ersichtlich, mit denen in 25
der genannten Weise adäquat auf die Abhängigkeitsproblematik reagiert werden kann, besteht für Erziehungsmaßregeln, Zuchtmittel oder JStrafe neben der Unterbringung nur selten erzieherisch ein Bedarf. Von deren Anordnung ist also abzusehen. Dies gilt nach § 5 Abs. 3 meist auch dort, wo das Gericht eine JStrafe an sich für erforderlich hält. Dass die mit deren Verhängung verfolgten Zwecke nicht bereits durch die Unterbringung realisiert werden, ist durch das Tatgericht konkret darzulegen (vgl. n. → § 5 Rn. 29 f.). Dabei müssen die Regelungen zur Vollstreckungsreihenfolge (→ Rn. 27) und die so ggf. entstehenden Probleme bei der Einweisung Abhängiger in den JStVollz (vgl. → § 92 Rn. 105 ff.) berücksichtigt werden. – Im Übrigen kommt eine Unterbringung ohnehin nur zur Abwehr **hinreichend gewichtiger** Delinquenz in Betracht (§ 62 StGB). Auch wenn diese Erheblichkeitsanforderungen bei der zeitlich begrenzten Unterbringung gem. § 64 StGB weniger streng als bei der zeitlich unbegrenzten Unterbringung gem. § 63 StGB (→ Rn. 8) sein sollen (BGH NStZ-RR 2012, 108), genügen auf Eigenbedarf begrenzte Betäubungsmitteldelikte hierfür jedenfalls nicht (OLG Düsseldorf StV 2012, 291 = BeckRS 2012, 7342).

2. Beendigung

26 Im Falle der Anordnung hat das Gericht stets die Voraussetzungen der **sofortigen Aussetzung** der Vollstr zBew (§ 67b Abs. 1 S. 1 StGB iVm § 2 Abs. 2) zu prüfen, wobei hier die Aussetzung der Vollstr einer daneben verhängten JStrafe zBew idR präjudizierend wirkt (abw. für eine Sonderkonstellation im allg. StR OLG Celle NStZ-RR 2013, 317). Die Zurückstellung einer Entscheidung über die Aussetzung der JStrafe zBew gem. §§ 61 ff. erstreckt sich samt den Folgen auch auf die Unterbringung, da der Zweck der **Vorbewährung** sonst konterkariert würde (BGH NStZ 2020, 740). Werden diese Möglichkeiten verneint, endet die Unterbringung nach zwei Jahren oder nach Ablauf der verlängerten Höchstfrist (§ 67d Abs. 1 und 4 StGB). Eine vorherige Entlassung erfolgt durch Aussetzung zBew (§ 67d Abs. 2 StGB), sofern dies durch die Legalbewährungserwartung gerechtfertigt wird (n. → Rn. 14 f.). Möglich ist auch, dass das Gericht – dh der Jugendrichter als Vollstreckungsleiter (§§ 82 Abs. 1, 83 Abs. 1) – die Unterbringung für erledigt erklärt (§ 67d Abs. 5 StGB). Hierzu kommt es, wenn die **Nichterreichbarkeit** des Maßregel-**Zwecks** deutlich wird. Je nachdem, ob neben der Maßregel eine JStrafe angeordnet wurde, wird die Person dann in deren Vollzug verlegt oder in Freiheit entlassen. Führungsaufsicht tritt nach hM (→ Rn. 56) in beiden Fällen automatisch ein (§ 67d Abs. 5 S. 2 StGB). Allerdings ruht sie im ersten Fall zunächst (§ 68e Abs. 1 S. 2 StGB).

3. Vollstreckungsreihenfolge

27 Bei erfolgter Unterbringungsanordnung und (trotz § 5 Abs. 3) hinzukommender JStrafe ist die **Maßregel vorrangig** zu vollstrecken (§ 67 Abs. 1 StGB). Dadurch soll eine sofortige Therapie gewährleistet werden. Abgesehen von den Besonderheiten bei nichtdeutschen Personen (§ 67 Abs. 2 S. 4 StGB) darf hiervon gem. § 67 Abs. 2 S. 1 StGB **nur abgewichen** werden, wenn der Zweck der Maßregel dadurch leichter erreicht wird. Die dafür maßgeblichen Gründe müssen in der Person des Verurteilten liegen und mit dem **Erziehungsauftrag** (§ 2 Abs. 1) vereinbar sein (BGH NStZ 1982, 132). Oftmals höchst zw. ist dies bei Erwägungen, wonach im nachvollzogenen JStVollz ein vorher etwa erreichter Therapieerfolg wieder zunichte gemacht (BGH BeckRS 2003, 30305883) oder wonach im vorwegvollzogenen JStVollz die Motivation zur Therapie gefördert würde (vgl. aber etwa BGH StV 1981, 66 = BeckRS 1980, 03018; NStZ 1985, 571; krit. zum Abstellen auf „Leidensdruck" etwa Brunner/Dölling Rn. 3 sowie aus (auch) medizinischer Sicht Schmitt-Homann, Alkohol- und drogenabhängige Patienten im Maßregelvollzug nach § 64 StGB am Beispiel des Bundeslandes Hessen, 2001, S. 23, 25 ff.). Den Vorwegvollzug einer JStrafe allein mit dem Fehlen eines geeigneten Therapieplatzes in einer Einrichtung iSv § 93a zu begründen (sog. „Organisationshaft"), ist hiernach ebenfalls unzulässig (BGH NStZ 1982, 132; vgl. auch zum allg. StR schon BGH NStZ 1981, 492; OLG Hamm NStZ-RR 2004, 381 (382 f.); LG Göttingen StV 2016, 514 = LSK 2014, 117288). – Wird eine JStrafe von über 3 Jahren neben der Maßregel verhängt, soll das Gericht nach § 67 Abs. 2 S. 2 und 3 StGB iVm Abs. 1 den Vorwegvollzug eines JStrafteils bestimmen (zur Notwendigkeit einer diesbzgl. Entscheidung/-sbegründung s. BGH NJW 2009, 2694 mit Bspr. Rose ZJJ 2010, 196). Allerdings ist die Prüfung der spezial-

präventiven Funktionalität auch in diesen Konstellationen nicht obsolet (vgl. etwa BGH NStZ-RR 2009, 105: bei sofortigem Therapiebedarf muss es bei § 67 Abs. 1 StGB bleiben). Durch anzurechnende U-Haft im Erkenntnisverfahren kann sich die Problematik zudem erledigt haben.

4. Revision

Hat nur der Verurteilte **Revision** eingelegt, hindert dies die Nachholung der Unterbringungsanordnung nicht (n. → § 55 Rn. 52). Anders verhält es sich, sofern die Unterbringung wirksam (→ § 55 Rn. 21 f.) von dem Revisionsangriff ausgenommen ist (vgl. nur BGH NStZ-RR 2019, 32). Eine solche Teilanfechtung ist aber nicht möglich, wenn sich das Rechtsmittel gegen den Schuldspruch richtet und so auch eine Voraussetzung der Unterbringung angegriffen wird (BGH StV 2024, 510 = BeckRS 2023, 40220). Ist die Revision auf den Ausspruch über die Anordnung der Unterbringung beschränkt, so steht die eingetretene Teilrechtskraft einer Änderung des Schuldspruchs entgegen (BGH BeckRS 2013, 8802). 28

Im Übrigen ergibt sich aus **§ 5 Abs. 3** (wie bei § 63 StGB) eine **Verknüpfung** zwischen Maßregelanordnung und JA bzw. JStrafe. Diese hat zur Folge, dass die Aufhebung einer der beiden Rechtsfolgenentscheidungen regelmäßig auch die der jeweils anderen nach sich zieht (zu den verschiedenen Konstellationen n. → Rn. 17; zu damit zusammenhängenden Fragen des Verschlechterungsverbots → § 55 Rn. 52 ff.). Bei § 64 StGB ist insofern besonders relevant, dass bei einer revisionsrechtlich monierten Nichtanordnung der Unterbringung auch der verhängte JA bzw. die verhängte JStrafe aufgehoben wird, damit hiervon bei einer doch noch erfolgenden Maßregelanordnung gem. § 5 Abs. 3 abgesehen werden kann (vgl. etwa BGH BeckRS 2008, 06228; NStZ-RR 2009, 277; 2019, 74 (75); 2020, 170 (171); StV 2023, 840 = BeckRS 2022, 42259; BeckRS 2023, 22712). Abgesehen von den Fällen einer wirksamen Teilanfechtung (→ § 55 Rn. 21 f.) macht die Rspr. davon auch dann eine Ausnahme, wenn sie eine langanhaltende freiheitsentziehende Einwirkung für erforderlich hält, so dass ein Absehen von der JStrafe wegen der zeitlichen Grenzen einer Unterbringung von vornherein ausscheidet (BGH BeckRS 2016, 115539). 28a

5. Rechtstatsächliches

In der Praxis zeigt sich insofern eine gewisse **Nivellierung** von **Maßregel** und **JStrafe,** als die Unterbringung gem. § 64 StGB iVm Abs. 1 vergleichsweise restriktiv angeordnet wird. Konkret handelte es sich von 2011 bis 2017 jahresdurchschnittlich um 19 Jugendliche und 129 Heranwachsende. 2021/22 waren es indes 37/47 bzw. 186/169 (fast ausschließlich männliche) Personen (StrafSt Tab. 5.5 bzw. 24311-30; n. hierzu auch Heinz Sekundäranalyse S. 1340 ff.). Ungeachtet eines geringfügigen Anstiegs seit etwa den 1990er Jahren halten die Gerichte daran bis heute fest (zur deutlich zurückgehenden Anwendungshäufigkeit in den 2010er Jahren vgl. Querengässer/Traub R&P 2021, 19 (23)). Häßler/Boysen/Weissbeck (ZJJ 2022, 222 (222)) berichten von ca. 250 Personen, die aktuell in Jugendmaßregelvollzugseinrichtungen untergebracht sind; hinzu kommen die jugendlichen und heranwachsenden Patienten in den Einrichtungen für Erwachsene (zu Belegungszahlen in den Vollzugseinrichtungen vgl. auch Stöver/Hupp/Wendt FPPK 7 29

(2013), 183 (184 f.); Schmidt-Quernheim/Hax-Schoppenhorst Forens-Psych/Elsner S. 436; dazu und zur Vollzugsdauer auch Eisenberg/Kölbel Kriminologie § 37 Rn. 47 ff.). Die begrenzte Anwendungshäufigkeit von § 64 mag ua auf der Akzeptanz des Verhältnismäßigkeitsgrundsatzes beruhen, dürfte sich aber auch mit einer lückenhaften Identifizierung der Abhängigkeitsproblematik unter Beschuldigten erklären. Denkbar ist ferner, dass den nicht-spezialisierten psychiatrischen Krankenhäusern (zum Mangel an Einrichtungen iSv § 93a → § 93a Rn. 3) eine drogenspezifische Therapie nur eingeschr. zugetraut wird (zu methodischer Vagheit und Ineffizienz des Vorgehens in manchen Kliniken vgl. Kemper R&P 2008, 17 (19 ff.); Hartl/Schlauderer/Schlögl/Mache MschKrim 98 (2015), 513). Angesichts der abträglichen Effekte, die die Anwesenheit (zu) vieler nicht motivierter Patienten in den Einrichtungen auf deren Effizienz haben kann (dazu Marneros/Zolldann/Balzer ua MschKrim 76 (1993), 169 (175)), könnte auch eine verfahrenspraktische Tendenz, potentielle „Störer" von vornherein von der Maßregel auszunehmen und (allein) zu JStrafe zu verurteilen, von Bedeutung sein.

IV. Unterbringung in Sicherungsverwahrung

1. Entwicklung und Problematik der Norm

30 **a) Vorgängerregelung.** Bei Heranwachsenden, die nach allg. StR verurteilt werden, erlaubte das Gesetz schon seit 2003 bzw. 2004 (§ 106 Abs. 3–6 aF) die vorbehaltene und nachträgliche Anordnung von Sicherungsverwahrung (→ Rn. 3, → § 106 Rn. 11; zur jetzigen Situation → § 106 Rn. 19 ff., 28 f.). Mit Abs. 2–4 aF bestand aber auch bei Jugendlichen und nach JStR behandelten Heranwachsenden (§ 105 Abs. 1) die im deutschen Recht „erstmalig … eingeführte" (BT-Drs. 16/6562, 13) Möglichkeit, eine – ggf. lebenslang anhaltende – Sicherungsverwahrung **nachträglich anzuordnen** (vgl. auch BR-Drs. 551/07; n. zur Entwicklung etwa auch Bartsch ZJJ 2013, 182 (183 f.)). Diese Option ging letztlich sogar über das NS-Recht aus dem Jahre 1939 bzw. des § 20 RJGG 1943 hinaus (vgl. auch → Rn. 2 f.; erg. → Einl. Rn. 17). Auf ihre Implementierung (durch Gesetz v. 8.7.2008, BGBl. I 1212) war zwar durch Gesetzesentwürfe mehrerer Bundesländer (vgl. BR-Drs. 238/04 (fünf Länder) bzw. BR-Drs. 276/05 (drei Länder)) hingewirkt worden, doch blieb die Regelung von Anbeginn kontrovers (vgl. etwa die ablehnenden sechs Gutachten in BT-Rechtsausschuss Protokoll der 103. Sitzung v. 28.3.2008). Sie krankte bereits am Fehlen eines verlässlichen Bedarfsnachweises (ebenso Karmrodt, Sicherungsverwahrung bei Verurteilungen nach Jugendstrafrecht, 2012, S. 358; vgl. aber auch Carroll, Die nachträgliche Sicherungsverwahrung im Jugendstrafrecht, 2014, S. 253 ff.). Demgemäß wurde eine nachträgliche Sicherungsverwahrung in den bekanntgewordenen Fällen, in denen sie in der Folgezeit im JStR rechtspraktisch zur Debatte stand, entweder abgelehnt oder nur auf Basis problematischer Verfahrensverläufe und methodisch nicht unanfechtbarer Gutachten veranlasst (vgl. die Ausführungen zu sechs Verfahren in der → 21. Aufl. Rn. 30a–30e; n. zu den einzelnen Judikaten n. Eisenberg DRiZ 2009, 219; Eisenberg JR 2010, 314; Eisenberg FS Kerner, 2013, 577; Eisen-

berg GS Walter, 2014, 55; Eisenberg NK 2016, 390; Eisenberg R&P 2017, 86).

Schon wenige Jahre nach Einführung der Abs. 2–4 ergingen mehrere Entscheidungen des EGMR, in denen das gesamte System der Sicherungsverwahrung als mit Art. 5 Abs. 1 S. 2 Buchst. a und b EMRK unvereinbar erklärt wurde (→ Rn. 37 f.). Dies – und nur dies – veranlasste das **BVerfG,** das sich davor gegenüber der Sicherungsverwahrung affirmierend gezeigt hatte (vgl. va BVerfGE 109, 133 = NJW 2004, 739), zu einer Kehrtwende. Das Gericht ging nunmehr von einer Unvereinbarkeit mit Art. 2 Abs. 2 S. 2, Art. 104 Abs. 1 S. 1 GG aus. Dies betraf die bisherigen Abs. 2 und Abs. 3 ebenso wie § 106 Abs. 3, 5 und 6 (vgl. → § 106 Rn. 10 ff.) und sämtliche Eingriffsnormen zur Sicherungsverwahrung nach allg. StR (BVerfGE 128, 326 = NJW 2011, 1931 mAnm Kreuzer/Bartsch StV 2011, 472; Eisenberg StV 2011, 480; Hörnle NStZ 2011, 488; s. erg. auch BVerfGE 131, 268 = NJW 2012, 3357). Maßgeblich hierfür war das nicht gewahrte **Abstandsgebot** zwischen Schuldstrafe und Maßregel, darüber hinaus aber auch die Verletzung des Rechtsstaatsgebots durch Missachtung des grundrechtlichen Vertrauensschutzes (vgl. auch BVerfGE 133, 40 = BeckRS 2013, 47709). Das Gericht sah zwar davon ab, die fraglichen Normen für nichtig zu erklären, erlaubte eine Anordnung der Unterbringung gem. Abs. 2 aF ebenso wie die Fortdauer der Unterbringung aber **nur** noch unter der einschränkenden Voraussetzung, dass eine **hochgradige Gefahr** schwerster Gewalt- oder Sexualstraftaten aus **konkreten** Umständen in der Person oder dem Verhalten des Untergebrachten abzuleiten war und dieser an einer psychischen Störung im Sinne von § 1 Abs. 1 Nr. ThUG litt (hierzu auch BVerfGE 134, 33 = NJW 2013, 3151 mkritAnm Höffler StV 2014, 168). Mit der seitherigen Neuregelung wurde diese Maßgabe der Übergangsphase indes obsolet (vgl. BGH NStZ 2015, 208 zum allg. StR). 31

b) Übergang zur aktuellen Regelung. Das AbstandsgebotsG v. 5.12.2012 (BGBl. 2012 I 2425) hat die Regelung zur nachträglichen Sicherungsverwahrung nach vorheriger JStrafe abgeschafft und (stattdessen) die Möglichkeit einer **vorbehaltenen Sicherungsverwahrung** für nach JStR Verurteilte eingeführt (Abs. 2, für nach allg. StR verurteilte Heranwachsende vgl. § 106 Abs. 3). Ein dahingehender Bedarf war allerdings weiterhin nicht zu erkennen (→ Rn. 30; zu den Widersprüchen in den parlamentarischen Begründungen etwa Höffler, Brauchen wir eine Reform der freiheitsentziehenden Sanktionen?/Meier, 2015, S. 165, 176). Auch bestehen viele der grds. Einwände gegen die Sicherungsverwahrung unverändert fort (→ Rn. 34 ff.). Immerhin zielt das AbstandsgebotsG auf Änderungen im **Vollzug** sowohl der Sicherungsverwahrung (s. → § 92 Rn. 155 ff.) als auch der vorherigen JStrafe ab (→ Rn. 41 ff.). Unter dem früheren Recht war davon auszugehen, dass sich die Möglichkeit einer nachfolgenden Anordnung von Sicherungsverwahrung abträglich auf den JStVollz auswirken kann (s. → Rn. 35; hierzu exemplarisch auch den Antrag der StA Augsburg 1.6.2011 – Jug KLs 401 Js 107041/02; dazu Eisenberg StV 2012, 238: Umetikettierung in einen „Hochsicherheitsprobanden" nebst Abbruch therapeutischer Bemühungen). Ob und in welchem Maße die nunmehrige Regelung dazu beiträgt, während des JStVollz tatsächlich solche Bemühungen zu fördern, durch die sich eine vorbehaltene Sicherungsverwahrung womöglich abwenden lässt, ist derzeit noch unklar. 32

33 Für sog. **Altfälle,** die vor dem 31.5.2013 begangen wurden, ist iÜ nach Art. 316f Abs. 2 EGStGB das **bisherige Recht** unter den in → Rn. 31 aE genannten Einschränkungen anzuwenden. Die ursprünglichen Voraussetzungen der nachträglichen Sicherungsverwahrung (Abs. 2 aF) werden hier also verschärft (in formaler Hinsicht vgl. auch LG Hagen StV 2019, 480 (Ls.) = LSK 2019, 13063: Antragstellung zwingend vor Entlassung aus JStVollz). Das betrifft die Qualität und den Wahrscheinlichkeitsgrad der drohenden Delikte (BGH BeckRS 2016, 21436; BGH NStZ-RR 2019, 386 (387)) sowie die psychische Störung und deren Gefahrenursächlichkeit (zum Kausalitätserfordernis vgl. BT-Drs. 17/9874, 31). Trotz dieser angehobenen Anforderungen ist es allerdings nicht zweifelsfrei, dass die so geregelte nachträgliche Sicherungsverwahrung mit **Art. 5 Abs. 1 S. 2 Buchst. e EMRK** vereinbar ist (ebenso Zimmermann HRRS 2013, 173 (zum allg. StR)). Diese Frage wurde durch den EGMR zwar positiv beantwortet (NJW 2017, 1007 mkritAnm Eisenberg R&P 2017, 86; vgl. auch Drenkhahn ZJJ 2017, 176 (179)), dann aber von der Großen Kammer immerhin als „schwerwiegende" Frage gem. Art. 43 Abs. 2 EMRK angenommen und vor der neuerlichen Bejahung (EGMR NJOZ 2019, 1445) einer mehrstündigen Anhörung zugeführt (s. näher und krit. Eisenberg ZJJ 2019, 69; Eisenberg NJW-Spezial 2019, 56; Kinzig FS Feltes, 2021, 564 ff.). Hierbei ist indes festzuhalten, dass die Kategorie der „psychischen Störung" ungeachtet aller Konkretisierungsversuche (BVerfGE 128, 326 (397) = NJW 2011, 1931 (1943); BVerfG StV 2012, 25 = BeckRS 2011, 54839) anfechtbar bleibt (Höffler/Stadtland StV 2012, 239; de Tribolet-Hardy/Lehner/Habermeyer FPPK 9 (2015), 164). Ungeklärt ist zudem, inwieweit sie den Anforderungen einer psychischen Krankheit iSv Art. 5 Abs. 1 S. 2 Buchst. e EMRK entspricht (EGMR 5.11.1981 – 7215/75, Rn. 40: „must reliably be shown to be of unsound mind, that is, a true mental disorder must be established before a competent authority on the basis of objective medical expertise"). Dass jene Kriterien gewahrt sind, hat der EGMR nämlich nur für einen konkreten Einzelfall konstatiert, nicht aber für das normtatbestandliche Merkmal der „psychischen Störung" (NJOZ 2019, 1445 (1449)).

34 **c) Verhältnis zum Erziehungsauftrag (§ 2 Abs. 1).** Die erzieherische Grundausrichtung, die jede jugendstrafrechtliche Sanktion grds. aufweisen muss, ist bei der (vorbehaltenen) Sicherungsverwahrung nicht zu erkennen (vgl. auch Kemme PraxRPsych 2011, 94 ff. (112); Graebsch ZJJ 2008, 284 (286)). Das sich stattdessen zeigende Spannungsverhältnis äußert sich bereits in dem Erfordernis der **Deliktsbegehungsprognose** (Abs. 2 S. 1 Nr. 2 und S. 2). Die in dieser Hinsicht ohnehin bestehende erhebliche Problematik hat bei Personen, die sich zur Tatzeit noch in der Reifeentwicklung befanden, eine gesteigerte Qualität (vgl. auch Kinzig, Die Legalbewährung gefährlicher Rückfalltäter, 2. Aufl. 2010, S. 7: „illusorisch"; Nestler/Wolf NK 2008, 153 (156): „faktisch nicht zu bewältigen"; vgl. erg. → § 106 Rn. 16 f.). So ist kein hinreichend valides jugendspezifisches Prognoseverfahren vorhanden (vgl. auch Rüter, Nachträgliche Sicherungsverwahrung im Jugendstrafrecht, 2011, S. 165). Ohnehin ist die Erkenntnisbasis (biografische Entwicklung, Vordelikte) bei dieser Straftätergruppe altersbedingt schmal. Diese Schwierigkeit lässt sich durch das Vollzugsverhalten (darauf abstellend BVerfG NJW 2012, 3357 (3360)) wegen dessen erheblicher Kontextgeprägtheit nicht kompensieren (Laubenthal/Baier/Nestler Jugend-

StrafR Rn. 462; Renzikowski NJW 2013, 1638 (1641); Brettel R&P 2013, 19 (20 f.); kennzeichnend zu den Prognoseproblemen auch Niggli/Marty, Risiken der Sicherheitsgesellschaft/Grindel/Jehle, 2014, S. 203 ff.). Insofern besteht die Gefahr, dass entwicklungsbedingte und episodenhafte Umstände künstlich verfestigt und als statische Merkmale der Persönlichkeit fehlinterpretiert werden, was zu **falschen** Prognosen führen muss (zum Auftreten unzutr. Vorhersagen Kinzig, Die Legalbewährung gefährlicher Rückfalltäter, 2. Aufl. 2010, S. 196 ff., Alex/Feltes FS 2010, 159; Alex NK 2013, 350 (357); Müller/Stolpmann MschKrim 98 (2015), 35 (38 f.); Pahl, Begutachtungspraxis bei langen Jugendstrafen, 2018, S. 236 f.). Dass die „Tauglichkeit von Gefährlichkeitsprognosen für Jugendliche und Heranwachsende" nicht „von vornherein ausgeschlossen" ist und diese daher „grundsätzlich (…) erstellt werden" können (BVerfGE 128, 326 (373) = NJW 2011, 1931 (1937)), wird der Problematik also nicht vollständig gerecht.

Die Unverträglichkeit der vorbehaltenen Sicherungsverwahrung mit dem Erziehungsauftrag beruht ferner darauf, dass die Betroffenen während des JStVollz leicht einer **Sonderüberwachung** unterworfen sowie hinsichtlich der „Meldung" tatsächlicher oder angeblicher Vorfälle den Bediensteten (und Mitgefangenen) ausgeliefert sind (nicht erörtert in BGH ZJJ 2011, 448 = BeckRS 2011, 22978 mAnm Eisenberg ZJJ 2011, 449). Soweit es nicht realiter zu substanziell veränderten Vollzugsbedingungen kommt (→ Rn. 32), ist der Vorbehalt weniger Motivation als Damoklesschwert (MüKoStGB/Morgenstern StGB § 66a Rn. 28 f.). Kaum auszuschließen ist, dass schlichtweg alles – also jeder haft-, alters- und entwicklungstypische Konflikt, aber auch jede Auffälligkeit, selbst wenn sie gerade durch lange JStrafe induziert wurde – vorrangig unter dem Aspekt einer Gefährlichkeitsprognose registriert, gedeutet und berücksichtigt wird. Und im etwaigen Vollzug der Verwahrung setzt sich dies dann hinsichtlich der Entlassungsaussichten fort. Sogar der RegE zum Gesetz v. 8.7.2008 hatte all dies iÜ noch ausdrücklich vermerkt (BT-Drs. 16/6562, 7: „der möglicherweise präjudizielle, in jedem Fall aber die weitere Entwicklung eines jungen Menschen belastende Vorbehalt einer Sicherungsverwahrung"). 35

d) Verhältnis zu rechtlichen Gewährleistungen. Nach Abs. 2 S. 3 kommt es – ebenso wie iÜ auch nach Abs. 2 aF (dazu BGH ZJJ 2011, 448 = BeckRS 2011, 22978; NStZ-RR 2019, 386 (387)) – für die Anordnungsentscheidung nicht darauf an, ob die prognostisch berücksichtigten Befunde oder Umstände erst nach einer Verurteilung erkennbar werden (sog. „nova"). Vielmehr ist die haftbedingte „Entwicklung bis zum Zeitpunkt der Entscheidung" nur „ergänzend" heranzuziehen. Im Wesentlichen besteht die Prognosegrundlage aber auf Erkenntnissen, die bereits im Zeitpunkt der Vorbehaltsentscheidung und Verurteilung erkennbar waren (vgl. BGH NJW 2010, 1539 (1543) mablAnm Eisenberg JR 2010, 314; krit. auch Bruhn, Die Sicherungsverwahrung im Jugendstrafrecht, 2010, S. 199; Höffler, Brauchen wir eine Reform der freiheitsentziehenden Sanktionen?/Meier, 2015, S. 165, 171 f.). Bei deren (nochmaliger) Verwendung liegt indes ein Verstoß gegen das Verbot des „ne bis in idem" **(Art. 103 Abs. 3 GG)** nahe (ähnlich Kinzig ZJJ 2008, 245 (248 f.); Karmrodt, Sicherungsverwahrung bei Verurteilungen nach Jugendstrafrecht, 2012, S. 242 ff.; vgl. erg. zur Unvereinbarkeit mit Nr. 3 und 13 ERJOSSM Dünkel ZJJ 2011, 140 (142)). 36

37 Abs. 2 aF erfüllte mangels unmittelbaren Kausalzusammenhangs nicht die Voraussetzungen von **Art. 5 Abs. 1 S. 2 Buchst. a EMRK.** Bei der nachträglichen Sicherungsverwahrung handelte es sich nicht um die dort erlaubte „rechtmäßige Freiheitsentziehung nach Verurteilung". Denn „the word 'after' does not simply mean that the 'detention' must follow the 'conviction' in point of time: in addition, the 'detention' must result from, 'follow and depend upon' or occur 'by virtue of' the 'conviction'„ (EGMR 24.6.1982 – 7906/77, Rn. 35) – und ein solcher Zusammenhang besteht zwischen der Verurteilung und der nachträglichen Unterbringungsanordnung nicht (EGMR NJW 2011, 3423 (3425)). Für die Fälle des Abs. 4 (→ Rn. 47) trifft dies weiterhin zu (SSWStGB/Harrendorf StGB § 66b Rn. 14; aA BT-Drs. 17/3403, 34). Dass sich dies zumindest beim nunmehrigen Abs. 2 und der vorbehaltenen Sicherungsverwahrung anders verhält, ist umstritten (zum Diskussionsstand MüKoStGB/Morgenstern StGB § 66a Rn. 36 ff.) und deshalb zw., weil die Verurteilung für die später erfolgende, eigenständige Entscheidung über die Sicherungsverwahrung nur eine formale Bedingung darstellt (dazu etwa Löwe/Rosenberg/Esser EMRK Art. 5 Rn. 86; Kinzig NJW 2011, 177 (179); Merkel ZIS 2012, 521 (522 f.); abw. BVerfGE 131, 268 (297 ff.) = NJW 2012, 3357 (3361 f.) für das allg. StR).

38 Fraglich ist obendrein, ob es sich bei Maßregeln nach **Abs. 2** um eine unzulässig rückwirkende **Strafe** iSd **Art. 7 Abs. 1 S. 2 EMRK** handelt. Der EGMR hatte mit Blick (auch) auf Abs. 2 aF die Sicherungsverwahrung in ihrer früheren Form als Variante einer (autonom auszulegenden) „Strafe" eingestuft und in ihrer nachträglichen Anordnung (EGMR 7.6.2012 – 65210/09, Rn. 76 ff.; 7.6.2012 – 61827/09, Rn. 85 ff.) sowie nachtatlichen Entfristung (§ 67d StGB aF) daher eine Verletzung des Rückwirkungsverbots gesehen (NJW 2010, 2495 (2498 f.); vgl. bspw. auch Kreuzer NStZ 2010, 473 (477 f.); Renzikowski NStZ 2010, 506 (507 f.); Bartsch ZJJ 2013, 182 (186)). In der Auslegung des Art. 7 EMRK durch den EGMR ist die Sicherungsverwahrung nun allerdings auch in ihrer (Vollzugs-)Ausgestaltung, die sie nach dem AbstandsgebotsG erfahren hat (→ Rn. 32, → § 92 Rn. 155 ff., 176 ff.), grds. eine strafgleiche Sanktion (soweit sie nicht fallkonkret der Behandlung einer psychischen Störung dient – vgl. EGMR NJW 2017, 1007 (1012 f.); EGMR NJOZ 2019, 1445 (1452)). Bei Zugrundelegung dessen ist es zw., dass die nachträgliche Sicherungsverwahrung gem. Abs. 4 (→ Rn. 47) den Vorgaben von Art. 7 Abs. 1 S. 2 EMRK durchgängig entspricht (iErg. ebenso SSW StGB/Harrendorf StGB § 66b Rn. 14; Problem ausgeblendet bei BGH NStZ 2012, 317 (318) zu § 66b StGB).

2. Die vorbehaltene Sicherungsverwahrung gem. Abs. 2

39 **a) Voraussetzungen des Anordnungsvorbehalts.** Der Vorbehalt der Unterbringungsanordnung gem. Abs. 2 unterliegt zunächst den **formalen Voraussetzungen** von **Nr. 1.** Danach bedarf es einer Verurteilung zu einer JStrafe von mindestens 7 Jahren (wobei deren Anordnung nicht etwa ergebnisorientiert auf diesen Schwellwert hin erfolgen darf, sondern davon unabhängig nach den besonderen Strafzumessungsregeln des JStR begründbar sein muss). Als Anlass für diese Rechtsfolgenanordnung verlangt die Vorschrift zudem ein Verbrechen (dazu § 4) aus dem normtextlichen Katalog. Handelt es sich bei der Sanktion um eine Einheits-JStrafe (§ 31), genügt es,

dass eine der gleichzeitig abgeurteilten Straftaten die fraglichen Merkmale aufweist („auch wegen"). Darauf, ob dieses Katalogdelikt für sich genommen schon die geforderte Strafhöhe bedingt hätte oder ob diese erst durch die Deliktsmehrheit erklärlich ist, kommt es in solchen Konstellationen nicht an (BGHSt 65, 221 = NJW 2021, 1687 mAnm Kinzig NJW 2021, 1690 und Peglau JR 2022, 148; zutr. Kritik an der entspr. Gesetzesfassung etwa bei Kinzig ZJJ 2008, 245 (246); Ostendorf/Petersen ZRP 2010, 245 (246); Kreuzer NStZ 2010, 473 (475)). Dass das Spektrum der aufgeführten Straftatbestände enger als im allg. StR ist, wird dadurch teilw. konterkariert. Allerdings muss die Anlasstat das konkrete Opfer (s. auch § 373b Abs. 1 StPO) seelisch oder körperlich schwer geschädigt oder einer dahingehenden Gefahr ausgesetzt haben, wobei das Kriterium der „Schwere" hierbei an Bestimmtheit entbehrt. Bei der Auslegung ist sicherzustellen, dass die Begrenzung auf „besonders gravierende Verbrechen" (BT-Drs. 16/6562, 9) gewährleistet ist. – Darauf, ob es Vorverurteilungen gab, stellt die Vorschrift nicht ab.

Auch die **materiellen Voraussetzungen** werden nach Abs. 2 S. 1 Nr. 2 40
– zumindest „technisch" – etwas abw. von den Vorgaben im allg. StR (Hang und Allgemeingefährlichkeit) geregelt (Diemer/Schatz/Sonnen/Diemer Rn. 33 f.; krit. zum Fehlen des Hang-Erfordernisses Bartsch ZJJ 2013, 182 (186); dennoch darauf abstellend LG Hannover BeckRS 2020, 37550). Sie bestehen darin, dass sich aus der Gesamtwürdigung der bei der Anlassverurteilung erkennbaren Tatsachen eine **hohe Wahrscheinlichkeit** schwerer künftiger Deliktsbegehung ergibt. Dabei muss es sich erstens bei den erwartbaren Straftaten um solche der in Abs. 2 S. 1 Nr. 1 bezeichneten Art handeln, die auch die entspr. opferbezogene Beeinträchtigung hervorrufen würden. Zweitens wird vom Gesetz diesbzgl. ein hoher Erwartungs- bzw. Überzeugungsgrad vorausgesetzt (BT-Drs. 17/9874, 22 f.; BGHSt 65, 221 = NJW 2021, 1687) – obwohl wegen der vergleichsweise kürzeren Lebensgeschichte idR nicht wie bei Erwachsenen an Vorstrafen oder Haftaufenthalte als prognostisch relevante Indikatoren angeknüpft werden kann. Dennoch muss das Gericht methodisch abgesichert und begründbar von einem hochgradigen künftigen Tatrisiko ausgehen können, wobei bzgl. schwerster Taten eine etwas geringere Erwartbarkeit ausreichen kann (vgl. Peglau JR 2022, 148 (149 f.), der indes ggf. sogar eine unter 50ige Wahrscheinlichkeit genügen lassen will). Für diese „Gefährlichkeits"-Prognose kommt es (insoweit ebenso wie im allg. StR) auf den Zeitpunkt der Verurteilung an (n. zu den Prognoseanforderungen auch BGH NStZ-RR 2023, 352: „hohes Maß an Gewissheit" erforderlich). – Nach allgA muss das Gericht in den Urteilsgründen darlegen, dass es vom Vorliegen dieser Voraussetzungen überzeugt ist oder diese für hoch wahrscheinlich hält. Auch muss es eigens aufzeigen, dass und wie es bei der Anordnung des Vorbehalts sein **Ermessen** ausgeübt hat. Wenn es dabei keine Berücksichtigung der erzieherischen Dysfunktionalität (→ Rn. 34) erkennen lässt, liegt ein Ermessensfehler vor.

b) Vorgaben zum Vollzug der Jugendstrafe. Bei erfolgtem Vorbehalt 41
hat das erkennende Gericht den Vollzug der verhängten JStrafe in einer **sozialtherapeutischen Einrichtung** anzuordnen, wenn die zukünftige Legalbewährung dadurch eher gefördert werden kann (Abs. 3). Möglich ist das, solange der Verurteilte nicht das 27. Lbj. vollendet hat. Durch die JKammer bzw. die Strafvollstreckungskammer (s. Abs. 3 S. 4) kann diese

Anordnung auch nachträglich ergehen (Abs. 3 S. 2), etwa wenn die individuellen Förderpotenziale des Vollzugs in einer sozialtherapeutischen Einrichtung bei der Verurteilung zunächst nicht erkannt wurden oder noch nicht zu erkennen waren. Solange die Verlegung in die Sozialtherapie und/oder die entspr. Anordnung nicht erfolgt ist, muss in halbjährigen Abständen die nachträgliche Veranlassung geprüft werden (Abs. 3 S. 3).

42 In der sozialtherapeutischen Anstalt (aber letztlich auch schon im vorherigen Regelvollzug) besteht die Pflicht, gegenüber dem Verurteilten eine **individuell geeignete Behandlung** anzubieten, um die spätere Umsetzung der vorbehaltenen Sicherungsverwahrung möglichst entbehrlich zu machen (vgl. Abs. 3 S. 5 iVm § 66c Abs. 2 StGB). Die Einhaltung der Anforderungen an einen entspr. behandlerisch ausgestalteten JStVollz unterliegt gem. § 119a StVollzG iVm § 2 Abs. 2 der **zwingenden gerichtlichen Kontrolle.** Diese erfolgt durch die JKammer bzw. Strafvollstreckungskammer (→ § 92 Rn. 177a) im Zweijahresrhythmus oder auf Antrag der Vollzugseinrichtung (zur Verteidigerbeiordnung in diesem Verfahren s. §§ 109 Abs. 3, 119a Abs. 6 StVollzG und → § 92 Rn. 180; zu reduzierten Begründungs- und Darlegungspflichten bei vollständiger Mitwirkungsverweigerung des Verurteilten OLG Hamm NStZ-RR 2016, 26 (Ls.) = BeckRS 2016, 03071). Dass dem Verurteilten ua auch vollzugsöffnende Maßnahmen gewährt wurden, ist hierbei zwar kein ausdrücklich erwähnter Prüfgegenstand (denn § 119a Abs. 1 Nr. 1 StVollzG verweist nicht auf § 66c Abs. 1 Nr. 3 StGB). Sofern eine Lockerungsmöglichkeit nicht fallkonkret ausscheidet, muss aber auch dieser Bereich, da er Teilaspekt einer spezialpräventiv ausgerichteten Vollzugsgestaltung ist, in die Prüfung einbezogen werden.

43 Gem. **Abs. 3 S. 5** iVm **§ 67a Abs. 2 S. 2 StGB** kann die verurteilte Person bei vorbehaltener Sicherungsverwahrung aus dem JStVollz in ein psychiatrisches Krankenhaus (§ 63 StGB) oder in eine Entziehungsanstalt (§ 64 StGB) überwiesen werden, sofern die Durchführung einer Heilbehandlung oder Entziehungskur (zB bei Suchtmittelkranken) angezeigt ist und die zukünftige Legalbewährung dadurch eher gefördert werden kann. Eine entspr. Indikation lässt sich allerdings nicht ausschließlich nach medizinischen Kriterien feststellen. Unter Verhältnismäßigkeitsaspekten kommt es vielmehr (auch) darauf an, dass im Vollzug angebotene Maßnahmen weniger erfolgversprechend sind. Die Unterbringungszeit wird iÜ auf die JStrafe angerechnet (TK-StGB/Kinzig StGB § 67a Rn. 6).

44 **c) Unterbringungsentscheidung. aa)** Über die Realisierung der Sicherungsverwahrung entscheidet die JKammer (→ § 81a Rn. 5) nach Abs. 2 S. 2 und 3. Eine (vorbehaltene) Anordnung kann, wie sich aus dem Verweis auf § 66a Abs. 3 S. 1 StGB ergibt, nur bis zur vollständigen Vollstr der JStrafe ergehen. Die Prüfung, ob die Unterbringung in der Sicherungsverwahrung am Ende des JStVollz **zBew auszusetzen** ist, bestimmt sich gem. Abs. 2 S. 3 nach § 67c Abs. 1 S. 1 StGB entspr. (vgl. dazu auch → § 82 Rn. 16 ff.). Die Aussetzung erfolgt hiernach, wenn eine Anordnung nicht mehr materiell gerechtfertigt (vgl. → Rn. 40) wäre. Außerdem muss das Gericht prüfen, ob es im JStVollz die erforderlichen individuellen Betreuungsangebote gegeben hat. Wird dies bspw. wegen einer fehlerhaften Behandlung verneint (BGH NStZ-RR 2020, 341 (342), wäre die Unterbringung **unverhältnismäßig,** sodass sie stattdessen zBew ausgesetzt werden muss (nicht aber nur wegen des Fehlens der richterlichen Kontrolle – so (bei

anforderungsgemäßer Behandlung) jedenfalls KG NStZ-RR 2016, 125). Im Rahmen dieser Prüfung im Vollstreckungsverfahren sind die Feststellungen, die gem. § 119a Abs. 1 StVollzG iVm § 2 Abs. 2 bei der Überprüfung der Betreuungsbedingungen im Vollzugsverfahren erfolgt sind (vgl. → Rn. 42), bindend (§ 119a Abs. 7 StVollzG). Eine solche Bindung ist problematisch, wenn sich rückblickend ergibt, dass die Vorenthaltung bestimmter Behandlungselemente entgegen der früheren (gerichtlichen) Einschätzung an sich unzulässig war. – Für die Prüfung gem. Abs. 2 S. 2 und 3 ist ein **Sachverständiger** heranzuzuziehen (§ 81a iVm § 275a Abs. 4 S. 1 StPO; RL Nr. 2; n. → § 43 Rn. 34 ff. und RL Nr. 3 betr. die Auswahl des Sachverständigen; → § 81a Rn. 7 betr. die Belehrung durch den Sachverständigen). Bei einer Aussetzung zBew tritt nach hM jeweils Führungsaufsicht (→ Rn. 56) ein (Abs. 2 S. 3 iVm § 67c Abs. 1 StGB).

bb) Nach Abs. 2 S. 2 **ordnet** das Tatgericht die Unterbringung in **Sicherungsverwahrung an,** wenn die vorgenannten Bedingungen nicht gegeben sind und sich durch eine erneute, die Entwicklung des Betroffenen seit seiner Verurteilung einbeziehende Gesamtwürdigung die in → Rn. 40 genannte Deliktsbegehungserwartung bestätigt. Da indes Straftaten der in Abs. 2 S. 1 Nr. 1 bezeichneten Art von der fraglichen Person lediglich „zu erwarten“ sein müssen (iS einer konkreten Gefahr), ist hier keine „hohe Wahrscheinlichkeit“ mehr verlangt. Auch ist das Gericht (anders als noch bei der Vorbehaltsanordnung) bei Bejahung der Voraussetzungen in seiner Entscheidung gebunden. All dies zeigt, dass nach der gesetzgeberischen Vorgabe die zentrale Weichenstellung mit der Vorbehaltsentscheidung erfolgen und dann mit der Unterbringungsentscheidung (ungeachtet des behandlerisch auszugestaltenden JStVollz) eigentlich kaum noch korrigiert werden soll. Für die Betroffenen muss dies während des JStVollz demotivierend wirken, was die erzieherische Dysfunktionalität (→ Rn. 34) unterstreicht. Immerhin bedarf es auch für die neuerliche Gesamtwürdigung verlässlich festgestellter Tatsachen. Bei deren prognostischer Einordnung sind Fehlinterpretationen insbes. von Verhaltensweisen oder Vorkommnissen während des JStVollz (zB Disziplinarverfahren, Auseinandersetzungen, (Nicht-)Annahme von als betreuend geltenden Angeboten) unbedingt zu vermeiden (Brettel R&P 2013, 19 (20 f.); s. dazu auch → Rn. 8). So ist zB eine Anlastung sog. „Therapieverweigerung“ oft schon deshalb zw., weil die Sicherungsverwahrung unabhängig von psychopathologischen Problemlagen ist. 45

Wird die Sicherungsverwahrung angeordnet und vollstreckt, gelten für deren **Vollzug** die Vorgaben des **§ 66c Abs. 1** StGB iVm § 2 Abs. 2 (→ § 92 Rn. 155 ff.). Auch sieht das Gesetz wieder eine richterliche Kontrolle der individuell geeigneten Behandlung vor. Dies erfolgt mindestens bei der turnusmäßigen Fortdauer-Prüfung nach den Maßgaben des § 67d Abs. 2 S. 2 StGB iVm § 2 Abs. 2. Fehlt es an hinreichenden Behandlungsangeboten und werden diese nicht fristgerecht nachgebessert, ist die Unterbringung (deren Verhältnismäßigkeit unter diesen Bedingungen nicht länger gegeben wäre) zBew auszusetzen (zum zu prüfenden Maßnahmespektrum → Rn. 42). Abgesehen davon **endet** die Sicherungsverwahrung erst zu einem Zeitpunkt, zu dem eine Fortsetzung trotz aufrechterhaltener Gefährlichkeitseinschätzung unverhältnismäßig wäre (§ 67d Abs. 3 StGB: Erledigung). Für einen früheren Abschluss bedarf es der positiven prognostischen Beurteilung des Untergebrachten (§ 67d Abs. 2 StGB: Aussetzung zBew). Ob für die Erledigung oder Aussetzung zBew ein Anlass besteht, ist im 46

Jahresturnus zu überprüfen (§ 67e Abs. 2 StGB). Bis zur Vollendung des 24. Lbj. wird die **Überprüfungsfrist** durch Abs. 5 allerdings auf sechs Monate verkürzt. Das vom BVerfG statuierte Kontrollgebot (BVerfGE 128, 326 (382) = NJW 2011, 1931 (1939)) ist hier also in verstärkter Form eingelöst worden, weil der Unterbringungsvollzug bei nach JStR Verurteilten idR schwerwiegendere grundrechtsverkürzende Wirkungen hat als bei älteren Personen. – In allen Varianten tritt dann nach hM (→ Rn. 56) Führungsaufsicht ein.

3. Die nachträgliche Sicherungsverwahrung gem. Abs. 4

47 Abs. 4 erlaubt die nachträgliche Sicherungsverwahrung in den gleichen Sonderkonstellationen, in denen dies auch bei Verurteilungen gem. § 66b StGB und § 106 Abs. 7 nach allg. StR möglich ist (zu Vollzug und Beendigung → Rn. 46). Abgesehen von der Frage der Konventionswidrigkeit (→ Rn. 37 f.) ist diese normative Gleichsetzung höchst problematisch (krit. auch Lange, Die Kriminalprognose im Recht der Sicherungsverwahrung, 2012, S. 210; Karmrodt, Sicherungsverwahrung bei Verurteilungen nach Jugendstrafrecht, 2012, S. 158 ff.), gerade auch weil die oben erörterte Prognoseschwierigkeit hier abermals besteht (→ Rn. 34). – Die JKammer (zur Zuständigkeit → § 81a Rn. 5; zur Hinzuziehung von zwei Sachverständigen s. § 81a iVm § 275a Abs. 4 S. 2 StPO) ist nicht zur Anordnung der Sicherungsverwahrung verpflichtet, sondern entscheidet darüber nach pflichtgemäßem **Ermessen.** Dessen tatsächliche Ausübung muss im Urteil dargelegt werden (BGH StV 2022, 307 (Ls.) = BeckRS 2021, 21674). Besonders bedeutsam ist das in Fällen, in denen die Bedingungen von Abs. 4 Nr. 1 und 2 zu bejahen sind und der Eindruck besteht, dass der Verurteilte wegen institutioneller Eigenbelange oder ähnlicher Gründe aus dem psychiatrischen Krankenhaus in die Sicherungsverwahrung überführt werden soll (etwa wegen der Kosten oder aus organisatorischen Erwägungen). Das Gericht muss diesen Anstoß – auch wenn die Erledigungserklärung gem. § 67d Abs. 6 StGB eine formelle Voraussetzung darstellt und es deshalb nicht auf deren materielle Richtigkeit ankommt – also nicht exekutieren (bspw., wenn es weiterhin Behandlungsbedarf beim Betroffenen sieht). Das gilt auch, wenn aus der Sicherungsverwahrung eine (Rück-)Überweisung in die psychiatrische Klinik gem. § 67a Abs. 2 StGB angedacht wäre (zu einer solchen, dem Gesetz fremden „nachträglichen Unterbringung“ gem. § 63 StGB allg. abl. BGH NStZ-RR 2006, 303; NStZ-RR 2019, 386 (387)).

4. Rechtstatsächliches

48 Die amtliche Statistik wies an den Stichtagen des 31.3.2014 und 2015 jeweils einen zu JStrafe verurteilten Insassen mit vorbehaltener Sicherungsverwahrung im (Jugend-)Strafvollzug aus. Jeweils drei Personen waren nach einer Verurteilung nach JStR in Sicherungsverwahrung untergebracht (Dessecker/Leuschner, Sicherungsverwahrung und vorgelagerte Freiheitsstrafe, 2019, S. 40, 93). Einer Befragung bei den Landesjustizverwaltungen (vgl. Kaspar Sicherungsverwahrung 2.0?/Meier, 2017, S. 217, 220 f.) zufolge befanden sich am 31.3.2016 insgesamt vier Personen mit Vorbehaltsanordnung „im JStVollz/Sozialtherapie“ (je eine in BW, Hess., Nds. und NRW) und zwei waren in Sicherungsverwahrung untergebracht (beide in Bay.). Im Jahr

2022 war die Situation im Wesentlichen unverändert (Leuschner/Dessecker FS 2024, 11 (13)). Die Betroffenenzahlen sind also äußerst niedrig, auch im Verhältnis zum allg. StR und ebenso unter Berücksichtigung der eher wenigen Personen, die für eine Sicherungsverwahrung nach JStR überhaupt in Betracht kommen. Damit werden die Stellungnahmen bestätigt, die einen **Bedarf** an dieser Sanktionsform von Anbeginn **bezweifelt** hatten (→ Rn. 30). Weiter gestützt wird die Entbehrlichkeit der Sicherungsverwahrung durch die erhebliche Gruppe jener Bundesländer, die ganz ohne diese Maßregel auskommen.

V. Führungsaufsicht

1. Einordnung und Problematik der Norm

Die Maßregel hat sich historisch aus der früheren Polizeiaufsicht (§§ 38 f. 49
RStGB) entwickelt (Kwaschnik, Die Führungsaufsicht im Wandel, 2008, S. 31 ff.; Rohrbach, Die Entwicklung der Führungsaufsicht (…), 2014, S. 56 ff.). Sie schließt sich an die Vollstreckung von stationären Maßregeln oder (in bestimmten Fällen) an die von JStrafen an, um nach der Entlassung noch Sicherungs- und Unterstützungszwecke verfolgen und so beaufsichtigende Kontrolle und helfende Betreuung verknüpfen zu können. Hierbei soll va durch Weisungen auf die Lebensführung nach der Entlassung eingewirkt werden. Die darin liegende (auf die Freiheitsentziehung folgende und zu dieser hinzutretende) Belastung verstoße nach BVerfGE 55, 28 (30 f.) = NStZ 1981, 21 (22) weder gegen das Verbot der Doppelbestrafung (Art. 103 Abs. 3 GG) noch gegen den Verhältnismäßigkeitsgrundsatz.

Insgesamt weist die Führungsaufsicht eine gewisse Ähnlichkeit mit der 50
Bewährungshilfe auf, wenngleich der Sicherungsaspekt bei ihr deutlich stärker akzentuiert ist. Inhaltlich zeigt sich dies bspw. in der höheren Eingriffsintensität des Weisungskatalogs, in dessen strafrechtlicher Absicherung (§ 145a StGB) und in der Zuständigkeit einer Aufsichtsstelle (Art. 295 EGStGB), der die verurteilte Person untersteht. Die Aufgaben- und Funktionsverteilung zwischen Aufsichtsstelle und dem für die fragliche Person ebenfalls bestellten BewHelfer ist im Gesetz kaum geregelt. Der Überwachungsauftrag ist nach allg. Interpretation von § 68a Abs. 3 StGB primär an die Aufsichtsstelle adressiert, während der BewHilfe vornehmlich die Betreuung obliegt (§ 68a Abs. 2 StGB). Allerdings begründet die Unterbestimmtheit der gesetzlichen Ausgestaltung die Gefahr einer **zweigleisigen Überkontrolle** durch beide Institutionen. Ohnehin liegt in der Spannung zwischen Sicherungs- und Betreuungszweck eine konzeptionelle Schwäche der Führungsaufsicht, da eine integrierende Verwirklichung dieser Doppelfunktion kaum möglich zu sein scheint (speziell mit Blick auf § 68a Abs. 7 StGB bspw. Dessecker FS Heinz, 2012, 631 (635 ff.): Verpolizeilichung; vgl. für einen Überblick über die kritische Diskussion etwa NK-StGB/Ostendorf StGB Vor § 68 Rn. 12). Aus der Sicht vieler BewHelfer erschließt sich die Erforderlichkeit der Aufsichtsstellen nicht (vgl. die Befragung bei Kwaschnik, Die Führungsaufsicht im Wandel, 2008, S. 479 ff., 486 ff.; vgl. auch Antons Bewährungshilfe 1992, 286: viele Aufsichtsstellen beschränkten sich auf das Sammeln von Daten und Informationen).

51 Die Dominanz der Kontrollfunktion der Führungsaufsicht (empirisch Rohrbach, Die Entwicklung der Führungsaufsicht (…), 2014, S. 186 ff., 238 ff.) wird insbesondere durch die Kontrollaufgaben der Aufsichtsstellen getragen (für Einschränkung ihrer Berichtspflicht ggü. dem Gericht Mainz NStZ 1987, 541 (543)). Diese schließen präventive Meldebefugnisse ein (vgl. hierzu § 481 Abs. 1 S. 3 StPO auch für BewHelfer). Weisungsverstöße werden so ggf. der strafrechtlichen Sanktionierung zugeführt **(§ 145a StGB).** Die diesbzgl. Strafdrohung wurde durch Gesetz v. 13.4.2007 (BGBl. I 513) von einem auf drei Jahre angehoben (zur Kritik an der Norm Fischer/Fischer StGB § 145a Rn. 3 mwN; zum Anstieg der Anwendung des § 145a StGB s. Rohrbach, Die Entwicklung der Führungsaufsicht (…), 2014, S. 37 ff., 225 ff.; Kinzig NK 2015, 230 (246 f.)). Der darauf gerichtete Strafantrag der Aufsichtsstelle (§ 145a S. 2 StGB) setzt die in § 68a Abs. 6 StGB vorgesehene, vorherige Anhörung des BewHelfers voraus (KG StV 2014, 144 = BeckRS 2013, 7822; AG Straubing StV 2015, 705 = BeckRS 2015, 17746; aA BGH NStZ 2015, 355 (alle zum allg. StR)).

2. Spezielle Einschränkungen im Jugendstrafrecht

52 Zur Führungsaufsicht kommt es im allg. StR im Anschluss an den stationären Maßregelvollzug (§ 68 Abs. 2 StGB: durch Gesetz) sowie bei der Verurteilung wegen mancher Delikte (nach Maßgabe von § 68 Abs. 1 StGB: richterliche Entscheidung) oder nach vollständiger Vollstr. einer längeren freiheitsentziehenden Sanktion (§ 68f StGB: durch Gesetz). Dass all diese Varianten tatsächlich auch im JStR von Bedeutung sind, ist **nicht zweifelsfrei.** Im Hinblick auf den **Gesetzesvorbehalt** ergeben sich hinsichtlich der zweiten und dritten Variante deshalb Bedenken, weil diese jeweils an die Verurteilung bzw. Vollstreckung zu einer „Freiheitsstrafe" oder „Gesamtfreiheitsstrafe" anknüpfen, woran es bei einer Verurteilung zu einer „JStrafe" wegen der qualitativen Unterschiede (→ § 17 Rn. 2 f.) aber zu fehlen scheint (AG Hameln ZJJ 2008, 84 = BeckRS 2007, 31433; Pollähne ZJJ 2008, 4 (8); Gundelach/Nix ZJJ 2015, 148 (150 f.)). Allerdings ergibt sich aus dem Funktionszusammenhang von § 68f StGB (zu diesem Kriterium → § 17 Rn. 60 ff.), dass die JStrafe dort gleichsam mitgemeint ist, weil für eine nachgängige ambulante Begleitung nach längerer JStrafe nicht weniger als nach längerer Freiheitsstrafe ein Anlass besteht (ähnlich BVerfG NStZ-RR 2008, 217 (218); vgl. auch BVerfG BeckRS 2008, 42264).

53 Zu berücksichtigen ist allerdings, dass sich der Normtext von Abs. 1, dem zufolge die Führungsaufsicht ausdrücklich „angeordnet werden" kann, nicht auf die Konstellationen von § 68 Abs. 2 StGB bezieht, da dort die Unterstellung kraft Gesetzes erfolgt und eine entbehrliche, aber ggf. erfolgende „Anordnung" hier gar keine rechtliche, sondern lediglich deklaratorische Wirkung hat (vgl. etwa MüKoStGB/Groß/Ruderich StGB § 68f Rn. 18). Daher erlaubt Abs. 1 **nur** die Führungsaufsicht iSv **§ 68 Abs. 1 StGB** (ebenso AG Hameln ZJJ 2008, 83; Pollähne ZJJ 2008, 4 (6); Sommerfeld NStZ 2009, 247 (249)). Auch die Ansicht, in den Konstellationen des § 68 Abs. 2 StGB ergebe sich die Anwendbarkeit der Führungsaufsicht im JStR aus § 2 Abs. 2 (so OLG Bremen BeckRS 2019, 5983; Sommerfeld NStZ 2009, 247 (250)), überzeugt nicht, weil die Maßregeln der Besserung und Sicherung in § 7 für das JGG speziell und abschließend normiert sind (ähnlich Pollähne ZJJ 2008, 4 (7)). Dem Bedürfnis nach einer nachgängigen

Betreuung muss und kann also in den Fällen des § 68f StGB durch eine vermehrte JStrafrestaussetzung zBew entsprochen werden. Allerdings geht das BVerfG (NStZ-RR 2008, 217; BeckRS 2008, 42264) über diese Problematik ohne eine sachliche Auseinandersetzung hinweg und lehnt die hier vertr. Einschränkung ab.

Die hM, die die Führungsaufsicht im JStR daher in gleicher Weise wie im allg. StR einsetzt (vgl. stellvertretend OLG Bremen BeckRS 2019, 5983 mwN zur Judikatur), ignoriert auch die materielle Unverträglichkeit. So muss (trotz fehlender amtlicher Statistik) davon ausgegangen werden, dass ein Großteil aller Unterstellungen auf § 68f StGB beruht (dazu und zur Anwendungshäufigkeit Weigelt/Hohmann-Fricke Bewährungshilfe 2006, 215 (221, 227 ff.); vgl. auch Kinzig NK 2015, 230 (242 ff.) sowie mwN Eisenberg/Kölbel § 38 Rn. 4 f.). Hier wird die freiheitsentziehende Sanktion also automatisch in eine ambulante behördliche Kontrolle überführt. Bereits die dabei zum Tragen kommende **Pauschalisierung** der Unterstellungsvoraussetzungen, die auf bestimmten Sanktionsarten und -höhen aufbauen, **widerspricht** der **individualisierenden** entwicklungsbezogenen Rechtsfolgenlogik im JGG (krit. zur erfolgten Ausdehnung des Anwendungsbereichs der Führungsaufsicht aus empirischer Sicht Schalast R&P 2006, 59 (62); Dessecker Bewährungshilfe 2007, 276 (281 f.)). Auch bestehen seit jeher Zweifel an der spezialpräventiven Funktionalität dieser Maßregel (vgl. etwa schon Antons Bewährungshilfe 1992, 282 (283); negiert bspw. von LG Berlin NStZ 2009, 46). Eine konzeptionelle Ausgestaltung, die speziell der **erzieherischen Grundorientierung** (§ 2 Abs. 1) des JStR entspräche, **fehlt** jedenfalls ganz (dazu auch Gundelach, Die Führungsaufsicht nach der Vollverbüßung einer Jugendstrafe, 2015, S. 163 ff.: verfassungswidrig; s. zur Durchführung in Nds. aber auch Jesse ZJJ 2020, 373). Insofern wird die hier vertretene Einschränkung auch durch die Maxime der jugendgemäßen Auslegung gestützt (→ § 2 Rn. 19). 54

3. Voraussetzung und Ausgestaltung

a) Unterstellung. aa) Die Führungsaufsicht gem. **§ 68 Abs. 1 StGB** iVm. Abs. 1 wird im Urteil angeordnet (und in einem zusätzlichen Beschluss konkret ausgestaltet). Dies setzt die Begehung einer Straftat, als deren Rechtsfolge die Unterstellung vorgesehen ist (vgl. ua § 181b StGB), sowie die diesbzgl. Verurteilung zu einer mindestens sechsmonatigen JStrafe und die Wahrscheinlichkeit erneuter Straffälligkeit voraus. Im dann eröffneten Anordnungsermessen muss das Gericht jedoch berücksichtigen, dass eine erzieherische Ausgestaltung der Führungsaufsicht idR nicht gewährleistet und die Unterstellung daher kaum funktional iSv § 2 Abs. 1 ist. Außerdem sind mildere Maßnahmen vorzuziehen (vgl. MüKoStGB/Laue Rn. 18: Betreuungsweisung). Von der Maßregel darf daher nur in **Ausnahmefällen** (ebenso Brunner/Dölling Rn. 10; TK-StGB/Kinzig StGB § 68 Rn. 15; vgl. auch Nix/Rzepka Rn. 10: höchst restriktiv) und allein nach entspr. rechtlichen Hinweisen (BGH StV 2015, 207 = BeckRS 2014, 10641) Gebrauch gemacht werden. Bejaht das Gericht die vorausgesetzte Rückfallerwartung ohne hinreichend konkrete Prognoseentscheidung, die wiederum eine Gesamtwürdigung von Tat und Täter voraussetzt, kann die Anordnung in der Revision aufgehoben werden (zu steigenden Prognoseanforderungen, je weniger der Abgeurteilte strafrechtlich vorbelastet ist, vgl. BGH StV 2015, 55

207 = BeckRS 2014, 10641). – In der Praxis wird die gebotene zurückhaltende Anwendung iÜ eingelöst (vermutlich auch deshalb, weil bei jugendtypischen Delikten idR keine Führungsaufsicht vorgesehen ist). So kam es im Bereich des JStR in den meisten Jahren bislang nur zu Anordnungen in einstelliger Anzahl. 2019 betraf es zwei heranwachsende, 2020 eine jugendliche und fünf heranwachsende, 2021 eine jugendliche sowie 2022 eine heranwachsende und zwei jugendliche Person(en) (StrafSt Tab. 5.5 bzw. 24311-30; zu den Vorjahren → 21. Aufl. Rn. 65).

56 **bb)** Sofern man entgegen der hier vertretenen Ansicht (vgl. → Rn. 53) davon ausgeht, dass auch die Führungsaufsicht **kraft Gesetzes** im JStR anwendbar ist, kommt es in den in → Rn. 13, → Rn. 26, → Rn. 44 und → Rn. 46 genannten Konstellationen automatisch zu einer Unterstellung. Ebenso verhält es sich bei Vorliegen der Voraussetzungen von § 68f Abs. 1 StGB (zu den Bedingungen des ausnahmsweisen Entfallens gem. § 68f Abs. 2 StGB vgl. etwa TK-StGB/Kinzig StGB § 68f Rn. 10 f.). Das ist bei einer mindestens zweijährigen JStrafe wegen eines Vorsatzdeliktes oder einer mindestens einjährigen JStrafe wegen eines der in § 181b StGB genannten Delikte und deren vollständiger Vollstreckung der Fall. Eine vollständige Vollstreckung ist nicht nur bei ununterbrochenem Vollzug gegeben, sondern ebenso bei einer gem. § 26 Abs. 1 widerrufenen Strafrestaussetzung (wobei die vollstreckten Strafteile in der Summe von hinreichender Länge sein müssen). Anrechnungszeiten gem. § 51 StGB (vgl. auch → § 52a Rn. 12 f.) zählen zur Vollstreckung iSv § 68f StGB. Kommt es durch die Anrechnung jedoch zu einer vollständigen Erledigung der JStrafe, fehlt es an der Voraussetzung „Entlassung aus dem Strafvollzug“ sowie iÜ auch am gesteigerten Eingliederungsbedarf. Führungsaufsicht tritt hier ausnahmsweise nicht ein (vgl. zum Streitstand im allg. StR etwa KG NStZ-RR 2005, 43; TK-StGB/Kinzig StGB § 68f Rn. 5 f.).

57 Bei einer Verurteilung zu einer Einheitssanktion (§ 31 Abs. 2) ist hinsichtlich der gesetzlich geforderten Straflänge (ein bzw. zwei Jahre) die Dauer der **Einheits-JStrafe** maßgeblich (so bspw. OLG Bamberg NStZ-RR 2007, 94; OLG Hamm BeckRS 2014, 13010; OLG Bremen BeckRS 2019, 5983). Zwar muss die Einheits-JStrafe allein wegen Vorsatztaten verhängt worden sein (die Unterstellung bei einem mitabgeurteilten Fahrlässigkeitsdelikt daher abl. OLG Saarbrücken StV 2017, 719 (Ls.) = BeckRS 2016, 111323; abw. Diemer/Schatz/Sonnen/Diemer Rn. 11; im allg. StR auch OLG Frankfurt a. M. NStZ-RR 2008, 391; OLG Jena NStZ-RR 2010, 262). Dennoch ist die Schwelle für den Eintritt der Führungsaufsicht durch diese Rechtslage, die sich der Einbeziehung der Gesamtfreiheitsstrafe in § 68f Abs. 1 StGB durch das Gesetz v. 17.4.2007 verdankt (zur Entsprechung der Einheits-JStrafe → Rn. 52), in problematischer Weise abgesenkt worden (bis dahin noch auf die entspr. hypothetische Dauer einer der einbezogenen JStrafen abstellend zB OLG Hamm NStZ-RR 1998, 61; OLG Stuttgart Die Justiz 2003, 267 = BeckRS 2002, 30292802; OLG Dresden ZJJ 2004, 435 = OLG-NL 2004, 283; KG bei Böhm NStZ-RR 2004, 257 (257); OLG Zweibrücken NStZ-RR 2005, 246; abw. damals schon OLG München NStZ-RR 2002, 183). Die Voraussetzungen der Führungsaufsicht sind auf dieser Grundlage im JStR schlicht zu weit angelegt (n. Fiebrandt ZJJ 2008, 278).

58 **b) Weisungen.** Die Führungsaufsicht kann durch gerichtliche Weisungen ausgestaltet werden, um hierdurch auf die Lebensführung der fraglichen

Person Einfluss zu nehmen und die Deliktsbegehungserwartung zu reduzieren. Zulässig sind allerdings nur Weisungen, für die in § 68b Abs. 1 und 2 StGB iVm Abs. 1 eine gesetzliche Grundlage besteht. Die jeweilige Weisung muss das **Gericht selbst** festlegen, ohne die Erteilungsbefugnis an die Aufsichtsstelle oder den BewHelfer übertragen zu dürfen (vgl. auch OLG Hamm R&P 2010, 98 = BeckRS 2010, 2230: sonst Verstoß gegen Richtervorbehalt). Inhaltlich muss das Gericht die jeweiligen Pflichten ebenso wie die Fragen der Kontrolle (Art, Häufigkeit, Zuständigkeit) gem. § 68b Abs. 1 S. 2 StGB **hinreichend genau bestimmen** (BGH NJW 2013, 710; BGH NStZ-RR 2014, 78; OLG München NStZ 2011, 94; OLG Koblenz BeckRS 2011, 20782 alle zum allg. StR). Andernfalls ist die Anweisung rechtswidrig (BVerfG BeckRS 2011, 4308; OLG Dresden NStZ-RR 2008, 27; NStZ 2008, 572 alle zum allg. StR). Da die Kosten der Weisung den § 464a Abs. 1 S. 2 StPO, § 465 StPO nicht unterfallen, ist hierüber als Weisungsannex ebenfalls zu entscheiden – jedenfalls wenn sie unter Berücksichtigung von § 68b Abs. 3 StGB als erheblich gelten und ggf. zu Lasten der Staatskasse gehen (vgl. OLG Bremen NStZ 2011, 216; OLG Karlsruhe NStZ-RR 2011, 30; OLG München NStZ-RR 2012, 324). Im Übrigen bedarf es einer **schriftlichen Begründung,** die (in den Fällen von § 68b Abs. 1 StGB) auch auf die Strafbewehrung (§ 145a StGB) hinweisen muss (so zum allg. StR BGH NStZ-RR 2016, 200; BeckRS 2016, 18882; OLG Saarbrücken NStZ-RR 2016, 243; abw. LG Verden StraFo 2017, 512 = BeckRS 2017, 117736). Durch eine mündliche Belehrung oder sog. Gefährderansprachen oder Hinweise des BewHelfers wird dies nicht ersetzt (BGH StraFo 2015, 471 = BeckRS 2015, 15770).

In der Sache müssen Weisungen mit dem **Gesetzeszweck** vereinbar sein **59**
(vern. für die Weisung, das deutsche Staatsgebiet zu verlassen, OLG Köln NStZ 2010, 153). Ferner müssen sich die angeordneten Eingriffe als (mit Blick auf die Anlasstat und das angestrebte zukünftige Legalverhalten) **verhältnismäßig** erweisen (hierzu unterschiedlich streng zB BVerfG BeckRS 2011, 4308; OLG Dresden StV 2015, 701 = BeckRS 2014, 18527; OLG Zweibrücken NStZ 2017, 291 alle zum allg. StR). Außerdem unterliegen Weisungen der **Zumutbarkeitsgrenze** (§ 68b Abs. 3 StGB iVm Abs. 1). Diese ist in den Varianten von § 68b Abs. 1 StGB wegen der Strafbewehrung eher als bei Weisungen gem. § 68b Abs. 2 StGB erreicht (OLG Celle NStZ-RR 2010, 92). Dass sich die mit einer Weisung verbundenen Einschränkungen altersbedingt bei nach JStR Verurteilten oftmals stärker als bei älteren Personen auswirken, ist bei der Verhältnismäßigkeits- und Zumutbarkeitsprüfung zu berücksichtigen. Zudem kommen lediglich solche Weisungen in Betracht, die jugendgemäß und fallkonkret förderlich (also spezialpräventiv tatsächlich wirksam) sind (BVerfG NStZ-RR 2008, 217 (218))

Unter Berücksichtigung dieser Maßgaben gelten die Erläuterungen zum **60**
allg. StR entsprechend. Um die sich dabei gelegentlich stellenden Probleme aufzuzeigen, muss hier deshalb lediglich stellvertretend auf Weisungen zur Suchtproblematik verwiesen werden. Hinsichtlich der durch § 68b Abs. 1 Nr. 10 StGB erlaubten **Konsumkontrollen** ist umstr., ob die angewiesene Haarproben-Abgabe (ohne Einwilligung des Betroffenen) einen unerlaubten körperlichen Eingriff darstellt (bejahend OLG München NStZ 2011, 94; OLG Nürnberg NStZ-RR 2012, 261; vern. OLG München NJW 2010, 3527). Umstritten ist auch die Zulässigkeit von sonstigen Drogenscreenings, weil darin eine Abstinenzweisung impliziert ist und bei aufgedeckten Ver-

stößen eine Sanktionierung gem. § 145a StGB droht (dennoch die Zulässigkeit bejahend OLG Rostock NStZ-RR 2012, 222; OLG München NStZ-RR 2012, 324). Zumindest ggü. Personen, von denen infolge langer Abhängigkeit die Erwartung gar nicht erfüllt werden kann, handelt es sich hier um ein unverhältnismäßiges Vorgehen (vgl. BVerfG NJW 2016, 2170; OLG Dresden NJW 2009, 3315). Hinsichtlich einer Suchtbehandlung kann gem. § 68b Abs. 1 Nr. 11 StGB allein die Kontaktaufnahme mit einer entspr. Einrichtung bestimmt und durchgesetzt werden (Vorstellungsweisung), nicht aber auch eine (strafbewehrte) Therapie (OLG Dresden NStZ-RR 2008, 27 (28)). Therapieweisungen sind nur gem. § 68b Abs. 2 S. 2 und 3 StGB (ohne Strafbewehrung) möglich (zum Kreis forensischer Ambulanzen vgl. Eisenberg/Kölbel Kriminologie § 38 Rn. 7). Bei fehlender Einwilligung des Betroffenen fehlt es mangels Therapiebereitschaft idR aber an der Eignung (BGH NStZ-RR 2020, 186).

61 **c) Sonstige Modalitäten und Zuständigkeit.** Für die **Dauer** der Unterstellung ist im allg. StR ein Rahmen festgelegt (§ 68c Abs. 1 StGB), der sich an die dortige Regelung zur Bewährungszeit bei der Strafaussetzung (§ 56a Abs. 1 S. 2 StGB) anlehnt (zwei bis fünf Jahre). Da diese Bewährungszeit im JStR nach § 22 Abs. 1 S. 2 nur zwischen **zwei und drei Jahren** liegen darf, muss sich hier auch die Dauer der Führungsaufsicht in diesem Spektrum bewegen (LG Berlin NStZ 2010, 286 (286 f.); s. auch LG Hildesheim NdsRpfl 2010, 180 = BeckRS 2010, 12154 zur Geltung von § 68g StGB; unklar BVerfG StV 2024, 659 = BeckRS 2024, 9679, Rn. 28). Auf das Alter im Zeitpunkt der Entlassung kommt es dabei nicht an. Eine längere Unterstellungsdauer würde die Zeiträume, in denen viele Jugendliche und Heranwachsende denken, übersteigen und so demotivierend wirken. Mit Blick auf den Erziehungsauftrag (§ 2 Abs. 1) wäre dies gesteigert dysfunktional. – Droht parallel der Beginn einer Maßregelunterbringung oder eine weitere Führungsaufsicht, kommt es zur Beendigung oder zum Ruhen (§ 68e Abs. 1 StGB). Eine Aufhebung der Unterstellung ist bei einer positiven Prognose zwar möglich, dies aber erst nach zwei Jahren (§ 68e Abs. 2 StGB).

62 Gemeinsam mit den anderen Ausgestaltungsfragen (Bestellung eines BewHelfers; Festlegung von Weisungen) wird die Dauer im Falle von § 68 Abs. 1 StGB durch einen **tatgerichtlichen Beschluss** (§ 268a Abs. 2 StPO) festgelegt und sonst in einem **Beschluss** des Jugendrichters als **Vollstreckungsleiter** bestimmt (§§ 82 Abs. 1, 83 Abs. 1; s. ferner § 54a StrVollStrO; OLG Koblenz GA 1975, 285). Welches JGericht hier zuständig ist, ergibt sich aus §§ 84 Abs. 1, 85 Abs. 2–4 (zur möglichen Übertragung gem. § 85 Abs. 5 vgl. BGH NStZ-RR 2003, 29; NStZ-RR 2018, 227). Die Möglichkeit der Abgabe für einen inzwischen 24 Jahre alt gewordenen Verurteilten (§ 85 Abs. 6 S. 1) besteht auch bei der Führungsaufsicht. Kommt es hierzu, sind dann im Weiteren die allg. verfahrensrechtlichen Vorschriften über die Strafvollstreckung anwendbar. Hinsichtlich materiell-rechtlicher Fragen gelten aber die Regelungen des JStR weiterhin fort (OLG Hamm BeckRS 2014, 13010). – Während einer laufenden Führungsaufsicht ist iÜ eine befristete Wiederinvollzugsetzung der vorherigen Unterbringung gem. §§ 63, 64 StGB (**Krisenintervention** gem. § 68h StGB) auch im JStR möglich (dazu OLG Jena NStZ 2010, 283; s. auch TK-StGB/Kinzig StGB § 67h Rn. 14: nur ausnahmsweise).

VI. Entziehung der Fahrerlaubnis

1. Jugendstrafrechtliche Einordnung

Die Entziehung der Fahrerlaubnis stellt in jeder Hinsicht einen **Fremdkörper** im Rechtsfolgenspektrum des JStR dar (zum Folgenden zust. Weiss ZJJ 2024, 172 (174)). Erstens ist für die Maßregel ein angehobener Grad an Standardisierung kennzeichnend, da sie in ihren Anwendungsvoraussetzungen durch § 69 Abs. 2 StGB **pauschalierend** an die Begehung bestimmter Delikte anknüpft. Dies widerspricht der individualisierenden Rechtsfolgenlogik des JStR, in der der jeweilige Interventionsbedarf im Mittelpunkt steht. Zweitens handelt es sich bei ihr um eine Maßregel, in der auf positiv-beeinflussende Elemente, die bei anderen Maßregeln immerhin ansatzweise zum Tragen kommen (in Form etwa von therapeutischen Angeboten oder Hilfsangeboten), vollständig verzichtet wird. Ihre Wirkweise ist auf die schlichte Exklusion beschränkt und erschöpft sich in der davon ausgehenden **Sicherungswirkung.** Eine Entwicklung von „Straßenverkehrskompetenz" (zu dieser Entwicklungsaufgabe vgl. Mienert ZVS 2002, 27 ff. (75 ff.)) wird hierdurch nicht nur nicht gefördert, sondern regelrecht blockiert. Die langfristige Ausschließung von der Verkehrsteilnahme kann drittens auch erhebliche abträgliche **Nebenwirkungen** in anderen Lebens- und Entwicklungskontexten haben und sich so als entwicklungsschädlich erweisen (s. dazu → § 6 Rn. 6). Gemessen an § 2 Abs. 1 handelt es sich bei der Fahrerlaubnisentziehung also um eine gesteigert dysfunktionale Rechtsfolge. Zu berücksichtigen ist iÜ die angehobene Deliktsexposition, die sich nicht nur aus alterstypischen Lebensstilen (Bsp.: Verkehrsteilnahme bei nächtlichen Freizeitveranstaltungen), sondern auch aus dem Umstand ergibt, dass ein Fahrzeug und die („gekonnte") Verkehrsteilnahme für junge Menschen eine charakteristische Anerkennungs-, Status- und Selbstwertressource darstellt (Eisenberg/Kölbel Kriminologie § 47 Rn. 20 mwN). Aus all diesen Gründen ist die Kompatibilität der Maßregel mit den Anforderungen des § 2 Abs. 1 nur bei einer **jugendspezifischen Handhabung** (→ § 2 Rn. 20 ff.) sichergestellt. 63

In der Rechtswirklichkeit wird dies offenbar kaum umgesetzt. Jedenfalls ist die **Anwendungshäufigkeit** der Maßregel **hoch,** höher noch als die des Fahrverbots (wobei der Unterschied mit steigendem Alter zunimmt – n. Heinz Sekundäranalyse S. 1354 ff.; erg. Weiss ZJJ 2024, 172 (178 f.)). Dies beruht vermutlich auch darauf, dass seitens der Strafrechtspraxis der Höchstzeitraum des Fahrverbots als zu kurz beurteilt wird. Dafür spricht, dass innerhalb der Maßregelanordnungen hinsichtlich der Dauer der Sperre die längeren ggü. den kürzeren Fristen überwiegen. Im Einzelnen wurde der StrafSt (Tab. 5.4 bzw. 24311-30) zufolge in den Jahren 2011, 2015 und 2021/22 in Deutschland ggü. Jugendlichen in 991, 472 und 417/439 Fällen die Fahrerlaubnis entzogen (einschließlich nur der Sperre für die Erteilung einer Fahrerlaubnis, § 69a Abs. 1 S. 3 StGB). Ggü. Heranwachsenden lauteten die entsprechenden Zahlen 7.397, 4.096 und 3.693/3.907. Sperren von kürzerer Dauer (bis einschließlich sechs Monate) wurden davon bspw. 2022 lediglich bei 222 Jugendlichen bzw. 1.935 Heranwachsenden festgelegt (StrafSt 24311-32). 64

2. Voraussetzungen und Ausgestaltung

65 **a) Allgemeine Regelung.** Prinzipiell setzt die Maßregel eine rechtswidrige Tat im Verkehrskontext voraus, wegen der die betreffende Person verurteilt oder nur deshalb nicht verurteilt wird, weil ihre Schuldunfähigkeit erwiesen oder nicht auszuschließen ist (§ 69 Abs. 1 StGB iVm Abs. 1). In der ersten Variante wird die Rechtsfolge neben JStrafe, Zuchtmitteln oder Erziehungsmaßregeln angeordnet (BGHSt 6, 394 (397) = NJW 1955, 72). In der zweiten Variante, die auch bei Fehlen der strafrechtlichen Verantwortlichkeit iSv § 3 S. 1 vorliegt (vgl. BGHSt 6, 394 (397) = NJW 1955, 72; BayObLGSt 58, 263 (264)), kann es durchaus zu einer isolierten Anordnung kommen. Stets muss in der fraglichen Anlasstat allerdings deutlich werden, dass die betreffende Person **individuell ungeeignet** zum Führen von Kraftfahrzeugen ist. Bei den in § 69 Abs. 2 StGB genannten (Verkehrs-) Delikten ist dies der Regelfall. Bei allen anderen Straftaten muss deren Art und Begehungsweise auf eine verkehrsspezifische Gefährlichkeit schließen lassen, dh auf das beständige Zurückstellen der Verkehrssicherheit hinter individuelle Interessen (BGHSt 50, 93 = NJW 2005, 1957). Wird ein Fahrzeug für einen strafbaren BtM-Transport genutzt, ist eine solche Folgerung bspw. nicht ohne weiteres möglich (BGH NStZ 2015, 579). Selbst bei Delikten, bei denen der fragliche Schluss naheliegt (etwa bei Verkehrsdelikten außerhalb des Katalogs von § 69 Abs. 2 StGB), bedarf er einer entspr. Begründung (BGH StV 2020, 451 (Ls.) = BeckRS 2020, 6550).

66 **b) Jugendstrafrechtliche Modifikation bei der Anordnung.** Im Hinblick auf die in → Rn. 63 genannten Bedingungen unterliegt die Entziehung der Fahrerlaubnis im JStR einer konkreten **Erforderlichkeitsprüfung.** Dies drückt sich va darin aus, dass das Fehlen der Eignung zur Verkehrsteilnahme bei Begehung der in § 69 Abs. 2 StGB genannten Verkehrsdelikte nicht zwangsläufig, sondern (dem Normtext „in der Regel" entspr.) nur unter Berücksichtigung des Einzelfalls angenommen wird. Das bedeutet nicht, dass die Maßregelanordnung im Ermessen des Gerichts stünde (so unter Bezug auf „können" in Abs. 1 aber LG Oldenburg bei Böhm NStZ 1985, 447 (447) und bei Böhm NStZ 1988, 490 (491); s. dazu → Rn. 6). Vielmehr gilt die Regelvermutung des § 69 Abs. 2 StGB gem. § 2 Abs. 2 auch im JStR (vgl. etwa KG BeckRS 2022, 14327). Allerdings ist ihre **Widerleglichkeit** ernst zu nehmen, was nicht nur in Ausnahmefällen von Bedeutung sein kann (so aber OLG Karlsruhe ZJJ 2022, 60 = BeckRS 2022, 14684). Angesichts jugendtypischer Muster, die beim Freizeitverhalten (einschließlich des Alkoholkonsums) und/oder bei der subjektiven Bedeutung von Fahrzeugen und fahrerischen Agieren bestehen, ist vielmehr **stets** zu prüfen, ob das fragliche Delikt nicht bspw. (auch) durch **altersspezifische situative Bedingungen** (Bsp.: Gruppendruck) zu erklären ist.

66a Das Gericht darf also nicht von vornherein ausschließen, dass die gesetzliche Annahme, bestimmte Delikte seien Beleg eines Eignungsmangels, unberechtigt sein kann (iErg ebenso OLG Zweibrücken NZV 1989, 441; BezGericht Meiningen bei Janiszewski NStZ 1992, 269 (269 f.); AG Saalfeld DVJJ-Journal 2001, 426 = LSK 2002, 030340; AG Saalfeld BeckRS 2005, 2890; AG Oldenburg SVR 2008, 230 = LSK 2008, 280228; AG Eilenburg 19.9.2024 – 8 Ds 962 Js 15573/24 jug; Bandemer Zbl 1988, 325 (327 f.); Wölfl NZV 1999, 69 (70)). In diesen Konstellationen besteht Raum, durch iSv § 62 StGB iVm § 2 Abs. 2 weniger eingriffsinvasive Maßnahmen – dh (ggf. auch ein Fahrverbot oder) eine problemangepasste **Weisung** – (verkehrs-)sozialisatorisch Einfluss zu nehmen und auf eine höhere Konformität im Verkehrsverhalten hinzuwirken (vgl. auch Weiss ZJJ 2024, 172 (181); MAH Strafverteidigung/Schütrumpf § 52 Rn. 94). Die abw. und letztlich für eine gleichsam automatisierte Handhabung von § 69 Abs. 2 StGB eintretende **hM** (OLG Nürnberg NStZ-RR 2011, 386; AG Bremen-Blumenthal StV 2002, 373 = LSK 2003, 030467; NK-JGG/Ostendorf Rn. 15; MüKoStGB/Laue Rn. 21; HK-JGG/Rössner/Bannenberg Rn. 13) vernachlässigt den Erforderlichkeits- und Verhältnismäßigkeitsvorbehalt, unter dem jede Maßregel steht.

c) Jugendstrafrechtliche Modifikation bei der Sperrfrist. Die Sperrfrist, die das Gericht bei Anordnungen der Maßregel hinsichtlich der Wieder-/Erteilung der Fahrerlaubnis anordnen muss, muss zwischen 6 Monaten und fünf Jahren liegen (§ 69a StGB). Für die konkrete Festlegung soll an sich die prognostizierte Fortdauer des Eignungsmangels bestimmend sein (BGH BeckRS 1989, 31092679; MüKoStGB/von Heintschel-Heinegg/Huber StGB § 69a Rn. 25), wobei die Praxis bisweilen apokryph dazu tendiert, die Länge der Sperre mit der Schwere des Anlassdeliktes variieren zu lassen (Eisenberg/Kölbel Kriminologie § 38 Rn. 16 f.). Im JStR müssen indes die von **§ 2 Abs. 1** adressierten Aspekte zum Tragen kommen (abw. OLG Nürnberg StRR 2011, 367: Bemessung wie im allg. StR). Bei der Bestimmung des Zeitraums, für den ein Verkehrsausschluss erforderlich ist, sind die entwicklungshemmenden und ggf. auch kriminogenen Effekte des Verkehrsausschlusses (NK-JGG/Ostendorf Rn. 15) sind hierbei ebenso wie die alterstypische **Entwicklungsdynamik** (bzw. das ggf. nur passagere Eignungsdefizit) in Rechnung zu stellen und mit den Belangen der Verkehrssicherheit in ein angemessenes, dh auch entwicklungsgerechtes Verhältnis zu bringen (zur daraus resultierenden „Verkürzungs-Tendenz" in der Sache auch AG Rudolstadt StV 2013, 764 = BeckRS 2013, 14831; ZJJ 2017, 284 (286) = BeckRS 2017, 114984). Ebenso verhält es sich bei der Aufhebung der Sperrfrist gem. § 69a Abs. 7 StGB (AG Saalfeld VRS 2004, 287; Nöding Verteidigung Rn. 197 f.; abw. aber OLG Düsseldorf NZV 1990, 237; MüKoStGB/Laue Rn. 23; HK-JGG/Rössner/Bannenberg Rn. 13). 67

Die vorgenannten Grundsätze führen dazu, dass eine schematische Sperrfristbemessungspraxis im JStR nicht angängig ist. Vielmehr kommt es hier (stärker als im allg. StR) auch auf **individuelle** Bedingungen („verkehrsbezogene Gefährlichkeit") und deren **alterstypische Veränderlichkeit** an (insofern zust. Weiss ZJJ 2024, 172 (182)). Generell, dh ohne spezifischen Bezug zu jungen Personen, hat die Forschung eine Reihe von **Risikofaktoren** ausgemacht, die in die besagten Beurteilungen einfließen können. Dazu zählen geringe Normbindung bzw. höhere Akzeptanz von regelabweichendem Verhalten; hohe Emotionalität und Selbstwertrelevanz des (va sportlichen, dominanten) Fahrens; allg. Risikoaffinität sowie Impulsivität und herabgesetzte Frustrationstoleranz. Bei Trunkenheitsdelikten sind zudem die Konsumgewohnheiten und Gefährlichkeitseinschätzungen relevant, bei Verkehrsaggressionen offenbar auch narzisstische und generell aggressive Verhaltenstendenzen. Mit gewissen Abstrichen liegt der Risikograd – ungeachtet sog. „reiner Verkehrstäter" (Reiff, Straßenverkehrsdelinquenz in Deutschland, 2015, S. 472) – auch bei (verkehrs-)deliktischen Vorerfassun- 68 gen etwas höher (zum Ganzen n. und mwN Eisenberg/Kölbel Kriminologie § 57 Rn. 40 ff.). Aussagekräftig ist hierbei jedoch va die Kumulation und Interaktion der Faktoren, sodass von deren isoliertem Vorliegen allein noch nicht ohne weiteres auf ein Eignungsdefizit iSv § 69 StGB geschlossen werden kann.

Verbindung von Maßnahmen und Jugendstrafe

8 (1) **[1] Erziehungsmaßregeln und Zuchtmittel, ebenso mehrere Erziehungsmaßregeln oder mehrere Zuchtmittel können nebeneinander angeordnet werden. [2] Mit der Anordnung von Hilfe zur Erziehung nach § 12 Nr. 2 darf Jugendarrest nicht verbunden werden.**

(2) **[1] Neben Jugendstrafe können nur Weisungen und Auflagen erteilt und die Erziehungsbeistandschaft angeordnet werden. [2] Unter den Voraussetzungen des § 16a kann neben der Verhängung einer Jugendstrafe oder der Aussetzung ihrer Verhängung auch Jugendarrest angeordnet werden. [3] Steht der Jugendliche unter Bewährungsaufsicht, so ruht eine gleichzeitig bestehende Erziehungsbeistandschaft bis zum Ablauf der Bewährungszeit.**

(3) **[1] Neben Erziehungsmaßregeln, Zuchtmitteln und Jugendstrafe kann auf die nach diesem Gesetz zulässigen Nebenstrafen und Nebenfolgen erkannt werden. [2] Ein Fahrverbot darf die Dauer von drei Monaten nicht überschreiten.**

Übersicht

I. Anwendungsbereich

1 Es gelten die Erl. zu § 4 Abs. 1 entsprechend (→ § 4 Rn. 1 ff.). – Wird auf Heranwachsende materielles JStR angewandt (§§ 105 Abs. 1, 112 S. 1, 2, § 104 Abs. 1 Nr. 1), so sind auch dann aus dem Bereich der Erziehungsmaßregeln nur Weisungen zulässig (n. → § 9 Rn. 2).

II. Grundlagen

1. Verhältnis zum Erziehungsauftrag (§ 2 Abs. 1)

Die Möglichkeit der Kopplung verschiedener Sanktionen soll es ermöglichen, dem individuellen Interventionsbedarf durch eine Kombination verschiedener Einwirkungsmittel gerecht zu werden und so „die erzieherisch höchstmögliche Wirkung anstreben" zu können (BGHSt 18, 207 (208) = NJW 1963, 770). Die Praxis macht von dieser Option regen Gebrauch (Zahlen bei Heinz Sekundäranalyse S. 971 ff.; Palmowski Sanktionierung S. 203). Dass es dabei durchweg gelingt, das Vorgehen „nach erzieherischen Gesichtspunkten zu optimieren" (Diemer/Schatz/Sonnen/Diemer Rn. 2), ist allerdings fraglich. Vielmehr kommt es auf Grundlage von § 8 nicht selten zu einer Verbindung von **Rechtsfolgen unterschiedlicher Kategorien** und verschiedener Wirkrichtung (Erziehung, Ahndung oder aber Besserung und Sicherung – beifällig dagegen MüKoStGB/Laue Rn. 2 f.; Brunner/Dölling Rn. 1). Oftmals scheint dies auch eher schematisch zu erfolgen, dh ohne einzelfallbezogen zu reflektieren, ob die Kombination einsichtig, in sich verträglich, erforderlich und in ihrer Gesamtbelastung angemessen ist. Daher sieht sich die Normhandhabung – und zwar auch unterhalb der Schwellen von unzulässigen Verbindungen (→ Rn. 6 ff.) und unzweckmäßigen Kopplungen (→ Rn. 12 ff.) – erheblichen **erzieherischen Einwänden** ausgesetzt (instruktiv zu einem Einzelfall Reinecke DVJJ-Journal 1994, 194; verfehlt AG Plön ZJJ 2013, 326 mAnm Eisenberg ZJJ 2013, 328). 2

Auch wenn sich die Handhabung von § 8 aus den Strafverfolgungsstatistiken kaum ablesen lässt, ist doch zu erkennen, dass Erziehungsmaßregeln bei ihrer Anordnung nur in 1/3 der Fälle die schwerste Sanktion sind und bei den übrigen 2/3 mit anderen Rechtsfolgen (Zuchtmittel oder JStrafe) kombiniert werden (dazu für 2021 Heinz Blindflug S. 84 f.). Besonders verbreitet scheint insofern die Verbindung von pädagogischen Maßnahmen mit Arbeitsauflagen zu sein. Erzieherisches Vorgehen wird hier auf Basis von § 8 also durch ahndende Reaktionen überlagert und relativiert. Dem dürfte die fragwürdige Annahme zugrunde liegen, dass die ahndende Rechtsfolge gleichsam eine notwendige Ergänzung oder gar erzieherische Wirksamkeitsvoraussetzung der (zugleich angeordneten) nicht ahndenden Interventionen sei. Besonders deutlich abzulehnen ist es, wenn die Verbindung von funktional verschiedenartigen Rechtsfolgen stillschweigend aus – im JStR unzulässigen (vgl. → § 17 Rn. 6 f.; → § 18 Rn. 43) – generalpräventiven Erwägungen erfolgt (vgl. dazu bereits DVJJ 1984, AK VI). Da das empirische Wissen über die Wechselwirkungen verschiedener Sanktionsarten bislang gering ist, bedarf es insgesamt einer **zurückhaltenden** Verbindung von jugendstrafrechtlichen Rechtsfolgen unterschiedlicher Kategorien. Eine Überforderung der Adressaten muss aus **Verhältnismäßigkeitsgründen** ohnehin stets vermieden werden (nicht erörtert in KG 26.6.2013 – 4 Ws 32/13 – 141 AR 76/13 bei Fricke StRR 2014, 478). 2a

2. Einzelne Kopplungsregelungen

a) Verbindung von JGG-eigenen Rechtsfolgen. Das Gesetz erlaubt es, Erziehungsmaßregeln und Zuchtmittel (mit Ausnahme der stationären Va- 3 rianten) unter- und miteinander zu verbinden **(Abs. 1 S. 1).** Auch bei der JStrafe bestehen nach **Abs. 2 S. 1** gewisse Kopplungsmöglichkeiten (Weisungen, Auflagen, EB). Das Gesetz („können") räumt dem JGericht hierbei jeweils **Ermessen** ein. Im Falle der unbedingten JStrafe kann eine solche Kombination allerdings nur selten als zweckmäßig gelten (→ Rn. 12). Weggefallen ist auch die Berechtigung der vormaligen Praxis, die die JStrafe im Sinne einer sog. „Vorbewährungs"-Anordnung mit Weisungen oder Auflagen verbunden hat, um den Zeitraum bis zu einer bewusst zurückgestellten Entscheidung über die Aussetzung der JStrafe zBew (§ 57 Abs. 1) auszugestalten (n. → § 61 Rn. 3, → § 61b Rn. 2). Diese früher auf Abs. 2 S. 1 gestützte Reaktionsform ist jetzt in §§ 61 ff. geregelt, so dass sich die dort bestehenden Kombinationsmöglichkeiten aus § 61 Abs. 3 S. 1 (dazu → Rn. 3a) und § 61b Abs. 1 ergeben (wobei die von Abs. 2 S. 1 gesetzten Grenzen dabei gleich wohl zu berücksichtigen sind – vgl. dazu → Rn. 6).

3a Besonderheiten gelten bei Anordnung einer **zBew ausgesetzten JStrafe.** Seit dem JGGÄndG v. 4.9.2012 (BGBl. I 1854) ist gem. **Abs. 2 S. 2** – ebenso wie bei der Aussetzung der JStrafen-Verhängung – die Verbindung mit einem JA erlaubt (vgl. ferner § 61 Abs. 3 S. 1). Dieser Kombinationsmöglichkeiten wohnt allerdings (ungeachtet der engen Voraussetzungen nach § 16a) die in → Rn. 2 erörterte Widersprüchlichkeit in besonderem Maße inne (n. → Rn. 14, → § 16a Rn. 3). Nicht unproblematisch ist hier auch die Verbindung mit den ambulanten Interventionen iSv Abs. 2 S. 1. Unter Verweis auf den dortigen offenen Normwortlaut lässt die Rspr. eine solche Kopplung aber einschränkungslos zu (vgl. anhand einer Wiedergutmachungsauflage BGH NJW 2022, 953 (954)). Soweit es um Anordnungen geht, die auch gem. § 23 Abs. 1 zulässig sind, ist das richterliche **Ermessen** jedoch **nicht frei.** Wird die Weisung oder Auflage als Bewährungsmaßnahme veranlasst, hat das für den Jugendlichen nämlich den Vorteil, im Wege der Beschwerde dagegen einfacher vorgehen zu können (§ 59). Im Falle der Nichtbefolgung ist der JA dann zudem an strengere formale Voraussetzungen (§ 58 Abs. 1 S. 2 und 4) geknüpft (daher für den Vorrang von § 23 Eisenberg NStZ 2022, 746 (747)). Andererseits droht in diesem Fall aber auch der Bewährungswiderruf (§ 26 Abs. 1 Nr. 2 und Nr. 3), wohingegen diese Gefahr bei Missachtung einer selbstständigen Weisungs- oder Auflagenanordnung nicht im Raum steht (BGH NJW 2022, 953 (954)). Angesichts dieser unterschiedlichen Konsequenzen ist das Gericht verpflichtet, seine **Auswahl** zwischen den beiden Rechtsgrundlagen an § 2 Abs. 1 zu orientieren und eigens zu begründen.

4 **b) Verbindung von JGG- und allgemeinen Rechtsfolgen.** Nach **Abs. 3 S. 1** bezieht sich auf die im JGG anwendbaren Nebenstrafen und Nebenfolgen, wobei der Begriffsgebrauch des JGG hier eigenständig und untechnisch ist (Weiss GA 2022, 146 (147 f.), sodass auch die Maßnahmen iSv § 11 Abs. 1 Nr. 8 StGB davon miterfasst sind (BGHSt 65, 242 (255) = NStZ 2021, 679 (683)). Dabei lässt es die Norm zu, diese Sanktionen – im Gegensatz zum allg. StR – auch ohne Zusammenhang mit einer (Haupt-) Strafe (dh im JGG: mit einer JStrafe) anzuordnen. So kann zB, ein Fahrverbot (in den zeitlichen Grenzen von Abs. 3 S. 2) nicht nur als „Nebenstrafe", sondern auch als ein „Nebenzuchtmittel" oder als eine „Nebenerziehungsmaßregel" ausgesprochen werden (MüKoStGB/von Heintschel-Heinegg/Huber StGB § 44 Rn. 8, s. aber → § 27 Rn. 17). Der

Normtext von Abs. 3 S. 1 („neben") schließt jedoch eine **isolierte** Verhängung von Nebenstrafen und Nebenfolgen aus, soweit eine solche nicht (wie durch § 76a StGB) generell vorgesehen ist (MüKoStGB/Laue Rn. 22).

Die Normtextformulierung „kann" ist iÜ als ein „darf" zu verstehen, welches sich **allein auf die Sanktionsverbindung** („kombinieren dürfen") bezieht. Dafür, ob eine Nebenstrafe oder Nebenfolge im JStV überhaupt verhängt werden darf, ist die Vorschrift dagegen irrelevant. Diese Frage regelt vielmehr allein § 6 (BGHSt 65, 242 (255) = NStZ 2021, 679 (683)). Auch für die **Anwendbarkeitsvoraussetzungen** der zu verbindenden Rechtsfolgen (iSv „Anwendungsermessen") hat Abs. 3 S. 1 keine Bedeutung (abw. BGH NStZ 2019, 682 (683) mzustAnm Kutschelis NZWiSt 2019, 471 und mAnm Eisenberg JR 2019, 598; BGH ZJJ 2020, 306 = BeckRS 2020, 18436 (Anfragebeschluss); LG München BeckRS 2018, 53349; Beulke/Swoboda JugendStrafR Rn. 244; Swoboda ZStW 132 (2020), 826 (883 f.); Weiss GA 2022, 146 (152 ff.); tendenziell auch Eisenberg ZJJ 2020, 203 (204); krit. etwa Schumann StraFo 2019, 431 (431); Schumann NK 2020, 171 (175 ff.); Kudlich/Lang JR 2021, 593 (594)). Die Bedingungen der Anwendbarkeit bestimmen sich stattdessen (ebenso wie die Frage, ob ein Anordnungsermessen oder eine diesbzgl. Pflicht besteht) ausschließlich nach den jeweils einschlägigen, sanktionsbezogenen Regelungen (BGH BeckRS 2019, 20407; NStZ-RR 2020, 124 (126); BGHSt 65, 242 (255) = NStZ 2021, 679 (683); offenlassend BVerfG NStZ-RR 2020, 156 (157 f.)). Nicht verbunden werden können also Nebenstrafen und Nebenfolgen, an deren speziell normierten Anordnungsvoraussetzungen es fallkonkret fehlt (was jugendstrafrechtlich nach hier vertr. Ansicht bspw. bei der Wertersatzeinziehung (in Entreicherungskonstellationen → § 6 Rn. 12 ff.) und beim Fahrverbot (bei fehlender erzieherischer Eignung → § 6 Rn. 6 ff.) häufig der Fall ist). 4a

§ 8 enthält **keine Regelung** über Verbindungen von Erziehungsmaßregeln, Zuchtmitteln und JStrafe einerseits mit den allg. **Maßregeln** der **Besserung** und **Sicherung** andererseits. Daher wird allg. angenommen, die Maßregeln dürften, soweit sie im JGG überhaupt zulässig sind (dazu § 7 nebst Erl.), mit allen jugendstrafrechtlichen Rechtsfolgen gekoppelt werden (was im Gesetz für den Fall des § 5 Abs. 3 auch stillschweigend vorausgesetzt wird). Eine Kombination von Maßregeln und (gem. § 6 zulässigen) Nebenstrafen bzw. -folgen kann indes aus allg. Gründen ausgeschlossen sein. So kommt neben der Entziehung der Fahrerlaubnis (oder der Anordnung einer isolierten Sperrfrist), für die die Eignung zum Führen von Kraftfahrzeugen – anders als nach § 44 StGB – fehlen muss, ein Fahrverbot idR nicht in Betracht (zu Ausnahmen MüKoStGB/von Heintschel-Heinegg/Huber StGB § 44 Rn. 2). Die Ausdehnung des Fahrverbots auf Nichtverkehrsdelikte (→ § 6 Rn. 6) hat daran nichts geändert (offenlassend BGH BeckRS 2018, 20463). 5

III. Unzulässige Verbindungen

1. Unvereinbarkeit der Zielsetzung der Rechtsfolgen

Die in § 8 festgelegten Verbindungsverbote beruhen darauf, dass die gleichzeitige Anordnung bestimmter Rechtsfolgen mit deren jeweiliger Zielsetzung unvereinbar ist. Ferner soll eine übermäßige Belastungskumula- 6 tion vermieden werden. Konkret schließt **Abs. 1 S. 2** deshalb eine Kopplung von JA mit Heimerziehung (bzw. anderen von § 12 Nr. 2 erfassten Maßnahmen) aus (vgl. aber → Rn. 10 und → Rn. 13). Das gilt auch, wenn der JA gem. § 52 erledigt ist und nicht vollstreckt wird (LG Hamburg BeckRS 2022, 50814).

6a Aus **Abs. 2 S. 1** ergibt sich, dass eine JStrafe weder mit einer Verwarnung (OLG Schleswig SchlHA 2004, 261 = BeckRS 2013, 20133) noch mit der Hilfe zur Erziehung nach § 12 Nr. 2 kombiniert werden darf, und zwar auch im Falle der Aussetzungs- bzw. Bewährungsentscheidungen iSv §§ 21, 27, 61 (LG Hamburg ZJJ 2023, 359 = BeckRS 2023, 23379; DSS/Diemer Rn. 9). Im Falle einer vollstreckbaren JStrafe besteht auch bzgl. des JA ein Kopplungsverbot (vgl. aber → Rn. 14). Verschiedene Rechtsfolgen freiheitsentziehender Art lassen sich also (mit Ausnahme von Abs. 2 S. 2) nicht verbinden. Damit ist im JGG im Wesentlichen ein Prinzip der **Einspurigkeit** festgelegt (zum Verhältnis zwischen freiheitsentziehenden und nichtfreiheitsentziehenden Rechtsfolgen → Rn. 12).

7 Im Hinblick hierauf ist eine Verbindung der Entscheidung gem. § 27 mit **stationärer Hilfe zur Erziehung** ebenfalls unzulässig, weil dies nach § 30 S. 1 sonst in eine doppelte Freiheitsentziehung münden könnte (abl. betr. FE auch BGHSt 35, 288 = NJW 1988, 2251 mit ausf. Anm. Böhm JR 1989, 298). Ohnehin werden mit der Bejahung der Voraussetzungen von § 12 Nr. 2 bisweilen die Zweifel hinsichtlich des Umfangs „schädlicher Neigungen" ausgeräumt (→ § 17 Rn. 32). Auch wäre die Verbindung aus erzieherischen Gründen wenig einleuchtend. Denn im Fall der Aussetzung gem. § 27 soll der Jugendliche gerade eine Möglichkeit der Bewährung in Freiheit erhalten, an der es unter den (ggf. gar geschlossenen) Bedingungen eines Heimes fehlt (zust. Wenger FS Härringer, 1995, 75 (75 f.)).

8 Eine Verbindung von EB und Hilfe zur Erziehung nach § 12 Nr. 2 wird schwerlich in Betracht kommen (zum Verbot betr. FE vormals § 61 Abs. 2 S. 2 JWG). – Wegen Gefahren im Sinne einer „Doppelbetreuung" bleibt es Aufgabe des Gesetzgebers, die Gleichzeitigkeit von Betreuungsweisung (§ 10 Abs. 1 S. 3 Nr. 5) und BewHilfe bei Verhängung von JStrafe unter Aussetzung der Vollstr zBew zu verbieten (s. Mrozynski Zbl 1992, 448 Fn. 12).

9 Was die **Sonderregelung** in **Abs. 2 S. 3** zum Ruhen der EB anbetrifft, so gilt sie unabhängig davon, ob diese Maßnahme im JStV angeordnet oder aber ob ein Erziehungsbeistand durch das Jugendamt (§ 30 SGB VIII) eingesetzt wurde. Die fortbestehende, aber in der Ausübung ruhende EB lebt mit Beendigung der BewZeit wieder auf, sofern sie zwischenzeitlich nicht ihrerseits beendet worden ist.

2. Reichweite des Verbindungsverbots

10 Die Verbote des § 8 gelten uneingeschränkt für die **gleichzeitige** Verhängung (auch bei mehreren Taten, § 31 Abs. 1 S. 2). Nach allg. Auffassung sind sie auch für die Rechtsfolgenentscheidung bei **verschiedenen** Verfahren bedeutsam, sofern es im letzten Verfahren zu einer Einbeziehung der vorher bereits abgeurteilten Straftaten kommt (§ 31 Abs. 2). Unter Hinweis auf §§ 31 Abs. 3, 66 Abs. 1 S. 2 wird aber durchaus auch ein Nebeneinander von nicht kopplungsfähigen Sanktionen ausnahmsweise zugelassen (etwa Streng JugendStrafR Rn. 261 und Rn. 279: JA bei noch laufender strafrechtlich verhängter Heimerziehung). Dies betrifft Konstellationen, in denen

im späteren Verfahren auf die Einbeziehung einer früheren Rechtsfolge gerade verzichtet wird, weil das Gericht die fragliche Rechtsfolgenmehrheit im Einzelfall für sinnvoll hält. Berücksichtigt man indes die Gründe der in § 8 vorgesehenen Verbindungsverbote (→ Rn. 2), ist das Vorliegen der von § 32 Abs. 3 geforderten Zweckmäßigkeit selten plausibel. Das Gericht kann bei einer Nichteinbeziehung jedoch nach § 31 Abs. 3 S. 2 verfahren.

3. Rechtsmittel

Die Verletzung eines Kombinationsverbotes stellt einen Revisionsgrund 11
dar, der zur **Aufhebung** der Entscheidung führt (vgl. etwa OLG Schleswig SchlHA 2004, 261 = BeckRS 2013, 20133 für die Verbindung von JStrafe und Verwarnung; BGHSt 35, 288 = NJW 1988, 2251 für die Verbindung von Heimerziehung und Entscheidung gem. § 27).

IV. Unzweckmäßige Verbindungen

1. Einzelne Beispiele

Die Verbindung freiheitsentziehender mit nichtfreiheitsentziehenden ju- 12
gendstrafrechtlichen Rechtsfolgen ist nur ausnahmsweise sinnvoll (für ein Bsp. vgl. AG Berlin-Tiergarten NStZ 1988, 428: JStrafe und Betreuungsweisung). In der Regel müssen solche Kombinationen als unzweckmäßig gelten, falls die stationäre Sanktion nicht (hinsichtlich ihrer Vollstr) zBew ausgesetzt wird (NK-JGG/Ostendorf Rn. 7; abw. MüKoStGB/Laue Rn. 10). Weisungen und Auflagen würden hier ohnehin vielfach leerlaufen. Deshalb sind sie zB auch neben der – umfassenderen – etwa in Unfreiheit zu vollziehenden Hilfe zur Erziehung nach § 12 Nr. 2 selten angezeigt. Wenngleich nach Beendigung der Hilfe zur Erziehung vor allem Weisungen eine ergänzende Bedeutung entwickeln könnten, ist zum Anordnungszeitpunkt im Allgemeinen noch kaum vorhersehbar, ob ambulante Maßnahmen zum Beendigungszeitpunkt (und ggf. welche) erforderlich sein werden. Auch könnten die Jugendbehörden die Erteilung als „Einmischung" empfinden. – Ebenfalls als ungeeignet erscheint idR die Kopplung von Verwarnung und JA, da bei JA die repressive jugendstrafrechtliche Reaktion in einer ungleich massiveren Art als bei der Verwarnung spürbar wird. Die Verbindung einer Geldauflage mit freiheitsentziehenden Rechtsfolgen wird sich meist deshalb nicht empfehlen, weil sie dem Jugendlichen als zusätzliche Belastung schwer verständlich (und für ihn kaum zu verkraften) ist. Auch bei einer Kombination von Geld- und Arbeitsauflage stellt sich die Frage nach der Zumutbarkeit (→ § 15 Rn. 3). Anders verhält es sich dort, wo die Geldauflage den Gewinn aus der (oder das Entgelt für die) Tat entziehen soll (§ 15 Abs. 2 Nr. 2).

2. Jugendhilferechtliche Maßnahmen

§ 8 regelt allein die Kombination jugendrichterlicher Anordnungen (Die- 13
mer/Schatz/Sonnen/Diemer Rn. 3). Gleichwohl ist die Zweckmäßigkeit mitunter fraglich, wenn sich aus der zwar getrennten, aber **aneinander anschließenden Tätigkeit** von JGericht und FamGericht (oder Jugendamt) faktische Interventionsverbindungen ergeben. Durch § 8 untersagt werden diese allerdings nicht. So hält man etwa die Verhängung von JA bei gleich-

zeitiger Überweisung an das FamGericht zwecks nachfolgender Anordnung von Heimerziehung (§ 53) für zulässig, sofern hierfür ein Bedürfnis besteht und dieses Vorgehen nicht nur der Umgehung des Verbindungsverbotes dient (Brunner/Dölling Rn. 3; ebenso schon früher Potrykus Anm. 2; abw. NK-JGG/Ostendorf Rn. 6; Streng JugendStrafR Rn. 263). Auch wird die Anwendbarkeit der jugendstrafrechtlichen Rechtsfolgen durch das Laufen (oder absehbare Bevorstehen) einer Hilfe zur Erziehung oder einer sonstigen jugendhilferechtlichen Maßnahme selbst dann nicht eingeschränkt, wenn der Gegenstand des sozialrechtlichen Verfahrens mit dem des JStV identisch ist (Diemer/Schatz/Sonnen/Diemer Rn. 3). Dennoch gilt es, dezidiert zu berücksichtigen, dass solche faktischen Verbindungen in ihren **Auswirkungen** auf die Betroffenen meist **ungünstig** sind (zust. v. Beckerath, Jugendstrafrechtliche Reaktionen bei Mehrfachtäterschaft, 1997, S. 65 f.). Dies betrifft ganz besonders die erzieherisch abträgliche Kumulation freiheitsentziehender Eingriffe. Unabhängig davon ist die Verhängung von JA während einer bereits veranlassten und noch laufenden **Hilfe zur Erziehung** idR schon deshalb nicht zweckmäßig, weil gerade jene Personen, die dieser Hilfe bedürfen, als „arrestungeeignet" gelten (n. → § 16 Rn. 21; abw. MüKoStGB/Laue Rn. 8).

3. Abs. 2 S. 2

14 Gesetzessystematisch ist die Anordnung eines Zuchtmittels nur dann zulässig, wenn JStrafe nicht geboten ist (§ 13 Abs. 1). Soll ein sog. Kopplungsarrest neben einer zBew ausgesetzten JStrafe bzw. einer zBew ausgesetzten Verhängung einer JStrafe veranlasst werden, ist diese Bedingung aber gerade nicht erfüllt bzw. im Falle einer Entscheidung nach § 27 gerade fraglich. Ihrer Zweckrichtung nach zielen JA und JStrafe demnach auf unterschiedliche Tätergruppen ab, sodass an sich nur die eine oder eben die andere Rechtsfolge angezeigt sein kann (vgl. dazu auch Verrel/Käufl NStZ 2008, 177 ff.; Radtke ZStW 121 (2009), 416 (436 f.); Gonska GreifRecht 2013, 32 ff.; Swoboda FS Beulke, 2015, 1236). Vor diesem Hintergrund wurde die Zulässigkeit einer solchen Verbindung (speziell bei § 27) von der hM anhaltend verneint (vgl. – wenn teilw. auch mit anderer Begründung – etwa BVerfGK 4, 261 = NJW 2005, 2140; BGHSt 18, 207 = NJW 1963, 770; OLG Celle NStZ 1988, 315; BayObLG NStZ-RR 1997, 216; 1998, 377; OLG Hamm StraFo 2004, 325 = BeckRS 2015, 4789; Herrlinger/Eisenberg NStZ 1987, 177; Radtke ZStW 121 (2009), 416 (418 ff.); abw. etwa KG NJW 1961, 1175; LG Augsburg NStZ 1986, 507; AG Meppen NStZ 2005, 171 (Ls.); Reichenbach NStZ 2005, 136). Dass Abs. 2 S. 2 hiervon abgerückt ist und den Kopplungsarrest nunmehr eigens erlaubt (→ Rn. 3), ändert nichts an dessen **funktionaler Unverträglichkeit.** Immerhin trägt das Gesetz diesem strukturellen Zweckmäßigkeitsdefizit insofern Rechnung, als es die Anordnung eines Kopplungsarrestes (bzw. die Verbindung mit einem solchen) von materiell-rechtlichen Bedingungen abhängig macht. **§ 16a Abs. 1** setzt hierfür das Vorliegen einer von drei vertypten Situationslagen voraus, bei denen die Zweckmäßigkeit des Kopplungsarrestes legislatorisch postuliert bzw. gesetzlich fingiert worden ist (vgl. zudem die spezialpräventiv ausgerichteten Vorkehrungen in § 16a Abs. 2, § 87 Abs. 4 S. 2, 3). Daher besteht eine strikte Bindung an die engen Voraussetzungen (zu abw. Tendenzen in der Praxis → § 16a Rn. 9).

Zweiter Abschnitt. Erziehungsmaßregeln

Arten

9 **Erziehungsmaßregeln sind**

1. die Erteilung von Weisungen,

2. die Anordnung, Hilfe zur Erziehung im Sinne des § 12 in Anspruch zu nehmen.

I. Allgemeines

1. Anwendungsbereich

Die Vorschrift gilt für **Jugendliche** vor dem JGericht und ebenso in Verfahren vor den für allg. Strafsachen zuständigen Gerichten – dort indes mit der Maßgabe, dass diese Gerichte Erziehungsmaßregeln nicht selbst anordnen dürfen, sondern die diesbzgl. Auswahl und Anordnung dem FamG überlassen müssen (§ 104 Abs. 1 Nr. 1 und Abs. 4; vgl. auch RL zu § 53). 1

Für **Heranwachsende** gilt die Vorschrift – vor JGerichten wie vor den für allg. Strafsachen zuständigen Gerichten – dann, wenn auf sie materielles JStR angewandt wird (§ 105 Abs. 1, § 112 S. 1, § 104 Abs. 1 Nr. 1). Jedoch ist Nr. 2 bei ihnen nicht anwendbar. Ggü. Heranwachsenden sind Erziehungsmaßregeln nur in Form von Weisungen (Nr. 1) zulässig (§ 105 Abs. 1). Hat der Angeklagte nach Begehung einer nach dem JGG abzuurteilenden Tat im Verfahrenszeitpunkt das **21. Lbj. bereits überschritten,** ändert dies an der Anwendbarkeit nichts; allerdings wird es nur wenige geeignete Anordnungsoptionen geben (s. auch → Rn. 6 f.). Wenn das Urteil von einem für allg. Strafsachen zuständigen Gericht ergeht, muss deren Auswahl und Anordnung iÜ dem JRichter überlassen werden, in dessen Bezirk der Heranwachsende sich aufhält (§ 112 S. 3). 2

Auf **Soldatinnen** und **Soldaten** darf Nr. 2 nicht angewandt werden. Bei der Erteilung von Weisungen sind militärische Belange zu berücksichtigen (§ 112a Nr. 1 und 3). 3

2. Gesetzesbegriffe

Soweit das Gesetz den Begriff der Erziehungsmaßregeln verwendet, meint es die Rechtsfolgen nach §§ 9–12 (zur Erfassung im Zentral- und Erziehungsregister s. § 5 Abs. 2, § 60 Abs. 1 Nr. 2 BZRG). Hiervon sind die ähnlich lautenden Kategorien der familiengerichtlichen Maßnahmen, der erzieherischen Maßnahmen und der sonstigen Maßnahmen zu unterscheiden: Als **familiengerichtliche Maßnahmen** (§ 3 S. 2) bezeichnet das JGG die in § 34 Abs. 3 angeführten Interventionsformen. Unter den Begriff der **erzieherischen Maßnahme** (§ 45 Abs. 2) werden sodann sämtliche Einwirkungen gefasst, die in einem allg. Sinne privat oder behördlich in Erfüllung einer Erziehungsaufgabe bezogen auf Jugendliche erfolgen. Die unspezifische Bezeichnung der **„Maßnahmen“** bezieht sich bei ihrer gelegentlichen Verwendung (zB §§ 31, 38, 66) schließlich auf sämtliche Rechtsfolgen, 4 die in der jeweiligen Vorschrift aufgeführt sind (teilw. unter Abgrenzung von der JStrafe).

3. Häufigkeiten

5 Zur Häufigkeit, mit der Erziehungsmaßregeln in Deutschland angeordnet werden, → § 5 Rn. 13. Bezogen auf die Gesamtzahl der Verurteilungen wurden im Jahr 2015 bzw. 2022 bei 40,97 % bzw. 51,89 % (Jugendliche) und 33,69 % bzw. 45,46 % (Heranwachsende) mindestens eine Erziehungsmaßregel angeordnet (StrafSt Tab. 4.3 und 4.4 bzw. 24311-28 und 29; zu weiteren Jahren 21. Aufl. Rn. 3a). Dabei handelte es sich **fast ausschließlich** um **Weisungen** (bei Jugendlichen 99,11 % bzw. 99,41 %; bei Heranwachsenden 99,51 % bzw. 99,49 %). Erziehungsbeistandschaft wurde in den genannten Jahren insgesamt in 139 bzw. 95 Fällen veranlasst, bei Heimerziehung waren es 31 bzw. 22 Fälle. Die geringe Anordnungshäufigkeit von Erziehungsbeistandschaft als (wohl einzige) jugendstrafrechtliche Rechtsfolge ohne Zwangscharakter ist nicht unbedenklich (n. → § 12 Rn. 6 f.).

II. Übergreifende Aspekte der Erteilung bzw. Anordnung

1. Allgemeine Voraussetzungen

6 Die Anordnung von Erziehungsmaßregeln setzt die Begehung einer rechtswidrigen straftatbestandlichen Tat sowie – im Unterschied zu den familiengerichtlichen Maßnahmen (§§ 3 S. 2, 34 Abs. 3) – die Schuldfähigkeit des Jugendlichen voraus. Das wird durch § 5 Abs. 1: („aus Anlass der Straftat") klargestellt. Diese Normtextfassung ist nicht nur als „aufgrund der Straftat" zu verstehen (so aber Bohnert JZ 1983, 517 (521)), sondern als Verweis auf einen spezifischen **Indikationszusammenhang.** Danach müssen die mit der Erziehungsmaßregel adressierten erzieherisch-sozialisatorischen Problemlagen in der Straftat zum Ausdruck gekommen sein (→ § 5 Rn. 26). Speziell für die Anordnung von EB und Hilfe zur Erziehung nach § 12 Nr. 2 bedarf es also der Feststellung eben jenes Interventionsbedarfs, der auch der Veranlassung derselben Maßnahmen nach SGB VIII zugrunde liegen muss, wobei dort aber kein Straftatbezug vorausgesetzt wird (vgl. auch Böhm/Feuerhelm JugendStrafR S. 176).

2. Verhältnismäßige erzieherische Ausrichtung

7 Mit Erziehungsmaßregeln dürfen nach allgA allein positiv-spezialpräventive Zwecke, nicht aber Vergeltungs- oder generalpräventive Belange verfolgt werden. Ihre Anordnung bedarf daher einer nur-erzieherischen Orientierung (§ 2 Abs. 1). Hierbei kann sowohl bei den Einrichtungen und Personen, die mit der Umsetzung befasst sind, als auch bei der beschuldigten Person hinsichtlich der Erziehungsbedürftigkeit, -fähigkeit und -bereitschaft differenziert werden (n. → § 5 Rn. 16 ff.). Zugleich muss sich die Anordnung als verhältnismäßig erweisen (n. → § 5 Rn. 21 f.). Soweit das Erfordernis der Erziehungswilligkeit in diesem Zusammenhang bestritten wird (etwa Diemer/Schatz/Sonnen/Diemer Rn. 8; HK-JGG/Buhr/Bartsch Rn. 10; diff. Lobinger Kostentragung S. 123 f.), bleibt unbeachtet, dass es ohne diese Voraussetzung vielfach an der **Geeignetheit der Erziehungsmaßregel**

fehlt. Auch die Regelung in § 5 Abs. 2, wonach die Erziehungsmaßregel als formelle Reaktion auf die Straftat ausreichen muss, ist Ausdruck dieses Erfordernisses der Interventionseignung. In Anbetracht des positiv-spezialpräventiv – nicht vergeltungsorientiert – zu bestimmenden Einwirkungsziels im JStR (n. → § 5 Rn. 3 ff., 24 ff.) ist der Fallanteil, in dem es zur Zielerreichung ahndender Rechtsfolgen bedarf und Erziehungsmaßregeln nicht ausreichend sind, jedoch eher begrenzt. Die Häufigkeit von Verurteilungen, die auf eine andere Rechtsfolge als auf Erziehungsmaßregeln lauten (→ Rn. 5), dürfte daher weiter reduzierbar sein (s. → § 5 Rn. 25 zu ggf. eingriffsmilderen Zuchtmitteln).

3. Koordination mit außerstrafrechtlichen Interventionen

In Delikten Jugendlicher kann deren Kindeswohlgefährdung zum Ausdruck kommen. Deshalb wird – sei es aus Anlass des jeweils laufenden Verfahrens oder früherer Taten – neben den Strafverfolgungsbehörden nicht selten die JHilfe aktiv (konkret durch Hilfen zur Erziehung iSv **§§ 27 ff. SGB VIII**). Bisweilen wird auch das FamG tätig, das neben dem JGericht und ggf. veranlassten Erziehungsmaßregeln bei Vorliegen der Voraussetzungen dazu grds. berechtigt ist (vgl. erg. auch Ostendorf/Hinghaus/Kasten FamRZ 2005, 1514). Das FamG kann – bei strikter Subsidiarität zu Angeboten und Maßnahmen der JHilfe – gem. **§ 1666 BGB** verschiedene Weisungen, Sorgerechtseingriffe uä Anordnungen ggü. den Erziehungsberechtigten erlassen. Wenn aus dem JStR heraus, dh aus Anlass einer Straftat zukunftsorientiert-fördernd auf den Jugendlichen eingewirkt werden soll, ist das vor diesem Hintergrund nur aussichtsreich, wenn dies in Abstimmung mit jenen (oder wenigstens unter Berücksichtigung jener) außerstrafrechtlichen Interventionen erfolgt (n. etwa Holldorf ZJJ 2012, 363 (366 f.)). Eine wesentliche jugendgerichtliche Aufgabe besteht also darin, Widersprüche oder Inkonsistenzen bei der Auswahl und Ausgestaltung von Erziehungsmaßregeln zu vermeiden. 8

Das JGG sieht verschiedentlich entspr. **Koordinationsformen** vor; teilw. ergeben diese sich aber auch aus den faktischen Kooperationszwängen. Dies betrifft va die Erteilung von jugendrichterlichen Weisungen, bei der wegen Umsetzungs- und Finanzierungsfragen die **JHilfe** idR einzubinden ist (→ § 10 Rn. 10). Überhaupt hat die JGH gem. § 38 ggü. dem JGericht eine Beratungsfunktion. Auch werden Formen der inter-institutionellen Zusammenarbeit mit der JHilfe durch § 37a grds. möglich gemacht. Ein Bedarf an Abstimmung mit dem **FamG** besteht weniger häufig, weil es aus Gründen der Spezialität der JGerichte während eines anhängigen JStV nur selten zu einem prozessualen Nebeneinander kommt. Ausnahmen sind aber möglich, wenn außerhalb der Strafsache liegende Gründe ein familienrichterliches Einschreiten erfordern (etwa zur zügigen Krisenintervention) oder wenn die Strafverfolgungsinstitutionen dies selbst anregen (etwa, wenn der JRichter um die Herbeiführung einer Einstellungsvoraussetzung gem. §§ 45, 47 bemüht ist und ihm dafür nur ein familiengerichtliches Vorgehen als geeignet erscheint). Hier sollen dann **wechselseitige Informationen** für eine Abstimmung sorgen (→ § 70 Rn. 6, 18). Geschieht die Erfüllung jugend- und familienrichterlicher Aufgaben in **personeller Identität,** sodass dieselbe Person sowohl Entscheidungen nach bürgerlichem Recht als auch nach JStR 8a treffen darf (§ 34 Abs. 2), wird das Koordinierungsproblem iÜ deutlich vereinfacht (n. und diff. dazu → § 34 Rn. 8 ff., 13 f.).

4. Beachtlichkeit von Verfahrensverzögerungen

9 Ungeachtet des nur-erzieherischen Charakters der Maßnahmen iSv § 9 handelt es sich bei ihnen um **strafrechtlich veranlasste Reaktionen** auf ein festgestelltes Delikt, sodass die damit verbundenen rechtsstaatlichen Gewährleistungen (bspw. **§ 55 StPO** ua Ausprägungen des nemo-tenetur-Satzes) uneingeschränkt zu beachten sind. Somit muss auch eine rechtsstaatswidrige Verzögerung des JStV bei der Anordnung von Erziehungsmaßregeln berücksichtigt werden. Einmal folgt dies aus dem Verbot, Jugendliche ggü. Erwachsenen in vergleichbarer Verfahrenssituation schlechter zu stellen (→ § 2 Rn. 23 ff.). Wäre die Prozessverschleppung bei der Rechtsfolgenentscheidung irrelevant, läge darin nämlich eine entspr. Benachteiligung. Zum anderen geht es hier um die staatshaftungsartige Kompensation prozessualen staatlichen Unrechts, das nicht folgenlos bleiben kann, nur weil der Beschuldigte jugendlich ist und das Verfahren in einen erzieherischen Rechtseingriff mündet. Insofern muss es **zwingend einen Ausgleich** geben (dazu im Einzelnen Kölbel JR 2018, 575 ff.; abw. BeckOK JGG/Nehring § 10 Rn. 24 „kann … berücksichtigen"). Soweit sich manche Erziehungsmaßregeln infolge ihrer spezifisch erzieherischen Maßnahmenstruktur einer Anwendung des sog. Vollstreckungsmodells entziehen (das Problem generalisierend BGH ZKJ 2017, 425 = BeckRS 2017, 112024 mkritBspr Eisenberg ZKJ 2017, 419 (419 f.)), muss die Kompensation – anders als va bei der JStrafe (→ § 18 Rn. 44 ff.) – dann zwangsläufig in anderer Form (explizite Feststellung des Verfahrensunrechts, Entschädigung, bei Weisungen ggf. auch durch Sanktionsabschlag) erfolgen (vgl. zur Situation bei der Geldauflage → § 15 Rn. 26, beim JA → § 16 Rn. 29).

Weisungen

10 (1) [1]**Weisungen sind Gebote und Verbote, welche die Lebensführung des Jugendlichen regeln und dadurch seine Erziehung fördern und sichern sollen.** [2]**Dabei dürfen an die Lebensführung des Jugendlichen keine unzumutbaren Anforderungen gestellt werden.** [3]**Der Richter kann dem Jugendlichen insbesondere auferlegen,**

1. **Weisungen zu befolgen, die sich auf den Aufenthaltsort beziehen,**
2. **bei einer Familie oder in einem Heim zu wohnen,**
3. **eine Ausbildungs- oder Arbeitsstelle anzunehmen,**
4. **Arbeitsleistungen zu erbringen,**
5. **sich der Betreuung und Aufsicht einer bestimmten Person (Betreuungshelfer) zu unterstellen,**
6. **an einem sozialen Trainingskurs teilzunehmen,**
7. **sich zu bemühen, einen Ausgleich mit dem Verletzten zu erreichen (Täter-Opfer-Ausgleich),**
8. **den Verkehr mit bestimmten Personen oder den Besuch von Gast- oder Vergnügungsstätten zu unterlassen oder**
9. **an einem Verkehrsunterricht teilzunehmen.**

(2) [1]**Der Richter kann dem Jugendlichen auch mit Zustimmung des Erziehungsberechtigten und des gesetzlichen Vertreters auferlegen, sich einer heilerzieherischen Behandlung durch einen Sachverständigen oder einer Entziehungskur zu unterziehen.** [2]**Hat der Jugendliche das sechzehnte Lebensjahr vollendet, so soll dies nur mit seinem Einverständnis geschehen.**

Schrifttum: Brodkorb, Verfassungsrechtliche Grenzen bei der Erteilung von Erziehungsmaßregeln und Zuchtmitteln gegenüber Jugendlichen und Heranwachsenden, 1998; Deimel/Köhler (Hrsg.), Delinquenz und Soziale Arbeit, 2020; Dreßing, Das Anti-Aggressivitätstraining als Maßnahme der Jugendhilfe und Jugendstrafrechtspflege, 2016; Engstler, Die heilerzieherische Behandlung gem. § 10 Abs. 2 JGG in der jugendstrafrechtlichen Praxis, 1985; Hartmann/Schmidt/Ridder/Kerner, Täter-Opfer-Ausgleich in Deutschland, 2024; Hinsch/Pfingsten, Gruppentraining sozialer Kompetenzen, 7. Aufl. 2023; Hofmann, Soziale Trainingskurse als ambulante Maßnahmen im Rahmen des Jugendstrafverfahrens, 2014; Itzel, Die Abgrenzung der Weisungen von den Auflagen nach dem JGG, 1987; Kempf, Der soziale Trainingskurs und seine rechtliche Einordnung, 2014; Klein/Neuhäuser, Heilpädagogik als therapeutische Erziehung, 2006; König, Der Beitrag der Methadonsubstitution zur kommunalen Kriminalprävention, 2002; Kremer, Der Einfluß des Elternrechts auf die Rechtmäßigkeit der Maßnahmen des JGG, 1984; Legge/Bathsteen, Der Einfluß des Methadonprogramms auf die Deliquenzentwicklung polizeibekannter Drogenkonsumenten, 2000; Petermann/Petermann, Training mit Jugendlichen, 10. Aufl. 2017; Petrow, Strafe ohne Schloss und Riegel: begleitete Arbeitsleistungen im Jugendstrafrecht, 2011; Schünemann/Dubber (Hrsg.), Die Stellung des Opfers im Strafrechtssystem, 2000; Schwerin-Witkowski, Entwicklung der ambulanten Maßnahmen nach dem JGG in Mecklenburg-Vorpommern, 2003; Taubner, Einsicht in Gewalt – Reflexive Kompetenz adoleszenter Straftäter beim Täter-Opfer-Ausgleich, 2009; Täschner/Bloching/Bühringer/Wiesbeck, Therapie der Drogenabhängigkeit, 2. Aufl. 2010; Thesing/Vogt, Pädagogik und Heilerziehungspflege. Ein Lehrbuch, 5. Aufl. 2013; Wedler, Weisungen nach § 10 Abs. 1 JGG und elterliches Erziehungsrecht, 2011; Weisburd/Farrington/Gill (Hrsg.), What Works in Crime Prevention, 2016; Werner, Konfrontative Gewaltprävention, 2014; Winter, Verfassungsrechtliche Grenzen jugendrichterlicher Erziehungsmaßregeln und Zuchtmittel, 1966.

Übersicht

I. Anwendungsbereich

1 Es gelten die Ausführungen zu § 9 Abs. 1 entsprechend (→ § 9 Rn. 1–3).

II. Allgemeine Voraussetzungen

2 Die **allg. Voraussetzungen,** die generell für die Erteilung bzw. Anordnung von Erziehungsmaßregeln bestehen (vgl. → § 5 Rn. 24 ff., → § 9 Rn. 6 f.), unterliegen einer **besonderen weisungsbezogenen Spezifizierung.** Allerdings ist die gesetzliche Regelung in dieser Hinsicht unterbestimmt. Das gilt sowohl für die – dem Gericht überlassene – Art und Ausgestaltung der Weisung (§ 10 S. 3: „insbesondere") als auch für die Änderung, Befreiung und Verlängerung (§ 11 Abs. 2). Begründet wird dies mit der Notwendigkeit erzieherischer fallorientierter Flexibilität. Andererseits wird es dem Beschuldigten so erschwert, sich ggü. Entscheidungen des JGerichts behaupten zu können. Deswegen kommt der Präzisierung (und Wahrung) der Anordnungsbedingungen eine erhöhte Bedeutung zu (vgl. dazu schon Winter, Verfassungsrechtliche Grenzen jugendrichterlicher Erziehungsmaßregeln und Zuchtmittel, 1966, S. 128 ff.).

1. Materielle Geeignetheit

3 Weisungen sind nur zulässig, wenn sie dazu bestimmt und dafür geeignet sind, die **Lebensführung** des Jugendlichen im Allgemeinen oder in einzelnen Bereichen oder auch nur in Ausschnitten positiv zu beeinflussen und dadurch seine **Erziehung** zu **fördern** (dazu unter Differenzierung von Erziehungsbedürftigkeit, -fähigkeit und -bereitschaft allg. → § 5 Rn. 16 ff.). Weisungen, bei denen eine erzieherische Einflussnahme nicht möglich erscheint, dürfen nicht angeordnet werden (vgl. auch Lobinger Kostentragung

S. 303). Es bedarf vielmehr fallkonkret begründeter Annahmen sowohl zur individuellen sozialisatorischen Problemlage als auch zur Abhilfeeignung der erwogenen Weisung. Als grds. geeignet gelten Weisungen bei Jugendlichen, die bei sozialer Unauffälligkeit ohne schwerwiegende Delinquenz erfasst worden sind und bei denen besondere Gründe vorliegen, hierauf nicht gem. §§ 45, 47 zu reagieren. Zur **Zielgruppe** zählen va aber mehrfach auffällig gewordene Jugendliche, bei denen – meist wegen sozialer und sozialisatorischer Benachteiligungen und gesellschaftlicher Desintegrationserfahrungen – ein Bedarf an einer rechtzeitigen sozialpädagogischen Intervention besteht (so insbes. für die Varianten iSv Abs. 1 S. 3 Nr. 5 und 6 sowie ähnliche unbenannte Weisungen Dollinger/Schmidt-Semisch Jugendkriminalität-HdB/Drewniak S. 462). Grds. ist bei der Einzelfallentscheidung auf die **individuellen Gegebenheiten** (Entwicklungsstand des Jugendlichen zur Zeit der Aburteilung, sozialisatorische Problemstellungen, individuell relevante Wertvorstellungen, Bezugspersonen und -gruppen) sorgfältig einzugehen, weil sie eine vorrangige Bedeutung für die Auswahl und Ausgestaltung der Weisungen haben (zur beschränkten Aussagekraft des Alters → § 3 Rn. 23; zu Erwägungen bei Weisungen ggü. **Heranwachsenden** → § 105 Rn. 50).

Weisungen müssen für den Jugendlichen sinnvoll und **einleuchtend** sein. 4
Das wird bei einem inhaltlichen Bezug zwischen Tat (bzw. bisherigem Verhalten) und Art der Weisung wesentlich erleichtert (vgl. RL 1 S. 3). Mit Weisungen einem „ursprünglich wirksamen kriminogenen Faktor" entgegenzuwirken (Itzel, Die Abgrenzung der Weisungen von den Auflagen nach dem JGG, 1987, S. 228), ist besonders funktional, allerdings durch die Schwierigkeiten bei der verlässlichen Identifizierung solcher Faktoren erheblich erschwert (n. → § 5 Rn. 43 ff.). Im Übrigen muss die Erteilung von Weisungen **klar, bestimmt** und in einer **überprüfbaren** Weise erfolgen. Lässt sich die Umsetzung dessen, was vom Jugendlichen verlangt wird, nicht mit zulässigen und aufwandsarmen Mitteln feststellen (wovon man bspw. beim Alkoholkonsumverbot ausgehen muss), ist die erzieherische Eignung fraglich (dazu bereits LG Würzburg NJW 1983, 463 (464)).

Da eine positive Verstärkung der ablehnenden Sanktionierung erziehungs- 5
psychologisch vorgezogen wird, darf die Weisung den Jugendlichen jedenfalls nicht mit der Wirkung einer negativen Verstärkung belasten, wie es im Falle einer andauernden demonstrativen Vorhaltung der Tat geschieht. Erst recht müssen Weisungen **frei** von vergeltenden oder **repressiven Elementen** bleiben (BVerfGE 74, 102 (123) = NJW 1988, 45 (47); s. bereits BT-Drs. 1/4437, 3: „ohne sühnenden Charakter ausschließlich der Erziehung des Jugendlichen dienen"). Dennoch zeigt sich **in der Praxis** immer wieder eine strafähnliche Vorgehensweise. So werden jene Varianten, die gewisse Sanktionszüge tragen (etwa Abs. 1 S. 3 Nr. 4), offenbar eher als die sozialpädagogisch angelegten Spielarten angeordnet (NK-JGG/Ostendorf Grdl. zu §§§ 9–12 Rn. 5) und Weisungen zudem als „erzieherische Draufgabe" oftmals mit Zuchtmitteln und JStrafen gem. § 8 verknüpft (Dollinger/Schmidt-Semisch Jugendkriminalität-HdB/Drewniak S. 468). Demgegenüber verfehlt ein versteckt-sanktionierender Einsatz von Weisungen deren gesetzlichen Zweck. Unabhängig davon lässt sich eine Repressionsfreiheit allerdings schon deshalb nur eingeschränkt verwirklichen, weil tendenziell jede im Anschluss an ein erfasstes Verhalten verhängte jugendstrafrechtliche Rechtsfolge als negative Sanktionierung empfunden und damit ggf. aversiv

erlebt wird. Dass die verurteilte Person eine Weisung (möglicherweise sogar idR) als Bestrafung wahrnehmen mag, ist aber kein Grund für eine dahingehende Zweckzuweisung (anders NK-JGG/Ostendorf Grdl. zu §§§ 9–12 Rn. 4; Itzel, Die Abgrenzung der Weisungen von den Auflagen nach dem JGG, 1987, S. 22 ff., die positivrechtlich eine Differenzierung in dem bezeichneten Sinne in Frage stellen).

2. Umgehungsverbot

6 Weisungen sind **unzulässig,** wenn in ihnen eine Umgehung anderer (Verbots-)Vorschriften liegt. Ihre Anordnung darf daher nicht auf Rechtsfolgen hinauslaufen, die gem. §§ 6, 7 in das JStR gerade nicht implementiert worden sind (bspw. ein faktisches Berufsverbot). Ebenso verhält es sich bei Rechtsfolgen, deren Herbeiführung gesetzlich (inner-/außerhalb des JGG) an bestimmte Voraussetzungen geknüpft ist. Eine Umgehung dieser Regelung läge iÜ nicht nur in Fällen vor, in denen die fraglichen Bedingungen fehlen. Auch bei vorliegenden Voraussetzungen darf die jeweilige Rechtsfolge nur auf der hierfür vorgesehenen Rechtsgrundlage (und unter der jeweiligen Bezeichnung) angeordnet und nicht etwa als inhaltsgleiche Weisung gem. § 10 erteilt werden. So ist bspw. eine Anordnung, in bestimmten zeitlichen Abständen bei einer Polizeidienststelle persönlich zu erscheinen **(Meldeweisung),** nicht nur deshalb problematisch, weil sich deren vorgeschlagene Positivierung im Katalog von Abs. 1 S. 3 (BR-Drs. 637/00; BR-Drs. 238/04) gerade nicht durchgesetzt hat, sondern auch deshalb, weil hierdurch eine gefahrgebundene polizeirechtliche Präventivmaßnahme (vgl. etwa Art. 16 Abs. 2 S. 2 BayPAG) unter dem Etikett einer jugendstrafrechtlichen Weisung realisiert würde (abw. Nix/Pschorr/Pschorr §§ 9–12 Rn. 10; Höynck/Sonnen ZRP 2001, 245 (247 f.)). Die rechtspraktisch wichtigste Konsequenz des Umgehungsverbots besteht indes darin, dass der JRichter seine Befugnis, Weisungen zu erteilen, **nicht delegieren** und daher **keine generelle Weisung,** den Anordnungen einer bestimmten Person nachzukommen, erlassen darf (OLG Hamm BeckRS 2021, 316; vgl. dazu die dies gerade nicht vorsehende Fassung von Abs. 1 S. 3 Nr. 5 sowie → Rn. 12 und 21).

3. Kein ungerechtfertigter Eingriff in Grundrechte

7 Der Jugendliche muss in der Weisung als **Subjekt** anerkannt und respektiert werden (zum darin eingeschlossenen Diskriminierungsverbot s. auch RL (EU) 2016/800, Erwgr. 65). Auch scheiden jegliche Weisungen aus, die ohne verfassungsrechtliche Legitimierung in Grundrechte eingreifen. Dies betrifft anerkanntermaßen alle Anordnungen, die die Glaubens- und Gewissensfreiheit gem. Art. 4 GG (zB Weisung zu regelmäßigem Kirchenbesuch), das Recht auf freie Meinungsäußerung gem. Art. 5 GG oder die Vereinigungsfreiheit gem. Art. 9 GG (zB Weisung zum Beitritt in einen bestimmten Verein oder eine religiöse Verbindung) beeinträchtigen (vgl. etwa Diemer/Schatz/Sonnen/Diemer Rn. 9). Unzulässig wäre es auch, den Jugendlichen nicht einfach nur zu Bemühungen um irgendeine (ggf. mit der JGH abzustimmende) Ausbildung oder sozialversicherungspflichtige Tätigkeit (s. BVerfG NStZ 1981, 21 (22); OLG Hamm NStZ 1985, 310: zulässig), sondern darüber hinausgehend zur Aufnahme einer bestimmten Lehre oder

Ausbildung zu verpflichten (Beeinträchtigung der freien Wahl des Berufes, des Arbeits- oder Ausbildungsplatzes gem. **Art. 12 GG** – vgl. LG Hannover RdJB 1962, 13). Ebenso rechtswidrig wäre die Weisung, eine Lehre bis zum Abschluss zu durchlaufen (NK-JGG/Ostendorf Rn. 11). Hierdurch würden die Einschränkungen nicht nur des Abs. 1 S. 3 Nr. 3 („eine"), sondern va auch der allg. (Berufs-)Schulpflicht (vgl. etwa Art. 129 Abs. 1 BV: nur „zum Besuch") unterlaufen. Wegen der **EU-Grundfreiheiten** sind Weisungen, die für eine bestimmte Dauer die Ein- und Durchreise in bzw. durch die Bundesrepublik untersagen, zumindest bei EU-Bürgern, die alltagsrelevante Bezüge zu Deutschland haben, hoch problematisch (dazu bei einem deutschsprachigen und in Grenznähe lebenden Niederländer LG Aachen StV 2019, 481 = BeckRS 2018, 20772; vgl. ferner OLG München StV 2018, 359 = LSK 2017, 147674).

Weisungen können zudem in einen **Konflikt** mit dem **Vorrang elterlicher** Erziehung **(Art. 6 Abs. 1, 2 S. 1 GG)** geraten, wenn die Sorgeberechtigten mit Ob und Art der Verpflichtung nicht einverstanden sind. Gleichwohl geht die überwiegende Meinung davon aus, dass Weisungen, die gegen den Willen der Eltern erteilt werden, eine Ausformung der in Art. 6 Abs. 2 S. 2, Abs. 3 GG bestimmten Schranken darstellen. Dies gilt jedenfalls, wenn nach den Feststellungen im Verfahren (zu diesem Erfordernis Lipp RdJB 2003, 361 (363); krit. Reuther Elternrecht S. 93 ff.) erzieherisches Versagen der betreffenden Personen vorlag bzw. vorliegt (zu Kindeswohlgefährdungen Wedler, Weisungen nach § 10 Abs. 1 JGG und elterliches Erziehungsrecht, 2011, S. 128 ff., 140 ff.), zumal dann idR ein Bedarf dafür besteht, verfehlte oder ausgebliebene erzieherische Angebote oder Maßnahmen seitens der Sorgeberechtigten durch die jugendrichterliche Weisung zu kompensieren. Aber auch jenseits dieser Fälle stellen sich Weisungen im Rahmen der dann gebotenen einzelfallbezogenen Güterabwägung idR als grundgesetzlich erlaubte Erziehungshilfen dar (BVerfGE 74, 102 (124 f.) = NJW 1988, 45 (47); RhPfVerfGH NJW-RR 2012, 1345 (1348 f.); Walter/Wilms NStZ 2004, 600 (606)), sodass in der **Zustimmung der Eltern** eine Zweckmäßigkeits- und ggf. Geeignetheitsfaktor liegt. Deshalb muss idR (im Falle des Nichterscheinens in der HV (vgl. → § 50 Rn. 29) auf telefonischem oder ähnlichem Wege) versucht werden, die elterliche Einwilligung zu erreichen. Um eine formale Rechtmäßigkeitsvoraussetzung der Weisung handelt es sich hierbei allerdings – wie auch der Rückschluss aus Abs. 2 S. 1 ergibt – nicht (Diemer/Schatz/Sonnen/Diemer Rn. 11 f.; Brunner/Dölling Rn. 6; Nöding Verteidigung Rn. 79; Reisenhofer, Jugendstrafrecht in der anwaltlichen Praxis, 2. Aufl. 2012, § 5 Rn. 57 f.; eine Zustimmung der Sorgeberechtigten verlangend Böhm/Feuerhelm JugendStrafR S. 181 ff.; Wedler NStZ 2012, 293 (299 f.); Kremer, Der Einfluß des Elternrechts auf die Rechtmäßigkeit der Maßnahmen des JGG, 1984, S. 82 ff.; bei Weisungen von „größerem Gewicht" auch 21. Aufl. Rn. 12; krit. Brodkorb, Verfassungsrechtliche Grenzen bei der Erteilung von Erziehungsmaßregeln und Zuchtmitteln gegenüber Jugendlichen und Heranwachsenden, 1998, S. 683 ff.). 8

4. Belastungsgrenzen

Wie bei allen Rechtsfolgen des JStR (→ § 5 Rn. 21 f.) ist auch bei der Erteilung von Weisungen der **Grundsatz** der **Verhältnismäßigkeit** zu 9 beachten, dh sie dürfen in ihrer Belastungsintensität nicht außer Verhältnis zu den sie veranlassenden Vorwürfen stehen. Hierfür kommt es im Sinne einer Einzelfallprüfung einerseits auf die tatsächlichen Geschehnisse und andererseits auf die Verpflichtungsinhalte an. Außerdem dürfen mit einer Weisung keine **unzumutbaren Anforderungen** an den Jugendlichen gestellt werden (Abs. 1 S. 2). Dieses Kriterium verweist auf eine Belastungsgrenze, deren Überschreitung von den Betroffenen für sich genommen nicht mehr hingenommen werden muss. Anders als bei der Verhältnismäßigkeit, die sich aus Eignung, Erforderlichkeit und Eingriffs-Vorwurfs-Relation ergibt, geht es hier um den Gedanken, dass ganz unabhängig vom Gewicht der Anlasstat keine überfordernden Sanktionen verhängt werden dürfen (anders mit unzutr. Vermengung NK-JGG/Ostendorf Rn. 8). Dies betrifft etwa Arbeits- oder geistige Leistungen, deren Art oder Umfang die psychischen und/oder physischen Möglichkeiten des Jugendlichen übersteigt. Außerdem kann sich die Unzumutbarkeit einer Weisung aus der Kostenlast (→ Rn. 10, → Rn. 64 ff.) sowie im Einzelfall auch daraus ergeben, dass sie den Jugendlichen in eine erkennbar dilemmatische Situation bringt, weil von den Eltern von vornherein eine Missachtung der richterlichen Verpflichtungen verlangt wird (zust. Müller/Kraus JA 2003, 892 (899); s. auch → Rn. 63; → § 11 Rn. 18).

5. Einbindung der Jugendbehörden

10 Gem. § 38 Abs. 6 S. 3 muss die **JGH** vor der Anordnung einer Weisung gehört werden, damit deren Stellungnahme zur erzieherischen Eignung in die Entscheidung eingehen kann (FK-SGB VIII/Tammen/Trenczek SGB VIII Vor §§ 27–41 Rn. 31 ff.). Außerdem kann sich die JGH so dazu äußern, ob sich die Umsetzung der Weisung überwachen lässt (→ Rn. 61). Eine darüber hinausgehende Einbindung des JAmts bzw. JHilfe-Trägers ist gesetzlich nicht vorgesehen und rechtlich keine Voraussetzung einer Weisungsanordnung. Bei vielen Weisungen – va solchen, die gleichzeitig Hilfen zur Erziehung iSv §§ 28 ff. SGB VIII sind – bedarf es jedoch aus verfahrenspraktischen Gründen einer weitergehenden Vorab-Abstimmung (zum Folgenden n. bspw. Wiesner/Wapler/Gallep SGB VIII § 36a Rn. 27 ff.). Mit der gerichtlichen Weisung wird nämlich der Jugendliche verpflichtet, nicht aber die Einrichtung, bei der er der Weisung nachkommen soll (s. etwa AG Rudolstadt NStZ-RR 2016, 229; Trenczek ZKJ 2010, 142 (144); Wiesner FS Heinz, 2012, 535; ferner mwN Brunner/Dölling Rn. 48; Münder/Meysen/Trenczek/Trenczek SGB VIII § 52 Rn. 66; Kunkel ZJJ 2006, 311 (313); DIJuF ZJJ 2007, 323 (324); abw. BeckOK JGG/Nehring Rn. 21.1; BeckOK JGG/Gertler/Schwarz § 38 Rn. 132; DVJJ/Scholz 2006, S. 270 f.). Einzig für die Betreuungsweisung spricht § 38 Abs. 5 S. 3 für ein Anordnungsrecht gegenüber der JGH (abw. DIJuF JAmt 2010, 546 (546); zur Diskussion mwN Königschulte Kompetenz S. 87). Die ansonsten fehlende Verpflichtungsmacht des JRichters macht die vorherige Klärung notwendig, ob die Strukturen, die für die jeweilige Maßnahme erforderlich sind, durch die öffentliche JHilfe oder durch freie Träger (empirisch zu deren Angeboten Scheunemann, Die Bedeutung freier Träger für ambulante Maßnahmen, 1999, S. 55 ff., 95 ff.) überhaupt vor Ort vorgehalten werden und ob die jugendhilferechtlchen Leistungsvoraussetzungen gegeben sind (Trenczek ZJJ 2004, 57 (61)). Das schließt die Regelung der **Kostenübernahme**

(→ Rn. 64 ff.) ein (RL 6). Ein Fehlen dieser Verständigung könnte Weisungen zur Folge haben, zu deren Realisierung für den Jugendlichen gar keine Möglichkeit besteht oder die für ihn im Einzelfall mit solchen finanziellen Belastungen verbunden sind, durch die das Vorgehen erzieherisch dysfunktional und/oder unzumutbar (für Abs. 1 Nr. 2 dazu OLG Hamm NStZ-RR 2004, 151) und so jedenfalls rechtswidrig bzw. abänderungsbedürftig (§ 11 Abs. 2) wäre. Insofern ist die Anhörung der JGH auch in dieser Hinsicht bedeutsam (dazu ua Brandt NStZ 2007, 190 (192)), weshalb in den fraglichen Fällen iÜ auch nicht gem. § 38 Abs. 7 auf deren Anwesenheit in der HV verzichtet werden kann.

III. Weisungen nach Abs. 1

1. Im Gesetz angeführte Weisungen

11 **a) Relevanz des Katalogs.** Dass Abs. 1 S. 3 einen Katalog an spezifischen Weisungen ausdifferenziert, ist nicht als unverbindliche Aufzählung von Beispielen zu verstehen, weshalb das Gericht von vornherein und ohne weitere Umstände auf eine sonstige Weisung übergehen könnte (so aber 21. Aufl. Rn. 15). Indem der Katalog mit der Formulierung „insbesondere" (und nicht mit „unter anderem") eingeleitet wird, macht das Gesetz vielmehr deutlich, dass der Normtext iSv „in erster Linie" interpretiert werden muss. Das Gericht muss deshalb zunächst prüfen, ob eine der nicht abschließend, aber ausdrücklich angeführten (und insofern **vorrangigen**) Weisungen in Betracht kommt (Diemer/Schatz/Sonnen/Diemer Rn. 26; Laubenthal/Baier/Nestler JugendStrafR Rn. 575; aA Nix/Pschorr/Pschorr §§ 9–12 Rn. 16; wohl auch HK-JGG/Buhr/Remschmidt/Bartsch Rn. 18). Dies wird iÜ auch dem Interesse an der Vorhersehbarkeit von Rechtsfolgen besser gerecht. Zugleich wird der Notwendigkeit, die individuell angebrachten Weisungen mit einer täterorientierten Differenzierung flexibel konkretisieren zu können, vollauf Genüge getan, weil die Wahl einer ungeschriebenen Weisung lediglich verlangt, dass die geringere Eignung der ausformulierten Weisungsbeispiele argumentativ aufgezeigt wird.

12 Die **Orientierungswirkung,** die dem Katalog für die richterliche „Eigenentwicklung" von (ungeschriebenen) Weisungen darüber hinaus zugeschrieben wird (Diemer/Schatz/Sonnen/Diemer Rn. 26), geht allerdings über einen sehr vagen Hinweis auf die gesetzgeberischen Vorstellungen zur Belastungsgrenze (→ Rn. 9) kaum hinaus: Sonstige Weisungen dürfen nicht eingriffsintensiver als die ausdrücklich genannten Weisungen sein. Bedeutsamer ist, dass Einschränkungen, die bei einzelnen beschriebenen Weisungen bestehen, **nicht unterlaufen** werden dürfen, indem das Gericht kurzerhand eine entspr. uneingeschränkte sonstige Weisung erlässt (→ Rn. 36; s. dazu für ein Bsp. → Rn. 6 aE).

13 **b) Nr. 1 und Nr. 2.** Hiernach sind Aufenthaltsweisungen und Weisungen zur Wohnungsnahme erlaubt. Nr. 1 betrifft insbes. **Verbote, sich an Orten aufzuhalten,** die sich in der Vorgeschichte des Jugendlichen selbst oder ihrer Art nach als günstiger Tatgelegenheitskontext oder sonst als desintegrationsförderlich erwiesen hatten. Allerdings muss eine entspr. Weisung nicht einfach nur deliktshemmende Ziele verfolgen, sondern gem. Abs. 1 S. 1 auch erzieherisch ausgelegt sein (→ Rn. 3). Aufenthaltsverbote, bei

denen kein positiv-spezialpräventiver Effekt zu erwarten ist und allein der Schutz der Allgemeinheit vor weiteren Straftaten bezweckt wird, können nicht auf Nr. 1 gestützt werden. Das betrifft etwa die Weisung ggü. einem Nichtdeutschen, für eine bestimmte Zeit nicht einzureisen (abw. LG Freiburg JR 1988, 523 = LSK 1989, 220130 mkritAnm Eisenberg JR 1988, 524; für Bewährungsweisungen im allg. StR wie hier zB OLG Koblenz NStZ 1987, 24; OLG Nürnberg StV 2014, 529 = BeckRS 2014, 10876; LG Landshut StV 2008, 83 = BeckRS 2008, 17274; s. auch → Rn. 7 aA indes OLG Köln NStZ-RR 2010, 49).

14 Eingriffe in die Lebensführung des Jugendlichen, die durch Weisungen gem. Nr. 1 (dazu OLG Hamm BeckRS 2015, 21047) oder Nr. 2 veranlasst werden, müssen in ihrer Intensität zudem **hinter** dauerhaften Unterbringungen iSv **§ 12 zurückbleiben** (ebenso LG Hamburg BeckRS 2022, 50814; ZJJ 2023, 359 = BeckRS 2023, 23379; DSS/Diemer Rn. 28; BeckOK JGG/Nehring Rn. 27; Lobinger Kostentragung S. 388; anders aber zB NK-JGG/Ostendorf Rn. 10). Anderenfalls würde die dort erfolgte, verselbstständigte Ausgestaltung einer Fremdunterbringung (zu den vorgesehenen Voraussetzungen → § 12 Rn. 21 ff.) obsolet. Auch auf Basis von Nr. 2 darf der Jugendliche daher nur für eine vorübergehende, kürzere Wohnungsnahme verpflichtet werden (und dies auch nicht in einer Heimeinrichtung, deren Ausgestaltung dem § 34 SGB VIII entspricht, sondern allein in sonstigen Wohnheimen und ähnlichen Einrichtungen). Auch bedarf es bei Nr. 2 (ungeachtet der allg. Ausführungen in → Rn. 8) einer **Zustimmung** jener Personen, die zur Aufenthaltsbestimmung berechtigt sind, weil das Gesetz für eine Wohnungsregelung, die auch gegen den elterlichen Willen verpflichtend ist, die Formen des § 12 vorsieht (abw. etwa BeckOK JGG/Nehring Rn. 28; Nix/Pschorr/Pschorr §§ 9–12 Rn. 18). Bei einer in diesem Rahmen zulässigen Anordnung kann sich ggf. eine Verbindung mit einer Weisung nach Nr. 3 empfehlen (s. ferner zur notwendigen Kostenklärung → Rn. 10, → Rn. 64 ff.).

15 **c) Nr. 3.** Die Weisung, eine Ausbildungs- oder Arbeitsstelle anzunehmen, darf das Grundrecht der freien Berufswahl (Art. 12 GG) nicht verletzen (vgl. → Rn. 7). Sie kann deshalb ohne Einverständnis des Beschuldigten nur darauf gerichtet sein, eine **unbestimmte** (ggf. versicherungspflichtige) Stelle anzutreten (LG Würzburg NJW 1983, 463 (464)) und/oder beizubehalten (Beulke/Swoboda JugendStrafR Rn. 315). Unzulässig sind Weisungen, die sich auf eine konkrete Stelle beziehen. Ebenfalls rechtswidrig (da den Wortlaut von Nr. 3 überschreitend) wären Anordnungen, eine durch den Betreuungshelfer vorab zu billigende Stelle zu ergreifen (abw. für § 68b Abs. 2 StGB BVerfG NStZ 1981, 21 (22)) oder eine bestehende Anstellung oder Ausbildung aufzugeben (NK-JGG/Ostendorf Rn. 11; Diemer/Schatz/Sonnen/Diemer Rn. 31). Kommt eine Weisung nach Nr. 3 in Betracht oder wird sie erteilt, so hat das JAmt iÜ zu prüfen, ob (vorbereitende oder begleitende) Leistungen gem. § 13 Abs. 1 SGB VIII anzubieten sind (vgl. Mrozynski Zbl 1992, 445 (449)).

16 **d) Nr. 4.** Arbeit zur **Ahndung** ist **nicht** als Weisung, sondern allenfalls als Auflage gem. § 15 Abs. 1 S. 1 Nr. 3 sowie ggf. Nr. 1 zulässig (zur Problematik auch → § 15 Rn. 15 f.). Streit besteht, welchen Zweck dagegen die Einwirkung haben darf, die mit der Auferlegung von Arbeitsleistungen nach Nr. 4 einhergeht. Einige Gerichte verlangen, dass beim Beschuldigten eine

problematische **Einstellung** zur **Arbeit** besteht und durch die Weisung positiv beeinflusst werden soll (KG JR 1965, 29 (30); BayObLG StV 1984, 254 = LSK 1984, 460117; BayObLG bei Bär DAR 1988, 366; OLG Karlsruhe Die Justiz 1988, 488 = BeckRS 1988, 07353; so auch Itzel, Die Abgrenzung der Weisungen von den Auflagen nach dem JGG, 1987, S. 187, 189; Köhler JZ 1988, 749). Nach anderer und vorzugswürdiger Ansicht können mit der Arbeitsweisung aber auch sonstige, eher **allg. erzieherische** Absichten (Tagesstrukturierung, Teamerleben usw) verfolgt werden (Brunner Zbl 1987, 257 (258 f.); Brunner/Dölling Rn. 14 f.; s. auch Böhm/Feuerhelm JugendStrafR S. 185). Das BVerfG, das für Nr. 4 bereits einen Eingriff in Art. 12 Abs. 2 und 3 GG verneint (zw. – dazu n. auch NK-JGG/Ostendorf Rn. 14), bezeichnet diese Auslegung als „einleuchtend" und „daher aus verfassungsrechtlicher Sicht jedenfalls nicht unvertretbar" (BVerfGE 74, 102 (122 ff., 127 f.) = NJW 1988, 45 (47 f.); vgl. auch BVerfG NStZ 1988, 34 (35)). Da es bei einer solchen Maßnahme idR um Jugendliche mit Betreuungsbedarf gehen muss, wäre eine Kopplung mit JA hier iÜ typischerweise verfehlt (s. auch Diskussionspapier DVJJ ZJJ 2016, 419 (421 f.)).

Aus der Unterscheidung zwischen einer pädagogisch (Abs. I S. 3 Nr. 4) **17**
und einer normverdeutlichend (§ 15 Abs. 1 Nr. 3) ausgestalteten Verpflichtung zur Arbeit ergeben sich bei einer Arbeitsweisung einige **Anforderungen** sowohl an die Art der Arbeitstätigkeit, die als sinnhaft erlebt und sozialpädagogisch begleitet werden sollte, als auch an deren Umfang, dessen Obergrenze nur individuell bestimmt werden kann, der aber nicht abschreckend oder überfordernd sein darf. Eine Richtschnur hierfür bietet die von HK-JGG/Buhr/Remschmidt/Bartsch Rn. 23 berichtete Praxiserfahrung, wonach 40–50 Stunden noch als zumutbar empfunden würden (dagegen für bis zu 80 Stunden Diskussionspapier DVJJ ZJJ 2016, 419 (421); für bis zu 120 Stunden Brunner/Dölling Rn. 16; Streng JugendStrafR Rn. 354). Das Gericht muss die geforderten Arbeitsleistungen hinsichtlich des Zeitraums und der Stundenzahl so **präzise** bestimmen, dass die Erbringung überprüfbar ist; die Auswahl der Arbeitsstelle kann es allerdings der JGH überlassen (OLG Braunschweig NStZ 2012, 575 (576); s. auch KG StV 2014, 746 = BeckRS 2014, 13285 sowie → § 15 Rn. 18). Im Übrigen ist das JArbSchG sinngemäß anzuwenden (Art. 293 Abs. 2 S. 2, Abs. 3 EGStGB). Was den notwendigen Versicherungsschutz angeht, so kann bzgl. Unfallschäden betr. Weisungen nach Nr. 3 und 4 auf § 2 Abs. 2 S. 2 SGB VII (Versicherung kraft Gesetzes bei Tätigkeiten „aufgrund einer strafrichterlichen, staatsanwaltlichen oder jugendbehördlichen Anordnung") verwiesen werden (n. Höynck DVJJ-Journal 2000, 285 (285 f.); Brandt NStZ 2007, 190 (194); Brosi/Grüßing/Hedermann ua ZJJ 2021, 248 (250 ff.)). Für Haftpflichtschäden bei der Ausführung von Weisungen bedarf es einer Betriebshaftpflichtversicherung der Einsatzstelle oder ihres Trägers oder spezieller Versicherungsabschlüsse seitens der JÄmter bzw. Freien Träger (vgl. für Bay. Wimmer DVJJ-Journal 1998, 35 (36 f.); n. Höynck DVJJ-Journal 2000, 285 (286 f.); Brandt NStZ 2007, 190 (194 f.)).

Rechtspraktisch kommt Nr. 4 innerhalb der „ambulanten Maßnahmen" **18**
eine herausragende Bedeutung zu, und zwar besonders bei Jugendlichen, die als „Ersttäter" und als sog. „Bagatell"-Täter beurteilt werden (Höynck/Leuschner ZJJ 2014, 364 (368); Höynck ua Jugendgerichtsbarometer II S. 81 ff.; speziell für LG-Bezirk Flensburg n. Çaglar, Neue ambulante Maßnahmen in der Reform, 2005, S. 69 ff.; für NRW Winkelmann, Neue ambulante Maß-

nahmen …, 2021, S. 99 ff.). Hinsichtlich der tatsächlichen erzieherischen Ausrichtung von Arbeitsweisungen ist indes zu bedenken, dass sich die Wahrnehmung durch den Jugendlichen nicht mit der Einordnung durch das Gericht decken muss. Ohnehin werden de facto viele arbeitsbezogene Weisungen mit Zwangscharakter erteilt (für die Zufälligkeit der Auswahl spricht die justizpraktisch ganz überwiegende Verneinung inhaltlicher Unterschiede zur Arbeitsauflage – dazu die Daten bei Höynck/Leuschner Jugendgerichtsbarometer I S. 104 f.; Höynck/Leuschner ZJJ 2014, 364 (368)). Die Zweckverwirklichung **leidet in der Praxis** auch unter einer oft unterschiedslosen Durchführung von Arbeitsweisung und -auflage (so für die Praxis im Rhein-Neckar-Kreis Kremerskothen Arbeitsauflagen S. 152 ff.) und unter der Überschreitung der erzieherisch angezeigten Aufwandsbegrenzung (Kremerskothen Arbeitsauflagen S. 137: durchschnittlich 32,5 Stunden; vgl. auch 2. Jugendstrafrechtsreform-Kommission DVJJ-Journal 2002, 227 (250); Brodkorb, Verfassungsrechtliche Grenzen bei der Erteilung von Erziehungsmaßregeln und Zuchtmitteln gegenüber Jugendlichen und Heranwachsenden, 1998, S. 398 f.; Khostevan, Zügiges Strafverfahren bei jugendlichen Mehrfach- und Intensivtätern, 2008, S. 198 ff., 242). Offenbar sind regelrechte Exzesse nicht ausgeschlossen (AG Lübeck StV 2013, 759 = BeckRS 2013, 16591: 200 Arbeitsstunden; OLG Hamm BeckRS 2008, 11801: 300 Arbeitsstunden innerhalb von drei Monaten (als Bewährungsauflage)). Ferner wird für den Jugendlichen die Einsichtigkeit der Weisung durch den oft erheblichen Zeitraum zwischen Tatzeit und Arbeitsbeginn reduziert (nach Kremerskothen Arbeitsauflagen S. 81: durchschnittlich 34,1 Wochen bis zur Beendigung). Das gilt gleichermaßen bei bloßen Reinigungs- und Aufräumtätigkeiten sowie Arbeiten ähnlicher Art (NK-JGG/Ostendorf Rn. 13; Trenczek ZJJ 2009, 358 (359): ggf. „demütigend“) ohne erzieherische Betreuung (vgl. betr. Rhein-Neckar-Kreis Kremerskothen Arbeitsauflagen S. 188 f.). Soweit dies beurteilt werden kann, ist die spezialpräventive Leistungsfähigkeit der Arbeitsweisung allerdings nicht schlecht (vgl. Petrow, Strafe ohne Schloss und Riegel: begleitete Arbeitsleistungen im Jugendstrafrecht, 2011, S. 47 ff. (betr. Bonn): erneute Erfassung in den JGH-Akten zwei Jahre nach Abschluss nur bei 18 % der Betroffenen). Dies wird wohl auch in der Praxis so gesehen, die in den Arbeitsweisungen häufig nur eine „Stundenableisten“ sieht (Winkelmann, Neue ambulante Maßnahmen …, 2021, S. 146 ff.).

19 **e) Nr. 5.** Die Betreuungsweisung kommt aus Verhältnismäßigkeitsgründen (sowie wegen des mit ihr verbundenen Aufwands) nur bei hinreichend ausgeprägtem Bedarf an längerfristiger Unterstützung und angehobener Anlassdelinquenz in Betracht (s. auch RL 2 S. 1). In diesem **Anwendungsbereich** ist sie besonders bei Heranwachsenden von Bedeutung, wohingegen bei Jugendlichen hier an sich auch die EB gem. § 12 Nr. 1 einsetzbar ist. Verglichen mit Nr. 5 hat diese den Vorzug, von förmlichen Zwangsmitteln (§ 11 Abs. 3) frei zu sein und so ein (weniger belastendes) nur-erzieherisches Angebot darzustellen (abw., da die EB eher als Hilfe für Erziehungsberechtigte verstehend, aber NK-JGG/Ostendorf Rn. 17). Geeignet und sinnvoll ist die Weisung (wie die EB) iÜ allein dort, wo das Einverständnis der Erziehungsberechtigten vorliegt oder begründet unterstellt werden muss (s. auch RL 2 S. 2; zur de facto differenziert gegebenen Akzeptanz und Ablehnung s. Mohr DVJJ-Journal 1991, 259 (261)). In Fällen, in denen

JA erwogen wird, ist unbedingt zu prüfen, ob stattdessen eine Betreuungsweisung erteilt werden kann. Ganz abzulehnen ist eine Verbindung mit JA, zumal darin bereits eine Mehrbelastung ggü. der Bewährungsunterstellung bei einer Entscheidung gem. § 21 Abs. 1 liegen würde. Überhaupt ist die **Kombination** einer Weisung nach Nr. 5 mit sonstigen Weisungen oder Auflagen („Cocktail") idR problematisch und erzieherisch kaum funktional (Hinweise auf eine teilw. abw. Praxis ehemals aber bei Blumenberg/Wetzstein/v. Kutzschenbach-Braun/v. Kutzschenbach-Braun Jugendhilfe für junge Straffällige 1987, S. 99 ff.).

Ergeht eine Betreuungsweisung, ist diese durch das Gericht **konkret auszugestalten.** Das betrifft die Bestimmung des Unterstellungszeitraums. Dieser sollte mindestens mehrere Monate betragen (nach DVJJ/Forum 1, AK 1.6 2006. S. 565: ab sechs Monate), aber nach § 11 Abs. 1 S. 2 Hs. 2 nicht länger als 12 Monate sein (NK-JGG/Ostendorf Rn. 17: idR nicht mehr als sechs Monate). Außerdem ist der Betreuungshelfer möglichst individuell zu benennen (RL 2 S. 5). Ist das Gericht dazu nicht in der Lage, hat es zumindest die Art der fraglichen Personen (→ Rn. 22 f.) zu konkretisieren (abw. offenbar HK-JGG/Buhr/Remschmidt/Bartsch Rn. 32). 20

Die **Aufgabe** der Betreuungsperson besteht darin, dem Jugendlichen (beratend, informierend usw) zur Seite zu stehen sowie ihm Anregungen zu gegeben, die zur Unterstützung der zukünftigen Legalbewährung konkret als geeignet erscheinen. Bindende Anweisungen, deren Nichtbefolgung nach § 11 Abs. 3 zu JA führen könnte, darf die Betreuungsperson dagegen nicht treffen. Eine solche Befugnis weist das Gesetz allein dem JRichter zu, ohne hierbei eine Delegation des Anordnungsrechtes vorzusehen (vgl. auch → Rn. 6 sowie zum BewHelfer → § 23 Rn. 13 ff.). Hält die Betreuungsperson verbindliche Vorgaben für erforderlich, muss sie daher beim Gericht entspr. Weisungen anregen. Dass sie dem Gericht berichtet, sieht das Gesetz nur für einzelne Anlässe vor (§§ 48 Abs. 2 S. 1, 50 Abs. 4 S. 2, 65 Abs. 1 S. 2). Außerhalb dieser Konstellationen besteht – wie der Vergleich mit der BewHilfe (§ 25 S. 3 und 4) ergibt – weder eine Pflicht noch ein Recht zum **Bericht.** Datenschutzrechtlich folgt dies auch aus der (ermächtigungsabhängigen) Zweckänderung der Informationen, die die Betreuungsperson zunächst ausschließlich zur Betreuung des Jugendlichen erlangt. 21

Als **Betreuungsperson** kommen – ungeachtet der bestehenden Professionalitätsanforderungen (daher skeptisch Wiesner/Wapler/Wapler SGB VIII § 30 Rn. 18) – gerade ehrenamtlich Tätige in Betracht (zur Auswahl aus Sicht der Praxis bereits Wenger FS Härringer, 1995, 75), zumal va bei ihnen die Chance besteht, dass eine zwischenmenschlich positive Beziehung genutzt wird bzw. zustande kommt (zu deren Rolle s. etwa schon Kraimer/Müller-Kohlenberg RdJB 1990, 170 (175 f.) mit Interviews). Das gilt mit Einschränkungen auch für Freie Träger der Jugendhilfe, wenngleich die dortigen Sozialarbeiter/innen mitunter Tendenzen der „Entspezialisierung" zeigen (zur „freien Jugendhilfe" mwN 21. Aufl. Rn. 23a; für MV ergänzend Schwerin-Witkowski, Entwicklung der ambulanten Maßnahmen nach dem JGG in Mecklenburg-Vorpommern, 2003, S. 142 f.). De facto wird die Betreuungsaufgabe aber nicht selten auf BewHelfer übertragen (wenn auch meist erst bei älteren Verurteilten). Dies ist jedoch bedenklich, weil dadurch eine Nähe zu einer angeordneten JStrafe suggeriert wird und der BewHelfer in gleicher Weise wie bei Bewährungsprobanden vorgehen könnte (zu den Gefahren von net-widening schon Eisenberg Bestrebungen S. 14 ff.). Auch 22 besteht die Gefahr, dass bei Anordnung einer JStrafe in einem späteren JStV die Bereitschaft sinkt, diese zBew auszusetzen (abl. wie hier Ostendorf NStZ 1999, 515 (516)). Wird zudem noch ganz allg. ein Mitarbeiter der BewHilfe benannt (also kein konkreter BewHelfer), erlaubt dies zwar, die (zunächst) eingesetzte Person bei mangelndem gegenseitigem Verständnis auszutauschen, doch stellt dies den Ablauf faktisch zur Disposition der fraglichen Organisation.

23 Das Gesetz sieht entgegen früheren Entwürfen davon ab, mit der Unterstellung einen Vertreter der **JGH** zu betrauen. Vielmehr fällt ihr diese Aufgabe nur subsidiär, dh bei Fehlen einer anderweitigen richterlichen Auswahlentscheidung zu (§ 38 Abs. 5 S. 3). Wegen der institutionellen Justiznähe ist die Herstellung eines Vertrauensverhältnisses zum Jugendlichen hier allerdings ähnlich wie beim BewHelfer erschwert, sodass das Gericht davon absehen sollte, diese Lösung eigens zu bestimmen oder durch das Gesetz eintreten zu lassen. Anders verhält es sich nur, wenn zwischen dem Jugendlichen und bestimmten Vertretern der JGH bereits ein tragfähiges Verhältnis besteht. Es ist iÜ auch nicht erlaubt, der JGH die Festlegung der Betreuungsperson zu übertragen (abw. NK-JGG/Ostendorf Rn. 17; BeckOK JGG/Nehring Rn. 37; Nix/Pschorr/Pschorr §§ 9–12 Rn. 21). Dies wird durch § 38 Abs. 6 S. 3 angezeigt, wonach die JGH zur Auswahl des Betreuungshelfers lediglich gehört werden soll. Außerdem fällt der von der aA ins Feld geführte Delegationsbedarf (weil das Gericht zur Auswahl einer geeigneten Person oft gar nicht in der Lage sei) angesichts der so gewährleisteten sozialpädagogischen Beratung weg.

24 **f) Nr. 6.** Mit Nr. 6 hat das Gesetz ein breites Spektrum unterschiedlicher Erziehungs-, Trainings-, Übungs-, Erfahrungs- und Stützkurse, die früher im Rahmen sonstiger Weisungen durchgeführt wurden (vgl. etwa Bolz unsere jugend 1983, 149; DBH Bewährungshilfe 1988, 240 (243 f.)), als eigene Weisungsform aufgenommen, wobei es hier weiterhin Überschneidungen mit anderen Formen erzieherischer Gruppenarbeit und ungeschriebener Weisungen gibt (vgl. Drewniak/Höynck ZfJ 1998, 487 (490 f.)). Gemeinsam ist allen Spielarten das Ziel, persönliche und soziale Verantwortung zu fördern, Vorurteile und Berührungsängste abzubauen, sowie (nach Möglichkeit) Toleranz zu erfahren. Die **Kursmethodik** kann gesprächs-, handlungs- oder erlebnisorientiert sein (vgl. etwa Roggemann/Schröter/Ebel DVJJ-Journal 1996, 190). Als Bsp. für einen methodenverbindenden Ansatz kann etwa auf das „Gruppentraining sozialer Kompetenzen" verwiesen werden. Hier sollen die Teilnehmenden anhand von situationsspezifischen Rollenspielen eine Reflexion über ihr Verhalten durch die übrigen Gruppenmitglieder und durch Video-Aufzeichnungen erfahren, um ua soziale und personale Ressourcen bzw. eigene Stärken und Schwächen wahrzunehmen (vgl. etwa Hinsch/Pfingsten, Gruppentraining sozialer Kompetenzen, 7. Aufl. 2023, S. 132 ff.; erg. Abel/Raithel unsere jugend 1998, 201 (206 f.)). Rollenspiele werden häufig gelenkt, indem die Gruppentrainer das Thema, das angestrebte Zielverhalten, die Rollenverteilung und die Auswertungsstruktur vorgeben (vgl. Petermann/Petermann, Training mit Jugendlichen, 10. Aufl. 2017, S. 67; zu theaterpädagogischen Formen vgl. Nisser/Rüth ZJJ 2015, 199). Oft eingesetzt werden daneben iÜ auch die (kontroversen) Verfahren der provokativen Pädagogik im Anti-Gewalt- und Anti-Aggressivitäts-Training (s. dazu Werner, Konfrontative Gewaltpräventi-

on, 2014, S. 56 ff., 177 ff.; Deimel/Köhler, Delinquenz und Soziale Arbeit 2020/Schallenberg, S. 145 ff.; zu einer anderen, weniger kontroversen Spielart des Anti-Aggressivitäts-Trainings s. Schawohl Bewährungshilfe 2024, 66).

Die Anzahl der zu verschiedenen Kursen durchgeführten Evaluationen und vorliegenden Projektberichte ist hoch (s. bspw. Kraus/Rolinski MschKrim 75 (1992), 32; Wellhöfer MschKrim 78 (1995), 42; Göppner DVJJ-Journal 2000, 277; Kessel DVJJ-Journal 2000, 373; van Rennings DVJJ-Journal 2003, 46; Cosmai/Hein Bewährungshilfe 2006, 396 (402 ff.); Hofmann, Soziale Trainingskurse als ambulante Maßnahmen im Rahmen des Jugendstrafverfahrens, 2014, S. 93, 127 f.; zusf. Walsh ZJJ 2017, 28 (31 f.); Heinz Sekundäranalyse S. 1947 ff.; erg → § 92 Rn. 60; speziell zum Anti-Aggressivitätstraining Dreßing, Das Anti-Aggressivitätstraining als Maßnahme der Jugendhilfe und Jugendstrafrechtspflege, 2016, S. 129 ff.; s. auch die Zusammenstellung diesbzgl. Arbeiten bei Heinz Sekundäranalyse S. 1967 ff.). Methodisch hochwertige Wirksamkeitsstudien stehen aber bislang überwiegend noch aus (Eisenberg/Kölbel Kriminologie § 41 Rn. 68; Walsh ZJJ 2017, 28 (33)). Gerade die belastbaren Studien belegen allenfalls einen begrenzten Effekt (Boxberg/Bosold FPPK 2009, 237 bzgl. sozialem Training im JStVollz; Hirtenlehner/Hiebinger ZJJ 2013, 57 bzgl. Anti-Aggressivitäts-Training in Österreich). Diese Forschungslage ist insofern misslich, als sie die Entscheidung über die (Fortsetzung und) Nutzung tragfähiger Projekte erschwert. Auch wurde gegen soziale Trainingskurse und ähnliche Maßnahmen früher nicht selten ein (Selektivitäts-)Einwand erhoben, wonach hierbei die ohnehin weniger belastete jugendliche Teilgruppe bevorzugt würde (Köhnke Zbl 1983, 213 (213)). Die **Unterstützungswürdigkeit** der Trainingsweisung wird dadurch aber nicht in Frage gestellt (eindrücklich mit Blick auf die Kursziele auch AG Rudolstadt ZJJ 2014, 48 = BeckRS 2013, 17112). Auch bleibt es dem JRichter – va in Fällen, in denen sich der Jugendliche ggü. dem Gruppenkontext sperrt (hierzu schon Hausmann Bewährungshilfe 1984, 259 (260, 263)) – unbenommen, eine individuell an den besonderen Bedürfnissen des Jugendlichen orientierte pädagogische Hilfe (sofern regional vorhanden) zu wählen (zu einem sozialkognitiven Einzeltraining vgl. Körner ZJJ 2006, 267). 25

Die gerichtliche Nutzbarkeit der Trainingsweisung hängt allerdings wesentlich davon ab, dass für die unterschiedlichen „Indikationen" ein hinreichend differenziertes, örtliches **Kursangebot** besteht (für Bestandsaufnahmen vgl. etwa Kawamura-Reindl ZJJ 2011, 364; speziell für MV Schwerin-Witkowski, Entwicklung der ambulanten Maßnahmen nach dem JGG in Mecklenburg-Vorpommern, 2003, S. 66 ff.). Dabei scheint das Aufkommen an angebotenen und durchgeführten Kursen regional stark zu variieren, insg. aber tendenziell etwas gestiegen zu sein (Ansätze zu einer bundesweiten Erfassung zuletzt bei Kempf, Der soziale Trainingskurs und seine rechtliche Einordnung, 2014, S. 29 ff.). Die tatsächliche Anwendungspraxis ist allenfalls regional abschätzbar (vgl. bspw. Spindler ZJJ 2016, 68, der für Nürnberg neben einem deutlichen Rückgang va bei den 14- und 15-Jährigen von einer Zuweisungszunahme besonders benachteiligter und mit Hafterfahrungen vorbelasteter Personen berichtet). Bezogen auf das Bundesgebiet ist die Frage ungeklärt (vgl. aber auch die Zusammenstellung regionaler Einzelstudien bei Heinz Sekundäranalyse S. 1009 ff.). 26

Rechtlich werden für die **Durchführung** hinsichtlich der dafür geeigneten Personen oder Organisationen keine konkreten Vorgaben gemacht (zu 27

Bedenken ggü. der Anbieter-Dominanz der JGH und der BewHilfe → Rn. 21 f.; zust. Hohendorf Bewährungshilfe 1994, 90 (91 f.)). Erfolgt die Durchführung durch Freie Träger und andere Private, sind diese allerdings **grundrechtlich gebunden,** was der Kursgestaltung (etwa bei dort ausgeübtem Druck zur Preisgabe persönlicher und privater Angaben) Grenzen setzt (n. Kempf, Der soziale Trainingskurs und seine rechtliche Einordnung, 2014, S. 211 ff.). Außerdem sieht das Gesetz als **Kursdauer** für den Regelfall einen Zeitraum von höchstens sechs Monaten vor (§ 11 Abs. 1 S. 2 Hs. 2). Zweckmäßiger wird jedoch oft eine kürzere Dauer sein. Organisatorisch sind Wochenend-, Block- oder auch eher kontinuierlich laufende Kurse möglich.

28 **g) Nr. 7.** Die TOA-Weisung dient dem Zweck, bei dem Verletzten (§ 373b Abs. 1 StPO) den immateriellen und materiellen Schaden auszugleichen. Sie legitimiert sich ferner mit dem Anspruch, bei dem jugendlichen Verurteilten einen Lernprozess einzuleiten (RL 4 S. 1; krit. Bleckmann/Tränkle Zeitschrift für Rechtssoziologie 2004, 79 (97 f.): Ausübung „moralischer Macht"). In ihrem Kern ist sie aber Ausdruck jener kriminalpolitischen Ansätze, mit denen man die Bewältigung des strafrechtlich beurteilten Geschehensablaufs **auf die Beteiligten zurückzuführen** versucht (Drenkhahn BMJV 43 ff.; zur Implementierung in die europäischen JStR-Systeme eingehend Dünkel/Grzywa-Holten/Horsfield (Hrsg.), Restorative Justice and Mediation in Penal Matters, 2 Bde., 2015). Zwischen dem verpflichtenden Charakter einer Weisung und dem Gedanken einer freiwilligen konstruktiven Deliktsbearbeitung besteht allerdings ein Spannungsverhältnis (krit. Albrecht JugendStrafR S. 183 f.; Schünemann/Dubber, Die Stellung des Opfers im Strafrechtssystem/Albrecht, 2000, S. 44, 46 ff.). Aus diesem Grund hat der TOA aufgrund einer Weisung auch eine geringe praktische Relevanz. Seine Einbindung in eine informelle Verfahrenserledigung (§ 45 Abs. 2 S. 2) ist konzeptionskonformer und scheint daher praktisch auch eine größere Rolle zu spielen (n. → § 45 Rn. 36 f.). Im Übrigen spricht der aus dem Strafrechts- und Sanktionsdenken hinausführende Grundgedanke des TOA prinzipiell dagegen, die Weisung gem. Nr. 7 mit anderen Rechtsfolgen zu verbinden (s. aber zur Praxis Trenczek ZJJ 2009, 361 (362): „erzieherische Draufgabe (…) zur Abrundung von Sanktionscocktails").

29 Die Anweisung eines TOA **setzt** mit Blick auf rechtsstaatliche Gründe sowie das auf Gerechtigkeitsempfinden abzielende Anliegen **voraus,** dass der Hergang des Geschehens (einschließlich ggf. wechselseitiger Aktivitäten und Anteile aller Beteiligten) ebenso wie die Schuld des Jugendlichen außer Zweifel stehen. Ein Geständnis stellt dafür nicht ohne weiteres eine hinreichende Bedingung dar (zur Möglichkeit falscher Geständnisse → § 70c Rn. 9 ff.). Ferner muss (iÜ im Interesse beider Ausgleichsbeteiligten) eine Zustimmung des Beschuldigten vorliegen (ebenso Laubenthal/Baier/Nestler JugendStrafR Rn. 591; zum Geschädigten s. § 155a S. 3 StPO; zu den Erziehungsberechtigten → Rn. 8). Um die dahingehende Freiwilligkeit, die verfahrensbedingt ohnehin schon eingeschränkt ist (krit. Albrecht JugendStrafR S. 152; Schünemann/Dubber, Die Stellung des Opfers im Strafrechtssystem/Frehsee, 2000, S. 133: „unter der Bedrohung staatlicher Zwangsanwendung"; Bleckmann/Tränkle Zeitschrift für Rechtssoziologie 2004, 79 (101): „Heuchelei"), zumindest ansatzweise zu wahren, bedarf es des Hinweises, dass der Beschuldigte sein Einverständnis versagen darf und

dass dies keinen rechtlichen Nachteil, sondern allein eine andere (vom Richter zu bestimmende) Rechtsfolge nach sich zieht. – Umgekehrt wird, wenn das Tatopfer seine Mitwirkung verweigert, die Weisung schon durch das **ernsthafte Bemühen** des Jugendlichen um eine Konfliktregelung hinreichend befolgt.

Der Täter-Opfer-Ausgleich ist **nicht** von vornherein auf Verfahren wegen bestimmter **Deliktsgruppen** (zB Bagatellfälle) **begrenzt.** Ausgenommen sind jedoch Fälle, in denen die unmittelbar tatbetroffene Person (tatbedingt oder aus anderen Gründen) verstorben ist (BGH NJW 2019, 319 f.: kein Täter-Opfer-Ausgleich mit **Hinterbliebenen**). Denkbar ist allerdings die Anordnung einer (unbenannten) Weisung, sich „um einen Ausgleich mit dem oder den Hinterbliebenen zu bemühen" (BT-Drs. 19/27654, 105). Nr. 7 scheidet ebenfalls aus, wenn es bei der vorgeworfenen Tat gar kein konkretisierbares Opfer gab (nicht immer aber auch dann, wenn das Opfer keine natürliche Person war). Prinzipiell kommt die Maßnahme indes auch bei Verurteilung wegen eines **Verbrechens** in Frage. Sie ist ferner nicht etwa dadurch ausgeschlossen, dass es für die Vermittlung absehbar einer nicht unerheblichen Anzahl von Gesprächen bedarf (vgl. die Verfahrensanalysen zu (auch schweren) Delikten unter Gewaltanwendung bei 21 Probanden durch Taubner, Einsicht in Gewalt – Reflexive Kompetenz adoleszenter Straftäter beim Täter-Opfer-Ausgleich, 2009, S. 186, 278). 30

Die Geeignetheit des Täter-Opfer-Ausgleichs auch für Delikte sog. mittlerer Schwere scheint in der Praxis allerdings nur eingeschränkt mitgetragen zu werden, möglicherweise auch wegen der Einordnung als („zu mild" geltende) Intervention. Legt man angesichts einer statistisch unzulänglichen Erfassung (Kerner/Belakouzova ZJJ 2020, 232 (236 ff.)) die Angaben zugrunde, die von der sog. TOA-Statistik und den hieran freiwillig mitwirkenden Einrichtungen bereitgestellt werden, besteht der Anwendungsbereich **rechtstatsächlich** in erster Linie in Verfahren wegen Körperverletzungs- und Beleidgungsdelikten sowie Diebstahls, Betrugs und Sachbeschädigung, eingeschränkt auch wegen Raubes und Erpressung (stellvertretend Hartmann/Schmidt/Ridder/Kerner, Täter-Opfer-Ausgleich in Deutschland, 2024, S. 44 ff.), wobei die Häufigkeit der Anwendung regional und teilweise auch an demselben Gericht variiert (vgl. dazu etwa Winter/Matt NK 2012, 73 (77)). Im Rahmen einer Ausgleichsvereinbarung kommt es dabei meist zu einer Verpflichtung des Verurteilten zur Zahlung von Schmerzensgeld oder Schadenersatz an das Opfer (bei Mittellosigkeit uU auch durch (entgeltliche) Erbringung von Arbeitsleistungen) sowie zu einer persönlichen Entschuldigung und ggf. sonstigen symbolischen Wiedergutmachungsleistungen (Hartmann/Schmidt/Ridder/Kerner, Täter-Opfer-Ausgleich in Deutschland, 2024, S. 69). Allerdings beziehen sich diese Angaben auf alle Beschuldigten, unter denen Jugendliche und Heranwachsende nur einen begrenzten Anteil ausmachen (Hartmann/Schmidt/Ridder/Kerner, Täter-Opfer-Ausgleich in Deutschland, 2024, S. 41: zuletzt 35 % bis 36 %; vgl. relativierend aber schon Winter ZJJ 2005, 199 (201)). 31

Aus kriminologischer Sicht besteht die Gefahr, dass bei der interaktionalen Konfliktbearbeitung die nicht-personalen (dh die distalen bzw. meso- und makrostrukturellen) Entstehungsbedingungen von Straftaten völlig aus dem Blick geraten und eine Verengung auf individualisierende Perspektiven bzw. auf das Täter-Opfer-Verhältnis begünstigt wird (zu den Schwierigkeiten auch → § 45 Rn. 37). Andererseits lässt sich nicht von vornherein ausschlie- 32 ßen, dass bei **gelingender Kommunikation** die gegenseitige Akzeptanz sowie die Anerkennung von Fremd- und Selbstwert gefördert werden könnten (zu darauf abzielenden „TOA-Standards" Hüncken ZJJ 2010, 320; vgl. auch Middelhof/Priem, Täter-Opfer-Ausgleich im Jugendstrafrecht, 2018, S. 71 ff., 139 ff.). Ob und inwieweit dies eintritt, wird in den zahlreichen vorliegenden Projektevaluationen (Zusammenstellung in der 21. Aufl. Rn. 27c und bei Heinz Sekundäranalyse S. 913 ff.) nicht zuverlässig gemessen, da man dort (abgesehen vom oft anfechtbaren Forschungsdesign) idR nur die (sehr hohe) Mitwirkungs- und Einigungsbereitschaft der Beteiligten sowie die äußerlichen Ergebnisse des Ausgleichsverfahren zählt. Insofern ebben kritische Einschätzungen bis heute nicht ab (so etwa hinsichtlich der erzieherischen Erwartungen Trenczek ZJJ 2009, 361), die ua auch die Neutralität der vermittelnden Person als wesentliche Voraussetzung betonen (zu Nachweisen für eine „Parteinahme" gegen die verurteilte Person s. Friedrich Ebert Stiftung/Mau, Der „Täter-Opfer-Ausgleich" 1998, S. 127; zur Unzufriedenheit befragter Beschuldigter s. Kunz MschKrim 2007, 466 (474 f., 478)). Schwierigkeiten bestehen auch darin, das zu erfassen, was die Beteiligten tatsächlich zum Ausdruck bringen wollen (dh das Gelingen kann durchaus von der Sprachkompetenz der mit der Durchführung betrauten Personen abhängen – vgl. n. Klocke Entschuldigung S. 179 ff., 330 ff.; s. aber auch Messmer Zeitschrift für Rechtssoziologie 36 (2016), 88 zu Rechtfertigungs- und Vorwurfsabwehrkommunikationen der Beschuldigten).

33 In dieser relativ unklaren Forschungslage kann es nicht verwundern, dass die (auch in der Justizpraxis) oft vermutete **spezialpräventive Wirksamkeit** (entspr. Annahmen nach Hertle, Schadenswiedergutmachung als opfernahe Sanktionsstrategie, 1994, S. 177 bei mehr als 80 % der befragten JRichter und JStA) empirisch weitgehend ungesichert ist (dazu inter-/nationale Studien zusf. Eisenberg/Kölbel Kriminologie § 41 Rn. 68 ff.; gewisse Hinweise für positive Effekte va bei Dölling/Hartmann/Traulsen MschrKrim 85 (2002), 185; vgl. auch Keudel, Die Effizienz des Täter-Opfer-Ausgleichs, 2000, S. 121; Busse, Rückfalluntersuchung zum Täter-Opfer-Ausgleich, 2001, S. 82 ff.; Höffler ZJJ 2010, 33 (42)); zu weiteren Arbeiten s. Heinz Sekundäranalyse S. 1926 ff.; international bspw. Bouffard/Cooper/Bergseth Youth Violence and Juvenile Justice 15 (2017), 465; meta-analytisch Bradshaw/Roseborough/Umbreit Conflict Resolution Quarterly 24 (2006), 87; speziell für Erwachsene s. Dölling FS Stöckel, 2010, 349).

34 **h) Nr. 8.** Die nach Nr. 8 möglichen Umgangsverbote müssen sich – ähnlich den Varianten von Nr. 1 und 2 (→ Rn. 13) – spezialpräventiv rechtfertigen lassen. Sie können sich also allein auf Lokalitäten oder Personen beziehen, die sich angesichts der konkreten Vorgeschichte des Jugendlichen oder zumindest ihrer Art nach als günstiger Tatgelegenheitskontext erweisen. Beim Verbotszuschnitt ist darauf zu achten, dass die Untersagung alterstypischer Freizeitaktivitäten (Bsp.: Diskothekenverbot) und die Isolierung von der gesamten Peer-Group idR unverhältnismäßig und oft auch erzieherisch dysfunktional wären. Deshalb bedarf es einer konkret-gefahrbezogenen **Begrenzung** und einer hinreichend **bestimmt formulierten** Fassung (→ Rn. 4). Wird das Verbot bspw. auf die „rechte Szene/Neonazi-Szene" bezogen, genügt das den Spezifizierungsanforderungen nicht (OLG Jena NStZ 2006, 39; BeckRS 2009, 86305 zum allg. StR). Nr. 8 lässt es prinzipiell zu, nicht nur den direkten, sondern auch den technisch vermittelten

Verkehr mit bestimmten Personen zu untersagen (also auch über Telefon, Internet, soziale Medien usw). Mit Blick auf die besonderen Überprüfungshürden ist die Eignung einer solchen Weisung aber höchst fraglich (→ Rn. 4). Unzulässig wäre es, das Umgangsverbot als Pflicht auszugestalten, aus einem bestimmten Verein auszutreten (s. OLG Düsseldorf BeckRS 2016, 8578 für Austritt aus Rocker-Verein). Darin läge ein unzulänglich legitimierter, faktischer Grundrechtseingriff (Art. 9 GG, ggf. auch Art. 4 GG), und zwar unabhängig davon, ob die allg. weltanschauliche oder politische Haltung der Vereinigung oder die unmittelbare erzieherische Gefährdung des Jugendlichen den Grund für die Maßnahme bildet (vgl. auch NK-JGG/Ostendorf Rn. 5; Diemer/Schatz/Sonnen/Diemer Rn. 9 und 52).

i) Nr. 9. Die Verpflichtung zum Verkehrsunterricht kommt in erster Linie bei Verkehrsstraftaten in Betracht, wohingegen ihre erzieherische Eignung außerhalb dieses Bereichs nur in Einzelfällen begründbar sein wird. Umgekehrt können bei einem Verkehrsdelikt allerdings durchaus auch andere Weisungen (zust. Diemer/Schatz/Schoreit/Diemer Rn. 54; Buckolt/Hoffmann Jura 2004, 710 (714); vgl. aus pädagogischer Sicht Walkenhorst ZfJ 1991, 102) oder aber speziell verkehrsrechtliche Rechtsfolgen angeordnet werden (s. aber → § 6 Rn. 7, → § 7 Rn. 66). Entspr. der Entwicklung Jugendlicher stellen sich Verkehrsdelikte oftmals als Ausdruck von allg. (altersgebundenem) Risikoverhalten dar, sodass die jugendstrafrechtliche Intervention (auch) in diesem Bereich mehr an vorhandenen sozialisatorischen Entwicklungspotenzialen und weniger an verkehrsspezifischen Defiziten des betroffenen Jugendlichen zu orientieren wäre (vgl. dazu Raithel Jugendwohl 1998, 61 (66); s. erg. auch Thomson DVJJ-Journal 1999, 425; Kühn NK 2008, 129; nicht erörtert von AG Döbeln ZJJ 2013, 327 mAnm Eisenberg). Zu empirischen Erfolgsmessungen bzgl. Aufbauseminaren gem. § 2b Abs. 2 S. 2 StVG für (erstmals erfasste) Trunkenheitstäter im Straßenverkehr s. bspw. Brieler/Zentgraf Blutalkohol 2010, S. 387; Hilger/Ziegler/Rudinger ua Blutalkohol 2012, S. 74; zu Kursen bezogen auf Drogenkonsum vgl. Biehl/Birnbaum ZVS 2004, 28). 35

2. Sonstige Weisungen

a) Allgemeine Maßgaben. Eignet sich mit Blick auf die Einwirkungsbedürftigkeit keine ausdrücklich benannte Weisung iSv Abs. 1, kann das Gericht auch eine anderweitige Weisung anordnen (zur Nachrangigkeit → Rn. 11). Ob bzw. wann dafür ein Anlass besteht, lässt sich nicht personen- oder deliktsbezogen typisieren. Vielmehr kommt es hier stets auf eine **Einzelfall**-Notwendigkeit an. Hinsichtlich des Ausmaßes und der **Intensität des Eingriffs** darf dabei über das Niveau der im Gesetz ausdrücklich genannten Weisungen aber nicht hinausgegangen werden. Ferner muss es sich um eine im Weisungskatalog nicht enthaltende Verpflichtungsart handeln. Mit Blick auf die Orientierungswirkung des Katalogs (→ Rn. 12) wäre es dagegen unzulässig, bestehende Einschränkungen der explizierten Weisungsformen durch eine entspr. uneingeschränkte sonstige Weisung zu **unterlaufen** (also bspw. die Beendigung einer Ausbildung anzuordnen (hierzu → Rn. 15)). 36

36a Diese Grenze ist **auch hinsichtlich Abs. 2** zu wahren. Weisungen mit heilerzieherischem oder suchttherapeutischem Charakter sind dort speziell geregelt. Anweisungen mit einem entspr. sachlichen Bezug können deshalb zwar auf Abs. 1 gestützt werden, dies aber nur unter den in Abs. 2 geregelten besonderen Voraussetzungen, namentlich der dort geforderten Zustimmung (zur Begründung allg. auch → Rn. 6). Relevant wird dies sowohl für sog. **Abstinenzweisungen** als auch für behandlungsergänzende Anordnungen, wie etwa die Verpflichtung zur regelmäßigen **Urinkontrolle** (zust. Kertai NStZ 2024, 653 (654); n. zu beiden Weisungsformen auch → Rn. 56). Dagegen ist die Weisung, **Medikamente** nach ärztlicher Verordnung einzunehmen, selbst im Falle der Zustimmung ausgeschlossen. Bei Wegfall des Einverständnisses würde dem jeweiligen Arzt damit nämlich eine Blankobefugnis zur – allein über § 7 und § 93 erreichbaren (→ Rn. 41) – Zwangsbehandlung erteilt (abw. LG Saarbrücken BeckRS 2021, 24202).

37 Unzulässig ist iÜ die Verbindung von JA mit einer Weisung, die das **Verhalten im JA-Vollzug** regelt. Hierdurch würde nämlich die im JGG 1953 abgeschaffte Möglichkeit des Vollstreckungsleiters, einen Teil des vollzogenen JA wegen als „schlecht" beurteilter Führung für nicht vollstreckt zu erklären, im Zusammenhang mit § 11 Abs. 3 de facto wiederhergestellt. In ähnlicher und ebenfalls unzulässiger Weise würde durch eine neben JA angeordnete Weisung, den Arrestvollzug pünktlich anzutreten, die Möglichkeit eines gem. § 11 Abs. 3 verlängerten JA akzeptiert (abl. auch NK-JGG/Ostendorf Rn. 22).

38 **b) Ausgewählte Beispiele.** Das Spektrum der in Betracht kommenden, ungeschriebenen Weisungen ist weit (für Bspe. vgl. etwa Nix/Pschorr/Pschorr §§ 9–12 Rn. 26 ff.). Inhaltlich empfiehlt es sich, an alltägliche Verhaltenserwartungen (zB Schule, Ausbildung, Arbeit usw) in der Weise anzuknüpfen, dass die Bearbeitung der individuellen sozialisatorischen Problemlage im Rahmen dieser Bereiche erfolgt und durch die sonstige Weisung gefördert wird. Beispiele hierfür sind Weisungen zur **Regelung der finanziellen Verhältnisse,** etwa ein Verbot, Schulden einzugehen oder Kaufverträge mit Ratenzahlung zu schließen oder regelmäßige Nachw. über die Verwendung der Einkünfte vorzulegen. Allerdings muss dies mit der Notwendigkeit ausbalanciert werden, dass der Jugendliche seine Selbstständigkeit in finanziellen Angelegenheiten erproben kann. Andere Beispiele bieten Weisungen, (weiterhin) an ausbildungs-, beschäftigungs- und **berufsfördernden Maßnahmen** (ggf. auch solchen nach SGB II und SGB III) teilzunehmen (Höynck/Hurler ZJJ 2022, 36 (41)). Dem Jugendlichen kann aufgegeben werden, ein Bewerbungstraining zu absolvieren oder Hilfen zur Überwindung verschiedener **schulischer Probleme** anzunehmen, etwa zur Steigerung der Leistungen (zu „Nachhilfeunterricht", der durch die JHilfe vermittelt wird, vgl. bereits Viet Zbl 1981, 524). Zur Vermeidung ungünstiger Reaktionen setzt dies allerdings eine sorgfältige Ermittlung ua der individuellen Situation des Jugendlichen einschließlich seines Selbstkonzepts als Lernender, seiner schulischen und allg. leistungsbezogenen Biographie sowie der schulischen Infrastruktur voraus.

39 Angesichts der vorhandenen **verkehrsspezifischen** Rechtsfolgen (vgl. Nr. 9 sowie das Fahrverbot und die Entziehung der Fahrerlaubnis) ist wenig Raum für die Anordnung entspr. sonstiger Weisungen. Die Anordnung, das eigene Fahrrad, Moped, Motorrad usw für einige Zeit nicht zu nutzen,

entwickelt faktisch eine sehr ähnliche Wirkung wie die Sanktionen gem. §§ 44, 69 StGB iVm 2 Abs. 2 und stellt insofern eine Umgehung der dortigen Voraussetzungen dar. Dies gilt – trotz „erzieherischer Verbrämung" (Laubenthal/Baier/Nestler JugendStrafR Rn. 606) – noch deutlicher auch für die Weisung, den Führerschein für eine bestimmte Zeit zu den Akten einzureichen (s. auch schon OLG Düsseldorf NJW 1968, 2156; OLG Braunschweig NdsRPfl 1969, 235). Die Weisung, eine Fahrerlaubnis zu erwerben (bejahend AG Saalfeld ZJJ 2003, 307 = LSK 2003, 490199; Brunner/Dölling Rn. 32; im allg. StR auch OLG Stuttgart Die Justiz 2013, 115 = BeckRS 2013, 1990), ist mit Blick auf die damit verbundenen Kosten und rechtlichen Unsicherheiten (Nicht-/Bestehen der Prüfung, Nicht-/Erteilung der Fahrerlaubnis durch Verkehrsbehörde) problematisch. Eher angängig ist die zurückhaltendere Variante, sich um den Erlaubniserwerb zu bemühen.

Die Erteilung einer Weisung, die mit **selbstreflexionsfördernder Intention** diverse Pflichten begründet (Bsp.: sog. Besinnungsaufsatz), stellt in mehrfacher Hinsicht eine Gratwanderung dar. Jugendliche mit Bildungsnachteilen können durch eine solche Weisung überfordert und benachteiligt werden. Die Weisung mag ihnen als schulmeisternde lästige Leistungspflicht erscheinen und somit gerade eine innere Abwehr der gewünschten Auseinandersetzung zur Folge haben. Möglicherweise sehen sie sich auch gedrängt, die (wahrgenommenen) Erwartungen pro forma zu erfüllen, ohne dass deren Inhalt tatsächlich ihrer Meinung und Weltsicht entspräche. Um die angestrebte gedankliche Durchdringung und emotionale Beschäftigung mit der Straftat und den eigenen Perspektiven zu erreichen, wird deshalb idR immer ein einbettendes Gespräch mit einer dafür geeigneten Person erforderlich sein. Dabei sind moralisierende, die Anlasstat hervorkehrende Tendenzen zurückzustellen (vgl. auch Böhm/Feuerhelm JugendStrafR S. 180 ff. mit Beispielen). Die Weisung, sich mit einem bestimmten Buch oder zB einer bestimmten Darstellung im Internet oder dgl. zu beschäftigen und sich damit anschließend (va in einem vertiefenden Gespräch mit einem Betreuer) auseinanderzusetzen (vgl. zu einem Modell in Dresden Mollik ZJJ 2007, 301), kann ein Beispiel für eine entspr. zielführende Weisungsform sein, gerade wenn der Jugendliche wie im Münchener Leseprojekt KonTEXT in die Auswahl der Inhalte eingebunden wird (dazu und zum Ganzen n. Steindorff-Classen Bewährungshilfe 2014, 19). 40

IV. Weisungen nach Abs. 2

1. Grundlagen der Anordnung

a) Besondere Bedingungen. Abs. 2 regelt die Möglichkeit, therapeutische Weisungen anzuordnen (zur heilerzieherischen Behandlung → Rn. 45 ff.; zur Entziehungskur → Rn. 50 ff.). Dies ist aber nicht nur an eine entspr. Indikation und die allg. Weisungsvoraussetzungen (→ Rn. 3 ff.), sondern zudem an besondere Bedingungen geknüpft. So bedarf es bei Jugendlichen einer **Zustimmung** des **Erziehungsberechtigten** und des gesetzlichen Vertreters (weshalb bei deren Fehlen oder nachträglichem Wegfall die Weisung rechtswidrig ist bzw. wird (aA Nix/Pschorr/Pschorr §§ 9–12 Rn. 57)). Die Einwilligung des **Beschuldigten** wird durch Abs. 2 S. 2 41 dagegen erst ab dem 16. Lbj. gefordert und dann – im Gegensatz zu § 57 Abs. 3 S. 2 – auch nicht zwingend vorausgesetzt. Für die ausnahmslose Erforderlichkeit spricht jedoch (abgesehen von der sonst zw. Anordnungseignung) der Umstand, dass die erzwungene Therapie speziell als Maßregel gem. § 7 ausgestaltet worden ist und als Weisung daher nur eine gewollte Behandlung in Betracht gezogen werden kann (ähnlich LG Marburg NStZ-RR 2006, 122 unter Hinweis auf Art. 2 Abs. 1 GG; abw. aber etwa HK-JGG/Buhr/Remschmidt/Bartsch Rn. 49). Bei Heranwachsenden spricht § 56c Abs. 3 Nr. 1 StGB dafür, der dortigen Regelung gewissermaßen Modellcharakter zuzuerkennen und die Maßnahme immer (sowie allein) von deren eigener Zustimmung abhängig zu machen (zust. Kotz/Rahlf BtMStrafR/Schimmel Kap. 9 Rn. 60; weniger streng Brunner/Dölling Rn. 38). Durch eine Rücknahme der folglich als erforderlich anzusehenden Zustimmung (wie dies etwa die Nichtbefolgung der Weisung zum Ausdruck bringt) entfällt also die Zulässigkeit der Weisung (LG München BeckRS 2023, 33353; s. auch → § 11 Rn. 15).

42 Im Regelfall ist es vor Anordnung der Weisung notwendig, die **Kostenträgerschaft** zu klären (→ Rn. 10, → Rn. 64 ff.). Eine Kostenbeteiligung des Jugendlichen oder der Unterhaltspflichtigen wirkt idR überfordernd. Auch kann sie nicht nur fördernde, sondern ebenso gut negative Auswirkungen auf die Mitwirkungsbereitschaft haben. Ferner ist ein **Sachverständiger** anzuhören (vgl. RL 8). Nur durch dessen rechtzeitige Hinzuziehung können in einer – idR ambulanten – Untersuchung des Jugendlichen die Fragen der Interventionsbedürftigkeit und -möglichkeit sowie der (erforderlichenfalls über die bloße Zustimmung hinausgehenden) elterlichen Mitwirkungsbereitschaft hinreichend substantiiert geprüft werden. Früheren Erhebungen zufolge scheint sich die Praxis darüber aber nicht selten hinweggesetzt zu haben (vgl. Engstler, Die heilerzieherische Behandlung gem. § 10 Abs. 2 JGG in der jugendstrafrechtlichen Praxis, 1985, S. 220).

43 **b) Praktische Handhabung und Alternativen.** Weisungen nach **Abs. 2** werden innerhalb jugendstrafrechtlicher Rechtsfolgen vergleichsweise **selten** angeordnet (ältere Daten dazu bei Engstler, Die heilerzieherische Behandlung gem. § 10 Abs. 2 JGG in der jugendstrafrechtlichen Praxis, 1985, S. 75 f.). Gründe hierfür mögen in innerjustiziellen Unsicherheiten hinsichtlich der Möglichkeiten und Grenzen der Behandlung, aber auch in einer eingeschränkten Therapiebereitschaft der in Betracht kommenden Beschuldigten liegen (s. auch Ostendorf ZRP 1988, 432 (434 f.)). Als problematisch wird offenbar auch die Ausgestaltung als Weisung empfunden, da JA-Anstalten die Aufnahme von abhängigen Jugendlichen oft ablehnen und auf eine Nichtbefolgung daher mit der an sich vorgesehenen Option in § 11 Abs. 3 (vgl. Weber/Kornprobst/Maier/Maier BtMG Vor §§ 29 ff. Rn. 1667) nicht immer reagiert werden kann. Zur Verhinderung des vorzeitigen Behandlungs**abbruchs** bedürfe es jedenfalls einer Verbindung mit anderen Rechtsfolgen (zB JStrafe unter Aussetzung der Vollstr zBew oder JA). Allerdings kann eine solche Verknüpfung mit repressiver Ahndung die Therapie schon von vornherein belasten.

44 Umgekehrt kann es sich in Fällen mit freiwilliger Therapie(-bereitschaft) empfehlen, auf eine urteilsförmige Anordnung zu verzichten und dem Jugendlichen (unter Inkaufnahme einer hinausgezögerten HV) über einen gewissen Zeitraum hinweg bei guter Behandlungsmitwirkung eine **Einstel-**

lung gem. **§ 47** in Aussicht zu stellen. In einer fortgesetzten HV können dann ggf. neue Maßnahmen angeordnet werden, falls sich während der Behandlung bzw. Therapie deren fallkonkret fehlende Eignung zeigt. Eine weitere Alternative besteht darin, das **FamG** über das Therapieerfordernis zu **informieren** und um die Anordnung der Intervention zu ersuchen. Das Jugendstrafverfahren kann dann zumeist nach §§ 47 Abs. 1 Nr. 2, 45 Abs. 2 eingestellt werden. Diese Vorgehensweise ist hinsichtlich der in Betracht kommenden Maßnahmen flexibler. Wird eine nachträgliche Änderung notwendig, darf der JRichter nur eine andere Weisung iSv § 10 erteilen (§ 11 Abs. 1), während dem FamG vielfältigere Möglichkeiten zur Verfügung stehen. Allerdings ist hier zu beachten, dass die Einstellung dann auch bei ungeklärter Verantwortlichkeit iSv § 3 ins Erziehungsregister eingetragen wird (wie hier NK-JGG/Ostendorf Rn. 25).

2. Heilerzieherische Behandlung

a) Maßnahmeformen. Nach allgA ist der **Begriff** der heilerzieherischen 45
Behandlung nicht auf Heil- oder Sonderpädagogik im engeren Sinne (zB Behandlung von Lese-Rechtschreib-Schwächen) beschränkt. Vielmehr umfasst er ua auch stützend-führende (zB Gesprächstherapie), symptomorientierte (zB Verhaltenstherapie) sowie aufdeckende Formen (zB analytische Psychotherapie) der psychologischen Behandlung, wobei diese Methoden in Einzel- und Gruppentherapie und in deren Kombination angewandt werden können. Abs. 2 S. 1 bezieht sich also auf das **gesamte Spektrum** von entwicklungsfördernden, erzieherischen und therapeutischen Angeboten für Jugendliche, die Verhaltensauffälligkeiten bzw. -störungen zeigen oder die von geistigen, psychischen, körperlichen oder sprachlichen Beeinträchtigungen betroffen sind (vgl. Klein/Neuhäuser, Heilpädagogik als therapeutische Erziehung, 2006; Thesing/Vogt, Pädagogik und Heilerziehungspflege, 5. Aufl. 2013; zur Praxis vormals Krimm unsere jugend 1999, 10). Eine allg. ärztliche bzw. medikamentöse Behandlung fällt nicht hierunter (LG Saarbrücken BeckRS 2021, 24202; s. aber auch → Rn. 36a).

Für die **Durchführung** der Behandlung bzw. Weisung kommt prinzipiell 46
eine große Zahl methodisch unterschiedlicher Verfahren (n. dazu 21. Aufl. Rn. 50 ff.) und entspr. auch ein weites Spektrum an Sachverständigen in Betracht (Psychologen und Psychotherapeuten, Jugend-/Psychiater sowie Heil-, Sozial- und Sonderpädagogen). Die Auswahl und Bestimmung des konkreten Ansatzes sind einzelfallabhängig und sachverständig zu klären. Eine tatsächliche Mitwirkungsbereitschaft oder -motivation des Jugendlichen sollte in einer Voruntersuchung oder in einer begrenzten Zahl von ersten Behandlungsterminen festgestellt werden, sodass Therapeut und Proband über die endgültige Behandlungsdurchführung entscheiden können. Ggf. ist dann auch eine Abänderung gem. § 11 Abs. 2 möglich (neue Weisung; zweiter Therapieversuch). Für die Bereitschaft des Jugendlichen, an der heilerzieherischen Behandlung teilzunehmen, kann es förderlich sein, **konkrete Hilfen** anzubieten (zB zur schulischen und beruflichen Förderung oder zur Verbesserung des innerfamiliären „Klimas"). Unter Umständen sind ambulante Hilfen unter organisatorischer und/oder räumlicher Angliederung an eine (heilpädagogische) Schule (mit dem Angebot materieller und fördernder Unterstützung) besser platziert als unter einem „therapeutischen Aushängeschild".

47 Insgesamt scheint die Erwartung begründet zu sein, dass eine heilerzieherische Behandlung häufig **günstigere,** zumindest aber kaum schlechtere **Auswirkungen** auf die weitere Verlaufsentwicklung hat als andere jugendstrafrechtliche Rechtsfolgen (zust. aus Sicht der Praxis schon Wenger FS Härringer, 1995, 75). Bei vielen Gruppen der erfassten (und nicht selten eher pauschal als „dissozial" bezeichneten) Jugendlichen scheint sich die beanstandete Ausprägung zumindest im Zeitverlauf abzuschwächen (wobei hier das Interventionsziel ohnehin weniger in innerpsychischen Umstellungen als in sozialer Anpassung liegt – vgl. Tölle/Windgassen Psychiatrie S. 127). Alles in allem findet die in der Praxis äußerst zurückhaltende Anwendung dieser Weisung nur insoweit eine Berechtigung, als es für den Betroffenen weniger beeinträchtigend sein mag, wenn die heilerzieherische Behandlung zB familien- oder jugendrechtlich ausgelöst wird und sodann nach §§ 47 Abs. 1 Nr. 2, 45 Abs. 2 verfahren werden kann.

48 **b) Prüfungs- und Anordnungsanlässe.** Mit Blick auf die **Deliktsstruktur** kommt, wenn die individuelle Bedürfnisprüfung ernst genommen wird, eine heilerzieherische Behandlung keineswegs nur bei bestimmten Deliktstypen in Betracht. De facto scheint eine Anordnung indes am ehesten bei Straftaten gegen die sexuelle Selbstbestimmung und bei Brandstiftungsdelikten zu erfolgen (was auf eine Neigung zur Pathologisierung der diesbzgl. Beschuldigten und zur daran geknüpften Hilfeleistung verweisen würde). Richtigerweise ist die Anordnung einer heilerzieherischen Behandlung aber immer dann zu prüfen, wenn entspr. „Auffälligkeiten" im psychischen und körperlichen Bereich des Jugendlichen bestehen. Dabei sind jeweils auch die familiären, institutionellen und sozialen Kontexte und Entwicklungsbedingungen zu berücksichtigen.

49 Anlässe aus dem **psychosozialen Bereich** liegen etwa in einer auffallenden Ängstlichkeit während der Kindheit, in Störungen der sprachlichen und motorischen Entwicklung sowie in isolierten Ausfällen beim Lesen und Schreiben (vgl. n. zum Ganzen Hülshoff, Medizinische Grundlagen der Heilpädagogik, 4. Aufl. 2022, S. 373 ff.). Bei erheblicher Minderbegabung sind die Möglichkeiten der heilerzieherischen Behandlung zwar erschwert, doch kommt es hier auch auf die geeignete Methode an, sodass nicht ohne weiteres von einer Kontraindikation auszugehen ist. Zu erwägen ist die Weisung ferner bei gesteigert aggressivem Verhalten aus (scheinbar) inadäquatem Anlass sowie bei sonstigen auffallenden Symptomen (zB Stottern, Einnässen, Einkoten usw). Aus jugendpsychiatrischer Sicht wird iÜ empfohlen, die Indikation „unabhängig von der strafrechtlichen Verantwortlichkeit zu sehen" (so bereits Remschmidt MschKrim 61 (1978), 79 (92); ähnlich BMJ/Bernsmann 1992, S. 214, der diese Weisung jedenfalls de lege ferenda auf nach § 3 schuldunfähige Jugendliche ausdehnen und den nachteiligeren Maßregelvollzug so ersetzen will). In den Anwendungsbereich der Weisung fallen schließlich ggf. auch Diskrepanzen zwischen der zurückliegenden Persönlichkeitsentwicklung und den später eingetretenen Auffälligkeiten sowie Tatbegehungen (bspw. dort, wo ursprünglich leistungsfähige Anlagen durch besondere **entwicklungshemmende Lebensumstände** an einer angemessenen Entfaltung gehindert wurden).

3. Entziehungskur

a) Allgemeines. Vor Anweisung einer Entziehungskur ist in mehrfacher Hinsicht eine dezidierte Bedarfsanalyse angezeigt, da gerade sehr junge Personen durch einschneidende therapeutische Maßnahmen nachhaltig stigmatisiert und dadurch an Suchtstoffen gewissermaßen festgehalten werden könnten (zust. betr. Drogen Eberth/Müller/Schütrumpf, Verteidigung in Betäubungsmittelsachen, 7. Aufl. 2018, Rn. 390). Insofern bedarf es einer **differenzierten** Untersuchung der Interventionsnotwendigkeit, die sich bei Abhängigkeit anders darstellt als bei Jugendlichen, die Alkohol oder Drogen erst relativ kurze Zeit missbräuchlich konsumieren (Brunner/Dölling Rn. 50 f.). Stets ist eine auf die Gefährdung oder die Abhängigkeit als Einzelsymptom fixierte Strategie zu vermeiden. 50

Im Bereich einer **Alkohol**problematik kommt es für die Bestimmung des Behandlungsangebotes zunächst darauf an, ob eine Gefährdung vorliegt oder bereits eine Abhängigkeit eingetreten ist. Im zweitgenannten Fall wird idR eine stationäre Behandlung erforderlich sein. Als ambulante Maßnahmen werden meist Einzel- und Gruppentherapie angeboten (zu technischen Fragen der Kontrolle durch auf der Haut befestigte Messgeräte und Fehlmeldungen Beck Blutalkohol 2013, S. 153 (156)). Wesentlich sind iÜ gerade auch in diesem Bereich die Angebote von Freien Trägern der Jugendhilfe, Vereinen und sonstigen Institutionen, die auch eine psychosoziale Unterstützung hinsichtlich jener Schwierigkeiten einschließen, die iVm missbräuchlichem Konsum stehen. 51

b) Insbesondere zur BtM-Problematik. aa) Prinzipiell **können** spezielle Behandlungsprogramme (Überblick über die Varianten bei Täschner/Blochinger/Bühringer/Wiesbeck, Therapie der Drogenabhängigkeit, 2. Aufl. 2010, S. 266 f.) bei drogenabhängigen Personen sowohl bzgl. Deliktsrückfälligkeit wie auch bzgl. Substanzmissbrauch **positive Effekte** bewirken (vgl. bspw. die Übersicht und Meta-Analyse zu zahlreichen verschiedenen Programmen bei Koehler/Humphreys/Akoensi Psychology, Crime & Law 20 (2014), 584). Das gilt durchaus auch für die Substitutionstherapie opioidabhängiger Personen, also für die ärztlich überwachte Vergabe von Medikamenten, die (ohne Rauschwirkung zu haben) den Suchtdruck stillen und Entzugssymptome unterbinden (s. auch 21. Aufl. Rn. 64 ff.; zur Substitution mit synthetischem Heroin s. Eisenberg/Kölbel Kriminologie § 41 Rn. 84 f.). Langfristig soll hierüber teilw. auf Abstinenz hingewirkt werden (va durch sozialarbeiterische und psychoedukative Begleitung), doch das Primärziel besteht in der gesundheitlichen und sozialen Stabilisierung und der Vermeidung von individueller Beschaffungskriminalität. Die dahingehenden (internationalen) Ergebnisberichte sind insg. recht unterschiedlich, zumal die Methoden und Rahmenbedingungen variieren. Es ist aber davon auszugehen, dass die Adressaten von den Substitutionsprogrammen häufig gesundheitlich profitieren (vgl. etwa Lang/Zenker SUCHT 1994, 235), letztlich aber individuell (auch bzgl. des Bei–/Mischkonsums anderer Drogen) stark differierende Entwicklungen durchlaufen (dazu etwa die Langzeitstudie von Wittchen/Bühringer/Rehm, Effekte der langfristigen Substitution Opioidabhängiger, 2011, S. 53 ff.). Hinsichtlich der deliktischen Auffälligkeit zeigt sich zumindest bei jenen Personen, die nicht aus den Programmen aussteigen, eine deutliche Reduzierung (vgl. Legge/Bathsteen, 52

Einfluss des Methadonprogramms auf die Delinquenzentwicklung polizeibekannter Drogenkonsument/-innen, 2000, S. 66 ff.; König, Der Beitrag der Methadonsubstitution zur kommunalen Kriminalprävention, 2002, S. 125 ff.; s. auch Köllisch/Löbmann MschrKrim 91 (2008), 49; international und sekundäranalytisch Egli/Pina/Skovbo Christensen ua Campbell Systematic Reviews 2009:3; Weisburd/Farrington/Gill, What Works in Crime Prevention/Holloway/Bennett, 2016, S. 222 ff.).

53 Allerdings sind gerade Substitutionsprogramme bei Jugendlichen und Heranwachsenden nur selten indiziert, da die Konsumverläufe junger Beschuldigter altersbedingt oft erst relativ kurz und häufig noch nicht in eine schwere, verfestigte Abhängigkeit mit desintegrativen Nebeneffekten eingemündet sind (ganz gegen eine Einordnung der Substitutionsbehandlung als Entziehungskur Weber/Maier BtMG Vor §§ 29 ff. Rn. 1667). IdR müssen hier also andere Behandlungsformen gewählt werden. Allerdings bedarf es bei der Anweisung einer solchen Entziehungskur generell einer sorgfältigen Feststellung der **individuellen** Problemsituation. Die in der Justizpraxis nicht selten betonte Unterscheidung von „harten" und „weichen" Drogen (→ § 17 Rn. 28, → § 18 Rn. 28) hat dabei nur eine begrenzte Bedeutung, weil (abgesehen von der Tendenz zur Polytoxikomanie) die individuellen Therapiebedürfnisse, sozialisatorischen Beeinträchtigungen usw jedenfalls bei missbräuchlichem Konsum hiervon vielfach unabhängig sind. Stets zu berücksichtigen ist ferner, dass sich die (Qualität der) Therapiemotivation in der therapeutischen Auseinandersetzung oftmals in alle Richtungen ändert und sich das Durchhaltevermögen kaum verlässlich vorhersagen lässt. Insofern sind überhöhte Erwartungen an den Jugendlichen oder Heranwachsenden, durch die ein erneuter „Rückfall" gewissermaßen vorprogrammiert werden kann, ebenso untunlich wie negative Prognosen, die die Entwicklung des Jugendlichen oder Heranwachsenden zusätzlich zu beeinträchtigen vermögen.

54 **bb) Stationäre** Therapie **ohne geschlossene** Unterbringung und auf freiwilliger, therapiemotivierter Grundlage als eine Form von „therapeutischer Gemeinschaft" wird in Einrichtungen verschiedener (teils privater) Träger (einschließlich Selbsthilfe-Wohngemeinschaften) durchgeführt. Dabei findet in der ersten Phase der körperliche Entzug (Entgiftung) teilw. nicht in diesen Einrichtungen selbst, sondern in Kliniken statt. Bei der Bewertung der oft vielmonatigen Behandlung und der damit verbundenen Anforderungen sind die hierin integrierten erheblichen Einschränkungen zu berücksichtigen (fest geregelter Tagesablauf, Einschränkungen der Außenkontakte, gruppeninterne Kontrolle). Umgekehrt darf ein Proband nach stationär vorgenommener Entgiftung und Entwöhnung idR aber auch nicht ohne nachsorgende Betreuung entlassen werden.

55 **Ambulante** therapeutische Angebote kommen hauptsächlich für suchtgefährdete Jugendliche und Heranwachsende in Betracht, wobei deren Passförmigkeit nicht nur von Art, Umfang und Verlauf des Drogengebrauchs, sondern auch von Motivation und Persönlichkeit des Verurteilten, dem konkreten Hilfebedarf und den Gegebenheiten des sozialen Umfelds abhängig ist (vgl. Kreuzer BtMStrafR-HdB/Bühringer 1998, S. 369, 388, 421; Weber/Kornprobst/Maier/Maier BtMG Vor §§ 29 ff. Rn. 1666). Ungeachtet der Schwierigkeiten, die mit der hier erforderlichen Einschätzung verbunden sind, ist eine außerstationäre Therapie junger Konsumenten grds. in vielen Fällen sinnvoll (zumal sich etwaige Ausbildungs- und Arbeitsverhält-

nisse teilw. aufrechterhalten lassen). Dies gilt auch deshalb, weil eine (prognostisch kaum greifbare) Teilgruppe der Betroffenen aus dem Drogenkonsum, aber mitunter auch dem Drogenmissbrauch gleichsam „von selbst herausreift“ (zum „maturing out“ bereits Lange MschKrim 69 (1986), 105 (108 f.); Bohnert/Groenemeyer/Raschke/Schliehe, Lebenspraxis und Unterstützungsnetze von Drogenkonsumenten, 1988, S. 85 ff.; Weber/Schneider Wiener Zeitschrift für Suchtforschung 1993, 37 ff.; aus der neueren Lit. etwa Scheier, Handbook of drug use etiology/Jochman/Fromme, 2010, S. 565; White/Beardslee/Pardini Addictive Behaviors 65 (2017), 56). Bei einer entspr. Weisung muss das Gericht **konkrete Vorgaben** machen und den Kontakt zur fraglichen Einrichtung näher bestimmen (LG Bielefeld StV 2001, 175 = LSK 2001, 210529; OLG Hamm BeckRS 2021, 316).

c) Besonderheiten bei funktional ergänzenden Anordnungen. 56
aa) Die Erwartung, suchtmittelabstinent zu leben und in regelmäßigen Abständen eine Urinprobe abzugeben und untersuchen zu lassen, kann (zum Nachweis von Drogenfreiheit) ein Bestandteil des jeweiligen Therapiekonzeptes sein – wobei die weitere Programmteilnahme davon vielfach abhängen und insofern eine faktische Verbindlichkeit bestehen wird. Unabhängig davon kann das Gericht für beide Aspekte neben der Therapieweisung (oder nach deren Abschluss) eine dahingehende spezielle Verpflichtung begründen. Dabei handelt es sich dann um eine sog. **Abstinenzweisung,** die dem Jugendlichen den Verzicht auf Drogenkonsum aufgibt (was von der Pflicht zur Behandlung zu unterscheiden ist (LG München BeckRS 2023, 33353)), und um die Kontrollweisung, sich einer regelmäßigen **Urinkontrolle** zu unterziehen und die Entziehungskur oder Abstinenzweisung so zu unterstützen (Weber/Kornprobst/Maier/Maier BtMG Vor §§ 29 ff. Rn. 1668; vgl. auch LG Detmold StV 1999, 663 = LSK 2000, 090685; LG Cottbus BeckRS 2009, 8006 (mit zutr. Differenzierung zur Blutprobe) sowie zum allg. StR etwa BVerfG NJW 1993, 3315; OLG Zweibrücken NStZ 1989, 578; OLG Stuttgart Die Justiz 1987, 234 = BeckRS 2011, 8167; LG Berlin StV 1997, 642 = LSK 1998, 080288). In beiden Fällen basiert die Anordnung auf Abs. 1, darf aber nur unter den Voraussetzungen von Abs. 2 ergehen (→ Rn. 36a; zur erg. zulässigen Weisung, schriftliche Berichte über die ambulante Nachsorge zu erstatten, s. LG Cottbus BeckRS 2009, 8006 sowie Rn. 40)).

In der Verpflichtung zur Urinabgabe liegt weder ein verbotener Selbst- 56a
bezichtigungszwang noch eine Umgehung des BtMG durch etwaige Sanktionierung gem. § 11 Abs. 3 (abw. NK-JGG/Ostendorf Rn. 5; Hoferer NStZ 1997, 172 (173 f.)). Erzieherisch **geeignet** ist die Weisung aber nur, wenn sie als zusätzliche Motivation zur erwarteten Abstinenz dienen soll (zu Hinweisen auf eine entspr. Funktionalität s. Leber/Weigend Bewährungshilfe 1993, 186). Rechnet das Gericht (wegen der fortbestehenden Abhängigkeit) dagegen mit Verstößen oder neuerlichem Konsum, würde es den Jugendlichen mit der Anordnung in die erneute Strafverfolgung oder zumindest den JA gem. § 11 Abs. 3 (s. aber → § 11 Rn. 15, 18a) treiben, was spezialpräventiv schwerlich als funktional gelten kann. Wegen der hier fehlenden Geeignetheit ist die Anordnung in diesen Fällen **unverhältnismäßig** (für Unzumutbarkeit OLG Karlsruhe BeckRS 2017, 100744; ähnlich Faller Bewährungshilfe 1993, 358; allg. zur notwendig zurückhaltenden Handhabung auch BeckOK JGG/Nehring Rn. 19.1). IU sind für die Urintests im

Falle ihrer Zulässigkeit die methodischen Standards zu wahren (zu diesen n. Musshoff/Sachs ZJJ 2016, 345). Das Gericht muss die Stelle festlegen, bei der die Urinkontrolle durchzuführen ist (LG München BeckRS 2023, 33353). Die Kosten werden aus Gründen der Zumutbarkeit idR nicht durch den Verurteilten getragen (OLG Stuttgart NStZ 2013, 346 zum allg. StR: durch die Staatskasse; zum allg. Problem → Rn. 10, → Rn. 64 ff.).

56b Dass es bei Schwerabhängigen an der Verhältnismäßigkeit fehlt, gilt gleichermaßen für die Abstinenzweisung, weil der Adressat auch zu deren Einhaltung keine Möglichkeit hat (s. dazu erg. BGH NStZ-RR 2023, 369 für die Weisung gem. § 68b StGB). Das **KCanG** hat bei beiden Weisungsformen iÜ zu weiteren Einschränkungen geführt: Da (neben dem ohnehin erlaubten Konsum) nun auch Besitz und Beschaffung von Eigenbedarfsmengen straflos (Jugendliche) bzw. legal (Heranwachsende) sind, kommen Abstinenz- und Kontrollanordnungen allein bei Nutzern anderer (illegaler) Betäubungsmittel in Betracht. Bei Cannabis-Konsumente können sie nur mit ihrer Eignung begründet werden, einer konsumbedingten und (über Besitz und Beschaffung) hinausgehenden, **sonstigen Delinquenz** entgegenzuwirken. Dafür ist die entsprechende (anderenfalls bestehende) Gefahr konkret aufzuzeigen (Sobota/Pschorr ZJJ 2024, 290 (291 f.).

57 **bb)** Die Bereitschaft der Eltern oder von (anderen) Bezugspersonen zu aktiver Mitarbeit in den Gruppen der Drogenberatungsstellen ist bei ambulanter Therapie jedenfalls dann unerlässlich, wenn die betr. Jugendlichen bei den Eltern oder (anderen) Bezugspersonen wohnen. Aber auch sonst (wie iÜ auch bei Unterbringung in therapeutischen Einrichtungen bzw. Wohngemeinschaften) ist eine solche familiäre Unterstützung wünschenswert. Auf jeden Fall ist einer etwaigen Entfremdung entgegenzuwirken. Ungeachtet dessen bedarf die Anweisung einer Entziehungskur oft einer gerichtlich gesetzten Ergänzung. Im Hinblick auf das besondere Verständnis, das Drogengefährdete und -abhängige von ihrer Situation haben, ist auch sozialpsychologisch eine vertiefte Hilfe und Kontrolle geboten, sodass etwa eine Verbindung mit einer **Betreuungsweisung** (→ Rn. 19 ff.) oft zielführend sein wird (etwa auch zur Bewältigung der Kostenfrage).

V. Verfahrens- und Umsetzungsfragen

1. Art der Entscheidung und Anfechtung

58 Prinzipiell dürfen Weisungen nur aufgrund einer HV oder im vereinfachten JVerfahren (§§ 76 ff.) aufgrund einer mündlichen Verhandlung durch **Urteil** erteilt werden. Dies gilt nicht für Weisungen bei Einstellung des Verfahrens gem. §§ 45, 47, bei der Anordnung durch das FamG nach Überlassung gem. § 53, in Fällen nachträglicher Änderung durch Beschluss gem. §§ 11, 65 sowie bei Erteilung iRd BewAufsicht durch Beschluss (§ 58 Abs. 1). In der **Urteilsformel** ist die Weisung präzise zu formulieren, sowohl ihr Inhalt (auch → Rn. 7, → § 54 Rn. 9) als auch ihre Laufzeit (§ 11 Abs. 1).

59 Ob eine erteilte Weisung unter den Umständen des konkreten Falles dazu bestimmt und geeignet ist, die Lebensführung des Jugendlichen zu regeln und dadurch seine Erziehung zu fördern, unterliegt tatrichterlicher Würdigung. In den **Urteilsgründen** muss sich der JRichter damit auseinandersetzen und die erzieherische Funktionalität begründen. In Fällen des Abs. 2 ist ferner das Vorliegen der Zustimmungs- bzw. Einverständniserklärung mitzuteilen (BGH BeckRS 2000, 30125932).

Über die Bedeutung der Weisungen und die Folgen schuldhafter Nicht- 60
einhaltung (§ 11 Abs. 3 S. 1) soll der Richter den Verurteilten **belehren** (zur Art der Belehrung s. § 70b Abs. 1). Es kann sich empfehlen, dem Verurteilten die Weisungs- und Belehrungsinhalte in Form einer schriftlichen Mitteilung mitzugeben und so das Verständnis sicherzustellen (NK-JGG/Ostendorf Rn. 2). Nach RL 7 wird die Belehrung „in der Niederschrift über die HV vermerkt oder sonst aktenkundig gemacht".

Die **Anfechtbarkeit** von angeordneten Weisungen ist gem. § 55 Abs. 1 60a
S. 1 eingeschränkt; anders verhält es sich allein in bestimmten Ausnahmekonstellationen (→ n. § 55 Rn. 65 ff.; s. auch → § 15 Rn. 34).

2. Überwachung

Der **JRichter** kann die Einhaltung der Weisungen selbst überprüfen (was 61
wegen der Unmittelbarkeit der Tatsachenerfassung sogar empfehlenswert ist). Ansonsten überträgt § 38 Abs. 5 S. 1 der **JGH** (ebenso wie bspw. bei Bewährungsentscheidungen) die Kontrolle der Weisungserfüllung (vgl. auch OLG Karlsruhe NStZ-RR 2001, 112 (114) zur Frage einer damit etwa einhergehenden Garantenpflicht, Delikte des Verurteilten zu verhindern). Dass die JGH vor der Anordnung gehört werden muss (→ Rn. 10), erklärt sich ua auch mit dieser Aufgabe (teilw. anders Wiesner/Wapler/Wapler SGB VIII § 29 Rn. 14 f.). Denn bei der Anhörung ist ua zu erörtern, ob eine Überwachung bei der vorgesehenen Weisung durchführbar erscheint.

Strittig ist, ob Teilaufgaben der gesetzlichen Überwachungspflicht auf eine 62
bestimmte andere Person **übertragen** werden dürfen (bejahend Brunner/Dölling Rn. 45). Die Zulässigkeit einer solchen Delegation ist zw. (abl. auch NK-JGG/Ostendorf Rn. 29; Diemer/Schatz/Sonnen/Diemer Rn. 63), zumal auch datenschutzrechtliche Gründe dem entgegenstehen können. Dritte sind jedenfalls nicht gesetzlich zur Kontrolle verpflichtet (für den Leiter einer Einrichtung, in der eine Arbeitsweisung absolviert wird, ebenso OLG Karlsruhe NStZ-RR 2001, 112 (114)). Denkbar ist zwar, dass sie als Helfer der JGH fungieren, doch besteht eine Rechtspflicht dann nur in diesem Innenverhältnis. Nach außen, dh gegenüber dem Gericht, existiert eine Überwachungspflicht allein für die JGH (krit. zur verfahrenspraktischen Umsetzung DVJJ/Frehsee 1990, S. 326.

Die **Befolgung** der Weisungen kann durch das JGericht **nicht erzwun-** 63
gen werden. Jedoch ist es bei Nichtumsetzung ggf. möglich, darauf mit JA zu reagieren (§ 11 Abs. 3; n. → § 11 Rn. 9 ff.). **Verbieten** die Erziehungsberechtigten dem Jugendlichen die Befolgung der Weisung, wird diese unzulässig (→ Rn. 9). Hierauf kann nur durch Änderung der Weisung bzw. durch Befreiung reagiert werden (→ § 11 Rn. 5 ff.).

3. Kosten

a) Grundsatz. Bei der Durchführung der Weisungen fallen für den Ver- 64
urteilten vielfach Aufwendungen an (Fahrtkosten usw; empirische Daten dazu bei Neßeler ZJJ 2019, 359). Diese sind nach hM **nicht** Bestandteil der Kosten und Auslagen iSv **§ 74,** weil die Weisung nicht erzwingbar ist und es

sich deswegen nicht um Kosten der Vollstr handelt (OLG Frankfurt a. M. NStZ-RR 1996, 183 (184); → § 74 Rn. 20; aA NK-JGG/Ostendorf Rn. 30: Ausgaben des Jugendlichen aufgrund seiner Verurteilung seien notwendige Auslagen iSv § 464a Abs. 2 StPO). Das gilt gleichermaßen für die Kosten, die bei vielen Weisungsvarianten für die durchführende Institution (meist die JHilfe) entstehen (LG Tübingen BeckRS 2018, 13742; Brunner/Dölling Rn. 47; vgl. auch OLG Jena NStZ-RR 1997, 320; OLG Koblenz NStZ-RR 2009, 160; LSG Nds. BeckRS 2010, 65825). Sollen diese Kosten nicht dem Verurteilten oder den Unterhaltspflichtigen zufallen, müssen sie in der Konsequenz durch die jeweilige Behörde oder Institution getragen werden. Dafür ist aber wiederum ein entspr. sozialrechtlicher Rechtsgrund erforderlich. Die Festlegung der Weisung begründet eine solche Einstandspflicht jedenfalls nicht, da sich ihre Wirkung allein auf den jeweiligen Verurteilten erstreckt (→ Rn. 10).

65 **b) Beispiele der Kostenübernahme.** Bei der heilerzieherischen Behandlung und der Entziehungskur kann sich eine Verpflichtung zur Kostenübernahme aus dem Recht der gesetzlichen Krankenversicherung, dem Sozialhilferecht und dem SGB VIII ergeben (s. dazu n. RL 6 S. 2). In der Praxis wird diese Frage vielfach (ohne Zutun des Gerichts) durch die Institutionen gelöst, die außerhalb des Strafverfahrens mit dem betr. Jugendlichen befasst sind. Als vorzugswürdig muss eine Finanzierung durch die **Krankenversicherung** gelten, da diese stigmatisierungsfrei und wohl auch umfassender als die Alternativen ist. Dies setzt die Anerkennung gesundheitlicher Maßnahmegründe voraus.

66 Bei vielen Weisungen besteht eine inhaltliche Deckung mit Hilfen zur Erziehung iSv §§ 27 ff. SGB VIII. Die Maßnahmen stellen jugendhilferechtliche Interventionen dar, wobei sie aber (anders als bei Initiierung nur durch die JHilfe) für den Jugendlichen keine (antragsabhängigen) Leistungsangebote, sondern durch die jugendrichterliche (antragsersetzende) Anordnung verpflichtend sind. Dies betrifft va die Weisungsformen nach Abs. 1 S. 3 Nr. 2, 5, 6 (Wiesner/Wapler/Gallep SGB VIII § 36a Rn. 29). Bei der Weisung nach Abs. 1 S. 3 Nr. 4 wird diskutiert, ob sie als Ausbildungs- und Beschäftigungsmaßnahme gem. §§ 27 Abs. 3 S. 2, § 13 Abs. 2 SGB VIII gelten kann (eher zw.). Für Abs. 1 S. 3 Nr. 7 und Nr. 9 befürwortet die Praxis verschiedentlich eine Einordnung als unbenannte Hilfe zur Erziehung iSv § 27 Abs. 2 SGB VIII (n. zum Ganzen Königschulte Kompetenz S. 117 ff.; vgl. auch Beulke FS Kreuzer, 2008, 75; sehr weitgehend Strafrechtsausschuss der Justizministerkonferenz ZJJ 2007, 439 (445 ff.)). Soweit eine Weisung sachlich als Hilfe zur Erziehung eingestuft werden kann, liegt – bei Vornahme durch das JAmt ebenso wie durch einen Freien Träger – die **jugendhilferechtliche Kostenpflichtigkeit** des zuständigen Leistungsträgers vor (wobei dieser in der Variante von Abs. 1 S. 3 Nr. 3 allerdings die Jugendlichen und Erziehungsberechtigten nach §§ 36a Abs. 1 S. 2, 91, 92 SGB VIII ggf. zu Kostenbeiträgen heranziehen kann – dazu etwa auch NK-JGG/Ostendorf Rn. 30).

67 Diese prinzipielle Kostentragung der JHilfe steht jedoch unter den Bedingungen von **§ 36a Abs. 1 SGB VIII** (s. bspw. auch LG Tübingen BeckRS 2018, 13742; DIJuF ZJJ 2007, 323 (324 f.); Trenczek ZKJ 2010, 142 (144); Wiesner FS Heinz, 2012, 540; Neßeler ZKJ 2022, 131 (132 f.)). Das gilt ungeachtet des diesbzgl. ausnahmsweise bestehenden Anordnungs-

rechts (→ Rn. 10) nach wohl hM auch für Nr. 5 (Königschulte Kompetenz S. 88; abw. DIJuF JAmt 2010, 546 (546 f.)). Danach bedarf es neben den allg. Leistungsvoraussetzungen – dh dem Hilfebedarf iSv § 27 SGB VIII und der elterlichen Einwilligung (Wiesner/Schmid-Obkirchner SGB VIII § 27 Rn. 3, 26; Jung-Pätzold ZJJ 2009, 238 (241); Trenczek/Stöss ZJJ 2014, 323 (325) (str.)) – stets einer vorherigen Entscheidung des Trägers und eines Hilfeplans (zu den Besonderheiten, die hier gem. § 41 SGB VIII bei Heranwachsenden zu berücksichtigen sind, vgl. Riekenbrauk ZJJ 2007, 159 (162 ff.)). Lediglich bei den kurzzeitigen und niedrigschwelligen ambulanten Hilfe iSv § 36a Abs. 2 SGB VIII, die man bisweilen bei Nr. 7 als gegeben ansieht (Meier ZJJ 2006, 261 (265 f.)), ist eine unmittelbare Inanspruchnahme ohne vorherige Entscheidung der JHilfe möglich (DIJuF ZJJ 2007, 323 (325). Da davon abgesehen die JHilfe die Kosten ohne die genannten Voraussetzungen nicht übernehmen kann, wird sie deshalb auch eine etwaige Weisung nicht durchführen. Somit ist das JGericht hier bei Weisungserlass auf deren Einvernehmen **de facto angewiesen** (dazu → Rn. 10). Die JHilfe darf bei Vorliegen der materiellen jugendhilferechtlichen Voraussetzungen die (Zustimmung zur) Durchführung der richterlich gewählten Weisung allerdings nicht verweigern (AG Rudolstadt NStZ-RR 2016, 229) und dann auch nicht auf einer alternativen Intervention beharren. Außerdem ist sie an eine befürwortende Stellungnahme des angehörten Vertreters der JGH in der HV gebunden (LG Tübingen BeckRS 2018, 13742; Brandt NStZ 2007, 190 (192); Trenczek ZKJ 2010, 142 (144); abw. Möller/Schütz ZKJ 2007, 282; zur Situation im Ermittlungsverfahren → § 38 Rn. 24).

c) Offene Probleme. Jugendgerichtlich erteilte Weisungen können Leistungen der JHilfe erforderlich machen, die einen außerordentlichen Charakter haben und sich nicht auf Erziehungshilfen iSv §§ 27 ff. SGB VIII beziehen. Ob die JHilfe in solchen Fällen verpflichtet ist, die (Umsetzung zu ermöglichen und va die) Kosten zu tragen, ist ungeklärt (Neßeler ZKJ 2022, 131 (133)). Das gilt auch für die Frage, ob bei Maßnahmen aus dem Leistungskatalog ggf. auch **unabhängig von einer ausdrücklichen Zustimmung** eine entspr. Pflicht entstehen kann (bejahend NK-JGG/Sommerfeld § 38 Rn. 21 f.; abl. zB Trenczek ZKJ 2010, 142 (145); n. zur Diskussion Königschulte Kompetenz S. 86 ff., 122 ff. sowie → Rn. 10). Die Existenz und der Inhalt des am 1.10.2005 in Kraft getretenen § 36a SGB VIII sprechen jeweils **dagegen.** Der Umstand, dass der JHilfe anderenfalls – ohne eine entspr. Grundlage im JGG und ungeachtet der dort vorgesehenen richterlichen Alleinkompetenz – eine faktische Vetomacht gegenüber vielen Weisungsformen zuwüchse, spricht allerdings dafür (dazu, dass § 36a SGB VIII mindestens in einem ausgeprägten Spannungsverhältnis zur einfach- und verfassungsrechtlich vorgesehenen Kompetenzordnung steht, vgl. AG Eilenburg ZJJ 2006, 85; Bareis ZJJ 2006, 11; Ostendorf ZJJ 2006, 155 (160 f.)). Der Einwand, dass die Justiz durchaus eigene Mittel zur Umsetzung von Rechtsfolgen, die mit der JGH nicht abgestimmt sind, einsetzen kann, stellt eine ausgesprochen dürftige (weil nur-theoretische) Notsicherung für die **richterliche Unabhängigkeit** dar (abw. Münder/Meysen/Trenczek/Meysen SGB VIII § 36a Rn. 22 mwN). Das BVerfG hat diese Problematik indes in der Schwebe gelassen (BVerfGK 10, 171 = BeckRS 2007, 23974 mAnm Möller/Schütz ZKJ 2007, 282). Das hat zur 68 (misslichen) Konsequenz, dass die jugendrichterliche Unabhängigkeit nicht nur dort eingeschränkt wird, wo eine fachlich begründete Ablehnung der JHilfe vorliegt, sondern dem ressourcen-motivierte Rückzugs- und Leistungsverweigerungstendenzen (dazu etwa AG Rudolstadt NStZ-RR 2016, 229; Trenczek ZJJ 2007, 31 (38 f.)) zugrunde liegen (s. aber → Rn. 67 aE).

69 Soweit die Weisung nicht („kostenfrei") durch Strukturen durchgeführt wird, deren Finanzierung sichergestellt und deren unmittelbare Inanspruchnahme möglich ist (wie bei niedrigschwelligen ambulanten Hilfen iSv § 36a Abs. 2 SGB VIII), muss daher in fallkonkreten und/oder fallübergreifenden regionalen **Absprachen** über die Kosten entschieden werden (zur Pflicht auch der JStA, darauf hinzuwirken, s. Anders/Graalmann-Scherer/Schady, Innovative Entwicklungen in den deutschen Staatsanwaltschaften/Sommerfeld, 2021, S. 55 f.; erg. RL 6 S. 1). Auch wenn in der Praxis offenbar meist pragmatische, aber auch ganz unterschiedliche Lösungen gefunden werden (Anhaltspunkte dafür in der Befragung von Königschulte Kompetenz S. 150 ff.; Winkelmann, Neue ambulante Maßnahmen …, 2021, S. 142 ff.), ist die Situation geeignet, die gerichtliche Rechtsfolgenentscheidung aus dem Bereich der Weisungen heraus zu drängen (ebenso Streng JugendStrafR Rn. 350). Angesichts dessen muss es als ein **legislatorisches Versagen** gelten, dass eine gesetzgeberische Lösung der Problematik (dazu zB Jung-Pätzold ZJJ 2009, 238 (243 f.); Wiesner BMJ 2009, 330; Königschulte Kompetenz S. 122 ff., 221 ff.) bis heute auf sich warten lässt (zu den hintergründigen Kostentragungskonflikten im föderalen System etwa Kolberg ZKJ 2012, 176).

Laufzeit und nachträgliche Änderung von Weisungen; Folgen der Zuwiderhandlung

11 (1) [1]**Der Richter bestimmt die Laufzeit der Weisungen.** [2]**Die Laufzeit darf zwei Jahre nicht überschreiten; sie soll bei einer Weisung nach § 10 Abs. 1 Satz 3 Nr. 5 nicht mehr als ein Jahr, bei einer Weisung nach § 10 Abs. 1 Satz 3 Nr. 6 nicht mehr als sechs Monate betragen.**

(2) **Der Richter kann Weisungen ändern, von ihnen befreien oder ihre Laufzeit vor Ablauf bis auf drei Jahre verlängern, wenn dies aus Gründen der Erziehung geboten ist.**

(3) [1]**Kommt der Jugendliche Weisungen schuldhaft nicht nach, so kann Jugendarrest verhängt werden, wenn eine Belehrung über die Folgen schuldhafter Zuwiderhandlung erfolgt war.** [2]**Hiernach verhängter Jugendarrest darf bei einer Verurteilung insgesamt die Dauer von vier Wochen nicht überschreiten.** [3]**Der Richter sieht von der Vollstreckung des Jugendarrestes ab, wenn der Jugendliche nach Verhängung des Arrestes der Weisung nachkommt.**

Schrifttum: Ernst, Der Jugendarrest, 2020; Kratochvil-Hörr, Der Beschlussarrest, 2016; Schreiber-Kittl/Schröpfer, Abgeschrieben? Ergebnisse einer empirischen Untersuchung über Schulverweigerer, 2002; Schumann (Hrsg.), Jugendarrest und/oder Betreuungsweisung, 1985.

Übersicht

I. Anwendungsbereich

Es gelten die Erl. → § 9 Rn. 1 ff. entsprechend. 1

II. Dauer, Änderung und Aufhebung von Weisungen

1. Anfängliche Bestimmung der Laufzeit

Weisungen müssen vom JGericht nicht nur bzgl. ihrer Art und Ausgestaltung, sondern (gem. **Abs. 1 S. 1**) auch hinsichtlich ihrer Laufzeit präzise festgelegt werden (→ § 10 Rn. 58). Angesichts der daher **zwingend** vorzunehmenden **Befristung** (vgl. auch OLG Braunschweig NStZ 2012, 575 (576)) sind Weisungen von unbestimmter Dauer unzulässig und daher unwirksam (abw. BeckOK JGG/Gertler Rn. 8; HK-JGG/Buhr/Bartsch Rn. 4: werde Laufzeitbestimmung nicht nachgeholt, gelte eine zweijährige Laufzeit). 2

Die Konkretisierung der Weisungsdauer wird durch **Abs. 1 S. 2** begrenzt. So darf die **Höchstdauer** von zwei Jahren nicht überschritten werden. Fallkonkret kann die Belastungsgrenze unter Verhältnismäßigkeits- und Zumutbarkeitsgesichtspunkten allerdings bei einer kürzeren Laufzeit liegen. Dass Betreuungsweisungen nicht länger als ein Jahr (s. auch → § 10 Rn. 20) und soziale Trainingskurse nicht länger als sechs Monate (s. auch → § 10 Rn. 27) währen sollen, hat dagegen eher funktionale Gründe. Eine längere Dauer könnte bei den beiden genannten Weisungen pädagogisch kaum förderlich sein und sich vielmehr eher negativ auf das Verhalten des Jugendlichen auswirken (s. auch BT-Drs. 11/5829, 40). Dieser Gesichtspunkt ist indes 3 generell zu berücksichtigen. So wächst mit der Weisungsdauer auch die zeitliche und inhaltliche Distanz zu den Gegebenheiten, die im Zeitpunkt der Anordnung bestanden. Gerade durch die fortlaufende individuelle Entwicklung fällt die spezialpräventive Eignung der Anordnung dabei nicht selten weg (n. dazu auch → § 4 Rn. 8 f.). Möglich sind ferner Gewöhnungseffekte oder auch eine gewisse Abstumpfung (va wenn die Weisung als negative Sanktionierung empfunden wird). Mit Blick auf § 2 Abs. 1 ist eine **Ausschöpfung** der gesetzlichen Grenzen daher nur **selten** angezeigt.

2. Nachträgliche Änderung der Laufzeit

4 Aus der Änderungsbefugnis des JRichters (→ Rn. 5 ff.) ergibt sich auch die Möglichkeit, eine festgelegte Laufzeit nachträglich zu **verkürzen** (HK-JGG/Buhr/Bartsch Rn. 16). Die sofortige Beendigung bzw. **Aufhebung** der Weisung ist in Abs. 2 sogar ausdrücklich erwähnt. Ferner sieht Abs. 2 S. 1 2. HS die Option einer Laufzeit**verlängerung** vor. Allerdings darf diese nur bis Ablauf des ursprünglich bestimmten Zeitraums erfolgen und nicht zu einer Überschreitung einer dreijährigen Gesamtdauer führen. Für jede Verkürzung und Verlängerung müssen außerdem (wie bei allen Weisungsänderungen) erzieherische Gründe vorliegen, die die Neubestimmung der Laufzeit erforderlich machen und an denen diese auszurichten ist. So bietet sich bspw. eine Verkürzung oder Aufhebung an, wenn der Erfolg unerwartet früh eingetreten ist oder wenn er mit Weisungen nicht mehr erreichbar zu sein scheint (wobei dann ggf. beim FamG die Anordnung anderer Maßnahmen angeregt werden kann). Insgesamt weist die Regelungsstruktur dabei klar darauf hin, dass das Gesetz die Laufzeitänderung als eine Ausnahmeoption konzipiert (s. auch zu Bedenken → Rn. 7).

3. Nachträgliche Änderung des Inhalts

5 Gem. Abs. 2 1. HS kann der JRichter eine angeordnete Weisung, solange diese nicht (durch Erfüllung oder Laufzeitende) erledigt ist, inhaltlich abändern. Die ursprüngliche Verpflichtung darf nach hM allerdings nur durch eine **Modifizierung** (bspw. einen anderen Trainingskurs als den zunächst vorgesehenen) oder durch eine andere **Weisungsart** ersetzt werden, nicht also durch eine ganz andere jugendstrafrechtliche Reaktionsform (nachdrücklich etwa Feuerhelm Gemeinnützige Arbeit S. 243 f.; aA ehemals Potrykus Anm. 1 hinsichtlich Geldauflage). Bei Auswahl und Festlegung dieser neuen Intervention sind die Voraussetzungen und Grenzen zu beachten, die für Weisungen allg. bestehen (n. → § 10 Rn. 2 ff.). Das betrifft nicht zuletzt auch den Verhältnismäßigkeitsgrundsatz.

6 Die für eine Neubestimmung vorausgesetzten **erzieherischen Gründe** liegen insbes. vor, wenn sich rechtsfolgenrelevante Tatsachen geändert haben (zB persönliche Entwicklungen; Veränderungen in den sozialen Verhältnissen; Eintritt erzieherischer Teilerfolge; Aufnahme des Wehrdienstes (speziell dazu § 112a Nr. 3 S. 2)). In Einzelfällen kann eine Änderung dann auch **erzieherisch notwendig** und daher geboten sein. Gerade bei Weisungen, für die **ursprünglich eine längere Dauer** angeordnet worden war, muss daher in angemessenen zeitlichen Abständen überprüft werden, ob sie aufgehoben (oder geändert) werden sollten bzw. müssen. Grds. reicht es nach Abs. 2 aber aus, dass sich die **Unzweckmäßigkeit** der ursprünglichen

Weisung herausstellt. Dies ist zB gegeben, wenn sich der Verurteilte im Vergleich zur bisherigen Annahme des Gerichts schwerer oder leichter beeinflussen lässt oder wenn sich eine Aufsichtsperson als ungeeignet erweist oder wenn die bisherige Weisung nicht kontrolliert werden konnte. Dagegen ist ohne neue oder neu bekanntgewordene Umstände von erzieherischer Relevanz (also in Fällen bloßer Neubewertung) keine Weisungsänderung zulässig. Zu berücksichtigen ist indes, dass solche Umstände auch in veränderten Rahmenbedingungen liegen können, etwa im Eintritt einer längerfristigen Undurchführbarkeit bestimmter angeordneter Weisungen (bspw. durch Wegfall durchführender Einrichtungen oder auch durch behördliche Auflagen wie während der SARS-CoV-2-Pandemie).

Die **Flexibilität,** die Abs. 2 dem JRichter verschafft, kommt erzieheri- 7
schen Belangen in den genannten Konstellationen entgegen. Im Übrigen geht man meist davon aus, dass solche Weisungsänderungen mit der Rechtskraft der Ausgangsentscheidung nicht konfligieren, weil jene sich allein auf die Erteilung einer Weisung und nicht auch auf deren konkreten Inhalt beziehe (so etwa Diemer/Schatz/Sonnen/Diemer Rn. 5 f.). Allerdings ist selbst auf dieser Grundlage nicht zu bestreiten, dass jede Rechtsfolgenmodifizierung in einem **Spannungsverhältnis** zur erzieherisch erforderlichen Verlässlichkeit des jugendstrafrechtlichen Vorgehens steht. Dies gilt besonders, weil die geänderte Weisung nach zweifelhafter hM sogar eingriffsintensiver als die ursprüngliche Anordnung sein darf (vgl. etwa Brunner/Dölling Rn. 4) und die Neubestimmung auch nicht durch ein vorwerfbares Verhalten des Verurteilten veranlasst worden sein muss. Vor diesem Hintergrund ist die Abänderungsbefugnis mit Zurückhaltung wahrzunehmen.

4. Prozessuales

Zuständigkeit, Verfahren und Anfechtung bei **nachträglichen** Weisungs- 8
entscheidungen bestimmen sich nach **§ 65.** Vor dem Beschluss zur Laufzeit- und zu anderen Weisungsänderungen sind hiernach die StA und der Jugendliche anzuhören. Eine Anhörung des Vertreters der JGH ist nicht zwingend (→ § 65 Rn. 9). Nach den Einbeziehungsgrundsätzen des § 38 Abs. 6 sollte sie jedoch idR erfolgen.

III. Reaktion auf schuldhafte Nichtbefolgung

1. Einordnung des Jugendarrests iSv Abs. 3

a) Rechtsnatur. Unter den Voraussetzungen von Abs. 3 kann auf den 9
vorwerfbaren Verstoß gegen eine Weisung mit JA reagiert werden. Diese Möglichkeit wurde erstmals durch § 19 RJGG 1943 **eingeführt,** im JGG 1953 unter geringfügigen Änderungen übernommen und durch EGStGB v. 2.3.1974 (Art. 26 Nr. 14b, BGBl. I 527) auf die Nichtbefolgung von Bewährungsweisungen bzw. -auflagen ausgedehnt (n. Eisenberg Zbl 1989, 16 (16 f.), dort auch zur Handhabung vor der NS-Zeit). Diese „spezifisch deutsche Erfindung“ (Dünkel DVJJ-Journal 1991, 23 (29)) hat in anderen Rechtsordnungen praktisch keine Entsprechung (rechtsvergleichend s. Dünkel Zbl 1990, 425 (433 f.)). Kriminalpolitisch ist dieser JA bis heute umstr. geblieben; mehrfach wurde seine Abschaffung empfohlen (vgl. bereits DVJJ/

Frehsee 1990, S. 326; betr. Aussetzung der Vollstr wie der Verhängung zBew DVJJ/Weber 1990, S. 346; auch iÜ diff. Herrlinger DVJJ-Journal 1991, 156 (157)).

10 Der rechtliche Status des in Abs. 3 geregelten JA ist umstritten (was sich iÜ auch in der uneinheitlichen Bezeichnung – namentlich als Nichtbefolgungs-, Beuge-, Ungehorsams- oder Beschlussarrest – widerspiegelt. Der Einordnung als eine Ungehorsamssanktion (Brunner/Dölling Rn. 5) widerspricht es, dass es insofern an einem Rechtsgut fehlt und auch die prozeduralen Standards einer Sanktionsverhängung bei Abs. 3 nicht vorgesehen sind (vgl. etwa Feltes NStZ 1993, 105 (110); s. auch KK-OWiG/Mitsch OWiG § 98 Rn. 27). Die Auffassung, die in dem JA eine (die Rechtsfolgenentscheidung) korrigierende Ersatzmaßnahme sieht (Ostendorf Zbl 1983, 563 (576); NK-JGG/Ostendorf Rn. 11; Dünkel DVJJ-Journal 1991, 23 (29); krit. Feltes NStZ 1993, 105 (111); DVJJ/Frehsee 1990, S. 315), würde nur bei zwangsläufiger Erledigung der ursprünglichen Weisung überzeugen. Schlüssiger ist es, den JA als Handhabe einzustufen, die (wie Abs. 3 S. 3 zeigt) auf die **Weisungsbefolgung hinwirken** soll (zust. HK-JGG/Buhr/Bartsch Rn. 20). Zu diesem Zweck sieht das Gesetz mit dem JA eine **eigene,** spezifisch jugendstrafrechtliche Reaktionsmöglichkeit vor (zust. LG Berlin BeckRS 2017, 133031). Mit Blick auf § 2 Abs. 1 ist es indes problematisch, wenn man hierüber hinausgeht und diese Option in einer (zwangs-)vollstreckungsrechtlichen Anleihe als „Beugemaßnahme" qualifiziert (so etwa LG Landau StV 2003, 461 = BeckRS 2002, 08555; Diemer/Schatz/Sonnen/Diemer Rn. 11; Ernst, Der Jugendarrest, 2020, S. 90 f.; Böttcher/Weber NStZ 1991, 7 (8); Wohlfahrt ZJJ 2012, 392 (395); vgl. auch AG Tiergarten BeckRS 2017, 144175: Parallelen zur Erzwingungshaft nach § 96 OWiG).

11 **b) Kritik.** Die Androhung des Nichtbefolgungsarrests mag mitunter geeignet sein, die Adressaten an die Befolgung von Weisungen heranzuführen. Für eine solche Wirksamkeit liegen gewisse Hinweise vor. So weist die Differenz zwischen Arrestersuchen und -antritten darauf hin, dass zwischen Anordnung und Beginn des JA etliche Auflagen und Weisungen doch noch erfüllt werden (Seidl/Holthusen/Hoops ZJJ 2013, 292 (293)). Auch ist nicht ganz auszuschließen, dass ein gem. Abs. 3 verhängter JA in Fällen, in denen beim Jugendlichen (ggf. gerade durch die vorherige justizielle Intervention) eine negative Entwicklung eingetreten ist, bspw. eine erzieherisch als unerlässlich erscheinende Herauslösung aus dem sozialen Umfeld herbeiführen kann. Doch ungeachtet dieser und anderer singulärer Konstellationen, in denen ein positiver Effekt wenigstens vorstellbar ist, sind die Verhängung und Vollziehung des Nichtbefolgungs-JA erziehungspsychologischen Einwänden ausgesetzt (→ § 16 Rn. 14 ff.; krit. seitens der JStR-Praxis Hügel Bewährungshilfe 1987, 50 (52 f.)). IdR ist hiervon nämlich eine Gruppe betroffen, die sich sozial und sozialisatorisch in erheblichen Belastungslagen befindet (Kratochvil-Hörr, Der Beschlussarrest, 2016, S. 70 ff.) und bei der der JA als eine **negative Verstärkung** der Nichtbefolgung wirken kann (zust. Laubenthal Jugendgerichtshilfe S. 168; s. erg. auch Schumann, Jugendarrest und/oder Betreuungsweisung/Werlich, 1985, S. 168).

12 **c) Rechtspraxis.** Die Anwendungshäufigkeit des **Nichtbefolgungsarrestes** ist relativ hoch. Für den hierauf entfallenden Anteil innerhalb des JA-Vollzuges werden regional unterschiedliche, durchweg aber beträchtliche

Zahlen genannt (speziell für Hmb. Schmidt FS 2011, 87 (90): ca. 60% aller angeordneten und ca. 40% aller vollstreckten JAe; vgl. ferner Thalmann FS 2011, 79 (82): „zwischen 40% und 70% aller zu vollstreckenden JAe"; s. auch Seidl/Holthusen/Hoops ZJJ 2013, 292 (293): bundesweit ca. 40%; ähnlich für Bln. Kratochvil-Hörr, Der Beschlussarrest, 2016, S. 70; für Bay. Endres/Lauchs Bewährungshilfe 2018, 384 (390 f.) und für Hessen Ernst, Der Jugendarrest, 2020, S. 191 ff.). Die früher (1980–1983) für Brem. berichteten niedrigeren Werte (Schumann, Jugendarrest und/oder Betreuungsweisung/Werlich, 1985, S. 168: zwischen 18,8 % und 33,5 %) werden heute offenbar meist überschritten. Dafür spricht auch die sich seit 2001 öffnende Schere zwischen JA-Verurteilungs- und JA-Zugangszahlen (Heinz, FS Dölling, 2023, 554; vgl. dazu und zu Hinweisen auf eine generelle Zunahme auch die Zusammenstellung weiterer Erhebungen bei Heinz Sekundäranalyse S. 1146 ff.).

2. Voraussetzungen

a) Verstoß gegen eine Weisung. Es muss eine Weisung verletzt werden, die **im Urteil oder** nach **§ 53** vom FamG (dazu → § 53 Rn. 6 ff.) erteilt worden ist (wobei in der Praxis offenbar die meisten Nichtbefolgungsarreste auf Verstößen gegen eine Arbeitsweisung beruhen – vgl. Heinz Sekundäranalyse S. 1147 mwN). Werden auferlegte Hilfen zur Erziehung iSv § 12 nicht befolgt, kommt nach dem Wortlaut von Abs. 3 S. 1 und dessen systematischer Stellung, kein JA in Betracht (vgl. auch LG Hamburg BeckRS 2022, 50814). Abs. 3 gilt auch nicht für Weisungen, die nach §§ 45, 47 (OLG Düsseldorf MDR 1994, 505 = LSK 1994, 280179) oder vom FamG in eigener Zuständigkeit ausgesprochen wurden (vgl. Abs. 3 S. 2: „Verurteilung"). Weisungen, die nicht auf dem JGG beruhen, können wegen ihrer Zugehörigkeit zu einem anderen Rechtsgebiet die Anwendbarkeit des Abs. 3 ohnehin nicht begründen. – Eine **entsprechende Anwendung von Abs. 3** sieht das Gesetz jedoch für den Verstoß gegen eine Auflage (§ 15 Abs. 3) sowie gegen eine Bewährungsweisung oder -auflage (§ 23 Abs. 1 S. 4) vor. 13

Der in → Rn. 9 erfolgten rechtsdogmatischen Einordnung und Zweckrichtung des Vorgehens iSv Abs. 3 entspricht das Erfordernis, dass die **Weisung rechtmäßig** sein muss (vgl. etwa LG Hamburg BeckRS 2022, 50814). Bei rechtswidrigen Anordnungsinhalten oder fehlender Bestimmtheit (vgl. hierfür BGH NStZ 2024, 106) scheidet JA also aus. Notwendig ist es ferner, dass die Weisung bei Anordnung des JA **noch Bestand** hat und grds. befolgt werden kann (LG Landau StV 2003, 461 = BeckRS 2002, 8555; LG Kaiserslautern ZJJ 2010, 431 = BeckRS 2010, 146013; AG Tiergarten BeckRS 2017, 144175). Diese Notwendigkeit geht auch aus Abs. 3 S. 3 eindeutig hervor (abw. LG Berlin BeckRS 2017, 133031). Zu einem Zeitpunkt, zu dem die Weisung bereits abgelaufen ist, kommt eine Anordnung des Nichtbefolgungsarrests deshalb nicht mehr in Betracht. IdR wird der JRichter somit vor oder mit dem JA-Beschluss rechtzeitig noch eine Verlängerung nach Abs. 2 anordnen müssen. Ergeht (wie im Verfahren von LG Berlin BeckRS 2017, 133031) eine (wegen des Weisungsablaufs) gesetzwidrige Anordnung nach Abs. 3, kann dies (falls keine Gründe iSv § 87 Abs. 3 und 4 vorliegen) im Vollstreckungsverfahren nicht korrigiert werden (→ § 87 Rn. 6). 14

15 Bei Weisungen, die der Zustimmung des Jugendlichen bedürfen – also bei § 10 Abs. 2 (→ § 10 Rn. 41) und § 57 Abs. 3 S. 2 –, stellt die Nichtbefolgung eine **Rücknahme der Zustimmung** dar, womit die Rechtmäßigkeit der Weisung wegfällt. Mangels Fortbestands und fortgesetzter Befolgbarkeit scheidet eine Reaktion durch Nichtbefolgungsarrest hier deshalb aus (LG München BeckRS 2023, 33353; s. auch LG Marburg NStZ-RR 2006, 122, erg. unter zutr. Verneinung einer Analogie zu § 67g Abs. 3 StGB). Das gilt ebenfalls bei Weisungen, die wegen schwerer Mängel von vornherein rechtswidrig waren (etwa bei fehlender Laufzeitbestimmung oder sonst unzulänglicher Konkretisierung – vgl. LG Bielefeld StV 2001, 175; LG Kaiserslautern ZJJ 2010, 431).

16 **b) Vorwerfbarkeit und deren Bedingungen. aa)** Der Weisungsverstoß muss gem. Abs. 3 S. 1 „schuldhaft" sein. Eine solche Vorwerfbarkeit setzt eine vorsätzliche oder fahrlässige Missachtung der gerichtlich auferlegten Verpflichtung sowie die **Verantwortlichkeit** des Jugendlichen iSv § 20 StGB und § 3 voraus. **Nicht** erforderlich ist es dagegen, dass die Zuwiderhandlungen vor Vollendung des **18. Lbj.** oder des 21. Lbj. begangen worden sind (vgl. Streng JugendStrafR Rn. 372; Baur/Kinzig/Esperschidt JuS 2013, 535 (539 f.)). Da der von Abs. 3 erfasste Verstoß keine mit Strafe bedrohte Verfehlung iSv § 1 darstellt, besteht die Möglichkeit des Nichtbefolgungsarrests unabhängig davon, ob eine gleichzeitig begangene Straftat nach materiellem JStR abzuurteilen wäre (vgl. aber → Rn. 19 f.). Eine weitere Voraussetzung neben der Vorwerfbarkeit besteht in der vorab erfolgten **Belehrung.** Der Jugendliche muss hierdurch über die nach Abs. 3 drohende Reaktion in geeigneter Weise (§ 70b Abs. 1) informiert worden sein. Dies geschieht idR bei der Verurteilung, wobei bzgl. der erfolgten Belehrungsvornahme das Protokoll maßgeblich ist (vgl. auch LG Marburg BeckRS 2006, 1947; LG Hamburg BeckRS 2022, 50814; BeckOK JGG/Gertler Rn. 19; Kotz/Rahlf BtMStrafR/Schimmel Kap. 9 Rn. 53; vgl. ferner LG Limburg StraFo 2023, 154 = BeckRS 2023, 1049: Belehrung als wesentliche Förmlichkeit iSv § 273 StPO). Dass die Belehrung **nachträglich** vorgenommen wurde (was bei ausreichendem zeitlichem Vorlauf bis zur Weisung zulässig ist), muss aus der Akte hervorgehen. Erfolgt die Belehrung in den schriftlichen Urteilsgründen, hängt ihr Nachweis davon ab, dass die Kenntnisnahme durch den Jugendlichen feststeht (LG Limburg StraFo 2023, 154 = BeckRS 2023, 1049).

17 **bb)** Die Feststellung der **Voraussetzungen** eines **vorwerfbaren** Verstoßes entspricht dem Vorgehen bei der Subsumtion unter Straftatbestände, dh es bedarf stets einer – ggf. auch näheren – Sachverhaltsaufklärung (vgl. aber krit. zur Praxis Dollinger/Schmidt-Semisch Jugendkriminalität-HdB/Höynck/Ernst S. 675; Thalmann FS 2011, 79 (82): „in aller Regel einfach unterstellt"). Dabei ist die Entscheidung hinsichtlich der objektiven Voraussetzungen eines Verstoßes umso schwieriger, je allgemeiner bzw. unbestimmter die Weisung gehalten war. Der Nachweis der subjektiven Voraussetzungen wird dann zweifelhaft, wenn die Weisung als unklar und kaum verständlich gelten muss.

18 Kommt es durch die Weisung zu einem Konflikt mit außer-jugendstrafrechtlichen Pflichten (etwa wegen eines Wehrdienstes), gehen diese vor und bilden einen Rechtfertigungsgrund. Ob die Nichtbefolgung auch deshalb erlaubt sein kann, weil sie von den Erziehungsberechtigten angeordnet wird

(sei es aus praktischen Gründen oder da die Eltern mit der Weisung nicht einverstanden sind), ist nicht abschließend geklärt (dies von der Intensität des elterlichen Einflusses auf den Jugendlichen abhängig machend VerfGH RhPf NStZ 2013, 292 (294 f.)). Selbst wenn hier von einem Weisungsverstoß auszugehen wäre, erfolgte dieser (wegen der Unzumutbarkeit der Weisungsbefolgung) aber jedenfalls **nicht schuldhaft** (einschr. BeckOK JGG/Gertler Rn. 22; Nix/Pschorr/Pschorr §§ 9–12 Rn. 63, da der Jugendliche dem unzulässigen elterlichen Verhalten nicht gehorchen müsse). Entspr. Normen- oder Erwartungskollisionen, die vor der Anordnung der vorgesehenen Weisung durch eine Erörterung mit den Erziehungsberechtigten eigentlich nach Möglichkeit vermieden werden sollten (→ § 10 Rn. 8), sind für die Entscheidung nach Abs. 3 deshalb in hinreichendem Maße abzuklären (Ohder FS Eisenberg, 2009, 434). An der Schuld fehlt es iÜ in Fällen, in denen die JGH eine notwendige Mitwirkung an der Weisungsdurchführung – etwa aus Finanzierungsgründen (→ § 10 Rn. 10) oder wegen eines Fehlverhaltens des Verurteilten – ablehnt (vgl. LG Kaiserlautern ZJJ 2010, 430 betr. Arbeitsauflage).

Auch wenn sich der Jugendliche einer unzumutbaren bzw. ihn **überfordernden** (→ § 10 Rn. 9) Weisung verweigert (zur Häufigkeit dieser Konstellation Kuil DVJJ-Journal 1992, 332 (332 f.)), ist das nicht iSv Abs. 3 vorwerfbar. Bedeutung hat dies etwa, wenn die Weisungsumsetzung den Jugendlichen in den Augen von Gleichaltrigen herabsetzen oder Spott und Schikanen aussetzen würde. Ebenso verhält es sich bei Weisungen, die der Jugendliche wegen einer Alkohol- oder **Drogenabhängigkeit** gar nicht einzuhalten vermag bzw. bei denen eine Verletzung als ein sucht- und suchttherapeutisch charakteristisches Ereignis gelten muss. So muss va bei einem Verstoß gegen eine Abstinenzweisung (→ § 10 Rn. 36a, 56 f.) – sofern dies nicht schon die Zulässigkeit der Weisung wegfallen lässt (→ Rn. 15) – die Vorwerfbarkeit daher vielfach verneint werden (Kertai NStZ 2024, 653 (655)). 18a

3. Anordnungsermessen

Auch bei Vorliegen der Voraussetzungen muss der JA nach Abs. 3 nicht angeordnet werden. Die hier stattdessen vorzunehmende Ermessensentscheidung ist an **§ 2 Abs. 1** zu orientieren. Dabei müssen die Unzuträglichkeiten und Nachteile bedacht werden, die beim JA generell (→ § 16 Rn. 14 ff.) sowie speziell beim Nichtbefolgungsarrest (→ Rn. 11) bestehen (ebenso LG München BeckRS 2023, 33353). Da bei Abs. 3 eine freiheitsentziehende Maßnahme zur Debatte steht, verlangt zudem der Verhältnismäßigkeitsgrundsatz eine restriktive Handhabung. Wird bspw. der größte Teil der auferlegten Arbeitsstunden abgeleistet, scheidet JA deshalb aus (KG Berlin BeckRS 2001, 16503). Unter Berücksichtigung von § 38 Abs. 5 S. 2 ist die Verhängung des JA **allenfalls** bei **erheblichen Verstößen** angebracht (einschr. auch RL 2 S. 1). Dabei begründet die Verletzung **mehrerer** Einzelverpflichtungen einer Weisung (bspw. Nichterscheinen bei mehreren Kursterminen) stets nur einen gemeinsamen Anlass für eine einzige JA-Reaktion (s. aber zu neuerlichen Verstößen nach vollstrecktem Nichtbefolgungsarrest → Rn. 22). Die in Abs. 1 S. 2 sowie § 28 Abs. 1 erfolgten zeitlichen Grenzsetzungen sprechen iÜ dafür, einen JA **nur in den ersten beiden Jahren** nach Weisungserteilung zu veranlassen und danach (auch bei 19 nachträglicher Laufzeitverlängerung über zwei Jahre hinaus) idR davon abzusehen.

20 In die Ermessensentscheidung muss immer einbezogen werden, dass die Ursachen der Nichtbefolgung möglicherweise auch in der Weisung selbst und/oder den Umständen ihrer Anordnung liegen. So kann die Verpflichtung ohne die erforderliche Kommunikation (besonders mit dem Jugendlichen) erteilt bzw. angeordnet worden (zust. Laubenthal Jugendgerichtshilfe S. 168) oder für den Adressaten aus anderen Gründen ungeeignet gewesen sein und daher „ins Leere laufen“ (Scholz DVJJ-Journal 1999, 232 (239); vgl. auch DVJJ/Hoops/Holthusen 2012, S. 237). Denkbar ist ferner, dass es an einer zentralen Voraussetzung gefehlt hat, etwa an der freiwilligen Mitwirkungsbereitschaft beim Täter-Opfer-Ausgleich gem. § 10 Abs. 1 S. 3 Nr. 7 (Streng JugendStrafR Rn. 367; Klocke Entschuldigung S. 23). In all diesen Fällen ist ein JA nicht anzuordnen, sondern die erteilte Anordnung aufzuheben und ggf. durch eine **Weisung anderer** Art und Ausgestaltung zu **ersetzen** (vgl. Feltes NStZ 1993, 105 (109); DVJJ/Scholz 2006, S. 274; ähnlich HK-JGG/Buhr/Bartsch Rn. 23; s. aber → Rn. 7).

4. Einzelfragen der JA-Festlegung

21 In der Praxis scheint der Nichtbefolgungsarrest häufig mit einer **Dauer** von ca. zwei Wochen verhängt und vollstreckt zu werden (Kratochvil-Hörr, Der Beschlussarrest, 2016, S. 177 ff.). Maximal zulässig sind – auch bei mehrfacher Anordnung (→ Rn. 22) oder bei Missachtung von mehreren Weisungen aus einem Urteil – insg. vier Wochen (Abs. 3 S. 2). Ist der Jugendliche neben der Weisung, auf deren Nichtbefolgung gem. Abs. 3 reagiert werden soll, im selben Urteil noch zu JA verurteilt worden, gilt diese Grenze auch für die „Summe“ aus „Urteilsarrest“ und „Beschlussarrest“. Das folgt aus § 16 Abs. 4 S. 2, da dort für alle JAe, die auf ein Urteil zurückgehen, eine starre Grenzdauer und ein entspr. großer Abstand zur Mindestdauer der JStrafe (§ 18 Abs. 1 S. 1) normiert wird (LG Zweibrücken ZJJ 2012, 88 = BeckRS 2011, 18501 mzustAnm Eisenberg ZJJ 2013, 75; Streng JugendStrafR Rn. 371; iErg ebenso NK-JGG/Ostendorf Rn. 13; aA LG Mühlhausen BeckRS 2011, 11930; AG Pirmasens BeckRS 2018, 27928; Diemer/Schatz/Sonnen/Diemer Rn. 18; HK-JGG/Buhr/Bartsch Rn. 23; BeckOK JGG/Putzke § 15 Rn. 95; Wohlfahrt ZJJ 2012, 392 (395 ff.); Dölling ZJJ 2014, 94). Es kommt dabei auf die verhängte und nicht auf die vollstreckte Dauer an, sodass zB ein Absehen nach Abs. 3 S. 3 unerheblich ist (OLG Zweibrücken NStZ 1992, 84 mAnm Ostendorf NStZ 1992, 85).

22 Kommt der Jugendliche der Weisung auch nach dem Nichtbefolgungsarrest nicht nach, lässt das Gesetz eine neuerliche Anordnung prinzipiell zu (vgl. Abs. 3 S. 2: „insgesamt“). Im Hinblick hierauf wird teilw. empfohlen, das Maß eines gem. Abs. 3 als erforderlich erachteten JA idR zunächst so festsetzen, dass im Rahmen der vierwöchigen Gesamtdauer bei einem **wiederholten Weisungsverstoß** die Möglichkeit für einen nochmaligen und dann auch gesteigerten bzw. längeren Nichtbefolgungsarrest bestehen bleibt (RL 2 S. 2). Dies läuft einerseits auf eine Begrenzung des ersten JA hinaus, entspricht andererseits aber auch einem Konzept der mechanischen Sanktionseskalation (dazu → § 5 Rn. 8) und begegnet insofern prinzipiellen funktionalen Bedenken (vgl. auch NK-JGG/Ostendorf Rn. 15; zur ggf. fehlenden Verhältnismäßigkeit s. LG Hannover NdsRpfl 1969, 191). Auch sollte

die fortgesetzte Missachtung als Zeichen für die fehlende Eignung der Weisung aufgefasst und zum Anlass ihrer Abänderung (→ Rn. 20) genommen werden (ähnlich Ostendorf Zbl 1983, 563 (573 f.)). Mindestens ist zu verlangen, dass der zweite JA nicht verhängt wird, bevor der erste Nichtbefolgungsarrest nicht nur angeordnet, sondern auch vollstreckt worden ist (LG Zweibrücken ZJJ 2012, 88 = BeckRS 2011, 18501). Bei einer abw. Handhabung wäre iÜ der erste, noch nicht umgesetzte JA nach dem **Einheitsprinzip** des § 31 Abs. 2 in den zweiten JA einzubeziehen (s. dazu auch → § 31 Rn. 7, 51).

Wurde gegen den Jugendlichen in einem weiteren Urteil ein JA oder eine vollstreckbare JStrafe angeordnet und soll auf die Nichtbefolgung einer davor veranlassten Weisung reagiert werden, ist diese Weisung ggf. anzupassen, nicht aber ein JA gem. Abs. 3 anzuordnen. Nach den Kriterien aus → Rn. 18 ist hierfür nämlich keine Notwendigkeit vorstellbar. War der Nichtbefolgungsarrest dagegen bereits angeordnet worden, soll die aus einem anderen Verfahren hinzutretende freiheitsentziehende Sanktion in analoger Anwendung von § 47 und § 154 StPO ein Anlass sein, von der Vollstreckung des JA abzusehen (Brunner/Dölling Rn. 7). Dafür besteht indes kein Bedarf, da die Weisung oder der Arrest in die hinzugekommene Rechtsfolgenentscheidung nach dem Einheitsprinzip hätten einbezogen werden können (s. auch → § 31 Rn. 7, 51). Ist dies aus erzieherischen Gründen unterblieben (§ 66 Abs. 1 S. 2, § 31 Abs. 3), kann dies durch einen Verzicht auf die JA-Vollstreckung nicht konterkariert werden (Diemer/Schatz/Sonnen/Diemer Rn. 23). 23

5. Verhältnis zwischen Weisung und Nichtbefolgungsarrest

Die Weisung **besteht** unabhängig von der Verhängung und dem Vollzug des JA **fort.** Sofern der JRichter diese Verpflichtung nicht nach Abs. 2 ausdrücklich aufhebt (s. dazu bei Auflagen speziell die Kann-Vorschrift des § 15 Abs. 3 S. 3), muss der Jugendliche der Weisung trotz des Nichtbefolgungsarrests weiter nachkommen. Mit der dahingehenden Ladung ist er deshalb auch darauf hinzuweisen, dass er die fragliche Leistung bis JA-Antritt bzw. selbst aus der JA-Anstalt heraus noch erbringen und die JA-Vollstreckung so verhindern oder abkürzen kann (Fachkommission JA ZJJ 2009, 275 (276); zur Praxis vgl. etwa die Befragung von Hinrichs DVJJ-Journal 1999, 267 (268)). Zwar wird ein Nichtbefolgungsarrest dadurch, dass der Jugendliche nach dessen Anordnung die Weisung befolgt (vgl. zur Häufigkeit → Rn. 11), nicht automatisch hinfällig, aber nach **Abs. 3 S. 3** hat der JRichter in solchen Fällen zwingend von der Vollstr des JA abzusehen. Dieses Absehen von der Vollstr darf aus Gründen der Rechtssicherheit und der erzieherischen Klarheit nicht etwa dergestalt geschehen, dass der Eintritt der Frist des § 87 Abs. 4 S. 1 abgewartet wird. – Kommt der Jugendliche der Verpflichtung nicht nach und wird der JA vollstreckt, ist nach dem Vollzug eine **Befreiung** von der Weisung angezeigt (Fachkommission JA ZJJ 2009, 275 (276)). Das gilt zumindest dann, wenn die Erforderlichkeit des JA auf die fehlende Geeignetheit der Weisung verweist. Eine (an sich nicht vorgesehene) Wahlmöglichkeit zwischen Weisungserfüllung und Nichtbefolgungsarrest wächst dem Verurteilten dadurch keineswegs zu (anders aber Brunner/Dölling Rn. 10). Der Übergang zum JA wird vielmehr va durch das Gericht bewirkt, indem es die Möglichkeiten des Abs. 3 ergreift. 24

6. Prozessuales

25 **Zuständigkeit, Verfahren** und **Anfechtung** bei beschlussförmigen Entscheidungen gem. Abs. 3 S. 1 und 3 bestimmen sich nach § 65. Der den Arrest anordnende Beschluss muss das anlassgebende schuldhafte Verhalten konkret feststellen (LG München BeckRS 2023, 33353). Für das Absehen von der Vollstr des JA (→ Rn. 24) bleibt hiernach der JRichter des ersten Rechtszuges auch dann zuständig, wenn die Abgabe der Vollstr nach § 90 Abs. 2 S. 2 erfolgt ist (BGHSt 48, 1 = NJW 2003, 370 mAnm Eisenberg JR 2003, 215; aA Böttcher/Weber NStZ 1991, 7 (8)). Stets sind die StA und der Jugendliche anzuhören, wobei diesem vor der Anordnung des JA (auch bei wiederholter Anordnung) zwingend eine Gelegenheit zur mündlichen Äußerung zu geben ist. Wird nach Anhörung vom Jugendlichen zumindest ein Teil der Weisung erfüllt, darf der JA nur nach neuerlicher Anhörung angeordnet werden, damit sich der Jugendliche zur teilw. Nichterfüllung erklären kann (zum Ganzen → § 65 Rn. 10 f.). Im Übrigen ist idR auch eine Anhörung der JGH angezeigt (→ Rn. 8). Gegen die Anordnung des Nichtbefolgungsarrests ist die sofortige Beschwerde, nicht aber die weitere Beschwerde zulässig. Diese kann auch nicht auf § 310 Abs. 1 Nr. 1 StPO gestützt werden, da der JA iSv Abs. 3 in seiner Rechtsnatur (→ Rn. 9 f.) keiner „Verhaftung" entspricht (vgl. OLG München NStZ 2012, 166; LG Limburg StraFo 2023, 154 = BeckRS 2023, 1049).

7. Eintragung im Erziehungsregister

26 Ein angeordneter Nichtbefolgungsarrest wird (ebenso wie dessen etwaige Nichtvollstreckung gem. Abs. 3 S. 3) in das Erziehungsregister eingetragen (§ 60 Abs. 1 Nr. 2 und Abs. 3 BZRG idF des Gesetzes v. 18.7.2017 (BGBl. I 2732)). Diese Regelung positiviert eine schon früher teilw. geübte Praxis (affirmativ damals etwa Neuheuser NStZ 2017, 623), ist aber in **mehrfacher Hinsicht verfehlt** (skeptisch auch Ernst ZJJ 2017, 366 (367 f., 369)). Dies beginnt bei der gesetzgeberischen (BT-Drs. 18/11933, 31) und gesetzlichen Terminologie („Ungehorsamsarrest"), mit der die historisch-ideologische Normgeschichte und der dogmatische Status des JA (→ Rn. 9) übergangen wird (vgl. auch die qualitativ weit entfernt liegenden Straftatbestände des Ungehorsams in §§ 19, 20 WStG). Zudem stellt die Vorschrift einen systematischen Bruch dar. Den nach § 60 BZRG einzutragenden Entscheidungen liegt nämlich stets eine Verfehlung des Jugendlichen iSv § 1 Abs. 1 zugrunde, wohingegen ein Weisungsverstoß diese Qualität gerade nicht aufweist. Und schließlich ist die Eintragungspflicht auch dysfunktional. Die Registrierung des Nichtbefolgungsarrest weist lediglich das vollständige oder teilw. Ausbleiben einer Weisungsumsetzung aus und suggeriert damit eine allein beim Jugendlichen liegende Fehlleistung. Dagegen werden andere mögliche Ursachenanteile – va eine ggf. ungeeignete Auswahl und Bemessung der Rechtsfolge oder gewisse Fehler bei deren Umsetzung – in der Eintragung strukturell ignoriert (allg. zu Gefahren von Fehlinterpretation standardisierter Registereintragungen → § 5 Rn. 82). Deshalb kann die Normbegründung, der zufolge für „die Frage der Beeinflussbarkeit durch Erziehungsmaßregeln und Zuchtmittel (…) auch die Kenntnis früher verhängter Ungehorsamsarreste wichtig" sei (BT-Drs. 18/11933, 31; ebenso Neuheuser NStZ 2017, 623 (623)), nur als verkürzend und einseitig gelten.

IV. Jugendarrest nach § 98 Abs. 2 OWiG

Wird von einem Jugendlichen oder Heranwachsenden eine gegen ihn festgesetzte Geldbuße nicht gezahlt, kann ihm der JRichter nach Maßgabe von § 98 Abs. 1 OWiG ua eine Weisung auferlegen. Bei deren Nichterfüllung kann unter Voraussetzungen, die denen des Abs. 3 entsprechen (→ Rn. 13 ff.: Fortbestand der Weisung, Vorwerfbarkeit des Verstoßes, Belehrung), JA verhängt werden (§ 98 Abs. 2 und 3 OWiG; vgl. auch KK-OWiG/Mitsch OWiG § 98 Rn. 28 ff.; Ernst, Der Jugendarrest, 2020, S. 99 ff. sowie → § 82 Rn. 33 f.). Die rechtliche Ausgestaltung dieser Option sieht (gemessen an Abs. 3) allerdings einige **Einschränkungen** vor (Höchstdauer eine Woche, keine wiederholte Anordnung). Auch erfolgt keine registerrechtliche Eintragung, weil die Ahndung einer OWi grds. nicht eintragungspflichtig ist (KK-OWiG/Mitsch OWiG § 98 Rn. 42). Gleichwohl bedarf es bei diesem JA unbedingt einer **restriktiven** Handhabung. Sowohl beim Ausgangsereignis (einer Ordnungswidrigkeit) als auch dem Reaktionsanlass (Verweigerung einer Geldbuße) handelt es sich um bagatellarische Verstöße, zu denen eine Freiheitsentziehung leicht in einem Missverhältnis steht. Praktische Bedeutung hat § 98 OWiG va im Bereich der Straßenverkehrs-OWi. 27

Im Bereich der **Schulpflichtverletzung** (hierzu auch → § 5 Rn. 52) liegt indes das weitaus größte Anwendungsfeld von § 98 Abs. 2 OWiG (Franzke RdJB 2018, 428 (439)). Da in den Verfahren, die durch die Schulbehörde wegen sog. Schulschwänzens geführt werden, ggf. auch Geldbußen gegen die fraglichen Jugendlichen festgesetzt werden (vgl. etwa § 126 Abs. 1 Nr. 5 und Abs. 2 SchulG NRW), kann deren Nichtzahlung ebenfalls zu JA nach § 98 Abs. 2 OWiG führen (näher zum Prozess Ernst/Höynck ZJJ 2018, 312 (313 f.); Ernst, Der Jugendarrest, 2020, S. 115 ff.). Dies geschieht keineswegs selten (vgl. nach Befragung sämtlicher Vollstreckungsleiter Höynck/Klausmannn ZJJ 2012, 405 (407 f.): bundesweit ca. 2.100 in 2012; Ernst/Höynck ZJJ 2018, 312 (316): bundesweit ca. 1.400 in 2017 – allerdings jeweils mit regional ganz erheblichen Unterschieden). Abgesehen von der Notwendigkeit, die Konstellationen des „elternbedingten Schulabsentismus" (Ricking ZJJ 2017, 263 (264)) nicht mit einer vom Jugendlichen ausgehenden Ablehnung der Schule in eins zu setzen, sind die Verhältnismäßigkeit und insbes. auch die **erzieherische Funktionalität** solcher Reaktionen **höchst fraglich** (dazu ebenso DVJJ/Frehsee 1990, S. 327; Emig DVJJ-Journal 1991, 51 (53 f.); Thalmann FS 2011, 79 (83); Franzke RdJB 2018, 428 (440); deutlich auch DVJJ/AK 5 2015, S. 760: „untauglich"). Die Verhängung der Geldbuße und die dann ggf. folgenden Maßnahmen nach § 98 OWiG sind mit einer Einbeziehung des JGerichts und außerschulischer Behörden verbunden, was perspektivisch die Gefahr „kaskadenartiger" (vgl. Ricking ZJJ 2017, 263 (265)) Sanktionsentwicklungen mit sich bringen kann (vgl. auch Höynck/Klausmannn ZJJ 2012, 405 (409) mit zahlreichen Kritikpunkten, die in der Praxis wahrgenommen werden). Dies ist erst nach vollständiger Ausschöpfung sämtlicher Möglichkeiten der (auch präventiv geeigneten) Abhilfe – ua frühzeitige Aufklärung der Motive bzw. Gründe, Verschaffen von Schutz und Unterstützung, Ermöglichung von Belohnungserfahrungen usw (zur Häufigkeit vorausgegangenen „Sitzenbleibens" Schreiber-Kittl/Schröpfer, Abgeschrieben?, 2002, S. 156, 161) – vertretbar (n. etwa Mollik ZJJ 2016, 168 (170 ff.)). 28

Hilfe zur Erziehung

12 Der Richter kann dem Jugendlichen nach Anhörung des Jugendamts auch auferlegen, unter den im Achten Buch Sozialgesetzbuch genannten Voraussetzungen Hilfe zur Erziehung
1. in Form der Erziehungsbeistandschaft im Sinne des § 30 des Achten Buches Sozialgesetzbuch oder
2. in einer Einrichtung über Tag und Nacht oder in einer sonstigen betreuten Wohnform im Sinne des § 34 des Achten Buches Sozialgesetzbuch
in Anspruch zu nehmen.

Schrifttum: Engelbracht, Jugendliches Alltagserleben in freiheitsentziehenden Maßnahmen, 2019; Gabriel/Winkler (Hrsg.), Heimerziehung, 2003; Heitkamp, Heimerziehung und Pflegefamilien – Konkurrenz innerhalb der Jugendhilfe?, 1989; Iben, Von der Schutzaufsicht zur Erziehungsbeistandschaft. Idee und Wirklichkeit einer sozialpädagogischen Maßnahme, 1967; Menk/Schnorr/Schrapper, Woher die Freiheit bei all dem Zwange?, 2013; Moritz/Meier, Jugendhilfe auf dem Prüfstand, 1982; Permien, Erziehung zur Freiheit durch Freiheitsentzug?, 2010; Pöhner, Die unendliche Geschichte der geschlossenen Unterbringung, 2012; Possin, Heimerziehung gem. §§ 27, 34 SGB VIII als jugendstrafrechtliche Intervention, 1995; Struck/Galuske/Thole (Hrsg.), Reform der Heimerziehung, 2003; Tabel, Empirische Standortbestimmung der Heimerziehung, 2020; Truniger, Resozialisierung von Jugendlichen in öffentlichen Einrichtungen, 2013; Wolf, Machtprozesse in der Heimerziehung, 1999.

Übersicht

I. Anwendungsbereich

1 Es gelten die Erl. zu § 9 Abs. 1 entsprechend (→ § 9 Rn. 1–3). Auf Personen, die zur Zeit der HV bereits Heranwachsende oder Soldatinnen und Soldaten sind, ist die Norm also nicht anwendbar.

II. Gemeinsame Anordnungsvoraussetzungen

2 Die Vorschrift ermöglicht es, bestimmte erzieherische Hilfen iSd SGB VIII auch im Rahmen des JStV als Erziehungsmaßregeln anzuordnen. Durch ihre jugendstrafrechtliche Einbettung nehmen diese Interventionen, die in ihrem sozialrechtlichen Kontext an sich Unterstützungs**angebote** darstellen, einen **Zwang**scharakter an (krit. etwa Wiesner/Wapler/Wapler SGB VIII § 34 Rn. 43: Herausforderung, die „pädagogische Fachlichkeit gegenüber strafrechtlichen Sanktionslogiken zur Geltung zu bringen"). Die Hilfen werden nämlich – auch wenn das JGericht ihre Annahme rechtlich nicht durchsetzen kann (→ § 82 Rn. 12; s. auch → § 11 Rn. 13 ff. zur Beschränkung des Nichtbefolgungsarrests auf Weisungen) – „auferlegt", dh als verpflichtend angeordnet, was die Zustimmung bzw. den Antrag der Sorgeberechtigten entbehrlich macht (vgl. iÜ auch die Erfassung im Erziehungsregister gem. § 60 Abs. 1 Nr. 2 BZRG). Dementspr. ist ihre Zulässigkeit sowohl an jugendstraf- wie auch an jugendhilferechtliche Voraussetzungen geknüpft (Trenczek/Schmoll ZJJ 2024, 192 (198 f.)). Außerdem ist der Grundsatz der **Verhältnismäßigkeit** zu beachten, besonders bei Nr. 2 (vgl. dazu auch BGH NJW 2012, 2584 (2585 f.) anhand von § 1631b BGB).

3 Infolge des Zusammentreffens von jugendstraf- und jugendhilferechtlichen Voraussetzungen bedarf es erstens einer **strafbaren Anlasstat.** Erforderlich ist dabei auch die ausdrücklich festzustellende Altersreife. Liegt diese nicht vor, ist eine Anordnung nach Nr. 1 bzw. Nr. 2 durch das JGericht unzulässig (vgl. aber → § 3 Rn. 36 zur dann ggf. bestehenden Möglichkeit, Erziehungshilfen als familiengerichtliche Erziehungsmaßnahmen zu veranlassen). In der Straftat muss zweitens eine individuelle Problemlage zum Ausdruck gekommen sein, die durch die Erziehungshilfen iSv § 12 adressiert werden kann (→ § 9 Rn. 6). Maßgeblich ist insofern ein vom JGericht zu bejahender **erzieherischer Bedarf** iSv § 27 SGB VIII, ohne den eine Verpflichtung nach § 12 nicht ausgesprochen werden darf (vgl. etwa Möller/Schütz ZKJ 2007, 178 (179); n. dazu → Rn. 8 für Nr. 1 und → Rn. 21 für Nr. 2). Mitwirkungsbereitschaft und **Einwilligung** der Eltern sind für die jugendgerichtliche Anordnung nicht vorausgesetzt, sondern stellen Zweckmäßigkeitsbedingungen dar. Im Einzelfall kann es durch dahingehenden Widerstand (auch solchen des Jugendlichen) allerdings von vornherein an der Geeignetheit und damit auch an der Zulässigkeit der Maßnahme fehlen (→ Rn. 10, → Rn. 22 sowie → § 10 Rn. 8).

4 Anders als § 12 aF, wonach ein „Einvernehmen mit dem JAmt" erforderlich war, setzt die geltende Vorschrift an sich eine bloße **Anhörung** voraus, um die richterliche Unabhängigkeit besser zu gewährleisten. Diese legislatorische Abschwächung ändert indes nichts an der **faktischen Notwendigkeit einer Abstimmung** mit der JGH (dazu schon bei der früheren Rechtslage Mrozynski Zbl 1992, 445 (446)). Das JGericht hat gegenüber der JHilfe nämlich keine Verpflichtungsbefugnis (n. → § 10 Rn. 10; s. auch Brunner/Dölling Rn. 7; abw. Nix/Pschorr/Pschorr §§ 9–12 Rn. 72; Möller/Schütz ZKJ 2007, 178 (179)). Ob diese die Leistungen iSv Nr. 1 und Nr. 2, deren Annahme dem Jugendlichen aufgegeben wird, tatsächlich bereitstellt und finanziert, entscheidet das JAmt vielmehr nach einer eigenen Prüfung (vgl.

auch § 36a Abs. 1 S. 1 SGB VIII). Hierbei wirkt es sich aus, dass es sich bei den fraglichen Interventionen jugendhilferechtlich um „Hilfe zur Stärkung/Verbesserung der Erziehungskompetenz der Eltern und ihrer Beziehung zum jungen Menschen" handelt (Wiesner ZJJ 2023, 104 (110)), was nicht mit (ersatz-)erzieherischen Intentionen des JGerichts harmonieren muss. Dass das JAmt die maßgeblichen sozialrechtlichen Bedingungen tatsächlich als gegeben ansieht (dazu → § 10 Rn. 67: Hilfebedarf, Hilfeplan und nach umstr. Auffassung auch elterliche Zustimmung), ist durch das JGericht vor der Anordnung eigens abzuklären (da die Anordnung anderenfalls nicht umsetzbar sein könnte). Das erfolgt in der Anhörung der JGH (n. zum Ganzen auch Wiesner/Wapler/Wapler SGB VIII § 34 Rn. 42). In Abweichung von § 38 Abs. 4 und Abs. 7 (dazu → § 38 Rn. 62 ff.) ist deren HV-Teilnahme in den fraglichen Fällen daher nicht verzichtbar.

III. Einzelheiten zur Erziehungsbeistandschaft

1. Funktion und Ausgestaltung

5 Die EB (zur historischen Entwicklung Iben, Von der Schutzaufsicht zur Erziehungsbeistandschaft, 1967) hat den **Zweck,** für den Verurteilten bei weniger gravierenden Entwicklungsproblemen öffentliche Unterstützung in seiner sozialen und räumlichen Umgebung bereitzustellen. Ihr konkreter Vollzug und Inhalt bestimmen sich nach § 30 SGB VIII. Hiernach wird dem Jugendlichen für einige Zeit eine „persönliche Bezugsperson an die Seite gestellt", die ihn bei der Bewältigung von Entwicklungsproblemen unter Einbeziehung seines Familiensystems und seines sozialen Umfelds begleitet und unterstützt (Wiesner/Wapler/Wapler SGB VIII § 30 Rn. 7). Als **Erziehungsbeistand** kann daher immer nur eine bestimmte natürliche Person fungieren (nicht also das JAmt). Deren Einsetzung liegt in der Zuständigkeit des JGerichts (→ Rn. 29) und nicht der des JAmts, das den Beistand allerdings berät und unterstützt. Dem Jugendlichen und seinem familiären Umfeld offeriert die Beistandsperson in erster Linie eine Ansprechmöglichkeit sowie eine ganz konkrete, praktische Beratung und sozialisatorische Förderung.

6 Mit dieser Ausrichtung bietet die EB für die spezialpräventive Rechtsfolgenfunktion (§ 2 Abs. 1) prinzipiell **günstige Voraussetzungen** (Münder/Meysen/Trenczek/Struck/Trenczek SGB VIII § 30 Rn. 8, 10; tendenziell abw. NK-JGG/Ostendorf Rn. 5; Brunner/Dölling Rn. 4). Dies wird durch das Fehlen einer Berichtspflicht (vgl. vormals § 58 Abs. 2 JWG) bekräftig, da dies die Beistands- ggü. der Kontrollaufgabe stärkt. § 65 SGB VIII sieht insofern einen besonderen und prinzipiell vorrangigen **Vertrauensschutz** vor. Bei Informationen, die aus der Beziehung zum Jugendlichen herrühren, ist eine Weitergabe an das JAmt und sonstige Institutionen an die dort genannten Ausnahmetatbestände geknüpft. Überdies handelt es sich bei der EB um eine **nicht zwangsbesetzte** Rechtsfolge, der im Unterschied zur sonst inhaltsverwandten Betreuungsweisung (§ 10 Abs. 1 S. 3 Nr. 5) ein dem § 11 Abs. 3 ähnliches Druckmittel fehlt.

7 In Ansehung der genannten Merkmale muss es kritisch gesehen werden, wenn die **Praxis** in entspr. Fällen – sei es wegen der fehlenden Erzwingbarkeit oder eines Mangels an verfügbaren hauptamtlichen Erziehungsbei-

ständen – der Betreuungsweisung gleichwohl ggü. der EB vielfach den Vorzug zu geben scheint. Eine Anordnung von EB erfolgt jedenfalls ausgesprochen **selten** (→ § 9 Rn. 5; vgl. auch Heinz Sekundäranalyse S. 1000 f. zur langfristigen Entwicklung und Länderdaten). Außerhalb des JStV hat sie als Hilfe zur Erziehung dagegen eine durchaus beachtliche praktische Bedeutung, was auf ihr sozialisatorisch stützendes Potenzial und ihre Einsatzmöglichkeiten verweist. So waren in der KuJHiSt (Tab. 1.2) am 31.12.2021 insg. 32.282 laufende EB erfasst.

2. Voraussetzungen

a) Bedarfsgerechte Intervention. Zur Anordnung von EB verlangt das Gesetz zunächst das Vorliegen von **Entwicklungsproblemen** (§ 12 Nr. 1 iVm § 30 SGB VIII). Damit knüpft es an eine weitgehend neutrale und stigmatisierungsfreie, aber auch unbestimmte Kategorie an (s. aber BT-Drs. 11/5948, 47: „Subjektivität des Jugendlichen" als Maßstab). Im Wesentlichen geht es hierbei um eine (durch das erzieherische Umfeld mitbewirkte) Defizitsituation, in der ein Fehlgehen oder Zurückbleiben der jeweiligen sozialisatorischen Prozesse droht oder eingetreten ist (Wiesner/Wapler/Wapler SGB VIII § 27 Rn. 23 ff.). Dies setzt den Vergleich mit einem Soll-Zustand voraus (besonders deutlich Diemer/Schoreit/Sonnen/Diemer Rn. 10), der seinerseits allerdings kaum zuverlässig bestimmt werden kann. Hierdurch dürften bei der Einschätzung wiederum regionale, zeitliche, individuelle und institutionelle Unterschiede entstehen. Ohnehin kann schon der Umstand, dass die jeweilige Entwicklung anlässlich einer Straftatbegehung zu beurteilen ist, leicht zu anderen Normalitätsmaßstäben als in einem sonstigen Zusammenhang führen. Um eine nahezu beliebige Zuschreibung von Entwicklungsproblemen zu vermeiden, bedarf es daher gründlicher Feststellungen, die sich nicht auf Mutmaßungen und Oberflächenbeobachtungen („Herumhängen", „Schulschwänzen") oder gar Moralisierungen („Arbeitsscheu", „Lügenhaftigkeit") beschränken. 8

EB ist ferner nur dann zulässig, wenn sie **geeignet** ist, in dem in § 30 SGB VIII genannten Sinne die „Verselbstständigung" des Jugendlichen zu fördern und wenn sie **erforderlich** und **ausreichend** ist, ihn bei der „Bewältigung" der Entwicklungsprobleme zu unterstützen (vgl. auch § 27 Abs. 1 SGB VIII). Erforderlich ist sie, wenn weniger eingreifende Maßnahmen im privaten oder öffentlichen Bereich nicht möglich oder nicht Erfolg versprechend sind. Ausreichend ist sie, wenn keine Notwendigkeit für andere (ggf. stärker eingreifende) Maßnahmen besteht (und wenn jugendstrafrechtliche Belange des Schuldausgleichs nicht ausnahmsweise eine Ahndung der Tat durch Zuchtmittel oder JStrafe verlangen). 9

b) Spezielle Eignungsprobleme. Da der Erziehungsbeistand nur eine beratende und unterstützende, nicht aber eine bestimmende Funktion hat, ist die Wirksamkeit seiner Tätigkeit davon abhängig, dass nicht nur der Jugendliche, sondern auch die Erziehungsberechtigten zur **Zusammenarbeit** fähig und bereit sind. Demgemäß wird die Erziehungsmaßregel nur dann angeordnet, wenn neben dem Betroffenen auch die Eltern damit **einverstanden** sind und sich ihrerseits um die Erziehung bemühen. Ohne dass dies festgestellt wurde oder begründet vermutet werden kann, sollte die Veranlassung einer EB unterbleiben (vgl. auch Wiesner/Wapler/Wapler 10

SGB VIII § 27 Rn. 50: für die Mitwirkung des JAmtes (→ Rn. 4) ist eine eindeutige elterliche Willensbekundung erforderlich). Infolge der mangelnden Kooperationsbereitschaft fehlt es dann nämlich meist an der Zweckmäßigkeit. Muss das JGericht darüber hinaus davon ausgehen, dass sich ein Mindestmaß an Mitwirkung auch im weiteren Verlauf nicht einstellen wird, wäre eine EB sogar ungeeignet und daher unzulässig (abw. BeckOK JGG/Gertler Rn. 31; Nix/Pschorr/Pschorr §§ 9–12 Rn. 68).

11 Der Erfolg der EB ist ferner von der Eignung der Person des **Erziehungsbeistandes** abhängig. Das betrifft einmal die allgemeine fachliche sozialpädagogische Kompetenz. Dazu gehört auch die Fähigkeit, jene Interessens- und Vertrauenskonflikte zu bewältigen, zu denen die Beratung bzw. Unterstützung sowohl der Eltern als auch des Jugendlichen führen kann (oder gar muss). Zum anderen kommt es auf zwischenmenschliche Voraussetzungen an, durch die der Erziehungsbeistand zum Beziehungsaufbau und zur Hilfs- und Betreuungsleistung nicht nur im Allgemeinen, sondern gerade bei dem konkreten Jugendlichen in der Lage ist. Ggü. einer regelmäßigen Beauftragung von BewHelfern bestehen bspw. Bedenken, weil diese sich mit den noch bedürftigeren oder „schwereren" Fällen iZm einer JStrafe zu befassen haben. Angesichts dieser Anforderungen empfiehlt es sich, dass das JGericht die zu betrauende Person nicht nach Gutdünken benennt, sondern im **Gespräch** mit dem Jugendlichen und dem JAmt (va während der HV mit dem Vertreter der JGH) zu klären versucht, wer als individuell geeigneter Erziehungsbeistand bestellt werden soll (s. auch → Rn. 29). Anderenfalls wäre die Zweckmäßigkeit, wenn nicht gar die Geeignetheit der Anordnung einer EB gefährdet. – Rechtstatsächlich ergab eine Befragung bei den Erziehungsbeiständen der JHilfe, dass eher das Empfinden von Ineffizienz ihrer eigenen Tätigkeit vorherrschend war. Als Gründe hierfür wurden organisatorische Probleme genannt sowie eine von 62 % als zu hoch eingeschätzte Zahl der „Klienten" (vgl. Moritz/Meier, Jugendhilfe auf dem Prüfstand, 1982, S. 196 ff.; ähnlich die Befragung von Köpcke DVJJ 1987, 200 f.).

3. Beendigung

12 Die EB ist ihrer Art nach nicht als kurzfristige Intervention angelegt (dazu, dass sie gem. § 8 Abs. 2 S. 1 und 3 während einer BewZeit, nicht aber während des Vollzuges von JStrafe ruht, vgl. → § 8 Rn. 9). Angesichts des (schuld-)strafrechtlichen Anlasses ihrer Anordnung kann das JGericht ihre Dauer aus Verhältnismäßigkeitsgründen zwar grds. begrenzen (ebenso NK-JGG/Ostendorf Rn. 12). Im Regelfall erfolgt dies jedoch nicht. Dann bestimmt sich die Beendigung nach jugendhilferechtlichen Maßgaben. Diesen zufolge ist die EB durch das JAmt – gem. § 82 Abs. 2 analog nicht durch den JRichter (zur aA → Rn. 30) – aufzuheben, wenn der **Erziehungszweck erreicht** oder die Erreichung des Erziehungszwecks anderweitig sichergestellt ist. Ist die EB wegen fehlender Kooperationsbereitschaft des Jugendlichen und der Sorgeberechtigten faktisch undurchführbar, sollte sie durch das JAmt ebenfalls formell beendet werden.

13 Sofern die EB nicht schon vorher abgeschlossen wurde, endet sie ferner automatisch mit Eintritt der **Volljährigkeit** (§ 27 Abs. 1 SGB VIII iVm § 7 Abs. 1 Nr. 1, 2 SGB VIII). Eine Verlängerung über diesen Zeitpunkt hinaus ist nicht möglich, auch nicht unter Bezug auf § 41 Abs. 1 und 2 SGB VIII (abw. 21. Aufl. Rn. 2 und 17). Zwar kann bei jungen Volljährigen gem.

§ 41 SGB VIII nicht nur eine EB durchgeführt, sondern (wenn diese schon vor dem 18. Geburtstag lief) in unmittelbarer Fortführung verlängert werden – aber rechtlich handelt es sich dabei um eine „neue" Maßnahme, da mit Eintritt der Volljährigkeit der Anspruchsberechtigte wechselt (vom Erziehungsberechtigten auf den jungen Menschen selbst). Wurde die laufende EB im Rahmen eines JHilfeverfahrens begründet, ist dieses neue Leistungsverhältnis problemlos herstellbar (und nach Wiesner/Wapler/Gallep SGB VIII § 41 Rn. 16 lediglich durch einen entspr. Verwaltungsakt transparent zu machen). Im Rahmen eines JStV scheidet eine neuerliche EB (die nach der altersbedingten Zäsur nur äußerlich eine Fortsetzung wäre) dagegen aus, weil § 12 dies bei Heranwachsenden nicht zulässt (was sich bei erzieherischen Hilfen, die als Weisung gem. § 10 veranlasst werden, anders verhält).

IV. Einzelheiten zur Hilfe nach Nr. 2

1. Funktion und Ausgestaltung

a) Grundlagen nach § 34 SGB VIII. Die Erziehungsmaßregel nach 14 Nr. 2 soll Jugendliche für einige Zeit aus einem konfliktbelasteten, sich hemmend auswirkenden Lebensumfeld herauslösen (zu den prekären Lebenslagen der Kinder und Jugendlichen vgl. Tabel, Empirische Standortbestimmung der Heimerziehung, 2020, S. 40 ff.). Es geht darum, ihnen in einem neuen **Lebensmittelpunkt** die Möglichkeit zu geben, geordnete und verlässliche Beziehungs- und Ablaufstrukturen zu erfahren, funktionale Routinen zu entwickeln und in einem sozialisatorisch förderlichen Rahmen leben zu können, der ihnen bislang weitgehend vorenthalten blieb (vgl. etwa Mrozynski, SGB VIII, Kinder- und Jugendhilfe, 5. Aufl. 2009, SGB VIII § 34 Rn. 3; Köngeter/Schröer/Zeller ForE 2013, 180). Für dieses Anliegen – dh die Alltagsgestaltung als erzieherischen Prozess, ggf. verbunden mit weiteren pädagogischen oder therapeutischen Angeboten – kommt nach § 34 SGB VIII ein **weites Spektrum an verschiedenen Einrichtungen** in Betracht, die in Größe, räumliche Gestaltung, Konzeptionen, Personal usw differieren (vgl. etwa Tabel, Empirische Standortbestimmung der Heimerziehung, 2020, S. 14 ff.), zugleich aber auch durch das Ausmaß an Unterstützung und den Grad an Selbstständigkeit unterscheiden, den sie einerseits beim Jugendlichen voraussetzen und andererseits fördern.

Unter der Bezeichnung „sonstiger betreuter Wohnformen" verweisen 15 Nr. 2 sowie § 34 SGB VIII va auf die Unterbringung in betreuten Wohngemeinschaften, Wohngruppen oder auch Einzelwohnungen. Als „Heime" werden in den beiden Vorschriften etwas größere Einrichtungen benannt, in denen meist eine etwas höhere Zahl an Kindern und Jugendlichen lebt und durch professionelle Erziehungspersonen stärker betreut wird. Die **Übergänge** zwischen den Varianten und zu den sonstigen betreuten Wohnformen sind indes **fließend.** Insgesamt (wenn regional auch nicht überall in gleicher Weise) besteht eine Fülle verschiedener Heimtypen nebeneinander, die sich zum Teil in ihren pädagogischen Konzeptionen grundlegend unterscheiden (vgl. etwa Wiesner/Wapler/Wapler SGB VIII § 34 Rn. 14 f.; dazu, dass die Differenziertheit der Einrichtungen nicht zu einer künstlichen Homogenität der dort lebenden Kinder führen darf und die normale menschliche Diversität erfahrbar bleiben muss, vgl. 21. Aufl. § 3 Rn. 51a mwN).

16 Heimerziehung und sonstige betreute Wohnformen gem. § 34 SGB VIII wurden 2021 bei insg. 41.543 Personen neu begonnen, davon bei 24.749 die Aufnahme in einer Mehr-Gruppen-Einrichtung. Laufende Maßnahmen wurden am Stichtag 31.12.2021 insg. 82.128 erfasst, davon bei 49.519 Personen in einer Mehr-Gruppen-Einrichtung (KuJHiSt Tab. 1.1 und 1.2; zur langfristigen Entwicklung Antholz ZKJ 2017, 294 (295 ff.); Tabel, Empirische Standortbestimmung der Heimerziehung, 2020, S. 50 ff.). Formal beruht dieses relativ hohe Aufkommen nur zu einem geringfügigen Anteil auf jugendgerichtlichen Urteilen (zu den sehr seltenen Anordnungen nach Nr. 2 → § 9 Rn. 5; vgl. auch Heinz Sekundäranalyse S. 1000 f. zur langfristigen Entwicklung und Länderdaten). Überhaupt gehen die Unterbringungen idR auf das Agieren der sozialen Dienste (teilw. auch der Betroffenen oder ihrer Familien) und eher selten auf das Betreiben von Gerichten, StAen und Polizei zurück. Allerdings haben viele Unterbringungen, die außerstrafrechtlich angestoßen werden, ihren (letzten) Anlass in einer (vermuteten) Straftatbegehung, sodass sie **faktisch** eine **verdeckte jugendstrafrechtliche Reaktion** darstellen (Antholz KJ 2016, 363). Dies betrifft eine Gruppe auffälliger strafunmündiger Kinder (→ § 1 Rn. 18), aber auch jüngerer Jugendlicher. Bei den 2021 begonnenen Maßnahmen nach § 34 SGB VIII stellte die Kategorie „Auffälligkeiten im sozialen Verhalten (dissoziales Verhalten) des jungen Menschen" in 8.899 Fällen den Haupt- oder Mitanlass der Maßnahme dar (KuJHiSt Tab. 4.1; zur praktischen Bedeutung dieses Aufnahmegrundes auch Bange/Kristian/Thiem ZJJ 2005, 355; Menk/Schnorr/Schrapper, Woher die Freiheit bei all dem Zwange?, 2013, S. 58 ff.).

17 **b) Probleme der Heimunterbringung.** Mit der Heimunterbringung gehen ganz unterschiedliche Grade an Alltagsreglementierung einher, die bisweilen so weit reichen, dass eine Einrichtung als „geschlossen" eingestuft werden kann. Die Annahme, dass das JGG neben JA, JStrafe und den Maßregeln keine weitere freiheitsentziehend-stationäre Intervention erlaube und dass Nr. 2 deshalb die Anordnung einer **geschlossenen** Heimunterbringung nicht zulasse (so BeckOK JGG/Gertler Rn. 25), findet im JGG indes keine Stütze. Zutreffend daran ist, dass es sich bei den fraglichen Einrichtungen an sich nicht um erzieherische Hilfen iSv Nr. 2 und § 34 SGB VIII handelt (s. etwa Münder/Meysen/Trenczek/Struck/Trenczek SGB VIII § 34 Rn. 16 ff. mwN; abw. zB Hoffmann R&P 2009, 121 (123)) und eine außerstrafrechtliche freiheitsentziehende Unterbringung – trotz jugendamtlicher Bejahung eines entspr. Hilfebedarfs – nur möglich ist, wenn das FamG die Voraussetzungen von § 1631b BGB bejaht und die Maßnahme (ggf. nach vorheriger Entziehung des elterlichen Sorgerechts, § 1666 BGB) genehmigt (n. Trenczek/Schmoll ZJJ 2024, 192 (196 f.) mwN). Da die Maßnahmen iSv § 12 auch von den jugendhilferechtlichen Bedingungen abhängig sind (→ Rn. 2 ff.), kann eine geschlossene Heimunterbringung auch auf jugendstrafrechtlicher Grundlage nur unter diesen **angehobenen Voraussetzungen** zulässig sein (→ Rn. 25).

17a Prinzipiell spielt die geschlossene Heimunterbringung in der Praxis (jedenfalls außerhalb des jugendstrafrechtlichen Kontextes) durchaus eine gewisse Rolle (zur Anzahl der als geschlossen kategorisierbaren Plätze s.

Hoops/Permien ZJJ 2005, 41 (43 f.); Pöhner, Die unendliche Geschichte der geschlossenen Unterbringung, 2012, S. 47 ff.; Hoops FS 2018, 343 (345); Kaplan/Ross/Hoops, Delinquenz bei jungen Menschen, 2021, S. 117 ff.). Das zeigt sich auch an einem Graubereich von Einrichtungen, die zwar als offen gelten, jedoch konzeptionell (etwa über sog. Stufenpläne) und faktisch (zumind. abteilungsweise) geschlossen arbeiten (zu diesen fließenden Übergängen n. Hoops ZfJ 2004, 274 (280 ff.); Kunstreich/Lutz Beiträge zur Theorie und Praxis der Jugendhilfe 12/2015, 24 ff.; Hoops FS 2018, 343 (347); Dollinger/Schmidt-Semisch Jugendkriminalität-HdB/Lindenberg S. 754; ethnografisch anhand verschiedener Häuser Engelbracht, Jugendliches Alltagserleben in freiheitsentziehenden Maßnahmen, 2019, S. 109 ff.). Die hierdurch merklich erschwerte Differenzierung zwischen „offenen" und „geschlossenen" Institutionen ist deshalb auch bei der Anordnung nach Nr. 2 nicht sicher durchzuhalten. Vor entspr. Anordnungen muss das JGericht dem Problem durch eine strikte Beachtung und strenge Handhabung der Indikations- und Erforderlichkeitskriterien (→ Rn. 21 ff.) sowie eine eigene sorgfältige Einrichtungswahl (→ Rn. 24 ff.) gerecht werden.

Im Übrigen ist in allen Heimen (unabhängig vom Grad ihrer inneren 18 Regulierung) eine Verbesserung der pädagogischen Angebote nicht zu verkennen (dazu, dass sich die individuellen Ausbildungschancen idR besser als vor der Heimunterbringung darstellen, vgl. 21. Aufl. § 3 Rn. 50 mwN; zur außerordentlich starken psychosozialen Belastung der in Heimen untergebrachten Kinder s. die Daten bei Jenkel/Schmid unsere jugend 2018, 354 (356 ff.)). Die disziplinierende Grundausrichtung wird dadurch zwar tendenziell zurückgedrängt, allerdings nicht aufgehoben – ebenso wenig wie der **Grundwiderspruch,** wonach alle Heim-Varianten zugleich Schon- wie Kontrollräume sind. Dabei ist es gerade die rigide Binnenstruktur in manchen Einrichtungen, die dort Verhalten provoziert, das den zugeschriebenen Abweichler-Status zu bestätigen scheint (Truniger, Resozialisierung von Jugendlichen in öffentlichen Einrichtungen, 2013, S. 131 ff.).

Zu den **tatsächlichen Merkmalen** der Heimerziehung gehört ferner, 19 dass die Betreuungs- und Organisationsstrukturen den Aufbau einer dauerhaften und tragfähigen emotionalen Bindung zu einer erwachsenen Bezugsperson kaum erlauben (zu entspr. Problemen etwa Permien, Erziehung zur Freiheit durch Freiheitsentzug?, 2010, S. 36 ff.; generell kritisch Antholz KJ 2016, 363 (366); Antholz ZKJ 2017, 294 (298 ff.); zu möglichen abträglichen Folgen für die Identitätsentwicklung und der daher notwendigen Einbeziehung der Eltern Faltermeier ZKJ 2020, 255; s. dazu auch 21. Aufl. § 3 Rn. 49 mwN). Dass selbstgewählte Beziehungen zu Gleichaltrigen, die außerhalb des Heims leben, oft nur in begrenztem Maße möglich sind (vgl. Wolf, Machtprozesse in der Heimerziehung, 1999, S. 182 ff., 303, 367), erschwert es, Erfahrungen mit verschiedenen Verhaltensspielräumen zu machen und in das Zusammenspiel sozialer und gesetzlicher Normen hineinzuwachsen. Auch wenn die Betroffenen vielfach neben der Tagesstruktur und Versorgung auch den Bezug zur internen Gruppe schätzen (Menk/Schnorr/Schrapper, Woher die Freiheit bei all dem Zwange?, 2013, S. 65 ff.), bleiben darin inkorporierte verdeckte Machtverhältnisse möglich, durch deren Ausübung das Heimleben ggf. stärker als durch den institutionellen Erziehungsplan beeinflusst wird (vgl. Heitkamp, Heimerziehung und Pflegefamilien – Konkurrenz innerhalb der Jugendhilfe?, 1989, S. 130 ff.; Wolf, Machtprozesse in der Heimerziehung,

1999, S. 139 ff.; zum Alltag in der freiheitsentziehenden Unterbringung vgl. Hoops FS 2018, 343 (347)).

20 c) **Wirksamkeitshinweise.** Dass der Eintritt der intendierten Wirksamkeit von Heimerziehung (krit. zur Messbarkeit Struck/Galuske/Thole, Reform der Heimerziehung/Freigang, 2003, S. 45 ff.) mit den spezifischen Gegebenheiten der jeweiligen Einrichtungen stark variieren muss, liegt auf der Hand. Wichtige Faktoren scheinen in den Beziehungsqualitäten der Untergebrachten untereinander und zu den Erziehungspersonen zu liegen (dazu Engelbracht, Jugendliches Alltagserleben in freiheitsentziehenden Maßnahmen, 2019, S. 81 ff. mwN). Hinzu kommen deren fachliche Eignung (dazu etwa Gabriel/Winter, Heimerziehung/Sieland, 2003, S. 84 ff.) und die Einschränkungen, die ggf. durch administrative Vorgaben und praktische Notwendigkeiten erzeugt werden. Die vorliegenden (meist älteren) Erfolgsmessungen, die ohnehin zu sehr unterschiedlichen Befunden gelangt sind (n. → 21. Aufl. § 3 Rn. 53 sowie → 21. Aufl. Rn. 34c–34f), lassen deshalb **kaum verallgemeinerbare Aussagen** zu. Zumindest für weitgehend geschlossene Unterbringungsformen spricht indes viel dafür, dass hierdurch eher nur eine vorübergehende Problemreduzierung und episodenhafte Verhaltensänderung erreicht werden kann (Menk/Schnorr/Schrapper, Woher die Freiheit bei all dem Zwange?, 2013, S. 110 ff.; vgl. auch den Forschungsüberblick bei Kindler/Permien/Hoops ZJJ 2007, 40 (43 f.)). Unter den Personen, die in späterem Alter deliktisch auffällig werden, sind Heimkarrieren in der Kindheit und Jugend nicht selten (→ § 3 Rn 39; s. auch Eisenberg/Kölbel Kriminologie § 56 Rn. 23 f.).

2. Voraussetzungen

21 a) **Hinsichtlich des Ob.** Da die Anordnung von Nr. 2 nur unter den Voraussetzungen von §§ 27, 34 SGB VIII zulässig ist, kommt sie allein bei einem (auch jugendamtlich bejahten) erzieherischen Bedarf (→ Rn. 3) in Betracht – wobei dieser allerdings eine maßnahmespezifische Indikation darstellen muss. Erstens kommt die Fremdunterbringung angesichts ihrer Eingriffsintensität und des Verhältnismäßigkeitsgrundsatzes nur bei einer erheblichen **Beeinträchtigung** der Persönlichkeitsentwicklung in Betracht. Je ausgeprägter der Einengungs- und Regulierungsgrad der ins Auge gefassten konkreten Einrichtung ist, desto näher muss sich die Entwicklungsproblematik des Jugendlichen an das Maß angenähert haben, das für „schädliche Neigungen" vorausgesetzt wird (zu diesen → § 17 Rn. 20). Da die Unterbringung iSv Nr. 2 einen institutionell gestalteten, pädagogisch geprägten Lebensraum bieten und außerhalb der Herkunftsfamilie die dortigen Defizite kompensieren soll, kann hierfür allerdings nicht einfach nur Delinquenz und ein sonst auffälliges Verhalten des Jugendlichen ausreichend sein (so aber idR die Handhabung des Verwahrlosungskriteriums bei der früheren Fürsorgeerziehung – vgl. dazu 21. Aufl. § 12 Rn. 20–26). Vielmehr muss die Verhaltensdevianz zweitens in einem **spezifischen Zusammenhang** mit häuslichen Bedingungen und der dortigen Problemkonzentration stehen.

22 Selbst unter dieser Bedingung kann die dann an sich gegebene **Geeignetheit** der Verpflichtung nach Nr. 2 fallkonkret entfallen. So ist von einer entspr. Anordnung innerhalb des letzten Jahres vor Eintritt der Volljährigkeit abzusehen, da dann ohnehin eine alsbaldige Beendigung erfolgen würde

(→ Rn. 27; vgl. auch Streng JugendStrafR Rn. 387, der die Fremdunterbringung hier als nicht ausreichend ansieht). Nur wenn sozialpädagogisch gerade eine sofortige und zeitlich relativ begrenzte Unterbringung angezeigt ist, mag insofern eine Ausnahme gelten (weitergehend HK-JGG/Buhr/Bartsch Rn. 20). Da die Fremdunterbringung iSv Nr. 2 nicht zwangsweise durchgesetzt werden kann, ist ihre Anordnung auch dann ungeeignet und unzulässig, wenn mit hoher Wahrscheinlichkeit erwartet werden muss, dass sich der Jugendliche der Maßnahme wiederkehrend entziehen wird (→ Rn. 3).

Gem. § 27 Abs. 1 SGB VIII **erforderlich** ist die Anordnung nach Nr. 2 23 nur, wenn der pädagogische Bedarf durch mildere Erziehungsmaßnahmen privater oder behördlicher Art nicht gedeckt werden kann. Können die Problemsituation in der Herkunftsfamilie und die damit zusammenhängenden Entwicklungsschwierigkeiten bspw. durch eine EB oder eine Weisung zielführend bearbeitet werden, scheidet die Fremdunterbringung aus (vgl. auch Britz JZ 2014, 1069 (1072 f.)). Die dahingehende Prüfung hat deshalb erhöhte Bedeutung, weil die Fremdunterbringung nach Nr. 2 eine der stärksten jugendstrafrechtlichen Eingriffsformen darstellen kann. Angesichts der zeitlichen Unbestimmtheit (n. → Rn. 27) kommt sie im Extremfall in ihrer Eingriffsschwere sogar der JStrafe nahe (n. → § 55 Rn. 35). Daher muss bei der Anordnung sichergestellt sein, dass der Verhältnismäßigkeitsgrundsatz (in Bezug auf die Tatschwere) gewahrt worden ist (vgl. → § 5 Rn. 21). Unter Berücksichtigung der polizeilichen Aufmerksamkeitsverdichtung, der man im Zuge gerade einer Heimunterbringung vielfach ausgesetzt wird, gilt das besonders.

b) Hinsichtlich des Wo. Bei der Entscheidung, wo die Fremdunterbrin- 24 gung erfolgen soll (→ Rn. 29), ist darauf abzustellen, welcher Einrichtungstyp aus dem oben (→ Rn. 14 f.) genannten Spektrum und welcher konkrete Einrichtungsplatz sich mit Blick auf Person, Entwicklung und Verhaltensmuster des Jugendlichen sowie hinsichtlich praktischer Faktoren (etwa der Möglichkeiten zur Berufsausbildung) am besten eignet. Die entspr. Festlegung ist durch das JGericht vorzunehmen (s. auch → Rn. 29), aber mit dem JAmt abzustimmen (→ Rn. 4). Bisweilen mag hier (va auch mit Blick auf außerstrafrechtliche JHilfe-Verfahren) der Eindruck einer allzu geringen Differenziertheit bei der **Einweisungspraxis** entstehen. Wenn dem Spektrum der an sich verfügbaren Alternativen bei der individuellen Zuweisung nur bedingt Rechnung getragen wird, muss dies aber nicht unbedingt administrative und/oder finanzielle Gründe haben. Vielmehr kann der Aspekt, dass der Jugendliche zur Weiterentwicklung sozialer Bindungen möglichst in räumlicher Nähe zum elterlichen Haushalt unterzubringen ist, andere Auswahlkriterien überlagern.

Besondere Erwägungen bedarf es bei einer stark reglementierten Unter- 25 bringung. Hinsichtlich der Unterbringung in einem Heim, die infolge der dortigen Bedingungen **freiheitsentziehenden** Charakter hat, bestehen Zweifel, ob eine erzieherische Geeignetheit iSv → Rn. 21 f. hier überhaupt bejaht werden kann (dazu bspw. Ehmann ZJJ 2011, 290 (295); s. auch Kessl/Koch ZJJ 2014, 5 (8 f.): „punitive Pädagogik"; Dollinger/Schmidt-Semisch Jugendkriminalität-HdB/Lindenberg S. 759: „Einsperrung als Herrin der Pädagogik"; diff. Menk/Schnorr/Schrapper, Woher die Freiheit bei all dem Zwange?, 2013, S. 55 ff., 86) – zumal es (auch) für den Vollzug an einer klaren, einheitlichen und kohärenten Ausgestaltung fehlt (dazu anhand einer Länderumfrage Hoops/Permien ZJJ 2005, 41 (44 f.)). Vor diesem Hintergrund kann eine solche Maßnahme nur bei außergewöhnlichen Komplikationen als bewusste Notlösung durchgeführt werden (zust. Hofmann R&P 2009, 123). Dies wird durch **§ 1631b Abs. 1 BGB** insofern konkretisiert, als es neben dem erzieherischen Unterbringungsbedarfs auch einer drohenden erheblichen Selbst- oder Fremdgefährdung bedarf, der durch andere erzieherische Hilfen nicht ausreichend begegnet werden kann (Wiesner/Wapler/Wapler SGB VIII § 34 Rn. 32; vgl. aber auch Trenczek/Schmoll ZJJ 2024, 192 (199), die darüber hinaus eine Genehmigung des FamG verlangen).

26 Das Fehlen fachlich begründeter verlässlicher **Kriterien** (Permien R&P 2006, 111 (111 f., 113); zu administrativ festgelegten Maßstäben etwa Senatsverwaltung Hmb. DVJJ-Journal 2002, 335; krit. Bernzen unsere jugend 2003, 323 ff.; zur Implementierung Bange/Kristian/Thiem ZJJ 2005, 355 (357 ff.)) wird hierdurch nur bedingt kompensiert. Und durch den plakativen Verweis auf sog. „Systemsprenger", der sogar einen Ausbau geschlossener Unterbringungsformen legitimieren soll (Bosbach, Abschlussbericht der Regierungskommission „Mehr Sicherheit für Nordrhein-Westfalen", 2020, S. 55), wird das Problem eher vernebelt. In der Praxis knüpft die Unterbringung in geschlossenen Einrichtungen überwiegend daran an, dass die fragliche Person massiv entwicklungsgefährdet erscheint und durch andere Maßnahmen nicht mehr erreicht werden kann. Angenommen wird dies vorwiegend in Fällen, die durch bestimmte soziale oder psychische Auffälligkeiten sowie oft auch durch Heim- und Pendelkarrieren (häufige und wechselnde Unterbringungen der Kinder und Jugendlichen in verschiedenen Einrichtungen und zu Hause) und mehrfaches Weglaufen aus der Heimerziehung gekennzeichnet sind (Befunde zur Indikationsstellung in der Praxis etwa bei Hoops/Permien ZJJ 2005, 41 (45 f.); Permien R&P 2006, 111 (113 ff.); Zusammenfassung des diesbzgl. Forschungsstandes bei Pöhner, Die unendliche Geschichte der geschlossenen Unterbringung, 2012, S. 61 ff.). Das mehrfache Entweichen ist indes ein zw. Anknüpfungsaspekt, da es sich hier oftmals um ein normales und natürliches, vielfach von Angst geprägtes Schutzverhalten handelt (vgl. schon Eisenberg Zbl 1987, 325 (329)). In Betracht kommt diese Maßnahme ggf. als eine vorübergehende, auch räumliche Sicherung zur „Bindungsanbahnung" und zum Aufbau erster intensivpädagogischer Beeinflussungsformen. Dies gilt bspw. bei früher Drogenabhängigkeit bzw. Alkoholsucht, evtl. auch bei spezieller psycho-physischer Belastung (zB bei bestimmten neurologischen Erkrankungen). Mit Blick auf die zw. Rechtsgrundlage einer entspr. stark reglementierten Unterbringung sollte das JGericht hiervon dennoch Abstand nehmen.

3. Beendigung

27 Hinsichtlich der Beendigung einer Hilfe nach Nr. 2 verzichtet das SGB VIII auf starre Verfahrensregeln. Aufgehoben wird die Maßnahme daher bei Zweckerreichung (zB Rückkehr in die Familie) oder Wegfall des Bedarfs (zB Aufnahme in Pflegefamilie sowie sonstige Intervention auf privater Ebene). Die entspr. Entscheidung trifft gem. § 82 Abs. 2 analog das JAmt (Laubenthal/Baier/Nestler JugendStrafR Rn. 651; abw. NK-JGG/Ostendorf Rn. 12; BeckOK JGG/Gertler Rn. 53: der JRichter gem. § 11

Abs. 2 analog (auf Anregung oder Antrag des JAmts); Beulke/Swoboda JugendStrafR Rn. 378: das FamG). Sofern solche Anlässe nicht eintreten, endet die Fremdunterbringung mit Eintritt der **Volljährigkeit** automatisch. Gem. § 41 Abs. 1 und Abs. 2 SGB VIII ist eine Fortsetzung bis zur Vollendung des 21. Lbj. möglich. Dabei handelt es sich dann rechtlich aber um eine neue Maßnahme, die durch die JHilfe zu veranlassen ist und nicht mehr auf die ursprüngliche Anordnung des JGerichts gestützt werden kann (ebenso Streng JugendStrafR Rn. 390; n. → Rn. 13).

Gerade bei der allein durch Volljährigkeit bedingten Beendigung einer Heimerziehung kann der junge Volljährige einen Bedarf an ambulanter **Nachbetreuung** haben. Die Selbstständigkeit kann im Zeitpunkt der Entlassung aus dem Heim nicht in jedem Falle als gegeben angenommen werden. Vielmehr wird nicht selten Anlass bestehen, Förderung und Unterstützung für einen begrenzten weiteren Zeitraum anzubieten (selbst wenn ein nicht unerheblicher Teil der Betroffenen die Nicht-Betreuung primär als Nicht-Reglementierung empfinden und daher bevorzugen mag). Solche Anschlussmaßnahmen könnten im Wege der Weisung bereits in der jugendgerichtlichen Ausgangsentscheidung angeordnet werden. Da die entspr. Notwendigkeit aber kaum vorherzusagen ist, sollte hierüber durch die JHilfe bei Unterbringungsende befunden werden. 28

V. Prozessuale Fragen

Die Anordnung von Hilfe nach Nr. 1 und Nr. 2 durch das JGericht ist nur dann zulässig, wenn sich die Erforderlichkeit in der HV ergibt und wenn alle vorausgesetzten Feststellungen in dieser Verhandlung getroffen werden. Jede Entscheidung über die Hilfe im JStV ergeht sodann durch **Urteil.** Die Frage, ob über die Maßnahme hinaus auch die konkrete Beistandsperson (im Falle von Nr. 1) bzw. die konkrete Einrichtung (im Falle von Nr. 2) im Urteil (oder notfalls in einem nachträglichen Beschluss) festgelegt werden muss, bleibt im Gesetz offen und ist daher kontrovers (ähnlich HK-JGG/Buhr/Bartsch Rn. 29; BeckOK JGG/Gertler Rn. 49: „sollte"; vern. Diemer/Schoreit/Sonnen/Diemer Rn. 12 und 18; NK-JGG/Ostendorf Rn. 10; Laubenthal/Baier/Nestler JugendStrafR Rn. 639, 648: Bestimmung durch JAmt). Dass die fragliche Auswahl zumind. bei Nr. 2 ganz erhebliche Relevanz für die Eingriffstiefe der Anordnung haben kann (zum Spektrum der sehr unterschiedlich rigorosen Unterbringungsbedingungen → Rn. 14 ff.), spricht dafür, dass das JGericht für die Auswahl grds. die **Konkretisierungsverantwortung** trägt. Das Problem wird aber ohnehin durch die de facto unumgängliche Abstimmung mit dem JAmt (→ Rn. 4) merklich entschärft. Dieses ist iÜ auch für einen später ggf. notwendig werdenden Austausch der Beistandsperson oder Einrichtung zuständig (§ 82 Abs. 2 analog). 29

Die Durchführung der Anordnung ist erst **nach Rechtskraft** – dh ggf. erst nach Abschluss eines Rechtsmittelverfahrens (§ 55) – zulässig (zur Vollstr → § 82 Rn. 12; zur Frage der vorläufigen Anordnung über die Erziehung → § 71 Rn. 6 ff.). Gerade im Fall von Nr. 2 kann sich so die Frage stellen, ob die Fremdunterbringung nicht eher in einem **parallel** durchgeführten **familiengerichtlichen** oder **jugendhilferechtlichen Verfahren** – und damit häufig zügiger – umgesetzt werden soll. Das JGericht könnte dann 30 nach §§ 45 Abs. 2, 47 Abs. 1 Nr. 2 vorgehen. Allerdings sollte beim FamG und/oder der JHilfe jedenfalls dann, wenn der im JStV noch anhängige Tatvorwurf den zentralen Anlass für das dortige Verfahren darstellt, die Entscheidung des JGerichts abgewartet werden, weil die außerstrafrechtliche Veranlassung der Unterbringung sonst einer Umgehung der strengeren Nachweis- und Verfahrensvorschriften des JGG nahekäme (für Vorrang der Entscheidung durch den JRichter ggü. der des FamG Possin, Heimerziehung gem. §§ 27, 34 SGB VIII als jugendstrafrechtliche Intervention, 1995, S. 134 ff.; abw. offenbar Brunner/Dölling Rn. 5). Aus der Warte des Jugendlichen könnte sich dies als ein Vorgehen darstellen, das primär einen vereinfachten und reibungsloseren, rechtsstaatlich weniger kontrollierten Ablauf bezweckt. Für das JGericht kommt in diesen Konstellationen daher auch ein gezieltes Abwarten der außerstrafrechtlichen Intervention iSv §§ 30, 34 SGB VIII (gar verbunden mit deren Anregung gem. § 71 Abs. 1) nicht in Betracht, sondern allenfalls der Weg über § 53, der indes zu Verzögerungen führt (ebenso NK-JGG/Ostendorf Rn. 9).

31 Gegen ein Urteil, das Hilfe zur Erziehung anordnet, kann nur der Verurteilte und sein gesetzlicher Vertreter bzw. der Erziehungsberechtigte (§ 67 Abs. 2) ein **Rechtsmittel** einlegen. Eine Revision kann auch auf das Unterbleiben einer Anhörung der JGH gestützt werden, wenn das Tatgericht deren sozialpädagogische Perspektive dadurch nicht berücksichtigen konnte und das Urteil insofern auf dem besagten Mangel beruht (Diemer/Schoreit/Sonnen/Diemer Rn. 8; s. dazu auch → § 38 Rn. 88). Eine eigene Rechtsmittelberechtigung haben das JAmt (bzw. die JGH) und das Landesjugendamt jedoch nicht (vgl. auch → § 55 Rn. 8, → § 67 Rn. 14). Dies erklärt sich bei Entscheidungen nach § 12 auch dadurch, dass sie durch das Urteil nicht verpflichtet werden und ihnen allein aufgrund eigener Entscheidung eine erzieherische Umsetzungsfunktion zukommt (→ Rn. 4).

Dritter Abschnitt. Zuchtmittel

Arten und Anwendung

13 (1) **Der Richter ahndet die Straftat mit Zuchtmitteln, wenn Jugendstrafe nicht geboten ist, dem Jugendlichen aber eindringlich zum Bewußtsein gebracht werden muß, daß er für das von ihm begangene Unrecht einzustehen hat.**

(2) **Zuchtmittel sind**

1. die Verwarnung,
2. die Erteilung von Auflagen,
3. der Jugendarrest.

(3) **Zuchtmittel haben nicht die Rechtswirkungen einer Strafe.**

Übersicht

I. Anwendungsbereich

Die Vorschrift gilt für **Jugendliche** auch dann, wenn das Verfahren vor den für allg. Strafsachen zuständigen Gerichten stattfindet (§ 104 Abs. 1 Nr. 1). 1

Sofern auf **Heranwachsende** materielles JStR anzuwenden ist, gilt die Vorschrift für sie – vor JGerichten wie vor den für allg. Strafsachen zuständigen Gerichten – ebenfalls (§§ 105 Abs. 1, 112 S. 1 und 2, § 104 Abs. 1 Nr. 1). 2

II. Einordnung

1. Hervorbringung durch die NS-Rechtspolitik

Die Entwicklung der Zuchtmittel als einer Rechtsfolgenkategorie ist ganz wesentlich verbunden mit der Entwicklung des JA als ihres Unterfalls. Der **JA** wurde durch VO des **Reichsverteidigungsrates** v. 4.10.1940 (RGBl. I 1336) eingeführt, ohne dass es – so Würtenberger/Sieverts, Kriminologie und Vollzug der Freiheitsstrafe, 1961, S. 150 (s. aber auch 154 ff.)) – im 3

Ausland oder in der jüngeren deutschen Geschichte hierfür ein Vorbild gegeben hätte (n. zu den Entstehungszusammenhängen Meyer-Höger, Der Jugendarrest, 1998, S. 35 ff., 58 ff.; Götte, Jugendstrafvollzug im „Dritten Reich", 2003, S. 93 ff.; Pieplow ZJJ 2014, 108; Ernst, Der Jugendarrest, 2020, S. 34 ff.; Heinz Sekundäranalyse S. 1073 ff.). Als Vorläufer gelten Arrestsanktionen im Militär und Reichsarbeitsdienst. Auch hatte ein Erlass des Reichsjugendführers in einem engen zeitlichen Zusammenhang (nämlich am 17.9.1940) für die Hitler-Jugend den Jugenddienstarrest als Maßnahme gegen Disziplinarverstöße etabliert (zu dessen Funktion Kollmeier, Ordnung und Ausgrenzung. Die Disziplinarpolitik der Hitler-Jugend, 2007, S. 224 ff.; zur Kontrolle durch den Hitler-Jugend-Streifendienst s. etwa Klönne, Jugend im Dritten Reich (...), 1982, S. 121 ff., 261).

4 Die Einordnung und Funktionszuweisung des JA erfolgte anfangs nicht ganz einheitlich, was auch an den **variierenden** Umschreibungen ersichtlich war (dazu n. Scheffler RdJB 1981, 451 (456)). Man sah in ihm eine Erziehungs-, Ehren- oder Schockstrafe (Schaffstein Deutsches Recht 1936, 64 (65 f.)), eine jugendgemäße Strafe (Freisler, zitiert nach Kümmerlein Deutsche Justiz 1939, 167 (169)) und ein „ähnlich drastisches Erziehungsmittel wie die körperliche Züchtigung" (von Dühren, zitiert nach Schaffstein DStrR 1937, 73 (83)). § 1 S. 1 der VO grenzte den JA von Strafen jedenfalls ab („anstelle von Gefängnis oder Haft") und in § 1 S. 1 einer DVO, die am 28.11.1940 zu der VO ergangen war (RGBl. I 1541), findet sich die Bezeichnung „Zuchtmittel". Mit dessen Einsatz sollte beim Jugendlichen eine bessere „Einordnung in die Volksgemeinschaft" erreicht werden (so RG Deutsches Recht 1943, 516 – iÜ mit dem Hinweis, dass Juden bzw. „Zigeuner" diesem Zweck nach ihren „Rasseeigenschaften (...) nicht zugänglich sein" könnten und JA bei ihnen nicht angezeigt sei).

5 Die **Disziplinierung,** die hier also funktional im Vordergrund stand (n. Kühndahl-Hensel, Der individualpräventive Schock im Jugendkriminalrecht, 2014, S. 27 ff., 50 ff.), war mit einem spezifischen Modus verbunden. So sollte mit dem JA alsbald auf die Feststellung einer Straftat – in einem beschleunigten Verfahren mit beschränkten Rechtsmitteln (n. Scheffler RdJB 1981, 451 (457)) – eine schnelle spürbare Reaktion folgen, durch die sich die Angelegenheit aber auch erledige (weshalb iÜ eine Aussetzung zBew nicht in Betracht kam – vgl. etwa Axmann Deutsche Justiz 1940, 1257). Der JA zielte ferner auf eine Schockwirkung ab, die eine kurzfristige Freiheits- oder Jugendstrafe entbehrlich machen konnte. Das, was dem JA „materiell durch die Abhebung von der Strafe und ihren schädlichen Wirkungen und Folgen an Schärfe genommen" worden sei, sollte hier nämlich „gewissermaßen verfahrensrechtlich auf andere unschädliche Weise ersetzt" werden (Boldt Deutsches Recht 1940, 2033 (2037)). Denn mit dem JA wollte man zwar die „kurzzeitige Freiheitsstrafe mit ihren unbefriedigenden Wirkungen verdrängen", dies aber nicht ohne sie in den Vollzugsbedingungen an „Härte und Strenge" zu übertreffen (RGSt 75, 366 (368 f.)). Hinter dieser Substituierungsfunktion stand iÜ auch das Motiv, die mit der Haft verbundene längere Abwesenheit kriegswichtiger jugendlicher Arbeitskräfte zu vermeiden (Götte, Jugendstrafvollzug im „Dritten Reich", 2003, S. 94 f.; Pieplow ZJJ 2014, 108 (110)).

6 Das **RJGG 1943** führte dann die Kategorie der **Zuchtmittel** formell in das Gesetz ein (als §§ 7 ff. RJGG) und stellte sie als Rechtsfolgengruppe neben die herkömmlichen Erziehungsmaßregeln und die Kriminalstrafe.

Konkret wurden der JA in § 8, die Auferlegung besonderer Pflichten (heute als Auflagen bezeichnet) in § 9 und die Verwarnung in § 10 normiert. Die beiden zuletzt genannten Rechtsfolgen waren allerdings schon im JGG 1923 enthalten, dies aber gem. § 7 Nr. 3 bzw. Nr. 1 als Erziehungsmaßregeln.

2. Gesetzlicher Status und Funktion

a) Doppelte Zwecksetzung. Dass das entwickelte JStR einer spätmodernen Gesellschaft noch im 21. Jh. mit „Zuchtmitteln" operiert, befremdet schon wegen der **anachronistischen** Terminologie, die Assoziationen zu Drill, Dressur und Schlagstöcken weckt. Noch schwerer wiegt es, dass die Funktion derartiger Rechtsfolgen auch in ihrer heutigen Lesart – und selbst bei einem modernisierten gesetzlichen Sprachgebrauch (BT-Drs. 20/14257, 10: „unrechtsverdeutlichende Maßnahme") – diffus bleiben muss, weil sich die in Abs. 2 abschließend genannten Spielarten in das JGG nur bedingt einfügen können. Deren Einordnung wird im Gesetz nicht ausdrücklich bestimmt und kann deshalb allein anhand normsystematischer Erwägungen erfolgen. Aus der Position der Zuchtmittel, die zwischen den Erziehungsmaßregeln und der JStrafe liegt, ist unter Berücksichtigung von § 2 Abs. 1 zu schließen, dass mit ihnen ebenso wie mit den Rechtsfolgen gem. §§ 9–12 eine **erzieherische** Zielsetzung verfolgt wird. Hiernach müssen Zuchtmittel so ausgewählt und konkretisiert werden, dass sie sich beim Jugendlichen (nach den Erwartungen des JGerichts) günstig bzw. positiv-spezialpräventiv auswirken. Die normsystematische Zwischenposition der Zuchtmittel besagt aber zugleich, dass Zuchtmittel und JStrafe einen **Ahndungszweck** gemeinsam haben (ausdrücklich Abs. 1 Hs. 1 sowie § 5 Abs. 2) und damit – wenngleich in nachgeordneter Weise – dem Schuldausgleich dienen (also repressiv wirken) sollen (vgl. BVerfG NJW 2005, 2140 (2141); Beulke/Swoboda JugendStrafR Rn. 387, 390; Streng JugendStrafR Rn. 396; abw. NK-JGG/Ostendorf Grdl. zu §§ 13–16 Rn. 4). Im Spektrum der Zuchtmittel weisen dabei am ehesten die Verwarnung (Abs. 2 Nr. 1) sowie die Wiedergutmachungs- und Entschuldigungsauflage (Abs. 2 Nr. 2 iVm § 15 Abs. 1 Nr. 1 und 2) ein erzieherisches Potenzial auf, wohingegen der Geldauflage (Abs. 2 Nr. 2 iVm § 15 Abs. 1 Nr. 4) und dem JA (Abs. 2 Nr. 3) eine recht klare Ahndungstendenz eigen ist. 7

b) Abgrenzung zur Strafe. Angesichts des Ahndungszwecks und der repressiven Wirkungsweise einiger Zuchtmittel läge es nicht fern, diese (zumindest den JA) materiell als Strafe einzustufen. Die Regelung in Abs. 3 (dazu n. → Rn. 15 f.) wäre aus dieser Warte dann so zu verstehen, dass ungeachtet des Strafcharakters die daran sonst geknüpften Konsequenzen ausnahmsweise entfallen sollen. Der hM entspricht diese Interpretation aber nicht. Zuchtmittel **unterscheiden** sich hiernach von (Jugend-)Strafen substanziell (BGHSt 18, 207 (209) = NJW 1963, 770 (771): „Ahndungsmittel eigener Art"; kurzer und harter „Zugriff" statt „länger dauernde, umfassende Einwirkung"; vgl. auch → § 16 Rn. 5). Da sie deshalb die Strafwirkungen ohnehin nicht aufweisen (s. auch → Rn. 15), hat Abs. 3 auf dieser Grundlage lediglich eine Klarstellungsfunktion. 8

c) Dysfunktionale Effekte. Im Gegensatz zu Erziehungsmaßregeln und zur JStrafe sind Zuchtmittel **nicht** auf eine **anhaltende Einwirkung** angelegt. Dies erleichtert es, den Sanktionierungsvorgang in relativer sozialer 9

Unauffälligkeit zu halten und dadurch auch negative Auswirkungen zB in Schule und Beruf zu begrenzen (vgl. aber 21. Aufl. Rn. 9 zu Hinweisen auf nachteilige Etikettierungsfolgen bei Bekanntwerden dieser Rechtsfolgen). Die insofern vorliegenden Befunde und Erfahrungen stützen jedoch eine vorherrschende Meinung, der zufolge von den Arten der Zuchtmittel insbes. der **JA** gleichwohl als **erzieherisch ungeeignet** gelten muss (vgl. etwa Hdb Strafrecht III/Swoboda § 68 Rn. 64). Dies beruht darauf, dass er sich nicht selten als bloße Einsperrung ausnimmt oder oftmals keine ausreichend produktiven Interventionen vornimmt (vgl. → § 16 Rn. 16). Angesichts dieser skeptischen Beurteilung stellen Zuchtmittel einen teilw. kritisch diskutierten kriminalpolitischen Gegenstand dar (für die Abschaffung etwa DVJJ/Forum II, AK 4 1999, S. 776; für eine Zusammenführung von Zuchtmitteln und Erziehungsmaßregeln zu „erzieherischen Maßnahmen" vgl. den Gesetzentwurf BR-Drs. 238/04). Ihre **Anwendungshäufigkeit** ist gleichwohl beträchtlich (n. → § 5 Rn. 12 f.; vgl. auch Heinz Sekundäranalyse S. 991 ff., 1046 ff. zur langfristigen Entwicklung).

III. Zulässiger Einsatzbereich

10 Zuchtmittel sind dem Gesetz zufolge allein dann zulässig, wenn **nicht die anderen Rechtsfolgen** des JGG angewendet werden müssen. Im Verhältnis zu den Erziehungsmaßregeln besteht hiernach ein spezifischer Erforderlichkeits-Vorbehalt (dazu auch BGH StV 2017, 713 = BeckRS 2017, 122307): Nur wenn die in § 10 und § 12 vorgesehenen Interventionen, die primär auf eine positive Veränderung von Entwicklungsbedingungen abzielen, deshalb „nicht ausreichen" (§ 5 Abs. 2), weil dem Betroffenen „eindringlich zum Bewusstsein gebracht werden muss, dass er für das von ihm begangene Unrecht einzustehen hat" (Abs. 1), ist die Anordnung von Zuchtmitteln erlaubt (n. → § 5 Rn. 24 ff.). Dieser Anwendungsbereich endet sodann aber dort, wo JStrafe „geboten" (Abs. 1) ist, weil das JGericht von „schädlichen Neigungen" oder „Schwere der Schuld" iSv § 17 ausgeht. Die Anwendungsbereiche von Zuchtmittel und JStrafe schließen sich also aus, wobei aber gem. aus § 8 Abs. 2 S. 1 und 2 insofern eine Ausnahme folgt, als Auflagen und iRv § 16a sogar JA die Anordnung der JStrafe ergänzen darf (BVerfGK 4, 261 = NJW 2005, 2140 (2141); BGH NJW 2022, 953 (954)).

11 Zuchtmittel als **zeitlich begrenzt** oder gewissermaßen punktuell wirkende Rechtsfolgen scheiden hiernach aus, wenn entweder das verwirklichte Unrecht und die bestehende Sozialisationsproblematik die Verhängung einer JStrafe notwendig machen (zur Unschärfe dieser Grenze aber → § 16 Rn. 23 ff., → § 17 Rn. 20 ff.) oder wenn eine kontinuierliche erzieherische Hilfeleistung iSv §§ 10, 12 angezeigt ist. Ggü. Jugendlichen mit hohem Betreuungsbedarf fallen Zuchtmittel also generell aus. Angesichts dieser jeweils eigenen Einwirkungsmodi und -ziele, die auf unterschiedliche Indikationen ausgerichtet sind und daher ein **Exklusivitätsverhältnis** zwischen den verschiedenen Rechtsfolgenkategorien nahelegen (abw. Diemer/Schoreit/Sonnen/Diemer Rn. 5), ist es oft kaum überzeugend, sondern meist unstimmig, wenn Zuchtmittel gem. § 8 mit Erziehungsmaßregeln (krit. → § 5 Rn. 11, → § 8 Rn. 2) oder der JStrafe verbunden werden (speziell zur Widersprüchlichkeit der Kopplung einer zBew ausgesetzten JStrafe mit JA → § 8 Rn. 14).

Aus der Normsystematik ergeben sich also eine Reihe von Ausschlussgründen, von denen das Anwendungsfeld der Zuchtmittel abstrakt abgesteckt wird. Für die einzelnen Zuchtmittelvarianten bedarf es dann innerhalb dieses Rahmens der weiteren Konkretisierung. Mit Blick auf **§ 2 Abs. 1** ist idR den stärker erzieherisch ausgestalteten Zuchtmitteln (→ Rn. 8) der Vorzug zu geben. Zudem weisen die in Abs. 2 genannten Rechtsfolgen eine teilw. erheblich differierende Einwirkungsintensität auf, sodass ihre Einsetzbarkeit aus **Verhältnismäßigkeitsgründen** (→ § 5 Rn. 21 f.) in verschiedenen Deliktsbereichen liegen muss. Bspw. wären JA und Auflagen bei bloßer „Unbotmäßigkeit", Unbedachtheit oder sonst als geringfügig erscheinenden Straftaten (selbst bei nicht ganz unerheblichen Schäden) eine zu gewichtige und daher unverhältnismäßige Reaktion, wohingegen eine Verwarnung gem. § 14 durchaus in Betracht kommen kann. Außerdem machen es Verhältnismäßigkeitserwägungen nicht selten erforderlich, von sämtlichen Zuchtmitteln abzusehen. So ist immer dort, wo bereits das JStV den Beschuldigten in einem übermäßigen (dh über das Gewicht der Verfehlung hinausgehenden) Ausmaß beeinträchtigen kann, eine außergerichtliche Erledigung des Verfahrens (§ 45) angezeigt. 12

Traditionell hat man den Einsatzbereich von Zuchtmitteln nicht nur über die hier erfolgte Rahmensetzung, sondern immer wieder auch positiv zu bestimmen versucht. Häufig lief dies auf die Aussage hinaus, dass diese Rechtsfolgen als „Denkzettel" (Brunner/Dölling § 5 Rn. 6) fungieren und so für **„im Grunde gut geartete"** Jugendliche vorgesehen seien, bei denen ein Appell an das „Ehrgefühl", eine „eindringliche Warnung" und/oder ein „Zwang zur Selbstbesinnung" durchaus Erfolg versprächen (vgl. BGHSt 18, 207 (209) = NJW 1963, 770 (771)). Weiter- bzw. zielführend sind derartige Kategorisierungen allerdings nicht. Abgesehen von den darin liegenden Personalisierungen, die von den sozialen Umfeldern der Jugendlichen rigoros abstrahieren, sieht sich die intersubjektive Vielfalt und Heterogenität junger Menschen (→ § 5 Rn. 45) auf wenige Formen verengt. Deren Handhabung wird durch ihre Unterbestimmtheit zudem beliebig. Und bei denjenigen, die man danach zu „den Anderen" und nicht zu den „gut Gearteten" zählt, werden durch die zugespitzte Unterscheidung durchaus repressionsförderliche Zuschreibungen forciert („verwahrlost", erheblich „gefährdet" bzw. „frühkriminell"). 13

Die erzieherische Komponente von Zuchtmitteln (→ Rn. 7) steht deren Anwendung bei Angeklagten, die nach Begehung einer nach JGG abzuurteilenden Tat im Verfahrenszeitpunkt das **21. Lbj. bereits überschritten** haben, nicht entgegen (offenlassend BGH NStZ 2024, 106). Umgekehrt kommt – sofern kein Anordnungsgrund iSv § 17 vorliegt (zur dann zu berücksichtigenden Judikatur → § 17 Rn. 57) – angesichts der eingeschränkten Eignung von Erziehungsmaßregeln (→ § 9 Rn. 2) hier oft überhaupt nur ein Zuchtmittel in Betracht. 14

IV. Formales

1. Veranlassung

Zuchtmittel werden regelmäßig durch **Urteil** angeordnet (wegen der Urteilsformel vgl. → § 54 Rn. 11). Allerdings können Auflagen zur Vor- 15 bereitung der Einstellung des Verfahrens (§§ 45 Abs. 3, 47 Abs. 1 Nr. 3) sowie im Rahmen der BewHilfe (§ 23) auch durch **Beschluss** angeordnet werden (§ 58 Abs. 1). In den Konstellationen des § 11 Abs. 3 wird JA ebenfalls durch Beschluss verhängt (§ 65 Abs. 1). – Es ist unzulässig, die Auswahl und Anordnung von Zuchtmitteln gem. § 53 dem FamG zu überlassen (→ § 53 Rn. 9).

2. Folgen

16 Die Anordnung eines Zuchtmittels wird gem. § 60 Abs. 1 Nr. 2 BZRG in das Erziehungsregister eingetragen (zur Tilgung und dem dann einsetzenden Verwertungsverbot gem. § 63 BZRG vgl. VG Berlin BeckRS 2016, 52902; s. ferner → § 16 Rn. 5). Eine Registrierung im BZR erfolgt dagegen nur, wenn das Zuchtmittel in Verbindung mit JStrafe verhängt wird (§ 5 Abs. 2 BZRG). Unabhängig davon stellt **Abs. 3** klar (→ Rn. 8), dass der Adressat eines Zuchtmittels **nicht** als **vorbestraft** gilt (vgl. bspw. BGH BeckRS 1980, 02939; OLG Dresden BeckRS 2021, 28657).

17 Der Unterschied zwischen Zuchtmitteln und Strafen macht sich auch bei einer stärker ausgeprägten Rechtsmittelbeschränkung (§ 55 Abs. 1) sowie bei den Voraussetzungen notwendiger Verteidigung bemerkbar (→ § 68 Rn. 32). Andererseits ist eine Entscheidung im Gnadenwege bei Zuchtmitteln ebenso wie bei Strafen möglich (s. etwa § 1 S. 1 Thür GnO; vgl. auch Birkhoff/Lemke GnadenR Rn. 277; zum Ganzen Sonnen FS Streng, 2017, 617). Auch rechtfertigt die drohende Verhängung von Zuchtmitteln die **Verweigerung** der **Aussage** iSv § 55 StPO (vgl. BGHSt 9, 34 = NJW 1956, 680). Unabhängig davon kann die Interpretation allg. Straf- und Strafprozessrechtsnormen ergeben, dass mit „Strafen" als einem normtextlich verwendeten Merkmal dort auch Zuchtmittel gemeint sind (n. → § 2 Rn. 19).

Verwarnung

14 **Durch die Verwarnung soll dem Jugendlichen das Unrecht der Tat eindringlich vorgehalten werden.**

I. Anwendungsbereich

1 Es gelten die Erl. zu → § 13 Rn. 1 f. entsprechend.

II. Funktionale Einordnung

2 Die Verwarnung, die im JGG von 1923 noch als Erziehungsmaßregel ausgestaltet war (→ § 13 Rn. 6), soll überwiegend **erzieherischen Zwecken** dienen. Gleichwohl trägt sie als ausdrückliche gerichtliche Reaktion durchaus (auch) einen repressiven Zug, indem sie die Mahnung mit einem **Tadel** verknüpft. Zum einen führt die Verwarnung dem Jugendlichen nämlich die Schwere des Schuldvorwurfs und die Folgen für den Verletzten und die Allgemeinheit vor Augen („Unrecht (…) eindringlich vorgehalten"). Das soll seine Werte und sein Gewissen ansprechen und ihn zur

Rücksichtnahme anhalten. Durch den Hinweis auf denkbare juristische Konsequenzen wird der Jugendliche obendrein im Eigeninteresse vor weiteren Verfehlungen gewarnt. Zum anderen aber liegt in ihr auch eine „förmliche Zurechtweisung“, die das Verhalten des Verurteilten nachdrücklich rügt.

Obwohl diese verschiedenen Elemente in anderen jugendstrafrechtlichen 3
Rechtsfolgen ebenfalls enthalten sind, hebt sich die Verwarnung hiervon durch die Art und Weise ab, mit der sie – im Urteilsspruch (→ § 54 Rn. 11) und in der Vollziehung (→ Rn. 8 f.) – angewandt wird. Eine besondere Nähe und (scheinbare) Ähnlichkeit bestehen zwischen Verwarnung und **Ermahnung** iSv § 45 Abs. 3, § 47 Abs. 1 Nr. 3. Die Unterschiede liegen hier jedoch nicht nur darin, dass die Ermahnung prozessual – ohne Trennung zwischen Anordnung und Vollziehung – formlos ausgesprochen wird und zur Einstellung des Verfahrens führt. Vielmehr differieren beide Rechtsfolgen materiell darin, dass die Ermahnung zwar ebenfalls die Ablehnung des anlassgebenden Verhaltens signalisiert und daher eine negative Reaktion darstellt, dabei aber nicht den repressiv-ahndenden Grad eines Zuchtmittels erreicht. Der Tadel rückt hier stärker in den Hinter- und der zukunftsorientiert-erzieherische Hinweis stärker in den Vordergrund.

Bezogen auf Verurteilte ist die Verwarnung nach der Erteilung von Auf- 4
lagen in der **Justizpraxis** die zweithäufigste jugendstrafrechtliche Rechtsfolge. Bezogen auf 1.000 Verurteilte beliefen sich die Zahlen ab 2012 im Zweijahresrhythmus (in Deutschland insg.) bei Jugendlichen auf 312.3, 304.4, 298.4, 301.8, 286.8 und 280.5 sowie bei Heranwachsenden auf 266.2, 257.7, 253.6, 258.0, 259.1 und 253,7 (StrafSt Tab. 4.3 und 4.4 bzw. 24311-28 und 29; zur langfristigen Entwicklung der Anwendungshäufigkeit s. Eisenberg/Kölbel Kriminologie § 38 Rn. 32). In bestimmten Konstellationen scheint die nur-verbale Intervention spezialpräventiv auch **wirksam** zu sein (für Eigentumsdelikte erstmalig erfasster Jugendlicher Bukowski Bewährungshilfe 2014, 189 (195 f.)). Justizpraktisch wird die Verwarnung allerdings oftmals nicht als alleinige Sanktion, sondern verbunden mit anderen Zuchtmitteln oder Erziehungsmaßregeln veranlasst (s. auch → Rn. 7). Regional variiert die Häufigkeit der isolierten und kombinierten Anwendung dabei zwischen und in den Bundesländern relativ stark (hierzu auch Riechert-Rother, Jugendarrest und ambulante Maßnahmen, 2008, S. 199 ff.; zum Ganzen n. auch Heinz Sekundäranalyse S. 977, 1046 ff.).

III. Anwendbarkeitskriterien

1. Anordnung ohne Verbindung gem. § 8

Im Allg. kommt eine Verwarnung (ohne Verbindung mit anderen 5
Rechtsfolgen) bei solchen Jugendlichen in Betracht, die bereits durch das durchlaufene (auch gerichtliche) Verfahren **beeindruckt** worden sind und bei denen schon deshalb ein künftig konformeres Verhalten zu erwarten ist. Diese spezielle Ansprechbarkeit kann durchaus auch nach wiederholten oder etwas schwereren Verfehlungen gegeben sein. In den meisten Fällen werden Jugendliche, bei denen eine isolierte Verwarnung aus den genannten Gründen die pädagogisch angezeigte Reaktion darstellt, allerdings leichte Normverstöße begangen haben. Außerdem dürften sie häufig noch im jüngeren

Alter sein. Bei Heranwachsenden sind (ungeachtet der grundsätzlichen Anwendbarkeit von § 14) nur-verbale Reaktionen seltener sinnvoll als bei Jugendlichen, auf deren Entwicklungsstand die Verwarnungen eher zugeschnitten sind (Dallinger/Lackner § 105 Rn. 63).

6 In Fällen, in denen die Wirkungen der Verfahrensdurchführung und einer hinzukommenden „förmlichen Zurechtweisung" erzieherisch als geeignet und ausreichend erscheinen, kommt allerdings ebenso eine Verfahrenseinstellung nebst einer Ermahnung in Betracht (§ 45 Abs. 3, § 47 Abs. 1 Nr. 3 (→ Rn. 3)). Aus Verhältnismäßigkeitsgründen bildet dies dann auch den vorrangigen Weg (→ § 5 Rn. 21). Raum für eine Verwarnung durch **Urteil** lässt dies deshalb idR **nur** dort, wo sich die „passende" Ansprechbarkeit des Jugendlichen erst in der HV herausstellt. Soweit jedoch (wie bei Bagatelldelikten sehr häufig) von vornherein keine schwerere Rechtsfolge als eine Verwarnung zu erwarten ist, steht die Benachteiligung des Beschuldigten durch das förmliche Verfahren (ebenso wie iÜ der Verfahrensaufwand) dazu in keinem gerechtfertigten Verhältnis, sodass hier ein informeller Verfahrensabschluss gewählt werden muss.

2. Anordnung mit Verbindung gem. § 8

7 Wird die Verwarnung mit anderen Zuchtmitteln oder mit Erziehungsmaßregeln verknüpft, erweitert sich ihr Einsatzbereich. Die Zurechtweisung hat dann idR eine ergänzende Funktion und soll die in der jeweiligen anderen (Haupt-)Rechtsfolge implizit enthaltene Mahnung verbalisieren und unterstreichen. Für die Indikations- und Eignungsfrage steht dann indes die fragliche Auflage oder Weisung im Vordergrund. Allerdings dürfen diese Verbindungen – schon wegen der erforderlichen Klarheit von Rechtsfolgen und ihren jeweils eigenen Zielen – nicht in schematischer Weise erfolgen (s. auch → § 8 Rn. 2 sowie → § 13 Rn. 11). Erforderlich ist, dass das Gericht tatsächlich einen Anlass feststellt, der die **Hinzunahme** der Verwarnung **notwendig** macht. Wenn lediglich das in der Tat enthaltene Unrecht besonders betont werden soll (dafür zB Brunner/Dölling Rn. 3), ist dies fraglich (vgl. auch NK-JGG/Ostendorf Rn. 3; Nöding Verteidigung Rn. 88: „Entwertung" der Verwarnung, die ggü. der anderen Rechtsfolge verblasst).

IV. Vollziehung

8 Die Vollziehung der Verwarnung ist **erst nach Rechtskraft** der im Urteil (zum Tenor → § 54 Rn. 11) erfolgenden Verhängung zulässig. Zwar kann die Vornahme durchaus auch im unmittelbaren Anschluss an die Urteilsverkündung erfolgen (dies auch noch vorgebend RL IV Nr. 1 zu §§ 82–85 aF), doch setzt dies einen allseitigen und sofortigen Rechtsmittelverzicht voraus (abw. NK-JGG/Ostendorf Rn. 9; BeckOK JGG/Gertler Rn. 11, die eine sofortige Verwarnungserteilung unter dem Vorbehalt der späteren Rechtskraft für zulässig halten). Anderenfalls bedarf es nach ungenutztem Ablauf der Rechtsmittelfrist oder anderweitig eingetretener Rechtskraft eines späteren Aktes der Verwarnungserteilung. Praktisch bedeutsam ist das bspw. bei Abwesenheit des JStA in der mündlichen Verhandlung im vereinfachten JVerfahren (dazu → §§ 76–78 Rn. 34, 45) oder beim Fehlen des gesetzlichen

Vertreters in der HV. Unabhängig vom Zeitpunkt der Verwarnung kann das Gericht für deren Vornahme grds. zwischen der mündlichen und schriftlichen Form wählen. Diese Frage sollte anhand der fallkonkreten erzieherischen Eignung entschieden werden. Da die schriftliche Verwarnung (wenn sie überhaupt gelesen wird) allzu leicht nur formelhaft und unpersönlich ausfällt, ist hiernach die **mündliche** Erteilung meist vorzugswürdig. Bei Vollziehung im Anschluss an die HV stellt dies ohnehin die naheliegende Verwarnungsart dar.

Im Falle einer späteren Vollziehung ist für die mündliche Erteilung ein 9
eigener Termin anzuberaumen. Allerdings hat das Gericht in diesen Konstellationen zu bedenken, ob fallkonkret dann nicht evtl. die besseren Gründe für eine schriftliche Vollziehung sprechen. Dass dem Jugendlichen damit ein nochmaliges Erscheinen vor Gericht erspart wird, kann nämlich nicht nur eine Frage der Bequemlichkeit, sondern auch der **Verhältnismäßigkeit** und der erzieherischen Zweckmäßigkeit sein (vgl. auch Brunner/Dölling Rn. 5; NK-JGG/Ostendorf Rn. 7; abw. Diemer/Schatz/Sonnen/Diemer Rn. 7). Anlass, dies zu überprüfen, besteht bspw. dann, wenn der Verwarnungstermin für den Verurteilten eine weite Anreise oder Fehlzeiten in der Schule bzw. der Ausbildungs- und Arbeitsstelle mit sich brächte. Zwar könnte hier – da es sich um Maßnahmen des Vollstreckungsleiters (und damit um Justizverwaltungsakte) handelt (n. → § 83 Rn. 2 ff.) – prinzipiell im Wege der Amtshilfe auch ein anderer als der erkennende Richter um mündliche Vollziehung ersucht werden (OLG Hamm Zbl 1970, 56), doch ist dies ein sehr aufwändiger Weg. Zudem spricht der Umstand, dass sich das Erscheinen des Verurteilten ohnehin nicht erzwingen lässt (weil es nach allgA keine Rechtsgrundlage für eine zwangsweise Vorführung gibt), ebenfalls für die **schriftliche** Form (bzw. macht diese ggf. sogar unumgänglich).

Auflagen

15 (1) [1] **Der Richter kann dem Jugendlichen auferlegen,**

1. **nach Kräften den durch die Tat verursachten Schaden wiedergutzumachen,**
2. **sich persönlich bei dem Verletzten zu entschuldigen,**
3. **Arbeitsleistungen zu erbringen oder**
4. **einen Geldbetrag zugunsten einer gemeinnützigen Einrichtung zu zahlen.**

[2] **Dabei dürfen an den Jugendlichen keine unzumutbaren Anforderungen gestellt werden.**

(2) **Der Richter soll die Zahlung eines Geldbetrages nur anordnen, wenn**

1. **der Jugendliche eine leichte Verfehlung begangen hat und anzunehmen ist, daß er den Geldbetrag aus Mitteln zahlt, über die er selbständig verfügen darf, oder**
2. **dem Jugendlichen der Gewinn, den er aus der Tat erlangt, oder das Entgelt, das er für sie erhalten hat, entzogen werden soll.**

(3) [1] **Der Richter kann nachträglich Auflagen ändern oder von ihrer Erfüllung ganz oder zum Teil befreien, wenn dies aus Gründen der**

Erziehung geboten ist. ²Bei schuldhafter Nichterfüllung von Auflagen gilt § 11 Abs. 3 entsprechend. ³Ist Jugendarrest vollstreckt worden, so kann der Richter die Auflagen ganz oder zum Teil für erledigt erklären.

Übersicht

I. Anwendungsbereich

1 Es gelten im Allgemeinen die Erl. zu § 13 Abs. 1 entsprechend (→ § 13 Rn. 1 f.).

2 Bei Soldatinnen und Soldaten sollen die Besonderheiten des Wehrdienstes berücksichtigt werden (§ 112a Nr. 3), und zwar bei der Anordnung wie auch durch Anpassung von (bereits zuvor angeordneten) Auflagen (n. → § 112a Rn. 16 ff., 21 f.).

II. Funktionale Bestimmung der Einsetzbarkeit

3 Abs. 1 bestimmt abschließend die vier Varianten der zu den Zuchtmitteln zählenden Auflagen. Im Unterschied zu den Weisungen wird mit deren Veranlassung keine förderliche, oft länger währende Beeinflussung der Entwicklungsbedingungen des Jugendlichen angestrebt. Auflagen stellen vielmehr eine **negative Sanktionierung** des strafrechtlich erfassten Verhaltens dar. Mit deren Anordnung erlegt das Gericht dem Jugendlichen „kompakte“ Leistungspflichten auf und verlangt ihm eine entspr. Anstrengung ab. Die so erlebbare Folge der Straftat ist nach den Vorstellungen des Gesetzgebers geeignet, um dem Jugendlichen das Einstehen-Müssen für das begangene

Unrecht bewusst zu machen (§ 13 Abs. 1) und ihn so von weiteren Straftaten abzuhalten. Ähnliches meinen vermutlich auch die unbestimmten, aber häufig verwendeten Formeln, nach denen Auflagen „der Genugtuung für das begangene Unrecht dienen" (§ 23 Abs. 2) und daher zu „echten Sühneleistungen" erklärt werden (so etwa Brunner/Dölling Rn. 1; Diemer/Schatz/Sonnen/Diemer Rn. 2; krit. auch → § 5 Rn. 5). Dabei halten die Varianten nach Abs. 1 S. 1 Nr. 1 und 2 einen engen Bezug zur Tat und setzen dadurch stärkere erzieherische Akzente als die repressiveren Varianten nach Abs. 1 S. 1 Nr. 3 und 4. Bei all dem dürfen an den Verurteilten jedoch in keinem Fall **unzumutbare** Anforderungen gestellt werden (Abs. 1 S. 2). Kombinationen mehrerer Auflagen iSv Abs. 1 Nr. 1, 3 und 4 (für ein Bsp. s. AG Idstein ZJJ 2021, 258) sind daher oft problematisch.

Auflagen sind zu dem vorgenannten Zweck in dem Bereich einsetzbar, der für Zuchtmittel allg. gilt (n. → § 5 Rn. 21 f., 27; → § 13 Rn. 10 ff.). Daraus folgt ihre **Subsidiarität** im Verhältnis zur Diversion und auch zu Weisungen, die als unterstützende sozialisatorische Impulse ggü. Auflagen vorrangig sind – so lange, bis das Gericht die Notwendigkeit sieht, die gewünschte normbezogene Selbstreflexion durch eine (anders als bei § 14 nicht nur verbale) Sanktionierung auszulösen. Der Übergang der Einsatzbereiche von Weisung, Verwarnung und Auflage wird also weitgehend durch den gerichtlich gesehenen Einwirkungsbedarf und die positiv-spezialpräventive Wirkungserwartung bestimmt. Anders verhält es sich bei der Abgrenzung von Auflagen zum JA, da dessen erzieherische Funktionalität grds. fragwürdig ist (→ § 16 Rn. 16). Deshalb stehen hier eher Aspekte der **verhältnismäßigen** Sanktionsschwere im Vordergrund. 4

III. Schadenswiedergutmachung

1. Auszugleichender Schaden

Bei der Auflage nach Abs. 1 S. 1 Nr. 1 wird der Jugendliche zur Wiedergutmachung des „durch die Tat verursachten Schadens" verpflichtet. Die ohnehin bestehende Ausgleichsverpflichtung wird hierdurch darüber hinaus auch zu einer **strafrechtlichen Pflicht.** Dementspr. sind die Zulässigkeit und konkrete Ausgestaltung der Auflage nach allgA daran gebunden, dass diejenige Person, bei der die Leistung erbracht werden soll, gegenüber dem Verurteilten einen wirksamen **zivilrechtlichen Anspruch** auf Schadensausgleich hat (dazu im allg. StR etwa OLG Stuttgart NJW 1980, 1114). Für entgangenen Gewinn ist dabei § 252 BGB und für immaterielle Schäden § 253 BGB maßgeblich (dazu und zum Ganzen im JStR BGH StV 2017, 713 = BeckRS 2017, 122307). Schäden, die im Zuge der Deliktsbegehung, aber nicht auf strafbare Weise entstehen (Bsp.: fahrlässige Unfallverursachung mit Sach- neben Personenschaden), werden nicht durch „die Tat" verursacht und sind daher auch nicht eingeschlossen (ebenso etwa BeckOK JGG/Putzke Rn. 13; aA etwa Streng JugendStrafR Rn. 402). Der Ersatzanspruch wird, wenn und soweit der Jugendliche infolge der Auflage anspruchsentsprechende Leistungen erbringt, durch Erfüllung ganz oder teilw. **getilgt (§ 362 Abs. 1 BGB).** Bei andersartigen Leistungen, die zwar der Wiedergutmachung dienen, aber zivilrechtlich nicht geschuldet sind, setzt das Erlöschen des Anspruchs deren Annahme an Erfüllungs statt voraus (§ 364 5

Abs. 1 BGB). In solchen Fällen ist es angezeigt, dass der Richter sich vor der Auflagenerteilung der dahingehenden Bereitschaft des Geschädigten versichert.

6 Eine Wiedergutmachungsauflage, der kein **wirksamer** Schadensersatzanspruch zugrunde liegt, ist gesetzwidrig (allgA) und – trotz § 55 Abs. 1 – durch Rechtsmittel anfechtbar (ebenso BGH StV 2017, 713 = BeckRS 2017, 122307). Hierfür kommt es auf die objektive Rechtslage an, nicht aber auf ein ggf. schon vorliegendes oder später ergehendes zivilrechtliches Judikat (bzgl. der hier – entspr. allg. Regeln – verneinten Bindung teilw. abw. OLG Karlsruhe Die Justiz 1978, 112; LG Zweibrücken NJW 1997, 1084; Diemer/Schatz/Sonnen/Diemer Rn. 6; BeckOK JGG/Putzke Rn. 31 f.). Die Auflage entfällt daher etwa auch dort, wo der Geschädigte auf eine Wiedergutmachung wirksam verzichtet hat oder wo der Anspruch von dritter Seite (etwa durch die Eltern des Jugendlichen oder dessen Haftpflichtversicherung) bereits **getilgt** wurde (iErg ebenso zum allg. StR Meyer-Goßner/Schmitt/Schmitt StPO § 153a Rn. 16: idR nicht angebracht). Denkbar ist dann allenfalls eine Wiedergutmachungsverpflichtung ggü. dem Dritten, sofern dieser einen Regressanspruch hat und geltend macht (NK-JGG/Ostendorf Rn. 10; BeckOK JGG/Putzke Rn. 14). Auch bei Anspruchs**verjährung** scheidet die Auflage nach Abs. 1 S. 1 Nr. 1 aus (Laubenthal/Baier/Nestler JugendStrafR Rn. 674; Jakobs/Molketin Jugendwohl 1983, 159 (163); aA Diemer/Schatz/Sonnen/Diemer Rn. 8; HK-JGG/Linke Rn. 9; NK-JGG/Ostendorf Rn. 7 sowie im allg. StR etwa OLG Hamm NJW 1976, 527; OLG Stuttgart NJW 1980, 1114). Anderenfalls würde der Jugendliche zu einem Ausgleich verpflichtet, dessen Durchsetzbarkeit die Rechtsordnung verneint. Die darin liegende Widersprüchlichkeit wäre mit der auch-erzieherischen Ausrichtung von Auflagen (→ § 13 Rn. 7) nicht kompatibel.

7 Aus den vorgenannten Grundsätzen ließe sich folgern, dass die Wiedergutmachungsauflage in **zivilrechtlich unklaren** oder **streitigen Fällen** erst ergehen könnte, wenn das Gericht das Bestehen des Anspruchs näher geprüft und festgestellt hat. Da dies de facto einem Adhäsionsverfahren nahekäme, das von § 81 jedenfalls bei jugendlichen Angeklagten ausgeschlossen wird, ist ein solches Vorgehen nicht angezeigt (Laubenthal/Baier/Nestler JugendStrafR Rn. 674). Andererseits scheidet allerdings auch die Erteilung der Auflage bei unsicherer Anspruchsgrundlage aus, weil das JGericht sonst sehenden Auges eine Rechtsfolge veranlassen würde, deren Rechtmäßigkeit es nicht abschätzen kann, was einem klaren und konsequenten erzieherischen Vorgehen widerspräche. Von der Anordnung sollte schließlich ebenso dann abgesehen werden, wenn der Schaden zwar im Außenverhältnis von mehreren Schuldnern und insofern auch vom Verurteilten zu tragen ist, dieser hierfür im Innenverhältnis aber **nicht allein** aufzukommen hat (vgl. auch Brunner Zbl 1976, 269 (273)). Hier würde dem Jugendlichen anderenfalls nämlich das spezialpräventiv kontraproduktive Risiko eines misslingenden Gesamtschuldnerausgleichs auferlegt (s. auch → § 6 Rn. 18).

2. Zu erbringende Leistung

8 Die Art der zu erbringenden Wiedergutmachungsleistung bestimmt das Gericht. In Betracht kommt hierbei die **Geldzahlung,** grds. aber (daneben oder stattdessen) auch eine **Arbeits-** oder andere Ersatzleistung. Denkbar ist zB die Reparatur oder das Wiederherrichten eines beschädigten Gegenstan-

des bzw. sonstigen Objektes (zur Unfall- und Haftpflichtversicherung vgl. anhand entspr. Weisungen → § 10 Rn. 17). Kosten, die bei der Ausführung ggf. entstehen, sollen idR durch den Jugendlichen getragen werden (RL Nr. 5 zu § 74). Soweit dies Belastungen mit sich bringt, die sich als „Entwicklungshypothek" erweisen könnten (vgl. auch → § 6 Rn. 13, → § 74 Rn. 9), ist das jedoch bedenklich und ggf. Anlass, eine andere Rechtsfolge vorzuziehen. Stets muss das JGericht die konkret verlangte Leistungsart (Geld, Arbeit usw) **genau bezeichnen** und **beziffern** bzw. auch festlegen, in welcher Art und Weise und (bis) zu welchen **Zeitpunkten** die Umsetzung zu geschehen hat. Eine solche Klarstellung vermeidet nachfolgende Schwierigkeiten, erleichtert die Überwachung und ist maßgebend für die etwaige Verhängung des JA gem. Abs. 3 S. 2. Die hinreichende Bestimmtheit der Anordnung stellt daher Kriterium ihrer Gesetzmäßigkeit dar (BGH BeckRS 2017, 122307; NJW 2022, 953 (954); vgl. auch → § 55 Rn. 72).

Bei der Auflage gem. Abs. 1 S. 1 Nr. 1 wird dem Jugendlichen auferlegt, den iSv → Rn. 5 ff. bestehenden Schaden „**nach Kräften** (…) wiedergutzumachen". Diese einschränkende Formel bedeutet nicht etwa, dass die aufgegebene Ersatzleistung gar nicht unbedingt erbracht werden muss und die Auflage schon dann erfüllt ist, wenn sich die verurteilte Person darum nach ihren individuellen Möglichkeiten ausreichend bemüht hat. Vielmehr weist die Normtextformulierung das JGericht darauf hin, dass die festzulegende Wiedergutmachung von vornherein **an das Maß des persönlich Machbaren angepasst** und daher ggf. begrenzt werden muss. Die Verpflichtung darf den Jugendlichen zur Anstrengung anhalten, ihn aber nicht überfordern und entmutigen (und an ihn nach Abs. 1 S. 2 schon gar keine unzumutbaren Anforderungen stellen). Angesichts dieses Erfordernisses, das sich iÜ auch aus § 2 Abs. 1 ergibt, muss die in der Auflage verlangte Wiedergutmachung keineswegs auf eine volle Wiedergutmachung abzielen (s. auch BeckOK JGG/Putzke Rn. 20). 9

Deshalb markiert die Höhe des zivilrechtlichen Anspruchs gegen den Jugendlichen lediglich die **Höchstgrenze** der Auflage. Diese muss aber zudem auch der Leistungsfähigkeit des Verurteilten entsprechen und deshalb nicht selten **unter dem Anspruchswert** bleiben. Keinesfalls dürfen die Möglichkeiten der künftigen persönlichen Entwicklung durch die Auflagenverpflichtung anhaltend eingeengt und die erzieherische Wirksamkeit des Vorgehens so konterkariert werden. Vor allem bei einem mittleren oder größeren Schadensvolumen kann die Auflage deshalb nur auf Wiedergutmachung eines (zu konkretisierenden) Teils des Gesamtschadens lauten. **Definitiv nicht** empfehlenswert ist es iÜ, die Zahlung der **Verfahrenskosten** (als Restitution bei der öffentlichen Hand) anzuordnen (abl. schon Dallinger/Lackner Rn. 3; für das allg. StR auch BGHSt 9, 365 = NJW 1956, 1886, OLG Hamm NJW 1956, 1887). Abgesehen vom unklaren Verhältnis zu § 74 spricht hiergegen schon, dass der Staat in den Augen des Jugendlichen vielfach nicht als Geschädigter wahrgenommen werden und eine dahingehende Wiedergutmachung für ihn oft nicht nachvollziehbar sein dürfte. 10

3. Eignungsaspekte

Die Anordnung der Wiedergutmachungsauflage gilt als erzieherisch geeignet, weil sie eine dem Jugendlichen unmittelbar verständliche Rechtsfolge 11 darstellt (vgl. etwa Frehsee KrimJ 1982, 126 (131) sowie Frehsee, Schadenswiedergutmachung als Instrument strafrechtlicher Sozialkontrolle, 1987, S. 231 ff.). Die Aussichten auf eine produktive Tatbearbeitung und eine erzieherisch positive Dauerwirkung erscheinen keinesfalls als schlecht. Für eine regelhafte oder gar schematisch erfolgende **Verbindung** mit anderen Rechtsfolgen (§ 8) besteht deshalb kein Anlass. Ungeeignet ist die Auflage bei Personen, die schwerere sozialisatorische Defizite aufweisen und einer längerfristigen erzieherischen Einwirkung bedürfen. In diesen Fällen kann die Wiedergutmachungsauflage leicht als repressiver Schadensersatzzwang erlebt werden.

12 De facto wird die Auflage iSv Abs. 1 S. 1 Nr. 1 auch dem Interesse des Geschädigten an einem schnellen und unkomplizierten Schadensausgleich gerecht, besonders wenn ein zivilrechtlich kaum oder gar nicht umsetzbarer Ersatzanspruch durch die Auflage gleichsam „zwangsrealisiert" wird. Dass es sich hierbei allerdings lediglich um einen erwünschten Nebeneffekt handelt (ebenso etwa Diemer/Schatz/Sonnen/Diemer Rn. 4), ist daran zu erkennen, dass der Geschädigte mit der Auflage keinen Vollstreckungstitel zur Durchsetzung seiner Forderungen erlangt. Dies wiederum bedeutet, dass sich das JGericht bei der Wahl und Ausgestaltung der Wiedergutmachungsauflage allein an erzieherischen Belangen und **nicht** auch an den praktischen **Geschädigteninteressen** zu orientieren hat. Auf dieser Grundlage wird eine Wiedergutmachung durch Arbeits- oder Ersatz- bzw. immaterielle Leistungen häufig vorzugswürdig sein (dazu, dass in der Praxis aber gerade umgekehrt die bloße Geldleistung im Vordergrund steht, vgl. vormals für den LG-Bezirk Kiel aber Frehsee, Schadenswiedergutmachung als Instrument strafrechtlicher Sozialkontrolle, 1987, S. 270 ff.). Das Gericht muss indes berücksichtigen, dass mit den „naturalrestituierenden" Varianten idR ein persönlicher Kontakt zwischen den Beteiligten einhergehen wird, der dort bisweilen unerwünscht oder psychologisch belastend sein kann.

IV. Entschuldigung

13 Bei der Auflage iSv Abs. 1 S. 1 Nr. 2 wird der Jugendliche verpflichtet, den Verletzten (§ 373b Abs. 1 StPO) um Entschuldigung zu bitten. Dies schließt es ein, in der Äußerung zumindest implizit (nicht notwendig explizit) auch die Tat einzuräumen und zu bedauern (sprachwissenschaftlich zur Prüfung des Inhalts, der nach dem Willen der Beteiligten in der Entschuldigung und deren Annahme ausgedrückt werden soll, vgl. Klocke Entschuldigung S. 344, 350). Die dem idealiter vorausgehende **Handlungsreflexion** könnte sich in der künftigen Verhaltensregulation positiv auswirken. Eine solche Wirkungsvorstellung weist – ungeachtet der nicht zu verkennenden Nähe, die die Entschuldigungsauflage dadurch zu „symbolisch expressiven" Sanktionen erlangt – in eine völlig andere Richtung als die Konfrontation mit einer demonstrativen Missbilligung oder gar Beschämung durch das gesellschaftliche Umfeld. Die Entschuldigung soll nach allgA grds. in Gegenwart des JRichters vorgenommen werden, um ihr zwar keinen öffentlichen, aber doch einen förmlich-ernsthaften Charakter zu geben.

14 Geeignet ist die Entschuldigungsauflage nur, wenn das Gericht dem Verurteilten die erforderliche Ausdrucksfähigkeit und innere Auseinandersetzung zutraut und dieser dazu auch bereit ist (abw. etwa BeckOK JGG/

Putzke Rn. 37). Das ist bei Jugendlichen wie Heranwachsenden eine Einzelfallfrage (ähnlich Diemer/Schatz/Sonnen/Diemer Rn. 15). Außerdem kommt die Auflage allein bei einem **mitwirkungswilligen Verletzten** in Betracht (abw. Nix/Pschorr/Pschorr §§ 13 ff. Rn. 10). Diese Eignungsvoraussetzungen liegen in der Höchstpersönlichkeit jeder Entschuldigung und in ihren intendierten Wirkungszusammenhängen begründet. Nimmt der Verletzte die Entschuldigung dann aber nicht an, so hat der Verurteilte die von ihm erwartete Leistung gleichwohl schon erbracht. Die Auflage kann hier also als erfüllt gelten, zumal der Verletzte sonst über den Tatbestand des Abs. 3 S. 2 disponieren könnte. Fehlt es diesem an der Bereitschaft, sich auf die kommunikative Rechtsfolge überhaupt einzulassen und vor Gericht zu erscheinen, scheidet die Entschuldigungsauflage hingegen aus. Hierin dürfte einer der Gründe für deren geringe praktische Relevanz liegen (vgl. → Rn. 27). Am ehesten ist die Auflage im unmittelbaren Anschluss an die HV umsetzbar, was die Anwesenheit und den Rechtsmittelverzicht aller Beteiligten und eine vorherige Klärung ihrer Bereitschaft voraussetzt.

V. Arbeitsleistungen

1. Schwierigkeiten und Konsequenzen der Einordnung

Als Weisung iSv § 10 Abs. 1 S. 3 Nr. 4 kann die Verpflichtung zu Arbeitsleistungen nach hM allein zu erzieherischen Zwecken (also auch nur bei einer entspr. Indikation und mit einer entspr. Ausgestaltung) veranlasst werden. Bei einer ahndend-**normverdeutlichenden** Ziel- und Ausrichtung muss die dahingehende Anordnung hingegen als Auflage iSv Abs. 1 S. 1 Nr. 3 ergehen (n. → § 10 Rn. 16 f.). Ganz im Sinne dieser Differenzierung ist die Einführung der Arbeitsauflage mit dem Bedürfnis der Rechtspraxis begründet worden, materiell als Auflage einzuordnende Arbeitsverpflichtungen auszusprechen, für die es aber bis zum 1. JGGÄndG keine Rechtsgrundlage gab, weshalb die Maßnahme damals (unzulässig) unter dem Etikett einer Weisung ausgesprochen wurde (BT-Drs. 11/5829, 18). Allerdings sind die Stimmen, die „Arbeit als Sanktion" bzw. die Arbeitsauflage als Rechtsfolge kritisch und ablehnend bewerten, auch in der Justizpraxis keineswegs verstummt (vgl. etwa Franzen ZJJ 2018, 43 (46 f.)). 15

Angesichts des Unterschieds zwischen den beiden Rechtsfolgen muss die Frage, ob die Arbeitsauflage mit **Art. 12 Abs. 2 und 3 GG** vereinbar ist, als ungeklärt gelten. Eine (nicht unkritisch aufgenommene) verfassungsgerichtliche Stellungnahme liegt bislang nur zur Arbeitsweisung vor, deren Grundrechtskonformität gerade mit den spezifisch erzieherischen Zwecken einer Weisung begründet worden ist (BVerfGE 74, 102 (122 ff., 127 f.) – NJW 1988, 45 (47 f.); vgl. auch BVerfG NStZ 1988, 34 (35): wegen des fördernden präventiven Charakters der Arbeitspflicht sei diese keine Zwangsarbeit). Auf die funktionsdifferente Auflage ist diese Argumentation nicht ohne weiteres übertragbar (abw. aber BT-Drs. 11/5829, 18). Ungeachtet der Bindung an § 2 Abs. 1 wird bei Abs. 1 S. 1 Nr. 3 ein Delikt mit einer Arbeitspflicht nämlich (auch repressiv) sanktioniert (→ § 13 Rn. 7), sodass eine Einstufung als in Art. 12 GG eingreifender Arbeitszwang – jedenfalls bei fehlender Zustimmung des Jugendlichen (Streng JugendStrafR Rn. 404) – keineswegs fernliegend ist. Aus der zur Bewährungsauflage gem. § 56b 16

Abs. 2 S. 1 Nr. 3 StGB ergangenen Entscheidung BVerfGE 83, 119 = NJW 1991, 1043 ergibt sich nichts anderes, da das Gericht dort den Eingriffsgehalt dieser Arbeitsverpflichtung primär wegen der in ihr liegenden Chance verneint, die Vollstr der zBew ausgesetzten Freiheitsstrafe abzuwenden (vgl. zu dieser spezifischen, bei Abs. 1 S. 1 Nr. 3 aber nicht vorliegenden Konstellation auch Art. 4 Abs. 3 Buchst. a EMRK).

17 Unabhängig davon wird die **normsystematische Unterscheidung** zwischen Arbeitsweisung und -auflage in der Rechtswirklichkeit weitgehend nivelliert. Den betroffenen Jugendlichen kann sie sich lebensweltlich nur selten erschließen, zumal der Ausspruch beider Rechtsfolgen im Urteil erfolgt. Vor allem aber scheint die justizseitige Wahl zwischen beiden Optionen nicht selten zufallsgesteuert zu sein, woraufhin deren jeweilige Durchführung offenbar ebenfalls nur geringfügig divergiert (dazu jeweils → n. § 10 Rn. 18 mwN). Nachteilige Auswirkungen hat die **Diffusion** beider Rechtsfolgen dabei allerdings weniger bei der Auflage als bei der Arbeitsweisung, bei der sie die Einhaltung der dort strengeren (weil stärker erzieherischen) Anordnungs- und **Umsetzungsstandards** gefährden muss. Demgegenüber kommt bei einer Arbeitsauflage, die für den Jugendlichen in erster Linie nur die fehlende gesellschaftliche Akzeptanz seiner Straftat spürbar machen soll (ähnlich Diskussionspapier DVJJ ZJJ 2016, 419 (421)), von Gesetzes wegen ohnehin auch eine Arbeitspflicht in Betracht, die weniger als sozialpädagogisch begleiteter Lernprozess und stärker als eine Last ausgestaltet ist. Die Grenze liegt hier erst bei „unsinnigen/entwürdigenden/stigmatisierenden" Arbeitsinhalten (Diskussionspapier DVJJ ZJJ 2016, 419 (421)). Bei jungen Verurteilten unter 15 Jahren sind zudem allerdings die Maßgaben von § 5 Abs. 3 JArbSchG (leichte Arbeit, Einwilligung der Sorgeberechtigten) zu beachten (n. BeckOK JGG/Putzke Rn. 45).

2. Einzelheiten der Anordnung

18 Die auferlegte Arbeitspflicht darf keinen unzumutbaren **Umfang** haben (zur zulässigen Stundenzahl → § 10 Rn. 17; zur ggf. notwendigen Reduzierung nach einer rechtsstaatswidrigen Verfahrensverzögerung → Rn. 26). Das JGericht muss hierzu eine klare Festlegung treffen. Überhaupt hat es **eindeutige und bestimmte** (Arbeits-)Auflagen zu erteilen, auch weil anderenfalls die Überprüfung und Bewertung eines etwaigen Verstoßes kaum möglich ist. In erster Linie ist dies aber erforderlich, damit der Adressat erkennen kann, was von ihm verlangt wird (BVerfG StV 2012, 481 = BeckRS 2011, 55537). Deshalb müssen neben Art und Umfang der Leistung auch der Zeitraum, innerhalb dessen die Leistung zu erbringen ist (BGH NStZ 2024, 106 (110); StV 2024, 506 = BeckRS 2024, 5423), aus dem Urteil hervorgehen. Das Gericht darf dies weder ganz offen lassen noch einer (eigenen) späteren Ausgestaltung vorbehalten (BGH StV 2024, 506 = BeckRS 2024, 5423). Bleiben diese zentralen Parameter der Arbeitsverpflichtung unbestimmt, ist die Auflage unwirksam (vgl. dazu BVerfG NJW 2016, 148 für eine Bewährungsauflage im allg. StR, die offenließ, bis zu welchem Zeitpunkt die Leistung zu erbringen war). Das Urteil hat nach Möglichkeit auch den Ort der Leistungserbringung zu konkretisieren. Hinsichtlich der konkreten Arbeitsstelle ist es allerdings vertretbar, wenn das Gericht die Auswahl aus Praktikabilitätsgründen der JGH überträgt (vgl. etwa OLG Hamm ZJJ 2014, 174 = BeckRS 2014, 7936; KG StV 2014, 746 = BeckRS 2014,

13285; aA BeckOK JGG/Putzke Rn. 59; zum Ganzen n. auch bei der Arbeitsweisung → § 10 Rn. 17). Allerdings muss es diese partielle Delegation in seiner Entscheidung für den Verurteilten transparent machen (KG StV 2014, 746 = BeckRS 2014, 13285).

Bei der Arbeitsauflage fallen (im Unterschied zu anderen Auflagen) oft- 19
mals **Kosten der Umsetzung** an, namentlich bei der Stelle bzw. Institution, die die Arbeitsmöglichkeit bereitstellt. Diesbzgl. besteht die gleiche, kontrovers beurteilte und teilw. ungeklärte Problematik wie bei den Weisungen (n. → § 10 Rn. 66 ff.). In der Praxis scheinen hierfür allerdings ausreichend handhabbare Lösungen gefunden zu werden. Das Ausmaß, mit dem die Arbeitsauflage verhängt wird (→ Rn. 27), spricht jedenfalls dafür. Dies dürfte auch dadurch begünstigt werden, dass die Finanzierung innerhalb der JHilfe durch Hintanstellung der pädagogischen Betreuung vergleichsweise unaufwändig ist (n. Höynck FS Ostendorf, 2015, 457 f.). Für die Unfall- und Haftpflicht**versicherung** bei Ableistung der Arbeitsverpflichtung gelten die Erl. in → § 10 Rn. 17 entsprechend.

VI. Geldauflage

1. Allg. Vorgaben gem. Abs. 1

Da eine Geldstrafe den Betroffenen für einen gewissen Zeitraum (der 20
durch die Anzahl der Tagessätze definiert wird) auch die finanziellen Mittel entzieht, die zur allg. Lebensführung erforderlich sind, wohnt ihr die Tendenz inne, wirtschaftliche Problemlagen zu vertiefen, die Eingehung von Verbindlichkeiten zu provozieren und längerfristig wirksame Einschränkungen der Entwicklungs- und Entfaltungsmöglichkeiten zu verursachen (vgl. dazu sowie zu Streuwirkungen im Sinne einer Mitbeeinträchtigung von bspw. Angehörigen etwa Eisenberg/Kölbel Kriminologie § 32 Rn. 9). Wegen dieses spezialpräventiv **kontraproduktiven** Potenzials sieht das JGG keine Geldstrafen vor. Bei Vorliegen der für Zuchtmittel und Auflagen allg. vorausgesetzten Bedingungen (→ Rn. 3 f.) kann allerdings eine Geldauflage angeordnet werden. Um wenigstens teilw. zu vermeiden, dass diese als Geldstrafen-Äquivalent die besagten abträglichen Wirkungen ebenfalls hervorruft, ist diese Rechtsfolge jedoch an die hierauf abzielenden, zusätzlichen Anforderungen gem. Abs. 2 gebunden (zur dies unterlaufenden Handhabung des strafrechtlichen Wertersatzverfalls durch die hM s. aber → § 6 Rn. 9 ff.). Zwar handelt es sich bei dieser Bindung gem. Abs. 2 um eine **Soll-Norm,** doch muss deren Zweck (Vermeidung langfristiger negativer finanzieller Folgen) auch dort gewahrt werden, wo das JGericht eine Geldauflage ausnahmsweise einmal außerhalb der dort geregelten Konstellationen bestimmt (wie etwa AG Lübeck StV 2013, 759 = BeckRS 2013, 16591 bei einer nicht unter Nr. 1 subsumierbaren schweren Verfehlung). Im Übrigen ist eine Abweichung von Abs. 2 begründungsbedürftig (ignoriert bspw. bei AG Idstein ZJJ 2021, 253 (254))

Ein weiterer Unterschied zur Geldstrafe (§ 56b Abs. 2 S. 1 Nr. 4 StGB) 21
sowie teilw. auch zu den Auflagen im allg. StR (§ 153a Abs. 1 S. 2 Nr. 2 StPO) besteht darin, dass die Zahlung ausnahmslos an eine **gemeinnützige Einrichtung** zu leisten ist, weil die finanzielle Einbuße dem Jugendlichen dadurch eher verständlich gemacht werden kann (BGH BGHR JGG § 15

Geldauflage 1 (Gründe) = BeckRS 2000, 1592). Gemeinnützig sind Einrichtungen dann, wenn durch ihre Tätigkeit ausschließlich und unmittelbar die Allgemeinheit gefördert wird. Der Staat stellt in diesem Sinne keine derartige Einrichtung dar, sodass eine Auflage, an die Staatskasse zu zahlen, rechtswidrig ist (OLG Hamm MDR 1954, 245; OLG Zweibrücken NStZ 1992, 84; OLG Nürnberg NStZ-RR 2008, 128). Die begünstigte gemeinnützige Einrichtung muss im Urteil **genau benannt** werden. Mit Blick auf § 2 Abs. 1 sollte nach Möglichkeit ein solcher gemeinnütziger Zahlungsempfänger ausgewählt werden, dessen Tätigkeit und Ziele auch der Verurteilte anerkennt (wobei der JRichter versuchen sollte, die diesbzgl. Vorstellungen des Jugendlichen und ggf. auch des Erziehungsberechtigten in Erfahrung zu bringen). Einrichtungen der Bewährungs- oder Straffälligenhilfe dürften von den meisten Jugendlichen eher distanziert betrachtet werden, sodass sie durch die JGerichte nicht unbedingt zu bevorzugen sind. Im Einzelfall kann die Geldauflage sogar unzumutbar sein, wenn der Jugendliche an eine Einrichtung zahlen soll, die er aus von ihm substantiierten Gründen strikt ablehnt (Diemer/Schatz/Sonnen/Diemer Rn. 22).

2. Besondere Voraussetzungen gem. Abs. 2

22 **a) Konstellation von Nr. 1.** In einer ersten Variante sind Geldauflagen zulässig, weil hier sichergestellt wird, dass die Geldzahlung für den Jugendlichen machbar und ohne die in → Rn. 20 genannten, abträglichen Folgen ist. Um dies zu gewährleisten, muss sich die Geldauflage auf Mittel beziehen, über die der Jugendliche **„selbstständig verfügen darf"**. Bei diesem Erfordernis geht es weniger bzw. allenfalls in nachrangiger Weise darum, eine erzieherisch abträgliche Übernahme der Zahlungen durch Angehörige (oder die Abwälzung auf diese) zu verhindern. Da derartige Belastungstransfers im privaten Raum verbleiben, entziehen sie sich nämlich jeder Kontrolle. In erste Linie zielt die in Nr. 1 vorgesehene Bedingung vielmehr darauf ab, eine Beschränkung auf vorhandene Mittel zu erreichen und so die Entstehung von zukünftig wirksam werdenden finanziellen Belastungen von vornherein zu vermeiden.

23 Eine zusätzliche, dahingehende Sicherung ergibt sich in Abs. 2 Nr. 1 daraus, dass sich die auferlegte Zahlungspflicht lediglich auf einen verhältnismäßig geringen Betrag beziehen kann. Hohe Zahlungen fallen bei Nr. 1 schon deshalb aus, weil eine Geldauflage hiernach nur zulässig ist, wenn ihr **„eine leichte Verfehlung"** zugrunde liegt und mehr als ein überschaubarer Betrag daher unverhältnismäßig wäre. Zeigt sich im Zusammenhang mit der Bagatelltat indes eine individuelle Problemlage, die ein Bedürfnis nach längerfristiger Erziehung oder gar eine Tendenz zu wiederholter Straftatbegehung nahelegt, ist die Geldauflage iSv Abs. 2 Nr. 1 iÜ ungeeignet und nicht angezeigt.

24 Die konkret festzulegende **Höhe** des zu leistenden Geldbetrages muss ferner den wirtschaftlichen Verhältnissen des Verurteilten angepasst sein. Bei der Bemessung hat das JGericht zu berücksichtigen, dass erzieherisch in erster Linie eine Wiedergutmachung des Schadens geboten ist und die hierfür erforderlichen Ressourcen nicht in die Geldauflage fließen sollten. Ohnehin darf die Belastung nicht höher als eine Geldstrafe sein, auf die bei Anwendung von allg. StR zu erkennen wäre (zum Schlechterstellungsverbot vgl. → § 2 Rn. 23, → § 18 Rn. 8 f.). Die Zahlungspflicht kann dem Jugend-

lichen jedoch durchaus gewisse Opfer abverlangen (va Abzug von Lohn oder Taschengeld mit der Folge, Freizeitausgaben einschränken zu müssen). Dies systematisch anzustreben, führt indes leicht zu Bemessungsunterschieden, die als ungerecht empfunden werden könnten.

b) Konstellation von Nr. 2. In einer zweiten Variante sind Geldaufla- 25
gen zulässig, wenn der Jugendliche aus der abgeurteilten Straftat einen **Gewinn** oder ein Entgelt erzielt hatte und dieser Wert bei ihm **noch vorhanden** ist (allgA). Die Anordnung dient dann dazu, ihm die unberechtigt begründete und fortbestehende Bereicherung zu entziehen, was sowohl erzieherischen Belangen als auch solchen des rechtlichen Ausgleichs entspricht. Dieses Äquivalent der allg. strafrechtlichen Vorteilsabschöpfung, das insofern bei Geldmitteln eine Sonderregelung im JStR darstellt (str., vgl. dazu n. → § 6 Rn. 12), führt bei den Adressaten (anders als die Auflage gem. Abs. 2 Nr. 1) also nicht zu einem eigenen wirtschaftlichen Verlust (zumal Nr. 2 den Wertersatz eines weggefallenen Gewinns nicht einschließt). Es weist in diesem Sinne keinen selbstständigen Ahndungscharakter auf und darf auch ohne Ahndungszweck verhängt werden. Gerade die Erfahrung, dass aus der Verfehlung kein Vorteil zurückbleibt, kann erzieherisch ohnehin eher wirksam sein als eine davon unabhängige Sanktion. Sofern keine Notwendigkeit für den Einsatz einer Erziehungsmaßregel besteht, muss die Geldauflage deshalb keineswegs mit einer zusätzlichen Rechtsfolge verbunden werden.

Die **Relevanz** von Nr. 2 wird indes durch das 2017 neu geregelte **Ein-** 25a
ziehungsrecht beinahe auf **Null reduziert** (zust. und daher für eine Streichung BT-Drs. 20/14258, 41). Abschöpfende Geldauflagen und die Wertersatzeinziehung stellen zwar funktionale Äquivalente dar, doch wird ein damit an sich begründbares Spezialitätsverhältnis von der hM wegen der unterschiedlichen rechtlichen Ausgestaltung verneint (Schady/Sommerfeld ZJJ 2018, 219 (223 f.); Schady/Sommerfeld ZJJ 2019, 235 (236, 239); Schumann StraFo 2018, 415 (419)). Eine Anordnung nach Abs. 2 Nr. 2 kann wegen des sich daraus ergebenden Nebeneinanders letztlich nur noch in den Fällen von § 421 StPO in sinnvoller Weise angeordnet werden, weil der Vorteil bereits nach §§ 73 ff. StGB eingezogen wird bzw. werden muss (BGH ZJJ 2020, 306 (309 f.) = BeckRS 2020, 18436; HK-JGG/Linke Rn. 21; Schumann StraFo 2018, 415 (418)). Damit kommen (außerhalb der Fälle von § 421 StPO) auch die zentralen Einschränkungen von Abs. 2 Nr. 2 – sowohl die ermessensabhängige Anordnung (Abs. 1 S. 1: „kann") als auch die Beschränkung auf vorhandene Wertersatz-/Vorteile (→ Rn. 25) – nicht mehr zum Tragen, da die Rspr. des BGH eine Wertersatzeinziehung in höchst kritikwürdiger Weise auch bei eingetretener Entreicherung obligatorisch sein lässt (n. hierzu → § 6 Rn. 9 ff.). Dem Verurteilten wird hier also eben jener wirtschaftliche Verlust zugefügt, den der obsolet gewordene Abs. 2 Nr. 2 gerade vermeiden soll. Die besagte Judikatur marginalisiert also nicht nur den Anwendungsbereich der Norm, sondern **unterläuft** auch deren **Schutzzweck** (kritisch zu diesem Widersinn etwa Kölbel/Eisenberg/Sonnen NStZ 2021, 683 (684)).

VII. Verfahrensverzögerung

26 Eine etwaige rechtsstaatswidrige Verfahrensverzögerung muss bei der Rechtsfolgenentscheidung und daher auch bei der (Geld-)Auflagenanordnung grds. berücksichtigt werden (s. auch BGH StV 2024, 506 = BeckRS 2024, 5423). Würde davon mit Blick auf die dezidiert spezialpräventiven Kriterien der jugendstrafrechtlichen Reaktion abgesehen, läge darin eine unzulässige Schlechterstellung Jugendlicher ggü. Erwachsenen in vergleichbarer Verfahrenssituation (hierzu allg. → § 2 Rn. 23, s. auch → § 18 Rn. 8 f.). Ob die **zwingend** vorzunehmende **Kompensation** des in der Verzögerung liegenden rechtswidrigen Rechtseingriffs (Kölbel JR 2018, 575 (578)) nach dem sog. Vollstreckungsmodell (dazu beim JA → § 16 Rn. 29; bei der JStrafe → § 18 Rn. 44 ff.) erfolgen muss, ist indes str. (ohne nähere Begründung verneinend BGH ZKJ 2017, 425 = BeckRS 2017, 112024 mkritAnm Eisenberg ZKJ 2017, 419). Im Falle einer Wiedergutmachungs- und Entschuldigungsauflage kommt dies (angesichts des speziellen Pflichteninhalts) nicht in Betracht (oder jedenfalls nur bei einer damit ggf. verbundenen anderen Rechtsfolge). Der Ausgleich muss hier auf symbolische oder finanzielle Weise erfolgen (§ 198 Abs. 2 und 4, § 199 Abs. 3 GVG iVm § 2 Abs. 2). Bei der Arbeits- und Geldauflage spricht indes nichts dagegen, einen Teil der angeordneten Zahlungspflicht im Urteil als bereits getilgt zu erklären.

VIII. Anwendungspraxis

27 Bis 1990 dominierte in der Verfahrenspraxis eindeutig die Auflage, einen Geldbetrag zu zahlen (Heinz Sekundäranalyse S. 1050 f.; vgl. etwa auch Knoll, Empirische Untersuchungen zur richterlichen Sanktionsauswahl, 1978, S. 118). Diese wurde indes ab 1990 durch die damals neu eingeführte **Arbeitsauflage** zunehmend verdrängt – so weit, dass jene heute (ungeachtet eines wieder etwas rückläufigen Trends) eindeutig im **Vordergrund** steht (vgl. Tab. (Zahlen einschließlich kumulativer Anordnung neben Entschuldigung)). Die praktische Relevanz der Entschuldigungs- und Wiedergutmachungsauflagen ist dagegen nahezu zu vernachlässigen (StrafSt Tab. 4.3.1 und 24311-26; vgl. auch → § 16 Rn. 6, → § 105 Rn. 49).

Kategorie/Jahr	absolut	in %	absolut	in %	absolut	in %
	2012		2016		2022	
Auflagen insgesamt	61.295	100	35.347	100	23.874	100
davon:						
– Wiedergutmachung	3.020	4,93	1.715	4,85	1.138	4,77
– Entschuldigung	247	0,40	130	0,37	143	0,60
– Arbeitsleistung	42.645	69,57	23.955	67,77	13.273	55,59
– Geldzahlung	15.383	25,10	9.355	26,47	9.320	39,03

28 2021 lauteten die Werte in der genannten Reihenfolge 1.285 - 188 – 13.699 - 10.030. Für die rechtspraktische Nutzung von Auflagen sind, darauf weist dieser vorrangige Einsatz der strafähnlichen Varianten hin, offenbar

Sanktionierungsmotive überaus prägend. Darüber hinaus dürfte die routinemäßige Umsetz- und Überprüfbarkeit der Arbeits- und Geldauflage für deren Anwendungshäufigkeit mitbestimmend sein. Allerdings äußert sich dies in einer gewissen **altersgruppenbezogenen** Differenzierung. Während bei Jugendlichen die Arbeitsauflage besonders oft angeordnet wird (2021: 68,90 % aller Auflagen; zu Umfang und Dauer der Auflagen s. zudem die Angaben in → § 10 Rn. 18), ist dieser Anteil bei den Heranwachsenden, bei denen die Geldauflage ein deutlich stärkeres Gewicht als bei jüngeren Verurteilten hat (2021: 52,09 %), geringer (41,73 %). Besonders groß ist die Bedeutung der Geldauflage bei den 18- bis 21-Jährigen va im Bereich der Verkehrsdelikte (2020: 66,46 % aller in diesem Deliktsbereich angeordneten Auflagen (alle Angaben berechnet anhand StrafSt Tab. 4.4.1 und 4.4.2)). Vor dem Hintergrund von § 2 Abs. 1 weckt dies insofern **Bedenken,** als die Problembewältigung der Verurteilten nicht über die Ebene des Finanziellen hinausgelangen und bei ihnen den Eindruck begünstigen könnte, Fehlverhalten sei mit Geld auszugleichen. Den vorliegenden empirischen Hinweisen zufolge sind die Legalbewährungswerte nach Auflagen tendenziell schwächer als bei Diversions-Auflagen (vgl. etwa Heinz DVJJ-Journal 1999, 11 (14 ff.); ferner → § 45 Rn. 24 f.; teilw. anders für Geldbußen bei Verkehrsdelikten Bukowski Bewährungshilfe 2014, 189 (196 f.)).

IX. Verfahrensrechtliches

1. Kontrolle

Die Überwachung geschieht, wie bei einer Weisung (vgl. → § 10 Rn. 61 ff.), grds. **durch** die **JGH** oder aber durch den **JRichter** (als Vollstreckungsleiter). Die JGH sollte auch deshalb vor einer Anordnung gehört werden (vgl. bereits Potrykus Anm. 7), wobei dies bei einer Arbeitsweisung auch wegen der Kostenfrage angezeigt ist (→ Rn. 19). Soweit die Erfüllung der Auflagen sich auf einzelne überschaubare Teilakte beschränkt, liegt eine unmittelbare Überwachung durch den JRichter näher als bei den Weisungen. 29

Bei einer Wiedergutmachungs- und einer Geldauflage kann es sich empfehlen, dem Verurteilten einen schriftlichen **Hinweis** auszuhändigen, wonach er der überwachenden Stelle die Leistungen bzw. Zahlungsbelege selbst vorzulegen bzw. etwa eintretende Zahlungsschwierigkeiten rechtzeitig mitzuteilen hat. Möglich ist es, diesen Hinweis auch als Weisung gem. § 10 auszusprechen (BeckOK JGG/Putzke Rn. 86). Zudem bedarf es einer – iSv § 70b Abs. 1 geeigneten – Belehrung darüber, dass im Falle der Nichtbefolgung die Verhängung von JA droht (vgl. RL 4). 30

2. Änderung und Befreiung

Gem. **Abs. 3 S. 1** dürfen Auflagen geändert werden, jedoch nur in eine andere Auflage (nicht in eine Weisung) und auch nur in den Grenzen gleicher Belastung des Jugendlichen (ebenso NK-JGG/Ostendorf Rn. 19; aA BeckOK JGG/Putzke Rn. 93; Streng JugendStrafR Rn. 406). Unzulässig wäre deshalb eine Erweiterung der Arbeitspflichten oder eine Verlängerung (Feuerhelm Gemeinnützige Arbeit S. 239; vgl. auch → § 23 Rn. 10 31 sowie → § 11 Rn. 5 ff.). Ebenso darf der JRichter aus erzieherischen Gründen nachträglich von Auflagen ganz oder teilw. befreien (was va bei überholten Auflagen erforderlich wird). Relevant ist die Befreiung etwa in solchen Fällen, in denen sich die Auflage als unverhältnismäßig darstellt, sei es wegen Änderungen in den rechtsfolgenrelevanten Lebensumständen (zB Beendigung von Arbeitslosigkeit) und/oder wegen einer unzureichenden Entsprechung der Rechtsfolge mit den individuellen Verhältnissen des Verurteilten (zB überhöhte Geldauflage ggü. arbeitslosen Jugendlichen). Ohne eingehende Prüfung der spezialpräventiven Notwendigkeit wäre ein Austausch von Arbeits- und Geldauflage indes unzulässig.

3. Reaktion auf Nichtleistung

32 Eine **Vollstr** zur Durchsetzung der Auflage ist **unzulässig.** Dies gilt insbes. bzgl. einer Geldauflage, die daher nicht zwangsweise beigetrieben werden kann (vgl. RL 5 S. 2). Gemäß Abs. 3 S. 2 ist jedoch **§ 11 Abs. 3** in vollem Umfang entspr. anwendbar, dh es kann ggf. Nichtbefolgungs-JA verhängt werden. Hinsichtlich der Voraussetzungen, des Verfahrens, der Vollstr und der Eintragung in das Erziehungsregister gelten die Regelungen, die das Gesetz bei Weisungen vorsieht, entspr. (vgl. dazu n. → § 11 Rn. 13 ff., 25 f.). Bisweilen ergeben sich insofern jedoch auch spezifische Probleme. So stellt sich die Frage, ob und unter welchen Voraussetzungen von einer **schuldhaften Nichterfüllung** ausgegangen werden kann. Bei Nichterfüllung einer überfordernden Wiedergutmachungs-, Arbeits- oder Geldauflage scheidet dies bspw. regelhaft aus. Weniger klar ist die Lage jedoch, wenn die Leistung bei einer Geldauflage durch einen Dritten erbracht wird. Aus den Gründen, die in solchen Fällen auch gegen die Tatbestandsmäßigkeit iSv § 258 Abs. 2 StGB sprechen (BGHSt 37, 226 = NJW 1991, 990: ua keine Abgrenzbarkeit zu unverfänglichen Geschenken und zur nachträglichen Erstattung ggü. dem Jugendlichen) ist die Anwendbarkeit des JA hier aber richtigerweise abzulehnen.

33 Wurde JA verhängt und **vollstreckt,** so kann der JRichter die Auflagen ganz oder zum Teil für **erledigt erklären** (Abs. 3 S. 3; nach Nix/Semler Rn. 7: muss). Dies sollte zumindest dann geschehen (vgl. iÜ → § 11 Rn. 24), wenn die mit der Auflage angestrebte Bewusstmachungs- und Ahndungsfunktion durch die Vollstr des JA als erreicht anzusehen ist. Der Nichtbefolgungsarrest, der an sich nur auf die Auflagenbefolgung hinwirken soll (→ § 11 Rn. 10), erfährt dann eine rückwirkende Funktionsänderung, insofern ihm nachträglich ein Sanktionszweck beigegeben wird (Kölbel JR 2024, 158 (160)).

4. Anfechtung

34 Die selbstständige Anfechtbarkeit angeordneter Auflagen wird durch **§ 55 Abs. 1 S. 1** eingeschränkt. Ausnahmen bestehen bei einer Verbindung des Zuchtmittels mit einer der in → § 55 Rn. 67 genannten anderen Rechtsfolgen und bei behaupteter **Gesetzwidrigkeit** der angegriffenen Verpflichtung (→ § 55 Rn. 72 f.). Das ist etwa bei einer Wiedergutmachungsauflage ohne zivilrechtliche Grundlage (vgl. → Rn. 6) oder ohne ausreichende Konkretisierung (→ Rn. 8) der Fall, ebenso auch bei einer Geldauflage mit unzulässigem Adressaten (→ Rn. 21) bzw. eine Arbeitsauflage, die einen

unzumutbaren Umfang aufweist (→ Rn. 18) oder nicht ausreichend bestimmt gefasst wurde (OLG Braunschweig NStZ 2012, 575; offenlassend BGH NStZ 2024, 106). Im Übrigen scheidet in diesen Fällen auch die Anordnung von Nichtbefolgungs-JA aus (→ § 11 Rn. 14).

Jugendarrest

16 (1) **Der Jugendarrest ist Freizeitarrest, Kurzarrest oder Dauerarrest.**

(2) **Der Freizeitarrest wird für die wöchentliche Freizeit des Jugendlichen verhängt und auf eine oder zwei Freizeiten bemessen.**

(3) [1] **Der Kurzarrest wird statt des Freizeitarrestes verhängt, wenn der zusammenhängende Vollzug aus Gründen der Erziehung zweckmäßig erscheint und weder die Ausbildung noch die Arbeit des Jugendlichen beeinträchtigt werden.** [2] **Dabei stehen zwei Tage Kurzarrest einer Freizeit gleich.**

(4) [1] **Der Dauerarrest beträgt mindestens eine Woche und höchstens vier Wochen.** [2] **Er wird nach vollen Tagen oder Wochen bemessen.**

Schrifttum: Arndt, Kriminologische Untersuchungen zum Jugendarrest, 1970; Bihs, Grundlegung, Bestandsaufnahme und pädagogische Weiterentwicklung des Jugendarrests in Deutschland unter besonderer Berücksichtigung des Jugendarrestvollzuges in Nordrhein-Westfalen, 2013; Bruns, Jugendliche im Freizeitarrest, 1984; Eckold, Zeit im Arrest, 2018; Eisenhardt, Die Wirkung der kurzen Haft auf Jugendliche, 2. Aufl. 1980; Eisenhardt, Gutachten über den Jugendarrest, 1989; Ernst, Der Jugendarrest, 2020; Jaeger, Zur Notwendigkeit und Ausgestaltung eines Jugendarrestvollzugsgesetzes, 2010; Klosterkemper, Erfolg und Mißerfolg ambulanter Maßnahmen und des Dauerarrestes, 1971; Klatt/Bliesener, Evaluierung des Jugendarrestes in Schleswig-Holstein, 2018; Klatt/Bliesener, Evaluation des Jugendarrestvollzugs in Niedersachsen, 2020; Kühndahl-Hensel, Der individualpräventive Schock im Jugendkriminalrecht, 2014; Meyer-Höger, Der Jugendarrest – Entstehung und Weiterentwicklung einer Sanktion, 1998; Müller, Haftschaden, 2016; Nolte, Die Rückfälligkeit Jugendlicher und Heranwachsender nach der Verbüßung von Jugendarrest, 1978; Ostendorf (Hrsg.), Reform des Jugendarrests in Schleswig-Holstein, 1994; Redmann/Hußmann (Hrsg.), Soziale Arbeit im Jugendarrest, 2015; Riechert-Rother, Jugendarrest und ambulante Maßnahmen, 2008; Schumann (Hrsg.), Jugendarrest und/oder Betreuungsweisung, 1985; Schwegler, Der Dauerarrest als Erziehungsmittel für junge Straftäter, 1999; Süssenguth, Jugendarrest in Bayern, 1973.

Übersicht

I. Anwendungsbereich

1 Für Jugendliche und Heranwachsende gelten die Erl. zu § 13 Abs. 1 entsprechend (→ § 13 Rn. 1 f.).

2 Bei Soldatinnen und Soldaten sind militärische Belange im Hinblick auf § 112c nicht nur bei der Vollstreckung, sondern ggf. auch bei der Verhängung von JA zu berücksichtigen (Potrykus NJW 1957, 814).

II. Konzeptionelle Einordnung und Leistungserwartung

3 Der JA, einer wehrstrafrechtlichen Sanktion und einer Maßnahme der Hitler-Jugend entlehnt, wurde durch VO v. 4.10.1940 eingeführt, um damit eine **schnelle nachdrückliche Züchtigung** vornehmen und zugleich kurzzeitige JStrafen ersetzen zu können (n. dazu → § 13 Rn. 3 ff.; erg. → Einl. Rn. 16). Bei Vorbereitung des JGG 1953 hatte man die Beibehaltung des JA als mögliche Rechtsfolge sodann in Frage gestellt, doch bestand hier keine vollständige Klarheit (Ernst, Der Jugendarrest, 2020, S. 41 ff.). Die dahingehende, auf einen späteren Zeitpunkt verschobene Entscheidung (BT-Drs. 1/3264, 40) steht noch immer aus. Gegen eine Abschaffung des JA (dafür seither bspw. Schumann Zbl 1986, 363 (368); DVJJ 1990, AK XIII (Thesen)) spricht angesichts der empirischen Lage (→ Rn. 17 f.) dabei allein die dann drohende Zunahme von JStrafen (vgl. auch Franzke RdJB 2018, 428 (436 f.)). Eine darüber hinausgehende „sachliche" Legitimität dieser Sanktionsform setzt hingegen einen **konzeptionellen** und begrifflichen **Übergang** zu einem „stationären sozialen Training" voraus (vgl. dazu bereits Fachkommission JA ZJJ 2009, 275 (276 f.); statt vieler auch Bihs/Walkenhorst ZJJ 2009, 11 (17 ff.); Wulf ZJJ 2010, 191; Hügel FS Heinz, 2012, 420; vertiefend Bihs, Grundlegung, Bestandsaufnahme (…), 2013, S. 386 ff.; einen entspr. Handlungsbedarf dagegen noch bestreitend BReg BT-Drs. 16/13142, 59). Umgesetzt wurden solche Ansätze bislang aber nur punktuell (→ Rn. 15 f.; speziell zu JA in freien Formen → § 90 Rn. 27; zum sozialpädagogischen Übergangsmanagement Redmann/Hußmann, Soziale Arbeit im Jugendarrest/Werny, 2015, S. 267 ff.). Daher bleibt die Frage weiterhin **virulent,** was JA so, wie diese freiheitsentziehende Sanktion derzeit meist noch vollzogen wird (→ Rn. 14 ff.), im Rahmen des heutigen JStR überhaupt **bezweckt.**

4 Legt man die zur Entstehungszeit (vgl. → § 13 Rn. 4 f.) dominierende Vorstellung zugrunde, soll der JA als „tatbezogener Ordnungsruf" den Verurteilten „seelisch erschüttern und ihm bewusst machen, dass er an einem

Scheideweg steht“ (Dallinger/Lackner Rn. 7; krit. speziell zum Disziplinararrest nach der WDO Walz NZWehrr 1991, 89 (98); Weisse NZWehrr 1993, 27). In diesem Sinne soll der JA dem Jugendlichen auch gem. § 90 Abs. 1 S. 1 in präventiver Absicht „eindringlich zum Bewusstsein bringen“, dass er für begangenes „Unrecht einzustehen“ habe (s. ebenso etwa Brunner/Dölling Rn. 1). In abgemilderter, aber ähnlicher Formulierung soll JA nach RL 1 S. 2 eingesetzt werden, um „eine Einstellungsänderung zu bestimmten negativen Verhaltensweisen zu erreichen“. Aus einer solchen Warte dient der JA als eine eher **kurzzeitige stationäre Intervention** also dazu, primär Selbstreflexionen zu veranlassen und ggf. daneben bei der Bewältigung etwa erkennbarer deliktsförderlich gewesener Umstände zu helfen (§ 90 Abs. 1 S. 3; zum Verhältnis zu Art. 6 GG s. Reuther Elternrecht S. 69 ff.).

Durch eine dahingehende Leistungserwartung **unterscheidet sich** der 5
JA deutlich von der **langfristigen Gesamterziehung** iSd JStrafe (→ § 13 Rn. 8). Die Rechtsfolge gilt deshalb auch **nicht** als **Strafe** im **technischen** Sinne, sondern als kurzfristiger Freiheitsentzug mit schuldausgleichendem und zugleich erzieherischem Charakter (BVerfG NJW 2005, 2140 (2141); Sondervotum BVerfGE 32/Geller/Rupp, 40 ff. (53) = NJW 1972, 93 (95); BGHSt 18, 207 (209) = NJW 1963, 770 (771)). Wegen des qualitativen Unterschieds zur Freiheits- oder JStrafe kann der JA auch nicht deren **außerstrafrechtliche** Folgen haben (vgl. etwa SG Gießen BeckRS 2010, 68064; SG Dresden BeckRS 2014, 67475; LSG LSA BeckRS 2015, 66259; LSG Thüringen BeckRS 2022, 31841: kein Anspruchsverlust iSv § 7 Abs. 4 S. 2 SGB II; abw. aber LSG Celle BeckRS 2024, 21298). Innerhalb des JStV wird die legislatorische Unterscheidung von JStrafe und JA bspw. in dessen Außerachtlassung bei § 68 Nr. 5 deutlich. Auch ist beim JA (anders als gem. § 14a WStG beim Strafarrest) keine Aussetzung zBew möglich (n. und krit. Domzalski ZJJ 2012, 51). Stattdessen darf lediglich von seiner Vollstreckung (ggf. ganz oder teilw.) abgesehen werden (§ 87 Abs. 1 und 3).

III. Empirische Einordnung

1. Entwicklung der Verhängungszahlen

Seit der zweiten Hälfte der 1960er Jahre war zunächst ein erhebliches 6
Absinken der Verhängung von JA zugunsten der Verwarnung, der (Geld-)Auflage und möglicherweise auch der JStrafe zu verzeichnen, gegen Ende des 20. Jh. jedoch wieder ein leichter Anstieg. Dieser hat sich zu Anfang des 21. Jh. nicht fortgesetzt; vielmehr sind die Zahlen lange etwa gleich geblieben, um erst in jüngster Zeit etwas abzunehmen (vertiefend Heinz ZJJ 2014, 97; Heinz Sekundäranalyse S. 1092 ff.; Heinz Blindflug S. 58 ff.). Demgegenüber lässt die Entwicklung der Häufigkeit der Arbeitsauflage keinen unmittelbaren Zusammenhang zum JA erkennen.

Tabelle: Häufigkeit der Arbeitsauflage und des Dauer- sowie Freizeitarrests (außer zusammen mit Entschuldigung) und der Geldauflage auf 1.000 nach JStR Verurteilte (vgl. auch → § 15 Rn. 27 f., → § 105 Rn. 49).

Jahr	Dauerarrest	Freizeitarrest	Arbeitsauflage	Geldauflage
1968	173.9	196.2	–	324.9
1971	110.7	126.9	–	410.2
1974	97.3	106.0	–	404.7
1977	86.6	113.2	–	372.7
1980	78.5	111.3	–	380.5
1983	90.9	103.5	–	292.1
1986	83.6	103.5	–	295.4
1989	78.2	93.4	–	328.7
1992	83.6	69.9	206.0	271.2
1995	87.5	70.3	314.3	220.4
1998	92.7	81.3	358.7	190.5
2001	87.0	77.0	371.5	205.8
2004	92.7	81.2	432.2	158.7
2007	91.8	76.4	454.9	151.1
2010	92.7	74.2	437.5	141.6
2013	91.8	67.2	398.7	149.4
2016	91.0	62.1	388.1	151.5
2019	81,5	57,3	373,7	173,8
2021	71,5	47,8	294,0	215,2

7 Von in Deutschland in den Jahren 2007, 2010, 2013, 2016 und 2019 insgesamt 121.354, 108.464, 81.737, 61.728 und 59.084 nach JStR Verurteilten wurde JA (in absoluten Zahlen) bei 22.153, 19.892, 14.481, 10.776 und 9.291 Personen angeordnet. 2022 waren es 5.412 JA-Anordnungen bei 42.659 Verurteilten. Innerhalb der drei Formen von JA ist die Anwendung von Kurzarrest deutlich am seltensten. Die absoluten Zahlen der Verhängung in den genannten Jahren lauteten für Freizeitarrest 9.272, 8.054, 5.496, 3.832, 3.385 und 1.981, für Kurzarrest 1.740, 1.780, 1.227, 709, 468 und 269 sowie für Dauerarrest 11.141, 10.058, 7.503, 5.619, 4.813 und 2.778 (StrafSt Tab. 4.3 bzw. 24311-26). Auf prozentuale Anteile bezogen nimmt innerhalb der (generell zurückgehenden) JA-Verhängungen gerade die **eingriffsintensivste Form zu** (Eisenberg/Kölbel Kriminologie, § 37 Rn. 12 f.; Heinz Sekundäranalyse S. 1107 ff.; ferner Franzke RdJB 2018, 428 (429): „Verlagerung weg von den Kurz- und Freizeitarresten hin zum Dauerarrest“). Dabei währt der Dauerarrest offenbar meist ein oder zwei Wochen (so jedenfalls für NRW die Daten bei Bihs, Grundlegung, Bestandsaufnahme und pädagogische Weiterentwicklung (…), 2013, S. 324; ferner Lobitz/Wirth FS 2018, 326 (327): drei und vier Wochen jeweils ca. 10 % und zwei Wochen knapp 42 % aller Dauerarrestanten).

Bei **regionaler** Betrachtungsweise ergeben sich erhebliche Unterschiede (vgl. dazu bereits Pfeiffer MschKrim 1981, 28 (34); bezogen auf LG-Bezirke Pfeiffer/Strobl DVJJ-Journal 1991, 37). Nach den amtlichen Daten liegt die Häufigkeit der Anordnung von JA bezogen auf die Größe der betr. Bevölkerungsgruppe bspw. in Bay., Bln. und dem Saarl. deutlich über dem bundesweiten Durchschnitt, in BW, Sachs. und Bbg. dagegen deutlich darunter (Endres/Lauchs Bewährungshilfe 2018, 384 (387 f.); vertiefend Heinz Sekundäranalyse S. 1121 ff.). Auch wurde generell ein West-Ost-Gefälle berechnet (Kröplin, Die Sanktionspraxis im Jugendstrafrecht in Deutschland im Jahr 1997, 2002, S. 119 ff., 206 f. (für 1997)). **8**

2. Zugänge in JA-Vollzugsanstalten

Um die empirische Wirklichkeit des JA abzuschätzen, muss neben der Anordnung auch der **tatsächliche Zugang** berücksichtigt werden. Dies zeigt sich bereits in den nicht wenigen **zeitlichen** Verschiebungen. Zwar unterstreicht der Umstand, dass die Vollstreckung des JA gem. § 87 Abs. 4 S. 1 unzulässig wird, wenn seit Eintritt der Rechtskraft des auf JA lautenden Urteils zu viel Zeit (ein Jahr) verstrichen ist, das gesetzliche Anliegen, wonach der JA (als kurzfristiger Freiheitsentzug) aus erzieherischen Gründen **zügig einsetzen** soll. In der Praxis wird dies allerdings nicht immer sichergestellt (dazu mwN zu den hierzu vorliegenden Studien Heinz Sekundäranalyse S. 1081 f.; zu Zeiträumen von durchschnittlich nicht unter sechs Monaten oder gar bis zu neun Monaten zwischen Tat und Vollstr schon Pfeiffer MschKrim 1981, 28 (32); nach Schwegler, Der Dauerarrest als Erziehungsmittel für junge Straftäter, 1999, S. 218 f. im Durchschnitt 13 Monate (betr. Dauerarrest); vgl. erg. auch Schumann, Jugendarrest und/oder Betreuungsweisung/Giffey/Werlich, 1985, S. 37 ff.). Dies beruht (oder beruhte) auf den verfahrensmäßigen Vorgängen zwischen Anordnung und Beginn der Vollstr bzw. auf Verzögerungen und Aufschub infolge von Überfüllung der Unterbringungsmöglichkeiten (vgl. hierzu vormals zB Nolte, Die Rückfälligkeit Jugendlicher und Heranwachsender nach der Verbüßung von Jugendarrest, 1978). **9**

Unabhängig davon werden die in der StrafSt erfassten JA nicht notwendig auch umgesetzt (zB wegen später erfolgender Umwandlung in eine andere Maßnahme oder wegen Absehens von der Vollstreckung). Insofern sollten die **Zugangszahlen** geringer als die der Anordnungen sein. Die diesbzgl. (unveröffentlichte) behördeninterne Übersicht ergibt aber ein gegensätzliches Bild (eingehende Auswertung dieser Daten für die Jahre 1960 bis 2020 bei Heinz, FS Dölling, 2023, 544 ff.). Für die Zugänge in JA-Anstalten und Freizeitarresträumen betrugen in den Jahren 2006, 2009, 2012, 2015 und 2018 die Zahlen bei volljährigen Personen 21.891, 21.173, 19.633, 14.230 und 11.486, bei 16- bis unter 18-Jährigen 11.049, 10.111, 9.087, 6.968 und 6.130, und bei 14- bis unter 16-Jährigen 2.677, 2.658, 2.600, 1.911 und 1.659. In den (von der COVID19-Pandemie beeinflussten) Jahren 2021/22 lauteten die Werte: 9.226/8164, 3.939/3.539 und 728/798. Die im Vergleich zur JA-Anordnung (→ Rn. 6 ff.) **angehobene Größenordnung** erklärt sich teilw. mit der Mehrfachzählung bei Freizeitarrest sowie iÜ mit der Verhängung von **Nichtbefolgungsarrest** gem. § 11 Abs. 3 und § 98 Abs. 2 OWiG (s. erg. zum Kopplungsarrest → § 16a Rn. 5). Darauf weisen auch Einzeluntersuchungen hin, denen zufolge teilw 40 % (und mehr) der **10**

Belegung von JA-Anstalten auf Nichtbefolgungsarrest beruhen (→ § 11 Rn. 12; speziell für den Arrest nach § 98 Abs. 2 OWiG (→ § 11 Rn. 27 f.) vgl. Ernst/Höynck ZJJ 2018, 312 (318): je nach Anstalt bis zu einem Drittel).

3. Betroffene Gruppen

11 Bezogen auf **Altersgruppen** haben JA-Anordnungen in der Tendenz bei jüngeren Verurteilten eine etwas größere Bedeutung. So wurde in den genannten Jahren JA in 12.715, 11.280, 7.554, 5.637 und 5.262 Fällen ggü. Jugendlichen und in 9.438, 8.612, 6.927, 5.139 und 4.417 Fällen gegenüber Heranwachsenden verhängt. Bei Jugendlichen handelte es sich in 5.633, 4.820, 3.024, 2.169 und 2.113 Fällen um Freizeit-, in 983, (erneut) 983, 620, 353 und 245 Fällen um Kurz- und in 6.099, 5.477, 3.785, 2.820 und 2.548 Fällen um Dauerarrest, während die entsprechenden Zahlen – in gleicher Folge – bei Heranwachsenden 3.639, 3.234, 2.472, 1.663 und 1.458 bzw. 757, 797, 607, 356 und 224 sowie 5.042, 4.581, 3.718, 2.799 und 2.418 lauteten. 2022 entfielen von den 3.016 JA-Anordnungen bei Jugendlichen 1.489 auf Dauerarrest, bei den Heranwachsenden waren es 1.289 von 2.396 (StrafSt Tabelle 4.4 bzw. 24311-28 und 29).

12 Jugendliche und Heranwachsende, bei denen JA angeordnet wird, sind ganz überwiegend von wirtschaftlichen, psychischen und sozialisatorischen Problemlagen (teilw. erheblich) betroffen (vgl. dazu etwa Riechert-Rother, Jugendarrest und ambulante Maßnahmen, 2008, S. 221 ff.; Köhler/Bauchowitz/Weber/Hinrichs PraxRPsych 2012, 90; Bihs, Grundlegung, Bestandsaufnahme und pädagogische Weiterentwicklung (…), 2013, S. 332 ff.; Heinz ZJJ 2014, 97 (103); Endres/Lauchs Bewährungshilfe 2018, 384 (394 f.); Lobitz/Wirth FS 2018, 326 (327); Klatt/Bliesener, Evaluation des Jugendarrestvollzugs in Niedersachsen, 2020, S. 22 ff.; Ernst, Der Jugendarrest, 2020, S. 165 ff.; Drapinka/Köhler/Hagen ua RPsych 2024, 325 (336 ff.); sowie schon Hauser Jugendrichter S. 78 f.; Pfeiffer MschKrim 1981, 28; Rathke NK 3/1992, 9 (10); Eisenhardt, Gutachten über den Jugendarrest, 1989, S. 127 f.). Das gilt für Verurteilte jeden Geschlechts gleichermaßen. Weibliche Arrestinsassen geraten zwar häufiger wegen Schuleschwänzens und einer Anordnung gem. § 98 Abs. 2 OWiG in den JA, weisen aber kaum andere **Belastungsfaktoren** als männliche Insassen auf (vgl. Klatt Bewährungshilfe 2021, 395 (402 f.)).

12a Der Anteil derjenigen Insassen von JA-VollzAnstalten, bei denen zuvor **bereits eine stationäre** Sanktion (JA oder gar JStrafe) vollstreckt worden war, scheint seit dem letzten Viertel des 20. Jh. zumindest zeitweilig zugenommen zu haben (Riechert-Rother, Jugendarrest und ambulante Maßnahmen, 2008, S. 283 ff.; Heinz FS 2011, 76; für Bay. 2015/16 vgl. Endres/Lauchs Bewährungshilfe 2018, 384 (392): 36 % mit früherem JA; ähnlich für Hessen Ernst, Der Jugendarrest, 2020, S. 228). Nach der (unveröffentlichten) behördeninternen Übersicht über die **Zugänge** in JA-Anstalten und Freizeitarresträumen betraf dies in den Jahren 2006–2019 bei früherem JA 9.523, 9.853, 9.820, 9.858, 10.441, 10.431, 10.923, 10.459, 9.314, 8.139, 7.663, 6.788, 6.338, 6.298, 3.999 und 4.444 der Eingewiesenen und bei früherer Freiheits- oder JStrafe 1.818, 1.935, 1.882, 1.938, 1.890, 1.790, 1.532, 1.484, 1.490, 1.262, 1.093, 1.032, 1.034, 904, 422 und 629 Personen. 2021 waren dies 4.135 und 628. Inwieweit diese Zahlen durch eine Mehrfachzählung bei Freizeitarrest verzerrt werden und zu welchen Anteilen es sich um Personen handelt, bei denen die Arrestanordnung und -vollstreckung nur ersatzweise geschah (§ 11 Abs. 3, § 15 Abs. 3, § 23 Abs. 1 S. 4, § 29 S. 2, § 88 Abs. 6 S. 1), lässt die Übersicht nicht erkennen.

13 Im Übrigen scheint (Dauer-)Arrest bei **Nichtdeutschen** häufiger und mit längerer Dauer angeordnet zu werden als als bei Deutschen (so jedenfalls die älteren Daten von Pfeiffer/Strobl DVJJ-Journal 1991, 35 (43); Rathke NK 3/1992, 9 (9); Riechert-Rother, Jugendarrest und ambulante Maßnahmen, 2008, S. 212 ff., 245 ff.). Demgemäß liegen zudem Anhaltspunkte dafür vor, dass bei den durch JA sanktionierten Nichtdeutschen die psychosoziale Belastung bzw. Gefährdung im Vergleich zu deutschen Personen eine geringere ist (ablesbar an sozialen Faktoren und/oder dem Anteil sog. „Ersttäter" – vgl. etwa DVJJ/Pfeiffer/Savelsberg 1987, S. 30 f. und 371 f.; tendenziell einschränkend Dittmann/Warnitznig MschKrim 2003, 200 (203)). Dabei dürfte eine Rolle spielen, dass das Spektrum geeigneter ambulanter Sanktionen wegen der Sprachbarrieren eingeschränkt ist.

4. Befunde zum JA-Vollzug

14 Was die Möglichkeiten einer positiv fördernden, zukunftsgerichteten Einwirkung unter den Gegebenheiten des JA-Vollzugs angeht, sind zunächst einmal entspr. **Zielsetzungen** und **Gestaltungsvorgaben** zu konzedieren (n. → § 90 Rn. 15 ff.). Insofern gehen die landesrechtlichen Vorgaben über § 90 Abs. 1 S. 2 und 3 teilw. hinaus. Eine nur-repressive, dh nur freiheitsentziehende oder verwahrende Vollzugsdurchführung ist de lege late also nicht angelegt. Dies wäre auch offensichtlich dysfunktional, da die Betroffenen psychosozial oft stark belastet bzw. gefährdet sind (→ Rn. 12). Zusätzlich beeinträchtigende Interventionen könnten hier kaum positiv wirksam werden. Dennoch wird dem JA-System in **rechtstatsächlicher Hinsicht** allenfalls eine **geringe erzieherische Leistungsfähigkeit** zugetraut (vgl. auch → Rn. 17 f.; statt vieler etwa Reuther Elternrecht S. 133 ff.; Thalmann FS 2011, 79).

15 Insgesamt ist es bislang nur manchen Anstalten gelungen, einen sozialpädagogisch orientierten JA-Vollzug zu verwirklichen (zu inzwischen aufgebauten Maßnahmeangeboten und den damit erreichten Arrestantenanteilen s. für Sachs. die Beiträge in Redmann/Hußmann (Hrsg.), Soziale Arbeit im Jugendarrest, 2015, S. 216 ff.; für NRW Lobitz/Wirth FS 2018, 326 (328 f.); für Nds. differenzierend Klatt/Bliesener, Evaluation des Jugendarrestvollzugs in Niedersachsen, 2020, S. 31 ff.; vgl. ferner Gernbeck/Höffler/Verrel NK 2013, 307 (309 f.); relativierend aber noch Seidl/Holthuisen/Hoops ZJJ 2013, 292 (294)). Vielfach bestehen dagegen die **Ähnlichkeiten** mit einem kurzzeitigen **(Verwahr-)Strafvollzug** weiterhin fort (vgl. dazu bspw. die Beschreibungen der Vollzugssituation und der Alltagsgestaltung in vier Einrichtungen durch Kobes/Pohlmann ZJJ 2003, 370; zusf. zu den vorliegenden Befunden zur Vollzugswirklichkeit Kolberg/Wetzels PraxRPsych 2012, 113 (121 ff.); Bihs, Grundlegung, Bestandsaufnahme (…), 2013, S. 221 ff., 386 ff.; s. auch Jaeger, Zur Notwendigkeit und Ausgestaltung (…), 2010, S. 59 ff.; Kühndahl-Hensel, Der individualpräventive Schock im Jugendkriminalrecht, 2014, S. 112 ff.; Kaplan FS 2018, 313 (314 f.); Gammon KrimOJ 1 (2019), 250 (257 ff.)). Ohnehin ist die Realisierung nachhaltiger erzieherischer Ein-/Wirkungen schon durch den institutionellen Zwangs-

hintergrund erschwert. Hinzu kommt, dass die fraglichen Beziehungen immer nur passagerer Art und (va beim Freizeit- und Kurzarrest) stark limitiert sind. Dass die Lebens- und Arrestsituationen der Insassen durch die Bediensteten deutlich anders als durch die Betroffenen selbst eingeschätzt werden (Drapinka/Köhler/Hagen ua RPsych 2024, 325 (336 ff.), gibt einen deutlichen Hinweis auf diese Distanz. Unter solchen Bedingungen finden im Wesentlichen nur kurzzeitpädagogische Anstöße statt, die an sich auf eine nachvollzugliche Anknüpfung angewiesen und bei den stark problembelasteten Adressaten (→ Rn. 11 ff.) von begrenzter Wirkung sind (vgl. Endres/Suhling, Behandlung im Strafvollzug/Klatt/Bliesener, 2023, S. 457 ff. mit exemplarischen Maßnahmen).

16 Die Vollzugssituation dürfte daher durch Befunde, die die Förderlichkeit des JA-Vollzugs in Frage stellen, tendenziell zutr. erfasst und keineswegs verzeichnet werden. Das betrifft auch Befragungsdaten, die teilw. auf Angst machende und aggressiv stimmende Wahrnehmungen der Betroffenen (Müller, Haftschaden, 2016, S. 51 ff.) oder doch zumindest auf das Ausbleiben von „Besinnungs"-Prozessen hinweisen (Schwegler, Der Dauerarrest als Erziehungsmittel für junge Straftäter, 1999, S. 256 ff.; Schumann ZJJ 2014, 142 (144 f.)). Insgesamt wird die Einsperrung individuell wohl ganz unterschiedlich erlebt und empfunden (dazu auch Drapinka/Köhler/Hagen ua RPsych 2024, 325 (338 f.), ohne dabei aber Transformationsprozesse auszulösen, „die die Arrestzeit in der Retrospektive der Arrestanten bedeutsam werden" ließ (Eckold, Zeit im Arrest, 2018, S. 81 ff., 183; zu ähnlichen älteren Befunden zusf. Bihs, Grundlegung, Bestandsaufnahme (…), 2013, S. 231 ff.; zu Hinweisen auf eine insofern bessere Eignung von Trainingskursen s. Wellhöfer MschKrim 78 (1995), 42). Bis zu einer durchgehenden sozialpädagogischen Ausrichtung des JAVollzugs bleibt es also grds. noch höchst **zweifelhaft,** JA als eine mit Blick auf **§ 2 Abs. 1 zeitgemäße** Sanktionsform einzusetzen (zur dahingehenden Debatte auch Dollinger/Schmidt-Semisch Jugendkriminalität-HdB/Höynck/Ernst S. 682 ff.; s. auch (→ § 13 Rn. 9).

5. Daten zur Leistungsfähigkeit des JA

17 Schon **ältere** Untersuchungen haben idR eine **sehr hohe „Rückfälligkeits"**-Rate nach JA festgestellt (s. Schaffstein ZStW 1982 (1970), 853 ff. (860 ff. mN): etwa 60 % bis 70 %; Ostendorf (Hrsg.), Reform des Jugendarrests in Schleswig-Holstein, 1994, S. 25 f.: zumindest 62,5 %; Schumann, Jugendarrest und/oder Betreuungsweisung/Schumann/Döpke, 1985, S. 135 ff.: nach durchschnittlich 15 Monaten 72,5 % (Bremen) bzw. 81,1 % (Bremerhaven); niedriger aber Eisenhardt, Die Wirkung der kurzen Haft auf Jugendliche, 1980, S. 531). Dabei waren die Werte umso geringer, je „enger" die Auswahl bei der Verhängung des JA getroffen wurde (vgl. schon Schaffstein ZStW 1982 (1970), 853 ff.; s. auch Böhm/Feuerhelm JugendStrafR S. 214 f.). So lag die „Rückfälligkeits"-Quote derjenigen Probanden, die als „arrestgeeignet" galten (s. aber → Rn. 26), nach einem Zeitablauf von etwa vier bis fünf Jahren nach Entlassung aus dem Dauerarrest knapp über 50 % – deutlich unter der Folgebelastung der als „arrestungeeignet" geltenden Personen (vgl. etwa Arndt, Kriminologische Untersuchungen zum Jugendarrest, 1970, S. 119: 50,7 % bzw. 78,7 %; s. ferner die ähnlichen Aussagen in Untersuchungen von Klosterkemper, Erfolg und Mißerfolg ambu-

lanter Maßnahmen und des Dauerarrestes, 1971, S. 24 und Süssenguth, Jugendarrest in Bayern, 1973, S. 115). Nach Nolte (Die Rückfälligkeit Jugendlicher und Heranwachsender nach der Verbüßung von Jugendarrest, 1978, S. 139 f., 142) wurden 69,2 % wieder erfasst (bei Jugendlichen 78,2 %, bei Heranwachsenden 53,7 %). Dabei betrug die Quote bei den als „verwahrlost und schwer gefährdet" eingeordneten Personen 82,1 % und bei den „nicht oder nicht nennenswert Gefährdeten" 43,1 %.

Nach den neueren bundesweiten **BZR-Daten** wurde bei 63,7 % der 2010 18 Entlassenen innerhalb von drei Jahren eine neuerliche Eintragung und bei 34,2 % eine solche zu JA, Freiheits- oder JStrafe registriert. Für den Bezugsjahrgang 2003 betrugen die Rückfallraten nach drei, sechs, neun und zwölf Jahren ca. 66 %, 76 %, 78 % und 80 % (JAHT, Legalbewährung, 2021, S. 144). Dies bleibt nur wenig hinter den Werten für JStrafen ohne und mit Aussetzung zBew zurück. Zu ganz ähnlichen Ergebnissen gelangen auch neuere Regionaluntersuchungen (vgl. für BW Gernbeck/Hohmann-Fricke ZJJ 2016, 362; für SchlH Klatt/Bliesener, Evaluierung des Jugendarrestes in Schleswig-Holstein, 2018, S. 32 ff.; für Thür. Niggli/Marty, Risiken der Sicherheitsgesellschaft/Giebel/Ritter, 2014, S. 199). Jüngere **Befragungen** ergaben eine allenfalls sehr moderate Verbesserung bei „kriminalitätsrelevanten Kompetenzen und Einstellungen der Arrestierten" (Bliesener/Klatt unsere jugend 2019, 465 (468); n. Klatt/Bliesener, Evaluation des Jugendarrestvollzugs in Niedersachsen, 2020, S. 63 ff.; nahezu gar keinen Effekt bei Heubeck/Endres FS 2019, 301 (303); zusammenfassend auch Endres/Suhling, Behandlung im Strafvollzug/Klatt/Bliesener, 2023, S. 459 ff.).

IV. Anordnungskonstellationen

1. Probleme der praktischen Zielgruppenbestimmung

Die diffuse und unklare Zweckbestimmung (→ Rn. 4) ist für die Frage, 19 wann bzw. bei wem JA angezeigt sein könnte, nur wenig ergiebig. Deshalb wurde schon frühzeitig versucht (vgl. Peters ZStW 1941, 551 (559); sodann BGHSt 18, 207 (209) = NJW 1963, 770 (771)), der konzeptionellen Unterbestimmtheit mit charakteristischen Anwendungsbsp. zu begegnen und hierfür an Beweggründe und tatsituative Umstände anzuknüpfen. Das hat zu einem weiten Katalog an **Tathintergründen** geführt (zB Verfehlungen aus Unachtsamkeit, aus jugendlichem „Kraftgefühl" und Übermut, aus typisch jugendlichen Neigungen und jugendlichem „Vorwärtsstreben", jugendlicher Trotzhaltung, jugendlicher Abenteuerlust und mangelnder Selbstständigkeit). Dass dem eine entwicklungspsychologische Basis und nicht nur eine Zuschreibung durch institutionell eingebundene Erwachsene zugrunde lag, war allerdings fraglich. Ohnehin blieb hier unklar, inwieweit dies das spezifische Anwendungsfeld des JA oder nicht vielmehr allg. Kennzeichen von Jugenddelinquenz erfasste. Das betrifft im Grunde auch Hinweise auf situativ bestimmte Gelegenheits- und Augenblicksverfehlungen oder Taten aus „schlichter Bedenkenlosigkeit" (darauf verweisend aber Tonhauser/Geiger/Gillig ua DVJJ-Journal 1991, 275).

Ungeachtet aller Einwände wird in der Praxis regelmäßig ein klarer Bedarf 20 an der Rechtsfolge des JA artikuliert (Westfalen-Lippe/Winkelmann, Neue ambulante Maßnahmen, Jugendarrest und Warnarrest, 2021, S. 172 ff.; s.

auch → Rn. 24 f.). Neben den gesetzlichen Voraussetzungen zur Anordnung von JA finden dabei aber offenbar anhaltend andere Kriterien Berücksichtigung (zu „Missbräuchen“ s. Eisenhardt, Gutachten über den Jugendarrest, 1989, S. 118, 121, 152). Dies scheint besonders für eine generalpräventiv motivierte Anwendung zu gelten, obwohl dies im JStR nicht angängig ist (vgl. → § 17 Rn. 6 f.; → § 18 Rn. 43). Höchst problematisch und grds. unzulässig ist es auch, dem Beschuldigten zur Begründung der Verhängung von JA eine etwa fehlende Kooperation in einem vorangegangenen Diversionsversuch (OLG Hamm BeckRS 2005, 13155) oder sein erlaubtes **Verteidigungsverhalten** (bzw. den Mangel an Reue usw) anzulasten (vgl. n. auch → § 17 Rn. 36, → § 18 Rn. 31, → § 21 Rn. 27). Das gilt idR ebenso für das Verhalten in der HV (vgl. n. → § 50 Rn. 13; verfehlt daher LG Augsburg BeckRS 2015, 15024: „indiskutables Prozessverhalten (…) grundsätzlich geeignet, Erkenntnisse hinsichtlich des Nacherziehungsbedarfs eines Angeklagten zu gewinnen“).

2. Allg. Negativkriterien

21 Die Herausbildung einer „Indikation“, dh personen- und tatbezogener Merkmale, bei denen JA angezeigt sein könnte, ist bis heute weder in der Literatur noch in der Rspr. erfolgt (ebenso Dollinger/Schmidt-Semisch Jugendkriminalität-HdB/Höynck/Ernst S. 671 f.). Es zeichnen sich für die Maßnahmeeignung allenfalls vage Rahmensetzungen ab. So wird angenommen, die erforderliche Ansprechbarkeit setze ein gewisses Niveau **geistiger Entwicklung** voraus. Aus diesem Grunde sei im Allg. bei den 14- und 15-jährigen Verurteilten eine nur zurückhaltende Anwendung dieser Rechtsfolge angezeigt, da Personen dieser Altersgruppe vielfach eine entsprechende Reife noch fehle (Dallinger/Lackner Rn. 20). Umgekehrt soll die Anordnung des JA bei Personen, die das 21. Lbj. im Entscheidungszeitpunkt (deutlich) überschritten haben, jedenfalls nicht mit erzieherischen Erwägungen begründbar sein – sei es, weil sich dies angesichts der zw. Eignung (BeckOK JGG/Pütz Rn. 63) oder unter normativen Aspekten (Wegfall des staatlichen Erziehungsrechts) verbiete (BGH NStZ 2016, 680 (681); zur Problematik n. → § 18 Rn. 57).

22 Überhaupt lassen sich anstelle einer „positiven Indikation“ (bzw. echter Arresteignungsmerkmale) am ehesten negative, die Anordnung von JA **ausschließende Kriterien** bestimmen (ähnlich NK-JGG/Ostendorf Rn. 5 ff.; für die Positivierung eines die JA-Verhängung ausschließenden Negativkatalogs Franzke RdJB 2018, 428 (442)). So müssen die Risiken zukunftsschädigender, mit dem Erziehungsauftrag **(§ 2 Abs. 1)** nicht zu vereinbarender Auswirkungen, die dem JA innewohnen, stets berücksichtigt werden. Anerkannt ist deshalb, dass JA nicht gleichsam schematisch angeordnet werden darf, wenn gegen den Jugendlichen bislang nur ein eingestelltes Verfahren geführt worden war (OLG Hamm StV 2020, 696 (Ls.) = BeckRS 2020, 25558) oder wenn er erstmals jugendstrafrechtlich verfolgt wird und ein Erziehungsbedürfnis im Sinne einer längerfristigen Einwirkung iSv § 9 fehlt. Hier spricht iÜ auch die Unsicherheit, die mit Blick auf die erzieherische Eignung besteht, für einen Verzicht auf den JA. Im Allg. kaum oder gar nicht geeignet ist die Verhängung von JA als „Einstiegsarrest“ neben der Aussetzung der Verhängung der JStrafe (n. → § 8 Rn. 14).

3. Vorherige Freiheitsentziehung als Ausschlussgrund?

Verbreitet gilt JA (unbeschadet § 5 Abs. 2) ggü. Jugendlichen oder Heranwachsenden, die **bereits** (in geschlossenen Formen der Heimerziehung oder) im JA-Vollzug oder im JStrafvollzug (bzw. gar im Freiheitsstrafvollzug) **untergebracht** (gewesen) sind, als **nicht** oder nur wenig **geeignet** (stellvertretend Brunner/Dölling Rn. 15 f.; Streng JugendStrafR Rn. 411; Nöding Verteidigung Rn. 94). Bei einem solchen biografischen Hintergrund bestehen in der Tat einschlägige Anstaltserfahrung wie auch Anhaltspunkte für eine diesbzgl. Nicht-Ansprechbarkeit des Jugendlichen (oder aber für ein Versagen der jeweiligen Institution). Bedeutung könnte dabei auch der Überlegung zukommen, wonach gerade der wiederholte JA (va bei „abschreckender" Ausgestaltung) womöglich Gewöhnungseffekte zeitige, mit denen die Aussicht auf eine JStrafe ihre etwaige Eindrücklichkeit verliert (vgl. schon DVJJ/Schumann 1987, S. 410). Eine Kontraindikation begründet all dies allerdings nur, wenn man den JA als Anstoß zu einer „Selbstbesinnung" versteht, die sich in den vorgenannten Fällen kaum erwarten lässt. Sofern man die Idee eines „short sharp shocks" als Funktionsgrundlage des JA dagegen ohnehin nicht für tragfähig hält (→ Rn. 17 f.), ist eine frühere Anstaltsunterbringung für die JA-Eignung irrelevant. 23

In den Vordergrund rückt dann allein der Aspekt, dass statt einer **wiederholten** Verhängung von **JA** idR eine länger dauernde freiheitsentziehende Rechtsfolge anzuordnen wäre. Da es sich dabei vielfach nur um eine JStrafe handeln kann, die als Sanktion eine deutlich intensivere Eingriffswirkung bei ebenfalls stark begrenzter „Erfolgsrate" aufweist, ist dabei jedoch Zurückhaltung geboten. Vielmehr kann hier eine **„Ersatzfunktion"** des JA als „das kleinere Übel" (Streng JugendStrafR Rn. 412) zum Tragen kommen, was die kontraindizierende Wirkung früherer Freiheitsentziehungen vollends relativiert. In der Praxis (s. auch → Rn. 12) wird (wiederholter) JA deshalb zu Recht ua deshalb angeordnet, weil Hilfen zur Erziehung nach § 12 Nr. 2 nicht in Betracht kommen (vgl. auch → § 12 Rn. 21) und ansonsten nur der „Sanktionssprung" zur JStrafe mit deren deutlich höherem Mindestmaß zur Debatte steht (empirisch zu diesen Austauschprozessen zwischen JA und JStrafe etwa Heinz ZJJ 2014, 97 (103)). 24

Im Übrigen gibt es Konstellationen, in denen ein wiederholter JA idR **zweckmäßiger** als JStrafe ist. Dies gilt namentlich dort, wo die neuerliche Verurteilung ein Fahrlässigkeits- oder ein als geringfügig beurteiltes Vorsatzdelikt betrifft, wo die Tat einen anderen Entstehungszusammenhang als das Vordelikt aufweist, wo die vorausgegangene Verurteilung (bzw. die dem zugrunde liegende Verfehlung) längere Zeit zurückliegt oder schließlich wo zunächst mit Freizeit- oder Kurzarrest geahndet wurde, sodass im nunmehrigen Dauerarrest eine Steigerung liegt. Die Frage, ob eine bereits erfolgte JA-Anordnung gegen eine neuerliche Anordnung spricht, ist also allein im **Einzelfall** zu beantworten (wofür die von Gesetzes wegen zu erstellenden JA-Schlussberichte (vgl. → § 90 Rn. 30a) bei methodenkritischer Auswertung gewisse Informationsquellen bieten können). Dort, wo der JA-Vollzug tatsächlich sozialpädagogischen Charakter hat, ist eine wiederholte JA-Anordnung der JStrafe sogar vielfach vorzuziehen. Bei früher vollstrecktem JA stattdessen eine pauschale bzw. generalisierende Negativindikation für eine neuerliche Anordnung anzunehmen, scheint eine Logik der Sanktionseskala- 25 tion zu verbrämen und damit den institutionellen Belangen eher als denen der Verurteilten zu entsprechen.

26 Insgesamt fehlt es nicht nur an diesem Punkt, sondern generell an Möglichkeiten der Definition, Abgrenzung und Erhebung, um die **„Arrestungeeignetheit"** jugendlicher Personen methodisch verlässlich zu konstatieren (Dollinger/Schmidt-Semisch Jugendkriminalität-HdB/Höynck/Ernst S. 671). Der Hinweis auf Jugendliche mit ausgeprägter Alkohol- oder Drogenabhängigkeit (Brunner/Dölling Rn. 29; Weber/Kornprobst/Maier/Maier BtMG Vor §§ 29 ff. Rn. 1670) oder mit schweren Sozialisationsdefiziten (Streng JugendStrafR Rn. 411), bei deren besonderen Problemlagen der JA von vornherein keine Hilfestellung zu geben vermag, verweist hier indes auf eine vage orientierende Tendenz. Im Ganzen gesehen gilt es jedoch, bei der Anwendung von § 16 einer Linie zu folgen, wonach JA angesichts der Eingriffsschwere nur bei mindestens mittelschweren Delikten zulässig ist, wobei das eng begrenzte erzieherische Potenzial des JA einen zurückhaltenden Gebrauch erforderlich macht, der sich am ehesten in prinzipiell auch für JStrafe in Betracht kommenden Fällen rechtfertigen lässt.

V. Arrestarten

1. Gesetzliche Unterteilung

27 Der JA ist in den Formen eines **Freizeit-, Kurz-** oder **Dauerarrestes** vorgesehen (Abs. 1). Im Unterschied zum Dauerarrest soll der Freizeitarrest (Abs. 2) ohne negative Auswirkungen va auf den Arbeits- und Ausbildungsbereich des Verurteilten sein. Das Gleiche gilt für den Kurzarrest, der aus erzieherischen Gründen ersatzweise „statt des Freizeitarrestes" (Abs. 3 S. 1) verhängt wird. Seit dem 1. JGGÄndG ist die Zahl der Freizeiten auf höchstens zwei beschränkt (Abs. 2), womit ua dem verschiedentlich festgestellten Gewöhnungseffekt Rechnung getragen wurde. Dass Freizeit- und Kurzarrest tatsächlich folgenarm und durchgehend ohne weitere Beeinträchtigungen umsetzbar sind, muss man indes bezweifeln. Die schädlichen Auswirkungen in der Lebenswelt des Betroffenen werden aber idR deutlich geringer als beim Dauerarrest sein.

28 **Freizeitarrest** darf immer nur während der Freizeit vollzogen werden (so noch ausdrücklich RL 1 aF). Wird nach Ladung des Verurteilten zum Arrestantritt die hierfür vorgesehene Freizeit durch schulisch oder beruflich gerechtfertigte Gründe beansprucht, muss die Vollstr auf eine spätere Freizeit verschoben werden (vgl. n. → § 87 Rn. 3; vgl. auch schon Dallinger/Lackner Rn. 9a). Von wann bis wann eine Freizeit konkret dauert, ist in § 16 nicht normiert. Im Alltagsleben hat sich ihr ursprünglicher Beginn (Samstagmittag) in den zurückliegenden Jahrzehnten an sich nach vorn verschoben, weil die wöchentliche Arbeitszeit Jugendlicher vielfach nur noch bis zum Freitagnachmittag reicht. Gleichwohl setzt der Freizeitarrest in Orientierung an § 25 Abs. 3 JAVollzO üblicherweise am Samstag um 08.00 Uhr bzw. um 15.00 Uhr ein (vgl. aber Kobes/Pohlmann ZJJ 2003, 376 mit Bsp. für „Freitag bis 17.00 Uhr"). Ende ist (spätestens) am Montagmorgen (07.00 Uhr), bei entspr. lokaler Handhabung auch am Sonntagabend (hierzu n. BeckOK JGG/Pütz Rn. 24 ff.). Eine Freizeit sollte jedenfalls nicht länger als für die Dauer von insgesamt 48 Stunden angeordnet werden, weil es sonst zu

Widersprüchen mit dem Umwandlungsmaßstab für den Kurzarrest (Abs. 3 S. 2) käme.

Kurzarrest fungiert nach Abs. 3 als **Ersatzform** des **Freizeitarrestes** für jene Fälle, in denen der Freizeitarrest aus erzieherischen Gründen unzweckmäßig ist oder nicht in Betracht kommt. Für die Frage, ob sich Kurzarrest besser eignet, kommt es auf die zeitlichen Freiräume des Jugendlichen an (also zB auch auf Schul- oder Ausbildungszeiten bzw. -termine, Ferien bzw. Urlaub, sog. „Brückentage" usw), wobei diese Aspekte nach den tatvorwurfsbezogenen Ermittlungen (einschließlich der Befragungen) während der HV zu klären sind. Wird die Unzweckmäßigkeit des Freizeitarrests erst nachträglich er- oder bekannt, kommt gem. § 86 bis zum Vollzug noch eine ersatzweise Umwandlung in einen Kurzarrest in Betracht. Im Regelfall handelt es sich bei Kurzarrest allerdings – ungeachtet des Normtextes in Abs. 3 S. 2 („statt") – nicht um einen umgeänderten Freizeitarrest, sondern um eine unmittelbar bzw. von vornherein angeordnete, eigene Sanktion. Dabei darf Kurzarrest höchstens vier Tage dauern (Abs. 2 iVm Abs. 3 S. 2). Was die **Umrechnung** anbelangt (Abs. 3 S. 2), können aber durchaus auch drei Tage Kurzarrest an die Stelle von zwei Freizeiten treten (ebenso etwa Diemer/Schatz/Sonnen/Sonnen Rn. 21; abw. NK-JGG/Ostendorf Rn. 11). 29

Dauerarrest erstreckt sich gem. Abs. 4 auf einen zusammenhängenden Zeitraum von höchstens vier Wochen (nicht also einen Monat). Die **Mindestdauer** beträgt eine Woche (Abs. 4 S. 1), wobei es faktisch zu deren Unterschreitung kommen kann, wenn der Vollstreckungsleiter gem. § 87 Abs. 3 S. 1 Alt. 2 von der Vollstr eines JA-Restes absieht. Die vierwöchige Maximaldauer darf dagegen **nicht überschritten** werden – auch nicht dadurch, dass mit Blick auf eine (neben dem JA) angeordnete Weisung oder Auflage im Vollstreckungsverfahren zusätzlich ein sog. Beschlussarrest (§ 11 Abs. 3, § 15 Abs. 3 S. 2) verhängt wird (→ § 11 Rn. 21). Angesichts dieser Kumulationsproblematik ist die Verbindung von JA mit einer nach dessen Vollstr durchzuführenden „Nachbetreuungsweisung" gem. § 10 Abs. 1 S. 3 Nr. 5 (s. auch Eisenhardt, Gutachten über den Jugendarrest, 1989, S. 143, 157; vgl. für Hmb. DVJJ/Holtfreter 1984, S. 449) nicht unbedenklich. – Gleichermaßen unzulässig wäre es iÜ, die zeitliche Höchstgrenze durch die kombinierte Anordnung verschiedener Arreste bzw. Arrestarten zu überschreiten (zumal eine solche Verbindung schon deshalb ausscheidet, weil es sich bei den drei JA-Varianten lediglich um unterschiedliche Spielarten ein- und desselben Zuchtmittels handelt). 30

2. Auswahl und Bestimmung

a) Freizeit- und Kurzarrest. Bei fahrlässigen und geringfügigeren vorsätzlichen Vergehen mit vergleichsweise geringer Schuld ist in Ausnahmefällen (wenn überhaupt) allein Freizeit- und Kurzarrest verhältnismäßig. Abgesehen von dieser Grenzsetzung bestimmt sich die Wahl zwischen den verschiedenen Arrestformen anhand der fallkonkreten erzieherischen Geeignetheit (§ 2 Abs. 1). Diesbzgl. gelten zunächst einmal die obigen skeptischen Erwägungen zum **spezialpräventiv orientierten Einsatz** von JA (vgl. → Rn. 19 ff.). Speziell bei Freizeit- und Kurzarrest ist darüber hinaus zu berücksichtigen, dass es sich hierbei mit besonderer Deutlichkeit um eine Nur-Einsperrung handelt, deren Kurzzeitigkeit jede sozialpädagogische Ausgestaltung de facto nahezu ausschließen muss (tendenziell abw. RL 2). Dass 31 bei einer derartigen Maßnahme eine erzieherische Funktion realisiert werden kann, ist nicht zu erkennen (ebenso etwa schon Eisenhardt, Die Wirkung der kurzen Haft auf Jugendliche, 2. Aufl. 1980, S. 80; vgl. auch Bruns, Jugendliche im Freizeitarrest, 1984, S. 155; Schumann, Jugendarrest und/oder Betreuungsweisung/Schumann/Döpke, 1985, S. 116, 118). Die Existenzberechtigung der beiden kurzen Arrestformen (für eine Abschaffung bereits der Fachausschuss der BAG der LJÄer in DVJJ 1991, 453; Resolution DVJJ-Journal 2002, 447; tendenziell ähnlich Wulf FS 2011, 106 f.; zum bloßen Einschluss vgl. Befragung von Hinrichs DVJJ-Journal 1999, 269) liegt also ausschließlich darin, eine Alternative zum Dauerarrest und dessen Nebenwirkungen (→ Rn. 27) zu bieten. Allein dies bildet dann auch ihre „spezialpräventive Indikation".

32 **b) Bemessung des Dauerarrests.** Als Länge des Dauerarrestes darf jede Tageszahl von 7 bis 28 bestimmt werden. Eine an der Wirksamkeit orientierte, konkrete Festlegung des jeweiligen Zeitraums kann indes nicht ohne dezisionistische Anteile bleiben und sich wegen der jeweiligen personalen und sozialen Besonderheiten des Verurteilten sowie der fraglichen Vollzugsbedingungen auch kaum in tragfähigen Orientierungswerten verdichten lassen. Das Gericht muss jedenfalls die soziale und persönliche Situation des Jugendlichen, dessen vermutliche Anpassung an die Vollzugsbedingungen und die diesbzgl. Gegebenenheiten berücksichtigen. Die Offenheit dieser Bemessungsentscheidung erklärt, warum der mit der Vollzugsleitung befasste JRichter – der gem. § 85 Abs. 1 auch Vollstreckungsleiter ist – den Dauerarrest durch ein teilw. Absehen von der Vollstr korrigierend abkürzen darf (zu § 87 Abs. 3 S. 1 bereits → Rn. 30). Im Hinblick auf die prinzipiellen Bedenken ggü. einer erzieherischen Wirksamkeit des JA sollte das Höchstmaß nur in besonderen Fällen angeordnet werden. Ganz in diesem Sinne wird JA, dessen Dauer zwei Wochen übersteigt, vielfach wegen der **negativen Auswirkungen** auf den Jugendlichen meist auch rechtspraktisch auf Ausnahmen reduziert (vgl. dazu → Rn. 7; ferner Schumann, Jugendarrest und/oder Betreuungsweisung/Schumann/Döpke, 1985, S. 116; Schwegler, Der Dauerarrest als Erziehungsmittel für junge Straftäter, 1999, S. 256 f.; Heinz Sekundäranalyse S. 1087 f.; krit. ggü. dem „kurzen Dauerarrest" Eisenhardt, Gutachten über den Jugendarrest, 1989, S. 142; Koepsel FS Böhm, 1999, 626).

33 War der Anordnung von Dauerarrest eine rechtsstaatswidrige **Verfahrensverzögerung** vorausgegangen, ist zu deren Kompensation schon wegen der freiheitsentziehenden und ahndenden Elemente des JA (§ 13 Abs. 1) auch hier – ebenso wie bei der JStrafe (n. → § 18 Rn. 44 ff.; betr. Geldauflage → § 15 Rn. 26) – die sog. „Vollstreckungslösung" anzuwenden (BGH NStZ-RR 2014, 119 (120); abw. OLG Hamm NStZ 2012, 576 mkritAnm Braun StRR 2012, 110 („de facto Ungleichbehandlung im JStV")).

VI. Verfahrensrechtliche Aspekte

1. Urteilsinhalte

34 Die Fassung des Urteils (vgl. → § 54 Rn. 11) darf nicht darüber hinweggehen, dass eine Freiheitsentziehung veranlasst wird, aber auch nicht sugge-

rieren, dass es sich dabei um eine Strafe oder nur-vergeltende Maßnahme handele. – Eine (stets begründungsbedürftige) **Umwandlung** von Freizeitarrest in Kurzarrest (Abs. 3) und eine entsprechende **Umrechnung** ist nur in den Gründen darzulegen, nicht hingegen im Urteilsspruch zum Ausdruck zu bringen (vgl. auch → § 54 Rn. 11, 33, s. aber auch → § 55 Rn. 37).

War es in dem Verfahren zu **U-Haft** oder einer vorläufigen Unterbringung gekommen, kann der Richter gem. § 52 im Urteil bestimmen, dass der verhängte JA nur teilw. oder gar **nicht vollstreckt** werden soll. Erforderlich ist dafür die bereits eingetretene Erreichung des mit dem JA verfolgten Zwecks. Ungeachtet der Unklarheit, was mit JA angezielt und erreicht werden kann, wird diese Voraussetzung wegen der vom Betroffenen erlebten Freiheitsentziehung regelhaft bejaht (n. → § 52 Rn. 9). 35

2. Alsbaldige Vollstreckung

Die Vollstreckung des JA richtet sich nach **§§ 82–87,** der **Vollzug** nach **§ 90** und den einschlägigen Landesgesetzen. Dabei wird idR ein Bedürfnis nach einem raschen Vollzugsbeginn bejaht (vgl. auch § 4 JAVollzO). Im Hinblick hierauf regt man teilw. an (vgl. Brunner/Dölling Rn. 25; BeckOK JGG/Pütz Rn. 83), dass der Vollzugsleiter (§ 90 Abs. 2 S. 2) dem JRichter des Einzugsbereichs der jeweiligen JA-Anstalt die allg. Zustimmung erteilt, den rechtskräftig Verurteilten unmittelbar zum Arrestantritt zu laden (vgl. dazu auch noch RL V. Nr. 1 S. 2 zu §§ 82–85 aF: „Sofortvollstreckung" im Anschluss an die HV). In der Praxis scheint dies kaum zu geschehen. 36

Außerdem wird oder wurde aus Beschleunigungsgründen bisweilen empfohlen, den Jugendlichen in der HV zwar über die Rechtsmittel und ihre Tragweite zu belehren (zur erforderlichen Geeignetheit § 70b Abs. 1), ihn bzw. seinen Verteidiger und seine Erziehungsberechtigten „in allen glatten Fällen" jedoch zum Rechtsmittel**verzicht** „zu veranlassen" (Dallinger/Lackner Rn. 30; BeckOK JGG/Pütz Rn. 78 f.). Das ist schon deswegen fragwürdig, weil mitunter erst das Rechtsmittelverfahren darüber Aufschluss zu geben vermag, ob es sich bei einem vermeintlich „glatten" Fall tatsächlich um einen solchen handelt. Ein Geständnis ist – auch angesichts seines Fehlerpotenzials (n. → § 70c Rn. 9 ff.) – für sich genommen dafür grds. kein geeignetes Kriterium (vgl. Greenspan/Scurich Law & Human Behavior 2016, 650: Geständnisbewertung variiert je nach Bewertung der sonstigen Beweislage). 37

Jugendarrest neben Jugendstrafe

16a (1) **Wird die Verhängung oder die Vollstreckung der Jugendstrafe zur Bewährung ausgesetzt, so kann abweichend von § 13 Absatz 1 daneben Jugendarrest verhängt werden, wenn**

1. **dies unter Berücksichtigung der Belehrung über die Bedeutung der Aussetzung zur Bewährung und unter Berücksichtigung der Möglichkeit von Weisungen und Auflagen geboten ist, um dem Jugendlichen seine Verantwortlichkeit für das begangene Unrecht und die Folgen weiterer Straftaten zu verdeutlichen,**
2. **dies geboten ist, um den Jugendlichen zunächst für eine begrenzte Zeit aus einem Lebensumfeld mit schädlichen Einflüssen heraus-**

zunehmen und durch die Behandlung im Vollzug des Jugendarrests auf die Bewährungszeit vorzubereiten, oder

3. dies geboten ist, um im Vollzug des Jugendarrests eine nachdrücklichere erzieherische Einwirkung auf den Jugendlichen zu erreichen oder um dadurch bessere Erfolgsaussichten für eine erzieherische Einwirkung in der Bewährungszeit zu schaffen.

(2) **Jugendarrest nach Absatz 1 Nummer 1 ist in der Regel nicht geboten, wenn der Jugendliche bereits früher Jugendarrest als Dauerarrest verbüßt oder sich nicht nur kurzfristig im Vollzug von Untersuchungshaft befunden hat.**

Schrifttum: Gernbeck, Stationäres soziales Training im (Warnschuss-)Arrest, 2017; Klatt/Ernst/Höynck ua, Evaluation des neu eingeführten Jugendarrestes neben zur Bewährung ausgesetzter Jugendstrafe (§ 16a JGG), 2016; Kubink/Springub, Der „Warnschussarrest" – oder wie man einen „Untoten" wiederbelebt, 2019; Schmidt, Die Koppelung von Jugendarrest und bedingter Jugendstrafe als sog. „Warnschussarrest" gem. § 16a JGG, 2020.

Übersicht

I. Grundlagen

1. Anwendungsbereich

1 Es gelten die Erl. in → § 13 Rn. 1, 2 entsprechend.

2. Rechtspolitische Einordnung

2 **a) Kritikwürdigkeit des Normzwecks.** Die Vorschrift wurde mit Gesetz v. 4.9.2012 (BGBl. I 1854) in das JGG implementiert (gem. RegE v.

24.4.2012 (BT-Drs. 17/9389)). Sie trägt eine gewichtige **Ausnahme** vom Prinzip der **Einspurigkeit** stationärer Sanktionen (→ § 8 Rn. 6) in das JStR hinein und ermöglicht Sanktionskombinationen von innerer Widersprüchlichkeit (→ § 8 Rn. 14). Zwar greift sie ein allg. rechtspolitisches Drängen nach Einführung einer entsprechenden Arrestform auf (vgl. etwa Art. 1 Nr. 1 RE-1. JGGÄndG 1983 sowie BT-Drs. 14/3189, 15/1472, 15/3422, 16/1027; zu entsprechenden Auffassungen in der Justiz s. Jansen, Stärkere Punitivität? – Ergebnisse einer Onlinebefragung (…), 2015, S. 230; Boers/Schaerff/Kaspar/Schmidt Kriminologische Welt S. 391; Westfalen-Lippe/Winkelmann, Neue ambulante Maßnahmen, Jugendarrest und Warnarrest, 2021, S. 196). Doch von Seiten der Wissenschaft (und Teilen der Praxis) war man dem regelmäßig entgegengetreten (stellvertretend Heinz ZJJ 2008, 60 (62 f.); tolerierend für einzelne Fallgruppen aber Verrel/Käufl NStZ 2008, 181; Müller-Piepenkötter/Kubink ZRP 2008, 176; Radtke ZStW 121 (2009), 416 (428)). Gestützt wurde die Normeinführung denn auch von einer teilweise sachfremden und dramatisierenden Rhetorik (krit. etwa Kreuzer ZRP 2012, 101; zum „Wahlkampf-Kalkül" schon Breymann/Sonnen NStZ 2005, 673).

Ein **Bedarf** an einem Kopplungsarrest bestand (und besteht) **nicht.** In der 3
bis 2012 geführten Debatte (dazu eingehend Gernbeck, Stationäres soziales Training (…), 2017, S. 48 ff.) wurde von den Befürwortern hervorgehoben, dass solche Verurteilte, bei denen die verhängte JStrafe zBew (oder deren Verhängung) ausgesetzt wird, weniger spürbar belastet seien als andere Beteiligte, bei denen es (nach ähnlichen oder gar gemeinsam begangenen Handlungen) wegen der Verneinung „schädlicher Neigungen" zu JA kommt. Eine solche Diskrepanz habe eine erzieherisch eher abträgliche Signalwirkung (zumal Entscheidungen gem. §§ 21, 27 als Quasi-Freispruch missverstanden werden könnten). Dabei wurde indes die Belastungs-, Kontroll- und Sozialisierungswirkung der bewährungsergänzenden Maßnahmen, die das Gesetz bei nicht vollstreckter bzw. nicht verhängter JStrafe vorsieht (§§ 22 ff. und §§ 29, 23 ff.), nur unzureichend berücksichtigt (diese Maßnahmen ebenfalls für ausreichend haltend bspw. Ayass Bewährungshilfe 1984, 197; Herrlinger/Eisenberg NStZ 1987, 177; Dünkel/Flügge/Lösch/Pörksen ZRP 2010, 175 (177 f.); Kreuzer ZRP 2012, 101 (102)). Zudem lassen Anordnungen gem. § 16a **kaum positive Effekte** erwarten (vgl. die entspr. Rückfallraten für Bay. bei Boers/Schaerff/Kaspar/Schmidt Kriminologische Welt S. 391 f.; vertiefend Schmidt, Die Koppelung von Jugendarrest (…), 2020, S. 612 ff.; hierzu auch → § 16 Rn. 20). Berücksichtigt man etwa, dass JA und JStrafe an sich für ganz unterschiedliche Verurteiltengruppen vorgesehen sind (→ § 8 Rn. 14; s. aber auch → § 16 Rn. 23 ff.) und dass es im Vollzug des Kopplungsarrestes daher zu unüberbrückbaren Divergenzen kommen muss (Wulf FS 2011, 106), ist es wenig überzeugend, dass in Grenzfällen gerade durch die Anordnung des JA eine günstige Prognose und damit auch eine Aussetzung zBew erreichbar sein soll (aber → Rn. 7). Kaum stimmig ist das oft geäußerte Ziel, der gekoppelte Arrest solle als „Warnschuss" die Mitwirkungsbereitschaft in der parallel laufenden BewZeit fördern, da das hierfür erforderliche Vertrauen durch ein freiheitsentziehendes Zwangsmittel schwerlich begründet wird (Eisenberg NJW 2010, 1507 (1509); Hügel Bewährungshilfe 1987, 53; abl. aus der Praxis des JA-Vollzugs statt vieler schon Hinrichs Bewährungshilfe 1987, 56). In der Vollzugswirklichkeit ist vor und während des Kopplungsarrestes ohnehin oft schon gar

kein Kontakt mit dem BewHelfer gegeben (Befunde bei Gernbeck, Stationäres soziales Training (…), 2017, S. 230 ff.).

4 **b) Relativierende Umsetzung.** Die technische Umsetzung der politischen Implementierungsentscheidung ist durch das Bemühen getragen, hierfür in § 16a eine „schadensbegrenzende" und sich in das JStR halbwegs einfügende Ausgestaltung zu entwickeln (kennzeichnend Gebauer DVJJ-BW Info 2013, 47). Dies führte zu der in Abs. 1 erfolgten Anbindung an drei Konstellationen mit einer gewissen – das schlichte „Denkzettel"-Modell verlassenden – erzieherischen Indikation (krit. Nöding Verteidigung Rn. 99: sämtlich nicht überzeugend). Ferner verlangt das Gesetz diesbzgl. auch ein konkretes Gebotensein. Kopplungsarrest allein deshalb zu verhängen, um bei einer Verurteiltenmehrheit eine subjektiv wahrnehmbare Belastungsgleichheit herzustellen, ist nicht erlaubt (BT-Drs. 17/9389, 13; zur hier gebotenen besonderen Belehrung s. § 70b Abs. 2 und → Rn. 10). Auch soll durch spezielle **Anrechnungsvorschriften** verhindert werden, dass Art. 103 Abs. 3 JGG bei der ggf. erfolgenden Verhängung bzw. Vollstr der JStrafe verletzt und das Schuldmaß durch die Kumulation stationärer Rechtsfolgen überschritten wird (§ 26 Abs. 3 S. 3, § 30 Abs. 1 S. 2, § 31 Abs. 2 S. 3, § 61b Abs. 4 S. 3). Die grundlegende Dysfunktionalität entfällt durch all dies freilich nicht. Zu deren Reduzierung bedarf es einer sozialtherapeutischen Ausgestaltung des Arrestvollzugs einschließlich diverser Übergangs- und nachvollzuglicher Hilfen (für dahingehende Konzeptionen vgl. § 16 Rn. 3 sowie Gernbeck, Stationäres soziales Training (…), 2017, S. 130 ff.; Endres/Breuer ZJJ 2014, 127 (132 ff.)).

3. Rechtstatsächliche Befunde

5 **a) Anwendungshäufigkeit.** Die Absolutzahlen der Arrestanordnungen nach § 16a sind – korrespondierend mit der Überflüssigkeit dieser Sanktionsform (→ Rn. 3) – insgesamt betrachtet nicht sonderlich hoch. Sie lagen 2013 bei 255 und betrugen in den jeweils übernächsten Jahren 638, 646, 625 und 515 (sowie 384 in 2022), wobei sie zu ähnlichen Teilen auf Jugendliche und Heranwachsende entfallen (StrafSt Tab. 4.4 bzw. 24311-28 und 29); s. aber zu Erfassungsproblemen und der Möglichkeit einer statistischen Mindererfassung n. Kubink/Springub, Der „Warnschussarrest", 2019, S. 31 f.). Dabei handelt es sich vorwiegend um Fälle, in denen früher eine JStrafe zBew ausgesetzt und allein mit ambulanten Bewährungsmaßnahmen verbunden worden wäre. Dafür spricht der Umstand, dass mit Einführung von § 16a der Anteil der arrestfreien bedingten JStrafe etwas gesunken, der der unbedingten JStrafe indes (abgesehen vom Jahr 2021) stabil geblieben ist (Heinz Blindflug S. 87 f.). Der Kopplungsarrest fungiert also als zusätzliche stationäre Sanktion, ohne die vollstreckte JStrafe zurückzudrängen.

5a Zugleich geschieht die Anwendung regional in durchaus unterschiedlicher Häufigkeit (Antholz Krim 2015, 99; näher zu Relativzahlen nach BZR Klatt/Ernst/Höynck ua, Evaluation des neu eingeführten Jugendarrestes (…), 2016, S. 30 ff.). In Bay. scheint die Verhängungsrate tendenziell mit der Nähe zu den Vollzugsanstalten (Schmidt, Die Koppelung von Jugendarrest (…), 2020, S. 358 ff.) und einer geringeren Einwohnerdichte zu steigen (Endres/Maier FS Streng, 2017, 435: insgesamt regional sehr „diskrepant"). Bezogen auf die größte Gruppe der in § 16a Abs. 1 voraussetzend genannten Entscheidungen (= Gesamtzahl der auf § 21 lautenden Entscheidungen) beträgt die relative Häufigkeit des Kopplungsarrest bspw. in den Jahren 2016 und 2022 zB für Bay. 19,3 % und 17,7 %, für Nds. 15,2 % und 8,8 %, dagegen für SchlH 1,1 % und 6,3 % sowie für Bln. 2,4 % und 6,4 % (berechnet nach StrafSt Tab. 4.2.1, 4.4.1 bzw. 24311-24, 25, 28 und 29). Die Akzeptanz und Anwendung des Kopplungsarrestes dürfte also stark durch lokale Justizkulturen und landespolitische Erwartungen beeinflusst sein.

b) Anwendungsprobleme. In der Anwendungspraxis des Kopplungs- 6
arrests ist es, soweit hierzu empirische Belege vorliegen (vgl. Klatt/Ernst/Höynck ua ZJJ 2016, 354 sowie → Rn. 17), in erheblichem Ausmaß zu gesetzeswidrigen Anordnungen gekommen. Die Anordnungsrealität wird offenbar stark durch die jeweiligen Erwartungen an die Sanktionswirkung geprägt, woran dann die Normhandhabung jeweils „flexibel angepasst" wird. Die bei der Gesetzeseinführung verbalisierten Zwecke wurden (bislang) jedenfalls kaum erreicht (so die empirischen Hinweise bei Klatt/Ernst/Höynck ua, Evaluation des neu eingeführten Jugendarrestes (…), 2016, S. 203 ff. und das Ergebnis von Gernbeck, Stationäres soziales Training (…), 2017, S. 415 für BW). Dagegen treten subjektive Belastungswirkungen und sozialisatorisch abträgliche Nebeneffekte (→ § 16 Rn. 19) durchaus in der vorhergesagten Weise ein (vgl. die Interviews bei Gernbeck, Stationäres soziales Training (…), 2017, S. 235 ff.). – Eine gesetzeskonform abgrenzbare „Zielgruppe" hat sich im justiziellen Einsatz (den empirischen Untersuchungen zufolge) bislang nicht herauskristallisiert. Bevorzugt verhängt wurde der Kopplungsarrest ggü. Personen, denen eine höhere Anzahl an Deliktsarten zugeschrieben wird (vgl. Klatt/Ernst/Höynck ua, Evaluation des neu eingeführten Jugendarrestes (…), 2016, S. 63 ff.; vgl. auch für Bay. Endres/Maier FS Streng, 2017, 432; Schmidt NK 2019, 74 (80 ff.); vertiefend Schmidt, Die Koppelung von Jugendarrest (…), 2020, S. 375 ff.). Auch liegen Hinweise vor, wonach die Vorbelastung bei Kopplungsarrestanten qualitativ (Schwere der Delikte/Sanktionen), nicht aber quantitativ stärker als bei sonstigem JA ausgeprägt ist (Gernbeck, Stationäres soziales Training (…), 2017, S. 164 ff.; vgl. auch Klatt/Ernst/Höynck ua, Evaluation des neu eingeführten Jugendarrestes (…), 2016, S. 72 ff.).

II. Materielle Voraussetzungen

1. Grundlegende Vorgaben

a) Erforderliche Anwendungsziele. JA iSv § 16a kommt (allein) in 7
Verbindung mit Entscheidungen gem. §§ 21, 27, 61 in Betracht. Um hier einen gem. § 8 Abs. 2 S. 2 etwa undifferenziert verhängten JA und eine unverhältnismäßige Verbindung mit (diesen) anderen Sanktionen zu vermeiden, erlaubt die Vorschrift den Kopplungsarrest aber nur zur Verfolgung von ganz spezifischen Einwirkungsabsichten. Insofern benennt das Gesetz zunächst einmal (abschließend) drei mögliche **Erstzwecke** (ausgestaltet in Nr. 1–3). Mit deren angestrebter Realisierung müssen wiederum spezifische, **konstellationsabhängige Endzwecke** verfolgt werden: In den Fällen des § 27 muss der Kopplungsarrest nämlich dazu dienen, durch die Umsetzung eines der in Abs. 1 genannten Erstzwecke die erfolgreiche Bewältigung der

Bewährungszeit zu unterstützen. Dagegen kann es bei Verurteilten, bei denen die Vollstr der JStrafe zBew ausgesetzt wird, nicht um diese allgemein-spezialpräventiven bzw. bewährungsförderlichen (End-)Wirkungen gehen, weil es hier zur erwartbaren Legalbewährung voraussetzungsgemäß einer stationären Maßnahme an sich gerade gar nicht bedarf (§ 21 Abs. 1 S. 1). Raum für die Anordnung von Kopplungsarrest besteht in dieser Variante deshalb nur dort, wo in der von Nr. 1 bis 3 beschriebenen Weise eine positive Entwicklungsprognose begründet und erst dadurch die (sonst unsichere) Bewährungseignung gem. § 21 Abs. 1 S. 3 herbeigeführt werden soll (Swoboda FS Beulke, 2015, 1236 (1236 f.)).

8 **b) Verhältnismäßigkeitsanforderungen.** Die Arrestverhängung muss der eben dargestellten Zweckverfolgung nicht allein dienen, sondern hierfür **geboten,** dh ein geeignetes und erforderliches Mittel sein (vgl. nur Gebauer DVJJ-BW Info 2013, 50; Eisenberg ZJJ 2016, 80 (81)). Auch kann die besagte **Eignung** des Kopplungsarrestes in diesem Zusammenhang nicht einfach unterstellt werden. Vielmehr muss das JGericht prüfen, ob eine erzieherisch zielführende Gestaltung des Arrestvollzugs in der in Betracht kommenden Einrichtung (einschließlich des sog. „Übergangsmanagements" und einer evtl. angezeigten Anschlussbetreuung) zu erwarten und das Sanktionsziel so überhaupt zu erreichen ist (hierzu und zur frühzeitigen Zusammenarbeit der Vollzugseinrichtung mit der JGH und ggf. der BewHilfe → § 90 Rn. 10). Im Rahmen dieser Eignungsprüfung sind ggf. absehbare Nebenfolgen des Arrests zu berücksichtigen, besonders wenn diese sich erzieherisch und für die Legalbewährung als ungünstig oder gar „schädlich" erweisen könnten.

9 Dass der Kopplungsarrest geboten sein muss, besagt mit Blick auf den Verhältnismäßigkeitsgrundsatz schließlich, dass er **lediglich subsidiär** verhängt werden darf. Nur wenn das Gericht davon ausgeht, dass im jeweiligen Einzelfall die genannten konstellationsabhängigen Ziele mit weniger eingriffsinvasiven Interventionen (dh mit gem. § 8 verbundenen Anordnungen nach §§ 10, 15 oder mit Bewährungsauflagen) nicht ebenfalls zu erreichen sind, kann es nach § 16a verfahren (BT-Drs. 17/9389, 12). Vorrangig sind deshalb zB die Teilnahme an einem sozialen Trainingskurs (§ 10 Abs. 1 Nr. 6), eine verkehrspsychologische Intervention, soziale Gruppenarbeit (§ 29 SGB VIII), intensive sozialpädagogische Einzelbetreuung (§ 35 SGB VIII) oder vergleichbare Maßnahmen (nicht erörtert bspw. in den von Eisenberg ZJJ 2013, 328; ZJJ 2014, 399 und ZJJ 2016, 80 krit. besprochenen Entscheidungen der AG Nürnberg, Plön, Döbeln, Memmingen und Bonn). Dass konkret geeignete, eingriffsmildere Alternativen, die zwar prinzipiell bestehen, lediglich vor Ort nicht verfügbar sind, eröffnet die Anwendbarkeit des § 16a nicht.

2. „Verdeutlichungsarrest" (Abs. 1 Nr. 1)

10 Ein erstes zulässiges Ziel des Kopplungsarrestes besteht darin, dem Jugendlichen seine **Verantwortlichkeit** für das begangene **Unrecht** und die Folgen **weiterer Straftaten** zu verdeutlichen (Abs. 1 Nr. 1). Im Sinne der bereits angesprochenen Subsidiarität wird dies allerdings normtextlich von der **(Erforderlichkeits-)**Bedingung abhängig gemacht, wonach dieser Zweck nicht durch andere Einwirkungsformen erreicht werden kann. Zu

jenen anderen Formen gehört zunächst die – erzieherisch geeignet zu gestaltende (§ 70b Abs. 1) – **Belehrung** (§ 2 Abs. 2 iVm § 268a Abs. 3 StPO sowie § 60 Abs. 1 S. 2, § 64 S. 2, § 61 Abs. 3 S. 3, ferner § 268a Abs. 3 StPO iVm § 2 Abs. 2). Darin ist die Bedeutung der Aussetzung einer JStrafe zBew (oder des Vorbehalts einer diesbzgl. nachträglichen Entscheidung) begreiflich zu machen – und zwar so, dass dies möglichst auch jene ggf. anwesenden Tatbeteiligten korrekt einordnen, die (nur) zu Erziehungsmaßregeln oder Zuchtmitteln verurteilt werden (§ 70b Abs. 2). Ob von diesen anderen Tatbeteiligten dabei tatsächlich verstanden wird, dass die Aussetzungsentscheidung nicht etwa eine den Schuldspruch gleichsam entschärfende, herabstufende oder gar neutralisierende Funktion hat, spielt für den Kopplungsarrest jedoch keine Rolle (BT-Drs. 17/9389, 13). Nr. 1 stellt vielmehr allein auf den jeweils Verurteilten ab und verlangt insofern eine unzureichende Geeignetheit der Belehrung, ihm das Vorwurfs- und Sanktionsgewicht begreiflich zu machen. Zu einer solchen Bewusstmachung kommen indes auch **Weisungen** bzw. **Auflagen** in Betracht, wobei diese je nach Dauer und Eingriffstiefe den Verurteilten uU sogar massiver belasten können als ein Kopplungs-JA. – Der Ausgangspunkt, es gebe Verurteilte, die sich weder über ein Vorgehen nach §§ 10, 15 noch mit Belehrungen erzieherisch erreichen ließen, beruht letztlich aber auf einer **Unterstellung.** Weisen Amtsträger die in §§ 36, 37 vorausgesetzte Befähigung auf, dürften diese also schwerlich Fälle identifizieren, in denen es eines „spürbaren Anstoßes" (Begr. RegE 17/9389, 20) durch einen Kopplungsarrest tatsächlich bedarf.

Eine außerordentlich gesteigerte Begründungslast besteht für die Anordnung des Verdeutlichungsarrestes, wenn ggü. dem Verurteilten bereits früher JA als Dauerarrest vollstreckt worden ist oder er sich nicht nur kurzfristig im U-Haftvollzug befunden hat. Hier fehlt es nämlich meist schon an der Maßnahme**eignung,** weil sich in Fällen derartiger **Vorerfahrung** der in Nr. 1 bezeichnete Verdeutlichungseffekt nicht erwarten lässt. Deshalb ist das Gebotensein hier nur in ganz seltenen und gesteigert erörterungsbedürftigen Ausnahmen gegeben (etwa bei sehr lange zurückliegendem JA). Im Regelfall fehlt es hieran indes **(Abs. 2).** Da der JA allerdings auch schon nach einer FE, die wenige Stunden oder Tage währt, die fragliche Verdeutlichungseignung verlieren kann (vgl. Verrel NK 2013, 70), müssen die Voraussetzungen von Nr. 1 nach vorausgegangenem Kurz- oder Freizeitarrest oder kürzerem U-Haftvollzug ebenfalls in individualisierender und besonders eingehender Weise aufgezeigt werden. Dies gilt erst recht bei bereits früher vollstreckter JStrafe (Diemer/Schatz/Sonnen/Sonnen Rn. 14). – Ungeachtet dessen handelt es sich bei den rechtspraktischen Fällen mit nach Abs. 1 Nr. 1 verhängtem Kopplungsarrest freilich nicht selten um solche des Abs. 2. Dabei werden nur wenige der dort getroffenen Entscheidungen den gesteigerten Begründungsanforderungen gerecht (dazu die jeweils ähnlichen Ergebnisse von Aktenauswertungen bei Klatt/Ernst/Höynck ua, Evaluation des neu eingeführten Jugendarrestes (…), 2016, S. 75 f.; Gernbeck, Stationäres soziales Training (…), 2017, S. 181 f., 217; Endres/Maier FS Streng, 2017, 242). 11

3. „Herausnahme- und Vorbereitungsarrest" (Abs. 1 Nr. 2)

Ein zweites zulässiges Ziel besteht darin, den Verurteilten zunächst für eine begrenzte Zeit von seinem sozialen **Umfeld,** das auf ihn legalbewäh- 12 rungsbezogen unzuträgliche Wirkungen habe, zeitweilig zu **trennen** und ihn durch die erzieherische Einwirkung im JA-Vollzug auf die Bewährungszeit **vorzubereiten** (Abs. 1 Nr. 2). Damit ist diese Variante zunächst an eine bestimmte tatbestandlich vorausgesetzte Situation gebunden („Lebensumfeld mit schädlichen Einflüssen"), die nur bei einem Nachweis durch feststehende Tatsachen als gegeben bejaht werden kann. Es sind also auch mit Blick auf die „Schädlichkeit" konkrete Feststellungen des Gerichts nötig, während verallgemeinernde alltagstheoretische Wertungen unzulänglich wären (speziell zu Fußball-Fans vgl. LG Münster ZJJ 2013, 323; s. hierzu (und den Betroffenen von Stadionverboten) auch Albers/Feltes/Ruch MschKrim 2015, 485; Eisenberg/Kölbel Kriminologie § 58 Rn. 12 ff.). Dabei ist immer auch zu berücksichtigen, dass selbst ein von außen als ungünstig erscheinendes Umfeld psychosozial nicht ersetzbare Funktionen erfüllen kann (gerade die Peer Group – vgl. dazu Quenzel/Hurrelmann, Lebensphase Jugend, 14. Aufl. 2022, S. 155 ff.).

13 Ausweislich des Normtextes handelt es sich bei der Variante von Abs. 1 Nr. 2 um ein **Doppelziel,** sodass der Kopplungsarrest für beide kumulierten Einzelzwecke jeweils für sich genommen geboten sein muss. Dies betrifft einmal die **Subsidiarität** des Eingriffs (→ Rn. 9). Kopplungsarrest entfällt hiernach, wenn es entweder für die Bewährungsvorbereitung oder für die Herauslösung weniger einschneidende Möglichkeiten gibt. In Betracht kommen dafür in beiderlei Hinsicht die unterschiedlichsten Weisungen (etwa ein Verkehrsverbot gem. § 10 Abs. 1 S. 3 Nr. 8) oder auch eine vorübergehende freiwillige Inanspruchnahme einer JHilfemaßnahme (§ 34 KJHG, hier: Heimunterbringung (deren gerichtliche Anordnung gem. § 8 Abs. 2 S. 1 ausscheidet)). Die Anordnung nach Abs. 1 Nr. 2 setzt insofern eine konkret fehlende Tauglichkeit dieser Alternativmaßnahmen voraus. Zum anderen muss sich der Kopplungsarrest seinerseits zur Umsetzung der beiden Ziele **eignen,** woran es jedoch nahezu immer fehlt. Mit Blick auf den Trennungszweck ist von einer relativ kurzen Freiheitsentziehung kaum eine anhaltende Herauslösung aus einem ungünstigen Beziehungsumfeld zu erwarten (NK-JGG/Ostendorf Rn. 5). Und hinsichtlich des Vorbereitungszwecks setzt die notwendige JA-Eignung eine geeignete erzieherische nach-/vollzugliche Betreuung voraus, und dies auch deshalb, weil oftmals der trennungsbedingte Verlust subjektiv wertgeschätzter Sozialkontakte nur so (partiell) kompensiert werden kann. Allerdings kommt der idR erst nach Wochen oder Monaten vollstreckte JA (→ Rn. 18) für eine Vorbereitung der dann bereits (lange Zeit) laufenden Bewährung offensichtlich zu spät. Auch dürfte die Unfreiwillligkeit der sozialen Trennung und Freiheitsentziehung einer Vertrauensanbahnung (zu einem BewHelfer) vielfach entgegenstehen. – In der Justizpraxis wird Abs. 1 Nr. 2 außerordentlich selten herangezogen (vgl. Klatt/Ernst/Höynck ua ZJJ 2016, 354 (358); für Bay. Endres/Maier FS Streng, 2017, 434: gar nicht).

4. „Einwirkungsarrest" (Abs. 1 Nr. 3)

14 Vergleichsweise häufig (vgl. Klatt/Ernst/Höynck ua ZJJ 2016, 354 (358)) bezieht sich die Praxis auf die in Abs. 1 Nr. 3 zugelassenen Zwecke, durch den JA-Vollzug entweder eine nachdrücklichere erzieherische Einwirkung (sog. **Intensivbetreuung**) oder bessere Erfolgsaussichten für eine erzieherische Einwirkung in der Bewährungszeit zu erreichen **(Einleitung länger-**

fristiger Betreuung). Dabei sind erneut die Eignung und Erforderlichkeit (→ Rn. 8 und → Rn. 9) des angeordneten JA vorausgesetzt („geboten"), wobei beide Aspekte in der Entscheidungsbegründung anhand von „konkret festzustellenden Umständen" (Begr. RegE, BT-Drs. 17/9389, 13) aufgezeigt werden müssen. Dies betrifft einerseits die individuelle Einwirkungsbedürftigkeit (infolge persönlicher oder lebenssituativer Bedingungen) und andererseits die dem gerecht werdende Gestaltung des JA-Vollzuges. Deshalb muss in einer (dem Erziehungsauftrag geschuldeten) **Prognose** gezeigt werden, dass durch den JA – bezogen auf die fragliche Person und die gegebenen Vollzugsumstände – entweder eine bessere spezialpräventive Einwirkung als durch ambulante Interventionen zu erreichen ist oder die Wirkungschancen der anschließenden Bewährungsbetreuung stärker als durch nicht-stationäre Maßnahmen steigen.

5. Altfälle

Bei Taten, die **vor Inkrafttreten** der Vorschrift (7.3.2013) begangen 15
wurden, darf § 16a aufgrund des vom Rechtsstaatsprinzip umfassten Rückwirkungsverbots (vgl. Art. 103 Abs. 2 GG; dazu im vorliegenden Zusammenhang Eisenberg ZJJ 2014, 399 (400)) und des auch im JStR gem. § 2 Abs. 2 geltenden Meistbegünstigungsprinzips (§ 2 Abs. 3 StGB) nur angewandt werden, wenn sich diese neue Regelung als die (verglichen mit den Regelungen zur Tatzeit) mildere Option darstellt. Dies ist ausschließlich in Fällen denkbar, in denen die JStrafe allein wegen des Kopplungsarrestes zBew ausgesetzt wird (und nach altem Recht vollstreckt worden wäre). Für die erforderliche diesbzgl. Darlegung im Urteil reicht eine implizite Bezugnahme auf § 21 Abs. 1 S. 3 zumindest dann nicht aus, wenn die Entscheidung keine sonstigen aufschlussreichen Anhaltspunkte enthält (zum Ganzen Holste ZJJ 2013, 289 f.; Gernbeck/Höffler/Verrel NK 2013, 307 (312); Sonnen ZJJ 2013, 38). Fehlt es daran, können der Jugendliche sowie die JStA (vgl. hierzu § 2 Abs. 2, Nr. 147 Abs. 3 RiStBV; ähnlich Holste ZJJ 2013, 289) hiergegen Rechtsmittel einlegen.

III. Verfahrensrechtliches

1. Urteil

Aus der Formulierung „neben der Verhängung einer JStrafe" (§ 8 Abs. 2 16
S. 2) folgt, dass auch die Anordnung des Kopplungsarrests **im Urteil** selbst geschehen **muss.** Nicht möglich ist dies im Wege eines nachträglichen Beschlusses. Dies gilt auch bei einem Vorgehen nach § 61 (RL 2, abw. Brunner/Dölling Rn. 6; HK-JGG/Wulf/Bartsch Rn. 28), weil der JA nur mit Aussetzungsvorbehalt kombiniert werden darf, nicht aber auch mit der Aussetzung zBew im anschließenden Beschluss (MüKoStGB/Radtke/Scholze § 61 Rn. 12, 33).

Da in den Urteilsgründen auszuführen ist, „welche Umstände für seine 17
Bestrafung, für die angeordneten Maßnahmen (…) bestimmend waren", sind die anordnungsrelevanten, materiell-rechtlich vorausgesetzten Gesichtspunkte – also die jeweils herangezogene Variante von Abs. 1, ferner die Erwägungen zur Zielstellung, der Eignung und Erforderlichkeit sowie (bei Abs. 1

Nr. 3 auch) zur Prognosestellung – **eigens darzustellen** und näher (nicht nur formelhaft) zu begründen. – Betrachtet man die veröffentlichte einschlägige Judikatur, fällt jedoch nicht nur ein hoher Anteil von abgekürzten Urteilen (§ 267 Abs. 4 StPO iVm § 2 Abs. 2) unter den Entscheidungen auf (vgl. stellvertretend AG Cloppenburg ZJJ 2014, 394; zur hier angezeigten Begründung des JA s. RL 3), sondern auch eine oftmalige **Vernachlässigung der Erörterungspflicht** (s. etwa AG Reutlingen ZJJ 2014, 176 (kein Wort der Begründung); n. hierzu Diemer/Schatz/Sonnen/Sonnen Rn. 27 und die Anmerkungen von Eisenberg ZJJ 2013, 328; 2014, 177; 2014, 396 (399) und ZJJ 2016, 80). Auch den vorliegenden Aktenauswertungen zufolge verfehlen die Entscheidungsbegründungen sehr häufig den geforderten Gründlichkeitsgrad (vgl. etwa Klatt/Ernst/Höynck ua, Evaluation des neu eingeführten Jugendarrestes (…), 2016, S. 95 f.: etwas nähere Begründung nur in 5,6 %; für ähnliche Befunde s. Endres/Maier FS Streng, 2017, 240 (242); Gernbeck, Stationäres soziales Training (…), 2017, S. 206 ff.; Schmidt, Die Koppelung von Jugendarrest (…), 2020, S. 448 ff.; Kubink/Springub, Der „Warnschussarrest", 2019, S. 33 f.). Am Vorliegen der Indikation ist hier also zu zweifeln. In der Summe spricht der Forschungsstand für einen „net-widening-Effekt dergestalt, dass die Jugendrichter den Warnschussarrest in einigen Fällen als bloße ‚Draufgabe' auch in den Fällen verhängen, in denen sie früher ohnehin lediglich eine bedingte Jugendstrafe verhängt hätten" (Höffler/Kaspar RdJB 2018, 449 (469)).

2. Vollzugsbeginn

18 Bei einem nach § 16a verhängten JA muss der Vollzug spätestens vor Ablauf von **drei Monaten** seit Rechtskraft des Urteils beginnen (zur beschleunigten Einleitung der Volllstr s. RL 4). Andernfalls ist der Vollzug unzulässig (§ 87 Abs. 4 S. 2). Diese Regelung beruht auf der Erwägung, eine Gefährdung zwischenzeitlicher positiver Entwicklungen während der Bewährungszeit durch eine beschleunigte Vollstr möglichst verhindern zu wollen. Dabei gilt diese Negativ-Voraussetzung durch den Verweis in § 61 Abs. 3 S. 1 ebenfalls für einen JA, zu dessen Anordnung es in einem Urteil kommt, das die Entscheidung über die Aussetzung einer verhängten JStrafe einem nachträglichen Beschluss vorbehält. – In der Praxis scheint der Kopplungsarrest tatsächlich schneller als der sonstige JA vollstreckt zu werden (vgl. für BW Gernbeck, Stationäres soziales Training (…), 2017, S. 226 ff.: im Durchschnitt 7,4 Wochen nach Rechtskraft und nur selten nach mehr als drei Monaten). Unabhängig davon muss die Vorgabe des § 87 Abs. 4 S. 2 mit der Notwendigkeit ausbalanciert werden, den JA in störungsarmen Phasen (Ferien- und Urlaubszeit) zu vollstrecken und desintegrative Effekte so einzugrenzen (NK-JGG/Ostendorf Rn. 9).

3. Rechtsmittel

19 Die Verhängung eines Kopplungsarrests unterliegt nicht den Einschränkungen von § 55 Abs. 1 S. 1 (→ § 55 Rn. 50).

Vierter Abschnitt. Die Jugendstrafe

Form und Voraussetzungen

17 (1) **Die Jugendstrafe ist Freiheitsentzug in einer für ihren Vollzug vorgesehenen Einrichtung.**

(2) **Der Richter verhängt Jugendstrafe, wenn wegen der schädlichen Neigungen des Jugendlichen, die in der Tat hervorgetreten sind, Erziehungsmaßregeln oder Zuchtmittel zur Erziehung nicht ausreichen oder wenn wegen der Schwere der Schuld Strafe erforderlich ist.**

Schrifttum: Düber/Leitner/Köhler (Hrsg.), Die Beurteilung schädlicher Neigungen nach § 17 JGG, 2016; Fischer, Die Rolle des äußeren Unrechtsgehalts der Tat bei der Auslegung der „Schwere der Schuld" i. S. d. § 17 Abs. 2 Alt. 2 JGG; 2024; Konze, Die Jugendstrafe wegen schädlicher Neigungen gem. § 17 II Fall 1 JGG, 2015; Lenz, Die Rechtsfolgensystematik im JGG, 2007; Meier, Richterliche Erwägungen bei der Verhängung von Jugendstrafe und deren Berücksichtigung durch Vollzug und Bewährungshilfe, 1994; Meyer-Odewald, Die Verhängung und Zumessung der Jugendstrafe gem. § 17 Abs. 2, 2. Alt. JGG ..., 1993; Nix, Kritik der „Erziehungsstrafe" im Jugendstrafrecht, 2017; Schulz, Die Höchststrafe im Jugendstrafrecht ..., 2000; Schumann/Berlitz/Guth/Kaulitzki, Jugendkriminalität und die Grenzen der Generalprävention, 1987; Stelly/Thomas, Evaluation des Jugendstrafvollzugs in Baden-Württemberg, 2017.

Übersicht

I. Anwendungsbereich

1 Die Vorschrift findet auf Jugendliche auch vor den für allg. Strafsachen zuständigen Gerichten Anwendung (§ 104 Abs. 1 Nr. 1). Für Heranwachsende gilt die Vorschrift – vor JGerichten wie vor den für allg. Strafsachen zuständigen Gerichten – dann, wenn auf sie materielles JStR angewandt wird (§ 105 Abs. 1, § 112 S. 1, 2, § 104 Abs. 1 Nr. 1). Auch die Verhängung ggü. Soldatinnen und Soldaten unterliegt keinen Besonderheiten, und dies auch nicht bei der Aussetzung der Vollstr zBew und bei Nebenentscheidungen, Erlass oder Widerruf (§§ 21 ff., 88).

II. Grundlagen

1. Ausgestaltung der Jugendstrafe als Rechtsinstitution

2 Die aktuelle Vorschrift geht im Wesentlichen auf die Fassung von 1953 zurück, die wiederum eng an die Vorgängerregelung im RJGG 1943 gebunden war. Änderungen gab es aber in etlichen anderen Elementen der JStrafausgestaltung (für einen Überblick zur Entwicklung mwN Kölbel KriPoZ 2024, 304 (304 f.)). Dies wird im Ergebnis dieser Entwicklung separat und ganz anders als die Freiheitsstrafe im StGB geregelt (dazu etwa BGHSt 29, 269 = NJW 1980, 1967; BGHSt 36, 270 = NJW 1990, 523). Dies zeigt sich in ganz spezifischen Anordnungsvoraussetzungen (Anordnungsgründe gem. Abs. 2; speziell ausgestaltete Subsidiarität), die sich deutlich von denen des § 46 Abs. 1 S. 1 StGB unterscheiden (vgl. → Rn. 20 ff.), aber auch in den charakteristischen Maßgaben der § 8 und §§ 31, 32. Ebenso verhält es sich schließlich mit Blick auf die Bemessung der JStrafe, die im Unterschied zum allg. StR primär nach erzieherischen Gesichtspunkten erfolgen muss (§ 18 Abs. 2). Abw. von der Freiheitsstrafe ist unter den Voraussetzungen der §§ 27–30 eine Aussetzung der Verhängung zulässig. JStrafe kann mit JA verrechnet werden (§ 31 Abs. 2 S. 2). Für die Aussetzung der Vollstr zBew sowie die Strafrestaussetzung sind abschließende Sonderbestimmungen vorgesehen (§§ 21–26a, 61–61b, 88). Dies gilt ebenso für die Strafvollstreckung (§§ 82 ff., 89a) und die länderrechtlichen Vollzugsbestimmungen. All dies ergibt ein völlig **eigenständiges** und weitgehend **abgeschlossenes** Regelungsregime, das **kategoriale Unterschiede** zur rechtlichen Ausgestaltung der Freiheitsstrafe aufweist (abw. Streng JugendStrafR Rn. 423; s. auch MüKoStGB/Radtke/Scholze Rn. 78 ff.: nur graduelle Unterschiede).

3 Auch wenn es sich bei der JStrafe um ein aliud zur Freiheitsstrafe handelt (Kölbel KriPoZ 2024, 304 (305)), wird sie oft als Strafe „im formellen Sinn" (Streng GA 2017, 80 (81)) eingestuft (aber → Rn. 23). Darüber hinaus entspreche „die Verurteilung zu und die Verbüßung von JStrafe der Verurteilung zu und Verbüßung von Freiheitsstrafe" (Streng JugendStrafR Rn. 423). Und in der Tat steht sie, was ihre sozialen Auswirkungen sowie die Ausgestaltung und die Organisationsstruktur der JStVollz-Einrichtungen betrifft, der Freiheitsstrafe nahe. Dafür sprechen die gemeinsamen Beeinträchtigungen durch die Freiheitsentziehung, in gewissem Ausmaß aber auch der Umstand, dass altersgruppenspezifische erzieherische Angebote – ungeachtet teilweise erheblicher Unterschiede zwischen den Ländern – den JStVollz-Alltag nicht so stark prägen, dass dieser von einer gänzlich anderen Qualität als beim Freiheitsstrafenvollzug wäre. Da für den rechtlichen Charakter der JStrafe allerdings die völlig eigene rechtliche Ausgestaltung maßgeblich ist, kommt es auf die Ähnlichkeiten der Vollzugswirklichkeit nicht an. Auch die bewusst gewählte besondere Bezeichnung („Jugend"-Strafe) weist vielmehr auf einen **selbstständigen Rechtsstatus** hin.

3a Die JStrafe ist also „wesensverschieden von der Gefängnisstrafe" (BGHSt 5, 366 (369) = NJW 1954, 847 (848); ebenso BGHSt 10, 100 (103) = NJW 1956, 680). Es handelt sich um eine Strafe (s. etwa MBH/Schöch/Höffler JugendStrafR § 11 Rn. 2 unter Hinweis auf §§ 4 Nr. 1, 32 BZRG) – aber um eine solche von besonderer Art (Eisenberg/Schlüter NJW 2001, 188 (190); Laubenthal ZStW 116 (2004), 703 (722); Nöding Verteidigung

Rn. 101), die „mit der Freiheitsstrafe nicht gleichgesetzt" (RL 1 S. 2 aF) und daher auch „nicht ohne weiteres vom Begriff der Freiheitsstrafe (…) umfasst" (BT-Drs. 19/8939, 21) ist (vgl. mit weiteren Erwägungen auch Knauer ZStW 124 (2012), 204 (216 ff.)). Wäre dies anders, ließen sich Vorschriften, in denen ausdrücklich eine „entsprechende" Anwendbarkeit freiheitsstrafenspezifischer Regelungen auf die JStrafe angeordnet wird (s. etwa § 38 BtMG), nicht erklären (zu den Konsequenzen dieser Unterscheidung → Rn. 60 ff.

2. Funktionen der Jugendstrafe

4 **a) Erziehungsauftrag (§ 2 Abs. 1).** Die grundlegende erzieherische Orientierung bildet eine jener Komponenten, dank derer die JStrafe trotz der ihr innewohnenden allg. Strafelemente einen eigenständigen Charakter erlangt. Das Gesetz verleiht den positiv-spezialpräventiven Belangen bei der Entscheidung über eine JStrafe **besonderes Gewicht** (allg. → § 5 Rn. 16) und ggü. den wertenden Belangen des Schuldausgleichs den **Vorrang** (§ 2 Abs. 1 S. 2). Voraussetzung für Auswahl und Bemessung der JStrafe ist stets, dass sie im konkreten Fall erzieherischen Zielen gerecht zu werden vermag (dazu mit Blick auf die Eltern und Art. 6 GG Reuther Elternrecht S. 69 ff.). Damit ist nicht etwa das Auslösen einer „Sühneleistung" gemeint (→ § 5 Rn. 5; abw. etwa BGHSt 18, 207 (209) = NJW 1963, 770 (771)), sondern die jeweils bedarfsgerechte Chancen-, Orientierungs-, Erfahrungs- und Kompetenzenvermittlung (wofür auch die tatsächlichen Verhältnisse in einer bestimmten JStVollzugseinrichtung zu berücksichtigen sind (ebenso Kotz/Rahlf BtMStrafR/Schimmel Kap. 9 Rn. 71); allg. → § 5 Rn. 19). Unzulässig ist es, die Belange der Erziehung gleichsam als bloße Zweckmäßigkeitserwägungen dem Schuldgesichtspunkt unterzuordnen (Dallinger/Lackner Rn. 4); vielmehr ist die JStrafe in jedem einzelnen Fall hinsichtlich ihrer positiv-einwirkenden Eignung zu prüfen (s. auch RL 1 S. 2 aF; einschr. aber die Judikatur (→ Rn. 59 f.).

5 Ungeachtet dessen sind, wie § 5 Abs. 2 („geahndet") erkennen lässt, auch Belange des Schuldausgleichs nicht ohne Bedeutung (vgl. etwa Haas, FS Dölling, 2023, 516). Diese werden „anlässlich" des erzieherischen Vorgehens „mitverfolgt" – wenngleich sich diese Gewichtung bei den beiden Anordnungsgründen unterschiedlich darstellt (→ Rn. 10). Eine eigene Funktion haben Vergeltungsaspekte durch die Rechtsfolgenlimitierung „nach oben": Erziehungsbedürfnissen darf bei der Entscheidung nach §§ 17, 18 nämlich nur so weit Rechnung getragen werden, wie die JStrafe in Ob und Dauer **nicht außer Verhältnis** zum Schuldvorwurf steht (BVerfG NStZ 2005, 642; n. → Rn. 59 f. zu einer bspw. von MüKoStGB/Radtke/Scholze Rn. 7 f. vertretenen weitergehenden Ansicht in der Literatur). Grundrechtsdogmatisch lässt sich dies auch als Angemessenheitserfordernis iRd notwendigen Eingriffsverhältnismäßigkeit konstruieren (Lenz, Die Rechtsfolgensystematik im JGG, 2007, S. 218 ff.; Streng JugendStrafR Rn. 247). In der Konsequenz kommt JStrafe ohne eine hinreichend gewichtige Tat also auch bei einer dissozialen Entwicklung nicht in Betracht (dazu bei zugeschriebener „Verwahrlosung" schon LG Frankfurt a. M. Zbl 1960, 218).

6 **b) Irrelevanz generalpräventiver Belange.** Dass eine bestimmte Sanktionspraxis, hier die Verhängung von JStrafen, für sich genommen (also ohne

Einbettung in eine formelle und informelle Kontrollverdichtung) überindividuelle abschreckende Effekte erzeugt, ist jugendkriminologisch überaus fraglich (s. bereits Schumann/Berlitz/Guth/Kaulitzki, Jugendkriminalität und die Grenzen der Generalprävention, 1987; Forschungsüberblick bei Dölling ZJJ 2012, 124 (126 ff.); Eisenberg/Kölbel Kriminologie § 40 Rn. 11 ff., 25 ff.). Eine individuelle JStrafenanordnung, die an entsprechende Wirkungsannahmen ausgerichtet werden soll, ließe sich deshalb schwerlich auf eine fundierte Begründung stützen (weshalb man diese Praxis denn auch eher „verschleiert", s. Neubacher MschKrim 82 (1999), 1 (13); vgl. ferner Reuther Elternrecht S. 176 ff.). Nach überwiegender Auffassung ist es aber ohnehin **unzulässig,** die JStrafe auf Belange der **negativen Generalprävention** hin zu orientieren und mit der Verhängungsentscheidung dieses Ziel zu verfolgen (vgl. nur BGHSt 15, 224 = NJW 1961, 278; BGHSt 16, 261 = NJW 1961, 2359; BGH StV 1990, 505 = BeckRS 1989, 31104507; BayObLG StV 1985, 155; n. → § 18 Rn. 43). Das ergibt sich aus dem in § 2 Abs. 1 normierten Leitprinzip des JGG und dem Fehlen solcher Regelungen, die (wie im allg. StR (§ 47 Abs. 1, § 56 Abs. 3 StGB)) eine punktuelle Berücksichtigungsfähigkeit der Generalprävention vorsehen (vgl. etwa Hinz JR 2001, 53 f.). Mit Blick auf die erzieherischen Bedürfnisse ist es deshalb auch zw., dass der Abschreckungsgedanke zB dann mittelbar berücksichtigt werden darf, wenn der Jugendliche sich der „ansteckenden" Wirkung seiner Tat bewusst gewesen ist und die Vorwerfbarkeit so erhöht hat.

Nach manchen Aussagen diene die JStrafe (zumindest bei Abs. 2 Var. 2) 7
indes der **positiven Generalprävention** (etwa MüKoStPO/Höffler/Kaspar Einl. Rn. 25 ff.; Beulke/Swoboda JugendStrafR Rn. 460; Swoboda ZStW 125 (2013), 86 (98 ff.); Herberger, Wirksamkeit von Sanktionsandrohungen, 2000, S. 75 ff.; Fischer, Die Rolle des äußeren Unrechtsgehalts (…), 2024, S. 168 ff.; für entsprechende vage Ansätze in der neueren Rspr. stellvertretend BGH NStZ 2018, 728 (729)). Wo man damit einen gelegentlich oder automatisch eintretenden Begleiteffekt schuldausgleichender Reaktionen meint (BGHSt 62, 242 (249) = NStZ 2021, 679 (681); Streng JugendStrafR Rn. 436), wird lediglich die Kategorie der Vergeltung um die der Normbestätigungswirkung folgenlos „angereichert". Soweit jedoch der Schuldausgleich durch den positiv-generalpräventiven Strafzweck funktional substituiert werden soll, bestimmen sich das Ob und die Bemessung der Jugendstrafe durch das gesellschaftliche Reaktionsbedürfnis, das aus der deliktischen Erschütterung des Rechtsfriedens erwachse, für die wiederum der objektive Unrechtsgehalt des Geschehens maßgeblich sei (so NK-JGG/Ostendorf Rn. 5; Kaspar FS Schöch, 2012, 220). Letztlich sollen so sogar erzieherisch kontraindizierte JStrafen zulässig sein, nur „um dem Strafbedürfnis der Allgemeinheit Rechnung zu tragen" (NK-JGG/Ostendorf Rn. 11; Bottke, Generalprävention und Jugendstrafrecht, 1984, S. 41; Kaspar JR 2024, 201). Augenscheinlich wird hier die Anordnung der Jugendstrafe an ein Ziel gebunden, das dem Leitprinzip in § 2 Abs. 1 widerspricht, das hiervon vollständig abgelöst und das damit auch nicht koordinierbar ist (Kölbel JR 2019, 40 (42 f.); ähnlich Eisenberg ZJJ 2018, 144). Ohnehin handelt es sich bei der positiven Generalprävention um ein Konstrukt, das ohne empirisches Gegenstück bleibt und das damit an die Sanktionsvorstellungen der jeweiligen Verwender willkürlich angepasst werden kann (Kölbel Zeitschrift für Rechtssoziologie 2005, 249 (256 ff.); vgl. auch Eisenberg/Kölbel Kriminologie § 40 Rn. 36 ff.). Solche weitgehend spekulativ bleibenden Zusammen-

hänge sind deshalb bei der fallkonkreten JStrafen-Begründung **nicht** heranziehbar (s. auch → § 2 Rn. 5, → § 18 Rn. 43).

3. Allgemeine Voraussetzungen

8 **a) Subsidiarität und Verhältnis zum Erziehungsauftrag (§ 2 Abs. 1).** JStrafe darf allein dann verhängt werden, wenn „Erziehungsmaßregeln nicht ausreichen" (§ 5 Abs. 2) und wenn sie – weil Zuchtmittel auch unter Verhältnismäßigkeitsgesichtspunkten nicht mehr genügen – fallkonkret „geboten ist" (§ 13 Abs. 1). Diese Subsidiarität ist in den Konstellationsmerkmalen von Abs. 2 näher ausgestaltet und durch deren restriktive Interpretation zu gewährleisten. Sind jene Merkmale im Einzelfall erfüllt und kommen andere Rechtsfolgen des JGG nicht in Betracht, muss JStrafe verhängt werden. Dies gilt unabhängig davon, ob der Verurteilte inzwischen Erwachsener ist (aber auch → Rn. 57; hierzu wegen des Vollzugs § 89b Abs. 1, 2).

9 Weil JStrafe primär dem Erziehungsauftrag unterliegt (vgl. → Rn. 4), darf sie grundsätzlich **nicht** verhängt werden, wenn sie die **Entwicklung** des Verurteilten nicht fördern und nur schwerwiegend **beeinträchtigen** würde. Solche Schäden drohen umso eher, je länger die Dauer der JStrafe ist. Zudem können sie auch aus rechtlichen Nebenwirkungen der JStrafe erwachsen. Zu berücksichtigen ist indes, dass Rechtsfolgen mit solchen Konsequenzen ganz bewusst in das Gesetz eingefügt worden sind – nicht nur in Form von erziehungsfeindlichen Strafdauern (§ 18 Abs. 1 S. 2, § 105 Abs. 3), sondern auchmit desintegrativen außerstrafrechtlichen Nebenfolgen (wie etwa in Form ausländer- und asylrechtlicher Folgeentscheidungen). Daher ist in den einschlägigen Fällen durch eine möglichst erziehungsfreundliche Lösung ein Ausgleich mit § 2 Abs. 2 zu suchen. Bei der Strafdauer geschieht dies durch Ausschluss spezialpräventiv kontraindizierter Straflängen (→ § 18 Rn. 35 ff.) und bei den **Kollateralwirkungen** durch deren Berücksichtigung. Soweit es bei der Anordnung der JStrafe auf deren erzieherische Gebotenheit ankommt (→ Rn. 34 ff., 55 ff.), kann es hieran ggf. fehlen, wenn bzw. weil sie die fraglichen außerstrafrechtlichen Konsequenzen nach sich zieht (Weiss ZJJ 2024, 101 (104 f.)). In erster Linie ist die Problematik aber bei der Strafdauerbemessung in Rechnung zu stellen (n. → § 18 Rn. 34; → § 105 Rn. 54 ff.; zust. Schmoll ZJJ 2020, 279 (293)). Dabei kommt es auch darauf an, wie sicher die spezialpräventiv abträglichen Folgeprozesse prognostizierbar sind.

10 **b) Verhältnis innerhalb von Abs. 2.** JStrafe kann nur unter den besonderen **Voraussetzungen** des **Abs. 2** verhängt werden. Dort sind zwei verschiedene Anordnungsgründe normiert. Beide knüpfen sowohl an den Aspekt des Schuldausgleichs als auch an den der positiven Spezialprävention an, dies aber in verschiedener Weise. Sie gleichen die **Zweckdivergenz** von Vergeltung und Erziehung daher (zumindest partiell) in jeweils eigener Weise aus: Variante 1 betrifft Fälle, in denen das Gericht beim Betroffenen eine gesteigerte (dh eine die JStrafe erfordernde) Interventionsbedürftigkeit sieht, wobei diese Reaktion aber nicht außer Verhältnis zur Vorwerfbarkeit stehen darf (→ Rn. 20 ff.). Dagegen erfasst Variante 2 solche vorwerfbaren Ereignisse, denen man in den Augen des Gerichts nur durch JStrafe gerecht werden kann, ohne aber dass sich dies spezialpräventiv als sinnlos oder gar

schädlich ausnehmen darf (dazu auch mwN zur inzwischen abw. Judikatur n. → Rn. 45 ff.). Im JStR, das sowohl dem Einwirkungsauftrag unterstellt als auch an das Schuldprinzip gebunden ist, gibt es mithin weder eine vorwurfsgelöste erzieherische Freiheitsentziehung noch eine (freiheitsentziehende) Strafe, die allein die Funktion hat, dem Verurteilten als Ausgleich bzw. Vergeltung schuldhaften Unrechts ein Übel zuzufügen (vgl. auch Haffke FS Amelung, 2009, 22: Schuld ist in keiner der beiden Varianten der „Rechtsgrund" der JStrafe).

Ohne das Vorliegen einer der beiden Varianten ist eine JStrafe nicht zulässig. Deren Anordnung scheidet nach dem Grundsatz „in dubio pro reo" aus, wenn die „Schwere der Schuld" und die „schädlichen Neigungen" ungewiss sind. In solchen Fällen können lediglich andere Rechtsfolgen verhängt werden (wohingegen dort, wo sich die Zweifel auf den von Abs. 2 geforderten Umfang der „schädlichen Neigungen" beziehen, allerdings auch eine Aussetzung der Verhängung der JStrafe zBew gem. § 27 in Betracht kommt). Im Übrigen stehen die zwei Anordnungsgründe in Abs. 2 zueinander nicht im Verhältnis der Exklusivität. Es ist also möglich, **beide Varianten** zu bejahen. Da sich die erzieherische Indikation in solchen Fällen häufig anders als bei Vorliegen nur einer der Voraussetzungen darstellen wird, kann dies die Höhe der JStrafe beeinflussen (BGHSt 16, 261 (262 f.) = NJW 1961, 2359, 2360; BGH StV 1993, 531 = BeckRS 1993, 31078968; vgl. auch → Rn. 63). Nimmt das Gericht eine Variante als gegeben an, ist es deshalb (bei Vorliegen entspr. Anhaltspunkte) nicht von der Überprüfung der anderen befreit (BGH NStZ 2024, 621 (622); BeckRS 2024, 37871). Ohnehin kann es bisweilen zur Feststellung, jedenfalls aber zur Bemessung der „Schwere der Schuld" erforderlich sein, auch dem Vorliegen „schädlicher Neigungen" nachzugehen (so BGH StV 1986, 305 = BeckRS 1986, 31101680: zur Klärung schuldrelevanter „Wesenszüge"). 11

c) Verhältnis zu § 21. Im Hinblick auf den Erziehungsauftrag und das Verhältnismäßigkeitsprinzip muss das Gericht nach Bejahung eines Anordnungsgrundes (oder beider) stets die Möglichkeit einer **Aussetzung** der Vollstr zBew prüfen. Dies gilt auch nach Annahme **„schädlicher Neigungen".** Bei sorgfältiger Berücksichtigung der jeweiligen Persönlichkeit und sozialen Umstände kann die Prognose nämlich ergeben, dass sich die hier zunächst für erforderlich gehaltene, längere „Gesamterziehung" (BGHSt 11, 169 = NJW 1958, 638) gleichermaßen durch die Wirkungen erreicht lässt, die die Verhängung der JStrafe entweder für sich genommen oder in Verbindung mit den Nebenentscheidungen gem. §§ 23 ff. und dem Druck des drohenden Bewährungswiderrufs (§ 26), notfalls auch durch einen Kopplungsarrest (§ 21 Abs. 1 S. 3), entwickeln kann (ähnlich bei der Aussetzung zBew in der vergleichbaren Situation des § 47 Abs. 1 StGB etwa BGHSt 24, 164 = NJW 1971, 1415). Dies gilt gerade auch deshalb, weil die prognostizierbare Eignung der verschiedenen Optionen, auf einen über die Haftzeit hinausgehenden „rechtschaffenen Lebenswandel" hinzuwirken, in den praktischen Entscheidungssituationen ohnehin immer nur einem relativ unsicheren Vergleich zugänglich ist (n. → § 5 Rn. 31 ff.). 12

III. Anwendungspraxis und deren Kritik

1. Verhängung von Jugendstrafen

13 **a) Häufigkeit und Verteilung.** Bezogen auf die wegen eines Verbrechens oder Vergehens nach JStR Verurteilten betrug 2021 und 2022 der Anteil derjenigen, bei denen eine JStrafe verhängt wurde, 15,6 % und 14,24 %. Für frühere Jahre wurden folgende Werte mitgeteilt: 14,8 % in 1984, 15,5 % in 1988, 18,2 % in 1992, 18,7 in 1996, 18,9 % in 2000 und 16,5 % in 2004 (jeweils ehemaliges Bundesgebiet) sowie 16,5 % in 2008, 16,1 % in 2012 und 16,3 % in 2016 (StrafSt Tab. 4.1 bzw. 24311-22; s. dazu auch Kölbel KriPoZ 2024, 304 (307)). Eine in den letzten Jahrzehnten eindeutig gestiegene Punitivität zeigt sich in diesem Bereich nicht (eingehend BMJ/Heinz, Jugendkriminalrecht vor neuen Herausforderungen? 2009, S. 29 ff.; Heinz Sekundäranalyse S. 1181 ff., 1395 ff.). Allerdings wird JStrafe im JStR **nur wenig seltener** als die Freiheitsstrafe im allg. StR angewandt, zumal bei diesem Vgl. auch die hinzukommende JA-Praxis und die teilw. geringere Häufigkeit einer Aussetzung zBew zu berücksichtigen sind (n. Heinz Blindflug S. 90 ff.).

13a Mit Blick auf die regionale Verteilung (zur diesbzgl. Disparität allg. die Daten bei Höfer Sanktionskarrieren S. 128 f.) ergeben sich gewisse **Unterschiede** in der **Anwendungshäufigkeit.** So beliefen sich die entsprechenden Anteile zB 2020/21 in MV auf 26,07 %/20,63%, in SN auf 21,19 %/ 21,06% und in NRW auf 12,35 %/18,51% (StrafSt Tabelle 4.2). Die in manchen Jahren noch deutlicheren Differenzen beruhen auch auf einer uneinheitlichen institutionellen Selektion. So spricht einiges für einen Zusammenhang mit der Diversionsrate: je höher diese ist, umso höher scheint (wegen der strengeren Fallauswahl) unter den Angeklagten bzw. Verurteilten der Anteil mit verhängter JStrafe zu sein. Ein durchgehendes einheitliches Muster ist insgesamt aber nicht zu erkennen. – Im Übrigen liegt bei **Jugendlichen** der JStrafen-Anteil unter den Verurteilten insgesamt unter den Gesamtwerten. Er war nach 1975 rückläufig (Tiefstand 1980 mit 7,7 %), um sodann zunächst deutlich zu steigen (1994/2000: 12,5 % und 12,6 %) und sich danach auf einem wieder etwas niedrigeren Niveau einzupegeln (zB 10,7 % in 2004, 11 % in 2008, 10,6 % in 2012, 11,4 % in 2015 und 11,5 %/ 10,4 % in 2020/22 (StrafSt Tab. 4.2 bzw. 24311-24). Im internationalen Vergleich ist die deutsche Praxis der Jugendstrafverhängung noch als moderat einzustufen (wenngleich sich letztlich überall eine deutliche Zurückhaltung in der Verhängung von (rechtlich unterschiedlich ausgestalteten) JStrafen beobachten lässt (Überblick bspw. bei Albrecht RdJB 2007, 201 (204 ff.); DVJJ/Dünkel 2015, S. 527 ff.)).

14 Was die **Anordnungsgründe** betrifft, so zeigen (ältere) Auswertungen, dass die JStrafe offenbar ganz überwiegend wegen „schädlicher Neigungen" verhängt wird. Die alleinige Begründung mit der „Schwere der Schuld" scheint in der Praxis deutlich seltener vorzukommen. Relativ häufig wird das Vorliegen sowohl von „Schwere der Schuld" als auch von „schädlichen Neigungen" angenommen. Die drei Anwendungskonstellationen verteilten sich (in der genannten Reihenfolge) wie folgt: bei Lange, Rückfälligkeit nach Jugendstrafe, 1973, 113: 69,3 % – 10,1 % – 20,6 %, bei Matzke, Leistungsbereich bei Jugendstrafgefangenen, 1982, S. 183: 71,5 % – 15,8 % –

12,3 % und bei Meier, Richterliche Erwägungen …, 1994, S. 73 f.: 38,7 % – 32,3 % – 29,0 %. In neueren Analysen lauten die Werte 4,1 % – 36,5 % – 58,1 % (Schulz, Höchststrafe im Jugendstrafrecht, 2000, S. 126) bzw. 20,9 % – 16,4 % – 56,7 % (Jugendliche) und 25,2 % – 18,3 % – 45,8 % (Heranwachsende (Kurzberg Jugendstrafe S. 186)).

b) Entscheidungsfaktoren. Dass die Wahl der JStrafe als fallkonkret angeordnete Sanktion nach deutlich anderen Kriterien als im allg. StR (§ 46 StGB) erfolgen soll (nämlich anhand der in Abs. 2 geregelten Voraussetzungen), wird in der Justizwirklichkeit nur bedingt umgesetzt. De facto sind für die Rechtsfolgenentscheidung jene Gesichtspunkte bestimmend, die auch die Strafpraxis gegenüber Erwachsenen prägen (dazu etwa die Auswertungen von Dölling GS Zipf, 1999, 187 (192 f.); Kurzberg Jugendstrafe S. 206 ff.; s. aber bei der JStrafenverhängung auch Buckolt Jugendstrafe S. 295 ff., 342 ff., 442: stärkere Berücksichtigung personenbezogener Aspekte). Ungeachtet der an sich besonders bedeutsamen erzieherischen Indikation ist vor allem das Verletzungs- und **Schadensausmaß** ein besonders relevanter Gesichtspunkt für die Verhängung von JStrafe (vgl. die Berechnungen bei Dölling GS Zipf, 1999, 192 f.; Streng FS Böttcher, 2007, 443 ff.). Einen eigenständigen und tendenziell noch größeren Einfluss auf die Anwendungswahrscheinlichkeit von Abs. 2 haben die Anzahl und Schwere **vorheriger Sanktionen** (Walter/Neubacher, Jugendkriminalität, 4. Aufl. 2011, Rn. 570 ff.; speziell bei der JStrafe Gerken/Schumann Rechtsstaat/Gerken/Berlitz S. 19 ff.; Kunkat, Junge Mehrfachauffällige und Mehrfachtäter, 2002, S. 446 ff.; Höfer Sanktionskarrieren S. 134 ff., 138 ff.; diff. Bliesener/Thomas FS Ostendorf, 2015, 76 f. (81 f.); zusf. Heinz Sekundäranalyse S. 1477 ff.). Auch in dieser Hinsicht ist die Praxis in anderen Rechtsordnungen ähnlich (vgl. bspw. Wermink EJC 2015, 739 (751 ff.)). 15

2. Wirkungsbefunde

a) „Rückfallstatistik". Die Häufigkeit der erneuten strafrechtlichen Erfassung nach vorangegangener JStrafe ist **sehr hoch** (zu den differenzierten Werten bei unterschiedlicher Strafdauer, bei (teilweise) zBew ausgesetzter Vollstr und bei verschiedenen Vollzugsformen → § 18 Rn. 13; Eisenberg/Kölbel Kriminologie, § 41 Rn. 24 f.). Nach der sog. Rückfallstatistik, die auf den Eintragungsdaten des BZR basiert, wurden von den Personen, die den Jugendstrafvollzug in 2004 verlassen hatten, ca. 70 % nach drei, ca. 80 % nach sechs, ca. 83 % nach neun und 85 % nach zwölf Jahren wegen (mindestens) einer erneuten (jugend-)strafrechtlichen Sanktion (meist einer Freiheits- oder JStrafe) registriert (JAHT, Legalbewährung, 2021, S. 144). Die meisten erfassten Rückfälle ereigneten sich in den **ersten 9 Monaten** nach der Entlassung (insgesamt 50 % in den ersten 11 Monaten (JAHT, Legalbewährung, 2021, S. 142)). Unabhängig von den strittigen Validitätseinschränkungen von BZR-Daten (vgl. JAHT, Legalbewährung, 2016, S. 31 f., 172: eher begrenzt; abw. aber Obergfell-Fuchs/Wulf FS 2008, 231 (233)), ist indes zu berücksichtigen, dass als „Rückfall" hierbei allein die abermalige Sanktionierung zählt (zur begrenzten Aussagekraft dieses Miss-/Erfolgskriteriums Spiess Bewährungshilfe 2012, 17 (20 ff.); Eisenberg/Kölbel Kriminologie § 17 Rn. 18 ff.). 16

17 **b) Einzelbefunde.** Auch nach einigen (oft älteren) Aktenanalysen, von denen die Wiedererfassung nach einer Jugendstrafe untersucht worden war, ist von einer ganz erheblichen „Rückfälligkeitsquote" auszugehen. In einem meist 5- bis 6-jährigen Nachentlassungszeitraum lag diese kaum einmal unter 60% (vgl. etwa Fleck/Müller ZfStV 1984, 74; ferner mwN Eisenberg/Kölbel Kriminologie § 41 Rn. 22). Den Untersuchungen von Böhm (RdJB 1973, 33 ff.) zufolge wies die registrierte Entwicklung nur bei 30–40 % auf eine weitgehende Legalbewährung hin. Jedoch divergierten die vorliegenden Ergebnisse etwas, wofür auch der regional unterschiedlichen Spruch- wie Vollzugspraxis eine gewisse Bedeutung zukommen dürfte. So stellte eine Auswertung für einen Zeitraum von mindestens vier Jahren seit Entlassung eine Wiederverurteilungsquote von 82,9% bei erneuter Strafvollstreckung von 54% fest (Dolde/Grübl ZfStrVo 1988, 29 (30 f.)). In einer weiteren Erhebung mit gleichfalls vierjährigem Kontrollzeitraum wurde eine „Rückfälligkeitsquote" von 79,6% errechnet, bei 45,1% bzgl. (erneuter) unbedingter freiheitsentziehender Strafe (Kaiser, Kriminologische Forschung in den 80er Jahren/Wirth, 1988, S. 442).

18 In der Zeit **nach 2000** wurden in Thür. für die Entlassungsjahre 2005 bzw. 2006 und einen Kontrollzeitraum von vier Jahren die Anteile von 73,4% bzw. 73,2% – betr. erneuten Freiheitsentzug von 58,2% bzw. 56,7 – berechnet (Giebel/Ritter FS 2012, 302 (304); vgl. auch Endres/Breuer/Nolte MschKrim 99 (2016), 342 (346 ff.) für Bay: nach „im Mittel" knapp zwei Jahren seit Entlassung ca. 1/3 wieder „in Haft"). Für Bln. und Bbg. ergab eine neuere Untersuchung (vgl. Cornel FS Ostendorf, 2015, 173; Cornel FS Dünkel, 2020, 788) beim Entlassungsjahrgang 2004 nach 10 Jahren einen Wiederverurteilungsanteil von 82,4% und einen Anteil von 40,1% mit neuerlicher unbedingter Freiheitsstrafe (wobei diese Werte im Wesentlichen bereits nach fünf Jahren erreicht waren). Bzgl. norddeutscher Jugendhaftanstalten und einer Gruppe von über 2.400 männlichen Erstinhaftierten stellten Bannenberg/Jehle, Gewaltdelinquenz – Lange, Freiheitsentziehung – Delinquenzverläufe/Hosser/Taefi/Giebel, 2011, S. 447 (453) in einem bis zu siebenjährigen Beobachtungszeitraum eine Rückfallrate von 83% und eine Wiedereinweisungsrate von 52% fest (vgl. auch die Auswertung bei Boxberg Jugendstrafe S. 246 ff.). Für BW lauten die Raten für einen Dreijahreszeitraum nach der Entlassung in 2012/13 74% und 39% (Stelly/Thomas, Evaluation des Jugendstrafvollzugs in Baden-Württemberg, 2017, S. 82).

18a Die Evaluation des hess. JStVollz (Kerner/Stellmacher/Coester/Wagner, Systematische Rückfalluntersuchung im Hessischen Jugendvollzug, 2011, S. 98 ff.) ergab für die Entlassungsjahrgänge 2003/06 Anteile von 33,5% bzw. 32,8%, bei denen es innerhalb von drei Jahren zu einer Wiedererfassung wegen einer unbedingten Jugend-/Freiheitsstrafe kam (bei 64% bzw. 68% Rückfälle insgesamt). Sämtlichen Studien zufolge fanden sehr viele Rückfälle in den ersten Nachvollzugsmonaten statt. Allerdings ergaben die ergänzend durchgeführten qualitativen Befragungen für den hess. JStVollz am Haftbeginn und -ende deutliche Verbesserungen im Einstellungsbereich sowie bei Gewaltbereitschaft und Verhaltensabsichten (zusf. auch Strafverteidigertag 2018/Coester, S. 395 ff.). Auch waren die im Bewährungszeitraum begangenen Straftaten idR nicht so schwerwiegend wie die vorvollzugliche Auffälligkeit. Außerdem lagen die Rückfallwerte umso niedriger, je älter die Insassen bei der Entlassung waren – offenbar, weil sich bei ihnen teilw. ein Reifungsprozess bemerkbar machte (maturing- bzw. **aging-out** – zu diesem oft beobachteten Effekt bspw. auch Willems/Meier FS Eisenberg II, 2019, 183; → § 5 Rn. 59). Insges. sind – und das entspricht auch dem Stand der internationalen Forschung (diese zusammenfassend Kölbel KriPoZ 2024, 304 (308 f.) und → § 5 Rn. 71 ff.) – die „Besserungs"-Erfolge in der JStrafwirklichkeit begrenzt, gerade im Vergleich mit ambulanten Sanktionen. Bei einem relevanten Teil ihrer Adressaten mag die Sanktion mittelbar zum Herauswachsen aus devianten Entwicklungen beitragen. Oft stehen eher die **desintegrativen** Effekte, die mit einer Freiheitsentziehung generell und besonders in einer entwicklungssensiblen Lebensphase einhergehen, im Vordergrund.

c) Folgerungen. Unabhängig von der Frage, ob und inwieweit diese Bilanzen durch eine funktionale Vollzugs- und Übergangsgestaltung verbessert werden könnten (dazu die umfangreiche Zusammenstellung entspr. Studien bei Heinz Sekundäranalyse S. 2006 ff.), geben sie jedenfalls Anlass zu einem weiter zurückhaltenden und auch zu **reduzierenden** Einsatz der JStrafe. Auch wenn die Rspr. eine Verhängung von JStrafe ggü. 14- bis 16-Jährigen am ehesten bei Verurteilung wegen eines Kapitaldeliktes als unumgänglich erachtet (vgl. zB BGH NStZ 2002, 216 mkritAnm Eisenberg NStZ 2002, 331), bestehen insofern bei anderen Delikten durchaus entsprechende Spielräume. Soweit in solchen Fällen bspw. bei Jugendlichen gelegentlich auch deshalb eine JStrafe verhängt wird, weil deren Lebenslage als „verlassen" oder „ausweglos" beurteilt wird („hartnäckige Wegläufer"), ist dies angesichts der grds. geringeren Geeignetheit wie auch des größeren Schädlichkeitspotentials, die negativ-freiheitsentziehende Sanktionen im Vergleich mit intensiv helfender Betreuung aufweisen (dazu nachdrücklich auch AG Rudolstadt NStZ-RR 2016, 229), idR nicht angezeigt. Das ist in dieser Altersgruppe verallgemeinerungsfähig. Landesweite dänische Daten, denen zufolge bei einem geringeren Erstinhaftierungsalter die psychosziale Entwicklung mittel- und langfristig stärker als bei höherem Alter beeinträchtigt wird (Baćak/Andersen/Schnittker Social Forces 2019, 303), unterstreichen nämlich sehr deutlich, dass die Vulnerabilität gegenüber abträglichen Haftfolgen **umso größer ist, je jünger** die Betroffenen sind. Überhaupt bietet sich eine Einschränkung der JStrafen-Anwendung im Allgemeinen bei Eigentums- und Vermögensdelikten an. Bei dieser Deliktsgruppe stellt sich regelhaft die Frage, ob der strafbar verursachte (und künftig befürchtete) Schaden nicht in einem **Missverhältnis** zur Eingriffsintensität bei den verurteilten Jugendlichen steht (gerade auch mit Blick auf Belastungen und Gefährdungen, denen namentlich die Gruppe „schwacher" Jugendlicher in der Machthierarchie der JStrafgefangenen ausgesetzt ist (dazu → § 92 Rn. 40a)). 19

IV. „Schädliche Neigungen"

1. Begriff und Kritik

Der normtextlich verwendete Begriff wurde durch VO des Reichsjustizministers über die unbestimmt Verurteilten v. 10.9.1941 (RGBl. I 567) in das deutsche JStR eingeführt (vgl. zuvor Schaffstein Deutsches Recht 1936, 65 f.: „die hoffnungslosen Kriminellen …Hang zum Verbrechertum"). Das 20

RJGG 1943 behielt ihn nicht nur bei, sondern setzte ihn zudem als Bezeichnung einer **selbstständigen Voraussetzung** zur **Verhängung** von JStrafe ein (§§ 4 Abs. 1, 6 Abs. 2). Zwar fand sich der Begriff zuvor bereits in § 12 Abs. 1 S. 1 des österreichischen „Gesetzes über die Behandlung junger Rechtsbrecher" v. 18.7.1928 (Österreichisches BGBl. 1928 Nr. 234: „… zur Wandlung seiner Gemütsart und zur Überwindung seiner schädlichen Neigungen …"), dies aber allein mit Blick auf die Bemessung der JStrafe unbestimmter Dauer (n. zum Ganzen etwa Nix, Kritik der „Erziehungsstrafe" im Jugendstrafrecht, 2017, S. 12 ff.; zur Auslese- und Entehrungsfunktion im NS-Kontext vgl. Swoboda ZJJ 2016, 278 (279)).

21 Der Begriff ist inhaltlich disponibel und begegnet erheblichen Einwänden hinsichtlich seiner Bestimmtheit und empirischen Erfassbarkeit (vgl. anschaulich etwa Meier, Richterliche Erwägungen …, 1994, S. 72; Tams GreifRecht 2015, 97). Er ist in seiner individualisierenden und moralisierenden Akzentuierung geeignet, den gemeinten Jugendlichen als (bedrohliche) „Defekt-Persönlichkeit" zu beurteilen (zust. J. Walter DVJJ-Journal 2000, 255). Dies geht einher mit **Stereotypisierungen,** deren Effekt in der systematischen Überschätzung von Unterschieden zwischen Jugendlichen mit „schädlichen Neigungen" und „normalen" Jugendlichen besteht (ebenso wie in der systematischen Unterschätzung der Heterogenität beider Gruppen). Sichtbar wird dies zB in Zuschreibungen, wonach die Person erhebliche „Mängel der Charakterbildung" zeige und in ihrer „Entwicklung zu einem brauchbaren Glied der sozialen Gemeinschaft gefährdet" sei (vgl. etwa BGH StV 1985, 419 = BeckRS 1985, 31101444). Damit fördert der Begriff zugleich auch **Ausgrenzungsstrategien,** die in Prinzipien des allg. StR wie auch des JStR oder gar des JHilferechts keine Grundlage finden (zust. BT-Drs. 20/14257, 51).

22 In der heute überwiegenden Lesart handele es sich (ähnlich wie schon nach RL Nr. 1 zu § 6 RJGG) bei „schädlichen Neigungen" um Störungen der Persönlichkeitsentwicklung, welche **ohne** längere **Gesamterziehung** die Gefahr der weiteren Begehung von nicht nur gemeinlästigen oder bagatellarischen **Straftaten** in sich bergen (stellvertretend BGH NStZ 2016, 681; 2018, 658; NStZ 2024, 615; ebenso in der Lit. etwa Nix/Pschorr/Franzen §§ 17, 18 Rn. 81 ff.). Dieses Verständnis verleitet indes zu einer zirkelschlüssigen (krit. etwa Nöding Verteidigung Rn. 102; Walter/Wilms, NStZ 2007, 1 (3); Swoboda, ZJJ 2016, 278 (285 f.)) Gleichsetzung des Begriffs mit einer ungünstigen „Rückfall"-Prognose (kennzeichnend BGH BeckRS 2012, 22788; sowie auch BGH StV 1984, 253 = BeckRS 1984, 31110427: „kriminelle Neigungen"). Vermieden wird dies allein durch die **Differenzierung** der beiden Komponenten (Entwicklungs- oder Persönlichkeitsmängel und zu prognostizierende Gefährlichkeit), die für die Bejahung „schädlicher Neigungen" zusammentreffen müssen (vgl. etwa Kemme StV 2014, 760 (762); Swoboda ZJJ 2016, 278 (280)).

23 Neben den so verstandenen „schädlichen Neigungen" ist für die Verhängung von JStrafe auch eine schuldhaft begangene Tat vorausgesetzt. Diese fungiert aber letztlich nur als Anlass und Limitierung der Sanktion (→ Rn. 39), während der eigentliche Sanktionsgrund letztlich in der individuellen Interventionsbedürftigkeit (nämlich in der zugeschriebenen „neigungsbedingten Gefährlichkeit") liegt (die noch im Zeitpunkt der Verurteilung fortbestehen muss (→ Rn. 34)). Da es auf die Entstehungszusammenhänge solcher „Neigungen" nach hM nicht ankommen soll (BGHSt 11, 169

(171) = NJW 1958, 638), wird allerdings nicht überprüft (und kann auch schwerlich überprüft werden), inwieweit dem Jugendlichen in dieser Hinsicht ein (Schuld-)Vorwurf gemacht werden kann (vgl. auch Tams Greif-Recht 2015, 97). Wenn ihn mit der JStrafe gleichwohl eine repressive Schuldstrafe trifft (so eingehend Swoboda ZJJ 2016, 278 (282 f.)), ist dies also **widerspruchsreich** (ebenso Haffke FS Amelung, 2009, 21; Konze, Jugendstrafe wegen schädlicher Neigungen, 2015, S. 101; Kemme StV 2014, 760 (762): mit dem Schuldprinzip nicht vereinbar). In der Sache weist Abs. 2 Var. 1 jedenfalls erhebliche Ähnlichkeiten mit einer Maßregel der Besserung und Sicherung auf (weitergehend Begemann ZRP 1991, 44 (45); Haffke FS Amelung, 2009, 21; krit. Haas, FS Dölling, 518; für eine Einschränkung auf Sicherungsfunktion und Verwahrfälle Streng GA 1984, 149 (165)).

Teilweise wird die Vorschrift für verfassungswidrig gehalten (Konze, 24 Jugendstrafe wegen schädlicher Neigungen, 2015, S. 101 ff., 113 ff.) und ihre Streichung empfohlen (dazu etwa Walter/Wilms NStZ 2007, 1 (7); zur Debatte mwN Kölbel KriPoZ 2024, 304 (310)). Bisweilen wird **kriminalpolitisch** aber auch nur eine Neudefinition angeregt (vgl. etwa BR-Drs. 238/04: „Gefährdung oder Störung der Persönlichkeitsentwicklung"; BT-Drs. 20/14257, 11: „erhebliche Mängel in der individuellen oder sozialen Entwicklung des Jugendlichen"), was keine substanzielle Änderung veranlassen würde. Dies gilt auch für die Ersetzung durch eine „Erziehungsstrafe" (dazu etwa Streng JugendStrafR Rn. 431) – es sei denn hierbei würde eine dezidiert spezialpräventive Einwirkung zielführend umgesetzt. Dabei muss es um „nachhaltige Unterstützung" iSv § 2 Abs. 1 und strukturell um eine Entflechtung von der Kategorie Strafe gehen (für eine Umgestaltung in eine grundsätzlich ambulante Maßnahme bspw. Nix, Kritik der „Erziehungsstrafe" im Jugendstrafrecht, 2017, S. 217 ff.; beifällig zur Rechtslage indes MüKoStGB/Radtke/Scholze Rn. 26 f.). Spätestens im Lichte der RL (EU) 2016/800 (→ Einl. Rn. 32) wäre eine mehr als nur terminologische Neuregelung geboten gewesen.

2. Feststellung bestehender Entwicklungs- und Persönlichkeitsproblematik

a) Bisherige Delinquenz. aa) Bewertung von Praxistendenzen. Die 25 Praxis knüpft bei der Bejahung „schädlicher Neigungen" oftmals an das Vorliegen von wiederholter strafrechtlicher Erfassung („Karriere") sowie an eine gewisse Deliktsschwere an. Merkmalsausprägungen aus dem Sozial- oder Persönlichkeitsbereich (→ Rn. 31), die für die Frage zwar ergiebiger, aber oft auch schwieriger festzustellen und bisweilen mehrdeutig sind, scheinen erst in zweiter Linie bestimmend zu sein (kennzeichnend die Aktenanalyse von Kurzberg Jugendstrafe S. 188 f.; vgl. auch Buckolt Jugendstrafe S. 74 ff., 349 f.; Bliesener/Thomas FS Ostendorf, 2015, 76 f. (81 f.); Swoboda ZJJ 2016, 278 (285 f. mwN); speziell zur weitgehend intuitiven „Neigungs-Diagnostik" der Jugendgerichtshelfer vgl. die Befragung von Düber/Leitner/Köhler, Die Beurteilung schädlicher Neigungen nach § 17 JGG/Düber, 2016, S. 57 ff.).

Dies muss insofern als problematisch gelten, als jedenfalls das **objektive 25a Tatunrecht** der Anlasstat für sich genommen für die Zuschreibung „schädlicher Neigungen" oft „weitgehend unergiebig" ist (BGH NStZ 2016, 682). Andererseits nimmt die Rspr. an, dass sich die fraglichen Defizite meist im

Zuge „einer längeren Entwicklung" herausbildeten, „in deren Verlauf es immer wieder zu Straftaten" komme, die deshalb durchaus Schlüsse auf die beiden Komponenten der „schädlichen Neigungen" (→ Rn. 22) erlaubten (OLG Hamm NStZ-RR 1999, 377). Dies sei keineswegs erst bei einem Grad der Vorbelastung möglich, der zu einer Einstufung als „Intensiv-/ Wiederholungstäter" (bzw. als sog. „Gewohnheits- oder Hangverbrecher") geführt hat (BGHSt 11, 169 = NJW 1958, 638; s. aber auch BGHSt 12, 129 = NJW 1959, 156). Zu den fraglichen Folgerungen könne vielmehr schon eine weniger gravierende Deliktsgeschichte Anlass geben, nur sei dies dann im Einzelnen zu begründen, etwa unter Darstellung und Auswertung der hinweiskräftigen Tatumstände (BGH StV 2011, 589 = BeckRS 2011, 4359). Stets setzt die Berücksichtigung früherer Straftaten aber voraus, dass zu ihnen **konkrete tatsächliche Feststellungen** getroffen werden (OLG Hamm ZJJ 2022, 59 = BeckRS 2021, 33763).

26 **bb) Kontraindizierende Sachverhalte.** Die früher begangenen Delikte haben aus dieser Warte also in dem Sinne eine „diagnostische" Bedeutung, als der Tatschwere oder anderen Ereignismerkmalen ein gewisser Hinweiswert zukommen kann. Dies gilt jedoch auch in einem **negativen,** den Anordnungsgrund ausschließenden Sinne und betrifft etwa die **Art** der früheren Delinquenz:

- So deuten jedenfalls Gelegenheits-, Konflikt- oder Notdelikte nicht auf „schädliche Neigungen" hin (BGHSt 11, 169 = NJW 1958, 638; BGHSt 16, 261 = NJW 1961, 2359). Dies gilt gleichfalls für **geringfügige** Delikte (BGH NStZ-RR 2015, 323; BeckRS 2024, 37880; OLG Hamm NStZ-RR 1999, 377 (378); BayObLG BeckRS 2019, 45900; LG Gera StV 1999, 660; AG Rudolstadt StV 2013, 36 = LSK 2013, 020550; vgl. auch → Rn. 39) und verhält sich bei **situativ bedingten** Delikten prinzipiell ebenso (vgl. BGH StV 1984, 253 = BeckRS 1984, 31110427; NStZ-RR 2023, 293 (294)). Wird ein einmaliges situativ geprägtes Versagen verneint, so muss dies deshalb – ebenso wie jeder andere für „diagnostisch relevant" gehaltene Deliktsbegehungsaspekt – in den Urteilsgründen näher ausgeführt werden (BGH NStZ-RR 2010, 387).
- Es genügt auch nicht die Zugehörigkeit zu einer delinquenten **Jugendgruppe,** sofern weder eine Beteiligung an deren Delikten noch eine diesbzgl. Kenntnis festgestellt ist (BGH bei Böhm NStZ 1984, 445). Vor dem Hintergrund der einschlägigen kriminologischen Forschung (dazu Eisenberg/Kölbel Kriminologie § 58 Rn. 6 ff.) sind „schädliche Neigungen" auch bei gemeinsam begangener Vordelinquenz besonders begründungsbedürftig (abw. Tendenz aber bei BGH BeckRS 2011, 26153 Rn. 42 mablAnm Eisenberg HRRS 2012, 23 (27)); es ist stets zu prüfen, ob die Tat „nicht durch einen gewissen Gruppenzwang, falsch verstandene Solidarität oder ein Bedürfnis nach Anerkennung" wesentlich mitbestimmt war (BGH BeckRS 1985, 5573; 1985, 31101444; GA 1986, 370; zur Relevanz von Gruppendynamik Schumacher StV 1993, 549 (550 f.); zur jeweiligen Differenzierung im Einzelfall Hoffmann StV 2001, 196 (198 f.); s. auch BGH BGHR JGG § 17 Abs. 2, schädliche Neigungen 1, wonach zB „Begünstigungshandlungen" mit dem Ziel der Strafvereitelung „für Jugendliche besonders typisch" seien).

27 Negative Hinweiskraft ist ferner mit Blick auf die individuelle **deliktische Entwicklung** zu beachten:

- Die bloße „Rückfälligkeit“ oder die Kürze der **Intervalle** reicht für die Annahme „schädlicher Neigungen“ allenfalls bei schweren Delikten und Rechtsfolgen aus (BGH NStZ 2013, 289 (290)), während längere Straffreiheit vor der Anlasstat dagegen spricht (BGH NStZ-RR 2015, 155; 2015, 323). Rechtswidrige Taten aus der **Kindheit** dürfen gar nicht berücksichtigt werden (ebenso Nix/Pschorr/Franzen §§ 17, 18 Rn. 71; aber → § 1 Rn. 8 ff.).
- Frühere Tatvorwürfe, bei den die Jugendstraf**verfahren eingestellt** worden sind, werden in der Praxis oft „vorstrafenähnlich“ behandelt (vgl. BGH BeckRS 2018, 28645: „Einstellungsbeschluss nach § 47 Abs. 2 kommt (…) Warnfunktion zu“). Für die Frage nach „schädlichen Neigungen“ haben sie indes schon wegen ihres meist bagatellarischen Charakters idR keine Hinweiskraft (BGH NStZ-RR 2015, 323; StV 2022, 9 (10) = BeckRS 2021, 21827). Ohnehin dürfen sie allenfalls dann indiziell herangezogen werden, wenn sie prozessordnungsgemäß (§ 261 StPO iVm § 2 Abs. 2) festgestellt (BGH BeckRS 2021, 33677) und ihre Konsequenzen in einem rechtzeitigen vorherigen Hinweis dargelegt wurden (BGH StV 2016, 699 (Ls.) = BeckRS 2015, 14380; KG StV 2011, 582 = BeckRS 2011, 23364; ferner eingehend und mwN Eisenberg BeweisR StPO Rn. 411 ff., 418 ff.). Den gleichen Voraussetzungen unterliegt die Verwertung von noch **nicht abgeurteilten** Straftaten aus Parallelverfahren (BGH StV 1994, 526 = BeckRS 1994, 7947; NStZ 2010, 280 (281); OLG Hamm NStZ-RR 1999, 377 (378); StraFo 2001, 176 = BeckRS 1999, 30085899).

cc) Besonderheiten bei fehlender deliktischer Vorbelastung. Regelmäßig müssen sich die fraglichen Persönlichkeitsausprägungen, mit denen eine negative Prognose einhergeht, schon **vor der Anlasstat entwickelt** (BGH GA 1986, 370: „wenn auch verborgen“, ebenso zB BGH NStZ 2010, 280; 2018, 658; 2024, 615) und diese sodann beeinflusst haben (stellvertretend etwa BGH StV 1993, 531 = BeckRS 1993, 31078968; NStZ 2010, 281; OLG Zweibrücken JBl. RhPf. 1989, 104). Dass „schädliche Neigungen“ schon vor dem Deliktsereignis bestanden haben müssen, gilt auch in Fällen, in denen die prozessgegenständliche Straftat aus mehreren aufeinander folgenden Einzeltaten besteht (zu Taten in „unmittelbarem zeitlichen Zusammenhang und ggü. demselben Tatopfer“ vgl. BGH NStZ-RR 2015, 155), schon weil hier nicht auszuschließen ist, dass es sich um „eine Kette bloßer Gelegenheitstaten“ handelt (OLG Schleswig bei Lorenzen/Görl SchlHA 1989, 120; OLG Hamm OLGSt § 17 Nr. 2 (betr. wiederholten Verkaufs „harter Drogen“ geringer Menge)). 28

Das Fehlen von Vorstrafen (bzw. (entdeckter) Vordelinquenz) spricht gegen vor der Anlasstat bestehende erhebliche Persönlichkeitsmängel (BGH NStZ 2016, 681 (682); NStZ-RR 2023, 293 (294)). Nur **ausnahmsweise** hält es die Rspr. für möglich, „schädliche Neigungen“ bereits dann zu bejahen, wenn sie **erstmals in der abzuurteilenden Straftat** (erkennbar) zum Ausdruck gelangt oder sich im Verlauf der zur erstmaligen Aburteilung führenden Straftaten entwickelt haben (BGHSt 11, 169 = NJW 1958, 638; BGH StV 1986, 68; ZJJ 2018, 57 (61)). Anders als bei einer Mehrzahl sukzessiver Straftaten sind anhaltende Persönlichkeitsdefizite und Rückfalltendenzen (→ Rn. 22) nämlich anhand nur eines einzigen Deliktes kaum zuverlässig zu erschließen. Soll die „Neigungs-Feststellung“ dennoch allein 29 auf eine Ersttat gestützt werden, bedarf es folglich äußerst sorgfältiger tatsächlicher Erhebungen (BGHSt 16, 261 = NJW 1961, 2359; BGH BGHR JGG § 17 Abs. 2 schädliche Neigungen 7; BGH NStZ-RR 1997, 21; 2019, 159), in denen die fraglichen Problem- und Risikomerkmale aus dem Geschehen ganz konkret gefolgert werden (BGH NStZ 2018, 658). In ähnlicher Weise gesteigert ist die Überprüfungsnotwendigkeit, wenn allein solche früheren Verfehlungen vorliegen, bei denen das Verfahren **eingestellt** wurde, sodass sie oft keinen Hinweiswert (→ Rn. 27) haben (vgl. BGH BGHR § 17 Abs. 2 schädliche Neigungen 2; BGH StV 2022, 9 (10) = BeckRS 2021, 21827; OLG Köln StV 1993, 531 (Ls.)).

29a In diesen Konstellationen des besonderen Begründungsbedarfs (BGH NStZ-RR 2019, 159) ist Abs. 2 Var. 1 bspw. abzulehnen, wenn der Angeklagte „vor und nach der Tat ein ordentliches Leben geführt" (OLG Zweibrücken OLGSt JGG § 17 Nr. 1 = BeckRS 1989, 31166509 mAnm Brunner JR 1990, 305) oder wenn er die Anlasstat unter Gruppeneinfluss (vgl. auch → Rn. 26) bzw. Einfluss eines Tatbeteiligten (BGH NStZ 2010, 280 (281); NStZ-RR 2015, 323) begangen hat. Dagegen reicht die Schwere des Anlassdelikts als „Neigungs-Indikator" für sich genommen kaum aus. Allerdings wurden entsprechende Schlüsse in einigen bedenklichen Entscheidungen durchaus akzeptiert (BGH NStZ-RR 1997, 21: aktive und brutale Tatbeteiligung; BGH NStZ-RR 2002, 20: Überwindung hoher Hemmschwellen; BGH NStZ 2019, 216: besondere Empathielosigkeit (trotz Bejahung von § 21 StGB); vgl. zu entspr. bewerteten Tatmodalitäten auch affirmierend und mit einer weiteren Kasuistik Rose ZJJ 2020, 43 (45 f.)).

30 **dd) Doppelverwertungsverbot.** Das in § 46 Abs. 3 StGB geregelte allg. Doppelverwertungsverbot ist nach hM im JStR nicht anwendbar, weil es Bestandteil des im JGG ausgeschlossenen allgemeinstrafrechtlichen Rechtsfolgenrechts sei (vgl. nur BGH NStZ-RR 1997, 21; BeckRS 2024, 28517; Streng GA 2017, 80 (87): da im JStR keine enge Bindung an tatbestandsbezogene Strafrahmen). Unabhängig von der direkten formalen Anwendbarkeit ist aber jedenfalls der Schutzgedanke (instruktiv OLG Bamberg StV 2018, 248 = BeckRS 2017, 127410 (zum allg. StR)) zu berücksichtigen (→ Rn. 51). Handlungselemente, Schadensfolgen usw, die in spezifischer Weise (dh als unmittelbares Tatbestandsmerkmale) schon für das Bestehen eines Sanktionsanlasses bestimmend sind, können daher nicht auch noch als Indikatoren „schädlicher Neigungen" dienen (n. Eisenberg NStZ 2001, 334 (335); Eisenberg FS Rieß, 2002, 829 (840 ff.)). Anderenfalls würden Jugendliche im Vergleich mit Erwachsenen materiell-rechtlich **schlechter gestellt** (zur diesbzgl. Unzulässigkeit → § 2 Rn. 23).

31 **b) Psychosoziale Bedingungen.** Legt man die Interpretation von Abs. 2 Var. 1 durch die hM (→ Rn. 22) zugrunde, können insbes. **psychische Problemlagen** und schwere **Verhaltensauffälligkeiten** für die verfestigten Persönlichkeitsprobleme und die Rückfallerwartung aufschlussreich sein (zu Grundlagen und Problemen der hier vorzunehmenden Prognose → § 5 Rn. 31 ff.). Entsprechende Anzeichen sind bspw. Bindungsschwächen, geringe Impulskontrollen, ein dissozialer Lebensstil usw (näher mit Checkliste Düber/Leitner/Köhler, Die Beurteilung schädlicher Neigungen nach § 17 JGG/Düber/Leitner/Köhler, 2016, S. 103 ff.; für eine Zusammenstellung von Risikofaktoren auch Kemme/Wetzels PraxRPsych 2014, 45 (58)). Allerdings reicht die bloße Mitteilung früher Fehlanpassung nicht aus; es muss deutlich gemacht werden, dass und warum deshalb künftig erhebliche Folgedelinquenz zu erwarten ist (vgl. bereits BGH MDR 1992, 631 = BeckRS 1992, 31083581). Überhaupt bedarf es einer **Entscheidungsbegründung,** die sich mit der Entwicklung des Jugendlichen und mit den hier bestehenden Zusammenhängen zur Anlasstat ebenso auseinandersetzt wie mit der erzieherischen Eignung und Notwendigkeit der JStrafe (OLG Hamm NStZ-RR 1999, 377; KG StV 2011, 582 = BeckRS 2011, 23364; auch → Rn. 38).

32 Jugendliche, bei denen pädagogische bzw. therapeutische Angebote in Heimerziehung oder sonstiger betreuter Wohnform (§ 34 SGB VIII) nach jugendhilfrechtlichen Standards angezeigt sind (vgl. auch die vormalige Voraussetzung einer „Verwahrlosung" gem. § 64 JWG aF), zeigen nicht notwendig auch „schädliche Neigungen" (s. auch Brunner/Dölling Rn. 37). Die fragliche **jugendhilferechtliche Indikation** wird in der Praxis nämlich oft schon bei einem Zustand von einiger Dauer bejaht, in dem es einem jugendlichen Menschen in erheblichem Grade an jenen körperlichen, geistigen oder sittlichen Eigenschaften mangelt, die bei Altersgenossen als Ergebnis einer ordnungsgemäßen Erziehung sonst vorausgesetzt werden (vgl. → § 12 Rn. 26). Wenngleich zur Annahme eines solchen Zustandes die Feststellung entsprechender Tatsachen erforderlich ist, bleiben die Kriterien inhaltlich unterbestimmt und disponibel, zumal sie eine (in der pluralistischen Gesellschaft) nicht existente Norm-Entwicklung zugrunde legen und die sozio-ökonomisch unterschiedliche Verteilung (bedürfnis-)relevanter Bedingungen ignorieren (skeptisch bezüglich der „Indikation" zu einer Heimerziehung auch Mrozynski, SGB VIII, Kinder- und Jugendhilfe, 5. Aufl. 2009, SGB VIII § 34 Rn. 3; zu Praxiskriterien für die gesteigerte Form einer „geschlossenen" Unterbringung vgl. Permien R&P 2006, 111 (114); überblicksartig Eisenberg/Kölbel Kriminologie § 37 Rn. 4, 8). Jugendhilferechtliche Einstufungen können für Abs. 2 Var. 1 daher allein hilfsweise (als Hinweise) herangezogen werden.

3. Persistenz der Entwicklungs- und Persönlichkeitsproblematik

33 **a) „In der Tat hervorgetreten".** Die nach den vorgenannten Kriterien festgestellten „schädlichen Neigungen" müssen **bei Tatbegehung** vorgelegen und in dem angeklagten Delikt dergestalt zum Ausdruck gekommen sein, dass dieses sich **als deren symptomatischer Ausfluss** darstellt. Diese Voraussetzung muss bezüglich jeder einzelnen prozessgegenständlichen Tat konkret geprüft werden. Haben sich die „schädlichen Neigungen" nach Ansicht des Gerichts allein in sekundären Teilaspekten des Tatgeschehens niedergeschlagen, reicht dies nicht aus. Wird mit Blick auf diesen Zusammenhang also lediglich darauf verwiesen, der Angeklagte habe ein (zu Verteidigungszwecken mitgeführtes) Messer bei der Tat eingesetzt (vgl. BGH NStZ 1984, 413) oder aus „krimineller Abenteuerlust" bzw. „falsch verstandener Kameradschaft" gehandelt (vgl. BGH StV 1985, 419 = BeckRS 1985, 31101444), liegen die Voraussetzungen von Abs. 2 Var. 1 nicht ohne weiteres vor. Das Ergebnis der diesbezüglichen Prüfung kann bei unterschiedlichen Taten bzw. Delikten verschieden ausfallen.

34 **b) Fortbestand der Problemlagen. aa) Grundsatz.** Die Komponenten der „schädlichen Neigungen" (→ Rn. 22) müssen nach stRspr noch **im**

Zeitpunkt der Entscheidung vorliegen, weil die JStrafe sonst nicht mehr erzieherisch indiziert sein kann (vgl. bspw. BGH StV 1998, 331 = BeckRS 1997, 31120008; NStZ 2013, 287; ZJJ 2014, 46 = BeckRS 2014, 00752; NStZ 2016, 682; NStZ 2024, 615). Ist es während des Verfahrens zu einer positiven Persönlichkeitsentwicklung gekommen (etwa auch begünstigt durch die Dauer eines Rechtsmittelverfahrens), können die (vorher zu bejahenden) Voraussetzungen von Abs. 2 Var. 1 weggefallen sein (vgl. etwa den Fall von LG Arnsberg BeckRS 2024, 26652). Daher ist zB eine einfache Bezugnahme auf die Bejahung „schädlicher Neigungen" in früher erfolgten Verurteilungen absolut unzureichend (BGH NStZ-RR 2015, 154). Dass im Urteil eigens zum Ausdruck gebracht werden muss, weshalb aufgrund der persönlichen Beschaffenheit weitere Straftaten zu befürchten sind, unterstreicht diese Notwendigkeit. Denn diese explizite **Gefahrenprognose** ist anhand der bisherigen (Persönlichkeits-)Entwicklung zu begründen (BGH NStZ 2024, 615). Das verlangt eine Auseinandersetzung mit dem Entwicklungsverlauf nach der Tat bis zum Urteil.

34a **bb) Postdeliktische Umstände.** Besonders begründungsbedürftig ist das Fortdauern der Defizite bei einem **größeren Abstand** zwischen den Tat- und Entscheidungzeitpunkten (BGH NStZ-RR 2015, 154: Tatzeit lag 12 und 8 Monate zurück; BGH NStZ-RR 2015, 155 und NStZ 2024, 615: zwei Jahre; BGH NStZ-RR 2015, 323: 18 Monate; vgl. ferner BGH StV 2011, 589 = BeckRS 2011, 4359). Gerade in derartigen Konstellationen ist diese Frage bei zwischenzeitlicher Straf- oder U-Haft vom Gericht zu überprüfen (OLG Brandenburg BeckRS 2022, 19996). Allerdings geben die Unterbringung (und persönliche Entwicklung) in einem Heim der JHilfe (§§ 72 Abs. 4, 71 Abs. 2) und in **U-Haft** (BGH NStZ 2016, 681 (682); OLG Köln StV 2003, 457; OLG Hamm StV 2007, 2 = BeckRS 2006, 15058) generell Anlass, das Andauern „schädlicher Neigungen" näher und in konkreter Weise aufzeigen zu müssen. Auch können etwa eine nachtatlich aufgenommene Ausbildung, das Absolvieren sozialpädagogischer Maßnahmen, neue soziale Bindungen usw für einen postdeliktischen **Abbau** der „schädlichen Neigungen" sprechen (OLG Hamm NStZ-RR 1999, 377 (378 f)). Die JGH oder die Erziehungsberechtigten sollten deshalb auf solche Entwicklungen hinwirken; für den Verteidiger kann dies Anlass sein, das Verfahren „sich hinziehen" zu lassen (ggf. durch ein Rechtsmittel (vgl. ähnlich Nöding Verteidigung Rn. 107)).

35 Überhaupt liegen nicht selten **Umstände** vor, die Zweifel an der Fortdauer „schädlicher Neigungen" begründen könnten und die durch das Gericht deshalb eingehend zu **erörtern** sind (missachtet etwa bei AG Cloppenburg ZJJ 2014, 394 mablAnm Eisenberg ZJJ 2014, 396). Dazu zählen bereits eine längere zwischenzeitliche Konformität (KG StV 2003, 456 = BeckRS 2002, 14725) oder ein Wohnort- bzw. Unterkunftwechsel (BGH StraFo 2003, 206 (206 f.) = BeckRS 2003, 2878; NStZ 2010, 280 (281); speziell zur Geburt eines Kindes in der U-Haft vgl. AG München 11.6.2015 – 1034 Ls 468 Js 199228/14). Ebenso liegt es, wenn sich der Jugendliche den Ermittlungsbehörden gestellt (BGH NStZ-RR 2010, 387 (388)), bei den Geschädigten (ggf. mit Schadensersatzzahlungen) entschuldigt (verfehlt AG Memmingen ZJJ 2014, 397 mablAnm Eisenberg ZJJ 2014, 399 (400)) oder von den Mitangeklagten abgewandt hat (BGH 7.3.1997 – 3 StR 515/96 bei Böhm NStZ 1997, 480 (481); vgl. auch BGH BGHR JGG § 17 Abs. 2

Schädliche Neigungen 4: aus Angst keine weitere Teilnahme an späteren Taten der Mitangeklagten).

cc) Nachtatverhalten. Umgekehrt kann auch für die **Feststellbarkeit** des Fortbestehens „schädlicher Neigungen" auf das nachtatliche Geschehen verwiesen werden, insbes. auf das Nachtatverhalten. So wird die **neuerliche Begehung einer erheblichen Straftat** (ggf. im Erwachsenenalter) prinzipiell indizieren, dass die fraglichen Defizite beim Angeklagten (überhaupt bzw.) weiterhin bestehen (BGH DAR 2018, 377 (379)). Es muss aber aufgezeigt werden, dass die Deliktsbegehung zwischen der abzuurteilenden Tat und der richterlichen Entscheidung auf nicht (erst) zum Urteils-, sondern auch (bereits) zum Tatzeitpunkt bestehende „schädliche Neigungen" hinweist (BGH BeckRS 2018, 42343). Da es sich bei „schädlichen Neigungen" um eine selbstständige Voraussetzung der JStrafenverhängung handelt, muss das fragliche Folgedelikt zudem prozessordnungsgemäß **festgestellt** (BGH NStZ-RR 2023, 28) oder in einem anderen Verfahren bereits rechtskräftig abgeurteilt (BGH BGHR JGG § 17 Abs. 2 Schädliche Neigungen) worden sein (s. auch → Rn. 27). Erlaubtes **prozessuales Nachtatverhalten** darf dem Angeklagten dagegen nicht angelastet und daher auch nicht zur Begründung von „niedrigen Beweggründen" herangezogen werden (BGH StraFo 2003, 206 (207) = BeckRS 2003, 02878; OLG Hamm ZJJ 2004, 298 = BeckRS 2015, 4300). Dies betrifft Fälle, in denen er sein Recht auf effektive Verteidigung wahrnimmt (etwa durch Bestreiten („Leugnen") der Tatbegehung oder durch Darlegung einer Notwehrsituation) oder in denen er sich auf sein Schweigerecht stützt (BGH StV 2006, 228 = BeckRS 2005, 1760). Grundsätzlich gilt dies auch, wenn er weder Reue noch Bedauern zeigt (BGH StV 2011, 589 = BeckRS 2011, 4359) oder das Geschehen beschönigt (BGH BeckRS 2023, 9647 = NStZ-RR 2023, 204 (Ls.)) oder sich „teilnahmslos und emotional in keiner Weise berührt" gibt (BGH BeckRS 2021, 8694; bzgl. „fehlender Distanzierung von der Tat" eher abw. aber BGH NStZ 2016, 682). 36

c) Subsidiarität. Da die Reifeentwicklung eines Jugendlichen noch nicht abgeschlossen ist, lässt sich eine prinzipiell gegebene **Erziehungsfähigkeit** (n. → § 5 Rn. 18) vorab auch in „schwierigen Fällen" kaum dezidiert verneinen (zust. Meyer-Odewald, Verhängung und Zumessung der Jugendstrafe, 1993, S. 116 f.). Wo dies vor allem infolge medizinischer oder psychopathologischer Umstände doch einmal der Fall ist, scheidet JStrafe als dann erzieherisch ungeeignete Intervention aus. Allerdings dürfte hier regelhaft auch die Schuldfähigkeit beeinträchtigt und das speziell dafür vorgesehene Rechtsfolgenspektrum eröffnet sein. Ungeachtet der also nur in Sonderkonstellationen fehlenden Möglichkeit einer Erziehung des Jugendlichen ist diese (entgegen der justizpraktischen Handhabung) eigens zu prüfen (Kemme StV 2014, 760 (765); abw. Swoboda ZJJ 2016, 278 (286 f.): Erziehungsfähigkeit gesetzlich fingiert). Auch versteht es sich nicht von selbst, dass die Einwirkungspotenziale gerade im Vollzug der JStrafe realisierbar sind. Deshalb muss das Gericht ausführen, welche **Wirkungen** die verhängte JStrafe – auch unter den Vorzeichen vorliegender Wirkungsbefunde (→ Rn. 16 ff.) – haben soll und kann (OLG Karlsruhe StV 2007, 3 = BeckRS 2006, 12987). 37

Ferner muss gem. Abs. 2 Var. 1 letzter Hs. im Sinne einer Negativ-Voraussetzung **ausgeschlossen** sein, dass die fraglichen (auf die Begehung von Straftaten bezogenen) Neigungen durch **andere** jugendstraf- 38 rechtliche **Rechtsfolgen ausreichend** erzieherisch beeinflusst werden können (BGH NStZ 2023, 434; OLG Hamm StV 2014, 747 = BeckRS 2014, 10892). Gegen die Erforderlichkeit der JStrafe bzw. der „längeren Gesamterziehung" (MüKoStGB/Radtke/Scholze Rn. 47 ff.) spricht es bspw., wenn die festgestellten Defizite wenig verfestigt sind und mit einer verzögerten Entwicklung zusammenhängen (OLG Karlsruhe StV 2007, 3 = BeckRS 2006, 12987). Dass Erziehungsmaßregeln und Zuchtmittel bei vergleichbaren Vordelikten wirkungslos geblieben waren, kann indes (bei konkreter Begründung) in gegensätzlicher Weise aufschlussreich sein (OLG Hamm NStZ 2007, 45 (betr. Propagandadelikt des „rechtsradikalen Spektrums")). Kann die Erforderlichkeit nicht eindeutig geklärt werden, ist gem. § 27 zu verfahren. – Stets bedarf es für die Erörterung der Subsidiarität einer eingehenden **Persönlichkeitsuntersuchung** iSv § 43 (nicht berücksichtigt von OLG Zweibrücken NStZ-RR 1998, 118 mAnm Eisenberg/Forstreuter JR 1999, 174; zum Ganzen auch Kemme/Wetzels PraxRPsych 2014, 45 (54 ff.)). Dieses Sorgfaltserfordernis besteht umso dringlicher, als die Verhängung einer JStrafe gem. Abs. 2 Var. 1 der Situation des § 246a Abs. 1 StPO (mit obligatorischer Sachverständigenvernehmung) stark ähnelt (→ Rn. 23). Mit Blick auf die deshalb oftmals angezeigte (abw. Kemme StV 2014, 760 (764): immer gebotene) Einholung eines Gutachtens verfährt die Praxis **viel zu zurückhaltend** (kennzeichnend AG Winsen NStE Nr. 1 zu § 43; Brunner/Dölling Rn. 22: idR eigene Sachkunde des JRichters ausreichend). So kam es bspw. bei sämtlichen Personen, die 2002 bis 2007 zu mehr als fünfjähriger (vollständig vollstreckter) JStrafe verurteilt worden waren, nur bei 70 % im Erkenntnisverfahren zu einer Begutachtung, und davon lediglich einmal (auch) zur Frage der „schädlichen Neigungen" (Pahl, Begutachtungspraxis bei langen Jugendstrafen, 2018, S. 124, 184 f.).

4. Verhältnismäßigkeitskontrolle

39 **a) Vorwurfsproportionalität.** Wie jedes staatliche Eingriffshandeln ist auch die Verhängung von JStrafe nur als ein verhältnismäßiges Vorgehen erlaubt. Die Sanktion muss deshalb nicht nur die spezialpräventive Eignung und Erforderlichkeit aufweisen (→ Rn. 38), sondern auch **angemessen** sein. Deshalb darf die „stationäre Gesamterziehung" nicht in einem Missverhältnis zu ihren Eingriffswirkungen stehen. So kommt es auf eine ausbalancierte Relation zwischen der JStrafe und ihrer Auswirkungsintensität (dazu → Rn. 40 f.) sowie dem Gewicht des Interventionsanlasses an. Eine (zwar erzieherisch angezeigte) JStrafe, die mit Blick auf den prozessgegenständlichen Tatvorwurf nicht gerechtfertigt werden kann, wäre unverhältnismäßig und unzulässig (→ Rn. 5). Aus diesem Grunde muss JStrafe als Reaktion immer dann ausscheiden, wenn ein gesteigertes Erziehungsbedürfnis nicht mit einem gesteigerten **Schuldgehalt** einhergeht – also insbes. bei geringfügigen Anlassdelikten (zur ebenfalls erforderlichen Erheblichkeit der diagnostisch relevanten Vordelinquenz und der prognostizierbaren Delikte → Rn. 22, 26). Rechtfertigt das Gewicht der Straftat lediglich eine so kurze Dauer der JStrafe, dass dies eine als erforderlich erachtete erzieherische Einwirkung nicht zulässt, ist die Verhängung von JStrafe ungeeignet und als daher unverhältnismäßiges Vorgehen unzulässig (ähnlich Haas, FS Dölling, 520). Ob in solchen Fällen ggf. eine Verpflichtung nach § 12 Nr. 2 ange-

zeigt ist, lässt sich nur iZm den jeweiligen konkreten Gegebenheiten der (geschlossenen) Heimerziehung (vgl. → § 12 Rn. 17 ff., 25) beurteilen.

40 **b) Altersabhängigkeit.** Das von der JStrafe ausgehende Eingriffsgewicht ist umso höher, **je jünger** und daher auch vulnerabler die Betroffenen sind. Deshalb ist eine Verhängung bei 14-, 15- und auch 16-Jährigen selbst bei Anlasstaten von nicht unerheblichem Gewicht nur selten gerechtfertigt. Die wenigen Ausnahmen liegen vor, wo es um die Verurteilung wegen einer erheblichen Straftat geht und dies mit einer außergewöhnlich gesteigerten (und deliktisch sichtbar gewordenen) Einwirkungsbedürftigkeit zusammentrifft. Eine ggf. bereits erfolgte polizeiliche Einordnung als sog. „Intensivtäter" macht, zumal jene Zuschreibungen oft problematisch sind (→ § 5 Rn. 60), die eigene gerichtliche Überprüfung der erzieherischen Notwendigkeiten nicht entbehrlich (vgl. § 43).

41 Gegenüber älteren Jugendlichen oder **Heranwachsenden** (→ Rn. 49, → Rn. 57, → § 105 Rn. 52 ff.) kommt JStrafe am ehesten bei erheblicheren Gewalttaten in Betracht. Nur eingeschränkt wird dies bei Verkehrs- und einfachen Drogendelikten gelten können, zumal deren Gewicht infolge alterstypischer Entstehungszusammenhänge nicht überzubewerten ist. **Unverhältnismäßig** ist JStrafe idR bei Beleidigung, (einfacher) Sachbeschädigung, Beförderungserschleichung und anderen vergleichsweise leichten Straftaten (aA OLG Zweibrücken NStZ-RR 1998, 118 mablAnm Eisenberg/Forstreuter JR 1999, 174 und Ostendorf NStZ 1999, 515).

5. Besonderheiten bei Drogenabhängigkeit und -delinquenz

42 In der Praxis wird vielfach auch ggü. Drogenabhängigen (zur Problematik → § 5 Rn. 56) eine JStrafe verhängt, und zwar zu vergleichsweise hohen Anteilen mit einer Dauer von mehr als einem Jahr (zu den daraus resultierenden Anteilen Abhängiger unter den Jugendstrafgefangenen vgl. Eisenberg/Kölbel Kriminologie § 35 Rn. 28). Vermutlich ist dies Folge eines skeptischen justiziellen Verhältnisses ggü. der Weisung gem. § 10 Abs. 2 S. 1 Alt. 2 (n. → § 10 Rn. 50 ff.) und wohl auch der Maßregel gem. § 7 iVm § 64 StGB. Dabei wird indes zu wenig berücksichtigt, dass der Jugendstrafvollzug schwerlich als ein günstiges drogentherapeutisches Setting und bei Abhängigen damit – entgegen Brunner/Dölling Rn. 33 – auch **nicht** als eine **spezialpräventiv geeignete** Umgebung gelten kann (→ § 92 Rn. 105 ff.; vgl. auch Eisenberg/Kölbel Kriminologie § 35 Rn. 37). Dahinter muss die Erwägung zurücktreten, der zufolge die Sanktionspraxis, die in diesem Deliktsbereich generell rigoros ist, auch gegenüber abhängigen Personen durchzuhalten sei, weil sich jugendliche Verurteilte, die nicht drogenabhängig sind, sonst benachteiligt sehen könnten.

43 Während das Sanktionsregime des BtMG nicht zwischen verschiedenen Drogenarten trennt, neigt die (jugend-)strafrechtliche Praxis durchaus dazu, bei Delikten mit „harten" Drogen (zB Heroin) strenger als bei „weichen" Drogen (zB Haschisch) zu reagieren (OLG Hamm StV 2011, 583, 585 = BeckRS 2010, 16652; auch → § 18 Rn. 28; kennzeichnend ferner die frühere Debatte zum allg. StR etwa bei LG Hildenheim DVJJ-Journal 1992, 117 sowie LG Frankfurt a. M. StV 1993, 77 = BeckRS 9998, 56378; abw. BGH NJW 1992, 2975 mablAnm Schneider StV 1992, 514; OLG Hamm StV 1992, 521 = LSK 1993, 250212). Allerdings vermögen auch Erwerb

und Konsum „harter“ Drogen nicht von den oben genannten **allg. Voraussetzungen der Verhängung von JStrafe** zu entheben (OLG Zweibrücken OLGSt JGG § 17 Nr. 1 = BeckRS 1989, 31166509 mAnm Brunner JR 1990, 305; s. ferner Brunner/Dölling Rn. 24). So ist die konkrete Feststellung der beiden Komponenten „schädlicher Neigungen“ (→ Rn. 22) erforderlich, wofür aber selbst eine BtM-deliktische Vorgeschichte nicht immer einen klaren Indikator bietet (OLG Hamm StV 2005, 69 = BeckRS 2004, 2165). Dies gilt gerade, wenn die früheren Straftaten unter intensivem Einfluss des sozialen Umfelds erfolgten (AG Bremen-Blumenthal StV 1994, 601 = LSK 1995, 100289; Eberth/Müller/Schütrumpf, Verteidigung in Betäubungsmittelsachen, 7. Aufl. 2018, Rn. 390). Für Persönlichkeitsprobleme und Rückfallerwartung sprechen jedoch bspw. eine Teilnahme am professionellen bzw. organisierten Handel (Weber/Kornrobst/Maier/Maier BtMG Vor §§ 29 ff. Rn. 1677; vgl. ferner BGH BGHR JGG § 17 Abs. 2 Schädliche Neigungen 9: Scheitern von Integrationsmaßnahmen iRv früheren Bewährungsstrafen). Allerdings ist immer zu prüfen, ob nicht nach der Anlasstat eine zwischenzeitliche Distanzierung von der Drogenszene erfolgt und die „schädlichen Neigungen“ dadurch entfallen sind (OLG Brandenburg StV 1999, 658 = BeckRS 1999, 11929).

44 Gemäß §§ 38 Abs. 1 S. 1, 35 BtMG ist bei Drogenabhängigen in Fällen der Verurteilung zu JStrafe – sofern die vorrangige Aussetzung der Vollstr zBew versagt wurde (→ § 21 Rn. 26) – eine **Zurückstellung der Straf-Vollstr** (bzw. des Restes derselben sowie der Maßregelvollstr gem. § 7 iVm § 64 StGB) möglich (zu den Voraussetzungen n. → § 82 Rn. 20 ff.). Zuständig ist, je nach Stand des Vollstreckungsverfahrens, der ursprüngliche (§§ 82 Abs. 1, 84) oder nachfolgende (§ 85 Abs. 2, 3) Vollstreckungsleiter (= JRichter) als weisungsgebundene Verwaltungsbehörde (→ § 83 Rn. 2). Die Verurteilungen Drogenabhängiger werden bei (unwiderrufen bleibender) Zurückstellung gem. § 35 BtMG nicht in das Führungszeugnis aufgenommen (§ 32 Abs. 2 Nr. 3 BZRG; zur Handhabung bei ausländischen Urteilen ggü. Heranwachsenden s. krit. Driest StV 1989, 458). Nach dem Normwortlaut von §§ 38 Abs. 1 S. 1, 35 BtMG kommt das dort eröffnete Vorgehen an sich aber nicht in Betracht, wenn lediglich eine Unterbringung nach § 7 iVm § 64 StGB angeordnet wurde. Für die Gerichte könnte das ein Anlass sein, entgegen der durch § 5 Abs. 3 vorgegebenen Tendenz (→ § 5 Rn. 29 f.) daneben auch **JStrafe** nach Abs. 2 Var. 1 zu verhängen, **nur um §§ 35 ff. BtMG anwenden** zu können. Dies wäre aber wegen der Entbehrlichkeit der Sanktion unzulässig (ebenso Patzak/Fabricius/Fabricius BtMG § 38 Rn. 3). Es ist im Übrigen auch überflüssig, da die §§ 35 ff. BtMG angesichts des offensichtlichen legislatorischen Versehens weit auszulegen sind und eine Zurückstellung danach auch bei auf § 5 Abs. 3 beruhender isolierter Maßregelanordnung erlauben (abw. Weber/Kornrobst/Maier/Weber BtMG § 38 Rn. 5).

V. „Schwere der Schuld“

1. Vorwurfsbezogene Voraussetzungen

45 **a) Un-/Bestimmtheit des notwendigen Schuldschweregrades.** Der in Abs. 2 Var. 2 geregelte Anordnungsgrund setzt voraus, dass dem Ver-

urteilten wegen des fraglichen Deliktes ein Vorwurf von einer Schwere gemacht wird, bei der eine JStrafe „erforderlich ist". Diese Voraussetzungsstruktur setzt sowohl Kriterien zur **Vorwurfsgewichtung** voraus als auch die Bestimmung eines **Grenzwertes,** an dem die Unentbehrlichkeit der JStrafe beginnt. Beides kann es indes weder in einem exakten Sinne noch ohne erhebliche Wertungsspielräume geben. Für die Frage des Grenzwertes hat die bisherige Debatte denn auch nur außerordentlich orientierungsarme und daher überflüssige **Leerformeln** hervorgebracht. Danach müsse die Vorwerfbarkeit ein solches Ausmaß haben, dass jede andere Sanktion „in einen unerträglichen Widerspruch zum allgemeinen Gerechtigkeitsgefühl" träte (Laubenthal/Baier/Nestler JugendStrafR Rn. 742; Laue NStZ 2016, 103) bzw. für „das Rechtsempfinden schlechthin unverständlich" wäre (zB Brunner/Dölling Rn. 25; NK-JGG/Ostendorf Rn. 7; Rose ZJJ 2020, 43 (48); Rose NStZ 2023, 430 (432)). In ihrer nichtssagenden Beliebigkeit besagen solche nach Gutdünken verwendbaren „Richtgrößen" (→ Rn. 6) allerdings nicht mehr als das unterbestimmt bleibende Erfordernis von deutlich angehobener Schuld (für die Erforderlichkeit „schwerster" Vorwerfbarkeit Beulke NK 2019, 269 (277); Fischer, Die Rolle des äußeren Unrechtsgehalts (…), 2024, S. 235 ff.).

In der Rspr. ist der Versuch einer „Grenzwertbestimmung" vereinzelt geblieben (s. LG Leipzig BeckRS 2019, 47893: Vorwurf so groß, dass alles andere als JStrafe ein „falsches erzieherisches Signal" wäre). IdR wird darauf zugunsten einer **kasuistischen Wertungspraxis** (→ Rn. 50) erklärtermaßen verzichtet (vgl. stellvertretend BGH NStZ 2016, 102; 2022, 753 (754); 2024, 106 (109)). Dies macht es umso erforderlicher, für die (reflektiert-wertende) Bestimmung des Vorwurfsgrades möglichst substanziell begründete Gesichtspunkte heranzuziehen. Insbesondere aber ist die Ausrichtung auf eine – unter Verzicht auf einen Schwellwert erfolgende – Einzelfallwertung nur angängig, solange die damit drohende Weite und Konturenlosigkeit des Anwendungsbereichs von Abs. 2 Var. 2 durch ein Zusatzkriterium (→ Rn. 55: Indikationserfordernis) korrigiert wird. Dass die neuere Rspr. auf dieses Erfordernis inzwischen verzichtet, macht also eine **Konkretisierung** der erforderlichen Schuldschwere notwendig (→ Rn. 59b). Denn den Anforderungen von Art. 37 lit. b der Kinderrechtskonvention, wonach JStrafe nur als „letztes Mittel" eingesetzt werden darf, wird die Handhabung von Abs. 2 Var. 2 nur gerecht, wenn sie entweder durch ein Indikations- oder ein strenges Schuldschweremerkmal eingegrenzt wird (ähnlich Neubacher/Lohmann JZ 2024, 652 (658)). 45a

b) Eigenständigkeit der Schuldschwerekriterien im JStR. aa) Jugendspezifische Bewertung. Der Rspr. zufolge hat dabei die Gewichtung des Vorwurfs anhand spezieller, altersgruppenspezifischer Kriterien zu erfolgen, die sich von den sonst (im allg. StR) herangezogenen Aspekten unterscheiden bzw. diese modifizieren (s. aber Befragungshinweise auf eine etwas abw. untergerichtliche Praxis bei Buckolt Jugendstrafe S. 330 ff.). In diesem Sinne spricht man von einer **jugendspezifischen Vorwerfbarkeit** (auch → § 18 Rn. 22; zur Kritik → Rn. 54). Danach ist Schuld „nicht abstrakt nach dem verwirklichten Tatbestand messbar" (BGH NStZ 2009, 450) und auch nicht von der Einstufung im StGB als Verbrechen herzuleiten (dazu etwa BGH NStZ-RR 2012, 92 bei unbedeutender Tatbeteiligung; OLG Zweibrücken OLGSt JGG § 17 Nr. 1 = BeckRS 1989, 31166509 mAnm 46

Brunner JR 1990, 305 bei weniger schwerer Begehungsform). Vielmehr kommt „dem äußeren Unrechtsgehalt der Tat und ihrer Einstufung im allg. StR keine selbstständige Bedeutung zu" (BGH NStZ 2013, 289 (290)). Nach einem **von § 46 Abs. 1 S. 1 StGB erheblich abw. Maßstab** muss – was das BVerfG (BeckRS 2006, 28246) nicht moniert – **stattdessen** mehr auf das subjektive und persönlichkeitsbegründete Verhältnis des Angeklagten zur Tat als auf deren sichtbare Schwere abgestellt werden (BGHSt 15, 224 = NJW 1961, 278; BGHSt 16, 261 (263) = NJW 1961, 2359 (2360); ferner zB BGH NStZ 2014, 407; StV 2017, 714 = BeckRS 2016, 16406; NStZ 2020, 378 (378 f.); 2023, 428 (429)).

46a Das **äußere** Unrechtsgeschehen (Handeln, Folgen usw) ist lediglich **mittelbar** für die Schuldbewertung relevant, insofern es „Schlüsse auf die Persönlichkeit des Täters und seine Schuld zulässt" (BGHSt 15, 224 = NJW 1961, 278; ferner zB BGHSt 61, 188 (191) = NJW 2016, 2050 (2051); BGH NStZ 2014, 409; NStZ-RR 2015, 155 (156); NStZ 2017, 648 (649); 2024, 106). Es kommt, so eine gleichsinnige Leitlinie, darauf an, „inwieweit sich die charakterliche Haltung, die Persönlichkeit und die Tatmotivation (…) in der Tat in vorwerfbarer Schuld niedergeschlagen haben" (BGHSt 61, 188 (191 f.) = NJW 2016, 2050 (2051); BGH NStZ-RR 2016, 325 (326); 2018, 358; s. auch BGH BGHR JGG § 18 Abs. 2 Tatumstände 2; BGH StV 2022, 9 (10) = BeckRS 2021, 21827; NStZ 2022, 749 (750); BeckRS 2022, 4950; KG StV 2024, 498 (Ls.) = BeckRS 2023, 9272). Wegen dieser **Hinweisfunktion** darf aber der „Unrechtsgehalt der Tat (…) nicht unberücksichtigt bleiben" (BGH NStZ 2018, 728 mAnm Eisenberg NStZ 2018, 729 und Kölbel JR 2019, 40; zur Judikatur mwN auch Fricke StRR 2013, 167).

47 **bb) Konsequenzen.** Ein angehobenes Gewicht der so verstandenen und zu prüfenden Schuld ist bspw. gegeben, wenn die Art der Begehung eines Sexualdeliktes von einem abwertenden „Frauenbild" zeugt, wobei diese persönliche Haltung vom Gericht **konkret aufzuzeigen** ist und nicht einfach unterstellt werden darf (BGH NStZ-RR 2014, 119). Gegebenenfalls kann auch ein kennzeichnendes Nachtatverhalten für entsprechende Schlussfolgerungen herangezogen werden, dies jedoch nicht bei prozessualer Zulässigkeit (vgl. nur BGH StV 1999, 657 = BeckRS 1999, 30072969: fehlende Reue bei Tatleugnen). Ebenfalls aus normativen Gründen (gesetzgeberische Wertung bei § 24 StGB) ist es ausgeschlossen, die Schuldschwere auf den Umstand zu stützen, dass der Jugendliche neben dem verwirklichten Delikt zunächst auch vorübergehend (dh bis zum wirksamen Rücktritt) eine weitere Straftat verwirklichen wollte (BGHSt 61, 188 (192 f.) = NJW 2016, 2050 (2051) mzustAnm Eisenberg ZJJ 2016, 299). Gegen die entspr. Vorwurfsschwere spricht es bei altersbezogener Betrachtungsweise, wenn der Jugendliche unter dem Einfluss von **Autoritätspersonen** (oder infolge anderer **situativer Einflüsse**) handelt und sich zumindest zeitweilig) von der Tat distanziert (teilw. abw. BGH NStZ-RR 2023, 390).

48 Umgekehrt liegt eine angehobene Schwere der (nach den vorgenannten Grundsätzen verstandenen) Schuld selbst bei **Kapital- und anderen gravierenden Delikten nicht zwangsläufig** vor. Sie wurde verneint oder als besonders begründungsbedürftig erachtet bspw. beim schweren sexuellen Missbrauch (BGH NStZ-RR 2023, 293 (295): situationsbedingtes Geschehen; LG Limburg BeckRS 2015, 07831: fast 14-jährige und zustimmende Freundin als Geschädigte), bei sexueller Nötigung (LG Hamburg BeckRS

2016, 15546: situative Überforderung des Steuerungsvermögens beim Jugendlichen), bei versuchtem Totschlag (LG Trier BeckRS 2021, 60467: Überforderungssituation und Selbsttötungswunsch), bei Beihilfe zum räuberischen Diebstahl (BGH NStZ 2016, 681: gruppendynamische Prozesse) oder auch beim schweren Raub (BGH NStZ 2018, 659: Kurzschlusshandlung, alkoholbedingte Enthemmung und fehlender Bereicherungswille des Jugendlichen (s. hierzu auch OLG Schleswig SchlHA 2004, 261 = BeckRS 2013, 20133; ferner betr. BtMG OLG Hamm StV 2001, 175 = BeckRS 2000, 5425; AG Rudolstadt StV 2014, 744 = BeckRS 2014, 00305)). – Zur Klärung der sich hier stellenden Fragen (besondere Motive, Situationen usw) ist eine **Stellungnahme der JGH** angezeigt; ggf. empfiehlt sich die Heranziehung eines Sachverständigen (§ 43 Abs. 2).

49 **cc) Dynamische Maßstäbe.** Für die Schuldschwere ist generell auch der **Grad** strafrechtlicher **Schuldfähigkeit** (§ 3 S. 1; n. → § 3 Rn. 14 ff.) von Bedeutung (ebenso bspw. Weber Schuldprinzip S. 116). Die Reife iSv § 3 S. 1 kann, selbst wenn sie prinzipiell schon gegeben ist, entwicklungsbedingt „so sehr an der unteren Grenze der Verantwortlichkeit liegen" (Beulke/Swoboda JugendStrafR Rn. 456), dass die Schuld nicht den von Abs. 2 Var. 2 geforderten Grad erreicht (vgl. BGH MDR 1996, 881 mAnm Streng StV 1998, 336 (betr. Verurteilung eines noch wenig entwickelten 16-Jährigen wegen Mordes); auf die Problematik hinweisend auch BGH NStZ-RR 2008, 258 (Totschlag mit knapp über 14 Jahren); nicht erörtert dagegen in BGH NStZ 2013, 280; 2016, 102 (betr. 15-Jährige)). Umgekehrt folgt aus dieser Rspr. aber auch, dass der Aspekt der sich erst noch entwickelnden Verantwortungsfähigkeit mit **zunehmendem** (Heranwachsenden-)**Alter** an Bedeutung verliert (vgl. etwa BGH NStZ 2023, 428 (430); siehe auch → Rn. 57, → § 105 Rn. 52 ff.). Bei der Beurteilung des Vorwurfsgrades wird der Jugendspezifik in der Schuldwertung (→ Rn. 46) dann etwas weniger Raum gegeben, wohingegen die äußerlichen Unrechtsaspekte stärker ins Gewicht fallen (wenn auch weniger als im allg. StR). – Im Übrigen können aber Umstände, die eine Minderung der Schuldfähigkeit (§ 21 StGB) begründen, auch bei vorsätzlich verursachten schweren Tatfolgen die „Schwere der Schuld" ausschließen (vgl. Beulke/Swoboda JugendStrafR Rn. 456).

50 **c) Berücksichtigungsbedürftige Schuldschwere-Kriterien. aa) Tatbedingungen und Deliktsqualität.** Zur Bestimmung der „Schwere der Schuld" hält die Rspr. zunächst eine Bewertung des Tatvorwurfs nach den Maßgaben des allg. StR für erforderlich (teilw. sog. „Parallelwertung" – vgl. etwa BGH NStZ-RR 2023, 293 (294)), woraufhin dann zu prüfen sei, ob sich darin Charakter und Persönlichkeit des Jugendlichen ausdrücken (dazu → Rn. 46). Dafür muss das Ereignis in all seinen Seiten erfasst werden. Neben **alterstypischen (Individual-)Aspekten** (Entwicklungsstand, Gruppendynamik und andere situative Bedingungen) beträfe dies auch die allgemeinen Gewichtungsmerkmale, etwa die gesetzgeberische Deliktseinstufung sowie alle Aspekte, die das fallkonkrete Erfolgs- und Handlungsunrecht prägen. Die hiernach im allg. StR bestehenden gesetzlichen **Strafrahmen,** in denen die legislatorische Unrechtsbewertung zum Ausdruck gelangt, können auf diese Weise uU auch in der jugendspezifischen Schuldwertung zu berücksichtigen sein, sofern sie Schlüsse auf die innere Tatseite (→ Rn. 46) zulassen (BGH BeckRS 2022, 4950).

50a Das betrifft einmal Straftaten, für die eine geringe oder mittlere Strafdrohung vorgesehen ist. Die hierin sichtbar werdende Einordnung des Tatgewichts macht sich dann auch in der jugendspezifischen Geschehensbewertung bemerkbar, sodass die Schuld eines Jugendlichen, der bspw. ein **Vergehen,** zumal mit vergleichsweise geringem Schaden (und sei es „bedenkenlos"), begangen hat, idR nicht iSv Abs. 2 Var. 2 als „schwer" gelten darf (BGH NStZ 1998, 317; StV 2004, 66 = LSK 2005, 120211; StV 2005, 66 = BeckRS 2004, 11326; OLG Frankfurt a. M. StV 2009, 92 = BeckRS 2009, 9981 (betr. BtM); OLG Hamm ZJJ 2005, 447 = BeckRS 2007, 5923 (betr. Körperverletzung)). Einen ähnlichen Hinweiswert haben die gesetzlichen Strafrahmen, insofern eine Verschiebung „nach unten" bei Vorliegen **un-/benannter minder schwerer Fälle** (auch → § 18 Rn. 25) auch iRd besonderen jugendstrafrechtlichen Maßstäbe einen herabgesetzten Vorwurfsgrad bedingt (BGH NStZ-RR 2013, 291; 2015, 155; BeckRS 2024, 28517; OLG Hamm StV 2011, 583, 585 = BeckRS 2010, 16652; problematisch dagegen BGH NStZ 2019, 216). Anders verhält es sich indes, wenn das „konkrete **Tatbild**" besonders gewichtig ist und einen gegenteiligen Schluss zulässt (BGH NStZ 2022, 753 (754)).

51 Umgekehrt hält die Rspr. auf der geschilderten Grundlage eine für Abs. 2 Var. 2 hinreichende Schuldschwere nicht nur bei **Kapitaldelikten,** sondern **ausnahmsweise** auch bei anderen Taten, die mit Blick auf ihre allg. Strafbewehrung als **gravierend** oder **mittelschwer** beurteilt werden, für grundsätzlich möglich (betr. § 224 StGB vgl. BGH NStZ-RR 2011, 386; NStZ 2022, 753 (754); 2023, 428 (429 f.); betr. § 250 StGB vgl. BGH NStZ-RR 2001, 215; betr. § 176 Abs. 1 StGB vgl. BGH NStZ 2016, 102 mablAnm Laue NStZ 2016, 103; betr. islamistische Propaganda KG BeckRS 2020, 31892; betr. Landfriedensbruch BGH NStZ 2022, 749; für diesbzgl. psychische Beihilfe OLG Naumburg NJW 2001, 2034; betr. Straßenraub vgl. LG Berlin NStZ 2007, 46). Auch hier ist die abstrakte rechtliche Einordnung des verwirklichten Straftatbestandes aber nicht allein ausschlaggebend. Es muss sich vielmehr auch im konkreten **Einzelfall** um ein gravierendes Geschehen handeln, dh das konkrete Tatbild (einschließlich des Vor- und Nachtatverhaltens) muss so ausgeprägt sein, dass es auf eine innere Tatseite hinweist, die nach den Maßgaben von → Rn. 46 für die Schwere der Schuld spricht (s. etwa BGH BeckRS 2022, 4950; NStZ 2024, 106; OLG Brandenburg BeckRS 2022, 19996). Daran kann es bspw. bei Delikten mit Gewalt- oder Raubkomponente fehlen, wenn die Ereignisse nicht ggü. alterstypischen und häufig gruppendynamisch geprägten Delikten „herausragen" (KG StV 2009, 91 = BeckRS 2009, 9983). Ohnehin kommt es auch hier immer auf die individuelle Würdigung der eigens festzustellenden tatbezogenen Motiv- und Persönlichkeitszusammenhänge an, da die objektive Verwirklichung eines Delikts für sich genommen noch keine altersgerechte Schuldbewertung erlaubt (vgl. die Fallbsp. in → Rn. 48).

51a Dabei ist (ungeachtet der dogmatisch str. Direktanwendbarkeit von § 46 Abs. 3 StGB im JStR (→ Rn. 30)) die Schutzfunktion des **Doppelverwertungsverbots** zu wahren (BGH BeckRS 2012, 21708). So kann der Schluss auf schuldwertungsrelevante Merkmale des Jugendlichen bspw. nicht auf Umstände, die das Vorliegen eines Tatbestandsmerkmals begründen, gestützt werden. Unverwertbar ist ebenso die Feststellung, der Jugendliche habe Bedenken gegen eine Tatbegehung beiseitegeschoben. Damit würde ihm als ein Schuldschwere-Aspekt angelastet, dass er „die Tat überhaupt begangen hat" (BGH BeckRS 2012, 15222; ähnlich BGH NStZ-RR 2013, 291; NStZ 2016, 681 (682)).

bb) Insbesondere Fahrlässigkeitstaten. Geradezu regelhaft scheidet die Bejahung einer „Schwere der Schuld" iSv Abs. 2 Var. 2 bei Fahrlässigkeitstaten aus. Dies gilt gerade für solche im Straßenverkehr. Das hier im Vordergrund stehende Erfolgsunrecht muss nämlich zunächst einmal schon aus den eben behandelten Gründen (→ Rn. 50 f.) ein ganz erhebliches sein, und auch dann lässt die Schadensintensität idR keine Rückschlüsse auf die iSv → Rn. 46 begriffene Tatschuld zu (kennzeichnend BayObLG StV 1985, 155; OLG Karlsruhe NStZ 1997, 241; ebenso AG Lübeck StV 2013, 759 = BeckRS 2013, 16591: § 222 StGB nach alterstypischer Risikofahrt durch sozial unauffälligen Jugendlichen). Lediglich **in engsten Grenzen** kommt – etwa bei nachweisbarer Geringschätzung fremden Lebens oder Gleichgültigkeit ggü. der Gefährdung fremder Rechtsgüter – der für Abs. 2 Var. 2 vorauszusetzende Vorwurfsgrad in Betracht (ähnlich Brunner/Dölling Rn. 31). Die Rspr. ist hier teilweise weniger restriktiv (vgl. etwa AG Dillenburg NStZ 1987, 409 und OLG Braunschweig NZV 2002, 195 mwN zur Judikatur und in einem Fall von § 222 StGB in bewusster Fahrlässigkeit). Die dann meist verwendeten Anhaltspunkte für ein „persönlichkeitstypisches" Zustandekommen der Fahrlässigkeitstaten (bspw. fortgesetzte Risikofahrweise trotz mehrfacher (Beinahe-)Unfälle oder Sanktionierungen) haben aber lediglich eine Indizfunktion. Abgesehen von den stets mitzuberücksichtigenden anderen Tatumständen ist zu überprüfen, ob diese Verhaltenstendenzen nicht eher Ausdruck alterstypischer Entwicklungsphasen und eines noch unzureichend entwickelten Pflichtgefühls sind. 52

cc) Insbesondere erfolgsqualifizierte Delikte. Die Regelung dieser Deliktsform einschließlich der §§ 11 Abs. 2, 18 StGB gilt auch im materiellen JStR, da im JGG „nichts anderes bestimmt ist" (§ 2 Abs. 2). Soweit erfolgsqualifizierte Delikte gem. § 11 Abs. 2 StGB (auch) in Rechtsfolgenfragen des allg. StR als Vorsatzdelikte behandelt werden (dazu etwa NK-StGB/Saliger StGB § 11 Rn. 72), sieht das JStR für die Sanktionsbemessung indes eigenständige Vorschriften und Grundsätze vor. Deshalb ist auch die Frage, ob bei Begehung einer solchen Straftat durch einen Jugendlichen die „Schwere der Schuld" iSv Abs. 2 Var. 2 angenommen werden muss, allein nach den hierfür vorgesehenen Maßgaben zu beantworten. Wenn bei erfolgsqualifizierten Delikten schon im allg. StR die Würdigung der inneren Tatseite als ein „entscheidender Strafzumessungsfaktor" (vgl. LK-StGB/Vogel StGB § 18 Rn. 94) von Gewicht ist, gilt dies im JStR also besonders (allzu verkürzt daher BGH NStZ-RR 2011, 305). Dabei hindert die formale Einstufung als Vorsatzdelikt nicht daran, in der Schuldwertung beim erfolgsqualifizierten Delikt zwischen dessen **Bestandteilen zu differenzieren** (Baumhöfener ZJJ 2011, 428 (430)). Beispielsweise ist ein Fall des § 227 StGB dann also nicht etwa wie eine vorsätzliche Tötung, sondern wie eine vorsätzliche Körperverletzung und eine fahrlässige Tötung zu beurteilen. Dabei ist hinsichtlich des Grunddeliktes nach den Prinzipien für Vorsatztaten vorzugehen (→ Rn. 46 ff.) und hinsichtlich der fahrlässig verursachten Folge nach den hierfür geltenden Kriterien – mit der Folge, dass dieser Geschehensteil nur ganz ausnahmsweise schuldwertungsrelevant wird (→ Rn. 52). 53

54 **d) Stellungnahme.** Im Ausgangspunkt ist der Rspr. zuzustimmen: Unter entwicklungs- und sozialpsychologischen Vorzeichen können an die Selbstkontroll- und Steuerungsfähigkeiten junger Menschen nicht die sonst sozialüblichen Standards angelegt werden. Geht es um die Vorwerfbarkeit verwirklichten Unrechts, bedarf es einer individualisierenden Wertung, die einmal dem jeweiligen sozialisatorischen Stand (zur altersbedingt herabgesetzten Verantwortlichkeit → Rn. 49) sowie zum anderen den zahlreichen jugendtypischen Motiv-, Handlungs- und Kontextbedingungen dezidiert und in bestimmender Weise gerecht zu werden versucht (etwa der Anfälligkeit für Gruppeneinflüsse, den Risikoanreizen und situativ-verführenden Anstößen, der Neigung zu „Mutproben" und Abenteuersuche, den Anerkennungsbedürfnissen, der geringeren Alkoholtoleranz usw). Von daher verbietet sich eine schematische Gleichbehandlung der Tat eines Jugendlichen und ggf. auch eines Heranwachsenden (§ 105 Abs. 1) mit der äußerlich identischen Tat eines Erwachsenen.

54a Allerdings kann dieses Anliegen auch iRd **allg. Schuldwertungs-Kategorien** (wie bei § 46 Abs. 1 S. 1 StGB) umgesetzt werden – indem die obligatorisch-dezidierte Berücksichtigung der erwähnten Entwicklungs-, Motiv- und Situationsfaktoren dabei **regelhaft** das Handlungsunrecht mindert und so zu einem **deutlich geringeren** Vorwurfsgrad als bei ähnlichem Handeln älterer Personen führt (Streng JugendStrafR Rn. 433; im Wesentlichen auch v. Hirsch, FS Roxin, 2001, 1080;v. Hirsch, Deserved Criminal Sentences, 2017, S. 129 ff.; kennzeichnend dafür auch § 18 Abs. 1 S. 2, § 106 Abs. 1). Hiervon unterscheidet sich der Ansatz der Rspr. iErg letztlich nur darin, als der Vorwurf bei Jugendlichen auch an deren tatwirksam gewordene Einstellungen, Haltungen und Persönlichkeitszüge anknüpfen soll (→ Rn. 46). Dies rückt indes in die Nähe eines Charakterschuld-Vorwurfs und überzeugt (zumal die Zuverlässigkeit der rechtspraktischen Charakterdiagnostik erheblichen Einschränkungen unterliegen dürfte) daher nicht (Streng JugendStrafR Rn. 432; krit. schon Tenckhoff JR 1977, 485; s. etwa auch MüKoStGB/Radtke/Scholze Rn. 21, 70; Fischer, Die Rolle des äußeren Unrechtsgehalts (…), 2024, S. 217 ff.). Das hinter dem Konzept der „jugendspezifischen Vorwerfbarkeit" stehende Bedürfnis, über eine persönlichkeitsorientierte Perspektive auch den Aspekt der individuellen **Interventionsbedürftigkeit** in die Entscheidung nach § 17 Abs. 2 Var. 2 JGG zu integrieren, ist nicht im Schuldschwere-Merkmal, sondern im Erfordernis einer hinzutretenden spezialpräventiven Indikation zur Geltung zu bringen.

2. Spezialpräventive Indikation

55 **a) Anforderungen der früheren Judikatur. aa) Erzieherische Erforderlichkeit.** Auch bei Bejahung von „Schwere der Schuld" ließ die Rspr. eine JStrafe nach Abs. 2 Var. 2 im Grundsatz nur dann zu, wenn diese Reaktion auch erzieherisch angezeigt ist (BGHSt 15, 224 (225 f.) = NJW 1961, 278; BGHSt 16, 261 (263) = NJW 1963, 2359 (2360); ebenso ausdrücklich zB BGH NStZ-RR 2014, 119; 2018, 358 (359); 2020, 141 (142); OLG Brandenburg StV 1999, 658 = BeckRS 1999, 11929; OLG Schleswig BeckRS 2013, 20133; OLG Hamm ZJJ 2004, 298 (299) = BeckRS 2015, 4300; NStZ-RR 2005, 246; StV 2011, 583 (585) = BeckRS 2010, 16652; OLG Zweibrücken BeckRS 2021, 39796; KG BeckRS 2023, StV 2024, 498 (Ls.) =; LG Bochum BeckRS 2021, 54125). Häufig brachte

sie dies auf eine Kurzformel, wonach dem Tatunrecht in diesem Zusammenhang „keine selbstständige Bedeutung" zukomme (so etwa BGH NStZ 2012, 164; NStZ-RR 2014, 119; NStZ 2018, 728 (729)).

Die spezialpräventive Indikation war (noch) zum **Zeitpunkt** der gerichtlichen **Entscheidung** erforderlich (BGH StV 2017, 710 (711) = BeckRS 2017, 120759; OLG Hamm NStZ-RR 2005, 59). Den Grad „schädlicher Neigungen" musste diese Interventionsbedürftigkeit zwar nicht erreichen (weil Var. 2 sonst angesichts von Var. 1 überflüssig gewesen wäre). Allerdings durfte die JStrafe im konkreten Fall jedenfalls erzieherisch nicht kontraproduktiv oder funktionslos sein. Die so verstandene **Erforderlichkeit** war unbeschadet der Deliktsschwere konkret (KG StV 2013, 35 (36) = BeckRS 2012, 11906) und sorgfältig zu prüfen (nach OLG Düsseldorf StraFo 2007, 475 = BeckRS 2008, 09235: „besonders", wenn die Tat „Ausnahmecharakter" aufwies). Keinesfalls durfte der Erziehungsgedanke ggü. den Belangen des Schuldausgleichs so weit außer Acht gelassen werden, dass dies zu einer „reinen Schuldstrafe" geführt hätte (OLG Hamm ZJJ 2017, 282 = BeckRS 2017, 106830). Vielmehr waren die Folgen einer etwaigen JStrafe für die weitere Entwicklung des Angeklagten stets „in den Blick" zu nehmen (BGH BeckRS 2013, 13698; NStZ-RR 2020, 141 (142)). 55a

bb) (Altersabhängige) Relativierung. Nur **ganz ausnahmsweise,** namentlich bei Kapital- und anderen **schwersten Delikten,** wies die Rspr. der Schuldschwere eine eigene Relevanz zu (und dies auch bei der Bemessung, → § 18 Rn. 36 f.). Diese sollte dann für sich genommen für den Anordnungsgrund in Abs. 2 Var. 2 **ausreichend** sein (zB BGH BeckRS 2022, 4950; OLG Hamm NStZ-RR 2005, 58 (59); OLG Düsseldorf StraFo 2007, 475 = BeckRS 2008, 09235; krit. Höynck ZJJ 2016, 305 (306); tendenziell auch BGH NStZ 2018, 728 (729) mAnm Eisenberg NStZ 2018, 729 und Kölbel JR 2019, 40). Bisweilen wurde dann die JStrafe auf das Vorliegen eines gesteigerten Vorwurfgewichts gestützt, ohne erzieherische Aspekte daneben eigens zu thematisieren (BGH NStZ 2014, 407 (408); 2017, 648 (649); OLG Hamburg NStZ 2017, 544 (545)). 56

Diese Besonderheiten galten der Rspr. zufolge v. a. bei **älteren Heranwachsenden** (auch → Rn. 49), die sich dem **21. Lbj.** angenähert oder diese Grenze zum Urteilszeitpunkt bereits **überschritten** hatten und sich daher (ungeachtet der formalen Anwendbarkeit des JGG) in einer „Übergangszone" zum Schuldstrafrecht des StGB befanden. Auch bei Zugrundelegung der vorgenannten Grundsätze stieg in der fallkonkreten Gesamtbewertung bei ihnen die relative Bedeutung der vorwurfsbezogenen Aspekte an (OLG Hamm NStZ-RR 2005, 58 (59)). Im Gegenzug sank das Gewicht der spezialpräventiven Gesichtspunkte, um bei einem bestimmten Alter – wenn auch noch nicht mit knapp über 21 Jahren (BGH NStZ-RR 2017, 231, abw. BGH BeckRS 2022, 4950) – weitgehend zu schwinden (BGH StV 2011, 589 = BeckRS 2011, 4359; BayObLG BeckRS 2019, 45900; OLG Zweibrücken BeckRS 2021, 39796). Die Frage der individuellen erzieherischen Indikation konnte sich iRv Abs. 2 Var. 2 nämlich nur stellen, wenn die zur Debatte stehende Freiheitsentziehung überhaupt nach den erzieherisch orientierten Maßgaben des JStrafvollzugs erfolgen würde. Infolge der typisierenden Grenzsetzung in § 89b Abs. 1 S. 2 war dies nach hier vertretener Ansicht nur bei Personen der Fall, die weit genug vom **Erreichen des 24. Lbj.** entfernt sind. Hatten sie diese Altersgrenze zum Zeitpunkt der 57

Aburteilung (einer weit zurück liegenden Tat) hingegen überschritten oder (beinahe) erreicht, kam es für den Anordnungsgrund in Abs. 2 Var. 2 bei ihnen somit ausschließlich auf die Schuldschwere an (so iErg auch Eisenberg NStZ 2013, 636 (637); vgl. auch Eisenberg JA 2016, 623 (627) bzgl. eines vom LG Ansbach (30.7.2015 – KLs 1023 Js 8836/14 jug) verurteilten 29-Jährigen).

57a Die Rspr. verfuhr in dieser Hinsicht indes sehr uneinheitlich (s. anhand unveröffentlichter Judikatur Budelmann JugendStrafR S. 111 ff.). In manchen Entscheidungen wurde die Problematik ohnehin weniger bei Abs. 2 Var. 2, sondern eher als Frage der **JStrafdauerbemessung** diskutiert. Dabei tendierte man teilw. dazu, dass die erzieherische Indikation schon ab dem 21. Lbj. nur noch von sehr nachrangiger Relevanz sei (so – ungeachtet der Relativierung in BGH StV 2020, 466 (467) – wohl BGH NStZ 2016, 101 (102); 2016, 680 (681); offenlassend BGH NStZ 2020, 301 (301); weitergehend LG Ravensburg NStZ-RR 2016, 227 (228); zust. Bachmann JZ 2019, 759 (761 ff.)). Nach aA sollte die erzieherische Erforderlichkeit dagegen auch bei Jugenddelikten von inzwischen erwachsen Gewordenen (sowohl für Abs. 2 Var., va aber bei § 18 Abs. 2) uneingeschränkt zu berücksichtigt werden (BGH NStZ 2018, 662 (663 f.); 2024, 113; Beulke FS Streng, 2017, 411; LG Arnsberg ZJJ 2010, 424 (426) = BeckRS 2010, 22183). Die erzieherische Notwendigkeit bliebe hiernach „Leitmotiv der Strafzumessung“, wenn auch bei steigendem Alter mit schrittweise sinkender Bedeutung (Beulke FS Eisenberg II, 2019, 191).

58 **b) Debatte um die frühere Judikatur.** Große Teile der **Literatur** lehnten das Indikationserfordernis (→ Rn. 55) bei Abs. 2 Var. 2 allerdings vollständig ab (so zB MüKoStGB/Radtke/Scholze Rn. 60 f.; Brunner/Dölling Rn. 27; NK-JGG/Ostendorf Rn. 4; Streng JugendStrafR Rn. 436 f.; Streng GA 2017, 80 (82 ff.); Walter/Wilms NStZ 2007, 1 (7); Swoboda ZStW 125 (2013), 86 (107); Swoboda ZStW 132 (2020), 826 (861); Rose NStZ 2019, 57 (59); Rose NStZ 2023, 430 (433 f.); Beulke NK 2019, 269 (274 ff.); Bachmann JZ 2019, 759 (759 f.); Fischer, Die Rolle des äußeren Unrechtsgehalts (…), 2024, S. 154 ff. jeweils mwN). Bei diesem Anordnungsgrund werde die erzieherische Notwendigkeit der JStrafe weder durch die Gesetzgebungsgeschichte noch durch den Normtext als eine Anordnungsvoraussetzung gestützt. Der Gesetzeswortlaut lege es vielmehr nahe, allein auf eine gesteigerte Vorwerfbarkeit abzustellen. Dies sei auch deshalb geboten, weil das gesellschaftliche Sanktionsbedürfnis ggü. Jugendlichen, bei denen zum Urteilszeitpunkt trotz Begehung einer schweren Straftat kein Bedarf an langfristig-stationärer erzieherischer Einwirkung besteht, sonst nicht befriedigt werden könne. Relevant wurde dies etwa, wenn die Tat unter zwischenzeitlich beendetem Einfluss Dritter begangen worden war bzw. wenn wegen längeren U-Haftvollzugs nur noch ein sehr kurzer (Rest-) Vollzug der JStrafe anstand (BGH NStZ-RR 1998, 317 (318)). Ebenso lag es dort, wo der Beschuldigte (ungeachtet der erheblichen Vorwerfbarkeit) nicht erziehungsbedürftig oder -fähig ist. Das justizielle Fallaufkommen gibt indes keine Hinweise auf eine praktisch relevante Häufigkeit dieser Konstellationen. Der Ansatz der Hl, wonach die generelle (Normalfall-)Interpretation von Abs. 2 Var. 2 – unter **Aufgabe des Erziehungsauftrags** (§ 2 Abs. 1) – anhand einer offensichtlich atypischen Problemlage geprägt werden sollte, war deshalb fragwürdig.

c) Stellungnahme zur Bedeutung des Erziehungsauftrags (§ 2 Abs. 1). Die besagte Literaturauffassung repräsentierte nicht nur die Herangehensweise des hier abgelehnten dogmatisch-strafrechtlichen Modells, für das die teleologische Ausrichtung des JGG nur sekundär ist (→ § 2 Rn. 15). Sie vernachlässigte darüber hinaus auch normsystematische Aspekte: Wenn das Jugendstrafrecht das gesamte Rechtsfolgensystem des JGG durchgehend auf eine **spezialpräventive** Eignung ausrichtet und diese **Grundorientierung** auf die JStrafe erstreckt – wie an § 2 Abs. 1 S. 2 sowie ausnahmslos allen Ausgestaltungsvorschriften (→ Rn. 2) ersichtlich ist –, kann dies bei den Anordnungsvoraussetzungen nicht anders sein (n. Eisenberg NStZ 2013, 636; Eisenberg NStZ 2018, 729 (739); vgl. zB auch Diemer/Schatz/Sonnen/Sonnen Rn. 24; Nöding Verteidigung Rn. 114; Buckolt Jugendstrafe S. 47; Schüler-Springorum NStZ 1985, 476 (477 f.); Müller JR 2017, 121; Höynck StraFo 2017, 267 (270); Fett ZJJ 2024, 24 (27)). Die Regelungsabsicht des Gesetzgebers von 1953, der in Abs. 2 Var. 2 eine Schuldstrafe vorsehen wollte, ist angesichts des späteren Erlasses von § 2 Abs. 1, wonach Schuldgesichtspunkte immer nur nachrangig (und erst recht nicht allein) rechtsfolgenrelevant sein dürfen, ersichtlich überholt. 59

Auch ergäben sich anderenfalls Paradoxien, da bspw. bei den (von der Gegenansicht stilisierten) Schwersttätern, bei denen keine Erziehung erforderlich (!) ist, die JStrafe nach dem klaren Wortlaut von **§ 18 Abs. 2** so bemessen werden müsste, „dass die erforderliche (!) erzieherische Einwirkung möglich (!) ist". Eine dahingehende fallkonkrete Erforderlichkeit wird vom Gesetz also in aller Klarheit vorausgesetzt. Im Übrigen handelt es sich bei der für die aA bisweilen reklamierten grundgesetzlichen Basis (MüKoStGB/Radtke/Scholze Rn. 61: „verfassungsrechtlich fundiertes Gebot materieller Gerechtigkeit") um eine Überhöhung, die die sanktionsbezogenen Vorgaben des GG ebenso überstrapaziert wie deren insofern offenere Interpretation durch das BVerfG (vgl. BVerfG BeckRS 2006, 28246; ferner die Analyse bei Scheffczyk/Wolter Linien Rechtsprechung BVerfG IV/Diehm S. 223 ff.). Deshalb war auch bei schwerster Delinquenz keine reine Schuldstrafe (unter völliger Außerachtlassung erzieherischer Aspekte) zulässig (ebenso Höynck ZJJ 2016, 305 (306)). Dies war durch das BVerfG ganz explizit anerkannt worden (ZJJ 2013, 315 (317) = BeckRS 2013, 49763: auch bei Abs. 2 Var. 2 „tritt die erzieherische Grundausrichtung des Jugendstrafrechts nicht vollständig zurück"). 59a

d) Durch den 5. Senat initiierte Rspr.-Änderung und deren Konsequenzen. In Übereinstimmung mit der hier vertr. Auffassung hatte der BGH indes stets am Indikationserfordernis festgehalten. Eine Infragestellung lag auch in den oben (→ Rn. 56 ff.) erwähnten Ausnahmen nicht. Die ursprünglich einzige Entscheidung, die sich (in einem obiter dictum) explizit vom erzieherischen Indikationserfordernis grds. distanziert hatte (so der 1. Senat in BGH NStZ 2013, 658 (659)), blieb in der Rspr. ohne Gefolgschaft (abgesehen von LG Ravensburg NStZ-RR 2016, 227 (228); LG Flensburg BeckRS 2017, 103090 sowie teilw. BGH NStZ 2016, 101 f. und BayObLG BeckRS 2019, 45900). Zwischenzeitlich war der fragliche Senat hiervon auch wieder **abgerückt,** um der allg. Rspr.-Linie ausdrücklich zu folgen (BGH NStZ 2018, 659 (660)). Zwar fanden sich gleichwohl immer wieder Entscheidungen, die auf die erzieherische Erforderlichkeit bei Abs. 2 Var. 2 nicht eingingen (dazu anhand von Staatsschutzsachen Eisenberg NStZ 2024, 59b

723 (724 ff.), doch eine innerjustizielle Debatte, die offengelassen werden könnte (so BGH NStZ 2022, 749 (753)), bestand daher an sich nicht mehr. Sie wurde erst durch einen Anfragebeschluss des 5. Senats ausgelöst (NStZ 2024, 106) und dadurch beendet, dass ihm die anderen Senate darin folgten, das **Indikationserfordernis nunmehr ersatzlos aufzugeben** (zu den entspr. unveröffentlichten Beschlüssen s. Kölbel KriPoZ 2024, 304 (311 Fn. 81).

59c Die Begründung des 5. Senats (NStZ 2024, 615) repliziert im Wesentlichen die Argumentation, die in der Lit. zu der Frage seit Jahrzehnten geführt worden ist. Sie überzeugt daher ebenso wenig (→ Rn. 59 f.; n. mit eingehender Auseinandersetzung Eisenberg/Kölbel NStZ 2024, 79; s. auch Kölbel KriPoZ 2024, 304 (311)). Folglich ist sie in der Lit. denn auch auf **Widerspruch** gestoßen (sehr krit. Höynck StV 2024, 128; Schneider/Kleimann/Pieplow ZJJ 2023, 354; Pieplow ZJJ 2024, 232; Neubacher/Lohmann JZ 2024, 652; affirmativ dagegen Petersen NStZ 2024, 209; Kaspar JR 2024, 201). Höchst problematisch ist, dass die JStrafe iSv Abs. 2 Hs. 2 hierdurch eine erheblich erweiterte Anwendung erfahren kann, da sie bei einem Wegfall des Indikationskriteriums nur noch von der Bejahung der Schuldschwere abhängt – wobei diese Voraussetzung ausgesprochen diffuse Konturen aufweist (→ Rn. 46 ff.). Die neue Judikatur akzeptiert die JStrafe also in Konstellationen, in denen für sie von den JGerichten kein erzieherischer Bedarf gesehen wird und sie sich folglich von vornherein nicht förderlich, sondern ausschließlich entwicklungsschädigend auswirken kann. Dies lässt präventiv abträgliche, deliktsreproduzierende Effekte erwarten. Um diese Folgen einzugrenzen, darf die Schwere der Schuld **nur bei schwerster** Delinquenz bejaht werden. Berücksichtigt man dies und die Vorgaben von Art. 37 lit. b der Kinderrechtskonvention (→ Rn. 45a), bietet sich eine Orientierung an **§ 138 Abs. 1 StGB** an (s. auch Kölbel KriPoZ 2024, 304 (313)).

VI. Jugend- als „Freiheitsstrafe" in anderen Vorschriften?

60 JStrafe hat eine **andere rechtliche Qualität** als eine **Freiheitsstrafe** (n. → Rn. 3). Wird in Vorschriften des allg. StR das Vorliegen, Drohen oder die (erfolgte) Vollstr einer Freiheitsstrafe vorausgesetzt, ist das betr. Tatbestandsmerkmal bei einer JStrafe folglich nicht gegeben (abw. etwa NK-JGG/Ostendorf § 31 Rn. 25). Bestätigt wird dies bspw. durch § 38 BtMG, wo die entsprechende Anwendung der Regeln zur Freiheitsstrafe (§ 35 BtMG) auf Fälle der JStrafe eigens angeordnet wird (vgl. bspw. auch § 54 Abs. 1 Nr. AufenthG: Freiheits- „oder" Jugendstrafe). Fehlt es an einer solchen gesetzlichen Klarstellung, kann die JStrafe der Freiheitsstrafe nur ausnahmsweise gleichgesetzt werden – nämlich allein dann, wenn sich aus dem **Sinn- und Funktionszusammenhang** der fraglichen Norm ergibt, dass diese sich auf beide Formen der Freiheitsentziehung bezieht. Bspe. dafür bieten etwa § 68 StGB (n. dazu → § 7 Rn. 52) oder **§ 4 Nr. 1 BZRG** (Rückschluss aus § 32 Abs. 2 Nr. 3, 4 BZRG) und **§ 10 Abs. 1 Nr. 5 StAG** (Rückschluss aus § 12a Abs. 1 Nr. 1 StAG; vgl. auch VG Darmstadt BeckRS 2008, 36509; zur Problematik bspw. auch → § 85 Rn. 19, 26). Ebenso liegt es bei den Voraussetzungen von U-Haft gem. **§ 112a Abs. 1 S. 1 Nr. 2 StPO.** Das Merkmal der erwartbaren Freiheitsstrafe von mindestens einem Jahr ist auch bei einer absehbaren JStrafe dieser Dauer gegeben (MüKoStGB/Radtke/Scholze Rn. 80; MüKoStPO/Böhm StPO § 112a Rn. 41 mwN). Die besagte Straferwartung hat gemeinsam mit dem Deliktskatalog die Funktion, eine Begrenzung der Präventivhaft auf Anlasstaten höheren Gewichts sicherzustellen. Dies ist dort, wo sich das Ob und die Bemessung einer mindestens einjährigen JStrafe abzeichnet, durchaus gegeben. Zwar beruht diese Sanktionsaussicht (anders als im allg. StR) primär auf erzieherischen Einwirkungsnotwendigkeiten. Mit Blick auf die Limitierungswirkung des Tatvorwurfs kann die Deliktsschwere in solchen Fällen aber nicht geringer sein, als es § 112a Abs. 1 S. 1 Nr. 2 StPO bei Erwachsenen fordert (→ § 18 Rn. 9). Das Problem liegt indes in der allg. Fragwürdigkeit des Haftgrundes (→ § 72 Rn. 25 ff.).

Dagegen ist in **§ 57 Abs. 2 Nr. 1 StGB** eine Gleichstellung von JStrafe mit dem Begriff der Freiheitsstrafe **unzulässig** (dazu Eisenberg NStZ 1987, 169 f.; zust. MüKoStGB/Groß/Kett-Straub StGB § 57 Rn. 25). Dies gilt auch im Falle eines Vollzugs nach den Vorschriften der Freiheitsstrafe (§ 89b Abs. 2). Dagegen schließt die von der **hM** vertretene **abw. Ansicht** einen sog. „Erstverbüßer"-Status bzw. eine Halbstrafenaussetzung nach früherer Vollstr von JStrafe stets ebenso aus wie nach früherer Freiheitsstrafe (etwa OLG Oldenburg NStZ 1987, 174; OLG Stuttgart JZ 1987, 1085 (1086); OLG Karlsruhe NStZ 1989, 323; Fischer/Fischer StGB § 57 Rn. 23; Lackner/Kühl/Heger/Heger § 57 Rn. 15; MüKoStGB/Radtke/Scholze Rn. 78). Dies läuft indes auf eine Gleichbehandlung von wesentlich Ungleichem hinaus, da dem vorherigen Vollzug von JStrafe schon wegen der Unterschiede zwischen den Adressatengruppen nicht die gleiche „Warnwirkung" wie dem einer vorherigen Freiheitsstrafe zugeschrieben werden kann (siehe auch → Rn. 3: eingeschränkte Ähnlichkeit der jeweiligen Vollzugsrealität bei klarer Unterschiedlichkeit der Verhängungs-, Vollstr- und Entlassungsvoraussetzungen). Im Übrigen ist JStrafe bei Anschlussvollstreckung mit einer Freiheitsstrafe nicht zur Addition gem. § 57 Abs. 2 Nr. 1 Hs. 2 StGB geeignet (OLG Stuttgart NStZ 1987, 575; abw. OLG Karlsruhe NStZ 1989, 323 (324)). 61

Unzulässig ist es schließlich, iRd formellen Voraussetzungen von **§§ 66–66b StGB** die dort geforderte Verurteilung zu oder Vollstr von Freiheitsstrafe bei verhängter oder vollstreckter JStrafe zu bejahen (n. dazu Eisenberg/Schlüter NJW 2001, 189; zust. MüKoStGB/Drenkhahn/Morgenstern StGB § 66 Rn. 67; Laubenthal ZStW 116 (2004), 703 (722); iErg auch TK-StGB/Kinzig StGB § 66 Rn. 19; Knauer ZStW 124 (2012), 204 (222)). Auch hier herrscht indes eine **aA** vor (etwa BGHSt 26, 155 = NJW 1975, 1666; BGH NJW 1999, 3725; NStZ-RR 2002, 183; BeckRS 2011, 3860; NStZ 2017, 650; BeckRS 2019, 9749; LG Bielefeld BeckRS 2015, 20685 mAnm Eisenberg R&P 2016, 116; Fischer/Fischer StGB § 66 Rn. 26, MüKoStGB/Radtke/Scholze Rn. 79; zur Subsumtion einer Einheitsstrafe vgl. → § 31 Rn. 55 ff.). Diese hM kann allerdings mit Blick auf Funktion der Freiheitsstrafen im Voraussetzungsgefüge von § 66 StGB kaum überzeugen, weil sich eine JStrafe **nicht** als ein solcher Belastungs-/Gefährlichkeits-**Indikator** eignet, wie er mit der Verurteilung zu bzw. Vollstr von Freiheitsstrafe fallkonkret vorliegen soll. Dafür unterscheiden sich die Anordnungsvoraussetzungen in Abs. 2 („schädliche Neigungen", Schuldschwere, mangelnde Leistungsfähigkeit anderer Rechtsfolgen des JStR) zu stark von denen in § 46 StGB (ebenso allg. und in anderem Zusammenhang BGH 62

BeckRS 2017, 130131, Rn. 25). Im Übrigen hat eine JStrafe für die personalen („Gefährlichkeits-")Merkmale einer Person schon wegen der Unvorhersehbarkeit der persönlichen und sozialen Entwicklung gerade bei jungen Menschen eine viel geringere Relevanz als die Freiheitsstrafe bei Erwachsenen (vgl. n. → § 7 Rn. 34 f.). Dies gilt gerade, weil jenseits etwa des 25. bzw. 30. Lbj. sog. „delinquente Verläufe" ganz überwiegend (und oft auch erwartungswidrig) enden (vgl. Eisenberg/Kölbel Kriminologie § 55 Rn. 4 ff., 41 ff.).

VII. Revision

63 Wird im Revisionsverfahren ein Teil des Schuldspruchs aufgehoben (oder kommt es zu einer teilweisen Einstellung gem. § 2 Abs. 2 iVm § 154 Abs. 2 StPO), so kann – ungeachtet einer bisweilen sichtbar werdenden abw. Tendenz in der Judikatur (vgl. etwa BGH 24.4.1997 – 4 StR 687/96 bei Böhm NStZ 1997, 482; BGH BeckRS 2009, 4279; 2014, 7977) – die Verhängung von JStrafe oftmals nicht bestehen bleiben. Dies setzt nämlich voraus, dass das Tatgericht auch bei dem aufrecht erhaltenen Schuldspruch (-teil) eine JStrafe verhängt hätte, was für das Revisionsgericht häufig nur eingeschränkt zu beurteilen ist.

64 Grundsätzlich ist der revisionsrechtliche Prüfungsmaßstab mit Blick auf Abs. 2 limitiert und auf Gesetzesverletzungen beschränkt (etwa BGH NStZ-RR 2016, 325 (326)). Wird das Vorliegen von Abs. 2 unzulänglich begründet, sodass dem Revisionsgericht die Fehlerprüfung nicht möglich ist, muss das Urteil aufgehoben werden (MüKoStGB/Radtke/Scholze Rn. 30, 81 f.). Hatte die Tatsacheninstanz die JStrafe auf beide Anordnungsgründe gestützt und wird hiervon einer im Revisionsverfahren in Zweifel gezogen, so führt dies indes – schon zur Wahrung von Art. 101 Abs. 1 S. 2 GG (vgl. BVerfGK 2, 207 = NStZ 2004, 273 (zur Gesamtstrafe im allg. StR)) – idR zur Aufhebung des Urteils, weil die Höhe der erkannten JStrafe hiervon meist beeinflusst sein wird (stRspr – vgl. etwa BGHSt 16, 261 (262 f.) = NJW 1961, 2359 (2360); BGH StV 1993, 531 = BeckRS 1993, 31078968; 2013, 14774; NStZ-RR 2023, 28 (28 f.); Diemer/Schatz/Sonnen/Sonnen Rn. 31; vgl. auch schon Böhm NStZ 1982, 414; weitere Nachw. 19. Aufl.; abw. aber BGH BeckRS 2021, 8694). Aus diesem Grund stellt allerdings auch umgekehrt die Außerachtlassung eines fallrelevanten Anordnungsgrundes einen revisiblen Fehler dar (BGH NStZ 2023, 428 (430)). Soweit das Ausmaß der Schuld durch Wesenszüge des Jugendlichen verringert sein kann, darf iÜ das Tatgericht schon deshalb die Frage des Bestehens „schädlicher Neigungen" nicht offenlassen (BGH StV 1986, 305 = BeckRS 1986, 31101680). Gegebenenfalls zu berücksichtigen ist bei all dem indes das Verschlechterungsverbot (dazu → § 55 Rn. 38 ff.).

Dauer der Jugendstrafe

18 (1) [1]**Das Mindestmaß der Jugendstrafe beträgt sechs Monate, das Höchstmaß fünf Jahre.** [2]**Handelt es sich bei der Tat um ein Verbrechen, für das nach dem allgemeinen Strafrecht eine Höchststrafe von mehr als zehn Jahren Freiheitsstrafe angedroht ist, so ist**

das Höchstmaß zehn Jahre. 3 Die Strafrahmen des allgemeinen Strafrechts gelten nicht.

(2) **Die Jugendstrafe ist so zu bemessen, daß die erforderliche erzieherische Einwirkung möglich ist.**

Schrifttum: Miehe, Die Bedeutung der Tat im Jugendstrafrecht, 1964; Schmidt-Esse, Lange Jugendstrafen bei jugendlichen und heranwachsenden Gewalt- und Sexualstraftätern, 2018; Schulz, Die Höchststrafe im Jugendstrafrecht ..., 2000; Weitl, Die dogmatischen Grundlagen des geltenden Jugendstrafrechts, 1965.

Übersicht

I. Anwendungsbereich

1 Zur Anwendbarkeit für Jugendliche und Heranwachsende gelten die Erl. in → § 17 Rn. 1 entsprechend, bei Verhängung von JStrafe gegen Heranwachsende indes mit einem Vorbehalt: Hier beträgt das Höchstmaß – entgegen Abs. 1 S. 1 – grundsätzlich zehn Jahre (§ 105 Abs. 3 S. 1); aufgrund eines gesetzgeberischen Exzesses sind ggf. und als äußerst eng umgrenzte Ausnahme (zust. Kerner/Karnowski/Eikens FS Ostendorf, 2015, 471) sogar 15 Jahre zulässig (§ 105 Abs. 3 S. 2). – Für den JRichter als Einzelrichter gilt § 39 Abs. 2.

II. Strafrahmen der JStrafe

1. Zur Systematik

2 Das JStR sieht **eigene Strafrahmen** für die JStrafe vor. Diese sind für den Regelfall in Abs. 1 S. 1 enthalten. Abgesehen von der Relevanz für Taten, die das allg. StR als besonders schwere Verbrechen einordnet (Abs. 1 S. 2), gelten – eingeführt durch das RJGG 1943 (damals mit einem Mindestmaß von drei Monaten) – die StGB-Strafrahmen dagegen ausdrücklich nicht (Abs. 1 S. 3). Unanwendbar sind folglich auch die Strafzumessungsregeln der besonders schweren Fälle (bspw. § 243 StGB oder § 29 Abs. 3 BtMG (diesbzgl. OLG Düsseldorf NStZ-RR 1999, 311)). Allerdings setzen die **Strafrahmen des allg. StR** der Rechtsfolgenentscheidung mit Blick auf das Schlechterstellungsverbot durchaus Grenzen (→ Rn. 8 f.). Zudem haben sie eine **mittelbare** Bedeutung, denn die in ihnen zum Ausdruck kommende legislatorische Unrechtsbewertung ist bei der Bemessung der JStrafe zu berücksichtigen (→ Rn. 21).

2. Mindestmaß (Abs. 1 S. 1)

3 **a) Legitimitätsdefizite.** Die Dauer der verhängten JStrafe muss mindestens **sechs Monate** betragen. Verglichen mit dem allg. StR (§ 38 Abs. 2 StGB) liegt darin eine deutliche Benachteiligung junger Verurteilter (vgl. von Liszt, Strafrechtliche Aufsätze und Vorträge, Bd. 2, 1905, S. 19 f.: „jugendliches Alter als natürlicher Strafschärfungsgrund“). Diese Festlegung

(eingeführt durch JGG v. 4.8.1953 (BGBl. I 751)) beruht auf der Vorstellung, dass bei einem kürzeren Vollzugszeitraum eine sinnvolle erzieherische Einwirkung idR nicht möglich sei und sich nur die negativen Haftfolgen bemerkbar machten (etwa Müller FS Eisenberg, 2009, 423). Allerdings fehlt es an empirisch verlässlichen Belegen für diese Annahme (vgl. auch BGH 17.5.1995 – 5 StR 186/95 bei Böhm NStZ 1995, 536). Bei der kurzen Freiheitsstrafe im allg. StR hat sich jedenfalls die verbreitete Vermutung einer besonderen spezialpräventiven Schädlichkeit international nicht bestätigt (Killias/Gilliéron/Villard/Poglia Journal of Experimental Criminology 6 (2010), 115 ff.; Aarten/Denkers/Borgers/van der Laan EJC 11 (2014), 702 ff.). Außerdem bleiben auch für einen mehr als sechs monatigen JStrafvollzug die Nachw. von erzieherischen Erfolgen bestenfalls diffus (vgl. → Rn. 13, → § 17 Rn. 16 ff.). Unstrittig ist allein der höhere Organisationsaufwand bei kurzzeitiger Haft und entsprechend größerer Fluktuation, was die Annahme nährt, dass die Mindestdauervorschrift sich unter anderem hierdurch erklärt.

Das angehobene Mindestmaß bringt es zudem mit sich, dass die Verhängung einer JStrafe ggü. der Anordnung von JA einen erheblichen **Sanktionssprung** verkörpert, weil der Unterschied zum Höchstmaß des Dauerarrestes (§ 16 Abs. 4 S. 1) ein erheblicher ist. Der Justizpraxis wird so in schwer begreiflicher Form die Möglichkeit genommen, mit (auch hinsichtlich der Einwirkungsdauer) kontinuierlich abgestuften Interventionsformen operieren zu können. Angesichts der fehlenden empirischen Absicherung einer erzieherischen Mindesteinwirkungszeit (→ Rn. 3) kann dies auch nicht damit gerechtfertigt werden, dass die JStrafe wegen ihres eigenen (vom JA abweichenden) Zweckes eine deutlich längere Vollzugsdauer als der JA aufweisen müsse. Insgesamt steht Abs. 1 S. 1 Hs. 1 also in einem Missverhältnis zu Abs. 2. Einen sinnvollen **(Neben-)Zweck** füllt die gesetzliche Festlegung allein insofern aus, als sie dem JRichter gerade durch ihren singulären Eingriffsgrad nahelegt, einen spezialpräventiven Erfolg auch im Falle eines anhaltenden Erziehungsbedürfnisses möglichst durch länger wirksame Erziehungsmaßregeln (sowie in seltenen Ausnahmefällen durch JA (→ § 16 Rn. 21 ff.)) anzustreben (vgl. auch RL 1) – und JStrafe dagegen nur als äußerstes Mittel zu verhängen. 4

b) Unterschreitung. In Fällen, in denen die Verhängung einer sechsmonatigen JStrafe als schuldüberschreitende Sanktion (→ Rn. 33) gelten muss, darf gar nicht auf JStrafe entschieden werden (vgl. etwa Laubenthal/Baier/Nestler JugendStrafR Rn. 748; Streng JugendStrafR Rn. 440 mwN). Ein Unterschreiten des Mindestmaßes ist ausgeschlossen und auch bei minderschweren Fällen sowie Versuch oder Beihilfe **unzulässig** (Potrykus NJW 1956, 654 (656); Dallinger/Lackner Rn. 2). Zu kürzeren JStrafen kann es nur ganz ausnahmsweise aus Gründen des Verschlechterungsverbotes kommen (zu diesen besonderen Konstellationen im Rechtsmittelverfahren vgl. n. → § 55 Rn. 48). 5

3. Höchstmaß (Abs. 1 S. 1) und Ausnahme (Abs. 1 S. 2)

Bei **Jugendlichen** (für Heranwachsende s. § 105 Abs. 3) ist JStrafe auf **höchstens fünf Jahre** (Abs. 1 S. 1) beschränkt. Diese Strafrahmenobergrenze gilt absolut und darf nicht überschritten werden, auch nicht bei Bildung 6 einer EinheitsJStrafe (§ 31 Abs. 1 S. 3) und Zusammentreffen mehrerer selbstständiger Delikte (verfehlt LG Berlin BeckRS 2007, 17912 (sechs Jahre sechs Monate in einem Fall von § 31 Abs. 2 bei sog. „Intensivtäter"); abl. auch DVJJ/Neubacher 2012, S. 359). Dieses Höchstmaß beruht auf der typisierenden Vorstellung, der zufolge Anstaltserziehung maximal bis zu einer Dauer von fünf Jahren erfolgreich sein könne; danach würde selbst eine etwaige positive Einwirkung durch die negativen Effekte des Freiheitsentzugs überkompensiert (zu dieser traditionell vertretenen Ansicht BGH NStZ 1996, 232; Mollenhauer MschKrim 44 (1961), 162 ff.; DVJJ/Strenger 1984, S. 463 ff.; ferner etwa Diemer/Schatz/Sonnen/Sonnen Rn. 6; NK-JGG/Ostendorf Rn. 11; Streng JugendStrafR Rn. 442; Buckolt Jugendstrafe S. 64; einschr. BGH NStZ 1996, 496 mAnm Streng StV 1998, 336; s. auch → Rn. 35). Zuweilen hält man im Hinblick auf die negativen Auswirkungen stationärer Unterbringung schon einen Zeitraum von mehr als einem oder anderthalben Jahr für kaum noch geeignet (vgl. schon Grassberger Österr JZ 1961, 169 (174)).

7 Bei Jugendlichen kann der Regelstrafrahmen der JStrafe von sechs Monaten bis zu fünf Jahren lediglich in den Fällen des **Abs. 1 S. 2** überschritten werden (BGH StV 2017, 715 = BeckRS 2016, 20607). Nur wenn sich die Verurteilung auf ein Verbrechen bezieht, für das nach dem allg. StR eine Höchststrafe von mehr als zehn Jahren Freiheitsstrafe angedroht ist, beträgt das Höchstmaß **zehn Jahre** (vgl. schon § 9 Abs. 1 JGG 1923). Das Vorliegen dieser Strafrahmenerweiterung bestimmt sich in formaler und abstrakter Betrachtungsweise: Es kommt auf die Verwirklichung eines Verbrechenstatbestandes nach den im allg. StR jeweils einschlägigen Strafdrohungen an. Gem. § 12 Abs. 3 StGB iVm § 4 ist das Vorliegen eines minder oder besonders schweren Falls für die Frage, ob iSv Abs. 1 S. 2 ein **Verbrechen** verwirklicht wurde, ohne Belang (BGHSt 8, 79 = NJW 1955, 1605; BGH BeckRS 2021, 34231; StV 2023, 413 = 2022, 36012; vgl. aber → Rn. 9 zum Schlechterstellungsverbot bei minder schweren Fällen). – Abs. 1 S. 2 beruht auf Belangen des Schuldausgleichs und des allg. Sicherungsbedürfnisses, was in einem **Spannungsverhältnis** zu Abs. 2 steht und rechtspolitisch kritikwürdig ist (etwa Albrecht JugendStrafR S. 254: langfristige Gefahren für die Allgemeinheit durch haftbedingte Entwicklungsschäden). In der Literatur wird die Vorschrift indes oft zum Anlass für die These genommen, das JStR kenne JStrafen, die nicht durch spezialpräventive Belange, sondern durch allg. Strafbedürfnisse legitimiert seien (stellvertretend Swoboda ZStW 125 (2013), 86 (98 ff.); dazu aber → Rn. 38 und → § 17 Rn. 59).

4. Höchstmaß durch Schlechterstellungsverbot

8 § 2 Abs. 1 verlangt ein auf Schutz, Förderung und Integration ausgerichtetes Vorgehen und verbietet es daher (sofern das Gesetz keine abw. Regelungen vorsieht), den Jugendlichen oder Heranwachsenden bei konkreten Entscheidungen schlechter zu stellen, als er in demselben Verfahrensstadium und in einer gleichen Entscheidung als Erwachsener stünde (→ § 2 Rn. 23 ff.). Dieses Prinzip ist auch bei der Bemessung der JStrafe zu beachten. An sich wäre es im Zuge einer isolierten Betrachtungsweise zwar denkbar, im Bereich des JGG, das ein ggü. dem allg. StR selbstständiges Strafzumessungssystem aufweist und in dem die allg. Strafrahmen nicht gelten, auch solche JStrafen für erlaubt zu halten, die (etwa aus spezialpräventiven Gründen) höher ausfallen,

als es die jeweils deliktsspezifisch einschlägige Strafdrohung im allg. StR erlaubt (dies vormals nicht grds. abl. BGH MDR 1955, 372 = BeckRS 1955, 31192754; StV 1982, 27 = BeckRS 1981, 31111782; 1983, 31110702; Dallinger/Lackner Rn. 6; Bruns StV 1982, 592 (593): sofern strafrahmenübersteigende Bemessung der JStrafe durch besondere erzieherische Gesichtspunkte nachvollziehbar begründet). Doch dies würde übergeordnete Prinzipien verletzen und eine **Ungleichbehandlung** zulasten Jugendlicher bzw. Heranwachsender darstellen, deren Tat ein höheres Gewicht erhielte, als es der Gesetzgeber für die jeweils schwersten Fälle der jeweiligen Straftaten bei Begehung durch Erwachsene festgelegt hat. Dass dies im Gesetz nicht angelegt ist, zeigen auch die unterschiedlichen Höchststrafen im JGG und StGB (Streng JugendStrafR Rn. 443).

Die obere Grenze des nach allg. StR einschlägigen Strafrahmens, der ggf. nach Konkurrenzregeln bestimmt wird (zu deren Bedeutung im JStR s. auch → § 54 Rn. 5), markiert also eine **Sperre** für die **maximale Dauer** der JStrafe, und dies ggf. auch unterhalb der gem. Abs. 1 (→ Rn. 6 f.) sonst geltenden Obergrenze (ebenso zB Diemer/Schatz/Sonnen/Sonnen Rn. 14 f.; Brunner/Dölling Rn. 28; MüKoStGB/Radtke/Scholze Rn. 4; NK-JGG/Ostendorf Rn. 6; Beulke/Swoboda JugendStrafR Rn. 474; Laubenthal/Baier/Nestler JugendStrafR Rn. 752; Miehe, Bedeutung der Tat im Jugendstrafrecht, 1964, S. 118 ff.; Lenz, Die Rechtsfolgensystematik im JGG, 2007, S. 218 ff.; Streng GA 1984, 149 (164)). Erfüllt das jeweilige Verhalten das Delikt in einem **minder schweren Fall,** wird die verbindliche Obergrenze folglich durch das entsprechend abgesenkte Höchstmaß gesetzt (abw. wohl MüKoStGB/Radtke/Scholze Rn. 4: „abstrakte Höchstgrenze des ausgeurteilten Straftatbestandes"). Innerhalb des sich hiernach ergebenden Strafrahmens (= zwischen sechs Monaten und der fallkonkret maximalen Strafdauer nach allg. StR) sind dann alle Umstände, die nach allg. Regeln in der Straffestlegung zu berücksichtigen sind (etwa § 21 StGB usw), bedingt in die konkrete Bemessung nach § 18 einzubeziehen (dazu → Rn. 20 ff.). Nicht ausgeschlossen wird in der Praxis dadurch allerdings eine konkrete JStrafendauer, die im vorbenannten Rahmen bleibt, aber länger als eine konkret absehbare Freiheitsstrafe nach einer vergleichbaren Erwachsenentat ausfällt (→ Rn. 11). Solche Eingriffserweiterungen stehen – und handele es sich bei ihnen auch um erzieherisch gedachte „Zuschläge" (Befragungsdaten dazu bei Buckolt Jugendstrafe S. 275 ff.) – in einem Spannungsverhältnis mit dem Schuldprinzip (Streng JugendStrafR Rn. 443), da die Schuld des jugendlichen oder heranwachsenden Verurteilten nicht größer als bei einem Erwachsenen sein kann (→ Rn. 22) und die Grenze der zulässigen Strafe (→ Rn. 33) meist deutlich niedriger liegt (dazu auch → § 105 Rn. 53, 55). Eine JStrafe kann deshalb jene Freiheitsstrafe, deren tat- und schuldangemessene Dauer sich bei hypothetischer Bewertung nach allg. StR ergäbe, nicht übersteigen (ebenso etwa Nix/Pschorr/Franzen §§ 17, 18 Rn. 111). 9

III. Empirische Befunde

1. Bemessungspraxis

a) Tendenzen der Judikatur. Von den 8.174 bzw. 6.080 in den Jahren 2021 bzw. 2022 verhängten JStrafen entfielen 8,58 % bzw. 7,96 % auf eine 10

Dauer von sechs Monaten, 13,60 % bzw. 13,45 % auf die Dauer von mehr als sechs bis einschließlich neun Monaten, 20,43 % bzw. 19,80 % auf die Dauer von mehr als neun Monaten bis einschließlich ein Jahr, 41,25 % bzw. 40,90 % auf die Dauer von mehr als einem Jahr bis einschließlich zwei Jahren 35,99 % bzw. 41,25 %, 15,75 % bzw. 16,89 % auf die Dauer von mehr als zwei bis einschließlich fünf Jahren und 0,69 % bzw. 0,97 % auf die Dauer von mehr als fünf bis einschließlich zehn Jahren 0,72 bzw. 0,69 % (StrafSt Tab. 4.1 bzw. 24311-22). Anhand der etwas spezifischeren BZR-Daten zeigt sich hierbei eine sog. Prägnanztendenz, dh eine deutliche Konzentration auf die Festlegung von runden Monatswerten (Heinz Sekundäranalyse S. 1219: va sechs, zwölf, sechzehn und vierundzwanzig Monate). Langfristig sind die **Anteile längerer** JStrafen (insb. von mehr als zwei Jahren) tendenziell **gestiegen** (eher anders noch Schulz, Höchststrafe im Jugendstrafrecht, 2000, S. 99), wobei die zwischenzeitliche Abschaffung der JStrafe unbestimmter Dauer zu berücksichtigen ist. So lag der Anteil einer Dauer von mehr als zwei Jahren bis einschließlich fünf Jahren an allen (bestimmten) JStrafen früher deutlich unter dem eben genannten Wert – nämlich 1980 noch bei 6,71 %, 1988 bei 8,39 %, von 1992 bis 2004 meist bei etwas über 10 % (gem. StBA jeweils in den „alten" Bundesländern), um dann ab 2008 (für Deutschland gesamt) auf 13,96 % (2012), 14,04 % (2016) und 15,85 % (2018) zu steigen (StrafSt Tabelle 4.1). – Regionale Unterschiede hinsichtlich der Dauer der JStrafe entsprechen nicht einheitlich den Unterschieden in der relativen Häufigkeit, mit der JStrafe verhängt wird (dazu → § 17 Rn. 13). Die Anteile an JStrafen von mehr als zwei Jahren bis einschließlich fünf Jahren betrugen zB im Jahr 2010 für die „alten" Bundesländer (mit Bln.) 13,32 %, für die „neuen" 12,47 %, allerdings bei einem teilweise erheblich höheren Anteil in Großstädten (StrafSt Tabelle 4.2).

11 **b) Vergleich mit allgemeinem StR.** Aus Detailauswertungen ergeben sich Hinweise, wonach die Häufigkeit und Dauer freiheitsentziehender Rechtsfolgen im JGG-Bereich vergleichsweise hoch sind (dazu anhand von Heranwachsenden und Jungerwachsenen bspw. Heinz ZJJ 2012, 129 (137 f.); Spiess Bewährungshilfe 2012, 17 (27 ff.); Jehle/Palmowski FS Pfeiffer, 2014, 331; Kerner/Karnowski/Eikens FS Ostendorf, 2015, 476; Palmowski Sanktionierung S. 353 ff.; Boers/Schaerff/Palmowski Kriminologische Welt S. 376; Spiess FS Albrecht, 2021, 1037). Noch in den neueren Auswertungen der amtlichen Sanktionsdaten zeigt sich, dass JStrafen insges. und bei verbreiteten Deliktsgruppen häufig länger als Freiheitsstrafen sind (n. Heinz Blindflug, S. 95 ff.). Auch unter Berücksichtigung methodischer Probleme (Verzerrungswirkungen durch § 31 Abs. 2 JGG; offene Vergleichbarkeit der Gruppen) zeichnet sich hierin eine justizpraktische Tendenz ab, im JStR teilw. nachdrücklicher als im allg. StR zu intervenieren (einschr. Streng FS Böttcher, 2007, 447 (456 f.)). Jedenfalls zeigen einige Auswertungen (Überblick bei Kemme/Stoll MschKrim 95 (2012), 32 (34 f.)), dass innerhalb eines homogenen Fallmaterials (einheitliche Deliktsgruppe und Vorstrafenbelastung) der nach JGG behandelte Teil bisweilen in **härtere (Jugend-)Strafen** als der StGB-Teil mündet – jedenfalls bei stärkerer Vorstrafenbelastung (so bereits Pfeiffer StV 1991, 363). Nach den Berechnungen von Kemme/Stoll MschKrim 95 (2012), 32 (36 f.)) war das Risiko jugendlicher und heranwachsender Beschuldigter, wegen §§ 242, 246 StGB zu einer unbedingten JStrafe/Freiheitsstrafe verurteilt zu werden, bei vier Vorerfassungen mehr als

doppelt so hoch wie in der erwachsenen Vergleichsgruppe (zur geringeren Aussicht auf eine Aussetzung der Vollstr zBew vgl. die Daten bei Jehle/Palmowski FS Pfeiffer, 2014, 329; zum Ganzen umfassend Heinz Sekundäranalyse S. 1495 ff.).

c) Zumessungskriterien. Nach empirischen Anhaltspunkten aus der 12
Praxis spielen, im Einklang mit der Dominanz des strafrechtlichen Modells (vgl. → § 2 Rn. 15), erzieherische Belange als **Kriterien** für die Strafbemessung eine eher sekundäre Rolle. Bereits für die Jahre 1959 bis 1961 wurde in einer Auswertung von 1.214 Urteilen ein hoher Anteil ausgemacht, in dem die Erziehung überhaupt nicht (59,4 %) oder nur summarisch (39,1 %) Erwähnung fand (Weitl, Die dogmatischen Grundlagen des geltenden Jugendstrafrechts, 1965, S. 113 f.). Im Grunde hat sich dies nach neueren Untersuchungen nicht grundsätzlich geändert (dazu Streng JugendStrafR Rn. 455 und → § 17 Rn. 15 mwN). So kam bspw. nach einer Auswertung von Akten der Jahre 2001–2003 in 40 % der jugendstrafrechtlichen Verurteilungen die Erziehung nicht vor (Kurzberg Jugendstrafe S. 222 ff.). Auch wurde bei Verurteilungen zu nicht unter 2 Jahren nachgewiesen, dass Vorstrafen und deren Höhe deliktsunabhängig eine ganz erhebliche Bedeutung zukam, kaum aber den persönlichen oder sozialisatorischen Defiziten des Verurteilten (Kurzberg Jugendstrafe S. 126 ff., 223 ff.).

2. Wirkungsrelevanz

BZR-Daten zufolge ist die Rückfallquote und -schnelligkeit nach Vollstr 13
von JStrafe insgesamt recht hoch (→ § 17 Rn. 16 ff.). Mit Blick auf die Bemessung ergeben sich jedoch Unterschiede. Bei Personen, die zu JStrafe bis zu zwei Jahren verurteilt worden waren, sind die Werte **höher als bei** denen mit **längerer** JStrafe (JAHT, Legalbewährung, 2021, S. 172 ff.). Auch wenn man auf die tatsächlich vollstreckte Vollzugszeit abstellt, liegt die „Misserfolgsquote" bei kürzerer Haft (wesentlich) höher als bei Personen mit Haftdauer von mehr als einem Jahr (dazu und zu teilw. auch abw. Befunden in älteren Untersuchungen vgl. 20. Aufl. § 17 Rn. 14 mwN; s. ferner Eisenberg/Kölbel Kriminologie § 41 Rn. 24 sowie international bspw. McCuish/Lussier/Corrado Journal of Developmental and Life-Course Criminology 2018, 427 (436 ff.)). Dies gilt auch noch im Vergleich von vollständig vollstreckter JStrafe zwischen fünf bis sieben und sieben bis 10 Jahren (Grindel/Jehle FS Rössner, 2015, 123; Pahl, Begutachtungspraxis bei langen Jugendstrafen, 2018, S. 121). Insgesamt sind die Zusammenhänge zwischen (verhängter oder tatsächlicher) Strafdauer und Legalbewährung aber nicht durchgehend klar; jedenfalls sprechen die vorliegenden Angaben nicht für die „Kontraindiziertheit" kürzerer Vollzugszeiten (zust. schon Balbier DRiZ 1989, 404 (408) sowie iErg auch Dünkel Freiheitsentzug S. 434 ff.). Einmal könnte die geringere „Misserfolgsquote" bei längeren JStrafen teilw. darauf beruhen, dass sich unter den Betroffenen auch Jugendliche befinden, die eine als schwer beurteilte Straftat begangen haben, ansonsten aber strafrechtlich kaum vorbelastet waren (ähnlich J. Walter ZJJ 2009, 369 (370); s. hierzu die relativ moderaten „Rückfall"-Quoten nach Verurteilung zur mehr als fünfjähriger sowie maximaler JStrafe bei Schulz, Höchststrafe im Jugendstrafrecht, 2000, S. 157 ff.; Grindel/Jehle FS Rössner, 2015, 110). Zudem ist zu berücksichtigen, dass der Vollzug einer JStrafe von bis zu zwei Jahren

vielfach auf einer negativen prognostischen Einschätzung beruht, da in diesem Strafbereich anderenfalls gem. § 21 verfahren wird. Und schließlich könnte sich gerade bei längerer Haftdauer auch eine entwicklungstypische „Reifung" (neben oder anstelle vollzuglicher Einwirkungen) bemerkbar machen. Im Sinne dieser Annahme ging die bessere Legalbewährung bei längerer Dauer der JStrafe in den Daten von Kury/Shea Punitivity. International Developments/Giebel/Boxberg/Hosser, Bd. 1, 2011, S. 395 ff. statistisch denn auch vorwiegend auf den „aging-out effect" zurück (hierzu auch → § 5 Rn. 59, → § 17 Rn. 18).

IV. Bemessung

1. Erzieherische Indikation als Hauptkriterium

14 **a) Grundsatz.** Dass sämtliche Rechtsfolgen im JStR vorrangig am Erziehungsgedanken auszurichten sind (§ 2 Abs. 1 S. 2), wird bei der Konkretisierung der JStrafe zusätzlich unterstrichen. Diese muss nach Abs. 2 so bemessen werden, dass „die erforderliche erzieherische Einwirkung möglich ist" (wobei zudem auch die Vollstr im Sinne einer speziellen „erzieherischen Einwirkung" nach § 21 zBew ausgesetzt werden kann). Für die Festlegung der JStrafdauer ist also (wie überhaupt für die Ausgestaltung der JStrafe) ein **dezidiert spezialpräventives Entscheidungsprogramm** und ein spezialpräventives Leitkriterium (individueller Bedarf und Sanktionseignung) vorgegeben. Die stärker tatorientierten Maßgaben des allg. StR (§ 46 StGB) werden verdrängt (§ 2 Abs. 2). Sie können nur iRd erzieherischen Grundausrichtung berücksichtigt werden. Bei der Strafhöhenfestlegung geht es deshalb stets um die Frage, welche Dauer der stationären „Gesamterziehung" der „in erster Linie zu berücksichtigende Erziehungsgedanke" (BGHR JGG § 17 Abs. 2 schädliche Neigungen 4 (Gründe)) notwendig macht (s. bspw. auch BGH NStZ 2024, 615 (617); BeckRS 2024, 20112: „vorrangig am erzieherischen Bedarf auszurichten"; BGH BeckRS 2024, 37880: „allein der Erziehungsbedarf vorrangig für die Höhe der Jugendstrafe bestimmend"). Einen Unterschied zwischen den beiden Anordnungsgründen des § 17 sieht Abs. 2 dabei nicht vor (Bruns StV 1982, 592 (593)).

14a Dass die Strafdauerbegründung **keineswegs** zu wesentlichen Teilen oder gar ausschließlich auf jene Zumessungserwägungen gestützt werden darf, **die bei Erwachsenen** in Betracht kommen (stellvertretend BGH NStZ-RR 1997, 281; NStZ 2012, 164; 2014, 407; NStZ-RR 2015, 154; NStZ 2016, 614; 2016, 683; NStZ-RR 2016, 351; 2020, 30 (31); StV 2020, 680 = BeckRS 2020, 19417; NStZ-RR 2020, 42 (43); NStZ 2022, 553 (554)), betrifft also **beide JStraf-Varianten.** Das ergibt sich mit aller Klarheit aus der einheitlichen Fassung von Abs. 2 (verkannt von Nix/Pschorr/Franzen §§ 17, 18 Rn. 136). Auch wenn JStrafe allein wegen Schwere der Schuld verhängt wird, ist bei der Bemessung vorrangig der Erziehungsgedanke zu berücksichtigen (BGHSt 15, 224 (226) = NJW 1961, 278; BGHSt 16, 261 (263) = NJW 1961, 2359 (2360); BGH StV 1994, 598 = BeckRS 1993, 31086212; StraFo 2005, 42 = BeckRS 2004, 9104; NStZ-RR 1998, 285; NStZ 2016, 683; BeckRS 2018, 23062; 2024, 14965; NStZ 2024, 113). Abstriche hiervon sind allenfalls bei inzwischen **älteren** Angeklagten möglich (n. → § 17 Rn. 57 f.). Deshalb verbietet sich auch generell die Übernahme des in der Praxis oft wirksam werdenden (→ § 5 Rn. 8, → § 17 Rn. 15) pauschalen Eskalationsprinzips aus dem allg. StR.

Die Diagnose des Einwirkungsbedarfs und die Prognose der erforderlichen stationären Einwirkung sind in außerordentlich gründlicher Weise vorzunehmen, da – anders als in den Fällen von §§ 11 Abs. 2, 15 Abs. 3 S. 1 – die Dauer der eingriffsinvasiven JStrafe auch bei einer Fehleinschätzung nachträglich nur partiell korrigiert werden kann. So ist es unzulässig, eine JStrafe im Nachhinein zu verlängern, wenn der Erziehungserfolg noch nicht erreicht ist und die JStrafe ex post als zu kurz bemessen erscheint. Zeigt sich im Verlauf, dass umgekehrt der vollständige Vollzug der verhängten JStrafe nicht geboten ist, lässt sich deren Dauer lediglich unter Voraussetzungen des § 88 verkürzen (was insbes. bei längeren JStrafen bedeutsam ist). Diese **begrenzte** (und einseitige) **Reaktionsbeweglichkeit** könnte es nahelegen, die JStrafe im Zweifel vorsorglich so hoch zu bemessen, dass sie selbst unter unerwartet ungünstigen Umständen die erforderliche Erziehung ermöglichen kann, zumal die Strafrestaussetzung auch eine Anpassung an eine günstige Entwicklung erlaubt. Allerdings würde hierdurch die Sanktion faktisch in die abgeschaffte JStrafe von unbestimmter Dauer überführt (ähnlich BGH BeckRS 2010, 13555; s. auch Diemer/Schatz/Sonnen/Sonnen Rn. 24). Dies ist zudem schon deshalb unzulässig, weil bei positiven Verläufen eine überharte JStrafe registerrechtlich fortbestünde und die Haftverkürzung ohnehin recht unsicher ist (etwa wegen ihrer faktischen Abhängigkeit von den Stellungnahmen der Anstaltsbediensteten). 15

b) Konkrete Feststellung und Erörterung der spezialpräventiven Erforderlichkeit. Die Auseinandersetzung mit der erzieherischen Indikation einer bestimmten JStrafendauer darf nicht in unsubstantiierter oder allgemein bleibender Weise geschehen (vgl. bspw. schon BGH StV 1993, 531 = BeckRS 1992, 31079281 oder etwa auch OLG Jena NStZ-RR 1998, 119 (120)). Die Feststellung, „nur" die festgelegte Strafdauer werde „erzieherisch diesem Angeklagten gerecht", genügt also nicht (BGH BeckRS 1996, 31080038). Vielmehr ist die Strafbemessung an den Voraussetzungen erzieherischer Einwirkung im konkreten Einzelfall auszurichten und im Hinblick auf diese Anforderungen – anstelle von „pauschalen Ausführungen" (BGH NStZ 2023, 434) und „formelhafter Erwähnung" (BGH NStZ 2010, 281; BeckRS 2012, 08598; StV 2013, 38 = BeckRS 2012, 14175; StV 2022, 39 = BeckRS 2020, 32611; NStZ-RR 2023, 190 (Ls.) = BeckRS 2023, 3608; OLG Brandenburg BeckRS 2022, 19996) – **konkret** zu **begründen** (BGH NStZ 2013, 287). Die dabei herangezogenen und berücksichtigten Umstände in der Person des Jugendlichen sowie in seinem Umfeld und seinem Verhalten müssen **prozessordnungsgemäß festgestellt** worden sein (BGH BeckRS 2023, 41497). Für die indikationsbezogenen Gegebenheiten gilt hier also nichts anderes als für vorwurfsbezogene Aspekte. Werden sie vom JGericht ohne Beweisgrundlage unterstellt, ist die Bemessung der JStrafdauer fehlerhaft. 16

c) Indikationsrelevante Gesichtspunkte. Die argumentativ herangezogene Einwirkungsnotwendigkeit muss eine solche sein, die der erzieherischen Einwirkung zugänglich ist – nicht also eine krankhafte seelische Störung, bei der die Unterbringung nach § 63 StGB die dafür vorgesehene Reaktion ist (gegen eine „Vermischung von Strafe und indifferenter Maßregel" bei an Heilungsbedarf ausgerichteter Strafbemessung BGH NStZ 17

1987, 506; 1998, 86). Zentrale Bewertungsgrundlage für das **Ausmaß des Bedarfs** an einer stationären Gesamterziehung ist die individuelle **vortatliche** Biografie, deren Problematik sich idR in Verhaltensauffälligkeiten, Fehlanpassungen und Delinquenz niedergeschlagen haben wird (Diemer/Schatz/Sonnen/Sonnen Rn. 19 ff.; MüKoStGB/Radtke/Scholze Rn. 37 f.). In diesem Zusammenhang wird dann häufig mit der Ungeeignetheit bereits verhängter Rechtsfolgen bzw. mit der Erfolglosigkeit von deren früher bereits geschehener Vollstr argumentiert. Hier bedarf es indes ebenfalls einer näheren Erläuterung (abw. BGH BeckRS 2013, 15729 sowie iZm ausländischen Vorstrafen auch BGH NStZ 2022, 553 (554) mablAnm Kölbel NStZ 2022, 554).

18 Daneben kommt aber auch der **nachtatlichen** Entwicklung des Verurteilten für die Bemessung der JStrafe (ebenso wie für deren Verhängung (→ § 17 Rn. 34 ff.)) vielfach Bedeutung zu, insbes. bei Ansätzen zu einer positiven Veränderung (BGH NStZ 1986, 71; StV 1991, 423 = BeckRS 1990, 31098340; NStZ-RR 2013, 113; StV 2013, 758 = BeckRS 2013, 00350). Bei gegebenem Anlass näher zu erörtern sind also bspw. Entzugsbemühungen bei Drogensucht (BGH NStZ-RR 2018, 15 (16)), Anstrengungen bei Schul- und Berufsausbildung (etwa BGH StV 1987, 306 = BeckRS 1986, 31109573; NStZ-RR 2011, 385) sowie Einwirkungen während des U-Haftvollzugs (BGH NStZ 1984, 508; NStZ-RR 2011, 305; NStZ 2015, 105; StV 2023, 238 = BeckRS 2022, 25600) und/oder einer zwischenzeitlich vollzogenen JStrafe (vgl. BGH NStZ-RR 2010, 257; unklar bzgl. eines zwischenzeitlichen Freizeitarrests BGH NStZ-RR 2012, 92). Soweit innervollzugliche Verläufe zu würdigen sind, sind die tatsächlichen Gegebenheiten in der jeweiligen Vollz.-Einrichtung sowie Anpassungsprobleme ebenso wie Lernentwicklungen bzw. erzieherische Erfolge zu beachten. Ferner kann relevant sein, dass sich der Verurteilte aus der Gruppe der Mitangeklagten gelöst hat (BGH StV 2003, 458 = BeckRS 2003, 691) oder „nunmehr erstmals in stabilen Verhältnissen" lebt (BGH BeckRS 2006, 08001).

19 Aufgezeigt werden muss, weshalb gerade die festgelegte Vollzugsdauer als spezialpräventiv sinnvoll eingeschätzt wird (etwa BGH NStZ 2011, 305: „es hätte eingehender Erörterung bedurft, inwieweit die Verbüßung einer längeren Jugendstrafe (…) erforderlich ist", um konkretes Defizit zu beheben). Gegebenenfalls muss sich das Gericht damit auseinandersetzen, dass mit Blick auf die schuldbezogene Limitierung (→ Rn. 33) und anzurechnende U-Haftzeiten nur noch ein begrenzter Restzeitraum zur Vollstr anstehen kann (BGH BGHR JGG § 18 Abs. 2 Tatumstände 2). Auch absehbar abträgliche **Nebeneffekte der Sanktion** sind, soweit sie die Einwirkung beeinträchtigen könnten, erörterungsbedürftig (Abbruch von Ausbildung, sozialen Kontakten usw). Überhaupt ist auf die (negativen) Folgen der Strafe wie auch die Förderungsmöglichkeiten während der Dauer des JStVollzugs einzugehen (BGH NStZ-RR 2008, 258 (259)). Selbst bei eingehend begründetem erheblichem Erziehungsbedarf sind JStrafen am oberen Strafrahmenrand problematisch (vgl. aber BGH NStZ 2010, 290 (291): vier Jahre acht Monate JStrafe wegen §§ 221, 224 StGB ggü. einer zur Tatzeit 14-Jährigen). Nachteilige gesetzlich vorgesehene Folgeentscheidungen (etwa **Ausweisung** oder Abschiebung) beeinträchtigen zwar die erzieherische Eignung der JStrafe, sodass sie in diesem Zusammenhang mitbedacht werden müssen (s. dazu AG Bernau ZJJ 2007, 418 = BeckRS 2009, 24309; Nöding Ver-

teidigung Rn. 27; Weiss ZJJ 2024, 101 (105)). Sie machen aber va deshalb bisweilen eine Strafdauerreduzierung erforderlich, weil sie in der Kombination mit der JStrafe sonst zu einer Rechtsfolgengesamtheit führen, die die Grenzen der Tatproportionalität und Schuldadäquanz übersteigt (dazu n. → Rn. 34).

2. Aspekte des Tatvorwurfs als sekundäres Kriterium

a) Nachrangigkeit des Schuldausgleichs. Abs. 2 schließt die Berück- 20
sichtigung des Tatvorwurfs bei der Bemessung der JStrafe nicht aus (RL 2 S. 1). Da die Strafdauerfestsetzung hiernach so zu erfolgen hat, dass „die erforderliche erzieherische Einwirkung möglich ist", kann das Unrechtsgewicht allerdings nur ein Grenzen setzender Aspekt (→ Rn. 33), aber kein darüberhinausgehender (iSv leitender) Bemessungsaspekt sein. Die Funktion dieses Gesichtspunktes besteht (neben der Limitierungswirkung) vielmehr darin, **innerhalb des Spektrums** der denkbaren Strafhöhen, zu dem die **spezialpräventiven** Erforderlichkeitserwägung (Abs. 2) regelmäßig führen werden (BGH NJW 2018, 2062 (2063); Eisenberg ZKJ 2017, 419 (420)), gewissermaßen „nach oben" oder „nach unten" zu gehen (aA Streng JugendStrafR Rn. 450; teilw. abw. auch die Rspr. (→ Rn. 37): Abwägung des Unrechtsgewichts mit den – vorrangigen – erzieherischen Belangen). Dies gilt für **beide Anordnungsgründe** in § 17 Abs. 2, da das Gesetz insofern keine Differenzierung erkennen lässt (dazu, dass auch die Bemessung einer JStrafe wegen „Schwere der Schuld" in erster Linie nach erzieherischen Erfordernissen zu erfolgen hat, → Rn. 14; s. aber für deutlich über 21-Jährige → § 17 Rn. 57). Dabei ist der Tatvorwurf am Rande auch insofern von Belang, als eine erzieherisch abträgliche Signalwirkung zu vermeiden ist, wie sie von einer außerordentlich verharmlosend wirkenden Sanktionshöhe ausgehen mag.

**b) „Hypothetische Parallelwertung" anhand allg.-strafrechtlicher 21
Bemessungsaspekte.** Mit Blick auf diese eingeschränkte Vorwurfsrelevanz haben die **Strafrahmen** des allg. StR eine gewisse **Hinweisfunktion.** Obwohl sie (wie in → Rn. 2 ausgeführt) dank der täterstrafrechtlichen Konzeption des JGG im JStR nicht gelten – und dies auch nicht als nur gedachte Ober- und Untergrenzen (s. BGH BeckRS 2018, 28848; BeckRS 2020, 21356: „hypothetische Strafrahmenbetrachtung") –, ist die Bewertung des Unrechtsausmaßes, die in den straftatbestandlich jeweils vorgesehenen Rechtsfolgen zum Ausdruck gelangt, nach stRspr bei der Bemessung der JStrafe mitzuberücksichtigen (vgl. etwa BGH NJW 1972, 693; StV 1993, 532 = BeckRS 1992, 31081369; NStZ 2016, 683). Die Strafrahmen(-obergrenzen) des allg. StR – genau genommen eher die Aussagekraft der zwischen ihnen bestehenden Staffelungen und Unterschiede – zeigen gesetzgeberische Wertungen an. Diese dienen als orientierende Größen für das jeweilige fallkonkrete Vorwurfsgewicht und gehen hierdurch **mittelbar** in die Festlegung der JStrafendauer ein (etwa NK-JGG/Ostendorf § 5 Rn. 4; vgl. auch BGH GA 1986, 177 = BeckRS 1985, 31093065: „vergleichende Parallelwertung"; BeckRS 2024, 15905: „hypothetische Parallelwertung").

Die Bedeutung dieser strafrahmenbasierten Hinweise wird allerdings da- 22
durch etwas gemindert, dass das objektive Unrechtsgeschehen für die Gewichtung des (nach → Rn. 20 ohnehin nur eingeschränkt relevanten) Tat-

vorwurfs nicht im Vordergrund steht. Stärker von Belang sind nach der Rspr. (anders als im allg. StR) „die charakterliche Haltung und das Persönlichkeitsbild, wie sie in der Tat zum Ausdruck gekommen sind" (BGH NStZ 1996, 496 mzustAnm Dölling NStZ 1998, 39). Es besteht hier also der gleiche Grundsatz, der bereits für das Vorliegen eines Anordnungsgrundes (§ 17 Abs. 2) maßgebend ist (MüKoStGB/Radtke/Scholze Rn. 24; zur **„jugendspezifischen Vorwerfbarkeit"** und der etwas anders akzentuierten hiesigen Ansicht n. → § 17 Rn. 46 ff.). Deshalb ist in diesem Zusammenhang ein besonderes Augenmerk bspw. auf dysfunktionale elterliche Erziehungsmethoden (BGH NStZ-RR 2008, 258 (259)) oder Reiferückstände und die Tatverleitung durch Mittäter zu legen (BGH NStZ 1984, 508; vgl. auch BGH NStZ 2011, 305: „besondere Tatsituation (…) durch alkoholbedingte Enthemmung und jugendtypische Solidarisierung mit dem Mitangeklagten"). All dies gilt umso mehr, je jünger die fragliche Person ist (n. zur Bemessung der JStrafe bei **Heranwachsenden** → § 105 Rn. 54 ff.).

23 Die den erzieherischen Belangen untergeordnete Relevanz des (objektiven) Unrechtsausmaßes wird von der Rspr. – jedenfalls prinzipiell (aber → Rn. 36 f.) – auch **bei (äußerlich) schweren Delikten** anerkannt. Dies gilt etwa für Vergewaltigung (vgl. etwa BGH StV 1996, 269 = BeckRS 1995, 05279: entgegen drei Jahre JStrafe seien der Ausnahmecharakter sowie die Nichterforderlichkeit dieser Dauer zu prüfen (ähnlich BGH 3.11.1993 – 2 StR 382/93 bei Böhm NStZ 1994, 529)), für sexuellen Missbrauch (vgl. etwa BGH BeckRS 1999, 8475), für gewichtigere BtM-Delikte (vgl. etwa BGH BeckRS 1985, 05574; 2008, 21117 (betr. bandenmäßiges Handeltreiben mit BtM: „das Strafmaß entscheidend mitbestimmende Erziehungsgedanke")), für schwere räuberische Erpressung (vgl. BGH 3.1.1991 – 1 StR 632/90 bei Böhm NStZ 1991, 522; StV 1993, 532 = BeckRS 1992, 31081369) oder Raubtaten (OLG Hamm NStZ 2005, 646) und den gefährlichen Eingriff in den Straßenverkehr (vgl. BGH NStZ-RR 1998, 86). Als Ausdruck und Konsequenz dieses Ansatzes bleibt die festgesetzte Dauer der JStrafe **hinter dem Maß,** mit dem Freiheitsstrafen **im allg. StR** deliktsüblich verhängt werden, oftmals deutlich **zurück.** Das zeigt sich etwa bei Mord (vgl. etwa BGH StV 1994, 598 = BeckRS 1993, 31086212 (bei Verminderung der Steuerungsfähigkeit zwei Jahre JStrafe); ferner BGH NStZ 2006, 503 („dreifacher Mord" durch Kfz-Aufprall: vier Jahre JStrafe); BGH NStZ-RR 2016, 325 (versuchter Mord und fahrlässige Tötung zwei Jahre EinheitsJStrafe zBew)) oder bei §§ 212, 213 StGB (vgl. BGH BeckRS 2017, 132361 (bei uneingeschränkter Schuldfähigkeit zwei Jahre neun Monate JStrafe); LG Essen BeckRS 2015, 00009 (bei verminderter Schuldfähigkeit zwei Jahre JStrafe zBew)).

24 **c) Einzelne ereignisbezogene Umstände. aa) Relevanz gesetzlicher Vorwurfsabstufungen.** Prinzipiell ist auch die Verwirklichung eines (un-/benannten) besonders schweren Falls nach den gleichen Grundsätzen wie das allg. Unrechtsausmaß (→ Rn. 20 ff.) berücksichtigungsfähig (BGH NStZ 2000, 194 (195); LG Köln BeckRS 2009, 09713; MüKoStGB/Radtke/Scholze Rn. 25; Laubenthal/Baier/Nestler JugendStrafR Rn. 754). Ebenso liegt es bei Deliktsqualifikationen oder **Privilegierungstatbeständen** (vgl. etwa LG Bamberg PflR 2014, 236 betr. § 216 StGB durch Altenpflegepraktikant). Vor allem aber erlangt hierdurch das Vorliegen eines **minder schweren Falles** eine Bemessungsrelevanz, weshalb dessen jeweilige Vo-

raussetzungen zu prüfen (Reuther FS Eisenberg, 2009, 447) und gem. § 267 Abs. 3 S. 2 StPO im Urteil darzustellen sind (erg. → § 54 Rn. 6). Die abgesenkte Strafdrohung zeigt hier nämlich an, dass das strafrechtliche Eingreifen weniger schwerwiegend als nach Umsetzung eines tatbestandlichen Regelfalls sein soll. § 2 Abs. 1 gibt keinen Anlass, dies bei einem Jugendlichen nicht zu berücksichtigen. Deshalb gilt es in solchen Konstellationen, nicht allein eine etwaige Verschiebung der Strafrahmenobergrenze zu beachten (→ Rn. 9), sondern auch die eben dargestellte Orientierungsfunktion bei der konkreten Bemessung zu realisieren (zu dieser doppelten Relevanz etwa BGH StV 1989, 545 = BeckRS 1989, 31098188). Dieser Grundgedanke ist obendrein generalisierbar. Deshalb haben auch andere Gesichtspunkte, die im allg. StR als Vorwurfsabstufungen zugunsten des Betroffenen bei der Sanktionsbemessung zu berücksichtigen sind, eine – **iRd erzieherischen Beurteilungsspielräume** bestehende – mittelbare Relevanz.

Der BGH fordert also eine Einbeziehung in die JStrafenbemessung – und **25**
zwar jeweils „mit ihrem vollen Gewicht" (BGH StV 1989, 545 = BeckRS 1989, 31098188; StV 1992, 432 = BeckRS 1992, 31083476) – sowohl bei benannten wie unbenannten minder schweren Fällen (BGH NStE Nr. 7 § 18 JGG = BeckRS 1987, 31098471; 2012, 18906; NStZ 2016, 105; NStZ-RR 2019, 159; StV 2020, 384 (387) = BeckRS 2019, 15629; BeckRS 2024, 15905). Deshalb ist bei Vorliegen von **vertypten Milderungsgründen** (→ Rn. 26 f.) stets zu prüfen, ob diese nicht einen minder schweren Fall begründen oder zu diesem noch hinzutreten (BGH NStZ-RR 2015, 155 (156)). In diesem Sinne ist auch von Belang, ob es im allg. StR zu einer **doppelten** Milderung käme (BGH BeckRS 2024, 28517).

IÜ sind bei der Frage, ob ein minder schwerer Fall vorliegt, sind alle betr. **25a**
Tat und Täter bedeutsamen Umstände heranzuziehen, wobei die Voraussetzungen mit Blick auf das Alter der Verurteilten im JStR **tendenziell eher** als im allg. StR **bejaht** werden können (kennzeichnend dafür etwa BGHR StGB § 21 Alkoholauswirkungen 5 (Gründe) = BeckRS 1991, 31092556; BayObLG bei Bär DAR 1990, 366; OLG Hamm StV 2001, 178 = BeckRS 2000, 12784). Die Details sind hierbei teilw. auch konstellativ und grunddeliktisch geprägt (zu § 178 Abs. 2 StGB aF BGH GA 1986, 177 = BeckRS 1985, 31093065; zu § 176a Abs. 4 StGB aF BGH NStZ-RR 2013, 291; zu § 226 Abs. 2 StGB aF BGH StV 1987, 306 = BeckRS 1987, 31104109; BGHR StGB § 226, Strafrahmenwahl 1 (Gründe) = BeckRS 1989, 31092881; zu **§ 250 Abs. 3 StGB** BGH NStE Nr. 14 zu § 250 StGB = BeckRS 1989, 31106193; NStE Nr. 7 § 18 JGG = BeckRS 1987, 31098471; OLG Brandenburg BeckRS 2022, 19996 und zu **§ 213 StGB** BGH BeckRS 1989, 31098845; NStZ 1989, 119; NStZ-RR 2022, 137 (138)) Für die notwendige Berücksichtigung des minder schweren Falles ist es – angesichts der jeweils gleichartigen Bemessungskriterien (→ Rn. 11) ohne Belang, ob die Anordnung der JStrafe auf „schädlichen Neigungen" oder Schuldschwere beruht.

bb) Vertypte Milderungsgründe iSv § 49 StGB. Mit Blick auf § 2 **26**
Abs. 2 iVm § 21 StGB steht zumindest bei konsumgewohnten Personen ein motorisch kontrolliertes und äußerlich geordnetes sowie ggf. auch planmäßig vorgehendes Verhalten einer alkoholbedingten Beeinträchtigung des Hemmungsvermögens nicht notwendigerweise entgegen (vgl. n. BGH NStZ-RR 1996, 289; 1997, 65 (66); 2012, 137). Im Unterschied zum allg. StR können

bei Jugendlichen und Heranwachsenden die Voraussetzungen des **§ 21 StGB** schon bei einem BAK-Wert unter 2‰ anzunehmen sein (vgl. etwa BGH NStZ-RR 1997, 65 (66); OLG Zweibrücken StV 1994, 599 = LSK 1995, 090458; Eisenberg BeweisR StPO Rn. 1749b). Auch ist das Ausmaß der Beeinträchtigungen iSv § 21 StGB im JStR ggf. ohne Vorliegen sämtlicher Voraussetzungen zumessungsrelevant (BGH BGHR StGB § 21 Alkoholauswirkungen 5 (Gründe) = BeckRS 1991, 31092556: BAK nahe der Grenze zu erheblich verminderter Schuld und Tatbereitschaft zusätzlich gefördert durch „gruppen-dynamischen Prozess"). (BtM-)Abhängigkeit wird von der Rspr. allerdings wie im allg. StR nur ausnahmsweise (bei schwersten Persönlichkeitsveränderungen oder Handeln unter bzw. aus Angst vor starken Entzugserscheinungen) als Fall des § 21 StGB anerkannt (OLG Hamm Blutalkohol 2001, 291 (292) = BeckRS 2000, 16812). BGH NStZ-RR 1999, 295 hält eine Relativierung des Milderungsgrundes für möglich, wenn der Verurteilte infolge Abhängigkeit oder großer Konsumerfahrung um die enthemmende oder aggressionssteigernde Wirkung einer Alkoholisierung weiß (zw.). – Im Übrigen kann die Schuldfähigkeit iSv § 21 StGB durch nicht vorwerfbare Wesenszüge (etwa iSv § 17 Abs. 2 Alt. 1 (BGH StV 1986, 305 = BeckRS 1986, 31101680)) oder durch entwicklungsbedingte Schwierigkeiten, einem „Affektsturm" (BGH NStZ 1984, 259) oder den „Anreizen zur Tat" mit hinreichender Hemmung zu widerstehen, eingeschränkt sein (dazu in der Sache BGH NJW 1987, 3015; BeckRS 2001, 5419). Außerdem gilt der Grundsatz „in dubio pro reo" hinsichtlich „Art und Grad" eines psychischen Ausnahmezustandes ebenso wie bei dessen etwaiger Auswirkung „auf die Tatentstehung" (BGH StV 2013, 560 = BeckRS 2013, 05044; vgl. auch BGH NStZ-RR 2009, 337).

27 Auch die anderen **vertypten Milderungsgründe** des allg. StR haben diese mittelbare Relevanz. Dies betrifft § 46a StGB (→ Rn. 30), § 30 StGB (BGH NStZ-RR 2015, 155 (156)), die Beihilfe (BGH StV 1984, 254 = BeckRS 1984, 31107555; 2024, 28517; s. auch BGH NStZ-RR 2006, 88), den Versuch (BGH StV 1990, 544 = BeckRS 1990, 31082365; NStZ-RR 2019, 159; 2023, 391 (Ls.) = BeckRS 2023, 25434) und die Konstellation des unechten Unterlassens (BGH NJW 1982, 393; StV 1992, 432 = BeckRS 1992, 31083476; 2024, 15905). Ebenso verhält es sich bei **§ 28 StGB** (zur entspr. „Parallelwertung" bei fehlendem subjektiven Mordmerkmal des jugendlichen Gehilfe BGH NStZ-RR 2020, 351 (Ls.) = BeckRS 2020, 25908 (im konkreten Fall offenlassend)). Vertypte Milderungsgründe können überdies Anlass für die Annahme eines minder schweren Falls sein und auf diese Weise bedeutsam werden (so für § 21 StGB und § 213 StGB BGH NStE Nr. 1 zu § 18 = BeckRS 1987, 31100016; NStZ-RR 2018, 14). Treten vertypte Milderungsgründe und davon unabhängige Umstände minder schwerer Fälle zugleich auf, ist deren jeweilige (also eine **mehrfache**) Berücksichtigung angezeigt (so für § 250 Abs. 2 StGB und § 27 StGB vgl. BGH 17.9.1985 – 2 StR 486/85 bei Böhm NStZ 1986, 447). Dabei ist indes der Rechtsgedanke des § 50 StGB (Doppelverwertungsverbot) zu beachten. Dass Fälle, in denen § 21 StGB und § 213 StGB „auf dieselben Wurzeln zurückzuführen" sind, dem gleichstünden und es bei einer einmaligen (statt einer mehrfachen) Milderung bleiben soll (BGH NStZ 1986, 71; zust. MüKoStGB/Radtke/Scholze Rn. 25), ist fraglich.

cc) Sonstige Aspekte der Vorwurfsabstufung. In der prinzipiell gleichen (mittelbaren) Weise sind Umstände iSv **§ 46 Abs. 2 S. 2 StGB** bemessungsrelevant (BGH BGHR StGB § 46 Abs. 2 Tatumstände 11 (Gründe) = BeckRS 1993, 31091152; für Nachtatverhalten n. → Rn. 31). Hierbei ist indes auf die jugendgemäße Würdigung zu achten (→ Rn. 22). Außertatbestandliche Folgen, die der Jugendliche in ihren Einzelheiten nicht hat voraussehen können, sind daher nicht zu berücksichtigen (abw. OLG Hamm bei Böhm NStZ 1985, 447, wonach die Entstehung aus der schuldhaft herbeigeführten allg. Gefahrenlage genüge). Das **Fehlen** eines Milderungsgrundes darf nicht negativ gewürdigt werden (BGH BeckRS 2017, 112118; Streng JugendStrafR Rn. 464). Bei Straftaten nach dem **BtMG** kommt dem Vorliegen der Rauschgiftmenge bzw. einer geringen Menge eine gewisse Bedeutung für die Bemessung zu (BGH NJW 1992, 380; 2001, 1805). Das gleiche gilt für die Einteilung zwischen „harten" und „weichen" Drogen (ebenso wie für die graduellen Zwischenstufen), wobei aber pauschale Zuschreibungen (oder gar Überhöhungen) bestehender Gesundheitsgefahren zu vermeiden sind (vgl. betr. Methamphetamin BGH NStZ 2016, 614 mAnm Patzak/Dahlenburg NStZ 2016, 615). – Eine (rechtmäßige und erst recht eine unzulässige) **Deliktsprovokation** muss strafmildernde Auswirkungen haben (BGH NJW 1992, 380; NStZ-RR 2020, 30 (31)). Nach BGHSt 60, 276 = NJW 2016, 91; NStZ 2023, 243 (zum allg. StVR) ist ggf. wegen eines Verfahrenshindernisses einzustellen. 28

dd) Besonderheiten bei Migrationsbedingungen. Bei Jugendlichen mit sozio-kulturell relevantem **Zuwanderungshintergrund** sind in Ausnahmekonstellationen entweder Normbefolgungskonflikte zu berücksichtigen (bei kulturell abw. Wert- und (auch informellem) Normensystem (vgl. zum allg. StR etwa Werner, Zum Status fremdkultureller Wertvorstellungen bei der Strafzumessung, 2016, S. 291)) oder reduzierte Hemmschwellen zu beachten (besonders in Fällen sozialer Erwartungshaltung im Umfeld). Fallbezogen kann eine strafmildernde Berücksichtigung in Betracht kommen, wenn der Jugendliche dezidiert mit Blick auf seine Familienbindung zur Tat motiviert war (nicht erörtert bei LG Aachen BeckRS 2009, 89101) oder iRd Familienhierarchie hierzu gedrängt oder gar bestimmt worden ist (zB bei BtM-Delikten oder Tötungsdelikten (vgl. zum allg. StR BGH NStZ 1995, 79; zum JStR offen gelassen in BGH NStZ 1996, 612 mkritAnm Eisenberg/Düffer JR 1997, 80); zur Judikatur zum sog. „Ehrenmord" s. Kasselt, Ehre im Spiegel der Justiz, 2016, S. 82 ff., 171 ff.). – Zu Ungunsten darf der Ausländer- oder **Asylbewerberstatus** des Jugendlichen nicht berücksichtigt werden, da sich hieraus kein höherer Pflichtwidrigkeitsgrad der Straftat ergibt (vgl. auch NK-JGG/Ostendorf Rn. 15: strenge Strafpraxis in Herkunftsländern keine erlaubte Erwägung). Unzulässig sind auch verdeckte Anlastungen (vgl. BGH NJW 2017, 1491: mit der Tat „einer positiven Einstellung der Bevölkerung gegenüber anwesenden Asylsuchenden und anderen Ausländern entgegengewirkt"). 29

d) Postdeliktisches Geschehen. aa) Verhalten nach der Tat. Ereignisse zwischen dem Deliktsereignis und der gerichtlichen Entscheidung können nicht nur für die Beurteilung der spezialpräventiven Einwirkungserfordernisse maßgeblich sein (wie etwa bei einer individuellen Weiterentwicklung des Jugendlichen → Rn. 18), sondern – auf dem Weg der eingeschränkten und mittelbaren Berücksichtigung (→ Rn. 20 ff.) – auch als vor- 30 wurfsbezogene Bemessungskomponente. Das betrifft insbes. Verhalten des Jugendlichen, das die Voraussetzungen von **§ 46a StGB** erfüllt (zu **§ 46b StGB** → § 2 Rn. 38). Solche Umstände sind deshalb vom Tatgericht eigenverantwortlich zu prüfen (BGH BeckRS 2014, 8649 Rn. 9; StV 2015, 765 = BeckRS 2015, 06005; zu ausreichendem „indirekten Kontakt" mit der minderjährigen Geschädigten BGH BeckRS 2017, 138584 (betr. allg. StR)). – Spurenbeseitigung und ähnliche selbstbegünstigenden Verhaltensweisen sind idR nicht zu Lasten des Jugendlichen zu berücksichtigen (BGH BeckRS 2020, 17485). Die Begehung einer **weiteren Straftat** in Kenntnis des aktuellen Verfahrens besagt kaum etwas über das Unrechtsausmaß bzgl. der verhandelten Tat und ist daher in dieser Hinsicht nicht berücksichtigungsfähig (abw. BGH NStZ-RR 2018, 302 (Ls.) = BeckRS 2018, 18771; auch wegen der etwaigen Relevanz für den individuellen Einwirkungsbedarf ferner → Rn. 18 und → Rn. 42).

31 **bb) Verteidigungs- und Verfahrensverhalten.** (Teil-)**Geständnisse** und Wiedergutmachung(-sbemühungen) rechtfertigen es idR, von einer geringeren Einwirkungsnotwendigkeit auszugehen. Auch unter Vorwurfsaspekten sind sie nach allgA zugunsten des Angeklagten zu werten (s. etwa BGH NStZ-RR 2014, 92 (93); MüKoStGB/Radtke/Scholze Rn. 31). – Im umgekehrten Falle einzelner (ggf. als deplatziert erachteter) Entäußerungen ist vom Gericht zu erwarten, sich hiervon ebenso wenig wie von einem (ungünstigen) **„Gesamteindruck"** des Angeklagten **während der HV** beeinflussen zu lassen (vgl. → Einl. Rn. 51 f.; → § 50 Rn. 10 ff.). Solche Verhaltensweisen sind meist durch die Anklagesituation und deren Begleitumstände in einem Maße geprägt, dass sie kaum als aufschlussreiche „Anzeichen" interpretiert werden können – schon gar nicht für den Deliktsvorwurf (abwegig AG Siegen bei Eisenberg JuS 1983, 575 („Trotzreaktion des Gerichts"); nicht ganz unbedenklich auch BGH NJW 1989, 1492 aE; zur verteidigerseitigen „Vorbeugung" durch (informelles) Gespräch oder Plädoyer vgl. Nöding Verteidigung Rn. 131). Davon abgesehen stellt sich hier oft auch die Frage eines gesetzlichen Berücksichtigungsverbotes (weitere Konstellationen → Rn. 39). Wie im allg. StR ist es nämlich idR **unzulässig,** das Verteidigungsverhalten des Verurteilten oder das Nichtmitwirken an der Tataufklärung oder das Fehlen erkennbarer Schuldeinsicht zu seinem Nachteil zu werten.

31a Das gilt nach der **zutr. Rspr.** nicht nur für die Prüfung der Anordnungsgründe in § 17 (dazu bzgl. schädlicher Neigungen → § 17 Rn. 36), sondern auch für die Bemessung der JStrafe (vgl. etwa BGH NStZ-RR 2009, 148: „kein Anzeichen von Reue" oder „Entschuldigung" (bei Schweigen); BGH BeckRS 2024, 6709: „kein Wort des Bedauerns"; BGH NStZ-RR 2010, 88: ohne „jegliche Verantwortung für den Tod (…), der ihm gleichgültig zu sein schien"; BGH BeckRS 2011, 25748: Infragestellung der Glaubwürdigkeit der (mutmaßlichen Opfer)-Belastungszeugin durch Vorlage von Fotos etc; BGH NStZ 2014, 396 (397): „kein Mitgefühl" und „keine Schuldeinsicht" in den (bestrittenen) eigenen Tatbeitrag; BGH BeckRS 2021, 8694: „emotionale Unberührtheit bezüglich seiner Taten"; BGH NStZ-RR 2023, 391 (Ls.) = BeckRS 2023, 25434: „desinteressiert und gelangweilt dreingeschaut"; BGH StV 2024, 505 = BeckRS 2024, 7552: „überwiegend uneinsichtig und fast schon trotzig"; BGH BeckRS 2017, 104061: „Leugnen der Tat"; BGH BeckRS 2001, 30222849: Verweis der Alleinverantwortung an Mitangeklagten; BGH BeckRS 2023, 38504: „Verharmlosungstendenzen“ und Berufung auf „tatsächlich nicht vorliegende Notwehrsituation“; OLG Hamm NStZ 2006, 520 mAnm Goerdeler ZJJ 2006, 77: Weigerung, eine Leistung als Bedingung einer Einstellung zu erbringen; OLG Brandenburg NStZ-RR 2015, 53 (54): „fehlende Äußerung zur Person“). Dies gilt prinzipiell auch, wenn „falsche Angaben“ zu Anklagevorwurf oder zu persönlichen (etwa finanziellen) Verhältnissen gemacht werden, die Auswirkungen auf den Ersatzanspruch des Verletzten haben (abw. BGH StV 2019, 442 = BeckRS 2018, 23215). Das Gericht darf die unzulässige Anknüpfung an all diese Umstände auch nicht verdeckt vornehmen (n. Eisenberg GS Weßlau, 2016, 67).

cc) Nebeneffekte des Prozesses. Kommt es als Nebeneffekt des Verfahrens beim Angeklagten zu besonderen und atypischen Belastungen (idR infolge ungewöhnlich ablehnender Reaktionen in seinem Umfeld), ist dies bei der Bemessung der JStrafe zu berücksichtigen. Grund hierfür ist der hinter § 60 StGB stehende Gedanke. Deshalb sind ähnlich wie im allg. StR auch etwaige Beeinträchtigungen des Beschuldigten durch **Medienberichterstattung** in die Strafdauerfestlegung als mindernder Aspekt einzubeziehen (Altermann Vorverurteilung S. 215 ff.; Gerbig Öffentlichkeit S. 284; krit. Hofrichter, Öffentlichkeit im Jugendstrafverfahren, 2023, S. 175). Aufgrund der entwicklungspsychologisch tendenziell stärkeren Verletzbarkeit wird dies mit größerem Gewicht zu geschehen haben als im allg. StR, und zwar grundsätzlich auch bei nur neutralen Berichten (vgl. Knauer GA 2009, 541 (551) (zum allg. StR)). 32

3. Limitierungswirkung des Tatvorwurfs

a) Begrenzung der Strafdauer. Nach hM haben Belange des **Schuldausgleichs** für die Strafbemessung auch eine über die vorgenannte (eingeschränkte) Berücksichtigungsfähigkeit hinausgehende Bedeutung. Einigkeit herrscht dabei darin, dass JStrafe **nicht** von **unangemessener Länge** sein darf. Das Gewicht der schuldhaften Tat begrenzt nach allg. Auffassung das Höchstmaß der zulässigen Dauer, unabhängig von dessen erzieherischer Funktionalität (vgl. bspw. BVerfG NStZ 2005, 642; BGH NStZ 1986, 71; Miehe, Bedeutung der Tat im Jugendstrafrecht, 1964, S. 64; Wolff/Marek/Loos, Erziehung und Strafe, 1990, S. 89; Streng JugendStrafR Rn. 447). Andernfalls würde der Verurteilte zum Erziehungsobjekt. Auch ist für die Freiheitsstrafe anerkannt, dass eine Strafdauer, die schuldangemessene Strafen (in ihrer oberen Grenze) überschreitet, eine mit dem Rechtsstaatsprinzip unvereinbare Freiheitsbeschränkung darstellt (etwa BVerfGE 54, 100 (108) = NJW 1980, 1943). Eine an den Zielen des Schutzes, der Förderung und der Integration Jugendlicher ausgerichtete Intervention kann davon für das JStR schwerlich abweichen. Deshalb wird der Bemessung durch das Vorwurfsgewicht eine **obere Zulässigkeitsgrenze** (RL 2 S. 2) auch dann gesetzt, wenn das Spektrum von erzieherisch möglichen JStrafdauern (→ Rn. 20) bis zu höheren JStrafen reichen sollte (wobei eine solche Konstellation nur eine theoretische ist, weil eine vom Betroffenen als ungerecht lang wahrgenommene Strafe kaum als positiv-spezialpräventiv geeignete Interventionsform gelten kann (vgl. schon Noll, Die ethische Begründung der Strafe, 1962, S. 22; Grassberger Österr JZ 1961, 169 (172); Weitl, Die 33 dogmatischen Grundlagen des geltenden Jugendstrafrechts, 1965, S. 192)). – Eine andere Frage ist, ob diese Obergrenze erst dann verletzt ist, wenn die festgesetzte Strafdauer außer jedem **Verhältnis** zur **Tatschuld** steht (so etwa BGH v. 13.6.1995 – 4 StR 315/95, abgekürzt bei Böhm NStZ 1995, 536; „überschreitet das für vergleichbare Fälle übliche Maß so erheblich“, dass es … „rechtsfehlerhaft ist“). Dem kann man nur insofern zustimmen, als die Unschärfen der Schuldwertung idR keine Bestimmung einer klaren Grenzlinie erlauben, sodass die Bemessung erst oberhalb eines Bereichs von noch angemessenen Strafdauern unzulässig wird.

34 **b) Begrenzung der Rechtsfolgen-Gesamtbelastung.** Knüpfen außerstrafrechtliche sanktionsartige Rechtsfolgen an die Verhängung einer JStrafe an, entsteht dadurch typischerweise ein Spannungsverhältnis, weil dort idR eine „absolute“ Reaktion vorgesehen ist, die meist für einen endgültigen bereichsbezogenen Ausschluss des Betroffenen sorgt und anders als die Sanktionen des JStR nicht auf die Förderung positiver persönlicher Entwicklungen abzielt. Dies ist bei der Rechtsfolgenbemessung zur Vermeidung erzieherisch dysfunktionaler Wechselwirkungen zu bedenken. Dieses Erfordernis besteht aber ebenso unter Schuldgesichtspunkten (s. auch → § 5 Rn. 14 f.). Mit Blick auf zB **disziplinarrechtliche Konsequenzen,** bei denen dies auch im allg. StR anerkannt wird (n. dazu NK-StGB/Streng StGB § 46 Rn. 142 ff.), ist die Problematik im JStR jedoch etwas entschärft, weil bspw. der Verlust der Beamtenrechte (§ 41 BBG, § 24 BeamtStG) nur an eine (mind. einjährige) Freiheits-, nicht aber auch an eine JStrafe gekoppelt ist (BeckOK/Krausnick BeamtenR Bund § 41 Rn. 8). Möglich bleiben aber Hindernisse für die Einstellung in den Öffentlichen Dienst (für die Zulassung zum Referendariat diff. OVG Münster DÖV 2015, 1019 = BeckRS 2015, 49834; OVG Berlin-Brandenburg ZJJ 2020, 207 = BeckRS 2019, 27747). Soweit erkennbar sieht die Rspr. darin aber keinen Aspekt, der die Strafschwere erhöht und der deshalb mit Blick auf die Obergrenze schuldangemessenen Strafens zu berücksichtigen wäre.

34a Ähnlich verhält es sich bei **ausländerrechtlichen** Folgen einer JStrafe. Diese schlagen sich in Hindernissen bei der Erlangung von Aufenthaltstiteln und in der Entstehung von Ausreisepflichten nieder (n. zu den verschiedenen Varianten etwa Hundt ZJJ 2023, 219 (223 ff.); Weiss ZJJ 2024, 101 (101 ff.)). So ist die Sanktion etwa bei der Ausweisungsentscheidung – namentlich bei der Abwägung von Ausweisungs- und Bleibeinteressen (§ 53 AufenthG) – relevant (instruktiv zu den verwaltungsrechtlichen Prüfpflichten bzgl. bestehender Verurteilungen VG Stuttgart BeckRS 2010, 48200). Durch Übersteigen bestimmter Strafdauern erlangt die JStrafe eine (die Ausweisung) nahezu **präjudizierende Wirkung** (§ 54 Abs. 1 Nr. 1 und 1a AufenthG; für ein Bsp. vgl. etwa VGH München BeckRS 2024, 3122). In Fällen, in denen das Schuldobermaß in der Nähe dieser gesetzlichen Grenzwerte gesehen wird, läge in deren Überschreitung deshalb faktisch ein deutlicher Sprung der außer-/strafrechtlichen Sanktionsgesamtschwere. Dies bedarf der Erörterung (abw. offenbar BGH NStZ 2022, 755 (756); wie hier aber BGH NJW 1997, 403 (für das allg. StR)) und es muss bei der Bestimmung der vorwurfsadäquaten Obergrenze berücksichtigt werden (zust. Schmoll ZJJ 2020, 279 (292 f.); Weiss ZJJ 2024, 101 (105); wie hier auch OLG Frankfurt a. M. StV 2003, 459 = LSK 2003, 421002; Epik StV 2017, 268 (271 f.) (betr. allg. StR); wohl abw. BGH NStZ 2012, 147; NStZ-RR 2018, 41;

NStZ 2018, 469 (471 mwN): nur, wenn individuelle Aufenthaltsbeendigung eine atypische Härte wäre (betr. allg. StR)). Für die Frage, ob die außer-/strafrechtlichen Rechtsfolgen noch vorwurfsproportional sind, kommt es – ebenso wie iÜ auch für die weitere Frage, ob eine Strafdauer mit „Ausweisungstendenz" überhaupt mit **Abs. 2** vereinbar ist (→ Rn. 19) – sodann auf die konkreten Umstände an (Aufwachsen, familiäre Bindung und Integration in Deutschland; Zugehörigkeit zu sog. „reisenden Tätern" usw).

4. Keine durch Schuldausgleich geleitete Bemessung

35 **a) Meinungsstand.** Das JGG erlaubt JStrafen, die mit seiner **erzieherischen** Grundausrichtung idR **unverträglich** sind. Während Abs. 1 S. 2 den Strafrahmen ausnahmsweise auf bis zu 10 Jahren erweitert, lassen sich positiv-spezialpräventive Wirkungen nach verbreiteter Ansicht in diesem Bereich nicht erwarten. Etwaige entwicklungsfördernde Effekte der Freiheitsentziehung nähmen spätestens nach vier bis fünf Jahren ab und würden dann durch nachteilige Vollzugswirkungen (Befunde bei Eisenberg/Kölbel Kriminologie § 36 Rn. 1 ff., § 41 Rn. 16 ff.) typischerweise überkompensiert (so etwa BGH NStZ 1996, 232 (233); Diemer/Schatz/Sonnen/Sonnen Rn. 6; NK-JGG/Ostendorf Rn. 11; Buckolt Jugendstrafe S. 64; s. auch → Rn. 6). Diese Annahme ist zwar (insb. in ihrer verabsolutierenden Tendenz und in der zeitlichen Festlegung) **empirisch ungesichert** (vgl. etwa die diesbzgl. indifferenten Befunde bei Schmidt-Esse, Lange Jugendstrafen bei jugendlichen und heranwachsenden Gewalt- und Sexualstraftätern, 2018, S. 117 ff., 259). Auch steht sie in einem Spannungsverhältnis zur vergleichsweise guten Legalbewährung nach sehr langen JStrafen (→ Rn. 13). Doch andererseits ist es ebenso wenig belegt und abgesehen von Sonderfällen auch nicht plausibel, dass die Entwicklung junger Menschen von einem langjährigen Freiheitsentzug (typischerweise) profitiert. Je weiter die JStrafdauer die Zeit von zwei bis drei Jahren übersteigt, desto seltener ist sie erzieherisch indiziert. Entspr. Fälle sind nicht ausgeschlossen, stellen aber **höchst seltene Ausnahmen** dar. In der Praxis dürfte man indes oft anders verfahren. De facto werden mit der Anordnung von entspr. langen JStrafen wohl idR andere Ziele verfolgt, insbes. solchen des Schuldausgleichs (BGH NStZ 1996, 232 (233); Streng JugendStrafR Rn. 436, 442; Laubenthal/Baier/Nestler JugendStrafR Rn. 750; Swoboda ZStW 125 (2013), 93 (99, 106 ff.)).

36 Anders als nach hier vertr. Ansicht (→ Rn. 38; vgl. auch Kölbel KriPoZ 2024, 304 (312 Fn. 85)) wird in der Zulässigkeit langer JStrafen oft aber gerade keine legislatorische Vorkehrung für ganz wenige, spezialpräventiv angezeigte Sonderfälle gesehen, sondern ein Hinweis darauf, dass die Bemessung von Jugendstrafen schlechthin nicht allein an der spezialpräventiven Eignung, sondern daneben **generell auch am Schuldausgleich** auszurichten sei (BGH NStZ 2016, 683; Brunner/Dölling Rn. 13 ff.; MüKoStGB/Radtke/Scholze Rn. 15, 23; Streng GA 2017, 80 (82 ff.)). Nach einer bisweilen vertr. Ansicht bilde das „Ausmaß der individuellen Schuld" gar den „Rahmen, innerhalb dessen die erzieherisch erforderliche Strafe gefunden werden muss" (BGH NJW 2018, 2062 (2063); NStZ-RR 2018, 358 (359); NStZ 2020, 301; 2022, 755 (756); 2024, 111 (112); MüKoStGB/Radtke/Scholze Rn. 7 f., 15; für § 17 Abs. 2 Var. 2 prinzipiell auch Streng GA 2017, 80 (90); Kulhanek JZ 2022, 49 (50 f.); unklar OLG Frankfurt a. M. BeckRS 2024, 25750). Unbeschadet der hierbei jugendspezifisch ver-

standenen Vorwerfbarkeit (→ Rn. 22) wird damit die sog. **Spielraumtheorie** (BGHSt 24, 132 (133 f.) = NJW 1971, 61; BGHSt 34, 345 (349) = NJW 1987, 3014 (3015)) aus dem allg. StR in das JStR überführt – mit der Folge, dass spezialpräventiv ausreichende, schuldunterschreitende JStrafdauern ausgeschlossen wären (abl. Diemer/Schatz/Sonnen/Sonnen Rn. 26, 28; NK-JGG/Ostendorf Rn. 7; Bruns StV 1982, 592 (595); zur daran schon im allg. StR verbreitet geübten Kritik etwa TK-StGB/Kinzig StGB Vor § 38 Rn. 21). Diesem Konzept ist jedoch **entgegenzutreten,** weil es erzieherisch ungeeignete Strafen geradezu systematisch inkorporiert und mit Abs. 2 und § 2 Abs. 1 S. 2 dadurch nicht zu vereinbaren ist. Wäre die Sanktionszumessungslogik die gleiche wie im StGB, ließe sich außerdem nicht erklären, wieso das JStR überhaupt von § 46 StGB abweichende Sondervorschriften enthält (Kölbel JR 2018, 575 (577)).

37 Vorherrschend ist in der Rspr. indes ein Ansatz, wonach „das Gewicht des Tatunrechts gegen die Folgen der Strafe für die weitere Entwicklung (…) abzuwägen" sei (stellvertretend BGH NStZ-RR 2012, 186 (187); NStZ 2014, 40; BeckRS 2023, 41754; s. etwa auch LG Köln BeckRS 2020, 47400; ebenso Brunner/Dölling Rn. 13: Erziehung und Schuldausgleich auszutarierende Doppelzwecke). Mit Blick auf Abs. 2 stehen dabei zwar meist die positiv-spezialpräventiven Belange im Vordergrund (etwa BGH NStZ-RR 2011, 305; NStZ 2016, 683; NStZ-RR 2017, 231; NStZ 2018, 662: „Erziehungsgedanke vorrangig zu berücksichtigen"'). Jedoch kann die **Abwägung** auch durch Aspekte des Schuldausgleichs dominiert werden (dazu bei § 17 Abs. 2 Var. 2 → § 17 Rn. 56). Dies gelte vor allem in Fällen **schwersten Verschuldens** (und schwerster Schäden), in denen die Belange der Vergeltung (bzw. der unterstellten (vgl. nur Seddig/Hirtenlehner/Reinecke KZfSS 2017, 259 ff.) spezialpräventiven Abschreckung (vgl. BGHR JGG § 17 Abs. 2, Strafzwecke 1)) „angemessen" berücksichtigt werden und eine maßgebende („eigenständige") Bedeutung in der Strafbemessung erlangen müssten (stellvertretend BGH StV 1982, 121 = NStZ 1982, 163 (Ls.); BeckRS 1983, 31112673; ferner bspw. BGH StV 2017, 710 (711) = BeckRS 2017, 120759; NStZ 2018, 728 (729); für ein drastisches Bsp. vgl. BGH NStZ 2007, 522 mablAnm Eisenberg/Schmitz NStZ 2008, 94: Maximalstrafe gegen zur Tatzeit gerade 16-Jährigem „maßgeblich mit der ‚höchst schweren Schuld' begründet" (betr. Mord) – ungeachtet achtmonatiger U-Haft sowie eines „Geständnisses, der erheblich verminderten Steuerungsfähigkeit und des überaus unglücklich verlaufenen Werdeganges"). Auch auf der Grundlage dieses Konzepts werden von der Rspr. also Strafhöhen verhängt, die – entgegen abw. Behauptungen (etwa BGH NStZ 2017, 648 (649): „Einklang" mit Erziehungsbedürfnissen) – **spezialpräventiv** als **kontraindiziert** gelten müssen. Wann genau dies zulässig sein soll (dh bei welchen Straftaten sich die Hierarchie von Einwirkungs- und Schuldaspekten in der Abwägung umkehrt), bleibt in der Judikatur freilich weitgehend unbestimmt (charakteristisch BGH NStZ-RR 2018, 358 (359): „bei Kapitalverbrechen und anderen schwerwiegenden Straftaten").

38 **b) Stellungnahme.** Unter den sehr langen JStrafen kann allenfalls bei einem sehr kleinen Teil davon ausgegangen werden, dass hierbei „die erforderliche erzieherische Einwirkung möglich ist" (Abs. 2). Solche Rechtsfolgen werden idR auch nicht „vorrangig am Erziehungsgedanken" ausgerichtet (§ 2 Abs. 2), sondern allein von der im JStR ausgeschlossenen

Zumessungslogik des § 46 Abs. 1 StGB geprägt. Sie sind daher nach hier vertr. Ansicht unzulässig. Den Leitkriterien der Rechtsfolgenbestimmung im JStR zufolge können Schuldaspekte vielmehr nur in der oben (→ Rn. 20 ff.) erörterten Weise im Rahmen spezialpräventiver Spielräume berücksichtigt werden. Das gilt jedenfalls in den Regelfällen der JStrafenbemessung, dh im Geltungsbereich von Abs. 1 S. 1. Die Ausnahmenorm in **Abs. 1 S. 2** ist indes als eine zentrale **gesetzgeberische Differenzierung** zu verstehen. Hiernach soll in den normtextlichen genannten Fällen – allerdings **lediglich dort** (dh **allein** bei Verbrechen mit Mindeststrafe von 10 Jahren) – nicht allein der Strafrahmen erweitert sein, sondern der Schuldausgleich ein entscheidungsbestimmendes Gewicht haben. Daneben sind jedoch auch in diesem Bereich spezialpräventive Aspekte spätestens seit Einführung von § 2 Abs. 1 JGG mit einzubeziehen (ausdrücklich BT-Drs. 16/6293, 9 „neben (…) auch zu berücksichtigen“). Konkret muss eine „erzieherische Einwirkung“ immerhin noch „möglich“ sein. Deshalb können Vergeltungsinteressen äußerstenfalls eine spezialpräventiv sinnlose Strafdauer rechtfertigen – nicht aber eine JStrafe, bei der eine „erzieherische Einwirkung“ wegen der absehbar dysfunktionalen Haftdauer entgegen Abs. 2 von vornherein nicht mehr „möglich ist“. Lange JStrafen (deutlich über fünf Jahre) sind mit diesen Anforderungen nur sehr selten und nur bei eingehender Darstellung eines außerordentlichen sozialtherapeutischen Bedarfes vereinbar (unzureichend bspw. LG Berlin BeckRS 2007, 17912: sechs Jahre und sechs Monate JStrafe, weil „ein erzieherischer Prozess“ in der U-Haft „noch nicht in Gang gesetzt werden konnte“). Denkbar ist eine solche Konstellation de facto überhaupt nur bei den genannten (erheblich strafbewehrten) Verbrechen, bei denen die JStrafe auf beiden Anordnungsgründen von § 17 Abs. 2 beruht und die Schuldbelange mit den (der stationären Förderung bedürfenden) personalen Problemlagen des Verurteilten zusammenhängen (ähnlich Eisenberg ZJJ 2018, 144 (145); zur Situation bei Heranwachsenden → § 105 Rn. 54 ff.).

5. Berücksichtigungsverbote

a) Von Gesetzes wegen. Auch im JStR ist es nicht zulässig, zur Tatzeit **tilgungsreife** Vorverurteilungen oder damit „eng in Zusammenhang stehende Umstände“ (BGH NStZ 2006, 587 betr. vormaligen JStrafvollzug) erschwerend zu berücksichtigen (n. → § 5 Rn. 81). Bei früheren ausländischen Verurteilungen kommt es darauf an, ob sie nach deutschem Recht tilgungsreif wären (BGH NStZ 2021, 319 (320). Dass auch (schon) die Beseitigung des Strafmakels zur Unverwertbarkeit führt, wird von der hM dagegen bestritten (→ § 100 Rn. 3a). – Nicht verwertbar sind iÜ früher begangene Delikte, deren **Strafbarkeit** wegen einer Rechtsänderung zwischenzeitlich **entfallen** ist (hierzu anhand des KCanG BGH StV 2024, 599 = BeckRS 2024, 14298). Hier gilt dasselbe wie bei getilgten oder tilgungsreifen Vorstrafen. 39

Soweit in die Bemessung – iRd erzieherischen Spielräume (→ Rn. 20) und überlagert durch subjektive Vorwurfselemente (→ Rn. 22) – das objektive Unrecht eingehen kann, gilt bei dessen Quantifizierung das **Verbot der Doppelverwertung.** Sieht man von der unechten Ausnahme ab, dass (ggf. strafrahmenverändernde minder schwere Fälle mittelbar zu berücksichtigen sind (→ Rn. 24), ist eine Heranziehung jener Umstände, die die Tatbestandlichkeit des Geschehens begründen, hier also unzulässig (BGH NStZ 2014, 40

409 (410); wohl auch BGH BeckRS 2004, 04057; bei § 17 Abs. 2 Var. 2 auch Streng GA 2017, 80 (88, 91)). Ungeachtet der dogmatisch streitigen Direktanwendbarkeit von § 46 Abs. 3 StGB im JStR (→ § 17 Rn. 30)), ergibt sich dies aus der notwendigen Vermeidung einer Schlechterstellung im Vergleich zu Erwachsenen (n. → § 2 Rn. 23; diff. Schuster Jura 2010, 551 (555); **abw.** aber die **stRspr** (bspw. BGH NStZ 2007, 522 (523); 2008, 693 (Ls.); NStZ-RR 2009, 155; BeckRS 2007, 8789; StV 2021, 31 (Ls.) = BeckRS 2020, 25634).

41 **b) Diverse rechtssystematische Beschränkungen.** Als rechtlich verfehlt wird es beanstandet, wenn die Bemessung in Abhängigkeit von den formalen **Voraussetzungen des § 21** vorgenommen wird (BGH NStZ 2008, 693; BeckRS 2015, 18919; NStZ 2017, 648 (649); NStZ 2024, 621 (622 f.)). Das überzeugt in dieser Entschiedenheit nicht (n. → § 21 Rn. 4 f.). Vielmehr ist es angesichts des Erziehungsauftrags (§ 2 Abs. 1) in geeigneten Fällen angezeigt, die Bewährungsoption mit in den Blick zu nehmen und die Strafdauerbemessung auch daran zu orientieren (ebenso BGH StV 2013, 758 = BeckRS 2013, 00350: Gericht muss den „Umstand, dass eine nicht aussetzungsfähige Jugendstrafe dieser positiven Entwicklung in Freiheit ein Ende setzt, ausdrücklich in seine Strafbemessung einbeziehen" (betr. JStrafe von 3½ Jahren wegen §§ 212, 22, 23 StGB bei späterer Konsolidierung der Lebensverhältnisse)). Ebenso verhält es sich bzgl. der formalen Sanktionsgrenzen gem. § 35 Abs. 1 und 3 iVm § 38 BtMG (abw. BGH NStZ-RR 2012, 183 (zum allg. StR)).

42 Wie im allg. StR auch, bestehen Bedenken ggü. der Anlastung **(noch) nicht rechtskräftig abgeurteilter** weiterer Taten. Nicht hinnehmbar ist die Berücksichtigung bloßer Verdachtssachverhalte, da dies die Verteidigungsbelange nicht wahrt (n. zu Rspr. und Schrifttum Eisenberg BeweisR StPO Rn. 411 ff.; nicht erörtert in BGH BeckRS 2014, 09821). Der Sachverhalt muss daher prozessordnungsgemäß (§ 261 StPO iVm § 2 Abs. 2) festgestellt werden (→ § 17 Rn. 27).

43 **c) Ausscheiden generalpräventiver Elemente.** Ebenso wie bei der Verhängung von JStrafe (vgl. → § 17 Rn. 6) ist die Berücksichtigung generalpräventiver Funktionen nach hM auch bei der JStrafbemessung unzulässig (so BGHSt 15, 224 = NJW 1961, 278; BGHSt 16, 261 (263) = NJW 1961, 2359 (2360); BGH StV 1982, 335 = BeckRS 1982, 00460; NJW 1994, 395 (396); Böhm/Feuerhelm JugendStrafR S. 233; Bruns StV 1982, 592 (593); betr. BtM-Delikte Franke/Wienroeder, Betäubungsmittelgesetz, 3. Aufl. 2008, Rn. 60 (Strafzumessung)). Das Verbot ist konkretisiert durch Abs. 2 sowie § 2 Abs. 1. Es bezieht sich aus den in → § 2 Rn. 5, → § 17 Rn. 7 genannten Gründen auf die **negative** ebenso wie die sog. **positive** Generalprävention (Dölling ZJJ 2012, 124 (125); wohl auch Diemer/Schatz/Sonnen/Sonnen Rn. 16; abw. Beulke/Swoboda JugendStrafR Rn. 478). In der Praxis scheinen allerdings zumindest Abschreckungserwägungen verbreitet zu sein (vgl. die Befragungsergebnisse bei Buckolt Jugendstrafe S. 310 ff.).

6. Verfahrensverzögerung

44 **a) Grundsätze.** Die Umstände, dass die Tat **lange zurück** liegt und/oder das Strafverfahren von **außergewöhnlicher Dauer** war, sind als jeweils eigene sanktionsmildernde Gesichtspunkte in Anschlag zu bringen (Mü-

KoStGB/Streng StGB § 46 Rn. 316 f. mwN). Bei Sexualdelikten an sehr jungen Opfern kann (mit Blick auf die hier oft verzögerte Tatentdeckung) für den bloßen Zeitablauf anderes gelten (BGH NStZ 2006, 287 (288)).

Beruhte eine **erheblich** (BGH StV 2022, 387 = BeckRS 2021, 40530) überlange Verfahrensdauer auf **amtsseitigen Pflichtverstößen** (etwa einem verzögerten Aktenversand im Revisionsverfahren wie bei BGH BeckRS 2020, 16329; vgl. auch BeckRS 2020, 30177), müssen die dadurch erzeugten verfahrensbegleitenden Belastungen durch die tatgerichtliche Feststellung des Verfahrensunrechts und, wo dies nicht ausreichend ist (BGH BeckRS 2021, 29015), durch eine Berücksichtigung bei der Sanktionierung zusätzlich kompensiert werden (§ 199 Abs. 3 S. 1 GVG; zur subsidiären Geldzahlung § 198 Abs. 1 GVG). Dies geschieht durch Festlegung eines als bereits vollstreckt geltenden Sanktionsteils (BGHSt 52, 124 = NJW 2008, 860), der allerdings meist deutlich kürzer als die Zeitspanne der Verzögerung ist (BGH NStZ 2022, 552 (553)). Im JStR wird dies bei JStrafen nach § 17 Abs. 2 Var. 2 ebenso gehandhabt (BGH StV 2003, 458 = BeckRS 2003, 691; BeckRS 2006, 8001; ZJJ 2010, 326 (330) = BeckRS 2010, 15452; 2012, 15222; BGHSt 57, 1 = NJW 2011, 3314; StV 2014, 336 = BeckRS 2013, 15322; NStZ 2020, 301 (302)). Verglichen mit dem Abschlag auf die JStrafdauer, der in den fraglichen Fällen früher vorgenommen wurde, hat die Zuerkennung einer gleich langen Vollstreckungszeit den Vorteil, den Ausgleich für das rechtswidrige Staatshandeln klarer von der eigentlich angeordneten Rechtsfolge zu trennen. Außerdem wird durch den Betroffenen der Vollstreckungszeitpunkt, ab dem eine Aussetzung des JStrafrestes möglich ist (§ 88 Abs. 1), hierdurch früher erreicht (BGH BeckRS 2024, 1982). 45

b) Anwendbarkeit in beiden Var. von § 17 Abs. 2. Wird JStrafe allein oder auch wegen „schädlicher Neigungen" angeordnet, lehnte der BGH dies jedoch bislang teilw. ab, weil die verbleibende Strafdauer sonst kürzer sei, als es in der Bemessungsentscheidung für erziehungsnotwendig gehalten wird (BGH NStZ 2003, 364; NStZ-RR 2007, 61; zust. Volkmer NStZ 2008, 608 (609)). Kompensiert werden kann dann nur verbal oder monetär (BT-Drs. 17/3802, 20). Andere Entscheidungen tendieren zwar zum Vollstreckungsmodell (BGH NStZ 2011, 524 (525); implizit auch OLG Stuttgart Die Justiz 2004, 169 = BeckRS 2004, 536), schränken dieses aber dahingehend ein, dass die deklarierte Teilvollstreckung nicht zu einer **Unterschreitung** der erzieherisch erforderlichen Strafdauer führen darf (OLG Düsseldorf NStZ 2011, 525 (526); in der Sache auch BGH NStZ 2010, 94 (95)). Insofern nehmen alle Spielarten allerdings eine (unzulässige (→ § 2 Rn. 23)) Schlechterstellung Jugendlicher gegenüber Erwachsenen in Kauf (abl. daher etwa BGH NJW 2018, 2062 (2063); Eisenberg ZJJ 2010, 330 (331); Eisenberg ZKJ 2017, 419 (420); Streng JugendStrafR Rn. 460; Laubenthal/Baier/Nestler JugendStrafR Rn. 765; Ostendorf StV 2011, 586 (587)). 45a

Gegen eine Einschränkung der Kompensationsmöglichkeiten in Fällen des § 17 Abs. 2 Var. 1 spricht zudem, dass die Strafdauerfestlegung bei beiden Anordnungsgründen prinzipiell nach den gleichen Regeln erfolgt (→ Rn. 14). Abgesehen davon, dass sich die von der aA angenommene erzieherische Einwirkungsdauer idR gar nicht als ein exakter Wert bestimmen lässt (→ Rn. 20), sieht das Gesetz in § 52a S. 1 auch ein gesetzliches Vorbild vor, in dem das Vollstreckungsmodell unabhängig von den erziehe- 46 rischen „Nebenwirkungen" umgesetzt wird (BGH NJW 2018, 2062 (2063); zust. Kett-Straub NStZ 2019, 220 (221)). Entscheidend ist indes, dass die Vollstreckungslösung eine unbegründete Prozessverzögerung wiedergutmacht und so „eine Art Staatshaftungsanspruch erfüllt" (BGHSt 52, 124 (137 f.) = NJW 2008, 860 (864)). Dies stellt eine Maßnahme dar, die von der JStrafenbemessung und deren Kriterien völlig unabhängig ist (und aus verfahrenspragmatischen Gründen allein „oberflächlich" mit dem Strafausspruch verbunden wird). Als völlig **eigenständige Materie** muss sie mit den allgemeinen Zumessungsaspekten weder ausbalanciert werden, noch kann sie durch jene eine Begrenzung erfahren (ebenso MüKoStGB/Radtke/Scholze Rn. 44; ähnlich Scheffler JR 2003, 509 (511)). Wird das **Vollstreckungsmodell** als die einschlägige Wiedergutmachungsform im JStV erst einmal anerkannt, gilt es für alle Varianten der JStrafe (so denn auch die neuere Judikatur, etwa BGH NStZ 2022, 552 (553)) – auch wenn seine Anwendung fallkonkret zur Unterschreitung etwaiger schuld- oder präventionsbezogener Mindestmaße führt (n. Kölbel JR 2018, 575; iErg auch BGH NJW 2018, 2062).

V. Verfahrensrechtliches

1. Transparenzanforderungen

47 Vielfach wird empfohlen, dass der JRichter anlässlich der mündlichen Urteilsverkündung die **Begründungszusammenhänge** der JStrafbemessung dem Jugendlichen in einer ihm verständlichen Weise darlegt. Dies gilt, auch im Hinblick auf die unterschiedlichen Bemessungskriterien zwischen JStrafe und Freiheitsstrafe, insbes. dann, wenn Jugendliche und Erwachsene gemeinsam abgeurteilt werden. Bereits im Vorfeld ist es ggf. erforderlich, besondere Hinweise zu geben. Dies ist bspw. bei der beabsichtigten Berücksichtigung anderer, nicht rechtskräftig abgeurteilter Taten der Fall (→ § 17 Rn. 27). Ebenso verhält es sich bei Veränderung der rechtlichen Würdigung im Verlauf des Verfahrens, die (wie etwa im Verhältnis von Beihilfe und Täterschaft) bei der Bemessung der JStrafe zu berücksichtigen sind (vgl. → Rn. 24 ff.). Fehlt hier der im JStV besonders dringliche **förmliche Hinweis** (§ 265 StPO Abs. 1 und 2 iVm § 2 Abs. 2), ist das Urteil angreifbar (dazu, dass das Urteil revisionsrechtlich regelmäßig auf der Verletzung dieser Vorschriften beruht, vgl. etwa BGH StV 2016, 272 = BeckRS 2015, 16594 (betr. allg. StR)).

2. Revision

48 **a) Defizite in der Entscheidungsbegründung.** Mit Blick auf die Anwendung des § 18 ist die revisionsgerichtliche Kontrolldichte auf die Kontrolle der rechtlichen Fehlerfreiheit und der Darlegungsanforderungen beschränkt (ohne dass die Bemessung selbst überprüft werden könnte). Bei **fehlerhafter Begründung** der Bemessung ist das Urteil idR aufzuheben. Dies ist der Fall, wenn die grundlegenden Bemessungskriterien und deren Funktion wesentlich verkannt werden (Bsp.: offen schuldmaßüberschreitende JStrafe; Bemessung unter offener Zurückweisung von Abs. 2). Auch die **Verkennung der in Abs. 1 festgelegten Strafrahmen** (bzw. die fehler-

hafte Einordnung des Falls in Abs. 1 S. 1 oder S. 2) fällt regelmäßig in diese Mängelkategorie (vgl. BGH StV 2016, 702 (Ls.) = BeckRS 2016, 4653; StV 2017, 715 = BeckRS 2016, 20607; 2018, 1432; 2018, 22537; NStZ 2022, 753 (755); einschr. Diemer/Schatz/Sonnen/Sonnen Rn. 8). Für die hM sind hier allerdings Ausnahmen denkbar, wenn es aufgrund der konkreten Begründung vollkommen ausgeschlossen ist, dass das Tatgericht innerhalb des korrekten Strafrahmens eine andere JStrafdauer festgelegt hätte (etwa BGH BeckRS 2023, 33398), oder wenn sich auf Aktenbasis sicher erkennen lässt, dass die verhängte JStrafe iSv § 354 Abs. 1a StPO iVm § 2 Abs. 2 angemessen ist (MüKoStGB/Radtke/Scholze Rn. 48; hierzu im Fall eines Verstoßes gegen § 51 Abs. 1 BZRG BGH NStZ 2006, 587; siehe auch § 105 Rn. 68 sowie zur Kritik → § 54 Rn. 44 f.).

Auch eine **ungenügende Begründung** (dh eine lückenhafte usw Dar- 49
stellung der Bemessungsgründe) führt oftmals zur Aufhebung des Urteils. Die Begründung soll dem Revisionsgericht die sachlich-rechtliche Nachprüfung ermöglichen (→ § 54 Rn. 42). In den Urteilsgründen muss deshalb deutlich werden, dass die oben dargestellten Grundsätze und Gesichtspunkte (→ Rn. 14, → Rn. 45) beachtet und berücksichtigt wurden. Das ist nicht der Fall, wenn die Ausführungen bspw. nur den Begründungsanforderungen des allg. Strafrechts entsprechen (etwa BGH StV 2016, 702 (Ls.) = BeckRS 2016, 4653) oder wenn sie die JStrafdauer nur formelhaft erläutern (etwa BGH NStZ 2022, 553; NStZ-RR 2022, 229 (Ls); OLG Hamm StV 2002, 404 = BeckRS 2001, 30198870; s. auch → Rn. 16) oder wenn sie eine Auseinandersetzung mit dem (vorrangigen) Erziehungsgedanken und eine Abwägung der entwicklungsbezogenen Sanktionsfolgen vermissen lassen (etwa BGH BeckRS 2012, 17379; NStZ 2013, 287). Demgemäß ist nicht nur das Fehlen jedes Wortes der Begründung zur Frage der erzieherischen Erforderlichkeit zu beanstanden. Vielmehr muss in den Urteilsgründen in nachvollziehbarer Weise zum Ausdruck gebracht werden, dass und wie das Leitkriterium des Abs. 2 zugrunde gelegt und nicht etwa in den Hintergrund gerückt worden ist (→ Rn. 14 und 16; ferner BGH StV 2003, 458 = BeckRS 2003, 00691; OLG Hamm NStZ 2005, 645 (646)).

Hinsichtlich der **vorwurfsbezogenen** Bemessungsaspekte muss das Urteil 50
bei fallbezogener Relevanz eine Berücksichtigung erkennen lassen. Aufgehoben wird deshalb bspw., wenn die naheliegenden Voraussetzungen von § 46a StGB nicht geprüft wurden (BGH BeckRS 2014, 08649 (Zahlung von 150 EUR in der HV und mündliche Entschuldigung)). Aufgehoben wird auch, wenn aus dem Fehlen von Milderungsgründen eine negative (iErg strafschärfende) Wertung hergeleitet wurde (BGH StV 1986, 305 = BeckRS 1986, 31101680: „keine unmittelbare Provokation durch das Opfer"). Bei Annahme eines minder schweren Falles sind die Maßgaben des § 267 Abs. 3 S. 2 StPO relevant (erg. → § 54 Rn. 6; anders BGH NStZ 1993, 551 (betr. § 213 StGB); Brunner/Dölling Rn. 7).

**b) Änderung des Schuldspruchs bzw. der Begründung des Rechts- 51
folgenausspruchs. aa) Schuldspruchänderung zuungunsten des Angeklagten.** Eine für den Angeklagten ungünstige Änderung des Schuldspruchs muss nicht notwendigerweise zu einer Aufhebung des Strafausspruchs führen, da bei der Bemessung der JStrafe der Schuldumfang nicht das gleiche Gewicht hat wie bei einer Strafe nach allg. StR (zur hier gem. § 354 Abs. 1 analog StPO erfolgenden Aufrechterhalten des Rechtsfolgen-

ausspruchs etwa BGH NJW 1992, 2103 (2104); NJW 1994, 395 (396); NStZ-RR 2004, 139 (140); NStZ 2006, 574; krit. MüKoStGB/Radtke/Scholze Rn. 48). Anders ist zu verfahren, wenn die veränderte materiell-rechtliche Einordnung auch die bemessungsrelevanten Vorwurfsaspekte oder deren Gewichtung verschiebt. Denkbar ist das etwa, wenn das Ereignis einem gewichtigeren Tatbestand oder einer gewichtigeren Beteiligungsform zugeordnet wird. Hier lässt die Rspr. gem. § 354 Abs. 1 analog StPO allein den Schuldspruch fortbestehen und hebt den Rechtsfolgenausspruch auf (vgl. etwa BGH BeckRS 2024, 23385).

52 **bb) Schuldspruchänderung zugunsten des Angeklagten.** Andererseits darf der Strafausspruch bei einer **wesentlichen** Schuldspruchänderung zugunsten des Angeklagten oftmals **nicht** bestehen bleiben. Häufig kann das Revisionsgericht dann angesichts der (allerdings beschränkten) Bemessungsrelevanz von Vorwurfsaspekten (→ Rn. 20 ff.) nicht ausschließen, dass die JStrafe anders bemessen worden wäre. Dies gilt bei Wegfall von einzelnen tatrichterlich bejahten Straftaten (etwa BGH VRS 107 (2004), 38 = BeckRS 2004, 4277; 2012, 23336; 2014, 20117; 2016, 20304; dazu auch → § 17 Rn. 63) oder Einzelhandlungen (BGH BeckRS 2012, 16286). Ferner betrifft dies die Änderung bspw. von täterschaftlicher Begehung in Beihilfe (BGH BeckRS 2014, 12520), von versuchtem Mord in versuchten Totschlag (BGH NStZ-RR 2010, 372), von §§ 227, 27 StGB in §§ 224, 27 StGB (BGH NStZ-RR 2013, 113) und bei Änderung von vollendeter in versuchte besonders schwere räuberische Erpressung (BGH BeckRS 2016, 9875). Ist der Unrechts- und Schuldgehalt bei mehreren Taten geringer als vom Tatgericht angenommen, gilt dies erst recht (BGH BeckRS 2017, 105430; vgl. dazu für den Fall einer legislatorischen Neubewertung eines Vorwurfteils (hier: KCanG bzgl. Cannabishandel) etwa BGH BeckRS 2024, 29076). Auch bei einer Änderung in ein strafrahmengleiches Delikt kann Anlass zur Strafausspruchsaufhebung bestehen (BGH NStZ-RR 1999, 103: § 255 StGB statt § 249 StGB, da nur Gebrauchs-, aber keine Zueignungsabsicht). In der Regel ist beim Wegfall einer von mehreren Qualifikationsvarianten (BGH NStZ-RR 2024, 77 zu § 224 StGB) sowie bei einer unzutreffenden Annahme allg. strafschärfender Umstände (BGH NStZ 2016, 614; NJW 2017, 1491) oder der **Nichtberücksichtigung** der in → Rn. 24 erörterten strafmildernden Umstände (BGH NStZ-RR 2009, 337) der Rechtsfolgenausspruch ebenfalls aufzuheben. Vereinzelt wird durch das Revisionsgericht das JStrafmaß in entsprechender Anwendung von § 354 Abs. 1 StPO selbst vermindert (BGH BeckRS 2012, 18377).

53 Dem stehen indes nicht wenige anderslautende Entscheidungen gegenüber. Bisweilen wird eine entlastende Änderung des Schuldspruchs fallkonkret für **bemessungsneutral** gehalten und von einer **Aufhebung abgesehen.** Dies beruht dann meist auf § 354 Abs. 1a StPO (zur Problematik der Vorschrift → § 54 Rn. 44). Die Judikatur kommt hierzu in analoger Anwendung von § 354 Abs. 1 StPO allerdings auch bei Schuldspruchänderungen (berechtigte Kritik bei MüKoStGB/Radtke/Scholze Rn. 48). Teilweise wird dies damit begründet, dass sich durch die revisionsrichterlichen Korrekturen „der Unrechtsgehalt der Taten nicht wesentlich verändert" habe (stellvertretend BGH BeckRS 2013, 01331; bei Teileinstellung gem. § 154 Abs. 2 StPO BGH BeckRS 2021, 33677). Daneben verweist das Revisionsgericht oftmals auf die dezidiert erzieherisch begründete Bemessung, ange-

sichts derer man es „ausschließen" könne, dass das Tatgericht bei Zugrundelegung des modifizierten Schuldspruchs „auf eine geringere Jugendstrafe erkannt hätte" (BGH NJW 1999, 69 (71); BeckRS 2012, 10714; NStZ-RR 2018, 118; BeckRS 2020, 23516; BeckRS 2024, 20112). Beides ist etwa bei einer Änderung von §§ 255, 224, 52 StGB in §§ 255, 223, 52 StGB und einer dezidiert an Abs. 2 ausgerichteten JStrafenbemessung der Fall (BGH NStZ 2015, 584). Ebenso verhält es sich mitunter bei Wegfall eines Teils der tatrichterlich bejahten Vorwürfe (vgl. etwa BGH BeckRS 2024, 35826 für den Fall der Verjährung oder BGH BeckRS 2024, 16033 für die rückwirkend eingetretene Straflosigkeit durch das KCanG). Verschiedentlich gibt diese Praxis sogar gesteigerten Anlass zur Skepsis (vgl. auch BVerfG NStZ 2004, 273 (zum allg. StR)). Dies gilt etwa in Fällen, in denen Täterschaft in Beihilfe abgeändert wird (BGH NStZ-RR 2012, 375), in denen das Revisionsgericht drei tateinheitlich begangene Totschlagsversuche auf einen Versuch reduziert (BGH BeckRS 2014, 7977) oder in denen die ursprünglich unterbliebene Anerkennung von § 21 StGB ohne erhebliche Auswirkungen auf die erzieherisch orientierte JStrafdauerfestlegung gewesen sei (BGH BeckRS 2010, 7261; 2012, 8656; vgl. auch → 20. Aufl. Rn. 50 mwN).

cc) Konkurrenzen. Auch eine Änderung des Schuldspruchs durch kor- 54
rigierende Einordnung der Konkurrenzen kann zu berücksichtigen sein (offenlassend aber BGH NStZ 2013, 280 (281)). Anders verhält es sich, wenn eine Auswirkung auf die Bemessung aus den in → Rn. 53 genannten Gründen sicher ausgeschlossen werden kann. Das gilt sowohl für den Wechsel von Tateinheit auf Tatmehrheit (BGH BeckRS 2012, 21851) als auch umgekehrt (vgl. etwa BGH 2016, 4209 (ein Fall des Handeltreibens mit BtM statt vier); BGH BeckRS 2017, 109849; StV 2022, 576 = BeckRS 2022, 13723). Ebenso liegt es bei einer Umwertung von mehrfacher gleichartiger Deliktsbegehung in ein einziges (in natürlicher Handlungseinheit begangenes) Delikt (BGH wistra 2020, 382 = BeckRS 2020, 8071) sowie bei der Änderung von Tateinheit in Gesetzeskonkurrenz (BGH NStZ 2017, 155: da strafschärfende Berücksichtigung in beiden Var. zulässig)). Speziell beim Übergang von Tatmehrheit auf Idealkonkurrenz (infolge Annahme einer Bewertungs- bzw. natürlichen Handlungseinheit von mehreren Teilakten) wird die Aufhebung des Strafausspruchs von der Revisions-Rspr. auch deshalb abgelehnt, weil der „Schuldgehalt der Tat" von dieser Änderung „nicht berührt" sei (BGH NJW 2001, 838 (839); BeckRS 2013, 18830; vgl. auch BGH BeckRS 2011, 24458 (betr. eine Beihilfehandlung statt der tatgerichtlich bestimmten sieben)).

Hat das Tatgericht **entgegen § 31 Abs. 2 S. 1** nicht alle Urteile einbezo- 55
gen, in denen auf noch nicht erledigte JStrafen erkannt worden war (vgl. → § 31 Rn. 39 ff.), sondern nur eine vorangegangene Entscheidung, die allerdings die anderen Urteile bereits einbezogen hatte, so soll es „ausgeschlossen" sein, dass bei korrekter Vorgehensweise auf eine niedrigere EinheitsJStrafe erkannt worden wäre (BGH BeckRS 2012, 21260 (zw.)).

19 [aufgehoben]

Fünfter Abschnitt. Aussetzung der Jugendstrafe zur Bewährung

20 (weggefallen)

Strafaussetzung

21 (1) [1]**Bei der Verurteilung zu einer Jugendstrafe von nicht mehr als einem Jahr setzt das Gericht die Vollstreckung der Strafe zur Bewährung aus, wenn zu erwarten ist, daß der Jugendliche sich schon die Verurteilung zur Warnung dienen lassen und auch ohne die Einwirkung des Strafvollzugs unter der erzieherischen Einwirkung in der Bewährungszeit künftig einen rechtschaffenen Lebenswandel führen wird.** [2]**Dabei sind namentlich die Persönlichkeit des Jugendlichen, sein Vorleben, die Umstände seiner Tat, sein Verhalten nach der Tat, seine Lebensverhältnisse und die Wirkungen zu berücksichtigen, die von der Aussetzung für ihn zu erwarten sind.** [3]**Das Gericht setzt die Vollstreckung der Strafe auch dann zur Bewährung aus, wenn die in Satz 1 genannte Erwartung erst dadurch begründet wird, dass neben der Jugendstrafe ein Jugendarrest nach § 16a verhängt wird.**

(2) **Das Gericht setzt unter den Voraussetzungen des Absatzes 1 auch die Vollstreckung einer höheren Jugendstrafe, die zwei Jahre nicht übersteigt, zur Bewährung aus, wenn nicht die Vollstreckung im Hinblick auf die Entwicklung des Jugendlichen geboten ist.**

(3) [1]**Die Strafaussetzung kann nicht auf einen Teil der Jugendstrafe beschränkt werden.** [2]**Sie wird durch eine Anrechnung von Untersuchungshaft oder einer anderen Freiheitsentziehung nicht ausgeschlossen.**

Schrifttum: Bottke, Generalprävention und Jugendstrafrecht, 1984; Weigelt, Bewähren sich Bewährungsstrafen?, 2009; Westphal, Die Aussetzung der Jugendstrafe zur Bewährung gem. § 21 JGG, 1995.

Übersicht

I. Anwendungsbereich

Die Vorschrift gilt für **Jugendliche,** und zwar ebenfalls in Verfahren vor den für allg. Strafsachen zuständigen Gerichten (§ 104 Abs. 1 Nr. 1). Auch für **Heranwachsende,** auf die das materielle JStR angewandt wird, gilt die Vorschrift sowohl vor JGerichten wie vor den für allg. Strafsachen zuständigen Gerichten (§ 105 Abs. 1, § 112 S. 1 und 2, § 104 Abs. 1 Nr. 1). 1

Wird die Strafaussetzung zBew von einem für allg. Strafsachen zuständigen Gericht angeordnet, sind die **nachträglichen Entscheidungen** (Bewährungszeit, Weisungen, Auflagen, Widerruf, Erlass gem. §§ 22–26a) allerdings dem JRichter zu übertragen, in dessen Bezirk der Jugendliche oder Heranwachsende sich aufhält (§ 104 Abs. 5 Nr. 1, § 112 S. 1). Die Ausgestaltung der Bewährungszeit kann in diesen Fällen also nicht mit der Anordnung der Aussetzung verbunden werden. 2

II. Grundlagen

1. Funktion und Verhältnis zur Strafbemessung

Während das RJGG 1943 lediglich eine bedingte Entlassung bzw. bedingte Aussetzung des Strafrestes (§§ 58, 59 RJGG 1943) und keine bedingte Strafaussetzung vorsah, knüpfte der Gesetzgeber von 1953 mit den §§ 20 ff. JGG 1953 an die §§ 10 ff. JGG 1923 an und führte die ursprüngliche „Strafaussetzung zur Probe" als „Aussetzung der Jugendstrafe zur Bewährung" wieder ein. Streng genommen handelt es sich hierbei um die Aussetzung der Vollstreckung der JStrafe vBew. Der (kriminalpolitische) Zweck dieser Vorgehensweise besteht ausschließlich darin, dem JGericht eine dezidiert **spezialpräventive** Option der Rechtsfolgengestaltung zur Verfügung zu stellen. Angesichts der erfahrungsgemäß oft desintegrativen Effekte von Haft soll das JGericht hiernach bei Notwendigkeit einer JStrafe entscheiden können, ob die realisierte oder suspendierte Vollstreckung erzieherisch die größeren Aussichten verspricht. Allerdings ist die Flexibilität dieser Möglichkeit eingeschränkt, denn nach § 21 kann immer **nur** die Vollstr der **gesamten** JStrafe ausgesetzt werden. Die Aussetzung der Vollstr zBew eines Strafteils wird durch Abs. 3 S. 1 ausgeschlossen (de lege ferenda eine Änderung empfehlend Weidinger Strafaussetzung S. 365 ff.). Ein der Teilaussetzung iErg ähnelndes Ergebnis entsteht aber dann, wenn nach Vollstr eines Teils der JStrafe die Aussetzung des Strafrestes erfolgt (§ 88). 3

Die Aussetzung der Vollstr zBew stellt indes **keine selbstständige** Rechtsfolge dar (ebenso etwa Beulke/Swoboda JugendStrafR Rn. 492; Streng JugendStrafR Rn. 465; abw. NK-JGG/Ostendorf Grdl. z. §§ 21–26a 4

Rn. 3). Ungeachtet ihrer spezialpräventiven Funktion besteht ihre Regelungswirkung lediglich in der Modifikation der JStrafenvollstreckung. Gemäß dieser **rechtlichen Trennung** ist die JStrafe an sich allein nach den Kriterien des §§ 17, 18 anzuordnen und zu bemessen – also unabhängig davon, ob das Gericht eine (anschließende) Aussetzung erwägt und beschließen will bzw. wird (zu diesbzgl. Judikatur → § 18 Rn. 41). Formal muss der Vorgang der JStraffestlegung folglich beendet sein, bevor die Frage der Aussetzung der Vollstr zBew geprüft werden darf (BGH NStZ 2008, 693; Brunner/Dölling Rn. 2).

5 Im Justizalltag ist die Einhaltung dieser **Schrittfolge** indes kaum kontrollierbar (vgl. zB Nix Rn. 5) und methodisch auch nur schwer umzusetzen. De facto erfolgt die Strafbemessung daher vielfach unter Berücksichtigung der Voraussetzungen von § 21 (vgl. zu rechtstatsächlichen Anhaltspunkten Buckolt, Die Zumessung der Jugendstrafe, 2009, S. 236 ff.). Anders als im allg. StR (vgl. dort etwa BGHSt 29, 319 (321 f.) = NJW 1981, 692 (693); NStZ 1992, 489; NStZ-RR 2008, 369) liegt darin im JStR jedoch nicht notwendig ein gesetzwidriges Vorgehen (ebenso BGH NStZ 2017, 648 (649 f.)). Die von § 18 Abs. 2 geforderte erzieherische JStrafbemessung ist ohne Überlegungen dazu, ob die JStrafe tatsächlich umgesetzt oder suspendiert werden kann und soll, streng genommen nämlich gar nicht durchführbar. Jene partiellen Bezugnahmen dürfen allerdings nicht zur regelrechten Vermengung von Anordnung der JStrafe und Vollstr-Aussetzung führen. Darin läge nicht nur ein Widerspruch zur dogmatischen Struktur, sondern auch die Gefahr einer sinkenden justiziellen „Hemmschwelle“, dh weniger streng gehandhabter Verhängungsvoraussetzungen und einer „großzügigeren“ Bemessung der JStrafe (kennzeichnend hierfür der Fall bei BGH NStZ 2008, 693).

6 Die rechtliche Trennung zwischen Anordnung/Bemessung und Aussetzung der JStrafe kommt iÜ darin zum Ausdruck, dass der Schuld- und Strafausspruch in **Teilrechtskraft** erwachsen kann – unabhängig von der noch nicht erledigten Anordnung einer Aussetzung. Auch ist eine isolierte Anfechtung der Entscheidung über die Aussetzung möglich, wobei dies nach der ausdrücklichen Regelung des § 59 (vgl. → Rn. 32) nur mit der sofortigen Beschwerde erfolgen kann.

2. Rechtstatsächliche Einordnung

7 Die **Häufigkeit** bedingter JStrafen nahm in den letzten Jahrzehnten (ebenso wie die Häufigkeit der JStrafe insges. – in absoluten Zahlen wie auch in den Anteilen an allen jugendstrafrechtlichen Sanktionen – stetig ab. Zugleich hat sich das Verhältnis zur unbestimmten JStrafe verschoben. Die Rate zu (bestimmter) JStrafe Verurteilten, denen ggü. die Vollstr zBew ausgesetzt wurde, betrug im Jahre 1962 noch 48,8 % und ist seitdem (abgesehen von leichten Schwankungen) stetig gestiegen. Ab dem Jahre 1976 blieb er bis 2015 nicht mehr unter 60 % (1994 = 63,44 %, 2000 = 62,12 %, 2006 = 62,31 % (jeweils in den „alten“ Bundesländern), 2015/16 lag der Wert allerdings nur bei 60,50 % bzw. 58,94 % und 2020/21 bei 60,2 % bzw. 62,3 % (Deutschland insgesamt; StrafSt Tabelle 4.1). 2022 waren es 60,6 % (StrafSt Tab. 24311-22; für ähnliche Zahlen auf Basis von BZR-Auswertungen JAHT, Legalbewährung, 2021, S. 126). In der Tendenz deckt sich dies mit der Entwicklung der Aussetzungen bei der Freiheitsstrafe, wenngleich

die Aussetzungshäufigkeit im Jugendstrafrecht etwas geringer als im allg. StR ist. Der Vergleich wird indes durch die unterschiedlichen Diversionsraten und Haftstrafenanteile erschwert (vgl. zum Ganzen n. Heinz Sekundäranalyse S. 1193 ff.; Heinz Blindflug S. 62 ff., 108 f.; Eisenberg/Kölbel Kriminologie § 35 Rn. 49 ff.).

Die Aussetzungswahrscheinlichkeit ist **umso höher, je kürzer** die verhängte JStrafe ist (Heinz Blindflug S. 67 f.). Im Einzelnen wurden im Jahre 1976 ausgesetzt: 81,9 % bei JStrafe von sechs Monaten, 78,9 % bei JStrafe von mehr als sechs Monaten bis zu neun Monaten, 73,6 % bei JStrafe von mehr als neun Monaten bis zu einem Jahr und 20,5 % bei JStrafe von mehr als einem Jahr bis zu zwei Jahren. 1996 lauteten die entsprechenden Anteile 83,7 %, 81,0 %, 72,5 % und 56,4 %, wobei die Werte von bspw. 2006 (81,4 %, 80,0 %, 72,7 % und 55,3 % – jeweils in den „alten" Bundesländern) und 2020 (für Deutschland insg.: 84,08 %, 82,76 %, 77,90 % und 62,96 % – jeweils StrafSt Tabelle 4.1) relativ ähnlich waren. 8

Ausweislich der BZR-Daten liegen die **Rückfallraten** bei zBew ausgesetzten JStrafen zwar auf einem hohen Niveau (so etwa beim Entscheidungsjahrgang 2004: 63 % nach drei Jahren, 75 % nach sechs Jahren, 78 % nach 9 Jahren und 80 % nach zwölf Jahren), zugleich aber noch deutlich unter den Werten bei vollständig oder teilw. vollstreckten JStrafen. Bei Freiheitsstrafen sind die Rückfälle insg. weniger häufig und die Unterschiede zwischen zBew ausgesetzten und ganz/teilw. vollstreckten Freiheitsstrafen noch größer (JAHT, Legalbewährung, 2016, S. 207, 217; JAHT, Legalbewährung, 2021, S. 163, 172, 176; früher dazu bereits Uhlig Bewährungshilfe 1987, 293 (304)); zu den für die Legalbewährung bedingt hinweiskräftigen Bewährungswiderrufen → § 113 Rn. 10 ff.; vertiefend Weigelt, Bewähren sich Bewährungsstrafen?, 2009, S. 231 ff.). 9

Insofern bestätigt sich hierin die kriminalpolitische Berechtigung der Nichtvollstreckung von JStrafe, die – wie die Häufigkeits- und Verteilungsdaten zeigen – rechtspraktisch **breit anerkannt** ist. Augenscheinlich geht auch die Praxis davon aus, dass eine spezialpräventive Einwirkung unter den Bedingungen der Freiheitsentziehung prinzipiell geringere Erfolgsaussichten hat als in Freiheit. Gleichwohl stellt sich aber die Frage, ob nicht schon die Häufigkeit verhängter JStrafen eingeschränkt werden müsste. Dies gilt insbes. für Fälle der JStrafe wegen „schädlicher Neigungen", deren Anordnung außerdem auch öfter zBew ausgesetzt werden sollte (§§ 27 ff.). 10

III. Voraussetzungen der Aussetzung

Eine Aussetzung der Vollstr zBew kommt bei einer **JStrafe** von nicht mehr als einem Jahr (Abs. 1) bzw. – wenn nicht die Entwicklung des Jugendlichen entgegensteht (dazu → Rn. 29 f.) – von nicht mehr als **zwei Jahren** (Abs. 2) in Betracht. Ob die JStrafe sofort oder erst nach einer gem. § 27 zBew ausgesetzten Verhängung angeordnet worden war, ist ohne Belang (n. → § 30 Rn. 10–13). In allen Fällen bedarf es mit Blick auf den Betroffenen einer **günstigen Entwicklungsprognose** (n. → Rn. 18 ff.). Bei Vorliegen dieser Bedingungen ist die Vollstr zBew für den JRichter dann aber **obligatorisch** (BGH StV 1991, 423 = BeckRS 1991, 31093837). Für § 21 hat – im Unterschied zu § 56 Abs. 3 StGB („Verteidigung der Rechtsordnung") – die Frage, ob die Aussetzung der Vollstr zBew mit Belangen der positiven 11

Generalprävention verträglich ist, also überhaupt keine Relevanz (zust. Bottke, Generalprävention und Jugendstrafrecht, 1984, S. 42; iErg ebenso BGHSt 24, 360 = NJW 1972, 1905; BGH bei Böhm NStZ 1994, 528 (530); NK-JGG/Ostendorf Rn. 18). Dies entspricht dem Vorrang erzieherischer Belange (→ § 2 Rn. 5 f., → § 5 Rn. 3) auch im Bereich der JStrafe (→ § 17 Rn. 6 f., → § 18 Rn. 43).

12 Eine Entscheidung nach § 21 scheidet bei keinem Delikt von vornherein aus (so zum allg. StR BGHSt 6, 299 = NJW 1954, 1087; BGH NStZ-RR 2005, 38). Maßgebend für die Aussetzungsfähigkeit ist vielmehr allein die **bemessene Höhe** der JStrafe. Die damit verbundene Einschränkung in der Anwendbarkeit von § 21 überzeugt nicht (für eine Anhebung auf 3 Jahre nachdrücklich Weidinger Strafaussetzung S. 357 ff., 360; gegen jede Grenze DVJJ/AK V/4 1993, S. 741; diff. Diemer/Schatz/Sonnen/Sonnen Rn. 4). Die aktuelle Regelung bleibt damit hinter der Regelung in § 10 Abs. 1 S. 1 JGG 1923 zurück („Das Gericht kann die Vollstreckung einer Freiheitsstrafe im Urteil aussetzen (…)."), bei der die Dauer der erkannten Strafe für die Frage der Aussetzung als „belanglos" (Kiesow JGG § 10 Anm. 2a) galt. Erzieherisch wie kriminalpolitisch muss es als **unbefriedigend** gelten, dass bei längeren JStrafen auch dann keine Aussetzung zulässig ist, wenn sie im Einzelfall das Mittel der Wahl wäre (ähnlich Beulke FS Schurig, 2012, 18; abw. BT-Drs. 16/13142, 71).

13 Die de lege lata bestehende Maßgeblichkeit der bemessenen Strafhöhe hat auch dort Bedeutung, wo sich die tatsächliche Strafdauer durch **Anrechnung** verkürzt – sei es bei der Kompensation von Prozessverzögerungen (BGHSt 52, 124 (141) = NJW 2008, 860 (865) sowie → § 18 Rn. 44 ff.), bei vollstreckter U-Haft (vgl. § 52a sowie BGHSt 6, 391) oder bei Bildung einer Einheits-JStrafe unter Einbeziehung teilvollstreckter stationärer Sanktionen (→ § 31 Rn. 50 ff.). Dass hier nur noch die verbleibende Reststrafe ausgesetzt werden kann, stellt keinen Fall der unzulässigen Teilaussetzung (→ Rn. 3) dar (Abs. 3 S. 2). Für die Möglichkeit der Aussetzung ist sodann aber nicht die Dauer des (nach Anrechnung noch) vollstreckbaren Teils der JStrafe, sondern allein das festgelegte Strafmaß relevant (BGHSt 5, 377 = NJW 1955, 30 (zum allg. StR); MüKoStGB/Radtke/Scholze Rn. 16; Diemer/Schatz/Sonnen/Sonnen Rn. 18; aA HK-JGG/Meier Rn. 6). Der wohl hM zufolge muss nach der Anrechnung allerdings noch ein **Strafrest verbleiben,** damit überhaupt Raum für die Aussetzung besteht. Anderenfalls ist die JStrafe bereits vollständig verbüßt und eine Aussetzung scheidet daher „begrifflich aus" (BGHR JGG § 21, Strafe, verbüßte 1 = BeckRS 1987, 31104175; BGH BeckRS 2024, 36447). Registerrechtlich ist diese Einschränkung für die Betroffenen zwar von Nachteil, weil bei ihnen dann nur eine unbedingte (statt der ggf. bedingten) JStrafe erfasst werden kann. Zugleich wird hierdurch aber eine (ungeachtet der Vollverbüßung erfolgende) Anordnung belastender Bewährungsmaßnahmen ausgeschlossen (zum Ganzen n. im allg. StR BGHSt 32, 25 = NJW 1982, 1768; s. auch BGH NJW 2002, 1356; BeckRS 2021, 10615).

14 Grds. kommt die Aussetzung der Vollstr zBew nach Abs. 1 wie auch nach Abs. 2 **unabhängig** davon in Betracht, ob die fragliche JStrafe nach § 17 Abs. 2 Alt. 1 oder Alt. 2 (oder nach beiden Alternativen) verhängt wurde. Es muss also auch in Konstellationen, in denen die JStrafe wegen **„schädlicher Neigungen"** veranlasst und folglich die erzieherische Notwendigkeit einer stationären Einwirkung bereits bejaht worden ist (→ § 17 Rn. 20 ff.), näher

geprüft werden, ob die Legalprognose bei Aussetzung ebenso günstig oder gar günstiger ist als bei der Vollstreckung (→ Rn. 17). Sofern dies gerade (auch) wegen der Bewährungsmaßnahmen bejaht werden kann, wohnt einer solchen Entscheidungsstruktur auch kein Widerspruch inne (s. hierzu ferner → § 17 Rn. 12; ebenso etwa Nöding Verteidigung Rn. 141). Bei wegen **„Schwere der Schuld"** verhängter JStrafe, für die der individuelle Einwirkungsbedarf nur sekundär ist (→ § 17 Rn. 55), muss eine Aussetzung der Vollstr zBew ohnehin stets geprüft und tendenziell bejaht werden (vgl. auch Westphal, Die Aussetzung der Jugendstrafe zur Bewährung gem. § 21 JGG, 1995, S. 245 f.: bei dieser Alternative ist unabhängig von einer Prognose immer auszusetzen). Die Aussetzung zBew auf Taten aus „jugendtypischen Konfliktlagen" oder auf „persönlichkeitsfremde" Taten zu verengen, wäre also verfehlt.

IV. Prognose

1. Prognosemaßstab

Die Zulässigkeit der Aussetzung ist nach Abs. 1 S. 1 an eine spezifische Prognose geknüpft. Diese bezieht sich erstens (ebenso wie bei § 56 Abs. 1 StGB) auf den Eintritt einer Warnwirkung der Verurteilung und zweitens darauf, dass „künftig", dh über die Bewährungszeit hinaus, ein „rechtschaffener Lebenswandel" (hierzu krit. → § 5 Rn. 4) gezeigt werden wird. Im Kern geht es dabei wie im allg. StR (§ 56 Abs. 1 StGB: „keine Straftaten mehr begehen wird") um die Erwartbarkeit eines **sozialüblichen Konformitätsgrades** (ähnlich Brunner/Dölling Rn. 10; Diemer/Schatz/Sonnen/Sonnen Rn. 9). Für die Vorhersage dieser individuellen Entwicklung gilt es dabei, „die Wirkungen zu berücksichtigen, die von der Aussetzung für ihn zu erwarten sind" (Abs. 1 S. 2). Es ist also ausdrücklich in Rechnung zu stellen, dass der Verurteilte „der erzieherischen Einwirkung in der Bewährungszeit" (Abs. 1 S. 1) unterliegt (dazu allg. auch → § 5 Rn. 67 ff.). Auf diese Person wird nämlich gleich **in mehrfacher Form** – durch die Verurteilung, die Androhung eines Freiheitsentzugs und die gem. §§ 23, 24 zur Verfügung stehenden Einwirkungsmittel – **Einfluss genommen,** womit die Aussicht auf künftige Straffreiheit steigt. Soweit das Gesetz in Abs. 1 S. 3 davon ausgeht, dass in diesem Zusammenhang auch die Anordnung von Kopplungsarrest (§ 16a) als potenziell förderliche Begleitmaßnahme zur Geltung kommen könnte und dann prognostisch mitbedacht werden muss, ist indes Zurückhaltung geboten (ähnlich MüKoStGB/Radtke/Scholze Rn. 23). Angesichts der vorliegenden Hinweise auf die tendenzielle Kontraproduktivität des JA sind entspr. Effekte wenig wahrscheinlich oder jedenfalls höchst spekulativ (zur zw. Zweckmäßigkeit und nur restriktiv zulässigen Kopplung des JA mit der Aussetzung zBew → § 8 Rn. 14). 15

Die zur Aussetzung erforderliche **Prognosesicherheit** liegt nach hM vor, wenn – insoweit ähnlich dem allg. StR – die zukünftige Legalbewährung begründet und eher zu erwarten ist als die erneute Deliktsbegehung (so zu § 56 StGB etwa BGH NStZ-RR 2005, 38). Gewissheit oder eine hohe Wahrscheinlichkeit des positiven Verlaufs verlangt das Gesetz nicht; es genügt, dass die Aussetzung „aussichtsreich" ist (Streng JugendStrafR Rn. 470). Umgekehrt muss eine negative Erwartung auf bestimmte Tatsa- 16 chen gestützt sein, wozu ein sog. „Anfangsverdacht" in anderer Sache allerdings nicht genügt. Selbst einer Anklageerhebung in einem anderen Verfahren kommt „kein prognoserelevanter Aussagegehalt" zu (BGH StV 2013, 215 = BeckRS 2012, 14984), da in dieser Hinsicht der Grundsatz „in dubio pro reo" zu berücksichtigen ist (BGH StV 1995, 521 = LSK 1996, 040410; NStZ-RR 2019, 336 (337); Lackner/Kühl/Heger/Heger StGB § 56 Rn. 8).

17 Der vorgenannte Prognosemaßstab bietet wegen seiner geringen Bestimmtheit allerdings nur ein bedingt hilfreiches Entscheidungskriterium. Eher orientierend wirken demgegenüber die allg. Maßgaben der jugendstrafrechtlichen Rechtsfolgenwahl. Anstelle einer isolierten Erwartungssicherheit kommt es hiernach (komparativ) darauf an, ob eine Suspendierung der Vollstr. **mindestens ebenso gut geeignet** ist, das angestrebte Erziehungsziel zu erreichen, wie dies eine Freiheitsentziehung in einer Einrichtung des JStVollz erwarten lässt. Dann nämlich ist das JGericht aus Verhältnismäßigkeitsgründen zur Aussetzung gezwungen (→ § 5 Rn. 21 f.). Dabei muss die auch von Abs. 1 S. 1 unterstellte Annahme, dass die Vollstr einer JStrafe im Allgemeinen geeignet sei, das Erreichen eines sozialüblichen Konformitätsgrades auch über die Haftzeit hinaus positiv zu beeinflussen, angesichts der empirischen Datenlage (vgl. → § 17 Rn. 16 ff., erg. → § 92 Rn. 33 ff.) oft als höchst zw. gelten. Der spezialpräventive Erwartungsgrad liegt im Fall der Vollstr mit anderen Worten **typischerweise** auf einem so niedrigen Niveau, dass dieses im Fall der Aussetzung (dank der Vermeidung desintegrativer Hafteffekte) allemal erreicht werden wird. Die Eignungsäquivalenz der Nicht-Vollstr ist schon deshalb regelhaft anzunehmen, sodass das Gericht dann auch nach § 21 verfahren muss. Besonders klare Beispiele hierfür liegen dort vor, wo die Angebote im JStVollz hinter den Möglichkeiten eines beruflichen Neuanfangs (vgl. etwa BGH 3.1.1991 – 1 StR 632/90 bei Böhm NStZ 1991, 522 (523)) oder einer Drogentherapie (vgl. AG Halle-Saale Kreis NK 1/2000, 38 (38 f.)), die in Freiheit bestehen und bereits angenommen werden, zurückbleiben. Selbst im Zweifelsfall ist auf der Grundlage der empirisch fundierten Bedenken ggü. der Leistungsfähigkeit des JStrafvollz gerade aus erzieherischen Gründen eine Aussetzung zBew geboten oder zumindest nach §§ 61 ff. zu verfahren.

2. Vornahme der Prognose

18 **a) Zeitpunkt und Vorbereitung.** Die prognostische Beurteilung hat auf den **Zeitpunkt der tatrichterlichen Entscheidung** abzustellen (BGH StV 1991, 424 = BeckRS 1990, 31081628), nicht also auf den Zeitpunkt der Tat. Demgemäß kann eine zunächst – dh zur Zeit der Tat – möglicherweise günstig gewesene Prognose, die durch zwischenzeitliche Verläufe in Frage gestellt wird, auch dann nicht berücksichtigt werden, wenn sie im Falle einer früheren Aburteilung noch begründet gewesen wäre (OLG Köln NJW 1957, 472). Umgekehrt können positive nachtatliche Entwicklungen wiederum gegen die Notwendigkeit des Vollzugs einer JStrafe sprechen. Ob diese Veränderungen „von sich aus" eintraten oder mit Blick auf die Rechtsfolgenentscheidung des JGerichts „gezielt" ausgelöst wurden (ggf. verbunden mit einer „verteidigungsstrategischen" Berufung zur Sicherung der dafür notwendigen Zeit), ist im Falle ihrer Tragfähigkeit ohne Belang.

Die Informationen, derer es mit Blick auf die Prognosefaktoren (→ Rn. 21) bedarf, können idR nur durch eine jugendkriminologisch orientierte Ermittlung gem. **§ 43** erhoben werden. Wie stets ist hier auch die JGH in der Verantwortung, gelegentlich bedarf es aber einer gutachterlichen Beurteilung. Dabei kommt es allerdings nicht auf Wertungen, sondern auf Tatsachen an (vgl. BGH StV 1991, 424 = BeckRS 1990, 31081628; s. auch BGH BGHR JGG § 21 Sozialprognose 1 (Gründe) = BeckRS 2015, 8839 in einem Fall, in dem sich das Tatgericht auf vage Zuschreibungen („Persönlichkeitsstörung mit dissozialen und schizoiden Anteilen" nebst „Störung des Sozialverhaltens") beschränkt hat, ohne deren Ereignisgrundlage zu erläutern). 19

b) Nicht-standardisierendes Vorgehen. Bei der prognostischen Einschätzung muss es sich um ein am konkreten Verurteilten orientiertes Vorgehen handeln, das die Gegebenheiten und Entwicklungen im **jeweiligen Einzelfall** aufzugreifen versucht (s. im Einzelnen → § 5 Rn. 31 ff.; gegen generalisierende Ausgrenzungen vgl. etwa die Beiträge in Schüler-Springorum, Mehrfach Auffällig, 1982; vgl. ferner Westphal, Die Aussetzung der Jugendstrafe zur Bewährung gem. § 21 JGG, 1995, S. 211). Zwar sind generelle Erfahrungen hierbei berücksichtigungsfähig, aber nicht im Sinne eines standardisierten Bewertungssystems. Eine schematisierende Vorgehensweise, die sich lediglich einiger Kriterien, die als Risikohinweise gelten, bedient und daraus unmittelbar (oder gleichsam kalkulatorisch verrechnend) eine Prognose erstellt (zu dieser aktuarischen Logik und der quasi-statistischen Methode etwa Eisenberg/Kölbel Kriminologie § 19 Rn. 23 ff.), liefe den Grundprinzipien des JStR in sachfremder Weise zuwider. Die erforderliche Individualisierung, die von der dezidiert spezialpräventiven Leitvorgabe in § 2 Abs. 1 vorausgesetzt wird, ginge dabei zwangsläufig verloren. Auch blieben hierbei die vielfältigen Möglichkeiten der Ausgestaltung von Weisungen und Auflagen wie auch der BewHilfe ungenutzt. 20

3. Einzelheiten zu Prognosefaktoren (Abs. 1 S. 2)

a) Tat- und Entwicklungsbedingungen. Wesentliche Hinweise für die Vorhersage der Entwicklung des Jugendlichen können sich aus der **Einordnung der Tat** ergeben. Anders als die insofern idR unergiebige Schwere des Erfolgsunrechts (ebenso etwa BeckOK JGG/Nehring Rn. 25) sind unter Umständen die konkreten situativen Gegebenheiten und die deliktischen Entstehungszusammenhänge aussagekräftig (dazu anhand eines Vater-Sohn-Konfliktes etwa BGH BGHR JGG § 21 Sozialprognose 1 (Gründe) = BeckRS 2015, 8839). Dies gilt besonders bei einer Bezugnahme dieses Tatereignisses auf die **Verlaufsentwicklung** des Jugendlichen, wobei für deren Beurteilung dezidiert auch die **wechselwirkenden** Zusammenhänge zwischen dem Verhalten der fraglichen Person und ihrer Umwelt zu berücksichtigen sind (n. zum Ganzen → § 5 Rn. 43 ff.). 21

Als naheliegend gilt die Aussetzung der JStrafe bei Jugendlichen, deren Tat im Zusammenhang mit der Pubertät (Orientierungsunsicherheit, Impulsivität, seelische Krisen, übersteigertes Ehrgefühl usw) oder anderen (nur) **entwicklungsbedingten** Schwierigkeiten steht. Das kann bspw. bei Vermögens- oder Sexualdelikten und (sonstiger) sozialer Unauffälligkeit gegeben sein (vgl. etwa BGH StV 1991, 424 = BeckRS 1990, 31081628) oder auch 22 bei „Kurzschlusshandlungen" ohne bleibende Bedeutung. Umgekehrt ist anerkannt, dass eine günstige Prognose auch bei Erstbestraften nicht ausnahmslos gerechtfertigt sein muss (RL 1 S. 1 aF). Allerdings ist dies nur unter außergewöhnlichen Umständen vorstellbar, in denen die Vornahme und Vorbereitung des Deliktes für einen ungünstigen biografischen Verlauf spricht (zur Problematik auch → § 17 Rn. 29). Die gerichtliche Annahme, die betr. Person habe neben der angeklagten Tat auch eine ausgeprägte Dunkelfelddelinquenz gezeigt, muss hierbei jedenfalls unberücksichtigt bleiben (→ Rn. 16).

23 Daneben sind namentlich Gegebenheiten im **Leistungs-, Sozial-** und **Freizeitbereich** zu berücksichtigen (wenig vertiefend aber bspw. LG Berlin NStZ 2007, 46: „eingefleischte Verhaltensmuster des ohne strukturierten Tagesablauf in den Tag hinein lebenden Angeklagten"). Dabei kann wesentlich sein, ob hier ungünstige Umstände nach der Tat zwischenzeitlich weggefallen sind (bzw. den Verurteilten nicht mehr beeinträchtigen) oder ob es zu neuen Umständen kam, die eine positive Auswirkung erst erwarten lassen (→ Rn. 18). Neben den Effekten, die man sich von den Bewährungsmaßnahmen verspricht (s. auch → Rn. 15), kann die Vollstr von U-Haft und/oder die HV bisweilen schon günstige Folgen gehabt haben (vgl. BGH NStZ-RR 2007, 61; LG Hamburg BeckRS 2016, 15546; zur diesbzgl. Erörterungsnotwendigkeit OLG Hamm StV 2005, 69 = BeckRS 2004, 2165). Denkbar ist dies auch bei zwischenzeitlich erfolgten privaten oder (jugend-)behördlichen Interventionen (vgl. etwa schon OLG Frankfurt a. M. NJW 1977, 2175 (2176)). Mehr noch als im allg. StR kommt es ua darauf an, ob sich die Lebensverhältnisse nach der Tat stabilisiert haben (BGH StV 1986, 307 = BeckRS 1986, 31101931; StV 1987, 306 = BeckRS 1986, 31109573; NStZ-RR 1996, 133). In dieser Hinsicht sind Veränderungen in den Freundes- und Paarbeziehungen, in der familiären Integration, den Wohnverhältnissen, dem Schul-, Ausbildungs-, und Arbeitsbereich, der Schuldentilgung usw jeweils in ihren Zusammenhängen zu würdigen (vgl. etwa OLG Hamm ZJJ 2016, 302 = BeckRS 2016, 17610; MüKoStGB/Radtke/Scholze Rn. 30). Auch sollte eine Aussetzung zBew nach Möglichkeit vorgenommen werden, wenn der Vollzug der JStrafe eine bereits angeordnete, Erfolg versprechende Erziehungsmaßregel gefährden würde (zum Verhältnis der Aussetzung zBew zu erzieherischen Einwirkungen durch bereits angeordnete jugendstrafrechtliche Rechtsfolgen bei § 31 Abs. 2 vgl. → § 31 Rn. 13 ff.).

24 **b) Soziale Devianz.** Für die justizpraktischen Aussetzungsentscheidungen scheinen Bedingungen in der Lebensführung oder als positiv bewertete Bindungen sowie Einstellungen zu Leistungsnormen und Integration nur bedingt bedeutsam zu sein, deutlich überlagert jedenfalls von etwaigen **strafrechtlichen Vorbelastungen** (so zumindest die vormaligen Befunde bei Hermanns, Sozialisationsbiographie und jugendrichterliche Entscheidungspraxis, 1983, S. 120 ff., 170 ff.). Auch **ausländische** Vorstrafen gelten hier als relevant (BGH NStZ 2022, 553 (554) mablAnm Kölbel NStZ 2022, 554 (556)). In dieser Hinsicht wäre allerdings, da eine standardisierende Vorgehensweise den Anforderungen nicht entspricht (→ Rn. 20), eine einzelfallgelöste Anknüpfung an traditionelle „deliktsbiografische Negativ-Merkmale" kaum sachgerecht. Das Erfordernis, stattdessen den zwischenzeitlichen Verlauf und die ggf. erkennbaren Entwicklungsanzeichen

näher zu prüfen, gilt auch bei bereits (mehrfach) vorbestraften Personen (vgl. OLG Frankfurt a. M. NJW 1977, 2175; LG Flensburg BeckRS 2017, 103090) und selbst bei bereits vollstreckten früheren JStrafen (vgl. AG Kiel Zbl 1965, 55 (55 f.); NK-JGG/Ostendorf Rn. 23). Insbesondere im Fall von zeitlich etwas länger zurückliegenden Delikten ist zu berücksichtigen, dass die Entwicklung in jugendlichem Alter häufig beschleunigt und gelegentlich überraschend (günstig) verläuft (bei seitheriger Nichtauffälligkeit ebenso LG Ravensburg BeckRS 2016, 11381). Wird während einer in anderer Sache angeordneten Bewährungszeit wegen einer neuerlichen Straftat wiederum auf JStrafe erkannt (zu den Darlegungsanforderungen bei dieser Konstellation s. BGH BeckRS 2016, 9862), ist auch hierfür die Aussetzung anzuordnen, sofern die Grundlagen der vorherigen Prognosestellung nicht entfallen sind (BGH NStZ-RR 1996, 133; vgl. auch → §§ 26, 26a Rn. 11 f.). Anders kann es bei hinzukommenden, anhaltenden Verstößen gegen die Bewährungsweisungen liegen (vgl. etwa AG Köln BeckRS 2016, 120491).

Die Berücksichtigung früherer eingestellter Verfahren ist wegen dort 25
mangelnder Schuldfeststellungen höchst bedenklich, jedenfalls wenn das JGericht dazu keine eigenen Feststellungen trifft (BGH BGHR JGG § 21 Sozialprognose 1 (Gründe) = BeckRS 2015, 8839; s. auch → Rn. 16 zu laufenden Parallelverfahren). Ebenso zw. ist es, frühe polizeilich registrierte Vorgänge aus der noch strafunmündigen Lebensphase heranzuziehen (→ § 1 Rn. 23; bei hinreichenden Feststellungen zu diesen Vorwürfen abw. aber BeckOK JGG/Nehring Rn. 21). Wurde die abzuurteilende Tat **während** einer Hilfe zur Erziehung gem. **§ 34 SGB VIII** begangen, rechtfertigt dies die Ablehnung einer Aussetzung für sich genommen noch nicht. Vielmehr kommt es auch hier auf die individuellen Gegebenheiten an, denn gerade die Umstände dieser Maßnahme könnten die Straftatbegehung gefördert haben (vgl. Erl. zu → § 12 Rn. 17 ff., 24 ff.). Soweit die Aussetzung zBew angeordnet wird, lässt dies eine daneben bestehende Heimerziehung oder Wohnunterbringung – anders als die dann ruhende EB (§ 8 Abs. 2 S. 3) – iÜ unberührt, weshalb die Unterstellung unter BewHilfe mit dieser jugendhilferechtlichen Intervention abgestimmt werden muss (nicht aber durch Bestellung des Heimleiters zum ehrenamtlichen BewHelfer (→ § 26 Rn. 5a)).

Bei **Drogenabhängigkeit** steht auch die Zurückstellung der 26
JStraf-Vollstr gem. §§ 38, 35 BtMG zur Debatte, der ggü. die Aussetzung zBew allerdings vorrangig ist. Dieses Verhältnis darf nicht unterlaufen werden, weshalb die Voraussetzungen des § 21 unabhängig von den Zurückstellungsvoraussetzungen (vgl. dazu → § 17 Rn. 44, → § 82 Rn. 20 ff.) zu prüfen sind (s. aber allg. dazu die Befragung von Richtern und Staatsanwälten bei Egg, Die Therapieregelungen des BtM-Rechts/Knötzele 1992, S. 113, ferner Franck, Strafverfahren gegen HIV-Infizierte, 2001, S. 97). Bei der Prognose (für Einzelheiten s. Weber/Kornrobst/Maier/Maier BtMG Vor §§ 29 ff. Rn. 1181 ff., 1192 ff.) sind die verschiedenen therapeutischen Möglichkeiten (n. → § 10 Rn. 50 ff.), die sich innerhalb und außerhalb des JStVollz deutlich unterscheiden, eingehend zu berücksichtigen (vgl. speziell zu höherer „Erziehungsempfindlichkeit" bei HIV–Infizierten Franck, Strafverfahren gegen HIV-Infizierte, 2001, S. 90, 92 ff.). Eine sich nachtatlich entwickelnde Abstinenz und die Teilnahme an einer ambulanten Drogentherapie sprechen als berücksichtigungsfähige Umstände (trotz des diesbzgl. Rückfallrisikos) klar für eine Aussetzung (vgl. schon BGH BeckRS 1988,

31087129: „bereitwillig und konstruktiv an einer ambulanten Drogentherapie … teilgenommen"). Gegen eine Aussetzung wird vielfach die Überlegung ins Feld geführt, dass eine (Teil-)Vollstr der JStrafe geeignet sein könnte, die Bereitschaft zu einer Therapie (im Rahmen einer Aussetzung oder Zurückstellung des Strafrestes) zu fördern. Empirisch dürfte es sich hierbei indes um eine eher ungesicherte Annahme handeln.

27 **c) Innerprozessuales Nachtatverhalten.** Bei der Bewertung des Verhaltens im Strafverfahren ist gerade bei Jugendlichen eine differenzierte Betrachtungsweise angebracht. So kann ein Auftreten, das als uneinsichtig oder als rechtsfeindliches Bestreiten oder als Mangel an erkennbarer Reue und Schuldeinsicht erscheinen mag, ein unmittelbarer Ausdruck von Angst oder Hilflosigkeit und deshalb prognostisch irrelevant sein. Ähnlich verhält es sich bei scheinbar „mangelndem Problembewusstsein" (ebenso schon BGH StV 1991, 424 = BeckRS 1990, 31081628). Falls es an Zeichen für ein Bedauern oder Bereitschaft zur Wiedergutmachung fehlt, muss dies (entgegen einer verbreiteten Praxis (dazu Nöding Verteidigung Rn. 145)) für § 21 deshalb **ausgeblendet** werden (vgl. bspw. BGH BeckRS 2007, 09488; 2016, 2984; NStZ-RR 2018, 105 (jeweils zum allg. StR)) – ebenso wie die Ablehnung, sich mit dem Tatvorwurf in einer Therapie auseinanderzusetzen (allgA, vgl. nur BGH NStZ-RR 2015, 107 (zum allg. StR)). Mit Blick auf die Verteidigungsfreiheit des Jugendlichen darf ihm gleichfalls nicht (auch nicht prognostisch) zum Nachteil gereichen, wenn er in Wahrnehmung seines Verteidigungsrechts die Tat im Ermittlungsverfahren bestritten hat (vgl. BGH BeckRS 2017, 104061) oder weiter **bestreitet** (vgl. etwa BGH StV 1993, 533 = BeckRS 1993, 31085915 betr. die Äußerung, ein Geständnis sei „durch Polizei aufgenötigt" worden). Das Gleiche gilt, sofern er eine andere berechtigte Verteidigungsstrategie verfolgt (so zum allg. StR OLG Bamberg DAR 2013, 89 (90)). Andererseits können bspw. (innerprozessuale) Äußerungen, die auf ein Festhalten an einer extremistischen **Ideologie** hinweisen, durchaus Anhaltspunkte für eine fortbestehende Deliktsbegehungsbereitschaft sein (vgl. auch BGH NStZ-RR 2020, 261).

28 **d) Nicht-/Einverständnis.** Eine günstige Prognose wird idR nur gestellt werden können, wenn der Verurteilte mit der Aussetzung zBew einverstanden ist (ebenso HK-JGG/Meier Rn. 15; aA Westphal, Die Aussetzung der Jugendstrafe zur Bewährung gem. § 21 JGG, 1995, S. 231; BeckOK JGG/Nehring Rn. 11). Für eine ablehnende Haltung ggü. der Aussetzung zBew kann es gewichtige Gründe geben, zB die Sorge, den Belastungen durch flankierende Maßnahmen (iSv §§ 22, 23) nicht gewachsen zu sein. Allerdings wäre es verfehlt, allein schon aus bestimmten Äußerungen oder Verhaltensweisen des Verurteilten etwa iRd Strafverfahrens auf eine mangelnde Bereitschaft zu einer erzieherischen Betreuung in Freiheit schließen zu wollen. So kann eine ausdrückliche Verweigerung der Zustimmung bspw. auf **situativ geprägten** Umständen des Augenblicks beruhen, die mit den prozessbedingten psychischen und sozialen Belastungen einhergehen. Wird dies angenommen und eine Aussetzung zBew angeordnet, könnte diese im Falle einer anhaltend ablehnenden Einstellung des Verurteilten iÜ auch noch widerrufen werden.

4. (Keine) Besonderheiten nach Absatz 2

29 Die vorgenannten Maßgaben (→ Rn. 11 ff., → Rn. 15 ff.) gelten nicht nur für die Aussetzung von bis zu einjährigen, sondern auch für die Aussetzung von ein- bis zweijährigen JStrafen. Abs. 2 sieht für diese längeren Sanktionen indes durch den Vorbehalt, dass die Entwicklung des Jugendlichen keine Vollstr der JStrafe erfordern dürfe, formal eine weitere Voraussetzung vor. Bei der Prüfung, ob die Vollstr nicht ausnahmsweise geboten ist, geht es gleichsam um eine „negative" Prognose (womit die frühere Rechtslage letztlich umgekehrt wird). De facto ist diese Zusatzbedingung indes **weitgehend funktionslos** (ebenso bspw. HK-JGG/Meier Rn. 21; MüKoStGB/Radtke/Scholze Rn. 35; Streng JugendStrafR Rn. 471; Nöding Verteidigung Rn. 147; abw. Brunner/Dölling Rn. 15 f.). In Fällen, in denen eine Umsetzung der JStrafe als entwicklungsnotwendig gilt, fehlt es nämlich idR an der erforderlichen Mehr- oder Gleichgeeignetheit der Aussetzung (→ Rn. 17), sodass diese dann meist ohnehin nicht zulässig ist. Unterstrichen wird dies auch durch die legislatorische Erläuterung, der zufolge solche Gründe der Erziehung, die bei der Verhängung und Bemessung der JStrafe und auch bei der allg. Prognose gem. Abs. 1 bedeutsam sind, keine Ausnahme von der im Regelfall angezeigten und grds. obligatorischen Aussetzung nach Abs. 2 begründen (BT-Drs. 11/5829, 20).

30 Wenn allgemeine Bedingungen der Lebensführung, die eine Grundlage für eine positive Legalprognose bilden können (familiäre Einbindung, fester Wohnsitz, Berufsausbildung/-tätigkeit), fallkonkret fehlen, reicht dies bei bis zu zweijährigen JStrafen ebenfalls für eine Ablehnung nicht aus (BGH NStZ-RR 2007, 138; NStZ 2018, 658 (659)). Das Gleiche gilt, wenn ohne eingehende Auseinandersetzung mit vorhandenen und als positiv zu bewertenden Umständen von der Notwendigkeit einer nachhaltigen erzieherischen Beeinflussung im Vollz der JStrafe ausgegangen wird (vgl. bereits BGH BeckRS 1986, 112184; ähnlich etwa BGH NStZ 1986, 379; BeckRS 1987, 31101305). Schon bei der Vorgängernorm von Abs. 2 war anerkannt, dass es unter Berücksichtigung des „das JStR beherrschenden Erziehungsgedankens" (BGH NStE Nr. 5 zu § 21 JGG = BeckRS 1986, 31087585) einer weniger zurückhaltenden Handhabung als bei der Kann-Vorschrift des § 56 Abs. 2 StGB bedürfe (BGHSt 24, 360 = NJW 1972, 1905; BGHR JGG § 21 Abs. 2 Gesamtwürdigung 2 = BeckRS 1987, 31101305). Insbes. wegen der Zukunftsorientierung des JStR schied eine einschr. Auslegung aus (kennzeichnend dafür die bei Böhm NStZ 1986, 446 (447) referierten Entscheidungen). Für die aktuelle Normfassung gilt all dies in gesteigertem Maße (MüKoStGB/Radtke/Scholze Rn. 13). Die Voraussetzungen einer Aussetzung sind bei 12- bis 24-monatigen JStrafen **nicht strenger** als bei kürzen Strafdauern.

31 Besonderheiten bei den ein- bis zweijährigen JStrafen bestehen lediglich bei **Nichtdeutschen.** Sofern die Verurteilung nicht eines der in § 54 Abs. 1 Nr. 1a AufenthG genannten Delikte betrifft (und dadurch ohnehin ein besonders schwerwiegendes Ausweisungsinteresse begründet), hat die Aussetzungsentscheidung für diese Gruppe ggf. außerstrafrechtliche Konsequenzen. Bei Nichtaussetzung liegt dann nämlich ein schwerwiegendes **Ausweisungsinteresse** iSv § 54 Abs. 2 Nr. 2 AufenthG vor (vgl. etwa VG Bayreuth BeckRS 2018, 52168). Indem die Aussetzung zBew dies verhindert und den Betroffenen damit „ausweisungsrechtlich teilw. sichert", redu-

ziert sie in vielen Fällen das Risiko desintegrativ wirkender ausländerrechtlicher Schritte und wirkt damit in zusätzlicher Weise spezialpräventiv funktional. Zwar kann sich auch eine Bewährungsstrafe (selbst bei beanstandungslos verlaufener Bewährungszeit) bei der Ausweisungsentscheidung zu Lasten des Betroffenen auswirken (zumal die ausländerrechtliche Gefahrenprognose nach hM von der strafrechtlichen Legalbewährungsprognose abweichen kann (vgl. etwa VGH München BeckRS 2014, 55805)). Aber bei Nichtaussetzung ist die dahingehende Wahrscheinlichkeit aus Rechtsgründen höher. Diese speziellen „Wirkungen (…), die von der Aussetzung (…) zu erwarten sind", muss das Gericht nach Abs. 1 S. 1 prognostisch ebenfalls berücksichtigten (dazu n. auch → § 18 Rn. 34).

V. Verfahrensrechtliches

1. Ausgestaltung der Bewährungszeit

32 Die Aussetzung zBew wird (meist) im Anschluss an die Verhandlung durch **Urteil** angeordnet (zur Urteilsfassung vgl. → § 54 Rn. 14 und 32). Die Anordnung setzt nur einfache, die Ablehnung hingegen eine ⅔-Mehrheit (§ 2 Abs. 2, § 263 Abs. 1 StPO) voraus. Im Falle der Aussetzung zBew sollen **Weisungen** erteilt, und es können Auflagen angeordnet werden (§ 23 Abs. 1); gleichzeitig muss gem. § 24 ein **BewHelfer** für eine festzulegende Dauer bestellt werden. Dies erfolgt jeweils durch einen Bewährungsbeschluss gem. § 58 Abs. 1, und zwar regelmäßig im Anschluss an das Urteil (zur dann notwendigen Belehrung s. § 268a Abs. 3 StPO iVm § 2 Abs. 2). Die zBew ausgesetzte JStrafe wird in das BZR eingetragen (§ 4 Nr. 1, 7 Abs. 1, § 13 Abs. 1 Nr. 1 BZRG), nicht aber in das Führungszeugnis aufgenommen (§ 32 Abs. 2 Nr. 3 BZRG). Als Rechtsmittel, das sich allein gegen die Anordnung oder Ablehnung der Aussetzung richtet, ist bei beiden Entscheidungsformen gem. § 59 Abs. 1 nur die **sofortige Beschwerde** zulässig (→ § 59 Rn. 5).

2. Nachträgliche Aussetzungsentscheidung

33 Die Entscheidung muss nicht im Urteil, sondern kann anstelle dessen auch **nachträglich durch einen Beschluss** des Tatgerichts ergehen (§ 57 Abs. 1 S. 1 und Abs. 2). Wenn es diese Option im Rahmen seines diesbzgl. Ermessens (→ § 57 Rn. 6) wählt, kann das Tatgericht dies durch einen ausdrücklichen Vorbehalt im Urteil erklären. Für den Verurteilten ist dies wegen der zwischenzeitlichen Ungewissheit jedoch ungünstiger. Auch bestehen prinzipielle Bedenken dagegen, den Jugendlichen nur zu disziplinieren und die Aussetzung zBew allein deshalb nicht schon im Urteil anzuordnen, damit der Eintritt der Vollstr oder Aussetzung zBew für ihn im Unklaren bleibt (→ § 57 Rn. 8). Sinnvoll ist der nachträgliche Beschluss indes in solchen Fällen, in denen für die Entscheidung zusätzliche Informationen oder Erkenntnisse erlangt werden müssen, die nach der HV (bzw. bei Schuldspruchreife) noch nicht vorliegen. Allerdings ist für solche Konstellationen seit dem „Gesetz zur Erweiterung der jugendgerichtlichen Handlungsmöglichkeiten" vom 4.9.2012 (BGBl. I 1859) das Vorgehen nach **§§ 61 ff.** (samt den dort geregelten differenzierten Maßgaben) vorgesehen.

Der davon unabhängige „einfache“ nachträgliche Beschluss kommt daher lediglich in den eher atypischen Konstellationen des § 57 Abs. 2 (→ § 57 Rn. 3 ff.) in Betracht.

Lehnt das Gericht die Anordnung der Aussetzung zBew ab, kann die Gnadenbehörde iÜ einen entspr. **Gnadenerweis** gewähren (zum Gnadenrecht im JStR Sonnen FS Streng, 2017, 617). Dies kommt nach der Funktion des Gnadenverfahrens in jenen Fällen in Betracht, in denen das gesetzliche Rechtsfolgensystem des JGG den konkreten Besonderheiten nicht hinreichend Rechnung trägt (vgl. auch Birkhoff/Lemke GnadenR Rn. 290). 34

3. Außer-strafrechtliche Bindung

Formal hat die Aussetzung der Vollstr der JStrafe zBew **keine** über das konkrete Verfahren hinausgehende Bindungswirkung. Andere Institutionen können für die von ihnen zu treffenden Entscheidungen also insbes. von der Prognose des JGerichts abweichen. Deshalb schließt die erfolgte Aussetzung zBew es bspw. nicht aus, dass eine Behörde den Jugendlichen als „gefährlich“ einschätzt und gegen ihn Maßnahmen der Gefahrenabwehr ergreift (BGH NStZ-RR 2022, 187 (191)). Sachlich kann ein solches divergierendes Vorgehen indes nur dann überzeugen, wenn die außerstrafrechtliche Einschätzung auf der Grundlage von mind. ebenso guten **Erkenntnismöglichkeiten** wie im JStV ergeht. 35

Bewährungszeit

22 (1) [1]**Der Richter bestimmt die Dauer der Bewährungszeit.** [2]**Sie darf drei Jahre nicht überschreiten und zwei Jahre nicht unterschreiten.**

(2) [1]**Die Bewährungszeit beginnt mit der Rechtskraft der Entscheidung über die Aussetzung der Jugendstrafe.** [2]**Sie kann nachträglich bis auf ein Jahr verkürzt oder vor ihrem Ablauf bis auf vier Jahre verlängert werden.** [3]**In den Fällen des § 21 Abs. 2 darf die Bewährungszeit jedoch nur bis auf zwei Jahre verkürzt werden.**

Schrifttum: Trapp, Rechtswirklichkeit von Auflagen und Weisungen bei Strafaussetzung zur Bewährung, 2003; Weigelt, Bewähren sich Bewährungsstrafen?, 2009.

I. Anwendungsbereich

Es gelten die Erl. zu § 21 Abs. 1 und 2 entsprechend (→ § 21 Rn. 1 f.). 1

II. Festlegung der Bewährungszeit

1. Bestimmung durch das Gericht

Die Bewährungszeit ist der Zeitraum, nach dessen Ablauf die JStrafe erlassen wird (§ 26a), sofern es nicht aus den in § 26 Abs. 1 geregelten Gründen zum Widerruf ihrer Aussetzung zBew kommt. Die Länge dieses Zeitraums muss gem. Abs. 1 S. 2 zwischen **minimal** 24 Monaten und **maximal** 36 Monaten liegen. Damit wird zwar dieselbe Mindestdauer wie 2 im allg. StR vorgegeben (für eine Absenkung auf ein Jahr aber bspw. Fritschka Bewährungshilfe 1991, 282 (285)), doch bleibt die Höchstfrist deutlich hinter den in § 56a StGB erlaubten fünf Jahren zurück. Dem liegt die gesetzgeberische Annahme zugrunde, dass eine mehr als dreijährige Bewährungszeit spezialpräventiv nicht mehr wirksam, sondern eher abträglich sei. Berücksichtigt man den psychischen Belastungs- und Beschränkungseffekt, den die anhaltende Drohung eines Bewährungswiderrufs bei den jugendlichen Verurteilten hervorrufen kann, erscheint allerdings auch die geltende Obergrenze als hoch. Kommt es im Rahmen von § 31 Abs. 2 zu einer auf Bewährung ausgesetzten JStrafe, in die eine frühere ausgesetzte JStrafe einbezogen wird, muss eine vollständig neue Bewährungszeit festgelegt werden. Diese kann iErg zusammen mit der vorherigen Bewährungszeit faktisch sogar über 36 Monate hinausgehen (dazu AG Berlin-Tiergarten ZJJ 2012, 89 sowie → § 31 Rn. 53).

3 Es obliegt dem Gericht, innerhalb des gesetzlich vorgesehenen Spektrums die Dauer individuell zu konkretisieren – sei es durch Benennung des Zeitraums oder eines Endtermins (sehr skeptisch ggü. der zweiten Variante aber Ostendorf StV 1987, 320 (321); NK-JGG/Ostendorf Rn. 3). Diese Entscheidung ergeht formal durch Beschluss (s. dazu sowie zur Zuständigkeit und zur Anfechtung §§ 58, 59 Abs. 2). Inhaltlich ist sie nach pflichtgemäßem Ermessen zu treffen, wobei gem. § 2 Abs. 1 dabei vorrangig der **erzieherisch erforderliche** Zeitraum maßgeblich ist (KG DVJJ-Journal 2002, 467 (468)). Ohne besondere Gründe sollte sich das Gericht an der Mindestdauer orientieren (ebenso Diemer/Schatz/Sonnen/Sonnen Rn. 2). Nicht vertretbar wäre es, wenn der JRichter das Höchstmaß mit der Begründung ausschöpfte, eine etwaige günstige Entwicklung des Verurteilten durch Abkürzung der Bewährungszeit (Abs. 2 S. 2) belohnen oder sich in anderer Weise erzieherische Einwirkungsmöglichkeiten vorbehalten zu wollen. Dies widerspräche der Notwendigkeit, jede Rechtsfolge einschließlich begleitender Maßnahmen auf das notwendige Minimum zu beschränken (→ § 5 Rn. 21 f.). Deshalb darf nur die Dauer festgelegt werden, die dem Gericht als erforderlich erscheint, zumal gem. Abs. 2 S. 2 auch die Möglichkeit der nachträglichen Verlängerung besteht (hierzu aber → Rn. 8).

4 Die **Rechtspraxis** scheint diesen Maßgaben weitgehend zu folgen (relativierend aber Diemer/Schatz/Sonnen/Sonnen Rn. 2). Den (Regional-) Daten von Trapp zufolge dominiert die Zweijahresdauer (Rechtswirklichkeit von Auflagen und Weisungen bei Strafaussetzung zur Bewährung, 2003, S. 40; ebenso die BZR-Auswertung für 1994 bei Weigelt, Bewähren sich Bewährungsstrafen?, 2009, S. 133). Bei der Bestimmung macht sich zudem die sog. „Prägnanztendenz" (systematisch dazu Rolinski, Prägnanztendenz im Strafurteil, 1969) in einer bevorzugten Festlegung von vollen oder Halbjahren bemerkbar. Dies dient den Vereinfachungsinteressen der Verwaltungs- und Justizbehörden und kommt möglicherweise auch der Rechtsgleichheit und -sicherheit zugute. Außerdem werden dadurch manche Angriffsflächen vermieden, die vermehrt Rechtsmittel auslösen könnten. Dem Auftrag einer erzieherischen und daher individuell angepassten Festlegung wird eine Schematisierung allerdings nur mit Einschränkungen gerecht.

2. Lauf der Bewährungszeit

Die Bewährungszeit **beginnt** mit Rechtskraft der Aussetzungsentscheidung (Abs. 2 S. 1), dh also mit Rechtskraft des entspr. Urteils oder des nachträglichen Beschlusses (§ 57 Abs. 1 S. 1). Dagegen ist die Entscheidung über die Länge der Bewährung für den Fristbeginn nicht relevant. Wird über die Dauer der Bewährungszeit erst später entschieden (→ § 58 Rn. 11), wirkt dies in dem Sinne gleichsam zurück, als der fragliche Zeitraum trotzdem schon mit dem Rechtskrafteintritt der Aussetzungsentscheidung zu laufen begann. 5

Das **Ende** der Bewährungszeit ist, sofern es nicht durch ein bestimmtes Datum festgelegt wird, unter entspr. Anwendung des § 188 BGB zu berechnen. Kommt es zum Widerruf der Aussetzung der Vollstr zBew (§ 26), läuft die Bewährungszeit dagegen nur bis zur Rechtskraft des Widerrufsbeschlusses. Wird die Dauer der Bewährungszeit versehentlich nicht bestimmt (weder mit der Aussetzungsentscheidung noch nachträglich), soll sie nach drei Jahren enden (OLG Dresden BeckRS 1998, 5477; offen lassend OLG Celle NStZ-RR 2010, 27 (Ls.) = BeckRS 2009, 27559). Richtig ist indes ein Ablauf nach der Zweijahres-Mindestfrist, weil es für jeden darüber hinausgehenden bzw. länger währenden Eingriff einer Rechtsgrundlage in Form der richterlichen Anordnung bedürfte (ebenso bei § 56a StGB iErg LG Kempen NJW 1978, 839 (840); OLG Hamm NStZ-RR 2000, 126; OLG Düsseldorf StV 2008, 512 = BeckRS 2007, 16325). 6

3. Nachträgliche Änderungen

Nach Abs. 2 S. 2 kann der JRichter die Bewährungszeit nachträglich bis auf ein Jahr **verkürzen** (bei ein- bis zweijährigen JStrafen gem. Abs. 2 S. 3 nur bis auf zwei Jahre). Ob er diese Möglichkeit nutzt, liegt in seinem pflichtgemäßen Ermessen. So wird eine Verkürzung anzuordnen sein, wenn sie erzieherisch als begründet erscheint, weil sie zB als positive Bekräftigung eine einstweilen gute Führung belohnt (dazu bereits Grotenbeck Zbl 1977, 331 (333 f.)). Kommt es (auch infolge von Rechtsmitteln) erst lange nach der Tat zur Rechtskraft und damit zum Beginn der Bewährungszeit und hatte der Verurteilte schon in dieser Vor-Bewährungsphase keinen Anlass zu Beanstandungen gegeben, ist bei fortgesetzter Verhaltenskonformität eine Verkürzung ebenfalls angezeigt (tendenziell abw. LG Hamburg MDR 1992, 1165). 7

Abs. 2 S. 2 erlaubt auch eine **Verlängerung** der Bewährungszeit auf höchstens vier Jahre (dazu, dass darüber hinausgehende Verlängerungen rechtlich ohne Wirkung sind, vgl. OLG Celle NStZ-RR 2012, 293 (294)). Dahingehende Beschlüsse sind grds. nur vor und nicht mehr nach Ende des ursprünglich festgelegten Zeitraums erlaubt (OLG Frankfurt a. M. NJW 1975, 270). Nach dessen Ablauf kommt eine Verlängerung allenfalls dann in Betracht, wenn andernfalls die Aussetzung zBew widerrufen werden müsste (n. dazu → §§ 26, 26a Rn. 18 f.). Es bedarf dann also eines besonderen Grundes. Dies verhält sich allerdings vor Fristende genau genommen kaum anders. Außerhalb der von § 26 Abs. 2 Nr. 2 geregelten Konstellation ist es nämlich kaum vorstellbar, dass eine Verlängerung erzieherisch angezeigt sein könnte (ähnlich wohl AG Berlin-Tiergarten ZJJ 2012, 89). Denkbar ist dies allein in den eher nur theoretisch möglichen Fällen, in denen neue bewährungszeitrelevante Umstände eintreten, die zwar gravierend, aber noch kein Widerrufsgrund sind. 8

9 Ob die Bewährungszeit einfach weiterläuft, wenn es während ihres Fortgangs zu einem **Freiheitsentzug** kommt, oder ob sie sich um dessen Dauer automatisch verlängert, ist umstritten. An sich geht die Aussetzung zBew, bei der es sich um eine ambulante Rechtsfolgenausgestaltung handelt, unter stationären Bedingungen ins Leere, weil es hier an ihrer Funktionsgrundlage fehlt. Andererseits ist eine Verlängerung in entspr. Konstellationen gesetzlich nur in § 68c Abs. 4 S. 2 StGB iVm § 7 vorgesehen. Dies spricht dafür, dass es in den hiervon nicht erfassten Konstellationen der §§ 21 ff. beim regulären Ende der Bewährungszeit bleibt (so iErg im allg. StR etwa auch OLG Braunschweig NJW 1964, 1581; Lackner/Kühl/Heger/Heger StGB § 56a Rn. 1). Das gilt umso mehr, als während der Freiheitsentziehung oft eine gewisse spezialpräventive Einwirkung erfolgt und die bewährungsbedingten Einschränkungen und Belastungen (zB Widerrufsrisiko) anderenfalls erheblich ausgedehnt werden könnten (iErg ebenso Ostendorf StV 1987, 320 (321); NK-JGG/Ostendorf Rn. 6; Brunner/Dölling Rn. 2).

4. Auswirkungen auf die Vollstreckungsverjährungsfrist

10 Der Eintritt der Vollstreckungsverjährung verschiebt sich um die **tatsächliche** Bewährungszeit nach hinten (§ 79a Nr. 2b StGB iVm § 2 Abs. 2). Wird die Bewährungszeit nachträglich verkürzt oder verlängert (vgl. → Rn. 7 f.), verkürzt oder verlängert sich folglich auch die Verjährung in entspr. Weise. Im Falle des (vorzeitigen) Widerrufs der Aussetzung zBew endet das Ruhen der Verjährung mit Rechtskraft des widerrufenden Beschlusses.

Weisungen und Auflagen

23 (1) [1]**Der Richter soll für die Dauer der Bewährungszeit die Lebensführung des Jugendlichen durch Weisungen erzieherisch beeinflussen.** [2]**Er kann dem Jugendlichen auch Auflagen erteilen.** [3]**Diese Anordnungen kann er auch nachträglich treffen, ändern oder aufheben.** [4]**Die §§ 10, 11 Abs. 3 und § 15 Abs. 1, 2, 3 Satz 2 gelten entsprechend.**

(2) **Macht der Jugendliche Zusagen für seine künftige Lebensführung oder erbietet er sich zu angemessenen Leistungen, die der Genugtuung für das begangene Unrecht dienen, so sieht der Richter in der Regel von entsprechenden Weisungen oder Auflagen vorläufig ab, wenn die Erfüllung der Zusagen oder des Anerbietens zu erwarten ist.**

Schrifttum: Trapp, Rechtswirklichkeit von Auflagen und Weisungen bei Strafaussetzung zur Bewährung, 2003.

Übersicht

I. Anwendungsbereich

Es gelten die Erl. zu § 21 Abs. 1 S. 1 und 2 entsprechend (→ § 21 Rn. 1 f.). 1

Die Vorschrift findet auch auf **Soldatinnen und Soldaten** Anwendung. 2 Gem. § 112a Nr. 3 soll der JRichter bei der Erteilung von Weisungen und Auflagen die Besonderheiten des Wehrdienstes berücksichtigen (S. 1) und ggf. bereits erteilte Weisungen oder Auflagen hieran anpassen (S. 2). Vor einer Entscheidung ist zudem der nächste Disziplinarvorgesetzte anzuhören (§ 112d).

II. Ausgestaltungsmöglichkeiten der Bewährungszeit

1. Auflagen und Weisungen

a) Abs. 1 S. 1 und S. 2. Das JGericht steht grds. in der Pflicht, die 3 Lebensführung des Verurteilten während der Bewährungszeit im erforderlichen Maße erzieherisch zu beeinflussen. Deshalb hat es im Regelfall die jeweils angebrachten Weisungen zu erteilen. Abs. 1 S. 1 regelt dies nur deshalb allein als **Soll-Vorschrift,** weil es vereinzelt Fälle ohne entspr. erzieherische Indikation geben mag (gegen jede Erteilung sogar DVJJ/AK V/4 1993, S. 741). Dass demgegenüber die Anordnung von Auflagen gem. Abs. 1 S. 2 lediglich nach richterlichem **Ermessen** erfolgen soll, zeigt deren Nachrangigkeit an. Das ist, berücksichtigt man ihre (iR der Bewährungsausgestaltung an sich wenig passende) auch-ahndende Ausrichtung (allg. → § 15 Rn. 3; s. auch Böhm/Feuerhelm JugendStrafR S. 242 f.; Brunner/Dölling Rn. 1; HK-JGG/Meier Rn. 5; diff. 21. Aufl. Rn. 4, 5c; Hdb-StrafR/Apfel/Piel/Raschka Kap. 26 Rn. 245) und die geringere Flexibilität wegen des abschließenden Katalogs in § 15 – folgerichtig ist. Gleichwohl wird ein gewisser gesetzessystematischer Widerspruch zu § 13 Abs. 1 nicht gänzlich ausgeräumt, weil Auflagen bei verhängter JStrafe eben möglich sind, obwohl ihre Anordnung als Zuchtmittel zur Anordnungsvoraussetzung hat, dass JStrafe gerade „nicht geboten" (und deshalb auch nicht verhängt worden) ist.

b) Art und Inhalt (Abs. 1 S. 4). Zu den konkret möglichen Anordnun- 4 gen und den jeweiligen Ausgestaltungsfragen (auch hinsichtlich Kostentragung, Haftpflicht- und Unfallversicherung) wird im Einzelnen auf die **Ausführungen zu § 10** (n. → § 10 Rn. 3 ff., 11 ff.) **und zu § 15** (n. → § 15 Rn. 5 ff.) verwiesen (vgl. aber speziell zum Bewährungsplan § 60). Die dort genannten rechtlichen Begrenzungen gelten hier entsprechend. So ist (wie stets bei der Anordnung von Weisungen und Auflagen) auch im Bewährungszusammenhang ein Grad an **Bestimmtheit** zu wahren, durch den der Verurteilte erkennen kann, was genau von ihm verlangt wird und unter welchen Umständen ggf. ein Widerruf droht (KG StV 2014, 746 = BeckRS 2014, 13285). Unzureichend ist zB die Formulierung, sich in „ambulante Psychotherapie" zu begeben, weil weder Einrichtung und Qualifikation noch Art und Häufigkeit ersichtlich sind (vgl. OLG Schleswig StraFo 2007, 424 = BeckRS 2008, 7848; ähnlich LG Hamburg StraFo 2020, 171 (jeweils betr. allg. StR); zur Unzulässigkeit der Weisung, **Medikamente** nach ärztlicher Verordnung einzunehmen, → § 10 Rn. 36a).

5 In **zeitlicher Hinsicht** dürfen die Weisungen und Auflagen grds. „für die Dauer der Bewährungszeit" (also nicht darüber hinaus) getroffen werden (Abs. 1 S. 1). Das schließt es nicht aus, Weisungen ggf. aber auch auf einen kürzeren (zur Erreichung eines Teilzwecks reichenden) Zeitraum zu beschränken. Auflagen können sich in einer einmaligen Verpflichtung (zB Schadenswiedergutmachung) erschöpfen. Inhaltlich ist bei der Auswahl und Konkretisierung für den konkreten Einzelfall allein auf die **erzieherischen** Bedürfnisse und Interessen des Verurteilten abzustellen. Dabei ist insbes. zu prüfen, welche Art von Weisungen oder Auflagen für ihn am ehesten ein geeignetes und zugleich erforderliches Angebot zur Sicherung eines sozialüblichen Grades an Verhaltenskonformität am Ende der Bewährungszeit sein könnte (ebenso bspw. Diemer/Schatz/Sonnen/Sonnen Rn. 2: Verhältnismäßigkeit und Spezialprävention als alleinige Bezugspunkte). **Rechtspraktisch** dominieren indes Arbeitsweisungen und (mit Abstrichen) auch Geldauflagen (näher zur ansonsten stark fallabhängigen Praxis im allg. StR und JStR Trapp, Rechtswirklichkeit von Auflagen und Weisungen bei Strafaussetzung zur Bewährung, 2003, S. 190 ff.).

6 Besondere **Schwierigkeiten** können sich dadurch ergeben, dass die zu JStrafe verurteilten Personen einerseits oft schon etwas älter sind und andererseits die Eignung va vieler Weisungen bei **zunehmendem Alter** (namentlich bei inzwischen eingetretener Volljährigkeit) schwindet oder zumindest besonders zu prüfen ist (vgl. → § 105 Rn. 50). Auch handelt es sich bei den Verurteilten nicht selten um Personen, bei denen im Urteil – unabhängig von der Tatschwere – an sich keine isolierten Weisungen oder Auflagen angeordnet worden wären. Deshalb ist die Auswahl zielführender Interventionen hier zwar herausforderungsreich, zugleich aber trotzdem oft möglich (s. bspw. Pörtner/Hoffmeyer Zbl 1992, 405 (406) zu als „besonders aggressiv" beurteilten Jugendlichen, denen die Bewährungsweisung erteilt wird, zum Aufbau von Selbstvertrauen und sozialer Kompetenz an einem Konflikttraining teilzunehmen). Ggf. steigen die Erfolgsaussichten bestimmter Weisungen und Auflagen auch dadurch, dass der im Bewährungskontext ggf. drohende Widerruf (§ 26) im Hintergrund steht (Brunner/Dölling Rn. 2). Gerade deshalb kommt es aber auch in gesteigertem Maße auf die Einhaltung der Zulässigkeitsgrenzen an, die bei manchen Weisungen von der Detailgestaltung abhängen (s. etwa zur Weisung, in bestimmten Abständen ein Negativattest über eine Urinkontrolle beizubringen → § 10 Rn. 56; zu verkehrsbezogenen Weisungen, etwa einer solchen, die Fahrerlaubnis zu erwerben → § 10 Rn. 35, 39).

7 Die Ausgestaltung der Weisungen und Auflagen sollte inhaltlich und organisatorisch darauf **abgestimmt** sein, dass eine (obligatorische) Unterstellung unter die **BewHilfe** erfolgt (§ 24) und ein BewHelfer in die Umset-

zung der Anordnung eingebunden wird (zur im Bewährungsplan ggf. festzuhaltenden Pflicht des Verurteilten, den BewHelfer von der Erfüllung zu informieren, vgl. → § 60 Rn. 10). Mangelt es den Interventionen in der Bewährungszeit an Klarheit und Konsequenz und werden heterogene Aufforderungen oder Erwartungen an den Verurteilten gestellt, ist davon auszugehen, dass dies zu Lasten einer Orientierungshilfe geht oder gar als widersprüchliches Verhalten erscheint und so erzieherisch abträglich sein kann. Andererseits ist aber die gerichtliche Anordnung solcher Maßnahmen zulässig und im Einzelfall sogar angezeigt, die außerhalb des Einflussbereichs des BewHelfers bleiben sollen.

c) Hinzukommende außerstrafrechtliche Maßnahmen. Der Rspr. 7a
zufolge ist es möglich, dass gegen den Jugendlichen **neben** den Bewährungsauflagen und -weisungen auch **polizeirechtliche Maßnahmen** zur Rückfallvermeidung angeordnet werden. Dabei kann es sich um das Vorgehen iRv Intensivtäterprogrammen handeln (→ Einl. Rn. 58 ff.), aber auch um atypische Eingriffe von erheblicher Intensität (vgl. BGH NStZ-RR 2022, 187: Tragen einer elektronischen Fußfessel). Der dann oft bestehende Widerspruch zwischen der (günstigen) Prognose, die der Aussetzung zBew zugrunde liegt, und jener (ungünstigen) Prognose, auf der die Gefahrenabwehrmaßnahe beruht, wird – obwohl er im Einzelfall auflösungsbedürftig ist – vom BGH unter Hinweis auf die fehlende Bindungswirkung zwischen beiden Verfahren für belanglos erklärt (BGH NStZ-RR 2022, 187, 191). Va aber besteht bei einer solchen nur-formale Positionierung die Gefahr, dass keine Abstimmung zwischen beiden Interventionsformen erfolgt. Die Frage, ob das polizeirechtliche Vorgehen die spezialpräventiv orientierten Vorgaben des JGerichts unterstützen, erschweren oder gar unmöglich machen, gelangt dann gar nicht in den Betrachtungshorizont. Tatsächlich aber dürfen sowohl die jugendstraf- wie die polizeirechtlichen Anordnungen nur bei konkreter Eignung erfolgen, die ohne wechselseitige Verträglichkeit gar nicht vorliegen kann. De facto wird ein Mindestmaß an Abstimmung damit zur Voraussetzung der jeweiligen Zulässigkeit.

2. Nachträgliche Entscheidungen (Abs. 1 S. 3)

Die Möglichkeit **nachträglicher Anordnungen** von Weisungen und 8
Auflagen entspricht einem praktischen Bedürfnis, damit der JRichter nicht gezwungen ist, die Entscheidung über Bewährungsweisungen und -auflagen unmittelbar mit derjenigen über die Aussetzung der Vollstr zBew zu verbinden (vgl. auch Brunner/Dölling Rn. 6: Erteilung erst nach Erstbericht des BewHelfers). Außerdem soll er die Ausgestaltung der Bewährungszeit **ändern** und an neue Sachlagen anpassen können. So kann sich eine angeordnete Art der erzieherischen Beeinflussung als ungeeignet erweisen, weil eine nicht voraussehbare Änderung von Umständen in den Lebensverhältnissen des Verurteilten eingetreten ist. Mit Blick auf mögliche Entwicklungen in der Person des Verurteilten und ihrem Umfeld kann zudem ein Bedarf an der **Aufhebung** der ursprünglichen Anordnung entstehen. Ein Anlass dazu ergibt sich ggf. auch in rechtlicher Hinsicht (so etwa in den eben (→ Rn. 7a) genannten Konstellationen oder im Falle eines Zivilurteils, das einer Wiedergutmachungsauflage die Grundlage entzogen hat (s. aber auch → § 15 Rn. 6)).

9 Insbes. die Änderung getroffener Bewährungsweisungen und -auflagen muss indes **Einschränkungen** unterliegen, schon wegen der erforderlichen Bestimmtheit, Rechtssicherheit und Verlässlichkeit des erzieherischen Vorgehens (s. zur Problematik beim Verschlechterungsverbot → § 55 Rn. 40 f., → § 55 Rn. 80). Die entspr. Modifizierung der richterlichen Anordnung kommt daher nur bei **spezialpräventiver Notwendigkeit** in Betracht (→ § 11 Rn. 6 f.). Eine Änderung, die primär einen Weisungsverstoß provozieren oder in anderer Weise eine Widerrufsentscheidung vorbereiten soll (etwa durch Beschaffung von Belastungsmaterial (dazu bei der Urinkontrolle → § 10 Rn. 56)), scheidet aus.

10 Speziell bei **Auflagen** ist eine Änderung unzulässig, durch die eine **zusätzliche Beeinträchtigung** (bzw. Beschwer) für den Verurteilten eintreten würde (tendenziell abw. Grethlein Verschlechterungsverbot S. 54 ff.; NK-JGG/Ostendorf Rn. 11; HK-JGG/Meier Rn. 6; Diemer/Schatz/Sonnen/Sonnen Rn. 9: für „begründete Ausnahmefälle"). Selbst wenn sich eine entspr. Änderung der Bewährungsauflagen im allg. StR rechtfertigen ließe (so etwa BGH NJW 1982, 1544; OLG Frankfurt a. M. NStZ-RR 1996, 220) – insbes. falls der Richter vorher schon bestehende Umstände erst nachträglich erfährt oder schon bekannt gewesene Umstände aufgrund neuer Einsichten anders beurteilt (zu dieser Variante einschr. OLG Stuttgart NStZ-RR 2004, 89; TK-StGB/Kinzig StGB § 56e Rn. 3; Fischer/Fischer StGB § 56e Rn. 2; Lackner/Kühl/Heger/Heger StGB § 56e Rn. 3) –, wäre dies für das JStR nur bedingt relevant. Das hier an § 2 Abs. 1 orientierte Vorgehen setzt die Konsequenz und Vertrauensfähigkeit der spezialpräventiven Einwirkung voraus, die einer nachteiligen Auflagenänderung zumindest dann widersprächen, wenn der Verurteilte deren Gründe nicht zu vertreten hätte.

3. Konsequenzen der Nichtbefolgung

11 Im Falle eines Verstoßes gegen Bewährungsweisungen und -auflagen, der als „gröblich und beharrlich" beurteilt wird, kann unter den Voraussetzungen von § 26 ein **Widerruf** der Aussetzung erfolgen. Außerdem besteht nach Abs. 1 S. 4 iVm § 11 Abs. 3, § 15 Abs. 3 S. 2 bis zum Ende der Bewährungszeit (AG München ZJJ 2016, 83) die Möglichkeit, **Nichtbefolgungsarrest** zu verhängen, wobei es insofern einer (nur) schuldhaften Missachtung der Weisung oder Auflage und einer vorherigen geeigneten Belehrung (§ 70b Abs. 1) über die Folgen einer solchen Zuwiderhandlung bedarf (n. zu den materiellen und prozessualen Voraussetzungen → § 11 Rn. 13 ff., 25). Eine hinzukommende strafrechtliche Reaktion wird bei Anordnung dieses JA auch durch Art. 103 Abs. 3 GG (sofern das fragliche Verhalten zugleich einen Straftatbestand erfüllt) nicht ausgeschlossen (BVerfG NJW 1989, 2529). Im Übrigen bleibt die Verpflichtung, der Auflage oder Weisung nachzukommen, unberührt (ebenso etwa BeckOK JGG/Nehring Rn. 17; → § 11 Rn. 24). Das Ziel des Nichtbefolgungsarrestes ist es, durch eine rasche Verhängung eine Entwicklung, die in einen Widerruf münden könnte, zu vermeiden (Brunner/Dölling Rn. 7; s. auch → §§ 26, 26a Rn. 21). Dies mag zwar einleuchtend erscheinen, insbes. wenn der JA-Vollz ohne negative Auswirkungen auf die Berufs- oder Schulausbildung ist, doch bleibt JA andererseits eine spezialpräventiv kaum funktionale und daher vermeidungsbedürftige Intervention (vgl. → § 11 Rn. 11; → § 16 Rn. 14 ff.).

Obendrein wird er auch in das Erziehungsregister eingetragen (§ 60 Abs. 1 Nr. 2 BZRG). Vorzugswürdig ist daher die Änderung der fraglichen Weisung oder Auflage.

III. Einbeziehung des Bewährungshelfers

1. Funktionale Wechselbezüglichkeit

Es obliegt dem BewHelfer (§ 24 Abs. 3) und nicht der JGH (§ 38 Abs. 5 S. 1), die Einhaltung der Weisungen bzw. Auflagen zu **kontrollieren** (zur Unzulässigkeit von strafprozessualen Zwangsmaßnahmen KG NJW 1999, 2979). Umgekehrt können aber auch Weisungen erteilt werden, die gerade die Durchführung der Aufsichts- und Unterstützungsaufgaben der BewHilfe (→ § 25 Rn. 12 ff., 20 ff.) **erleichtern** oder überhaupt erst ermöglichen sollen (zB Verpflichtung, den Vorladungen des BewHelfers zur Sprechstunde Folge zu leisten oder einen Wechsel von Wohnsitz oder Arbeitsplatz alsbald dem Gericht mitzuteilen). Wegen der zu wahrenden grundrechtlichen Standards (vgl. → § 10 Rn. 7) ist eine (die allg. Lebensführung massiv beschränkende) Weisung des Inhalts, Wohnsitz oder Arbeitsplatz nur nach vorheriger Zustimmung des BewHelfers zu wechseln, demgegenüber problematisch (aA Brunner/Dölling Rn. 2). 12

2. Anordnungskonkretisierung

Die Unterscheidung zwischen einer unzulässigen **Delegation des jugendrichterlichen Weisungsrechts** an den BewHelfer und dessen originären Befugnissen ggü. dem Verurteilten ist präzisierungsbedürftig. Grds. ist nach ganz überwiegender Auffassung die jugendrichterliche Anordnung, „allen Weisungen des BewHelfers nachzukommen", unzulässig. Eine solche Anordnung liefe auf eine „Generalvollmacht" hinaus, mit der ein absolut unbestimmter Pflichtenkreis für den Verurteilten verbunden wäre. Ohnehin ist die Befugnis, durch Weisungen in Grundrechte eingreifen zu können, an die Stellung des JRichters gebunden und ohne gesetzliche Grundlage nicht auf den BewHelfer übertragbar. Nicht zuletzt würde eine entsprechend umfangreiche Übertragung iErg zu einer Verlagerung der Verantwortung des JRichters führen, wodurch dem BewHelfer eine Machtposition ggü. dem Verurteilten zuwachsen würde, die der gesetzlichen Leitvorstellung eines partnerschaftlichen Verhältnisses zum Verurteilten widerspräche. Im Hinblick hierauf wäre eine Delegierung auch aus erzieherischen Gründen nicht angezeigt. 13

Das Gericht muss deshalb alle wesentlichen Ausgestaltungselemente der Bewährungszeit selbst festlegen, dh die Weisungen in ihrer Art, in ihrem Maß und in ihren maßgeblichen Verpflichtungen konkretisieren. Technisch-organisatorische und kleinere inhaltliche Fragen bei der **Durchführung** können dagegen dem BewHelfer überlassen werden. In gleicher Weise verhält es sich bei Auflagen, wobei die Frage insbes. bei Arbeitsauflagen von Bedeutung ist. Letztlich handelt es sich aber jeweils um eine Einzelfrage, ob die richterliche Rahmensetzung in ausreichendem Maße vorgenommen worden ist (problematisch etwa OLG Hamm NStZ 1998, 56; OLG Schleswig SchlHA 1988, 168 = BeckRS 2015, 18448: Art der abzuleistenden 14 gemeinnützigen Arbeit vom Bewährungshelfer bestimmbar; eher zutr. LG Zweibrücken VRS 2010 (119), 121 = BeckRS 2010, 12354: Art, Umfang, Zeit, Ort sowie die Stelle, bei der die Leistung zu erbringen ist, bedürfen der richterlichen Bestimmung (s. hierzu auch → § 15 Rn. 18)).

15 Zur Sicherung einer spezialpräventiv förderlichen Beziehung sollte der BewHelfer die erzieherisch als erforderlich erachteten Maßnahmen ohnehin mit **Einverständnis** des **Verurteilten** umsetzen. Empfehlungen des BewHelfers, deren Nichtbefolgung den Erfolg der Aussetzung zBew in Frage stellt, kann indes ein gewisser Nachdruck verliehen werden. Stets steht die Möglichkeit des JRichters im Raum, nachträglich Weisungen entsprechenden Inhalts zu erteilen (→ Rn. 8 f.). Und soweit der Verurteilte ein Verhalten zeigt, das die Mindestanforderungen sozialkonformen Verhaltens tangiert und daher zu unterbinden ist, bleibt dem BewHelfer der Hinweis auf einen drohenden Widerruf der Aussetzung.

IV. Substituierende Zusagen oder Angebote (Abs. 2)

16 Gemäß Abs. 2 besteht aus erzieherischen Gründen die Möglichkeit, bei Zusagen und Anerbieten angemessener Leistungen von Weisungen oder Auflagen vorläufig abzusehen und dem Jugendlichen damit die Bewährungsausgestaltung selbst zu überlassen. Für das Gericht wird diese Option durch das Gesetz nahezu **verpflichtend** („in der Regel"), ohne dass dabei an die Inhalte der Versprechen und Angebote nähere Anforderungen gestellt werden. Berücksichtigt man indes den Zweck von Weisungen und Auflagen, die die Bewährungszeit um konformitätsfördernde Entwicklungshilfen und/oder ambulante Ahndungselemente ergänzen sollen, so wird man hier von einem ungeschriebenen variablen Maßstab ausgehen müssen: Eine Zusage bzw. ein Anerbieten ist dann ein obligatorisches Substitut iSv Abs. 2, wenn es inhaltlich jener Weisung oder Auflage nahekommt, die das JGericht fallkonkret für geeignet hält. Dabei ist angesichts der Eigeninitiative des Verurteilten jedoch eine sehr großzügige Bewertung vorzunehmen.

17 Eine weitere Voraussetzung ist, dass das JGericht von der Umsetzung der Zusagen bzw. Angebote ausgehen kann. Es bedarf also **glaubhafter Zusicherungen** und/oder auch schon erster Umsetzungsschritte oder Vorbereitungen. Kommt der Jugendliche seinen Ankündigungen dann später doch nicht nach, stellt dies keinen Widerrufsgrund iSv § 26 dar. Vielmehr wird in diesen Fällen gem. Abs. 1 die fragliche Weisung oder Auflage nachträglich angeordnet (ggf. verbunden mit einer Verlängerung der Bewährungszeit gem. § 22 Abs. 2 S. 2).

18 Im Rahmen seiner **Fürsorgepflicht** muss das JGericht bedenken, dass der Verurteilte mit einer Entscheidung zu Zusagen oder Angeboten in der Ausnahmesituation der HV oft überfordert sein wird (selbst wenn er vorher beraten wurde). Konfrontiert mit der Alternative von Freiheit oder JStVollz mag er seine Möglichkeiten, die eigenen Zusagen oder Anerbieten einlösen zu können, leicht überschätzen. Insofern sind hier diejenigen Verurteilten begünstigt, die aufgrund sozio-ökonomisch günstiger Verhältnisse davon ausgehen dürfen, über größere Leistungsressourcen zu verfügen (zust. Nix/Nix Rn. 1). Aus diesen Gründen wird jedenfalls die Art der **Verhandlungsführung** erhebliche Bedeutung haben (n. → Einl. Rn. 51 f. sowie → § 50 Rn. 10 ff. und → § 70c Rn. 6 ff., 12 ff.). Wird der Jugendliche nach seinen etwaigen Angeboten iSv Abs. 2 befragt (s. § 57 Abs. 3 S. 1), ist hierbei ein zurückhaltendes Vorgehen angezeigt (abw. Diemer/Schatz/Sonnen/Sonnen Rn. 12). Insbesondere wird darauf zu achten sein, dass etwaige Widersprüche zur Verteidigungsstrategie zuvor bereits ausgeräumt werden (zB bei Bestreiten des Tatvorwurfs). Das kann ggf. einen Übergang zum nachträglichen Beschlussverfahren (§ 57 Abs. 1) erforderlich machen. Auch sollte das Gericht im Falle solcher Versprechen und Angebote, die über seine eigenen Weisungs- oder Auflagenvorstellungen hinausgehen, auf eine Annäherung hinwirken.

V. Verfahrensrechtliches

Vom JGericht erhält der Verurteilte einen **Bewährungsplan,** in dem die 19
angeordneten Bewährungsweisungen und -auflagen (nach Rechtskraft) zusammengestellt werden (zur Mitteilung an die Eltern s. RL 3 S. 2). Dazu und zur Zuständigkeit und den formalen Fragen zur Entscheidung sowie der Anfechtbarkeit wird auf **§§ 58–60** verwiesen. Danach erfolgt die Veranlassung von Bewährungsweisungen und -auflagen nicht im Urteil, sondern durch **besonderen Beschluss.** Die **Belehrung** über die Folgen schuldhafter Zuwiderhandlung gegen Weisungen und Auflagen geschieht zweckmäßigerweise bei der Belehrung über die Aussetzung zBew und/oder iVm der Aushändigung des Bewährungsplans. Sie muss gem. § 70b Abs. 1 in geeigneter Weise vorgenommen werden. Weisungen und Auflagen werden im Rahmen des normalen Rechtsmittelverfahrens mit überprüft. Gegen ihre anfängliche oder nachträgliche Anordnung kann aber auch **Beschwerde** eingelegt werden (§ 59 Abs. 2, zu Fragen des Verschlechterungsverbots → § 55 Rn. 40 f.).

Bewährungshilfe

24 (1) [1]**Der Richter unterstellt den Jugendlichen in der Bewährungszeit für höchstens zwei Jahre der Aufsicht und Leitung eines hauptamtlichen Bewährungshelfers.** [2]**Er kann ihn auch einem ehrenamtlichen Bewährungshelfer unterstellen, wenn dies aus Gründen der Erziehung zweckmäßig erscheint.** [3]**§ 22 Abs. 2 Satz 1 gilt entsprechend.**

(2) [1]**Der Richter kann eine nach Absatz 1 getroffene Entscheidung vor Ablauf der Unterstellungszeit ändern oder aufheben; er kann auch die Unterstellung des Jugendlichen in der Bewährungszeit erneut anordnen.** [2]**Dabei kann das in Absatz 1 Satz 1 bestimmte Höchstmaß überschritten werden.**

(3) [1]**Der Bewährungshelfer steht dem Jugendlichen helfend und betreuend zur Seite.** [2]**Er überwacht im Einvernehmen mit dem Richter die Erfüllung der Weisungen, Auflagen, Zusagen und Anerbieten.** [3]**Der Bewährungshelfer soll die Erziehung des Jugendlichen fördern und möglichst mit dem Erziehungsberechtigten und dem gesetzlichen Vertreter vertrauensvoll zusammenwirken.** [4]**Er hat bei der Ausübung seines Amtes das Recht auf Zutritt zu dem Jugendlichen.** [5]**Er kann von dem Erziehungsberechtigten, dem gesetzlichen Vertreter, der Schule, dem Ausbildenden Auskunft über die Lebensführung des Jugendlichen verlangen.**

Bestellung und Pflichten des Bewährungshelfers

25 **[1]Der Bewährungshelfer wird vom Richter bestellt. [2]Der Richter kann ihm für seine Tätigkeit nach § 24 Abs. 3 Anweisungen erteilen. [3]Der Bewährungshelfer berichtet über die Lebensführung des Jugendlichen in Zeitabständen, die der Richter bestimmt. [4]Gröbliche oder beharrliche Verstöße gegen Weisungen, Auflagen, Zusagen oder Anerbieten teilt er dem Richter mit.**

Schrifttum: Bieker, Bewährungshilfe aus der Adressatenperspektive, 1989; Bockwoldt, Strafaussetzung und Bewährungshilfe in Theorie und Praxis, 1982; Böttner, Der Rollenkonflikt der Bewährungshilfe in Theorie und Praxis, 2004; Hesener, Die Arbeitsbeziehung Bewährungshelfer – Proband, 1986; Klug/Schaitl, Soziale Dienste der Justiz, 2012; Sommer, Bewährungshilfe zwischen Beratung und Zwang, 1986; Winter/Winter, Bewährungshelfer im Rollenkonflikt, 1974.

Übersicht

I. Anwendungsbereich

1 Hierzu und zu den Sonderregelungen bei Soldatinnen und Soldaten s. → § 21 Rn f., → § 23 Rn. 1 f.

II. Allgemeines zur Bewährungshilfe

1. Haupt- und ehrenamtliche Bewährungshelfer

2 Die BewHilfe ist ein zentrales Element zur Ausgestaltung der Aussetzung zBew. Ihr werden wesentliche Steuerungsleistungen zugetraut, was sie aus institutioneller Perspektive als ambulante Alternative der Vollstr von JStrafe akzeptanzfähig macht (Überblick zur historischen Entwicklung bei Damian

Bewährungshilfe 1982, 185 (199 ff.); Cornel ZJJ 2016, 220 (220 f.)). Nach modernem Verständnis erbringt die BewHilfe fachlich zwar in erster Linie **soziale Arbeit,** wobei dies aber durch strafverfolgungsnahe Kontrollaufgaben (und teilw. auch Selbstverständnisse) überlagert wird (→ Rn. 9 ff.). Die Wahrnehmung und Konkretisierung dieser Funktionen sind rechtlich nur in Grenzen regelbar und wesentlich von den individuellen Funktionsträgern abhängig.

Der betr. BewHelfer wird im Unterstellungs- bzw. Bewährungsbeschluss (→ § 21 Rn. 32) namentlich bestimmt, was in der Praxis teilw. erst nachträglich (§ 58 Abs. 1), dh nach Benennung der Person durch die örtlich zuständige BewHilfe geschieht (n. BeckOK JGG/Nehring Rn. 14). Dies bedeutet dann idR auch, dass ein **hauptamtlicher** BewHelfer zugewiesen wird (zur ausnahmsweise möglichen Auswechslung s. OLG Hamm BeckRS 1978, 01395). Hierbei handelt sich um Personen, die zu diesem Einsatzzweck bei einer Verwaltungsbehörde beschäftigt sind. Diese fungieren als Amtsträger iSv § 11 Abs. 1 Nr. 2 StGB, und zwar unabhängig davon, ob sie dienstrechtlich zu den Beamten oder Angestellten (des öffentlichen Dienstes) zählen (zur organisatorischen Stellung des hauptamtlichen BewHelfers vgl. → § 113 Rn. 1 f.). Obwohl die Auswahl somit de facto nach dem Geschäftsverteilungsplan und nicht etwa einzelfallbezogen nach personalen wie sozialen Beziehungsfaktoren erfolgt (vgl. n. → § 113 Rn. 6), liegen einzelne (va ältere) Befragungsergebnisse vor, denen zufolge die (auch erwachsenen) Probanden ihr Verhältnis zu den BewHelfern als eher positiv beurteilen (vgl. etwa Bieker, Bewährungshilfe aus der Adressatenperspektive, 1989, S. 165; Kawamura-Reindl/Stancu Bewährungshilfe 2010, 133 (146 f.)). Bei solchen Daten ist indes zu berücksichtigen, dass die „Doppelfunktion" des BewHelfers (→ Rn. 21) den meisten Probanden gar nicht bekannt ist (vgl. Bieker, Bewährungshilfe aus der Adressatenperspektive, 1989, S. 161; Kawamura-Reindl/Stancu Bewährungshilfe 2010, 133 (141 f.)). Auch sind methodisch bedingte Verzerrungen denkbar (Zweifel der Befragten an der zugesicherten Anonymität; Befragungszeitpunkt in der (besonders heiklen) Phase zwischen sechs und zwei Monaten vor Bewährungszeitende – vgl. zB Kawamura-Reindl/Stancu Bewährungshilfe 2010, 133 (136)). 3

Im Ausnahmefall erlaubt es § 24 Abs. 1 S. 2, den Verurteilten einem **ehrenamtlichen** (und nicht wie idR einem hauptamtlichen) BewHelfer zu unterstellen. Deren Nachrangigkeit wird damit gerechtfertigt, dass funktionsnotwendige Kenntnisse bei nicht-professionellen Personen nicht vorauszusetzen seien. „Guter Wille" und emotionales Engagement könnten kriminologische sowie entwicklungs-, erziehungs- und sozialpsychologische Wissensdefizite nicht kompensieren (wobei es aber fraglich ist, wie verbreitet die diesbzgl. Qualifikationen bei hauptamtlichen BewHelfern sind (n. → § 113 Rn. 4)). Unterschwellig dürfte hierbei auch die Befürchtung eine Rolle spielen, dass ehrenamtliche BewHelfer, die der Dienstaufsicht einer Anstellungsbehörde im engeren Sinne nicht unterstehen, tendenziell eher den Bedürfnissen und Interessen des Verurteilten als den Eigeninteressen der Verwaltungs- und Justizbehörden nahestehen könnten. 4

Andererseits kann ein ehrenamtlicher BewHelfer einen erheblichen **Vertrauensvorsprung** erlangen, wenn ihm eine individuelle Durchführung von Aufsicht und Betreuung möglich ist (vgl. allg. schon Cyrus Bewährungshilfe 1982, 357). Ehrenamtliche BewHelfer entwickeln ggf. einen eigenständigen Zugang zu den Probanden, da sie von dem institutionellen Berufs- 5 feld und der JStrafjustiz weniger geprägt und den davon ausgehenden Gefahren (→ Rn. 9 ff.) weniger ausgesetzt sind (vgl. zum Ganzen auch Reckling ZJJ 2016, 227 (230)). Hierbei bieten sich va Personen an, die den Verurteilten bereits verhältnismäßig gut kennen und Einfluss auf ihn haben. Zwar mag es gerade bei solchen Beziehungen bisweilen auch zu Sonderproblemen kommen – so etwa, wenn bei parallel bestehender Heimerziehung (→ § 21 Rn. 25) der Heimleiter zum ehrenamtlichen BewHelfer bestellt würde und so einen intransparenten, kaum zu kontrollierenden Machtzuwachs erführe (ähnlich NK-JGG/Ostendorf Rn. 4; abw. vormals Potrykus NJW 1955, 244 (245); Heinen Bewährungshilfe 1956, 233 (235): erzieherisch einheitliches Vorgehen möglich). Doch in vielen anderen Konstellationen bietet die Heranziehung (etwa von Verwandten) die Chance, eine für den konkreten Jugendlichen **besonders geeignete** Person (sog. „matching") als BewHelfer einzusetzen. Dies gilt auch für die Betreuung von Migranten mit geringen Sprachkenntnissen durch geeignete Landsleute (Streng JugendStrafR Rn. 482). Zudem könnte auf diese Weise eine (zusätzliche) Stigmatisierung des Verurteilten in seiner sozialen Umgebung eher vermieden werden als durch den Einsatz eines hauptamtlichen BewHelfers.

2. Zeitlich limitierte obligatorische Unterstellung

6 Anders als im allg. StR (§ 56d Abs. 1 StGB) ist nach § 24 Abs. 1 S. 1 die jugendrichterliche Unterstellung unter einen BewHelfer im Grundsatz bei jeder Aussetzung zBew **erforderlich** (vgl. aber Fritschka Bewährungshilfe 1991, 282 (285): Regelung entbehrlich; Müller-Engelmann Bewährungshilfe 1982, 332 (335): zu inflexibel, etwa bei Fahrlässigkeitsdelikten). Eingeschränkt wird dies durch die zeitliche Begrenzung der Betreuung, die deutlich **vor der Bewährungszeit enden** kann. Dies beruht auf der Annahme, dass die präventive Bedeutung der BewHilfe mit ihrer fortschreitenden Dauer sinkt (für eine weitergehende Kürzung der Betreuungszeit und teilw. auch der BewZeit schon DVJJ-Kommission DVJJ-Journal 1992, 4 (36); NK-JGG/Ostendorf Grdl. z. §§ 21–26a Rn. 7).

7 Die Unterstellung **beginnt** mit Rechtskraft der Entscheidung über die Aussetzung der JStrafe zBew (§ 24 Abs. 1 S. 3 iVm § 22 Abs. 2 S. 1). Wurde bis dahin eine rechtzeitige Anordnung versäumt, ist der nachholende Beschluss (§ 58 Abs. 1) für den Beginn maßgeblich. Die Unterstellung **endet** mit Ablauf der vom JGericht festgelegten Dauer, die zwei Jahre nicht überschreiten darf (§ 24 Abs. 1 S. 1). Allerdings ist gem. § 24 Abs. 2 (etwa auf Anregung des BewHelfers und in Orientierung am wegfallenden oder fortbestehenden Hilfsbedarf) nicht nur die vorzeitige Aufhebung der Unterstellung, sondern auch die Verkürzung oder Verlängerung der Betreuungszeit ebenso wie die neuerliche Anordnung der Unterstellung zulässig. Aus Gründen der Kontinuität hat all dies während der laufenden Unterstellung zu geschehen. Bei deren Verlängerung oder Erneuerung darf gem. § 24 Abs. 2 S. 2 die Zweijahresgrenze überschritten werden, nicht aber die Bewährungszeit (die indes ihrerseits bis zum Höchstmaß des § 22 Abs. 2 S. 2 verlängerbar ist (→ § 22 Rn. 8)).

8 Häufig wird es aus Sicht des JGerichts erzieherisch zielführend sein, eine **Übereinstimmung** von Bewährungs- und Unterstellungszeit sicherzustellen (abw. Brunner/Dölling Rn. 2). Dies ist durch die (gängige) Festlegung von jeweils zwei Jahren in sinnvoller Weise erreichbar (ebenso BeckOK

JGG/Nehring Rn. 8). In den übrigen Konstellationen besteht die Möglichkeit einer nachträglichen Entscheidung, die eine Verkürzung der Bewährungszeit (→ § 22 Rn. 7) auf das Ende der Betreuungszeit abstimmt oder beide Fristen in koordinierter Weise vorzeitig enden lässt (vgl. auch BT-Drs. 11/5829, 20).

3. Kooperationsverhältnis zur (Jugend-)Strafjustiz

Bei hauptamtlicher Tätigkeit unterliegt der BewHelfer der Dienstaufsicht **9**
der Anstellungsbehörde (n. → § 113 Rn. 2). Unabhängig davon sind BewHelfer aber auch an fachliche Weisungen des JRichters gebunden (nach § 24 Abs. 1 JGG aF standen sie insoweit sogar „unter Aufsicht" des JRichters). Demgemäß kann der JRichter dem BewHelfer zur Ausführung seiner Aufgaben auch **Vorgaben** machen. Dies gilt für die Aufsicht des Verurteilten (→ Rn. 12) wie dessen Betreuung (→ Rn. 20), da der JRichter die Verantwortung für beide Bereiche trägt und diese sich in der praktischen Arbeit vielfach ohnehin überschneiden. Allerdings empfiehlt es sich nach allgA, ggü. dem BewHelfer nach Möglichkeit auf detaillierte Anweisungen zu verzichten, da dessen erzieherisches Vorgehen eine gewisse Flexibilität und Selbstständigkeit verlangt (vgl. auch → § 23 Rn. 13 ff.). In der Praxis kommen entspr. richterliche Interventionen und Vorgaben ohnehin kaum vor (s. etwa Foth Bewährungshilfe 1987, 194 (197)), zumal die sozialarbeiterische und -pädagogische Expertise des JRichters bezweifelt wird (vgl. etwa Diemer/Schatz/Sonnen/Sonnen Rn. 25; Stein Bewährungshilfe 1987, 153 (155); Cornel GA 1990, 55 (60)), und zwar auch von diesen selbst.

De facto entspricht die Beziehung zwischen JGericht und BewHilfe also **10**
eher einer kooperativen Arbeitsteilung beider Institutionen. Dies zeigt sich aber auch in einzelnen rechtlichen Detailregelungen (vgl. auch RL 1 S. 2). Zwar hat der BewHelfer in Zeitabständen, die der Richter bestimmt (§ 25 S. 3), diesem über die Lebensführung (→ § 10 Rn. 3 ff.) des Verurteilten zu **berichten.** Doch wenn er „die Erfüllung der Weisungen, Auflagen, Zusagen und Anerbieten" überwacht, handelt er **„im Einvernehmen"** mit dem Gericht (§ 24 Abs. 3 S. 2). Deshalb muss er „gröbliche und beharrliche Verstöße" mitteilen (§ 25 S. 4). Und der JRichter muss wiederum den BewHelfer vor der Erteilung und Abänderung (→ § 23 Rn. 8 ff.) von Weisungen und Auflagen, vor Verlängerung und Verkürzung der BewZeit und vor der abschließenden Entscheidung hören (§ 58 Abs. 1 S. 2). Schon durch diese **funktionale Verzahnung** ist die BewHilfe der Gefahr einer kontrollfokussierten Verengung ihrer „professionellen" Standards ausgesetzt (Dollinger MschKrim 2012, 1 ff.), durch die sie sich von einer sozialarbeiterischen Ausrichtung wegbewegt (krit. zu der in den Vordergrund rückenden Sicherheits- und Opferorientierung auch Schlepper/Wehrheim KrimJ 2017, 3)

Besonderes Gewicht erlangt in diesem Zusammenhang auch die informel- **11**
le Kooperationsstruktur. Dadurch ist der BewHelfer anhaltend mit **institutionalisierten Handlungsnormen** konfrontiert, und zwar denjenigen seiner Anstellungsbehörde (zu Grundlagen der dienstlichen Beurteilung s. vormals Gräber Bewährungshilfe 1982, 302 (309 f.)) ebenso wie denjenigen der JGerichte. So wird er sich bspw. mit dem Gericht in dem Sinne arrangieren, dass seine Stellungnahmen diesem als geeignet erscheinen und er damit seine Einflussmöglichkeiten (auf das Gericht und den Probanden) nicht verliert. Als unerlässlich gelten darüber hinaus eine gewisse Vertrauensbeziehung

zum JRichter und ein regelmäßiger persönlicher Kontakt (so etwa Brunner/Dölling Rn. 3). Zugleich ist der BewHelfer auf eine reibungslose Zusammenarbeit mit anderen Behörden (zB Jugend- und Wohnungsamt, Arbeitsagentur, Vollzugsanstalt) sowie mit Wohlfahrts-Organisationen und ggf. auch Heimen angewiesen. Demgemäß muss er sich auch auf deren jeweilige organisationsinterne Handlungsnormen einstellen (s. zB zu solchen der Ausländerbehörde, die den Kriterien der BewHilfe entgegenstehen können, bereits Bruckmeier/Thiem-Schräder Bewährungshilfe 1982, 262 (265 ff.)). Um die widersprüchlichen Aufgaben der BewHilfe (→ Rn. 12 ff., 20 ff.) im Umgang mit diesen inner-/interinstitutionellen Bindungen differenziert ausbalancieren zu können, entwickeln BewHelfer **unterschiedliche professionelle Stile.** Das Spektrum liegt zwischen den Polen des „caseworker approach" (Begleitung und Hilfestellung bei Problemlösungen und Zielerreichung) und eines „surveillance approach", der strukturgebend und weniger auf Ressourcenaufbau ausgerichtet ist (instruktiv dazu Doekhie/van Ginneken/Dirkzwager/Nieuwbeerta Journal of Developmental and Life-Course Criminology 2018, 491).

III. Aufgaben und Rechte

1. Kontroll- und Berichtspflicht

12 **a) Erlangung und Weitergabe von Informationen.** Der BewHelfer hat die Aufgabe, die Umsetzung der Bewährungspflichten des Verurteilten zu überwachen (§ 24 Abs. 3 S. 2) und dessen allg. Entwicklung zu beobachten (so implizit § 24 Abs. 3 S. 5). Die dabei gewonnenen Erkenntnisse muss er mit dem JRichter teilen. Begrifflich unterscheidet § 25 insofern zwischen dem (angeforderten) Bericht (S. 3) und der (nicht angeforderten) Mitteilung (S. 4), die jedoch gleichfalls in Berichtsform erfolgt. **Inhaltlich** sind die Berichte stets auf diejenigen Informationen zu **beschränken,** derer es für die jeweiligen Berichtsanlässe (→ Rn. 14 ff.) bedarf (vgl. Damian Bewährungshilfe 1992, 325 (348); Fünfsinn Bewährungshilfe 1993, 117 (121); vern. zB bzgl. der Ablehnung von Hilfe durch den Probanden Böttner, Der Rollenkonflikt der Bewährungshilfe in Theorie und Praxis, 2004, S. 40 ff.). Die hierfür erforderlichen Daten erlangt der BewHelfer im Zuge der regelmäßigen Gespräche mit dem Verurteilten und bei Besuchen desselben, ferner durch Dokumentenvorlage, Behördenkontakte usw (dazu und zur hierin wirksam werdenden **Kontrollfunktion** Klug/Schaitl, Soziale Dienste der Justiz, 2012, S. 48 ff.). Abgesehen von dem Zutritts- und Auskunftsrecht gem. § 24 Abs. 3 S. 4 und 5 (dazu → Rn. 25 f.) hat die BewHilfe aber keine regelrechten Informationsbeschaffungsbefugnisse. Erst recht steht ihr keine unmittelbare oder gar umfassende Überwachung der Lebensführung zu. Ein Datenaustausch mit anderen Institutionen ist nach allg. datenschutzrechtlichen Grundsätzen idR von dem Einverständnis des Verurteilten abhängig, dh die rechtlichen Möglichkeiten, zur Erfüllung der Berichtspflicht Informationen zu erlangen, sind insoweit begrenzt (vgl. erg. → § 60 Rn. 10).

13 Im Einzelnen kann der JRichter Tatsachenangaben nur dann verwenden, wenn der BewHelfer die jeweilige **Informationsquelle** anführt (nach Mutz Bewährungshilfe 2007, 140 (143) eine Frage der „Verlässlichkeit"). Andernfalls bliebe dem JRichter keine Möglichkeit, die Tragfähigkeit der Angaben

einzuschätzen. Auch kann sich das Gericht, das seine Entscheidungen stets nach den allg. Vorgaben der StPO treffen muss, dabei nur insofern auf Berichtsinhalte stützen, als es die dort genannten – und eben deshalb zu nennenden – Beweismittel nutzt (Brunner/Dölling Rn. 4). Ganz generell ist zu beachten, dass die Mitteilungen des BewHelfers unweigerlich durch interaktive Konstruktionsleistungen, dh durch die Wahrnehmungs-, Deutungs-, Ausdrucks- und Verstehenspraktiken aller an der Informationssammlung beteiligten Personen (Proband, Auskunftsperson, BewHelfer) beeinflusst sein müssen. Um dies transparent zu machen, sollte der Bericht stets eine Einschätzung des BewHelfers über das Verhältnis zwischen ihm und der jeweiligen personalen Informationsquelle enthalten (vgl. aber Sommer, Bewährungshilfe zwischen Beratung und Zwang, 1986, S. 192 f.: Kooperationsschwierigkeiten zwischen BewHelfer und Proband werden in den Berichten kaum erwähnt). Konstruktiv (andererseits aber auch zeitaufwändig) wäre es iÜ, vor Versendung von negativen Berichten dem Probanden eine Gelegenheit zur (korrigierenden) Stellungnahme einzuräumen (vgl. dazu Breternitz Bewährungshilfe 2007, 111 (116)).

b) Unterschiedliche Berichtsanlässe. aa) Der wesentliche Inhalt der in § 25 S. 3 geregelten **allg. Berichtstätigkeit** des BewHelfers (vgl. auch RL 2; s. im Einzelnen schon Sommer, Bewährungshilfe zwischen Beratung und Zwang, 1986) bezieht sich darauf, Tatsachenangaben über Bezugspersonen und -gruppen des Verurteilten, über dessen Leistungs-, Sozial- bzw. Familienbereich und über seine Freizeitgestaltung sowie seine wirtschaftlichen Verhältnisse zu übermitteln (einschr. aber Breternitz Bewährungshilfe 2007, 111 (121)), und zwar möglichst ohne Selektion oder Filterung (ebenso Mutz Bewährungshilfe 2007, 140 (143)). Nur auf dieser Grundlage sind ggf. hinzutretende Interpretationen, Bewertungen und Schlussfolgerungen für den JRichter erkennbar und angemessen zu berücksichtigen. Die Berichtstermine werden vom JRichter vorgegeben (§ 25 S. 3), wobei dies funktions- und bedarfsorientiert erfolgen soll (RL 2 S. 1). Vielfach wird dabei nach **Erst-, Zwischen- und Schlussbericht** unterschieden. Der Erstbericht soll im Anschluss an die Tatsachenvermittlung auch Anregungen dazu enthalten, in welcher Hinsicht die Erziehung des Jugendlichen während der BewZeit gefördert werden könnte. Die Zwischenberichte sollen Angaben über den Verlauf der Bewährungszeit und insbes. über eine etwa angezeigte Abkürzung der BewZeit oder über Änderungen des Bewährungsplans enthalten. Der Schlussbericht (s. RL 1 zu §§ 26, 26a) muss ua zur Frage des Straferlasses und des Widerrufs Stellung nehmen. Er ist so rechtzeitig einzureichen, dass erforderlichenfalls die Unterstellungs- oder Bewährungszeit noch verlängert werden kann (§ 26 Abs. 2, § 24 Abs. 2, § 22 Abs. 2 S. 2). Die Schriftform der Berichte ist iÜ zwar vorzugswürdig, aber nicht zwingend, denkbar sind grds. auch mündliche Ausführungen (Diemer/Schatz/Sonnen/Sonnen Rn. 26). 14

bb) Außerhalb der vom JRichter nach § 25 S. 3 angeordneten Zeitabstände muss der BewHelfer eine **besondere Mitteilung** machen, wenn er in Wahrnehmung seiner Kontrollpflicht (→ Rn. 10, 12) von „gröblichen oder beharrlichen" **Verstößen iSv § 25 S. 4** erfährt. Dabei wird im Allgemeinen angenommen, dies habe umgehend und unaufgefordert zu geschehen (ebenso für „besondere Vorfälle" RL 2 S. 3). Hinsichtlich der Frage, wann ein Verstoß „gröblich oder beharrlich" ist (vgl. auch → §§ 26, 26a 15

Rn. 13), wird nach allgA darauf abgestellt, dass der BewHelfer (trotz seiner in dem Bericht darzulegenden Bemühungen) keine Chance mehr sieht, eine Einhaltung der Vorgaben durch den Verurteilten zu erreichen. Der BewHelfer ist aber stets zu nachdrücklichen Motivierungsversuchen verpflichtet (BeckOK JGG/Nehring Rn. 21). Ob diese gescheitert sind, lässt sich immer nur von den Gegebenheiten des Einzelfalls her beurteilen. Insbes. beim Verstoß gegen die Pflicht, Kontakt mit dem BewHelfer zu halten (nach Damian Bewährungshilfe 1992, 325 (342 f.) muss dies nicht mitgeteilt werden), wird sich schon wegen der Vertrauensproblematik ein behutsames Vorgehen empfehlen. Hat der BewHelfer – auch im Hinblick auf die richterliche Formulierung der Weisung bzw. Auflage – Zweifel, ob ein Berichtsanlass entstanden ist, kann es sich unter Abwägung mit Vertrauensbelangen notfalls anbieten, dies vorab (fern-)mündlich mit dem zuständigen JRichter zu erörtern.

16 **cc)** Abgesehen von den vorgenannten, gesetzlich umschriebenen Berichtspflichten kann es sich bei **Besonderheiten** der Umgebung oder der Persönlichkeit des Probanden ggf. empfehlen, den JRichter über Umstände zu informieren, die für den vorgesehenen Ablauf der BewZeit möglicherweise von Bedeutung sind. Eine solche ergänzende Informationsvermittlung erfolgt am besten informell durch unmittelbaren (fern-)mündlichen Kontakt. Fraglich ist, ob dies auch für Vorfälle oder Prozesse gilt, die vom BewHelfer zwar als negativ beurteilt werden (problematische Verhaltensweisen; begrenzte Verstöße gegen Weisungen, Auflagen, Zusagen oder Anerbieten), die dabei aber **unterhalb der Schwelle von § 25 S. 4** liegen. Hierüber muss der BewHelfer nach pflichtgemäßem **Ermessen** anhand der Einzelfallumstände entscheiden (für eine weitgehende Informationsweitergabe eintretend aber Brunner/Dölling Rn. 5). Dabei spricht die Anbahnung oder Aufrechterhaltung eines gewissen Vertrauensverhältnisses für eine größere Zurückhaltung..

17 **c) Mitteilungen und Verschwiegenheit gegenüber Dritten. aa) Grundsatz.** Der BewHelfer ist dienstrechtlich und strafrechtlich (§ 203 Abs. 1 Nr. 6 StGB (Sozialarbeiter) und § 203 Abs. 2 Nr. 2 (Amtsträger)) verpflichtet, **Verschwiegenheit** über sämtliche Umstände zu wahren, von denen er in seiner amtlichen Eigenschaft erfahren hat (zur Diskussion um innerbehördliche Einschränkungen s. Schenkel NStZ 1995, 67). Auskünfte an Dritte sind nur mit Einwilligung des Probanden (vgl. etwa schon Damian Bewährungshilfe 1992, 325 (357); Fünfsinn Bewährungshilfe 1993, 117 (125 f.)), bei Vorliegen sonstiger allg. Rechtfertigungsgründe oder bei gesetzlichen Mitteilungspflichten/-rechten erlaubt (für ein entspr. Bsp. s. **§ 487 Abs. 1 S. 3 StPO** iVm § 2 Abs. 2: Datenübermittlung an Einrichtungen des Justiz- und Maßregelvollzugs und Vollstreckungsbehörden). Deshalb darf der BewHelfer seine Berichte allein an den Auftraggeber übersenden. Dagegen dürfen bspw. dem (künftigen) Arbeitgeber des Unterstellten keine Informationen (bspw. zu Vorstrafen) zur Verfügung gestellt werden. Und iÜ muss sich der BewHelfer generell darum bemühen, dass die Verurteilten in ihrer sozialen Umgebung nicht zusätzlich benachteiligt oder stigmatisiert werden. Hierzu kann auch gehören, dass er seine Funktion in manchen Situationen nach außen hin nicht zu erkennen gibt.

18 **bb) Relativierung.** Die Verschwiegenheitspflicht besteht auch ggü. Strafverfolgungsbehörden. Dies hat Folgen für die Weitergabe von Informa-

tionen, die der BewHelfer zu (mutmaßlichen) **neuen Straftaten** des Verurteilten erlangt hat. Hiervon Mitteilungen zu machen, gehört nicht zu seinen Aufgaben (vgl. RL 3). Allerdings unterliegt auch der BewHelfer der Anzeigepflicht gem. § 138 StGB. Auch hat er gem. § 481 Abs. 1 S. 3 StPO (eingef. durch Gesetz zur effektiveren und praxistauglicheren Ausgestaltung des Strafverfahrens v. 17.8.2017 (BGBl. I 3202)) ein subsidiäres Auskunftsrecht ggü. den Polizeibehörden, soweit die „Abwehr einer Gefahr für ein bedeutendes Rechtsgut" diese Datenübermittlung erforderlich macht (weitergehend noch BT-Drs. 18/2012 mit § 496 StPO-E). Bezieht sich der Verdacht auf eine bereits erfolgte Straftat, kann der BewHelfer dies nach pflichtgemäßem Ermessen dem JRichter mitteilen (vgl. → Rn. 16), sodass das weitere Vorgehen in dessen Verantwortung liegt. Teilw. wird allerdings auch eine entspr. Verpflichtung bejaht (HK-JGG/Meir Rn. 9; BeckOK JGG/Nehring Rn. 28; Mutz Bewährungshilfe 2007, 140 (144 f.); ebenso mit Ausnahme von Bagatellen NK-JGG/Ostendorf Rn. 11; Brunner/Dölling Rn. 5; wohl auch Schipholt NStZ 1993, 470 (470) sowie bei erheblichen Delikten Beulke/Swoboda JugendStrafR Rn. 567). Begründet wird dies ua(wenn überhaupt) mit dem nicht abschließenden Charakter von § 25 S. 4 und der richterlichen Entscheidungsaufgabe gem. § 26 Abs. 1 Nr. 1 (etwa Gräber Bewährungshilfe 1982, 302 (303 f.)). Bei einem Funktionsverständnis der BewHilfe, das die Kontrollaufgaben nicht in den Vordergrund rückt und den Hilfsauftrag samt dem dafür erforderlichen Vertrauen betont (vgl. → Rn. 20, 23), ist dies indes fraglich – wobei es für eine Inpflichtnahme des BewHelfers (mit Blick auf den Gesetzesvorbehalt) ohnehin einer Rechtsgrundlage bedürfte.

Macht der BewHelfer entspr. Mitteilungen, können diese in einem etwaigen weiteren JStV nur unter Einhaltung der allg. strafprozessualen Regelungen verwertet werden. Hiernach dürfen Angaben zu Fragen, die für den Schuld- oder Rechtsfolgenausspruch von Bedeutung sind, nur verwertet werden, wenn der BewHelfer sie als Zeuge gemacht hat (OLG Celle StV 1995, 292 = LSK 1995, 410268). Da er über **kein Zeugnisverweigerungsrecht** verfügt, ist er hierzu allerdings auch gezwungen (jedenfalls bei vorliegender Aussagegenehmigung gem. § 54 StPO iVm § 2 Abs. 2). Wird der BewHelfer vom Gericht lediglich informell und informatorisch angehört (etwa um die Beziehung zum Verurteilten nicht durch die Zeugenaussage zu belasten), ist dies strengbeweisrechtlich nicht verwertbar (zur Revisibilität einer darauf beruhenden Verurteilung s. OLG Oldenburg MDR 1977, 775 = BeckRS 1977, 2123). 19

2. Hilfe und Betreuung

a) „Doppelfunktion". Der BewHelfer hat ebenso die Aufgabe, dem Verurteilten „helfend und betreuend zur Seite" zu stehen (§ 24 Abs. 3 S. 1). Dies ist, wie sich aus der Regelungsreihenfolge in § 24 Abs. 3 und aus § 2 Abs. 1 ergibt, der Kontrollfunktion vorrangig (iErg ebenso NK-JGG/Ostendorf Rn. 6; BeckOK JGG/Nehring Rn. 2). Er „soll die Erziehung des Jugendlichen fördern" und nach Möglichkeit mit Erziehungsberechtigten und gesetzlichen Vertretern „vertrauensvoll zusammenwirken" (§ 24 Abs. 3 S. 3). Einzelheiten der **Betreuungsaufgabe** sind gesetzlich nicht geregelt. Auch das Verhältnis zum JRichter wird allein durch Verwaltungsvorschriften etwas näher bestimmt. Danach sollte dieser den BewHelfer in seinem Bemü- 20 hen um ein persönliches Verhältnis zu dem Verurteilten unterstützen (so jedenfalls noch RL 2 aF), während es sich iÜ empfehle, die Selbstständigkeit des BewHelfers bei der Betreuung des Verurteilten nicht einzuschränken (RL 1 S. 2). – Um Konfusionen mit Unterstützungsaufgaben anderer Art zu vermeiden, darf der BewHelfer nicht als Bevollmächtigter des Verurteilten auftreten (OLG Düsseldorf NStZ 1987, 340; OLG Koblenz NStZ-RR 1996, 300) und nicht zum Verteidiger bestellt werden, selbst wenn er die Erste Juristische Staatsprüfung abgelegt hat (BGHSt 20, 95 = NJW 1965, 116). Seine Bestellung zum Beistand (§ 69) sollte zur Vermeidung etwaiger erzieherischer Nachteile meist unterbleiben.

21 Zur Betreuungs- und Hilfeleistung ist auf Seiten des Verurteilten ein **Mindestmaß** an **Vertrauen** erforderlich. Dem stehen die Kontroll- und Berichtspflichten teilw. entgegen. Seit langem wird hier ein Rollenkonflikt ausgemacht, der die Doppelfunktion des BewHelfers belastet (zusf. Dollinger/Schmidt-Semisch Jugendkriminalität-HdB/Kawamura-Reindl S. 445 f.). Von den BewHelfern selbst wird dies zwar oftmals gar nicht als problematisch oder jedenfalls nicht als nur negativ wahrgenommen (Klug/Schaitl, Soziale Dienste der Justiz, 2012, S. 26 ff.: „Doppeltes Mandat als Chance"; ähnlich schon Böttner, Der Rollenkonflikt der Bewährungshilfe in Theorie und Praxis, 2004). Doch soweit dem Verurteilten und dessen Umfeld die informatorische Pflichtenstellung des BewHelfers (→ Rn. 12 ff.) bewusst ist, kann jener als Repräsentant der Strafverfolgungsbehörden und daher als nicht (mehr) vertrauenswürdig wahrgenommen werden (vgl. Streng JugendStrafR Rn. 485 sowie schon Winter/Winter, Bewährungshelfer im Rollenkonflikt, 1974; zu einer gewissen Beziehungslosigkeit zwischen BewHelfer und Proband bereits Bockwoldt, Strafaussetzung und Bewährungshilfe in Theorie und Praxis, 1982; Bockwoldt GA 1983, 546 (553 ff.)). Besonders deutlich ist dies, wenn der BewHelfer unter Verletzung eines ihm entgegengebrachten Vertrauens eine Mitteilung machen muss. Vor diesem Hintergrund wird zutr. empfohlen, dem Verurteilten von vornherein zu eröffnen, welchen justiziellen Mitteilungserwartungen der BewHelfer unterliegt (BeckOK JGG/Nehring Rn. 17; Schipholt NStZ 1993, 470 (471); Brause Bewährungshilfe 1996, 221 (224 f.); Schenkel NStZ 1995, 67 (70)).

22 **b) Einzelfallhilfe.** Die Betreuungstätigkeit des BewHelfers ist bedarfsbezogen auszurichten. Das macht – hinsichtlich Art und Umfang – individuumsorientierte (also keine standardisierten oder zufällig verteilten) Unterstützungsangebote notwendig. Dieses Erfordernis wird (auch aus Ressourcengründen) nur teilw. (nämlich nur für best. Teilgruppen) eingelöst, wenn die Praxis eine **nach Zielgruppen differenzierte** Kapazitätsverteilung praktiziert, die (allein) bei entspr. Risikoeinstufung eine Intensivbewährungshilfe mit deutlich erhöhter Kontaktdichte vorsieht (zu entspr. Programmen etwa Haverkamp/Walsh Bewährungshilfe 2014, 117; Boers/Schaerff/Bieschke/Tetal Kriminologische Welt S. 517 ff.). Eine Herausforderung liegt vielmehr darin, auch bei Verurteilten, die (oft mit hoher Instabilität der Lebensbedingungen einhergehend) nur unregelmäßig Kontakt mit dem BewHelfer halten, die Intensität der Bemühungen an die Problemlage anzupassen (dazu empirisch vormals Hesener, Die Arbeitsbeziehung Bewährungshelfer – Proband, 1986, S. 259 f.). Hier Hilfen vorzuenthalten kommt ungeachtet aller Risiko- und Kosten-Nutzen-Kalküle nicht in Betracht (krit. daher auch Cornel ZJJ 2016, 220 (224 f.)).

Als Maßnahmen der **Einzelfallhilfe** bezieht sich die Beratung und Unterstützung durch den BewHelfer auf die jeweils bestehenden Problemlagen in den Bereichen der Schule und Ausbildung, der Arbeitsplatzsuche, der Unterkunft, der Schuldentilgung sowie den Umgang mit Behörden (eingehend zum Spektrum Klug/Schaitl, Soziale Dienste der Justiz, 2012, S. 70 ff.; zusf. Dollinger/Schmidt-Semisch Jugendkriminalität-HdB/Kawamura-Reindl S. 447 f.). Allerdings hat der BewHelfer keine Befugnis, Rechtshandlungen für den Jugendlichen ohne oder gegen den Willen des gesetzlichen Vertreters vorzunehmen, insbes. ihn rechtsgeschäftlich zu vertreten. Einen wesentlichen Baustein bilden (neben unmittelbarer Begleitung und Vermittlung) die persönlichen Gespräche sowie ggf. auch eine Gruppenbetreuung (vgl. etwa schon Lippenmeier, Soziale Gruppenarbeit in der Bewährungshilfe, 1981; Kastenhuber Bewährungshilfe 1984, 53 ff.; zur oft eher kurzen Gesprächsführung (im Durchschnitt ca. ½ Stunde) s. aber Kerner/Hermann/Bockwoldt, Straf(rest)aussetzung und Bewährungshilfe (…), 1984, S. 61; vgl. ferner etwa Sommer, Bewährungshilfe zwischen Beratung und Zwang, 1986; Weigelt, Bewähren sich Bewährungsstrafen?, 2009, S. 206 f.). Welche konkreten Verfahrensweisen am ehesten geeignet sind, ist dabei nicht abschließend geklärt (zur Methodendiskussion in der BewHilfe etwa Braun Bewährungshilfe 2014, 325; bspw. eher für Einwirkung und Einflussnahme als für Hilfe votierend etwa Mayer Bewährungshilfe 2010, 151 (155 f.)). Als wichtig gilt ein angebotsorientiertes und konsequentes Vorgehen; iÜ ist die Qualität der zwischenmenschlichen Begegnung zwischen Verurteiltem und BewHelfer von zentraler Bedeutung. Dabei wird eine behördliche oder bürokratische Atmosphäre nach Möglichkeit zu vermeiden sein. Um nicht schon von den äußeren Gegebenheiten her die formelle institutionalisierte Eigenschaft der BewHilfe deutlich werden zu lassen, sind ua neutrale Arbeitsräume vorzugswürdig. 23

c) Zusammenwirken mit Erziehungsberechtigten und gesetzlichen Vertretern. Die idR anzustrebende Kooperation mit den Eltern (§ 24 Abs. 3 S. 3, 5) bezieht sich (nur) auf minderjährige Verurteilte. Sie erklärt sich mit der Annahme, wonach eine etwaige besondere erzieherische Bedürftigkeit des Verurteilten (auch) auf der Beziehung zum unmittelbaren Umfeld beruht. Demgemäß ist es ggf. Aufgabe des BewHelfers, diese Personen in die erzieherischen Bemühungen einzubinden. Allerdings darf die anzustrebende einheitliche Erziehung nicht zu einer kumulierten Machtausübung des BewHelfers und der Erziehungsberechtigten ggü. dem Verurteilten werden. Andererseits sollte auch in Fällen fehlender Kooperation, in denen womöglich gar das „Recht auf Zutritt zu dem Jugendlichen" (§ 24 Abs. 3 S. 4, vgl. auch → Rn. 25) verwehrt wird, nur als äußerstes Mittel von der rechtlichen Möglichkeit Gebrauch gemacht werden, den Jugendlichen aus seiner häuslichen Umgebung herauszunehmen. 24

3. Rechte

Der BewHelfer hat das Recht, in Kontakt zu dem Unterstellten zu treten. Befindet sich dieser in **U-Haft,** darf er ihn wie ein Verteidiger **besuchen** (§ 72b S. 2). Ansonsten hat er gem. § 24 Abs. 3 S. 4 ein generelles **Zutrittsrecht** zu dem Verurteilten, das er notfalls durch Inanspruchnahme der Polizei durchsetzen kann (BeckOK JGG/Nehring Rn. 24). Dies gilt nicht 25 nur ggü. dem Verurteilten und den Erziehungsberechtigten, sondern ggü. jeder Person, in deren Haushalt sich der Verurteilte befindet. Es wird sich für den BewHelfer idR allerdings empfehlen, erzwungene Hausbesuche zu vermeiden, da er hierdurch etwaige Möglichkeiten einer Zusammenarbeit langfristig beschädigt. Ist oder wird der Verurteilte volljährig, so bedarf es besonderer Zurückhaltung.

26 Um die Lebensführung des Verurteilten beobachten zu können, hat der BewHelfer ein darauf gerichtetes **Auskunftsrecht** ggü. Erziehungsberechtigten und gesetzlichen Vertretern sowie Schule und Ausbildern (§ 24 Abs. 3 S. 5). Hierfür ist eine Erzwingung gesetzlich nicht vorgesehen (ebenso etwa HK-JGG/Meier § 24 Rn. 9; BeckOK JGG/Nehring Rn. 25). Ist oder wird der Verurteilte volljährig, so besteht das Recht nur noch ggü. Schule und Ausbildenden, und es ist idR eine besonders zurückhaltende Handhabung angezeigt. – Ansonsten sind die Rechte des BewHelfers schwach ausgeprägt (vgl. aber das Anwesenheitsrecht gem. § 48 Abs. 2 S. 1 und das Anhörungsrecht gem. § 50 Abs. 4 S. 1 und § 58 Abs. 1 S. 2; s. auch → Rn. 10).

Widerruf der Strafaussetzung

26 (1) [1]**Das Gericht widerruft die Aussetzung der Jugendstrafe, wenn der Jugendliche**

1. in der Bewährungszeit eine Straftat begeht und dadurch zeigt, daß die Erwartung, die der Strafaussetzung zugrunde lag, sich nicht erfüllt hat,
2. gegen Weisungen gröblich oder beharrlich verstößt oder sich der Aufsicht und Leitung des Bewährungshelfers beharrlich entzieht und dadurch Anlaß zu der Besorgnis gibt, daß er erneut Straftaten begehen wird, oder
3. gegen Auflagen gröblich oder beharrlich verstößt.

[2]**Satz 1 Nr. 1 gilt entsprechend, wenn die Tat in der Zeit zwischen der Entscheidung über die Strafaussetzung und deren Rechtskraft begangen worden ist.** [3]**Wurde die Jugendstrafe nachträglich durch Beschluss ausgesetzt, ist auch § 57 Absatz 5 Satz 2 des Strafgesetzbuches entsprechend anzuwenden.**

(2) **Das Gericht sieht jedoch von dem Widerruf ab, wenn es ausreicht,**

1. weitere Weisungen oder Auflagen zu erteilen,
2. die Bewährungs- oder Unterstellungszeit bis zu einem Höchstmaß von vier Jahren zu verlängern oder
3. den Jugendlichen vor Ablauf der Bewährungszeit erneut einem Bewährungshelfer zu unterstellen.

(3) [1]**Leistungen, die der Jugendliche zur Erfüllung von Weisungen, Auflagen, Zusagen oder Anerbieten (§ 23) erbracht hat, werden nicht erstattet.** [2]**Das Gericht kann jedoch, wenn es die Strafaussetzung widerruft, Leistungen, die der Jugendliche zur Erfüllung von Auflagen oder entsprechenden Anerbieten erbracht hat, auf die Jugendstrafe anrechnen.** [3]**Jugendarrest, der nach § 16a verhängt wurde, wird in dem Umfang, in dem er verbüßt wurde, auf die Jugendstrafe angerechnet.**

Erlaß der Jugendstrafe

26a **[1] Widerruft der Richter die Strafaussetzung nicht, so erläßt er die Jugendstrafe nach Ablauf der Bewährungszeit. [2] § 26 Abs. 3 Satz 1 ist anzuwenden.**

Übersicht

I. Anwendungsbereich

Es gelten die Erl. in → § 21 Rn. 1 f. entsprechend. 1

II. Voraussetzungen des Widerrufs

1. Einordnung

Ist die Bewährungszeit verstrichen, muss der JRichter die (zBew ausgesetzte) JStrafe umgehend erlassen und den Strafmakel beseitigen (→ Rn. 27). Anders verhält es sich, wenn er die Aussetzung der JStrafe zu diesem Zeitpunkt oder vorher widerruft (sodass es zu deren Vollstr. kommt). Ein solcher Widerruf ist allerdings an die Voraussetzungen von § 26 Abs. 1 gebunden (→ Rn. 4 ff.) und auch bei deren Vorliegen ggü. einer Anpassung der bewährungsausgestaltenden Regelungen subsidiär (→ Rn. 16 ff.). Darin zeigt sich, dass es sich bei der Aussetzung zBew **nicht** um eine **Wohltat** handelt, die dem Verurteilten gewährt und bei fehlendem Wohlverhalten entzogen wird. Vielmehr stellt sie eine besondere ambulante Einwirkungsform dar, deren **spezialpräventives Potenzial** ungeachtet zeitweiliger Fehlschläge genutzt und nur bei definitiver Aussichtslosigkeit zugunsten einer stationären Intervention aufgegeben werden soll. 2

3 Die **rechtspraktische** Handhabung des Bewährungswiderrufs wird in der amtlichen Kriminalstatistik und den vorliegenden Einzeluntersuchungen nur ansatzweise erfasst. Bei Zugrundelegung der vorliegenden Daten ist von einer **Widerrufsquote** bei der Aussetzung der Vollstr zBew (mit/ohne vorherigen Vollzug) von mindestens 25 % auszugehen (dazu im Einzelnen → § 113 Rn. 10f.). Der BewHi-Statistik (Tab. 3.2) zufolge beruhte der Widerruf im Jahr 2011 (als dem letzten erfassten Jahr) etwas seltener auf einem sonstigen Widerrufsgrund (→ Rn. 13ff.) als nur/auch auf einer neuerlichen Straftat (→ Rn. 8ff.). Während in älteren Aktenstudien noch ein deutlicheres Gefälle zwischen den **Widerrufsanlässen** festgestellt worden war (vgl. die Zusammenstellung in der 21. Aufl. Rn. 16), weisen neuere Daten indes auf einen deutlichen relativen Bedeutungsgewinn der sonstigen Widerrufsgründe (bei allerdings starken Unterschieden zwischen den Bundesländern) hin (Heinz, 57 Jahre Bewährungshilfe im Spiegel der Bewährungshilfestatistik, 2021, S. 74ff.). Mit Blick auf die Legalbewährung bei JStraf- und JStrafrestaussetzung (→ § 21 Rn. 9; → § 88 Rn. 20) ist hierbei ohnehin zu berücksichtigen, dass sog. „Rückfälle" nicht zu einem Bewährungswiderruf führen müssen (→ Rn. 16) und oft auch nicht führen (nach der BZR-Auswertung von Weigelt, Bewähren sich Bewährungsstrafen?, 2009, S. 231f.: ca. ¾), sondern entweder im Wege einer Sanktionseinbeziehung gem. § 31 Abs. 2 oder in der in → Rn. 17ff. erläuterten Weise reguliert werden.

2. Gemeinsame Vorgaben für die Widerrufsanlässe

4 **a) Widerrufsrelevanter Bewährungsverstoß.** Ein Widerruf ist nur in den von § 26 Abs. 1 **abschließend** geregelten Konstellationen möglich. Andere als die dort genannten Anlässe kommen insofern nicht in Betracht (kriminalpolitisch ist indes verschiedentlich (vgl. etwa DVJJ/AK VII 1990, S. 419) eine gesetzliche Reduzierung auf § 26 Abs. 1 S. 1 Nr. 1 empfohlen worden (für Streichung von § 26 Abs. 1 S. 1 Nr. 2 DVJJ-Kommission DVJJ-Journal 1992, 4, 36)). – Zwar kann die Frage, ob ein in § 26 Abs. 1 definierter Bewährungsverstoß fallkonkret vorliegt, im Wege des **Freibeweises** geklärt werden, doch ist das JGericht hierbei schon wegen des drohenden Freiheitsentzugs zu **größtmöglicher Aufklärung** verpflichtet (BVerfG BeckRS 2010, 54621; NJW 2020, 1501 (1502) zum allg. StR). Werden **rechtswidrige** Weisungen (vgl. → § 10 Rn. 3ff.) oder unzulässige Auflagen (vgl. dazu → § 15 Rn. 3ff.) verletzt, kann dies einen Widerruf nicht begründen (vgl. etwa OLG München NStZ 1985, 411; OLG Frankfurt a. M. NStZ-RR 1997, 2; OLG Hamm BeckRS 2009, 9615 (jeweils zum allg. StR)). Ebenso verhält es sich, wenn der Verurteilte seine Zusagen oder sein Anerbieten (§ 23 Abs. 2) nicht erfüllt (→ § 23 Rn. 17).

5 **b) Widerrufsrelevanter Zeitraum.** Das als Widerrufsanlass in § 26 Abs. 1 beschriebene Verhalten muss sich ausnahmslos **innerhalb der** richterlich festgelegten **Bewährungszeit** ereignen. Für § 26 Abs. 1 S. 1 Nr. 1 wird dies durch das Gesetz ausdrücklich bestimmt und für § 26 Abs. 1 S. 1 Nr. 2 und 3 ergibt es sich daraus, dass eine Weisung oder Auflage „nur für die Dauer der Bewährungszeit" (§ 23 Abs. 1 S. 1) erteilt und der Verurteilte lediglich „in der Bewährungszeit" (§ 24 Abs. 1 S. 1) einem BewHelfer unterstellt wird. Bei unterlassener Bewährungszeitbestimmung kommt es auf

den gesetzlichen Mindestzeitraum an (→ § 22 Rn. 6; vgl. auch OLG Celle NStZ-RR 2010, 27 (Ls.) = BeckRS 2009, 27559), während bei einer **Verlängerung** der Bewährungszeit (§ 22 Abs. 2 S. 2) dieser erweiterte Zeitraum maßgeblich ist. Das gilt jedoch nur bei einer zulässigen Verlängerung und nicht, wenn diese in irregulärer Weise, insbes. erst nach Ablauf der ursprünglich festgelegten Dauer (vgl. → § 22 Rn. 8) erfolgte. Der Widerruf darf dann jedenfalls nicht auf das Verhalten innerhalb der zusätzlichen Bewährungszeit gestützt werden (OLG Hamm NJW 1981, 697 zum allg. StR; s. aber → Rn. 18 f. zur Ausnahmekonstellation der erlaubten nachträglichen Verlängerung). Bei einem **Dauerdelikt** oder anderen (Tat-)Ereignisvarianten, die rechtlich als eine Tat gewertet werden (vgl. → § 32 Rn. 3 und 15), genügt es, dass ein Teilakt in die relevanten Zeiträume fällt.

Für **§ 26 Abs. 1 S. 1 Nr. 1** (nicht aber Nr. 2 und 3) wird der widerrufsrelevante Zeitraum in zweifacher Weise gleichsam „rückverlängert". **§ 26 Abs. 1 S. 2** regelt dies für die Phase zwischen der Aussetzungsentscheidung und deren Rechtskraft, sodass auch ein Delikt, das bspw. während eines Rechtsmittelverfahrens begangen wird, einen Widerruf begründen kann. War die tatrichterliche Belehrung nach § 268a Abs. 3 StPO in dieser Hinsicht unvollständig und ist der Jugendliche nicht darüber aufgeklärt worden, dass er „schon ab sofort" keine Straftat „begehen darf", ist das in diesem Zusammenhang der Rspr. zufolge für die Möglichkeit eines Widerrufs unerheblich (BVerfG NJW 1992, 2877: keine materielle Voraussetzung des Widerrufs). 6

Sodann führt **§ 26 Abs. 1 S. 3** zu einer zusätzlichen Erweiterung für jene Fälle, in denen die Vollstr. der JStrafe erst durch nachträglichen Beschluss zBew ausgesetzt wird. Durch die Verweisung auf § 57 Abs. 5 S. 2 StGB reicht der widerrufsrelevante Zeitraum hier bis zum Zeitpunkt der **Verurteilung** – dh bis zum Zeitpunkt der letzten tatgerichtlichen Entscheidung (nicht aber auf davorliegende Zeitpunkte (vgl. AG Tiergarten ZJJ 2012, 89) – zurück. Legislatorisch gerechtfertigt wird dies mit der Unterstellung, dass schon die Verurteilung zu einer JStrafe (und nicht erst bzw. zusätzlich die spätere Aussetzungsentscheidung) eine ausreichende Warnung vor den Folgen einer neuerlichen Deliktsbegehung sei (BT-Drs. 17/9389, 14) – eine Annahme, die zumindest bei Jugendlichen höchst fragwürdig ist. Jedenfalls sind die Widerrufsanlässe in dieser Phase auf solche Straftaten verengt, die an sich zur Versagung der Aussetzung geführt hätten, aber im Aussetzungsbeschluss „aus tatsächlichen Gründen" nicht berücksichtigt werden konnten – etwa, weil es zu diesem Zeitpunkt am hinreichenden Nachweis oder gar der Tatentdeckung noch fehlte (für einen exemplarischen Fall nach alter Rechtslage s. OLG Stuttgart StV 1996, 271 = LSK 1996, 140386). 7

3. Widerruf gem. § 26 Abs. 1 S. 1 Nr. 1

a) Feststellung einer Straftat. Der erste Widerrufsanlass setzt die Begehung einer Straftat im widerrufsrelevanten Zeitraum voraus. Delikte, die bereits zum Anlass für eine Verlängerung der Bewährungszeit genommen wurden, sind nicht als Widerrufsgrund verbraucht, sondern können bei erneuter Straffälligkeit mit herangezogen werden (KG BeckRS 2013, 13943). Zutreffend wird davon ausgegangen, dass das Delikt dabei nicht nur die Korrektur der früheren (Bewährungs-)Prognose auslöst (so bspw. noch BVerfG NStZ 1987, 118), sondern dass sich der Widerruf hier als weitere 8 (dh zur Deliktssanktion hinzukommende) strafgleiche nachteilige Konsequenz darstellt und dass dementsprechend die **Unschuldsvermutung** (Art. 6 Abs. 2 EMRK) gewahrt bleiben muss (dazu EGMR NJW 2016, 3645 (3647 f.) für § 26; davor grundlegend EGMR NJW 2004, 43 (45) zum allg. StR; dem im Wesentlichen folgend BVerfG NJW 2005, 1105 (1107); NJW 2005, 817 jeweils zum allg. StR). Deren Maßgaben entspricht es, dass das fragliche Delikt **rechtskräftig abgeurteilt** worden sein muss, bevor ein hierauf gestützter Widerruf erfolgen kann. Im Ergebnis muss das zur Widerrufsentscheidung zuständige Gericht also tunlichst abwarten, bis das gerichtliche Verfahren zu der mutmaßlichen neuen Straftat abgeschlossen ist und sich bei etwaigen Zweifeln an der Verurteilung durch zusätzliche Prüfungen von deren Richtigkeit überzeugen (KG NStZ-RR 2005, 94 (95)). Akzeptiert man grds. die Bindung von Abs. 1 S. 1 Nr. 1 an die Unschuldsvermutung, kann es von diesen Anforderungen an die Deliktsfeststellung **keine Abstriche** geben (unbestimmt indes RL 2 S. 2).

9 **Abw.** von der hier eingenommenen Position toleriert die Literatur (im JStR etwa NK-JGG/Ostendorf §§ 26–26a Rn. 7) sowie die Judikatur insofern jedoch einige Lockerungen, wobei die Handhabung im Einzelnen uneinheitlich ist (systematisch zur Debatte bspw. Krumm NJW 2005, 1832; Seher ZStW 2006, 118 für das allg. StR). Dies betrifft etwa die Frage, ob eine erstinstanzliche, **noch anfechtbare** Entscheidung ausreichen soll (so für § 26 VerfGH Bln. NStZ-RR 2013, 242 sowie für das allg. StR BVerfGK 14, 114 = BeckRS 2011, 87020) oder nicht (OLG Stuttgart NJW 2005, 83; offenlassend OLG Schleswig NStZ 2004, 628 jeweils zum allg. StR). Einheitlichkeit zeigt sich indes darin, dass eine formlose Einstellung ebenso wenig genügt (auch bei Zustimmung nach § 153a Abs. 2 StPO; vgl. BVerfG NStZ-RR 1996, 168 (169); OLG Hamm StV 2020, 683 (Ls.) = LSK 2020, 25554) wie eine Anklageerhebung (VerfGH Bln. NStZ-RR 2013, 242). Soweit das Delikt in einem rechtskräftigen **Strafbefehl** festgestellt wird, ist str., ob es wegen der idR (nur) summarischen, aktenbasierten Prüfung zusätzlich bestätigender Hinweise bedarf (so OLG Nürnberg NJW 2004, 2032; mit Einschränkungen auch KG ZJJ 2015, 75 = BeckRS 2014, 19174; abw. aber OLG Hamm NStZ-RR 2008, 25 (26) alle zum allg. StR). Ein Adhäsions-Anerkenntnisurteil ist jedenfalls nicht ausreichend (OLG Hamm StV 2020, 683 (Ls.) = LSK 2020, 25554).

10 Unter engen Voraussetzungen soll ein Widerruf auch ohne Verurteilung schon dann möglich sein, wenn sich das Widerrufsgericht in anderer Weise von der Begehung der Straftat (ohne deren förmliche Feststellung) überzeugt hat (zur Mitteilung anhängiger Verfahren durch die StA an das Gericht s. RL 2 S. 1). Die Voraussetzungen hierfür sind aber selbst nach der Judikatur tendenziell streng (s. für § 26 etwa LG Saarbrücken ZJJ 2005, 449 = BeckRS 2011, 12762 mzustAnm Möller ZJJ 2005, 450). Teilw. wird von ihr nur ein glaubhaftes **Geständnis** vor einem Gericht akzeptiert (OLG Karlsruhe NStZ 2012, 702; OLG Hamm StV 2020, 683 (Ls.) = LSK 2020, 25554; wohl auch OLG Düsseldorf NJW 2004, 790; OLG Stuttgart NJW 2005, 83). Nach aA soll es aber auch ausreichend sein, wenn sich das Widerrufsgericht auf ein Geständnis ggü. der StA und Polizei stützen kann (OLG Nürnberg NJW 2004, 2032; OLG Zweibrücken NStZ-RR 2005, 8; OLG Koblenz BeckRS 2005, 7235; OLG Saarbrücken BeckRS 2009, 86315; NStZ 2024, 362; OLG Hamm StV 2021, 600; OLG Koblenz BeckRS 2022, 27575 (jeweils zum allg. StR)) – was mit Blick auf dessen beschränkte Tragfähigkeit

(→ § 70c Rn. 9 ff.) gerade bei jungen Verurteilten allerdings höchst fragwürdig ist. Keine Widerrufsgrundlage bildet ein Geständnis, das vor dem BewHelfer abgelegt (OLG Schleswig NStZ 2004, 628) oder das widerrufen wurde (EGMR NJW 2016, 3645).

b) Widerlegung der Bewährungsprognose. Anders als nach der vorgenannten Judikatur hat § 26 Abs. 1 Nr. 1 nach der hier vertretenen Ansicht (→ Rn. 8) eine relativ geringe Relevanz. Denn die zBew ausgesetzte JStrafe wird oft bei der unabdingbaren Aburteilung des neuen Delikts in die Rechtsfolgenentscheidung gem. § 31 Abs. 2 einbezogen werden, sodass ein Widerruf vor allem in den Fällen von § 31 Abs. 3 zur Debatte stehen kann. Unabhängig davon erlaubt eine Straftat, die im relevanten Zeitraum begangen und hinreichend sicher festgestellt wurde, ohnehin nur unter strengen Bedingungen einen Widerruf. Dies ist lediglich dann der Fall, wenn das Delikt die (in → § 21 Rn. 15 ff. erläuterte) **positive Prognose,** die der Aussetzung der Vollstr zBew zugrunde lag, inhaltlich **erschüttert.** Um dies zu beurteilen, müssen die Zusammenhänge der neuen Straftat daraufhin bewertet werden, ob sie mit den ursprünglichen Entwicklungsannahmen noch verträglich sind oder ob sie diesen widersprechen. Dafür kommt es wesentlich auf die Tatsituation und das Verhältnis zwischen Täter und Opfer sowie auf die Motivstruktur an. Daneben können Art und Umfang der Tat bedeutsam sein. Erfolgte die neue Tat erst mehrere Jahre nach dem letzten vorherigen Delikt, wird sie kaum ein Anlass für einen Widerruf sein (AG Braunschweig DVJJ-Journal 1996, 396). Ebenso verhält es sich, wenn sie ganz anders als die früheren Delikte geartet oder fahrlässig begangen wurde oder lediglich geringfügig war (wobei die Ahndung mit Geldstrafe nach KG ZJJ 2015, 75 = BeckRS 2014, 19174; OLG Celle NStZ 2021, 686 nicht unbedingt gegen eine ausreichende Deliktsschwere spricht). 11

Das neue Delikt ist jedenfalls **nicht mehr** als ein **Indiz** für einen negativen Verlauf (BGH NStZ 2010, 83) und hindert nicht daran, an der bisherigen Prognose festzuhalten. Das gilt insbes., wenn es in der Bewährungszeit auch zu günstigen Entwicklungen gekommen ist (was gerade im JStR mit Blick auf die alterstypischen Veränderungen häufig gegeben ist (vgl. BGH NStZ 2010, 83) oder wenn ein Widerruf die Legalbewährungserwartung verschlechtern würde (bspw., weil durch die Vollstr. der JStrafe eine Langzeittherapie unterbrochen würde). Im Übrigen ist das Widerrufsgericht an die Prognose, die das Tatgericht bei der Aburteilung der neuen Tat getroffen hat, **nicht gebunden.** Nimmt das Tatgericht eine Aussetzung einer dort ggf. verhängten JStrafe vor (oder verneint es schädliche Neigungen iSv § 17 Abs. 2), besteht aber die **Vermutung,** dass die darin liegende tatrichterliche Prognose auf einer hinlänglichen Grundlage erfolgt und anschlussfähig ist (n. zum Ganzen BVerfG NStZ 1985, 357; NStZ-RR 2008, 26 (27); OLG Hamm NStZ-RR 2008, 25 (26); BeckRS 2013, 11242; MüKoStGB/Kett-Straub StGB § 56f Rn. 30). 12

4. Widerruf gem. § 26 Abs. 1 S. 1 Nr. 2 und Nr. 3

Der Widerrufsgrund in § 26 Abs. 1 S. 1 Nr. 2 setzt die Anordnung einer rechtmäßigen und hinreichend bestimmten Weisung (vgl. → § 10 Rn. 3 ff.) und deren Verletzung voraus. Es muss sich dabei allerdings, wie das Gesetz in eher unbestimmter Weise normiert, um einen qualifizierten Verstoß 13 handeln. Als iS des Normtextes **„gröblich“** kann dabei nur ein gravierendes Fehlverhalten gelten, das die Ziele der BewHilfe intentional verletzt (zur Frage, ob dies bei Abbruch einer Therapie trotz der diesbzgl. Einwilligungsbedürftigkeit (→ § 10 Rn. 41) gegeben sein kann, n. BeckOK JGG/Nehring § 26 Rn. 16). **„Beharrlich“** ist der Verstoß, wenn er aus Missachtung oder Gleichgültigkeit immer wieder erfolgt (LG Saarbrücken ZJJ 2005, 449 (450) = BeckRS 2011, 12762), was bei „zeitweiligem nur ‚sporadischem‘ Aufsuchen des BewHelfers“ noch nicht gegeben ist (vgl. OLG Hamm StV 2017, 719 = BeckRS 2016, 116290). Erfolgt dagegen die nach § 60 Abs. 1 S. 2 erforderliche Belehrung in unzulänglicher Weise, kann dies gegen die Beharrlichkeit sprechen (→ § 60 Rn. 9; auch → § 70b Rn. 5).

14 Auch die Konstellation der Weisungsverstöße erlaubt einen Widerruf nur, wenn sich hieraus eine **negative Legalbewährungsprognose** ergibt. Der entsprechende Rückschluss ist schon bei Erwachsenen nicht ohne weiteres möglich, sondern voraussetzungsreich (BVerfG NStZ-RR 2007, 338 (389); BeckRS 2019, 5278). Im JStR gilt das angesichts der alterstypischen Entwicklungsoffenheit Jugendlicher jedoch besonders. Wegen der vielfältigen (uU auch berechtigten) Gründe, die es für den Weisungsverstoß geben kann, sind daher konkrete und objektivierbare Anhaltspunkte für den entspr. Zusammenhang erforderlich (vgl. KG StV 2014, 746 = BeckRS 2014, 13285; OLG Hamm StV 2017, 719 = BeckRS 2016, 116290). Dass bei einem Jugendlichen, der wegen Beschaffungsdelikten verurteilt worden war und dann die Therapieweisung verletzt hat, die Erwartbarkeit neuer Straftaten „auf der Hand“ liege (OLG Köln BeckRS 2009, 9620; s. dazu auch → § 82 Rn. 26), wird diesen Begründungsanforderungen nur wenig gerecht. Im Übrigen ist stets zu bedenken, dass das vorgabenwidrige Verhalten auch aus Spannungen in der Beziehung des BewHelfers zum Probanden hervorgehen kann und dann über die Perspektiven des Jugendlichen wenig besagt.

15 Für den gröblichen und beharrlichen Auflagenverstoß gem. **§ 26 Abs. 1 S. 1 Nr. 3** gelten die Ausführungen in → Rn. 13 entsprechend. Dem Gesetz zufolge kommt es in diesen Fällen allerdings nicht auf eine damit zusammenhängende Negativprognose an. Dies sei (wie im allg. StR) deshalb legitim, weil bei Auflagen durch deren Nichterfüllung die jeweilige, durch das Tatgericht für notwendig erachtete Ahndungswirkung ausbleibt (vgl. etwa Brunner/Dölling Rn. 6; Streng JugendStrafR Rn. 493). Dass bzw. warum deshalb der ambulante Ahndungsakt (anstelle einer Erzwingung) gerade durch eine stationäre Ahndungsform ersetzt werden soll, ist indes nicht einzusehen. Dies ist auch mit Blick auf § 2 Abs. 1 nicht funktional, weil die Annahme, schon durch die Nichtbefolgung der Auflage würden neue Delikte gefördert, rechtstatsächlich nicht erwiesen ist. Überlegungen, die § 26 Abs. 1 S. 1 Nr. 2 an Nr. 3 angleichen wollen (Schoene NJW 2000, 713), sind daher zurückzuweisen.

III. Subsidiarität des Widerrufs

16 Das Gericht darf nicht widerrufen, wenn eine Entscheidung nach Abs. 2 „ausreicht“. Diese Regelung gilt für sämtliche Widerrufsanlässe (§ 26 Abs. 1 Nr. 1–3) und entspricht dem allg. Subsidiaritätsgrundsatz jugendstrafrechtlicher Rechtsfolgen (vgl. → § 5 Rn. 21 f.). Geht man von einem „systematischen Ausnahmecharakter des § 26 Abs. 2“ aus (so LG Aurich ZJJ 2020, 205

= BeckRS 2019, 32016), wird dieser Regelungszusammenhang vollständig verkannt. Insbes. wird dabei übersehen, dass ein Widerruf aus Verhältnismäßigkeitsgründen ausscheiden muss, wenn es mildere, mindestens gleichgeeignete Interventionsformen gibt (ähnlich etwa LG Bonn BeckRS 2016, 18849; Diemer/Schatz/Sonnen/Sonnen Rn. 14). Ist das bei widerrufsersetzenden Maßnahmen mit Blick auf die Zielstellung der JStrafe und deren Ersetzung, nämlich auf die Entwicklung eines sozialüblichen Konformitätsgrades der Fall, muss für sie also ein **Anwendungsvorrang** bestehen. Die **Erwartungssicherheit** hinsichtlich der fraglichen Eignung braucht dabei nicht höher zu sein als im Falle des § 21 Abs. 1 S. 1 (zust. Nix/Schendler Rn. 6; für das allg StR ebenso etwa OLG Schleswig NJW 1980, 2320; begründungslos abw. aber KG BeckRS 2013, 13943: hohe Wahrscheinlichkeit). In Fällen, in denen Maßnahmen nach § 26 Abs. 2 nicht in Betracht kommen (etwa, weil sie wegen des Ablaufs der Bewährungszeit nicht mehr möglich sind (→ Rn. 17) oder weil sich der Verurteilte inzwischen in einer Unterbringung befindet), kommt es darauf an, ob der **schlichte Verzicht** auf den Widerruf spezialpräventiv mindestens ebenso aussichtsreich wie dessen Vornahme ist und deshalb als die verhältnismäßige Variante vorgezogen werden muss (BGH NStZ 2010, 83; LG Bonn BeckRS 2016, 18849; Diemer/Schatz/Sonnen/Sonnen Rn. 10).

1. Widerrufsersetzende Optionen

Dem Widerruf bei entspr. Eignung vorzuziehen sind nach § 26 Abs. 2 die **17** Erteilung anderer Weisungen oder Auflagen (Nr. 1) sowie die erneute Unterstellung unter BewHilfe (Nr. 3). Ferner gilt dies für die Verlängerung einer noch laufenden Unterstellung und/oder Bewährungszeit (Nr. 2). Das hier erlaubte Höchstmaß beträgt vier Jahre. Bei den widerrufsersetzenden Maßnahmen handelt es sich also um Vorgehensweisen, die allesamt nach § 22 Abs. 2 S. 2, § 23 Abs. 1 S. 3, § 24 Abs. 2 ohnehin (dh an sich auch ohne einen vorliegenden Widerrufsgrund) zulässig sind. Die hier sonst noch erlaubten Vorgehensweisen (Änderung und Präzisierung von Weisungen und Auflagen, richterliche Anhörung) kommen, da § 26 Abs. 2 **keinen abschließenden** Charakter hat, in diesem Zusammenhang iÜ auch in Betracht (BeckOK JGG/Nehring § 26 Rn. 25). Prinzipiell ist all dies allerdings, wie sich aus § 22 Abs. 2 S. 2 schließen lässt, indes nur **vor Ablauf** der Bewährungszeit möglich.

Allerdings ist eine Verlängerung der Bewährung – falls sie einen sonst **18** möglichen Widerruf ersetzen soll (also nicht im Normalfall (→ § 22 Rn. 8)) – auch noch **nachträglich,** dh noch nach Ablauf der Bewährungszeit möglich (s. LG Hamburg NStE Nr. 1 zu § 26 JGG; BeckOK JGG/Nehring § 22 Rn. 8; zum allg. StR etwa BVerfG NStZ 1995, 437; OLG Hamm NJW 1975, 2112; OLG Düsseldorf StV 1996, 218 = LSK 1996, 300420). § 26 Abs. 2 Nr. 2 wird hier als eine (normtextlich nicht ausgeschlossene) Ausnahme von § 22 Abs. 2 S. 2 interpretiert, die durchaus als legitim gelten kann. Wenn nämlich der Widerruf auch noch zwischen Ablauf der Bewährungszeit und JStraferlass zulässig ist (vgl. → Rn. 23 f.), stellt die Möglichkeit, in dieser Phase die Bewährungsfrist zur Abwendung des Widerrufs nachträglich zu verlängern, hierfür einen notwendigen Ausgleich dar.

Kommt es in dem Zeitabschnitt, um den die Bewährungszeit nachträglich **19** verlängert wurde, zu einem **Widerrufsanlass** (insbes. einem Delikt), kann dies dann einen (späten) Widerruf rechtfertigen. Dies gilt aber nicht für Straftaten, die zwischen dem Ende der (ursprünglichen) Bewährungszeit und dem nachträglichen Verlängerungsbeschluss begangen werden. Eine widerrufsförmige Berücksichtigung eines Verhaltens, das in dieser **bewährungsfreien** Zwischenphase an den Tag gelegt wird, soll möglich sein, sofern der Verurteilte die beabsichtigte Verlängerung (etwa wegen eines entspr. Hinweises) kannte (KG StV 2012, 484 = BeckRS 2011, 19263; BeckRS 2015, 19897; ebenso im allg. StR etwa OLG Brandenburg StraFo 2004, 214 = BeckRS 2004, 18312; OLG Hamm NStZ-RR 2010, 127; OLG Jena NStZ-RR 2014, 206; OLG Celle NdsRpfl 2018, 112 = BeckRS 2018, 590; OLG Bremen StV 2020, 518 = BeckRS 2019, 23678). Richtigerweise scheidet ein Widerruf jedoch in diesen Konstellationen generell aus, weil zur Tatzeit keine Bewährungspflichten bestanden und die Bewährungszeit nur rückwirkend zu einer solchen wird (vgl. für das allg. StR OLG Köln StV 2008, 262 = BeckRS 2006, 1623; OLG Jena NStZ-RR 2007, 220; OLG Frankfurt a. M. NStZ-RR 2008, 221 (222)). Zu einem sehr ähnlichen Ergebnis gelangt die Ansicht, der zufolge die Verlängerung der Bewährung ohnehin erst mit deren nachträglicher Anordnung beginnt (vgl. BeckOK JGG/Nehring § 22 Rn. 9; für das allg. StR etwa OLG Bamberg NStZ-RR 2006, 326).

2. Bedingungen der Vorrangigkeit

20 Die widerrufsersetzenden Reaktionsmöglichkeiten sind immer dann vorzuziehen, wenn sie „ausreichen", um die Folgen herbeizuführen, die ein Widerruf erwarten lässt. Die Aussichten auf eine positive Konformitätsentwicklung müssen also **mindestens widerrufsäquivalent** sein und dürfen nicht hinter dem Niveau zurückbleiben, das sich der JRichter von einer Vollstr. der JStrafe verspricht. Um dies festzustellen, muss das JGericht **vergleichen,** wie die Entwicklungsprognose, die es ursprünglich getroffen (im Fall von § 26 Abs. 1 S. 1 Nr. 3) oder die es später iSv → Rn. 11 f. und 14 modifiziert hat (im Fall von § 26 Abs. 1 S. 1 Nr. 1 und 2), durch die stationäre und durch die ambulante Intervention vermutlich beeinflusst werden wird. Stets kommt es hier auf die individuellen Bedingungen an und dabei insbes. auch auf Umstände, die in keinem direkten Zusammenhang mit dem zum Widerrufsanlass führenden Verhalten des Verurteilten stehen – etwa eine aufgenommene Ausbildung oder Entzugstherapie (vgl. OLG Celle StV 2012, 485 = BeckRS 2012, 5109 zum allg. StR). Angesichts der schlechten Leistungsbilanz des JStVollz (→ § 17 Rn. 16 ff.) kann die ambulante Variante in diesem Vergleich nur selten schlechter abschneiden, sodass das Gericht aus Verhältnismäßigkeitsgründen (→ § 5 Rn. 21 f.) meist nach § 26 Abs. 2 vorgehen muss.

21 Grds. denkbar ist in diesem Zusammenhang auch, eine **kurzzeitige stationäre Intervention** zu veranlassen und danach (unter Verzicht auf den Widerruf) nach § 26 Abs. 2 zu verfahren. Prozesstechnisch wird dies in einer ersten Variante durch Erlass eines Sicherungshaftbefehls (§ 453c StPO iVm § 2 Abs. 2) und einem mehrwöchigen Hinausschieben (→ Rn. 22) der Anhörung zur Nicht-/Widerrufsentscheidung erreicht. Der zwischenzeitliche U-Haftvollzug soll dann als „Denkzettel" fungieren, was eine anschließende widerrufsersetzende Reaktion eher als ausreichend erscheinen lässt (dazu auch Brunner/Dölling Rn. 10). Mit ähnlicher Zielrichtung könnte (in den

Konstellationen von § 26 Abs. 1 S. 1 Nr. 2 und 3) auch ein Nichtbefolgungs-JA (§ 23 Abs. 1 S. 4 iVm § 11 Abs. 3) angeordnet werden (NK-JGG/Ostendorf §§ 26–26a Rn. 16; Nix/Pschorr/Franzen §§ 21–26 Rn. 61 ff.; Streng JugendStrafR Rn. 496). Allerdings liegt bei der erstgenannten Spielart ein klarer Fall der Zweckentfremdung vor. Auch sonst sind beide Vorgehensweisen höchst ambivalent und daher nur mit Vorsicht anzuwenden. Zwar spricht für sie ihr widerrufsvermeidendes Ziel, doch muss die erzieherische Eignung einer Freiheitsentziehung, die in diesen Arrangements als „heilsamer Schock" dienen soll, in tatsächlicher Hinsicht bezweifelt werden (s. auch → § 23 Rn. 11).

IV. Zeitpunkt des Widerrufs

1. Entstehung des Widerrufsanlasses

22 Der Widerruf ist während der BewZeit jederzeit möglich. Sobald nach Auffassung des JGerichts die Situation eingetreten ist, dass die Voraussetzungen des § 26 Abs. 1 S. 1 vorliegen und die milderen Mittel iSv § 26 Abs. 2 nicht (mehr) ausreichend sind, muss die Widerrufsanordnung getroffen werden. Das Gebot, **möglichst bald** zu handeln, entspricht dem allg. (rechtsstaatlich wie erzieherisch begründeten) Prinzip, klärungsbedürftige Reaktionen für die Betroffenen nicht ohne Grund im Unklaren zu lassen. Zudem ist es auch im Hinblick auf § 22 Abs. 2 S. 2 angezeigt. Aus diesen Gründen sollen besondere Ermittlungen, derer es neben den Berichten des BewHelfers für die Entscheidung ggf. bedarf, möglichst frühzeitig eingeleitet werden (vgl. auch → Rn. 28). Sobald keine begründete Aussicht mehr besteht, dass weitere relevante Erkenntnisse zu gewinnen sind, muss die Entscheidung erfolgen (KG JR 1967, 307). Eine vorübergehende **Zurückstellung** der Entscheidung ist allerdings dann möglich, wenn das JGericht für eine gewisse Zeit die Weiterentwicklung von entwicklungsrelevanten Prozessen beobachten und den prognostischen Vergleich zwischen Vornahme und Nichtvornahme des Widerrufs (→ Rn. 20) danach auf einer besseren Beurteilungsgrundlage durchführen will (vgl. so für das Abwarten des Therapieerfolges bei Zurückstellung nach § 35 BtMG in der neuen Sache etwa OLG Düsseldorf StV 1989, 159 = LSK 1989, 340150; OLG Zweibrücken StraFo 1998, 140 = BeckRS 1998, 1583; OLG Celle StV 2012, 485 = BeckRS 2012, 5109; OLG Koblenz BeckRS 2015, 17024 für das allg. StR). Dabei handelt es sich aber streng genommen nicht um eine Ausnahme von der Pflicht zur sofortigen Entscheidung, sondern um eine Konstellation der (hinsichtlich der Subsidiaritätsfrage) noch fehlenden Entscheidungsreife.

2. Nach Ablauf der Bewährungszeit

23 Die Möglichkeit des Widerrufs wird von § 26 Abs. 1 nicht auf die Bewährungszeit beschränkt. Solange die JStrafe noch nicht erlassen worden ist (§ 26a S. 1), kann ein Widerruf deshalb auch erst zu einem späteren Zeitpunkt erfolgen. Angesichts der eben erörterten Pflicht zur zügigen Entscheidung sollte dies aber vornehmlich nur bei solchen Widerrufsanlässen praktisch bedeutsam sein, die entweder in einer späten Phase der Bewährungszeit entstanden sind oder die einer langdauernden strafprozessualen

Klärung bedurften (zur sich dann oftmals stellenden Frage nach einer etwaigen Einbeziehung dieser früheren JStrafe in die Sanktionierung der neuen Straftat, durch die ein Widerruf entbehrlich wird, → Rn. 11 sowie → § 31 Rn. 24). Außerdem greift das Beschleunigungsgebot auch in diesen Konstellationen, sodass der Widerruf dann innerhalb kurzer Zeit angeordnet werden muss. Eine dahingehende **Befristung** wird von der hM allerdings **nicht** anerkannt (VerfGH Bbg. BeckRS 2015, 56548; vgl. schon OLG Hamburg NJW 1970, 65; OLG Hamm NJW 1974, 1520 zum allg. StR). Aus Gründen des Vertrauensschutzes und der Rechtssicherheit ist der Widerruf allerdings bei einer **außergewöhnlichen** Verzögerung unzulässig (vgl. etwa OLG Stuttgart StV 1985, 380; OLG Düsseldorf StV 1993, 431 = BeckRS 1992, 373; NStZ-RR 1997, 254 zum allg. StR). Im JStR wurde das beim Verstreichen von 10 Monaten nach Bewährungszeitablauf anerkannt (LG München I StV 2002, 434 = LSK 2002, 450628; HK-JGG/Meier § 26 Rn. 17). Ausschlaggebend sei jedoch stets, ob „die Entscheidung aufgrund von Umständen, die im Verantwortungsbereich der Justiz liegen, ungebührlich lang herausgezögert wurde und bei dem Verurteilten ein schützenswertes Vertrauen darauf entstehen konnte, ein Widerruf werde nicht mehr erfolgen" (so OLG Celle BeckRS 2009, 27559 zu § 26).

24 Dabei ist indes zu berücksichtigen, dass das Zeitempfinden Jugendlicher und auch Heranwachsender anders als das der Erwachsenen ist und ein Vertrauenstatbestand deshalb eher begründet wird. Ohnehin leidet die erzieherisch notwendige Verlässlichkeit des staatlichen Handelns durch nachträgliche Widerrufsentscheidungen eigentlich stets, sodass diese **allenfalls kurz** nach Bewährungsende noch hinnehmbar sind (plausibel NK-JGG/Ostendorf §§ 26–26a Rn. 3: in Anlehnung an § 229 Abs. 2 S. StPO innerhalb eines Monats; ähnlich LG Trier StV 2019, 481 (Ls.) = LSK 2018, 44753: binnen angemessener Frist). Ist dies nicht möglich, weil hinsichtlich einer neuen Tat der rechtskräftige Abschluss eines noch anhängigen Verfahrens abgewartet werden muss, bedarf es eines **Hinweises,** dass die Entscheidung – die auf Widerruf oder eine widerrufsersetzende nachträgliche Verlängerung der Bewährungszeit (→ Rn. 18) oder auf Straferlass (→ Rn. 27) lauten kann – dafür aufgeschoben wird (KG BeckRS 2013, 13943).

V. Folgen des Widerrufs

25 Wird die Aussetzung zBew widerrufen, ist die angeordnete JStrafe vollstreckbar. Dass dann – ebenso wie iÜ beim Erlass der JStrafe (§ 26a S. 2) – jene Leistungen, die der Jugendliche im Rahmen der Bewährung erbracht hatte, gem. **§ 26 Abs. 3 S. 1** nicht zurückerstattet werden, entspricht dem Sanktionscharakter der Bewährungspflichten und schaltet etwaige Zweifelsfragen nach bürgerlichem Recht aus. Allerdings ist gem. **§ 26 Abs. 3 S. 2** eine **Anrechnung** von Leistungen auf die JStrafe zulässig. Diese gelten dann als vollstreckte JStrafe iSv § 88 Abs. 1 (vgl. → § 88 Rn. 4). Während dies im Ermessen des JGerichts liegt (für eine Ermessensreduzierung auf Null aber NK-JGG/Ostendorf §§ 26–26a Rn. 18), ist ein angeordneter (→ § 21 Rn. 15) Kopplungs-JA (§ 16a) gem. **§ 26 Abs. 3 S. 3** im Umfang seiner Vollstr. zwingend anzurechnen, wenn die verhängte JStrafe aufgrund des Aussetzungswiderrufs umzusetzen ist. Dies geschieht im Vollstreckungsverfahren. Durch die Anrechnung soll ausgeschlossen werden, dass das Zusammentreffen von jugendstraf- und arrestförmiger Freiheitsentziehung eine „Doppelbestrafung" bzw. Überschreitung des Schuldmaßes mit sich bringt (Begr. BT-Drs. 17/9389).

Dass eine Anrechnung auf die JStrafe auf Leistungen beschränkt ist, die mit Blick auf Auflagen erbracht wurden, soll sich mit der ahndungsbezogenen Zweckrichtung erklären. Nach dem Umkehrschluss aus § 26 Abs. 3 S. 2 sind **Leistungen in Erfüllung von Weisungen** dagegen nicht anrechenbar, weil sie zur Förderung der Lebensführung erfolgt sind (→ § 10 Rn. 3 ff.). Das gilt auch für Zeiten, die auf eine entspr. Weisung hin in einer stationären Therapieeinrichtung verbracht wurden (LG Offenburg NStZ-RR 2004, 58). Unklar und str. ist, ob ein nach § 23 Abs. 1 S. 4 iVm § 11 Abs. 3 angeordneter **Nichtbefolgungs-JA,** der tatsächlich vollstreckt wurde (zum Fall der bisherigen Nichtvollstreckung vgl. → § 87 Rn. 7), nach dem Aussetzungswiderruf entspr. Abs. 3 S. 2 auf die JStrafe angerechnet werden kann (vern. Brunner/Dölling Rn. 13; BeckOK JGG/Nehring § 26 Rn. 32). Die Frage muss, obwohl der JA hier nur eine Reaktion auf die Nichtbefolgung von Bewährungspflichten darstellt, im Interesse des Einheitsprinzips bejaht werden (n. → § 31 Rn. 7 und 51; in entspr. Anwendung von § 26 Abs. 3 S. 3 bzw. § 52a ebenso LG Limburg/Lahn NStZ-RR 2021, 189; NK-JGG/Ostendorf Rn. 18; NK-JGG/Schady § 52a Rn. 1; Schady FS Ostendorf, 2015, 784 (784 f.); Streng JugendStrafR Rn. 497). 26

VI. Erlass der Jugendstrafe

Nach Ablauf der Bewährungszeit ist die JStrafe zu erlassen, soweit die Aussetzung der Vollstr zBew nicht widerrufen wird (§ 26a S. 1) und ein Grund zur Verlängerung der Bewährungszeit nicht besteht. Die Entscheidung über den Erlass ist gem. § 59 Abs. 4 unanfechtbar (→ § 59 Rn. 23) und wird daher **sofort rechtskräftig.** Zugleich ist er konstitutiv. Die Wirkung des Erlasses tritt nämlich allein mit Verkündung oder Zustellung des den Erlass aussprechenden Beschlusses ein und nicht etwa mit dem Ablauf der Bewährungszeit. Die fragliche Wirkung besteht in der **Erledigung** der JStrafe, bei der danach weder ein Widerruf mit anschließender Vollstr. noch eine Einbeziehung gem. § 31 Abs. 2 möglich ist. Außerdem muss mit dem Erlass zugleich der Strafmakel als beseitigt erklärt werden (§ 100), was va registerrechtliche Folgen hat (→ § 100 Rn. 3 f.). Anders als im allg. StR (vgl. § 56g Abs. 2 StGB) gibt es im JStR keine Grundlage für einen Widerruf des Straferlasses (BGH StV 1992, 432 (433) = BeckRS 1991, 31082470; OLG Stuttgart StV 1996, 271 = LSK 1996, 140386). 27

Die Entscheidung über den Erlass setzt **abschließende Ermittlungen** voraus (vgl. RL 1). Mit diesen sollte rechtzeitig begonnen werden, sodass sie spätestens am Ende der Bewährungszeit beendet sind. In erzieherischer Hinsicht ist es erforderlich, dass der Verurteilte alsbald Klarheit erhält und zu diesem Zeitpunkt eindeutig darüber informiert wird, ob das Verfahren nunmehr beendet ist oder nicht. Sollen nach Ablauf der Bewährungszeit noch zusätzliche Ermittlungen vorgenommen werden, weil die bis dahin vorliegenden Informationen für eine Entscheidung nicht ausreichend sind, ist das angesichts des **Beschleunigungsprinzips** nur bei besonderen Einzelfallumständen akzeptabel (s. aber auch die Verzögerungsgründe in → Rn. 18 und → Rn. 23). Der Umstand, dass die JStrafe noch nicht erlassen wurde, 28 darf nach Ablauf der Bewährungszeit bei der Rechtsfolgenbemessung in einem anderen StVerf aber nicht mehr zum Nachteil des Angeklagten berücksichtigt werden (BGH BeckRS 1985, 5571; vgl. auch BGH StV 2018, 358 = BeckRS 2016, 17379 zum allg. StR).

VII. Verfahrensrechtliches

29 Für die Zuständigkeit und das Widerrufsverfahren gelten – auch bei inzwischen Erwachsenen (OLG Celle NStZ 2021, 686) – die Maßgaben von § 58. Vor der Entscheidung über den Widerruf sowie über den Erlass der JStrafe sind der StA, der Verurteilte, (ggf.) der Verteidiger und der BewHelfer **zu hören** (→ § 58 Rn. 7 ff.). Auch die JGH ist zu beteiligen (OLG Koblenz BeckRS 2016, 9647; einschr. OLG Celle NStZ 2021, 686: sofern für die Entscheidung grds. sachdienlich). Ggf. bedarf es einer Nachholung der Anhörung (dazu OLG Hamm ZJJ 2008, 387 = BeckRS 2008, 11801). Die Frage der **notwendigen Verteidigung** ist nicht ausdrücklich geregelt, aber durch analoge Bezugnahme auf § 83 Abs. 3 S. 2 sowie § 68 Nr. 5 zu bejahen (iErg ähnlich Beulke/Swoboda JugendStrafR Rn. 675 sowie nach früherer Rechtslage auch LG Kiel BeckRS 2014, 17363; LG Saarbrücken ZJJ 2015, 426; LG München StV 2020, 696 (697) = LSK 2019, 48946).

30 Die Beschwerdemöglichkeiten sind in § 59 Abs. 2–4 geregelt (speziell zur str. Frage, ob die StA die Ablehnung des Antrages auf Widerruf anfechten kann, vgl. → § 59 Rn. 22). Wurde die Aussetzung widerrufen, obliegt die Einleitung der Vollstr dem zuständigen Vollstreckungsleiter (§§ 84 f.), der idR allerdings mit dem erkennenden JRichter identisch ist. Im Falle der Einlegung **sofortiger Beschwerde** kann, bis hierüber entschieden ist, eine Vollstr der JStrafe nicht vorgenommen werden (→ § 59 Rn. 21). Allerdings hat der JRichter, sofern ein Widerruf zu erwarten ist, unter bestimmten Voraussetzungen die Möglichkeit, einen **Sicherungshaftbefehl** (§ 453c StPO) zu erlassen oder andere Sicherungsmaßnahmen zu ergreifen (→ § 58 Rn. 27 ff.; vgl. auch RL 4). Bis zum Beginn der Vollstr ist es ferner grds. möglich, vom Widerruf durch einen späteren Aussetzungsbeschluss gem. § 57 Abs. 2 auch wieder abzurücken (str., zur Problematik n. → § 57 Rn. 5).

Sechster Abschnitt. Aussetzung der Verhängung der Jugendstrafe

Voraussetzungen

27 **Kann nach Erschöpfung der Ermittlungsmöglichkeiten nicht mit Sicherheit beurteilt werden, ob in der Straftat eines Jugendlichen schädliche Neigungen von einem Umfang hervorgetreten sind, daß eine Jugendstrafe erforderlich ist, so kann der Richter die Schuld des Jugendlichen feststellen, die Entscheidung über die Verhängung der Jugendstrafe aber für eine von ihm zu bestimmende Bewährungszeit aussetzen.**

Schrifttum: Baier, Die Bedeutung der Aussetzung der Verhängung der Jugendstrafe und der Vorbewährung in der jugendgerichtlichen Praxis in Bayern, 2015; Lorbeer, Probleme der Aussetzung der Verhängung der Jugendstrafe nach §§ 27 ff. JGG, 1980.

Übersicht

I. Anwendungsbereich

Die Vorschrift gilt für Jugendliche sowie für jene Heranwachsende, auf die 1
das materielle JStR angewandt wird – und das jeweils vor JGerichten sowie vor den für allg. Strafsachen zuständigen Gerichten (§ 104 Abs. 1 Nr. 1, § 105 Abs. 1, § 112 S. 2).

II. Einordnung

1. Systematische Bedeutung der Vorschrift

Die Regelung eröffnet die Möglichkeit, die Schuld des Jugendlichen im 2
Urteil festzustellen und zugleich die Entscheidung über die Verhängung der

JStrafe auszusetzen. Über deren Nicht-/Anordnung (und ggf. auch Bemessung) wird dann gem. § 30 in einem Nachverfahren entschieden. Hinsichtlich des Schuldspruchs trifft das Gericht also eine rechtskraftfähige Vorabentscheidung, während die Rechtsfolgenbestimmung in Ob und Maß zunächst noch aufgeschoben und vom Bewährungsverlauf abhängig gemacht wird. Damit ermöglicht § 27 eine Reaktion, die zu Recht als eigenständige Rechtsfolge eingestuft wird (so bspw. BGH NStZ 2024, 106; NK-JGG/Ostendorf Grdl. zu §§ 27–30 Rn. 1 mwN; s. aber bspw. auch Diemer/Schatz/Sonnen/Diemer Rn. 2 mwN, der dagegen – ohne dass damit verknüpfte Konsequenzen (→ Rn. 3, → Rn. 5) wirklich zwangsläufig wären – von einer „bedingten Verurteilung" ausgeht).

3 Das Vorgehen nach §§ 27 ff. hat aus mehreren Gründen grds. das Potenzial **erzieherisch konstruktiver** Wirkungen. So bleibt der Jugendliche ohne Strafmakel (vgl. aber auch → Rn. 28). Auch weil das Gericht zudem von der expliziten Bewertung absieht, der Verurteilte zeige jugendstrafbedürftige „schädliche Neigungen", werden justizielle Stigmatisierungen vermieden (krit. aber Heublein ZfJ 1995, 436 (436)). Empirisch ungesichert ist es indes, ob die Aussetzungsentscheidung, indem sie den Jugendlichen hinsichtlich der Rechtsfolgenverhängung im Ungewissen lässt, tatsächlich einen besonderen Konformitätsdruck erzeugt. Erzieherisch eher funktional dürfte jedoch der Umstand sein, dass der Verurteilte im Zuge der Aussetzung für eine bestimmte Zeitdauer (§ 28) der Aufsicht und Leitung eines BewHelfers untersteht (§ 29 S. 1). Zudem wird der JRichter versuchen, ihn während dieser Bewährungszeit durch gezielte Maßnahmen gem. § 29 – ggf. iVm anderen Rechtsfolgen (§ 8) – positiv zu beeinflussen, sodass sich danach die **JStrafe** möglichst als **überflüssig** erweist. Die Aussetzung verkörpert damit eine mehrschichtige spezialpräventive Einwirkungsform (ebenso bspw. Jaglarz NStZ 2015, 191 (194)) und geht in ihrer Bedeutung weit darüber hinaus, die Anordnung einer JStrafe lediglich zur **weiteren Abklärung** ihrer Notwendigkeit zu suspendieren. Der isolierte Schuldspruch gem. § 27 erfolgt nicht nur zwecks weiterer Ermittlungen, sondern wird vielmehr mit dezidiert erzieherischen Interventionen verknüpft (dazu, dass ein erfolgreiches Bewältigen der Bewährungszeit empirisch recht häufig zu beobachten ist, vgl. n. → § 30 Rn. 6).

4 Ohnehin liegt eine weitere Berechtigung der in § 27 geregelten Entscheidungsoption in deren **Überbrückungsfunktion.** Die Aussetzung der Verhängung mildert die erhebliche Kluft, die zwischen den sonstigen Rechtsfolgen des JStR und der JStrafe besteht und die sich etwa in der Stufenhöhe zwischen der Höchstdauer des JA und der Mindestdauer der JStrafe zeigt. In den nicht wenigen Fällen, in denen „schädliche Neigungen" und deren Ausprägung (n. → § 17 Rn. 20 ff.) nicht festgestellt werden können, vermeidet die Anwendung der Vorschrift den erheblichen Sanktionssprung von der kurzfristigen Freiheitsentziehung des Arrests (oder von anderen Rechtsfolgen) zur JStrafe (zu den Anwendungsbereichen Heublein ZfJ 1995, 436 (438)). Dies ist auch deshalb von Belang, weil die (in §§ 17 Abs. 2, 18 Abs. 2, 27 normtextlich unterstellte) Annahme, der JStrafe komme generell oder doch vielfach eine positive spezialpräventive Wirkung zu, kaum erfahrungswissenschaftliche Unterstützung erfährt (n. → § 17 Rn. 16 ff.).

5 Der Bedeutung von § 27 würde es also **schwerlich gerecht,** wollte man dessen Anwendung auf eine strikte Ausnahme reduzieren und die Vorschrift

eng interpretieren (so aber Diemer/Schatz/Sonnen/Diemer Rn. 4; vgl. → Rn. 6 ff. zur Zurückhaltung der Praxis). Erst recht wäre eine Streichung der §§ 27 ff. (dafür Lorbeer, Probleme der Aussetzung der Verhängung der Jugendstrafe nach §§ 27 ff. JGG, 1980, S. 244 ff.; Radtke ZStW 121 (2009), 416 (443 f.)) wegen all der genannten Gründe dysfunktional (aus der dies ebenso einschätzenden hM vgl. nur Neubacher/Bachmann NStZ 2013, 386 (387)).

2. Rechtspraktische Bedeutung

In den Jahren 2008 bis 2021 ergingen (bei abnehmender absoluter Häu- **6** figkeit) in ca. 1.600 bis ca. 2.800 Fällen eine Entscheidung nach § 27 (StrafSt Tab. 2.2). 2022 waren es 1.262 (StrafSt Tab. 24311-06). Der Rückgang ist indes in Bezug zur sinkenden Zahl aller Verurteilten zu setzen. Danach sind die auf § 27 entfallenden Verurteilungsanteile langfristig gestiegen (Heinz Sekundäranalyse S. 1173), um sich zuletzt meist stabil auf einem 3 %-Niveau zu bewegen (s. für 2014 bis 2021 Rn. 6 in der 25. Aufl.) 2022 betrug der Wert 2,96 % (berechnet nach StrafSt Tab. 24311-06). Ergänzende Hinweise bot die bis 2011 veröffentlichte BewHilfe-Statistik. Dort wurden an den Stichtagen des 31.12.2008 und 2011 (jeweils in den „alten" Bundesländern, ab 1996 ohne Hmb.) insg. 4.796 und 4.341 Personen erfasst, die nach einer Entscheidung gem. § 27 der BewHilfe unterstellt waren (Tab. 1.2.1). Zugleich variiert die **Anwendungshäufigkeit** zwischen den Bundesländern recht stark (s. dazu Tab. sowie Heinz Sekundäranalyse S. 1174 ff.).

Tabelle: Prozentualer Anteil der Aussetzung zBew nach § 27 (und § 21) **7** von allen Unterstellungen unter BewHilfe nach JStR (BewHiSt Tabelle 2 (1984), RPflSt Tabelle 5.2 (1992); ab 1992 BewHiSt Tabelle 1.2.2 (neuere Zahlen nicht verfügbar))

Jahr jeweils 31.12.	„alte" Bundesländer (ab 1992 ohne Hmb.)	BW	Bay.	Bln.	Bremen
1984	7,5	6,9	5,7	4,9	12,9
	(68,2)	(68,7)	(64,8)	(79,3)	(60,4)
1992	8,3	10,0	7,2	4,7	10,7
	(66,6)	(62,0)	(62,6)	(73,1)	(69,8)
2000	10,6	14,3	7,0	5,2	9,9
	(69,6)	(66,7)	(67,7)	(81,0)	(69,9)
2008	13,4	14,8	6,9	6,1	13,0
	(64,4)	(63,5)	(62,9)	(80,8)	(67,4)
2011	13,6	14,6	(5,1)	(6,1)	(16,8)
	(61,6)	(61,9)	(59,9)	(80,8)	(64,0)
Jahr jeweils 31.12.	**„alte" Bundesländer (ab 1992 ohne Hmb.)**	**Hess.**	**Nds.**	**NRW**	**RhPf.**
1984	7,5	11,4	9,9	6,9	7,9
	(68,2)	(69,0)	(68,1)	(69,8)	(69,6)
1992	8,3	8,6	10,3	6,1	8,6
	(66,6)	(68,6)	(65,1)	(70,0)	(68,5)

2000	10,6	8,2	11,6	11,0	12,3
	(69,6)	(73,0)	(70,1)	(68,9)	(69,3)
2008	13,4	11,5	12,8	16,0	17,0
	(64,4)	(70,1)	(65,7)	(63,1)	(59,7)
2011	13,6	13,2	12,6	16,4	18,6
	(61,6)	(65,7)	(61,7)	(59,2)	(56,8)

Jahr jeweils 31.12.	„alte" Bundesländer (ab 1992 ohne Hmb.)	Saarl.	SchlH	Bbg.	MV
1984	7,5	3,1	13,6		
	(68,2)	(66,5)	(61,9)		
1992	8,3	4,2	15,9		
	(66,9)	(71,1)	(56,3)		
2000	10,6	3,5	17,7	11,7	12,1
	(69,6)	(83,4)	(66,3)	(72,8)	(74,4)
2008	13,4	13,5	23,3	16,8	16,5
	(64,4)	(72,6)	(57,6)	(62,9)	(69,2)
2011	13,6	30,3	19,5	14,0	16,4
	(61,6)	(56,1)	(59,7)	(65,0)	(65,4)

8 Die Bereitschaft zur Nutzung von § 27 ist also begrenzt (wobei allerdings auch von § 21 nur ca. viermal so häufig Gebrach gemacht wird (Heinz Sekundäranalyse S. 1173)). Die überschaubare rechtspraktische Relevanz könnte sich mit einer Praktikermeinung erklären, wonach das Instrument von den Adressaten als Nicht-Sanktion **missverstanden** werde und somit erzieherisch eher ungeeignet sei (vgl. die Befragung von Baier, Die Bedeutung der Aussetzung der Verhängung der Jugendstrafe (…), 2015, S. 147 ff., 163 ff.; vgl. auch Zieger StV 1988, 308 (310): Rechtsfolge ist dem Jugendlichen nur schwer verständlich zu machen). Eine weitere Erklärung könnte darin bestehen, dass in der Praxis eine gewisse Skepsis ggü. § 27 herrscht, weil es diese Rechtsfolge im allg. StR nicht gibt (zur Angleichungstendenz an das Rechtsfolgensystem des allg. StR → Einl. Rn. 55). Möglicherweise besteht die für § 27 vorausgesetzte Ungewissheitssituation (→ Rn. 10) angesichts der jugendrichterlichen Amtsaufklärungspflicht aber auch tatsächlich **nur selten.** Schließlich mag die vergleichsweise zurückhaltende Anwendung darauf beruhen, dass sich bei der Aussetzung nach § 27 bisweilen **praktische Folgeprobleme** ergeben: etwa hinsichtlich der gleichzeitigen Anordnung von JA (→ § 8 Rn. 14), der Abgebbarkeit des Nachverfahrens an den JRichter, in dessen Bezirk der Jugendliche sich aufhält (→ § 62 Rn. 13 ff.) und nicht zuletzt der Unzulässigkeit eines Sicherungshaftbefehls (→ § 58 Rn. 17). Auch der Zeitfaktor dürfte hemmend wirken. Wird nämlich aus einem Verhalten, das sich lange nach dem Tatzeitpunkt ereignet hat, iSv § 30 Abs. 1 auf die Tat rückgeschlossen, so wird dies vom Verurteilten womöglich als ungerecht erlebt. Insbes. aber ist das JGericht im Nachverfahren insofern **gebunden,** als es außer der JStrafe und der Tilgung des Schuldspruchs selbst bei entspr. Notwendigkeit keine anderweitigen Anordnungen mehr treffen kann (→ § 30 Rn. 18).

III. Bedingungen der Verhängungsaussetzung

1. Voraussetzungen

a) Ausschlusskriterien. Eine Entscheidung nach § 27 ist **unzulässig,** 9
wenn eine JStrafe auch oder allein wegen der **„Schwere der Schuld"** iSd § 17 Abs. 2 Alt. 2 als erforderlich erachtet wird. Das Gesetz stellt ausschließlich auf „schädliche Neigungen" iSd § 17 Abs. 2 Alt. 1 ab (zur hier allerdings auch bei schwerwiegenden Taten möglichen Anwendung s. bereits Lempp Zbl 1992, 385 (392)). Zugleich setzt eine Entscheidung nach § 27 voraus, dass die Verhängung von JStrafe wegen „schädlicher Neigungen" grds. möglich wäre. Sie scheidet also aus, wenn gar kein materielles JStR anwendbar wäre (dazu § 105 Abs. 1), wenn die JStrafe mit Blick auf das abzuurteilende Delikt den Verhältnismäßigkeitsgrundsatz verletzen würde (allg. → § 17 Rn. 39 ff.) sowie erst recht, wenn das Delikt wegen eines Verfahrenshindernisses gar nicht verfolgbar ist (BGHSt 9, 104 = NJW 1956, 960).

b) Verbleibende Ungewissheit. Für das JGericht muss es ungewiss 10
geblieben sein, ob die vorliegenden „schädlichen Neigungen" so stark ausgeprägt sind, dass es der JStrafe bedarf (abw. Nix/Pschorr/Franzen §§ 27–30 Rn. 9: „objektiv vorliegende Unsicherheit"). Bestehen Unklarheiten darin, dass überhaupt „schädliche Neigungen" vorliegen, kann das JGericht dagegen nur Erziehungsmaßregeln oder Zuchtmittel anordnen (s. auch → § 17 Rn. 11). Eine Anwendung von § 27 ist hier angesichts des eindeutigen Wortlauts unzulässig (BGH NStZ 2021, 373; BayObLGSt 1970, 213 (215); OLG Oldenburg ZJJ 2011, 91 = BeckRS 2011, 16838; OLG Zweibrücken BeckRS 2019, 421; Diemer/Schatz/Sonnen/Diemer Rn. 6 f.; Streng JugendStrafR Rn. 546; Weidinger Strafaussetzung S. 103 f.; Bandemer ZfJ 1991, 368 (371 f.); Dehne-Niemann StV 2022, 40 (41 f.); aA OLG Düsseldorf MDR 1990, 466 = LSK 1990, 370199; AG Meppen ZJJ 2004, 200 = NStZ 2005, 171 (Ls.) mablAnm Spahn ZJJ 2004, 204; HK-JGG/Meier Rn. 6; Dallinger/Lackner Rn. 13; Beulke/Swoboda JugendStrafR Rn. 529; offenlassend OLG Hamm BeckRS 2009, 21629). Die Aussetzung der Bewährung setzt also eine Erkenntnisunsicherheit voraus, die sich nicht auf das Ob, sondern lediglich auf den **erforderlichen Umfang** der von § 17 Abs. 2 Var. 1 geregelten Konstellation bezieht – nämlich ausschließlich auf die Frage, ob trotz bejahter „schädlicher Neigungen" andere Rechtsfolgen als die JStrafe „zur Erziehung" noch oder „nicht ausreichen". Eine hierfür typische Sachlage ist bspw. in jenen Fällen gegeben, in denen neben einer ausgeprägten Devianz des Jugendlichen auch Hinweise auf günstige Veränderungen in dessen aktueller Entwicklung festgestellt werden können (ebenso BeckOK JGG/Nehring Rn. 14.1).

c) Erschöpfung der Ermittlungsmöglichkeiten. Das Gesetz verlangt 11
ferner, dass die vorgenannte Ungewissheit besteht, obwohl eingehende Ermittlungen im rechtlich eingeforderten Umfang (§ 43, s. auch § 244 StPO) erfolgt sind (vgl. auch Jaglarz NStZ 2015, 191 (195): „Ausschöpfung aller Erkenntnismöglichkeiten"). Typischerweise müssen also die JGH und (bei entspr. Bereitschaft) auch das Elternhaus einbezogen worden sein, ohne dass dies für die hinreichende richterliche Überzeugung gesorgt hat. Auch die Hinzuziehung eines Sachverständigen kann zum **gebotenen Aufklärungs-**

bemühen gehören. Immer dann, wenn es für die Notwendigkeit einer speziellen Expertise gewisse Anhaltspunkte gibt (vgl. auch → § 17 Rn. 38, → § 43 Rn. 27 ff.), kommt die Anordnung nach § 27 also erst nach (unergiebiger) Einholung eines Gutachtens in Betracht.

12 Die spezifischen Voraussetzungen des § 27 – dh sowohl das hinlänglich intensive Aufklärungsbemühen als auch dessen partielles Scheitern – sind nur feststellungs- und nicht „vereinbarungsfähig". Einer **Verständigung** (vgl. n. → § 2 Rn. 47 ff.) ist die Aussetzung gem. § 27 daher entzogen (iErg ebenso Nowak JR 2010, 248 (255): nicht in Einklang zu bringen). Auch im **vereinfachten Jugendverfahren** kann eine Entscheidung nach § 27 nicht getroffen werden (BayObLGSt 1970, 213 (216 f.); aA NK-JGG/Ostendorf § 62 Rn. 1). Die für die Aussetzung der JStrafen-Anordnung konstitutive Ausschöpfung aller Erkenntnismöglichkeiten ist dort nämlich weder vorgesehen, noch wird sie verlangt oder vorgenommen (s. auch § 77 Abs. 1 S. 1: keine umfangreiche Beweisaufnahme).

2. Ermessensentscheidung

13 Sind die Voraussetzungen des § 27 gegeben, ist die Anordnung der Aussetzung nicht obligatorisch (vgl. Hs. 2: „… so kann …"). Vielmehr liegt es im pflichtgemäßen Ermessen des JRichters, ob er angesichts der Ungewissheit zugunsten des Jugendlichen eine andere Rechtsfolge als eine JStrafe wählt oder ob er deren Anordnung zBew aussetzt. Hierbei müssen der Erziehungsauftrag in § 2 Abs. 1 sowie die oft eher positive Wirkung von Aussetzungsurteilen (→ § 30 Rn. 6) berücksichtigt werden. Eine Aussetzung ist dann meist angezeigt (gegen den Normwortlaut aA NK-JGG/Ostendorf Rn. 6: Aussetzung stets zwingend; ebenso wohl auch Nix/Pschorr/Franzen §§ 27–30 Rn. 9). So wird die für § 27 charakteristische Erkenntnisunsicherheit regelmäßig dort gegeben sein, wo deutliche Anhaltspunkte bestehen, dass die zu beanstandenden Verhaltensweisen des Jugendlichen ua mit spezifischen Beeinträchtigungen des privaten (familiären) Umfeldes oder des institutionellen Kontextes (bspw. Heimunterbringung) in einem Zusammenhang stehen. Eine Aussetzung nach § 27 ist hier besonders dann geboten, wenn sie – iZm der Entscheidung nach § 29 – die Möglichkeit bietet, dem Jugendlichen aus dieser **ungünstigen Umgebung** oder Konstellation **heraus** zu helfen.

14 Wie hoch die Aussichten sind, dass die unterstützenden Möglichkeiten der Bewährungszeit vom Verurteilten wahrgenommen werden, ist für § 27 nur bedingt von Belang. Zwar lässt eine entspr. **Mitwirkungsbereitschaft** bessere spezialpräventive Chancen und auch eine höhere Klarheit hinsichtlich des Vorliegens „schädlicher Neigungen" erwarten (LG Hamburg StV 2019, 478 (480) = BeckRS 2018, 44751). Zu berücksichtigen ist aber auch, dass wegen der (in → Rn. 10 erörterten) Ungewissheitssituation jedenfalls keine JStrafe (mit oder ohne Aussetzung zBew) verhängt werden dürfte. Selbst wenn sich von der Bewährungszeit eine günstige Beeinflussung (und/oder eine weitere Aufklärung über den Jugendlichen) nicht erwarten ließe, ist als Alternative zu § 27 allein die Anordnung von Erziehungsmaßregeln oder Zuchtmitteln zulässig.

IV. Verbindung mit anderen Rechtsfolgen

Ob die auf § 27 beruhende Aussetzungsentscheidung nicht nur um Anordnungen, mit denen die Bewährungszeit gem. § 29 ausgestaltet wird, zu ergänzen ist, sondern darüber hinaus auch mit anderen Rechtsfolgen verbunden werden sollte (vgl. § 8), lässt sich nicht in fallgelöster Weise beantworten. Inwieweit eine entspr. Verknüpfung zielführend ist, hängt von den individuellen Gegebenheiten ebenso wie von den erteilten Bewährungsanordnungen ab. Generalisierende Aussagen sind allerdings hinsichtlich des **Kopplungsarrests** gem. § 8 Abs. 2 S. 2 insofern möglich, als hier die funktionale Verträglichkeit grds. zu bezweifeln ist (→ § 8 Rn. 14; ebenso Beulke/Swoboda JugendStrafR Rn. 547; nicht erörtert bspw. von AG Bonn ZJJ 2016, 77 = BeckRS 2016, 7685 mablAnm Eisenberg ZJJ 2016, 80). Außerdem kommt eine Verbindung mit Weisungen und Auflagen nur über die Spezialnorm des § 29 S. 2 in Betracht. 15

Ebenfalls ungeeignet ist idR eine Verbindung mit einer Verpflichtung nach § 12 Nr. 2, weil hier Konflikte mit den Institutionen der Jugendhilfe möglich sind und va die ambulanten Maßnahmen durch die stationäre Unterbringung erschwert werden (n. → § 8 Rn. 12 f.). Dieser zweitgenannte Grund spricht iÜ auch dagegen, stationäre **Maßregeln der Besserung und Sicherung** gem. § 7 (bei Vorliegen von deren Voraussetzungen) neben der Aussetzung gem. § 27 anzuordnen. In den fraglichen Konstellationen wird wegen § 5 Abs. 3 eine Entscheidung nach § 27 ohnehin meist entbehrlich sein (→ § 5 Rn. 29 f.). 16

Gem. § 8 Abs. 3 können die im JStR zulässigen Nebenfolgen (s. § 6) neben § 27 angeordnet werden. Das gilt aber **nicht** für das **Fahrverbot,** weil dieses als Nebenstrafe nur neben einer Hauptstrafe – an der es bei § 27 gerade ausdrücklich fehlt – verhängt werden darf (eingehend Weiss ZJJ 2024, 172 (175); ebenso zB Brunner/Dölling Rn. 1; Fischer/Fischer/Lutz StGB § 44 Rn. 11; MüKoStGB/von Heintschel-Heinegg/Huber StGB § 44 Rn. 8; Braun NStZ 1982, 191 (191); Bareis ZJJ 2006, 272 (273); aA TK-StGB/Kinzig StGB § 44 Rn. 9; Lackner/Kühl/Heger/Heger § 44 Rn. 5; Diemer/Schatz/Sonnen/Diemer Rn. 14; Nix/Rzepka Rn. 4; BeckOK JGG/Nehring Rn. 21). 17

V. Prozessuales

1. Verfahren, Zuständigkeit und Urteil

Wird die Aussetzung der Verhängung von einem für allg. Strafsachen zuständigen Gericht angeordnet, muss es die Ausgestaltung der Bewährungszeit dem JGericht übertragen (§§ 104 Abs. 5 Nr. 2, 112 S. 1). Von dieser Sonderkonstellation abgesehen werden die allg. prozessualen Fragen, die sich im Zusammenhang mit der Entscheidung nach § 27 und den Begleitregelungen gem. §§ 28, 29 ergeben, in **§ 62 Abs. 1 und 4** normiert (n. → § 62 Rn. 3 ff.; zur erforderlichen **Belehrung** des Jugendlichen s. § 64 S. 2). 18

Der JRichter sollte, soweit er Einzelrichter ist, den Schuldspruch nur vornehmen, wenn sich ausnahmsweise ausschließen lässt, dass im Rahmen des Nachverfahrens eine JStrafe von mehr als einem Jahr verhängt werden 19 wird (ebenso Diemer/Schatz/Sonnen/Schatz § 39 Rn. 24). Sollte eine solche JStrafe nämlich erforderlich werden, hätte der JRichter hierfür nach hM keine **Rechtsfolgenkompetenz** (vgl. § 39 Abs. 2), sodass für die Entscheidung nach § 30 an ein höheres Gericht verwiesen werden müsste. Um die Verantwortung für Schuld- und Strafausspruch nicht in dieser Weise (entgegen § 62 Abs. 4 iVm § 58 Abs. 3 S. 1) aufzuspalten, ist der JRichter von vornherein (dh vor Eröffnung des Hauptverfahrens) zur Vorlage an das JSchöffG angehalten (n. auch → § 62 Rn. 16; ferner schon Potrykus NJW 1956, 654 (655 f.); aA NK-JGG/Ostendorf Rn. 2; NK-JGG/Schady § 39 Rn. 9). Diese Verweisung erfolgt nach § 270 StPO (n. dazu die Erl. in → § 39 Rn. 11, → § 40 Rn. 9).

20 Die **Urteilsbegründung** muss gem. § 62 Abs. 1 S. 2 iVm § 267 Abs. 3 S. 4 StPO deutlich machen, dass das Gericht weder von „schädlichen Neigungen" bzw. von der Notwendigkeit einer JStrafe noch vom Ausreichen anderweitiger Rechtsfolgen überzeugt war. Sodann ist besonders auf die Frage einzugehen, was zur diesbzgl. Aufklärung unternommen wurde und weshalb die zur Anwendung des § 27 erforderliche Ungewissheit (vgl. → Rn. 10) trotzdem nicht auszuräumen war (ebenso OLG Schleswig SchlHA 2003, 208 = BeckRS 2002, 17772; Beulke FS Schurig, 2012, 21; s. auch → § 54 Rn. 32). Eine solche vertiefte Auseinandersetzung ist zum einen erforderlich, um die Aussetzung des Strafausspruchs ggü. Den Beteiligten und dem Revisionsgericht zu legitimieren, und sie ist zum anderen angezeigt, um die abschließende Entscheidung nach § 30 vorzubereiten. Das gilt besonders, wenn wegen des Fehlens einer strafrechtlichen Vorbelastung eigentlich wenig für „schädliche Neigungen" des Angeklagten spricht (OLG Celle StV 2017, 722 = BeckRS 2016, 20007). – Eingehender Ausführungen bedarf es ebenfalls, falls das Gericht umgekehrt die Entscheidung über die Verhängung der JStrafe trotz eines darauf gerichteten Antrags nicht aussetzt.

2. Bindungs- und Rechtskraftwirkung

21 Innerprozessual entwickelt die Entscheidung nach § 27 eine beschränkte Bindungswirkung für das Nachverfahren, die den Schuldspruch und die ihn unmittelbar tragenden Feststellungen umfasst (vgl. → § 30 Rn. 7 ff.). Darin **nicht** eingeschlossen sind die **übrigen** Feststellungen – namentlich jene, welche sich auf die prinzipielle Annahme von „schädlichen Neigungen" und die bestehende Ungewissheit ihres Ausmaßes beziehen. Dies kann schon deshalb auch nicht anders sein, weil der Jugendliche gar keine Möglichkeit hat, gegen diese (den Schuldspruch nicht unmittelbar stützenden) Feststellungen vorzugehen (Dallinger/Lackner § 30 Rn. 14; Brunner/Dölling Rn. 4). Hinsichtlich der Entscheidung nach § 105 Abs. 1, über die als Vorfrage für die zur Debatte stehende JStrafe bei Heranwachsenden in der Entscheidung gem. § 27 zwangsläufig zu befinden ist (Diemer/Schatz/Sonnen/Diemer Rn. 10; vgl. hierzu auch OLG Celle NStZ-RR 2014, 229), muss allerdings eine Bindung bestehen.

22 Neben dem Schuldspruch können auch jene weiteren Rechtsfolgen, die gem. § 8 neben der Aussetzungsentscheidung angeordnet werden (vgl. → Rn. 15 ff.), in **Rechtskraft** erwachsen. Bei den bewährungsausgestaltenden Nebenentscheidungen ist das wegen deren Abänderbarkeit (§ 28 Abs. 2 S. 2 und § 29 S. 2, § 23 Abs. 1 S. 3) nicht der Fall.

3. Anrechnung von U-Haft

Die Anrechnung ist nur im **Nachverfahren** (§ 30) möglich, falls dort JStrafe verhängt wird. Es empfiehlt sich jedoch, in der Begründung der Aussetzungsentscheidung darauf hinzuweisen, dass die Anrechnung von U-Haft dem späteren Verfahren vorbehalten bleibt (so bereits Dallinger/Lackner Rn. 17; Portrykus NJW 1956, 654 (655)). – Im Falle einer etwaigen Anordnung von Kopplungsarrest neben der Entscheidung nach § 27 (→ Rn. 15) ist jedoch im Rahmen von § 52 eine Berücksichtigung vollzogener U-Haft möglich. 23

4. Entscheidung nach StrEG

Besteht Anlass für eine Entschädigungsentscheidung (etwa bei einem Teilfreispruch), ist diese nach § 8 Abs. 1 S. 1 StrEG bereits **bei der Entscheidung gem. § 27** zu treffen (Meyer StrEG § 4 Rn. 6; aA LG Offenburg NStZ-RR 2003, 351 (352); Diemer/Schatz/Sonnen/Schatz § 62 Rn. 6; HK-JGG/Meier § 30 Rn. 15; BeckOK JGG/Nehring Rn. 29). Dass die dahingehende Klärung keinen Aufschub duldet, gilt im JStR ganz besonders. Für den Jugendlichen erschiene es, als ob die Strafjustiz, die das erlittene Unrecht verursacht hat, den Ausgleich hinausschiebe. Dies ist erzieherisch kaum funktional, zumal es zu der Mutmaßung kommen könnte, dass der Entschädigungsanspruch auf die Nachentscheidung nach § 30 abfärben mag (zum hierfür kennzeichnenden Interesse innerhalb der Strafjustiz, bei Absprachen einen Verzicht auf Ansprüche nach dem StrEG auszuhandeln, vgl. Friehe, Der Verzicht auf Entschädigung für Strafverfolgungsmaßnahmen, 1997, S. 258 ff.). Sollte im Verfahren nach § 30 schließlich eine JStrafe verhängt und die bereits entschädigte ungerechtfertigte U-Haft gem. § 52a S. 1 angerechnet werden, tritt die Entschädigungsentscheidung – sofern sie nicht unabhängig von der Anrechnung ist – entspr. § 14 Abs. 1 S. 1 StrEG außer Kraft. Eine bereits erfolgte Zahlung kann gem. § 14 Abs. 1 S. 2 StrEG zurückgefordert werden (vgl. auch OLG Düsseldorf StV 2001, 517 = BeckRS 2000, 30136886 zum allg. StR). 24

5. Registereintragungen

Wegen dieser Folgen s. § 4 Abs. 1 Nr. 4, § 7 Abs. 3, § 13 Abs. 2 sowie ggf. § 60 Abs. 1 Nr. 3 BZRG (vgl. aber auch → § 30 Rn. 19). 25

Bewährungszeit

28 (1) **Die Bewährungszeit darf zwei Jahre nicht überschreiten und ein Jahr nicht unterschreiten.**

(2) [1] **Die Bewährungszeit beginnt mit der Rechtskraft des Urteils, in dem die Schuld des Jugendlichen festgestellt wird.** [2] **Sie kann nachträglich bis auf ein Jahr verkürzt oder vor ihrem Ablauf bis auf zwei Jahre verlängert werden.**

I. Anwendungsbereich

1 Es gelten die Erl. zu § 27 (→ § 27 Rn. 1) entsprechend.

II. Dauer der Bewährungszeit

2 Mit der Aussetzung der JStrafverhängung gem. § 27 muss auch die Bewährungszeit festgelegt werden. Für die **Einzelfragen** zu Dauer, Berechnung und nachträglicher Verlängerung der Bewährungszeit gilt das zu § 22 Ausgeführte entspr. (→ § 22 Rn. 2 f., 5 ff.). Daran gemessen sind die Besonderheiten von § 28 begrenzt.

3 So richtet sich die vom JGericht festzulegende Dauer zum einen danach, welcher Zeitraum voraussichtlich benötigt wird, um die gem. § 27 bestehende Ungewissheit zu beheben. Daneben muss aber auch berücksichtigt werden, ab wann die Anordnungen gem. § 29 vermutlich ihre Wirkung entwickeln werden. Abs. 2 S. 2 ermöglicht allerdings eine gewisse **Flexibilität:** Stellt sich früher als erwartet heraus, dass eine Entscheidung nach § 30 Abs. 2 möglich ist, so kann die Dauer der Bewährungszeit (bis auf mindestens ein Jahr) **verkürzt** werden. Besteht die Ungewissheit hingegen nach Ablauf des zunächst vorgesehenen Zeitraums fort, so lässt sich die Dauer ggf. auch bis auf maximal zwei Jahre **verlängern** (Abs. 2 S. 2). Dies setzt nach allgA jedoch voraus, dass das Fortwähren der Einschätzungsproblematik auf neu hinzugekommenen Umständen beruht – ggf. auch auf dem als negativ beurteilten zwischenzeitlichen Verhalten des Verurteilten. Eine Verlängerung, die allein wegen der in unveränderter Weise fortbestehenden Unklarheit über das Ausmaß der „schädlichen Neigungen" erfolgen soll, ist hiernach dagegen nicht zulässig (Diemer/Schatz/Sonnen/Diemer Rn. 3).

4 Für die Dauer der Bewährungszeit besteht eine **Höchstgrenze** von zwei Jahren, die auch bei nachträglicher Verlängerung nicht überschritten werden darf. Dass das Gesetz hier unter den bei § 22 möglichen Zeiträumen bleibt, hat rechtsstaatlich eingriffsbegrenzende Gründe. Da der Jugendliche bei § 27 im Unklaren über eine zukünftige JStrafanordnung ist, soll er mit dieser Ungewissheit (die bei der Aussetzung der Vollstr zBew nicht in gleicher Weise besteht) nur für einen limitierten Zeitraum belastet werden. Im Einzelfall kann dieser allerdings zu kurz sein, um die Aufklärungs- und Einwirkungsziele der Bewährungszeit zu erreichen.

III. Verfahrensrechtliches

5 Für die Entscheidung über die Dauer der Bewährungszeit gelten gem. § 62 Abs. 4 die Regelungen von **§ 58 Abs. 1 S. 1, 2, 4 und Abs. 3 S. 1.** Angesichts der dort ausdrücklich vorgenommenen Begrenzung des Verweises besteht die in § 58 Abs. 3 S. 2 und 3 vorgesehene Übertragungsmöglichkeit bei § 28 dagegen nicht (→ § 62 Rn. 13). Dem JGericht obliegen also auch bei einem Wohnsitzwechsel des Jugendlichen sowohl die Begleitentscheidungen zu § 27 als auch die Bewährungsüberwachung, um die vollständige Kontinuität der Zuständigkeit vom Ausgangs- bis zum Nachverfahren zu wahren. Ausgenommen ist nur der in § 104 Abs. 5 Nr. 2 geregelte

Fall. Die Anfechtbarkeit der Entscheidung bestimmt sich gem. § 63 Abs. 2 nach **§ 59 Abs. 2 und 5.**

Die **Strafvollstreckungsverjährung** ruht während der BewZeit (§ 79a Nr. 2b StGB iVm § 2 Abs. 2). 6

Bewährungshilfe

29 **[1]Der Jugendliche wird für die Dauer oder einen Teil der Bewährungszeit der Aufsicht und Leitung eines Bewährungshelfers unterstellt. [2]Die §§ 23, 24 Abs. 1 Satz 1 und 2, Abs. 2 und 3 und die §§ 25, 28 Abs. 2 Satz 1 sind entsprechend anzuwenden.**

I. Anwendungsbereich

Es gelten die Erl. zu § 27 (→ § 27 Rn. 1) entsprechend. 1

II. Ausgestaltung der Bewährungszeit

Im Falle einer Aussetzung gem. § 27 ist der Jugendliche zwingend der **Bewährungshilfe** zu unterstellen. Außerdem sollen ihm **Weisungen** und können ihm **Auflagen** erteilt (und beide Maßnahmeformen jeweils geändert) werden. Grds. gelten hierfür die Ausführungen in → § 23 Rn. 3 ff., 12 ff., 16 ff. und → § 25 Rn. 2 ff., 12 ff. sinngemäß. 2

Diese Maßnahmen zur Ausgestaltung der Bewährungszeit haben ähnliche Zielsetzungen wie bei der Aussetzung der Vollstr zBew nach § 21. Zugleich sollen sie jedoch im Verlauf ihrer Durchführung auch dazu dienen, die Ungewissheit auszuräumen, die sich auf den Grad der „schädlichen Neigungen" bezieht und die zur Entscheidung nach § 27 geführt hat. Diese hinzukommende **Funktion** kann gewisse Unterschiede in den jugendrichterlichen Anordnungen sowie in der Aufsicht und Betreuung durch den BewHelfer mit sich bringen – wobei jene allerdings nicht nur diagnostisch ausgerichtet und primär mit einem „Testcharakter" ausgestattet werden dürfen. Außerdem scheidet aus diesem Grund eine Heimeinweisung (§ 10 Abs. 1 S. 3 Nr. 2) im Rahmen von § 29 aus. Abgesehen von den damit verbundenen Eingriffen, die als ersatzweise angeordnete freiheitsentziehende Rechtsfolge empfunden werden könnten, sind die Gegebenheiten innerhalb eines Heimes nämlich gerade ungeeignet, die besagte Ungewissheit auszuräumen, weil sie den Verhältnissen in der Außengesellschaft nicht entsprechen (vgl. allg. → § 12 Rn. 17 ff.). 3

Abweichungen zu den Regelungen, die für die Aussetzung zBew vorgesehen sind, bestehen insofern, als § 24 Abs. 1 S. 3 iVm § 22 Abs. 2 S. 1 nicht gilt. Stattdessen verdeutlicht die Verweisung auf § 28 Abs. 2 S. 1, dass die Betreuungszeit stets mit der Rechtskraft des den Schuldausspruch enthaltenden Urteils beginnt. Außerdem weicht S. 1 im Wortlaut von § 24 Abs. 1 S. 1 ab, da die dort geregelte zweijährige Begrenzung der Unterstellungsdauer bereits aus der entspr. limitierten Bewährungszeit (§ 28 Abs. 1) folgt. Deshalb ist iÜ auch § 24 Abs. 2 S. 2 bei der Aussetzung der JStrafverhängung gegenstandslos. 4

5 Für **Heranwachsende** gelten hinsichtlich der Ausgestaltung der Bewährungszeit die Erl. zu → § 105 Rn. 50 f. entspr.; für **Soldatinnen und Soldaten** gilt das zu → § 23 Rn. 2 und → § 112a Rn. 15 ff., 23 ff. Ausgeführte.

III. Verfahrensrechtliches

6 Bei den Entscheidungen nach § 29 und für deren Anfechtbarkeit finden § 62 Abs. 4 und § 63 Abs. 2 Anwendung (n. dazu → § 28 Rn. 5).

Verhängung der Jugendstrafe; Tilgung des Schuldspruchs

30 (1) [1] **Stellt sich vor allem durch schlechte Führung des Jugendlichen während der Bewährungszeit heraus, daß die in dem Schuldspruch mißbilligte Tat auf schädliche Neigungen von einem Umfang zurückzuführen ist, daß eine Jugendstrafe erforderlich ist, so erkennt das Gericht auf die Strafe, die es im Zeitpunkt des Schuldspruchs bei sicherer Beurteilung der schädlichen Neigungen des Jugendlichen ausgesprochen hätte.** [2] **§ 26 Absatz 3 Satz 3 gilt entsprechend.**

(2) **Liegen die Voraussetzungen des Absatzes 1 Satz 1 nach Ablauf der Bewährungszeit nicht vor, so wird der Schuldspruch getilgt.**

Schrifttum: Baier, Die Bedeutung der Aussetzung der Verhängung der Jugendstrafe und der Vorbewährung in der jugendgerichtlichen Praxis in Bayern, 2015.

Übersicht

I. Anwendungsbereich

1 Es gelten die Erl. zu § 27 (→ § 27 Rn. 1) entsprechend.

II. Obligatorische Abschlussentscheidung

1. Entscheidungsalternativen

Das JGericht, das die Anordnung der JStrafe zBew ausgesetzt hat, muss gem. §§ 30, 62 Abs. 1 S. 1 ein Nachverfahren mit HV durchführen und dort eine das Erkenntnisverfahren abschließende, urteilsförmige Entscheidung treffen (§ 62 Abs. 4 iVm § 58 Abs. 3 S. 1; zur Zuständigkeit auch → § 28 Rn. 5, → § 62 Rn. 14 ff., s. auch → § 27 Rn. 19). Diese Entscheidung kann nur im **Verhängen** von **JStrafe** (Abs. 1) **oder** aber in der **Tilgung** des **Schuldspruchs** (Abs. 2) bestehen (wobei diese gem. §§ 62 Abs. 2, 63 Abs. 1 ggf. auch ohne HV mit unanfechtbarem Beschluss möglich ist). Das maßgebliche Kriterium, anhand dessen zwischen diesen beiden Varianten gewählt werden muss, besteht im Grad der „schädlichen Neigungen" bei Begehung der Tat. In dieser Hinsicht hat das JGericht anhand der zwischenzeitlichen Entwicklung zu prüfen, ob deren Ausmaß eine JStrafe erforderlich macht. Anderweitige Rechtsfolgen, die in Abs. 1 und Abs. 2 nicht vorgesehen sind, kann das JGericht im Nachverfahren nicht mehr anordnen (→ Rn. 18). 2

2. Entscheidungszeitpunkt

Das Verfahren nach § 30 Abs. 1 kann eingeleitet werden, sobald sich der iSv § 17 Abs. 2 Alt. 1 erforderliche Umfang „schädlicher Neigungen" herausgestellt hat. Das Ende der Bewährungszeit muss dafür **nicht abgewartet** werden; entscheidend ist allein das Entfallen der für § 27 maßgeblichen Ungewissheit (mit unklarer Begründung abw. Nix/Pschorr/Franzen §§ 27–30 Rn. 37). Dagegen kann die Tilgung des Schuldspruchs **erst nach Ablauf** der – allerdings verkürzbaren (§ 28 Abs. 2 S. 2) – Bewährungszeit erfolgen (vgl. etwa LG Hamburg bei Böhm NStZ 1989, 521 (523); Diemer/Schatz/Sonnen/Diemer Rn. 15; abw. OLG Schleswig NJW 1958, 34). Mit dieser ausdrücklichen Festlegung in Abs. 2 geht das Gesetz offenbar davon aus, dass eine abschließende Entscheidung zugunsten des Jugendlichen immer nur nach der gesamten Dauer des Beurteilungszeitraums mit der notwendigen Sicherheit möglich sei. Eher noch als durch diese zw. Vorstellung wird die Regelung indes durch die erzieherische Ausgestaltung der Bewährungsphase plausibilisiert, weil diese sich oft erst bei einer hinreichenden Dauer bemerkbar machen kann. 3

Wird vor Ablauf der Bewährungszeit eine Verhandlung zur Anordnung der JStrafe anberaumt und ergibt sich dort, dass die Voraussetzungen für die Verhängung von JStrafe doch nicht vorliegen, ist gem. **§ 62 Abs. 3** in unanfechtbarer Weise (§ 63 Abs. 1) zu beschließen, dass es weiterhin bei der Aussetzung bleibt. Das kann mit Änderungen der Weisungen und Auflagen (§ 29 S. 2 iVm § 23 Abs. 1 S. 3) verbunden werden, soweit diese sich als ungeeignet erwiesen haben. Den Schuldspruch stattdessen zu tilgen, setzt demgegenüber voraus, dass dies sachlich angezeigt und zudem auch die Bewährungszeit inzwischen – uU durch Verkürzung (§ 28 Abs. 2 S. 2) – beendet ist (n. → § 62 Rn. 11 f.). 4

Ist das Ausmaß der „schädlichen Neigungen" in den Augen des JGerichts nach Ablauf der (nicht mehr verlängerbaren) Bewährungszeit noch immer 5 nicht hinreichend klar, darf die abschließende Entscheidung **nicht aufgeschoben** werden. In einem solchen Fall muss zugunsten des Jugendlichen entschieden werden (vgl. auch Dallinger/Lackner Rn. 19). Rechtspraktisch dürfte diese Konstellation allerdings kaum vorkommen, zumal das JGericht sofort nach der Entscheidung gem. § 27 gehalten ist, die für eine abschließende Entscheidung erforderlichen Ermittlungen zu beginnen. Es ist allenfalls möglich, nach Ende der Bewährungszeit noch eine **kurze Frist** mit der Entscheidung abzuwarten, um so auch Ereignisse aus der letzten Bewährungsphase berücksichtigen zu können. In dieser Hinsicht gelten die Ausführungen in → §§ 26, 26a Rn. 23 f. entsprechend. Grds. verlangt das jugendstrafrechtliche Beschleunigungsprinzip aber, dass die (Tilgungs-)Entscheidung bei nicht vorhandenem Anlass zur JStrafen-Anordnung möglichst rasch ergeht (vgl. → § 62 Rn. 9).

3. Entscheidungsverteilung

6 Soweit dies anhand einiger (teilw. älterer) Untersuchungen beurteilt werden kann, sind die Anteile erfolgreicher (dh nach Abs. 2 erfolgender) Abschlüsse der Bewährungszeit **größer als** in Fällen der Aussetzung nach **§ 21** (vgl. Wenger FS Härringer, 1995, 86; die Unterschiede auf Basis von BZR-Daten für „Rückfälle" teilw. relativierend Hohmann-Fricke/Jehle/Palmowski RdJB 2014, 313 (318)). Zu einem negativen Abschluss bzw. einer ausbleibenden Tilgung kam es vormals (bei nicht ganz einheitlichen Kriterien) in ca. 26 % bis ca. 35 % der ausgewerteten Verfahren (vgl. Gütt, Die Bewährung bedingt verurteilter Jugendlicher und Heranwachsender, 1964, S. 3; Meyer-Wentrup, Die erneute Straffälligkeit nach Jugendstrafe, 1966, S. 221; Lorbeer, Probleme der Aussetzung der Verhängung der Jugendstrafe nach §§ 27 ff. JGG, 1980, S. 222; tendenziell anders aber Meyer Zbl 1981, 365 (373 ff.)). Aktuell scheint der Anteil der Fälle, in denen eine Jugendstrafe verhängt wird, deutlich unter 25 % zu liegen (vgl. dazu die – wegen der Jahrgangsverschiebung nicht ganz exakten – Berechnungen anhand der StrafSt bei Streng JugendStrafR Rn. 553 und Heinz Sekundäranalyse S. 1173 f.). Bzgl. Bay. gelangt Baier (Die Bedeutung der Aussetzung der Verhängung der Jugendstrafe (…), 2015, S. 137) für 2012 sogar zu einem Wert von nur 7,3 % (ähnlich niedrige Werte errechnet NK-JGG/Ostendorf Grdl. zu §§ 27–30, Rn. 4).

III. Verhängung von Jugendstrafe

1. Voraussetzungen

7 **a) Allgemeine Grundlagen der JStrafe.** Eine JStrafe kann auch im Nachverfahren nur verhängt werden, wenn die dafür vorausgesetzten allg. Bedingungen vorliegen. Grundlage für die Entscheidung nach Abs. 1 ist die im Schuldspruch festgestellte **Straftat** (dazu auch Jaglarz NStZ 2015, 191 (196)). Daneben ist es erforderlich, dass für deren Verfolgung kein **Verfahrenshindernis** besteht und eine JStrafe nicht als **unverhältnismäßig** ausscheidet (dazu, dass dies aber an sich schon bei der Entscheidung nach § 27 zu prüfen ist, s. → § 27 Rn. 9). Wird die Unverhältnismäßigkeit erst im Nachverfahren erkannt, kann nur nach Abs. 2 vorgegangen werden. Auch

im Falle eines zwischenzeitlich aufgetretenen oder bislang nicht berücksichtigten Prozesshindernisses unterbleibt die Anordnung der JStrafe; vielmehr ist das Verfahren einzustellen (§ 206a StPO iVm § 2 Abs. 2).

8 Bzgl. der Frage, ob **überhaupt ein Delikt** des Jugendlichen vorliegt, erfolgt im Nachverfahren dagegen keine Prüfung. Hinsichtlich des Schuldspruchs und der ihn unmittelbar tragenden Feststellungen ist das JGericht an das rechtskräftige Urteil nach § 27 gebunden (→ § 27 Rn. 21). Diese Bindung besteht auch für die bereits erfolgte Einordnung in das jugendstrafrechtliche Rechtsfolgensystem und den Ausschluss der Sanktionen des allg. StR (OLG Hamm NStZ 2011, 527 (529); speziell hinsichtlich der Entscheidung zu § 105 Abs. 1 → § 27 Rn. 21).

9 Ausnahmen gelten nur, wenn das Urteil nach § 27 an einem so **grundlegenden Mangel** leidet, dass dessen Fortschreibung durch eine daran sehenden Auges anknüpfende Anordnung gem. Abs. 1 nicht hinnehmbar wäre. Keine Bindung besteht daher, wenn die im Schuldspruch bezeichnete Rechtsnorm gar keine strafrechtlichen Rechtsfolgen nach sich ziehen kann. Dies ist zB der Fall, wenn der Schuldspruch auf einem ungültigen Gesetz oder einem OWi-Tatbestand (BayObLG NJW 1954, 611) beruht oder wenn er wegen des eigentlich gar nicht strafbaren Versuchs einer Straftat ergangen ist. Auch wenn sich erst im Nachverfahren ergibt, dass der Jugendliche jugendstrafrechtlich **nicht verantwortlich** (§ 3 S. 1) oder anderweitig schuldunfähig (§ 20 StGB iVm § 2 Abs. 2) ist, darf JStrafe entgegen der wohl hM nicht verhängt werden (ebenso Brunner/Dölling Rn. 12; HK-JGG/Meier Rn. 12; aA Diemer/Schatz/Sonnen/Diemer Rn. 5; s. auch BGHSt 7, 283 = NJW 1955, 917).

10 **b) Fort-/Bestehen schädlicher Neigungen.** Die im Urteil nach § 27 getroffenen Feststellungen, denen zufolge beim Jugendlichen zum Tat- wie auch zum damaligen Entscheidungszeitpunkt prinzipiell „schädliche Neigungen" vorlagen, sind von der schuldspruchbezogenen Rechtskraft- und Bindungswirkung nicht eingeschlossen (abw. Diemer/Schatz/Sonnen/Diemer § 27 Rn. 19). Es ist also möglich, dass das JGericht diese Einschätzung im Lichte der zwischenzeitlichen Entwicklung **rückwirkend revidiert** (sodass ein Vorgehen nach Abs. 1 ausscheidet). In der Rechtspraxis dürfte diese Konstellation aber sehr selten sein. Möglicherweise eher relevant könnten jedoch jene Fälle werden, in denen die „schädlichen Neigungen" im Nachverfahrenszeitpunkt **entfallen** sind – obwohl das JGericht am Ende der Bewährungszeit davon ausgeht, dass sie im Tatzeitpunkt in einem für die JStrafe erforderlichen Grad bestanden. Generell müssen die „schädlichen Neigungen" nach stRspr noch im **Zeitpunkt der Entscheidung vorliegen,** weil die JStrafe sonst nicht mehr erzieherisch indiziert sein kann (vgl. → § 17 Rn. 34 f.). Für die Entscheidung im Nachverfahren gilt dies ungeachtet des insofern missverständlichen Wortlauts von Abs. 1 ebenso. Anderenfalls würde gem. Abs. 1 eine eingriffsinvasive stationäre Sanktion verhängt, ohne dass diese durch die Einwirkungszwecke des § 2 Abs. 1 gerechtfertigt werden könnte. Aus Gründen der Rechtsfolgenverhältnismäßigkeit (bzw. -erforderlichkeit) bedarf es für **Abs. 1** daher schädlicher Neigungen auch noch im Zeitpunkt des Strafausspruchs (OLG Hamm NStZ 2011, 527; ebenso Brunner/Dölling Rn. 7; BeckOK JGG/Nehring Rn. 5; ausf. zum Ganzen mit iErg abwM Jaglarz NStZ 2015, 191 (192 ff.); ferner Diemer/Schatz/Sonnen/Diemer Rn. 11).

11 **c) Ausmaß schädlicher Neigungen.** Die Entscheidung gem. Abs. 1 setzt schließlich die Feststellung voraus, dass die Tat auf „schädliche Neigungen" von einem jugendstrafbedürftigen Umfang zurückzuführen ist. Eine solche Feststellung darf sich nicht nur auf Tatsachen stützen, die bereits bei der Aussetzungsentscheidung bekannt gewesen sind (denn dann würde die damals offene Erkenntnislage lediglich wiederholt). Es gibt aber auch keinen Grund, weshalb die Feststellungen zum Ausmaß der „schädlichen Neigungen" allein auf neuen Tatsachen beruhen dürften, die während der Bewährungszeit bekannt geworden sind (ebenso Brunner/Dölling Rn. 8f.; HK-JGG/Meier Rn. 3). Aus dem (vermeintlichen) Ausnahmecharakter der §§ 27ff. folgt dies jedenfalls nicht (so aber NK-JGG/Ostendorf Rn. 1; BeckOK JGG/Nehring Rn. 4). Eine Einordnung des Bewährungsverhaltens, die den vorherigen biografischen Verlauf ausblendet, dürfte ohnehin gar nicht sinnvoll möglich sein. Deshalb beruht die Beurteilung der „schädlichen Neigungen" im Nachverfahren auf dem **Gesamtergebnis der Ermittlungen vor** und **nach** dem **Schuldspruch.** Hierbei ist es erst recht ohne Belang, ob es um Sachverhalte geht, die sich vor oder nach dem Schuldspruch ereignet haben (auf die zweite Variante beschränkend aber Diemer/Schatz/Sonnen/Diemer Rn. 7). Zurückliegende Tatsachen sind lediglich insoweit durch die Rechtskraft des Schuldspruchs ausgeschlossen, als sie in Widerspruch zu solchen Feststellungen stehen, die den Schuldspruch unmittelbar tragen (vgl. auch Dallinger/Lackner Rn. 4, 14).

12 Deshalb kann grds. das gesamte Spektrum der in → § 17 Rn. 25ff., 31f. erörterten Bedingungen im Nachverfahren bedeutsam sein. Ungeachtet dessen hat das Verhalten, das der Jugendliche nach der Entscheidung gem. § 27 gezeigt hat, besonderes Gewicht, um die Straftat(en) im Hinblick auf die dabei hervorgetretenen „schädlichen Neigungen" zu interpretieren. Im Rahmen der HV sind alle dafür aussagekräftigen Informationsquellen auszuschöpfen (JGH, BewHelfer usw). Wie bei § 26 stellen Verstöße gegen Bewährungsweisungen und/oder -auflagen ebenso wie eine allg. stark ausgeprägte soziale Devianz oder neue strafbare Handlungen hier **allein ein Indiz** dar (n. dazu auch → §§ 26, 26a Rn. 11f., 14; zu den diesbzgl. Feststellungsanforderungen → §§ 26, 26a Rn. 4, 8ff.). Den Schluss, dass die „schädlichen Neigungen" des Jugendlichen wegen ihres Umfangs der JStrafe bedürften, tragen sie für sich genommen idR nicht, sondern vielmehr erst im Zusammenhang mit weiteren Hinweisen. Fehlt es daran, kann (anstelle einer Einleitung des Verfahrens nach Abs. 1) der Bewährungsverlauf weiter abgewartet und/oder eine Änderung der Anordnungen gem. §§ 28, 29 vorgenommen werden (s. auch → Rn. 16). Das gilt ganz besonders, wenn die ursprüngliche Straftat und das neue negativ bewertete Verhalten nicht durch die Persönlichkeit oder die Verhaltensstile des Jugendlichen miteinander verbunden sind und infolgedessen auch nicht in einen Zusammenhang gebracht werden können (BGHSt 9, 160 (162) = NJW 1956, 1078 (1079)).

2. Rechtsfolgenfestlegung

13 **a) Verhängung der Jugendstrafe.** Geht das JGericht unter den vorgenannten Voraussetzungen von einem hinreichenden Grad an „schädlichen Neigungen" aus, hat es eine JStrafe zu verhängen. Diese ist so zu bemessen, wie dies mit Blick auf spezialpräventive Belange (§ 18 Abs. 2) **zum Zeitpunkt des Schuldspruchs** ohne Ungewissheit hinsichtlich der relevanten

Umstände **erfolgt wäre** (zur Eintragung in das BZR s. § 13 Abs. 2 S. 1 Hs. 1 BZRG). Der Eindruck, den das JGericht vom Jugendlichen während der Bewährungszeit gewonnen und den es zur Bewertung der „schädlichen Neigungen" herangezogen hat, darf angesichts dieser klaren Bestimmung in Abs. 1 S. 1 dagegen **nicht** zu einer härteren (als der damals hypothetisch verhängten) **JStrafe** führen (ebenso Brunner/Dölling Rn. 9; Diemer/Schatz/Sonnen/Diemer Rn. 12; Streng JugendStrafR Rn. 552; aA NK-JGG/Ostendorf Rn. 5; HK-JGG/Meier Rn. 7; BeckOK JGG/Nehring Rn. 12). Da die Einhaltung dieser Maßgabe psychologisch herausforderungsreich ist (krit. zur Einhaltung daher Wenger FS Härringer, 1995, 81), ist zu Kontrollzwecken vom JGericht hier eine besonders gründliche Bemessungsbegründung zu verlangen.

Zulässig ist es, die Vollstr der im Nachverfahren verhängten JStrafe unter 14
den Voraussetzungen von **§ 21 zBew auszusetzen** (zur Eintragung in das BZR s. § 13 Abs. 2 S. 1 Hs. 2 BZRG). Die Annahme, der negative Verlauf der bisherigen Bewährungszeit ließe für eine positive Prognose hinsichtlich der neuen Bewährungszeit keinen Raum, wäre in dieser einzelfallgelösten Allgemeinheit nicht haltbar. Auch wurde die Aussetzung nach § 21 (durch Streichung von § 30 Abs. 1 S. 2 aF) prinzipiell möglich gemacht (BT-Drs. 11/5829, 21 f.; zur früher hierzu geführten Debatte BGHSt 31, 255 = NJW 1983, 2037), damit das JGericht fallbezogen alle Differenzierungsmöglichkeiten nutzen kann, die ihm bei Verhängung einer JStrafe in anderen („normalen") Fällen sonst auch zur Verfügung stehen.

b) Anrechnung. War **U-Haft** vor dem Schuldspruch (§ 27) vollzogen 15
worden, kann diese gem. **§ 52a** auf die verhängte JStrafe angerechnet werden (vgl. dazu schon Potrykus NJW 1956, 654 (655)). Hatte das Urteil, das gem. § 27 ergangen war, neben dem Schuldspruch auch einen **Kopplungsarrest** gem. § 16a Abs. 1 verhängt (→ § 8 Rn. 14, → § 27 Rn. 15) und ist diese noch offen, scheidet seine Vollstr. aus (§ 87 Abs. 4 S. 3 Nr. 2). War schon vollstreckt worden, muss die Zeit des Arrestvollzugs auf die im Nachverfahren erkannte JStrafe voll angerechnet werden (Abs. 1 S. 2 iVm § 26 Abs. 3 S. 3). War JA wegen der Nichtbefolgung der Bewährungsweisungen oder -auflagen angeordnet und vollstreckt worden (→ Rn. 16), kann dies (obschon es sich hier um eine Reaktion auf den Bewährungsverstoß und nicht auf die abgeurteilte Straftat handelt) im Sinne des Einheitsprinzips ebenfalls angerechnet werden (vgl. → §§ 26, 26a Rn. 26; abw. Brunner/Dölling Rn. 4; Diemer/Schatz/Sonnen/Diemer Rn. 12). – Muss eine überlange Verfahrensdauer kompensiert werden (n. → § 18 Rn. 44 ff.), ist im Anschluss an die nach Abs. 1 erfolgende Bemessung der JStrafe der als bereits vollstreckt geltende Zeitraum festzulegen (OLG Düsseldorf NStZ 2011, 525 (527)).

c) Alternative Reaktionsmodalitäten. Nicht selten ist eine JStrafenver- 16
hängung trotz „schlechter Führung" gem. Abs. 1 nicht angezeigt oder gar obsolet. Dies betrifft einmal die Fälle, in denen zwar gegen Bewährungsweisungen und -auflagen verstoßen wird, aber deren Abänderung oder die Anordnung von Nichtbefolgungs-JA (§ 29 S. 2 iVm § 23 Abs. 1 S. 4 und §§ 11 Abs. 3, 15 Abs. 3 S. 2) verglichen mit der JStrafenanordnung als ausreichend erscheint (Brunner/Dölling Rn. 4). Insbes. aber betrifft es jene Konstellationen, in denen die Klärung des Umfangs „schädlicher Neigungen" wesentlich auf einer neuen Straftat des Jugendlichen beruht bzw.

beruhen würde. Im JStV, das wegen dieser Verfehlung geführt wird, kann nach **§ 31 Abs. 2** verfahren und der nach § 27 erfolgte **Schuldspruch in die einheitliche Rechtsfolge einbezogen** werden (→ § 31 Rn. 16 und 24). Dafür spielt es keine Rolle, ob die neue Tat nach Rechtskraft des gem. § 27 ergangenen Urteils begangen oder dann erst entdeckt (und bereits davor begangen) wurde. Es ist ebenfalls ohne Belang, ob diese einheitliche Rechtsfolge auf eine andere Rechtsfolge als eine JStrafe lautet (zur dahingehenden Möglichkeit → § 31 Rn. 43 ff.) oder ob auf eine Einheits-JStrafe mit oder ohne Aussetzung zBew erkannt wird. In allen Konstellationen ist einer Entscheidung nach Abs. 1 durch die Einbeziehung des Schuldspruchs die Grundlage entzogen.

17 Allerdings kann in dem Verfahren, das wegen der neuen Straftat aufgenommen wird, auch anders entschieden werden. Oft wird es ausreichen, von der **Verfolgung** gem. § 45 (ggf. auch gem. §§ 153, 154 StPO iVm § 2 Abs. 2) **abzusehen** und innerhalb des nach §§ 27 ff. laufenden Bewährungsverfahrens erzieherisch von den (Änderungs-)Möglichkeiten der §§ 28, 29 Gebrauch zu machen (krit. aber Jaglarz NStZ 2015, 191 (192); zur Unzulässigkeit eines JA hier AG München ZJJ 2016, 83). Geht das Gericht davon aus, dass dies zwar nicht ausreicht, aber auch noch keine Einheitssanktion iSv → Rn. 16 angezeigt ist, kann es im neuen Verfahren von der Einbeziehung des Schuldspruchs (ausdrücklich) absehen und eine **selbstständige Sanktion** anordnen (→ § 31 Rn. 29 ff.). Erzieherisch zweckmäßig iSv **§ 31 Abs. 3** ist dies, wenn auf das neue Delikt mit Erziehungsmaßregeln oder Zuchtmitteln (in Abstimmung mit den bereits veranlassten Maßnahmen nach §§ 28, 29) reagiert und in der alten Sache der weitere Bewährungsverlauf bis zur Entscheidung nach § 30 abgewartet werden soll. – Wurde im neuen Verfahren (irrig) keine dieser drei Optionen gewählt – also weder eingestellt noch nach § 31 Abs. 2 oder nach § 31 Abs. 3 vorgegangen –, muss in der gem. § 30 ergehenden Entscheidung der alten Sache die Prüfung von § 31 Abs. 2 und Abs. 3 nachgeholt werden (n. und allg. dazu → § 66 Rn. 10).

IV. Tilgung des Schuldspruchs

18 Hat das JGericht bis zum Ablauf der Bewährungszeit keine JStrafe verhängt und sich auch nicht davon überzeugt, dass „schädliche Neigungen" in einem jugendstrafbedürftigen Ausmaß vorliegen, **muss** es gem. Abs. 2 den nach § 27 ergangenen Schuldspruch in einer zügig (→ Rn. 5) zu treffenden Entscheidung (zur Form s. § 62 Abs. 1 und 2) ausdrücklich tilgen. Da mit dem erfolgreichen Abschluss der Bewährungszeit die **staatliche Befugnis entfällt,** auf die Verfehlung mit jugendstrafrechtlichen Rechtsfolgen zu reagieren, können auch keine erzieherischen Maßnahmen mehr veranlasst werden. Demgemäß wäre es unzulässig, zugleich mit der Anordnung der Tilgung noch diverse Erziehungsmaßregeln zu erteilen oder Zuchtmittel anzuordnen (BGHSt 18, 207 (211) = NJW 1963, 770 (771)). Ferner dürfen Bewährungsweisungen und -auflagen nach Beendigung der Bewährungszeit nicht länger aufrechterhalten werden (s. auch § 23 Abs. 1 S. 1). Falls das JGericht weitere erzieherische Interventionen für erforderlich hält, kann es diese also lediglich beim JAmt oder dem FamG anregen.

19 Die Tilgungsentscheidung des JGerichts hat die **Entfernung des Schuldspruchs** aus dem **BZR** zur Folge (§ 13 Abs. 2 S. 2 Nr. 1 BZRG). Wurden mit dem Schuldspruch gem. § 8 bestimmte Anordnungen verbunden (→ § 27 Rn. 15 ff.), bleibt deren Erfassung im Erziehungsregister (§ 60 Abs. 1 Nr. 2 BZRG) aber bestehen. Seit dem 31.8.2020 wird dort zudem auch der Schuldspruch (nach dessen Entfernung aus dem BZR) aufgenommen (vgl. § 60 Abs. 1 Nr. 3 BZRG idF des Gesetzes v. 18.7.2017 (BGBl. I 2732); vgl. auch Tolzmann, Bundeszentralregistergesetz, 5. Aufl. 2015, BZRG § 60 Rn. 12). Das erfolgt mit Blick auf ein „berechtigtes Interesse" an der Kenntnis der dem Schuldspruch zugrundeliegenden Taten, das in der Praxis im Falle späterer JStV bestehen soll. Anderenfalls sei das Anliegen des Erziehungsregisters, einen „möglichst vollständigen Überblick über die strafrechtliche Vergangenheit" der Betroffenen zu geben, im Fall von Abs. 2 eingeschränkt, weil es nach der Tilgung weder die Verurteilung gem. § 27 noch die Anordnungen gem. §§ 28, 29 enthalten würde (vgl. BT-Drs. 18/11933, 31; krit. Ernst ZJJ 2017, 365 (368 f.)). Durch diese Regelung des § 60 Abs. 1 Nr. 3 BZRG wird andererseits aber auch die befriedende Funktion der Tilgung **konterkariert** und deren Garantiewirkung unterminiert (zu abträglichen Wirkungen der Registrierung s. auch → § 5 Rn. 82). Zwar geht die Eintragung nicht in das Führungszeugnis ein (§ 32 Abs. 2 Nr. 2 BZRG), sehr wohl aber in Auskünfte an verschiedenste Dienststellen und Einrichtungen (§ 41 BZRG).

Siebenter Abschnitt. Mehrere Straftaten

Mehrere Straftaten eines Jugendlichen

31 (1) [1] **Auch wenn ein Jugendlicher mehrere Straftaten begangen hat, setzt das Gericht nur einheitlich Erziehungsmaßregeln, Zuchtmittel oder eine Jugendstrafe fest.** [2] **Soweit es dieses Gesetz zuläßt (§ 8), können ungleichartige Erziehungsmaßregeln und Zuchtmittel nebeneinander angeordnet oder Maßnahmen mit der Strafe verbunden werden.** [3] **Die gesetzlichen Höchstgrenzen des Jugendarrestes und der Jugendstrafe dürfen nicht überschritten werden.**

(2) [1] **Ist gegen den Jugendlichen wegen eines Teils der Straftaten bereits rechtskräftig die Schuld festgestellt oder eine Erziehungsmaßregel, ein Zuchtmittel oder eine Jugendstrafe festgesetzt worden, aber noch nicht vollständig ausgeführt, verbüßt oder sonst erledigt, so wird unter Einbeziehung des Urteils in gleicher Weise nur einheitlich auf Maßnahmen oder Jugendstrafe erkannt.** [2] **Die Anrechnung bereits verbüßten Jugendarrestes steht im Ermessen des Gerichts, wenn es auf Jugendstrafe erkennt.** [3] **§ 26 Absatz 3 Satz 3 und § 30 Absatz 1 Satz 2 bleiben unberührt.**

(3) [1] **Ist es aus erzieherischen Gründen zweckmäßig, so kann das Gericht davon absehen, schon abgeurteilte Straftaten in die neue Entscheidung einzubeziehen.** [2] **Dabei kann es Erziehungsmaßregeln und Zuchtmittel für erledigt erklären, wenn es auf Jugendstrafe erkennt.**

Übersicht

I. Anwendungsbereich

Die Vorschrift findet auf **Jugendliche** auch in Verfahren vor den für allg. Strafsachen zuständigen Gerichten Anwendung (§ 104 Abs. 1 Nr. 1). 1

Die Vorschrift gilt für **Heranwachsende,** auf die materielles JStR angewandt wird, sowohl vor JGerichten wie vor den für allg. Strafsachen zuständigen Gerichten (§§ 105 Abs. 1, 112 S. 1, § 104 Abs. 1 Nr. 1; n. → Rn. 18). 2

II. Prinzip der einheitlichen Rechtsfolgenanordnung

1. Systematische Einordnung der Vorschrift

3 In Fällen, in denen die Aburteilung wegen mehrerer Straftaten eines Jugendlichen erfolgt, tritt die Vorschrift weitgehend (s. aber → Rn. 4 und 10) an die Stelle jener Bestimmungen, die das allg. StR in §§ 53 ff. StGB für **tatmehrheitliche** Konkurrenzverhältnisse vorsieht. Dabei regelt Abs. 1 die Aburteilung mehrerer Straftaten in einem Prozess und Abs. 2 die Aburteilung mehrerer Delikte in verschiedenen Verfahren. In beiden Konstellationen kommt hiernach das spezialpräventiv begründete **Prinzip** der **Einheitlichkeit** einer Rechtsfolgenentscheidung zur Anwendung, und dies bei Abs. 1 sogar ausnahmslos. In den Verfahrenslagen von Abs. 2 ist die Rechtsfolgeneinheitlichkeit, die hier durch Einbeziehung der früheren Sanktionen erfolgt, zumindest als Regelfall vorgesehen (s. dazu Abs. 3). Damit soll jeweils eine jugendstrafrechtliche Reaktion, die auf die aktuelle Indikation abgestimmt ist, sichergestellt und eine Mehrheit sich womöglich widersprechender oder miteinander **unverträglicher Sanktionen verhindert** werden (Streng JugendStrafR Rn. 266; Beulke/Swoboda JugendStrafR Rn. 281). Maßgeblich hierfür ist also ein erzieherischer Regelungsgrund – und nicht wie im allg. StR (§§ 53 ff. StGB) der Gedanke, aus Einzelstrafen eine Gesamtstrafe zu bilden, um so der tatmehrheitlichen Unrechtskumulation und -überlagerung zu entsprechen (n. dazu NK-StGB/Frister StGB § 53 Rn. 2 ff und § 54 Rn. 2 ff.). Da es sich bei der einheitlichen (ggf. aber nach § 8 zusammengesetzten) Rechtsfolge im JStR auch um Erziehungsmaßregeln oder Zuchtmittel handeln kann, wäre die Rede von „Einheitsstrafen" iÜ ersichtlich verfehlt.

4 In Fällen der **Tateinheit** ist die Vorschrift nicht anwendbar, weil es hier an deren Voraussetzung („mehrere Straftaten") fehlt. Auch § 52 StGB hat dann keine Bedeutung, weil die dort maßgeblichen Strafandrohungen (§ 52 Abs. 2 StGB) im JStR nicht gelten (s. etwa Beulke/Swoboda JugendStrafR Rn. 280). Gleichwohl kommt es in jenen Fällen ebenfalls zu einer einheitlichen Rechtsfolge. Dies ergibt sich jedoch daraus, dass § 5 die jugendstrafrechtliche Rechtsfolge an die „Straftat" knüpft – unabhängig von der Anzahl der mit der einen Tat erfolgten Gesetzesverletzungen (aus der ganz hM etwa NK-JGG/Ostendorf Rn. 4; Diemer/Schatz/Sonnen/Schatz Rn. 5; abw. aber BeckOK JGG/Schlehofer Rn. 3 ff.: § 31 anwendbar).

5 Ob Tatmehrheit oder (bspw. infolge einer tatsächlichen oder rechtlichen Handlungseinheit) eine Tateinheit vorliegt (Gesetzeskonkurrenz, Dauerstraftat oder sonstige Formen (vgl. → § 32 Rn. 3 und 15)), bestimmt sich nach den Maßgaben des allg. StR. Diese **fallbezogene Einordnung** muss vor und unabhängig von der Anwendung des § 31 vorgenommen werden. Ob hierbei unterlaufende Fehler eine Belastungswirkung für den Betroffenen haben, obwohl es sowohl bei Tateinheit wie bei Tatmehrheit zu einer einheitlichen Sanktion kommen muss, hängt vom Einzelfall ab (die Beschwer bei irriger tateinheitlicher Verurteilung vern. BGH NJW 2016, 657 (660); anders aber bei unzutr. angenommener Tatmehrheit und deren Berücksichtigung iRv § 18 Abs. 2 BGH BeckRS 2011, 21576).

2. Verbindungsfähige Rechtsfolgenkonstellationen

a) Formell angeordnete Sanktionen. Die Anwendung des Einheits- 6
prinzips gem. § 31 gilt grds. nur für die durch **Urteil** erfolgende Anordnung von Rechtsfolgen und ansonsten nur für das Beschlussverfahren gem. § 66 Abs. 2 S. 2. Geht es um die nachträgliche Herstellung einer einheitlichen Sanktion – dh entweder um die von Abs. 2 geregelten Konstellationen oder um die Ergänzung erfolgter Entscheidungen gem. § 66 – müssen die einzubeziehenden Rechtsfolgen in entspr. Weise (also durch Urteil oder gem. § 66 Abs. 2 S. 2) verhängt worden sein. Die Einbeziehung einer früher gem. **§§ 45, 47** angeordneten Maßnahme ist daher unzulässig. Diese formlosen Anordnungen dienen der Vorbereitung einer Verfahrenseinstellung und stellen keinen Teil von formellen Abschlussentscheidungen dar. Die entspr. Regelung in § 31 de lege ferenda abzuändern, ist angesichts der Häufigkeit von Diversionserledigungen (n. → § 45 Rn. 20, → § 47 Rn. 6) und des sich hier ebenfalls ergebenden Abstimmungsbedarfs allerdings bedenkenswert (s. ferner → § 45 Rn. 58). Unabhängig davon ist es (außerhalb des Anwendungsbereichs von § 31) möglich und sinnvoll, auch im Rahmen von **Diversionsentscheidungen** bei mehreren realkonkurrierenden Delikten (ggf. nach Verfahrensverbindung) in einheitlicher und abgestimmter Weise mit den Möglichkeiten von §§ 45, 47 zu reagieren (ebenso Diemer/Schatz/Sonnen/Schatz Rn. 12).

b) Nichtbefolgungsarrest. Das Bedürfnis, unverträgliche Reaktions- 7
kombinationen zu vermeiden (→ Rn. 3), besteht an sich auch im Zusammenhang mit dem Nichtbefolgungsarrest. Geht es um **dessen Veranlassung,** darf eine früher angeordnete Rechtsfolge (etwa die missachtete Weisung oder Auflage) nach ganz hM allerdings nicht einbezogen werden (dazu etwa mit Unterschieden im Einzelnen Dallinger/Lackner Rn. 49; NK-JGG/Ostendorf Rn. 2; Diemer/Schatz/Sonnen/Schatz Rn. 21). Denn eine das JStV abschließende Entscheidung kann in einer Reaktion auf eine Rechtsfolgenmissachtung schon deshalb nicht aufgehen, weil sie auf einer anderen (gleichsam höheren) Ebene liegt. Das ergibt sich aus dem Vergleich zwischen § 65 und § 66 sowie daraus, dass die Anwendung von § 11 Abs. 3 überhaupt nur auf Basis einer wirksamen urteilsförmigen Entscheidung denkbar ist (→ § 11 Rn. 13). Keine Bedenken bestehen indes gegen eine entspr. Anwendung des Einheitsprinzips, wenn **mehrere Zuwiderhandlungen** gegen eine Weisung und/oder Auflage zusammentreffen. Hierauf sollte iRv § 11 Abs. 3 S. 1, § 15 Abs. 3 S. 2, § 23 Abs. 1 S. 3 koordiniert reagiert werden (ebenso Diemer/Schatz/Sonnen/Schatz Rn. 12; s. dazu auch → § 11 Rn. 22).

Eine davon zu unterscheidende Frage ist, ob neben den Rechtsfolgen 8
eines noch nicht erledigten Urteils auch Nichtbefolgungsarrest, der iZm mit der Urteilsumsetzung **angeordnet, aber noch nicht vollstreckt** (sonst: → Rn. 51) wurde, in eine Entscheidung, die ein anderes JStV abschließt, einbezogen werden kann. Ungeachtet des hierzu nicht recht passenden Normwortlauts (Abs. 1: „… Straftaten begangen“ statt einer „Nichtbefolgung“; Abs. 2: „Einbeziehung des Urteils“ statt des „Beschlusses“) wird dies von der hM iErg. zutr. bejaht (BGH BeckRS 2009, 15992; s. bereits Dallinger/Lackner Rn. 49; Potrykus unsere jugend 1957, 355 (358); Eisenberg Zbl 1989, 16 (17 f.)). In dieser Konstellation wird nämlich (anders als in

→ Rn. 7) die Reaktion auf eine Rechtsfolgenmissachtung in eine höherrangige Entscheidungsform integriert. Wollte man eine Einbeziehung des JA hier ablehnen, würden die erzieherischen Belange, die hinter dem Einheitsprinzip stehen (→ Rn. 3), bei der Durchsetzung jugendstrafrechtlicher Rechtsfolgen ebenso sinnwidrig wie grundlos konterkariert (zust. v. Beckerath, Jugendstrafrechtliche Reaktionen bei Mehrfachtäterschaft, 1997, S. 98). Dieses Ergebnis ergibt sich iÜ auch daraus, dass sich der Nichtbefolgungsarrest zu der (Grund-)Anordnung, die er durchsetzen soll, akzessorisch verhält (so offenbar auch Diemer/Schatz/Sonnen/Schatz Rn. 20). Indem eben diese Weisung oder Auflage in die neue Entscheidung einbezogen wird, **fällt** mit jener (Grund-)Anordnung ipso iure auch der fragliche JA **weg** (s. dazu LG Berlin 28.9.1988 – 507 Qs 44/88; Kölbel JR 2024, 158 (159); vgl. iÜ → § 11 Rn. 23).

9 **c) Geldbußen.** § 31 gilt **nicht** für Geldbußen im OWi-Verfahren (Göhler/Thoma OWiG § 20 Rn. 5; KK-OWiG/Mitsch OWiG § 20 Rn. 7). Vielmehr sieht § 20 OWiG die **Einzelsanktionierung** aller begangenen Ordnungswidrigkeiten vor. Da dies einem Grundgedanken des JGG zuwiderläuft, empfiehlt es sich, einer erzieherisch abträglichen Geldbußenhäufung ggf. bei der Bemessung bzw. durch Teileinstellung entgegenzuwirken.

III. Gleichzeitige Aburteilung mehrerer Straftaten in einem Verfahren (Abs. 1)

1. Primäre Zusammenführung von Rechtsfolgen

10 Bei Aburteilung mehrerer Straftaten im selben Verfahren werden die verschiedenen von einem Jugendlichen begangenen Delikte und deren tatmehrheitliches Verhältnis im Urteilsspruch festgestellt. Die Rechtsfolge ist dann aber gem. Abs. 1 einheitlich, dh **in gleicher Weise wie** bei Aburteilung nur **eines Delikts,** zu bestimmen. Es handelt sich hier also um eine Form der primären Zusammenführung von Rechtsfolgen – ganz im Unterschied zu §§ 53, 54 StGB und der dortigen sekundären Zusammenführung (bei der die Gesamtstrafe aus vorab festzulegenden Einzelstrafen gebildet wird). Nur ganz ausnahmsweise kann es erforderlich sein, bei einheitlichen Sanktionen iSv Abs. 1 separate tatbezogene Rechtsfolgen zu fingieren. Dies wurde im Fall einer Amnestie, die an die Strafhöhe von Einzeltaten geknüpft war, von der Rspr. bejaht. In diesem Sonderfall musste für jede einzelne der nach Abs. 1 gemeinsam sanktionierten Taten nachträglich eine – gedachte – Einzelstrafe bemessen werden, um deren Amnestiefähigkeit feststellen zu können (BayObLGSt 1970, 186). Anderenfalls hätte Abs. 1 zu einer Schlechterstellung ggü. §§ 53, 54 StGB geführt.

11 Die Einbeziehung bzw. rechtsfolgenbezogene Zusammenführung iSv Abs. 1 setzt allerdings voraus, dass auf die mehreren Delikte jeweils das **materielle JStR** anzuwenden ist (weil es sich um Taten eines Jugendlichen handelt oder diese bei einem Heranwachsenden gem. § 105 Abs. 1 nach JGG beurteilt werden). Ist auf die mehreren Delikte teilw. das StGB anzuwenden, hängt die Anwendbarkeit des Abs. 1 von der in **§ 32 S. 1** geregelten Voraussetzung ab (→ § 32 Rn. 11 ff.). Für das Vorgehen nach Abs. 1 ist es iÜ ferner erforderlich, dass alle Taten überhaupt von einem

deutschen Gericht **verfolgt werden dürfen.** Daran ermangelt es bei Taten, die außerhalb des (durch die Anklage umgrenzten) Prozessgegenstandes liegen oder bei denen ein Verfolgungshindernis besteht. Ferner kann es hieran bspw. in jenen sehr seltenen Fällen fehlen, in denen das Verfahren gegen eine ausgelieferte Person nicht nur wegen solcher Vorwürfe geführt wird, um derentwegen die Auslieferung bewilligt worden ist (zur hier eingreifenden Spezialität des Auslieferungsrechts BGHSt 15, 125 = NJW 1960, 2201; eingehend Diemer/Schatz/Sonnen/Schatz Rn. 8 mwN; zu Einschränkungen des Grundsatzes bei Übergabe aufgrund eines Europäischen Haftbefehls vgl. aber EuGH NStZ 2010, 35 (39) sowie → § 1 Rn. 43). Kommt es in solchen besonderen Sachlagen gleichwohl zur Einbeziehung, ist das Urteil anfechtbar, aber nicht nichtig (allgA).

2. Rechtsfolgenoptionen

Bei der einheitlichen Rechtsfolgenentscheidung gem. Abs. 1 können alle Rechtsfolgen iSv § 3 S. 2, § 7 und va §§ 9 ff. angeordnet werden, einschließlich der Verhängungsaussetzung gem. § 27 und der anderen Formen der Aussetzung zBew (BeckOK JGG/Schlehofer Rn. 11 ff., 19 ff.). Hinsichtlich der zulässigen **Art** und des zulässigen **Umfangs** gelten generell dieselben Maßgaben wie bei der Reaktion auf eine einzelne Straftat. Dies wird für die Höchstgrenzen bzw. den Sanktionsrahmen in Abs. 1 S. 3 für JA und JStrafe explizit festgelegt. Gilt für eine der Taten der erhöhte Strafrahmen der § 18 Abs. 1 S. 2, § 105 Abs. 3 S. 2, so ist dieser auch für die einheitliche Würdigung aller Taten maßgebend (ebenso bspw. Wohlfahrt StraFo 2019, 267 (268)). Dass eine entspr. schwer bewertete Straftat mit mindestens einer leichter bewerteten Tat zusammenfällt, blockiert den erhöhten Strafrahmen also nicht. Im Übrigen stellt Abs. 1 S. 2 klar, dass die anzuordnende einheitliche Anordnung im Rahmen von § 8 auch in Form einer **Kopplung** von Rechtsfolgen bestehen kann. 12

IV. Aburteilung mehrerer Straftaten in verschiedenen Verfahren (Abs. 2, 3)

1. Verhältnis zu § 55 StGB

Nach den Regelungen in Abs. 2 und 3 gilt das Einheitsprinzip auch bei sukzessiver Aburteilung mehrerer Straftaten eines Jugendlichen. Bei verschiedenen Verfahren muss dabei in der zeitlich jeweils letzten Entscheidung eine gemeinsame Rechtsfolge für alle Einzeldelikte **nachträglich** gebildet werden. Dies geschieht ebenfalls im Wege der primären Zusammenführung (→ Rn. 10), wobei die in den früheren Verfahren angeordneten Rechtsfolgen (zu deren Wegfall → Rn. 46) zwar zu berücksichtigen sind (→ Rn. 39 ff.), aber nicht im Sinne einer Einzel- oder Einsatzstrafe. Darin liegt ein erster Unterschied zur sekundären Zusammenführung von Rechtsfolgen, die das allg. StR mit der nachträglichen Gesamtstrafenbildung in § 55 StGB vorsieht. 13

Weitere Unterschiede sind in den **differierenden Regelungszwecken** angelegt. Während es bei § 55 darum geht, den mit der Gesamtstrafenbildung für den Betroffenen verbundenen Sanktionsvorteil (§ 54 Abs. 2 StGB: 14

unter der Summe der Einzelstrafen) nicht von der (ggf. verfahrenszufälligen) gemeinsamen Aburteilung abhängig zu machen, sondern auch bei getrennten Verfahren zu gewährleisten (n. etwa NK-StGB/Frister StGB § 55 Rn. 1 f. mwN), soll Abs. 2 spezialpräventiv dysfunktionale Wirkungen verhindern, die bei mehrfacher Aburteilung von verschiedenen und daher ggf. widersprüchlichen Rechtsfolgen ausgehen können (→ Rn. 3). Dementspr. wird die nachträgliche Herstellung einer gemeinsamen Sanktion bei Abs. 2 auch anders ausgestaltet als bei § 55 StGB. So ist es gem. Abs. 3 für ihre Vornahme von Belang, ob die Nicht-/Einbeziehung der bereits angeordneten Rechtsfolgen in eine neue Einheitssanktion **erzieherisch zweckmäßig** ist (→ Rn. 29 ff.).

15 Eine weitere Abweichung zeigt sich in einem **erweiterten Anwendungsbereich.** Anders als gem. § 55 StGB ist es bei der einheitlichen Rechtsfolgenanordnung nach Abs. 2 unbeachtlich, in welcher zeitlichen **Reihenfolge** die erfassten Straftaten begangen worden sind. Es stellt angesichts des von § 55 abw. Wortlauts insbes. keine Voraussetzung dar, dass die Tatbegehung der aktuell abzuurteilenden neueren Straftat/-en vor Verkündung des früheren Urteils lag (BGH BeckRS 2011, 26711; OLG Hamm NJW 1971, 1664; vgl. auch RL 1). Handelt es sich um einen sog. „Rückfall", der bei der anderen Rechtsfolgenentscheidung noch gar nicht berücksichtigt werden konnte, ist dies (anders als bei § 55 StGB) für Abs. 2 deshalb unschädlich, weil auch in solchen Konstellationen – jedenfalls bis zur vollständigen Vollstreckung der vorangegangenen Rechtsfolge (→ Rn. 21 ff.) – das Bedürfnis nach einer einheitlichen erzieherisch abgestimmten Sanktionierung besteht.

2. Formale Voraussetzungen

16 **a) Einbeziehungsfähigkeit der Rechtsfolgen. aa) Rechtskräftige Verurteilung.** Die Anwendung von Abs. 2 setzt das Vorhandensein von noch offenen Rechtsfolgen voraus, die in einem rechtskräftigen Urteil angeordnet wurden (s. auch → Rn. 25 f.). Ob dieses Urteil durch ein Gericht **niedrigerer, gleicher oder höherer Ordnung** erlassen wurde, ist – solange die Rechtsfolgenkompetenz bei der neuen Rechtsfolgenentscheidung gewahrt wird (→ § 39 Rn. 11 f., → § 40 Rn. 4) – ohne Belang. In der Einbeziehung eines Urteils höherer Gerichte liegt kein rechtswidriger Übergriff in deren Kompetenz, weil die Bildung einer einheitlichen Rechtsfolge nach dem Zweck und dem insofern neutralen Wortlaut von Abs. 2 als vorrangig und erlaubt gelten muss. Dies gilt auch für die Einbeziehung einer **Entscheidung nach § 27.** Ungeachtet der noch offenen Rechtsfolgenfrage handelt es sich bei ihr ebenfalls um eine rechtskräftige Sanktionsentscheidung iSv Abs. 2 ist (für eine Ausnahme → § 102 Rn. 3), obwohl in deren Einbeziehung ein Eingriff in die noch gar nicht wahrgenommene Rechtsfolgenkompetenz des aussetzenden Gerichtes liegt. Das ist aber, wie der Wortlaut von Abs. 2 zeigt („bereits rechtskräftig die Schuld festgestellt"), vom Gesetz akzeptiert (vgl. auch BGHSt 31, 255 (256) = NJW 1983, 2037; BGHSt 39, 92 (94) = NJW 1993, 1404; BGH NStZ 2018, 660 (661); BayObLGSt 1979, 56; LG Stendal StV 2022, 51 (Ls.) = BeckRS 2021, 16549; Neubacher/Bachmann NStZ 2013, 386 (388); s. erg. → § 66 Rn. 10).

16a Urteile oder Beschlüsse gem. § 66 Abs. 2 S. 2, die ihrerseits schon gem. Abs. 2 (oder gem. § 105 Abs. 2 (BGH BeckRS 2000, 4684)) ein rechtskräftiges früheres Ersturteil einbezogen haben, können ebenfalls in eine später zu treffende Neuentscheidung einbezogen werden (sog. **Ketteneinbeziehung**), nicht aber die dort bereits einbezogenen früheren Erstentscheidungen (s. etwa auch BeckOK JGG/Schlehofer Rn. 20.2). Ist dieses einbeziehende Urteil noch nicht rechtskräftig, entfällt aber nicht nur dessen Einbeziehung in die Neuentscheidung, sondern auch die des Ersturteils. Anderenfalls droht die doppelte Berücksichtigung des früheren Urteils sowohl bei der Ersteinbeziehung (sobald dieses Urteil rechtskräftig wird) als auch im Neuurteil (BGH NJW 2003, 2036 (2037); BeckRS 2023, 41662). Hier kann also eine Einbeziehung des ersten einbeziehenden Urteils in die Neuentscheidung erst nachträglich (nach Eintritt seiner Rechtskraft) möglich (§ 66), ohne dass dies an der Einbeziehungssperre der Erstentscheidung etwas ändern würde.

bb) Nur Rechtsfolgen des JGG. Den Regelfall für die Anwendung von 17
Abs. 2 bildet es, wenn die aktuelle Entscheidung auf der Basis des materiellen JStR erfolgt und darin (mindestens) eine früher rechtskräftig angeordnete Rechtsfolge einzubeziehen ist, die ihrer Art und Grundlage nach ebenfalls dem JStR zugehört. Abs. 2 engt dies indes insofern ein, als die Rechtsfolge, die wegen der neuen Tat anzuordnen ist, in Erziehungsmaßregeln oder Zuchtmitteln oder JStrafe (einschließlich Formen der Aussetzung zBew) bestehen muss. Dieselbe Einschränkung gilt dabei nach dem Normwortlaut für die frühere Verurteilung. Eine Einbeziehung wäre daher ausgeschlossen, wenn es sich bei den Rechtsfolgen, die aus dem einzubeziehenden Urteil noch vorhanden sind, allein um Nebenstrafen oder -folgen oder um Maßregeln der Besserung und Sicherung handelt (so in der Tat Dallinger/Lackner Rn. 10). Obwohl mit diesen Rechtsfolgen keine spezifisch erzieherischen Zwecke verfolgt werden (vgl. auch → § 7 Rn. 4 f.), spricht allerdings die von Abs. 2 bezweckte Vermeidung unverträglicher Sanktionsmehrheiten dafür, **jede** rechtskräftige urteilsmäßige **Rechtsfolge** für **einbeziehungsfähig** zu halten (vgl. BGHSt 39, 92 = NJW 1993, 1404 mzustAnm Eisenberg/Sieveking JZ 1993, 529; wie hier zB auch NK-JGG/Ostendorf Rn. 7; Diemer/Schatz/Sonnen/Schatz Rn. 19; BeckOK JGG/Schlehofer Rn. 25 f.). Gestützt wird die Berechtigung dieser Interpretation auch durch § 105 Abs. 2, wo der Gesetzeswortlaut hinsichtlich der bei Heranwachsenden einzubeziehenden StGB-Rechtsfolgen ebenfalls keine Beschränkungen nennt.

cc) Schwergewicht bei Rechtsfolgen des JGG. Ergeht die aktuelle 18
Entscheidung gegen einen Heranwachsenden, bei dem die Voraussetzungen des § 105 Abs. 1 bejaht werden, gilt Abs. 2 indes darüber hinaus auch für die Einbeziehung von rechtskräftigen **StGB-Sanktionen** – sei es, dass solche gegen diese Person früher wegen ihres Erwachsenenalters bei der fraglichen Tat (hierzu n. → § 105 Rn. 63) oder wegen der Verneinung der Voraussetzungen von § 105 Abs. 1 verhängt worden waren (n. dazu → § 105 Rn. 62). Dies wird von § 105 Abs. 2 ausdrücklich bestimmt (ebenso § 109 Abs. 2 S. 1 für die nachholende Entscheidung gem. § 66). Allerdings hängt die Zusammenführung von StGB- und JGG-Rechtsfolgen in diesen Konstellationen von den **Maßgaben des § 32** ab (hierzu n. → § 105 Rn. 64). Dies hat zur Folge, dass für die gemeinsame Sanktion nicht Abs. 2, sondern der Anwendungsbereich des § 55 StGB eröffnet wird, falls die Schwergewichtsprüfung zur Anwendung von allg. StR führt.

19 In anderen Verfahrenslagen wird eine **analoge Anwendung** von Abs. 2 ebenfalls erwogen, ohne dass dies von der Judikatur anerkannt würde. Unter der Bedingung einer für eine JGG-Reaktion sprechenden Schwergewichtsprüfung (§ 32) betrifft dies zum einen die Aburteilung einer lange zurück liegenden Jugendtat, wenn der Betreffende zwischenzeitlich nach allg. StR bestraft worden war (hierzu n. → § 105 Rn. 65 f.). Und zum anderen gilt dies unter derselben Voraussetzung für die Fälle, in denen gegen den Angeklagten, der nach allg. StR bestraft werden soll, bereits eine rechtskräftige, nach JStR ergangene Verurteilung (zu einer noch nicht vollständig vollstreckten Rechtsfolge) vorliegt (→ § 32 Rn. 7 ff.).

20 **dd) Kein Einbeziehungshindernis bei Auslieferungsfällen.** Die Einbeziehung früherer ausländischer Urteile kommt nach den Grundsätzen der Staatssouveränität nicht in Betracht (n. und mwN etwa BeckOK JGG/Schlehofer Rn. 20.9). Zudem kann der Anwendung von Abs. 2 S. 1 auch hinsichtlich einer früheren deutschen Entscheidung ein Hindernis entgegenstehen (konkret der Grundsatz der **Spezialität** des Auslieferungsrechts), wenn der ausliefernde Staat nicht darin eingewilligt hat, dass im Zuge der Aburteilung des jeweiligen Deliktes eine Einbeziehung anderer Rechtsfolgen aus vorangegangenen, noch unvollstreckten deutschen Urteilen erfolgt (n. Diemer/Schatz/Sonnen/Schatz Rn. 8 mwN; vgl. in diesem Zusammenhang auch Art. 14 EuAIÜbk sowie dazu BGH StV 1998, 324 = BeckRS 1997, 31121305; zum Nachtragsersuchen Nr. 100 RiVASt). Ohne eine entspr. Verzicht des Jugendlichen kommt in solchen Konstellationen gem. § 83h IRG eine Einbeziehung nur dann in Betracht, wenn die neue Einheitsrechtsfolge ausschließlich aus ambulanten Rechtsfolgen besteht (BGH BeckRS 2023, 21036). Ist daher die Einbeziehung und Anordnung einer einheitlichen JStrafe ausgeschlossen (vgl. auch → Rn. 11), ergibt sich daraus idR eine Schlechterstellung des Angeklagten, der mit mehreren Sanktionen konfrontiert ist. Dies muss – wie im Grunde auch bei § 55 StGB (n. etwa TK-StGB/Sternberg-Lieben/Bosch StGB § 55 Rn. 28a; einschr. Sander/Dietsch NStZ 2022, 449 (454 f.)) – mit einem sog. **„Härteausgleich"** bei der späteren Rechtsfolgenentscheidung aufgefangen werden (so auch Diemer/Schatz/Sonnen/Schatz Rn. 9 sowie zumindest für den Fall einer altersbedingt (→ § 17 Rn. 57) eher vorwurfs- als erzieherisch orientierten JStrafen-Bemessung auch BGH StV 2011, 589 = BeckRS 2011, 4359).

21 **b) Nichterledigung der Rechtsfolgen. aa) Folgen der Erledigung.** Abs. 2 setzt ferner voraus, dass die früher angeordneten Rechtsfolgen „noch nicht vollständig (…) erledigt" worden sind. Neben der im Gesetz erwähnten Ausführung und Vollstreckung (n. → Rn. 23 f.) liegt eine Erledigung bspw. auch bei Vollstreckungsverjährung vor (KG BeckRS 2023, 44156). Bisweilen trifft diese Bedingung – zu der sich das Tatgericht sowohl bei Einbeziehung wie Nichteinbeziehung im Urteil ausdrücklich verhalten muss (→ Rn. 63) – nur auf einen **Teil von mehreren** früher angeordneten Rechtsfolgen zu. Hier erfasst die Einbeziehung zwar (wie immer) das gesamte frühere Urteil (vgl. → Rn. 39), doch wirkt sich dies nur bei den noch offenen Rechtsfolgen aus (BGHSt 42, 299 = NJW 1997, 472 mzustAnm Dölling NStZ 1998, 355; BGH NStZ 2024, 623). Dass dann (anders als bei vollständiger Einbeziehungsfähigkeit) die bereits umgesetzten Sanktionen des früheren Urteils in ihrer Belastungswirkung zur neuen Einheitsrechts-

folge hinzukommen, ist bei der Bemessung dieser neuen Sanktion zu berücksichtigen, um einer Schlechterstellung entgegenzuwirken.

Solange eine (einzelne) früher angeordnete Rechtsfolge nur zum Teil erledigt ist – wie etwa bei teilw. Vollstr von JA oder JStrafe oder teilw. Ablauf der Bewährungszeit (§§ 22, 28, 61a, 88 Abs. 6 S. 1) –, kommt eine Einbeziehung stets in Betracht. Diese entfällt erst bei **vollständiger Realisierung.** Allerdings liegt, soweit die Anwendung von Abs. 2 allein daran scheitert, für die Betroffenen hierin ein Nachteil, der bei absehbarer Einbeziehung möglichst vermieden werden muss (→ Rn. 46) und dort, wo er dennoch eingetreten ist, bei der Bemessung der neuen Rechtsfolge ggf. einer Berücksichtigung bedarf (BGH StV 1986, 436 = BeckRS 1986, 31101850). Die Notwendigkeit eines solchen **„Härteausgleichs"** hat die Rspr. va für Konstellationen bejaht, in denen die neue Tat mit einer JStrafe wegen Schwere der Schuld sanktioniert wird und eine Aburteilung theoretisch noch vor vollständiger Vollstr der früheren Rechtsfolgen möglich gewesen wäre (BGH BeckRS 2006, 08001; NStZ-RR 2010, 257 (259); s. auch → Rn. 30 sowie LG Flensburg BeckRS 2017, 103090: Anrechnung der vollstreckten Dauer auf neue JStrafe). Allerdings ist die entspr. Frage immer (also nicht nur bei Einheits-JStrafe) zu prüfen (vgl. auch BGH NJW 2020, 1009 (1010): JA nach vollstrecktem, an sich aber einbeziehungsfähigem früheren JA). Ohnehin wird die Vollstr. der früheren Rechtsfolge den Einwirkungsbedarf beim Jugendlichen und damit auch die Intensität der neuen Rechtsfolge oftmals verringern (BGH BeckRS 2006, 8001; NStZ-RR 2010, 257 (259)). 22

bb) Voraussetzungen der Erledigung. Bei der Frage, **ob** eine vollständige Umsetzung vorliegt, kann es rechtsfolgenspezifische Besonderheiten geben. **Erziehungsmaßregeln, Verwarnungen und Auflagen** werden iSv Abs. 2 S. 1 „ausgeführt". Maßgeblich ist ihr vollständiger Vollzug (dazu für die EB sowie die Verpflichtung nach § 12 Nr. 2 → § 12 Rn. 12 f. sowie 27 f.). Hierbei lässt sich va bei Weisungen ggf. nicht ohne weiteres feststellen, ob eine gänzliche Ausführung gegeben ist, insbes. wenn die Weisung ohne (an sich erforderliche) zeitliche Begrenzung erteilt wurde. Ausschlaggebend kann hier sein, ob der Verurteilte den erzieherischen (An-)Geboten Folge geleistet hat. – „Erledigt" sind Weisungen oder Auflagen dann, wenn sie aus tatsächlichen Gründen nicht mehr erfüllt werden können. Wurde wegen Missachtung der Anordnung ein Nichtbefolgungsarrest angeordnet und vollstreckt, liegt, solange die betreffende Vorgabe vom Jugendlichen noch umgesetzt werden kann, keine Erledigung vor (BGH BeckRS 2011, 26711). 23

Bei den anderen Rechtsfolgen liegt deren gänzliche Vollstr idR in deren vollständigem Vollzug (s. aber § 75 StGB zur Einziehung sichergestellter Gegenstände). Eine Erledigung tritt beim **JA** ein, wenn von der Vollstr abgesehen wird (§ 87 Abs. 3) oder seit Rechtskraft der Anordnung ein Jahr verstrichen ist (§ 87 Abs. 4 S. 1). **JStrafe** ist erledigt, wenn die Vollstreckungsverjährung (§§ 79 ff. StGB iVm § 2 Abs. 2), ein Straferlass gem. §§ 26a, 88 Abs. 6 S. 1 (BGH StV 1992, 432 = BeckRS 1991, 31082470; 2003, 8914), ein Gnadenerweis oder eine Amnestie der Vollstr entgegenstehen. Ist die Bewährungszeit abgelaufen, aber noch kein Erlass der JStrafe erfolgt, liegt dagegen noch keine Erledigung der JStrafe vor. Dennoch muss deren (technisch an sich noch mögliche) Einbeziehung mit Blick auf Sinn und Zweck von § 31 gem. Abs. 3 vielfach unterbleiben. Im Falle einer Sanktionierung von Taten nach Ablauf der Bewährungszeit gilt dies ein- 24 schränkungslos (KG BeckRS 2023, 44156; dazu, dass hier auch kein Widerruf in Betracht kommt, → §§ 26, 26a Rn. 5 ff., 22 ff.). Wurden die Taten vor dem Bewährungszeitende begangen (ohne dass die fragliche JStrafe danach erlassen wurde), kommt es auf das konkrete Vorliegen von Gründen iSv Abs. 3 (→ Rn. 32 ff.) an (etwa: Begehung kurz vor Bewährungsende oder ohne den Charakter eines Bewährungsversagens). Liegen solche nicht vor, ist die frühere, zBew ausgesetzte JStrafe einbeziehungsfähig (dazu, dass dann der Bewährungswiderruf obsolet wird, → §§ 26, 26a Rn. 11, 23).

25 Im Fall eines **Vorbehaltsurteils** gem. § 61 besteht die Einbeziehungsfähigkeit mit dessen Rechtskraft bis zur Erledigung durch Vollstr oder Erlass der JStrafe. Auch der **Schuldspruch** nach **§ 27** kann nach dem ausdrücklichen Wortlaut von Abs. 2, sobald dieses Zwischenurteil rechtskräftig ist, einbezogen werden (→ Rn. 16). Sobald die rechtskräftige Abschlussentscheidung gem. § 30 vorliegt, kommt es aber auf diese an: Wird eine JStrafe gem. § 30 Abs. 1 angeordnet, kann diese (anstelle des ersetzten Schuldspruchs) nach Abs. 2 bis zu ihrer Erledigung einbezogen werden. Wird dagegen gem. § 30 Abs. 2 die Tilgung des Schuldspruchs angeordnet, ist dieser sofort erledigt und eine Einbeziehung unmittelbar ausgeschlossen.

26 **c) Maßgebender Zeitpunkt. aa) Rechtskrafteintritt.** Ist die frühere Entscheidung noch nicht rechtskräftig, schließt der eindeutig formulierte Abs. 2 deren Einbeziehung in eine neue, aktuell anstehende Rechtsfolgenentscheidung aus (sodass hier allein eine spätere Einbeziehung nach § 66 in Betracht kommt). Der maßgebliche Zeitpunkt für das Vorliegen des Rechtskrafterfordernisses – ebenso wie iÜ auch für die vollständige Ausführung, Vollstr oder sonstige Erledigung der früher angeordneten Rechtsfolgen – ist prinzipiell die letzte Sitzung innerhalb der **ersten Tatsachenverhandlung** (vgl. auch BGH StraFo 2011, 288 = BeckRS 2011, 8339; 2014, 8139; BeckOK JGG/Schlehofer § 31 Rn. 33). Tritt die **Rechtskraft später** ein, ändert dies die bis dahin gegebene Unzulässigkeit der Einbeziehung nicht – es sei denn, es kommt zu einem **Rechtsmittelverfahren.** Bei in dessen Verlauf eintretender Rechtskraft muss die möglich gewordene Einbeziehung durch das Berufungsgericht und das Tatgericht, an das vom Revisionsgericht zurückverwiesen wird, erfolgen (ebenso BeckOK JGG/Schlehofer § 31 Rn. 20).

27 **bb) Nachträgliche Erledigung.** Anders ist die Handhabung, wenn die frühere einzubeziehende Rechtsfolge zwar in der ersten Tatsacheninstanz rechtskräftig und noch offen war, dann aber **während des Revisionsverfahrens vollzogen oder erledigt** wurde, sodass die ursprünglich gegebenen Voraussetzungen von Abs. 2 (scheinbar) weggefallen sind. Sofern hier das Revisionsgericht an das neue Tatsachengericht deshalb zurückverweist, weil die Einbeziehung unzulässig unterblieben war (etwa wegen fehlerhaft angenommener Erledigung der früheren Rechtsfolgen oder wegen eines Darstellungsmangels), steht – entspr. der Rechtslage im Falle nachträglicher Gesamtstrafenbildung (n. NK-StGB/Frister StGB § 55 Rn. 25 mwN) – die zwischenzeitliche Rechtsfolgenerledigung der Nachholung der Einbeziehung im nunmehrigen Verfahren nicht entgegen (BGHR JGG § 31 Abs. 2 Einbeziehung 5 = BeckRS 1991, 31096885; BGH StV 2001, 179 = BeckRS 2000, 30130856; StraFo 2011, 288 = BeckRS 2011, 8339; NStZ 2022, 556 (557); NStZ-RR 2023, 93 (94); BeckRS 2024, 7111; Diemer/Schatz/Sonnen/Schatz Rn. 27). Denn nur so kann das Revisionsverfahren seiner Kor-

rekturfunktion entsprechen und die irrige Nichtanwendung von Abs. 2 beheben (vgl. BeckOK JGG/Schlehofer § 31 Rn. 33.1). Wegen des Sachzusammenhangs gilt das Gleiche, wenn die Rechtsfolgenentscheidung wegen anderweitiger Rechtswidrigkeit zurückverwiesen wird und nunmehr neu erfolgen muss: Auch hier kommt es auf die **anfängliche Möglichkeit** der Einbeziehung noch nicht erledigter Rechtsfolgen an. Bei der **Bemessung** der Einheitsrechtsfolge muss zudem einer Benachteiligung, zu der es durch die erfolgte Umsetzung der früheren Rechtsfolge kommen kann, entgegengewirkt werden.

Für das **Berufungs- und Wiederaufnahmeverfahren** gelten die in → Rn. 27 genannten Maßgaben dagegen nicht (abw. BeckOK JGG/Schlehofer Rn. 33.3 und 33.4). Hier erfolgt jeweils eine neue und eigenständige Tatsachenentscheidung, für die die Gegebenheiten zum jeweiligen Entscheidungszeitpunkt maßgeblich sind. Bei zwischenzeitlicher Erledigung der früheren Rechtsfolgen scheidet deren Einbeziehung daher aus – unabhängig davon, ob sie erstinstanzlich in (damals) rechtmäßiger Weise einbezogen wurden oder ob dies (damals unzulässig) unterblieben ist. Benachteiligungen sind durch einen Härteausgleich bei der neuen Einzelsanktion zu kompensieren. 28

3. Erzieherische Zweckmäßigkeit

a) Allgemeines. Die Bildung einer einheitlichen Rechtsfolge gem. Abs. 2 steht nach **Abs. 3 S. 1** unter Vorbehalt und kann unterbleiben, wenn dies als zweckmäßig eingestuft wird. Das Gesetz akzeptiert allerdings allein Gründe der erzieherischen Geeignetheit, um von der Sanktionsverbindung abzusehen. Andere Zwecke, insbes. auch die Absicht, eine „ungerechtfertigte Begünstigung" des Angeklagten vermeiden zu wollen, berechtigten nicht zum Verzicht auf die Einheitsrechtsfolge (BGH bei Theune NStZ 1986, 153 (160)). Liegen keine Gründe iSv Abs. 3 S. 1 vor, kommt auch ein **Aufschieben** der fraglichen Entscheidung, dh ein Verweis auf das nachträgliche Verfahren (§ 66) **nicht** in Betracht (BGH 10.3.1994 – 4 StR 50/94 bei Böhm NStZ 1994, 528 (530)). Von der Einbeziehung kann ganz ausnahmsweise nur dann (vorübergehend) abgesehen werden, wenn für eine verlässliche Entscheidung iSv Abs. 2 noch weitere, zeitaufwändige Feststellungen erforderlich sind (vgl. BGHSt 12, 1 (10) = NJW 1958, 1643 (1646); OLG Hamm NJW 1970, 1200 zum allg. StR) oder wenn das einzubeziehende frühere Urteil nach abgelaufener Rechtsmittelfrist zwar rechtskräftig (→ Rn. 25), aber auch Gegenstand eines aussichtsreichen Wiedereinsetzungsantrags ist (BGHSt 23, 98 = NJW 1969, 2210 zum allg. StR). 29

Liegen erzieherische Zweckmäßigkeitsgründe iSv Abs. 3 S. 1 vor und kommt es deshalb nicht zur Einbeziehung der früheren Entscheidung, bleibt diese samt ihrer Umsetzung unberührt. Allerdings kann das Gericht, sofern es in der neuen Sache eine JStrafe verhängt, früher angeordnete und noch offene Erziehungsmaßregeln oder Zuchtmittel gem. **Abs. 3 S. 2** für erledigt erklären, nicht jedoch umwandeln (zutr. OLG Celle NStZ-RR 2001, 90 (91)). Grds. wirkt sich die noch bestehende Rechtsfolge, auch die bevorstehende oder laufende Vollstr von JA oder JStrafe, aber nicht unmittelbar in dem Ausspruch der neuen Entscheidung aus. Allerdings ist es nicht ausgeschlossen und ggf. sogar erforderlich, frühere Straftaten und nicht vollstreckte Sanktionen zu berücksichtigen (speziell zur Nachteils- und Härten- 30 vermeidung → Rn. 20 und 22). Nach den Prinzipien der dezidiert spezialpräventiven Rechtsfolgenbemessung (→ § 5 Rn. 16) muss letztlich berücksichtigt werden, welche erzieherische Wirkung insgesamt (BGH NStZ 1995, 595 (596)) von beiden (oder mehreren) Rechtsfolgenaussprüchen ausgeht. Bei der späteren Verurteilung ist die Rechtsfolge daher zumindest mit einem Mindestmaß auf die Verpflichtungs- und Einschränkungseffekte der anderen Sanktionen **abzustimmen.** Diese Notwendigkeit reduziert sich indes bei älteren Verurteilten, bei denen sie schließlich keine größere Bedeutung als im Rahmen von § 46 Abs. 1 S. 2 hat (BGH NStZ 2016, 101; s. auch → § 17 Rn. 57).

31 **b) Beurteilungskriterien. aa) Grundsatz.** Allgemeingültige Maßstäbe für die spezialpräventive Beurteilung der Nicht-/Einbeziehung bestehen nicht. Die dahingehende Entscheidung ist somit einzelfallbezogen nach **pflichtgemäßem Ermessen** vorzunehmen (BGHSt 22, 21 (23) = NJW 1968, 457 (458); BGHSt 36 37 (42) = NJW 1989, 1490 (1492)). Allerdings sieht das Gesetz die **Nichteinbeziehung als Ausnahme** an (vgl. etwa BGH StraFo 2004, 394 = BeckRS 2004, 7619). Das dahingehende Ermessen ist daher erst eröffnet, wenn erzieherische Gründe „von ganz besonderem Gewicht" vorliegen, die – „über die üblichen Strafzumessungsgesichtspunkte hinaus" (BGH NStZ 2022, 556; zust. Kett-Straub NStZ 2022, 756 (757)) – ein Nebeneinander verschiedener Sanktionen als „notwendig erscheinen lassen" (BGHSt 36 37 (42) = NJW 1989, 1490 (1492); BGH NStZ 1997, 387; 2018, 660). Diese fallkonkrete Notwendigkeit ist ausführlich darzustellen (BGH NStZ-RR 1996, 120; BeckRS 2017, 128742; NStZ 2021, 373; OLG Hamm StraFo 2003, 205 = BeckRS 2010, 5660; s. auch → Rn. 63). Bei Erwachsenen, die nicht mehr der Gruppe sog. „Jung-Erwachsener" (bis 24 Jahre) angehören, hat der Erziehungsgedanke zudem generell nur geringes Gewicht, sodass dahingehende Aspekte eine Nicht-Einbeziehung besonders selten rechtfertigen können (BGH NStZ 2018, 660 (661); ebenso bei einem 22-Jährigen BGH NStZ 2022, 556; zust. Kett-Straub NStZ 2022, 756 (757)).

32 **bb) Rechtsfolgengefälle und Deliktsdivergenzen.** Abs. 3 kommt in Konstellationen in Betracht, in denen die neue Straftat (entwicklungs- und erziehungspsychologisch) mit den **bisherigen Straftaten nicht zu vergleichen** ist, zB weil sie durch eine Ausnahmesituation bedingt und nicht als Ausdruck von devianter Kontinuität zu interpretieren ist (vgl. etwa AG Rudolstadt StV 2016, 706 = BeckRS 2015, 20608; s. auch LG Freiburg 17.5.1991 – VI AK 22/91 Hw, 34 Ns 32/91: „nochmaliger, aber letzter Ausrutscher"). Hier empfiehlt sich der Ausspruch einer neuen und zusätzlichen Rechtsfolge, die allerdings nach Möglichkeit mit der zuvor angeordneten Rechtsfolge zu koordinieren ist (Wohlfahrt StraFo 2019, 265 (267); ebenso schon Potrykus NJW 1956, 654 (655); Grethlein NJW 1957, 1462 (1462); für ein Bsp. s. AG Tiergarten 22.4.2009 – 47 Js 2276/08 Ls: Anordnung einer im JStVollZ zu vollziehenden Arbeitsauflage wegen gemeinschaftlichen Warenhausdiebstahls nach vorheriger Verurteilung zu JStrafe wegen dreifachen schweren Raubes).

33 Allerdings bedarf es in all diesen Fällen einer näheren einzelfallbezogenen Überprüfung. Dass die neue Tat nach Art und Schwere aus dem Rahmen der früher begangenen Straftat/-en herausfällt, ist für sich allein noch kein Grund, von einer Einbeziehung abzusehen. Das gilt gerade bei ihrem **deut-**

lich angehobenen Unrechtsgewicht (BGH NStZ 1997, 387). Wenn im Hinblick hierauf die noch nicht vollständig ausgeführten, vollstreckten oder sonst erledigten Rechtsfolgen im Vergleich mit der Rechtsfolgenanordnung des neuen Urteils qualitativ und quantitativ ohne Bedeutung sind und im Falle einer Abtrennung in ihrer Wirkrichtung damit (auch in der Wahrnehmung des Betroffenen) völlig in den Hintergrund treten, ist vielmehr eine Einbeziehung idR zweckmäßiger.

Soweit umgekehrt die **Rechtsfolgen des neuen Urteils gravierend** 34 **hinter** denjenigen der früheren Entscheidung **zurückbleiben,** kann sich das Vorgehen nach Abs. 3 unter Umständen empfehlen. Dies betrifft Fälle, in denen die Einheitsrechtsfolge im Wesentlichen der schon früher veranlassten Sanktion entspräche und somit oft nur einen spezialpräventiv ungünstigen Eindruck hervorrufen kann: dass nämlich – je nach Wahrnehmung des Betroffenen – die neue Tat weitgehend ohne Konsequenzen bliebe oder gerade unverhältnismäßig schwer geahndet werde (BGH 25.10.1960 – 1 StR 406/60; AG Rudolstadt StV 2013, 36 = LSK 2013, 020550; s. auch Dallinger/Lackner Rn. 37). Allerdings ist bei neuen Taten, die keine wesentliche selbstständige Bedeutung haben, häufig eine Einstellung (etwa nach § 154 StPO iVm § 2 Abs. 2) vorzuziehen (vgl. tendenziell auch RL 4), was ggf. mit der Modifizierung der früheren Rechtsfolge verknüpft werden kann (zB mit der Abänderung von Bewährungsweisungen oder -auflagen und/oder der Verlängerung der BewZeit, unter Umständen auch mit der Einleitung des Nachverfahrens nach § 30 oder mit dem Widerruf einer Aussetzung der Vollstr zBew nach § 26 oder § 88 Abs. 6 (n. → §§ 26, 26a Rn. 16 ff., → § 30 Rn. 17)).

cc) Herstellung bewährungsfähiger Rechtsfolgen. Ferner kann von 35 einer Einbeziehung auch dann abgesehen werden, wenn die Einheitsrechtsfolge auf JStrafe lauten würde und diese mit einer Dauer zu bemessen wäre, bei der (anders als bei getrennten Sanktionen) gem. § 21 Abs. 1 und Abs. 2 keine Aussetzung der Vollstr zBew mehr zulässig wäre (zust. MAH Strafverteidigung/Schütrumpf § 52 Rn. 97; ebenso OLG Brandenburg NStZ-RR 2008, 388 (389); LG Köln BeckRS 2020, 47400; LG Münster BeckRS 2023, 2316; Streng JugendStrafR Rn. 279 sowie – unter Betonung der damit einhergehenden Darlegungspflicht des JGerichts – etwa auch OLG Koblenz NStZ-RR 2008, 323). Auf diese Weise kann die Vollstr der neuen JStrafe selbst dann zBew ausgesetzt werden, wenn die Summe der getrennt bleibenden JStrafen die in § 21 Abs. 1 und Abs. 2 festgelegte Zweijahresgrenze übersteigt (Potrykus NJW 1959, 1064 (1065)). In der weiteren Folge laufen beide Bewährungsverfahren selbstständig nebeneinander. Zu berücksichtigen ist bei einem solchen Vorgehen indes, dass der Betroffene im Fall eines notwendig werdenden Bewährungswiderrufs in einem stärkeren Maße (durch die mehreren JStrafen) belastet wird als von einer zuvor gebildeten Einheitssanktion (Wohlfahrt StraFo 2019, 265 (266 f.)).

Außerdem ist hierbei zu berücksichtigen, dass der Rspr. zufolge eine 36 positive prognostische Beurteilung iSv § 21 (→ § 21 Rn. 15) nicht automatisch auch das Vorliegen „erzieherischer Gründe" iSv Abs. 3 nach sich zieht (so OLG Düsseldorf MDR 1983, 956). Soll eine Aussetzung zBew möglich gemacht und dafür von einer Einbeziehung abgesehen werden, bedürfe es also sowohl einer positiven Prognose als auch einer **davon unabhängigen erzieherischen Rechtfertigung** für das Nebeneinander zweier Sanktionen (BGH NStZ 2018, 660 (661); vgl. etwa auch Diemer/Schatz/Sonnen/Schatz Rn. 60). Das kann bspw. der Fall sein, wenn sich die Einbeziehung und Anordnung einer nicht aussetzungsfähigen JStrafe negativer auf den Betroffenen auswirken würde als mehrere unverbundene Bewährungssanktionen.

37 **dd) Überschreitung gesetzlicher Höchstgrenzen.** Dissens besteht hinsichtlich jener Fälle, in denen die Grenzen von JA bzw. JStrafe (§ 16 Abs. 4 S. 1, § 18 Abs. 1 S. 1 und 2, § 105 Abs. 3) bei einer Entscheidung nach Abs. 3 überschritten würden, weil die selbstständig bleibenden Rechtsfolgenentscheidungen in ihrer Summe über die jeweiligen Höchstdauern hinausgingen. Grds. ist ein Absehen von der Einheitssanktionsbildung hier spezialpräventiv **nicht zweckmäßig** und daher unzulässig (ebenso etwa Frisch NJW 1959, 1669; Böhm StV 1986, 69; NK-JGG/Ostendorf Rn. 15; Beulke/Swoboda JugendStrafR Rn. 285; offen gelassen in BGHSt 22, 22 (24) = NJW 1968, 457 (458); BGH bei Holtz MDR 1981, 401; BGH NStZ 1985, 410). Allerdings soll es nach der Rspr. (grundlegend BGHSt 36, 37 (42 f.) = NJW 1989, 1490 (1492) mablAnm Walter/Pieplow NStZ 1989, 576 und mzustAnm Brunner JR 1989, 521) gewisse exzeptionelle Konstellationen geben, in denen die Nichteinbeziehung erzieherisch angezeigt ist (wenngleich die Justizpraxis von dieser Ausnahmeklausel nur selten Gebrauch zu machen scheint (vgl. zu empirischen Daten etwa Schulz, Höchststrafe im Jugendstrafrecht, 2000, S. 142 ff.)).

38 Eine Ausnahme ist allenfalls dort anzuerkennen, wo die **früher angeordnete Sanktion** bereits das zulässige **Höchstmaß** von va JStrafe **ausschöpft.** Hier geht man davon aus, dass mit Blick auf Delikte, die später (bis zur vollständigen Vollstr.) begangen werden, eine Einbeziehung nicht obligatorisch sein könne, weil die Einheitssanktion sonst nur die ohnehin schon angeordnete Rechtsfolge wiederholen könnte – was auf einen „Freibrief" hinausliefe (KG JR 1981, 306 (308); HK-JGG/Buhr/Koranyi Rn. 31; Beulke/Swoboda JugendStrafR Rn. 285; enger NK-JGG/Ostendorf Rn. 15: „bei neuen schwersten Verbrechen"). Dabei sind jedoch einige **Einschränkungen** und Begründungserfordernisse zu berücksichtigen (s. auch BGH NStZ 1985, 410): Erstens trägt die genannte Begründung nur für Folgedelikte, bei deren Begehung die die frühere Sanktion bereits rechtkräftig feststand (dazu und zur sonst drohenden Schlechterstellung ggü. § 55 StGB s. eingehend BGH NStZ 1995, 595 (596); insofern einschr. aber BGH NStZ 2000, 263 mablAnm Eisenberg NStZ 2000, 484 sowie im selben Verfahren BGH NJW 2002, 73 (76 f.) mkritAnm Walter NStZ 2002, 208). Zweitens muss im Einzelfall gezeigt werden, dass anderweitige Reaktionen auf das neue Delikt (innervollzugliche Reaktionen; negative Berücksichtigung bei der Entscheidung über vorzeitige Entlassung) spezialpräventiv nicht ausreichend sind und es daher tatsächlich der eigenständigen neuen Rechtsfolge bedarf. Und drittens muss sich das Gericht fallkonkret mit dem Problem auseinandersetzen, wieso eine höchstwertüberschreitende Mehrheit von JStrafen iSv Abs. 3 erzieherisch zweckmäßig sein soll, wenn doch entspr. Strafdauern nach allgA erzieherisch dysfunktional sind (§ 18 Rn. 6 f.).

38a **ee) Sicherstellung erzieherisch indizierter Rechtsfolgen.** Erzieherische Gründe iSv Abs. 3 können ferner vorliegen, wenn der Jugendliche aus Sicht des Gerichts noch einer mehrmonatigen Einwirkung im Vollzug der JStrafe bedarf, dies aber – weil aus der einzubeziehenden Sanktion bereits ganz erhebliche Vollzugszeiten anzurechnen sind – lediglich durch eine überhart wirkende Einheits-JStrafe erreichbar wäre (so die Konstellation bei BGH NStZ 2022, 556). In sehr seltenen Fällen kann eine Nichteinbeziehung der früheren Anordnung auch deshalb erzieherisch zweckmäßig sein, weil so eine sinnvoll erscheinende Rechtsfolgenmehrheit, die den **in § 8 geregelten Kopplungsverboten** widerspricht, hergestellt werden kann (vgl. → § 8 Rn. 10).

4. Eigenständigkeit der einheitlichen Rechtsfolgenentscheidung

a) Eingeschränkte Bindungswirkung des Urteils. Gegenstand der **Einbeziehung** sind nicht nur die Rechtsfolgen des früheren Urteils, sondern die dort **festgestellte Tat** (dh auch der dahingehende Schuldspruch) wird **ingesamt** zu einem Teil der neuen Rechtsfolgenentscheidung (vgl. etwa BGH StV 2020, 683 = BeckRS 2020, 15567; NStZ 2024, 619 (620); s. auch → § 54 Rn. 15 f. zur Urteilsformel). Über den Schuldspruch wird allerdings nicht noch einmal befunden. Vielmehr ist er gemeinsam mit den ihn tragenden **Feststellungen** für das einbeziehende Gericht nach hM bindend (BGH GA 1953, 83 (84 f.)), sofern nicht ausnahmsweise zwischen Schuld- und Strafausspruch ein untrennbarer Zusammenhang besteht (n. → § 55 Rn. 16 ff.). Im Falle der Einbeziehung eines rechtskräftigen Schuldspruchs gem. § 27 kann indes nur die Rechtskraft des Schuldspruchs mit den diesen unmittelbar tragenden tatsächlichen Feststellungen bindend sein (n. → § 30 Rn. 8). 39

Demgegenüber besteht bzgl. des **Rechtsfolgenausspruchs** und der **dazu** 40
getroffenen **Feststellungen** – ggf. auch bei (tragenden) doppelrelevanten Tatsachen (vgl. BGHSt 46, 257 (259 f.) = NJW 2001, 1435 (1436)) – **keine Bindung.** Vielmehr ist im neuen Urteil eine einheitliche Rechtsfolge festzulegen, wofür neben den hinzugekommenen Straftaten auch alle die Straftaten, die in dem früheren Urteil rechtskräftig festgestellt worden waren, eigenständig und zusammenfassend zu würdigen sind (auch mit Blick auf die Anwendbarkeit des materiellen JStR gem. § 105 Abs. 1 (s. ebenfalls → Rn. 18 f.)). Eine **Ausnahme** kann allein dort bestehen, wo in der Vergangenheit eine einbeziehungsfähige Einheitssanktion gebildet worden und darin auch ein Delikt eingegangen war, dessen Strafbarkeit seit dem früheren Schuldspruch durch eine Rechtsänderung entfallen ist (wie etwa iZm dem 2024 erlassenen KCanG). Sofern deshalb diese Einheitssanktion gem. Art. 313 Abs. 4 EGStGB ohnehin neu festgesetzt werden muss (zu entspr. fallkonkreten Erwägungen etwa AG Heinsberg BeckRS 2024, 9580; AG Eilenburg BeckRS 2024, 20872), ist die **straflos gewordene Tat** (anders als die anderen früheren Delikte) in der aktuellen Bildung einer (neuen) einheitlichen Rechtsfolge nicht zu berücksichtigen (BGH StV 2024, 590 (Ls.) = BeckRS 2024, 14685).

Von diesem Sonderfall abgesehen ist **originär** und „von der früheren 40a
Beurteilung unabhängig" (BGH BeckRS 1991, 31085436; OLG Koblenz NStZ-RR 2008, 323; ZJJ 2011, 90 = BeckRS 2010, 30002) diejenige Rechtsfolge anzuordnen, die das Gericht – nach ggf. veränderter Beurteilung der erzieherischen Erfordernisse (vgl. auch RL 3) – angesichts aller einbezogenen Straftaten iSv § 2 Abs. 1 für angezeigt hält (vgl. bspw. schon BGHR JGG § 31 Abs. 2 Strafzumessung 1 = BeckRS 1987, 31104256; BGHR JGG § 31 Abs. 2 Einbeziehung 2 = BeckRS 1996, 31082129). Rechts-

folgen, die in der einbezogenen Entscheidung veranlasst worden waren, einfach jenen Rechtsfolgen hinzuzuaddieren, die für die neue Straftat erwogen werden, ist daher unzulässig (BGHSt 49, 90 = NJW 2004, 1748; vgl. zB auch BGH StV 1989, 545 = BeckRS 1989, 31105032; AG Rudolstadt ZJJ 2018, 66 (67) = BeckRS 2017, 128620; s. auch BGH bei Böhm NStZ 1997, 480 (482): die frühere Strafe ist keine „bloße Rechnungsgröße"). Es scheidet ebenso aus, auf die Strafzumessungserwägungen im einbezogenen Urteil pauschal zu verweisen. Stattdessen hat das Gericht selbstständig neue und umfassende Rechtsfolgenerwägungen anzustellen, die zudem einer Überprüfung zugänglich sein und in den Urteilsgründen daher sachhaltig ausgeführt werden müssen (n. zu den Darstellungserfordernissen → Rn. 63 ff.). Anordnungsfähig ist wie bei Abs. 1 (→ Rn. 12) das **gesamte Rechtsfolgenspektrum** des JGG (BeckOK JGG/Schlehofer Rn. 39 ff.).

41 All dies gilt uneingeschränkt bei der Ketteneinbeziehung (→ Rn. 16a). Hier sind **alle** Entscheidungen, also ebenfalls die in einer einbezogenen Entscheidung bereits einbezogenen Entscheidungen, nicht nur sachlich bei der Rechtsfolgenbestimmung zu berücksichtigen, sondern auch **erneut** formell einzubeziehen (s. bspw. BGH bei Böhm NStZ 1997, 480 (482); BGH BeckRS 1999, 30059961; 2000, 4684; 2020, 6349; StV 2020, 683 = BeckRS 2020, 15567) und im Urteilstenor entspr. auszuweisen (→ § 54 Rn. 15).

42 Die im früheren Urteil erfolgte Entscheidung über die **Nicht-/Anrechnung von U-Haft** verliert durch die Einbeziehung gleichermaßen ihre Wirkung (→ Rn. 46), sodass hierüber bei Bildung der Einheitsrechtsfolge neu zu befinden ist (BGHSt 25, 355 = NJW 1975, 64; s. auch RL 5; zur Urteilsfassung vgl. → § 54 Rn. 19 f.). Geschieht dies im Falle der Verurteilung zu JStrafe nicht, wird angerechnet, da es hierfür gem. § 52a S. 1 (anders als in den Sachlagen von § 52a S. 2 bzw. § 52) keines Ausspruchs bedarf. Dies gilt auch dann, wenn die Anrechnung in dem einbezogenen Verfahren verneint worden war (vgl. BGH NStZ 1996, 233).

43 **b) Keine bindungsähnliche Wirkung der früheren Rechtsfolgenentscheidung.** Ungeachtet der nicht bestehenden formalen Bindung hat das JGericht zunächst einmal die tatsächlichen Feststellungen der früheren Entscheidung bzgl. der Straffrage der neuen einheitlichen Entscheidung zugrunde zu legen. Dies kann ggf. zu Konflikten führen, wenn die Feststellungen in der früheren Entscheidung und im neuen Verfahren voneinander abweichen. Hier kann das JGericht den eigenen Feststellungen folgen und **Abstand von den früheren Feststellungen** nehmen (vgl. Dallinger/Lackner Rn. 22). So muss bspw. bei einem Jugendlichen, bei dem in der einbezogenen Entscheidung „schädliche Neigungen" konstatiert worden waren, in der neuen Entscheidung keine entspr. begründete JStrafe verhängt werden, wenn diese Beurteilung nicht mehr aufrechterhalten wird (LG Freiburg 17.5.1991 – VI AK 22/91 Hw, 34 Ns 32/91; s. auch BGHR JGG § 31 Abs. 2 Einbeziehung 5 sowie → Rn. 44 und → § 17 Rn. 34).

44 Unabhängig davon kann sich die in der früheren Entscheidung verhängte **Rechtsfolge** nach hM auf Art und Umfang der einheitlichen Rechtsfolge auswirken und dabei faktisch eine gewisse Bindungswirkung entwickeln. Dies gilt jedoch nur mit ganz erheblichen Einschränkungen – nämlich nur dort, wo die einbezogene frühere Sanktion wesentlich oder primär zur **Ahndung** des fraglichen Deliktes bestimmt worden war. Hier ist es nicht

ohne weiteres möglich, die Einheitsrechtsfolge, die auf mindestens eine weitere Straftat reagiert, nicht schwerer ausfallen zu lassen. Da aber auch in solchen Fällen die neue gemeinsame Sanktion nicht notwendigerweise höher sein muss (BGH StV 2016, 706 = BeckRS 2015, 19220; NStZ 2024, 621 (622)), bedarf es jeweils der fallkonkreten Prüfung, ob ein **Gleichbleiben** der Sanktionsschwere legitimierbar ist und ob erzieherische Gesichtspunkte zu jenem Zeitpunkt, zu dem über die Einheitssanktion entschieden wird, sogar eine **mildere** Rechtsfolge nahelegen. Ohnehin muss bei all dem berücksichtigt werden, dass die Vergleichbarkeit der verschiedenen jugendstrafrechtlichen Rechtsfolgen hinsichtlich ihrer Belastungs- und Eingriffsintensität bisweilen nur mit Abstrichen gegeben ist.

Immer dann, wenn die Festlegung der früheren Sanktion allein oder in erster Linie **spezialpräventiv geleitet** war, kommt die vorgenannte bindungsähnliche Wirkung von vornherein nicht in Betracht. Hier kann und muss bei Bildung der einheitlichen neuen Rechtsfolge auf die zum **späteren Entscheidungszeitpunkt bestehende Indikation** (zur Erziehungsbedürftigkeit, -fähigkeit und –bereitschaft → § 5 Rn. 14 ff.) abgestellt werden, sodass das Vorgehen schwerer oder milder als die einbezogene Rechtsfolge sein kann. Das gilt insbes., wenn ursprünglich Erziehungsmaßregeln angeordnet worden waren, aber auch bei der Einbeziehung von Zuchtmitteln und JStrafe, deren Ahndungszweck im früheren Urteil durch andere (zB erzieherische) Gesichtspunkte überlagert wurde. Auch hier kann die einheitliche Rechtsfolge aus spezialpräventiven Gründen ggf. milder als die einbezogene sein (BGHSt 37, 34 (40) = NJW 1990, 3157 (3158) mzustAnm Eisenberg JR 1990, 483; ferner zB BGHR JGG § 31 Abs. 2 Einbeziehung 5 = BeckRS 1991, 31096958; BGH BeckRS 1998, 30022142; OLG Koblenz NStZ-RR 2008, 323; LG Mannheim NStZ 1997, 388; AG Bernau ZJJ 2007, 420 = BeckRS 2009, 24309; AG Rudolstadt ZJJ 2018, 66 (67) = BeckRS 2017, 128620; vgl. auch NK-JGG/Ostendorf Rn. 21: vertretbar; aA noch Dallinger/Lackner Rn. 26; s. ferner Seiser NStZ 1997, 374: einbezogene Rechtsfolge als Untergrenze). Das Gebot der eigenständigen, an dem neueren Beurteilungsstand orientierten Entscheidung (s. auch Nix/Nicolai Rn. 24), durchbricht also, indem sie auf jugendtypische Entwicklungsprozesse flexibel zu reagieren erlaubt, die rechtspraktische **Eskalations**-Tendenz, bei der es zu einer gleichsam mechanischen Steigerung der Rechtsfolgenauswahl und -bemessung kommt (vgl. → § 5 Rn. 8). 45

5. Wegfall der Rechtsfolgen aus der früheren Entscheidung

a) Umfang des Wegfalls. Erfolgt eine Einbeziehung gem. Abs. 2, sind die bisherigen Rechtsfolgen grds. noch **bis zur Rechtskraft** der Einheitsrechtsfolgen **vollstreckbar** (BVerfG NStZ 2001, 117; Bohlander NStZ 1998, 236 (237)). Abgesehen von Fällen der laufenden JStrafen-Vollstr, die also nicht abgebrochen werden muss, darf der JRichter die Vollstr. vor absehbaren Einbeziehungsentscheidungen aber nur ganz ausnahmsweise veranlassen (n. → § 56 Rn. 11 sowie NK-JGG/Schady § 56 Rn. 7). Ab Rechtskraft der einbeziehenden Entscheidung entfallen dann sämtliche (noch nicht vollstreckte) Rechtsfolgen der früheren Entscheidung – ganz so, als wäre diese nicht ergangen. Auch Erziehungsmaßregeln und Zuchtmittel, die nicht auch die neue Entscheidung ausdrücklich vorsieht, werden **gegenstandslos** (zu einem ggf. noch offenen Nichtbefolgungs-JA → Rn. 8). Frü- 46 here Entscheidungen, mit denen die Verhängung oder Rest-/Vollstreckung einer **JStrafe zBew ausgesetzt** wird (§§ 21, 27, 88), verlieren gleichfalls formell ihren Bestand (weshalb iÜ ein Bewährungswiderruf wegen einer in der vormaligen Bewährungszeit begangenen, neuerlichen Straftat ausscheidet – zutr. AG Berlin-Tiergarten ZJJ 2012, 89). Mit dem Wegfall der Aussetzungsentscheidung (vgl. auch RL 2) werden zudem die auf sie bezogenen Bewährungsanordnungen gegenstandslos. Falls es im Rahmen der neuen einheitlichen Rechtsfolgenbestimmung zu einer neuerlichen Aussetzung zBew kommt, müssen die Bewährungszeit, die Bewährungsanordnungen und der Bewährungsplan also neu geregelt werden.

47 **Maßregeln** der Besserung und Sicherung sowie Nebenstrafen und -folgen verlieren ihre Wirkung gleichermaßen. Das Gericht darf diese Rechtsfolgen daher nicht ohne weiteres aufrechterhalten, sondern **muss** deren Voraussetzungen erneut prüfen und sie ggf. noch einmal festsetzen (vgl. dazu für die **Einziehung** nach §§ 73 ff. StGB BGH NStZ-RR 2023, 93 (94); BeckRS 2023, 38504; NStZ 2024, 623; OLG Celle StV 2020, 653 = BeckRS 2020, 3229; für die Unterbringung in einem psychiatrischen Krankenhaus BGH BeckRS 1987, 31100341; NStZ 1997, 100 mzustAnm Brunner NStZ 1997, 101; für die Unterbringung in einer Entziehungsanstalt BGH StV 2011, 591 = BeckRS 2011, 7699; für die Entziehung der Fahrerlaubnis BGH BeckRS 1993, 8304; 2014, 21651; für die Dauer der Sperrfrist gem. § 69a Abs. 1 StGB BGH StV 2019, 469 = BeckRS 2018, 28276; 2021, 25486; offenlassend aber noch BGH BeckRS 2016, 116233).

48 Auch hinsichtlich der **Kostenentscheidung** verliert das frühere Urteil seinen Bestand. Die Kostenentscheidung ist in dem neuen Urteil daher hinsichtlich aller abgeurteilten Verfahren selbstständig zu treffen (BGHR JGG § 31 Abs. 2 Einbeziehung 3 = BeckRS 1989, 31106096). Wird in der neuen Entscheidung anders als im früheren Urteil von der Kostenauferlegung hinsichtlich der einbezogenen Entscheidung gem. § 74 (entgegen der Empfehlung in RL 2 S. 2 und 3 zu § 74) abgesehen, sind schon bezahlte Kosten zurückzuerstatten bzw. vorgenommene Aufrechnungen rückgängig zu machen (AG Frankfurt a. M. bei Böhm NStZ 1991, 522 (523)). Andernfalls wäre die Staatskasse angesichts des – nunmehr allein bestehenden – zweiten Urteils ungerechtfertigt bereichert.

49 **b) Registerfolgen.** Die einbezogene Verurteilung wird aus dem **BZR** entfernt (§ 13 Abs. 3 BZRG) und daraufhin im Erziehungsregister erfasst (§ 60 Abs. 1 Nr. 3 BZRG). Bei nachträglicher Bildung einer einheitlichen JStrafe beginnt die **Tilgungsfrist** nach § 36 S. 2 Nr. 1 BZRG gleichwohl mit dem Tag des ersten Urteils zu laufen (vgl. etwa auch BGH BeckRS 2019, 6804; BeckRS 2019, 44151). In Übereinstimmung mit den erzieherischen Belangen iSv § 2 Abs. 1 (s. auch → Rn. 14 f.) kommt es dem Gesetz zufolge dabei nicht darauf an, ob die Voraussetzungen einer nachträglichen Gesamtstrafenbildung (§ 55 Abs. 1 StGB) vorgelegen hätten (vgl. BGH BeckRS 1983, 31112322).

50 **c) Anrechnung bei Ausführung oder Vollzug. aa) Ambulante Rechtsfolgen.** Die rechtlichen Auswirkungen einer teilw. Umsetzung der früher angeordneten Rechtsfolgen (s. auch → Rn. 21 ff.) differieren. Handelt es sich um **Erziehungsmaßregeln,** so werden sie ab dem Zeitpunkt der Einbeziehung und in dem Stadium, in dem sie sich dann befinden, gegenstandslos. Dies gilt auch für EB und Hilfe zur Erziehung gem. § 12 Nr. 2,

weil die Einbeziehung deren Anordnung beseitigt, sodass die Vorschriften des SGB VIII nicht weiter zur Anwendung kommen. Eine **Anrechnung** teilw. ausgeführter Erziehungsmaßregeln auf Rechtsfolgen, die im neuen Urteil angeordnet werden, ist gesetzlich nicht vorgesehen und nicht in förmlicher Weise möglich. Jedoch muss bei der Bestimmung der einheitlichen Rechtsfolgen (insbes., wenn es sich abermals um Erziehungsmaßregeln handelt) in der Sache stets berücksichtigt werden, welche spezialpräventiven Wirkungen die Ausführung der bisherigen Maßnahmen gehabt hat. Für die Verwarnung sowie die **Auflagen** gelten die gleichen Maßgaben wie für Erziehungsmaßregeln (BGH NStZ-RR 2024, 383 (Ls.) = BeckRS 2024, 26496).

bb) Jugendarrest. Ein teilw. vollstreckter **JA** endet, sofern in dem neuen Urteil nicht auf JA oder JStrafe erkannt wird, im Moment seiner bisherigen Ausführung. Wird in dem neuen Urteil erneut JA verhängt, ist der (nach dem früheren Urteil) bereits vollstreckte JA nach allg. Grundsätzen – und ungeachtet des hierzu schweigenden Gesetzes – zu berücksichtigen und idR auf die einheitliche Rechtsfolgenverhängung anzurechnen (zust. Wohlfahrt StraFo 2019, 265 (268)) oder doch dort reduzierend „einzurechnen" (so Diemer/Schatz/Sonnen/Schatz Rn. 43; n. Kölbel JR 2024, 158 (159)). Bei Verhängung einer JStrafe verlangt **Abs. 2 S. 2** dagegen auch ausdrücklich die Ausübung pflichtgemäßen Ermessens sowie eine förmliche Entscheidung über die Anrechnung des teilw. vollstreckten und dann einbezogenen Arrests (was ggf. noch durch das Revisionsgericht nachgeholt werden kann (BGH BeckRS 2016, 6842; 2024, 15332). 51

Ein vollstreckter **Kopplungs-JA** (§ 16a) ist bei Einbeziehung des betr. Urteils auf eine zu vollstreckende JStrafe im Verfahren der Vollstr obligatorisch anzurechnen (**Abs. 2 S. 3;** zur Frage einer entspr. (überobligatorischen) Klarstellung im Urteil → § 54 Rn. 17). Bei **Nichtbefolgungsarrest** kommt nicht nur bis zu seiner vollständigen Vollstreckung eine Einbeziehung in Betracht (dazu n. → Rn. 8), sondern nach dessen Vollstreckung ebenfalls eine Anrechnung nach Abs. 2 S. 2 (BGH NJW 2023, 3734 (3735) mAnm Herz NStZ 2024, 304; BGH NStZ-RR 2024, 383 (Ls.) = BeckRS 2024, 26496). Das ist mit dem Normtext zwanglos vereinbar und entspricht dem Anliegen, eine Belastungskumulation zu vermeiden, soweit dies nach erzieherischen Aspekten angezeigt ist – denn für das Ermessen iSv Abs. 2 S. 3 sind die **Kriterien von Abs. 3** maßgeblich (eingehend zur Problematik Schady ZIS 2015, 593 (596 ff.) sowie Kölbel JR 2024, 158 (159 f.); s. auch → § 30 Rn. 15; abw. etwa BeckOK JGG/Schlehofer Rn. 47a ff.; zur revisionsgerichtlichen Nachholung der Anrechnung s. BGH BeckRS 2024, 19912). 51a

cc) Jugendstrafe und weitere Rechtsfolgen. Wird in dem neuen Urteil eine **JStrafe** verhängt, nachdem dies auch schon im ersten Urteil erfolgt war, gelten ggf. bereits vollzogene Strafzeiten (zur vollständigen Vollstreckung → Rn. 22) als bereits vollstreckter Teil der einheitlichen Rechtsfolge, der demgemäß (im Vollstreckungsverfahren gem. § 51 Abs. 2 StGB iVm § 2 Abs. 2) angerechnet wird (BGHSt 41, 315 = NStZ 1996, 279; s. auch → § 54 Rn. 17 sowie BeckOK JGG/Schlehofer Rn. 45). Die Einbeziehung berührt den Ablauf des Strafvollzugs nicht. Befand sich der Verurteilte nach Teilvollstr der JStrafe aus dem einbezogenen Urteil dagegen bis zu dem 52 einbeziehenden Urteil in Freiheit, liegt eine Strafunterbrechung vor (§ 40 StrVollstrO).

52a War aus dem einbezogenen Urteil eine **Unterbringung** vollstreckt worden, gilt die ggf. mitangeordnete JStrafe im Umfang der Unterbringungsdauer nach Maßgabe von § 67 Abs. 4 StGB iVm § 2 Abs. 2 als erledigt, woraufhin diese Zeit ebenfalls gem. § 51 Abs. 2 StGB iVm § 2 Abs. 2 auf die neue Einheits-JStrafe anzurechnen ist. Eine weitere, darüber hinausgehende Anrechnung der Unterbringungszeit kann sich uU aus § 67 Abs. 6 StGB iVm § 2 Abs. 2 ergeben (zum Ganzen BGH NStZ 2022, 556 (557) mzustAnm Kett-Straub NStZ 2022, 756 (757 f.)).

53 War die Verhängung oder Rest-/Vollstreckung einer **JStrafe zBew ausgesetzt** worden (§§ 21, 27, 88) und kommt es zu einer neuerlichen Aussetzung zBew, gilt eine Anrechnung der früheren auf die neue Bewährungszeit nach hM als ausgeschlossen (so bereits Potrykus NJW 1959, 1064 (1065)). Allerdings ist mit Blick auf § 58 Abs. 2 S. 1 und das Schlechterstellungsverbot (→ § 2 Rn. 23 ff.) idR eine reduzierende Berücksichtigung bei der Bestimmung der nunmehrigen Bewährungsdauer angezeigt (NK-JGG/Ostendorf Rn. 23), ohne aber die gesetzliche Mindestdauer unterschreiten zu dürfen (AG Berlin-Tiergarten ZJJ 2012, 89). Für die Anrechnung von Leistungen, die im Hinblick auf die weggefallenen Bewährungsauflagen und -weisungen bereits erbracht worden sind, spricht auch der Gedanke, dass Verurteilte, die diesen Verpflichtungen nicht nachgekommen waren, anderenfalls bessergestellt würden (OLG Köln VRS 100, 66 = BeckRS 9998, 25490). Bei einer einheitlichen Rechtsfolge, die nicht zBew ausgesetzt wird, ergibt sich die Notwendigkeit einer Anrechnung auf die Strafdauer darüber hinaus auch aus dem Vergleich mit § 58 Abs. 2 S. 2 StGB und dem Schlechterstellungsverbot (Streng JugendStrafR Rn. 275). Die **hM** sieht in diesen Konstellationen dagegen nur eine ggf. erfolgende, wertungsabhängige Berücksichtigung bei der Bestimmung der JStrafdauer vor (BGHSt 49, 92 = NJW 2004, 1748 mablAnm H. E. Müller JR 2004, 392 und mablAnm Eisenberg JZ 2004, 687; ferner BGH BeckRS 2014, 5432; OLG Koblenz NStZ-RR 2008, 324; Diemer/Schatz/Sonnen/Schatz Rn. 45; BeckOK JGG/Schlehofer Rn. 50 ff.; unklar HK-JGG/Buhr/Koranyi Rn. 51).

54 Für ein **Fahrverbot,** das sowohl im früheren wie im neueren Urteil angeordnet wird, gelten hinsichtlich der verstrichenen Frist die in → Rn. 52 erläuterten Regeln (zust. Diemer/Schatz/Sonnen/Schatz Rn. 46). Die endgültige Verbotsdauer und Sperrfrist verkürzt sich also um die Zeit, die nach dem ersten Urteil abgelaufen ist (OLG Schleswig bei Ernesti-Lorenzen SchlHA 1985, 142).

V. Eingeschränkte Berücksichtigungsfähigkeit der Einheitsrechtsfolge bei Anknüpfungsentscheidungen

1. Sicherungsverwahrung

55 Bei einer einheitlichen Rechtsfolge nach Abs. 1 und Abs. 2 sind für die Anordnung von Sicherungsverwahrung – anders als bei der **Führungsaufsicht** (diff. → § 7 Rn. 52 und 57) und **§ 35 Abs. 3 BtMG** (→ § 82 Rn. 20 ff.) – gewisse Besonderheiten zu berücksichtigen. Entgegen der hier vertretenen Auffassung (vgl. → § 17 Rn. 62) stellt die hM die JStrafe zwar

einer Freiheitsstrafe iSv § 66 Abs. 1 S. 1 Nr. 2 oder Abs. 2 bzw. Abs. 3 S. 2 StGB gleich (ebenso wie den Vollzug von JStrafe einer Vollstr von Freiheitsstrafe iSv § 66 Abs. 1 Nr. 3 StGB). Wurde die JStrafe als einheitliche Rechtsfolge verhängt, sind die formalen Voraussetzungen, die § 66 StGB an vorangegangene Sanktionierungen stellt, nach stRspr aber dennoch nur dann erfüllt, wenn die jeweils erforderliche **Mindestdauer bei einer der einheitlich geahndeten Vortaten** (im Falle der gesonderten Aburteilung) angeordnet worden wäre (BGHSt 26, 152 = NJW 1975, 1666). Es kommt bei der Sicherungsverwahrung nach allg. StR – anders als bei § 7 Abs. 2 (→ § 7 Rn. 39) – also nicht auf die Zusammenführung nach Abs. 1 oder Abs. 2 und die hiernach veranlassten JStraf-Längen an. Der „Gefährlichkeits-Indikator", den das Gesetz im Vorliegen erheblicher Vorsanktionen sieht, ist nämlich nur bei einem Einzeltatbezug plausibel, nicht aber bei Sanktionen, mit denen auf eine Mehrzahl von Taten reagiert wird (so mit Blick auf die Parallelproblematik bei der Gesamtstrafe BGHSt 34, 21 (323) = NJW 1987, 2313). Dass für **§ 66 Abs. 3 S. 1 StGB** ggf. auch eine Einheits-JStrafe mit der erforderlichen Länge ausreichen soll (so für den Fall, dass der Einheitsrechtsfolge allein Katalogtaten zugrunde liegen, va BGHSt 50, 284 (293 f.) = NJW 2006, 531 (534); BGH BeckRS 2015, 19044; NStZ-RR 2020, 74), ist daher nicht einsichtig.

Maßgeblich für das (sonst idR notwendige) Vorliegen einer hinreichend langen, hypothetischen Einzel-JStrafe sind allein die Bewertungen des den fraglichen Schuldspruch vornehmenden **JGerichts.** Das später über die Sicherungsverwahrung entscheidende Gericht darf sich nicht an dessen Stelle setzen; es darf also nicht im Nachhinein eine eigene Strafzumessung vornehmen und für § 66 StGB auf seine rückblickende Bewertung der einbezogenen Einzeltaten abstellen. Vielmehr muss es **Feststellungen** treffen, wie diese von den Richtern der fraglichen JStV bewertet worden sind (BGH StV 1988, 296 = BeckRS 1987, 31103129; 1990, 31093829; NStZ 1996, 331 (332); StV 1998, 343 = BeckRS 1996, 31090059; NJW 1999, 3723 (3723 f.); NStZ 2002, 29 (29); NStZ-RR 2007, 171; 2012, 156 (157); NStZ 2015, 510 (511); BeckRS 2016, 21444; NStZ 2017, 650 (650); BeckRS 2019, 9749). IdR ist wegen der einheitlichen Rechtsfolgenbestimmung allerdings gar nicht sicher feststellbar, dass das JGericht (oder eines der JGerichte) bei einem der einbezogenen Delikte eine JStrafe von mindestens einem Jahr für erforderlich gehalten hätte (zutr. Diemer/Schatz/Sonnen/Schatz Rn. 31). Dann stellt die einheitliche Rechtsfolge folglich keine frühere Verurteilung iSv § 66 StGB dar (vgl. erg. auch MüKoStGB/Drenkhahn/Morgenstern StGB § 66 Rn. 67; HK-JGG/Buhr/Koranyi Rn. 53). 56

Sollte es nach den vorgenannten Maßgaben möglich sein, nicht nur für eine, sondern sogar für mehrere der einheitlich geahndeten Taten die entspr. hypothetische Sanktionsschwere zu rekonstruieren, so handelt es sich infolge der Zusammenführung dann aber dennoch nur um **eine einzige** Verurteilung. Nur dann, wenn bei Anwendung des allg. StR keine nachträgliche Gesamtstrafe hätte gebildet werden müssen (→ Rn. 15) und damit auch keine Einschlägigkeit von § 66 Abs. 4 S. 1 StGB gegeben gewesen wäre, liegen mehrere Verurteilungen vor (vgl. BGHSt 7, 300 = NJW 1955, 598; BayObLGSt 1979, 22 (23); OLG Köln GA 1984, 517 (518) = LSK 1985, 060112). Dass es dann für die Feststellung von zwei ausreichend schweren Verurteilungen ausreichend ist, dass von der einheitlichen Rechtsfolge nach Abzug einer hinreichend schweren (hypothetischen) Einzeltat-Rechtsfolge 57 noch ein hinreichend schwerer Rest übrigbleibt (so Brunner/Dölling Rn. 18; Diemer/Schatz/Sonnen/Schatz Rn. 31; Böhm/Feuerhelm JugendStrafR S. 162), kann nur bei der Zusammenführung von zwei (und nicht mehr) Straftaten richtig sein.

2. Ausländerrechtliche Maßnahmen

58 Soweit Ausweisungsentscheidungen und andere ausländerrechtliche Maßnahmen an das Vorliegen einer (jugend-)strafrechtlichen Verurteilung anknüpfen und dabei idR ein bestimmtes Strafmaß voraussetzen (dazu n. und krit. etwa → § 5 Rn. 15, → § 18 Rn. 34), sind nach wohl vorherrschender Rechtsprechungspraxis dafür fallkonkret meist die verhängten **Einheitsrechtsfolgen** maßgeblich und nicht jene Sanktionen, die bei getrennter Aburteilung für die einzelnen Delikte angeordnet worden wären (so bspw. für § 54 AufenthG aF VGH Kassel ZAR 2014, 37 = BeckRS 2013, 53963; vgl. auch OVG Münster NVwZ-Beil. 1998, 92; für § 54 AufenthG nF etwa OVG Lüneburg BeckRS 2023, 22525; zust. Schatz im Diemer/Schatz/Sonnen Rn. 35). Die Judikatur ist aber uneinheitlich (auf die **Einzelsanktionen** abstellend bspw. bei § 60 Abs. 8 S. 3 AufenthG VG Augsburg BeckRS 2020, 5111; VG Berlin BeckRS 2021, 42124; 2022, 37395). Maßgeblich ist hierbei auch die jeweils relevante ausländerrechtliche Norm. Jedenfalls dort, wo eine enge normtextliche Fassung besteht, die auf die rechtskräftige Verurteilung „wegen einer oder mehrerer vorsätzlicher Straftaten“ abstellt, kann in Fällen, in denen die Einheitsrechtsfolge ua auf Fahrlässigkeitsdelikten beruht, allein auf die Sanktionen abgestellt werden kann, die (hypothetisch) wegen der einbezogenen **Vorsatztaten** veranlasst wurden bzw. worden wären. Ähnlich verhält es sich bei ausländerrechtlichen Normen mit einem **Deliktskatalog.** Hier kommt es darauf an, dass zu den einbezogenen Straftaten auch Katalogdelikt gehört und das auf dieses mit dem jeweiligen Strafmaß reagiert wurde bzw. worden wäre (vgl. etwa VG Saarlouis BeckRS 2023, 4871).

VI. Verfahrensrechtliches

1. Sachliche Zuständigkeit

59 Wegen der Zuständigkeit der JGerichte in Fällen, in denen eine Einbeziehung einer rechtskräftigen Entscheidung zu erwarten ist, vgl. → § 39 Rn. 12, → § 40 Rn. 4, → § 102 Rn. 3.

2. Ergänzende Beweisaufnahme

60 In Fällen der Einbeziehung nach Abs. 2 ist eine vollständige oder teilweise Wiederholung der Beweisaufnahme über Umstände, die Gegenstand des früheren Verfahrens gewesen sind, grds. ausgeschlossen (s. auch → Rn. 40 ff.). Die Vornahme eigener Feststellungen verlangt die richterliche Aufklärungspflicht allerdings dort, wo aus Sicht des Gerichts, das mit dem neuen Verfahren befasst ist, rechtsfolgenrelevante Zweifel oder Fragen aufgekommen sind (vgl. RL 3). Ebenso liegt es, wenn das Gericht noch Tatsachen zum Gegenstand des früheren Verfahrens, die bisher nicht festgestellt wurden, aufklären will, um eine breitere Beurteilungsgrundlage für

die einheitliche Rechtsfolgenverhängung zu gewinnen (dazu und zu den Konsequenzen für § 231c StPO vgl. auch BGH NStZ 2009, 400).

3. Urteil

a) Urteilstenor. In den Urteilstenor sind die gem. Abs. 2 einbezogenen 61
Urteile aufzunehmen (→ § 54 Rn. 15 f.). Da in der neuen Entscheidung neue Rechtsfolgen für die Gesamtheit aller Straftaten ausgesprochen werden, muss der Tenor **all diese Rechtsfolgen** enthalten. Andernfalls fehlte es an einem verbindlichen Ausspruch über die Folgen der nach § 31 einheitlich zu bewertenden Delikte. Es wäre also unzulässig, einen Teil der angeordneten JStrafe, der aufgrund des früheren Urteils bereits vollstreckt worden war, wegzulassen und nur den noch zu vollstreckenden Rest der Einheits-JStrafe zu nennen (BGHSt 16, 335 (336 f.) = NJW 1962, 452). Sind einzelne Rechtsfolgen einbezogener Urteile vollständig erledigt und nicht mehr einbeziehungsfähig, sollte dies im Tenor klargestellt werden (BGHSt 42, 299 = NJW 1997, 472).

Soweit das Gericht eine **Anrechnungsentscheidung** treffen muss – sei es 62
über die Anrechnung der U-Haft (vgl. → Rn. 42) oder eines teilw. vollstreckten JA (Abs. 2 S. 2) –, ist ein besonderer Ausspruch im Tenor erforderlich (BGHSt 25, 355 = NJW 1975, 64). Auch wenn der JRichter eine Anrechnung nicht vornimmt, muss sich aus dem Urteil erkennen lassen, dass er die Möglichkeit der Anrechnung bedacht hat. Obligatorisch erfolgende Anrechnungen (etwa Abs. 2 S. 3) sollten zumindest aus Klarstellungsgründen gleichermaßen im Urteilstenor enthalten sein (n. → § 54 Rn. 20; zur neu und einheitlich zu treffenden **Kostenentscheidung** vgl. → Rn. 48).

b) Urteilsgründe. Damit im Rechtsmittelverfahren beurteilt werden 63
kann, ob die Nicht-/Einbeziehung einer früheren Rechtsfolgenanordnung korrekt erfolgte, ist der **Vollstreckungsstand** sämtlicher vorhandener nicht-/einbezogener Vorverurteilungen in den Urteilsgründen anzugeben (vgl. bspw. vgl. BGH StV 2016, 706 = BeckRS 2015, 19220; 2021, 23161; 2021, 25468; NStZ-RR 2023, 204 (Ls.) = BeckRS 2023, 9647; NStZ-RR 2023, 93 (94); NStZ 2024, 619 (620)). Unterbleibt die Einbeziehung aus **erzieherischen Gründen (Abs. 3 S. 1),** sind diese ausführlich auszuführen (→ Rn. 31), zumal anderenfalls auch die Sperrwirkung gegen eine nachträgliche Bildung einer Einheitssanktion (§ 66 Abs. 1 S. 2) nicht einträte (→ § 66 Rn. 7).

Im Falle der **erfolgten Einbeziehung** eines Urteils muss **auch** der **Sach-** 63a
verhalt mitgeteilt werden, der **der einbezogenen Entscheidung** zugrunde lag. Denn erst dadurch lässt sich nachvollziehen, dass das einbeziehende Gericht bei Bemessung der Einheitsrechtsfolge eine einheitliche Wertung und nicht nur eine (unzulässige) rechnerische Berücksichtigung (→ Rn. 40) der verschiedenen Straftaten vorgenommen hat (vgl. etwa BGHSt 16, 335 (337) = NJW 1962, 452; StV 1998, 344 = BeckRS 1996, 31080363; 2013, 13618; NStZ-RR 2017, 28 (Ls.); KG StV 2013, 762 (Ls.) = BeckRS 2013, 7704). Dabei ist die Gefahr im Blick zu behalten, dass die pragmatisch gebotene und ggf. auch erforderliche Straffung bei den Ausführungen zu früheren Taten leicht zu knapp oder missverständlich ausfallen kann und dann darstellungsfehlerhaft wird (wie etwa bei BGH StV 1996, 273 = BeckRS 1995, 03662; 2017, 109846).

63b Ferner müssen die Urteilsgründe eine neue, selbstständige **Gesamtwürdigung** aller der Einbeziehung unterliegenden Delikte erkennen lassen (BGH StV 1989, 308 = BeckRS 1988, 31091453; NStZ 2009, 43; OLG Koblenz NStZ-RR 2008, 323) – einschließlich der **Strafzumessungserwägungen zu allen einzelnen einbezogenen Delikten** (vgl. nur BGH NStZ 2009, 43; NStZ 2017, 539; OLG Hamm StV 2014, 747 = BeckRS 2014, 10892). Strafzumessungserwägungen, die sich allein auf die neu abzuurteilende Tat beziehen, genügen den Begründungsanforderungen ebenso wenig (etwa BGH BeckRS 2020, 19009; BeckRS 2022, 770) wie der pauschale Verweis auf die Strafzumessungserwägungen im einbezogenen Urteil (BGH StV 2024, 521 (Ls.) = BeckRS 2023, 17381). Um die mehrschichtige Rechtsfolgenentscheidung einer **Überprüfung zugänglich** zu machen, dürfen die Strafzumessungserwägungen sich nicht auf eine „inhaltsleere Floskel" (BGH BeckRS 2024, 25626) oder „knappe Ausführungen" beschränken (BGH NStZ-RR 2023, 204 (Ls.) = BeckRS 2023, 9647) und auch nicht nur „formelhaft und kurz" sein (BGHR JGG § 31 Abs. 2 Einbeziehung 3 = BeckRS 1989, 31106096; s. auch BGH BeckRS 1989, 31106266; OLG Celle NStZ-RR 2001, 90 (90 f.)). Diese Anforderungen bestehen auch hinsichtlich solcher Taten, die ihrerseits bereits in ein nunmehr einbezogenes Urteil einbezogen worden waren (BGH NStZ 1982, 466; BeckRS 1998, 31357558; 2011, 18239; 2013, 13618).

4. Rechtsmittel

64 **a) Korrektur der Nichteinbeziehung.** Unterbleibt eine Einbeziehung **unzulässigerweise** – sei es, weil Abs. 2 unberücksichtigt blieb oder weil die Voraussetzungen und Absehensgründe falsch gehandhabt wurden oder weil die Entscheidung aufgeschoben wurde –, kann das Urteil mit dem jeweils zulässigen Rechtsmittel angefochten werden. Dieses muss sich dann gegen die Rechtsfolgenentscheidung insg. wenden, also nicht (allein) gegen die Nichteinbeziehung bzw. eine ggf. explizierte Absehens-Entscheidung, da dieser Aspekt in unmittelbarem Zusammenhang mit der gesamten Rechtsfolgenverhängung steht (BGH 19.6.1961 – 5 StR 158/61; 19.6.1962 – 5 StR 158/62 bei Herlan GA 1963, 97 (105)). Die Möglichkeit, die Einbeziehung in einem nachträglichen Verfahren (§ 66) vorzunehmen, ist dann iÜ keine Grundlage, um das Rechtsmittelbegehren zurückzuweisen.

65 Lässt sich der angefochtenen Entscheidung nicht entnehmen, ob sich das Gericht der Möglichkeit einer Einbeziehung und einheitlichen Rechtsfolgenverhängung bewusst war, muss der Rechtsfolgenausspruch ebenfalls aufgehoben werden, soweit der Angeklagte durch die Nichteinbeziehung der früheren Rechtsfolge möglicherweise beschwert ist (BGH bei Böhm NStZ 1985, 447 (448); BGH MDR 1996, 553 = BeckRS 1996, 31082129; 2011, 26711; 2017, 109824; 2017, 122307). Dasselbe gilt bei äquivalenten **Darstellungsmängeln,** va der Nichtmitteilung des Vollstreckungsstandes früherer Sanktionen (BGH BeckRS 2024, 7111; anders aber, wenn sich die Nicht-Erledigung des fraglichen Urteils aus der Gesamtheit der Urteilsgründe entnehmen lässt (BGH NStZ 2024, 619 (620)). Da die dann jeweils wieder mögliche Anwendung von § 31 dazu führt, dass (bei Ablehnung von Abs. 3) eine neue, einheitliche Rechtsfolgenbemessung für sämtliche Taten

erfolgen muss, ist das Revisionsgericht an der Selbstvornahme dieser (dem Tatrichter obliegenden) Entscheidung gehindert (BGH BeckRS 2019, 8440).

Anders liegt es, wenn **sicher auszuschließen** ist, dass das JGericht (trotz einer Einbeziehung oder weil von dieser gem. § 31 Abs. 3 abgesehen worden wäre) auf eine andere Rechtsfolge erkannt hätte. Dann kommt eine **Abänderungsentscheidung** entspr. § 354 Abs. 1 StPO iVm § 2 Abs. 2 in Betracht (vgl. etwa BGH BeckRS 2000, 30103126; 2014, 8142; NStZ-RR 2018, 125 (Ls.); NJW 2020, 1009 (1010); StV 2020, 683 = BeckRS 2020, 15567; 2021, 19210; 2022, 33155). Das betrifft bspw. Verfahren, in denen das Tatgericht eine JStrafe angeordnet und sich dabei zum Vollstreckungsstand und zur Berücksichtigung einer früheren geringfügigen Rechtsfolge nicht geäußert hatte, sodass diese durch das Revisionsgericht nachträglich gem. Abs. 2 noch formal in den Tenor einbezogen wird (so etwa BGH BeckRS 2009, 15992; 2013, 19766; 2016, 14085; 2018, 2976; NStZ-RR 2023, 190 (Ls.)). Das Gleiche gilt, wenn eine fehlerhafte Urteilsformel an die zutreffenden Urteilsgründe, in denen die Einheitsrechtsfolge korrekt zugemessen wird, angepasst werden muss (BGH NStZ-RR 2023, 149: keine bloße Berichtigung der Urteilsformel möglich). – Im Übrigen kann nach einer zw. st. Rspr. in jenen Fällen, in denen die **Rechtsfolgenbegründung** bzgl. der einbezogenen Tat **mangelhaft** ist (→ Rn. 63b), die Revision als unbegründet verworfen werden, wenn eine andere Rechtsfolgenentscheidung auszuschließen ist (stellvertretend BGH BeckRS 2020, 19009; 2022, 770; NStZ 2024, 619 (621)). **65a**

b) Verschlechterungsverbot. Das Verschlechterungsverbot untersagt eine **Intensivierung** der Einheitssanktion. In Fällen, in denen die einbezogene Sanktion während des Rechtsmittelverfahrens erledigt wird, erfordert es einen Ausgleich bei der Bemessung der neuen Einzelrechtsfolge, um eine Benachteiligung durch die Mehrzahl einzelner Sanktionen zu vermeiden (n. dazu → § 55 Rn. 44; zur Konstellation, in der eine irrig nicht einbezogene Sanktion bis zur Rechtsmittelentscheidung erledigt ist, → Rn. 27 f.). Allerdings schließt das Verschlechterungsverbot – wie im allg. StR (vgl. BGHSt 55, 220 = NJW 2010, 3589) – eine Verschärfung der Einheitsrechtsfolge durch das Rechtsmittelgericht nicht aus, soweit diese allein auf der Einbeziehung eines zu Unrecht bisher nicht einbezogenen Urteils beruht (BGHR JGG § 31 Abs. 2 Einbeziehung 7; BGH MDR 1996, 553 = BeckRS 1996, 31082129). Es steht daher auch der Erhöhung einer Einheits-JStrafe um den bereits vollstreckten Teil der einbezogenen JStrafe eines früheren Urteils nicht entgegen, wenn in dem aufgehobenen Urteil rechtsirrig nur der noch nicht vollstreckte Teil der früher angeordneten JStrafe einbezogen worden war (BGHSt 16, 335 = NJW 1962, 452; BGH Herlan GA 1963, 105; zur dann erfolgenden Anrechnung der vollstreckten Zeiten → Rn. 52). **66**

c) Rechtsmittelbeschränkung. Eine Anfechtung, mit der ein Verstoß gegen § 31 geltend gemacht wird, unterliegt den (höchst problematischen, de lege lata aber geltenden) Beschränkungen des **§ 55 Abs. 2** (nicht aber denjenigen des § 55 Abs. 1). Wird eine JStrafe, deren Vollstr rechtskräftig zBew ausgesetzt worden war, erst auf Berufung des Verurteilten in eine neue JStrafe einbezogen, steht dem Verurteilten hiergegen die Revision nach hM deshalb nicht zu. Es kommt auch keine sofortige Beschwerde **67**

(§ 59 Abs. 1 S. 2) in Betracht. Die Zulässigkeit der Revision (und Beschwerde) soll nicht einmal dort bestehen, wo hinsichtlich der neuen JStrafe (anders als für die einbezogene JStrafe) keine Aussetzung der Vollstr zBew erfolgt ist (n. OLG Bamberg NStZ 2012, 165 (166); vgl. auch OLG Stuttgart MDR 1976, 1043 (Ls.); OLG Oldenburg NStZ 2009, 451; Brunner/Dölling § 55 Rn. 28; BeckOK JGG/Kunkel § 55 Rn. 113; Schäfer NStZ 1998, 330 (335)). Diese Lösung wird dem Umstand nicht gerecht, dass die erst **durch das Berufungsgericht erfolgende Einbeziehung** eine qualitativ neue Sanktionsentscheidung darstellt, die wie die strukturähnliche nachträgliche Einbeziehung gem. § 66 (dort → § 66 Rn. 22) selbstständig (hinsichtlich der Einheitssanktionsbildung) anfechtbar sein muss. § 55 Abs. 2 kommt hier also nicht zum Tragen (ebenso etwa Streng JugendStrafR Rn. 271; Schweckendieck NStZ 2005, 141 (142); Dehne-Niemann/Brandt StV 2020, 711 (715 f.); diff. NK-JGG/Ostendorf Rn. 18; vgl. auch → § 55 Rn. 91).

68 **d) Sonstige Fragen mit Rechtsmittelbezug.** Wenn im Rechtsmittelverfahren die **Verurteilung** wegen mehrerer Straftaten **teilw. entfällt,** muss die Einheitssanktion, die zunächst wegen aller Tatvorwürfe verhängt worden war, aufgehoben werden. Dies gilt grds. bei allen Schuldspruchänderungen zugunsten des Angeklagten (vgl. etwa BGH NStZ-RR 2010, 372 (373)). Ausnahmen bestehen nur, wenn sich der weggefallene Verurteilungsteil auf die fragliche Rechtsfolgenentscheidung mit Sicherheit nicht ausgewirkt hatte (BGH 3.4.1991 – 2 StR 28/91 bei Böhm NStZ 1991, 522 (523 f.); OLG Frankfurt a. M. StV 2009, 92). Dann kann der Wegfall einer von mehreren Straftaten (etwa, weil sie infolge von Gesetzeskonkurrenz hinter ein anderes festgestelltes Delikt zurücktritt oder im Wege der Verfolgungsbeschränkung eingestellt wird), **rechtsfolgenindifferent** sein, sodass eine Aufhebung des Rechtsfolgenausspruchs unterbleiben darf (BGH BeckRS 2022, 17553; 2022, 28554). Dafür muss aber feststehen, dass das Tatgericht seine (die der Einheitssanktion zugrunde liegenden) erzieherischen Erwägungen auch bei dem korrigierten Schuldspruch aufrechterhalten hätte.

69 Hat das Revisionsgericht die tragenden Erwägungen des Rechtsfolgenausspruchs aufgehoben, darf bei erneuter tatgerichtlicher Befassung nicht auf sie Bezug genommen werden (BGH StraFo 2011, 97 = BeckRS 2011, 868). Bei einem Rechtsfehler in der Handhabung von § 31 können dagegen die Feststellungen idR bestehen bleiben (§ 353 Abs. 2 StPO), wobei das neue Tatgericht neue, zu den bisherigen nicht in Widerspruch stehende Feststellungen treffen kann (vgl. bspw. BGH BeckRS 2017, 122307).

Mehrere Straftaten in verschiedenen Alters- und Reifestufen

32 **[1] Für mehrere Straftaten, die gleichzeitig abgeurteilt werden und auf die teils Jugendstrafrecht und teils allgemeines Strafrecht anzuwenden wäre, gilt einheitlich das Jugendstrafrecht, wenn das Schwergewicht bei den Straftaten liegt, die nach Jugendstrafrecht zu beurteilen wären. [2] Ist dies nicht der Fall, so ist einheitlich das allgemeine Strafrecht anzuwenden.**

Übersicht

I. Anwendungsbereich

Es gelten die Erl. zu § 31 Abs. 1 (→ § 31 Rn. 1 f.) entsprechend. Da jedoch gem. S. 1 feststehen muss, dass (bei gleichzeitiger Aburteilung) ein Teil der Taten nach JStR, ein anderer Teil hingegen nach allg. StR abzuurteilen wäre, kann es bei Personen, die im Verfahrenszeitpunkt noch Jugendliche sind, keine Anwendungsfälle für § 32 geben. 1

II. Einordnung

1. Normzweck

Die Vorschrift bezweckt ein Mindestmaß an Rechtsfolgenabstimmung. In Fällen der gemeinsamen Aburteilung mehrerer Straftaten derselben Person, auf die (bspw. wegen des unterschiedlichen Tatzeitalters) mit den unterschiedlichen Reaktionsformen des allg. StR und des JStR nebeneinander zu reagieren wäre, verlangt sie die **einheitliche Anwendung** nur eines der beiden **Rechtsfolgensysteme.** Damit sollen dysfunktionale Sanktionskonflikte vermieden werden (s. zum insofern erweiterten Prinzip der Einheitlichkeit auch → § 31 Rn. 3). Für die Auswahlentscheidung, die das Gericht hier zu treffen hat, wird von der Norm zugleich auch das maßgebliche Kriterium („Schwergewicht") bestimmt. 2

2. Anwendungsrelevante Konstellationen

a) Mehrere Straftaten. Dem Gesetzeswortlaut („mehrere Straftaten") zufolge ist die Norm bei Fällen der **Realkonkurrenz** einschlägig. Möglich 3 ist aber auch das **tateinheitliche** Zusammenfallen mehrerer Delikte, „auf die teils JStR und teils allg. StR anzuwenden wäre". Solche Konstellationen können bspw. auftreten, wenn bei Begehung von Dauerdelikten (oder im Zusammenhang mit anderen Fällen der tatbestandlichen Handlungseinheit) eine Altersgrenze überschritten wird (n. → Rn. 15). Auch mag ein Heranwachsender, der nicht iSv § 105 Abs. 1 Nr. 1 einem Jugendlichen gleicht, in einem Akt mehrere idealkonkurrierende Tatbestände verwirklicht haben, die (trotz ihres Zusammenfallens) hinsichtlich § 105 Abs. 1 Nr. 2 unterschiedlich beurteilt werden. Da das Bedürfnis nach der Heranziehung nur eines Rechtsfolgensystems in solchen Fallgestaltungen nicht geringer als bei Tatmehrheit ist, wird die Vorschrift hier entsprechend angewandt (BGHSt 6, 6 = NJW 1954, 848; vgl. ferner zB BGH NStZ-RR 1996, 250; ZJJ 2007, 216 = BeckRS 2007, 8322; StV 2019, 470 (470 f.) = BeckRS 2017, 133981; für die vormals relevante Problematik der fortgesetzten Handlung implizit auch OLG Zweibrücken StV 1987, 308 = LSK 1987, 520147).

4 **b) Unterschiedliche Sanktionierbarkeit.** Die Vorschrift kommt erst zum Zuge, wenn – nach vorheriger Prüfung bzgl. § 20 StGB sowie ggf. (bei der Tat eines Jugendlichen) bzgl. § 3 – für **jede** der **Taten** die strafrechtliche **Verantwortlichkeit** festgestellt wurde. Sodann muss feststehen, dass ein Teil der Straftaten nach **JStR** und ein anderer Teil nach **allg. StR** abzuurteilen wäre. Diese Einordnung kann auf dem Jugend- und Erwachsenenalter zur jeweiligen Tatzeit beruhen oder bei Heranwachsenden auf der Nicht-/Einstufung gem. § 105 Abs. 1 (weshalb die diesbzgl. Prüfung abgeschlossen sein muss). Kommt das Gericht dagegen zur Überzeugung, dass die abzuurteilenden Taten einheitlich entweder nach JStR oder nach allg. StR zu behandeln sind, besteht weder der Bedarf an einer Anwendung von § 32 noch eine dahingehende Möglichkeit.

5 **c) Gleichzeitige Aburteilung.** Hinsichtlich der Voraussetzung, dass die einzelnen Straftaten gleichzeitig in einem Verfahren abgeurteilt werden, ist eine weite Auslegung angezeigt. So ist es unerheblich, ob die verschiedenen Taten **von vornherein** in einem einheitlichen Verfahren verfolgt werden oder ob die gleichzeitige Aburteilung erst durch **nachträgliche Verbindung** (§ 4 StPO iVm § 2 Abs. 2) zustande kam. Verhandelt das Gericht sowohl eine Berufungs- als auch eine erstinstanzliche Sache, liegt die Bedingung der gleichzeitigen Aburteilung ebenfalls vor (BGHSt 29, 67 = BeckRS 1979, 30401613). Wird in einem Nachverfahren gem. § 30 infolge einer Verbindung zugleich auch über eine neue Straftat (nach allg. StR) entschieden, gilt nichts anderes (da bei dem nach JGG behandelten Delikt noch keine Rechtsfolgenanordnung erfolgt war).

6 Werden mehrere Straftaten gemeinsam verfolgt und erwächst aufgrund der Beschränkung eines Rechtsmittels die Verurteilung wegen einer Tat in **Teilrechtskraft,** während die andere Tat erst im Rechtsmittelverfahren oder nach Zurückverweisung abgeurteilt wird, liegen die Voraussetzungen des § 32 dem Wortlaut nach nicht vor. Da dem Verurteilten aus der verfahrensrechtlich bedingten Trennung keine Nachteile entstehen dürfen, bedarf es einer **entsprechenden Anwendung** von § 32. Diese ist bei der späteren Aburteilung vorzunehmen, sodass dort dann (je nach Ausgang) gem. § 31 Abs. 2 oder gem. § 55 StGB vorzugehen ist (BGH LM Nr. 4 zu § 32 = BeckRS 1956, 31190574; vgl. auch NStZ 2005, 644 = StraFo 2005, 468; nicht berücksichtigt noch in BGHSt 10, 100 = NJW 1956, 680).

3. Erweiterte Relevanz bei sukzessiver Aburteilung

7 **a) Problemstellung.** Handelt es sich nicht um eine Verfahrenslage mit gleichzeitiger, sondern um eine Konstellation mit nacheinander erfolgender Aburteilung, kommt – sofern die verschiedenen Taten an sich uneinheitlich (dh teilw. nach JStR und teilw. nach allg. StR) zu behandeln wären – eine Heranziehung von § 32 gleichwohl in Betracht. In den von § 105 Abs. 2 erfassten Fällen, in denen ein heranwachsender Angeklagter **bereits** rechtskräftig zu einer noch **nicht vollständig vollstreckten Strafe nach allg. StR** verurteilt worden war, entspricht dies auch der ganz hM (n. → § 105 Rn. 62 ff.; s. auch → § 31 Rn. 18). Kontrovers ist hingegen die Verfahrensweise, wenn sich die Anklage in diesen Konstellationen auf eine im Jugendalter begangene Tat bezieht (n. → § 105 Rn. 65 f.).

7a Streit herrscht auch zur umgekehrten Konstellation – also bei einem Angeklagten, bei dem es (wegen seines entspr. Tatzeitalters oder der Verneinung von § 105 Abs. 1) um eine **Aburteilung nach allg. StR** geht, nachdem er **bereits nach JStR** zu einer noch offenen Rechtsfolge **verurteilt** worden war. Hier ist weder § 32 normtextlich einschlägig (da: keine Gleichzeitigkeit der Aburteilung) noch § 105 Abs. 2 (da: andere Aburteilungsreihenfolge). Daher müssten eigentlich die Rechtsfolgen des JStR und des allg. StR neben- oder nacheinander vollzogen werden. Dies birgt jedoch das Risiko divergierender oder gar spezialpräventiv unverträglicher Sanktionseinwirkungen. Außerdem stellt die kumulative Vollstr der nach JStR und der nach allg. StR verhängten Rechtsfolgen regelmäßig eine (durch die Schwere der Straftaten) nicht gerechtfertigte **Härte** dar (BGHSt 14, 287 (290) = NJW 1960, 1531 (1532)) – weil nämlich die Sanktionsvorteile entfallen, die mit einer einheitlichen Sanktion regelmäßig einhergehen. Sofern zudem die Voraussetzungen des § 55 StGB insofern vorliegen, als das aktuell abzuurteilende Delikt vor der jugendstrafrechtlichen Verurteilung begangen worden war (→ hierzu § 31 Rn. 15), und eine Gesamtstrafenbildung (samt Strafminderungswirkung) nur am Fehlen einer Brücke zwischen JStR und allg. StR scheitert, ist zudem eine unzulässige **Schlechterstellung** ggü. Erwachsenen zu befürchten (dazu allg. → § 2 Rn. 23 ff.).

8 Vereinzelt will man § 55 StGB zur Vermeidung solch ungünstiger Folgen (über den Wortlaut dieser Vorschrift hinaus) trotzdem anwenden (vgl. LG Braunschweig MDR 1965, 594; NK-JGG/Ostendorf Rn. 8; Schoreit NStZ 1989, 461 (462 f.)). Da hierbei die vorhandene JGG-Sanktion als „Baustein" der nachträglichen Gesamtstrafenbildung fortbestünde, käme dies angesichts der sehr unähnlichen Rechtsfolgen im JStR und allg. StR aber allenfalls beim Zusammentreffen von Freiheits- und JStrafe in Betracht – wobei eine Zusammenführung auch hier an der Wesensverschiedenheit beider Sanktionsformen (→ § 17 Rn. 2 f.) scheitern muss. **Vorzugswürdig** ist es daher, in **Analogie zu § 31 Abs. 2** davon auszugehen, dass eine **gleichzeitige** Aburteilung iSv § 32 – nämlich eine (unter Einbeziehung der JGG-Verurteilung) gleichzeitig ergehende Rechtsfolgenentscheidung über beide Taten – erfolgt (eingehend BeckOK JGG/Schlehofer Rn. 20 f. und 22 ff.). Je nach Ausgang der Schwergewichtsprüfung verfährt das zuletzt entscheidende Gericht hiernach gem. § 31 Abs. 2 oder gem. § 54 StGB. Zu einem weitgehend gleichen Ergebnis gelangen ein Teil der Literatur und teilw. auch die ältere Judikatur, indem sie dieses Vorgehen als analoge, über den Wortlaut hinausgehende Anwendung von § 32 bezeichnen und so für zulässig halten

(iErg ebenso Nix/Pschorr/Pschorr §§ 31 f., 66 Rn. 34 f.: § 105 Abs. 2 analog). Teilw. wird dies aber auf die auch von § 55 StGB erfassten, zeitlichen Ereignisabfolgen (→ § 31 Rn. 15) beschränkt (vgl. mit Unterschieden im Einzelnen etwa OLG Koblenz GA 1954, 281; LG Osnabrück MDR 1980, 957 f.; JSchöffG Hannover bei Böhm NStZ 1981, 250 (253); Brunner/Dölling § 32 Rn. 15; Streng JugendStrafR Rn. 291 ff.; Beulke/Swoboda JugendStrafR Rn. 235; Böhm/Feuerhelm JugendStrafR S. 69; Lackner GA 1955, 33 (40); Dingeldey Zbl 1981, 150 ff.; Knüllig-Dingeldey NStZ 1987, 226; Böhm/Büch-Schmitz NStZ 1991, 131 (132)).

9 **b) Lösungsansatz der hM.** Dagegen lehnt die **vorherrschende Rspr.** die genannten Konstruktionen allesamt ab (BGHSt 10, 100 (103) = NJW 1956, 680 (681); BGHSt 14, 287 (289) = NJW 1960, 1531; BGHSt 36, 270 (272 ff.) = NJW 1990, 523 (523 f.); BGH NStZ-RR 1998, 151 (152); 2007, 168 (169); NStZ 2016, 683 (684 f.); StV 2020, 660 (661) = BeckRS 2019, 33502; NStZ-RR 2022, 293 (Ls.); OLG Schleswig NStZ 1987, 225; OLG Bremen NStE Nr. 5 zu § 32 JGG; LG Hannover StV 2015, 648 = BeckRS 2015, 16302; offenlassend BGH NStZ 1981, 355; 1987, 24; ähnliche Sander/Dietsch NStZ 2022, 449 (453 f.)). Den genannten Entscheidungen zufolge bleibe in solchen Fällen stattdessen die bestehende JGG-Rechtfolge unberührt. Für die nach allg. StR zu beurteilende Tat sei eine Einzelstrafe zu verhängen, wobei diese gemildert werden und dadurch ein sog. **„Härteausgleich“** erfolgen muss. Dies gelte auch, wenn die Anwendung des JStR in der zurückliegenden rechtskräftigen Sanktionierung fehlerhaft war (BGH 16.4.1996 – 5 StR 127/96 bei Böhm NStZ 1996, 478 (479)). Stets müsse der Ausgleich spürbar sein, auch wenn es sich bei der nach allg. StR ergehenden Verurteilung um eine Gesamtstrafe handelt (s. etwa BGH BeckRS 2005, 2149; ferner BGH BeckRS 2013, 13696: Unterschreiten der einmonatigen Mindestdauer möglich). Ggf. genüge es hier aber nicht, den Härteausgleich erst bei der Bemessung der Gesamtstrafe vorzunehmen; unter Umständen sei der erforderliche Ausgleichsumfang vielmehr nur erreichbar, wenn es schon bei Festsetzung der höchsten Einzelstrafe zu einer Minderung kommt (BGHSt 36, 270 (276) = NJW 1990, 523 (524); BGHR StGB § 55 Abs 1 S 1 Härteausgleich 6 (Gründe)). Ebenso sei zu verfahren, wenn es an der für § 55 erforderlichen zeitlichen Abfolge (StGB-Tat vor JGG-Aburteilung) fehle (Diemer/Schatz/Sonnen/Schatz Rn. 20, 25 f.).

10 Teilt man diese Auffassung, muss das Tatgericht den Grund für den Härteausgleich und va dessen Auswirkung stets deutlich **kennzeichnen** (BGH StraFo 2012, 156 = BeckRS 2012, 5300). Lassen die Strafzumessungsgründe keine Überlegungen zu einem solchen Ausgleich erkennen, kann dieser Mangel folglich zur Aufhebung und Zurückverweisung in der Revision führen (wobei ggf. eine Selbstvornahme gem. § 354 Abs. 1a StPO, deren sonstige Bedenklichkeit (→ § 54 Rn. 44) hier nicht einschlägig ist, in Betracht kommen kann (BGH NStZ-RR 2007, 168 (169)). Dass der Härteausgleich die Ergebnisunterschiede zwischen der – oft verfahrenszufällig entstehenden – getrennten und verbundenen Aburteilung ausgleicht, ist allerdings zweifelhaft und gerichtsabhängig. Eine dogmatische Überlegenheit (bzw. größere „Gesetzestreue“) dieses praeter legem beschrittenen Lösungswegs ggü. Der hier vertretenen Analogielösung lässt sich ohnehin nicht erkennen, zumal er nicht zu überzeugenderen Ergebnisse führt. Besonders **unstimmig** ist, dass sich der Rspr. zufolge eine Sanktionsmilderung, die

wegen einer Zusammenführung mehrerer Rechtsfolgen angezeigt ist, lediglich bei einer einzelnen Strafe, nämlich der späteren StGB-Sanktion niederschlägt. Hiermit erwächst dem Verurteilten sogar ein ungerechtfertigter Vorteil, falls die andere Rechtsfolge (dh die frühere JGG-Sanktion) später – etwa durch Wiederaufnahme des Verfahrens – entfällt (vgl. Dallinger/Lackner Rn. 5).

III. Schwergewicht der Straftaten

1. Bestimmung des Schweremaßstabs

Besteht infolge des Vorliegens einer der in → Rn. 3 ff., 8 genannten Konstellationen die Notwendigkeit, auf mehrere Delikte einheitlich zu reagieren und dafür eine Entscheidung zwischen den Rechtsfolgensystemen des JGG und des allg. StR zu treffen, wird durch § 32 das „Schwergewicht" als alleiniges Entscheidungskriterium bestimmt. Hierin könnte man einen **folgenorientierten Maßstab** sehen, sodass es darauf ankäme, ob angesichts der Deliktsmehrheit eher eine tatstrafrechtliche StGB- oder eine täterstrafrechtliche JGG-Sanktion induziert ist. Maßgeblich wäre hiernach also, ob das durch einen Teil der Delikte ausgelöste Bedürfnis nach einem Schuldausgleich oder das durch den anderen Teil der Delikte angezeigte Erfordernis einer spezialpräventiven Einwirkung gewichtiger ist (so in der Sache mit Unterschieden BeckOK JGG/Schlehofer Rn. 10 ff.; Krauth FS Lackner, 1987, 1071; Gropp/Lipp/Steiger, Rechtswissenschaft im Wandel/Hoffmann-Holland, 2007, S. 175 ff.). Indem das Gesetz aber vom „bei den Straftaten" liegenden Schwergewicht spricht, zeigt es einen **anlassorientierten Maßstab** an, der sich anhand der Qualität bzw. Bedeutung von Deliktsereignissen bestimmt. 11

Für die Frage, ob das nach allg. StR oder das nach JStR beurteilte Delikt bedeutsamer ist, könnte nun wiederum auf das jeweilige Erfolgs- und Handlungsunrecht abgestellt werden. Der Umstand, dass die Maßgaben des § 31 gerade in das JGG und nicht in das StGB aufgenommen wurden, spricht indes gegen eine solche **ereignisbezogene** Bewertung. Im spezialpräventiv strukturierten und individuums- wie zukunftsorientierten Regelungszusammenhang des JStR liegt eine **persönlichkeitsbezogene** Bewertung näher, bei der die Relevanz im Vordergrund steht, die die verschiedenen Taten für die allg. und deliktsbezogene **Verlaufsentwicklung** des fraglichen Angeklagten entwickelt haben. Die jeweilige Anzahl und äußere Schwere ist für den „Gewichtsvergleich" zwischen den nach allg. StR und den nach JStR zu behandelnden Straftaten deshalb nur nachrangig von Belang. Sie gehen eher als Anzeichen für den jeweiligen biografischen Stand und Weiterverlauf (und damit nur mittelbar-indiziell) in die komparative Beurteilung ein (vgl. bspw. BGH JR 1954, 271; NStZ 1986, 219; StV 2020, 393 (395) = BeckRS 2018, 39003; NStZ 2024, 624 (625)). 12

2. Maßgebliche Umstände

Bei der hiernach erforderlichen individuell-verlaufsbezogenen Vergleichsbetrachtung sind methodische Einschränkungen zu reflektieren, da die Geschehenseinordnung immer nur ex post möglich ist und sich gerade bei 13 den früheren Taten von den zwischenzeitlichen Abläufen nicht unbeeinflusst vornehmen lässt. Ungeachtet dieser Einschränkung haben die einzubeziehenden Delikte jedenfalls umso weniger Gewicht, je stärker sie durch **situative Faktoren** mitbestimmt werden (vgl. bspw. BGHR JGG § 32 Schwergewicht 3 = BeckRS 1992, 31095732: bei der als Erwachsener begangenen Tat (Mord und sexuelle Nötigung) setzte sich das Opfer anders als bei den früheren sexuellen Nötigungen zur Wehr). Bedeutsam ist auch das **Alter** (vgl. BGH BeckRS 2024, 37871: kein Schwergewicht bei Jugendtaten, die kurz vor Ende des 21. Lbj. begangen werden). Ganz generell haben Straftaten tendenziell umso größere Relevanz, **je jünger** die fragliche Person bei ihrer Begehung war. Selbst wenn eine sich karriereförmig steigernde Deliktsbiografie (entgegen der allg. Vorstellung) durch die deutlich differenzierteren, empirisch gestützten Modelle eher als ein Sonderfall ausgemacht wird (n. → Einl. Rn. 6, → § 5 Rn. 45), können die früheren Delikte häufig als Ausdruck einer längerfristigen Haltung und Entwicklung verstanden werden, aus der heraus sich auch die spätere (und sich ggf. steigernde) Delinquenz erklärt. Oft haben sie (zwar keine regelrecht Weichen stellende, so aber doch) eine tatüberdauernde Bedeutung: Sie können bspw. Hemmschwellen aufheben, Risikoerwartungen und Selbstbilder prägen, Zugänge zu devianten Gruppen eröffnen oder festigen, konforme Kontakte und Lebenschancen verschließen, günstige oder dysfunktionale staatliche Reaktionen auslösen usw (vgl. Eisenberg/Kölbel Kriminologie § 10 Rn. 4 ff., § 55 Rn. 28 ff.).

14 Dass früheren Straftaten deshalb meist ein höheres Gewicht beizumessen als mitangeklagten Folgetaten (und das selbst dann, wenn diese zahlenmäßig klar überwiegen), entspricht auch der hM. Für sie steht ebenfalls im Mittelpunkt, ob die **vorgreifende Bedeutung,** die die **früheren** Straftaten für die anschließenden Straftaten typischerweise haben, im jeweiligen Einzelfall angenommen werden kann (zu im Jugend- und Heranwachsendenalter liegenden „Tatwurzeln" s. BGHSt 6, 6 = NJW 1954, 848; BGH NStZ 1986, 219; dazu selbst bei mehrheitlich als Erwachsener begangenen Taten bspw. auch BGH BeckRS 1989, 1495; 2009, 19280; LG Münster BeckRS 2023, 2316). Oft stellen sich hiernach die späteren Delikte gewissermaßen als in den früheren bereits angelegt dar (BGH BeckRS 1992, 31095732; 1994, 8914; BGH 31.8.1999 – 1 StR 268/99 bei Böhm NStZ-RR 2000, 321 (323); BGH NStZ 2018, 662 (663); 2024, 624 (625); OLG Düsseldorf StV 1983, 378 = LSK 1984, 010147; LG Kaiserslautern ZJJ 2015, 76). Das gilt gerade bei BtM-Abhängigkeit (vgl. AG Rudolstadt NStZ-RR 2013, 387), nicht aber bei allen Delikten (verneinend bei im Heranwachsendenalter begonnener Zuhälterei BGH NStZ 2003, 493 (495)). Bisweilen werden in den angeklagten Deliktssachverhalten bisweilen durchaus auch **Diskontinuitäten** und Entwicklungsbrüche festgestellt (vgl. etwa BGH BeckRS 1999, 30058313, wonach trotz gleichartigen Deliktsverlaufs eine zwischenzeitliche Strafvollstreckung eine zeitliche Zäsur darstelle). Prinzipiell ist es also stets möglich, dass die früheren Taten eher als Ausdruck einer abgeschlossen erscheinenden altersmäßigen Entwicklung zu interpretieren sind und ihnen die spätere Verlaufsentwicklung kaum entspricht (s. auch BGH LM Nr. 2 zu § 1 JGG; JR 1954, 271; RdJB 1956, 93). Dann liegt in ihnen auch nicht ohne weiteres das von S. 1 geforderte Schwergewicht.

15 Bei der Anwendung des Schwergewichts-Kriteriums auf tateinheitlich zusammenfallende Delikte (→ Rn. 3) gelten Besonderheiten. So sind bei **Dauerdelikten** jene Tatteile zu vergleichen, die jeweils für sich allein nach JStR oder nach allg. StR zu beurteilen wären (BGHSt 6, 6 = NJW 1954, 848; vgl. auch BGH BeckRS 2014, 488; NStZ-RR 2023, 190 (191); ferner zB KG StV 2019, 438 = BeckRS 2019, 9343). Dabei kann es bedeutsam sein, dass der (Gesamt-)Vorsatz noch in einem Alter gefasst wurde, in dem das JStR gilt (LG Berlin StV 1984, 520 = LSK 1985, 120130: auch wenn 4/5 der Dauerstraftat nach allg. StR zu beurteilen wären; vgl. auch BGH BeckRS 2009, 19280 betr. Zeitpunkt der „Bandenabrede"). Entsprechend verhält es sich auch in anderen Fällen, in denen mehrere Tatbestandsverwirklichungen bspw. als Bewertungs- oder Handlungseinheit zusammengefasst und als nur eine Tat behandelt werden (BGH NStZ-RR 1996, 250; NStZ 2024, 625).

3. Rahmenbedingungen der Beurteilung

16 Bei der Beurteilung, ob sich die spätere Delinquenz als Fortsetzung einer Entwicklung erweist, die in den Jugendtaten (oder nach JGG zu beurteilten Taten) ihren Ausgang nahm bzw. erstmals zum Ausdruck kam, können allerdings **nur** die **prozessgegenständlichen** Straftaten (und deren lebensweltlicher Kontext) einbezogen werden, nicht dagegen die ggf. gerichtsbekannte frühere Delinquenz des Angeklagten (BGH NStZ 2024, 624 (625). IÜ ist das Schwergewicht aus der Perspektive des **Urteilszeitpunktes** zu beurteilen (so zutr. etwa Dallinger/Lackner Rn. 10; BeckOK JGG/Schlehofer Rn. 15; Brunner/Dölling Rn. 6; Krauth FS Lackner, 1987, 1068; Gropp/Lipp/Steiger, Rechtswissenschaft im Wandel/Hoffmann-Holland, 2007, S. 173). Die abw. Auffassung, wonach sich das Gericht hierfür in die Zeit der letzten abzuurteilenden Straftatbegehung zurückversetzen solle (vgl. OLG Bremen MDR 1951, 569; NK-JGG/Ostendorf Rn. 13; HK-JGG/Buhr/Koranyi Rn. 14; Nix/Pschorr/Pschorr §§ 31 f., 66 Rn. 14), widerspricht dem Erfordernis einer individuell-verlaufsbezogenen Vergleichsbetrachtung. Denn die Frage, welche Bedeutung eine Straftat für die weitere Entwicklung hatte, kann allein durch eine ex post-Betrachtung beantwortet werden. Ob und welche tatüberdauernden Effekte (→ Rn. 13) eingetreten sind, ist anders als in einer späteren Rückschau gar nicht erkennbar. Dafür kann ggf. auch noch der Verlauf nach der letzten Tat aufschlussreich sein.

17 Die Festlegung des jeweiligen Schwergewichts in einer Deliktsmehrheit obliegt den Tatgerichten (vgl. bereits BGH RdJB 1956, 93; BGH 2.4.1963 – 5 StR 83/63 bei Herlan GA 1964, 129 (135)), die in der Handhabung dieses unbestimmten Rechtsbegriffs über einen gewissen **Beurteilungsspielraum** verfügen (wobei die stRspr – stellvertretend BGH NStZ 1986, 219; NStZ-RR 2008, 324; NStZ 2016, 101 – hier etwas unpräzise von einer Würdigung im Rahmen pflichtgemäßen tatrichterlichen Ermessens spricht). Der JRichter hat die für das Ergebnis seiner Beurteilung maßgebenden Erwägungen im Einzelnen darzulegen, damit das Rechtsmittelgericht prüfen kann, ob die Grenzen dieses Beurteilungsspielraums eingehalten wurden.

IV. Rechtsfolgen

1. Einheitliche Anwendung eines der Rechtsfolgensysteme

18 Wird das Schwergewicht bei der nach **JGG** zu behandelnden Tat (bzw. den entspr. Taten) festgestellt, kommt nach S. 1 das JStR bei allen Delikten zur Anwendung. Gem. **§ 31 Abs. 1** ist dann eine **einheitliche jugendstrafrechtliche** Rechtsfolge anzuordnen (zu Konstellationen, in denen § 31 Abs. 2 und Abs. 3 anzuwenden sind, s. → Rn. 8 sowie → § 105 Rn. 62 ff.). Eine StGB-Strafe (etwa eine Freiheitsstrafe) kann daneben weder bestehen bleiben noch verhängt werden (BGHSt 29, 67 = BeckRS 1979, 30401613; BGH NStZ 2000, 483 (484).

19 Wird das Schwergewicht bei der nach **StGB** zu behandelnden Tat (bzw. den entspr. Taten) festgestellt, kommt nach S. 2 das allg. StR bei allen Delikten zur Anwendung. Daher sind hier – abgesehen von Fällen der Tateinheit (→ Rn. 3) und der Anwendung von § 52 StGB – jeweils Einzelstrafen zu bemessen, aus denen sodann nach **§§ 53 ff. StGB** eine **Gesamtstrafe** gebildet werden muss (BGH 29.1.1954 – 1 StR 632/53 bei Herlan GA 1954, 306 (309)). Dies gilt nach hiesiger Auffassung ggf. auch bei Vorhandensein einer noch offenen JGG-Sanktion (→ Rn. 8) – vorausgesetzt, dass das Schwergewicht bei dem nach allg. StR zu beurteilenden Teil der Delikte liegt. Ist es erforderlich, die Gesamtstrafe nachträglich (gem. § 460 StPO) neu festzusetzen, weil eine weitere StGB-Tat unberücksichtigt geblieben ist, kann das Gericht von den bereits festgelegten Einzelstrafen hierbei nicht abweichen und daher auch nicht mehr zu einer einheitlichen JGG-Rechtsfolge übergehen (zur entspr. **Bindung** vgl. OLG Stuttgart StV 2016, 708 = BeckRS 2015, 16455).

2. Vorgehen bei Unklarheit über das Schwergewicht

20 Lässt sich **nicht eindeutig** erkennen, dass das Schwergewicht bei den nach JStR zu beurteilenden Straftaten liegt oder ist die Bedeutung beider Tatgruppen etwa gleich verteilt, sei nach **hM** jeweils **allg. StR** anzuwenden (BGHSt 12, 129 (134) = NJW 1959, 156 (158); BGH StV 1998, 657 = BeckRS 1997, 31121630; NStZ 2005, 644 (645); NStZ-RR 2008, 324; NStZ 2016, 101; 2024, 624 (625); 2024, 625 (626); OLG Hamm BeckRS 2017, 142837; Krauth FS Lackner, 1987, 1065; Wohlfahrt StraFo 2019, 265 (270)). Gefolgert wird dies aus dem Umstand, dass S. 1 die einheitliche Anwendung von JStR von der positiven Feststellung des entspr. Schwergewichts abhängig macht. Allerdings wird das nach JStR zu beurteilende Delikt hierdurch einer altersgerechten JGG-Rechtsfolge entzogen, ohne dass dies durch einen klaren allgemeinstrafrechtlichen Bedeutungsvorrang in der abzuurteilenden Deliktsmehrheit gerechtfertigt wäre (ähnlich BeckOK JGG/Schlehofer Rn. 8.1). Auch wird die Möglichkeit verschenkt, bei den angeklagten Personen, die typischerweise Jungerwachsene sind, die Nachreifeentwicklung durch dezidiert spezialpräventive JGG-Rechtsfolgen besser als mit StGB-Sanktionen unterstützen zu können. Andererseits steht der iSv § 2 Abs. 1 sachlich angezeigten Auslegung, wonach im Zweifel eine gemeinsame Rechtsfolge nach JStR erfolgen soll, der klare Normtext von S. 1 entgegen (vgl. aber NK-JGG/Ostendorf Rn. 14; Diemer/Schatz/Sonnen/

Schatz Rn. 33). Die sich hier entäußernde Konfliktlage wird aus hiesiger Sicht allerdings dadurch aufgelöst, dass es zu den fraglichen Fällen letztlich gar nicht kommen kann: § 32 wird man nämlich so verstehen müssen, dass sich das Gericht in der **Frage des Schwergewichts stets festlegen muss** und sich auch in schwierigen Konstellationen nicht auf ein bequemes non liquet zurückziehen darf.

3. Besonderheiten der Rechtsfolgenbemessung

Der einheitlichen Anwendung eines Rechtsfolgensystems wohnte eine gewisse verzeichnende Wirkung inne, weil auf einen Teil der Deliktsmehrheit mit Reaktionsformen des allg. StR oder JStR reagiert wird, obwohl dies im Falle einer Einzeltat gerade nicht angezeigt wäre. Diese gewissermaßen verzerrende Einordnung wird aber zumindest teilw. kompensiert, weil die tatsächlichen **Alters- und Reifeverhältnisse** bei der Rechtsfolgenbemessung zu **berücksichtigen** sind. So muss im Falle der einheitlichen Anwendung von JStR dem Umstand, dass die altersmäßige Entwicklung der fraglichen Person inzwischen weiter fortgeschritten ist, Rechnung getragen werden. Und im Falle einheitlicher Anwendung von allg. StR muss sich in der Rechtsfolgenbemessung niederschlagen, dass das Alter bei den früheren Taten oder bspw. beim Tatentschluss zu einem Dauerdelikt (vgl. aber auch → Rn. 15) noch unter 21 Jahren lag. Deshalb kann es zB bei einer BtM-Tatserie unter den Voraussetzungen des § 30a Abs. 2 Nr. 1 BtMG auch einen minderschweren Fall iSv § 30a Abs. 3 BtMG begründen, wenn der Angeklagte zu Beginn der Serie noch nicht Erwachsener war (ähnlich BGH StV 2012, 289 = BeckRS 2012, 3860). 21

V. Verfahrensrechtliches

1. Herbeiführung und Aufhebung einer Verbindung

Im gesamten JStV sollte **versucht** werden, bei Aufklärung mehrerer Straftaten ein und derselben Person eine Verbindung herbeizuführen, auch wenn die Begehung in verschiedenen Alters- oder Reifestufen erfolgte (→ § 103 Rn. 25 ff.). Fehlt es an Hinderungsgründen, muss wegen der Vorzugswürdigkeit einer einheitlichen Reaktion eine Verbindung erfolgen (ebenso Brunner/Dölling Rn. 18; ferner etwa Diemer/Schatz/Sonnen/Schatz Rn. 42: Folge der Verpflichtung zur umfassenden Persönlichkeitserforschung). Neben den allg. Vorteilen einer Zusammenführung mehrerer Einzelverfahren ist dies auch ist dies auch für die Persönlichkeitsbeurteilung (KG BeckRS 2019, 8951) wie auch in erzieherischer Hinsicht sinnvoll (→ Rn. 2; s. aber BGHSt 8, 349 (352) = NJW 1956, 517 (518)). 22

Allerdings ist es nur dann angezeigt, das Nebeneinander von nach allg. StR und JStR zu beurteilenden Vorgängen innerhalb eines Verfahrens herbeizuführen und aufrechtzuerhalten, wenn die jeweiligen Vorwürfe auch verfolgungswürdig sind. Wo es daran bei einem Teil der Deliktsmehrheit fehlt, kann und ggf. muss durch eine **Beschränkung** das Verfahren auf den anderen Teil reduziert werden, sodass dann uU nur noch eine jugend- oder allgemeinstrafrechtliche Materie zu bearbeiten ist. Über entspr. Steuerungsmöglichkeiten verfügt gerade der JStA, nach Anklage aber auch das Gericht 23 (va in Form der Teileinstellung nach §§ 154, 154a StPO iVm § 2 Abs. 2). De facto begründet das Mittel der Teileinstellung – zumal eine spätere Wiederaufnahme des Verfahrens möglich sein soll (BGHSt 36, 294 = NJW 1990, 920 mkritAnm Walter/Pieplow StV 1991, 5) – aber auch die Möglichkeit, nicht nur die Gerichtszuständigkeit (n. → § 103 Rn. 33), sondern auch die Rechtsfolgen strategisch zu beeinflussen. Es können nämlich entweder die nach JStR oder die nach allg. StR zu behandelnden Vorwürfe gezielt eingestellt werden, nur um damit die Anwendbarkeit des § 32 auszuschließen – dh nur um die Option aufzuheben, dass es bei einer entspr. Schwergewichtsbeurteilung zur von der StA bzw. dem Gericht unerwünschten einheitlichen Reaktion (gem. § 31 oder gem. §§ 53 f. StGB) kommt (vgl. auch Streng JugendStrafR Rn. 295: „Begradigung von Altersstufen").

24 Bei einer prozessualen Stoffreduzierung, die die Nichtanwendbarkeit von § 32 zur Folge hat, müsste daher eigentlich stets überprüft werden, ob das entspr. Vorgehen sachlich begründet war oder ob das heranzuziehende Rechtsfolgensystem aus außerjuristischen Gründen strategisch festgelegt werden sollte (als Bsp. für ein abusives Umgehen von § 32 s. den Fall in BGHSt 36, 294 = NJW 1990, 920). Da eine **missbräuchliche** und daher **willkürliche Teileinstellung** (zu dieser Kategorie BGHR JGG § 32 Schwergewicht 2; Brunner JR 1974, 429 (429 f.)) allerdings nicht immer zuverlässig identifiziert und auch nicht ohne weiteres korrigiert werden kann, scheidet diese Problemlösung aus. Eine solche kann allein darin bestehen, **§ 32** in allen genannten Teileinstellungsfällen **analog** anzuwenden. Der Tatrichter muss hier also jene Taten, die eingestellt wurden, als hypothetisch-verfahrensgegenständliche Vorwurfsbestandteile behandeln, diese sodann in ihren wesentlichen Aspekten rekonstruieren und schließlich prüfen, ob bei ihrer Hinzunahme das Schwergewicht im jugend- oder allgemeinstrafrechtlichen Teil der Deliktsmehrheit läge. Je nach Ergebnis bestimmen sich die Rechtsfolgen für die nichteingestellte Tat dann nach dem JGG oder dem StGB (vgl. etwa BGH NZWiSt 2019, 298 (299); OLG Düsseldorf NStZ-RR 2017, 28 mzustAnm Bachmann ZJJ 2017, 389; Diemer/Schatz/Sonnen/Schatz Rn. 44; Drees NStZ 1995, 481 (481 f.); vertiefend Streng, FS Dölling, 593 ff.). Die dagegen in Rspr. (BGHSt 64, 178 = NJW 2019, 3599 mkritAnm Eisenberg ZJJ 2019, 400 (401)) und Literatur (BeckOK JGG/Schlehofer Rn. 3.4; HK-JGG/Buhr/Koranyi Rn. 19) teilw vertretene abwM, die eine entspr. analoge Anwendbarkeit verneint, eröffnet der StA und dem Gericht schulterzuckend die missbrauchsoffene Rechtsmacht, die richterliche Beurteilungsgrundlage nach ihren Sanktionsvorstellungen gezielt zu „gestalten".

2. Rechtsmittel

25 Ist aus den Urteilsgründen nicht ersichtlich, dass das Tatgericht die Frage des Schwergewichts aufgeworfen und näher erwogen hat, führt die mangelnde Darlegung auf die Sachrüge hin zur Aufhebung des Rechtsfolgenausspruchs (BGH NStZ-RR 1996, 250; NStZ 2003, 493; 2024, 625 (627); OLG Düsseldorf NStZ 1983, 456 (Ls.) mzustAnm Brunner JR 1983, 479). Ebenso verhält es sich bei Heranziehung fehlerhafter Schwergewichtskriterien, bei einer tatrichterlichen Überschreitung des Beurteilungsspielraums oder in Fällen, in denen eine gebotene Prüfung nach § 105 Abs. 1 unterblieben und die mögliche Einschlägigkeit von § 32 gar nicht erkannt worden

ist (BGH ZJJ 2007, 216 = BeckRS 2007, 8322; NStZ 2016, 101). Im Unterschied zu diesen Fehlerformen entzieht sich die tatrichterliche Beurteilung des Schwergewichts dagegen einer Nachprüfung durch das **Revisionsgericht** (vgl. etwa BGH BeckRS 1975, 00100; NStZ 2018, 662 (663)). – Die Revision kann innerhalb der Straffrage iÜ nicht auf die fehlerhafte Zuordnung nach §§ 105, 32 beschränkt werden. Denn eine fehlerhafte Zuordnung betrifft die Straffrage insgesamt (BGH 2.4.1963 – 5 StR 83/63 bei Herlan GA 1964, 129 (135); vgl. iÜ auch → § 55 Rn. 18, → § 105 Rn. 68).

Zweites Hauptstück. Jugendgerichtsverfassung und Jugendstrafverfahren

Erster Abschnitt. Jugendgerichtsverfassung

Jugendgerichte

33 (1) Über Verfehlungen Jugendlicher entscheiden die Jugendgerichte.

(2) Jugendgerichte sind der Strafrichter als Jugendrichter, das Schöffengericht (Jugendschöffengericht) und die Strafkammer (Jugendkammer).

(3) [1] Die Landesregierungen werden ermächtigt, durch Rechtsverordnung zu regeln, daß ein Richter bei einem Amtsgericht zum Jugendrichter für den Bezirk mehrerer Amtsgerichte (Bezirksjugendrichter) bestellt und daß bei einem Amtsgericht ein gemeinsames Jugendschöffengericht für den Bezirk mehrerer Amtsgerichte eingerichtet wird. [2] Die Landesregierungen können die Ermächtigung durch Rechtsverordnung auf die Landesjustizverwaltungen übertragen.

Besetzung des Jugendschöffengerichts

33a (1) [1] Das Jugendschöffengericht besteht aus dem Jugendrichter als Vorsitzenden und zwei Jugendschöffen. [2] Als Jugendschöffen sollen zu jeder Hauptverhandlung ein Mann und eine Frau herangezogen werden.

(2) Bei Entscheidungen außerhalb der Hauptverhandlung wirken die Jugendschöffen nicht mit.

Besetzung der Jugendkammer

33b (1) Die Jugendkammer ist mit drei Richtern einschließlich des Vorsitzenden und zwei Jugendschöffen (große Jugendkammer), in Verfahren über Berufungen gegen Urteile des Jugendrichters mit dem Vorsitzenden und zwei Jugendschöffen (kleine Jugendkammer) besetzt.

(2) [1] Bei der Eröffnung des Hauptverfahrens beschließt die große Jugendkammer über ihre Besetzung in der Hauptverhandlung. [2] Ist das Hauptverfahren bereits eröffnet, beschließt sie hierüber bei der Anberaumung des Termins zur Hauptverhandlung. [3] Sie beschließt eine Besetzung mit drei Richtern einschließlich des Vorsitzenden und zwei Jugendschöffen, wenn

1. die Sache nach den allgemeinen Vorschriften einschließlich der Regelung des § 74e des Gerichtsverfassungsgesetzes zur Zuständigkeit des Schwurgerichts gehört,

2. ihre Zuständigkeit nach § 41 Absatz 1 Nummer 5 begründet ist oder
3. nach dem Umfang oder der Schwierigkeit der Sache die Mitwirkung eines dritten Richters notwendig erscheint.

[4]Im Übrigen beschließt die große Jugendkammer eine Besetzung mit zwei Richtern einschließlich des Vorsitzenden und zwei Jugendschöffen.

(3) **Die Mitwirkung eines dritten Richters ist nach Absatz 2 Satz 3 Nummer 3 in der Regel notwendig, wenn**
1. die Jugendkammer die Sache nach § 41 Absatz 1 Nummer 2 übernommen hat,
2. die Hauptverhandlung voraussichtlich länger als zehn Tage dauern wird oder
3. die Sache eine der in § 74c Absatz 1 Satz 1 des Gerichtsverfassungsgesetzes genannten Straftaten zum Gegenstand hat.

(4) **[1]In Verfahren über die Berufung gegen ein Urteil des Jugendschöffengerichts gilt Absatz 2 entsprechend. [2]Die große Jugendkammer beschließt ihre Besetzung mit drei Richtern einschließlich des Vorsitzenden und zwei Jugendschöffen auch dann, wenn mit dem angefochtenen Urteil auf eine Jugendstrafe von mehr als vier Jahren erkannt wurde.**

(5) **Hat die große Jugendkammer eine Besetzung mit zwei Richtern einschließlich des Vorsitzenden und zwei Jugendschöffen beschlossen und ergeben sich vor Beginn der Hauptverhandlung neue Umstände, die nach Maßgabe der Absätze 2 bis 4 eine Besetzung mit drei Richtern einschließlich des Vorsitzenden und zwei Jugendschöffen erforderlich machen, beschließt sie eine solche Besetzung.**

(6) **Ist eine Sache vom Revisionsgericht zurückverwiesen oder die Hauptverhandlung ausgesetzt worden, kann die jeweils zuständige Jugendkammer erneut nach Maßgabe der Absätze 2 bis 4 über ihre Besetzung beschließen.**

(7) **§ 33a Abs. 1 Satz 2, Abs. 2 gilt entsprechend.**

Schrifttum: Behruzi, Taterleben und Mitteilungsprozesse bei sexuellem Missbrauch von Kindern und Jugendlichen, 2018; Busse/Volbert/Steller, Belastungserleben von Kindern in Hauptverhandlungen, 1996; Cyr, Conducting Interviews with Child Victims of Abuse and Witnesses of Crime, 2022; Dölling/Feltes/Hartmann ua, Die Besetzungsreduktion bei den großen Straf- und Jugendkammern – Evaluierung der § 76 Abs. 2 GVG und § 33b Abs. 2 JGG, 2011; Hasdenteufel, Die StPO als Grenze des Einsatzes von Videotechnologie im Strafverfahren bei sexuell mißbrauchten Kindern, 1997; Kölbel/Bork, Sekundäre Viktimisierung als Legitimationsfigur, 2012; Niehaus/Volbert/Fegert, Entwicklungsgerechte Befragung von Kindern in Strafverfahren, 2017; Quas/Goodman/Ghetti ua, Childhood Sexual Assault Victims: Long Term Outomes After Testifying in Criminal Court, 2005; Saywitz/Camparo, Evidence based child forensic interviewing, 2014; Scheumer, Videovernehmung kindlicher Zeugen: zur Praxis des Zeugenschutzgesetzes, 2007; Volbert/Pieters, Zur Situation kindlicher Zeugen vor Gericht, 1993; Volbert/Steller (Hrsg.), Handbuch der Rechtspsychologie, 2008.

Übersicht

I. Jugendgerichte (§ 33 Abs. 2)

Das Gesetz setzt in § 33 Abs. 1 die Einrichtung von JGerichten voraus. 1
Mit der Einrichtung spezieller Spruchkörper entspricht das JGG dem, was international justizorganisatorisch üblich ist (vgl. nur Leenknecht, EU Youth

Justice, 2023, S. 230 ff., 242 ff.). Die Arten der JGerichte (JRichter, JSchöffG, JKammer) und deren Rangverhältnis auf instanzgerichtlicher Ebene werden in Abs. 2 n. bestimmt. Ergänzt wird dies durch Vorgaben zur Besetzung in §§ 33a, 33b, 35 (→ Rn. 24 ff.), den Aufgaben (§ 34) und den persönlichen Anforderungen (§ 37). All dem liegt die Erwartung einer **Qualitätssicherung** durch Sonderqualifikationen in den fraglichen Spruchkörpern zugrunde.

2 Da der Gesetzgeber das JGericht nur am AG und LG vorsieht, entscheiden in der **Revisionsinstanz** die für allg. Strafsachen zuständigen OLG- bzw. BGH-Senate (§ 102 iVm § 120 Abs. 1 und Abs. 2 GVG). Der darin liegende Bruch mit dem Anliegen einer jugendbezogenen Spezialisierung ist misslich (vgl. → § 102 Rn. 2). Ob den Erfordernissen einer nicht nur einheitlichen, sondern auch jugendgemäßen Rechtsfortbildung gedient wäre, wenn die Jugendsachen bei den Revisionsgerichten wenigstens (im Wege der Geschäftsverteilung) bei einem Senat zusammengefasst würden (dafür etwa Beulke/Swoboda JugendStrafR Rn. 581), ist indes offen. Als dringender erscheint die (kontrafaktisch aufrechtzuerhaltende) Forderung, dass die an den Revisionsgerichten eingesetzten Personen ebenso **jugenderzieherisch befähigt** und erfahren sein müssen, wie das Gesetz dies für die Instanzgerichte vorschreibt (§§ 35 Abs. 2 S. 2, 37). Soweit es daran fehlt, haben sie die entspr. Expertise, die in der (jugendkriminologischen, sozialpädagogischen, erziehungswissenschaftlichen usw) Fachliteratur vorhanden ist, zu rezipieren und ihren Entscheidungen zugrunde zu legen (ebenso Wiesener Qualitätsanforderungen S. 4 f., 45). Allein dadurch kann eine Handhabung und Auslegung des Jugendstrafrechts gewährleistet werden, die gem. § 2 Abs. 1 den Besonderheiten der Zielgruppe entspricht (zu den Auslegungserfordernissen n. → § 2 Rn. 15 ff.). Wird revisionsrichterlich lediglich eine nur-rechtsdogmatische Qualifikation eingebracht, zeitigt dies eine entspr. verengte und ggf. erzieherisch dysfunktionale Norminterpretation (ebenso zB Lempp MschrKrim 1998, 125; Lederer StV 2016, 745; Mitsch NStZ 2019, 681; für ein drastisches Beispiel → § 6 Rn. 9 ff.).

II. Zuständigkeit der Jugendgerichte

1. Jugendstrafrechtliche Materien gem. § 33 Abs. 1

3 Die verschiedenen JGerichte haben – in ihrem jeweils eigenen sachlichen und örtlichen Zuständigkeitsbereich – über Verfehlungen Jugendlicher und Heranwachsender (zu diesen s. § 107) zu urteilen. Um eine solche **Verfehlung** handelt es sich bei einer straftatbestandlichen rechtswidrigen Tat (→ § 1 Rn. 33 f.). Maßgeblich für die Zuordnung einer Person zu den Gruppen der Jugendlichen bzw. Heranwachsenden ist gem. § 1 Abs. 2 das **Alter** zur **Zeit** der **Tat** (zur Berechnung des Alters vgl. → § 1 Rn. 2). Deshalb besteht die Zuständigkeit des JGerichts fort, falls ein Beschuldigter nach Tatbegehung das 21. Lbj. vollendet (zu Fällen mit **mehreren Taten** oder Unterlassungs- und Dauerdelikten, die sich jeweils auf die Zeit vor und nach Vollendung des 21. Lbj. erstrecken, vgl. → § 103 Rn. 27 ff., → § 107 Rn. 5).

4 Wenn an dem Alter des Beschuldigten und/oder der Tatzeit **nicht ausschließbare Zweifel** bestehen und deshalb nicht gesichert ist, dass der (zur

Tatzeit zumindest 14 Jahre alte) Beschuldigte zur Tatzeit bereits 21 Jahre alt war, ist nach dem Grundsatz „in dubio pro reo“ von der Zuständigkeit des JGerichts auszugehen (BGHSt 5, 366 = NJW 1954, 847; BGHSt 7, 26 = NJW 1955, 273 mAnm Dallinger MDR 1955, 181; BGHSt 47, 311 = NJW 2002, 2483 mAnm Rieß; BGH StV 2008, 117 = BeckRS 2007, 8322; siehe grds. auch → § 1 Rn. 30).

Die Zuständigkeit der JGerichte für die genannte jugendstrafrechtliche Materie ist nach § 33 Abs. 1 (bei Heranwachsenden iVm § 107) **abschließend** (s. aber §§ 102, 103 Abs. 2 S. 2). Eine formale Kompetenz von Verwaltungsbehörden, über die Strafbarkeit der Delikte von Jugendlichen zu entscheiden, scheidet damit aus. Gleichwohl ist nicht zu verkennen, dass strafrechtlich bedeutsame Verhaltensweisen Jugendlicher von Jugend- bzw. Kontrollbehörden vielfach zum Anlass einer rechtlichen Bewertung und verschiedener außerstrafrechtlicher Rechtsfolgen genommen werden. Die Alleinzuständigkeit der JGerichte ist insofern gelockert. Das betrifft auch das JStV, denn hier erfolgen die Verfahrenseinstellungen gem. § 45 Abs. 1 iVm § 153 Abs. 1 S. 2 StPO und § 45 Abs. 2 ohne Zutun des JGerichts. 5

2. Verhältnis zur sachlichen Zuständigkeit der allgemeinen Strafgerichte

a) Problematik. Nicht selten gilt – etwa mit Blick auf die erforderliche Fachlichkeit des Gerichtspersonals – nicht nur eine Alleinzuständigkeit, sondern auch eine institutionelle Eigenständigkeit der Jugendgerichtsbarkeit als wünschenswert (vgl. UK II bzw. UK III DVJJ-Journal 1992, 17 f. bzw. 23; vgl. auch DVJJ/AK IV/3 1993, 729; eingehend Frenzel ZJJ 2022, 276 (282 ff.)). Wie das Gesetz dazu steht, ist unklar. § 33 Abs. 2 stellt für die tatgerichtliche Ebene lediglich klar, dass die JGerichte der ordentlichen (Straf-)Gerichtsbarkeit zugehören. Dies kann als eine „echte“ Integration verstanden werden, doch ebenso gut auch als eine nur äußerliche Angliederung von sachgebietsbezogen selbstständigen Gerichten eigener Art. Nähere Vorgaben hierzu macht die Vorschrift ebenso wenig wie zum damit zusammenhängenden Charakter der Zuständigkeitszuordnung. Vor dem Hintergrund des Art. 101 Abs. 1 S. 2 GG ergibt sich aus § 33 Abs. 1 zunächst einmal nur das Erfordernis, Jugendsachen durch den Geschäftsverteilungsplan den JGerichten zuzuordnen (§ 21e GVG). Die Bestimmung der hiermit betrauten Personen ist nach pflichtgemäßem Ermessen unter Berücksichtigung von § 37 vorzunehmen, ohne hierbei an eine „Bestenauslese“ ieS (Art. 33 Abs. 2 GG) gebunden zu sein (BVerfG NJW 2008, 909; zur ggf. erforderlichen vorübergehenden Vertretung s. BGH BeckRS 2003, 30319971). Doch die Frage nach dem Bestehen einer etwaigen kompetenziellen Vorrang- bzw. Exklusivitätsbeziehung bleibt offen. Wegen der revisionsrechtlichen Implikationen (vgl. → Rn. 20 ff.) bedarf dies aber der Klärung. Dabei ist die Einordnung der gesetzlichen Spezialzuständigkeit iSv § 33 Abs. 1 als sachliche oder bloß als geschäftsverteilungsmäßige Zuständigkeit wertungsabhängig und prinzipiell in beiden Varianten möglich (vgl. auch Rieß GA 1976, 3 (22)). 6

b) Herrschende Meinung. In der früheren Judikatur stellte man sich ganz überwiegend auf den Standpunkt, das Gesetz weise den JGerichten mit der Aburteilung heranreifender junger Menschen einen anderen Aufgaben- 7 bereich als den allg. Strafgerichten zu. Dies bestätige sich in einem spezialisierten jugendgemäßen Verfahren und in besonders besetzten Spruchkörpern. JGerichte würden also mit einer **eigenen sachlichen Zuständigkeit** tätig, die sich von der der allg. Strafgerichte unterscheide (BGHSt 7, 26 = NJW 1955, 273; BGHSt 8, 349 = NJW 1956, 517; BGHSt 10, 74 = NJW 1957, 511; BayObLGSt NJW 1967, 216; OLG Saarbrücken NJW 1966, 1041). Dieser Ansatz wurde den Zwecken des JGG und den Beweggründen des historischen Gesetzgebers bei dessen Schaffung gerecht (s. BayObLG GA 1964, 335; OLG Saarbrücken NJW 1966, 1041). Er korrespondierte also mit einer Herangehensweise, die hier als teleologisch-empirisches Modell bezeichnet und präferiert wird (→ § 2 Rn. 15 f.).

8 Hiervon ist der Große Senat des BGH abgerückt (BGHSt 18, 79 (82) = NJW 1963, 60 (61)). Seither vertreten die Judikatur und die hL die Auffassung, die JGerichte seien den ordentlichen Gerichten wesensgleich und stellten reguläre **Strafgerichte** dar (dazu aber Hanack JZ 1971, 89 (90): „widerspricht (…) krass Sinn und Ausgestaltung der Jugendgerichtsbarkeit"; siehe auch die eingehende Kritik bei Frenzel ZJJ 2022, 276 (282 ff.)). Wie sich aus den Regelungen in § 108 Abs. 2 und Abs. 3 ergebe, habe das Gesetz sie innerhalb derselben Gerichtszuständigkeit lediglich mit einem **besonderen** sachlichen **Geschäftskreis** betraut (ebenso bspw. BGHSt 18, 173 = NJW 1963, 500; BGHSt 22, 48 = NJW 1968, 952; BGHSt 26, 191 = NJW 1975, 2304; aus jüngerer Zeit bspw. BGH BeckRS 2019, 35791; OLG Karlsruhe Die Justiz 1999, 142 = BeckRS 1998, 12386; KK-StPO/Geilhorn StPO § 1 Rn. 27 ff.; Beulke/Swoboda JugendStrafR Rn. 582). Damit wurde das dogmatisch-strafrechtliche Modell bei der Handhabung des JGG (→ § 2 Rn. 15 f.) gleichsam auf die justiz-institutionelle Ebene erstreckt.

9 Der Gesetzgeber machte sich diese hM bei Erlass des StVÄG 1979 zu eigen (vgl. BT-Drs. 8/976, 20). Allerdings verlieh er den JGerichten durch Neufassung des § 103 Abs. 2 und die dabei erfolgte Präzisierung des Vorrangprinzips größeres Gewicht. Insbesondere aber gestaltete er das Aufgabenfeld der JGerichte wenn schon nicht als, so doch wie eine sachliche Zuständigkeit aus. Diese wurde bei der Neugestaltung der Zuständigkeitsabgrenzungen zu den allg. Strafgerichten an etlichen Punkten (§ 209a Nr. 2, § 225a Abs. 1, § 270 Abs. 1 StPO; § 47a) als solche **fingiert** (Löwe/Rosenberg/Stuckenberg StPO § 209a Rn. 2 f.; Rieß NStZ 1981, 304 (305)). Anders als die Revisionsinstanz (zur diesbzgl. hM → Rn. 21) haben die Gerichte der Tatsacheninstanzen ihre Zuständigkeit iSv § 33 Abs. 1 deshalb gem. § 6 StPO in jeder Phase des Verfahrens **von Amts wegen** zu prüfen (vgl. etwa BT-Drs. 8/976, 33; BGHSt 30, 260 = NJW 1982, 454; OLG Oldenburg NJW 1981, 1384; KK-StPO/Geilhorn StPO § 1 Rn. 27, 31; Rieß NStZ 1981, 304 (305)). § 6a StPO findet dagegen nach allgA keine Anwendung (s. dazu auch → 21).

3. Sonstige Zuständigkeiten der Jugendgerichte

10 **a) Ordnungswidrigkeiten.** Neben der jugendstrafrechtlichen Materie entscheidet das JGericht (konkret der JRichter) gem. § 68 Abs. 2 OWiG im **Einspruchsverfahren** auch über Handlungen, die im Bußgeldverfahren nach dem OWiG geahndet wurden (n. KK-OWiG/Ellbogen OWiG § 68 Rn. 28 ff.; zum JStA vgl. → § 36 Rn. 9).

11 **b) Jugendschutzsachen.** Außerdem werden JGerichte bei bestimmten Straftaten **Erwachsener** tätig. Dies betrifft einige Konstellationen verbundener Verfahren (§ 103 Abs. 1 und 2) sowie die sog. Jugendschutzsachen, in denen die JGerichte neben den allg. Strafgerichten zuständig sind (§§ 26, 74b GVG; zu Besonderheiten der Verfahrensgestaltung vgl. → Rn. 35 ff.). Hierfür muss sich die Anklage auf die Verletzung jugendschützender Vorschriften oder auf die Gefährdung bzw. Verletzung eines Minderjährigen durch einen Erwachsenen beziehen. Diese Voraussetzung ist nach allgA nicht erfüllt, wenn die Tat zum Tod des Kindes bzw. des Jugendlichen „geführt hat" (zu Kausalitäts- und Zurechnungsproblemen bei zeitlich gestreckten oder weit zurückliegenden Verläufen vgl. aber (anhand hinzugekommener Behandlungsfehler) bspw. Eisenberg medstra 2016, 203 (207 f.)).

12 Dass § 26 Abs. 1 GVG in Jugendschutzsachen eine **Wahlzuständigkeit** vorsieht, weckt verfassungsrechtliche Zweifel im Hinblick auf Art. 101 Abs. 1 S. 2 GG (vgl. SK-StPO/Degener GVG § 26 Rn. 9; allg. zu Notwendigkeit und Grenzen beweglicher Zuständigkeitsregelungen BVerfGE 9, 223 = NJW 1959, 871; BVerfGE 22, 254 (258 ff.) = NJW 1967, 2151). Diese Bedenken werden von der hM allerdings nicht geteilt (vgl. BGHSt 13, 298 = NJW 1960, 56). Auf der Basis dieser Ansicht ist das Verfahren vor den JGerichten sodann vorzugswürdig, wenn der Grund ihrer Mitzuständigkeit fallkonkret von Bedeutung ist: nämlich die speziellere Befähigung, welche die jugendgerichtlich amtierenden Personen erfahrungsgetragen ua bei der Vernehmung von Minderjährigen sowie bei der Beurteilung einer mutmaßlichen kindlichen Schädigung erworben haben sollten (dazu auch BT-Drs. 19/23707, 25 f.). Auf diese Kompetenz muss es im fraglichen Verfahren ankommen können (BVerfG NStZ 2007, 40), was indes bereits bei einer nicht ausgeschlossenen Vernehmung des Kindes gegeben ist (LG Oldenburg ZJJ 2010, 428 = BeckRS 2011, 12562). Nach dem durch Gesetz v. 29.6.2013 (BGBl. I 1805) modifizierten § 26 Abs. 2 S. 1 GVG **soll** daher Anklage bei den JGerichten erhoben werden, wenn dadurch schutzwürdige **Interessen minderjähriger** Zeugen „besser gewahrt werden können".

12a Die StA hat bei der Frage, ob sie vor den allg. Strafgerichten oder dem JGericht anklagt, in den fraglichen Fällen also **kein echtes Wahlrecht,** wohl aber einen Beurteilungsspielraum hinsichtlich der zeugenschützenden Funktionalität. Auch darf vor den Gerichten für allg. Strafsachen angeklagt werden, falls die Geschäftsverteilung dort besondere JSchutzkammern vorsieht und durch deren Spezialisierung „eine gleichwertige Wahrung der schutzwürdigen Belange der minderjährigen Zeugen zu erwarten ist" (BT-Drs. 17/6261, 14). Auch in Missbrauchsfällen, die von den Betroffenen erst Jahre später im **Erwachsenenalter** ausgelöst werden (zum dahingehenden Forschungsstand Behruzi, Taterleben und Mitteilungsprozesse bei sexuellem Missbrauch von Kindern und Jugendlichen, 2018, S. 62 ff.), besteht idR kein Anlass für eine Anklage vor dem JGericht (aA offenbar LG Zweibrücken NStZ-RR 2013, 56; unklar insofern BGH NStZ 2012, 401).

4. Konzentration der örtlichen Zuständigkeit gem. § 33 Abs. 3

13 Die örtliche jugendstrafrechtliche Zuständigkeit ergibt sich aus § 42 und aus den Gerichtsständen des allg. Verfahrensrechts. Prinzipiell können die

hierdurch begründeten Zuständigkeiten für den Bereich der AG (nicht der LG) allerdings auch zusammengefasst werden. Abs. 3 begründet nämlich die Rechtsetzungskompetenz der Landesregierungen, die **örtliche Zuständigkeit** mehrerer Bezirke per eigener Verordnung auf einen Bezirk zu konzentrieren oder der Landesjustizverwaltung diese Möglichkeit zu übertragen (Nachw. zu entspr. VO der Länder in Habersack zu Abs. 3 S. 1). Dass diese **gesetzliche** Ermächtigung im Hinblick auf ihren Inhalt, ihren Zweck und ihr Ausmaß den verfassungsrechtlichen Erfordernissen der Bestimmtheit genügt (Art. 80 Abs. 1 S. 2 GG), steht zwar nicht außer Zweifel. § 58 GVG als entsprechende Vorschrift der allg. Gerichtsverfassung bietet dank seiner größeren Konkretheit jedoch die Grundlage für eine verfassungskonforme Auslegung (vgl. auch Diemer/Schatz/Sonnen/Schatz Rn. 32). Unabhängig davon gibt die örtliche Zuständigkeitskonzentration aber auch sonst Anlass für Bedenken. Zwar kann sie ggf. Vorteile in Form einer angehobenen **Einheitlichkeit** der Rspr. bieten, insbes. beim Einsatz von jugenderzieherisch wirklich befähigten und erfahrenen Richtern (diff. NK-JGG/Schady Rn. 18). Doch dürften in der Praxis eher organisationsbedingte Ressourcen- und Effektivitätsbelange und weniger die Gesichtspunkte der jugenderzieherischen Sachkompetenz für die Konzentrationsüberlegungen bestimmend sein.

14 Die Möglichkeit zur Bestellung von **Bezirksjugendrichtern** (§ 33 Abs. 3 S. 1 Alt. 1) kann in der Praxis noch am ehesten in Ballungsgebieten mit mehreren AGen genutzt werden. Da der JRichter im JStV mit den örtlichen Verhältnissen vertraut sein sollte, wird hiervon im ländlichen Raum dagegen abzusehen sein (allgA). Dies gilt auch für die Konzentration eines **gemeinsamen Jugendschöffengerichts** bei einem AG für die Bezirke mehrerer AG gem. § 33 Abs. 3 S. 1 Alt. 2 (befürwortend aber Brunner/Dölling Rn. 17). Dass die Kenntnis örtlicher Verhältnisse im Zuständigkeitsbereich des JSchöffG von geringerer Bedeutung als beim JRichter sein könnte (oder dass gewichtigere Tatvorwürfe eine Konzentration wünschenswerter erscheinen ließen), ist nicht zu erkennen (einschr. auch HK-JGG/Habetha § 33 Rn. 18).

15 § 58 Abs. 1 S. 1 GVG ermöglicht die örtliche Konzentration nicht nur für die StVerf insg., sondern auch für einzelne Verfahrensentscheidungen. Im JStV sollte diese Option jedoch nicht wahrgenommen werden (s. aber Wohlfahrt StraFo 2020, 59 (60 f.) zu entspr. Konzentrationsregelungen für das Haftgericht in einigen Bundesländern). Die örtliche Zuständigkeitskonzentration **eines Teils** der jugendrichterlichen **Aufgaben** verträgt sich nicht mit der gesetzlich angestrebten Einheitlichkeit von erzieherisch orientierten Entscheidungen (→ § 34 Rn. 2 ff.), die über die verschiedenen Prozessphasen hinweg möglichst in personeller Kontinuität getroffen werden sollen (kennzeichnend hierfür §§ 34, 42, 82 Abs. 1, 90 Abs. 2 S. 2). Dieses Leitbild gilt auch verfahrensübergreifend, sodass es als wünschenswert gilt, die ursprünglich befasste jugendrichterliche Person auch mit der neuerlichen strafrechtlichen Erfassung eines Beschuldigten zu betrauen. Deshalb ist eine Zuständigkeitsregelung, die die Fallbearbeitung für Jugendliche und Heranwachsende trennt und sodann jeweils in verschiedenen AG konzentriert, gleichermaßen kontraindiziert (ebenso zB auch Löwe/Rosenberg/Gittermann GVG § 58 Rn. 13).

5. Abgabe bei Unzuständigkeit

a) Zuständigkeitsfehler und -konflikte regelt das JGG in § 39 Abs. 1 S. 3, § 40 Abs. 1 S. 2 nur für das Verhältnis von JGerichten verschiedener Ordnung. Wenn eine vor das allg. Strafgericht bzw. vor das JGericht gehörende Sache **irrtümlich** vor dem jeweils anderen Gericht **angeklagt** worden ist, gelten dagegen die hierfür eingerichteten Vorschriften der §§ 209, 209a, 225a StPO (→ Rn. 9; vgl. dazu, dass dies für eine Klärung durch das gemeinsame übergeordnete Gericht gem. §§ 14, 19 StPO keinen Raum lässt, etwa LG Saarbrücken NStZ-RR 2005, 153). Die hiernach mögliche Abgabe ist indes nur **innerhalb desselben Gerichtsbezirks** möglich (s. auch → § 42 Rn. 14). 16

b) Vor Eröffnung des Hauptverfahrens kann das zunächst angegangene **allg. Strafgericht,** das ein JGericht höherer oder gleicher Ordnung in seinem Bezirk für zuständig hält, diesem die Akten durch Vermittlung der StA zur Entscheidung vorlegen (§ 209 Abs. 2, § 209a Nr. 2 StPO; für ein Bsp. vgl. OLG Jena BeckRS 2015, 19800). Nimmt das zunächst angegangene Erwachsenengericht hingegen die Zuständigkeit eines JGerichts niedrigerer Ordnung an, eröffnet es das Hauptverfahren vor diesem Gericht (§ 209 Abs. 1 StPO). – Das zunächst angegangene **JGericht,** das ein Erwachsenengericht gleicher oder niedrigerer Ordnung desselben Bezirks als zuständig erachtet, eröffnet das Hauptverfahren vor diesem (§ 209 Abs. 1, § 209a Nr. 2 StPO; zur Besonderheit bei § 103 Abs. 2 → § 103 Rn. 15 f., 18). Bei angenommener Zuständigkeit eines allg. Strafgerichts höherer Ordnung (vern. für das Verhältnis von JSchutzkammer zum Schwurgericht BGHSt 42, 39 = NStZ 1996, 346), verfährt es dagegen nach § 209 Abs. 2 StPO. 17

c) Nach Eröffnung des Hauptverfahrens (für das Berufungsverfahren → § 41 Rn. 20 ff.) legt das **allg. Strafgericht,** das ein JGericht höherer oder gleicher Ordnung seines Gerichtsbezirks in einer Sache, die keine JSchutzsache ist, für zuständig hält, diesem die Akten durch Vermittlung der StA bis zu Beginn der HV vor (§ 225a Abs. 1 S. 1 StPO). Der Angeklagte kann dabei selbst bei Vorlage vor dem JRichter oder dem JSchöffG versuchen, die vom allg. Strafgericht angenommenen Abgabegründe durch eine Beweisaufnahme zu entkräften (denn abgesehen davon, dass die in Betracht kommende Anwendung des JStR durchaus neue rechtliche Umstände umfasst, gilt § 225a Abs. 2 StPO hier schon wegen § 209a Nr. 2 StPO – (dazu etwa KK-StPO/Gmel StPO § 225a Rn. 20 mwN)). – Nach Beginn der HV verweist das allg. Strafgericht die Sache durch Beschluss an das JGericht (§ 270 Abs. 1 S. 1 StPO). Das gilt auch, wenn das Verfahren davor vom JGericht nach § 209 Abs. 1, § 209a Nr. 2 StPO beim allg. Strafgericht eröffnet worden war (BGHSt 47, 311 = NStZ 2003, 47). Gegenüber einem JGericht niedrigerer Ordnung scheidet eine Abgabe dagegen nach § 269 StPO aus, und dies in entspr. Anwendung der Norm schon vor der HV (vgl. Meyer-Goßner/Schmitt/Schmitt StPO § 269 Rn. 2 f.). 18

Hält ein **JGericht** ein allg. Strafgericht höherer Ordnung für zuständig, legt es ihm die Akten vor Beginn der HV durch Vermittlung der StA zur Entscheidung über die Übernahme vor (§ 225a Abs. 1 S. 1 StPO). Nach Beginn der HV hat es per Beschluss zu verweisen (§ 270 Abs. 1 S. 1 StPO). Die Abgabe an ein allg. Strafgericht gleicher oder niedrigerer Ordnung kommt nach Eröffnung des Hauptverfahrens im Regelfall (zu Ausnahmen 19

→ § 103 Rn. 15 f., 18) nicht in Betracht (§ 47a S. 1), auch nicht bei Abtrennung des gegen einen Erwachsenen geführten Verfahrens (→ § 47a Rn. 5). Außerdem kann sich der JRichter ggü. Dem allg. Schöffengericht angesichts derselben Rechtsfolgenkompetenz (→ § 108 Rn. 9) nicht für unzuständig erklären (BGH StraFo 2004, 103 = BeckRS 2004, 869; 2003, 30334890). Praktische Bedeutung hat das va, wenn sich ein zuständigkeitsrelevanter Umstand (etwa das Alter des Angeklagten) erst in der HV herausstellt (→ § 47a Rn. 3).

6. Revision

20 **a) Jugendstrafrechtliche Verfahren.** Die sachliche Zuständigkeit des Gerichts ist Prozessvoraussetzung, bei deren Fehlen zwar nicht die Zulässigkeit des Verfahrens, aber die Sachurteilsbefugnis des Gerichts entfällt. Das Revisionsgericht (zum Berufungsgericht → § 41 Rn. 20 ff.) hat daher neben der eigenen Zuständigkeit auch die der Gerichte, die in den vorherigen Instanzen tätig waren, **von Amts wegen** zu prüfen. Zu einer relevanten Zuständigkeitsüberschreitung kann es im Verhältnis verschiedener Gerichte (AG statt LG) oder zwischen den Abteilungen eines Gerichts mit verschieden hoher Strafgewalt kommen, etwa zwischen JRichter und JSchöffG (→ § 39 Rn. 12 f., 24 f. sowie Brunner/Dölling Rn. 26). Ein Spruchkörper ist also **sachlich unzuständig,** wenn er über die eigene **Strafgewalt hinausgeht** und in den Strafbann eines Gerichts höherer Ordnung oder in den weiterreichenden Strafbann einer anderen Abteilung eingreift (BGHSt 18, 79 (83) = NJW 1963, 60 (61)). Entscheidet ein Gericht höherer Ordnung anstelle eines Gerichts niederer Ordnung, führt das wegen § 269 StPO dagegen nur bei objektiv willkürlich bejahter Zuständigkeit zur Aufhebung (n. etwa MüKoStPO/Knauer/Kudlich StPO § 388 Rn. 68; Hilger NStZ 1983, 337 (340) jeweils mwN).

21 Trifft ein Gericht irrig eine Entscheidung, die zum **Geschäftsbereich** einer anderen Gerichtsabteilung gleichen Ranges zählt, ist dies ein Fehler von geringerem Gewicht. Inwieweit ein solcher vorlag, wird durch das Revisionsgericht nur auf eine dahingehende Rüge hin überprüft. Kommt es im Verhältnis zwischen Amts- und Jugendrichter oder Schöffen- und Jugendschöffengericht oder Straf-und Jugendkammer zu Verstößen gegen die Zuständigkeitsabgrenzung, muss dies – da es sich nach hM (→ Rn. 8) hier jeweils um gleichrangige Spruchabteilungen handelt – mit der **Revision (gestützt auf § 338 Nr. 4 StPO) eigens gerügt** werden, damit das Revisionsgericht das fragliche Urteil aufhebt und die Sache gem. **§ 355 StPO** an das zuständige Gericht verweist (BGHSt 18, 79 (83) = NJW 1963, 60 (61); BGHSt 26, 191 (198) = NJW 1975, 2304 (2305 f.); BGHSt 47, 311 = NJW 2002, 2483; BGH StV 2008, 117 = BeckRS 2007, 8322; NStZ 2013, 290 (291); BeckRS 2019, 35791; Brunner/Dölling Rn. 8, 28; NK-JGG/Schady Rn. 8 f.). Die Vor- und fingierte Höherrangigkeit der JGerichte (vgl. → Rn. 9) hätte es zwar auch erlaubt, ihre Spezialzuständigkeit als (von Amts wegen zu beachtende) Prozessvoraussetzung einzuordnen (so de facto BayObLGSt 64, 91; OLG Saarbrücken NJW 1966, 1041; OLG Oldenburg NJW 1981, 1384; vgl. tendenziell ebenso Jahn JuS 2000, 383 (385)), doch hat sich diese Auffassung gegen die zitierte hM nicht durchgesetzt. Auch die Konstellation, in der im Geschäftsverteilungsplan des Gerichts gar keine JSachen erwähnt sind und deshalb unterstellt werden muss, dass statt des

nicht bestehenden JGerichts ein allg. Strafgericht entscheidet (OLG Saarbrücken NJW 1966, 1041), wird von ihr als ein solcher rügeabhängiger Fall von § 338 Nr. 4 StPO aufgefasst. Eines vorherigen Zuständigkeitseinwands bedarf es wegen der fehlenden Einschlägigkeit von § 6a StPO in all den genannten Sachlagen iÜ nicht (BGHSt 30, 260 = NJW 1982, 454; BGHSt 47, 313 = NJW 2002, 2483; BGH StraFo 2010, 466 = BeckRS 2010, 21243; Diemer/Schatz/Sonnen/Schatz § 33 Rn. 19).

Die vorgenannten Ausführungen betreffen die Fälle unzuständig entschei- 22
dender allg. Strafgerichte, etwa wenn diese bei der Aburteilung nach allg. StR das Heranwachsenden-Alter des Angeklagten (und damit die Zuständigkeit der JGerichte gem. §§ 107, 108 Abs. 1) übersehen (vgl. etwa BGH bei Hilger NStZ 1983, 337 (340); OLG Karlsruhe Die Justiz 1999, 142 = BeckRS 1998, 12386). Sie gelten auch, wenn ein **Erwachsenengericht** einen Erwachsenen abgeurteilt hat, obwohl es aufgrund einer Verfahrensverbindung (§ 103 Abs. 1) gem. § 103 Abs. 2 S. 1 nicht zuständig war. Hatte das Gericht seine Zuständigkeit (irrig) auf § 103 Abs. 2 S. 2 gestützt, ist indes die Rügepräklusion des § 6a StPO kraft ausdrücklicher Anordnung (§ 103 Abs. 2 S. 3) zu beachten. Umstritten ist die Revisibilität schließlich, wenn ein unzuständiges allg. Strafgericht seine Zuständigkeit durch Abtrennung oder Einstellung des die JGG-Anwendbarkeit begründenden Anklageteils herstellt (dazu → § 103 Rn. 33). – Für den Fall der Aburteilung eines **Erwachsenen** durch ein unzuständiges **JGericht** schließt hingegen die Regelung des § 47a S. 1 die Revisionsrüge nach § 338 Nr. 4 StPO aus (allgA, etwa BGHSt 30, 260 = NJW 1982, 454). Anders verhält es sich hier nur, wenn das zuständige allg. Strafgericht höherrangig war und das JGericht deshalb auch § 270 Abs. 1 S. 1 StPO verletzt hat.

b) Jugendschutzsachen. Wird in Jugendschutzsachen anstelle des JGe- 23
richts ein allg. Strafgericht tätig, kann eine Revisionsrüge auf § 338 Nr. 4 gestützt werden. § 6a StPO hat auch in diesem Zusammenhang keine Bedeutung, weil die Vorschrift im Verhältnis zwischen Erwachsenen- und Jugendgericht generell unanwendbar ist (→ Rn. 21). Das Revisionsgericht überprüft allerdings nur, ob das Instanzgericht iRv §§ 26, 74b GVG seinen **Beurteilungsspielraum** (→ Rn. 12) überschritten hat (BGHSt 57, 165 = NJW 2012, 2455; Löwe/Rosenberg/Franke StPO § 338 Rn. 78; MüKoStPO/Knauer/Kudlich StPO § 338 Rn. 79: revisionsrelevant nur Willkür, zumal die fraglichen Voraussetzungen nach dem Eröffnungsbeschluss nicht mehr problematisiert werden). Auch unterliegt der Rügevortrag angehobenen Anforderungen: Weil auch eine allg. Strafkammer als Jugendschutzkammer eingerichtet sein kann, ergibt sich die behauptete Rechtsverletzung aus der Nichtbesetzung mit JSchöffen für sich genommen noch nicht. Für die Unzuständigkeit der entscheidenden Kammer muss vielmehr der maßgebliche Inhalt des Geschäftsverteilungsplans mitgeteilt werden (BGH BeckRS 2007, 07084).

III. Besetzung der Jugendgerichte (§§ 33a, 33b)

1. Allgemeines

Die Vorschriften zur Jugendgerichtsverfassung sind für sämtliche Verfah- 24
ren von Belang, die zuständigkeitsbedingt vor den Jugendgerichten geführt

werden, wohingegen sie für Verfahren vor den für allg. Strafsachen zuständigen Gerichten (naturgemäß) keine Bedeutung haben. Falls der Vorwurf gegen einen Jugendlichen ausnahmsweise vor einem allg. Strafgericht verhandelt wird, kommen die jugendgerichtsverfassungsrechtlichen Besonderheiten, die eine altersgerechte Prozessführung gewährleisten sollen, also nicht zum Tragen (§ 104 Abs. 1; zur Kritik vgl. → § 102 Rn. 2). Das gilt auch für die Gerichtsbesetzung iSv §§ 33a, 33b.

25 Im JStV entscheidet der JRichter als **Einzelrichter** – innerhalb wie außerhalb der HV – immer allein (zur Zuständigkeit s. § 39). Dagegen bestehen die **Kollegialorgane** teilw. aus Gruppen von Berufsrichtern (zur internen Struktur der JKammer → § 41 Rn. 3 f.). In der HV sind sie stets aus Berufs- und Laienrichtern besetzt, denen eine gleichrangige Entscheidungsbefugnis zukommt (vgl. § 30 Abs. 1 GVG). In Ergänzung von § 45a DRiG werden die ehrenamtlichen Richter als **„JSchöffen"** bezeichnet (zu Grundfragen der Laienbeteiligung → § 35 Rn. 2 ff.; zu revisionsrechtlichen Fragen vgl. → Rn. 33). Für JSchöffen gilt der Grundsatz der Geschlechterparität, und dies sowohl für ihre gesamte Zusammensetzung (§ 35 Abs. 1 S. 2) als auch für die verfahrens- und gerichtskonkrete Besetzung. Als Laienrichter sollen (in Abweichung von den allg. Vorschriften des GVG) also stets jeweils eine Frau und ein Mann herangezogen werden (§ 33a Abs. 1 S. 2, § 33b Abs. 7). Um dies zu gewährleisten soll der Hilfeausschuss ebenso viele Männer wie Frauen vorschlagen (§ 35 Abs. 2 S. 1) und der Schöffenwahlausschuss (§ 40 GVG) eine gleiche Anzahl von Frauen und Männern wählen (§ 35 Abs. 1 S. 2; n. zum Auswahlverfahren → § 35 Rn. 9 ff.). Die hierfür früher genannte Begründung, Frauen verfügten über eine besondere erzieherische Befähigung, die gerade in Jugendsachen bedeutsam sei (vgl. etwa Dallinger/Lackner Rn. 9 mN; Lackner JZ 1953, 527 (530)), ist von Geschlechtsstereotypen und traditionell-geschlechtsspezifischer Rollenerwartungen geprägt und bislang empirisch unbestätigt geblieben.

26 **Außerhalb** der **HV** wirken die JSchöffen an den Entscheidungen des JGerichts **nicht** mit, dh hier handelt dann (zB bei Einstellungen gem. § 47) der JRichter für das JSchöffG (§ 33a Abs. 2) bzw. die dreiköpfige Berufsrichtergruppe für die JKammer (§ 33b Abs. 7). Nach dem Übergang vom Vor- und Zwischen- in das Hauptverfahren können allerdings manche Fragen sowohl in der HV als auch außerhalb der HV entschieden werden, was eine jeweils unterschiedliche Spruchkörperbesetzung mit ggf. unterschiedlichen Mehrheitsverhältnissen nach sich zieht. Mit Blick auf Art. 101 Abs. 1 S. 2 GG und das daraus folgende Erfordernis, schon der bloßen Möglichkeit einer manipulativen Besetzung vorzubeugen (BVerfG NJW 1997, 1498), ist dies problematisch. Dementsprechend sollte in dieser Phase zumindest über so gewichtige Gegenstände wie Haftentscheidungen auch außerhalb der HV grds. in derselben Besetzung **wie in der HV** befunden werden (so für den Bereich des OLG in 1. Instanz BGHSt 43, 91 = NJW 1997, 2531; für den amts- und landgerichtlichen Bereich OLG Koblenz StV 2010, 36 = BeckRS 2010, 266; StV 2010, 37 = BeckRS 2010, 268; KG StraFo 2016, 292 = BeckRS 2016, 9295; Kunisch StV 1998, 687; Sowada StV 2010, 37; diff. OLG München BeckRS 2018, 2549; KK-StPO/Gericke StPO § 126 Rn. 10; va **aus Gründen der Beschleunigung dagegen aA** BGH NStZ 2011, 356; ferner zB OLG Köln NStZ 2009, 589; Krüger NStZ 2009, 590; Rönnau GS Weßlau, 2016, 293 (302)).

2. Jugendschöffengericht

Das JSchöffG ist **in der HV** mit dem JRichter als Vorsitzendem und zwei JSchöffen besetzt (§ 33a Abs. 1 S. 1; zu Entscheidungen außerhalb der HV → Rn. 26). Die in § 29 Abs. 2 GVG vorgesehene Option, bei besonderem Umfang der Sache einen zweiten Berufsrichter für das JSchöffG hinzuziehen, scheidet im JStV aus. Für das JSchöffG besteht hier vielmehr bis zur Eröffnung des Hauptverfahrens eine Übertragungsmöglichkeit an die JKammer (§ 40 Abs. 2–4). – Ein Richter auf Probe (§ 12 DRiG) darf im ersten Jahr nach seiner Ernennung iÜ nicht Vorsitzender sein (§ 29 Abs. 1 S. 2 GVG iVm § 2 Abs. 2). 27

3. Jugendkammer

a) Große und kleine Jugendkammer. Die kleine JKammer besteht aus dem JRichter als Vorsitzendem und zwei JSchöffen. Sie ist das Berufungsgericht bei erstinstanzlichen Entscheidungen des JRichters (§ 33b Abs. 1). Die Große Jugendkammer entscheidet bei erstinstanzlicher Zuständigkeit der JKammer (§ 41 Abs. 1) sowie als Beschwerdegericht und als Berufungsinstanz gegen Urteile des JSchöffG (Abs. 4, § 41 Abs. 2). Sie ist mit dem Vorsitzenden, zwei weiteren Berufsrichtern und zwei JSchöffen besetzt (§ 33b Abs. 1). Aus justizökonomischen Gründen wurden indes weitreichende Vorgaben zur **Besetzungsreduktion** eingeführt (Art. 15 Abs. 2 des Gesetzes v. 11.1.1993 (BGBl. I 1950)), sodann mehrfach verlängert (Art. 5 des Gesetzes v. 30.12.2006 (BGBl. I 3416) bzw. Art. 1 des Gesetzes v. 7.12.2008 (BGBl. I 2348)) und schließlich verstetigt (Gesetz v. 13.12.2011 (BGBl. I 2554); dazu eingehend Schlothauer StV 2012, 749). Diese Verkleinerung des Spruchkörpers (Vorsitzender, ein weiterer Berufsrichter, zwei JSchöffen), die in der Gerichtspraxis de facto dominiert (rechtstatsächlich, auch zu regionalen Unterschieden Arenhövel/Otte DRiZ 2010, 227 und Arenhövel/Otte 2010, 270; Dölling/Feltes/Hartmann ua, Die Besetzungsreduktion bei den großen Straf- und Jugendkammern, 2011, S. 25 ff., 49 ff.), könnte für die Qualität der gerichtlichen Entscheidungen abträglich sein. Ein Manko mag auch darin liegen, dass die Stimme des Vorsitzenden größeres Gewicht erlangt (§ 196 Abs. 4 GVG iVm § 2 Abs. 2). Die verlässliche vergleichende Überprüfung etwaiger Nachteilseffekte ist indes methodisch höchst anforderungsreich. Immerhin scheinen Praktiker (va Verteidiger) zu einer entspr. Einschätzung zu tendieren (Hinweise bei Dölling/Feltes/Hartmann ua, Die Besetzungsreduktion bei den großen Straf- und Jugendkammern, 2011, S. 167 ff.). 28

b) Konstellationen der Besetzungsreduktion. In Ihrer Regelungsstruktur sehen § 33b Abs. 2–4 für die große JKammer **grds.** die – zwingende (BVerfGE 131, 268 (313) = NJW 2012, 3357 (3365)) – **Festlegung einer reduzierten Besetzung** vor (§ 33b Abs. 2 S. 4), wohingegen der scheinbare Regelfall (§ 33b Abs. 1) einer Verhandlung und Entscheidung in fünfköpfiger Vollbesetzung auf die im Gesetz eigens genannten Konstellationen beschränkt wird. Bei **erstinstanzlicher** Tätigkeit der JKammer ist das der Fall, wenn ein schwerwiegendes Delikt angeklagt wird – sei es eines der in § 74 Abs. 2 GVG genannten (§ 33b Abs. 2 S. 3 Nr. 1) oder eine der in § 7 Abs. 2 S. 1 beschriebenen Straftaten, bei der wegen der Straferwartung eine Sicherungsverwahrung in Betracht kommt oder mit einer Unterbrin- 29 gung gem. § 7 Abs. 1 iVm § 63 StGB zu rechnen ist (§ 33b Abs. 2 S. 3 Nr. 2; ähnlich § 108 Abs. 3 S. 3). Eine Vollbesetzung bedarf es gem. § 33b Abs. 2 S. 3 Nr. 3 ferner, wenn die Mitwirkung von drei Berufsrichtern wegen des Umfangs oder der Schwierigkeit des angeklagten Sachverhalts erforderlich ist, wobei § 33b Abs. 3 für diese Notwendigkeit drei nicht-abschließende Regelbeispiele vorgibt. Diese liegen bei wirtschaftsstrafrechtlichen Materien, bei absehbar langen HV (über 10 Tage) und bei jenen Sachen vor, die das JSchöffG wegen des besonderen Umfangs vorgelegt (→ Rn. 27) und die JKammer nach § 41 Abs. 1 Nr. 2 übernommen hat. Das Verfahren kann indes auch aus anderen Gründen umfangreich oder schwierig sein, wobei die JKammer in dieser Hinsicht einen weiten Beurteilungsspielraum hat (BGHSt 44, 328 = NJW 1999, 1644). Anerkannte Beurteilungskriterien sind ua die Zahl der Angeklagten, der gegenständlichen Taten, der Zeugen und sonstigen Beweismittel, ein etwaiger Begutachtungs- und Übersetzungsbedarf oder der Aktenumfang (Freuding NStZ 2009, 611 (611)). Eine angehobene Schwere der zu erwartenden Sanktion soll dagegen zweitrangig sein (BVerfGE 131, 268 (314) = NJW 2012, 3357 (3365); vgl. aber auch BGH StV 2012, 196 = BeckRS 2012, 23470: bei drohender Sicherungsverfahren idR keine Reduktion).

30 Da § 33b Abs. 1 für **Berufungen** gegen Urteile des JSchöffG im JStV (anders als im allg. StVerf) die große JKammer vorsieht, bedurfte es einer Besetzungsklärung auch für diese Konstellationen (BT-Drs. 17/6905, 10). Gem. § 33b Abs. 4 S. 1 ist die JKammer hiernach als Berufungskammer fünfköpfig besetzt, sofern der Anklagevorwurf in der von § 33b Abs. 2 Nr. 1 –3 geregelten und eben genannten Weise schwerwiegend oder aufwändig ist (→ Rn. 29). Außerdem ist sie zwingend mit drei Berufsrichtern zu besetzen, wenn das JSchöffG im angefochtenen Urteil auf eine JStrafe von mehr als vier Jahren erkannt hatte (§ 33b Abs. 4 S. 2). Den gesetzgeberischen Erwägungen (BT-Drs. 17/6905, 13) zufolge soll diese Regelung zu einer gleichwertigen Besetzung der Rechtsmittelgerichte beitragen: Da bei der fraglichen Sanktionshöhe im allg. StVerf das LG als Tatsachen- und der BGH als Rechtsmittel- bzw. Revisionsinstanz entscheidet, ist im JStV (zur hier unbeschränkten Rechtsfolgenkompetenz des JSchöffG → § 40 Rn. 4) ein ähnlich zusammengesetzter Spruchkörper bereits in der Berufungsinstanz angezeigt, weil der Angeklagte hier nach seiner Berufung gem. § 55 Abs. 2 keine Revision mehr einlegen kann (vgl. → § 55 Rn. 81 ff.).

31 **c) Besetzungsbeschlüsse.** Nach § 33b Abs. 2 besteht der **Zwang,** über die Besetzung eigens zu entscheiden. Die JKammer beschließt über ihre volle oder reduzierte Besetzung gem. § 33b Abs. 2 S. 1 im Normalfall gemeinsam mit dem **Eröffnungsbeschluss** gem. § 203 StPO iVm. § 2 Abs. 2 (vgl. auch Diemer/Schatz/Sonnen/Schatz § 33b Rn. 14). Rechtspraktisch werden der Eröffnungs- und der Besetzungsbeschluss dabei (trotz ihrer rechtlichen Selbstständigkeit) äußerlich miteinander verbunden. Bei dieser Verknüpfung bleibt es auch dort, wo der Eröffnungsbeschluss zunächst unterblieben ist und in der (hierfür zu unterbrechenden) HV nachgeholt wird (BGHSt 50, 267 = NJW 2006, 240; ferner zB BGH BeckRS 2010, 5101; StV 2015, 743 = BeckRS 2015, 14778; StV 2019, 799 (Ls.) = BeckRS 2019, 15979) oder wo nach der Eröffnung ein weiteres Verfahren hinzuverbunden und eröffnet wird (BGHSt 60, 248 = NJW 2015, 2515; ferner zB BGH NStZ-RR 2017, 181). Darüber hinaus kann die Besetzungsentschei-

dung, falls die HV bereits eröffnet worden war, gem. § 33b Abs. 2 S. 2 auch noch mit der Terminanberaumung ergehen. Praktisch bedeutsam ist das etwa nach einer Verweisung an das LG (BT-Drs. 17/6905, 10), insbes. aber im Berufungsverfahren (BGH NStZ-RR 1997, 22; OLG Düsseldorf NStZ-RR 2000, 280 (281); OLG Brandenburg NStZ-RR 2008, 58). Der Besetzungsentschluss ergeht in sämtlichen Konstellationen **außerhalb der HV** und in der Besetzung, die gem. §§ 33a Abs. 2, 33b Abs. 7 für alle Entscheidungen außerhalb der HV vorgesehen ist (→ Rn. 26: durch die drei Berufsrichter). Ergeht der Beschluss in **falscher Besetzung,** ist er unwirksam. Sofern der Eröffnungsbeschluss damit verbunden war, hat dies ein Verfahrenshindernis zur Folge, denn auch die Entscheidung nach § 199 StPO iVm § 2 Abs. 2 muss in voller Besetzung getroffen werden muss und ist widrigenfalls nichtig (BGH NStZ-RR 2021, 217 (Ls.) = BeckRS 2021, 10466; NStZ 2024, 761).

Im erstinstanzlichen Verfahren ist die festgelegte Besetzung sodann spätestens zu Beginn der HV **mitzuteilen** (§ 222a StPO iVm § 2 Abs. 2). Für eine einmal getroffene Besetzungsentscheidung gilt der Grundsatz der **Unabänderlichkeit** (BGH NStZ 2013, 181; Freuding NStZ 2009, 611 (612) jeweils mwN). Eine **Korrektur** ist daher nur in Ausnahmen möglich. Vorgesehen ist sie va als Reaktion auf einen Besetzungseinwand (n. § 222b StPO iVm § 2 Abs. 2) und ansonsten gem. **§ 33b Abs. 5** nur noch für den Übergang von der reduzierten auf die volle Besetzung (etwa bei gestiegenem Sachumfang infolge einer Verfahrensverbindung). Vorausgesetzt wird dafür ferner, dass einer der in → Rn. 29 f. genannten Gründe nachträglich bekannt wird oder entsteht (BGHSt 53, 169 = NJW 2009, 1760: etwa bei Verbindung erstinstanzlicher Verfahren). Möglich ist dies allerdings nur bis zu Beginn der HV. Nach Beginn der HV ist eine abermalige oder Neu-Entscheidung der Besetzungsfrage lediglich nach einer revisionsgerichtlichen Zurückverweisung der Sache oder einer Aussetzung der HV möglich **(§ 33b Abs. 6),** wobei diese aber nicht allein zur Ermöglichung der Neubesetzung veranlasst werden darf (BT-Drs. 17/6905, 10). Entschließt sich das Gericht, gem. § 33b Abs. 6 nochmals eine Besetzungsentscheidung zu treffen (Ob-Ermessen), erfolgt diese anhand der Kriterien von § 33b Abs. 2–4, sodass sie hiernach sowohl auf eine Nicht- als auch eine Reduktion lauten kann (Diemer/Schatz/Sonnen/Schatz Rn. 24; Schlothauer StV 2012, 749 (750); abw. NK-JGG/Schady Rn. 15). In entspr. Anwendung von § 33b Abs. 2 S. 2 ergeht ein solcher Beschluss durch die drei Berufsrichter außerhalb und vor der neuen HV, nämlich mit der Terminanberaumung (BGH NStZ 2018, 110). **32**

4. Revision

Fehler im Zusammenhang mit der **Besetzungsentscheidung** (→ Rn. 29 ff.) sind nur revisibel, wenn fälschlich eine Reduktion erfolgt ist (vgl. KK-StPO/Diemer GVG § 76 Rn. 5: die Verhandlung in an sich nicht vorgesehener Vollbesetzung gilt als stets überlegen, sodass das Urteil hierauf nicht beruhen kann). Wurde mit zwei Berufsrichtern entschieden, ist die Revision begründet, wenn es an einem Besetzungsbeschluss fehlt oder dieser auf einer objektiv willkürlichen Überschreitung des Beurteilungsspielraums hinsichtlich der Reduktionsgründe basiert (für das JStR OLG Koblenz StV 2008, 117 = BeckRS 2008, 4326; für das allg. StR etwa BGHSt 44, 361 = NJW 1999, 1724; BGHSt 60, 248 = NJW 2015, 2515; NStZ 1999, 367; **33**

2009, 53; NJW 2010, 3045). Im Falle der Kammerreduktion in einem erstinstanzlichen Verfahren muss allerdings der Besetzungseinwand nach §§ 222a, 222b StPO rechtzeitig erhoben worden sein. Außerdem setzt die Revision, soweit die Mangelhaftigkeit der Besetzung nicht erst in der HV entstanden oder erkennbar geworden ist, das Vorliegen einer der in § 338 Nr. 1 genannten Konstellationen voraus. Wenn dies nicht gegeben ist, **hindert** (seit dem Gesetz zur Modernisierung des Strafverfahrens v. 10.12.2019 (BGBl. 2019 I 2121) **eine abschlägige Vorabentscheidung** die Revision (vgl. im Detail BeckOK StPO/Wiedner StPO § 338 Rn. 9 ff.). De facto erfolgt hiernach die Überprüfung des Reduktionsbeschlusses durch ein Rechtsmittelgericht also allein im Vorabentscheidungsverfahren gem. § 222b Abs. 3 StPO.

34 Fehler bei der **Schöffenbesetzung** sind selten revisibel. Denkbar ist dies indes bei einer irregulären, dh von der Auslosung (§ 45 Abs. 2 GVG) unbegründet abweichenden Besetzung (Dallinger/Lackner § 33 Rn. 10), wie etwa bei der ungerechtfertigten Mitwirkung eines Hilfsschöffen, nachdem die Verhinderung eines JSchöffen fehlerhaft anerkannt und dieser rechtswidrig entbunden worden ist (BGH NStZ 2015, 350; n. → § 35 Rn. 4). In Betracht kommt die Revision auch bei offenkundigen und schweren Gesetzesverletzungen bei der Schöffenwahl (s. → § 35 Rn. 17 sowie MüKoStPO/Knauer/Kudlich StPO § 338 Rn. 35 mwN und mit Beispielen). Weicht die Besetzung von der vorgeschriebenen Geschlechterparität der JSchöffen (→ Rn. 25) ab, sind die Folgen ungeklärt (die Revision nach § 338 Nr. 1 StPO tendenziell beschränkend etwa BeckOK JGG/Wellershoff § 33a Rn. 10: lediglich Sollnorm ggü. Dem die Auslosung vornehmenden Richter (zw. bei paritätischer Besetzung der Schöffenliste)).

IV. Problemlagen bei kindlichen und jugendlichen Zeugen am Beispiel von Jugendschutzsachen

35 Bei Straftaten, „durch die ein Kind oder ein Jugendlicher verletzt oder unmittelbar gefährdet wird" (§ 26 Abs. 1 GVG), ist diese minderjährige Person in das fragliche Strafverfahren meist involviert, und zwar idR in der Zeugenrolle (ggf. auch als Nebenkläger). Ist der Beschuldigte erwachsen und handelt es sich beim Tatvorwurf daher per definitionem um ein Jugendschutzdelikt, gestaltet sich die Position der minderjährigen Person, auch wenn die Anklage vor dem JGericht erhoben wird (→ Rn. 11 f.), nach der StPO. Diese prägt die prozessualen Problembereiche bei **jungen Zeugen,** sieht aber auch spezifische Instrumente zu deren Abfederung vor (zur Verbreitung organisatorisch-technischer Vorkehrungen s. Funke, Kindgerechte Justiz in der strafgerichtlichen Praxis, 2024, 23 ff.). Findet indes ein JStV statt, weil der Beschuldigte zur gleichen Altersgruppe wie der minderjährige Zeuge gehört, können manche dieser Mittel dagegen nur mit Einschränkungen zum Tragen kommen, da daraus sonst ein Konflikt mit den prozessualen Primärzwecken (§ 2 Abs. 1) erwächst (systematisch dazu etwa BMJV/Kölbel 2017, S. 14 ff.; ferner → Einl. Rn. 53, → § 2 Rn. 51 ff., → § 80 Rn. 13 ff.). Dessen ungeachtet bestehen die **sachlichen Problemstrukturen** im Grundsatz (allerdings selten in der gleichen Schärfe) auch hier. Deren Darstellung anhand von Jugendschutzsachen ist also auf das JStV grds. **übertragbar.**

1. Prozessuale Einbindung Minderjähriger

a) Aussagefähigkeit und Zeugenrolle. Prozessbedingte Belastungen und die daraus resultierende Bedeutung besonderer Verfahrensgestaltungen ergeben sich ggf. aus der Zeugenstellung minderjähriger Personen. Dies kann sehr junge Kinder betreffen, da die erforderliche Aussagefähigkeit idR ab dem Alter von **etwa vier Jahren bejaht** wird (vgl. Volbert/Steller/Volbert/Lau, Handbuch der Rechtspsychologie, 2008, S. 292; Bliesener ua/Volbert, S. 406 ff.; speziell zum Erinnerungsvermögen Cyr, Conducting Interviews (…), 2022, S. 15 ff.). Zuverlässige Angaben sind also grds. schon im Vorschulalter möglich, wenngleich die Fähigkeit zur Wahrnehmungswiedergabe bei kleinen Kindern noch etwas hinter den Leistungspotenzialen in späteren Lebensphasen zurückbleibt (so jedenfalls für Gegenüberstellungen die umfangreiche Meta-Analyse bei Fitzgerald/Price Psychological Bulletin 141 (2015), 1228). Selbst wenn es Hinweise auf die Aussageunfähigkeit des Kindes gibt (etwa, weil der Sachverständige wegen der inzwischen verstrichenen Zeit die Erinnerungsfähigkeit verneint), darf das Gericht auf dessen Aussage nicht ohne weiteres wegen **Zeugnisunfähigkeit** verzichten (vgl. etwa BGH NStZ 2015, 419). Vielmehr setzt eine solche verfahrensrechtliche Beurteilung eine umfassende Würdigung der Gesamtumstände voraus, sodass sie grds. erst nach der Vernehmung vorgenommen werden kann. 36

Minderjährige Zeugen unterliegen zwar den allg. Zeugenpflichten (→ § 1 Rn. 17), doch sind diese bei ihnen gar nicht (bzw. ab dem 14. Lbj. nur nach Bejahung von § 3 S. 1) mit Ordnungsmitteln erzwingbar (Eisenberg BeweisR StPO Rn. 1072, 1097 mwN). Die Ausübung eines bestehenden **Zeugnisverweigerungsrechts** ist vollständig zu respektieren, und zwar auch bei einem als nicht verstandesreif beurteilten Zeugen. Hat der Minderjährige von der Bedeutung der Nicht-/Aussage und ihren bestrafungsrelevanten Folgen „keine genügende Vorstellung", muss die Vernehmungsperson das elterliche **Einverständnis** einholen (§ 52 Abs. 2 S. 1, § 81c Abs. 3 S. 2 StPO). Ist ein Elternteil im Verfahren beschuldigt, bedarf es des Einverständnisses eines Ergänzungspflegers (§ 1909 Abs. 1 BGB), wobei dessen Bestellung nicht von der Aussagebereitschaft des Kindes abhängig ist (BGH FamRZ 2020, 1197 = BeckRS 2020, 11001). Eltern bzw. Pfleger können aber nur darüber entscheiden, ob eine Vernehmung stattfinden darf, nicht aber das verstandesunmündige Kind zur Aussage zwingen (BGHSt 14, 159 = NJW 1960, 1396; BGHSt 23, 221 = NJW 1970, 766; zum Ganzen n. Köhnlein/Radtke/von Scheliha NStZ 2025, 1 (4 ff.)). Wirkt dessen Grund, aus dem heraus bspw. die Mitwirkung an einer aussagepsychologischen Untersuchung von ihm abgelehnt wird, in den Augen der Erwachsenen „nicht ernsthaft" (zB als ein bloß aktueller Wunsch, einem reizvolleren oder angenehmeren Interesse nachzugehen), so ist der Versuch, dem Kind in neutraler Weise die Bedeutung der Aussage zu vermitteln, nicht von vornherein unerlaubt. Es stellt sich aber die Frage, ob eine derart abverlangte Aussage der Wahrheitsermittlung dienlich sein kann (zu Suggestiveffekten durch Einwirkung von Eltern, Erzieher usw → Rn. 47 ff.). Wird das verweigerungsberechtigte Kind gar durch Sachverständige zur Mitwirkung gedrängt, begründet dies deren Befangenheit (OLG Rostock NStZ 2015, 359; Eisenberg NStZ 2016, 11). 37

38 Die **Belehrungen** über das Zeugnisverweigerungsrecht (§ 52 Abs. 3 S. 1 StPO) ebenso wie über das Untersuchungsverweigerungsrecht (§ 81c Abs. 3 S. 2 Hs. 2 StPO) obliegen der vernehmenden bzw. die Untersuchung anordnenden Amtsperson. Die Belehrung kann nicht an einen Sachverständigen delegiert werden (BGH NJW 1991, 2432; NJW 1996, 206). Stellt dieser das Fehlen der Belehrung oder einen Mangel fest, hat er seine Untersuchung zurückzustellen (oder gar abzubrechen), um auf die Belehrung durch die zuständige Amtsperson hinzuwirken (BGH NStZ 1997, 349). Alle Belehrungen sind vor Durchführung der Vernehmung bzw. Untersuchung (auch vor jeder weiteren) vorzunehmen. Selbst, wenn das Kind als nicht verstandesreif eingeschätzt wird, sind nicht nur Eltern bzw. Pfleger zu belehren, sondern gem. § 52 Abs. 3 S. 1 StPO zumindest versuchsweise auch das Kind (BGH NStZ 1991, 295 (295 f.) – und zwar auch darüber, dass es trotz Zustimmung des gesetzlichen Vertreters nicht auszusagen braucht (BGHSt 21, 303 (306) = NJW 1967, 2273). Das gilt wegen der Situationsähnlichkeit auch für die Mitwirkung an der Glaubhaftigkeitsbeurteilung eines Sachverständigen (SSW-StPO/Bosch StPO § 81c Rn. 23; Weigend JZ 1990, 48 (49); abw. BGHSt 40, 338 = NJW 1995, 1501, da es bei § 81c StPO nicht auf das kindliche Einverständnis ankomme). Dafür spricht schon der Umstand, dass das Un-/Verständnis des Zeugen, über die Mitwirkung selbst entscheiden zu können, oft ganz wesentlich auch im interaktiven Geschehen der Belehrung geprüft werden muss.

39 **b) Nebenklage.** Die Erhebung der Nebenklage setzt keine Volljährigkeit voraus. Nach **hM** ist die Anschlusserklärung eines minderjährigen Verletzten aber nur wirksam, wenn der Personensorgeberechtigte ihn bei dieser Prozesserklärung vertritt oder der Erklärung des Minderjährigen zustimmt (BGH BeckRS 1989, 31106127; KG NStZ-RR 2011, 22). Der Gegenauffassung zufolge kann die minderjährige Person **bei Verstandesreife** die Entscheidung über den Anschluss dagegen allein treffen (n. Eisenberg GA 1998, 32 (38); Eisenberg NZFam 2021, 600 (601 f.); ebenso (betr. Strafantrag) Schwarz/Sengbusch NStZ 2006, 673 (678)), sodass es der elterlichen Zustimmung hiernach nur bei noch fehlender Verständigkeit bedarf. Das Reifeerfordernis bestimme sich dabei nach denselben Maßstäben, die auch für §§ 52 Abs. 2 S. 1, 81c Abs. 3 S. 2 StPO gelten (→ Rn. 37 f.). Im Einzelfall sei hier die individuelle Entwicklung bestimmend, doch werde die erforderliche Reife im Schulkindalter vielfach anzunehmen sein (Eisenberg BeweisR StPO Rn. 1224 mwN). – Soweit eine elterliche Zustimmung erforderlich ist, soll ein beschuldigtes Elternteil nach OLG Bamberg NZFam 2020, 816 gem. § 1629 Abs. 2 S. 3, § 1796 Abs. 2 BGB von der dahingehenden Entscheidung stets ausgeschlossen sein, weshalb dann nicht ein **Ergänzungspfleger,** sondern allein das andere Elternteil entscheidungsberechtigt sei. Angesichts allfälliger Interessenkonflikte ist dies außerordentlich zw. (krit. auch Eisenberg NZFam 2020, 818).

40 Anders als die hM (KK-StPO/Allgayer StPO Vor § 395 Rn. 2; Meyer-Goßner/Schmitt/Schmitt StPO Vor § 395 Rn. 7) meint, ist eine Nebenklage **gegen den Willen** der mutmaßlich geschädigten minderjährigen Person unzulässig, und das sowohl bei gegebener wie auch fehlender Verstandesreife. Dies ergibt sich aus einem Erst-Recht-Schluss zu § 52 Abs. 2 S. 1 StPO. Daher dürfen Personensorgeberechtigte oder gesetzliche Vertreter den Anschluss nicht über den Kopf des Kindes hinweg erklären. Trotz

der damit verbundenen praktischen Schwierigkeiten ist also in jedem Fall sorgfältig zu prüfen, ob der minderjährigen Person die Verfolgung und Verfahrensbeteiligung tatsächlich ein Anliegen ist oder ob der Nebenanklageanschluss allein den Bedürfnissen der erwachsenen Vertreter entspringt und unter Hintanstellung der kindlichen Interessen erfolgt. Insbes. muss ausgeschlossen sein, dass der Anschluss auf der Beeinflussung, dem Drängen oder gar der Nötigung durch die Personensorgeberechtigten oder gesetzlichen Vertreter beruht.

2. Ambivalenz der prozessualen Einbindung von Minderjährigen

a) Umstände einer sog. Sekundärviktimisierung. Die dem minderjährigen Zeugen im Ermittlungs- und Hauptverfahren abverlangten Leistungen können geeignet sein, ua traumatische Erinnerungsinhalte zu reaktivieren, die Tatverarbeitung zu erschweren, Loyalitätskonflikte zu produzieren, schambesetzte Zumutungen hinnehmen oder emotional hochambivalente Situationen aushalten zu müssen. Vielfach werden solche unterschiedlichen Belastungen undifferenziert als sekundäre Viktimisierungen bezeichnet, diskutiert und beklagt (vgl. die kennzeichnende Befragung bei Opferhilfeeinrichtungen durch Volbert/Skupin/Niehaus PraxRPsych 2019, 81 (91 ff.)). Die besagte Kategorie ist (ungeachtet ihrer suggestiven Bildhaftigkeit) in ihren Merkmalen und Bedingungen jedoch vage und konzeptionell unausgearbeitet. **Ob oder wie häufig** eine **Sekundärviktimisierung** tatsächlich geschieht, ist also schon wegen der Unterbestimmtheit dieser Kategorie vollkommen **offen** (n. bereits Volbert/Pieters, Zur Situation kindlicher Zeugen vor Gericht, 1993, S. 20 ff.; Bierbrauer/Gottwald/Birnbreier-Stahlberger/Volbert/Busse Verfahrensgerechtigkeit S. 139, 141 ff., 162). Dies beruht besonders auf Schwierigkeiten, Belastungen von Viktimisierungen abzugrenzen, delikts- und verfahrensbedingten Beeinträchtigungen methodisch zu trennen und die moderierenden Wirkungen prozessualer Schutzmaßnahmen sowie persönlicher und sozialer Schutzfaktoren zu berücksichtigen (eingehend zum Ganzen Kölbel/Bork, Sekundäre Viktimisierung als Legitimationsfigur, 2012, S. 40 ff.). **41**

Untersuchungen, die tragfähige quantifizierende Angaben machen würden, liegen für die Bundesrepublik daher gar nicht und international nur in geringer Zahl vor (vgl. die Zusammenstellung bei Kölbel/Bork, Sekundäre Viktimisierung als Legitimationsfigur, 2012, S. 49 ff.; zur berechtigten Skepsis hinsichtlich der Übertragbarkeit von Befunden aus anderen Rechtsordnungen zB auch Kröber/Dölling/Leygraf Forensische Psychiatrie-HdB/Niehaus/Englich/Volbert S. 678). In der qualitativ ganz klar hervorstechenden Langzeitstudie von Quas/Goodman/Ghetti ua (Childhood Sexual Assault Victims: Long Term Outomes After Testifying in Criminal Court, 2005, S. 94 ff.) ergab sich letztlich **nur bei einer kleinen Gruppe** von Missbrauchsopfern eine verfahrensinduzierte anhaltende psychische Auffälligkeit (insbes. bei mehrfacher konfrontativer Vernehmung). **42**

Soweit Belastungs- und **Risikofaktoren** dennoch nicht generell von der Hand zu weisen sind, betrifft dies am ehesten die Wissensdefizite über den Ablauf des jeweiligen Verfahrens, ggf. ausgedehnte Wartephasen, eine belastende Vernehmungsatmosphäre (etwa bei gar als feindselig oder abwertend erlebten Vernehmungspersonen), ein nüchternes Gerichtsumfeld sowie die (etwaige) direkte Konfrontation mit dem Angeklagten (n. schon Busse/ **43**

Volbert/Steller, Belastungserleben von Kindern in Hauptverhandlungen, 1996, S. 192; zus. etwa mwN Volbert/Skupin/Niehaus PraxRPsych 2019, 81 (84 ff.)). Angesichts der stark **variierenden Resilienz** (abhängig von individuellen Dispositionen, familiärer Einbindung usw) muss die Problematik aber nicht notwendig stärker als bei Erwachsenen ausgeprägt sein. Auch ist nicht von vornherein ausgeschlossen, dass die Verfahrenseinbindung entlastend zu wirken vermag und mit einer Reduzierung von Angst, Scham und Hilflosigkeit verbunden ist (vgl. Busse/Volbert/Steller, Belastungserleben von Kindern in Hauptverhandlungen, 1996, S. 198; Pfäfflin StV 1997, 95; Barton/Kölbel/Greve/Hellmers/Kappes S. 263 ff.; ferner die Zusammenfassung bei Kölbel/Bork, Sekundäre Viktimisierung als Legitimationsfigur, 2012, S. 67 f.). **Generalisierende** Aussagen zur Problematik sind daher in jeder Hinsicht **unangebracht.**

44 **b) Gefährdung der familiären Struktur.** Steht eine Kindeswohlgefährdung seitens der Eltern im Raum, führt dies regelhaft in die **Spannungslage,** einerseits die minderjährige Person schützen und ihr ausreichende Entwicklungsbedingungen gewährleisten zu müssen, dafür außerhalb ihrer Familie aber oft nur relativ schlechte Voraussetzungen schaffen zu können. Deshalb ist ein „Herausnehmen" des Kindes aus gewachsenen emotionalen Bindungen und ein Verbringen in eine ihm völlig fremde Umgebung in Verkennung der Qualität sog. „elterlicher Präsenz" (vgl. Josuttis ZJJ 2014, 329 (333) mwN) nur bei strenger Abwägung der jeweiligen Vor- und Nachteile gerechtfertigt (s. erg. Bovenschen/Spangler PraxRPsych 2014, 374; ferner im Gutachtenskontext Lübbehüsen/Kolbe PraxRPsych 2014, 319). Speziell bei Anhaltspunkten für Kindesmisshandlung oder sexuellen Missbrauch im innerfamiliären Bereich ist hierbei die **Schutznotwendigkeit** zwar einerseits noch gesteigert, doch beruht dies andererseits auf einem **Verdacht.** Dessen Unwägbarkeit kommt darin zum Ausdruck, dass Einstellungen nach § 170 Abs. 2 StPO und Freisprüche gerade bei „Sexualdelikten" ggü. Minderjährigen vergleichsweise häufig (Pape, Legalverhalten nach Sexualdelinquenz, 2007, S. 174, 184; zu Sexualdelikten allg. Kölbel StV 2020, 340 (346)) und falsche Verdächtigungen wohl keineswegs selten sind (→ Rn. 47 ff.; zu Anklagen ohne genügenden Anlass vgl. Eisenberg StraFo 2017, 89). Kommt es aus Anlass von Ermittlungen zu Mitteilungen der Strafverfolgungsbehörden an das JAmt (vgl. dazu § 5 KKG) und in der Folge auch zu Eingriffen in den familiären Zusammenhang, kann dies also leicht irreparable Folgen für die Eltern-Kind-Beziehung haben, selbst wenn sich der Vorwurf schließlich als unbegründet erweist (vgl. dazu den Fall bei KG NJW 2014, 640).

45 **c) Konsequenzen.** Angesichts dieser Problematiken kann das Vorgehen, das dem **Kindeswohl** fallkonkret am meisten dient, durchaus **außerhalb des Strafrechts** liegen (zu den „Wormser Verfahren" als Extremfall kindespsychisch zerstörerischer Strafrechtsintervention etwa Steller R&P 1998, 16; Schade StV 2000, 165). Mit einer Strafanzeige ist den Interessen des Kindes keineswegs immer am besten gedient (vgl. etwa Fegert/Wolff, Kompendium, „Sexueller Missbrauch in Institutionen"/Kliemann, 2015, S. 128 f.; vgl. ferner zB Gysi/Rüegger, Handbuch sexualisierte Gewalt/Erdös, 2018, S. 235 ff.). Konsequenterweise dürfen Personen, die beruflich in Kontakt mit Kindern stehen und an sich geheimhaltungspflichtig sind, bei Anhaltspunkten für eine Kindeswohlgefährdung allenfalls das **JAmt informieren** (dazu,

dass entspr. Mitteilungen durch medizinisches Personal eher selten sind, s. die Hinweise bei Peters/Hartwig ArchKrim 246 (2020), 171 (174 f.); zu den bei ihnen bestehenden Unsicherheiten, in welchen Verdachtslagen und bei welchen Verdachtsgraden eine Information der Behörde gerechtfertigt oder gar angezeigt ist, vgl. Berthold/Jud/Jarczok ua, Child and Adolescent Psychiatry and Mental Health 2021, Art. 28; international Levi/Brown, Pediatrics 2005, 5; Talsma/Boström/Östberg, Scandinavian Journal of Primary Health Care 2015, 21). Anzeigen bei der StA oder Polizei kommen für sie jedenfalls nicht in Betracht. Angesichts der speziellen Notstandsregelung, die **§ 4 Abs. 1 – 3 KKG** für die Schweigepflichtdurchbrechung vorsieht (dazu etwa Schmieder ZKJ 2022, 438 (439)), ist der Rückgriff auf § 34 StGB für eine daraus ableitbare Anzeigeerlaubnis gesperrt (MüKoStGB/Erb StGB § 34 Rn. 25 mwN; abw. und das Erfordernis einer konkreten und gewichtigen Gefahrenlage dabei zugleich überdehnend aber OLG Bamberg BeckRS 2015, 2554; KG NJW 2014, 640; Ludyga FamRZ 2017, 1121 (1125 f.)).

Bei der Gefährdungseinschätzung innerhalb der JHilfe (zur Beteiligung 45a der eben genannten Mitteilungspersonen s. § 8a Abs. 1 S. 2 Nr. 2 SGB VIII) besteht sodann die Möglichkeit von anonym durchgeführten Fallberatungen, die dadurch einen etwaigen Strafverfolgungszwang ebenfalls vermeiden (vgl. Dawid/Elz/Haller, Kooperation von öffentlicher Jugendhilfe und Strafjustiz bei Sexualdelikten gegen Kinder/Kruger/Niehaus, 2010, S. 332 ff.). – Ist ein Ermittlungsverfahren in Gang gekommen, kann iÜ eine **Verfahrenseinstellung** erforderlich werden, weil die Beweiserhebung mit ihren potenziell erheblichen Belastungen (→ Rn. 41 ff.) unter dem Vorbehalt der **Verhältnismäßigkeit** stehen. Unbedingt zu vermeiden ist ein „Durchfechten" des Verfahrens bei Überschätzung der Aufklärungsmöglichkeiten in der HV (wie etwa bei OLG Koblenz NJW 2013, 98).

3. Charakteristische Aufklärungsschwierigkeiten

In Missbrauchsverfahren liegen forensisch verwertbare (Verletzungs-)Spu- 46 ren selten vor. Gynäkologische Normalbefunde, die prozesspraktisch den Regelfall bilden (Herrmann/Banaschak/Csorba ua Deutsches Ärzteblatt International 111 (2014), 692), sind interpretatorisch weitgehend neutral und führen allenfalls dazu, dass manche Ereignisversionen erklärungsbedürftiger als andere erscheinen (vgl. etwa BGH BeckRS 2014, 20040 oder speziell zum intakten Hymen BGHSt 14, 162 = NJW 1960, 1397; BGH BeckRS 2008, 19493; NStZ-RR 2017, 319). Jedenfalls kommt es für die Tatrekonstruktion fast immer wesentlich auf die Aussage des Minderjährigen an. In Misshandlungsfällen besteht diese Beweisproblematik zwar nicht in der gleichen Schärfe, aber auch hier ist die Spureneinordnung und -bewertung idR auf die Angaben der (Opfer-)Zeugen angewiesen. Angesichts dieser gesteigerten **Abhängigkeit von den kindlichen und jugendlichen Zeugen** macht sich eine eingeschränkte Tragfähigkeit ihrer Aussagen besonders bemerkbar, zumal es in Jugendschutzsachen alters- und deliktsgruppentypische Gefährdungen zu berücksichtigen gilt (vgl. zu all dem die Praktikerinterviews bei Ernberg/Magnusson/Landström Psychology, Crime & Law 2020, 687 sowie etwa Deckers NJW 1996, 3105 (3107 ff.)).

a) Einwirkungsbedingt falsche Aussage. Dies betrifft insbes. die **Sug-** 47 **gestibilität** der jungen Zeugen. Obwohl es dafür weniger auf das Alter und die geistige Kapazität als auf sachwidrige Befragungsformen und Kontextbedingungen anzukommen scheint (vgl. etwa Volbert/Pieters Psychologische Rundschau 1996, 186; Stiller/Doll ZJJ 2018, 205 (206 ff.)), ist diese bei Kindern tendenziell ausgeprägter als bei Erwachsenen (Cyr, Conducting Interviews (…), 2022, S. 32 ff.). Fragen, die nicht völlig offen formuliert sind, können gerade bei ihnen eine (intendierte oder nicht intendierte) Lenkungswirkung haben. Dies betrifft Ereignisthematisierungen im Verfahren, va aber auch solche im vor-prozessualen Feld (durch Eltern, Schul- und Kindergartenpersonal). Kinder sind hier schon insofern beeinflussbar, als für ihr Aussageverhalten auch das, was sie als Aussageerwartung ihrer Bezugspersonen wahrnehmen, von Bedeutung sein kann. In der Wiederholung wird hierdurch sodann nicht selten sukzessive auch das Erinnerungsbild der Zeugen umgeformt (zus. etwa Hoffmann/Wendler NJW 2010, 1216).

48 Besondere Probleme bestehen bei „überexplorierten" Kindern, deren vermeintlicher oder tatsächlicher sexueller Missbrauch durch Personal in therapeutischen oder Opferschutzeinrichtungen vor dem StVerf auf dysfunktionale Weise thematisiert wird (zur Problematik grds. etwa Köhnken MschrKrim 1997, 290 (295 ff.); Scholz R&P 2003, 76; Smeets/Merckelbach/Jelicic/Otgaar Applied Cognitive Psychology 31 (2017), 26 (26 f.) sowie die Fallstudien von Kröber FPPK 2013, 240 und von Eisenberg NZFam 2017, 1 (4 f.)). Die vorliegenden Hinweise und Signale erfahren hierbei uU eine **Interpretation** durch die bisweilen nicht ganz unvoreingenommenen Erwachsenen, die den Kindern im Extremfall als „wahr" gewissermaßen **übergestülpt** werden kann, sodass die Authentizität ihres eigenen Wissens und ihrer eigenen Erinnerungen verloren geht. Sind die (minderjährige) Zeugen von der Richtigkeit der so induzierten Inhalte erst einmal überzeugt, unterscheiden sich ihre Angaben kriteriologisch nicht mehr von erlebnisbegründeten Aussagen (→ Rn. 54). Auch durch psychotherapeutische Behandlungen, die parallel zum Strafverfahren laufen, können **Scheinerinnerungen** hervorgerufen werden (n. und diff. Deckers/Köhnken/Schemmel/Volbert, Die Erhebung und Bewertung von Zeugenaussagen im Strafprozess. Bd. 5, 2022, S. 25 ff.).

49 Ähnliche Gefahren können sich ergeben, wenn sich das Strafverfahren auf zivilrechtliche Auseinandersetzungen zwischen dem beschuldigten und dem anderen Elternteil auswirkt (Umgangs- bzw. Sorgerecht, Wohnungsnutzung usw) und das Kind bzw. der Vorwurf seines Missbrauchs hierfür (wie auch für die außerrechtlichen Aspekte des **Trennungskonflikts**) bewusst oder unbewusst **instrumentalisiert** wird. Auf die nicht zu vernachlässigende Relevanz eines solchen (Ex-)Partnerverhaltens weisen empirische Untersuchungen hin (Grattagliano/Corbi/Catanesi ua Clinical Therapeutics 165 (2014), e119;zum nicht seltenen unbegründeten Missbrauchsverdacht in solchen Konstellationen empirisch ebenso Busse/Stellert/Volbert PraxR-Psych 2000, 3 (69); zur Problematik n. auch Endres/Scholz NStZ 1994, 466 (470) sowie die instruktiven Fälle bei BGH NStZ-RR 2006, 242; StraFo 2011, 400 = BeckRS 2011, 15301; 2013, 21213). Dass eine Aussage, die unter diesen oder ähnlichen Bedingungen zustande kommt, erlebnisbegründet ist und eine wahre Beschuldigung enthält, muss deshalb in einer besonders kritischen Aussageprüfung, die eine Rekonstruktion der Entstehungs- und Entwicklungsgeschichte einschließt, eigens aufgezeigt werden (→ Rn. 52).

b) Einwirkungsunabhängige falsche Aussagen. Auch bei **ursprünglichen** (bzw. spontanen) Kindesaussagen ist ein nicht vernachlässigungsfähiger Anteil an **intentionalen Falschaussagen** einzukalkulieren (dazu näher die Zahlen und das Fallmaterial bei Behruzi, Taterleben und Mitteilungsprozesse bei sexuellem Missbrauch von Kindern und Jugendlichen, 2018, S. 97 f., 162 ff.; vgl. ferner Endres/Scholz NStZ 1994, 466 (470 f.) mwN; kennzeichnend etwa BGH BeckRS 2005, 1293; 2008, 11728; NStZ 2008, 581; NStZ-RR 2015, 86). Prinzipiell sind nämlich auch Kinder und Jugendliche in ihrer Zeugenaussage zu Täuschungs- und Verschweigensstrategien in der Lage, wobei der Grad dieser Fähigkeit mit dem Alter variiert, aber nicht mit dessen Anstieg unmittelbar korreliert (n. hierzu Niehaus FPPK 2008, 46 ff.; Niehaus/Volbert/Fegert, Entwicklungsgerechte Befragung von Kindern in Strafverfahren, 2017, S. 37 ff.). Neben Persönlichkeitsstörungen (für histrionische Zeugen etwa BGH BeckRS 2011, 7393) können (gerade iZm erzieherischen Konflikten) ganz verschiedene **Motive** hinter unzutreffenden Belastungen stehen: Selbstentlastung nach tabuisiertem Verhalten (vgl. etwa BGH BeckRS 2017, 118931: Anschauen von Sexfilmen durch Zeugin); Ablehnung und Rachebedürfnisse des Kindes ggü. Dem beschuldigten Elternteil (vgl. etwa BGH StV 2017, 5 = BeckRS 2016, 6520; 2016, 17117); Erzwingung von Eigeninteressen (vgl. etwa BGH StV 2017, 367 = BeckRS 2017, 105258: Umzug zu dem anderen Elternteil); Reaktion auf sexuelle Zurückweisung des Beschuldigten (vgl. etwa BGH BeckRS 2013, 1329). Intentionale Lügen können sich dann iÜ auch auf anschließende **Korrekturversuche** auswirken, weil sie die Erinnerungsbilder und die Überzeugung von deren Richtigkeit beeinflussen (Posten/Christmann PraxRPsych 2021, 123). 50

Von bewussten Falschaussagen zu unterscheiden sind **autosuggestive Verläufe,** bei denen (zB auf der Suche nach Erklärungen für aktuelle psycho-physische Beschwerden oder Insuffizienzempfindungen (vgl. nur Loftus/Davis Annual Review of Clinical Psychology 2006, 469 ff.)) die berichteten Ereignisse unbewusst erfunden, verfälscht oder ausgeschmückt werden (allg. etwa Volbert/Steller/Volbert, Handbuch der Rechtspsychologie, 2008, S. 335). IdR erfahren harmlose Erlebnisse hierbei über längere Zeit eine schrittweise Uminterpretation, bis dem minderjährigen Zeugen der Unterschied zwischen dem, was er tatsächlich wahrgenommen hat, und dem, woran er sich mit subjektiver Gewissheit erinnert, nicht mehr bewusst ist (vgl. etwa BGH BeckRS 2011, 7393). 51

c) Konsequenzen für die Aussagewürdigung. Bei der Beurteilung von Aussagen Minderjähriger gelten die **allg. Kriterien** (zu diesen etwa Eisenberg BeweisR StPO Rn. 1481 ff.), wobei auf die vorgenannten **altersgruppenspezifischen** Aspekte besonders Rücksicht zu nehmen ist (für eine systematische Übersicht zur aussagepsychologischen Begutachtung bei minderjährigen Zeugen vgl. Ebner/Pfundmaier ZJJ 2021, 180). Daher müssen mögliche Aussagemotive und der Inhalt der Aussage **krit. geprüft** werden (vgl. zB zur Detailarmut der Aussage BGH BeckRS 2010, 29892; 2017, 137607; NStZ-RR 2018, 220). Besondere Bedeutung haben neben den Begleiterscheinungen va die Entstehungs- und Entwicklungsgeschichten der Aussagen (vgl. etwa BGH BeckRS 2012, 22782; NStZ-RR 2015, 146; StV 2017, 5 = BeckRS 2016, 6520; 2016, 20307; 2017, 130712; zu „erheblicher Inkonstanz" etwa BGH NJW 1998, 3788 (3790); BeckRS 2011, 4353; 2016, 52

17117; NStZ-RR 2016, 87 (88)). Das gilt etwa, wenn wesentliche Teile der Zeugenaussage nachgeschoben und/oder vom Gericht für unglaubhaft gehalten werden (dazu allg. BGH BeckRS 2021, 46918). Den hinsichtlich der Aussageprüfung bestehenden **Darlegungsanforderungen** (hierzu bspw. BGH NStZ 2009, 107 (108); BeckRS 2010, 21226; 2013, 15377; NStZ-RR 2016, 87; NStZ 2018, 116) genügen rechtspraktisch verbreitete Formeln („detailreich, in sich schlüssig, widerspruchsfrei und nicht von übermäßigem Belastungseifer getragen") idR nicht (BGH BeckRS 2013, 15377; speziell zur Notwendigkeit, die verschiedenen, auch polizeilichen Aussagen im Urteil mitzuteilen, vgl. etwa BGH NStZ-RR 2015, 52; 2016, 382; NStZ 2017, 551 (552); BeckRS 2023, 19607; OLG Celle NdsRPfl 2017, 392 = BeckRS 2017, 113253).

53 Zentral ist die systematische Prüfung **möglichen alternativen Geschehens.** Dies gilt zB für andere denkbare Ursachen einer festgestellten Schädigung (vgl. BGH BeckRS 2009, 21878) oder für einen denkbaren anderen Urheber (so etwa für die Frage, durch welches Elternteil die Misshandlungen erfolgt sind, vgl. BGH StV 2016, 434 = BeckRS 2015, 6440). Die Beweiswürdigung darf den Bekundungen eines Zeugen „nicht etwa deshalb, weil er (ggf.) Geschädigter ist, ein schon im Ansatz ausschlaggebend höheres Gewicht beimessen als den Angaben des Angeklagten" (BGH NStZ-RR 2016, 54 (55); beispielhaft hierzu auch BGH NStZ-RR 2015, 286 (287); BeckRS 2016, 109931). Einer (un-/bewussten) vorgefassten Haltung, zu verdachts-nivellierenden oder umgekehrt verdachts-bestärkenden Aussagebewertungen zu neigen, muss durch entspr. Selbstkontrollen entgegengewirkt werden (speziell zu **konfirmatorischen** Tendenzen n. Niehaus/Volbert/Fegert, Entwicklungsgerechte Befragung von Kindern in Strafverfahren, 2017, S. 77 ff.).

54 Obwohl die Rspr. den Tatgerichten die notwendige Sachkunde zuschreibt, „auch Aussagen von Zeugen kindlichen oder jugendlichen Alters sachgerecht würdigen zu können" (BGH BeckRS 2023, 7718), verlangt die richterliche **Aufklärungspflicht** bei jungen Opferzeugen vielfach die Einholung eines aussagepsychologischen Glaubhaftigkeitsgutachtens (vgl. MüKo/StPO/Trüg/Habetha StPO § 244 Rn. 85 mwN). Zu berücksichtigen ist dabei jedoch, dass auch **Sachverständige** mit einer **belastungsorientierten** Verdachtsbestätigungs-Haltung tätig werden können (dazu aus der Gutachterpraxis Schulz-Hardt/Köhnken PraxRPsych (Sonderheft 1), 2000, 60 ff.: Ignorieren von Alternativhypothesen, Zuverlässigkeitsmängeln von Informationen usw). Für die Bewertung der Gutachten ist daher eine etwaige Einseitigkeit von Sachverständigen (vgl. nur BGH BeckRS 2016, 8334: „dazu ermutigt, die Vorwürfe (…) nicht fallen zu lassen") aufzuklären. Schon deshalb bedarf es deren Anhörung in der HV (vgl. auch BGH NStZ 2017, 299) und ggf. der Ladung eines anderen Sachverständigen (zur so erreichbaren Erschütterung des Vorgutachtens zB LG Saarbrücken StraFo 2009, 174; s. aber auch zum Begründungsbedarf bei sich widersprechenden Gutachten BGH BeckRS 2021, 13977). Infolge von Suggestiveffekten sind nach einer einseitigen Begutachtung – ebenso wie nach dem Kontakt mit (ggf. voreingenommenem) Personal von sozialpädagogischen, therapeutischen oder Opferschutzeinrichtungen (n. → Rn. 47 f.) – auch die späteren Aussagen des Kindes uU „invalidiert" und unbrauchbar. Die Möglichkeit, dass die Aussage auf **Pseudoerinnerungen** beruht, lässt sich dann selbst dort, wo ihr nach inhaltsanalytischen Kriterien eine hohe Qualität zu attes-

tieren wäre, nicht mehr ausschließen (zur Problematik BGH NStZ 2016, 22 (23); vgl. auch NStZ-RR 2017, 88; BGH NStZ-RR 2018, 120; BeckRS 2021, 13977; StV 2022, 215 = BeckRS 2021, 27040; Fabian, Praxisfelder der Rechtspsychologie/Böhm/Erdmann/Volbert, 2002, S. 139 (143 ff., 146 ff.); Volbert/Steller/Steller, Handbuch der Rechtspsychologie, 2008, S. 306 f.; Hohoff NStZ 2020, 387 (389)).

4. Ambivalenz opferschützender Maßnahmen

Werden die prozessualen Maßnahmen angewandt, die zur Reduzierung der in → Rn. 41 ff. erwähnten Belastungen möglich sind, steht dies fast zwangsläufig in einem **Spannungsverhältnis** zur tatrichterlichen Aufklärungspflicht. Wollte man hierdurch auftretende Kollisionen systematisch zugunsten des minderjährigen Zeugen auflösen (so Fegert/Andresen/Sago/Walper ZKJ 2016, 324 (328 ff.); krit. indes Deckers StraFo 2017, 133; NStZ 2020, 387 (388 f.)), nähme dies die Zuweisung der „Täter"- und „Opfer"-Rolle in einer Phase, die dafür erst die Grundlagen legen soll, in einem Maße vorweg, die dem Strafverfahren als geregelter Verdachtsklärungsform die Legitimitätsbasis entzöge. Da vor dem Urteil nicht feststeht, dass der Beschuldigte das Notwendigwerden strafprozessualer Belastung zu verantworten hat, darf die Reduktion der Zeugenbelastung nicht die Chancen der Verdachtsentlastung reduzieren. Das wird de lege lata indes nur bedingt eingelöst. 55

a) § 247 S. 2 StPO. Der Ausschluss des Angeklagten gem. § 247 S. 2 StPO ist zulässig, wenn das Vorliegen konkreter Umstände es nahelegt, dass das Wohl des minderjährigen Zeugen durch die Anwesenheit des Angeklagten einen erheblichen Nachteil erfährt oder die Wahrheit seiner Aussage beeinträchtigt sein könnte. Das ist zB bei einem Abhängigkeitsverhältnis oder bei Furcht vor Racheakten des Angeklagten der Fall (etwa Meyer-Goßner/Schmitt/Schmitt StPO § 247 Rn. 11) – wobei sich eine solche Situation ohne eine problematische Vorabeinschätzung des Tatvorwurfs allerdings kaum feststellen lässt. Nicht ausreichend ist bspw. die Angst des Kindes, dass ihm wegen seines Alters weniger geglaubt werde als dem älteren Beschuldigten. Auf solche allg. Befürchtungen muss durch die Art der Verhandlungsführung (und Hinweise an das private Umfeld) reagiert werden. Generell ist die Vorschrift, da der Angeklagte durch die Entfernung in seinen Verteidigungsrechten eingeschränkt wird, **eng zu handhaben** (BGHSt 55, 87 (89) = NJW 2010, 2450 (2451)). 56

Dies gilt auch mit Blick auf mögliche Beeinträchtigungen der **Aufklärungspflicht,** die selbst bei Anwesenheit eines Verteidigers drohen. Denn bei Angaben, die vom Zeugen (ganz oder teilw., bewusst oder irrig) falsch gemacht werden, kann oft **nur** der **Angeklagte selbst** die Glaubhaftigkeit der Aussagen (als dem oft zentralen Beweismittel) aufgrund dieses oder jenes Details erschüttern (vgl. auch MüKoStPO/Neuhaus StPO § 247 Rn. 27 ff.). Die Problematik, die in dieser Hinsicht durch die Entfernung des Angeklagten entsteht, wird allein dort abgemildert, wo dessen Unterrichtung (§ 247 S. 4 StPO) dergestalt erfolgt, dass er die Vernehmung im Sitzungssaal an einem anderen Ort mittels Videotechnik audiovisuell mitverfolgen kann (zur Zulässigkeit BGHSt 51, 180 = NJW 2007, 709; für die Vorrangigkeit dieser 57

Unterrichtungsmodalität grds. BGH NJW 2017, 3397; krit. Schneider NStZ 2018, 128).

58 **b) Videovernehmung.** Nach §§ 168e, 247a StPO ist es zulässig, die richterliche Vernehmung der Zeugenperson unter räumlicher Absonderung von der beschuldigten Person per wechselseitiger **audiovisueller Simultanübertragung** durchzuführen. Bei entspr. Vernehmungen im Vorverfahren halten sich sowohl der Richter als auch der Zeuge getrennt von den übrigen Anwesenheitsberechtigten in einem Vernehmungsraum auf, bei Durchführung in der HV nur der Zeuge (vgl. auch BGH NJW 2017, 181; zur eingeschr. rechtspraktischen Relevanz aber Scheumer, Videovernehmung kindlicher Zeugen, 2007, S. 212 ff.). Erforderlich hierfür ist, dass die Anwesenheitsvernehmung die dringende Gefahr eines schwerwiegenden Nachteils für das Wohl der Zeugenperson mit sich brächte. Übliche Unannehmlichkeiten, wie sie mit einer Zeugenvernehmung in Anwesenheit des Beschuldigten verbunden sind oder sein können, reichen (ebenso wie bei § 247) nicht. Dringend ist die Gefahr nur dann, wenn sie – wie das Gericht ggf. zu ermitteln hat (vgl. BVerfG NJW 2014, 1082) – auf tatsächlichen Umständen beruht und eine hohe Nachteilswahrscheinlichkeit aufweist.

59 Inwiefern in diesen Fällen die angestrebte Belastungsreduktion tatsächlich erreicht werden kann, gilt als offen (eher vern. Volbert/Pieters, Zur Situation kindlicher Zeugen vor Gericht, 1993, S. 50; Pfäfflin StV 1997, 95 (98 f.); n. Hasdenteufel, Die StPO als Grenze des Einsatzes von Videotechnologie im Strafverfahren bei sexuell mißbrauchten Kindern, 1997, S. 19 ff., 24 ff.; zum begrenzten Wissensstand Köhnken StV 1995, 376). Zugleich wird die Unmittelbarkeit der Vernehmungsinteraktion durch die Übertragung nur simuliert, was durchaus Auswirkungen auf die Konfrontationsmöglichkeiten des Angeklagten und die Aussageprüfung haben kann (vgl. Hamm StV 2015, 139 (140): kritische Infragestellung leichter abwehrbar; verfremdende Filterwirkung der Technik; medientypische Suggestivwirkung). In Simulationsstudien wirkte sich der Umstand, dass die Zeugen in einer Videokonferenz befragt wurden, jedenfalls uneinheitlich auf deren Bewertung aus (Eaton/Ball/O'Callaghan JapplSPsych 2001, 1845; Ellison/Munroe Social & Legal Studies 2014, 3; vgl. auch Rowden/Wallace Social & Legal Studies 2019, 698). Eine **Beeinflussung der Aussagebeurteilung** im strafprozessualen Kontext ist bislang also unklar (zu widersprüchlichen Eindrücken der Praxis vgl. die Befragung bei Vogel, Erfahrungen mit dem Zeugenschutzgesetz, 2003, S. 171 ff.).

60 **c) Videoaufzeichnung.** Ähnlich wie bei der jugendstrafrechtlichen Beschuldigtenvernehmung (→ § 70c Rn. 18 ff.) kann bei einer polizeilichen, staatsanwaltschaftlichen oder ermittlungsrichterlichen Zeugenvernehmung im **Ermittlungsverfahren** eine audiovisuelle Aufzeichnung erfolgen (§§ 58a Abs. 1 S. 1, 161a Abs. 1 S. 2, 163 Abs. 3 S. 2 StPO). Bei (zum Tat- oder Vernehmungszeitpunkt) minderjährigen Zeugen soll dies sogar erfolgen (§ 58a Abs. 1 S. 2 Nr. 1 und S. 3 StPO; vgl. dazu und den Aufzeichnungsmodalitäten auch RiStBV Nr. 19 Abs. 2 S. 2; zu rechtlichen Details und Fragen der Durchführung s. etwa auch Mosbacher NStZ 2024, 263). Außerdem greift die genannte Soll-Vorschrift, wenn ein Ausfall der Vernehmung in der HV zu befürchten, die Konservierung aber zur Erforschung der Wahrheit erforderlich ist (§ 58a Abs. 1 S. 2 Nr. 2 StPO). Auf das Einverständnis der Zeugenperson mit dieser Art der Dokumentation kommt es nicht an.

Liegt eine solche Zustimmung indes vor und geht es bei der mutmaßlichen Viktimisierung des (minderjährigen oder erwachsenen) Zeugen um eine Tat iSv §§ 174 – 184j StGB, muss die richterliche Vernehmung aufgezeichnet werden, sofern dessen schutzwürdige Interessen so besser zu wahren sind (§ 58a Abs. 1 S. 3 StPO; eingeführt durch Gesetz zur Modernisierung des Strafverfahrens).

Für die **Vorführung der Aufzeichnung in der HV** gelten gem. § 255a 61
Abs. 1 StPO die §§ 251, 252, 253 und 255 StPO entspr., woraus insoweit Gefahren für die Wahrheitsermittlung entstehen können, als die verschiedensten technischen Möglichkeiten und ggf. Notwendigkeiten des Straffens der Aufzeichnung bestehen. Eine gesteigerte Durchbrechung des Unmittelbarkeitsprinzips ermöglicht sodann § 255a Abs. 2 S. 1–3 StPO, da hiernach die HV-Aussage einer (zum Tat- oder Aussagezeitpunkt) minderjährigen Zeugenperson durch die Aufzeichnung ihrer früheren richterlichen Vernehmung ersetzt werden kann (und bei entspr. Zeugeninteresse ggf. muss), ohne dass dies an die Voraussetzungen der §§ 251 ff. StPO geknüpft wäre. Das dahinterstehende Interesse des „Opferzeugen", es (wenn irgend möglich) bei nur einer Vernehmung bewenden zu lassen, ist allerdings keineswegs verallgemeinerungsfähig (vgl. etwa Pfäfflin StV 1997, 95; Volbert/Steller/Volbert, Handbuch der Rechtspsychologie, 2008, S. 198 f.). Insbes. aber führt die Reduktion auf die **Einmalbefragung** dazu, dass die Aussage nicht mehr anhand des eigentlich zentralen Kriteriums der **Aussagekonstanz** (→ auch Rn. 52) geprüft werden kann (Eisenberg HRRS 2011, 64 (67 ff.)).

Obendrein entfallen die Aufklärungspotenziale, die das **Konfrontations-** 62
recht des Angeklagten ggf. zu bieten vermag. Zwar setzt die vernehmungssubstituierende Aufzeichnungsvorführung voraus, dass die Verteidigungsseite bei der Vernehmung im Ermittlungsverfahren mitwirken konnte (§ 255a Abs. 2 S. 1 StPO), doch soll es bedeutungslos sein, ob es zu dieser Mitwirkung tatsächlich gekommen ist (MüKoStPO/Krüger StPO § 255a Rn. 25) und ob sich die Verteidigung auf diese Vernehmung durch eine Akteneinsicht vorbereiten konnte (BGHSt 48, 268 = NJW 2003, 2761). Selbst wenn beide Bedingungen vorlagen und eine gewisse Konfrontationsmöglichkeit im Ermittlungsverfahren bestand, kann sich durch die seitherigen Ermittlungen ein ganz anderer Nachfragebedarf ergeben haben. Hierfür bleibt im Falle eine Aufzeichnungsvorführung nur die ergänzende Vernehmung (§ 255a Abs. 2 S. 4 StPO), doch wirft die dann stattfindende Aufteilung der Aussage in einen Aufzeichnungs- und Direktaussageteil ungeklärte aussagepsychologische Beurteilungsprobleme auf (n. zur Problematik etwa Walther JZ 2004, 1107).

d) Psychosoziale Prozessbegleitung. Jeder (mutmaßlich) Verletzte – 63
gemeint ist der Verletzte iSv § 373b StPO (BT-Drs. 19/27654, 105) – hat nach **§ 406g Abs. 1 StPO** einen Anspruch auf eine psychosoziale Begleitung. Im Falle eines Opferzeugen kann der Begleiter Vernehmungen und der HV teilnehmen (aber nicht an der aussagepsychologischen Exploration (dies offen lassend Stremlau PraxRPsych 2016, 125 (130 f.)). Worin die Begleitung im Übrigen besteht, ist (leer-)formelartig in § 2 PsychPbG festgelegt (Praxis-Bsp. für minderjährige Zeugen bei Elz, Psychosoziale Prozessbegleitung 2016/Behrmann, S. 65 ff.). Im Falle der Beiordnung ist die Dienstleistung für die (mutmaßlich) geschädigte Person kostenfrei, wobei die

Beiordnung dort, wo es um die Klärung einer der in § 397a Abs. 1 StPO genannten Verletzungsformen geht, teilw. zwingend, teilw. von einer „besonderen Schutzbedürftigkeit" (§ 48a Abs. 1 StPO) und einer entspr. Ermessensausübung abhängig ist (§ 406g Abs. 3 StPO). – Auffallen muss, dass das Gesetz zwar dem (mutmaßlich) Verletzten eine solche Unterstützung (zusätzlich zum sog. Opferanwalt) gewährt, um Verunsicherungen und Belastungen im Verfahren zu reduzieren (skeptisch zum Bedarf Stremlau PraxRPsych 2016, 125 (130)), nicht aber dem Beschuldigten, der sich idR in einer ganz ähnlichen Überforderungslage befindet. Dies ist Ausdruck einer **antizipierten Tatrollenverteilung,** die einer Verletzung der Unschuldsvermutung nahekommt (abw. Ilsener, Psychosoziale Prozessbegleitung im Strafverfahren, 2021, S. 174 f.). Indem nun das Gericht im Beiordnungsverfahren die Verletzteneigenschaft des antragstellenden Zeugen vorwegnehmend bejahen muss, wird dieses Vor-Urteil auch auf die richter-individuelle Ebene erstreckt (Neuhaus StV 2017, 55 (58 f.)). In der Rechtspraxis wird diese Problematik, die im JStV in noch gesteigertem Maße besteht (→ § 2 Rn. 55), differenziert beurteilt (Treskow/Zietlow/Deyerling Psychosoziale Prozessbegleitung – Auswirkungen auf den Strafprozess und die Prozessbeteiligten, 2022, S. 106 f.)

64 Die Prozessbegleitung soll ggü. Dem Verfahren neutral und ohne Auswirkungen auf die Zeugenaussage sein (§ 2 Abs. 2 PsychPbG) bzw. deren Qualität sogar verbessern (dazu Ilsener, Psychosoziale Prozessbegleitung im Strafverfahren, 2021, S. 61 ff. mwN). Tatsächlich aber stellt sich die Frage, wie realistisch diese Vorgabe ist – ob also die begleiteten Zeugen bei der Entscheidung über eine etwaige Zeugnisverweigerung und über ihr Aussageverhalten tatsächlich unbeeinflusst sind (dazu auch Deckers StraFo 2017, 133 (139 f.)). So besteht nicht nur (wie in jeder Zeugenberatung (→ Rn. 48)) die Gefahr einer **Aussageinduktion** (Neuhaus StV 2017, 55 (61); Hohoff NStZ 2020, 387 (390)), sondern auch die Möglichkeit, dass im Rahmen der Unterstützung eine Annäherung an ein sog. **Zeugencoaching** erfolgt (Eschelbach ZAP 2014, Fach 22 S. 971 (980 ff.)). Die rechtstatsächliche Relevanz entspr. Grenzverletzungen wird in der Praxis unterschiedlich einschätzt (Treskow/Zietlow/Deyerling Psychosoziale Prozessbegleitung – Auswirkungen auf den Strafprozess und die Prozessbeteiligten, 2022, S. 105 f.). Sie lassen sich aber jedenfalls nicht ausschließen und bei der Aussagewürdigung auch nicht kontrollieren (krit. dazu ebenfalls Stremlau PraxRPsych 2016, 125 (130 f.)). Dass in den (vermeintlichen) „Ausnahmefällen", in denen es „zu einem Gespräch mit dem Verletzten über den Sachverhalt" kommt, tatsächlich eine dahingehende Dokumentation vorgenommen und das Gericht hierüber informiert wird (so die Vorstellung in BR-Drs. 56/15, 29), ist in keiner Weise sichergestellt. Im Übrigen hat die Prozessbegleitung auch dort, wo dergleichen ausbleibt, rechtstatsächlich die Funktion, den mutmaßlich Verletzten als Zeugen und damit auch dessen bisherige Aussage zu stabilisieren, was bei Angaben, die (aus welchen Gründen auch immer) falsch waren, zu deren weiterer Fixierung beiträgt.

65 **e) Akteneinsichtsrecht.** Gem. § 406e StPO hat der (mutmaßlich) Verletzte (selbst oder über einen Rechtsanwalt) ein Akteneinsichtsrecht. Auf ein berechtigtes Interesse des hier in Betracht kommenden weiten Kreises (BT-Drs. 19/27654, 107) kommt es hierbei nur bei fehlender Nebenklageberechtigung an. Die in § 406e Abs. 2 StPO geregelten Ablehnungsgrün-

de stellen wegen ihrer Unbestimmtheit und dem teilw. eröffneten Ermessen eine eher geringfügige Einschränkung dar, sodass selbst bei einer noch bevorstehenden Zeugenaussage des Verletzten dessen Akteneinsicht zulässig sein kann (vgl. etwa OLG Brandenburg BeckRS 2020, 17128; KG NStZ 2019, 110; zur hier vertr. abw. Ansicht → § 2 Rn. 54). Insofern droht bei erfolgter Akteneinsicht durch den mutmaßlich Geschädigten eine un-/bewusste **Glättung und Abstimmung der Aussagen,** die das Kriterium der Aussage-Konstanz unterläuft (vgl. dazu bspw. BGH StV 2017, 7 = BeckRS 2016, 11403; Schünemann NStZ 1986, 193 (199); Baumhöfener NStZ 2014, 135; Hilgert NJW 2016, 985 (987); Eisenberg JR 2016, 391; Deckers StV 2017, 50 (52); Hohoff NStZ 2020, 387 (389 f.)). In den eben erwähnten Fällen des Coachings hätte das eine besondere Qualität. Von gesteigerter Relevanz ist dies bei erhobener Nebenklage, weil der (mutmaßlich) Geschädigte hier vielfach Eigeninteressen verfolgt und daher ein Anreiz zur zielgerichteten Nutzung des Aktenwissens besteht.

f) Bewegliche Gerichtszuständigkeit. § 24 Abs. 1 S. 1 Nr. 3 GVG **66** gibt der StA die Möglichkeit, eine Jugendschutzsache gegen einen Erwachsenen aus besonderen Gründen vor der JKammer anzuklagen. Soweit hierfür die „besondere Bedeutung des Falles" ausschlaggebend sein kann, handelt es sich seit jeher um ein außerordentlich vages Merkmal (zur Beschränkung der revisionsgerichtlichen Kontrolle auf bloße Willkür etwa BGHSt 57, 165 = NJW 2012, 2455). Durch das OpferRRG (BGBl. 2004 I 1354) wurde mit der „besonderen Schutzbedürftigkeit sog. Opferzeugen" indes ein gesteigert problematischer Unterfall (so aus der früheren Judikatur etwa OLG Zweibrücken NStZ 1995, 357) aufgegriffen und in das Gesetz eingeführt (verfassungsrechtliche Bedenken bei Heghmanns DRiZ 2005, 288 (291 f.); van Galen StV 2013, 171 (174); für Abschaffung ua Godendorff StV 2017, 626 ff.; s. auch → § 41 Rn. 11 f.). Damit soll der StA die Möglichkeit gegeben werden, durch eine Anklage vor dem LG (statt dem AG) die Berufungsoption auszuschalten und damit auch die dort ggf. erforderlich werdende neuerliche Zeugenaussage auszuschließen. Zugleich geht damit aber auch das **Ermittlungs- und Verteidigungspotenzial** der zweiten Tatsacheninstanz **verloren** (speziell zur Aussagewürdigung → Rn. 61). Die Beurteilung, inwieweit die Gefahr psychischer Folgen durch die Zeugenvernehmung (→ Rn. 47 ff.) in der Berufung entstünde, muss deshalb an einem strengen Standard gemessen (BeckOK StPO/Eschelbach GVG § 24 Rn. 12) sowie fallbezogen und faktenbasiert (nicht stereotypisierend) erfolgen (s. auch → § 41 Rn. 13; zur uneinheitlichen Gerichtspraxis s. OLG Hamburg NStZ 2005, 654; LG Hechingen NStZ-RR 2006, 51; OLG Karlsruhe NStZ 2011, 479; NStZ-RR 2014, 154 (Ls.) = BeckRS 2014, 4012). Das gilt besonders auch deshalb, weil den Belastungen der Zeugenvernehmung durch deren Gestaltung entgegengewirkt werden kann, wohingegen die vorschnelle Unterstellung zeugenseitiger Beeinträchtigungen und die deshalb bejahte JKammer-Zuständigkeit nach § 269 StPO nicht korrigierbar ist.

5. Altersangepasste Vernehmungsgestaltung

Um die Belastungen zu mindern, mit denen die minderjährigen Zeugen **67** konfrontiert sein können (→ Rn. 47 ff.), zugleich aber auch den Herausforderungen für die Aufklärungspflicht (→ Rn. 46 ff.) Rechnung zu tragen, kann – unabhängig von einigen besonderen Schutzmaßnahmen, die indes teilw. dysfunktionale Wirkungen befürchten lassen (→ Rn. 55 ff.) – die **Art** der **Vernehmungsdurchführung** durch die Polizei, Ermittlungsrichter (§ 168c Abs. 2 StPO) und Vorsitzenden (§ 241a StPO) von angehobener Bedeutung sein. Daher liegen in der Lit. spezifische Handreichungen und Empfehlungen für deren angemessene Gestaltung vor (vgl. etwa Saywitz/Camparo, Evidence-based Child Forensic Interviewing, 2014, S. 51 ff.; Niehaus/Volbert/Fegert, Entwicklungsgerechte Befragung von Kindern in Strafverfahren, 2017, S. 57 ff.; Korkman/Otgaar/Geven ua Psychology, Crime and Law (https://doi.org/10.1080/1068316X.2024.2324098 – online first); erg. auch Bliesener ua/Volbert, S. 409 ff. sowie zu lern- oder geistig behinderten Kindern Stiller/Doll ZJJ 2018, 205 (209 f.); speziell zum Einsatz von anatomischen Puppen, Zeichnungen und Bildkarten diff. → 22. Aufl. Rn. 65a sowie Schröder/Hermanutz Kriminalistik 2016, 679; Hahn/Hermanutz P&W 2014/4, 15).

68 Zu den hiernach grds. zu berücksichtigenden Maßgaben zählt ua (n. auch 22. Aufl. Rn. 61 ff.) eine Vorbereitung, durch die etwaige Wartezeiten von jungen Zeugen und deren Begegnung mit anderen Zeugen oder dem Angeklagten vermieden werden. Bei der Vernehmung sollten nur die Personen im Raum sein, deren Anwesenheit unbedingt notwendig ist. Es bieten sich eine Raumwahl und eine Stuhlaufstellung an, die eine Gesprächsatmosphäre ermöglichen und ein Gerichtsklima vermeiden (ohne dass eine unangemessene Vertraulichkeit herzustellen wäre). Sinn und Zweck der Vernehmung sind dem Minderjährigen zu **erläutern.** Während der Vernehmung muss ruhig und behutsam vorgegangen werden. Dabei ist das Kind bzw. der Jugendliche nach Möglichkeit (zunächst) zu einer freien Schilderung der in Frage stehenden Vorkommnisse zu bewegen (zu dieser **Grundregel** bspw. auch Volbert ZkiJPsychiatr 1995, 20 (22): „anfangs so offen wie möglich … erst allmählich spezifischer"). Ggf. kann mit allg. Fragen zum (angeblichen) weiteren Geschehensablauf versucht werden, eine Wiedergabe in den Worten des Kindes bzw. des Jugendlichen zu erhalten. Es sollte unbedingt davon abgesehen werden, Zweifel und Unglauben laut werden zu lassen Nachfragen müssen allg., wertungsfrei und nicht-suggestiv formuliert werden (etwa: „ich habe das noch nicht richtig verstanden").

Aufgaben des Jugendrichters

34 (1) **Dem Jugendrichter obliegen alle Aufgaben, die ein Richter beim Amtsgericht im Strafverfahren hat.**

(2) [1] **Dem Jugendrichter sollen für die Jugendlichen die familiengerichtlichen Erziehungsaufgaben übertragen werden.** [2] **Aus besonderen Gründen, namentlich wenn der Jugendrichter für den Bezirk mehrerer Amtsgerichte bestellt ist, kann hiervon abgewichen werden.**

(3) **Familiengerichtliche Erziehungsaufgaben sind**

1. **die Unterstützung der Eltern, des Vormunds und des Pflegers durch geeignete Maßnahmen (§ 1631 Absatz 3, § 1802 Absatz 1 Satz 1, § 1813 Absatz 1 des Bürgerlichen Gesetzbuchs),**

2. die Maßnahmen zur Abwendung einer Gefährdung des Jugendlichen (§§ 1666, 1666a, auch in Verbindung mit § 1802 Absatz 2 Satz 3 und § 1813 Absatz 1 des Bürgerlichen Gesetzbuches).

Schrifttum: Hartmann, Die Anordnung von U-Haft (…), 1988; Otto, Der Grundsatz der Ämtereinheit des Jugend- und des Vormundschaftsrichters, 1970; Schmidt, Die Personalunion des Jugend- und Familienrichters, 2014; Simon, Der Jugendrichter im Zentrum der Jugendgerichtsbarkeit, 2003.

I. Anwendungsbereich

1 Die Vorschrift gilt sowohl in Verfahren gegen **Jugendliche** als auch gegen **Heranwachsende** (§ 107), bei diesen aber nur Abs. 1 (nicht jedoch die insofern gegenstandslosen Abs. 2 und 3). Keine Anwendung findet § 34 in Verfahren vor den für allg. Strafsachen zuständigen Gerichten (§ 104 Abs. 1 bzw. § 112 S. 1). Abs. 1 kann iÜ auch in Verfahren gegen Erwachsene zum Tragen kommen, und zwar in Jugendschutzsachen vor dem JGericht (vgl. → §§ 33–33b Rn. 11 f.).

II. Jugendgerichtliche Aufgaben

1. Erschöpfende Zuständigkeit im gesamten Jugendstrafverfahren

2 Abs. 1 hat eine grundlegende zuständigkeitsklärende Funktion. So beruhen die Aufgaben des JRichters zwar teilw. auf einigen **besonderen Zuweisungsnormen** im JGG (§§ 45 Abs. 3, 77 f., 82 ff., 90, 97 ff.), doch Abs. 1 überträgt ihm darüber hinaus sämtliche Aufgaben, die im Strafverfahren der Richter am AG hat. Dies betrifft insbes. die Tätigkeit des erkennenden **Einzelrichters** (§ 33 Abs. 2) und des **Vorsitzenden des JSchöffG** (§ 33a Abs. 1 S. 1), die durch die Zuständigkeitsbestimmung in §§ 39, 40 näher konkretisiert wird. Zu den amtsrichterlichen Aufgaben iSv Abs. 1 zählen ferner alle Entscheidungen, die **außerhalb der HV** erforderlich werden (§ 30 Abs. 2 GVG bzw. § 33a Abs. 2): neben der Vollstreckungs- (§ 87g Abs. 1 S. 4 IRG) und Rechtshilfe im JStV (vgl. § 157 GVG) also namentlich die (ermittlungs-)richterlichen Handlungen im vorbereitenden Verfahren (s. bspw. §§ 86 ff., 98, 105, 114 ff., 125 f., 128, 162 StPO, §§ 71, 72). Dies gilt ausnahmslos (diff. aber HK-JGG/Habetha Rn. 5), weil die Ermittlungseingriffe im JStV modifizierten Kriterien unterliegen und deshalb mit jugendstrafrechtlicher Expertise geprüft werden sollen (vgl. auch NK-JGG/Schady Rn. 2).

3 Mit dieser Konzentration der jugendstrafrechtlichen Materien bei JRichtern wird die **Einheitlichkeit der jugendstrafrechtlichen Einwirkung** angestrebt. Im JStV anfallende Entscheidungen sollen über die verschiedenen Prozessphasen hinweg allesamt nach erzieherischen Kriterien und auf der Basis entspr. Erfahrungen getroffen werden (einschr. aber HK-JGG/Habetha Rn. 5, der selbst bei Entscheidungen nach §§ 71, 72 dafür kein Bedürfnis anerkennt). Das Präsidium (§ 21a GVG) muss diese umfassende jugendrichterliche Zuständigkeit bei der **Geschäftsverteilung** (§ 21e GVG) **zwingend** gewährleisten, indem für sämtliche richterliche Entscheidungen im

gesamten JStV ausschließlich solche Richter eingesetzt werden, die JRichter sind und die Qualifikationserfordernisse gem. § 37 erfüllen. Eine Aufteilung von jugendrichterlichen Dezernaten nach Altersgruppen (Jugendlichen einerseits und Heranwachsenden andererseits) verbietet sich dabei im Hinblick auf § 105 Abs. 1 (zust. MüKoStPO/Höffler Rn. 5). Für die fallbezogene Bestimmung der individuellen jugendrichterlichen Zuständigkeit bieten sich vielmehr das Buchstaben- und das Wohnortprinzip an, da sie die Vertrautheit mit fallrelevanten Bedingungen fördern. Die in der Praxis ebenfalls anzutreffende Verteilung nach der Deliktsart oder dem Turnusprinzip kommt dagegen eher nur institutionellen Belangen (Spezialisierung bzw. Belastungsgleichheit) entgegen (n. Höynck ua Jugendgerichtsbarometer II S. 38 f.).

2. Einzelheiten zur jugendrichterlichen Konzentration

4 Manches spricht für eine zwingende **fortlaufende Kontinuität der konkreten Richterperson.** Hierdurch wäre eine durchgehende Informiertheit sichergestellt, weil der JRichter die jeweils späteren Entscheidungen (bspw. im Urteil) dadurch in Kenntnis der Umstände treffen kann, die seinen früheren Entscheidungen (bspw. bei Maßnahmen im Ermittlungsverfahren) zugrunde lagen (OLG Düsseldorf BeckRS 2006, 07150). Es ist andererseits aber keineswegs nur von Nachteil, wenn die Umstände eines Falles aus den verschiedenen Perspektiven verschiedener JRichter betrachtet werden, schon weil dies die Folgen eines ggf. **voreingenommenen Beharrens** (gar eines sog. „primacy effects") abwenden kann. Auch ist bspw. der Anreiz, in Fällen notwendiger Verteidigung einen „genehmen" Pflichtverteidiger zu bestimmen (→ § 68a Rn. 24), für den Ermittlungsrichter größer, wenn er auch die HV führen wird (s. hierzu ferner Nöding StV 2022, 52 (57 f.)). Allerdings erlaubt es der Geschäftsumfang an größeren Gerichten ohnehin kaum, sämtliche Bereiche des JStV, die einen Jugendlichen betreffen, bei der Geschäftsverteilung demselben JRichter zuzuweisen. In Verfahren mit erstinstanzlicher Zuständigkeit der JKammer ist eine durchgehende personale Identität von vornherein nicht umsetzbar. Ebenso liegt es bspw. bei einer ermittlungs- bzw. haftrichterlichen Zuständigkeitskonzentration (→ §§ 33–33b Rn. 15), zu der es nach § 58 Abs. 1 S. 1 GVG kommen kann (hierzu und zu weiteren ähnlichen Kontinuitätsdurchbrechungen etwa Wohlfahrt StraFo 2020, 59 (60 f.); speziell zur Einordnung von § 162 StPO → § 42 Rn. 2).

5 Deshalb verlangt Abs. 1 bei sachgerechter Auslegung nur, dass im Geschäftsverteilungsplan jeder Richter, der mit jugendrichterlichen Geschäften betraut (und daher JRichter) ist, nach Möglichkeit für die **Bearbeitung sämtlicher Stadien im JStV** eingesetzt wird und diese Erfahrungen „abschnittsübergreifend" einbringen kann (OLG Düsseldorf BeckRS 2006, 07150; LG Göttingen NdsRpfl 1977, 218; LG Berlin NStZ 2006, 525; Brunner/Dölling Rn. 3; MüKoStPO/Höffler §§ 33-33b Rn. 5; Diemer/Schatz/Sonnen/Schatz Rn. 10; Nöding Verteidigung Rn. 288). So kommt es bei einem Jugendermittlungsrichter zwar nicht darauf an, dass ihn der Geschäftsverteilungsplan so bezeichnet (OLG Düsseldorf BeckRS 2006, 7150), aber es muss sich bei ihm um einen Richter handeln, der die besondere Geeignetheit iSv § 37 aufweist und in allen Abschnitten des JStV eingesetzt wird. Wenn Richter **ausschließlich als Jugendermittlungsrichter** und nicht auch in anderen Phasen des JStV tätig sind (so wohl

VerfGH Saarl. BeckRS 2004, 19311; entspr. Modelle explizit verteidigend Reichenbach NStZ 2005, 618 (619 ff.), entspricht das diesen Anforderungen an sich nicht. Vielmehr handelt es sich dann um eine Camouflage, da die Entscheidungen im Vorverfahren hier institutionell von der Kernmaterie des JStV separiert und einem Richter übertragen werden, der allein pro forma als (Schein-)JRichter amtiert. Dennoch wird diese Möglichkeit vom Gesetz (seit 2022) partiell legalisiert, da **§ 37 Abs. 2 und Abs. 3 S. 2** den Einsatz von Jugendermittlungsrichtern erlaubt, die andere jugendrichterliche Aufgaben mangels hinreichender Befähigung gar nicht ausüben dürften. Dies kann aus den vorgenannten Gründen allerdings nur eine Ausnahmelösung sein, die lediglich für den (entspr. geregelten) Bereitschaftsdienst in Betracht kommt.

Ergeht hingegen zB ein Haftbefehl durch einen Richter, der nach diesen 6
Kriterien nicht als JRichter gelten kann und bei dem auch die Voraussetzungen einer Ausnahme iSv § 37 Abs. 2 und Abs. 3 S. 2 (→ § 37 Rn. 19) nicht vorliegen, ist dies wegen Verletzung von Art. 101 Abs. 1 S. 2 GG und § 16 S. 2 GVG **rechtswidrig** (VG Schleswig NVwZ-RR 1992, 111 (112); Hartmann, Die Anordnung von U-Haft (…), 1988, S. 151 ff.). Eine Heilung gem. § 22d GVG scheidet aus, weil dafür eine Abweichung von einem gesetzmäßigen Geschäftsverteilungsplan vorliegen müsste, wohingegen es hier um dessen Mangelhaftigkeit geht. Da der Geschäftsverteilungsfehler als Vorgang der gerichtlichen Selbstverwaltung allerdings unanfechtbar sei, soll die Anordnung des Nicht-JRichters nach der anzuzweifelnden hM nur im Falle **objektiver Willkür** angreifbar sein (BVerfG NStZ-RR 2005, 279; OLG Düsseldorf BeckRS 2006, 7150; vgl. auch Wohlfahrt StraFo 2020, 59 (61): fernliegende, sachfremde und unvertretbare Zuständigkeitsübertragung).

III. Zuständigkeit von Jugendrichtern in anderen Rechtsgebieten

1. Aufgaben im allgemeinen Strafrecht

Das Gesetz schließt es nicht aus, JRichter (neben ihren jugendgericht- 7
lichen Aufgaben) in anderen Rechtsgebieten einzusetzen. In der Praxis sind deshalb Geschäftsverteilungen verbreitet (und teilw die Regel), die den JRichtern auch Verfahren im Erwachsenenstrafrecht übertragen (zu einer tendenziellen Zunahme vgl. Höynck ua Jugendgerichtsbarometer II S. 32 f.). In Erhebungen, die dies dokumentieren, zeigt sich dann, dass iRv solchen **Mischdezernaten** sehr unterschiedliche Zeitanteile auf die Jugendsachen entfallen (Höynck/Leuschner Jugendgerichtsbarometer I S. 47 ff.; Höynck ua Jugendgerichtsbarometer II S. 34; aus den früheren Studien vgl. etwa Hauser Jugendrichter S. 74; Knoll, Empirische Untersuchungen zur richterlichen Sanktionsauswahl, 1978, S. 14; Pommerening MschKrim 1982, 193 (194)); Adam/Albrecht/Pfeiffer, Jugendrichter und Jugendstaatsanwälte in der Bundesrepublik, 1986, S. 44 ff.; Hupfeld DVJJ-Journal 1993, 11 (15); Buckolt Jugendstrafe S. 200 ff.). Eine solche Verbindung der Aufgaben des JRichters mit denjenigen des Strafrichters – bzw. der Aufgaben einer JKammer mit der einer allg. Strafkammer (zur Zulässigkeit BGHSt 21, 70 = NJW 1966, 1037 (1038)) – sollte allerdings (unabhängig von §§ 47a, 103) auf

Konstellationen dringender Notwendigkeit begrenzt werden (ebenso Brunner/Dölling Rn. 4). Das gilt ganz besonders für den sog. „Jugendrichter im Nebenamt", der vorwiegend allg. Strafsachen bearbeitet (Schaffstein NStZ 1981, 286 (287)). Denn die Wahrscheinlichkeit, dass den grds. unterschieden zwischen JStR und allg. StR praktische Geltung verschafft wird, steigt erst bei personaler Trennung und Spezialisierung des richterlichen Personals (s. auch → § 37 Rn. 3 f., 8 f.).

2. Zuweisung familiengerichtlicher Erziehungsaufgaben (Abs. 2)

8 **a) Einordnung.** Allerdings sieht Abs. 2 vor, dem JRichter durchaus ein anderes Rechtsgebiet zu übertragen, nämlich den in Abs. 3 umrissenen Bereich familiengerichtlicher Aufgaben. Ursprünglich bestimmte die Norm (ebenso wie § 19 Abs. 2 S. 1 JGG 1923 bzw. § 22 S. 2 RJGG 1943) sogar, dass der JRichter nach Möglichkeit zugleich als Vormundschaftsrichter tätig sein sollte. Diese Form der Ämterverbindung entsprach dem sog. Frankfurter System, wohingegen beim sog. Kölner System ursprünglich die Vormundschafts- auch als Strafrichter eingesetzt wurden (eing. zur Regelungsgeschichte Schmidt, Die Personalunion des Jugend- und Familienrichters, 2014, S. 107 ff.). Mit der Personalunion (zumindest an den einzelrichterlichen Spruchkörpern) wollte man erreichen, dass das strafrechtlich zuständige Gericht den Jugendlichen bereits seit dessen Kindheit aus vor-strafrechtlichen (dh familienrechtlichen) Zusammenhängen kennt, wovon man sich eine **einheitliche erzieherische Wirkung** durch aufeinander abgestimmte jugend- und familiengerichtliche Maßnahmen versprach (vgl. Dallinger/Lackner Rn. 6; Messerer unsere jugend 1951, 2).

9 Durch das KindRG v. 16.12.1997 (BGBl. I 2942) wurden indes verschiedene Aufgaben des VormundschaftsG auf das FamG übertragen. Die (Mit-) Zuständigkeit des JRichters für den somit reduzierten vormundschaftsrichterlichen Bereich galt danach als unzweckmäßig. Zugleich aber hätte bei einer allg. Zuständigkeit des JRichters sowohl für vormundschafts- als auch für familiengerichtliche Aufgaben eine Überlastung gedroht. Daher wurde die Regelung in Abs. 2 S. 1 aF durch eine Vorgabe ersetzt, die eine Personalunion zwar nicht ausschloss, aber auch nicht mehr als Normalfall erwartete. Stattdessen sollten nur noch die in Abs. 3 genannten „familien- und vormundschaftsrichterlichen Erziehungsaufgaben" an den JRichter übertragen werden (vgl. dazu etwa BT-Drs. 13/4899, 143 f.). Im Zuge der Auflösung der Vormundschaftsgerichte durch das FGG-Reformgesetz v. 17.12.2008 (BGBl. I 2586) erfolgte schließlich eine redaktionelle Anpassung von Abs. 2 hin zur aktuellen Form der sachlich **beschränkten Aufgabenzuweisung.** Dahinter steht jedoch derselbe Zweck wie bei der früheren Ämterunion, wobei dieses Anliegen durch die **örtliche Verfahrenskonzentration** gem. § 42 Abs. 1 Nr. 1 und Abs. 2 noch weiter umgesetzt wird (vgl. ferner zu Mitteilungspflichten → § 70 Rn. 6, 18 und MiStra Nr. 31, 32).

10 **b) Konkretisierungen gem. Absatz 3.** Die nach Abs. 2 in der Geschäftsverteilung umzusetzende Aufgabenzuweisung bezieht sich auf jene **familiengerichtlichen Maßnahmen** (zur begrifflichen Abgrenzung von (erzieherischen) Maßnahmen und Erziehungsmaßregeln → § 9 Rn. 4), die Abs. 3 spezifiziert. Das Gesetz zur Reform des Vormundschafts- und Betreu-

ungsrechts hat hier (mit Wirkung zum 1.1.2023) keine inhaltlichen, sondern lediglich formale Änderungen (nämlich angepasste Verweise auf das BGB) vorgenommen (vgl. auch BT-Drs. 19/24445, 105). Bei den **Abs. 3 Nr. 1** genannten Interventionen handelt es sich (weiterhin) um ein kooperatives Vorgehen, das neben seiner Zweckdienlichkeit zum Kindeswohle auch einen elterlichen Antrag (oder einen solchen des Vormunds bzw. Pflegers) voraussetzt. Sachlich in Betracht kommt hierbei bspw. eine gerichtliche Unterstützung der Erziehungsberechtigten durch Ermahnungen, Weisungen oder Verwarnungen des Minderjährigen.

Die in **Nr. 2** erfassten Maßnahmen gehen hierüber nicht nur in ihrer **11**
Wirkung und Tragweite deutlich hinaus. Hierbei handelt es sich um gerichtliche Eingriffe, die etwa bei Missbrauch des Personensorgerechts sowie im Falle der Vernachlässigung oder auch bei einer anderweitigen **Kindeswohlgefährdung** des Minderjährigen ggü. Den Erziehungsberechtigten vorgenommen werden (zur Pflicht des JAmtes, bei entspr. Gefährdungslagen hierfür das Gericht einzuschalten, vgl. § 8a Abs. 2 SGB VIII). Zu diesen (in § 1666 Abs. 3 BGB exemplarisch genannten) Maßnahmen zählt auch der Entzug des Sorgerechts, der idR mit einer Unterbringung des Kindes in einem Heim oder einer Pflegefamilie verbunden ist. Anders als im Fall des § 1631b BGB, in dem das Gericht den Eltern unter engen Voraussetzungen (BGH NJW-RR 2013, 65; OLG Koblenz FamRZ 2021, 1540) erlaubt, ggü. dem Kind eine Freiheitsentziehung (etwa eine stationäre Hilfe zur Erziehung gem. § 34 SGB VIII) vorzunehmen (hierzu etwa Vogel ZKJ 2022, 253), ordnet es hier also ggf. eine **Fremdplatzierung** kraft hoheitlicher Gewaltausübung an (ggf. nach einer vorherigen Inobhutnahme durch das JAmt gem. § 42 SGB VIII). Dieser Eingriff (in die Kindes- wie Elternrechte) unterliegt strengen Verhältnismäßigkeitsanforderungen (s. deklaratorisch § 1666a Abs. 2 BGB) und prozeduralen Voraussetzungen (Anhörungen, Verfahrenspflegschaft, ggf. Begutachtung – für Hinweise auf diesbzgl. rechtspraktische Defizite vgl. Hoops/Permien, „Mildere Maßnahmen sind nicht möglich!“, 2006, S. 60 ff.; zur Praxis der Sachverständigen vgl. Vogel PraxRPsych 2014, 457).

c) Ausnahmen. Dass die in Abs. 3 genannten familiengerichtlichen Er- **12**
ziehungsaufgaben nach Abs. 2 S. 1 auf den JRichter übertragen werden **sollen** – also nicht übertragen werden müssen (OLG Köln BeckRS 1980, 4118 zu Abs. 2 aF) –, lässt bei der Geschäftsverteilung einen gewissen Raum für gerichtsorganisatorische Gesichtspunkte. Abs. 2 S. 2, der insofern Ausnahmen „aus besonderen Gründen“ erlaubt, reformuliert (und unterstreicht) die eingeschränkte Verpflichtungswirkung der Soll-Norm in Satz 1. Außerdem gibt Satz 2 ein Bsp. für eine solche Ausnahme: Im Falle einer Zuständigkeitskonzentration iSv § 33 Abs. 3 können dem Bezirks-JRichter hiernach nur die familiengerichtlichen Erziehungsaufgaben seines AG-Bezirks und nicht auch die der anderen Bezirke zur Erledigung übertragen werden (dazu schon Dallinger/Lackner Rn. 12; Potrykus Anm. 5).

d) Bewertung. Mit der Maxime der jugend- und familienrichterlichen **13**
Ämter- bzw. Aufgabenverbindung werden Nachteile vermieden, die aus einem unkoordinierten Nebeneinander von familien- und jugendgerichtlicher Intervention resultieren können (s. auch → § 9 Rn. 8 f.; n. anhand regionaler Modelle etwa Marsch ZJJ 2011, 443; Buck DRiZ 2013, 134 speziell betr. Schulabsentismus). Zugleich werden mit ihr aber auch die

durchaus gegebenen Vorteile einer institutionellen Trennung aufgehoben (ähnlich Laubenthal/Baier/Nestler JugendStrafR Rn. 130). So besteht die Gefahr, dass ein Richter, der ggü. Jugendlichen korrigierend-kontrollierende familienrichterliche Interventionen veranlasst hat, die späteren Verfehlungen desselben Jugendlichen im JStV als Bestätigung der seinerzeitigen Negativerwartungen auffasst und entspr. rigoros sanktioniert (weniger krit. Beulke/Swoboda JugendStrafR Rn. 595). Insofern kommen die **Risiken der Sanktionseskalation,** die der jugendstrafrechtlichen Berücksichtigung von Auffälligkeiten im strafunmündigen Alter stets innewohnen (→ § 1 Rn. 22 f.), in der richterlichen Doppelrolle uU besonders zum Tragen. Möglich wird es in diesem Zusammenhang auch, dass der JRichter solche Informationen, die ihm das JAmt in der Funktion des Familienrichters übermittelt, trotz des Sozialdatenschutzes umstandslos in das Strafverfahren eingehen lässt, und dies ggf. auch außerhalb des Strengbeweisverfahrens (ebenso etwa Diemer/Schatz/Sonnen/Schatz Rn. 17 f.).

14 So gesehen muss die erkennbare, wenn auch eher gerichtsorganisatorisch motivierte Skepsis, die sich in der **Praxis** ggü. Der Vorschrift zeigt, nicht von Nachteil sein. Eine Ämtereinheit von Jugend- und Familienrichter wurde und wird nämlich offenbar nur sehr selten realisiert (vgl. dazu Befragungsdaten bei Simon, Der Jugendrichter im Zentrum der Jugendgerichtsbarkeit, 2003, S. 67; Höynck/Leuschner Jugendgerichtsbarometer I S. 49 f.; Höynck ua Jugendgerichtsbarometer II S. 36; vgl. auch Drews, Die Aus- und Fortbildungssituation von Jugendrichtern und Jugendstaatsanwälten ..., 2005, S. 86; Buckolt Jugendstrafe S. 206; Hügel FS Brudermüller, 2014, 352; Schmidt, Die Personalunion des Jugend- und Familienrichters, 2014, S. 229 ff., 240 ff.).

Jugendschöffen

35 (1) [1]**Die Schöffen der Jugendgerichte (Jugendschöffen) werden auf Vorschlag des Jugendhilfeausschusses für die Dauer von fünf Geschäftsjahren von dem in § 40 des Gerichtsverfassungsgesetzes vorgesehenen Ausschuß gewählt.** [2]**Dieser soll eine gleiche Anzahl von Männern und Frauen wählen.**

(2) [1]**Der Jugendhilfeausschuß soll ebensoviele Männer wie Frauen und muss mindestens die doppelte Anzahl von Personen vorschlagen, die als Jugendschöffen und Jugendersatzschöffen benötigt werden.** [2]**Die Vorgeschlagenen sollen erzieherisch befähigt und in der Jugenderziehung erfahren sein.**

(3) [1]**Die Vorschlagsliste des Jugendhilfeausschusses gilt als Vorschlagsliste im Sinne des § 36 des Gerichtsverfassungsgesetzes.** [2]**Für die Aufnahme in die Liste ist die Zustimmung von zwei Dritteln der anwesenden stimmberechtigten Mitglieder, mindestens jedoch der Hälfte aller stimmberechtigten Mitglieder des Jugendhilfeausschusses erforderlich.** [3]**Die Vorschlagsliste ist im Jugendamt eine Woche lang zu jedermanns Einsicht aufzulegen.** [4]**Der Zeitpunkt der Auflegung ist vorher öffentlich bekanntzumachen.**

(4) **Bei der Entscheidung über Einsprüche gegen die Vorschlagsliste des Jugendhilfeausschusses und bei der Wahl der Jugendschöffen**

und Jugendersatzschöffen führt der Jugendrichter den Vorsitz in dem Schöffenwahlausschuß.

(5) **Die Jugendschöffen werden in besondere für Männer und Frauen getrennt zu führende Schöffenlisten aufgenommen.**

(6) **Die Wahl der Jugendschöffen erfolgt gleichzeitig mit der Wahl der Schöffen für die Schöffengerichte und die Strafkammern.**

Schrifttum: Emig/Goerdeler/Lieber ua, Leitfaden für Jugendschöffen, 5. Aufl. 2008; Glöckner/Dickert/Landsberg ua, Entscheidungsverhalten von Schöffen, 2011; Klausa, Zur Typologie der ehrenamtlichen Richter, 1972; Lennartz, Erziehung durch Jugendschöffen?, 2016; Rennig, Die Entscheidungsfindung durch Schöffen und Berufsrichter in rechtlicher und psychologischer Sicht, 1993.

Übersicht

I. Anwendungsbereich

1 Die Bestimmung gilt in Verfahren gegen **Jugendliche** und **Heranwachsende** (§ 107) vor den JGerichten, nicht aber vor den für allg. Strafsachen zuständigen Gerichten (§ 104 Abs. 1, § 112 S. 1). In Verfahren gegen Erwachsene gilt die Vorschrift vor Jugendschutzgerichten vgl. → §§ 33–33b Rn. 11 f.).

II. Aufgabe des Jugendschöffen

1. Ausübung des Richteramtes

2 Die gesetzlich bestimmte Funktion der JSchöffen liegt darin, an den betr. Kollegialgerichten das Amt eines Richters in **vollem Umfang** (§ 30 Abs. 1 GVG) und uneingeschränkter **Unabhängigkeit** (§ 45 Abs. 1 S. 1 DRiG) auszuüben (ebenso Gerstein ZfJ 1997, 47 (51)). Das betrifft – von gesetzlichen Ausnahmen abgesehen (zB § 31 Abs. 2 StPO bzgl. Ausschluss der Schöffen) – alle Entscheidungen während der HV (zur Wiederherstellung der durch VO v. 1.9.1939 aufgelösten Laiengerichtsbarkeit vgl. Gesetz v. 12.9.1950 (BGBl. I 455, 629)). An den hierzu geführten Beratungen und

Abstimmungen können die JSchöffen teilnehmen. Als Laienrichter tragen sie dabei eine Verantwortung, durch ihre Anwesenheit und Aufmerksamkeit die berufsrichterlichen Entscheidungspraktiken und -kriterien zu kontrollieren, einschließlich semi- und illegaler institutionalisierter Handlungsnormen (dazu Eisenberg/Kölbel Kriminologie § 31 Rn. 1 ff.). Darüber hinaus überträgt ihnen das Gesetz eine substanzielle Entscheidungsmacht: Am JSchöffG können die beiden Schöffen den JRichter überstimmen (§ 196 GVG iVm § 2 Abs. 2), und in einer JKammer können sie eine dem Angeklagten nachteilige Entscheidung gegen das Abstimmungsverhalten der Berufsrichter verhindern (§ 263 Abs. 1 StPO iVm § 2 Abs. 2).

3 Im Vorfeld der Entscheidungen sind JSchöffen nicht auf eine passive Zuschauerrolle beschränkt. Sie haben vielmehr ein **Fragerecht** (§ 240 Abs. 2 S. 1 StPO iVm § 2 Abs. 2), das sie in offener und verständlicher sowie „respektvoller" Formulierung ohne „Vorfestlegung" ausüben sollen (Schady RohR 2017, 96 (96 f.)). Dazu geben ihnen die Vorsitzenden jeweils Gelegenheit (Nr. 126 Abs. 2 S. 1 RiStBV). Bei minderjährigen Zeugen sind die Modalitäten modifiziert (§ 241a Abs. 2 StPO iVm § 2 Abs. 2). Zudem ergeben sich aus Nr. 126 RiStBV gewisse Informationsrechte und ein (begrenzter) Zugang zur Anklageschrift. Eine **Akteneinsicht** wurde den Schöffen von der Rspr. traditionell versagt, da sie ihr Urteil hierdurch allzu leicht (anders als professionalisierte Berufsrichter) aus dem Aktenwissen und – entgegen dem Unmittelbarkeits- und Mündlichkeitsprinzip – nicht allein aus der HV ableiten könnten (vgl. auch Nr. 126 Abs. 3 S. 1 RiStBV sowie Rönnau GS Weßlau, 2016, 293 (300 f.); Rönnau FS Schlothauer, 2018, 367 (375): Verlust von „Unbefangenheit"; diff. aber BGHSt 43, 36 = NJW 1997, 1792). Um ihnen eine gleichberechtigte richterliche Mitentscheidung (ohne Benachteiligung ggü. Den Berufsrichtern) zu ermöglichen, wird ein Anspruch auf Aktenkenntnis von der Lit. dagegen bejaht (vgl. etwa BeckOK StPO/Temming RiStBV 126 Rn. 8; Eisenberg BeweisR StPO Rn. 74 f. mwN). Für das JStV gilt all das entspr. (ebenso Sonnen/Kalcher DVJJ-Journal 2003, 59; zum Ganzen n. Lennartz, Erziehung durch Jugendschöffen?, 2016, S. 108 ff., 273 ff.).

2. Mitwirkungspflicht

4 Die Wahrnehmung der Richterrolle durch den JSchöffen wird prozessual abgesichert. So schließt es die Garantie des gesetzlichen Richters (Art. 101 Abs. 1 S. 2 GG) ein, dass das JGericht **korrekt besetzt** ist und die jeweils vorgesehenen JSchöffen (§§ 44, 45 GVG) daran mitwirken. Bleibt der JSchöffe aus, zieht der JRichter einen Ersatzschöffen heran (KK-StPO/Barthe GVG § 54 Rn. 17). Gegen die nicht erschienenen JSchöffen wird ein Ordnungsgeld verhängt (§ 56 GVG); anhaltendes unentschuldigtes Fernbleiben kann zur Amtsenthebung und wegen des jugendstrafrechtlichen Beschleunigungsbedürfnisses auch zu einer einstweiligen Anordnung nach § 51 Abs. 3 S. 1 GVG führen (OLG Rostock BeckRS 2016, 5839). Für die Zulässigkeit einer **Entbindung** gem. § 54 GVG, die den JSchöffen von der Erscheinenspflicht befreit, gilt nach hM ein strenger Maßstab (speziell zur Ausübung des Terminierungsermessens des Vorsitzenden, das faktisch zu einer Verhinderung der Mitwirkung bestimmter JSchöffen führt, n. Sowada Richter S. 729 ff.). Wird das missachtet, kann darin ein Besetzungsfehler liegen, der ggf. zur Aufhebung des Urteils gem. § 338 Nr. 1 StPO iVm § 2

Abs. 2 führt (zu den strikten Anforderungen an berufliche Gründe vgl. BGH NStZ 2015, 350; vgl. auch BGH NStZ 2017, 491; anders indes bei Urlaub des Schöffen BGH NStZ 2015, 714).

3. Neutralitätspflicht

Soweit nicht die modifizierenden Vorschriften von § 35 zum Tragen kommen (→ Rn. 9 ff.), bestimmen sich Auswahl und Tätigkeit der JSchöffen nach den allg. Vorschriften (§§ 31 ff., 77 GVG). Hiernach sind in den §§ 31 –34 GVG einige (unterschiedlich verbindliche) **Ausschlussgründe** sowie einige anerkannte, individuelle Verweigerungsgründe normiert (zur ggf. erfolgenden Streichung von der Schöffenliste s. § 52 GVG). Ungeeignet ist bspw., wer nicht im jeweiligen JAmts- und AG-Bezirk wohnt (Diemer/Schatz/Sonnen/Schatz Rn. 9). Soweit bestimmte Personengruppen wegen ihrer persönlichen oder beruflichen Verhältnisse nicht zum Schöffenamt berufen werden sollen, ist das hinsichtlich der Altersober- und Altersuntergrenzen (§ 33 Nr. 1 und Nr. 2 GVG) ein Gegenstand der rechtspolitischen Diskussion (→ Rn. 16). 5

Gerichtstypische Neutralitätsanforderungen bestehen jedoch nur indirekt. So kann es bei einer **religiös** begründeten Eidesverweigerung an der Fähigkeit fehlen, das Amt auszuüben (LG Dortmund NStZ 2007, 360 zu einer JSchöffin, der zufolge die Glaubwürdigkeit von Frauen per se herabgesetzt sei). Inwieweit das **Kopftuchtragen** die Unfähigkeit zum Amt eines Schöffen (§ 52 Abs. 1 GVG) begründet, ist str. (bej. OLG Hamm BeckRS 2024, 8731; vern. KG NStZ-RR 2013, 156; LG Bielefeld NJW 2007, 3014 mzustAnm Bader NJW 2007, 2964; für Amtspflichtverletzung gem. § 51 Abs. 1 GVG dagegen VGH München BeckRS 2020, 36170; grds. auch AG Fürth BeckRS 2018, 31935). Da hier ein Konflikt mit der Objektivität der betr. Laienrichterinnen zwar denkbar, aber nicht zwangsläufig ist, kommt dies letztlich nur dort in Betracht, wo das Kopftuch gegen eines der (von BVerfGE 153, 1 = NJW 2020, 1049 akzeptierten) landesrechtlichen Verbote verstößt (etwa Art. 11 Abs. 2 iVm Art. 15 BayRiStAG; § 2 Abs. 1 JNeutG NRW). 5a

An einer effektiven prozeduralen Kontrolle der (Nicht-)Geeignetheit fehlt es letztlich. Dies betrifft auch die an JSchöffen gerichtete Erwartung, „ohne Ansehen der Person zu urteilen und nur der Wahrheit und Gerechtigkeit zu dienen" (§ 45 Abs. 3 S. 1 DRiG). Daran kann es bei JSchöffen mit prononcierten oder gar **extremen Auffassungen** zu bspw. religiösen, gesellschafts-, geschlechter- oder rechtspolitischen Fragen fehlen. Wird deshalb in Verfahren wegen bestimmter Tatvorwürfe bzw. gegen Angehörige bestimmter gesellschaftlicher Gruppen eine Voreingenommenheit oder Parteilichkeit des JSchöffen bekannt, begründet dies ggf. die **Ablehnung wegen Befangenheit** (§§ 24, 31 StPO iVm § 2 Abs. 2). Möglich ist diese Besorgnis etwa bei einer Einbindung in Opferschutzvereinen (hierzu Lorenz DRiZ 1999, 253 (255); Schwenn FPPK 2013, 258 (262); speziell zum Engagement bei „Wildwasser" und gleichzeitigem Schöffeneinsatz in Jugendschutz- und Missbrauchsverfahren zutr. Barton StV 2015, 210; verfehlt indes OLG Celle NStZ-RR 2014, 346). 6

Fehlverhalten des Schöffen, etwa die Begehung von (insbes. jugend (schutz-)relevanten Straftaten (OLG Nürnberg StraFo 2022, 32 = BeckRS 2021, 37148) kann eine **Amtsenthebung** wegen gröblicher Verletzung der 7

Amtspflichten (§ 51 GVG) oder ggf. eine Streichung von der Schöffenliste (§ 52 GVG) erforderlich machen. Ebenso verhält es sich, wenn die religiöse, politische usw Haltung des JSchöffen nicht nur zu einer fallbezogenen, sondern zu einer übergreifenden (systematischen) **Befangenheit** führt (vgl. erg. auch Rönnau GS Weßlau, 2016, 293 (297)). Bejaht worden ist das bspw. bei Infragestellung der Legitimität der BRD als Staat (OLG Dresden NStZ-RR 2015, 121; OLG München StV 2016, 637 = BeckRS 2016, 8136; OLG Hamm NStZ-RR 2017, 354) sowie bei Hass auf „Pädophile" (KG NStZ-RR 2016, 252). De lege ferenda ist die Schaffung einer Vorschrift zu erwägen, auf deren Grundlage „einseitig ideologisch festgelegte Personen", sofern deren Einstellungen in Konflikt zu Grundsätzen des GG, der StPO und/oder des JGG stehen können, bereits im Wahlverfahren ausgeschieden werden können (Lieber RohR 2015, 52; zur entspr. Problematik bei rechtsextremistischer Orientierung BT-Drs. 20/1355, 81 f.). Die Amtsenthebung wegen Voreingenommenheit würde dann auf engere Konstellationen begrenzt (vgl. etwa OLG Celle NStZ-RR 2015, 54: generalisierte Angst vor Rache der Verurteilten). Seitens der Bundesregierung wurde inzwischen ein Gesetzentwurf zur Neuregelung von § 44a DRiG vorgelegt, der Schöffen, bei denen Zweifel an der Verfassungstreue bestehen, vom Richteramt fernhalten soll (BT-Drs. 20/8761).

4. Rechtstatsächliche Relativierung

8 Da Berufsrichter gegenüber den Schöffen nicht nur erhebliche Erfahrungsvorteile haben, sondern ihren hinzukommenden juristisch-fachlichen Kompetenzvorsprung oft auch in eine argumentative Überlegenheit umlegen können, setzen sie sich bei Divergenzen regelhaft durch. Der **Einfluss** von Schöffen auf die Urteilsherstellung wird daher von diesen selbst, aber auch von Berufsjuristen im JStV wie im allg. StVerf als **gering** eingeschätzt. Beide Gruppen berichten von nur wenigen laienrichterlichen Aktivitäten in der Verhandlung und der Beratung und von eher seltenen Fällen, in denen sich bei Meinungsunterschieden nicht der Berufsrichter durchzusetzen versteht (Rennig, Die Entscheidungsfindung durch Schöffen und Berufsrichter in rechtlicher und psychologischer Sicht, 1993, S. 488, 529 ff., 554 ff.; vgl. aus der Praxis David RohR 2015, 86 (87): idR nur „Abnicken und Zuhören" bzw. Thielmann RohR 2015, 83 (84): „niemals erlebt, dass Schöffen den Vorsitzenden überstimmt hätten"; weniger deutlich dazu Lennartz, Erziehung durch Jugendschöffen?, 2016, S. 259 ff., 279 ff.; Glöckner/Dickert/Landsberg ua, Entscheidungsverhalten von Schöffen, 2011, S. 18). In einer größeren Erhebung von Machura (Fairness und Legitimität, 2001, S. 193 ff., 236 ff.) werden diese Befunde weiter bestätigt, wobei sich Unterschiede zwischen den Richtern in der Akzeptanz und Berücksichtigung der Schöffen zeigten. Gleichzeitig scheint Mitwirkung ehrenamtlicher Richter in der HV seitens der beteiligten JRichter aber als positiv empfunden zu werden (Klausa, Zur Typologie der ehrenamtlichen Richter, 1972, S. 69 f.; iE einschr. indes Gerken/Schumann Rechtsstaat/Gerken S. 106 ff.; Lennartz, Erziehung durch Jugendschöffen?, 2016, S. 311, 342 f.).

III. Auswahl der Jugendschöffen

1. Vorschlagsverfahren

a) Aufstellung der Vorschlagsliste. Anders als nach allg. StVR (§ 36 Abs. 1 S. 1 GVG) schlagen nicht die Gemeinden, sondern gem. **Abs. 1 S. 1** die **JHilfe-Ausschüsse** (§ 70 f. SGB VIII) die für das JSchöffenamt geeigneten Personen vor. Die Gesamtzahl der benötigten JSchöffen bestimmt gem. § 43 GVG der LG-Präsident bzw. AG-Präsident. Die erforderliche Zahl der JSchöffen für ein gemeinsames JSchöffG sowie für die JKammer sind jeweils angemessen auf die einzelnen zugehörigen AG-Bezirke zu verteilen, ohne einzelne AG-Bezirke übergehen zu dürfen (OLG Celle JR 1981, 169 (169 f.)). Sofern für den Bezirk eines AG mehrere JÄmter zuständig sind, bedarf es einer Regelung, welche Anzahl von Personen von jedem einzelnen JHilfe-Ausschuss mindestens vorzuschlagen ist. Mangels besonderer gesetzlicher Regelungen ist dies mit Blick auf den Rechtsgedanken, der den § 43 Abs. 1, § 58 Abs. 2 GVG zugrunde liegt, durch den Gerichtspräsidenten zu bestimmen (ebenso zB Diemer/Schatz/Sonnen/Schatz Rn. 16). Dass (gemessen an den benötigten JSchöffen) nach Abs. 2 S. 1 insgesamt die **doppelte Anzahl** an Personen vorgeschlagen werden soll, dient dazu, dem Wahlausschuss eine gewisse Auswahl unter den Vorgeschlagenen zu ermöglichen. Notfalls muss der Vorsitzende des Wahlausschusses auf den JHilfe-Ausschuss einwirken und auf eine ausreichend bemessene Vorschlagsliste drängen (BGHSt 26, 391 = NJW 1976, 2357: selbst bei dadurch eintretender Fristüberschreitung). Schon wegen des Bedarfs bei Ergänzungswahlen ist der Vorschlag des BR (BR-Drs. 419/16, 2 f.), die eineinhalbfache Anzahl an Vorschlägen genügen zu lassen, durchaus problematisch. 9

Die Aufnahme einer Person in die Vorschlagsliste setzt die **Zustimmung von zwei Dritteln** der anwesenden stimmberechtigten Mitglieder des JHilfe-Ausschusses voraus, mindestens jedoch der Hälfte aller stimmberechtigten Mitglieder (Abs. 3 S. 2). Die Regelung ist nur eingeschränkt geeignet, einseitigen oder sachfremden (insbes. partei-, lokal- oder zB auch geschlechterpolitischen) Gesichtspunkten bei der Erstellung der Vorschlagsliste entgegenzuwirken, zumal Absprachen keineswegs auszuschließen sind (zum parteipolitischen Einfluss s. namentlich die ältere Lit., etwa Ullrich RdJB 1969, 303 (304); Delitzsch MschrKrim 1979, 26 (28 Fn. 18); vgl. auch Klausa, Zur Typologie der ehrenamtlichen Richter, 1972, S. 47 f.; Gerken/Schumann Rechtsstaat/Gerken S. 107). So erscheint es auch als nicht unbedenklich, dass Gruppenvorschläge der im JHilfe-Ausschuss vertretenen Parteien für zulässig erachtet werden (vgl. BGHSt 12, 197 = NJW 1959, 349). – Die Vorschlagsliste ist nach Abs. 3 S. 3 und 4 für eine Woche **öffentlich auszulegen.** 10

b) Aufnahmekriterien. Der JHilfe-Ausschuss darf in die Vorschlagsliste nur Personen aufnehmen, welche nach den allg. Vorschriften des GVG die Befähigung zum Schöffenamt haben (→ Rn. 5). Bei deren Zusammensetzung soll – mit Blick auf die gleichlautende Vorgabe bei der Auswahl (Abs. 1 S. 2) und Gerichtsbesetzung (§ 33a Abs. 1 S. 2) – **Geschlechterparität** hergestellt werden (Abs. 2 S. 1). Darüber hinaus sollen die vorgeschlagenen 11

Personen nach Abs. 2 S. 2 eine **erzieherische Qualifikation** aufweisen. Der älteren Rspr. zufolge eigneten sich als JSchöffen also „nur besonders ausgewählte Persönlichkeiten, bei denen jugendpsychologische Kenntnisse, pädagogische Fähigkeiten und die entspr. Erfahrungen auf diesen Gebieten gegeben sind" (BGHSt 8, 349 (354) = NJW 1956, 517 (518); BGHSt 9, 399 (402) = NJW 1957, 390 (391)). Teilw. wird deshalb auch unterstellt, dass JSchöffen tatsächlich „im Regelfall über besondere Sachkunde" verfügen (so BayObLG BeckRS 1996, 23752).

12 Abgesehen von der Unbestimmtheit der „erzieherischen Eignung", wird dieses Kriterium in der Rechtspraxis aber kaum relevant (s. schon Delitzsch MschrKrim 1979, 26 ff.; ferner Weil/Wilde Jugendwohl 1983, 303; Gerken/Schumann Rechtsstaat/Gerken S. 108, 120: ohne „Eignungsprüfung"; vgl. erg. → § 37 Rn. 5 ff., → Einl. Rn. 38). **Anhaltspunkte** für die geforderte jugenderzieherische Erfahrung können sich aus einer länger andauernden beruflichen oder ehrenamtlichen Tätigkeit in JHilfe- und Jugendfreizeiteinrichtungen, in Jugendverbänden oder der Kinderbetreuung ergeben, doch de facto weisen JSchöffen nicht übermäßig häufig einen entspr. Hintergrund auf (zu empirischen Hinweisen vgl. Lennartz, Erziehung durch Jugendschöffen?, 2016, S. 201 ff. sowie 22. Aufl. Rn. 7a mwN). Angesichts der Erwartung an die JSchöffen, das Richteramt in gleichberechtigter Weise auszuüben (→ Rn. 2), sollten sie daher nach Möglichkeit in die berufsrichterliche Weiterbildung (vgl. → § 37 Rn. 7, 17) einbezogen werden (zu den Anforderungen an eine koordinierte Qualifizierung von JSchöffen Emig/Goerdeler/Lieber ua, Leitfaden für Jugendschöffen, 2008, S. 5 ff.).

13 **c) Einspruch.** Einspruch gegen die Vorschlagsliste kann aus den Gründen der §§ 32 ff. GVG (nicht aber wegen fehlender Voraussetzungen nach Abs. 2 S. 2) noch eine Woche nach Ende des Auslegungszeitraums (→ Rn. 10) schriftlich oder zu Protokoll erhoben werden (§ 37 GVG). Auf die gesetzlich vorgeschriebene Frist und die Einspruchsmöglichkeit ist bei der öffentlichen Bekanntmachung iSv Abs. 3 S. 4 hinzuweisen (ebenso Dallinger/Lackner Rn. 13). Das weitere Verfahren bestimmt sich nach §§ 38–41 GVG. Über den Einspruch wird im Schöffenauswahlausschuss unter Vorsitz des JRichters entschieden **(Abs. 4).**

2. Wahlverfahren

14 Die Auswahl der JSchöffen und Jugendersatzschöffen aus der (evtl. berichtigten) Vorschlagsliste erfolgt – stets im Fünfjahresrhythmus und gemeinsam mit der Wahl der im allg. StVerf tätigen Schöffen – durch den allg. Schöffenwahlausschuss (Abs. 1 S. 1 und Abs. 6). Die Zusammensetzung des Ausschusses ist in § 40 GVG geregelt (zur Notwendigkeit der Mitgliedervollständigkeit s. BVerfGE 31, 181 (184) = BeckRS 1971, 469). Den Vorsitz führt der JRichter **(Abs. 4);** im Falle eines Bezirks-JRichters gilt dies für alle Wahlausschüsse seines Bezirks (Brunner/Dölling Rn. 3). Über die Auswahl der erforderlichen Zahl von JSchöffen (und Jugendersatzschöffen) entscheidet der Ausschuss mit der Mehrheit von zwei Dritteln (§ 42 Abs. 1 GVG). Inhaltliche Kriterien gibt das Gesetz hierbei nur insofern vor, als eine gleiche Zahl von Frauen und Männern gewählt (Abs. 1 S. 2) und auch sonst die **Bevölkerungsrepräsentativität** bei der Zusammensetzung der JSchöffen angestrebt werden soll (§ 42 Abs. 2 GVG). Dem Anliegen der Vorschrift entspräche auch eine hinreichende Mitberücksichtigung ethnischer und migrantischer Minderheiten (HK-JGG/Habetha Rn. 4; vgl. aber das Erfordernis der deutschen Staatsbürgerschaft in § 31 S. 2 GVG).

Für JSchöffen und Jugendersatzschöffen (zu deren etwaiger Heranziehung §§ 46–49, 54 GVG) werden **gesonderte Schöffenlisten,** die für Männer und Frauen zu trennen sind, geführt (vgl. Abs. 5 sowie § 44 GVG). Auf dieser Grundlage erfolgt die Feststellung der ordentlichen Sitzungstage und hieran anknüpfend auch – in einer öffentlichen Sitzung (LG Bremen StV 1982, 461 = LSK 1983, 50099 mAnm Jungfer StV 1981, 462) – die Auslosung der jeweils mitwirkenden JSchöffen (§ 45 Abs. 1 und 2, § 77 Abs. 3 S. 1 GVG; vgl. hierzu BGHSt 15, 107 = NJW 1960, 1918). 15

3. Rechtspolitische Vorstöße

Soweit JSchöffen überhaupt ein Gegenstand näherer Betrachtung sind, wird vielfach über die Sicherstellung einer angemessenen Qualifikation durch eine verbesserte fachliche Vorbereitung und veränderte Auswahlprozesse diskutiert (vgl. etwa Lennartz, Erziehung durch Jugendschöffen?, 2016, S. 313 ff.; s. schon Delitzsch MschrKrim 1979, 26 ff.). De lege ferenda wurde angeregt, das Schöffenmindestalter (§ 33 Nr. 1 GVG) abzusenken und an die allg. Vorgaben zur Volljährigkeit (§ 2 BGB; Art. 38 Abs. 2 GG) anzupassen (zu Anhaltspunkten für eine deutliche Unterrepräsentation der (männlichen) Altersgruppe bis zum 40. Lbj. vgl. vormals Katholnigg/Bierstedt ZRP 1982, 267 (267 f.)). Hierdurch würde eine größere Nähe im Alter der Angeklagten und Laienrichter erreicht (Haegert NJW 1968, 927 (929); iE ebenso NK-JGG/Schady/Sommerfeld Grdl. §§ 33–38 Rn. 13; vgl. auch Diemer/Schatz/Sonnen/Schatz Rn. 11: 21 Jahre). Die dagegen formulierten Bedenken (Ullrich RdJB 1969, 303 (303 f.); Weil/Wilde Jugendwohl 1983, 303 (305): Gewissenskonflikte oder umgekehrt stärkere Ablehnung und repressivere Reaktionen bei gleichaltrigen Laienrichtern) sind empirisch ebenso ungesichert wie die erwarteten Vorzüge jüngerer JSchöffen (zur ähnlichen Forschungslage bei sog. „Schülergerichten" vgl. → § 45 Rn. 38 f.). Für die Beibehaltung des status quo spricht aber die in § 105 Abs. 1 aufgegriffene Entwicklungsdynamik, die noch nach dem 18. Lbj. anhält und der schwerlich mit einer Einzelfallprüfung der laienrichterlichen Reife begegnet werden kann (so aber MüKoStPO/Höffner JGG Rn. 3). Auch ist ein gewisser Altersabstand zwischen Angeklagten und den Mitgliedern des Gerichts funktional (HK-JGG/Habetha Rn. 6). Zu berücksichtigen ist ferner der praktische Gesichtspunkt, dass sich die zeitliche Beanspruchung des Schöffenamts (§ 43 Abs. 2 GVG: jährlich bis zu 12 Sitzungstagen) mit der Berufstätigkeit deutlich besser in Einklang bringen lässt (vgl. dazu § 45 Abs. 1a DRiG) als mit schulischen oder anderen Ausbildungserfordernissen. 16

IV. Revision

Fehler bei der Auswahl der JSchöffen führen zu einer irregulären Besetzung des Gerichts, die einen absoluten Revisionsgrund darstellt (§ 338 Nr. 1 StPO iVm § 2 Abs. 2). Nach hM gilt dies aber lediglich für **offenkundige und schwere Gesetzesverletzungen** bei der Schöffenwahl (zur fehlerhaften Wahl n. Löwe/Rosenberg/Gittermann GVG § 40 Rn. 20 ff.; MüKoSt- 17

PO/Knauer/Kudlich StPO § 338 Rn. 35 jeweils mwN). Wählt der Schöffenwahlausschuss einen JSchöffen, der nicht vom JHilfe-Ausschuss vorgeschlagen wurde (sondern aus der Vorschlagsliste der Erwachsenenschöffen stammt), ist die Wahl ungültig. Wirkt der JSchöffe dennoch in der HV mit, unterliegt das Urteil der Besetzungsrüge (BGHSt 26, 391 = NJW 1976, 2357). Ein solcher Revisionsgrund (nach § 338 Nr. 1 StPO) liegt auch dann vor, wenn der in der HV mitwirkende JSchöffe nicht die Befähigung zum Schöffenamt hatte (Dallinger/Lackner Rn. 6), etwa im Fall unzureichender Deutschkenntnisse BGH NStZ-RR 2011, 349). Ebenso verhält es sich, wenn ein in der HV mitwirkender JSchöffe von einem gesetzwidrig besetzten Schöffenwahlausschuss gewählt worden ist (BVerfGE 31, 181 (184) = BeckRS 1971, 469). Ist bei der Verteilung der für die JKammer erforderlichen Zahl der JSchöffen ein AG-Bezirk übergangen worden, so soll – auch sofern nicht weniger JSchöffen benötigt werden, als AG-Bezirke bestehen – der damit verbundene Verstoß gegen § 77 Abs. 2 S. 1 GVG idR als bloßer error in procedendo nicht mit der Revision angegriffen werden können (OLG Celle JR 1981, 169; Brunner/Dölling Rn. 4 (zw.)).

Jugendstaatsanwalt

36 (1) [1]**Für Verfahren, die zur Zuständigkeit der Jugendgerichte gehören, werden Jugendstaatsanwälte bestellt.** [2]**Richter auf Probe und Beamte auf Probe sollen im ersten Jahr nach ihrer Ernennung nicht zum Jugendstaatsanwalt bestellt werden.**

(2) [1]**Jugendstaatsanwaltliche Aufgaben dürfen Amtsanwälten nur übertragen werden, wenn diese die besonderen Anforderungen erfüllen, die für die Wahrnehmung jugendstaatsanwaltlicher Aufgaben an Staatsanwälte gestellt werden.** [2]**Referendaren kann im Einzelfall die Wahrnehmung jugendstaatsanwaltlicher Aufgaben unter Aufsicht eines Jugendstaatsanwalts übertragen werden.** [3]**Die Sitzungsvertretung in Verfahren vor den Jugendgerichten dürfen Referendare nur unter Aufsicht und im Beisein eines Jugendstaatsanwalts wahrnehmen.**

Übersicht

I. Anwendungsbereich

1 Die Vorschrift findet in Verfahren gegen **Jugendliche** (§ 33 Abs. 1) ebenso wie gegen **Heranwachsende** (§§ 107, 33 Abs. 1) vor den JGerichten, nicht jedoch vor den für allg. Strafsachen zuständigen Gerichten (§ 104 Abs. 1, § 112 S. 1) Anwendung.

II. Besondere Aufgaben der Jugendstaatsanwaltschaft

1. Umsetzung des Erziehungsauftrags (§ 2 Abs. 1)

2 Im Ermittlungs- und Hauptverfahren hat der JStA grds. dieselben Aufgaben wie im allg. StrVerf. Allerdings ist er im JStV hierbei an § 2 Abs. 1 in einer Weise gebunden, die nicht nur die Erwartung einer besonders akzentuierten Aufgabenerfüllung, sondern gleichsam zusätzliche Verpflichtungen begründet. Die JStA, die das Ermittlungsstadium zu leiten hat (MüKoStPO/Kölbel/Ibold StPO § 161 Rn. 12 ff.; zu rechtspraktischen Relativierungen → Einl. Rn. 45), ist als das **erste justizielle Organ** mit dem jeweiligen Vorwurf befasst. Sie trägt daher eine besondere Verantwortung für eine jugendgemäße strafrechtliche Ereignisverarbeitung (s. auch → Rn. 20), und dies bereits bei den verschiedenen **prozessualen Entscheidungen** (U-Haft, Begutachtung, Vernehmung usw – hierzu auch BeckOK JGG/Wellershoff Rn. 9 ff.). Es obliegt der StA, die Ermittlungen (mit jeweils fallangemessener Intensität) frühzeitig auf die konkreten, interventionsmaßgeblichen Bedingungen des jeweiligen Beschuldigten zu erstrecken (BGHSt 6, 328 = NJW 1954, 1855; n. → § 43 Rn. 13 ff.). Im Zuge dessen sollte sich der JStA frühzeitig eine eigene **Beurteilungsgrundlage** vom Tathergang und von der Persönlichkeit des tatverdächtigen Jugendlichen bzw. Heranwachsenden verschaffen. Der hierbei notwendige Grad an **individualisierter Fallbezogenheit** verlangt ein Abrücken von der sonst de facto charakteristischen bürokratischen Handlungs- und administrativen Erledigungslogik staatsanwaltlichen Vorgehens (hierzu Eisenberg/Kölbel Kriminologie § 28 Rn. 6, 29 ff.; für ein dezidiert formal-juristisches Agieren hingegen Diemer/Schatz/Sonnen/Diemer Rn. 4).

3 Von besonderer Bedeutung für die **zentrale Rolle,** die der JStA in der Umsetzung der jugendstrafrechtlichen Programmatik ausfüllen muss, sind die ihm zugewiesenen Möglichkeiten der Verfahrenseinstellung. Unter Berücksichtigung der Stellungnahme der JGH (→ § 38 Rn. 13) muss der JStA auf dieser Basis entscheiden, inwieweit es einer formalen Reaktion auf das jeweilige Deliktsereignis bedarf. Stets ist zu prüfen, ob ein **Absehen von der Verfolgung** der Tat unter den Voraussetzungen des § 45 in Betracht kommt, da das Legalitätsprinzips im JStV im Interesse erzieherischer Notwendigkeiten starke Durchbrechungen erfährt. Im Einzelnen muss der JStA hierbei berücksichtigen, dass eine erzieherische Maßnahme, die von den Eltern wegen der Tat vorgenommen wurde, Anlass zu einem Vorgehen nach § 45 Abs. 2 S. 1 geben kann, zumal staatliche Maßnahmen zur Erziehung des Jugendlichen dem grundgesetzlich garantierten Erziehungsrecht der Eltern (Art. 6 Abs. 2 S. 1 GG) nachrangig sind (vgl. auch → § 45 Rn. 32; RL 3 zu § 45). In diesen Fragen verfügt der JStA über weite Handlungsspielräu-

me und **eigene Entscheidungsmacht** (vgl. etwa auch Streng JugendStrafR Rn. 123).

4 Eine gesteigerte Verantwortung der JStA besteht, wenn das JStV zu **vermehrten psycho-sozialen Belastungen** bei den verfahrensbetroffenen Personen führt. Dies ist bspw. bei **nichtdeutschen** Beschuldigten oftmals der Fall. Bei ihnen kann nicht nur die strafrechtliche Verurteilung ausländerrechtliche Implikationen haben (→ § 5 Rn. 15), sondern bereits das vorwurfsklärende Verfahren. Nach der Einleitung von Ermittlungen, die den Ausländerbehörden mitgeteilt wird (§ 87 Abs. 4 AufenthG; ferner § 8 Abs. 1a AsylG), ist nämlich die Entscheidung über die Erteilung bzw. Verlängerung eines Aufenthaltstitels gem. § 79 Abs. 2 AufenthG auszusetzen, sofern darüber nicht unabhängig von dem Ausgang des JStV entschieden werden kann (vgl. auch die Aussetzung des Einbürgerungsverfahrens gem. § 12a Abs. 3 S. 1 StAG). Die außerprozessualen Nebenwirkungen, die mit nahezu jedem Ermittlungsverfahren einhergehen, entwickeln hierdurch (dh durch die hierin liegende Ungewissheit der Zukunftsgestaltung) eine besondere Tragweite (zu einer gewissen Abmilderung durch eine sog. Fiktionsbescheinigung s. § 81 Abs. 5 AufenthG, die letztlich aber sichtbarer Ausdruck der Unwägbarkeiten ist). Als entwicklungserschwerende Stressoren werden solche Belastungen iÜ selbst von einer nachfolgenden Verfahrenseinstellung nicht wieder ungeschehen gemacht. Insofern besteht in diesem Bereich für die JStA eine gesteigerte Beschleunigungsnotwendigkeit (allg. dazu → Einl. Rn. 43).

2. Mitwirkung in der Hauptverhandlung

5 Neben der strafprozessual üblichen Mitwirkung an der Tatrekonstruktion obliegt dem JStA in der HV die dezidierte Hinwirkung auf eine spezialpräventive Rechtsfolgenwahl und auf die Aufklärung der dafür maßgeblichen Faktoren. Darüber hinaus hat er ein spezielles Auftreten zu zeigen, um den Besonderheiten der Altersgruppe, der die Angeklagten angehören, gerecht zu werden. Dazu zählt es bspw., den jugendlichen bzw. heranwachsenden Angeklagten möglichst direkt (unter Vermeidung der An-/Rede in der dritten Person) anzusprechen. Hierbei – wie auch im **Schlussvortrag** gem. § 258 Abs. 1 StPO iVm § 2 Abs. 2 StPO (zu dessen Unabdingbarkeit OLG Zweibrücken StV 1986, 51 = LSK 1986, 230163) – ist nach dem Rechtsgedanken von § 70b Abs. 1 S. 1, § 70c Abs. 1 auf die jugendtypischen **Kommunikationsgewohnheiten** und Verstehensmöglichkeiten der Angeklagten eigens Rücksicht zu nehmen (Vermeidung von Fremdwörtern und Fachsprache). In Orientierung an § 46 hat der JStA darauf zu achten, dass die Präsentation des (Beweis-)Ergebnisses beim zuhörenden Jugendlichen bzw. Heranwachsenden möglichst keine negativen erzieherischen Wirkungen verursacht.

6 Traditionell umstritten ist, ob eine jugendorientierte Handhabung von Nr. 127 RiStBV besagt, von der Stellung bestimmter **Anträge** in der HV bisweilen Abstand zu nehmen. Dies gelte für jene Konstellationen, in denen beim Angeklagten der Eindruck entstehen könnte, dass mit Blick auf die Zulässigkeit, Erforderlichkeit oder Auswahl der jugendstrafrechtlich-erzieherischen Intervention nicht unerhebliche **Meinungsverschiedenheiten** zwischen den justiziellen Akteuren bestehen (so noch Dallinger/Lackner Rn. 8; Potrykus Anm. 3; aA Brunner/Dölling Rn. 10; NK-JGG/Schady Rn. 4).

Zumindest bzgl. der Rechtsfolgen wird im Rahmen des Schlussvortrags auf die Äußerung konkreter Vorschläge oder auch Forderungen der JStA allerdings schwerlich verzichtet werden können, wenn hier auch nicht unbedingt stets ein formeller Antrag formuliert werden muss (abw. NK-JGG/Schady Rn. 4). Davon abgesehen ist die Idee einer erzieherisch komponierten HV allerdings prinzipiell mit Skepsis zu sehen (→ Einl. Rn. 51 f.). Außerdem kann ein Disput zwischen JGericht und JStA ohnehin nur aus der Perspektive autoritärer Erziehungsmethoden als erzieherisch abträglich beurteilt werden (zu ähnlichen Problemen iZm der Stellung des Verteidigers → § 68 Rn. 13 ff.).

3. Konsequenz: Spezialisierung und Qualifizierung

Angesichts dieser besonderen Aufgabenstruktur liegt es auf der Hand, dass 7
die Tätigkeit des JStA von anderen StA nicht einfach miterledigt werden kann. Das Gesetz verlangt deshalb eine Spezialisierung, weshalb in den Anklagebehörden je nach Geschäftsanfall ein JStA oder eine Mehrzahl von JStA bestellt wird (zur historischen Entwicklung dieser Vorgabe Anders/Graalmann-Scherer/Schady, Innovative Entwicklungen in den deutschen Staatsanwaltschaften/Sommerfeld, 2021, S. 57 f.). Die vom Behördenleiter hierfür eingesetzte Person muss zudem den **Qualifikationsanforderungen des § 37** entsprechen (n. → § 37 Rn. 14 ff.) und mit den (auch regionalen) Besonderheiten von Jugenddelinquenz näher vertraut sein (ebenso Wiesener Qualitätsanforderungen S. 17). Diese Vorgabe ist (ungeachtet ihrer rechtspraktischen Geringschätzung) **zentral.** Denn fehlerhaft geführte Ermittlungen, unnötig erhobene oder unzulässige Anklagen, unangebrachte Anträge und pädagogisch ungeeignetes Verhalten ggü. Dem Jugendlichen bzw. Heranwachsenden können dessen Entwicklung in verhängnisvoller Weise beeinträchtigen (allg. zu entspr. Effekten n. → Einl. Rn. 8, → § 5 Rn. 67 f.). Dass umgekehrt mit dem Grad der jugendstrafrechtlichen Spezialisierung des JStA die **erzieherische Funktionalität** der Entscheidungen steigt, ist iÜ nicht nur eine plausible Vermutung, sondern in empirischen Daten ablesbar (vgl. Grundies, Verfahrenseinstellungen nach §§ 45, 47 Jugendgerichtsgesetz, 2004, S. 115).

III. Zuständigkeit der Jugendstaatsanwaltschaft

1. Sachliche Zuständigkeit

Die Bestellung und Tätigkeit von JStA erstrecken sich auf sämtliche zur 8
Zuständigkeit der JGerichte gehörende Verfahren (Abs. 1 S. 1). Das betrifft zunächst und va die **jugendstrafrechtlichen Materien** gem. § 33 Abs. 1. Hier ist die Tätigkeit der JStA auf das Erkenntnisverfahren des ersten Rechtszuges und die Berufung beschränkt (aA NK-JGG/Schady Rn. 2), da für das Revisionsverfahren gem. § 33 Abs. 2 keine JGerichte vorgesehen sind (→ §§ 33–33b Rn. 2). Auch für die erstinstanzlichen Verfahren vor den OLG und dem BGH sieht das Gesetz keine Bestellung von JStA beim Generalbundesanwalt oder der Generalstaatsanwaltschaft vor (zur Kritik an dieser Regelung → § 102 Rn. 2). Soweit die StA im Vollstreckungsverfah-

ren beteiligt wird, ist der JStA zuständig, wobei die Leitung der Vollstr. aber grds. – abw. vom allg. StVR (§ 451 StPO) – dem JRichter obliegt (§ 82).

9 Daneben folgt aus Abs. 1 S. 1, dass der JStA auch **Jugendschutzsachen** (§§ 26, 74b GVG) bearbeitet, soweit eine Anklage vor dem JGericht in Betracht kommt (→ §§ 33–33b Rn. 11 f.). Sämtliche Bundesländer sehen dies in ihren Anordnungen über die Organisation und den Dienstbetrieb der StA zumindest als Soll-Vorschrift vor. Im Bereich des **OWiG** (vgl. → §§ 33–33b Rn. 10) besteht die Zuständigkeit der JStA wegen deren Akzessorietät zum JGericht ebenfalls, namentlich auch für das Vorlageverfahren gem. § 69 Abs. 4 S. 2 OWiG (vgl. KK-OWiG/Ellbogen OWiG § 68 Rn. 28).

2. Örtliche Zuständigkeit

10 In örtlicher Hinsicht hat der JStA gem. § 143 Abs. 1 GVG iVm § 2 Abs. 2 dieselbe Zuständigkeit wie das JGericht, an dem die Anklagebehörde eingerichtet ist (§ 141 GVG). Die besonderen Gerichtsstände, die gem. § 42 neben den Bestimmungen des allg. StVR (§§ 7 ff. StPO) gelten, sind daher auch für die örtliche Zuständigkeit der JStA von Bedeutung (allgA). Wird während des Verfahrens ein anderes Gericht zuständig, wechselt wegen § 143 GVG auch die Zuständigkeit der JStA (Brunner/Dölling Rn. 14; Löwe/Rosenberg/Erb StPO § 13 Rn. 9; aA LG Kiel SchlHA 1956, 274; Voss SchlHA 1967, 139).

3. Geschäftsverteilungsplan

11 **a) Generelle Vorgaben. aa) Kriterien der Aufgabenzuweisung.** Als JStA können nur Personen eingesetzt werden, die den Qualifikationsanforderungen des § 37 entsprechen (→ Rn. 7). Schon deshalb geht es nicht an, dass sämtliche allg. Dezernenten auch als Jugenddezernenten bestellt werden (n. Eisenberg GA 2002, 579). Außerdem sollen Richter auf Probe und Beamte auf Probe nach **Abs. 1 S. 2** jedenfalls noch nicht im ersten Jahr nach der Ernennung zum JStA bestellt werden. Auch diese Vorgabe dient angesichts der Tragweite, die die Entscheidungen der JStA haben können, der **Qualitätssicherung.** Da Berufsanfänger bereits mit der Einarbeitung in die allg. staatsanwaltliche Tätigkeit stark gefordert sind, ist die Entwicklung der zusätzlichen Kompetenzen, derer es im Umgang mit jungen Beschuldigten bedarf, noch nicht zu erwarten (BT-Drs. 17/6261, 15). Von dieser Soll-Vorschrift ausnahmsweise abzuweichen, kommt mit Blick auf § 2 Abs. 1 nur in sehr engen Grenzen in Betracht.

12 Ist die JStA mit **mehreren Personen** besetzt, sollte bei der Aufgabenverteilung dafür Sorge getragen werden, dass jeder JStA in gleichem Umfang Sachen gegen Jugendliche wie gegen Heranwachsende bearbeitet. Im Übrigen wird die Zuständigkeit dann meist alphabetisch verteilt. Bei einem Modellprojekt in NRW wurde hiervon in einzelnen Standorten abgewichen und durch eine Geschäftsverteilung ersetzt, bei der die einzelnen Dezernate für vorher festgelegte Bezirke zuständig sind. Dies hatte eine gewisse Verfahrensbeschleunigung, aber keine darüber hinausgehenden Effekte (etwa bei der Rückfälligkeit) zur Folge (vgl. Ebert ZJJ 2015, 32).

13 **bb) Keine systematische Vertretung.** Bei der Geschäftsverteilung und der täglichen Aufgabenorganisation ist ferner dafür Sorge zu tragen, dass der Sachbearbeiter der JStA die Anklage – abgesehen vom vereinfachten JVer-

fahren (vgl. § 78 Abs. 2) – möglichst **auch in der HV** vertritt (so auch RL zu § 36 aF). Von einer Übertragung auf örtliche Sitzungsvertreter („Sitzungsgeher") ist demgemäß abzusehen. Die hiervon nicht ganz selten abweichende Praxis ist, wie der Rückschluss zu § 38 Abs. 4 S. 2 zeigt, nicht ieS rechtswidrig (ähnlich HK-JGG/Habetha Rn. 6). Sie mag auch den erledigungsökonomischen Effizienzbelangen der Behörde entgegenkommen. Doch mit der gesetzlich umschriebenen Funktion des JStA (vgl. auch → Rn. 2 ff.) ist sie kaum vereinbar, da hierdurch in der HV ein ungeeignetes Agieren des StA droht und das erzieherische Potenzial des betreffenden Verfahrens beeinträchtigt werden kann (ebenso Wiesener Qualitätsanforderungen S. 12).

Bis zur Einführung von Abs. 2 (durch das StORMG mit Wirkung vom 1.1.2014) traten in großer Häufigkeit auch **Referendare** als Sitzungsvertreter auf. Der JStA wirkte hierbei allein über vorab erteilte Weisungen, Absprachen oder telefonische Kontakte mit, da va für Verfahrenseinstellungen, die Zurücknahme der Klage oder den Rechtsmittelverzicht seine Zustimmung eingeholt werden musste (n. und kritisch zu dieser Praxis bspw. Middelhof Zbl 1987, 66; Eisenberg DRiZ 1998, 161; Helmken ZJJ 2009, 147). Nach dem seither geltenden Recht dürfen Referendare nur unter der Aufsicht des JStA einzelne Aufgaben im JStV übernehmen **(Abs. 2 S. 2).** Das gilt nach **Abs. 2 S. 3** auch in der HV, in der der beaufsichtigende JStA neben dem Referendar anwesend sein muss (BT-Drs. 17/6261, 15 f.). § 142 Abs. 3 GVG wird im JStV nunmehr also in Orientierung an § 37 modifiziert (Wiesener, Qualifikationsanforderungen an Jugendrichter (…), 2014, S. 81 ff.). 14

b) Sonderdezernate. Im Bereich sog. **besonderer Sachgebiete,** also in Verfahren zu bestimmten Kriminalitätsbereichen (bspw. politische, Kapital-, BtM- oder Wirtschaftsdelikte), ergeben sich bisweilen Zuständigkeitsüberschneidungen zwischen Jugend- und Sonderdezernaten. Richtet sich der Verdacht gegen Jugendliche oder Heranwachsende, ist dabei zwar grds. der JStA zuständig. Die vorrangige Zuständigkeit wird in einigen Organisationsstatuten jedoch den Sonderdezernenten zugewiesen, die hierfür eigens als JStA zu bestellen sind (vgl. bspw. Nr. 18 Abs. 3 OrgStA NRW v. 6.3.2020 (JMBl. NRW 93); Nr. 11 Abs. 3 OrgStA Nds. v. 1.4.2014 (NdsRpfl 2014 Nr. 5, S. 142)). Damit soll der deliktsgruppenbezogenen Spezialisierung innerhalb der StA Rechnung getragen werden (daher zust. Weber/Kornprobst/Maier/Maier BtMG Vor §§ 29 ff. Rn. 1762). Zugleich aber liegt auf der Hand, dass die JStA-Bestellung der Sonderdezernenten die Vorgaben von Abs. 1 S. 1 nur **feigenblattartig** erfüllt. Ungeachtet der formal abw. Etikettierung handelt es sich bei den so tätig werdenden Personen um StA, die für das jeweilige Sachgebiet besonders qualifiziert sind, nicht aber für jugendstrafrechtliche Besonderheiten. Die Ermittlungs- und Erledigungsstile, die Entscheidungskriterien und -ziele, die Wirklichkeitssichten und institutionalisierten Binnennormen, die für ihr Vorgehen prägend sind, werden damit durch eine allg.-strafrechtliche Logik statt durch eine jugendkriminologisch informierte Perspektive geprägt (zu den Konsequenzen s. die Fallstudien bei Frenzel KJ 2013, 419 (423 ff.); Eisenberg GS Weßlau, 2016, 67). Daher war diese Organisationspraxis seit jeher **abzulehnen** (Eisenberg NStZ 1994, 67; krit. auch BeckOK JGG/Wellershoff Rn. 2). Inzwischen wird sie aber auch **durch § 37 begrenzt,** da die fraglichen Sonderdezernenten hier- 15 nach jugendstrafrechtlich erfahren und qualifiziert sein müssen (→ § 37 Rn. 14 ff.).

16 Als höchst problematisch erweist sich auch die Einrichtung spezieller **Sonderdezernate für sog. Intensivtäter.** Die Gruppe der hierin eingeordneten Beschuldigten wird dabei aus der Zuständigkeit einer regulären JStA herausgelöst (krit. etwa Eisenberg NStZ 2006, 522 (522 f.)), wobei diese Sonderbehandlung idR zu einer Beschleunigung und Intensivierung der prozessualen und sanktionsförmigen Eingriffe führt (→ Einl. Rn. 58 f.). Dass diese institutionelle Selektion durch eine angehobene erzieherisch-präventive Leistungsfähigkeit legitimiert würde, ist bislang aber in keiner Weise belegt, zumal sie auf einer teilw. fragwürdigen Zuordnungspraxis beruht (→ § 5 Rn. 60). Wo Sonderdezernate für unter und über 21-jährige Intensivtäter eingerichtet werden (zu dieser Variante vgl. den Bericht von Reusch ZJJ 2007, 295 für Bln.), ist **Abs. 1 S. 1** indes eindeutig verletzt (Ostendorf ZJJ 2007, 300 (300); Eisenberg ZJJ 2012, 204 (206 f.). Mit den Vorgaben der Norm wenigstens formal zu vereinbaren ist es allein, wenn eine eigene Zuständigkeit für jugendliche und heranwachsende „Intensivtäter" vorgesehen und dieses Dezernat wie die „normalen" Jugenddezernate der gemeinsamen Jugendabteilung zugeordnet wird. Aber auch diese Lösung tendiert zu einer **punitiven** Wendung der hierin eingebundenen JStA, die Zweckentfremdungen ggf. einschließt (denkbar bis hin zur Schaffung strafverfolgungsbasierter Ausweisungstatbestände – vgl. etwa BayVerwGH BeckRS 2017, 108379).

17 **c) Amtsanwaltschaft.** Soweit in den Bundesländern auch Amtsanwälte (§ 142 Abs. 1 Nr. 3 GVG) tätig sind, dürfen ihnen jugendstaatsanwaltliche Aufgaben nach **Abs. 2 S. 1** lediglich dann übertragen werden, wenn sie die „besonderen Anforderungen" erfüllen, die an die JStA (→ Rn. 7) gestellt werden (nachdrücklich BT-Drs. 17/6261, 16). Die Überprüfung und Überprüfbarkeit dieser Vorgabe bleiben indes schwierig (krit. Wiesener Qualitätsanforderungen S. 80 f.), va wenn keine offensichtlichen jugenderzieherischen Erfahrungen bestehen (etwa beim vorherigen Einsatz als Rechtspfleger). Zugleich ist die dahingehende Notwendigkeit umso größer, je mehr im bisherigen beruflichen Werdegang der Amtsanwälte va die tatorientierte Arbeitsweise des allg. StVerf im Vordergrund stand. Selbst bei vorhandener jugendspezifischer Qualifikation führt die allg. Begrenztheit des amtsanwaltlichen Tätigkeitsbereichs (§ 142 Abs. 2 GVG) sodann dazu, dass im jeweiligen Gerichtsbezirk immer nur ein Teil der Jugend- und Heranwachsenden-Delinquenz bearbeitet werden kann. Mit dem Anliegen einer **einheitlichen** jugendstaatsanwaltlichen **Bearbeitung** von sämtlichen JSachen ist das kaum zu vereinbaren. Die Problematik wird indes durch die Organisationsstatute der Länder deutlich gemindert: Abgesehen von der Beschränkung auf bestimmte Delikte und Schadenshöhen, bei denen eine amtsanwaltliche Vertretung der Anklage hiernach möglich ist (und das ohnehin auch nur vor dem Amts- bzw. JRichter), **schließen** diese Bestimmungen die Amtsanwaltschaft in den meisten Bundesländern von der Bearbeitung strafrechtlicher Verfahren gegen Jugendliche und Heranwachsende ganz oder zumindest bei den meisten Delikten **aus** (vgl. bspw. Nr. 21 Ziff. a) OrgStA NRW v. 6.3.2020 (JMBl. NRW 93); Nr. 20 Ziff. a) OrgStA Nds. v. 1.4.2014 (NdsRpfl 2014 Nr. 5, S. 142)).

d) Örtliche Sitzungsvertreter. Eine Vertretung des JStA in der HV durch örtliche Sitzungsvertreter (zB Art. 14 Abs. 2 BayAGGVG) ist ausgeschlossen (ebenso Diemer/Schatz/Sonnen/Diemer Rn. 7). Die Gegenauffassung (Nr. 20 BayOrgStA v. 16.3.2011 (JMBl. 53); s. auch BeckOK JGG/Wellershoff Rn. 17) ist weder mit § 37 noch mit **Abs. 2 S. 1 vereinbar.** Dort ist in abschließender Weise die einzige Variante geregelt, in der eine Vertretung des JStA in der HV noch zulässig ist. 18

IV. Revision

Nach einer frühen Entscheidung des **BGH** (bei Herlan GA 1961, 358 = BeckRS 2016, 15971) könne ein Verstoß gegen § 36 aF für sich allein die Revision **nicht** begründen. Insbesondere liege der absolute Revisionsgrund des **§ 338 Nr. 5 StPO** iVm § 2 Abs. 2 nicht vor, wenn ein Vertreter der StA, ohne zum JStA bestellt zu sein, vor dem JGericht die Anklagebehörde vertritt. Diese sei damit nämlich präsent (vgl. auch § 144 GVG). Ebenso verhalte es sich wegen § 142 Abs. 1 Nr. 3 GVG bei der Sitzungsvertretung durch einen Amtsanwalt vor dem JSchöffenG (OLG Karlsruhe NStZ 1988, 241) und wegen § 142 Abs. 3 GVG bei der Beauftragung von Referendaren mit der Anklagevertretung in der HV (OLG Hamm JMBl. NW 1994, 23 = BeckRS 1993, 31208042; LG Duisburg StRR 2010, 469). Die besagten Vorschriften würden im JStV nicht verdrängt. Durch §§ 36, 37 werde allein die Besetzungsfrage im justiziellen Binnenbereich normiert, nicht aber bestimmt, dass die notwendige Anwesenheit der StA in der HV funktionsabhängig und allein durch einen JStA gegeben sei. Für die Konstellationen von **Abs. 2 S. 3** ist diese Auffassung inzwischen jedoch überholt. Die Vorschrift stellt klar, dass ein Referendar ohne Beisein eines JStA für die erforderliche Anwesenheit der Anklagebehörde in der HV nicht ausreichend und widrigenfalls ein absoluter Revisionsgrund gegeben ist (ebenso HK-JGG/Habetha Rn. 9). 19

Insbesondere dort, wo ein nicht zum JStA bestellter StA mitgewirkt hat, stellt sich die Frage, ob hierauf das Urteil möglicherweise iSv **§ 337 StPO** beruhen kann (dazu, dass dies nur die HV und nicht das Ermittlungsverfahren betrifft, s. Eisenberg NStZ 1994, 67 (69)). Der eben genannten Rspr. zufolge scheitere dies allerdings bereits daran, dass mit einer bloßen Ordnungsvorschrift kein Gesetz iSv § 337 StPO verletzt worden sei (ebenso Brunner/Dölling Rn. 2; ähnlich HK-JGG/Habetha Rn. 9; aA etwa NK-JGG/Schady Rn. 8; Nix/Nix Rn. 8; Diemer/Schatz/Sonnen/Diemer Rn. 8; MüKoStPO/Höffler § 36 Rn. 12). Die Reduzierung auf eine Ordnungsvorschrift verkennt jedoch den verfahrensrechtlichen (Schutz-)Zweck der Norm und ignoriert die zentrale Bedeutung der JStA für das gesamte Verfahren (Helmken ZJJ 2009, 147 (148); Helmken ZRP 2012, 209 (211): „Schlüsselfigur des JStR-Systems"). Die Bedeutung von §§ 36, 37, denen zufolge ein entspr. qualifizierter JStA (und kein sonstiger StA) tätig werden muss, zeigt sich im jugendgemäßen Vorgehen zB bei der Würdigung der Vernehmungsergebnisse, bei Anträgen auf Anordnung von U-Haft, bei der Auswahl eines heranzuziehenden Sachverständigen, bei der Handhabung der Diversionsoptionen und der Mitwirkung in der HV (→ Rn. 2 ff.). Angesichts dieses Aufgabengewichts ist unverkennbar, dass beim Handeln eines StA (anstelle eines JStA) nicht nur ein **Gesetz verletzt** wird, sondern dass 20 dies auch das Urteil beeinflussen kann. Die **Beruhensfrage** lässt sich daher nicht generell verneinen (n. schon Eisenberg NStZ 1994, 67 (69); vgl. auch → § 37 Rn. 20 f.).

Auswahl der Jugendrichter und Jugendstaatsanwälte

37 (1) [1]**Die Richter bei den Jugendgerichten und die Jugendstaatsanwälte sollen erzieherisch befähigt und in der Jugenderziehung erfahren sein.** [2]**Sie sollen über Kenntnisse auf den Gebieten der Kriminologie, Pädagogik und Sozialpädagogik sowie der Jugendpsychologie verfügen.** [3]**Einem Richter oder Staatsanwalt, dessen Kenntnisse auf diesen Gebieten nicht belegt sind, sollen die Aufgaben eines Jugendrichters oder Jugendstaatsanwalts erstmals nur zugewiesen werden, wenn der Erwerb der Kenntnisse durch die Wahrnehmung von einschlägigen Fortbildungsangeboten oder eine anderweitige einschlägige Weiterqualifizierung alsbald zu erwarten ist.**

(2) **Von den Anforderungen des Absatzes 1 kann bei Richtern und Staatsanwälten, die nur im Bereitschaftsdienst zur Wahrnehmung jugendgerichtlicher oder jugendstaatsanwaltlicher Aufgaben eingesetzt werden, abgewichen werden, wenn andernfalls ein ordnungsgemäßer und den betroffenen Richtern und Staatsanwälten zumutbarer Betrieb des Bereitschaftsdiensts nicht gewährleistet wäre.**

(3) [1]**Als Jugendrichter beim Amtsgericht oder als Vorsitzender einer Jugendkammer sollen nach Möglichkeit Personen eingesetzt werden, die bereits über Erfahrungen aus früherer Wahrnehmung jugendgerichtlicher oder jugendstaatsanwaltlicher Aufgaben verfügen.** [2]**Davon kann bei Richtern, die nur im Bereitschaftsdienst Geschäfte des Jugendrichters wahrnehmen, abgewichen werden.** [3]**Ein Richter auf Probe darf im ersten Jahr nach seiner Ernennung Geschäfte des Jugendrichters nicht wahrnehmen.**

Schrifttum: Adam/Albrecht/Pfeiffer, Jugendrichter und Jugendstaatsanwälte in der Bundesrepublik, 1986; Drews, Die Aus- und Fortbildungssituation von Jugendrichtern und Jugendstaatsanwälten …, 2005; Simon, Der Jugendrichter im Zentrum der Jugendgerichtsbarkeit, 2003; Wiesener, Qualifikationsanforderungen an Jugendrichter und Jugendstaatsanwälte, 2014.

Übersicht

I. Anwendungsbereich

1 Die Vorschrift richtet sich an die Präsidien der AG und LG sowie an die Behördenleitungen der StA, von denen sie bei der Geschäftsverteilung bzw. bei Personalentscheidungen zu beachten ist. Die besondere Qualifikation, die § 37 auf diese Weise sicherstellen soll, wird aber nur in Verfahren gegen Jugendliche und Heranwachsende (§ 107) vor den JGerichten gefordert. Bei für allg. Strafsachen zuständigen Gerichten und in den dort nach JGG durchzuführenden Verfahren (§ 104 Abs. 1, § 112 S. 1) ist die Norm ohne Bedeutung.

2 Auch im Bereich der Jugendsachen **beschränkt** sich die Reichweite der Vorschrift allerdings auf **JGerichte und JStA** iSv § 33 Abs. 2 und § 36. Nicht umfasst ist der Zuständigkeitsbereich der Revisionsgerichte und der Generalstaatsanwaltschaften (dazu und zur Kritik → §§ 33–33b Rn. 2, → § 36 Rn. 8, → § 102 Rn. 2; zur Empfehlung, „den Rechtsgedankens des § 37" auch hier zu „berücksichtigen", vgl. BeckOK JGG/Wellershoff Rn. 3; NK-JGG/Schady Rn. 1).

II. Grundlagen

1. Normzweck

3 Der Vorschrift liegt die Annahme zugrunde, dass große Teile des Aufgabenspektrums im JStV einen besonderen und sich **vom allg. StVerf unterscheidenden** Charakter aufweisen (etwa die Ermittlungs- und Verhandlungsführung, die Interaktionsgestaltung mit den Beteiligten, das Verständnis und die Beurteilung der Beschuldigten, die rechtliche und lebensweltliche Einordnung der vorgeworfenen Taten, die Reifebewertungen, Entwicklungsprognosen und Rechtsfolgenentscheidungen usw.). Die allg. strafjuristischen Kompetenzen bieten daher keine ausreichende Grundlage für eine angemessene Bewältigung dieser Anforderungen (s. auch → § 36 Rn. 2 ff.). Vielmehr bedarf es einer **sachgebietsspezifischen Professionalität**, deren Vorhandensein bei den maßgeblichen Entscheidungen (Stellenbesetzung, Geschäftsverteilung, Aufgabenzuweisung) zum Kriterium gemacht und vorausgesetzt werden soll (BT-Drs. 19/23707, 59). Anderenfalls droht eine Strafjustiz, die ihren Adressaten weder im Vorgehen noch in den Ergebnissen gerecht zu werden vermag – die also auf eine dysfunktionale Amtsführungen hinauslaufen und abträgliche Wirkungen hervorrufen würde. Auch wenn vor der Idealisierung einer pädagogisierten Juristenfigur zu warnen ist, muss von den tätigen Personen doch eine faire, chancenorientierte und **entwicklungsfördernde Grundhaltung** erwartet werden (Dollinger/Schmidt-Semisch Jugendkriminalität-HdB/Streng S. 396 f.). Das Anlie-

gen der Norm ist daher nachdrücklich zu unterstützen (s. auch → § 36 Rn. 7).

4 Konkret gefordert ist ein **Habitus,** der Zugänge zu den Jugendlichen und Heranwachsenden öffnet, diese in einer altersorientierten Verfahrensführung respektiert und ernst nimmt sowie gleichzeitig deren Akzeptanz (in einem nicht-autoritären Sinne) erzeugt. Nötig ist die Fähigkeit, mit den sozialpädagogisch orientierten Verfahrensbeteiligten fachlich auf Augenhöhe interagieren zu können (Frenzel ZJJ 2022, 276 (278)). Und schließlich bedarf es einer Selbstständigkeit und Bereitschaft, bei der Subsumtion unter nicht erschöpfend ausformulierte Straftatbestände (im Rahmen teleologischer Auslegung) bzw. in Ausfüllung nicht abschließend geregelter Rechtsfolgeninhalte „fallgerecht" zu entscheiden – dh in den Grenzen von Gesetzesbindung und Verhältnismäßigkeit primär zukunftsorientierte Wege zu öffnen. Vorausgesetzt dafür ist eine Grundorientierung, die sich vom dogmatisch-strafrechtlichen Modell zugunsten des **teleologisch-empirischen** Modells emanzipiert (→ § 2 Rn. 15). Die **Kompetenzen,** die in **Abs. 1 S. 2** sowie auch in RL zu §§ 36, 37 Nr. 3 **genannt** werden, sind hierfür hilfreich, aber nicht ausreichend. Abgesehen von dem grds. erweiterbaren disziplinären Spektrum muss das individuelle Vermögen hinzukommen, die **destruktiven Potenziale** der Strafjustiz **reflektieren** zu können und den unterschiedlichsten punitiven Erwartungen (seitens der Justiz, der Medien oder mancher Verfahrensbeteiligter) deshalb nicht nachzugeben.

2. Rechtspraktische und rechtspolitische Problemlagen

5 **a) Ausbildungserfordernis und -situation.** Die geforderten Fähigkeiten sind nur teilweise lehrbar und bilden sich wesentlich erst im jugendstrafrechtlichen Tätigsein heraus (dazu n. Morlok/Kölbel Rechtstheorie 2001, 289; Barton Strafverteidigung/Kölbel 2020, S. 23 ff.; Kölbel ZJJ 2022, 252 (255 f.)). Weil das JStV also auch für die entscheidungsmächtigen Akteure eine **Entwicklungsaufgabe** darstellt, ist es mit dem Erwerb zusätzlicher Fachkenntnisse ersichtlich nicht getan. Angesichts der skizzierten Kompetenzanforderungen handelt es sich bei einer **spezialisierten Ausbildung** immerhin aber um eine Mindestvoraussetzung, wobei diese über die Vermittlung von Rechtswissen in anderer und deutlicherer Weise hinausgehen muss, als das bei (Straf-)Juristen sonst der Fall ist (zur historischen Entwicklung der JRichter-Ausbildung vgl. Hauber Zbl 1977, 315 (316 ff.)). Realiter wird das allerdings kaum eingelöst:

6 Im Rahmen der **universitären** Ausbildung werden einschlägige Ausbildungsinhalte nur in der passenden Schwerpunktfächergruppe vermittelt (und das seit einigen Jahren auch nicht mehr an allen Fakultäten). Eine Vertiefung wird dabei nicht angestrebt. Zudem hat von den Personen, die als JRichter und JStA tätig sind, während des Studiums überhaupt nur ein begrenzter Anteil diese Lehrangebote wahrgenommen. Bei Höynck/Leuschner gaben „41,5 % der JStA und 32,6 % der JRichter an, sich in irgendeiner Form bereits während des Studiums mit für die Tätigkeit mit Jugendlichen relevanten Themengebieten beschäftigt zu haben" (Jugendgerichtsbarometer I S. 58). Bei der Folgeerhebung waren die Anteile geringer (Höynck ua Jugendgerichtsbarometer II S. 47; ähnliche und teilw. noch niedrigere Werte bei Adam/Albrecht/Pfeiffer, Jugendrichter und Jugendstaatsanwälte in der Bundesrepublik, 1986, S. 53 f., 88 ff., 100 f.; Simon, Der Jugendrichter im

Zentrum der Jugendgerichtsbarkeit, 2003, S. 82 f.; Buckolt Jugendstrafe S. 208 ff.; Drews, Die Aus- und Fortbildungssituation von Jugendrichtern und Jugendstaatsanwälten …, 2005, S. 95; Zusammenstellung der vorliegenden Befunde bei Dollinger/Schmidt-Semisch Jugendkriminalität-HdB/Streng S. 399 ff.).

Der **Vorbereitungsdienst** für Referendare lässt Angebote für eine jugendstraf- und jugendhilferechtlich orientierte Ausbildung idR völlig vermissen. Allerdings absolviert ein Teil der späteren JRichter und JStA eine jugendstrafrechtsnahe Gerichts-, StA- oder Wahlstation (Höynck/Leuschner Jugendgerichtsbarometer I S. 59; Höynck ua Jugendgerichtsbarometer II S. 45 f.). Weitergehende Spezialisierungen können und müssen jedoch durch **Fortbildungsmaßnahmen** erfolgen. Ein Widerspruch zum Richterbild, das eine gleiche Befähigung für alle Gerichtszweige vorsieht, liegt darin – da die Zusatzqualifizierung auch während der beruflichen Tätigkeit möglich ist – nicht (zur dahingehenden Diskussion etwa Helmken ZRP 2012, 209 (210); s. mwN auch 22. Aufl. Rn. 8). De facto vorausgesetzt ist dabei allerdings, dass die Einbindung in den jugendstrafrechtlichen Bereich nicht kurzfristig angelegt ist, sondern ein Dezernatswechsel möglichst für mehrere Jahre unterbleibt (ebenso bspw. NK-JGG/Schady Rn. 6). Diese Stabilität scheint indes vielfach gegeben zu sein. Auch ist der Anteil derjenigen, die jugendstrafrechtsspezifische Fortbildungsangebote wahrgenommen haben, durchaus nicht klein (Höynck/Leuschner Jugendgerichtsbarometer I S. 54 f., 60 ff.), wenngleich er abgenommen zu haben scheint (Höynck ua Jugendgerichtsbarometer II S. 48). Zu Intensität und Qualität wird mit solchen Befragungsdaten jedoch wenig gesagt. 7

b) Auswahl- und Aufgabenzuweisungspraxis. Solange die Voraussetzungen von § 37 gegeben sind, muss die als JRichter oder JStA eingesetzte Person ggü. anderen Kandidaten/innen keinen Eignungsvorsprung aufweisen (BVerfG NJW 2008, 909 (910); tendenziell abw. Brunner/Dölling Rn. 5: „Nur die besten …"). Angesichts der gesetzgeberischen Erwartungen an die Befähigung der einzusetzenden JRichter und JStA ist aber dennoch eine besonders sorgfältige Geschäftsverteilung zu erwarten. Dies gilt umso mehr, als auch in der Rspr. wiederholt die „entscheidende Bedeutung" betont wurde, die diese Auswahl wegen der erhöhten Tragweite einzelner Maßnahmen für die weitere Entwicklung Jugendlicher und Heranwachsender hat (BGHSt 8, 354 = NJW 1956, 517; BGHSt 9, 402 = NJW 1957, 390). Gleichzeitig geht man bislang aber allg. davon aus, dass die **tatsächlichen Auswahlkriterien** in der Justizpraxis den Anforderungen von § 37 kaum genügen (stellvertretend Beulke/Swoboda JugendStrafR Rn. 587; Trenczek/Schmoll Jugendkriminalität Rn. 748; Kemme StV 2015, 760 (766); Frenzel ZJJ 2022, 278 (279); zur Kritik schon Hauber ZBl 1977, 372 (376 f.)). Auf LG-Ebene wird das in bisweilen bestehenden Geschäftsverteilungsplänen sichtbar, die für die JKammern eine sog. „Turnusverteilung" vorsehen. Im Übrigen wurde in Erhebungen verschiedentlich gezeigt, dass jugendstrafrechtsbezogene Interessen, Neigungen und Qualifikationen nur bei einem begrenzten Teil der JRichter und JStA für die Aufgabenübertragung bestimmend waren (Hauser Jugendrichter S. 25; Adam/Albrecht/Pfeiffer, Jugendrichter und Jugendstaatsanwälte in der Bundesrepublik, 1986, S. 32 ff.; Buckolt Jugendstrafe S. 196 ff.). 8

9 Zudem sind JRichter und JStA oftmals nicht nur im JStR beschäftigt, sondern in einem Mischdezernat eingesetzt (zur Häufigkeit n. → § 34 Rn. 7). Dies kann der wünschenswerten Spezialisierung kaum dienlich sein und lässt zudem ein nur-strafrechtliches Denken befürchten. Es ist allerdings nicht ganz klar, ob JRichter, die allein für das JStV zuständig sind, tatsächlich eine stärker erzieherische, zukunftsorientierte **Grundeinstellung** zeigen (für Anhaltspunkte s. Fenn, Kriminalprognose bei jungen Straffälligen, 1981, S. 175 ff.; Streng, Strafzumessung und relative Gerechtigkeit, 1984, S. 126 ff.; Buckolt Jugendstrafe S. 402 ff.; abw. aber Hupfeld DVJJ-Journal 1993, 11 (15); abwägend Hering, Mechanismen justitieller Eskalation im Jugendstrafverfahren, 1993, S. 242 ff.). Im Vergleich mit ihnen vertreten JStA jedenfalls punitivere Haltungen (Jansen, Stärkere Punitivität? – Ergebnisse einer Onlinebefragung (…), 2015, S. 220 ff.; Baier/Höynck/Wallaschek/Klatt RPsych 2017, 146 (153); erg. Adam/Albrecht/Pfeiffer, Jugendrichter und Jugendstaatsanwälte in der Bundesrepublik, 1986, S. 76 ff.). Dieser Unterschied dürfte sich dadurch erklären, dass individuelle Überzeugungen und Werte ua mit organisationellen Faktoren (Organisationskultur, Routinen, Kooperationsmustern) interagieren, wenn es um die handlungsbezogenen Einstellungen geht (dazu auf professionssoziologischer Grundlage Dollinger/Schabdach Jugendkriminalität S. 152 ff., 166 ff.).

3. Herausbildung der Regelung

10 Die Vorschrift des § 37 bestand seit dem JGG 1953 bis 2021 allein aus der Regelung in Abs. 1 S. 1. Damit knüpfte sie an § 24 RJGG 1943 an (wo lediglich noch die „Erfahrung in der Jugendführung" gefordert worden war). In den Jahrzehnten ihrer Geltung wurde die Norm indes fortwährend als **unverbindlich** kritisiert. Dies bezog sich einmal auf die Unterbestimmtheit der normtextlich verwendeten Kriterien (Jugenderziehung, Befähigung und Erfahrung), für die es an substanziellen und intersubjektiv anerkannten Kriterien bis heute fehlt (→ Rn. 14). Zum anderen handelt es sich bei der Vorgabe um eine eingeschränkt verbindliche Soll-Norm, die keine Konsequenzen für Missachtungsfälle vorsieht. Deshalb wurde immer wieder gefordert, kriminologische, psychologische usw Kompetenzen zur zwingenden Voraussetzung für die Besetzung des JRichter-Amtes zu machen (vgl. dazu stellvertretend Höynck RuP 2013, 18; s. auch Streng JugendStrafR Rn. 104 mit zahlreichen weiteren Nachweisen). In der amtlichen Rechtspolitik stieß dieses Anliegen allerdings regelmäßig auf **Vorbehalte,** die auf **institutionellen** (und damit sachfremden) **Interessen** beruhten (etwa: befürchtete Probleme bei der Geschäftsverteilung, Vermeidung neuer Urteilsanfechtungsgründe usw (dazu Dollinger/Schmidt-Semisch Jugendkriminalität-HdB/Streng S. 398)).

11 Im RegE des Gesetzes zur Stärkung der Rechte von Opfern sexuellen Missbrauchs **(StORMG)** war dann allerdings eine erhebliche Erweiterung von § 37 vorgesehen (BT-Drs. 17/6261, 14 f.; dazu etwa Eisenberg HRRS 2011, 64 (71 f.); Wiesener, Qualifikationsanforderungen an Jugendrichter (…), 2014, S. 98 ff.). Den Anstoß hierfür gab das Bedürfnis, die Qualifikation der JRichter und JStA speziell in Jugendschutzsachen zu stärken. Indem man diese Vorgabe in der innerministeriellen Vorbereitung alsbald zu einem generellen Befähigungsstandard von JRichtern und JStA erweiterte (dazu die Schilderung bei Gebauer DVJJ-BW Info 2013, 52 ff.), wurde ein kontro-

verses, speziell jugendstrafrechtliches Anliegen in ein anderes, politisch aussichtsreicheres Projekt integriert, wohl auch, um es so besser durchsetzen zu können (krit. dazu Bittmann ZRP 2011, 72 (73)). Bei der Verabschiedung war diese Neuregelung im StORMG dennoch nicht mehr enthalten. Sie war vielmehr vom Rechtsausschuss des BT „angesichts der massiven, insbes. justizorganisatorischen Bedenken der Länder" (BT-Drs. 17/12735, 18) gestrichen worden (vgl. etwa die abl. Stellungnahme des BRates vom 27.5.2011, BR-Drs. 213/11, 4; s. ferner den Rechtsauschuss des BRats BR-Drs. 213/1/11, 4 f.; dazu im Rückblick auch BT-Drs. 19/23707, 60).

Angesichts dieser Widerstände hatte man in der 19. Legislaturperiode regierungsseitig zunächst keinen neuerlichen Vorstoß geplant (s. dazu BT-Drs. 19/16307, 8). Allerdings war eine Regelungsnotwendigkeit inzwischen auch durch international-rechtliche Verpflichtungen entstanden, denn nachdem die jugendgemäße Qualifikation des Rechtsstabs lange nur Gegenstand völkerrechtlicher Empfehlungen war, sah Art. 20 Abs. 2 RL (EU) 2016/800 nunmehr auch verbindliche jugendrichterliche Sachkunde-Erfordernisse vor (vgl. auch Erwgr. 54 und 63). Zudem wurde nun selbst von „staatsnaher" Seite auf die Einführung einer generellen jugendrichterlichen Fortbildungspflicht gedrängt (vgl. dazu etwa Bosbach, Abschlussbericht der Regierungskommission „Mehr Sicherheit für Nordrhein-Westfalen", 2020, S. 56 sowie das im selbigen Bericht auf S. 135 ff. enthaltene Gutachten von Sanders zur Vereinbarkeit mit Art. 97 GG). Die BReg, die zunächst noch davon ausging, dass die aF von § 37 weiterhin ausreichend sei (s. BT-Drs. 19/13837, 41 f.; vgl. dazu ferner Sommerfeld ZJJ 2018, 296 (302 f.)), legte schließlich gemeinsam mit den Regierungsfraktionen im Entwurf eines Gesetzes zur Bekämpfung sexualisierter Gewalt gegen Kinder – also erneut im jugendschutzrechtlichen **Windschatten** – doch einen neuerlichen Vorschlag zur Ergänzung des § 37 vor, der dem RegE zu § 37 nF im StORMG weitgehend entsprach (BT-Drs. 19/23707, 16 und 59). Diesmal kam es zu keinen Blockaden, sodass die Regelung zum **1.1.2022** in Kraft trat (vgl. BT-Drs. 19/24901, 29: wegen der Personal- und Fortbildungsplanung etwas später als das übrige Gesetz). 12

Weder vorgenommen noch auch nur angedacht wurde dagegen eine Erstreckung der Regelung auf **sonstige Personen, die als Amtsträger** oder in ähnlich institutioneller Funktion in das JStV eingebunden und (ungeachtet rollenbedingter Besonderheiten) mit verwandten sachgebietsbezogenen Anforderungen konfrontiert sind wie JRichter und JStA. Hinsichtlich ihrer Befähigung bestehen aber lediglich für JSchöffen (§ 35 Abs. 2 S. 2) und teilw. auch für Bedienstete des JStVollzugs (vgl. → § 89b Rn. 28 f., → § 92 Rn. 29 f. zu entspr. Landesgesetzen) ähnliche Vorgaben. Dass dies für Polizeibeamte (n. → Einl. Rn. 45), Verteidiger (n. → § 68 Rn. 13 ff.) und BewHelfer (→ § 113 Rn. 4) gar nicht und für Personen, die in die JGH (s. aber § 72 SGB VIII, → § 38 Rn. 4) oder die Umsetzung von Weisungen eingebunden sind, nur eingeschränkt gilt, ist misslich und korrekturbedürftig. So wurde etwa für die Polizei empirisch gezeigt, dass entspr. Kompetenzen von erheblicher Bedeutung sein können, weil sich eine angemessene (altersgerechte, faire usw.) Verfahrenshandhabung der beteiligten Sachbearbeiter positiv auf die Legalbewährung der jeweils betroffenen Jugendlichen auszuwirken scheint (vgl. bspw. Penner/Viljoen/Douglas/Roesch Law and Human Behavior 2014, 225; Walsh/Myers/Ray ua Psychology, Crime & Law 2019, 963). 13

III. Einzelheiten der Regelung

1. Kriterien der Aufgabenzuordnung

14 **a) Allgemeine Erziehungskompetenz.** Abgesehen von begründeten Ausnahmen (Soll-Vorschrift) müssen JRichter und JStA über **Erfahrung in der Jugenderziehung** verfügen **(Abs. 1 S. 1).** Anders als bei den anderen Anforderungen iSv Abs. 1 S. 2 und Abs. 3 S. 1 ist hierbei weder eine Kompensation noch eine Einschränkung vorgesehen (s. aber → Rn. 19 zum Bereitschaftsdienst). Die geforderte erzieherische Kompetenz muss deshalb bei Amtsantritt stets vorhanden sein (dazu, dass das zur Zurückstellung „junger interessierter Kräfte" führt, s. bereits Hellmer RdJB 1955, 365 (366)). Gleichzeitig ist aber völlig unklar, worauf diese Erfahrung gründen und wie sie (wenn schon nicht „belegbar", so doch) feststellbar sein soll. Der in dieser Hinsicht oft genannte Umstand der eigenen Elternschaft kann hier nur als ein sehr anspruchsarmer Maßstab und/oder als schwacher Indikator gelten (vgl. etwa Hauber Zbl 1977, 372 (376 f.)). Andere Standards sind aber nicht zu ersehen. Nicht nur nach der praktischen Handhabung, sondern auch nach dem Verlauf der Debatte stellt Abs. 1 S. 1 deshalb ein eher leerformelartiges Kriterium dar (ähnlich Diemer/Schatz/Sonnen/Diemer Rn. 2; s. bereits Peters Strafprozess S. 594: „nichts sagend").

15 **b) Jugendbezogene Fachkenntnisse.** Die besonderen Aufgaben von JRichtern und JStA „verlangen ein vertieftes Verständnis für die Entwicklungssituation und die Bedingungen des Aufwachsens junger Menschen sowie ein fachlich fundiertes Wissen über die Wirkungen justizförmlicher Vorgehensweisen und den einfühlsamen und verständigen Umgang mit den betroffenen jungen Menschen" (BT-Drs. 19/23707, 59). Deshalb stellt **Abs. 1 S. 2** „besondere fachliche Qualifikationsanforderungen" (BT-Drs. 19/23707, 60) an die fraglichen Personen. Die hierzu normtextlich **genannten Fächer** decken sich mit den Vorgaben, die auch in Form von Verwaltungsvorschriften (Nr. 3 RL zu §§ 36, 37) vorgesehen sind (Kriminologie, Pädagogik, Jugendpsychologie). Durch den Einschluss der Sozialpädagogik gehen sie – wegen der notwendigen Zusammenarbeit mit der JGH bzw. JHilfe (BT-Drs. 19/23707, 60 f.) – darüber sogar noch hinaus. Andererseits bleiben aber auch zwei Disziplinen unerwähnt, die im Falle der Jugendpsychiatrie zur Leitung und Kontrolle jugendpsychiatrischer Sachverständiger an sich unerlässlich sind (dazu etwa die Fallauswertung bei Eisenberg ZJJ 2015, 324) und derer es im Falle der Soziologie zum Verständnis von Strafrechtsinstitutionen bedarf. – Die Kenntnisse in den besagten Gebieten müssen iÜ „mehr als rudimentär" (BT-Drs. 19/23707, 61) und „belegt" (Abs. 1 S. 3) sein. Es bedarf also tragfähiger Anhaltspunkte für eine hinreichende Ausprägung (Abschlüsse, Zertifikate, sonstige Bestätigungen).

16 **c) Vorerfahrungen.** Unabhängig von den vorgenannten Fähigkeiten und Qualifikationen sollen die einzusetzenden Personen schließlich schon jugendstrafrechtliche Aufgaben wahrgenommen haben und daher über einschlägige Vorerfahrungen verfügen **(Abs. 3 S. 1).** Das kann etwa durch die Beisitzertätigkeit an JKammer erreicht werden (Brunner/Dölling Rn. 12). Die Verbindlichkeit dieser Vorgabe ist jedoch reduziert („nach Möglichkeit"). Sie schließt es letztlich nur aus, in Auswahllagen zulasten erfahrener

und zugunsten unerfahrener Kandidaten/innen zu optieren. Außerdem lässt das Gesetz, indem es keine näheren Vorgaben enthält, bereits **geringe** Vorerfahrungszeiten ausreichen. Das ergibt sich auch daraus, dass die Anforderungen, die der Referentenentwurf zum StORMG v. 7.12.2010 vorgesehen hatte („mindestens ein Jahr lang zum überwiegenden Teil ihrer dienstlichen Tätigkeit jugendgerichtliche oder jugendstaatsanwaltliche Aufgaben wahrgenommen"), legislatorisch nicht übernommen worden ist.

2. Ausnahmen

a) Einschränkungen bzgl. der Fachkenntnisse. Bei der Aufgabenübertragung kann in zwei Konstellationen vom Erfordernis der belegten besonderen fachlichen Qualifikation (→ Rn. 15) abgesehen werden: einmal bei Personen, bei denen eine alsbaldige **Nachqualifikation** zu erwarten ist, und zum anderen bei **früherer Tätigkeit** als JRichter oder JStA. Andere Gründe sind zwar von Gesetzes wegen nicht ganz ausgeschlossen, weil Abs. **1 S. 3** die Bedingungen, unter denen eine zulässige Ausnahme vom Regelerfordernis (Abs. 1 S. 2) zulässig ist, nicht definitiv, sondern lediglich als Soll-Vorschrift vorgibt. Mit Blick auf den Normzweck lassen sich entspr. Fälle aber kaum vorstellen – auch, weil die Bereitschaft zu einer alsbaldigen Fortbildung ohne Weiteres erwartet werden kann und weil dies durch Angebote der Justizverwaltung „angemessen zu fördern" ist (BT-Drs. 19/23707, 61 f.). Die im Regierungsentwurf hierfür vorgesehene halbjährige Frist wurde zwar nicht positiviert, gibt aber eine gewisse Orientierung für den bestehenden zeitlichen Rahmen (ähnlich NK-JGG/Schady Rn. 6a: deutlich weniger als ein Jahr). 17

b) Ausnahmen vom Erfahrungserfordernis. Keine Bedeutung hat das (ohnehin nur eingeschränkt verbindliche) Erfordernis der jugendstrafrechtlichen Vorerfahrungen für die Tätigkeit als **Beisitzer** an einer JKammer und als **JStA** (Rückschluss aus Abs. 3 S. 1). In diesen Funktionen ist der Einsatz von „JStR-Beginnern" also möglich. Allerdings müssen die betreffenden Personen die Voraussetzungen von Abs. 1 S. 1 und S. 2 erfüllen oder eine alsbaldige Nachqualifikation (→ Rn. 17) erwarten lassen. Weil durch Berufsanfänger, die bereits mit der Einarbeitung in das allg. richterliche Tätigkeitsfeld idR vollständig ausgefüllt sind, dieses zusätzliche Fortbildungserfordernis kaum realisiert werden kann (BT-Drs. 19/23707, 63), gilt für sie eine Sonderregelung: Im ersten Jahr der **Probezeit** scheidet eine entspr. Aufgabenübertragung vollständig aus (nicht überzeugende Kritik daran bei NK-JGG/Schady Rn. 6c). Für die Tätigkeit als JRichter (auch als Beisitzer) folgt das zwingend aus **Abs. 3 S. 3** und für die Tätigkeit als JStA aus der Soll-Norm in § 36 Abs. 1 S. 2 (→ § 36 Rn. 11). 18

c) Besonderheiten beim Bereitschaftsdienst. Unschädlich ist das Fehlen der erzieherischen Kompetenz (Abs. 1 S. 1) und der besonderen fachlichen Qualifikation (Abs. 1 S. 2) sowie einer entspr. Kompensation iSv Abs. 1 S. 3, wenn die fragliche Person die Aufgaben des JRichters oder JStA allein im Bereitschaftsdienst wahrnehmen soll **(Abs. 2).** Hinsichtlich der insofern bestehenden Voraussetzung, wonach der Bereitschaftsdienst sonst für die anderen JRichter und JStA unzumutbar wäre und nicht ordnungsgemäß verliefe, besteht an den Gerichten ein Beurteilungsspielraum (BT-Drs. 19/23707, 62). Für den jugendrichterlichen Einsatz im Bereit- 19 schaftsdienst kann gem. **Abs. 3 S. 2** iÜ auch auf jugendstrafrechtliche Vorerfahrungen verzichtet werden. Beide Ausnahmeregelungen sollen va den personellen Bedingungen an kleineren AG Rechnung tragen (BT-Drs. 19/23707, 62; krit. → § 34 Rn. 5). Allerdings kommt die Übertragung des Bereitschaftsdienstes, bei dem es sich ebenfalls um ein „Geschäft der JRichters" iSv Abs. 3 S. 3 bzw. um eine Tätigkeit als JStA iSv § 36 Abs. 1 S. 2 handelt, im ersten Jahr der **Probezeit** nicht in Betracht.

IV. Revision

20 Wird in einem JStV ein Amtsträger tätig, bei dem es an den Voraussetzungen von § 37 fehlt, ist grds. eine **Aufklärungsrüge** denkbar, sofern gerade der Qualifikationsmangel zur Außerachtlassung wesentlicher tat- und rechtsfolgenbezogener Umstände geführt hat. Dem hiergegen gerichteten Einwand, dass die Minderbefähigung des JRichters aus praktischen und rechtlichen Gründen kaum nachweisbar sei (Diemer/Schatz/Sonnen/Diemer Rn. 4), ist mit der Konkretisierung der Eignungsvoraussetzungen (→ Rn. 15 f.) die Grundlage entzogen worden (aA wohl NK-JGG/Schady Rn. 2).

21 Als ein Umstand, der die Revision **für sich genommen** begründen kann, ist die Verletzung von § 37 indes nie anerkannt worden. Vielmehr wurde die Bestimmung, solange sie allein in der unverbindlichen Leerformel des Abs. 1 S. 1 bestand, vom BGH (NJW 1958, 639 (Ls.) = BeckRS 1958, 31194845) als bloße **Ordnungsvorschrift** bezeichnet (vgl. auch → § 36 Rn. 19 f.). Allerdings hat die Neugestaltung des § 37 zu einer Aufwertung des Befähigungserfordernisses und zu einer ausdifferenzierten Regelung der dahingehenden personellen Voraussetzungen geführt. Die justiziellen Ermessens- und Beurteilungsspielräume bei Besetzungsentscheidungen wurden hierdurch so erheblich reduziert (BT-Drs. 19/23707, 60), dass sie grds. auf eine ggf. fehlerhafte Inanspruchnahme hin überprüft werden können. Ein Grund, weshalb der „normative Status" von § 37 unter dem Niveau der anderen JGG-Vorschriften liegen soll, ist schlichtweg nicht mehr erkennbar. Das spricht für eine Korrektur der bisher hM und die Möglichkeit einer iSv **§ 337 StPO** iVm § 2 Abs. 2 relevanten Gesetzesverletzung (abw. und diff. NK-JGG/Schady Rn. 7). Der Verstoß gegen das zwingende Verbot in Abs. 3 S. 3 sowie die **objektiv-willkürliche** Abweichung von den Soll-Vorgaben (Abs. 1 und Abs. 3 S. 1) sind hiernach ebenso wie die ermessensfehlerhafte Handhabung von Abs. 2 und Abs. 3 S. 2 revisibel, wenn das Urteil darauf beruhen kann. Das liegt jedenfalls bei Qualifikationsdefiziten der als JRichter eingesetzten Personen nahe.

Zusammenarbeit in gemeinsamen Gremien

37a (1) **Jugendrichter und Jugendstaatsanwälte können zum Zweck einer abgestimmten Aufgabenwahrnehmung fallübergreifend mit öffentlichen Einrichtungen und sonstigen Stellen, deren Tätigkeit sich auf die Lebenssituation junger Menschen auswirkt, zusammenarbeiten, insbesondere durch Teilnahme an gemeinsamen Konferenzen und Mitwirkung in vergleichbaren gemeinsamen Gremien.**

(2) **An einzelfallbezogener derartiger Zusammenarbeit sollen Jugendstaatsanwälte teilnehmen, wenn damit aus ihrer Sicht die Erreichung des Ziels nach § 2 Absatz 1 gefördert wird.**

Schrifttum: Bender/Krumma/Neubert ua, Eine Evaluation des Hauses des Jugendrechts Leipzig, 2023; Coskun, Kommunikation und Kooperation durch fachliche Konfrontation zwischen Jugend(gerichts)hilfe und Justiz im Verfahren nach dem JGG, 2013; Dessecker/Bork/Hatton/Schäfer, Eine Untersuchung zur Legalbewährung nach jugendstrafrechtlichen Diversionsmaßnahmen am Beispiel des Hauses des Jugendrechts Frankfurt am Main-Höchst, 2022; Fritsch/Sprecher*innenrat der Bundesarbeitsgemeinschaft der Jugendhilfe im Strafverfahren in der DVJJ (Hrsg.), Fallkonferenzen im Jugendstrafrecht: Wenn schon, dann richtig, 2023; Linke, Diversionstage in Nordrhein-Westfalen, 2011.

Übersicht

I. Anwendungsbereich

Die Vorschrift gilt in Verfahren gegen Jugendliche ebenso wie gegen Heranwachsende (§ 107) vor den JGerichten, nicht jedoch im Bereich der Strafsachen vor den allg. Strafgerichten (§ 104 Abs. 1, § 112 S. 1). Soweit die JGH herangezogen wird, ist dort eine Anwendung nach gerichtlichem Ermessen aber grds. vorstellbar (§ 104 Abs. 2 und 3, § 112 S. 1). Die Norm richtet sich an sich aber **ausschließlich an JRichter und JStA,** also jedenfalls nicht an Amtsträger an den Revisionsgerichten und Generalstaatsanwaltschaften (→ § 37 Rn. 2). Bei den öffentlichen Einrichtungen und sonstigen Stellen, die in Abs. 1 genannt werden, handelt es sich um keine Adressaten der Norm. Allerdings können für diese Institutionen in anderen Vorschriften durchaus vergleichbare Vorgaben geregelt sein (so in § 52 Abs. 1 S. 2 und 3 SGB VIII für das JAmt). **1**

II. Einordnung der Vorschrift

2 Die Vorschrift ist durch das Gesetz zur Stärkung von Kindern und Jugendlichen in das JGG eingeführt worden. Die erste Version dieses Gesetzes (vgl. den Entwurf in BT-Drs. 18/12330 und den Überblick bei Struck ZJJ 2017, 269) war am 29.6.2017 vom BTag verabschiedet worden, ohne dass ein ausreichendes Einvernehmen mit den Bundesländern (bzgl. anderer, kontroverser Neuregelungen) bestand. Im BRat wurde die Abstimmung über den Entwurf daher zweimal von der Tagungsordnung genommen, sodass es an der erforderlichen Zustimmung fehlte. Der in der 19. Legislaturperiode sodann in nF vorgelegte RegE zu einem Kinder- und Jugendstärkungsgesetz enthielt den § 37a (sowie den korrespondierenden § 52 Abs. 1 SGB VIII nF) ungeachtet der erfolgten sonstigen Umstellungen in unveränderter Form (BT-Drs. 19/26107, 105, 134). In Kraft getreten ist die Vorschrift zum 10.6.2021 (BGBl. I 1444).

3 Mit § 37a wird in erster Linie bezweckt, die inter-institutionelle Zusammenarbeit zu forcieren. Dafür will man die in der Praxis bereits vorhandenen Kooperationsspielarten sowie die justizielle Beteiligung **formal anerkennen** und dadurch auch aufwerten. Damit soll die „Bereitschaft zur Teilnahme gestärkt" werden – nicht zuletzt, indem deren pensenmäßige Berücksichtigung durch die Vorschrift erleichtert werde (BT-Drs. 19/26107, 134; s. auch BT-Drs. 19/26107, 105). Dies alles beruht auf der Erwartung, durch das so geförderte Zusammenwirken darauf hinzuwirken, dass „jugendhilferechtliche Maßnahmen sowie justizielle Reaktionen **passgenau** auf die Situation des jugendlichen Straftäters **zugeschnitten** werden" (BT-Drs. 19/26107, 50).

III. Inter-institutionelle Kooperation als justizielle Aufgabe

1. Fallübergreifende Zusammenarbeit gem. Abs. 1

4 Die Vorschrift stellt ausdrücklich klar, dass die Teilnahme an einer jugendstrafrechtlich kontextuierten, überinstitutionellen Zusammenarbeit (sowie ggf. auch deren Entwicklung und Gründung) **zu den Aufgaben** von JRichtern und JStA gehören kann. Allerdings stellt Abs. 1 die Wahrnehmung dieser (Mitwirkungs-)Aufgabe in deren **Ermessen** bzw. das ihrer Behörde (s. auch RL 1: „Zusammenarbeit wird (…) empfohlen".). Außerdem wird die in Betracht kommende Kooperation in Abs. 1 durch drei Kriterien charakterisiert. Erstens kommt iRv § 37 eine Zusammenarbeit nur mit solchen öffentlichen und nicht-öffentlichen Institutionen in Betracht, deren Tätigkeit sich auf die Lebenssituation junger Menschen auswirkt. Die einbezogenen Stellen müssen folglich **aufgabengemäß mit minderjährigen Personen** und jungen Erwachsenen befasst sein (JAmt und speziell JGH, freie Träger der JHilfe, ggf. auch Schulen, Ausbildungszentren, FamG und Polizei).

5 Zweitens muss der Kooperationszweck in einer **abgestimmten Aufgabenwahrnehmung** bestehen, also auf die Vermeidung einer unkoordinierten oder gar widersprüchlichen Fallbearbeitung durch die eingebundenen Institutionen abzielen. Das betrifft gerade rechtsgebietsübergreifende

Anpassungen (bspw. des familiengerichtlichen, straf- und jugendhilferechtlichen Vorgehens). Die Grenzen der justiziellen Aufgabenwahrnehmung dürfen durch die Zusammenarbeit jedoch nicht überschritten werden. Die Abstimmung kann sich für JRichter und JStA also allein auf Fragen beziehen, in denen sie in den verschiedenen Verfahrensphasen über Entscheidungsspielräume verfügen. Indisponible prozess- und materiell-rechtliche Erwartungen sind dagegen nicht abstimmungsfähig.

Drittens kommt iRv Abs. 1 allein eine Zusammenarbeit von **fallübergreifender** Art in Betracht (dazu auch § 81 Nr. 3 SGB VII). Diese normtextliche Formulierung schließt die „auf konkrete Einzelfälle bezogenen" Kooperationsformen aus (BT-Drs. 19/26107, 134). Hierin liegt ein zentraler Unterschied zu § 52 SGB VIII, in dessen Normtext die fragliche Einschränkung („fallübergreifend") nicht enthalten ist, weil das JAmt zu einer „behördenübergreifenden einzelfallbezogenen Zusammenarbeit" gerade angehalten werden soll (vgl. BT-Drs. 19/26107, 105 f. unter Hinweis auf deren schon früher gegebene Zulässigkeit). Demgegenüber geht es bei Abs. 1 allein um fallgelöste Fragen und/oder um Materien, die eine Vielzahl von Einzelfällen betreffen. Das ist namentlich bei der gemeinsamen Erarbeitung genereller Leitlinien zu prozessualen Handhabungen und Abläufen gegeben (n. dazu mit Beispielen DIJuF ZJJ 2007, 323 (327 f.)), ggf. aber auch in Gremien der kommunalpolitischen Jugendkriminalprävention. 6

2. Einzelfallbezogene Zusammenarbeit gem. Abs. 2

a) Kooperationsgegenstände. Die in Abs. 2 geregelten Kooperationen können ebenfalls nur mit einem inter-institutionellen Abstimmungsziel (→ Rn. 5) und mit den in → Rn. 4 bezeichneten Stellen eingegangen werden. Anders als bei Abs. 1 handelt es sich hierbei aber um eine Zusammenarbeit bei bestimmten **individuellen** Fällen. Es muss demnach um koordinierungsbedürftige Handhabungen und Vorgehensweisen hinsichtlich konkreter Beschuldigter gehen. Anlass hierfür besteht ggf. dort, wo die Komplexität oder Breite der persönlichen Problemlagen das Eingreifen mehrerer und verschiedenartiger Institutionen erforderlich macht, was wiederum einen Bedarf nach deren Koordinierung entstehen lässt. Dies kann bei gehäufter und/oder schwerer Deliktsbegehung sowie bei Straftaten und dem Hinzutreten sonstiger Auffälligkeit oder schwieriger Nahraumverhältnisse gegeben sein (BT-Drs. 19/26107, 106). 7

b) Beschränkung auf die JStA. Eine Beteiligung an der einzelfallbezogenen Zusammenarbeit sieht das Gesetz allein für die JStA vor. JRichter werden durch Abs. 2 von der Mitwirkung ausgeschlossen. Bei ihrer Teilnahme würde notgedrungen auch die geeignete Rechtsfolgenanordnung zum Gegenstand der inter-institutionellen Beratung gemacht, was sich mit der **richterlichen Unabhängigkeit** schwerlich verträgt. Fragwürdig wäre hier (mit Blick auf die Unschuldsvermutung) auch die Frühzeitigkeit der richterlichen Festlegung (vgl. iÜ erg. → § 2 Rn. 47 zur Abspracheproblematik). Dass die einzelfallbezogene Kooperation bei der JStA wegen deren **Objektivitätspflicht** (dazu MüKoStPO/Kölbel/Ibold StPO § 160 Rn. 78 mwN) uU ganz ähnliche Fragen aufwerfen kann, wurde legislatorisch allerdings nicht thematisiert (der Kritik zust. Schaerff/Lohrmann ZJJ 2023, 196 (203)). 8

9 **c) Un-/Verbindlichkeit.** Bei einer bestehenden (einberufenen, organisierten usw.) einzelfallbezogenen Kooperationen (zu den Voraussetzungen → Rn. 12a) ist die JStA zur Mitwirkung prima vista regelhaft gehalten (BeckOK JGG/Gertler Rn. 16). Nur ausnahmsweise (dh nur sofern dagegen sprechende Gründe ersichtlich sind) darf der JStA von der Teilnahme absehen (BT-Drs. 19/26107, 134). Dieser Verpflichtungsgrad wird allerdings dadurch relativiert, dass das Vorliegen der Voraussetzung, dh die Erwartung eines erzieherisch förderlichen Effektes der Zusammenarbeit, ausschließlich vom Dafürhalten der Normadressaten abhängig ist („aus ihrer Sicht"). Das Nicht-/Bestehen der Soll-Verbindlichkeit wird von dem JStA (oder der Behörde) also **selbst definiert** (iErg zust. HK-JGG/Habetha Rn. 4; ohne Begründung abw. NK-JGG/Sommerfeld Rn. 4). Bei einer entspr. Verneinung der förderlichen Wirkung scheidet eine Mitwirkung aus.

10 Bleibt der JStA der jeweiligen Kooperationsform nach einer willkürlich fehlerhaften Nutzenbewertung fern, ist das rechtswidrig (dh ein Verstoß gegen Abs. 2). Allerdings sieht das Gesetz für diesen Fall **weder Zwangsmittel** noch sonstige Konsequenzen vor. Die (wie auch immer beschaffene) Mitwirkung ist also lediglich mit innerbehördlichen Maßnahmen durchsetzbar. Hierauf kann von anderen Akteuren allenfalls durch Dienstaufsichtsbeschwerden hingewirkt werden.

IV. Besondere Probleme der einzelfallbezogenen Zusammenarbeit

1. Institutionalisierte Kooperationsformen

11 **a) Allgemeines.** Die Vorschrift macht keine Vorgaben zur Art und zu Details der Zusammenarbeit, sondern bezeichnet nur zwei Varianten, die gesetzgeberisch als die wichtigsten Formen erachtet werden (die „gemeinsamen Konferenzen" und die „vergleichbaren gemeinsamen Gremien"). Der nicht-abschließende Charakter dieser Regelung („insbesondere") zeigt aber deren **Entwicklungsoffenheit** an (BT-Drs. 19/26107, 134; vgl. erg. auch § 52 Abs. 1 S. 3 JGG: „in anderen nach fachlicher Einschätzung geeigneten Formen"). Das Mitwirkungsermessen von JGericht und JStA (→ Rn. 6) bestünde deshalb auch bei neuen, sich ggf. erst noch herausbildenden Spielarten der Kooperation – vorausgesetzt, diese weisen neben den in → Rn. 4 ff., 7 erwähnten Merkmalen auch einen ähnlichen Institutionalisierungsgrad wie die normtextlich genannten Beispiele auf. Gleichwohl ist die Vorschrift vor dem Hintergrund **vorhandener** Zusammenarbeitsformen entstanden, die vom Gesetzgeber als Unterfälle der gemeinsamen Konferenzen und vergleichbaren gemeinsamen Gremien verstanden werden (→ Rn. 12 ff.). Diese weisen, **soweit** es dabei um eine **einzelfallbezogene** Kooperation geht, typischerweise erhebliche Problemstellen auf (→ Rn. 15 ff.).

12 **b) Fallkonferenzen. aa)** Der Gesetzgeber hat Fallkonferenzen als mögliche Formen der Zusammenarbeit besonders betont (BT-Drs. 19/26107, 107). Hierbei handelt es sich um wiederkehrend oder turnusmäßig durchgeführte, interinstitutionelle Beratungen. Teilweise sind sie Bestandteile lokaler Modellprojekte zur Verfahrensbeschleunigung (→ Einl. Rn. 42 ff.,

→ §§ 76 – 78 Rn. 7, → § 79 Rn. 11). Meist gelten sie indes den vor Ort als besonders **schwierig eingestuften Fällen,** also insbes. sog. Intensivtätern, wobei deren Delikte, Entwicklungen und Lebenssituationen erörtert werden, um ein abgestimmtes Vorgehen der Beteiligten zu verabreden (vgl. etwa Pütter Soziale Arbeit S. 98 ff.; für die Darstellung einzelner Handhabungsspielarten etwa Müller-Rakow ZJJ 2008, 275 (277 f.); Schaerff/Lohrmann ZJJ 2023, 196 (197); zu polizeilichen Intensivtäterprogrammen, mit denen sie bisweilen in Zusammenhang stehen, → Einl. Rn. 58 ff.).

In die Konferenzen werden die Jugendlichen und ihre Erziehungsberechtigten ggf. einbezogen Schaerff/Lohrmann ZJJ 2024, 42 (45 ff.)), wobei die hinreichende Gewährleistung von Schweige-, Belehrungs- und **Verteidigungsrechten** dann durchaus zw. ist (die Teilnahme des Jugendlichen für unzulässig haltend Schaerff/Lohrmann ZJJ 2023, 196 (204)). In der Praxis herrscht in dieser wie auch anderer Hinsicht eine erhebliche Hetrogenität vor (dies iÜ auch in den Bezeichnungen). Das betrifft die teilnehmenden Stellen, aber ebenso die Blickwinkel, unter denen die jeweiligen Einzelfälle erörtert werden. IdR verspricht man sich von solchen fallbezogenen Abstimmungen aber jeweils ein einheitliches Auftreten der an den Konferenzen beteiligten Institutionen und die Vermeidung gegenläufig wirkender Interventionen (vgl. indes die teilw. skeptische Evaluation von Sturzenhecker/Karolczak/Braband ZJJ 2011, 305). **12a**

bb) Hinsichtlich der Frage, in welchen Fällen bzw. unter welchen **Voraussetzungen** eine Fallkonferenz stattfinden soll, laufen die Antworten des Gesetzes allenfalls auf Leitlinien hinaus. Geht man davon aus, dass eine Fallkonferenz nur unter Beteiligung des JStA sinnvoll ist, muss das Ziel darin bestehen, eine positiv-spezialpräventive Entwicklung des betr. Jugendlichen zu fördern. Soll an dem Austausch auch die JHilfe beteiligt sein, muss die **Fallauswahl** darüber hinaus aber auch anhand der Erforderlichkeit für die sozialpädagogische Aufgabenerfüllung erfolgen (§ 52 Abs. 1 S. 2 SGB VIII). Das ist bei mehrfach belasteten Jugendlichen gegeben, bei denen multiple Problemlagen zu bearbeiten, Sanktionseskalationen abzuwenden und/oder widersprüchliche Interventionen der beteiligten Institutionen zu verhindern sind (Fritsch/BAG JuHiS/Goldberg Fallkonferenzen, 2023, 105). Innerhalb dieses Rahmens (zur Subjektivität der Kriterien auch → Rn. 9) werden sich in der Praxis verschiedene Handhabungen einspielen (für eine strikt jugendhilfe-orientierte Ausrichtung, die in der Praxis selten sein dürfte, etwa Fritsch ZJJ 2023, 329 (330 ff.)). Sicherheits- oder Strafverfolgungsbelange dürfen dabei aber jedenfalls nicht dominierend sein. **12b**

c) Häuser des Jugendrechts. Seit der Jahrtausendwende wurden (wenn auch nicht in allen Bundesländern) zahlreiche „Häusern des Jugendrechts" eingerichtet (vgl. dazu die Übersicht bei Lohrmann/Schaerff ZJJ 2021, 126 (128 f.) ua auch zu digitalen Varianten). Regional variiert deren Detailausrichtung allerdings – etwa mit Blick auf die Zuständigkeit (sog. Intensivtäter oder Jugenddelikte insges.) sowie hinsichtlich der eingebundenen Akteure und des konkreten Zusammenwirkens (für eine frühe Variante s. Feuerhelm/Kügler, Das „Haus des Jugendrechts" in Stuttgart Bad Cannstatt, 2003, S. 21 ff., 37 ff.; aus zahlreichen anderen Projektberichten s. etwa für Frankfurt a. M. Gerhard ZJJ 2008, 184; für Aschaffenburg Fleckenstein Kriminalistik 2019, 399). IdR arbeiten hier die Jugendsachbearbeiter der Polizei, die JStA und JGH (ggf. auch freie Träger der JHilfe) „unter einem Dach". Die **13**

räumliche Nähe ermöglicht den inter-institutionellen Alltagsaustausch und erleichtert die Organisation sowie Durchführung verschiedener Kooperationsformen – etwa regelmäßiger Konferenzen zu den sich stellenden Problemen, Besprechungen zu aktuellen Verfahren und (ggf. auch ad hoc einberufener) Fallkonferenzen zu konkreten Personen (→ Rn. 12). Diese sind das „zentrale Instrument" (Schaerff/Lohrmann ZJJ 2024, 42 (43)). Daneben und funktional völlig unabhängig hiervon wird in den Häusern bisweilen auch eine anwaltliche Rechtsberatung offeriert (zu einem Bsp. s. Kettler ZJJ 2024, 138).

13a Die kurzen innerhäuslichen Wege kommen den regulären prozessualen Mitteilungsprozessen zugute. So kann die Polizei die JStA einfacher konsultieren, aber auch die JGH zügiger einschalten und über den Verfahrensstand auf dem Laufenden halten. Und umgekehrt wird die vorläufige Berichterstattung der JGH im Vorverfahren erleichtert (zu den diesbzgl. Notwendigkeiten → § 38 Rn. 34 ff., 59). Dies wird von den beteiligten Personen und Institutionen idR besonders geschätzt (Dessecker/Bork/Hatton/Schäfer, Eine Untersuchung zur Legalbewährung (…), 2022, S. 69 ff.) und bewirkt ggf. auch eine reale prozessuale **Beschleunigung** (aus den Evaluationen vgl. Linz, Häuser des Jugendrechts in Hessen, 2013; keine übergreifende Beschleunigungswirkung aber bei Bender/Krumma/Neubert, Eine Evaluation des Hauses des Jugendrechts Leipzig, 2023, S. 118 ff.; für Hinweise auf gewisse, spezialpräventiv günstige Effekte siehe – bei allerdings nur eingeschränkt gelungener Vergleichsgruppenbildung – Dessecker/Bork/Hatton/Schäfer, Eine Untersuchung zur Legalbewährung (…), 2022, S. 67 f.).

14 **d) Sonstige Modelle.** An sog. **Diversionstagen** fand bei einer größeren Zahl der hierfür vorgesehenen Fälle eine Konzentration regelrecht orchestrierter Verfahrensschritte statt. An einem einzigen Tag, zu dem der Jugendliche geladen wurde, kam es zur polizeilichen Vernehmung, der Einbindung und Einstellungsentscheidung der JStA sowie vorher auch zu einem eng damit verzahnten Kontakt mit der abgestimmt agierenden JGH (allein oder gemeinsam mit JStA). Es fanden also so gut wie immer zwei ermahnende Gespräche unter teilw. Mitwirkung der JHilfe statt. Allerdings gab es bei diesem (inzwischen eingestellten) Projekt regional unterschiedliche Zielgruppen (Bagatell- oder mittelschwere Delinquenz) sowie lokal variierende Abläufe und Entscheidungspräferenzen (§ 45 Abs. 1 oder Abs. 2; zur krit. Evaluation Linke, Diversionstage in Nordrhein-Westfalen, 2011, S. 113 ff., 179 ff.). – Im Programm **„Kurve kriegen"** werden 8- bis 15-Jährige, die mit etwas schwerer Delinquenz und als kriminogen eingestuften Lebensverhältnissen aufgefallen sind, nach polizeilicher Auswahl (und mit Zustimmung der Eltern sowie des Kindes/Jugendlichen) durch pädagogische Fachkräfte betreut, wobei diese allerdings mit der jeweiligen Polizeibehörde kooperieren und aus dieser heraus tätig werden (zu den hierzu vorliegenden Evaluationen zusf. Heinz Sekundäranalyse S. 1917 ff.; zur kontroversen Bewertung aus Sicht der JHilfe-Praxis etwa Strauff ZJJ 2012, 81; Grohmann ZJJ 2012, 436).

2. (Gemeinsame) Schwächen

15 Die bisherigen Varianten der einzelfallbezogenen Kooperation konzentrieren sich teilw. in zw. Form auf sog. Intensivtäter (krit. → Einl. Rn. 58 ff.,

→ § 5 Rn. 60) und dies bei „Kurve kriegen" sogar unter Einbeziehung von unter 14-jährigen Kindern (zur Problematik → § 1 Rn. 18 ff.). Im Falle der Diversionstage, die eher auf breitere Deliktsformen orientiert sind, wird wiederum die dem Verhältnismäßigkeitsprinzip geschuldete Vorrangigkeit von § 45 Abs. 1 ggü. anderen Diversionsformen missachtet (Verrel FS Schöch, 2010, 233; Swoboda FS Beulke, 2015, 1238 ff.). Doch das ist jeweils nicht das zentrale Problem. Von größerer Tragweite ist gerade der **Aspekt der einzelfallbezogenen Kooperation,** der – und das haben die Erfahrungen mit diesen Abstimmungsspielarten gezeigt – tendenziell auch dazu führt, sinnvolle Grenzen zwischen den beteiligten Institutionen **durchlässig** werden zu lassen, produktive Reibungen aufzulösen und erforderliche Perspektivenunterschiede einzuebnen (zum Folgenden s. auch DVJJ ZJJ 2020, 409 (410 f.); Trenczek/Schmoll Jugendkriminalität Rn. 1021 ff.).

Dies beginnt bei den Maßgaben des **Sozialdatenschutzes,** die von der JHilfe auch im Strafverfahren ggü. den Strafverfolgungsbehörden zu berücksichtigen sind (→ § 38 Rn. 41 f.). Die gem. § 69 SGB X grds. mögliche Übermittlung von JAmts-Informationen an den JStA – nicht die Polizei (FK-SGB VIII/Hoffmann § 64 Rn. 33) – ist hiernach ausgeschlossen, wenn die jugendhilferechtliche Leistungserbringung dadurch (etwa wegen der drohenden Vertrauensverluste des Jugendlichen) gefährdet wäre (§ 64 Abs. 2 SGB VIII). Zwar sind diese Einschränkungen auch in den Fallkonferenzen und der überinstitutionellen Suche nach geeigneten Interventionen zu beachten (so sehr nachdrücklich BT-Drs. 19/26107, 105 f.; unbestimmter RL 2 („zu prüfen"); n. zur Problematik ferner Riekenbrauk ZJJ 2011, 74 (79 f.); Coskun, Kommunikation und Kooperation (…), 2013, S. 234 ff.; Fritsch/BAG JuHiS/Riekenbrauk Fallkonferenzen, 2023, S. 52 ff.; Schaerff/Lohrmann ZJJ 2023, 196 (198 ff.)), doch muss bezweifelt werden, dass dies durch die JGH in einer Atmosphäre des gemeinsamen Arbeitens und einer fortwährenden informellen Interaktion ggü. der Polizei und JStA in gleicher Weise durchgehalten wird, wie dies außerhalb der Kooperationen möglich ist. Soweit in diesem Zusammenhang auf die Möglichkeit hingewiesen wird, dass der Jugendliche in den Datenaustausch einwilligen könne (Diemer/Schatz/Sonnen/Schatz § 70 Rn. 20 f.), liegt dem die zw. Annahme zugrunde, dass er die Relevanz der dahingehenden Entscheidung ausreichend zu überblicken vermag (einschr. ebenfalls NK-JGG/Sommerfeld § 43 Rn. 16; Riekenbrauk ZJJ 2011, 74 (77 f.); n. zu den Anforderungen beim Einholen der Einwilligung Schaerff/Lohrmann ZJJ 2023, 196 (201 f.)). **16**

Auch stellt sich die Frage, ob die JGH ihre originären Aufgaben und Perspektiven hierbei hinreichend zur Geltung bringen kann (vgl. etwa Riekenbrauk GS Walter, 2014, 379 ff.; Kilian unsere jugend 2019, 220; Pütter Soziale Arbeit S. 106 ff.). Immerhin handelt es sich um Kooperationen „im jugendstrafrechtlichen Verfahren" (BT-Drs. 19/26107, 50; vgl. auch § 52 SGB VIII: Kooperation „im Verfahren nach dem Jugendgerichtsgesetz"). Damit ist von vornherein ein strafrechtlicher Grundton, Kontext und Schwerpunkt angelegt (kennzeichnend hierfür Bosbach, Abschlussbericht der Regierungskommission „Mehr Sicherheit für Nordrhein-Westfalen", 2020, S. 54). Nicht von Ungefähr stehen die fraglichen Gremien und Veranstaltungen so oft auch unter der Federführung der Polizei (vgl. Schilling Sozial Extra 2022, 200 (201)). Dass die JHilfe hierbei ihre primäre Funktion (Entwicklung von Hilfsangeboten) zu realisieren und **17** ggü. **Strafverfolgungsbelangen** durchzusetzen vermag, ist fraglich (kennzeichnend Bender/Krumma/Neubert, Eine Evaluation des Hauses des Jugendrechts Leipzig, 2023, S. 59 ff.: Mitarbeitende der JGH mit Kooperation und Einfluss in einem Haus des Jugendrechts viel weniger zufrieden als Polizei und JStA). Zu berücksichtigen ist ferner, dass durch die Kooperation bisweilen auch ein sog. **Capturing** der JHilfe droht, dh eine dort erfolgende Übernahme der strafverfolgungsgeprägten Denkstile und sicherheitsorientierten Prioritäten der als dominierend erlebten Polizei und StA (allg. zu dieser Problematik Levi-Faur/Mitnick, Handbook on the Politics of Regulation 2011, S. 34).

18 Jedenfalls kaum zu vermeiden ist eine **Vermischung** der bewusst verschiedenartig eingerichteten Arbeitsaufträge, was den sozialpädagogischen Verfahrensanteil verblassen lässt (ebenso Schilling Sozial Extra 2022, 200, 201 ff.; Schaerff/Lohrmann ZJJ 2023, 196 (206); s. auch Kipping Bewährungshilfe 2023, 113). Damit sind die Rollenunterschiede auch für den Jugendlichen kaum noch wahrnehmbar (entspr. empirische Hinweise bei Bender/Krumma/Neubert, Eine Evaluation des Hauses des Jugendrechts Leipzig, 2023, S. 115 f.). Der JGH wird, indem sie ihm so als ein Bestandteil der Strafverfolgungsakteure erscheinen kann, die Geltendmachung ihres Unterstützungspotenzials dadurch schwerlich leichter gemacht. Das beeinträchtigt im Übrigen auch das Agieren des JGerichts. Diesem wird, wenn JStA und JGH in **Vorwegnahme der HV** bei den Fallkonferenzen eine gemeinsame Linie entwickeln, die Chance genommen, dem Aufeinandertreffen der jeweils eigenen staatanwaltlichen und jugendamtlichen Perspektive beizuwohnen und gerade auch dadurch ein eigenes Bild entwickeln zu können (n. Schaerff/Lohrmann ZJJ 2023, 196 (205); Fritsch/BAG JuHiS/Riekenbrauk Fallkonferenzen, 2023, S. 44 ff.).

19 Soweit Evaluationen vorliegen (→ Rn. 12 ff.), werden Zugewinne in spezialpräventiv-erzieherischer, unterstützender oder sozialpädagogischer Hinsicht dort denn auch kaum ausgewiesen. Vielmehr kommt in all den genannten Punkten bei der einzelfallbezogenen Zusammenarbeit auf besonders prägnante Weise zum Ausdruck, was an Kooperationen von JHilfe und Strafverfolgungsakteuren generell (etwa auch bei gemeinsamen Präventionsprojekten) beobachtet wird: dass diese inter-institutionellen Arbeitsformen fast immer unter dem **Primat strafrechtsorientierter Logiken** stehen und die JHilfe dadurch von ihrem individuumsbezogenen Auftrag sozialpädagogischer Unterstützung zusehends zu einem Vorgehen abdriftet, das auf die Herstellung **gesellschaftlicher Sicherheit** ausgerichtet ist (Dollinger/Schabdach Jugendkriminalität S. 194 f.; relativierend Dollinger/Schmidt-Semisch Jugendkriminalität-HdB/Möller S. 434 ff.).

Jugendgerichtshilfe

38 (1) **Die Jugendgerichtshilfe wird von den Jugendämtern im Zusammenwirken mit den Vereinigungen für Jugendhilfe ausgeübt.**

(2) [1]**Die Vertreter der Jugendgerichtshilfe bringen die erzieherischen, sozialen und sonstigen im Hinblick auf die Ziele und Aufgaben der Jugendhilfe bedeutsamen Gesichtspunkte im Verfahren vor den Jugendgerichten zur Geltung.** [2]**Sie unterstützen zu diesem**

Zweck die beteiligten Behörden durch Erforschung der Persönlichkeit, der Entwicklung und des familiären, sozialen und wirtschaftlichen Hintergrundes des Jugendlichen und äußern sich zu einer möglichen besonderen Schutzbedürftigkeit sowie zu den Maßnahmen, die zu ergreifen sind.

(3) **[1] Sobald es im Verfahren von Bedeutung ist, soll über das Ergebnis der Nachforschungen nach Absatz 2 möglichst zeitnah Auskunft gegeben werden. [2] In Haftsachen berichten die Vertreter der Jugendgerichtshilfe beschleunigt über das Ergebnis ihrer Nachforschungen. [3] Bei einer wesentlichen Änderung der nach Absatz 2 bedeutsamen Umstände führen sie nötigenfalls ergänzende Nachforschungen durch und berichten der Jugendstaatsanwaltschaft und nach Erhebung der Anklage auch dem Jugendgericht darüber.**

(4) **[1] Ein Vertreter der Jugendgerichtshilfe nimmt an der Hauptverhandlung teil, soweit darauf nicht nach Absatz 7 verzichtet wird. [2] Entsandt werden soll die Person, die die Nachforschungen angestellt hat. [3] Erscheint trotz rechtzeitiger Mitteilung nach § 50 Absatz 3 Satz 1 kein Vertreter der Jugendgerichtshilfe in der Hauptverhandlung und ist kein Verzicht nach Absatz 7 erklärt worden, so kann dem Träger der öffentlichen Jugendhilfe auferlegt werden, die dadurch verursachten Kosten zu ersetzen; § 51 Absatz 2 der Strafprozessordnung gilt entsprechend.**

(5) **[1] Soweit nicht ein Bewährungshelfer dazu berufen ist, wacht die Jugendgerichtshilfe darüber, dass der Jugendliche Weisungen und Auflagen nachkommt. [2] Erhebliche Zuwiderhandlungen teilt sie dem Jugendgericht mit. [3] Im Fall der Unterstellung nach § 10 Absatz 1 Satz 3 Nummer 5 übt sie die Betreuung und Aufsicht aus, wenn das Jugendgericht nicht eine andere Person damit betraut. [4] Während der Bewährungszeit arbeitet sie eng mit dem Bewährungshelfer zusammen. [5] Während des Vollzugs bleibt sie mit dem Jugendlichen in Verbindung und nimmt sich seiner Wiedereingliederung in die Gemeinschaft an.**

(6) **[1] Im gesamten Verfahren gegen einen Jugendlichen ist die Jugendgerichtshilfe heranzuziehen. [2] Dies soll so früh wie möglich geschehen. [3] Vor der Erteilung von Weisungen (§ 10) sind die Vertreter der Jugendgerichtshilfe stets zu hören; kommt eine Betreuungsweisung in Betracht, sollen sie sich auch dazu äußern, wer als Betreuungshelfer bestellt werden soll.**

(7) **[1] Das Jugendgericht und im Vorverfahren die Jugendstaatsanwaltschaft können auf die Erfüllung der Anforderungen des Absatzes 3 und auf Antrag der Jugendgerichtshilfe auf die Erfüllung der Anforderungen des Absatzes 4 Satz 1 verzichten, soweit dies auf Grund der Umstände des Falles gerechtfertigt und mit dem Wohl des Jugendlichen vereinbar ist. [2] Der Verzicht ist der Jugendgerichtshilfe und den weiteren am Verfahren Beteiligten möglichst frühzeitig mitzuteilen. [3] Im Vorverfahren kommt ein Verzicht insbesondere in Betracht, wenn zu erwarten ist, dass das Verfahren ohne Erhebung der öffentlichen Klage abgeschlossen wird. [4] Der Verzicht auf die Anwesenheit eines Vertreters der Jugendgerichtshilfe in der Haupt-**

verhandlung kann sich auf Teile der Hauptverhandlung beschränken. [5] Er kann auch während der Hauptverhandlung erklärt werden und bedarf in diesem Fall keines Antrags.

Schrifttum: Adam/Albrecht/Pfeiffer, Jugendrichter und Jugendstaatsanwälte in der Bundesrepublik Deutschland, 1986; Bender/Krumma/Neubert ua, Eine Evaluation des Hauses des Jugendrechts Leipzig, 2023; BMJ (Hrsg.), Erzieherische Maßnahmen im deutschen Jugendstrafrecht, 1986; DJI (Hrsg.), Jugendgerichtshilfebarometer. Empirische Befunde zur Jugendhilfe im Strafverfahren in Deutschland, 2011; Goldberg, Das Gesetz zur Stärkung der Verfahrensrechte von Beschuldigten im Jugendstrafverfahren, 2021; Herbertz/Salewski, Gewalttätige Jugendliche und soziale Kontrolle, 1985; Korth, Jugendgerichtshilfe. Die Einzelbetreuung im Jugendstrafverfahren nach § 10 JGG, 1995; Lühring, Die Berichtspflicht des Jugendgerichtshelfers und ihre Grenzen, 1992; Peters/Cremer-Schäfer, Die sanften Kontrolleure. Wie Sozialarbeiter mit Devianten umgehen, 1975; Seidel, Die JGH in ihrer Ermittlungsfunktion und ihr Einfluß auf richterliche Entscheidungen im Jugendstrafverfahren gegen weibliche Jugendliche, 1988; Trenczek, Die Mitwirkung der Jugendhilfe im Strafverfahren, 2003; Webers, Datenschutz in der öffentlichen Jugendgerichtshilfe, 2005; Wehrheim (Hrsg.), Sanfte Kontrolle, 2021; Winkelmann, Neue ambulante Maßnahmen, Jugendarrest und Warnarrest in Westfalen-Lippe, 2021; Wild, Jugendgerichtshilfe in der Praxis, 1989; Wilhelm, Die Stellung der JGH im Verfahren, 1992.

Übersicht

I. Anwendungsbereich

Die Vorschrift gilt für **Jugendliche** auch in Verfahren vor den für allg. Strafsachen zuständigen Gerichten (§ 104 Abs. 1 Nr. 2), wobei jedoch die Einschränkungsmöglichkeiten des § 104 Abs. 3 (vgl. → § 104 Rn. 7a) zu beachten sind. In Verfahren gegen **Heranwachsende** findet die Vorschrift gleichermaßen Anwendung, sowohl vor JGerichten wie vor den für allg. Strafsachen zuständigen Gerichten (§§ 107, 109 Abs. 1 S. 3, § 112 S. 1; → § 107 Rn. 12 ff.). Dabei ist das Alter zur Tatzeit (§ 1 Abs. 2) maßgebend (vgl. BGHSt 6, 354 = NJW 1954, 1855). Für **Soldatinnen und Soldaten** gelten insoweit keine Besonderheiten (vgl. vormals OLG Schleswig SchlHA 1958, 341). Auch im Verfahren nach dem **StrEG** kann die Vorschrift anwendbar sein (→ § 2 Rn. 61; abw. BeckOK JGG/Gertler/Schwarz Rn. 8.1). 1

II. Vorfragen

1. Jugendhilfe im Zwangskontext

2 Obwohl das Gesetz von „der JGH" handelt, konstituiert es diese nicht im Sinne einer Institution oder organisationellen Einheit. § 38 bestimmt vielmehr ein **Spektrum von Aufgaben,** die im Zusammenhang mit (mutmaßlichen) Deliktsereignissen und im Kontext des JStV zu realisieren sind (Trenczek/Schmoll Jugendkriminalität Rn. 282 ff.). Fachlich liegt darin ein besonderes Arbeitsfeld der JHilfe. Dieses ist durch spezifische Formen eines oftmals bestehenden Hilfebedarfs (Lebenssituation mit abw. Verhalten; Konfrontation mit Strafverfolgungsinstitutionen) charakterisiert und erlangt auch durch das Erfordernis, mit Polizei und Justiz zu kooperieren, einen eigenen Charakter. Eine strafprozessuale Leitfunktion oder anderweitige Herauslösung aus ihren **allg. Grundorientierungen und Zweckbestimmungen** ist damit aber in keiner Weise verknüpft (Dollinger/Schmidt-Semisch Jugendkriminalität-HdB/Trenczek S. 412 ff.; tendenziell anders Brunner/Dölling Rn. 2). Vielmehr muss das JAmt „die durch das SGB VIII definierten fachlichen Aspekte im StVerf zur Geltung bringen" (Trenczek/Schmoll Jugendkriminalität Rn. 310). Die die Beteiligung legitimierende Verpflichtung der JHilfe beruht hinsichtlich der Mitwirkung am JStV also auf § 52 Abs. 1 SGB VIII, und das hierbei maßgebliche handlungsleitende Kriterium ergibt sich aus § 52 Abs. 2 SGB VIII – dh daraus, „ob (…) Leistungen der JHilfe in Betracht kommen" (dazu auch → § 10 Rn. 10, 66 ff.). Die Bedeutung von § 38 besteht auf dieser Grundlage va darin, das entspr. ausgerichtete sozialpädagogische Vorgehen der JHilfe **in das JStV zu integrieren.** Es soll eine **Perspektive** in die jugendstrafrechtlichen Prozesse und Entscheidungsvorgänge eingeführt werden, bei der die Straftat nicht im Vordergrund steht und der Jugendliche nicht als eine „Probleme machende", sondern als eine ggf. „Probleme habende" und uU **der Unterstützung bedürfende** Person begriffen wird. Ungeachtet dieser speziellen Funktion handelt es sich bei der JGH infolge ihrer Einbindung in das StVerf um eine **Agentur der strafrechtlichen Sozialkontrolle.**

2. Organisation

3 **a) Pflichtaufgabe des JAmts.** Bei den Aufgaben iSv § 38 handelt es sich um Pflichtaufgaben des JAmtes (§ 2 Abs. 3 Nr. 8, § 52 Abs. 1 SGB VIII), die von diesem verantwortet und zusammen mit den anerkannten Trägern der freien JHilfe durchgeführt werden (§ 3 Abs. 3, § 76 SGB VIII). Sie können also durch den Allgemeinen Sozialen Dienstes, durch einen spezialisierten Fachdienst des JAmts oder durch Übertragung an jene externen Träger erfüllt werden. Über die Einrichtung spezieller Stellen für die Aufgabenerfüllung und den Grad von deren Verselbstständigung bestimmt das JAmt (zur diff. Praxis Wiesner/Wapler/Wapler SGB VIII § 52 Rn. 60; DJI (Hrsg.), Jugendgerichtshilfebarometer, S. 19 ff.: 69 % eigenständige spezialisierte Organisationseinheiten; Schmoll ua Jugendgerichtshilfebarometer S. 38: 74 %). In dessen Organisationshoheit liegt auch die Frage, ob die jeweilige Stelle als „JGH" bezeichnet wird. Der sozialpädagogische Auftrag, die **fachbehördliche Autonomie ggü. den Strafverfolgungsinstitutio-**

nen und das strafrechtsübersteigende Selbstverständnis werden bei einer Benennung als **JuHiS** (Jugendhilfe im Strafverfahren) allerdings stärker betont und unterstrichen (DVJJ-BAG 2022, 4; Trenczek ZJJ 2021, 240 (241)).

b) Übertragung an freie Träger. Das JAmt kann die Ausführung einzelner oder aller JGH-Aufgaben an anerkannte Träger der freien JHilfe übertragen. Nach § 4 Abs. 2 SGB VIII soll dies ggü. dem insofern subsidiären öffentlichen Träger sogar Vorrang haben, soweit durch die freien Träger eine ausreichende Aufgabenumsetzung sichergestellt werden kann (die Anwendbarkeit von § 4 Abs. 2 SGB VIII aber vern. etwa Goerdeler ZJJ 2005, 422 (424 f.)). Eine Übertragungspflicht ergibt sich hieraus indes ebenso wenig wie aus Abs. 1, da § 76 Abs. 1 SGB VIII als Spezialnorm dem JAmt ein Entschließungs- und Auswahlermessen überträgt. Allerdings sollte die Einbeziehung der freien Verbände schon deshalb gefördert werden, um der „Gefahr bürokratischer Erstarrung der JGH" (Beulke/Swoboda JugendStrafR Rn. 682; zu diesem Problem auch Trenczek DVJJ-Journal 2000, 226; Trenczek MschKrim 2000, 259 (279): „starke regionale Tradierungen") und den Risiken einer verengten justiznahen „Professionalisierung" (Dollinger MschKrim 416 (423 ff.)) entgegenzuwirken. Wegen der (im Grundsatz auch in § 72 SGB VIII anerkannten) Notwendigkeit einer einschlägigen fachlichen Qualifikation des JHilfe-Personals (→ Rn. 81) muss jedoch bei der Übertragung die (eingehend zu prüfende) **spezifische Befähigung** berücksichtigt werden (va bei den in § 75 Abs. 3 SGB VIII genannten freien Trägern). 4

Welche Aufgabe der JGH dem freien Träger obliegen soll, gehört zu den vertraglich zu regelnden Ausgestaltungsfragen (n. dazu Goerdeler ZJJ 2005, 422 (425 ff.). Allerdings sollte die Übertragung **vollständig** vorgenommen werden, also nicht nur die Hilfe für den Betroffenen, sondern auch die Ermittlungstätigkeit und die Vertretung in der HV (zum Aufgabenkreis → Rn. 8 ff.) einschließen. Gegen eine beschränkte Übertragung und eine Funktionsaufteilung spricht das (auch in Abs. 4 S. 2 und § 52 Abs. 3 SGB VIII erkennbare) Anliegen der einheitlichen durchlaufenden Fallbetreuung in institutioneller und personaler Kontinuität (s. auch BT-Drs. 11/5948, 90; NK-JGG/Sommerfeld Rn. Rn. 4). Die Aufgabendelegation ist iÜ aber stets kündbar und sie lässt die „letztliche" Verantwortlichkeit der öffentlichen JHilfe (Laubenthal/Baier/Nestler JugendStrafR Rn. 178) gem. § 76 Abs. 2 SGB VIII unberührt (BVerfGE 22, 180 (199 ff., 211) = NJW 1967, 1795 (1796 ff.)). Das JAmt bleibt daher zur **Aufsicht und Kontrolle** verpflichtet. Wegen des damit einhergehenden Abstimmungs- und Verwaltungsaufwands sind Übertragungen selten (vgl. DJI (Hrsg.), Jugendgerichtshilfebarometer, 22). Anders als bei der Weisungs- und Auflagendurchführung bzw. bei der nachgehenden JHilfe-Mitwirkung (dazu empirisch Scheunemann, Die Bedeutung freier Träger für ambulante Maßnahmen, 1999, S. 55 ff., 95 ff.) hat die freie JHilfe im JStV also keine größere praktische Relevanz. 5

c) Zuständigkeit. Die **sachliche** Zuständigkeit für die Aufgaben der Mitwirkung am JStV besteht gem. § 85 Abs. 1 SGB VIII beim örtlichen Träger der Kinder- und Jugendhilfe, dh nach § 69 Abs. 1 SGB VIII und den hierzu erlassenen landesrechtlichen Bestimmungen idR bei den Landkreisen und kreisfreien Städten. In **örtlicher** Hinsicht bestimmt sich die Zuständigkeit gem. § 87b Abs. 1 iVm §§ 86, 86a SGB VIII regelmäßig nach dem 6

gewöhnlichen Aufenthalt des Betroffenen bzw. seiner Eltern (dazu und zu atypischen Konstellationen vertiefend BAG Jugendhilfe/Goerdeler, Jugendhilfe im Strafverfahren, 2009, S. 13 (19 f.); Sommerfeld ZJJ 2010, 403; Eschelbach ZJJ 2021, 143). Hinter dieser (Normalfall-)Regelung steht die Erwägung, dass das sog. „Heimat"-JAmt für eine kontinuierliche Betreuung des ansässigen Jugendlichen sorgen kann und über die persönlichen sowie lokalen Bedingungen besser informiert sein dürfte als andere JÄmter. Entscheidend ist daher, wo der faktische Lebensmittelpunkt zu dem Zeitpunkt liegt, zu dem ein Handeln iSv § 52 SGB VIII erforderlich wird (n. Trenczek/Schmoll Jugendkriminalität Rn. 380 ff.). Verlagert der Jugendliche im Verlauf des JStV seinen Lebensmittelpunkt, lässt dies die einmal begründete örtliche Zuständigkeit unberührt (§ 87b Abs. 2 SGB VIII). Ist ein gewöhnlicher Aufenthaltsort nicht bestimmbar, kommt es iÜ auf den tatsächlichen Aufenthaltsort an.

7 Die jugendhilferechtliche Zuständigkeit ist also nicht an diejenige des JGerichts gebunden, wenngleich die dort geltenden Kriterien (→ § 42 Rn. 4 ff.) oft zum selben Ergebnis wie das des gewöhnlichen Aufenthalts führen. Das ist aber nicht zwangsläufig der Fall. Dadurch werden JStV möglich, die (aus Sicht des Jugendlichen und des JAmtes) vor einem „auswärtigen" JGericht geführt werden. Hier kann im Wege der **Amtshilfe** die Mitarbeit eines örtlich nicht zuständigen JAmts veranlasst werden (va für die HV). Für die diesbzgl. Entscheidung ist zwischen der Fallnähe des zuständigen JAmts und der Gerichtsnähe der auswärtigen JGH abzuwägen (wohingegen der logistische Aufwand dafür nachrangig ist).

III. Aufgaben

1. Einordnung

8 § 38 bezieht sich insbes. auf zwei Tätigkeitsbereiche der JGH und gestaltet diese näher aus: einmal die **Kontrolle** der Rechtsfolgenumsetzung im Rahmen der nachgehenden JHilfe (→ Rn. 11 ff.) und zum anderen die Erforschung verfahrens- und rechtsfolgenrelevanter Umstände im Rahmen der prozessbegleitenden JHilfe, die in Form eines **Ermittlungsberichts** (dazu n. → Rn. 18 ff.) in eine Beratung der JStA und des JGerichts münden soll (→ Rn. 9 f.). Durch § 52 Abs. 1 SGB VIII werden beide Bereiche zu einer verpflichtenden Aufgabe der JHilfe. Darüber hinaus ergeben sich aus § 52 Abs. 2 und 3 SGB VIII aber noch einige weitere (leistungsrechtliche) Aufgaben, mit denen das Wohl des Jugendlichen in der – individuell jeweils spezifischen – Problemlage, in der er sich iZm dem gegen ihn gerichteten JStV befindet, gesichert werden soll (Trenczek/Schmoll Jugendkriminalität Rn. 292 ff.). Je nach Bedarf handelt es sich dabei um eine durchgängige Beratung und **Betreuung** zu Beginn und während des Ermittlungsverfahrens, in der HV sowie im Verlauf und nach Ende eines etwaigen JStVollz (→ Rn. 14 ff.). Hinzu kommt die Initiierung **sozialpädagogischer Hilfen.** Diese können uU zur Vorbereitung einer Einstellung nach §§ 45, 47 oder als Krisenintervention (etwa zur U-Haftvermeidung) dienen, aber auch als jugendfürsorgerisches Hilfsangebot ohne Bezug zum JStV ausgelegt sein (n. DVJJ/Goldberg 2022, S. 264 ff.).

2. Beratung der Justiz

Die Erforschung von fallkonkret bedeutsamen, jugendkriminologischen 9
Umständen und die darauf gestützte Beratung des JGerichts und der Strafverfolgungsbehörden zählen seit jeher zu den Aufgaben der JHilfe im JStV. Durch Art. 7 RL (EU) 2016/800 wird das weiter verstärkt. Hiernach ist zu gewährleisten, dass jugendtypische Besonderheiten im JStV Berücksichtigung finden. Diese Vorgabe schließt die für die Altersgruppe generell charakteristischen Bedürfnisse (Abs. 1) ebenso wie die individuellen Schutzbedürftigkeiten (Abs. 2) und die konkreten Umstände ein, die für die Eignung der festzulegenden Rechtsfolgen maßgeblich sind (Abs. 4). Im Hinblick auf diese Aspekte sind die Beschuldigten im JStV daher einer **„individuellen Begutachtung“** zu unterziehen, was die EU-Richtlinie iÜ als einen **Anspruch** bzw. als ein „Recht“ des Jugendlichen konstruiert. Die Erfüllung dieser Verpflichtung, die durch qualifiziertes Personal zu erfolgen hat (Abs. 7), wird im deutschen JStV für den Regelfall der JGH übertragen und (neben § 43) durch § 38 ausgestaltet (vgl. etwa Höynck StraFo 2017, 267 (271); Sommerfeld ZJJ 2018, 296 (307)).

Gem. **Abs. 2 S. 2** unterstützt die JGH das JGericht und die Strafverfol- 10
gungsbehörden durch die **Erforschung** der Persönlichkeit und der sozialisatorischen sowie verschiedenen lebensweltlichen Hintergründe des Beschuldigten (s. auch → § 43 Rn. 13 ff.). Über die Ergebnisse ihrer Ermittlungen muss sie den Strafverfolgungsinstitutionen gem. **Abs. 3** Auskunft erteilen. Insbes. erstellt sie einen sog. **Ermittlungsbericht** als eine „psychosoziale Gesamtdiagnose“ (Höynck StraFo 2017, 267 (271); zu fachlichen Anforderungen und Standards Trenczek/Goldberg RPsych 2019, 475 (487 ff.); vgl. auch Art. 7 Abs. 7 RL (EU) 2016/800: multidisziplinäres Vorgehen). Diese Berichtsleistungen „soll“ die JGH erbringen (Abs. 3 S. 1), wobei es sich hierbei um „Anforderungen“ (Abs. 7 S. 1) und damit um eine **Verpflichtung der JGH** handelt, von der diese nur im Falle eines Verzichts und nicht nach eigenem Dafürhalten befreit werden kann (anders Pohlenk Jugendgerichtshilfe S. 86; einschr. offenbar Trenczek/Schmoll Jugendkriminalität Rn. 569: nicht in allen Fällen). Auch im **Vollstreckungsverfahren** wird die JGH zu Beratungszwecken regelmäßig eingebunden (vgl. etwa → § 26a Rn. 29).

3. Kontrolle der Rechtsfolgenumsetzung

Im Rahmen einer Betreuungsweisung (§ 10 Abs. 1 S. 3 Nr. 5) kann dem 11
Vertreter der JGH die umfassende Betreuung und Aufsicht übertragen werden, sofern das JGericht nicht eine andere Person bestellt (Abs. 5 S. 3; zu Bedenken vgl. → § 10 Rn. 23). Darüber hinaus hat die JGH auch nach **Abs. 5 S. 1 und S. 2** iVm § 52 Abs. 1 SGB VIII gewisse **Überwachungsaufgaben,** die in einem Spannungsverhältnis zu ihrer sozialpädagogisch-unterstützend ausgerichteten Tätigkeit stehen. Sachlich ist dieser gesetzliche Kontrollauftrag indes auf die Befolgung von Weisungen (§ 10) und Auflagen (§ 15) durch den Jugendlichen beschränkt (gegen eine Ausdehnung auf weitere Rechtsfolgen auch Scheunemann, Die Bedeutung freier Träger für ambulante Maßnahmen, 1999, S. 28). – Die Kontrollpflicht besteht iÜ ebenfalls, wenn die vor Weisungserteilung erforderliche **Anhörung** des JGH-Vertreters (Abs. 6 S. 3), bei der er auf Durchführungsprobleme hin-

weisen kann (→ § 10 Rn. 10, 61), unterblieben ist. Treten dann tatsächlich Schwierigkeit der Weisungserfüllung oder -kontrolle auf, sollte auf die entspr. Anregung des Vertreters der JGH hin eine Änderung oder Befreiung (von) der Weisung erfolgen (vgl. § 11 Abs. 2).

12 Eine **Mitteilungspflicht** besteht für den JGH-Vertreter allerdings **nur bei erheblichen Verstößen** (Abs. 5 S. 2). Das Erheblichkeitskriterium ist **eng** auszulegen. Im Regelfall müssen Probleme bei der Rechtsfolgenumsetzung in der Interaktion zwischen dem Vertreter der JGH und dem Betroffenen mit sozialpädagogischen Mitteln gelöst werden. Dies ergibt sich aus der Unterstützungsfunktion (→ Rn. 14) der JHilfe (ebenso LPK-SGB VIII/Riekenbrauk SGB VIII § 52 Rn. 47 f.; Trenczek/Schmoll Jugendkriminalität Rn. 642; ähnlich zum BewHelfer → § 25 Rn. 15 ff.). Ist die Mitteilung einer Zuwiderhandlung ausnahmsweise nicht zu umgehen, bedarf es wegen der möglichen Rechtsfolgen (§§ 11 Abs. 3, 15 Abs. 3 S. 2) auch der Mitteilung von Tatsachen zur Rechtswidrigkeit und zur Schuld (vgl. → § 11 Rn. 16 ff.). Sprechen die Umstände dafür, dass eine erhebliche Zuwiderhandlung nicht unerlaubt oder nicht vorwerfbar war, kann eine Anregung iSv § 11 Abs. 2 bzw. § 15 Abs. 3 S. 1 angezeigt sein (vgl. aber einschr. → § 11 Rn. 5 ff., → § 15 Rn. 31). Das gilt besonders, wenn die Weigerung des Jugendlichen auf die Ungeeignetheit der angeordneten Maßnahme zurückzuführen ist.

13 Die JGH wird mit der besagten Kontrollaufgabe iÜ **nur subsidiär** betraut (Abs. 5 S. 1: „soweit"), wohingegen die vorrangige Zuständigkeit bei der ggf. laufenden BewHilfe liegt. Insofern kommt es darauf an, ob in derselben Sache eine Bewährungszeit in Gang gesetzt worden ist oder nicht. Mit deren Beginn (dh gem. §§ 22 Abs. 2 S. 1, 88 Abs. 6 S. 1 mit Rechtskraft einer diesbzgl. Entscheidung) obliegt dem **BewHelfer** die Überwachung des Jugendlichen (→ § 25 Rn. 12 ff.) ebenso wie dessen Betreuung und Unterstützung (→ § 25 Rn. 20 ff.). Die Umsetzung von (Bewährungs-)Weisungen und (Bewährungs-)Auflagen ist dann allein durch den BewHelfer zu prüfen, auch soweit sie daneben in einem weiteren Verfahren (ohne eigene BewHilfe) angeordnet wurden (NK-JGG/Sommerfeld Rn. 24). Auf Seiten der JGH fällt hierdurch aber lediglich die Kontroll-, nicht jedoch die Hilfsaufgabe (→ Rn. 14) weg. In dieser Hinsicht muss der Vertreter der JGH mit dem BewHelfer kooperieren und zusammenarbeiten **(Abs. 5 S. 4).** Dabei ist eine Doppelbetreuung, die zu „Reibungsverlust, Konkurrenz und Konflikt" (Kreuzer Bewährungshilfe 1994, 186 (199)) führen kann, zu vermeiden (ebenso FK SGB VIII/Trenczek § 52 Rn. 60; n. Stelly/Thomas Bewährungshilfe 2003, 51 (63)).

4. Unterstützung des Jugendlichen

14 **a) Einordnung.** Nach § 52 Abs. 3 SGB VIII soll während des gesamten Verfahrens eine Betreuung erfolgen. In dieser Weise bringt die JGH die erzieherischen, sozialen und anderen jugendhilferechtlich relevanten Komponenten (Abs. 2 S. 1) direkt ggü. dem Jugendlichen zur Geltung. Angesichts der generellen Funktion von JHilfe, die auch bei Mitwirkung im JStV nicht suspendiert ist, stellt dies keine gleichrangige (so Brunner/Dölling Rn. 8), sondern ihre **wichtigste** Aufgabe im Prozesskontext dar (Wiesner/Wapler/Wapler SGB VIII § 52 Rn. 24; Dollinger/Schmidt-Semisch Jugendkriminalität-HdB/Trenczek S. 416: „der wesentliche Teil und Zweck der

Mitwirkung der Jugendhilfe im Verfahren“). Diese Betreuung kann durchaus darauf abzielen, bestimmte Umstände in den Lebenszusammenhängen des Betroffenen, die für die Straftatbegehung bedeutsam waren, abzuschwächen. In erster Linie muss es aber darum gehen, ihn angesichts der psychischen und sozialen Herausforderungen, die mit der Beschuldigten- und Angeklagtenrolle einhergehen, zu **stabilisieren.** Insofern sollte die Unterstützung gerade auch darauf abzielen, den negativen Begleitwirkungen des Verfahrens, die zu einer Beeinträchtigung der weiteren Entwicklung des Beschuldigten führen könnten, entgegenzuwirken. Deshalb setzt die Hilfsaufgabe unmittelbar mit Kenntnisnahme des gegen einen Beschuldigten erhobenen Tatvorwurfs ein (vgl. Abs. 6 S. 1 und 2; s. auch § 43 Abs. 1 S. 4). Sie endet erst am Verfahrensende, mit Einverständnis des Betroffenen uU auch erst später. Zeitlich und sachlich ist die Hilfe in einem **bedarfsabhängigen** Ausmaß zu erbringen. Von der Erforderlichkeit einer Basisunterstützung muss stets ausgegangen werden (Aufklärungen usw). Der Bedarf ist aber oft größer und erreicht ggf. den für § 27 SGB VIII relevanten Grad, bei dem eine Einzelbetreuung angezeigt ist (vgl. hierzu allg. Korth, Jugendgerichtshilfe, 1995).

b) Kontaktaufnahme und Gespräche. Regelmäßig besteht die Not- 15
wendigkeit, die prozessualen Abläufe und Interaktionen zu erläutern und einzuordnen (LPK-SGB VIII/Riekenbrauk SGB VIII § 52 Rn. 54) – und das nicht nur vor oder während der HV. Vielmehr besteht bereits im Zusammenhang mit den **Vernehmungen** im Ermittlungsverfahren (zur dort typischen Überforderung des Jugendlichen (→ § 70c Rn. 6 ff.) regelmäßig Anlass für eine erste Beratung (BAG JHilfe ZJJ 2020, 93 (93)). Allerdings ist diese so zu gestalten, dass der Jugendliche nicht etwa aufgrund der erzieherischen Betreuung durch den Vertreter der JGH ggü. der Polizei mehr einräumt, als er andernfalls bereit gewesen wäre (nachdrücklich zu dieser Gefahr Wilhelm, Die Stellung der JGH im Verfahren, 1992, S. 73 nebst Fn. 216). Doch auch unabhängig von der Vernehmung bedarf es der gesprächsförmigen Betreuung, in der eine Vorbereitung auf das Verfahrensgeschehen und sich ggf. abzeichnende Rechtsfolgen unternommen werden kann. Anlass hierfür kann gerade nach Einführung von § 70a bestehen, weil die dort vorgesehene Informationsmasse die Verunsicherung des Jugendlichen leicht erhöhen kann (→ § 70a Rn. 5) und dies durch die JGH dann korrigiert werden muss (DIJuF JAmt 2021, 151 (152)).

Diese Betreuung muss – je nach Lage des Falls – **ggf. schon sehr früh** 16
erfolgen (→ Rn. 34 und einschr. Rn. 37), insbes. auch vor jeder (insbes. einer gem. § 52 Abs. 2 S. 1 SGB VIII iVm §§ 27 ff. SGB VIII) in Betracht zu ziehenden Maßnahme. Hiervon ausgehend sind ggf. dringlich notwendige und umgehend realisierbare Hilfeleistungen zu erbringen (zB Erhaltung bzw. Vermittlung von Ausbildungs- oder Arbeitsplatz, Bereitstellung eines Therapieplatzes usw.). Zugleich oder daran anschließend kann der Vertreter der JGH uU bei den Erziehungsberechtigten erzieherische Maßnahmen anregen, die ggf. ein Absehen von der Verfolgung ermöglichen könnten (→ Rn. 24). Sowohl bzgl. der Hilfeleistungen wie auch der strafverfahrensbezogenen Aktivitäten ist in den frühen Phasen jedoch aus Verhältnismäßigkeitsgründen größte Zurückhaltung zu wahren, da sich der Vorwurf gegen den Jugendlichen auch noch als unbegründet erweisen kann (DIJuF JAmt 2022, 204 (205)). – Unter Umständen erbringt die JGH im weiteren Verlauf

zudem noch konkrete **Unterstützungsleistungen in der HV.** Bei einer erwachsenen Person, die (bei Ausschluss der Erziehungsberechtigten oder gesetzlichen Vertreter an deren Stelle) den Schutz der Interessen des Jugendlichen übernimmt, kann es sich nach **§ 51 Abs. 6 Satz 4** nämlich ggf. auch um einen Vertreter der JGH handeln (s. ähnlich auch § 67 Abs. 3 S. 3 für Vernehmungen und andere Untersuchungshandlungen).

17 **c) Freiheitsentzug.** Nach Abs. 5 S. 5 streckt sich die Unterstützungsaufgabe im Falle freiheitsentziehender **Rechtsfolgen** auf die gesamte Vollzugszeit sowie auf die Entlassungsvorbereitung und die nachvollzugliche (Re-) Integrationsphase. Das gilt in entspr. Weise auch bei Vollzug von **U-Haft** (s. hier erg. § 89c Abs. 3 S. 2). Während des laufenden Freiheitsentzugs ist der Kontakt zwischen der JGH und dem U-Gefangenen bzw. Verurteilten aufrechtzuerhalten, um auf eine Erleichterung der **Vollzugssituation** und auf die Erhaltung oder Wiederherstellung wesentlicher Umfeldbeziehungen hinzuwirken. Bei sich abzeichnendem Ende des JStVollz sollte die JGH auf ein angemessenes **Übergangsmanagement** drängen und an Vorbereitungen mitwirken, die die Lebensführung nach der Entlassung stützen sollen (zB Hilfe zur Erlangung einer Unterkunft, eines Ausbildungs-, Arbeits- oder Therapieplatzes, Schuldenregelung usw (vgl. → § 92 Rn. 61a)). Nach der Entlassung kann es der **Wiedereingliederung** dienlich sein, wenn sich der Vertreter der JGH weiterhin als Gesprächspartner anbietet und zudem darauf bedacht ist, die Beseitigung des Strafmakels (§§ 97 ff., 111) anzuregen bzw. zu beantragen.

IV. Einzelheiten zur Ermittlungs- und Beratungsaufgabe

1. Bezugshorizont der Ermittlungs- und Berichtspflicht

18 **a) Begrenztheit ermittlungsfähiger Themen.** Die Umstände, die die JGH erforschen und zu denen sie eine Informations- und Beratungsleistung ggü. den Strafverfolgungsinstitutionen erbringen soll (→ Rn. 9 f.), werden in Abs. 2 S. 2 umrissen und auf **drei zusammenhängende Bereiche beschränkt:** auf die Bedingungen beim Beschuldigten (Persönlichkeit, Entwicklung, Hintergrund) und die sich daraus ggf. ergebenden Konsequenzen hinsichtlich einer besonderen Schutzbedürftigkeit und hinsichtlich möglicher Rechtsfolgen. Hierbei handelt sich durchweg um Sachverhalte, auf deren Kenntnis die JStA und JGerichte für eine spezialpräventive Entscheidungsfindung (§ 2 Abs. 1) angewiesen sind (für eine ausdifferenzierte Arbeits- und Orientierungshilfe, aus denen sich das relevante Themenspektrum ergibt, vgl. Trenczek/Schmoll Jugendkriminalität Rn. 566 ff.). Die Ermittlungen der JGH dürfen hierüber thematisch nur in der Weise hinausgehen, als sie sich auch auf Umstände erstrecken können, die zwar nicht für das aktuelle Strafverfahren und die dort erfolgende Reaktion bedeutsam sind, wohl aber für **jugendhilferechtliche** Maßnahmen (auch) aus Anlass des Tatereignisses (§ 52 Abs. 2 S. 1 SGB VIII; vgl. auch Art. 7 Abs. 4 Buchst. b) RL (EU) 2016/800; dazu Nixdorf NK 2018, 355 (362)). Die JGH wird bei solchen Erhebungen dann aber in außerstrafrechtlicher Funktion tätig.

19 **Kein** zulässiger Gegenstand der Fallerhebungen der JGH sind Tatsachen, die zur **Aufklärung** der aktuell verfolgten Verfehlung (§ 264 StPO iVm § 2

Abs. 2) beitragen. Der Vertreter der JGH ist gegenüber der Strafjustiz nicht weisungsabhängig und auch kein Organ der Strafverfolgung (Dallinger/Lackner Rn. 22; Brunner/Dölling Rn. 1; NK-JGG/Sommerfeld Rn. 16; Laubenthal/Baier/Nestler JugendStrafR Rn. 173; vgl. auch schon VG Schleswig ZfJ 1987, 539 (540); Füllkrug Bewährungshilfe 1988, 322 (323); abw. BeckOK JGG/Gertler/Schwarz Rn. 98, gar unter Hinweis auf §§ 258a, 13 StGB). Die JGH hat **ausschließlich** erzieherische und **sozialpädagogische** Perspektiven und Belange in das Verfahren einzubringen (Abs. 2 S. 1) und wird allein „zu diesem Zweck" (Abs. 2 S. 2) tätig. Deshalb bestehen für sie keinerlei Aufgaben oder Befugnisse, die sich auf die Aufklärung des Tatereignisses beziehen. Soweit sie hierzu Erkenntnisse hat, dürfen diese nur im Rahmen der allg. Verpflichtung jedes Bürgers (§ 138 StGB) an die JStA oder das JGericht weitergegeben werden (vgl. aber zur Zeugenpflicht → Rn. 69 ff.; zum Verhältnis zwischen JGH und Polizei vgl. § 43 Rn. 17).

b) Besondere Schutzbedürftigkeit. Die Beratungs- und Berichtsaufgabe der JGH schließt eine Äußerung dazu ein, welche Konsequenzen aus den Ermittlungsergebnissen folgen (Abs. 2 S. 2). Dies betrifft einmal die ggf. festgestellte besondere Schutzbedürftigkeit des Beschuldigten – also (physisch, psychisch, sozialisatorisch usw bedingte) Umstände, die eine **gesteigerte** (dh über das alterstypische Maß hinausgehende) Vulnerabilität des jeweiligen Jugendlichen begründen und die bei der weiteren **Verfahrensdurchführung zu berücksichtigen** sind (vgl. auch RL (EU) 2016/800 Erwgr. 35: Feststellung, „ob und inwieweit sie während des Strafverfahrens besondere Maßnahmen benötigen"). Das kann etwa bei familiären Verlusten oder Konfliktlagen, bei bestimmten früheren Viktimisierungen oder bei manchen Persönlichkeitsakzentuierungen der Fall sein (weitere Bspe. bei RegE BT-Drs. 19/13837, 47). 20

Ggü. den Strafverfolgungsbehörden geltend gemacht werden können solche Notwendigkeiten durch die JGH auch iZm konkreten (ggf. bevorstehenden) prozessualen Schritten, ua im **Vorverfahren.** Das entspr. Spektrum ist weit und erstreckt sich bspw. auf vorläufige Anordnungen über die Erziehung (§ 71), auf die Legitimitäts- und Erforderlichkeitsprüfung von U-Haft (→ § 72a Rn. 2 ff.), auf das Vorliegen der Voraussetzungen einer notwendigen Verteidigung (§ 68) oder einer audiovisuellen Vernehmungsaufzeichnung (§ 70c Abs. 2) sowie auf die Notwendigkeit, ein Gutachten eines Sachverständigen einzuholen (va bei Zweifeln über das Vorliegen der Voraussetzungen nach § 3 bzw. §§ 20, 21 StGB, § 105 Abs. 1 Nr. 1 oder über die Bedeutsamkeit von Umwelteinflüssen (§ 43 Abs. 2 S. 1)). 21

c) Rechtsfolgenrelevanz. aa) Gerichtliche Anordnungen. Die Feststellungen der JGH sollen Informationen bieten, die bei der Rechtsfolgenentscheidung von JStA und JGericht „von Nutzen sein können" (Art. 7 Abs. 4 Buchst. c) RL (EU) 2016/800). Das betrifft Erkenntnisse mit Relevanz für die „erzieherische Indikation" und die anderen konkreten **Voraussetzungen** des Rechtsfolgenausspruchs, ggf. auch zur Anwendung von § 105 Abs. 1 JGG. Darüber hinaus soll sich der JGH-Vertreter in der HV auch zu den in Betracht kommenden Rechtsfolgen ausdrücklich „äußern" (Abs. 2 S. 2) und nach hM zudem einen eigenen dahingehenden Vorschlag machen (so etwa NK-JGG/Sommerfeld Rn. 19; BeckOK JGG/Gertler/Schwarz Rn. 116 ff.; Wilhelm, Die Stellung der JGH im Verfahren, 1992, 22

S. 111; s. zur Praxis aber Seidel, Die JGH in ihrer Ermittlungsfunktion und ihr Einfluß auf richterliche Entscheidungen im Jugendstrafverfahren gegen weibliche Jugendliche, 1988, S. 152: 62% der JGH-Berichte ohne Rechtsfolgenvorschlag). Beides – die rechtsfolgenbezogenen Aussagen und Vorschläge des Vertreters der JGH – darf allerdings die Verteidigung des Jugendlichen oder Heranwachsenden nicht beeinträchtigen. Da Rechtsfolgen stets eine „justizmäßige Schuldfeststellung" voraussetzen, sind alle darauf gerichteten Äußerungen der JGH nur unter Vorbehalt und Beachtung der Unschuldsvermutung (Art. 6 Abs. 2 EMRK) zulässig.

23 Der **Rechtsfolgenvorschlag** ist iÜ grds. umstritten. Die Auffassung, dass es sich um einen obligatorischen Teil der beratenden Tätigkeit der JGH handele, wird nicht selten relativiert (vgl. etwa DVJJ-BAG 2022, 10) oder strikt zurückgewiesen (Dollinger/Schabdach Jugendkriminalität S. 177 f.; Trenczek ZKJ 2010, 142 (145); Trenczek/Schmoll Jugendkriminalität Rn. 598: der sozialpädagogischen Logik fremd und von der JGH daher zu unterlassen). Diese **einschr. Position** ist mit Blick auf die sozialpädagogische Primäraufgabe der JGH und die hierfür erforderliche Vertrauensbeziehung zum Beschuldigen **überzeugend** (zumal von Abs. 2 ein Sanktionsvorschlag auch nicht ausdrücklich eingefordert wird). Die Forderung nach einem Vorschlagsverzicht ist umso mehr zu unterstützen, als für die JGH bisweilen von einer Tendenz zu einer „vergangenheitsorientierten Defizitanalyse" (Trenczek DVJJ-Journal 2003, 35 (38)), relativ punitiven Haltungen (Baier/Höynck/Wallaschek/Klatt RPsych 2017, 146 (154) mit Tab. 2) und auch vergleichsweise eingriffsintensiven Sanktionsanregungen (vgl. vormals etwa BMJ/Hügel 1986, S. 50) berichtet wird.

24 **bb) Erledigungsentscheidungen der JStA.** Der JGH-Bericht ist sehr zügig und grds. vor Abschluss des Ermittlungsverfahrens zu erstatten (→ Rn. 34). Dies macht deutlich, dass zu den „Maßnahmen", zu denen sich die JGH äußern soll, auch die Abschlussentscheidungen im Vorverfahren zählen (zu deren Einbeziehung in den „Maßnahmen"-Begriff vgl. → § 9 Rn. 4). Die JGH kann daher (und wird häufig) die Möglichkeit einer **Verfahrenserledigung** nach §§ 45, 47 erörtern und auch auf die §§ 153 ff. StPO, 31a BtMG hinweisen (DVJJ-BAG 2022, 19). In diesem Zusammenhang ist der JStA (bzw. der JRichter) über in Betracht kommende bzw. bereits eingeleitete oder gewährte Leistungen der JHilfe zu informieren, was deren Berücksichtigung bei der Nicht-/Einstellungsentscheidung möglich macht (§ 52 Abs. 2 S. 2 SGB VIII). Im Einzelfall ist die Leistungsgewährung indes mit anvertrauten Daten verknüpft, sodass die Mitteilung der JGH eine Einwilligung des Jugendlichen voraussetzt (§ 65 Abs. 1 Nr. SGB VIII). Mit Zustimmung des Jugendlichen können die fraglichen Informationen auch schon der Polizei zugeleitet werden, damit sie der StA mit Aktenvorlage von vornherein bekannt sind (dies befürwortend BAG JHilfe ZJJ 2020, 93 (93 f.)). Wenn die JGH dem JStA oder JGericht die JHilfe-Leistungen mitteilt, die aus ihrer Sicht bei einer Einstellung in Betracht kommen, ist sie daran iÜ **jugendhilferechtlich gebunden** (Trenczek ZJJ 2007, 31 (38); einschr. aber Lobinger Kostentragung S. 287 ff.). Die Leistung muss also (iZm einer entspr. Diversionsentscheidung der JStA oder des JGerichts) von der JHilfe erbracht und finanziert werden (n. zur damit fallkonkret geklärten Problematik der Kostentragung gem. § 36a SGB VIII → § 10 Rn. 66 ff.).

2. Informationsquellen und -verarbeitung

a) Beschuldigter. Während für die Polizei und die JStA in § 43 einige Vorgaben geregelt sind, wie die individuellen Verhältnisse des Beschuldigten zu erforschen sind, sieht das Jugendhilferecht für die JGH insofern nur einige allg. Grundlinien vor. Die entscheidende Informationsgrundlage muss für den Vertreter der JGH hiernach im **persönlichen Kontakt** mit dem Beschuldigten liegen (§ 62 Abs. 2 S. 1 SGB VIII). Auch nach Art. 7 Abs. 7 RL (EU) 2016/800 geschieht die Ermittlung „unter enger Einbeziehung des Kindes". Diese Maßgabe wird von der ganz hM mit rechtsstaatlichen Positionen verbunden, die aus der strafprozessualen Subjektstellung des Beschuldigten resultieren (vgl. auch → 20. Aufl. Einl. Rn. 12g). Art. 7 Abs. 7 S. 2 RL (EU) 2016/800 sieht bspw., „soweit angemessen", eine Einbeziehung der Eltern vor. Auf Wunsch des Jugendlichen sind die Gespräche deshalb so einzurichten, dass Erziehungsberechtigte oder gesetzliche Vertreter zugegen sind (vgl. auch Art. 15 Abs. 1 RL (EU) 2016/800; zu einem elterlichen Anwesenheitsrecht tendierend Güntner Einbindung S. 128 ff.). In gleicher Weise hat der JGH-Vertreter es zu akzeptieren, wenn der Jugendliche das Gespräch nur im Beisein eines Verteidigers führen will (§ 137 Abs. 1 S. 1 StPO iVm § 2 Abs. 2; ebenso Laubenthal Jugendgerichtshilfe S. 68). Werden diese Rechte nicht eingefordert, kann das Gespräch ohne die **Anwesenheit Dritter** stattfinden (was sozialpädagogisch oft vorteilhaft ist). 25

Das Gespräch zwischen der JGH und dem Jugendlichen gilt nach der ganz hM als eine strafprozessuale **Vernehmung** (vgl. BGH NJW 2005, 765; Löwe/Rosenberg/Sander/Cirener StPO § 252 Rn. 11, 39; BeckOK JGG/Gertler/Schwarz Rn. 92; vgl. auch 22. Aufl. Rn. 63). Diese iErg zutr. Position verkennt jedoch die primäre Unterstützungsfunktion des sozialpädagogisch geführten Kontakts, der einer Tatrekonstruktion gerade nicht dienen darf (→ Rn. 19) und der sich einer Einordnung als formal-strafprozessuale Vernehmung daher verschließt (Wiesner/Wapler/Wapler SGB VIII § 52 Rn. 25). Angesichts der möglicherweise ganz erheblichen strafverfahrensrechtlichen Konsequenzen sind die **Schutzmechanismen** der StPO und des JGG aber auf dieses sozialpädagogische Gespräch zu übertragen (zur Anwesenheit Dritter eben → Rn. 25). In Fällen mit **notwendiger Verteidigung** muss daher vor dem Gespräch schon eine Bestellung erfolgt sein (entspr. § 68a Abs. 1 S. 1; s. auch § 70c Abs. 4; → § 68a Rn. 8a). 26

Ähnlich verhält es sich beim **Belehrungserfordernis.** Dieses ergibt sich richtigerweise auch nicht aus § 163a Abs. 4 S. 2, § 136 Abs. 1 S. 2 StPO iVm § 2 Abs. 2, sondern aus **§ 62 Abs. 2 S. 2 SGB VIII** (ebenso Pohlenk Jugendgerichtshilfe, S. 55), wobei seine Ausgestaltung wegen der strafprozessualen Kontextuierung aber an den Anforderungen der StPO (und des § 70b Abs. 1) zu orientieren ist. Die Hinweise müssen sich also auf das Schweigerecht und die Befugnis zur Konsultation eines Verteidigers sowie darüber hinaus darauf beziehen, dass keine Pflicht zu einer sonstigen Mitwirkung besteht (so iErg etwa MüKoStPO/Schuhr StPO Vor §§ 133 ff. Rn. 45; s. schon Bottke ZStW 1983, 69 (91); Wiesner/Zarbock/Kiehl, Das neue KJHG – seine Umsetzung in die Praxis der Jugendhilfe, 1991, S. 125; Lühring, Die Berichtspflicht des Jugendgerichtshelfers und ihre Grenzen, 1992, S. 16; Dölling DVJJ-Journal 1991, 242 (244)). Dies ist mit der Aufklärung darüber zu verbinden, dass der Vertreter der JGH im StVerf ggf. aussageverpflichtet sein kann. Bei all dem ist dem gesteigerten Informations- 26a bedürfnis Rechnung zu tragen, denn viele Jugendliche kennen nicht einmal ihr Recht, gegenüber der JGH schweigen zu können (vgl. die Befunde bei Bender/Krumma/Neubert, Eine Evaluation des Hauses des Jugendrechts Leipzig, 2023, S. 117).

27 Im Übrigen soll das Gespräch mit dem Jugendlichen nicht nur zu Informationszwecken erfolgen (dazu auch → § 43 Rn. 19), sondern **Elemente** der **Hilfeleistung** (vgl. → Rn. 14) enthalten. Dabei darf die Unterstützung aber keineswegs als Instrument der Informationserlangung missbraucht werden. Diese Funktionsverbindung gilt in besonderer Weise bei Gesprächen mit Jugendlichen, die sich **in U-Haft** befinden und daher besonderer Beistandsformen bedürfen. Die früher bisweilen gemachte Empfehlung, der Persönlichkeitserforschung während der U-Haft eine besondere Bedeutung zuzumessen, weil die psychische Situation des Jugendlichen und ggf. auch des Heranwachsenden dessen Selbstöffnung fördere, ist deshalb zurückzuweisen (dagegen auch Albrecht JugendStrafR S. 318). Ohnehin besagt der Grad des Mitteilungsbedürfnisses wenig über die Gültigkeit der gemachten Angaben, wobei eine entsprechende Drucksituation auch Tendenzen zur (sachlich unzutr.) Selbstbelastung zu fördern vermag (vgl. auch → § 89c Rn. 34, 35).

28 **b) Sonstige Personen.** Die Bezugs- oder auch nur Kontaktpersonen des Jugendlichen können als **nachrangige** (sog. sekundäre) **Ermittlungsquelle** dienen (vgl. auch → § 43 Rn. 20). Zu deren Nutzung bedarf es jedoch, falls es um Informationen zum Beschuldigten geht und dieser nicht zustimmt, datenschutzrechtlich einer Eingriffsgrundlage (ebenso Hoffmann ZJJ 2005, 59 (62); Feldmann ZJJ 2008, 21 (23)). § 43 kommt hierfür schon deshalb nicht in Betracht, weil sich die Norm nicht an das JAmt, sondern an die JStA bzw. das JGericht wendet. Außerdem stellt sie ebenso wie § 38 eine Aufgabenzuweisung und keine Eingriffsregelung dar (so auch Kiehl ZfJ 1993, 226 (231); Maas ZfJ 1994, 68 (70); Busch DVJJ-Journal 1996, 158 (158); aA Laubenthal/Baier/Nestler JugendStrafR Rn. 195; Dölling Bewährungshilfe 1993, 128 (132)). Abs. 2 S. 2 entspricht nämlich in keiner Weise den Anforderungen, die das BVerfG (BVerfGE 65, 1 = NJW 1984, 419) an jene Normen stellt, auf deren Grundlage ein Eingriff in die informationelle Selbstbestimmung zulässig ist (nämlich die Klarheit und Erkennbarkeit des Umfanges und der Voraussetzungen der Beschränkungen).

29 Allerdings kann sich die JGH bei der Befragung von Eltern, Schule, Ausbildungsbetrieb usw auf die Ermächtigung in **§ 62 Abs. 3 Nr. 2c SGB VIII** iVm § 52 SGB VIII stützen (ebenso etwa Pohlenk Jugendgerichtshilfe S. 65 ff.), wobei hierfür die Erhebung erforderlicher Daten beim Beschuldigten unmöglich oder aus anderen Gründen beim Dritten unumgänglich sein muss. Das ist für die Erforschungsaufgaben der JGH selten der Fall (Wiesner/Wapler/Wapler SGB VIII § 52 Rn. 27; Trenczek/Goldberg RPsych 2019, 475 (485); abw. Einschätzung noch bei Feldmann ZJJ 2008, 21 (23)). Bei Befragungen, die gegen den Willen des Jugendlichen erfolgen, stellt sich indes die Frage, ob diese verhältnismäßig sind und (angesichts drohende Vertrauensverluste beim Jugendlichen) noch in Wahrnehmung der Aufgabe gem. § 52 SGB VIII erfolgen (s. dazu auch DJVV/Riekenbrauk, 2022, S. 477 f.). Bei Ergebnissen aus solchen Befragungen ist zudem eine besondere Prüfung ihres Wahrheitsgehalts angezeigt. Im Übrigen sind die dritten Personen entspr. §§ 52 ff., 55 StPO iVm § 2 Abs. 2 über etwaige Zeugnis-

und Auskunftsverweigerungsrechte zu **belehren** (iErg zutr. BGH NJW 2005, 765). Dies ergibt sich aber nicht etwa daraus, dass sie im strafprozessualen Sinne vernommen würden (→ Rn. 26), sondern aus ihrer sozialrechtlichen Mitwirkungsfreiheit.

c) Behördenakten und Datenschutz. In Ergänzung zu Gesprächen mit dem Jugendlichen und anderen Personen (bei Nichterscheinen oder Nichtmitwirkung des Beschuldigten und seines Umfeldes aber auch als alleinige Informationsgrundlage) werden von der JGH vielfach behördliche Dokumentationen herangezogen (dazu RL 2 S. 3 sowie bspw. schon Wild, Jugendgerichtshilfe in der Praxis, 1989, S. 95 ff.; Viet DVJJ-Journal 1991, 424). Im Hinblick hierauf bestehen **datenschutzrechtliche Bedenken** (speziell bei Daten zu Auffälligkeiten im Kindesalter dazu n. auch → § 1 Rn. 19 ff., → § 43 Rn. 26). Geht es um die Verwendung von **Akten anderer Behörden** (oder fremder JÄmter), bedarf es hierfür nach dem sog. **Doppeltürmodell** nicht nur einer bereichsspezifischen Öffnungsregelung, die der aktenführenden Institution die Übermittlung der Akteninformationen erlaubt, sondern auch einer Abrufregelung, auf die sich die JGH bei der Datenanforderung und -verwendung stützen kann (vgl. etwa BVerfGE 125, 260 = NJW 2010, 833; BVerfGE 130, 151 = NJW 2012, 1419; BVerfG BeckRS 2014, 49398). Eine solche Abrufbefugnis kann allein in § 62 Abs. 3 Nr. 2c SGB VIII iVm § 52 SGB VIII gesehen werden, wobei hier die eben genannte Einschränkung (→ Rn. 29) zu berücksichtigen ist. 30

Problematisch ist auch die Verwendung von **JAmts-Akten** (einschl. früherer JGH-Berichte) durch den Vertreter der JGH. So entspricht die organisatorische Differenzierung zwischen dem Allgemeinen Sozialen Dienst und der hiervon separierten JGH als spezialisiertem Fachdienst einer Trennung in verschiedene „funktionale" Behörden (Feldmann ZJJ 2008, 21 (24); abw. etwa DIJuF JAmt 2022, 204 (205 f.); zur Problematik allg. etwa Gola/Heckmann/Schulz BDSG, 13. Aufl. 2019, § 2 Rn. 9 f.), womit für das Verhältnis zwischen diesen JAmts-Abteilungen ua § 64 Abs. 2 SGB VIII zu beachten ist (Riekenbrauk ZJJ 2024, 212 (213 ff.)). Der Informationstransfer scheidet dann aus, sofern die JHilfeleistungen, die jenseits des JStV erbracht werden, hierdurch gefährdet würden. Selbst wenn man die Trennung in verschiedene Behörden ablehnt, kommt immerhin noch § 63 Abs. 2 SGB VIII zum Tragen. Die gemeinsame Datendokumentation bei der JGH setzt hiernach einen **unmittelbaren Sachzusammenhang** voraus, der auch nicht ohne weiteres gegeben ist, wenn es um denselben Jugendlichen geht (n. Wiesner/Walther SGB VIII § 63 Rn. 19 ff.). Daten aus der Leistungserbringung darf die JGH daher nur speichern und verwenden, falls dies für ihren Ermittlungsauftrag erforderlich ist (vgl. § 63 Abs. 2 S. 2 SGB VIII). Insofern bedarf es der Begründung einer fallkonkreten und spezifischen Notwendigkeit, für die die allg. Berichtsaufgaben iSv Abs. 2 nicht ausreichend sind. Wurden Informationen einzelnen Mitarbeitern der JHilfe anvertraut, scheidet deren Weitergabe an die JGH gem. § 65 SGB VIII ohnehin weitgehend aus (n. Feldmann ZJJ 2008, 21 (24)). Auch darf durch die Zusammenführung der Informationen bei der JGH nicht die Pflicht zur Löschung der Sozialdaten durch die datenerhebende Abteilung des JAmts (§ 84 SGB X; dazu etwa HessVGH ZKJ 2014, 493) umgangen werden. Im Ergebnis hängt die Verwendbarkeit der JAmts-Akten deshalb idR von einer Einwilligung des Jugendlichen ab (DIJuF JAmt 2022, 204 (206 f.)). 31

32 **d) Berücksichtigungsbedürftige Gefahren bei der Informationsselektion.** Die (eben erörterte) Aktenorientierung vieler JGH-Ermittlungen lassen inhaltlich verzeichnete oder jedenfalls weniger verlässliche Ergebnisse befürchten (LPK-SGB VIII/Riekenbrauk SGB VIII § 52 Rn. 37). So scheint man in den JGH dazu zu tendieren, Akteninhalte als Wirklichkeitsabbilder zu behandeln und die institutionellen Anteile an der **„Aktenwirklichkeit"** auszublenden (Kühne/Schlepper Soziale Probleme 30 (2019), 145 (166)). Dies erklärt die mehrfach beobachtete Neigung, Äußerungen und Einschätzungen in den ausgewerteten Akten kurzerhand (dh ohne eigene Überprüfung und ohne entspr. Kenntlichmachung) zu übernehmen (so jedenfalls früher Moritz/Meier, Jugendhilfe auf dem Prüfstand, 1982, S. 195; vgl. auch Funke, Zur Rolle von Jugendlichen im Jugendhilfeprozeß, 1981, S. 104; Hermann ZfSoziologie 1987, 44 (50)). Tatsächlich aber kann eine Eintragung iZm dem damaligen spezifischen Zweck- und Funktionshintergrund ganz anders gemeint gewesen sein, als sie vom Vertreter der JGH nachträglich (zumal oft viele Monate später) interpretiert wird. Zudem verleiten Ähnlichkeiten zwischen früheren und jüngeren Akteninhalten dazu, hierin stabile Eigenschaften des Jugendlichen zu sehen (zur Gefahr der individuumsgelösten Schematisierung und Stereotypisierung anhand „charakteristischer Beobachtungen" in den ausgewerteten Akten auch Hoffmann ZJJ 2005, 59 (61)). Überhaupt besteht stets die Gefahr, dass Akteninhalte angesichts dynamischer biografischer Entwicklungen ihre **Aktualität** alsbald verlieren (DVJJ/Riekenbrauk, 2022, 478).

33 In vielen Ermittlungsberichten machen sich auch Selektionseffekte bemerkbar. Die an sich maßgeblichen Informationen zur persönlichen Situation des Jugendlichen (Hintergrundfakten, Querverbindungen zwischen Bezugs- oder Kontaktgruppen, Interdependenzen zwischen Leistungs-, Sozial- und Freizeitbereich usw) lassen sich idR nur unter großem Zeit- und Arbeitsaufwand aufzeigen, weshalb sie nicht selten unberücksichtigt bleiben. Da JGH-Bedienstete ihre Rolle als Prozessbeteiligte vor Gericht und ihre allgemeinen Durchsetzungsmöglichkeiten nicht schwächen wollen, tendieren sie gelegentlich dazu, atypische oder **schwer zu belegende** Umstände nicht zu berücksichtigen. Das gilt auch für Informationen, mit denen sich der eigene Rechtsfolgenvorschlag nicht recht verträgt (Ebert Neue Praxis 1975, 300 (308); Peters/Cremer-Schäfer, Die sanften Kontrolleure. Wie Sozialarbeiter mit Devianten umgehen, 1975, S. 30 ff.; Winter-v. Gregory Neue Praxis 1979, 437). Darüber hinaus ist davon auszugehen, dass mitunter selbst bei den beweisbaren Fakten eine Auslese vorgenommen wird, um **justiziellen Erwartungen** gerecht zu werden und nach Möglichkeit ein geschlossenes Bild des Jugendlichen zu vermitteln, das dem Gericht dessen „Einordnung" ohne weiteres erlaubt (dazu krit. auch Laubenthal Jugendgerichtshilfe S. 93). Auch deshalb dominieren in den Berichten solche Kategorisierungen, die die Tatereignisse in alltagsähnlicher Weise auf **negative Persönlichkeitsmerkmale** oder biografische Problemlagen zurückführen (Ludwig-Mayerhofer, Das Strafrecht und seine administrative Rationalisierung, 1998, S. 187; vgl. bspw. auch Herbertz/Salewski, Gewalttätige Jugendliche und Soziale Kontrolle, 1985, S. 299 ff.; Seidel, Die JGH in ihrer Ermittlungsfunktion und ihr Einfluß auf richterliche Entscheidungen im Jugendstrafverfahren gegen weibliche Jugendliche, 1988, S. 150 f.; Nienhaus, Subjektive Erklärungskonzepte jugendlicher Delinquenz, 1999; n. hierzu auch → 22. Aufl. Rn. 71 und 81 mwN).

3. Flexibilität in Zeitpunkt und Intensität der Ermittlungen

a) Früher Bericht für die JStA im Ermittlungsverfahren. Im Hinblick auf das Beschleunigungsprinzip (→ Einl. Rn. 42 f.) soll die JGH über ihre Ermittlungsergebnisse „möglichst zeitnah Auskunft" geben **(Abs. 3 S. 1).** Die StA muss die Voraussetzungen dafür (ebenso wie die Polizei) durch eine frühe Information der JGH schaffen (n. dazu → Rn. 59). Diese hat ihren Ermittlungsbericht nach Art. 7 Abs. 5 RL (EU) 2016/800 (mit Erwgr. 39) daraufhin so zeitig vorzulegen, dass dessen Inhalt grds. **bereits im Vorverfahren berücksichtigt** werden kann (indirekt hierzu auch Abs. 3 S. 3 sowie § 46a und § 52 Abs. 2 S. 2 SGB VIII). Das schließt Aussagen zu ggf. geplanten oder schon begonnenen Hilfen zur Erziehung (§§ 27 ff. SGB VIII) ein, damit geprüft werden kann, ob dies eine Erledigung gem. § 45 möglich macht (n. → Rn. 24; s. ferner zB BeckOK JGG/Gertler/Schwarz Rn. 16; Riekenbrauk ZJJ 2007, 159 (165); Trenczek ZKJ 2010, 142 (145); Kölbel NStZ 2021, 524 (528); DVJJ-BAG 2022, 20; zur oft **abw. Praxis** Höynck ua Jugendgerichtsbarometer II S. 61 f.). Andererseits darf die staatsanwaltliche Abschlussentscheidung, die die Informationen der JGH aufgreifen und deshalb deren Vorlage prinzipiell abwarten soll, durch die Ermittlungs- und Berichtstätigkeit der JGH aber **nicht** wesentlich **verzögert** werden. Aus diesem Grund ist die JGH stets – und in **Haftsachen** in gesteigertem Maße (Abs. 3 S. 2) – zur Zügigkeit und Rechtzeitigkeit ihrer Fallerhebungen gehalten (s. auch § 52 Abs. 2 S. 1 SGB VIII). Letztlich muss sie damit beginnen, sobald ihr mitgeteilt wird, dass gegen einen Jugendlichen ermittelt wird und **gegen wen** genau; idR ist der Beschuldigte unmittelbar danach zum Gespräch (→ Rn. 15 ff., 25 ff.) einzuladen (DIJuF JAmt 2021, 151 (152)). 34

Die Einhaltung dieser Verpflichtung wird der JGH dadurch erleichtert, dass sie den Grad ihrer Ermittlungen anlassorientiert variieren kann (n. → Rn. 37 ff.) und der StA bis zu der Abschlussentscheidung erst einmal nur solche Erkenntnisse vorlegen muss, die für die hier erfolgenden „Weichenstellungen von Bedeutung sein können" (BT-Drs. 19/15162, 7). Außerdem ist für die „Auskunft" der JGH in diesem Stadium noch eine **formlose** Mitteilung („vorläufiger" oder „Vor-Bericht") ausreichend (→ Rn. 43). Zu berücksichtigen ist ferner, dass sich die Einhaltung des Zügigkeitsgebots am ehesten in jenen Fällen auswirkt, in denen aus Sicht der StA verschiedene Erledigungsformen in Betracht kommen und der **Bericht** daher **auswahlrelevant** sein kann. Steht für die JStA dagegen fest, dass sie nach § 45 Abs. 1 bzw. § 153 StPO oder § 170 Abs. 2 StPO iVm § 2 Abs. 2 einstellen wird, muss sie den JGH-Bericht nicht notwendigerweise abwarten. Vielmehr kann und soll sie hier auf diesen **verzichten** (einschr. bei § 45 Abs. 2 und 3 aber → Rn. 51). 35

Ähnlich liegt es, wenn sich eine Anklageerhebung deutlich abzeichnet. Hier ist durch die StA bei einer sich (ggf. pflichtwidrig) verzögernden Berichterstattung der JGH zu prüfen, ob ein Vorgehen nach **§ 46a (Anklage vor Berichterstattung)** in Betracht kommt. Dass ein Vorbericht unterbleibt und die JGH allein und erst nach Anklageerhebung berichtet, darf aber nur eine **Ausnahmehandhabung** sein. Entgegen einer verbreiteten **Praxis** (→ § 46a Rn. 8) ist es **unzulässig,** wenn sich dieses Vorgehen – etwa aufgrund interinstitutioneller Absprachen – als Alltagspraxis einspielt. Es bedarf vielmehr stets eines fallkonkreten besonderen Anlasses für die Anwen- 36 dung von § 46a. Ein solcher besteht gerade in **Haftsachen,** falls die Auskunft der JGH hier auf sich warten lässt (s. aber → § 46a Rn. 5 f.). Von der JGH ist indes zu fordern, dass sie es dazu nicht kommen lässt. In Ansehung des Belastungs- und Ausnahmecharakters der U-Haft darf die Persönlichkeitserforschung keinesfalls eine Verlängerung der Haftdauer bewirken (zust. Laubenthal Jugendgerichtshilfe S. 159). Deshalb ist in Haftsachen beschleunigt zu berichten (Abs. 3 S. 2) und die Ermittlungstätigkeit dafür mit den Strafverfolgungsbehörden abzustimmen (vgl. auch → § 43 Rn. 18; zur Information der JGH s. § 72a).

37 **b) Bedarfsangepasste Erhebungsintensität.** Die geforderte Zügigkeit und Rechtzeitigkeit der Ermittlungen erzeugen in nicht wenigen Konstellationen die Gefahr eines unnötigen invasiven Vorgehens. So könnten Fallerhebungen in einem Zeitpunkt, zu dem noch gar kein hinreichend konkretisierter Tatverdacht besteht und/oder der justizielle Beratungsbedarf noch offen ist, in die persönlichkeitsrechtlich geschützte Privatsphäre des Jugendlichen (zumal durch die Anhörung von Schule und Ausbildendem) erheblich stärker eingreifen, als dies unter **Verhältnismäßigkeitsgesichtspunkten** zulässig ist (MüKoStPO/Kölbel/Ibold StPO § 160 Rn. 83; vgl. auch → § 43 Rn. 12). Diesen Zielkonflikt mit dem Gebot früher Ermittlungen kann die JGH zumindest teilw. lösen, indem sie die Erforschung anfangs stärker dosiert und auf das Maß beschränkt, das für eine Stellungnahme zu einer Diversionsentscheidung ausreichend ist. Auf den vollen Umfang ausgedehnt werden kann dies dann, wenn sich im weiteren Verlauf eine Anklage und HV abzeichnet (RegE BT-Drs. 19/13837, 48).

38 Eine solche bedarfsangepasste Intensität der Fallerhebung, die in ihrer Variabilität ebenso zweckmäßig wie geboten ist, setzt allerdings voraus, dass die JGH über den Bedarf ins Bild gesetzt wird. Von der Polizei muss sie also darüber informiert werden, wenn sich die Ermittlungen anders als anfänglich erwartet von einer Einstellung weg (oder zu dieser hin) entwickeln. Insofern besteht die Notwendigkeit **inter-institutioneller Informationsprozesse** (hierzu auch Goldberg, Das Gesetz zur Stärkung der Verfahrensrechte (…), 2021, Rn. 7; Höynck/Ernst ZJJ 2020, 245 (253)), ohne dass dies die problematischen Formen einzelfallbezogener Kooperation (→ § 37a Rn. 15 ff.) annehmen müsste oder sollte. Das gilt auch für die JStA. Über die in MiStra Nr. 32 geregelten Informationspflichten (→ § 70 Rn. 7 f., 10 f.) hinaus empfiehlt sich bspw. bei beabsichtigter Anklageerhebung unbedingt eine entspr. Mitteilung an die JGH – und dies nicht nur wegen des dann ggf. größeren Umfangs der JGH-Ermittlungen, sondern auch als Hinweis auf den erforderlichen Zeitpunkt des ersten Berichts (→ Rn. 34 ff.). Denn ohne Kenntnis davon, dass und wann eine Anklage erhoben werden soll, kann die JGH auch nicht wissen, bis wann ein Bericht von ihr erwartet wird (deshalb von einer Mitteilungspflicht ausgehend BeckOK JGG/Gertler/Schwarz Rn. 65). Im Regelfall ist in den frühen Phasen aber eine besonders zurückhaltende und sensible Vorgehensweise der JGH angezeigt – auch, weil ihre Tätigkeit in folgenlos endenden Verfahren sonst als unberechtigter oder überzogener behördlicher Eingriff erlebt und der aus der Hilfefunktion der JGH sich ergebende Schutzzweck so in sein Gegenteil verkehrt werden kann (vgl. Trenczek/Goldberg RPsych 2019, 475 (483); ähnlich früher schon Dallinger/Lackner Rn. 61; Mrozynski, SGB VIII, Kinder- und Jugendhilfe, 5. Aufl. 2009, SGB VIII § 52 Rn. 6, 7).

Andererseits bleibt die lange verbreitete Praxis, den **Erstkontakt** (selbst bei rechtzeitiger Information) auf einen Zeitpunkt **erst nach Anklageerhebung** zu verschieben (vgl. etwa Trenczek DVJJ-Journal 2000, 217 (219 f.); Trenczek DVJJ-Journal 2003, 141 (143); Kurzberg Jugendstrafe S. 144), hinter den Geboten der frühestmöglichen Mitwirkung und der Rechtzeitigkeit der Ermittlungen eindeutig zurück. Dass sich dies in der Praxis nur teilw. geändert hat (Schmoll ua Jugendgerichtshilfebarometer S. 69 ff.), steht mit dem Gesetz zur Stärkung der Verfahrensrechte von Beschuldigten in Widerspruch, weil hiernach die Berichterstattung der JGH idR vor Anklageerhebung erfolgen muss und diese Abfolge nur ausnahmsweise (→ § 46a Rn. 5 f.) umgekehrt werden darf (ebenso etwa BT-Drs. 19/13837, 30; Sommerfeld ZJJ 2018, 296 (307)). Außerdem ergibt sich dies auch aus der Unterstützungsfunktion, unter deren Vorzeichen nicht selten Anlass besteht, den Jugendlichen bereits **frühzeitig** ein **Beratungsangebot** zu machen. Dies sollte zwar nicht vor der Polizei erfolgen (Schmoll/Lampe/Holthusen ZKJ 2023, 94 (99)), aber durchaus auch **vor der ersten Vernehmung,** falls diese erst im Verlauf der weiteren Ermittlungen erfolgt (zur Information der JGH vor der Vernehmung s. → Rn. 59, → § 70 Rn. 10). 39

c) Aktualisierung. Wegen der oft ausgeprägten Veränderlichkeit jugendlicher Lebenswelten ergeben sich nach Abschluss der JGH-Erhebungen nicht selten beurteilungs- und prognoserelevante Entwicklungen in der Person oder im Umfeld des Beschuldigten (Aufnahme oder Abbruch von Ausbildungsverhältnissen; familiäre Umgestaltungen; Abschluss oder Abbruch von Maßnahmen der JHilfe usw). Diese sind durch **ergänzende Fallerhebungen** der JGH zu ermitteln (vgl. BAG JHilfe ZJJ 2020, 93 (94): einschl. eines nochmaligen Kontaktes zum Jugendlichen) und der JStA – nach Anklageerhebung daneben auch dem JGericht – in einem Nachbericht zur Kenntnis zu geben (Abs. 3 S. 3; vgl. auch Art. 7 Abs. 8 RL (EU) 2016/800). Durch die grds. sehr frühzeitige Vorlage des primären und formlosen Ermittlungsberichts (→ Rn. 34 ff.) erlangt diese Aktualisierungspflicht auch praktische Relevanz. Dies gilt besonders, wenn die JGH in Erwartung einer Diversionsentscheidung dosiert ermittelt oder sich anfangs nur zu Teilaspekten (zB der Haftvermeidung) geäußert hatte (Riekenbrauk ZJJ 2020, 50 (51)). Ähnlich verhält es sich, falls wegen der fehlenden Mitwirkung des Jugendlichen zunächst nur ein sog. unsubstantiierter Bericht (vgl. RegE BT-Drs. 19/13837, 48: „wegen Fernbleibens keine Aussage möglich") realisierbar war. Insb. nach einer (doch) erfolgten Anklage entsteht in solchen Konstellationen regelhaft ein Bedarf an umfassenderen Feststellungen, dem die JGH durch einen ergänzenden **Nachbericht** entsprechen muss (zu ihrer ua deshalb bestehenden Anwesenheitspflicht → Rn. 61). 40

4. Erstattung des Berichts vor dem Jugendgericht

a) Inhalt des Berichts und Datenschutz. Die JGH erstattet auch dem JGericht ihren Bericht. Sie fasst darin ihre Feststellungen zusammen, dh das **wesentliche Ergebnis** ihrer Ermittlungen zum Beschuldigten und seiner Hintergründe sowie zu den erzieherischen und sonstigen Rechtsfolgenvoraussetzung (→ Rn. 22 f.). Allerdings sind in diesem Zusammenhang erneut **datenschutzrechtliche** Einschränkungen zu beachten (n. etwa Feldmann ZJJ 2008, 21 (25)): Die Weitergabe der von der JGH im Rahmen ihrer 41

Tätigkeit gesammelten Daten über den Betroffenen an das JGericht beurteilt sich nach § 69 Abs. 1 Nr. 1 SGB X. Danach ist eine Übermittlung von Sozialdaten zulässig, soweit es zur Erfüllung der Aufgaben der JGH erforderlich ist (vgl. dazu etwa LPK-SGB VIII/Kunkel SGB VIII § 61 Rn. 289: nicht an die Polizei). Insofern ist bezüglich der zu übermittelnden Daten eine gewisse **Auswahlfreiheit der JGH** gegeben (zust. Webers, Datenschutz in der öffentlichen Jugendgerichtshilfe, 2005, S. 136, 139). Diese hat sich bei ihrer Entscheidung an ihrem Auftrag zu orientieren, das Wohl des Jugendlichen im JStV sozialpädagogisch zur Geltung zu bringen. Genau dies ist auch das **Kriterium** für die Auswahl der weiterzugebenden Informationen. Deshalb muss die JGH die Belange der Wahrheitsermittlung und die Aufrechterhaltung ihres Vertrauensverhältnisses zum Beschuldigten abwägen, wobei sie hierbei über einen Beurteilungsspielraum verfügt (s. auch Trenczek/Schmoll Jugendkriminalität Rn. 359).

42 **Nicht** in den Bericht aufgenommen werden dürfen (Sozial-)Daten des Jugendlichen, wenn durch die Mitteilung iSv **§ 64 Abs. 2 SGB VIII** der Erfolg von JHilfeleistungen außerhalb des JStV gefährdet würde (vgl. etwa Riekenbrauk ZJJ 2014, 361 (362); DVJJ/Riekenbrauk, 2022, S. 491 f.; Pohlenk Jugendgerichtshilfe S. 103 ff.) oder wenn es sich um anvertraute Informationen iSv **§ 65 SGB VIII** handelt und der Jugendliche der Weitergabe nicht zustimmt (speziell hierzu etwa NK-JGG/Sommerfeld § 43 Rn. 10; FK-SGB/Trenczek VIII § 52 Rn. 29; LPK-SGB VIII/Kunkel SGB VIII § 65 Rn. 18; Kunkel/Rosteck/Vetter StV 2017, 829 (833)). Medizinische Daten darf die JGH nach **§ 76 SGB X** nur unter den Voraussetzungen übermitteln, unter denen der Arzt, von dem die JGH die Daten bezogen hat, zur Offenbarung befugt wäre. Hiernach müsste eine Einwilligung des Betroffenen, eine gesetzliche Mitteilungspflicht oder ein rechtfertigender Notstand vorliegen (LG Hamburg NStZ 1993, 401 mzustAnm Dölling NStZ 1993, 402).

43 **b) Form des Berichts und Einführung in die HV.** Hinsichtlich der Form des Berichts bestehen zunächst keine Limitierungen. Bis zur HV kann die JGH nicht nur der JStA, sondern auch dem JGericht **in beliebiger Weise berichten,** „grds. auch mündlich oder telefonisch" (BT-Drs. 19/13837, 48; RL 2 S. 1; vgl. auch Goldberg, Das Gesetz zur Stärkung der Verfahrensrechte (…), 2021, Rn. 12). IdR wird der Bericht aber schriftlich vorgelegt. Zwingend erforderlich ist dies aber nicht (ebenso Trenczek ZJJ 2021, 240 (243)).

44 In der HV unterliegt die Vermittlung des Berichtsinhalts dem Mündlichkeits- und Unmittelbarkeitsprinzip (§ 250 StPO iVm § 2 Abs. 2). Es dürfen im Urteil nur solche Inhalte verwertet werden, die mündlich vor dem JGericht vorgebracht wurden. Für **Tatsachen** ist das **Strengbeweisverfahren** einzuhalten. Das betrifft aber allein schuldfragen- oder rechtsfolgenrelevante Umstände, über die in dem Bericht informiert wird. In dieser Hinsicht sind idR die Personen, von denen der JGH-Vertreter die Informationen erlangt hat, und/oder dieser selbst als Zeugen zu vernehmen (→ § 50 Rn. 37 f.). Ferner ist es zulässig, die fraglichen Tatsachen über einen Vernehmungsvorhalt ggü. dem Angeklagten in die HV einzuführen (n. dazu → § 50 Rn. 38). Den Stellung nehmenden Teil des Berichts – dh die Einschätzungen, Wertungen, Hinweise, Anregungen, Vorschläge usw – betrifft dies aber nicht. Hierbei handelt es sich um eine **fachkundige Äußerung** und

nicht um ein Beweismittel (BeckOK JGG/Gertler/Schwarz Rn. 122; s. auch DIJuF JAmt 2018, 563 (564 f.); NK-JGG/Sommerfeld Rn. 9: „grds. vom Beweisverfahren unabhängigen Berichterstattung").

Den ggf. in den Akten befindlichen schriftlichen **Bericht** unmittelbar zu verwerten, scheidet dennoch aus. Er muss vielmehr **vom Vertreter der JGH im Rahmen** einer formlosen Anhörung **vorgetragen** werden, wobei als verwertungsfähiger Bericht dabei nur jene Inhalte zählen, die auf diese Weise zum Gegenstand der HV gemacht worden sind (nicht etwa darüber hinausgehende oder hiervon abw. Inhalte des schriftlichen Berichts). Dies erklärt sich aus dem Umstand, dass die schriftliche Berichtsfassung zwar dem JGericht vorliegt, nicht aber dem Jugendlichen übermittelt wird. Dass dieser von den Inhalten in Kenntnis gesetzt wird, ist also fraglich (und nur bei einem vorhandenen Verteidiger, der Akteneinsicht erlangt oder von der JGH eine Berichtskopie erhalten hat, anzunehmen). Bei Verwertung dieser schriftlichen Fassung drohte deshalb eine Beeinträchtigung des Anspruchs auf rechtliches Gehör iSv Art. 103 Abs. 1 GG (vgl. auch Laubenthal Jugendgerichtshilfe S. 105). Denn allein über das, was der Jugendliche in der HV erfährt, ist er so informiert, dass er sich dazu äußern kann. Dabei sieht das Gesetz, wie sich im **Rückschluss aus der Ausnahmevorschrift** in § 50 Abs. 3 S. 3 ergibt, den mündlichen Vortrag als Regelmodus für die Präsentation in der HV vor. 45

Die Mündlichkeit des Berichts hat auch fachliche Gründe, weil die Berücksichtigung des zwischenzeitlichen Lebensverlaufs bei Verwertung der Schriftfassung nicht möglich ist (Trenczek/Schmoll Jugendkriminalität Rn. 611). Dennoch ist eine **Verlesung in der HV** erlaubt. Dies gilt aber nur, wenn auf die Anwesenheit der JGH in der HV verzichtet wurde (n. → Rn. 62 ff.) und dieser Verzicht formal und materiell rechtmäßig erfolgte (→ § 50 Rn. 40), nicht aber in weiteren Konstellationen (→ § 50 Rn. 41 f.). Der Bericht muss zudem inhaltlich ergiebig sein, weil sich das Gericht hiermit wegen seiner Aufklärungspflicht sonst nicht zufriedengeben darf. Deshalb obliegt es der JGH gerade bei Absehbarkeit des Anwesenheitsverzichts, den schriftlichen Bericht so abzufassen, dass er durch seine Aktualität und Vollständigkeit die mündliche Darstellung ersetzen kann. 46

5. Auskunftsrecht, Übermittlung und Akteneinsicht

Der **Betroffene** hat ein Auskunftsrecht bzgl. der JGH-Akte (§ 83 SGB X), nicht aber ein Akteneinsichtsrecht (vgl. auch RL 6). Im Interesse einer sachgerechten Erfüllung der Hilfefunktion kann es im Einzelfall aber sinnvoll sein, dass der Vertreter der JGH von sich aus dem Beschuldigten den Bericht zugänglich macht, um die für ein Betreuungsverhältnis notwendige Klarheit zu ermöglichen (vgl. Dölling DVJJ-Journal 1991, 242 (250)). 47

Die Regelungen in §§ 474 ff. StPO treten hinter den Sozialdatenschutznormen der SGB I, VIII und X zurück (LPK-SGB VIII/Kunkel SGB VIII § 61 Rn. 241). Auch nachdem der Bericht der JGH Bestandteil der Strafakten geworden ist, gilt für den Schutz der darin enthaltenen personenbezogenen Daten daher § 78 SGB X (Trenczek/Schmoll Jugendkriminalität Rn. 612). Nach dem **Zweckbindungsgebot** dürfen diese Daten grds. nur für das JStV verwendet werden. Bspw. für die Fahrerlaubnisbehörde wird allerdings die Übermittlungs- und Verwendungserlaubnis in § 78 Abs. 1 S. 6 SGB X (Alt. „Gefahrenabwehr") bejaht. Andererseits darf das JGericht sol- 48 che Daten, bei denen eine Übermittlungssperre gem. § 64 Abs. 2, § 65 SGB VII besteht und die daher an sich gar nicht im JGH-Bericht enthalten sein dürften (→ Rn. 42), an die Behörde nicht weiterleiten (vgl. zum Ganzen Riekenbrauk ZJJ 2014, 361).

49 Wird anderen Personen oder Stellen, die nicht Teil der Strafrechtspflege sind, **Akteneinsicht** gewährt, ist zur Wahrung des Sozialgeheimnisses der JGH-Bericht vor der Einsichtnahme aus den Strafakten **herauszunehmen** (zust. Trenczek DVJJ-Journal 2003, 35 (39); vgl. auch Dölling DVJJ-Journal 1991, 242 (249 f.)).

6. Verzicht

50 **a) Ermessensentscheidung.** Nach Abs. 7 kann durch das JGericht oder (im Ermittlungsverfahren auch durch) die JStA auf den JGH-Bericht verzichtet werden. **Kriterien** für die dahingehende Ermessensentscheidung (s. auch → Rn. 62) sollen nach der legislatorischen Vorstellung (RegE BT-Drs. 19/13837, 50) der Aufwand der JGH sowie die Bedeutung und der mögliche Erkenntnisgewinn für das konkrete JStV sein. Zu beachten sind ferner „Aspekte der Verfahrensdauer, die Schwere des Vorwurfs und die Art und Schwere der konkret in Betracht kommenden Rechtsfolgen" (s. auch RL 3 S. 1). Unter Berücksichtigung dieser Gesichtspunkte muss der Verzicht auf die Einbindung der JGH sowohl mit der **Aufklärungspflicht** im JStV als auch mit **spezialpräventiven Belangen verträglich** sein (s. dazu auch → § 46a Rn. 5 f.). Soweit der JGH-Bericht für eine prozessuale oder materiell-rechtliche Entscheidung absehbar relevant werden kann, fehlt es an dieser Vereinbarkeit (ähnlich Höynck StraFo 2017, 267 (272)).

51 **b) Anwendbarkeit im Ermittlungsverfahren.** Der Berichtsverzicht kommt va im Ermittlungsverfahren in Betracht, und zwar insbes. in Fällen, in denen die StA keine Anklage erhebt (vereinfachtes JVerfahren; Diversion (s. auch Abs. 7 S. 3)). Dabei ist er meist **nur** in den Fällen einer **folgenlosen Einstellung,** also insbes. jenen des § 45 Abs. 1 und des § 153 StPO, sachgerecht und zulässig. Da der JGH-Bericht bei den anderen Erledigungsformen für die Auswahl der Rechtsfolgen (gerade auch für die informell festgelegten) durchaus erforderlich ist, **scheidet** ein Verzicht hier **idR aus** (Kölbel NStZ 2021, 524 (528); ebenso Trenczek/Goldberg RPsych 2019, 475 (483): Einbeziehung der JGH bei § 45 Abs. 2 „unerlässlich"; zust. auch Schmoll/Lampe/Holthusen ZKJ 2023, 94 (98)). Bei Ausnahmefällen mag sich das anders verhalten, doch grds. kann die Häufigkeit des Verzichts hier rechtspraktisch lediglich eine begrenzte sein (zust. Höynck/Ernst ZJJ 2020, 245 (253); Höynck/Ernst StV 2022, 58 (62); begründungslos aA NK-JGG/Sommerfeld Rn. 15b). Bei (beabsichtigter) **Anklageerhebung entfällt** die Verzichtsmöglichkeit sogar ganz (teilw. anders BT-Drs. 19/13837, 51: idR nicht in Betracht kommend). Dies ergibt sich für die JStA aus § 46a S. 1, da bei Anklageerhebung hiernach zumindest die Erwartung eines nachträglichen JGH-Berichts bestehen muss (dazu eingehend → § 46a Rn. 3 f., 7). Soweit ein Verzicht erfolgt ist, kann für die JGH iÜ dennoch Anlass zur Kontaktaufnahme und ggf. zu Fallerhebungen bestehen, um einen Hilfebedarf iS des SGB VIII zu eruieren (DIJuF JAmt 2021, 151 (152)).

52 **c) Anwendbarkeit im Hauptverfahren.** Wurde die Anklage gem. § 46a ohne erfolgten Bericht der JGH erhoben, kann das JGericht auf den

noch ausstehenden Bericht verzichten. Dies schließt den Verzicht auf die Anwesenheit (→ Rn. 60 ff.) ein und **beendet die Mitwirkungspflicht** der JGH (ohne diese allerdings daran zu hindern, der JStA und dem JGericht doch einen Bericht zu übermitteln). War der Bericht ggü. der JStA bereits erfolgt, besteht die Möglichkeit des Berichtsverzichts ebenfalls. Für die JGH hat dies insofern (über den eingeschlossenen Anwesenheitsverzicht hinausgehende) Konsequenzen, als sie dann von etwaigen Nachermittlungen, Aktualisierungen oder einer noch erforderlichen Verschriftlichung befreit ist. In beiden Konstellationen müssen indes die Voraussetzungen von Abs. 7 S. 1 vorliegen. Das ist selten gegeben, denn das Gericht kann die **Entbehrlichkeit** des Berichts nach einer Anklage **häufig nicht vorhersehen.** Bei einem erklärten Verzicht nach Anklageerhebung droht vielmehr eine Verletzung der Aufklärungspflicht, weil der JRichter dann nämlich – in einem nicht-bagatellarischen Fall und ohne dass ihm etwas über den Jugendlichen bekannt wäre – eine an der erzieherischen Indikation orientierte Entscheidung treffen müsste, die sich allein auf den in der HV gewonnenen Eindruck stützen kann.

d) Widerruf. Ein Verzicht kann angesichts bestehender Aufklärungs- 53
pflichten keine selbstbindende Wirkung haben. Stellt sich nach einem erklärten Verzicht heraus, dass der Bericht der JGH doch nicht entbehrlich ist, muss er widerrufen werden. Das gilt besonders für das Gericht im Hauptverfahren. Hierdurch **lebt die Berichtspflicht** der JGH **wieder auf.** Das JGericht kann auch einen Verzicht durch die JStA zurücknehmen, wozu es allerdings nur in den Konstellationen des § 45 Abs. 3 oder des vereinfachten JVerfahrens kommen kann (und auch dies nach hier vertr. Ansicht (→ Rn. 51) nur äußerst selten).

e) Überprüfbarkeit. Die Verzichtsoption soll die Strafverfolgungsinstitu- 54
tionen in die Lage versetzen, den Kapazitätsproblemen der JGH Rechnung zu tragen (und ggf. auch den Interessen des Beschuldigten an der Vermeidung überschießender Erhebungen in Bagatellfällen entgegenzukommen). Dies erzeugt indes eine gewisse **Unstimmigkeit,** weil die Begutachtung durch die JGH von Art. 7 RL (EU) 2016/800 als Anspruch des Beschuldigten ausgestaltet wird (→ Rn. 9). Obwohl dem Jugendlichen deshalb nach Art. 19 RL (EU) 2016/800 ein diesbzgl. „wirksamer Rechtsbehelf" zustehen muss, sieht das Gesetz für ihn keine spezifische Möglichkeit vor, Feststellungen und eine darauf gründende Berichterstattung der JGH **durchzusetzen** (krit. daher Höynck StraFo 2017, 269 (272)). Zwar ist ein Urteil, das nach pflichtwidrig unterlassener Berichterstattung ergangen ist, anders als eine entspr. informelle staatsanwaltliche Erledigung immerhin angreifbar (zur Revision → Rn. 85 ff.), doch kann eine Verzichtsentscheidung in diesem Rahmen nur auf Ermessensfehler hin überprüft werden.

Diese Problematik wird durch die äußerst stark begrenzte Anwendbarkeit 55
des Verzichts (→ Rn. 51 f.) etwas relativiert. Zum anderen muss ein erfolgter Verzicht nicht nur der JGH (für deren Ressourcenplanung) frühzeitig **mitgeteilt** werden, sondern auch den anderen Beteiligten (Abs. 7 S. 2). Insofern besteht zumindest die Möglichkeit, hierzu Stellung nehmen und so auf die Notwendigkeit der JGH-Mitwirkung bzw. einen Verzichtswiderruf hinwirken zu können.

V. Prozessuale Rechtsstellung

1. Prozessorgan eigener Art

56 Im JStV fungiert die JGH als ein Prozessorgan eigener Art, das dort die sozialpädagogischen **Belange der JHilfe** zur Geltung bringen soll (→ Rn. 2) und hierfür am Prozess in eigenständiger Weise mitwirken kann, weil ihm vom Gesetz bestimmte Rechte und Pflichten zugeordnet sind (ähnlich etwa Dallinger/Lackner Rn. 7; Beulke/Swoboda JugendStrafR Rn. 683; Brunner/Dölling Rn. 3). Unzutr. ist dagegen die früher verbreitet vertretene Einordnung als „Prozesshilfsorgan" (vgl. Peters RJGG § 35 Anm. 1: „Prozesshilfsorgan eigener Art"; ebenso Peters Strafprozess S. 597; Schiefer unsere jugend 1954, 164 (165)). Dem liegt die Vorstellung zugrunde, dass die JGH zur Unterstützung der Strafverfolgung berufen sei und deshalb in einer Hilfsrolle amtiere (krit. etwa Trenczek/Schmoll Jugendkriminalität Rn. 776 f.). Die JGH ist jedoch weder Gehilfe von JStA oder JGericht (→ Rn. 19), noch Verteidiger oder Vertreter des Jugendlichen. Sie wird vielmehr in **eigener Verantwortung** tätig. Der Vertreter der JGH hat auch nicht die Funktion eines Beweismittels (Zeuge, Sachverständiger), obwohl er hinsichtlich seiner Wahrnehmungen ggf. als Zeuge vernommen werden kann (vgl. → § 50 Rn. 38). Seine Einstufung als „grds. notwendiger Verfahrensbeteiligter" (Dallinger/Lackner Rn. 7) ist zumindest seit dem Gesetz zur Stärkung der Verfahrensrechte von Beschuldigten im Jugendstrafverfahren korrekt, da er seither einer gesetzlich festgelegten Mitwirkungspflicht unterliegt (→ Rn. 9 f.) und daran anknüpfend auch seine Teilnahme in der HV (für den Regelfall) vorgeschrieben ist (→ Rn. 61).

2. Mitwirkung

57 **a) Allgemeines Beteiligungsrecht.** Nach Abs. 6 S. 1 „ist die JGH" im gesamten Verfahren „heranzuziehen". Diese Heranziehung beschränkt sich nicht auf die Benachrichtigung der JGH (so noch das Begriffsverständnis bei BGHSt 27, 250 = BeckRS 1977, 30403055; BGHR JGG § 38 Abs. 3, Heranziehung 1 = BeckRS 1987, 31100333; BayObLGSt 1994, 169 (172)), sondern schließt es ein, dass JStA und JGericht die Feststellungen der JGH zur Kenntnis nehmen und berücksichtigen. Umgekehrt ist die JGH verpflichtet, sich heranziehen zu lassen und mitzuwirken (zumindest in Form der regelmäßig obligatorischen Berichterstattung). Allerdings hat die JGH, um ihren weitergehenden Aufträgen (→ Rn. 8 ff.) entsprechen zu können, zugleich auch einen **Anspruch auf Verfahrenseinbindung.** Darin liegt eine Rechtsposition des Vertreters der JGH von besonderem Rang. Wenn der JStA und/oder das JGericht einen Verzicht iSv Abs. 7 erklärt, wirkt sich das deshalb nur auf die Mitwirkungspflichten der JGH aus. Über den Beteiligungsanspruch der JGH können die **Strafverfolgungsinstitutionen** hingegen **nicht disponieren.** Durch einen Verzicht – der sich ohnehin nur auf die Berichterstattung und die Anwesenheit in der HV und nicht auch auf die Fallerhebungen bezieht – wird die JGH an ihren Aktivitäten iSv § 52 SGB VIII (dh ihren Ermittlungen, der Teilnahme an der HV und einer schriftlichen Stellungnahme) deshalb nicht gehindert.

b) Rechtlich gewährleistete Mitwirkungsformen. Die Mitwirkung geschieht zunächst durch Wahrnehmung der in → Rn. 9 f., 18 ff. erörterten **Ermittlungs**aufgabe, die durch den in → Rn 36 dargestellten Informationsanspruch flankiert wird und in einen Ermittlungsbericht mündet (→ Rn 62). Um die Ermittlung auch bei einem Beschuldigten realisieren zu können, der sich in U-Haft befindet, hat der Vertreter der JGH ein umfassendes **Verkehrsrecht** mit ihm (§ 72b S. 1; zu landesgesetzlichen Vorschriften → § 89c Rn. 54). Mit Blick auf die Ergebnisse seiner Fallerhebungen sieht das Gesetz für den Vertreter der JGH ein **Äußerungsrecht** vor. Dieses besteht nicht nur gem. § 50 Abs. 3 S. 2 in der HV (zum damit verbundenen Teilnahme- bzw. Anwesenheitsrecht → Rn. 60 ff.; zur Beteiligung an Absprachen → § 2 Rn. 49a), sondern in jedem Verfahrensstadium (s. Abs. 2 S. 2 Hs. 2 sowie Abs. 6 S. 3 Hs. 1, auch iRv §§ 45, 47 (vgl. → § 45 Rn. 42 und 52). Im Übrigen hat der Vertreter der JGH ein Recht auf nachgehende Betreuung und Überwachung (Abs. 5; vgl. auch § 97 Abs. 1 S. 2). 58

c) Frühzeitige Information und Einbindung. Um der JGH eine effektive und sich schon im Vorverfahren bemerkbar machende Verwirklichung ihrer Aufgaben zu ermöglichen, soll sie zum **frühestmöglichen Zeitpunkt** eingebunden werden (Abs. 6 S. 2) – also sobald das Verfahren nicht (mehr) gegen Unbekannt geführt wird, sondern ein **personengerichteter Verdacht** besteht. Das erfolgt idR durch die Polizei (Höynck/Ernst StV 2022, 58 (61)). Diese hat ohnehin, zumindest wenn „schon während der polizeilichen Ermittlungen erkennbar wird, dass Leistungen der JHilfe infrage kommen", das JAmt „unverzüglich zu unterrichten" (PDV 382, 3.2.7). Unabhängig davon muss auch durch die JStA eine **Mitteilung** über die Verfahrenseinleitung erfolgen bzw. bei der Polizei veranlasst werden (§ 70 Abs. 1; Nr. 32 MiStra). Ist eine folgenlose Einstellung absehbar, kann von der Mitteilung nur **abgesehen werden,** wenn keine Vernehmung durchgeführt wird. Auch ein (beabsichtigter) Berichtsverzicht ändert an der Mitteilungspflicht nichts (→ § 70 Rn. 7). Der frühen und vollständigen Information bedarf es nämlich auch deshalb, um dem JAmt eine durchgehende Entscheidung über JHilfsangebote zu ermöglichen. 59

Die Information der JGH muss **spätestens** im Zusammenhang mit der ersten Vernehmung des Beschuldigten (→ § 70 Rn. 10) oder bei vorläufiger Festnahme bzw. Erlass eines Haftbefehls (§ 72a) stattgefunden haben. Damit sich die JGH sinnvoll zur U-Haft und haftvermeidenden Alternativen äußern kann (→ Rn. 21; → § 72 Rn. 23, 44; → § 72a Rn. 3 f.), sollte dies Information dort, wo dies möglich ist, schon vor der Maßnahmeanordnung erfolgen. Dies kann mit einem Hinweis auf eine etwaige Flucht- oder Verdunklungsproblematik verbunden werden, damit die JGH bei ihren Ermittlungen „dezent" verfahren kann (→ § 72a Rn. 7). Die lange verbreitete Praxis, die JGH erst nach Abschluss der Ermittlungen (durch Übersendung einer Kopie der Anklageschrift) zu informieren (Trenczek, Die Mitwirkung der Jugendhilfe im Strafverfahren, 2003, S. 141; s. auch Eisenberg ZJJ 2015, 207 (208 f.)), ist jedenfalls eindeutig **rechtswidrig** (ebenso schon früher AG Emden Zbl 1979, 117 f.: ggf. Ablehnung der Eröffnung des Hauptverfahrens). Dass die entspr. Mitteilungen offenbar noch immer sehr häufig verspätet erfolgen (Schmoll ua Jugendgerichtshilfebarometer S. 66 ff.: in über 50 % nach dem in § 70 Abs. 2 geregelten Zeitpunkt), ist in keiner Weise akzeptabel. 59a

3. Anwesenheit in der Hauptverhandlung

60 **a) Teilnahmerecht und -pflicht.** Auf Grundlage des früheren Rechts ging die lange hM (abw. aber LG Bremen NJW 2003, 3646 (3647)) unter Verweis auf § 50 Abs. 3 aF vom Bestehen eines Teilnahmerechts, nicht aber einer Teilnahmepflicht aus (vgl. dazu BGHSt 27, 250 = BeckRS 1977, 30403055 sowie mwN n. dazu → 20. Aufl. Rn. 23 und § 50 Rn. 25 f.). Wenn der JRichter die Anwesenheit der JGH in der HV für unumgänglich hielt, musste er seine Terminmitteilung mit dem Hinweis verbinden, die Verhandlung könne ohne Anwesenheit des tätig gewesenen Sachbearbeiters oder eines informierten Vertreters nicht stattfinden (für eine hierdurch erfolgte Verdichtung zur **Teilnahmepflicht** etwa OLG Karlsruhe NStZ 1992, 251 mzustAnm Schaffstein NStZ 1992, 252; OLG Brandenburg DVJJ-Journal 2002, 351 = BeckRS 2001, 30180584 mkritAnm Trenczek DVJJ-Journal 2001, 352; Königschulte Kompetenz S. 224). Dass dann in Fällen, in denen der Vertreter der JGH gleichwohl fehlte und die HV deshalb unterbrochen oder ausgesetzt werden musste, die hierdurch entstehenden **Kosten** entspr. dem in §§ 51, 77, 145 Abs. 4, § 467 Abs. 2 StPO, § 56 GVG zum Ausdruck kommenden Rechtsgedanken der Dienstbehörde (des Vertreters der JGH) auferlegt werden konnten, galt aber als fraglich (n. → 22. Aufl. Rn. 29 mwN).

61 Diese Debatte hat durch die Neuregelung von **Abs. 4 S. 1** neue Akzente erlangt. Die JGH verfügt hiernach nicht mehr nur über ein (aus Abs. 6 S. 1 sowie § 50 Abs. 3 S. 1 folgendes) **Teilnahmerecht,** sondern unterliegt zugleich einer explizit geregelten **Anwesenheitspflicht** („nimmt teil"), die durch den Verweis in § 51 Abs. 1 SGB VIII („nach Maßgabe des § 38 JGG") auch in das Jugendhilferecht inkorporiert wird. Zur Erläuterung verweist der RegE (BT-Drs. 19/13837, 48) auf Art. 7 Abs. 6 RL (EU) 2016/800, wonach die „individuelle Begutachtung in jedem Fall zu Beginn der Hauptverhandlungen zur Verfügung" stehen muss. Um dies sicherzustellen, sei es in einer ganzen Reihe von Konstellationen notwendig, dass die JGH über den Termin der HV informiert wird (→ § 50 Rn. 31 ff.), dort erscheint und einen mündlichen (→ Rn. 44 f.) Bericht erstattet (va bei Erforderlichkeit einer Aktualisierung, dem Fehlen eines schriftlichen Berichts und bei vom Jugendlichen verweigerter Kooperation mit der JGH). Diese Begründung überzeugt allerdings nicht. Richtigerweise liegt die zentrale Rechtfertigung der Anwesenheitspflicht in der **nie auszuschließenden** Möglichkeit, dass sich in der HV ein besonderer **Unterstützungsbedarf** des Jugendlichen oder auch eine **neue Erkenntnislage** ergibt, zu deren Realisierung bzw. Einordnung es der Expertise eines anwesenden JGH-Vertreters bedarf. Im Hinblick hierauf war das Teilnahmeermessen der JGH (selbst als es nach der früheren Gesetzeslage formal noch bestand) auch nach jugendhilferechtlichen Entscheidungskriterien an sich schon immer auf Null reduziert. Angesichts dieser Pflichtenkongruenz zwischen dem JStR und den „JGH-eigenen", sozialrechtlich normierten Grundsätzen begründet Abs. 4 S. 1 weder einen Übergriff in die Fachlichkeit und institutionelle Autonomie der JGH noch eine Verletzung der kommunalen Selbstverwaltung (so aber dezidiert Trenczek ZJJ 2021, 240 (244 ff.); etwas vorsichtiger DVJJ 2024/Trenczek, S. 259 ff.; zust. Goldberg, Das Gesetz zur Stärkung der Verfahrensrechte (…), 2021, Rn. 19).

62 **b) Verzicht gem. Abs. 7.** In der Praxis scheint die JGH den HV weiterhin (in einem begrenzten Maße) fernzubleiben, ohne dass dies vom

Gericht eigens gestattet wurde (entspr. Hinweise bei Höynck ua Jugendgerichtsbarometer II S. 68 ff.). Eine solche informell begründete Abwesenheit wird vom Gesetz jedoch nicht erlaubt. Ausnahmen von der Anwesenheitspflicht der JH sind allein für die HV vor dem **Revisionsgericht** anzuerkennen (→ § 50 Rn. 4). Ansonsten besteht ausschließlich die Möglichkeit des Anwesenheitsverzichts iSv Abs. 7. Angesichts der eben angesprochenen Funktion der Anwesenheitspflicht ist diese Option zwar problematisch, zumal sie ausschließlich auf Ressourcengründe gestützt (RegE BT-Drs. 19/13837, 50 f.) und an unterbestimmte Bedingungen geknüpft wird (rechtfertigende fallkonkrete Umstände und Vereinbarkeit mit „Wohl des Jugendlichen“). Dennoch erlaubt das Gesetz diesen Weg, wobei das zentrale **Kriterium** für die Erklärung eines Verzichts, wie Abs. 7 S. 3 deutlich macht, in der Erheblichkeit des Vorwurfs und der erwartbaren Rechtsfolge liegen soll (s. zu den Entscheidungsaspekten ferner → Rn. 50). Auch im vereinfachten JVerfahren und bei absehbarer Einstellung nach § 47 kommt ein Verzicht in Betracht (NK-JGG/Sommerfeld Rn. 15b). Bei einem sich abzeichnenden Unterstützungsfall iSv § 51 Abs. 6 S. 4 (s. erg. auch → Rn. 16) scheidet ein Verzicht dagegen aus (so tendenziell auch BT-Drs. 19/13837, 50).

Sofern die JGH nach einem **rechtmäßigen** Verzicht der HV fernbleibt, 63
kann ihr Ermittlungsbericht gem. **§ 50 Abs. 3 S. 3** durch **Verlesung** in die HV eingeführt werden (→ Rn. 46 und → § 50 Rn. 40). Daher soll das Vorliegen eines ergiebigen Berichts immer dann, wenn (hierdurch) das Auftreten der JGH in der HV als abkömmlich erscheint, für einen Verzicht sprechen (BT-Drs. 19/13837, 53; zur Frage der dann notwendigen Verteidigung → § 68 Rn. 56). Eine solche Entbehrlichkeit ist aber selten gegeben, da die Verlesung verschrifteter Ermittlungsresultate hinter der vertief- und ergänzbaren mündlichen Präsentation idR informatorisch zurückbleiben wird. Eigene Ausführungen der JGH sind der Verlesung auch deshalb überlegen, weil sie einem ggf. bestehenden Bedarf an besonders sensibler Präsentation (etwa bei einer öffentlichen HV (→ § 109 Rn. 52 ff.) oder bei Anwesenheit des Betroffenen) deutlich besser gerecht werden können. Überhaupt ist mit Blick auf eine in der HV ggf. unerwartet auftretende Beistands- und/oder Erörterungsnotwendigkeit **generell** eine **restriktive** Handhabung des Anwesenheitsverzichts angezeigt (ebenso bspw. Riekenbrauk ZJJ 2020, 50 (52)). Anders liegt dies bei einer HV mit **mehreren Sitzungstagen,** bei der es sich idR gut abschätzen lässt, bei welchen Verhandlungsphasen es keiner Anwesenheit der JGH bedarf (vgl. Abs. 7 S. 4). Es wäre aber rechtswidrig, tageweise einfach (dh ohne ausdrücklichen (Teil-)Verzicht) ohne deren Vertreter zu verhandeln. Bei einer Erkrankung des Vertreters der JGH nach dem ersten, von diesem wahrgenommenen Termin darf die Verhandlung deshalb nur unter den Voraussetzungen von Abs. 7 ohne einen anderen Vertreter fortgesetzt werden (ähnlich bereits zur früheren Rechtslage etwa BGHR JGG § 50 Abs. 3 Heranziehung 2 (Gründe) = BeckRS 1989, 31092823; vgl. erg. BGH StV 1993, 536).

Entschieden und erklärt wird der Anwesenheitsverzicht nach Anklageer- 64
hebung durch das **JGericht** (wobei der Verzicht bei gegebenem Anlass durchaus auch widerrufen werden kann (RegE BT-Drs. 19/13837, 51)). Nach dem Wortlaut von Abs. 7 S. 1 und S. 3 scheint zwar auch ein schon im Vorverfahren erfolgender Verzicht der JStA möglich zu sein, doch handelt es sich bei der Anwesenheitspflicht der JGH um eine Materie des Hauptverfahrens – also um einen Gegenstand aus einem Verfahrensstadium,

in dem die StA keine Verfahrensherrschaft und daher auch keine (vorgreifende) Dispositionsbefugnis innehat. Keine Verzichtsmöglichkeit besteht für den Verteidiger bzw. die Erziehungsberechtigten oder gesetzlichen Vertreter (so bereits früher BGH StV 1982, 27; OLG Karlsruhe MDR 1975, 422). Der Verzicht kann iÜ vor der HV immer nur auf **Antrag der JGH** erklärt werden. Da nämlich (unabhängig von einer strafprozessualen „Entbehrlichkeit") ein jugendhilferechtlicher Handlungsbedarf bestehen und dies eine Anwesenheit in der HV erforderlich machen kann (va zur Betreuung während des Verfahrens (§ 52 Abs. 3 SGB VIII)), soll der Verzicht nur im Einvernehmen mit der JGH erfolgen (RegE BT-Drs. 19/13837, 50). An der Teilnahme hindern kann das JGericht die JGH allerdings ohnehin nicht, denn ihr **Anwesenheitsrecht** wird durch den Verzicht nicht berührt (ebenso RL RL 3 S. 3). An der Präsenz in der HV ist die JGH also in keiner Weise gehindert (s. auch → Rn. 57). Das gilt insbes., wenn der Verzicht in der HV ohne ihren Antrag erklärt wird **(Abs. 7 S. 5).** Diese Option ist bei teleologischer Betrachtungsweise nämlich nicht dafür gedacht, eine pflichtwidrige Nichtanwesenheit der JGH nachträglich zu korrigieren bzw. zu kaschieren (diese Möglichkeit der interinstitutionellen „Kumpanei" aber ausdrücklich befürwortend NK-JGG/Schady § 50 Rn. 14c). Sie setzt vielmehr deren Erscheinen voraus und ermöglichst es dann, ihr auch ohne Antrag die weitere Teilnahme an der HV freizustellen.

65 **c) Durchsetzung.** Will die JGH nicht in der HV erscheinen, kann sie nicht einfach fernbleiben, sondern lediglich einen Verzicht beantragen. Unterlässt sie dies oder wird der Verzicht nicht erklärt, bleibt es bei der Anwesenheitspflicht. Für deren Durchsetzung sieht das Gesetz allerdings nur für die Justizseite explizit eine Handhabe vor: Erscheint trotz Fehlens eines Verzichts und einer regulären Mitteilung (zu den Anforderungen → § 50 Rn. 31 ff.) kein Vertreter der JGH, darf das JGericht dies erst im Wiederholungsfall durch andere Beweiserhebungen zu kompensieren versuchen (zur Revision → Rn. 87). Zunächst muss es (mit einer entspr. Mitteilung) einen neuen Termin anberaumen, wobei jedoch die hierdurch entstehenden **Kosten** dem Träger der JGH **auferlegt** werden können. Ausgeschlossen ist dies bei genügender und rechtzeitiger Entschuldigung des Ausbleibens (Abs. 4 S. 3 Hs. 2 iVm § 51 Abs. 2 StPO). Auch andere Hinderungsgründe können durch das JGericht, das hierüber nach pflichtgemäßem Ermessen entscheidet (abw. RefE vom 11.10.2018: gebundene Entscheidung), berücksichtigt und durch Verzicht auf die Kostenübertragung anerkannt werden. Die richterliche Nutzung der Kostenauferlegung ist legislatorisch iÜ gar nicht gewollt (BT-Drs. 19/13837, 49: symbolische bzw. nur theoretische Option). Und in der Tat spricht viel für einen sehr zurückhaltenden Gebrauch, namentlich die hiervon ausgehende Gefahr für die interinstitutionelle Arbeitsbeziehung und die Ressourcenallokation in der JGH (Konzentration auf „sanktionsbewehrte" Anwesenheitspflicht zu Lasten anderer Aufgabenbereiche). – Keine spezielle Durchsetzungsmöglichkeit ist für den Beschuldigten vorgesehen (n. → Rn. 54; s. aber zur Revision → Rn. 85 ff.).

4. Keine „parteigebundenen" Aktivrechte

66 Zu einigen Ansprüchen und Befugnissen, die für die Rechtsstellung von Prozessbeteiligten sonst oft wesentlich sind, sieht das JGG mit Blick auf die

JGH keine ausdrücklichen Regelungen vor. Die Folgerungen, zu denen Rspr. und Literatur in dieser Situation durch Interpretation allg. Grundsätze und Bestimmungen gelangen, sind von der Tendenz gekennzeichnet, dem Vertreter der JGH solche Rechte, deren Wahrnehmung speziell der Interessenvertretung des Jugendlichen dienen könnte, wegen seiner nicht widerspruchsfreien Mehrfachfunktion (n. → Rn. 8 ff. und → Rn. 78) nicht einzuräumen. Dies unterstreicht den prozessualen Status der JGH, die als ein **unabhängiges** Prozessorgan für das Wohl des Jugendlichen aus einer **objektiven** fachlich-sozialpädagogischen Warte eintreten soll.

So wird von der hM ein Anspruch des Vertreters der JGH auf **Akteneinsicht** seit jeher verneint (vgl. schon Dallinger/Lackner Rn. 64). Für diese Auffassung spricht das beredte Schweigen des Gesetzes, das der JGH durchaus punktuelle Rechte zuweist, die für einen Verteidiger kennzeichnend sind (nämlich das Verkehrsrecht gem. § 72b S. 1) – nicht aber (im Gegensatz zu anderen Verfahrensbeteiligten (vgl. § 69 Abs. 3 S. 1)) das Akteneinsichtsrecht. Die Rechtslage ist angesichts der fachlichen Probleme aktenbasierter JGH-Ermittlungen (→ Rn. 32 f.) auch funktional. Daher muss die in der Lit. teilw. befürwortete Praxis, Akteneinsicht gleichwohl zu gewähren (Brunner/Dölling Rn. 21), mit Skepsis betrachtet werden. **67**

Im Rückschluss aus der gesetzlichen Regelung, die in §§ 67 Abs. 1, 69 Abs. 3 ein **Fragerecht** (ggü. Angeklagtem, Zeugen oder Sachverständigem) und ein formelles **Beweisantragsrecht** (nur) für andere Beteiligte vorsieht, folgt nach allgA ferner, dass der Vertreter der JGH auch über diese Befugnisse nicht verfügt. Allerdings kann er – wie sich aus § 50 Abs. 3 S. 2 ergibt – Beweiserhebungen anregen. – Ferner entspricht es der allgA (vgl. etwa OLG Frankfurt a. M. NStZ-RR 1996, 251), dass die JGH nicht zur Einlegung von **Rechtsmitteln** befugt ist (Umkehrschluss aus §§ 296, 298 StPO, § 67 Abs. 2) – insbes. auch nicht zur Durchsetzung eigener Mitwirkungsrechte (s. aber → Rn. 57, 64). **68**

5. (Daten-)Schutz gegenüber Beweiserhebungseingriffen

a) Begrenzte Zeugenpflichten. Der Vertreter der JGH kann ein berufliches, sozialpädagogisch begründetes Interesse haben, die ihm vorliegenden Informationen zurückzuhalten (etwa bei Aussageverweigerung des Angeklagten). § 53 StPO berücksichtigt dies aber nicht. Durch das Gesetz wird kein strafprozessuales Recht, das Zeugnis zu verweigern, eingeräumt (BVerfGE 33, 367 = NJW 1972, 2214; Beulke/Swoboda JugendStrafR Rn. 700; Wilhelm, Die Stellung der JGH im Verfahren, 1992, S. 116 f.; für gesetzliche Schaffung bspw. Trenczek DVJJ-Journal 1991, 251 (254); Schruth ZKJ 2018, 84). Nur in sehr seltenen Ausnahmefällen kann sich ein Zeugnisverweigerungsrecht grundrechtsunmittelbar aus Art. 2 Abs. 1 iVm Art. 1 Abs. 1 GG ergeben (MüKoStPO/Höffler Rn. 19 mwN; zum hiermit dann korrespondierenden Verwertungsverbot vgl. statt vieler Eisenberg BeweisR StPO Rn. 385 ff.). **69**

Auch in der Zeugenrolle muss der Vertreter der JGH dem Gericht die verlangten Auskünfte aber nur geben, **soweit ihm die Informationsweitergabe erlaubt ist** (n. Kunkel/Rosteck/Vetter StV 2017, 829). Insofern kommen hier (ebenso wie bei der Berichterstattung der JGH) diverse Einschränkungen zum Tragen (vgl. → Rn. 41 f.): Die Übermittlungsbefugnis ergibt sich aus § 64 Abs. 1 und Abs. 2 SGB VIII. Hiernach ist die Daten- **70** weitergabe zulässig, sofern die Informationen von der JGH für das fragliche JStV erhoben wurden oder wenn (va bei Informationen, die bei der Leistungserbringung nach SGB VIII angefallen sind) der Erfolg zukünftig zu erbringender JHilfe-Leistungen nicht gefährdet wird (DIJuF JAmt 2018, 563 (565); Ernst/Höynck ZJJ 2018, 228 (230 f.); weiter gehend unter Bezugnahme auf § 35 Abs. 1 und Abs. 3 SGB I LPK-SGB/Kunkel VIII § 61 Rn. 222 f.; unter Verkennung des sich aus § 67 Abs. 2 SGB X iVm § 2 Abs. 3 SGB VIII ergebenden Sozialdatencharakters abw. BeckOK JGG/Gertler/Schwarz Rn. 200).

71 Im Einzelfall kann die Aussagepflicht auch deshalb entfallen oder eingeschränkt sein, weil die **Aussagegenehmigung** iSv § 54 StPO (iVm dem jeweiligen BeamtenG bzw. Anstellungsvertrag) **versagt wird** (MüKoStPO/Höffler Rn. 19; für „eng begrenzte Ausnahmesituationen" zust. Brunner/Dölling Rn. 38; einschr. Streng JugendStrafR Rn. 112; Füllkrug Bewährungshilfe 1988, 322 (325); Kreutz unsere jugend 2001, 16 (18 f.)). Dies gilt etwa, wenn sich die Aussage auf eine vertraulich gemachte Angabe eines von der JGH betreuten Jugendlichen bezieht und sich im anhängigen StVerf zu dessen Lasten auswirken könnte. Maßgeblich ist dann, ob die fallbezogene Funktionsfähigkeit der Jugendhilfe durch die Preisgabe des fraglichen Umstandes erheblich beeinträchtigt würde (VG Schleswig Zbl 1987, 539; n. Ernst/Höynck ZJJ 2018, 228 (232)).

72 **b) Beschlagnahme.** Eine Beschlagnahme ist unzulässig, wenn ihr besondere Geheimschutzregelungen wie die Gewährleistung des Sozialgeheimnisses entgegenstehen (vgl. für JAmts-Akten etwa LG Saarbrücken JAmt 2007, 321 = BeckRS 2008, 10856; LG Aurich ZKJ 2011, 437 = BeckRS 2011, 11253; LG Oldenburg JAmt 2011, 101 = BeckRS 2011, 12564; LG Oldenburg ZKJ 2017, 437). Deshalb scheidet auch der ermittlungsbehördliche Zugriff auf die Akten der JGH aus (abw. MüKoStPO/Höffler § 50 Rn. 23 mwN: als ultima ratio). Anderenfalls würde die Beurteilungsfreiheit der JGH bzgl. der an das Gericht weiterzugebenden Daten (→ Rn. 41) unterminiert. Auch liefe eine Aktenbeschlagnahme darauf hinaus, die von der JGH zu beachtenden Datenschutzregeln zu unterlaufen (iErg ebenso Bex DVJJ-Journal 2000, 409 (412); Trenczek/Schmoll Jugendkriminalität Rn. 378; aA LG Trier NStZ-RR 2000, 248 mablAnm Eisenberg ZfJ 2000, 399 und Krahmer DVJJ-Journal 2000, 314; NK-JGG/Schady § 50 Rn. 13).

6. Besondere Verfahrensarten

73 Im **vereinfachten JVerfahren** muss die JGH im normalen Umfang ihre Feststellungen treffen und hierüber in der mündlichen Verhandlung **Bericht** erstatten (Abs. 3 S. 1 und Abs. 6 S. 1). Daraus folgt – ungeachtet der Unanwendbarkeit von Abs. 4 S. 1 und § 50 Abs. 3 (dort ist jeweils nur die Hauptverhandlung erfasst) – eine **Anwesenheitspflicht** der JGH, weshalb ihr konsequenterweise auch der Termin der mündlichen Verhandlung mitgeteilt werden muss (s. auch → §§ 76–78 Rn. 35). Nach Abs. 4 S. 3 zu erzwingen ist die Teilnahme aber nicht. Im Ermittlungsverfahren können bis zu dem Zeitpunkt, in dem die JStA den Antrag iSv § 76 stellt, ohnehin keine Besonderheiten gelten. Bei Absehbarkeit dieser Erledigungsform kann der JStA dann aber grds. einen Berichtsverzicht und das JGericht nach Antragstellung einen Berichts- und/oder (auf Antrag der JGH) einen Anwesen-

heitsverzicht erklären (zu diesbzgl. Einschränkungen aber eingehend → Rn. 51 f. und → Rn. 63).

Im **Bußgeldverfahren** nach dem OWiG kann von der Anwendung des § 38 abgesehen werden, wenn die Mitwirkung der JGH für die sachgemäße Durchführung des Verfahrens als entbehrlich erachtet wird (§ 46 Abs. 6 OWiG). Sofern Fragen zur jugendlichen Person oder schwerwiegende Eingriffe zur Debatte stehen (zB Zweifel an der Verantwortlichkeit gem. § 12 Abs. 1 S. 2 OWiG; Vollstreckungsanordnungen nach § 98 OWiG; erhebliche Geldbußen), fehlt es an dieser Entbehrlichkeit (n. auch → § 43 Rn. 5; s. ferner → § 70 Rn. 2, → § 82 Rn. 31; KK-OWiG/Lampe OWiG § 46 Rn. 48; vgl. auch schon Schenker Zbl 1983, 524 (528 ff.); aA Matenaer Zbl 1984, 81). Gleichwohl ist die Mitwirkung rechtstatsächlich äußerst selten (vgl. dazu krit. auch BeckOK JGG/Gertler/Schwarz Rn. 9). 74

VI. Problemfelder der rechtstatsächlichen Aufgabenerfüllung

1. Dysfunktionale Tendenzen der Praxis

In der empirischen Forschung über die JGH (zus. Dollinger ZJJ 2012, 416) wurde bzw. wird verschiedentlich deren gleichsam bürokratische Struktur beanstandet. Die gilt schon insoweit, als die **Zuteilung** des zu betreuenden Jugendlichen oder Heranwachsenden auf den einzelnen Vertreter der JGH nach allg. organisatorischen Vorgaben („anonymisierendes" Buchstabenprinzip) und nicht danach geschieht, wer im Sinne eines „matchings" von der Persönlichkeit und den Fähigkeiten her jeweils am ehesten geeignet erscheint oder durch den wohnumfeldbezogenen Kontakt mit der Lebenswelt des Jugendlichen vertraut ist (dazu früher schon Deußer DVJJ-Journal 1991, 378 (379); s. auch Trenczek DVJJ-Journal 1997, 243). Zu berücksichtigen ist eine Tendenz zur Anpassung an Direktiven institutionalisierter Handlungsnormen (vgl. dazu Eisenberg/Kölbel Kriminologie § 31 Rn. 1 ff.; Eisenberg/Singelnstein ZJJ 2003, 354 (358 ff.)). Ein Bsp. hierfür bietet die lange verbreitete Praxis des sog. **Gerichtsgehers,** die nicht den gesetzlich benannten Funktionen als vielmehr der ressourcenfreundlichen routinemäßigen Erledigung des einzelnen Falles entsprach (vgl. rechtstatsächlich dazu Trenczek DVJJ-Journal 1999, 151 (160 f.); s. auch Höynck/Leuschner Jugendgerichtsbarometer I S. 88: zuletzt noch zu einem Anteil von 6 % der JStV relevant). Dabei vertritt der vor Gericht auftretende Vertreter der JGH den Verfasser des Berichts, ohne dass er zuvor unmittelbaren Kontakt mit dem Angeklagten oder dessen Umgebungspersonen gehabt haben muss. Stattdessen bezieht er seine Informationen im Wesentlichen aus dem schriftlichen Bericht. Dieses Vorgehen widerspricht (inzwischen) der Soll-Vorschrift des Abs. 4 S. 2 sowie des § 52 Abs. 3 SGB VIII. 75

Seit jeher findet ein nicht geringer Anteil von JStV **ohne Mitwirkung** eines Vertreters der JGH statt (Trenczek, Die Mitwirkung der Jugendhilfe im Strafverfahren, 2003, S. 146 f.) – dh ohne vorliegenden Bericht und/oder ohne Anwesenheit in der HV (dazu 22. Aufl. Rn. 51 f. mwN zu älteren Arbeiten). Nach einer bundesweiten Befragung von 391 JÄmtern war die JGH aber zu 50 % in jedem und zu 85 % in mehr als 2/3 der HV-Termine anwesend, wobei die als Teil des Allg. Sozialdienstes organisierte JGH indes 76 auf geringere Anteile kam (DJI 2011, 55; für relativ hohe Anwesenheitswerte vgl. auch Winkelmann, Neue ambulante Maßnahmen …, 2021, S. 60 f.). Dass die Ermittlungen, der Bericht und die HV-Anwesenheit der JGH inzwischen als deren Verpflichtungen ausgestaltet wurden (→ Rn. 10 und → Rn. 61), von denen allein durch einen ausdrücklichen Verzicht befreit werden kann, dürfte den Mitwirkungsgrad indes steigern (für dem auch entspr. Befunde s. Schmoll ua Jugendgerichtshilfebarometer S. 99 ff.). Möglicherweise geht hiervon auch ein gewisser Druck auf das Ermittlungsverhalten aus. Älteren Befunden zufolge **beschränkte** sich ein **persönlicher Kontakt** des JGH-Vertreters zu dem Jugendlichen oft auf ein einmaliges Gespräch, zu welchem der auf freiem Fuß befindliche Beschuldigte und ggf. auch die Erziehungsberechtigten üblicherweise in das JAmt geladen wurden (dazu 22. Aufl. Rn. 53 mwN zu älteren Arbeiten). Folgerichtig schien sich auch die Betreuungsaufgabe vielfach in kurzen Kontakten zu erschöpfen und insb. die nachgehende Unterstützung eher vernachlässigt zu werden (s. dazu etwa Goerdeler/Walkenhorst, Jugendstrafvollzug in Deutschland/Hosser/Lauterbach/Höynck 2007, S. 396). Dieses Problem besteht im Grunde wohl fort (Schmoll ua Jugendgerichtshilfebarometer S. 64 ff., 77 ff.).

77 Auch dass die JGH von laufenden polizeilichen Ermittlungen häufig erst verzögert informiert wird (→ Rn. 59a) und mit ihrer Fallarbeit oft **so spät** beginnt (→ Rn. 39), dass sie im Ermittlungsverfahren kaum wirksam werden kann (dazu bereits Adam/Albrecht/Pfeiffer, Jugendrichter und Jugendstaatsanwälte in der Bundesrepublik, 1986, S. 127; BMJ/Hügel 1986, S. 48; s. auch 22. Aufl. Rn. 54 mwN zu älteren Arbeiten), ist mit der aktuellen Rechtslage nicht mehr vereinbar (→ Rn. 34). Das gilt im Wesentlichen (s. → Rn. 35 f.) ebenso für die bisweilen verschleppte Erstellung des schriftlichen Berichts (dazu früher Seidel, Die JGH in ihrer Ermittlungsfunktion und ihr Einfluß auf richterliche Entscheidungen im Jugendstrafverfahren gegen weibliche Jugendliche, 1988, S. 122: teilw. erst unmittelbar vor der HV; für aktuelle, davon nicht grds. abweichende Befunde s. Schmoll ua Jugendgerichtshilfebarometer S. 80 ff.).

2. Funktionswiderspruch

78 Die Aufgabe der JGH, einerseits Ermittlungs- und Beratungshilfe für das JGericht leisten und andererseits den Jugendlichen unterstützen zu sollen (→ Rn. 8 ff.), führt zu Spannungen und Konflikten. Diese beruhen darauf, dass Strafverfolgung idR einen **(reaktiven) Angriff** auf denselben Jugendlichen darstellt, der von der JGH eigentlich geschützt und sozialpädagogisch gefördert werden soll (wenngleich dieser Beistand nicht nur um seiner selbst willen, sondern auch im gesellschaftlichen Interesse an seiner sozialen Integration erfolgt (n. Scherr ZJJ 2011, 175)). Der Rollenkonflikt (vgl. etwa Wiesner/Wapler/Wapler SGB VIII § 52 Rn. 23) findet in dem Vertreter der JGH gewissermaßen seine Personifizierung. Mitunter trägt er zu einer Rollenverunsicherung bei (zust. LPK-SGB VIII/Riekenbrauk SGB VIII § 52 Rn. 13).

79 Dollinger/Schabdach (Jugendkriminalität S. 179 ff.) gehen nach einer systematischen Analyse des vorhandenen empirischen Materials davon aus, dass das JGH-Personal diesen Erwartungswiderspruch durch Einnahme einer (straf-)juristischen Perspektive weitgehend aufhebt und justizähnliche Handlungsmaßstäbe entwickelt (s. auch → Rn. 23 aE; relativierend Dollinger/

Schmidt-Semisch Jugendkriminalität-HdB/Trenczek S. 417 ff.; zu unterschiedlichen, un-/parteilichen Selbstverständnissen auch Kühne/Schlepper Soziale Probleme 30 (2019), 145; Wehrheim, Sanfte Kontrolle?/Kühne/Schlepper, 2021, S. 245 ff.; erg. Pohlenk Jugendgerichtshilfe S. 249 ff.). Solche Folgen der Doppelfunktion gehen am ehesten zu Lasten des sozialpädagogischen Korrektivs, denn die Betreuungsfunktion setzt beim Jugendlichen eine gewisse **Vertrauensbasis** voraus. Gerade diese Grundlage muss jedoch erodieren, wenn dem Jugendlichen die Anteile der JGH an seiner Strafverfolgung bewusst werden. Infolge seiner Zeugnispflicht (vgl. → Rn. 69 ff.) und der Ermittlungstätigkeit (vgl. → Rn. 9 ff.) kann der Vertreter der JGH nicht ohne weiteres erwarten, dem Jugendlichen als verlässlich zu gelten (vgl. etwa schon Busch Zbl 1985, 393 (401); Herbertz/Salewski, Gewalttätige Jugendliche und Soziale Kontrolle, 1985, S. 306 ff.; zu Berichten, wonach sich der Jugendliche in der HV „nicht selten von der JGH im Stich gelassen fühlt", vgl. Böhm/Feuerhelm JugendStrafR S. 129). Deshalb ist es umgekehrt auch fraglich, inwieweit sich der Beschuldigte und sein Umfeld gegenüber dem Vertreter der JGH ehrlich und wahrhaftig verhalten (vgl. auch Eisenberg/Kölbel Kriminologie § 29 Rn. 7 ff.).

Bei nichtdeutschen Jugendlichen bzw. solchen mit **Migrationshintergrund** stößt die Herstellung von Vertrauen auf besondere Schwierigkeiten, va bei einem (erst) kurzzeitigen Aufenthalt in Deutschland. Die JGH wird von ihren Klienten hier vermutlich (noch) häufiger auf der „Verfolgerseite" verortet. Ihre Berichte bleiben daher (insb. hinsichtlich des familiären Hintergrundes) oftmals spärlich (vgl. Beyer, Jugendgerichtshilfe für Ausländer, 1992; Albrecht/Pfeiffer, Die Kriminalisierung junger Ausländer, 1979, S. 71 f.). Der Anteil von Bediensteten der JGH, die selbst einen Migrationshintergrund aufweisen, ist offenbar anhaltend begrenzt (nach DJI 2011, 83 nur in 15 % der befragten JÄmter). 80

3. Beschränkte Geltendmachung sozialpädagogischer Belange

a) Ausbildung. Als Folge des Umstandes, dass der Gesetzgeber bislang keine besonderen Anforderungen an die erzieherische Befähigung und Erfahrung des Vertreters der JGH stellt (vgl. aber Art. 7 Abs. 7 RL (EU) 2016/800: „von qualifiziertem Personal"), ist eine spezielle Zusatz**ausbildung** des JGH-Personals (mit einem Studienabschluss vorzugsweise in Sozialarbeit oder ggf. Sozialpädagogik) weithin unterblieben. Allerdings bestehen, verstärkt seit Inkrafttreten des SGB VIII, regional unterschiedliche qualifizierende Angebote (zB als ein Schwerpunkt im Lehrprogramm von Fachhochschulen, berufsbegleitende Zusatzqualifikationsmöglichkeiten etc). Die wiederholten Forderungen nach einer fachorientierten Ausrichtung schon der Ausbildung haben indes die Tendenz zu einer **spezialisierten** JGH gestärkt (→ Rn. 3). Ob die Soll-Vorschrift des § 72 Abs. 1 SGB VIII (s. hierzu Wiesner/Wapler/Wiesner SGB VIII § 72 Rn. 4) geeignet ist, dieses inzwischen erreichte Niveau zu garantieren und auszubauen, erscheint zw., da das dort (für hauptberuflich Beschäftigte) geregelte Qualifikationserfordernis ebenso unbestimmt wie das Fachkrafterfordernis gem. § 72 Abs. 1 S. 2 SGB VIII bleibt und durch Berufserfahrung substituierbar ist. Eine spezielle Aus- und Fortbildung, die über die idR sozialarbeiterische Basisqualifikation hinausgeht, scheint selten zu sein (vgl. die Daten bei Winkelmann, Neue ambulante Maßnahmen …, 2021, S. 62 ff.). Dennoch liegen Hinweise auf 81 ein insges. hohes Qualifikationsniveau in der JGH vor (Schmoll ua Jugendgerichtshilfebarometer S. 49).

82 **b) Verhältnis zur Justiz.** In der Praxis scheinen die Ressourcen der JGH weitgehend für die Beratung der Justiz genutzt zu werden, so dass für die Unterstützung des Jugendlichen wenig Ressourcen verbleiben (Anhaltspunkte bei Pohlenk Jugendgerichtshilfe S. 247 f.). Bei der Beratung ist die JGH sodann traditionell weniger auf Kontakte zur JStA als zum JGericht hin orientiert (vgl. etwa schon DVJJ/Köpcke 1987, S. 201 f.; Kreichelt DVJJ-Journal 1999, 64 (65 f.); n. Gadow/Holthusen/Hoops ZJJ 2012, 303 (306): „eingespieltes Team" mit JGericht). Wenn die interinstitutionelle **Zusammenarbeit** von der JGH (Schmoll ua Jugendgerichtshilfebarometer S. 123 f.) wie von Seiten der Justiz oft als positiv bewertet wird (vgl. Adam/Albrecht/Pfeiffer, Jugendrichter und Jugendstaatsanwälte in der Bundesrepublik, 1986, S. 130; Kreichelt DVJJ-Journal 1999, 64 (65); Höynck/Leuschner Jugendgerichtsbarometer I S. 93 f.; Höynck ua Jugendgerichtsbarometer II S. 74 f.), dürfte sich dies dementspr. auf die HV und die Berichterstattung beziehen, wohingegen die Aktivitäten im Ermittlungsverfahren (bzgl. der Einstellungsvoraussetzungen oder Haftentscheidungshilfe) und Betreuungsaspekte bei solchen Einschätzungen systematisch ausgeblendet bleiben (vgl. aber Simon, Der Jugendrichter im Zentrum der Jugendgerichtsbarkeit, 2003, S. 158 f., wonach 21,4 % der Amtierenden mit der Ermittlungstätigkeit der JGH sehr zufrieden und 74,3 % zufrieden bzw. mit der Überwachungs- und Betreuungstätigkeit 90 % zufrieden bis sehr zufrieden waren).

83 Der **Einfluss** der JGH auf die richterliche Entscheidung wird teilw. für gering gehalten (vgl. etwa BMJ/Hügel 1986, S. 48 ff.; Eisenberg/Singelnstein ZJJ 2003, 356); JRichter ließen den Bericht der JGH „fallen", wenn er von ihren Absichten abwiche (vgl. DVJJ/Weyel 1990, S. 150). In nicht wenigen Studien (Zusammenstellung bei Dollinger ZJJ 2012, 416 (418 ff.) sowie 22. Aufl. Rn. 61) wird aber auch eine hohe Übereinstimmung der JGH-Vorschläge mit den tatsächlich angeordneten Rechtsfolgen festgestellt (vgl. etwa Wild, Jugendgerichtshilfe in der Praxis, 1989, S. 200: bei „spezialisierten" JGH-Vertretern zu 95 %; relativierend DJI 2011, 55; Höynck/Leuschner Jugendgerichtsbarometer I S. 77 f.; Höynck ua Jugendgerichtsbarometer II S. 65 f.). Dies dürfte jedoch weniger auf der Durchschlagskraft der JGH-Positionen beruhen, sondern wesentlich auch auf die Antizipation der richterlichen Präferenzen durch die JGH zurückführbar sein (dazu bereits Müller/Otto (Hrsg.), Damit Erziehung nicht zur Strafe wird, 1986, S. 8: „strukturelle Subordination").

84 **c) In-/Effektivität.** Inwieweit (die Tätigkeit der JGH insg. und insbes.) der Ermittlungsbericht als erzieherisch positives Element tatsächlich wirksam wird oder umgekehrt gar zu einer als negativ beurteilten Entwicklung beiträgt, ist **unklar** (s. auch Wild, Jugendgerichtshilfe in der Praxis, 1989, S. 167 ff.). Allerdings sind für die JGH gewisse Tendenzen zu einer selektiven Akzentuierung negativer Faktoren ebenso wenig zu bestreiten wie die Neigung zu stereotypen Erklärungsmustern und strafbefürwortenden Sanktionseinstellungen (dazu → Rn. 23, 33 und 79). Das Potenzial, zu rechtspolitisch erwünschten Entwicklungen beizutragen, wird hierdurch von vornherein limitiert. Zu der Frage, ob und inwieweit die JGH deshalb zu devianten Entwicklungsverläufen Jugendlicher verstärkend beitrage, liegen unterschiedliche Antworten vor (bej. die Ergebnisse der Aktenanalyse von

Brusten/Müller Neue Praxis 1972, 174 (181)). Meist ließ sich ein solcher kontraproduktiver Einfluss nicht bestätigen (vgl. Peters/Cremer-Schäfer, Die sanften Kontrolleure, 1975, S. 44; vgl. auch Winter-v. Gregory Neue Praxis 1979, 437 (451); diff. Wehrheim, Sanfte Kontrolle?/Kühne/Schlepper, 2021, S. 149 ff., 193 ff.).

VII. Revision

Die **Abwesenheit** eines Vertreters der JGH in der **HV** führte nach früher hM idR nicht zur Revisibilität des Urteils. Kam die JGH nicht in die HV (und erstattete sie folglich keinen Bericht), hatte dies keine Konsequenzen, sofern sie über das JStV und den Verhandlungstermin informiert worden war. Nachdem ihre Anwesenheit indes im Grundsatz obligatorisch geworden ist (→ Rn. 61), stellt es einen Fall von **§ 338 Nr. 5 StPO** iVm § 2 Abs. 2 dar, wenn die HV unzulässig ohne die JGH durchgeführt wird und in ein Urteil mündet (Nöding Verteidigung Rn. 275; ebenso zust. wohl Goldberg, Das Gesetz zur Stärkung der Verfahrensrechte (…), 2021, Rn. 21; Höynck/Ernst ZJJ 2020, 245 (254); aA BeckOK JGG/Gertler/Schwarz Rn. 138). Dies betrifft Fälle, in denen ein rechtswidriger Anwesenheitsverzicht erfolgt ist oder in denen die JGH (auf deren Dabeisein nicht verzichtet wurde) unberechtigt oder wegen einer unterbliebenen Terminmitteilung nicht erscheint (zust. HK-JGG/Trüg/Gundelach Rn. 34; einschr. NK-JGG/Sommerfeld Rn. 30). De facto bestehen hier indes Überschneidungsbereiche mit weiteren Revisionsgründen: 85

Fälle, in denen die **Terminmitteilung iSv § 50 Abs. 3 S. 1 nicht erfolgt** und deshalb kein Vertreter der JGH in der HV erschienen ist (ohne dass dies durch einen regelgerechten Verzicht gerechtfertigt wäre), stellen zugleich auch einen **Verstoß** gegen **Abs. 6 S. 1** dar, wie die JGH hier gar nicht (oder jedenfalls nicht ausreichend) herangezogen wird, was seit jeher als eine Gesetzesverletzung iSv § 337 StPO iVm § 2 Abs. 2 gilt. Ein so ergangenes Urteil ist auf eine entspr. Verfahrensrüge hin idR aufzuheben (BGHSt 6, 354 = NJW 1954, 1855; BGHSt 27, 250 = BeckRS 1977, 30403055; BGH StV 1982, 27; OLG Saarbrücken NStZ-RR 1999, 284). Das Gleiche gilt, wenn die vertretene JGH unzuständig ist (BGHR JGG § 50 Abs. 3 Heranziehung 1 = BeckRS 1987, 31100333) oder die zwischenzeitlich zuständig gewordene JGH nicht berücksichtigt wurde (BGH StV 1993, 536 = BeckRS 1993, 30985641). Das Vorliegen eines schriftlichen Berichts der JGH ändert daran nichts (zu Folgen einer irregulären Berichtsverlesung → § 50 Rn. 46). Unerheblich ist ferner, ob der Beschuldigte inzwischen ein Erwachsener ist, ob die Fallerhebungen der JGH beim Jugendlichen überhaupt ergiebig sein können (dazu bei einem Nichtdeutschen BGH NStZ 1982, 257) und ob er zu einem früheren HV-Termin nicht erschienen war (BGH StV 1993, 536 = BeckRS 1993, 30985641). Die Einbindung der allg. Gerichtshilfe heilt den Verstoß nicht (BGH NStZ-RR 2001, 27). 86

War die von Abs. 6 S. 2 geforderte **Mitteilung durch JStA** oder Polizei rechtswidrig (→ Rn. 59) unterblieben, wirkt sich dies im Urteil dagegen vielfach nicht aus, wenn die JGH auf andere Weise später noch eingebunden wurde (vgl. auch OLG Jena BeckRS 2017, 135309: prozessuale Überholung). Das ist va bei einer richterlichen Terminnachricht iSv § 50 Abs. 3 87

S. 1 der Fall (BGHSt 27, 250 = BeckRS 1977, 30403055; BGH StV 1985, 153 = BeckRS 1984, 31107806; BGHR JGG § 38 Abs. 3, Heranziehung 1 = BeckRS 1987, 31100333; BayObLGSt 1994, 169 (172)). Dies schließt die Anfechtbarkeit aber nur aus, sofern die Ermittlung und Berichterstattung zeitlich für die JGH dann bis zur HV **noch machbar** ist (BGH StV 1982, 336; s. auch → § 50 Rn. 34). Anderenfalls liegt hierin ebenso ein revisibler Ausschluss der JGH wie in einem **rechtswidrigen Verzicht** auf deren Bericht. Für das Berufungsverfahren gelten in all diesen Punkten keine Abweichungen (ähnlich Brunner/Dölling Rn. 23; abw. OLG Koblenz MDR 1973, 873).

88 Die (nicht von einem rechtmäßigen Anwesenheitsverzicht gedeckte) Abwesenheit der JGH in der HV verletzt idR gleichzeitig auch die **Aufklärungspflicht** gem. § 43 sowie § 244 Abs. 2 StPO iVm § 2 Abs. 2 (BGHSt 27, 250 = BeckRS 1977, 30403055; OLG Karlsruhe MDR 1975, 422; BayObLG bei Rüth DAR 1982, 241 (251); OLG Brandenburg DVJJ-Journal 2002, 351 = BeckRS 2001, 30180584; Höynck/Ernst StV 2022, 58 (65)). Das gilt jedenfalls dann, wenn die Mitwirkung der JGH konkret geboten war – etwa im Hinblick auf die Ermittlung von Umständen, die für die Rechtsfolgenauswahl und/oder -bemessung oder die Voraussetzungen des § 105 Abs. 1 relevant sind (BGH StV 1985, 153 = BeckRS 1984, 31107806; NStZ 2012, 574; BayObLGSt 1994, 169 (172)). Der Nicht-Heranziehung steht es iÜ gleich, wenn die anwesende JGH nicht angehört wird (BeckOK JGG/Gertler/Schwarz Rn. 149; anders noch BGH RdJB 1961, 313 = BeckRS 2016, 15971) oder wenn der Informationsausfall entweder der JGH (va bei **verweigerter oder völlig unzulänglicher Berichterstattung**) oder dem Jugendlichen (va bei Kontaktablehnung ggü. der JGH) zuzurechnen ist und das Gericht gleichwohl in der Sache entscheidet, ohne sich die notwendigen Erkenntnisse auf andere Weise beschafft oder in dubio pro reo die für den Angeklagten günstigsten Annahmen zugrunde gelegt zu haben (OLG Köln NStZ 1986, 569 (571)). Ob schließlich die Mitwirkung einer örtlich unzuständigen JGH als Verletzung der Aufklärungspflicht zu beurteilen ist (bejahend Kiehl DVJJ-Journal 1997, 39 (41 f.); Trenczek/Schmoll Jugendkriminalität Rn. 387), hängt vom Einzelfall ab.

89 Revisionsrechtliche Bedeutung kann es in diesem Zusammenhang ferner haben, wenn die Ausführungen der JGH in **ungenügender Weise wiedergegeben, verkürzt thematisiert oder gar ignoriert** werden (so, wenn auch eher beiläufig KG StV 2013, 763 = BeckRS 2013, 1154 sowie BGH NStZ-RR 2011, 218 (219) mzustAnm Eisenberg DVJJ 2011, 202 (204): weder die Argumente der JGH erörtert, noch eine Auseinandersetzung mit diesen erkennbar). Die Judikatur ist hierbei aber nicht konsequent (kennzeichnend etwa BGH StV 2016, 709 (Ls.) mAnm Eisenberg StV 2016, 709 (711)). Während der Vortrag, das Urteil habe sich nicht ausreichend mit dem Bericht der JGH befasst, etwa von OLG Celle ZJJ 2021, 384 = BeckRS 2021, 14603 als Aufklärungsrüge eingestuft wird, geht BGH BeckRS 2024, 12621 von einer Ausschöpfungsrüge aus. Diese sei nur zulässig, wenn der Inhalt jener Beweisergebnisse (hier die JGH-Ermittlungen), deren Berücksichtigung zur vollständigen Erfassung des relevanten Beweisstoffes und zur inhaltlichen Richtigkeit der Feststellungen geboten war, im Einzelnen vorgetragen und ebenso wie dessen konkrete Nichtberücksichtigung ausgeführt wird. Auch der sachlich-rechtlich relevante Mangel einer unvollständigen Beweiswürdigung sei durch die Ausblendung des JGH-Berichts nicht begründet, weil dessen Inhalte trotzdem erwogen und in die Überzeugungsbildung eingegangen sein können.

Zweiter Abschnitt. Zuständigkeit

Sachliche Zuständigkeit des Jugendrichters

39 (1) [1]**Der Jugendrichter ist zuständig für Verfehlungen Jugendlicher, wenn nur Erziehungsmaßregeln, Zuchtmittel, nach diesem Gesetz zulässige Nebenstrafen und Nebenfolgen oder die Entziehung der Fahrerlaubnis zu erwarten sind und der Staatsanwalt Anklage beim Strafrichter erhebt.** [2]**Der Jugendrichter ist nicht zuständig in Sachen, die nach § 103 gegen Jugendliche und Erwachsene verbunden sind, wenn für die Erwachsenen nach allgemeinen Vorschriften der Richter beim Amtsgericht nicht zuständig wäre.** [3]**§ 209 Abs. 2 der Strafprozeßordnung gilt entsprechend.**

(2) **Der Jugendrichter darf auf Jugendstrafe von mehr als einem Jahr nicht erkennen; die Unterbringung in einem psychiatrischen Krankenhaus darf er nicht anordnen.**

Übersicht

I. Anwendungsbereich

1. Jugendstrafrechtliche Materien

1 Die Vorschrift gilt in Verfahren gegen Jugendliche sowie gem. § 108 Abs. 1 auch in Verfahren gegen Heranwachsende. Bei einer Verbindung von Verfahren ggü. Jugendlichen und Erwachsenen (bzw. ggü. Heranwachsenden und Erwachsenen (→ § 112 Rn. 1)) greift bei jugendgerichtlicher Zuständigkeit (§ 103 Abs. 2 S. 1) die Vorschrift ebenfalls ein (→ Rn. 9). Ist beim Heranwachsenden jeweils mit der Anwendung von allg. StR zu rechnen, kommt für die Frage, welches JGericht zuständig ist, indes die Sonderregelung in § 108 Abs. 2 und Abs. 3 zum Tragen.

2. Sonstige Zuständigkeiten der Jugendgerichte

Für Verfahren gegen Jugendliche und/oder Heranwachsende nach dem 2
OWiG (zur Zuständigkeit der JGerichte → §§ 33–33b Rn. 10) liegt mit **§ 68 Abs. 2 OWiG** eine abschließende und vorrangige Bestimmung vor, sodass die sachliche Zuständigkeit des JRichters in Bußgeldsachen hierauf und nicht auf Abs. 1 S. 1 beruht (KK-OWiG/Ellbogen OWiG § 68 Rn. 28). – Ebenfalls unanwendbar ist die Vorschrift in **Jugendschutzsachen** (zur hier bestehenden „unechten" Wahlmöglichkeit zwischen JGerichten und allg. Strafgerichten → §§ 33–33b Rn. 11 f.). In diesem Bereich bestimmen die §§ 24, 25 GVG, welches JGericht zuständig ist (§ 26 Abs. 1 S. 2 GVG).

II. Sachliche Zuständigkeit des Jugendrichters

1. Regelungszusammenhänge von Abs. 1 und Abs. 2

Die Zuständigkeit der Jugendgerichte in ihrer Abgrenzung zu den allg. 3
Strafgerichten wird grdl. in § 33 Abs. 1 (→ §§ 33–33b Rn. 3, 6 ff.) sowie für Heranwachsende durch § 107 und für einige Sonderkonstellationen erg. auch in §§ 102, 103, 112 geregelt. Innerhalb dieses Bereichs erfolgt die Zuweisung der Zuständigkeit an die verschiedenen JGerichte sodann wie folgt: Die §§ 39–41 legen die erstinstanzliche Zuständigkeit fest, wobei sich die **sachliche Zuständigkeit** des JRichters im Verhältnis zu den anderen JGerichten aus **Abs. 1** ergibt. Für die örtliche Zuständigkeit sind die §§ 7 ff. StPO iVm § 2 Abs. 2 maßgeblich, ergänzt durch § 42 JGG. Hinsichtlich der Zuständigkeit als Rechtsmittelgericht gelten die Bestimmungen des allg. StVR.

Sachlich zuständig ist der JRichter hiernach immer dann, wenn sich die 4
konkret fallbezogene Rechtsfolgenerwartung innerhalb des in Abs. 1 S. 1 (sowie ggf. Abs. 1 S. 2) genannten Spektrums bewegt (zur dahingehenden Beurteilung des JStA → Rn. 5 ff.). Die **Strafgewalt** des JRichters geht darüber allerdings hinaus. Anders als im allg. StVerf (dort: § 24 Abs. 2 GVG) bleibt sie zwar hinter der des JSchöffG zurück, doch kann der JRichter immerhin Sanktionen bis zu der in **Abs. 2** genannten Grenze anordnen (→ Rn. 11 f.). Für die Frage, bei welchem JGericht die JStA eine Anklage erhebt (und ob dieses JGericht das Hauptverfahren dann auch eröffnet), hat die Rechtsfolgenkompetenz aber keine Bedeutung. Maßgeblich ist in diesem Verfahrensstadium allein die Rechtsfolgenerwartung (dazu etwa der Fall von LG Waldshut-Tiengen BeckRS 2014, 6726). Dass die tatsächliche Aburteilungszuständigkeit den Rahmen der sog. Anklagezuständigkeit übersteigt, hat iÜ **prozessökonomische** Gründe. So kann sich nach Eröffnung des Hauptverfahrens ergeben, dass die in Abs. 1 S. 1 angeführten Rechtsfolgen nicht ausreichend sind, wobei Abs. 2 dann die Übertragung an ein anderes Gericht entbehrlich macht. Gem. **§§ 51a, 68 Nr. 5** kann allerdings in diesen Fällen ein Neubeginn der zu diesem Zeitpunkt ggf. schon angelaufenen HV erforderlich sein.

2. Zuständigkeitsprüfung des Jugendstaatsanwalts

a) Rechtsfolgenerwartung. Die sachliche Zuständigkeit des JRichters 5
setzt voraus, dass bei Erhebung der Anklage gegen einen Jugendlichen oder

Heranwachsenden (§ 107) mit einer der in Abs. 1 S. 1 genannten Rechtsfolgen zu rechnen ist. Es muss die **Erwartung bestehen,** dass im betreffenden Einzelfall nur Erziehungsmaßregeln (§§ 9 ff.), Zuchtmittel (§§ 13 ff.), nach dem JGG zulässige Nebenstrafen und -folgen (vgl. §§ 6, 8 Abs. 3) oder die Entziehung der Fahrerlaubnis (§§ 69 ff. StGB iVm § 7 Abs. 1) zur Anwendung kommen werden. Die in der Justizpraxis bisweilen geführte Diskussion um die Einbeziehung der JStrafe bis zu zwei Jahren (dafür Strewe ZRP 2003, 287 (288); dagegen Kuba ZRP 2004, 28; Kropp ZRP 2004, 57) hat hier berechtigterweise zu keiner Erweiterung geführt. Der JRichter ist also auch für Verfahren, in denen sich ein Bewährungs- oder auf § 27 gestützte Aussetzungsentscheidung abzeichnet, nicht zuständig.

6 **b) Keine Entscheidungsspielräume.** Die etwas irreführende Formulierung in Abs. 1 S. 1 aE („und der StA Anklage beim Strafrichter erhebt") verweist rein deklaratorisch auf das ohnehin selbstverständliche Anklageerfordernis. Die Vorschrift begründet – anders als noch § 26 RJGG 1943 – aber kein Wahlrecht und im Hinblick auf Art. 101 Abs. 1 S. 2 GG auch kein Ermessen (vgl. etwa Diemer/Schatz/Sonnen/Schatz Rn. 10; OLG Düsseldorf NStZ 1990, 292 (292 f.) zu §§ 24, 25 GVG; abw. Brunner/Dölling §§ 39–41 Rn. 8). Das konditionale Normprogramm des Abs. 1 kennt nur insofern eine gewisse Unschärfe, als die Sanktionsprognose des JStA naturgemäß „nur in groben Kategorien möglich" ist (OLG Karlsruhe wistra 1997, 198 = BeckRS 1997, 31161119). Sofern aber die Rechtsfolgenerwartung im Rahmen von Abs. 1 S. 1 bleibt, **muss** die beabsichtigte Anklage zwingend **beim JRichter** erhoben werden (Dallinger/Lackner Rn. 6). Ausnahmen bestehen nur, falls Gegebenheiten vorliegen, die iSv § 41 Abs. 1 zur Zuständigkeit der JKammer führen (namentlich etwa die Schutzwürdigkeit von potenziellen Zeugen (n. → § 41 Rn. 11 ff.)).

7 Allerdings soll der JStA, selbst wenn er die Rechtsfolgenerwartung iSv Abs. 1 S. 1 bejaht, bei **besonderen Umständen** (dh einem angehobenen Grad der Schwierigkeit, der Bedeutung oder des Umfangs der Sache) nach teilw. vertretener Ansicht auch vor dem JSchöffG anklagen können (so jedenfalls Diemer/Schatz/Sonnen/Schatz Rn. 11; Beulke/Swoboda JugendStrafR Rn. 609; zu Folgen für die notwendige Verteidigung → § 68 Rn. 35). Gegen diese Ansicht spricht jedoch, dass eine solche Option – in beredter Abweichung von § 24 Abs. 1 S. 1 Nr. 3 GVG (→ § 40 Rn. 11) – in den §§ 39, 40 **in keiner Weise vorgesehen** ist (ebenso BeckOK JGG/Wellershoff Rn. 9).

8 Nicht selten belässt die Rechtsfolgenprognose gewisse **Zweifel** dergestalt, dass eine Überschreitung des Rechtsfolgenspektrums von Abs. 1 S. 1 nicht ausgeschlossen erscheint. In solchen Fällen soll der JStA gehalten sein, vor dem JSchöffG anzuklagen (so Dallinger/Lackner Rn. 4; Brunner/Dölling §§ 39–41 Rn. 3, 8). Da aber die Anklage vor dem höher gestellten Gericht für den Jugendlichen zu stärkeren Belastungen führen kann (größerer Formalisierungsgrad und Verfahrensaufwand, stärkere Stigmatisierung), **reichen** Zweifel an der Zuständigkeit des JRichters, für die Zuständigkeit des JSchöffG **nicht aus.** Das gilt jedenfalls, solange die Prognose noch aufrechterhalten und nicht aufgegeben wird (vgl. auch NK-JGG/Schady Rn. 4; MüKoStPO/Höffler Rn. 7; Beulke/Swoboda JugendStrafR Rn. 609; diff. Diemer/Schatz/Sonnen/Schatz Rn. 9).

c) **Besonderheiten bei verbundenen Verfahren.** Eingeschränkt ist die 9
sachliche Zuständigkeit des JRichters, wenn Verfahren gegen Jugendliche (bzw. Heranwachsende (§ 112 S. 1)) mit Verfahren gegen Erwachsene nach § 103 Abs. 2 S. 1 verbunden sind und für die Erwachsenen nicht der Einzelrichter beim AG, sondern das Schöffengericht oder sogar eine Strafkammer (hierzu OLG Köln NStZ-RR 2000, 314) zuständig wäre. Für die Sache ist dann insg. (auch hinsichtlich des Jugendlichen oder Heranwachsenden, dessen Verfahren hinzuverbunden wurde) die **JKammer** zuständig, soweit die Voraussetzungen von § 41 Abs. 1 Nr. 3 iVm § 74 Abs. 1 GVG gegeben sind (n. auch zur Problematik der Norm → § 41 Rn. 9 f.), und ansonsten das **JSchöffG.** Wenn der Erwachsene also bspw. wegen eines Verbrechens angeklagt wird (was nach Abs. 1 S. 1 beim Jugendlichen oder Heranwachsenden an sich bedeutungslos ist) oder bei ihm eine Freiheitsstrafe von über zwei Jahren zu erwarten steht, scheidet die gemeinsame Anklage vor dem JRichter also aus. Diese Maßgaben kommen jedoch nicht zum Zuge, wenn im Falle einer Verfahrensverbindung ausnahmsweise ein Erwachsenengericht zuständig ist (§ 103 Abs. 2 S. 2 Hs. 1). In diesen Sonderkonstellationen beruht die gemeinsame Zuständigkeit der Staatsschutz- oder Wirtschaftsstrafkammer auf § 103 Abs. 2 S. 2 Hs. 2 iVm §§ 74a, 74c GVG.

3. Zuständigkeitsprüfung des Jugendrichters

Die JStA erhebt zwar die Anklage bei dem „zuständigen" Gericht (§ 170 10
Abs. 1 StPO iVm § 2 Abs. 2). Seine Sanktionsprognose sowie seine Einschätzung hinsichtlich besonderer Umstände iSv § 41 Abs. 1 (s. jeweils → Rn. 5 f.) haben aber **keine Bindungswirkung** für den JRichter (§ 206 StPO iVm § 2 Abs. 2). Vielmehr bleibt der JRichter zu einer **voll- und eigenständigen** Prüfung seiner sachlichen Zuständigkeit verpflichtet (s. auch → § 41 Rn. 6). Er hat in jedem Verfahrensstadium (§ 6 StPO iVm § 2 Abs. 2) insbes. die Sanktionserwartung also selbst abzuschätzen und bei von ihm konstatierter Unzuständigkeit die sich daraus ergebenden Entscheidungen (→ Rn. 13 ff.) von Amts wegen zu treffen. Dabei kommt es **vor Eröffnung** des Hauptverfahrens auf die Rechtsfolgenerwartung gem. Abs. 1 an und **nach der Eröffnung** auf die Rechtsfolgenkompetenz gem. Abs. 2.

4. Rechtsfolgenkompetenz des Jugendrichters

Die (gemessen an den Zuständigkeitskriterien vor Anklageerhebung er- 11
weiterte) Strafgewalt des JRichters nach Eröffnung des **Hauptverfahrens** ergibt sich aus **Abs. 2.** Hiernach darf der Jugendrichter auf JStrafe in einer Höhe von bis zu einem Jahr erkennen und als sonstige Maßregel iSv § 7 Abs. 1 auch die Unterbringung in einer Entziehungsanstalt oder die Führungsaufsicht – nicht aber die Unterbringung in einem psychiatrischen Krankenhaus – anordnen (allgA). Die Kompetenz zur Anordnung einer bis zu einjährigen JStrafe schließt die Entscheidung über eine ausgesetzte Verhängung **(§ 27)** ein. Allerdings kommt diese lediglich in Betracht, wenn im Falle eines Nachverfahrens eine JStrafe von nicht mehr als einem Jahr bestimmt werden würde (n. dazu → § 27 Rn. 19).

Die Rechtsfolgenkompetenz des JRichters ist grds. also geringer als die 12
des Strafrichters im allg. StVerf, wo sie bis zu einer vierjährigen Freiheitsstrafe reicht (§ 24 Abs. 2 GVG). Über diese größere Strafgewalt verfügt der

JRichter allein, wenn er Verfehlungen eines Heranwachsenden nach allg. StR abzuurteilen hat (§ 108 Abs. 2 und Abs. 3 S. 1). Hiervon abgesehen greift Abs. 2 ausnahmslos. Die dort festgelegte Grenze der Strafgewalt darf der JRichter auch dann **nicht überschreiten,** wenn er unter Einbeziehung eines früheren rechtskräftigen Urteils nach **§ 31 Abs. 2** auf eine einheitliche Rechtsfolge erkennt (vgl. schon OLG Celle GA 1960, 86; OLG Schleswig bei Böhm NStZ 1997, 480 (483)). In diesem Rahmen kann der JRichter allerdings auch frühere rechtskräftige Urteile von Gerichten höherer Ordnung einbeziehen (vgl. dazu → § 31 Rn. 16; für ein Einschränkung iZm § 27 n. → § 102 Rn. 3).

III. Verfahren bei (angenommener) Unzuständigkeit

1. Vor Eröffnung des Hauptverfahrens

13 Hält sich der JRichter, der zur fortwährenden Überprüfung seiner Zuständigkeit verpflichtet ist (→ Rn. 10), im Stadium vor dem Eröffnungsbeschluss für sachlich nicht zuständig, ist eine entspr. Mitteilung an die JStA zweckmäßig. Dies kann zur Rücknahme der Anklageschrift (§§ 156 StPO iVm § 2 Abs. 2) und zur Erhebung der Anklage bei dem zuständigen Gericht führen (vgl. auch Diemer/Schatz/Sonnen/Schatz Rn. 19). Alternativ oder bei Nicht-Reaktion der JStA kann der JRichter, wenn er einen **anderen JRichter desselben Gerichts** nach der Geschäftsverteilung für zuständig hält, das Verfahren an diesen – ohne bindende Wirkung (vgl. OLG Hamm NJW 1972, 1909) – formlos abgeben (s. etwa Diemer/Schatz/Sonnen/Schatz Rn. 20; vgl. auch BGHSt 18, 173 = NJW 1963, 500). Anhängig wird das Verfahren dann erst durch die Übernahmeerklärung des empfangenden JRichters.

14 Hält der JRichter in diesem Verfahrensstadium indes das JSchöffG, die JKammer oder das OLG innerhalb seines Gerichtsbezirks (sonst: § 16 StPO) für sachlich zuständig, legt er diesem gem. **Abs. 1 S. 3 iVm § 209 Abs. 2 StPO** die Akten zur Entscheidung vor (zum Vorgehen bei angenommener Zuständigkeit eines allg. Strafgerichts, → §§ 33–33b Rn. 17). Das adressierte Gericht der höheren Ordnung wird hierdurch nicht gebunden. Nur wenn es seine Zuständigkeit nach eigenständiger Prüfung bejaht, eröffnet es das Hauptverfahren. Dazu bedarf es einer regulären Entscheidung gem. § 203 StPO iVm § 2 Abs. 2, wohingegen ein bloßer Übernahmebeschluss dafür idR nicht ausreichend ist (dazu und zu Ausnahmen etwa BGH BeckRS 2024, 1871). Wird die eigene Zuständigkeit durch das höherrangige Gericht verneint, verfährt es – je nach Zuständigkeitseinschätzung – gem. § 209 Abs. 2 StPO iVm § 2 Abs. 2 (Vorlage beim Gericht höherer Ordnung) bzw. gem. § 209 Abs. 1 StPO iVm § 2 Abs. 2 (Eröffnung vor einem Gericht niedrigerer Ordnung, ggf. auch dem vorlegenden Gericht).

15 Vor seiner Entscheidung, nach § 209 Abs. 2 StPO vorzugehen, muss das vorlegende Gericht die JStA (und den Angeschuldigten) nicht anhören (vgl. etwa KK-StPO/Schneider StPO § 209 Rn. 15). Wegen der prozessualen Stellung und Mitwirkungspflicht der JStA erfolgt die **Vorlage** gem. § 209 Abs. 2 StPO iVm § 2 Abs. 2 dann aber stets durch deren **Vermittlung.** Hierdurch wird der JStA vor der Entscheidung des adressierten Gerichts die Gelegenheit zur Äußerung (§ 33 Abs. 2 StPO iVm § 2 Abs. 2) sowie zur

Ergänzung des wesentlichen Ergebnisses der Ermittlungen (§ 200 Abs. 2 StPO iVm § 2 Abs. 2) gegeben. Dieser Einschaltung der JStA bedarf es nach allgA auch bei Vorlage an das JSchöffG – und zwar selbst dann, wenn der JRichter vor jenem JSchöffG eröffnen will, dessen Vorsitzender er selbst ist (ebenso etwa Diemer/Schatz/Sonnen/Schatz Rn. 15). In diesem Sonderfall genügt gem. § 33 Abs. 2 Var. 2 StPO iVm § 2 Abs. 2 die telefonische Anhörung des JStA (NK-JGG/Schady Rn. 6).

2. Nach Eröffnung des Hauptverfahrens

a) Vor Beginn der HV. Erachtet der JRichter in der Phase zwischen Eröffnungsbeschluss und HV seine jetzt maßgebliche Rechtsfolgenkompetenz (→ Rn. 10) nicht für ausreichend und daher die sachliche Zuständigkeit eines **JGerichts höherer Ordnung** bzw. des OLG für begründet, legt es diesem die Akten gem. § 225a Abs. 1 S. 1 StPO iVm § 2 Abs. 2 vor (zum Vorgehen bei angenommener Zuständigkeit eines allg. Strafgerichts, → §§ 33–33b Rn. 18 f.). Das Gericht, dem die Sache vorgelegt worden ist, entscheidet gem. § 225a Abs. 1 S. 2 StPO iVm § 2 Abs. 2 über die Übernahme. Soweit es diese nicht beschließt, sendet es die Akten an das vorlegende Gericht zurück. Eine Möglichkeit zur Weiterleitung an ein anderes Gericht hat es nicht (MüKoStPO/Arnoldi StPO § 225a Rn. 20). Der Übergang der Rechtshängigkeit setzt einen wirksamen Übernahmebeschluss voraus (BGHSt 44, 121 = NJW 1999, 157). – Hält der JRichter einen **anderen** JRichter als **gleichrangigen** Spruchkörper für zuständig, so soll er die Sache auch nach Eröffnung des Hauptverfahrens noch formlos an ihn abgeben können (vgl. BGHSt 27, 99 (101 ff.) = NJW 1977, 1070; MüKoStPO/Moldenhauer StPO § 270 Rn. 5). Eine abw. ausdrückliche Regelung existiert nämlich nur für den Ausnahmefall des § 209a Nr. 2a StPO, dh allein für das Verhältnis des JRichters zum allg. Strafrichter (vgl. § 225a Abs. 1 S. 1 Hs. 2, § 270 Abs. 1 S. 1 Hs. 2 StPO). 16

b) Nach Beginn der HV. Mit Aufruf der Sache wird § 225a StPO unanwendbar. Ab diesem Zeitpunkt – auch wenn sogleich die Abwesenheit des Angeklagten festgestellt wird (OLG Hamm MDR 1993, 1002 = LSK 1994, 070341) – verweist der JRichter die Sache daher gem. **§ 270 Abs. 1 S. 1 StPO** iVm § 2 Abs. 2 durch Beschluss an das JGericht **höherer** Ordnung oder das OLG, dessen sachliche Zuständigkeit er für begründet erachtet (vgl. KK-StPO/Greger StPO § 270 Rn. 10 ff.; n. zu den Erfordernissen auch → § 108 Rn. 9). Erforderlich ist jedoch, dass sich die (über die Strafgewalt hinausgehende) **Rechtsfolgenerwartung verfestigt** hat und dass die Erforderlichkeit einer mehr als einjährigen JStrafe oder einer Unterbringung über eine bloße Vermutung hinausgeht (SK-StPO/Frister StPO § 270 Rn. 10 mwN). Der (wirksame) Verweisungsbeschluss macht die Sache bei dem Gericht, an das sie verwiesen wird, unmittelbar rechtshängig. Das Gericht der höheren Ordnung ist **gebunden,** auch an eine sachlich zu Unrecht erfolgende Verweisung (BGHSt 45, 58 = NJW 1999, 2604; zur Geltung von § 269 StPO für diesen Fall vgl. OLG Karlsruhe NStZ 1987, 375; KK-StPO/Greger StPO § 269 Rn. 2h). Anders verhält es sich, wenn die Verweisung außerhalb der HV nur irrtümlich nach § 270 StPO erfolgte (BGHSt 6, 109 (113) = NJW 1954, 1375). Wegen der Garantie des gesetzlichen Richters (Art. 101 Abs. 1 S. 2 GG) entfällt die Bindungswirkung nach 17 allgA ausnahmsweise auch dort, wo die Verweisung dem Grundprinzip der rechtsstaatlichen Ordnung widerspricht, der Mangel für einen verständigen Betrachter offenkundig ist und die Entscheidung als **unvertretbar** erscheint (BGHSt 29, 216 = NJW 1980, 1586; BGHSt 45, 58 = NJW 1999, 2604; BGHSt 61, 277 = NJW 2017, 280; vgl. auch → § 108 Rn. 9).

18 Nach dem Verweisungsbeschluss des JRichters können der Angeklagte und die Berechtigten iSv § 67a Abs. 1 ohne Einhaltung einer besonderen Form, aber unter Bezeichnung der Beweistatsachen und -mittel einzelne **Beweiserhebungen beantragen (§ 270 Abs. 4 StPO iVm § 2 Abs. 2).** Zur Realisierbarkeit dieses Anspruchs (und im Interesse der Vorbereitung der HV) muss darauf iZm der Bekanntmachung des Verweisungsbeschlusses unter Setzung einer angemessenen (auch von Amts wegen verlängerungsfähigen) Frist **hingewiesen** werden (zur Form § 70b entspr.). Die Entscheidung über den Antrag erfolgt durch den Vorsitzenden des Gerichts, an das verwiesen wurde. Ihr Ausgang hängt davon ab, ob bereits zu erkennen ist, dass eine (weitere, und zwar) vorweggenommene Sachaufklärung erforderlich ist (zB bei drohendem Verlust des Beweismittels bzw. von dessen Qualität). Die Ablehnung des Antrags, die nicht an die Voraussetzungen des § 244 Abs. 3–5 StPO iVm § 2 Abs. 2 gebunden ist, bedarf der Begründung (§ 34 StPO iVm § 2 Abs. 2). Die (nicht anfechtbare) Entscheidung muss so rechtzeitig ergehen, dass die Rechte des Angeklagten aus §§ 219, 220 StPO iVm § 2 Abs. 2 gewahrt werden.

IV. Revision

19 Die sachliche Zuständigkeit ist eine Verfahrensvoraussetzung mit der Folge, dass einer Entscheidung des JRichters als sachlich unzuständigem Gericht **niedrigerer** Ordnung (vgl. § 269 StPO iVm § 2 Abs. 2) ein **Verfahrenshindernis** entgegenstand. Zu dessen Geltendmachung bedarf es keiner Revisionsrüge. Vielmehr ist die sachliche Zuständigkeit stets und somit auch noch in der Revisionsinstanz (BGHSt 10, 74 (76) = NJW 1957, 511) **von Amts wegen** zu prüfen (§ 6 StPO iVm § 2 Abs. 2). Das gilt auch, wenn das Verfahren beim urteilenden Gericht gar nicht anhängig geworden war, insbes. nach einer unwirksamen Verfahrensverbindung (BGH NStZ-RR 2021, 251). – Eine Verweisung nach § 270 StPO iVm § 2 Abs. 2, die das erkennende Gericht zu Unrecht unterlassen hat, holt das Revisionsgericht gem. § 355 StPO iVm § 2 Abs. 2 nach. Hat der JRichter seine Rechtsfolgenkompetenz (Abs. 2) überschritten, ist indes § 354 iVm § 2 Abs. 2 einschlägig (BayObLG StraFo 2000, 230 = BeckRS 2000, 15060; KK-StPO/Gericke StPO § 355 Rn. 2).

Sachliche Zuständigkeit des Jugendschöffengerichts

40 (1) [1]**Das Jugendschöffengericht ist zuständig für alle Verfehlungen, die nicht zur Zuständigkeit eines anderen Jugendgerichts gehören.** [2]**§ 209 der Strafprozeßordnung gilt entsprechend.**

(2) **Das Jugendschöffengericht kann bis zur Eröffnung des Hauptverfahrens von Amts wegen die Entscheidung der Jugendkammer**

darüber herbeiführen, ob sie eine Sache wegen ihres besonderen Umfangs übernehmen will.

(3) **Vor Erlaß des Übernahmebeschlusses fordert der Vorsitzende der Jugendkammer den Angeschuldigten auf, sich innerhalb einer zu bestimmenden Frist zu erklären, ob er die Vornahme einzelner Beweiserhebungen vor der Hauptverhandlung beantragen will.**

(4) [1]**Der Beschluß, durch den die Jugendkammer die Sache übernimmt oder die Übernahme ablehnt, ist nicht anfechtbar.** [2]**Der Übernahmebeschluß ist mit dem Eröffnungsbeschluß zu verbinden.**

Übersicht

I. Anwendungsbereich

1. Jugendstrafrechtliche Materie

Die Vorschrift gilt in **jugendgerichtlichen** Verfahren gegen Jugendliche sowie gem. § 108 Abs. 1 auch in Verfahren gegen Heranwachsende. Ist beim Heranwachsenden mit der Anwendung von allg. StR zu rechnen, sind indes die in § 108 Abs. 3 S. 1 und 2 geregelten Besonderheiten zu beachten (→ § 108 Rn. 12). 1

Die Vorschrift gilt **nicht** in Verfahren vor den für **allg. Strafsachen** zuständigen **Gerichten.** Die vormalige Auffassung, dass Abs. 1 (sowie ggf. § 108) hier insofern Bedeutung habe, als die Zuständigkeitsgrenzen der allg. Schöffengerichte nicht überschritten werden dürften (vgl. etwa Dallinger/Lackner § 104 Rn. 9), ist durch die Neufassung von § 103 Abs. 2 gegenstandslos geworden, weil hiernach keine Zuständigkeit des Schöffengerichts der allg. Strafgerichtsbarkeit in Verfahren gegen Jugendliche und/oder Heranwachsende (§ 112 S. 1) mehr vorgesehen ist. 2

2. Sonstige Zuständigkeiten der Jugendgerichte

In Verfahren gegen Jugendliche und/oder Heranwachsende nach dem **OWiG** gilt die spezielle Vorschrift des § 68 Abs. 2 OWiG (vgl. → § 39 Rn. 2). – Richtet sich ein Verfahren in einer **Jugendschutzsache** vor dem JSchöffG gegen einen Erwachsenen, beruht die sachliche Zuständigkeit 3 ebenfalls nicht auf Abs. 1. Maßgeblich ist hier § 24 GVG (vgl. § 26 Abs. 1 S. 2 GVG; zur problematischen Ausschaltung des JSchöffenG durch Anklage vor der JKammer gem. § 24 Abs. 1 S. 1 Nr. 3 Var. 3 GVG vgl. n. → §§ 33–33b Rn. 66).

II. Sachliche Zuständigkeit des Jugendschöffengerichts

1. Umfang der Zuständigkeit

4 Das Gesetz weist dem JSchöffG im Verhältnis zu den anderen JGerichten die **allg. sachliche Anklagezuständigkeit** in Jugendstrafsachen zu. Vor dem JSchöffG wird immer dann angeklagt, wenn weder die besonders geregelten Zuständigkeitsvoraussetzungen des JRichters (§ 39 Abs. 1) noch die der JKammer (§ 41 Abs. 1) oder die eines allg. Strafgerichts (§§ 102, 103 Abs. 2 S. 2) vorliegen. Hinsichtlich der jugendstrafrechtlichen Rechtsfolgen hat das JSchöffG (anders als das Schöffengericht im allg. StVerf) zudem eine **unbeschränkte Rechtsfolgenkompetenz.** Es kann also bei Vorliegen der materiell-rechtlichen Voraussetzungen eine JStrafe bis zur gesetzlichen Höchstgrenze verhängen. Zu entspr. Verfahren kann es zwar durchaus im Rahmen der Anklagezuständigkeit kommen, insbes. aber bei einer „Aufwertung" des Vorwurfs nach Eröffnung des Hauptverfahrens. Von Bedeutung ist diese erhebliche Strafgewalt bisweilen auch, wenn das JSchöffG auf der Grundlage von **§ 31 Abs. 2** frühere rechtskräftige Urteile einbezieht. Möglich ist ihm dies iÜ selbst bei Urteilen von Gerichten höherer Ordnung (vgl. dazu → § 31 Rn. 16; s. aber für ein Einschränkung iZm § 27 n. → § 102 Rn. 3).

2. Zuständigkeit auch für Maßregelunterbringung

5 Die kaum begrenzte Rechtsfolgenkompetenz des JSchöffG macht sich auch bei besonders eingriffsintensiven Maßregeln bemerkbar. So wird zwar die tatsächliche Unterbringung in der Sicherungsverwahrung (§ 7 Abs. 2 S. 2 und Abs. 4) idR durch die JKammer angeordnet (→ § 81a Rn. 5), doch für den **Vorbehalt der Sicherungsverwahrung** (§ 7 Abs. 2 S. 1) ist das nicht sichergestellt. Dass hier das JSchöffG entscheidet, schließt das JGG keineswegs aus. Das Fehlen einer Strafbannbeschränkung bedeutet (im Gegenschluss zu § 39 Abs. 2) überdies, dass es grds. auch eine Unterbringung im **psychiatrischen Krankenhaus** (§ 7 Abs. 1) anordnen kann (dazu BVerfG NJW 1986, 771; speziell für Heranwachsende bei Anwendung des JStR OLG Saarbrücken NStZ 1985, 93; OLG Stuttgart NStZ 1988, 225 (226); LG Bonn NJW 1976, 2312).

6 Allerdings dürfte in den fraglichen Fällen rechtspraktisch meist vor der JKammer angeklagt werden, weil in Verfahren mit erwartbarer Unterbringung gem. § 63 StGB oder Sicherungsverwahrung vielfach eine Konstellation iSv § 41 Abs. 1 Nr. 5 (s. → § 41 Rn. 15 f.), ggf. auch § 41 Abs. 1 Nr. 1 vorliegen wird. Dennoch bleiben einige (Rest-)Fälle in der **Zuständigkeit des JSchöffG.** Bei der Unterbringung iSv § 7 Abs. 1 betrifft dies Konstellationen, in denen ein anderes Delikt als eine in § 41 Abs. 1 Nr. 5 iVm § 7 Abs. 2 erfasste Katalogtat angeklagt wird. Hinzu kommen die Konstellationen, in denen die Voraussetzungen einer JKammer-Zuständigkeit bei Ankla-

geerhebung noch nicht erkennbar waren. Wenn sich die Notwendigkeit der fraglichen Maßregeln zu einem Zeitpunkt ergibt, zu dem das Verfahren vor dem JSchöffG bereits läuft, hat dieses die Rechtsfolgenkompetenz für die Unterbringung gem. § 7 Abs. 1 wie auch für die vorbehaltene Sicherungsverwahrung (vgl. dazu etwa auch Diemer/Schatz/Sonnen/Schatz Rn. 2 und 7; SK-StPO/Frister GVG § 74f Rn. 6; Frister/Kliegel NStZ 2010, 484 (485); zur Problematik bei Durchführung des Sicherungsverfahrens gem. §§ 413 ff. StPO s. OLG Karlsruhe JZ 1957, 31; OLG Oldenburg NJW 1958, 1200; OLG Stuttgart NStZ 1988, 225; OLG Düsseldorf JMBl. NW 1992, 69).

Diese Rechtslage besteht nur bei Anwendung jugendstrafrechtlicher Rechtsfolgen. Ist bei einem Heranwachsenden die Anwendung des allg. StR zu erwarten und zeichnet sich eine Unterbringung nach § 63 StGB oder eine Sicherungsverwahrung ab, muss – wie im allg. StVerf. (§ 24 Abs. 1 S. 1 Nr. 2 GVG) – gem. § 108 Abs. 3 S. 2 stets vor der JKammer angeklagt werden (→ § 108 Rn. 12). Das JSchöffG hat hier hinsichtlich dieser Maßregeln auch keine Rechtsfolgenkompetenz (§ 108 Abs. 3 S. 1), ebenso wenig wie gem. § 24 Abs. 2 GVG im allg. StVerf das Schöffengericht (OLG Karlsruhe ZJJ 2018, 163 = BeckRS 2018, 22224). Diese **Ungleichbehandlung** ist mit Blick auf Art. 3 Abs. 1 GG und die notwendige Gewährleistung des gesetzlichen Richters (Art. 101 Abs. 1 S. 2 GG) hoch problematisch, zumal die hierfür relevante Weichenstellung (Nicht-/Anwendung des JStR gem. § 105 Abs. 1) bis zur Eröffnung des Hauptverfahren oft prognostische Unschärfen aufweist. Die Unterbringungs-Zuständigkeit des JSchöffG sollte daher – wie dies inzwischen auch auf parlamentarischer Ebene teilw. anerkannt wird (s. BT-Drs. 20/14258, 41 ff.) – **abgeschafft** werden (s. bspw. auch Neßeler ZJJ 2019, 146 (152 f.): einheitliche Zuständigkeit und Strafgewalt bei JKammer angezeigt). Eine inhaltliche Legitimation der besonderen Zuweisung der Maßregelanordnung in die allg. sachliche Zuständigkeit des JSchöffG ist nämlich nicht ersichtlich. Es stellt vielmehr einen Widerspruch dar, dass höchst eingriffsintensive Rechtsfolgen wie die fraglichen Unterbringungen im JStR grds. auch von einem Spruchkörper, der nur mit einem Berufsrichter besetzt ist, angeordnet werden können, während dies im allg. StR stets an eine Kammerbesetzung gebunden ist. Die erzieherischen Vorteile, die die Vermeidung des stark formalisierten JKammer-Verfahrens grds. hat, treten angesichts der hier zur Debatte stehenden Maßnahmequalität in den Hintergrund (zur Kritik der geltenden Regelung n. Eisenberg NJW 1986, 2409; Lämmel FPPK 4 (2010), 248 (251); Neßeler ZJJ 2019, 146 (147 ff.); ebenso jetzt auch Beschluss der JuMiKo v. 5./6.6.2024 II.13). 7

III. Verfahren bei (angenommener) Unzuständigkeit

Hält der Vorsitzende des JSchöffG vor Eröffnung des Hauptverfahrens den **JRichter** in seinem Bezirk für sachlich zuständig, so eröffnet er vor diesem das Hauptverfahren (Abs. 1 S. 2 iVm § 209 Abs. 1 StPO). Die StA kann hiergegen Beschwerde einlegen (vgl. etwa LG Bielefeld ZJJ 2019, 291 (292) = BeckRS 2019, 12890). Ist das Hauptverfahren eröffnet, darf sich das JSchöffG nicht mehr für unzuständig erklären, weil die Sache vor den JRichter gehöre (vgl. § 269 StPO iVm § 2 Abs. 2). 8

9 Gelangt der Vorsitzende des JSchöffG vor oder nach Eröffnung des Hauptverfahrens zu der Überzeugung, die Zuständigkeit eines **JGerichts höherer Ordnung** sei begründet, geht er nach Abs. 1 S. 2 iVm § 209 Abs. 2 StPO oder § 225a Abs. 1 S. 1 StPO iVm § 2 Abs. 2 vor. Gelangt das JSchöffG erst in der HV zu dieser Annahme, verfährt es nach § 270 Abs. 1 StPO iVm § 2 Abs. 2 (vgl. auch die entspr. anwendbaren Ausführungen bei → § 39 Rn. 14 ff.). Eine fehlerhafte Beurteilung der Zuständigkeit durch das JSchöffG ist für die Bindungswirkung dieser Verweisung unschädlich, solange das Vorgehen nicht als willkürlich gelten muss (zum Grad, mit dem sich die drohende Überschreitung der Rechtsfolgenkompetenz für das JSchöffG verfestigt haben muss, vgl. → § 39 Rn. 17). – Zum Verfahren bei (angenommener) sachlicher Unzuständigkeit des JSchöffG im Verhältnis zu den **allg. Strafgerichten** vgl. für die verschiedenen Konstellationen n. → §§ 33–33b Rn. 16 ff.

IV. Zuständigkeitsübertragung wegen „besonderen Umfangs"

1. Allgemeines

10 Die Möglichkeit, aufwändige Verfahren des JSchöffG an die JKammer zu übertragen, substituiert die im allg. StVerf gem. § 29 Abs. 2 GVG bestehende Möglichkeit, die Besetzung des Schöffengerichts um einen zweiten Berufsrichter zu erweitern (s. auch → §§ 33–33b Rn. 27). Aus Warte des Angeschuldigten handelt es sich um eine kaum akzeptable Option der Verfahrensgestaltung, mit der eine Reihe von **Nachteilen** verbunden sind (aufwändigeres und stärker stigmatisierendes Verfahren, Verlust der Berufungsoption), die von ihm gem. Abs. 4 S. 1 aber trotzdem nicht angefochten werden kann (krit. zB auch Diemer/Schatz/Sonnen/Schatz Rn. 21). Die beteiligten JGerichte sind daher mit Blick auf § 2 Abs. 1 S. 2 zu einer sehr **restriktiven** Nutzung gehalten. Maßstab sollte sein, ob die Übertragung für den Jugendlichen oder Heranwachsenden zu einem ausreichenden kompensatorischen Vorteil einer zügigeren Verfahrensdurchführung führt (hierzu auch Burscheidt Verbot S. 40). Denkbar ist die Übertragung etwa, wenn die stärker besetzte JKammer eine Verkürzung der U-Haft bewirken kann.

2. Antrag

11 Grundlage für den Zuständigkeitsübergang kann gem. Abs. 2 allein der besondere tatsächliche Umfang sein – namentlich eine größere Anzahl von Angeklagten und/oder Zeugen (RL 1 S. 2 zu §§ 39–41), ggf. aber auch eine Mehrheit von Vorwürfen und/oder ein erheblicher Umfang der Akten. Geht das JSchöffG davon aus, dass sechs Zeugen zu hören sind und vier Verhandlungstage benötigt werden, stellt dies jedenfalls noch keinen besonderen Umfang iSv Abs. 2 dar (LG Koblenz ZJJ 2012, 208). **Keine Übertragungsgründe** sind iÜ die besondere Bedeutung des Falles (vgl. schon OLG Karlsruhe GA 1975, 27), die Anteilnahme der Öffentlichkeit (Brunner/Dölling §§ 39–41 Rn. 47) oder die rechtliche Schwierigkeit (vgl. schon Dallinger/Lackner Rn. 12; s. auch → § 39 Rn. 7). Ein mehr als bedenklicher Fall liegt bei einem Beschuldigten mit vergleichsweise geringfügigem

Tatvorwurf vor, wenn dieser in einem Sachzusammenhang mit einem schwerwiegenderen Delikt etlicher anderer Beschuldigter steht und durch die Verfahrensverbindung ein „besonderer Umfang" künstlich hergestellt wird (so BGH 19.8.1982 – 4 StR 387/82 Rn. 13; abl. wie hier aber Brunner/Dölling §§ 39–41 Rn. 47; HK-JGG/Habetha Rn. 25).

Anders als bei der Erweiterung des Schöffengerichts im allg. StVerf wird die Zuständigkeitsübertragung nicht durch eine Initiative der StA ausgelöst (§ 29 Abs. 2 S. 1 GVG). Sie kommt vielmehr durch eine **Vorlage** in Gang, die der **Vorsitzende** des JSchöffG (§ 33a Abs. 2) an die JKammer richten kann (RL 1 S. 1zu §§ 39–41). **Zeitlich** ist das nach Eingang der Anklageschrift so lange möglich, bis das Hauptverfahren eröffnet wird (danach bleiben nur § 225a Abs. 1 S. 1, § 270 Abs. 1 StPO iVm § 2 Abs. 2). Ob der Vorsitzende diese Möglichkeit wahrnimmt und der JKammer die Übernahme anträgt, liegt in seinem **Ermessen** (allgA, vgl. auch OLG Karlsruhe MDR 1980, 427). Deshalb ist es zw., wenn das JSchöffG im Zuge von anderweitigen Rechtsbehelfsverfahren übergangen wird. So soll nach hM der besondere Umfang der Sache bei der Beschwerde gegen einen Nichteröffnungsbeschluss oder in der Revision durch das Beschwerde- bzw. Revisionsgericht selbst geprüft und bejahendenfalls ein Verfahren, für das an sich das JSchöffG zuständig wäre, vor die Jugendkammer gebracht werden können (so BGH NJW 1960, 2203 für die Verweisung an die JKammer gem. § 355 StPO iVm § 2 Abs. 2 bzw. OLG Dresden BeckRS 2000, 30095250 für die Eröffnung vor der JKammer nach § 210 Abs. 3 StPO iVm § 2 Abs. 2). 12

3. Entscheidung

Die JKammer trifft in der berufsrichterlichen Besetzung (§§ 33a Abs. 2, 33b Abs. 7) eine **unanfechtbare (Abs. 4 S. 1) Ermessensentscheidung** über die Übernahme. Lehnt sie diese ab, ist die Entscheidung zu begründen (vgl. auch Alsberg/Tsambikakis Beweisantrag Kap. 4 Rn. 49). Übernimmt die JKammer die Sache, begründet sie damit ihre Zuständigkeit (§ 41 Abs. 1 Nr. 2). Der Übernahmebeschluss ist mit dem Eröffnungsbeschluss zu **verbinden (Abs. 4 S. 2)** und demgemäß im Falle der Nichteröffnung mit dem Beschluss gem. § 204 StPO iVm § 2 Abs. 2 zu verknüpfen (LG Offenburg StV 2002, 359 = BeckRS 2002, 16890). Die Eröffnungsentscheidung (§ 203 StPO iVm § 2 Abs. 2) wird durch die Übernahmeentscheidung nicht ersetzt (vgl. BGH NStZ 1984, 520; StV 2003, 455 = BeckRS 2002, 8602; NStZ-RR 2011, 150). Das Gesetz erlaubt ausdrücklich keine Trennung oder zeitliche Streckung beider Beschlüsse. Deshalb ist es der JKammer nicht möglich, zunächst das Verfahren zu übernehmen, dann das Zwischenverfahren durchzuführen und schließlich das Hauptverfahren (weil nur ein stark reduzierter Anklageumfang zugelassen wird) ggf. doch vor dem JSchöffG zu eröffnen (so aber LG Frankfurt a. M. NStZ-RR 1996, 252; MüKoStPO/Höffler Rn. 16; wie hier Diemer/Schatz/Sonnen/Schatz Rn. 16; Brunner/Dölling §§ 39–41 Rn. 47). 13

4. Antrag auf Beweiserhebungen

Erlässt die JKammer den Übernahme- und Eröffnungsbeschluss, geht ihre Prüfung der Anklagezulassung im Übernahmeprüfverfahren auf. Die Be- 14 antragung von Beweiserhebungen vor der HV durch den Angeschuldigten und die darauf gerichtete **Aufforderung iSv Abs. 3** sind deshalb als **Teil** eines besonders gestalteten **Zwischenverfahrens** zu sehen (ähnlich OLG Schleswig SchlHA 1958, 290; Dallinger/Lackner Rn. 14). Dieser Schritt kann mit der Gewährung des **rechtlichen Gehörs** gem. § 201 Abs. 1 StPO iVm § 2 Abs. 2 verbunden werden. Die Aufforderung ist bei Jugendlichen auch an die gem. § 67a berechtigten Person zu richten. In Art und Gestaltung muss sie sich an § 70b orientieren. Es bedarf seitens des Angeschuldigten keines formellen Beweisantrags; vielmehr sind allein die aufzuklärenden Tatsachen und die Beweismittel zu bezeichnen. Die (auch) von Amts wegen verlängerungsfähige **Frist** muss so bemessen sein, dass der Angeschuldigte genug Zeit hat, durch einen Verteidiger die Akten einsehen, sich Anträge überlegen und diese stellen zu können. Das Vorhandensein eines **Pflichtverteidigers** konnte zur Wahrnehmung des Antragsrechts früher allein auf § 68 Nr. 1 iVm § 140 Abs. 2 StPO gestützt werden (hierauf weiterhin rekurrierend BeckOK JGG/Wellershoff Rn. 17; Diemer/Schatz/Sonnen/Schatz Rn. 17; vgl. auch Alsberg/Tsambikakis Beweisantrag Kap. 4 Rn. 50: „bedenkenswert"). Inzwischen ist dies durch § 68 Nr. 1 iVm § 140 Abs. 1 Nr. 1 StPO ohnehin sichergestellt (→ § 68 Rn. 21a).

15 Eine **Entscheidung** des Vorsitzenden der JKammer über die Anträge auf Beweiserhebung (zur Begründung s. § 34) erübrigt sich nur, wenn die Übernahme abgelehnt wird. Dann ist es auch unschädlich, wenn die Aufforderung iSv Abs. 3 ausgeblieben ist. Ergeht indes der Übernahmebeschluss ohne vorherige Aufforderung, muss es gem. § 33a StPO iVm § 2 Abs. 2 zur Wiedereinsetzung kommen, wobei eine Verweigerung dieses Nachholverfahrens allerdings nicht beschwerdefähig sein soll (vgl. etwa OLG Hamburg NJW 2017, 2360 (zw.)). Insgesamt kann die durch Abs. 3 ausgestaltete Möglichkeit, die Vornahme einzelner Beweiserhebungen vor der HV und auch vor der Übernahme- und Eröffnungsentscheidung zu beantragen, vom Angeschuldigten genutzt werden, um eine **Übernahme,** die trotz ihrer **Nachteile** von ihm nicht angefochten werden kann (→ Rn. 10), ggf. noch abzuwehren. Dass ihm hierdurch tatsächlich ein „Ausgleich für den Verlust einer Tatsacheninstanz" gegeben wird (Brunner/Dölling §§ 39–41 Rn. 47; Diemer/Schatz/Sonnen/Schatz Rn. 17), liegt angesichts des ihm ohnehin zustehenden rechtlichen Gehörs allerdings fern.

V. Revision

16 Für die Revision in Fällen, in denen das JSchöffG als sachlich unzuständiges Gericht **niedrigerer** Ordnung entschieden hat, gelten die Erl. über die Konsequenzen einer Entscheidung durch einen sachlich unzuständigen JRichter entspr. (vgl. → § 39 Rn. 19). Wäre anstelle des JSchöffG dagegen der JRichter zuständig gewesen, ist das wegen § 269 StPO iVm § 2 Abs. 2 nur bei objektiver **Willkür** angreifbar (zur berechtigten Kritik n. BeckOK GVG/Eschelbach GVG § 24 Rn. 21). Ebenso verhält es sich nach der zw. hM im Verhältnis zwischen JKammer und eigentlich zuständigem JSchöffG. Hiernach ist bspw. die (fehlerhafte) Bejahung der „besonderen Schutzbedürftigkeit" (§ 41 Abs. 1 Nr. 4) nur bei objektiv unvertretbarer Bewertung über § 338 Nr. 4 iVm § 2 Abs. 2 revisibel (BGH BeckRS 2020, 42373). Dasselbe gilt, wenn die Übernahme des Verfahrens durch die JKammer gem. § 41

Abs. 1 Nr. 2 auf die (unzutreffende) Annahme eines besonderen Verfahrensumfangs gestützt wurde oder wenn dieser Verfahrensumfang durch eine problematische Verfahrensverbindung (→ Rn. 11) herbeigeführt wurde (BGH 19.8.1982 – 4 StR 387/82 Rn. 13). – Bei Veränderung der Sachlage, insb. der Verminderung strafrechtlich bedeutsamer Gesichtspunkte, kann das Revisionsgericht iÜ eine vom JSchöffG gekommene Sache nach § 354 Abs. 3 StPO iVm § 2 Abs. 2 auch an den JRichter zurückverweisen (vgl. auch BGH BeckRS 2012, 15222).

Sachliche Zuständigkeit der Jugendkammer

41 (1) **Die Jugendkammer ist als erkennendes Gericht des ersten Rechtszuges zuständig in Sachen,**

1. **die nach den allgemeinen Vorschriften einschließlich der Regelung des § 74e des Gerichtsverfassungsgesetzes zur Zuständigkeit des Schwurgerichts gehören,**
2. **die sie nach Vorlage durch das Jugendschöffengericht wegen ihres besonderen Umfangs übernimmt (§ 40 Abs. 2),**
3. **die nach § 103 gegen Jugendliche und Erwachsene verbunden sind, wenn für die Erwachsenen nach allgemeinen Vorschriften eine große Strafkammer zuständig wäre,**
4. **bei denen die Staatsanwaltschaft wegen der besonderen Schutzbedürftigkeit von Verletzten der Straftat, die als Zeugen in Betracht kommen, Anklage bei der Jugendkammer erhebt und**
5. **bei denen dem Beschuldigten eine Tat der in § 7 Abs. 2 bezeichneten Art vorgeworfen wird und eine höhere Strafe als fünf Jahre Jugendstrafe oder die Unterbringung in einem psychiatrischen Krankenhaus zu erwarten ist.**

(2) [1] **Die Jugendkammer ist außerdem zuständig für die Verhandlung und Entscheidung über das Rechtsmittel der Berufung gegen die Urteile des Jugendrichters und des Jugendschöffengerichts.** [2] **Sie trifft auch die in § 73 Abs. 1 des Gerichtsverfassungsgesetzes bezeichneten Entscheidungen.**

Schrifttum: Arnold, Die Wahlbefugnis der StA bei Anklageerhebung, 2007; Rennig, Die Entscheidungsfindung durch Schöffen und Berufsrichter in rechtlicher und psychologischer Sicht, 1993; Rohde, Die Rechte und Befugnisse des Verletzten im Strafverfahren gegen Jugendliche, 2009.

Übersicht

I. Anwendungsbereich

1. Jugendstrafrechtliche Materie

1 Die Vorschrift gilt in jugendgerichtlichen Verfahren sowohl gegen Jugendliche als auch gegen Heranwachsende (§ 108 Abs. 1). In Verfahren, in denen gegen den Heranwachsenden das allg. StR angewandt wird, kommt ergänzend auch § 108 Abs. 3 S. 2 zum Tragen. All dies gilt grds. auch im Falle der Verbindung mit einer Strafsache gegen Erwachsene (§ 103 Abs. 1 und Abs. 2 S. 1, § 112 S. 1). Keine Anwendung findet die Vorschrift naturgemäß in Verfahren vor den für allg. Strafsachen zuständigen Gerichten (§§ 102, 103 Abs. 2 S. 2 und 3, § 112 S. 1).

2. Jugendschutzsachen

2 In Verfahren gegen einen Erwachsenen wegen einer Jugendschutzsache hat die Vorschrift keine Bedeutung. Hier beruht die sachliche Zuständigkeit der JKammer auf § 74b S. 2 GVG iVm § 26 Abs. 2 GVG.

II. Entscheidung der Jugendkammer als Gruppenprozess

3 JKammern sind Kollegialgerichte und treffen fast immer Kollektiventscheidungen. Mit Ausnahme der kleinen JKammer, die außerhalb der HV allein durch ihren Vorsitzenden agiert (§ 33b Abs. 1 und Abs. 7 iVm § 33a Abs. 2), sind stets zwei oder drei Berufsrichter und in der HV auch die JSchöffen eingebunden (bzgl. empirischer Hinweise zu deren Rolle n. → § 35 Rn. 8). Die Entscheidungen finden also in sozialen Interaktionen der Kammermitglieder statt, für die das StVR nur rahmenartige Vorgaben machen kann (vgl. § 263 StPO, §§ 194–197 GVG iVm § 2 Abs. 2). Diese **Gruppenprozesse** überlagern und verändern die sachbezogene Positionierung der einzelnen Gruppenmitglieder (n. dazu die Auswertung ethnografischer Interviews bei Stegmaier, Wissen, was Recht ist, 2009, S. 327 ff.). Dabei scheint es, als fielen die Entscheidungen in der Tendenz oft eindeutiger aus und als seien sie weniger an mittleren Bereichen eines Möglichkeitsspektrums orientiert (Rennig, Die Entscheidungsfindung durch Schöffen und Berufsrichter in rechtlicher und psychologischer Sicht, 1993, S. 399 ff.).

Möglicherweise hängt dies auch damit zusammen, dass die individuelle Verantwortlichkeit (und deren Erkennbarkeit) bei Gruppenentscheidungen weniger stark empfunden wird als beim einzelrichterlichen Handeln.

Der generelle und fallbezogene Einfluss der Kammermitglieder variiert in vielerlei Hinsicht mit deren Status, Kompetenz, Informiertheit, ihrer argumentativen Performance und verbalen Aktivität (zus. Rennig, Die Entscheidungsfindung durch Schöffen und Berufsrichter in rechtlicher und psychologischer Sicht, 1993, S. 405 ff.). Die Vertrautheit mit den konkreten Problemen gibt den Positionierungen der **Berichterstatter** bei der Kammerentscheidung regelmäßig ein besonderes Gewicht (dazu für Revisionsgerichte die Daten bei Fischer NStZ 2013, 425 (430 f.)). Außerdem ist die Stellung des **Vorsitzenden** generell stark. Das beruht auf seiner funktionellen Kommunikationsherrschaft (s. nur §§ 141, 238 Abs. 1, 240 StPO, §§ 176–178, 194 GVG iVm § 2 Abs. 2) und seiner Leitungsstellung, die ihm die dienstliche Beurteilung der beisitzenden Richter, die kammerinterne Geschäftsverteilung und die Bestimmung der Berichterstatter in die Hände legt. Ob und inwieweit er dabei als „Vorgesetzter" agiert (vgl. etwa Sowada Richter S. 418 f. mwN) oder sich ggü. beisitzenden Richtern zurücknimmt, hängt indes von der individuellen Persönlichkeit ab. 4

III. Erstinstanzliche Zuständigkeit der Jugendkammer

1. Allgemeines

Im **ersten Rechtszug** ist die sachliche Zuständigkeit der JKammer im Vergleich zur allg. Strafkammer eingeschränkt. Dies ist die Konsequenz der (sinnvollen) gesetzgeberischen Entscheidung, dem JSchöffG einen breiteren Zuständigkeitsbereich als dem Schöffengericht im allg. StVerf (§ 24 GVG) zuzuweisen (vgl. → § 40 Rn. 4 ff.). Im Ergebnis kann damit ein größerer Teil der JStV als aufwands- und stigmatisierungsärmerer – dh als eher altersgerechter – amtsgerichtlicher Prozess vonstatten gehen, der wegen der Berufungsmöglichkeit iÜ auch rechtsbehelfsfreundlicher als das landgerichtliche Verfahren ist. Erstinstanzlich ist die JKammer als erkennendes Gericht lediglich dann zuständig, wenn sie das Verfahren vom JSchöffG auf dessen Antrag hin übernommen hat (Abs. 1 Nr. 2; n. dazu → § 40 Rn. 10 ff.) oder wenn eine der anderen vier Konstellationen von Abs. 1 vorliegt (vgl. aber auch die **besonderen** Zuständigkeiten gem. §§ 81a, 108 Abs. 3 S. 2 sowie im Rahmen der Rechts- und Vollstreckungshilfe (dazu → § 1 Rn. 42 und 52)). 5

Ob die Einschätzung der JStA, dass eine Sachlage iSv Abs. 1 Nr. 1 oder Nr. 3–5 gegeben und daher vor der JKammer anzuklagen sei, tatsächlich zutrifft, hat die JKammer **von Amts wegen** zu prüfen (→ § 39 Rn. 10; dazu, dass sie bei Unzuständigkeit an die Anklage nicht gebunden ist, vgl. etwa § 209 Abs. 1 StPO iVm § 2 Abs. 2). Bei Abs. 1 Nr. 1, Nr. 3 und Nr. 5 betrifft dies vorwiegend die Beurteilung eines deliktsbezogenen Verdachts und/oder einer Sanktionsprognose der JStA, wohingegen es bei Abs. 1 Nr. 4 („besondere Schutzbedürftigkeit") und teilw. auch Nr. 3 („besondere Bedeutung des Falles") um die Handhabung unbestimmter Rechtsbegriffe geht. Die JKammer hat in allen Varianten jeweils eine **eigene Beurteilung** vorzunehmen – ohne Bindung an die Einschätzung der JStA, die ihre Auffassung zu substantiieren hat (zur Begründungsnotwendigkeit 6 und zur vollständigen Überprüfbarkeit der Zuständigkeitsvoraussetzungen s. bspw. BVerfGE 9, 223 (229) = NJW 1959, 871 (872); BVerfGE 22, 254 (261) = NJW 1967, 2151 (2152); OLG Düsseldorf NStZ 1990, 292 (293); NStZ-RR 1997, 115; OLG Hamburg NStZ 2005, 654 (655); OLG Karlsruhe NStZ 2011, 479; Die Justiz 2017, 30 = BeckRS 2014, 4012; OLG Celle NStZ 2017, 495; LG Ravensburg NStZ-RR 2014, 90; LG Bielefeld ZJJ 2019, 291 (292) = BeckRS 2019, 12890). Die gerichtliche Prüfung muss besonders sorgfältig vorgenommen werden, weil sie nach der Verfahrenseröffnung **nicht** mehr **korrigierbar** ist (§ 269 StPO iVm § 2 Abs. 2), selbst wenn die ursprünglich bejahten, zuständigkeitsbegründenden Umstände (Katalogtatverdacht; Sanktionserwartungen; besondere Schutzbedürftigkeit usw.) während des Hauptverfahrens wegfallen (BGH bei Holtz MDR 1977, 807 (810); KG BeckRS 2001, 16540; MüKoStPO/Höffler Rn. 4, 8).

2. Konstellationen gemäß Abs. 1 Nr. 1

7 Die JKammer ist gem. Abs. 1 Nr. 1 zuständig, wenn die Sache im allg. StVerf. gem. § 74 Abs. 2 GVG vor das Schwurgericht gehörte. Eine etwaige Überschneidung (namentlich bei Verfahrensverbindung) mit der Zuständigkeit einer anderen (Wirtschafts- oder Staatsschutz-)Kammer wäre hierbei, wie die Einbeziehung von § 74e GVG in Abs. 1 Nr. 1 klarstellt (BT-Drs. 8/976, 69), unbeachtlich. Maßgeblich ist deshalb, dass hinsichtlich einer **Katalogtat** iSv **§ 74 Abs. 2 GVG** zum Zeitpunkt der Anklageerhebung zumindest ein hinreichender Verdacht besteht (Diemer/Schatz/Sonnen/Schatz Rn. 6; NK-JGG/Schady Rn. 3; Nix/Herz Rn. 5). Die Problematik, die einer LG-Zuständigkeit im JStV innewohnt (→ Rn. 5), spricht dabei für eine **strenge Verdachtsprüfung.** Festzustellen ist ein in dem Sinne ernsthafter Verdacht (krit. HK-JGG/Habetha Rn. 5), als die vielfach vorliegenden rechtstatsächlichen Befunde, denen zufolge der von Polizei und auch StA erhobene Tatvorwurf im weiteren Verfahrensverlauf oftmals durch das Gericht „herabgestuft" bzw. „umdefiniert" wird (vgl. Eisenberg/Kölbel Kriminologie § 15 Rn. 24, § 25 Rn. 52 f., § 44 Rn. 21 f. mwN), mitreflektiert wird. Anderenfalls könnte sich das JKammer-Verfahren (samt seiner Mehrbelastungswirkungen) sonst am Ende allzu oft als unnötig erweisen. Da abschließende Verfügungen des JStA in potenziellen Schwurgerichtssachen besonders geprüft werden sollen und deshalb in vielen Bundesländern vorlege- bzw. zeichnungspflichtig sind (vgl. bspw. OrgStA Bayern v. 16.3.2011 (JMBl. 53)), kann (und sollte) dieser strenge Maßstab allerdings bereits bei der Anklageerhebung dezidiert berücksichtigt werden.

3. Konstellationen gemäß Abs. 1 Nr. 2

8 Nach Abs. 1 Nr. 2 erwirbt bzw. begründet die JKammer ihre erstinstanzliche Zuständigkeit, wenn und indem sie (durch unanfechtbaren Übernahmebeschluss) **nach Vorlage** durch das **JSchöffG** (§ 40 Abs. 2) die Sache wegen ihres „besonderen Umfangs" übernimmt (zum Verfahren und zu den Voraussetzungen vgl. im Einzelnen → § 40 Rn. 10 ff.). Für die Anklagezuständigkeit und die Entscheidung der JStA hat Abs. 1 Nr. 2 (anders als die anderen Varianten von Abs. 1) keine Bedeutung.

4. Konstellationen gemäß Abs. 1 Nr. 3

Die JKammer ist gem. Abs. 1 Nr. 3 erstinstanzlich als erkennendes Gericht ferner zuständig, wenn eine Sache gegen Jugendliche und/oder Heranwachsende mit einer Strafsache gegen Erwachsene unter den Voraussetzungen von **§§ 103 Abs. 1, 112 S. 1** (zum besonderen Ausnahmecharakter vgl. → § 103 Rn. 7, 10 ff.) nach den hierfür geltenden allg. Regelungen (§§ 2 ff., 13, 237 StPO) **verbunden** ist und für die Erwachsenen nach § 74 Abs. 1 GVG eine große Strafkammer (§ 76 Abs. 1 S. 1 Hs. 1 GVG) zuständig wäre. Dies ist bspw. bei Erwartung einer mehr als vierjährigen Freiheitsstrafe gegeben (vgl. zB OLG Köln NStZ-RR 2000, 314; s. erg. → § 39 Rn. 9). Nach hM soll es dabei auf die oberste, fallkonkret denkbare (und nicht auf die fallkonkret wahrscheinlichste) Strafe ankommen (so etwa MüKoStPO/Höffner Rn. 7; Diemer/Schatz/Sonnen/Schatz Rn. 10). Gehört die angeklagte Sache in das Ressort der Wirtschafts- oder Staatsschutzstrafkammer, geht deren Zuständigkeit allerdings vor, sodass die verbundenen Verfahren vor diesem allg. Strafgericht verhandelt werden (§ 103 Abs. 2 S. 2 und 3, § 112 S. 1). Wenn sich indes die Zuständigkeit der Wirtschafts- oder Staatsschutzstrafkammer mit derjenigen des Schwurgerichts überschneidet und gem. § 74e GVG verdrängt wird, gehört die Sache dann doch wieder – allerdings nach Abs. 1 Nr. 1 und nicht Nr. 3 – vor die JKammer (vgl. BT-Drs. 8/976, 69, 70). 9

Mit diesem Regelungsgefüge soll für die mitangeklagten Erwachsenen ein landgerichtlicher Spruchkörper sichergestellt werden – und dies auch dann, wenn für ihr Verfahren infolge der Verbindung ein JGericht zuständig ist und dabei nach den Maßstäben des JStR (§ 39 Abs. 1 S. 2) die erweiterte Zuständigkeit des JSchöffG (→ § 40 Rn. 4 ff.) zum Tragen käme (BT-Drs. 8/976, 69). Da die gemeinsame landgerichtliche Verhandlung aber gleichsam „auf Kosten" des jugendlichen oder heranwachsenden Mitangeklagten geht (zu den Nachteilen → Rn. 5), ist (am besten schon durch die StA) idR eine **Verfahrenstrennung** vorzunehmen und der praktische Anwendungsbereich von Abs. 1 Nr. 3 dadurch stark einzugrenzen (n. → § 103 Rn. 10b, 12, 18 ff.). 10

5. Konstellationen gemäß Abs. 1 Nr. 4

a) Einordnung. Abs. 1 Nr. 4 begründet eine erstinstanzliche Zuständigkeit der JKammer, die „beweglich" ist, weil sie auf der einzelfallbezogenen Beurteilung eines Sachverhalts („besondere Schutzbedürftigkeit") beruht. Eingeführt wurde die Vorschrift – nach dem Vorbild des später durch das StORMG v. 26.6.2013 (BGBl. 1805) noch weiter konkretisierten § 24 Abs. 1 S. 1 Nr. 3 GVG – mit dem 2. JuMoG v. 22.12.2006 (BGBl. 2006 I 3416). Der Regelungszweck besteht darin, das Verfahren vom Amts- auf das Landgericht verschieben zu können, um die Möglichkeit einer Berufungsverhandlung auszuschalten und damit die dort ggf. erforderlich werdende, neuerliche Vernehmung **vulnerabler Zeugen** zu vermeiden (vgl. BR-Drs. 550/1/06, 10; zu diesem Ziel bspw. auch BGHSt 47, 16 (19) = NJW 2001, 2984 (2984 f.); OLG Zweibrücken NStZ 1995, 357). Eine Evaluierung oder Erforderlichkeitsprüfung, die sich angesichts der vielen anderen (opfer-)zeugenschützenden Instrumente (→ §§ 33–33b Rn. 55 ff.) aufgedrängt hatte, war vor der Normimplementierung indes nicht vorgenommen worden (krit. 11

etwa SK-StPO/Degener GVG § 24 Rn. 36). Darin liegt auch deshalb ein **schwerwiegendes legislatorisches Manko,** weil den JGerichten allg. eine erhöhte Kompetenz in der Vernehmung junger Zeugen zuerkannt wird (s. nur § 26 GVG) und die HV im JStV nur selten konfrontativ und belastungsintensiv verläuft.

12 Trotz der äußerst zw. Notwendigkeit erweitert Abs. 1 Nr. 4 die für den Jugendlichen oder Heranwachsenden nachteilige (→ Rn. 5) JKammer-Zuständigkeit. Obendrein **beeinträchtigt** die Vorschrift das Recht auf den **gesetzlichen Richter** gem. Art. 101 Abs. 1 S. 2 GG (krit. daher zB SK-StPO/Degener GVG § 24 Rn. 21 ff.; BeckOK StPO/Eschelbach GVG § 24 Rn. 12 f.; Sowada Richter S. 589; Rohde, Die Rechte und Befugnisse des Verletzten im Strafverfahren gegen Jugendliche, 2009, S. 189 ff.), da sich das zuständige Gericht nicht einzelfallunabhängig nach abstrakt generellen Normen bestimmen lässt (Heghmanns DRiZ 2005, 288 (291)). Auch wird bei Anwendung von Abs. 1 Nr. 4 nicht nur zwangsläufig die Opferrolle des Zeugen antizipiert (und de facto präjudiziert), sondern auch die Prüfung seiner Aussage erschwert (→ §§ 33–33b Rn. 66). Die norm-affirmativen Haltungen in Literatur (etwa HK-JGG/Habetha Rn. 10) und Praxis (vgl. die Befragung bei Arnold, Die Wahlbefugnis der StA bei Anklageerhebung, 2007, S. 185) blenden all dies konsequent aus.

13 **b) Voraussetzungen und Entscheidung.** Die **besondere Schutzbedürftigkeit** des Zeugen ist schon im allg. StVerf wegen des Regel-Ausnahme-Verhältnisses von amts- und landgerichtlicher Zuständigkeit nur selten gegeben. So muss erstens mit einer Berufung samt erneuter Befragung und zweitens bei der zweit- und ggf. schon erstinstanzlichen Vernehmung mit solchen Folgen zu rechnen sein, die deutlich über die normalen aussagebegleitenden Belastungen hinausgehen (BeckOK StPO/Eschelbach GVG § 24 Rn. 12; Meyer-Goßner/Schmitt/Schmitt GVG § 24 Rn. 6; Heghmanns DRiZ 2005, 288 (291)). Dieser Maßstab gilt grds. auch für die erforderliche Einzelfallprüfung im JStV (LG Koblenz ZJJ 2012, 208 (209); n. Diemer/Schatz/Sonnen/Schatz Rn. 14). Die Geständnishäufigkeit, insbes. aber die eben erwähnten kommunikativen Bedingungen in der jugendstrafrechtlichen HV, die für die allseitige Wahrung der Persönlichkeitsrechte gemeinhin eher zuträglich sind, lassen solche Vernehmungsfolgen dabei aber **ausgesprochen selten** befürchten. Die zeugenseitige Vorlage eines psychotherapeutischen Attestes erbringt, solange es an einer drittseitigen unabhängigen Validierung der Prognose fehlt, den Beleg des besonderen Schutzbedürfnisses nicht, jedenfalls nicht „ohne weiteres" (so aber OLG Karlsruhe BeckRS 2014, 4012 = Die Justiz 2017, 30). Eigens geprüft und dargelegt werden muss iÜ auch, dass und warum die zahlreichen gesetzlichen Schutzmöglichkeiten keine ausreichend belastungsarme Zeugenvernehmung ermöglichen können. Mit Blick auf die erforderliche Begrenzung der Zuständigkeitsverschiebung kommen außerdem nur Verletzte iSv § 373b Abs. 1 StPO in Betracht (nicht etwa die ihnen nach § 373b Abs. 2 gleichgestellten Personen).

14 Dem JStA steht hinsichtlich Abs. 1 Nr. 4 **kein** (Auswahl-)**Ermessen** zu. Er hat die Bejahung der besonderen Schutzbedürftigkeit in der Anklageschrift zu begründen (MüKoStPO/Wenske StPO § 200 Rn. 59; in zw. Weise aber Ausnahmen zulassend RL 2 zu §§ 39 – 41 und RiStBV Nr. 113 Abs. 2 S. 1; OLG Hamburg NStZ 2005, 654 (655); OLG Karlsruhe BeckRS

2014, 4012 = Die Justiz 2017, 30). Diese Einschätzung unterliegt in vollem Umfang der **gerichtlichen Überprüfung** (n. dazu → Rn. 6) und ist deshalb von der JKammer an den eben genannten Kriterien zu messen (NK-JGG/Schady Rn. 6). Gelangt sie zu dem Schluss, dass keine besondere Schutzbedürftigkeit gegeben ist, eröffnet sie das Hauptverfahren gem. § 209 Abs. 1 StPO iVm § 2 Abs. 2 vor dem zuständigen JRichter oder JSchöffG (s. auch BT-Drs. 550/1/06, 11; zur Beschwerdemöglichkeit der JStA s. § 210 Abs. 2 StPO iVm § 2 Abs. 2). Indes liegen empirische Anhaltspunkte dafür vor, dass die StA mitunter das Gericht gezielt nach dessen vermuteter Akzeptanz ihres „Anliegens" aussucht (Arnold, Die Wahlbefugnis der StA bei Anklageerhebung, 2007, S. 189, 203 f.).

6. Konstellationen gemäß Abs. 1 Nr. 5

15 Nach Abs. 1 Nr. 5, eingeführt gemeinsam mit der nachträglichen Sicherungsverwahrung durch Gesetz v. 8.7.2008 (BGBl. I 1212), besteht die Zuständigkeit der JKammer bei Erwartbarkeit besonders schwerwiegender Rechtsfolgen. Die zuletzt erkennbare legislatorische Tendenz zu einer problematischen Verfahrenshöherstufung (zu Nr. 4 s. → Rn. 11 f.) ist hier indes grds. begründet. Die **außerordentliche Eingriffsintensität** der sich abzeichnenden Anordnungen macht die gesteigerte Formalisierung des JKammer-Verfahrens erforderlich und lässt die sonst bestehenden erzieherischen Vorteile einer Verhandlung vor dem JSchöffG in den Hintergrund treten (s. dazu auch → § 40 Rn. 7). Im Übrigen ergibt sich die JKammer-Zuständigkeit hier nicht selten zugleich auch aus Abs. 1 Nr. 1 (vgl. etwa OLG Saarbrücken NStZ 1985, 93; OLG Düsseldorf JMBl. NRW 1992, 69) oder Abs. 1 Nr. 4 (BGH BeckRS 2021, 4256).

16 Konkret ist die JKammer nach Abs. 1 Nr. 5 zuständig, wenn mit einer über fünfjährigen JStrafe oder einer Unterbringung in einem psychiatrischen Krankenhaus zu rechnen ist. Als Grundlage dafür muss jeweils der hinreichende Tatverdacht hinsichtlich einer Anlasstat iSv § 7 Abs. 2 Nr. 1 bestehen, wobei das absehbare Rechtsfolgengewicht allerdings auch auf dem Zusammentreffen (§ 31) dieser Katalog- mit sonstigen Straftaten beruhen kann (→ § 7 Rn. 39; Diemer/Schatz/Sonnen/Schatz Rn. 19; abw. NK-JGG/Schady Rn. 7). Konstellationen, in denen absehbar die Sicherungsverwahrung vorbehalten werden soll, sind darin zwangsläufig eingeschlossen (zur diesbzgl. Regelungsintention BT-Drs. 16/6562, 10). Deren weitergehender Voraussetzungen (siebenjährigen JStrafe und Prognose iSv § 7 Abs. 2 Nr. 2) bedarf es für die JKammer-Zuständigkeit zwar nicht. Gleichwohl wird aber der Großteil der formellen Bedingungen einer Sicherungsverwahrung so bereits im Ermittlungs- und Zwischenverfahren zur Entscheidungsgrundlage gemacht – nämlich das Vorliegen der in → § 7 Rn. 40 erörterten Delikte und deren opferseitige Folgen (ebenso skeptisch zu dieser Vorverlagerung NK-JGG/Schady Rn. 7).

7. Verfahren bei Unzuständigkeit

17 **a) Verhältnis zu anderen Jugendgerichten bzw. zu Erwachsenengerichten.** Für das Verfahren bei sachlicher Unzuständigkeit der angegangenen JKammer im Verhältnis zu anderen JGerichten gelten die Erl. bei → § 40 Rn. 8 f. entspr.; bei sachlicher Unzuständigkeit der JKammer im

Verhältnis zu den allg. Strafgerichten gelten die Erl. bei → §§ 33–33b Rn. 16 ff. sowie bei → § 47a Rn. 2 ff. (zu Ausnahmen → § 102 Rn. 1 ff., → § 103 Rn. 13 ff.).

18 **b) Jugendschutzkammer.** Nach Eröffnung des Hauptverfahrens darf die JKammer als Jugendschutzkammer (vgl. → Rn. 2) ihre Zuständigkeit nicht mehr mit der Begründung verneinen (und das Verfahren einstellen), das Schwurgericht sei gem. § 74 Abs. 2 GVG zuständig, da nach Zulassung der Anklage die JKammer als JSchutzgericht im Verhältnis zur Schwurgerichtskammer als ranggleich gilt. Das ergibt sich daraus, dass § 225a Abs. 1 StPO bzw. § 270 Abs. 1 S. 1 Hs. 2 StPO nur auf § 209a Nr. 2a StPO und nicht auch auf Nr. 2b verweisen (BGHSt 42, 39 = NStZ 1996, 346 mAnm Katholnigg NStZ 1996, 34 und Brunner JR 1996, 390 bzw. OLG Saarbrücken NStZ-RR 2003, 377).

IV. Die Jugendkammer als Rechtsmittelgericht

1. Berufung

19 **a) Zuständigkeit. Abs. 2** regelt – nicht abschließend – die sachliche Zuständigkeit der JKammer als Rechtsmittelgericht. Die JKammer verhandelt und entscheidet über die Berufung gegen amtsgerichtliche Urteile (Abs. 2 S. 1) – und zwar gegen Urteile des JRichters als **kleine** Jugendkammer (§ 33b Abs. 1 Hs. 2) und gegen Urteile des JSchöffG als **große** Jugendkammer (zur Besetzung vgl. § 33b Abs. 2 und Abs. 4 sowie → §§ 33–33b Rn. 30). Für die Zuständigkeit als Berufungsgericht ist es ohne Bedeutung, wenn erstinstanzlich das allg. StR gegen einen Heranwachsenden angewandt wurde. Das gilt auch für die Berufung eines erwachsenen Angeklagten, der irrtümlich von einem JGericht verurteilt worden war (BGHSt 22, 48 = NJW 1968, 952) oder der das Rechtsmittel in einem verbundenen Verfahren (anders als der jugendliche bzw. heranwachsende Mitangeklagte) allein eingelegt hat (Diemer/Schatz/Sonnen/Schatz Rn. 23; Brunner/Dölling §§ 39–41 Rn. 49 mwN; s. auch OLG Hamm BeckRS 2024, 34999).

20 **b) Optionen.** Die JKammer kann das Berufungsverfahren mit einem erstinstanzlichen Verfahren, für das eine JKammer desselben Gerichts ebenfalls zuständig ist, **verbinden** (BGHSt 26, 271 = NJW 1976, 720), sofern eine einheitliche Besetzungsentscheidung gewährleistet ist oder gem. § 33b Abs. 2, Abs. 4 und Abs. 5 (noch) hergestellt werden kann (MüKoStPO/Höffler Rn. 16; Diemer/Schatz/Sonnen/Schatz Rn. 27). Sofern die JKammer dabei nach § 4 StPO iVm § 2 Abs. 2 und nicht nach § 237 StPO iVm § 2 Abs. 2 verfährt, wird das verbundene Verfahren als erstinstanzliches Verfahren weitergeführt (BGHSt 36, 348 = NJW 1990, 1490). Die Verbindung mit einem Verfahren vor einer allg. oder besonderen Strafkammer des Erwachsenengerichts scheidet dagegen aus, weil das bislang vor den Jugendgerichten laufende Verfahren dadurch der jugendgerichtlichen Überprüfung bzw. Berufung entzogen würde (BGH BeckRS 2019, 35791).

21 Verneint die JKammer die von ihr **von Amts wegen** zu prüfende sachliche Zuständigkeit des JGerichts des ersten Rechtszuges, hebt sie dessen Urteil auf und verweist die Sache durch Urteil (BGHSt 26, 106 = NJW 1975, 1236) an das zuständige Gericht (§ 328 Abs. 2 StPO iVm § 2 Abs. 2).

Das gilt auch, wenn sich im Berufungsverfahren zeigt, dass erstinstanzlich statt des JRichters oder JSchöffG der Strafrichter oder das Schöffengericht zuständig war (dazu für die umgekehrte Konstellation, in der irrtümlich das allg. Strafgericht entschieden hatte, etwa BayObLGSt 61, 121 (123); OLG Oldenburg NJW 1981, 1384; OLG Celle NStZ 1994, 298; OLG Karlsruhe Die Justiz 1999, 142; KG StV 2019, 438 = BeckRS 2019, 9343).

Die JKammer ist als Berufungsgericht an die **Rechtsfolgenkompetenz** des JGerichts der ersten Instanz gebunden und darf in ihrer eigenen Rechtsfolgenentscheidung nicht darüber hinausgehen (allgA). Hatte das JGericht der ersten Instanz seine Aburteilungszuständigkeit überschritten, muss die JKammer die Sache nach § 328 Abs. 2 StPO iVm § 2 Abs. 2 aufheben und zurückverweisen (OLG Jena NStZ-RR 2003,139). Nach hM soll sie das Verfahren aber stattdessen auch – formlos oder nach Verweisung an sich selbst – als Gericht des ersten Rechtszuges übernehmen und hierüber verhandeln dürfen (vgl. BGH NStZ-RR 1997, 22; zum allg. StVerf vormals etwa BGHSt 21, 229 = NJW 1967, 1239; BGHSt 31, 63 = NJW 1982, 2674 zum allg. StR). In den Grenzen des Verschlechterungsverbots könnte die JKammer dabei eine höhere Strafe verhängen, als das JGericht nach seiner Rechtsfolgenkompetenz hätte aussprechen dürfen (dazu schon Pentz GA 1958, 299 (303)). 22

Diese sog. **Überleitung** setze indes voraus, dass der JKammer die Zuständigkeit für die erstinstanzliche Verhandlung nach Abs. 1 (→ Rn. 7 ff.) tatsächlich zusteht – was nur in Verfahren denkbar ist, die ein JSchöffG irrig verhandelt hatte. Bei entspr. Fällen vor dem JRichter wird dagegen die kleine JKammer als Berufungsgericht tätig, die aber gem. § 33b Abs. 1 nie über eine erstinstanzliche Zuständigkeit verfügt. Für das allg. StR gilt das sogar generell, da das Berufungsgericht dort nach Neufassung von § 76 Abs. 1 S. 1 GVG immer die kleine Strafkammer ist. Schon deshalb sollte die Überleitungs-Konstruktion auch im jugendgerichtlichen Verfahren aufgegeben werden (ebenso KK-StPO/Paul StPO § 328 Rn. 12; SK-StPO/Frisch StPO § 328 Rn. 30; SK-StPO/Degener GVG § 24 Rn. 45; ferner unter Hinweis auf den Konflikt mit § 33b Abs. 2 S. 2 StPO auch MüKoStPO/Höffler Rn. 15; anders aber Diemer/Schatz/Sonnen/Schatz Rn. 25). Daher ist es als noch weiter gehende „Abkürzung" ebenfalls bedenklich, dass das RevisionsG ein Berufungsurteil der JKammer (das die Strafgewalt des Ausgangsgerichts überschreitet) nachträglich in ein **erstinstanzliches Urteil umdeuten** könne, wenn eine Überleitung möglich gewesen wäre und die tatgerichtlichen Vorschriften in der HV eingehalten wurden (so BGH NStZ-RR 1997, 22 (23); BeckRS 2005, 7044; NStZ 2010, 94). 23

2. Beschwerde und andere Rechtsbehelfe

Die JKammer hat im Bereich der JGerichtsbarkeit alle Aufgaben wahrzunehmen, die in der allg. Strafgerichtsbarkeit der Strafkammer zugewiesen sind (Dallinger/Lackner Rn. 17; Beulke/Swoboda JugendStrafR Rn. 613). Deshalb fungiert sie nicht nur als gemeinschaftliches oberes Gericht ihres Landgerichtsbezirks (etwa iSv § 42 Abs. 3), sondern gem. **Abs. 2 S. 2** iVm § 73 Abs. 1 GVG va als Beschwerdegericht im Hinblick auf die sonstigen Verfügungen und Entscheidungen. Diese Zuständigkeit knüpft rein **formal** daran an, dass die fragliche Entscheidung von einem **JRichter** (auch als Jugendermittlungsrichter) oder einem **JSchöffG** getroffen wurde. Sie hängt 24 also nicht davon ab, dass die getroffene Entscheidung materiell dem Jugend- oder Jugendschutzrecht zuzuordnen ist (OLG Brandenburg BeckRS 2019, 11045; abw. offenbar OLG Jena NStZ-RR 2007, 217 (218)). Umgekehrt ist gem. § 73 GVG die allg. Strafkammer (statt der JKammer) zur Entscheidung über die (sofortige) Beschwerde gegen amtsgerichtliche Entscheidungen zuständig, selbst wenn es sich in der Sache ggf. (etwa nach Auffassung der Beschwerdeführer oder der Strafkammer) um einen jugendgerichtlichen Sachverhalt handelt (OLG Zweibrücken NStZ 1994, 48).

25 Daneben bestehen noch weitere besondere Beschwerde- und Rechtsbehelfszuständigkeiten: Im **Vollstreckungsverfahren** entscheidet die JKammer sowohl über die vom Vollstreckungsleiter getroffenen Anordnungen nach § 83 Abs. 2 als auch als Beschwerdegericht gem. § 83 Abs. 3 (vgl. n. → § 83 Rn. 5 f., 13). Ferner entscheidet die JKammer über Rechtsbehelfe im **Vollzug** des JA, der JStrafe und der Maßregeln iSv § 7 (§ 92) sowie iR der strafvollzugsbegleitenden Kontrolle iSv § 119a StVollzG iVm § 92 Abs. 2 S. 2 (→ § 92 Rn. 166 ff., 176 ff.). Im **Ordnungswidrigkeitenverfahren** trifft die JKammer die beschwerdegerichtlichen Entscheidung nach § 70 Abs. 2, § 100 Abs. 2 S. 2, § 104 Abs. 3 Nr. 1, § 108 Abs. 1 S. 2 Hs. 2, ferner § 110 Abs. 2 S. 2 OWiG.

V. Revision

26 Verfahrensrügen nach § 338 Nr. 4 StPO, mit denen die Unzuständigkeit der urteilenden JKammer angegriffen werden soll, haben ebenso selten Erfolgsaussichten, wie die dahingehende, von Amts wegen erfolgende Prüfung zu Konsequenzen im Revisionsverfahren führt. Denn nach der problematischen hM gilt der Verurteilte wegen § 269 StPO iVm § 2 Abs. 2 nicht als beschwert, wenn die JKammer statt des JRichters oder des JSchöffG entschieden hat. Ausnahmen werden allein bei **objektiv willkürlicher** Zuständigkeitsbegründung anerkannt (n. → § 40 Rn. 16). Das gilt auch für die Entscheidung der JKammer (anstelle des JSchöffG) in Jugendschutzsachen (BGHSt 57, 165 = NJW 2012, 2455).

Örtliche Zuständigkeit

42 (1) **Neben dem Richter, der nach dem allgemeinen Verfahrensrecht oder nach besonderen Vorschriften zuständig ist, sind zuständig**

1. **der Richter, dem die familiengerichtlichen Erziehungsaufgaben für den Beschuldigten obliegen,**
2. **der Richter, in dessen Bezirk sich der auf freiem Fuß befindliche Beschuldigte zur Zeit der Erhebung der Anklage aufhält,**
3. **solange der Beschuldigte eine Jugendstrafe noch nicht vollständig verbüßt hat, der Richter, dem die Aufgaben des Vollstreckungsleiters obliegen.**

(2) **Der Staatsanwalt soll die Anklage nach Möglichkeit vor dem Richter erheben, dem die familiengerichtlichen Erziehungsaufgaben obliegen, solange aber der Beschuldigte eine Jugendstrafe noch nicht**

vollständig verbüßt hat, vor dem Richter, dem die Aufgaben des Vollstreckungsleiters obliegen.

(3) [1] **Wechselt der Angeklagte seinen Aufenthalt, so kann der Richter das Verfahren mit Zustimmung des Staatsanwalts an den Richter abgeben, in dessen Bezirk sich der Angeklagte aufhält.** [2] **Hat der Richter, an den das Verfahren abgegeben worden ist, gegen die Übernahme Bedenken, so entscheidet das gemeinschaftliche obere Gericht.**

Übersicht

I. Anwendungsbereich

1. Jugendgerichtliches Verfahren

Vor den **JGerichten** gilt die Vorschrift sowohl in Verfahren gegen Jugendliche wie auch gegen Heranwachsende, wobei allein das Tatzeitalter maßgebend ist (missverständlich (BGH BeckRS 2024, 24800). Eine berücksichtigungsbedürftige Ausnahme (dazu auch → § 108 Rn. 17 ff.) besteht allerdings bei Volljährigen. Da familiengerichtliche Maßnahmen (abgesehen von §§ 1896 ff. BGB) bei ihnen nicht in Betracht kommen, entfällt hier (ungeachtet der einschränkungslosen Fassung des § 108 Abs. 1) der Gerichtsstand iSv Abs. 1 Nr. 1 nebst der diesbzgl. Auswahloption des JStA (Abs. 2). – In Verfahren gegen Jugendliche bzw. Heranwachsende vor den **Erwachsenengerichten** gilt § 42 **nicht** (so zu Abs. 3 auch BGHSt 18, 173 (176) = NJW 1963, 500 (501); vgl. auch → § 104 Rn. 31). 1

2 Die jugendgerichtliche Geltung der Vorschrift ist nach verbreiteter Ansicht auf das **Zwischen- und Hauptverfahren** beschränkt (LG Köln ZJJ 2008, 391 = BeckRS 2009, 4598; Diemer/Schatz/Sonnen/Schatz Rn. 3; Bezjak/Sommerfeld ZJJ 2008, 251 (253 ff.)). Dem muss für Vollstreckungs- und Vollzugsentscheidungen angesichts der hierfür vorhandenen Spezialregelung (§§ 84, 92 Abs. 2, 93) zugestimmt werden, nicht aber für das **Ermittlungsverfahren.** Normtextlich ausgeschlossen ist in dieser Prozessphase nur Abs. 1 Nr. 2 („zur Zeit der Erhebung der Anklage"). Der hinter § 42 stehende Normzweck, im JStV die erzieherischen Vorteile einer örtlichen und funktionalen **Zuständigkeitskonzentration** zu eröffnen (diff. dazu → § 34 Rn. 13), spricht bei Abs. 1 Nr. 1 und Nr. 3 hingegen für die Anwendbarkeit auch im Vorverfahren (AG Kiel ZJJ 2008, 392; Brunner/Dölling Rn. 2; NK-JGG/Schady Rn. 2; wohl auch Neubacher ZJJ 2010, 378 (384); de lege lata offenlassend MüKoStPO/Höffler Rn. 2). Das gilt ungeachtet des scheinbar divergierenden § 162 StPO, da der Gesetzgeber bei dessen Neuregelung keine entspr. Erwägungen erkennen lassen hat (denn BT-Drs.16/5846, 65 verhält sich vielmehr nicht zum JStV). Die allg. Vorgaben zur örtlichen ermittlungsrichterlichen Zuständigkeit (§ 162 Abs. 1 StPO bzw. etwa §§ 81a Abs. 3, 100e Abs. 2, 125 Abs. 1, 126a Abs. 2 StPO) erfahren insofern eine Ergänzung und unterliegen den in → Rn. 10 ff. erörterten und in ihrem Sinngehalt übertragbaren Auswahlregeln. – Zur Geltung des § 42 für die **örtliche Zuständigkeit der JStA** selbst vgl. iÜ § 143 GVG iVm § 2 Abs. 2 (n. → § 36 Rn. 10).

2. Ordnungswidrigkeitenverfahren

3 Nach § 46 Abs. 1 OWiG gilt § 42 (gleichberechtigt neben der Zuständigkeitsregelung in § 68 OWiG) auch in Verfahren wegen OWi sowohl gegen Jugendliche als auch (iSv → Rn. 1 eingeschränkt) gegen Heranwachsende (vgl. BGHSt 23, 79 (80) = NJW 1969, 1820; BGHSt 25, 263 = NJW 1974, 708; LG Cottbus NStZ-RR 1998, 285; LG Hamburg BeckRS 2021, 22372; n. dazu KK-OWiG/Ellbogen OWiG § 68 Rn. 30; Diemer/Schatz/Sonnen/Schatz Rn. 6 f.).

II. Die Gerichtsstände des Jugendstrafverfahrens

1. Ergänzung der allgemeinen Gerichtsstände

4 Nach der Fassung von Abs. 1 Hs. 1 („Neben …") treten die drei Gerichtsstände des JStV (Abs. 1 Nr. 1–3) zu denjenigen des allg. StVerf (§§ 7 ff. StPO iVm § 2 Abs. 2) hinzu. Sie kommen, wie die Wendung „oder nach besonderen Vorschriften" in Abs. 1 verdeutlicht, auch dann zum Zuge, wenn ein Gerichtsstand nach Konzentrationsvorschriften für bestimmte Verfahren und Delikte begründet ist (zur **Auswahl** und Priorisierung → Rn. 10 ff.). Bei all dem gelten die örtlichen Zuständigkeiten des § 42 trotz des Wortlauts („Richter") für **jedes** (sachlich zuständige erstinstanzliche) **JGericht,** also auch für das JSchöffG und die JKammer (vgl. Dallinger/Lackner Rn. 3; BGHSt 18, 1 = NJW 1962, 2116).

2. Besonderer Gerichtsstand gem. Abs. 1 Nr. 1

Der allein in Verfahren gegen Jugendliche relevante (→ Rn. 1) Gerichtsstand der **familiengerichtlichen Zuständigkeit** bestimmt sich nicht – wie der Wortlaut des Abs. 1 Nr. 1 nahelegen könnte – in Abhängigkeit von der sachlichen Zuständigkeit, sondern danach, in welchem Gerichtsbezirk die familiengerichtlichen Erziehungsaufgaben (zum Begriff → § 34 Rn. 10 f.) wahrzunehmen sind bzw. wären (s. hierzu § 111 Nr. 2, § 151 Nr. 8, § 152 Abs. 2 FamFG sowie BGH NStZ 2012, 575 unter Hinweis auf § 86 SGB VIII). Die Zuständigkeit nach Abs. 1 besteht unabhängig davon, ob das FamG bereits in einer Familiensache mit dem betr. Jugendlichen befasst war oder ist (vgl. Dallinger/Lackner Rn. 5; NK-JGG/Schady Rn. 5). Unerheblich ist auch, ob dem Gericht die familienrichterlichen Erziehungsaufgaben übertragen wurden und ob von den Möglichkeiten nach § 34 Abs. 2 Gebrauch gemacht worden ist. 5

3. Besonderer Gerichtsstand gem. Abs. 1 Nr. 2

Der Gerichtsstand des **freiwilligen Aufenthalts** ist (abw. von § 8 Abs. 2 StPO kein subsidiärer, sondern Hauptgerichtsstand und) dort begründet, wo sich der Beschuldigte zum Zeitpunkt der Anklageerhebung wenigstens vorübergehend aufhält (für die Zeit danach vgl. Abs. 3 sowie → Rn. 15 ff.). Hierfür ist weder ein fester Wohnsitz noch eine Meldeanschrift vorausgesetzt, wohl aber, dass sich der Jugendliche oder Heranwachsende auf freiem Fuß befindet. Dass die aufenthaltsgebundene Zuständigkeit bei entzogener Bewegungsfreiheit also nicht zum Tragen kommt, erklärt sich mit der anderenfalls bestehenden Möglichkeit, durch hoheitliche Maßnahmen (bspw. Verlegungen) zugleich Zuständigkeitsveränderungen bewirken zu können. Dies wäre im Hinblick auf Art. 101 Abs. 1 S. 2 GG bedenklich (vgl. n. Dallinger/Lackner Rn. 8 mN). 6

Nicht auf freiem Fuß iSd Abs. 1 Nr. 2 befindet sich der Beschuldigte, wenn er „durch eine behördliche Anordnung in seiner Freiheit und in der Wahl seines Aufenthaltsortes beschränkt" wird (BGHSt 13, 209 (212) = NJW 1959, 1834 (1835)). Maßgeblich ist eine Freiheitsentziehung iSv Art. 104 GG durch staatlichen Hoheitsakt, namentlich durch vorläufige Festnahme (§ 127 StPO iVm § 2 Abs. 2), einstweilige Unterbringung (§ 126a StPO iVm § 2 Abs. 2, § 71 Abs. 2, § 72 Abs. 4 S. 1), Sicherungs- und U-Haft (§§ 453c iVm § 2 Abs. 2, 112 ff. StPO, § 72), Unterbringung zur Beobachtung (§ 81 StPO, § 73), JA (§§ 16, 16a) sowie Jugendstrafe und Unterbringung im Maßregelvollzug. Das Gleiche gilt für freiheitsentziehende Anordnungen nach den Polizei- und Unterbringungsgesetzen der Länder sowie für jugendrichterliche Anordnungen nach § 12 Nr. 2, wenn der Jugendliche hierdurch auch nur vorläufig untergebracht ist (BGHSt 13, 209 = NJW 1959, 1834; BGH NJW 1954, 1775; MüKoStPO/Höffler Rn. 7; krit. Brunner/Dölling Rn. 6; n. zur diesbzgl. Debatte va in der älteren Literatur und Judikatur s. 22. Aufl. Rn. 11). Bei Fremdunterbringungen, die allein auf jugendhilferechtlicher Grundlage erfolgen, hängt das Nicht-/Bestehen einer relevanten freiheitsentziehenden Wirkung – ebenso wie iÜ bei Aufenthaltsgeboten oder -verboten gem. § 10 Abs. 1 S. 3 Nr. 1 – von der konkreten Ausgestaltung ab (ebenso HK-JGG/Habetha Rn. 11; ähnlich auch NK-JGG/Schady Rn. 8). 7

4. Besonderer Gerichtsstand gem. Abs. 1 Nr. 3

8 Der Gerichtsstand des Vollstreckungsleiters bestimmt sich ähnlich wie bei Abs. 1 Nr. 1 (→ Rn. 5) nach dem Bezirk, in dem die Aufgaben des Vollstreckungsleiters durchzuführen sind (n. dazu anhand der JKammer als Gericht des ersten Rechtszuges BGHSt 18, 1 (3) = NJW 1962, 2116 (2117)). Dabei geht es speziell um die Aufgaben, die iZm einer JStrafe bestehen, die zum Beurteilungszeitpunkt noch **nicht vollständig vollstreckt** ist. Welches Gericht für diese Aufgaben in Betracht kommt, regeln die § 85 Abs. 3–5. Die Vorschrift in Abs. 1 Nr. 3 – sie geht zurück auf § 27 Abs. 1 Nr. 3 RJGG 1943 – trägt damit nicht nur praktischen Erwägungen (vgl. Beulke/Swoboda JugendStrafR Rn. 621: Vermeidung von Gefangenentransporten), sondern auch dem Umstand Rechnung, dass bei Vollstr von JStrafe die Verwirklichung der mit der Verhängung verfolgten Ziele in der Verantwortung des **Vollstreckungsleiters** liegt. Da der JRichter den Jugendlichen bzw. Heranwachsenden dank dieser Funktion (§ 82) also bereits kennt und da er über enge Arbeitskontakte zu dessen Vollzugsanstalt verfügt, soll auch die Zuständigkeit für Folgeverfahren in seinem Gerichtsbezirk liegen, und dies ggü. den übrigen Gerichtsständen nach Abs. 2 sogar vorzugsweise (BGHSt 18, 1 (3) = NJW 1962, 2116 (2117)).

9 Die Vorschrift des Abs. 1 Nr. 3 greift nach ihrem Wortlaut („JStrafe … verbüßt“) nicht ein, wenn **JA** vollzogen wird oder wenn eine **Bewährungszeit** im Falle einer Aussetzung der Vollstr zBew nach §§ 21, 22 läuft (OLG Jena OLGSt StPO § 8 Nr. 1 = BeckRS 2009, 11626). – Mit einer Entscheidung, die gem. **§ 88 Abs. 1** den JStrafrest zBew aussetzt, tritt noch keine vollständige Vollstreckung und kein Ende der örtliche Zuständigkeit nach Abs. 1 Nr. 3 ein. Dies ist erst mit dem Erlass der JStrafe oder mit der vollständigen Vollstr nach Bewährungswiderruf der Fall (§ 88 Abs. 6). – War nach **§ 85 Abs. 5** die Vollstr widerruflich abgegeben worden, soll die örtliche Zuständigkeit iSv Abs. 1 Nr. 3 nicht nur bei dem JRichter, an den abgegeben worden ist, sondern auch bei dem abgebenden Vollstreckungsleiter begründet sein (Dallinger/Lackner Rn. 14; Diemer/Schatz/Sonnen/Schatz Rn. 18). Dies ist mit Blick auf den Normzweck zw., weil die Abgabe idR gerade wegen fehlender Vollzugsnähe erfolgt (MüKoStPO/Höffler Rn. 8; Brunner/Dölling Rn. 6; NK-JGG/Schady Rn. 9).

III. Auswahl unter verschiedenen Gerichtsständen

1. Einordnung von Abs. 2 als Vorrangregel

10 Besteht im allg. StVerf gem. §§ 7–9 StPO die örtliche Zuständigkeit mehrerer Gerichte, kann die StA nach hM auswählen, vor welchem Gericht sie die Anklage erhebt. Da dies vom Gericht nur auf sachfremde Erwägungen hin überprüfbar sein soll, erlangt die Anklagebehörde hierdurch eine zuständigkeitsbestimmende Rechtsmacht, die in einem Spannungsverhältnis mit **Art. 101 Abs. 1 S. 2 GG** steht (für Unvereinbarkeit etwa SK-StPO/Weßlau/Weißer StPO Vor §§ 7–21 Rn. 8 f.; Heghmanns StV 2000, 277; ohne Erörterung aber anders BGHSt 21, 247 (249) = NJW 1967, 1720 (1721); BGHSt 26, 374 (375) = NJW 1976, 2172; Meyer-Goßner/Schmitt/Schmitt StPO Vor § 7 Rn. 10; Löwe/Rosenberg/Erb StPO Vor § 7 Rn. 19). Im

JStV wird die Problematik, dass der Richter auf Grundlage der hM durch staatsanwaltliches Dafürhalten und gerade nicht durch das Gesetz bestimmt wird, mit Abs. 2 etwas entschärft. Allerdings ist die Reichweite dieser Vorschrift, die nicht nur im Verhältnis der Gerichtsstände des Abs. 1 Nr. 1–3, sondern nach allgA auch ggü. den Gerichtsständen des allg. StVR gilt, im Einzelnen strittig: Nach BGH NStZ 2008, 695 seien die Maßgaben von Abs. 2 nur eine „Richtlinie" für das Auswahlermessen der StA, die „keinen Zuständigkeitsvorrang" begründe (ebenso BGH NStZ 2012, 575; OLG Hamm BeckRS 2015, 8301; Brunner/Dölling Rn. 8; Streng JugendStrafR Rn. 97). Dagegen ist es mit Blick auf die Gewährleistung des gesetzlichen Richters aber vorzugswürdig, der Vorschrift eine **ermessensbindende** Wirkung zuzuerkennen (ebenso OLG Jena OLGSt StPO § 8 Nr. 1 = BeckRS 2009, 11626; LG Verden StV 2008, 118 = LSK 2008, 170207; AG Kassel BeckRS 2020, 13066), sodass in diesem Sinne durchaus von einer **Vorrangbeziehung** (wenn auch keiner formalen Vorrangzuständigkeit) auszugehen ist (ebenso Diemer/Schatz/Sonnen/Schatz Rn. 4; BeckOK JGG/Wellershoff Rn. 5; Beulke/Swoboda JugendStrafR Rn. 622; Laubenthal/Baier/Nestler JugendStrafR Rn. 141).

Konkret bindet die Vorschrift die pflichtgemäße Ermessensentscheidung des **JStA** bei der Ausübung seines Wahlrechts unter mehreren Gerichtsständen an folgende **regelmäßige Abstufung:** Innerhalb des Abs. 1 hat die Zuständigkeit iSv Nr. 3 den Vorrang vor derjenigen gem. Nr. 1, gefolgt von derjenigen gem. Nr. 2, woraufhin schließlich die Gerichtsstände des allg. StVR (erst) im vierten Rang folgen. Bei Einschlägigkeit von Abs. 1 Nr. 1 wird dies für den Fall, dass familiengerichtliche Maßnahmen nicht erforderlich sind, durch RL 1 dahin präzisiert, dass dann bei Verfehlungen geringeren Ausmaßes im Gerichtsstand des Abs. 1 Nr. 2 bzw. (nachrangig) im Gerichtsstand des Ergreifungsortes (§ 9 StPO iVm § 2 Abs. 2) angeklagt werden soll (vgl. auch RL zu § 108). Daher wäre eine gleichsam standardisierte Praxis, die etwa in Verkehrsstrafsachen den Gerichtsstand des Tatorts (§ 7 StPO iVm § 2 Abs. 2) nahezu regelhaft präferiert, nicht angängig. **11**

Eine **Abweichung** von der gesetzlichen Präferenzabstufung ist allein bei fallkonkret gegebenen **sachlichen Gesichtspunkten** (Interessen des Beschuldigten, Verfahrensbeschleunigung, Vermeidung aufwändiger Reisen von Verfahrensbeteiligten und Zeugen) gerechtfertigt (ebenso Lange NStZ 1995, 110 (111)). Solche Umstände können bei älteren Beschuldigten häufiger vorliegen. Davon abgesehen schließt der Umstand, dass das 21. Lbj. zum Anklagezeitpunkt bereits überschritten wurde, die Anwendbarkeit von Abs. 2 nicht aus (missverständlich BGH BeckRS 2024, 24800). Zu einer praktisch relevanten Relativierung der grds. einzuhaltenden Rangfolge zwischen den Gerichtsständen kann es indes bei verbundenen Verfahren gegen **mehrere Beschuldigte** kommen. Hier ist die gemeinsame Zuständigkeit eines JGerichts möglich, welches bei einem Teil der Jugendlichen nur nachrangig zuständig wäre oder „allein" gem. § 13 StPO iVm § 2 Abs. 2 zuständig ist. **11a**

2. Begründung und Prüfung der Entscheidung

Da die Entscheidung der StA, bei welchem Gericht sie Anklage erhebt, nach hM im allg. StVR nicht selbstständig angreifbar ist (Meyer-Goßner/Schmitt/Schmitt StPO Vor § 7 Rn. 10), wird eine Begründungspflicht **12** überwiegend verneint (OLG Jena OLGSt StPO § 8 Nr. 1 = BeckRS 2009, 11626 Rn. 30; OLG Hamm BeckRS 2015, 8301). Im JStV spricht hiergegen aber nicht nur der Umstand, dass die gerichtliche Prüfung hierdurch erschwert wird, sondern auch die notwendige **Transparenz,** derer es für eine erzieherische Glaubwürdigkeit des justiziellen Prozessierens bedarf. Eine Begründung (in der Anklageschrift) ist daher unbedingt zu empfehlen.

13 Das **Gericht** darf die getroffene Auswahlentscheidung der JStA nur darauf hin kontrollieren, dass die Ermessensausübung fehlerfrei erfolgt ist (vgl. OLG Hamm NStZ-RR 1999, 16 (17): strenger Maßstab). Dazu gehört die Frage, ob die JStA die gesetzlichen Wertungen – auch die ermessensleitende Wirkung von Abs. 2 (→ Rn. 10 f.) – berücksichtigt hat. Abweichungen von der spezifischen Gerichtsstand-Rangfolge im JStV kann und muss das Gericht also nicht nur mit Blick auf einen objektiv willkürlichen Charakter überprüfen (so OLG Hamm BeckRS 2015, 8301; LG Hamburg BeckRS 2021, 22372; Diemer/Schatz/Sonnen/Schatz Rn. 21; BeckOK JGG/Wellershoff Rn. 15), sondern auf das tatsächliche Vorliegen richterlich erkennbarer sachlicher Gründe hin. – Der **Beschuldigte** kann ein zu berücksichtigendes Ersuchen an die StA richten (NK-JGG/Schady Rn. 10), doch richtiggehenden Einfluss auf die Auswahl des Gerichtsstandes durch die JStA hat er nicht. Er hat aber ebenso wie die Berechtigten iSv § 67 die Möglichkeit, schon im Zwischenverfahren und bis zum Beginn seiner Vernehmung zur Sache in der HV (§ 16 Abs. 1 S. 3 StPO iVm § 2 Abs. 2) den Einwand der örtlichen Unzuständigkeit zu erheben (vgl. n. etwa KK-StPO/Geilhorn StPO § 6a Rn. 5 und 7).

3. Vorgehen bei örtlicher Unzuständigkeit

14 Ergibt die im Zwischenverfahren **von Amts wegen** vorzunehmende Prüfung (§ 16 Abs. 1 S. 1 StPO iVm § 2 Abs. 2), dass bei dem ausgewählten Gericht kein Gerichtsstand begründet ist, erklärt das Gericht durch Beschluss seine Unzuständigkeit. Eine Abgabe an ein anderes Gericht kommt mangels gesetzlicher Grundlage – auch § 209 StPO ist keine solche – nicht in Betracht (MüKoStPO/Ellbogen StPO § 16 Rn. 8; Brunner/Dölling §§ 33–33b Rn. 25). Sie gilt jedoch als unschädlich, soweit die JStA nachträglich zustimmt und ein ausdrücklicher Eröffnungsbeschluss des angegangenen Gerichts vorliegt (OLG Braunschweig GA 1962, 284; OLG Karlsruhe GA 1977, 58). **Nach Eröffnung des Hauptverfahrens** bis zur Vernehmung des Angeklagten zur Sache ist eine Unzuständigkeitserklärung durch das Gericht (verbunden mit einer Entscheidung nach §§ 206a, 260 Abs. 3 StPO) nur noch auf Einwand des Angeklagten (→ Rn. 13) zulässig. Diese Option entfällt indes mit dem Beginn von dessen Vernehmung zur Sache (§ 16 Abs. 1 S. 2 und 3 StPO iVm § 2 Abs. 2). Das (bis dahin unerkannt unzuständige) Gericht wird dann zum zuständigen Gericht.

IV. Abgabe des Verfahrens gem. Abs. 3

1. Systematische Einordnung und Funktion

15 Im Zwischen- und Hauptverfahren kann für das Gericht ein Anlass bestehen, das Verfahren wegen sachlicher Unzuständigkeit abzugeben. Dafür sind

einige Verfahrensweisen gesetzlich vorgesehen (n. → § 39 Rn. 13 ff., → § 40 Rn. 8 f., → § 41 Rn. 17; speziell für die Abgabe zwischen JGerichten und allg. Strafgerichten → §§ 33–33b Rn. 16 ff.). Bei **örtlicher** Unzuständigkeit bestehen, wenn auch zeitlich begrenzt, ebenfalls entspr. Möglichkeiten (dazu eben → Rn. 14). Verändern sich Umstände, die für die Zuständigkeitsfrage von Bedeutung sind, allerdings erst nach den in § 16 StPO benannten Zeitpunkten, bleibt die einmal begründete örtliche Zuständigkeit nach dem Prinzip der perpetuatio fori davon indes unberührt. Der **nachträgliche Wegfall** zuständigkeitsbestimmender Grundlagen erlaubt daher grds. auch keine Verfahrensabgabe (s. etwa OLG Hamm BeckRS 2009, 12078). Das JGG sieht jedoch bei entspr. sachlichen Gründen eine Übertragung einzelner prozessualer (§ 72 Abs. 6) und nachgelagerter Rechtsfolgenentscheidungen (§ 58 Abs. 3 S. 2, § 65 Abs. 1 S. 4, 88 Abs. 6 S. 3) auf andere Gerichte vor.

Zwischen der Eröffnung des Hauptverfahrens und dem erstinstanzlichem Urteilserlass eröffnet **§ 12 Abs. 2 StPO** iVm § 2 Abs. 2 obendrein dem gemeinschaftlichen oberen Gericht die Möglichkeit, die Sache auf Antrag oder von Amts wegen an ein anderes Gericht zu übertragen, soweit dieses schon **von Beginn an zuständig** gewesen wäre (BGHSt 13, 209 = NJW 1959, 1834). Dafür bedarf es sachlicher Gründe von Gewicht (KK-StPO/Geilhorn StPO § 12 Rn. 10). Für eine Konstellation, in der ein solches Vorgehen uU zweckmäßig sein kann – nämlich den nachträglichen Aufenthaltswechsel des Angeklagten –, sieht das JStR sogar eine **vereinfachte Verfahrensweise** vor. Die in **Abs. 3** geregelte Option schafft „eine Erleichterung insofern, als sie ohne Inanspruchnahme des oberen Gerichts die Abgabe an ein anderes Gericht gestattet, um ohne Verzögerung die notwendig erscheinende Weiterführung des Verfahrens durch das für den Aufenthalt des Angeklagten zuständige Gericht zu ermöglichen" (BGHSt 10, 391 (393) = NJW 1957, 1809 (1810)). Dem liegt das Anliegen zugrunde, dass ein wohnortnahes und mit regionalen Bedingungen vertrautes Gericht über den Jugendlichen bzw. Heranwachsenden entscheiden soll. Dabei wird es sich vielfach um ein Gericht handeln, das bei Anklageerhebung noch nicht zuständig war. 16

2. Formale Voraussetzungen

a) Im Hauptverfahren. Nach Abs. 3 kann das Verfahren an dasjenige JGericht abgegeben werden, in dessen Bezirk der Jugendliche oder Heranwachsende seinen Aufenthalt verlagert hat. Dies ist dem Gesetzeswortlaut zufolge („der Angeklagte …") erst **nach Eröffnung** des Hauptverfahrens erlaubt (vgl. BGHSt 13, 209 (217) = NJW 1959, 1834 (1836); BGH BeckRS 2023, 43415; 2024, 24799). Bei verbundenen Verfahren müssen alle eröffnet worden sein (BGHR JGG § 42 Abs. 3, Abgabe 1 = BeckRS 1993, 31105935; BGH NStZ-RR 1997, 380; BeckRS 2014, 1645). Die Abgabemöglichkeit **endet** mit Erlass des Urteils des ersten Rechtszuges. Danach geht der Instanzenzug vor (BGHSt 10, 177 = NJW 1957, 838; BGHSt 19, 177 (179) = NJW 1964, 506 (506 f.)). Das hat zur Folge, dass auch nach Zurückweisung durch das Rechtsmittelgericht eine Änderung der örtlichen Zuständigkeit durch Abgabe nach Abs. 3 nicht mehr zulässig ist (BGHSt 18, 261 = NJW 1963, 965). Dasselbe gilt bei einem Zwischenurteil iSv § 27 für das Verfahren gem. § 62, in dem über die ausgesetzte Verhängung einer JStrafe gem. **§ 30** zu entscheiden ist (→ § 62 Rn. 14 ff.). 17

17a **b) Zustimmung der JStA.** Das abgebende Gericht benötigt für die Abgabe die Zustimmung der JStA (vgl. auch BGH StV 2022, 44 (Ls.) = BeckRS 2021, 27267). Das Gesetz spricht hier nur von einer Anklagebehörde („des Staatsanwalts") und meint damit (ohne dies explizit auszudrücken) diejenige, **die bislang zuständig war** (nicht also diejenige, die zuständig wird). Dieser JStA, der das Verfahren bei entspr. Anlass bis zur Anklage formlos abgeben kann, soll auch nach diesem Zeitpunkt noch mitentscheiden können, weil er die „Sache" durch die richterliche Abgabe verliert (§ 143 GVG). Auf die StA aus dem Bezirk des Gerichts, an das abgegeben werden soll, kann es dagegen nicht ankommen. Anderenfalls dürften die dortigen Beamten „in ein Verfahren eingreifen, das bei einem Gericht anhängig ist, für das ihnen die örtliche Zuständigkeit fehlt" (BGH NJW 1958, 229).

18 **c) In besonderen Verfahrensarten.** Im **vereinfachten Jugendverfahren** scheidet das Vorgehen nach Abs. 3 aus, weil es hier am Eröffnungsbeschluss fehlt und weil die Bindung der Übernahme (→ Rn. 26) mit der Flexibilität des vereinfachten JVerfahrens (vgl. § 77) unverträglich ist (BGHSt 12, 180 (182); BGH NStZ 2019, 679 mzustAnm Kaspar NStZ 2020, 305; Brunner/Dölling Rn. 13; aA AG Villingen-Schwenningen BeckRS 2019, 3497; Schnitzerling DRiZ 1958, 315; NK-JGG/Sommerfeld §§ 76–78 Rn. 17; Nix/Herz Rn. 15; vgl. auch § 77). Dies gilt aus denselben Gründen auch für das bei Heranwachsenden zulässige (→ § 109 Rn. 45 f.) **beschleunigte Verfahren** gem. §§ 417 ff. StPO (vgl. BGHSt 15, 314 = NJW 1961, 789 zu § 12 StPO). Soweit gegen Heranwachsende unter Anwendung des allg. StR (→ § 109 Rn. 57) ein **Strafbefehl**verfahren durchgeführt wird, ist die Abgabe erst nach Beginn der auf rechtzeitigen Einspruch hin anberaumten HV (§ 411 Abs. 1 S. 2 StPO) zulässig (BGHSt 13, 186 (188) = NJW 1959, 1695 (1696); BGH StraFo 2011, 218 = BeckRS 2011, 12152; 2014, 17820). Das gilt ebenso für das **Ordnungswidrigkeitenverfahren** (BGH NJW 1974, 708). Die Abgabe wird sich dann aber jeweils im Hinblick auf eine etwaige Verfahrensverzögerung nur selten empfehlen.

3. Materielle Voraussetzungen

19 **a) Aufenthaltswechsel.** Maßgeblich ist der **tatsächliche** Aufenthaltsort, der sich geändert haben muss. Ohne Belang hierfür sind die Meldeanschrift (BGH ZJJ 2007, 82 = BeckRS 2007, 2349) oder der Wohnsitz (§ 8 StPO) bzw. das Fehlen eines solchen (BGH NStZ-RR 2015, 353). Der Aufenthalt am neuen Ort muss nach Einschätzung des Gerichts feststehen (BGH BeckRS 2019, 4237) und darf nicht nur zum Schein gegeben sein (BGH BeckRS 2018, 27570). Zudem muss er zum Zeitpunkt der Abgabeentscheidung auch **noch fortdauern** (BGH BeckRS 2020, 7737). Wird der Aufenthaltsort **mehrfach** gewechselt, ist nach allgA eine wiederholte Abgabe zwar nicht unbedingt zweckmäßig (→ Rn. 23), aber grds. möglich (s. etwa BGHSt 13, 284 (286) = NJW 1960, 59; BGH BeckRS 2019, 2219).

20 Da die Zuständigkeit nach Abs. 3 im Gegensatz zur Begründung des Gerichtsstandes nach Abs. 1 Nr. 2 nicht durch eine staatsanwaltliche, sondern durch eine richterliche Entscheidung bestimmt wird, soll es auf die **Freiwilligkeit** des Aufenthaltswechsels für die Abgabe nach ganz hM **nicht**

ankommen. Eine Verlegung von bspw. untergebrachten oder in Haft befindlichen Angeklagten eröffnet so die Anwendbarkeit von Abs. 2 (vgl. BGH BeckRS 2019, 4238; s. schon BGH NJW 1954, 1775; BGHSt 13, 209 (214) = NJW 1959, 1834 (1835) sowie die Nachw. zur älteren Lit. in der 22. Aufl. Rn. 22). Dies kommt vielfach den Interessen des Jugendlichen oder Heranwachsenden entgegen, ist aber mit Blick auf den Normwortlaut („Wechselt der Angeklagte seinen …") und denkbare Missbrauchsmöglichkeiten (etwa im Sinne einer „Verschiebung") auch nicht unbedenklich.

b) Zeitpunkt des Aufenthaltswechsels. Ändert der Jugendliche oder Heranwachsende während des Ermittlungsverfahrens und vor der Anklageerhebung seinen Aufenthalt, kann die JStA das Verfahren – falls der Wechsel iSv § 143 GVG iVm § 2 Abs. 2 für sie zuständigkeitsverschiebend wirkt (MüKoStPO/Brocke GVG § 143 Rn. 5 – formlos an die Anklagebehörde des neuen Aufenthaltsorts abgeben (vgl. auch § 143 Abs. 1 S. 4 GVG). Erhebt sie stattdessen Anklage, ist Abs. 3 nicht anwendbar (s. zB BGH BeckRS 2003, 6213; 2011, 13556; 2011, 15362; 2013, 13046; NStZ-RR 2014, 229 (Ls.); BeckRS 2017, 132092; 2018, 3566). Die Vorschrift kommt nur bei einem späteren Aufenthaltswechsel zum Tragen. Maßgeblich ist hierfür die **Erhebung der Anklage** (BGHR JGG § 42 Abs. 3, Abgabe 2 = BeckRS 1995, 5267; BGH BeckRS 2010, 28815; 2016, 11728; BeckRS 2020, 7737). Käme es, wie der Normwortlaut („wechselt der Angeklagte") nahelegt, auf den Eröffnungsbeschluss an, könnte auf Aufenthaltsänderungen zwischen Anklageerhebung und -zulassung idR weder mit Abs. 3 noch mit § 12 Abs. 2 StPO iVm § 2 Abs. 2 reagiert werden (BGHSt 13, 209 = NJW 1959, 1834; BGH BeckRS 2010, 14143; OLG Stuttgart Die Justiz 1991, 94 = BeckRS 1990, 8072; OLG Hamm BeckRS 2013, 11364 = NStZ-RR 2013, 357 (Ls.)). Entscheidend ist also, dass der Angeklagte seinen Aufenthalt nicht etwa vor oder zeitgleich mit, sondern erst nach der Anklageerhebung in den Bezirk des übernehmenden Gerichts verlagert hat (BGH BeckRS 2023, 35543). Ob sein Aufenthaltsort bis dahin im Bezirk des abgebenden Gerichts oder (vorübergehend) in einem dritten Bezirk lag, ist dagegen unerheblich (BGHSt 10, 323 = NJW 1957, 1370; BGH BeckRS 2000, 4677; 2014, 14289). 21

4. Aspekte der Ermessensentscheidung

Das abgebende Gericht bleibt trotz des Aufenthaltswechsels zuständig und ist deshalb nicht zur Abgabe verpflichtet. Es entscheidet hierüber nach pflichtgemäßem Ermessen, wobei es – auch um die tatsächlich erfolgte Ausübung von Ermessen zu dokumentieren (s. etwa BGH BeckRS 2022, 13687; NStZ 2024, 306) – seine Erwägungen zu den Vor- und Nachteilen der Abgabe im **Abgabebeschluss darlegen** muss (s. bspw. BGH StV 2022, 44 (Ls.) = BeckRS 2021, 27267; 2023, 9642; 2024, 24799). Zu berücksichtigen ist dabei zunächst einmal, dass (bzw. ob) die gesetzlich erwünschte Entscheidungsnähe bei einer Abgabe eintritt. Davon ist idR dann auszugehen, wenn eine **längerfristige Verweildauer** am neuen Aufenthaltsort zu erwarten ist. Dann kann nämlich die dortige JGH ihren Aufgaben nachkommen und zugleich angemessen in das Verfahren eingebunden werden (BGH ZJJ 2007, 82 = BeckRS 2007, 2349; 2010, 28816; 2012, 17663; 2014, 14289). Für eine Abgabe spricht auch, wenn am neuen Aufenthaltsort bereits 22 ein weiteres Verfahren gegen den Angeklagten anhängig ist. Die Vermutung, dass das Gericht des Aufenthaltsorts die größere Sachnähe aufweist, wird dann zusätzlich verstärkt. Dass und warum der Gesichtspunkt der Entscheidungsnähe bei Beschuldigten, die inzwischen Heranwachsende sind, deutlich an Bedeutung verlieren soll (so BGH BeckRS 2020, 8580; NStZ-RR 2023, 353), ist nicht ersichtlich.

23 Gleichermaßen zu berücksichtigen sind in der Ermessensausübung jedoch die Nachteile, die eine Abgabe ggf. mit sich bringt. Hierfür ist es wesentlich, ob es zu einer erheblichen **Verlängerung oder Aufwandserhöhung** kommen könnte. Eine dahingehende Gefahr besteht uU, wenn der Angeklagte seinen Aufenthalt zuletzt mehrfach gewechselt hat, sodass bei absehbar erneutem Wechsel eine weitere Abgabe erforderlich werden kann (vgl. etwa BGH BeckRS 2005, 10202; StraFo 2015, 163 = BeckRS 2015, 3928; 2016, 114210; 2023, 20057; OLG Hamm BeckRS 2013, 11364). Anders mag es sich, abhängig vom Einzelfall, bei längerer Verfahrensdauer verhalten. Hier ist dann bisweilen auch eine mehrfache Abgabe nach Abs. 3 zulässig und angezeigt, einschließlich einer Rückübertragung an das ursprünglich zuständige Gericht (BGH BeckRS 2019, 2219). In Verfahren, die wegen der Geringfügigkeit des Vorwurfs oder eines Geständnisses ohnehin eher aufwandsarm verlaufen, sind zwar die verfahrensökonomischen Risiken einer Abgabe tendenziell geringer (etwa OLG Celle BeckRS 2008, 9893), zugleich aber auch die Vorzüge der Übertragung kaum von Belang (BGHSt 13, 186 (190) = NJW 1959, 1695; BGH bei Böhm NStZ-RR 1999, 289 (290 f.)).

24 Sofern eine ggf. bereits **erfolgte Einarbeitung** des abgebenden Gerichts infolge der Abgabe ungenutzt bliebe, läge darin – falls dort nicht ohnehin ein Dezernatswechsel ansteht (BGH BeckRS 2022, 23636) – eine abträgliche Verfahrensverzögerung (vgl. BGH BeckRS 2010, 13915; 2017, 116408; 2017, 132092; StV 2022, 44 = BeckRS 2021, 17150; 2023, 9642; NStZ 2024, 306). Ebenso verhält es sich bei einer bereits erfolgten Vorbefassung der bislang zuständigen JGH (BGH BeckRS 2010, 6677; 2013, 15923; 2022, 13687). Ein relevanter Mehraufwand kann ebenso entstehen, wenn der Verteidiger am bisherigen Gerichtsbezirk ansässig ist (s. etwa BGH BeckRS 2014, 7287) oder das neue Gericht zu einer problematischen tatortfernen Beweisaufnahme gezwungen wäre. Ebenso liegt es, wenn die Zeugen in der Nähe des abgebenden Gerichts leben (BGH StraFo 2004, 280 = BeckRS 2004, 4883; 2013, 7376; 2016, 5139; 2017, 102892; ZJJ 2020, 399 = BeckRS 2020, 8580; NStZ-RR 2021, 294; BeckRS 2024, 38146). Solche Umstände **sprechen** jeweils **gegen** die Abgabe, weil sonst der Verfahrensaufwand sowie das Kostenrisiko des Angeklagten steigen würden.

24a Befinden sich das abgebende JGericht und das JGericht des neuen Aufenthaltsortes räumlich nahe beieinander, gewinnen diese Aspekte ggü. dem Anliegen der Entscheidungsnähe sogar besonders stark an Gewicht (vgl. etwa BGH BeckRS 2020, 17022; OLG Düsseldorf NJW 1993, 1150; NStZ-RR 1996, 348; OLG Zweibrücken BeckRS 2015, 6197). Die Abgabe kann iÜ auch deshalb **unzweckmäßig** sein, weil gegen den Angeklagten am bisherigen Aufenthaltsort ein weiteres (noch) nicht abgabefähiges JStV anhängig ist (BGH BeckRS 2014, 1753; 2015, 14731). Ebenso verhält es sich, wenn nur einer der Angeklagten seinen Aufenthaltsort gewechselt hat, nicht aber der bzw. die **Mitangeklagte/-en,** die weiterhin im Umfeld des bislang zuständigen Gerichtes leben (BGH BeckRS 2003, 6213; 2013, 1509). Bei erwachsenen Mitangeklagten gilt dies aber nicht; hier kommt es allein auf die Zweckmäßigkeit hinsichtlich des Jugendlichen an (BGH BeckRS 2023, 35543).

5. Übernahme und Entscheidung gem. Abs. 3 S. 2

Das **JGericht** des neuen Aufenthaltsortes ist nicht zur Übernahme gezwungen. Es muss seinerseits die materiellen und formellen Voraussetzungen sowie die Zweckmäßigkeit iSv Abs. 3 S. 1 prüfen. **Lehnt** es die Übernahme **ab,** liegt keine wirksame Abgabe vor, sodass die Sache bei dem um Übernahme ersuchenden Gericht anhängig bleibt. Auf Betreiben eines der beiden JGerichte geht das Verfahren in diesem Fall gem. Abs. 3 S. 2 an das gemeinschaftliche **obere Gericht** – also an den BGH, wenn beide Gerichte zu den Bezirken verschiedener Oberlandesgerichte gehören, und sonst an das gemeinsame OLG, nicht aber das BayObLG (BayObLGSt 57, 165; BayObLG NStZ 2020, 48). Dieses Gericht trifft sodann anhand der in → Rn. 17 ff. genannten Kriterien die abschließende Entscheidung über die Zuständigkeit. Außerdem kann es bei Vorliegen der Voraussetzungen auch eine Übertragung nach § 12 Abs. 2 StPO iVm § 2 Abs. 2 vornehmen (OLG Hamm BeckRS 2009, 12078). 25

Entschließt sich das JGericht des neuen Aufenthaltsortes hingegen zur Übernahme, ist deren **nachträgliche Aufhebung ausgeschlossen** und das abgebende Gericht ist nicht mehr zuständig. Allerdings hat eine Übernahme, die trotz **nicht vorliegender Voraussetzungen** des Abs. 3 S. 1 (bspw. irrtümlich) erfolgt, **keine bindende** Wirkung. Das übernehmende Gericht kann die Entscheidung sowie die Eröffnung des Hauptverfahrens wieder aufheben und das Verfahren zurückgeben (BGHR § 42 Abs. 3, Abgabe 1 = BeckRS 1993, 31105935; BGH BeckRS 2012, 15955; 2018, 27570). Verweigert das JGericht des früheren Aufenthaltsortes die Rücknahme, kann es das gemeinschaftliche obere Gericht gem. Abs. 3 S. 2 um eine Klärung ersuchen (dazu, dass dieses die Sache dann ggf. nach § 12 Abs. 2 StPO iVm § 2 Abs. 2 auch einem dritten JGericht übertragen kann, vgl. BGHR JGG § 42 Abs. 3 Abgabe 2 = BeckRS 1995, 5267). 26

V. Revision

Gegen ein Urteil des (von Anbeginn oder infolge fehlerhafter Abgabe nach Abs. 3) örtlich unzuständigen Gerichts ist der absolute Revisionsgrund nach **§ 338 Nr. 4 StPO iVm § 2 Abs. 2** gegeben. Abweichungen von der Zuständigkeitsrangfolge gem. Abs. 2 (→ Rn. 10 f.) sind allein bei Ermessensfehlern revisibel (→ Rn. 13). Die Revision setzt aber stets voraus, dass ein zulässig erhobener Zuständigkeitseinwand (§ 16 Abs. 1 S. 2 und 3 StPO iVm § 2 Abs. 2) geltend gemacht und als unbegründet verworfen wurde. Ob die anderenfalls eingreifende **Rügepräklusion** im JStV aufrechterhalten werden kann oder (zumindest bei unverteidigten Angeklagten) durch jugendgemäße Auslegung (→ § 2 Rn. 15 ff.) eingeschränkt werden muss, bedarf der noch ausstehenden Klärung. 27

Dritter Abschnitt. Jugendstrafverfahren

Erster Unterabschnitt. Das Vorverfahren

Umfang der Ermittlungen

43 (1) [1]**Nach Einleitung des Verfahrens sollen so bald wie möglich die Lebens- und Familienverhältnisse, der Werdegang, das bisherige Verhalten des Beschuldigten und alle übrigen Umstände ermittelt werden, die zur Beurteilung seiner seelischen, geistigen und charakterlichen Eigenart dienen können.** [2]**Der Erziehungsberechtigte und der gesetzliche Vertreter, die Schule und der Ausbildende sollen, soweit möglich, gehört werden.** [3]**Die Anhörung der Schule oder des Ausbildenden unterbleibt, wenn der Jugendliche davon unerwünschte Nachteile, namentlich den Verlust seines Ausbildungs- oder Arbeitsplatzes, zu besorgen hätte.** [4]**§ 38 Absatz 6 und § 70 Absatz 2 sind zu beachten.**

(2) [1]**Soweit erforderlich, ist eine Untersuchung des Beschuldigten, namentlich zur Feststellung seines Entwicklungsstandes oder anderer für das Verfahren wesentlicher Eigenschaften, herbeizuführen.** [2]**Nach Möglichkeit soll ein zur Untersuchung von Jugendlichen befähigter Sachverständiger mit der Durchführung der Anordnung beauftragt werden.**

Schrifttum: Du Bois (Hrsg.), Praxis und Umfeld der Kinder- und Jugendpsychiatrie, 1989; Häßler/Nedopil/Dudeck (Hrsg.), Praxishandbuch Forensische Psychiatrie, 3. Aufl. 2022; Kern, Jugendliche und heranwachsende Tötungsdelinquente (1950–1979), 2010; Konrad/Huchzermeier/Rasch, Forensische Psychiatrie, 5. Aufl. 2019; Remschmidt, Tötungs- und Gewaltdelikte junger Menschen, 2012; Schepker, Zur Indikationsstellung jugendpsychiatrischer Gerichtsgutachten, 1998; Warnke/Trott/Remschmidt (Hrsg.), Forensische Kinder- und Jugendpsychiatrie, 1997; Zwiehoff, Das Recht auf den Sachverständigen, 2000.

Übersicht

I. Anwendungsbereich

1. Persönlicher Anwendungsbereich

a) Jugendliche. Die Vorschrift gilt in Verfahren gegen Jugendliche nicht 1
nur vor JGerichten, sondern auch vor den für allg. Strafsachen zuständigen Gerichten (§ 104 Abs. 1 Nr. 3) – dort jedoch mit der Einschränkung, dass unter den engen Ausnahmevoraussetzungen von § 104 Abs. 3 (n. → § 104 Rn. 7a) die Heranziehung der JGH nach dem pflichtgemäßen Ermessen des Richters unterbleiben kann.

b) Heranwachsende. Die Vorschrift ist gem. § 109 Abs. 1 S. 1 in Ver- 2
fahren gegen Heranwachsende vor den JGerichten entspr. anzuwenden (n. → § 109 Rn. 4). Das gilt – da es auf das Tatzeitalter ankommt (§ 1 Abs. 2) – auch noch nach Vollendung des 21. Lbj. Vor den für allg. Strafsachen zuständigen Gerichten ist die Heranziehung der JGH unter den Voraussetzungen von § 104 Abs. 3 ausnahmsweise einschränkbar (§§ 104 Abs. 1 Nr. 3 und Abs. 3, 112 S. 1).

3 **c) Soldatinnen und Soldaten.** Wegen der Besonderheiten in der Anwendung der Vorschrift, insbes. der Anhörung des Disziplinarvorgesetzten zusätzlich zu den in Abs. 1 S. 2 aufgeführten Personen, vgl. → § 112d Rn. 6, 7 (s. ferner § 112e).

2. Besondere Verfahrensarten

4 Zur Anwendbarkeit im **vereinfachten JVerfahren** vgl. → §§ 76–78 Rn. 38 ff.

5 Im **Bußgeldverfahren** nach dem OWiG gilt die Vorschrift sinngemäß. Jedoch kann von der Heranziehung der JGH gem. § 46 Abs. 6 OWiG nach pflichtgemäßem Ermessen abgesehen werden, wenn ihre Mitwirkung für die sachgemäße Durchführung des Verfahrens entbehrlich ist (n. → § 38 Rn. 74; s. auch → § 70 Rn. 2). An dieser Entbehrlichkeit fehlt es indes in einer Reihe typischer Konstellationen (KK-OWiG/Lampe OWiG § 46 Rn. 48; Lemke/Mosbacher, Ordnungswidrigkeitengesetz, 2. Aufl. 2005, § 46 Rn. 45; Göhler/Bauer OWiG § 46 Rn. 34): beim Vorliegen tatsächlicher Anhaltspunkte für das Fehlen strafrechtlicher Verantwortlichkeit (§ 12 OWiG), für nicht unerhebliche Schulversäumnisse (vgl. aber → § 11 Rn. 28) und für nicht nur vorübergehende oder gar situativ bedingte deliktische Tendenzen. Ebenso liegt es bei absehbaren Geldbußen, die der Betroffene nicht aufbringen kann, und ohnehin bei anstehenden Vollstreckungsmaßnahmen nach § 98 OWiG (→ § 82 Rn. 31). In den meisten anderen Fällen wird dagegen schon der Grundsatz der **Verhältnismäßigkeit** gegen eine Anwendung von § 43 sprechen (zust. Laubenthal Jugendgerichtshilfe S. 146). Eine Unterbringung zur Beobachtung (iRv Abs. 2) ist gem. § 46 Abs. 3 S. 1 OWiG allerdings ohnehin unzulässig.

II. Grundlagen

1. Einordnung der Vorschrift

6 Die Vorschrift begründet für das jugendstrafprozessuale Vorverfahren eine besondere **Aufklärungspflicht der JStA** (n. → Rn. 10), die auf Informationen zur Person und den Lebenszusammenhänge des jugendlichen oder heranwachsenden Beschuldigten bezogen ist. Damit stellt sie zugleich eine Befugnisnorm für die Vornahme besonderer Eingriffe in das Allgemeine Persönlichkeitsrecht und die Informationelle Selbstbestimmung des Beschuldigten dar – nämlich solcher Grundrechtseingriffe, derer es für die bloße Tataufklärung nicht bedarf und die bei erwachsenen Beschuldigten im allg. StVerf deshalb idR auch nicht (jedenfalls nicht im gleichen Umfang) erfolgen. Allerdings wird diese **besondere Grundrechtseingriffsbefugnis** va durch den Verhältnismäßigkeitsgrundsatz begrenzt, was die Vornahme der von § 43 verlangten Ermittlungen von einer einzelfallbezogenen Legitimitätsprüfung abhängig macht (n. → Rn. 12).

2. Normentwicklung

7 Die **heutige** Normfassung beruht in ihrer Grundstruktur auf dem **JGG 1953,** wobei es aber 1990 zu gewissen Veränderungen gekommen war. Das **1. JGGÄndG** nahm sprachliche Modifizierungen vor und stellte klar, dass

sich die Befähigung des Sachverständigen iSv Abs. 2 S. 2 auf die Untersuchung von Jugendlichen beziehen muss (zur früher vorgesehenen „kriminalbiologischen Untersuchung" n. → 3. Aufl. Rn. 7 f.). Wenige Monate später wurden im Zuge der Einführung des SGB VIII die bis dahin noch enthaltenen Vorgaben zur Anhörung in Fällen einer laufenden Fürsorgeerziehung gestrichen (s. aber zur heutigen Lage → Rn. 23). Abs. 1 S. 4 geht schließlich auf das Gesetz zur Stärkung der Verfahrensrechte von Beschuldigten im Jugendstrafverfahren von 2019 zurück.

Besonders aufschlussreich sind indes die älteren **Vorgängervorschriften.** 8
Die in § 31 Abs. 1 S. 1 **JGG 1923** sowie § 28 Abs. 1 S. 1 **RJGG 1943** jeweils benannten Erforschungsgegenstände decken sich mit **Abs. 1 S. 1** nämlich nur bedingt. Im JGG 1923 wurden neben Umständen, die für die körperliche und geistige Eigenart potenziell beurteilungsrelevant sind, allein noch die Lebensverhältnisse erwähnt. Das JGG 1943 hatte hier jedoch erhebliche, ideologisch geprägte Erweiterungen vorgenommen (Volkszugehörigkeit, Sippenverhältnisse, Lebensgeschichte, Haltung in der Volks- und Jugendgemeinschaft, seelische Eigenart). Darin wird das – begrenzungsbedürftige (→ Rn. 11 f.) – **Gefahrenpotenzial einer überschießenden Diagnostik** überaus deutlich. Immerhin bezog aber keine der Vorgängernormen – anders als die derzeitige Fassung – die besonders wertungsbeeinflussten Aspekte des Vorverhaltens und der charakterlichen Eigenart ein. Im Übrigen sollte nach § 31 Abs. 1 S. 2 JGG 1923 (als Vorläufer von **Abs. 2**) in „geeigneten Fällen" eine ärztliche Untersuchung des Beschuldigten herbeigeführt werden. Demgegenüber sah § 28 Abs. 3 RJGG 1943 die mögliche Untersuchung durch einen „kriminalbiologisch vorgebildeten Jugendarzt" und ggf. die Unterbringung zur Beobachtung vor (beides va zur Klärung der Frage, ob der Beschuldigte ein „jugendlicher Schwerverbrecher" iSd VO v. 4.10.1939 (RGBl. I 2000) sei).

3. Zweck und Grenzen

a) Notwendigkeit besonderer Ermittlungen. Dass die Vorgaben des 9
§ 43 bereits seit 1923 vorgesehen sind (zumindest teilw.), kann nicht verwundern. Wenn ein Strafrechtssystem auf Reaktionen setzt, die dem jeweils individuellen Entwicklungsstand und Interventionsbedürfnis gerecht werden sollen, liegt es in dessen **innerer Logik,** auch die hierfür erforderliche Diagnose- und Prognoseleistung durch entspr. prozessuale Instrumente bereitstellen zu müssen (→ Einl. Rn. 10). Demgemäß folgt aus dem Erziehungsauftrag (§ 2 Abs. 1), dass die prognostisch relevanten tatsächlichen Gegebenheiten (→ § 5 Rn. 43 ff., 67 ff.) fallkonkret zu erheben sind – und dass deshalb **personenbezogene Ermittlungen** zur Entwicklung und zu Merkmalen des jeweiligen Jugendlichen sowie zu dessen psychosozialen Bedingungen durchgeführt werden müssen. Ohne die hierbei zu schaffende Erkenntnisgrundlage lassen sich die differenzierten Voraussetzungen der verschiedenen Rechtsfolgen gar nicht ausreichend prüfen (und iÜ auch die Entscheidungen nach § 3 und § 105 Abs. 1 nicht angemessen treffen).

Die dahingehenden Erforschungsnotwendigkeiten bestehen nicht nur für 10
das Gericht in der HV (dort als Bestandteil der JGG-spezifischen Aufklärungspflicht), sondern nach § 43 bereits im **Vorverfahren** und in Vorbereitung der HV (ggf. auch zur Vorbereitung einer Diversionsentscheidung (s. aber einschr. → Rn. 12)). Deshalb müssen die personenbezogenen Nach-

forschungen im Ermittlungsverfahren einem deutlich höheren Anforderungsniveau als im allg. StVerf gerecht werden. Die dort geltenden Maßgaben (§ 160 Abs. 3 StPO) werden durch diejenigen des § 43 verdrängt (§ 2 Abs. 2). Dies gilt aber allein für den individuellen Lebenszusammenhang, in dem die vorgeworfene Tat des Jugendlichen steht. Soweit es um die Aufklärung des vorgeworfenen **Tatgeschehens** geht, muss sich das Vorgehen dagegen auch im jugendstrafrechtlichen Ermittlungsverfahren an den allg. Ermittlungspflichten (§ 152 Abs. 2, §§ 160, 163 StPO) und deren allg. verfassungs- und einfachrechtlichen Grenzen orientieren (zu zusätzlichen jugendstrafprozessualen Einschränkungen s. aber zB § 70c sowie → § 2 Rn. 40 ff.). Beide Bereiche, dh die personen- wie die tatbezogenen Erforschungen, sind iÜ „gleichberechtigt" (Beulke/Swoboda JugendStrafR Rn. 710) – ohne dass sie in ihrem **Nebeneinander** vermengt werden sollten (→ Rn. 17; s. aber zur Gefahr unguter Vermischungen → § 44 Rn. 4 ff.).

11 **b) Kollidierende Belange.** Die Erfordernisse der Vorschrift stehen in einem gewissen Spannungsverhältnis zum **jugendstrafrechtlichen Beschleunigungsprinzip,** dessen erzieherische Berechtigung va auf der Verkürzung verfahrensbedingter Belastungen für den Beschuldigten beruht (→ Einl. Rn. 42 f.). Das macht eine zügige Vornahme der notwendigen Informations-, Ermittlungs- und Berichtshandlungen notwendig (n. → § 38 Rn. 34 ff.). Auch kann auf besonders zeitraubende Nachforschungen, deren Erkenntnisgewinn nicht absehbar substanziell ist, ggf. verzichtet werden. Unter Berücksichtigung des Grades bestehender **Verfahrensbelastungen** (zB U-Haft ja oder nein), muss hierbei stets ein angemessenes Verhältnis von absehbarem (Zeit-)Aufwand und (Informations-)Nutzen gefunden werden. Dabei spricht der sich abzeichnende Bedarf an einer **persönlichkeitsadäquaten Intervention** durch eine besonders geeignete Rechtsfolge für die Informationserhebung und gegen eine abgekürzte Ermittlung. Aus diesem Grund ist eine Anklageerhebung vor Abschluss der personenbezogenen Ermittlungen nicht unbedenklich und an die in § 46a geregelten Bedingungen geknüpft.

12 Informationserhebungen, die gem. § 43 in Umsetzung der besonderen Aufklärungspflicht erfolgen, finden im **Grundsatz der Verhältnismäßigkeit** eine übergreifende Zulässigkeitsgrenze. Speziell für die Untersuchung des Jugendlichen wird diese verfassungsrechtliche Eingriffsbeschränkung sogar in Abs. 2 S. 1 knapp repliziert („soweit erforderlich"). Ausmaß und Intensität der Ermittlungen dürfen aber auch iRv Abs. 1 nicht über das hinausgehen, was bezogen auf den Ermittlungszweck notwendig und angemessen ist. Kommt es auf die personenbezogenen Informationen für die Rechtsfolge ausnahmsweise einmal nicht an oder liegen diese Informationen schon vor, ist zumindest auf eingriffsinvasive Nachforschungen zu verzichten. Insbes. dürfen die Ermittlungen nur so lange geführt werden, wie angesichts der Tat überhaupt mit einer Maßnahme und (noch) nicht mit einer **Einstellung** gem. § 45 oder gem. §§ 153, 170 Abs. 2 StPO zu rechnen ist. Unabhängig von der grundrechtlichen Zwangsläufigkeit solcher Konsequenzen entsprechen diese auch dem erzieherischen Anliegen, da Jugendliche für die Proportionalität staatlicher Reaktionen auf ihr Verhalten durchaus sensibel sein dürften.

III. Ermittlungen zur Person

1. Möglicher Umfang und nötige Ausrichtung

a) Gegenstände der Ermittlung. Die Gruppe der in **Abs. 1 S. 1** ausdrücklich benannten Gegenstände der Erforschung ist nicht überzeugend. 13
Angesichts der Notwendigkeit, die Persönlichkeit des Jugendlichen in ihrer bisherigen und laufenden psychosozialen Entwicklung ebenso wie in ihren sozialen Beziehungen zu erforschen, bedürfte es dynamischer und interaktionistischer Konzepte, während das Gesetz eher von einem statischen Eigenschaftsbündel auszugehen scheint. Allerdings ist die normtextliche Aufzählung nach allgA ohnehin nicht als abschließendes und verbindliches Spektrum von Untersuchungsgegenständen zu verstehen. Die in Abs. 1 S. 1 genannten Persönlichkeitsdimensionen bieten lediglich Anhaltspunkte, sodass die Ermittlungen auf **sämtliche Merkmale** der Persönlichkeit, Sozialisation und Lebenswelt des Beschuldigten gerichtet werden können, soweit diese für eine jugendstrafrechtliche Entscheidung möglichweise relevant sind. Zu den zu erhebenden Merkmalsausprägungen zählen deshalb bspw. auch Normen- und Wertvorstellungen des Jugendlichen und der für ihn relevanten Bezugspersonen und Gleichaltrigen-Gruppen, das Verhältnis zwischen dem Jugendlichen und dem (mutmaßlichen) Opfer, aber auch Hintergründe der (ihm vorgeworfenen) Tat (n. → § 5 Rn. 61 ff.). Bisweilen findet sich in der **Praxis** allerdings eine gewisse inhaltlich standardisierende Verengung (etwa auf den Leistungsbereich (Schule, Berufsausbildung und -tätigkeit) und die Gegebenheiten in der Herkunftsfamilie).

b) Methodische Orientierung. Bei den kriminologischen Forschungsergebnissen über Zusammenhänge zwischen delinquentem Verhalten und 14
personalen oder sozialen „Umständen" (n. → § 5 Rn. 47 ff.) ist deren **probabilistisch**-statistischer Charakter zu berücksichtigen. Es handelt sich also allein um Risikofaktoren, die sich zudem nur in komplexen Wechselwirkungs- und Verstärkungszusammenhängen bemerkbar machen. Selbst wenn die personenbezogenen Nachforschungen die fallbezogene Einschlägigkeit solcher Faktoren aufzeigen, ergibt sich aus ihrer (möglichen) kriminogenen Relevanz iÜ auch nicht ohne weiteres, welche interventionsbezogenen Konsequenzen daraus folgen (dazu aber auch → § 5 Rn. 67 ff.). Insgesamt bedarf es also **vorsichtiger** Interpretationen. Um den Wirkungen (auch unbewusst) vorgefasster Annahmen entgegenzusteuern, ist iÜ nicht nur die fortlaufende Aktualisierung, sondern ebenso eine Überprüfung und ggf. korrigierende Ersetzung der zusammengetragenen Angaben erforderlich. Anderenfalls werden einzelne Informationen leicht als gegeben akzeptiert und vorschnell anerkannt oder verallgemeinert. Zu einer **problembewussten methodischen Haltung** zählt ferner das selbstreflektierende Bemühen um eine Eingrenzung abträglicher Heuristiken. Das betrifft etwa die tendenzielle Überschätzung solcher neuen Informationen, die sich zu einer etwaigen früheren Entscheidung oder einem bereits entstandenen „inneren Bild" von der Persönlichkeit des Angeklagten konsonant verhalten (wohingegen die insoweit dissonanten Informationen systematisch abgewertet werden).

2. Pflichtenadressat und durchführende Institutionen

15 **a) JStA und Polizei.** Durch § 43 verpflichtet wird der JStA (für das JGericht → Rn. 10). Das geht zwar nicht explizit aus dem Normtext hervor, ergibt sich aber aus deren **Verfahrensherrschaft** im Vorverfahren (diese ebenfalls bej. Laubenthal Jugendgerichtshilfe S. 64; Beulke FS Kreuzer, 2008, 66). Da die Vorschrift die allg. Aufklärungspflichten, die in der Ermittlungsphase bestehen, für das JStV sachlich erweitert und da diese Aufklärungspflichten im allg. StVR an die StA gerichtet sind (vgl. etwa MüKoStPO/Kölbel/Ibold StPO § 160 Rn. 76), muss dies entspr. auch für § 43 gelten. Zur Umsetzung dieser Verpflichtung kann sich die JStA der **Polizei** bedienen, die dann hierbei (ebenso wie bei den tatbezogenen Ermittlungen) iR eines **gesetzlichen Auftragsverhältnisses** (§ 161 Abs. 1 StPO iVm § 2 Abs. 2) tätig wird. Zugleich kann die JStA die Persönlichkeitserforschung aber auch **eigenständig** durchführen, etwa durch Anforderung von Akten und Berichten anderer Stellen (Brunner/Dölling Rn. 14). Wünschenswert ist dies im Interesse der Ergebnisqualität aber allenfalls als ein ergänzendes Vorgehen. In der **Praxis** findet dergleichen wohl ohnehin nur höchst selten statt. Auch auf die Vernehmung durch den JStA (oder JRichter), die § 44 bei absehbarer JStrafe vorsieht, wird meist verzichtet (n. → § 44 Rn. 6 f.).

16 **b) Einbindung der JGH.** Auf der Grundlage **jugendhilferechtlicher** Pflichten gem. § 52 SGB VIII (→ § 38 Rn. 2) wird ferner die JGH ermittelnd tätig (→ § 38 Rn. 18 ff.). Um im JStV sozialpädagogische Gesichtspunkte zur Geltung zu bringen, unterstützt sie auf diese Weise die Strafverfolgungsbehörden (§ 38 Abs. 2), wozu sie ggü. der JStA (sofern diese hierauf nicht verzichtet) gem. § 38 Abs. 3 S. 1 und Abs. 7 S. 1 auch verpflichtet ist (→ n. § 38 Rn. 9 f.). Durch ihre Zuarbeit ermöglicht die JGH dem JStA, seinen Pflichten aus Abs. 1 S. 1 nachzukommen. Ein eigener **Adressat** von § 43 ist sie aber **nicht** (anders offenbar Pohlenk Jugendgerichtshilfe S. 58 ff.). Die JGH untersteht auch in keiner Weise der Leitung oder Überwachung durch die JStA, ist in deren Verfahrensherrschaft also nicht integriert (abw. wohl Brunner/Dölling Rn. 3).

17 **c) Aufgabenverteilung.** Eine abgestimmte arbeitsteilige, personenbezogene Ermittlung von Polizei und JGH stieße von vornherein an enge Grenzen, weil die JHilfe dem Wohl des Jugendlichen und dem Prinzip des langfristig wirksamen Angebots, die Polizei dagegen der Tataufklärung und dem Legalitätsprinzip verpflichtet ist (zu einigen Formen der einzelfallbezogenen Kooperation, in denen diese Rollendifferenz in problematischer Weise ignoriert wird, → § 37a Rn. 15 ff.). Angesichts der deutlichen Unterschiede in den Aufträgen und Selbstverständnissen (n. etwa Dollinger/Schmidt-Semisch Jugendkriminalität-HdB/Möller S. 428 ff.) ist grds. eine klare **Aufgabenteilung und -trennung** vorzugswürdig (vgl. auch Diemer/Schatz/Sonnen/Sonnen Rn. 4; erg. Nöding Verteidigung Rn. 365 ff.). Danach erfolgt die gezielte Persönlichkeits- und Umfelderforschung von Anbeginn und soweit als möglich **allein** durch den Vertreter der **JGH** (ohne dass dabei dessen Betreuungsfunktion (vgl. → § 38 Rn. 14 ff.) vernachlässigt werden darf (ebenso Riekenbrauk GS Walter, 2014, 387)). Die JGH ist deshalb gem. **Abs. 1 S. 4** iVm § 38 Abs. 6 S. 2 und § 70 Abs. 2 – durch den JStA oder in dessen Auftrag durch die Polizei – so früh wie möglich über die Aufnahme von Ermittlungen gegen den fraglichen Jugendlichen zu informieren (→ n.

§ 38 Rn. 59). Daraufhin müssen die Erhebungen der JGH mit der notwendigen Zügigkeit und fallangepassten Intensität **zeitgleich** mit der polizeilichen Verdachtsaufklärung erfolgen (→ § 38 Rn. 34 ff.). Die **Polizei** steuert (ggü. der JStA) hingegen im Wesentlichen nur solche Erkenntnisse zum Beschuldigten und seinen Lebenszusammenhängen bei, die im Zuge der deliktsbezogenen Sachermittlungen anfallen (s. aber auch → § 45 Rn. 43 ff.). Dazu gehört etwa der in der Vernehmung gewonnene „persönliche Eindruck" (dazu PDV 382 Nr. 3.6.14), aber auch jeder andere „bei Gelegenheit" gemachte Befund (dazu und zur Dokumentation im sog. Eindrucksvermerk s. Lemme/Körner/Schrader ZJJ 2021, 337 (341)).

d) Besonderheiten bei U-Haft. Befindet sich der Jugendliche in U-Haft, sind der Anstaltsleiter und die von ihm beauftragten Bediensteten verpflichtet, va mit Blick auf schulische und Ausbildungsmaßnahmen in der Haft (→ § 89c Rn. 82) den individuellen Förder- und Erziehungsbedarf zu ermitteln und sich dabei auch mit der Persönlichkeit des Betroffenen zu befassen (dies sogar explizit vorschreibend § 72 Abs. 1 S. 1 und 2 BWJVollzGB II: „soll sich mit der Erforschung der Persönlichkeit junger Untersuchungsgefangener befassen. (…) dient der Gestaltung des Untersuchungshaftvollzugs"). Dafür ist es (neben einem etwa geeigneten Ausbildungshintergrund) erforderlich, dass die beauftragten Personen von ihrer zeitlichen und organisatorischen Beanspruchung her in der Lage sind, diese Aufgabe angemessen zu erfüllen. Daher empfiehlt es sich, den Vertreter der JGH an dieser Aufgabe zu beteiligen (besonders deutlich § 72 Abs. 1 S. 3 BWJVollzGB II: „in Zusammenarbeit"), gerade auch im Hinblick auf seine Betreuungsfunktion. Soweit von der Vollzugsanstalt ein **Bericht** über deren **Persönlichkeitserforschung** angefordert wird (vgl. RL 4), ist darin indes dafür Sorge zu tragen, dass keine Informationen über die in Frage stehende strafbare Handlung selbst mitgeteilt werden. Denn die Haftanstalt hat kein Mandat für nicht-personenbezogene Ermittlungen (s. bereits Dallinger/Lackner Rn. 38; vgl. erg. → § 38 Rn. 27). 18

3. Erkenntnisquellen

a) Der Beschuldigte und sein familiäres Umfeld. Der wichtigste Ermittlungsteil liegt im Kontakt mit dem Jugendlichen und in dessen Äußerungsformen, idR dem Gespräch (s. dazu im Einzelnen → § 38 Rn. 25 ff.). Im Vordergrund sollten dabei die Mitteilungsinhalte stehen. Die darüber hinaus gemachten **Begleitbeobachtungen** (im Verhalten des Beschuldigten, in Gestik und Mimik, ggf. der Kleidung usw.) sind für Fehlinterpretationen im höchsten Maße anfällig und daher nach Möglichkeit nicht einzubeziehen. 19

Abs. 1 S. 2 sieht für den Normalfall („… sollen, soweit möglich …") die Anhörung der **Erziehungsberechtigten** und gesetzlichen Vertreter vor. Auf diesem Weg werden Informationen über die Familienverhältnisse und die familiäre Sozialisation des Jugendlichen erhoben (zur sozialrechtlichen Grundlage bei entspr. Erhebungen durch die JGH → § 38 Rn. 28 f.). Zudem kann dieser Kontakt die Grundlage schaffen, um die Eltern in die Vorbereitung und Durchführung einer erzieherischen Maßnahme einzubeziehen – sei es iRv § 45 Abs. 2 S. 1 bzw. § 47 Abs. 1 Nr. 2 (n. → § 45 Rn. 32) oder bei einer förmlichen Rechtsfolge. Deshalb kann eine Anhö- 20 rung nur in besonderen Ausnahmefällen unterbleiben. Das ist etwa in Anlehnung an Abs. 1 S. 3 bei Absehbarkeit von Uneinsichtigkeit und unangemessenen Reaktionen der Eltern ggü. dem Jugendlichen oder in den (Ausschluss-)Konstellationen iSv § 51 Abs. 2, § 67 Abs. 4, § 67a Abs. 3 der Fall (aA NK-JGG/Sommerfeld Rn. 18 (nur bei „faktischen Hindernissen"); s. auch Schwer Stellung S. 64, 84). Dass die Eltern ihre Erziehungskompetenz allein schon durch die Anhörung in Frage gestellt sehen könnten, stellt keinen Verzichtsgrund dar. Vielmehr kann diese Haltung und der daraus hervorgehende Umgang mit den Kindern gerade näheren Aufschluss über die tatsächlichen innerfamiliären Prozesse geben.

21 **b) Schule und Ausbildende.** Prinzipiell kann im Rahmen der personenbezogenen Ermittlungen auch das Gespräch mit Dritten außerhalb des familiären Bereichs geführt werden (de lege lata für Untersagung dieser Möglichkeit Albrecht DJT 2002, D 129; dagegen Laubenthal JZ 2002, 807 (815)). Abs. 1 S. 2 erwähnt insofern die Einrichtungen, in denen der Jugendliche eine (Schul-)Ausbildung erhält. Hier sind zunächst einmal Informationen über das **Leistungsverhalten** des Beschuldigten zu erlangen. Darüber hinaus sollte trotz der damit verbundenen Schwierigkeiten versucht werden, Einsichten auch in dessen **Sozialverhalten** zu gewinnen. Dieses wird gerade auch in den Bildungseinrichtungen oft sichtbar, da der Beschuldigte dort idR erhebliche Zeitanteile im Kontakt mit Gleichaltrigen und Lehrpersonal verbringt. Diese können daher (vorbehaltlich ggf. verzerrender Mechanismen sozialer Wahrnehmung) nicht selten mehr und/oder anderes über den Jugendlichen berichten als zB die Eltern.

22 Die Anhörung der Bildungseinrichtung „soll", soweit keine faktischen Hindernisse bestehen, gem. Abs. 1 S. 2 erfolgen. Allerdings **muss** sie **unterbleiben,** wenn es zu **unerwünschten Nachteilen** für den Jugendlichen kommen könnte **(Abs. 1 S. 3).** Der explizit genannte Verlust des Ausbildungs- oder Arbeitsplatzes stellt hierfür ein Beispiel dar – ohne die Relevanz anderer Nachteilsformen auszuschließen oder ein erforderliches Nachteilsniveau vorzugeben. Die Anhörung scheidet also nicht erst bei schweren Folgen aus (Ablehnung eines Ausbildungsplatzes, Nichtübernahme nach Abschluss der Berufsausbildung usw.), sondern auch bei anderweitigen Beeinträchtigungen. Diese sind sogar häufig zu erwarten, weil das Wissen um die Verdachtsbetroffenheit des Jugendlichen fast zwangsläufig die Einstellung und Erwartungshaltung diesem ggü. negativ beeinflusst (→ § 5 Rn. 52 aE). Zwar mag der Beschuldigten-Status nicht in allen schulischen Kontexten als Makel wahrgenommen werden (abhängig bspw. von der sozio-ökonomischen Herkunftsstruktur der Mitschüler, einem ggf. erhöhten schulischen Gewaltklima usw.), doch ist das vorab kaum abzuschätzen. Eine Anhörung von Schule oder Ausbildenden kommt deshalb idR nicht in Betracht (ebenso etwa Höynck/Hurler ZJJ 2022, 36 (37)). In Fällen, in denen sich dies anders darstellt, sollte die Polizei die personenbezogenen Ermittlungen in Bildungseinrichtungen der JGH überlassen und nur als äußerste Ausnahme selbst durchführen, dann aber stets in Zivilkleidung (vgl. auch PDV 382 Nr. 3.6.16).

23 **c) Sonstige Personen.** Die Anhörung sonstiger Personen wird durch die Aufzählung in Abs. 1 S. 2 nicht ausgeschlossen (zur entspr. Befugnis der JGH → § 38 Rn. 28 f.). In Betracht kommt hier etwa: der Erziehungsbeistand (§ 12 Nr. 1), der **Betreuungshelfer** (§ 10 Abs. 1 S. 3 Nr. 5), der

BewHelfer (§§ 24 f., 29, 88 Abs. 6) oder auch Mitarbeiter aus Einrichtungen der Kinder- und Jugendarbeit. Verschiedentlich kommt ferner die Leitung des **Heimes** oder einer vergleichbaren Einrichtung, in welcher der Jugendliche sich aufhält, in Betracht – auch wenn deren dezidierte Erwähnung in Abs. 2 aF seit dem 1.1.1991 weggefallen ist (→ Rn. 7). Sollten mit der Anhörung indes Nachteile für den Jugendlichen verbunden sein, kommt sie nach dem Schutzgedanken des Abs. 1 S. 3 nicht in Betracht. Besonderheiten gelten iÜ für den **Sachverständigen,** der den Jugendlichen iRv Abs. 2 untersucht (vgl. → Rn. 27 ff.), und für die Anhörung des **Disziplinarvorgesetzten** in Verfahren gegen eine Soldatin oder einen Soldaten (vgl. → § 112d Rn. 5).

d) Dokumentationen. Im Rahmen ihrer allg. Befugnis (§ 161 Abs. 1 S. 1 StPO iVm § 2 Abs. 2) und in den jeweils zu berücksichtigenden datenschutzrechtlichen Grenzen kann die **JStA** auch für die personenbezogene Ermittlung von anderen Behörden (schriftliche) **Auskünfte** zum Beschuldigten anfordern. Im Umfang der §§ 41, 61 BZRG ist ferner das Ersuchen um unbeschränkte Auskunft aus dem **BZR** und dem Erziehungsregister zulässig. 24

Der **JGH** ist die Zuziehung und Verwertung von **Akten** der JHilfe und anderen Behörden nur eingeschränkt erlaubt (zu den datenschutzrechtlichen Beschränkungen → § 38 Rn. 30 f.). Ohnehin sind solche Akten sachlich nur begrenzt für die personenbezogenen Ermittlungen geeignet (→ § 38 Rn. 32 f.; s. auch HK-JGG/Weik/Habetha Rn. 34). Nur unter diesem doppelten Vorbehalt kommt eine ganze Reihe aktenförmiger Quellen als Informationsgrundlage in Betracht (Akten über vorausgegangene Verurteilungen, etwaige familiengerichtliche Akten bzw. Personalakten von Heimen und/oder von Vollzugsanstalten). 25

Erhebliche Bedenken bestehen dagegen, Polizeiakten heranzuziehen, die Informationen über **Verfehlungen** des Jugendlichen **im strafunmündigen Kindesalter** beinhalten (zur Problematik iZm der Erfassung, Speicherung und Löschung → § 1 Rn. 20 f.). Ihre spätere Berücksichtigung bei personenbezogenen Ermittlungen unterläuft die zeitlichen Verwertbarkeitsgrenzen des BZRG (weil für das damalige Verfahren gar keine Eintragung erfolgt) und die Unschuldsvermutung (weil die damaligen Verdachtsfeststellungen nie verifiziert worden sind (→ Einl. Rn. 23)). Aus kriminologischer Warte wäre – selbst wenn sich mit Hilfe der fraglichen Akteninformationen zuverlässig von einer ausgeprägten frühen Delinquenz im Kindesalter ausgehen ließe – der prognostische Wert der fraglichen Informationen ohnehin nur gering (n. → § 5 Rn. 59), was bei deren Berücksichtigung für die Persönlichkeitsbeurteilung leicht verkannt werden kann. 26

IV. Untersuchung durch einen Sachverständigen (Abs. 2)

1. Hinreichender Anlass zur Beauftragung

a) Anforderungen. Nach Abs. 2 S. 1 kann durch die justizielle Aufklärungspflicht im Rahmen der personenbezogenen Ermittlungen auch eine Untersuchung durch einen Sachverständigen veranlasst werden. Dabei darf es insbes. um die Klärung des **Entwicklungsstandes** (etwa für die Fragen iZm § 3 und § 105 Abs. 1) oder um andere individuelle **Eigenschaften des** 27

Beschuldigten gehen, sofern diese für Entscheidungen im konkreten Verfahren von Bedeutung („wesentlich") sind. Falls die besagten Fragen im Wege der regulären Ermittlungen iSv Abs. 1 und durch justizielle Einschätzung beantwortet werden können, scheidet eine Untersuchung hingegen aus. Der Gutachtenauftrag ist also grds. **subsidiär.** Dies ergibt sich bereits aus dem Normtext, denn die Begutachtung muss hiernach (auch im Vergleich mit anderen Aufklärungsmöglichkeiten) notwendig sein, um den Erfordernissen der Aufklärungspflicht zu entsprechen („soweit erforderlich").

28 Auch nach dem **Verhältnismäßigkeitsgrundsatz** ist eine Untersuchung samt der mit ihr verbundenen Einzeleingriffe nur dann zu rechtfertigen, wenn die relevanten Feststellungen nicht ebenso gut in der oben (→ Rn. 19 ff.) erörterten Weise zu treffen sind. Außerdem müssen die untersuchungsabhängigen Rechtsfragen hiernach von solchem Gewicht sein, dass dies zur Schwere der Untersuchungseingriffe in keinem Missverhältnis steht (→ Rn. 12). Dass für den Jugendlichen durch die Begutachtung keine Kosten entstehen (s. Abs. 6 der Anm. zu Nr. 9005 des Gerichtskostenverzeichnisses (Anl. 1 zu § 3 Abs. 2 GKG); zum Hintergrund vgl. BT-Drs. 19/13837, 74; NK-JGG/Sommerfeld § 74 Rn. 8a), ist dabei sekundär, weil die Untersuchung als solche eingriffsintensiv ist.

28a Die Begutachtung kommt nach diesen Maßgaben also allein bei schwierigen und zugleich hoch relevanten Sachverhalten in Betracht. Dies ist umso eher gegeben, je mehr die zu prüfende Frage dem **gesetzlichen Modell** der strafprozessual obligatorischen Begutachtungsfälle (→ § 7 Rn. 9, 20, 44) entspricht und sich den für §§ 81, 246a StPO iVm § 2 Abs. 2 maßgeblichen Konstellationen annähert: Es muss also im Hinblick auf stationäre oder ähnlich **gewichtige** Rechtsfolgen auf solche Umstände in der Person des Beschuldigten ankommen, die in ihrer **Komplexität** hinter psychischen Krankheiten, Abhängigkeiten und der individuellen „Gefährlichkeit" jedenfalls nicht weit zurückbleiben. – Skeptisch zu sehen ist die deutlich weitergehende Erwägung, in Fällen mit absehbar stationären Rechtsfolgen die Persönlichkeitsbeurteilung durch einen Sachverständigen stets obligatorisch werden zu lassen (zu entspr. Vorschlägen s. 22. Aufl. Rn. 27). Die darin liegende (verstärkte) Delegation von Entscheidungsverantwortung wäre – auch weil Sachverständige nicht frei von Stereotypen und kognitiven Verzerrungen sind (vgl. etwa Neal/Brodsky Psychology, Public Policy, and Law 22 (2016), 58) – ohne eine hinreichende rechtliche Nachprüfungsmöglichkeit schwerlich ausbalanciert (grdl. schon Krauss ZStW 1985 (1973), 320 (334 ff.)).

29 **b) Einzelfälle.** Nach den vorgenannten Kriterien ist hinsichtlich der Voraussetzungen von **§ 17 Abs. 2 Alt. 1** eine Untersuchung häufig veranlasst (n. → § 17 Rn. 38). Umgekehrt kommt die Beauftragung eines Sachverständigen **nicht** in Betracht, wenn dem Ermittlungsverfahren ein **bagatellarisches** Delikt zugrunde liegt und/oder wenn die zu erwartende Rechtsfolge zu den mit einer Gutachtenerstellung zusammenhängenden Folgen außer Verhältnis stünde (Einstellung, Ermahnung, Verkehrsunterricht). Hinweise auf psychopathologische Einschränkungen iSv **§§ 20, 21 StGB** sind immer ein Anlass, wobei die Begehung eines besonders schweren Delikts schon für sich genommen ein entspr. Hinweis sein kann (BGH NStZ 2008, 644; n. Basdorf HRRS 2008, 275). Bestehen Unklarheiten bzgl. des

Vorliegens subjektiver Tatbestandsmerkmale (→ § 2 Rn. 28 ff.) oder liegen bzgl. des Entwicklungsstandes iSv **§§ 3, 105 Abs. 1 Nr. 1** widersprüchliche oder atypische Informationen vor (→ § 3 Rn. 32, → § 105 Rn. 19) oder ist die Zweckmäßigkeit iSv **§ 31 Abs. 3** zweifelhaft (BGH NStZ 2000, 263), ist eine Untersuchung angezeigt, wenn dies auch durch die Schwere der sich abzeichnenden Rechtsfolge gerechtfertigt wird. Muss die Untersuchung aus Verhältnismäßigkeitsgründen unterbleiben, hat das Gericht den Unklarheiten ggf. in dubio pro reo Rechnung zu tragen.

2. Beauftragung

30 **a) JGericht und JStA als Berechtigte.** Neben dem **JGericht** (§ 73 Abs. 1 StPO iVm § 2 Abs. 2) ist allein noch der **JStA** (im Vorverfahren) berechtigt, eine sachverständige Untersuchung iSv Abs. 2 auszulösen (§ 161a Abs. 1 S. 1 iVm § 2 Abs. 2). Diese Möglichkeit scheint häufig in Anspruch genommen zu werden (Barton StV 1983, 73 (74); Hörner/Liebau/Foerster MschKrim 1988, 395 (397); Schepker, Zur Indikationsstellung jugendpsychiatrischer Gerichtsgutachten, 1998, S. 145). Eine dahingehende Befugnis der **Polizei,** die wegen der fehlenden Rechtsgrundlage schon im allg. StVR bezweifelt werden muss (vgl. mwN MüKoStPO/Kölbel/Ibold StPO § 163 Rn. 13), ist jedenfalls im JStV abzulehnen (ebenso HK-JGG/Weik/Habetha Rn. 42). Sie kann (wie die JGH) eine Untersuchung nicht veranlassen, sondern nur anregen.

31 **b) Prozessuale Lage.** Über die Herbeiführung einer Untersuchung sollte idR der für die **Eröffnung des Hauptverfahrens** zuständige JRichter entscheiden, da die Erforderlichkeit aus der Sicht einer zu erwartenden HV zu prüfen ist und teilw. erst beurteilt werden kann, wenn die Ergebnisse der anderweitigen Persönlichkeitserforschung vorliegen. Beauftragt der JStA einen Sachverständigen im **Vorverfahren,** empfiehlt sich eine Abstimmung mit dem JRichter, um über den konkreten Gegenstand des Auftrages eine Übereinkunft zu erzielen. Dem Verteidiger ist Gelegenheit zur Stellungnahme zu geben (Nr. 70 Abs. 1 RiStBV). Ist ein solcher noch nicht eingebunden, ist es vielfach angezeigt, zunächst erst noch die Beiordnung eines Verteidigers zu beantragen. Wenn es zur Vorbereitung des Gutachtens einer Unterbringung des Jugendlichen nach § 73 bedarf, ergibt sich das aus § 68 Nr. 4, und sonst oftmals aus § 68 Nr. 1 iVm § 140 Abs. 2 StPO (→ § 68 Rn. 26). Dadurch kann auch der Gefahr eines Dissenses über die Geeignetheit des Sachverständigen und sich daran anknüpfender Folgen (§ 74 StPO iVm § 2 Abs. 2) vorgebeugt werden (zust. Hartman-Hilter Verteidigung S. 161).

3. Bestimmung der Untersuchungsmodalitäten

32 Auch betr. die anzuordnende **Art und Form** der Untersuchung, die für die Begutachtung erforderlich wird, ist, soweit es nicht die allein die vom Sachverständigen zu bestimmenden Untersuchungsmethoden im engeren Sinne betrifft, nach dem Grundsatz der **Verhältnismäßigkeit** stets dasjenige Vorgehen zu wählen, das den Jugendlichen am wenigsten belastet und ihn insbes. nicht aus seinem gewohnten Lebensumkreis herausreißt (zutr. bereits Dallinger/Lackner Rn. 47). Ggf. muss sich der JRichter bzw. der JStA deshalb iRd Auftragserteilung über den erforderlich werdenden Unter-

suchungsumfang in Kenntnis setzen lassen und ggf. seiner Leitungspflicht nachkommen (vgl. § 78 StPO iVm § 2 Abs. 2). Angesichts der deutlich geringeren Eingriffsintensität ist die **ambulante** Form der Untersuchung **stets vorrangig.** Nur wenn die Untersuchung in dieser Weise nicht durchgeführt werden kann (weil sie eine **längere Beobachtung** unerlässlich erfordert), kann unter den Voraussetzungen von § 73 Abs. 1 durch jugendrichterliche Anordnung die Unterbringung in einer geeigneten Anstalt erfolgen. An deren Erforderlichkeit fehlt es, wenn sich die Untersuchung gelegentlich einer einstweiligen Unterbringung in einem Erziehungsheim (§§ 71 Abs. 2, 72 Abs. 4) bzw. einer angeordneten U-Haft (§ 72 Abs. 1) vornehmen lässt. Sind **körperliche Eingriffe** für die Untersuchungsfrage erforderlich, bestimmt sich deren Zulässigkeit nach allgA allein durch §§ 81a, 81b StPO iVm § 2 Abs. 2 (→ § 73 Rn. 6).

33 Zur ambulanten Untersuchung wird der Jugendliche durch den JRichter (bzw. den JStA) schriftlich geladen. Kommt er dem nicht nach, muss der Sachverständige auf verschiedenen Kontaktwegen versuchen, ihn zum **Erscheinen** zu bewegen (Eisenberg BeweisR StPO Rn. 1797a). Eine Vorführung scheidet aus (HK-JGG/Weik/Habetha Rn. 55). Unabhängig davon, dass diese sich kaum mit einer jugendgemäßen Verfahrensgestaltung vertrüge, ist das Verhalten des Jugendlichen als zulässige Mitwirkungsverweigerung zu akzeptieren. Es kommt allenfalls eine Ladung vor den JStA und ein Vorgehen nach § 80 Abs. 2 StPO iVm § 2 Abs. 2 in Betracht. Findet der Untersuchungstermin statt, haben die gem. § 67 Abs. 1 Berechtigten hier, sofern der Betroffene einverstanden ist, ein **Anwesenheitsrecht.** Auch der Verteidiger ist zur Exploration zuzulassen (HK-JGG/Weik/Habetha Rn. 58; VFDH Psych. Begutachtung-HdB/Dreßing/Foerster S. 17). Da das Gesetz aber keinen dahingehenden Anspruch vorsieht, steht dies unter dem Vorbehalt, dass der Sachverständige hiergegen keine Einwände hat (so zum allg. StR BGH NStZ 2003, 101; NStZ 2008, 229 (betr. § 80 StPO)). Den Schutzbelangen des Jugendlichen wird mit dieser Rechtslage zwar nur unzureichend Rechnung getragen. Durch eine entspr. konditionierte Mitwirkungsbereitschaft kann die Anwesenheit des Verteidigers aber vielfach erzwungen werden.

4. Geeignetheit des Sachverständigen

34 **a) Jugendspezifische Kompetenzen.** Zu fachlichen Qualifikationen und der fachlich-disziplinären Zugehörigkeit des Sachverständigen macht das Gesetz keine Vorgaben. Allerdings lässt die Entstehungsgeschichte der Vorschrift (vgl. → Rn. 6) erkennen, dass mit der Ersetzung des Begriffs „Jugendarzt" (§ 28 Abs. 3 RJGG 1943) der Kreis der in Betracht kommenden Gutachter über den Bereich medizinischer Sachverständiger hinaus erweitert worden ist (ebenso Hauber Funktionsverteilung S. 156, 160). Unterstrichen wurde diese disziplinäre Offenheit im Gesetzgebungsverlauf zudem durch die Streichung des Begriffs „kriminalbiologisch" (→ Rn. 7). Eindeutig ist das Gesetz aber darin, für den Regelfall („nach Möglichkeit soll") die Bestellung von Personen mit einer **altersgruppenspezifischen** Expertise einzufordern („zur Untersuchung von Jugendlichen befähigt"). Diese Befähigung ist ein **maßgebendes Kriterium der Geeignetheit** der zu beauftragenden Person (tendenziell zust. BeckOK JGG/Schneider Rn. 23).

35 Die Notwendigkeit einer jugendspezifischen Expertise ist durch die **Eigenständigkeit** der im JStV zu beurteilenden Problemlagen bestimmt. So ist im psychiatrisch-psychologischen Zusammenhang bspw. anerkannt, dass bei noch im Entwicklungsprozess stehenden Jugendlichen und Heranwachsenden die Zuschreibung einer Persönlichkeitsstörung unzulässig ist. Da die zeitliche Konstanz der Symptome eine wesentliche Bedingung für das Konzept der Persönlichkeitsstörung darstellt, kann das Vorliegen einer entspr. Ausprägung grds. erst bei Erwachsenen, zumindest aber nicht vor der Adoleszenz bejaht werden. Dies ist auch den vielfältigen und mitunter dramatischen, aber fluktuierenden und in ihrer Symptomatik instabilen Pubertäts-, Reifungs- oder Identitätskrisen geschuldet. Auch deshalb wird teilw. empfohlen, die gängigen psychiatrischen Klassifikationsschemata allenfalls in Ausnahmefällen schon bei 16- oder 17-Jährigen anzuwenden (vgl. auch Tölle/Windgassen Psychiatrie S. 109; zur teilw. abw. Gutachterpraxis Kern, Jugendliche und heranwachsende Tötungsdelinquente (1950–1979), 2010, S. 103 f.; s. auch Remschmidt, Tötungs- und Gewaltdelikte junger Menschen, 2012, S. 204). Das spezielle jugendbezogene Anforderungsniveau wird in der Rspr. allerdings dadurch nivelliert, dass bspw. eine jugendpsychiatrische Kompetenz auch durch einen allg. (forensischen) Psychiater abgedeckt sein soll (etwa BGHR § 244 Abs. 4 S. 2 Zweitgutachter 4 = BeckRS 1996, 31090910; abl. Eisenberg HRRS 2012, 466 (467)).

36 **b) Gegenstandsspezifische Kompetenzen.** Die disziplinäre Offenheit von Abs. 2 (→ Rn. 34) überlässt die Festlegung des jeweils notwendigen Fachs der beauftragenden Institution. In dieser Hinsicht wird von ihnen traditionell für die Beantwortung von Fragen zu krankhaften Verhaltens- und Erlebensweisen (nebst deren körperlichen Befunden) die Beauftragung eines psychiatrischen Gutachters und für die Beurteilung nicht-pathologischer Zustände und Prozesse die Bestellung va von psychologischen oder kriminologischen Sachverständigen gefordert (s. etwa schon Undeutsch Psych-HdB/Peters S. 768, 780). Die **Rspr.** bleibt dahinter seit jeher zurück und lässt die Begutachtung nicht-krankhafter Zustände auch durch einen Fachvertreter der Psychiatrie zu (BGHSt 34, 357 = NJW 1987, 2593). Der fortschreitenden Diversifizierung, Differenzierung und Spezialisierung in den Wissenschaften wird allerdings nur eine genauere **Entsprechung von Gegenstand und Expertise** gerecht.

37 Wohl entgegen der Praxis (exemplarisch LG Berlin nach BGH NStZ 2007, 522) ist eine **Reifebeurteilung** iRv **§ 3 S. 1** idR durch einen (Entwicklungs- bzw. Kinder- und Jugend-)Psychologen vorzunehmen (Nöding Verteidigung Rn. 62 f.; Schneider ua Begutachtung, S. 196; s. schon Hauber Funktionsverteilung S. 167; Blau Jura 1982, 393 (399)). Ebenso liegt es bei der Beurteilung Heranwachsender nach **§ 105 Abs. 1 Nr. 1** (eingehend und mwN Lederer StV 2017, 748; zur jugendpsychiatrischen Sicht Warnke/Trott/Remschmidt/Schmidt, Forensische Kinder- und Jugendpsychiatrie, 1997, S. 227). Bestehen Anhaltspunkte für psychopathologische Auffälligkeiten, kann aber daneben auch ein Jugendpsychiater, bei entwicklungsuntypisch auffälligem Sozialverhalten uU ein Sozialpädagoge bzw. Psychotherapeut mit forensischer Qualifikation heranzuziehen sein. Die Begutachtung ist von einer ggf. erforderlichen psychiatrischen Untersuchung der Schuldfähigkeit iSv §§ 20, 21 StGB iÜ regelmäßig zu trennen.

38 Bisweilen kann als Sachverständiger nur berufen werden, wer fallkonkret relevante, **besondere sachgebietliche** Kenntnisse aufweist, bspw. bei Sexualdelikten ein Psychiater mit speziellen Qualifikationen zur Psychopathologie der Sexualität. Bei Fragestellungen zu entspr. Entstehungszusammenhängen kann ein Kriminalsoziologe oder Sozialpsychologe mit dezidierten Kenntnissen über Sozialisationsverläufe in jugendlichen Subkulturen erforderlich sein oder, wenn es um Fragen zur prognostizierbaren Wirksamkeit erzieherischer Maßnahmen geht, ein heilerzieherisch arbeitender Therapeut oder Psychologe bzw. Sozialpädagoge mit praktischer Erfahrung in der Jugendarbeit. Zur Vorbereitung von Entscheidungen gem. § 7 iVm **§§ 63, 64 StGB** (und meist damit im Zusammenhang stehend zu Fragen der §§ 20, 21 StGB iVm § 2 Abs. 2) ist idR ein Jugendpsychiater berufen (vgl. auch Brettel/Höffler medstra 2016, 67). Bei Entscheidungen iZm einer Sicherungsverwahrung kommen Psychologen, Kriminologen, empirisch tätige Straf- bzw. Maßregelvollzugswissenschaftler oder, obgleich das Gesetz nicht von psychopathologischen oder körperlich bedingten Auffälligkeiten ausgeht, auch Psychiater als Sachverständige in Betracht (s. aber Eschelbach/Wasserburg FS Wolter, 2013, 878: „fachlich unzuständig") – auch hier aber nur bei einer Qualifikation für die Altersgruppe Jugendlicher bzw. Heranwachsender (vgl. exemplarisch Eisenberg FS Kerner, 2013, 577).

5. Auswahl des Sachverständigen

39 **a) Vornahme.** Die Bestimmung des Sachverständigen erfolgt durch die beauftragende Stelle (→ Rn. 30). Ausgewählt und mit der Untersuchung beauftragt werden dürfen nur Personen, die nach den vorgenannten Kriterien der gegenstands- und jugendspezifischen Befähigung hierfür **geeignet** sind. Vorauszusetzen sind ferner ihre Objektivität und **Neutralität.** Das sind Kriterien, die angesichts der empirischen Befunde zu Abhängigkeitsbeziehungen ggü. dem Gericht, zur hohen Übereinstimmung von Gutachten und richterlichen Entscheidungen sowie zur Berücksichtigung richterlicher Erwartungen und Tendenzsignale durch die Sachverständigen (s. Eisenberg/Kölbel Kriminologie § 29 Rn. 57 ff. mwN) nicht unterstellt werden können. Der Eindruck von Parteilichkeit kann auch dadurch gegeben sein, dass der Sachverständige in Vorträge oder Publikationen schon Positionen vertreten hat, die auf eine gewisse **inhaltliche Festlegung** hinweisen (vgl. LG Wuppertal BeckRS 2024, 21343: Gutachterin hatte in einem forensisch-psychiatrischen Seminar auch denen prozessgegenständlichen Fall thematisiert).

39a Bei Jugendlichen mit einem noch ausgeprägt vorhandenen Migrationshintergrund und sprachlichen Verständigungsproblemen sollte der Sachverständige die Sprache und die soziokulturellen Umstände der Entwicklung verstehen. Insbes. für Explorationen muss mit der Person des Sachverständigen zudem die Aussicht verbunden sein, dass beim Jugendlichen ein gewisses Vertrauen entsteht (dazu Wasserburg FS Paeffgen, 2015, 691). Zustimmung verdient daher die Empfehlung, dem Beschuldigten vor der Auswahl zwingend eine Gelegenheit zur **Stellungnahme** zu geben (so der Bericht der Expertenkommission zur effektiveren praxistauglicheren Ausgestaltung des allgemeinen Strafverfahrens und des jugendgerichtlichen Verfahrens, 2015, S. 37 f.; s. bereits Zwiehoff, Das Recht auf den Sachverständigen, 2000, S. 222 ff., 232 ff.).

Der Auswahl des Sachverständigen kommt weithin eine wesentliche, mitunter gar substantiell „vorentscheidende" Bedeutung zu (für ein insofern klar defizitäres Verfahren vgl. zB LG Berlin bei BGH NStZ 2007, 522 mkritAnm Eisenberg/Schmitz NStZ 2008, 94). Dies beruht va auf unterschiedlichen Perspektiven von Sachverständigen bei der Interpretation von Befunden, letztlich aber auch schon bei der – ggf. das Ergebnis beeinflussenden – Wahl zwischen den verschiedenen in Betracht kommenden Erhebungsmethoden. Deshalb müssen die Eignungsmaßstäbe streng gehandhabt werden. Soweit dies zu **Konflikten mit dem Beschleunigungsgebot** führt, weil die wenigen „passenden" Personen die Untersuchung erst später durchführen können, sind moderate Verzögerungen eher als ungeeignete Sachverständige in Kauf zu nehmen, insbes. bei Zustimmung des Beschuldigten zur Verzögerung. 40

b) Angreifbarkeit. Der Sachverständige kann gem. § 74 iVm § 2 Abs. 2 wegen Besorgnis der Befangenheit abgelehnt werden (n. Eisenberg BeweisR StPO Rn. 1549 ff.). Eine Möglichkeit, die Auswahl wegen der vielen sonst noch möglichen Eignungsmängeln anzugreifen, besteht nach **hM** aber **nicht** (so im allg. StVR etwa OLG Schleswig StV 2000, 543 = BeckRS 1999, 14403; MüKoStPO/Trück StPO § 73 Rn. 32 unter Verweis auf § 202 S. 2, § 305 S. 1 StPO; abw. aber zB Radtke/Hohmann/Beukelmann StPO § 73 Rn. 18). Angesichts der weichenstellenden Wirkung, die einem Gutachten zukommen kann, ist es indes kaum überzeugend, dass der Beschuldigte (außer der Gegenvorstellung und dem nur bedingt hilfreichen Selbstgestellungsrecht) über gar keine Handhabe verfügen soll. Der Eindruck des Jugendlichen, im Verfahren prozedurale Gerechtigkeit zu erfahren (zu dessen Bedeutung für die Entscheidungsakzeptanz und -wirksamkeit vgl. → § 5 Rn. 71 sowie den Forschungsstand bei Kölbel FS Schild, 2018, 60 ff.), wird so jedenfalls unterminiert. Das spricht besonders im JStR für die Anerkennung einer **Beschwerdeoption.** 41

6. Aspekte der Gutachtenserstellung

Für die Stellung von Sachverständigen, die Funktion von Gutachten und die Rahmenbedingungen ihrer Anfertigung gelten die Grundsätze des allg. StVR entsprechend. Wie sonst auch fungiert der Sachverständige daher iRv Abs. 2 als zu Neutralität und Objektivität verpflichtetes **Wahrnehmungsorgan** des Gerichts (s. BGHSt 9, 292 (293) = NJW 1956, 1526 (1527)). Dem wohnt die Gefahr der Über-Identifikation mit dieser Rolle inne, sodass die Übernahme eines Selbstverständnisses droht, als Teil der Strafverfolgung tätig zu werden. Demgegenüber hat der Sachverständige seine institutionenfremde **Unabhängigkeit** zu wahren. 42

Im Rahmen der Untersuchung und insbes. des Untersuchungsgesprächs (ggf. der Exploration) wird der Sachverständige darum bemüht sein, eine Kommunikationsgrundlage zu schaffen und dafür dem Jugendlichen bzw. Heranwachsenden verständlich zu machen, dass es nicht primär um Tataufklärung im engeren Sinne, sondern um Umstände seiner Persönlichkeit und seiner Umgebung geht. Ungeachtet dessen kann das nicht „formalitätenfrei" gehalten werden. Vielmehr ist der Sachverständige verpflichtet, den Betroffenen alsbald in geeigneter Weise (§ 70b Abs. 1 entspr.) davon in Kenntnis zu setzen (zu **„belehren"**), dass er sich keinesfalls äußern oder an der Unter- 43 suchung aktiv mitwirken oder gar selbst belasten muss (str., wie hier BGHSt 35, 32 (35) = NJW 1988, 1223 (1224); Eisenberg BeweisR StPO Rn. 1580 mwN). Diese Pflicht besteht auch, wenn eine solche Belehrung schon durch den JStA oder das JGericht erfolgt ist. Dies gilt umso mehr deshalb, weil der Sachverständige einer Informationspflicht ggü. den Justizorganen unterliegt und das, was der Beschuldigte ihm freiwillig offenbart, uU zu dessen Lasten berücksichtigt werden könnte (s. BGHSt 13, 1 = NJW 1959, 828).

44 Die **Dokumentation** der Untersuchung erfolgt üblicherweise dadurch, dass der Sachverständige alsbald nach Abschluss des Untersuchungsgesprächs oder der Untersuchungshandlungen ein Protokoll erstellt, wofür ggf. untersuchungsbegleitend schon Notizen gemacht werden. Vorzugswürdig wäre indes eine Audio- und ggf. Videoaufnahme, und zwar auch der Exploration, ua zur Vermeidung von Erinnerungslücken oder gar -verzerrungen. Zugleich schützt diese Art der Dokumentation iErg am ehesten die Belange des Jugendlichen, da von der Aufzeichnung eine steuernde Wirkung hin zu einem korrekten Untersuchungsverhalten ausgehen könnte. Es bestehen hier ähnliche Beschuldigteninteressen wie bei der Vernehmungsaufzeichnung (→ § 70c Rn. 18). Die Gegenauffassung, der es um den verstehenden Zugang zum Beschuldigten zu tun ist und die daher jede juristisch-formale Aufladung der Exploration ablehnt (so etwa Kröber FPPK 2015, 192: Denaturierung der Untersuchung), unterschlägt den Strafverfolgungszweck des Geschehens, um dessentwegen dieses der Kontrolle nicht entzogen sein sollte.

45 Von der gesetzlich nur als Möglichkeit vorgesehenen **Akteneinsicht** durch den Sachverständigen (§ 80 StPO iVm § 2 Abs. 2) sollte wegen der verschiedenen Gefahren einer Beeinflussung durch unbewusste Vorurteilsbildung und diverse Einschränkungen in der sozialen Wahrnehmung (vgl. auch → Rn. 26) – entgegen der ganz und gar gängigen Praxis – nur in unerlässlichem Umfang Gebrauch gemacht werden. – Wegen **Registereintragungen** gelten für den Sachverständigen die allg. Vorschriften (vgl. → § 5 Rn. 78 ff.; relativierende Erwägungen bei Lederer/Dittmann/Graf MschKrim 2010, 442).

7. Vermittlung des Gutachtens

46 Für die **Gestaltung des Gutachtens** werden – bei Vermeidung einer Schematisierung – bestimmte Aufbauprinzipien empfohlen, die den Prozess einer Beurteilung erkennbar machen sollten (s. n. zum forensisch-psychologischen Gutachten Undeutsch Psych-HdB/Thomae S. 743; zum forensisch-psychiatrischen Gutachten Konrad/Huchzermeier/Rasch, Forensische Psychiatrie, 2019, S. 342 ff., 354 ff.; Häßler/Nedopil/Dudeck/Prüter-Schwarte, Praxishandbuch Forensische Psychologie, 3. Aufl. 2022, S. 73 ff.; Eisenberg BeweisR StPO Rn. 1801 ff.; s. n. auch 22. Auf. Rn. 54a ff.).

47 Der Sachverständige trägt die Ergebnisse der Untersuchung in der **HV** mündlich vor, womit das Gutachten eingeführt wird. Dabei ist eine sprachliche Fassung geboten, die allen Verfahrensbeteiligten einen Zugang vermittelt und erforderlich werdende Erörterungen im Anschluss an den Vortrag erleichtert. Inhaltlich sind relevante Ergebnisse der Beweisaufnahme zu berücksichtigen, und zwar besonders auch soweit sich Abweichungen von dem Kenntnisstand des Sachverständigen zum Zeitpunkt der Untersuchung

und der Textanfertigung ergeben haben. Daher sind solche Teile der vorläufigen schriftlichen Ausführungen, deren Präsentation im Hinblick auf die veränderte Verfahrenslage als überholt oder zumindest unangemessen (belastend) erschienen, nicht vorzutragen und ggf. durch mündliche Ergänzungen zu ersetzen. Gerade im JStV ist eine den Betroffenen herabsetzende bzw. ihn belastende **Wortwahl** – vor allem durch solche Begriffe, die sich in ihrem Bedeutungsumfang nicht eindeutig eingrenzen lassen – zu vermeiden. Dies ergibt sich aus dem Erziehungsauftrag (§ 2 Abs. 1), aber auch dem Erfordernis, Fehlinterpretationen durch die Verfahrensbeteiligten zu vermeiden und den Raum für etwa erforderliche Nachbesprechungen nicht zu verengen.

Die **schriftliche Fassung** stellt lediglich das vorläufige Gutachten dar. Sie 48
ist gleichwohl erforderlich, schon um dem Jugendlichen bzw. Heranwachsenden und insbes. seinem Verteidiger Gelegenheit zu einer Vorbesprechung zu geben (iErg. ebenso, jedoch auf die richterliche Amtsaufklärung gestützt MüKoStPO/Trüg/Habetha StPO § 246a Rn. 24; abw. BGHSt 54, 177 = NJW 2010, 544). Die Präsentation in der HV kann dies nicht ersetzen, weil die dortige angespannte Atmosphäre sowie iÜ auch die Kommunikationsstruktur (→ Einl. Rn. 51 f.) und die Flüchtigkeit des gesprochenen Wortes die zureichende Erfassung der Gutachtensinhalte durch den Beschuldigten unwahrscheinlich werden lassen. Die Bedeutung einer sorgfältigen **Erörterung** des Gutachtens und seiner Grundlagen **vor** einer jugendgerichtlichen Verhandlung und insb. der HV ergibt sich auch daraus, dass sich ein erheblicher Anteil der Probanden durch das Gutachten – ohne, dass dies den Sachverständigen immer bewusst ist – verunsichert fühlt (Du Bois, Praxis und Umfeld der Kinder- und Jugendpsychiatrie/Schepker/Eggers/Bunk, 1989, S. 126 ff.).

V. Revision

1. Verstoß gegen § 43 im Allgemeinen

Dass die Erfordernisse der Vorschrift nicht befolgt werden, stellt keinen 49
eigenständigen Revisionsgrund dar (vgl. vormals BGHSt 6, 327 = NJW 1954, 1855). Abgesehen von der relativierten Verbindlichkeit („soll") bezieht sich die Norm allein auf die Ermittlungspflicht der JStA im Vorverfahren (→ Rn. 15). Bleibt diese hinter den Anforderungen zurück, kann und muss dieser Ermittlungsmangel durch das JGericht ausgeglichen werden, sodass das Urteil nicht auf ihm beruht. Unterbleibt diese Kompensation, weil das JGericht ggf. nicht über die zuvor nur unzulänglich geleisteten Ermittlungen hinausgelangt, ist indes die spezielle jugendgerichtliche **Aufklärungspflicht** (§ 244 Abs. 2 StPO iVm § 2 Abs. 2) verletzt (s. auch → Rn. 10). Das gilt jedenfalls dann, wenn ein Beweismittel, das iRv § 43 hätte in Betracht kommen können, nicht herangezogen wird und dadurch die Ermittlungsmöglichkeiten so beeinträchtigt sind, dass das Urteil hierauf beruhen kann (vgl. BGHSt 6, 326 = NJW 1954, 1855; BGH RdJB 1961, 313 = BeckRS 2016, 15971). Die Aufklärungsrüge führt regelmäßig zur Aufhebung, wenn überhaupt keine der in § 43 angeordneten Ermittlungen vorgenommen worden sind (BGHSt 6, 326 (329) = NJW 1954, 1855).

2. Untersuchung iSv Abs. 2

50 **a) Aufklärungsrüge.** Treten bei der Untersuchung iSv Abs. 2 verschiedene Unzulänglichkeiten auf, kann dies ebenfalls die Aufklärungsrüge begründen. Dies ist bspw. der Fall, wenn der Gutachtenauftrag nicht ergebnisoffen gehalten wurde (vgl. OLG Naumburg NStZ 2013, 183 zum allg. StR). Auch Fehler bei der **Auswahl des Sachverständigen** stellen, wenn sie sich in den (vom Gericht berücksichtigten) Untersuchungsergebnissen ausgewirkt haben können, eine entspr. Verletzung der Aufklärungspflicht dar (BGH BeckRS 2006, 02824). Das kommt namentlich bei zw. Sachkunde in Betracht, also auch dort, wo die erforderliche **jugendspezifische Qualifikation** (→ Rn. 34 f.) fehlt. Die Rspr. geht hierauf zwar selten ein, weil sie Sachverständigen, die sich mit der fraglichen Materie bei Erwachsenen befassen (bspw. allg. Psychiatrie), erörterungslos auch die Expertise für Minderjährige zuweist (dazu die krit. Fallstudien bei Eisenberg HRRS 2012, 466; Eisenberg GS Weßlau, 2016, 67). Doch damit wird ignoriert, dass sich die dahingehende Sonderqualifikation (im Bsp.: Kinder- und Jugendpsychiatrie) nicht zufällig, sondern gerade wegen der Notwendigkeit besonderen altersgruppenbezogenen Wissens herausgebildet hat. Wird – obwohl eine entspr. „Möglichkeit" (Abs. 2 S. 2) bestand – dennoch kein Gutachter, der diese Zusatzvoraussetzungen erfüllt, sondern ein „Generalist" bestellt, begründet dies (zumindest bei schwierigeren Fragen) daher immer die Gefahr, dass das Gutachten die Ereignisse und Persönlichkeitsentwicklungen während Kindheit, Jugend und Heranwachsendenalter nicht „spezialistengerecht" beurteilt.

51 Unter dem Gesichtspunkt der Nichtausschöpfung eines genutzten Beweismittels (KK-StPO/Krehl StPO § 244 Rn. 221 f.) wäre eine Aufklärungsrüge auch dort zu erwägen, wo die gerichtliche **Befragung** des Sachverständigen zu den Untersuchungsergebnissen als **unvollständig** erachtet wird. Da im Rahmen des Revisionsverfahrens aber keine Rekonstruktion der tatrichterlichen Beweiserhebung erfolgen kann, muss dieser Nachforschungsmangel unmittelbar aus dem Urteil oder Protokoll hervorgehen (vgl. bereits BGHSt 17, 351 = NJW 1962, 1832 für das Parallelproblem beim Zeugenbeweis). Falls das JGericht das **Fragerecht** des Beschwerdeführers (§ 240 Abs. 2 S. 1 StPO iVm § 2 Abs. 2) eingeschränkt oder eine bestimmte Frage an den Sachverständigen abgelehnt hat, kann dies die Aufklärungsrüge ebenfalls begründen (n. MüKoStPO/Gaede StPO § 241 Rn. 40 f.). Die hM macht das jedoch davon abhängig, dass in der HV gem. § 238 Abs. 2 StPO iVm § 2 Abs. 2 ein ablehnender Beschluss des JGerichts zur beabsichtigten Befragung herbeigeführt wurde (vgl. BGH NStZ 2005, 222). Wird mit der Revision die Ablehnung eines Antrags auf Zuziehung eines **weiteren Sachverständigen** (§ 244 Abs. 4 S. 2 StPO iVm § 2 Abs. 2) gerügt, setzt das eine eingehende Darstellung der Mängel des Erstgutachtens voraus (MüKoStPO/Trüg/Habetha StPO § 244 Rn. 409 mwN). Nach § 244 Abs. 4 S. 1 StPO iVm § 2 Abs. 2 kann das Tatgericht den Antrag allerdings auch dann ablehnen, wenn es dem ersten Gutachten nicht gefolgt ist, hierdurch aber eine ausreichende eigene Sachkunde erlangt hat (hierzu § 105 Abs. 1 BGH NStZ 1984, 467 mzustAnm Eisenberg NStZ 1985, 84).

52 **b) Sonstige Fehler.** Eine Verletzung der Regeln über die Beweiswürdigung kann nach allgA vorliegen, wenn das Gericht die Ausführungen des

Sachverständigen **umwertet** (vgl. etwa BVerfG BeckRS 2013, 49764), wenn es von dessen Einschätzung **ohne hinreichenden Anlass** und/oder Begründung **abweicht** (vgl. betr. Glaubhaftigkeit BGH NStZ-RR 2016, 380; n. Eisenberg BeweisR StPO Rn. 1609) oder wenn es das Gutachten in einer schematischen Weise übernimmt, ohne es erschöpfend zu würdigen und dabei auch alternative Interpretationsmöglichkeiten zu berücksichtigen (vgl. Eisenberg BeweisR StPO Rn. 97 ff.). Mit verbreiteten Standardformeln wird das Gericht dem nicht gerecht. Bemerkungen, wonach das JGericht den Sachverständigen „aus einer Vielzahl von Verfahren als geeignet" (bzw. beliebig austauschbar: als „kompetent", „umsichtig", „erfahren" usw.) kenne und sich ihm „nach eigener Überzeugungsbildung" anschließe, zumal „entgegenstehende Anhaltspunkte nicht ersichtlich" seien, stellen **wertlose Leerformeln** dar. Hierbei wird bestenfalls auf das Vertrautsein mit dem Sachverständigen verwiesen, ansonsten aber gerade keine Auseinandersetzung dokumentiert, sondern allein deren Anschein vorgespiegelt.

Soll die gutachterliche Äußerung eines Sachverständigen über den Zu- 53
stand des Jugendlichen und die Behandlungsaussichten im Hinblick auf eine beabsichtigte **Maßregelunterbringung** in einem psychiatrischen Krankenhaus oder einer Entziehungsanstalt erfolgen und wird gar kein Sachverständiger einbezogen oder nur sein schriftliches Gutachten verlesen, so stellt dieser Verstoß gegen § 246a StPO (als ggü. Abs. 2 speziellere Vorschrift) nach hM einen gem. § 337 StPO revisiblen Mangel dar, bei dem nie ausgeschlossen werden kann, dass das Urteil auf ihm beruht (MüKoStPO/Trüg/Habetha StPO § 246a Rn. 29 mwN). Nicht angreifbar ist es dagegen, wenn allein die JStA eine Beauftragung des Sachverständigen im Vorverfahren (entgegen § 80a StPO iVm § 2 Abs. 2) unterlassen hatte. Gem. § 337 StPO ist die Revision zB auch dann begründet, wenn der Sachverständige über die für seine gutachterliche Stellungnahme bedeutsamen tatsächlichen Gesichtspunkte nicht ausreichend unterrichtet war (vgl. BGHSt 27, 166 = NJW 1977, 1498) oder ihm benötigte Unterlagen vorenthalten wurden (vgl. BGHSt 59, 1 = BGH NJW 2013, 3318).

Vernehmung des Beschuldigten bei zu erwartender Jugendstrafe

44 Ist Jugendstrafe zu erwarten, so soll der Staatsanwalt oder der Vorsitzende des Jugendgerichts den Beschuldigten vernehmen, ehe die Anklage erhoben wird.

I. Anwendungsbereich

Die Vorschrift gilt in Verfahren gegen **Jugendliche** vor den JGerichten. 1
In Verfahren vor den für allg. Strafsachen zuständigen Gerichten ist eine Vernehmung nach § 44 zwar nicht vorgeschrieben, aber gem. § 104 Abs. 2 zulässig (vgl. auch RL 2 S. 2 Hs. 1). In Verfahren gegen **Heranwachsende** ist die Vorschrift unanwendbar, auch bei Anwendung des materiellen JStR (vgl. § 109 Abs. 2). Ist mit der Bejahung der Voraussetzungen von § 105 Abs. 1 zu rechnen (oder ist diese Frage ersichtlich klärungsbedürftig), soll sich nach RL 2 S. 2 Hs. 2 eine Vernehmung iSv § 44 gleichwohl empfehlen (s. aber auch → Rn. 6 f.).

II. Dys-/Funktionalität der Vorschrift

1. Normzweck

2 Die Vorschrift wurde durch § 29 RJGG 1943 eingeführt. Ungeachtet des durch die NS-Ideologie geprägten Normzwecks (BeckOK JGG/Schneider Rn. 6 ff. mwN: Identifizierung und Selektion jugendstrafrechtlich nicht erreichbarer Jugendlicher) wurde die Norm durch das JGG 1953 ohne inhaltliche Änderungen beibehalten. Ihr wird heute primär der Zweck zugewiesen, dem (verfahrenszuständigen) JRichter oder JStA bereits im Vorverfahren einen persönlichen „Eindruck" von dem Beschuldigten zu vermitteln. Dies sei im Rahmen einer einfachen Vernehmungsinteraktion besser möglich als in der HV, deren Förmlichkeit ein unbefangenes Auftreten des Jugendlichen erfahrungsgemäß hindern könne (vgl. auch RL 2 S. 1). Die unmittelbare richterliche oder staatsanwaltliche Vernehmung fungiert damit als ein Instrument der **an § 43 orientierten personenbezogenen Ermittlung.** Da sie in einer vergleichsweise entspannten Atmosphäre stattfinden könne, erlaube sie Wahrnehmungen, die für die Prüfung der strafrechtlichen Verantwortlichkeit des Jugendlichen (§ 3 S. 1) oder der Voraussetzungen von § 105 sowie für mögliche Entschließungen nach § 43 Abs. 2 oder § 73 Abs. 1 dienlich sein könnten.

3 Zudem werde es dem Jugendlichen erleichtert, die eigene Sicht auf den Vorwurf und die subjektive Ereigniswahrnehmung darzustellen. Zwar sieht auch § 163a Abs. 1 S. 1 StPO iVm § 2 Abs. 2 zur Gewährleistung rechtlichen Gehörs eine Vernehmungspflicht vor, ohne dies aber mit einem Anspruch auf eine bestimmte Verhörsperson zu verbinden (MüKoStPO/Kölbel/Ibold StPO § 163a Rn. 13 und 16). Meist bleibt es daher bei einer vorwurfs- und aufklärungsorientiert gestalteten Polizeivernehmung, in der die Perspektive und Selbsteinschätzung des Beschuldigten oft nur gebrochen wahrnehmbar wird. Eine Akzentsetzung, die auch diese Aspekte zur Geltung bringt, werde in der (durch § 44 vorgesehenen) richterlichen oder staatsanwaltlichen Vernehmung eher möglich gemacht. Ihr komme damit ein **erweiterter Schutzzweck** zu, insofern sie ggf. einen gewissen Kontrapunkt zur vorherrschenden Überführungstendenz in den sonstigen (polizeilichen) Befragungen setze (20. Aufl. Rn. 3; ähnlich Laubenthal/Baier/Nestler JugendStrafR Rn. 278; vgl. auch schon Eschweiler/Lempp, Psychoanalyse und Strafrechtspraxis, 1979, S. 82 f.).

2. Verhältnis zum Aufklärungs- und Überführungszweck

4 Nach weit verbreiteter Ansicht kann die von § 44 geregelte Vernehmung (zugleich) der Tataufklärung dienen (vgl. bspw. Brunner/Dölling Rn. 2). Dies bedeutet aber nicht, dass sich eine richterliche oder staatsanwaltliche Vernehmung (oder Vernehmungsphase), die auf diese tatbezogene Zweckrichtung explizit verzichtet, hiervon auch tatsächlich kategorial unterschiede (so statt vieler aber zB NK-JGG/Sommerfeld Rn. 5 f.). Dass sich die Interaktionsinhalte (und die Befragungsabsichten) ausschließlich auf persönlichkeitsbezogene Fragen beziehen, ist nämlich nie garantiert. Es kann niemals ausgeschlossen werden, dass tatbezogene Inhalte (oder doch Aussagen mit sich erst nachträglich zeigender diesbzgl. Bedeutung) zur Sprache kommen.

Auch wenn es „eigentlich" allein um Merkmale des Jugendlichen gehen soll, weist die Interaktion stets eine hinter- oder gar vordergründige **Vorwurfsrelevanz** und eine tatsächliche oder potenzielle Überführungstendenz auf, weshalb es sich hierbei nicht etwa um eine besondere Vernehmungsspielart handelt, sondern **immer** um eine ganz **normale Vernehmung** (die den üblichen Rechtmäßigkeitsanforderungen unterliegt).

§ 44 erlaubt also keineswegs eine besondere Interaktion, die inhaltlich auf 5 persönliche Aspekte beschränkt wird und dann mit herabgesetzter Förmlichkeit erfolgt (sog. Vernehmungsgespräch). Vielmehr knüpft die Vorschrift ausnahmslos an den allg. Vernehmungsbegriff (→ § 70c Rn. 4) an (so seit dem Gesetz zur Stärkung der Verfahrensrechte von Beschuldigten im Jugendstrafverfahren auch die Normüberschrift). Ihr **Regelungsgehalt** besteht dabei darin, dass es in gewichtigen Ermittlungsverfahren nicht bei einer polizeilichen Vernehmung bleiben soll. Für den Regelfall verlangt hier § 44 – gleichgültig, ob der Vorwurfssachverhalt bereits als aufgeklärt gilt oder nicht (vgl. schon Dallinger/Lackner Rn. 1) – eine **förmliche Vernehmung,** die anstelle der polizeilichen Vernehmung oder zusätzlich zu dieser durchgeführt wird, und zwar durch einen (an der absehbaren HV beteiligten) **Justizakteur.** In dieser Vernehmung muss (allein oder neben der Tataufklärung) der physische, psychische und intellektuelle Entwicklungsstand des Jugendlichen und seine Einstellung zu dem Geschehnis im Vordergrund stehen, damit der in → Rn. 2 f. genannte Zweck realisiert werden kann (zust. Nix/Pschorr/Pschorr Rn. 8).

Im Ergebnis liegt die Regelungswirkung von § 44 darin, bzgl. der Ermitt- 6 lungsführung der StA auf eine **spezifische Nutzung** der sich aus **§ 163a Abs. 3 StPO iVm § 2 Abs. 2** ergebenden Möglichkeit hinzuwirken und diese Vernehmungsoption auch auf den JRichter auszudehnen. Allerdings wird der „zuständige" JRichter (anders als der JStA) **vor** Anklageerhebung nicht immer eindeutig festzustellen sein (vgl. auch HK-JGG/Weik/Koranyi Rn. 3). Führt er dann eine Vernehmung iSv § 44 durch, muss dabei allerdings die Verurteilung des Beschuldigten von ihm de facto antizipiert und subjektiv immer schon mitgedacht werden (vgl. auch die normtextliche Voraussetzung: „ist JStrafe zu erwarten"). Die darin liegende, problematische Unterminierung der richterlichen **Unvoreingenommenheit** unterstreicht die Fragwürdigkeit von § 44.

3. Anwendungsbreite

Die hier angesprochenen Bedenken legen eine Streichung der Vorschrift 7 nahe (zust. Nix/Pschorr/Pschorr Rn. 20). Dass eine Vernehmung iSv § 44 nicht nur bei zu erwartender un-/bedingter JStrafe, sondern auch **in anderen bedeutsamen** Fällen „dringend erwünscht" sei (Beulke/Swoboda JugendStrafR Rn. 715; ähnlich Diemer/Schatz/Sonnen/Sonnen Rn. 3; NK-JGG/Sommerfeld Rn. 2), ist jedenfalls schon wegen einer drohenden Verfahrensverzögerung zurückzuweisen. Angesichts der (mindestens verdeckten) **Überführungstendenz,** die gerade einer informell und vertrauenserweckend gestalteten Vernehmung innewohnt, sollte gegenüber einer verstärkten Anwendung sogar dezidierte Zurückhaltung angezeigt sein. Ohnehin ist der Mehrwert, den man sich von der Vernehmung gegenüber dem Bericht der JGH (vgl. § 38) verspricht, keineswegs selbstverständlich – zumal die Subjektivität jedes vernehmungsbasierten „Eindrucks" nicht verkannt werden darf. Nach älteren **Praxisberichten** wird von der Vernehmung nach § 44 außerordentlich selten Gebrauch gemacht (krit. bereits Bertram MschrKrim 1968, 285 (287); H. W. Schünemann, Kriminologische Gegenwartsfragen, 1976, S. 191; Breymann MschrKrim 1983, 300). Rechtstatsächlich ist diese (wohl bis heute anhaltende) eingeschränkte Nutzung va dadurch bedingt, dass die Vorschrift als Soll-Bestimmung ausgestaltet wurde (für eine gesetzliche Änderung Rieke Vernehmung S. 194). Eine Änderung der Praxis ist aus den vorgenannten Gründen (→ Rn. 4 ff.) aber nicht angezeigt (ähnlich BeckOK JGG/Schneider Rn. 17).

III. Einzelne Anforderungen

1. Vernehmende Person

8 Ob der JStA oder der Vorsitzende des JGerichts die Vernehmung durchführt, bestimmt sich nach dem **Einzelfall.** Bei Auslegung der Norm ergeben sich weder Anhaltspunkte für einen richterlichen Vorrang (so aber RL Nr. 2 S. 1 zu § 29 RJGG 1943) noch für die Annahme, dass die umgekehrte Reihenfolge der Nennung in § 44 beim Wort zu nehmen sei. Berücksichtigt man indes, dass bei den hier regelmäßig gegebenen schwereren Vorwürfen typischerweise eine Anklage im Raum steht, ist die Vernehmung durch den JStA oftmals vorzugswürdig, weil dann die Abschlussentscheidung durch die Vernehmungsergebnisse ggf. noch (stärker) beeinflusst werden kann. Im Übrigen sollte die größere jugenderzieherische Befähigung und Erfahrung den Ausschlag geben (zu Fehlern bei Vernehmung und Aussagebeurteilung s. Eisenberg BeweisR StPO Rn. 726 ff., 739 ff.). Dagegen sind diverse verfahrenstaktische Aspekte bei normzweckorientierter Anwendung der Vorschrift für die hier erörterte Frage irrelevant (so etwa die verjährungsunterbrechende Wirkung jeder richterlichen Vernehmung auch noch nach der ersten Vernehmung (§ 78c Abs. 1 S. 1 Nr. 2 StGB iVm § 2 Abs. 2) oder die erleichterte Verwertbarkeit eines etwaigen, im (förmlichen) richterlichen Vernehmungsprotokoll enthaltenen Geständnisses (§ 254 Abs. 1 StPO iVm § 2 Abs. 2)).

9 § 162 StPO bleibt von der Vorschrift unberührt. Da § 44 zwar keine Vernehmung eigener oder besonderer Art (→ Rn. 4 f.), aber (bzgl. Vernehmungszweck und -person) ganz **andere** Vernehmungskonstellationen als **§ 162 StPO** regelt (ähnlich HK-JGG/Weik/Koranyi Rn. 6), weisen die beiden Normen keine Überschneidung und kein Konkurrenz- oder Spezialitätsverhältnis auf (je nach Vernehmungszweck differenzierend dagegen → 20. Aufl. Rn. 9; MüKoStPO/Höffler Rn. 3). Sie sind vielmehr nebeneinander anwendbar. Somit kann die JStA auf Grundlage von § 162 StPO iVm § 2 Abs. 2 zwar eine ermittlungsrichterliche Vernehmung, aber keine Vernehmung des zuständigen JRichters erreichen (abw. Brunner/Dölling Rn. 5; BeckOK JGG/Schneider Rn. 10). Umgekehrt wird der in § 44 formulierte Auftrag durch eine ermittlungsrichterliche Vernehmung nicht erfüllt. Das gilt iÜ gleichermaßen für haftrichterliche Vernehmungen (§ 115 StPO iVm § 2 Abs. 2).

2. Allgemeine Vernehmungsregelungen

a) Schutzbelange. Da die Erfordernisse eines **rechtsstaatlichen Ver- 10
fahrens** auch bei Vernehmungen, in denen primär der Reifestand und/oder die erzieherische Indikation festgestellt werden soll, uneingeschränkt zu berücksichtigen sind, ist eine Entformalisierung nur in begrenzter Weise möglich (→ Rn. 4 f.). Die allg. Vorschriften (insb. § 136 Abs. 1, § 136a, § 168c Abs. 1 und 5 S. 1 bzw. § 163a Abs. 2 und 3 S. 2 und 3 StPO jeweils iVm § 2 Abs. 2) erfahren hier keine Ausnahme (ebenso RL 1; Diemer/Schatz/Sonnen/Sonnen Rn. 5; HK-JGG/Weik/Koranyi Rn. 4). Daher muss der Jugendliche **stets** über den Tatvorwurf und sein Recht, Beweiserhebungen zu seiner Entlastung zu beantragen, ebenso in verständlicher und altersangemessener Weise (§ 70b nF) in Kenntnis gesetzt **(„belehrt“)** werden wie über seine Rechte, sich zum Tatvorwurf zu äußern oder nicht zur Sache auszusagen sowie sich schon vor dem Vernehmungsgespräch von einem **Verteidiger** beraten zu lassen (der nötigenfalls für die Vernehmung gem. § 44 für ihn eigens bestellt werden muss). Außerdem ist er auf uU erforderliche Übersetzungsleistungen und ggf. auf die Möglichkeit eines Täter-Opfer-Ausgleichs hinzuweisen (zum Ganzen → § 70c Rn. 14). Ferner sind auch die Regelungen zur **Protokollierung** (§§ 168 ff. StPO iVm § 2 Abs. 2) und zur audiovisuellen Aufzeichnung (→ § 70c Rn. 22) zu beachten (abw. NK-JGG/Sommerfeld Rn. 5). Das (ambivalente) Anliegen, eine zwanglose und formfreie Aussprache durchführen und diese gerade dadurch auch auf höchst persönliche Fragen erstrecken zu können, lässt sich nicht durch eine Suspendierung von Schutzvorschriften, sondern allein durch ein entspr. Auftreten der vernehmenden Personen realisieren. Eine jugendorientierte Vernehmungsform wird indes durch § 70c Abs. 1 ohnehin zur Regel gemacht (→ § 70c Rn. 16).

b) Anwesenheitsberechtigte. Soll das Gespräch, wie es insb. bei als 11
aufgeklärt geltenden Tatvorwürfen in Betracht kommt, allein den in → Rn. 2 f. genannten Zwecken dienen, wird ein Anwesenheitsrecht anderer Personen teilw. verneint (vgl. → 20. Aufl. Rn. 9; s. auch MüKoStPO/Höffler Rn. 4 f.). Das Zugegensein Dritter könne die Begegnung mit dem Beschuldigten nämlich möglicherweise beeinflussen und die an § 2 Abs. 1 orientierte Erkenntnisfindung erschweren. Aus den in → Rn. 4 genannten Gründen gelten die allg. Anwesenheitsrechte (§ 168c Abs. 1, § 163a Abs. 3 und 4 StPO iVm § 2 Abs. 2) dagegen nach hier vertretener Auffassung im Rahmen von § 44 uneingeschränkt (ebenso Dallinger/Lackner Rn. 5; BeckOK JGG/Schneider Rn. 10). Dies betrifft besonders den ggf. bestehenden Anspruch auf Bestellung einer anwaltlichen Begleitung (→ § 68a Rn. 8 ff., → § 70c Rn. 24 ff.) sowie die Rechte auf elterliche Anwesenheit und Konsultation nebst der diesbzgl. Hinweis- und Benachrichtigungspflichten (→ § 67 Rn. 11 ff.) und der sich aus § 67 Abs. 1 iVm § 166 StPO ergebenden Rechte. Besteht Anlass, diese Rechtspositionen einzuschränken, kann dies (nur) nach § 67 Abs. 3 und 4, § 67a Abs. 3 und 4 erfolgen.

IV. Revision

Da § 44 eine Vernehmung durch den JStA oder Vorsitzenden des JGe- 12
richts nicht zwingend vorschreibt, kann eine Revisionsrüge nicht allein

darauf gestützt werden, dass eine entsprechende Vernehmung unterlassen worden ist (allgA). Bestehen allerdings zusätzliche Anhaltspunkte für Mängel hinsichtlich der Persönlichkeitserforschung (§ 43) und/oder der Sachaufklärung (§ 2 Abs. 2, § 244 Abs. 2 StPO) in der HV, kann uU die **Aufklärungsrüge** begründet sein (s. schon Dallinger/Lackner Rn. 3; Peters Strafprozess S. 602). Vorstellbar ist dies indes nur unter ganz außergewöhnlichen Umständen.

Absehen von der Verfolgung

45 (1) **Der Staatsanwalt kann ohne Zustimmung des Richters von der Verfolgung absehen, wenn die Voraussetzungen des § 153 der Strafprozeßordnung vorliegen.**

(2) [1]**Der Staatsanwalt sieht von der Verfolgung ab, wenn eine erzieherische Maßnahme bereits durchgeführt oder eingeleitet ist und er weder eine Beteiligung des Richters nach Absatz 3 noch die Erhebung der Anklage für erforderlich hält.** [2]**Einer erzieherischen Maßnahme steht das Bemühen des Jugendlichen gleich, einen Ausgleich mit dem Verletzten zu erreichen.**

(3) [1]**Der Staatsanwalt regt die Erteilung einer Ermahnung, von Weisungen nach § 10 Abs. 1 Satz 3 Nr. 4, 7 und 9 oder von Auflagen durch den Jugendrichter an, wenn der Beschuldigte geständig ist und der Staatsanwalt die Anordnung einer solchen richterlichen Maßnahme für erforderlich, die Erhebung der Anklage aber nicht für geboten hält.** [2]**Entspricht der Jugendrichter der Anregung, so sieht der Staatsanwalt von der Verfolgung ab, bei Erteilung von Weisungen oder Auflagen jedoch nur, nachdem der Jugendliche ihnen nachgekommen ist.** [3]**§ 11 Abs. 3 und § 15 Abs. 3 Satz 2 sind nicht anzuwenden.** [4]**§ 47 Abs. 3 findet entsprechende Anwendung.**

Schrifttum: Albrecht (Hrsg.), Informalisierung des Rechts, 1990; Bareinske, Sanktion und Legalbewährung im Jugendstrafverfahren in Baden-Württemberg, 2004; BMJ (Hrsg.), Erzieherische Maßnahmen im deutschen Jugendstrafrecht, 1986; BMJ (Hrsg.), Diversion im Jugendstrafverfahren der Bundesrepublik Deutschland, 1992; Dirnaichner, Der nordamerikanische Diversionsansatz und rechtliche Grenzen seiner Rezeption (…), 1990; Englmann, Kriminalpädagogische Schülerprojekte in Bayern, 2009; Gräf, Die Diversion im Jugendstrafrecht im Lichte der Angewandten Kriminologie, 2015; Grote, Diversion im Jugendstrafrecht, 2006; Grundies, Verfahrenseinstellungen nach §§ 45, 47 JGG, 2004; Kleinbrahm, Divergente Diversion im Jugendstrafverfahren, 2015; Kolberg, Das Jüngste Gericht: Ein Sturm im Wasserglas?, 2011; Kuhlen, Diversion im Jugendstrafverfahren, 1988; Lehmann, Das formlose Erziehungsverfahren und seine rechtlichen Grenzen, 1991; Linke, Diversionstage in Nordrhein-Westfalen, 2011; Ludwig, Diversion: Strafe im neuen Gewand, 1989; Mann, Beschleunigungspotential im Jugendstrafverfahren, 2004; Paul, Drogenkonsumenten im Jugendstrafverfahren, 2005; Pitz, Robe versus Brief im Diversionsverfahren, 2020; Rosenkötter, Die Sperrwirkung des jugendrichterlichen Beschlusses nach § 45 Abs. 1 S. 1 JGG, 1969; Schäfer/Paoli, Drogenkonsum und Strafverfolgungspraxis, 2006; Schimmel, Täter-Opfer-Ausgleich als Alternative?, 2000; Untersteller, Der Begriff „öffentliches Interesse" in den §§ 153 StPO und 45 JGG, 2015; Wölffel, Diversion im Hamburger Jugendstrafverfahren, 1993; van den Woldenberg, Diversion im Spannungsfeld zwischen „Betreuungsjustiz" und Rechtsstaatlichkeit, 1993.

Übersicht

I. Anwendungsbereich

1 Die Vorschrift gilt bei **Jugendlichen** wie bei **Heranwachsenden,** und das auch in Verfahren vor den für allg. Strafsachen zuständigen Gerichten (§§ 112 S. 1, 104 Abs. 1 Nr. 4). Bei Heranwachsenden hängt dies aber davon ab, dass das materielle JStR zur Anwendung kommt (§ 105 Abs. 1, § 109 Abs. 2 S. 1, § 112 S. 2). Für Konstellationen mit Vorwürfen, die sowohl nach allg. StR als auch JStR behandelt werden, vgl. → Rn. 58.

2 Im Verfahren wegen **Ordnungswidrigkeiten** hat die Vorschrift **keine Bedeutung.** Die Verwaltungsbehörde kann hier das Verfahren einstellen, wenn und solange sie für die Verfolgung zuständig ist (§§ 35, 47 Abs. 1 S. 2 OWiG; vgl. auch BVerfGE 8, 197 = NJW 1958, 1963; BVerfG 27, 18 = NJW 1969, 1619). Dabei bestimmen sich die Voraussetzungen einer solchen Einstellung jedoch allein nach § 47 OWiG (und das iÜ auch für eine etwaige gerichtliche Einstellung gem. § 47 Abs. 2 OWiG). Dort wird iSv § 46 Abs. 1 OWiG etwas „anderes bestimmt" als in den hierdurch verdrängten §§ 45, 47 (KK-OWiG/Mitsch OWiG § 47 Rn. 78; Eisenberg NStZ 1991, 450 (451 f.)).

II. Entwicklung der Vorschrift

3 International haben sich im JStR schon früh verschiedene Diversionsformen herausgebildet (vgl. Smith, Diversion in Youth Justice, 2018, S. 25 ff.). So gab auch in Deutschland bereits § 32 Abs. 2 S. 1 JGG 1923 der JStA die Möglichkeit, mit Zustimmung des JGerichts auf eine Anklageerhebung zu verzichten, sofern ein richterliches Absehen von Strafe absehbar oder eine ausreichende Erziehungsmaßregel schon angeordnet worden war (ähnlich § 30 RJGG 1943). **§ 45 Abs. 2 JGG 1953** sah dann das staatsanwaltliche Absehen von der Verfolgung unter Voraussetzungen vor, die dem Abs. 1 der heutigen Fassung entsprachen bzw. dem aktuellen Abs. 2 stark ähnelten. In Abs. 1 der damaligen Vorschrift wurde ein (dem nunmehrigen Abs. 3 entspr.) jugendrichterliches Erziehungsverfahren geregelt und dafür die Voraussetzung eines Geständnisses eingeführt. In diesem Zusammenhang erfolgte durch Art. 24 Nr. 20 des EGStGB von 1974 hinsichtlich der richterlichen Maßnahmen eine Angleichung des Abs. 1 JGG 1953 an Änderungen der § 11 (Weisungen) und § 15 (Auflagen).

4 Das **Erste JGGÄndG von 1990** überführte § 45 in die gegenwärtige Struktur. Die Einstellungsvoraussetzungen wurden auf drei Absätze verteilt und in ihrer Regelungsreihenfolge an die Steigerungsstufen der tatsächlichen Interventionsintensität angepasst. Ein Ermessen der JStA besteht seither allein noch für die Erledigung gem. Abs. 1 (vgl. aber zur Handhabung Untersteller, Der Begriff „öffentliches Interesse" in den §§ 153 StPO und 45 JGG, 2015, S. 277 ff.), während die Einstellung unter den Voraussetzungen von Abs. 2 (anders als noch bei § 45 Abs. 2 Nr. 1 JGG 1953) zwingend geworden ist. Zudem wurden einzelne sprachliche Änderungen vorgenommen und ua der (zuchtmittelspezifische) Begriff einer entbehrlichen richterlichen „Ahndung" durch den der „Beteiligung" ersetzt (zum Ganzen statt vieler Eisenberg Bestrebungen S. 31 f.).

In den Diskussionen um eine **Weiterentwicklung** von § 45 (die in den letzten Jahren indes merklich abgeflaut sind) ging es ua um eine kritische Überprüfung des Geständniskriteriums (dazu → Rn. 47) und der Möglichkeiten einer Polizeidiversion (→ Rn. 43 ff.). Mit Blick auf Abs. 1 wird erwogen, die Bezugnahme auf § 153 StPO durch das Merkmal der „Nichterforderlichkeit einer weiteren Reaktion" zu ersetzen und die Entscheidungen auch nicht ins Erziehungsregister einzutragen (→ Rn. 61; ferner Ostendorf FS Böhm, 1999, 635). Vor dem Hintergrund von Nr. 11.3 der Mindestgrundsätze der VN für die Jugendgerichtsbarkeit (abgedruckt ZStW 99 (1987), 253 (266)) steht weiterhin auch die Möglichkeit einer Anfechtung zur Debatte (s. dazu Schüler-Springorum ZStW 99 (1987), 809 (839 f.); krit. daher zur Praxis van den Woldenberg, Diversion im Spannungsfeld zwischen „Betreuungsjustiz" und Rechtsstaatlichkeit, 1993, S. 159 ff.; von Galen/Beth FS Eisenberg II, 2019, 201 (206 ff.)), zumal der Einstellung iSv § 45 eine implizite Zwangswirkung ggü. dem Jugendlichen innewohnt (→ Rn. 41). 5

III. Rechtssystematische Einordnung

1. Verhältnis zu § 170 Abs. 2 StPO

Ein Absehen von der Verfolgung nach § 45 erfordert neben dem Vorliegen der allg. Prozessvoraussetzungen die strafrechtliche **Verantwortlichkeit** für das Verhalten und den Nachweis **hinreichenden Tatverdachts.** Die Begründetheit des Vorwurfs muss wahrscheinlicher als die Unbegründetheit sein. Das geht zwar nicht aus dem Normtext hervor, ergibt sich aber aus den registerrechtlichen Folgen (→ Rn. 61), die anderenfalls nicht zu rechtfertigen wären. Fehlt es an Prozessvoraussetzungen, an der strafrechtlichen Verantwortlichkeit (§ 3) oder (aus anderen Gründen) am hinreichenden Tatverdacht, kommt das Vorgehen nach § 45 demzufolge nicht in Betracht. Vielmehr ist dann nach § 170 Abs. 2 StPO iVm § 2 Abs. 2 einzustellen (Diemer/Schatz/Sonnen/Diemer Rn. 7). Die Mitteilungen nach § 170 Abs. 2 S. 2, § 171 StPO iVm § 2 Abs. 2 sind so zu fassen, dass erzieherisch abträgliche Wirkungen dabei vermieden werden. Beruht die Einstellung allein auf einem Reifemangel iSv § 3 S. 1, kann die JStA familiengerichtliche Erziehungsmaßnahmen beim FamG anregen oder beim JGericht beantragen (→ § 3 Rn. 41). 6

2. Verhältnis zu §§ 153 ff. StPO

a) Eingeschränkter Vorrang. Nach hM (Dallinger/Lackner Rn. 6; Beulke/Swoboda JugendStrafR Rn. 723; Gloss FS Eisenberg II, 2019, 213 (220 ff.)) ist das Legalitätsprinzip (§ 152 Abs. 2 StPO) im JStV nicht aufgehoben, sondern lediglich nach dem Grundsatz einer erzieherisch ausgerichteten Verfahrensgestaltung eingeschränkt. Wegen § 2 Abs. 1 und aus Verhältnismäßigkeitsgründen ist eine formelle Ereignisbearbeitung danach nur angezeigt, wenn eine informelle Vorgehensweise iSv §§ 45, 47 als spezialpräventiv nicht ausreichend gilt. Die Einschränkungen des Legalitätsprinzips, die das allg. Verfahrensrecht in §§ 153 f. StPO vorsieht, beruhen dagegen auf hiervon abw. Gesichtspunkten des Opportunitätsprinzips, denn sie basieren auf der Geringfügigkeit des Tatvorwurfs und dem Fehlen eines 7 öffentlichen Verfolgungsinteresses (vgl. etwa Dollinger/Schmidt-Semisch Jugendkriminalität-HdB/Sonnen S. 503). Diese **Zweckdivergenz** spricht gegen eine Vorrangbeziehung zwischen §§ 45, 47 und §§ 153 f. StPO. Besonders eindeutig ist dies bei den besonderen Einstellungsgründen gem. §§ 153b ff. StPO (→ Rn. 13 f.).

8 Allerdings kann sich die Vorrangigkeit der §§ 45, 47 aus **§ 2 Abs. 2** ergeben. Dies ist aber nur dort der Fall, wo sich deren Anwendungsbereich mit demjenigen der §§ 153 ff. StPO deckt oder darüber hinausreicht. Dagegen können die §§ 153 ff. StPO in jenen Anwendungsbereichen auch im JStV herangezogen werden, die in ihrer Reichweite oder in ihren Wirkungen über diejenigen der §§ 45, 47 hinausgehen. Denn die §§ 45, 47 haben **keinen abschließenden** Charakter, der dies ausschließen würde. Soweit sich aus den §§ 153 ff. StPO extensivere Einstellungsmöglichkeiten oder -effekte (ggü. §§ 45, 47) ergeben, stellt das nämlich eine für den Beschuldigten **vorteilhafte Regelung** dar. Da die Handhabung des JStR nach dem Schlechterstellungsverbot nicht zu Benachteiligungen ggü. vergleichbaren Verfahrenslagen im allg. StR führen darf (→ § 2 Rn. 23 ff.), können die §§ 45, 47 nur so interpretiert werden, dass die §§ 153 ff. in diesen „überschießenden" Einstellungsoptionen unberührt bleiben und insoweit im JStV **subsidiär anwendbar** sind. Anderenfalls wäre die Ablehnung der Voraussetzungen von § 105 Abs. 1 (ebenso wie die Vollendung des 21. Lbj.) im Beschuldigteninteresse. Die Einstellungsvoraussetzungen der §§ 153 ff. StPO („geringe Schuld", „öffentliches Interesse" usw.) müssen bei all dem im JStV allerdings nach dem Prinzip der jugendgemäßen Auslegung (→ § 2 Rn. 39 ff.) anhand der in § 2 Abs. 1 geregelten Leitlinie interpretiert werden (n. dazu, wenngleich teilw. einschr. Untersteller, Der Begriff „öffentliches Interesse" in den §§ 153 StPO und 45 JGG, 2015, S. 291 ff., 385 ff.).

9 **b) § 153 StPO.** § 45 Abs. 1 scheint ggü. der Einstellung nach § 153 Abs. 1 StPO die weitergehende und daher vorrangige Regelung zu sein. Indem der JStA nach Abs. 1 aufgrund eigener Entscheidung von der Verfolgung absehen kann, wird das Legalitätsprinzip stärker als im allg. StVR eingeschränkt, denn dort ist die Zustimmung des Gerichts nur unter den besonderen Voraussetzungen von § 153 Abs. 1 S. 2 StPO entbehrlich. Dennoch ist die Option des § 153 Abs. 1 StPO für den Beschuldigten günstiger und deshalb auch im JStV **anwendbar.** Das beruht darauf, dass gem. § 60 Abs. 1 Nr. 7 BZRG eine Entscheidung des JStA nach § 45 Abs. 1 **in** das **Erziehungsregister** eingetragen wird (→ Rn. 61). Zwar mag sich die Registererfassung für den Beschuldigten gelegentlich günstig auswirken können, wenn er aufgrund dieser Information in einem etwaigen späteren Verfahren möglicherweise mit einer hilfreichen Maßnahme bedacht werden sollte. Doch im Regelfall liegt der Nachteil ggü. der registrierungsfreien Einstellung nach § 153 Abs. 1 StPO auf der Hand: Die bis Vollendung des 24. Lbj. (§ 63 Abs. 1 BZRG) dokumentierte Einstellungsentscheidung wirkt sich in späteren außer-/strafrechtlichen Verfahren ungünstig und belastungserhöhend aus (vgl. dazu Eisenberg/Kölbel Kriminologie § 28 Rn. 43, § 30 Rn. 63 ff.). Seit Einführung des zentralen staatsanwaltlichen Verfahrensregisters (§§ 492 ff. StPO) hinterlässt zwar auch die Einstellung nach § 153 Abs. 1 StPO gewisse Registerspuren (vgl. etwa HK-JGG/Verrel/Linke § 109 Rn. 11; Streng JugendStrafR Rn. 602), aber nicht in der gleichen Weise wie

Abs. 1 (vgl. auch Goeckenjan Diversion S. 40 ff.) – insbes. nicht in außerstrafrechtlichen Verfahren (→ Rn. 63).

Soweit eine Zustimmung des Gerichts vorliegt oder iSv § 153 Abs. 1 S. 2 StPO entbehrlich ist (und die übrigen Voraussetzungen erfüllt sind), **muss** daher auf der Grundlage von **§ 153 StPO iVm § 2 Abs. 2** anstatt auf der Basis von Abs. 1 (folgenlos) eingestellt werden (im Wesentlichen ebenso oder doch ähnlich auch LG Itzehoe StV 1993, 537 = LSK 1994, 070360; RL SchlH v. 24.6.1998 (SchlHA 1998, 205) unter 2.2.; RL Nds. v. 5.10.2020 (VORIS 33310) unter 1.2.4; NK-JGG/Sommerfeld Rn. 5; HK-JGG/Weik/Koranyi Rn. 10; Schäfer/Sander/van Gemmeren Strafzumessung S. 68; DVJJ-BAG 2022, 19; Bohnert NJW 1980, 1927 (1930); Hanft Jura 2008, 368 (370); **aA und gegen die Anwendbarkeit von § 153 StPO** Brunner/Dölling Rn. 3 f.; Diemer/Schatz/Sonnen/Diemer Rn. 9; BeckOK JGG/Schneider Rn. 17 ff.; Beulke/Swoboda JugendStrafR Rn. 725; Hdb Strafrecht III/Swoboda § 68 Rn. 147; Burscheidt Verbot S. 66 ff.; SK-StPO/Weßlau/Deiters StPO § 153 Rn. 11; iErg auch Untersteller, Der Begriff „öffentliches Interesse" in den §§ 153 StPO und 45 JGG, 2015, S. 286 ff.). In diesen Fällen kann die Einstellung auch nicht etwa mit der Begründung, die Erfassung im Erziehungsregister sei erzieherisch geboten, auf Abs. 1 gestützt werden. Hiermit würde nämlich die Notwendigkeit der registergestützten Persönlichkeitserforschung in einem hypothetischen neuen Verfahren vorwegnehmend unterstellt, obwohl dies zum Einstellungszeitpunkt (im aktuellen Verfahren) in keiner Weise beurteilt werden kann. 10

c) § 153a Abs. 1 StPO. Eine vorläufige Einstellung nach dieser Norm kommt nur in Betracht, wenn die Voraussetzungen für eine sofortige folgenlose Einstellung (§ 153 Abs. 1 StPO iVm § 2 Abs. 2 oder § 45 Abs. 1) wegen eines (zunächst) bestehenden öffentlichen Interesse an der Strafverfolgung nicht vorliegen (Meyer-Goßner/Schmitt/Schmitt StPO § 153a Rn. 3). Ist eine erzieherische Maßnahme bereits angeordnet, die den JStA veranlasst, unter den Voraussetzungen von **Abs. 2** von der Verfolgung abzusehen, bleibt für § 153a Abs. 1 StPO ebenfalls **kein Raum.** Ein öffentliches Interesse an der Strafverfolgung, das durch die Erfüllung von Auflagen oder Weisungen beseitigt werden müsste, kann nämlich gar nicht mehr bestehen, wenn irgendeine richterliche Beteiligung oder Reaktion durch das erfolgte erzieherische Geschehen bereits entbehrlich (gemacht worden) ist. 11

Fehlt es an den Voraussetzungen von Abs. 2, stellt sich die Frage, ob dann im JStV nur die Möglichkeit von Abs. 3 besteht und § 153a Abs. 1 StPO hierdurch ausgeschlossen wird (so bspw. Brunner/Dölling Rn. 3 f.; KK-StPO/Diemer StPO § 153a Rn. 7; Hdb Strafrecht III/Swoboda § 68 Rn. 147). Das hätte zur Konsequenz, dass bei nicht geständigen Beschuldigten eine Einstellung ausscheidet, wohingegen sie im allg. StVerf nach § 153a StPO möglich wäre. Unabhängig davon ist § 153a StPO auch deshalb beschuldigtenfreundlicher als Abs. 3, weil die Eintragung ins Erziehungsregister unterbleibt und das Gericht lediglich zustimmen (nicht aber die Anordnung treffen) muss. Nach dem Schlechterstellungsverbot kann diese Option dem Jugendlichen oder Heranwachsenden aber nicht genommen werden. Abs. 3 ist also anzuwenden, wenn der JStA die stärkere Beteiligung des JRichters (dh dessen Anordnung anstelle der bloßen Zustimmung) für erforderlich hält. Ist das nicht der Fall oder scheitert das Vorgehen nach Abs. 3 am **Fehlen eines Geständnisses,** ist auf Grundlage von § 153a StPO iVm § 2 Abs. 2 ein- 12 zustellen (im Wesentlichen ebenso Laubenthal/Baier/Nestler JugendStrafR Rn. 311; Meyer-Goßner/Schmitt/Schmitt StPO § 153a Rn. 4; HK-JGG/Weik/Koranyi Rn. 11; Bottke ZStW 95 (1983), 69 (93 f.); RL Nds. v. 5.10.2020 (VORIS 33310) unter 1.2.4; Hanft Jura 2008, 368 (370); **aA** Löwe/Rosenberg/Mavany StPO § 153a Rn. 22; Böhm/Feuerhelm JugendStrafR S. 104 f.; BMJ/Dölling 1989, S. 255 f.; Burscheidt Verbot S. 76 ff.; Untersteller, Der Begriff „öffentliches Interesse" in den §§ 153 StPO und 45 JGG, 2015, S. 281 ff.). Vorausgesetzt ist dafür allerdings, dass es um den Vorwurf eines Vergehens geht (anderenfalls scheidet § 153a StPO aus). Eine Umgehung von Abs. 3 liegt darin nicht, sondern allein eine Nachteilsvermeidung. Mit Blick auf diesen Zweck sind die nach § 153a StPO iVm § 2 Abs. 2 **anordnungsfähigen Auflagen und Weisungen** in ihrer Eingriffsstärke durch den Katalog in Abs. 3 (→ Rn. 49 ff.) **begrenzt.**

13 **d) Besondere Einstellungsgründe.** Die Konstellationen, in denen das materielle StR ein „Absehen von Strafe vorsieht", sind im JStR ungeachtet der hier nur bedingt passenden Kategorie „Strafe" ebenfalls zu berücksichtigen, sodass dann auch die Anordnung von Erziehungsmaßregeln und Zuchtmittel ausscheidet (vgl. → § 2 Rn. 19; einschr. Meyer-Goßner/Schmitt StPO § 153b Rn. 5; SK-StPO/Weßlau/Deiters StPO § 153b Rn. 8). Da es hierbei um Sachlagen geht, die von §§ 45, 47 überhaupt nicht erfasst werden – etwa schwere Folgen beim Tatverantwortlichen, tätige Reue usw (Zusammenstellung bei KK-StPO/Diemer StPO § 153b Rn. 2) –, besteht kein Konkurrenzverhältnis zu **§ 153b StPO.** Die Vorschrift ist im JStV also richtigerweise **uneingeschränkt anwendbar** (vgl. auch KK-StPO/Diemer StPO § 153b Rn. 13; Bohnert NJW 1980, 1927 (1931); Altermann Vorverurteilung S. 268 ff.).

14 Da die Einstellungsmöglichkeiten nach **§§ 153c ff. StPO** ebenfalls jeweils Sonderregelungen für spezifische, durch §§ 45, 47 nicht abgedeckte Sachverhalte vorsehen, spricht bei ihnen nichts für eine Anwendungssperre im JStV. Das gilt besonders auch für die **§§ 154 Abs. 1, 154a Abs. 1 StPO** (RL Nds. v. 5.10.2020 (VORIS 33310) unter 1.2.4; KK-StPO/Diemer StPO § 154 Rn. 3 und § 154a Rn. 1; Seiser NStZ 1997, 374 (375)). Die hierbei angestrebte Verfahrensbeschleunigung ist wegen ihrer belastungsreduzierenden Wirkung iÜ auch iSv § 2 Abs. 1 funktional (→ Einl. Rn. 42 f., → § 55 Rn. 60). Soweit es im Rahmen der Anwendungsvoraussetzungen auf das relativ geringe Gewicht einer „zu erwartenden Strafe" ankommt, betrifft das im JStV die dort absehbaren Rechtsfolgen des JStR. Falls die Teileinstellung die Vorwurfsmehrheit in einer Weise reduziert, dass die an sich gegebene Einschlägigkeit von § 32 entfällt, kann das für die dort vorgesehene Schwergewichtsprüfung unbeachtlich sein (n. → § 32 Rn. 24; zu Auswirkungen auf die Gerichtszuständigkeit → § 103 Rn. 33). Vorbehaltlich einer förmlichen Wiederaufnahmeentscheidung entsteht durch die Teileinstellung für den fraglichen Sachverhalt im Übrigen ein Verfahrenshindernis (so jedenfalls für § 154 Abs. 2 StPO etwa BGH BeckRS 2023, 23526).

3. Verhältnis zu Regelungen im BtMG

15 **§ 31a Abs. 1 BtMG** sieht einen speziellen Einstellungsgrund für Drogenbesitz-, Drogenerwerbs- und Drogenvertriebsdelikte vor, soweit es sich um Eigenverbrauchs- bzw. Konsumentensachverhalte handelt (S. 1). Die hier

bestehenden Voraussetzungen werden durch Länder-RL konkretisiert und in S. 2 um einen besonderen Einstellungsgrund im Kontext von Drogenkonsumräumen ergänzt. Eine BZRG-Eintragung erfolgt bei einer Einstellung nach § 31a Abs. 1 BtMG nicht. Hinsichtlich des geregelten Lebenssachverhalts wie auch der vorgesehenen Einstellungsbedingungen betrifft die Vorschrift daher eine abgegrenzte **Sondermaterie,** der gegenüber die §§ 45, 47 bzw. §§ 153 ff. StPO iVm § 2 Abs. 2 subsidiär sind und nur zur Anwendung gelangen können, wenn die Anforderungen von § 31a Abs. 1 BtMG nicht erfüllt sind, bspw. bei eigenbedarfs-übersteigenden Mengen. De facto scheiden so va Abs. 1 und § 153 StPO iVm § 2 Abs. 2 aus (im Wesentlichen ebenso Brunner/Dölling Rn. 5; NK-JGG/Sommerfeld Rn. 8; Kotz/Rahlf BtMStrafR/Schimmel Kap. 9 Rn. 45; für ein Nebeneinander der Optionen dagegen HK-JGG/Weik/Koranyi Rn. 14; für einen Vorrang von §§ 45, 47 aber BT-Drs. 12/934, 8; OLG Hamm BeckRS 2009, 12921; Weber/Weber BtMG § 31a Rn. 19; Patzak/Fabricius/Fabricius BtMG § 31a Rn. 15; Aulinger, Rechtsgleichheit und Rechtswirklichkeit bei Drogenkonsumenten, 1997, S. 58 ff.; Paul, Drogenkonsumenten im Jugendstrafverfahren, 2005, S. 165). In den **Richtlinien** der Bundesländer ist die Vorrangfrage allerdings unterschiedlich geregelt (vgl. dazu n. Schäfer/Paoli, Drogenkonsum und Strafverfolgungspraxis, 2006, S. 67; wie hier bspw. RL Nds. v. 5.10.2020 (VORIS 33310) unter 1.2.4; Zusammenarbeits- und Diversionsrichtlinien BW v. 18.12.2018 (Die Justiz 2019, 18) unter Vorbemerkung zu 2.).

Nach **§ 38 Abs. 2 iVm § 37 Abs. 1 BtMG** kann der JStA unter be- **16**
sonderen Voraussetzungen und mit richterlicher Zustimmung vorläufig von der Verfolgung absehen, wenn der Beschuldigte eine Behandlung seiner Drogenabhängigkeit nachweist. Die Regelung hat den Nachteil, nicht an differenzierte, jugendspezifische Therapieangebote anzuknüpfen, obwohl Besonderheiten der altersmäßigen Entwicklung für die Abhängigkeit und deren Behandlung durchaus relevant sind (vgl. auch → § 10 Rn. 52 ff.). Im Unterschied zu § 31a BtMG (→ Rn. 15) sieht sie wesentlich strengere Einstellungsvoraussetzungen als § 45 vor. Ungeachtet der bei § 38 Abs. 2 BtMG nicht erfolgenden Eintragung ins BZRG ist die JGG-Option also deutlich einfacher und belastungsärmer, sodass sie nicht verdrängt wird (ebenso etwa Diemer/Schatz/Sonnen/Diemer Rn. 11; Brunner/Dölling Rn. 5; Weber/Weber BtMG § 38 Rn. 10; Patzak/Fabricius/Fabricius BtMG § 38 Rn. 7; abw. → 22. Aufl. Rn. 29b; Paul, Drogenkonsumenten im Jugendstrafverfahren, 2005, S. 166, 273; tendenziell auch HK-JGG/Weik/Koranyi Rn. 14). Vielmehr kommt die Einstellung nach § 38 Abs. 2 BtMG aus Verhältnismäßigkeitsgründen nur subsidiär in Betracht, wenn ein Vorgehen nach § 45 Abs. 1 und 2 ausscheidet. Für die Forderung, bei einer Einstellung nach Abs. 2 das Erfordernis der richterlichen Zustimmung aus § 37 Abs. 1 BtMG zu übernehmen (Diemer/Schatz/Sonnen/Diemer Rn. 11; MüKoStPO/Höffler Rn. 11), ist keine Grundlage ersichtlich.

IV. Priorität, Funktion und Tragweite der Diversion

1. Subsidiarität formaler Reaktionsformen

Die Vorschriften der §§ 45, 47 eröffnen die Möglichkeit, ein **förmliches** **17**
Verfahren zu **vermeiden** („Diversion"), wenn dies erzieherisch angezeigt

ist. Dieser Weg steht nicht zur Disposition der JStA; seine Nutzung kann nicht nach Gutdünken erfolgen, sondern wird von Rechts wegen festgelegt. Dafür ist maßgeblich, dass sich die Verfahrenseinstellung meist als **eingriffsärmer** erweist: Sie führt zu einer Verfahrensverkürzung und damit zu einer Reduzierung verfahrensbedingter Begleitbelastungen. Sie verringert die soziale Auffälligkeit des staatlichen Vorgehens und vermindert damit das Risiko abträglicher gesellschaftlicher Reaktionen. Und sie hat häufig – auch wenn die informell angeordneten Rechtsfolgen von den Jugendlichen durchaus als Strafe empfunden werden (vgl. etwa die Interviews bei Sandøy BJC 60 (2020), 911) – eine weniger intensive Rechtsfolgenanordnung zur Konsequenz. Genau darin in dieser mehrdimensionalen Begrenzung abträglicher Entwicklungsfolgen, die das Zusammentreffen mit Strafverfolgungsinstitutionen nachweislich hervorrufen kann (→ Einl. Rn. 8, → § 5 Rn. 67 f.: reduzierte Lebensführungschancen, ungünstige soziale Kontakte usw.), liegen die **spezialpräventiven Vorzüge** der Diversion. Dadurch erlaubt sie insbes. eine Herausleitung aus dem drohenden Verlauf zukünftiger Sanktionseskalation (vgl. → § 5 Rn. 8).

18 Sowohl aus erzieherischen als auch aus Verhältnismäßigkeitsgründen haben Einstellungen nach §§ 45, 47 daher **Vorrang.** Die Wahl des förmlichen Verfahrens ist erst notwendig, wenn ein Bedarf an dem besteht, was nur dort geleistet werden kann: ein Bedarf an der weitergehenden Aufklärungsleistung des Verfahrens, an der Symbolik der Prozedur und/oder an Rechtsfolgen, die informell nicht zu veranlassen sind (zu dieser Subsidiarität n. auch → § 5 Rn. 21 f.). Deshalb geht das Verfahren nach § 45 auch dem vereinfachten JVerfahren vor (vgl. zutr. RL Nr. 1 zu § 76). Angesichts des passageren Charakters des weit überwiegenden Teils von Jugenddelinquenz, die sich im Sinne einer „Spontanbewährung" von selbst verliert (→ Einl. Rn. 5 ff.), wird für einen sozial verträglichen Entwicklungsverlauf idR gar keine oder jedenfalls keine gravierende staatliche (gar strafrechtliche) Intervention benötigt. Stattdessen ist **in den meisten JStV** ein informelles Vorgehen mit (weitgehendem) Sanktionsverzicht ausreichend und vorzugswürdig. – Daher ist es ebenso erklärlich wie richtig und begrüßenswert, wenn das jugendstrafrechtliche Verfahrensaufkommen vorwiegend im Wege der Diversion bearbeitet wird (dazu → Rn. 20 ff.). Ähnliche – rechtliche und quantitativ-verfahrenstatsächliche – Vorrangstrukturen bestehen international iÜ in zahlreiche Rechtsordnungen (vgl. bspw. DGHP Juvenile/Dünkel/Pruin/Grzywa S. 1623 ff.; Leenknecht, EU Youth Justice, 2023, S. 327 ff.).

2. Beschränkte Umsetzung in Diversionsrichtlinien

19 Die Voraussetzungen des Vorrangs informeller Verfahrensabschlüsse werden in den Diversionsrichtlinien der Bundesländer (sehr uneinheitlich) konkretisiert, insbes. durch Vorgaben zum erforderlichen Tatnachweis, zum Grad der einstellungsausschließenden Vorbelastung und zu den diversionsfähigen Delikten (für systematische Auswertungen zu den Vorgaben und Unterschieden s. bspw. Linke NStZ 2010, 609; Heinemann, Diversionsrichtlinien im Jugendstrafrecht, 2010, S. 16 ff.; Gräf, Die Diversion im Jugendstrafrecht im Lichte der Angewandten Kriminologie, 2015, S. 132 ff.; Pitz, Robe versus Brief im Diversionsverfahren, 2020, S. 88 ff.). Hiernach ist der **Deliktscharakter** vielfach nicht maßgeblich, dh es kann – abgesehen von den Varianten nach Abs. 1 und § 47 Abs. 1 S. 1 Nr. 1 – grds. auch bei

einem Verbrechen von der Erhebung einer Anklage abgesehen werden. Damit wird in den Richtlinien also anerkannt, dass die erzieherische Indikation und Eignung für die Vornahme einer Einstellung wichtiger als die Frage der Tatschwere sind (vgl. etwa Zusammenarbeits- und Diversionsrichtlinien BW v. 18.12.2018 (Die Justiz 2019, 18) unter 2.2.; einschr. aber zB RL Nds. v. 5.10.2020 (VORIS 33310) unter 1.3.1.: „mindere Schwere der Verfehlung"). In der staatsanwaltlichen Erledigungspraxis wird diesem Aspekt allerdings ein erhebliches Gewicht eingeräumt, ebenso wie der Legalbiografie des Beschuldigten (→ Rn. 21). Hinsichtlich einer Einstellung bei **mehrfach oder wiederholt** jugendstrafrechtlich erfassten Personen ist jedoch nicht nur die Praxis, sondern auch die Regelungslage in den VVen teilw. restriktiv (so etwa für LSA die Richtlinien und Empfehlungen v. 13.12.2002 (JMBl. 345 ff.) bzw. 21.4.2008 (JMBl. 93) unter B. II.1. und B. II.6.: selbst für Abs. 2 und 3 „regelmäßig nicht"). Mit Blick auf die Dynamik der Reifeentwicklung, die gegen die Zwangsläufigkeit von „Karrieren" spricht (→ Einl. Rn. 6; → § 5 Rn. 45), muss eine informelle Erledigung richtigerweise hier aber ebenfalls (oft) möglich sein (so etwa auch RL Nds. v. 5.10.2020 (VORIS 33310) unter 1.3.2).

3. Handhabung in der Rechtspraxis

a) Häufigkeit informeller Verfahrensabschlüsse. Ungeachtet regionaler Unterschiede ist der **Anteil** der Beschuldigten in einem JStV, bei denen von der Verfolgung nach §§ 45, 47 abgesehen wurde, nach den amtlichen Daten bundesweit seit Jahrzehnten auf ein inzwischen relativ stabiles Niveau von (gemessen an allen formell und informell Sanktionierten) ca. drei Vierteln **gestiegen** (Heinz Sekundäranalyse S. 749 ff.; Heinz Blindflug, S. 47 ff. 76 ff.). Dies ist umso bemerkenswerter, als in manchen LG-Bezirken hierzu auch noch ein beträchtlicher Anteil an Opportunitätseinstellungen nach den §§ 153 ff. StPO iVm § 2 Abs. 2 (→ Rn. 7 ff.) hinzukommt. Dabei entfallen innerhalb der verschiedenen Einstellungsformen die größten Anteile auf die Varianten von § 45 Abs. 1 und 2 (vgl. Heinz ZJJ 2012, 129 (134); ferner Eisenberg/Kölbel Kriminologie § 28 Rn. 31; am Bsp. des LG-Bezirks Flensburg vertiefend Çaglar, Neue ambulante Maßnahmen in der Reform, 2005, S. 51 ff.). Die früher bisweilen noch zurückhaltende Nutzung von Abs. 2 (bzw. Abs. 2 Nr. 1 aF), die wohl auch mit der hier gegebenen zeitlichen **Inanspruchnahme** der **JStA** zusammenhing (vgl. Albrecht Kriminalistik 1988, 427 (429 f.)), ist nicht mehr feststellbar. In den Jahren 2022 und 2023 verteilten sich die Einstellungen gem. § 45 zu 56,0 % und 60,3 % auf Abs. 1, zu 42,1 % und 38,2 % auf Abs. 2 sowie zu 2,0 % und 1,5 % auf Abs. 3 (Statistischer Bericht Staatsanwaltschaften, Tab. 24211-08). Dies bedeutet, dass in der Summe im JStR zu einem deutlich höheren Grad von den verschiedenen Einstellungsmöglichkeiten Gebrauch gemacht wird, als es im allg. StR nach den Opportunitätsvorschriften geschieht. Dieses Plus basiert allerdings wesentlich auf der Popularität der intervenierenden Diversion (Abs. 2), wohingegen folgenlose Einstellungen zumind. der StA (Abs. 1) unter den Einstellungen im allg. StVerf anteilmäßig bisweilen sogar häufiger als im JStV sind (Spiess FS Albrecht, 2021, 1038 f.; Heinz Blindflug S. 79 f.). 20

Durch BZR-Auswertungen ergeben sich sehr ähnliche Befunde (JAHT, Legalbewährung, 2021, S. 124 f.). Hierdurch sowie durch (regionale) Akten- 21 untersuchungen ist iÜ belegt, dass die Praxis mit den Verfahrensabschlüssen nach § 45 vorwiegend bei jüngeren, wenig vorbestraften Personen operiert, die minder schwere Delikte verübt haben (dazu etwa Grundies, Verfahrenseinstellungen nach §§ 45, 47 JGG, 2004, S. 37 ff., 64 ff.; ferner mwN im Detail Heinz Sekundäranalyse S. 760 ff.). Das spricht dafür, dass ein **standardisiertes** Vorgehen anstelle der programmorientierten Individualisierung überwiegt. – Kaum zuverlässig zu beantworten ist die Frage, ob bzw. inwieweit die vermehrte Anwendung der §§ 45, 47 zur „Umgehung" von Freisprüchen geführt (vern. BMJ/Heinz, Diversion im Jugendstrafverfahren der Bundesrepublik Deutschland, 1992, S. 93) oder Einstellungen nach § 170 Abs. 2 StPO ersetzt hat (vern. Kury, Entwicklungstendenzen kriminologischer Forschung/Sessar/Hering, 1986, S. 85, 387 f.; tendenziell anders Deichsel MschKrim 1991, 224 (232); für einen geringen Verfahrensanteil in Bln. bej. Schimmel, Täter-Opfer-Ausgleich als Alternative?, 2000, S. 84). Allerdings scheint mit der Ausdehnung der Einstellungspraxis bei der Gruppe, bei der dann noch eine HV mit Verurteilung erfolgt, insg. eine gewisse Anhebung der Sanktionshärte einherzugehen, jedenfalls bei den relativ schweren Rechtsfolgen (vgl. dazu → § 18 Rn. 10; Deichsel MschKrim 1991, 224 (232)).

22 **b) Handhabungsunterschiede.** Nach den Zahlen der StA-Statistik (Tab. 2.2.1.1.) bestehen erhebliche Unterschiede zwischen den **Bundesländern** hinsichtlich der Anwendungshäufigkeit von § 45 und hinsichtlich der Anteile von Abs. 1 und 2 (vgl. dazu n. Spiess Bewährungshilfe 2012, 17 (30 ff.); Spiess FS Heinz, 2012, 300; Heinz Blindflug S. 124 ff.). Zwischen den einzelnen **JGerichts-Bezirken** eines Bundeslandes oder verschiedener Bundesländer wurden in vielen (verschieden vorgehenden) Untersuchungen ebenfalls entspr. Unterschiede festgestellt, teilw. auch nach Beschuldigtengruppen (vgl. etwa Albrecht Kriminalistik 1988, 427 (429); Albrecht, Informalisierung des Rechts/Libuda-Köster, 1990, S. 309; Ludwig-Mayerhofer ZRechtssoziologie 1992, 205 (221); Herbort, Wer kommt vor Gericht?, 1992, S. 186 ff.; Grundies, Verfahrenseinstellungen nach §§ 45, 47 JGG, 2004, S. 102 ff., 137 ff.; Feigen ZJJ 2008, 349 (354 f.); Verrel FS Schöch, 2010, 233; Linke, Diversionstage in Nordrhein-Westfalen, 2011, S. 100 ff.; Kleinbrahm, Divergente Diversion im Jugendstrafverfahren, 2015, S. 219 ff.).

23 Solche Beobachtungen lassen sich nur in engen Grenzen durch Verfahrensunterschiede (etwa im Verhältnis von Jugendlichen und Heranwachsenden oder iZm der jeweiligen Deliktsstruktur) erklären (vgl. n. etwa Spieß DVJJ 2012, 450 f.). Sie resultieren vielmehr aus divergierenden regionalen Handhabungen, die teilw. beeinflusst werden durch die jeweiligen VVen (→ Rn. 19), dh durch die Unterschiede in deren Maßgaben und Detaildichte (zu diesen Zusammenhängen n. Kleinbrahm, Divergente Diversion im Jugendstrafverfahren, 2015, S. 143 ff.; überblicksartig Verrel ZIS 2015, 614 (616 f.)). Zu berücksichtigen sind daneben aber zB auch unterschiedliche interne Dienstanweisungen (etwa zur Schadenshöhe) und ggf. auch die Regelungen der pensenmäßigen Berücksichtigung (dazu mwN → 22. Aufl. Rn. 17d). Außerdem ist davon auszugehen, dass sich die regional variierenden Handhabungen bei anderen Einstellungsgründen (für § 31a BtMG vgl. Schäfer/Paoli, Drogenkonsum und Strafverfolgungspraxis, 2006, S. 264 ff.; für §§ 153 ff. StPO vgl. Kleinbrahm, Divergente Diversion im Jugendstraf-

verfahren, 2015, S. 342 ff.) in der Nutzungshäufigkeit von § 45 bemerkbar machen. Diese Situation ist kaum akzeptabel. Zwar läge in einer überregionalen Überstandardisierung ein problematisches Hindernis für den bedarfsangepasst-flexiblen Einsatz zukunftsorientierter Einstellungsformen, doch stellt die **Disparität** in der Handhabung von § 45 eine problematische Ungleichheit der Gesetzesanwendung dar. Vor dem Hintergrund entspr. internationaler Befunde (Sandøy/Østhus/Bretteville-Jensen EJC 2023, 1331) könnte dies auch insofern virulent sein, als Jugendliche mit höherem **sozio-ökonomischen Hintergrund** bessere Chancen haben, eine formale Verfahrenserledigung zu vermeiden.

4. Empirische Befunde zur Funktionalität

24 Nach der auf BZR-Eintragungen basierenden, bundesweiten **„Rückfall"-Statistik** sind die Legalbewährungsquoten nach Einstellungen gem. §§ 45, 47 JGG im Vergleich mit anderen Sanktionen außerordentlich günstig. Nach drei Jahren waren 63 % der im Jahr 2004 entspr. Sanktionierten, nach sechs Jahren 54 %, nach neun Jahren 51 % und nach zwölf Jahren immer noch 50 % ohne Folgeeintragung im BZR. Selbst wenn eine Folgesanktion vorlag, war diese meist ambulanter Art. Freiheits- oder JStrafen (mit/ohne Bewährung) waren nach zwölf Jahren nur bei 12 % registriert worden (JAHT, Legalbewährung, 2021, S. 144; vgl. für BW Bareinske, Sanktion und Legalbewährung im Jugendstrafverfahren in Baden-Württemberg, 2004, S. 115 ff.). Der Vergleich dieser Daten mit den (klar ungünstigeren) Legalbewährungsverläufen nach jugendgerichtlicher Verurteilung lässt freilich nicht ohne weiteres den Schluss auf eine bestimmte (hier: besonders hohe) spezialpräventive Wirkung zu, sondern unterliegt den allg. Problemen der Effektivitätsmessung (vgl. Eisenberg/Kölbel Kriminologie § 17 Rn. 21 ff., § 41 Rn. 63 ff.: keine Vergleichbarkeit der unterschiedlich sanktionierten Personengruppen).

25 Unter den vorliegenden Einzelstudien (umfassende Zusammenstellung bei Pitz, Robe versus Brief im Diversionsverfahren, 2020, S. 105 ff.; Heinz Sekundäranalyse S. 1869 ff.) ergaben Vergleiche von Personen, bei denen das Verfahren nach §§ 45, 47 beendet worden war, mit Verurteilten (Rechtsfolgen zB nach §§ 10, 14 oder 15) jeweils etwas geringere Wiederregistrierungswerte in der Einstellungsgruppe, und das nicht nur bei „Ersttätern", sondern auch bei (jugend-)strafrechtlich vorbelasteten Personen (vgl. BMJ/Hügel, Erzieherische Maßnahmen im deutschen Jugendstrafrecht, 1986, S. 64 ff.; ähnlich BMJ/Storz, Diversion im Jugendstrafverfahren der Bundesrepublik Deutschland, 1992, S. 164). So war bei einem Vergleich von zwei Untergruppen, die hinsichtlich Alter, Vorbelastung und Deliktskategorie übereinstimmten (erstmals wegen „einfachen Diebstahls" bzw. „Fahrens ohne Fahrerlaubnis" strafverfolgt), die „Rückfall"-Quote nach formeller Sanktion insges. statistisch signifikant höher (BMJ/Storz, Diversion im Jugendstrafverfahren der Bundesrepublik Deutschland, 1992, S. 166). Da es sich hierbei um eine **Vergleichsgruppenauswertung** handelt, kann der Befund durchaus als Hinweis auf einen vergleichsweise günstigen Einwirkungseffekt von Diversionsentscheidungen interpretiert werden (zu weiteren entspr. Studien eingehend → § 5 Rn. 73). Mit Blick auf die verschiedenen Diversionsvarianten hat die (auf München und Kempten bezogene) Auswertung von Pitz (Robe versus Brief im Diversionsverfahren, 2020,

S. 176 ff.) nach durchschnittlich etwas über vier Jahren eine Rückfallquote von knapp 27 % aufgezeigt, wobei die Werte bei der richterlichen Diversion (§ 47) etwas besser und bei der staatsanwaltlichen Diversion im Falle von Abs. 1 (36,6 %) etwas schlechter als im Falle von Abs. 2 (23,9 %) waren.

25a Auch in der internationalen Forschung, die in neuerer Zeit zunehmend auf tragfähige komparative Untersuchungsdesigns setzt, sprechen die meisten Befunde dafür, dass informelle Erledigungen tendenziell bessere und jedenfalls keine schlechteren Rückfallergebnisse als formelle Reaktionen erbringen (Eisenberg/Kölbel Kriminologie § 41 Rn. 63 ff. mwN). Abgesehen davon erzeugen sie ein geringeres Sanktionsleiden und sind als deshalb **humanere** Reaktionsformen vorzugswürdig (vgl. den Forschungsüberblick bei Welsh/Zane/Mears, Oxford Handbook of Evidence-Based Crime and Justice Policy/Smith 2024, S. 149 ff.). Solche generalisierenden Feststellungen stehen allerdings unter dem Vorbehalt, dass ihre Relevanz für und ihre Übertragbarkeit auf den Einzelfall stets einschränkt ist (s. allg. Bock GA 1997, 1 (11 f., 15 f.)).

V. Absehen von der Verfolgung nach Abs. 1

1. Gemeinsamkeiten mit Abs. 2

26 Über eine Einstellung nach Abs. 1 und Abs. 2 entscheidet die JStA allein und ohne Zustimmung des JRichters. Der sich abzeichnende Sachverhalt wird von ihr dabei nur daraufhin überprüft, ob er die Strafbarkeitsvoraussetzungen **hypothetisch** (dh bei einer gedachten Verdachtsbestätigung in einer gedachten HV) erfüllen, dabei aber eine geringe Vorwerfbarkeit aufweisen würde (BVerfG NJW 2017, 1539 (1540); BGH NStZ 2019, 400). Ein Schuldspruch wird hiermit nicht verbunden, sondern nur für die Prüfung der Einstellungsvoraussetzungen unterstellt (n. auch → Rn. 62). Daher kann ein **Geständnis** des Beschuldigten für diese Abschlussformen also nicht erforderlich sein, was iÜ auch der Rückschluss aus Abs. 3 unterstreicht (s. aber für Abs. 2 n. → Rn. 31). Da jedoch eine BZRG-Eintragung erfolgt, kommt eine Einstellung nach Abs. 1 und Abs. 2 nur bei hinreichendem **Tatverdacht** in Betracht (n. → Rn. 6). Fehlt es daran, was auch bei einem substantiierten oder ernsthaften Bestreiten idR der Fall ist, muss das Verfahren fortgeführt oder nach § 170 Abs. 2 StPO eingestellt werden (so etwa auch RL Nds. v. 5.10.2020 (VORIS 33310) unter 1.2.2. und 1.2.5.; Zusammenarbeits- und Diversionsrichtlinien BW v. 18.12.2018 (Die Justiz 2019, 18) unter Vorbemerkung zu 2.). Die Ausübung des **Schweigerechts** darf der Anwendung von Abs. 1 und Abs. 2 nicht entgegenstehen und ist auch bei der Wahl zwischen beiden Varianten auszublenden (für Hinweise, dass dieser Aspekt für prozessuale Entscheidungen gleichwohl leicht eine Rolle spielen kann, vgl. die Daten bei Fine/Donley/Cavanagh ua Psychology, Public Policy & Law 23 (2017), 105).

2. Voraussetzungen

27 **a) Allgemeine Bedingungen.** Aus dem **Verweis auf § 153 StPO** folgt, dass sich der Verdacht auf ein **Vergehen** (§ 12 Abs. 2 StGB) beziehen muss, dessen hypothetische Begehung lediglich einen Vorwurf geringeren Grades

(„geringe Schuld") und kein Strafverfolgungsanliegen der Allgemeinheit („öffentliches Interesse") begründet (vgl. etwa Goeckenjan Diversion S. 82 ff.). Danach kommt eine Einstellung nach Abs. 1 bei einer Vielzahl von Delikten in Betracht, sofern das Erfolgs- und/oder Handlungs**unrecht begrenzt** ist und sich die Vorwerfbarkeit – unter Berücksichtigung ihrer **altersspezifischen** Absenkung (n. → § 17 Rn. 46, 54) – daher im Rahmen hält (vgl. auch BT-Drs. 11/5829, 23; speziell zu Straßenverkehrsdelikten zusf. Reiff, Straßenverkehrsdelinquenz in Deutschland, 2015, S. 205 f., 457). Grds. kann das – jugendorientiert zu interpretierende (→ Rn. 8; ebenso Brunner/Dölling Rn. 23) – Strafverfolgungsinteresse auch bei **mehrfacher** Deliktsbegehung fehlen (vgl. etwa UK II DVJJ-Journal 1992, 19: ggf. „auch bei der dritten"). Das gilt zumindest dann, wenn die Taten klar bagatellarisch oder ihrer Art nach ganz unterschiedlich oder mit größeren zeitlichen Zwischenräumen begangen worden sind (BT-Drs. 11/5829, 23 f.). Die VVen der Bundesländer sind nicht nur in dieser Hinsicht teilw. restriktiver (→ Rn. 19), sondern sehen idR auch relativ (bzw. zu) niedrige Schadenshöchstwerte vor (vgl. etwa die Diversionsrichtlinie für Bln. v. 24.8.2009 (ABl. 2249 ff.) unter B. I.2.: Schaden von bis zu 50 EUR). Insofern besteht vielfach Anlass, die meist ebenfalls vorgesehenen Öffnungsklauseln für besondere Einzelfälle zu nutzen.

b) Vorrang vor Abs. 2. Aus dem systematischen Stufenverhältnis von Abs. 1 und Abs. 2 ergibt sich, dass das Vorgehen nach Abs. 1 dann erzieherisch angezeigt (§ 2 Abs. 1) und aus Verhältnismäßigkeitsgründen geboten ist, wenn nach Einschätzung der JStA keine spezialpräventive Notwendigkeit für eine erzieherische Maßnahme iSv Abs. 2 besteht (zur strikten **Subsidiarität** zwischen den Varianten des § 45 ebenso bspw. Swoboda FS Beulke, 2015, 1239). Insofern wird dem JStA bei der Diversionsentscheidung eine **prognostische** Abschätzung der erforderlichen Intervention abverlangt (allg. dazu → § 5 Rn. 16 ff., 31 ff.). Angesichts eingeschränkter Prognosemöglichkeiten, durch die eine Identifizierung der individuell passenden Vorgehensweise deutlich erschwert ist, sollte dabei im Zweifel die weniger eingriffsintensive Option des § 45 gewählt werden (infolge Überschätzung von Prognosemöglichkeiten teilw. abw. Bock NK 2014, 301 (304); Gräf, Die Diversion im Jugendstrafrecht im Lichte der Angewandten Kriminologie, 2015, S. 160 ff.; n. zu dieser Frage aber → § 5 Rn. 42). Auch ist hierbei zu berücksichtigen, dass die Konfrontation des Beschuldigten mit einem Ermittlungsverfahren bereits eine erzieherische Wirkung haben kann, zumindest jedoch eine negativ sanktionierende Reaktion mit Auswirkungen auf das soziale Umfeld (zB Eltern, Ausbildende, Bezugspersonen) darstellt (vgl. auch Grote, Diversion im Jugendstrafrecht, 2006, S. 46: „Ermittlungsverfahren hinterlässt Spuren"). 28

3. Verschiedene Konsequenzen für das Verfahren

Ist eine Verfahrenseinstellung nach Abs. 1 zu erwarten, muss der Ermittlungsaufwand – aus Verhältnismäßigkeitsgründen, aber auch aus verfahrensökonomischen Erwägungen – auf das Maß beschränkt werden, das für die Feststellung der Einstellungsvoraussetzungen (Verdachtsgrad, Vorwurfsbegrenztheit, Fehlen einer weitergehenden Einwirkungsnotwendigkeit) erforderlich ist (n. MüKoStPO/Kölbel/Ibold StPO § 160 Rn. 41 ff.). Auch 29 der Erziehungsgedanke spricht hier für eine **reduzierte polizeiliche Ermittlungstiefe.** Insofern entwickelt die erwartbare Einstellung eine – das Legalitätsprinzip einschränkende – Vorwirkung auch ggü. der Polizei (Gloss FS Eisenberg, 2019, 222). Weitergehende Ermittlungseingriffe können und müssen deshalb unterbleiben. Damit es von Seiten der Polizei aber **nicht** zu einem **eigenmächtigen** Absehen von solchen (unnötigen) Nachforschungen kommt, sind ihr die abgestuften Einschränkungen des Ermittlungsaufwands **durch die JStA** in fallübergreifender Form vorzugeben.

29a Das Fairnessgebot verlangt zudem einen Hinweis auf die registerrechtlichen Folgen, falls die JStA ohne Durchführung einer amtlichen Vernehmung ein Einstellungsschreiben versendet (Müller DRiZ 1996, 443 (444)). In der **Mitteilung** über das Absehen darf keine Bemerkung gemacht werden, die gegen die Unschuldsvermutung verstößt (vgl. BVerfG NJW 2017, 1539 bzgl.: Der Jugendliche habe „sich durch sein Verhalten einer Straftat schuldig gemacht"). Eine Entscheidung über die **Kosten** ergeht durch die JStA – ebenso wie in den anderen Fällen des Absehens von der Verfolgung – nicht (§ 464 Abs. 1 StPO iVm § 2 Abs. 2).

VI. Absehen von der Verfolgung nach Abs. 2

1. Voraussetzungen

30 Nach Abs. 2 ist eine Einstellung auch unabhängig von den Kriterien des § 153 StPO zulässig (und bei Vorliegen der Voraussetzungen auch obligatorisch). Es kommt hierfür also nicht auf die dortigen Geringfügigkeitsanforderungen an. Ferner erstreckt sich der Anwendungsbereich des Abs. 2 auch auf **Verbrechen.** Erforderlich sind indes die erfolgte oder bevorstehende Durchführung einer erzieherischen Maßnahme (→ Rn. 32 ff.) und die **fehlende Erforderlichkeit** einer hinzukommenden richterlichen Beteiligung oder Anklage. Eine entspr. – den Weg über Abs. 2 versperrende – Erforderlichkeit liegt vor, wenn es aus Sicht der JStA der Veranlassung von Rechtsfolgen bedarf, die allein iRv Abs. 3 oder in einer HV bzw. einem vereinfachten JVerfahren veranlasst werden können. Umgekehrt ist die Einstellung gem. Abs. 2 geboten, wenn sich die Kombination aus Einstellung und Intervention spezialpräventiv als zielführend und ausreichend erweist.

31 Hinsichtlich des Anlassgeschehens bedarf es des hinreichenden Tatverdachts (n. → Rn. 6), nicht aber eines Geständnisses (s. etwa HK-JGG/Weik/Koranyi Rn. 31; n. → Rn. 26; tabellarischer Vgl. der hier nicht ganz einheitlichen VVen der Bundesländer bei Pitz, Robe versus Brief im Diversionsverfahren, 2020, S. 90 f.). Vielmehr ist das Verfahren nach Abs. 2 von Gesetzes wegen selbst ggü. einem den Tatvorwurf bestreitenden Beschuldigten zulässig (s. dazu bereits Bohnert NJW 1980, 1927 (1931); abw. Brunner/Dölling Rn. 34) und in bestimmten Konstellationen empfehlenswert (n. Nöding Verteidigung Rn. 316: zB bei Versöhnung zwischen den Beteiligten nach Auseinandersetzung mit unklaren Anteilen). Allerdings ist ggü. Beschuldigten, die den Vorwurf zurückweisen, die erzieherische Eignung besonders kritisch zu prüfen. Nicht akzeptierte und nur unwillig umgesetzte erzieherische Maßnahmen dürften dann spezialpräventiv selten sinnvoll sein (vgl. auch Streng JugendStrafR Rn. 174, 181: bei Staatsanwaltsintervention (→ Rn. 40) auch rechtsstaatlich problematisch).

2. „Erzieherische Maßnahme“

32 **a) Allgemeine Bestimmung.** Der Begriff der erzieherischen Maßnahme iSv Abs. 2 geht über den der „Erziehungsmaßregel“ hinaus (vgl. → § 9 Rn. 4). Es sind **alle Maßnahmen** erfasst, die zur Erziehung des Beschuldigten von privater oder öffentlicher Seite im Rahmen bestehender Erziehungsaufgaben durchgeführt oder eingeleitet worden sind (ohne dass dies unbedingt aus Anlass des Tatverdachts erfolgt sein muss). So können eine vorläufige Anordnung zur Erziehung gem. § 71 (KG NStZ 2010, 284 (285); Smok, Vorläufige Anordnungen über die Erziehung nach § 71 JGG, 2008, S. 77 ff., 106 f.) oder U-Haft (Eisenberg/Reuther ZKJ 2006, 490 (492)) oder Bewährungsmaßnahmen im Rahmen einer Aussetzung zBew in anderer Sache als erzieherische Maßnahme eingeordnet werden. Im Vordergrund stehen indes sozialpädagogisch ausgerichtete Sachverhalte, etwa iRv Angeboten freier Träger. Ferner kommen Leistungen der **öffentlichen JHilfe** gem. §§ 27 ff. SGB VIII in Betracht, auch indem die JGH solche Erziehungsmaßnahmen vorbereitet oder einleitet (n. hierzu → § 38 Rn. 24; Brunner/Dölling Rn. 29; zu entspr. Aktivitäten von BewHelfern etwa Wölffel, Diversion im Hamburger Jugendstrafverfahren, 1993, S. 65 ff.). Prinzipiell gehen geeignete und ausreichende erzieherische Maßnahmen im **privaten Lebenskreis** des Jugendlichen dem Eingriff staatlicher Organe allerdings vor (va also das Vorgehen seitens der Eltern, der Schule, der Ausbildenden usw.).

33 **b) Begrenzungswirkung von Abs. 3.** In Fällen, in denen der **JStA** nicht auf eine drittseitig veranlasste Maßnahme mit der Einstellung nach Abs. 2 reagiert, sondern entspr. Maßnahmen **selbst initiiert** (→ Rn. 40), ist die zulässige Einwirkungsintensität allerdings beschränkt. Mit Blick auf die Abgrenzung zu Abs. 3 muss berücksichtigt werden, dass die dort bezeichneten Maßnahmen an die Beteiligung des Richters und dessen Anordnung gebunden sind. Diese prozedurale und kompetenzbezogene Bedingung würde unterlaufen, wenn es iRv Abs. 2 zu denselben Interventionen (so aber zB Brunner/Dölling Rn. 36; MüKoStPO/Höffler Rn. 20; Beulke/Swoboda JugendStrafR Rn. 757) oder gar weitergehenden Einwirkungen kommen dürfte. Die fraglichen Weisungen und Auflagen könnten auf Anregung des JStA ausgelöst werden, ohne dass dieser den aufwändigeren Weg des Abs. 3 wählen muss. Zur Vermeidung dieser unstimmigen Konsequenz müssen die staatsanwaltlich initiierten erzieherischen Maßnahmen iSv Abs. 2 **unterhalb** der **Eingriffsintensität** der nach **Abs. 3** möglichen Anordnungen liegen (vgl. zB auch NK-JGG/Ostendorf Rn. 13; Schimmel, Täter-Opfer-Ausgleich als Alternative?, 2000, S. 27; Goerdeler ZJJ 2005, 77 (78); iErg auch LG Osnabrück StraFo 2015, 301). Der TOA, der hierbei die einzige zulässige Ausnahme darstellt (Abs. 2 S. 2 bzw. Abs. 3 iVm § 10 Abs. 1 S. 3 Nr. 7), war bei seiner ad hoc-Einführung nicht als legislatorische Widerlegung der hier vertretenen Abstufung gedacht.

34 Das Argument der aA, die **Abstufung zwischen den verschiedenen Diversionsvarianten** ergebe sich bereits aus der richterlichen Beteiligung bei Abs. 3, sodass iRv Abs. 2 (mindestens) gleichintensive Maßnahmen initiiert werden dürften (Streng JugendStrafR Rn. 181), überzeugt angesichts der Parallelvorschriften in § 47 Abs. 1 Nr. 2 und Nr. 3 iÜ nicht. Denn dort kann das Stufenverhältnis angesichts der jeweils gegebenen richterlichen

Beteiligung allein dadurch hergestellt werden, dass die erzieherische Maßnahme unter dem Eingriffsniveau der in Abs. 3 bezeichneten Maßnahmen bleibt. Dies muss dann auch für Abs. 2 und Abs. 3 gelten. Auf der Grundlage dieser Auffassung scheiden iRv Abs. 2 auch solche Maßnahmen aus, die auf eine **Umgehung der besagten Obergrenze** hinauslaufen, weil sie zwar nicht nominell, aber de facto einer Anordnung iSv Abs. 3 entsprechen. Unzulässig wäre daher zB die „Vereinbarung" einer „freiwillig" zu erbringenden Geldzahlung oder Arbeitsleistung (Eisenberg NStZ 1987, 561 (562); zust. Mann, Beschleunigungspotential im Jugendstrafverfahren, 2004, S. 123; anders bspw. die Diversionsrichtlinie für Bln. v. 24.8.2009 (ABl. 2249 ff.) unter B. II.2.b)cc)). Soweit behauptet wird, die hier vertretene Ansicht dränge die JStA in den eingriffsintensiveren Antrag gem. Abs. 3 hinein (etwa BeckOK JGG/Schneider Rn. 65; Linke, Diversionstage in Nordrhein-Westfalen, 2011, S. 48), bleibt das höchst spekulativ, gerade auch mit Blick auf die Differenziertheit der verbleibenden Einwirkungsmöglichkeiten iRv Abs. 2.

3. Ausgewählte spezielle Maßnahmeformen

35 **a) Formen der Ermahnung.** Als erzieherische Maßnahmen iRv Abs. 2 kommen vielfach normverdeutlichende oder erzieherische Gespräche mit dem Beschuldigten in Betracht. Diese können vom **JStA geführt** werden (vgl. auch RL 3 S. 3). Die hiergegen früher vorgebrachten Bedenken – sei es mit Blick auf Art. 92 GG (Dirnaichner, Der nordamerikanische Diversionsansatz und rechtliche Grenzen seiner Rezeption …, 1990, S. 371, 376; van den Woldenberg, Diversion im Spannungsfeld zwischen „Betreuungsjustiz" und Rechtsstaatlichkeit, 1993, S. 147 ff.) oder auf die Unschuldsvermutung (vgl. Kondziela MschrKrim 1989, 177) – richten sich letztlich gegen die Diversion im Ganzen, ohne angesichts der Vorteile informeller Erledigungsformen durchdringen zu können. Für die Durchführung des staatsanwaltlichen Ermahnungsverfahrens wurden in der Vergangenheit iÜ immer wieder verschiedene Modelle und Praktiken entwickelt (dazu die in der 22. Aufl. Rn. 20e zitierte ältere Literatur). Vielfach sehen die Diversionsrichtlinien der Bundesländer hierzu nähere Vorgaben zu den Abläufen und Inhalten vor (vgl. bspw. RL Nds. v. 5.10.2020 (VORIS 33310) unter 2.2.4.). Je nach Eignung kommen aber auch erzieherische Gespräche durch andere Akteure in Betracht. Das betrifft namentlich den Vertreter der **JGH** (vgl. dazu etwa Breymann/Fischer DVJJ-Journal 2000, 291 (294) sowie die Projektberichte in DVJJ-Journal 2000, 299 ff. oder die Zusammenarbeits- und Diversionsrichtlinien BW v. 18.12.2018 (Die Justiz 2019, 18) unter 3.1.3.). Grds. ist in dieser Hinsicht jedoch ebenso an **Erziehungsbeistände,** Betreuer und selbst den Verteidiger zu denken (zur Problematik polizielicher normverdeutlichender Gespräche s. aber → Rn. 43).

36 **b) Täter-Opfer-Ausgleich.** Als Bsp. für eine erzieherische Maßnahme nennt Abs. 2 S. 2 ausdrücklich das Bemühen um einen TOA. Dessen aus dem Strafrecht hinausweisender Grundgedanke lässt es grds. als begrüßenswert erscheinen, entspr. Ausgleichsbemühungen mit einem Verzicht auf die formale Strafverfolgung zu verknüpfen (tendenziell krit. aber Noltenius GA 2007, 518 (521 ff.)). Bedenken, die im Falle einer TOA-Weisung auf deren (konzeptionswidrigem) Verpflichtungsgrad basieren (→ § 10 Rn. 28 f.), er-

geben sich bei einer Initiative iRv Abs. 2 nur begrenzt. Allerdings besteht hier die Gefahr, dass es zu einer Anwendung in Fällen kommt, die sonst ohnehin folgenlos eingestellt worden wären (DVJJ/AK 1.4 2004, S. 561; Eisenberg/Kölbel Kriminologie § 29 Rn. 16). Insofern sind die Anwendungsvoraussetzungen von Abs. 2 und das Stufenverhältnis ggü. Abs. 1 zu betonen (→ Rn. 28, 30). Unter diesen Bedingungen gelten für die **Eignung** des TOA dann iÜ prinzipiell dieselben Erwägungen wie iRv § 10 Abs. 1 S. 3 Nr. 7 (→ § 10 Rn. 29 f.). Die Diversionsrichtlinien der Bundesländer halten sich bei dahingehenden Vorgaben idR zurück (zu Kriterien in der staatsanwaltlichen Praxis siehe etwa für Bln Schimmel, Täter-Opfer-Ausgleich als Alternative?, 2000, S. 70 ff., 153 ff.). Ein Einverständnis muss nur seitens des Beschuldigten vorliegen (→ Rn. 41), während die Mitwirkungsbereitschaft des mutmaßlich Geschädigten lediglich eine faktische Bedingung des TOA-Gelingens darstellt (Daten zur Akzeptanzhäufigkeit etwa bei Voß MschKrim 1989, 34 (39 ff.)); Herz MschKrim 1991, 80 (84 f.); Kondziela, Opferrechte im Jugendstrafverfahren, 1991, S. 222 f., 225 ff.; vgl. altersgruppenübergreifend auch Hartmann/Schmidt/Kerner, Täter-Opfer-Ausgleich in Deutschland, 2020, S. 48 ff.). Für die Einstellungsfähigkeit kommt es iÜ allein auf das **Ausgleichsbemühen** des Beschuldigten an.

Im Verlauf der Bemühungen um einen TOA ist stets zu berücksichtigen, **37**
dass der fragliche Schädigungsvorgang noch **nicht belegt** worden ist und in seinen Details daher auch ein Gegenstand des Ausgleichsprozesses sein kann. Bei Jugendlichen ist eine Einbindung der **Eltern** erforderlich und nach dem Rechtsgedanken des § 67 auch deren Anwesenheit. Im Einzelgespräch mit dem Vermittler kann der Beschuldigte ggf. überfordert sein, gerade auch mit Blick auf die für ihn schwer vorhersehbaren Folgen des Verfahrens (vgl. Kunz MschrKrim 2007, 466 (474 f., 478)). Die Herstellung einer gelingenden **Kommunikation** ist ausgesprochen voraussetzungsreich (→ § 10 Rn. 32). Die Mediationsbeziehung wird von den jungen Beschuldigten leicht als soziale Zwangssituation wahrgenommen, die Ablehnung fördert und Einsicht verhindert (Taubner MschrKrim 2008, 281 (287 ff.), sodass es am Ende lediglich zur bloßen Schadensregulierung nebst „Zwangsreue“ kommt (Wandrey DVJJ-Journal 1999, 274 (284); Tränkle MschrKrim 2003, 299 (308); Bleckmann/Tränkle Zeitschrift für Rechtssoziologie 2004, 79 (99 ff.)). Auch wenn der Anteil der Verfahren mit erzieherischer TOA-Maßnahme anders als vor einiger Zeit (dazu → 22. Aufl. Rn. 22g mwN) zwar nicht mehr zu vernachlässigen ist (dazu Kerner/Belakouzova ZJJ 2020, 232 (236 ff.)), hält er sich doch in Grenzen, was mit diesen Schwierigkeiten zusammenhängen dürfte (zu Wirksamkeitsfragen vgl. iÜ n. → § 10 Rn. 33).

c) Schüler-„Gerichte“. Bei sog. „Kriminalpädagogischen Schülerpro- **38**
jekten“ werden Jugendliche an ein mehrköpfiges Gremium Gleichaltriger verwiesen, das den Sachverhalt mit dem Beschuldigten erörtert und gemeinsam mit ihm eine Rechtsfolge vorschlägt, die als erzieherische Maßnahme iRv Abs. 2 anerkannt wird (zur darin liegenden Übernahme des Konzeptes US-amerikanischer Teen-Courts s. Kolberg, Das Jüngste Gericht: Ein Sturm im Wasserglas?, 2011, S. 5 ff.). Damit ist die Erwartung verknüpft, dass die Ereignisbearbeitung durch Peers eine gesteigerte Eindrücklichkeit entwickeln und in eine individuell besonders geeignete Intervention münden könnte (BT-Drs. 16/13142, 86: „sinnvolle Alternative“). Die hierzu vor-

liegenden Wirksamkeitsstudien (vgl. etwa Englmann, Kriminalpädagogische Schülerprojekte in Bayern, 2009, S. 158 ff.; Schöch/Traulsen GA 2009, 19 (25 ff.); Traulsen RdJB 2015, 349 (351 ff.)) können (auch wegen methodischer Schwächen) allerdings kaum als ein Effektivitätsbeleg gelten (ausführlich zu methodischen Mängeln Spiess DVJJ 2012, 459 ff.; s. auch Heinz Sekundäranalyse S. 1901 ff.).

39 Dies ist allerdings nicht der einzige Grund, warum die Einführung solcher Schüler-„Gerichte" nur in Form einiger regionaler Projekte erfolgt ist (zu deren Beschreibung s. etwa Sabaß, Schülergremien in der Jugendstrafrechtspflege, 2004, S. 18 ff.; Löffelmann ZJJ 2004, 171; Traulsen FS Schöch, 2010, 267; Kolberg, Das Jüngste Gericht: Ein Sturm im Wasserglas?, 2011, S. 87 ff.). Vielmehr haben auch **begründete Bedenken** für die dringend erforderliche Zurückhaltung gesorgt: Dass den Peer-„Richtern" Informationen über den Vorwurf und die Beschuldigtenperson zugänglich werden, widerspricht den Belangen des (auch in §§ 474 ff. StPO geregelten) Schutzes von Verfahrensdaten (Landesbeauftragter für Datenschutz LSA ZJJ 2007, 329; Heinz FS Rössner, 2015, 152; abwägend Englmann, Kriminalpädagogische Schülerprojekte in Bayern, 2009, S. 106 ff.), steht in einem Spannungsverhältnis zum Prinzip der Nichtöffentlichkeit (§ 48) und begründet ein erhebliches Beschämungs- und Stigmatisierungspotenzial. Dafür, dass schülergerichtlich nur solche Konsequenzen vereinbart werden, die auch das JGericht veranlassen oder der JStA anregen könnte, gibt es keine Gewähr (Spiess FS Albrecht, 2021, 1039). Überhaupt stimuliert diese überaus **missliche Institution** allzu leicht unkontrollierte Prozesse der sozialen Kontrolle und Tendenzen des net-widenings (aus der daher krit. Lit. vgl. bspw. HK-JGG/Weik/Koranyi Rn. 37; BeckOK JGG/Schneider Rn. 98; Laubenthal/Baier/Nestler JugendStrafR Rn. 312; Heinz Sekundäranalyse S. 858 f.; Breymann ZJJ 2007, 4 (5 ff.); Block/Kolberg ZJJ 2007, 8 (16 f.); Plewig ZJJ 2008, 237 (243); Plewig ZJJ 2009, 376 (377); Esser JuS 2010, 142 (148 f.); Dünkel MschKrim 2022, 173 (177 f.)).

4. Kompetenz- und Verfahrensfragen

40 **a) Anregung und „freiwillige" Zustimmung.** Soweit die erzieherischen Maßnahmen nicht vom privaten, schulischen usw Umfeld oder dem JAmt ggü. dem Jugendlichen angestoßen (RL 3 S. 2) und ggf. auch vorgenommen werden (s. auch → Rn. 32), kann der JStA die Initiative ergreifen und dem Beschuldigten entspr. Vorschläge machen (RL 3 S. 3). Ungeachtet des insofern unspezifischen Normtextes ist der JStA nicht darauf beschränkt, auf drittseitiges Vorgehen zu reagieren. Vielmehr kann er **subsidiär,** dh bei Fehlen anderweitiger Interventionen auf die Herbeiführung der Voraussetzungen von Abs. 2 selbst hinwirken und dem Beschuldigten die Durchführung einer erzieherischen Maßnahme (dh eines normverdeutlichenden Gesprächs oder einer anderen Form) **empfehlen** (Brunner/Dölling Rn. 31; BeckOK JGG/Schneider Rn. 61 f.; Streng JugendStrafR Rn. 178 ff. mwN; abl. aber bspw. Diemer/Schatz/Sonnen/Diemer Rn. 16; Trenczek ZJJ 2004, 57). Diese „Staatsanwaltsintervention" muss den Charakter einer Anregung haben, denn eine Kompetenz zur Maßnahmenanordnung ist in Abs. 2 nach allgA nicht vorgesehen.

41 Aus dem Anregungscharakter der Intervention folgt, dass vor der Durchführung oder Einleitung einer **staatlichen** erzieherischen Maßnahme die

(nicht notwendig ausdrückliche) **Zustimmung** des Beschuldigten und bei Jugendlichen auch der sorgeberechtigten Personen bzw. gesetzlichen Vertreter eingeholt bzw. festgestellt werden muss (ebenso etwa Streng JugendStrafR Rn. 181). Hierüber besteht im Grundsatz, nicht aber in den Feinheiten auch Einigkeit (vgl. RL Nr. 3 S. 4: der Beschuldigte „das Anerbieten der StA annimmt" und die Eltern „nicht widersprechen"; Laubenthal/Baier/Nestler JugendStrafR Rn. 297; Brunner/Dölling Rn. 35: der Beschuldigte nicht widerspricht und die anderen Genannten zustimmen; n. Schwer Stellung S. 100). Dabei ist indes nicht zu verkennen, dass die Anregung des JStA stets ein konditioniertes Angebot darstellt, dessen Annahme daher weder zwangsfrei noch wirklich freiwillig zustande kommt. IdR wird der Jugendliche den Eindruck haben, es werde ihm – durch die Aussicht auf eine Anklage bei „Uneinsichtigkeit" – die Akzeptanz der vorgeschlagenen Maßnahme **„abgenötigt"** (zust. Heiland Wiederaufnahme S. 150; krit. auch Beulke DVJJ 2003, 320 f.; Diemer/Schatz/Sonnen/Diemer Rn. 16: „gesetzlich nicht vorgesehener Zwang"). Dieser Effekt wird (lediglich) gemildert, weil eine tatsächliche Weigerung des Beschuldigten in einem dann erfolgenden formellen Verfahren bei Rechtsfolgenauswahl und -bemessung nicht negativ berücksichtigt werden darf (OLG Hamm NStZ 2006, 520 (520 f.) mzustAnm Goerdeler ZJJ 2006, 77) – was dem Jugendlichen bei der Anregung des JStA **mitzuteilen** ist.

b) Entscheidung. Die Entscheidung darüber, ob die durchgeführte erzieherische Maßnahme oder deren Einleitung ausreicht, um ein Absehen von der (weiteren) Verfolgung (einschließlich eines Antrages nach § 76 S. 2) zu rechtfertigen, obliegt **allein** dem **JStA** (n. etwa Goeckenjan Diversion S. 124 ff.; zur Problematik polizeilicher Mitentscheidung sogleich → Rn. 43), der dabei idR aber die **Stellungnahme der JGH** berücksichtigen soll (→ § 38 Rn. 24, 34; → § 43 Rn. 17). Es liegt auch in der Verfahrensherrschaft des JStA, einen bestimmten Zeitraum zu verfügen, in dem die Anklage unterbleibt. Im Interesse einer erzieherisch angezeigten **Reaktionsbeweglichkeit** kann er also die Entscheidung über eine Anklageerhebung oder ein Absehen von der Verfolgung aufschieben (bzw. „aussetzen"), um die Durchführung und den Verlauf der eingeleiteten Maßnahmen abzuwarten und zusätzliche Erkenntnisse zur Persönlichkeit und/oder dem Verhalten des Beschuldigten zu erlangen (s. auch → Rn. 54). Daneben besteht die Möglichkeit, bei Maßnahmeeinleitung sofort einzustellen und das Verfahren bei Maßnahmeabbruch wiederaufzunehmen. Teilweise wird nur diese Handhabung für zulässig gehalten (so etwa von Diemer/Schatz/Sonnen/Diemer Rn. 19; BeckOK JGG/Schneider Rn. 71 ff.). 42

5. Unzulässigkeit der sog. Polizeidiversion

Grds. ist im JStV eine **Arbeitsteilung** angezeigt, wonach die tatbezogenen Ermittlungen durch die Polizei (für die JStA) erfolgen, während die JGH die personenbezogenen Nachforschungen übernimmt (→ § 43 Rn. 17) und den JStA bei dessen Abschlussentscheidung berät (→ Rn. 42). Die Diversionsregeln der Bundesländer sehen indes teilw. eine **weitergehende** Beteiligung der Polizei bei der informellen Verfahrenserledigung vor (für einen ländervergleichenden Überblick s. Pruin RdJB 2010, 353 (355 ff.); Feltes/Ruch FS Ostendorf, 2015, 309; Heinz Sekundäranalyse S. 815 ff.). So 43 eröffnen, um ein Bsp. zu nennen, in SchlH die dortigen RL v. 24.6.1998 (SchlHA 1998, 205 unter 3.1.1.) der Polizei die Möglichkeit, in Fällen ohne ernstliches Bestreiten faktisch eine unmittelbare Sanktionierung vorzunehmen – nämlich ein sog. „erzieherisches Gespräch" durchzuführen oder auf eine „sofortige Entschuldigung" bzw. „sofortige Wiedergutmachung" hinzuwirken, um so eine anschließende Einstellung nach Abs. 2 durch den JStA vorzubereiten (zur entspr. Praxis die Interviews bei Körner/Dobraszkiewicz/Lemme Forum Kriminalprävention 2021, 36 (37 ff.)). Auch kann die Polizei hier dem Beschuldigten stärker einschneidende Maßnahmen (zB Arbeitsleistungen, Geldzahlungen, TOA, Verkehrsunterricht) vorschlagen und bei (nur) telefonischer Zustimmung des JStA auch umsetzen lassen (zur begrenzten Akzeptanz seitens der StA Grote, Diversion im Jugendstrafrecht, 2006, S. 233 ff.). In Berlin führt die Polizei in solchen Konstellationen nach der Diversionsrichtlinie v. 24.8.2009 (ABl. 2249 ff., unter C. I.2.) ein „normverdeutlichendes Gespräch" und schließt, falls Maßnahmen veranlasst werden sollen, mit dem Beschuldigten eine Diversionsvereinbarung, zu deren Realisierung ein „Diversionsmittler" eingeschalten wird (krit. Goeckenjan Diversion S. 96 ff.; Mann, Beschleunigungspotential im Jugendstrafverfahren, 2004, S. 83).

44 Solche Modelle sind spätestens seit Umsetzung der RL (EU) 2016/80 schon deshalb **fragwürdig,** weil sie in einem Spannungsverhältnis zur dort gestärkten **Beratungsfunktion der JGH** stehen. Entgegen der Regelfallvorgabe, dass die JStA gerade auch bei Entscheidungen nach Abs. 2 die Stellungnahme der JGH berücksichtigen (können) soll (→ § 38 Rn. 51), wird dem bei der Polizeidiversion durch polizeiliche Anregungen und Vorstöße vorgegriffen und der Prozess der Verfahrenseinstellung hierdurch gesteuert. Die Polizeidiversion drängt aber nicht nur die JHilfe aus dem JStV heraus (zu dieser Tendenz ferner → § 37a Rn. 10), sondern lässt auch keinen Raum für eine systematische Beteiligung der Eltern oder Verteidigung. Die „Entlastung" der StA und die Bündelung des Geschehens in den Händen der Polizei bringen diese überdies in eine Position, die ermittelnde, sanktionsinitiierende und -umsetzende Aufgaben in einem Maße vereint, dass dies die Prinzipien der Unschuldsvermutung und **Gewaltenteilung** in problematischer Weise strapaziert.

45 Ein iSv § 2 Abs. 1 geeignetes Gespräch als persönliche Reaktion eines Vertreters der Polizei mag – bei Tatvorwürfen von eher geringem Gewicht und nach der Fallüberprüfung durch den JStA (Heinz Sekundäranalyse S. 833) – der Wirkung eines staatsanwaltschaftlichen Einstellungsbescheids (per Formblatt oder Textbaustein) überlegen und zulässig sein (vgl. konzeptionell Dietsch/Gloss, Handbuch der polizeilichen Jugendarbeit, 2005, Rn. 133 ff.). Darüber hinausgehen darf die Polizei aber nicht. Es vertrüge sich nicht mit der **Kompetenzstruktur** des deutschen StVR, wenn die StA nur noch formal die Abschlussentscheidung übernähme, während die Polizei sanktionsähnlich agierte und/oder die weitere Vorgehensweise mit ihren Vorschlägen faktisch präjudizierte (aus der krit. Lit. etwa NK-JGG/Sommerfeld Rn. 16; BeckOK JGG/Schneider Rn. 56 ff.; Laubenthal/Baier/Nestler JugendStrafR Rn. 159; Nöding Verteidigung Rn. 318; Goeckenjan Diversion S. 128 ff.; Feltes/Ruch FS Ostendorf, 2015, 311; Heinz DVJJ-Journal 1999, 131 (137 f.); DVJJ/Beulke 2003, S. 320 ff.; s. aber auch Pruin RdJB 2010, 353 (359 ff.) zur teilw. noch weitergehenden Polizeidiversion in einigen anderen europäischen Ländern).

VII. Jugendrichterliches Erziehungsverfahren gem. Abs. 3

1. Voraussetzungen

a) Subsidiäre Indikation. Das als „formlos" bezeichnete Verfahren nach 46
Abs. 3 kommt nur zur Anwendung, wenn der JStA zwar nicht die Erhebung der Anklage (und auch keinen Antrag nach § 76 S. 2), gleichwohl aber die Einschaltung des JRichters für erzieherisch geboten hält (zu Bedenken hinsichtlich der Voraussehbarkeit sowie des Gleichheitsgrundsatzes s. Lehmann, Das formlose Erziehungsverfahren und seine rechtlichen Grenzen, 1991, S. 258 ff., 287). Bestehen beim JStA Zweifel an der Notwendigkeit einer richterlichen Beteiligung, ist nach Abs. 1 oder 2 zu verfahren. Durch Rücksprache mit dem JRichter kann aber auch eine Behebung der Zweifel versucht werden. Ein etwaiges Bedürfnis des JStA, sich durch den JRichter abzusichern, wäre jedoch ebenso wenig ein Grund für den Übergang zu Abs. 3 wie die vage Ansicht, „irgendetwas Formelles" müsse zur Einwirkung auf den Jugendlichen geschehen. Es muss klar sein, dass es mit Blick auf den Beschuldigten **sowohl einer richterlichen Mitwirkung als auch** einer nach Abs. 3 möglichen (über die erzieherischen Maßnahmen iSv Abs. 2 hinausgehenden) **Intervention** bedarf.

b) Geständnis. Auch das Verfahren nach Abs. 3 setzt **hinreichenden** 47
Tatverdacht voraus (bei geringeren Verdachtsgraden sind die Ermittlungen fortzusetzen oder nach § 170 Abs. 2 StPO iVm § 2 Abs. 2 abzuschließen). In diesem Zusammenhang muss zudem ein Geständnis des Beschuldigten vorliegen. Unabhängig von der keineswegs eindeutigen Frage, ob dieses Erfordernis erzieherisch begrüßenswert ist, weckt die Festlegung verfassungs- und verfahrensrechtliche **Zweifel** (aus der krit. Lit. s. etwa Kuhlen, Diversion im Jugendstrafverfahren, 1988, S. 30 ff., 40 f., 56; Grote, Diversion im Jugendstrafrecht, 2006, S. 74 f.; Goeckenjan Diversion S. 48 ff.). Dass die anklagelose Verfahrenserledigung unter der Bedingung steht, den Vorwurf einräumen zu müssen, erzeugt eine spezifische Form des Selbstbezichtigungszwangs (n. Kölbel, Selbstbelastungsfreiheiten, 2006, S. 342 ff.) und ist obendrein auch zur Verhinderung falscher Geständnisse (hierzu n. → § 70c Rn. 9 f.) kaum funktional (zust. Mann, Beschleunigungspotential im Jugendstrafverfahren, 2004, S. 60). Zudem bedeutet diese Voraussetzung eine Schlechterstellung ggü. Erwachsenen (dazu n. → § 2 Rn. 23 ff.), denen bei einer Einstellung gem. § 153a StPO allein eine Zustimmung, nicht aber ein Geständnis abverlangt wird (zu den Konsequenzen → Rn. 12). Hinzuweisen ist in diesem Zusammenhang auch darauf, dass das eingeforderte Geständnis durchaus negative Folgen bei einer eventuellen Fortsetzung des Verfahrens haben und **zivilrechtliche** Konsequenzen präjudizieren kann (s. dazu Müller DRiZ 1996, 443 (444); vgl. auch DVJJ/Schmitz-Justen 1987, S. 342; Albrecht JugendStrafR 183). Ungeachtet seiner Dysfunktionalität ist das Kriterium aber zu prüfen. Bestehen gewichtige Zweifel an der Richtigkeit des Geständnisses, kommt Abs. 3 nicht in Betracht, sondern nur eine Anklage oder § 170 Abs. 2 StPO iVm § 2 Abs. 2 (MüKoStPO/Höffler Rn. 27).

c) Zustimmung. Anders als bei Abs. 2 (→ Rn. 41) setzt Abs. 3, wie auch 48
die Kategorie der „Erteilung" deutlich macht, keine Zustimmung der Be-

troffenen voraus. Da aufgezwungene Interventionen jedoch erzieherisch oft fragwürdig sind (vgl. auch → § 5 Rn. 20) und eine Schlechterstellung ggü. dem Vorgehen (§ 153a StPO) bei Erwachsenen darstellen, ist ein Einverständnis zumindest anzustreben. Manche Rechtsfolgen sind ohne Zustimmung des **Beschuldigten** ohnehin nicht umsetzbar, insbes. der TOA (vgl. auch Eisenberg/Zötsch GA 2003, 226 (230)). Um die Eignung der Anordnung einschätzen zu können, kann die mündliche **Anhörung** des Jugendlichen oder Heranwachsenden genutzt und die Haltung zur Rechtsfolge geprüft werden (Streng JugendStrafR Rn. 187; ferner → Rn. 53). Eine Zustimmung der **Eltern** ist zwar rechtlich entbehrlich (→ § 10 Rn. 8), doch wäre die Veranlassung von Rechtsfolgen, die der Beschuldigte gegen den elterlichen Willen umsetzen müsste, ein spezialpräventiv ungeeignetes und daher unzulässiges staatliches Vorgehen.

2. Mögliche Rechtsfolgen

49 **a) Varianten.** Das Spektrum der Rechtsfolgen, die der JStA anregen und der JRichter erteilen kann, wird in Abs. 3 S. 1 abschließend aufgeführt. Die dort genannte **Ermahnung,** die wohl recht oft eingesetzt wird (so vormals BMJ/Hügel, Erzieherische Maßnahmen im deutschen Jugendstrafrecht, S.BMJ/Hügel, Erzieherische Maßnahmen im deutschen Jugendstrafrecht, 1986, S. 31), ist eine – im Unterschied zur Verwarnung gem. § 14 – formlos ausgesprochene Zurechtweisung, die nach Möglichkeit **mündlich** erfolgen sollte. Bei weit entfernt lebenden Beschuldigten ist die mündliche Ermahnung, die der örtliche JRichter im Wege der Rechtshilfe vornimmt (zur Vereinbarkeit mit Art. 101 Abs. 1 S. 2 GG, § 16 S. 2 GVG s. OLG Hamm GA 1969, 251), der (zulässigen) schriftlichen Vornahme vorzuziehen. Eine Verbindung mit einer der übrigen Rechtsfolgen des Abs. 3 wäre idR problematisch (zu den Gründen → § 13 Rn. 11) sowie meist nicht erforderlich (n. bereits Eisenberg JR 1987, 485 (487)), doch wird sie durch das Gesetz ohnehin nicht erlaubt (→ Rn. 52).

50 Zulässig ist ferner die Erteilung von Arbeits-, TOA- und Verkehrsunterrichts-**Weisungen.** Dabei gelten dieselben Maßgaben wie iRv § 10. Insbes. ist auf eine stigmatisierungsfreie Durchführung und eine verhältnismäßige sowie zumutbare Bemessung zu achten (speziell betr. die Dauer Feuerhelm Gemeinnützige Arbeit S. 244 f.). Bei Nichtbefolgung ist gem. **Abs. 3 S. 3** kein Nichtbefolgungsarrest möglich. Dagegen kann, dies ergibt sich im Rückschluss aus dieser Vorschrift, die Weisung **abgeändert** werden (§ 11 Abs. 2; einschr. Streng JugendStrafR Rn. 188: nur mit Zustimmung des JStA).

51 Ferner kann der JRichter von sämtlichen **Auflagen** Gebrauch machen. Die nach § 15 bestehenden Anordnungsvoraussetzungen, etwa bzgl. der Schadensfeststellung bei § 15 Abs. 1 S. 1 Nr. 1 (→ § 15 Rn. 5 ff.) oder die bei der Geldauflage bestehenden Bedingungen des § 15 Abs. 2 (→ § 15 Rn. 22 ff.), sind hierbei ebenso zu beachten wie die dortigen Maßgaben zur Bemessung, Ausgestaltung und Umsetzung. Ausnahmen bestehen dabei nur insofern, als iRv Abs. 3 kein Tatnachweis erfolgt ist und Auflagen nach dem Grundsatz „nulla poena sine culpa" deshalb allein in ausschließlich erzieherischer Funktion (nicht also auch vergeltend (vgl. § 13 Abs. 1)) angeordnet werden dürfen (vgl. zudem Ludwig, Diversion: Strafe im neuen Gewand, 1989, S. 97 ff., 107 ff.). Mit ihrer Anordnung und Ausgestaltung darf also

kein Ahndungszweck verfolgt werden. Die in dieser Hinsicht nur-redaktionelle Neufassung von § 45 durch das 1. JGGÄndG (→ Rn. 4: Entbehrlichkeit der Anklageerhebung (Abs. 3 S. 1 nF aE) statt einer „Ahndung" (Abs. 1 S. 1 aF)) hat daran nichts geändert (aA Feuerhelm Gemeinnützige Arbeit S. 45 f.). Zu den Nichterfüllungsfolgen und Änderungsmöglichkeiten → Rn. 50.

b) Entscheidung. Die Rechtsfolgen iSv Abs. 3 S. 1 können nach dem 52
eindeutigen Normwortlaut („Anordnung einer …") **nicht kombiniert** werden (aA etwa Diemer/Schatz/Sonnen/Diemer Rn. 25). Doch auch für sich genommen erlauben die insges. acht Anordnungsvarianten eine individualisierte Intervention. Sie unterscheiden sich dabei aber erheblich in ihrer Eingriffsintensität. Deswegen ist zu fordern, dass die Einzelfallreaktion erst nach angemessener **Persönlichkeitserforschung** festgelegt wird. Gleichwohl hatte sich (älteren Studien zufolge) eine Diversionspraxis eingespielt, bei der ein JGH-Bericht bei Einstellungsentscheidungen nur selten vorlag und sich noch seltener zu einer Rechtsfolge äußerte (Greus, Das Absehen von der Verfolgung (…), 1978, S. 177, 183, 269; BMJ/Hügel, Erzieherische Maßnahmen im deutschen Jugendstrafrecht, S.BMJ/Hügel, Erzieherische Maßnahmen im deutschen Jugendstrafrecht, 1986, S. 48 ff.). Dies ist indes nicht (mehr) zulässig. Auch iRv Abs. 3 ist die JGH vor Erteilung einer Weisung nach § 38 Abs. 6 S. 3 stets zu hören. Außerdem muss die JStA seit dem Gesetz zur Stärkung der Verfahrensrechte von Beschuldigten im Jugendstrafverfahren bei einer Anregung iSv Abs. 3 ohnehin eine **Stellungnahme der JGH** berücksichtigen können (n. → § 38 Rn. 24, 34, 51).

3. Verfahren

Der JRichter entscheidet nach **Anhörung** (→ Rn. 48) des Jugendlichen 53
(Art. 103 Abs. 1 GG) und seiner Eltern, ggf. auch der JGH (zu dieser auch soeben → Rn. 52). Folgt er der Anregung des **JStA,** ist dieser **gebunden.** Wird die Ermahnung erteilt oder die erteilte Weisung bzw. Auflage vom Beschuldigten befolgt, muss der JStA danach also von der Verfolgung absehen. In diesem Zusammenhang wird empfohlen, dass idR nicht der JStA, sondern der JRichter (wegen seiner Ortsnähe) die Erfüllung der Anordnungen (ggf. mit Hilfe der JGH) **überwachen** soll (BT-Drs. 11/5829, 25). Dabei kann er eine Umsetzungsfrist bestimmen (sofern dies nicht schon bei der Erteilung erfolgt). Ungeklärt ist die Verfahrensweise, falls dabei bekannt wird, dass bei einer vermögensbezogenen Auflage die Zahlung nicht mit eigenen Mitteln des Beschuldigten geleistet wurde (s. auch → § 15 Rn. 32).

Denkbar wäre, dass der JStA das Verfahren, schon nachdem der JRichter 54
seiner Anregung gefolgt ist, **vorläufig einstellt** und dabei eine Frist für die Umsetzung der Weisungen oder Auflagen bestimmt. Geschieht dies, wird von der Verfolgung abgesehen, andernfalls wird über den Verfahrensfortgang neu entschieden. Diese Verfahrensweise ist indes dem JRichter vorbehalten und dem JStA – wie der Rückschluss aus § 47 Abs. 1 S. 2 ergibt – verschlossen. Der JStA muss vielmehr die Entscheidung schlicht **auf Frist setzen,** um danach (abhängig von der die Erfüllung der Weisungen oder Auflagen) weiter zu verfahren (NK-JGG/Sommerfeld Rn. 19). Zulässig ist es ferner, wenn der JStA **vor der Anregung** ggü. dem JRichter mit dem Verfahren (in den Grenzen des Beschleunigungsgebots) innehält, um weitere

Erkenntnisse **abzuwarten,** die für die Wahl zwischen Abs. 2 und Abs. 3 von Bedeutung sind (Brunner/Dölling Rn. 45; s. auch → Rn. 42).

55 Der JRichter braucht der Anregung der JStA allerdings nicht zu folgen. Vielmehr kann er ein Verfahren nach Abs. 3 **ablehnen.** Bevorzugt der JRichter eine andere zulässige Maßnahme, sollte er sich für deren Anordnung um ein entspr. Einvernehmen mit der JStA bemühen. Würde ohne diese Abstimmung eine abw. Maßnahme erteilt und vom Beschuldigten umgesetzt, wäre der JStA nämlich nicht gebunden und nicht zur Einstellung verpflichtet (vgl. auch NK-JGG/Sommerfeld Rn. 18; Diemer/Schatz/Sonnen/Diemer Rn. 26; Nix/Rzepka Rn. 47; abw. BeckOK JGG/Schneider Rn. 95; Pentz NJW 1954, 1351 (1352): Vertrauensschutz). Kommt die Einigung nicht zustande, muss der JRichter die Einstellung ablehnen. Dieselben Folgen hat es, wenn der Beschuldigte den anregungsgemäß erteilten Weisungen oder Auflagen **nicht nachkommt.** In beiden Konstellationen kann der JStA die **Strafverfolgung wieder** aufnehmen (allgA; n. auch Heiland Wiederaufnahme S. 134 ff.). Sofern dabei eine Rückerstattung bereits erbrachter Teil-/Leistungen nicht in Betracht kommt (vgl. zum allg. StVR § 153a Abs. 1 S. 6 StPO), sind diese in der späteren Entscheidung zu berücksichtigen.

VIII. Folgen der Entscheidung nach § 45

1. Rechtskraftwirkung

56 Ebenso wie bei der (vorrangigen) Einstellung nach § 170 Abs. 2 S. 1 StPO iVm § 2 Abs. 2 tritt durch das Absehen von der Verfolgung seitens der StA nach **§ 45 Abs. 1 und Abs. 2 kein Verbrauch der Strafklage** ein. Der Verfügung kommt auch keine beschränkte Rechtskraftwirkung zu, sodass die Verfolgung insoweit jederzeit wieder aufgenommen werden könnte (BGH NStZ-RR 2020, 179 (180); Dallinger/Lackner Rn. 21; erg. Heiland Wiederaufnahme S. 155 ff.). Allerdings sprechen neben den Gesichtspunkten des Vertrauensschutzes (Art. 20 Abs. 3 GG) auch erzieherische Erwägungen dafür, die Verlässlichkeit staatlichen Agierens zu wahren und der Einstellung eine eingeschränkte **selbstbindende** Wirkung zuzuerkennen (vgl. auch Rechenbach JA 2019, 64 (65): „faktisch beschränkter Strafklageverbrauch"). Andernfalls müsste sich der Beschuldigte auf eine permanente Möglichkeit der Verfahrensreaktivierung einstellen. Diese ist deshalb nur bei erheblichen – dh die Einstellungsfähigkeit aufhebenden – neuen Tatsachen oder Beweismitteln legitim (ähnlich Diemer/Schatz/Sonnen/Diemer Rn. 29; Hdb-StrafR/Apfel/Piel/Raschka Kap. 26 Rn. 117; vgl. zum Maßnahmeabbruch bei Abs. 2 auch → Rn. 42).

57 Bei einer Einstellung nach Abs. 3 liegt dagegen, wenn der JRichter der Anregung des JStA entspricht (oder diese einvernehmlich abgeändert wurde) und der Beschuldigte die Anordnung erfüllt, gem. **Abs. 3 S. 4** ein **Verfahrenshindernis** vor. Diese Klärung ist mit dem 1. JGG-ÄndG erfolgt (zur vorherigen Debatte s. etwa Rosenkötter, Die Sperrwirkung des jugendrichterlichen Beschlusses nach § 45 Abs. 1 S. 1 JGG, 1969, S. 21 f., 81). Wie bei § 47 Abs. 3 bedarf es infolge einer beschränkten Rechtskraftwirkung für eine Anklageerhebung einer besonderen Prozessvoraussetzung, nämlich erheblicher (BGHSt 7, 64 = NJW 1955, 232 zu § 211 StPO) neuer Tatsachen

oder Beweismittel. Im Hinblick auf den gebotenen Vertrauensschutz (Art. 20 Abs. 3 GG) ist ferner zu verlangen, dass diese Tatsachen oder Beweismittel auf der Grundlage des vor der Einstellung bestehenden „Aufklärungspotentials" (BGHSt 48, 331 = NJW 2004, 375) nicht zu erlangen waren (vgl. auch → § 47 Rn. 25; Heiland Wiederaufnahme S. 130 ff.).

2. Keine Einbeziehung nach § 31

Eine formlose Maßnahme nach Abs. 3 kann **nicht** gem. § 31 in eine andere Entscheidung einbezogen werden. Kriminalpolitisch ist dies nicht unbedenklich (vgl. → § 31 Rn. 6). Laufen wegen mehrerer Verfehlungen verschiedene JStV, die allesamt durch Einstellung abgeschlossen werden sollen, ist dem Einheitsprinzip iSv § 31 möglichst dadurch Rechnung zu tragen, dass diese Verfahren **verbunden** und daher ggf. mit koordinierten Maßnahmen eingestellt werden (ebenso Diemer/Schatz/Sonnen/Schatz § 31 Rn. 12). Bei **Heranwachsenden,** denen mehrere, sowohl nach JStR als auch allg. StR zu beurteilende Taten vorgeworfen werden, sollte ferner dem **Rechtsgedanken von § 32** auch im Falle der gemeinsamen Einstellung entsprochen werden (BeckOK JGG/Schneider Rn. 10). 58

3. Selbstständige Einziehung

Gemäß § 76a StGB und § 435 StPO iVm § 2 Abs. 2 ist ungeachtet (und neben) einer Verfahrenseinstellung eine Vermögensabschöpfung im Wege der selbstständigen Einziehung zulässig (s. auch → § 47 Rn. 27). Vorausgesetzt ist das Vorliegen der jeweiligen Einziehungsvoraussetzungen (zur Diskussion um die hier erforderlichen Einschränkungen bei der Wertersatzeinziehung → § 6 Rn. 9 ff.). In der Regel wird davon jedoch wegen **Unverhältnismäßigkeit** des Einziehungsaufwandes abzusehen sein (§ 435 Abs. 1 S. 2 StPO; vgl. auch Reitemeier ZJJ 2017, 354 (359, 363 f.)). Sind dagegen nennenswerte Einziehungsobjekte/-werte vorhanden, ist das Verfahren oft gar nicht einstellungsfähig. Die selbstständige Einziehungs-Option dürfte rechtspraktisch also eher selten genutzt werden. Im Übrigen muss bei der Ermessensentscheidung über die Initiierung des Anordnungsverfahrens berücksichtigt werden, dass das Gesetz in Abs. 3 iVm Auflagen gem. **§ 15 Abs. 1 S. 1 Nr. 1 und Nr. 4** bereits Reaktionsmöglichkeiten vorsieht, die zu denselben oder zumindest ähnlichen Ergebnissen führen und die Abschöpfung gegenstandslos machen (§ 73e StGB). Diese Option ist wegen ihrer besseren jugendstrafrechtlichen Verträglichkeit vorzugswürdig. 59

4. Unterrichtung von Behörden und Personen

Wie bei der Einstellung nach § 170 Abs. 2 StPO ist im Falle eines Absehens von der Verfolgung dem **Beschuldigten** in entspr. Anwendung von § 170 Abs. 2 S. 2 StPO iVm § 2 Abs. 2 ein **Bescheid** zu erteilen (zur auf §§ 45, 47 übertragbaren hM zu §§ 153 ff. StPO vgl. MüKoStPO/Kölbel/Neßeler StPO § 170 Rn. 28 mwN). Gem. § 67a Abs. 1 muss diese Mitteilung auch an die **Personensorgeberechtigten** und gesetzlichen Vertreter gehen. Die obligatorische Benachrichtigung des **Antragstellers** folgt aus § 171 StPO iVm § 2 Abs. 2. Eine förmliche Verbescheidung des Antragstellers, der zugleich Verletzter ist (§ 171 S. 2 StPO iVm § 2 Abs. 2), kommt 60 nur bei Zulässigkeit des Klageerzwingungsverfahrens, nicht also bei §§ 45, 47 in Betracht. Die nicht unproblematische hM bejaht aber eine Unterrichtung (auf Antrag) des mutmaßlich Verletzten nach § 406d Abs. 1 StPO iVm § 2 Abs. 2 (Brunner/Dölling Rn. 49). Die Pflicht zu Mitteilungen an die **JGH** sowie in „geeigneten" bzw. Ausnahmefällen auch an das FamG und an die **Schule** ergibt sich aus § 70 Abs. 1, § 109 Abs. 1 S. 3 sowie erg. auch Nr. 31–33 MiStra (vgl. → § 70 Rn. 5 ff.). Eine Information der Schule kommt an sich nur dann in Betracht, wenn in deren Bereich infolge besonderer Umstände andere Personen gefährdet sein könnten. Für eine Anhörung von **Behörden** (Nr. 90 RiStBV) besteht bei § 45 idR kein Anlass (ebenso Brunner/Dölling Rn. 50). Auch eine Einstellungsmitteilung an Behörden ist nur ausnahmsweise vorgesehen (für Nichtdeutsche vgl. → § 70 Rn. 15).

5. Registrierung und Berücksichtigung in Folgeverfahren

61 Die Mitteilung einer Entscheidung nach § 45 zur Eintragung in das **Erziehungsregister** ist nach § 60 Abs. 1 Nr. 7 und Abs. 2 BZRG gesetzlich vorgeschrieben (BGH StV 1991, 425 (Ls.) = BeckRS 1991, 6742; dazu zB auch von Galen/Beth FS Eisenberg II, 2019, 201 (204 f.); Hanft Jura 2008, 368 (370)). Darüber ist der Beschuldigte in der Einstellungsmitteilung in einer geeigneten Form (§ 70b Abs. 1) **aufzuklären** (vgl. auch Müller DRiZ 1996, 443 (444)). Ob der Mitteilungspflicht in der Praxis ausnahmslos nachgekommen wird, ist unklar (so BeckOK JGG/Schneider Rn. 21; nach Albrecht, Informalisierung des Rechts/Libuda/Köster, 1990, S. 248 gaben 1/4 der befragten JStA an, bei Bagatellverfehlungen auf die Mitteilung an das BZR zu verzichten). Falls und wo dies unterbliebe, müsste das als Ausdruck eines allzu begreiflichen Unbehagens gedeutet werden. Denn die Eintragungspflicht stellt eine **praktisch höchst relevante Benachteiligung** des Beschuldigten dar (vgl. dazu auch → Rn. 9 ff.).

62 De jure wird der Tatvorwurf bei einer Einstellung nach § 45 nicht fest-, sondern allein zur Prüfung der Einstellungsvoraussetzungen unterstellt (BVerfG NJW 2017, 1539 (1540)). Nach Verfahrensabschluss kann deshalb niemand behaupten, die betreffende Person sei „bereits strafrechtlich in Erscheinung getreten" (OLG Hamm ZJJ 2017, 282 (283) = BeckRS 2017, 106830). Der Jugendliche „steht vielmehr weiter unter dem Schutz der Unschuldsvermutung" (BbgVerfG BeckRS 2015, 51398). Als eine **„Vorstrafe"** darf die Entscheidung daher erst recht **nicht verwertet** werden (BGH NStZ 2019, 400; BayObLG StV 2021, 257 = BeckRS 2020, 35557; OLG Dresden BeckRS 2021, 28657). Diese Einschränkung wird indes durch die außerordentlich kritikwürdige Rspr. konterkariert, der zufolge ein nach § 45 (oder § 47) eingestelltes Verfahren grds. eine **Warnwirkung** entwickeln könne. Komme es zu einem weiteren Verfahren, dürfe deren „Missachtung" in die dortigen Erwägungen einbezogen werden (BGHSt 25, 64, 65 = NJW 1973, 289 (290); BGH NJW 1987, 2243 (2244); NStZ 2019, 400; skeptisch aber BGH NStZ 2006, 620).

63 Im Übrigen können, selbst wenn der Betroffene gem. § 64 Abs. 1 BZRG eine (registrierte) Verfahrenseinstellung iSv § 45 nicht zu offenbaren braucht (VG Göttingen BeckRS 2019, 18942), auch andere Institutionen durch eine Registerauskunft (§ 61 BZRG) oder auf andere Weise von der Einstellung erfahren und diese in ihren **außerstrafrechtlichen behördlichen Ent-**

scheidungen berücksichtigen. Dies sei der Rspr. zufolge erlaubt (stellvertretend etwa OVG Berlin-Brandenburg NVwZ-RR 2018, 863; VGH Kassel BeckRS 2020, 3243; VG Aachen ZJJ 2019, 296 = BeckRS 2019, 13108 mzustAnm Jasch ZJJ 2019, 298). Berücksichtigungsfähig seien registrierte Einstellungen gem. § 45 bspw. bei **präventiv-polizeilichen** Maßnahmen, für deren individuelle Erforderlichkeit es auch auf die bisherige Delinquenz der Person ankommt (vgl. etwa VG Düsseldorf BeckRS 2024, 17339 zur erkennungsdienstlichen Behandlung gem. § 81b StPO; LG Rostock ZJJ 2024, 142 = BeckRS 2024, 20300 zur Aufnahme in eine DNA-Datenbank gem. § 81g StPO; VG Würzburg BeckRS 2024, 15384 zur Entziehung der Fahrerlaubnis gem. § 3 Abs. 1 StVG). Ebenso verhalte es sich bei behördlichen Entscheidungen, bei denen die Einschätzung der individuellen **Zuverlässigkeit** wesentlich ist (s. etwa VG Düsseldorf BeckRS 2023, 18108 bzgl. Entlassung aus dem oder verweigerte Einstellung in den Polizeidienst). Angesichts der justiziell ungeprüften (Verdachts-)Grundlagen einer Einstellung nach § 45 kann deren verurteilungsgleiche Verwertung jedoch nur als **höchst problematisch** eingestuft werden. Anders verhält es sich allein dann, wenn die Behörde den Vorwurf, der Gegenstand des eingestellten Ermittlungsverfahrens war, eigenständig erhoben und in seinen Einzelheiten festgestellt hat (ebenso in der Sache OVG Magdeburg BeckRS 2021, 17640; für eine einschränkende Einzelfallwürdigung zudem VG Freiburg BeckRS 2023, 18123). Unter Verhältnismäßigkeitsgesichtspunkten sind bei bestehenden Dienstverhältnissen zudem disziplinarrechtliche Sanktionen vorrangig (dazu bei Entlassung eines Soldaten VG Bremen BeckRS 2023, 6233).

IX. Rechtsbehelfe

Erfolgt eine Einstellung nach § 170 Abs. 2 StPO iVm § 2 Abs. 2 oder **64**
beruht sie auf §§ 153 ff. StPO iVm § 2 Abs. 2, gelten für die Rechtsschutzmöglichkeiten die Maßgaben des **allg. StVR** (zur vereinzelt vertretenen aA in der älteren Lit. s. 22. Aufl. Rn. 41). Für den Beschuldigten und die JStA besteht danach idR keine Beschwer und keine Rechtsmitteloption (zu seltenen Ausnahmefällen, in denen die Beschwerde zulässig ist, vgl. MüKoStPO/Peters StPO § 153 Rn. 65). Dagegen kann der Verletzte bei einer Einstellung nach § 170 Abs. 2 StPO iVm § 2 Abs. 2 das Klageerzwingungsverfahren anstrengen (Brunner/Dölling Rn. 2). Soweit dieses für ihn erfolgreich verläuft, ohne aber in einem Anklageerhebungsbeschluss (§ 175 StPO iVm § 2 Abs. 2) zu enden – also in Fällen wiederaufzunehmender Ermittlungen (zu den verschiedenen Konstellationen MüKoStPO/Kölbel/Neßeler StPO § 172 Rn. 43, 45, § 173 Rn. 6 f.) –, kann der JStA dann allerdings noch nach § 45 verfahren (Dallinger/Lackner Rn. 45).

Bei einer **Einstellung** des Verfahrens **nach § 45** sieht das Gesetz gar keinen Rechtsbehelf vor. Auch das Klageerzwingungsverfahren ist dem Verletzten nach allgA verschlossen (§ 172 Abs. 2 S. 3 StPO iVm § 2 Abs. 2). Für den Beschuldigten ist die Entscheidung ebenfalls unangreifbar. Wie bei §§ 153 ff. StPO iVm § 2 Abs. 2 (→ Rn. 64) kann durch die einfache Beschwerde nur überprüft werden, ob die prozessualen Voraussetzungen der Einstellungsvorschrift vorlagen, etwa die Prozessvoraussetzungen wie die Strafmündigkeit (LG Krefeld NJW 1976, 815; BeckOK JGG/Schneider Rn. 109; s. auch → § 47 Rn. 28). Ansonsten bleibt allenfalls die **Dienstaufsichtsbeschwerde.** Das ist besonders beim Beschuldigten misslich, der nicht nur durch die Interventionen iSv Abs. 2 und Abs. 3 beschwert sein kann, sondern insbes. auch durch die Registrierung (→ Rn. 61), die in sein informationelles Selbstbestimmungsrecht eingreift (vgl. etwa auch Kotz/Rahlf BtMStrafR/Schimmel Kap. 9 Rn. 43; von Galen/Beth FS Eisenberg II, 2019, 201 (211)). Dies wird aber nicht als ausreichende Grundlage anerkannt, um eine Analogie zu den §§ 359 ff. StPO oder eine Möglichkeit zur Beschwerde annehmen zu können (LG Baden-Baden NStZ 2004, 513; BeckOK JGG/Schneider Rn. 108; vgl. auch Heiland Wiederaufnahme S. 81 ff.). Daher empfiehlt man die Einführung der Beschwerde **de lege ferenda** für den Fall, dass der Betroffene die Tatbegehung bestreitet (UK III DVJJ-Journal 1992, 24). Mit Blick auf Dauer und Umfang des dann eröffneten Beschwerdeverfahrens dürfte eine Lösung, die das Zustimmungserfordernis (→ Rn. 41 und → Rn. 48) bei Abs. 2 und Abs. 3 positiviert (von Galen/Beth FS Eisenberg II, 2019, 201 (211)) bzw. eine Widerspruchsmöglichkeit einführt (Goeckenjan Diversion S. 152 ff.), mit dem entformalisierenden Grundanliegen der Diversion jedoch deutlich verträglicher sein.

Wesentliches Ergebnis der Ermittlungen

46 Der Staatsanwalt soll das wesentliche Ergebnis der Ermittlungen in der Anklageschrift (§ 200 Abs. 2 der Strafprozeßordnung) so darstellen, daß die Kenntnisnahme durch den Beschuldigten möglichst keine Nachteile für seine Erziehung verursacht.

I. Anwendungsbereich

1 Die Bestimmung gilt in Verfahren gegen **Jugendliche** vor den JGerichten. In Verfahren gegen Jugendliche vor den für allg. Strafsachen zuständigen Gerichten und in Verfahren gegen **Heranwachsende** (vor den JGerichten und allg. Strafgerichten) kommt sie zwar nicht unmittelbar zur Anwendung (§§ 104, 109, 112), jedoch ist auch dort auf eine Darstellung zu achten, die negative Wirkungen, die nach dem Entwicklungsstand zu befürchten sind, vermeidet (RL 2).

2 Das Anliegen der Vorschrift, auf altersangepasste Formen der prozessualen Schriftkommunikation hinzuwirken, erklärt sich aus dem erzieherischen Grundanliegen des gesamten JStV und hat daher eine **über** die Anklageschrift **hinausgehende Bedeutung.** Letztlich ist § 46 Ausdruck eines allg. Verfahrensprinzips (vgl. auch § 54 Abs. 2 bzgl. der Urteilsgründe). Deshalb sind die Anforderungen, die sich aus der Vorschrift ergeben, auch beim (anklageäquivalenten) **Antrag** auf Entscheidung im **vereinfachten JVerfahren** (§ 76) zu beachten und bei der Formulierung des jugendstaatsanwaltlichen **Schlussvortrags** (§ 258 Abs. 1 StPO iVm § 2 Abs. 2) zu berücksichtigen (vgl. → § 36 Rn. 6).

3 Ferner gelten die Maßgaben der Vorschrift für die stets (auch) mündlich vorzutragende Erhebung einer nach § 2 Abs. 2 im JStV zulässigen (ebenso Brunner/Dölling Rn. 9) **Nachtragsanklage** (§ 266 StPO). Allerdings ist dann den Schutzbedürfnissen des Angeklagten aus anderen Gründen nicht ausreichend Rechnung getragen. Denn unverteidigte Jugendliche sind noch

weniger als Erwachsene in der Lage, sich auf den erweiterten Tatvorwurf einzustellen (s. auch Nix/Rzepka Rn. 7) und zu verstehen, worum es rechtlich geht. Die formal vorliegende Zustimmung des Betroffenen kann in dieser Hinsicht einen falschen Eindruck vermitteln. Unabhängig von ihrer an § 46 zu orientierenden Form sollte eine Nachtragsanklage daher nur erhoben und vom JGericht einbezogen werden, wenn der Jugendliche einen Verteidiger hat.

II. Bestandteile und Darstellung der Anklageschrift

1. Inhalt

Für den notwendigen Inhalt der Anklageschrift hat § 46 keine Bedeutung. 4
Daher gelten hierfür im JStV die **allg. Regeln** (§ 200 StPO iVm § 2 Abs. 2; vgl. n. auch Nr. 110 ff. RiStBV sowie BeckOK JGG/Schneider Rn. 4 ff.). Es sind der Angeschuldigte, die ihm zur Last gelegte Tat unter Angabe von Zeit und Ort und der konkreten Tatumstände, ihre gesetzlichen Merkmale und die anzuwendenden Strafvorschriften zu bezeichnen. Zudem müssen die Beweismittel, das Gericht, vor dem die HV stattfinden soll, und der Verteidiger angegeben werden. Als anzuwendende Strafvorschriften gehören in den Anklagesatz bei Jugendlichen auch § 3 S. 1 (als Schuldvoraussetzung) und bei Heranwachsenden – sofern mit der Anwendung materiellen JStR zu rechnen ist – § 105 Abs. 1. Die Umstände, die für diese Vorschriften jeweils maßgeblich sind, müssen im wesentlichen Ergebnis der Ermittlungen (vgl. → Rn. 5 ff.) aufgeführt werden (allgA).

2. Obligatorische Abfassung der wesentlichen Ermittlungen

Im Falle der Anklage vor dem JSchöffG oder einem höherrangigen Ge- 5
richt ist die Darstellung der wesentlichen Ermittlungsergebnisse zwingend vorgeschrieben (§ 200 Abs. 2 S. 1 StPO iVm § 2 Abs. 2). Der formelhafte Hinweis auf ein ggf. vorliegendes Geständnis genügt dafür nicht (vgl. nur Löwe/Rosenberg/Stuckenberg StPO § 200 Rn. 54). Dass dieses Darstellungserfordernis bei der Anklage vor dem Einzelrichter dagegen nicht besteht (vgl. aber auch Nr. 112 RiStBV), erklärt sich mit dessen eigener Aktenkenntnis. Auf den JRichter (§§ 33 Abs. 2, 39 Abs. 1 S. 1) trifft dieser Gesichtspunkt ebenfalls zu. Wird vor ihm eine Anklage mit entspr. verkürzten Ausführungen erhoben, muss diese aber um Ausführungen zum wesentlichen Ergebnis der Ermittlungen **ergänzt** werden, wenn es zur Eröffnung des Hauptverfahrens vor dem JSchöffG kommt (§ 39 Abs. 1 S. 3, § 209 Abs. 2 StPO) oder das JSchöffG das Verfahren nach Eröffnung vom JRichter gem. § 225a Abs. 1, § 270 Abs. 1 iVm StPO § 2 Abs. 2 übernimmt (vgl. LG Cottbus StV 2014, 332 = BeckRS 2013, 14624 mAnm Eisenberg StV 2014, 724; MüKoStPO/Höffler Rn. 6; NK-JGG/Sommerfeld Rn. 4). Ob und ggf. in welcher Weise und bis zu welchem Zeitpunkt das JSchöffG die Minderinformation beheben (lassen) muss, ist allerdings umstritten (eine Pflicht abl. etwa Brunner/Dölling Rn. 5; KK-StPO/Schneider StPO § 200 Rn. 36).

Genau genommen bestehen jedoch gewichtige Bedenken, einen Verzicht 6
auf die Abfassung des wesentlichen Ergebnisses überhaupt zuzulassen (so

grds. zB auch LG Cottbus StV 2014, 332 = BeckRS 2013, 14624 („nicht unproblematisch"); KK-StPO/Schneider StPO § 200 Rn. 25; MüKoStPO/Höffler Rn. 5). Bei jugendgemäßer Auslegung (→ § 2 Rn. 19 ff.) darf von **§ 200 Abs. 2 S. 2 StPO** im JStV vielmehr **kein Gebrauch** gemacht werden (abw. AG Eilenburg ZJJ 2015, 328 (330)). Zu den wesentlichen Ermittlungsergebnissen gehören nämlich immer auch Feststellungen zur Reifebeurteilung (n. → § 3 Rn. 14 ff., 22 ff., → § 105 Rn. 12 ff.) und (für den Fall der Verurteilung) zur Angemessenheit und Indikation der Rechtsfolgen. Im JStR sind solche persönlichen sowie Lebens- und Entwicklungsbedingungen des Beschuldigten für verschiedene Fragen von so erheblichem Belang, dass auf ihre Abfassung nicht verzichtet werden kann, wenn die Anklageschrift ihre Funktion als informatorische Zwischenbilanz nicht einbüßen soll. Konkret betrifft dies va die Nachforschungen der JGH, deren Ergebnisse auch bei Anklageerhebung vor dem JRichter in die Darstellung einzubeziehen sind – und das umso ausführlicher, je gewichtiger der Vorwurf und/oder der Interventionsbedarf ist. Anderenfalls wäre die Vorbereitung und Umsetzung der Verteidigung im Zwischen- und Hauptverfahren (§ 201 Abs. 2, § 219 StPO iVm § 2 Abs. 2) dadurch erschwert, dass dem Beschuldigten maßgebliche Ermittlungsergebnisse (Tatsachen und Beweisgrundlagen) vorenthalten blieben.

3. Altersgerechte Ausführungen zu den Ermittlungsergebnissen

7 Die Anklageschrift ist vom JGericht nicht nur dem Verteidiger (§ 145 StPO iVm § 2 Abs. 2), sondern nach § 201 Abs. 1 StPO iVm § 2 Abs. 2 in vollständiger Form auch dem **Angeschuldigten mitzuteilen** (bzgl. der Eltern s. § 67a Abs. 1; s. ferner → § 70 Rn. 5 ff.). Aus diesem Grund muss die Anklage erzieherisch verträglich gestaltet sein und die von § 46 gestellten Anforderungen umfassend berücksichtigen. Nochmals gesteigerter Anlass hierfür besteht, wenn die Anklage einem Mitangeschuldigten ebenfalls zugestellt werden muss (LG Berlin DVJJ-Journal 2000, 86; BeckOK JGG/Schneider Rn. 20). Mangels einer entspr. Rechtsgrundlage wäre das Anliegen, erzieherische Nachteile vermeiden zu wollen, nicht durch eine selektive Weitergabe einzelner Anklageteile umsetzbar.

8 Bei der Abfassung der Anklageschrift ist folglich auf die dem Alter und dem Entwicklungsstand des Angeschuldigten angemessene **Verständlichkeit** der Anklageschrift besonderes Gewicht zu legen (RL Nr. 1 S. 1). Ein klarer und übersichtlicher Aufbau trägt hierzu ebenso bei wie die Verwendung kurzer Hauptsätze (so bereits RL 1 vor § 31 RJGG 1943). Auf Bezeichnungen und Beschreibungen des Angeschuldigten oder seiner Angehörigen, die von ihm als herabsetzend empfunden werden könnten, ist zu verzichten (vgl. bereits RL 1 vor § 31 RJGG 1943). Auch sollten keine Ausführungen über angenommene elterliche Erziehungsfehler aufgenommen werden (RL 1 S. 3). Einzelheiten bzgl. „sog. krimineller Methoden" oder dgl. sind nur darzustellen, soweit dies unerlässlich ist. Das Gleiche gilt speziell bei Delikten gegen die sexuelle Selbstbestimmung auch für Einzelheiten zu den vorgeworfenen Vorgängen. Entspr. Einschränkungen dürfen indes nur soweit vorgenommen werden, dass die **Informationsfunktion** der Anklageschrift darunter nicht leidet (allgA).

4. Mängel in der Anklageschrift

Wird eine Anklage ihrer Umgrenzungsfunktion nicht gerecht, sind sie 9
und der Eröffnungsbeschluss ggf. unwirksam (vgl. etwa BGH NJW 2010, 308); es besteht dann ein Verfahrenshindernis (n. KK-StPO/Schneider StPO § 200 Rn. 31 ff.). Anders liegt es bei mangelhafter Darstellung der wesentlichen Ermittlungsergebnisse (BGHSt 40, 390 = NJW 1996, 1221) und/oder einer hierbei erfolgten Missachtung von § 46. Unzulängliche Darstellungen der wesentlichen Ergebnisse sind durch nachholende Informationen im Verfahren auszugleichen. Wird die Anklageschrift nicht altersgerecht abgefasst, hat die JStA dies nach Rückgabe der Anklage **nachzubessern.** Erzwungen werden kann dies durch das JGericht aber nicht (BeckOK JGG/Schneider Rn. 25).

Anklage vor Berichterstattung der Jugendgerichtshilfe

46a **[1] Abgesehen von Fällen des § 38 Absatz 7 darf die Anklage auch dann vor einer Berichterstattung der Jugendgerichtshilfe nach § 38 Absatz 3 erhoben werden, wenn dies dem Wohl des Jugendlichen dient und zu erwarten ist, dass das Ergebnis der Nachforschungen spätestens zu Beginn der Hauptverhandlung zur Verfügung stehen wird. [2] Nach Erhebung der Anklage ist der Jugendstaatsanwaltschaft und dem Jugendgericht zu berichten.**

I. Allgemeines

1. Persönlicher Anwendungsbereich

Die Bestimmung gilt in Verfahren gegen Jugendliche wie auch gegen 1
Heranwachsende – und dies sowohl vor den JGerichten wie auch vor den für allg. Strafsachen zuständigen Gerichten (§§ 104 Abs. 1 Nr. 2, 109 Abs. 1, 112).

2. Einordnung in die Vorgehensmöglichkeiten der JStA

Das Gesetz sieht als **Regelfall** vor, dass die StA über eine Anklageer- 2
hebung oder eine andere Erledigungsform unter Berücksichtigung einer ihr zuvor zugeleiteten Stellungnahme der JGH befindet. Deshalb wird die JGH bereits im Vorverfahren eingebunden **(§ 38 Abs. 3 S. 1)** und frühzeitig über den Verdachtsfall informiert (→ § 38 Rn. 59). Damit ihr Bericht (→ § 38 Rn. 18 ff.) bereits im Ermittlungsstadium und bei der Abschlussentscheidung der JStA berücksichtigt werden kann (zu diesem Ziel s. Art. 7 Abs. 5 RL (EU) 2016/800 mit Erwgr. 39), muss er möglichst schnell erstattet werden. Aus Gründen der Beschleunigung ist es allerdings zulässig, der JStA keinen umfassenden, sondern erst einmal nur einen vorläufigen und formlosen Vorbericht vorzulegen (n. dazu → § 38 Rn. 34 f.). **§ 46a** ermöglicht es der JStA (in Umsetzung von Art 7 Abs. 6 RL (EU) 2016/800) darüber hinaus, den JGH-Bericht **ausnahmsweise** nicht abzuwarten. Voraussetzung dafür ist, dass die Abschlussentscheidung auf eine Anklage – oder bei Heranwachsenden ggf. auch auf einen anklagekomplementären Strafbefehl (s. AG Eilenburg ZJJ 2020, 402 sowie → § 107 Rn. 12 ff.) – lautet und

die weiteren, in S. 1 genannten Bedingungen erfüllt sind (zum Regel-Ausnahme-Verhältnis auch RegE BT-Drs. 19/13837, 51; Diemer/Schatz/Sonnen/Diemer Rn. 2; Sommerfeld ZJJ 2018, 296 (308)).

3 Eine **weitere** Option, vom Regelfall abzuweichen, wird durch **§ 38 Abs. 7** eröffnet, wonach die JStA auf den Bericht der JGH auch ganz verzichten darf. Fraglich ist indes, ob sich die Anwendungsbereiche der beiden prozessualen Ausnahmeverfahren in dem Sinne überschneiden können, dass die JStA grds. auch bei einer beabsichtigten Anklage nach § 38 Abs. 7 vorgehen darf. Teilw. wird dies unter Hinweis auf den Normtext für seltene Fälle bejaht (so RegE BT-Drs. 19/13837, 51: „ausnahmsweise"; ebenso NK-JGG/Sommerfeld Rn. 2 ff. und § 38 Rn. 15b; Brunner/Dölling Rn. 6; MüKoStPO/Höffler Rn. 5; Höynck/Ernst ZJJ 2020, 245 (254) sowie wohl auch Diemer/Schatz/Sonnen/Diemer Rn. 2; HK-JGG/Koranyi Rn. 3; BeckOK JGG/Gertler Rn. 5). Diese Auffassung unterstellt dem Gesetz allerdings die widersprüchliche Struktur, einen gesetzlichen Normalfall zu bestimmen (Anklage nach Erhalt des JGH-Berichts) und für die gravierendere Abweichung geringere Voraussetzungen als für die weniger gravierende Abweichung vorzusehen: Eine Anklage ohne jeden JGH-Bericht wäre hiernach nämlich bereits zulässig, wenn dies mit dem Wohl des Jugendlichen nur „vereinbar" ist (§ 38 Abs. 7 S. 1 JGG), während die Anklage mit nachträglichem, aber immerhin später noch erfolgendem JGH-Bericht darüber hinaus dem Beschuldigtenwohl „dienen" muss (→ Rn. 5). Da dem Gesetz eine solche Unstimmigkeit nicht unterstellt werden kann, kommt nur eine Lesart in Betracht, der zufolge ein Berichtsverzicht bei einer Anklageerhebung unerlaubt ist (zust. Nix/Pschorr/Nix §§ 46, 46a Rn. 11). Die JGH kann von der JStA also **nur bei bzw. vor Einstellungen** nach § 45 von der Berichtspflicht **befreit** werden (→ § 38 Rn. 51). Mit der Formulierung von S. 1 („abgesehen von Fällen des § 38 Abs. 7") ist das durchaus vereinbar, weil diese sich hiernach auf den Mitwirkungsverzicht gerade bei Diversionsentscheidungen bezieht (Kölbel NStZ 2021, 524 (528 f.)).

4 Im Ergebnis besteht daher ein Exklusivitätsverhältnis zwischen § 46a und § 38 Abs. 7 (zust. Trenczek/Schmoll Jugendkriminalität Rn. 571), sodass Anklagen allein nach einem Bericht der JGH (Regelfall) oder in der von S. 1 geregelten Weise (Ausnahmefall) erhoben werden dürfen. Dagegen werden **Einstellungen der JStA** und Anträge auf Entscheidung im **vereinfachten JVerfahren** von **S. 1** wegen des dortigen Anklageerfordernisses **nicht erfasst** (zur. diesbzgl. Streitfrage etwa auch MüKoStPO/Höffler Rn. 4) In Konstellationen, in denen diese Erledigungsformen ohnehin (dh unabhängig vom noch ausstehenden Bericht der JGH) offensichtlich vorzugswürdig sind, muss gleichwohl die Stellungnahme der JGH abgewartet werden (rechtspraktisch wohl die Ausnahme, aber normsystematisch der Regelfall gem. § 38 Abs. 3 S. 1) – es sei denn mit oder vor der Einstellung bzw. dem Antrag iSv § 76 wird der Berichtsverzicht gem. § 38 Abs. 7 erklärt (rechtspraktisch wohl der Regelfall, aber normsystematisch die Ausnahme).

II. Voraussetzungen der vorgezogenen Anklageerhebung

1. Wohl des Jugendlichen

Da die Vorschrift der Umsetzung der RL (EU) 2016/800 dient und diese RL die Gewährleistung von Schutzbelangen und von Entwicklungs- bzw. Reintegrationserfordernissen bezweckt (→ Einl. Rn. 32), sind mit dem „Wohl" des Jugendlichen entspr. spezialpräventive Notwendigkeiten gemeint. Hierfür muss das von S. 1 geregelte Vorgehen **förderlich** (bzw. ein Abwarten muss damit verglichen hierfür ungünstiger) sein. Die Anforderungen sind, wie der Normtext („dient") deutlich macht, also strenger als beim Verzicht iSv § 38 Abs. 7 S. 1 („vereinbar"), der bereits bei Verträglichkeit mit dem Wohl des Jugendlichen zulässig ist (→ Rn. 3 und → § 38 Rn. 50; zust. LG Oldenburg BeckRS 2024, 35934). 5

Für die Frage, ob die etwaige vorgezogene Anklageerhebung den spezialpräventiven Belangen dient, kommt es einerseits auf die Auswirkungen der mit ihr verbundenen Verfahrensbeschleunigung an, andererseits aber auch auf den Umstand, dass die JStA bei ihrer Anklageentscheidung die Feststellungen der JGH nicht berücksichtigen kann. Ausgeprägte **Belastungseffekte** des Verfahrens – insbesondere eine laufende U-Haft (vgl. RL (EU) 2016/800 mit Erwgr. 39), aber bspw. auch etwaige Beeinträchtigungen in Sozial- oder Ausbildungsbeziehungen –, die durch ein Abwarten der JStA gleichsam verlängert würden, sprechen stark für die fragliche Förderlichkeit (s. etwa auch die RL sowie ähnlich BeckOK JGG/Gertler Rn. 7 ff.). Dagegen scheidet diese dort von vornherein aus, wo es für die Wahl zwischen einer Anklage oder einer anderen Erledigungsart (va einer Diversionsform) auf die noch ausstehenden Ausführungen der JGH **ankommen kann.** Der Beschleunigungsnutzen hat hier für das Wohl des Jugendlichen ein geringeres Gewicht als die Chance der Anklagevermeidung. Aber auch in jenen Verfahren, in denen alles für eine Anklage spricht, wird das Vorgehen nach § 46a oft daran scheitern, dass es der StA (außerhalb der erwähnten offensichtlichen Sonderbelastungen) de facto an fallkonkreten Informationen fehlt, die einen spezialpräventiven Eilbedarf anzeigen und rechtfertigen können. – Ohne Bedeutung für die Beurteilung der Beschleunigungsvorteile sind bspw. die erwarteten Sanktionen (abw. Diemer/Schatz/Sonnen/Diemer Rn. 5; RegE BT-Drs. 19/13837, 52) und besondere Nachforschungsprobleme der JGH (etwa eine Verweigerung des Beschuldigten). 6

2. Erwartung eines Berichts

Es muss absehbar sein, dass die JGH ihre Nachforschungen bis zum Beginn der HV abschließen und sich dort zum Ergebnis äußern kann. Darauf, ob die JGH zwischen Anklageerhebung und HV auch einen schriftlichen Bericht zu den Akten geben wird, kommt es nicht an (zur Üblich-, aber auch Entbehrlichkeit der schriftlichen Berichtsfassung → § 38 Rn. 43). Für die Erwartbarkeit der Berichtsfähigkeit der JGH muss sich die JStA auf eine Prognose stützen können, die durch Tatsachen und **Anhaltspunkte** getragen wird. Es bedarf also entspr. Auskünfte und Zusicherungen der JGH; ggf. kann sich die JStA hier auch auf die Erfahrungen berufen, die sie in der 7

Vergangenheit mit den Abläufen und Bearbeitungszeiten der zuständigen JGH-Mitarbeiter gemacht hat.

3. Ermessen

8 Die schematische Bejahung der beiden Anforderungen von S. 1 wird deren Funktion, eine Abweichung vom regelmäßig einzuhaltenden Verfahren an bestimmte Bedingungen zu knüpfen (→ Rn. 2), nicht gerecht. Dennoch ist eine **verfahrenspraktische** Handhabung regional verbreitet, bei der die JStA bei beabsichtigter Anklageerhebung stets nach § 46a vorgeht und einen Vorbericht der JGH nur im Einzelfall anfordert (dazu Höynck ua Jugendgerichtsbarometer II S. 62 ff.; Schmoll ua Jugendgerichtshilfebarometer S. 88 ff.). Dies stellt eine unzulässige Umkehrung des gesetzlichen Regel-Ausnahme-Verhältnisses dar, die dem Gesetz widerspricht (ebenso Brunner/Dölling Rn. 1). Das Vorgehen nach § 46a ist vielmehr im Einzelfall **begründungsbedürftig** (ebenso Höynck/Ernst ZJJ 2020, 245 (254)). Allerdings räumt S. 1 der JStA mit einem unbestimmten Rechtsbegriff (→ Rn. 5) und einem Prognoseerfordernis (→ Rn. 7) gewisse **Einschätzungsspielräume** ein. Außerdem handelt es sich um eine Ermessensnorm. Die StA muss eine beabsichtigte Anklage selbst bei Bejahung der genannten Voraussetzungen also nicht zwingend schon vor Eintreffen des JGH-Berichts erheben. Nach Bejahung der spezialpräventiven Dienlichkeit wird ein (damit als dysfunktional beurteiltes) Zuwarten aber idR ermessens**fehlerhaft** sein (zust. HK-JGG/Koranyi Rn. 6).

III. Berichterstattung gem. S. 2

9 Adressat des nachgeholten Berichts der JGH ist nach Anklageerhebung und Übergang der Verfahrensherrschaft an sich das JGericht (das dann eine Weitergabe an die JStA zu veranlassen hätte). Nach S. 2 muss die JGH jedoch den Bericht **beiden** Institutionen zuleiten. Dass auch gegenüber der JStA zu berichten ist, sorgt für deren ohne Zeitverzug eintretende Informiertheit. Dies soll sicherstellen, dass diese noch „nach Anhängigkeit bei Gericht die für sie nützlichen bzw. notwendigen Informationen der JGH erhalten" und bei ihrer weiteren „Sachbehandlung, (…) insbesondere angemessenen Antragstellungen" berücksichtigen kann (RegE BT-Drs. 19/13837, 52).

IV. Fehleinschätzungsfolgen

10 War die Prognose der JStA (→ Rn. 7) falsch und trifft bis zu Beginn der HV kein (schriftlicher) Bericht ein, hat dies keine Konsequenz. Da die JGH gem. § 38 Abs. 4 S. 1 in der HV zu erscheinen hat (ein Verzicht wäre hier nur ausnahmsweise gerechtfertigt (→ § 38 Rn. 52, 62 f.)), können und müssen ihre Ausführungen dort dennoch erfolgen. Das Erfordernis von Art. 7 Abs. 6 RL (EU) 2016/800, wonach die nachträgliche Begutachtung in der HV zur Verfügung stehen muss, ist so jedenfalls erfüllt (RegE BT-Drs. 19/13837, 52). Im Hinblick auf diesen Modus muss das JGericht, wenn es bei Eingang der Anklage die **Prognose** der JStA hinsichtlich des Berichterstattungszeitpunktes nicht teilt, nicht unbedingt besondere Maßnahmen ggü.

der JGH ergreifen (abgesehen von einer gewissen Berücksichtigung bei der Terminierung).

Schätzt das JGericht die Frage des **Beschuldigtenwohls** anders als die JStA ein, rechtfertigt dies keine Nichteröffnung gem. § 204 StPO iVm § 2 Abs. 2. Das Gericht kann aber die angestrebte Beschleunigung gewissermaßen ausbremsen, indem es mit dem Eröffnungsbeschluss oder der HV bis zum Eintreffen des nachgeholten Berichts (→ Rn. 9) wartet und dessen Inhalte ggf. zum Anlass für eine Einstellung nach § 47 nimmt. Generell bietet **§ 47** eine Möglichkeit, die **Anklageentscheidung** des JStA, die dieser in Kenntnis der JGH-Stellungnahme womöglich nicht getroffen hätte, noch außerhalb der HV zu **korrigieren.** – Gegen die Entscheidung der JStA, die Möglichkeit des S. 1 aus ggf. unzutreffenden Gründen nicht zu ergreifen und das Ermittlungsverfahren **andauern** zu lassen, sieht die hM keinen Rechtsbehelf vor (n. und kritisch dazu MüKoStPO/Kölbel/Ibold StPO § 160 Rn. 54 ff.). 11

Zweiter Unterabschnitt. Das Hauptverfahren

Einstellung des Verfahrens durch den Richter

47 (1) [1]**Ist die Anklage eingereicht, so kann der Richter das Verfahren einstellen, wenn**

1. **die Voraussetzungen des § 153 der Strafprozeßordnung vorliegen,**
2. **eine erzieherische Maßnahme im Sinne des § 45 Abs. 2, die eine Entscheidung durch Urteil entbehrlich macht, bereits durchgeführt oder eingeleitet ist,**
3. **der Richter eine Entscheidung durch Urteil für entbehrlich hält und gegen den geständigen Jugendlichen eine in § 45 Abs. 3 Satz 1 bezeichnete Maßnahme anordnet oder**
4. **der Angeklagte mangels Reife strafrechtlich nicht verantwortlich ist.**

[2]**In den Fällen von Satz 1 Nr. 2 und 3 kann der Richter mit Zustimmung des Staatsanwalts das Verfahren vorläufig einstellen und dem Jugendlichen eine Frist von höchstens sechs Monaten setzen, binnen der er den Auflagen, Weisungen oder erzieherischen Maßnahmen nachzukommen hat.** [3]**Die Entscheidung ergeht durch Beschluß.** [4]**Der Beschluß ist nicht anfechtbar.** [5]**Kommt der Jugendliche den Auflagen, Weisungen oder erzieherischen Maßnahmen nach, so stellt der Richter das Verfahren ein.** [6]**§ 11 Abs. 3 und § 15 Abs. 3 Satz 2 sind nicht anzuwenden.**

(2) [1]**Die Einstellung bedarf der Zustimmung des Staatsanwalts, soweit er nicht bereits der vorläufigen Einstellung zugestimmt hat.** [2]**Der Einstellungsbeschluß kann auch in der Hauptverhandlung ergehen.** [3]**Er wird mit Gründen versehen und ist nicht anfechtbar.** [4]**Die Gründe werden dem Angeklagten nicht mitgeteilt, soweit davon Nachteile für die Erziehung zu befürchten sind.**

(3) **Wegen derselben Tat kann nur auf Grund neuer Tatsachen oder Beweismittel von neuem Anklage erhoben werden.**

Schrifttum: Bareinske, Sanktion und Legalbewährung im Jugendstrafverfahren in Baden-Württemberg, 2004; Hock-Leydecker, Die Praxis der Verfahrenseinstellung im Jugendstrafverfahren, 1994; Kleinbrahm, Divergente Diversion im Jugendstrafverfahren, 2015; Löhr-Müller, Diversion durch den Jugendrichter. Der Rüsselsheimer Versuch, 2001.

Übersicht

I. Anwendungsbereich

1 Die Vorschrift gilt bei **Jugendlichen** wie bei **Heranwachsenden,** und das auch in Verfahren vor den für allg. Strafsachen zuständigen Gerichten (§ 112 S. 1, § 104 Abs. 1 Nr. 4). Bei Heranwachsenden hängt dies aber davon ab, dass die Voraussetzungen des § 105 Abs. 1 bejaht werden (§ 109 Abs. 2 S. 1, § 112 S. 2). Auch ist Abs. 1 S. 1 Nr. 4 bei ihnen – gem. § 109 Abs. 2 S. 1 – ausgenommen (zu Abs. 2 S. 4 vgl. → Rn. 20).

2 Im **vereinfachten JVerfahren** kommt § 47 zur Anwendung, denn ein Antrag iSv § 76 Abs. 1 S. 1 steht der Einreichung der Anklage gleich (§ 76 Abs. 1 S. 2).

3 Im Verfahren wegen **Ordnungswidrigkeiten** kann der JRichter das Verfahren in jeder Lage, also auch noch im Rechtsbeschwerdeverfahren (vgl. Göhler/Bauer OWiG § 47 Rn. 41), gem. § 47 Abs. 2 OWiG einstellen. Die vorliegende Vorschrift ist dagegen nicht anwendbar → § 45 Rn. 2).

II. Einordnung der Norm

1. Entwicklung der Vorschrift

4 Die Regelungen in Abs. 1 bauen auf § 32 Abs. 2 S. 2 JGG 1923 und § 31 Abs. 1 RJGG 1943 auf und differenzieren die einstellungsfähigen Fallgruppen stärker aus. So sah § 31 Abs. 1 RJGG 1943 noch keine folgenlose Einstellung wegen Geringfügigkeit (→ Rn. 10) vor. Die Unanfechtbarkeit des jugendrichterlichen Einstellungsbeschlusses (→ Rn. 28) wurde mit § 31 Abs. 2 S. 3 RJGG 1943 eingeführt, während § 32 Abs. 3 S. 2 JGG 1923 dem Beschuldigten und dem verletzten Antragsteller noch die sofortige Beschwerde eröffnet hatte. Die beschränkte Rechtskraft (→ Rn. 24) war von Anbeginn vorgesehen, wobei allerdings § 32 Abs. 4 JGG 1923 bei Bekannt-

werden neuer Tatsachen oder Beweismittel die Fortführung des alten Verfahrens und erst § 31 Abs. 3 RJGG 1943 (wie heute Abs. 3) stattdessen ggf. eine neue Anklage erlaubte. – Ihre aktuelle Struktur erhielt die Vorschrift im Wesentlichen mit § 47 JGG 1953. Dabei kam es auch zu Ergänzungen bei den Vorgaben zur prozessualen Handhabung, die dem Umstand gerecht werden sollen, dass die Einstellung in einem fortgeschrittenen Verfahrensstadium erfolgt. Die Anwendungsfälle in Abs. 1 sind sodann durch das 1. JGG-ÄndG in Abstimmung mit und als Parallelvorschrift zu § 45 umgestellt worden.

2. Verhältnis zu Verfahrenseinstellungen nach allgemeinem Strafverfahrensrecht

5 Hinsichtlich der Einstellungsmöglichkeiten aufgrund des Opportunitätsprinzips nach allg. StVR gelten dieselben Maßgaben wie bei § 45 (→ § 45 Rn. 7 ff.). Soweit die dortigen Optionen auf ganz andere Umstände als § 47 reagieren (§§ 153b ff. StPO) oder weiter reichen bzw. für den Beschuldigten günstiger sind (§ 153 Abs. 2, § 153a Abs. 2 StPO), können sie **auch im JStV herangezogen** werden (ebenso zB Frehsee, Schadenswiedergutmachung als Instrument strafrechtlicher Sozialkontrolle, 1987, S. 208; Laubenthal/Baier/Nestler JugendStrafR Rn. 311; NK-JGG/Schady Rn. 7; aA bzgl. §§ 153, 153a StPO Brunner/Dölling Rn. 4; Diemer/Schatz/Sonnen/Diemer Rn. 6 f.; BeckOK JGG/Schneider Rn. 7; Löwe/Rosenberg/Mavany StPO § 153 Rn. 15). § 47 kommt neben § 37 Abs. 2, § 38 Abs. 2 BtMG zur Anwendung, ist aber ggü. § 31a Abs. 2 BtMG subsidiär (→ § 45 Rn. 15 ff.).

3. Anwendungshäufigkeit

6 Die tatsächliche Bedeutung der Einstellung nach § 47 in der Praxis ist groß (dazu n. auch → § 45 Rn. 20 ff.). Nach den amtlichen statistischen Angaben erfolgten in den Jahren 1995, 2000 und 2005 (jeweils in den „alten" Bundesländern) sowie in den Jahren 2010, 2015 und 2019 (im gesamten Bundesgebiet) von den insgesamt jeweils 44.262, 47.449 und 45.910 sowie 50.609, 35.994 und 26.473 gerichtlichen Einstellungen im JStR die allermeisten – konkret 86,27 %, 87,26 % und 85,32 % sowie 89,10 %, 90,56 % und 91,22 % – nach § 47 (zu langfristigen Trends in der Anwendungshäufigkeit n. Heinz Sekundäranalyse S. 753 f., 813 f.). Diese Einstellungen nach § 47 machen zugleich einen **erheblichen Anteil** an der Gesamtheit der jugendrichterlichen Entscheidungen aus. 2022 waren dies bspw. 36,9 % aller Aburteilungen im JStR (StrafSt Tab. 24311-06). Allerdings bestehen große regionale Unterschiede in der Anwendungsfrequenz, und dies auch im Verhältnis zu § 45 (vgl. Kleinbrahm, Divergente Diversion im Jugendstrafverfahren, 2015, S. 247, 334; Heinz Sekundäranalyse S. 877). Bestimmend scheint vielfach das Angeklagtenalter und die Deliktsart zu sein (Heinz Sekundäranalyse S. 807 f.; zu den Entscheidungskriterien der Praxis auch Hock-Leydecker, Die Praxis der Verfahrenseinstellung im Jugendstrafverfahren, 1994, S. 94 ff. betr. Einschlägigkeit (nicht Schwere) der Vorbelastungen; vgl. auch Löhr-Müller, Diversion durch den Jugendrichter. Der Rüsselsheimer Versuch, 2001, S. 25 ff., 32 ff., 45 f.; BMJ/Hügel, Erzieheri-

sche Maßnahmen im deutschen Jugendstrafrecht, S. 44ff., 74ff.; Ludwig-Mayerhofer/Rzepka MschKrim 1998, 17 (23ff.)).

4. Funktionalität

Die vorliegenden Befunde zur Wiedererfassung nach Diversionsentscheidungen (→ § 5 Rn. 73, → § 45 Rn. 24f.) erlauben die Aussage, dass die spezialpräventive Wirksamkeit von jugendrichterlichen Einstellungen wahrscheinlich gut und (bei den meisten Adressaten) tendenziell höher als die von formellen Interventionen ist. Allerdings werden die Erledigungen nach §§ 45, 47 in den dahingehenden BZR-Auswertungen häufig zusammengefasst und nicht differenziert, sodass in dieser Hinsicht keine Vergleiche und Unterscheidungen möglich sind. Die vereinzelt erfolgten Spezialauswertungen zu § 47 (etwa Löhr-Müller, Diversion durch den Jugendrichter. Der Rüsselsheimer Versuch, 2001, S. 45f., 110ff.) lassen wegen ihres lokalen Bezugs nur eingeschränkt generalisierende Angaben zu. IdR zeigt sich aber eine deliktische Entwicklung, die nach einer jugendrichterlichen Einstellung **weniger günstig** als nach einer Entscheidung gem. § 45 ist (deutlich Schumann, Berufsbildung, Arbeit und Delinquenz/Prein/Schumann, 2003, S. 204f., 208; tendenziell ebenso bei Bareinske, Sanktion und Legalbewährung im Jugendstrafverfahren in Baden-Württemberg, 2004, S. 164; Spiess Bewährungshilfe 2012, 17 (33); Spiess FS Heinz, 2012, 301). Vermutlich liegt dies daran, dass die abträglichen Seiten der Strafverfolgung (→ Einl. Rn. 8, → § 5 Rn. 67f.) vor einer jugendrichterlichen Einstellung noch stärker zum Tragen kommen können als bei der deutlich früheren Einstellung durch die JStA. Insofern ist davon auszugehen, dass die verschiedenen Diversionsvarianten **nicht beliebig austauschbar,** sondern in ihrer Stufenfolge ernst zu nehmen sind (ebenso Heinz Sekundäranalyse S. 1924). 7

III. Anwendungsfälle

1. Einstellung wegen fehlender Verantwortlichkeit

Bei **Abs. 1 S. 1 Nr. 4** handelt es sich um die einzige Konstellation in Abs. 1, die nicht mit § 45 korrespondiert. Die Einstellung des Verfahrens kommt hier in Betracht, wenn sich **nach Eröffnung** des Hauptverfahrens herausstellt, dass der angeklagte Jugendliche **mangels Reife** nicht iSv § 3 verantwortlich war. Mangels Schuldfähigkeit durfte in diesen Fällen an sich gar keine strafrechtliche Verfolgung geschehen. Vielmehr wäre das Verfahren bereits im Ermittlungs- oder Zwischenverfahren nach § 170 Abs. 2 StPO iVm § 2 Abs. 2 (→ § 45 Rn. 6) bzw. § 204 StPO iVm § 2 Abs. 2 (→ Rn. 19) einzustellen gewesen. Insofern ist es in den Konstellationen des spät erkannten Reifemangels zu einem unbegründeten Prozessfortschritt (Anklage und Eröffnung des Hauptverfahrens) gekommen, der nunmehr der **eingriffsreduzierenden Korrekturen** bedarf. Die Einstellung gem. Abs. 1 S. 1 Nr. 4 soll in diesem Sinne nicht nur die zwingende strafrechtliche Folgenlosigkeit gewährleisten, sondern den Betroffenen auch die Belastungen der HV ersparen (was iÜ einen positiven verfahrensökonomischen Begleiteffekt hat). Dass damit zugleich der sonst zwingende Freispruch in der HV vermieden wird, den der Angeklagte falsch interpretieren könnte (Zie- 8 ger/Nöding Verteidigung Rn. 42: „missversteht als Freibrief für ähnliche Taten"), tritt demgegenüber in den Hintergrund (zumal über die Gefahr solcher Fehlschlüsse nur spekuliert werden kann).

9 Aus den eben genannten Normzwecken folgt, dass die Einstellung nach Abs. 1 S. 1 Nr. 4 (nach Eröffnung des Hauptverfahrens → Rn. 19) va **vor oder zu Beginn der HV** angezeigt ist. Wurde die HV durchgeführt, kann die Einstellung die bezweckte Schonung kaum noch erbringen, sodass dann durchaus die gleiche Vorgehensweise wie bei Erwachsenen (Freispruch) in Betracht kommt oder ggf. auch den Vorzug verdient (ebenso BeckOK JGG/Schneider Rn. 27; s. auch → § 3 Rn. 31). Da die Regelung in Abs. 1 S. 1 Nr. 4 **nicht** auf dem **Grundgedanken von Diversion** (dh der Vorrangigkeit von idR ausreichenden informellen Interventionen (→ § 45 Rn. 17 f.)) beruht, besteht hier auch keine Möglichkeit zur Verknüpfung mit einem erzieherischen Vorgehen. Die Einstellung kann allein mit der Anordnung **familiengerichtlicher Maßnahmen** iSv § 3 S. 2 verbunden werden, wobei es hierbei auf die Erforderlichkeit solcher Schritte ankommt (→ § 3 Rn. 34 ff.). Dass sich die fehlende Reife erst in der HV ergeben hat, kann sich auf die Frage der Notwendigkeit ggf. auswirken (n. → § 3 Rn. 40), aber die Anordnung nicht allein tragen.

2. Einstellung aus Subsidiaritätsgründen

10 **a) Abs. 1 S. 1 Nr. 1.** Wie bei § 45 Abs. 1 kommt die Einstellung unter den Voraussetzungen des **§ 153 StPO** in Betracht, wenn sich der Verdacht auf ein **Vergehen** (§ 12 Abs. 2 StGB) bezieht, dessen hypothetische Begehung lediglich einen Vorwurf geringeren Grades („geringe Schuld") und kein Strafverfolgungsanliegen der Allgemeinheit („öffentliches Interesse") begründet, weil das Erfolgs- und/oder Handlungs**unrecht begrenzt** ist und sich die Vorwerfbarkeit (unter Berücksichtigung ihrer **altersspezifischen** Absenkung) daher im Rahmen hält (n. → § 45 Rn. 27; vgl. auch BGH BeckRS 2006, 3045 betr. „geringfügige Tatbeiträge" im Gruppenkontext). Für die Einstellung bedarf es keines Geständnisses (vgl. → § 45 Rn. 26). Mit der richterlichen Festlegung einer Rechtsfolge kann die Einstellung nicht verbunden werden.

11 **b) Abs. 1 S. 1 Nr. 2.** In Konstellationen, in denen eine Einstellung nach § 45 Abs. 2 möglich gewesen wäre (→ § 45 Rn. 30 f.), erlaubt die Durchführung oder Einleitung einer **„erzieherischen Maßnahme"** die Einstellung nach Abs. 1 S. 1 Nr. 2. Das Spektrum der hierfür in Betracht kommenden Interventionen ist ebenso breit wie bei der staatsanwaltlichen Einstellung. Dabei spielt es keine Rolle, ob sie **vor oder nach** der Anklageerhebung eingeleitet bzw. durchgeführt worden sind. Deshalb ist uU auch die Ladung zur HV und deren teilweise Durchführung als erzieherische Maßnahme iSv § 45 Abs. 2 S. 1 anerkennungsfähig (Hdb-StrafR/Apfel/Piel/Raschka Kap. 26 Rn. 148). Soweit die erzieherische Maßnahme nicht von privater Seite oder der JHilfe bzw. JGH usw initiiert worden ist, kann sie durch den JRichter (ebenso wie durch den JStA im Vorverfahren) selbst **angeregt** werden (BT-Drs. 11/5829, 26; aA LG Berlin NStZ 1987, 560 mablAnm Eisenberg NStZ 1987, 561). IdR bedarf es, auch wenn das BVerfG (Beschluss v. 27.1.1983 – 2 BvR 92/83) dies verfassungsrechtlich nicht für zwingend hält, einer Zustimmung des Angeklagten und der Erzie-

hungsberechtigten (vgl. → § 45 Rn. 41; n. Eisenberg/Zötsch GA 2003, 226 (229)).

c) Abs. 1 S. 1 Nr. 3. Die Einstellung kommt ebenfalls in Betracht, wenn 12
der JRichter nach Eröffnung des Hauptverfahrens eine Entscheidung durch Urteil für entbehrlich hält und eine – nicht aber mehrere (→ § 45 Rn. 52) – jener Maßnahmen, die im (sog. „formlosen") **jugendrichterlichen Erziehungsverfahren** möglich sind (→ § 45 Rn. 49 ff.), gegen den geständigen (→ § 45 Rn. 47) Angeklagten anordnet (zur anzustrebenden bzw. ggf. erforderlichen **Zustimmung** des Beschuldigten bzw. der Erziehungsberechtigten vgl. → § 45 Rn. 48). Die Festlegung muss, anders als im Fall von Abs. 1 S. 1 Nr. 2 iVm § 45 Abs. 2 S. 1, durch das Gericht selbst erfolgen. Durch Nichtbefolgungsarrest auf die Umsetzung der Anordnungen hinwirken kann der JRichter nicht **(Abs. 2 S. 6).** Es besteht aber die Möglichkeit zur Änderung der angeordneten Weisungen und Auflagen (→ § 45 Rn. 50).

d) Subsidiarität. Das JGericht entscheidet (sofern keine Einstellung nach 13
allg. Regeln der StPO oder Abs. 1 S. 1 Nr. 4 einschlägig ist) zwischen den sich steigernden Varianten von Abs. 1 S. 1 Nr. 1–3 nach dem **Subsidiaritätsprinzip** (→ § 45 Rn. 17 f.). Dabei ist die jeweils mildeste ausreichende Form zu wählen. Stets muss dafür aber im Entscheidungszeitpunkt ein **hinreichender Tatverdacht** vorliegen (→ § 45 Rn. 6; s. aber auch VerfGH Berlin BeckRS 2003, 154005: Schuldspruchreife). Fehlt es daran, ist nach § 204 StPO iVm § 2 Abs. 2 zu verfahren (→ Rn. 19) oder in der HV (etwa bei weggefallenem Verdacht) nach § 170 Abs. 2 StPO iVm § 2 Abs. 2 einzustellen.

IV. Abstimmung zwischen Gericht und Staatsanwaltschaft

1. Endgültige und vorläufige Einstellung

14 Das Verfahren kann vom Gericht bei Vorliegen der genannten Voraussetzungen **endgültig** eingestellt werden. Dafür genügt es, dass die erzieherische Maßnahme bei Abs. 1 S. 1 Nr. 2 eingeleitet bzw. die jeweilige Anordnung bei Abs. 1 S. 1 Nr. 3 getroffen wurde. Die jeweilige **Umsetzung** durch den Angeklagten darf, aber **muss** hier **nicht abgewartet** werden. In den beiden Konstellationen von Abs. 1 S. 1 Nr. 2 und 3 besteht allerdings auch die Möglichkeit, das Verfahren **vorläufig** einzustellen und dem Angeklagten dabei eine höchstens **sechsmonatige Frist** zur Realisierung der Maßnahmen zu setzen (Abs. 1 S. 2). Abhängig von deren Nicht-/Vornahme kommt es dann entweder zur endgültigen Einstellung (Abs. 1 S. 5) oder zur Fortsetzung des Verfahrens. Hierin liegt ein Druckmittel, weil darauf reagiert werden kann, wenn der Angeklagte den eingeleiteten oder angeordneten Maßnahmen nicht nachkommt (was gem. Abs. 3 bei einer sofortigen Einstellung iSv Abs. 2 S. 1 nicht möglich ist (→ n. 23)). Für Heranwachsende, auf die JStR angewandt wird, gelten Abs. 1 S. 2–6 iÜ trotz der Nichterwähnung in § 109 Abs. 2 S. 1 ebenso (n. Diemer/Schatz/Sonnen/Diemer Rn. 2: Redaktionsversehen). – Besteht hinsichtlich der Voraussetzung iSv Abs. 1 noch Klärungsbedarf (etwa bzgl. der Reifebeurteilung oder bei der Vorbereitung angeordneter oder freiwillig durchgeführter erzieherischer

Maßnahmen), kann das JGericht darauf allerdings nicht mit der vorläufigen Einstellung, sondern nur mit den normalen Instrumenten der Verfahrensgestaltung (Terminierung usw.) reagieren.

2. Billigung der Jugendstaatsanwaltschaft

15 Wie bei den Einstellungen nach der StPO und dem BtMG (→ Rn. 5; für § 31a BtMG im JStV s. LG Oldenburg NStZ-RR 2002, 119 mzustAnm Aulinger JR 2002, 302) bedarf das JGericht gem. **Abs. 2 S. 1** für sämtliche Formen der Einstellung nach § 47 der **Zustimmung des JStA.** Eine Ausnahme gilt nur im vereinfachten JVerfahren, sofern der JStA dort an der mündlichen Verhandlung nicht teilnimmt (§ 78 Abs. 2 S. 2; vgl. auch RL 2). Dass ansonsten mit der JStA ein Einvernehmen hergestellt werden muss, erklärt sich mit der Unanfechtbarkeit (Abs. 2 S. 3) und Rechtskraftwirkung der Einstellungsentscheidung (Abs. 3). Die daraus resultierende Veto-Macht der JStA ist indes insofern eingeschränkt, als sie ihre Zustimmung zur Einstellung gem. Abs. 2 S. 1 in den Fällen des **Abs. 1 S. 1 Nr. 3 nicht verweigern** darf, sofern der Angeklagte den richterlich angeordneten Maßnahmen bereits nachgekommen ist. Das ergibt sich aus dem notwendigen Schutz des Betroffenenvertrauens und entspricht der Bindung iSv § 45 Abs. 3 S. 2 (→ § 45 Rn. 53).

16 Im Falle einer **vorläufigen Einstellung** (→ Rn. 14) bezieht sich das Zustimmungserfordernis auf diese Entscheidung (Abs. 1 S. 2) und nicht auf den endgültigen Einstellungsbeschluss (Abs. 2 S. 1 Hs. 2). Der Grundsatz, dass die Zustimmung an sich eine grds. bedingungsfeindliche Prozesshandlung darstellt, wird hier durch das Gesetz gewissermaßen gelockert. Hat sich die JStA mit der vorläufigen Einstellung einverstanden gezeigt, befindet folglich allein der JRichter über die später vorzunehmende abschließende Einstellung und über die Vorfrage, ob der Jugendliche der erzieherischen Maßnahme, Weisung oder Auflage „nachgekommen" ist (Abs. 1 S. 5). Soweit der JRichter die erzieherischen Maßnahmen iSv Abs. 1 S. 1 Nr. 2 bzw. Anordnungen iSv Abs. 1 S. 1 Nr. 3 bei der vorläufigen Einstellung konkretisiert, stellen diese allerdings die Zustimmungsgrundlage dar, sodass die Veranlassung und/oder Umsetzung anderer Interventionen (etwa bei nachträglicher Weisungs- oder Auflagenänderung) von der Zustimmung nicht notwendig umfasst ist (vgl. OLG Hamm MDR 1977, 949 (950)). Die nachträglichen **Modifikationen** müssen dann mit der JStA noch abgesprochen werden, um eine endgültige Einstellung zu ermöglichen. Das gilt ebenso wie in Fällen, in denen die Zustimmung von vornherein auf bestimmte Maßnahmen beschränkt wurde.

3. Form und Zeitpunkt der Einstellungsentscheidung

17 **a) Nach Eröffnung des Hauptverfahrens.** Die Entscheidung sowohl über die endgültige wie über die vorläufige Einstellung ergeht stets durch **nicht anfechtbaren Beschluss** (Abs. 1 S. 3 und S. 4, Abs. 2 S. 2 und 3). Der Beschluss kann **innerhalb und außerhalb der HV** erlassen werden. Das ist für die endgültige Einstellung in Abs. 2 S. 2 klargestellt, gilt aber gleichermaßen für die vorläufige Einstellung (wobei den beiden Einstellungsformen außerhalb der HV aber gem. § 33 Abs. 3 StPO iVm § 2 Abs. 2 eine **Anhörung** des Angeklagten vorausgehen muss (s. auch MüKoStPO/

Höffler Rn. 17)). Möglich sind beide Varianten vor und während der HV erster Instanz, aber auch noch nach zulässiger Anfechtung des Urteils – dh bis zur Verkündung des Urteils im Berufungsverfahren und einschränkungslos selbst noch durch das Revisionsgericht (BGH BeckRS 2006, 3045; BeckOK JGG/Schneider Rn. 13; aA und einschr. Diemer/Schatz/Sonnen/Diemer Rn. 8). Für die Einstellung im Stadium des **Rechtsmittelverfahrens** kommt es nicht darauf an, ob das Urteil abzuändern wäre. Auch dass sie regelmäßig aus Gründen erfolgt, auf die die Anfechtung der vorinstanzlichen Entscheidung (wegen der Beschränkung in § 55 Abs. 1) nicht gestützt werden konnte (deshalb abl. Pentz RdJB 1956, 44 (46 f.); Schnitzerling NJW 1956, 33), ist ohne Belang (Beulke/Swoboda JugendStrafR Rn. 770).

b) Vor Eröffnung des Hauptverfahrens. Mit Zustimmung des JStA 18
ergehende endgültige oder vorläufige Einstellungsbeschlüsse gem. § 47 sind **auch im Zwischenverfahren** möglich (vgl. auch Abs. 1 S. 1: „ist die Anklage eingereicht…"). Wegen der Verfahrensverkürzung, mit der eine Verminderung der prozessbedingten Belastungen einhergehen kann, muss eine alsbald nach Eingang der Anklage erfolgende Einstellung sogar als **vorzugswürdig** gelten. Hierfür entfällt allerdings die Grundlage, wenn die Anklage durch den JStA vor dem Eröffnungsbeschluss zurückgenommen wird (§ 156 StPO iVm § 2 Abs. 2). Eine solche **Zurücknahme** verbunden mit einer Einstellung nach § 45 Abs. 2 S. 1 kann insbes. dann angezeigt – wenn auch nicht im engeren Sinne vorrangig (zutr. BeckOK JGG/Schneider Rn. 17) – sein, wenn nach Anklageerhebung eine erzieherische Maßnahme im außerjustiziellen Bereich initiiert (vgl. → § 45 Rn. 32) und eine jugendrichterliche Anordnung dadurch entbehrlich wurde (ähnlich NK-JGG/Schady Rn. 5; Diemer/Schatz/Sonnen/Diemer Rn. 3; MüKoStPO/Höffler Rn. 4; Laubenthal/Baier/Nestler JugendStrafR Rn. 303).

Eine Einstellung nach § 47 im Zwischenverfahren setzt allerdings voraus, 19
dass das Hauptverfahren gem. § 203 StPO iVm § 2 Abs. 2 eröffnet werden könnte, weil ein **hinreichender Tatverdacht** besteht (→ Rn. 13). Fehlt es daran, kann **allein ein Nichteröffnungsbeschluss** (§ 204 StPO iVm § 2 Abs. 2) ergehen. An dessen Stelle nach § 47 vorzugehen, scheidet aus, weil dies den Angeschuldigten durch die Eintragung in das Erziehungsregister (§ 60 Abs. 1 Nr. 7 BZRG) schlechter stellen würde (vgl. auch → § 45 Rn. 7 ff.). Selbst wenn der Nichteröffnungsbeschluss in Fällen, in denen mangels Reife eine fehlende strafrechtliche Verantwortlichkeit angenommen und die Eröffnung des Hauptverfahrens daher abgelehnt werden muss, diesen registerrechtlichen Vorteil nicht aufweist (s. § 60 Abs. 1 Nr. 7 BZRG), kommt die Verfahrenseinstellung nach Abs. 1 S. 1 Nr. 4 hier ebenfalls nicht in Betracht. Das geht bereits aus dem Wortlaut der Vorschrift hervor, die ausdrücklich auf einen „Angeklagten" abstellt. Dies und iÜ auch der Zweck dieser Norm, wonach die unnötigen Belastungen speziell einer HV sowie ggf. auch die Missverständlichkeit eines dort erfolgenden Freispruchs vermieden werden sollen (→ Rn. 8), sprechen letztlich sogar dafür, die Anwendbarkeit von **Abs. 1 S. 1 Nr. 4** (anders als die von Nr. 1–3) generell **nur auf das Hauptverfahren** (und die sich dort ergebende Reifeverzögerung) zu beschränken (ebenso zB Diemer/Schatz/Sonnen/Diemer Rn. 14).

V. Weitere prozessuale Fragen

1. Sonstige Inhalte und Aspekte des Einstellungsbeschlusses

20 **a) Begründung.** Der Beschluss über die endgültige (nicht die vorläufige) Einstellung ist – auch zur Feststellung des Rechtskraftumfangs – zu begründen (Abs. 2 S. 3) und dem Angeklagten mitzuteilen (→ § 45 Rn. 60). Geben konkrete Anhaltspunkte zu der Befürchtung Anlass, dass Teile („… soweit …“) der Beschlussbegründung erzieherisch **nachteilige Wirkungen** hervorrufen könnten, unterbleibt in diesem Umfang deren Mitteilung an den jugendlichen Angeklagten (Abs. 2 S. 4). Bei **Heranwachsenden** gilt dies, wie sich aus § 109 Abs. 2 S. 1 ergibt, dagegen **nicht.** Hiernach ist zwar die grds. Anwendbarkeit von Abs. 2 bei Heranwachsenden vorgesehen, nicht aber die von § 54 Abs. 2. Daraus ist zu schließen, dass etwaige Nachteile für die Erziehung eines (volljährigen) Heranwachsenden dem Gesetz zufolge kein Anlass sind, bei ihm von der Mitteilung der Entscheidungsgründe abzusehen. Das gilt dann nicht nur für das Urteil, sondern ebenso für den Einstellungsbeschluss.

21 **b) Kosten.** Der Beschluss muss eine Entscheidung über die Verfahrenskosten enthalten (zur Nicht-/Anfechtbarkeit → Rn. 28), selbst wenn keine Gerichtsgebühren anfallen (§ 464 Abs. 1 StPO iVm § 2 Abs. 2). Die Kosten sind hierbei – gem. § 467 Abs. 1 StPO iVm § 2 Abs. 2 und unabhängig von § 74 – regelmäßig der **Staatskasse** aufzuerlegen (s. bereits Dallinger/Lackner Rn. 2; Potrykus NJW 1957, 1135 (1136); zur Verteidigergebühr bei bloßer Zustimmung zur Einstellung s. LG Hagen StraFo 2003, 436).

22 Allerdings geht man teilw. davon aus, dass es sich bei einem Verfahrensabschluss nach § 47 Abs. 1 S. 1 Nr. 1–3 jeweils um eine Ermesseneinstellung handele, sodass das Gericht gem. § 467 Abs. 4 StPO iVm § 2 Abs. 2 die **notwendigen Auslagen des Angeklagten** bei diesem belassen dürfe (vgl. etwa AG Tiergarten StV 2020, 656 = LSK 2017, 162378 mablAnm Eisenberg StV 2020, 656; Diemer/Schatz/Sonnen/Diemer Rn. 22; MüKoStPO/Grommes StPO § 467 Rn. 26). Dies setzt dann aber eine vorherige **Anhörung** des Jugendlichen voraus (BVerfG DAR 2022, 417; OLG Oldenburg BeckRS 2010, 17929; OLG Dresden NStZ-RR 2015, 30). Da eine Einstellung gem. § 47 aber streng genommen nicht im Ermessen des JGerichts liegt, sondern nach dem Verhältnismäßigkeits- und Subsidiaritätsprinzip zwingend erfolgen muss, sofern es keiner formellen Strafverfolgung bedarf (→ § 5 Rn. 21 f., → § 45 Rn. 17 f.), ist die Anwendbarkeit von § 467 Abs. 4 StPO jedoch generell zurückzuweisen (einschr. auch Brunner/Dölling Rn. 18). Außerdem steht sie im Widerspruch zu dem in § 74 positivierten Kostenbefreiungs-Prinzip (→ § 74 Rn. 9 f.; für eine an § 74 orientierte Kostenentscheidung HK-JGG/Weik/Koranyi Rn. 16). Ohnehin wird das JGericht durch die obergerichtliche Rspr., der zufolge es über die Zuweisung der Auslagen gem. § 467 Abs. 4 StPO iVm § 2 Abs. 2 zwar nicht anhand einer expliziten oder verdeckten Schuldannnahme, sehr wohl aber orientiert am Grad und Gegenstand des Tatverdachts befinden dürfe, mit einer kaum handhabbaren Leitlinie konfrontiert (zur Problematik mwN etwa KK-StPO/Grieg StPO § 467 Rn. 11).

c) Verschiedenes. Für die Eintragung in das Erziehungsregister (§ 60 Abs. 1 Nr. 6 und 7 BZRG) und für Fragen zu Mitteilungspflichten gelten die Ausführungen zu → § 45 Rn. 60 ff. entsprechend. – Zur Problematik einer Entschädigung bei U-Haft im Ermittlungsverfahren vgl. → § 2 Rn. 61 f. (va mit Blick auf § 6 Abs. 2 StrEG). – Die nach Abs. 1 S. 1 Nr. 3 iVm § 45 Abs. 3 S. 1 angeordneten erzieherischen Maßnahmen dürfen nicht gem. § 31 in eine andere Entscheidung einbezogen werden (n. → § 31 Rn. 6). 23

2. Beschränkte Rechtskraft

Die Einstellung nach § 47 ist als eine verfahrensbeendende jugendgerichtliche Entscheidung der beschränkten Rechtskraft **(Abs. 3)** fähig. Insoweit entspricht sie dem Beschluss über die Nichteröffnung des Hauptverfahrens, sodass für sie die Grundsätze zu dessen Wirkung (§ 211 StPO) entspr. gelten. Hiernach ist bei Einstellungen gem. Abs. 1 S. 1 Nr. 1–3 nicht etwa die Fortsetzung des eingestellten Verfahrens (→ Rn. 4), sondern allenfalls eine **erneute Anklage**erhebung wegen derselben Tat (iSv § 264 StPO) zulässig, dies aber – selbst bei einer inzwischen als falsch erkannten Auffassung, die der früheren Einstellung zugrunde gelegen hatte (BGHSt 18, 225 = NJW 1963, 1019 zu § 211 StPO) – nur unter engen Voraussetzungen. Selbst wenn von Neuem eine Anklage erhoben und das Hauptverfahren eröffnet worden ist, kann das Verfahren dann aber iÜ wieder nach § 47 eingestellt werden (vgl. auch Dallinger/Lackner Rn. 26 aE). 24

Für eine neue Anklage müssen erhebliche, zumindest für das JGericht **neue** (BGHSt 7, 64 (66) zu § 211 StPO) **Tatsachen** oder **Beweismittel** vorliegen, die zu einer Änderung der Beurteilung der Tat führen und dadurch deren gegebene bzw. fehlende Einstellungsfähigkeit in einem anderen Licht erscheinen lassen (Diemer/Schatz/Sonnen/Diemer Rn. 21; Heiland Wiederaufnahme S. 84 f., 80 ff., 90). Wenn sich die Nova allein in den für die Entscheidung maßgeblichen spezialpräventiven Aspekten auswirken, reicht dies nicht aus (ebenso MüKoStPO/Höffler Rn. 24). Es kommt vielmehr darauf an, dass eine andere rechtliche Beurteilung der Tat angezeigt ist und die Einstellungsvoraussetzungen deshalb anders bewertet werden müssen. Wegen der besonderen Rechtsfolgenregeln des JStR ist das aber keineswegs bei allen neuen Informationen, die im allg. StR allein für die Strafhöhe bedeutsam wären, der Fall (nur bedingt etwa bei strafschärfenden Regelbeispielen; vgl. erg. auch BayObLGSt 64, 173; Meyer-Goßner/Schmitt/Schmitt StPO § 153 Rn. 38). Wegen des gebotenen Vertrauensschutzes (Art. 20 Abs. 3 GG) können auch nur solche Tatsachen oder Beweismittel als „neu" gelten, die nicht auch auf der Grundlage des vor der Einstellung bestehenden „Aufklärungspotentials" hätten erlangt werden können (BGHSt 48, 331 = NJW 2004, 375). – Prinzipiell **keine neue Tatsache** iSv Abs. 3 wäre es, wenn der Jugendliche nach ergangenem Einstellungsbeschluss den angeordneten erzieherischen Maßnahmen nicht nachkommt oder sich nachträglich „schlecht führt". Hier fehlt es jeweils an einem neuen rechtlichen Gesichtspunkt, der die Tatbeurteilung verändern könnte. 25

Besonderheiten gelten für die Einstellung gem. **Abs. 1 S. 1 Nr. 4,** da es sich hier um ein Surrogat eines Freispruchs (wegen Schuldunfähigkeit) handelt, also anders als bei Nr. 1–3 nicht um ein informelles Vorgehen aus rechtsfolgenorientierten Erwägungen. Eine erneute Anklageerhebung kann 26 dementspr. allein in **engeren,** freispruchsanalogen Grenzen zulässig sein, namentlich nur unter den Voraussetzungen von § 362 Nr. 1–3 StPO iVm § 2 Abs. 2 (zutr. Heiland Wiederaufnahme S. 99 ff., 104 ff.).

3. Selbstständige Einziehung

27 Die selbstständige Einziehung, die gem. § 76a StGB und § 435 StPO iVm § 2 Abs. 2 ungeachtet der richterlichen Verfahrenseinstellung zulässig ist, wird bei Anordnung von Maßnahmen gem. § 15 Abs. 1 S. 1 Nr. 1 obsolet. Geldförmig vorhandene Tatvorteile können über § 15 Abs. 1 S. 1 Nr. 4 abgeschöpft werden (dazu jeweils → § 45 Rn. 59). Bei den verbleibenden Fällen dürfte die Durchführung eines selbstständigen Einziehungsverfahrens idR **unverhältnismäßig** und daher verzichtbar sein (§ 435 Abs. 1 S. 2 StPO iVm § 2 Abs. 2). Bzgl. vorläufig gesicherter Vermögenswerte (§§ 111b ff. StPO) kann ein (aufwändiges) selbstständiges Einziehungsverfahren vermieden werden, wenn der Jugendliche eine Verzichtserklärung abgibt (teilw. abw. Reitemeier ZJJ 2017, 354 (363 f.)).

VI. Beschwerde

28 Ebenso wie bei den allg. Opportunitätseinstellungen der StPO (dort etwa BGHSt 47, 270 = NJW 2002, 2401) ist auch der jugendgerichtliche Beschluss iSv § 47 grds. **unanfechtbar** (**Abs. 2 S. 4;** für die Einführung einer Beschwerde, falls der Betroffene die Tatbegehung bestreitet, aber bspw. UK III DVJJ-Journal 1992, 24). Dies betrifft – neben der Kostenentscheidung (dazu § 464 Abs. 3 S. 1 StPO iVm § 2 Abs. 2, § 47 Abs. 2 S. 3 sowie LG Hamburg NStZ-RR 1996, 217) – aber nur die Entscheidung des JGerichts, die Möglichkeiten zur Durchbrechung des Legalitätsprinzips und zur informellen Erledigung wahrzunehmen. Mit dem Einwand, die wesentlichen prozessrechtlichen Grundlagen hätten gefehlt oder die gesetzlichen **Entscheidungsmöglichkeiten** seien **überschritten** worden, kann die Einstellung mit der Beschwerde durchaus angegriffen werden (zus. Löwe/Rosenberg/Mavany StPO § 153 Rn. 86). Für den Angeklagten und dessen Eltern (§ 67 Abs. 2) besteht diese Möglichkeit bspw. dann, wenn eine Entscheidung nach Abs. 1 S. 1 Nr. 3 mangels eines Geständnisses gar nicht ergehen durfte oder darin eine in § 45 Abs. 3 nicht bezeichnete Maßnahme angeordnet wurde (LG Krefeld NJW 1976, 815; LG Koblenz NJW 1983, 2458; LG Osnabrück StraFo 2015, 301). Die Beschwer ergibt sich hier auch aus § 60 Abs. 1 Nr. 7 bzw. Abs. 2 BZRG.

29 Dem JStA steht darüber hinaus ein Beschwerderecht zu, wenn eine Einstellung ohne seine nach Abs. 2 S. 1 erforderliche **Zustimmung** erfolgte bzw. dieselbe **nicht wirksam** erteilt worden war (BGH NJW 2002, 2401) oder eine andere prozessuale Voraussetzung für die Einstellung fehlte (LG Krefeld NJW 1976, 815; Meyer-Goßner/Schmitt/Schmitt StPO § 153 Rn. 34; Bspe. bei Diemer/Schatz/Sonnen/Diemer Rn. 20). Grds. gilt dies auch dann, wenn das Verfahren trotz Nichtvorliegens der Voraussetzungen von Abs. 1 S. 5 (zB irrtümlich) eingestellt worden war und der Angeklagte auch nicht in schutzwürdiger Weise auf die Haltbarkeit dieser Entscheidung vertrauen durfte (AG Eggenfelden NStZ-RR 2011, 357). Selbst wenn ihm hier bewusst war, dass er die eingeleiteten oder angeordneten Maßnahmen

nicht umgesetzt hatte, entsteht nämlich mit voranschreitendem Fortbestand der gleichwohl erfolgten Abschlussentscheidung ein Vertrauensschutztatbestand.

Vorrang der Jugendgerichte

47a **[1]Ein Jugendgericht darf sich nach Eröffnung des Hauptverfahrens nicht für unzuständig erklären, weil die Sache vor ein für allgemeine Strafsachen zuständiges Gericht gleicher oder niedrigerer Ordnung gehöre. [2]§ 103 Abs. 2 Satz 2, 3 bleibt unberührt.**

I. Die Vorschrift gilt in Verfahren gegen **Jugendliche** wie gegen **Heranwachsende** (§ 109 Abs. 1 S. 1), sobald das Hauptverfahren eröffnet worden ist (nicht aber vor oder in dem Eröffnungsbeschluss (vgl. KG StV 1985, 408; LG Hamburg BeckRS 2016, 112925)). Im vereinfachten JVerfahren hat die Vorschrift allerdings keine Bedeutung, weil hier nicht über die Eröffnung des Hauptverfahrens entschieden wird (Diemer/Schatz/Sonnen/Schatz Rn. 1). 1

II. Die Vorschrift ist durch Art. 3 Nr. 4 des StVÄG 1979 eingefügt worden (vgl. BT-Drs. 8/976, 12). Sie folgt im Verhältnis des JGerichts zum allg. Strafgericht **niedrigerer** Ordnung der bis dahin entspr. geltenden Bestimmung des § 269 StPO. Gegenüber dieser allg. Vorschrift stellt S. 1 für den Verfahrensabschnitt nach Eröffnung des Hauptverfahrens eine regelungsanaloge Spezialnorm für das Verhältnis des JGerichts zu einem Erwachsenengericht niedrigerer Ordnung dar. Eine Verweisung vom JGericht an ein solches allg. Strafgericht scheidet hiernach im Interesse der Prozessökonomie aus. 2

Im Verhältnis des JGerichts zum allg. Strafgericht gleicher Ordnung hat die Einführung von § 47a – auf der Fiktion des § 209a Nr. 2 StPO aufbauend – eine neue Rechtslage geschaffen (vgl. zur davor hM BGHSt 18, 173 = NJW 1963, 500; Dallinger/Lackner § 33 Rn. 26 mwN). Die Vorschrift übernimmt den **Rechtsgedanken** des **§ 269 StPO** und überträgt ihn auch auf das Verhältnis des JGerichts zum **gleichrangigen** allg. Strafgericht. Grundlage für diese Festlegung ist die Annahme, dass die JGerichte für die Verhandlung von Strafsachen gegen Erwachsene ebenso gut in der Lage sind wie die allg. Strafgerichte (BT-Drs. 8/976, 69). Demgemäß sollen sie im Interesse der zügigen Erledigung von anhängigen Verfahren auch dann zuständig bleiben, wenn sich erst nach Eröffnung des Hauptverfahrens ergibt, dass die Strafsache an sich vor ein Erwachsenengericht gehört hätte – und zwar unabhängig davon, ob dieses zur gleichen oder einer niedrigeren Ordnung zählt (vgl. → §§ 33–33b Rn. 19 sowie BGH StraFo 2004, 103 = BeckRS 2004, 869; OLG Brandenburg BeckRS 2008, 20924; vgl. auch Rieß NJW 1978, 2265 (2267)). Das betrifft idR die verspätete Aufklärung des wahren Tatzeitalters (s. etwa BGH BeckRS 2003, 30334890; NStZ-RR 2023, 84 (85)) und gilt auch für Fälle, in denen die Problematik erst im **Nachverfahren** iSv § 30 bekannt wird (OLG Hamm NStZ 2011, 527). 3

Für die Möglichkeiten der Abgabe zwischen JGerichten hat § 47a keine Bedeutung (s. zB → § 39 Rn. 16 f.). Im Verhältnis von JGerichten verschiedener Ordnung ist allerdings § 269 StPO iVm § 2 Abs. 2 zu berücksichti- 4 gen. Die Vorlage bzw. Verweisung an ein **allg. Strafgericht höherer Ordnung** wird durch die Vorschrift ebenfalls nicht eingeschränkt (BGH StraFo 2004, 103 = BeckRS 2004, 869; n. → §§ 33–33b Rn. 19).

5 **III.** Eine **Verbindung** zusammenhängender oder eine **Trennung** verbundener Strafsachen nach Eröffnung des Hauptverfahrens erfolgt grds. nach Maßgabe von § 4 StPO iVm § 2 Abs. 2 (systematisch dazu → § 103 Rn. 25 ff.). Handelt es sich um verbundene Verfahren sowohl gegen Erwachsene als auch Jugendliche und/oder Heranwachsende (§ 103 Abs. 1 und 2 S. 1, § 112 S. 1), kommen indes die spezielleren Regelungen in § 103 Abs. 1 und 3 (iVm § 112 S. 1) zum Tragen. Die Entscheidung über die Verbindung oder Trennung trifft hier regelmäßig das JGericht, auch wenn die beteiligten Gerichte der gleichen Ordnung angehören (vgl. § 4 Abs. 2 S. 1, § 209a Nr. 2a StPO). Trennt das JGericht nach Eröffnung des Hauptverfahrens die verbundenen Strafsachen gegen Jugendliche (bzw. Heranwachsende) und Erwachsene, so bleibt es für das (selbstständig gewordene) Verfahren gegen die erwachsenen Angeklagten zuständig, da wegen S. 1 eine Abgabe an das für allg. Strafsachen zuständige Gericht nicht in Betracht kommt (BGHSt 30, 260 = NJW 1982, 454; BayObLGSt 1980, 46). Für die Zeit nach Abschluss des Zwischenverfahrens stellt § 47a nämlich eine ggü. § 103 Abs. 3 speziellere Vorschrift dar (vgl. auch → § 103 Rn. 19 ff.). Eine Abgabe an das allg. Strafgericht wird durch S. 1 auch dort gehindert, wo in verbundenen Verfahren nur die Strafsache gegen die Erwachsenen übrig bleibt, weil beim Jugendlichen bereits **Rechtskraft** eingetreten ist (Brunner/Dölling Rn. 6). Im Revisionsverfahren (dh bei der Zurückverweisung durch das Revisionsgericht) kommt die Vorschrift dann allerdings nicht mehr zum Tragen (→ § 103 Rn. 22; s. auch Diemer/Schatz/Sonnen/Schatz Rn. 9).

6 **Besonderheiten** gelten indes in den Konstellationen von **§ 103 Abs. 2 S. 2 und 3.** Dies betrifft verbundene Verfahren sowohl gegen Erwachsene als auch Jugendliche und/oder Heranwachsende, in denen der Strafsache gegen die Erwachsenen solche Tatvorwürfe zugrunde liegen, durch die die Zuständigkeit der Wirtschafts- oder der Staatsschutzstrafkammer (§§ 74c, 74a GVG), nicht aber die vorrangige Zuständigkeit des Schwurgerichts gegeben ist (§ 74e GVG). Hierfür stellt **S. 2** klar (BT-Drs. 8/976, 69 aE), dass anstelle von S. 1 allein die sich aus § 103 Abs. 2 ergebenden Sonderregelungen heranzuziehen sind (zu diesen Regelungen im Einzelnen → § 103 Rn. 13 ff.; speziell zur jugendgerichtlichen Vorlage an diese Spezialkammern → § 103 Rn. 16).

7 **IV.** Erwächst aus S. 1 die Zuständigkeit des JGerichts für die Strafsache gegen einen Erwachsenen (→ Rn. 2 f. und 5), kommt die Revision naturgemäß nicht in Betracht (Brunner/Dölling Rn. 2). Verweist ein JGericht dagegen nach Eröffnung des Hauptverfahrens, abgesehen vom Fall des S. 2, unter **Verstoß gegen S. 1** an ein Erwachsenengericht, so hat dies keine Bindungswirkung (OLG Koblenz 24.9.1982 – 1 Ss 441/82). Bei einer solchen unzulässigen Verweisung an ein allg. Strafgericht **niedrigerer Ordnung,** bedarf es für die Revision gegen dessen Urteil nicht der Unzuständigkeitsrüge nach § 338 Nr. 4 StPO iVm § 2 Abs. 2. Es liegt vielmehr ein Verfahrenshindernis vor, das gem. § 6 StPO von Amts wegen in jeder Lage des Verfahrens zu berücksichtigen ist (vgl. → §§ 33–33b Rn. 20; abw. Diemer/Schatz/Sonnen/Schatz Rn. 11). Anders verhält es sich bei einer Verweisung, die unter Verstoß gegen S. 1 an ein **gleichrangiges** allg. Strafge-

richt erfolgt. Gegen dessen Urteil ist – legt man die hM zugrunde, wonach JGerichte in einem besonderen sachlichen Geschäftskreis tätig sind (→ §§ 33–33b Rn. 6 ff.) – die Erhebung einer zulässigen Revisionsrüge nach § 338 Nr. 4 StPO iVm § 2 Abs. 2 erforderlich (→ §§ 33–33b Rn. 21 f.). Die Vorrangsfiktion in § 209a Nr. 2 StPO ist für diese Frage ohne Bedeutung.

Nichtöffentlichkeit

48 (1) **Die Verhandlung vor dem erkennenden Gericht einschließlich der Verkündung der Entscheidungen ist nicht öffentlich.**

(2) [1] **Neben den am Verfahren Beteiligten ist dem Verletzten, seinem Erziehungsberechtigten und seinem gesetzlichen Vertreter und, falls der Angeklagte der Aufsicht und Leitung eines Bewährungshelfers oder der Betreuung und Aufsicht eines Betreuungshelfers untersteht oder für ihn ein Erziehungsbeistand bestellt ist, dem Helfer und dem Erziehungsbeistand die Anwesenheit gestattet.** [2] **Das gleiche gilt in den Fällen, in denen dem Jugendlichen Hilfe zur Erziehung in einem Heim oder einer vergleichbaren Einrichtung gewährt wird, für den Leiter der Einrichtung.** [3] **Andere Personen kann der Vorsitzende aus besonderen Gründen, namentlich zu Ausbildungszwecken, zulassen.**

(3) [1] **Sind in dem Verfahren auch Heranwachsende oder Erwachsene angeklagt, so ist die Verhandlung öffentlich.** [2] **Die Öffentlichkeit kann ausgeschlossen werden, wenn dies im Interesse der Erziehung jugendlicher Angeklagter geboten ist.**

Schrifttum: Hofrichter, Öffentlichkeit im Jugendstrafverfahren, 2023.

Übersicht

I. Anwendungsbereich

1. Alter des Angeklagten

1 **a) Jugendliche und Heranwachsende.** Die Vorschrift gilt in Verfahren gegen Jugendliche vor den JGerichten. Nach Ermessen des Richters ist sie gem. § 104 Abs. 2 auch vor den allg. Strafgerichten anwendbar (allgA). Richtet sich ein dort laufendes Verfahren sowohl gegen jugendliche wie auch gegen ältere Angeklagte, kann die Öffentlichkeit nach Abs. 3 S. 2 ausgeschlossen werden (§ 104 Abs. 1 Nr. 4a). In Verfahren gegen Heranwachsende hat § 48, wie aus der fehlenden Einbeziehung in § 109 Abs. 1 und 2 folgt, dagegen keine Bedeutung. Allerdings kann die Öffentlichkeit im Interesse des Heranwachsenden durch Ermessensentscheidung ausgeschlossen werden (§ 109 Abs. 1 S. 5). Vor den allg. Strafgerichten besteht iErg dieselbe Option (n. zum Ganzen → Rn. 15 f.).

2 Angesichts dieser Regelungsunterschiede ist die Frage, ob nach den Vorgaben für Jugendliche oder Heranwachsende zu verfahren ist, nicht selten von Belang. Hierbei kommt es auf das **Tatzeitalter** des Angeklagten an. Deshalb ist auch bei einer HV, die wegen lange zurück liegender Jugendstraftaten durchgeführt wird, Abs. 1 einschlägig – obwohl die jugendspezifische Normfunktion (→ Rn. 8 ff.) wegen des zwischenzeitlich erreichten Angeklagtenalters (vgl. etwa OLG Hamburg NStZ 2020, 694: 93jähriger Angeklagter) entfallen sein kann (rechtspolitisch krit. daher Streng FS Wolter, 2013, 1235 (1242); MüKoStPO/Höffler Rn. 29).

3 Wurden mehrere angeklagte Delikte teilw. in der Altersstufe des Jugendlichen und teilw. in der des Heranwachsenden begangen, ist Abs. 1 für die HV anwendbar (BGHSt 22, 21 = NJW 1968, 457; BGHSt 23, 176 (178) = NJW 523 (524); Brunner/Dölling Rn. 12). Hierfür kommt es nicht darauf an, dass das Schwergewicht des Verfahrens bei der Tat liegt, die im Jugendalter begangen wurde (BGHSt 22, 21 (25) = NJW 1968, 457 (458): eine entspr. Anwendung von § 32 scheidet aus). Wird die prozessuale **Verbindung** der verschiedenen Taten indes ohne bestehenden sachlichen Zusammenhang vorgenommen, nur um einheitlich nach Abs. 1 verfahren zu können, soll dies rechtsmissbräuchlich sein (so jedenfalls (ohne Benennung von Konsequenzen) die Ansicht von Pielow, Öffentliches Strafverfahren – Öffentliches Strafen, 2018, S. 63 (zw.)). Im Übrigen bleibt Abs. 1 bei altersmäßig unterschiedlich einzuordnenden Vorwürfen gegen einen Angeklagten auch noch **nach Teileinstellung** hinsichtlich der Jugendtat/-en verbindlich (BGHSt 44, 43 = NJW 1998, 2066 mablAnm Wölfl JR 1999, 172; Diemer/Schatz/Sonnen/Schatz Rn. 6; HK-JGG/Trüg/Gundelach Rn. 6). Die hiervon abw. Ansicht (unter Hinweis auf Art. 6 Abs. 1 EMRK va Streng JugendStrafR Rn. 212 f.; Streng FS Wolter, 2013, 1240; MüKoStPO/Höffler Rn. 9) berücksichtigt nicht hinreichend, dass die Einstellung zurück-

genommen werden könnte und der Schutz vor der Öffentlichkeit dann nicht zwischenzeitlich entfallen sein darf (vgl. ferner → § 109 Rn. 56 f.).

b) Mehrere Angeklagte verschiedenen Alters. Sofern das Verfahren nicht nur gegen (einen/mehrere) Jugendliche/-n geführt wird, sondern daneben auch gegen Heranwachsende oder Erwachsene (bzw. trotz der Formulierung „oder" in Abs. 3 S. 1 neben dem/den Jugendlichen gegen Heranwachsende wie auch Erwachsene), ist die Vorschrift zwar grds. anwendbar, nicht aber Abs. 1. Stattdessen kommt **Abs. 3** zum Tragen (zu den Einzelheiten → Rn. 15 ff.). 4

Fällt in den zunächst verbunden gewesenen Verfahren jedoch der Teil **weg,** der gegen den/die Jugendlichen gerichtet war (zB nach Abtrennung oder Einstellung gem. § 47 oder rechtskräftigem Urteil), hat § 48 überhaupt keine Bedeutung mehr. Soweit dann noch weiter gegen einen oder mehrere Heranwachsende/-n verhandelt wird, gelten hierfür allein die in → Rn. 15 f. erörterten Regeln. In der HV eines ausschließlich gegen **Erwachsene** fortgeführten Verfahrens gilt § 48 ebenfalls nicht, auch nicht vor dem JGericht (BGH MDR 1955, 246 = BeckRS 1955, 31193027 betr. Jugendschutzsachen). Vielmehr ist hier nach Maßgabe der §§ 169 ff. GVG öffentlich zu verhandeln. Ebenso verhält es sich iÜ, wenn der Beschuldigte (versehentlich) als Jugendlicher angeklagt wird, bei Tatbegehung aber bereits erwachsen war (OLG Hamm NStZ 2011, 527 (528 f.)). 5

2. Geltung für alle Rechtszüge

Die Vorschrift gilt für die HV aller Rechtszüge. Dies entspricht der seit langem hM (vgl. RG 59, 374 (375); Kümmerlein RJGG § 32 Anm. 1; Peters RJGG § 32 Anm. 2; s. auch Dallinger/Lackner Rn. 4; vgl. erg. Francke, Kommentar zum JGG v. 16.2.1923, 2. Aufl. 1926, Anm. I zu § 23 JGG 1923). Erkennendes Gericht iSv Abs. 1 ist also – obgleich es sich nicht um ein JGericht handelt (→ §§ 33–33b Rn. 2) – auch das Revisionsgericht (BGH BeckRS 2004, 2479; Löwe/Rosenberg/Wickern GVG § 169 Rn. 1; NK-JGG/Schady Rn. 6; aA Meyer-Goßner/Schmitt/Schmitt GVG § 169 Rn. 2; ferner Diemer/Schatz/Sonnen/Schatz Rn. 3; MüKoStPO/Höffler Rn. 10: Nichtöffentlichkeit hier nur iRv § 104 Abs. 2). Daran ändert sich nichts, wenn der Angeklagte im Verlauf des Verfahrens inzwischen das 18. oder gar das 21. Lbj. überschritten haben sollte. Maßgeblich bleibt für alle Instanzen das Tatzeitalter (Brunner/Dölling Rn. 12). 6

3. Ordnungswidrigkeitenverfahren

In Verfahren wegen Ordnungswidrigkeiten gegen Jugendliche bzw. Heranwachsende gelten § 48 bzw. § 109 Abs. 1 S. 5 gem. § 46 Abs. 1 OWiG sinngemäß (vgl. auch Göhler/Bauer OWiG § 71 Rn. 61). 7

II. Funktion der Vorschrift

Die Öffentlichkeit der HV im allg. StVR soll den Informationsbedürfnissen der Allgemeinheit und den Erfordernissen der Justizkontrolle Rechnung tragen (vgl. zB BVerfGE 133, 168 (218) = NJW 2013, 1058 (1066); Löwe/Rosenberg/Wickern GVG Vor § 169 Rn. 2 ff.; Pielow, Öffentliches 8

Strafverfahren – Öffentliches Strafen, 2018, S. 35 ff.; Gierhake JZ 2013, 1030). Dass sie in der HV gegen Jugendliche gleichwohl ausgeschlossen ist (eingehend zur historischen Entwicklung Gerbig Öffentlichkeit S. 7 ff.; Hofrichter, Öffentlichkeit im Jugendstrafverfahren, 2023, S. 33 ff.), beruht auf kollidierenden und **vorrangigen** Gründen, insbes. auf **entwicklungspsychologischen** und **jugendpädagogischen** Erwägungen, die einen deutlich geringeren Publizitätsgrad als im allg. StVerf erforderlich machen (OLG Hamburg BeckRS 2011, 8057; OLG Saarbrücken NJW-R 2019, 296 (300); einschr. aber Scholz ZJJ 2012, 190 (194); deplatzierte Kritik bei Hinz ZRP 2005, 192 (195)). Dieser Vorrang wird – auch mit Blick auf Art. 6 Abs. 1 EMRK – vom EGMR ausdrücklich anerkannt (NJW 2013, 521 (522)).

9 Die Nichtöffentlichkeit stellt nämlich eine wesentliche **Bedingung der altersgerechten Prozessgestaltung** dar, mit der verhindert werden soll, dass es durch die Anwesenheit unbeteiligter Beobachter zur Einschüchterung und Verlegenheit oder einer anderweitigen Gehemmtheit beim jugendlichen Angeklagten kommt. Denn solche unerwünschten atmosphärischen Störungen stehen einer möglichst barrierefreien Kommunikation im Wege. Auf die Möglichkeit zu einem solchen ungehinderten Austausch kommt es aber an, weil dies dem Angeklagten die beste Gelegenheit zu einem **uneingeschränkten rechtlichen Gehör** (dh zur unbefangenen Wiedergabe seiner eigenen vorwurfsbezogenen Sichtweise) gibt. Berücksichtigt man, dass die Gerichtsinteraktion ohnehin immer in zwangskommunikativer Weise beeinträchtigt ist (n. → § 50 Rn. 10 ff.), besteht jeder Anlass, nicht noch zusätzlich erschwerende Publikumseffekte hinzutreten zu lassen.

10 Unbedingt erforderlich ist der Ausschluss von Öffentlichkeit auch, um den Schutz der Privatsphäre zur Förderung der Integration (Art. 14 RL 800/2016 mit Erwgr. 56) zu gewährleisten. Es sollen also Bloßstellungen, Beschämungen und damit verbundene **stigmatisierende Folgen,** die über die HV hinausreichen können, vermieden werden. Bei Publizität der Verhandlungen, bei der eine Beschränkung auf „unproblematische" Beobachter nicht sichergestellt werden kann, sind Effekte im Sinne einer negativen Verstärkung zu befürchten – sowohl in Form ungünstiger Selbstbildentwicklungen als auch durch anhaltende abträgliche Reaktionen im sozialen Umfeld des Jugendlichen. Die potenziell kriminogenen Interventionswirkungen, die vom JStV ohnehin oftmals ausgehen (→ Einl. Rn. 8, → § 5 Rn. 67 f.), würden durch eine öffentliche HV also verstärkt (statt vieler etwa OLG Hamburg BeckRS 2011, 8057; Diemer/Schatz/Sonnen/Schatz Rn. 2; in diese Richtung bereits Francke, Kommentar zum JGG v. 16.2.1923, 2. Aufl. 1926, Anm. I zu § 23 JGG 1923; Peters RJGG § 32 Anm. 1).

11 Eine begrüßenswerte Nebenwirkung von Abs. 1 liegt iÜ darin, das JGericht vom etwaigen punitiven Erwartungsdruck der anwesenden Öffentlichkeit zu entlasten (Streng JugendStrafR Rn. 210). Unabhängig davon wird die Regelung seit jeher auch auf Erfordernisse der **Wahrheitsermittlung** zurückgeführt. Dabei geht es nicht in erster Linie um eine möglichst weitgehende Aufklärung des angeklagten Tatgeschehens, sondern darum, dem Gericht den für die richtige Rechtsfolgenwahl erforderlichen Eindruck vom Jugendlichen zu verschaffen (vgl. dazu bereits den „Entwurf eines Gesetzes über das Verfahren gegen Jugendliche" (Deutscher Reichstag, 13. Legislaturperiode, I. Session 1912, Drs. Nr. 576, 21: „Einen befangenen Angeklagten schüchtert sie derart ein, dass das Gericht nicht in die Lage kommt, sich über seine sittliche und geistige Reife ein zutreffendes Bild zu machen." (zitiert

nach Hellwig JGG § 23 Anm. 1))). Allerdings muss der hier mitschwingenden Vorstellung, dass eine HV jemals als diagnostisches Setting fungieren und ein Angeklagter anhand seines dortigen Verhaltens von Justizjuristen überhaupt angemessen eingeschätzt werden kann, mit Zurückhaltung begegnet werden. Deshalb trägt der aufklärungsförderliche Aspekt der Nichtöffentlichkeit zu deren Legitimierung nur beiläufig bei (krit. auch HK-JGG/Trüg/Gundelach Rn. 1; Pelster MschrKrim 2007, 420 (426 f.)).

III. Regelungswirkung und normsystematische Zusammenhänge

1. Nichtöffentlichkeit der Hauptverhandlung bei Jugendlichen

a) Vorrangigkeit gegenüber den Regelungen des GVG. Die Hauptverhandlung bei jugendlichen Angeklagten erfolgt – von Gesetzes wegen und ohne dass es eines entspr. Beschlusses bedürfte – **immer nichtöffentlich.** Mit dieser Festlegung stellt Abs. 1 im Verhältnis zu den allg. Öffentlichkeitsvorschriften eine **Spezialregelung** dar (BVerfG AfP 2009, 581 = BeckRS 2009, 27650; dazu eingehend Gerbig Öffentlichkeit S. 161 ff.). Normsystematisch ebenso vorrangig sind die darauf aufbauenden Vorgaben zur Anwesenheitsberechtigung und zur Zulassung anderer Personen in Abs. 2. Gem. § 2 Abs. 2 hat dies die Unanwendbarkeit der allg. Vorschriften zum Öffentlichkeitsausschluss und der Anwesenheitszulassung zur Folge. Dies gilt jedenfalls, soweit diese Normen (§§ 169 ff. GVG) von Abs. 1 und 2 abweichen oder sachlich gegenstandslos gemacht werden. 12

Nach diesen Kriterien ist § 175 Abs. 1 und 3 GVG anwendbar, wohingegen § 175 Abs. 2 S. 1 und S. 2 GVG durch die spezielleren Vorschriften in Abs. 2 S. 3 (Zulassung durch Vorsitzenden) bzw. Abs. 2 S. 1 (Anwesenheitsberechtigung des Verletzten) verdrängt wird. Auch für §§ 169, 173 GVG ist im JStV kein Raum. Die Ausschlussgründe gem. **§§ 171a–172 GVG** haben wegen Abs. 1 kaum einen Anwendungsbereich. Sie ermöglichen es allerdings, den nach Abs. 2 S. 1 anwesenheitsberechtigten Personen – soweit keine Sondervorschriften bestehen (vgl. § 51) und es sich nicht um die Prozessbeteiligten handelt – das Recht auf Anwesenheit zu entziehen (Diemer/Schatz/Sonnen/Schatz Rn. 16; Schaal/Eisenberg NStZ 1988, 49 (53); vgl. bereits Dallinger/Lackner Rn. 13; Grethlein Anm. 4a). Außerdem sind die dort aufgegriffenen Sachverhalte bei der Entscheidung, ob eine Zulassung nach Abs. 2 S. 3 erfolgen soll, als mögliche Gegengründe zu berücksichtigen. 13

b) Reichweite der Nichtöffentlichkeit. Nach Abs. 1 erstreckt sich die Nichtöffentlichkeit auf die **gesamte HV.** Anders als bei einem Ausschluss nach allg. StVR (vgl. § 173 Abs. 1 GVG) betrifft dies stets auch die **Verkündung** des Urteils bzw. der abschließenden Entscheidung. Insbes. das Anliegen der Stigmatisierungsminderung (→ Rn. 10) spricht allerdings dafür, schon bei der **Vorbereitung** der HV einer jugendgemäßen – dh hier: diskreten oder gesteigert dezenten – Vorgehensweise den Vorzug zu geben (ebenso Diemer/Schatz/Sonnen/Schatz Rn. 12 f.). So ist eine öffentliche Ladung zur HV unzulässig (vgl. n. → § 2 Rn. 46). Es muss darauf verzichtet werden, vor dem Sitzungssaal einen Terminzettel mit dem Namen des 14

Jugendlichen und der vorgeworfenen Tat anzubringen. Bei Zeugenladungen wie im Schriftverkehr des Gerichts mit Behörden sollte nach Möglichkeit auf die Angabe der vorgeworfenen Tat verzichtet werden (vgl. auch Nr. 4a und Nr. 64 Abs. 1 S. 2 RiStBV; NK-JGG/Schady Rn. 6).

14a **c) Dokumentation der HV und Nichtöffentlichkeit.** Hinsichtlich der Dokumentation bestehen für die HV im JStV keine Besonderheiten. Bei der Protokollierung werden hier keine Abstriche gemacht. Das soll auch für die **digitale Aufzeichnung** und Transkription gelten, die nach dem Entwurf des DokHVG für die erstinstanzlichen Verhandlungen vor dem LG und OLG – nicht aber in den HV des JRichters und des JSchöffG oder in Berufungs- und Revisionsverhandlungen – möglich werden soll. Einen Konflikt mit den Zwecken der Nichtöffentlichkeit (→ Rn. 8 ff.) oder anderweitige abträgliche Nebenwirkungen erwartet der Gesetzgeber dabei im JStV nicht. Insbes. würden weder die Schutzbelange der Jugendlichen noch die jugendgerechte Kommunikationsatmosphäre beeinträchtigt; Einschüchterungseffekte seien „jedenfalls nicht regelmäßig zu erwarten" (BT-Drs. 20/8096, 17). Diese Annahme wird durch die wenigen hierzu vorliegenden empirischen Beobachtungen tendenziell gestützt (vgl. Kassin/Russano/Amron ua Law and Human Behavior 43 (2019), 45, allerdings anhand von Polizeivernehmungen mit erwachsenen Beschuldigten). Ob sie sich bewahrheitet, wird im Falle der (derzeit schwer abschätzbaren) Entwurfsumsetzung jedoch abzuwarten sein.

2. Öffentlichkeitsauschluss bei älteren (Mit-)Angeklagten

15 **a) Voraussetzungen und Konstellationen.** Bei mehreren Angeklagten **verschiedenen,** dh sowohl jugendlichen wie auch heranwachsenden und/oder erwachsenen **Alters,** ist die HV vor dem JGericht nach **Abs. 3 S. 1 grds. öffentlich** (für Streichung DVJJ-Kommission DVJJ-Journal 2002, 243). Allerdings kann die Öffentlichkeit unter der Voraussetzung, dass entspr. spezialpräventive Gründe hinsichtlich des Jugendlichen bestehen, ausgeschlossen werden **(Abs. 3 S. 2).** Dies ist stets **von Amts wegen** zu prüfen. Das JGericht muss hierfür untersuchen, inwiefern die in → Rn. 8 ff. genannten Gesichtspunkte bei der fraglichen Person zum Tragen kommen und dadurch eine Einschränkung der Öffentlichkeit rechtfertigen. Das Anliegen, bei jungen Angeklagten eine zukunftsorientierte Verfahrensgestaltung sicherzustellen, hat dabei regelmäßig größeres Gewicht als die gegenläufigen Interessen. Den bisweilen erhobenen Forderungen, die Ausschlussoption umgekehrt restriktiv zu handhaben (etwa Kröber FPPK 2008, 207 (208)), liegt die Neigung zugrunde, der Verfahrensöffentlichkeit eine idealisierte und daher überhöhte gesellschaftliche Bedeutung beizumessen (n. Kölbel JZ 2018, 877 (878)). Deren Priorisierung ist mit Blick auf § 2 Abs. 1 im JStR aber nicht haltbar. – Unabhängig hiervon kann ein Ausschluss iÜ auch nach den allg. Vorschriften erfolgen. Die **§§ 171a ff. GVG** knüpfen an andere Gründe als Abs. 3 S. 2 an und sind deshalb nach § 2 Abs. 2 anwendbar.

16 In **jugendgerichtlichen** Verfahren gegen **Heranwachsende** (dh gegen diese allein oder gemeinsam mit älteren Angeklagten) gilt § 48 nicht (→ Rn. 1). Deshalb ist die HV hier öffentlich (§ 169 GVG). Ebenso wie in den eben erörterten Konstellationen iSv Abs. 3 kann jedoch ein Ausschluss

sowohl nach den allg. Vorschriften (§§ 171a ff. GVG iVm § 2 Abs. 2) als auch im Interesse des heranwachsenden Angeklagten erfolgen (§ 109 Abs. 1 S. 5). Für die Aufhebung der Verfahrensöffentlichkeit auf Basis dieser zusätzlichen Rechtsgrundlage gelten die Erwägungen aus → Rn. 15 entspr. (n. auch → § 109 Rn. 52 ff.). – Ganz ähnlich verhält es sich schließlich vor dem **allg. Strafgericht,** das bei Heranwachsenden grds. öffentlich verhandelt. Wie bei Jugendlichen (für diese s. → Rn. 1) kann indes Abs. 1 angewandt (§§ 112 S. 1 104 Abs. 2) und in verbundenen Verfahren, in denen auch Erwachsene angeklagt sind, die Öffentlichkeit nach Abs. 3 S. 2 ausgeschlossen werden (§ 112 S. 1, § 104 Abs. 1 Nr. 4a). Für die entspr. Ermessensausübung ist (nach dem Gedanken des § 109 Abs. 1 S. 5) abermals maßgeblich, ob das Interesse des Heranwachsenden die Nichtöffentlichkeit gebietet.

b) Einzelheiten. Soweit das Gericht auf der Grundlage von Abs. 3 S. 2 **17**
oder § 104 Abs. 2 oder § 109 Abs. 1 S. 5 eine entspr. Ermessensentscheidung trifft und die Öffentlichkeit im Interesse des jugendlichen der heranwachsenden Angeklagten ausschließt (→ Rn. 1 und 15 f.), kann dies auch nur für einen **Teil der HV** erfolgen (§ 172 GVG iVm § 2 Abs. 2). Wird eine solche Beschränkung nicht vorgenommen, bezieht sich der Ausschluss der Öffentlichkeit auf die gesamte Verhandlung einschl. der **Urteilsverkündung** (BGHSt 42, 294 = NJW 1997, 471 mablAnm Eisenberg NStZ 1998, 53; OLG Oldenburg NJW 1959, 1506; OLG Düsseldorf NJW 1961, 1547; Brunner/Dölling Rn. 25; Diemer/Schatz/Sonnen/Schatz Rn. 11; HK-JGG/Verrel/Linke § 109 Rn. 7; Pielow, Öffentliches Strafverfahren – Öffentliches Strafen, 2018, S. 64). Durch einen Ausschluss, der sich auf die gesamte HV erstreckt, wird eine mit Abs. 1 vergleichbare Situation hergestellt. Deshalb ist in all diesen Konstellationen auch **Abs. 2 entspr.** anwendbar (Dallinger/Lackner § 109 Rn. 4 und 34).

Der Ausschluss erfolgt nach den bei §§ 171a ff. GVG iVm § 2 Abs. 2 **18**
direkt anwendbaren und bei Abs. 3 S. 2, § 104 Abs. 2, § 109 Abs. 1 S. 5 entspr. heranzuziehenden Maßgaben von § 174 Abs. 1 S. 2 und 3 GVG in Form eines **zu begründenden Beschlusses** des JGerichts (OLG Hamm StraFo 2000, 195 = BeckRS 2000, 30100623, vgl. zu den Anforderungen an die Begründung BGHSt 27, 117 = NJW 1977, 964; BGHSt 27, 187 = NJW 1977, 1643). Eine formlose, aber verbindlich wirkende Aufforderung, den Raum zu verlassen, kommt einem Ausschluss iSv Abs. 3 S. 2 gleich, ohne aber die formellen Anforderungen zu wahren (OLG Braunschweig StV 1994, 474 = BeckRS 1994, 31160927). Über den Beschluss wird (unter dem Vorbehalt von § 174 Abs. 1 S. 1 StPO iVm § 2 Abs. 2) öffentlich verhandelt; den Beteiligten ist Gelegenheit zur Äußerung zu geben (BeckOK JGG/Putzke Rn. 19). Wurde der ausschließende Beschluss verkündet, können anschließende Gegenvorstellungen hingegen nichtöffentlich behandelt werden, denn das Verfahren läuft dann insges. nichtöffentlich ab (BGH NStZ 2015, 230).

IV. Zulässige Anwesenheit bei Nichtöffentlichkeit

1. Anwesenheitsberechtigte gem. Abs. 2 S. 1 und 2

a) Beteiligte des Verfahrens. Soweit ein Recht auf Anwesenheit be- **19**
steht, darf diese **nicht verhindert** oder mit **wesentlichen Hindernissen**

versehen werden. Aus diesem Grund – und nicht nur wegen der Religionsfreiheit und des Persönlichkeitsrechts (hierzu Mitsch KriPoZ 2020, 99 (101 f.)) – ist bspw. das Verhüllungsverbot (**§ 176 Abs. 1 S. 1 GVG** iVm § 2 Abs. 2) auf die Phasen zu beschränken, in denen es prozessual notwendig ist (Identitätsfeststellung; Zeugenaussage). Das betrifft alle Berechtigten iSv Abs. 2 (speziell zu den Eltern auch → § 51 Rn. 16). Hinsichtlich ihres Kreises gibt Abs. 2 S. 1 zunächst einen klarstellenden Hinweis auf das Anwesenheitsrecht der Verfahrensbeteiligten, das sich regelmäßig aus besonderen gesetzlichen Vorschriften ergibt (vgl. § 226 Abs. 1 StPO iVm § 2 Abs. 2). Hierzu zählen auch der Verteidiger (§§ 218, 227 StPO iVm § 2 Abs. 2) und der Beistand (§ 69) sowie in den Fällen des § 80 Abs. 3 der Nebenkläger und dessen Beistand (§ 397 Abs. 1 und 2 StPO iVm § 2 Abs. 2). Von der (selbstverständlichen) Anwesenheit des **Angeklagten** in der HV kann nur unter engen Voraussetzungen ganz oder teilw. abgesehen werden (vgl. n. → § 50 Rn. 21 ff., → § 51 Rn. 4 ff.).

20 Dagegen haben **Zeugen,** deren Anwesenheitspflicht nach Maßgabe von § 48 Abs. 1, § 51 StPO iVm § 2 Abs. 2 besteht, **kein** Anwesenheitsrecht. Ihre Anwesenheit kann allenfalls – nach Beendigung ihrer Verfahrensbeteiligung durch ihre Entlassung – iRv Abs. 2 S. 3 gestattet werden (allgA), nicht aber vorher (§§ 58 Abs. 1, 243 Abs. 2 StPO iVm § 2 Abs. 2). Bei den meisten Personen mit einem Anwesenheitsrecht iSv Abs. 2 geht dieses allerdings, auch wenn sie als Zeuge in Betracht kommen, ohnehin idR vor. Das ergibt sich aus ihrer Funktion (n. SK-StPO/Frister StPO § 243 Rn. 18 ff.; Löwe/Rosenberg/Becker StPO § 243 Rn. 23) oder von Gesetzes wegen (§§ 397 Abs. 1 S. 2, 406h Abs. 1 S. 2 StPO). Soweit die in Abs. 2 genannten Personen dagegen die HV wegen ihrer Zeugenposition zeitweilig verlassen müssen (§ 58 Abs. 1 StPO iVm § 2 Abs. 2) und ihr Anwesenheitsrecht erst nach Abschluss ihrer Vernehmung ausüben können, müssen sie vom Gericht prioritär befragt werden (s. auch → § 51 Rn. 16a). Ihr Anspruch auf Anwesenheit wäre verletzt, wenn sie ohne sachlich zwingenden Grund erst zum Schluss der Beweisaufnahme vernommen würden (BGHSt 4, 205 (206 f.) = NJW 1953, 1233).

21 **b) Sonstige Anwesenheitsberechtigte.** Zu den Anwesenheitsberechtigten (vgl. auch die Zusammenstellung bei Gerbig Öffentlichkeit S. 185 ff.) gehören neben dem Vertreter der **JGH** (§ 38 Abs. 4, § 50 Abs. 3) einige Personen, die prinzipiell dem **Kreis des Angeklagten** zuzuordnen sind. Nach Abs. 2 S. 1 betrifft dies die ggf. bestellten Unterstützungspersonen (Erziehungsbeistand, Bewährungs- oder Betreuungshelfer) und nach Abs. 2 S. 2 den Leiter einer stationären Einrichtung der JHilfe, in der der Angeklagte uU untergebracht ist (bzw. vertretungsweise den dortigen Betreuer). Ohnehin anwesenheitsberechtigt sind die Erziehungsberechtigten und gesetzlichen Vertreter (was indirekt in § 50 Abs. 2, § 51 Abs. 2, § 67 Abs. 1 und 5 geregelt ist) sowie die ggf. erforderliche geeignete erwachsene Person (§ 51 Abs. 6) und der ggf. vorhandene Pfleger (§ 67 Abs. 4 S. 3).

22 Von Gesetzes wegen anwesenheitsberechtigt sind nach Abs. 2 S. 1 ferner der (mutmaßliche) **Verletzte** sowie dessen Erziehungsberechtigter und gesetzlicher Vertreter. Durch den Normtext („seinem" Erziehungsberechtigten wird angezeigt, das mit dem „Verletzten" allein die in § 373b Abs. 1 StPO genannten Personen gemeint sind (unklar BT-Drs. 19/27654, 105). Dabei kann es durchaus um (mutmaßlich) verletzte Kinder gehen (BT-Drs. 16/

3038, 59; vgl. auch Ell ZfJ 1992, 189 (192 f.)). **Nicht** eingeschlossen ist der Personenkreis iSv **§ 373b Abs. 2 StPO,** da die hier zugehörigen Eltern sonst in Abs. 2 S. 1 nicht erwähnt werden müssten. Trotz dieser Begrenzung ist diese Festlegung nicht unproblematisch. Sie kann dazu führen, dass die von Abs. 1 angestrebte Unbefangenheit des Angeklagten (→ Rn. 9) unterlaufen wird (etwa bei Näheverhältnissen oder emotional aufgeladenen Beziehungen) und/oder die Zuverlässigkeit der verschiedenen Einlassungen bzw. Aussagen leidet (etwa bei unklarer Täter-/Opferrollen-Verteilung oder sozialer Macht des Anwesenheitsberechtigten).

Für den Zeitraum, in dem der Verletzte als Zeuge gehört wird, kann er aus Verfassungsgründen (BVerfGE 38, 105 = NJW 1975, 1039) seinen Beistand mitbringen (Brunner/Dölling § 48 Rn. 16). Ansonsten besteht aber **kein Anwesenheitsrecht** für den **Verletztenbeistand** iSv § 406h Abs. 1 StPO (s. dazu auch → § 80 Rn. 39; abw. HK-JGG/Trüg/Gundelach Rn. 13), den **Psychosozialen Begleiter** iSv § 406g Abs. 1 StPO (s. auch → § 2 Rn. 55) und den anwaltlichen oder anderweitigen Beistand iSv § 406f StPO (teilw. ebenso KG NStZ-RR 2007, 28; Diemer/Schatz/Sonnen/Schatz Rn. 21; Brunner/Dölling § 48 Rn. 17 f.; MüKoStPO/Höffler Rn. 15; Schaal/Eisenberg NStZ 1988, 49 (52); aA etwa Zapf, Opferschutz und Erziehungsgedanke im Jugendstrafverfahren, 2012, S. 84 ff., 98 ff. mwN). Dies ergibt sich aus deren Nichtaufnahme in die Aufzählung von Abs. 2 S. 1, die als Spezialnorm iSv § 2 Abs. 2 gegenüber den §§ 406f ff. StPO eine **Sperrwirkung** entwickelt. Anders als bei den Berechtigten iSv → Rn. 20, die nicht in Abs. 2 aufgeführt sind, ergibt sich der Anwesenheitsanspruch hier auch nicht aus Sondernormen im JGG. Falls der Angeklagte über einen Verteidiger verfügt (s. dazu auch § 140 Abs. 1 Nr. 9 StPO), können Belange des Verletzten- und Zeugenschutzes allerdings einen besonderen sachlichen Grund für eine Zulassung des Beistands bzw. Begleiters gem. Abs. 2 S. 3 darstellen (vgl. → Rn. 23 f.). 23

2. Zulassung wegen besonderer sachlicher Gründe (Abs. 2 S. 3)

a) Entscheidungsgesichtspunkte. Nach Abs. 2 S. 3 kann der Vorsitzende nach **pflichtgemäßem Ermessen** sonstigen Personen bei Vorliegen eines besonderen sachlichen Grundes (widerruflich) die Anwesenheit gestatten. Als gesetzliches Bsp. ist der Ausbildungszweck benannt, der bei Personen im juristischen Studium (BGH NStZ 2024, 111) und Referendaren sowie bei Personen in der Ausbildung bei der Polizei oder für soziale Dienste in Betracht kommen kann. Besondere Gründe können aber auch die Zulassung von **weiteren erwachsenen** Angehörigen des Angeklagten oder Verletzten bzw. von deren Vertrauenspersonen rechtfertigen. Möglich ist dies ferner bei Vertretern von Jugendverbänden oder Forschungsinstituten bzw. Fachzeitschriften (BGH BeckRS 2021, 35333; NStZ 2024, 111). Maßgeblich ist stets ein **angehobenes Teilnahmeinteresse,** das über das normale Informationsbedürfnis deutlich („besonders") hinausgeht. Das kann auch bei Polizeibeamten zu bejahen sein (s. OLG Celle NStZ 2024, 115 (mAnm Herz) für den Fall, dass diese nach der Verhandlung einen Haftbefehl vollstrecken sollen). 24

Dieses Interesse muss stets in ein Verhältnis zu den in → Rn. 8 ff. genannten Gesichtspunkten gesetzt werden. Wenn diese individuell stark ausgeprägt sind, scheidet eine Zulassung aus – wie bspw. idR bei Schulklassen, deren 25

Anwesenheit für den gleichaltrigen Angeklagten besonders belastend ist (ähnlich Diemer/Schatz/Sonnen/Schatz Rn. 24; systematisch Gerbig Öffentlichkeit S. 200 ff.). Es können aber auch andere **Gegengründe** berücksichtigt werden (wie bspw. pandemiebedingte Gesundheitsgefahren bei Anwesenheit vieler Zuschauer (vgl. den Fall bei OLG Hamburg NStZ 2020, 694). Bei der Entscheidung hat der Vorsitzende iÜ zu berücksichtigen, ob der Angeklagte mit der Zulassung einverstanden ist. Während dies de facto dessen Anhörung erforderlich macht (Gerbig ZJJ 2020, 259 (261)), kann darauf bei den übrigen Verfahrensbeteiligten verzichtet werden (§ 175 Abs. 2 S. 3 GVG entspr.).

26 **b) Medien.** Das Erfordernis fallkonkret besonderer Gründe gilt grds. auch für die Frage, ob Medienvertretern die Anwesenheit zu gestatten ist. Da das Gesetz für Journalisten an sich keinen Zugang zur HV im JStV vorsieht und da die in → Rn. 8 ff. genannten Belange durch eine öffentliche und damit gesteigert stigmatisierende Berichterstattung idR deutlich stärker als durch Einzelpersonen beeinträchtigt werden (vgl. auch → § 18 Rn. 32), kann die Zulassung lediglich in **ganz außergewöhnlichen Ausnahmefällen** und bei besonders gesteigerten öffentlichen Informationsinteressen in Betracht kommen (zur restriktiven Gewährung auch BGH BeckRS 2021, 35333; MüKoStPO/Höffler Rn. 18; HK-JGG/Trüg/Gundelach Rn. 21; Gerbig Öffentlichkeit S. 253 ff.; dagegen für eine offenere Abwägung Diemer/Schatz/Sonnen/Schatz Rn. 29 ff.). Die erweiterten Zugänge, die Medienvertreter seit dem Gesetz v. 8.10.2017 (BGBl. I 3546) erhalten haben (§ 169 Abs. 1–3 GVG), sind auf strafprozessuale Sonderbereiche beschränkt und ändern an diesen Grundsätzen nichts.

27 In den äußerst seltenen Fällen, in denen Journalisten hiernach zugelassen werden können, ist ihre **zahlenmäßige Beschränkung** möglich (BVerfG NJW 2010, 1739) und dringend angezeigt (dazu und zur Zulässigkeit eines dann einzusetzenden Losverfahrens EGMR NJW 2013, 521). Auch darf sich das JGericht **nicht darauf verlassen,** dass die presserechtlichen Grenzen gewahrt werden (für das JStV systematisch zur Unzulässigkeit der identifizierenden Berichterstattung Gerbig Öffentlichkeit S. 261 ff.; vgl. auch Hofrichter, Öffentlichkeit im Jugendstrafverfahren, 2023, S. 113 ff.). Stattdessen muss es der medialen Schädigung des Angeklagten **proaktiv** vorbeugen (dazu, dass und wie der Verteidiger darauf drängen muss, eing. Nöding Verteidigung Rn. 408). Dabei genügt es nicht, nur darauf hinzuwirken, dass in den Berichten alle Angaben zur Identifikation des jugendlichen Angeklagten unterbleiben, Abbildungen nicht veröffentlicht und auch andere Hinweise, die auf die Person des Jugendlichen hindeuten, vermieden werden. Vielmehr ist sitzungspolizeilich (§ 176 GVG iVm § 2 Abs. 2) idR eine **Anonymisierungsanordnung** angezeigt (OLG Düsseldorf StV 2013, 200 = LSK 2013, 150242 bei einem Heranwachsenden; vgl. auch BVerfG NJW 2017, 798 zum allg. StR). Bei Missachtung der Schutzbelange des Angeklagten (für ein Bsp. s. den Fall bei BVerfG StraFo 2015, 375 = BeckRS 2015, 50921) ist die Zulassung des betr. Journalisten zu widerrufen (BGH NStZ-RR 2016, 25; anders bei (nur) abfälliger Berichterstattung über die Verhandlungsführung des Gerichts vgl. BVerfG NJW 1979, 1400). Ggf. kommt ein Hausverbot in Betracht (VGH Mannheim NJW 2017, 3543). Außerdem sind entwicklungsabträgliche Medienberichte bei der Rechtsfolgenentscheidung sanktionsmildernd zu berücksichtigen (→ § 18 Rn. 32).

3. Beschwerde gegen Nichtzulassung

Wird ein gesetzliches **Anwesenheitsrecht** (→ Rn. 19 ff.) geltend gemacht, vom JGericht aber nicht eingeräumt, ist hiergegen die Beschwerde nach § 304 StPO iVm § 2 Abs. 2 zulässig (KG NStZ-RR 2007, 28; Diemer/Schatz/Sonnen/Schatz Rn. 39). Die Teilnahme an der HV hat für die Betroffenen eine eigenständige Bedeutung, sodass § 305 StPO nicht zum Tragen kommt. Lehnt der Vorsitzende eine Zulassung aus **besonderen Gründen** (→ Rn. 23 ff.) ab, kann dies zwar prinzipiell ebenfalls mit der Beschwerde angefochten werden (BVerfG AfP 2009, 581 = BeckRS 2009, 27650). Da in den Fällen von Abs. 2 S. 3 aber kein Anspruch auf eine Zulassung besteht und diese nur im Rahmen einer Ermessensentscheidung erfolgt, mangelt es idR an der **Beschwerdebefugnis** (vgl. etwa KG StraFo 2015, 122 = BeckRS 2015, 436; betr. Widerruf der Akkreditierung ebenso BGH NJW 2015, 3671). 28

Das gilt auch für die Anfechtung einer zulassenden Ermessensentscheidung (vgl. etwa schon BGH BeckRS 1975, 00122). Eine Beschwerdebefugnis besteht allein ggü. **ermessensfehlerhaften bzw. rechtsmissbräuchlichen** Nicht-/Zulassungsentscheidungen (ebenso OLG Celle NStZ 2024, 115 (mAnm Herz), wo indes auch eine vorherige Beanstandung gem. § 238 Abs. 2 StPO iVm § 2 Abs. 2 verlangt wird). Deshalb kann die Gleichbehandlung iSv Art. 3 GG geltend gemacht werden, wenn nur ein Teil der Interessenten zugelassen wird (dazu BGH BeckRS 1975, 122; s. dazu auch BVerfG AfP 2009, 581 = BeckRS 2009, 27650, wo eine auf Art. 5 GG gestützte Befugnis dagegen skeptisch gesehen wird). – Für die Anfechtung des Nicht-/Ausschließungsbeschlusses iSv Abs. 3 S. 2 gelten dieselben Maßgaben (Diemer/Schatz/Sonnen/Schatz Rn. 39). 29

V. Revision

Die Verletzung der Öffentlichkeit der HV einschließlich der Urteilsverkündung ist in § 338 Nr. 6 StPO iVm § 2 Abs. 2 auch für das JStV als **absoluter** Revisionsgrund ausgestaltet (vgl. bspw. OLG Hamm NStZ 2011, 527). Das betrifft jedenfalls die rechtswidrige Einschränkung der Öffentlichkeit. Ein nach Abs. 2 S. 1 Anwesenheitsberechtigter (vgl. → Rn. 19 ff.), der aus der HV entfernt oder dem das **Erscheinen verwehrt** wurde, kann diese Rüge allerdings nicht erheben, weil die Öffentlichkeit ohnehin nach Abs. 1 in rechtmäßiger Weise ausgeschlossen ist (Diemer/Schatz/Sonnen/Schatz Rn. 41). § 338 Nr. 6 StPO iVm § 2 Abs. 2 kommt aber in Betracht, wenn anwesenheitsbereiten Personen der Zutritt zu einer nach Abs. 3 S. 1 öffentlichen HV verweigert wird. Dass der BGH (NStZ 2013, 608) die Rüge hier von einer Beanstandung gem. § 238 Abs. 2 StPO iVm § 2 Abs. 2 abhängig macht, ist nicht unproblematisch. Unter Umständen kann die Revision – sofern dies den Anforderungen des § 344 Abs. 2 S. 2 StPO entspr. dargelegt wird – iÜ auch darauf gestützt werden, dass die unzulässig verhinderte Anwesenheit eines zur Anwesenheit Berechtigten die Wahrheitserforschung nach § 244 Abs. 2 StPO eingeschränkt hat und das Urteil darauf beruhen kann. 30

Wird die Öffentlichkeit in verbundenen Verfahren gem. **Abs. 3 S. 2 ausgeschlossen,** kann dies, sofern die Entscheidung ganz ohne Erforder- 31 lichkeitsprüfung oder aus objektiv willkürlichen Gründen (→ Rn. 28) getroffen wurde, die Revision des mitangeklagten Heranwachsenden bzw. Erwachsenen (nach § 338 Nr. 6 StPO) begründen. Dagegen sind jugendliche Mitangeklagte in diesen Fällen nicht beschwert, weil gegen sie gem. Abs. 1 ohnehin grds. nichtöffentlich verhandelt wird (BGHSt 10, 119 (120) = BeckRS 1957, 31193182; BGH NJW 2003, 2036 (2037); 2006, 1220 mzustAnm Humberg JR 2006, 391). Eine Beschwer des Jugendlichen ist indes denkbar, wenn ein Ausschluss iSv **Abs. 3 S. 2 unterblieben** ist – dies aber nur bei fehlerhaftem Gebrauch des Ermessens (BGH BeckRS 2000, 30149944; s. auch → Rn. 28).

32 Da die Judikatur die Geltung von § 338 Nr. 6 StPO allein auf ungesetzliche Beschränkungen und nicht auch auf **unzulässige Erweiterungen** der Öffentlichkeit erstreckt (vgl. die Rspr.-Übersicht bei MüKoStPO/Knauer/Kudlich StPO § 338 Rn. 133), sieht sie darin allenfalls eine Gesetzesverletzung, die lediglich unter den Voraussetzungen des **§ 337 StPO iVm § 2 Abs. 2** revisibel ist. Dies gilt besonders auch für die Anwesenheit von Personen unter Verstoß gegen Abs. 1 (BGHSt 23, 176 = NJW 1970, 523 (524)). Eine solche Angreifbarkeit ist hiernach dort gegeben, wo das Urteil auf Angaben des jugendlichen Angeklagten beruht, die durch die Anwesenheit von hierzu nicht berechtigten Personen beeinflusst worden sind (SK-StPO/Frisch StPO § 338 Rn. 129; zur Präklusion bei unterlassener Beanstandung iSv § 238 Abs. 2 StPO iVm § 2 Abs. OLG Celle NStZ 2024, 115 mwN zur aA). Richtigerweise wird man bei der unberechtigten Anwesenheit (mit oder ohne ausdrückliche Entscheidung iSv Abs. 2 S. 3) aber anstelle von § 337 StPO stets **§ 338 Nr. 6 StPO** iVm § 2 Abs. 2 anwenden müssen (in diesem Sinne bereits Eb Schmidt NJW 1968, 804 (805); Roxin JZ 1968, 803 (806); Roxin FS Peters, 1974, 393 (402 f.)). Nur diese Lösung wird dem im JStV geltenden Regel-Ausnahme-Verhältnis der Nicht-/Öffentlichkeit und den schwer nachweisbaren, aber zumindest latent immer vorhandenen Auswirkungen einer unzulässigen Präsenz gerecht.

49 [aufgehoben]

Anwesenheit in der Hauptverhandlung

50 (1) **Die Hauptverhandlung kann nur dann ohne den Angeklagten stattfinden, wenn dies im allgemeinen Verfahren zulässig wäre, besondere Gründe dafür vorliegen und die Jugendstaatsanwaltschaft zustimmt.**

(2) [1] **Der Vorsitzende soll auch die Ladung der Erziehungsberechtigten und der gesetzlichen Vertreter anordnen.** [2] **Die Vorschriften über die Ladung, die Folgen des Ausbleibens und die Entschädigung von Zeugen gelten entsprechend.**

(3) [1] **Der Jugendgerichtshilfe sind Ort und Zeit der Hauptverhandlung in angemessener Frist vor dem vorgesehenen Termin mitzuteilen.** [2] **Der Vertreter der Jugendgerichtshilfe erhält in der Hauptverhandlung auf Verlangen das Wort.** [3] **Ist kein Vertreter der Jugendgerichtshilfe anwesend, kann unter den Voraussetzungen des § 38**

Absatz 7 Satz 1 ein schriftlicher Bericht der Jugendgerichtshilfe in der Hauptverhandlung verlesen werden.

(4) [1] **Nimmt ein bestellter Bewährungshelfer an der Hauptverhandlung teil, so soll er zu der Entwicklung des Jugendlichen in der Bewährungszeit gehört werden.** [2] **Satz 1 gilt für einen bestellten Betreuungshelfer und den Leiter eines sozialen Trainingskurses, an dem der Jugendliche teilnimmt, entsprechend.**

Schrifttum: Brachold, Der Beitrag der Jugendgerichtshilfe zur strafprozessualen Sachverhaltsermittlung und -bewertung, 1999; Gramm, Jugendrichter und Staatsanwälte im mehrsprachigen Gerichtssaal, 2019; Kranjčić, „...dass er treu und gewissenhaft übertragen werde": zum Dolmetscher im Strafverfahren, 2009; Kremer, Der Einfluß des Elternrechts auf die Rechtmäßigkeit der Maßnahmen des JGG, 1984; Leodolter, Das Sprachverhalten von Angeklagten vor Gericht, 1975; Ludwig-Mayerhofer, Das Strafrecht und seine administrative Rationalisierung, 1998; Reichertz (Hrsg.), Sozialwissenschaftliche Analyse jugendgerichtlicher Interaktion, 1984.

Übersicht

I. Anwendungsbereich

1. Persönlicher Anwendungsbereich

1 **Abs. 1** gilt in Verfahren gegen **Jugendliche** vor den JGerichten. Die Vorschrift sollte aber in Verfahren vor den Erwachsenengerichten, wo ihre Anwendung im gerichtlichen Ermessen steht, ebenfalls herangezogen werden (allgA). In Verfahren gegen **Heranwachsende** ist Abs. 1 dagegen nicht anwendbar (s. § 109 Abs. 1 S. 1). Der Grundgedanke der Norm, eine HV ohne Anwesenheit des Angeklagten möglichst zu vermeiden, muss indes berücksichtigt werden. Eine andere Vorgehensweise kommt ohnehin kaum in Betracht, weil die Frage, ob materielles JStR oder aber allg. StR anzuwenden ist, bei Abwesenheit der fraglichen Person selten in ausreichender Weise geklärt werden kann (allgA; vgl. etwa OLG Hamburg NJW 1963, 67 (67 f.)).

2 **Abs. 2** gilt in Verfahren gegen Jugendliche – bis zum Eintritt ihrer **Volljährigkeit** (BGH NJW 1956, 1607 (Ls.); Diemer/Schatz/Sonnen/Schatz Rn. 8; Güntner Einbindung S. 142 f.; s. auch → § 67 Rn. 2) – sowohl vor den JGerichten wie auch vor den Erwachsenengerichten (§ 104 Abs. 1 Nr. 9; dazu → § 104 Rn. 14). In Verfahren gegen (zur Tatzeit) Heranwachsende ist die Norm nicht anwendbar (§ 109 Abs. 1 S. 1, § 112).

3 **Abs. 3** ist in Verfahren gegen Jugendliche vor den JGerichten und den Erwachsenengerichten anzuwenden (§ 104 Abs. 1 Nr. 2; dazu und zu den Ausnahmen gem. § 104 Abs. 3 vgl. n. → § 104 Rn. 7). Dies betrifft gleichermaßen Verfahren gegen Heranwachsende (§ 109 Abs. 1 S. 1, § 112 S. 1), selbst noch nach Vollendung des 21. Lbj. (vgl. bereits auf der früheren Rechtsgrundlage BGHSt 6, 354 = NJW 1954, 1855; BGH StV 1982, 336; NStZ-RR 2001, 27). Auch **Abs. 4** gilt in Verfahren gegen Jugendliche und Heranwachsende (§ 109 Abs. 1 S. 1) vor den JGerichten und sollte in Verfahren vor den Erwachsenengerichten gem. § 104 Abs. 2 entspr. (§ 112 S. 1) angewandt werden.

2. Sachlicher Anwendungsbereich im Jugendstrafverfahren

4 § 50 greift auch in der **Berufungsinstanz** ein (n. Diemer/Schatz/Sonnen/Schatz Rn. 9). Nach allgA haben Abs. 3 und 4 für die HV vor dem **Revisionsgericht** aber keine Bedeutung. Für die dortige, nur in rechtlicher Hinsicht erfolgende Überprüfung der tatgerichtlichen Entscheidung bedarf es keiner Hinzuziehung der JGH (vgl. etwa auch Brunner/Dölling Rn. 13; SK-StPO/Frisch StPO § 350 Rn. 7; s. aber NK-JGG/Schady Rn. 6). Anstelle von Abs. 1 und 2 gilt dort § 350 StPO iVm § 2 Abs. 2 (MüKoStPO/Höffler Rn. 6).

Im **vereinfachten JVerfahren** ist Abs. 1 mit der Erweiterung zu berücksichtigen, dass es der Zustimmung des JStA nur bedarf, wenn er selbst an der mündlichen Verhandlung teilnimmt (§ 78 Abs. 2 S. 2 und Abs. 3 S. 2). Abs. 2 findet im vereinfachten JVerfahren Anwendung (vgl. § 78 Abs. 3 S. 2). Dies gilt auch für Abs. 3 (dazu n. → § 38 Rn. 73 und → § 78 Rn. 35) und Abs. 4 (ebenso bspw. MüKoStPO/Höffler Rn. 5). 5

3. Ordnungswidrigkeitenverfahren

Auch im Bußgeldverfahren nach dem **OWiG** ist der **Betroffene** zur Teilnahme an der HV verpflichtet (§ 73 Abs. 1 OWiG). **Abs. 1** hat daher an sich keine Bedeutung. Das dort verankerte Prinzip des persönlichen Erscheinens ist aber iRv Abs. 2 zu berücksichtigen, sodass der Jugendliche aus erzieherischen Gründen idR nicht von der obligatorischen Anwesenheit entbunden werden kann (ebenso zB Krumm NZV 2010, 68 (69); vgl. auch Göhler/Bauer OWiG § 71 Rn. 62). Anders verhält es sich im Allgemeinen bei zur Tatzeit Heranwachsenden (vgl. nur OLG Frankfurt a. M. NZV 2012, 307 (308); OLG Jena BeckRS 2019, 19687; aA Diemer/Schatz/Sonnen/Schatz Rn. 12). Bei ihnen kommt es auf die Bedeutung der Sache und deren Einfluss auf die Entwicklung des Jugendlichen an (KK-OWiG/Senge OWiG § 71 Rn. 50). 6

Im OWi-Verfahren ist grds. nach der Soll-Vorschrift des **Abs. 2,** auf den § 46 Abs. 1 OWiG verweist, zu laden (NK-JGG/Schady Rn. 8). Dies kann (muss aber nicht) mit dem Hinweis verbunden werden, dass dem Erziehungsberechtigten bzw. gesetzlichen Vertreter das Erscheinen in der HV freistehe. Die **Anordnung** ihres persönlichen Erscheinens ist allerdings **dann** angezeigt, wenn der Jugendliche davon nicht entbunden wurde. Von der Benachrichtigung der JGH gem. **Abs. 3** kann unter den Voraussetzungen des § 46 Abs. 6 OWiG abgesehen werden. 7

II. Jugendliche Angeklagte in der Hauptverhandlung

1. Anwesenheit des Angeklagten: Grundsatz und Zweck

Der im allg. StVR festgelegte Grundsatz, dass die HV der Tatsacheninstanzen nicht ohne den Angeklagten stattfinden darf (§§ 230 Abs. 1, 285 Abs. 1 S. 1, 332 StPO), gilt im JStV gem. Abs. 1 prinzipiell ebenfalls (zur Ladung s. § 216 StPO iVm § 2 Abs. 2). Insofern bestehen für den Jugendlichen eine **Anwesenheitspflicht** und mit Blick auf Art. 103 Abs. 1 GG ein **Anwesenheitsrecht** (BGHSt 55, 87 (88) = NJW 2010, 2450 (2451); BGH NJW 2019, 692). Allerdings sieht das JGG dabei Besonderheiten vor. Einerseits werden hier die nach allg. StVR zulässigen Ausnahmen eingeschränkt, um eine Verhandlung in Abwesenheit des Angeklagten auf ganz wenige Sonderfälle zu beschränken (→ Rn. 21 ff.). Andererseits sind die Möglichkeiten der vorübergehenden Ausschließung des Angeklagten, die nach dem allg. StVR bestehen (§ 247 StPO, § 177 GVG), erweitert. § 51 Abs. 1 sieht diese Option auch für solche Konstellationen vor, in denen aus einzelnen Erörterungen in der HV ggf. Nachteile für die Erziehung des jugendlichen Angeklagten entstehen können (vgl. → § 51 Rn. 4 ff.). 8

9 Indem Abs. 1 den Angeklagten zur Anwesenheit in der HV **berechtigt** und **verpflichtet,** geht die Vorschrift über die Vorgaben des europäischen Rechts hinaus, denn Art. 16 RL (EU) 2016/800 sieht lediglich das Recht des Jugendlichen auf Verhandlungsteilnahme vor (ebenso Art. 14 Abs. 3 Nr. d IPBPR). Damit korrespondierend sind auch die Normzwecke nicht deckungsgleich: Während es der EU-Richtlinie allein darum zu tun ist, Äußerungs- und Verteidigungsoptionen zu gewährleisten („wirksame Teilnahme an der Verhandlung (…), einschließlich der Möglichkeit, gehört zu werden und ihre Meinung zu äußern"), verfolgt Abs. 1 nach traditioneller Auffassung auch noch weitere Anliegen. Vor dem Hintergrund von Art. 103 Abs. 1 GG steht die **Sicherstellung des rechtlichen Gehörs** zwar im Vordergrund. Doch die Präsenzpflicht des Angeklagten erklärt sich auch mit den zusätzlichen Zielen, dem Gericht eine **erzieherisch** sinnvolle **Begegnung** mit dem Jugendlichen zu ermöglichen. Ferner soll durch dessen Anwesenheit die Fallaufklärung erleichtert und den JRichtern die Gelegenheit für einen **persönlichen Eindruck** gegeben werden, was für die Rechtsfolgenentscheidung bedeutsam sein kann (vgl. etwa NK-JGG/Schady Vor §§ 48–51 Rn. 3; s. auch RL Nr. 1 S. 1). Allerdings ist diese Inanspruchnahme **nicht unproblematisch,** weil sie wirksam wird, bevor ein Schuldspruch erfolgt und ein Erziehungsanlass überhaupt festgestellt worden ist, und dabei auch noch weiter als im allg. StR reicht (allg. zur Schlechterstellung im JStR → § 2 Rn. 23 ff.).

2. Kommunikationsbedingungen vor dem Jugendgericht

10 **a) Asymmetrische Interaktion.** Diese hier vertretene **Funktionsrangfolge** erklärt sich nicht nur mit normativen, sondern auch mit faktischen Gesichtspunkten, weil die Kommunikationsbedingungen in der HV eine Verwirklichung der genannten Zwecke nur mit erheblichen Einschränkungen erlauben, besonders aber den Anspruch des erzieherischen Beurteilens und Einwirkens ganz wesentlich begrenzen (s. dazu auch → Einl. Rn. 51 f.). Dass die HV eine erzieherische Funktionalität entwickeln kann, ist nämlich schon deswegen fraglich, weil die Beteiligten hierbei über einen punktuellen, kurzzeitigen Kontakt nicht hinauskommen können. Insbes. aber findet die Verhandlung vor einem Sanktions- und Zwangshintergrund statt, sodass die Kommunikation **notwendigerweise** eine rechtsstaatlich-**formale Prozeduralität** aufweisen muss (schon im Interesse der Verteidigungsrechte).

11 Eine funktionsgebundene institutionelle Kommunikation ist also gar nicht vermeidbar – wobei diese wiederum immer auch asymmetrisch und im Vergleich zum Privatbereich gestört verlaufen muss (vgl. etwa Schultz ZJJ 2014, 206 (210 f.)). Mit der für eine HV charakteristischen Rollenverteilung geht ein **kommunikatives Machtgefälle** einher, bei dem die größten Kommunikationsanteile, die Sprech- und Fragerechte sowie die Entscheidung, wer wann spricht, allein beim JRichter liegen, der obendrein die zulässigen Gesprächsinhalte definiert und die Angeklagtenaussagen in seiner Perspektive paraphrasieren und deuten kann (vgl. dazu auch die Verhandlungsbeobachtungen bei Reichertz, Sozialwissenschaftliche Analysen jugendgerichtlicher Interaktion/Muth, 1984, S. 58 ff.; Bussmann/Kreissl Kritische Kriminologie S. 211 ff.; Ludwig-Mayerhofer, Das Strafrecht und seine administrative Rationalisierung, 1998, S. 159 ff.). Den Angeklagten unter diesen Bedingungen „erkennen" und positiv auf ihn einwirken zu können,

ist von vornherein nur auf der Basis von eher autoritären Erziehungskonzepten vorstellbar.

Die interaktionale Dominanz vor Gericht beruht iÜ auch darauf, dass das Verfahren für die JRichter zum professionellen Alltag gehört, während es für den Jugendlichen eine prekäre Konfrontation mit Sanktionsdrohungen und alltagsfremder Formalität darstellt (hierzu auch → § 70c Rn. 8 für Vernehmungskommunikationen außerhalb der HV). Insofern ist bei vielen jugendlichen Angeklagten von einer erheblichen situativen **Überforderungslage** auszugehen (vgl. Johnston/Prentice/Whitehead ua JForensPsychiatPsych 2016, 802; s. auch den Bericht der Expertenkommission zur effektiveren praxistauglicheren Ausgestaltung des allgemeinen Strafverfahrens und des jugendgerichtlichen Verfahrens, 2015, S. 175: „große Mehrheit" der Kommunikation „nicht gewachsen", vielmehr „des Schutzes und der Fürsorge bedürfen"). 12

Demgemäß haben Dollinger/Fröschle/Gilde/Vietig (MschKrim 99 (2016), 325) auf Basis von offenen Interviews und Verhandlungsbeobachtungen gezeigt, dass die HV für junge Angeklagten einen abstrakten und **fremden Kontext** bildet, in dem ihr (durchaus ergebnisorientierter) Versuch, sich daran mit authentischen Selbstpräsentationen und glaubhaft wirkenden, eigenen Fallversionen anzupassen, nur teilw. gelingt und nur bedingt auf als positiv erlebte Reaktionen stößt. Hier wie auch in anderen neueren und älteren Untersuchungen (mit meist aber hoch selektiven Untersuchungsgruppen) haben nicht wenige Jugendliche das Geschehen vor Gericht nicht nur nicht verstanden, sondern sich auch unverstanden und teilweise sogar unangemessen behandelt gefühlt (Eilsberger MschrKrim 1969, 304; Kühling MschrKrim 1970, 270; Bönitz MschKrim 1990, 82; Hauser Jugendrichter S. 41 ff.; Bierbrauer/Gottwald/Birnbreier-Stahlberger/Haller/Machura/Bierhoff Verfahrensgerechtigkeit S. 122; Artkämper, Verfahren vor Jugendgerichten, 2020, S. 121 ff.; Lampe/Schmoll ZJJ 2023, 27 (29 ff.)). 12a

b) Verständigungsbarrieren. Die **lebensweltliche Distanz,** die schon durch die alters- und soziokulturell unterschiedlichen Hintergründe der JRichter und Jugendlichen entsteht, führt außerdem dazu, dass wechselseitiges Verstehen fraglich wird und oft misslingt (zur Abhängigkeit der Verständigungschancen vom schichtspezifischen Sprechstil der Angeklagten vgl. die klassische Studie von Leodolter, Das Sprachverhalten von Angeklagten vor Gericht, 1975, S. 217 ff., 252 ff.; erg. Eisenberg BeweisR StPO Rn. 844 ff.). Bei Jugendlichen mit Migrationshintergrund kann dies besonders virulent sein (zu entspr. älteren Befunden → 22. Aufl. Rn. 13a mwN; zum sog. „Kiezdeutsch" Pohle/Schumann ZJJ 2014, 216). Die Verstehens-Problematik ist auch daran beobachtbar, dass äußerliches wie verbales Ausdrucksverhalten der jungen Angeklagten gelegentlich Anlass zu einseitigen oder gar verfehlten Interpretationen gibt (charakteristisch die Herleitung niedriger Beweggründe allein aus der Wendung „geil" bei BGH BeckRS 2011, 26153 mablAnm Eisenberg HRRS 2012, 23 (26) sowie JA 2013, 34 (38)). So kann „völlig cooles und überheblich-arrogantes Verhalten" tatsächlich ein Ausdruck fehlender Reife und gruppendynamischen Drucks sein (zutr. BGH BeckRS 2005, 1760). Feixen oder „mehrfaches Lachen und Grinsen" (LG Berlin BeckRS 2007, 17912) muss keineswegs auf Missachtung oder Dreistigkeit beruhen (Scholz DVJJ-Journal 1999, 232 (239)). 13

3. Bemühen um eine jugendgemäße Verhandlungsführung

14 **a) Allgemeine Anforderungen.** Dass die Kommunikation in der HV also zwangsläufig und unvermeidbar auch unter erzieherisch dysfunktionalen Bedingungen verläuft, mindert nicht die auf § 2 Abs. 1 beruhende **Pflicht des JGerichts,** dem **entgegenzuwirken.** Grds. ist der JRichter daher zu einer möglichst offenen Kommunikationsgestaltung gehalten, die dem Angeklagten eine Darstellung der Eigensicht „auf Augenhöhe" und den Strafverfolgungsakteuren den Versuch erlaubt, diese Fremdperspektive einzunehmen und zu verstehen. Verhaltensweisen, die **zusätzliche Störungen** oder gar einen Abbruch der Kommunikation zur Folge hätten, sind zu **unterlassen** (DVJJ/AK IV/2 1993, S. 729). Das betrifft bspw. den Austausch zu juristischen Fragen „über den Kopf des Angeklagten hinweg", eine sprachlich überformale Verhandlungsleitung sowie ironische oder abwertende Bemerkungen zur Person und Biografie des Jugendlichen. Alles, was als Zeichen für Ablenkung oder Unaufmerksamkeit verstanden werden könnte, sollte vermieden werden (zum Bedienen eines Mobiltelefons zu privaten Zwecken in der HV vgl. BGH NJW 2015, 2986).

15 Soweit der strafprozessuale Kontext dies zulässt, können **Formalitäten** in der HV auf einem niedrigen Niveau umgesetzt werden. In begründeten Einzelfällen (und das nicht nur im vereinfachten JVerfahren) kann der JRichter auch auf das Tragen der **Robe,** das sich ggf. einschüchternd und kommunikationshemmend auswirken mag, verzichten (OLG Frankfurt a. M. NJW 1987, 1208). Eine nicht nur informelle, sondern hemdsärmelige Atmosphäre darf in der HV jedoch nicht zugelassen werden, schon weil diese Vertraulichkeit den Angeklagten irreführen und über die Ernsthaftigkeit drohender Rechtsfolgen hinwegtäuschen könnte. Soweit ein kommunikativer Verhandlungsstil den Jugendlichen veranlasst, für ihn belastende Erklärungen abzugeben, ist dies (auch wenn es erzieherisch erwünscht sein mag), unter Fairness-Gesichtspunkten fragwürdig. – Umgekehrt müssen **sitzungsleitende Maßnahmen** mit äußerster Zurückhaltung gewählt werden, um das kommunikative Gefälle nicht zu vertiefen. Bestehen ausnahmsweise Anzeichen für eine Fluchtbereitschaft, ist dem in anderer Weise als durch eine (kommunikationsaufhebende) Fesselung zu begegnen (zur diesbzgl. Handhabung im allg. StVerf MüKoStPO/Arnoldi StPO § 231 Rn. 6 mwN; aus der jugendstrafrechtliche Praxis zB LG Verden 24.10.2014 – 3 KLs 1/14 mAnm Eisenberg NK 2016, 389; generell krit. wegen Fehlens einer „eingriffsspezifischen" gesetzlichen Grundlage Esser GS Weßlau, 2016, 99).

16 Die **Ladung** ist an den jugendlichen Angeklagten persönlich zu richten (ebenso Diemer/Schatz/Sonnen/Schatz Rn. 19). Über die erste Unterrichtung iSv § 70a hinaus sollte der Jugendliche soweit über den **Ablauf der HV ins Bild** gesetzt werden, dass ihm dies das Gefühl eines mündigen Handlungssubjektes verschafft und ihm das Geschehen nicht nur als Formalie erscheint (vgl. Böhm/Feuerhelm JugendStrafR S. 71 f.). Das geschieht am besten durch das JGericht zu Beginn der HV, wobei eine vorherige Aufklärung durch die JGH (→ § 38 Rn. 14) oder die Verteidigung (Fuchs, Der Verteidiger im Jugendstrafverfahren, 1992, S. 63) ggf. zusätzlich auch schon Vorfeldängste abzubauen vermag. Auch während der HV sollte sich das JGericht vergewissern, dass seine Aktivitäten und die gesamten **Vorgänge für den Angeklagten verständlich** sind (Riekenbrauk ZJJ 2014, 200). So hat der JRichter durch konstruktiv gehaltene Rückfragen sicherzustellen,

dass der Angeklagte dem Verlauf der Verhandlung folgen sowie die ausgesprochene Rechtsfolge und deren Begründung verstehen kann. Auch mag darauf hingewirkt werden, dass sich Sinn und Zweck des verletzten Straftatbestandes für den Jugendlichen erschließt. In geeigneten Fällen sollte der JRichter darauf bedacht sein, dass (zB durch die JGH) eine Nachbesprechung erfolgt (n. Ohder FS Eisenberg, 2009, 435 (435 f.)).

b) Anforderungen speziell an die Vernehmungsgestaltung. Für die Vernehmung des Angeklagten zur Sache (§ 243 Abs. 5 S. 1 und 2 iVm § 2 Abs. 2; zur Berufungsinstanz s. § 324 Abs. 2 StPO iVm § 2 Abs. 2) sind grds. dieselben Vorgaben zu beachten wie für die Vernehmung im Ermittlungsverfahren. Das betrifft sowohl die Anforderungen an die **Belehrung** (§ 70b Abs. 1), mit denen den dahingehenden Verständnisproblemen junger Angeklagter Rechnung getragen werden soll (→ § 70b Rn. 3, → § 70c Rn. 14), wie auch die Voraussetzungen einer **jugendgemäßen** Durchführung der Vernehmung (→ § 70c Rn. 12 f., 16 f.), die wegen der alterstypisch-situativen Überforderung (dazu und zur Problematik der Geständnisse → § 70c Rn. 6 ff.) bestehen. Die dahingehenden Pflichten des JGerichts beruhen auf den **§§ 70b, 70c Abs. 1,** die als Teil der „gemeinsamen Verfahrensvorschriften" (§§ 67 ff.) auch in der HV unmittelbar und nicht nur analog anwendbar sind. Im Übrigen soll dem jugendlichen Angeklagten stets Gelegenheit gegeben werden, sich zusammenhängend zu äußern. 17

Wenngleich **Sachäußerungen** des Angeklagten grds. mündlich geschehen müssen (wobei Notizen oder ein Manuskript verwendet werden dürfen (BGH NStZ-RR 2015, 81 zum allg. StVR)), sind schriftliche Äußerungen auch im JStV nicht nur zur Kenntnis zu nehmen (BGHSt 52, 178 = NJW 2008, 2356; BGH NStZ 2013, 59 zum allg. StVR), sondern wegen der richterlichen Aufklärungspflicht (§ 244 Abs. 2 StPO iVm § 2 Abs. 2) unter den Voraussetzungen des § 245 Abs. 2 S. 1 StPO (OLG Zweibrücken StV 2001, 549 = BeckRS 2000, 30148817) vom Gericht zu verlesen. Das gilt – § 250 S. 2 StPO ist nicht einschlägig – jedenfalls bei sonstigem Schweigen oder bei Abweichungen von früheren mündlichen Äußerungen (so grds. auch BGH NStZ 2000, 439; n. Eisenberg BeweisR StPO Rn. 831, 908b, 2024; Eisenberg/Pincu JZ 2003, 397 (399, 401)). 18

c) Dolmetscher. Hinsichtlich Angeklagter, die die deutsche Sprache nicht oder nur teilw. beherrschen, kommt der Befähigung des Dolmetschers zur sprachlichen und ggf. auch kulturellen (vgl. DVJJ/AK 10 2015, S. 767) Vermittlung des Verhandlungsgeschehens eine zentrale Bedeutung zu (zum Anspruch auf Hinzuziehung und zu Hinweispflichten § 187 Abs. 1 GVG iVm § 2 Abs. 2). Dies beginnt schon bei der Belehrung und setzt sich bei der Aussage und bei Fragen des Gerichts bzw. anderer Verfahrensbeteiligter fort (zur Urteilsverkündung und den schriftlichen Urteilsgründen s. → Rn. § 54 Rn. 34). Bei der richterlichen **Ermessensentscheidung,** ob die Sprachkenntnisse des Angeklagten die Zuziehung eines Dolmetschers erforderlich machen, ist zu berücksichtigen, dass bei Jugendlichen mit Migrationshintergrund die sprachlichen mit den alterstypischen und kulturellen Problembereichen zusammentreffen, sodass ein unterstützungsbedürftiger **Überforderungsgrad** eher besteht als bei Erwachsenen. Ob die schon im allg. StVerf nur zurückhaltend in Betracht kommende (vgl. etwa MüKoStPO/Oğlakcıoğlu GVG § 185 Rn. 64) audiovisuelle Zuschaltung des Dolmetschers (§ 185 Abs. 1a GVG) im JStV überhaupt angewandt werden kann 19

(§ 2 Abs. 2), wurde im Gesetzgebungsverfahren nicht erörtert (vgl. BT-Drs. 17/1224). Da die Videokonferenztechnik zu einer zusätzlichen kommunikativen Entfremdung beiträgt, ist jedenfalls nur eine erhöht restriktive Handhabung vertretbar (n. zum Ganzen Eisenberg JR 2013, 442 (450 f.)).

20 Auch die **Auswahl** des Dolmetschers liegt im pflichtgemäßen Ermessen des Gerichts (vgl. n. Eisenberg BeweisR StPO Rn. 528 ff.). Zur Vermeidung von Interessenkonflikten ist spätestens in der HV auf sog. Vertrauensdolmetscher aus dem persönlichen Umfeld des Jugendlichen zu verzichten und ein professioneller Dolmetscher heranzuziehen (zur Verschwiegenheit s. § 189 Abs. 4 GVG iVm § 2 Abs. 2). Einer Orientierung des Dolmetschers an Erwartungen (sei es des Auftraggebers, des Angeklagten oder Dritter) ist von Amts wegen zu begegnen. Mit Blick auf die **fachliche** Kompetenz wird eine wörtliche Übersetzung nur dann verzichtbar sein, wenn andernfalls der Inhalt nicht wiedergegeben werden könnte (vgl. zu einem „sprachlichen Äquivalent" Kranjčić Dolmetscher 89 ff., 115 ff., 138 f.; zur Problematik n. auch MüKoStPO/Oğlakcıoğlu GVG § 185 Rn. 17 ff.). Andererseits ist zu berücksichtigen, dass eine durchgehend wörtliche Übertragung kaum möglich und die Übersetzungstätigkeit geradezu notwendigerweise interpretative Elemente aufweist sowie Inhalts- und Kontrollverluste mit sich bringt (Gramm, Jugendrichter und Staatsanwälte im mehrsprachigen Gerichtssaal, 2019, S. 139 ff.; s. aber zur Problematik minderwertiger Übersetzungsleistungen n. MüKoStPO/Oğlakcıoğlu GVG § 185 Rn. 10 f., 45 ff.).

III. Hauptverhandlung in Abwesenheit des jugendlichen Angeklagten

1. Europarechtliche Vorgaben

21 Die HV kann nach Abs. 1 nur unter engen Ausnahmevoraussetzungen ohne anwesenden Angeklagten stattfinden. Erforderlich ist das Zusammentreffen von besonderen Gründen mit solchen Umständen, unter denen die Durchführung der HV ohne den Angeklagten nach allg. StVR zulässig ist. Insofern knüpft Abs. 1 an die §§ 231–233 StPO an (zur Nichtanwendbarkeit der §§ 276 ff., 286 ff. StPO s. NK-JGG/Schady Rn. 5 und 9; ebenso wohl auch HK-JGG/Trüg/Gundelach Rn. 10). Die Anforderungen, die Art. 8 Abs. 2 RL (EU) 2016/343 an die Verhandlung gegen Abwesende stellt (rechtzeitige Ladung und Information über Folgen des Nichterscheinens oder anwaltliche Vertretung des Abwesenden), sind in all diesen prozessualen Konstellationen gewahrt. Das gilt jedenfalls nach den punktuellen Anpassungen in § 231 Abs. 2, § 329 Abs. 7, § 350 Abs. 2, § 356a StPO, die durch das Gesetz zur Stärkung des Rechts des Angeklagten auf Anwesenheit in der Verhandlung v. 17.12.2018 (BGBl. 47) vorgenommen worden sind (dazu Sommerfeld ZJJ 2018, 296 (302)). Es darf somit keine HV ohne den Jugendlichen stattfinden, wenn dabei nicht die Voraussetzungen iSv Abs. 1 gegeben sind. Geschieht dies doch, hat der Angeklagte ein Recht auf eine **neue Verhandlung** (vgl. Art. 16 Abs. 2 RL (EU) 2016/800 iVm Art. 9 RL (EU) 2016/343), das mit der Revision (→ Rn. 45) realisiert werden kann (BT-Drs. 19/13837, 39). Bei **fehlender Teilnahmebereitschaft** muss seine Anwesenheit deshalb mit sozialpädagogischen und notfalls auch strafprozessualen Mitteln durchgesetzt werden. Eine (womöglich sogar sanktions-

bewehrte) elterliche Pflicht, das Erscheinen des Jugendlichen zu erzwingen, gibt es dagegen nicht (OLG Brandenburg BeckRS 2021, 2104).

2. Voraussetzungen der Durchführung ohne Anwesenheit

a) Zulässigkeit im Allgemeinen Strafverfahren. Die **von § 231 Abs. 2 StPO** iVm § 2 Abs. 2 erfasste Konstellation, in der sich der Angeklagte seiner Anwesenheitspflicht entzieht, kommt im JStV nur bedingt in Betracht. Das JGericht ist oftmals daran gehindert, die „fernere Anwesenheit nicht für erforderlich" zu erachten, weil es den Jugendlichen nur in dessen Gegenwart einschätzen kann (→ Rn. 9). Die dahingehenden, zu Beginn der HV gemachten Beobachtungen werden dafür nicht ausreichen und vielfach durch das spätere Fernbleiben hinfällig geworden sein (zumal die Entwicklung Jugendlicher ohnehin sehr rasch und dynamisch verläuft). Bei jugendgemäßer Interpretation (→ § 2 Rn. 39 ff.) sind die Möglichkeiten des § 231 Abs. 2 StPO also in diesem Sinne **restriktiv** zu handhaben (weniger einschr. Diemer/Schatz/Sonnen/Schatz Rn. 15; Streng JugendStrafR Rn. 218: „bereits einen Eindruck gewonnen"; s. auch HK-JGG/Trüg/Gundelach Rn. 13). Dies gilt entspr. für **§§ 231a f. StPO** iVm § 2 Abs. 2. 22

§§ 232, 233 StPO können im allg. StVerf angewandt werden, wenn nur minderschwere Sanktionen absehbar sind. An die Stelle der dort genannten Rechtsfolgen des StGB tritt im JStV die Erwartung von Erziehungsmaßregeln oder von Zuchtmitteln (so zB Diemer/Schatz/Sonnen/Schatz Rn. 14; Streng JugendStrafR Rn. 217), außer einer Verpflichtung nach § 12 Nr. 2 und von JA (ähnlich NK-JGG/Schady Rn. 10; HK-JGG/Trüg/Gundelach Rn. 12). Andere Rechtsfolgen dürften, wenn die HV in diesen Fällen ohne Angeklagten durchgeführt wird, selbst dann nicht verhängt werden, wenn sich die ursprüngliche Sanktionserwartung als unzureichend erweist (§ 232 Abs. 1 S. 2, § 233 Abs. 1 S. 2 StPO iVm § 2 Abs. 2). Allerdings kommen die §§ 232, 233 StPO im JStV aus den in → Rn. 22 genannten Gründen **kaum** zum Tragen. 23

b) „Besondere Gründe". Abs. 1 setzt neben den Bedingungen, die in §§ 231 ff. StPO erfasst sind, zusätzlich noch das Vorliegen von besonderen Gründen voraus. Von RL Nr. 1 S. 2 werden insofern zwei Sachverhalte genannt (weit entfernter Wohnort des Jugendlichen; drohende Verdoppelung einer aufwändigen Beweisaufnahme bei Abtrennung des gegen den Abwesenden gerichteten Verfahrens). Darüber hinaus liegen besondere Gründe ebenfalls vor, wenn die Verhandlungsanwesenheit zu erheblichen zusätzlichen **Belastungen** etwa für Ausbildung, Arbeit oder enge persönliche Beziehungen führen würde (ebenso BeckOK JGG/Putzke Rn. 24). Gleichwohl hat Abs. 1 einen **geringen praktischen Anwendungsbereich.** Soweit besondere Gründe bejaht werden, ist regelmäßig die vorzugswürdige Verfahrensmöglichkeit iSv § 47 Abs. 1 Nr. 3 zu prüfen. Kommt dieses Vorgehen nicht in Betracht, weil der Vorwurf zu viel Gewicht hat, fehlt es wiederum an den Voraussetzungen der § 231 Abs. 2 bis § 233 StPO (→ Rn. 22 f.). Hier ist dann nämlich die Anwesenheit des Angeklagten kaum verzichtbar, weil das JGericht sonst schwerlich eine angemessene Rechtsfolge bestimmen kann (ebenso etwa MüKoStPO/Höffler Rn. 10 mwN). 24

25 **c) Zustimmung der Jugendstaatsanwaltschaft.** Die Durchführung ohne Anwesenheit erfordert nach Abs. 1 stets die Zustimmung des JStA. Verzichtbar ist diese allein im vereinfachten JVerfahren (§ 78 Abs. 2 S. 2).

IV. Teilnahme der Erziehungsberechtigten an der Hauptverhandlung

1. Anwesenheitsrecht und -pflicht

26 Die Erziehungsberechtigten und gesetzlichen Vertreter von jugendlichen Angeklagten haben in der HV gem. Abs. 2 S. 2 eine Anwesenheitspflicht (Beulke/Swoboda Rn. 652), die idR aber nicht durchgesetzt wird (→ Rn. 29; zu teilw. strengeren Vorgaben in ausländischen JStR-Systemen s. Gensing, Jugendgerichtsbarkeit und Jugendstrafverfahren im europäischen Vergleich, 2014, S. 445 ff.). Im Vordergrund steht ihr Anwesenheitsrecht. Dieser **Anspruch** (hierzu im Ermittlungsverfahren → § 67 Rn. 24 ff.) geht unausgesprochen aus **Abs. 2 S. 1,** aber auch aus § 51 Abs. 2 hervor, wo der Ausschluss von der Verhandlung an enge Voraussetzungen geknüpft wird (→ § 51 Rn. 13 ff.). Auf dieser Grundlage zeigt § 51 Abs. 3 obendrein an, dass die Eltern auch zu den „an der Verhandlung beteiligten Personen" zählen (weil § 177 GVG sonst direkt und nicht nur „entsprechend" anwendbar wäre).

26a **Funktional** ist das elterliche Anwesenheitsrecht **auf den Jugendlichen bezogen,** dem die erziehungsberechtigte Person in der HV zur Seite stehen soll (→ § 67a Rn. 4). Insofern wird ua durch Abs. 2 die Vorgabe in Art. 15 Abs. 1 RL (EU) 2016/800 (Recht des Kindes auf Begleitung durch den Träger der elterlichen Verantwortung) umgesetzt. Konsequenterweise hat der Angeklagte daher auch einen Anspruch auf elterliche Konsultation (→ § 67 Rn. 27). Anders als bei Untersuchungshandlungen im Ermittlungsverfahren (dort → § 67 Rn. 32) kann der Jugendliche auf die Elternanwesenheit in der HV wegen deren Anwesenheitspflicht aber nicht verzichten. Im traditionellen Modell kommt der Verzicht ohnehin nicht in Betracht, da das Anwesenheitsanspruch der Erziehungsberechtigten und gesetzlichen Vertreter dort nicht (nur) aus einem „fremden" Recht (dem des Jugendlichen) abgeleitet, sondern (auch) aus einer eigenen elterlichen Rechtsposition erklärt wird, nämlich als Konsequenz von Art. 6 Abs. 2 GG (BVerfGE 107, 104 (122) = NJW 2003, 2004 (2006); zw.).

27 Das Recht des Angeklagten auf elterliche Begleitung beruht auf der Vorstellung, dass die Erwachsenen in der herausforderungsreichen Sondersituation einer HV zu einer emotionalen Stabilisierung des Jugendlichen und ggf. auch sachlichen Unterstützung imstande sind. Die Anwesenheit von Erziehungsberechtigten und gesetzlichen Vertretern hat aber auch noch **weitere Vorteile:** Ihre Anwesenheit eröffnet zusätzliche Möglichkeiten der Persönlichkeitsbeurteilung. Ferner können die Eltern noch in der HV ihre Zustimmung zur Erteilung von Weisungen erklären. Hierdurch wird die erzieherische Wirkung von Rechtsfolgen und Vereinbarungen, die mit dem jugendlichen Angeklagten über die künftige Lebensführung getroffen werden, oft stark beeinflusst (vgl. → § 10 Rn. 8). Die Teilnahme an der HV führt schließlich uU dazu, dass die Eltern auf ihr selbstständiges Anfechtungsrecht (§ 67 Abs. 2; s. auch → § 55 Rn. 6) unmittelbar verzichten oder es jedenfalls

nicht geltend machen, sodass das Verfahren einen frühzeitigen rechtskräftigen Abschluss finden kann.

2. Ladung

Nach Abs. 2 S. 1 soll der Vorsitzende die Ladung der Erziehungsberech- 28
tigten und der gesetzlichen Vertreter anordnen (s. auch → § 67a Rn. 5; betr. polizeiliche Vernehmungen → § 67 Rn. 26). Da die Inanspruchnahme des Anwesenheitsrechts nur bei sichergestellten Orts- und Zeitinformationen vollständig ermöglicht wird, ist die Vorschrift trotz ihres Wortlauts als **Ladungspflicht** auszulegen (zust. bspw. MüKoStPO/Höffler Rn. 13: Ermessensreduzierung auf Null; ähnlich unter Bezug auf Art. 6 Abs. 2 S. 1 GG etwa Kremer, Der Einfluß des Elternrechts auf die Rechtmäßigkeit der Maßnahmen des JGG, 1984, S. 172). Ausnahmen bestehen nur, wo der Beschuldigte volljährig wird (→ Rn. 2) oder wo das elterliche Nichterscheinen von vornherein klar und entschuldigt ist (nicht aber, wo der Vorsitzende einen sofortigen vollständigen Ausschluss gem. § 51 Abs. 2 veranlassen und die Teilnahme an der HV kurz nach deren Beginn beendet werden wird (n. → § 51 Rn. 19 f.)). Nach RL 3 S. 2 muss dann aber wegen § 67a Abs. 1 trotzdem eine formlose Mitteilung über Zeit und Ort der HV erfolgen. Sind **mehrere** Personen erziehungsberechtigt, genügt zwar die Ladung eines Berechtigten (§ 67 Abs. 5 S. 3), jedoch ist meist die Ladung aller sachgerecht und angezeigt (vgl. ferner → § 67 Rn. 43, → § 67a Rn. 13). Dies muss jeweils rechtzeitig (in Anlehnung an § 217 StPO) und nach Abs. 2 S. 2 unter Hinweis auf die gesetzlichen Folgen des Ausbleibens erfolgen (vgl. § 48 Abs. 2 StPO). Die Zustellung und Förmlichkeit der Ladung ist empfehlenswert, aber nicht zwingend (OLG Hamm NStZ 2009, 44 (45)).

Darüber, ob die HV auch bei **Nichterscheinen** der Eltern – trotz der 29
damit einhergehenden Nachteile (→ n. 28 f.) – durchgeführt werden kann, entscheidet das Gericht. Tatsächlich erscheint in einem beachtlichen Anteil der Verfahren kein Elternteil. Selbst (oder aber gerade) für Verfahren, in denen die Verhängung von JStrafe in Betracht kommt, wird aus der Praxis hierfür mitunter ein erheblicher (ca. 50%iger) Anteil genannt (vgl. Höynck ua Jugendgerichtsbarometer II S. 104 f.; vgl. auch Schwer Stellung S. 191; Pruin ZJJ 2014, 316 (318) mwN). Ob die Stärkung der Elternrechte, zu der es mit der Umsetzung der RL (EU) 2016/800 gekommen ist (→ Einl. Rn. 33) daran etwas ändert, ist abzuwarten. Unabhängig davon werden die bei Nichterscheinen möglichen Zwangsmittel (§ 51 StPO iVm Abs. 2 S. 2) **rechtstatsächlich** offenbar nur höchst selten eingesetzt. Der dies rechtfertigenden Erwägung, wonach die abgenötigte Anwesenheit generell keinen Nutzen verspreche, und zwar weder für die Informationserhebung noch für die Unterstützung des Angeklagten oder der Rechtsfolgenumsetzung (Pruin ZJJ 2014, 316 (316, 321)), wird man in dieser Unbedingtheit nicht zustimmen können (mit Blick auf die Erforschung der Persönlichkeit und Lebensumstände des Jugendlichen ebenfalls krit. Nix/Pschorr/Gmelin §§ 48–51 Rn. 28). Allerdings kommt von vornherein nur ein strafprozessuales Zwangsmittel in Betracht. Würde man das Nichterscheinen dagegen auch zum Anlass jugendamtlicher oder familienrichterlicher Maßnahmen nehmen, würden diese als Sanktion des elterlichen Nichterscheinens missbraucht, obwohl sie allein im Interesse des Kindeswohls eingesetzt werden dürfen (OLG Brandenburg BeckRS 2021, 2104).

3. Entschädigung

30 Gemäß Abs. 2 S. 2 finden hinsichtlich der Entschädigung der Erziehungsberechtigten und gesetzlichen Vertreter die Vorschriften über die Zeugenentschädigung entspr. Anwendung (§ 71 StPO iVm dem JVEG). Eine Beschränkung auf Kosten, die bei einem Wohnsitz im Gerichtsbezirk entstehen können (dafür, wenn auch wohl de lege ferenda Kropp NJ 2007, 299 (300 f.)), ist mit Blick auf die Anwesenheitspflicht und -funktion (→ Rn. 26 ff.) abzulehnen. Zur Vermeidung von Ungleichbehandlung unter den Beschuldigten darf auch bei entfernt lebenden Eltern keine finanzielle Teilnahmebarriere errichtet werden.

V. Teilnahme der Jugendgerichtshilfe an der Hauptverhandlung

1. Gewährleistung der Anwesenheit

31 **a) Terminmitteilung.** Für die JGH wurde seit langem ein Anwesenheitsrecht in der HV anerkannt und aus § 38 Abs. 3 S. 1 aF abgeleitet. Seit dem Gesetz zur Stärkung der Verfahrensrechte von Beschuldigten im Jugendstrafverfahren folgt aus § 38 Abs. 4 S. 1 und Abs. 6 S. 1 neben dem **Teilnahmerecht** auch eine **Teilnahmepflicht,** wobei diese nur bei einem Verzicht nach § 38 Abs. 7 entfällt (n. zum Ganzen → § 38 Rn. 60 ff.). Will die JGH nicht erscheinen, muss sie also die entspr. Befreiung beantragen. Die lange geübte Praxis, wonach sie über ihre (sehr selektive) Teilnahme an der HV (dazu → § 38 Rn. 76) in Wahrnehmung ihres Teilnahmeermessens selbst befand, ist damit ausgeschlossen worden.

32 **Abs. 3 S. 1** dient der Gewährleistung der Anwesenheit eines Vertreters der JGH, da hiernach eine **Mitteilung** von Ort und Zeit der HV erfolgen muss (s. auch RL 5 sowie Nr. 32 Ziffer 5 MiStra). Fälle, in denen dies unterbleiben dürfte, sind – obwohl es sich bei dieser Vorschrift um eine Soll-Norm handelt – kaum vorstellbar. Der Mitteilung bedarf es auch in jenen Verfahren, in denen ein Berichts- oder Anwesenheits**verzicht** iSv § 38 Abs 7 erklärt wurde (zust. NK-JGG/Schady Rn. 12). Das folgt daraus, dass Abs. 3 S. 1 für diese Konstellation keine Ausnahme vorsieht. Die Terminmitteilung stellt hier iÜ auch keinen überflüssigen Formalismus dar, da sich für die JGH aus jugendhilferechtlichen Gründen ein Bedarf ergeben kann, an der HV teilzunehmen (→ § 38 Rn. 64), und sie daher der dafür erforderlichen Informationen bedarf.

33 Die schon immer kritikwürdige früher hM, wonach die Mitteilung hinsichtlich des ersten (nicht ausgesetzten) Verhandlungstages einer **über mehrere Tage fortgesetzten HV** genügen soll, auch wenn die JGH von den weiteren vorgesehenen Terminen nicht benachrichtigt wird (BGH bei Martin DAR 1964, 100; Brunner/Dölling Rn. 13; aA NK-JGG/Schady Rn. 12), lässt sich mit der zwischenzeitlich va in § 38 Abs. 4 klar gestärkten Rolle der JGH nicht vereinbaren. Eine Mitteilung der Fortsetzungstermine ist nur entbehrlich, wenn diese in der HV in Gegenwart des Vertreters der JGH bestimmt werden (Diemer/Schatz/Sonnen/Schatz Rn. 25). Auch wenn das Verfahren in der ersten HV ausgesetzt worden war, muss die JGH

über die zweite HV neu informiert werden (BGH StV 1993, 536 = BeckRS 1993, 30985641).

b) Rechtzeitigkeit. Die besagte Mitteilung hat, wie die Normtextfassung klarstellt, **beizeiten** zu geschehen: also mindestens eine Woche vorher (s. § 217 Abs. 1 StPO) und so frühzeitig, dass die JGH im Rahmen eines normalen Geschäftsgangs im Stande ist, eine Teilnahme organisatorisch zu gewährleisten und inhaltlich vorzubereiten (vgl. bereits BGH StV 1982, 336; s. auch Brunner/Dölling Rn. 12). Auch für die ggf. erforderliche Umsetzung der Aktualisierungspflicht (→ § 38 Rn. 40) muss der JGH genügend Zeit bleiben (Diemer/Schatz/Sonnen/Schatz Rn. 24). Erfolgte die Mitteilung derart kurzfristig, dass die JGH nur durch außergewöhnliche Dispositionen zur HV-Teilnahme in der Lage ist, wäre dies weder „rechtzeitig" iSv § 38 Abs. 4 S. 3, noch entspräche es einer „angemessenen Frist" iSv Abs. 3 S. 1, weshalb bei Nichterscheinen in der HV die Auferlegung des Kostenersatzes nach § 38 Abs. 4 S. 3 entfiele (zust. NK-JGG/Schady Rn. 12). 34

2. Äußerung in der HV

Das allg. **Äußerungsrecht** der JGH, das nach § 38 Abs. 2 S. 2 Hs. 2 im gesamten JStV gilt (→ § 38 Rn. 58; dazu speziell ggü. dem JStA → § 38 Rn. 24 und 34), wird in **Abs. 3 S. 2** noch einmal eigens für die HV normiert. Ausgeübt wird dieses Recht bspw. mit sozialpädagogischen Stellungnahmen im JGH-Bericht, für die allerdings besondere Maßgaben gelten (→ Rn. 36; → § 38 Rn. 45). Daneben schließt das Äußerungsrecht insbes. die Möglichkeit ein, sich unabhängig von der Berichterstattung mit eigenen Aussagen einbringen zu können. Die Zeitpunkte und Häufigkeit, mit der dem Vertreter der JGH dafür „auf Verlangen" das **Wort erteilt** wird, bestimmt der Vorsitzende als Verhandlungsleiter (§ 238 Abs. 1 StPO iVm § 2 Abs. 2) nach seinem pflichtgemäßen Ermessen. Wird seine Anordnung (oder deren Unterlassung) als unzulässig beanstandet, entscheidet hierüber, da es sich um einen Gegenstand der Sachleitung handelt, das JGericht (§ 238 Abs. 2 StPO iVm § 2 Abs. 2). Ist anzunehmen, dass der Vertreter der JGH zu einem bestimmten Aspekt eine relevante Stellungnahme abgeben kann, entspricht es der richterlichen Aufklärungspflicht, ihn hierzu selbst dann aufzufordern, wenn er kein Äußerungsinteresse signalisiert (ebenso Diemer/Schatz/Sonnen/Schatz Rn. 29). Im Hinblick auf eine ggf. beabsichtigte Erteilung von Weisungen ergibt sich die Anhörungspflicht obendrein aus § 38 Abs. 6 S. 3 Hs. 1 (dazu n. → § 10 Rn. 10). – Ein Recht, **Fragen** an die Prozessbeteiligten zu stellen, hat der Vertreter der JGH iÜ **nicht** (Rückschluss aus § 67 Abs. 1, § 69 Abs. 3 S. 2 sowie § 240 Abs. 2 S. 1 StPO; zust. etwa HK-JGG/Trüg/Gundelach Rn. 26). Es steht ihm auch kein formelles Antragsrecht zu. Dies hindert ihn jedoch nach allgA nicht an der Formulierung von Anregungen (vgl. → § 38 Rn. 68). 35

3. Vortrag des JGH-Berichts

a) Beurteilungen. Damit die Ergebnisse der Nachforschungen, die die JGH gem. § 38 Abs. 2 S. 2 durchgeführt hat, vom Gericht verwertet werden können, müssen sie nach dem Mündlichkeits- und Unmittelbarkeitsprinzip (§ 250 StPO iVm § 2 Abs. 2) in die HV eingebracht und im Regelfall dort vorgetragen werden. Soweit dies die Einschätzungen, Wertungen, Hinweise, 36

Anregungen, Vorschläge usw betrifft, handelt es sich um eine fachkundige beratende **Stellungnahme** und nicht um ein Beweismittel (NK-JGG/Sommerfeld § 38 Rn. 9; BeckOK JGG/Gertler/Schwarz § 38 Rn. 122; Brachold, Der Beitrag der Jugendgerichtshilfe zur strafprozessualen Sachverhaltsermittlung und -bewertung, 1999, S. 109 ff; abw. zB Gundelach StraFo 2019, 45 (46 ff.): Übertragbarkeit des Sachverständigenbeweises). Diese muss vom Vertreter der JGH mündlich **vorgetragen** werden. Prozessrechtlich handelt es sich dabei um eine formlose Anhörung durch das Gericht, das danach nur jene Inhalte berücksichtigen darf, die auf diese Weise zum Gegenstand der HV gemacht worden sind. Anderenfalls wäre nicht gewährleistet, dass sich der Angeklagte hierzu iSv Art. 103 Abs. 1 GG äußern kann (n. dazu → § 38 Rn. 45).

37 **b) Abw. Anforderungen bei Tatsachen.** Will das JGericht indes auch schuldfragen- oder rechtsfolgenrelevante Umstände verwerten, über die der Bericht informiert, muss es wegen deren Tatsachencharakters das Strengbeweisverfahren einhalten. Der einfache Vortrag des JGH-Berichts genügt dafür nicht (OLG Oldenburg MDR 1977, 775 = BeckRS 1977, 2123; Brachold, Der Beitrag der Jugendgerichtshilfe zur strafprozessualen Sachverhaltsermittlung und -bewertung, 1999, S. 55 ff.). Vielmehr bedarf es dann zusätzlich einer Zeugenvernehmung jener Personen, um deren Wahrnehmungen es geht. Das betrifft einmal die **Informanten der JGH.** Da für deren vorherige Befragung durch die JGH vernehmungsanaloge Regeln gelten (→ § 38 Rn. 26 und 29) und die damaligen (wahren oder falschen) Tatsachenangaben im Falle einer Zeugnisverweigerung entspr. § 252 StPO iVm § 2 Abs. 2 nicht verwertet werden könnten (für unmittelbare Anwendung von § 252 StPO BGH NJW 2005, 765; Eisenberg BeweisR StPO Rn. 1276a; Meyer-Goßner/Schmitt/Köhler StPO § 160 Rn. 26), geht die Praxis aber nur selten in dieser Weise vor.

38 Zum anderen ist die Beweiserhebung zum Tatsachenteil des Berichts durch Vernehmung des **Vertreters** der **JGH** als **Zeuge** zulässig, soweit dessen datenschutzrechtliche Verpflichtungen und sein begrenztes Zeugnisverweigerungsrecht (dazu → § 38 Rn. 69 ff.) dem nicht entgegenstehen (ähnlich bspw. Brunner/Dölling § 38 Rn. 37 ff.; Beulke/Swoboda JugendStrafR Rn. 698). Da dies seiner Stellung als Prozessorgan eigener Art (→ § 38 Rn. 56) eher widerspricht und zu Beeinträchtigungen einer erzieherisch wirksamen Hilfeleistung führen kann (→ § 38 Rn. 79), ist es jedoch vorzugswürdig, den Angeklagten zu den fraglichen Umständen zu befragen (Trenczek DVJJ-Journal 2003, 35 (39)). Im Übrigen kann der Bericht bei den Vernehmungen als **Vernehmungsvorhalt** eingesetzt und in Ausschnitten verlesen werden (dazu allg. etwa BGHSt 11, 159 = NJW 1958, 559; KK-StPO/Diemer StPO § 249 Rn. 41 ff.; einschr. OLG Hamm ZJJ 2004, 298 = BeckRS 2015, 4300: nur bei Verlesbarkeit des JGH-Berichts). Im Urteil verwertbar sind dann die Erklärungen, die die jeweils Vernommenen (Informanten, JGH-Vertreter, Angeklagte) hierzu abgeben. Im Falle einer Bestätigung werden die fraglichen Umstände also aussagegetragen in die HV eingeführt.

39 **c) Richterliche Fürsorgepflichten.** Schwierigkeiten können sich jeweils ergeben, wenn der **Angeklagte** die vorgetragenen Angaben (etwa zu seiner Biographie) als unzutreffend empfindet. In der Praxis scheint entspr. Einwänden nicht immer hinreichend Rechnung getragen zu werden, etwa

mit der Begründung, es komme auf die bestrittenen Details nicht an, während die auch hierauf gestützten Wertungen des Berichts später durchaus in die Entscheidung eingehen. Darüber hinaus mag es mancher Angeklagte im kommunikativen Kontext der HV (→ Rn. 10 ff.) gar nicht wagen, etwaige Unrichtigkeiten anzumahnen (vgl. empirische Nachw. schon bei Schröer KrimJ 1987, 98 (101)). Im Übrigen wird er zum Erkennen und Artikulieren von Fehlern umso weniger in der Lage sein, je rascher der Berichtsinhalt vorgetragen wird. Selbst bei einem vorhandenen Verteidiger kann nicht davon ausgegangen werden, dass der Jugendliche im Verhandlungsvorfeld über die Einzelheiten des Berichts informiert worden ist und sich auf Einwände vorbereiten kann. Es gehört daher zu den richterlichen Anforderungen an eine jugendgemäße Verfahrensgestaltung (→ Rn. 14 ff.), dem Angeklagten nicht nur Gelegenheit zu geben, sich zum JGH-Bericht (kritisch) zu äußern, sondern ihn dabei zur Darstellung seiner **Eigensicht ausdrücklich zu ermutigen.** Soweit es hierbei ausnahmsweise erforderlich wird, den Bericht als Vorhalt einzusetzen, hat dies zurückhaltend zu geschehen und nicht in einer Weise, die den Angeklagten drängt oder gleichsam vor vollendete Ergebnisse stellt.

4. Verlesung des JGH-Berichts

a) Kompensatorische Verlesung gem. Abs. 3 S. 3. Nach Abs. 3 S. 3 40 kann bei Nichtanwesenheit des Vertreters der JGH ersatzweise der Ermittlungsbericht verlesen werden. Damit wird der Inhalt des Berichts in zulässiger Weise zum (berücksichtigungsfähigen) Gegenstand der HV gemacht. Dies setzt jedoch voraus, dass er in schriftlicher Form vorliegt und auch inhaltlich so aussagekräftig ist, dass das JGericht mit der Verlesung seine Aufklärungspflicht erfüllt (→ § 38 Rn. 46). Außerdem muss die Abwesenheit des Vertreters der JGH durch einen **Verzicht iSv § 38 Abs. 7** gedeckt sein (anders und problematisch noch RefE v. 11.10.2018). Dies ist allein dann gegeben, wenn eine Verzichtserklärung vorliegt, formal rechtmäßig ist (vorheriger Antrag der JGH) und materiell den Anforderungen von § 38 Abs. 7 S. 1 entspricht (durch Fallumstände gerechtfertigt und mit Wohl des Jugendlichen vereinbar). Die Verzichtsgründe dürfen also nicht in willkürlicher oder unvertretbarer Weise angenommen worden sein (zur Kritik der Verlesungsoption → § 38 Rn. 63). Die Gegenansicht (NK-JGG/Schady Rn. 14a f.; Brunner/Dölling Rn. 14a) verkürzt den Verweis in Abs. 3 S. 3 („Voraussetzungen des § 38 Abs. 7 Satz 1") auf § 38 Abs. 7 S. 1 Hs. 2 und verlangt lediglich das Vorliegen der materiellen Verzichtsvoraussetzungen. Mit der dies tragenden Begründung, dass nur bei dieser Auslegung auch bei einem antragslosen Verzicht (§ 38 Abs. 7 S. 5) eine Verlesung möglich ist, wird ersichtlich verkannt, dass bei zutr. Interpretation dieser Verzichtsoption für eine Verlesung gar kein Anlass bestehen kann (dazu → § 38 Rn. 64).

b) Keine Verlesungsmöglichkeiten nach allg. StVR. Die Verlesungs- 41 optionen des allg. StVR kommen dagegen nicht zum Tragen. So scheidet etwa § 256 Abs. 1 StPO iVm § 2 Abs. 2 von vornherein aus (ebenso KK-StPO/Diemer StPO § 256 Rn. 5, Meyer-Goßner/Schmitt/Köhler StPO § 160 Rn. 26). Zwar handelt es sich bei der JGH um eine öffentliche Behörde iSv § 256 Abs. 1 Nr. 1a StPO (ebenso Laubenthal Jugendgerichtshilfe S. 117), doch stellt der Bericht weder ein Zeugnis noch ein Gutachten dar; durch seine personenbezogenen Inhalte trägt er am ehesten den Charakter eines Leumundszeugnisses, das gem. § 256 Abs. 1 Nr. 1c StPO von der Verlesung ausgeschlossenen ist. Nach **früher hM** kam allerdings – unter der Voraussetzung, dass der Angeklagte einen Verteidiger hat und allseitiges Einverständnis besteht – eine Verlesung gem. **§ 251 Abs. 1 Nr. 1 StPO** in Betracht (vgl. BGH BeckRS 2006, 14313; Laubenthal Jugendgerichtshilfe S. 118 f.; Trenczek DVJJ-Journal 2003, 35 (39); einschr. 22. Aufl. Rn. 36). Diese Ansicht ist durch Einführung von Abs. 3 S. 3 jedoch **hinfällig** geworden, auch was die teilw. (NK-JGG/Sommerfeld § 38 Rn. 10) befürwortete Anwendbarkeit von **§ 251 Abs. 1 Nr. 2 StPO** betrifft.

42 Auf Basis der nunmehrigen Gesetzeslage sind die Verlesungsmöglichkeiten im JGG abschließend geregelt (§ 2 Abs. 2; s. auch HK-JGG/Trüg/Gundelach Rn. 30). Die Anwendung des diesbzgl. allg. StVR kommt in **keiner denkbaren Konstellation** in Betracht: Sofern der Vertreter der JGH in der HV anwesend ist, besteht der JGH-Bericht ausschließlich in dessen mündlichen Vortrag. Die vorherige schriftliche Fassung, die ohnehin nur der Vorab-Information diente, ist dann obsolet geworden und „gilt" nicht mehr (Trenczek/Schmoll Jugendkriminalität Rn. 607 f.), sodass deren **ergänzende Verlesung nicht** in Betracht kommen kann. Über die im Bericht enthaltenen Tatsachen und Aussagen des Angeklagten ist dann durch Zeugenvernehmung des Vertreters der JGH (und nicht durch Verlesung) Beweis zu erheben. Ist der Vertreter der JGH dagegen nicht in der HV anwesend, ohne dass der JGH-Bericht nach Abs. 3 S. 3 verlesen werden kann, muss das auf einem Fehler des Gerichts oder der JGH beruhen. Es kann dann nämlich nur ein Fall des rechtswidrigen Verzichts oder des eigenmächtigen Ausbleibens der JGH oder ihres Nichterscheinens wegen fehlender Terminmitteilung vorliegen (→ Rn. 40). Eine Heranziehung von § 251 StPO scheidet hier aus, liefe sie doch darauf hinaus, die Regelung in Abs. 3 S. 3 zu **umgehen** und gegenstandslos zu machen.

VI. Anhörung sonstiger anwesender Personen

43 **Abs. 4** sieht für den Regelfall die Anhörung von Bewährungs- und Betreuungshelfern sowie Leitern eines sozialen Trainingskurses – soweit diese in der HV anwesend sind – vor. Es erstaunt, dass der Leiter einer Einrichtung nach § 34 SGB VIII trotz des Anwesenheitsrechtes (§ 48 Abs. 2 S. 2) nicht ebenfalls genannt ist. Die Anhörung ermöglicht und **bezweckt** die Vermittlung zusätzlicher und namentlich **neuester** („zu der Entwicklung") persönlicher Umstände, die für die richterliche Entscheidungsfindung ggf. bedeutsam sein können. Mit Blick auf die richterliche Aufklärungspflicht sind die genannten (sowie ggf. auch weitere) Funktionsträger daher regelmäßig zu laden (vgl. etwa Brunner/Dölling Rn. 15; HK-JGG/Trüg/Gundelach Rn. 27; von Ermessensreduzierung auf Null ausgehend NK-JGG/Schady Rn. 15; MüKoStPO/Höffler Rn. 26). Bei der Anhörung ist sodann darauf zu achten, dass der Schwerpunkt tatsächlich auf die aktuellen Gegebenheiten gelegt wird – und nicht etwa auf die Thematisierung früherer jugendstrafrechtlicher Sanktionierung, durch die eine Relativierung positiv zu beurteilender Prozesse drohen würde.

44 Da der Betreuungshelfer und der Leiter eines sozialen Trainingskurses mit Maßnahmen befasst sind, die in Ausführung jugendhilferechtlicher Aufgaben

von den JÄmtern oder freien Träger durchgeführt werden (s. etwa → § 10 Rn. 66 ff.), steht deren Anhörung **datenschutzrechtlich** unter dem Vorbehalt des § 64 Abs. 2 SGB VIII (Vorrangs des Leistungserfolges). Fehlt die Zustimmung des Jugendlichen zur Informationsweitergabe, ist zudem § 65 Abs. 1 S. 1 Nr. 5 SGB VIII zu beachten (vgl. dazu auch → § 38 Rn. 42 und 70). Bei der Anhörung des Bewährungshelfers spricht der Vorrang erzieherischer Belange dafür, diese Einschränkungen – unabhängig von der organisationsrechtlichen Zuordnung der BewHilfe (vgl. → § 113 Rn. 2) – durch eine entspr. sensible Befragung sinngemäß zu berücksichtigen.

VII. Revision

Ergeht ein Urteil ohne Beachtung der Voraussetzungen des Abs. 1 in **Abwesenheit des jugendlichen Angeklagten,** liegt der absolute Revisionsgrund nach § 338 Nr. 5 StPO iVm § 2 Abs. 2 vor (allgA; vgl. nur BGHSt 3, 187 (189) = NJW 1952, 1306). – **Unterbleibt die Ladung nach Abs. 2 S. 1** und führt dies zur Abwesenheit der Erziehungsberechtigten bzw. gesetzlichen Vertreter in der HV, ist das Begleitungs- und Konsultationsrecht des Angeklagten verletzt (s. auch → § 67 Rn. 29). Soweit Anhaltspunkte bestehen, dass sich dies auf seine Einlassungen in der HV ausgewirkt hat, liegt ein relativer Revisionsgrund vor (abw. noch BGH NStZ 1996, 612 (613)). Wird ein Antrag auf (nachträgliche Ladung abgelehnt, ist die Verteidigung behindert und das Urteil, das dies nicht beachtet, mit der Revision angreifbar (§ 338 Nr. 8 StPO; ähnlich MüKoStPO/Höffler Rn. 29 f.). Unter Umständen wird durch das Unterlassen der elterlichen Ladung oder die Nichtdurchsetzung ihres Erscheinens auch die richterliche **Aufklärungspflicht** verletzt, was dann ebenfalls zur Aufhebung des Urteils führt (BGH NStZ 1996, 612; zum Verstoß gegen Abs. 2 S. 1 als Wiedereinsetzungsgrund bei Versäumung der Rechtsmittelfrist vgl. → § 67 Rn. 41). 45

Bei Durchführung der HV in Abwesenheit der zuständigen **JGH,** ist das Urteil revisibel, sofern auf die **Anwesenheit** nicht in rechtmäßiger Weise verzichtet worden war (dazu im Einzelnen → § 38 Rn. 85 ff.). Wird der **schriftliche Bericht** der JGH im Urteil verwertet, kann dies die Revision begründen. Das ist gegeben, wenn sein Inhalt gar nicht zum Gegenstand der HV (§ 261 StPO iVm § 2 Abs. 2; Art. 103 Abs. 1 GG) gemacht worden war (OLG Hamm ZJJ 2004, 298 = BeckRS 2015, 4300). Ebenso verhält es sich bei einer Berichtsverlesung, ohne dass die Voraussetzungen von Abs. 3 S. 3 vorgelegen hätten (→ Rn. 40 ff.), oder wenn der schriftliche Bericht als Vernehmungsbehelf (→ Rn. 38) eingesetzt und dann selbst (nicht also die substantiierte Bestätigung durch die vernommene Person) verwendet wurde (KK-StPO/Diemer StPO § 249 Rn. 52 mwN). 46

Zeitweilige Ausschließung von Beteiligten

51 (1) [1]**Der Vorsitzende soll den Angeklagten für die Dauer solcher Erörterungen von der Verhandlung ausschließen, aus denen Nachteile für die Erziehung entstehen können.** [2]**Er hat ihn von dem, was in seiner Abwesenheit verhandelt worden ist, zu unterrichten, soweit es für seine Verteidigung erforderlich ist.**

(2) [1]Der Vorsitzende kann auch Erziehungsberechtigte und gesetzliche Vertreter des Angeklagten von der Verhandlung ausschließen, soweit

1. erhebliche erzieherische Nachteile drohen, weil zu befürchten ist, dass durch die Erörterung der persönlichen Verhältnisse des Angeklagten in ihrer Gegenwart eine erforderliche künftige Zusammenarbeit zwischen den genannten Personen und der Jugendgerichtshilfe bei der Umsetzung zu erwartender jugendgerichtlicher Sanktionen in erheblichem Maße erschwert wird,
2. sie verdächtig sind, an der Verfehlung des Angeklagten beteiligt zu sein, oder soweit sie wegen einer Beteiligung verurteilt sind,
3. eine Gefährdung des Lebens, des Leibes oder der Freiheit des Angeklagten, eines Zeugen oder einer anderen Person oder eine sonstige erhebliche Beeinträchtigung des Wohls des Angeklagten zu besorgen ist,
4. zu befürchten ist, dass durch ihre Anwesenheit die Ermittlung der Wahrheit beeinträchtigt wird, oder
5. Umstände aus dem persönlichen Lebensbereich eines Verfahrensbeteiligten, Zeugen oder durch eine rechtswidrige Tat Verletzten zur Sprache kommen, deren Erörterung in ihrer Anwesenheit schutzwürdige Interessen verletzen würde, es sei denn, das Interesse der Erziehungsberechtigten und gesetzlichen Vertreter an der Erörterung dieser Umstände in ihrer Gegenwart überwiegt.

[2]Der Vorsitzende kann in den Fällen des Satzes 1 Nr. 3 bis 5 auch Erziehungsberechtigte und gesetzliche Vertreter des Verletzten von der Verhandlung ausschließen, im Fall der Nummer 3 auch dann, wenn eine sonstige erhebliche Beeinträchtigung des Wohls des Verletzten zu besorgen ist. [3]Erziehungsberechtigte und gesetzliche Vertreter sind auszuschließen, wenn die Voraussetzungen des Satzes 1 Nr. 5 vorliegen und der Ausschluss von der Person, deren Lebensbereich betroffen ist, beantragt wird. [4]Satz 1 Nr. 5 gilt nicht, soweit die Personen, deren Lebensbereiche betroffen sind, in der Hauptverhandlung dem Ausschluss widersprechen.

(3) § 177 des Gerichtsverfassungsgesetzes gilt entsprechend.

(4) [1]In den Fällen des Absatzes 2 ist vor einem Ausschluss auf ein einvernehmliches Verlassen des Sitzungssaales hinzuwirken. [2]Der Vorsitzende hat die Erziehungsberechtigten und gesetzlichen Vertreter des Angeklagten, sobald diese wieder anwesend sind, in geeigneter Weise von dem wesentlichen Inhalt dessen zu unterrichten, was während ihrer Abwesenheit ausgesagt oder sonst verhandelt worden ist.

(5) Der Ausschluss von Erziehungsberechtigten und gesetzlichen Vertretern nach den Absätzen 2 und 3 ist auch zulässig, wenn sie zum Beistand (§ 69) bestellt sind.

(6) [1]Werden die Erziehungsberechtigten und die gesetzlichen Vertreter für einen nicht unerheblichen Teil der Hauptverhandlung ausgeschlossen, so ist für die Dauer ihres Ausschlusses von dem Vorsitzenden einer anderen für den Schutz der Interessen des Jugendlichen geeigneten volljährigen Person die Anwesenheit zu gestatten.

[2] Dem Jugendlichen soll Gelegenheit gegeben werden, eine volljährige Person seines Vertrauens zu bezeichnen. [3] Die anwesende andere geeignete Person erhält in der Hauptverhandlung auf Verlangen das Wort. [4] Wird keiner sonstigen anderen Person nach Satz 1 die Anwesenheit gestattet, muss ein für die Betreuung des Jugendlichen in dem Jugendstrafverfahren zuständiger Vertreter der Jugendhilfe anwesend sein.

(7) **Sind in der Hauptverhandlung keine Erziehungsberechtigten und keine gesetzlichen Vertreter anwesend, weil sie binnen angemessener Frist nicht erreicht werden konnten, so gilt Absatz 6 entsprechend.**

Übersicht

I. Anwendungsbereich

1. Hauptverhandlungen gegen Jugendliche

1 Die Vorschrift gilt in HV gegen Jugendliche vor den JGerichten und, soweit dies Abs. 2–7 betrifft, auch vor den für allg. Strafsachen zuständigen Gerichten (§ 104 Abs. 1 Nr. 9). Abs. 1 kann dort nach dem Ermessen des Richters angewendet werden (§ 104 Abs. 2). In Verfahren gegen Heranwachsende hat die Vorschrift keine Bedeutung (§ 109). Hier sind allein die allg. Vorschriften zum (zeitweiligen) Ausschluss von der HV heranziehbar.

2 Die hM sah in § 51 eine generalisierbare Vorschrift, die bei **Untersuchungshandlungen und Vernehmungen** außerhalb der HV, bei denen ein Anwesenheitsrecht besteht, **entsprechend anwendbar** sei (so weiterhin Brunner/Dölling Rn. 19). Für Abs. 1 kam dies allerdings nie in Betracht, weil damit ein Verlust spezieller Verfahrensrechte einherginge. Dies gilt bzw. galt jedenfalls dort, wo die Anwesenheit des Beschuldigten bei der fraglichen Maßnahme wegen deren Natur (Vernehmung) und/oder wegen des Anspruchs auf rechtliches Gehör unverzichtbar ist (zB § 118 StPO iVm § 2 Abs. 2; s. auch NK-JGG/Schady Rn. 2). Hinsichtlich der Abs. 2–7 ist die Möglichkeit einer entspr. Anwendung durch das Gesetz zur Stärkung der Verfahrensrechte von Beschuldigten im Jugendstrafverfahren entfallen, weil es mit § 67 Abs. 3 seither eine einschlägige Spezialvorschrift gibt. Soweit es im Vorverfahren zu Verhandlungen kommt, die sich nicht direkt als Untersuchungshandlungen einordnen lassen (§§ 117 ff., 223 f. StPO iVm § 2 Abs. 2), ist dafür die sachlich nähere Regelung in § 67 Abs. 3 und nicht § 51 in entspr. Anwendung heranzuziehen (offen lassend Diemer/Schatz/Sonnen/Schatz Rn. 2).

2. Ordnungswidrigkeitenverfahren

3 In Bußgeldverfahren nach dem OWiG kann eine sinngemäße Anwendung von § 51 (über § 46 Abs. 1 OWiG) dann in Betracht kommen (vgl. auch → § 50 Rn. 6 f.), wenn Verfahrensbeteiligte an der HV teilnehmen wollen (Göhler/Bauer OWiG § 71 Rn. 65).

II. Zeitweilige Ausschließung des Jugendlichen

1. Einordnung

4 Der jugendliche Angeklagte ist während der gesamten HV zur Anwesenheit berechtigt und verpflichtet (n. → § 50 Rn. 8 f.). Dies entspricht einem wesentlichen Verfahrensgrundsatz, von dem gerade das JStV nur sehr wenige Ausnahmen erlaubt (hierzu → § 50 Rn. 21 ff.). Vor diesem Hintergrund sollen auch Phasen der **vorübergehenden Abwesenheit** vermieden oder **eingegrenzt** werden. Deshalb ist es dem Jugendlichen gem. § 231 Abs. 1 S. 1 StPO iVm § 2 Abs. 2 untersagt, sich aus der Verhandlung zu entfernen. Von der HV ausgeschlossen werden darf er nur in bestimmten Konstellationen. Das allg. StVR gestattet dies gem. § 177 GVG iVm § 231b StPO, wenn der Angeklagte den zur Aufrechterhaltung der Ordnung während der Ver-

handlung getroffenen Anordnungen keine Folge leistet (einschr. hierzu → § 2 Rn. 45, → § 50 Rn. 22). Außerdem ist ein Ausschluss im Interesse der Wahrheitsfindung, des Zeugen sowie des Angeklagten erlaubt (§ 247 S. 1–3 StPO iVm § 2 Abs. 2). Die letztgenannte Konstellation betrifft indes allein „Erörterungen über den Zustand des Angeklagten und die Behandlungsaussichten (…), wenn ein erheblicher Nachteil für seine Gesundheit zu befürchten ist".

Abs. 1 S. 1, der in Verfahren gegen Jugendliche **neben** diese allg. Optionen tritt (s. BGH NStZ 2002, 216 (217) sowie bereits Peters RJGG § 24 Anm. 1), lässt den zeitweiligen Ausschluss darüber hinaus auch bei anderen „Erörterungen" (→ Rn. 6) und bei drohenden Nachteilen „für die Erziehung" (→ Rn. 7) zu. Allerdings ist bereits § 247 StPO iVm § 2 Abs. 2 wegen der grundlegenden Bedeutung der Anwesenheit des Angeklagten eng auszulegen (BGHSt 55, 87 (89) = NJW 2010, 2450 (2451); MüKoStPO/Niehaus StPO § 247 Rn. 3). Für Abs. 1 S. 1 gilt dies erst recht (nachdrücklich Albrecht JugendStrafR S. 370). Denn allein eine **restriktive Interpretation** hält die (ggü. Erwachsenen) **zusätzlichen Nachteile,** die die erweiterte Ausschließung für die Verteidigungsmöglichkeiten mit sich bringt (→ Rn. 11), in hinnehmbaren Grenzen (zur Problematik allg. → § 2 Rn. 23 ff.). Die sich daraus ergebenden Einschränkungen dürfen nach allgA (Rückschluss aus Abs. 4 S. 1) **nicht** dadurch **umgangen** werden, dass der Richter den Jugendlichen um ein „freiwilliges" Verlassen „bittet" (einschr. für Absprachegespräche „in einer Sitzungspause" aber Diemer/Schatz/Sonnen/Schatz Rn. 9). 5

2. Voraussetzungen (Abs. 1 S. 1)

a) Erörterungen. Unter diesen Begriff fallen nicht nur die Beweisverhandlung, sondern auch die Ausführungen aller anderen Prozessbeteiligten einschl. der Verhandlungen zur Vereidigung (BGH NStZ 2002, 216) und der Schlussvorträge. Die Verkündung des Urteils und dessen Begründung sind dagegen nach allgA in die Erörterung iSv Abs. 1 S. 1 nicht einbezogen. Alles andere widerspräche dem allg. Sprachgebrauch und würde iÜ auch § 54 Abs. 2 überflüssig machen. 6

b) Erzieherische Nachteile. Es müssen Umstände vorliegen, die erzieherisch nachteilige Wirkungen bei dem auszuschließenden Jugendlichen **konkret** befürchten lassen. In dieser Hinsicht bedarf es einer individuellen, fallbezogenen Plausibilität, bei der die Reife und Verständigkeit des Jugendlichen zu berücksichtigen sind (Brunner/Dölling Rn. 2). Das spricht gegen eine standardisierte Handhabung, die an bestimmte Typen von Sachverständigengutachten anknüpft oder bei der Thematisierung persönlicher oder elterlicher Defizite die entspr. Nachteilsgefahren regelhaft annimmt (so → 22. Aufl. Rn. 8 f.). Denkbar ist der Ausschluss bspw., wenn innerfamiliäre Beziehungen, auf deren Aufrechterhaltung es für die Entwicklung des Jugendlichen ankommt, durch deren Problematisierung in seinem Beisein destabilisiert werden könnten (vgl. n. auch BeckOK JGG/Putzke Rn. 9). Die Anordnung muss ferner, weil sie eine Rechtsbeeinträchtigung und uU ein abträgliches Misstrauen ggü. Maßnahmen des Gerichts hervorruft, **erforderlich** sein. Sie kommt also nicht in Betracht, falls sich der fragliche Inhalt in einer geeigneten, sprachlich besonders sensiblen Form durchaus 7 ohne Nachteilsgefahren erörtern lässt (ebenso MüKoStPO/Niehaus StPO § 247 Rn. 4; Molketin, Die Schutzfunktion des § 140 Abs. 2 StPO zu Gunsten des Beschuldigten im Strafverfahren, 1986, S. 147 f.; Bex DVJJ-Journal 1997, 418 (422)).

8 Einen Ausschluss im Interesse eines **Mitangeklagten** (zB bei der Erörterung von dessen persönlichen Verhältnissen) erlaubt Abs. 1 S. 1 **nicht** (Diemer/Schatz/Sonnen/Schatz Rn. 12; Bex DVJJ-Journal 1997, 418 (421); aA NK-JGG/Schady Rn. 6; Ostendorf FS Rieß, 2002, 853). Er kann ebenso wenig nur deshalb veranlasst werden, weil die Arbeit der **JGH** sonst erschwert würde (Dallinger/Lackner Rn. 7; HK-JGG/Trüg/Gundelach Rn. 11). Selbst wenn die Anwesenheit des Jugendlichen bei den Ausführungen des Vertreters der JGH dazu führen könnte, dass die Betreuungsbeziehung beeinträchtigt wird und es dadurch **mittelbar** auch zu erzieherischen Nachteilen kommt, rechtfertigt dies keine Ausschließung. Anders verhält es sich nur, wenn die diesbezüglichen Gefahren so konkret und so erheblich sind, dass dies jene Beziehungsrisiken überwiegt, die gerade dem „Verheimlichen" der JGH-Äußerungen innewohnen (einschr. schon Eisenberg Bestrebungen S. 42 f.; vgl. auch Beulke/Swoboda JugendStrafR Rn. 786; abw. Diemer/Schatz/Sonnen/Schatz Rn. 13).

3. Vornahme des Ausschlusses

9 Der **Anstoß** zur vorübergehenden Ausschließung des jugendlichen Angeklagten kann vom Vorsitzenden oder den Prozessbeteiligten ausgehen. Allerdings bestehen Bedenken, wenn der Vorsitzende den sich äußernden Personen (dh etwa dem Vertreter der JGH, dem Sachverständigen oder dem Verteidiger) vorab nahelegt, die Frage einer Ausschließung zu bedenken und diese ggf. anzuregen (so noch die schon seit 1.8.1994 entfallene RL 3). Hierdurch kann beim Jugendlichen allzu leicht Misstrauen – weniger ggü. den anregenden Prozessbeteiligten als ggü. dem Vorsitzenden – ausgelöst werden.

10 Abw. von § 247 StPO erfolgt die Ausschließung nicht durch Gerichtsbeschluss, sondern auf **Anordnung** des **Vorsitzenden,** gegen deren Zulässigkeit nach § 238 Abs. 2 StPO iVm § 2 Abs. 2 die Entscheidung des Gerichts angerufen werden kann. Bereits die Anordnung muss nach Anhörung der Prozessbeteiligten verkündet, begründet und in der Sitzungsniederschrift vermerkt werden (vgl. die insoweit zu übertragenden Grundsätze der Rspr. zu § 247 StPO in BGHSt 15, 194 = NJW 1961, 132).

4. Unterrichtung (Abs. 1 S. 2)

11 Direkt nach dem Wiedereintritt des Angeklagten in die HV und vor jeder weiteren Verfahrenshandlung muss durch den Vorsitzenden in einer jugendgemäßen Form die in Abs. 1 S. 2 geregelte Unterrichtung erfolgen und in der Sitzungsniederschrift vermerkt werden (vgl. BGHSt 1, 346 (350) = NJW 1952, 192 (193); BGHSt 3, 384 = NJW 1953, 515 jeweils zu § 247 StPO). Diese Mitteilungen sollen den Angeklagten über das Geschehen ins Bild setzen, ihm Gelegenheit zur Reaktion geben und so seinen verfassungsrechtlich garantierten Anspruch auf **rechtliches Gehör** (Art. 103 Abs. 1 GG) gewährleisten. Eine abbildartige Wiedergabe ist allerdings von vornherein unmöglich. Zudem wird sich der Vorsitzende zwangsläufig auf das konzen-

trieren, was auf der Grundlage seiner fallbezogenen Kenntnisse von Belang ist, und (vermeintlich bzw. aus seiner Sicht) unerhebliche Details unberücksichtigt lassen (dazu auch Eisenberg/Schlüter JR 2001, 341 (342); Eisenberg StV 2009, 344 (345)). Daher ist die Information des Angeklagten wesensmäßig eine „selektive" (BGH HRRS 2009 Nr. 759 zu § 247 StPO). Infolge dieses **Filters** vermag „auch die umfangreichste Unterrichtung durch den Vorsitzenden den persönlichen Eindruck des Angeklagten und dessen ständige Anwesenheit nicht zu ersetzen" (OLG Frankfurt a. M. NStZ-RR 2009, 208).

Die **Einschränkung** in Abs. 1 S. 2 letzter Hs. ist geeignet, diese Rechtseinschränkung zusätzlich zu verstärken. Dass dies der gesetzgeberischen Absicht entspricht, muss bezweifelt werden (abw. aber BGH NStZ 2002, 216). Ohnehin können erzieherische Gründe allenfalls den Ausschluss aus der HV, nicht jedoch die Vorenthaltung von Informationen legitimieren. Daher bedarf diese Regelung einer ausgesprochen **restriktiven Interpretation,** die die Ermessensgrenzen im Hinblick auf den notwendigen Umfang der Unterrichtung konkretisiert. Darüber, welcher potenziell relevante Aspekt tatsächlich „für seine Verteidigung erforderlich ist", kann und darf allein der Angeklagte bzw. sein Verteidiger befinden – und nicht das (dem Urteil sonst vorgreifende) Gericht. Deshalb ist der Angeklagte nach seiner Rückkehr in die HV nicht nur über die Erörterung be- und entlastender Umstände zu informieren, sondern auch über neutrale Punkte, soweit deren künftige Bedeutsamkeit nicht sicher ausgeschlossen werden kann (ähnlich NK-JGG/Schady Rn. 7). 12

III. Ausschließung der Erziehungsberechtigten und gesetzlichen Vertreter

1. Systematische Einordnung

a) Ausnahmevorschrift. Die Erziehungsberechtigten und gesetzlichen Vertreter haben in der HV aus den in → § 50 Rn. 26 f. erörterten Gründen nicht nur eine Pflicht zur Anwesenheit, sondern auch einen darauf gerichteten Anspruch. Dennoch kann ihre Anwesenheit nach Abs. 2 eingeschränkt werden. Die Voraussetzungen, unter denen eine Ausschließung erfolgen darf, waren in der **früheren** Fassung der Vorschrift allerdings zu unbestimmt normiert, sodass die Bestimmung wegen ihrer Verfassungswidrigkeit für nichtig erklärt wurde (BVerfGE 107, 104 = NJW 2003, 2004 mAnm Ostendorf DVJJ-Journal 2003, 76; Eisenberg/Zötsch GA 2003, 226; Grunewald NJW 2003, 1995). Deshalb hat das 2. JuMoG v. 22.12.2006 (BGBl. I 3416) den **Abs. 2 neu gefasst** sowie die Abs. 3–5 eingefügt. In Umsetzung von Art. 15 Abs. 1 RL (EU) 2016/800 wurde dies durch das Gesetz zur Stärkung der Verfahrensrechte von Beschuldigten im Jugendstrafverfahren noch um die Vorgaben zur kompensatorischen Erwachsenenbegleitung (Abs. 6 und 7) ergänzt (zu den ähnlichen Regelungen für die Anwesenheit bei Untersuchungshandlungen im Ermittlungsverfahren → § 67 Rn. 33 ff.). 13

Ungeachtet dessen ist Abs. 2 – als eine Ausnahmevorschrift, die das grds. bestehende Anwesenheitsrecht einschränkt und diese Möglichkeit zudem ggü. dem allg. StVR erweitert – **eng auszulegen.** Das betrifft zunächst die Interpretation der fünf Konstellationen, die für den Ausschluss jeweils eine 14

Einzelfallprüfung und eine hinreichende Begründung voraussetzen. Im Rahmen des pflichtgemäßen Ausschließungs-**Ermessens,** das durch die vorliegenden Voraussetzungen eröffnet wird, sind die Gesichtspunkte, um derentwegen die Anwesenheit der Erziehungsberechtigten und gesetzlichen Vertreter vorgesehen ist (→ § 50 Rn. 26 f.), sodann eigens zu berücksichtigen und in ein Verhältnis zu den jeweilig entgegengesetzten Interessen zu stellen (BR-Drs. 550/06, 131). Insbes. wegen des Rechts des Angeklagten auf elterliche Begleitung, das durch die Anwesenheit einer erwachsenen Ersatzperson (→ Rn. 31 ff.) nur bedingt ausgeglichen wird, kann es hierbei **keine Entscheidungsautomatismen** geben.

15 **b) Anderweitige Ausschlussmöglichkeiten.** Die Ausschließung gem. Abs. 2 besteht neben den Möglichkeiten, die fraglichen Personen nach **allg. StVR** von der HV auszuschließen, denn nach **Abs. 3** kann eine sitzungspolizeiliche Entfernung gem. **§ 177 GVG** auch ggü. den Genannten erfolgen. Die Norm nimmt eine Gleichstellung mit anderen an der Verhandlung beteiligten Personen („Parteien, Beschuldigte, Zeugen, Sachverständige") vor (→ § 50 Rn. 26). Allerdings ist diese Ausschlussbefugnis ebenfalls streng zu interpretieren, weil der elterliche Anwesenheitsanspruch keineswegs nur auf einem „eigenen Recht" (Art. 6 Abs. 1 GG) beruht, dass durch das Verhalten in der HV gleichsam „verwirkt" werden könnte. Mit Blick auf den Anspruch des Jugendlichen auf elterliche Begleitung ist ein zurückhaltender Gebrauch auch von § 177 GVG angezeigt (ebenso BeckOK JGG/Putzke Rn. 21). Der beschränkte Verweis in Abs. 3 macht iÜ klar, dass andere allg. Optionen im JStV keine Bedeutung haben. Das betrifft namentlich § 175 GVG (vgl. Dallinger/Lackner § 48 Rn. 13; HK-JGG/Trüg/Gundelach Rn. 39) und § 178 GVG, der iÜ schon nach seinem Wortlaut gar nicht einschlägig ist (abw. MüKoStPO/Höffler Rn. 20; offen gelassen von OLG Dresden NStZ 2010, 472).

16 Unzulässig wäre es, durch die Gestaltung der HV solche Hindernisse zu schaffen, die den Erziehungsberechtigten oder gesetzlichen Vertretern die Teilnahme massiv erschweren und daher auf eine **faktische Ausschließung** hinauslaufen. Deshalb ist bei der **Terminierung** der HV auch Rücksicht auf solche zeitlichen Belange der Eltern zu nehmen, für die die Zeugenentschädigung (§ 50 Abs. 2 S. 2) keine Lösung enthält (bspw. Krankenhausaufenthalte; zur entspr. anwendbaren Rechtslage bei der Verteidigung s. Petri NJW 2018, 3344). Auch durch das **Verbot der Gesichtsverhüllung** (§ 176 Abs. 2 GVG iVm § 2 Abs. 2) dürfen Eltern mit entspr. religiösen Hintergrund nicht von einer HV-Teilnahme abgehalten werden. Da die Erziehungsberechtigten bzw. gesetzlichen Vertreter zu den „an der Verhandlung beteiligten Personen" iS der §§ 175 ff. GVG gehören (→ § 50 Rn. 26), ist die Vorschrift auf sie zwar grds. anwendbar. Zur Vermeidung von Abschreckungseffekten sind aber Ausnahmen im Regelfall zu gestatten (vgl. auch Mitsch KriPoZ 2020, 99 (102)).

16a Bei einer etwaigen **Zeugenstellung** ergibt sich eine zeitweilige Beschränkung des Anwesenheitsrechts daraus, dass die Eltern bis zu ihrer Vernehmung die HV gem. §§ 58 Abs. 1, 243 Abs. 2 StPO iVm § 2 Abs. 2 verlassen müssen (BGH NJW 1956, 520; vgl. auch BVerfGE 107, 104 (125) = NJW 2003, 2004 (2007); KK-StPO/Schneider StPO § 243 Rn. 15). Dazu kommt es jedenfalls dann, wenn die spätere Zeugenaussage der Eltern anderenfalls beeinflusst werden könnte (abl. indes bspw. Diemer/Schatz/Sonnen/Schatz

Rn. 31; Löwe/Rosenberg/Becker StPO § 243 Rn. 23; SK-StPO/Frister StPO § 243 Rn. 20). Das Gericht muss die Folgen dieser Konstellation aber dadurch begrenzen, dass es die Vernehmung gleich zu Beginn der Beweisaufnahme durchführt (s. auch → § 48 Rn. 20; → § 67 Rn. 12). Wird die Befragung dagegen länger als für den in → Rn. 31 dargestellten Zeitraum hinausgeschoben, entspricht dies dem in Abs. 2 Nr. 4 geregelten Fall (Brunner/Dölling Rn. 11; BeckOK JGG/Putzke Rn. 17; Güntner Einbindung, S. 208 ff.), so dass es für diese Phase gem. Abs. 6 der Hinzuziehung einer erwachsenen Ersatzperson bedarf.

2. Reichweite der Ausschließungsmöglichkeit

a) Persönlich. Bei **mehreren Erziehungsberechtigten** und gesetzlichen Vertretern können nur die Personen ausgeschlossen werden, bei denen die Gründe iSv Abs. 2 zu bejahen sind. In einer HV gegen **mehrere Angeklagte** und deshalb auch mit mehreren Eltern gilt das entsprechend. Allerdings können sich die jeweiligen Gründe durchaus mit Bezug zu jedem einzelnen Mitangeklagten ergeben; die Beteiligung iSv Abs. 2 S. 1 Nr. 2 oder die Gefährdung iSv Abs. 2 S. 1 Nr. 3 müssen also nicht notwendig hinsichtlich des jeweils eigenen Kindes bestehen. – **Sonstige Angehörige** des Angeklagten, die nicht zu seinen Erziehungsberechtigten oder gesetzlichen Vertretern gehören und daher auch kein Anwesenheitsrecht haben, können nicht nach Abs. 2 ausgeschlossen werden. Soweit sie der HV beiwohnen, beruht das allein auf einer nach § 48 Abs. 2 S. 3 erteilten Zulassung, die widerrufen werden kann (→ Rn. 37). 17

Der Möglichkeit des Ausschlusses steht es nicht im Wege, wenn die fragliche erziehungs- oder vertretungsberechtigte Person **als Beistand** iSv § 69 bestellt worden ist (so ausdrücklich **Abs. 5**). Ggf. hat das Gericht dann allerdings einen anderen Beistand zu bestellen (vgl. BR-Drs. 550/06, 141: nach pflichtgemäßem Ermessen). IdR wird der Bedarf, der während der Ausschließung des Beistands an einer individuell fürsorglichen Unterstützung (→ § 69 Rn. 3) bestehen mag, jedoch durch eine geeignete Ersatzperson gem. Abs. 6 zu gewährleisten sein (zur Frage einer hier ggf. erforderlichen Verteidigerbestellung → § 68 Rn. 63 f.). 18

b) Zeitlich. Der Ausschluss ist für die Phase bzw. die Teile der HV zulässig, in der bzw. in denen es dafür Gründe iSv Abs. 2 S. 1 Nr. 1–5 gibt („soweit"). Eine vorherige oder länger währende Ausschließung wäre rechtsgrundlos und rechtswidrig. Anders als Abs. 1 („für die Dauer solcher Erörterungen") enthält Abs. 2 aber keine Klausel, der zufolge der Ausschluss zwar länger bemessen sein kann, aber stets ein **zeitweiliger** sein muss. Falls es durch das entspr. anhaltende Vorliegen eines Ausschlussgrundes gerechtfertigt wird, ist daher ausnahmsweise auch eine **vollständige** Ausschließung möglich (Brunner/Dölling Rn. 11). Diese wird zu Beginn der HV angeordnet und reicht bis zu deren Ende (zum dann ggf. zulässigen Verzicht auf die Ladung → § 50 Rn. 28). Wegen der Eingriffsintensität bedarf es hierfür jedoch einer außerordentlich kritischen Voraussetzungsprüfung. 19

Auch eine vollständige Ausschließung setzt aber voraus, dass die Adressaten zumindest kurzzeitig in der HV anwesend sind und diese daraufhin verlassen müssen. Dies wird durch Abs. 4 S. 1 unterstrichen. Das Gesetz sieht **keine** Möglichkeit vor, den Eltern das Anwesenheitsrecht in der HV zu 20 entziehen (→ § 67 Rn. 48) oder ihren Ausschluss gleichsam „präventiv", dh **vor ihrem Erscheinen** vorzunehmen oder ihn gar schon **vor Beginn der HV** zu erklären (so aber ohne Begründung NK-JGG/Schady § 50 Rn. 11, der dann auf eine Ladung verzichten und eine Terminnachricht genügen lassen will). Wegen des besonderen Formalisierungsgrades der HV besteht hier ein Unterschied zu den Untersuchungshandlungen im Ermittlungsverfahren, zu denen den Erziehungsberechtigten und gesetzlichen Vertretern in den Fällen von Abs. 2 S. 1 Nr. 1–5 der Zugang von vornherein verwehrt werden kann (§ 67 Abs. 3 S. 1 und S. 2). Zeichnet sich der Ausschluss vor der HV ab, kann allerdings auf die Anwesenheit der JGH nicht gem. § 38 Abs. 7 verzichtet werden. Auch ist dann frühzeitig für das Vorhandensein einer Beistandsperson (→ Rn. 31 ff.) zu sorgen (RL 3).

3. Ausschließungsgründe gem. Abs. 2 S. 1 Nr. 1–5

21 **a) Abs. 2 S. 1 Nr. 1.** Hiernach kann der Vorsitzende die Erziehungsberechtigten und gesetzlichen Vertreter von der Verhandlung ausschließen, wenn die Befürchtung besteht, dass durch die Erörterung der persönlichen Verhältnisse in ihrem Beisein erhebliche erzieherische Nachteile bei der Umsetzung der Sanktion drohen, und zwar aufgrund eines belasteten Verhältnisses zur JGH. Das betrifft Fälle, in denen die Eltern bei der Thematisierung familiärer Bedingungen den Eindruck gewinnen könnten, verletzt, herabgewürdigt oder vor den Kopf gestoßen zu werden. Allerdings dürfte ihr Ausschluss dem Vertrauensverhältnis zur JGH ebenso wenig zuträglich sein. Vielmehr kann der Vorsitzende gerade durch Anwendung der Norm in einer (zu begründenden) Einzelfallentscheidung elterliches Misstrauen schaffen. Deshalb darf Abs. 2 Nr. 1 keinesfalls dafür herhalten, absehbaren Schwierigkeiten mit den Eltern bei der künftigen Sanktionsumsetzung auszuweichen (vgl. auch → § 10 Rn. 8). Vor dem Hintergrund des Anspruchs auf erwachsene Begleitung müssen **erhebliche** erzieherische Nachteile drohen, bloße Erschwerungen reichen nicht aus (→ Rn. 14).

22 **b) Abs. 2 S. 1 Nr. 2.** Be- bzw. ensteht der Verdacht oder wurde in einer Verurteilung festgestellt, dass die Erziehungsberechtigten und gesetzlichen Vertreter an der Verfehlung des Angeklagten beteiligt waren, können sie gem. Abs. 2 S. 1 Nr. 2 ausgeschlossen werden (s. auch → § 67 Rn. 44). Dies ist aber nur rechtmäßig, wenn deshalb auch eine nicht unerhebliche **Gefährdung** des Wohls des Jugendlichen bzw. der effektiven Strafverfolgung vorliegt (vgl. BR-Drs. 550/06, 134). Die angenommene oder verifizierte Beteiligung muss folglich nicht zwingend zu einem Ausschluss führen (insbes. nicht bei einem nur einfachen Verdacht).

23 **c) Abs. 2 S. 1 Nr. 3.** In einer ersten Variante ist nach dieser Vorschrift ein Ausschluss zulässig, wenn ansonsten Freiheit, Leib oder Leben des Angeklagten, eines Zeugen oder anderer Personen gefährdet wären (etwa wegen Rache- oder Bestrafungsakten). Psychische Belastungen oder Beeinträchtigungen genügen nicht. Auch muss es sich um eine **konkrete** Gefahr handeln, wobei sich diese auch in einem anderen zeitlich-räumlichen Zusammenhang als dem der HV realisieren kann. – In einer weiteren Variante erlaubt Nr. 3 die Entfernung, wenn anderenfalls das **Wohl** (hier auch das psychische Wohl) des Angeklagten in erheblicher Weise beeinträchtigt wäre. Das bezieht sich auf Fälle, in denen Eltern bzw. Erziehungsberechtigte bspw.

ihr Sorgerecht missbräuchlich ausüben. Denkbar ist die Einschlägigkeit auch dort, wo der Jugendliche starke Ängste vor den Anwesenheitsberechtigten hat. Überhaupt soll die Besorgnis einer sonstigen nachhaltigen **Beeinträchtigung des Eltern-Jugendlichen-Verhältnisses** einen Ausschluss rechtfertigen können (BR-Drs. 550/06, 134). Im Zweifel ist hier für den Jugendlichen (und gegen den Anwesenheitsanspruch) zu entscheiden ist (vgl. Eisenberg/Zötsch GA 2003, 226 (231)), weil das Recht auf elterliche Begleitung sich in erster Linie aus dessen Belangen legitimiert.

d) Abs. 2 S. 1 Nr. 4. Besteht die Befürchtung, dass die Anwesenheit der 24
in S. 1 genannten Personen zulasten der **Wahrheitsermittlung** gehen wird, können diese gem. Abs. 2 S. 1 Nr. 4 ausgeschlossen werden. Bei prozessordnungsgemäßem Verhalten der Eltern ist diese Voraussetzung – sieht man von der Konstellation des einer bevorstehenden **Zeugenaussage** der Eltern ab (dazu → Rn. 16a) – nie erfüllt. Auch die bloße **Erschwerung** der Wahrheitsermittlung **genügt nicht.** Es reicht ebenso wenig, wenn die HV ohne die Erziehungsberechtigten zügiger durchgeführt werden könnte. Die erforderliche, konkret zu befürchtende Beeinträchtigung der Wahrheitsermittlung kann aber vorliegen, wenn der Jugendliche absehbar falsche Aussagen – sei es aus Angst vor oder wegen eines Versprechens ggü. seinen Eltern oder wegen deren sonstiger Einwirkung – machen wird (BT-Drs. 550/05, 135).

Bei der Handhabung von Nr. 4 muss iÜ sichergestellt sein, dass die 25
Aussagefreiheit des Angeklagten gewahrt bleibt und dass nicht etwa auf seine Aussageentscheidung eingewirkt wird. Die Eltern dürfen also nicht deshalb ausgeschlossen werden, weil ein **Geständnis** in ihrer Abwesenheit leichter zu erzielen ist – und das auch nicht in der Intention, um dem Angeklagten so aus erzieherischen Gründen die Möglichkeit zu eröffnen, zu seinen Taten zu stehen und Verantwortung zu übernehmen (n. HK-JGG/Trüg/Gundelach Rn. 23; abw. aber BT-Drs. 550/05, 135). Wirken die Erziehungsberechtigten darauf hin, dass sich der jugendliche Angeklagte auf sein Schweigerecht beruft, ist das ein zulässiges und zu akzeptierendes Verhalten (vgl. iÜ → § 67 Rn. 31 f.).

e) Abs. 2 S. 1 Nr. 5. Die Vorschrift regelt den Fall, in dem bei der 26
Erörterung persönlicher Lebensumstände eines Verfahrensbeteiligten, Zeugen oder mutmaßlich Verletzten (§ 373b Abs. 1 StPO) dessen **schutzwürdige Interessen** dadurch beeinträchtigt werden, dass diese in Gegenwart der Erziehungsberechtigten und gesetzlichen Vertreter zur Sprache kommen (zum Begriff des persönlichen Lebensbereichs zusf. MüKoStPO/Zimmermann GVG § 171b Rn. 9). Dann **können** die Anwesenheitsberechtigten ausgeschlossen werden, sofern nicht das Interesse an ihrer Anwesenheit überwiegt. Zwingend ist der Ausschluss unter diesen Voraussetzungen (einschl. des überwiegenden Ausschließungsinteresses) allerdings dann, wenn die so zu schützende Person ihn beantragt **(Abs. 2 S. 3).** Allerdings kann sie der Ausschließung umgekehrt auch widersprechen, wodurch es beim Anwesenheitsrecht der Eltern bleibt **(Abs. 2 S. 4).** – Der Angeklagte selbst ist iÜ Verfahrensbeteiligter, sodass die Vorschrift auch in seinem Interesse einsetzbar ist. Das gilt aber nur ggü. den Erziehungsberechtigten und gesetzlichen Vertretern von Mitangeklagten und nicht auch ggü. den eigenen Eltern (BR-Drs. 550/06, 137).

Die Antrags- und Widerspruchsmöglichkeit gibt den von Abs. 2 S. 1 27
Nr. 5 geschützten Personen eine gewisse Dispositionsmacht über die elterli-

che Anwesenheit. Relativiert wird das jedoch durch ihre **besondere Schutzbedürftigkeit,** die anhand eines **objektiven Maßstabs** (vgl. MüKoStPO/Zimmermann GVG § 171b Rn. 9) in der fraglichen HV-Kommunikation feststellbar sein muss. Anders als bei § 171b Abs. 1 und Abs. 2 GVG erlaubt es Abs. 2 S. 1 Nr. 5 nicht, hiervon bei bestimmten Zeugen- und Deliktsgruppen Abstriche zu machen. Es gilt also stets derselbe Standard. Eine hierfür relevante Verletzung schutzbedürftiger Interessen kann insbes. bei der Erörterung von Gegebenheiten aus der Intimsphäre der Zeugen und mutmaßlich Verletzten drohen. Bei der vorzunehmenden Abwägung ist zu berücksichtigen, dass die Eltern und gesetzlichen Vertreter nicht der Öffentlichkeit zuzurechnen, sondern Verfahrensbeteiligte sind (BR-Drs. 550/06, 134). Da ihr Anwesenheitsanspruch folglich Gewicht hat (gerade mit Blick auf die bezweckte Unterstützung des Jugendlichen), kann ihre HV-Teilnahme auch während der Behandlung höchst persönlicher Umstände gerechtfertigt sein, va wenn sich die Sachverhaltsermittlung durch das Gericht als schwierig erweist.

28 Die Ausschließung gem. Abs. 2 S. 1 Nr. 5 muss letztlich **auf Ausnahmen beschränkt** werden, weil die dort geregelte Fallkategorie gar nicht zu den Begrenzungsmöglichkeiten zählt, die Art. 15 Abs. 2 RL (EU) 2016/800 für das Begleitungsrecht erlaubt. Streng genommen ist ihre **EU-Rechtskonformität** deshalb sogar **fraglich,** zumal eine Elternausschließung nicht einmal von Art. 23 Abs. 3 RL (EU) 2012/29 (sog. Opferrechtsrichtlinie) gefordert wird (für Europarechtswidrigkeit der Norm HK-JGG/Trüg/Gundelach Rn. 28; zurückhaltender Bock StV 2019, 508 (512); teilw. abw. BT-Drs. 19/13837, 38 f.).

4. Verfahren

29 Einen **Anstoß** zur Ausschließung können alle Verfahrensbeteiligten geben. Das Gericht hat dann die jeweiligen Voraussetzungen der Nr. 1–5 zu prüfen. Denkbar ist, dass der Jugendliche nicht nur entspr. Signale, sondern das Anliegen erkennen lässt, lieber ohne seine Eltern verhandeln zu wollen. Bei einer solchen Initiative kann insbes. Abs. 2 S. 1 Nr. 4 einschlägig sein (BR-Drs. 550/06, 135). Für die **Anordnung** gelten dieselben Maßgaben wie für Abs. 1 (vgl. → Rn. 10). Zuständig ist, anders als bei der deutlich eingriffsintensiveren Rechte-Entziehung gem. § 67 Abs. 4, der **Vorsitzende** (vgl. auch → § 67 Rn. 49). Vor der Anordnung hat er die Betroffenen und Prozessbeteiligten nicht nur **anzuhören** (§ 33 Abs. 1 StPO iVm § 2 Abs. 2), sondern gem. **Abs. 4 S. 1** auf deren **einvernehmliches Verlassen** des Sitzungssaales hinzuwirken. Diese kooperative Lösung kann allerdings Nachteile haben, weil für sie weder eine richterliche Unterrichtung (→ Rn. 30) noch ein Anspruch auf eine Ersatzperson (→ Rn. 31 ff.) vorgesehen ist. Dennoch ist sie vorrangig und die Ausschließung nur zulässig, wenn keine Einigung zustande kommt.

30 Sobald die ausgeschlossenen Personen nach Ende der Maßnahme wieder in den Sitzungssaal zurückkehren, sind sie nach **Abs. 4 S. 2** vom wesentlichen Inhalt des in ihrer Abwesenheit Verhandelten und Vorgetragenen zu unterrichten. In diesem Zusammenhang gelten all jene Tatsachen als „wesentlich", deren Kenntnis zur effektiven Wahrnehmung von Verteidigungsrechten erforderlich ist (BT-Drs. 550/06, 139; krit. dazu 20. Aufl. § 68 Rn. 29a). Die Möglichkeit, dass die Erziehungsberechtigten und gesetzlichen Vertreter zu späteren Teilen der HV ggf. ohnehin nicht mehr erscheinen, lässt sich zum Unterrichtungszeitpunkt nicht hinreichend sicher beurteilen und rechtfertigt es daher nicht, die Informationen einzuschränken. Inhaltliche Verkürzungen sind nur dort zulässig, wo die Unterrichtung sonst den Ausschließungszweck konterkarieren würde. Allerdings ist dann eine Verteidigerbestellung gem. § 68 Nr. 3 zu prüfen (→ § 68 Rn. 63 f.).

5. Kompensatorische Anwesenheit von Beistandspersonen

a) Voraussetzungen. Art. 15 Abs. 1 und 2 RL (EU) 2016/800 verfolgt 31
mit dem Recht auf Begleitung in der HV das Anliegen, dass der Jugendliche dort möglichst nicht allein und ohne erwachsene Unterstützer zurechtkommen muss. Ist die Ausschließung der Eltern unvermeidbar, soll dies daher durch die Hinzuziehung einer anderen Begleitperson ausgeglichen werden (s. auch Erwgr. 57 f.). In Umsetzung dieser Vorgaben sieht **Abs. 6 S. 1** daher vor, dass in einer HV, in der es zu einem **Ausschluss nach Abs. 2 oder Abs. 3** kam, die Anwesenheit eines Beistands-Erwachsenen solange zu gestatten ist, wie der Ausschluss dauert. Hiervon ausgenommen sind allein jene Fälle, in denen die Erziehungsberechtigten bzw. gesetzlichen Vertreter die Sitzung nur für einen **unerheblichen Teil** der HV verlassen müssen. Das betrifft kurzzeitige – weniger als einstündige (insoweit krit. HK-JGG/Trüg/Gundelach Rn. 40) – Verhandlungsphasen, in denen allein solche Materien behandelt werden, die für die prozess- und materiell-rechtlichen Entscheidungen des fraglichen JStV bedeutungsarm sind (ähnlich RL 2). Wird von mehreren Erziehungsberechtigten nur einer ausgeschlossen, hängt die Notwendigkeit einer Ersatzperson davon ab, ob ein anderer Erziehungsberechtigter in der HV anwesend ist (NK-JGG/Schady Rn. 14d).

Der Situation der nicht nur kurzzeitigen Ausschließung werden durch 32
Abs. 7 jene HV gleichgestellt, in denen die Erziehungsberechtigten bzw. gesetzlichen Vertreter gänzlich abwesend sind. Der Wortlaut verweist dabei auf Konstellationen der **Unerreichbarkeit** – also entweder auf eine unbekannte Identität oder auf einen unbekannten Aufenthaltsort der Eltern, sodass deren Ladung (§ 50 Abs. 2) trotz ausreichend intensiver und sachangemessen anhaltender Versuche misslungen ist. IdR war in den fraglichen Fällen allerdings auf jugendamtliches Betreiben ein amtlicher gesetzlicher Vertreter schon vor dem JStV bestellt worden, der dann in die HV eingebunden ist. Echte Unerreichbarkeitsfälle dürften deshalb selten sein. Dass nun Jugendliche in den praktisch viel bedeutsameren Konstellationen, in denen die **erreichbaren Eltern nicht erscheinen,** schlechter behandelt und in der HV auf sich allein gestellt sein sollen, ist mit dem Regelungszweck der Norm nicht zu vereinbaren und mit Blick auf Art. 3 Abs. 1 GG auch sachlich in keiner Weise gerechtfertigt. Angesichts der Vergleichbarkeit der Fälle (unbegleitete Konfrontation mit einer HV) erstreckt sich der Anwendungsbereich von Abs. 7 bei verfassungskonformer Auslegung daher auch auf das elterliche Ausbleiben nach gelungener Ladung (abw. RegE BT-Drs. 19/13837, 54; Diemer/Schatz/Sonnen/Schatz Rn. 56; NK-JGG/Schady Rn. 14i; Brunner/Dölling Rn. 23; MüKoStPO/Höffler Rn. 27). Der nur scheinbar engere Wortlaut („weil sie (…) nicht erreicht werden konnten") bezieht sich bei dieser Lesart also nicht auf das physische Erreichen (im Sinne der Vornahme einer Termininformation), sondern auf das mentale Erreichen (im Sinne des Motivierens zum Kommen).

33 **b) Eignung und Bestimmung der Person.** Die Ersatzperson iSv Abs. 6 muss nicht nur **volljährig** sein, sondern sich auch dafür **eignen,** für die Interessen des Jugendlichen einzutreten. Dies setzt idR ein Nähe- und Vertrauensverhältnis voraus (ebenso Bock StV 2019, 508 (512)). Zumindest muss der Erwachsene in der HV elternähnlich auftreten können, weil er den Jugendlichen kennt und unterstützungskompetent sowie frei von Interessenkonflikten ist – und vom Jugendlichen als Begleitung va auch **akzeptiert** wird. Hinsichtlich dieser Person soll der Jugendliche eine Anregung geben können (Abs. 6 S. 2), von der der Vorsitzende – sonst hätte das **Vorschlagsrecht** kaum einen Sinn – allein bei Vorliegen konkreter Gründe (etwa solchen gem. Abs. 2) abweichen darf (vgl. auch Bock StV 2019, 508 (512)).

34 Anders als es Abs. 6 S. 1 unterschwellig suggeriert, kann sich der Vorsitzende nicht damit **begnügen,** die zufällig anwesenden oder vom Jugendlichen benannten Personen zu prüfen und dann zuzulassen. Vielmehr muss er den Angeklagten über das Recht auf elternähnliche Begleitung informieren **(§ 70a Abs. 2 Nr. 6),** ihn nach entspr. Wunschkandidaten/innen befragen (Abs. 6 S. 2) sowie sich ggf. um die Anwesenheit des richtigen Vertreters der JGH kümmern (→ Rn. 35). Dem Zweck der Norm, die erwachsene Unterstützung des Jugendlichen in einer herausforderungsreichen Situation sicherzustellen, wird der Vorsitzende allerdings erst dann gerecht, wenn er dem Jugendlichen die (oft überfordernde) Beibringung eines geeigneten Begleiters nicht allein überlässt, sondern ihm diese durch eine **weitergehende Unterstützung** (Vorschläge, Kontaktherstellung) erst ermöglicht und ggf. auch selbst nach geeigneten Begleitern sucht. Bei absehbar vollständiger Ausschließung (→ Rn. 19 f.) muss dies **schon vor der HV** geschehen, einschl. der Terminmitteilungen an den Begleiter (wohl ebenso NK-JGG/Schady Rn. 14c). Dieses rechtzeitige Vorgehen ist auch angezeigt, wenn dem Gericht die Unerreichbarkeit der Eltern bekannt ist (wobei hier aber idR schon aus dem Vorverfahren entspr. Personen vorhanden sind).

35 Rechtspraktisch wird eine gerichtliche Gestattung iSv S. 1 häufig unterbleiben. Das kann darauf beruhen, dass bspw. ein benannter Erwachsener nicht erscheint oder nicht als geeignet akzeptiert wird oder dass keine geeignete Person in Betracht kommt oder nur unter wesentlicher Verfahrensverzögerung hinzugezogen werden kann. Dann übernimmt ein **Vertreter der JGH** die kompensatorische Beistandsaufgabe. Abs. 4 S. 4 zufolge muss es sich dabei um den fallzuständigen Mitarbeiter (§ 38 Abs. 4 S. 2 sowie § 52 Abs. 3 SGB VIII) handeln, der – da in diesen Konstellationen ein Anwesenheitsverzicht nicht in Betracht kommt (→ § 38 Rn. 31) – in der HV ohnehin zugegen ist (vgl. auch Diemer/Schatz/Sonnen/Schatz Rn. 63). Neben seinen allg. Aufträgen (Berichterstattung, Rechtsfolgenvorschlag usw (dazu → § 38 Rn. 16 ff., 44 ff.)) übt er dann nicht etwa seine ohnehin bestehende Beistandsaufgabe aus (so BT-Dr. 19/13837, 54), sondern eine dezidiert interessenschützende Funktion, die die Abwesenheit der hierfür normalerweise einstehenden Personen kompensieren und daher eine schützende Parteilichkeit aufweisen soll. Hierin liegt das Potenzial eines fallkonkret schwer auflösbaren **Rollenkonflikts** (ebenso Riekenbrauk ZJJ 2020, 50 (52)), sodass das Vorgehen nach Abs. 4 S. 4 auf Notfälle beschränkt sein sollte. Bei angehobenem Fürsorgebedarf des Jugendlichen, der durch den Vertreter der JGH dann nicht mehr erfüllt werden kann, ist die Bestellung eines Beistands oder Pflegers zu prüfen (Goldberg, Das Gesetz zur Stärkung der Verfahrensrechte (…), 2021, Rn. 24).

c) Rechtsstellung. Von den Rechten der ausgeschlossenen Erziehungsberechtigten bzw. gesetzlichen Vertreter überträgt Abs. 6 S. 3 den Beistandspersonen lediglich das **Recht auf Gehör;** auch kann sich der Jugendliche mit ihr beraten (s. erg. → § 67 Rn. 33). Sie verfügt aber nicht über die darüber hinausgehenden Rechte (BT-Dr. 19/13837, 53 f.). Ihre Rechtsstellung entspricht daher auch nicht der eines Verteidigers oder förmlich bestellten Beistands iSv § 69. Deshalb ist trotz Anwesenheit einer Beistandsperson zu prüfen, ob eine Verteidigerbestellung gem. § 68 Nr. 3 zu erfolgen hat (→ § 68 Rn. 63 f.). Das ist besonders dann erforderlich, wenn der anwesende Erwachsene seiner Funktion (Stabilisierung und Beratung des Jugendlichen) letztlich doch nicht hinreichend gerecht werden kann. Wo das hingegen gelingt, kann das gegen die Notwendigkeit der Verteidigermitwirkung sprechen. 36

IV. Ausschließung von sonstigen Anwesenden

1. Allgemeine Regeln

Der Kreis an Personen, bei dem (neben dem Angeklagten und seinen Eltern) ein Ausschluss von der HV in Betracht kommen kann, ist begrenzt, weil § 48 Abs. 2 die Teilnahmeberechtigung von vornherein limitiert. Für die Ausschließung gelten sodann verschiedene Regeln: Der **JStA,** der **Verteidiger,** der Vertreter der **JGH** sowie der Nebenkläger und der (an sich nebenklageberechtigte) **Verletzte** können **nicht** ausgeschlossen werden (bzgl. der Situation einer möglichen Zeugenstellung s. die Nachw. in → Rn. 16, → § 48 Rn. 20). Selbst dort, wo sitzungspolizeiliche Maßnahmen (§ 176 GVG iVm § 2 Abs. 2) gegen sie ergriffen werden müssen, ermöglicht dies bei ihnen keine Entfernung von der Verhandlung gem. § 177 GVG iVm § 2 Abs. 2 (vgl. nur Meyer-Goßner/Schmitt/Schmitt GVG § 176 Rn. 10; Kirch-Heim NStZ 2014, 431). Das verhält sich bei **Zeugen** und **Sachverständigen** anders. Allerdings sind diese ohnehin nach ihrer Vernehmung zu entlassen, womit ihre Stellung als Verfahrensbeteiligte und damit jede Anwesenheitsberechtigung endet. Andere Personen, denen die Anwesenheit nach **§ 48 Abs. 2 S. 3** gestattet wurde, dürfen nach §§ 176, 177 GVG iVm § 2 Abs. 2 oder durch Widerruf der Zulassung ausgeschlossen werden (vgl. auch → § 48 Rn. 27). 37

2. Rechtskreis des mutmaßlich Verletzten

Die Anwesenheitsrechte der Erziehungsberechtigten und gesetzlichen Vertreter des minderjährigen (mutmaßlich) Verletzten iSv § 373b Abs. 1 StPO (→ dazu § 48 Rn. 22) können nicht weiter reichen als die der Eltern des jugendlichen Angeklagten (BT-Drs. 550/06, 138). Deshalb dürfen sie (bei gegebenem Anlass) nicht nur nach §§ 176, 177 GVG iVm § 2 Abs. 2, sondern auch dann, wenn bei ihnen eine der in **Abs. 2 S. 1 Nr. 3–5** geregelten Konstellationen vorliegt, von der HA ausgeschlossen werden. Für den (nicht nebenklageberechtigten) Verletzten selbst gilt dies in entspr. Anwendung (Brunner/Dölling Rn. 17). Nr. 3 wird hierbei durch Abs. 2 S. 2 2. Hs. um eine zusätzliche Variante erweitert, in der die Gegenwart der Eltern oder Vertreter des mutmaßlichen Verletzten dessen Wohl (und nicht 38 das des Angeklagten) erheblich zu beeinträchtigen droht. Kommen **intime Umstände des Angeklagten** oder eines Zeugen zur Sprache, bestehen idR überwiegende Vertraulichkeitsinteressen, sodass der Ausschluss gem. Abs. 2 S. 1 Nr. 5 hier gerechtfertigt ist – und zwar deutlich eher als bei den Eltern des Angeklagten (→ Rn. 27), deren Anwesenheitsrecht mehr wiegt als das des mutmaßlich Verletzten oder seiner Eltern. Im Übrigen haben der Angeklagte und der Zeuge hierbei die **Dispositionsrechte** iSv Abs. 2 S. 3 und S. 4 (→ Rn. 26). Der minderjährige mutmaßlich Verletzte, dessen Erziehungsberechtigte bzw. gesetzliche Vertreter ausgeschlossen wurden, hat keinen Anspruch auf elternähnliche Begleitung gem. Abs. 6. Ungeachtet des insofern offenen Wortlauts ergibt sich dies unter teleologischen Vorzeichen, da die Vorschrift allein der Umsetzung von EU-rechtlich vorgesehenen Beschuldigtenrechten dient (→ Rn. 13). Auch gilt die richterliche Unterrichtungspflicht iSv Abs. 4 S. 2 ggü. seinen Eltern nicht.

3. Entsprechende Anwendung von Abs. 2 S. 2

39 Sind am Verfahren auch **BewHelfer, Betreuungshelfer, Erziehungsbeistand** oder Leiter einer **Erziehungseinrichtung** beteiligt und anwesend (vgl. § 48 Abs. 2 S. 1 und S. 2), darf bei ihnen ein Ausschluss nach §§ 176, 177 GVG iVm § 2 Abs. 2 oder in entspr. Anwendung von Abs. 2 S. 2 erfolgen. Auch ihr Anwesenheitsrecht kann nicht umfassender sein als dasjenige des Erziehungsberechtigten und des gesetzlichen Vertreters des Angeklagten (s. auch Dallinger/Lackner Rn. 18).

V. Revision

40 Sind die sachlichen Voraussetzungen oder die zeitlichen Grenzen einer Ausschließung des Angeklagten **(Abs. 1 S. 1)** nicht beachtet worden, liegt der absolute Revisionsgrund des **§ 338 Nr. 5 StPO** iVm § 2 Abs. 2 vor. Dafür ist es unerheblich, ob der Jugendliche bereits in der HV zu erkennen gegeben hat, dass er sich durch die Anordnung des Vorsitzenden beschwert fühlt; eine Entscheidung des Gerichts nach § 238 Abs. 2 StPO muss er also nicht erwirkt haben (ebenso Brunner/Dölling Rn. 4; MüKoStPO/Höffler Rn. 37 mwN; aA Diemer/Schatz/Sonnen/Schatz Rn. 59; Nix/Pschorr/Gmelin §§ 48–51 Rn. 88). § 338 Nr. 5 StPO iVm § 2 Abs. 2 ist bereits dann gegeben, wenn eine förmliche Begründung für die Ausschließung in der Niederschrift fehlt und infolgedessen zweifelhaft bleibt, ob das Gericht von zutreffenden Erwägungen ausgegangen ist (BGHSt 15, 194 (196) = NJW 1961, 132 für § 247 StPO).

41 Ist die erforderliche nachträgliche Unterrichtung des Angeklagten ganz oder teilw. unterblieben, ohne dass hierfür eine iSv **Abs. 1 S. 2** legitime Erwägung maßgeblich war, kann dies die Verteidigung des Jugendlichen beeinträchtigt haben, was – unabhängig von der Herbeiführung eines Gerichtsbeschlusses gem. § 238 Abs. 2 StPO (BGHSt 38, 260 (261) = NJW 1992, 2241 (2242); aA BGH BeckRS 2000, 3246; BeckRS 2006, 6381 jeweils zu § 247 StPO) – sowohl die Verfahrensrüge (§ 337 StPO iVm § 2 Abs. 2) als auch den absoluten Revisionsgrund des **§ 338 Nr. 8 StPO iVm § 2 Abs. 2** begründen kann (Brunner/Dölling Rn. 5; MüKoStPO/Höffler Rn. 38; einschr. HK-JGG/Trüg/Gundelach Rn. 48). Dafür genügt es,

wenn die Unterrichtung in der Sitzungsniederschrift nicht enthalten ist, weil dann gem. § 274 S. 1 StPO iVm § 2 Abs. 2 angenommen werden muss, dass eine Unterrichtung unterlassen wurde (vgl. BGHSt 1, 346 (350) = NJW 1952, 192 (193) zu § 247 StPO). Auch eine verspätete Unterrichtung ist ein mit der Revision angreifbarer Fehler (BGH StV 1990, 52 = BeckRS 1989, 31106436). Sofern der Angeklagte die Unterrichtung durch wiederholtes ungebührliches Verhalten unmöglich macht und/oder wenn er durch seinen Verteidiger vollständig unterrichtet wird, soll die Revisibilität jedoch entfallen (BGH NJW 1957, 1326 f. für § 247 StPO).

Wurde der Erziehungsberechtigte oder der gesetzliche Vertreter nach **Abs. 2** von der Verhandlung ausgeschlossen, ohne dass dafür Gründe iSv Abs. 2 S. 1 Nr. 1–5 ersichtlich gemacht worden sind, wird die Revision erfolgreich sein, wenn das Urteil darauf beruhen kann (§ 337 StPO iVm § 2 Abs. 2). Dies ist aber nur bei entspr. Anhaltspunkten im prozessualen Verhalten des Angeklagten anzunehmen. Ebenso verhält es sich, wenn es an der Anwesenheit einer der in Abs. 6 und 7 vorgesehenen Beistandspersonen vollständig fehlt. 42

Neubeginn der Hauptverhandlung

51a Ergibt sich erst während der Hauptverhandlung, dass die Mitwirkung eines Verteidigers nach § 68 Nummer 5 notwendig ist, so ist mit der Hauptverhandlung von neuem zu beginnen, wenn der Jugendliche nicht von Beginn der Hauptverhandlung an verteidigt war.

I. Anwendungsbereich

Die Vorschrift gilt in Verfahren gegen Jugendliche und auch Heranwachsende (§ 109 Abs. 1) vor den JGerichten. In Verfahren vor den für allg. Strafsachen zuständigen Gerichten ist die Norm nicht anwendbar (BT-Drs. 19/13837, 28; NK-JGG/Schady Rn. 1: Normsituation kann wegen der aus anderen Gründen notwendigen und sichergestellten Verteidigung gar nicht eintreten). 1

II. Regelungswirkung

1. Nachträglich entstehende Verteidigungsnotwendigkeit

Die Vorschrift setzt eine **laufende,** dh begonnene und noch nicht abgeschlossene HV voraus, an der nicht von Anbeginn ein Verteidiger mitgewirkt hat. 2

Zudem muss sich im Verlauf dieser HV – sei es die in erster oder der Berufungsinstanz – die Notwendigkeit der Verteidigung ergeben. Relevant ist nach dem eindeutigen Normwortlaut allerdings allein die Entstehung des Beiordnungsgrundes in § 68 Nr. 5 (und nicht auch einer der Beiordnungsgründe iSv § 68 Nr. 2–4). Deshalb ist es erforderlich, dass sich gerade die **ursprünglich nicht** gegebene **Erwartung einer** der dort genannten **stationären Sanktionen** (zum Spektrum n. → § 68 Rn. 67) **im Verhand-** 3

lungsverlauf wegen dort neu hinzukommender Informationen und Beweise **herauskristallisiert.** Dass dann § 68 Nr. 1 iVm § 140 Abs. 2 StPO ggf. neben § 68 Nr. 5 anwendbar ist (→ § 68 Rn. 68), schließt die Anwendbarkeit von § 51a keineswegs aus (s. auch → Rn. 5).

2. Rechtsfolge

4 Bei Vorliegen der genannten Voraussetzungen verlangt die Vorschrift, die laufende HV (unabhängig davon, wie weit diese bereits vorangeschritten ist) abzubrechen und eine **völlig neue HV** zu beginnen. Anders als im allg. StVerf (vgl. dort § 145 Abs. 2 und 3 StPO) – und anders auch als im jugendstrafrechtlichen Vor- und Zwischenverfahren (→ § 68a Rn. 9f.) – ist in den fraglichen Fällen eine Fortsetzung des Verfahrens nicht mehr möglich (Höynck/Ernst ZJJ 2020, 245 (247)). Vielmehr ist dieses zwingend in das Stadium zurückzuversetzen, in dem es sich nach Anklagezulassung und Eröffnung des Hauptverfahrens befand (zust. HK-JGG/Gundelach Rn. 6; abw. BeckOK JGG/Putzke JGG Rn. 8). Darin liegt eine Konsequenz von Art. 6 Abs. 6 S. 3 RL (EU) 2016/800. Beginnend mit der Terminbestimmung (§ 213 StPO iVm § 2 Abs. 2) ist die HV – unter Mitwirkung eines beigeordneten (oder ggf. eines gewählten) Verteidigers – hiernach in all ihren Bestandteilen zu wiederholen (dazu, dass dies durchaus nicht ohne verfahrenspraktische Bedeutung ist, vgl. die Befragungen bei Höynck ua Jugendgerichtsbarometer II S. 113f.; Schmoll ua Jugendgerichtshilfebarometer S. 187).

4a Die Pflicht zur Wiederholung betrifft iÜ auch die komplette **Beweiserhebung.** Speziell die Angaben des Angeklagten sind, da sie zwar ohne die objektiv erforderliche anwaltliche Begleitung, aber gleichwohl auf rechtmäßige Weise gewonnen wurden, nach den herkömmlichen Maßstäben an sich aber verwertbar (dazu für das Ermittlungsverfahren → § 68a Rn. 27). IZm § 51a muss indes beachtet werden, dass es sich hierbei um eine Sondervorschrift handelt, deren Schutz- und Regelungswirkung hierdurch weitgehend obsolet wäre. Daher ist ein **Verwertungsverbot** zu bejahen (zust. NK-JGG/Schady Rn. 7; HK-JGG/Gundelach Rn. 8; ebenso wohl auch Mitsch NStZ 2019, 681 (681f.); abw. offenbar Diemer/Schatz/Sonnen/Schatz Rn. 13). Die Aussage des Jugendlichen kann somit auch bei ihrer Wiederholung in der neuen HV nur bei vorangegangener qualifizierter Belehrung (→ § 70c Rn. 15) berücksichtigt werden (zust. HK-JGG/Gundelach Rn. 8; MüKoStPO/Höffler Rn. 6).

III. Fehlerformen und Fehlerfolgen

1. Verspätet erkannte Verteidigungsnotwendigkeit

5 Wird die Sanktionserwartung iSv § 68 Nr. 5 wegen einer tatsächlichen oder rechtlichen Fehleinschätzung **erst in der HV erkannt,** obwohl die korrekte Sanktionsprognose aufgrund der vorhandenen Verdachtslage schon eher möglich und die Verteidigung daher bereits in früheren Verfahrensphasen notwendig war, ist hinsichtlich der bereits begonnenen HV – ebenso wie im gesetzlichen Regelfall (→ Rn. 3) – nach § 51a zu verfahren (zust. NK-JGG/Schady Rn. 5). Ohne Bedeutung ist, dass die Notwendigkeit der

Verteidigung in diesen Fällen auch auf § 68 Nr. 1 iVm § 140 Abs. 1 Nr. 1 StPO und § 68 Nr. 1 iVm § 140 Abs. 2 StPO gestützt werden konnte (→ § 68 Rn. 68). Es reicht vielmehr aus, dass der Beiordnungsgrund iSv § 68 Nr. 5 grds. anwendbar war und damit auch **§ 51a einschlägig** ist (→ Rn. 3; zur **Unverwertbarkeit** der Aussagen des Angeklagten und sonstigen Beweismaterials aus der ersten HV vgl. → Rn. 4 sowie erg. auch → § 68a Rn. 26). Bei allen anderen Beiordnungsgründen (dh solchen, die nicht auf der absehbaren stationären Sanktion beruhen), führt das erst in der HV erfolgende, verspätete Erkennen hingegen nur zu den allg. Fehlerfolgen (→ § 68a Rn. 26 ff.) und nicht zum Vorgehen nach § 51a.

2. Revisible Fehler

Der absolute Revisionsgrund iSv **§ 338 Nr. 5 StPO iVm § 2 Abs. 2** 6 (Nichtanwesenheit des notwendigen Verteidigers in der HV) liegt dagegen vor, wenn das Gericht die Notwendigkeit der Verteidigung auch nicht mit Verspätung erkennt oder wenn es diese irrig verneint (OLG Hamm StV 2008, 120 = BeckRS 2007, 65223) oder wenn es die dafür maßgebliche Sanktionserwartung iSv § 68 Nr. 5 gewissermaßen erst bei Urteilserlass wahrnimmt bzw. in einer entspr. Sanktionsverhängung realisiert (ebenso BeckOK JGG/Putzke Rn. 10; für das allg. StVerf OLG Karlsruhe NJW 1999, 3061). Ebenso verhält es sich, wenn die Notwendigkeit der Verteidigung in den Konstellationen von → Rn. 3 und → Rn. 5 zwar in der HV (noch) reflektiert wird, dies aber folgenlos bleibt und keine Beiordnungsentscheidung und/oder keinen vollständigen Neubeginn der HV nach sich zieht (KK-StPO/Willnow StPO § 140 Rn. 32; NK-JGG/Schady Rn. 8; Bock/Puschke ZJJ 2019, 224 (232)). Auch die **Wiederholung wesentlicher Teile** der HV ist (anders als das nach hM früher der Fall war (vgl. etwa BGHSt 9, 243 = NJW 1956, 1366; MüKoStPO/Knauer/Kudlich StPO § 338 Rn. 105)) kein genügender und den Revisionsgrund ausschließender Ersatz für die Wiederholung der ganzen HV. Anderenfalls wäre die weitergehend gefasste Anforderung des § 51a (BT-Drs. 19/13837, 27 f., 54 f.) obsolet. Dieses ursprünglich als ausreichend geltende Vorgehen kann die anfängliche Abwesenheit eines Verteidigers allenfalls noch dort heilen, wo sich die Notwendigkeit seiner HV-Anwesenheit aus den Gründen von § 68 Nr. 2–4 ergibt.

3. Fehlererkennung im Berufungsverfahren

Wird das Vorliegen eines Falles iSv § 68 Nr. 5 erst im Berufungsverfahren 7 erkannt, nachdem dies (iSv → Rn. 6) durch das erstinstanzliche Tatgericht verkannt, irrig verneint oder nicht zum Anlass für einen Neubeginn der HV genommen worden ist, hat das BerufungsG nachträglich **gem. § 51a zu verfahren** (also analog zu → Rn. 5): Sofern die Berufungs-HV bereits begonnen hat, muss diese also wiederholt werden. Stets, also auch bei Offenbarwerden des Fehlers vor dem Beginn der Berufungs-HV, scheidet dann zudem eine sonst uU denkbare Verwertung von Beweismaterial aus der erstinstanzlichen HV aus.

Berücksichtigung von Untersuchungshaft bei Jugendarrest

52 Wird auf Jugendarrest erkannt und ist dessen Zweck durch Untersuchungshaft oder eine andere wegen der Tat erlittene Freiheitsentziehung ganz oder teilweise erreicht, so kann der Richter im Urteil aussprechen, daß oder wieweit der Jugendarrest nicht vollstreckt wird.

Übersicht

I. Anwendungsbereich

1 Die Vorschrift gilt in Verfahren gegen **Jugendliche** vor den JGerichten wie auch vor den für allg. Strafsachen zuständigen Gerichten (§ 104 Abs. 1 Nr. 5). In Verfahren gegen **Heranwachsende** – vor JGerichten und den allg. Strafgerichten (§ 112 S. 1 und 2) – ist sie ebenfalls heranzuziehen, sofern materielles JStR angewandt wird (§ 109 Abs. 2 S. 1).

II. Einordnung

2 Die Vorschrift entspricht der Fassung des § 52 Abs. 1 JGG 1953 und ist im Wortlaut identisch mit § 36 RJGG 1943. Das JGG 1923 konnte noch keine vergleichbare Regelung enthalten, da der JA erst durch die VO zur Ergänzung des JStR v. 4.10.1940 (RGBl. I 1336) eingeführt worden ist (n. dazu → § 13 Rn. 3 ff.; erg. → Einl. Rn. 16).

3 In der Regelung kommt die Annahme zum Ausdruck, jeder Freiheitsentziehung sei ein fortwirkender, individualpräventiv potenziell hilfreicher Effekt (Selbstbesinnung, Schockwirkung usw.) immanent. U-Haft und ähnliche Freiheitsentziehungen könnten deshalb den sachnah verhängten JA ganz oder teilw. entbehrlich werden lassen (so Diemer/Schatz/Sonnen/Schatz Rn. 6; MüKoStPO/Höffler Rn. 1; vgl. zu diesen Gedanken iZm § 6 Abs. 2 StrEG n. → § 2 Rn. 61 f.). Damit ist allerdings nicht ohne weiteres vereinbar, dass der JA nach der gesetzgeberischen Vorstellung einen eigenständigen Charakter haben soll, der sich in rechtlicher und tatsächlicher Hinsicht von anderen Formen der Freiheitsentziehung unterscheidet (→ § 16 Rn. 3 ff.). Genau diese Verschiedenartigkeit ist letztlich der Grund, weshalb iRv § 52 keine Anrechnung im technischen Sinne, sondern allein eine Berücksichtigung der erfolgten stationären Maßnahme erfolgen kann.

Dann leuchtet aber auch die Möglichkeit einer wechselseitigen **Austauschbarkeit** zur Zielerreichung nicht ohne weiteres ein – insbes. bei Berücksichtigung der erzieherisch dysfunktionalen Ausgestaltung der U-Haft (n. → § 72 Rn. 11 sowie → § 89c Rn. 54 ff., 70 ff., 81 ff.). Dass der JA gleichwohl ersetzt werden kann, gewinnt allein deshalb Plausibilität, weil hierdurch auch eine **Belastungs-Kumulation vermieden** wird (ähnlich BVerfG NStZ 1999, 570; Brunner/Dölling §§ 52, 52a Rn. 1: gerechte und angemessene Sanktionierung).

III. Voraussetzungen

1. Berücksichtigungsfähige Eingriffe

a) JA und vorangegangene Freiheitsentziehung. § 52 setzt voraus, 4
dass in einem Urteil **auf JA (jeglicher Form) erkannt** wird. Entfällt die Verurteilung zu JA im Rechtsmittelverfahren, wird die erfolgte Berücksichtigung iSv § 52 wieder hinfällig (BGH v. 25.1.1995 – 5 StR 664/94). Bei dem JA kann es sich grds. um Kopplungsarrest handeln, wobei die vorangegangene Freiheitsentziehung hier vielfach schon gegen dessen Gebotenheit (→ § 16a Rn. 8 f.) sprechen (und nicht dessen Vollstr entbehrlich machen) wird. Die Anordnung des JA muss erfolgen, **nachdem** es bereits zu einer stationären Maßnahme gekommen war. Dagegen sind künftige freiheitsentziehende Maßnahmen, mit denen für die Zeit zwischen Urteilserlass und vor JA-Vollstr gerechnet werden muss, nach dem eindeutigen Normwortlaut („erlittene", „sind … erreicht") nicht berücksichtigungsfähig (Diemer/Schatz/Sonnen/Schatz Rn. 2).

Bei der stationären Maßnahme kann es sich um **U-Haft** (§ 72, §§ 112 ff. 5
StPO) oder um **andere** Formen von Freiheitsentziehung handeln. Eine solche ist nicht nur anzunehmen, wenn der Jugendliche mit Zwangsmitteln physisch festgehalten wird. Es genügt vielmehr, dass er einen bestimmten Ort infolge einer Anweisung nicht verlassen darf, soweit dies bei gegebenem Anlass zwangsweise durchgesetzt werden würde (BVerfG NStZ 1999, 570). Deshalb ist nicht nur eine vollstreckbar angeordnete Unterbringung in einem **Heim der JHilfe** (U-Haftvermeidung gem. §§ 71 Abs. 2 und 72 Abs. 4) berücksichtigungsfähig, sondern auch der scheinbar freiwillige Aufenthalt in einer sozialtherapeutischen Einrichtung der JHilfe, der gem. § 116 StPO iVm § 2 Abs. 2 veranlasst wurde (BGH NStZ-RR 2014, 59; s. auch KG NStZ-RR 2013, 291) – und zwar, ohne dass es jeweils auf den Einschließungs- und Sicherungsgrad ankäme (dies offen lassend OLG Brandenburg NStZ-RR 2003, 344; KG StV 2019, 471 (471 f.) = BeckRS 2018, 16605).

Eine iSv § 52 relevante Freiheitsentziehung liegt ferner vor bei der **Unter-** 6
bringung zur Beobachtung nach § 73 oder nach § 81 StPO iVm § 2 Abs. 2 (vgl. BGHSt 4, 325 (326) = NJW 1953, 1679) oder nach den PsychKG der Bundesländer (OLG Düsseldorf MDR 1990, 172 = BeckRS 1989, 7737), bei der einstweiligen Unterbringung nach § 126a StPO iVm § 2 Abs. 2 (LG Bielefeld BeckRS 2015, 122393), der vorläufigen Festnahme (§ 127 StPO iVm § 2 Abs. 2), der Vorführungshaft (§ 230 Abs. 2 StPO iVm § 2 Abs. 2), dem Arrest gem. § 26 WDO sowie der Auslieferungs- und Zulieferungshaft (vgl. iÜ § 39 Abs. 3 StrVollstr). Entsprechendes gilt für Festnahmen durch Behörden des Entsendestaates nach Art. VII Abs. 5 des NATO-Truppen-

statuts v. 19.6.1951 (BGBl. 1961 II 1183 (1190, 1196), sofern der anschließende Gewahrsam über eine Ausgangssperre („restriction") hinausgeht (OLG Zweibrücken NJW 1975, 509).

7 **b) Tatsächliche oder funktionale Verfahrensidentität.** Die Freiheitsentziehung muss wegen **jener Tat** erlitten sein, die den Gegenstand der **Urteilsfindung** bildet. Im Hinblick auf Art. 2 Abs. 2 GG wird bei § 51 Abs. 1 S. 1 StGB („aus Anlass einer Tat") jedoch allg. anerkannt, dass auch eine **verfahrensfremde** U-Haft anzurechnen ist, wenn über die Strafen aus jenem anderen und dem aktuellen Verfahren einheitlich hätte entschieden werden können (vgl. nur BVerfG NStZ 2001, 501: „potentielle Gesamtstrafenfähigkeit"). Wenn zwischen der Tat, die Anlass für die U-Haft war, und der Tat, aufgrund derer verurteilt wird, ein funktionaler Zusammenhang bestanden hat oder auch nur „ein irgendwie gearteter sachlicher Bezug" vorliegt bzw. vorlag, begründet dies eine „Verfahrenseinheit", bei der anzurechnen ist (BVerfG NStZ 1999, 477; n. zur Rspr. auch BGHSt 43, 112 = NJW 1997, 2392; BGH StV 2022, 634 = BeckRS 2022, 9259). Das betrifft zwar va Fälle, in denen sich die Freiheitsentziehung auf den Verlauf des anderen Verfahrens ausgewirkt hat, gilt grds. aber ebenso in Fällen, in denen die U-Haft bereits beendet war, als der Angeklagte die zweite (zum anderen Verfahren und zur aktuellen Verurteilung führende) Tat begangen hat (vgl. BGHSt 28, 29 = NJW 1978, 1636; OLG Schleswig NJW 1978, 115; LG Offenburg NStZ-RR 2003, 352; zw. Diemer/Schatz/Sonnen/Schatz Rn. 12). Zur Vermeidung einer jugendstrafrechtlichen Schlechterstellung (vgl. → § 2 Rn. 23 ff.) sind diese Maßgaben **auf § 52 zu übertragen** (vgl. dazu bspw. AG Kassel BeckRS 2019, 49922).

8 Auch bei § 52 muss die Freiheitsentziehung also nicht wegen desjenigen Delikts veranlasst worden sein, das zur Verhängung des JA geführt hat (BGH 26.7.1983 – 5 StR 462/83 bei Böhm NStZ 1984, 445 (447)). Vielmehr reicht es aus, dass die beiden Taten grds. zu einer **einheitlichen Rechtsfolgenentscheidung (§ 31)** führen konnten. Dabei ist es unschädlich, wenn das nur hypothetisch gilt, weil das Verfahren, in dem der Jugendliche die (im anderen Verfahren anzurechnende) Freiheitsentziehung erlitten hat, mit einer Einstellung oder einem Freispruch und nicht mit einer Verurteilung endete (OLG Naumburg StraFo 2013, 32 = BeckRS 2012, 21450). Dies ist jedenfalls bei einer gewissen zeitlichen Nähe der Verfahren gerechtfertigt, zumal der Erziehungsauftrag (§ 2 Abs. 1) dann von vornherein eine besondere Verknüpfung der Verfahren begründet hätte (BVerfG NStZ 2000, 277).

2. Ob und Umfang der Berücksichtigung

9 Eine erlittene Freiheitsentziehung ist immer dann zu berücksichtigen, wenn die dem JA zugeschriebene erzieherische Wirkung durch sie bereits eingetreten ist (BGH BeckRS 2018, 16741; s. aber Rn. 3). Nach hM ist dies im **Regelfall** zu vermuten (so in der Sache Diemer/Schatz/Sonnen/Schatz Rn. 13; Walter NStZ 1983, 367 (368)), weshalb eine Berücksichtigung grds. stattzufinden hat (vgl. dazu auch das Regel-Ausnahme-Verhältnis in § 52a S. 1). Das gilt umso mehr, je länger und intensiver die Freiheitsentziehung war, soweit sich aus der Person und dem Verhalten des Betroffenen keine

anderweitigen Gesichtspunkte ergeben (zu diesen Kriterien schon RGSt 75, 279 (284)).

Soweit die Berücksichtigung nicht ausnahmsweise unterbleibt, muss die Entscheidung des Gerichts darauf lauten, dass der JA für jenen **Zeitraum** nicht vollstreckt wird, in dem eine Freiheitsentziehung **tatsächlich erlitten** wurde (einschr. Diemer/Schatz/Sonnen/Schatz Rn. 16: dahinter zurückbleibende Berücksichtigung grds. möglich). Dabei handelt es sich aber nicht ieS um eine Anrechnung. Bei einer Freiheitsentziehung, die kürzer als der angeordnete JA ist, muss das Gericht daher keineswegs bestimmen, dass dessen Vollstreckung exakt für die besagte (kürzere) Dauer unterbleibt. Vielmehr ist auch eine **andere Bemessung möglich** – und dabei durchaus auch die Festlegung, dass der JA überhaupt nicht mehr zu vollstrecken ist (OLG Hamburg NStZ 1983, 78 mAnm Eisenberg JR 1983, 172 und Walter NStZ 1983, 367; vgl. ferner Flöhr, Die Anrechnung der U-Haft auf Jugendarrest und Jugendstrafe, 1995, S. 103). Übersteigt andererseits die Dauer der Freiheitsentziehung den zeitlichen Umfang des erkannten JA, so kann sie nur in dessen Umfang berücksichtigt werden (vgl. BGH bei Dallinger MDR 1974, 544 zu § 51 StGB). 10

3. Tatrichterliche Feststellung und Begründung

Die Art der Erwägungen, die zu Ob und Umfang der Berücksichtigung vorzunehmen sind (→ Rn. 8 f.), beziehen sich auf erzieherische rechtsfolgenrelevante Fragen, bei deren Beantwortung ein gewisser Beurteilungsspielraum besteht. Das macht deutlich, dass sich § 52 allein an das Gericht des ersten Rechtszuges sowie an das Berufungsgericht und **nicht** auch an **Revisionsgerichte** wendet (Diemer/Schatz/Sonnen/Schatz Rn. 2; abw. NK-JGG/Schady Rn. 2; BeckOK JGG/Putzke Rn. 4; diff. Brunner/Dölling §§ 52, 52a Rn. 5; offenlassend MüKoStPO/Höffler Rn. 3). Die erforderlichen Feststellungen und Abwägungen können nur tatrichterlich vorgenommen werden. 11

Wenn die Voraussetzungen einer Berücksichtigung iSv § 52 tatrichterlich bejaht werden, sind diese positiv **festzustellen.** Doch auch sonst muss das Urteil erkennen lassen, dass § 52 vom Gericht beachtet und eine Berücksichtigung der Freiheitsentziehung geprüft worden ist (BGHSt 3, 327 (330) = NJW 1952, 232 (233)). Sofern es zu einer Freiheitsentziehung gekommen ist und deren Anrechnung nicht ganz ausnahmsweise fernliegt (wie etwa bei sehr kurzzeitigen Eingriffen), muss sich das Gericht in den schriftlichen Urteilsgründen mit der von § 52 geregelten Frage zwingend auseinandersetzen (BGH BeckRS 2018, 16741). Die Notwendigkeit einer ausdrücklichen Entscheidung besteht deshalb idR auch, wenn die Berücksichtigung **abgelehnt** wird. Zur Urteilsformel → § 54 Rn. 19. 12

IV. Freiheitsentziehung nach Erlass des tatrichterlichen Urteils

Nach **absoluter** Rechtskraft kann keine potenziell anrechenbare Freiheitsentziehung mehr stattfinden. Eine solche ist vielmehr nur während eines Rechtsmittelverfahrens nach dem erstinstanzlichen Urteil denkbar. Soweit das Rechtsmittel **vom Angeklagten betrieben** wird, gelten hierfür an sich 13 die normalen Regeln. Eine Nichtberücksichtigung durch das Berufungsgericht ist also in Ausnahmefällen grds. möglich. In der Phase des **Revisionsverfahrens** kommt das allerdings nicht in Betracht, da dem Revisionsgericht entspr. Entscheidungen verschlossen sind (→ Rn. 11). (Fortdauernde oder neue) Freiheitsentziehungen in der Revisions-Phase werden also immer vollständig berücksichtigt, auch wenn das durch die Tatgerichte für die vorangegangenen Phasen anders entschieden worden war (Brunner/Dölling §§ 52, 52a Rn. 6).

14 Soweit das Rechtsmittel **nicht vom Angeklagten betrieben** wird, kommt es gem. § 87 Abs. 2 iÜ zur Anwendung von § 450 StPO. Ab dem Zeitpunkt, zu dem er die relative Rechtskraft herbeiführt und die Fortdauer des Verfahrens nicht mehr beeinflusst, wird die Freiheitsentziehung hiernach von Gesetzes wegen immer tagesgenau auf den JA **angerechnet, ohne** dass § 52 dafür von Bedeutung und die dort vorgesehene Prüfung vorzunehmen wäre. Spätestens mit der Rechtsmittelrücknahme oder dem tatsächlich erklärten oder durch Fristablauf eingetretenen Rechtsmittelverzicht scheidet eine Nichtberücksichtigung also auch im Berufungsverfahren stets aus. Das gilt selbst dann, wenn nur der gesetzliche Vertreter oder Erziehungsberechtigte das Urteil angefochten hat (allgA). Wird dieses Rechtsmittel jedoch vom Angeklagten, der noch als Minderjähriger auf ein eigenes Rechtsmittel verzichtet hatte, mit Eintritt der Volljährigkeit übernommen, ist lediglich die Freiheitsentziehung zwischen seinem Rechtsmittelverzicht und dem Tag vor der wirksamen Übernahme anzurechnen (allgA, vgl. etwa LG Bamberg NJW 1967, 68 mzustAnm Kaiser NJW 1967, 68 (69)).

15 Umstritten ist die Handhabung der (neuen oder fortdauernden) Freiheitsentziehung, die in der Phase **zwischen** der tatrichterlichen Urteilsverkündung und dem in § 450 Abs. 1 StPO genannten Zeitpunkt erlitten wird. Vielfach wird für diese Konstellation die **analoge Anwendung von § 52** bejaht, wobei über die Berücksichtigung in einer gerichtlichen Entscheidung iSv § 458 StPO entschieden werden soll (NK-JGG/Schady Rn. 3; vgl. auch OLG Frankfurt a. M. NJW 1970, 1140; OLG München NJW 1970, 1141 (Ls.); NJW 1971, 2275). Vorzugswürdig ist jedoch die aA, die eine **sinngemäße** Anwendung von **§ 450 Abs. 1 StPO** vertritt (Diemer/Schatz/Sonnen/Schatz Rn. 4; Dallinger/Lackner Rn. 9). Bei Eintritt der relativen Rechtskraft findet eine automatische Anrechnung nach § 450 Abs. 1 StPO rückwirkend bis zum tatgerichtlichen Urteil statt. Bei der Gegenauffassung wird durch die Möglichkeit einer Nichtberücksichtigungsentscheidung gem. § 52 ein unangemessener Druck zum Rechtsmittelverzicht ausgeübt.

V. Rechtsmittel

16 Soweit das Urteil keine Berücksichtigungsentscheidung enthält, obwohl eine Konstellation im Sinne der → Rn. 4 ff. vorgelegen hat, ist es mit der Sachrüge in der **Revision** angreifbar (BGH v. 26.7.1983 – 5 StR 462/83 bei Böhm NStZ 1984, 445 (447); BeckRS 2018, 16741). Dagegen soll die erfolgte Entscheidung über die Nicht-/Berücksichtigung einer Freiheitsentziehung gem. § 52 nach hM (LG Tübingen MDR 1961, 170; Brunner/Dölling §§ 52, 52a Rn. 11; NK-JGG/Schady Rn. 12; BeckOK JGG/Putzke Rn. 18) von der **Rechtsmittelbeschränkung des § 55 Abs. 1 S. 1** umfasst sein. Zur Auswahl und zum „Umfang“ von Zuchtmitteln, die hiernach keine rechtsmittelförmig angreifbaren Gegenstände sind, zähle nämlich nicht nur deren Notwendigkeit, Art und Bemessung, sondern auch die Frage ihrer vollständigen oder teilweisen Vollstreckung. Der Angeklagte kann daher nur die Gesetzwidrigkeit des Urteils angreifen (OLG Hamburg JR 1983, 170 (171) – in NStZ 1983, 78 nicht abgedruckt).

Diese Auffassung dehnt allerdings die (grds. problematische) Regelung in § 55 Abs. 1 über ihren Wortlaut hinaus aus (skeptisch auch HK-JGG/Kleimann Rn. 13 und Diemer/Schatz/Sonnen/Schatz § 52 Rn. 17 f. und § 55 Rn. 58 („nicht unbedenklich")). Außerdem wird sie dem Umstand schwerlich gerecht, dass es sich bei der Zulässigkeit, Art und Dauer des JA (Bemessungsfrage) und der Berücksichtigung iSv § 52 (Vollstreckungsfrage) um verschiedene, **selbstständige** Entscheidungen handelt (Eisenberg JR 1983, 172; ebenso MüKoStPO/Kaspar § 55 Rn. 57; Flöhr, Die Anrechnung der U-Haft auf Jugendarrest und Jugendstrafe, 1995, S. 107 ff.). Die sachlich-rechtliche Rechtsmittelbeschränkung darf hier deshalb zumindest dann nicht zum Zuge kommen, wenn der angeordnete JA und die nicht berücksichtigte Freiheitsentziehung zusammen das **Höchstmaß des JA überschreiten.** Die hier erfolgte Nichtberücksichtigung begründet nämlich einen kumulierten Gesamteingriff, der in seiner Intensität den rechtsmittelfreien Bereich des § 55 Abs. 1 übersteigt (s. auch → § 55 Rn. 70). 17

Anrechnung von Untersuchungshaft bei Jugendstrafe

52a (1) [1] **Hat der Angeklagte aus Anlaß einer Tat, die Gegenstand des Verfahrens ist oder gewesen ist, Untersuchungshaft oder eine andere Freiheitsentziehung erlitten, so wird sie auf die Jugendstrafe angerechnet.** [2] **Der Richter kann jedoch anordnen, daß die Anrechnung ganz oder zum Teil unterbleibt, wenn sie im Hinblick auf das Verhalten des Angeklagten nach der Tat oder aus erzieherischen Gründen nicht gerechtfertigt ist.** [3] **Erzieherische Gründe liegen namentlich vor, wenn bei Anrechnung der Freiheitsentziehung die noch erforderliche erzieherische Einwirkung auf den Angeklagten nicht gewährleistet ist.**

(2) *(aufgehoben)*

Übersicht

I. Anwendungsbereich

1 Die Vorschrift gilt in Verfahren gegen **Jugendliche** vor den JGerichten wie auch vor den für allg. Strafsachen zuständigen Gerichten (§ 104 Abs. 1 Nr. 5). In Verfahren gegen **Heranwachsende** – vor JGerichten und den allg. Strafgerichten (§ 112 S. 1 und 2) – ist sie ebenfalls heranzuziehen, sofern materielles JStR angewandt wird (§ 109 Abs. 2 S. 1).

II. Einordnung

2 Eine Anrechnung von U-Haft auf JStrafe war erstmals in § 52 Abs. 2 und Abs. 3 JGG 1953 vorgesehen, wobei die Berücksichtigung aber noch von positiv festzustellenden Voraussetzungen abhängig war (günstige Auswirkungen des U-Haftvollzugs oder unbillige Härte bei Nichtanrechnung). Art. 24 Nr. 21b und Nr. 22 EGStGB 1974 hob diese Regelungen auf und ersetzte sie durch § 52a. Seither sieht der ehemalige Abs. 1, der bis heute unverändert geblieben ist, die Anrechnung als den Regelfall vor (und das nicht allein für die U-Haft, sondern auch für andere Formen erlittener Freiheitsentziehung). Der in Abs. 2 aF vorgeschriebene, besondere Anrechnungsmodus bei unbestimmter JStrafe fiel mit deren Streichung durch das 1. JGGÄndG von 1990 weg.

3 Mit der Einführung von S. 1 ist durch den Grundsatz regelmäßiger Anrechnung eine stärkere **Angleichung** an das allg. StR (vgl. § 51 StGB) erfolgt. Dies dient der Vermeidung einer Belastungs-Kumulation (→ § 52 Rn. 3), insbes. der Verhinderung einer erzieherisch nicht legitimierbaren „Brutto"-Dauer mehrerer Freiheitsentziehungen (BVerfG NStZ 1999, 570). Insofern trägt dies (auch) dem Umstand Rechnung, dass die in § 52 Abs. 2 JGG 1953 für eine Anrechnung vorausgesetzte erzieherisch günstige Auswirkung der erlittenen U-Haft regelmäßig nicht gegeben war und ist (vgl. Zirbeck, Die U-Haft bei Jugendlichen und Heranwachsenden, 1973, S. 44 ff.; n. → § 72 Rn. 11, → § 89c Rn. 54 ff., 70 ff.; zur Problematik der Entschädigung nach StrEG vgl. → § 2 Rn. 59 ff.). Unterschiede zum allg. StR bestehen indes in der Reichweite der **Ausnahmegründe** gem. S. 2 und S. 3 (zur Kritik → Rn. 10).

III. Voraussetzungen der Nicht-/Anrechnung

1. Parallelen von S. 1 zu § 52

4 Die Vorschrift richtet sich vorwiegend an die Tatgerichte. Das **Revisionsgericht** kann keine Nichtanrechnungsentscheidung treffen (zur Begründung → § 52 Rn. 11; s. aber erg. auch → Rn. 14), sodass Freiheitsentziehungen während des Revisionsverfahrens stets anzurechnen sind (→ § 52 Rn. 13). § 52a kommt zum Tragen, wenn in einem erstinstanzlichen Verfahren, in dem eine JStrafe verhängt wird, wegen der **fraglichen Tat** auch U-Haft oder eine andere **Freiheitsentziehung** erlitten wurde. Hierfür gelten die Ausführungen in → § 52 Rn. 4 ff. entsprechend. Die Norm ist auch für Fälle relevant, in denen eine aBew ausgesetzte JStrafe nach Bewährungswiderruf

doch vollstreckt werden soll (s. auch NK-JGG/Schady Rn. 3), wobei hier aber für einzelne Freiheitsentziehungen – konkret für die Anrechnung von ggf. vollstrecktem Kopplungs- und Nichtbefolgungs**arrest** – besondere Maßgaben gelten (→ §§ 26, 26a Rn. 25 f.). Wie bei § 52 ist auch iRv § 52a eine Freiheitsentziehung aus einem **fremden** Verfahren uU anrechenbar (vgl. BVerfG NStZ 2000, 277; BGH StV 2022, 634 = BeckRS 2022, 9259). Es gelten insofern die Grundsätze der funktionellen Verfahrenseinheit (n. dazu → § 52 Rn. 7 f.).

Nach der Verkündung des erstinstanzlichen Urteils behält § 52a seine Bedeutung für das Berufungsverfahren nur dann, wenn das Rechtsmittel (auch) vom Angeklagten betrieben wird. Geht die Berufung allein auf andere Beteiligte zurück, sind die Regeln, die § 450 Abs. 1 StPO bei Teilrechtskraft vorsieht, analog anzuwenden, und zwar auch für die Freiheitsentziehung, die in der Phase zwischen der Urteilsverkündung und dem in § 450 Abs. 1 StPO genannten Zeitpunkt erlitten wird (→ § 52 Rn. 14 f.). Die Anrechnung ist dann immer zwingend und eine abw. Anordnung iSv S. 2 nicht mehr möglich. – Besteht U-Haft bei Eintritt der **absoluten Rechtskraft** noch fort, ist die dogmatische Handhabung bis zur formellen Einleitung der Vollstr der JStrafe str. (vgl. MüKoStPO/Nestler StPO § 450 Rn. 23: Zwischenhaft oder automatischer Übergang zur JStrafhaft). 5

2. Nicht-/Anrechnung im Regel-Ausnahme-Verhältnis

Liegt die in → Rn. 4 genannte Konstellation vor, ist die erlittene Freiheitsentziehung auf die angeordnete JStrafe **regelmäßig anzurechnen** (S. 1). Will das Gericht anders verfahren, handelt es sich dabei um einen begründungsbedürftigen Sonderfall. Die jugendgerichtliche Prüfung beschränkt sich daher darauf, ob es besondere Umstände im Verhalten des Angeklagten nach der Tat oder erzieherische Gründe **ausnahmsweise rechtfertigen,** von der Anrechnung nach pflichtgemäßem **Ermessen** ganz oder teilweise abzusehen (S. 2). Wird dies bejaht, muss diese Entscheidung in die Urteilsformel aufgenommen (→ § 54 Rn. 22) und begründet werden (→ § 54 Rn. 40; relativierend OLG Brandenburg NStZ-RR 2003, 344). Fehlt es an einer solchen Entscheidung bzw. enthält das auf eine JStrafe erkennende Urteil keinen Hinweis zur Nicht-/Anrechnung erlittener Freiheitsentziehung, erfolgt die Anrechnung nach S. 1 wie im allg. StR (vgl. TK-StGB/Kinzig StGB § 51 Rn. 16) **von Gesetzes wegen** automatisch (BGH BeckRS 1997, 31121305; BGHR JGG § 52a Anrechnung 3 = BeckRS 1998, 30039034). Für die Pflicht der Vollstreckungsbehörde zu ihrer Umsetzung hat eine dahingehende Entscheidung nur deklaratorische Bedeutung. 6

3. Nichtanrechnungsgründe gem. S. 2 und S. 3

a) Nachtatverhalten. S. 2 bestimmt abschließend zwei unabhängig voneinander bestehende und nicht zu vermengende Gründe für eine Nichtanrechnung (BGHSt 37, 75 = NJW 1990, 2698). Das hierzu zählende Verhalten des Angeklagten nach der Tat muss einen verteidigungsfremden verschleppenden **Verfahrensbezug** aufweisen (vgl. BT-Drs. V/4094, 25 zu § 51 Abs. 1 S. 2 StGB). Zulässiges **Verteidigungs**verhalten (zB Bestreiten der Tatbegehung) kann eine Nichtanrechnung regelmäßig aber **nicht** rechtfertigen (vgl. schon BGH NJW 1956, 1845; OLG Bremen NJW 1951, 286; 7

OLG Hamm StV 2007, 2 = BeckRS 2006, 15058). Ebenso verhält es sich, wenn der Angeklagte keine das Verfahren fördernden Handlungen vorgenommen hat, denn hierzu ist er nicht verpflichtet (OLG Hamm StV 2007, 2 = BeckRS 2006, 15058). Vom Nachtatverhalten prinzipiell nicht umfasst sind Tatumstände oder gar tatschuldbezogene Gesichtspunkte. Daher ist insoweit eine neuerliche Tatbegehung unbeachtlich (OLG Stuttgart StV 1987, 308 = LSK 1987, 500146).

8 Auch das Verhalten während des U-Haftvollzugs kann nur dann, wenn es einen Verfahrensbezug aufweist (dh wenn es bspw. auf eine Verschleppung der Ermittlungen oder eine Haftzeitverlagerung vom JStraf- auf den U-Haftvollzug abzielt), berücksichtigt werden (BGHSt 37, 75 = NJW 1990, 2698; s. auch BGH NStZ 1996, 233 sowie LG Freiburg StV 1982, 338 (338 f.): angebliche Misshandlung eines Mitgefangenen nicht berücksichtigungsfähig). Das gilt selbst für eine etwaige Flucht (BeckOK JGG/Putzke Rn. 13; relativierend Diemer/Schatz/Sonnen/Schatz Rn. 19 und 22). Selbst wenn sich der Jugendliche erzieherischen Maßnahmen in der U-Haft widersetzt, ist das kein relevantes Nachtatverhalten, weil dieses nicht mit erzieherischen Aspekten vermengt werden darf (BeckOK JGG/Putzke Rn. 13).

9 **b) Erzieherische Gründe.** Worum es sich bei den erzieherischen Gründen iSv S. 2 handeln kann, wird in S. 3 näher spezifiziert, ohne dass (trotz der weiten Formulierung („namentlich“) daneben noch andere Gesichtspunkte anzuerkennen sind (BGH NStZ 2007, 43; BayObLG bei Bär DAR 1993, 369 (372); Diemer/Schatz/Sonnen/Schatz Rn. 23). Eine Nichtanrechnung ist hiernach allein dann möglich, wenn die noch erforderliche erzieherische **Einwirkung im JStVollz** durch die Anrechnung der erlittenen Freiheitsentziehung (dh wegen der so verkürzten Restverbüßungszeit) nicht gewährleistet wäre (BGHSt 37, 75 = NJW 1990, 2698; BGH NStZ 1996, 233). Das Ausbleiben erzieherischer Effekte in der U-Haft oder in der anderen Freiheitsentziehung erfüllt diese Voraussetzungen also nicht (BGH NStZ 2007, 43). Aber auch sonst ist zu bedenken, dass eine als positiv zu beurteilende Einwirkung des JStVollzugs generell kaum angenommen werden kann (vgl. Erl. bei → § 17 Rn. 16 sowie bei → § 92 Rn. 33 ff.). Oft fehlt es also an einer Grundlage für die Bejahung von S. 3 (ähnlich NK-JGG/Schady Rn. 7; Walter/Pieplow NStZ 1991, 332).

10 Es gilt als ein problematischer Effekt der Anrechnung, dass es durch die Anrechnung zu einer Unterschreitung der sechsmonatigen Mindestdauer der JStrafe kommen kann (vgl. etwa Beulke/Swoboda JugendStrafR Rn. 854; ähnlich Flöhr, Die Anrechnung der U-Haft auf Jugendarrest und Jugendstrafe, 1995, S. 144 ff.; diff. Brunner/Dölling Rn. 15). Darin liegt indes kein tragfähiges Argument, das die Erforderlichkeit weiterer erzieherischer Einwirkung und die Nichtanrechnung per se begründen könnte. Die empirischen Daten zur Legalbewährung bei Kurzstrafenvollzug sind keineswegs so eindeutig (→ § 18 Rn. 13), um eine generelle Notwendigkeit von halbjährlichen Mindest- bzw. längeren Vollzugsdauern zu substantiieren. Es muss vielmehr **konkret dargelegt** werden, dass und warum die anrechnungsbedingt reduzierte Vollzugszeit nicht ausreichend sein soll (so auch BGH StV 1994, 603 = BeckRS 1993, 31091267; BGH NStZ 1996, 233; NStZ-RR 1998, 152; OLG Hamm StV 2007, 2 = BeckRS 2006, 15058; KG StV 2013, 762 (Ls.) = BeckRS 2013, 7704; relativierend OLG Brandenburg NStZ-RR 2003, 344). Das ist keinesfalls bei jeder Vollzugszeitverkür-

zung anzunehmen (BGH NJW 2018, 2062 (2063)). Um die Erforderlichkeit der erzieherischen Einwirkung aufzuzeigen, sind deshalb neben den **Einwirkungsformen,** die während der nicht angerechneten Vollzugszeit möglich werden, auch deren erwartete Wirkungen zu bezeichnen.

Das allg. StR sieht in § 51 StGB diesen Nichtanrechnungsgrund iÜ 11 (anders als den des Nachtatverhaltens) nicht vor. Insofern handelt es sich hierbei um eine – wenig überzeugende – jugendstrafrechtliche Besonderheit, die de facto zu einer „gespaltenen Strafe“ (BGH NStZ-RR 1998, 152) von überzogener, erzieherisch dysfunktionaler Härte (bestehend aus U-Haft und JStrafe) führen kann (zur Unvereinbarkeit mit Nr. 13 ERJOSSM Dünkel ZJJ 2011, 140 (144)). De lege ferenda sollte dies gestrichen werden (ebenso zB AK IV/3 und DVJJ/AK IV/4 1993, S. 731 und 734; Dünkel RdJB 2014, 294 (296)) und de lege lata ist eine **restriktive Wahrnehmung** des Nichtanrechnungs-Ermessens (→ Rn. 6) geboten (für eine zurückhaltende Handhabung auch Kreuzer RdJB 1978, 337 (346)). Bei einem Heranwachsenden, bei dem das JStR nach dem Grundsatz „in dubio pro reo“ angewendet wird, können gar keine erzieherischen Gründe für die Nichtanrechnung erlittener Freiheitsentziehung herangezogen werden. Anderenfalls würde er durch die Bejahung von § 105 Abs. 1 schlechter als Erwachsene gestellt (LG Münster NJW 1979, 938 vgl. auch → § 2 Rn. 23 ff., → § 109 Rn. 26).

IV. Besonderheiten bei der Anrechnung von Freiheitsentziehung im Ausland

Die Anrechnung einer im Ausland vollzogenen U-Haft oder anderen 12 Freiheitsentziehung erfolgt ebenfalls von Gesetzes wegen, allerdings auf Grundlage von § 51 Abs. 1 und Abs. 3 S. 2 StGB iVm § 2 Abs. 2 (ebenso bspw. MüKoStPO/Höffler Rn. 9). Dabei muss das Gericht – in der Urteilsformel, vgl. jeweils zum allg. StR BGH NStZ-RR 2003, 364; BeckRS 2014, 11010) – einen Anrechnungsmaßstab bestimmen (BGHR JGG § 52a Anrechnung 3 = BeckRS 1998, 30039034; BGH NStZ-RR 2010, 27). Soweit sich aus den Haftbedingungen, die im fraglichen Staat jeweils gegeben sind (zu deren Prüfung Morgenstern StV 2016, 395), ein stärkerer Belastungsgrad als bei einer entspr. inländischen Freiheitsentziehung ergibt, sollte dies im richterlichen Ermessen (§ 51 Abs. 4 S. 2 StGB iVm § 2 Abs. 2) Berücksichtigung finden und keine tagesgenaue, sondern eine höhere Anrechnung begründen.

Dieses Prinzip hat (überwiegend im allg. StR) zu einer ausdifferenzierten 13 Kasuistik mit **länderspezifischen Anrechnungsfaktoren** geführt (zu einer ausführlichen Übersicht vgl. NK-StGB/Kett-Straub StGB § 51 Rn. 40; Lagodny NK 2014, 211 (219 ff.)). Teilw. erfolgt die Anrechnung hiernach wie beim Inlandsvollzug, insbes. bei Haft in der EU (BGH BeckRS 2022, 5048) oder bspw. der Schweiz (BGH BeckRS 2022, 19172). Mit Blick auf andere Staaten ist die Rspr. teilw. aber bis zu einem Verhältnis von 1:3 gegangen (so LG Zweibrücken NStZ-RR 1997, 206 für Auslieferungshaft in Kenia und (früher) LG Berlin StV 1998, 347 = LSK 1998, 350493 für Haft in Bulgarien 1:3). In entspr. Anwendung von § 354 Abs. 1 StPO kann auch das Revisionsgericht den Maßstab bestimmen, wenn das Tatgericht der diesbzgl. Pflicht nicht entsprochen hat und wenn aufgrund der Urteilsfeststellungen nur ein ganz bestimmter Anrechnungsmaßstab in Betracht kommt (zB BGH NStZ-RR 2003, 364; BeckRS 2015, 13840). Dann erstreckt sich die Entscheidung gem. § 357 StPO iVm § 2 Abs. 2 auch auf nichtrevidierende Mitangeklagte (BGH NStZ-RR 2010, 27).

V. Rechtsmittel

14 Zur grundsätzlich gegebenen Zulässigkeit eines auf die Frage der Anrechnung von U-Haft beschränkten Rechtsmittels vgl. mwN → § 55 Rn. 22. Ist dieses erfolgreich, muss im Rahmen der Revision zur Neubeantwortung der Anrechnungsfrage zurückverwiesen werden (→ § 52 Rn. 11). Hat das Tatgericht die Anrechnung fehlerhaft unterlassen, zugleich aber die JStrafe nicht so bemessen, dass sie allein bei nicht reduzierter Dauer die erforderliche erzieherische Wirkung erwarten lässt, kann das **Revisionsgericht** (sofern nicht aus sonstigen Gründen noch weitere Feststellungen zu erwarten sind) den Wegfall der Nichtanrechnungsentscheidung selbst veranlassen (BGHSt 37, 75 (79) = NJW 1990, 2698 (2699); Diemer/Schatz/Sonnen/Schatz Rn. 2; MüKoStPO/Höffler Rn. 4; zu uU weitergehenden Bestimmungsmöglichkeiten des Revisionsgerichts bei der ausländischen Freiheitsentziehung → Rn. 13).

15 Die Anrechnung iSv S. 1 ist vom JRichter als Vollstreckungsleiter (unabhängig von ihrer Aufnahme in den Tenor (→ Rn. 6)) von Amts wegen zu berücksichtigen. Bedarf es hierbei einer Entscheidung über die Auslegung des Urteils oder über **Einwendungen** hinsichtlich der Anrechnung, ist, sofern die Vollstr bereits begonnen hat, der Jugendrichter als Vollstreckungsleiter (vgl. § 82 Abs. 1 S. 2 sowie §§ 458 Abs. 1, 462 Abs. 1 S. 1, 462a Abs. 1 S. 1 StPO iVm § 2 Abs. 2), nicht also das Gericht des 1. Rechtszuges zuständig (KG StV 2019, 471 (471 f.) = BeckRS 2018, 16605; AG Pirmasens BeckRS 2018, 20141; abw. OLG Oldenburg NJW 1982, 2741). Dessen Zuständigkeit besteht nur bis zum Beginn der Vollstr (§ 462a Abs. 2 S. 1 StPO iVm § 2 Abs. 2).

Überweisung an das Familiengericht

53 **[1] Der Richter kann dem Familiengericht im Urteil die Auswahl und Anordnung von Erziehungsmaßregeln überlassen, wenn er nicht auf Jugendstrafe erkennt. [2] Das Familiengericht muß dann eine Erziehungsmaßregel anordnen, soweit sich nicht die Umstände, die für das Urteil maßgebend waren, verändert haben.**

I. Anwendungsbereich

1 In Verfahren gegen **Jugendliche** gilt die Vorschrift vor den JGerichten, während vor den für allg. Strafsachen zuständigen Gerichten die weitergehende Bestimmung des § 104 Abs. 4 anzuwenden ist. Diese schreibt die Überlassung der Auswahl und Anordnung von Erziehungsmaßregeln an das FamG zwingend vor (und zwar – anders als S. 1 Hs. 2 – selbst dann, wenn das Gericht zugleich auf JStrafe erkennt). In Verfahren gegen **Heranwachsende,** bei denen wegen ihrer Volljährigkeit keine Zuständigkeit des FamG

möglich ist, gilt § 53 nicht. Für Verfahren vor einem allg. Strafgericht, in denen sachliches JStR (§ 105 Abs. 1) angewandt wird, besteht in § 112 S. 3 jedoch eine ähnliche Regelung (Überlassung der Auswahl und Anordnung von Weisungen an den JRichter). Bei **Soldaten/-innen** ist § 112d zu berücksichtigen.

II. Einordnung

Bei einer Überweisung gem. § 53 werden die Anordnungs**befugnisse** des **FamG** um Maßnahmen erweitert, die allein im JGG vorgesehen sind. Es kann also neben jenen familiengerichtlichen Maßnahmen, deren besondere Voraussetzungen fallkonkret vorliegen, auch Erziehungsmaßregeln iSv § 9 veranlassen – sich aber auch auf diese jugendstrafrechtlichen oder auf die besagten familiengerichtlichen Schritte beschränken (→ Rn. 9). Insofern wird das Vorgehen in die Hände eines Gerichtes gelegt, das einige Optionen beider Rechtsgebiete kombinieren oder zwischen diesen wählen und damit eine koordinierte Intervention gewährleisten kann. Die rechtstatsächliche **Bedeutung** von § 53 ist allerdings äußerst **gering** (vgl. auch MüKoStPO/Höffler Rn. 3; Hügel FS Brudermüller, 2014, 354). In der Verfahrenspraxis bestehen offenbar Vorbehalte ggü. einer Überlassung, weil diese idR eine nicht unerhebliche Verzögerung der Rechtsfolgenfestlegung mit sich bringt. Die erzieherisch **erforderliche Koordination** zwischen dem familiengerichtlichen und dem jugendstrafrechtlichen Vorgehen muss deshalb (bei Bedarf) von den beteiligten Gerichten – soweit der JRichter nicht ohnehin gem. § 34 Abs. 2 S. 1 die familiengerichtlichen Erziehungsaufgaben übernimmt (→ § 34 Rn. 9 ff.) – im Wege der wechselseitigen Berücksichtigung sichergestellt werden (→ § 9 Rn. 8). Ordnet bspw. das FamG iZm (mutmaßlicher) Delinquenz diverse familiengerichtliche Erziehungsmaßnahmen an, ist das JGericht dringend gehalten, widersprechende Maßnahmen zu vermeiden. Vielfach wird hier eine Einstellung nach § 47 Abs. 1 S. 1 Nr. 2 (ggf. schon im Vorverfahren nach § 45 Abs. 2 S. 1) geeignet sein. Die Notwendigkeit derartiger Abstimmungen entfiele bspw., wenn § 34 Abs. 2 S. 1 obligatorisch würde (dafür NK-JGG/Schady Grdl. zu § 53 Rn. 5) oder wenn sich beide Verfahrensarten ausschlössen (vgl. hierzu Bohnert JZ 1983, 517 (523), der eine Vorabentscheidungsprozedur anregt, die im Falle eines Jugenddeliktes die Weiche zwischen einem nur-familiengerichtlichen und einem nur-jugendstrafrechtlichen Verfahren stellt). 2

III. Voraussetzungen der Überweisung

Das Vorgehen setzt einen Schuldspruch und eine Entscheidung über zu erteilende Erziehungsmaßregeln voraus (zur Urteilsfassung → § 54 Rn. 10). Denn gem. **S. 1 Hs. 1** können dem FamG nur bestimmte **Rechtsfolgen** überlassen werden. Unzulässig ist die Überlassung hinsichtlich der Anordnung von Zuchtmitteln und JStrafe (mit oder ohne Aussetzung der Vollstr zBew). Soweit das JGericht auf JStrafe erkennt und daneben auch Erziehungsmaßregeln für notwendig erachtet (vgl. § 8 Abs. 2 S. 1), muss es diese folglich selbst anordnen. Eine Überlassung scheidet hier gem. **S. 1 Hs. 2** aus. Sie kommt allein für Erziehungsmaßregeln in Betracht, die als einzige 3

Rechtsfolge oder neben – vom JGericht selbst festgelegten – Zuchtmitteln, Nebenfolgen (§ 6) und Maßregeln (§ 7) veranlasst werden. Bei Sanktionskombinationen stellt sich die Frage nach der Zweckmäßigkeit einer Überweisung indes besonders. Ein Vorgehen, bei dem das JGericht einen Teil der Erziehungsmaßregeln selbst anordnet und einen anderen Teil dem FamG überlässt, ist in Abs. 1 nicht vorgesehen.

4 Das Gesetz konzipiert die Überlassung, wie allein schon der Standort von § 53 zeigt, als **Ausnahme.** Da es somit die Entscheidung über jugendstrafrechtliche Interventionen grds. dem JGericht überträgt, muss dieses die Erziehungsmaßregeln im Regelfall selbst auswählen und anordnen. Es bedarf eines Grundes oder Anlasses für eine Überlassung, damit das JGericht hierüber nach seinem pflichtgemäßen Ermessen zu befinden hat. Eine solche Situation wird regelmäßig (nur) dann gegeben sein, wenn das FamG zur Beurteilung der fallkonkreten Rechtsfolgenfrage **besser imstande** ist (NK-JGG/Schady Rn. 5). Das kann bei einer früheren Befassung mit dem Jugendlichen und seiner Familie gegeben sein. Auch wenn die Mitglieder des JSchöffG oder der JKammer keine Einigung über die am ehesten geeignete Erziehungsmaßregel erzielen können, ist das hierfür ggf. ein Indikator (vgl. auch Brunner/Dölling Rn. 1; Diemer/Schatz/Sonnen/Schatz Rn. 10; abw. HK-JGG/Kleimann Rn. 8). Die in der Lit. diskutierte Frage, ob das JGericht für das FamG (mit welchen Folgen) Anregungen formulieren könne (MüKoStPO/Höffler Rn. 11 mwN), erübrigt sich in diesen Fällen.

5 Zu berücksichtigen ist, dass die Rechtsfolgenbestimmung nach einer Überlassung im Verfahren der freiwilligen Gerichtsbarkeit (→ Rn. 10) und damit in einem **weniger formengebundenen** Kontext erfolgt. Deshalb läge in der „Selbst-Überweisung" durch einen JRichter, der zugleich zuständiger Familienrichter ist (§ 34 Abs. 2 S. 1), ein unzulässiges Umgehungsverhalten (aA Diemer/Schatz/Sonnen/Schatz Rn. 10; wie hier aber iErg etwa HK-JGG/Kleimann Rn. 7). Aus demselben Grund wäre eine Überweisung, nur um eine eingriffsinvasive Anordnung von Hilfe zur Erziehung nach § 12 Nr. 2 durch das FamG zu erreichen, höchst zw. (n. → § 12 Rn. 30; abw. Brunner/Dölling Rn. 1; MüKoStPO/Höffler Rn. 12). Obendrein unterstreicht der Umstand, dass sich der Gesamtprozess der Entscheidungsfindung durch eine Überweisung in die Länge zieht – einschließlich der damit einhergehenden Belastungen für den Jugendlichen (→ Einl. Rn. 42 f.) –, die Notwendigkeit einer grds. restriktiven Handhabung. Mit Blick auf den besonderen Beschleunigungszweck des **vereinfachten JVerfahrens** ist dort iÜ eine Überweisung zwar grds. zulässig (vgl. → §§ 76–78 Rn. 41 f.), aber besonders klar kontraindiziert. Bei von vornherein absehbarer Überweisung wäre ein Antrag nach § 76 sogar unzulässig (→ §§ 76–78 Rn. 10).

IV. Entscheidung des Familiengerichts

1. Anordnungskompetenz und -pflicht

6 Durch die Überweisung wird das FamG zur Anordnung einer Erziehungsmaßregel ermächtigt und grds. auch verpflichtet (S. 2). Die **Auswahl** unter den Rechtsfolgen iSv § 9 liegt in seinem pflichtgemäßen **Ermessen.** In der Schuldfrage erfolgt dabei durch das FamG keine neuerliche Prüfung. Die

Überweisung bewirkt vielmehr nur einen Transfer der fallkonkreten, auf Erziehungsmaßregeln beschränkten Rechtsfolgenkompetenz.

Die Rechtsfolgenkompetenz, die das FamG durch die Überweisung er- 7
langt, kann die Rechtsfolgenkompetenz des übertragenden JGerichts nicht übersteigen. **Einschränkungen,** denen das JGericht bei der **Auswahl** der Erziehungsmaßregeln unterliegt, werden gleichsam „mittransferiert" und bestehen daher auch für das FamG. Das ist indes nur in wenigen **Sonderkonstellationen** von Belang: Einmal betrifft dies die Überweisung im vereinfachten JVerfahren (→ Rn. 5), bei der das FamG keine Heimerziehung (§ 12 Nr. 2) anordnen darf, weil schon das JGericht daran gehindert ist (§ 78 Abs. 1 S. 2) und eine dahingehende Kompetenz daher auch nicht weitergeben kann (iE ebenso NK-JGG/Schady Rn. 5; abw. zB Diemer/Schatz/Sonnen/Schatz § 78 Rn. 7; Streng JugendStrafR Rn. 239). Zum anderen betrifft dies die (grds. mögliche) Überweisung durch das Berufungsgericht. Soweit dieses das Verbot der reformatio in peius zu beachten hat, wird die Rechtsfolgenkompetenz von ihm mit den fraglichen Beschränkungen transferiert, sodass das Verschlechterungsverbot auch vom FamG zu berücksichtigen ist. Dieses ist in der Auswahl der Erziehungsmaßregeln deshalb nur frei, wenn im ersten jugendgerichtlichen Urteil mindestens ein Zuchtmittel (aber nicht nur eine Verwarnung (→ § 55 Rn. 78)) festgelegt worden war. Bei erstinstanzlicher Anordnung einer Erziehungsmaßregel darf das FamG dagegen keine eingriffsintensivere Erziehungsmaßregel bestimmen.

2. Gründe des Absehens

Gem. S. 2 Hs. 2 ist das FamG nicht zur Anordnung einer Erziehungs- 8
maßregel verpflichtet, falls sich die für das Urteil maßgeblichen **Umstände nach** dessen **Verkündung** (allgA) wesentlich **geändert** haben. Dies betrifft va den Wegfall von Gegebenheiten in der Lebensführung oder im persönlichen Umfeld sowie im schulischen bzw. beruflichen Bereich, die zunächst (aus Sicht des JGerichts) die Indikation einer Erziehungsmaßregel begründet hatten. Um dies festzustellen, kann ggf. eine Rücksprache mit dem erkennenden JGericht und eine Anhörung der JGH angezeigt sein. Dagegen fällt die Bindung des FamG **nicht** dadurch weg, dass es die unveränderte Sachlage lediglich **anders beurteilt,** als es das JGericht im Entscheidungszeitpunkt getan hat. Ebenso verhält es sich bei einer abw. Einschätzung der Schuldfrage (solange nicht erhebliche Tatsachen erkennbar geworden sind, die dem JGericht bei Urteilserlass unbekannt waren).

Neue Umstände iSv S. 2 Hs. 2 können grds. auch durch das jugend- 9
gerichtliche Urteil eingetreten sein, falls die dort (neben der Überweisung) getroffenen Entscheidungen bereits erkennbare und ausreichende **erzieherische Wirkungen erbracht** haben (vgl. bereits Dallinger/Lackner Rn. 17). Ebenso verhält es sich bei positiven Effekten von familiengerichtlichen Maßnahmen, die das FamG in Reaktion auf das Anlassdelikt ggf. schon früher veranlasst hatte. Darüber hinaus können auch die familiengerichtlichen **Maßnahmen,** die das FamG erst **iZm mit der Überweisung trifft,** die „Umstände, die für das Urteil maßgebend waren", verändern. Die neue Situation besteht dann in der (vorher nicht gegebenen) Existenz dieser Anordnungen (iE ähnlich Brunner/Dölling Rn. 7; MüKoStPO/Höffler Rn. 18). Eine hiervon abw. und engere Lesart von S. 2 Hs. 2 hätte erzieherisch ungünstige Folgen. Das FamG, das mit Blick auf die Lage eines Jugend-

lichen ganz konkrete Vorstellungen von geeigneten familiengerichtlichen Interventionen hat (ggf. und gerade auch solche, die mit den Eltern abgesprochen sind), wäre dann nämlich zur Anordnung ergänzender oder alternativer Erziehungsmaßregeln gezwungen, die es für funktionslos oder gar dysfunktional hält.

3. Verfahren

10 Nach Überlassung bestimmt sich das Verfahren vor dem FamG nach dem **FamFG** (vgl. etwa zum Amtsermittlungsgrundsatz § 26 FamFG, zur Anfechtung von Entscheidungen §§ 58 ff., 70 ff. FamFG, zur funktionellen Zuständigkeit § 14 Abs. 1 Nr. 13 RPflG). Die Zuständigkeit des FamG und die Maßgeblichkeit des FamFG erstrecken sich auch auf Fälle, in denen eine **nachträgliche Änderung,** Verlängerung oder Befreiung von einer gem. §§ 53, 10 erteilten Weisung in Betracht kommt. Die allg. Regelung in § 65 Abs. 1 findet in der Sonderkonstellation der Überweisung keine Anwendung (Dallinger/Lackner Rn. 22). Eine Ausnahme besteht hier für die **Verhängung von JA** bei schuldhafter Zuwiderhandlung des Jugendlichen gegen angeordnete Weisungen. Hierfür bleibt der überlassende JRichter des ersten Rechtszuges nach § 65 Abs. 1 zuständig, da das FamG zur Verhängung von JA generell nicht befugt ist. Der Transfer der Rechtsfolgenkompetenz (Rn. 6 f.) bezieht allein die Entscheidungen gem. § 11 Abs. 2, nicht aber die Entscheidungen gem. § 11 Abs. 3 ein (vgl. zur Anfechtung § 65 Abs. 2 S. 2).

V. Rechtsmittel

1. Keine Anfechtbarkeit des Urteils des JGerichts

11 Das Urteil, das die Überweisung an das FamG ausspricht, ist gem. § 55 Abs. 1 S. 1 regelmäßig unanfechtbar. Mit Eintritt seiner Rechtskraft und damit schon vor der Rechtsfolgen-Entscheidung des FamG ist das JStV – vorbehaltlich einer etwaigen Anordnung von Nichtbefolgungsarrest (vgl. → Rn. 10) – beendet (Dallinger/Lackner Rn. 19). Einem neuen JStV wegen derselben Tat steht der Grundsatz „ne bis in idem“ (Art. 103 Abs. 3 GG) entgegen (allgA).

2. Beschwerde gegen Entscheidungen des FamG

12 Ordnet das FamG entgegen S. 2 keine Erziehungsmaßregel an, sind das **JAmt** und das **JGericht** nach dem FamFG zur Beschwerde berechtigt (allgA). Das Beschwerdegericht hat dann zu prüfen, ob die Entscheidung des FamG durch veränderte Umstände iSv → Rn. 8 f. gerechtfertigt wird.

13 Ist eine „Auswahl und Anordnung“ der Erziehungsmaßregel erfolgt, besteht eine Beschwerdeberechtigung für den **Jugendlichen** und nicht für das JGericht. Die Beschwerde kann bspw. darauf gestützt werden, dass das FamG trotz veränderter Umstände iSv S. 2 Hs. 2 eine Anordnung getroffen hat. Da § 55 für die Anfechtung von Entscheidungen des FamG nicht gilt, ist die Beschwerde auch mit dem Ziel zulässig, eine andere Erziehungsmaßregel zu verhängen (Hügel FS Brudermüller, 2014, 354).

Die vorgenannte Beschwerdemöglichkeit gilt auch bei einer **nachträgli-** 14
chen Änderung oder Verlängerung der Weisung (→ Rn. 10) durch das FamG. Ebenso verhält es sich, wenn das FamG die beantragte Abänderung einer Weisung ablehnt (und ihm bspw. eine Verkennung seines Beurteilungsspielraums in § 11 Abs. 2 vorgeworfen wird). Ebenso wenig wie § 55 steht dem § 65 Abs. 2 S. 1 im Wege, weil das Verfahren nach Beendigung des JStV durch die rechtskräftige Überweisung an das FamG ausschließlich zur freiwilligen Gerichtsbarkeit gehört.

Urteilsgründe

54 (1) [1] **Wird der Angeklagte schuldig gesprochen, so wird in den Urteilsgründen auch ausgeführt, welche Umstände für seine Bestrafung, für die angeordneten Maßnahmen, für die Überlassung ihrer Auswahl und Anordnung an das Familiengericht oder für das Absehen von Zuchtmitteln und Strafe bestimmend waren.** [2] **Dabei soll namentlich die seelische, geistige und körperliche Eigenart des Angeklagten berücksichtigt werden.**

(2) **Die Urteilsgründe werden dem Angeklagten nicht mitgeteilt, soweit davon Nachteile für die Erziehung zu befürchten sind.**

Schrifttum: Meyer-Goßner/Appl, Die Urteile in Strafsachen, 30. Aufl. 2021; Neus, Der Erziehungsgedanke im Jugendstrafrecht, 1997; Noster, Die abgekürzte Urteilsbegründung im Strafprozess, 2010; Wolff/Marek (Hrsg.), Erziehung und Strafe, 1990.

Übersicht

I. Anwendungsbereich

1 Die Vorschrift gilt in Verfahren gegen **Jugendliche** sowohl vor den JGerichten wie auch vor den für allg. Strafsachen zuständigen Gerichten (§ 104 Abs. 1 Nr. 6; vgl. aber → § 104 Rn. 11). Soweit bei **Heranwachsenden** materielles JStR angewandt wird, ist Abs. 1 sowohl von den JGerichten als auch von den allg. Strafgerichten heranzuziehen (§ 109 Abs. 2 S. 1, § 112 S. 1, 2, § 104 Abs. 1 Nr. 6). Abs. 2 hat bei ihnen dagegen keine Relevanz. Heranwachsenden werden die Urteilsgründe in vollem Umfang mitgeteilt.

2 Im Bußgeldverfahren ist § 54 bei der Entscheidung im gerichtlichen Verfahren nach Einspruch gem. § 46 Abs. 1 **OWiG** entspr. anwendbar. Das gilt auch für Abs. 2, wobei die Voraussetzung der zu befürchtenden erzieherischen Nachteile selten vorliegen und ein Verzicht auf die Mitteilung der Entscheidungsgründe nur ausnahmsweise gerechtfertigt sein dürfte (ebenso Göhler/Bauer OWiG § 71 Rn. 66). Der in Abs. 1 enthaltene Rechtsgedanke einer persönlichkeitsbezogenen Begründung ist auch im Rahmen einer Beschlussbegründung nach § 72 Abs. 4 S. 5 OWiG und insb. im Fall einer Vollstreckungsanordnung nach §§ 78 Abs. 4, 98 Abs. 1 OWiG zu berücksichtigen. Wegen der standardisierten und formalisierten Sanktionierung im OWiR haben die Maßgaben des § 54 in der Praxis aber nur geringe Bedeutung (NK-JGG/Schady Rn. 3).

II. Überblick

3 Während für den Inhalt der **Urteilsformel** die allg. Vorschriften gelten (§ 260 Abs. 4 und Abs. 5 StPO iVm § 2 Abs. 2), enthält Abs. 1 eine Sonderregelung für die Abfassung der **Urteilsgründe,** von der die allg. Maßgaben (§ 267 StPO iVm § 2 Abs. 2) für den Fall der Verurteilung (nicht bei Einstellung oder Freispruch) ergänzt werden. Die Vorschrift regelt insofern „den Mindestinhalt der Urteilsgründe in Jugendstrafsachen" (BT-Drs. I/4437, 9). Sie ist identisch mit § 39 RJGG 1943, während das JGG 1923 noch keine vergleichbare Sonderbestimmung kannte (n. zur Entstehungsgeschichte Wolff/Marek, Erziehung und Strafe/Wolff, 1990, S. 95). Mit diesen Anforderungen soll eine persönlichkeitsbezogene Darstellung der Gründe erreicht werden, damit die gerichtliche Entscheidung (neben dem Verurteilten und dem Rechtsmittelgericht va auch) jenen Personen und Institutionen, die mit der Durchführung der angeordneten Rechtsfolgen befasst sind, verständlich wird (Beulke/Swoboda JugendStrafR Rn. 793). Demgemäß bezieht sich die Berücksichtigung der individuellen „Eigenart des Angeklagten" (Abs. 1 S. 2) nicht nur auf den in S. 1 umschriebenen

Mindestinhalt, sondern – im Sinne einer weiten Auslegung des Wortes „Dabei" – auf den Inhalt der Urteilsgründe insges. (vgl. auch Dallinger/Lackner Rn. 3).

Die **Verkündung** des Urteils richtet sich grds. nach § 268 StPO iVm § 2 Abs. 2 (einschließlich der ggf. zu berücksichtigenden Soll-Vorschrift des § 268 Abs. 2 S. 3 iVm § 2 Abs. 2). Mit Blick auf die mündliche Mitteilung der zu eröffnenden Urteilsgründe sieht Abs. 2 eine Einschränkung ggü. § 268 Abs. 2 S. 2 StPO vor. Zur Abschrift des Urteils (§ 35 Abs. 1 S. 2 StPO) bzw. Zustellung der schriftlichen Urteilsausfertigung (§ 35 Abs. 2 S. 1, § 232 Abs. 4, § 316 Abs. 2, § 343 Abs. 2 StPO) s. RL Nr. 3 und → Rn. 37. Eine **Bekanntgabe** der Verurteilung darf nicht angeordnet werden (§ 6 Abs. 1 S. 2). 4

III. Urteilsformel

1. Fassung des Urteilstenors

a) Inhalt. Da der Urteils**tenor** nach den allg. Maßgaben zu fassen ist (→ Rn. 3), wird in der Urteilsformel zunächst die rechtliche Bezeichnung der Tat – ggf. mit Nennung der (gesetzlichen) Überschriften – angegeben und sodann die Reihe der angewendeten Vorschriften in Form einer Paragrafenliste genannt (zu Einzelfragen s. KK-StPO/Tiemann StPO § 260 Rn. 18 ff.). Hierbei sind auch die Konkurrenzvorschriften des allg. StR anzugeben (vgl. auch → § 31 Rn. 4 f.; aA Foth JR 2014, 390). Anderenfalls bestünde die Gefahr, den Jugendlichen (bspw. bei der Beurteilung strafrechtlicher Vorbelastungen) schlechter zu stellen (vgl. → § 2 Rn. 23 ff.), wenn das Verhältnis der festgestellten Taten im BZR- bzw. Erziehungsregisterauszug nicht deutlich würde. 5

Besonders und minder schwere Fälle gehören nicht zur rechtlichen Bezeichnung der Tat und werden deshalb nicht in die Urteilsformel aufgenommen (vgl. für das allg. StVerf KK-StPO/Tiemann StPO § 260 Rn. 31 mwN; teilw. abw. 22. Aufl. Rn. 8a). Dies folgt ferner daraus, dass es sich hierbei um Gesichtspunkte der allg. Strafzumessung handelt, die in dieser unmittelbaren Bedeutung gem. § 18 Abs. 1 S. 3 im Bereich des JGG „nicht gelten" (vgl. bspw. BGH MDR 1976, 769 = BeckRS 1976, 31113899; BGH bei Böhm NStZ 1991, 522 (523); OLG Hamm StV 2014, 747 = BeckRS 2014, 108922; ZJJ 2017, 282 = BeckRS 2017, 106830; Diemer/Schatz/Sonnen/Schatz Rn. 10). Besonders bzw. minder schwere Fälle sind allerdings in den Urteilsgründen zu thematisieren (§ 267 Abs. 3 S. 2 und S. 3 StPO iVm § 2 Abs. 2; s. ferner → § 18 Rn. 24). Auch im Falle einer Strafmilderung ggü. einem Heranwachsenden, auf den allg. StR angewendet wird (§ 106 Abs. 1), ist im Rechtsfolgenausspruch nur auf die gemilderte Strafe zu erkennen, während die Tatsache der Milderung in den Gründen ausgeführt wird (ebenso Brunner/Dölling § 106 Rn. 6). 6

b) Sprachliche Gestaltung. Ein Urteil muss keine Verurteilung sein und auch nicht so formuliert werden. Trotzdem hält es die hM für ehrlich und geboten, im Tenor das Wort **„verurteilt"** zu nutzen (NK-JGG/Schady Rn. 4; MüKoStPO/Höffler Rn. 4a; HK-JGG/Kleimann Rn. 6; Reisenhofer, Jugendstrafrecht in der anwaltlichen Praxis, 2. Aufl. 2012, § 4 Rn. 237; jedenfalls bei JStrafe auch Brunner/Dölling Rn. 2). Dies ist aber nicht 7 zwingend. Das Gericht kann stattdessen für „schuldig" erklären und sodann die Rechtsfolge aussprechen. Dabei geht es nicht darum, die Schärfe des Eingriffs zu neutralisieren (oder gar zu beschönigen), sondern um die respektbekundende Vermeidung von verbaler Degradierung und entbehrlicher Machtdemonstration. Zumindest bei Jugendlichen, die für solche Nuancen ersichtlich ansprechbar sind, ist das mit Blick auf § 2 Abs. 1 angezeigt.

8 Bei vielen Rechtsfolgen wäre es terminologisch ohnehin verfehlt, den Angeklagten „hierzu zu verurteilen". Erziehungsmaßregeln werden vielmehr „aus Anlass" der Straftat „angeordnet" (§ 5 Abs. 1). Bei der Veranlassung von Zuchtmitteln, denen ebenfalls nicht die Rechtswirkungen einer Strafe zukommen (§ 13 Abs. 3), kann es anstelle des repressiven „Ahndens" (§ 13 Abs. 1) besser heißen, dass diese – je nach der konkreten Rechtsfolge – „angeordnet" (§ 15 Abs. 2), „verhängt" (§ 16 Abs. 2) oder dem Jugendlichen „auferlegt" (§ 15 Abs. 1) werden. Nicht einmal zur JStrafe muss „verurteilt" werden. Auf sie ist vielmehr zu „erkennen" (vgl. § 30 Abs. 1 S. 1; ebenso Meyer-Goßner/Appl, Die Urteile in Strafsachen, 2021, Rn. 145).

2. Details bei einzelnen Rechtsfolgen

9 **a) Erziehungsmaßregeln.** Besonders bei den gesetzlich nur beispielhaft angeführten Weisungen ist eine genaue Bezeichnung der Anordnung im Tenor unverzichtbar. Das betrifft insbes. auch den Umfang der auferlegten Verpflichtung. Die Laufzeit jeder Weisung (§ 11 Abs. 1) ist ebenfalls anzugeben (→ § 10 Rn. 58). Dagegen ist bei Anordnung von Erziehungsmaßregeln nicht in den Tenor aufzunehmen, dass von Zuchtmitteln und JStrafe abgesehen wurde (dazu und zu einem Formulierungs-Bsp. etwa Meyer-Goßner/Appl, Die Urteile in Strafsachen, 2021, Rn. 146). Denn diese beiden Rechtsfolgenkategorien kommen gem. § 5 Abs. 2 ohnehin nur dann zur Anwendung, wenn Erziehungsmaßregeln nicht ausreichen (→ § 5 Rn. 24 ff.).

10 Will das JGericht die Auswahl und Anordnung der von ihm für erforderlich erachteten Erziehungsmaßregeln dem FamG gem. § 53 überlassen, empfiehlt sich folgende Urteilsformel: „Der Angeklagte ist einer/es … schuldig. Erziehungsmaßregeln sind erforderlich. Ihre Auswahl und Anordnung wird dem Familiengericht überlassen." (Meyer-Goßner/Appl, Die Urteile in Strafsachen, 2021, Rn. 146).

11 **b) Zuchtmittel.** Lautet der Urteilsausspruch auf Zuchtmittel, wird der Umstand, dass JStrafe nicht geboten ist (§ 13 Abs. 1), nicht in die Urteilsformel aufgenommen (→ § 5 Rn. 77). Bei der Verwarnung darf der Tenor nicht lauten, der Angeklagte werde verwarnt (hierzu auch → § 14 Rn. 8). Vielmehr empfiehlt sich die Formulierung: „Dem Angeklagten ist eine Verwarnung zu erteilen" (Meyer-Goßner/Appl, Die Urteile in Strafsachen, 2021, Rn. 147). Für Auflagen und JA sind, abhängig von deren konkreter Festlegung, die jeweiligen gesetzlichen Bezeichnungen (§ 15 Abs. 1 S. 1, § 16 Abs. 1) zu verwenden. Arbeitsleistungen und die JA-Dauer sind zu beziffern; bei der Schadenswiedergutmachung und der Geldbetragszahlung müssen die Höhe des zu zahlenden Betrages und der Zahlungsempfänger sowie eventuelle Ratenzahlungen angegeben werden.

12 **c) JStrafe.** Bei Verhängung einer JStrafe ist die **Dauer** der JStrafe (§ 18 Abs. 1) in der Urteilsformel auszusprechen. Dagegen geht in den Tenor

weder die jeweils bejahte Variante von § 17 Abs. 2 („schädliche Neigungen" oder „Schwere der Schuld") noch die Feststellung ein, dass Erziehungsmaßregeln und/oder Zuchtmittel zur Erziehung nicht ausgereicht haben. Auch die Bejahung der besonderen Schuldschwere (§ 105 Abs. 3 S. 2) erfolgt allein in den Urteilsgründen (vgl. BGH NStZ 2017, 218 (219)).

Wird die **Verhängung** der JStrafe **zBew ausgesetzt** (§ 27), empfiehlt 13 sich die folgende Fassung des Ausspruchs: „Der Angeklagte ist einer/es … schuldig. Die Entscheidung über die Verhängung einer Jugendstrafe wird zur Bewährung ausgesetzt." Die weiteren Entscheidungen, insb. die Festlegung von Dauer und Modalitäten der BewZeit (§§ 28 f.), erfolgen durch einen eigenen Beschluss (§ 62 Abs. 4, § 58 Abs. 1). – Wird nachträglich unter den Voraussetzungen von § 30 Abs. 1 S. 1 eine JStrafe als erforderlich erachtet, muss die Aussetzung in der Urteilsformel nicht eigens widerrufen werden (ebenso Meyer-Goßner/Appl, Die Urteile in Strafsachen, 2021, Rn. 151). Vielmehr empfiehlt sich folgender Tenor: „Aufgrund des Urteils vom … wird gegen den Angeklagten auf eine Jugendstrafe von … erkannt" ((Meyer-Goßner/Appl, Die Urteile in Strafsachen, 2021, Rn. 151; abw. NK-JGG/Schady Rn. 8: „In Ergänzung des Urteils …"). Eine Entscheidung nach § 30 Abs. 2 kann lauten: „Der im Urteil vom … gegen den Angeklagten getroffene Schuldspruch ist zu tilgen" (s. auch Brunner/Dölling Rn. 6). Während der BewZeit kommt § 62 Abs. 3 zur Anwendung.

Ergeht eine **Bewährungsentscheidung nach § 21,** ist gem. § 57 Abs. 4 14 iVm § 260 Abs. 4 S. 4 StPO in die Urteilsformel aufzunehmen, dass die Vollstr der JStrafe zBew ausgesetzt wird (dazu mit Bsp. Meyer-Goßner/Appl, Die Urteile in Strafsachen, 2021, Rn. 150). Dagegen erfolgen die weiteren Entscheidungen über Dauer und Gestaltung der BewZeit (§§ 22, 23), einen evtl. Widerruf der Aussetzung (§ 26) oder den Erlass der JStrafe nach Ablauf der BewZeit (§ 26a) in einem (zusätzlichen bzw. späteren) Beschluss (§ 58 Abs. 1). Die Ablehnung einer Aussetzung wird in den Tenor nicht aufgenommen (→ § 57 Rn. 11.). Anders verhält es sich jedoch gem. § 61 Abs. 3 S. 2 bei einem **Vorbehalt** iSv §§ 61 ff. („Die Entscheidung über die Aussetzung der Vollstr dieser JStrafe zBew bleibt für die Dauer von … einem gesonderten Beschlussverfahren vorbehalten.").

3. Besondere Entscheidungsinhalte

a) § 31 Abs. 2. Wird eine rechtskräftige Entscheidung nach dieser Vor- 15 schrift in eine aktuelle Entscheidung einbezogen, kommt folgende Fassung im Urteilsspruch in Betracht: „Gegen den Angeklagten wird wegen … und unter Einbeziehung des Urteils vom … wegen der dort bezeichneten Tat einheitlich auf eine Jugendstrafe von … erkannt" (bzw „… ein Dauerarrest von … verhängt" (usw)). Waren in die einzubeziehende Entscheidung bereits **weitere frühere Entscheidungen** einbezogen worden, sind auch diese in der Urteilsformel zu bezeichnen (BGH bei Böhm NStZ 1997, 480 (482); BGH StV 1998, 382 (Ls.) = BeckRS 1998, 31357558; 2011, 18239; 2013, 13618; 2020, 6349; NStZ 2024, 619 (620); s. dazu und zu den Anforderungen an die Sachverhaltsdarstellung n. → § 31 Rn. 61 ff.). Wurden diese Notwendigkeiten übersehen, zugleich aber alle Taten, die den früheren Verurteilungen zugrunde lagen, in den Urteilsgründen gewürdigt, kann das Revisionsgericht den Urteilstenor entspr. ergänzen (BGH NJW

1998, 465 (467); BeckRS 2011, 3956; 2014, 18375; wistra 2023, 212 (215) = BeckRS 2022, 42364).

16 Soll eine **Rechtsfolge,** die im einzubeziehenden Urteil enthalten war, im einbeziehenden Urteil aufrechterhalten werden, ist sie im Urteilstenor erneut auszusprechen. Ist eine Rechtsfolge des einzubeziehenden Urteils schon erledigt und wird sie deshalb bei der Bemessung der neuen Rechtsfolge (nur) mitberücksichtigt (vgl. → § 31 Rn. 21 f.), sollte beides zur Klarstellung im Urteilstenor ausgesprochen (BGHSt 42, 299 = NJW 1997, 472) und in den Urteilsgründen dargelegt werden. Dies gilt insbes. bei vorausgegangenen Bewährungsleistungen mit (auch) ahndenden Elementen (offen gelassen in BGHSt 49, 90 = NJW 2004, 1748 mablAnm Müller JR 2004, 392 und Eisenberg JZ 2004, 687).

17 Die gem. § 51 Abs. 2 StGB iVm § 2 Abs. 2 **zwingende Anrechnung** einer bereits aus dem früheren Urteil vollstreckten JStrafe (s. auch → § 31 Rn. 52) muss nicht unbedingt in der Urteilsformel ausgesprochen werden (BGHSt 41, 315 = NJW 1996, 865 mzustAnm Brunner NStZ 1996, 280). Die kraft Gesetzes erfolgende Anrechnung wird im Vollstreckungsverfahren realisiert. Allerdings ist ein solcher Ausspruch im JStV zur Schaffung der erforderlichen Klarheit zweckmäßig, zumal ein nur mündlicher Hinweis bei der Urteilsverkündung allzu leicht untergehen kann. Genauso verhält es sich beim angeordneten und vollstreckten **Kopplungs-JA** (§ 16a). Da sich dessen Anrechnung, wenn das betreffende Urteil einbezogen wird, aus dem Gesetz (§ 31 Abs. 2 S. 3) ergibt, ist die Einbeziehung in die Urteilsformel ebenfalls nicht obligatorisch (BGH NStZ 2020, 739; 2024, 619 (621)), wohl aber empfehlenswert.

18 **b) §§ 73 ff. StGB.** Eine vermögensabschöpfende Anordnung ist im Tenor auszusprechen. Soweit es bei der Wertersatzeinziehung zu einer **gesamtschuldnerischen** Haftung kommt (dazu n. und krit. → § 6 Rn. 18), gilt dies ebenso. Die Namen der mithaftenden Gesamtschuldner anzugeben, ist allerdings ebenso entbehrlich wie die Bezeichnung der ursprünglich erlangten Gegenstände, auf die sich der Wertersatz bezieht (vgl. BGH BeckRS 2020, 6349).

19 **c) Anrechnung von U-Haft.** Die Berücksichtigung von U-Haft oder einer anderen wegen der Tat erlittenen Freiheitsentziehung **beim JA** (vgl. **§ 52**) erfordert regelmäßig die Angabe, ob bzw. in welchem Umfang der JA nicht vollstreckt wird. Der entsprechende Teil des Urteilsausspruchs kann lauten: „Der Jugendarrest wird unter Berücksichtigung der vom Angeklagten erlittenen Untersuchungshaft nicht (bzw. nur noch für die Dauer von …) vollstreckt" (ebenso Brunner/Dölling Rn. 9).

20 Die Anrechnung von U-Haft oder einer anderen wegen der Tat erlittenen Freiheitsentziehung auf die **JStrafe** wird an sich ebenfalls in die Urteilsformel aufgenommen. Dies ist allerdings nicht zwingend, wenn die Anrechnung kraft Gesetzes – nämlich gem. **§ 52a S. 1** (vgl. n. → § 52a Rn. 6, 12 f.) – erfolgt (vgl. bspw. BGH StV 1998, 324 = BeckRS 1998, 30039034; Diemer/Schatz/Sonnen/Schatz Rn. 27; etwas anders BeckOK JGG/Kunkel Rn. 34; MüKoStPO/Höffler Rn. 13: unterbleibt stets). Aus Klarstellungsgründen ist eine deklaratorische Aufnahme der Anrechnung jedoch empfehlenswert (ähnlich NK-JGG/Schady Rn. 12; wohl abw. HK-JGG/Kleimann Rn. 28). Der Umfang einer etwaigen Nichtanrechnung (§ 52a S. 2) muss im Urteilstenor immer ausgesprochen (und in den Gründen auf die

maßgeblichen Umstände zurückgeführt) werden. Es empfiehlt sich folgende Formulierung: „Eine Anrechnung der vom Angeklagten zwischen dem … und dem … erlittenen Untersuchungshaft unterbleibt."

4. Kostenentscheidung

Wie im allg. StVR enthält die Urteilsformel einen Kostenausspruch (§ 464 Abs. 1 und Abs. 2 StPO iVm § 2 Abs. 2; s. etwa auch BeckOK JGG/Kunkel Rn. 13). Dies gilt ebenso, wenn das JGericht gem. § 74 davon absieht, dem Jugendlichen bzw. (unter den Voraussetzungen des § 109 Abs. 2 S. 1) dem Heranwachsenden die Kosten und Auslagen aufzuerlegen (Meyer-Goßner/Appl, Die Urteile in Strafsachen, 2021, Rn. 154 sowie → § 74 Rn. 29; zu einer in der früheren Debatte teilw. vertretenen aA vgl. → 22. Aufl. Rn. 23 mwN). 21

IV. Schriftliche Urteilsbegründung

1. Erweiterte Begründungspflicht

Nach Abs. 1 S. 1 muss in den Urteilsgründen ausgeführt werden, welche Umstände für das Ob einer Rechtsfolgenanordnung und für die Rechtsfolgenwahl aus Sicht des JGerichts bestimmend waren. Auch wenn dabei die „Eigenart des Angeklagten" lediglich berücksichtigt werden „soll", wird damit (über § 267 Abs. 3 S. 1 StPO hinausgehend) eine **sorgfältige** Auseinandersetzung mit der Biographie des Angeklagten, eine Bewertung der Tat iZm seinen Lebensverhältnissen sowie die Begründung der hiernach als erforderlich beurteilten Rechtsfolgen zum unbedingten Standard gemacht (vgl. bspw. auch OLG Jena NStZ-RR 1998; OLG Celle NStZ 2012, 576; KG NStZ 2013, 291; dazu für das Tatgericht, an das nach Aufhebung des gesamten vorausgegangenen Urteils verwiesen wurde, auch BGH BeckRS 2017, 126959). Bleibt die Begründung hinter diesen Maßstäben zurück, leidet das Urteil ggf. an einem relevanten Darstellungsmangel (vgl. zur Aufhebung auf die Sachrüge hin → Rn. 42 f.). Da die Entscheidungsgründe eine wesentliche Bedingung für eine erzieherisch ausgerichtete Durchführung der angeordneten Rechtsfolgen sind (→ Rn. 3), nehmen mit deren Eingriffsniveau auch die Anforderungen an die Begründungstiefe tendenziell zu (vgl. KG NStZ 2007, 223 (224); StV 2013, 762 (Ls.) = BeckRS 2013, 7704; OLG Hamm StV 2020, 696 (Ls.) = BeckRS 2020, 25558). All diese Maßgaben gelten auch für Berufungsurteile (OLG München BeckRS 2005, 7608). 22

Zu berücksichtigen ist iÜ, dass die Begründung dem Verurteilten nach Möglichkeit **produktive Impulse** geben soll. Eine über-selektive Beschränkung auf vorwurfsbezogene Umstände (etwa im Zuge einer restriktiven Auslegung des Kriteriums „bestimmend") kann ihm dagegen als eine Verzerrung des Sachverhalts erscheinen und deshalb eine etwa vorhandene, erzieherisch bedeutsame Mitwirkungsbereitschaft bei der Rechtsfolgenumsetzung aufheben. Auch das spricht für eingehende Erläuterungen. Außerdem müssen die Urteilsgründe in sprachlicher Hinsicht so gestaltet werden, dass sie für Jugendliche bzw. Heranwachsende zu erfassen sind (anschaulich dazu Bausch/Feuerhelm ZJJ 2016, 309 (310)). 23

24 Mit diesen Funktionen kaum vereinbar ist eine **leitende Orientierung** an einer aufhebungsresistenten Gestaltung der Entscheidungsgründe, wie sie sich gem. institutionalisierten Effizienzkriterien (auch) in den JGerichten nicht selten findet (vgl. dazu allg. Eisenberg/Kölbel Kriminologie § 31 Rn. 7; empirisch etwa Mikinovic/Stangl, Strafprozeß und Herrschaft, 1978, S. 131 f.; Steller/Volbert, Psychologie im Strafverfahren/Oswald, 1997, S. 265; Berndt, Richterbilder, 2010, S. 207 ff.; zu schematischen Urteilsbegründungen s. näher Wolff/Marek/Wolff, Erziehung und Strafe, 1990, S. 99 f., 103 f.; Neus, Der Erziehungsgedanke im Jugendstrafrecht, 1997, S. 34 ff., 72 ff.; für ältere Studien s. die Zitierungen in → 22. Aufl. Rn. 25).

2. Abgekürztes Urteil

25 Unter den Bedingungen von § 267 Abs. 4 und Abs. 5 StPO iVm § 2 Abs. 2 – also bei allseitigem Rechtsmittelverzicht, nicht aber bei fehlender Rechtsmittelzulässigkeit gem. § 55 Abs. 2 (BVerfG NJW 2004, 209) –, erlaubt das Gesetz eine abgekürzte Urteilsbegründung. Diese kommt insbes. bei einem freisprechenden Urteil (vgl. auch Meyer-Goßner/Appl, Die Urteile in Strafsachen, 2021, Rn. 613 ff., 639 ff.; Noster, Die abgekürzte Urteilsbegründung im Strafprozess, 2010, S. 270 ff.), grds. aber auch bei Verurteilungen in Betracht (vgl. etwa NK-JGG/Schady Rn. 13; ähnlich Neus, Der Erziehungsgedanke im Jugendstrafrecht, 1997, S. 29). Das **Verbot schematischer Urteilsbegründungen** (vgl. → Rn. 22 ff.) gilt hier aber gleichwohl. Mit Blick auf die Urteilsfunktionen sowie die Relevanz der Entscheidung in etwaigen Folgeverfahren müssen die Anforderung von § 54 erfüllt werden (HK-JGG/Kleimann Rn. 67). Es muss also trotz der Kürzungen ersichtlich sein, wie das Verhältnis des Jugendlichen zur Tat beurteilt wird (vgl. Noster, Die abgekürzte Urteilsbegründung im Strafprozess, 2010, S. 272 f.) und wo Ansatzpunkte für die Erziehungsaufgabe (§ 2 Abs. 1) liegen sollen. Das gilt auch mit Blick auf den Verurteilten, dessen Verzicht auf ein Rechtsmittel nicht mit einem Verzicht auf eine Urteilsbegründung gleichgesetzt werden kann (BeckOK JGG/Kunkel Rn. 60). Angesichts dieser grundlegenden Aufgaben haben die arbeitsökonomischen Belange zurückzutreten. – Zur Urteilsbegründung im vereinfachten JVerfahren vgl. iÜ → §§ 76–78 Rn. 43.

3. Aufbau und einzelne Inhalte

26 **a) Entwicklung des Angeklagten.** Beim **Aufbau** der Urteilsgründe wird mit der Darstellung der familiären und sozialen Situation sowie unstreitiger Entwicklungsbedingungen des Angeklagten begonnen (abw. NK-JGG/Schady Rn. 14). Dies muss sich auf die Fragen erstrecken, die für die Beurteilung der Strafmündigkeit relevant sind (HK-JGG/Kleimann Rn. 50; Diemer/Schatz/Sonnen/Schatz Rn. 31). Hiermit zu verbinden ist eine angemessene und nach dem Ergebnis der Persönlichkeitserforschung methodisch verantwortbare Interpretation der psychischen, intellektuellen und physischen Eigenschaften des Angeklagten, soweit diese für die Tat und die erzieherische Einflussnahme bedeutsam sind (allgA). Auf folgende **Gesichtspunkte** ist idR einzugehen: „die Herkunft, der familiäre Hintergrund, die sonstigen Bindungen und Beziehungen, das soziale Umfeld, die schulische bzw. ausbildungsmäßige Entwicklung, die konkreten gegenwärtigen Lebens-

umstände wie beispielsweise die Wohnsituation, das Erleiden von Krankheiten oder Unfällen, der Konsum von Alkohol und illegalen Drogen" (OLG Hamm StV 2020, 696 (Ls.) = BeckRS 2020, 25558). Bei deren Darstellung sind herablassende, ächtende oder exkludierende Wendungen (vgl. Frehsee MschKrim 1997, 354 (357): „gerichtsamtliche Degradierung") unbedingt zu vermeiden.

b) Tathergang nach Überzeugung des Gerichts. Es schließt sich die 27
(Re-)Konstruktion des vorgeworfenen Geschehensablaufs auf der Grundlage der gerichtlichen Würdigung des Ergebnisses aus der HV an (vgl. § 267 Abs. 1 StPO iVm § 2 Abs. 2). Die Merkmale der Strafmündigkeit als Teil der inneren Tatseite können allerdings vorerst ausgeklammert werden. Hiervon abgesehen ist eine in sich geschlossene und vollständige Darstellung aller äußeren und inneren Tatsachen gefordert, deren Vorliegen für die gerichtlich herangezogene Strafnorm vorausgesetzt ist (OLG Hamm NStZ 2013, 347). Danach ist das **Vorbringen** des **Angeklagten** zusammenhängend zu referieren, bevor die Beweismittel angeführt werden (zu den Darstellungsanforderungen, wenn sich das Gericht auf ein Geständnis stützt, s. etwa BayObLG StV 2024, 822 = BeckRS 2024, 17951). Darauf folgt eine Darstellung jener Gesichtspunkte, die für die Überzeugungsbildung des Gerichts maßgebend sind. Dabei sollte der Auseinandersetzung mit dem Vorbringen des Angeklagten und der korrekten Verarbeitung des HV-Ergebnisses besonderes Gewicht beigemessen werden. Eine bspw. vom Inhalt einer Zeugenaussage abweichende Darstellung ließe das JGericht für den Jugendlichen als unfähig oder „unredlich" (Bockemühl FS von Heintschel-Heinegg, 2015, 51) erscheinen.

Gelangt das Gericht zu einem **Freispruch,** müssen sowohl die für erwie- 27a
sen gehaltenen Tatsachen als auch die weiteren, für einen Schuldspruch erforderlichen, aber nicht möglich gewesenen Feststellungen im Einzelnen ausgeführt werden (BGH BeckRS 2022, 5177; dazu, dass dies auch im Sicherungsverfahren gilt, vgl. BGH BeckRS 2024, 24919). Im Übrigen verbietet es sich hierbei, vorausgegangene Ermittlungs- oder Verfahrensfehler zu verdecken (verfehlt LG Berlin BeckRS 2010, 2511 mablAnm Eisenberg Kriminalistik 2010, 444), weil andernfalls ein Vertrauen in die Strafjustiz als eine Voraussetzung zur Verinnerlichung von Strafrechtsnormen erschwert oder gar verhindert wird.

c) Reifeentwicklung und Schuldfähigkeit. Der folgende Abschnitt 28
enthält die **rechtliche Würdigung.** Dazu gehört bei Jugendlichen immer auch die Erörterung der Strafmündigkeit (§ 3 S. 1). Anders als nach § 267 Abs. 2 StPO ist dies unabhängig von entspr. Ausführungen von Prozessbeteiligten erforderlich, weil die Voraussetzungen des **§ 3 S. 1** stets der **positiven Feststellung** bedürfen (vgl. n. → § 3 Rn. 11). Entgegen einer verbreiteten Praxis (vgl. → § 3 Rn. 9) genügt es nur ausnahmsweise, dh wenn ernstliche Zweifel an der Verantwortlichkeit von vornherein ausgeschlossen sind, den gesetzlichen Wortlaut wiederzugeben (→ § 3 Rn. 11). Auch der kurze Hinweis auf die „altersmäßige Entwicklung" des Angeklagten reicht idR nicht aus, um das Bestehen der strafrechtlichen Verantwortlichkeit begründen zu können. Bei Heranwachsenden sind iÜ entspr. positive Feststellungen zur Anwendbarkeit materiellen JStR **(§ 105 Abs. 1)** zu treffen (ebenso Neus, Der Erziehungsgedanke im Jugendstrafrecht, 1997, S. 27; vgl. zum Umfang der Begründung → § 105 Rn. 67). Fragen iZm der

Schuldfähigkeit nach allg. StR **(§§ 20, 21 StGB)** sind bei beiden Altersgruppen dagegen nur zu erörtern, wenn erkennbare Anhaltspunkte oder begründete Bedenken hierzu einen Anlass geben (etwa iZm Alkoholeinfluss).

29 **d) Rechtsfolgen.** Im anschließenden Teil werden die Folgerungen aus dem Schuldspruch im Hinblick auf die konkret festgelegten Rechtsfolgen erörtert (wobei auch ein Berufungsurteil dafür nicht einfach auf das erstinstanzliche Urteil Bezug nehmen darf (OLG München BeckRS 2005, 7608)). Stets sind hier **im Einzelnen** die Umstände anzuführen, die für Auswahl und Bemessung bzw. Ausgestaltung maßgeblich waren (zur Abwägung im Einzelnen vgl. → § 5 Rn. 16 ff., 75; → § 9 Rn. 7 f.; → § 13 Rn. 10 ff.; → § 17 Rn. 20 ff.; → § 18 Rn. 14 ff.). Dieser Teil der Begründung bedarf auch deshalb besonderer Beachtung, weil die angeordneten Rechtsfolgen nicht selten von dem abweichen, was von den Betroffenen vorhergesehen und/oder als angemessen empfunden wird. Den deshalb bestehenden Erklärungsbedarf zeigt etwa eine Befragung von 120 heranwachsenden Gefangenen, von denen nur 7 % die von ihnen selbst erwartete Strafhöhe erhalten hatten, wohingegen die Bemessung für 43 % niedriger und für 50 % höher als angenommen war. 68 % empfanden das Urteil als sehr oder eher ungerecht, ohne dass ein signifikanter Zusammenhang mit der absoluten Höhe der JStrafe bestand (Bierbrauer/Gottwald/Birnbreier-Stahlberger/Haller/Machura/Bierhoff Verfahrensgerechtigkeit S. 121 ff.).

30 Was **Einzelheiten** zur Begründung der Rechtsfolgen betrifft, so bedarf keiner Feststellung, dass die jeweils schwerere Rechtsfolge nicht notwendig sei, wohl aber einer Erläuterung, warum mildere Sanktionen nicht ausreichen und warum ggf. von Zuchtmitteln bzw. JStrafe nicht iSv § 5 Abs. 3 abgesehen wird (→ § 5 Rn. 76). – Speziell bei **Erziehungsmaßregeln** ist deren Indiziertheit auszuführen. Im Falle von § 10 Abs. 2 muss die elterliche Zustimmung mitgeteilt werden (BGH BeckRS 2000, 30125932). Bei der Verhängung von **JA** hat das JGericht gem. § 267 Abs. 3 S. 1 StPO iVm § 2 Abs. 2 Ausführungen zur gewählten Form und seiner Bemessung zu machen. Hinsichtlich eines etwaigen Kopplungsarrests **(§ 16a)** sind die Voraussetzungen konkret zu erörtern (vgl. Diemer/Schatz/Sonnen/Sonnen Rn. 40; HK-JGG/Kleimann Rn. 62; vgl. aber zur Praxis → § 16a Rn. 17). Auch die Nicht-/Berücksichtigungsentscheidung iSv **§ 52** ist zu begründen.

31 Wird auf **JStrafe** erkannt, bestehen gesteigerte Begründungsanforderungen sowohl hinsichtlich der Voraussetzungen iSv § 17 Abs. 2 (n. → § 17 Rn. 20 ff. und → § 17 Rn. 45 ff.) als auch der festgelegten Dauer (n. → § 18 Rn. 16 ff.). Es muss hiernach deutlich werden, dass alle relevanten Bemessungsaspekte berücksichtigt und insbes. auch die bestehenden strafmildernden Umstände in die Entscheidung einbezogen worden sind. Auch schwerwiegende außerstrafrechtliche Konsequenzen einer JStrafe müssen wegen ihrer Bedeutung für die JStrafbemessung (→ § 18 Rn. 34) erörtert werden (OLG Frankfurt a. M. StV 2003, 459 = LSK 2003, 421002). War es im Verfahren zur Vollstr von **U-Haft** gekommen, ist deren vollständige oder teilw. Nichtanrechnung (§ 52a S. 2 und S. 3), nicht aber deren Anrechnung begründungsbedürftig ((BGH bei Böhm NStZ 1997, 480 (484); s. auch → § 52a Rn. 6). Einzugehen ist dann auch darauf, ob und wie diese Freiheitsentziehung bei der Bemessung der JStraf-Dauer berücksichtigt wurde (BGH NStZ 2011, 524 sowie → § 18 Rn. 18 f.). Zu den Begründungs-

anforderungen bei einer EinheitsJStrafe gem. **§ 31 Abs. 2** vgl. → § 31 Rn. 39 ff.

Wird die **Verhängung** einer JStrafe zBew **ausgesetzt** (§ 27), ist gem. § 62 Abs. 1 S. 2 iVm § 267 Abs. 3 S. 4 StPO die dem zugrunde liegende Ungewissheit über die Erforderlichkeit einer JStrafe eingehend zu erklären. Erfolgt entgegen einem in der HV gestellten Antrag keine Aussetzung der Verhängung zBew, ist das gleichermaßen zu begründen (dazu jeweils → § 27 Rn. 20). – Bei **Aussetzung** der **Vollstr** der JStrafe zBew ist die nach § 21 Abs. 1 und Abs. 2 erforderliche positive prognostische Beurteilung zu begründen. Sieht das JGericht von der (in der HV ggf. sogar beantragten) Aussetzung einer bewährungsfähigen JStrafe ab, bedarf es nach § 57 Abs. 4 iVm § 267 Abs. 3 S. 4 StPO der Darlegung, weshalb es an den Aussetzungsvoraussetzungen fehlte (→ § 57 Rn. 11; zu den Folgen einer unterbliebenen Behandlung der Aussetzungsfrage im Tenor und den Urteilsgründen siehe n. → § 57 Rn. 4; zur Handhabung bei einem Aussetzungsvorbehalt → § 57 Rn. 10). 32

Zu den Anforderungen an die Begründung der Nicht-/Anordnung einer **Maßregel** der Besserung und Sicherung → § 7 Rn. 1 ff. sowie § 267 Abs. 6 StPO iVm § 2 Abs. 2. Mit Blick auf eine angeordnete **Einziehung** sind ua der Wert des Erlangten sowie die erlangte (Mit-)Verfügungsgewalt auszuführen (BGH BeckRS 2022, 13720). 32a

e) Kostenentscheidung. Das Urteil muss abschließend eine Prüfung von § 74 erkennen lassen. Insofern bedarf es zumindest einer knappen Begründung, die dem Rechtsmittelgericht eine Überprüfung der erfolgten Kosten- und Ermessensentscheidung ermöglicht. Der bloße Hinweis auf §§ 465, 467 StPO genügt wegen der jugendstrafrechtlichen Sonderregelung des § 74 nicht (BGHSt 16, 261 (263 f.) = NJW 1961, 2359 (2360); LG Potsdam BeckRS 2021, 20594; NK-JGG/Sommerfeld § 74 Rn. 14; aus den gelegentlichen, nicht n. begründeten abw. Entscheidungen etwa BGH BeckRS 2004, 3399; OLG Düsseldorf MDR 1993, 1113 = LSK 1994, 070363; zu den Folgen einer fehlenden Behandlung der Kostenfrage → § 74 Rn. 36). 33

V. Mitteilung des Urteils

1. Mündliche Verkündung und schriftliche Mitteilung

Die Verkündung des Urteils erfolgt grds. in derselben Weise **wie im allg. StVerf** (s. § 268 StPO iVm § 2 Abs. 2). Auch für die ausnahmsweise mögliche Zustellung der schriftlichen Urteilsausfertigung (§ 35 Abs. 2 S. 1, § 232 Abs. 4, § 316 Abs. 2, § 343 Abs. 2 StPO) gibt es im JStV prinzipiell keine Besonderheiten. Eine **Abschrift** des Urteils ist allerdings entgegen § 35 Abs. 1 S. 2 StPO zwecks erzieherischer Auseinandersetzung regelmäßig ohne Aufforderung zu erteilen. Bei Notwendigkeit ist diese nach Maßgabe von § 187 Abs. 2 S. 1 GVG iVm § 2 Abs. 2 zu **übersetzen.** Die nicht unproblematische Rspr. (BGHSt 64, 283 = NJW 2020, 2041) macht das (unter Berufung auf § 187 Abs. 2 S. 4 und 5) allerdings von einem besonderen rechtlichen Interesse abhängig, sofern der verteidigte Angeklagte mit seinem Verteidiger bei der Urteilsverkündung anwesend war und ihm die Urteilsgründe dort durch einen Dolmetscher bereits mündlich übersetzt 34 worden sind (aus der krit. und diff. Lit. n. etwa MüKoStPO/Oğlakcıoğlu GVG § 187 Rn. 45 ff.).

35 Soweit verschiedentlich eine vorgetragene und/oder schriftlich niedergelegte **Urteilsformel** bevorzugt wird, die im Unterschied zu § 268 Abs. 2 S. 1 StPO unter direkter Ansprache an den jugendlichen Angeklagten persönlich gefasst ist (MüKoStPO/Höffler Rn. 15; Beulke/Swoboda JugendStrafR Rn. 794; krit. NK-JGG/Schady Rn. 20), verspricht man sich davon eine erhöhte Eindrücklichkeit. Diese Annahme bleibt aber spekulativ. Auch kann dem Reifezustand des Jugendlichen bei angepasster sprachlicher Gestaltung ebenso mit einem regulär formulierten Tenor hinreichend Rechnung getragen werden. Keine erfahrungswissenschaftlichen Grundlagen sind iÜ auch für die früher gemachte Anregung ersichtlich, der Urteilsformel (in Umkehrung von § 268 Abs. 2 S. 3 StPO) die Mitteilung der Gründe voranzustellen (ebenfalls abl. BeckOK JGG/Kunkel Rn. 63).

2. Einschränkungen zum Schutz des Jugendlichen gem. Abs. 2

36 Eine Abweichung vom allg. StVR ist indes in Abs. 2 vorgesehen. Danach kann zur Vermeidung erzieherischer Nachteile von der **mündlichen** Mitteilung der Urteilsgründe (§ 268 Abs. 2 StPO iVm § 2 Abs. 2) ganz oder teilw. abgesehen werden. In der Urteilsverkündung erfolgt der Schutz des Angeklagten also (anders als in den vorherigen Phasen) nicht mehr durch einen zeitweiligen Ausschluss (vgl. → § 51 Rn. 6), sondern durch Auslassung „heikler" Begründungsbestandteile. Allerdings ist idR kaum vorherzusehen, ob die Darstellung bestimmter Umstände für die künftige Entwicklung des Angeklagten ungünstig (und umgekehrt ihr Wegfall von Nutzen) sein kann (etwas anders aber Hauber/Mayer-Rosa Zbl 1983, 484 (487)). Da außerdem eine entspr. Kürzung der Urteilsverkündung durchaus auch Misstrauen zu wecken und die Ereignisschilderung zu verzerren droht (vgl. → Rn. 23), sollte die Option der eingeschränkten Eröffnung der Urteilsgründe nur überaus **zurückhaltend** genutzt werden (für Streichung von Abs. 2 Albrecht DJT 2002, D 139 und D 170). Das gilt ungeachtet ihrer arbeitsökonomischen Vorteile, die iRv Abs. 2 bedeutungslos sind.

37 Die Regelung in Abs. 2 gilt auch für die Mitteilung der **schriftlichen** Urteilsgründe an den Angeklagten. Der Vorsitzende des erkennenden Gerichts (allgA) trifft die Verfügung, in welchem Umfang in einer Ausfertigung oder Abschrift des Urteils jene Gründe ausgespart bleiben, deren Kenntnisnahme für den Jugendlichen erzieherisch ungünstig wäre. Dabei sollte auf den Unterlagen vermerkt werden, wenn der Angeklagte nur einen Auszug der Gründe erhält (RL Nr. 3 S. 2). Da die Unwägbarkeiten und möglichen Nachteile der Kürzung (dazu eben → Rn. 36) hier aber abermals gelten, bedarf es dafür **substanzieller Gründe.** Die Erwägung, der Verurteilte könnte mit den schriftlichen Urteilsgründen „unter Gleichaltrigen renommieren" (BeckOK StPO/Temming RiStBV 140 Rn. 2), bleibt bspw. rein spekulativ und genügt hierfür kaum. Anders verhält es sich ggf. bei datenschutzrechtlichen Belangen von Mitangeklagten (s. etwa schon Grotenbeck unsere jugend 1989, 370). Ein völliges Absehen von der Übermittlung der Urteilsgründe wird aber höchst selten gerechtfertigt sein.

38 Der Anspruch der **Erziehungsberechtigten und gesetzlichen Vertreter** auf Mitteilung der mit Gründen versehenen Entscheidung (§ 67a Abs. 1) bleibt von den Beschränkungsmöglichkeiten nach Abs. 2 unberührt. Gleich-

wohl sind sie durch eine gekürzte mündliche Verkündung (→ Rn. 36) mitbetroffen, was die Notwendigkeit einer restriktiven Handhabung unterstreicht (s. auch Streng JugendStrafR Rn. 228). Soweit ein möglicher Missbrauch des Urteils durch die Eltern einen Anlass für Einschränkungen gibt, kann dies allein iRv § 67a Abs. 3 geschehen.

3. Rechtsmittelbelehrung

Der Mitteilung der Urteilsgründe schließt sich die Belehrung über 39
Rechtsmittel an (§ 35a StPO iVm § 2 Abs. 2; zum Vermerk in der Niederschrift über die HV s. Nr. 142 Abs. 1 S. 4 RiStBV entspr.). Das JGG bietet keine Grundlage und das JStR keinen (etwa erzieherischen) Anlass, hiervon abzusehen. Praktische Schwierigkeiten, die Entscheidungsgründe (iRv Nr. 142 RiStBV) in überzeugender und für den jugendlichen Angeklagten zu verstehender Weise (§ 70b Abs. 1) mit den Rechtsmittelhinweisen zu verbinden, hatten in Teilen der älteren Lit. allerdings noch zu der Forderung geführt, auf die Belehrung de lege ferenda im JStV zu verzichten (vgl. Middendorff, Jugendkriminologie, 1956, S. 190; zust. Hauber/Mayer-Rosa Zbl 1983, 484 ff. (493)). Indes würde eine solche, den Rechtsschutz verkürzende Regelung die kommunikativen Hürden nicht überwinden, sondern lediglich verdecken. Dies gilt umso mehr, als auch die Aufnahme der Rechtsmittelbelehrung durch den jugendlichen Angeklagten als ein Gradmesser für die erzieherische Geeignetheit des Urteils und seiner Begründung zu betrachten ist. Demzufolge sollte versucht werden, mit der Eröffnung der Urteilsgründe und der folgenden Vermittlung des Anfechtungsrechts zugleich die Fähigkeit des jugendlichen Angeklagten zu fördern, die richterliche Entscheidung selbstständig zu bewerten und darauf zu reagieren (s. auch → § 70b Rn. 3). Dies setzt allerdings voraus, dass dem Angeklagten durch den bisherigen Verfahrensverlauf der Eindruck vermittelt wurde, als Gesprächspartner auf Augenhöhe akzeptiert worden zu sein (vgl. aber → Einl. Rn. 51 f. sowie → § 50 Rn. 10 f.). – Für die Rechtsmittelbelehrung des Erziehungsberechtigten und gesetzlichen Vertreters gilt § 70b Abs. 1 S. 2 (→ § 70b Rn. 6 f.). Zur Wiedereinsetzung in den vorigen Stand in Fällen unzutreffender Rechtsmittelbelehrung vgl. → § 55 Rn. 87.

VI. Revision

1. Allgemeine und JGG-spezifische Rügemöglichkeiten

Grds. ist die Frage, ob Mängel der schriftlichen Urteilsgründe revisibel 40
sind, nach denselben **Kriterien wie im allg. StVR** zu beantworten. Das betrifft insbes. die Ausführungen zur (Re-)Konstruktion des Ereignisses, zur Beweiswürdigung sowie zur Anwendung des materiellen Rechts. Die Pflicht zur Angabe der Straftatbestände (§ 267 Abs. 1 S. 1 StPO) besteht im JStV gem. § 2 Abs. 2 uneingeschränkt (mehr als bedenklich BGH BeckRS 2007, 01327: Fehlen „ausnahmsweise hinnehmbar").

Besondere Begründungsanforderungen – dh im Mangelfall: **besondere** 41
Möglichkeiten der Sachrüge – bestehen im JStV hinsichtlich der **altersspezifischen** Prüfungspunkte. Fehlen in den schriftlichen Urteilsgründen

die notwendigen Feststellungen zur Strafmündigkeit eines Jugendlichen (dazu → Rn. 28), wird die Revision oft erfolgreich sein, da die Voraussetzungen des **§ 3 S. 1** in Verfahren gegen Jugendliche positiv festgestellt werden müssen (vgl. hierzu → § 3 Rn. 11). Die Ausführlichkeit der diesbezüglichen Feststellungen richtet sich jedoch nach der Lage des Einzelfalles und dem jeweiligen Problematisierungsbedarf. – Bei der Frage, ob im Verfahren gegen einen Heranwachsenden JStR anzuwenden ist **(§ 105 Abs. 1),** bedarf es ebenfalls einer detaillierten Darlegung der Entscheidungsgründe. Da dem Revisionsgericht der persönliche Eindruck vom Angeklagten, der für die Entscheidung iRv § 105 Abs. 1 Nr. 1 und auch Nr. 2 erforderlich ist, naturgemäß fehlt, kommt der Tatsacheninstanz zwar ein erheblicher Beurteilungsspielraum zu (→ § 105 Rn. 18, → § 105 Rn. 43). Jedoch muss das Urteil erkennen lassen, ob dieser Spielraum pflichtgemäß genutzt worden ist. Es muss also ausgeführt werden, dass sowohl die äußeren Tatumstände wie auch die Persönlichkeit des Täters im geforderten erschöpfenden Maße geprüft und umfassend gewürdigt worden sind (n. → § 105 Rn. 67). Bei Begründungsmängeln unterliegt das Urteil der Aufhebung im Strafausspruch.

42 Die schriftlichen Urteilsgründe zur Auswahl und Bemessung der **Rechtsfolge** sollen dem Revisionsgericht generell die Nachprüfung der sachlich-rechtlichen Richtigkeit der Entscheidung ermöglichen. Diesen Kontrollzwecken kommt es entgegen, dass **Abs. 1** va an die Begründung der Rechtsfolgenwahl sogar noch höhere Anforderungen als § 267 Abs. 3 S. 1 StPO stellt (→ Rn. 22). Deshalb ist – wiewohl das Gesetz mit Abs. 1 durchaus auch andere Zwecke verfolgt (→ Rn. 3, 23) – das sachliche Recht durch einen Darstellungsmangel verletzt, wenn eine Urteilsbegründung nicht den Anforderungen von Abs. 1 entspricht und deshalb die Überprüfbarkeit des fraglichen Urteils eingeschränkt ist (OLG Celle StV 2017, 722 = BeckRS 2016, 20007). Ausnahmen bestehen nur, wo ausgeschlossen werden kann, dass das Urteil auf dem Begründungsmangel beruht (KK-StPO/Bartel StPO § 267 Rn. 97).

43 Konkret ist die **allg. Sachrüge** eröffnet, wenn die Erforderlichkeit, Verhältnismäßigkeit und Zumutbarkeit der jeweils gewählten Rechtsfolge nicht ausreichend dargelegt worden ist oder das Urteil die jeweils sanktionsspezifischen Voraussetzungen unzulänglich belegt (dazu n. bei den Erläuterungen zu §§ 9 ff.). **Offensichtliche** (versehentliche) **Diskrepanzen** zwischen Tenor und Gründen sind durch Urteilsberichtigung zu korrigieren. Ist nicht festzustellen, welche der beiden Rechtsfolgen vom Tatgericht für angemessen gehalten wurde, soll das Revisionsgericht entspr. § 354 Abs. 1 StPO die dem Angeklagten günstigere der beiden Rechtsfolge festsetzen dürfen (BGH BeckRS 2000, 30135733; 2010, 6483; NStZ-RR 2012, 179; BeckRS 2012, 22969; 2014, 20741; s. auch BGH BeckRS 2012, 13118: Einbeziehung nach § 105 Abs. 2, § 31 Abs. 2 S. 1 ohne Erhöhung der Dauer der JStrafe).

2. Eigene Rechtsfolgenentscheidung des Revisionsgerichts?

44 Liegt allein ein Rechtsfehler bei der Rechtsfolgenfestlegung bzw. ihrer Begründung vor, kann das Revisionsgericht nach § 354 Abs. 1a StPO von der Aufhebung des Strafausspruchs absehen, wenn das neue Tatsachengericht nach der Zurückverweisung mit Sicherheit dieselbe Rechtsfolge wie in der angegriffenen Entscheidung anordnen würde. Stellt das Revisionsgericht eine solche Prognose und geht es deshalb nach § 354 Abs. 1a StPO iVm § 2 Abs. 2 vor, trifft es damit eine **eigene Rechtsfolgenentscheidung** (vgl. etwa MüKoStPO/Knauer/Kudlich StPO § 354 Rn. 35 f.). Soweit es (auch) den Schuldspruch korrigiert, hat es diese Möglichkeit nicht. Zudem wird durch das BVerfG verlangt, dass sich das Revisionsgericht einer vollständigen und verlässlichen Entscheidungsgrundlage vergewissert hat, dass es dem Angeklagten eine Gelegenheit zur Stellungnahme eingeräumt hat und dass es sich mit dieser Äußerung (auch in einer Entscheidungsbegründung) auseinandersetzt (BVerfGE 118, 212 (226 ff.) = NJW 2007, 2977 (2979 ff.)). Auch wenn der Angeklagte neue Tatsachen vorgetragen hat, soll das Revisionsgericht grds. nach § 354 Abs. 1a StPO iVm § 2 Abs. 2 verfahren dürfen (BGH StV 2011, 136 = BeckRS 2009, 29108; StV 2016, 542 (Ls.) = BeckRS 2015, 16313).

Dass das Revisionsgericht die Einschätzung, dass bei Zurückweisung keine andere Rechtsfolge in Betracht komme, treffen und damit – ohne Kontakt mit dem Angeklagten – ein eigenes Rechtsfolgenermessen ausüben kann (besonders deutlich zB bei BGH NStZ 2006, 587; NStZ-RR 2014, 92), lässt sich schon mit den Grundsätzen des allg. StVR nicht vereinbaren (statt vieler Meyer-Goßner/Schmitt/Schmitt StPO § 354 Rn. 28 ff.; s. auch Gaede GA 2008, 394 (403 ff.)). Im JStV ist die Vorschrift indes besonders fragwürdig und – entgegen der revisionsgerichtlichen Praxis (→ § 18 Rn. 48 und 53) – letztlich unanwendbar (vgl. zum Ganzen Eisenberg/Haeseler StraFo 2005, 221 (224 f.); wie hier auch SK-StPO/Wohlers StPO § 354 Rn. 56; Dehne-Niemann ZIS 2008, 239 (254); einschr. auch AnwK-StPO/Lohse StPO § 354 Rn. 13 sowie wohl Diemer/Schatz/Sonnen/Schatz Rn. 58). Dies folgt aus der **jugendgemäßen Auslegung** (→ § 2 Rn. 15 ff.) der Norm: 45

§ 354 Abs. 1a StPO kann in der Sache im JStR gar nicht anwendbar sein, denn die das JGG bestimmende täterstrafrechtliche Konzeption geht ganz dezidiert von einer persönlichen Begegnung zwischen Gericht und Angeklagten aus (→ § 50 Rn. 8 f., 21 ff.). Wenn ein Gericht – noch dazu eines, das kein JGericht ist und den Anforderungen des § 37 nicht entspricht – die Rechtsfolgen auf bloßer Aktenbasis festsetzen dürfte, müsste das deshalb als **systemfremd** gelten (kennzeichnend dafür § 79 Abs. 1). Eine solche Entscheidung wäre obendrein nur ex ante möglich, was der **alterstypischen Dynamik** in der individuellen Entwicklung der Angeklagten nicht gerecht würde. Vielmehr könnte das Revisionsgericht sich nie sicher sein, dass nicht neue (dh in der Zwischenzeit eingetretene) rechtsfolgenrelevante Bedingungen vom Tatgericht bei einer Zurückweisung zu berücksichtigen wären und eine ganz andere Rechtsfolge als in der angegriffenen Entscheidung begründen würden (dies konzedierend BGH BeckRS 2005, 4927; deswegen immerhin für „Zurückhaltung" ggü. § 354 Abs. 1a StPO BGH NStZ-RR 2010, 56 (57); KK-StPO/Gericke StPO § 354 Rn. 26g). 46

Dritter Unterabschnitt. Rechtsmittelverfahren

Anfechtung von Entscheidungen

55 (1) [1]**Eine Entscheidung, in der lediglich Erziehungsmaßregeln oder Zuchtmittel angeordnet oder die Auswahl und Anordnung von Erziehungsmaßregeln dem Familiengericht überlassen sind, kann nicht wegen des Umfangs der Maßnahmen und nicht deshalb angefochten werden, weil andere oder weitere Erziehungsmaßregeln oder Zuchtmittel hätten angeordnet werden sollen oder weil die Auswahl und Anordnung der Erziehungsmaßregeln dem Familiengericht überlassen worden sind.** [2]**Diese Vorschrift gilt nicht, wenn der Richter angeordnet hat, Hilfe zur Erziehung nach § 12 Nr. 2 in Anspruch zu nehmen.**

(2) [1]**Wer eine zulässige Berufung eingelegt hat, kann gegen das Berufungsurteil nicht mehr Revision einlegen.** [2]**Hat der Angeklagte, der Erziehungsberechtigte oder der gesetzliche Vertreter eine zulässige Berufung eingelegt, so steht gegen das Berufungsurteil keinem von ihnen das Rechtsmittel der Revision zu.**

(3) **Der Erziehungsberechtigte oder der gesetzliche Vertreter kann das von ihm eingelegte Rechtsmittel nur mit Zustimmung des Angeklagten zurücknehmen.**

(4) **Soweit ein Beteiligter nach Absatz 1 Satz 1 an der Anfechtung einer Entscheidung gehindert ist oder nach Absatz 2 kein Rechtsmittel gegen die Berufungsentscheidung einlegen kann, gilt § 356a der Strafprozessordnung entsprechend.**

Schrifttum: Baumann, Das strafprozessuale Verbot der reformatio in peius und seine Besonderheiten im Jugendstrafrecht, 1999; Berenbrink, Der übereilte Rechtsmittelverzicht des Angeklagten, 2005; Block, Fehlerquellen im Jugendstrafprozess, 2005; Bode, Das Wahlrechtsmittel im Strafverfahren, 2000; Kleinbauer, Rechtsmittelverzicht und Rechtsmittelzurücknahme des Beschuldigten im Strafprozeß, 2006; Kretschmann, Das Verbot der reformatio in peius im Jugendstrafverfahren, 1968; Schaumann, Die Rechtsmittelbeschränkung des § 55 JGG, 2001; Sindl, Die Abschaffung der Rechtsmittelbeschränkung im Jugendstrafrecht, 2021.

Übersicht

I. Anwendungsbereich

1 Die Vorschrift findet auf **Jugendliche** auch in Verfahren vor den für allg. Strafsachen zuständigen Gerichten Anwendung (§ 104 Abs. 1 Nr. 7). Für **Heranwachsende** gilt sie – vor JGerichten wie vor den allg. Strafgerichten – dort, wo materielles JStR heranzuziehen ist (§ 105 Abs. 1, § 109 Abs. 2 S. 1, § 112 S. 1 und 2 sowie n. → § 109 Rn. 37 ff.). In der von § 109 Abs. 2 S. 3 erfassten Konstellation kommt sie nicht zum Tragen (vgl. → § 109 Rn. 45). Auf **Erwachsene** ist die Vorschrift nach allgA auch dann nicht anzuwenden, wenn in deren Verfahren ausnahmsweise (§ 103 Abs. 1 und Abs. 2 S. 1) ein JGericht zuständig ist.

II. Ausgewählte allgemeine Maßgaben im jugendstrafprozessualen Rechtsmittelrecht

1. Systematik

2 Grds. sind die allg. Rechtsmittelvorschriften des StVR auch im JStV bestimmend. Dies wird aber eingeschränkt, soweit das JGG **abw. Sonderbestimmungen** enthält (§ 2 Abs. 2). Wichtige Abweichungen werden insofern in Abs. 1–3 geregelt. Darüber hinaus enthält das JGG einige weitere Sondervorschriften zum Rechtsmittelrecht in § 47 Abs. 2 S. 3, § 56 Abs. 2, §§ 59, 63, § 65 Abs. 2, § 66 Abs. 2 S. 3 iVm § 462 Abs. 3 StPO, § 71 Abs. 2 S. 2 iVm § 117 Abs. 2 StPO, § 73 Abs. 2, § 77 Abs. 1 S. 3, § 83 Abs. 3 S. 1, § 88 Abs. 6 S. 3 und 4 iVm § 59 Abs. 2–5, § 99 Abs. 3. In diesem Regelungsgefüge kommen einige rechtsmittelbezogene Maßgaben des allg. StVR im JStV unmittelbar oder geringfügig modifiziert zur Anwendung.

2. Anfechtungsberechtigung

3 **a) Jugendliche bzw. Heranwachsende.** Die Anfechtungsberechtigung des Beschuldigten bzw. Verurteilten (§ 296 StPO iVm § 2 Abs. 2) besteht unabhängig von Alter und zivilrechtlicher Geschäftsfähigkeit. Sie setzt jedoch voraus, dass die Person nach allg. StVR **verhandlungsfähig** ist (vgl. BGH NStZ 1995, 391; Eisenberg BeweisR StPO Rn. 757a f., 759). Die Anfechtungsberechtigung des Jugendlichen bzw. Heranwachsenden ist eine **eigene** Rechtsposition, die unabhängig von einer Anfechtung seitens des Erziehungsberechtigten oder des gesetzlichen Vertreters besteht und deren Inanspruchnahme daher auch selbstständig zu bewerten ist. Deshalb handelt es sich zB um eine in vollem Umfang eingelegte Berufung des Jugendlichen, wenn dessen unbeschränkte Rechtsmittelerklärung zeitlich nach einer elterlichen Berufung, die auf den Rechtsfolgenausspruch beschränkt ist, bei Gericht eingeht. Andererseits muss der Jugendliche deshalb auch für das Vorliegen der Voraussetzungen seines Rechtsmittels selbst Sorge tragen (zB für eine Revisionsbegründung). Das wirkt sich besonders dann aus, wenn er zwischenzeitlich volljährig wird und das Rechtsmittel der Erziehungsberechtigten oder gesetzlichen Vertreter wegen des Erlöschens ihrer Rechtsmittelbefugnisse unzulässig wird, sodass er dieses von ihm übernehmbare (→ Rn. 6) oder sein eigenes, bereits eingelegtes Rechtsmittel allein betreiben muss (vgl. BGHSt 10, 174 = BeckRS 1957, 31193085; zust. NK-JGG/Schady Rn. 4).

4 **b) Verteidiger.** Er kann **für den Beschuldigten** ein Rechtsmittel einlegen – entweder in dessen Auftrag oder gem. § 297 Hs. 1 StPO iVm § 2 Abs. 2 aus eigenem Recht. Dieses ist nur insoweit begrenzt, als er den ausdrücklichen Willen des Beschuldigten nicht missachtend darf. Der Verteidiger sollte von dieser Anfechtungsberechtigung insbes. auch dann Gebrauch machen, wenn das Urteil erkennbar auf Tatsachen beruht, die nicht dem Sachverhalt entsprechen, wie der Jugendliche ihn sieht. Das gilt selbst bei einer geringen Aussicht auf eine andere Rechtsfolgenanordnung, denn die Durchführung der Rechtsfolge ohne zutreffende bzw. hinreichend sicher festgestellte Tatsachengrundlage wäre erzieherisch höchst problematisch. – Handelt der Verteidiger bei der Rechtsmitteleinlegung im Namen der Eltern (→ Rn. 6), ist dies klarzustellen. Hat er die Vollmachten des Jugendlichen und des gesetzlichen Vertreters oder Erziehungsberechtigten eingereicht und legt er Rechtsmittel ohne Benennung einer der bevollmächtigenden Personen ein, kann dies nach BGH BeckRS 2016, 15971 dahingehend ausgelegt werden, dass das Rechtsmittel für beide eingelegt wurde.

5 **Gegen den ausdrücklichen Willen** des Beschuldigten kann der **Verteidiger** für ihn kein Rechtsmittel einlegen (§ 297 Hs. 2 StPO iVm § 2 Abs. 2) – und das auch dann nicht, wenn er vom Erziehungsberechtigten oder gesetzlichen Vertreter ausdrücklich mit der Anfechtung für den Angeklagten beauftragt wird (ebenso BeckOK JGG/Kunkel Rn. 11). Diesen bleibt dann nur ihr eigenes Rechtsmittel (aA Brunner/Dölling Rn. 4). Hat der Jugendliche auf Rechtsmittel verzichtet, und legt der Verteidiger im Auftrag der Erziehungsberechtigten, aber förmlich namens des (nicht explizit widersprechenden) Jugendlichen ein Rechtsmittel ein, hat das Gericht diese Einlegung als namens der Erziehungsberechtigten zu deuten (OLG Düsseldorf NStE Nr 1 zu § 300 StPO). – Da die Rechtsmittelwahl des Verteidigers

unmittelbar für den Beschuldigten wirkt, entscheidet in Fällen, in denen zwar kein Konflikt iSv § 297 StPO vorliegt, aber verschiedene Rechtsmittel durch den Beschuldigten und seinen Verteidiger eingelegt werden, die zuerst bei Gericht eingegangene Rechtsmittelerklärung.

6 **c) Erziehungsberechtigte, gesetzliche Vertreter.** Bei Entscheidungen gegen Jugendliche sind (zu deren Gunsten und uU auch gegen deren Willen) die gesetzlichen Vertreter (§ 298 StPO iVm § 2 Abs. 2) und die Erziehungsberechtigten (§ 67 Abs. 2) selbstständig anfechtungsberechtigt – jedenfalls bis zum Eintritt der Volljährigkeit des Jugendlichen und innerhalb der für diesen laufenden Rechtsmittelfristen (vgl. → § 67 Rn. 39 f.; zu Einschränkungen vgl. → Rn. 95 f.). Nach Eintritt seiner Volljährigkeit kann der Angeklagte ein zuvor eingelegtes Rechtsmittel des vormals Erziehungsberechtigten oder gesetzlichen Vertreters selbst weiter betreiben, und dies nach dem Schutzzweck der Vorschrift auch dann, wenn er zuvor auf ein eigenes Rechtsmittel verzichtet hatte (BGHSt 10, 174 = BeckRS 1957, 31193085). War eine Revision noch nicht wirksam begründet worden, muss dies durch Heranwachsenden dann allerdings selbst erfolgen. Mit Ende seines 18. Lbj. sind die früheren Erziehungsberechtigten bzw. Vertreter dazu nicht mehr berechtigt (RGSt 42, 342). Sie können jedoch vom Beschuldigten hiermit zivilrechtlich beauftragt werden (vgl. NK-JGG/Schady § 55 Rn. 4; vgl. auch → § 67 Rn. 2).

7 **d) Jugendstaatsanwalt.** Dessen Anfechtungsberechtigung folgt aus § 296 StPO iVm § 2 Abs. 2. Der JStA kann die Berechtigung nicht nur **zuungunsten,** sondern auch **zugunsten** des Angeklagten ausüben. Anlass dafür besteht bspw. bei einer verfehlten Rechtsfolgenbemessung (vgl. BGH BeckRS 2015, 14381; NStZ 2016, 105) oder bei einem Verstoß gegen das (in → Rn. 31 ff. erörterte) Verschlechterungsverbot (Nr. 147 Abs. 3 S. 1 RiStBV entspr.). Ein bloßes „Mitgehen“ mit dem Rechtsmittel des Angeklagten, gar um das Verbot der reformatio in peius auszuschalten (sog. „Sperrberufung“, vgl. Krumdiek StRR 2010, 84 zum allg. StVR), widerspricht den in Nr. 147 Abs. 1 RiStBV geregelten Entscheidungskriterien (zum ggf. wiederauflebenden Verschlechterungsverbot bei Verwerfung des Rechtsmittels der JStA als unbegründet → Rn. 32). Überhaupt ist die StA wegen des sich sonst hinausschiebenden Verfahrensabschlusses gehalten, Rechtsmittel zuungunsten des Jugendlichen nur **zurückhaltend** einzulegen (RL S. 2).

8 **e) Nicht zur Anfechtung Berechtigte.** Ohne Anfechtungsrecht sind der Vertreter der **JGH,** der Erziehungsbeistand nach § 12 Nr. 1 (OLG Hamburg NJW 1964, 605), der Betreuungshelfer (§ 10 Abs. 1 S. 3 Nr. 5) sowie die für die Hilfe zur Erziehung nach § 12 Nr. 2 zuständige Behörde (dazu bereits Dallinger/Lackner Vor § 55 Rn. 3; Potrykus RdJB 1956, 279 (280)). Ebenso verhält es sich beim (jugendgerichtlichen) **Beistand** (§ 69), dem Verteidigerrechte gem. § 69 Abs. 3 S. 2 nur in der HV zustehen (→ § 69 Rn. 8c; s. bspw. auch Laubenthal Jugendgerichtshilfe S. 115 Fn. 602). Dies gilt gleichermaßen für den Ehegatten des Angeklagten, der gem. § 149 StPO iVm § 2 Abs. 2 als Beistand bestellt ist.

3. Rechtsmittelverzicht und -rücknahme (einschließlich Abs. 3)

a) Rechtsmittelrücknahme durch den Angeklagten. Grds. gelten für 9
die Rücknahme eines Rechtsmittels die Grundsätze des allg. StVR. Teilw. führen die Grundsätze des JGG indes zu gewissen Modifizierungen (dazu generell → § 2 Rn. 15 ff., 39 ff.). So kann der (verhandlungsfähige) Jugendliche zwar sein von ihm oder vom Verteidiger eingelegtes Rechtsmittel allein zurückziehen. Geschieht dies indes ohne Wissen bzw. Einverständnis der Eltern und/oder des Verteidigers, der das Rechtsmittel zuvor auf Wunsch des Jugendlichen und der Eltern veranlasst hatte, ist dies – abw. vom allg. StVR (vgl. aber dazu Kleinbauer, Rechtsmittelverzicht und Rechtsmittelzurücknahme des Beschuldigten im Strafprozeß, 2006, S. 193 ff., 231 ff.) – uU **unwirksam.** Das betrifft Fälle, in denen nach einer einzelfallbezogenen Würdigung und Beurteilung des prozessualen Geschehens von der Beeinträchtigung jugendrechtlicher Schutzbelange (wie sie zB in § 72 Abs. 1, Abs. 2 und 5 zum Ausdruck kommen) auszugehen ist und Zweifel an der vollständigen situativen Entscheidungskompetenz bestehen. Die Wirksamkeit der Rechtsmittelrücknahme widerspräche dann der jugendstrafprozessualen **Fürsorgepflicht** (dazu am Bsp. einer Rücknahme aus der Haft heraus Eisenberg/Müller Jura 2006, 54; unklar OLG Koblenz NStZ 2007, 55; trotz gegebener Anlässe keine dahingehende Erörterung zB bei BGH NStZ-RR 1998, 60; StraFo 2005, 161 = BeckRS 2005, 1412; 2005, 5666).

b) Rechtsmittelrücknahme durch Dritte. Besonderheiten ergeben 10
sich auch daraus, dass **Erziehungsberechtigte** und gesetzliche Vertreter zwar ein Rechtsmittel selbstständig einlegen können (→ Rn. 6), dies aber, sofern dies zugunsten des Angeklagten erfolgte, nur mit dessen ausdrücklicher **Zustimmung** zurückzunehmen vermögen. Diese Einschränkung **(Abs. 3)** wurde durch Art. 24 Nr. 23 EGStGB angefügt, um zu verhindern, dass eine Verfahrensposition des Angeklagten, auf die dieser möglicherweise vertraut, ohne seinen Willen verschlechtert werden kann (s. BT-Drs. 7/550, 330). Abs. 3 greift unabhängig davon ein, ob der Angeklagte seinerseits auf Rechtsmittel ggf. schon verzichtet hatte (was möglicherweise gerade im Vertrauen auf das vom Erziehungsberechtigten oder gesetzlichen Vertreter eingelegte Rechtsmittel erfolgt war). – Auch das vom Angeklagten selbst oder vom Verteidiger für diesen eingelegte Rechtsmittel kann vom Erziehungsberechtigten oder gesetzlichen Vertreter nur dann zurückgenommen werden, wenn eine **Einwilligung des Angeklagten** vorliegt (Dallinger/Lackner Vor § 55 Rn. 4). Die Ermächtigung des Verteidigers, das Rechtsmittel zurückzunehmen, ist ansonsten ebenso unwirksam wie die daraufhin erfolgende Rücknahme (BGHSt 61, 218 = NJW 2016, 2675).

Die Rücknahme des Rechtsmittels durch den **Verteidiger** stellt, sofern 11
dieser mit einer Vertretungsvollmacht ausgestattet ist, eine Rücknahme durch den (vertretenen) Beschuldigten dar (n. OLG Frankfurt a. M. NStZ-RR 2021, 83). Dagegen handelt der Verteidiger auf der Grundlage einer bloßen Prozessvollmacht „aus eigenem Recht" (wenn auch in einer Beistandsfunktion). Für die Rechtsmittelrücknahme bedarf er hier der **ausdrücklichen Ermächtigung** des Jugendlichen (§ 302 Abs. 2 StPO iVm § 2 Abs. 2). Fehlt es an der Ermächtigung des Angeklagten oder (bei dessen Zustimmung) an seiner hinreichenden Beurteilungskompetenz (zur Problematik BGH NStZ 2017, 487 mablAnm Eisenberg NStZ 2017, 489), ist die

Rücknahme unwirksam (OLG Hamm GA 1973, 380; für die Rücknahme eines Rechtsmittels der StA s. § 302 Abs. 1 S. 3 StPO iVm § 2 Abs. 2). Zudem erlischt die Ermächtigung des Verteidigers zur Rechtsmittelrücknahme, wenn der Angeklagte seine Zustimmung (auch mündlich) ggü. dem Verteidiger oder dem Gericht widerruft (OLG Düsseldorf NStZ 1989, 289). Damit eine gleichwohl bei Gericht eingehende Rücknahmeerklärung des Verteidigers keine Rücknahme des Rechtsmittels bewirkt, muss der vorherige Widerruf der Ermächtigung allerdings feststehen (BGHSt 10, 245 = NJW 1957, 1040).

12 Beschränken die Eltern oder der Verteidiger das Rechtsmittel (§§ 318 S. 1 StPO, 344 Abs. 1 StPO iVm § 2 Abs. 2) nachträglich, liegt darin eine **Teilrücknahme** (vgl. etwa Meyer-Goßner/Schmitt/Schmitt StPO § 302 Rn. 29, § 318 Rn. 1). Die vorgenannten Maßgaben zum Zustimmungserfordernis und zu dessen Wirksamkeitsvoraussetzungen (→ Rn. 10 f.) gelten hierfür gleichermaßen – bei den Erziehungsberechtigten auf Grundlage von Abs. 3 und beim Verteidiger auf Basis von § 302 Abs. 2 StPO iVm § 2 Abs. 2 (ebenso OLG Nürnberg StraFo 2016, 113; BeckOK JGG/Kunkel Rn. 12; Meyer-Goßner/Schmitt/Schmitt StPO § 302 Rn. 2).

13 **c) Rechtsmittelverzicht. aa)** Ein vollständiger oder teilweiser Rechtsmittelverzicht kann durch den Verteidiger erklärt werden. Allerdings sind die in → Rn. 11 erläuterten Maßgaben zur ggf. notwendigen Ermächtigung (§ 302 Abs. 2 StPO iVm § 2 Abs. 2) hierbei ebenfalls zu beachten (BGH NStZ-RR 2007, 151; OLG Düsseldorf NStZ 1989, 289). Legt der **Verteidiger** ein beschränktes Rechtsmittel ein (→ Rn. 16 ff.), liegt darin indes kein Teilverzicht und es bedarf keiner Zustimmung des Angeklagten (BGHSt 38, 366 = NJW 1993, 476). Auch bleibt hier eine Erweiterung (ebenso wie nach einer Teilrücknahme) möglich. Dies gilt aber allein während der Rechtsmittelfrist. Nach deren Ablauf kommt es für die Zulässigkeit und Begründetheit allein auf die Beurteilung der Teilanfechtung an (dazu anhand einer verspäteten Korrektur einer auf den Strafspruch beschränkten und dabei nach Abs. 1 unzulässigen Berufung OLG Hamm NStZ 2016, 106 mAnm Laue NStZ 2016, 107).

14 **bb)** Verzichtet ein Jugendlicher oder Heranwachsender in Anwesenheit des Verteidigers uneingeschränkt auf sein Rechtsmittel, ist diese Erklärung – die keine Auswirkungen auf das selbstständige Anfechtungsrecht der Erziehungsberechtigten hat (OLG Celle NJW 1964, 417 (418)) – grds. unwiderruflich und unanfechtbar (vgl. nur BGH BeckRS 2016, 112924). Wird der Rechtsmittelverzicht durch den **Angeklagten** allein erklärt, sind die allg. Wirksamkeitsbedingungen (Verhandlungsfähigkeit, eindeutige und zweifelsfreie Erklärung, Schriftform oder zu Protokoll) indes gründlich zu prüfen (zur Unzulässigkeit des Verzichts nach einer vorausgegangenen **Verständigung** vgl. § 302 Abs. 1 S. 2 StPO iVm § 2 Abs. 2). Das betrifft gerade auch das **Zustandekommen** der Erklärung. Bestanden – unter Berücksichtigung altersspezifischer Besonderheiten – schwerwiegende Willensmängel oder lag ein prozessualer Kontext vor, der eine verständige Entscheidung erheblich erschwerte, kann der Verzicht **unwirksam** sein. Dies ist stets der Fall, wenn dem Angeklagten in der Konstellation der notwendigen Verteidigung kein Verteidiger zur Seite stand (MüKoStPO/Kaspar Rn. 22) oder es keine Möglichkeit für ihn gab, sich vor dem Verzicht anwaltlich beraten zu lassen (OLG Stuttgart Justiz 1985, 175; OLG Frankfurt a. M. NStZ 1993, 507;

OLG Hamm StV 2010, 67 = BeckRS 2009, 16012; n. Kleinbauer, Rechtsmittelverzicht und Rechtsmittelzurücknahme des Beschuldigten im Strafprozeß, 2006, S. 278 ff.). Der Rechtsmittelverzicht ist ebenfalls unwirksam, wenn der Wahlverteidiger versehentlich nicht geladen wurde und beim Verzicht in der HV abwesend war (so bei einem der deutschen Sprache unkundigen Ausländer OLG Hamm NJW 1983, 530).

Im Übrigen kann der Rechtsmittelverzicht eines Jugendlichen ausnahms- 15
weise dann unwirksam sein, wenn ihm im Hinblick auf seine geistige Entwicklung oder auch wegen der fachsprachlichen Formulierung des JRichters die genügende Einsichtsfähigkeit für die Tragweite der Entscheidung fehlt (OLG Düsseldorf JZ 1985, 960). Ebenso verhält es sich bei Angeklagten, die sich in der Verzichtssituation in einer psychischen Ausnahme- oder **Überforderungslage** befinden (hierzu schon im allg. StVR etwa Berenbrink, Der übereilte Rechtsmittelverzicht des Angeklagten, 2005, S. 161 ff., 210 ff., 229). Ähnliches ist möglich, wenn der Angeklagte irrig davon ausgeht, eine weniger eingriffsintensive Rechtsfolge sei schwerlich zu erlangen, weil ihm vom JRichter die Strafrahmen des StGB vorgehalten wurden, um die sodann ausgesprochene Rechtsfolge als besonders mild erscheinen zu lassen (zu solchen Praktiken Nöding Verteidigung Rn. 361). Insgesamt bedarf es in dieser Frage einer konkreten Einzelfallbeurteilung, zumal sich der **Autonomiemangel** auch erst aus der Kumulation von Umständen ergeben kann (d'Alquen/Daxhammer/Kudlich StV 2006, 220 (221); beim unverteidigten Angeklagten gleichwohl für ein generelles Verbot des Rechtsmittelverzichts „sofort im Anschluss an die Urteilsverkündung" aber UK III DVJJ-Journal 1992, 24 sowie DVJJ/AK IV/3 1993, S. 730).

4. Konstellationen der Teilanfechtung

a) Allgemeines. Jeder Rechtsmittelführer kann seinen Rechtsmittel- 16
angriff auf bestimmte Teilaspekte der angegriffenen Entscheidung beschränken. Soweit das nicht ausdrücklich geschieht, kann es sich im Wege der Interpretation aus den Beanstandungen und deren Begründung im Rechtsmittelvorbringen ergeben (vgl. etwa KG StV 2024, 498 (Ls.) = BeckRS 2023, 9272). Diese **Auslegung** kann dazu führen, dass entgegen dem unbegrenzten Antrag von einer Teilanfechtung auszugehen ist (vgl. etwa KG StV 2024, 498 (Ls.) = BeckRS 2023, 9272; speziell für Rechtsmittel der JStA etwa BGH NStZ-RR 2018, 86; StV 2023, 840 = BeckRS 2022, 42259). Deren Zulässigkeit ergibt sich – im JStV eingeschränkt durch Abs. 1 (→ Rn. 65 ff.) – aus § 318 S. 1, § 344 Abs. 1 StPO iVm § 2 Abs. 2 und besteht nach Maßgabe der zu diesen Vorschriften entwickelten Grundsätze (eingehend MüKoStPO/Knauer/Kudlich StPO § 344 Rn. 29 ff.). Hiernach ist eine teilw. Anfechtung möglich, soweit der angefochtene Entscheidungsteil einer **selbstständigen rechtlichen Prüfung** und Beurteilung durch das Rechtsmittelgericht, losgelöst vom verbleibenden Urteilsinhalt, zugänglich ist (BGHSt 27, 70 (72) = NJW 1977, 442). Neben der Trennbarkeit setzt dies voraus, dass der rechtskräftig werdende Teil dem angegriffenen Teil nicht logisch vorgeordnet ist und diesen auch nicht infolge anderweitiger Wechselwirkungen mitbeeinflusst (OLG Schleswig NJW 1979, 2057 (2058)). Diese Voraussetzungen sind im Verhältnis von Schuld- und Rechtsfolgenausspruch gegeben. Aber auch innerhalb des Schuldspruchs sind isolierte Anfechtungen möglich. Im JStV ergeben sich insoweit **keine Abwei-**

chungen vom allg. StVR, da hier sowohl der prozessuale Begriff der Tat (iSv § 264 StPO) als auch die Konkurrenzformen der Tateinheit und Tatmehrheit (→ § 31 Rn. 4 f.) als Anknüpfungspunkte für eine Beschränkung des Rechtsmittels zum Tragen kommen können.

17 **b) Mehrere Taten (§ 31).** Besonderheiten bestehen ua im Hinblick auf den Grundsatz des **einheitlichen Rechtsfolgenausspruchs** bei mehreren Taten. Nach allgA ist es – wie die Teilvollstreckbarkeit im Rechtsmittelverfahren gem. § 56 belegt – bei Bildung einer auf § 31 gestützten Entscheidung zulässig, den **Schuldspruch** nur teilw., dh wegen einer von mehreren Taten anzufechten (jedoch niemals bei Tateinheit). Ist die Teilanfechtung erfolgreich und wegen der diesbzgl. Tat freizusprechen, muss das Rechtsmittelgericht jedoch auf eine neue (ggf. einheitliche) Rechtsfolge wegen der verbliebenen Tat/-en erkennen (vgl. etwa Diemer/Schatz/Sonnen/Schatz § 31 Rn. 73). Daher ist von der Teilanfechtung in dieser Konstellation auch der gesamte Rechtsfolgenausspruch miterfasst (BGH NStZ 2000, 483; BeckRS 2021, 49874; 2023, 23530). Anders als der angegriffene Schuldspruch bleibt hingegen der Schuldspruch bzgl. der anderen Tat/-en (einschl. der tatsächlichen Feststellungen, auf denen er beruht) bestehen (zur deshalb erforderlichen Darlegung dieser Tatsachengrundlage im vorinstanzlichen Urteil vgl. → § 31 Rn. 63). Insoweit besteht eine Bindung, die jedoch die Einführung der Schuldfeststellungen in die neue Verhandlung, in der die nunmehrige Rechtsfolge festgelegt wird, nicht entbehrlich macht (BGH NJW 1962, 59 (60)). – Soll indes die **fehlende Einbeziehung** einer noch nicht vollzogenen JStrafe angegriffen werden, ist der Rechtsfolgenausspruch insges. anzufechten, weil die Entscheidung nach § 31 Abs. 2 bzw. Abs. 3 in untrennbarem Zusammenhang mit den übrigen Zumessungserwägungen steht (→ § 31 Rn. 64).

18 **c) Mehrere Taten in verschiedenen Altersstufen.** Wurden mehrere Taten, über die nach § 32 nur einheitlich entschieden werden darf, sowohl nach JStR als auch nach allg. StR abgeurteilt, ist bei einer Anfechtung hinsichtlich einer Tat der gesamte Strafausspruch als angefochten zu behandeln (BGH NStZ 2000, 483). War § 32 S. 1 dagegen angewandt und gem. § 31 eine Einheitssanktion angeordnet worden, gelten die in → Rn. 17 genannten Maßgaben. Auch dort, wo bei mehreren Taten in verschiedenen Altersstufen gem. § 32 S. 2 das allg. StR herangezogen wurde, kann die Anfechtung auf eine Tat (und den dazugehörigen Rechtsfolgenausspruch) **beschränkt** werden. Im Erfolgsfalle muss die Gesamtstrafe dann anhand der nicht angegriffenen Taten und der dafür verhängten Einzelstrafen **angepasst** werden. Ist wegen der Beschränkung eines Rechtsmittels die Verurteilung wegen einer Tat in Teilrechtskraft erwachsen und werden die anderen Taten erst in der Rechtsmittel- oder Zurückverweisungsinstanz abgeurteilt, greift § 32 dort – obwohl eine gleichzeitige Aburteilung an sich nicht vorliegt – sinngemäß ein (dazu n. → § 32 Rn. 6).

19 **d) § 105 Abs. 1.** Die Entscheidung über das Vorliegen der Voraussetzungen dieser Vorschrift ist kein isoliert anfechtbarer Beschwerdepunkt, weil die (fehlerhafte) Anwendung des allg. StR oder JStR stets einen der Rechtsfolge vorgeordneten Gesichtspunkt betrifft, da die Änderung dieser Einordnung auch zu einem Wechsel des zur Verfügung stehenden Rechtsmittelsystems führt (vgl. nur BGH v. 2.4.1963 – 5 StR 83/63 bei Herlan GA 1964, 135;

OLG Celle NStZ-RR 2014, 229). Soll die bei § 105 Abs. 1 vorgenommene „Weichenstellung“ angegriffen werden, ist der Rechtsfolgenausspruch daher **insgesamt anzufechten** (→ § 105 Rn. 68). Richtet sich das Rechtsmittel allein auf abtrennbare Teile des Rechtsfolgenausspruchs (→ Rn. 20 ff.), über den unabhängig von bzw. erst nach der Entscheidung zu § 105 zu befinden ist (va die Aussetzung zBew), erwächst die vorgelagerte Entscheidung zu § 105 Abs. 1 jedoch in Teilrechtskraft (vgl. OLG Frankfurt a. M. NJW 1956, 233; BayObLGSt 56, 7). Anders liegt es, wenn mit dem Rechtsmittel generell und unspezifisch eine günstigere Strafbemessung oder eine Aussetzung zBew erreicht werden soll. Da das JStR hierfür die weitergehenden rechtlichen Möglichkeiten eröffnet, ist dessen Nicht-/Anwendung von der nachgeordneten Rechtsfolgenkonkretisierung nicht abzulösen und deshalb in ein solches Rechtsmittel eingeschlossen (BGH 29.2.1984 – 2 StR 604/83 bei Böhm NStZ 1984, 445 (447); OLG Celle NStZ-RR 2014, 229; Brunner/Dölling § 105 Rn. 43; Diemer/Schatz/Sonnen/Schatz Rn. 18).

e) Beschränkung im Rechtsfolgenausspruch. aa) Wird der Schuld- 20
spruch angegriffen, ist idR der gesamte Rechtsfolgenausspruch von der Anfechtung erfasst (auch bei schuldspruchbezogener Teilanfechtung und Verurteilung mit einheitlicher Rechtsfolgenanordnung (→ Rn. 17). Eine diesbzgl. Beschränkung des Rechtsmittels hat keine Wirksamkeit. Auch eine Teilanfechtung **innerhalb des Rechtsfolgenausspruchs ist idR nicht zulässig.** Ungeachtet einer erklärten Beschränkung wird dann also der vollständige Rechtsfolgenausspruch vom Rechtsmittel erfasst. Das Berufungsgericht hat deshalb auf eine Rechtsfolge insges. neu zu erkennen. Hebt das Revisionsgericht das angefochtene Urteil im Rechtsfolgenausspruch auf, können auch die tatsächlichen Feststellungen zur Rechtsfolge, soweit sie nicht beanstandete selbstständige Taten betreffen, nicht aufrechterhalten werden. Der Tatrichter muss vielmehr für alle Taten neue Feststellungen zur Rechtsfolgenbemessung treffen (ebenso schon Dallinger/Lackner Vor § 55 Rn. 20).

bb) In Abweichung von diesen Grundsätzen besteht bei bestimmten **Aus-** 21
nahmen die Möglichkeit zur selbstständigen, vom übrigen Rechtsfolgenausspruch unabhängigen Anfechtung, insbes. bei der Nicht-/Anordnung von **Maßregeln der Besserung und Sicherung** (vgl. BGHSt 6, 183 = NJW 1954, 1167; BGHSt 10, 379 = NJW 1957, 1726; abw. NK-JGG/Schady Rn. 9; BeckOK JGG/Kunkel Rn. 21). Soweit es die festgelegte Unterbringung iSv §§ 63, 64 StGB betrifft, gilt dies in Konstellationen, in denen auch ein Zuchtmittel oder eine JStrafe festgelegt wurde, wegen der tatsächlichen oder potenziellen Rechtsfolgenverknüpfung gem. **§ 5 Abs. 3** aber nur mit Einschränkungen – nämlich allein dort, wo die Beanstandung rechtlich und tatsächlich unabhängig von der anderen Rechtsfolgenentscheidung beurteilt werden kann. Wurde von einem Zuchtmittel oder einer JStrafe allein wegen § 5 Abs. 3 abgesehen, ist dies ausgeschlossen, weil die Entbehrlichkeitsentscheidung das Fortbestehen der Maßregelanordnung unterstellt und daher nicht vor der diesbzgl. Klärung rechtskräftig werden kann (vgl. auch → § 7 Rn. 17). Wurde dagegen die JStrafe unter Berücksichtigung von § 5 Abs. 3 verhängt, kommt eine isolierte Anfechtung der daneben angeordneten Maßregel durchaus in Betracht, weil deren Wegfall sich nicht auf die angeordnete JStrafe auswirken könnte (vgl. BGH NStZ 2016, 105).

21a Anders verhält es sich, wenn die **Maßregelanordnung unterblieben** war, aber vom Revisionsführer eingefordert wird. Eine Abtrennbarkeit vom (übrigen) Strafspruch ist dann nicht möglich, weil sonst die verhängte JStrafe rechtskräftig würde und von ihr nicht mehr gem. § 5 Abs. 3 abgesehen werden könnte (BayObLGSt 1989, 48; vgl. auch → § 7 Rn. 28). Dagegen kann die unterbliebene Anordnung einer Maßregel nach § 63 bzw. § 64 StGB vom Rechtsmittel durchaus **ausgenommen** und dieses auf die übrigen Anordnungen begrenzt werden, weil diese Rechtslage im Fall ihres Rechtskräftig-Werdens die Anwendbarkeit von § 5 Abs. 3 gerade ausschließen würde, sodass über die übrigen Rechtsfolgen selbstständig entschieden werden könnte (BGH NStZ-RR 2019, 32; OLG Düsseldorf StV 2007, 520 = BeckRS 2006, 15106; offen gelassen noch in BGH NStZ-RR 2003, 18; begründungslos anders aber BGH StV 2023, 840 = BeckRS 2022, 42259).

22 **cc)** Ein isolierter Angriff gegen die Entscheidung über die (nicht) erfolgte **Aussetzung einer JStrafe zBew** scheidet – unabhängig von der Frage einer selbstständigen Überprüfbarkeit (hierzu BGH NStZ 2022, 553 (554) mkritAnm Kölbel NStZ 2022, 554 – wegen des hierfür vorgesehenen Beschwerdewegs aus **(§ 59 Abs. 1 S. 1).** Dass eine **Auflage, die neben** einer zBew ausgesetzten JStrafe angeordnet worden war, separat angegriffen werden kann (so BGH NJW 2022, 953), ist angesichts der erzieherischen Verbindung, die zwischen den einzelnen Rechtsfolgen bestehen soll (→ § 8 Rn. 2), höchst zweifelhaft. Zutr. bejaht wurde die Zulässigkeit einer Teilanfechtung bei der Beschränkung auf die Anordnung vermögensabschöpfender Maßnahmen (für den **Verfall** nach § 73 StGB aF vgl. BGH NStZ 2011, 270 mAnm Eisenberg StV 2010, 580; für die **Wertersatzeinziehung** nach § 73c StGB vgl. OLG Frankfurt a. M. BeckRS 2019, 5748). Eine Beschränkung auf die Frage der **Anrechnung** von **U-Haft** wird richtigerweise ebenfalls als zulässig erachtet (BGHSt 7, 214 = NJW 1955, 557). – Hat das JGericht bei Heranwachsenden eine Entschädigungsentscheidung nach **§ 406 Abs. 1 StPO** getroffen, kann der zivilrechtliche Entscheidungsteil mit den strafprozessualen Rechtsmitteln selbstständig angegriffen werden (§ 406a Abs. 2 StPO iVm § 2 Abs. 2). Umgekehrt kann die Adhäsionsentscheidung aus dem Rechtsmittel aber auch ausgenommen werden, wenngleich sie bei Aufhebung und Nichtverurteilung im strafrechtlichen Entscheidungsteil dann aber (trotz Rechtskraft) nach § 406a Abs. 3 StPO iVm § 2 Abs. 2 aufgehoben wird (BGH StV 2019, 437 = BeckRS 2018, 40288).

5. Erweiterte Rechtsmittelbegründungslasten

23 Eine Begründung der Berufung ist im allg. StVR weder erforderlich noch zwingend vorgeschrieben. Bei der Begründung der Revision bestehen dagegen gewisse Klarstellungspflichten (§§ 352 Abs. 1, 344 StPO iVm § 2 Abs. 2). Während eine Verfahrensrüge in tatsächlicher Hinsicht eingehend substantiiert werden muss, ist bei der Sachrüge auch ein allgemeines unspezifiziertes Monitum zulässig. Im JStR sind die Anforderungen an die Berufungs- und Revisionsbegründung indes strenger. Hier ist es auch bei einer angestrebten Überprüfung in materiell-rechtlicher Hinsicht angezeigt, das Rechtsschutzziel vorsorglich anzugeben und (vor dem Hintergrund von Abs. 1) dessen Zulässigkeit klarzustellen – auch, um dem Vorwurf einer Umgehung der sachlichen Rechtsmittelbeschränkung entgegenzuwirken (n. → Rn. 77 ff.). Dass insofern eine Notwendigkeit der eindeutigen Angabe

eines zulässigen Angriffsziels besteht bzw. dass sich dieses sonst wenigstens aus den Umständen außerhalb der Rechtsmittelschrift ergeben muss, stellt eine Schlechterstellung ggü. den Begründungserfordernissen im allg. StVR dar (daran keinen Anstoß nehmend BVerfGK 11, 383 = NStZ-RR 2007, 385).

6. Anwesenheit vor dem Rechtsmittelgericht

In der Revision besteht für den Jugendlichen und seine Eltern keine Anwesenheitspflicht (§ 350 Abs. 2 StPO iVm § 2 Abs. 2). Anders verhält es sich in der Berufung (→ § 50 Rn. 4). Die Vorschriften des allg. StVR, wie mit der Berufung zu verfahren ist, wenn der Angeklagte und/oder sein gesetzlicher Vertreter **in der HV ausbleiben** (§§ 329 f. StPO), gelten grds. auch im JStV (§ 2 Abs. 2). Handelt es sich um eine Berufung, die vom Angeklagten (oder seinem Verteidiger für diesen) eingelegt wurde, führt die Abwesenheit des **Angeklagten** in der HV zur Verwerfung nach § 329 Abs. 1 StPO (zur ggf. möglichen Wiedereinsetzung etwa KG BeckRS 2002, 16292). Hat die **JStA** Berufung eingelegt, darf jedoch wegen § 50 Abs. 1 nicht ohne den Jugendlichen verhandelt werden, sodass § 329 Abs. 2 S. 1 Hs. 2 StPO ausgeschlossen ist. Ggf. kann, sofern der Jugendliche bereits einmal unentschuldigt ferngeblieben war, nach § 329 Abs. 3 StPO verfahren werden. **24**

Auch bei einer Berufung allein des **Erziehungsberechtigten** (§ 67 Abs. 2 JGG) oder gesetzlichen Vertreters verwirft das JGericht das Rechtsmittel ohne Sachverhandlung, falls weder der Jugendliche noch ein Verteidiger mit schriftlicher Vertretungsvollmacht noch der Berufungsführer erscheint und auch keine genügende Entschuldigung vorliegt (§ 330 Abs. 2 S. 2 Hs. 1 StPO, § 329 Abs. 1 S. 1 StPO; zur Zulässigkeit eines Rechtsmittels gegen das Verwerfungsurteil vgl. → Rn. 88 bzw. → § 109 Rn. 44). Ist allein der Jugendliche anwesend, muss die Verhandlung dagegen stattfinden (§ 330 Abs. 2 S. 1 StPO iVm § 2 Abs. 2). Kommt nur der Berufungsführer oder sein bevollmächtigter Verteidiger, nicht aber der Jugendliche in die HV, darf das Berufungsgericht die Berufung ebenfalls nicht verwerfen – schon, weil es sich um ein selbstständiges Rechtsmittel des gesetzlichen Vertreters bzw. Erziehungsberechtigten handelt. Wegen der Anwesenheitspflicht des Jugendlichen (→ § 50 Rn. 8) kann idR aber auch nicht gem. § 330 Abs. 2 S. 2 Hs. 2 iVm § 329 Abs. 2 StPO ohne ihn verhandelt werden. Sofern keine besonderen Gründe für eine Verhandlung in Abwesenheit vorliegen (→ § 50 Rn. 22 ff.), ist nach § 330 Abs. 2 S. 2 Hs. 2 iVm § 329 Abs. 3 StPO ggf. die **Vorführung** des Angeklagten zu veranlassen (ähnlich NK-JGG/Schady Rn. 10; BeckOK JGG/Kunkel Rn. 29). **25**

7. Einzelheiten zur Wiederaufnahme des Verfahrens

a) Zuständigkeit. Mangels besonderer Regelungen des JGG gelten auch im JStV die Vorschriften, die das allg. StVR für den Antrag auf Wiederaufnahme eines durch rechtskräftiges Urteil abgeschlossenen Verfahrens vorsieht (§§ 359 ff. StPO iVm § 2 Abs. 2). Unabhängig vom zwischenzeitlich erreichten Lebensalter des Verurteilten bleiben die **JGerichte** für die Entscheidung über einen solchen Antrag zuständig (ebenso MüKoStPO/Kaspar **26**

Rn. 50; Löwe/Rosenberg/Gössel StPO § 367 Rn. 17; KK-StPO/Tiemann GVG § 140a Rn. 9; Miebach/Hohmann/Cirener/Hohmann Wiederaufnahme H/26, K/2). Das gilt auch für die ggf. neu durchzuführende HV. Es darf also nicht im Wiederaufnahmebeschluss (§ 370 Abs. 2) an ein allg. Strafgericht verwiesen werden (aA Meyer-Goßner/Schmitt/Schmitt GVG § 140a Rn. 11; Miebach/Hohmann/Alexander Wiederaufnahme F/96).

27 **b) Einzelfragen zur Zulässigkeit. aa)** Ein Antrag, der den Zweck verfolgt, eine andere Rechtsfolge „aufgrund desselben Strafgesetzes" herbeizuführen, ist gem. § 363 Abs. 1 StPO iVm § 2 Abs. 2 **unzulässig.** Nach hM sei dies der Fall, wenn der Wechsel von einer JStrafe zu Erziehungsmaßregeln oder Zuchtmittel angestrebt wird (vgl. Löwe/Rosenberg/Gössel StPO § 363 Rn. 6; KK-StPO/Tiemann StPO § 363 Rn. 4). Dies ist aber nicht zweifelsfrei, da bei jeder Vorschrift, die von der ursprünglich herangezogenen Rechtsnorm abweicht und bei deren Einschlägigkeit die Strafbarkeit erhöht oder vermindert wird, ein anderes statt „desselben Strafgesetzes" vorliegt (allgA) und in der Ersetzung von § 17 Abs. 2 Alt. 2 durch §§ 9 ff., 13 ff. daher durchaus eine solche Konstellation gesehen werden kann. Zielt der Antrag dagegen auf eine bloße Abänderung von Erziehungsmaßregeln oder Zuchtmitteln, folgt die Unzulässigkeit aus § 365 StPO iVm § 55 Abs. 1. Dagegen ist unstr. kein Unzulässigkeitsgrund iSv § 363 Abs. 1 StPO gegeben, wenn JStR statt des allg. StR (oder umgekehrt) angewandt werden soll (vgl. OLG Hamburg NJW 1952, 1150; s. auch LG Landau NStZ-RR 2003, 28).

28 **bb)** Von der grds. Unzulässigkeit einer Wiederaufnahme **gegen Beschlüsse** wird von der hM im allg. StVR (trotz des abw. Normwortlauts) eine Ausnahme gemacht, wenn der Beschluss verfahrensbeendigend an die Stelle eines Urteils tritt (vgl. statt vieler KK-StPO/Tiemann StPO Vor § 359 Rn. 14). Unter Berücksichtigung dieser Grundsätze muss bei **urteilsgleichen Beschlüssen** im JStR – also bei Beschlüssen gem. § 57 Abs. 1 und 2, § 58 Abs. 1 sowie gem. § 61a Abs. 1, § 62 Abs. 2 und § 66 Abs. 2 S. 2 – gleichermaßen eine Wiederaufnahme zulässig sein (ebenso Brunner/Dölling Rn. 67). Auch bei Beschlüssen, durch die ein Nichtbefolgungsarrest angeordnet wird (§§ 11 Abs. 3, 15 Abs. 3 S. 2) sprechen die besseren Gründe für die Möglichkeit eines Wiederaufnahmeverfahrens (n. → § 65 Rn. 17; zur entspr. Frage bzgl. des Verschlechterungsverbotes vgl. → Rn. 40).

29 **c) Sonstige Einzelfragen. aa) Antragsberechtigt** sind zunächst einmal die JStA und der verurteilte Jugendliche bzw. Heranwachsende (§§ 365, 296 StPO iVm § 2 Abs. 2). „Verurteilt" iSd Wiederaufnahmebestimmungen ist auch derjenige, gegen den auf Erziehungsmaßregeln und/oder Zuchtmittel erkannt wurde sowie derjenige, bei dem das Gericht eine Aussetzung der Verhängung der JStrafe zBew (§ 27) ausgesprochen hatte. Für den Verurteilten kann der Verteidiger den Wiederaufnahmeantrag stellen (§§ 365, 297 StPO iVm § 2 Abs. 2). Erziehungsberechtigte und gesetzliche Vertreter sind selbstständig antragsberechtigt (§§ 365, 298 Abs. 1 StPO iVm § 2 Abs. 2 und § 67 Abs. 2).

30 **bb)** Der Antrag auf Wiederaufnahme des Verfahrens hat keine vollstreckungshemmende Wirkung. Vom JGericht kann aber ein Aufschub oder eine Unterbrechung der Vollstr angeordnet werden (§ 360 StPO iVm § 2 Abs. 2). Falls sich der Wiederaufnahmeantrag nur **auf einzelne von mehreren Taten** erstreckt, soll eine Parallele zu den für § 56 geltenden Kriterien

zu ziehen sein (Dallinger/Lackner Vor § 55 Rn. 31), und dies auch dann noch, wenn das JGericht für den fraglichen Teil der abgeurteilten Taten bereits die Wiederaufnahme des Verfahrens und eine neuerliche HV (unter Beseitigung der Vollstreckbarkeit des Urteils) angeordnet hat (Brunner/Dölling Rn. 65; Diemer/Schatz/Sonnen/Schatz Rn. 51). Diese Lösung ist ungeachtet des dahinterstehenden praktischen Bedürfnisses allerdings fragwürdig, da § 56 eine Ausnahmeregelung darstellt und somit keinen generalisierbaren Rechtsgedanken enthält (vgl. → § 56 Rn. 3 f.). Im Übrigen muss das Wiederaufnahmegericht bei mehreren Taten auch dort, wo die Wiederaufnahme nur hinsichtlich einzelner dieser Taten begehrt wird, mit Blick auf § 31 den **gesamten Rechtsfolgenausspruch** prüfen und im Falle einer erneuten HV ggf. auch eine neue einheitliche Rechtsfolge festsetzen (ebenso schon Dallinger/Lackner Vor § 55 Rn. 30; vgl. iÜ die sinngemäß geltenden Ausführungen bei → Rn. 17 f.).

III. Das Verschlechterungsverbot bei den jugendstrafrechtlichen Rechtsmitteln

1. Grundlagen

Das Verbot der reformatio in peius, wonach bei Einlegung eines Rechts- 31
mittels zugunsten des Angeklagten eine Verschlechterung hinsichtlich Art und Höhe der **Rechtsfolgen** ausgeschlossen ist, **gilt auch im JStV** (§§ 331, 358 Abs. 2 S. 1 StPO iVm § 2 Abs. 2; dazu schon Grethlein Verschlechterungsverbot S. 33 ff.; Kretschmann, Das Verbot der reformatio in peius im Jugendstrafverfahren, 1968, S. 3 ff.; s. auch BGHSt 10, 198 (202) = NJW 1957, 998 (1000); BGH LM Nr. 16 zu § 358 Abs. 2 StPO; OLG Düsseldorf NJW 1964, 216). Darin eingeschlossen sind das Wiederaufnahmeverfahren, das vereinfachte JVerfahren sowie die urteilsgleichen Beschlussverfahren (s. auch OLG München MDR 1980, 517; s. auch → Rn. 28 und → Rn. 40). Keine Bedeutung hat das Verbot dagegen für die (generell unanfechtbaren) informellen Entscheidungen nach §§ 45, 47, für die vorläufigen Anordnungen nach § 71 (Grethlein Verschlechterungsverbot S. 135) und für das Kostenfestsetzungsverfahren (s. etwa KG MDR 1982, 251 mAnm Schmidt MDR 1982, 252; LG Lübeck SchlHA 1982, 62 für das allg. StVR). – Zur eingeschränkten Geltung des Verschlechterungsverbots im Ordnungswidrigkeitenverfahren gegen Jugendliche s. Göhler/Bauer OWiG § 62 Rn. 28; KK-OWiG/Kurz OWiG § 62 Rn. 27; Meyer-Goßner/Schmitt/Schmitt StPO Vor § 304 Rn. 5.

Durch das Verbot soll verhindert werden, dass die Anfechtungsberechtig- 32
ten von der Einlegung eines Rechtsmittels absehen, weil sie für den Fall seiner Erfolglosigkeit eine erhöht beeinträchtigende Rechtsfolge befürchten (vgl. etwa BGHSt 7, 86 (87) = NJW 1955, 600). Es greift deshalb ein, wenn der Angeklagte selbst oder ein anderer anfechtungsberechtigter Beteiligter (→ Rn. 4 ff.) einen (am Ende erfolglosen) Rechtsbehelf **zugunsten** des Entscheidungsadressaten ergriffen haben – nicht aber bei einem zugleich eingelegten Rechtsmittel zu dessen Ungunsten. Allerdings **lebt** das Verschlechterungsverbot dann **wieder auf,** wenn das Rechtsmittel der JStA zurückgenommen oder verworfen wird (vgl. jeweils zum allg. StR OLG

Brandenburg BeckRS 2009, 5969; BayObLG BeckRS 2001, 29872; OLG Bamberg NStZ-RR 2015, 149; 2017, 369 (Ls.) = BeckRS 2017, 127410).

33 Im Anwendungsbereich des Verschlechterungsverbots stellt die frühere Anordnung eine Obergrenze für den neuen Rechtsfolgenausspruch dar, weshalb die jeweiligen Anordnungsinhalte miteinander zu vergleichen sind. Nach der von der Rspr. praktizierten „Gesamtschau" (BGHSt 24, 11 (14) = NJW 1971, 105 (106)) werden die Rechtsfolgen sowohl nach einem **generell-objektiven Maßstab** (iSd gesetzlichen Wertungen) beurteilt als auch in ihrer **konkreten Einzelfallausgestaltung** verglichen, wobei ausschlaggebend für die Entscheidung ist, welcher Rechtsfolgenausspruch den Angeklagten in seinen rechtlichen und tatsächlichen Wirkungen im konkreten Fall stärker belastet (vgl. BayObLGSt 70, 159 (161); OLG Hamm NJW 1971, 1666). Mit Blick auf den Schutzzweck kommt es speziell im JStV in dieser Hinsicht aber wesentlich auch auf eine ggf. erkennbare subjektive Rechtsfolgen- und Situationsbeurteilung durch den Angeklagten an. Der objektivierende Belastungsvergleich dominiert hier allein dort, wo keine davon abw. **persönliche Belastungseinstufung** ersichtlich ist (Diemer/Schatz/Sonnen/Schatz Rn. 32). Typisierende Aussagen zu den abstrakten Verhältnissen zwischen verschiedenen Rechtsfolgen (→ Rn. 34 ff.) stehen in ihrer Verbindlichkeit insofern unter Vorbehalt. Bei gem. § 8 kombinierten Rechtsfolgen gilt dies besonders (n. BeckOK JGG/Kunkel Rn. 50 f.).

2. Verhältnis der besonderen Rechtsfolgen des JGG zueinander

34 **a) Erziehungsmaßregeln.** Für den Vergleich der Eingriffsintensität unter den verschiedenen, gesetzlich nicht abschließend geregelten (Bewährungs-)**Weisungen** (§ 10 bzw. §§ 23, 29, 61b) kommt es ungeachtet der formalen Austauschbarkeit (§ 11 Abs. 2) auf den Weisungsinhalt und den damit verbundenen Belastungsgrad an (NK-JGG/Schady Rn. 61). Das gilt gleichermaßen bei einer Anordnung durch das FamG (§ 53 S. 2), wobei die vorangegangene Verweisung gem. § 53 S. 1 für sich genommen nicht vergleichsfähig ist. Auch im Verhältnis zu Auflagen (§ 15) sind die jeweiligen Pflichteninhalte maßgeblich (vgl. statt vieler auch Brunner/Dölling Rn. 38).

35 Die **Erziehungsbeistandschaft** (§ 12 Nr. 1) ist allein ggü. einer Verwarnung eine härtere Sanktion, sonst aber idR (auch ggü. Weisungen) eingriffsmilder. Dagegen entwickelt eine **Verpflichtung** nach **§ 12 Nr. 2** eine intensivere freiheitseinschränkende bzw. Belastungswirkung als fast alle übrigen Rechtsfolgen des JGG (kennzeichnend Abs. 1 S. 2, § 78 Abs. 1 S. 2). Wegen der längeren Maßnahme-Dauer gilt dies auch im Vergleich zum JA. Anders verhält es sich allein bei der vollstreckbaren JStrafe, wie sich aus deren Vollzugsbedingungen (§§ 89b, 92) ergibt. Bei der Aussetzung der Vollstr der JStrafe zBew (§ 21) sowie bei der Aussetzung der Verhängung der JStrafe zBew (§ 27) ist die Eingriffsintensität wegen der Möglichkeit späterer (Verhängung und) Vollstr (§ 26 Abs. 1 bzw. § 30 Abs. 1 S. 1) ebenfalls höher, soweit nicht mit der Durchführung der Hilfe zur Erziehung nach § 12 Nr. 2 in einem geschlossenen Heim konkret zu rechnen ist (ebenso Diemer/Schatz/Sonnen/Schatz Rn. 36).

36 **b) Zuchtmittel.** Anders als bei der **Verwarnung** (§ 14), die nach allgA die eingriffsmildeste förmliche Rechtsfolge des JGG darstellt, ist das Verhältnis zwischen den verschiedenen **Auflagen** nicht vollständig geklärt. Ob-

wohl hier teilw. von der Gleichwertigkeit aller Varianten des § 15 Abs. 1 S. 1 ausgegangen wird (vgl. etwa Brunner/Dölling Rn. 23), scheint es treffender zu sein, eine Differenzierung vorzunehmen und die fallkonkrete Wirkung sowie die subjektive Eingriffsbewertung dafür maßgeblich sein zu lassen (ebenso schon Bender JGG Anm. 20; wohl auch Dallinger/Lackner Vor § 55 Rn. 26; vgl. ferner Beulke/Swoboda JugendStrafR Rn. 821; Baumann, Das strafprozessuale Verbot der reformatio in peius und seine Besonderheiten im Jugendstrafrecht, 1999, S. 127; vgl. auch → Rn. 33). Ggü. dem JA und sämtlichen Entscheidungsformen, die iZm der JStrafe zulässig sind, weisen alle Auflagevarianten einen geringeren Belastungsgrad auf.

Unter den verschiedenen Ausgestaltungen des **Jugendarrests** (§ 16) ergeben sich allein aus der Gesamtdauer der Freiheitsentziehung abgestufte Härtegrade. Dagegen ist ein zweitägiger Kurzarrest einem Freizeitarrest ebenso gleichwertig (§ 16 Abs. 3 S. 2), wie dies bei zwei Dauerarresten der Fall sein kann, bei denen einmal eine förmliche U-Haftanrechnung (§ 52) und im anderen Fall eine tagesgleich reduzierte Bemessung erfolgt (vgl. Grethlein Verschlechterungsverbot S. 106). Im Spektrum der anderen JGG-Rechtsfolgen ist JA härter als alle ambulanten und milder als alle übrigen stationären Reaktionsformen (§ 12 Nr. 2 und JStrafe). Als schwerwiegender gelten teilw. auch die gem. § 21 zBew ausgesetzte JStrafe (OLG Düsseldorf NJW 1961, 891; OLG Oldenburg RdJ 1966, 241 (242); OLG Schleswig Urt. v. 21.5.1984 – 1 Ss 679/83; abw. LG Nürnberg-Fürth NJW 1968, 120) und die zBew ausgesetzte JStrafverhängung gem. § 27 (OLG Hamm NJW 1971, 1666; Beulke/Swoboda JugendStrafR Rn. 821; Baumann, Das strafprozessuale Verbot der reformatio in peius und seine Besonderheiten im Jugendstrafrecht, 1999, S. 148 ff., 151 ff.; Kretschmann, Das Verbot der reformatio in peius im Jugendstrafverfahren, 1968, S. 127, 129). Dafür verweist man auf § 13 Abs. 3, wonach der JA keine Strafwirkungen habe, und rückt die faktischen Eingriffseffekte (sofortiger./. potenzieller Freiheitsentzug) in den Hintergrund. Das kann jedenfalls bei einem langen (maximalen, ggf. sogar mehrfachen) Dauerarrest nicht überzeugen. 37

c) JStrafe mit Aussetzungsentscheidungen. Die **Aussetzung** der **Verhängung** der JStrafe zBew (§ 27) ist eingriffsinvasiver als sämtliche Erziehungsmaßregeln und Zuchtmitteln, weil hier nach § 30 Abs. 1 S. 1 die Möglichkeit einer schwerwiegenden Freiheitsentziehung bestehen bleibt (s. aber differenzierend zum JA → Rn. 37). Eine größere Strafhärte als diese Entscheidungsform entwickeln aber nicht nur die vollstreckbare Verhängung von JStrafe, sondern idR auch die JStrafanordnung, deren **Vollstr** gem. § 21 **zBew ausgesetzt** wird (s. näher Grethlein Verschlechterungsverbot S. 92 ff.; zust. Diemer/Schatz/Sonnen/Schatz Rn. 40; abw. BGHSt 9, 104 (106) = NJW 1956, 960 (961); vgl. auch Kretschmann, Das Verbot der reformatio in peius im Jugendstrafverfahren, 1968, S. 128 f.). Die bedingte JStrafe wird in ihrem Belastungsgrad demzufolge allein durch die unbedingte JStrafe übertroffen. 38

Lehnt das Rechtsmittelgericht die von der Vorinstanz angeordnete **Aussetzung der Vollstr ab**, stellt dies eine Rechtsfolgenverschlechterung dar (BGH NJW 1954, 39 (40); 2.12.1954 – 3 StR 120/54; Beulke/Swoboda JugendStrafR Rn. 821). Ebenso verhält es sich nach allgA, wenn die ursprüngliche Aussetzung nunmehr vorbehalten bleibt (§§ 61 ff.) und die Frage der Nicht-/Vollstreckung damit ungewiss wird. Der Übergang von der 39

Aussetzung zur vorbehaltenen oder Nicht-Aussetzung begründet auch dann eine härtere Sanktion, wenn zugleich auf eine niedrigere JStrafe oder eine zusätzliche U-Haftanrechnung erkannt wird (vgl. BayObLG NJW 1959, 1838; OLG Frankfurt a. M. NJW 1964, 368; Meyer-Goßner/Schmitt/Schmitt StPO § 331 Rn. 17). Hatte sich das erstinstanzliche Gericht die Entscheidung der Aussetzung der Vollstr zBew vorbehalten, bewirkt das Rechtsmittelgericht, das diese Frage entscheidet und die Strafaussetzung versagt, eine Intensivierung der Rechtsfolge (abw. Brunner/Dölling Rn. 47) – nämlich die Möglichkeit der sofortigen Vollstreckung und den Wegfall der Chance, diese durch konformes Verhalten noch verhindern zu können (NK-JGG/Schady Rn. 17; BeckOK JGG/Kunkel Rn. 49).

40 **d) Bewährungszeit ausgestaltende Anordnungen.** Trifft das Rechtsmittelgericht iZm dem neuen Urteil, das eine Aussetzung bestätigt, eine Entscheidung, in der andere **Bewährungsauflagen** und **-weisungen** (§ 23 Abs. 1 S. 3, § 29) als in der vorangegangenen Entscheidung angeordnet werden, sind die sich auf Urteile beziehenden §§ 331, 358 Abs. 2 S. 1 StPO iVm § 2 Abs. 2 nicht unmittelbar anwendbar (OLG Düsseldorf NStZ 1994, 198 (199)). Unabhängig davon ist auch die sachliche Einschlägigkeit des Verschlechterungsverbotes umstritten. Die hM verneint dies und verweist darauf, dass die fraglichen Maßnahmen bei Vorlage der gesetzlichen Voraussetzungen unanfechtbar abänderbar (§ 23 Abs. 1 S. 3, § 59 Abs. 2 S. 2) sind. Bei deren Intensivierung handele es sich daher um keine relevanten Nachteile, auch wenn das Gericht der vorherigen Instanz eine solche Änderung nicht in Betracht gezogen hatte (OLG Düsseldorf NStZ 1994, 198 (199); BeckOK JGG/Kunkel Rn. 36 f.; für das allg. StR BGH NJW 1964, 2213; NJW 1982, 1544; BayObLGSt 56, 253; OLG Frankfurt a. M. NJW 1978, 959; OLG Oldenburg NStZ-RR 1997, 9; KG StraFo 2010, 426 = BeckRS 2010, 18962).

41 Die Funktion des Verschlechterungsverbotes, das einen **Vertrauens- und keinen Bestandsschutz** gewährleisten sowie einen „freien" Rechtsmittelentschluss ermöglichen soll, spricht allerdings für die Unzulässigkeit nachteilig geänderter Bewährungsanordnungen. Müsste der Angeklagte erwarten, dass das Rechtsmittelgericht die Bewährungsphase (auf derselben Tatsachengrundlage und nur wegen deren abweichender Bewertung) für ihn belastungsreicher als bislang gestaltet, hätte dies eine ebenso abschreckende Wirkung wie der Übergang zu härteren Sanktionen ieS. Deshalb ist hier das Verschlechterungsverbot auch ohne eine spezielle Regelung in den §§ 304 ff. StPO **analog** anwendbar (NK-JGG/Schady Rn. 14: Vertrauensprinzip: vgl. zum allg. StR OLG Koblenz NJW 1977, 1074; MüKoStGB/Groß/Kett-Straub StGB § 56b Rn. 38; SK-StPO/Frisch StPO § 331 Rn. 16). Das gilt auch für eine etwaige **Verlängerung** der **BewZeit** (§ 22 Abs. 2 S. 2) durch das Rechtsmittelgericht (ebenso Grethlein Verschlechterungsverbot S. 56 f.; aA OLG Hamburg NJW 1981, 470 (zum allg. StVR)). Nachteilige neue Festlegungen sind jeweils nur bei neuen Tatsachen, die auch zu einer entspr. Verschärfung durch das Gericht der vorherigen Instanz führen könnten, angängig (ähnlich MüKoStPO/Kaspar Rn. 32a; vgl. auch BGH NJW 1982, 1544).

42 **e) Vollstreckbare JStrafe.** Die (vollstreckbare) **JStrafe** (§§ 17 ff.) ist nach allgA nachteiliger als jede andere Rechtsfolge des JGG. Für einen Vergleich von JStrafen untereinander kommt es sodann auf deren Bemessung

an. Wenn die Dauer der JStrafe in der neuen Entscheidung erhöht wird, liegt darin ein Nachteil. Nach ganz hM gilt dies – wegen der Widerrufsmöglichkeit – unabhängig davon, ob das Rechtsmittelgericht die Vollstr der JStrafe anders als das frühere Gericht zBew aussetzt oder nicht (s. etwa BGH JZ 1956, 101 = BeckRS 1955, 31191871; vgl. auch OLG Düsseldorf NJW 1964, 216; OLG Brandenburg NStZ-RR 2008, 388).

Unterbleibt in der Rechtsmittelinstanz die erstinstanzlich erfolgte **Anrechnung** von **U-Haft** (§ 52a), ohne dass die Dauer der JStrafe entsprechend verringert wird, liegt darin nach allgA ein Nachteil. Wird dies durch eine Herabsetzung der festgelegten JStrafdauer kompensiert, ist wiederum zu beachten, dass sich die berücksichtigungsfähige Vollstreckungszeit durch den Wegfall der erstinstanzlich noch vorgenommenen Anrechnung vermindert oder ganz verliert. Sofern dadurch der Zeitpunkt, zu dem gem. § 88 Abs. 2 die Vollstr des JStrafrestes ausgesetzt werden kann, nach hinten rückt, wird der Angeklagte (ungeachtet der verkürzten JStrafdauer) in dieser Hinsicht also in unzulässiger Weise schlechter gestellt (n. Grethlein Verschlechterungsverbot S. 47 f.; ferner Ganske, Der Begriff des Nachteils bei den strafprozessualen Verschärfungsverboten, 1960, S. 96 f. für das allg. StVR; abw. BGH JZ 1956, 101 = BeckRS 1955, 31191871; wohl auch BGHSt 7, 214 (217) = NJW 1955, 557). Das bedeutet aber nicht, dass die JStrafe erhöht werden dürfte, wenn dies durch die erstmalige Anrechnung der bis zum erstinstanzlichen Urteil erlittenen U-Haft ausgeglichen wird (so aber Brunner/Dölling Rn. 46; Grethlein Verschlechterungsverbot S. 47 f.). Zwar tritt dann ein früherer Drittelvollzug (§ 88 Abs. 2) ein, ohne dass bei Nichtaussetzung des JStrafrestes eine längere Vollzugsdauer drohte. Aber formal und registertechnisch wird der Angeklagte mit einer härteren Sanktion belastet. 43

Hatte das frühere Gericht gem. § 31 Abs. 2 eine **Einheits-JStrafe** festgesetzt, wird der Grenzmaßstab durch deren Länge markiert (dazu und zu einer Ausnahmekonstellation → § 31 Rn. 66). Wurde die früher angeordnete JStrafe, die in der angegriffenen Entscheidung einbezogen worden war, zwischenzeitlich vollstreckt, sodass das Rechtsmittelgericht gar keine Einheits-JStrafe mehr bilden kann, darf die neue, einzeln zu verhängende JStrafe nur so hoch bemessen werden, dass ihre Dauer zusammen mit der vollstreckten JStrafe die Dauer der Einheits-JStrafe nicht übersteigt (n. → § 31 Rn. 27 f.). Die Erwägungen zu § 358 Abs. 2 S. 1 StPO im allg. StR (BGHSt 12, 94 = NJW 1959, 56) gelten hier gleichermaßen (BGH NStZ 1986, 423). Auch wenn das Rechtsmittelgericht gem. § 31 Abs. 3 S. 1 von der Einbeziehung einer früher getroffenen Rechtsmittelentscheidung absehen will, darf die Summe aus den Einzelsanktionen in ihrer Eingriffsintensität nicht über die der ursprünglich angeordneten Einheitssanktion hinausgehen (OLG Celle NStZ-RR 2001, 90; vgl. auch OLG Brandenburg NStZ-RR 2008, 388). 44

3. Verhältnis zwischen Rechtsfolgen des JGG und des StGB

a) Freiheitsstrafe. Dass eine Rechtsfolge nach allg. StR anstatt nach JStR ausgesprochen wird, begründet nicht automatisch einen Nachteil iSd Verschlechterungsverbotes (OLG Köln NJW 1964, 1684; s. auch → § 105 Rn. 69). Vielmehr kommt es auf den Vergleich der Rechtsfolgen **im Einzelnen** an. Danach ist die (vollstreckbare) Freiheitsstrafe (§§ 38 f. StGB) 45 eingriffsintensiver als jede Rechtsfolge des JGG (vgl. aber sogleich → Rn. 46). Dies gilt auch bei **Aussetzung** der Vollstr **zBew** (§§ 56 StGB). Wegen der Widerrufsmöglichkeit stellt sie auch im Verhältnis zum JA, obwohl dessen Vollstr nicht zBew ausgesetzt werden darf (§ 87 Abs. 1), eine höhere Belastung dar.

46 Hinsichtlich der **JStrafe** sind die vorgenannten Maßgaben indes einzuschränken. Diese jugendstrafrechtliche Reaktionsform ist nur insoweit milder, wie ihre Dauer die der Freiheitsstrafe nicht übersteigt. Eine **kürzere Freiheitsstrafe** stellt also **keine** größere Belastung als eine längere JStrafe dar (BGHSt 10, 100 = NJW 1956, 680) – zumindest, soweit die Aussetzung des Strafrestes zBew nach demselben Vollzugszeitraum (oder gar früher) möglich ist (BGHSt 29, 269 = NJW 1980, 1967). Für das Verhältnis zwischen JStrafe und Freiheitsstrafe, die jeweils zBew ausgesetzt werden, gilt all dies entsprechend. Die JStrafe darf aber nicht durch eine **längere** unbedingte oder bedingte Freiheitsstrafe ersetzt werden.

47 Auch eine **gleich hohe Freiheitsstrafe** ist ggü. der erstinstanzlich ausgesprochenen JStrafe ein **Nachteil** (BGHSt 29, 269 = NJW 1980, 1967; Brunner/Dölling Rn. 55). Der niedrigere Belastungsgrad der JStrafe zeigt sich in den geringeren Anforderungen einer Strafrestaussetzung (n. → § 88 Rn. 14 ff.), in der Möglichkeit der Strafmakelbeseitigung (§§ 97 ff.) und in günstigeren Registerfolgen (vgl. §§ 32 Abs. 2, 34 Abs. 1, 46 Abs. 1 BZRG). Auch hinsichtlich der Vollzugsbedingungen weist die JStrafe eine geringere Härte als die Freiheitsstrafe auf (Beulke/Swoboda JugendStrafR Rn. 167; abw. und wegen §§ 89b Abs. 2, 114 in dieser Hinsicht von Gleichwertigkeit ausgehend aber BGHSt 5, 366 (369) = NJW 1954, 847 (848); BGHSt 10, 100 (103) = NJW 1956, 680 (681); OLG Düsseldorf NJW 1964, 216; Grethlein Verschlechterungsverbot S. 150; Kretschmann, Das Verbot der reformatio in peius im Jugendstrafverfahren, 1968, S. 133; Baumann, Das strafprozessuale Verbot der reformatio in peius und seine Besonderheiten im Jugendstrafrecht, 1999, S. 163).

48 Vor diesem Hintergrund kann die Rechtsmittelinstanz eine verhängte Freiheitsstrafe stets durch eine (kürzere oder maximal gleich lange) JStrafe ersetzen. Lag die Dauer der Freiheitsstrafe unter dem **Mindestmaß** der JStrafe (§ 18 Abs. 1 S. 1), muss dieses **unterschritten** werden (s. auch → § 18 Rn. 5). Sofern hier das Rechtsmittelgericht eine JStrafe für erforderlich hält und nicht (wie dies idR der Fall sein wird) eine andere jugendstrafrechtliche Rechtsfolge in Betracht kommt, führt das Schlechterstellungsverbot zu einer Durchbrechung der sachlich-rechtlichen Vorschrift in § 18 Abs. 1 (OLG Oldenburg NJW 1956, 1730 (1731); OLG Düsseldorf NJW 1964, 216; Diemer/Schatz/Sonnen/Schatz Rn. 46; BeckOK StPO/Eschelbach StPO § 331 Rn. 26; Grethlein Verschlechterungsverbot S. 151; Müller FS Eisenberg, 2009, 417; **aA** NK-JGG/Schady Rn. 20; MüKoStPO/Kaspar Rn. 44a; BeckOK JGG/Kunkel Rn. 64; Diemer/Schatz/Sonnen/Sonnen § 18 Rn. 4).

49 **b) Geldstrafe.** Diese Rechtsfolge (§§ 40 ff. StGB) ist grds. von geringerer Eingriffsintensität als die stationären Rechtsfolgen des JGG, auch als die Hilfe zur Erziehung nach § 12 Nr. 2 (Brunner/Dölling Rn. 59) und der JA (aA LG Kassel 7.2.1992 – 424 Js 17538.3/91 bei Böhm NStZ 1992, 528 (529)). Die Bedingungen des Einzelfalls – etwa die drohende Uneinbringlichkeit der Geldstrafe (vgl. Böhm/Feuerhelm JugendStrafR S. 64) oder deren be-

sondere Höhe – können indes eine abw. Bewertung begründen (→ Rn. 33; zust. Baumann, Das strafprozessuale Verbot der reformatio in peius und seine Besonderheiten im Jugendstrafrecht, 1999, S. 175 f.). Wegen der Notwendigkeit einer fallindividuellen Beurteilung sind standardisierende Vergleichsmethoden problematisch. Dass die Geldstrafe nur/immer dann härter als JStrafe oder JA sei, wenn die Tagessatzzahl höher als der nach Tagen berechnete Umfang der jugendstrafrechtlichen Freiheitsentziehung ist (so mit Blick auf § 43 S. 2 StGB BayObLGSt 70, 159 (163); Grethlein Verschlechterungsverbot S. 158 f.; Kretschmann, Das Verbot der reformatio in peius im Jugendstrafverfahren, 1968, S. 135 f.), hat also allein Orientierungswirkung.

4. Nebenstrafen und Nebenfolgen

Soweit im JStR auf die im allg. StR zulässigen Nebenstrafen und Nebenfolgen erkannt werden darf (n. → § 6 Rn. 4 ff.) und deren Wirkung nicht kraft Gesetzes eintritt, liegt ein Nachteil iSd Verschlechterungsverbots vor, wenn durch das Rechtsmittelgericht die **erstmalige** Anordnung oder eine **Erhöhung** erfolgt (wohl ebenso Brunner/Dölling Rn. 52). Deshalb darf bspw. eine Einziehungsentscheidung nicht erst im (allein vom Angeklagten veranlassten) Rechtsmittelverfahren angeordnet werden – und dies unabhängig davon, ob die Anordnung in der Vorinstanz versehentlich unterlassen wurde und ein selbstständiges Anordnungsverfahren (§ 76a StGB) zulässig wäre (BGHSt 64, 48 = NJW 2019, 1008; OLG Zweibrücken ZInsO 2018, 728 = BeckRS 2017, 144006). 50

Zu berücksichtigen ist hierbei indes auch der **Zusammenhang mit den anderen** Sanktionen. So soll bei Aufhebung eines erstinstanzlich angeordneten Fahrverbots die (Haupt-)Rechtsfolge angehoben werden können, wenn bei einer Gesamtbetrachtung (vgl. → Rn. 33) dadurch keine Mehrbelastung eintritt (LG Köln NStZ-RR 1997, 370 für das allg. StR) bzw. der Wegfall des Fahrverbots dabei nicht überkompensiert wird (BGHSt 24, 11 = NJW 1971, 105 mablAnm Peters JR 1971, 251; BayObLGSt 72, 242; OLG Hamm NStE Nr 4 zu § 344 StPO; OLG Düsseldorf NStZ-RR 2007, 318). Ebenso kann eine erstmalige Anordnung des Fahrverbots im Rechtsmittelverfahren durch eine (ausgleichende) Absenkung der anderen Sanktion ermöglicht werden (OLG Schleswig NStZ 1984, 90; NK-JGG/Schady Rn. 21). 51

5. Maßregeln der Besserung und Sicherung

a) Unterbringung. Das Verschlechterungsverbot ist nach § 331 Abs. 2, § 358 Abs. 2 S. 3 StPO, § 373 Abs. 2 S. 2 StPO iVm. § 2 Abs. 2 kein Hindernis für die Anordnung der Unterbringung in einem psychiatrischen Krankenhaus oder einer Entziehungsanstalt, deren Notwendigkeit erst **im Rechtsmittelverfahren festgestellt** wurde (BGHSt 37, 5 (9) = NJW 1990, 2143; BGH NStZ-RR 1998, 188; 2008, 107; StV 2021, 3 = BeckRS 2020, 30631). Anders liegt es nur, wenn die ursprüngliche Nichtanordnung vom Rechtsmittelangriff ausgenommen worden war (→ Rn. 21). 52

Eine zunächst angeordnete und dann **aufgehobene** Unterbringung darf vom Rechtsmittelgericht durch Erziehungsmaßregeln (einschließlich Hilfe zur Erziehung nach § 12 Nr. 2) und Zuchtmittel ersetzt werden (BGH NStZ-RR 2024, 340 (Ls.) = BeckRS 2024, 21040; Brunner/Dölling 53

Rn. 51), nicht aber durch eine JStrafe (v. OLG Köln 14.3.2017 – 1 RVs 295/16; für das allg. StR vgl. BGHSt 11, 319 = NJW 1958, 1050; BeckRS 2001, 30195547; aA NK-JGG/Schady Rn. 22 für Wechsel zu JStrafe von § 64 StGB bei Einhaltung der Unterbringungshöchstdauer). Ihre erstmalige Anordnung stellt im Vgl. zur Maßregel keine nachteilige Abänderung für den Betroffenen dar. Hat das Gericht das Zuchtmittel bzw. die Erziehungsmaßregel für angezeigt, aber wegen der Maßregel für verzichtbar erachtet (§ 5 Abs. 3), gilt dies erst recht (BGH NStZ-RR 2024, 340 (Ls.) = BeckRS 2024, 21040).

54 Speziell für das Revisionsverfahren und den Fall von § 63 StGB ist in **§ 358 Abs. 2 S. 2 StPO** iVm § 2 Abs. 2 indes eine Ausnahme geregelt. Hiernach ist, wenn die in der ersten Entscheidung bejahte Schuldunfähigkeit nicht mehr aufrechterhalten wird, die Verhängung von Strafe (ohne neuerliche Unterbringung) zulässig (vgl. etwa BGH StraFo 2011, 55 = BeckRS 2010, 23434). Dass dies aber uneingeschränkt auch im JStR gilt (so etwa BGH NStZ-RR 2013, 309 (311); BeckRS 2024, 23139; Diemer/Schatz/Sonnen/Schatz Rn. 49), ist bei Schaffung der Vorschrift nicht erörtert worden (BT-Drs. 16/1344, 17) und gem. § 2 Abs. 2 auch nicht zweifelsfrei. Das betrifft namentlich die Fälle, in denen das frühere Gericht bei Bejahung verminderter Schuldfähigkeit von der Verhängung der JStrafe gem. § 5 Abs. 3 abgesehen hat. Hier liegt eine gerichtliche Entscheidung vor, in der die JStrafenanordnung für möglich, aber entbehrlich gehalten wurde – also anders als in den Anwendungsfällen des allg. StrafR, auf die § 358 Abs. 2 S. 2 StPO zugeschnitten ist, keine Entscheidung, bei der das Gericht die Anwendbarkeit der Freiheits- bzw. JStrafe für gänzlich ausgeschlossen hielt. Angesichts des gesetzgeberischen Schweigens kann nicht davon ausgegangen werden, dass sich die Einschränkung des Verschlechterungsverbotes auch auf solche strukturdivergenten Konstellationen erstreckt (abw. BGH NStZ-RR 2013, 309 (311) mkritAnm Eisenberg StraFo 2013, 167; BGH BeckRS 2015, 17661). Hiervon grds. abw. will LG Köln NStZ 2021, 380 die im Gesetz ausdrücklich ausgenommene, unterbringungsersetzende Anordnung von JStrafe (in analoger Anwendung von § 358 Abs. 2 S. 2 StPO iVm § 2 Abs. 2) aber sogar im Berufungsverfahren erlauben (anders bspw. Diemer/Schatz/Sonnen/Schatz Rn. 49).

55 **b) Entziehung der Fahrerlaubnis.** Bei einer erstinstanzlichen Entziehung der Fahrerlaubnis (→ § 7 Rn. 63 ff.) stellt es keinen Nachteil dar, wenn diese Maßregel in der Rechtsmittelentscheidung durch ein zeitlich kürzeres Fahrverbot ersetzt wird (OLG Frankfurt a. M. VRS 34, 35; OLG Hamm Z 1978, 656; Diemer/Schatz/Sonnen/Schatz Rn. 49; NK-JGG/Schady Rn. 22). – Die Entziehung der Fahrerlaubnis durch das Rechtsmittelgericht ist hingegen nachteilig, wenn in der Vorinstanz auf eine Weisung, den Führerschein zu hinterlegen, erkannt worden war (allgA).

6. Kostenentscheidung

56 Nach oft vertretener Auffassung erstrecke sich das Verschlechterungsverbot nicht auf die Kostenentscheidung zum angefochtenen Urteil (Brunner/Dölling Rn. 53; BeckOK JGG/Kunkel Rn. 66). Die dem zugrunde liegende Auslegung von §§ 331 Abs. 1, 358 Abs. 2 StPO, wonach die Kostenentscheidung nicht zu den für eine Verschlechterungsprüfung relevanten

„Rechtsfolgen" zählt, wird den Anforderungen einer jugendorientierten Lesart (→ § 2 Rn. 15 ff., 39 ff.) nicht gerecht. Berücksichtigt man in diesem Zusammenhang, dass der Schutz vor erzieherisch abträglichen finanziellen Belastungen im JGG auch außerhalb von § 74 verankert ist (Verbot der Geldstrafe, Voraussetzungen des § 15 Abs. 2), ist es angezeigt, die Kostenentscheidung im JStV in das Verschlechterungsverbot einzubeziehen (vgl. schon Grethlein Verschlechterungsverbot S. 135 f.; ebenso Diemer/Schatz/Sonnen/Schatz Rn. 50; MüKoStPO/Kaspar Rn. 31; NK-JGG/Schady Rn. 23; HK-JGG/Laue Rn. 64).

IV. Grundlagen der Rechtsmittelbeschränkungen im Jugendstrafverfahren

1. Entwicklung der Regelung

Abs. 1 begrenzt die zulässigen Gegenstände bzw. Ziele jugendstrafrechtlicher Rechtsmittel **(sachliche Rechtsmittelbeschränkung).** Die Vorschrift wurde mit dem JGG 1953 eingeführt. Nachdem § 40 JGG 1943 zwischenzeitlich die Anordnung von Zuchtmitteln und Erziehungsmaßregeln (mit Ausnahme der Fürsorgeerziehung) für unanfechtbar erklärt hatte (zumindest zugunsten des Angeklagten), kehrte der Gesetzgeber hiermit aus rechtsstaatlichen Erwägungen zu den Vorgaben des § 35 Abs. 1 JGG 1923 zurück (BT-Drs. I/3264, 46; BT-Drs. I/4437, 9). Allerdings geht die Einschränkungswirkung in Abs. 1 in einigen Punkten weiter als die der Vorgängerregelung. So schloss § 35 Abs. 1 JGG 1923 die Anfechtung wegen des Umfangs der angeordneten Maßnahmen nicht aus. Zudem bezog sich die Vorschrift nach ihrem Wortlaut nur auf Urteile. Ferner betraf die Rechtsmittelbeschränkung des JGG 1923 allein Erziehungsmaßregeln (einschließlich der damals noch entspr. eingeordneten Verwarnung und Auflagen), nicht aber den erst 1940 eingeführten JA (→ § 13 Rn. 3 und Rn. 6). 57

Abs. 2 begrenzt die Anzahl der Anfechtungsmöglichkeiten, die einem Rechtsmittelführer im Rechtsmittelzug zur Verfügung stehen **(instanzielle Rechtsmittelbeschränkung).** Die 1953 eingeführte Norm hat in den früheren jugendstrafrechtlichen Kodifikationen kein Vorbild. Sie knüpft aber an die VO des Reichspräsidenten über Maßnahmen auf dem Gebiet der Rechtspflege und Verwaltung v. 14.6.1932 (RGBl. I 285) an (BT-Drs. I/3264, 46). Dort war die Revision für denjenigen, der bereits eine zulässige Berufung eingelegt hatte, generell ausgeschlossen worden (was für den Bereich des allg. StVR durch das VereinheitlichungsG v. 12.9.1950 (BGBl. 455) aufgehoben worden war). 58

2. Zweck und Kritik

a) Ambivalenz von Beschleunigungszielen. Die ggü. dem allg. StVR 59 weitergehende Beschränkung der Rechtsmittel beruht auf der Vorstellung, gerade im JStV müsse man schnell zu einer rechtskräftigen Entscheidung gelangen, weil der angeordneten Maßnahme nur dann, wenn sie der Tat **so bald wie möglich** folge, die notwendige spezialpräventive Wirkung zukomme (BT-Drs. I/3264, 46; BT-Drs. I/4437, 9; BVerfG NJW 1988, 477;

BVerfGK 11, 383 = NStZ-RR 2007, 385; zust. Beulke/Swoboda JugendStrafR Rn. 805). Durch Abs. 1 und Abs. 2 würden somit erzieherisch dysfunktionale Verzögerungen verhindert. Im Hinblick auf den erheblichen Zeitraum, der zwischen Tatbegehung und rechtskräftiger Verurteilung notwendigerweise (auch bei abgeschmolzenen Verfahrensschritten und Rechtsbehelfen) liegt, ist diese Auffassung aber von vornherein gar **nicht plausibel** (zust. etwa Bottke ZStW 95 (1983), 69 (102); Meyer-Goßner FS Eisenberg, 2009, 409). Im Übrigen sind die erwarteten Wirksamkeitsvorsprünge schneller Reaktionen in der empirischen Forschung **alles andere als empirisch belegt** (n. → Einl. Rn. 42).

60 Die Befürchtung, ohne § 55 käme es zu häufigen, voneinander abw. (Rechtsmittel-)Entscheidungen und damit zu einer abträglichen Minderung der gerichtlichen Autorität (vgl. Beulke/Swoboda JugendStrafR Rn. 805; ebenso bereits Peters, Werdendes Jugendstrafrecht, 1947, S. 50; OLG München MDR 1948, 429), könnte wiederum nur auf der Grundlage eines autoritär verstandenen Erziehungskonzepts überzeugen (ähnlich NK-JGG/Schady Rn. 24). Wenn es akzeptable Gründe für eine beschleunigte Verfahrensbeendigung gibt, bestehen diese allein in der Reduzierung prozessbegleitender und -bedingter **Belastungen** bei der jungen und besonders vulnerablen Beschuldigtengruppe (→ Einl. Rn. 43).

61 Abs. 1 und Abs. 2 kommen allerdings verfahrensökonomischen Interessen ersichtlich entgegen. So verhindert Abs. 2 bei der erweiterten Zuständigkeit des JSchöffG auch für jene Verfahren, für die nach allg. Gerichtsverfassungsrecht die (große) Strafkammer erstinstanzlich zuständig (→ § 41 Rn. 5) und daher nur die Revision zulässig wäre (§§ 312, 333 StPO), einen dreistufigen Instanzenzug (Dallinger/Lackner Rn. 30; krit. Nothacker GA 1982, 451 (467 f.)). Ohnehin bedingt die für die JStrafjustiz de facto maßgebliche Handlungsnorm, effektiv zu arbeiten, eine auf **Erledigung** abzielende Arbeits**organisation** – wobei diese Orientierung bei der Anwendung von Verfahrensvorschriften umso dominanter zu werden vermag, je reduzierter die Anfechtungsmöglichkeiten (auch durch Abs. 1) bei einem Verstoß gegen die entspr. Vorschriften sind. Dass diese (latenten) verfahrensökonomischen Funktionen die Verminderung rechtsstaatlicher Kontrolloptionen durch Abs. 1 und 2 wirklich überzeugend legitimieren, erscheint indes als zw. (ähnlich MüKoStPO/Kaspar Rn. 5 ff.).

62 **b) Rechtspolitische Folgerungen.** Jugendliche und Heranwachsende werden durch Abs. 1 und 2 ggü. Erwachsenen **ersichtlich benachteiligt,** was bei Vorwürfen gemeinsamer Tatbegehung und gleichwohl meist getrennter Verfahrensdurchführung (→ § 103 Rn. 9) besonders deutlich wird. Zugleich ist die Rechtfertigungsbasis für diese rechtsmittelbezogene Schlechterstellung nach den vorgenannten Erwägungen außerordentlich schwach (sich der verfassungsrechtlichen Beanstandung dennoch verschließend BVerfG NJW 1988, 477; BVerfGK 11, 383 = NStZ-RR 2007, 385; abw. und für Verfassungswidrigkeit von Abs. 2 bei JStrafe aber bspw. Bode, Das Wahlrechtsmittel im Strafverfahren, 2000, S. 119 ff.). Denn für den beschleunigten Rechtskrafteintritt spricht letztlich allein die Belastungsreduktion beim Angeklagten, was einen Ausschluss von Verzögerungen, die allein aus seiner eigenen (Rechtsbehelfs-)Entscheidung hervorgehen, kaum zu begründen vermag. In den Vordergrund treten bei der Bewertung der Rechtslage daher die klare Ungleichbehandlung (dazu iZm Art. 3 GG n.

Meyer-Goßner FS Eisenberg, 2009, 408; Sindl, Die Abschaffung der Rechtsmittelbeschränkung im Jugendstrafrecht, 2021, S. 142 ff., 157 f.) und – namentlich bei Abs. 1 – auch die Abweichung von völkerrechtlichen Standards (Art. 40 Abs. 2 Buchst. b) v) Kinderrechtskonvention; Art. 7.1 Rahmenbestimmungen der VN für die Jugendgerichtsbarkeit („Beijing-Regeln"); Art. 14 Abs. 5 IPBPR; zu weiteren, ähnlich ausgerichteten Erwägungen Penkuhn ZJJ 2014, 371 (373); zust. BT-Drs. 20/14257, 53).

Die Pflicht zur Rechtsmittelwahl in Abs. 2 ist deshalb zumindest bei Rechtsfolgen von **hoher Eingriffsintensität** (Verpflichtung nach § 12 Nr. 2; JStrafe) aufzuheben. Die Rechtsmittelversagung des Abs. 1 sollte gestrichen oder zumindest auf **Ausnahmefälle** begrenzt werden (ebenso mit Unterschieden im Einzelnen BT-Drs. 20/14257, 11 sowie der Bericht der Expertenkommission zur effektiveren und praxistauglicheren Ausgestaltung des allgemeinen Strafverfahrens und des jugendgerichtlichen Verfahrens, 2015, S. 173 f.; ferner bspw. NK-JGG/Schady Grdl. z. §§ 55 und 56 Rn. 6; Bode, Das Wahlrechtsmittel im Strafverfahren, 2000, S. 142, 157; Meyer-Goßner FS Eisenberg, 2009, 410; Penkuhn ZJJ 2014, 371 ff.); Bartsch ZJJ 2016, 112 (115 ff.); Ostendorf ZJJ 2016, 120 (123 f.); für ein „Einheitsrechtsmittel" Momsen ZJJ 2004, 49). Dabei kommt es auch auf die konkrete Ausgestaltung an. So hätte zB eine sofortige Beschwerde, wie sie (in Abwendung von Abs. 1) für die Überprüfung von Erziehungsmaßregeln und Zuchtmitteln bisweilen vorgeschlagen wird (etwa durch einen RefE des BMJ aus dem Jahre 2011 und auch wieder durch einen RefE des BMJV vom 11.10.2018) den Vorzug der einfachen und zügigen Klärung, doch trüge sie wegen der allein aktengetragenen Entscheidungsform problematische Züge. 63

3. Rechtsmittelverfahren in der jugendstrafrechtlichen Praxis

Im JStV werden idR Berufungen und nur wenige Revisionen eingelegt. Verglichen mit dem allg. StR sind Rechtsmittel im JStV aber **seltener** (vgl. die Analysen von Becker/Kinzig, Rechtsmittel im Strafrecht, 2000, S. 165 ff.: nicht durch Verfahrensverläufe, sondern durch eine insges. andere Verhandlungsstruktur erklärbar). So wendeten sich in den Jahren 2022 und 2023 zwar 3,4 % bzw. 3,5 § aller erledigten **Berufungsverfahren** in Strafsachen vor den LG gegen Urteile des JRichters und 6,6 % bzw. 6,3 % gegen Urteile des JSchöffenG, doch bei den erledigten **Revisionsverfahren** in Strafsachen vor den OLG waren insges. nur 3,1 % bzw. 2,4 % gegen Urteile des JRichters, des JSchöffG oder einer JKammer gerichtet (Statistisches Bundesamt, Strafgerichte Tab. 24221-19 und -32). Bezogen auf alle Verurteilten nahmen Jugendliche und Heranwachsende aber deutlich höhere Anteile ein (10,04 % in 2020 bzw. 8,85 % in 2022; vgl. StrafSt Tab. 24311-01; für Werte zu den zurückliegenden Jahren s. 22. Aufl. Rn. 38). Dagegen dürften hinsichtlich der typischen Anfechtungsgründe jedenfalls in den Revisionsverfahren nur geringe Unterschiede zum allg. StR bestehen. Dafür spricht die Verteilung der dort korrigierten Fehler (Block, Fehlerquellen im Jugendstrafprozess, 2005, S. 162 ff.: am ehesten Sachrüge erfolgreich; bei Verfahrensrügen eher solche bzgl. StPO-Vorgaben). 64

V. Sachliche Rechtsmittelbeschränkung (Abs. 1)

1. Unzulässige Anfechtungsgründe

65 **a) Anwendungsbereich.** Abs. 1 S. 1 („Entscheidung … angefochten") hat nach allgA einen weiten Anwendungsbereich. Die Rechtsmittelbeschränkung gilt hiernach nicht nur bei Urteilen, sondern bei sämtlichen in Betracht kommenden Entscheidungen jeder Instanz, in denen eine Rechtsfolge iSv → Rn. 66 ff. angeordnet wird (vgl. zB → § 65 Rn. 15, → § 66 Rn. 22, s. aber → § 71 Rn. 24). Auch bezieht sich Abs. 1 S. 1 auf jegliche Anfechtungsformen, dh auf sämtliche Rechtsmittel und Rechtsbehelfe.

66 **b) Angriffsgegenstand.** Die Einschränkungen des Abs. 1 kommen bei Entscheidungen zum Tragen, die entweder eine **Erziehungsmaßregel** – wegen Abs. 1 S. 2 mit Ausnahme der Verpflichtung nach § 12 Nr. 2 – oder ein **Zuchtmittel** veranlasst haben. Darin eingeschlossen sind zum einen Anordnungen von mehreren Erziehungsmaßregeln oder/und mehreren Zuchtmitteln (§ 8 Abs. 1 S. 1) sowie zum anderen Entscheidungen, die dem FamG die Auswahl und Anordnung von Erziehungsmaßregeln – einschl. der Hilfe zur Erziehung nach § 12 Nr. 2 (vgl. den Wortlaut von Abs. 1 S. 2) – gem. **§ 53** überlassen. Eine andere Reaktionsform darf dagegen nicht (auch nicht daneben) festgelegt worden sein (vgl. Abs. 1 S. 1: „lediglich")

67 **Keine Bedeutung** haben die Einschränkungen des Abs. 1 S. 1 folglich, wenn in der fraglichen Entscheidung – allein oder (gem. § 8 Abs. 2 S. 1, Abs. 3) **gemeinsam** mit den vorgenannten Rechtsfolgen – eine **anderweitige Rechtsfolge** (oder gar mehrere) ausgesprochen worden ist. Das betrifft namentlich die JStrafe (einschließlich deren Aussetzung der Vollstr zBew – dazu BGH NJW 2022, 953 (954)), die Aussetzung der Verhängung von JStrafe, die Verpflichtung nach § 12 Nr. 2, eine gem. § 7 zulässige Maßregel der Besserung und Sicherung (BGH 26.7.1983 – 5 StR 462/83 bei Böhm NStZ 1984, 447; OLG Zweibrücken MDR 1983, 1046) oder eine gem. § 6 zulässige Nebenstrafe oder Nebenfolge (für die Einziehungsentscheidung BGH BeckRS 2020, 8055). Unanwendbar ist Abs. 1 S. 1 ferner bei familiengerichtlichen Maßnahmen nach § 3 S. 2 und bei Entscheidungen, in denen die ausdrücklich vorgesehene Möglichkeit, von einer Rechtsfolge abzusehen (etwa § 29 Abs. 5 BtMG; weitere Bsp. bei Eisenberg NStZ 1984, 122 (123)), explizit oder implizit abgelehnt wird (n. Eisenberg NStZ 2003, 124 (128 f.); Eisenberg FS Weber, 2004, 505 ff.; zust. MüKoStPO/Kaspar Rn. 56; wohl auch Brunner/Dölling Rn. 22; **aA die hM,** etwa OLG Stuttgart Die Justiz 2002, 515 = BeckRS 2002, 30247831; LG Mainz NStZ 1984, 121; Schaumann, Die Rechtsmittelbeschränkung des § 55 JGG, 2001, S. 129).

68 Abs. 1 S. 2 sowie die Einschränkung in Abs. 1 S. 1 lassen erkennen, dass die sachliche Rechtsmittelbeschränkung (ungeachtet der Einbeziehung des JA) auf Rechtsfolgen von moderater Eingriffsschwere begrenzt sein und nicht auch für intensivere Reaktionsformen gelten soll. Dies wird in jenen Sachlagen konterkariert, in denen die gerichtliche Abschlussentscheidung zwar „nur" auf Erziehungsmaßregeln oder Zuchtmittel lautet, aber gemeinsam mit einem belastungsintensiven vorherigen Verfahrensverlauf einen **erheblichen Gesamteingriff** darstellt (namentlich bei JA nach Vollstr von

U-Haft). In solchen atypischen Fällen, in denen das Gewicht der von Abs. 1 S. 1 erfassten Eingriffe deutlich übertroffen wird, spricht die **teleologische Auslegung** der Norm für eine Gegenausnahme, sodass die gerichtliche Anordnung (idR die des JA) doch angefochten werden kann (vgl. schon Eisenberg JR 1983, 172; n. Eisenberg StraFo 2013, 430 (431)). Dass die Anordnung und Vollstr von U-Haft keine Erkenntnis über eine Rechtsfolge darstellt und im Übrigen bereits vollzogen und/oder nicht mehr durch Rechtsmittel angreifbar ist, erscheint ggü. der sachlichen Gesamtbetrachtung als ein nachrangiger formaler (bzw. nur-technischer) Aspekt (vgl. in ähnlichem Zusammenhang auch die Figur des „Gesamtstrafübels" bei BVerfG NStZ 2001, 501).

c) Anfechtungsziel. Die Beschränkung nach **Abs. 1 S. 1** greift **nur** ein, 69
wenn mit der Anfechtung eine Änderung der nach → Rn. 66 ff. relevanten Rechtsfolgen, deren vollständiger oder teilw. Wegfall, deren Ersetzung durch andere oder deren Ergänzung um weitere erstrebt wird bzw. die Anfechtung sich gegen die Überlassung der Rechtsfolgenauswahl und -anordnung an das FamG wendet (vgl. bspw. OLG Celle NStZ-RR 2001, 121). Sofern nicht eine Verpflichtung nach § 12 Nr. 2 angeordnet ist, **scheidet** daher die Anfechtung mit dem Ziel **aus,** eine Erziehungsmaßregel oder ein Zuchtmittel durch eine Rechtsfolge der gleichen oder der jeweils anderen Kategorie zu ersetzen bzw. Änderungen in der Ausgestaltung der jeweiligen Rechtsfolgen zu erreichen (etwa Freizeit- anstatt Dauerarrest).

Ohne dass sich dies dem Wortlaut des Abs. 1 S. 1 unmittelbar entnehmen 70
ließe, kommt nach hM die Rechtsmittelbeschränkung **auch** dann zum Zuge, **wenn** sich die Anfechtung dagegen richtet, dass die Auswahl und Anordnung von Erziehungsmaßregeln vom erkennenden Gericht vorgenommen und die Entscheidung nicht dem FamG überlassen wurde (Dallinger/Lackner Rn. 22; Diemer/Schatz/Sonnen/Schatz Rn. 55; dagegen aber Nothacker GA 1982, 451 (459)). – **Anders** verhält es sich dagegen, wenn die Anfechtung (lediglich) die **Berücksichtigung erlittener Freiheitsentziehung** bei erkanntem JA (§ 52) betrifft, denn der „Umfang" einer Maßnahme in Abs. 1 S. 1 bezieht sich allein auf das Erkenntnis zur Rechtsfolge selbst, nicht aber auf ihr Vollstreckbarkeitsmaß (n. → § 52 Rn. 16 f.).

2. Zulässige Anfechtungsgründe

a) Schuld- bzw. Freispruch. Der Schuldspruch der Entscheidung kann 71
nach allgA stets angefochten werden. Die JStA – idR aber nicht der Angeklagte (BGHSt 16, 374 = NJW 1962, 404 für das allg. StVR) – kann auch einen Freispruch angreifen. Dies gilt ebenso, wenn die Freisprechung wegen fehlender jugendstrafrechtlicher Verantwortlichkeit (§ 3 S. 1) erfolgte. Sind hierbei gleichzeitig Maßnahmen nach § 3 S. 2 angeordnet worden, so beschwert die Entscheidung nach § 3 S. 1 jedoch auch den Jugendlichen. Dieser kann dann geltend machen, dass der Tatvorwurf in tatsächlicher oder rechtlicher Hinsicht unzutreffend und/oder dass die angeordnete Maßnahme selbst bei Verneinung der jugendstrafrechtlichen Verantwortlichkeit nicht erforderlich sei (zur Nichteinschlägigkeit von Abs. 1 S. 1 vgl. → Rn. 67).

b) Rechtsfolgenausspruch. Ferner kann – bei gegebener Beschwer – 72
die Anordnung einer von S. 1 erfassten Rechtsfolge nach ganz hM (vgl.

stellvertretend BGH NStZ 2013, 659; OLG Celle NStZ-RR 2001, 121; NK-JGG/Schady Rn. 24; Diemer/Schatz/Sonnen/Schatz Rn. 62) dann angegriffen werden, wenn dies nicht mit dem in Rn. 69 genannten Ziel, sondern mit der Begründung erfolgt, die fragliche **Rechtsfolgenentscheidung** sei **gesetzwidrig** gewesen (s. auch § 59 Abs. 2 S. 2, § 63 Abs. 2). Dies ist bspw. bei den folgenden Anfechtungsanlässen der Fall: bei zu Unrecht unterlassener Bildung einer einheitlichen Rechtsfolge; bei Anordnung einer gegen Grundrechte verstoßenden Weisung (n. → § 10 Rn. 7 f., 19); bei einer Wiedergutmachungsauflage ohne zivilrechtliche Grundlage (vgl. → § 15 Rn. 6) oder ohne ausreichende Konkretisierung (→ § 15 Rn. 8); bei rechtswidriger Bejahung der Voraussetzungen von § 105 Abs. 1 (Diemer/Schatz/Sonnen/Schatz Rn. 61); bei Aussetzung der Vollstr eines JA zBew (entgegen § 87 Abs. 1); bei einem JA mit Überschreitung der Höchstdauer oder mit Nichtanrechnung vorheriger Freiheitsentziehung (n. → § 52 Rn. 16 f.) sowie ggf. bei einem Verstoß des Berufungsurteils gegen das Verschlechterungsverbot (n. → Rn. 31 ff.; weitere Bsp. in → § 15 Rn. 34). In all diesen Konstellationen handelt es sich um gesetzeswidrige Entscheidungs**inhalte.** Ob dem das gesetzwidrige **Zustandekommen** des Entscheidungsinhalts gleichsteht – wie etwa bei Anordnungen einer Erziehungsmaßregel unter Überschreitung der Rechtsfolgenkompetenz (etwa durch Verstoß gegen § 104 Abs. 4) oder bei anderen Verfahrensfehlern (bspw. beim Fehlen einer notwendigen Verteidigung) –, wird bislang kaum diskutiert (bej. aber Nöding Verteidigung Rn. 426). Aus hiesiger Sicht böte sich hier eine Parallele zu §§ 337, 338 StPO iVm § 2 Abs. 2 an.

73 Die Zulässigkeit einer Anfechtung von Entscheidungen, die Erziehungsmaßregeln oder Zuchtmittel **neben anderen Rechtsfolgen** anordnen, wird durch Abs. 1 S. 1 ohnehin nicht beschränkt (→ Rn. 67). Hier im Rechtsfolgenausspruch mitenthaltene Erziehungsmaßregeln und Zuchtmittel können deshalb auch wegen ihres Umfanges oder deswegen angegriffen werden, weil andere oder weitere Rechtsfolgen dieser Kategorien hätten angeordnet werden sollen. Im Übrigen kann die JStA die Anfechtung einer Entscheidung auch mit dem Ziel betreiben, anstelle der angeordneten Rechtsfolgen iSv Abs. 1 S. 1 (oder zusätzlich zu diesen noch) anderweitige, **nicht von S. 1 erfasste** Reaktionsformen (§§ 6, 7, 17 ff.) **zu erreichen** (vgl. bspw. BayObLGSt 73, 220; OLG Zweibrücken NStZ-RR 1998, 118). Für die teilw. vertretene Auffassung, dass dies (wegen einer entspr. Schutzfunktion von Abs. 1) für die Anordnung einer Verpflichtung nach § 12 Nr. 2 nicht gelten solle (→ 22. Aufl. Rn. 49; Brunner/Dölling Rn. 22), bietet § 55 keinen Anknüpfungspunkt (Diemer/Schatz/Sonnen/Schatz Rn. 61; Laubenthal/Baier/Nestler JugendStrafR Rn. 405).

3. Entscheidung des Rechtsmittelgerichts

74 **a) Unzulässige Berufungen.** Ein iSv Abs. 1 beschränkt eingelegtes Rechtsmittel ist nach nahezu allgA unzulässig (vgl. stellvertretend OLG Hamm NStZ 2016, 106 (107); soweit ersichtlich aA nur Nix/Pschorr/Pschorr §§ 55 f., 59 Rn. 20 ff.: materielle Beschränkung des Prüfungsmaßstabs). Eine Berufung, die der sachlichen Rechtsmittelbeschränkung in Abs. 1 S. 1 unterfällt, kann das mit der Sache befasste Berufungsgericht daher durch **Beschluss** gem. § 322 Abs. 1 S. 1 Hs. 1 StPO iVm § 2 Abs. 2 **als unzulässig verwerfen** (s. aber → Rn. 105 ff.). Gegen eine solche Verwer-

fungsentscheidung besteht für den Jugendlichen die Möglichkeit der sofortigen Beschwerde (§ 322 Abs. 2 StPO iVm § 2 Abs. 2). Dies gilt nach allgA auch dann, wenn die verworfene Berufung durch den Erziehungsberechtigten oder gesetzlichen Vertreter eingelegt worden war und der Jugendliche auf ein eigenes Rechtsmittel gegen das Urteil verzichtet hatte (vgl. nur OLG Celle NJW 1964, 417 (418); Diemer/Schatz/Sonnen/Schatz Rn. 69).

Außerhalb der von Abs. 1 S. 1 geregelten Anfechtungskonstellationen (dh bei Angriffen gegen den Schuldspruch oder gegen die Gesetzmäßigkeit der Anordnung von in Abs. 1 S. 1 erfassten Rechtsfolgen) scheidet eine Verwerfung (soweit sich die Unzulässigkeit der Berufung nicht aus anderen Gründen ergibt) aus. Das gilt ebenso, wenn auch **anderweitige Rechtsfolgen** mitangeordnet worden waren (→ Rn. 67 und → Rn. 73), denn (mangels einer anderweitigen Erklärung) gilt dann gem. § 318 S. 2 StPO iVm § 2 Abs. 2 der gesamte Inhalt des Urteils und nicht nur die Anordnung der von Abs. 1 S. 1 erfassten Rechtsfolgen als angefochten. War hier jeweils eine Beschränkung auf den Rechtsfolgenausspruch iSv Abs. 1 S. 1 erfolgt, wird durch deren Widerruf innerhalb der Einlegungsfrist (§ 314 Abs. 1 StPO iVm § 2 Abs. 2) die Zulässigkeit der Berufung aufrechterhalten (OLG Oldenburg NStZ 2009, 450 (451)). 75

Maßgeblich für die Beurteilung, ob ein zulässiges oder ein unzulässiges Rechtsmittelziel verfolgt wird, ist die Berufung und deren pflichtgemäß **auszulegende Begründung** – nicht also das, was das Berufungsgericht als „eigentliche Absicht" dahinter vermutet (BayObLGSt 73, 220). Eine Pflicht zur Anfechtungsbegründung besteht im Berufungsverfahren – anders als gem. § 344 StPO iVm § 2 Abs. 2 in der Revision (→ Rn. 77 f.) – allerdings nicht (§ 317 StPO iVm § 2 Abs. 2). Deshalb kommt eine Verwerfung bei einer nicht substantiierten bzw. **nicht erläuterten Berufung** idR nicht in Betracht, weil hier ein iSv → Rn. 71 ff. zulässig eingelegtes Rechtsmittel gegeben sein kann. Wird der Rechtsmittelführer daraufhin zum Zweck der Anfechtung befragt (was nach BGHSt 10, 198 (201) = NJW 1957, 998 (1000); Schäfer NStZ 1998, 330 (331) in der anzuberaumenden Berufungs-HV regelmäßig erfolgen soll) und beschränkt er hierbei sein Rechtsmittel wirksam auf den Rechtsfolgenausspruch iSv Abs. 1 S. 1, ist die Berufung – unter der Voraussetzung, dass sich der Angeklagte nach richterlicher Aufklärung über die Tragweite der Beschränkungserklärung im Klaren war – durch Urteil als unzulässig zu verwerfen (Schäfer NStZ 1998, 330 (331)). Eine Revision hiergegen scheidet, da die Berufung zunächst zulässig war, wegen Abs. 2 aus (so NK-JGG/Schady Rn. 29; MüKoStPO/Kaspar Rn. 71). 76

b) Unzulässige Revisionen. Auch eine Revision, die sich allein gegen die in Abs. 1 S. 1 bezeichneten Rechtsfolgen richtet, kann gem. § 349 Abs. 1 StPO iVm § 2 Abs. 2 durch Beschluss als unzulässig verworfen werden (vgl. etwa BGH BeckRS 1998, 30026837; NStZ 2013, 659; BeckRS 2022, 31916). Anders als bei der Berufung (→ Rn. 76) soll dies ebenfalls für die nicht näher begründete Revision gelten. Um einer **Umgehung** der sachlichen Rechtsmittelbeschränkung entgegenwirken und die Verfolgung unzulässiger Regelungsziele erkennen und ausschließen zu können, verlangt die Rechtsprechung nämlich eine **eindeutige Bezeichnung des Rechtsschutzziels.** Wird der dieser Darlegungslast vom Revisionsführer nicht entsprochen, sei gem. § 344 Abs. 1 StPO iVm § 2 Abs. 2 von 77 der **Unzulässigkeit** der Revision auszugehen (s. stellvertretend BayObLG BeckRS 2024, 26404).

78 Eine Verfahrensrüge genüge den Begründungsanforderungen also ebenso wenig wie eine allg. Sachrüge (BGH NStZ 2022, 557; OLG Celle NStZ-RR 2001, 121). Vielmehr müsse der Rechtsmittelführer entweder das Anliegen, den Ausspruch der von Abs. 1 S. 1 erfassten Rechtsfolgen wegen deren Gesetzwidrigkeit anzugreifen (→ Rn. 72), oder die Absicht, sich auch gegen eine von Abs. 1 S. 1 nicht erfasste Reaktionsform zu wenden (→ Rn. 67, → Rn. 73), deutlich machen (OLG Hamm NStZ 2020, 748 (749)). Bei einer anderweitigen Sachrüge müsse er mit konkreten **Ausführungen erkennen lassen,** dass und warum die Schuldfrage aus seiner Sicht in tatsächlicher oder rechtlicher Hinsicht falsch beurteilt worden sei (BGH NStZ 2013, 659; BeckRS 2013, 19682; 2017, 127773; 2022, 31916; OLG Dresden BeckRS 2003, 30304374; OLG Hamm BeckRS 2021, 39506). Soweit ein zulässiges Angriffsziel nicht hinreichend expliziert wurde, müsse es sich wenigstens aus den Umständen der Revision ergeben (vgl. etwa BGH BeckRS 2018, 17355; OLG Hamm ZJJ 2017, 283 (283 f.) = BeckRS 2017, 107728: bisheriges Bestreiten der Tat). Umgekehrt reiche die verbal umfassende Sachrüge aber nicht, wenn sich aus der Begründung ergibt, dass allein die Rechtsfolgenbemessung angegriffen wird (OLG Nürnberg BeckRS 2016, 9474; OLG Hamm BeckRS 2022, 26797; OLG Celle NStZ 2024, 115). Vor diesem Hintergrund ist der Praxis eine entspr. Klarstellung dringend zu empfehlen – auch wenn das Konzept der Rspr. **nicht** zu **überzeugen** vermag:

79 So geht der Hinweis, dass die (wegen § 400 StPO iVm § 2 Abs. 2) bestehenden Klarstellungsanforderungen an den revidierenden Nebenkläger (dazu krit. SK-StPO/Frisch StPO § 344 Rn. 7) vergleichbar und auf Abs. 1 S. 1 übertragbar seien (so bereits OLG Celle NStZ-RR 2001, 121), über den verfahrensstrukturellen Unterschied hinweg, wonach es dort idR um ein Rechtsmittel in malam partem, hier aber idR um die Befreiung bzw. Reduzierung von Schuld- und Rechtsfolgenaussprüchen geht. Entscheidend ist stattdessen die **Schlechterstellung,** die von der Judikatur ggü. den Revisionsbegründungserfordernissen im allg. StVR hergestellt wird (daran keinen Anstoß nehmend BVerfGK 11, 383 = NStZ-RR 2007, 385). Zwar ist diese auch darin begründet, dass sich aus der Existenz von Abs. 1 ein dahingehender Prüfungsbedarf ergibt, doch rechtfertigt das nicht die judikativ behauptete Verteilung der Klarstellungslast. Ebenso vereinbar mit Abs. 1 und wegen Art. 20 Abs. 3 iVm Art. 19 Abs. 4 GG vorzuziehen ist eine Auslegung von § 344 Abs. 1 StPO iVm § 2 Abs. 2, die allein dort von einem unzulässigen Rechtsmittel ausgeht, wo sich der Revisionsbegründung oder der Vorgeschichte des Verfahrens **sicher** entnehmen lässt, dass die Revision **allein ein unzulässiges** Angriffsziel verfolgt (ähnlich BGH BeckRS 2020, 21883; SK-StPO/Frisch StPO § 344 Rn. 7). Allerdings ist ein vorliegendes **Geständnis** aber nicht ohne weiteres ein eindeutiger Beleg dafür, dass keine zulässige Überprüfung der Schuldfrage, sondern eine unzulässige Überprüfung von Rechtsfolgen angestrebt wird (abw. aber BGH NStZ 2013, 659 mablAnm Eisenberg StraFo 2013, 430; BGH BeckRS 2017, 127773; 2023, 34868; OLG Hamm BeckRS 2022, 26797; zur Problematik auch BT-Drs. 20/14257, 53).

80 **c) Abänderungsmöglichkeiten des Rechtsmittelgerichts.** Ist die Anfechtung (auch unter Berücksichtigung von Abs. 1) zulässig, kann das Beru-

fungsgericht, wenn es dies nach seiner Beurteilung der Sache aufgrund der Ergebnisse der HV für erforderlich hält, die angegriffene Entscheidung selbst bei Aufrechterhaltung des Schuldspruches (in den Grenzen des Verschlechterungsverbots) ändern. Das betrifft auch jene Maßnahmen, die für sich genommen wegen Abs. 1 unanfechtbar gewesen wären (n. Dehne-Niemann JR 2023, 264 (266 ff.)). Denn Abs. 1 schränkt allein die erlaubten Anfechtungsziele ein, begründet nach ganz hM aber keine **Bindung** des **Rechtsmittelgerichts.** Dem Revisionsgericht ist es deshalb möglich, die erfolgte Anordnung von Erziehungsmaßregeln und Zuchtmitteln auf Rechtsfehler zu prüfen (BGH NJW 2020, 1009 (1010); BayObLGSt 91, 88 = NJW 1992, 1520), und das Berufungsgericht kann diese ersetzen oder modifizieren (vgl. BGHSt 10, 198 = NJW 1957, 998). Dass es dort, wo das Rechtsmittelgericht den geltend gemachten Anfechtungsgrund nicht für durchgreifend erachtet und keine erheblichen Unterschiede zur Erstentscheidung in der tatsächlichen und rechtlichen Beurteilung des Sachverhaltes auftreten, spezialpräventiv auch sinnvoll ist, das **eigene Rechtsfolgenermessen** an die Stelle der vorinstanzlichen Festlegung treten zu lassen, muss allerdings als **fraglich** gelten (zust. Dehne-Niemann JR 2023, 264 (270)); letztlich hängt dies von besonderen fallindividuellen Bedingungen ab (zutr. zB LG Augsburg BeckRS 2015, 15024: „bei unverändertem Sachverhalt (…) äußerste Zurückhaltung bei der Abänderung vom Erstgericht getroffener Maßnahmen“).

VI. Instanzielle Rechtsmittelbeschränkung (Abs. 2)

1. Grundsätze

a) Zwang zur Rechtsmittelwahl. Abs. 2 S. 1 reduziert die Anfech- **81** tungsmöglichkeiten, die den anfechtungsberechtigten Verfahrensbeteiligten hinsichtlich der Urteile des JRichters und des JSchöffG zustehen, auf nur ein Rechtsmittel (s. aber → Rn. 105 ff.). Dies verkürzt den Rechtszug auf zwei – anstatt wie nach allg. StVR drei – Instanzen. Mit der Wahl eines der beiden Rechtsmittel wird das **jeweils andere unzulässig,** es sei denn, der Rechtsmittelführer nimmt das Rechtsmittel vor Ablauf der Revisionsbegründungsfrist wieder zurück (BGHSt 25, 321 = NJW 1974, 1148; BayObLGSt 71, 72). Nach eingelegter Berufung betrifft dies die Revision, unabhängig davon, dass dadurch ggf. eine fehlerhafte und uU sogar mit einem absoluten Revisionsgrund behaftete Entscheidung (vgl. OLG Düsseldorf MDR 1992, 71: Urteil ohne Gründe) rechtskräftig wird. Im Falle einer Revision gegen ein erstinstanzliches Urteil führt Abs. 2 dazu, dass diese den Charakter einer Sprungrevision (§ 335 StPO) verliert und zur Wahlrevision wird. Allerdings hindert die Vorschrift den Angeklagten, der Revision eingelegt hat, nicht daran, nach Aufhebung der Entscheidung nunmehr gegen das neue Urteil mit einer Berufung vorzugehen (OLG Celle MDR 1992, 286 = BeckRS 1991, 07802). Denn durch die revisionsgerichtliche **Zurückverweisung** wurde das Verfahren wieder in den Ausgangszustand versetzt.

Die Revision ist nach Abs. 2 S. 1 auch dann ausgeschlossen, wenn die **82** **Berufung nur beschränkt** eingelegt (allg. zur Teilanfechtung → Rn. 14 ff.) oder nachträglich beschränkt worden ist (OLG Karlsruhe Die Justiz 1986, 28). Das gilt der Rspr. zufolge selbst dort, wo sich die Berufung lediglich auf einzelne Nebenpunkte erstreckt (so etwa bei Beschränkung auf die Einziehung BayObLG NJW 1964, 1084) oder wo das Berufungs- anders als das Ausgangsgericht bei Heranwachsenden materielles JStR anwendet (→ § 109 Rn. 41). Richtet sich die Berufung bei Verurteilungen wegen **mehrerer selbstständiger Taten** allein gegen einen Teil, so ist die Revision gegen das Berufungsurteil auch hinsichtlich der nicht angefochtenen Verurteilungen idR verwehrt. Im Hinblick auf das Prinzip des § 31 erstreckt sich die Anfechtung eines selbstständigen Teils des Schuldspruchs (oder des Rechtsfolgenausspruchs) auf den gesamten Rechtsfolgenausspruch (Dallinger/Lackner Rn. 48). Dagegen ist die Revision gegen ein Berufungsurteil zulässig, wenn zwei **verschiedene erstinstanzliche Urteile** zu gemeinsamer Verhandlung verbunden worden sind und einheitlich auf eine Rechtsfolge erkannt worden ist, nachdem der Angeklagte gegen das eine und der JStA gegen das andere Urteil eine Berufung eingelegt hatten (OLG Hamm NStZ 1990, 140 (Ls.); vgl. auch OLG Brandenburg NStZ-RR 2005, 49).

83 **b) Wahlrechtsausübung.** Für die **Ausübung des Wahlrechts** gelten die Maßgaben, die das allg. StVR zur Wahl zwischen Berufung und Sprungrevision vorsieht (§§ 335, 345 StPO), gem. § 2 Abs. 2 entsprechend. So ist eine zunächst unbestimmte Anfechtung des Urteils zulässig, wobei die Wahl zwischen Berufung und Revision jedoch bis zum Ende der Revisionsbegründungsfrist nachzuholen ist (BGHSt 2, 63 = BeckRS 1951, 31193548; OLG München NStZ-RR 2007, 56). Bis zu diesem Zeitpunkt kann auch das zunächst gewählte **Rechtsmittel** noch **geändert** werden (BGHSt 5, 338 (343) = NJW 1954, 687; BGHSt 17, 44 = NJW 1962, 820; BGHSt 25, 321 = NJW 1974, 1148). Anders liegt es nur bei einer ausnahmsweise endgültig getroffenen Wahl (BGHSt 13, 388 (392) = NJW 1960, 494), wobei die dahingehende Erklärung vor Zustellung der schriftlichen Urteilsgründe regelmäßig nicht als eine solche Festlegung interpretiert werden kann.

84 Die Anfechtungserklärung ist iÜ **als Berufung zu behandeln,** falls innerhalb der Revisionsbegründungsfrist **keine eindeutige** Rechtsmittelwahl erfolgt (OLG Köln MDR 1980, 690; OLG Stuttgart StV 2020, 688 = LSK 2019, 48944; vgl. auch BGHSt 33, 183 (189) = NJW 1985, 2960; krit. Dehne-Niemann/Brandt StV 2020, 711 (712)) oder **kein formgerechter Revisionsantrag** und/oder keine **Revisionsbegründung** angebracht wird (BGHSt 2, 63 (70) = BeckRS 1951, 31193548). Wird in solchen Fällen das Verfahren fälschlich dem Revisionsgericht zugeleitet, entscheidet dieses (wie bei allen Zweifelsfällen) über die Einordnung des Rechtsmittels. Es kann mit bindender Wirkung für das Berufungsgericht beschließen, dass es sich nicht um eine Revision, sondern um eine Berufung handelt (vgl. etwa BayObLGSt 62, 166; n. zur hier entspr. Anwendung von § 348 StPO MüKoStPO/Knauer/Kudlich StPO § 348 Rn. 10 ff.).

85 **c) Wiedereinsetzung.** Ist die **Anfechtung** eines Urteils **nicht rechtzeitig** bei Gericht eingegangen, so kommt ggf. eine Wiedereinsetzung in den vorigen Stand in Betracht (§§ 44 ff. StPO iVm § 2 Abs. 2). Handelt es sich um eine verspätete unbestimmte Rechtsmittelerklärung, entscheidet darüber (infolge der in → Rn. 84 genannten Regel) das Berufungsgericht (BayObLGSt 62, 156). Dass der Angeklagte ohne eigenes Verschulden an der Einhaltung der Rechtsmittelfrist gehindert war (sodass gem. § 44 S. 1 StPO iVm § 2 Abs. 2 eine Wiedereinsetzung zu gewähren ist, kann gerade

im JStV auch auf persönlichen Umständen beruhen. Es kommt hier etwa bei ersichtlicher Überforderung in Betracht, insbes. bei zudem fehlender anwaltlicher Begleitung (vgl. für Defizitlagen iSv §§ 20, 21 StGB etwa BGH NStZ-RR 2017, 381; OLG Schleswig StV 2010, 62 = BeckRS 2010, 3736). Zu den anerkannten Wiedereinsetzungsfällen zählt es auch, dass dem beauftragten Verteidiger ein entspr. Fehler unterläuft oder aufgrund eines Kanzleiversehens die Frist verkannt wird (eingehend mwN MüKoStPO/Valerius StPO § 44 Rn. 55 ff.; für eine enge Handhabung aber OLG Hamm BeckRS 2021, 316).

Soweit die Frist zur Ausübung des **Wahlrechts** bei unbestimmter Anfech- 86
tung (→ Rn. 84) **versäumt** wurde, soll nach allg. StVR keine Wiedereinsetzung in Betracht kommen, weil das eingelegte Rechtsmittel nach Fristablauf als Berufung gelte und damit die Wahlmöglichkeit untergegangen sei (OLG Hamm NJW 1956, 1168; OLG Düsseldorf MDR 1991, 78; BayObLG wistra 2001, 279 = BeckRS 2001 30166328). Bei einer Übertragung dieser Rspr. auf das JStV würde indes verkannt, dass hier mit dieser Lösung (anders als im allg. StVR) die Revision ausgeschlossen wird – und zwar ohne, dass es (bei einer berechtigten Wiedereinsetzungslage) einen legitimen Grund für diese Beeinträchtigung der Rechtsmittelwahl gäbe. Daher ist im JStV auch in dieser Konstellation eine Wiedereinsetzung zuzulassen (Dallinger/Lackner Rn. 38; vgl. auch NK-JGG/Schady Rn. 35; HK-JGG/Laue Rn. 33).

Denkbar ist eine Wiedereinsetzung ebenso, um das gewählte Rechtsmittel 87
noch nach Fristablauf zu ändern. So ist dem Angeklagten, der **nur** über das Rechtsmittel der **Revision belehrt** wurde, obwohl auch die Berufung zulässig ist, der nachträgliche Übergang zur Berufung – wie auch im umgekehrten Fall (aA KG JR 1977, 81 = BeckRS 1976, 00783) – durch Gewährung der Wiedereinsetzung in den vorigen Stand zu ermöglichen (LG München I NJW 1956, 1368). – Wurde nach Wahl der Revision und **Versäumung der Revisionsbegründungs**frist die Wiedereinsetzung gewährt, kann der Anfechtende noch zur Berufung übergehen (OLG Zweibrücken MDR 1979, 957 = BeckRS 1979, 01788; OLG Köln NStZ 1994, 199).

2. Ausnahmen von der Rechtsmittelbeschränkung

a) Fehlende Sachprüfung des Berufungsgerichts. Abs. 2 beschränkt 88
den Rechtsmittelführer darauf, nur **eine sachliche Überprüfung** einer erstinstanzlichen Entscheidung veranlassen zu können, ohne aber diese überprüfungsfrei stellen zu wollen. Auf dieser Grundlage entfällt die Ausschlusswirkung von Abs. 2 S. 1 in einer Reihe von Konstellationen, in denen das Berufungsgericht gar keine Sachprüfung vorgenommen hat. So bleibt die Revisionsmöglichkeit durch Abs. 2 S. 1 schon ausweislich des Normtextes („zulässige Berufung“) unberührt, wenn das Berufungsgericht die Berufung korrekt **als unzulässig verworfen** hat. Aus Gleichbehandlungsgründen kann nichts anderes gelten, wenn diese Entscheidung (angesichts der Zulässigkeit der Berufung) fehlerhaft war (BayObLGSt 1973, 220 mzustAnm Brunner JR 1974, 524) oder wenn das Berufungsgericht die zulässige Berufung übersehen und (ausweislich der Urteilsformel) allein über andere Berufungen entschieden hat (allgA). **Anders** verhält es sich dagegen dort, wo der Angeklagte eine zulässige Berufung durch eine nachträgliche Beschränkung auf den Rechtsfolgenausspruch iSv Abs. 1 unzulässig macht (OLG Karlsruhe Justiz 1986, 28; Diemer/Schatz/Sonnen/Schatz Rn. 70) oder wo er es durch

sein Ausbleiben in der HV selbst verschuldet, dass das Gericht die Berufung gem. § 329 Abs. 1 StPO iVm § 2 Abs. 2 sachprüfungslos verwirft (BGHSt 30, 98 = NJW 1981, 2422; OLG Düsseldorf MDR 1994, 1141 = LSK 1995, 100294; OLG Hamm StV 1999, 657 (Ls.) = BeckRS 1998, 31399916; KG BeckRS 2002, 16292; OLG Dresden NStZ-RR 2010, 186 (Ls.); OLG Hamm NStZ 2020, 304 (305); s. aber auch OLG Celle JR 1980, 38 = BeckRS 9998, 59165; Schmitt NJW 1968, 1841; → § 109 Rn. 44).

89 **b) „Originäre" Entscheidungen des Berufungsgerichts.** In einige Sachlagen trifft das Berufungsgericht eine Entscheidung, die eigenständigen Charakter hat und gleichsam als „originär" gelten kann. Hierbei handelt es sich um Abänderungen der erstinstanzlichen Entscheidung, die sich nicht auf einen Modifizierungsgrad beschränken, der (auch bei Verschlechterung für den Rechtsmittelführer) nach Abs. 2 hingenommen werden muss, sondern um atypische Änderungen, in denen das Berufungsgericht über eine „normale" Überprüfung und Korrektur der erstinstanzlichen Entscheidung qualitativ hinausgeht (für dahingehende Konstellationen speziell bei **Heranwachsenden** → § 109 Rn. 39 ff.). Bei solchen „originären" Entscheidungen wäre es (auch mit Blick auf § 2 Abs. 1) unangemessen, sie vollständig überprüfungsfrei zu stellen. Vielmehr ist es hier gerechtfertigt, bei Auslegung von Abs. 2 S. 1 die fraglichen Berufungsurteile **wertungsmäßig wie ein Urteil der ersten** Instanz zu behandeln und dem Rechtsmittelführer dadurch ein Rechtsmittel (die Revision) zu belassen.

90 Zulässig ist eine Revision des Angeklagten daher, wenn das Berufungsgericht mit seiner Entscheidung das **Verschlechterungsverbot verletzt** (OLG Oldenburg RdJ 1966, 241 (242); NK-JGG/Schady Rn. 38; Laubenthal/Baier/Nestler JugendStrafR Rn. 400; Bode, Das Wahlrechtsmittel im Strafverfahren, 2000, S. 140; Schaumann, Die Rechtsmittelbeschränkung des § 55 JGG, 2001, S. 173; Ostendorf NStZ 1989, 194 (195); aA BayObLG NStZ 1989, 194; Brunner/Dölling Rn. 28; BeckOK JGG/Kunkel Rn. 105) oder ihm ein anderer **außerordentlich gravierender** Gesetzesverstoß unterlaufen ist (Diemer/Schatz/Sonnen/Schatz Rn. 83; Kudlich JuS 1999, 877 (881)).

91 Eine originäre Entscheidung der Berufungsinstanz, gegen die (unter Einschränkung von Abs. 2) ein Rechtsmittel (dh die Revision) eröffnet sein muss, liegt ferner dort vor, wo erst die JKammer eine Adhäsionsentscheidung gegen einen Heranwachsenden trifft (Brunner/Dölling Rn. 31) oder wo sie das Verfahren nach der Berufung als Gericht des ersten Rechtszuges übernimmt (sog. **Überleitung** → § 41 Rn. 22 f.) und eine Rechtsfolge ausspricht, die die Rechtsfolgenkompetenz des Ausgangsgerichts (dessen Urteil angefochten wurde) übersteigt. – Ebenso verhält es sich, falls eine rechtskräftig (ausgesetzte) JStrafe erst durch das Berufungsgericht **in** eine **neue JStrafe einbezogen** wurde (§ 31 Abs. 2). Dies betrifft hier allerdings nur Rechtmäßigkeit und Umfang der einheitlichen Rechtsfolgenentscheidung, die insoweit als erstinstanzliche Entscheidung iSv Abs. 2 zu beurteilen ist. Das dahingehende Bedürfnis besteht besonders, wenn für die einbezogene JStrafe die seitherige Aussetzung der Vollstr zBew entfällt (zum Ganzen und zur abw. hM vgl. n. → § 31 Rn. 67). Dabei ist es unerheblich, wenn eine Berufung zugleich auch durch die JStA zuungunsten des Angekl eingelegt worden war (allg. dazu → Rn. 92 ff.).

3. Konstellationen bei gleichzeitiger Berufung des Jugendstaatsanwalts

92 Bei einer Berufung der JStA und gleichzeitiger **Revision** des Angeklagten gelten § 335 Abs. 3 S. 1 StPO iVm § 2 Abs. 2 und das in → Rn. 96 Ausgeführte entspr. (BayObLG NStZ-RR 2001, 49; OLG Koblenz StV 2008, 117 = BeckRS 2008, 4326; StV 2014, 749 = BeckRS 2014, 19568; Diemer/Schatz/Sonnen/Schatz Rn. 74). Haben sowohl der Angeklagte als auch (zu dessen Ungunsten) die JStA eine Berufung eingelegt, besteht dagegen für beide Seiten wegen Abs. 2 S. 1 keine Revisionsmöglichkeit mehr. Dies betrifft auch die Fälle, in denen der Angeklagte wegen des nicht eingreifenden Verschlechterungsverbotes (sonst → Rn. 90) mit einer ggü. dem erstinstanzlichen Urteil **nachteiligeren Berufungsentscheidung** konfrontiert ist (OLG Hamm NJW 1955, 1609; BayObLG BeckRS 2005, 2693; OLG Oldenburg NStZ 2009, 451), und das selbst dann, wenn er die Berufung in der HV zurückgenommen hatte (KG StV 2007, 6 = BeckRS 2007, 3366). Der Rspr. zufolge greifen diese Grundsätze ebenfalls ein, wenn das Rechtsmittel des Angeklagten nur deshalb als Berufung zu behandeln ist, weil es von ihm nicht rechtzeitig (→ Rn. 82) als Revision gekennzeichnet wurde (OLG Stuttgart StV 2020, 688 = LSK 2019, 48944; vgl. aber auch die Kritik bei Dehne-Niemann/Brandt StV 2020, 711).

93 Wird die Berufung des Angeklagten bei gleichzeitiger Berufung der JStA, welche zu einer Sachentscheidung führt, indes als unzulässig verworfen, kommen die Ausführungen in → Rn. 88 zum Tragen. Die Revision des Angeklagten gegen das Berufungsurteil ist dann nicht etwa deswegen unzulässig, weil das Revisionsgericht der Auffassung ist, dass die Berufung des Angeklagten zulässig war (ebenso Dallinger/Lackner Rn. 51; Bode, Das Wahlrechtsmittel im Strafverfahren, 2000, S. 127).

94 Erfolgt nach **erstinstanzlichem Freispruch** des Angeklagten wegen **einer von mehreren Taten** auf die gleichzeitige Berufung des JStA (oder des Nebenklägers) hin eine Verurteilung durch das Berufungsgericht, so ist die Revision zu diesem Gegenstand zulässig. Denn die Berufung des Angeklagten konnte sich mangels erstinstanzlicher Beschwer nur auf die anderen Taten beziehen (BayObLGSt 72, 274; OLG Karlsruhe Justiz 1974, 137; KG StV 2007, 5 = BeckRS 2007, 3366; zu Freispruchkonstellationen bei Heranwachsenden → § 109 Rn. 43).

4. Zweck und Reichweite von Abs. 2 S. 2

95 Die instanzielle Rechtsmittelbeschränkung in Abs. 2 S. 1 könnte dadurch umgangen werden, dass Berufung und Revision durch verschiedene Anfechtungsberechtigte aus der **Sphäre des Angeklagten** eingelegt werden. Dies soll durch Abs. 2 S. 2 verhindert werden, indem die Revisionsberechtigung des Angeklagten, des Erziehungsberechtigten und des gesetzlichen Vertreters gegen das Berufungsurteil bereits dann entfällt, wenn einer der Genannten (also nicht der JStA, wohl aber der Verteidiger für den Angeklagten) eine zulässige Berufung eingelegt hat.

96 Haben die in Abs. 2 S. 2 bezeichneten Verfahrensbeteiligten **zugleich verschiedene Rechtsmittel** eingelegt – dh wurde durch einen die Berufung und durch einen anderen die Revision gewählt –, ist die Revision in entspr. Anwendung von § 335 Abs. 3 S. 1 StPO iVm § 2 Abs. 2 ebenfalls als

Berufung zu behandeln, solange die Berufung des anderen Verfahrensbeteiligten nicht zurückgenommen oder als unzulässig verworfen worden ist. Wird über diese („explizite") Berufung sachlich-rechtlich entschieden, scheidet zwar für diesen Rechtsmittelführer nach Abs. 2 S. 1 die Revision gegen das Berufungsurteil aus. Jedoch kann derjenige Verfahrensbeteiligte, der gegen das erstinstanzliche Urteil ausdrücklich Revision eingelegt hatte (die nur wegen der parallelen expliziten Berufung zu einer Entscheidung der Berufungsinstanz führte), sein Revisionsrecht gleichwohl noch ausüben (vgl. auch NK-JGG/Schady Rn. 38: durch neuerliche Einlegung). Wollte man Abs. 2 S. 2 nicht entspr. **einschränkend auslegen,** höbe dies die Rechtsmittelwahl, die von Abs. 2 nicht beeinträchtigt werden soll, für ihn de facto vollständig auf (s. auch MüKoStPO/Kaspar Rn. 75 f.; Diemer/Schatz/Sonnen/Schatz Rn. 74; Streng JugendStrafR Rn. 577; aA Brunner/Dölling Rn. 35).

5. Fragen zur revisionsgerichtlichen Entscheidung

97 **a) Verwerfungsbeschluss.** Ist die eingelegte **Revision unzulässig,** so entscheidet hierüber das Revisionsgericht nach § 349 Abs. 1 StPO iVm § 2 Abs. 2 (abl. bei gem. Abs. 2 fehlender Statthaftigkeit der Revision Löwe/Rosenberg/Franke StPO § 343 Rn. 1; SK-StPO/Frisch StPO § 343 Rn. 4; zur Entscheidung bei zw. Einordnung als Berufung oder Revision → Rn. 84). Soweit kein Rechtsmittelverzicht oder kein Ablauf der Rechtsmittelfrist vorliegen, ist der Eintritt der Rechtskraft des Berufungsurteils bis zur revisionsgerichtlichen Verwerfung gehemmt (OLG Stuttgart MDR 1980, 518; Brunner/Dölling Rn. 36; BeckOK JGG/Kunkel Rn. 119).

98 Eine Verwerfung durch das Berufungsgericht scheidet aus. Die Voraussetzungen, unter denen es eine solche Entscheidung entspr. § 346 Abs. 1 StPO iVm § 2 Abs. 2 treffen kann, sind hier nicht gegeben (BGH MDR 1959, 507 = BeckRS 1959, 31192877; BayObLGSt 62, 207; OLG Dresden BeckRS 2010, 3682). Hat es dennoch so entschieden, ist dies wirksam, unterliegt aber dem Rechtsbehelf des Antrags auf Entscheidung des Revisionsgerichts gem. § 346 Abs. 2 StPO iVm § 2 Abs. 2 (BayObLGSt 62, 207 (208)). Dieses wird den fraglichen Beschluss des Berufungsgerichts aufheben und die Revision dann verwerfen.

99 **b) Erstreckung auf den Mitangeklagten.** Erfolgt die Aufhebung des Urteils durch das Revisionsgericht zugunsten eines Angeklagten, so ist das Erkenntnis nach Maßgabe von **§ 357 StPO** iVm § 2 Abs. 2 auch auf den insoweit betroffenen mitangeklagten Jugendlichen oder Heranwachsenden zu erstrecken. Ob dieser die Erstreckung durch seinen **Widerspruch** verhindern kann (und deshalb vom Revisionsgericht dazu anzuhören ist), wird in der Rspr. nur teilw. bejaht und insges. sehr uneinheitlich gehandhabt (dazu eingehend BayObLG StV 2024, 822 = BeckRS 2024, 17951). Davon abgesehen kommt es für die Wirkung des § 357 StPO allein darauf an, dass der Mitangeklagte keine Revision eingelegt (oder diese in der Begründungsfrist zurückgenommen) hatte – unabhängig davon, ob diese zulässig oder wegen Abs. 2 S. 1 **unzulässig** gewesen wäre (OLG Karlsruhe ZJJ 2006, 74 = BeckRS 2006, 2270 (Vorlagebeschluss); MüKoStPO/Kaspar Rn. 94; NK-JGG/Schady Rn. 41; Beulke/Swoboda JugendStrafR Rn. 814; Streng Ju-

gendStrafR Rn. 579; Dallinger MDR 1963, 539; Mohr JR 2006, 499 500; Prittwitz StV 2007, 52; Satzger FS Böttcher, 2007, 181).

Die **abw. Judikatur** anerkennt § 357 StPO im JStV (anders als im allg. StVR) dagegen nur, wenn der Mitangeklagte keine Berufung eingelegt hatte (OLG Koblenz StV 2009, 90 = BeckRS 2008, 2436). War dies aber erfolgt (oder war die Berufung erst nach Ablauf der Revisionsbegründungsfrist zurückgenommen worden (zu diesem Kriterium OLG Hamm BeckRS 2009, 89367; ZJJ 2017, 282 (283) = BeckRS 2017, 106830; BayObLG BeckRS 2024, 17951) und scheidet eine Revision für ihn daher aus, sei für die Rechtskrafterstreckung dagegen kein Raum (BGHSt 51, 34 = NJW 2006, 2275 mablAnm Swoboda HRRS 2006, 376 und Altenhain NStZ 2007, 283; OLG Oldenburg NJW 1957, 1450; zust. Diemer/Schatz/Sonnen/Schatz Rn. 90; Löwe/Rosenberg/Franke StPO § 357 Rn. 12). Dies aber lässt ersichtlich Fälle zu, in denen der nicht mehr revisionsberechtigte Angeklagte eine Rechtsfolge akzeptieren muss, deren fehlende Berechtigung positiv festgestellt worden ist – und das nicht als Konsequenz der Rechtskraft, sondern allein wegen der Formalität einer instanziellen Rechtsmittelbeschränkung (Abs. 2 S. 1), die ohnehin eine Benachteiligung Jugendlicher und Heranwachsender darstellt. Da diese offenkundige Ungerechtigkeit (vgl. auch Meyer-Goßner FS Eisenberg, 2009, 404) auf keine legislatorische Entscheidung gestützt werden kann (denn der Gesetzgeber hat sich bei Einführung von Abs. 2 mit dem bereits existierenden § 357 StPO nicht auseinandergesetzt), besteht kein Anlass für die judikativ präferierte enge Interpretation der Rechtskrafterstreckung. 100

6. Keine revisionsübersteigende Anwendbarkeit

a) Aussetzung der JStrafe. Mit der Begründung, die Rechtsmittel im Verfahren bei Aussetzung der Vollstr der JStrafe zBew ersetzten die sonst zulässige Berufung oder Revision, wird Abs. 2 vielfach auch bei der Nicht-/Aussetzungsentscheidung gem. **§ 59 Abs. 1** (sowie ggf. der Aussetzungswiderrufsentscheidung gem. **§ 59 Abs. 3**) für anwendbar gehalten (zu dieser **hM** s. die Nachw. bei → § 59 Rn. 9). Hierdurch wäre den in Abs. 2 S. 2 bezeichneten Verfahrensbeteiligten (bzw. dem JStA) die sofortige Beschwerde bspw. bereits dann verwehrt, wenn die angefochtene Entscheidung über die Aussetzung (erst) durch das Berufungsgericht erging, das mit der Sache durch (uU auch entspr. beschränkte) **Berufung** eines dieser Verfahrensbeteiligten (bzw. des JStA) befasst worden war. Hiergegen sprechen allerdings sowohl der Wortlaut von Abs. 2 („Revision“, nicht „sofortige Beschwerde“) als auch das Verhältnis systematischer Unabhängigkeit von § 55 und § 59. Angesichts des Umstandes, dass es schon für Abs. 2 in dessen direktem Anwendungsbereich keine überzeugende Zweck-Grundlage gibt (→ Rn. 59 ff.), ist eine extensive („wortlautüberschreitende“) Auslegung erst recht nicht zu rechtfertigen (iErg ebenso NK-JGG/Schady § 59 Rn. 2 unter Hinweis auf die Beschleunigungswirkung von § 311 Abs. 2 S. 1 StPO bei der sofortigen Beschwerde; zust. etwa auch MüKoStPO/Kaspar Rn. 85a, HK-JGG/Laue Rn. 41; Beulke/Swoboda JugendStrafR Rn. 808; Nöding Verteidigung Rn. 170). 101

b) Kostenentscheidung. Spätestens seit Einführung des § 464 Abs. 3 S. 1 Hs. 2 StPO durch das StVÄG 1987 (BGBl. I 475) bejaht die hM in der 102

Judikatur einen Ausschluss der Kostenbeschwerde, sofern in der Hauptsache gem. Abs. 2 keine Revision mehr zulässig ist (dazu auch in → § 74 Rn. 33). Hiernach hat der Verurteilte also nicht nur dort **keinen kostenbezogenen Rechtsbehelf,** wo ihm die Verfahrenskosten erstinstanzlich auferlegt wurden und das Berufungsgericht dies nicht korrigiert hat, sondern auch in Fällen, in denen die Kostenentscheidung erst im Berufungsverfahren zu seinen Lasten erfolgte oder (bspw. um die Nebenklagekosten) erweitert wurde (vgl. OLG Oldenburg NStZ-RR 2006, 191; OLG Rostock BeckRS 2010, 27384; OLG Hamm NStZ-RR 2014, 96 mablAnm Eisenberg NStZ 2014, 410 sowie ZJJ 2014, 391; OLG Koblenz BeckRS 2016, 3112; HK-JGG/Laue Rn. 42; MüKoStPO/Kaspar Rn. 87; Diemer/Schatz/Sonnen/Schatz Rn. 95; Schaumann, Die Rechtsmittelbeschränkung des § 55 JGG, 2001, S. 189 f.; für die Fälle der Berufungsrücknahme OLG Hamm NStZ 2014, 412 und der Revisionsrücknahme OLG Dresden NStZ-RR 2000, 224; KG NStZ-RR 2008, 263).

103 Mit der einschränkungslosen Anwendbarkeit von § 464 Abs. 3 S. 1 Hs. 2 StPO im JStV, die hierbei unterstellt wird, hat sich der Gesetzgeber (ungeachtet der beiläufigen und mehrdeutigen Passage in BT-Drs. 10/1313, 40) aber überhaupt nicht auseinandergesetzt. Insofern besteht Raum für eine **jugendgemäße Auslegung** (→ § 2 Rn. 15 ff., 39 ff.), bei der die problematischen Folgen der Kostenlast (→ § 74 Rn. 9 f.) zu berücksichtigen sind. Außerdem ist in Rechnung zu stellen, dass die hM eine Benachteiligung jugendlicher und heranwachsender Verurteilter befürwortet, die jene Schlechterstellung, die von Abs. 2 ohnehin erzeugt wird (→ Rn. 62), noch übersteigt – ohne dass deren (vermeintliche) Legitimation (→ Rn. 59 ff.: Beschleunigungswirkung) hier überhaupt zum Tragen kommen kann. Denn die Vollstr bzw. Erfüllung der Rechtsfolgen, die in der Hauptsache angeordnet wurden, bleibt von der Kostenbeschwerde unberührt.

104 **c) Der Berufungsentscheidung vorausgehende Entscheidungen.** Gem. § 305 S. 1 StPO iVm § 2 Abs. 2 können Entscheidungen, die der Urteilsfällung vorausgehen, nicht mit der Beschwerde angefochten werden, weil sie gem. § 336 StPO iVm § 2 Abs. 2 gemeinsam mit der Hauptsache durch das übergeordnete Gericht überprüft werden. Da eine berufungsgerichtliche Entscheidung vom Angeklagten unter den Voraussetzungen von Abs. 2 aber keiner weiteren revisionsgerichtlichen Überprüfung zugeführt werden kann, muss **§ 305 S. 1 StPO** iVm § 2 Abs. 2 **einschr. ausgelegt** werden. Denn es „kann nicht Sinn des Abs. 2 sein, dem jugendlichen oder heranwachsenden Angeklagten – im Gegensatz zu einem erwachsenen Angeklagten – außer dem Recht der Revision gegen das Urteil in der Hauptsache und somit dem Recht auf eine weitere Überprüfung des Urteils selbst auch zusätzlich noch jegliche Beschwerdemöglichkeit gegen Entscheidungen, die der Urteilsfällung vorausgehen, zu nehmen" (OLG Hamm NStZ 1986, 328 (329) mit Blick auf vor Beginn der Berufungs-HV getroffene Entscheidungen des Vorsitzenden der Berufungskammer iZm der Bestellung oder Abberufung eines **Verteidigers**). Die Beschwerde bleibt aus demselben Grund ebenfalls zulässig gegen die Ablehnung eines Antrags auf Terminverlegung (OLG Koblenz NStZ-RR 2012, 21). Aus diesen Erwägungen heraus ist ferner **§ 28 Abs. 2 S. 2 StPO** iVm § 2 Abs. 2 im JStV in der Weise restriktiv auszulegen, dass der Beschluss, durch den ein Befangenheitsantrag gegen den Vorsitzenden des Berufungsgerichts als unbegründet zurückgewiesen worden ist, bei (auf Abs. 2 beruhender) Unanfechtbarkeit des Berufungsurteils anfechtbar bleibt (ebenso NK-JGG/Schady Rn. 33; abw. OLG Köln Zbl 1976, 308 = BeckRS 1976, 31206511; Diemer/Schatz/Sonnen/Schatz Rn. 93; Burscheidt Verbot S. 152).

VII. Anhörungsrüge (Abs. 4)

Die Vorschrift reagiert auf die Problematik, dass bei unanfechtbaren Ent- **105**
scheidungen eine entscheidungserhebliche Verletzung des Anspruchs auf rechtliches Gehör (Art. 103 Abs. 1 GG) nicht mehr im normalen Rechtsmittelweg, sondern allein über eine Verfassungsbeschwerde geltend gemacht werden kann. Um seine damit drohende Überlastung abzuwenden, leitet das BVerfG daher aus dem Rechtsstaatsprinzip die Notwendigkeit ab, eine uneingeschränkte – und zum vorrangigen Rechtsweg zählende (BbgVerfG BeckRS 2015, 56548) – **fachgerichtliche** Abhilfemöglichkeit für **Gehörsverstöße** vorzusehen (BVerfGE 107, 395 = NJW 2003, 1924). Für das JStV richtet so Abs. 4 (eingeführt durch das Anhörungsrügengesetz v. 9.12.2004 (BGBl. I 3220)) für jene Konstellationen, in denen ein Rechtsmittel gem. Abs. 1 und Abs. 2 an sich nicht zulässig ist, die Ausnahme der statthaften Gehörsrüge ein.

Die Einführung von Abs. 4 bedeutet folglich, dass die isolierte Anfechtung **106**
einer Anordnung von Rechtsfolgen, die von **Abs. 1 S. 1** erfasst sind, ausnahmsweise doch zulässig ist, wenn dies auf die Verletzung rechtlichen Gehörs gestützt wird (dazu auch Diemer/Schatz/Sonnen/Schatz Rn. 103). Ferner besteht im **Berufungsverfahren** die Möglichkeit einer Anhörungsrüge, und dies trotz Abs. 2 auch für den Berufungsführer. Speziellere Vorschriften für besondere Konstellationen (§§ 33a, 329 Abs. 7 StPO iVm § 2 Abs. 2) gehen hierbei indes vor. Praktisch relevant kann die Option des Abs. 4 bei der Verletzung von Hinweispflichten oder der Nichtberücksichtigung eines Erörterungspunktes im Berufungsurteil sein (n. dazu und zu den Nachweisproblemen Eschelbach/Geipel/Weiler StV 2010, 325 (329)). Im **Revisionsverfahren** gilt § 356a StPO über § 2 Abs. 2 iÜ unmittelbar (ebenso MüKoStPO/Kaspar Rn. 96).

Wird ein (begründeter) Antrag iSv Abs. 4 form- und fristgerecht gestellt **107**
(dazu etwa OLG Zweibrücken BeckRS 2015, 20354), ist das rechtliche Gehör nachträglich noch zu gewähren. Dafür wird das Verfahren vom Gericht (iudex a quo) in das Stadium **zurückversetzt,** in dem es vor der fraglichen Entscheidung war (§ 356a S. 1 StPO iVm § 2 Abs. 2). Die dafür notwendige Entscheidungserheblichkeit der Gehörsverletzung scheidet indes aus, wenn dem Angeklagten kein neues, über den bisherigen Vortrag hinausgehendes Verteidigungsvorbringen möglich gewesen wäre oder wenn das Gericht bei ordnungsgemäßer Anhörung nicht anders entschieden hätte (BGH BeckRS 2005, 5656; 2010, 21232; zur Anwendbarkeit von § 74 in solchen Fällen s. BGH BeckRS 2009, 88311). Eine ggf. bereits mögliche Vollstr der Rechtsfolgen wird hierdurch allerdings nicht gehemmt (§ 356a S. 4 StPO iVm § 2 Abs. 2).

Teilvollstreckung einer Einheitsstrafe

56 (1) [1]**Ist ein Angeklagter wegen mehrerer Straftaten zu einer Einheitsstrafe verurteilt worden, so kann das Rechtsmittelgericht vor der Hauptverhandlung das Urteil für einen Teil der Strafe als vollstreckbar erklären, wenn die Schuldfeststellungen bei einer Straftat oder bei mehreren Straftaten nicht beanstandet worden sind.** [2]**Die Anordnung ist nur zulässig, wenn sie dem wohlverstandenen Interesse des Angeklagten entspricht.** [3]**Der Teil der Strafe darf nicht über die Strafe hinausgehen, die einer Verurteilung wegen der Straftaten entspricht, bei denen die Schuldfeststellungen nicht beanstandet worden sind.**

(2) **Gegen den Beschluß ist sofortige Beschwerde zulässig.**

Übersicht

I. Anwendungsbereich

1 Es gelten die Ausführungen zu → § 55 Rn. 1. Zur umstr. **sinngemäßen Anwendung** der Vorschrift im Wiederaufnahmeverfahren vgl. → § 55 Rn. 30.

II. Allgemeines

1. Entwicklung der Vorschrift

2 Das JGG 1923 sah keine Regelung vor, die § 56 entspricht. Dagegen war es nach RL Nr. 7 S. 1 zu § 40 **RJGG 1943** – unter Durchbrechung von Grundsätzen des allg. StVR (→ Rn. 3) – zulässig, einen Teil der im angefochtenen Urteil ausgesprochenen Jugend-(Gefängnis-)Strafe durch Beschluss des Rechtsmittelgerichts vor der HV für vollstreckbar zu erklären,

soweit das Rechtsmittel offensichtlich keinen Erfolg versprach. Daran knüpfte § 40a RegE-JGG 1953 ausdrücklich an (BT-Drs. I/3264, 46). Allerdings wurde die Teilvollstreckung auf die Einheits-JStrafe beschränkt und von den in Abs. 1 S. 1 und 3 geregelten Voraussetzungen abhängig gemacht. Obwohl der BR damals **rechtsstaatliche Bedenken** geltend machte und die Streichung der gesamten Bestimmung empfahl (BReg BT-Drs. I/3264, 57), ging dieser Entwurf nach Aufnahme einer dem geltenden Abs. 1 S. 2 entspr. Bestimmung durch den Ausschuss für Rechtswesen und Verfassungsrecht (BT-Drs. I/4437, 9 f.) in das Gesetz ein. Zu Änderungen ist es seither nicht gekommen.

2. Regelungssinn und -zweck der Vorschrift

Im **allg. StVR** setzt die Vollstreckbarkeit eines Urteils stets Rechtskraft 3
voraus (§ 449 StPO). Für das JStV ermöglicht § 56 indes eine **Ausnahme von diesem Grundsatz.** Läuft nach Verurteilung zu einer Einheits-JStrafe wegen mehrerer selbstständiger Taten ein Rechtsmittelverfahren, ist hiernach eine (endgültige) Teilvollstr (s. Dallinger/Lackner Rn. 1: keine vorläufige Vollstr) möglich, wenn die Schuldfeststellungen wenigstens hinsichtlich einer Tat nicht angegriffen worden sind. Dies wird einerseits mit als **erzieherisch** verstandenen Zwecken legitimiert. So ermögliche die Vorschrift einen verzögerungsfreien Vollzug der jugendstrafrechtlichen Rechtsfolge nach der Verurteilung (zum Beschleunigungsprinzip → Einl. Rn. 42, → § 55 Rn. 59), zumal anderenfalls die Anordnung oder Fortsetzung von – spezialpräventiv höchst fragwürdiger (n. → § 89c Rn. 11 f., 30 ff.) – U-Haft drohen könnte (so etwa Brunner/Dölling Rn. 4; Beulke/Swoboda JugendStrafR Rn. 824; Streng JugendStrafR Rn. 591). Unabhängig davon wird die Regelung als ein „notwendiges Korrelat zur Einheitsstrafe" verstanden, da hiernach „die Anfechtung in der Straffrage bei mehreren selbstständigen Taten grds. nicht beschränkt werden kann" (Dallinger/Lackner Rn. 3; vgl. auch die Stellungnahme der BReg zu den Einwänden des BR in BT-Drs. I/3264, 65).

3. Kritik

Allerdings weckt die Teilvollstr iSv § 56 vielmehr **rechtsstaatliche** 4
Zweifel (SK-StPO/Paeffgen/Greco StPO § 449 Rn. 12: Verstoß gegen Unschuldsvermutung, da Gefahr der unzulässigen antizipierten Strafe). Ferner stellen sich **erzieherische Fragen.** So kann die Beurteilung des Rechtsmittelgerichts, das über einen Teil von mehreren abgeurteilten Taten zu entscheiden hat, in der Rechtsfolgenfrage eine völlig andere als die der Vorinstanz sein. Dies wird dann die Entscheidung über die Einheitssanktion hinsichtlich ihrer Art und ihres Ausmaßes völlig verändern, insbes. wenn sich bei Wegfall einzelner Schuldfeststellungen eine andere Würdigung der Persönlichkeit des Jugendlichen ergibt und hierdurch die Verhängung von JStrafe als entbehrlich erscheint. Die Teilvollstr kann dann aber schon (Sanktions-)Tatsachen geschaffen haben, die eine solche Neubestimmung der Rechtsfolgen-Gesamtheit nicht mehr erlauben (dazu bspw. auch BeckOK JGG/Kunkel Rn. 7; Bohlander NStZ 1998, 236 (237)). Ohnehin ist nicht auszuschließen, dass die Nutzung der Teilvollstr-Option weniger durch jugendstrafrechtliche Zwecksetzungen als durch verfahrenspraktische und

institutionseigene Effizienzbelange (vgl. auch → § 55 Rn. 61) geleitet wird (etwa, um Zeitdruck aus dem Rechtsmittelverfahren zu nehmen). Von der Möglichkeit einer Teilvollstr der Einheits-JStrafe ist daher **nur äußerst zurückhaltend** Gebrauch zu machen.

III. Voraussetzungen der Teilvollstreckung

1. Entscheidung der Vorinstanz

5 **a) Verurteilung zu einer Einheits-JStrafe.** Die Zulässigkeit einer Teilvollstr ist von einigen Voraussetzungen abhängig. Zunächst muss gem. Abs. 1 S. 1 wegen **mehrerer selbstständiger Taten** nach **§ 31** (ggf. iVm § 32) eine Verurteilung zu einer **Einheits-JStrafe** (ohne Aussetzung der Vollstr zBew) erfolgt sein. Möglich ist auch eine dahingehende nachträgliche Entscheidung gem. § 66 (NK-JGG/Schady Rn. 2).

6 **b) Rechtskräftige Schuldfeststellungen.** Sodann müssen die **Schuldfeststellungen** bei einer oder bei mehreren, aber eben **nicht bei allen Taten** (s. auch → Rn. 10) beanstandungsfrei geblieben und **rechtskräftig** geworden sein. Erforderlich ist also die Situation, in der nur ein Teil der Tatvorwürfe endgültig bestätigt worden und die einheitliche Rechtsfolge (allein oder auch) deshalb noch offen ist (zur Konstellation, in der sich die Rechtskraft des Schuldspruchs auf die gem. § 31 Abs. 1 S. 1 einbezogene Verurteilung bezieht, → Rn. 11).

2. Wohlverstandenes Interesse des Angeklagten

7 In der von Abs. 1 S. 1 geregelten Situation ist eine Teilvollstr der (nicht rechtskräftigen) Einheits-JStrafe möglich, wenn dies nach Auffassung des Gerichts im Interesse des Jugendlichen liegt **(Abs. 1 S. 2).** Hierfür sind die absehbaren Folgen einer Teilvollstr mit ihrer Nichtvornahme zu vergleichen, wobei allein spezialpräventive Aspekte und individuelle Belastungen zu berücksichtigen sind. Mit Blick auf die gebotene restriktive Handhabung der Norm (→ Rn. 4) dürfen dem Jugendlichen in dieser Hinsicht durch die Teilvollstr (bei hypothetischer Bewertung) **keine Nachteile** erwachsen (Brunner/Dölling Rn. 4); vielmehr müssen die Vorteile der Teilvollstr eindeutig überwiegen (NK-JGG/Schady Rn. 8).

8 Obwohl die subjektiven Vorstellungen des Jugendlichen vor dem Hintergrund seiner anzustrebenden aktiven Mitwirkung im Vollzug der JStrafe einzubeziehen sind, geht es bei der hier erforderlichen Prüfung um eine **objektive** Bewertung („wohlverstanden"). Befindet sich der Jugendliche in Freiheit, kommt eine Teilvollstr bei laufenden Ausbildungsmaßnahmen usw nie in Betracht. Anders liegt es, wenn die Möglichkeit des Wegfalls der (angegriffenen unbedingten) JStrafe im Beurteilungszeitpunkt als sehr unrealistisch erscheint (MüKoStPO/Kaspar Rn. 10). Für eine Entscheidung gem. Abs. 1 kann es ggf. auch sprechen, wenn beim Jugendlichen bereits eine andere JStrafe oder U-Haft vollstreckt wird und er bei Anordnung der Teilvollstr in eine Anstalt verlegt würde, die im konkreten Fall am besten geeignet ist (→ Rn. 3).

3. Tatbezogene Anknüpfung

Die Anordnung der Teilvollstreckung darf **allein** an **diejenigen Taten** 9
anknüpfen, hinsichtlich derer die Schuldfeststellungen **rechtskräftig** sind (ebenso Dallinger/Lackner Rn. 8). So darf es nach **Abs. 1 S. 3** nur zu einer beschränkten Teilvollstr der (nicht rechtskräftigen) Einheits-JStrafe kommen: Die JStrafe, die allein wegen der feststehenden Taten (bei Wegfall der vor dem Rechtsmittelgericht noch anhängigen Vorwürfe) angeordnet werden könnte, darf keinesfalls überschritten werden. Endet der insofern zulässige Vollstr-Zeitraum vor dem voraussichtlichen Ende des Rechtsmittelverfahrens, kommt eine Teilvollstr allerdings nicht in Betracht, weil dies dann womöglich auf eine Zwischenentlassung hinausliefe und kaum im Angeklagteninteresse (→ Rn. 8) wäre.

4. Keine den Anwendungsbereich erweiternde Normauslegung

a) Unanfechtbarkeit des gesamten Schuldspruchs. Trotz des insofern 10
eindeutigen Wortlauts von Abs. 1 S. 1 und S. 3 lässt eine Ansicht die Teilvollstr. unter teleologischen Aspekten ebenfalls bzw. „erst recht" dann zu, wenn sich der Rechtsmittelangriff nicht auf einen Teil der Vorwürfe (→ Rn. 6), sondern **allein** auf die einheitliche **Rechtsfolgenentscheidung** (und überhaupt nicht auf den Schuldspruch) bezieht (so Dallinger/Lackner Rn. 5; Potrykus Anm. 3; SK-StPO/Paeffgen/Greco StPO § 449 Rn. 12; BeckOK JGG/Kunkel Rn. 15; MüKoStPO/Kaspar Rn. 8a; Streng JugendStrafR Rn. 592; ferner NK-JGG/Schady Rn. 4 f.; Diemer/Schatz/Sonnen/Schatz Rn. 11 f.: soweit nicht die Verhängung der JStrafe als solche angefochten wurde). Diese Auffassung ist abzulehnen (ebenso Grethlein JGG Anm. 1b; Bender JGG Rn. 4; Brunner/Dölling Rn. 3; HK-JGG/Laue Rn. 7; Laubenthal/Baier/Nestler JugendStrafR Rn. 412). § 56 ist spezifisch auf die Besonderheit der Einheitsstrafe zugeschnitten, der mehrere selbstständige Taten zugrunde liegen. Da diese Taten in unterschiedlicher Weise strittig sein können, normiert die Vorschrift eine Lösung, die sich an die allg. Vollstreckbarkeit bei vertikaler Rechtskraft anlehnt. Konstellationen der horizontalen Teilrechtskraft liegen außerhalb ihres Normbereichs.

b) Einheitsrechtsfolge gem. § 31 Abs. 2 S. 1. Soweit eine **frühere** 11
rechtskräftige Verurteilung zu JStrafe einbezogen worden (§ 31 Abs. 2 S. 1) und der neue Schuldspruch aus diesem einbeziehenden Urteil angefochten worden ist, liegen die in → Rn. 5 f. genannten Voraussetzungen an sich vor (NK-JGG/Schady Rn. 6). Dies gilt auch in der bei → § 32 Rn. 7 f. erläuterten Konstellation. Allerdings besteht hier jeweils die selbstständige Vollstreckbarkeit der früheren Verurteilung bis zur Rechtskraft des neuen Urteils (und der Vollstreckbarkeit der Einheits-JStrafe) ohnehin grds. fort (→ § 31 Rn. 46). Angesichts der diesbzgl. bestehenden Entscheidungskompetenz des JRichters ist für die Heranziehung von § 56 (und die Teilvollstr-Erklärung des Rechtsmittelgerichts) **kein Raum** (aA NK-JGG/Schady Rn. 7). Da aber das Rechtsmittelgericht, das ebenso wie das einbeziehende Gericht nicht an Art und Höhe des einbezogenen Rechtsfolgenausspruchs gebunden ist (vgl. näher → § 31 Rn. 43 ff.), durch den Vorwegvollzug der früheren Rechtsfolge nicht (bewusst) in seinem Rechtsfolgenermessen beschränkt werden darf (s. auch → Rn. 4), muss der JRichter indes die Entscheidungskriterien von **Abs. 1 S. 2 berücksichtigen** (n. Bohlander NStZ 1998, 236

(237); ebenso Diemer/Schatz/Sonnen/Schatz Rn. 8) und deshalb von einer Vollstreckung idR absehen. War eine JStrafe zBew einbezogen worden, scheidet die Vollstreckung sogar vollständig aus (abw. OLG Karlsruhe MDR 1981, 519; Brunner/Dölling Rn. 2; HK-JGG/Laue Rn. 6; BeckOK JGG/Kunkel Rn. 11). Hierin läge nämlich ein Widerruf der Aussetzung, obwohl der Vorwurf aus dem einbezogenen Urteil mangels Rechtskraft noch keinen Widerrufsgrund (→ § 26a Rn. 8 ff.) darstellen kann (hierzu und zum Ganzen NK-JGG/Schady Rn. 7 und 9).

IV. Sonstige verfahrensrechtliche Aspekte

1. Beschluss des Rechtsmittelgerichts

12 Die JKammer als Berufungsgericht gem. § 41 Abs. 2 S. 1 bzw. das OLG oder der BGH als Revisionsgericht (§ 102 S. 1 iVm § 121 Abs. 1 Nr. 1 GVG oder § 135 Abs. 1 GVG) trifft die Entscheidung über die Teilvollstr nach seinem – durch Abs. 1 S. 2 gebundenen (ebenso Dallinger/Lackner Rn. 12) – **pflichtgemäßen Ermessen.** Der dahingehende Beschluss ist zu begründen und nach Maßgabe von § 35a StPO iVm § 2 Abs. 2 ggf. mit einer Rechtsmittelbelehrung zu versehen (zur Art der Belehrung s. § 70b Abs. 1). Er kann nur in der Phase bis zur HV vor dem Rechtsmittelgericht ergehen. Kommt es nicht zu einer HV, weil die Revision als unbegründet verworfen wird (§ 349 Abs. 2 StPO iVm § 2 Abs. 2), erübrigt sich das Vorgehen nach Abs. 1 S. 1 (ebenso NK-JGG/Schady Rn. 10).

13 Gegen die Anordnung der Teilvollstr durch das LG als Berufungsgericht ist die **sofortige Beschwerde** zulässig (§§ 304, 311 StPO iVm § 2 Abs. 2), wohingegen iÜ die allg. Rechtsmittelbeschränkungen iSv §§ 304 Abs. 4, 310 Abs. 2 StPO zum Tragen kommen (§ 2 Abs. 2).

2. Beginn der Teilvollstreckung

14 Das LG als Berufungsgericht kann aus Klarstellungsgründen die Vollziehung der angefochtenen Entscheidung aussetzen (§ 307 Abs. 2 StPO iVm § 2 Abs. 2). Allerdings ist der Beschluss – abw. von § 307 Abs. 1 StPO – ohnehin erst nach Rechtskraft als **vollstreckbar** anzusehen (ebenso NK-JGG/Schady Rn. 11; Laubenthal/Baier/Nestler JugendStrafR Rn. 415), denn seine Umsetzbarkeit hängt letztlich vom Ergebnis der sofortigen Beschwerde ab (vgl. zu dieser Ausnahme von § 307 Abs. 1 StPO allg. Löwe/Rosenberg/Matt StPO § 307 Rn. 2; Meyer-Goßner/Schmitt/Schmitt StPO § 307 Rn. 1). – Zu der für die Teilvollstr maßgeblichen **urkundlichen** Grundlage → § 82 Rn. 5 sowie RL III Nr. 4 zu §§ 82–85.

15 Jede Freiheitsentziehung in dem Verfahren zählt ab Rechtskraft des Beschlusses (§ 34a StPO iVm § 2 Abs. 2) als Zeit der Jugendstrafhaft (vgl. iÜ § 52a und zur Strafzeitberechnung §§ 37 ff. StrVollstrO entspr.).

Vierter Unterabschnitt. Verfahren bei Aussetzung der Jugendstrafe zur Bewährung

Entscheidung über die Aussetzung

57 (1) [1]**Die Aussetzung der Jugendstrafe zur Bewährung wird im Urteil oder, solange der Strafvollzug noch nicht begonnen hat, nachträglich durch Beschluß angeordnet.** [2]**Ist die Entscheidung über die Aussetzung nicht im Urteil vorbehalten worden, so ist für den nachträglichen Beschluss das Gericht zuständig, das in der Sache im ersten Rechtszug erkannt hat; die Staatsanwaltschaft und der Jugendliche sind zu hören.**

(2) **Hat das Gericht die Entscheidung über die Aussetzung nicht einem nachträglichen Beschluss vorbehalten oder die Aussetzung im Urteil oder in einem nachträglichen Beschluss abgelehnt, so ist ihre nachträgliche Anordnung nur zulässig, wenn seit Erlaß des Urteils oder des Beschlusses Umstände hervorgetreten sind, die allein oder in Verbindung mit den bereits bekannten Umständen eine Aussetzung der Jugendstrafe zur Bewährung rechtfertigen.**

(3) [1]**Kommen Weisungen oder Auflagen (§ 23) in Betracht, so ist der Jugendliche in geeigneten Fällen zu befragen, ob er Zusagen für seine künftige Lebensführung macht oder sich zu Leistungen erbietet, die der Genugtuung für das begangene Unrecht dienen.** [2]**Kommt die Weisung in Betracht, sich einer heilerzieherischen Behandlung oder einer Entziehungskur zu unterziehen, so ist der Jugendliche, der das sechzehnte Lebensjahr vollendet hat, zu befragen, ob er hierzu seine Einwilligung gibt.**

(4) **§ 260 Abs. 4 Satz 4 und § 267 Abs. 3 Satz 4 der Strafprozeßordnung gelten entsprechend.**

Schrifttum: Baier, Die Bedeutung der Aussetzung der Verhängung der Jugendstrafe nach § 27 JGG und der Vorbewährung in der jugendgerichtlichen Praxis in Bayern, 2015; Werner-Eschenbach, Jugendstrafrecht. Ein Experimentierfeld für neue Rechtsinstitute, 2005.

Übersicht

I. Anwendungsbereich

1 Die Vorschrift findet in Verfahren sowohl gegen Jugendliche als auch Heranwachsende, bei denen gem. § 105 Abs. 1 materielles JStR angewandt wird, vor den JGerichten wie vor den für allg. Strafsachen zuständigen Gerichten Anwendung (§ 104 Abs. 1 Nr. 8 bzw. § 109 Abs. 2 S. 1, § 112 S. 1, 2).

II. Regelungsgegenstände

2 In der Vorschrift werden wesentliche **Verfahrensfragen** geregelt, die sich bei der Aussetzung der Vollstr zBew stellen. Dabei besteht ein Regelungszusammenhang mit den §§ 58–60 und den dortigen Bestimmungen zur Ausgestaltung der Bewährungszeit (Neben- und Nachtragsentscheidungen, Bewährungsplan, Anfechtungsmöglichkeiten). Von besonderer Bedeutung ist die sich aus der Vorschrift ergebende – von der Rechtslage im allg. StVR (§ 260 Abs. 4 S. 4, § 268a Abs. 1 Hs. 2 StPO) abw. – Möglichkeit, über die Aussetzung der Vollstr auch noch nach Erlass des die JStrafe anordnenden Urteils entscheiden zu können. Die Rechtspraxis hatte diese Option lange für eine als **„Vorbewährung"** bezeichnete Handhabung genutzt (→ § 61 Rn. 3, → § 61b Rn. 2). Hierbei wurde die Entscheidung über die Aussetzung der Vollstr vom Tatgericht ausdrücklich oder konkludent aufgeschoben, sodass die Phase bis zum **nachträglich erfolgenden Nicht-/Bewährungsbeschluss** de facto einer (Vor-)Bewährungszeit glich. Dahinter stand das Bedürfnis, das Verhalten und die Entwicklung des Jugendlichen in dieser Zeit bei Einschätzung der (davor noch unklaren) Aussetzungsvoraussetzungen berücksichtigen zu können. Diese Vorgehensweise kann allerdings – seit dem Gesetz zur Erweiterung der jugendgerichtlichen Handlungsmöglichkeiten vom 4.9.2012 (BGBl. I 1854) – nur noch nach Maßgabe der §§ 61 ff. erfolgen. Weiterhin zugelassen wird durch Abs. 1 S. 2 und Abs. 2 indes ein davon unabhängig erfolgender nachträglicher Bewährungsbeschluss (→ Rn. 3 ff.). Über das Verhältnis zur Aussetzung im **Gnadenwege** vgl. → § 21 Rn. 34.

III. Zeitpunkt der Entscheidung zur Aussetzungsfrage

1. Mögliche und zulässige Konstellationen

a) Explizite Entscheidung des Gerichts. Aus dem Regelungszusammenhang von Abs. 1 und 2 sowie §§ 61 ff. ergeben sich mehrere Konstellationen, wann und wie über die Aussetzung der Vollstr einer angeordneten JStrafe zBew befunden wird bzw. werden kann: Erstens kann die Entscheidung **im Urteil getroffen** und die Aussetzung zBew angeordnet oder abgelehnt werden. Dabei darf im Falle einer Ablehnung, wie sich aus Abs. 2 Hs. 1 Var. 2 ergibt, auch später noch eine aussetzungsanordnende Neuentscheidung durch nachträglichen Beschluss erfolgen (zu Sinn und Zweck → Rn. 5). Die zweite Konstellation besteht darin, dass das Gericht die Nicht-/Aussetzung der von ihm angeordneten JStrafe im Urteil **ausdrücklich** einer nachträglichen Entscheidung **vorbehalten** und damit explizit auf einen späteren Zeitpunkt verschieben kann (zu den Voraussetzungen und dem dann obligatorischen nachträglichen Beschlussverfahren vgl. §§ 61 ff.). 3

b) Nicht-Entscheidung des Gerichts. Drittens ist es möglich, dass im Urteil **jede Entscheidung über die Aussetzung** der Vollstr zBew **fehlt.** Dies wurde von der früher hM jedenfalls dann, wenn kein Antrag auf Aussetzung gestellt war, nicht als eine stillschweigende Ablehnung der Aussetzung, sondern als konkludenter Vorbehalt einer späteren Entscheidung interpretiert (BGHSt 14, 74 (75) = NJW 1960, 587; Dallinger/Lackner Rn. 10). Durch Einführung der §§ 61 ff. ist dafür indes die Grundlage entfallen (Brunner/Dölling Rn. 1; Diemer/Schatz/Sonnen/Schatz Rn. 27; HK-JGG/Meier Rn. 2; abw. → 23. Aufl. 2022 Rn. 11; MüKoStPO/Kaspar §§ 57–59 Rn. 8a; NK-JGG/Ostendorf/Drenkhahn Rn. 4; BeckOK JGG/Kilian Rn. 12). Zwar ergibt sich aus Abs. 2 Hs. 1 Var. 1 und Var. 2 für die Konstellation, in der die Aussetzung im Urteil gar nicht behandelt (also weder vorbehalten noch angeordnet oder abgelehnt) wurde, dass ein nachträglicher Aussetzungsbeschluss hier ebenfalls zulässig ist. Doch um einen konkludent erklärten Vorbehalt handelt es sich dabei nicht. Anderenfalls wären die Vorbehaltsvoraussetzungen (§ 61) und die Regelungen zu den Nebenentscheidungen (§§ 61a Abs. 1, 61b Abs. 1) durch gerichtliches Schweigen umgehbar. Auch zeigt die materielle (Zusatz-)Voraussetzung der nachträglichen Aussetzungsentscheidung in Abs. 2 Hs. 2 den Unterschied zum expliziten Vorbehalt an. Richtig betrachtet spricht die Aufzählung in Abs. 2 Hs. 1 dafür, das gerichtliche Schweigen als **Nicht-Entscheidung** der Bewährungsfrage einzustufen, dessen gesetzliche Konsequenz, also die Vollstr der JStrafe (Diemer/Schatz/Sonnen/Schatz § 61 Rn. 12; MüKoStGB/Radtke/Scholze § 61 Rn. 8; ähnlich HK-JGG/Meier § 61 Rn. 4), nicht nur durch Rechtsmittel (→ § 59 Rn. 6 f.), sondern auch über den nachträglichen Beschluss gem. Abs. 2 **klargestellt** (durch Ablehnung) oder unter angehobenen Voraussetzungen (→ Rn. 17) durch Aussetzung auch **korrigiert** werden kann. 4

c) Änderung nachträglicher Beschlüsse. Die vierte Konstellation besteht schließlich dort, wo in den Vorbehalts- (→ Rn. 3) oder Schweigefällen (→ Rn. 4) eine nachträgliche Entscheidung ergangen und die **Aussetzung** darin **abgelehnt** worden ist. Grds. erlaubt das Gesetz (Abs. 2 Hs. 1 Var. 3) 5 hier ebenfalls einen weiteren, davon später noch abweichenden Beschluss, der die Vollstr zBew anordnet. Die nachträglich erfolgte Ablehnung ist also in gleicher Weise wie die im Urteil erfolgte Ablehnung der Aussetzung revidierbar. Letztlich wird in dieser Variante der **Sinn und Zweck** aller von § 57 (und §§ 61 ff.) erlaubten aufgeschobenen und nachgelagerten Bewährungsentscheidung sogar besonders deutlich: Da bei jungen Menschen die individuellen Entwicklungen und Veränderungen oft viel dynamischer als bei Erwachsenen sind, muss und soll es bei ihnen prinzipiell bis zum letztmöglichen Zeitpunkt (Haftantritt) möglich sein, eine prognostische Einschätzung bei gegebenem Anlass abzuändern und die – entbehrlich gewordene – Vollstr der JStrafe durch Aussetzung zBew doch zu vermeiden. Unter diesen teleologischen Gesichtspunkten schließt die in Abs. 2 Hs. 1 Var. 3 geregelte Variante auch den strukturähnlichen Fall ein, in dem eine bereits angeordnete Aussetzung gem. **§ 26 widerrufen** worden ist. Nach der dies bestr. Gegenansicht (BeckOK JGG/Kilian Rn. 27) wäre eine Aufhebung des rechtskräftigen Widerrufsbeschlusses nur möglich, wenn hinsichtlich der den Widerruf begründenden Umstände die Voraussetzungen für eine Wiederaufnahme vorlägen (OLG Oldenburg NJW 1962, 1169; Diemer/Schatz/Sonnen/Schatz § 59 Rn. 7).

2. Grundsätze für die Wahl des Entscheidungszeitpunktes

6 Abs. 1 stellt die im Urteil und die nachträglich erfolgende Aussetzungsentscheidung gleichberechtigt nebeneinander und sieht keine Vorrangigkeit einer der beiden Optionen vor. Bei Urteilserlass hat das JGericht daher – unabhängig davon, ob Aussetzung der Vollstr zBew beantragt ist oder nicht – nach pflichtgemäßem Ermessen darüber zu befinden, ob es die Aussetzungsfrage sofort im Urteil beantwortet oder dies auf einen späteren Zeitpunkt verschiebt (BGHSt 14, 74 (74) = NJW 1960, 587). Sich hierzu gar nicht zu äußern, ist angesichts der dadurch ggf. entstehenden Probleme (→ Rn. 4 und 12) untunlich. Bei der in diesem Sinne gebotenen Festlegung ergeben sich die ermessensrelevanten Kriterien, die für einen Vorbehalt der nachträglichen Entscheidung maßgeblich sind, aus **§ 61 Abs. 1 und 2** (hierzu → § 61 Rn. 6 ff.). Typischerweise wird es für das Gericht darauf ankommen, ob das Ergebnis der HV auch hinsichtlich der Aussetzungsbedingungen zur **Spruchreife** geführt hat (so bereits früher OLG Hamburg NStZ 2009, 451 (453)): Bedarf es hinsichtlich der tatsächlichen Voraussetzungen für die nach § 21 zu erstellende Prognose keiner **weiteren Ermittlungen,** ist über die Aussetzung bereits im Urteil zu entscheiden. Sind die erforderlichen Ermittlungen hingegen noch nicht erschöpfend erfolgt, kann das Gericht entweder die HV aussetzen oder die Entscheidung über die Aussetzung (konkludent bzw. ausdrücklich) vorbehalten.

7 Bei einem Aussetzungsvorbehalt wird der Jugendliche allerdings einer verlängerten Phase ausgesetzt, in der er über seine endgültige Sanktionierung keine Klarheit erhält. Dies erschwert ihm die Entscheidung, ob ein Rechtsmittel angezeigt ist, und stellt auch wegen der **fortbestehenden Ungewissheit** eine Belastung dar (vgl. etwa Beulke/Swoboda JugendStrafR Rn. 526; dazu, dass dies den Verurteilten stärker als eine „endgültige" Aussetzung belastet, auch BGH BeckRS 2010, 6483). Zuzugeben ist ferner, dass in jenen Fällen, in denen die JStrafe durch ein Kollegialgericht angeordnet wurde, die Laienbeteiligung durch eine nachträgliche Beschlussentscheidung einge-

schränkt wird. Andererseits wäre, müssten die Gerichte die Bewährungsfrage wie im allg. StrafR stets sofort im Urteil entscheiden, wenig gewonnen, weil die Bewährung dann auch in Fällen abgelehnt werden könnte, in denen sie sich nach einer fortgesetzten Ermittlung als berechtigt erweist.

Den negativen Begleitwirkungen, die das Aufschieben der Nicht-/Ausset- 8
zung entwickelt, muss durch eine zurückhaltende Nutzung Rechnung getragen werden. Da schon der Schuld- und Rechtsfolgenausspruch umfangreiche Ermittlungen voraussetzt, kann die aussetzungsbezogene Spruchreife bei pflichtgemäßer Beurteilung nur in **atypischen Fällen** und bei sachlich begründeter Nichtprognostizierbarkeit fehlen (vgl. auch → § 61 Rn. 5 ff.). Ermessensfehlerhaft wäre es hingegen, die Aussetzung bei hinreichend ermittelter und dafür sprechender Tatsachengrundlage aus als **„erzieherisch" bezeichneten Gründen** in der Schwebe zu lassen (zust. Werner-Eschenbach, Jugendstrafrecht (…), 2005, S. 32). Soll durch das Aufschieben der Aussetzung beim Jugendlichen eine „Warnung" platziert, ein gesteigerter Anpassungsdruck erzeugt oder einer befürchteten Missdeutung der Aussetzung zBew (zB gleichsam als Freispruch) entgegengewirkt werden (Hinweise auf entspr. richterliche Motive bei Baier, Die Bedeutung der Aussetzung (…), 2015, S. 201 ff.), ist das ebenso **unzulässig** (vgl. auch Beulke GS Walter, 2014, 263; Swoboda FS Beulke, 2015, 1232). Ohnehin zeigen solche Erwägungen in erster Linie eine Störung der Kommunikation an, insbes. bei der erzieherisch angezeigten Vermittlung der die Entscheidung tragenden Gesichtspunkte (vgl. → Einl. Rn. 51 f., → § 50 Rn. 10 ff.).

IV. Aussetzungsentscheidungen im Urteil

1. Anordnung der Aussetzung

Wird die JStrafe bei Urteilserlass zBew ausgesetzt, ist dies gem. **Abs. 4** 9
iVm § 260 Abs. 4 S. 4 StPO in der Urteilsformel zum Ausdruck zu bringen (→ § 54 Rn. 14). Die dem zugrundeliegende Prognose bzw. rechtliche Würdigung des Tatsachenstoffes muss in den Urteilsgründen in einer Weise vorgenommen werden, dass vom Rechtsmittelgericht überprüft werden kann, ob das JGericht unter Wahrung der Ermessensgrenzen von zutreffenden Erwägungen ausgegangen ist (n. → § 54 Rn. 32). Ferner erfolgt die Ausgestaltung der Bewährung gem. §§ 22–24 durch einen zusätzlichen Beschluss (§ 58 Abs. 1). In dieser Hinsicht muss der Jugendliche gem. **Abs. 3** befragt werden, ggf. auch wegen seiner Einwilligung (dazu n. → Rn. 20). Der JRichter hat darüberhinaus die von § 60 geforderten Schritte hinsichtlich des Bewährungsplans und die dort genannten Belehrungen vorzunehmen sowie gem. § 25 den BewHelfer zu bestellen.

2. Nicht-anordnende Entscheidungen

Hält das JGericht es für angezeigt, über die Frage der Aussetzung nach- 10
träglich im Beschlussverfahren (→ Rn. 13 ff.) zu entscheiden und macht es von einer der Kann-Vorschriften des § 61 Abs. 1 und 2 Gebrauch, muss in der Urteilsformel zum Ausdruck gebracht werden, dass die **Entscheidung über die Aussetzung vorbehalten** bleibt (§ 61 Abs. 3 S. 2; n. → § 54 Rn. 14); in den Gründen ist dies zu erörtern (§ 61 Abs. 3 S. 2; n.→ § 61

Rn. 17). Das Gericht beschließt ferner über die Nachentscheidungsfrist (§ 61a Abs. 1), trifft ggf. die ergänzenden Festlegungen gem. § 61 Abs. 3 S. 1, § 61b Abs. 1 durch Beschluss und veranlasst den Bewährungsplan sowie die Belehrung.

11 Wird die Aussetzung der **Vollstr zBew abgelehnt,** geht dies in die Urteilsformel nicht ein. Für die Erörterung der Nichtaussetzung in den Urteilsgründen ist **Abs. 4** iVm § 267 Abs. 3 S. 4 StPO relevant. Wurde die Aussetzung der Vollstr zBew beantragt, bedarf es hiernach immer – auch dann, wenn nach dem übrigen Urteilsinhalt eine Aussetzung als unzulässig oder fernliegend erkennbar gemacht ist – einer **ausdrücklichen Begründung** der Antragsablehnung. Hierfür genügt die nur formelhafte Wiedergabe des Gesetzeswortlauts nicht (KG GA 1955, 219 zum allg. StR). Vielmehr ist insbes. darzulegen, weshalb die Entwicklung des Jugendlichen die Vollstr gebiete (BGHSt 10, 233 (235) = NJW 1957, 1040 (1041); OLG Hamm StV 2001, 176 = BeckRS 1999, 30085899). Deutlich werden muss, ob die Ablehnung wegen Fehlens der gesetzlichen Voraussetzungen nach § 21 Abs. 1 oder wegen des ausnahmsweisen (vgl. → § 21 Rn. 29 f.) Gebotenseins nach § 21 Abs. 2 erfolgte.

12 War kein **Antrag auf Aussetzung** gestellt worden, besteht keine gesetzliche Darlegungspflicht. Allerdings ist zu berücksichtigen, dass die Nicht-Begründung als Nicht-Entscheidung gilt (→ Rn. 4) und einen sachlich-rechtlichen Fehler darstellen kann, wenn die Anordnung der Aussetzung nahelag und/oder Anhaltspunkte dafür gegeben sind, dass deren Möglichkeit übersehen wurde (vgl. BGHSt 6, 68 = NJW 1954, 928 zum allg. StR). Insofern **empfiehlt** sich stets die Erörterung der für die abl. Entscheidung maßgeblichen Gesichtspunkte (vgl. → § 54 Rn. 32). – Ähnlich verhält es sich iÜ bei einer Vorbehaltsentscheidung iSv → Rn. 10: Hier besteht gem. § 61 Abs. 3 S. 3 eine allg. Erörterungspflicht, wohingegen Abs. 4 iVm § 267 Abs. 3 S. 4 StPO mangels einer Ablehnung des Aussetzungsantrags nicht einschlägig und die dort vorgesehene weitergehende Begründung nicht zwingend ist (BGHSt 14, 74 (75) = NJW 1960, 587). Im Hinblick auf die **Anfechtbarkeit** des Vorbehalts (vgl. → § 59 Rn. 6) bietet sich eine nähere Darstellung der Gründe aber mindestens an.

V. Aussetzungsentscheidung im nachträglichen Beschlussverfahren

1. Voraussetzungen

13 **a) Systematik.** Die gemeinsamen **Zulässigkeitserfordernisse** aller Beschlussvarianten bestehen darin, dass die JStrafe rechtskräftig sein muss, ihre Vollstr aber noch nicht begonnen haben darf (Abs. 1 S. 1; zu den sich hier stellenden Fragen → Rn. 14 ff.). War der Beschluss vorbehalten worden, unterliegt er keinen weiteren formalen Voraussetzungen. Auch in materieller Hinsicht hängt er nicht davon ab, dass das Gericht den Entscheidungsaufschub bzw. Vorbehalt rechtmäßig angeordnet und die dahingehenden Entscheidungskriterien (→ Rn. 6 ff., → § 61 Rn. 6 ff.) zutreffend berücksichtigt hat. Über die Nicht-/Aussetzung ist dann vielmehr allein nach den materiellen Kriterien von § 21 zu befinden, wobei der Unterschied zu einer dahingehenden Einschätzung bei Urteilserlass allein im erweiterten Zeit- und

Erkenntnishorizont liegt (→ § 61a Rn. 2 ff.). In den Konstellationen von Abs. 2 Hs. 1, in denen sich das Gericht im Urteil gar nicht zur Aussetzung verhalten (→ Rn. 4) oder die Aussetzung im Urteil (→ Rn. 3, 11) oder einem nachträglichen Beschluss (→ Rn. 5) abgelehnt hat, unterliegt eine etwaige spätere Aussetzung indes der zusätzlichen **materiellen Voraussetzung** von Abs. 2 Hs. 2 (dazu → Rn. 17).

b) Phase zwischen Rechtskraft und Vollstreckungsbeginn. Der nachträgliche Beschluss darf immer erst ergehen, wenn das Urteil über die Verhängung der JStrafe **rechtskräftig** geworden ist (ebenso Brunner/Dölling Rn. 4; BeckOK JGG/Kilian Rn. 13; aA HK-JGG/Meier Rn. 5; NK-JGG/Ostendorf/Drenkhahn Rn. 6; MüKoStPO/Kaspar §§ 57–59 Rn. 9). Denn die nachträgliche Entscheidung über die Aussetzung ist vom Bestand der im Urteil ausgesprochenen JStrafe abhängig und nur auf dieser Grundlage dem Verurteilten sinnvoll vermittelbar. Eine **Ausnahme** besteht allein in Fällen, in denen eine Entscheidung über die Aussetzung im Urteil fehlt. Dies ergibt sich aus der Funktion des nachträglichen Beschlusses, der dem Gericht hier eine rechtsmittelunabhängige Klar- oder Richtigstellungsmöglichkeit geben soll (→ Rn. 4). 14

Eine nachträgliche Aussetzung der Vollstr zBew durch Beschluss ist lediglich zulässig, „solange der Strafvollzug noch nicht begonnen hat" (Abs. 1 S. 1) – also in der Phase zwischen Rechtskraft des die JStrafe anordnenden Urteils und dem Vollstreckungsbeginn. In den Konstellationen von Abs. 2 hängt ein nachträglicher Beschluss deshalb vom Stand der Urteilsumsetzung ab. Als **Beginn** des **Vollzugs** gilt dabei der Zeitpunkt, in welchem der Jugendliche in die zuständige JStrafvollzugsanstalt (nicht U-Haftanstalt) aufgenommen und dem Vollzug der JStrafe (nicht dem Vollzug von U-Haft) unterworfen wird (dazu bereits LG Würzburg RdJB 1958, 111; Dallinger/Lackner Rn. 11). Eine sonstige zeitliche Begrenzung besteht nicht (denn die Fristbestimmungen in § 61a Abs. gelten allein für eine vorbehaltene Entscheidung). 15

Im Falle eines Vorbehalts gem. § 61 ist die Negativvoraussetzung iSv Abs. 1 S. 1 stets gegeben. Da die Vorbehaltserklärung dokumentiert, dass die Sachprüfung bzgl. der Voraussetzungen der Aussetzung der Vollstr zBew als eine neben der Rechtskraft des Schuld- und Strafausspruchs unverzichtbare Bedingung der Vollstreckbarkeit noch nicht abgeschlossen ist, verhindert sie unbeschadet der Rechtskraft des Urteils dessen Vollstreckbarkeit. Diese schon früher herrschende Position (KG NStZ 1988, 182; OLG Frankfurt a. M. NStZ-RR 1997, 250; aA OLG Stuttgart NStZ 1986, 219 mablAnm Eisenberg/Wolski NStZ 1986, 220) wurde in **§ 89 S. 1** für die Dauer der Nachentscheidungsfrist positiviert. Problematisch sind allein die in der Rechtspraxis kaum denkbaren Verfahrensverläufe, in denen das Gericht bis zum Ablauf der gem. § 61a Abs. 1 festgelegten Frist keine Nicht-/Aussetzungsentscheidung getroffen hat (→ § 61a Rn. 11 f.). Sollte es hier zur Vollstreckung kommen, dürfte der institutionelle Fehler nicht auf Kosten des Jugendlichen gehen, weshalb der nachträgliche Beschluss ausnahmsweise auch noch nach Beginn der Vollstr zulässig wäre (BeckOK JGG/Kilian Rn. 16; abw. NK-JGG/Ostendorf/Drenkhahn Rn. 5). 16

c) Modifizierte Beurteilungsgrundlage (Abs. 2). In den von Abs. 2 erfassten Konstellationen ist die nachträgliche Anordnung einer Aussetzung (also nicht auch die nachträglich klarstellende Nichtaussetzungsentscheidung 17 in den Fällen von → Rn. 4) materiell nur möglich, wenn seit Erlass des Urteils solche Umstände hervorgetreten sind, die allein oder in Verbindung mit den bereits bekannten Umständen eine Aussetzung rechtfertigen. Insofern muss es sich um entscheidungsrelevante Tatsachen und Beweismittel handeln, die nachträglich **„hervorgetreten"** sind. Es kommt also nicht darauf an, dass sie im Zeitpunkt der revidierten Nichtaussetzungs- oder Nicht-Entscheidung noch nicht bestanden haben (vgl. LG Berlin 11.4.2013 – 518 Qs 19/13 bei Fricke StRR 2014, 478) – sondern allein darauf, dass sie jenem JGericht, das diese Umstände letztmalig für die Aussetzungsfrage rechtlich und tatsächlich berücksichtigen durfte, **nicht bekannt gewesen** sind (allgA). Schließlich müssen die so hervorgetretenen Umstände für die Aussetzungsfrage in gesteigerter Weise von Belang sein: Sie müssen dem bekannten Sachverhalt ein so **bedeutsames Teilstück** hinzufügen, dass die Entscheidung über die Aussetzung nicht als Korrektur bei im Wesentlichen gleichbleibendem Sachverhalt erscheint, sondern einer modifizierten Beurteilungsgrundlage Rechnung trägt (vgl. Brunner/Dölling Rn. 4).

2. Verfahrensfragen

18 **a) Zuständigkeit.** Ist die Entscheidung über die Aussetzung im Urteil vorbehalten worden, erfolgt die Entscheidung über eine nachträgliche Aussetzung der Vollstr der JStrafe zBew durch Beschluss (seit Einführung der §§ 61–61b) nach allg. Regeln und damit durch das Gericht der letzten Tatsacheninstanz – also ggf. das BerufungsG (aA vormals OLG Frankfurt a. M. NStZ-RR 1996, 252; OLG Rostock BeckRS 2005, 9641; diff. OLG Hamburg NStZ 2009, 451). Dies ergibt sich aus § 61a Abs. 2 und einem Rückschluss aus **Abs. 1 S. 2 Hs. 1,** der die Zuständigkeit für die nachträgliche Beschlussentscheidung in allen anderen Konstellationen dem **erkennenden Gericht** des ersten Rechtszuges überträgt. Dessen Zuständigkeit besteht also auch, wenn sich das Urteil zur Frage der Aussetzung gar nicht verhalten (→ Rn. 4) oder eine Aussetzung der Vollstr der JStrafe zBew abgelehnt hat (→ Rn. 3). Da in diesen Fällen eine nachträgliche Aussetzung gem. Abs. 2 nur auf neue Erkenntnisse gestützt werden kann (→ Rn. 17), die am ehesten im Dienstbereich des erstinstanzlichen Gerichts bzw. des Vollstreckungsleiters zu gewärtigen sind, erscheint diese Zuständigkeit auch als **zweckmäßig.** – Die Schöffen wirken an dem nachträglichen Beschlussverfahren i.Ü. nicht mit (§ 33a Abs. 2, § 33b Abs. 7; vgl. → §§ 33–33b Rn. 26)

19 **b) Anhörung bzw. mündliche Verhandlung.** Das nachträgliche Beschlussverfahren kann auf Antrag oder von Amts wegen eingeleitet werden. Der Beschluss darf **ohne** mündliche Verhandlung erlassen werden. Allerdings ist nach Abs. 1 S. 2 Hs. 2 eine **Anhörung** der Jugendlichen und des JStA sowie des Erziehungsberechtigten bzw. gesetzlichen Vertreters (§ 67 Abs. 1) und des idR (gem. § 68 Nr. 5) notwendig vorhandenen **Verteidigers** (→ § 68a Rn. 3; → § 61a Rn. 15; betr. dessen Termin-, nicht aber VollstrGebühr s. LG Mannheim StRR 2008, 120) **zwingend** erforderlich. Diese darf zwar auch schriftlich erfolgen (OLG Hamburg VRS 124, 335 = BeckRS 2013, 6271), doch wird sich die Anberaumung einer mündlichen Anhörung oder besser sogar mündlichen Verhandlung oftmals **empfehlen** (n. dazu OLG Hamm BeckRS 2015, 21047). Das gilt insb., wenn eine

weitere Klärung des Sachstandes notwendig scheint oder der Jugendliche zu ihm nachteiligen Tatsachen oder Beweisergebnissen (zB im schriftlichen Bericht der JGH oder des BewHelfers) noch zu hören ist (§ 33 Abs. 3 StPO iVm § 2 Abs. 2) oder die Erstellung des BewPlans (§ 60) erfolgen soll.

c) Einbeziehung des Jugendlichen gem. Abs. 3. Ein mündlicher Kontakt zumindest zum Jugendlichen ist auch wegen Abs. 3 angezeigt. Das Gericht darf im nachträglichen Beschlussverfahren zwar nach allgA keinen Kopplungs-JA anordnen, hat aber die nach **§§ 22 ff. anstehenden weiteren Entscheidungen** zu treffen (→ § 58 Rn. 2 ff.) und dabei vielfach auch die Anordnung von Weisungen oder Auflagen zu erwägen. Daher sollte es sich mit dem Jugendlichen, soweit dieser damit nicht erkennbar überfordert ist, über dessen dahingehende Vorstellungen und etwaige **Vorschläge austauschen.** Eine Einwilligung des Jugendlichen wird von Abs. 3 S. 2 zwar nur in bestimmten Fällen (§ 10 Abs. 2 S. 2) als zwingende Voraussetzung (einschr. HK-JGG/Meier Rn. 10) eingefordert. Auch macht Abs. 3 S. 1 seine „Befragung" allein „in geeigneten Fällen" und lediglich für die Zusagen iSv § 23 Abs. 2 zu einer Pflicht. Doch da die Berücksichtigung der Perspektive des Beschuldigten dessen Ergebnisakzeptanz und Verantwortungsgefühl stärken kann, dürfte ein solches Vorgehen in einem weiteren Umfang geeignet sein. Falls der Jugendliche hierbei **Zusicherungen** für seine künftige Lebensführung oder zu Wiedergutmachungsleistungen macht, sieht das Gericht regelmäßig von Weisungen oder Auflagen vorläufig ab (→ § 23 Rn. 16 ff.). 20

d) Einzelfragen. Der Beschluss über die Aussetzung und die weiteren Entscheidungen gem. §§ 22 ff. ist zu verkünden (§ 35 Abs. 1 S. 1 StPO iVm § 2 Abs. 2), anderenfalls zuzustellen (§ 35 Abs. 2 StPO iVm § 2 Abs. 2). Er bedarf einer **Begründung** (§ 34 StPO iVm § 2 Abs. 2; vgl. auch → Rn. 9 ff.) und einer gem. § 70b Abs. 1 geeigneten **Belehrung** über das Recht, gem. § 59 Abs. 1 sofortige Beschwerde zu erheben (§ 35a StPO iVm § 2 Abs. 2; zur Rechtsmittelbelehrung vgl. auch → § 54 Rn. 39 entspr.). Im Übrigen kann das Gericht ggf. auch **vorläufige Maßnahmen** treffen und notfalls einen Haftbefehl (§ 453c StPO iVm § 2 Abs. 2) erlassen, um sich der Person des Jugendlichen zu versichern (n. dazu → § 58 Rn. 27 ff.). 21

Weitere Entscheidungen

58 (1) [1]**Entscheidungen, die infolge der Aussetzung erforderlich werden (§§ 22, 23, 24, 26, 26a), trifft der Richter durch Beschluß.** [2]**Der Staatsanwalt, der Jugendliche und der Bewährungshelfer sind zu hören.** [3]**Wenn eine Entscheidung nach § 26 oder die Verhängung von Jugendarrest in Betracht kommt, ist dem Jugendlichen Gelegenheit zur mündlichen Äußerung vor dem Richter zu geben.** [4]**Der Beschluß ist zu begründen.**

(2) **Der Richter leitet auch die Vollstreckung der vorläufigen Maßnahmen nach § 453c der Strafprozeßordnung.**

(3) [1]**Zuständig ist der Richter, der die Aussetzung angeordnet hat.** [2]**Er kann die Entscheidungen ganz oder teilweise dem Jugendrichter übertragen, in dessen Bezirk sich der Jugendliche aufhält.** [3]**§ 42 Abs. 3 Satz 2 gilt entsprechend.**

Übersicht

I. Anwendungsbereich

1 Die Vorschrift findet in Verfahren gegen Jugendliche und jene Heranwachsende, bei denen gem. § 105 Abs. 1 materielles JStR angewandt wird (BGH StraFo 2007, 87 = BeckRS 2006, 13973), sowohl vor den JGerichten wie vor den für allg. Strafsachen zuständigen Gerichten Anwendung (§ 104 Abs. 1 Nr. 8 bzw. § 109 Abs. 2 S. 1, § 112 S. 1, 2; zu **Besonderheiten** bei der Zuständigkeitsübertragung bei Verfahren vor einem allg. StrafG und bei Soldaten → Rn. 16 und 20).

II. Richterliche Festlegung gem. Abs. 1

1. Zu treffende Entscheidungen

2 Abs. 1 gilt für folgende Entscheidungen: die Festsetzung (einschließlich der Bemessung) sowie die nachträgliche Änderung der BewZeit (§ 22), die (ggf. auch nachträgliche) Anordnung, Änderung und Aufhebung von Bew-

Weisungen bzw. -Auflagen (§ 23), die Anordnung, Aufhebung bzw. Änderung der Unterstellung unter BewHilfe oder die erneute Unterstellung (§ 24), der Widerruf der Aussetzung der Vollstr zBew (§ 26) und der Erlass der JStrafe nach Ablauf der BewZeit (§ 26a). – Soweit diese Entscheidungen im Zusammenhang mit einer „Vorbewährung" zu treffen sind, gilt Abs. 1 S. 1 (ebenso wie Abs. 1 S. 2 und 4 sowie Abs. 3 S. 1) gem. § 61b Abs. 1 S. 6 ebenfalls.

Für die **übrigen Maßnahmen,** die infolge der Aussetzung der Vollstr zBew erfolgen, scheidet eine unmittelbare Heranziehung des § 58 angesichts des eindeutigen Wortlauts der Vorschrift aus. Es ist jedoch im Hinblick auf die notwendige Einheitlichkeit der spezialpräventiven Entscheidung in weitem Maße eine **entsprechende Anwendbarkeit der Zuständigkeitsnormen** (nicht aber der Verfahrensvorgaben in Abs. 1) anzunehmen (vgl. schon BGHSt 19, 170 (179) = NJW 1964, 603 (604)). Zur Wahrung einer sachnahen Entscheidung bestimmt sich daher namentlich die Zuständigkeit zur Aufstellung eines Bewährungsplans (§ 60) und zur Bestellung des BewHelfers (§ 25) nach § 58 (Diemer/Schatz/Sonnen/Schatz Rn. 5). Für Entscheidungen, bei denen die Zuständigkeit in abw. Spezialregelungen geregelt ist, kommt jedoch eine entsprechende Anwendung nicht in Betracht (vgl. zu § 36 Abs. 5 S. 1 BtMG BGHR JGG § 58 Abs. 3 S. 2, Übertragung 2 (Gründe) = BeckRS 2001, 4334; LG Offenburg NStZ-RR 2004, 58 (59)). 3

2. Rechtliches Gehör

a) Anhörung und mündlicher Termin. Vor **allen Entscheidungen** iSv Abs. 1 S. 1 sind gem. Abs. 1 S. 2 der Jugendliche, der JStA und auch (soweit schon bestellt) der BewHelfer (anders als nach § 453 Abs. 1 S. 5 StPO; vgl. auch OLG Hamm NStZ 2017, 543) zu **hören.** Ferner sind gem. § 67 Abs. 1 der Erziehungsberechtigte und der gesetzliche Vertreter sowie gem. § 38 Abs. 6 die JGH und ein ggf. vorhandener Verteidiger hinzuzuziehen (OLG Koblenz StV 2017, 723 (Ls.) = BeckRS 2016, 9647). Das gilt auch bei einem Heranwachsenden, selbst wenn dieser zwischenzeitlich das 26. Lbj. erreicht hat (OLG Celle NStZ 2021, 686: anders bzgl. JGH, wenn deren Beteiligung eine inhaltlose Formalie wäre). Die Anhörung kann grds. schriftlich erfolgen, wobei das rechtliche Gehör im Rahmen einer anberaumten mündlichen Verhandlung den Vorzug hat, uU zur Verwirklichung erzieherischer Zwecke beitragen zu können, indem in gemeinsamer Erörterung der Entscheidung auf eine Beteiligung des Jugendlichen (vgl. → § 57 Rn. 20) hingewirkt werden kann. Dabei könnten zugleich etwaige unterschiedliche Auffassungen über Zweck und Durchführung der Maßnahmen geklärt und möglicherweise drohende Widerstände abgebaut werden. Insbes. lassen sich so die aktuelle Lebenssituation, die Probleme und Perspektiven des Jugendlichen, der mit entspr. schriftlichen Darstellungen oft erhebliche Schwierigkeiten haben wird, besser berücksichtigen (ähnlich MüKoStPO/Kaspar §§ 57–59 Rn. 20). 4

Kommt ein **Widerruf der Aussetzung** bzw. eine Entscheidung gem. § 26 Abs. 2 oder die Verhängung von Nichtbefolgungsarrest (→ § 23 Rn. 11) in Betracht, ist dem Jugendlichen (sowie gem. § 67 Abs. 1 auch den Erziehungsberechtigten) **zwingend** eine Gelegenheit zur **mündlichen** Äußerung vor dem JRichter zu geben (zum mündlichen Termin s. LG Bonn BeckRS 2018, 44696). Die dafür maßgebliche Regelung in **Abs. 1 S. 3** gilt 5 bei Anwendung des JStR auch für Heranwachsende – unabhängig davon, ob und wie weit das 21. Lbj. zwischenzeitlich erreicht und überschritten wurde (OLG Hamm NStZ 2017, 543 (544); LG Saarbrücken ZJJ 2020, 311 (312) = BeckRS 2020, 56108; Frommeyer StraFo 2018, 493 (498 f.); wohl auch LG Traunstein BeckRS 2021, 9657). Die abw. Ansicht, die erwachsen gewordene Verurteilte va ab dem 14. Lbj. hiervon ausnehmen will (VerfG Bbg BeckRS 2015, 56548; KG BeckRS 2013, 935; 2015, 19897; LG Heidelberg StV 2008, 119 = BeckRS 2007, 10773), stützt sich auf Regelungszusammenhänge (§§ 89b, 114), die für die Anhörungsfrage ohne Aussagekraft sind.

6 Keinesfalls wird der Anspruch auf mündliche Anhörung durch den schriftlichen Hinweis, es werde Gelegenheit zur Stellungnahme gegeben, erfüllt (OLG Hamm NStZ 2017, 543; LG Zweibrücken ZJJ 2012, 209 = BeckRS 2012, 9728; LG München StV 2020, 696 (697) = LSK 2019, 48946). **Ebenso wenig ausreichend** ist es, wenn der Jugendliche im Zusammenhang mit einem Sicherungshaftbefehl (→ Rn. 27 ff.) angehört worden war (OLG Koblenz StV 2017, 723 (Ls.) = BeckRS 2016, 9647) oder wenn das Gericht anlässlich einer vorausgegangenen Verhandlung angekündigt hat, im Falle der Nichterfüllung von Auflagen werde unmittelbar widerrufen (vgl. zum allg. StR LG Saarbrücken StV 2011, 169 = BeckRS 2010, 11994). Das **Nichterscheinen** zu früheren Anhörungen ist unerheblich; einen darin liegenden Verzicht oder eine Verwirkung kennt das Gesetz nicht (OLG Jena BeckRS 2006, 10189 zum allg. StR). Nimmt der Jugendliche eine zumutbare Gelegenheit zur nunmehrigen mündlichen Anhörung nicht wahr, kann allerdings der Widerruf erfolgen. Wegen der Bedeutung des direkten Kontaktes sollte davor aber stets (ggf. unter Einschaltung der JGH oder über § 453c StPO iVm § 2 Abs. 2 (→ Rn. 27 ff.)) versucht werden, den Jugendlichen zum Erscheinen zu bewegen (MüKoStPO/Kaspar §§ 57–59 Rn. 20; Brunner/Dölling Rn. 4).

7 **b) Nichterreichbarkeit.** Wenn die fragliche Person unbekannten Aufenthalts ist, weil sie trotz entspr. Auflage den Wechsel ihrer Anschrift nicht mitgeteilt hat, wird es im allg. StVR bei der Anhörung gem. § 453 Abs. 1 S. 2 StPO von der Rspr. (OLG Köln NJW 1963, 875; OLG Düsseldorf BeckRS 2001, 30215127) gebilligt, wenn die Anhörung **unterbleibt** und der (Widerrufs-)Beschluss gem. § 40 StPO öffentlich zugestellt wird. Daneben werden dem Gericht, sofern es diesen Weg für zweckmäßiger hält, auch die Maßnahmen nach § 453c StPO eingeräumt (vgl. mwN Meyer-Goßner/Schmitt/Schmitt StPO § 453c Rn. 11). Im JStV ist die erstgenannte Vorgehensvariante ohne Anhörung des Jugendlichen in den von Abs. 1 S. 3 erfassten Fällen der mündlichen Anhörung dagegen zw. und wegen deren erzieherischer Bedeutung auch sonst nur mit Zurückhaltung praktizierbar (ebenso Diemer/Schatz/Sonnen/Schatz Rn. 22; NK-JGG/Ostendorf/Drenkhahn Rn. 12).

8 Im Falle der Nichterreichbarkeit der **Erziehungsberechtigten** läge eine Regelung wie bei § 50 Abs. 6 oder ggf. auch § 67 Abs. 3 S. 3 nahe. In Ermangelung einer solchen Vorschrift muss indes ein vom FamG zu bestellender, die Personensorge umfassender Ergänzungspfleger (§ 1909 BGB) zur mündlichen Anhörung des Jugendlichen geladen werden (OLG Koblenz StV 2017, 723 (Ls.) = BeckRS 2016, 9647; Diemer/Schatz/Sonnen/Schatz Rn. 22).

c) Einzelfragen der Anhörung. Das Recht auf umfassende rechtliche Äußerung macht es erforderlich, dem Jugendlichen wie auch den gesetzlichen Vertretern und Erziehungsberechtigten vor nachträglichen Änderungs- oder Widerrufsentscheidungen die bisher nicht bekannten und zum Nachteil des Verurteilten verwendbaren Tatsachen und Beweisergebnisse **mitzuteilen** (§ 33 Abs. 3 StPO iVm § 2 Abs. 2). Dies ist auch im Hinblick auf die Inhalte der BewHelfer-Berichte zu berücksichtigen (vgl. schon Dallinger/Lackner Rn. 5). Eine **Belehrung** wird gesetzlich nicht zwingend verlangt. Sie wird aber häufig angezeigt sein. Macht der Jugendliche in der Anhörung hinsichtlich eines neuen Delikts, dass ggf. zu einem Widerruf führt, selbstbelastende Angaben, sind diese nämlich unbelehrt zustandegekommen und daher im Verfahren wegen dieses Deliktes nicht verwertbar, es sei denn, sie würden dort nach qualifizierter Belehrung wiederholt (AG Landau NStZ 2020, 631 mzustAnm Ventzke NStZ 2020, 632). 9

d) Folgen des nicht gewährten Gehörs. Wird das rechtliche Gehör nicht nach den Anforderungen von Abs. 1 S. 2 und 3 ausreichend gewährt und die fragliche Entscheidung sodann mit der sofortigen Beschwerde angegriffen, genügt eine nachgeholte Anhörung durch das Beschwerdegericht nicht (so aber noch OLG Hamm ZJJ 2008, 389 (390) = BeckRS 2008, 11801; LG Offenburg NStZ-RR 2004, 58; LG Cottbus BeckRS 2009, 8006). Vielmehr ist hier zurückzuverweisen, da der Betroffene andernfalls eine Instanz verlöre (vgl. OLG Hamm NStZ 2017, 543; OLG Koblenz StV 2017, 723 (Ls.) = BeckRS 2016, 9647; LG Arnsberg NStZ 2006, 525 (526); LG Zweibrücken ZJJ 2012, 209 = BeckRS 2012, 9728; LG Bonn BeckRS 2018, 44696). 10

3. Weitere Verfahrensfragen

a) Form und Zeitpunkt der Entscheidung. Die weiteren Entscheidungen ergehen stets und zwingend durch **Beschluss** (Abs. 1 S. 1). Soweit es sich um bewährungsausgestaltende Festlegungen handelt, sind sie mit einer nachträglichen beschlussförmigen Aussetzungsentscheidung verbindbar. Wegen der unterschiedlichen Rechtsmittel (§ 59 Abs. 1 und Abs. 2) empfehlen sich aber getrennte Beschlüsse. Bei Verkündung der Aussetzung im Urteil dürfen die ausgestaltenden Anordnungen in dieses ohnehin nicht aufgenommen werden (allgA). Unabhängig davon werden die Entscheidungen zur Bewährungsausgestaltung zeitlich meist gemeinsam mit der Aussetzungsentscheidung getroffen. Besteht indes noch keine Entscheidungsreife, sodass die weiteren Entscheidungen erst später gefällt werden können, bedarf es dafür dann der eigenen Anhörung (→ Rn. 4). Der Zeitpunkt für diese sowie überhaupt alle nachträglich zu treffenden Entscheidungen (Aufhebung, Änderung, Widerruf, Erlass) bestimmt sich grds. nach dem **Eintritt der sachlichen Voraussetzung.** Bei einer im Urteil ausgesprochenen Aussetzung der Vollstr zBew ist ein Widerruf allerdings erst zulässig, wenn die Anordnung rechtskräftig geworden ist. Denn davor liegt eine wirksame und demzufolge widerrufsfähige Aussetzungsentscheidung noch nicht vor (vgl. schon Dallinger/Lackner Rn. 2). 11

b) Sonstige Entscheidungsformalien. Nach **Abs. 1 S. 4** ist der Beschluss **zu begründen.** Dies gilt (abw. von § 34 StPO iVm § 2 Abs. 2) ebenfalls bei unanfechtbaren Beschlüssen, etwa dem über den Straferlass 12

(§ 59 Abs. 4). Die **Bekanntmachung** einer Entscheidung erfolgt durch Zustellung, während eine Bekanntgabe durch Verkündung auch im Falle mündlicher Anhörung unzulässig ist (KG ZJJ 2003, 303 = BeckRS 2014, 9101). Dass hier von der entspr. Handhabung im allg. StVR (Meyer-Goßner/Schmitt/Schmitt StPO § 454 Rn. 40) nicht abgewichen werden kann, folgt aus dem Verbot der Schlechterstellung im Vergleich zu Erwachsenen (vgl. n. → § 2 Rn. 23 ff.). Zur **Rechtsmittelbelehrung** s. § 35a StPO iVm § 2 Abs. 2 sowie → § 54 Rn. 39 entspr. (dazu ferner KG ZJJ 2003, 304 = BeckRS 2014, 9101; BeckOK JGG/Kilian Rn. 25). – Wegen der Anfechtbarkeit der weiteren Entscheidungen vgl. § 59.

III. Entscheidungszuständigkeit

1. Einheitlichkeitsgrundsatz (Abs. 3 S. 1)

13 Im allg. StVR ist in der Phase, die zwischen dem Eintritt der Rechtskraft des die Aussetzung anordnenden Urteils bis zur etwaigen Strafvollstr (dann: § 462a Abs. 1 S. 1 StPO) liegt, das Gericht des ersten Rechtszuges zuständig (§ 462a Abs. 2 S. 1 und Abs. 3 S. 1 StPO). Dagegen besteht im JStV keine grds. Zuständigkeit des JRichters (BGH 19, 170 = NJW 1964, 603). Dies ergibt sich aus der Regelung in Abs. 3 S. 1 und dem Umstand, dass nach einem Verfahren vor dem allg. Strafgericht die Zuständigkeit des JRichters erst durch (allerdings zwingende) Übertragung (§ 104 Abs. 5 Nr. 1) begründet werden muss. Nach Abs. 3 S. 1 zuständig ist vielmehr das **die Aussetzung zBew veranlassende Gericht.** Dabei ist allein die Aussetzung der Vollstr zBew gem. § 21 gemeint (vgl. aber zur Aussetzung zBew gem. § 27 und zur Aussetzung des Restes der JStrafe zBew gem. § 88 die Verweise in § 62 Abs. 4 und § 88 Abs. 6 S. 3).

14 Beim gem. Abs. 3 S. 1 zuständigen Gericht kann es sich auch um das **BerufungsG** handeln, **wenn** dieses nicht nur die Aussetzungsentscheidung des erstinstanzlichen Gerichts bestätigt, sondern die Aussetzung erstmals angeordnet hat (vgl. nur BGH NStZ 1987, 87; OLG Hamm ZJJ 2008, 388 = BeckRS 2008, 11801; LG Passau BeckRS 2018, 18538). Diese Bestimmung folgt dem Grundsatz der Einheitlichkeit erzieherischer Entscheidungen (vgl. → § 31 Rn. 3, → § 34 Rn. 8). Hiernach soll das JGericht, das sich aufgrund **eigener Prüfung** zur Aussetzung der JStrafe zBew entschlossen hat, auch die damit verbundenen weiteren Entscheidungen treffen. § 104 Abs. 5 Nr. 1 normiert für das Erwachsenengericht hiervon nur deshalb eine Ausnahme, um die größere Erfahrung des JRichters bei der Ausgestaltung von jugendstrafrechtlichen Rechtsfolgen zum Tragen kommen zu lassen (BGHSt 25, 85 (88) = NJW 1973, 523; zum Zweck der Ausnahme in Abs. 3 S. 2 s. sogleich → Rn. 19). – Wird vom Berufungsgericht dagegen nur eine bereits erfolgte Aussetzungsentscheidung aufrechterhalten, ist es nach diesen Grundsätzen nicht für die Ausgestaltung der Bewährung zuständig und darf den erstinstanzlich erfolgten Bewährungsbeschluss auch nicht abändern (LG Hamburg NStZ-RR 2023, 125: für diesbzgl. Angriffe bedarf es des gesonderten Beschwerdeverfahrens).

15 Ist nach **§ 31 Abs. 3 S. 1** die Einbeziehung einer früheren jugendstrafrechtlichen Rechtsfolge und die Bildung einer Einheitssanktion unterblieben, weil das JGericht im fraglichen Fall eine **Ausnahme** vom Grundsatz

der Einheitlichkeit als erzieherisch zweckmäßig beurteilt hat (zu den Voraussetzungen vgl. → § 31 Rn. 29 ff.), können uU mehrere Verurteilungen zu JStrafe unter jeweiliger Aussetzung der Vollstr zBew vorliegen. Gehen diese Entscheidungen auf unterschiedliche Gerichte zurück, findet die Zuständigkeitskonzentration des allg. StVR (§ 462a Abs. 4 S. 1, 2 StPO) nicht statt. Abs. 3 S. 1 hat vielmehr **Vorrang,** sodass in diesem Fall mehrere JGerichte **parallel** für „ihre" jeweilige Bewährungsausgestaltung zuständig sind. Auch für das Nebeneinander von jeweils zBew ausgesetzter JStrafe und **Maßregel** der Besserung und Sicherung gilt, dass die Zuständigkeit für jede Rechtsfolge separat nach Abs. 3 zu bestimmen ist (OLG Jena NStZ 2010, 283). Ebenso verhält es sich im Wesentlichen, wenn jeweils zBew ausgesetzte Freiheits- und JStrafen zusammentreffen. Die gespaltene VollstrZuständigkeit beruht dann auf den rechtsfolgenspezifisch anzuwendenden § 462a StPO bzw. Abs. 3 (BGHSt 28, 351 (354) = NJW 1979, 1837; BGH NStZ-RR 2007, 190; OLG Rostock BeckRS 2003, 153539; Diemer/Schatz/Sonnen/Schatz Rn. 9).

2. Zuständigkeitsübertragung gem. Abs. 3 S. 2

a) Allgemeines. Das JGericht, welches die Aussetzung der Vollstr zBew 16
iSv Abs. 1 angeordnet hat und gem. Abs. 3 S. 1 an sich für die weiteren Entscheidungen zuständig ist, **kann** gem. Abs. 3 S. 2 – und im Falle eines allg. StrafG **muss** es **(§ 104 Abs. 5 Nr. 1)** – die infolge der Aussetzung notwendig werdenden Entscheidungen dem JRichter (nicht dem JSchöffG) des Aufenthaltsortes übertragen (zum damit eintretenden Wechsel auch in der Zuständigkeit der **JStA** vgl. → § 36 Rn. 10). Dies gilt auch für das gem. Abs. 3 S. 1 ggf. zuständige (→ Rn. 14) Berufungsgericht (LG Passau BeckRS 2018, 18538) – **nicht aber** für das Gericht, das eine Aussetzung zBew gem. § 27 veranlasst hat (s. § 62 Abs. 4 sowie → § 62 Rn. 14 ff.) oder das gem. § 36 Abs. 1 BtMG sowie im Gnadenweg tätig geworden ist (BGHSt 32, 330 = NJW 1984, 2541).

Zeitlich besteht die Übertragungsmöglichkeit nach der Aussetzungsent- 17
scheidung in jeder Lage des Verfahrens, auch nach bereits getroffenen Bewährungsentscheidungen (n. Dallinger/Lackner Rn. 14). Da gem. Abs. 3 S. 2 auch eine **teilweise Übertragung** gestattet ist, kann sich das abgebende Gericht einzelne Entscheidungen vorbehalten (vgl. BGHSt 7, 318 = NJW 1955, 1238). Äußert sich der Abgabebeschluss nicht zum Umfang der Übertragung, erstreckt diese sich jedoch auf alle noch zu treffenden Entscheidungen (allgA). Unabhängig davon bleibt das erkennende Gericht trotz der Übertragung für die Einleitung und Durchführung der Vollstr der JStrafe selbst zuständig, solange nicht auch diese gem. § 85 Abs. 5 abgegeben wurde (vgl. BGHSt 27, 25 = BeckRS 1976, 30373098; BGH MDR 1986, 952 = BeckRS 1986, 31109743; 2005, 13928; 2014, 13311; → § 84 Rn. 3).

Zulässiger Übertragungsadressat ist allein das Gericht, in dessen Bezirk sich 18
der Jugendliche bzw. Heranwachsende aufhält. Für die Frage, um welchen Ort es sich dabei handelt, kommt es auf den aktuellen **tatsächlichen Lebensschwerpunkt** und nicht auf eine entspr. Meldeanschrift an (BGH StV 2022, 44 (Ls.) = BeckRS 2021, 3349). Unerheblich ist auch die Un-/Freiwilligkeit des **Aufenthalts** (OLG Schleswig SchlHA 1957, 106). Wann die Situation begründet wurde, spielt ebenfalls keine Rolle. Anders als bei §§ 42 Abs. 3 S. 1, 65 Abs. 1 S. 4 ist es also nicht erforderlich, dass der

Zustand erst aufgrund eines nachträglichen Aufenthaltswechsels eingetreten ist (vgl. OLG Köln NJW 1955, 603). – Nach OLG Nürnberg NStZ 2012, 164 ist Abs. 3 S. 2 entsprechend bei Maßregeln nach **§§ 63, 64 StGB** iVm § 7 anzuwenden, deren Vollstr zBew ausgesetzt ist.

19 **b) Entscheidungsnähe.** Das JGericht entscheidet über die Abgabe nach pflichtgemäßem Ermessen. Angesichts des in Abs. 3 S. 1 zum Ausdruck kommenden Grundsatzes der Einheitlichkeit erzieherischer Entscheidungen bedarf es jedoch **besonderer Gründe,** die eine Übertragung angezeigt bzw. **zweckmäßig** erscheinen lassen (vgl. BGH BeckRS 2006, 8533; OLG Nürnberg NStE Nr. 3 zu § 58 JGG = BeckRS 2014, 18361; OLG Düsseldorf NStE Nr. 4 zu § 58 JGG). Wesentlich ist, ob durch die größere örtliche Entscheidungsnähe am Gericht des Aufenthaltsortes die Sachgerechtigkeit der zu treffenden Entscheidungen gefördert wird, etwa durch größeres Wissen um den Verurteilten und den regionalen Kontext oder durch bessere Erkenntnismöglichkeiten. Generell bedarf es hinsichtlich der Zweckmäßigkeit einer **einzelfallbezogenen Abwägung** (OLG Köln NJW 1955, 603).

20 Hält sich der Verurteilte längerfristig in erheblicher Entfernung vom Bezirk des aussetzenden Gerichts auf, ist eine Übertragung vielfach angezeigt, weil der JRichter des Wohnortes besser mit den übrigen relevanten Institutionen (BewHilfe, JGH) zusammenarbeiten und bei Bedarf die Ausgestaltung der Bewährung besser anpassen kann (vgl. OLG Frankfurt a. M. NStZ-RR 2005, 60). Das gilt besonders, wenn der Jugendliche tatsächlich Kontakt zum BewHelfer hält (BGH 5.3.1997 – 2 ARs 81/97 bei Böhm NStZ 1997, 480 (483)). Dagegen ist die Übertragung oft unzweckmäßig, wenn bereits abzusehen ist, dass sich der Verurteilte **nur kurzzeitig** im Zuständigkeitsbereich des AG, an das die Bewährungsüberwachung übertragen werden soll, aufhalten wird (vgl. etwa BGH NStZ-RR 2005, 280 (Ls.); BeckRS 2000, 10167; 2013, 10321; StV 2022, 44 = BeckRS 2021, 3349). Ebenso verhält es sich bei Ungewissheit des Aufenthaltsorts (BGH 10.11.1995 – 2 ARs 394/95bei Kusch NStZ 1996, 323 (327)) oder **räumlicher Nähe** zwischen den fraglichen Gerichten (BGH 2 ARs 131/93 v. 5.5.1993 bei Kusch NStZ 1994, 23 (27); BGH NStZ 1994, 204). – Bei **Soldaten** scheidet eine Übertragung an den JRichter des Stationierungsortes regelmäßig aus, wenn die Taten in der Zivilzeit begangen wurden (BGH NJW 1959, 1503) oder die Dienstzeit alsbald enden wird (NK-JGG/Ostendorf/Drenkhahn Rn. 6).

21 Im Verhältnis zwischen einer aussetzenden JKammer und einem JRichter, ist, wenn der Jugendliche **im Bezirk beider Gerichte** lebt, der JRichter nicht zwangsläufig besser geeignet (so zumindest als Tendenz aber Brunner/Dölling Rn. 7) und eine Übertragung daher nicht notwendigerweise zweckmäßig (OLG Frankfurt a. M. NStZ 1989, 199; OLG Zweibrücken NStZ 2002, 498 (499); OLG Dresden NStZ-RR 2005, 219: idR gleichgeeignet). Die überwiegenden Vorteile der JRichter- ggü. der JKammer-Zuständigkeit müssen sich auch in dieser Konstellation in einem fallkonkreten Vergleich ergeben und in der Begründung des etwaigen Übertragungsbeschlusses erkennbar werden (OLG Stuttgart NStZ 1990, 358 mkritAnm Brunner NStZ 1990, 358; eine Übertragung hier ganz abl. NK-JGG/Ostendorf/Drenkhahn Rn. 5).

22 **c) Korrektur der Übertragung.** Soweit das erkennende JGericht die weiteren Entscheidungen abgegeben hat, kann es die Übertragung ohne

grundlegende Veränderung der hierfür maßgeblichen Umstände nicht **widerrufen.** Treten solche Umstände ein (zB wegen Aufenthaltswechsels), soll es indes zur Überprüfung und Abänderung seiner Entscheidung (dh zur Rück-/Übertragung an sich selbst oder einen anderen JRichter) befugt sein (vgl. BGHSt 24, 26 (28) = NJW 1971, 291; BGHSt 24, 332 (335) = NJW 1972, 1289 (1290); BGHSt 25, 85 (87) = NJW 1973, 523; BeckOK JGG/Kilian Rn. 12; abw. NK-JGG/Ostendorf/Drenkhahn Rn. 9).

Demgegenüber kann das **übernehmende Gericht,** das an die wirksame Übertragung **gebunden** ist (vgl. für das allg. StVR § 462a Abs. 2 S. 2 letzter Hs. StPO), eine **Abänderung** der Entscheidung nach hM **lediglich** beim erkennenden Gericht **anregen,** jedoch eine (weitere) Übertragung nicht selbst vornehmen (BGH MDR 1986, 952 = BeckRS 1986, 31109743; NStZ 2018, 664). Diese Kompetenzbeschränkung ist mit Blick auf den Grundsatz der Einheitlichkeit erzieherischer Entscheidungen folgerichtig (ebenso BGH NStZ 2018, 664). Die Verantwortung für die Einschätzung, wie lange die Zuständigkeitsabgabe durch die Vorteile der Ortsnähe gerechtfertigt ist, wird hierdurch nämlich beim aussetzenden Gericht belassen. Dieses hat allerdings der Anregung des übernehmenden Gerichts zu entsprechen und die Übertragung rückgängig zu machen, falls die dafür zunächst bestehenden Gründe tatsächlich weggefallen sind (BGH NStZ 2018, 664 (665); OLG Nürnberg NStE Nr. 3 zu § 58 JGG = BeckRS 2014, 18361). Dass der Verurteilte mit unbekanntem Aufenthalt verzogen ist, rechtfertigt eine Rückübertragung aber (bis zur Aufenthaltsklärung) noch nicht. Denn hier steht nicht fest, dass er den letzten Aufenthaltsort tatsächlich verlassen hat (BGH 22.5.1991 – 2 ARs 125/91 bei Kusch NStZ 1992, 27 (30)). 23

Eine **Ausnahme** von der vorgenannten Verteilung der Korrekturkompetenz wird allerdings bei einer Übertragung durch das allg. Strafgericht nach § 104 Abs. 5 Nr. 1 anerkannt. Hier ist der übernehmende JRichter nach hM für die Weiterübertragung zuständig, weil ihm das Gesetz die größere Erfahrung bei der Durchführung jugendstrafrechtlicher Rechtsfolgen zutraut und die Umsetzung der Aussetzung daher in seine Hände legt (Diemer/Schatz/Sonnen/Schatz Rn. 17, 20; aA NK-JGG/Ostendorf/Drenkhahn Rn. 10). Konsequenterweise scheidet mit der Übernahme durch den JRichter eine Rücknahmebefugnis des allg. Strafgerichts aus, da es nicht mehr mit dem Verfahren befasst ist (zum Ganzen BGHSt 25, 85 (89) = NJW 1973, 523). 24

3. Zuständigkeitskonflikt (Abs. 3 S. 3)

a) Verweigerte Übernahme. Lehnt der JRichter des Aufenthaltsortes die Übernahme der Zuständigkeit **ab,** bleibt die Sache beim erkennenden Gericht anhängig, da eine wirksame Übertragung nicht erfolgt ist. Über den damit eingetretenen Zuständigkeitskonflikt entscheidet auf Betreiben eines der beiden beteiligten Gerichte gem. Abs. 3 S. 3 iVm § 42 Abs. 3 S. 2 das **gemeinschaftliche obere Gericht** (n. dazu → § 42 Rn. 25). Erst wenn dieses die Übernahme anordnet, wird das Verfahren mit Zugang des betr. Beschlusses beim JRichter des Aufenthaltsortes anhängig. Probleme bestehen, wenn das abgebende Gericht gemessen an Abs. 3 S. 1 **unzuständig war.** Dann darf das angerufene obere Gericht die besagte Frage gar nicht klären, weil das eigentlich nach Abs. 3 S. 1 zuständige Gericht am Konflikt 25 unbeteiligt ist. In solchen Fällen ist die Übertragung an das Wohnortgericht wirksam (zu seiner Möglichkeit, beim eigentlich zuständigen Gericht eine Änderung der Übertragung anzuregen und in der in → Rn. 26 erörterten Weise vorzugehen, vgl. aber BGH NStZ 1987, 87; 2018, 664 (665)). – Keine Bedeutung haben diese Fragen iÜ bei einer Übertragung gem. **§ 104 Abs. 5 Nr. 1.** Hier ist der JRichter des Aufenthaltsortes **ohne Ablehnungsbefugnis,** da es an der in Abs. 3 S. 3 erfolgten Verweisung fehlt.

26 **b) Verweigerte Rückübertragung.** Ist eine Übernahme erfolgt, dann aber ein Aufenthaltswechsel des Jugendlichen eingetreten, kann der JRichter des Aufenthaltsortes beim erkennenden JGericht eine Änderung des Abgabebeschlusses zum Zweck der Rückübertragung lediglich anregen (→ Rn. 23). Führt dies wegen einer divergierenden Situationseinschätzung nicht zu einer Rückübertragung durch das nach Abs. 3 S. 1 zuständige Gericht, kann von ihm jedoch die Entscheidung durch das gemeinschaftliche obere Gericht veranlasst werden (BGH 2 ARs 125/91 v. 22.5.1991 bei Kusch NStZ 1992, 27 (30)).

IV. Maßnahmen gem. § 453c StPO iVm § 2 Abs. 2

1. Einordnung

27 Zeichnet sich nach vorbehaltener oder erfolgter Aussetzung der Vollstr einer JStrafe deren Umsetzung ab (n. → Rn. 31), kann das Gericht vorläufige Maßnahmen treffen und notfalls einen Haftbefehl erlassen, um sich der Person des Jugendlichen hierüber – bis zum Zeitpunkt des Rechtskrafteintritts der die Aussetzung abl. oder widerrufenden Entscheidung (→ Rn. 31) – zu versichern. § 453c StPO als diesbzgl. **Rechtsgrundlage** ist im JStR gem. § 2 Abs. 2 anwendbar (missverständlich § 61b Abs. 2: gilt „entsprechend"). Dies ist auch stimmig, da in der hier gegebenen Prozesssituation eine Rechtsfolge bereits rechtskräftig verhängt worden ist und dies den maßgeblichen Anknüpfungspunkt der Vorschrift ausmacht – wohingegen die früher erwogene Anwendung von U-Haft (so Grethlein Anm. 2d) gerade nur bis zur Rechtskraft des Urteils in Betracht kommt. Aus § 453c StPO iVm § 2 Abs. 2 ergeben sich denn auch die wesentlichen Voraussetzungen und Ausgestaltungen der vorläufigen Maßnahmen, während aus **Abs. 3** allein die jugendrichterliche Vollstr-Zuständigkeit folgt (zur Anordnungszuständigkeit → Rn. 30).

2. Anwendungsbereich

28 Die Anwendung von § 453c StPO iVm § 2 Abs. 2 ist möglich, wenn eine Entscheidung nach **§ 26 bevorsteht** oder wenn diese **getroffen,** aber noch nicht rechtskräftig geworden ist. Der Anwendungsbereich ist gem. **§ 61b Abs. 2** ferner eröffnet, falls eine Aussetzung der Vollstr zBew im Urteil vorbehalten wurde und – neben den sonstigen Voraussetzungen – nunmehr schon vor Ablauf der maßgeblichen Frist (§ 61a Abs. 1) hinreichende Gründe für die Annahme bestehen, dass die Aussetzung abgelehnt werden wird (ebenso bei der sog. Vorbewährung früher schon OLG Karlsruhe NStZ 1983, 92; LG Freiburg NStZ 1989, 387; Walter/Pieplow NStZ 1988, 165 (168)). Gem. § 463 Abs. 1 StPO iVm § 2 Abs. 2 gilt § 453c StPO iVm § 2

Abs. 2 schließlich (sinngemäß) auch dann, wenn der Widerruf der Aussetzung der Vollstr zBew einer nach § 7 zulässig angeordneten Maßregel der Besserung und Sicherung (§ 67g StGB iVm § 2 Abs. 2) bevorsteht.

§ 453c StPO iVm § 2 Abs. 2 kommt dagegen **nicht** in Betracht, wenn 29
das Gericht die HV wegen mangelnder Spruchreife der Aussetzungsvoraussetzungen **ausgesetzt** hatte (dazu → § 57 Rn. 6) und sich nun die Anordnung einer unbedingten JStrafe abzeichnet. Da deren Festsetzung und Rechtskraft zum hier fraglichen Zeitpunkt noch ausstehen, ist allenfalls U-Haft möglich (abw. → 23. Aufl. 2022 § 57 Rn. 17). Im Übrigen muss die Anwendung von § 453c StPO iVm § 2 Abs. 2 ebenfalls **ausscheiden,** wenn nach der Aussetzung der Verhängung einer JStrafe zBew (§ 27) nunmehr hinreichende Gründe für die Annahme bestehen, dass unter den Voraussetzungen von § 30 Abs. 1 S. 1 eine JStrafe verhängt werden wird (vgl. auch den rückschlussfähigen § 62 Abs. 4 sowie BT-Drs. 8/976, 70).

3. Zulässigkeitsvoraussetzungen

a) Zuständigkeit. Die Zuständigkeit für den Erlass der vorläufigen Siche- 30
rungsmaßnahmen und notfalls eines Sicherungshaftbefehls ist im JGG nicht explizit geregelt. Insbes. ist die Wendung „auch" in Abs. 2 hierfür unergiebig. Angesichts seiner Entstehungsgeschichte (vgl. BT-Drs. 8/976, 69) kann ihr kaum entnommen werden, dass der nach Abs. 3 zuständige JRichter nicht nur zur Vollstr (→ Rn. 37), sondern erst recht zur Anordnung der vorläufigen Sicherungsmaßnahme berufen sei (zumal die systematische Abfolge der Zuständigkeitsregelungen in Abs. 2 und Abs. 3 nicht für eine solche Auslegung spricht). Dennoch liegt die Zuständigkeit – sofern keine Zuständigkeitsübertragung nach **Abs. 3 S. 2** (bzw. § 104 Abs. 5 Nr. 1) stattgefunden hat – iErg bei jenem JRichter, der die Aussetzung angeordnet hat und der sie regelmäßig auch revidiert. Es handelt sich hierbei nämlich um eine **Annexzuständigkeit** zu der in **Abs. 3 S. 1** geregelten Widerrufszuständigkeit (ähnlich Brunner/Dölling nach § 60 Rn. 15; KK-StPO/Appl StPO § 453c Rn. 8; Meyer-Goßner/Schmitt/Schmitt StPO § 453c Rn. 12).

b) Erwartbarer Widerruf. Anordnungen gem. § 453c StPO iVm § 2 31
Abs. 2 sind bis Rechtskraft des Widerrufs zulässig (also zB nach dessen Anordnung). Der früheste Zeitpunkt, ab dem der Gebrauch von vorläufigen Maßnahmen nach § 453c StPO iVm § 2 Abs. 2 in Betracht kommt, bestimmt sich danach, ab wann mit hinreichender Sicherheit **festgestellt werden** kann, dass die Aussetzung widerrufen werden wird. Die dafür erforderlichen Gründe verlangen – außer einer Prüfung der Negativ-Voraussetzungen gem. § 26 Abs. 2 (zu diesen → §§ 26, 26a Rn. 16 ff.) – objektive Tatsachen, die bei vorläufiger Bewertung mit **hoher Wahrscheinlichkeit** den Widerruf erwarten lassen (Meyer-Goßner/Schmitt/Schmitt StPO § 453c Rn. 3). Hinsichtlich des Widerrufsanlasses wäre eine alleinige Orientierung an Informationen der Ermittlungsbehörden unzulänglich. Dies liegt nicht nur daran, dass zB Ermittlungsbeamte im Allg. von anderen Erfolgskriterien geleitet sind als das Gericht (vgl. n. etwa Eisenberg/Kölbel Kriminologie § 25 Rn. 55). In der Variante von § 26a Abs. 1 Nr. 1 entspricht dies vielmehr auch den Erfordernissen der Unschuldsvermutung. Während der Widerruf hier das Vorliegen einer **rechtskräftigen Entscheidung** oder

eines Geständnisses verlangt (n. → §§ 26, 26a Rn. 8 ff.), muss eine solche Verdachtsbestätigung für die Maßnahmen nach § 453c StPO iVm § 2 Abs. 2 allerdings noch nicht vorliegen (Diemer/Schatz/Sonnen/Schatz Rn. 28). Sie muss angesichts des fraglichen Eingriffscharakters aber absehbar sein. Sobald sich herausstellt, dass die gegebenen Tatsachen für einen Widerruf nicht ausreichen, **entfällt** die Zulässigkeit vorläufiger Maßnahmen. Dies gilt ebenso bei „Rechtskraft des Widerrufsbeschlusses" (§ 453c Abs. 1 StPO).

32 **c) Haftunabhängige vorläufige Maßnahmen.** Alle vorläufigen Maßnahmen dürfen nur getroffen werden, um sich der Person des verurteilten Jugendlichen oder Heranwachsenden zu versichern. Sie haben reinen **Sicherungscharakter,** dh die Vorschrift erlaubt keinen sonstigen Zweck. Sie sollen ausschließlich für den kurzen Zeitraum bis zur Entscheidung gem. § 26 gewährleisten, dass im Falle eines Widerrufs der Vollzug durchgeführt werden kann. Daher setzen die Maßnahmen konkrete **Tatsachen** voraus, die den Schluss zulassen, der Jugendliche oder Heranwachsende werde sich **der Vollstr entziehen** (so auch schon Dallinger/Lackner § 61 Rn. 3). Anhand dieser Tatsachen bestimmt sich sodann, welche konkrete Maßnahme **erforderlich** und daher auszuwählen ist.

33 So kann in Betracht kommen, im Rahmen einer Unterredung des JRichters mit dem Verurteilten dessen **Zusage** zu erreichen, er werde sich weder dem Kontakt mit dem BewHelfer oder dem Vertreter der JGH noch der Anordnung seines Erscheinens entziehen, sofern eine Vollstr erfolgen sollte (vgl. aber auch § 453c Abs. 2 S. 2 StPO iVm § 33 Abs. 4 S. 1 StPO iVm § 2 Abs. 2). Auch können Maßnahmen der **JHilfe** wie zB Formen der Unterbringung (im Benehmen mit der JGH) zu prüfen sein. Zu erwägen ist desweiteren die elterliche Zusicherung, für die Erreichbarkeit des Jugendlichen im Falle einer Vollstr Sorge zu tragen. Andere mögliche vorläufige Maßnahmen sind die **Anordnung** ggü. dem Jugendlichen, sich zu regelmäßigen Zeitpunkten zu melden und/oder seinen Wohnort nicht zu verlassen und/oder bei einer Familie oder in einem Heim zu wohnen. Das Gleiche gilt für die **Anweisung** an den BewHelfer (vgl. § 25 S. 2), die Einhaltung einer Zusage des Jugendlichen bzw. die Erfüllung anderer vorläufiger Maßnahmen und/oder den Aufenthalt des Jugendlichen zu überwachen (erforderlichenfalls unter Einschaltung der JGH, vgl. § 38 Abs. 5 S. 4).

34 **d) Haftbefehl.** Systematisch gilt Sicherungshaft als ultima ratio; sie darf nur erlassen werden, wenn der Sicherungszweck (→ Rn. 32) durch andere vorläufige Maßnahmen nicht (mehr) erreicht werden kann. Diese **Subsidiarität** des Haftbefehls ergibt sich nicht nur aus dem Gesetzeswortlaut des § 453c Abs. 1 StPO („notfalls"), sondern schon aus dem Verhältnismäßigkeitsprinzip, das zur Vermeidung erzieherisch nicht angezeigter (gerade auch stationärer) Maßnahmen zwingt. Unterstrichen wird dies durch eine **weitere Zusatzvoraussetzung:** Selbst, wenn der Haftbefehl im Hinblick auf den Sicherungszweck des § 453c Abs. 1 StPO unumgänglich ist, hängt sein Erlass davon ab, dass aufgrund bestimmter Tatsachen entweder – unter Beachtung der altersgruppenspezifischen Besonderheiten (vgl. n. → § 72 Rn. 21 ff.) – von Flucht/-gefahr (iSv § 112 Abs. 2 Nr. 1 oder 2) oder der drohenden Begehung erheblicher Delikte durch den Verurteilten auszugehen ist (zur altersgruppenspezifischen Bewertung der Deliktserheblichkeit vgl. n. → § 72 Rn. 26 ff.).

4. Entscheidungsform und Anfechtbarkeit

35 Die vorläufigen Maßnahmen (wie der Haftbefehl) werden regelmäßig ohne mündliche Verhandlung durch begründeten (§ 34 StPO iVm § 2 Abs. 2) **Beschluss** angeordnet, wenn sie von dem Jugendlichen ein bestimmtes Verhalten verlangen oder ihm ggü. zu vollziehen sind. Dagegen können vorläufige Maßnahmen iZm dritten Personen (Anregungen an den BewHelfer, Vereinbarung mit dem Erziehungsberechtigten) **formlos** ergehen, da sie keine richterlichen Entscheidungen im strafverfahrensrechtlichen Sinne darstellen (so auch Dallinger/Lackner § 61 Rn. 6).

36 Wurde die vorläufige Maßnahme durch Beschluss angeordnet, ist dies mit der **einfachen Beschwerde** (§ 304 StPO iVm § 2 Abs. 2) anfechtbar, idR ohne aufschiebende Wirkung (n. § 307 Abs. 1 StPO iVm § 2 Abs. 2). Gegen die Entscheidung, einen Sicherungshaftbefehl nicht zu erlassen, steht der JStA aber keine Beschwerde zu. Umgekehrt ist gegen den Erlass eines Sicherungshaftbefehls auch die **weitere Beschwerde** zulässig (ebenso NK-JGG/Ostendorf/Drenkhahn Rn. 24). Für diese Auslegung sprechen die sachlich gebotene Gleichstellung mit den Regeln der U-Haft sowie auch § 310 Abs. 1 Nr. 1 StPO iVm § 2 Abs. 2, da die dort vorausgesetzte „Verhaftung" bei einem Sicherungshaftbefehl gegeben ist (n. OLG Braunschweig NStZ 1993, 604; Fischer NStZ 1990, 52 (54)). Von der **hM** wird dies indes **abgelehnt** (vgl. im JStV abw. HK-JGG/Meier Rn. 16; im allg. StVerf etwa OLG Bamberg NJW 1975, 1526; OLG Düsseldorf NStZ 1990, 251; OLG Frankfurt a. M. NStZ-RR 2002, 15; OLG Braunschweig NStZ-RR 2013, 317 (Ls); KK-StPO/Appl StPO § 453c Rn. 10).

5. Vollstreckung (§ 453c Abs. 2 StPO)

37 **a) Zuständigkeit.** Für die **Vollstr** der vorläufigen **Maßnahme** ist gem. Abs. 2 (nicht wie im allg. StVerf die StA, sondern) derjenige JRichter zuständig, der dies gem. Abs. 3 auch für den Widerruf der Bewährung ist und deshalb die fragliche Maßnahme auch schon angeordnet hat (→ Rn. 30). – Auch die Vollstr eines **Sicherungshaftbefehls** liegt in der Zuständigkeit dieses JGerichts. Dies beruht allerdings nicht auf dessen allg. Zuständigkeit bei der Vollstr von Rechtsfolgen (§ 82 Abs. 1), da es sich bei der Vollstr des Sicherungshaftbefehls nicht um eine Vollstr im eigentlichen Sinne, nämlich um die eines rechtskräftigen Urteils handelt (weshalb dessen Vollstr im allg. StR auf § 36 Abs. 2 StPO gestützt wird; vgl. Meyer-Goßner/Schmitt/Schmitt StPO § 453c Rn. 13). Vielmehr ergibt sich die Zuständigkeit auch hier aus **Abs. 2,** denn die dort geregelten „vorläufigen Maßnahmen nach § 453c StPO" schließen den Sicherungshaftbefehl ein. Dieser wird nur deshalb nicht eigens erwähnt, weil das Gesetz damit in besonderem Maße den Vorrang der vorläufigen Maßnahmen zum Ausdruck bringen will.

38 **b) Verfahren nach Erlass des Sicherungshaftbefehls.** § 453c Abs. 2 S. 2 StPO iV § 2 Abs. 2 erklärt die (für den U-Haftbefehl geltenden) Vorschriften der §§ 114–115a, 119 und 119a StPO sowie § 33 Abs. 4 S. 1 StPO für entsprechend anwendbar. Hiernach bedarf es zur Anordnung der Sicherungshaft eines **schriftlichen richterlichen Haftbefehls,** der inhaltlich einem U-Haftbefehl zu entsprechen hat (§ 114 StPO) und dem Verurteilten unabhängig von einer vorherigen Anhörung (vgl. § 33 Abs. 4 S. 1 StPO) bei der Verhaftung unter Aushändigung einer Abschrift (sowie ggf. einer Über-

setzung) bekanntzugeben ist (§ 114a S. 1 StPO; vgl. auch Nr. 48 Abs. 1 RiStVB). Außerdem ist der Verurteilte in geeigneter Weise (§ 70b Abs. 1) über seine Rechte zu belehren (§ 114b StPO). Es ist ihm grds. Gelegenheit zu einer Benachrichtigung eines Angehörigen oder einer Vertrauensperson zu geben (vgl. § 114c Abs. 1 StPO: anders bei erheblicher Ermittlungsgefährdung). Ferner gelten auch die Bestimmungen über die Vorführung vor das Gericht (§§ 115, 115a StPO) und die Rechtsmittelbelehrung (§ 115 Abs. 4, § 115a Abs. 3 S. 2 StPO). Bei Haftvollzug hat das Gericht nach der Vorführung eine Benachrichtigung eines Angehörigen oder einer Vertrauensperson anzuordnen (§ 114c Abs. 2 StPO; vgl. auch § 67a Abs. 1).

39 Die Regelungen zum Haftprüfungsverfahren werden in § 453c Abs. 2 S. 2 StPO nicht erwähnt. Die Norm verweist aber auf § 115 Abs. 4 StPO. Die dort angeordnete Belehrung bezieht den Antrag auf gerichtliche **Haftprüfung** (§ 117 Abs. 1, § 118 Abs. 1 StPO iVm § 2 Abs. 2) ein. Daher ist dieser Rechtsbehelf auch gegen die Sicherungshaft (mit den in § 117 Abs. 2 geregelten Folgen für die Beschwerde) zumindest im JStV statthaft (ebenso Brunner/Dölling § 61 Rn. 11; **aA** Löwe/Rosenberg/Lind StPO § 117 Rn. 6; LG Freiburg NStZ 1989, 387 sowie stellvertretend für die hM im allg. StVerf etwa KK-StPO/Appl StPO § 453c Rn. 10). Konsequenterweise findet im JStV, soweit hierfür (trotz der Vorläufigkeit der von § 453c StPO geregelten Sicherungsmaßnahmen) ausnahmsweise einmal Anlass bestehen sollte, auch eine Haftprüfung **von Amts wegen** nach **sechsmonatiger Haft** statt (zust. Diemer/Schatz/Sonnen/Schatz Rn. 31; NK-JGG/Ostendorf/Drenkhahn Rn. 25; **aA** Brunner/Dölling nach § 60 Rn. 12 sowie stellvertretend für die hM zum allg. StVerf etwa Meyer-Goßner/Schmitt/Schmitt StPO § 453c Rn. 16).

40 Dagegen wäre eine **Ausschreibung** zur **Festnahme** aufgrund des Sicherungshaftbefehls unzulässig, weil § 453c Abs. 2 StPO nicht auf § 131 StPO verweist und dies als abschließende Nicht-Regelung iSv § 2 Abs. 2 gelten muss (ebenso BeckOK JGG/Kilian Rn. 35; wohl auch NK-JGG/Ostendorf/Drenkhahn Rn. 23; aA KK-StPO/Appl StPO § 453c Rn. 6; diff. Diemer/Schatz/Sonnen/Schatz Rn. 32). Eine **Aussetzung** des Vollzugs des Sicherungshaftbefehls gem. §§ 116, 116a StPO ist ebenfalls nicht zulässig (allgA). Es bedarf ihrer auch nicht, weil bei entspr. Sachlage die Aufhebung des Sicherungshaftbefehls verbunden mit der Anordnung vorläufiger Maßnahmen ohnehin näher liegt. – Beim **Vollzug** der Sicherungshaft ist neben den entspr. geltenden §§ 119, 119a StPO die Regelung in § 89c zu berücksichtigen. Soweit der Vollzug solche Wirkungen erkennen lässt, die die Vermeidung des Widerrufs und die Fortsetzung der BewZeit doch noch ermöglichen können, fällt die Zulässigkeit der Sicherungshaft weg (→ Rn. 34).

41 **c) Beendigung der Sicherungshaft.** Mit Eintritt der **Rechtskraft** (vgl. für die hM nur KK-StPO/Appl StPO § 453c Rn. 6) des Widerrufsbeschlusses geht die Sicherungshaft in den Vollzug der JStrafe über. Gem. § 453c Abs. 2 S. 1 StPO iVm § 2 Abs. 2 ist die Dauer der Freiheitsentziehung (ab der Ergreifung aufgrund des Haftbefehls bis zur Entlassung oder der Rechtskraft des Widerrufsbeschlusses) in der Weise **anzurechnen,** dass der Beginn der Strafzeit um den fraglichen Zeitraum vorverlegt wird.

42 Wird der Widerruf der Aussetzung der Vollstr zBew abgelehnt (uU erst in der Rechtsmittelinstanz), weil das Gericht dessen Voraussetzungen als von vornherein nicht erfüllt ansieht, entsteht im Hinblick auf die vollzogene Sicherungshaft zumindest im JStV ein **Entschädigungsanspruch** (s. auch → § 2 Rn. 59 ff.), da konsequenterweise auch hier eine Gleichstellung (vgl. → Rn. 38) zu den Regeln der U-Haft (§ 2 Abs. 1 StrEG) angezeigt ist (n. Eisenberg GA 2004, 385 (386 f.); HK-JGG/Meier Rn. 17; zw. Diemer/Schatz/Sonnen/Schatz Rn. 33; **aA** Brunner/Dölling nach § 60 Rn. 16; NK-JGG/Ostendorf/Drenkhahn Rn. 26 sowie die hM zum allg. StVerf, etwa OLG Karlsruhe MDR 1977, 600; OLG Schleswig SchlHA 2004, 272 = BeckRS 2003, 18172; Kunz StrEG § 2 Rn. 13a).

Anfechtung

59 (1) [1] **Gegen eine Entscheidung, durch welche die Aussetzung der Jugendstrafe angeordnet oder abgelehnt wird, ist, wenn sie für sich allein oder nur gemeinsam mit der Entscheidung über die Anordnung eines Jugendarrests nach § 16a angefochten wird, sofortige Beschwerde zulässig.** [2] **Das gleiche gilt, wenn ein Urteil nur deshalb angefochten wird, weil die Strafe nicht ausgesetzt worden ist.**

(2) [1] **Gegen eine Entscheidung über die Dauer der Bewährungszeit (§ 22), die Dauer der Unterstellungszeit (§ 24), die erneute Anordnung der Unterstellung in der Bewährungszeit (§ 24 Abs. 2) und über Weisungen oder Auflagen (§ 23) ist Beschwerde zulässig.** [2] **Sie kann nur darauf gestützt werden, daß die Bewährungs- oder die Unterstellungszeit nachträglich verlängert, die Unterstellung erneut angeordnet worden oder daß eine getroffene Anordnung gesetzwidrig ist.**

(3) **Gegen den Widerruf der Aussetzung der Jugendstrafe (§ 26 Abs. 1) ist sofortige Beschwerde zulässig.**

(4) **Der Beschluß über den Straferlaß (§ 26a) ist nicht anfechtbar.**

(5) **Wird gegen ein Urteil eine zulässige Revision und gegen eine Entscheidung, die sich auf eine in dem Urteil angeordnete Aussetzung der Jugendstrafe zur Bewährung bezieht, Beschwerde eingelegt, so ist das Revisionsgericht auch zur Entscheidung über die Beschwerde zuständig.**

Übersicht

I. Anwendungsbereich

1 Die Vorschrift gilt in Verfahren gegen Jugendliche und jene Heranwachsende, bei denen gem. § 105 Abs. 1 materielles JStR angewandt wird (BGH StraFo 2007, 87 = BeckRS 2006, 13973), sowohl vor den JGerichten wie vor den für allg. Strafsachen zuständigen Gerichten (§ 104 Abs. 1 Nr. 8 bzw. § 109 Abs. 2 S. 1, § 112 S. 1, 2).

II. Einordnung

2 Im Wesentlichen enthält die Vorschrift eine Sonderregelung für Rechtsmittel gegen eine Aussetzung der Vollstr zBew und die damit zusammenhängenden Entscheidungen. Ihr liegt die (nicht zweifelsfreie) gesetzgeberische Annahme zugrunde, dass „ein besonders dringendes Bedürfnis, schnell zu einer rechtskräftigen Entscheidung zu gelangen", bestehe. Die (ausgesetzte) JStrafe habe „nur dann die notwendige erzieherische Wirkung, wenn sie der Tat sobald wie möglich folge" (BT-Drs. I/3264, 46, vgl. hierzu n. → Einl. Rn. 42 f., → § 55 Rn. 59). Deshalb normiert Abs. 1 **abweichend** von § 55 und dem **allg. Rechtsmittelsystem** die Zulässigkeit des zügigen Beschwerdeverfahrens. Das hat eine Rechtsmittelentscheidung auf Aktenbasis (also ohne mündliche Verhandlung) zur Folge. Dies betrifft aber lediglich die normtextlich genannten Entscheidungen und geht in seiner Wirkung nicht darüber hinaus (abw. noch LG München II NJW 1960, 1216 mablAnm Potrykus NJW 1960, 1218).

3 Seit dem Gesetz zur Erweiterung der jugendgerichtlichen Handlungsmöglichkeiten vom 4.9.2012 (BGBl. I 1854) bezieht sich diese Regelung neben der Anfechtung, die sich allein gegen die Entscheidung über die Aussetzung der Vollstr der JStrafe zBew wendet, allerdings auch auf das Rechtsmittel, das sich daneben bzw „gemeinsam" auch gegen die Verhängung eines **Kopplungs-JA** gem. § 16a richtet. Ist dieser angeordnet, können die vollstreckungsbezogene Entscheidung und der JA jeweils nicht für sich genommen angegriffen werden. Da nämlich die Erwägungen und Gründe, auf denen die gleichzeitige Anordnung einer Aussetzung und des Kopplungsarrestes beruht, regelmäßig in **enger inhaltlicher Verbindung** stehen – insbesondere dort, wo es ohne Kopplungs-JA nicht zur Aussetzung gekommen wäre –, ginge eine getrennte prozessuale Handhabung nicht an. Eine isolierte Anfechtung einer der beiden „verkoppelten" Entscheidungsinhalte wäre unzulässig (BT-Drs. 17/9389, 15). Für die kopplungsbezogene Anfech-

tung sieht Abs. 1 daher mit der Beschwerde ebenfalls das vereinfachte, sachlich begrenzte **Berufungsäquivalent** vor.

Die **rechtspraktische** Bedeutung dieser Sonderregelungen ist indes begrenzt, weil Urteile, die eine Entscheidung über die Aussetzung der Vollstr zBew (bzw den dahingehenden Vorbehalt) enthalten, regelmäßig in vollem Umfang oder hinsichtlich des gesamten Rechtsfolgenausspruchs angefochten werden (bspw. mit dem Ziel, die JStrafe abzuändern oder das JStrafmaß zu reduzieren). Geht es der Verteidigung allein darum, die abgelehnte Aussetzung zBew zu erreichen, kann sie diesen Weg (anstelle der Beschwerde) gleichsam „pro forma" beschreiten (dazu und zu den Vorteilen Ziegler/Nöding Verteidigung Rn. 85). Die für eine solche Anfechtung allein in Betracht kommenden Rechtsmittel der Berufung oder der Revision schließen dabei die Entscheidung über eine Aussetzung als einen **Teil** des **Rechtsfolgenausspruchs** ein. Das Berufungs- und unter den Voraussetzungen des § 354 Abs. 1 StPO iVm § 2 Abs. 2 auch das Revisionsgericht können dann über die Aussetzung selbst entscheiden (oder diese gem. § 61 vorbehalten), ohne dass es darauf ankäme, ob sich die Vorinstanz zur Frage der Aussetzung der Vollstr zBew geäußert hat (zum Verbot der reformatio in peius in diesem Zusammenhang → § 55 Rn. 40 f.). 4

III. Anfechtung von Aussetzungsentscheidungen gem. Abs. 1

1. Exklusivität der Beschwerde

Verfolgt der Rechtsmittelführer das in Abs. 1 erfasste Rechtsmittelbegehren – dh das dort beschriebene Rechtsmittelziel (→ Rn. 7) ggü. den dort erfassten Entscheidungen (→ Rn. 6) –, ist in Abweichung von den allg. Rechtsmittelmaßgaben anstelle der Berufung und Revision ausnahmsweise **nur** die **sofortige Beschwerde** zulässig. Die unzutr. Bezeichnung eines entspr. beschränkten Rechtsmittels als „Berufung" oder „Revision" ist für dessen Behandlung als Beschwerde allerdings gem. § 300 StPO iVm § 2 Abs. 2 unschädlich, sodass auch die daraufhin ergehende Entscheidung des Rechtsmittelgerichts (unabhängig von ihrer Bezeichnung) als Beschlussentscheidung im Beschwerdeverfahren zu behandeln ist (vgl. OLG Hamm MDR 1979, 253 = BeckRS 1978, 1502; OLG Koblenz OLGSt § 59 Nr. 1; OLG Düsseldorf MDR 1990, 178; OLG München NStZ-RR 2005, 152; s. dazu – wie auch zur nachträglichen Rechtsmittelbeschränkung auf die Frage der Strafaussetzung zur Bewährung – außerdem auch → Rn. 11 und → Rn. 13). 5

a) Erfasste Entscheidungsformen. Abs. 1 betrifft unterschiedliche Entscheidungsformen. Nach **S. 1** handelt es sich zunächst um **Urteile**, in denen eine JStrafe festgelegt und die Aussetzung der Vollstr. zBew sodann entweder abgelehnt oder (mit/ohne Verhängung eines Jugendarrestes nach § 16a) angeordnet worden war. Außerdem bezieht sich S. 1 auf nachträgliche **Beschlussentscheidungen** gem. § 57 Abs. 1 und 2, durch welche eine Aussetzung abgelehnt oder angeordnet wird (wobei ein JA im Beschlussverfahren nicht veranlasst werden kann (→ § 16a Rn. 16) und eine gemeinsame Anfechtung von Aussetzung und Kopplungs-JA (→ Rn. 3) hier deshalb nicht 6 in Betracht kommt). **S. 2** stellt diesen Konstellationen schließlich noch jene Urteile gleich, in denen die Aussetzungsfrage entweder gem. § 61 einer späteren Entscheidung vorbehalten (OLG Schleswig SchlHA 1978, 90 = BeckRS 2013, 20481; Dallinger/Lackner Rn. 10; einschr. HK-JGG/Meier Rn. 4) oder gar nicht behandelt bzw. nicht entschieden worden ist (→ § 57 Rn. 4; s. auch Diemer/Schatz/Sonnen/Schatz Rn. 8). – Infolge des Ausnahmecharakters von Abs. 1 verbietet sich seine entsprechende Anwendung in Fällen, in denen das erstinstanzliche Gericht unter Verstoß gegen § 87 Abs. 1 die Vollstr von JA zBew ausgesetzt hat (OLG Frankfurt a. M. NJW 1963, 969).

7 **b) Angriffsziel.** Die ausschließliche Zulässigkeit der Beschwerde setzt eine **Teilanfechtung** voraus. Die von **S. 1** erfassten Entscheidungen müssen entweder nur wegen der angeordneten oder abgelehnten Aussetzung der Vollstr zBew oder wegen der Aussetzungsanordnung und der damit verbundenen Festlegung eines Kopplungs-JA (§ 16a) angegriffen werden. Bei der Anfechtung der von **S. 2** erfassten Entscheidungen muss es ausschließlich darum gehen, die Nicht-Aussetzung – de facto also entweder bei § 61 den hinsichtlich der Vollstr bestehenden Schwebezustand oder bei einer Nicht-Entscheidung die damit einhergehende Vollstreckbarkeit (→ § 57 Rn. 4) – anzugreifen. Angesichts der in Abs. 1 unterstellten Möglichkeit einer solchen Rechtsmittelbeschränkung ist es dabei iÜ **unerheblich,** ob eine derartige Teilanfechtung nach allg. Grundsätzen (→ § 55 Rn. 20) ausnahmsweise zulässig und die angegriffene Entscheidung von den verbleibenden Teilen des Rechtsfolgenausspruches zu **trennen** wäre (zu Kriterien im allg. StR etwa BGHSt 11, 393 (395) = NJW 1958, 1307; BGHSt 24, 164 = NJW 1964, 1910; BGH bei Dallinger MDR 1955, 394). Auch würde vom Beschwerdeführer anderenfalls eine nicht zumutbare rechtliche Würdigung für die Rechtsmittelwahl verlangt (OLG Hamm MDR 1979, 253 = BeckRS 1978, 1502; OLG Düsseldorf MDR 1990, 178).

2. Einschränkungen der Beschwerdezulässigkeit

8 **a) Fehlen der Beschwerdebefugnis der StA.** In den Fällen von **S. 2** besteht keine Befugnis der StA zu einer Beschwerde zuungunsten des Jugendlichen. Bei einer Nicht-Entscheidung der Aussetzungsfrage (→ § 57 Rn. 4) ergibt sich das **Fehlen der staatsanwaltschaftlichen Beschwer** aus der Vollstreckbarkeit der angeordneten JStrafe. Wurde die Aussetzungsfrage vorbehalten, folgt dasselbe Ergebnis aus dem dies nahelegenden Wortlaut von Abs. 1 S. 2 sowie aus Sinn und Zweck des Vorbehalts (OLG Schleswig SchlHA 1978, 90 = BeckRS 2013, 20481; OLG Stuttgart NStZ 1986, 219 mAnm. Eisenberg/Wolski NStZ 1986, 220): Während die Frist iSv § 61a läuft, soll die Entwicklung des Verurteilten unbeeinträchtigt von Maßnahmen der Strafvollstreckung bleiben. Das kann keine Beschwer der StA begründen, weil die Aussetzungsentscheidung nach tatrichterlicher Überzeugung **noch gar nicht spruchreif** ist. Die Situation unterscheidet sich als Suspendierung der Aussetzungsfrage damit von der Aussetzungsanordnung und stellt auch kein endgültiges „Unterbleiben ihrer Ablehnung" dar (aA OLG München NStZ-RR 2005, 152 (153)). Ausnahmen sind auch dort nicht anzuerkennen, wo die richterlichen Ermittlungsmöglichkeiten zur Aussetzung erkennbar ausgeschöpft sind und die Vorbehaltserklärung daher

auf einem offensichtlichen Ermessensfehler beruht (MüKoStGB/Radtke/Scholze § 61 Rn. 49; abw. → 23. Aufl. 2022 Rn. 6).

b) Instanzielle Rechtsmittelbeschränkung. Die sofortige Beschwerde ersetzt zum Zweck der Verfahrensbeschleunigung (vgl. → Rn. 2) eine an sich zulässige Berufung oder Revision. Daher soll sie **nicht** zu einer **Erweiterung** des **Rechtsmittelzuges** führen. Konsequenzen hat dies in Fällen, in denen das Revisionsgericht gem. § 354 Abs. 1 StPO iVm § 2 Abs. 2 über die Aussetzung der Vollstr zBew oder deren Vorbehalt entscheidet, was dann nach § 304 Abs. 4 S. 1 und 2 Hs. 1 StPO iVm § 2 Abs. 2 einer Anfechtung entzogen ist (Dallinger/Lackner Rn. 12). Darüberhinaus wirke sich dies nach hM aber auch bei Berufungsurteilen aus. Hier soll nämlich demjenigen Verfahrensbeteiligten, der durch Wahl der Berufung von dem ihm zustehenden Rechtsmittel bereits Gebrauch gemacht hat, gem. **§ 55 Abs. 2 S. 1** nicht nur das weitere Rechtsmittel der Revision, sondern auch die sofortige Beschwerde versagt sein – und zwar gerade auch dann, wenn die Entscheidung iSv Abs. 1 erstmals durch das **Berufungsgericht** ergangen ist (OLG Düsseldorf MDR 1990, 178; OLG Celle NStZ 1993, 400; OLG Düsseldorf NStZ 1994, 198 (199); OLG Frankfurt a. M. NStZ-RR 2003, 27; OLG Saarbrücken StraFo 2003, 431; OLG Hamm ZJJ 2007, 416 = BeckRS 2007, 17759; OLG Oldenburg NStZ 2009, 451; OLG Bamberg NStZ 2012, 165 (166); OLG Zweibrücken BeckRS 2015, 20354; OLG Köln BeckRS 2020, 30158; Brunner/Dölling Rn. 3; Diemer/Schatz/Sonnen/Schatz § 55 Rn. 92; Böhm/Feuerhelm JugendStrafR S. 96; Streng JugendStrafR Rn. 491; Burscheidt Verbot S. 141 ff.). Mit Blick auf den Normwortlaut von § 55 Abs. 2 und dessen systematische Einordnung ist diese hM indes **zurückzuweisen** (n. dazu mwN → § 55 Rn. 101). 9

3. Verfahren

a) Funktionelle Zuständigkeit. Zuständig für die Entscheidung über die sofortige Beschwerde ist das dem erkennenden Gericht unmittelbar **übergeordnete Gericht,** also gem. § 41 Abs. 2 S. 2 iVm § 73 Abs. 1 GVG die JKammer (→ § 41 Rn. 24) oder gem. § 121 Abs. 1 Nr. 2 GVG iVm § iVm § 102 S. 1 das OLG (→ § 102 Rn. 7). Soweit ein OLG in den Konstellationen von § 120 Abs. 1 und Abs. 2 GVG iVm § 102 S. 1 erstinstanzlich entschieden hat, ist gem. § 102 S. 2 für eine Entscheidung über die sofortige Beschwerde iSv Abs. 1 der BGH zuständig (→ § 102 Rn. 6). 10

Diese beschwerderechtliche Zuständigkeit gilt auch dann, wenn ein unzutr. als „Revision" bezeichnetes Rechtsmittel sich nach Anhängigkeit in der Sache als eine Beschwerde iSv Abs. 1 darstellt und gem. **§ 300 StPO** iVm § 2 Abs. 2 als solche zu behandeln ist (vgl. → Rn. 5). Nicht anders verhält es sich iErg, falls eine zunächst umfassendere Revision (zu deren Zuständigkeitsfolge gem. Abs. 5 s. → Rn. 29) verfahrensmäßig abgeschlossen (BGH BeckRS 2024, 16802), also bspw. noch innerhalb der Begründungsfrist wirksam auf die Frage der Aussetzung **beschränkt** und in die sofortige Beschwerde überführt wird (vgl. BGHSt 6, 206 = NJW 1954, 1377; OLG Koblenz 2.6.1981 – 1 Ws 284/81 bei Böhm NStZ 1982, 413 (415); NK-JGG/Ostendorf/Drenkhahn Rn. 2). In beiden Fällen ist das Verfahren beim Revisionsgericht anhängig, dem hier aber regelmäßig die funktionelle Zu- 11 ständigkeit fehlt. Dieses hat die Sache daher dem zuständigen Beschwerdegericht **zuzuleiten.**

12 **b) Entscheidung und Nichtanfechtbarkeit.** Über die sofortige Beschwerde wird, obwohl sie sich gegen ein Urteil richtet, **ohne mündliche Verhandlung** oder gar HV durch **Beschluss** entschieden (zur Notwendigkeit der vorherigen abschlägigen Abhilfeentscheidung durch das Gericht, das über die Aussetzung zBew befunden hatte, vgl. BGH BeckRS 2024, 16802). Hierbei erfolgt eine Überprüfung in rechtlicher und tatsächlicher Hinsicht (BGHSt 6, 206 = NJW 1954, 1377). Das Beschwerdegericht kann also – anders als im Revisionsverfahren – **eigene Feststellungen** treffen und hinsichtlich der Aussetzungsfragen auch sein eigenes Ermessen ausüben (OLG Hamm MDR 1979, 253 = BeckRS 1978, 1502; OLG Düsseldorf NStZ 1982, 119). Es muss aber berücksichtigen, dass es anders als das vorherige Gericht keinen unmittelbaren Eindruck vom Jugendlichen gewinnen kann (sodass es besser sein mag, die Entscheidung an das sachnähere Ausgangsgericht zurückzuverweisen). Ferner ist das Verbot der **reformatio in peius** zu beachten (ebenso Brunner/Dölling Rn. 10; NK-JGG/Ostendorf/Drenkhahn Rn. 9). Für die Beschwerde gelten angesichts ihrer berufungsäquivalenten Funktion nämlich dieselben Verschlechterungsverbote wie für eine urteilsförmige Entscheidung über die Aussetzung (→ § 55 Rn. 38 f.).

13 Eine **weitere Beschwerde** ist für den Beschwerdeführer ebenso wie für die andere Seite **nicht zulässig** (§ 310 StPO iVm § 2 Abs. 2). Die Beschränkung der Anfechtbarkeit betrifft auch Entscheidungen, die nach Falschbezeichnung des Rechtsmittels irrig als „Urteil" ergehen. Da es sich dem sachlichen Inhalt nach um eine Beschwerdeentscheidung handelt, bestimmt sich die rechtsmittelförmige Angreifbarkeit nach den für die Beschwerde geltenden Regeln (→ Rn. 5).

14 Wird auf die sofortige Beschwerde der JStA die zunächst im Urteil angeordnete Aussetzung zBew abgelehnt, besteht für den verurteilten Jugendlichen keine Möglichkeit, dies anzufechten (s. aber auch § 311a iVm § 308 StPO). Hatte er im Vertrauen auf die ursprünglich angeordnete Aussetzung davon abgesehen, Berufung oder Revision gegen das Urteil einzulegen, wird ihm im Hinblick auf die abgelaufene Rechtsmittelfrist von der hM auch **keine Wiedereinsetzung** in den vorigen Stand gewährt (BayObLGSt 1977, 189 (190 f.); NK-JGG/Ostendorf/Drenkhahn Rn. 8; Diemer/Schatz/Sonnen/Schatz Rn. 12; BeckOK JGG/Kilian Rn. 12.1). Diese zw. Ansicht hat dysfunktionale Folgen, denn sie zwingt den Jugendlichen zur vorsorglichen Anfechtung auch solcher Verurteilungen, die für ihn an sich akzeptabel sind (Nöding Verteidigung Rn. 171).

IV. Regelungen in Abs. 2–4

1. Anfechtung der Entscheidungen nach Abs. 2

15 **a) Allgemeines.** Gem. Abs. 2 S. 1 (ggf. iVm § 61b Abs. 1 S. 6) ist die (einfache) **Beschwerde** (§ 304 StPO iVm § 2 Abs. 2) gegen jene Anordnungen zulässig, mit denen entweder die nach § 21 erfolgte Strafaussetzung oder gem. § 61b Abs. 1 S. 1–3 die nach §§ 61, 61a festgelegte „Vorbewährungs"-Zeit ausgestaltet wird. Das betrifft namentlich Entscheidungen über BewWeisungen oder -Auflagen (§ 23), über die Dauer der Bewährungs-

(§ 22) oder der Unterstellungszeit (§ 24 Abs. 1) bzw. die erneute Unterstellung in der Bewährungszeit (§ 24 Abs. 2). Soweit die angegriffene Entscheidung eine selbstständige Prüfung und Beurteilung einzelner Teile zulässt, ist eine dahingehende **Teilanfechtung** möglich (MüKoStPO/Kaspar §§ 57–59 Rn. 37).

Die in → Rn. 9 diskutierte Frage nach einer Einschränkung der Beschwerde durch § 55 Abs. 2 stellt sich bei Abs. 2 nicht. Für das **Verfahren** gelten ansonsten die Ausführungen in → Rn. 10–13 entsprechend. Es besteht keine zeitliche Begrenzung; stets ist die Beschwerde auch noch nach Rechtskraft des die Aussetzung anordnenden Urteils möglich (OLG Braunschweig GA 1969, 350). Bei der **Beschwerdeentscheidung** muss das Verbot der reformatio in peius (→ § 55 Rn. 40 f.) beachtet werden. Ist die Beschwerde gegen die Anordnung von Auflagen oder Weisungen begründet, muss bei der gem. § 309 Abs. 2 StPO iVm § 2 Abs. 2 erfolgenden Abänderung durch das Beschwerdegericht gewährleistet sein, dass trotz der jederzeitigen Abänderungsbefugnis des die BewMaßnahmen anordnenden Richters (§ 23 Abs. 1 S. 3) keine erzieherisch abträglichen Widersprüche entstehen. 16

b) Begrenzung der Anfechtungsgründe. Die Anfechtung wird jedoch durch Abs. 2 S. 2 auf drei Konstellationen limitiert. Begründet wird dies sowohl mit der größeren Tatsachennähe des erstinstanzlichen Gerichts, dessen Ermessen deshalb zur Geltung kommen soll, sowie mit dem erzieherischen Vorteil einer schnellen und endgültigen Entscheidung (krit. → § 55 Rn. 59 ff.). Ein vorgesehener Anfechtungsgrund liegt bei allen in Abs. 2 S. 1 genannten Anordnungen gem. Abs. 2 S. 2 Var. 3 dann vor, wenn die Festlegungen als **gesetzwidrig** angegriffen werden – also deshalb, weil sie vom sachlichen Recht (§§ 22–24, 10, 15) nicht zugelassen, unverhältnismäßig oder unzumutbar sind oder sonst die Grenzen des eingeräumten Ermessens überschreiten (LG Cottbus BeckRS 2009, 8006; LG Aachen StV 2019, 481 = BeckRS 2018, 20772). Unterhalb dieser Schwelle kann der Vorwurf, dass die Maßnahme sachwidrig oder ungeeignet sei, mit der Beschwerde nicht zur Überprüfung gestellt werden. Anders liegt es nur, wenn gem. Abs. 2 S. 2 Var. 1 die **nachträgliche Verlängerung** der Bewährungs- (§ 22 Abs. 2 S. 2) oder der Unterstellungszeit (§ 24 Abs. 2 S. 1 Hs. 1) sowie gem. Abs. 2 S. 2 Var. 2 die **erneute Anordnung** der Unterstellung (§ 24 Abs. 2 S. 1 Hs. 2) angefochten wird. Bei diesen Anfechtungsgründen kommt es nicht notwendig darauf an, dass (in Überschneidung mit Var. 3) die Unzulässigkeit der Maßnahme behauptet wird. 17

Die in Abs. 2 S. 2 vorgesehenen Anfechtungsgründe stellen indes **keine Zulässigkeitsvoraussetzung** für die Beschwerde dar (aA offenbar Diemer/Schatz/Sonnen/Schatz Rn. 23); sie beschränken nur den **Umfang der Nachprüfung** durch das Beschwerdegericht (Dallinger/Lackner Rn. 22). Daher besteht kein Begründungszwang, durch den der Beschwerdeführer mindestens einen der in Abs. 2 S. 2 genannten Gründe notwendigerweise ausführen und ausdrücklich geltend machen müsste. Allerdings wird die Beschwerde, wenn nach Ansicht des Beschwerdegerichts kein Beschwerdegrund gegeben ist, ohne weitere sachliche Nachprüfung als unbegründet verworfen. Liegt aus Sicht des Gerichts dagegen ein Anfechtungsgrund vor, findet sodann aber eine **umfassende** Prüfung der Sach- und Rechtslage 18 statt, die bspw. bei einer Anfechtung von angeordneten BewAuflagen auch deren Verhältnismäßigkeit und Zumutbarkeit einzubeziehen hat.

19 **c) Keine entsprechende Anwendung.** Da Abs. 2 die Rechtsmittelmöglichkeiten durch S. 2 restriktiver als die allg. Beschwerdevorschriften fasst, scheidet seine entspr. Anwendung auf andere Festlegungen, die in der Vorschrift nicht genannt werden, aus. Soweit eine beschwerdeförmige Anfechtung von anderen Anordnungen, die iZm der Bewährungszeit getroffen werden, nach diesen Regelungen zulässig ist, kann dies also unabhängig von den eben (in → Rn. 17) genannten Anfechtungsgründen erfolgen. Die **§§ 304 ff. StPO** sind hier **einschränkungslos** anwendbar, da Abs. 2 keine dies sperrende, abschließende Spezialregelung für das JStV iSv § 2 Abs. 2 darstellt. Mit der Beschwerde ist daher insbesondere die **Bestellung des BewHelfers** (§ 25 S. 1) als eine Verfügung iSv § 304 StPO iVm § 2 Abs. 2 anfechtbar, namentlich bei Bedenken gegen die konkrete Bestimmung der haupt- oder ehrenamtlich tätigen Person (ebenso Brunner/Dölling Rn. 7; Diemer/Schatz/Sonnen/Schatz Rn. 20; aA HK-JGG/Meier Rn. 10). Da der BewHelfer infolge seiner Aufgaben in den Rechtskreis des Verurteilten einwirken muss (→ § 25 Rn. 12 ff.), ist dieser durch die Bestellung auch in seinen Rechten betroffen, jedenfalls bei behaupteter fehlender Eignung der fraglichen Person. Ferner kann die Beschwerde gegen die Festlegung der Unterstellungsdauer oder auch gegen die Unterstellung als solche gerichtet werden, wobei sie im letztgenannten Fall wegen der hier fehlenden richterlichen Entscheidungsoptionen stets unbegründet ist (MüKoStGB/Radtke/Scholze § 61b Rn. 21).

2. Widerruf der Aussetzung der JStrafe (Abs. 3)

20 Wird die Aussetzung der Vollstr einer JStrafe zBew **widerrufen** (§ 26 Abs. 1), kann dies gem. Abs. 3 mit der **sofortigen Beschwerde** angefochten werden. Rechtsmittelberechtigt ist auch die JStA zugunsten des Jugendlichen. Allerdings kann das Gericht den Widerruf bis zum Beginn der Vollstr auch selbst, dh unabhängig von einem solchen Rechtsmittel, durch nachträglichen Beschluss (§ 57 Abs. 2) korrigieren (str., n. → § 57 Rn. 5).

21 Die sofortige Beschwerde gegen die Widerrufsentscheidung hat nach § 307 StPO keine **aufschiebende Wirkung.** Da der Widerrufsbeschluss jedoch als urteilsvertretender Beschluss gilt (Meyer-Goßner/Schmitt/Schmitt StPO § 307 Rn. 1), darf die Vollstr bis zur Rechtskraft des Widerrufsbeschlusses nicht eingeleitet werden. Allerdings lässt § 453c StPO iVm § 2 Abs. 2 in dieser Phase einen Sicherungshaftbefehl zu (vgl. → §§ 26, 26a Rn. 30, → § 58 Rn. 27 ff.).

22 Generell **kein Anfechtungsrecht** besteht nach hM, wenn ein Antrag der JStA, die Aussetzung der Vollstr einer JStrafe (oder Maßregel) zu widerrufen, **abgelehnt** wird (iErg ebenso LG München II NJW 1960, 1216; LG Krefeld NJW 1974, 1476; LG Potsdam NStZ-RR 1996, 285; KG JR 1998, 389 = BeckRS 1998, 15163; LG Magdeburg StV 2013, 777 = BeckRS 2013, 20283; LG Hanau BeckRS 2012, 13503; MüKoStPO/Kaspar §§ 57–59 Rn. 39; NK-JGG/Ostendorf/Drenkhahn Rn. 15; SK-StPO/Paeffgen/Greco StPO § 453 Rn. 4; Beulke/Swoboda JugendStrafR Rn. 885; **aA** LG Osnabrück NStZ 1991, 533; LG Hamburg NStZ 1996, 250; LG Bückeburg NStZ-RR 2003, 155; LG Aurich ZJJ 2020, 205 = BeckRS 2019, 32016;

HK-JGG/Meier Rn. 14; für Maßregelfälle auch OLG Nürnberg NStZ-RR 1998, 242; zwischen einer Widerrufsablehnung gem. § 26 Abs. 1 und Abs. 2 **diff.** Heinrich NStZ 2006, 417 (422 f.)). Die Zulässigkeit einer (gesetzlich nicht explizit ausgeschlossenen) Beschwerde nach § 304 StPO (für das allg. StVerf vgl. § 453 Abs. 2 S. 3 StPO) wäre nämlich mit den besonderen Zwecken und Bewertungen des jugendstrafrechtlichen Rechtsmittelrechts **unvereinbar.** Für die hier angezeigte Unanfechtbarkeit sprechen sowohl die entspr. Festlegungen in Abs. 4 und § 63 Abs. 1 als auch das jugendspezifisch besonders schutzwürdige Vertrauen, das der Jugendliche angesichts der Aussetzungsentscheidung und ihrer Bestätigung durch die jugendrichterliche Ablehnung des Widerrufs entwickelt. Ein nachträglicher Eingriff in diese Position wäre erzieherisch problematisch.

3. Straferlass (Abs. 4)

Die in Abs. 4 ausdrücklich geregelte **Unanfechtbarkeit** des Beschlusses 23
über den Straferlass (§ 26a) hat den Zweck, dass der mit dem Verfahren gegen den Jugendlichen und dem Verlauf der Bewährungszeit befasst gewesene JRichter den Straferlass aufgrund einmaliger abschließender Prüfung unmittelbar nach Ablauf der Bewährungszeit aussprechen kann. Das soll einen längeren Zeitraum verhindern, in dem der Jugendliche, der sich bewährt hat, über seine Zukunftsaussichten im Unklaren gelassen und überflüssigen Befürchtungen ausgesetzt wird.

V. Nebeneinander verschiedener Rechtsmittel

Wird die Aussetzung zBew in einem Urteil angeordnet und in einem 24
begleitenden Beschluss ausgestaltet, kann die Anfechtung der Aussetzung bzw. ihrer Ausgestaltung mit der Anfechtung des Urteils zusammentreffen. Soweit dadurch verschiedene Rechtsmittelgerichte mit der Sache befasst werden, drohen miteinander **unverträgliche** Rechtsmittelentscheidungen. Dann besteht die Notwendigkeit einer „Konkurrenzlösung". Dabei sind verschiedene Konstellationen zu unterscheiden.

1. Berufung neben einfacher und sofortiger Beschwerde

Möglich ist, dass ein Verfahrensbeteiligter gegen das Urteil die Berufung 25
einlegt und sich ein anderer Beteiligter entweder mit der sofortigen Beschwerde gegen die Entscheidung über eine Aussetzung der Vollstr zBew (→ Rn. 5 ff.) oder mit der einfachen Beschwerde gegen die bewährungsausgestaltenden Anordnungen (→ Rn. 15 ff.) wendet. In diesen Konstellationen ist regelmäßig die JKammer nach § 41 Abs. 2 für jedes dieser Rechtsmittel zuständig. Nach allgA hat sie über **beide** Sachen **einheitlich** aufgrund derselben HV durch **Urteil** zu entscheiden. Dadurch ist eine volle Nachprüfung des erstinstanzlichen Urteils einschließlich der Aussetzungs- bzw. aussetzungsbezogenen Anordnung gewährleistet, wobei widersprüchliche Entscheidungen ausgeschlossen werden, ohne dass ein Konflikt mit der legislatorisch angestrebten Verfahrensbeschleunigung (vgl. → Rn. 2) entstünde. Die Entscheidung des Berufungsgerichts ist hier unanfechtbar. Für den Berufungsführer beruht das auf § 55 Abs. 2 und für den Beschwerde-

führer folgt dies (auch wenn seine Beschwerde wie eine Berufung behandelt wird) aus § 310 StPO iVm § 2 Abs. 2.

2. Revision neben sofortiger Beschwerde

26 Bisweilen kann es auch dazu kommen, dass von einem Verfahrensbeteiligten die Revision und von einem anderen Beteiligten die sofortige Beschwerde gegen die Aussetzungsentscheidung eingelegt wird. Handelt es sich bei dem so angegriffenen Urteil um das **Berufungsurteil,** ist regelmäßig mit dem **OLG** dasselbe Gericht zuständig (§ 121 Abs. 1 Nr. 1b und Nr. 2 GVG iVm § 102 S. 1). Hier gilt ebenfalls eine einheitliche Entscheidung ggü. allen Verfahrensbeteiligten als zulässig. Diese wird sich auch empfehlen, wenn das Revisionsgericht zunächst die im Umfang der sofortigen Beschwerde notwendige tatsächliche Prüfung und erst anschließend die rechtliche Prüfung des Berufungsurteils vornimmt (Dallinger/Lackner Rn. 16; NK-JGG/Ostendorf/Drenkhahn Rn. 6).

27 Dagegen sind regelmäßig verschiedene Gerichte zuständig, wenn sich die (Wahl-)Revision und die sofortige Beschwerde **gegen** das **erstinstanzliche Urteil** und die dort erfolgte Aussetzung zBew richten. In solchen Fällen muss das Revisionsgericht unter sinngemäßer Berücksichtigung des in § 335 Abs. 3 S. 1 StPO enthaltenen Grundgedankens (= Vorrang der weitergehenden, da auch tatsächlichen Überprüfung des Urteils) – die Entscheidung des Beschwerdegerichts abwarten (so bereits Grethlein JGG Anm. 1c; ebenso zB Brunner/Dölling Rn. 3; NK-JGG/Ostendorf/Drenkhahn Rn. 7; HK-JGG/Meier Rn. 9). § 310 StPO iVm § 2 Abs. 2 steht dem nicht entgegen. Zwar erstreckt sich die anschließende rechtliche Überprüfung durch das Revisionsgericht damit zwangsläufig auch auf die Entscheidung des Beschwerdegerichts, doch ist das hinnehmbar, da dessen Berufungsurteil (das hier allein aus Gründen der Verfahrensbeschleunigung durch die Beschwerdeentscheidung ersetzt wird) grds. der revisionsrichterlichen Kontrolle unterliegt.

28 Demgegenüber hielt eine früher vertretene **Gegenansicht** (Bender JGG Rn. 8; Dallinger/Lackner Rn. 15; Potrykus JZ 1954, 538; bereits Kiesow JGG § 35 Anm. III. 2.) die eingelegte sofortige Beschwerde vom Zeitpunkt der Einlegung der Revision an für unwirksam (begründungslos in dieser Weise de facto verfahrend auch BGH NStZ 2022, 553 mkritAnm Kölbel NStZ 2022, 554). Andernfalls bestehe die Gefahr widersprechender Entscheidungen, weil beiden Gerichten an sich die volle Entscheidungsbefugnis hinsichtlich der Aussetzungsfrage zukomme, das Revisionsgericht zur Abänderung der Entscheidung des Beschwerdegerichts aber gesetzlich nicht zuständig sei. Die sofortige Beschwerde lebe nur wieder auf, wenn über die Revision wegen ihrer wirksamen Zurücknahme nicht entschieden wird (Dallinger/Lackner Rn. 17). Diese abzulehnende Ansicht entzieht dem Beschwerdeführer ohne Rechtsgrundlage sein Rechtsmittel vollständig und ist mangels heutiger Gefolgschaft überholt.

3. Revision neben einfacher Beschwerde (Abs. 5)

29 Das Zusammentreffen einer Revision gegen ein (die Aussetzung zBew anordnendes Urteil) mit einer einfachen Beschwerde gegen einen **bewährungsausgestaltenden** Beschluss iSv § 58 Abs. 1 wird von Abs. 5 erfasst. Hiernach kommt es zu einer gesetzlichen Zuständigkeitskonzentration, weil

das Revisionsgericht, sofern die Revision **zulässig** ist, ebenfalls über die Beschwerde befindet. Dass diese Vorschrift nicht auch das Nebeneinander von Revision und sofortiger Beschwerde (→ Rn. 26 ff.) regelt, ergibt sich aus ihrem **Wortlaut.** Dort ist die Rede von der „Beschwerde" (und nicht von sofortiger Beschwerde) und einer Entscheidung, die sich auf eine Aussetzung „bezieht" (und nicht einer Entscheidung iSv Abs. 1, die diese anordnet, versagt oder hinausschiebt).

Die Vorschrift gibt (ebenso wie § 305a Abs. 2 StPO im allg. StVR) dem Gesichtspunkt der **Verfahrensbeschleunigung** den Vorrang vor der größeren Sachnähe des Beschwerdegerichts (BGHSt 10, 19 = NJW 1957, 192). Sie ist aber problematisch, da die (dem Beschwerdeverfahren entspr.) umfassende Sachprüfungskompetenz mit der allg. revisionsgerichtlichen Aufgabe einer rechtlichen Nachprüfung in einem Spannungsverhältnis steht. Das betrifft gerade Fälle, in denen es aus Sicht des Revisionsgerichts einen Anlass zur Änderung der bewährungsausgestaltenden Maßnahmen gibt (und die Zurückverweisung an das erstinstanzliche Gericht schon im Hinblick auf § 23 Abs. 1 S. 3 als eher sachgerecht erscheint). Das spricht dafür, den **Ausnahmecharakter** von Abs. 5 zu wahren. Die Norm ist also nicht anwendbar, wenn die Aussetzung zBew nicht im Urteil, sondern nachträglich erfolgte. Eine **entspr. Anwendung** von Abs. 5 auf die in → Rn. 25 und → Rn. 26 ff. behandelten Konstellationen kommt ebenfalls **nicht** in Betracht (vgl. BGHSt 6, 206 = NJW 1954, 1377). Soweit es dort um Situationen geht, in denen eine gleichzeitige Zuständigkeit von Beschwerde- und Berufungs-/Revisionsgericht besteht, ist die Sachlage aber auch gar nicht vergleichbar. 30

Bewährungsplan

60 (1) [1] **Der Vorsitzende stellt die erteilten Weisungen und Auflagen in einem Bewährungsplan zusammen.** [2] **Er händigt ihn dem Jugendlichen aus und belehrt ihn zugleich über die Bedeutung der Aussetzung, die Bewährungs- und Unterstellungszeit, die Weisungen und Auflagen sowie über die Möglichkeit des Widerrufs der Aussetzung.** [3] **Zugleich ist ihm aufzugeben, jeden Wechsel seines Aufenthalts, Ausbildungs- oder Arbeitsplatzes während der Bewährungszeit anzuzeigen.** [4] **Auch bei nachträglichen Änderungen des Bewährungsplans ist der Jugendliche über den wesentlichen Inhalt zu belehren.**

(2) **Der Name des Bewährungshelfers wird in den Bewährungsplan eingetragen.**

(3) [1] **Der Jugendliche soll durch seine Unterschrift bestätigen, daß er den Bewährungsplan gelesen hat, und versprechen, daß er den Weisungen und Auflagen nachkommen will.** [2] **Auch der Erziehungsberechtigte und der gesetzliche Vertreter sollen den Bewährungsplan unterzeichnen.**

I. Anwendungsbereich

Die Vorschrift findet in Verfahren gegen Jugendliche und jene Heranwachsende, bei denen gem. § 105 Abs. 1 materielles JStR angewandt wird, 1 sowohl vor den JGerichten wie vor den für allg. Strafsachen zuständigen Gerichten Anwendung (§ 104 Abs. 1 Nr. 8 bzw. § 109 Abs. 2 S. 1, § 112 S. 1, 2; zu **Besonderheiten** der Zuständigkeit bei Verfahren vor einem allg. StrafG → Rn. 5).

II. Bewährungsplan

1. Rechtsnatur und Funktion

2 Historisch gehen die Vorgaben zum BewPlan auf § 13e RegE-JGG 1953 zurück, der wiederum an angelsächsische Vorbilder anknüpfte (BT-Drs. I/ 3264, 42). Der **rechtliche Status** des BewPlans ist weder der einer jugendgerichtlichen Entscheidung noch stellt er eine Ausfertigung der in dem Plan bezeichneten Entscheidungen dar (zu Folgerungen für seine Anfechtbarkeit vgl. → Rn. 14). Vielmehr ist er als Urkunde zu verstehen, in der die vorab getroffenen Anordnungen zusammengestellt werden, um die Bedeutung der BewZeit sowie der erteilten Weisungen, Auflagen und weiteren Pflichten ebenso wie die Folgen von Verstößen gegen die Anordnung in einem Gesamtüberblick ersichtlich zu machen. Angesichts der **Zielsetzung,** dem verurteilten Jugendlichen die an ihn gerichteten Erwartungen und die Konsequenzen einer Erwartungsenttäuschung deutlich zu machen, muss der BewPlan auch für Verlässlichkeit stehen. Dies gibt ihm notgedrungen einen in der Tendenz statischen Charakter, der in einem **Spannungsverhältnis** zu den jugendrichterlichen Optionen steht, die Ausgestaltung der Bewährungsphase flexibel anpassen zu können (dazu auch → Rn. 13). In der **Praxis** wird die Bestimmung (soweit ersichtlich) teilw. unterschiedlich gehandhabt. Dies gilt insb. hinsichtlich der in der RL enthaltenen Empfehlung eines gesondert anberaumten Termins (n. → Rn. 8).

2. Inhalt

3 In den BewPlan sind **zwingend** die erteilten Weisungen und Auflagen (Abs. 1 S. 1) sowie der Name des BewHelfers (Abs. 2) aufzunehmen. Auf den Eintritt einer formellen Rechtskraft dieser jugendrichterlichen Festlegungen kann es dabei nicht ankommen, da sie mit unbefristeter Beschwerde anfechtbar (→ § 59 Rn. 15 ff., 19) und ohnehin änder- und aufhebbar sind (§ 23 Abs. 1 S. 3). Falls Weisungen oder Auflagen von vornherein nur „vorläufig" angeordnet werden (etwa, weil sie bei einer absehbaren Änderung im Leben des Verurteilten voraussichtlich modifziert werden), muss dies bei ihrer Eintragung sichtbar werden (für Nichtaufnahme dagegen MüKoStPO/Kaspar Rn. 4a). Anordnungen, die angefochten sind, müssen ebenfalls nicht in den BewPlan eingehen.

4 Nach fallbezogenem **Ermessen** können auch die **Dauer** der Bewährungs- und der Unterstellungszeit, die Grundzüge der nach Abs. 1 S. 2 erteilten Belehrung und die Meldepflicht nach Abs. 1 S. 3 (soweit sie nicht ohnehin als Weisung ausgestaltet ist) in den BewPlan aufgenommen werden. Ebenso sollte die Erreichbarkeit des BewHelfers zB durch die Angabe von dessen Anschrift, eines Telefonanschlusses oder einer E-Mail-Adresse erleichtert werden (allgA). Ggf. können Hinweise auf solche Stellen enthalten sein, die für etwa notwendig erscheinende Rückfragen zuständig sind. Mit Blick auf

seine Funktion (→ Rn. 2) kann ein BewPlan auch in Fällen, in denen keine Weisungen und Auflagen angeordnet wurden, erstellt werden und sich dann auf diese fakultativen Inhalte beschränken (weitergehend NK-JGG/Ostendorf/Drenkhahn Rn. 3; MüKoStPO/Kaspar Rn. 4b: muss erstellt werden).

III. Verfahren

1. Zuständigkeit

Die Erstellung des BewPlans geschieht durch den **Vorsitzenden** – nicht einen Beigeordneten (OLG Hamm BeckRS 2015, 21047) – des **JGerichts** (Abs. 1 S. 1). Die nach § 60 vorgesehenen Handlungen sind rein prozessuale Maßnahmen, die unmittelbar an die Entscheidung nach § 58 Abs. 1 S. 1 anknüpfen, weshalb eine einheitliche Zuständigkeit unabdingbar ist (vgl. Dallinger/Lackner Rn. 16). Demgemäß wird mit einer Übertragung nach § 58 Abs. 3 S. 2 zugleich ein **Übergang** der Zuständigkeit für die nach § 60 vorzunehmenden Handlungen bewirkt (BGHSt 19, 170 (173) = NJW 1964, 603 (604); OLG Köln NJW 1955, 603 (604); vgl. ferner → § 58 Rn. 3). Wurde die Aussetzung indes durch ein für **allg. Strafsachen zuständiges** Gericht angeordnet, muss dieses gem. § 104 Abs. 5 Nr. 1 das Verfahren für die bewährungsausgestaltenden Entscheidungen an den JRichter abgeben, in dessen Bezirk sich der Heranwachsende (§ 112 S. 1) oder Jugendliche aufhält. Diese Zuständigkeitsübertragung erstreckt sich dann auch auf die Zusammenstellung der besagten Entscheidungen im BewPlan. 5

Die Handlungen nach § 60 auf den **Rechtspfleger** zu delegieren, ist nach allgA unzulässig. Dagegen kann ein JRichter im Wege der **Rechtshilfe** (§§ 156 f. GVG) um die Aushändigung des BewPlanes und die Belehrung (→ Rn. 9) ersucht werden, wenn sich der Jugendliche nicht im Bezirk des zuständigen JRichters aufhält. Im Regelfall wird in solchen Fällen allerdings ohnehin eine (vorzugswürdige) Übertragung nach § 58 Abs. 3 S. 2 erfolgt sein. 6

2. Zeitpunkt

Die Frage, **wann** der BewPlan zu erstellen und zu übermitteln ist, wird vom Gesetz offengelassen und muss anhand der Normfunktion beantwortet werden. Hierbei versteht es sich von selbst, dass aus Sicht des Gerichts zunächst die Klärung der zusammenzustellenden Maßnahmen und ihrer Ausgestaltung erfolgt sein muss. Da aber die fragliche Anordnung nachträglich ergänzt oder abgeändert und der BewPlan entspr. angepasst werden kann (→ Rn. 13), setzt deren Abfassung keine abschließende oder vollständige inhaltliche Festlegung des JRichters voraus (abw. → 23. Aufl. 2022 Rn. 10; Brunner/Dölling Rn. 5). Dies erlaubt eine Orientierung an § 22 Abs. 2 S. 1, sodass mit Eintritt der **Rechtskraft** des Urteils der (ggf. erste, später zu revidierende) BewPlan bekanntzugeben ist (NK-JGG/Ostendorf/Drenkhahn Rn. 2, Diemer/Schatz/Sonnen/Sonnen Rn. 3). Gemeinsam damit kann die formelle Anordnung der fraglichen Weisungen und Anordnungen (soweit noch nicht erfolgt) geschehen. Anders verhält es sich bei **sofortigem** beidseitigem Rechtsmittelverzicht. Den BewPlan hier in unmittelbarem zeitlichem Zusammenhang mit der Aussetzungsentscheidung zu erläutern, 7 ist trotz der frühzeitigen Rechtskraft nicht empfehlenswert, da die Aufnahmefähigkeiten des Jugendlichen insbes. nach einer Urteilsverkündung eingeschränkt sein und die „Botschaften" des BewPlans durch die „Hauptentscheidungen" leicht „überblendet" werden können. Hier bietet sich der Ablauf der Rechtsmittelfrist als Bekannntgabezeitpunkt an.

3. Übermittlung des BewPlans

8 **a) Erörterungstermin und persönliche Aushändigung.** Im Regelfall ist ein **besonderer Termin** (mitunter missverständlich als „Belehrungstermin" bezeichnet) anzuberaumen, um den BewPlan zu übermitteln (BeckOK JGG/Kilian Rn. 6). Hierauf zugunsten eines schriftlichen Mitteilungs- und Zustellungsverfahrens zu verzichten, wird mit Blick auf den Normzweck nur äußerst selten angemessen sein (weitergehend NK-JGG/Ostendorf/Drenkhahn Rn. 4: nie zulässig). In dem Termin händigt der JRichter bzw. der Vorsitzende den BewPlan dem Verurteilten idR in Gegenwart des BewHelfers (bei Jugendlichen zusätzlich in Gegenwart des Erziehungsberechtigten und des gesetzlichen Vertreters; s. dazu die RL) persönlich aus. Schriftlich kann das Gericht den BewPlan meist nur bei Nichterscheinen des Verurteilten bekanntgeben. Dessen Anwesenheit darf nämlich **nicht erzwungen** werden, auch nicht zum Zwecke der Belehrung (OLG Celle MDR 1963, 523 zu § 453a StPO). Eine Vorführung wäre erzieherisch bedenklich und in Ermangelung einer gesetzlichen Eingriffsgrundlage unzulässig. Auch für die Erziehungsberechtigten besteht keine Erscheinenspflicht.

9 **b) Belehrung und Information.** Die Belehrung geschieht gem. **Abs. 1 S. 2** „zugleich" mit der Aushändigung des BewPlanes. Ebenfalls „zugleich" **(Abs. 1 S. 3)** wird die Meldepflicht erläutert, die für den Verurteilten bei einem Wechsel des Aufenthalts, des Ausbildungs- oder Arbeitsplatzes besteht. Aus der gesetzlich bestimmten Verbindung der bezeichneten Handlungen ist zu folgern, dass diese in der gleichen Weise zu geschehen haben wie die Aushändigung – also idR mündlich (vgl. nur OLG Hamm StV 2017, 719 = BeckRS 2016, 116290) und meist auch in Anwesenheit der Verfahrensbeteiligten (vgl. RL). Der JRichter muss dabei in der von § 70b Abs. 1 geforderten Form vorgehen. Ein Belehrungsmangel kann dem Widerruf der Aussetzung zBew entgegenstehen (vgl. OLG Hamm StV 2017, 719 = BeckRS 2016, 116290; n. dazu → §§ 26, 26a Rn. 6, 13).

10 Um die Wirksamkeit der angeordneten Rechtsfolgen im Hinblick auf § 2 Abs. 1 zu stützen, sollte der Termin **informell und altersgerecht** gestaltet und mit den Belehrungen bzw. Informationen versucht werden, die Bereitschaft des Jugendlichen zur aktiven Mitarbeit zu fördern. Ob es erforderlich, empfehlenswert und verhältnismäßig ist, den Jugendlichen per eigener Weisung zu verpflichten, dem BewHelfer die **Erfüllung von Weisungen und Auflagen** mitzuteilen, hängt vom Einzelfall ab. Bei konkret begründetem Manipulationsverdacht und bei nicht auf Leistungserbringung gerichteten Weisungen bzw. Auflagen (zB Anmeldung beim Einwohnermeldeamt) können andere Nachweisformen in Betracht kommen. Ein gesetzlicher Auskunftsanspruch des BewHelfers besteht jedoch nicht (aA und sogar für das Recht, die Vorlage eines Leistungsnachweises fordern zu können, aber etwa MüKoStGB/Groß/Kett-Straub StGB § 56d Rn. 16 zum allg. StR). Ohne

richterliche Anordnung hat der BewHelfer ggü. dem Verurteilten nur bei dessen (im Termin anzuregendem) Einverständnis ein „Informationsrecht".

c) Bestätigung durch Unterschrift (Abs. 3). Nach Abs. 3 S. 1 soll der Jugendliche mit seiner Unterschrift bestätigen, dass er den BewPlan **gelesen** hat. Hierdurch soll zusätzlich zur mündlichen Vermittlung eine schriftliche Kenntnisnahme sichergestellt sowie die Bedeutung der Anordnung nochmals unterstrichen werden. Die Unterschrift erfolgt aus Gründen der Klarheit am besten auf einer bei dem JGericht verbleibenden Durchschrift des BewPlans (ebenso zB BeckOK JGG/Kilian Rn. 11). Ferner soll der Jugendliche nach Abs. 3 S. 1 (mündlich oder schriftlich) das **Versprechen** abgeben, dass er die Weisungen und Auflagen erfüllen wolle. Mit dieser Forderung nach einer Selbstbindung will das Gesetz die Mitarbeit des Jugendlichen für den Verlauf der BewZeit fördern. Allerdings erlangt dieses Versprechen leicht den Charakter einer formelhaften Scheinanpassung. Andererseits kann es ebenso wenig wie die Unterschrift beim Jugendlichen rechtlich erzwungen werden. Wie die spätere Nichtbefolgung der Pflicht nach Abs. 1 S. 3 bildet das Verweigern von Unterschrift und/oder Versprechen auch keinen Widerrufsgrund (Dallinger/Lackner Rn. 10, 13). 11

Gemäß **Abs. 3 S. 2** sollen der **Erziehungsberechtigte** und der gesetzliche Vertreter den BewPlan ebenfalls unterzeichnen, damit ihre Unterrichtung sichergestellt ist. Wird die Unterschrift nicht oder nicht auf dem BewPlan geleistet, ist dies rechtlich folgenlos. 12

IV. Nachträgliche Änderung

Kommt es zu einer nachträglichen Änderung hinsichtlich der dem BewPlan zu Grunde liegenden Entscheidung (§ 23 Abs. 1 S. 3), so ist auch der **BewPlan neu** zu fassen und grds. erneut entspr. aller Vorgaben (→ Rn. 8 ff.) **bekanntzugeben.** Ausnahmen sind nur bei so geringfügigen Veränderungen anzuerkennen, bei denen eine Wiederholung des Verfahrens nach § 60 als unvertretbarer und erzieherisch dysfunktionaler Formalismus erschiene. Da sich die Neuanordnung in diesen Fällen durch eine Modifizierung bzw. Ergänzung in den BewPlan einfach integrieren lassen dürfte, ohne dass dessen Klarheit und Informationsfunktion darunter leidet, genügt hier die Übersendung seiner geänderten Fassung (HK-JGG/Meier Rn. 4). Auch die nach Abs. 1 S. 4 gesetzlich zwingende **Belehrung** über den wesentlichen Inhalt der nachträglichen Änderungen darf dann ausnahmsweise schriftlich erfolgen. 13

V. Unanfechtbarkeit und Mängelfolgen

Da es sich bei dem BewPlan nicht um eine gerichtliche Entscheidung handelt (vgl. → Rn. 2), ist er unanfechtbar (allgA). Einer Anfechtung unterliegen nach Maßgabe von § 59 allein die dem BewPlan zu Grunde liegenden Entscheidungen. Das gilt auch, wenn der BewPlan von den **Anordnungen abweichen** sollte (BeckOK JGG/Kilian Rn. 13), denn selbst in diesem Fall sind für die rechtliche Verpflichtung des Jugendlichen allein die richterlichen Beschlüsse (und nicht deren falsche Wiedergaben) maßgeblich (HK-JGG/Meier Rn. 2). Allerdings können sich bei solchen und anderen Fehlern im 14

BewPlan oder bei dessen Bekanntgabe (sowie auch beim vollständigen Fehlen des BewPlans) gewisse Konsequenzen für die **Reaktion auf Bewährungsverstöße** ergeben (s. dazu auch → Rn. 9). Möglicherweise hat die unzulängliche Aufklärung bspw. Folgen für die Bewertung von Auflagen- und Weisungsverletzungen (keine Beharrlichkeit, keine Vorsätzlichkeit usw.).

Vorbehalt der nachträglichen Entscheidung über die Aussetzung

61 (1) **Das Gericht kann im Urteil die Entscheidung über die Aussetzung der Jugendstrafe zur Bewährung ausdrücklich einem nachträglichen Beschluss vorbehalten, wenn**

1. **nach Erschöpfung der Ermittlungsmöglichkeiten die getroffenen Feststellungen noch nicht die in § 21 Absatz 1 Satz 1 vorausgesetzte Erwartung begründen können und**
2. **auf Grund von Ansätzen in der Lebensführung des Jugendlichen oder sonstiger bestimmter Umstände die Aussicht besteht, dass eine solche Erwartung in absehbarer Zeit (§ 61a Absatz 1) begründet sein wird.**

(2) **Ein entsprechender Vorbehalt kann auch ausgesprochen werden, wenn**

1. **in der Hauptverhandlung Umstände der in Absatz 1 Nummer 2 genannten Art hervorgetreten sind, die allein oder in Verbindung mit weiteren Umständen die in § 21 Absatz 1 Satz 1 vorausgesetzte Erwartung begründen könnten,**
2. **die Feststellungen, die sich auf die nach Nummer 1 bedeutsamen Umstände beziehen, aber weitere Ermittlungen verlangen und**
3. **die Unterbrechung oder Aussetzung der Hauptverhandlung zu erzieherisch nachteiligen oder unverhältnismäßigen Verzögerungen führen würde.**

(3) [1] **Wird im Urteil der Vorbehalt ausgesprochen, gilt § 16a entsprechend.** [2] **Der Vorbehalt ist in die Urteilsformel aufzunehmen.** [3] **Die Urteilsgründe müssen die dafür bestimmenden Umstände anführen.** [4] **Bei der Verkündung des Urteils ist der Jugendliche über die Bedeutung des Vorbehalts und seines Verhaltens in der Zeit bis zu der nachträglichen Entscheidung zu belehren.**

Schrifttum: Baier, Die Bedeutung der Aussetzung der Verhängung der Jugendstrafe nach § 27 JGG und der Vorbewährung in der jugendgerichtlichen Praxis in Bayern, 2015; Flümann, Die Vorbewährung nach § 57 JGG, 1983; Sommerfeld, Vorbewährung nach § 57 JGG in Dogmatik und Praxis, 2007; Trapp, Rechtswirklichkeit von Auflagen und Weisungen bei Strafaussetzung zur Bewährung, 2003; Werner-Eschenbach, Jugendstrafrecht. Ein Experimentierfeld für neue Rechtsinstitute, 2005.

Übersicht

I. Anwendungsbereich

Die Vorschrift ist in Verfahren gegen Jugendliche und jene Heranwachsende, bei denen gem. § 105 Abs. 1 materielles JStR angewandt wird, sowohl vor den JGerichten wie vor den für allg. Strafsachen zuständigen Gerichten anwendbar (§ 104 Abs. 1 Nr. 8 bzw. § 109 Abs. 2 S. 1, § 112 S. 1, 2). 1

II. Allgemeines

Anders als im allg. StR besteht im JStR im Einklang mit dem Erziehungsauftrag (§ 2 Abs. 1) die Möglichkeit, über die Aussetzung einer verhängten JStrafe zBew erst **nachträglich** durch Beschluss zu entscheiden (§ 57 Abs. 1 und Abs. 2). Dies ist v. a. in jenen Fällen von Vorteil, in denen es in der Zeit zwischen Verurteilung und Beginn der Vollstr zu Entwicklungen kommt, durch die eine Umsetzung der JStrafe entbehrlich wird. Ähnlich verhält es sich dann, wenn bei der urteilsförmigen Anordnung einer JStrafe die Erwartung besteht, dass zu dem späteren Zeitpunkt eine Aussetzung zBew ggf. noch angezeigt und begründbar sein könnte. Auch in solche Konstellationen bietet die Option einer nachträglichen Aussetzungsentscheidung den Vorzug, die Vollstr der JStrafe ggf. vermeiden zu können – und damit dem Umstand Rechnung zu tragen, dass mit der Freiheitsentziehung oftmals zahllose prognostisch abträgliche **Nebenwirkungen** einhergehen (zB Desintegration, Konfrontation mit der Insassen-Subkultur, negative Einflüsse von Mitinsassen, nachvollzugliche Stigmatisierung usw.). Diese ist „zu vermeiden, wenn die Legalbewährung auch auf anderem Weg erreicht werden kann" (BGH NStZ 2020, 740; ebenso zB MüKoStPO/Kaspar §§ 61 ff. Rn. 3). 2

Angesichts dessen hatte sich in der jugendstrafrechtlichen Praxis seit den 1960er Jahren (Heinz Sekundäranalyse S. 1214 mwN) eine Handhabung herausgebildet, die als **„Vorbewährung"** bezeichnet wurde (zur Diskussion um die Zulässigkeit ausführlich Baier, Die Bedeutung der Aussetzung (…), 2015, S. 80 ff.; Flümann, Die Vorbewährung nach § 57 JGG, 1983, S. 30 ff.; Sommerfeld, Vorbewährung nach § 57 JGG in Dogmatik und Praxis, 2007, S. 17 ff.; Werner-Eschenbach, Jugendstrafrecht (…), 2005, S. 38 ff.; krit. seinerzeit etwa Albrecht JugendStrafR S. 272; Walter/Pieplow NStZ 1988, 165 (167 f.); s. auch → § 61b Rn. 3). In Fällen, in denen eine JStrafe ver- 3 hängt wurde, aber die Informationen, derer es zur Beurteilung einer Aussetzung iSv § 21 bedarf, noch nicht vorlagen, wurde durch die Gerichte hierbei die diesbzgl. Entscheidung für einen gewissen Zeitraum aufgeschoben (s. auch → § 57 Rn. 2) und diese Phase durch Mitfestlegung ambulanter Rechtsfolgen (§§ 8 Abs. 2 S. 1, 10, 15) ausgestaltet (→ § 61b Rn. 2). All dies diente (auch) dazu, „auszutesten, ob eine Strafaussetzung zBew sinnvoll ist" (Beulke/Swoboda JugendStrafR Rn. 521). Rechtstatsächlich kam diese Vorgehensweise keineswegs selten zum Einsatz (entspr. Hinweise in BT-Drs. 16/13142, 77), allerdings mit regional wohl stark variierender Häufigkeit (für SchlH Sommerfeld, Vorbewährung nach § 57 JGG In Dogmatik und Praxis, 2007, S. 91; erg. auch Trapp, Rechtswirklichkeit von Auflagen und Weisungen (…), 2003, S. 40). Eine Beschränkung auf bestimmte Deliktsarten war dabei offenbar nicht ersichtlich.

4 Dieses Rechtsinstitut wurde mit dem Gesetz zur Erweiterung der jugendgerichtlichen Handlungsmöglichkeiten vom 4.9.2012 (BGBl. I 1854) **positiviert,** wobei auch die früheren Streitfragen – Voraussetzungen dieses Vorgehens, Dauer des Entscheidungsaufschubs, Zulässigkeit von begleitenden Weisungen und Auflagen sowie deren Anrechnung bei anschließender Nichtaussetzung – nunmehr durch §§ 61-61b geregelt worden sind. Der ursprünglich beschrittene, auf § 57 Abs. 1 aF gestützte Weg, sich die Entscheidung über die Strafaussetzung für einen späteren Zeitpunkt vorzubehalten, ist damit aber nunmehr versperrt (dazu n. → § 57 Rn. 4). Dazu, wie ausgeprägt die Inanspruchnahme der nunmehr in §§ 61 ff. ausgestalteten Option in der **heutigen** Praxis ist, liegen kaum empirischen Erkenntnisse vor (vgl. aber Baier, Die Bedeutung der Aussetzung (…), 2015, S. 182 ff.: in Bay. deutliche richterindividuelle Handhabungsunterschiede).

III. Voraussetzungen der Vorbehaltsanordnung

1. Einordnung

5 Prinzipiell liegt es im pflichtgemäßen Ermessen des JGerichts, ob es über die Aussetzung schon im Urteil oder erst nachträglich befindet. Für den Aufschub der Entscheidung bedarf es angesichts der damit einhergehenden belastenden Ungewissheit aber besonderer Gründe (n. → § 57 Rn. 6 ff.). Seit Einführung von § 61 regeln dessen Abs. 1 und Abs. 2 insofern **abschließend** jene Konstellationen, in denen das jGericht in einem Urteil, in dem es eine JStrafe anordnet, die Aussetzungsfrage einem nachträglichen Beschluss vorbehalten darf. In jeweils unterschiedlicher Weise setzen beide Vorschriften voraus, dass sich aus richterlicher Sicht die Chance einer positiven, die Aussetzung rechtfertigenden Entwicklung abzeichnet (→ Rn. 6 ff.). Fälle, in denen sich eine dies verneinende Prognose als unzutreffend erweist, weil der Jugendliche nach Urteilserlass eine **unerwartete günstige** Entwicklung nimmt (dazu die empirischen Befunde in → § 5 Rn. 59), werden dagegen nicht erfasst. Gem. Abs. 1 und Abs. 2 darf ein Gericht, das (ohne entspr. konkrete Anhaltspunkte) auf eine positive Wendung lediglich hofft, keinen Aussetzungsvorbehalt als „letzte Chance" veranlassen (BT-Drs. 17/9389, 16). Die Vollstr einer (überraschend) entbehrlich gewordenen JStrafe kann allein durch einen nachträglich-korrigierenden Aussetzungsbeschluss abgewendet werden – dies allerdings nur unter den angehobenen Voraus-

setzungen von § 57 Abs. 2 Hs. 2. Der Regelungszusammenhang ist also eher an den Erfordernissen einer transparenten und berechenbaren Rechtsfolgenbestimmung orientiert als an der Möglichkeit einer nicht vorhergesehenen Legalbewährung.

2. Variante gem. Abs. 1

a) Voraussetzungen. Die von Abs. 1 geregelte erste Variante, in der ein im Urteil ausdrücklich erklärter Vorbehalt einer nachträglichen Aussetzungsentscheidung möglich ist, betrifft Fälle, in denen **erstens (Nr. 1)** im Zeitpunkt des Urteils zwar umfassende Ermittlungen geschehen sind, diese jedoch iErg (noch) keine zureichenden Gründe für eine günstige Prognose iSv § 21 (→ § 21 Rn. 15 ff.) erbracht haben. Dort, wo entweder die Aufklärungsmöglichkeiten nicht ausgeschöpft wurden oder wo umgekehrt die Voraussetzungen des § 21 Abs. 1 S. 1 eindeutig bejaht oder für einige Zeit (dh den in § 61b Abs. 1 festgelegten Zeitraum) ausgeschlossen werden können („Entscheidungsreife"), darf dagegen nicht nach Abs. 1 vorgegangen werden (RL 1 S. 4). 6

Zweitens (Nr. 2) muss auf der Basis tatsächlicher Anhaltspunkte die „Aussicht" bestehen, dass „in absehbarer Zeit" – dh innerhalb eines nach § 61a Abs. 1 bestimmbaren Zeitraums – eine solche günstige Prognose iSv § 21 gestellt werden kann. Diese Entwicklungsmöglichkeit darf nicht spekulativ oder aus der Luft gegriffen sein, sondern muss sich durch „Umstände" **begründen** (und in diesem Sinne objektivieren) lassen. Bedeutsam sind hierbei idR dieselben Bedingungen in den Lebenszusammenhängen des Jugendlichen, die für § 21 zu berücksichtigen sind (bspw. ein neuer Bindungsaufbau, n. zum Spektrum → § 21 Rn. 21 ff.). Ggf. können auch Aussagen des Jugendlichen eine tatsächliche Grundlage für die erforderliche „Aussicht" bieten, wenn das JGericht nach den bisherigen Ermittlungen zur Überzeugung gelangt, dass diese bekundeten Absichten glaubhaft und ernsthafter Art sind (aA OLG Hamburg StraFo 2014, 434 (435) = BeckRS 2014, 18081; KG ZJJ 2015, 175 (177) = BeckRS 2016, 3491; MüKoStGB/Radtke/Scholze § 61 Rn. 20). 7

Bei der Bewertung der vorliegenden „Umstände" muss das Gericht iÜ auch die etwaigen **Effekte** berücksichtigen, die von den nach § 61b möglichen Maßnahmen ausgehen und die „Aussicht" **verstärken** können. Entscheidend ist sodann, dass das Gericht auf dieser Basis eine positive Prognose erwartet: Es muss davon überzeugt sein, dass am Ende der Vorbewährungszeit (§ 61a Abs. 1) die Vorhersage einer sozialüblich konformen Entwicklung des Jugendlichen mit der für § 21 erforderlichen Sicherheit (→ § 21 Rn. 16 f.) **mindestens möglich** sein wird (Diemer/Schatz/Sonnen/Schatz Rn. 22; abw. MüKoStGB/Radtke/Scholze § 61 Rn. 23: „wahrscheinlich" sein wird). 8

b) Verhältnis zur langfristigen Aussetzung der HV. Es wäre prinzipiell denkbar, einen vorbewährungsähnlichen Aufschub der Rechtsfolgenentscheidung in prognostisch unklaren Sachlagen durch eine längerfristige Aussetzung der HV zu erreichen (dazu bei Abs. 2 sogleich → Rn. 11). Allerdings wird diese Option durch Abs. 1 **verdrängt.** Der Gesetzgeber hat für die fraglichen Situationen der Unsicherheit gerade den Weg über das Vorbehaltsurteil vorgesehen und eigens ausgestaltet sowie an konkrete Be- 9 dingungen und Grenzen (§ 61a) geknüpft. Auch entfiele bei der Aussetzungslösung die gem. § 61b Abs. 1 bestehende bewährungsartige Ausgestaltbarkeit der Zwischenzeit. Deshalb kommt eine Aussetzung nur in Sonderkonstellationen in Betracht, in denen die von Abs. 1 geregelte Fallstruktur nicht vorliegt. Gegeben ist dies dort, wo eine „Aussicht" auf eine positive Entwicklung besteht, die bei ihrer Bestätigung die Anwendung von **§ 31 Abs. 3** zur Herstellung zweier bewährungsfähig bemessener JStrafen (→ § 31 Rn. 35) rechtfertigen würde. OLG Hamm NStZ-RR 2002, 251 hat hier (in einem auf die Rechtsfolgenfrage begrenzten Berufungsverfahren) sogar eine achtmonatige Aussetzung akzeptiert (wobei die Orientierungswirkung von § 61a Abs. 1 für eine kürzere zulässige Höchstdauer spricht).

3. Variante gem. Abs. 2

10 Abs. 2 bezieht sich auf vorhersagerelevante Umstände (→ Rn. 7), die in der HV (ggf. erstmals) zur Sprache kamen und (für sich allein genommen oder gemeinsam mit anderen Prognosefaktoren) eine positive Prognose iSv § 21 **schon im Urteilszeitpunkt** begünden könnten (Nr. 1). Die Vorschrift setzt desweiteren voraus, dass sich das Gericht von diesen Umständen aber **noch nicht überzeugen** konnte, sondern weitere, darauf gerichtete Ermittlungen für erforderlich hält (Nr. 2). Es muss also noch der Bestätigung des fraglichen Sachverhalts bedürfen, damit er für eine positive Prognose tatsächlich und nicht nur hypothetisch relevant ist. Dieses Fehlen von Entscheidungsreife kann bei günstigen Veränderungen im Leben des Jugendlichen (neuer Ausbildungsplatz, Schuldentilgung usw.) gegeben sein, wenn diese in der HV vorgetragen werden, vom JGericht aber noch zu verifizieren sind.

11 Der Vornahme dahingehender Ermittlungen müssen schließlich die in Nr. 3 genannten **Hindernisse** im Wege stehen. Sie müssen hiernach – was in der Praxis nur sehr selten gegeben sein wird – so aufwändig sein, dass sie in der HV nicht ohne deren Unterbrechung oder Aussetzung realisiert werden könnten. Dieses normale und **idR angezeigte** verfahrenstechnische Vorgehen gem. § 228 StPO iVm § 2 Abs. 2 darf aber fallkonkret nicht in Betracht kommen – entweder weil das Urteil dadurch in einem erheblichen Ausmaß hinausgeschoben werden müsste („unverhältnismäßige Verzögerung") oder weil die (ggf. auch nur moderate) Verlängerung des Verfahrens erzieherisch abträglich wäre. Diese letztgenannte Konstellation kann bspw. vorliegen, wenn das Gericht es für erforderlich hält, mit seiner Vorbehaltsentscheidung sofort zu reagieren, bevor die dafür maßgeblichen Bedingungen wegfallen oder weiterwirken können. Zu denken ist hier etwa an ungünstige Alltagsgestaltungen oder Kontakte im Leben des Jugendlichen, auf die das Gericht (etwa mit einer Anordnung gem. § 61b) zügig Einfluss nehmen will.

4. Ermessen

12 Das JGericht wird durch Abs. 1 und Abs. 2 an sich nicht verpflichtet; beiden Vorschriften zufolge wird der Vorbehalt nach seinem Ermessen ausgesprochen („kann"). Allerdings ist zu berücksichtigen, dass in den jeweiligen Konstellationen eine Aussetzung der JStrafe jeweils nicht begründbar ist und als Alternative zum Entscheidungsaufschub allein die ausdrückliche oder

unausgesprochene Nichtausssetzung (nebst Vollstr) in Betracht kommen kann. Die Wahl dieser Option liefe darauf hinaus, den Jugendlichen den unzuträglichen Nebenwirkungen der JStrafe (→ Rn. 2) auszusetzen, obwohl das JGericht das künftige oder gar derzeitige Vorliegen von Aussetzungsgründen erkannt hat. Es ist kaum vorstellbar, wie und wann die Hintanstellung dieses Aspektes mit § 2 Abs. 1 zu vereinbaren und nicht ermessensfehlerhaft sein könnte. Insofern wird der Ermessensspielraum darauf verengt, dass in den Konstellationen von Abs. 1 und Abs. 2 auf den Vorbehalt entschieden werden **muss** (ähnlich MüKoStGB/Radtke/Scholze Rn. 31; abw. und deutlich offener aber Diemer/Schatz/Sonnen/Schatz Rn. 26; Brunner/Dölling Rn. 6; MüKoStPO/Kaspar §§ 61 ff. Rn. 14).

5. Folgen des Vorbehalts

Liegen die Voraussetzungen von Abs. 1 oder Abs. 2 vor, wird der Angeklagte schuldig gesprochen. Das JGericht ordnet die aussetzungsfähige JStrafe an und spricht den Vorbehalt aus, dass über deren etwaige Aussetzung zu einem späteren Zeitpunkt entschieden wird (zur Tenorierung → Rn. 16). Hierbei sollte und ggf. muss es gem. § 61a Abs. 1 auch die **Frist** bestimmen, bis zu deren Ablauf die **Vollstr** der JStrafe gem. **§ 89 ausgeschlossen** ist (→ § 61a Rn. 7 ff.). Kommt es zu einem Folgeverfahren, ist das rechtskräftige Vorbehaltsurteil aber schon vor Ablauf dieser Frist gem. § 31 Abs. 2 einbeziehungsfähig (→ § 31 Rn. 16 und 24). 13

Bei einem angeordneten vorbehalt ist es unerheblich, wenn neben der JStrafe auch noch eine **Unterbringung** angeordnet worden war. Unabhängig von dem Zusammenhang, der durch § 5 Abs. 3 zwischen beiden Rechtsfolgen hergestellt wird, kann in solchen Fällen über Bewährungsfragen – also auch solche iSv §§ 61 ff. – nur einheitlich entschieden werden. Anderenfalls würde eine auf die JStrafe beschränkte Zurückstellung durch den nicht suspendierten Vollzug der Maßregel konterkariert. Deshalb erstreckt sich die nach § 61 erfolgte Vorbehaltsentscheidung über die JStrafe hinaus auch auf die damit zusammentreffende Unterbringung (so für § 64 StGB zutr. BGH NStZ 2020, 740). 14

IV. Anordnung weiterer Rechtsfolgen

Das JGericht kann die gem. § 61a bestimmte Frist wie eine Bewährungszeit ausgestalten und dem Verurteilten gem. § 61b Abs. 1 Auflagen und Weisungen erteilen sowie ihn einem BewHelfer unterstellen (→ § 61b Rn. 4 ff.). Angesichts dessen ist es selten sinnvoll, die festgelegte JStrafe nach Maßgabe von § 8 mit weiteren Rechtsfolgen zu verbinden. Das gilt auch für die Veranlassung eines **Kopplungsarrests.** Dessen Anordnung kann gem. **Abs. 3 S. 1** in entspr. Anwendung von § 16a (eine unmittelbare Anwendung scheidet wegen des Nichtvorliegens der in § 16a Abs. 1 vorausgesetzten Aussetzungsentscheidung aus) zwar grds. erfolgen. Doch ist hierbei – neben den allg. Einwänden (vgl. n. → § 8 Rn. 14, erg. → § 16a Rn. 2 ff.) – zu berücksichtigen, dass sich diese Arrestform zumindest mit Abs. 1 ganz und gar nicht verträgt. Den Anforderungen an eine Erprobung und an die Bestätigung „positiver Ansätze", die mit dem Vorgehen nach § 61 verbunden sind, kann der Betroffene im Arrest nämlich schwerlich entsprechen 15 (vgl. auch Swoboda FS Beulke, 2015, 1234: Arrestanordnung als demotivierendes Misstrauenssignal). Ohnehin stellt es einen absonderlichen Widerspruch dar, Freiheitsentziehung (JStrafe) aufzuschieben, um sie in anderer Form (JA) doch vorzunehmen (NK-JGG/Ostendorf/Drenkhahn Rn. 6). Angesichts dieser **offenkundigen Dysfunktionalität** sollte davon Abstand genommen werden, auf die Option des Abs. 3 S. 1 zurückzugreifen.

V. Prozessuales

1. Urteil und Urteilsgründe

16 **Abs. 3 S. 2** bestimmt, dass der Vorbehalt einer nachträglichen Aussetzungsentscheidung aus Gründen der Klarstellung in die **Urteilsformel** aufzunehmen ist (zu deren Fassung → § 54 Rn. 14). Zweckmäßigerweise wird auch die Frist bis zum nachträglichen Beschluss benannt. Soweit eine kürzere Dauer als die gesetzliche Sechsmonatsfrist festgesetzt wird (§ 61a Abs. 1 S. 2), ist das sogar zwingend (→ § 61a Rn. 8 f.). Stets geschieht dies gemeinsam „mit dem Vorbehalt" (§ 61a Abs. 1 S. 2), also ebenfalls im Tenor (ähnlich MüKoStGB/Radtke/Scholze Rn. 34).

17 Nach **Abs. 3 S. 3** müssen die **Urteilsgründe** die für den Vorbehalt maßgeblichen Erwägungen erkennen lassen. Das betrifft namentlich die jeweiligen (ggf. auch unvollständigen bzw. ergebnislosen) Erwägungen zu § 21 nebst der „Umstände" iSv Abs. 1 Nr. 2 und Abs. 2 Nr. 1 und bei Anwendung von Abs. 2 auch einer Erläuterung zur fehlenden Entscheidungsreife und zu den Verzögerungsfolgen (Abs. 2 Nr. 2 und Nr. 3). Diese Darlegungen haben eine mehrfache Dokumentationsfunktion. Zum einen sind sie erforderlich, um über die Anfechtung des Urteils, mit der eine sofortige Anordnung der Aussetzung angestrebt wird (§ 59 Abs. 1 S. 2, vgl. n. → § 59 Rn. 6–8), eine Entscheidung treffen zu können. Zum anderen stellen sie die notwendigen Grundlagen für die Entscheidung im Beschlussverfahren (→ § 61a Rn. 2 ff.) her (OLG Hamburg StraFo 2014, 434 (435 f.) = BeckRS 2014, 18081; KG ZJJ 2015, 175 (177) = BeckRS 2016, 3491): Im Falle von Abs. 2 zeigen sie an, welche Sachverhalte zu diesem Zeitpunkt festgestellt worden sein müssen und im Falle von Abs. 1 stellen sie die mit dem Vorbehalt verbundenen Erwartungen klar, deren Verwirklichung zu prüfen ist (BT-Drs. 17/9389, 16).

2. Belehrung

18 Der Verurteilte muss gem. **Abs. 3 S. 4** anlässlich der Urteilsverkündung in geeigneter Weise (§ 70b Abs. 1), also nicht nur formelhaft, über die Bedeutung und Folgen der Vorbehaltsentscheidung und über die Relevanz seines nachfolgenden Verhaltens für den weiteren Verlauf belehrt werden. Die Belehrung muss an die spezifische Verfahrenssituation angepasst sein und inhaltlich über das hinausgehen, was in § 11 Abs. 3 S. 1 vorgesehen ist (VG Saarbrücken StV 2024, 533 (Ls.) = BeckRS 2023, 22292). Dies gilt unabhängig von weiteren Belehrungspflichten in diesem Kontext, etwa bei der Aushändigung des Bewährungsplans für die „Vorbewährungszeit" (vgl. § 61b Abs. 1 S. 7 iVm § 60 Abs. 1 S. 2). Dem liegt die Annahme zugrunde, dass diese verbale Einwirkung durch ihren inhaltlichen und zeitlichen Zu-

sammenhang mit der HV einen besonderen Einwirkungseffekt ermöglichen könnte (so jedenfalls BT-Drs. 17/9389, 17). Die Vornahme der Belehrung (zu den Folgen ihres Unterbleibens → § 61a Rn. 4) muss sich aus dem Protokoll der HV ergeben. Es handelt sich hierbei um eine **wesentliche Förmlichkeit** iSv § 273 StPO (VG Saarbrücken StV 2024, 533 (Ls.) = BeckRS 2023, 22292). Die nachträgliche Aufnahme in das Protokoll ist allein im Wege des formalen Berichtigungsverfahrens möglich (VG Saarbrücken StV 2024, 533 (Ls.) = BeckRS 2023, 22287). – Ggü. anwesenden Mitangeklagten können sich aus Anlass des Vorbehalts durch **§ 70b Abs. 2** im Übrigen eigene Belehrungspflichten ergeben (→ § 70b Rn. 8).

3. Rechtsmittel

Gegen das Vorbehaltsurteil sind Berufung und Revision statthaft; das Aufschieben der Bewährungsentscheidung wird hier als Teil des Rechtsfolgenausspruchs jeweils mitüberprüft. Gem. § 59 Abs. 1 S. 2 kann das im Vorbehaltsausspruch liegende Unterbleiben der unmittelbaren Aussetzung zBew zugunsten des Angeklagten mit der **sofortigen Beschwerde** angegriffen werden (BGH NStZ-RR 2020, 261 (262); vgl. n. → § 59 Rn. 4–7). Eine isolierte Anfechtung des Vorbehalts mit dem Ziel einer sofortigen Nichtaussetzungsentscheidung ist dagegen nicht zulässig (→ § 59 Rn. 8). War Kopplungs-JA angeordnet worden und soll dieser angegriffen werden, muss sich die Beschwerde auf beide Anordnungen erstrecken (MüKoStPO/Kaspar §§ 61 ff. Rn. 30). Hinsichtlich der im Vorbehaltsurteil festgesetzten Entscheidungsfrist iSv § 61a Abs. 1 ist keine eigenständige Angreifbarkeit vorgesehen. **19**

4. Registerrechtliche Erfassung

Einzutragen sind neben der JStrafe gem. **§ 7 Abs. 1 BZRG** (eingef. durch Gesetz v. 18.7.2017 (BGBl. I 2732)) auch der Vorbehalt des nachträglichen Beschlusses über die Aussetzung zBew sowie das Ende einer gerichtlich bestimmten Frist (§ 61a Abs. 1 S. 2). Diese Eintragung drückt aus, dass aufgrund konkreter Anhaltspunkte eine Aussetzung als möglich erachtet wurde. Jene prognostisch relevante Information ist von jener Stelle, die eine BZR-Auskunft erhält, bei deren eigener Entscheidung zu berücksichtigen. Sie kann ihr aber auch einen „Anlass für eine Mitteilung an das für die vorbehaltene Entscheidung zuständige Gericht (§ 61a Abs. 2) geben" (vgl. BT-Drs. 18/11933, 21). **20**

Frist und Zuständigkeit für die vorbehaltene Entscheidung

61a (1) [1] **Die vorbehaltene Entscheidung ergeht spätestens sechs Monate nach Eintritt der Rechtskraft des Urteils.** [2] **Das Gericht kann mit dem Vorbehalt eine kürzere Höchstfrist festsetzen.** [3] **Aus besonderen Gründen und mit dem Einverständnis des Verurteilten kann die Frist nach Satz 1 oder 2 durch Beschluss auf höchstens neun Monate seit Eintritt der Rechtskraft des Urteils verlängert werden.**

(2) **Zuständig für die vorbehaltene Entscheidung ist das Gericht, in dessen Urteil die zugrunde liegenden tatsächlichen Feststellungen letztmalig geprüft werden konnten.**

Übersicht

I. Einordnung und Anwendungsbereich

1 Die Vorschrift steht in engem Zusammenhang mit § 61 und hat deshalb **denselben Anwendungsbereich** (→ § 61 Rn. 1). Sie regelt neben der Zuständigkeit für die aufgeschobene Bewährungsentscheidung (→ Rn. 13) auch den Entscheidungszeitpunkt (→ Rn. 7 ff.). Die Entscheidungskriterien ergeben sich dagegen aus allg. Grundsätzen, insbes. aus der Funktion und der Regelung des Aussetzungsvorbehalts (→ Rn. 2 ff.).

II. Kriterien der vorbehaltenen Entscheidung

1. Grundsätze

2 Grds. muss in der vorbehaltenen Entscheidung nach dem Maßstab von § 21 geprüft werden, ob die JStrafe zBew ausgesetzt werden kann. In den Fällen von **§ 61 Abs. 2** hat das JGericht während der Vorbewährungszeit die im Urteilszeitpunkt noch fehlenden Ermittlungen durchzuführen. Bestätigen sich dabei die im Vorbehaltsurteil bezeichneten günstigen Prognosefaktoren (zu diesen → § 61 Rn. 9), muss die JStrafe zBew ausgesetzt werden. Anders verhält es sich nur, wenn sich seit dem Vorbehaltsurteil zwischenzeitlich neue Umstände ergeben haben, die gegen eine positive Prognose sprechen. Im Ergebnis erfolgt also nach Ablauf der Frist iSv Abs. 1 eine **neue vollständige** Aussetzungsprüfung auf nunmehr **erweiterter Tatsachengrundlage.**

3 Ähnlich verhält es sich in den Konstellationen von **§ 61 Abs. 1.** Hier muss das Gericht untersuchen, wie sich die „Umstände" iSv § 61 (→ § 61 Rn. 7) weiterentwickelt haben und ob sich die „Aussicht" auf eine positive Prognose iSv § 21 zu einer solchen verdichtet hat. Kann dies bejaht werden, hat die Aussetzung zBew meist zu erfolgen – es sei denn, es wären nunmehr neue ungünstige Prognosefaktoren von hinreichender Relevanz hinzugekommen. Ist die „Aussicht", die im Vorbehaltsurteil festgehalten wurde,

weggefallen oder bleibt sie weiterhin vage, wird die Aussetzung meist abzulehnen sein. Anders verhält es sich hingegen dort, wo seit der Aufschubentscheidung neue Umstände hervorgetreten sind, die für eine günstige Prognose sprechen. Auch in diesen Sachlagen ist also nach Ablauf der Frist iSv Abs 1 eine **Gesamtwürdigung** iSv § 21 vorzunehmen, ohne die zu diesem Zeitpunkt gegebene Erkenntnislage zu verengen (OLG Hamburg VRS 124, 355 (358) = BeckRS 2013, 6271: „Sach- und Rechtslage im Zeitpunkt der Entscheidung").

In der vorbehaltenen Entscheidung stellt die Nicht-/Erfüllung der dem Jugendlichen auferlegten **Weisungen und Auflagen** einen wichtigen Aspekt dar, der zu den im Vorbehaltsurteil bereits erörterten „Umständen" hinzutritt und in der umfassenden Würdigung aller nunmehr bekannten, prognostisch relevanten Bedingungen zu berücksichtigen ist. Daran, wie sich der Jugendliche zu jenen Verpflichtungen verhalten hat, lassen sich ggf. seine bestehenden oder nicht bestehenden Bemühungen erkennen, Normanforderungen zu akzeptieren und bestimmte Verhaltensformen abzustellen. Wenn das JGericht von der Ablehnung bestimmter Weisungen durch den Verurteilten wusste und sie dennoch in den Bewährungsplan für die „Vorbewährungszeit" aufgenommen hat, begründet ihre Verweigerung für sich genommen aber keine Negativprognose, weil dieser Umstand von vornherein bekannt gewesen ist (OLG Hamm BeckRS 2015, 21047). War die dem Verurteilten nach § 61b Abs. 1 S. 1 erteilte Weisung **rechtswidrig,** kann ein Verstoß hiergegen ohnehin nicht als ungünstiger Prognosefaktor berücksichtigt werden (OLG Hamm BeckRS 2015, 21047; LG Hamburg ZJJ 2023, 359 = BeckRS 2023, 23379). Das gilt auch, wenn es an einer **Belehrung** iSv § 60 Abs. 3 S. 4 **fehlt** und auch nicht auf andere Weise vollständig sichergestellt ist, dass sich der Jugendliche über die Bedeutung der Weisungsbefolgung und seines sonstigen Bewährungsverhaltens im Klaren war (LG Saarbrücken StV 2024, 533 (Ls.) = BeckRS 2023, 22292). 4

2. Kein verengter Entscheidungsrahmen

Zumindest in den Fällen von § 61 Abs. 1 schränkt ein Teil der neueren Rspr. die vorgenannten Grundsätze erheblich ein. In die Gesamtwürdigung iSv § 21 soll nur unter der Voraussetzung eingetreten werden, dass sich die **„Ansätze",** die im Vorbehaltsurteil hinsichtlich einer günstigen Entwicklung festgestellt worden waren, weiterentwickelt oder **verfestigt** haben. Wird dies verneint, müsse das JGericht (abgesehen von einer ggf. möglichen Fristverlängerung gem. Abs. 1 S. 3) die Aussetzung ablehnen. Soweit anderweitige neue Umstände aufgetreten sind, die für eine positive Prognose sprechen (etwa auch die Befolgung von Weisungen und Auflagen), dürfe das also nur berücksichtigt werden, wenn das Gericht von der Bestätigung der besagten „Ansätze" ausgeht; anderenfalls seien solche günstigen Entwicklungen irrelevant und allenfalls Anlass für einen (anschließenden) nachträglichen Bewährungsbeschluss unter den Voraussetzungen von § 57 Abs. 2 (OLG Hamburg ZJJ 2015, 71 = BeckRS 2014, 18081; KG ZJJ 2016, 175 (177) = BeckRS 2016, 3491; LG Hamburg ZJJ 2023, 359 = BeckRS 2023, 23379; zust. MüKoStGB/Radtke/Scholze Rn. 11; MüKoStPO/Kaspar §§ 61 ff. Rn. 24; offenlassend BGH NStZ-RR 2020, 261). 5

Dieser Ansatz bietet mit dem Notverweis auf § 57 Abs. 2 nicht nur ein „unpraktisches Ergebnis" (Swoboda ZStW 132 (2020), 826 (887)), sondern 6 kann auch sachlich nicht überzeugen. Die Begründung, dass die den Aufschub rechtfertigenden „Ansätze" die aufgeschobene Entscheidung bänden und diese weitgehend bestimmen müssten, stellt eine bloße Unterstellung dar. Berücksichtigt man dagegen die im allg. StR unbekannten Besonderheiten der §§ 61 ff. und deren **Zweck** (→ § 61 Rn. 2), sind die Voraussetzungen einer die Vollstr vermeidenden Aussetzung der JStrafe zBew umfassend und **ohne Einschränkungen** zu prüfen (ausf. dazu Diemer/Schatz/Sonnen/Schatz Rn. 15; zust. auch Brunner/Dölling Rn. 4; in der Sache ebenso OLG Hamburg VRS 124 (2013), 355 (358) = BeckRS 2013, 6271; OLG Hamm ZJJ 2016, 302 = BeckRS 2016, 17610; LG Bielefeld BeckRS 2015, 121372). Nur dies berücksichtigt auch die strukturellen Schwierigkeiten, die hinsichtlich der Entwicklungsprognose bei der Vorbehaltsentscheidung (wie für jedes Gericht) bestehen (→ § 5 Rn. 31 ff.).

III. Zeitpunkt der vorbehaltenen Entscheidung

1. Fristenregelungen in Abs. 1

7 **Abs. 1 S. 1** befristet die **maximal** zulässige **Dauer** des Aufschubs im Allg. auf 6 Monate seit Rechtskrafteintritt. Bei der früheren, auf § 57 gestützten Vorbewährung (→ § 57 Rn. 2, → § 61 Rn. 3) war ein Teil der Lit. für diese Grenze eingetreten (DVJJ-Kommission DVJJ-Journal 2002, 227 (258)). Sie entspricht zudem der seinerzeitigen Praxis (vgl. etwa OLG Dresden NStZ-RR 1998, 318: sechs Monate noch hinnehmbar) – wobei allerdings teilw. nur kürzere, mitunter aber auch längere Zeiträume zugelassen wurden. Hierzu vorliegende empirische Studien (→ § 61 Rn. 3) hatten (bezogen auf ihren jeweiligen regionalen Untersuchungsbereich) Durchschnittswerte von sechs bis sieben Monaten erhoben.

8 Die Positivierung der halbjährigen Höchstdauer begrenzt sowohl die Belastungen, die für den Verurteilten von der Ungewissheit über die Nicht-/Vollstr der JStrafe ausgehen, als auch den durch vorbehaltsbegleitende Weisungen und Auflagen (§ 61b Abs. 1) gestaltbaren Zeitraum. Als gesetzliche höchstfrist muss die Sechsmonatsdauer, falls das JGericht diesen Zeitraum festlegen will, im Urteil **nicht unbedingt genannt** werden. Aus Klarstellungsgründen empfiehlt es sich aber, die Dauer des Aufschubs auch in diesen Fällen (und nicht nur bei Abs. 1 S. 2) in den Tenor (→ § 61 Rn. 16) aufzunehmen (MüKoStGB/Radtke/Scholze Rn. 2).

9 Soweit die von § 61 Abs. 1 und Abs. 2 erfasste Unklarheit über die Aussetzungsfähigkeit der angeordneten JStrafe früher behoben wird bzw. behoben werden kann, ist es aus **Verhältnismäßigkeitsgründen** unzulässig, die Halbjahresfrist auszuschöpfen. Ist die Möglichkeit einer vorherigen Entscheidung für das JGericht schon im Urteilszeitpunkt absehbar, muss es gem. **Abs. 1 S. 2** eine **kürzere** Höchstfrist bestimmen. In den Fällen von § 61 Abs. 2, in denen die fehlenden Feststellungen in der Hand des JGerichts liegen, ist dies idR zwingend. Generell muss, sofern sich im Verlauf der Vorbewährung die Nicht-/Aussetzbarkeit bereits vor der ursprünglich bestimmten Sechsmonatsfrist – oder der Verlängerungsfrist iSv Abs. 1 S. 3 (→ Rn. 10) – herausstellt, die Aussetzungsentscheidung vorgezogen werden (offener aber OLG Hamm ZJJ 2016, 302 = BeckRS 2016, 17610). Eine Mindestfristvorgabe enthält das Gesetz nicht.

Gem. **Abs. 1 S. 3** kann das JGericht die Halbjahres- oder die kürzer festgelegte Dauer durch Beschluss auf höchsten **neun Monate** seit Rechtskrafteintritt ausdehnen (krit. wegen der Gefahr einer zusätzlich sanktionierenden Nutzung Beulke GS Walter, 2014, 268 f.). Dies kann nicht etwa bereits von vornherein erfolgen (so aber Diemer/Schatz/Sonnen/Schatz Rn. 4), sondern allein in Form einer nachträglichen Verlängerung. Das Gesetz stellt dies klar, indem es hierfür einen Beschluss verlangt, während die Fristfestsetzung ansonsten (→ § 61 Rn. 16) im Vorbehaltsurteil erfolgt (iErg ebenso MüKoStGB/Radtke/Scholze Rn. 4). Zulässig ist das aber nur aus besonderen Gründen. Es bedarf also **atypischer** Umstände, die entweder die noch vorzunehmenden Feststellungen iSv Abs. 2 oder die erforderliche Nicht-/Konkretisierung der „Aussichten" iSv Abs. 1 S. 2 verzögern. In Betracht kommt das etwa bei ergebnisoffenen therapeutischen Interventionen oder ambivalenten Entwicklungen des Verurteilten (OLG Hamm ZJJ 2016, 302 = BeckRS 2016, 17610; Brunner/Dölling Rn. 1; s. ferner RL 1). Der Jugendliche kann indes, da der Verlängerungsbeschluss nur mit seinem **Einverständnis** erfolgen darf, eine Entscheidung nach Ablauf der zunächst festgelegten Frist erwirken. Da diese dann allerdings selten zu seinen Gunsten ausgehen dürfte, besteht hier de facto ein Zustimmungszwang (Beulke GS Walter, 2014, 268). 10

2. Nichtentscheidung bis Ablauf der Frist

Dass die vorbehaltene Entscheidung rechtzeitig ergeht, wird in der Praxis durch die Wiedervorlage der Akten idR sichergestellt – notfalls auch durch die JStA, die dann gerichtliche Entscheidung beantragen wird (BT-Drs. 17/9389, 17; Beulke/Swoboda JugendStrafR Rn. 523). Wenn das Gericht bis zu dem Ablauf der Frist, die von ihm für den nachträglichen Beschluss gesetzt worden war, dennoch bewusst oder (infolge von Mängeln im Geschäftsablauf) versehentlich keine Entscheidung trifft, wird dies auf den Betroffenen wie eine erzieherisch abträgliche, justizielle Unzuverlässigkeit wirken (Beulke GS Walter, 2014, 268 f.). 11

Die frühere Judikatur hatte diese Lage sodann als „eine der Sache nach bereits" gewährte Aussetzung behandelt, sodass nur noch deren Widerruf in Betracht kam (OLG Dresden NStZ-RR 1998, 318). Abs. 1 enthält indes keine entspr. Vorgaben (BT-Drs. 17/9389, 17; die Frage offenlassend auch KG ZJJ 2015, 175 (177) = BeckRS 2016, 3491). Allerdings folgt aus dem eindeutigen Wortlaut von § 89 S. 1, dass das Vorbehaltsurteil die **Vollstreckbarkeit** der angeordneten JStrafe **lediglich bis zum Ablauf** der in Abs. 1 festgelegten **Frist suspendiert** – also nicht etwa bis zur endgültigen Entscheidung über eine Nicht-/Aussetzung (so aber Diemer/Schatz/Sonnen/Schatz § 89 Rn. 5 ff.). Mit Erreichen dieses Zeitpunktes ist die Freiheitsentziehung daher realisierbar (HK-JGG/Meier Rn. 2; dies regelrecht einfordernd MüKoStGB/Radtke/Scholze Rn. 15). Sollte es nach Fristablauf in dieser Situation (die der einer Aussetzungs-Nichtentscheidung (→ § 57 Rn. 4) ähnelt), tatsächlich zur Vollstr kommen, kann diese ausnahmsweise auch noch nach ihrem Beginn zBew **ausgesetzt** werden (→ § 57 Rn. 16). Eine Vollstr wird rechtspraktisch aber kaum jemals eintreten, weil das Verfahren dafür an einen Vollstreckungsleiter (der nicht das nach Abs. 2 zuständige JGericht ist) bereits abgegeben worden sein müsste. 12

IV. Prozessuales

1. Zuständigkeit (Abs. 2)

13 Die vorbehaltene Entscheidung ergeht durch **Beschluss** (§ 57 Abs. 1 S. 1). Abw. von § 57 Abs. 1 S. 2 (→ § 57 Rn. 18: Zuständigkeit des erstinstanzlichen Gerichts für nachträgliche Aussetzungsbeschlüsse) überträgt Abs. 2 hierfür die Zuständigkeit dem Gericht der **letzten Tatsacheninstanz,** da sie von diesem erkennenden Gericht noch offengelassen worden war (zur Besetzung s. § 33a Abs. 2, § 33b Abs. 7). Um das Gericht erster Instanz handelt es sich dabei nur, wenn kein Rechtsmittel eingelegt wurde. Hat dagegen das Berufungsgericht den Vorbehalt erklärt, befindet dieses nach Ablauf der Frist iSv Abs. 1 über die Aussetzung. Nicht anders verhält es sich, wenn das Berufungsgericht einen erstinstanzlich erklärten Vorbehalt durch Verwerfung einer Berufung bestätigt. Denn hier hat es zeitlich später und insofern aktueller als das erstinstanzliche Gericht die einschlägig relevanten Umstände geprüft (s. auch RL 2). Bei einer **isolierten Beschwerde** gegen den Vorbehalt ist schließlich das Beschwerdegericht zuständig, weil dieses den Vorbehalt ebenso in (nicht nur rechtlicher, sondern auch) tatsächlicher Hinsicht prüft (MüKoStGB/Radtke/Scholze Rn. 16). Sollte der Vorbehalt durch ein allg. Strafgericht angeordnet worden sein, gilt all das entspr. (BT-Drs. 17/9389, 20).

2. Nebenentscheidungen gem. §§ 22–25

14 Wird die Aussetzung abgelehnt, ist die JStrafe mit Rechtskraft des Beschlusses vollstreckbar (s. auch § 89 S. 2). Wenn die vorbehaltene Entscheidung dagegen auf Aussetzung der JStrafe zBew lautet, sind durch das aussetzende Gericht (§ 58 Abs. 3 S. 1) im Aussetzungs- oder in einem zweiten Beschluss auch die **bewährungsausgestaltenden** Anordnungen vorzunehmen. Inhaltlich gelten dafür die Maßgaben der §§ 22–25. Eine **Anrechnung** der iZm dem Vorbehaltsurteil veranlassten Maßnahmen (§ 61b Abs. 1) sieht das Gesetz nur für die Bewährungszeit vor (§ 61b Abs. 3). Dennoch sind erbrachte Weisungen und Auflagen bei ihrer neuerlichen Anordnung iZm der Bewährungsentscheidung zu berücksichtigen. Eine Anordnung von **Kopplungs-JA** wird – trotz der insofern offenen Fassung von § 16a Abs. 1 Hs. 1 – für das nachträgliche Beschlussverfahren nach allgA ausgeschlossen (vgl. etwa BT-Drs. 17/9389, 16; Diemer/Schatz/Sonnen/Schatz § 61 Rn. 28). Es wären aber ohnehin keine Fälle vorstellbar, in denen eine Konstellation von § 16a Abs. 1 Nr. 1–3 vorliegen könnte. Mit Blick auf die zeitliche Ablaufstruktur (Entscheidung erst nach Ablauf der Frist iSv Abs. 1) und den als positiv beurteilten Verlauf der Vorbewährungsphase würde der JA hier den Erfolg der Bewährungszeit nicht fördern, sondern erschweren. War bereits gem. § 61 Abs. 3 S. 1 im Vorbehaltsurteil ein Kopplungs-JA veranlasst worden (einschr. → § 61 Rn. 15), stünde der neuerlichen Anordnung zudem § 16a Abs. 2 entgegen.

3. Sonstiges

Die vorbehaltene Entscheidung darf erst nach einer vorherigen **Anhörung** des Verurteilten und der JStA sowie bei Jugendlichen auch der Erziehungsberechtigten und gesetzlichen Vertreter ergehen (§ 57 Abs. 1 S. 2, § 67 Ab. 1; s. auch RL 5 zu § 61b). Hierbei handelt es sich gem. § 68 Nr. 5 um einen Fall der **notwendigen Verteidigung** (→ § 68 Rn. 67), wobei sich die Bestellung aus dem Verfahren, in dem der Vorbehalt angeordnet wurde, auch auf die vorbehaltene Entscheidung erstreckt (→ § 68a Rn. 3). Die Anhörung ist idR in einer mündlichen Verhandlung vorzunehmen (dazu n. → § 57 Rn. 19 f.). Wenn sie unterbleibt, liegt darin eine Verletzung des rechtlichen Gehörs, durch der Nicht-/Aussetzungsbeschluss anfechtbar wird (OLG Hamm BeckRS 2015, 21047; LG Saarbrücken StV 2024, 533 (Ls.) = BeckRS 2023, 22287). Das statthafte Rechtsmittel, um degen den Beschluss vorzugehen, stellt gem. § 59 Abs. 1 und Abs. 2 die sofortige **Beschwerde** dar (→ § 59 Rn. 5 ff.); der Nebenentscheidungsbeschluss kann dagegen mit der einfachen Beschwerde (→ § 59 Rn. 15 ff.) angegriffen werden. – Eine nachträglich angeordnete Aussetzung der JStrafe zBew (nicht aber die Nichtaussetzung) wird in das BZR eingetragen (§ 13 Abs. 1 Nr. 1 BZRG). 15

Weitere Entscheidungen bei Vorbehalt der Entscheidung über die Aussetzung

61b (1) [1]**Das Gericht kann dem Jugendlichen für die Zeit zwischen Eintritt der Rechtskraft des Urteils und dem Ablauf der nach § 61a Absatz 1 maßgeblichen Frist Weisungen und Auflagen erteilen; die §§ 10, 15 Absatz 1 und 2, § 23 Absatz 1 Satz 1 bis 3, Absatz 2 gelten entsprechend.** [2]**Das Gericht soll den Jugendlichen für diese Zeit der Aufsicht und Betreuung eines Bewährungshelfers unterstellen; darauf soll nur verzichtet werden, wenn ausreichende Betreuung und Überwachung durch die Jugendgerichtshilfe gewährleistet sind.** [3]**Im Übrigen sind die §§ 24 und 25 entsprechend anzuwenden.** [4]**Bewährungshilfe und Jugendgerichtshilfe arbeiten eng zusammen.** [5]**Dabei dürfen sie wechselseitig auch personenbezogene Daten über den Verurteilten übermitteln, soweit dies für eine sachgemäße Erfüllung der Betreuungs- und Überwachungsaufgaben der jeweils anderen Stelle erforderlich ist.** [6]**Für die Entscheidungen nach diesem Absatz gelten § 58 Absatz 1 Satz 1, 2 und 4, Absatz 3 Satz 1 und § 59 Absatz 2 und 5 entsprechend.** [7]**Die Vorschriften des § 60 sind sinngemäß anzuwenden.**

(2) **Ergeben sich vor Ablauf der nach § 61a Absatz 1 maßgeblichen Frist hinreichende Gründe für die Annahme, dass eine Aussetzung der Jugendstrafe zur Bewährung abgelehnt wird, so gelten § 453c der Strafprozessordnung und § 58 Absatz 2 und 3 Satz 1 entsprechend.**

(3) **Wird die Jugendstrafe zur Bewährung ausgesetzt, so wird die Zeit vom Eintritt der Rechtskraft des Urteils, in dem die Aussetzung einer nachträglichen Entscheidung vorbehalten wurde, bis zum Eintritt der Rechtskraft der Entscheidung über die Aussetzung auf die nach § 22 bestimmte Bewährungszeit angerechnet.**

(4) [1]Wird die Aussetzung abgelehnt, so kann das Gericht Leistungen, die der Jugendliche zur Erfüllung von Weisungen, Auflagen, Zusagen oder Anerbieten erbracht hat, auf die Jugendstrafe anrechnen. [2]Das Gericht hat die Leistungen anzurechnen, wenn die Rechtsfolgen der Tat andernfalls das Maß der Schuld übersteigen würden. [3]Im Hinblick auf Jugendarrest, der nach § 16a verhängt wurde (§ 61 Absatz 3 Satz 1), gilt § 26 Absatz 3 Satz 3 entsprechend.

Schrifttum: Baier, Die Bedeutung der Aussetzung der Verhängung der Jugendstrafe nach § 27 JGG und der Vorbewährung in der jugendgerichtlichen Praxis in Bayern, 2015; Flümann, Die Vorbewährung nach § 57 JGG, 1983; Sommerfeld, Vorbewährung nach § 57 JGG in Dogmatik und Praxis, 2007; Westphal, Die Aussetzung der Jugendstrafe zur Bewährung gem. § 21 JGG, 1995.

Übersicht

I. Einordnung und Anwendungsbereich

1 Die Vorschrift steht in engem Zusammenhang mit §§ 61, 61a und hat deshalb **denselben Anwendungsbereich** (→ 61 Rn. 1). Sie regelt einerseits die Ausgestaltbarkeit der sog. Vorbewährungs-Phase (→ Rn. 4 ff.) und andererseits deren partielle Anrechnung auf die vorbehaltenen Nicht-/Aussetzungsentscheidungen (→ Rn. 13 f.). Hinzu kommen Vorgaben zu Sicherung der Vollstr bei absehbarer Ablehnung einer Aussetzung (→ Rn. 11).

II. Bedeutung der Vorschrift

2 Im Zusammenhang mit der **früheren,** auf § 57 Abs. 1 S. 2 aF beruhenden **Praxis** der sog. Vorbewährung (n. → § 61 Rn. 3) wurde es von der hM für zulässig gehalten, die verhängte JStrafe mit Weisungen oder Auflagen zu verbinden, die der Verurteilte in der Zeit, in der das JGericht von der Vollstr der JStrafe absah, umzusetzen hatte (vgl. etwa OLG Hamburg NStZ 2009, 451). Diese Anordnungen beruhten auf §§ 8 Abs. 2 S. 1, 10, 15, nicht dagegen auf § 23, weil es an der dort vorausgesetzten Aussetzungsentscheidung gerade fehlte. Deshalb schied auch die Unterstellung unter BewHilfe aus, wobei die Praxis hier aber teilw. mit einer analogen Anwendung von

§ 24 oder mit einer Weisung, Kontakt mit einem BewHelfer aufzunehmen, operierte (Hinweise auf die Unterstellungshäufigkeit in Vorbewährungsfällen bei Flümann, Die Vorbewährung nach § 57 JGG, 1983, S. 105; Sommerfeld, Vorbewährung nach § 57 JGG in Dogmatik und Praxis, 2007, S. 148, 168, 180).

Allerdings wurden all diese Handhabungen mit Blick auf das Fehlen einer speziellen Rechtsgrundlage auch in Frage gestellt (s. etwa Flümann, Die Vorbewährung nach § 57 JGG, 1983, S. 23 ff.; Westphal, Die Aussetzung der Jugendstrafe zur Bewährung gem. § 21 JGG, 1995, S. 270 ff.; Weidinger Strafaussetzung S. 137 ff.; Kruse ZRP 1993, 221). Diese Problematik ist durch Einführung der §§ 61 ff. jedoch geklärt. Abs. 1 bietet eine Rechtsgrundlage, um unter den allg. **erzieherischen Voraussetzungen** (vgl. → § 5 Rn. 16 ff.) und in den Grenzen des **Verhältnismäßigkeitsgrundsatzes** begleitende Maßnahmen für die Zeit bis zur vorbehaltenen Entscheidung über die Aussetzung der angeordneten JStrafe zBew anordnen zu können. Deren Laufzeit wird dabei stets auf die (mit der Rechtskraft des Vorbehaltsurteils beginnende) Frist iSv § 61a Abs. 1 begrenzt. 3

III. Regelungen des Abs. 1

1. Weisungen und Auflagen

Das JGericht kann iZm mit der Vorbehaltsanordnung für die Zeit bis zur vorbehaltenen Entscheidung ggü. dem Verurteilten Weisungen iSv § 10 oder Auflagen iSv § 15 Abs. 1 und Abs. 2 anordnen. Ungeachtet des Verweises auf § 21 Abs. 1 S. 1 ist es dazu nicht angehalten; vielmehr liegen all diese Maßnahmen in seinem **Ermessen.** Die Anordnung muss indes innerhalb der in § 61a geregelten Frist in realistischer Weise umsetzbar sein (RL 1 S. 1). Die Wahl von Auflagen sollte angesichts der Möglichkeit, dass diese am Ende neben einer doch erfolgenden Vollstr der JStrafe stehen könnten, äußerst zurückhaltend erfolgen (HK-JGG/Meier Rn. 2). Etwaige (zwingend abzufragende) Zusagen und Leistungsangebote des Jugendlichen (n. dazu → § 23 Rn. 16 ff.) sind vorrangig (Verweis auf § 21 Abs. 2). Eine nachträgliche Änderung der Anordnungen ist bei Notwendigkeit stets zulässig (vgl. den Verweis auf § 21 Abs. 1 S. 3). 4

Die Veranlassung einer Erziehungsmaßregel gem. § 12 ist angesichts ihrer Nichterwähnung in Abs. 1 S. 1 Hs. 1 ausgeschlossen (vgl. OLG Hamm BeckRS 2015, 21047). Für die in § 12 Nr. 2 geregelte Variante folgt dies auch aus § 8 Abs. 2 S. 1 (→ § 8 Rn. 6; dazu, dass die sich daraus ergebende Unzulässigkeit der **Heimunterbringung** auch nicht durch die Berufung auf § 10 Abs. 1 S. 3 Nr. 2 unterlaufen werden kann, vgl. → § 10 Rn. 14 sowie LG Hamburg ZJJ 2023, 359 = BeckRS 2023, 23379). Mit dem Zweck der Vorbewährung, die Bewährungsfrage zum Nachentscheidungszeitpunkt fundiert beurteilen zu können (→ § 61a Rn. 2 ff.), sind Freiheitsbeschränkungen, unter denen sich der Jugendliche kaum „beweisen" kann, ohnehin kaum zu vereinbaren (LG Hamburg ZJJ 2023, 359 = BeckRS 2023, 23379). Ebenfalls nicht in Betracht kommt im Umkehrschluss aus Abs. 1 S. 1 Hs. 2, der gerade nicht auf § 21 Abs. 1 S. 4 verweist, eine Anordnung von **Nichtbefolgungsarrest** (LG Saarbrücken StV 2024, 533 (Ls.) = BeckRS 2023, 22292; s. auch RL 1 S. 2). Hierfür besteht auch kaum ein Bedarf, da unter 5 den entspr. Voraussetzungen häufig zu erwarten ist, dass die Vollstr der JStrafe nicht zBew ausgesetzt wird (zust. MüKoStPO/Kaspar §§ 61 ff. Rn. 27).

2. Betreuung und Aufsicht

6 Wenn Abs. 1 sowohl in Hs. 1 als auch in Hs. 2 jeweils ein „soll" festlegt, ist die Maßgabe so zu verstehen, dass der Verurteilte der BewHilfe unterstellt werden „soll" (anders als gem. § 24 also nicht muss) und dass die Fälle, in denen davon abgesehen werden „soll" (aber nicht muss), dadurch gekennzeichnet sind, dass hier die JGH die fraglichen Aufgaben übernimmt. Die Möglichkeit, dass in der Zeit bis zur aufgeschobenen Entscheidung **überhaupt keine** institutionelle Betreuung und Aufsicht stattfindet, ist also **nicht** vorgesehen. Dies stünde auch im Widerspruch zur obligatorischen Unterstellung im Falle einer erfolgten Aussetzung zBew, da bei denjenigen, bei denen die Aussetzungsvoraussetzungen fraglich sind, eher ein größeres Unterstützungsbedürfnis besteht (insofern wie hier MüKoStGB/Radtke/Scholze Rn. 5). Allerdings ist die Beauftragung der BewHilfe trotz der missverständlichen Fassung von Hs. 2 **subsidiär** ggü der Heranziehung der **JGH,** die im Rahmen ihres allg. Betreuungs- und Aufsichtsauftrags (§ 38 Abs. 5) vorrangig tätig wird (NK-JGG/Ostendorf/Drenkhahn Rn. 2; BeckOK JGG/Kilian Rn. 2; abw. RL 2 S. 1; Diemer/Schatz/Sonnen/Schatz Rn. 3). Vorausgesetzt ist, dass die JGH diese Aufgabe auch in ausreichender Weise erfüllen kann, was das Gericht anhand der örtlichen Verhältnisse freibeweislich festzustellen hat. – Entgegen der bei KG ZJJ 2016, 175 (177) = BeckRS 2016, 3491 berichteten Praxis sieht das Gesetz iÜ keine Möglichkeit vor, die Polizei für Aufsichtsaufgaben (Überprüfung der Weisungserfüllung) einsetzen zu dürfen.

7 Wird trotz der einschr. Voraussetzungen die **BewHilfe** beauftragt (zur BZR-Eintragung vgl. § 7 Abs. 2 BZRG), finden für die Rechtsstellung und Bestellung des BewHelfers nach **Abs. 1 S. 3** die §§ 24, 25 entspr. Anwendung. Ausgenommen (vgl. den Gesetzeswortlaut: „im Übrigen") ist die Regelung zur Höchstfrist, da nach Abs. 1 S. 1 für die Vorbehaltsphase eine eigene Fristenregelung gilt. **Abs. 1 S. 4 und S. 5** übertragen das Gebot der Zusammenarbeit der BewHilfe mit der JGH (§ 38 Abs. 5 S. 4) auf den Bereich der Vorbewährung und stellen eine datenschutzrechtlich erforderliche Rechtsgrundlage für die wechselseitige zweckändernde Datenübermittlung dar. Diese Vorgaben haben in der Praxis vermutlich nur geringe Bedeutung. Wichtiger ist dort (neben der einzelfallabhängigen Funktionalität von Unterstützungsleistungen), dass die BewHilfe-Berichte informatorisch bedeutsam für die Gesamtwürdigung in der vorbehaltenen Aussetzungsentscheidung (→ § 61a Rn. 2 ff.) sein können.

3. Entspr. anwendbare Verfahrens- und Rechtsmittelvorschriften

8 Die Vorschriften über das Verfahren bei der Aussetzung der Vollstr der JStrafe zBew sind gem. Abs. 1 S. 6 idR auch auf die Nebenentscheidungen anwendbar, die iZm der Vorbehaltsanordnung anfallen. Das betrifft zunächst einmal die Anhörung sowie die beschlussförmige Entscheidung und deren Begründung (dazu → § 58 Rn. 11 f.). Ergeht der **Beschluss** mit dem Vorbehaltsurteil, ist das rechtliche Gehör durch die entspr. Erörterungen in der

HV idR bereits gewahrt. Bei später getroffenen Beschlüssen bedarf es jedoch einer eigenen vorherigen **Anhörung** (n. → § 58 Rn. 4 ff.).

Durch den Verweis von Abs. 1 S. 6 auf § 58 Abs. 3 S. 1 liegt die **Zuständigkeit** bei dem Gericht, das die entscheidung über die Aussetzung der Vollstr der JStrafe zBew einem nachträglichen Beschluss vorbehalten hat. Dies ist entweder das erstinstanzliche Gericht, dessen Vorbehaltsurteil nicht oder lediglich mit erfolgloser Revision angegriffen wurde, oder das Berufungsgericht, das den Vorbehalt erstmalig anordnet (→ § 58 Rn. 14). Hat das Berufungsgericht die Berufung verworfen und den erstinstanzlich erklärten Vorbehalt nur bestätigt (also nicht iSv § 58 Abs. 3 „angeordnet"), bleibt es dagegen bei der erstinstanzlichen Zuständigkeit (Diemer/Schatz/Sonnen/Schatz Rn. 6; abw. → 23. Aufl. 2022 Rn. 10a; KH-JGG/Maier Rn. 5). Obwohl die nachträgliche Entscheidung in diesen Fällen durch das Berufungsgericht erfolgt (→ § 61a Rn. 13), ist die Gefahr widersprüchlicher Entscheidungen hier gering, weil es letztlich um verschiedene Materien geht (MüKoStGB/Radtke/Scholze Rn. 11). 9

Gem. Abs. 1 S. 7 sind auch die Vorschriften über den **Bewährungsplan** (§ 60) entspr. anzuwenden. Zuständig ist der Vorsitzende des nach → Rn. 9 zuständigen Gerichts. Dieser muss den Bewährungsplan aufstellen und dem Verurteilten nach Maßgabe von § 60 Abs. 1 Satz 1 eröffnen (dazu und zur Belehrung im Einzelnen → § 60 Rn. 8 ff.). 10

IV. Sicherung der Vollstreckung

Wenn die Erwartungen, die dem Vorbehalt gem. § 61 Abs. 1 oder Abs. 2 zugrundelagen, enttäuscht werden (uU gar durch eine als negativ beurteilte Entwicklung), sind gem. Abs. 2 iVm § 453c StPO Maßnahmen zur Sicherung der bevorstehenden Vollstr der JStrafe zulässig. Voraussetzung ist, dass sich während des Zeitraums iSv § 61a Abs. 1 konkrete Gründe bzw. **Tatsachen** ergeben haben, aufgrund derer eine **Aussetzung absehbar abgelehnt** werden muss. Nötig sind also fundierte Anhaltspunkte dafür, dass die „Aussicht" iSv § 61 Abs. 1 Nr. 2 doch nicht besteht bzw. die „Umstände" iSv § 61 Abs. 2 Nr. 1 doch nicht feststellbar sind. Denkbar ist aber auch, dass davon unabhängig neue, durchschlagende negative Prognosefaktoren aufgetreten sind (n. → § 61a Rn. 2 ff.). 11

Die dann möglichen Maßnahmen (→ § 58 Rn. 32 ff.) greifen aber nur bis zur Rechtskraft der vorbehaltenen Entscheidung (→ § 58 Rn. 41), die ihnen alsbald nachfolgen muss. Sie werden durch dasjenige Gericht entschieden, das für die bevorstehende Nicht-Aussetzung zuständig ist (→ § 58 Rn. 30: **Annexzuständigkeit**), also durch das Gericht der letzten Tatsacheninstanz (§ 61a Abs. 2). Geleitet wird die Vollstreckung sodann durch das Gericht, das den Vorbehalt angeordnet hat (Abs. 2 iVm § 58 Abs. 2 und Abs. 3 S. 1). In Fällen, in denen der erstinstanzlich ausgesprochene Vorbehalt in der Berufung nur bestätigt wurde, führt das zu einer **gespaltenen** Zuständigkeit, weil hier die Anordnung der Maßnahmen durch Das Berufungsgericht (→ § 61a Rn. 13), deren Vollstr. aber durch das erstinstanzliche Gericht (→ Rn. 9) erfolgen muss. Diese missliche Konsequenz ist gesetzgeberisch offenbar übersehen worden. 12

V. Anrechnungen

1. Bei Aussetzung zBew

13 Wird die JStrafe in der vorbehaltenen Entscheidung zBew ausgesetzt, hat das Gericht eine Reihe von Nebenentscheidungen zur Ausgestaltung der Bewährungszeit zu treffen (→ § 61a Rn. 14). Dazu zählt auch die Bestimmung der Bewährungszeit (§ 22). Gem. **Abs. 3** ist auf die hiernach festgelegte Dauer sodann der Zeitraum ab Rechtskraft des Vorbehaltsurteils bis zum Rechtskrafteintritt der aussetzenden Entscheidung **anzurechnen.** Diese Verkürzung der Bewährungszeit tritt von Gesetzes wegen und ohne gerichtliche Entscheidung ein (MüKoStGB/Radtke/Scholz JGG Rn. 16). Dass es dem JGericht erlaubt sein soll, bei der Entscheidung iSv § 22 die Anrechnung zu antizipieren und durch eine zeitliche Zulage sicherzustellen, dass die Bewährungszeit auch nach Abzug der Vorbewährungsdauer die für erforderlich gehaltene Länge hat (so BT-Drs. 17/9389, 18; HK-JGG/Meier Rn. 7; Diemer/Schatz/Sonnen/Schatz Rn. 2213), ist sehr zweifelhaft. Hierdurch würde die Anrechnungsvorschrift de facto fast gegenstandslos und weitgehend überflüssig. Sie würde sich ausschließlich bei ohnehin sehr langen Bewährungsdauern auswirken, bei denen der besagte Aufschlag wegen der gesetzlichen Höchstgrenzen nicht mehr möglich ist. Ihre Funktion läge dann also allein darin, dieses in § 22 vorgesehene Limit auch gegen die Kumulation von Vorbewährungs- und Bewährungszeit abzusichern. Dass Abs. 3 anstelle einer solchen einfach möglichen Grenzbestimmung (s. etwa § 11 Abs. 3 S. 2) eine deutlich kompliziertere Anrechnung vorschreibt, spricht indes dafür, dass eine **echte** Anrechnung **ohne eine vorab angepasste** Bestimmung der Bewährungszeit erfolgen muss (ebenso NK-JGG/Ostendorf/Drenkhahn Rn. 5; MüKoStPO/Kaspar §§ 61 ff. Rn. 33).

2. Bei auf Nichtaussetzung lautender Entscheidung

14 **Abs. 4** schreibt bei Ablehnung einer Aussetzung eine weitgreifende Anrechnung von vorab erbrachten Anstrengungen des Verurteilten und eingetretenen Belastungen auf die vollstreckbare JStrafe vor. In ihrem Umfang und ihrer Verbindlichkeit (dazu → Rn. 15) geht sie über § 26 Abs. 3 S. 1 und S. 2 deutlich hinaus. Die Anrechnung bezieht sich nicht allein auf den ggf. erfolgten Kopplungs-JA (→ § 61 Rn. 15) und auf (teil-)erfüllte Auflagen, sondern auf alles, was der Verurteilte infolge der gerichtlichen Vorbewährungsgestaltung – also auch mit Blick auf Weisungen (sowie Zusagen und Angebote iSv § 23 Abs. 2) – an **materiellen und immateriellen Ressourcen** auf- und eingebracht hat. Da diese umfassende Anrechnung den Fairnesserwartungen der Jugendlichen entsprechen dürfte, muss die Regelung als erzieherisch funktional begrüßt werden. Ihr Ansatz zur Vermeidung einer unangemessenen Belastungskumulation ähnelt zudem der anerkannten Vollstreckungslösung zum Ausgleich rechtsstaatswidriger Verfahrensverzögerungen (→ § 18 Rn. 44 ff.). Die Kritik daran, dass nach Abs. 4 S. 2 auch erzieherische, schuldgelöst initiierte Leistungen in einen Bezug zu einem Schuldmaß gesetzt werden müssen (MüKoStGB/Radtke/Scholze Rn. 17), verweist zwar zutr. auf praktische Handhabungsschwierigkeiten. Doch dass die mit Blick auf bspw. Weisungen erbrachten „Investitionen“ des Jugendlichen (anders als bei Auflagen) überhaupt nicht in ein Verhältnis zu „Schuldquanten“ gebracht und mit der JStrafe verrechnet werden könnten, stellt eine Überzeichnung dar.

Nach S. 1 steht die Anrechnung grds. im **Ermessen** des Gerichts. Es ist 15 aber nur in Ausnahmefällen ermessensfehlerfrei, von der Anrechnung abzusehen (vgl. auch NK-JGG/Ostendorf/Drenkhahn § 61b Rn. 6: Ermessen verdichte sich idR hin zur Verpflichtung). Ähnlich wie bei § 52a S. 2 (→ § 52a Rn. 9 ff.) wären hierfür Feststellungen erforderlich, denen zufolge die anrechnungsbedingte Verkürzung der JStrafdauer eine positive erzieherische Wirkung verhindern würde. Nach S. 2 ist die Anrechnung **obligatorisch,** wenn das Zusammentreffen aus JStrafe und vorab erbrachten Leistungen zu einer Gesamtbelastung führte, die nicht als noch schuldangemessen (→ § 18 Rn. 33) gelten könnte (zur hier zu berücksichtigenden jugendspezifischen Vorwerfbarkeit → § 17 Rn. 46 ff.). Ebenso obligatorisch ist gem. S. 3 die Anrechnung von vollstreckten **Kopplungsarrestzeiten** (→ §§ 26, 26a Rn. 25). In allen Varianten muss die Anrechnung **ausdrücklich angeordnet und beziffert** werden. Dies geschieht durch das die vorbehaltene Entscheidung treffende JGericht und zwar in dem die Aussetzung ablehnenden Beschluss (→ § 61a Rn. 13).

VI. Rechtsmittel

Gem. Abs. 1 S. 6 iVm § 59 Abs. 2 ist gegen Beschlüsse, die iZm einem 16 Vorbehaltsurteil konkrete Auflagen und Weisungen anordnen, die **einfache Beschwerde** eröffnet (zu den Zulässigkeitseinschränkungen und dem Verfahren → § 59 Rn. 15 ff.). Die von § 59 Abs. 2 nicht erfasste Unterstellung und die Bewährungshilfe (→ Rn. 6 f.) kann mit der einfachen Beschwerde gem. §§ 304 ff. StPO iVm § 2 Abs. 2 angegriffen werden (n. dazu → § 59 Rn. 19). Das gilt auch, wenn sich der Beschwerdeführer dagegen wendet, dass die BewHilfe der Betreuung und Aufsicht durch die JGH vorgezogen wurde. Wendet sich ein Rechtsmittel gegen den Ausspruch der Vorbewährung als solchen, wohnt dem die Beschwerde gegen die Vorbewährungsmodalitäten nicht ohne weiteres inne; dies muss sich vielmehr mit hinreichender Eindeutigkeit aus dem Vorbringen ergeben (BGH BeckRS 2023, 5154). Die Zusammenstellung der Anordnungen im Bewährungsplan (→ Rn. 10) ist im Übrigen unanfechtbar (→ § 60 Rn. 14). Die Entscheidung zur Anrechnung gem. Abs. 4 stellt hingegen einen Annex zur Entscheidung über die Nichtaussetzung dar und unterliegt daher in entspr. Anwendung des § 59 Abs. 1 S. 1 wie diese (→ § 61a Rn. 15) der **sofortigen Beschwerde** (Diemer/Schatz/Sonnen/Schatz § 61b Rn. 19). Wegen der Abtrennbarkeit der Entscheidungsinhalte kann sich die Anfechtung auf die Anrechnungsfrage beschränken. Eine Beschwer ist auch dann gegeben, wenn das Gericht die Frage der Anrechnung nicht erörtert hat. Zur Anfechtung vollstreckungssichernder Maßnahmen → § 58 Rn. 36.

Fünfter Unterabschnitt. Verfahren bei Aussetzung der Verhängung der Jugendstrafe

Entscheidungen

62 (1) [1] **Entscheidungen nach den §§ 27 und 30 ergehen auf Grund einer Hauptverhandlung durch Urteil.** [2] **Für die Entscheidung über die Aussetzung der Verhängung der Jugendstrafe gilt § 267 Abs. 3 Satz 4 der Strafprozeßordnung sinngemäß.**

(2) **Mit Zustimmung des Staatsanwalts kann die Tilgung des Schuldspruchs nach Ablauf der Bewährungszeit auch ohne Hauptverhandlung durch Beschluß angeordnet werden.**

(3) **Ergibt eine während der Bewährungszeit durchgeführte Hauptverhandlung nicht, daß eine Jugendstrafe erforderlich ist (§ 30 Abs. 1), so ergeht der Beschluß, daß die Entscheidung über die Verhängung der Strafe ausgesetzt bleibt.**

(4) **Für die übrigen Entscheidungen, die infolge einer Aussetzung der Verhängung der Jugendstrafe erforderlich werden, gilt § 58 Abs. 1 Satz 1, 2 und 4 und Abs. 3 Satz 1 sinngemäß.**

Übersicht

I. Anwendungsbereich und Einordnung der Norm

1 Die Vorschrift ist in Verfahren gegen Jugendliche und jene Heranwachsende, bei denen gem. § 105 Abs. 1 materielles JStR angewandt wird, sowohl vor den JGerichten wie vor den für allg. Strafsachen zuständigen Gerichten anwendbar (§ 104 Abs. 1 Nr. 8 bzw. § 109 Abs. 2 S. 1, § 112 S. 1 und S. 2). Wird die Verhängung der JStrafe durch ein allg. Strafgericht

ausgesetzt, gelten aber Besonderheiten bei den anschließenden Zuständigkeiten (→ Rn. 13).

Inhaltlich regelt die Vorschrift (in engem Zusammenhang mit §§ 63 f.) die prozessualen **Besonderheiten,** die bei der spezifischen Rechtsfolge des § 27 zu berücksichtigen sind. Soweit das Gericht hierauf erkennt (zu den Voraussetzungen → § 27 Rn. 9 ff.), trifft es hinsichtlich des Schuldspruchs eine rechtskräftige (Vorab-)Entscheidung und verschiebt die Rechtsfolgenbestimmung (bzgl. Ob und ggf. auch Bemessung einer JStrafe iSv § 17 Abs. 2 Alt. 1) auf ein späteres Nachverfahren. Die dort erfolgende Rechtsfolgenanordnung kann dann auf einer substantiierteren Grundlage als zur Zeit des Schuldspruchs erfolgen, weil die Zwischenzeit für weitere Ermittlungen und insbes. auch für spezialpräventive Interventionen nutzbar ist und beides für einen erweiterten und aufschlussreicheren Informationshorizont sorgt (n. → § 27 Rn. 2 ff.). Die **zeitliche Abfolge** und Streckung von Aussetzungsentscheidung, Bewährungszeit, Nachverfahren und Abschlussentscheidung bedarf aber der **prozessualen Ausgestaltung,** die wesentlich auf Abs. 1–4 beruht. 2

II. Prozessuales zu den Entscheidungen im Zusammenhang mit §§ 27–29

1. Schuldfeststellung und Aussetzung der Verhängung der Jugendstrafe

Abs. 1 S. 1 stellt klar, dass die Entscheidung, durch die der JRichter die Schuld feststellt und zugleich die Entscheidung über die Verhängung der JStrafe gem. § 27 für eine bestimmte Zeit aussetzt, ausschließlich in der fraglichen **HV** und durch ein **Urteil** getroffen werden kann. Gem. § 263 Abs. 1 StPO iVm § 2 Abs. 2 bedarf es nicht nur für den Schuldspruch, sondern wegen der obligatorischen Rechtsfolge in § 29 auch für die Aussetzungsentscheidung einer Zweidrittelmehrheit (NK-JGG/Ostendorf/Drenkhahn Rn. 1; Laubenthal/Baier/Nestler JugendStrafR Rn. 857; aA Brunner/Dölling Rn. 1; MüKoStPO/Kaspar Rn. 3; Diemer/Schatz/Sonnen/Diemer Rn. 4). war in der HV ein Antrag gestellt worden, die Verhängung der JStrafe zBew auszusetzen, ist gem. **Abs. 1 S. 2** in entspr. Anwendung von § 267 Abs. 3 S. 4 StPO zu **begründen,** weshalb das Gericht stattdessen auf die Verhängungsaussetzung entschieden hat (vgl. iÜ zu den Erfordernissen der Urteilsbegründung → § 54 Rn. 32). 3

Die Entscheidung gem. § 27 hat den Charakter eines **Zwischenurteils** (Dallinger/Lackner Rn. 2) ohne verfahrensabschließende Wirkung. Die Rechtskraft erstreckt sich auf den Schuldspruch und ggf. auch auf die zu § 105 getroffenen Feststellungen; in diesem Umfang ist die Abschlussentscheidung an das Zwischenurteil gebunden (→ § 27 Rn. 21 f.). Das Verfahren bleibt aber anhängig (OLG Hamm NStZ 2011, 527 (528)); die Rechtshängigkeit endet erst mit der Rechtskraft einer der in § 30 vorgesehenen Abschlussentscheidungen. Trotzdem ist ihre **Einbeziehung** gem. § 31 Abs. 2 nach dem ausdrücklichen Wortlaut jener Norm („Ist (…) bereits rechtskräftig die Schuld festgestellt") möglich (→ § 30 Rn. 16, → § 31 Rn. 16 und 24), womit dann das Nachverfahren (→ Rn. 7 ff.) entfällt. Auch 4 kann die Entscheidung iSv § 27 mit Berufung und Revision in allg. Weise angegriffen werden (s. auch → § 63 Rn. 1).

2. Bewährungsbezogene Neben- und Folgeentscheidungen

5 Alle Nebenentscheidungen, die infolge einer Aussetzung der Verhängung der JStrafe zBew erforderlich werden, trifft das JGericht durch zu begründenden Beschluss (**Abs. 4 iVm § 58 Abs. 1 S. 1, S. 2 und S. 4;** vgl. im Übrigen zum Verfahren → § 58 Rn. 4 ff., 11 f. und zur Zuständigkeit → § 58 Rn. 13 ff.). Das betrifft sämtliche Anordnungen iZm der Bewährungszeit, die sich auf Weisungen, Auflagen und die BewHilfe (§§ 28 f.) beziehen (→ § 58 Rn. 2; zur Anfechtbarkeit → § 63 Rn. 6 f.). Soweit ein Beschluss nicht mit der Entscheidung gem. § 27 schon in der HV ergeht, muss ihm eine **Anhörung** des Jugendlichen, der JStA und des BewHelfers vorangehen. Dies gilt auch bei der prinzipiell denkbaren Anordnung eines Nichtbefolgungsarrests (§ 29 Abs. 2 iVm § 23 Abs. 1 S. 4, § 11 Abs. 3, § 15 Abs. 3 S. 2) durch dasselbe Gericht (Abs. 4 iVm § 58 Abs. 1 S. 1). Eine mündliche Anhörung ist zwar nicht obligatorisch (denn Abs. 4 verweist gerade nicht auf § 58 Abs. 1 S. 3), aber unbedingt zweckmäßig (Diemer/Schatz/Sonnen/Schatz Rn. 17).

6 Zeichnet sich die Anordnung einer JStrafe gem. § 30 Abs. 1 ab, kann das kein Grund für einen **U-Haftbefehl** sein. Dem steht im Wege, dass wegen des rechtskräftigen Schuldspruchs kein dringender Tatverdacht besteht (HK-JGG/Meier Rn. 8; aA Brunner/Dölling Rn. 4) und es an Haftgründen fehlt (n. dazu NK-JGG/Ostendorf/Drenkhahn Rn. 1). Beruht die absehbare Bejahung des hinreichenden Grades „schädlicher Neigungen" auf dem Verdacht eines neuen Delikts (vgl. → § 30 Rn. 12), kann allerdings dieses uU ein Anlass für die Anordnung von U-Haft sein. Nicht in Betracht kommen vorläufige **vollstreckungssichernde Maßnahmen.** § 453c StPO iVm § 2 Abs. 2 ist unanwendbar, weil es an einer Anwendungsvoraussetzung (bevorstehender Widerruf einer Aussetzung) fehlt. Da Abs. 4 nicht auf § 58 Abs. 2 verweist, liegt (im Unterschied zu § 61b Abs. 2) auch keine einschlägige Verweisvorschrift vor (→ § 58 Rn. 28 f.). Diese gesetzgeberisch gewollte (vgl. BT-Drs. 8/976, 70) Regelungslage wird dem Umstand gerecht, dass es im Verfahren nach §§ 27 ff. noch gar keine JStrafe, deren Vollstr gesichert werden soll, gibt (krit. zu darüber hinweggehenden Regelungsinitiativen Eisenberg MschKrim 1988, 129 (131)).

III. Prozessuales zur Abschlussentscheidung

1. Anordnung der Jugendstrafe gem. § 30 Abs. 1

7 Die Abschlussentscheidung erfolgt gem. **Abs. 1 S. 1** in einer HV, in der das Gericht darüber befindet, ob nach § 30 Abs. 1 S. 1 auf die JStrafe erkannt oder der Schuldspruch gem. § 30 Abs. 2 getilgt wird. Folglich ergeht die Entscheidung dann durch **Urteil** (zur allg. Anfechtbarkeit s. die Erl. zu § 55). Von diesem Entscheidungsmodus gibt es im Falle der JStrafen-Anordnung keine Ausnahme (anders als bei der Tilgung, → Rn. 9 f.). Vor der HV muss indes erst ein **Weiterführungsbeschluss** ergehen (entspr. § 203 StPO iVm § 2 Abs. 2), mit dem – als „Pendant zum Eröffnungsbeschluss" (LG Neurup-

pin StV 2024, 533 (Ls.) = BeckRS 2023, 39865) – das Verfahren die Abschlussentscheidung in einer für den Angeklagten transparenten Weise für eingeleitet wird (ganz hM; abw. aber offenbar Nix/Pschorr/Franzen §§ 62–64 Rn. 4: einfache richterliche Verfügung ausreichend). Die für das Verfahren und dessen Einleitung maßgeblichen Tatsachen und Beweismittel sind in dem Beschluss anzugeben und dem Angeklagten **mitzuteilen.** Dies geschieht durch Zustellung spätestens mit der Ladung zum Termin (BeckOK JGG/Kilian Rn. 18). Anderenfalls besteht nach LG Neuruppin StV 2024, 533 (Ls.) = BeckRS 2023, 39865 ein Prozesshindernis.

Das die Schuld feststellende Urteil ist, da es die Grundlage des **Verfahrens** 7a
bildet, gemeinsam mit dem Weiterführungsbeschluss in der HV zu verlesen (§ 324 Abs. 1 S. 2 StPO iVm § 2 Abs. 2). Davon abgesehen gelten die allg. prozessrechtlichen Vorgaben des JGG und der StPO zur Gestaltung der HV (allgA; dazu mit Blick auf § 48 und dessen Ausnahmen n. OLG Hamm NStZ 2011, 527 (528)). Bei der Einführung und Verwertung der Berichte des BewHelfers sind die Maßgaben, die für die Berichte des JGH-Vertreters relevant sind (→ § 50 Rn. 36 ff.), anzuwenden (ebenso Brunner/Dölling Rn. 3).

In zeitlicher Hinsicht muss die **Einleitung** des Verfahrens spätestens 8
mit Ablauf der Bewährungszeit von Amts wegen unverzüglich geschehen. Wie sich aus Abs. 3 ergibt (→ Rn. 11), ist der Beschluss aber – sofern das Urteil, in dem die Schuld festgestellt worden ist, bereits Rechtskraft erlangt hat – auch schon **früher** möglich (→ § 30 Rn. 3). Das Gericht kann und muss dies von Amts wegen veranlassen, sobald die für § 27 maßgebliche Unsicherheit weggefallen ist und sich der iSv § 17 Abs. 2 Alt. 1 erforderliche Umfang „schädlicher Neigungen“ herausgestellt hat (zu den Voraussetzungen → § 30 Rn. 7 ff.). Dann wird ggf. noch während der Bewährungszeit ein Termin zur HV anberaumt. Diese Verfahrenseinleitung kann auch von der **JStA beantragt** werden. Sofern die staatsanwaltliche Annahme, dass die Voraussetzungen des § 30 Abs. 1 S. 1 vorliegen, aus Sicht des Gerichts nicht hinreichend begründet ist, ergeht hier allerdings ein ablehnender (Nichtbefassungs-)Beschluss nach § 204 StPO iVm § 2 Abs. 2 (zu dessen Anfechtbarkeit → § 63 Rn. 5).

2. Tilgung des Schuldspruchs gem. § 30 Abs. 2

a) Generelle Vorgaben. Die Entscheidung, mit der das Gericht den 9
Schuldspruch tilgt (zu den Voraussetzungen → § 30 Rn. 18), ergeht gem. **Abs. 1 S. 1** in der HV (→ Rn. 7) durch Urteil (zur Anfechtbarkeit s. die allg. Ausführungen zu § 55). Mit Zustimmung der StA ist gem. **Abs. 2** aber auch eine Entscheidung im Beschlussverfahren ohne HV möglich (zur Un-/Anfechtbarkeit → § 63 Rn. 2 f.). Beide Varianten sind in zeitlicher Hinsicht **erst nach Rechtskraft** der Schuldfeststellung und dem Ablauf der Bewährungszeit möglich. Dies ergibt sich aus Abs. 2 (für den Beschluss) sowie generell aus § 30 Abs. 2 (LG Hamburg 25.7.1988 – 34 Qs 50/88 bei Böhm NStZ 1989, 521 (523); anders noch OLG Schleswig NJW 1958, 34). Sind die „schädlichen Neigungen“ aus Sicht des Gerichts bereits vor Ende der Bewährungsfrist sicher widerlegt, kann also allein die Bewährungsdauer verkürzt (§ 28 Abs. 2), nicht aber die Tilgung festgestellt werden (HK-JGG/Meier Rn. 6). Mit Ende der Bewährungszeit muss das Gericht das Verfahren jedoch **unverzüglich von Amts wegen** einleiten.

10 **b) Voraussetzungen des Beschlussverfahrens.** Die StA kann das Beschlussverfahren durch ihre Zustimmungsverweigerung verhindern, dieses aber nicht erzwingen. Vielmehr hat das Gericht (auch bei einem schon vorliegenden Einverständnis der StA) im Rahmen einer **Ermessen**sentscheidung zu prüfen, ob die Voraussetzungen für die Tilgung des Schuldspruches nur in einer HV oder auch ohne diese geklärt werden können. Stehen bspw. umfangreiche Tatsachenangaben über das Verhalten des Jugendlichen und seine Entwicklung während der Bewährungszeit zur Verfügung, die eindeutig gegen „schädliche Neigungen" sprechen, kann die Tilgung des Schuldspruchs im Modus von Abs. 2 erfolgen. Der Tilgungsbeschluss bedarf dann auch nicht zwingend einer Begründung (§ 34 StPO iVm § 2 Abs. 2). Gegen das Beschlussverfahren spricht ein noch bestehender Aufklärungsbedarf. Auch die Möglichkeit, dem Jugendlichen die Gründe des gerichtlichen Vorgehens darzulegen und/oder sein erwartungsgemäßes Verhalten eigens zu würdigen, sind erwägungsbedürftige Vorteile der HV.

11 **c) Zwischen- und Fortdauerbeschluss in der Bewährungszeit (Abs. 3).** Wurde vor Ende der Bewährungszeit eine HV anberaumt, um gem. § 30 Abs. 1 die JStrafe anzuordnen, und ergibt sich dort, dass die „schädlichen Neigungen" doch nicht bejaht werden können, muss der nach § 63 Abs. 1 unanfechtbare (→ § 63 Rn. 4) **Beschluss** ergehen, dass die Entscheidung über die Verhängung der JStrafe zBew **ausgesetzt bleibt.** Angesichts der noch laufenden Bewährung (→ Rn. 9) und der eindeutigen Fassung von Abs. 3 kommt eine Tilgung des Schuldspruchs in dieser Situation nicht in Betracht (Brunner/Dölling Rn. 5). Anders verhält es sich nur, falls die Bewährungszeit zum Entscheidungszeitpunkt ausnahmsweise schon abgelaufen ist (BeckOK JGG/Nehring § 30 Rn. 1) – wobei das Gericht dann aber gar nicht mehr nach Abs. 3 verfahren darf, sondern nur noch nach § 30 Abs. 1 oder Abs. 2 (Diemer/Schatz/Sonnen/Schatz Rn. 13).

12 Im Normalfall – also, wenn die Anordnung der JStrafe in der HV unterbleibt, weil das Bestehen „schädlicher Neigungen" weiterhin unklar ist – stellt der Beschluss iSv Abs. 3 eine sachgerechte Entscheidung dar, ggf. auch mit einer damit verbundenen Änderung der Weisungen und Auflagen (vgl. auch → § 30 Rn. 4). Wurden die Voraussetzungen von § 17 Abs. 2 Alt. 1 in der HV jedoch regelrecht widerlegt, besteht die **Unsicherheit** über das Endergebnis des Verfahrens für den Jugendlichen durch den Zwischen- oder Fortdauerbeschluss ohne Notwendigkeit fort. Die letztlich ergebnislose HV muss ihm als eine erzieherisch unklare Veranstaltung erscheinen, durch die ihm die Belastung einer nochmaligen HV droht (zust. MüKoStPO/Kaspar Rn. 8). Um dies zu vermeiden, sollte nach Möglichkeit der Ablauf der Bewährungszeit durch deren Verkürzung herbeigeführt werden, um so die **Tilgungsentscheidung** treffen zu können.

IV. Zuständigkeiten

1. Für bewährungsbezogene Neben- und Folgeentscheidungen

13 **Abs. 4 iVm § 58 Abs. 3 S. 1** überträgt die Zuständigkeit für die Nebenentscheidungen zu § 27 demjenigen JGericht, das die anordnungsaussetzende **Entscheidung nach § 27 getroffen** hat. Sofern die Verhängung der JStrafe durch ein allg. Strafgericht ausgesetzt wurde, erfolgt allerdings gem.

§ 104 Abs. 5 Nr. 2 eine obligatorische Übertragung an den JRichter des Aufenthaltsortes (→ § 104 Rn. 13). Dies beruht auf der legislatorischen Annahme, dass generell von den JGerichten eine jugendgemäße Ausgestaltung der Bewährung eher als von allg. Strafgerichten zu erwarten ist. Außerhalb dieser Sonderkonstellation ist aber – anders als im Verfahren bei Aussetzung der Vollstr zBew (→ § 58 Rn. 16 ff.) – eine Übertragung an das JGericht des Aufenthaltsortes des Jugendlichen nicht möglich, weil Abs. 4 auf diese Option (§ 58 Abs. 3 S. 2) gerade nicht verweist (BGH NStZ 2011, 524). Die Zuständigkeit des erkennenden Gerichts schließt auch den BewPlan (→ § 64 Rn. 3) und die Bewährungsüberwachung ein (BGH StV 1998, 348 = BeckRS 1998, 31357435; NStZ 1999, 361; BeckRS 1999, 30050797; BGHR JGG § 28 Überwachung 2 = BeckRS 2001, 416).

2. Für Abschlussentscheidungen

Die Zuständigkeit für die Entscheidungen gem. § 30 ist im JGG nicht geregelt (Abs. 4 betrifft „die übrigen" und damit nicht die in Abs. 1 geregelten Entscheidungen). Das Gesetz zeigt aber **indirekt** an, dass sämtliche Abschlussentscheidungen durch das Gericht erfolgen, das die **Entscheidung nach § 27** getroffen hat (OLG Hamm NStZ 2011, 527 (528): „Wahrung der Einheit zwischen Schuld- und Strafspruchrichter"). Im Gesetz ist dieser Grundsatz schon in § 104 Abs. 5 Nr. 2 erkennbar (keine Zuständigkeitsübertragung durch das allg. Strafgericht für Entscheidungen gem. § 30). Als noch deutlicher erweist sich der eingeschränkte Verweis von Abs. 4 auf § 58 Abs. 3 S. 1: Wenn das Gericht, welches das Zwischenurteil gefällt hat, nicht einmal gem. § 58 Abs. 3 S. 2 die Nebenentscheidungen abgeben darf (→ Rn. 13), muss dies erst recht für die abschließende Hauptsacheentscheidung zu den Rechtsfolgen gelten. 14

Die **Zuständigkeitskonzentration** für die Zwischen-, Abschluss- und Nebenentscheidungen ist darüber hinaus aber auch in der einschlägigen **Prozesslage** angelegt. Das Verfahren nach § 27 ff. rechtfertigt sich dadurch, dass die Erforderlichkeit einer JStrafe aus Sicht des erkennenden JGerichts zunächst ungewiss ist und deshalb einer späteren Abschlussentscheidung vorbehalten bleiben soll. Um diese treffen und das Zwischenurteil damit gleichsam „vervollständigen" zu können, muss es sich die dafür nötigen Erkenntnisse über das Verhalten und die Entwicklung des Jugendlichen während der Bewährungszeit selbst verschaffen (weshalb es die Nebenentscheidungen nicht abgegeben kann). Und es darf auch den fehlenden (Rechtsfolgen-)Teil des Urteils nicht übertragen, weil es sonst die Bewältigung der eigenen Ungewissheit delegieren und das fragliche andere Gericht dabei faktisch dazu zwingen würde, die Rechtsfolgenprüfung noch einmal vollständig (auch hinsichtlich der im Zwischenurteil bereits erfolgten Schritte) zu wiederholen. Hinter diese Aspekte tritt der Umstand, dass der Jugendliche in einem anderen Gerichtsbezirk lebt, in seiner Bedeutung zurück. 15

Streng genommen ist deshalb sogar eine **Personenidentität** von Schuld- und Strafrichter angezeigt, die durch das Anhängigbleiben des Verfahrens idR auch gewährleistet wird. Eine entspr. Pflicht (so Neubacher/Bachmann NStZ 2013, 386 (387 f.)) scheitert indes an der Nichtausschließbarkeit der personalen innergerichtlichen Fluktuation (n. Diemer/Schatz/Sonnen/Schatz Rn. 8). Aus den genannten Gründen verlangt die ganz hM aber zutr. die institutionelle **Identität des Gerichts.** Das Verfahren für die Abschlus- 16 sentscheidung nach § 42 Abs. 3 S. 1 abzugeben, wird als unzulässig ausgeschlossen (BGHSt 8, 346 = NJW 1956, 520; BGH StV 1998, 348 = BeckRS 1998, 31357435; NStZ 2011, 524; OLG Zweibrücken NStE Nr. 1 zu § 62 JGG = BeckRS 2014, 121). Eine **Ausnahme** wird nur dort akzeptiert, wo sich in der HV hinreichend sicher ergibt, dass die Rechtsfolgenkompetenz nicht ausreicht und ein Verweis nach § 270 Abs. 1 S. 1 StPO iVm § 2 Abs. 2 – der die Zuständigkeit für die Nebenentscheidungen (→ Rn. 13) einschließt – erfolgen muss (Brunner/Dölling Rn. 6; Diemer/Schatz/Sonnen/Schatz Rn. 8; aA Neubacher/Bachmann NStZ 2013, 386 (388)). Da die Rechtsfolgenkompetenz für den Fall einer JStrafenverhängung bereits vor der Entscheidung gem. § 27 zu prüfen ist, darf diese Konstellation letztlich aber gar nicht auftreten (→ § 27 Rn. 19).

Anfechtung

63 (1) **Ein Beschluß, durch den der Schuldspruch nach Ablauf der Bewährungszeit getilgt wird (§ 62 Abs. 2) oder die Entscheidung über die Verhängung der Jugendstrafe ausgesetzt bleibt (§ 62 Abs. 3), ist nicht anfechtbar.**

(2) **Im übrigen gilt § 59 Abs. 2 und 5 sinngemäß.**

I. Anwendungsbereich und Einordnung

1 Die Vorschrift steht in engem Zusammenhang mit § 62 und hat deshalb **denselben Anwendungsbereich** (→ § 62 Rn. 1). Sie regelt die Anfechtbarkeit von Entscheidungen iZm der Aussetzung der Verhängung der JStrafe zBew. Ihre Festlegungen, die teilw. von § 55 und dem allg. Rechtsmittelrecht abweichen, haben aber keinen abschließenden Charakter. Die Vorschrift befasst sich **nur** mit der Anfechtbarkeit der **Beschlussentscheidung.** Dagegen sind sämtliche Urteile, in denen die Schuldfeststellung (§ 27) oder die nachträgliche Verhängung der JStrafe (§ 30 Abs. 1 S. 1) oder die Tilgung des Schuldspruches nach Ablauf der Bewährungszeit (§ 30 Abs. 2 S. 1) ausgesprochen wird, nach den allg. Maßgaben anfechtbar, die für Rechtsmittel gegen jugendgerichtliche Urteile vorgesehen sind (vgl. näher die Erl. zu § 55).

II. Nichtanfechtbarkeit (Abs. 1)

1. Beschluss zur Tilgung des Schuldspruchs gem. § 62 Abs. 2

2 Hat das Gericht den Schuldspruch nach Ablauf der Bewährungszeit nicht in einem Urteil (§ 62 Abs. 1), sondern gem. § 62 Abs. 2 im Beschlussverfahren getilgt, kann diese Entscheidung nach Abs. 1 nicht angefochten werden. Das hat seinen Grund darin, dass der Beschluss niemanden beschweren kann. Für den Jugendlichen stellt die Tilgung eine vorteilhafte Entscheidung dar, während die JStA infolge ihrer Zustimmung nicht beschwert sein kann (Dallinger/Lackner Rn. 3).

3 Nicht angreifbar ist lediglich der ordnungsgemäße Tilgungsbeschluss. Liegt ihm ein **erheblicher Mangel** zugrunde, führt das in Abweichung von

Abs. 1 ausnahmsweise zu seiner Anfechtbarkeit. Das ist der Fall, wenn die Tilgung im Beschlussverfahren vor Ablauf der Bewährungszeit angeordnet wird (LG Hamburg 25.7.1988 – 34 Qs 50/88 bei Böhm NStZ 1989, 521 (523)). Ebenso verhält es sich, wenn der Beschluss ohne die erforderliche Zustimmung der JStA ergangen ist und dieses Einverständnis auch nicht nachträglich erteilt wird (etwa bei Nachholung (§ 33a StPO iVm § 2 Abs. 2) der hier ebenfalls (entgegen § 33 Abs. 2 StPO iVm § 2 Abs. 2) unterbliebenen Anhörung der JStA). Zulässiges Rechtsmittel ist in diesen Fällen die **sofortige Beschwerde,** weil die Tilgung des Schuldspruchs als eine der materiellen Rechtskraft fähige Entscheidung nicht durch unbefristete Anfechtbarkeit auf unabsehbare Zeit in der Schwebe gehalten werden darf (Dallinger/Lackner Rn. 4; Diemer/Schatz/Sonnen/Schatz Rn. 3; vgl. auch HK-JGG/Meier Rn. 1: Rechtsgedanke von § 453 Abs. 2 S. 2 StPO).

2. Zwischen- und Fortdauerbeschluss gem. § 62 Abs. 3

Ergeht in einer HV während der Bewährungszeit der Beschluss, dass die Verhängung der JStrafe zBew ausgesetzt bleibt, schließt Abs. 1 ebenfalls jede Angriffsmöglichkeit aus. Auch in diesem Fall beruht die Unanfechtbarkeit nach hM darauf, dass durch den Beschluss bei **keinem** der Verfahrensbeteiligten eine **Beschwer** eintritt: Der Jugendliche kann gem. § 30 Abs. 2 vor Ablauf der Bewährungszeit ohnehin keine günstigere Entscheidung (dh keine Tilgung) verlangen (vgl. n. → § 62 Rn. 9) – und einen Anspruch auf eine (allerdings oft zweckmäßige (→ § 62 Rn. 11 f.)) Verkürzung der Bewährungsdauer hat er ebenfalls nicht. Auf Seiten der JStA tritt wiederum deshalb kein Nachteil ein, weil der Fortdauerbeschluss die rechtsfolgenentscheidung lediglich auf jenen Zeitpunkt verschiebt, der beim Aussetzen der Verhängung der JStrafe zBew ohnehin vorgesehen worden war (Dallinger/Lackner Rn. 5; Diemer/Schatz/Sonnen/Schatz Rn. 3; ebenso OLG Schleswig bei Lorenzen/Görl SchlHA 1989, 121 für den Fall, dass der Beschluss nach § 62 Abs. 3 in 2. Instanz getroffen wurde). 4

Anders ist die Verfahrenslage zu beurteilen, wenn die JStA während der Bewährungszeit einen Antrag auf Durchführung des Verfahrens nach § 30 Abs. 1 S. 1 stellt und dies durch das Gericht abgelehnt wird (→ § 62 Rn. 8). Während der Zwischen- und Fortsetzungsbeschluss iSv § 62 Abs. 3 das Ergebnis einer Prüfung der Sach- und Rechtslage nach § 30 Abs. 1 S. 1 darstellt, wird der JStA die Vornahme eben dieser Prüfung mit dem **Nichtbefassungsbeschluss** (zumindest für den beantragten Zeitpunkt) versagt (Brunner/Dölling Rn. 3). Eine entspr. Anwendung von Abs. 1 kommt hier deshalb nicht in Betracht. Stattdessen ist die Möglichkeit der **einfachen Beschwerde** gegeben (allgA). § 305 S. 1 StPO iVm § 2 Abs. 2 steht dem nicht entgegen, weil die Ablehnung des Gerichts zwar eine dem Urteil vorausgehende Entscheidung darstellt, aber nicht dazu bestimmt ist, dieses vorzubereiten. 5

III. Einfache Beschwerde (Abs. 2)

Die Vorschrift bezieht sich auf die nach §§ 28 f. zu treffenden Nebenentscheidungen, also über die Dauer der Bewährungszeit, über die BewHilfe und über Weisungen oder Auflagen (→ § 62 Rn. 5). Nach Abs. 2 iVm § 59 6

Abs. 2 S. 1 können diese Anordnungen mit der (unbefristeten) **Beschwerde** (§§ 304 f. StPO iVm § 2 Abs. 2) angefochten werden. Die sachliche Prüfungsreichweite des Beschwerdegerichts ist hier gem. Abs. 2 iVm § 59 Abs. 2 S. 2 aber auf bestimmte **Angriffsgründe** beschränkt, die demzufolge in der Beschwerde geltend zu machen sind: die Gesetzwidrigkeit der Anordnung oder die nachträgliche Verlängerung der Bewährungs-/Unterstellungszeit oder die erneute Unterstellung unter BewHilfe (n. → § 59 Rn. 17 f. entspr.).

7 In jenen Ausnahmekonstellationen, in denen sich ein Prozessbeteiligter mit der Beschwerde gegen eine Nebenentscheidung wendet, während ein anderer Beteiligter zugleich gegen das Urteil, das die Schuld festgestellt und die Verhängung der JStrafe gem. § 27 ausgesetzt hat, eine Revision einlegt, kommt es zur **Zuständigkeitskonzentration beim Revisionsgericht.** Dieses ist gem. Abs. 2 iVm § 59 Abs. 5 auch für die Entscheidung über die Beschwerde zuständig (n. → § 59 Rn. 29 f.).

Bewährungsplan

64 **[1]§ 60 gilt sinngemäß. [2]Der Jugendliche ist über die Bedeutung der Aussetzung, die Bewährungs- und Unterstellungszeit, die Weisungen und Auflagen sowie darüber zu belehren, daß er die Festsetzung einer Jugendstrafe zu erwarten habe, wenn er sich während der Bewährungszeit schlecht führe.**

I. Allgemeines zum Bewährungsplan

1 Die Vorschrift ist in Verfahren gegen Jugendliche und jene Heranwachsende, bei denen gem. § 105 Abs. 1 materielles JStR angewandt wird, sowohl vor den JGerichten wie vor den für allg. Strafsachen zuständigen Gerichten heranzuziehen (§ 104 Abs. 1 Nr. 8 bzw. § 109 Abs. 2 S. 1, § 112 S. 1 und S. 2).

2 Die Regelungen, die **§ 60** für den BewPlan bei einer Aussetzung der Vollstr zBew vorsieht, gelten nach **S. 1 sinngemäß** auch für die Bewährungszeit im Verfahren nach einer Entscheidung gem. § 27. Das betrifft sowohl den Inhalt des BewPlans wie auch die prozessuale Handhabung, also Zeitpunkt, Änderung, Übermittlung und Unanfechtbarkeit. Es wird daher auf die Ausführungen in → § 60 Rn. 3 f. und → § 60 Rn. 7 ff. verwiesen.

3 **Zuständig** ist gem. § 62 Abs. 4 iVm § 58 Abs. 3 S. 1 das Gericht, das nach § 27 entschieden hat, und zwar gem. S. 1 iVm § 60 Abs. 1 S. 1 der jeweilige Vorsitzende (→ § 60 Rn. 5 f.). Wird die Verhängung der JStrafe durch ein allg. Strafgericht ausgesetzt, ist der JRichter des Aufenthaltsorts, an den die Neben- und Folgeentscheidungen (→ § 62 Rn. 5) gem. § 104 Abs. 5 Nr. 2 zu übertragen sind, auch für den BewPlan zuständig. Anders als bei § 60 scheidet eine Zuständigkeit beim Gericht des Aufenthaltsortes aus (→ § 62 Rn. 13).

II. Besonderheiten der Belehrung

Allein bei der gem. S. 2 erforderlichen Belehrung ergeben sich gewisse Abweichungen von der Belehrung, die nach § 60 Abs. 1 S. 2 erforderlich ist (zu dieser → § 60 Rn. 9f.). Diese Besonderheiten sind in den Unterschieden der jeweiligen Prozesslage angelegt. Im Bewährungsverfahren, das auf die Entscheidung nach § 27 folgt, ist der Jugendliche in einer gem. § 70b Abs. 1 geeigneten Weise nicht nur über den Inhalt des Bewährungsplans, sondern ebenso darüber aufzuklären, welche Bedeutung die (bisherige) richterliche Entscheidung hat. Er ist ferner darüber ins bild zu setzen, wann er mit seinem Agieren während der Bewährungs- und Unterstellungszeit die **Verhängung** der JStrafe **wahrscheinlich** machen kann. Dabei darf es nicht bei einem Hinweis auf den im Gesetz genannten, unbestimmten Begriff der „schlechten Führung" bleiben. Vielmehr ist dem Jugendlichen eine konkrete Orientierung zu geben und inhaltlich zu veranschaulichen, welche Erwartungen an ihn bestehen und welche Verhaltensweisen mit Blick auf § 17 Abs. 2 Alt. 1 als negativ bewertet werden würden. Dies gilt sowohl für die Befolgung der Bewährungsanordnungen als auch für den allg. Lebensvollzug. 4

Es geht bei der Belehrung aber nicht nur darum, dem etwaigen Fehleindruck eines „Freispruchs" entgegenzuwirken, sondern auch um die Förderung der Mitwirkungsbereitschaft (ebenso NK-JGG/Ostendorf/Drenkhahn Rn. 2). Daher empfiehlt es sich, die mögliche **Tilgung** des Schuldspruchs darzulegen und dem Jugendlichen vor Augen zu führen, dass bewährungsgemäßes Verhalten nach Ablauf der BewZeit zur Beseitigung aller gesetzlichen Rechtsfolgen der Tat führen wird. Da die verweigerung des (ohnehin fragwürdigen) Versprechens iSv § 60 Abs. 3 S. 1 (→ § 60 Rn. 11) eine Anordnung der JStrafe gem. § 30 Abs. 1 für sich genommen nicht rechtfertigt und in diesem Kontext auch nur ein schwacher Anhaltspunkt ist (ebenso etwa Diemer/Schatz/Sonnen/Schatz Rn. 3), darf in der Belehrung auch kein anderer Eindruck geweckt werden. 5

Sechster Unterabschnitt. Ergänzende Entscheidungen

Nachträgliche Entscheidungen über Weisungen und Auflagen

65 (1) [1]**Nachträgliche Entscheidungen, die sich auf Weisungen (§ 11 Abs. 2, 3) oder Auflagen (§ 15 Abs. 3) beziehen, trifft der Richter des ersten Rechtszuges nach Anhören des Staatsanwalts und des Jugendlichen durch Beschluß.** [2]**Soweit erforderlich, sind der Vertreter der Jugendgerichtshilfe, der nach § 10 Abs. 1 Satz 3 Nr. 5 bestellte Betreuungshelfer und der nach § 10 Abs. 1 Satz 3 Nr. 6 tätige Leiter eines sozialen Trainingskurses zu hören.** [3]**Wenn die Verhängung von Jugendarrest in Betracht kommt, ist dem Jugendlichen Gelegenheit zur mündlichen Äußerung vor dem Richter zu geben.** [4]**Der Richter kann das Verfahren an den Jugendrichter abgeben, in dessen Bezirk sich der Jugendliche aufhält, wenn dieser seinen Aufenthalt gewechselt hat.** [5]**§ 42 Abs. 3 Satz 2 gilt entsprechend.**

(2) [1]**Hat der Richter die Änderung von Weisungen abgelehnt, so ist der Beschluß nicht anfechtbar.** [2]**Hat er Jugendarrest verhängt, so ist gegen den Beschluß sofortige Beschwerde zulässig.** [3]**Diese hat aufschiebende Wirkung.**

Übersicht

I. Anwendungsbereich

1 Die Vorschrift gilt in Verfahren vor den JGerichten gegen Jugendliche und gegen jene Heranwachsende, bei denen sachliches JStR angewandt wurde (§ 109 Abs. 2 S. 1, § 105 Abs. 1). Sie gilt darüber hinaus in **analoger** Anwendung auch vor den **allg. Strafgerichten** (ähnlich Dallinger/Lackner Rn. 17 und § 104 Rn. 18; HK-JGG/Meier Rn. 4). Eine unmittelbare Geltung (so NK-JGG/Ostendorf/Drenkhahn Rn. 1) scheidet aus, weil die Rechsfolgenentscheidungen, an die Abs. 1 S. 1 anknüpft, mit Blick auf die systematische Stellung der Norm solche eines JGerichts sein müssen (vgl. die

Differenzierung zwischen dem Zweiten und dem Fünften Hauptstück des JGG). Auch über § 104 Abs. 2 ist keine unmittelbare Anwendung begründbar (so aber früher Potrykus § 104 Anm. 3), da § 65 als Zuständigkeitsregelung nicht dem strafrichterlichen Ermessen überlassen bleiben kann und deshalb gar nicht zu den Verfahrensvorschriften iSv § 104 Abs. 2 zählt. Zugleich besteht aber eine Regelungslücke, sodass eine entspr. Heranziehung angezeigt ist. Die von § 65 erfasste Materie wird in den Vorschriften zu den allg. Strafgerichten (§§ 104, 112) nämlich nur ausschnitthaft (→ Rn. 7) und in deshalb ergänzungsbedürftiger Weise geregelt. Und in anderen (ggf. analog anwendbaren) Vorschriften sind die fehlenden rechtlichen Vorgaben ebensowenig erfolgt (→ Rn. 8).

II. Einordnung

Die Vorschrift regelt die prozessualen Fragen, die sich bei **Folgeentscheidungen** zu angeordneten Weisungen und Auflagen stellen. Gem. Abs. 1 S. 1 iVm § 11 Abs. 2 und Abs. 3, § 15 Abs. 3 betrifft das konkret die Entscheidungen zur Änderung, Verlängerung oder Aufhebung von Weisungen und Auflagen. Hinzu kommen die Anordnung des dort jeweils vorgesehenen Nichtbefolgungsarrests sowie das Absehen von dessen Vollstr (speziell hierzu → § 11 Rn. 25). Für all diese Folgeentscheidungen sollen nach § 65 (ungeachtet einzelner Ausnahmen (→ Rn. 5 f.)) grds. die jeweiligen Richter des ersten Rechtszuges zuständig sein. – Da bei Weisungen und Auflagen, die im Wege der Diversion angeordnet wurden, gar keine nachträglichen Entscheidungen anfallen (→ § 47 Rn. 12), kommen die Maßgaben des § 65 hier allerdings nicht zum Tragen; deshalb ist die Norm nur im Anschluss an **Urteile** von Belang (iErg ebenso BGH BeckRS 2017, 115305). 2

Typischerweise gehen die Folgeentscheidungen iSv Abs. 1 S. 1 aus solchen Erkenntnissen hervor, die nur durch die Überwachung der Weisungs- und Auflagenerfüllung vorliegen können. Dieser Aufgabenbereich ist nicht von § 65 erfasst. Für ihn zuständig ist der **Vollstreckungsleiter,** also der JRichter (§ 82 Abs. 1), der darin durch die JGH unterstützt wird (§ 38 Abs. 5 S. 1). In dieser Funktion hat der JRichter die Informationen zur Rechtsfolgendurchführung zu erheben und bei Zuwiderhandlungen, Nichterfüllungen und anderen Problemen (ermahnend) auf den Jugendlichen einzuwirken. Auf der Grundlage seiner Erhebungen muss er ferner prüfen, ob die Änderung, Verlängerung oder Aufhebung einer Weisung oder Auflage geboten ist und/oder ob – weil andere Möglichkeiten ausgeschöpft sind – Anlass für die Anordnung von Nichtbefolgungsarrest besteht. Die dahingehenden Folgeentscheidungen, für die allein § 65 maßgeblich ist, liegen dann zwar gem. Abs. 1 S. 1 oft gleichermaßen in der jugendrichterlichen Hand. Doch bei einer auseinanderfallenden Zuständigkeit (hierzu bei § 90 Abs. 2 S. 2 etwa BGHSt 48, 1 = NJW 2003, 370) muss er das Verfahren als Vollstreckungsleiter dem anderen Richter des ersten Rechtszuges zur Entscheidung vorlegen (s. auch → Rn. 6). 3

III. Einzelheiten zur Zuständigkeit

1. Bei jugendgerichtlicher Anordnung

4 **a) Grundsatz.** Nach Abs. 1 S. 1 ist für die nachträgliche Entscheidung der erkennende **JRichter** des **ersten Rechtszuges zuständig** (s. zur Besetzung § 33a Abs. 2 und § 33b Abs. 7). Das gilt auch, wenn erst das Berufungsgericht die Weisung oder Auflage festgesetzt hatte. Damit wählt das Gesetz ein **anderes Zuständigkeitsmodell** als bei den verschiedenen jugendstrafrechtlichen Bewährungsverfahren. Nach dem dort verfolgten Konzept wird mit den Folgeaufgaben nicht das Gericht betraut, das die erste HV durchgeführt hat, sondern prinzipiell das damit oftmals nicht identische Gericht, von dem die fragliche Rechtsfolge angeordnet wurde (vgl. § 58 Abs. 3 S. 1 sowie § 61a Abs. 2, § 61b Abs. 1 S. 6, § 62 Abs. 4 und § 88 Abs. 6 S. 3; abw. nur der strukturdifferente Sonderfall gem. § 57 Abs. 1 S. 2).

5 **b) Ausnahmen.** Wurde die Auswahl und Anordnung von Erziehungsmaßregeln gem. **§ 53** dem **FamG** überlassen, besteht dessen Zuständigkeit und die Maßgeblichkeit des FamFG über die Anordnung hinaus auch für die Folgeentscheidungen fort. Der erkennende JRichter ist in diesem Sonderfall aber dennoch für die ggf. geboten erscheinende Anordnung von Nichtbefolgungsarrest zuständig, wofür ihm die Sache durch das FamG vorzulegen ist (n. dazu → § 53 Rn. 10).

6 Außerdem kann bei einem **Aufenthaltswechsel** des Jugendlichen nach **Abs. 1 S. 4** eine **Abgabe** des Verfahrens an den JRichter des Aufenthaltsortes erfolgen. Die Voraussetzungen entsprechen (abgesehen von der hier entbehrlichen Zustimmung des JStA) den Anforderungen bei § 42 Abs. 3 S. 1 (→ § 42 Rn. 15 ff.). Deshalb scheidet die Abgabe aus, wenn der Jugendliche schon vor der Verurteilung am neuen Ort lebte (vgl. BGH BeckRS 2006, 11442; 2020, 20801). Die Zweckmäßigkeit der Abgabe kann iÜ darauf beruhen, dass das Gericht des Aufenthaltsortes nähebedingt die besseren Möglichkeiten hat, um die Auflagenerfüllung zu überwachen (BGHR JGG § 65 Zuständigkeit 1 (Gründe) = BeckRS 1996, 31090075; 2015, 17201) oder künftige Anhörungen durchzuführen (BGH BeckRS 2015, 14729; StraFo 2009, 437 = BeckRS 2009, 19909). Folgeentscheidungen müssen bei der Abgabe also noch nicht konkret anstehen. Bei **Bedenken** des übernehmenden JRichters entscheidet gem. Abs. 1 S. 5 iVm § 42 Abs. 3 S. 2 das gemeinschaftliche obere Gericht über die Übernahme (n. → § 42 Rn. 25 f.). Die Leitung der Vollstr bleibt von der Abgabe unberührt (s. auch → § 58 Rn. 17); sie muss gem. § 85 Abs. 5 separat übertragen werden (→ Rn. 3; vgl. etwa auch BGH NJW 2003, 370; Diemer/Schatz/Sonnen/Schatz Rn. 7 f.; Wohlfahrt StraFo 2017, 438 (440 f., 442); vgl. zudem BGH BeckRS 2007, 19655). Zur Vorgehensweise bei neuerlichem Aufenthaltswechsel des Jugendlichen → § 58 Rn. 23, 26.

2. Bei Anordnung durch ein allgemeines Strafgericht

7 Findet das Verfahren vor einem allg. Strafgericht statt und hält dieses ggü einem Jugendlichen die Anordnung von Weisungen für erforderlich, hat es

die Bemessung und Festlegung dieser Rechtsfolge dem FamG zu überlassen **(§ 104 Abs. 4),** woraufhin dieses auch für die meisten Folgeentscheidungen zuständig ist (→ Rn. 5 entspr. sowie → § 104 Rn. 35). Ggü einem Heranwachsenden überlässt das Gericht die Auswahl und Anordnung dem JRichter des Aufenthaltsortes **(§ 112 S. 3),** der die Folgeentscheidungen dann ebenfalls zu übernehmen hat. Von beiden Vorschriften **nicht erfasst** sind die nachträgliche Befreiung von Auflagen (sowie deren Änderung) und die Anordnung von Nichtbefolgungsarrest im Falle von Weisungen des FamG oder von Auflagen des allg. StrafG.

Die Auffassung, dass in diesen nicht eigens geregelten Konstellationen der nach § 42 örtlich zuständige JRichter berufen sein soll (so Brunner/Dölling Rn. 4), kann nicht zutr. sein, weil hier die sachliche Zuständigkeit auf eine Regelung der örtlichen Zuständigkeit gestützt wird und das Verhältnis zum Verweis auf dieselbe Norm in Abs. 1 S. 4 dabei ungeklärt bleibt. Die fraglichen Sachlagen werden ebenso wenig durch eine analoge Anwendung von § 104 Abs. 5 erfasst (dafür aber Diemer/Schatz/Sonnen/Schatz Rn. 3), weil es sich dort um die Regelung der Zuständigkeit im Aussetzungsverfahren handelt, die der Gesetzgeber für die Folgeentscheidungen bei Weisungen und Auflagen gerade nicht übernommen hat (→ Rn. 4). Angesichts der bestehenden **Regelungslücke** gilt **Abs. 1** deshalb **analog:** Zuständig für die nicht von §§ 104 Abs. 4, 112 S. 3 erfassten Anordnungen ist das **erstinstanzliche Strafgericht,** das (nur) unter den Voraussetzungen von § 42 Abs. 3 S. 1 die Sache an den JRichter des Aufenthaltsorts (→ Rn. 6) abgeben kann (iErg ebenso NK-JGG/Ostendorf/Drenkhahn Rn. 1; BeckOK JGG/Kilian Rn. 3). Dies führt trotz des Übergangs vom allg. Strafgericht auf das JGericht auch bei der Streitentscheidung gem. Abs. 1 S. 5 iVm § 42 Abs. 3 S. 2 zu keinen Problemen, weil am BGH bzw OLG als zuständigem oberen Gericht (→ § 42 Rn. 25) ohnehin immer ein allg. Strafgericht amtiert (→ §§ 33–33b Rn. 2). **8**

IV. Einzelheiten zum Verfahren

1. Rechtliches Gehör (Abs. 1 S. 1–3)

Die **Einleitung** des Verfahrens zur nachträglichen Entscheidung kann von Amts wegen, auf Anregung va des Vollstreckungsleiters (→ Rn. 3), des FamG (→ Rn. 5) und der JGH, aber auch auf Antrag des Jugendlichen, der JStA sowie des gesetzlichen Vertreters und des Erziehungsberechtigten (§ 67 Abs. 1) erfolgen. **9**

Nach **Abs. 1 S. 1** sind im weiteren Verlauf der Jugendliche und die StA sowie gem. § 67 Abs. 1 auch die Eltern vor der Entscheidung **anzuhören.** Hierbei sind dem Jugendlichen die möglicherweise zu seinem Nachteil verwertbaren **Tatsachen** und **Beweisergebnisse** mitzuteilen (§ 33 Abs. 3 StPO iVm § 2 Abs. 2). – Soweit mit Blick auf die fragliche Anordnung eine sachliche Notwendigkeit besteht, sind gem. **Abs. 1 S. 2** ferner der Vertreter der JGH (vgl. auch → § 11 Rn. 8: idR geboten), der Betreuungshelfer (vgl. → § 10 Rn. 21 f.) bzw. der Leiter eines sozialen Trainingskurses (§ 10 Abs. 1 S. 3 Nr. 6) zu hören (s. auch → § 11 Rn. 25). – Nach dem Rechtsgedanken, der § 38 Abs. 6 S. 3 zugrunde liegt, ist die JGH idR **vor der StA** zu hören (weitergehend NK-JGG/Ostendorf/Drenkhahn Rn. 5). Die StA kann auch **10** die vorherige Anhörung des Jugendlichen verlangen, damit sie dessen Position in ihrer Stellungnahme zu berücksichtigen vermag (so für Abs. 1 S. 3 jedenfalls LG Freiburg 16.3.1993 – VI Qs 8/93; zust. MüKoStPO/Kaspar Rn. 12).

11 Vor Anordnung von Nichtbefolgungsarrest muss dem Jugendlichen wegen der Entscheidungsbedeutung gem. **Abs. 1 S. 3** stets Gelegenheit zur **mündlichen Äußerung** in einem Anhörungstermin gegeben werden. Um „sich einen persönlichen Eindruck zu machen" (AG Pirmasens BeckRS 2018, 27928) und die Sachaufklärung zu fördern (nämlich die Gründe der Erfüllungsverweigerung untersuchen zu können), ist eine mündliche Verhandlung oft zweckmäßig. Vor einer wiederholten Arrestanordnung bedarf es einer **nochmaligen** Anhörung (LG Arnsberg NStZ 2006, 525). Ebenso verhält es sich vor der Anordnung von JA, wenn der Jugendliche zwar bereits angehört worden war, danach aber die ihm dort gegebene Möglichkeit, die auferlegten Verpflichtungen doch noch zu erfüllen, erneut nicht genutzt hat (KG BeckRS 2001, 16503; LG Koblenz ZJJ 2018, 166 = BeckRS 2018, 48858). Um eine mündliche Anhörung (zu deren besonderer Funktion → § 58 Rn. 4) zu erreichen, hat der JRichter über alle geeigneten und zulässigen Kontaktmöglichkeiten zu versuchen, den Jugendlichen zum (nicht erzwingbaren) Erscheinen zu bewegen, zB neben Zustellungsurkunde auch durch formlose Ladung (ebenso BeckOK JGG/Kilian Rn. 14; n. auch → § 58 Rn. 6; krit. zur rechtspraktischen Handhabung Kuil DVJJ-Journal 1992, 332 (332 f.)). Ein Schweigen des Betroffenen auf die schriftliche Anfrage, ob er eine Anhörung wünsche, darf (auch wenn es sich um einen Wiederholungsfall handelt) nicht als Verzicht interpretiert werden (LG Arnsberg BeckRS 2010, 371).

2. Entscheidung

12 Die Entscheidung ergeht durch **Beschluss** (Abs. 1 S. 1). Soweit keine mündliche Verhandlung durchgeführt worden war, sondern nur eine Anhörung oder ein Anhörungstermin, wird der Beschluss gem. § 35 Abs. 2 S. 1 durch Zustellung (und nicht durch Verkündung) bekanntgemacht (KG ZJJ 2003, 303 = BeckRS 2014, 9101; Diemer/Schatz/Sonnen/Schatz Rn. 16). Der Beschluss ist zu begründen und mit einer Rechtsmittelbelehrung zu versehen (§§ 34, 35a StPO iVm § 2 Abs. 2), die in nach § 70b geeigneter Weise verfasst sein muss (erg. → § 54 Rn. 39). KG ZJJ 2003, 303 = BeckRS 2014, 9101 hält bei anwaltlich nicht vertretenen Jugendlichen die Aushändigung eines Merkblattes für erforderlich.

13 Von der ergangenen nachträglichen Entscheidung ist – neben den Verfahrensbeteiligten und den Erziehungsberechtigten (§ 67a Abs. 1) – die JGH insbes. bei Änderung einer Weisung, der Verlängerung ihrer Laufzeit oder der Befreiung durch den JRichter zu **unterrichten** (vgl. RL III. Nr. 1 und RL IV. Nr. 2 S. 1 je zu §§ 82–85 entspr.). Eine **Mitteilung** von der nachträglichen Entscheidung an das Erziehungsregister muss nach allgA stets erfolgen (§ 60 Abs. 1 Nr. 2 iVm §§ 59, 20 BZRG); die ursprüngliche Rechtsfolge ist dort durch die geänderte zu ersetzen (NK-JGG/Ostendorf/Drenkhahn Rn. 5). Eingetragen wird auch der Nichtbefolgungsarrest (n. → § 11 Rn. 26).

V. Einzelheiten zu Rechtsmitteln

1. Nicht-/Anfechtbarkeit (Abs. 2)

Wird ein **Antrag auf Änderung von Weisungen** durch den JRichter **abgelehnt,** so ist der Beschluss **unanfechtbar (Abs. 2 S. 1).** Der gesetzliche Ausschluss des Rechtsmittels knüpft an § 55 Abs. 1 und die dort relevanten Erwägungen an (vgl. Dallinger/Lackner Rn. 10), soll also den bloßen Austausch von gleichwertigen Weisungen im Rechtsmittelweg ausschließen. Zu einer Abänderung der Entscheidung kann es daher nur unter den Voraussetzungen von § 33a StPO iVm § 2 Abs. 2 kommen – also nur dann, wenn der betroffene Beteiligte vor der Entscheidung nicht gehört worden ist (wobei der in diesem Nachholverfahren getroffene Beschluss nicht beschwerdefähig sein soll (OLG Hamburg NJW 2017, 2360)). Für sämtliche **Modifizierungen von Weisungen und Auflagen,** die in die einschr. Regelung des Abs. 2 S. 1 nicht aufgenommen wurden, gilt die dort festgelegte Unanfechtbarkeit allerdings **nicht.** 14

Hat der JRichter Weisungen geändert, ihre Laufzeit verlängert, von ihnen befreit, von Auflagen ganz oder teilweise befreit, die Befreiung von Weisungen oder ganz bzw. teilw. von Auflagen abgelehnt oder einem Antrag auf Verhängung von JA nicht stattgegeben, kann der Beschluss daher – soweit eine Beschwer gegeben und kein unzulässiger Anfechtungsgrund iSv § 55 Abs. 1 geltend gemacht wird – mit der **einfachen Beschwerde** (§ 304 StPO iVm § 2 Abs. 2) angefochten werden (vgl. nur LG Freiburg JR 1988, 523 (524) = LSK 1989, 220130 mzustAnm Eisenberg JR 1988, 524). Gegen die Verhängung von Nichtbefolgungsarrest ist nach **Abs. 2 S. 2** – ebenfalls im Rahmen der zulässigen Anfechtungsgründe gem. § 55 Abs. 1 (Brunner/Dölling Rn. 9) – die **sofortige Beschwerde** (§ 311 StPO iVm § 2 Abs. 2) zulässig, was im Hinblick auf die Intensität des Eingriffs (abw. von § 307 Abs. 1 StPO) von Gesetzes wegen aufschiebende Wirkung hat **(Abs. 2 S. 3).** 15

Wird vom Beschwerdegericht ein Verfahrensfehler, etwa eine mangelhafte Gehörsgewährung, festgestellt, kommt eine Nachholung im Beschwerdeverfahren nicht in Betracht (str.). Vielmehr ist aufzuheben und **zurückzuverweisen,** weil der Betroffene sonst eine Instanz verlöre (n. → § 58 Rn. 10; vgl. auch LG Arnsberg NStZ 2006, 525 (526); NK-JGG/Ostendorf/Drenkhahn Rn. 6; BeckOK JGG/Kilian Rn. 23). Eine weitere Beschwerde ist gem. § 310 StPO iVm § 2 Abs. 2 generell unzulässig, auch bei der Beschwerde gegen die Anordnung von Nichtbefolgungsarrest (OLG München NStZ 2012, 166). 16

2. Wiederaufnahme des Verfahrens

Umstritten ist, ob eine Wiederaufnahme bei Beschlüssen zulässig ist, durch die ein JA gem § 11 Abs. 3 S. 2 verhängt wurde. Im **allg. StVR** lehnt die hM die Wiederaufnahme bei Beschlüssen grds. ab. Für urteilsgleiche Beschlüsse werden allerdings bei Gründen, die bei einem Urteil die Wiederaufnahme rechtfertigen würden, Ausnahmen zugelassen (→ § 55 Rn. 28), zumal aus dem Ausnahmecharakter der §§ 359, 373a StPO nicht zwangsläufig der Ausschluss ihrer entspr. Anwendung folgt. Nun hat zwar der 17

Beschluss über den Nichtbefolgungsarrest keinen urteilsersetzenden Charakter, weil er die ursprünglich angeordnete Weisung gerade nicht substituiert (n. → § 11 Rn. 10), doch spricht hier trotzdem viel für die **Zulässigkeit** der Wiederaufnahme (iErg ebenso NK-JGG/Ostendorf/Drenkhahn Rn. 8; HK-JGG/Meier Rn. 12; MüKoStPO/Kaspar Rn. 18; BeckOK JGG/Kilian Rn. 25; abw. noch LG Stuttgart NJW 1957, 1686). Andernfalls wäre der Jugendliche unter Zurückstellung der Einzelfallgerechtigkeit einem möglicherweise zu Unrecht ergangenen Eingriff von solcher Intensität ausgesetzt, wie sie einem Erwachsenen in derselben Verfahrenssituation nicht zugemutet wird (zum Schlechterstellungsverbot → § 2 Rn. 23). Zudem besteht gerade im JStR ein gesteigerter Anlass, das ggf. vorhandene Vertrauen in die Rechtsordnung nicht durch ein unüberprüftes Festhalten an staatlichen Entscheidungen, die uU fehlerhaft sind, erodieren zu lassen.

Ergänzung rechtskräftiger Entscheidungen bei mehrfacher Verurteilung

66 (1) [1] **Ist die einheitliche Festsetzung von Maßnahmen oder Jugendstrafe (§ 31) unterblieben und sind die durch die rechtskräftigen Entscheidungen erkannten Erziehungsmaßregeln, Zuchtmittel und Strafen noch nicht vollständig ausgeführt, verbüßt oder sonst erledigt, so trifft der Richter eine solche Entscheidung nachträglich.** [2] **Dies gilt nicht, soweit der Richter nach § 31 Abs. 3 von der Einbeziehung rechtskräftig abgeurteilter Straftaten abgesehen hatte.**

(2) [1] **Die Entscheidung ergeht auf Grund einer Hauptverhandlung durch Urteil, wenn der Staatsanwalt es beantragt oder der Vorsitzende es für angemessen hält.** [2] **Wird keine Hauptverhandlung durchgeführt, so entscheidet der Richter durch Beschluß.** [3] **Für die Zuständigkeit und das Beschlußverfahren gilt dasselbe wie für die nachträgliche Bildung einer Gesamtstrafe nach den allgemeinen Vorschriften.** [4] **Ist eine Jugendstrafe teilweise verbüßt, so ist der Richter zuständig, dem die Aufgaben des Vollstreckungsleiters obliegen.**

Übersicht

I. Anwendungsbereich und Einordnung

Die Vorschrift gilt in Verfahren gegen Jugendliche und jene Heranwachsende, bei denen nach § 105 Abs. 1 sachliches JStR angewandt worden ist. In Verfahren vor einem allg. Strafgericht kommt die Norm gem. § 104 Abs. 2 (bei Heranwachsenden iVm § 112 S. 1) nach pflichtgemäßem richterlichem Ermessen (regelmäßig) zur Anwendung (n. → § 104 Rn. 25). Ist die von § 105 Abs. 2 vorgesehene Bildung einer einheitlichen Rechtsfolge unterblieben, gilt die Norm gem. § 109 Abs. 2 S. 2 ebenfalls (s. auch → Rn. 6). 1

Die Vorschrift stellt den in § 31 enthaltenen Grundsatz der **einheitlichen Rechtsfolgenanordnung** (→ § 31 Rn. 3 ff.) in jenen Konstellationen sicher, in denen diese integrierte Reaktion zunächst unterblieben ist. Soweit die Möglichkeit noch besteht, wird die Entscheidung nachgeholt und das differenzierte Rechtsfolgenergebnis der früheren Urteile durch die Festlegung der einheitlichen Rechtsfolge ersetzt (zu den Voraussetzungen → Rn. 4 ff.). Dies ermöglicht die Festlegung der spezialpräventiv geeignetsten Reaktion und entspricht so dem Grundanliegen von § 2 Abs. 1 (ebenso zB MüKoStPO/Kaspar Rn. 2 f.). Die Vorschriften über die nachträgliche Gesamtstrafenbildung (§ 55 StGB, § 460 StPO), mit denen ein anderer Regelungszweck verfolgt wird (→ § 31 Rn. 13 ff.), sind im JStV dagegen ohne Relevanz. 2

Für die nachträgliche Ergänzung gem. § 66 ist es unerheblich, aus welchen Gründen die Entscheidung iSv § 31 bislang unterblieben war (Unkenntnis von anderen Verfahren, dort noch laufende Rechtsmittel usw.). Nur dort, wo man von der Einheitsrechtsfolge bewusst Abstand genommen hatte (§§ 31 Abs. 3, 66 Abs. 1 S. 2), wird die sog. Entscheidungsergänzung iSv § 66 ausgeschlossen. In allen anderen Fällen muss sie bei Vorliegen der Voraussetzungen erfolgen. Dann entfallen alle Feststellungen, die zum Rechtsfolgenausspruch bereits getroffen wurden (n. → § 31 Rn. 39 ff.), und die Einheitsrechtsfolge tritt **an die Stelle** der bisherigen Rechtsfolgenaussprüche – ganz so, als ob sämtliche Verfehlungen in einer Verhandlung abgeurteilt worden wären (vgl. n. → § 31 Rn. 46 ff.). Diese bleiben aber bis zur Rechtskraft der Einheitsrechtsfolge weiter vollstreckbar (KG NStZ-RR 2004, 286; BeckOK JGG/Kilian Rn. 33), fallen danach jedoch vollständig weg (s. dazu BGH NStZ 1997, 100 (101): auch etwaige Maßregeln). 3

II. Voraussetzungen

1. Fehlen der einheitlichen Rechtsfolgenfestsetzung (Abs. 1 S. 1)

Wegen mehrerer Straftaten müssen mehrere selbstständige gerichtliche Entscheidungen ergangen sein, wobei es keine Bedeutung hat, ob sich die 4 einzelnen Verurteilungen auf eine Straftat beziehen oder ob in ihnen bereits eine einheitliche Festsetzung wegen mehrerer Straftaten (§ 31 Abs. 1 und/ oder Abs. 2) enthalten ist. Maßgeblich ist, dass die an sich für alle diese Entscheidungen zulässige einheitliche Festsetzung von Maßnahmen oder JStrafe nicht erfolgt ist – dh, dass bei **mindestens einer** dieser Entscheidungen die nach § 31 **mögliche** Integration in die Einheitsrechtsfolge **ausgeblieben** ist. Die dem zugrunde liegenden Umstände sind grds. – mit Ausnahme der in Abs. 1 S. 2 geregelten Sachlage (n. → Rn. 6 f.) – unerheblich.

5 Bedeutungslos ist es so auch, wenn das zuvor befasste Gericht die Einbeziehung und einheitliche Festsetzung einer Rechtsfolge aus **rechtlich unzutreffenden** Erwägungen heraus **abgelehnt** hat. Zwar ist im allg. StVR in einem solchen Fall die fehlerhafte Entscheidung im Rechtsmittelzug anzufechten, wohingegen ihre Korrektur im Beschlussverfahren zur nachträglichen Gesamtstrafenbildung (§ 460 StPO) nicht zugelassen wird (BGHSt 12, 1 = NJW 1958, 1643; OLG Hamburg NStZ 1992, 607; KK-StPO/Appl StPO § 460 Rn. 5), doch ist dies auf § 66 nicht übertragbar. Erstens kommt hier der Grund für den Vorrang des Rechtsmittelverfahrens, wonach das schriftliche Beschlussverfahren dem Betroffenen schlechtere Möglichkeiten zur Rechtsverwirklichung gibt, gar nicht zum Tragen, weil nach Abs. 2 in allen problematischen Fällen eine HV durchgeführt werden kann. Und zweitens geht es bei § 65 (anders als bei § 460 StPO nicht um die Sicherung des sog. Gesamtstrafenvorteils, sondern) um die Gewährleistung einer einheitlichen Reaktion, die dem Nebeneinander mehrerer (gar unabgestimmter) Rechtsfolgen spezialpräventiv vorzuziehen ist (→ § 31 Rn. 14). Mit Blick auf **§ 2 Abs. 1 S. 2** kann die Zulässigkeit des Vorgehens nach § 65 also nicht daran scheitern, dass die nachträgliche Festsetzung der Einheitsrechtsfolge im Rechtsmittelweg möglich war, aber nicht erfolgt ist.

2. Kein erzieherisch begründetes Absehen von der Einbeziehung

6 Im Sinne einer Negativvoraussetzung darf die in **Abs. 1 S. 2** erfasste Konstellation nicht einschlägig sein. Hiernach scheidet die nachträgliche Bildung einer einheitlichen Maßnahme oder JStrafe aus, wenn von der Einbeziehung nach § 31 Abs. 3 S. 1 aus spezialpräventiven Zweckmäßigkeitserwägungen heraus abgesehen worden war. Dies gilt gleichermaßen im Fall von **§ 109 Abs. 2 S. 2.** Auch die Einbeziehung einer nach allg. StR erfolgten Verurteilung in die nachträgliche Festsetzung einer Einheitsrechtsfolge unterbleibt demnach, wenn das vorher befasste JGericht dies bereits nach § 31 Abs. 3 abgelehnt hatte. Diesem Einbeziehungshindernis liegt die Annahme zugrunde, dass das nunmehr zuständige Gericht die Funktionalität einer Einheitsrechtsfolge nicht notwendig besser beurteilen kann, als es das (oft andere) erkennende Gericht vermochte. Auch wirke es erzieherisch kaum konsequent, wenn dessen Ermessensausübung einfach an die Stelle der anderen Ermessensentscheidung treten könne.

7 Die **Sperrwirkung** des Abs. 1 S. 2 tritt in Anbetracht dessen aber **nur** dann ein, wenn das Gericht in der früheren Entscheidung tatsächlich aus erzieherischen Gründen auf die Einbeziehung der rechtskräftig abgeurteilten Straftaten verzichtet hat – nicht dagegen, wenn das Gericht die Nicht-/ Einbeziehung erklärtermaßen einer nachträglichen Ergänzungsentscheidung gem. § 66 **vorbehalten** wollte (zu einer solchen Sonderkonstellation → § 31 Rn. 24) oder wenn nach den Urteilsgründen nicht auszuschließen ist, dass es

die Möglichkeit der einheitlichen Festsetzung einer Rechtsfolge nur übersehen hat (BGHSt 51, 136 = NJW 2007, 447). Dies ist anzunehmen, wenn die Einbeziehung unterbleibt, **ohne** dass dies **ausdrücklich** ausgesprochen wird bzw. „ohne dass sich aus dem Urteil ein Grund ersehen ließe" (OLG Celle NStZ-RR 2010, 27 (Ls.) = BeckRS 2009, 27559; zur notwendigen Begründung einer Nichteinbeziehung gem. § 31 Abs. 3 S. 1 vgl. → § 31 Rn. 31, 63). Besteht neben den Entscheidungen, deren Nebeneinander gem. § 31 Abs. 3 festgelegt worden war, **noch eine weitere selbstständige Entscheidung,** die noch nicht berücksichtigt wurde oder werden konnte, ist unklar, ob das damalige Gericht in Kenntnis der weiteren, noch hinzukommenden Rechtsfolge an der Nichteinbeziehung festgehalten hätte. Deshalb tritt hier ebenfalls keine Sperrwirkung nach Abs. 1 S. 2 ein weg (Diemer/Schatz/Sonnen/Schatz Rn. 10; NK-JGG/Ostendorf/Drenkhahn Rn. 4; v. Beckerath, Jugendstrafrechtliche Reaktionen bei Mehrfachtäterschaft, 1997, S. 152).

3. Einbeziehungsfähigkeit der Entscheidungen

a) Rechtskraft. Eine Einbeziehung setzt Klarheit über das Einzubeziehende voraus. Die dem nachträglichen Verfahren zugrunde liegenden früheren Entscheidungen bedürfen daher **sämtlich** der Rechtskraft (zu entspr. Problemen bei der sog. Ketteneinbeziehung → § 31 Rn. 16a). Ebenso müssen Zweifel über die Berechnung der Dauer der verhängten Maßnahme oder JStrafe wie über die Auslegung des Urteils insgesamt bereits behoben sein (BayObLG NJW 1955, 601; Diemer/Schatz/Sonnen/Schatz Rn. 6). Fehlt es daran bei einer der fraglichen Entscheidungen, kann das nachträgliche Verfahren nur wegen der übrigen durchgeführt werden. Dafür spricht die dann schnell erreichbare, partielle Rechtsfolgeneinheitlichkeit. Sofern für den Jugendlichen durch eine bevorstehende Vollstr keine Nachteile eintreten, darf aber auch die Rechtskraft sämtlicher Entscheidungen abgewartet werden (s. auch → Rn. 17). 8

b) Keine Erledigung der Rechtsfolgen. Die rechtskräftigen Entscheidungen müssen Maßnahmen oder JStrafen angeordnet haben, die im nachträglichen Entscheidungszeitpunkt gem. Abs. 1 S. 1 noch ganz oder teilw. umzusetzen – also noch **nicht vollständig ausgeführt, vollstreckt** oder sonst **erledigt** – sind. Insofern gelten die allg. Maßgaben (n. dazu → § 31 Rn. 21 ff.). Darauf, ob diese Bedingung im Zeitpunkt des Erlasses der letzten rechtskräftigen einzubeziehenden Entscheidung vorgelegen hat, kommt es nicht an. Anders als bei § 460 StPO ist, wie die unterschiedliche Tatbestandsfassung deutlich macht, bei Abs. 1 S. 1 allein maßgeblich, dass zum **Nachentscheidungszeitpunkt** keine Erledigung eingetreten ist (vgl. schon Dallinger/Lackner Rn. 7). 9

c) Handhabung bei Entscheidungen gem. § 27. Umstritten ist, ob eine Schuldfeststellung und Anordnungsaussetzung gem. § 27 zu den nachträglich einbeziehbaren Entscheidungen zählt. Dafür spricht, dass ihre Einbeziehung bei § 31 Abs. 2 anerkanntermaßen zugelassen wird (→ § 31 Rn. 16 und 24). Der systematische Vergleich zwischen § 31 Abs. 2, dessen Normtext die Entscheidung des § 27 ausdrücklich erwähnt („rechtskräftig die Schuld fesgestellt"), mit Abs. 1 S. 1, wo dies gerade nicht geschehen ist, weist aber in eine andere Richtung. Hinzu kommt, dass die Anordnung 10 einer JStrafe nach einem Verhängungsvorbehalt iSv § 27 stets nur in einer HV erfolgen kann (§ 30 Abs. 1, § 62 Abs. 1 S. 1), wohingegen dem Jugendlichen eine solche Vorkehrung bei der nachträglichen Zusammenführung einer Schuldfeststellung mit einer anderen rechtskräftigen Entscheidung nicht garantiert ist und er insofern schlechter gestellt wäre. Deshalb wird die nachträgliche **Einbeziehungsfähigkeit** der Entscheidung iSv § 27 von der hM zu Recht **verneint** (BGHSt 51, 136 = NJW 2007, 447 mablAnm Dölling NStZ 2008, 694; Dallinger/Lackner Rn. 8; HK-JGG/Meier Rn. 4; BeckOK JGG/Kilian Rn. 6; Neubacher/Bachmann NStZ 2013, 386 (389); Laubenthal/Baier/Nestler JugendStrafR Rn. 506; Streng JugendStrafR Rn. 282; aA Brunner/Dölling Rn. 2; NK-JGG/Ostendorf/Drenkhahn Rn. 7; v. Beckerath, Jugendstrafrechtliche Reaktionen bei Mehrfachtäterschaft, 1997, S. 157). In der Konsequenz ist die Rechtsfolgeneinheit bereits bei Ausspruch der Verhängungsaussetzung gem. § 27 oder beim späteren Erlass der anderen Entscheidung herzustellen. Ist das unterblieben, kann diese andere (dann rechtskräftige) Entscheidung aber noch gem. § 31 Abs. 2 in die ggf. gem. § 30 Abs. 1 ausgesprochene **JStrafe einbezogen** werden (oder nach deren Anordnung erfolgt die Zusammenführung nachträglich gem. § 65).

4. Folge: neue Entscheidung gem. § 31

11 Sind die genannten Voraussetzungen gegeben, muss das nachträgliche Ergänzungsverfahren von Amts wegen eingeleitet (→ Rn. 17) und mit Blick auf die **nunmehrige Situation eine neue Entscheidung** getroffen werden. Das Gericht kann, wenn es für die aktuelle Lage die Voraussetzungen von **§ 31 Abs. 3** (→ § 31 Rn. 29 ff.) bejaht, die selbstständigen Rechtsfolgen durch einen entspr. ausdrücklichen und n. begründeten Ausspruch nebeneinander bestehen lassen (OLG Celle NStZ-RR 2010, 27 (Ls.) = BeckRS 2009, 27559). Entscheidet es sich für die Anordnung einer Einheitsrechtsfolge gem. **§ 31 Abs. 2,** hat es diese nach den allg. Maßgaben (→ § 1 Rn. 39 ff.), allerdings bezogen auf die erzieherischen Erfordernisse des neuen Entscheidungszeitpunktes, vorzunehmen. Dabei ist es grds. an die tatsächlichen Feststellungen gebunden, auf denen die Schuldsprüche der rechtskräftigen Entscheidungen beruhen (was indes problematisch ist, wenn aus der Sicht des Gerichts insofern rechtsfolgenrelevante Fehlentscheidungen erfolgt waren). Keine Bindung besteht jedenfalls an die dortigen Rechtsfolgenaussprüche (→ § 31 Rn. 43 ff.).

12 Aus dieser Eigenständigkeit der nachträglichen Rechtsfolgenentscheidung ergibt sich, dass die Einheitsrechtsfolge durchaus eingriffsmilder als die schwerste rechtskräftige Einzelrechtsfolge sein kann (Eisenberg ZJJ 2015, 421 (422)). Der Auffassung, dass sie umgekehrt auch eingriffsintensiver als die Summe der bisherigen Anordnungen ausfallen dürfte (Dallinger/Lackner Rn. 9; Brunner/Dölling Rn. 5; Diemer/Schatz/Sonnen/Schatz Rn. 15; MüKoStPO/Kaspar Rn. 9; Streng JugendStrafR Rn. 283), steht das **Verschlechterungsverbot** nicht entgegen (denn es liegt kein Rechtsmittel vor). Jedoch ist das Spannungsverhältnis zum Verbot der Schlechterstellung (→ § 2 Rn. 23 ff.) offensichtlich, weil bei Erwachsenen hier § 54 Abs. 2 S. 1 StGB für eine Grenze sorgen würde (für deren analoge Geltung NK-JGG/Ostendorf/Drenkhahn Rn. 11). Unabhängig davon kann eine solche Rechtsfolge aber gar nicht mit § 2 Abs. 1 vereinbar sein, weil sie das Ver-

trauen des Jugendlichen in die bisherige Eingriffsschwere enttäuschen würde und daher erzieherisch dysfunktional wäre.

III. Zuständigkeit

1. Reichweite der Regelung

Liegen die Voraussetzungen der Entscheidungsergänzung vor, ergeben sich aus **Abs. 2** die Vorgaben für das dann obligatorische Verfahren und die Zuständigkeit. Diese Maßgaben können allerdings auch für weitere nachträgliche Entscheidungsformen relevant sein. Einem Teil der Rspr. – anders allerdings für das allg. StR BGH BeckRS 2024, 37261 und für das JStR BGH BeckRS 2024, 34037 (zuständig sei das erkennende Gericht) – zufolge betrifft dies namentlich jene Konstellationen, in denen eine nach § 31 angeordnete einheitliche Rechtsfolge gem. **Art. 313 Abs. 4 EGStGB** nachträglich an eine veränderte Rechtslage (Strafbarkeitswegfall eines Teils der sanktionierten Taten) angepasst werden muss, wie etwa im Zuge des KCanG (zur hier möglichen Heranziehbarkeit von Abs. 2 S. 3 und S. 4 vgl. OLG Hamm StRR 2024, 29 = BeckRS 2024, 9142; zust. wohl OLG Frankfurt a. M. BeckRS 2024, 25750; 8; OLG Saarbrücken BeckRS 2024, 24705; teilw. abw. AG Heinsberg BeckRS 2024, 9580; speziell zur Zuständigkeit des Vollstreckungsleiters, falls eine JStrafe verhängt und schon teilw. vollstreckt worden war, → § 82 Rn. 11; zur dann möglichen Zuständigkeitsübertragung gem. § 85 Abs. 5 → § 85 Rn. 35). 13

2. Regelzuständigkeit gem. Abs. 2 S. 3

Nach **Abs. 2 S. 3** bestimmt sich die Zuständigkeit nach den Regelungen, die im Verfahren der **nachträglichen Gesamtstrafenbildung** im allg. StVR gelten. Deshalb entscheidet gem. Abs. 2 S. 3 iVm § 462a Abs. 3 S. 1 StPO das Gericht, das als erstinstanzliches Gericht in all den Verfahren erkannt hat, deren Entscheidungsergebnisse nun durch eine Einheitsrechtsfolge ersetzt werden sollen. Waren diese Urteile von verschiedenen Gerichten erlassen worden, ist das Gericht zuständig, dass die eingriffsintensivste Einzelrechtsfolge angeordnet hatte (Abs. 2 S. 3 iVm § 462a Abs. 3 S. 2 StPO). Der hier anzustellende Vergleich ist dadurch erschwert, dass das JGG keine einheitliche Abstufung der einzelnen Rechtsfolgen vorsieht und daher die Schwere der jeweils konkreten jugendstrafrechtlichen Interventionen zu vergleichen ist (zust. Löwe/Rosenberg/Graalmann-Scheerer StPO § 460 Rn. 60; zu den daher heranzuziehenden Maßgaben → § 55 Rn. 34 ff., 45 ff.; vgl. auch → § 5 Rn. 21 f.). Bei gleichschweren Rechtsfolgen hat jenes Gericht den Vorrang, das zuletzt geurteilt hat (für OLG vgl. iÜ die gem. Abs. 2 S. 3 ebenfalls zu berücksichtigenden Regelungen in § 462a Abs. 3 S. 3 StPO). 13a

3. Vorrangige Zuständigkeit gem. Abs. 2 S. 4

Das nachträgliche Ergänzungsverfahren ist Teil des Erkenntnis-, nicht etwa des Vollstreckungsverfahrens (LG Bonn BeckRS 2021, 28228). Das erklärt den eben genannten Zuständigkeitsgrundsatz. Lautet mindestens eine der einzubeziehenden Entscheidungen auf eine JStrafe, die bereits teilw. voll- 14 streckt worden ist, überträgt Abs. 2 S. 4 hingegen die ausschließliche Zuständigkeit dennoch auf jenen JRichter, dem für die fragliche JStrafe die Aufgaben des **Vollstreckungsleiters** (§§ 82 ff.) obliegen. Dies knüpft daran an, dass mit der Vollstr zwar begonnen, sie aber weder schon beendet noch (nach teilw. Vollstr) gem. § 88 Abs. 6 S. 1 iVm § 26a erlassen wurde. Der Beginn von U-Haft oder deren bloße Anrechnung ist kein Beginn und stellt daher auch keine **teilw. Vollstr** dar, denn die durch Abs. 2 S. 4 begründete besondere Zuständigkeit des Vollstreckungsleiters beruht darauf, dass dieser sich iRd Vollstreckungsverfahrens bereits mit dem Jugendlichen befasst hat und ihm daher am ehesten die Beurteilungsgrundlagen für einen einheitlichen Rechtsfolgenausspruch zur Verfügung stehen (ebenso OLG Hamm StRR 2024, 29 = BeckRS 2024, 9142). Das ist bei der Strafzeitanrechnung noch nicht erfolgt. – Kommen nach dem vorgenannten Kriterium wegen verschiedener teilvollstreckter JStrafen mehrere JRichter in Betracht, ist jeder zuständig, wobei demjenigen, der das Verfahren zur Ergänzung der rechtskräftigen Entscheidungen zuerst einleitet, der Vorrang zukommt (allgA).

15 Wechselt die örtliche Zuständigkeit für die Leitung der Vollstr, tritt zugleich ein **Wechsel der örtlichen** Zuständigkeit auch hinsichtlich der nach § 66 zu treffenden Entscheidungen ein (vgl. etwa BGH BeckRS 2011, 20244). Denkbar ist dies bei einem gesetzlichen Übergang der Zuständigkeit auf einen anderen Vollstreckungsleiter (§ 85 Abs. 2 und Abs. 3) oder bei deren Abgabe (§ 88 Abs. 5), dh insbesondere bei der Übertragung der weiteren Entscheidungen an den JRichter des Aufenthaltsortes, zu der es bei einer vorzeitigen Entlassung häufig kommt (§ 88 Abs. 6 S. 2, § 58 Abs. 3 S. 2). Erfolgt die Übertragung der Zuständigkeit nur teilw., tritt dadurch die Zuständigkeit beider JRichter ein, wobei es sich infolge der Widerrufsmöglichkeit durch den abgebenden Vollstreckungsleiter (§ 85 Abs. 5) empfiehlt, dass die Entscheidungen iSv § 66 diesem überlassen bleiben. – Auf die Situation des teilw. vollzogenen JA ist Abs. 2 S. 4 nicht anwendbar.

4. Strafgewalt

16 Aus der Ausschließlichkeit, mit der **Abs. 2 S. 4** die sachliche Zuständigkeit zuweist, folgt nach allgA, dass der (wegen seiner Vollstreckungsleitung zuständig gewordene) JRichter bei der Festsetzung der Einheitsrechtsfolge **nicht** an die allg. Beschränkungen seiner Rechtsfolgenkompetenz in **§ 39 Abs. 2 gebunden** ist (allgA, vgl. etwa KG ZJJ 2015, 420). Anders verhält sich dies bei der generellen Zuständigkeitsregelung iSv → Rn. 13. Besteht hiernach die Zuständigkeit des JRichters und reicht dessen Strafgewalt (§ 39 Abs. 2) für die beabsichtigte Einheitsrechtsfolge nicht aus, muss er die Sache gem. Abs. 2 S. 3 iVm § 462a Abs. 3 S. 4 StPO der JKammer vorlegen (n. zur Vornahme der Vorlage → § 39 Rn. 13 ff.).

IV. Ergänzungsverfahren

1. Einleitung

17 Sobald das Vorliegen der **Voraussetzungen** für die nachträgliche Festsetzung einer einheitlichen Rechtsfolge **ersichtlich** wird, ist das Ergänzungsverfahren einzuleiten (RL 1 S. 1) – sei es **von Amts wegen** (OLG

Celle NStZ-RR 2010, 27 (Ls.) = BeckRS 2009, 27559) oder auf Anregung eines Verfahrensbeteiligten. Mit Blick auf die jugendstrafrechtliche Bedeutung der verbundenen Reaktion hat das unverzüglich zu erfolgen. Mit der Einleitung abwarten darf der JRichter nur, wenn dadurch eine weitere, zunächst noch nicht rechtskräftige Entscheidung einbezogen werden kann und diesem Vorteil keine überwiegenden Nachteile gegenüberstehen, die mit der fortlaufenden Vollstr einer anderen einbeziehungsfähigen Rechtsfolge einhergehen (s. auch → Rn. 8). Es wäre aber rechtswidrig, wenn der zuständige JRichter die Verfahrenseinleitung **hinausschieben** würde, um so die Unzulässigkeit der Einbeziehung durch vollständige Vollstreckung einer Einzelrechtsfolge eintreten zu lassen und das nachträgliche Ergänzungsverfahren entbehrlich zu machen (n. schon Dallinger/Lackner Rn. 12). Anders verhält es sich nur, wenn die nachträgliche Entscheidung bis zu einem solchen Erledigungseintritt gar nicht zu schaffen ist; dann kann von der Einleitung des Verfahrens abgesehen werden (vgl. auch Diemer/Schatz/Sonnen/Schatz Rn. 12).

2. Entscheidung durch Urteil oder Beschluss

Die Entscheidung ergeht dann **aufgrund einer HV** durch Urteil, wenn entweder der Vorsitzende diese Verfahrensweise für angemessen hält oder der JStA es beantragt **(Abs. 2 S. 1).** Für die Durchführung einer HV sprechen oftmals die dort besseren Möglichkeiten, die Positionen und Interessen des Betroffenen zur Geltung zu bringen sowie seine Kooperation bei der Umsetzung der ergänzenden Rechtsfolgenentscheidung zu erreichen. Obwohl die hM dem Jugendlichen, seinem Erziehungsberechtigten und dem gesetzlichen Vertreter kein Antragsrecht zur Herbeiführung der HV zuerkennt (krit.: Diemer/Schatz/Sonnen/Schatz Rn. 22: Ungleichbehandlung ggü der StA), sind begründete Anregungen (ggf. auch der JGH) zum Anlass zu nehmen, eine HV durchzuführen. Ohnehin wird die Zusammenführung verschiedener Deliktsereignisse häufig eine neue Perspektive auf die Entwicklung, die Probleme und die Persönlichkeit des Jugendlichen notwendig machen, die jedoch nur in einer umfangreichen Beweisaufnahme angemessen entwickelt werden kann. 18

Stellt die JStA keinen Antrag, befindet der Vorsitzende über das Ob einer HV mit einer **Ermessensentscheidung,** die nicht selbstständig angreifbar ist (LG Zweibrücken MDR 1993, 679 = LSK 1993, 300434). Wenn er sich zur Durchführung einer HV entschließt, hat dies aber selbst- und gerichtsbindenden Charakter (Brunner/Dölling Rn. 7; aA NK-JGG/Ostendorf/Drenkhahn Rn. 18). Für die Vorbereitung und **Durchführung** der HV gelten die Vorschriften des allg. StVR (§§ 213 ff., 226 ff. StPO iVm § 2 Abs. 2), wobei Regelungen mit Bezugnahmen auf einen Eröffnungsbeschluss (zB in § 215 S. 1 StPO) indes gegenstandslos sind, weil das Verfahren zur Ergänzung rechtskräftiger Entscheidungen keinen Eröffnungsbeschluss voraussetzt (allgA). 19

Ist ein Antrag der JStA nicht gestellt und entscheidet sich der Vorsitzende auch nicht aus eigenem Entschluss zur Durchführung einer HV, ergeht die Entscheidung **ohne mündliche Verhandlung** durch **Beschluss** (Abs. 2 S. 2 und S. 3 iVm § 462 Abs. 1 S. 1 StPO). Vor der Entscheidung sind der Jugendliche und die JStA (S. 3 iVm § 462 Abs. 2 S. 1 StPO) sowie der Erziehungsberechtigte und der gesetzliche Vertreter (§ 67 Abs. 1) **zu hören** 20 (vgl. § 33 Abs. 3 StPO iVm § 2 Abs. 2). Nach Maßgabe von § 38 Abs. 6 S. 1 und S. 3 gilt das auch für die JGH (Löwe/Rosenberg/Graalmann-Scheerer StPO § 460 Rn. 60). Zur notwendigen Verteidigung → § 68a Rn. 3a.

3. Entscheidungsinhalt und -form

21 Falls die Bildung der Einheitssanktion gem. § 31 Abs. 3 (mit für die Zukunft iSv Abs. 1 S. 2 bindender Wirkung) abgelehnt wird, muss das im Urteil oder Beschluss ausdrücklich ausgesprochen werden (OLG Celle NStZ-RR 2010, 27 (Ls.) = BeckRS 2009, 27559). Wird eine Einheitssanktion angeordnet, sind bei der Tenorierung und **Begründung** dieselben Maßgaben zu beachten, die auch schon bei der letzten einbezogenen Entscheidung zu berücksichtigen gewesen wären (→ n. § 31 Rn. 61 ff.). Wird über die Einheitsrechtsfolge durch Beschluss entschieden, hat dieser einen urteilsgleichen Charakter (Diemer/Schatz/Sonnen/Schatz Rn. 24), sodass seine Begründung (§ 34 StPO iVm § 2 Abs. 2) den Anforderungen von § 54 Abs. 1 entsprechen muss (für das allg. StR ähnlich schon BGH NJW 1953, 1360). Zur Bekanntmachung des Beschlusses (auch ggü. den Eltern) und der gem. § 70b Abs. 1 geeigneten Rechtsmittelbelehrung vgl. §§ 35, 35a StPO iVm § 2 Abs. 2, § 67a Abs. 1 sowie → § 54 Rn. 39. Zu den Kosten vgl. → § 74 Rn. 10 und 18 sowie RL 2 und 3 S. 2 zu § 74.

4. Anfechtbarkeit

22 Das **Urteil** ist unter den Voraussetzungen des § 55 mit Berufung bzw. Revision anfechtbar. Die Nachprüfung beschränkt sich dabei auf den einheitlichen Rechtsfolgenausspruch, da die Schuldsprüche in den früheren Entscheidungen nach allgA bereits teilrechtskräftig sind. Gegen den **Beschluss** ist die mit aufschiebender Wirkung versehene sofortige Beschwerde zulässig (Abs. 2 S. 3 iVm § 462 Abs. 3 StPO; für seltene Ausnahmen vgl. § 304 Abs. 4 StPO iVm § 2 Abs. 2). Jedoch sind die nach § 55 Abs. 1 gegebenen Rechtsmittelbeschränkungen zu berücksichtigen (zur entspr. Geltung des Verbots der reformatio in peius vgl. → § 55 Rn. 41).

Siebenter Unterabschnitt. Gemeinsame Verfahrensvorschriften

Stellung der Erziehungsberechtigten und der gesetzlichen Vertreter

67 (1) Soweit der Beschuldigte ein Recht darauf hat, gehört zu werden oder Fragen und Anträge zu stellen, steht dieses Recht auch den Erziehungsberechtigten und den gesetzlichen Vertretern zu.

(2) Die Rechte der gesetzlichen Vertreter zur Wahl eines Verteidigers und zur Einlegung von Rechtsbehelfen stehen auch den Erziehungsberechtigten zu.

(3) [1] Bei Untersuchungshandlungen, bei denen der Jugendliche ein Recht darauf hat, anwesend zu sein, namentlich bei seiner Vernehmung, ist den Erziehungsberechtigten und den gesetzlichen Vertretern die Anwesenheit gestattet, soweit

1. dies dem Wohl des Jugendlichen dient und
2. ihre Anwesenheit das Strafverfahren nicht beeinträchtigt.

[2] Die Voraussetzungen des Satzes 1 Nummer 1 und 2 sind in der Regel erfüllt, wenn keiner der in § 51 Absatz 2 genannten Ausschlussgründe und keine entsprechend § 177 des Gerichtsverfassungsgesetzes zu behandelnde Missachtung einer zur Aufrechterhaltung der Ordnung getroffenen Anordnung vorliegt. [3] Ist kein Erziehungsberechtigter und kein gesetzlicher Vertreter anwesend, weil diesen die Anwesenheit versagt wird oder weil binnen angemessener Frist kein Erziehungsberechtigter und kein gesetzlicher Vertreter erreicht werden konnte, so ist einer anderen für den Schutz der Interessen des Jugendlichen geeigneten volljährigen Person die Anwesenheit zu gestatten, wenn die Voraussetzungen des Satzes 1 Nummer 1 und 2 im Hinblick auf diese Person erfüllt sind.

(4) [1] Das Jugendgericht kann die Rechte nach den Absätzen 1 bis 3 Erziehungsberechtigten und gesetzlichen Vertretern entziehen, soweit sie verdächtig sind, an der Verfehlung des Beschuldigten beteiligt zu sein, oder soweit sie wegen einer Beteiligung verurteilt sind. [2] Liegen die Voraussetzungen des Satzes 1 bei einem Erziehungsberechtigten oder einem gesetzlichen Vertreter vor, so kann der Richter die Entziehung gegen beide aussprechen, wenn ein Mißbrauch der Rechte zu befürchten ist. [3] Stehen den Erziehungsberechtigten und den gesetzlichen Vertretern ihre Rechte nicht mehr zu, so bestellt das Familiengericht einen Pfleger zur Wahrnehmung der Interessen des Beschuldigten im anhängigen Strafverfahren. [4] Die Hauptverhandlung wird bis zur Bestellung des Pflegers ausgesetzt.

(5) [1] Sind mehrere erziehungsberechtigt, so kann jeder von ihnen die in diesem Gesetz bestimmten Rechte der Erziehungsberechtigten ausüben. [2] In der Hauptverhandlung oder in einer sonstigen gerichtlichen Verhandlung werden abwesende Erziehungsberechtigte als durch anwesende vertreten angesehen. [3] Sind Mitteilungen oder

Ladungen vorgeschrieben, so genügt es, wenn sie an eine erziehungsberechtigte Person gerichtet werden.

Übersicht

I. Anwendungsbereich

1 Die Vorschrift gilt **ausschließlich** für **Jugendliche,** bei ihnen jedoch auch in Verfahren vor den allg. Strafgerichten (§ 104 Abs. 1 Nr. 9). In den Sonderfällen und unter den engen Voraussetzungen von § 104 Abs. 3 kann dort allerdings das Ruhen der in Abs. 1 und 2 geregelten Rechte angeordnet werden. Die Regelung ist iÜ auch im vereinfachten JVerfahren (§ 78 Abs. 3 S. 2) sowie bei Entscheidungen im Vollstreckungsverfahren (§ 83 Abs. 3 S. 2) anwendbar (sowie gem. § 46 Abs. 1 OWiG auch im OWi-Verfahren (vgl. dazu auch → § 67a Rn. 8)).

Im Verfahren gegen **Heranwachsende** ist die Vorschrift (unabhängig von der Nicht-/Anwendung des sachlichen JStR gem. § 105 Abs. 1) dagegen ohne Bedeutung. War der Heranwachsende zur Tatzeit über 18 Jahre, ergibt sich dies im Rückschluss aus § 109 Abs. 1 und Abs. 2 (OLG Köln NJW 1965, 1393). War er zur Tatzeit noch Jugendlicher und hat er in dem Zeitpunkt, zu dem die Anwendung der Norm zur Debatte steht, das 18. Lbj. erreicht, beruht dies darauf, dass er durch seine zwischenzeitlich erreichte Volljährigkeit weder Erziehungsberechtigte noch gesetzliche Vertreter hat (s. auch → § 1 Rn. 3, → § 50 Rn. 2). Tritt die Volljährigkeit des Beschuldigten **während des Verfahrens** ein, fallen die jugendstrafprozessualen Rechte (und Pflichten) der Erziehungsberechtigten und gesetzlichen Vertreter deshalb in diesem Zeitpunkt weg (BGH NJW 1956, 1607 (Ls.) = BeckRS 1956, 31192974; NStZ-RR 2009, 354 (Ls.) = BeckRS 2009, 20289; OLG Hamm ZJJ 2006, 202 = BeckRS 2006, 8806). Die von ihnen davor vorgenommenen Prozesshandlungen bleiben aber wirksam (ebenso etwa BeckOK JGG/Poell Rn. 6; Richmann Beteiligung S. 207). Das gilt bspw. für ein von ihnen eingelegtes Rechtsmittel, das der Heranwachsende fortführen kann (dazu n. → § 55 Rn. 6). 2

Die – für die Einbeziehung der Eltern gem. § 67 maßgebliche – Einordnung als Jugendlicher oder Heranwachsender erfolgt **allein** anhand der abschließenden (und keine Ausnahmen kennenden) Spezialvorschrift in **§ 1 Abs. 2.** Die Regelungslage im JStR ist damit anders als teilw. bei familienrechtlichen Fragen (etwa bei der Beendigung der Vormundschaft), für die bei (zugewanderten) Personen **ausländischer** Herkunft teilw. auf das Recht ihres Herkunftsstaates und das dort ggf. höhere Volljährigkeitsalter abgestellt wird (so bei Einschlägigkeit des Art. 12 Genfer Flüchtlingskonvention oder des § 24 EGBGB etwa BGH NJW 2018, 613; OLG Karlsruhe NJW-RR 2015, 1284; vgl. auch OLG Bremen FamRZ 2017, 1277 = BeckRS 2017, 101891). 3

II. Allgemeines

1. Bedeutung der Vorschrift

a) Funktion. § 67 steht in einem Regelungszusammenhang mit einer Reihe weiterer Vorschriften, von denen die **eigenen Rechte** und Pflichten der Erziehungsberechtigten und gesetzlichen Vertreter im JStV begründet und konturiert werden (§ 48 Abs. 2, § 50 Abs. 2, § 51 Abs. 2–7 sowie §§ 67a, 70b Abs. 1 S. 2 und S. 3; rechtsvergleichend Pruin ZJJ 2014, 316 (319 f.)). Die Norm stellt in diesem Regelungsgefüge die Zentralvorschrift für die „jugendstrafprozessualen Elternrechte" dar. Sie begründet rechtlich gewährleistete Aktionsmöglichkeiten und Befugnisse, dank derer die Erziehungsberechtigten und gesetzlichen Vertreter **wie selbstständige Prozessbeteiligte** agieren können (vgl. etwa Ludwig NStZ 2019, 123 (123); Kölbel/Zierer NStZ 2023, 1 (3)). Falls sie nicht nur in der Angehörigenrolle, sondern auch als Beistand des Beschuldigten eingebunden sind (s. aber § 69 Abs. 2 und → § 69 Rn. 11), kommen weitere Rechte hinzu (→ § 69 Rn. 5 ff.). 4

Diese Rechtsstellung kann zu einer erzieherisch günstigen Abstimmung zwischen Institutionen, Eltern und Jugendlichem beitragen (BGHSt 18, 21 5

(25) = NJW 1962, 2262 (2263); Beulke/Swoboda JugendStrafR Rn. 650; s. etwa auch → § 50 Rn. 27). In diesem Sinne haben zumindest US-Befunde gezeigt, dass das elterliche Monitoring infolge jugendstrafrechtlicher Interventionen zunehmen und zu einem Abbau an Devianz der fraglichen Jugendlichen beitragen kann (Maxwell/Blair/Cavanagh/Dalzell/LaBerge/Cauffman, The Justice System and the Family, 2022, S. 19 ff.). **Traditionell** wird die juristische Positionierung der Erziehungsberechtigten aber in erster Linie in einen Zusammenhang mit Art. 6 Abs. 2 S. 1 GG gestellt (Brunner/Dölling Rn. 12; Diemer/Schatz/Sonnen/Schatz Rn. 5; Hdb Strafrecht IX/Swoboda Rn. 53 ff.). Eltern haben hiernach das treuhänderische und pflichtgebundene Recht, ihr Kind zu erziehen und für dieses in dessen Interesse zu sorgen – wobei dieses Kindesinteresse von ihnen (bis zur Grenze der Kindeswohlgefährdung) selbst definiert wird. Die elterliche Beteiligung am JStV soll ihnen vor diesem Hintergrund die Möglichkeit geben, auch im strafprozessualen Rahmen die eigenen Erziehungsvorstellungen geltend machen zu können (BVerfGE 107, 104 = NJW 2003, 2004; BMJV/Kemme 2017, 105). Diese Lesart ist jedoch weitgehend obsolet (abw. offenbar MüKoStPO/Kaspar Rn. 1). Denn die Elternrechte des JGG wurden (in Wahrnehmung grundrechtlicher Ausgestaltungsspielräume von Art. 6 Abs. 2 GG) bei Umsetzung der **RL (EU) 2016/800** neugestaltet und die bisherige **Funktionsbestimmungen** dabei **überformt:**

6 Zwar weist auch die RL den Eltern eine eigenständige Rechtsstellung zu, leitet diese aber aus der prozessualen Rechtsstellung des Kindes ab (ähnlich wohl NK-JGG/Sommerfeld Rn. 6; Nix/Pschorr/Gmelin §§ 67, 67a Rn. 33; früher teilw. schon Ostendorf FS Heinz, 2012, 475; eingehend zum Folgenden Kölbel/Zierer NStZ 2023, 1 (5 f.)). Die elterlichen Verfahrensrechte sind hiernach von gleichsam **akzessorischer** Art – rechtstechnisch den Eltern zugeordnet, aber funktional auf den minderjährigen Beschuldigten bezogen. Sie sollen nicht den Eltern die Umsetzung ihrer eigenen fürsorgerisch-erzieherischen Vorstellungen ermöglichen, sondern sie vielmehr in eine Prozesslage versetzen, die in erster Linie ihrem Kind (und nicht ihnen) zugutekommt. Das Anliegen besteht darin sicherzustellen, dass dem jungen Beschuldigten in einer überfordernden Situation eine (möglichst kompetente) Unterstützung zuteilwerden kann. Dementspr. werden elterliche Ansprüche ausdrücklich als „Rechte des Kindes" eingestuft (Art. 5 und 15 RL (EU) 2016/800) und beschuldigtenrechts-abhängig konstruiert (vgl. Abs. 1 und Abs. 3 sowie § 67a Abs. 1, Abs. 2 S. 1, § 70b Abs. 1 S. 2). Zudem sind auch die Regeln zur Einbindung elternersetzender Vertrauenspersonen (Abs. 3 S. 3 sowie § 51 Abs. 6 S. 1, § 67a Abs. 4 S. 1) nur mit einem Elternrechtsverständnis kompatibel, bei dem es um die **Stärkung des Kindes** geht und der elterliche Erziehungsanspruch (bzw. der darin mit dem JStV erfolgende Eingriff) für den Zweck der prozessualen Elternrechte in den Hintergrund rückt.

7 **b) Verfahrensempirische Bedingungen.** Es ist unstr., dass bei dem Jugendlichen typischerweise ein **Bedarf an elterlicher Unterstützung** im Prozess besteht (s. etwa MüKoStPO/Kaspar Rn. 1; Eisenberg NJW 1988, 1250 (1250); Möller NStZ 2012, 113 (114); Güler StraFo 2019, 191 (191)). Dies hat die **empirische Forschung** sowohl für die HV (→ § 50 Rn. 10 ff.) als auch für das Ermittlungsverfahren vielfach dokumentiert. Den amtlichen Autoritäten kann dort von vielen Jugendlichen, deren (interaktionale) **Ver-**

teidigungskompetenzen oft noch **gering** entwickelt sind, wenig entgegengesetzt werden, zumal sie die kurz- wie langfristige Konsequenz ihres Aussageverhaltens kaum überblicken (s. auch LG Saarbrücken NStZ 2012, 167 und LG Köln NJW-RR 2016, 544 (545) jeweils: „kriminologisch gesicherte Erkenntnis"). Sie werden durch ihre Eltern idR auch nicht auf Situationen vorbereitet, in denen sie mit der Polizei und strafrechtlichen Vorwürfen konfrontiert sind (dazu die empirischen Hinweise bei Wylie/Malloy/Fine/Evans Journal of Developmental and Life-Course Criminology 2024, 31). Ihre Prozessrechte in Anspruch zu nehmen und dies durchzuhalten, fällt vielen beschuldigten Jugendlichen ohnehin schwer (eing. zum Ganzen → § 70c Rn. 6 ff., 27). Dies wird noch dadurch verstärkt, dass Jugendliche über ihre Rechte oft besonders schlecht im Bild sind. Inhalt und Relevanz strafprozessualer Rechtsbelehrungen erschließen sich ihnen häufig nur ausschnittsweise (n. dazu → § 70b Rn. 2 f.). Vor diesem Hintergrund sind die Rechte der Erziehungsberechtigten und gesetzlichen Vertreter also unbedingt angezeigt, um ein prozessuales „Empowerment" der Beschuldigten zu erreichen.

Rechtstatsächlich nimmt aber nur ein Teil der Eltern ihre Rechte über- 8
haupt wahr (vgl. etwa die Schilderungen bei Nöding Verteidigung Rn. 262; speziell für die HV → § 50 Rn. 29). Inwieweit sich die von der Praxis zuletzt berichtete Tendenz zu einem wachsenden prozessualen Engagement verfestigt, ist schwer zu beurteilen. Teilw. ist die innerfamiliäre Beziehungsqualität dafür auch gar nicht geeignet. Zudem treten nicht wenige Fälle auf, in denen die elterliche Unterstützungsbereitschaft aus den unterschiedlichsten Gründen eingeschränkt ist. Zu berücksichtigen ist hierbei auch, dass dafür nicht nur Interessenkonflikte oder Auseinandersetzungen usw. bedeutsam sind, sondern dass Eltern dort, wo sie von der Berechtigung des Vorwurfs ausgehen (oder dies vermuten), überhaupt erst einen Weg zwischen ihrer Tatablehnung und dem Kindesbeistand finden müssen. Nicht zu vernachlässigen ist ferner, dass die Rechtskenntnis und Beratungskompetenz der Erziehungsberechtigten die der Jugendlichen vielfach kaum übersteigt (zu all diesen Konstellationen s. Redlich/Quas Oxford Handbook of Developmental Psychology and the Law/Cleary/McCrane, 2024, S. 268 ff. mwN zu internationalen empirischen Forschung). Obendrein scheint die Haltung mancher Eltern ggü. dem JStV auch von Distanz und Skepsis geprägt zu sein (internationale Befunde dazu bei Pennington Law & Policy 2017, S. 27). Die **Funktion** der Elternrechte ist aus all diesen Gründen also **oft nur bedingt realisierbar.** Auf die Frage, ob sich zB der Verteidiger um eine elterliche Beteiligung bemühen sollte oder gerade nicht, sind daher auch keine generalisierenden Antworten möglich.

2. Verhältnis zu Rechten des Beschuldigten

Neben den Eltern ist auch der minderjährige Beschuldigte ein **eigen-** 9
ständiges Prozesssubjekt, das nicht nur über dieselben strafprozessualen Rechte wie erwachsene Beschuldigte im allg. StVR verfügt, sondern über weitere jugendstrafrechtsspezifische Rechtspositionen (etwa unten → Rn. 27). Hierüber kann er – ungeachtet der typischen Kompetenzgrenzen (→ Rn. 7) – selbstständig verfügen, ohne dafür der Zustimmung seiner Eltern zu bedürfen (Brunner/Dölling Rn. 11; Kölbel/Zierer NStZ 2023, 1 (3)). Anders als im Zivilprozess, in dem die Prozess- an die rechtlich de-

finierte Geschäftsfähigkeit anknüpft, bedarf es lediglich eines (bei Jugendlichen vermuteten) **Entwicklungsstandes,** der es ihm erlaubt, seine Eigenbelange in verständiger und verständlicher Weise zu vertreten sowie Prozesserklärungen abzugeben und entgegenzunehmen (OLG Schleswig MDR 1981, 72; Meyer-Goßner/Schmitt/Schmitt Einl. Rn. 97; Diemer/Schatz/Sonnen/Schatz Rn. 6). Diese Rechtsstellung des Beschuldigten wird durch die Rechte der Erziehungsberechtigten und gesetzlichen Vertreter nicht geschmälert (vgl. MüKoStPO/Kaspar Rn. 2; Diemer/Schatz/Sonnen/Schatz Rn. 7); vielmehr werden jene Rechte, über die sowohl der Beschuldigte wie auch die Eltern verfügen, gleichsam verdoppelt.

10 Hierdurch kann es indes zu **Konflikten** kommen, wenn der Jugendliche und seine Eltern dieselben Rechte in einer widersprüchlichen Weise wahrnehmen (etwa bei der Verteidigerwahl, bei (Beweis-)Anträgen oder Rechtsmittelerklärungen). Ähnliche Probleme entstehen, wenn beide Seiten unterschiedliche Haltungen etwa zur Aussagebereitschaft oder zur **Zustimmung** zu bestimmten Ermittlungsmaßnahmen (Drogentests, DNA-Entnahme/-Speicherung, Durchsuchung und Beschlagnahmen) zeigen. Den erstgenannten Konflikttypus will man teilw. in einer offenen (oft unspezifisch bleibenden) Abwägung auflösen (MüKoStPO/Kaspar Rn. 3; Diemer/Schatz/Sonnen/Schatz Rn. 7; wohl auch HK-JGG/Trüg/Gundelach Rn. 1), doch geht man nicht selten aber auch von einem Vorrang des Beschuldigtenwillen aus (so NK-JGG/Sommerfeld Rn. 6; BeckOK JGG/Poell Rn. 2; Reuther Elternrecht S. 78; BMJV/Kemme 2017, 105). Häufig wird dies für den zweitgenannten Konflikttypus ebenfalls vertreten (etwa MüKoStPO/Trück StPO § 81g Rn. 26; Ostendorf FS Heinz, 2012, 474), doch treten hierzu auch relativierende Positionierungen auf (so wohl MüKoStPO/Hauschild StPO § 94 Rn. 44; KK-StPO/Greven StPO § 94 Rn. 15).

11 Berücksichtigt man indes, dass die elterliche prozessuale Rechtsstellung zu erheblichen Teilen von der des jugendlichen Beschuldigten abgeleitet und auch in ihren Konturen akzessorisch strukturiert ist (→ Rn. 6), muss in den genannten Widerspruchssituationen ausschließlich zählen, was der **Jugendliche will und erklärt** (vgl. auch → § 55 Rn. 10, → § 68 Rn. 25 ff.). Die prozessuale Rolle der Erziehungsberechtigten und Vertreter besteht hiernach allein darin, ihn in dieser Entscheidungsbildung zu unterstützen, und nicht darin, über oder für ihn zu befinden. In Orientierung an einem Regelungsmodell, das in §§ 52 Abs. 2, 81c Abs. 3 StPO erkennbar ist (und iÜ auch für die Einwilligung in ärztliche Heileingriffe herangezogen wird (s. nur Valerius RdJB 2018, 243 mwN)), endet dieser Vorrang erst bei einer individuell mangelnden Verstandesreife und einer daher **gesteigerten Schutzbedürftigkeit** des Beschuldigten. Dafür ist auch die Komplexität der jeweiligen Verfahrensentscheidung von Belang. Einer (Mit-)Berücksichtigung der elterlichen Erklärung bedarf es allenfalls dort, wo das fragliche Prozessverhalten von einer besonderen Tragweite (schwerer Vorwurf und schwere drohende Rechtsfolge) oder einer besonderen Schwierigkeit (unklare Vor-/Nachteile der Entscheidungsoptionen) oder der Entwicklungsstand des Jugendlichen auffällig verzögert ist (zum Ganzen vertiefend Kölbel/Zierer NStZ 2023, 1 (5 f.)).

3. Erziehungsberechtigte als Auskunftsperson

12 Soweit Erziehungsberechtigte nicht nur die Person und familiäre Bedingungen beurteilen, sondern sich mit sachlichen beweisrelevanten Angaben über (Tat und) Tatumstände und/oder über Tathintergründe (also über die Schuld- und Straffrage) äußern, sind sie an der Aufklärung beteiligt und fungieren daher als **Zeugen.** Demgegenüber kommt ein freibeweisliches „Gespräch" des JGerichts mit den Eltern, insbes. wenn es gar „vor der HV" geführt wird, nicht in Betracht (dafür aber Brunner/Dölling Rn. 8), da es die Grundsätze des Strengbeweisverfahrens und den in → Rn. 11 genannten Vorrang unterläuft. Als Zeugen agieren neben ihrer Eltern- noch in einer weiteren Prozessrolle. In dieser Position gelten für sie die allg. Vorschriften des Zeugenrechts, insb. die Regeln des Strengbeweises, das Recht auf Zeugnisverweigerung und die diesbezügliche Belehrungspflicht gem. § 52 Abs. 1 Nr. 3 und Abs. 3 StPO iVm § 2 Abs. 2 (NK-JGG/Sommerfeld Rn. 6; BeckOK JGG/Poell Rn. 3; Richmann Beteiligung S. 143 ff.; Bohnert ZfJ 1989, 232 (234); Güntner Einbindung, S. 144 ff., 158 ff. aA Laubenthal/Baier/Nestler JugendStrafR Rn. 240; Beulke/Swoboda JugendStrafR Rn. 656 unter Hinweis auf die insoweit aber unergiebige Vorschrift des § 50 Abs. 2 S. 2). Gem. § 58 Abs. 1, § 243 Abs. 2 StPO iVm § 2 Abs. 2 führt dies zu Einschränkungen des Anwesenheitsrechts in der HV (zu diesem → § 50 Rn. 26). Daher sollte die Befragung der elterlichen Zeugen möglichst früh erfolgen, da es sonst der Hinzuziehung einer erwachsenen Ersatzperson bedarf (→ § 51 Rn. 16a).

III. Gesetzliche Definition der Erziehungsberechtigten und der gesetzlichen Vertreter

1. Festlegungen im BGB

Der Kreis der **erziehungsberechtigten** bzw. personensorgeberechtigten 13 Personen ergibt sich aus den Definitionen im BGB: Eingeschlossen sind die leiblichen Eltern § 1626 BGB bzw. § 1626a BGB (zu Konstellationen der Alleinübertragung bzw. Alleinvertretung vgl. § 1626a Abs. 3 BGB, § 1671 BGB bzw. 1680 BGB) und die Adoptiveltern (§ 1754 BGB) sowie der Vormund gem. §§ 1773 ff. BGB (BGH NStZ 2017, 539), dessen Bestellung und prozessuale Einbindung etwa bei unbegleitet eingereisten Kindern und Jugendlichen ausländischer Herkunft praktisch bedeutsam ist. Beim Ergänzungspfleger iSv §§ 1909 ff. BGB kommt es auf den (das JStV einschließenden) Aufgabenkreis an (Diemer/Schatz/Sonnen/Schatz Rn. 12). Pflegeeltern werden (nur) im Fall von § 1630 Abs. 3 S. 1 BGB erfasst (s. § 1688 Abs. 1 BGB). Die Erziehungsberechtigten sind regelmäßig zugleich die gesetzlichen Vertreter, da die elterliche Sorge die Vertretungsmacht einschließt (§ 1629 Abs. 1 BGB). Von Bedeutung ist die Unterscheidung etwa bei §§ 1629 Abs. 2, 1673 Abs. 2 S. 2 BGB (zum Fall, dass **mehrere** Personen erziehungsberechtigt sind, vgl. **Abs. 5** sowie → Rn. 42 f.).

Nicht zu den Erziehungsberechtigten und gesetzlichen Vertretern zählen 14 ausbildende Personen und Personen, die kraft Vertrages zur Erziehung verpflichtet sind (OLG Stuttgart OLGSt zu § 67, 3). Auch Erziehungsbeistand und Betreuungshelfer (§ 30 SGB VIII) oder die mit der Durchführung der Hilfe nach **§§ 33, 34 SGB VIII** befassten Personen oder Institutionen verfügen nicht über die Rechte gem. § 67 (OLG Hamburg NJW 1964, 605; Diemer/Schatz/Sonnen/Schatz Rn. 14; Richmann Beteiligung S. 65 f.; aA NK-JGG/Sommerfeld § 67 Rn. 4; Nix/Herz Rn. 3). Insbes. ermächtigt

§ 1688 Abs. 2 BGB allein zur Vertretung des Personensorgeberechtigten, nicht aber zur jugendstrafrechtlichen Vertretung des Minderjährigen (vgl. dazu auch die Unterscheidung in § 48 Abs. 2 S. 2). Alle diese Personen können lediglich im Rahmen der Sachaufklärung hinzugezogen und befragt werden. Das ist gerade dann relevant, wenn die Rolle von Pflegeeltern und Erziehungsbeiständen für die erzieherische Wirklichkeit beim konkreten Jugendlichen tatsächlich bedeutsam ist.

2. Vertretung und Ersatz

15 Die nach § 67 Berechtigten können Verteidiger beauftragen, für den Beschuldigten tätig zu werden (→ Rn. 38) oder sonstige verteidigertypische Tätigkeiten auszuüben (zB bei Einlegung und Begründung von Rechtsmitteln). Ihre eigenen Mitwirkungsrechte (insbes. die Anwesenheit und Konsultation bei Anhörungen, Untersuchungshandlungen und in der HV) müssen sie aber selbst wahrnehmen; sie können sich bei deren Ausübung weder durch Verteidiger noch durch andere Dritte vertreten lassen (BGH RdJB 1961, 313 = BeckRS 2016, 15971; KG StraFo 2015, 122 = BeckRS 2015, 436). Denn die Grundlage der fraglichen Rechte ist die Annahme des Gesetzes, dass eine enge Verbindung zu dem Jugendlichen bestehe, die seiner individuellen Betreuung dienlich ist. Für eine Delegation dieser **höchstpersönlichen** Unterstützung an Dritte ist daher kein Raum. In Fällen, in denen es an einer elterlichen Mitwirkung fehlt, muss aber berücksichtigt werden, dass der Jugendliche womöglich andere enge **Vertrauenspersonen** hat. Dabei kann es sich neben den in → Rn. 14 Genannten insbes. um sonstige Familienangehörige (auch um nicht sorgeberechtigte Elternteile) handeln, die nicht erziehungsberechtigt oder vertretungsbefugt sind. Hier kann es sich empfehlen, ihnen die Anwesenheit gem. § 48 Abs. 2 S. 3 zu gestatten (vgl. auch → § 48 Rn. 21) und sie ggf. anzuhören – va wenn dies auf Wunsch oder mit Einverständnis des Jugendlichen geschieht und die Eltern diese Person hiermit „beauftragen". Über die Rechte gem. § 67 verfügt sie dann aber nicht. Daneben besteht im Falle sich verweigernder Eltern auch die Option, diese Vertrauensperson unter den Voraussetzungen von Abs. 3 S. 3 als Elternersatzperson einzubinden (→ Rn. 33 ff.). Es ist aber nicht ausgeschlossen, mehrere Erwachsene über beide genannten Wege parallel in das Verfahren einzubinden.

IV. Rechte der Erziehungsberechtigten und gesetzlichen Vertreter

1. Beschuldigtengleiches Äußerungs-, Frage- und Antragsrecht

16 Jeder Erziehungsberechtigte und gesetzliche Vertreter hat in gleichem Umfang wie der Beschuldigte die in Abs. 1 genannten Rechte. Diese Rechte sind insbes. in der HV von Bedeutung, darüber hinaus aber auch im gesamten Erkenntnis- und Vollstreckungsverfahren (ebenso Diemer/Schatz/Sonnen/Schatz Rn. 1). Zu berücksichtigen ist dies gerade bei **Untersuchungshandlungen.**

17 Hinsichtlich des **Rechts auf Gehör** (vgl. Art. 103 Abs. 1 GG) ist Erziehungsberechtigten und gesetzlichen Vertretern immer dann eine Gelegen-

heit zur Äußerung zu geben, wenn der Beschuldigte ein Recht darauf hat (vgl. etwa §§ 58 Abs. 1, 65 Abs. 1, 88 Abs. 4 sowie – über § 2 Abs. 2 – etwa auch § 33 Abs. 3 und 4, § 118a Abs. 3, §§ 265, 308, 311a StPO). In der HV gilt das auch für die Befragung, die gem. § 257 StPO iVm § 2 Abs. 2 **nach jeder einzelnen Beweiserhebung** möglich ist (Löwe/Rosenberg/Stuckenberg StPO § 257 Rn. 7; MüKoStPO/Kaspar Rn. 13; NK-JGG/Sommerfeld Rn. 9; Diemer/Schatz/Sonnen/Schatz Rn. 23; anders BGH bei Spiegel DAR 1977, 169 (176); Brunner/Dölling Rn. 13; Meyer-Goßner/Schmitt/Schmitt StPO § 257 Rn. 3). Besteht Anlass zur Annahme, dass sich eine nicht gewährte Äußerungsmöglichkeit in der HV auf deren Ergebnis ausgewirkt haben kann, ist die **Aufklärungsrüge** möglich (zu den Darlegungsanforderungen BGH NStZ-RR 1996, 383 (Ls.) = BeckRS 2016, 18316). In Betracht kommt auch ein Revisionsgrund nach § 338 Nr. 8 StPO iVm § 2 Abs. 2 (BeckOK JGG/Poell Rn. 15). Das gilt besonders, wenn schon die Anwesenheit in der HV nicht ermöglicht wurde (→ § 50 Rn. 45).

Das **Fragerecht** betrifft insb. § 240 Abs. 2 StPO. Das Recht, **Anträge zu** 18 **stellen,** umfasst zB solche auf Haftprüfung, auf Ablehnung (§ 24 StPO iVm § 2 Abs. 2) oder auf mündliche Verhandlung bei der Haftprüfung (§§ 117, 118, 118b StPO iVm § 2 Abs. 2) sowie auf Bestellung eines Verteidigers (§ 141 Abs. 1 StPO iVm § 2 Abs. 2) und nicht zuletzt Beweisanträge (s. etwa §§ 219, 244 StPO iVm § 2 Abs. 2). – Im Selbstleseverfahren (§ 249 Abs. 2 StPO) steht den Erziehungsberechtigten und gesetzlichen Vertretern ein Widerspruchsrecht zu (ebenso Schwer Stellung S. 125; aA KK-StPO/Diemer StPO § 249 Rn. 35). Angesichts ihres Rechts auf Veranlassung einer Beweiserhebung wäre es inkonsequent, den Einfluss auf die Art der Erhebung auf den Beschuldigten zu beschränken. Aus demselben Grund ist bei ihrer Anwesenheit in der HV auch ihre Zustimmung zu einer **Urkundenverlesung** gem. § 251 Abs. 2 Nr. 3 StPO iVm § 2 Abs. 2 erforderlich.

2. Letztes Wort

a) Anforderungen. Als ein besonderes Äußerungsrecht ist auch dem 19 Erziehungsberechtigten oder gesetzlichen Vertreter in der HV stets **von Amts wegen** das letzte Wort (§ 258 Abs. 2 und Abs. 3 StPO) zu erteilen. Es handelt sich um eine wesentliche Förmlichkeit iSv § 273 StPO iVm § 2 Abs. 2 (wobei nach BGH BeckRS 2008, 6936 in Anknüpfung an BGHSt 51, 298 = NJW 2007, 2419 ggf. eine Protokollberichtigung möglich sein soll). Die Pflicht zur Erteilung des letzten Wortes besteht **auch** dann, wenn die gem. Abs. 1 berechtigte Person in einem früheren Verfahrensabschnitt als **Zeuge** gehört worden ist (BGHSt 21, 288 (290) = NJW 1967, 2070 (2071); BGH StV 2019, 471 (Ls.) = BeckRS 2018, 5340) oder wenn sie während der Verhandlung von ihrem Zeugnisverweigerungsrecht Gebrauch gemacht hat (BGH NStZ-RR 2008, 291). Das Gleiche gilt, wenn das Gericht nach dem letzten Wort des Jugendlichen erneut in die Beweisaufnahme eintritt (BGH NStZ 2013, 289).

Die Erziehungsberechtigten bzw. gesetzlichen Vertreter müssen unmittel- 20 bar **vor dem Angeklagten** das (vor-)letzte Wort erhalten (HK-JGG/Trüg/Gundelach Rn. 10; Laubenthal/Baier/Nestler JugendStrafR Rn. 236; Schwer Stellung S. 151; vertiefend Schlothauer FS Eisenberg II, 2019, 278 ff.). Nur die genannte **Reihenfolge** entspricht der abgeleiteten Struktur der Elternrechte (→ Rn. 6) und der Funktion des letzten Wortes sowie den

Vorgaben des § 258 Abs. 2 Hs. 2 StPO, die durch die Gleichstellung der jeweiligen Äußerungsrechte in Abs. 1 nicht iSv § 2 Abs. 2 modifiziert werden. Auch sind Konflikte zwischen Erziehungsberechtigten und dem Jugendlichen denkbar, sodass es zur Vermeidung abträglicher Folgen für den Angeklagten unerlässlich sein kann, dass dieser in seinem (aller-)letzten Wort die abschließenden elterlichen Ausführungen (in Form und Inhalt) bereits kennt. Dies gilt auch, falls die Erziehungsberechtigten eines Mitangeklagten noch einmal zu Wort gekommen waren (offen lassend BGH NStZ 2003, 382).

21 Die **Rspr.** folgt dieser Auffassung nicht und stellt die Abfolgefrage in das **Ermessen** des Vorsitzenden (BGH NStZ 2003, 382; NStZ-RR 2017, 349; zust. KK-StPO/Tiemann § 258 Rn. 20; Brunner/Dölling Rn. 13; BeckOK JGG/Poell Rn. 14). Doch selbst auf dieser Grundlage ist ein Ermessensfehlgebrauch jedenfalls dann anzunehmen, wenn während des letzten Wortes des Angeklagten keiner der sich anschließend Äußernden anwesend war (anders BGH NStZ-RR 2017, 349 mablAnm Eisenberg ZJJ 2017, 386). Entsprechendes gilt, wenn die Erziehungsberechtigten bzw. Vertreter nur teilw. an der HV teilgenommen haben. In beiden Fällen können die nach Abs. 1 Berechtigten die Gelegenheit, sich zum Abschluss umfassend zum gesamten Verfahren äußern zu können, gar nicht wahrnehmen und damit auch die Funktion des letzten Wortes nicht zur Geltung bringen.

22 **b) Fehlerfolgen.** Bei Missachtung der vorgenannten Maßgaben ist die **Revision** begründet, falls und soweit das Urteil in der Schuld- oder Rechtsfolgenfrage auf diesem Fehler **beruhen** kann. Dies hängt davon ab, ob sich (nicht) ausschließen lässt, dass die gerichtliche Entscheidung durch die korrekte Worterteilung noch beeinflusst worden wäre. Hinsichtlich des Schuldspruchs ist das selten der Fall (vgl. etwa BGH BeckRS 2009, 14905), nämlich meist nur bei bestrittenen oder offen gebliebenen Fragen in der Fallrekonstruktion (zu solchen in der Rspr. bej. Ausnahmen vgl. BGHSt 21, 288 (290) = NJW 1967, 2070; BGH NStZ 1985, 230; 2000, 553; 2017, 539 mAnm Eisenberg NStZ 2017, 540; BayObLG StV 2001, 173 = BeckRS 2000, 5350; OLG Köln StV 2008, 119 = BeckRS 2008, 4327). Zumindest in Fällen, in denen die Beweislage zweifelsfrei ist (etwa, weil ein Geständnis des Angeklagten vorliegt) und die genannten Personen keine tatbezogenen Angaben machen können, kann der Fehler deshalb allein zur Aufhebung des Strafausspruchs führen (BGH NStZ 1999, 426 (427); NStZ-RR 2002, 346; ZJJ 2003, 200 = BeckRS 2003, 3539; StV 2019, 471 (Ls.) = BeckRS 2018, 5340; 2020, 23516).

23 Dass der Fehler beim Erteilen des letzten Wortes sich zumindest im **Rechtsfolgenausspruch** ausgewirkt haben könnte, lässt sich allerdings nur sehr selten verneinen (BGH NJW 1969, 473; NStZ 2000, 435; OLG Hamm NStZ-RR 2007, 123; OLG Braunschweig StV 2011, 595 = BeckRS 2011, 16391). Das gilt auch bei einer vorherigen Anhörung der Eltern im Verlauf der HV (BGH BeckRS 2000, 30112418). Eine Ausnahme soll indes vorliegen, wenn ausgeschlossen werden kann, dass der Erziehungsberechtigte das ihm angebotene letzte Wort wahrgenommen hätte (BGH NStZ 1996, 612 mAnm Eisenberg/Düffer JR 1997, 79). – Die Revisionsrüge muss sich iÜ **nicht dazu** äußern, was im letzten Wort, wäre es erteilt worden, **ausgeführt worden wäre** (OLG Schleswig SchlHA 2001, 153; OLG Zweibrü-

cken StV 2003, 455 = LSK 2003, 420998; OLG Hamm NStZ-RR 2007, 123).

3. Anwesenheitsrecht

a) Reichweite. Erziehungsberechtigte und gesetzliche Vertreter haben nicht nur **in der HV** (→ § 50 Rn. 26), sondern nach der ausdrücklichen Regelung in Abs. 3 auch bei **Untersuchungshandlungen** grds. in gleichem Umfang wie der Beschuldigte ein eigenes – vom Begleitungsanspruch des Kindes (Art. 15 RL (EU) 2016/800) abgeleitetes – Recht auf Anwesenheit. Das entsprach bereits bei Abs. 1 aF der hM (dazu mwN auch BMJV/Kemme 2017, S. 111). Dieses Recht steht nicht zur Disposition einer (ohnehin kaum kontrollfähigen) Einzelfallbeurteilung (in dieser bei Abs. 1 aF noch str. Frage wie hier Richmann Beteiligung S. 69). Es ist gerade im Vorverfahren von Bedeutung und besteht dort in den Konstellationen der § 224 f., § 168c Abs. 2, § 168d Abs. 1 StPO iVm § 2 Abs. 2 sowie zB auch bei Maßnahmen nach § 81b StPO iVm § 2 Abs. 2 (vgl. OVG LSA BeckRS 2012, 59635; AG Bielefeld ZJJ 2014, 297 = BeckRS 2014, 11787 mAnm Eisenberg StraFo 2014, 208). (Zeitweilige) Einschränkungen des Anwesenheitsrechts sind nach Abs. 3 S. 2 bzw. § 51 Abs. 2 unter den dort genannten Voraussetzungen zulässig (→ Rn. 30 ff.). Ohnehin ist das Fehlen der berechtigten Personen für die Wirksamkeit der jeweiligen Prozesshandlungen nicht maßgeblich (wenngleich diese dort, wo die Abwesenheit auf einem amtsseitigen Fehler beruht, rechtswidrig sind). 24

Das Anwesenheitsrecht der Erziehungsberechtigten und gesetzlichen Vertreter besteht insbes. auch in ausnahmslos jeder **Beschuldigtenvernehmung** während des Ermittlungsverfahrens (zur Abgrenzung von der „informatorischen Befragung" → § 70c Rn. 5). Damit ist eine Vernehmungsbegleitung garantiert, die der Maßgabe von Art. 15 Abs. 4 RL (EU) 2016/800 einschl. Erwgr. 59 entspricht und den Erkenntnissen zur reduzierten Überführungsresistenz oder aber gesteigerten Aussage- und Geständnisfreudigkeit junger Beschuldigter (→ Rn. 7) Rechnung trägt (dazu auch Güler StraFo 2019, 191). Da davon auszugehen ist, dass Jugendlichen die Inanspruchnahme ihrer Rechtspositionen schwer fällt, ist ihre Unterstützung durch die Anwesenheit ihrer Erziehungsberechtigten bzw. gesetzlichen Vertreter – ungeachtet möglicher problematischer Nebenwirkungen (dazu → Rn. 32) – zur Aufrechterhaltung der Verfahrensfairness erforderlich (daher auch bzgl. des weniger eindeutigen Abs. 1 aF bereits für ein Konsultations- und Anwesenheitsrecht bei Vernehmungen etwa → 20. Aufl.2018, Rn. 11; VerfG Brandenburg NJW 2003, 2009 (2011); Richmann Beteiligung S. 98 f.; offenlassend noch BGH NStZ 2019, 680; StV 2020, 693 = BeckRS 2019, 15626). Der **Ort der Vernehmung** – in der Polizeidienststelle, in Haft, in der Wohnung des Jugendlichen oder am Ort seines Antreffens – spielt für Abs. 3 **keine Rolle.** 25

b) Information der Eltern. Soweit das Anwesenheitsrecht reicht, sind die Erziehungsberechtigten bzw. gesetzlichen Vertreter über die beabsichtigte Vernehmung bzw. Untersuchungshandlung zu informieren. Diese **Benachrichtigungspflicht,** die sich iÜ ebenso aus § 67a Abs. 1 (→ § 67a Rn. 5 f.), aus § 70b Abs. 1 S. 2 und S. 3 sowie implizit auch aus Abs. 3 S. 3 ergibt, richtet sich an die **Amtsträger, die die Vernehmung durchfüh-** 26

ren. Teilw. ist deren Verpflichtung positiviert, namentlich beim JRichter (§ 168c Abs. 5 iVm § 2 Abs. 2 und § 67 Abs. 3) und dem JStA (§§ 163a Abs. 3, 168c Abs. 5 iVm § 2 Abs. 2 und § 67 Abs. 3); für die Polizei ergibt sie sich daraus, dass das Anwesenheitsrecht sonst leer liefe (ebenso bspw. NK-JGG/Sommerfeld Rn. 11; Diemer/Schatz/Sonnen/Schatz Rn. 31 f.; Brunner/Dölling Rn. 20; SK-StPO/Wohlers StPO § 168c Rn. 15; Rieke Vernehmung S. 265; Richmann Beteiligung S. 101; Ostendorf FS Heinz, 2012, 476; Möller NStZ 2012, 113 (116); Ludwig NStZ 2019, 123 (123)). Unabhängig davon, wie eilig die Maßnahme ist und wo sie stattfindet (also auch bei einer Vernehmung in Haft), müssen die Eltern eine reale, auch zeitlich zu gewährleistende Erscheinensmöglichkeit haben. Anforderungen an die **Form** der Benachrichtigung stellt das Gesetz aber nicht (vgl. jedoch die Ladungspflicht bei der HV gem. § 50 Abs. 2). Maßgeblich ist die fallkonkrete Eignung für eine rechtzeitige Information, etwa ein Anruf in eiligen Fällen (Kölbel NStZ 2021, 524 (524, 529); zust. BeckOK JGG/Poell Rn. 37).

27 **c) Funktional verknüpfte (Beschuldigten-)Rechte.** Aus dem Anspruch auf elterliche Anwesenheit folgt ferner ein **Konsultationsrecht** (NK-JGG/Sommerfeld Rn. 11; HK-JGG/Trüg/Gundelach Rn. 14; MüKoStPO/Schuhr StPO § 136 Rn. 42; SSW StPO/Eschelbach StPO § 136 Rn. 139; Epik StV 2020, 703 (704 ff.); aA Eckel StV 2020, 691 (693)). Der Beschuldigte hat einen Anspruch darauf, sich jederzeit – dh auch schon vor seiner (polizeilichen) Vernehmung und vor seiner Entscheidung darüber, ob er sich zur Sache äußern will – vertraulich mit den Erziehungsberechtigten zu beraten (sog. **Vier-Augen-Gespräch**). Dieses Beratungsrecht ist in der Anwesenheitsgarantie, die anderenfalls weitgehend funktionslos wäre, unausgesprochen enthalten (Ostendorf FS Heinz, 2012, 475; offen lassend dagegen BGH NStZ 2019, 680 (680 f.); StV 2020, 693 = BeckRS 2019, 15626). Da sich die Rechte der Erziehungsberechtigten und gesetzlichen Vertreter aus den geschützten Interessen des Jugendlichen ableiten (→ Rn. 6), handelt es sich bei dessen Konsultationsanspruch um eine eigene Rechtsposition des Beschuldigten und nicht um einen Aspekt des elterlichen Erziehungsrechts (dies in den Mittelpunkt rückend aber zB Epik StV 2020, 703 (706 f.)). Dennoch kann die Konsultation auch von den Eltern initiiert werden, solange der Beschuldigte sich nicht dagegen verwehrt (Güntner Einbindung, S. 85). Im Übrigen muss die Vernehmungsperson die elterliche Beratung auch dadurch ermöglichen, dass mit der Vernehmung soweit möglich abgewartet wird (zur Dauer → Rn. 34). Dies ist ein dem Konsultationsrecht immanentes Element, selbst wenn es an der Positivierung dieser **Wartepflicht** (s. für den Verteidiger § 70c Abs. 4) fehlt. § 168c Abs. 5 S. 3 StPO ist insofern jugendstrafprozessual überformt (§ 2 Abs. 2).

28 Im Rahmen der allg. Belehrungen ist der Jugendliche (in der von § 70b Abs. 1 S. 1 vorgesehenen Form) auf das Elternkonsultationsrecht eigens hinzuweisen (ebenso zB Diemer/Schatz/Sonnen/Schatz Rn. 33; NK-JGG/Sommerfeld Rn. 11; SSW StPO/Eschelbach StPO § 136 Rn. 139; Ostendorf FS Heinz, 2012, 476; BMJV/Kemme 2017, 111; Möller NStZ 2012, 113 (116 f.); Ludwig NStZ 2019, 123 (125); Epik StV 2020, 703 (709)). Dass er hierüber bereits in den allg. Verfahrensinformationen, die ihm gem. § 70a Abs. 1 S. 3 Nr. 5 zu geben sind, ins Bild gesetzt wird, genügt nicht. Viel-

mehr bedarf es im konkreten Vernehmungskontext einer darüber hinausgehenden **Belehrung** hinsichtlich der jeweils aktuellen Begleitungs- und Beratungsmöglichkeit (s. auch → § 70a Rn. 17). Diese Pflicht ergibt sich (vergleichbar dem Hinweis auf das Verteidigerkonsultationsrecht gem. § 136 Abs. 1 S. 2–4 StPO iVm § 2 Abs. 2) daraus, dass nur so die tatsächliche **(Wissens-)Grundlage** für die Inanspruchnahme des Elternkonsultationsrechts vollständig sichergestellt werden kann. Ist absehbar, dass die Erziehungsberechtigten an der Vernehmung gem. Abs. 3 nicht teilnehmen dürfen, muss die Belehrung den Hinweis auf die Konsultation der Elternersatzperson (→ Rn. 33 ff.) enthalten. Niemals darf dem Jugendlichen zB nach überraschender Festnahme nahegelegt werden, ohne erwachsenen Beistand sofort auszusagen, auch nicht durch den Hinweis auf eine Diversionsaussicht. Vielmehr ist dem Jugendlichen umgekehrt bei entspr. Anlass zu verdeutlichen, dass es eine sog. „verspätete“ Einlassung nicht gibt und er keine nachteiligen Folgen eines anfänglichen Schweigens zu befürchten hat.

Wird die Belehrungspflicht ggü. dem Jugendlichen durch Unterbleiben 29 oder Unverständlichkeit (→ § 70b Rn. 3a) des Hinweises verletzt oder wird ihm sein Konsultationsrecht auf andere Weise verwehrt (etwa durch Nichtmitteilung des Termins an seine Eltern), unterliegt seine Aussage einem **Verwertungsverbot** (vgl. OLG Celle StraFo 2010, 114; LG Saarbrücken NStZ 2012, 167; LG Köln NJW-RR 2016, 544; NK-JGG/Sommerfeld Rn. 11; MüKoStPO/Schuhr StPO § 136 Rn. 65; MüKoStPO/Kaspar Rn. 21a; SSW StPO/Eschelbach StPO § 136 Rn. 139; Beulke/Swoboda JugendStrafR Rn. 655; Nöding Verteidigung Rn. 252; Ostendorf FS Heinz, 2012, 476; Möller NStZ 2012, 113 (119); Bock/Puschke ZJJ 2019, 224 (233); Jahn/Zink StraFo 2019, 318 (328); Güler StraFo 2019, 191 (192 ff.); Epik StV 2020, 703 (710); Norouzi FS Schwenn, 2024, 376; zum umstr. Widerspruchserfordernis und Darlegungsanforderungen etwa BGH BeckRS 2009, 29967; BeckRS 2016, 18316; MAH Strafverteidigung/Krause § 7 Rn. 189 ff.; Eisenberg BeweisR StPO Rn. 426 ff.). Entscheidend dafür ist, dass die Nichtgewährleistung einer (gewünschten) elterlichen Unterstützung angesichts der herausgehobenen verfahrenstatsächlichen Bedeutung, die dieser Begleitung im JStV zukommt, nicht folgenlos sein kann. Ähnlich wie beim missachteten Hinweis auf das Schweigerecht oder das Recht auf Verteidigerhinzuziehung hat der Rechtsverstoß hier ein Gewicht, das im Rahmen einer generalisierenden Abwägung die gegenläufigen Belange überwiegt. Die Unverwertbarkeit hängt also **nicht** von einer **Einzelfallabwägung** ab (so aber BGH NStZ 2019, 680 (681) mkritAnm Mitsch NStZ 2019, 681 und mzustAnm Eckel StV 2020, 691; Diemer/Schatz/Sonnen/Schatz Rn. 36; Brunner/Dölling Rn. 21; Paul NStZ 2013, 492 (497 Fn. 84); Ludwig NStZ 2019, 123 (126 f.); s. erg. AG Westerstede ZJJ 2021, 153 = BeckRS 2020, 42524 mzustAnm Eisenberg ZJJ 2021, 154). Auch eine spätere Aussage, die in einer Folgevernehmung unter Einhaltung der Informationspflichten und nach **qualifizierter Belehrung** gemacht wird, unterliegt engen Verwertbarkeitsvoraussetzungen (vgl. → § 70c Rn. 15; abw. LG Saarbrücken NStZ 2012, 167).

d) Einschränkung des Anwesenheitsrechts. Bis zur Neuregelung von 30 § 67 ging die hM in entspr. Anwendung von § 51 Abs. 2 bei einer Reihe von Konstellationen davon aus, dass ein elterliches Anwesenheitsrecht ausnahmsweise nicht besteht und demzufolge keine Benachrichtigung und Belehrung erfolgen muss (vgl. etwa BGH StV 2020, 693 = BeckRS 2019, 15626; n. dazu → 20. Aufl. 2018, Rn. 11b). Seit Umsetzung der RL (EU) 2016/800 sieht **Abs. 3 S. 1** hierfür eine spezielle Regelung vor. Hiernach ist das Bestehen des Anwesenheitsrechts und der flankierenden Rechtspositionen nämlich in zweifacher Weise bedingt: Das Erscheinen der Erziehungsberechtigten bzw. gesetzlichen Vertreter bei der Untersuchungshandlung bzw. in der Beschuldigtenvernehmung muss für das **Wohl** des Jugendlichen förderlich sein und darf das Strafverfahren (dh Ermittlungsinteressen) nicht beeinträchtigen.

31 Das Vorliegen dieser Voraussetzungen wird zwar **nach Abs. 3 S. 2 vermutet** (ebenso BeckOK JGG/Poell Rn. 29; s. auch RL 2 S. 1; ferner RegE BT-Drs. 19/13837, 56: „davon (…) im Lichte von Art. 6 Abs. 2 GG im Regelfall auszugehen"), entfällt aber dort, wo entweder eine Sachlage, die für die HV von **§ 51 Abs. 2 S. 2 Nr. 1–5** erfasst wird (zu diesen → § 51 Rn. 13 ff.), oder ein Fall des § 177 GVG (Missachtung einer sitzungspolizeilichen Anordnung) gegeben ist. Bei einigen praktisch relevanten Situationstypen scheidet das Anwesenheitsrecht mit Wirkung ggü. den Eltern und dem Beschuldigten danach aus. Wenn sich die anwesenden Eltern massiv in die Vernehmung einmischen (n. Lemme/Körner/Schrader ZJJ 2021, 337 (340)) oder der einlassungsbereite Beschuldigte aus Angst vor den Erziehungsberechtigten (nur) in deren Beisein keine Aussage macht, kann sich das aus Abs. 3 S. 2 iVm § 51 Abs. 2 S. 2 Nr. 4 ergeben (Kölbel/Zierer NStZ 2023, 1 (3); Nix/Pschorr/Gmelin §§ 48–51 Rn. 71). Dort, wo der gesetzliche Vertreter vermutlich va eigene Belange und Interessen geltend machen wird (dazu etwa Schwer Stellung S. 57), folgt dies ggf. aus Abs. 3 S. 2 iVm § 51 Abs. 2 S. 2 Nr. 2.

32 **Andere Umstände** (dh solche, die nicht in Abs. 3 S. 2 iVm § 51 Abs. 2 bzw. § 177 GVG erfasst sind), stehen dem elterlichen Anwesenheitsrecht nur selten entgegen, weil es an den beiden Bedingungen iSv Abs. 3 S. 1 (Wohl des Jugendlichen und Verträglichkeit mit Verfahrensbelangen) durch sie nur ganz ausnahmsweise fehlt („in der Regel"). Eine gewisse Aussagegehemmtheit des Jugendlichen bei Anwesenheit des Erziehungsberechtigten bzw. des gesetzlichen Vertreters genügt dafür jedenfalls nicht ohne weiteres, zumal dergleichen keinesfalls atypisch ist (und sich das Anwesenheitsrecht sonst auch durch bloße dahingehende Behauptungen allzu leicht ausschließen ließe). Die Rechte auf Benachrichtigung und Zugegensein entfallen erst, wenn der Jugendliche hierauf ausdrücklich verzichtet (ebenso wohl BeckOK JGG/Poell Rn. 33). Zwar sieht Art. 15 der RL (EU) 2016/800 keinen **Verzicht** vor (daher gegen dessen Zulässigkeit Eckel/Körner NStZ 2019, 433 (435)), doch ist dort keineswegs eine elterliche Präsenz bezweckt, die dem Jugendlichen gegen dessen Willen aufgezwungen wird (so aber NK-JGG/Sommerfeld Rn. 11). Dies ergibt sich aus der Funktion des Anwesenheitsrechts und dessen von den Rechten des Jugendlichen abgeleiteter Struktur (→ Rn. 6). Die Ablehnung des Beschuldigten hat deshalb auch Vorrang vor dem Wunsch der Erziehungsberechtigten auf ihre Vernehmungsgegenwart (→ Rn. 11; weniger klar indes RL 2 S. 3). Für die notwendige **Ernsthaftigkeit** und **Ausdrücklichkeit** des Verzichts gilt iÜ das Gleiche wie beim Verzicht auf das Verteidigerkonsultationsrecht (n. → § 70c Rn. 27 f.).

4. Geeignete erwachsene Ersatzperson

a) Kompensation der elterlichen Nichtanwesenheit. Abs. 3 S. 3 macht deutlich, dass ein beschuldigter Jugendlicher „während anderer Phasen des Verfahrens als den Gerichtsverhandlungen" (Art. 15 Abs. 4 RL (EU) 2016/800) – also auch bei seinen Vernehmungen und den in seiner Anwesenheit vorgenommenen Untersuchungshandlungen im Ermittlungsverfahren – prinzipiell nicht allein und ohne erwachsene Begleitung sein soll. Sind die Eltern dauerhaft abwesend, weil sie untergetaucht sind oder weil sich der Jugendliche allein in Dtl. aufhält, ist für ihn daher gem. § 1909 BGB ein Ergänzungspfleger, dem die Personensorge zusteht (OLG Karlsruhe StV 2017, 723 = BeckRS 2016, 9647), oder ein Vormund zu bestellen. Das Recht auf erwachsene Begleitung äußert sich aber auch darin, dass in anderen Fällen einer volljährigen elternersetzenden Beistandsperson die Anwesenheit zu gestatten ist. Diese Person darf (denn sonst wäre ihre Anwesenheit überflüssig) vom Jugendlichen iSv → Rn. 27 **konsultiert** werden (BeckOK JGG/Poell Rn. 40). Damit sie ihrer Unterstützungsaufgabe gerecht werden kann, ist ihr ferner Gelegenheit zur **Äußerung** zu geben (NK-JGG/Sommerfeld Rn. 12). Die sonstigen Rechte iSv Abs. 1 und 2 hat sie allerdings nicht. 33

Die elterliche Abwesenheit ist für die zwingend zu gestattende Anwesenheit des anderen geeigneten Erwachsenen jedoch nicht ausreichend. **Anlass** hierfür sieht das Gesetz (nur) bei **drei Abwesenheitsursachen:** wenn den Erziehungsberechtigten die Anwesenheit aus den in → Rn. 31 f. genannten Gründen versagt wurde oder wenn sie mangels Erreichbarkeit gar nicht iSv → Rn. 26 benachrichtigt werden konnten (vgl. auch → § 51 Rn. 32) oder wenn mit der Vernehmung bzw. Untersuchungshandlung nicht bis zur Benachrichtigung (und dem Erscheinen) ausgeharrt werden konnte. Die **„angemessene Frist"**, für die eine Kontaktaufnahme mit den Eltern versucht (und deren Kommen abgewartet) werden muss, bestimmt sich nach der Bedeutung der elterlichen Konsultation und danach, wie lange ein Aufschieben der Vernehmung angesichts des bestehenden Vorwurfs noch verhältnismäßig ist, gerade wegen des damit ggf. verbundenen Warten-Müssens oder Festhaltens des Jugendlichen (vgl. auch RegE BT-Drs. 19/13837, 56). Bei Fehlen von Haftgründen handelt es sich hier um einen stark begrenzten Zeitraum (Diemer/Schatz/Sonnen/Schatz Rn. 37). Ggf. kann auch die ermittlerische Dringlichkeit der Vernehmung für eine kürzere Wartezeit sprechen (s. auch RL 3). Für den vollständigen Verzicht auf jegliches Warten (Sofortvernehmung) enthält das Gesetz in § 68b S. 1 allerdings einen übertragbaren Zulässigkeitsmaßstab (Kölbel NStZ 2021, 524 (529 f.)), dessen strenge Voraussetzungen (→ § 68b Rn. 4 ff.) nur äußerst selten erfüllt sind (vgl. erg. → § 70c Rn. 29 f.). 34

b) Bestimmung der Ersatzperson. Ein Anwesenheitsanspruch der Ersatzperson besteht nur, wenn diese erwachsen ist und sich (wie bei § 51 Abs. 6 S. 1) für den Schutz der Beschuldigteninteressen **eignet** (n. zu diesen Anforderungen, den Ausschlussgründen und zum Vorschlagsrecht des Jugendlichen → § 51 Rn. 33, → § 67a Rn. 13). Mit Blick auf das dafür idR erforderliche Vertrauensverhältnis empfiehlt sich eine Anhörung des Jugendlichen (NK-JGG/Sommerfeld Rn. 12). Nach Abs. 3 S. 3 ist das Anwesenheitsrecht der Beistandsperson darüber hinaus vom Vorliegen der in 35

Rn. 30 ff. erörterten Bedingungen abhängig (was bei ihr – anders als bei den Erziehungsberechtigten – nicht vermutet wird). Es muss also positiv feststellbar sein, dass die Begleitung durch die Elternersatzperson für den Jugendlichen **förderlich** ist, ohne Strafverfolgungsbelange zu beeinträchtigen (s. auch Diemer/Schatz/Sonnen/Schatz Rn. 38).

36 Bei dieser Begleitperson darf es sich, wenngleich dies abw. von § 51 Abs. 6 S. 4 und § 67a Abs. 4 S. 3 nicht eigens erwähnt ist, durchaus auch um einen Vertreter der **JGH** handeln. Aus fachlich-sozialpädagogischer Perspektive ist dies aber wegen einer drohenden problematischen Rollenkonfusion zu vermeiden (Goldberg, Das Gesetz zur Stärkung der Verfahrensrechte (…), 2021, Rn. 25). Der **Verteidiger** des Beschuldigten kommt für diese Rolle ohnehin nicht in Betracht, da das Recht auf erwachsene Begleitung (Art. 15 RL (EU) 2016/800) unabhängig vom und neben dem Recht auf einen Rechtsbeistand (Art. 6 RL (EU) 2016/800) besteht – beides demnach nicht zusammenfallen darf. Bei Anwesenheit eines Verteidigers kann es im Einzelfall aber zw. sein, ob die Gegenwart eines weiteren, nicht-elterlichen Erwachsenen tatsächlich die Bedingungen von S. 1 (Wohl des Jugendlichen fördern) noch erfüllt – oder hierfür **entbehrlich** ist (RegE BT-Drs. 19/13837, 56).

37 **c) Hinzuziehung in eilbedürftigen Vernehmungskonstellationen.** Angesichts des Regelungszusammenhangs aus Abs. 3 und den Vorgaben in § 67a Abs. 1, 3 und 4 sind die Eltern zur Gewährleistung ihres Anwesenheitsrechts (Abs. 3 S. 1) über den Vernehmungstermin zu informieren (→ Rn. 26). In den Fällen des § 67a Abs. 3 geht diese Information stattdessen an die (dafür rechtzeitig festzulegende) erwachsene Ersatzperson (→ § 67a Rn. 28). Machen Ermittlungsgründe oder der Beschuldigtenschutz (→ Rn. 34) **ausnahmsweise** eine **schnelle Vernehmung** erforderlich, können die Bemühungen um eine Information der Eltern (bzw. bei § 67a Abs. 3 die der Ersatzperson) auf eine „angemessene" verkürzte Zeit beschränkt werden (Abs. 3 S. 3). – Stellen sich indes erst in oder kurz vor der Vernehmung die anderen in Rn. 34 genannten Gründe heraus, muss einer Ersatzperson die Mitwirkung ebenfalls gestattet werden (Abs. 3 S. 3). Zwar ist für diese Konstellation weder eine nochmalige Wartezeit noch eine Information vorgesehen (denn § 67a Abs. 4 ist hier nicht einschlägig). Doch mit Blick auf das Regelungsziel, eine unbegleitete Vernehmung Minderjähriger zu vermeiden, sind die Ermittlungsbehörden zu entspr. **Bemühungen** – dh zu einem nochmaligen **Aufschieben** der Vernehmung und einer Information des festzulegenden Erwachsenen – dennoch gehalten. Nur dort, wo das aus aufzeigbaren Gründen ausnahmsweise nicht möglich ist, kann die Hinzuziehung eines geeigneten Erwachsenen davon abhängig gemacht werden, dass er schon anwesend ist oder kurzfristig erscheint.

5. Wahl eines Verteidigers und Anfechtungsrecht

38 Neben dem gesetzlichen Vertreter (§ 137 Abs. 2 StPO iVm § 2 Abs. 2) hat gem. **Abs. 2** auch der Erziehungsberechtigte das Recht, selbstständig einen (und maximal drei) **Verteidiger** für den Jugendlichen zu wählen (vgl. dazu n. → § 68 Rn. 25).

39 Ferner dehnt Abs. 2 auch das Recht des gesetzlichen Vertreters, innerhalb der für den Jugendlichen laufenden Fristen (BayObLGSt 54, 51) und unter

den Beschränkungen des § 55 selbstständig **alle Rechtsbehelfe** (nicht nur Rechtsmittel) einzulegen (§ 298 Abs. 1 StPO iVm § 2 Abs. 2), auf die Erziehungsberechtigten aus. Das Anfechtungsrecht darf aber nur zugunsten des Jugendlichen ausgeübt werden (OLG Celle NJW 1964, 417). Ob ein Rechtsmittel auch **im Interesse** des Jugendlichen ist oder ob es aus erzieherischen bzw. entwicklungspsychologischen Gründen (ggf. auch aufgrund finanzieller Umstände) für den Jugendlichen nicht insg. schonender wäre, von einer Anfechtung abzusehen, entzieht sich den Prüfungsmöglichkeiten und Einschätzungskompetenzen des Rechtsmittelgerichts. Bei eklatanter Interessenwidrigkeit mag sich dies anders verhalten (hier für ein Überprüfungsrecht → 23. Aufl. 2022 Rn. 13; BeckOK JGG/Poell Rn. 19), doch fehlt es an einer gesetzlichen Grundlage, um das elterliche Rechtsmittel hier für unzulässig zu erklären (iErg ebenso NK-JGG/Sommerfeld Rn. 10).

Der Erziehungsberechtigte bzw. der gesetzliche Vertreter kann das von ihm eingelegte Rechtsmittel nur mit Zustimmung des Angeklagten **zurücknehmen** (§ 55 Abs. 3; dazu und zum Fall des Verzichts vgl. n. → § 55 Rn. 9 ff.). Diese Einschränkung besteht für den Jugendlichen hinsichtlich seines Rechtsmittels zwar nicht. Doch haben die Erziehungsberechtigten neben ihm ein eigenes Rechtsmittel eingelegt, bleibt dieses von seiner Zurücknahme unberührt (allgA). – Für die **Kosten** eines vom Erziehungsberechtigten oder gesetzlichen Vertreter eingelegten Rechtsmittels haften die genannten Personen nur mit dem Vermögen des Jugendlichen, soweit es ihrer Verwaltung untersteht (vgl. schon BGH NJW 1956, 520 (Ls.) = BeckRS 1955, 31192259; s. dazu auch → § 74 Rn. 17). 40

Eine **Wiedereinsetzung** nach der **Versäumung von Rechtsmittelfristen** kommt nur selten in Betracht und setzt nach den allg. Regelungen (§§ 44 ff. StPO iVm § 2 Abs. 2) voraus, dass der gesetzliche Vertreter oder Erziehungsberechtigte von der Entscheidung weder rechtzeitig Kenntnis hatte noch haben konnte. Denkbar ist dies va, wenn das Urteil in seiner Abwesenheit ergangen und dessen schriftliche Mitteilung gem. § 67a Abs. 1 gar nicht oder erst nach Ablauf der Rechtsmittelfrist erfolgte (→ § 67a Rn. 7). Für deren Beginn ist nämlich allein die Urteilseröffnung ggü. dem Jugendlichen maßgeblich und die Nicht-/Mitteilung an die Eltern unerheblich (vgl. LG Würzburg RdJB 1962, 42; OLG Hamm NStZ 2009, 44 (45)). Wenn die Eltern in diesen Fällen auch nicht zur HV geladen worden waren, kann idR von einem unverschuldeten Fristversäumnis ausgegangen werden (Brunner/Dölling Rn. 17). Aber auch dann, wenn sie der HV nach ordnungsgemäßer Ladung fern geblieben sind, ist eine Wiedereinsetzung möglich. In diesem Fall mag zwar mit dem Erlass eines Urteils zu rechnen sein, doch besteht für die Erziehungsberechtigten keine Erkundigungspflicht über den Ausgang der HV. Ein schuldhaftes Fristversäumnis liegt hier deshalb nicht vor (BayObLGSt 54, 51; OLG Stuttgart NJW 1960, 2353; aA BGHSt 18, 21 = NJW 1962, 2262; OLG Hamm NStZ 2009, 44 (45); Diemer/Schatz/Sonnen/Schatz § 50 Rn. 40; HK-JGG/Trüg/Gundelach Rn. 24). 41

6. Mehrheit von Erziehungsberechtigten

Soweit mehrere Personen erziehungsberechtigt sind, wie das zB bei den beiden Elternteilen gem. §§ 1626 f. BGB meist der Fall ist, werden sie nach **Abs. 5 S. 1** gleichbehandelt. Die ihnen zustehenden Rechte können von jedem Erziehungsberechtigten allein und in gleicher Weise sowie neben- 42 einander ausgeübt werden. Angesichts der jeweiligen **Selbstständigkeit** bedarf es keiner förmlichen oder formlosen Zustimmung des anderen Elternteils. Die Ermächtigung des einen durch den anderen (sodass ein Teil für beide agiert), wird von der Vorschrift aber auch nicht ausgeschlossen.

43 In der HV oder bei sonstigen richterlichen Verhandlungen tritt die **Vertretungswirkung** durch das Handeln eines Erziehungsberechtigten für den anderen sogar von Gesetzes wegen ein **(Abs. 5 S. 2)** – dies allerdings nur gegenüber dem abwesenden und nicht auch dem passiv anwesenden, anderen Erziehungsberechtigten (Brunner/Dölling Rn. 10). Dies ist etwa beim sofortigen Rechtsmittelverzicht von Belang (MüKoStPO/Kaspar Rn. 29). Im Hinblick auf die Ungewissheit hinsichtlich familieninterner Kommunikations- und Machtverhältnisse sowie etwaiger Interessenkonflikte (dazu auch Schwer Stellung S. 142) ist es aber nicht unproblematisch, dass der abwesende Berechtigte an die abgegebenen Erklärungen des anwesenden Berechtigten gebunden ist (zust. HK-JGG/Trüg/Gundelach Rn. 21; zur ähnlichen Problematik bei Mitteilungen und Ladungen gem. **Abs. 5 S. 3** → § 67a Rn. 13 f.). Auch handelt es sich hier um eine Regelung, von der die in der RL (EU) 2016/80 (Erwgr. 57 S. 2) formulierte Erwartung, dass Kinder ein Recht auf Prozessbegleitung durch sämtliche Erziehungsberechtige haben sollten, eher unterlaufen als gefördert wird (krit. ebenfalls BMJV/Kemme 2017, 108). Im Normalfall ist das Gericht daher gehalten, die Vertretung zu vermeiden und dafür entweder **beide** Elternteile (oder einen bestimmten Elternteil) **zu laden** und das jeweilige Erscheinen ggf. zu erzwingen (→ § 50 Rn. 28).

V. Entziehung der Rechte

1. Voraussetzungen

44 **a) Tatbeteiligung.** Unter den Voraussetzungen von **Abs. 4 S. 1 können** die Rechte iSv Abs. 1 bis Abs. 3 dem Erziehungsberechtigten und dem gesetzlichen Vertreter entzogen werden. Diese Regelung soll einer elterlichen Prozesseinwirkung, die durch Interessenkonflikte beeinflusst ist und insbes. zulasten des Jugendlichen gehen kann, entgegenwirken. Anknüpfungspunkt der Norm ist das elterliche „Beteiligt sein" bzw. die „Beteiligung" an der oder einer der verfahrensgegenständlichen Verfehlung/-en des Beschuldigten (dh an der „Tat" iSd § 264 StPO iVm § 2 Abs. 2). Darin eingeschlossen ist mit Blick auf den beschuldigtenbezogenen Schutzzweck der Norm **jedes strafrechtlich relevante Verhalten,** also neben jeder Form der Täterschaft und neben Anstiftung und Beihilfe (wie bei § 60 Nr. 2 StPO) auch Begünstigung, Strafvereitelung oder Hehlerei (zust. Brunner/Dölling § 67 Rn. 24; BeckOK JGG/Poell Rn. 42; enger NK-JGG/Sommerfeld Rn. 15; HK-JGG/Trüg/Gundelach Rn. 17).

45 In dieser Hinsicht muss entweder schon eine rechtskräftige **Verurteilung** vorliegen oder zumindest ein **Verdacht** bestehen. Dieser braucht nicht das Ausmaß eines hinreichenden oder eines dringenden Verdachts zu haben, darf aber auch nicht nur ein Anfangsverdacht sein. Darüber, ob eine Verdachtslage besteht, entscheidet das Gericht nach pflichtgemäßem Ermessen. Ungeachtet der dabei bestehenden Einschätzungsspielräume ist eine sorgfältige Prüfung angezeigt. Zwar lässt der spätere Verdachtswegfall die Entziehungs-

entscheidung nicht **prozessordnungswidrig** werden. Doch verhält sich dies anders, wenn der angenommene Verdacht in einer rückblickenden Überprüfung nie bestanden und das Gericht die Grenzen seines Ermessens überschritten hatte. – War wegen der Beteiligungstat ein Freispruch des Erziehungsberechtigten erfolgt, kann das JGericht seine abw. Einschätzung nicht an die Stelle des erkennenden Gerichts setzen; die Annahme eines Verdachts iSv Abs. 4 S. 1 scheidet hier, nachdem ein solcher rechtskräftig als nicht ausreichend bestätigt eingestuft worden war, aus (abw. Diemer/Schatz/Sonnen/Schatz Rn. 44).

b) Erstreckung auf den unbeteiligten Berechtigten. Nach Abs. 4 S. 1 **46**
ist der Ausschluss jenes bzw. jener Beteiligten möglich, bei denen von der Vorwurfsverstrickung auszugehen ist. Die andere berechtigte Person betrifft dies wegen ihrer Nichtbeteiligung dagegen prinzipiell nicht. Anders verhält sich dies aber, wenn sie einen Missbrauch ihrer Rechte erwarten lässt **(Abs. 4 S. 2).** Allerdings muss mit Blick auf diese Missbrauchsgefahr eine konkrete, dahingehende Befürchtung bestehen. Diesbzgl. bedarf es einer naheliegenden und ernsthaften, durch **tatsächliche Anhaltspunkte** begründeten Gefahr (vgl. LG Essen StV 2013, 39 (Ls.) = BeckRS 2013, 143; Laubenthal/Baier/Nestler JugendStrafR Rn. 242), wobei der drohende Nachteil zu Lasten des Jugendlichen oder der Verfahrensdurchführung gehen kann (NK-JGG/Sommerfeld Rn. 15). Eine solche Missbrauchsbefürchtung (etwa mit Blick auf die Verdunkelung des Sachverhalts) ist aber nur von Belang, wenn der andere Elternteil iSv Abs. 1 S. 1 beteiligt ist.

c) Ermessen. Die Entscheidung über die Entziehung unterliegt sowohl **47**
bei Abs. 4 S. 1 als auch bei Abs. 4 S. 2 dem pflichtgemäßen Ermessen. Die Auswirkungen auf die Prozessatmosphäre sprechen für eine **zurückhaltende** Gebrauchmachung (vgl. NK-JGG/Sommerfeld Rn. 16; ebenso bereits Peters RJGG 1943 Anm. 4). Soweit es nicht um den Schutz des Verfahrens, sondern den des Jugendlichen vor abträglichen elterlichen Interessenkonflikten geht, kann aber eine andere Herangehensweise angezeigt sein.

2. Entziehungsbeschluss

Es können die in Abs. 1 bis Abs. 3 geregelten Rechte (→ Rn. 16–25 und **48**
→ Rn. 38–41) entzogen werden – entweder **alle** oder ein zu bestimmender **Teil** dieser Rechte (allgA). Die Wirkung einer solchen Entscheidung ist dauerhaft, insofern aber auf das konkrete, anhängige Verfahren beschränkt. Elternrechte, die sich nicht aus Abs. 1 bis Abs. 3, sondern aus **anderen Rechtsgrundlagen** ergeben, sind von der Entziehung gem. Abs. 4 nicht erfasst. Das betrifft insbes. das auf §§ 50 Abs. 2 S. 1, 51 Abs. 2 beruhende (→ § 50 Rn. 26) Anwesenheitsrecht in der HV. Hier besteht allein die Möglichkeit des reaktiven Ausschlusses gem. § 51 Abs. 2 (→ § 51 Rn. 19 ff.).

Die Entscheidung über die Entziehung ergeht durch **Beschluss.** Dieser ist **49**
zu begründen (§ 34 StPO iVm § 2 Abs. 2) und kann mit einfacher Beschwerde ohne aufschiebende Wirkung angefochten werden (§§ 304, 305 S. 2, § 307 StPO iVm § 2 Abs. 2). Beschwerdeberechtigt sind die Erziehungsberechtigten und der Jugendliche, dem die elterliche Unterstützung entzogen wurde. Die **Zuständigkeit** für die Entscheidung nach Abs. 4 liegt – anders als gem. § 51 Abs. 2 – nicht beim Vorsitzenden, sondern stets beim

Gericht (allgA). Bei Entscheidungen im Ermittlungsverfahren ist das der JRichter als Jugendermittlungsrichter (→ § 34 Rn. 5 f.).

3. Weitere Folgen

50 Anders als in den Fällen, in denen die Anwesenheit bei einzelnen Untersuchungshandlungen versagt wird (Abs. 3), ist die Hinzuziehung einer erwachsenen Ersatzperson beim dauerhaften Entzug der Elternrechte nicht ausreichend. Vielmehr muss gem. **Abs. 4 S. 3** ein **Prozesspfleger** (§ 1909 BGB) bestellt werden. Dies erfolgt durch das Familiengericht, bei dem dies durch das JGericht von Amts wegen beantragt wird (BeckOK JGG/Poell Rn. 48). Diese Notwendigkeit besteht bei jeder Entziehung – es sei denn, mindestens ein Erziehungsberechtigter oder Vertreter verfügt danach noch über alle Rechte iSv Abs. 1 bis Abs. 3. Einem bestellten Pfleger stehen – beschränkt auf das konkrete Verfahren – jene Rechte zu, die den Erziehungsberechtigten bzw. den gesetzlichen Vertretern entzogen worden waren. Eine ggf. schon laufende HV ist durch das Gericht bis zur Pflegerbestellung auszusetzen (**Abs. 4 S. 4** iVm § 228 Abs. 1 StPO). Zudem muss der Vorsitzende einen **Verteidiger** bestellen (§ 68 Nr. 2).

Unterrichtung der Erziehungsberechtigten und der gesetzlichen Vertreter

67a (1) **Ist eine Mitteilung an den Beschuldigten vorgeschrieben, so soll die entsprechende Mitteilung an die Erziehungsberechtigten und die gesetzlichen Vertreter gerichtet werden.**

(2) [1] **Die Informationen, die der Jugendliche nach § 70a zu erhalten hat, sind jeweils so bald wie möglich auch den Erziehungsberechtigten und den gesetzlichen Vertretern zu erteilen.** [2] **Wird dem Jugendlichen einstweilig die Freiheit entzogen, sind die Erziehungsberechtigten und die gesetzlichen Vertreter so bald wie möglich über den Freiheitsentzug und die Gründe hierfür zu unterrichten.**

(3) **Mitteilungen und Informationen nach den Absätzen 1 und 2 an Erziehungsberechtigte und gesetzliche Vertreter unterbleiben, soweit**

1. **auf Grund der Unterrichtung eine erhebliche Beeinträchtigung des Wohls des Jugendlichen zu besorgen wäre, insbesondere bei einer Gefährdung des Lebens, des Leibes oder der Freiheit des Jugendlichen oder bei Vorliegen der Voraussetzungen des § 67 Absatz 4 Satz 1 oder 2,**
2. **auf Grund der Unterrichtung der Zweck der Untersuchung erheblich gefährdet würde oder**
3. **Erziehungsberechtigte oder gesetzliche Vertreter binnen angemessener Frist nicht erreicht werden können.**

(4) [1] **Werden nach Absatz 3 weder Erziehungsberechtigte noch gesetzliche Vertreter unterrichtet, so ist eine andere für den Schutz der Interessen des Jugendlichen geeignete volljährige Person zu unterrichten.** [2] **Dem Jugendlichen soll zuvor Gelegenheit gegeben werden, eine volljährige Person seines Vertrauens zu bezeichnen.** [3] **Eine ande-**

re geeignete volljährige Person kann auch der für die Betreuung des Jugendlichen in dem Jugendstrafverfahren zuständige Vertreter der Jugendgerichtshilfe sein.

(5) [1] **Liegen Gründe, aus denen Mitteilungen und Informationen nach Absatz 3 unterbleiben können, nicht mehr vor, so sind im weiteren Verfahren vorgeschriebene Mitteilungen und Informationen auch wieder an die betroffenen Erziehungsberechtigten und gesetzlichen Vertreter zu richten.** [2] **Außerdem erhalten sie in diesem Fall nachträglich auch solche Mitteilungen und Informationen, die der Jugendliche nach § 70a bereits erhalten hat, soweit diese im Laufe des Verfahrens von Bedeutung bleiben oder sobald sie Bedeutung erlangen.**

(6) **Für den dauerhaften Entzug der Rechte nach den Absätzen 1 und 2 findet das Verfahren nach § 67 Absatz 4 entsprechende Anwendung.**

Übersicht

I. Anwendungsbereich

Die Vorschrift gilt für Jugendliche (für diese auch in Verfahren vor den für allg. Strafsachen zuständigen Gerichten (§ 104 Abs. 1 Nr. 9)), nicht aber für Heranwachsende (zur Maßgeblichkeit des Alters im jeweiligen prozessualen Stadium → § 67 Rn. 2). Für Minderjährige findet die Vorschrift ebenfalls im vereinfachten JVerfahren (§ 78 Abs. 3 S. 2) und gem. § 83 Abs. 3 S. 2 im Vollstreckungsverfahren Anwendung (zum OWi-Verfahren → Rn. 8). 1

II. Entstehung, Struktur und Zweck der Norm

2 Das **elterliche Wissen** über die Verfahrensrechte ihres beschuldigten Kindes ist **idR gering** (internationale Befunde dazu bei Cleary/Warner Psychology, Crime & Law 2017, 777). Dennoch bedurften die in der Norm vorgesehenen Unterrichtungsregeln erst des unionsrechtlichen Anstoßes. Eingeführt durch das 2. Gesetz zur Stärkung der Verfahrensrechte von Beschuldigten im Strafverfahren und zur Änderung des Schöffenrechts v. 27.8.2017 (BGBl. I 3295) diente sie zunächst der Umsetzung von Art. 5 Abs. 2 bis Abs. 4 RL (EU) 2013/48. Kurz darauf kam es mit dem Gesetz zur Stärkung der Verfahrensrechte von Beschuldigten im Jugendstrafverfahren zu einer erheblichen Umgestaltung der Norm. Ursprünglich vorgesehen waren allein Abs. 1 (als § 67 Abs. 2 aF) sowie § 67a aF, der für den Fall, dass gegen den Jugendlichen ein Freiheitsentzug im JStV angeordnet wird, diverse Vorgaben für die Information seiner Erziehungsberechtigten und gesetzlichen Vertreter machte. Nunmehr stellt die Vorschrift durch ihre durchgehende Erweiterung dagegen eine **umfassende** Ausgestaltung der **elterlichen Unterrichtung** dar (s. auch § 70b Abs. 1 S. 2 und S. 3). Anlass und Maßstab hierfür war der Umsetzungsbedarf, den die Anerkennung eines Rechts des Jugendlichen auf Information des Trägers der elterlichen Verantwortung in Art. 5 RL (EU) 2016/800 mit sich gebracht hatte, und zwar auch hinsichtlich der insofern zu berücksichtigenden Einschränkungen (BT-Drs. 19/13837, 22).

3 Dem Normtext nach legt § 67a allein amtliche Pflichten und deren Durchbrechungen fest. Diese beziehen sich auf **Unterrichtungen,** die (wie Abs. 4 S. 1 anzeigt) den Oberbegriff für die obligatorischen Mitteilungen (Abs. 1) und Informationen (Abs. 2) bilden. Die jeweilige Verpflichtung impliziert allerdings auch einen (Unterrichtungs-)**Anspruch.** Anspruchsinhaber sind idR die Eltern, was sich etwa in Abs. 6 iVm § 67 Abs. 4 zeigt, wonach man die „Rechte nach den Abs. 1 und 2" den „Erziehungsberechtigten und gesetzlichen Vertretern entziehen" kann.

4 Bei dieser **formalen** elterlichen Berechtigung handelt es sich aber lediglich um eine rechtstechnische Zuordnung, die nichts daran ändert, dass es sich um eine von den Beschuldigtenrechten **abgeleitete** Anspruchsposition handelt und dass es bei ihr in der Sache darum geht, im **Interesse des Jugendlichen** für dessen Begleitung durch informierte Eltern zu sorgen (eingehend dazu → § 67 Rn. 6, s. auch → § 70b Rn. 6). Der Normzweck besteht darin, „eine wirksame Ausübung der Rechte des Kindes" durch entspr. Hilfestellungen der rechtlich aufgeklärten Erwachsenen zu ermöglichen (RL (EU) 2016/800 Erwgr. 22). Dass die eigenen Informationsinteressen der Erziehungsberechtigten für § 67a demgegenüber sekundär sind, wird auch daran erkennbar, dass ggf. eine Ersatzperson anstelle der Eltern ins Bild gesetzt werden muss (Abs. 4). Dass die Eltern ihr Erziehungsrecht dank der in Abs. 1 und Abs. 2 vorgesehenen Unterrichtung besser realisieren können, stellt demzufolge nur einen Reflex und keine **Funktion** der Norm dar (abw. Diemer/Schatz/Sonnen/Schatz Rn. 6).

III. Unterrichtungspflichten

1. Akzessorische Mitteilungspflichten

a) Reichweite. Sofern und **sobald** gegen einen konkreten identifizierten Jugendlichen ermittelt wird, müssen **alle** Mitteilungen, die dieser im JStV zu erhalten hat, gem. Abs. 1 zugleich auch an seine Erziehungsberechtigten und gesetzlichen Vertreter gehen. Dies betrifft vorwiegend die **Urteile** der JGerichte (etwa § 232 Abs. 4 StPO iVm § 2 Abs. 2) sowie alle **Entscheidungen,** die Anordnungen treffen (§ 114a StPO iVm § 2 Abs. 2) oder das Verfahren oder einzelne Verfahrensphasen abschließen bzw. voranbringen (etwa § 35, § 170 Abs. 2 S. 2, § 201 Abs. 1 S. 1, §§ 204, 215 StPO iVm § 2 Abs. 2; ferner §§ 45, 47). Ebenso eingeschlossen sind diverse Benachrichtigungen, etwa solche über Verfahrensschritte (§ 118a Abs. 1, § 224 Abs. 1 StPO iVm § 2 Abs. 2) oder prozessrelevante Umstände (§ 222 Abs. 1 StPO iVm § 2 Abs. 2). Vor-/Ladungen zählen gleichfalls zu den Mitteilungen (→ Rn. 28 sowie → § 67 Rn. 26), wobei aber für die HV insofern mit § 50 Abs. 2 eine speziellere Vorschrift existiert (→ § 50 Rn. 28). Zur **Mitteilungsform** macht Abs. 1 keine Vorgaben (s. aber § 70b Abs. 1 S. 2 und S. 3). 5

Ungeachtet der normtextlichen Ausgestaltung als Sollvorschrift wird die Norm hinsichtlich des **Ob** der Mitteilung von der hM als eine **zwingende Vorgabe** interpretiert (LG Saarbrücken NStZ 2012, 167 mzustAnm Möller NStZ 2012, 114 (116); NK-JGG/Sommerfeld Rn. 5; BeckOK JGG/Noak Rn. 6; HK-JGG/Gundelach Rn. 6; Kremer, Der Einfluß des Elternrechts auf die Rechtmäßigkeit der Maßnahmen des JGG, 1984, S. 172; unklar BGHSt 18, 21 = NJW 1962, 2262; abw, Brunner/Dölling Rn. 2). Dem ist zuzustimmen (dazu bei Untersuchungshandlungen im Ermittlungsverfahren → § 67 Rn. 26; zur ebenfalls obligatorischen Ladung zur HV → § 50 Rn. 28). Denn erstens sehen bereits Abs. 3 und Abs. 6 eigens diverse Konstellationen vor, in denen die Mitteilung unterbleibt. Es ist daher nicht ersichtlich, weshalb diese Handhabung in weiteren (und in welchen) Ausnahmefällen gleichermaßen gerechtfertigt sein soll (abw. aber Diemer/Schatz/Sonnen/Schatz Rn. 14). Zweitens muss Abs. 1 iZm Art. 5 Abs. 1 RL (EU) 2016/800 ausgelegt werden, der hinsichtlich der Mitteilung keine Entscheidungsspielräume einräumt. Drittens sprechen die auf Abs. 1 verweisenden Normtexte in Abs. 6 („Rechte") und § 70c Abs. 1 S. 3 Nr. 1 („zu informieren sind") für eine einschränkungslose Pflicht (Güntner Einbindung, S. 107 f.). Und viertens wäre ein Zurückbleiben hinter der Muss-Vorschrift in Abs. 2 auch gar nicht erklärlich. In der Konsequenz sind daher bspw. auch Erziehungsberechtigte, die sich im Ausland aufhalten oder die früher einmal begründungslos auf die Wahrnehmung ihrer Rechte verzichtet hatten, grds. zu informieren, sofern es nicht durch Abs. 3 zu einer Einschränkung kommen kann. Zur **Revision** bei Verletzung elterlicher Anwesenheitsrechte durch Nichtmitteilung des Termins s. für die HV → § 50 Rn. 45, für das Vorverfahren → § 67 Rn. 29. 6

b) Besonderheiten bei der Urteilsmitteilung. Keiner eigenen Mitteilung bedarf es bei Entscheidungen, bei deren **Verkündung** der Erziehungsberechtigte bzw. gesetzliche Vertreter zugegen ist (Diemer/Schatz/Sonnen/ 7

Schatz Rn. 16; vgl. aber zur Abschrift § 35 Abs. 1 S. 2 StPO iVm § 2 Abs. 2). Erfolgt die Verkündung zwar in Anwesenheit des Angeklagten (s. § 35 Abs. 1 StPO), aber nicht in Gegenwart des gesetzlichen Vertreters und des Erziehungsberechtigten, muss diesen folglich jene Mitteilung – einschließlich der Rechtsmittelbelehrung – gemacht werden, die dem Jugendlichen im Falle seiner (hypothetischen) Abwesenheit zu machen wäre. Eine solche Mitteilungspflicht besteht grds. auch im Falle eines **in elterlicher Abwesenheit** ergangenen Urteils (vgl. § 35 Abs. 2 StPO iVm § 2 Abs. 2 bzw. § 232 Abs. 4 StPO iVm § 2 Abs. 2). Dies wird insoweit nicht bezweifelt. Streit herrscht indes darüber, ob diese Unterrichtung – sei es als Zustellung des rechtzeitig mit Gründen versehenen Urteils oder zumindest als Mitteilung des Urteilsausspruchs – zwingend innerhalb der für den Angeklagten geltenden Rechtsmittelfrist und mit auf deren Bedeutung (§ 298 StPO iVm § 2 Abs. 2) hinweisender Rechtsmittelbelehrung zu erfolgen hat (so BayObLGSt 54, 51; OLG Stuttgart NJW 1960, 2353; NK-JGG/Sommerfeld Rn. 5; BeckOK/Noak JGG Rn. 9.1). Da hierfür aber keine Rechtsgrundlage ersichtlich ist, muss der dies ablehnenden Auffassung (BGHSt 18, 21 = NJW 1962, 2262; OLG Hamm NStZ 2009, 44 (45); Diemer/Schatz/Sonnen/Schatz Rn. 18) gefolgt werden – dies allerdings nur mit der Maßgabe, dass den Eltern bei Versäumung der Rechtsmittelfrist eine Wiedereinsetzung zu gewähren ist (→ § 67 Rn. 41).

8 **c) Mitteilungspflicht im OWi-Verfahren.** Der Bescheid über Maßnahmen der Verwaltungsbehörde wird dem Jugendlichen zugestellt und den gesetzlichen Vertretern mitgeteilt (§ 51 Abs. 2 OWiG iVm § 2 Abs. 2). Unterbleibt diese Mitteilung durch die Verwaltungsbehörde, lässt dies die Wirksamkeit des dem Jugendlichen ordnungsgemäß zugestellten Bescheides unberührt. Für das Ingangsetzen der **Rechtsmittelfrist** ist die formlose Mitteilung an den gesetzlichen Vertreter ebenfalls unerheblich, sofern die Zustellung iÜ ordnungsgemäß erfolgt ist (vgl. Göhler/Bauer OWiG § 51 Rn. 40). Der besagte Verfahrensmangel führt im Falle rechtzeitigen Einspruchs auch nicht zum Fehlen einer Verfahrensvoraussetzung für das gerichtliche Verfahren, da Verfahrensmängel der Verwaltungsbehörde, sofern sie nicht eine Unwirksamkeit oder Nichtigkeit des Bescheides begründen, im gerichtlichen Verfahren unbeachtlich sind (OLG Düsseldorf NJW 1982, 2833).

2. Aufklärungspflichten

9 **a) Allgemeine Informationen (Abs. 2 S. 1).** Nach Abs. 2 S. 1 erstreckt sich die **allg. Informationspflicht,** die § 70a hinsichtlich des Jugendlichen statuiert, auch auf die Erziehungsberechtigten bzw. gesetzlichen Vertreter. Diese sollen ebenfalls einen allg. Überblick über das JStV (insb. über bestehende Rechte des Jugendlichen sowie prozessuale Abläufe und Standards) erhalten. Praktisch umgesetzt werden kann dies in der gleichen Art und Form wie beim Beschuldigten (→ § 70a Rn. 6). **Zeitlich** muss dies „so bald wie möglich" erfolgen, dh sobald (durch sofort einsetzende Bemühungen) der Kreis der Berechtigten identifiziert und deren Erreichbarkeit festgestellt worden ist. Eine absehbare Einstellung ändert wie beim Jugendlichen (→ § 70a Rn. 8) an der Informationspflicht nichts (Diemer/Schatz/Sonnen/Schatz Rn. 3; abw. NK-JGG/Sommerfeld Rn. 6a). Bei einer kurz-

fristig durchgeführten Erstvernehmung, bei der die Eltern anwesend sind, kann diese Unterrichtung dort vorgenmmen werden, sonst muss dies idR schon im Vorfeld geschehen (erg. dazu → Rn. 21). Die Unterrichtungen gem. § 70a Abs. 2–4 erfolgen wie beim Beschuldigten unmittelbar nach Eintritt des Anlasses.

b) Informationen bei Freiheitsentziehungen (Abs. 2 S. 2). Bei einer freiheitsentziehenden Maßnahme im Verlauf des JStV sind den Erziehungsberechtigten bzw. gesetzlichen Vertretern gem. Abs. 2 iVm § 70a Abs. 2–4 spezielle, darauf bezogene Rechtsinformationen zu geben (→ § 70a Rn. 15). Darüber hinaus schreibt Abs. 2 S. 2, den Anforderungen von Art. 5 Abs. 2 RL (EU) 2013/48 folgend, für diesen Fall zwingend eine eigene elterliche Benachrichtigung unter Anführung der **Maßnahmegründe** vor. Auf einen entspr. Wunsch oder auch nur ein Einverständnis des Jugendlichen kommt es hierfür nicht an. Zwar bestand nach weithin vertretener Auffassung im Falle einer Verhaftung schon vor Einführung von § 67a infolge von § 67 Abs. 2 aF grds. eine Mitteilungspflicht, doch blieb dieser nicht positivierte Rechtszustand hinter einer ausdrücklichen Verpflichtung iSd RL zurück. Die daher eingeführte Regelung führt hier iÜ zu einer Festlegung, die zu **§ 114c Abs. 2 StPO iVm § 2 Abs. 2 hinzutritt** (s. aber → Rn. 24 f.). In diesem Zusammentreffen der beiden Benachrichtigungspflichten schlägt sich das Nebeneinander von Art. 5 Abs. 1 und 2 RL (EU) 2013/48 nieder – wobei eine Information an die Erziehungsberechtigten idR beide Vorgaben zugleich erfüllt (s. auch BeckOK JGG/Noak Rn. 11). 10

Unter den Begriff der **einstweiligen Freiheitsentziehung** fallen hierbei die Verhaftung (§ 114 Abs. 1 StPO iVm § 2 Abs. 2), die einstweilige Unterbringung (§ 126a Abs. 2 S. 1 StPO iVm § 2 Abs. 2), die Unterbringungen gem. § 71 Abs. 2, § 72 Abs. 4, § 73, § 81 StPO iVm § 2 Abs. 2) sowie die vorläufige Festnahme (§ 127 Abs. 4, § 127b Abs. 1 S. 2 StPO iVm § 2 Abs. 2). An sich zählt hierzu auch Festhalten gem. § 163c Abs. 1 S. 3 StPO iVm § 2 Abs. 2, doch endet dieses mit der Identitätsfeststellung, die wiederum die faktische Voraussetzung der Elterninformation ist. Ob auch andere Abläufe, die mit vergleichsweise kurzem Freiheitsentzug einhergehen, trotz des idR knappen Zeitraums von der Vorschrift erfasst sind, lässt sich nicht einheitlich beantworten (für die Untersuchung gem. § 81a StPO iVm § 2 Abs. 2 vern. Sommerfeld ZJJ 2016, 36 (37); MüKoStPO/Kaspar Rn. 8; Brunner/Dölling Rn. 4). Dafür sind mit Blick auf den Regelungszweck der Vorschrift die **konkreten Bedingungen** der Maßnahme und die Schutz- bzw. Beistandsbedürftigkeit des Jugendlichen (abhängig von Alter bzw. Reifeentwicklung) maßgeblich. 11

Auch Abs. 2 S. 2 verlangt, dass die Benachrichtigung **„so bald wie möglich"** geschehen muss. Diese Fassung bleibt hinter Art. 5 Abs. 1 und 2 RL (EU) 2013/48 („unverzüglich" bzw. „möglichst rasch") nur deshalb zurück, um die Vorschrift auch für solche Fallkonstellationen handhabbar zu machen, in denen es zunächst der erforderlichen Feststellungen bedarf (zB dazu, wer die Rechtsstellung innehat, wo die Person wohnt etc.). Falls diese Informationen bereits vorliegen, muss aber unverzüglich benachrichtigt werden (zust. MüKoStPO/Kaspar Rn. 6). Da das Gesetz keine **Form** der Mitteilung vorschreibt, kann und muss diese auf einem zügig realisierbaren Weg erfolgen (idR telefonisch). – Bei **unbegleitet zugewanderten** Minderjährigen und anderen Jugendlichen, bei denen die Erziehungsberechtigten im 12

Ausland leben und (ohne aufwändige Ermittlungen) keine Informationen über den Aufenthalt verfügbar sind, ist die Kurzfristigkeit der Mitteilung kaum sicherzustellen. In solchen Fällen muss, sofern nicht ohnehin schon ein Vormund bestellt worden war, dies (mit nachfolgender Information gem. Abs. 2) kurzfristig erfolgen. In der Zeit, bis dies geschehen ist, wird nach Abs. 4 iVm Abs. 3 Nr. 3 verfahren (→ Rn. 21).

3. Mehrheit von Erziehungsberechtigten

13 Sind mehrere Personen erziehungsberechtigt, genügt es nach **§ 67 Abs. 5 S. 3,** wenn die vorgeschriebenen Mitteilungen (dh die Unterrichtungen iSv Abs. 1 (→ Rn. 5 ff.)) einschließlich der erforderlichen Ladungen (namentlich zur HV) nur an eine dieser Personen gerichtet werden (für eine solche Handhabung deshalb Brunner/Dölling Rn. 9). Da von der RL (EU) 2016/80 in der HV idR aber die Begleitung durch sämtliche Erziehungsberechtigte angestrebt wird (so Erwgr. 57 S. 2), ist das JGericht regelmäßig gehalten, die Ladung **an alle Berechtigten** ergehen zu lassen (→ § 50 Rn. 28). Da im Falle von Mitteilungen (insbes. solchen zu bevorstehenden Vernehmungen) kein Grund für eine andere Handhabung ersichtlich ist, gilt dasselbe auch hier (ähnlich NK-JGG/Sommerfeld § 67 Rn. 14; Nix/Pschorr/Gmelin §§ 67, 67a Rn. 31; Eisenberg/Düffer JR 1997, 80 (81): anders nur bei Erreichbarkeit aller Berechtigten unter derselben Adresse). – Wurde eine Entscheidung in Anwesenheit eines Erziehungsberechtigten verkündet (§ 35 Abs. 1 StPO iVm § 2 Abs. 2), ist das Gericht zwar ebenfalls nicht zur Mitteilung an den anderen Erziehungsberechtigten verpflichtet. Jedoch wird dessen Unterrichtung in solchen Fällen oft ebenso ratsam sein (zust. BeckOK JGG/Poell § 67 Rn. 51).

14 **Informationen** iSv Abs. 2 sind in § 67 Abs. 5 S. 3 nach dessen eindeutigem Wortlaut von vornherein nicht eingeschlossen. Angesichts der Probleme, die jede Beschränkung auf nur einen Elternteil mit sich bringt (→ § 67 Rn. 43), ist auch keine analoge Anwendung der Vorschrift angebracht (aA Diemer/Schatz/Sonnen/Schatz Rn. 24; NK-JGG/Sommerfeld Rn. 11; Sommerfeld ZJJ 2018, 296 (299)). Für die hier vertretene Ansicht, dass **alle** Berechtigten aufzuklären sind, spricht zudem die im Plural formulierte Bezeichnung der Informationsadressaten in Abs. 2 S. 1 und 2.

4. Adressaten der Verpflichtungen

15 Abs. 6 iVm § 67 Abs. 4 überträgt dem JGericht den Entzug der Informationsrechte. Abgesehen von dieser besonderen Maßnahme findet sich keine weitere Zuständigkeitszuweisung in § 67a. Daher sprechen normsystematische Aspekte dafür, dass die Vorschrift generell (abgesehen von Abs. 6) jene Strafverfolgungsinstitution verpflichtet, die jeweils das Verfahren **aktuell gerade führt** und deshalb ohnehin schon den Jugendlichen unterrichten muss (s. auch → § 67 Rn. 26). Diese Auslegung entspricht auch der Regelungsintention (BT-Dr. 19/13837, 56) und stimmt am besten mit der Vorgabe in Art. 5 Abs. 1 RL (EU) 2016/800 überein, wonach die Informationen „möglichst rasch" gegeben werden sollen (Sommerfeld ZJJ 2018, 296 (300)). Verfahrenspraktisch führt dies dazu, dass oft bereits die **Polizei** informatorisch gegenüber den Eltern tätig werden muss (va mit Blick auf Abs. 2). Dass von ihr in diesem Zusammenhang dann auch die mit Abs. 3

und 4 verbundenen Fragen zu klären sind (→ Rn. 16 ff., → Rn. 26 ff.), begründet eine nicht unerhebliche rechtliche Entscheidungsnotwendigkeit, zugleich aber auch eine nicht unproblematische Entscheidungsmacht bei der Polizei (s. etwa → Rn. 28 zur frühen Festlegung der Beistandsperson).

IV. Unterbleiben einer Unterrichtung

1. Einordnung von Abs. 3 und Abs. 6

Ein rechtswirksamer **Verzicht** auf die Unterrichtung ist **nicht** möglich. 16 Da die Unterrichtungspflichten und -rechte letztlich auf einen Unterstützungsanspruch des Jugendlichen zurückgehen (→ Rn. 4), käme eine solche Option ohnehin nur für diesen (und nicht für die Mitteilungsempfänger) in Betracht (abw. Diemer/Schatz/Sonnen/Schatz Rn. 31). Doch eine entspr. Disponibilität ist in Art. 5 RL (EU) 2016/800 nicht vorgesehen. Anders als bei den Elternrechten in § 67 Abs. 1 bis Abs. 3 (→ § 67 Rn. 32) ergibt sie sich auch nicht aus dem Vorrang der Beschuldigtenrechte, weil ein dafür maßgeblicher Konflikt zwischen dem Jugendlichen und seinen Erziehungsberechtigten durch die bloße Unterrichtung nicht eintreten kann.

§ 67a kennt aber zwei Tatbestände, bei deren Vorliegen die Unterrichtung 17 nach Abs. 1 und Abs. 2 ausnahmsweise unterbleiben darf: So **kann** den Erziehungsberechtigten und gesetzlichen Vertretern unter den Voraussetzungen von § 67 Abs. 4 nicht nur der Bestand ihrer Prozessrechte iSv § 67 Abs. 1–3 auf Dauer ganz oder teilw. entzogen werden, sondern gem. **Abs. 6** auch das gesamte Spektrum der sich aus Abs. 1 und 2 ergebenden Unterrichtungsrechte. IdR dürfte die Entziehung iSv Abs. 6 und **§ 67 Abs. 4** auf der Basis einer gemeinsamen Ermessensausübung erfolgen und miteinander verbunden werden, sodass die Unterrichtung sodann ggü. dem Pfleger zu erfolgen hat. Hinsichtlich der Voraussetzungen, Realisierung und Folgen gelten die Erl. in → § 67 Rn. 44 ff. – Darüber hinaus **müssen** eine Mitteilung und Aufklärung der Erziehungsberechtigten bzw. gesetzlichen Vertreter in den durch **Abs. 3** geregelten Konstellationen unterbleiben. Der Unterrichtungsanspruch wird hier aber nicht endgültig aufgehoben, sondern gleichsam suspendiert. Faktisch mag diese Suspendierung zwar nicht selten über das ganze Verfahren hinweg anhalten, aber rechtlich ist die in Abs. 3 angeordnete Folge als **vorübergehende** Einschränkung konzipiert (→ Rn. 23).

2. Unterrichtungshindernde Gründe gem. Abs. 3

a) Beeinträchtigung des Wohls des Jugendlichen. Zu den von Abs. 3 18 erfassten Gründen zählen gem. Nr. 1 jene Fälle, in denen begründeter Anlass für die Annahme besteht, dass das Wohl des Beschuldigten infolge der Unterrichtung beeinträchtigt würde (ähnlich bereits die Umsetzung von Art. 5 Abs. 2 S. 1 RL (EU) 2013/48 durch die Ermessensnorm in Abs. 2 S. 1 aF). Dabei geht es einmal um Sachverhalte iSv § 51 Abs. 2 S. 1 Nr. 3, in denen die Berechtigten nach ihrem Informiertwerden **integritätsgefährdende Reaktionen** gegenüber dem Jugendlichen zeigen könnten (n. dazu → § 51 Rn. 23 sowie auch Sommerfeld ZJJ 2016, 36 (37 f.)). Eine derartige Lage muss einer „erheblichen Kindeswohlgefährdung“ in ihrer familienrechtlichen Auslegung (etwa BGH NJW 2005, 672 (673)) nicht vollständig entsprechen, wird ihr aber wenigstens sehr nahekommen (BT-Dr. 19/13837, 58).

19 Das Merkmal der „erheblichen Beeinträchtigung des Wohls" ist noch weiter. Es schließt, wie der Verweis auf § 67 Abs. 4 S. 1 und S. 2 deutlich macht, ebenso die Konstellationen ein, in denen eine elterliche **Tatverstrickung** vorzuliegen scheint (dazu → § 67 Rn. 44), ggf. ergänzt um eine drohende **missbräuchliche** Prozessrechtswahrnehmung zulasten des Jugendlichen (dazu → § 67 Rn. 46). Hierbei handelt es sich um Fälle von Interessenkonflikten, in denen der Entzug des Unterrichtungsrechts möglich wäre (Abs. 6), aber in Wahrnehmung eines zurückhaltend (→ § 67 Rn. 47) ausgeübten Ermessens unterbleibt. Dann muss die Unterrichtung aber zumindest nach Abs. 3 unterbleiben. – Im Übrigen können ausweislich des Normtextes („insbesondere") grds. auch **sonstige,** dem Wohl des Jugendlichen erheblich abträgliche elterliche Aktivitäten unter Nr. 1 fallen. Normsystematisch genügt dafür jedoch nur eine hinreichend substantiierte Besorgnis hinsichtlich einer gewichtigen Interessenverletzung, weil die **unbenannte** Beeinträchtigung ähnlich schwer wiegen muss wie die beiden benannten Fälle von Nr. 1 (zust. Brunner/Dölling Rn. 5).

20 **b) Erhebliche Gefährdung des Zwecks der Untersuchung.** Abs. 3 Nr. 2 regelt die Konstellation der erheblichen Gefährdung des Untersuchungszwecks. Ausmaß, Konkretisierung und Dringlichkeit der Gefährdung müssen einen Grad haben, durch den eine ähnliche Relevanz wie bei den Fällen von Nr. 1 erreicht wird, sodass die Belange der Unterrichtung in ihrem **Gewicht** dahinter **zurückstehen** (ähnlich BeckOK JGG/Noak Rn. 15). Der Gesetzgeber hat insofern an Sachlagen gedacht, in denen eine Zeugenbeeinflussung, eine Beweismittelmanipulation oder ein verzögerungsbedingter Beweismittelverlust droht (BT-Dr. 19/13837, 58). Dafür genügen vage Befürchtungen oder geringfügige Gefahrenausprägungen allerdings nicht. Erst recht nicht erfasst wird die Annahme, dass infolge der Unterrichtungen die Erziehungsberechtigten bzw. gesetzlichen Vertreter ihre prozessualen Möglichkeiten nutzen oder den Jugendlichen zur Wahrnehmung seiner Rechte bewegen könnten. Selbst wenn dies die Aktivitäten der Strafverfolgungsinstitutionen erschweren sollte, handelte es sich dabei von vornherein nicht um eine „Gefährdung" iS der Norm.

21 **c) Unerreichbarkeit.** Abs. 3 Nr. 3 betrifft schließlich Konstellationen, in denen die Identität oder der Aufenthalt der Berechtigten trotz angemessener Ermittlungsanstrengungen unbekannt ist oder die Unterrichtung aus anderen Gründen unmöglich wäre (s. auch → § 51 Rn. 32). Gewisse Erschwerungen oder ein absehbar erhöhter Aufwand genügen für die Unerreichbarkeit nicht oder jedenfalls nur, wenn sich auf diese Weise allein eine **unverhältnismäßig späte** Unterrichtung erreichen ließe. Welche Dauer in diesem Sinne „angemessen" ist und wie lange sich die jeweilige Strafverfolgungsinstitution um einen Kontakt mit den Erziehungsberechtigten bemühen muss, hängt von der Bedeutung der Information, den Konsequenzen der Nicht-/Unterrichtung und dem etwaigen prozessualen Eilbedarf ab (dazu n. → § 67 Rn. 34).

3. Reichweite und Wegfall der Gründe iSv Abs. 3

Die Gründe iSv Abs. 3 Nr. 1 bis Nr. 3 blockieren eine Unterrichtung der 22
Eltern nur, „soweit" ihre hindernde Wirkung reicht. Das ist bei Nr. 1 und Nr. 2 von Bedeutung, in denen ein prognostizierter **Kausalzusammenhang** („auf Grund") zwischen der Mitteilung bzw. Information und der Gefahr für das Beschuldigtenwohl bzw. dem Untersuchungszweck vorausgesetzt wird. Jene Teile der Unterrichtungsinhalte, von denen ein solcher Gefährdungseffekt nicht zu erwarten ist, müssen also mitgeteilt werden (BT-Dr. 19/13837, 57; Diemer/Schatz/Sonnen/Schatz Rn. 32). Die jeweilige Strafverfolgungsinstitution ist so zu einer **differenzierenden Handhabung** verpflichtet. Vollständig unterbleiben kann die Unterrichtung nur, wenn die Eltern zur Gefahrvermeidung gar nichts über das Verfahren und die Beschuldigtenrechte erfahren dürfen. Das ist selten der Fall.

Das Unterrichtungsverbot besteht obendrein nur, **solange** die Gründe iSv 23
Abs. 3 vorliegen (so bereits 20. Aufl. Rn. 12 f. zu Abs. 3 S. 1 aF). Nach deren Wegfall leben die Unterrichtungspflichten wieder auf. Sofern im weiteren Verfahrensverlauf diverse Mitteilungen iSv Abs. 1 vorzunehmen sind (→ Rn. 5 ff.), müssen diese deshalb auch wieder an die Erziehungsberechtigten gehen **(Abs. 5 S. 1).** Das gilt gleichermaßen für die anlassgebundenen Informationen iSv Abs. 2 S. 1 und S. 2 iVm § 70a Abs. 2–4 (→ Rn. 9 ff.). Allg. und anlassgebundene Informationen iSv Abs. 2 iVm § 70a, die unter Berufung auf Abs. 3 unterlassen worden sind, müssen gem. **Abs. 5 S. 2** nachgeholt werden, sofern der Instruktionszweck nicht wegen des zwischenzeitlichen prozessualen Fortgangs obsolet geworden ist. Durch die vorherige Information einer Elternersatzperson (→ Rn. 28) wird diese Nachholung nicht entbehrlich.

4. Auswirkungen auf § 114c StPO in Haftsachen

Die neben Abs. 2 S. 2 bestehenden Pflichten gem. § 114c StPO 24
(→ Rn. 10) sehen in Haftsachen deutlich geringere Einschränkungen der Benachrichtigungsrechte und -pflichten als Abs. 3 vor. Nach **§ 114c Abs. 1 StPO** iVm § 2 Abs. 2 darf dem Verhafteten die Möglichkeit, eine verwandte oder Vertrauensperson selbst zu benachrichtigen, allein aus den in (→ Rn. 20) erörterten Gründen verweigert werden, nicht aber in den von Abs. 3 Nr. 1 und 3 erfassten Konstellationen (→ Rn. 18 f., → Rn. 21). Daher würden diese Einschränkungen bei Haftfällen im JStV leerlaufen, falls der Jugendliche sich auf § 114c Abs. 1 StPO beruft (so in der Tat Diemer/Schatz/Sonnen/Schatz Rn. 5). Angesichts dieser unplausiblen Konsequenz muss man in Abs. 3 eine **Sonderregelung iSv § 2 Abs. 2** sehen, die für ihren Geltungsbereich die Grenzen einer Benachrichtigung speziell für Jugendliche und deren Bezugspersonen umfassend und abschließend austariert. Deshalb ist die Informierung gem. § 114c Abs. 1 StPO im JStV nur vorbehaltlich der in § 67a Abs. 3 geregelten Einschränkungen zulässig (vgl. dazu auch Sommerfeld ZJJ 2016, 36 (38); zust. HK-JGG/Gundelach Rn. 18; tendenziell auch BeckOK JGG/Noak Rn. 4). Dass es sich bei Haftsachen um eine eigene Materie handelt, die sich vom allg. Regelungsbereich des § 67a abhebt, widerspricht dem nicht. Es ist kaum anzunehmen, dass der Gesetzgeber bei Erlass von Abs. 3 und in Kenntnis des bereits existierenden § 114c StPO davon ausging, dass bspw. das dem Kindeswohl

dienende Verbot in Abs. 3 Nr. 1 bei U-Haft de facto bedeutungslos sein soll.

25 Das besagte Vorrangverhältnis besteht auch bzgl. **§ 114c Abs. 2 StPO** (aA Diemer/Schatz/Sonnen/Schatz Rn. 5; Brunner/Dölling Rn. 4; HK-JGG/Gundelach Rn. 18; diff. NK-JGG/Sommerfeld Rn. 7a; Sommerfeld ZJJ 2016, 36 (38)). Diese Vorschrift verpflichtet das Gericht, bei Vollzug von Haft eine angehörige oder eine Vertrauensperson des Beschuldigten zu benachrichtigen – ohne dass Einschränkungen vorgesehen wären. Die Unterrichtung kann hiernach also nicht länger als bis zur Vorführung, die nach der Festnahme unverzüglich zu veranlassen ist (§§ 115, 128 StPO iVm § 2 Abs. 2), und der dort erfolgenden Haftanordnung unterbleiben. Faktisch wäre das in Abs. 3 geregelte Verbot ab diesem Zeitpunkt also gänzlich folgenlos (so bei Abs. 3 aF noch → 20. Aufl. 2018 Rn. 13). Auch an diesem Punkt ist indes davon auszugehen, dass § 67a eine jugendstrafrechtliche Sonderbestimmung enthält. Die Frage, ab wann eine zu unterlassende Benachrichtigung wieder erfolgen muss, wird deshalb durch Abs. 5 abschließend normiert.

V. Kompensatorische Unterrichtung

26 In den Fällen von **Abs. 6** tritt der Pfleger an die Stelle der Eltern und wird zum Unterrichtungsempfänger (→ Rn. 17). Unterbleibt eine Benachrichtigung der Erziehungsberechtigten und des gesetzlichen Vertreters dagegen gem. **Abs. 3,** hat die Unterrichtung gem. **Abs. 4** stattdessen bei einem anderen geeigneten Erwachsenen zu erfolgen (ebenso in Umsetzung von Art. 5 Abs. 2 S. 1 RL (EU) 2013/48 bereits Abs. 2 S. 2 aF). Ob eine volljährige Person in diesem Sinne **geeignet** ist, bestimmt sich – wie bei den insofern gleichgelagerten Regelungen in § 51 Abs. 6 und § 67 Abs. 3 – nach ihrer Bereitschaft und Fähigkeit, die Interessen des Jugendlichen sachgerecht zu schützen und so an der Gewährleistung seiner Belange sowie an seiner Förderung und Integration mitzuwirken (n. auch → § 51 Rn. 33).

27 Bei der Beistandsperson kann, aber muss es sich nicht unbedingt um einen Angehörigen handeln (Erwgr. 55 der RL (EU) 2013/48 nennt Verwandte nur als Beispiel). In Frage kommt gem. Abs. 4 S. 3 auch der für das konkrete Verfahren zuständige **Vertreter der JGH** (→ § 51 Rn. 35), wodurch die gegenüber der JGH ohnehin bestehenden Mitteilungspflichten (→ § 70 Rn. 17 ff.) erweitert würden. In Übereinstimmung mit den Schutzbelangen des Jugendlichen sieht Abs. 4 S. 2 iÜ vor, dem Jugendlichen Gelegenheit zu geben, eine volljährige Person seines Vertrauens zu bezeichnen. Die Ausgestaltung als Soll-Vorschrift ist nach allg. Grundsätzen dahingehend zu interpretieren, dass von der Einholung des **Vorschlags** gar nicht und von dessen Realisierung nur bei Nachweis von Tatsachen, die eine Nichteignung belegen, abgesehen werden darf (erg. → § 51 Rn. 33; zust. MüKoStPO/Kaspar Rn. 12; einschr. Brunner/Dölling Rn. 8). In Betracht zu ziehen sind va Gründe iSv § 67 Abs. 3 (Diemer/Schatz/Sonnen/Schatz Rn. 36).

28 Eine **praktische** Konsequenz besteht darin, dass die Beistandsperson in Fällen, in denen die Notwendigkeit ihrer Einbeziehung (bzw. das Vorliegen von Abs. 3) frühzeitig klar wird, **alsbald** (in Abstimmung mit dem Jugendlichen) **festzulegen** ist. Unter dieser Voraussetzung kann (und sollte) sie, falls die jeweiligen Hinderungsgründe bei den Erziehungsberechtigten nicht

wegfallen, den Beschuldigten nämlich bei Vernehmungen und Untersuchungshandlungen (§ 67 Abs. 3) sowie in der HV (dort mit Äußerungsrecht) unterstützend begleiten (§ 51 Abs. 6 und 7). Die dafür vorausgesetzten (Termins-)**Benachrichtigungen** können (und müssen) dann gem. Abs. 4 S. 1 iVm Abs. 1 auch ihr ggü. – rechtzeitig vor der Vernehmung – erfolgen. Sofern es sich bei der Beistandsperson um einen Vertreter der JGH handelt, kann die Benachrichtigung mit der Mitteilung iSv § 70 Abs. 2 zusammenfallen. Erst nach der Vernehmung erfolgen darf die Festlegung und Information des geeigneten Erwachsenen dagegen nur in den in → § 67 Rn. 37 erörterten Eilfällen.

Notwendige Verteidigung

68 Ein Fall der notwendigen Verteidigung liegt vor, wenn

1. im Verfahren gegen einen Erwachsenen ein Fall der notwendigen Verteidigung vorliegen würde,

2. den Erziehungsberechtigten und den gesetzlichen Vertretern ihre Rechte nach diesem Gesetz entzogen sind,

3. die Erziehungsberechtigten und die gesetzlichen Vertreter nach § 51 Abs. 2 von der Verhandlung ausgeschlossen worden sind und die Beeinträchtigung in der Wahrnehmung ihrer Rechte durch eine nachträgliche Unterrichtung (§ 51 Abs. 4 Satz 2) oder die Anwesenheit einer anderen geeigneten volljährigen Person nicht hinreichend ausgeglichen werden kann,

4. zur Vorbereitung eines Gutachtens über den Entwicklungsstand des Beschuldigten (§ 73) seine Unterbringung in einer Anstalt in Frage kommt oder

5. die Verhängung einer Jugendstrafe, die Aussetzung der Verhängung einer Jugendstrafe oder die Anordnung der Unterbringung in einem psychiatrischen Krankenhaus oder in einer Entziehungsanstalt zu erwarten ist.

Schrifttum: Baumhöfener, Jugendstrafverteidiger – eine Untersuchung im Hinblick auf § 74 JGG, 2007; Bessler, Zur Verteidigung und Beistandschaft von straffällig gewordenen Jugendlichen, 2000; Cohnitz, Der Verteidiger in Jugendsachen, 1957; Fuchs, Der Verteidiger im Jugendstrafverfahren, 1992; Gersch, Jugendstrafverteidigung, 1988; Starystach, Die soziale Praxis des Gerichtsverfahrens, 2018; Walter (Hrsg.), Strafverteidigung für junge Beschuldigte, 1997; Walter/Brand/Geiter ua, Täter-Opfer-Ausgleich aus der Sicht von Rechtsanwälten, 1999.

Übersicht

I. Anwendungsbereich

1 Die Vorschrift gilt sowohl für **Jugendliche** als auch (mit Ausnahme von Nr. 2 und Nr. 3) für **Heranwachsende** (§ 109 Abs. 1), und dies jeweils in

Verfahren vor den Jugend- ebenso wie vor den für allg. Strafsachen zuständigen Gerichten (§ 104 Abs. 1 Nr. 10; § 109 Abs. 1, § 112 S. 1, 2; RL).

Im **vereinfachten JVerfahren** ist die Verteidigung nicht eingeschränkt. 2
Ein Wahlverteidiger darf hier nicht zurückgewiesen werden. Auch ist grds. von der Geltung der Regeln über die notwendige Verteidigung auszugehen (vgl. etwa OLG Düsseldorf NStZ 1999, 211; NK-JGG/Sommerfeld Rn. 2; s. auch → §§ 76–78 Rn. 33; ferner schon Potrykus NJW 1965, 1950; Bottke ZStW 1983, 69 (98 f.) sowie Bottke BMJ 1987, 80). Die Konstellationen, in denen das Gesetz eine Verteidigung für unentbehrlich erachtet, müssen jedoch meist für eine Verhandlung und Entscheidung im vereinfachten JVerfahren als ungeeignet (§ 77 Abs. 1 S. 1) oder für die dortige Sachverhaltsrekonstruktion als abträglich gelten. Wird hier dennoch ein vereinfachtes JVerfahren betrieben und das Vorliegen einer der in § 68 genannten Voraussetzungen erst später offenbar, ist dem Angeklagten zu diesem Zeitpunkt ein Verteidiger beizuordnen und ggf. gleichzeitig ein Ablehnungsbeschluss nach § 77 Abs. 1 zu erlassen (vgl. auch NK-JGG/Sommerfeld Rn. 2).

Im **Vollstreckungsverfahren** gilt § 68 gem. § 83 Abs. 3 S. 2 entspre- 3
chend (hierzu auch Diemer/Schatz/Sonnen/Diemer Rn. 2; s. eingehend → § 83 Rn. 14 f.; ferner → § 68a Rn. 3a; zu Vollzugsangelegenheiten → § 92 Rn. 174).

Im **OWi-Verfahren** vor der Verwaltungsbehörde verfährt diese gem. § 60 4
S. 1 OWiG nach Nr. 1 iVm § 140 Abs. 2 S. 1 StPO (vgl. Göhler/Bauer OWiG § 60 Rn. 36). Andere Konstellationen können nicht vorliegen (Nr. 2 wegen der nach § 67 Abs. 4 notwendigen Gerichtsbeteiligung; Nr. 3 wegen deren Relevanz nur für die HV; Nr. 4 wegen § 46 Abs. 3 S. 1 OWiG und Nr. 5 wegen der eingeschränkten Rechtsfolgen im OWi-Verfahren). Auch im gerichtlichen Verfahren kann im Wesentlichen nur § 68 Nr. 1 bis Nr. 3 iVm § 46 Abs. 1 OWiG einschlägig sein (Göhler/Bauer OWiG Vor § 67 Rn. 27). Für §§ 68a, 68b besteht im OWiG-Verfahren keine sinngemäße Anwendungsmöglichkeit.

II. Grundsätzliches zur Verteidigung im Jugendstrafverfahren

1. Aufgaben der Verteidigung

a) Beistandsfunktion. Die Aufgaben der Verteidigung im JStV **decken** 5
sich mit denen im allg. StVR. Ihre Funktion besteht in einer Interessenvertretung für den Beschuldigten. Deren Einseitigkeit wird von der hM (im Rahmen einer anhaltend kontroversen Diskussion) allerdings durch die Erwartung überformt, an einer rechtsstaatlichen Strafrechtspflege mitzuwirken (n. zur Debatte etwa SK-StPO/Wohlers Vor § 137 Rn. 4 ff.). Auf der Basis dieser Ansicht steht der Verteidiger in einem Beistandsverhältnis zu dem jugendlichen bzw. heranwachsenden Beschuldigten, agiert aber unabhängig und aus einer **eigenständigen** Rechtsstellung heraus. Die Leitgröße des Verteidigungshandelns ist, im Rahmen des rechtlich Möglichen das objektive Interesse des Beschuldigten zu verfolgen und diesen von (zusätzlichen) Beeinträchtigungen durch das JStV und durch Rechtsfolgen weitestmöglich zu verschonen.

6 Umzusetzen ist diese Zielstellung insbes. durch Beratung des Jugendlichen, ihn vertretende Äußerungen, Wahrnehmung der Verteidigungsrechte sowie durch Aufklärungsbemühungen und die Implementierung entlastender Aspekte in den Prozess (umfassend dazu Nöding Verteidigung Rn. 360 ff.). Im Zentrum steht die Aufgabe, den Beschuldigten „auf den Stand eines kompetenten, rechtskundigen Akteurs im gesamten Prozess zu bringen" (Heghmanns StV 2024, 175 (178)). Eine hierbei bestehende **Bindung** an etwaige Vorgaben des Beschuldigten wird von der hM aber bestritten (vgl. etwa KK-StPO/Willnow StPO Vor §§ 137 ff. Rn. 5 mwN); dem Verteidiger sei es vielmehr erlaubt, Verteidigungshandlungen notfalls ohne oder gar gegen den Willen des Beschuldigten vorzunehmen (dazu unter Hinweis auf die Überforderungssituation des Beschuldigten n. Eisenberg NJW 1991, 1257 (1258); Eisenberg StV 2016, 709 (711)). Im Regelfall muss er sich hinsichtlich seines Vorgehens allerdings um einen **Konsens** mit dem Jugendlichen bemühen (dazu, dass hierbei Vorgaben ggf. zu akzeptieren sind, deren Nachteilhaftigkeit vom Beschuldigten bewusst einkalkuliert wurde (etwa zum Schutz Dritter), vgl. Eisenberg StV 2016, 709 (711)).

7 **b) Beispiele zur Bedeutung von Verteidigungsaktivitäten. aa) Im Vorverfahren.** Bereits im Ermittlungsverfahren als dem oft **ergebnisprägenden** Verfahrensstadium (MüKoStPO/Kölbel/Ibold StPO § 160 Rn. 5 ff.) kommt die Beistandsfunktion des Verteidigers zum Tragen (zur daher schon in dieser Phase einsetzenden notwendigen Verteidigung → § 68a Rn. 8 ff.). Bei drohender U-Haft liegt das besonders klar auf der Hand (vgl. VerfG Bbg NJW 2003, 2009), doch ist die anwaltliche Unterstützung keineswegs ausschließlich dort induziert. Nahezu jeder Beschuldigte ist bei Konfrontation mit einem strafrechtlichen Vorwurf situativ überfordert – ua, weil kaum eine hinreichende Kenntnis über die eigenen Handlungsmöglichkeiten besteht, weil die affektive Verwicklung ein rationales Entscheiden erschwert und weil der Wissensstand der Behörden sowie die Tragweite des eigenen Vorgehens kaum zu beurteilen sind. Die darauf beruhende Unterstützungsbedürftigkeit und situative **Vulnerabilität** (EGMR NJW 2009, 3707 (3708)) äußert sich bei Jugendlichen besonders stark, und dies besonders im Zusammenhang mit der Vernehmung (eingehend dazu → § 70b Rn. 2 f., → § 70c Rn. 6 ff., 27).

8 Noch mehr als im allg. StVerf wird daher noch vor der Erstvernehmung ein möglichst **frühzeitiges erstes Gespräch** (auch ohne Aktenkenntnis) anzustreben sein (vgl. auch Reisenhofer, Jugendstrafrecht in der anwaltlichen Praxis, 2. Aufl. 2012, § 4 Rn. 88). Es sollte (zum Ausschluss einer wie auch immer gearteten Beeinflussung) mit dem Jugendlichen allein geführt werden (n. Nöding Verteidigung Rn. 363), auch bei gutem internem Einvernehmen mit den Eltern. Inhaltlich ist der Beschuldigte über die Schweigepflicht des Verteidigers zu informieren und über sein eigenes Schweigerecht sowie seine sonstigen Rechte ins Bild zu setzen. Andere wichtige Aufgaben in dieser Phase beziehen sich auf Kontakte mit der JStA (Anregungen zu Beweiserhebungen usw.) sowie ggf. auch auf eigene ermittlungsähnliche Abklärungen. Weist der Beschuldigte altersuntypisch ausgeprägte Defizite in der Beteiligungsfähigkeit auf (vgl. etwa Johnston ua JForensPsychiatPsych 27 (2016), 802 ff.), hat der Verteidiger dem nachzugehen.

9 Der Verteidiger muss, wenn er dem Jugendlichen in den ersten und späteren Gesprächen konkrete Empfehlungen zum Prozessverhalten gibt,

stets die uU **problematischen Nebenwirkungen** berücksichtigen, die eine Verfahrensformalisierung sowie eine rigorose oder gar konfrontative Wahrnehmung der Verteidigungsrechte haben kann (vgl. auch Brunner/Dölling Rn. 13; Nöding Verteidigung Rn. 307). Erste Erfahrungen mit einer frühen Verteidigerhinzuziehung gem. § 68a weisen darauf hin, dass der Rechtsrat häufig nicht nur die Mitwirkungsbereitschaft von Beschuldigten ggü. der JGH, sondern ebenso ggü. den Ermittlungsbehörden reduziert. In manchen Prozesslagen kann das den Beschuldigteninteressen entsprechen, doch nicht selten provoziert das Ausbleiben geständiger Einlassungen lediglich andere und stärker belastende Ermittlungseingriffe; teilw. wird so auch bei diversionsfähigen Vorwürfen die Aussicht auf eine informelle Erledigung (§ 45 Abs. 1 und Abs. 2) reduziert (dazu auch Nöding Verteidigung Rn. 349). Diese Gefahren bestehen va bei **schematischen** Verteidigungsstrategien, was die Notwendigkeit einer jugendstrafrechtlich qualifizierten Verteidigung – nicht indes die einer „erzieherischen Verteidigung" (→ Rn. 13 ff.) – unterstreicht.

bb) Im Zwischen- und Hauptverfahren. Im Zwischenverfahren hat der Verteidiger, insbes. falls das Hauptverfahren vor der JKammer oder dem allg. Strafgericht stattfinden soll, bspw. die **Zuständigkeit** zu prüfen und etwa veranlasste Rügen unverzüglich (wegen §§ 40 Abs. 4, 47a) geltend zu machen (n. Nöding Verteidigung Rn. 393). Ansonsten muss er ggf. prüfen, ob ein Antrag auf Abtrennung (zwecks Eröffnung des Verfahrens bei dem JRichter oder JSchöffG) begründet erscheint (vgl. auch → § 47a Rn. 5, → § 103 Rn. 11 ff., 18 ff.). Das kann zB bei mehreren Angeklagten, die einer Gruppe angehören, mit Blick auf die internen Prozesse angezeigt sein (n. auch → § 103 Rn. 10). 10

In Vorbereitung auf die **HV** muss der Verteidiger den Jugendlichen überzeugen, sich bei für ihn unverständlichen oder gar ihn verwirrenden Fragen stets erst mit dem Verteidiger zu beraten. Hinsichtlich der Verteidigungsstrategie speziell in der HV gelten im JStV grds. keine Besonderheiten. Mit Blick auf Absprachen, die über die kooperative Annäherung an das realistischerweise erreichbare Ergebnis hinausgehen, ist höchste Zurückhaltung angebracht (→ § 2 Rn. 47 ff.). – Zu den Gründen, die **nach der HV** zur Einlegung eines Rechtsmittels Anlass geben könnten, vgl. etwa → § 55 Rn. 4. 11

cc) Informalisierung. In allen Phasen hat der Verteidiger eine Einstellung etwa gem. §§ 45, 47 anzustreben, unabhängig von den persönlichen vergütungsrechtlichen Konsequenzen (Nöding Verteidigung Rn. 360, 362, 371, 403). Im Hinblick darauf kann es zielführend sein, durchaus auch „auf Zeit zu spielen" und bei dem Jugendlichen anzuregen, in dieser Phase positive Zeichen zu setzen (Aufnahme von Arbeit, Ausbildungsplatz, Therapien usw.). Oft ist es zielführend, besondere erzieherische Maßnahmen (§ 45 Abs. 2) zu erwägen oder die Möglichkeiten „vorbereitender Schlichtung" (Schüler-Springorum in BMJ 1987, 192) zu ergreifen und **Wiedergutmachungsleistungen zu initiieren** (vgl. Nöding Verteidigung Rn. 364; s. auch schon Zieger StV 1982, 305 (308); Viehmann BMJ 1987, 104 ff.; Mertens/Murges-Kemper ZJJ 2008, 356 (359)). Ggf. gilt dies speziell für die Bereitschaft zu einem TOA (zu dessen Bewertung durch Verteidiger s. Walter/Brand/Geiter ua, Täter-Opfer-Ausgleich aus der Sicht von Rechtsanwälten/Kreutz/Walter, 1999, S. 32 ff.). In diesem Zusammenhang kann es 12

– abw. von der insofern zurückhaltenden Praxis (Gersch, Jugendstrafverteidigung, 1988, S. 122 f.) – sachdienlich sein, mit dem Einverständnis des Jugendlichen das Gespräch mit der **JGH** zu suchen, da diese oftmals Informationen über die Verhandlungs- und Entscheidungspraxis der zuständigen Justizakteure hat und ggf. bereit ist, auch Inhalte ihres eigenen Berichts mitzuteilen. Auch können sich so Hinweise auf regional existierende Einrichtungen für die Durchführung denkbarer Rechtsfolgen ergeben.

2. Verhältnis zum Erziehungsauftrag (§ 2 Abs. 1)

13 **a) Keine Beschränkung auf „pädagogische" Verteidigungsaktivitäten.** Bisweilen wird von einer Bindung bzw. **Einschränkung** der Verteidigertätigkeit durch den das JGG beherrschenden spezialpräventiven Leitgedanken (§ 2 Abs. 1) ausgegangen. Praktisch relevant ist dies, wenn die individuelle erzieherische Ausrichtung und Befähigung (vgl. § 42 Abs. 2 RJGG 1943) als Kriterium bei der Auswahl eines notwendigen Verteidigers dient (vgl. n. → § 68a Rn. 25) oder wenn von den Verteidigern ein Verzicht auf erziehungsabträgliche Verteidigungsaktivitäten erwartet wird. Die dies befürwortenden Positionen beruhen auf der Annahme, dass das JStV staatsseitig allein oder doch ganz überwiegend im wohlverstandenen Interesse des Angeklagten durchgeführt werde. Auf dieser Basis wurde bisweilen eine Pflicht des Verteidigers angenommen, auf die Verhängung der **erzieherisch bestgeeigneten** Maßnahme auch dann hinzuwirken, wenn eine **eingriffsmildere,** aber weniger geeignete Rechtsfolge erreichbar erscheint (Potrykus RdJB 1956, 202; Cohnitz, Der Verteidiger in Jugendsachen, 1957, S. 65). Mitunter wird diese Ansicht auf die vorwiegend erzieherisch geprägten Rechtsfolgen des JGG (dh die sog. „nicht-stationären" Maßnahmen) beschränkt. Hier sei die pädagogisch sinnlose Reaktion nicht allein wegen ihres geringeren Belastungsgrades anzustreben (Streng JugendStrafR Rn. 135; Beulke/Swoboda JugendStrafR Rn. 663; Beulke StV 1987, 458 (460 ff.); Schlüchter in BMJ 1987, 29; für eine Verpflichtung, sich bei mehreren alternativ in Frage kommenden Rechtsfolgen mit jeweils gleicher Eingriffsintensität für die erzieherisch sinnvollste Variante einzusetzen, vgl. Hartman-Hilter Verteidigung S. 24 f.).

14 Solche Bindungen des Verteidigers sind in all ihren Varianten abzulehnen (ebenso bspw. NK-JGG/Sommerfeld Rn. 3; MüKoStPO/Kaspar Rn. 6; HK-JGG/Trüg/Gundelach Rn. 2; Löwe/Rosenberg/Jahn StPO § 137 Rn. 41 ff.; Laubenthal/Baier/Nestler JugendStrafR Rn. 256 f.; Pieplow in BMJV 2017, 95 ff.; Mager Bonner Rechtsjournal 2009, 14 (18); offen geblieben bei OLG Hamburg NJW 1998, 621 (622 f.)). Denn ebenso wie im allg. StVerf umfasst auch bei Anwendung von JStR der **Anspruch** des Beschuldigten **auf effektive Verteidigung** (Art. 6 Abs. 3c EMRK) den Rechtsfolgenausspruch (Bottke in BMJ 1987, 53; Bessler, Zur Verteidigung und Beistandschaft von straffällig gewordenen Jugendlichen, 2000, S. 24; ähnlich Nöding Verteidigung Rn. 309). Dies ergibt sich daraus, dass wegen des Zusammenhangs mit Tatvorwurf und Strafverfolgung grds. keine jugendstrafrechtliche Rechtsfolge von vornherein als von strafenden Elementen gänzlich frei gelten kann (vgl. auch → Einl. Rn. 40). Ohnehin wäre die Gegenauffassung kaum durchführbar, weil der Vergleich verschiedener denkbarer Rechtsfolgen anhand ihrer erzieherischen Funktionalität und Eingriffsschwere nur eingeschränkt möglich ist und sich bei den konkreten

Jugendlichen (sowohl subjektiv als auch objektiv) einer klaren Abstufung entzieht (vgl. auch Fuchs, Der Verteidiger im Jugendstrafverfahren, 1992, S. 52). – Erst recht ist der Verteidiger, der die Tatschuld des Jugendlichen kennt, nicht etwa aus erzieherischen Gründen verpflichtet, dessen Überführung zu fördern (vgl. BGHSt 2, 375 (377) = NJW 1952, 894 (896)) oder von einem Antrag auf Freispruch mangels Beweises abzusehen.

Innerhalb dieses vorgegebenen funktionalen Rahmens ist eine erzieheri- 15 sche Ausgestaltung der Verteidigertätigkeit aber durchaus angebracht. Damit sind keine Versuche gemeint, positiv bzw. fördernd auf den Jugendlichen einzuwirken oder dies seitens anderer Prozessbeteiligter zu veranlassen – sondern vielmehr nur das Bemühen um ein **möglichst schonendes** Vorgehen, dass durch seine geringere Abträglichkeit als entwicklungsstützend gelten kann. Von Bedeutung ist das besonders bei der **Verfahrensgestaltung** – und auch dort nur, falls dies ohne Abstriche bei der Verteidigungswirksamkeit möglich ist. Soweit der Verteidiger zB bei bestimmten Ausführungen in der HV der Meinung ist, der Jugendliche sollte zur Vermeidung erzieherischer Nachteile keine Kenntnis davon erlangen, kann er im Ausnahmefall eine vorübergehende Ausschließung des Jugendlichen anregen (s. auch → § 51 Rn. 7 f.). Auch dabei ist jedoch äußerste Zurückhaltung angezeigt, weil eine etwa vorhandene Vertrauensgrundlage zwischen Verteidiger und Jugendlichem beeinträchtigt werden könnte (aus der Sicht des Verteidigers krit. Zieger StV 1982, 305 (310)).

b) Verteidigung als „Störfaktor" im JStR? Seitens der beteiligten 16 Behörden- und **Justizakteure** wird dem Verteidiger bisweilen eine gewisse **Skepsis** entgegengebracht, etwa mit Blick auf die ihm zugeschriebenen Eigeninteressen oder auf Verteidigungspraktiken, die als erzieherisch ungünstig beurteilt werden. Er scheint gelegentlich als „Störgröße" wahrgenommen zu werden, die nicht nur die „Überführung" des Beschuldigten erschwere, sondern auch die spezialpräventive Einflussnahme durch eine formalisierte Rechtsausschöpfung torpediere (vgl. die entspr. Anhaltspunkte bei Rieke Vernehmung S. 99). Dies erklärt vermutlich, weshalb der Jugendliche nach einigen Befunden bei und wegen der Hinzuziehung eines Verteidigers mit einer im Vergleich härteren Sanktion rechnen muss (Ludwig-Walter/Mayerhofer/Rzepka, Strafverteidigung für junge Beschuldigte, 1997, S. 112 ff.; zur sog. counsel penalty für die USA Armstrong/Kim Crime & Delinquency 2011, 827; meta-analytisch Burruss/Peck/Cameron Journal of Criminal Justice 2020, 101634).

Bei einer derartigen Verteidigerskepsis wird der Umstand verkannt, dass 17 die Rolle des Verteidigers (gerade, wenn sie in einem Vertrauensverhältnis zum Jugendlichen ausgeübt wird) für die Wahrheitsfindung und somit auch für die Rechtsfolgenbestimmung bedeutsam sein kann. Sie liegt dann nicht nur im Interesse der Aufklärungspflicht (§ 244 Abs. 2 StPO iVm § 2 Abs. 2), sondern dient ggf. auch der Vermeidung des erzieherisch höchst abträglichen Unrechtsempfindens, das sich bei Jugendlichen einstellen dürfte, wenn die gerichtliche Überzeugungsbildung nach deren Wissen die wahren Geschehensabläufe verfehlt. Unabhängig davon haben empirische Studien gezeigt, dass der (für die Urteilsakzeptanz wichtige) Eindruck, den die Jugendlichen von der **prozeduralen Gerechtigkeit** in ihrem Verfahren gewinnen (n. → § 5 Rn. 71), offenbar ganz wesentlich auch von einer als engagiert erlebten Verteidigung abhängig ist (Casper/Typer/Fisher Law & Society Review

1988, 483 (497 f.); vgl. auch Kölbel FS Schild, 2018, 60 ff.; erg. Fuchs, Der Verteidiger im Jugendstrafverfahren, 1992, S. 41 ff.). Eine angepasste Verteidigertätigkeit, die sich an institutionellen Erziehungsvorstellungen orientiert, dürfte demgegenüber die Erwartung des jugendlichen Beschuldigten, gegen jeden – wodurch auch immer motivierten – staatlichen Eingriff verteidigt zu werden, verletzen und das Fairnesserleben erheblich reduzieren (zust. Bessler, Zur Verteidigung und Beistandschaft von straffällig gewordenen Jugendlichen, 2000, S. 58).

3. Wichtige prozessuale Rechte der Verteidigung

18 **a) Akteneinsichtsrecht.** Der **Verteidiger** hat im JStV im gleichen Umfang wie im allg. StVR das Recht auf umfassende – also zB die JGH-Berichte (SK-StPO/Wohlers StPO § 147 Rn. 53) oder das VollstrHeft (LG Ulm StV 2012, 736 = BeckRS 2012, 23872) einschließende – Akteneinsicht (§ 147 StPO iVm § 2 Abs. 2). Auch die Möglichkeit, Einsichtsanträge bei noch laufenden Ermittlungen und Gefährdung des Untersuchungszwecks gem. § 147 Abs. 2 S. 1 StPO iVm § 2 Abs. 2 abzulehnen, unterliegt den allg. Maßgaben (dazu MüKoStPO/Kämpfer/Travers StPO § 147 Rn. 24 f.; Eisenberg NJW 1991, 1257 (1260)). Bei U-Haft scheidet sie in der Regel aus (§ 147 Abs. 2 S. 2 Hs. 2 StPO iVm § 2 Abs. 2), nicht aber unbedingt bei U-Haft in anderer Sache. Hier kann aber gegen eine Ablehnung gem. § 147 Abs. 5 S. 2 Var. 3 StPO iVm § 2 Abs. 2 die Entscheidung eines Gerichts beantragt werden, das dann nach § 147 Abs. 2 S. 1 StPO vorgehen muss (vgl. LG München StV 2006, 11 = LSK 2006, 110770; Löwe/Rosenberg/Jahn StPO § 147 Rn. 174; aA BGH NStZ 2012, 223 mablAnm Tsambikakis StV 2012, 323; Meyer-Goßner/Schmitt/Schmitt StPO § 147 Rn. 39).

19 Inwieweit der Verteidiger den Jugendlichen – bzw. den Erziehungsberechtigten oder gesetzlichen Vertreter – über den Akteninhalt informieren darf oder muss, richtet sich wie im allg. StR in erster Linie nach den Erfordernissen der Verteidigung. Erzieherische Belange des Beschuldigtenschutzes können in Orientierung am Rechtsgedanken der §§ 46, 51 Abs. 1, 54 Abs. 2 unter bestimmten Umständen (vgl. dazu → § 54 Rn. 36 f.) für eine teilw. Zurückhaltung des Aktenwissens sprechen (→ Rn. 15). Das betrifft etwa „Heikle“, vom Jugendlichen bspw. als verletzend empfundene Berichte der JGH, wobei deren institutionelle Eigeninteressen in der Entscheidung des Verteidigers nicht selbstständig zu berücksichtigen sind (abw. Brunner/Dölling Rn. 7). – Unter den Voraussetzungen des § 147 Abs. 4 StPO iVm § 2 Abs. 2 steht der Anspruch auf ermessensfehlerfreie Prüfung einer Erteilung des Akteneinsichtsrechts **auch** dem unverteidigten **Jugendlichen** ebenso wie dessen Erziehungsberechtigtem und gesetzlichem Vertreter (§ 67 Abs. 1) zu. Der Schutzgedanke der §§ 46, 51 Abs. 1, 54 Abs. 2 kann hierbei ebenfalls berücksichtigt werden.

20 **b) Verkehrsrecht.** Der Verteidiger hat das Recht, **mit** dem jugendlichen **Beschuldigten,** auch wenn dieser sich in U-Haft oder im JStVollzug befindet, mündlich und schriftlich zu verkehren (§ 148 StPO iVm § 2 Abs. 2; näher → § 89c Rn. 54, 57a f., → § 92 Rn. 90, 92a, 174 f.). Das gilt ebenfalls für sog. „Anbahnungsgespräche“ (→ § 72 Rn. 52). – Ist der Beschuldigte der deutschen Sprache nicht mächtig, wird die Verteidigungsbeziehung dadurch erheblich erschwert (Schlothauer/Nobis/Voigt/Wolf

U-Haft Rn. 24 ff.). Dem Jugendlichen steht dann gem. § 187 Abs. 1 StPO iVm § 2 Abs. 2 ein kostenfreier Dolmetscher zu. Dies gilt für die mündliche und schriftliche Kommunikation auch außerhalb der HV (BGH NStZ-RR 2024, 315 (Ls.) = BeckRS 2024, 16872; OLG Celle NStZ 2011, 718; LG Freiburg NStZ-RR 2012, 292 (betr. allg. StVR)) einschl. des Erstgesprächs mit einem Wahlverteidiger, und zwar selbst dann, wenn dem Jugendlichen bereits ein seine Herkunftssprache beherrschender Pflichtverteidiger zugewiesen worden war (vgl. LG Bielefeld StraFo 2011, 217). Zur Geeignetheit des Übersetzers gehört ggf. eine gewisse Vertrautheit mit der Kultur und der Rechtswirklichkeit im Herkunftsland des Beschuldigten (n. Eisenberg BeweisR StPO Rn. 1517; s. auch Eisenberg JR 2013, 442 (447 f.)).

4. Prozesstatsächliche Befunde

Der Anteil von JStV unter Mitwirkung eines Verteidigers ist – auch wenn 21
man die eingeschränkte Vergleichbarkeit in Rechnung stellt – deutlich **niedriger als im allg. StVerf.** Das gilt sowohl für Verfahren vor dem Jugend-/Schöffengericht als auch vor dem Jugend-/Einzelrichter, wo der Unterschied besonders gravierend ist. Daten hierzu liegen allerdings nur für die Zeit bis 2006 vor (s. die Tab. in der → 23. Aufl. 2022 Rn. 8a sowie Bandilla, DVJJ Rundbrief 131, Juni 1990, 25; Walter, Strafverteidigung für junge Beschuldigte, 1997, S. 24 ff.; BT-Drs. 16/13142, Anlage 35 Tab. 39). Inwieweit es in jüngerer Zeit, insbes. nach dem Ausbau der notwendigen Verteidigung im JStV (→ Rn. 28 ff.), zu einer Angleichung gekommen ist, kann mangels vorhandener Angaben noch nicht abgeschätzt werden. Jedenfalls in der Wahrnehmung der JRichter und JStA bleibt eine anwaltliche Begleitung in der HV im JStV bislang weiterhin die Ausnahme von der Regel (vgl. die Befragungsdaten bei Höynck ua Jugendgerichtsbarometer II S. 105 ff.).

Allerdings hängt die Frage, inwieweit dieser Unterschied zu einer tatsäch- 22
lichen **Schlechterstellung** führt, davon ab, ob die Verteidigereinbindung überhaupt (zwangsläufig) Vorteile bzw. günstigere Prozessergebnisse für die Beschuldigten mit sich bringt. Die wenigen Befunde zur Effektivität der Verteidigertätigkeit im JStV wie im allg. StVerf sind indes widersprüchlich und für eine Gesamtbeurteilung eher unergiebig (vgl. → Rn. 16 sowie n. und mwN Eisenberg/Kölbel Kriminologie § 29 Rn. 41 ff. sowie § 27 Rn. 22, § 30 Rn. 67 f. speziell zu Effekten bei der U-Haft und Rechtsfolgenbestimmung; vgl. ferner Albrecht StV 2024, 201 (204 f.)). Ungeachtet der unklaren Datenlage dürfte ein wesentlicher Unterschied indes darin bestehen, dass ein Verteidiger die Möglichkeiten der **Aushandlung** und Abstimmung mit den Justizakteuren wesentlich erhöht (Starystach, Die soziale Praxis des Gerichtsverfahrens, 2018, S. 150 ff.). Zu berücksichtigen ist allerdings, dass sich das Prozessverhalten von Verteidigern im JStV wohl wenig von dem im allg. StVerf unterscheidet (Befragungsdaten bei Semrau/Kubink/Walter MschKrim 1995, 34). Rechtstatsächlich ist ferner davon auszugehen, dass viele Verteidiger in JStV weder einschlägige **Spezialkenntnisse** aufweisen noch sich hinreichend auf die Besonderheiten der Verfahren vorbereiten. Insofern verlangen die Schutzbelange des Beschuldigten (§ 2 Abs. 1) ein kompensatorisches Vorgehen der Strafjustiz, das indes nur partiell zu beobachten ist.

III. Wahlverteidigung

1. Allgemeines

23 Nach europarechtlichen Vorgaben (Art. 6 Abs. 1 RL (EU) 2016/800 iVm Art. 3 Abs. 1 und 2 RL (EU) 2013/48) muss dem Beschuldigten im JStV „rechtzeitig" bzw. „unverzüglich" Zugang zu einem Rechtsanwalt ermöglicht werden (EuGH BeckRS 2024, 22796, Rn. 96 ff.). In Übereinstimmung hiermit ist im JStV ebenso wie im allg. StVerf **in jeder Verfahrenslage** die Wahl und Hinzuziehung eines Verteidigers zulässig (§§ 137 f. StPO iVm § 2 Abs. 2). Über das Recht auf einen Verteidiger ist der Jugendliche in altersgerechter Form (§ 70b) zu **belehren** (§ 136 Abs. 1 S. 2 StPO iVm § 2 Abs. 2).

23a Die Verteidigung im JStV wird in der Bundesrepublik durch **allg. Strafverteidiger** übernommen. Eine eigenständige Kategorie der Jugendstrafverteidiger gibt es nicht (zur abw. Situation in manchen internationalen Rechtsordnungen Leenknecht, EU Youth Justice, 2023: für 4 EU-Rechtsordnungen vergleichend – Spezialisierung der Justiz (259 ff.). Bei dem Verteidiger muss es sich um einen Rechtsanwalt oder juristischen Hochschullehrer handeln; die gem. § 138 Abs. 2 StPO iVm § 2 Abs. 2 erforderlichen Genehmigungen zur Wahl einer anderen Person (Assessoren, ausländische Anwälte usw.) sind, sofern ein Vertrauensverhältnis von ihnen zum Jugendlichen aufgezeigt werden kann, tendenziell großzügiger als im allg. StVerf zu gewähren. Eine erzieherische Qualifikation des (Wahl-)Verteidigers ist iÜ nicht vorausgesetzt (→ Rn. 13 ff.). Der seit langem geäußerte (etwa Kreuzer StV 1982, 438 (440)) und bedenkenswerte Vorschlag, zur Qualitätssicherung bei den Rechtsanwaltskammern diverse Listen von spezialisierten Verteidigern zu führen, die im JStR besonders ausgebildet erfahren sind, hat sich bislang nur partiell durchgesetzt (vgl. aber die Möglichkeiten, online in den regionalen Anwaltssuchen nach JStR als „Interessengebiet" zu filtern).

2. Beauftragung

24 **a) Durch den Jugendlichen.** Die Entscheidung, einen Verteidiger zu wählen, ebenso wie die Wahl desselben, kann der Jugendliche **selbstständig** treffen (vgl. → § 67 Rn. 9). Allerdings bestehen ggü. der Verteidigermobilisierung generell Hemmschwellen, was den de iure bestehenden Verteidigungsanspruch **faktisch schwächt.** Dies beruht insbes. auf den anfallenden Kosten (Gebühren und Auslagen für die Verteidigung) und auf der kulturellen Distanz, die viele gesellschaftliche Gruppen ggü. Rechtsakteuren empfinden (Eisenberg/Kölbel Kriminologie § 29 Rn. 35). Bei jungen Menschen dürfte dies besonders ausgeprägt sein, sodass sie oftmals der Unterstützung ihrer Erziehungsberechtigten bedürfen. Ohnehin müssen diese am Mandatsverhältnis auch aus rechtlichen Gründen mitwirken. Der Jugendliche hat zwar einen unterhaltsrechtlichen Anspruch auf elterliche Übernahme der Verteidigerkosten (vgl. auch Nöding Verteidigung Rn. 329: Honorar nach RVG ist sog. Sonderbedarf). Da es ihm aber gem. §§ 107 ff. BGB an der Berechtigung zum Abschluss einer (Honorar-)Vereinbarung fehlt (vgl. für

die allgA etwa OLG Schleswig NJW 1981, 1681), ist seine Selbstständigkeit bei der Verteidigerwahl praktisch limitiert.

b) Durch gesetzliche Vertreter und Erziehungsberechtigte. Der Verteidiger des Jugendlichen kann auch durch den gesetzlichen Vertreter (§ 137 Abs. 2 StPO iVm § 2 Abs. 2) und Erziehungsberechtigten (§ 67 Abs. 2) aus deren **eigenem Recht** beauftragt werden. Als Beistand des Beschuldigten ist der Verteidiger dann jedoch allein dessen Belangen verpflichtet. Das kann dazu führen, entgegen den Interessen oder Vorgaben der ihn mandatierenden Eltern handeln und die Auflösung der Auftragsbeziehung riskieren zu müssen (NK-JGG/Sommerfeld Rn. 6). Der Verteidiger sollte daher von Anfang an klarstellen, dass er sich bei Widersprüchen, die sich hinsichtlich der Vorstellungen zum prozessualen Vorgehen zwischen den Eltern und dem Jugendlichen ergeben können, am Beschuldigtenwillen zu orientieren hat (→ § 67 Rn. 9 ff.), ohne daran indes ieS gebunden zu sein (→ Rn. 6; speziell zu Konflikten um die Rechtsmitteleinlegung → § 55 Rn. 5). Er sollte ebenso signalisieren, dass etwaige elterliche Eigeninteressen (zB das Verbergen familiärer tatrelevanter Missstände) von ihm nur dann berücksichtigt werden, wenn sie sich mit den Interessen des Jugendlichen decken. Die Schweigepflicht des Verteidigers besteht, falls er hiervon nicht entbunden wird, auch ggü. den Eltern (MAH Strafverteidigung/Schütrumpf § 52 Rn. 121). Wird der durch die Eltern beauftragte Anwalt vom Jugendlichen **abgelehnt,** sollte idR gem. § 144 Abs. 1 StPO iVm § 2 Abs. 2 JGG ein zusätzlicher Pflichtverteidiger bestellt werden (Beulke FS 50 Jahre Deutsche Strafverteidiger e.V., 2024, 112). 25

c) Durch mehrere Beteiligte. In jenen Sonderfällen, in denen der Jugendliche und die gesetzlichen Vertreter bzw. Erziehungsberechtigten **verschiedene** Verteidiger beauftragt haben, sind alle Mandatsbeziehungen bis zur Höchstzahl von drei Verteidigern (§ 137 Abs. 1 S. 2, Abs. 2 S. 2 iVm § 2 Abs. 2) wirksam. Wenn die mehreren Beauftragungen mit unterschiedlichen Zielsetzungen erfolgten, hat die Umsetzung des Beschuldigtenwillen Vorrang (→ § 67 Rn. 11). Der von den Erwachsenen beauftragte Verteidiger muss hier deshalb im Allg. von einer Einflussnahme auf die Verteidigung absehen. Für einen elterlich herangezogenen Verteidiger, der nicht das Vertrauen des Jugendlichen genießt, ist es allerdings ohnehin stets angezeigt, das Mandat niederzulegen (MAH Strafverteidigung/Schütrumpf § 52 Rn. 121; ähnlich Diemer/Schatz/Sonnen/Diemer Rn. 7; NK-JGG/Sommerfeld § 67 Rn. 9). 26

Wird von verschiedenen Verfahrensbeteiligten ein und derselbe Verteidiger mit **unterschiedlichen Aufträgen** bevollmächtigt, droht eine Interessenkollision iSv § 356 StGB (NK-JGG/Sommerfeld Rn. 6). Bei Abgabe der (den Aufträgen entspr.) unterschiedlichen Erklärungen muss der Verteidiger mindestens deutlich machen, in wessen Auftrag dies erfolgt. In jedem Fall (auch bei alleiniger Mandatierung durch die Eltern) **unzulässig** ist die Erfüllung eines elterlichen Auftrages **gegen** die Interessen (Nöding Verteidigung Rn. 330) und/oder den unmissverständlichen Willen des ebenfalls vertretenen **Angeklagten** (→ § 67 Rn. 11 sowie NK-JGG/Sommerfeld Rn. 6). Andernfalls wäre auch das Vertrauensverhältnis zwischen Angeklagtem und Verteidiger beeinträchtigt. 27

IV. Notwendige Verteidigung

1. Grundlagen

28 **a) Einordnung.** Das Recht auf Hinzuziehung eines Verteidigers wird rechtstatsächlich oftmals nicht in Anspruch genommen. Die daraus resultierenden Unterstützungsdefizite sind indes va auf den (großen) Bereich der minder- und teilw. auch mittelschweren Vorwürfe konzentriert (→ Rn. 21). In Konstellationen der notwendigen Verteidigung (Nr. 1–5) ist die Mitwirkung eines Verteidigers dagegen **obligatorisch,** weil angesichts der drohenden Rechtsfolgen die **Verfahrensfairness** sonst nicht sichergestellt wäre. Das bedeutet, dass dem Beschuldigten in diesen Fällen ab dem in § 68a bezeichneten Zeitpunkt ein Verteidiger zur Seite stehen muss. Damit wird gewährleistet, dass die Beistandsfunktion (→ Rn. 5 f.) ausgeübt werden kann und der Jugendliche nicht auf sich selbst gestellt bleibt. In bestimmten Verfahrenslagen ist die Prozessführung hier sogar nur bei Anwesenheit des Verteidigers erlaubt, insbes. in der HV (vgl. § 145 Abs. 1 StPO iVm § 2 Abs. 2; s. ferner § 51a) sowie teilw. auch bei Untersuchungshandlungen im Ermittlungsverfahren (→ § 70c Rn. 24 ff., einschr. → § 68b Rn. 2 ff.).

29 Deswegen ist für den Beschuldigten rechtzeitig ein sog. **Pflichtverteidiger** zu bestellen. Hierauf kann der Jugendliche **nicht wirksam verzichten** (vgl. bspw. Meyer-Mews ZRP 2019, 5 (6); zum unionsrechtlichen Hintergrund EuGH BeckRS 2024, 22796 Rn. 106; s. aber → § 70c Rn. 27 f.). Für eine Beiordnung besteht in den Konstellationen der notwendigen Verteidigung nur dann kein Anlass, wenn **bereits** ein Verteidiger **beauftragt** worden war (§ 141 Abs. 1 S. 1 Hs. 1 StPO iVm § 2 Abs. 2; vgl. bspw. auch OLG Hamm NJW 1958, 641; LG Würzburg NStZ 2021, 255 (256)). Allerdings ist in solchen Fällen ein Übergang von der Wahl- zur Pflichtverteidigung möglich (n. → § 68a Rn. 14). Dafür muss das Wahlmandat indes ausdrücklich beendet werden (BGH NStZ-RR 2022, 50). Unabhängig davon kann nach § 144 StPO iVm § 2 Abs. 2 (ganz) ausnahmsweise ein zusätzlicher Pflichtverteidiger bestellt werden (zu den fraglichen Sachlagen n. etwa BGHSt 65, 129 = NJW 2020, 3736 (3737) mwN; s. auch BGH BeckRS 2024, 22824). Das kann (unter den Voraussetzungen der Nr. 1–5) ebenfalls in Betracht kommen, wenn der von den Eltern beauftragte Wahlverteidiger nicht das Vertrauen des Jugendlichen genießt.

30 **b) Unionsrechtlicher Hintergrund.** Das Recht der notwendigen Verteidigung transformiert das allg. unionsrechtliche Konzept, wonach der Zugang zu einem Verteidiger (→ Rn. 23) durch einen flankierenden Anspruch auf Prozesskostenhilfe (Art. 18 RL (EU) 2016/800; Art. 4 RL (EU) 2016/1919; EuGH BeckRS 2024, 22796, Rn. 107) finanziell realisierbar zu machen ist, in das deutsche StVR. Gemessen an den EU-Vorgaben verkörpert die unmittelbare Bereitstellung einer anwaltlichen Unterstützung grds. ein **funktionales Äquivalent** (Schlothauer/Neuhaus/Matt/Brodowski HRRS 2018, 55 (56)) und eine mindestens gleichwertige Normkonstruktion (zutr. BT-Drs. 19/13829, 20; skeptisch aber Schoeller StV 2019, 190 (192); gänzlich abw. Spitzer ZRP 2019, 183: Verteidigerbeiordnung bleibt hinter Mittelgewährung zur Bezahlung eines Wahlverteidigers zurück). Jedenfalls ist sie im JStV EU-rechtskonform, weil sie den hier geltenden, speziell kinder-

bezogenen Vorgaben entspricht, wonach die „Unterstützung" durch einen Rechtsbeistand **staatlich** – also ohne Tätigwerden des Beschuldigten (s. § 68a) – „sicherzustellen" ist (Art. 6 Abs. 2 RL 2016/800).

Die **Begrenzung** der notwendigen Verteidigung auf die in → Rn. 33 ff. erörterten Konstellationen wird iSv Art. 6 Abs. 6 RL 2016/800 dadurch gerechtfertigt, dass es in den nicht eingeschlossenen Fällen mit Blick auf die begrenzten Rechtsfolgeneingriffe sowie die geringe Komplexität und/oder Schwere des Vorwurfs unverhältnismäßig wäre, eine anwaltliche Unterstützung als zwingend vorzusehen (BT-Drs. 19/13837, 24; vgl. auch Sommerfeld ZJJ 2018, 296 (304 f.)). Dass das deutsche Recht diese Sachlagen als Regelfall behandelt und die verteidigungsbedürftigen Umstände der Nr. 1–5 (anders als im Vorschlag von Schlothauer/Neuhaus/Matt/Brodowski HRRS 2018, 55 (59)) als Ausnahmen konstruiert, ist mit Blick auf Art. 6 RL 2016/800 jedoch nicht unbedenklich (krit. auch Bock StV 2019, 508 (513)). 31

c) Rechtstatsächliches. In der Verfahrensrealität zeigen sich gewisse **Defizite** der Pflichtverteidigung, insbes. bei der Auswahl der Verteidiger (n. → § 68a Rn. 20, 24). Auch weisen manche Studien darauf hin, dass die Kontakthäufigkeit, -dauer und -dichte bei Wahl- höher als bei Pflichtverteidigern ist (vgl. etwa aufgrund von Angaben JStrafgefangener Gersch, Jugendstrafverteidigung, 1988, S. 110 f. bzw. 169 ff.; Fuchs, Der Verteidiger im Jugendstrafverfahren, 1992, S. 78, 138 f.; vgl. auch Baumhöfener, Jugendstrafverteidiger – eine Untersuchung im Hinblick auf § 74 JGG, 2007, S. 170 ff.; erg. Jahn/Zink StraFo 2019, 318 (320 f.) sowie Eisenberg/Kölbel Kriminologie § 29 Rn. 44 f. mwN). Zudem liegen – va international und teilw. für das allg. StVerf – Anhaltspunkte dafür vor, dass die Sanktionen bei Hinzuziehung eines Wahlverteidigers etwas milder als bei einem Pflichtverteidiger ausfallen (Rattner/Turjeman/Fishman Journal of Criminal Justice 2008, 43; diff. Brady/Peck Youth Violence and Juvenile Justice 2021, 359; vage Hinweise auch bei Barton MschrKrim 1988, 93 (101 ff.); s. erg. auch Albrecht StV 2024, 201 (204 f.)). 32

2. Konstellationen nach angepasstem allg. StVR: Nr. 1 iVm dem Katalog in § 140 Abs. 1 StPO

a) Allgemeines. Das Spektrum an Verfahrenslagen, bei denen das Vorhandensein einer Strafverteidigung von Gesetzes wegen notwendig ist, wird im JGG durch eine Reihe eigenständiger, jugendstrafrechtsspezifischer Anlässe bestimmt (→ Rn. 61 ff.), teilw. aber auch durch eine **Anknüpfung an das allg. StVR** (Nr. 1). Bei Anwendung dieser allg. Beiordnungsgründe auf junge Beschuldigte bedarf es allerdings einer jugendgemäßen und bisweilen extensiven Interpretation (→ § 2 Rn. 39). Das äußert sich zwar va bei den in → Rn. 45 ff. behandelten Konstellationen von Nr. 1 iVm § 140 Abs. 2 StPO, ist aber auch bei den katalogartig aufgeführten Einzelkonstellationen von Nr. 1 iVm § 140 Abs. 1 StPO zu berücksichtigen. Die folgenden Ausführungen gehen va auf die daher bestehenden, jugendstrafrechtlichen **Besonderheiten** und Überformungen ein. Hinsichtlich der allg. Einzelheiten zu § 140 Abs. 1 wird dagegen auf die Erläuterungen zur StPO verwiesen. 33

b) Verhandlung vor dem JSchöffG. Die Verteidigung war nach § 140 Abs. 1 Nr. 1 aF notwendig, wenn die erstinstanzliche HV vor dem OLG 34 oder LG stattfand. Abgesehen von Fällen des § 41 Abs. 1 und § 108 Abs. 3 sowie den Kammerverfahren infolge Zusammenhangs (§§ 2 ff. StPO iVm § 2 Abs. 2) lief diese Regelung im JStV „weitgehend leer" (Rieß in BMJ 1987, 41). Denn ein erheblicher Teil der Zuständigkeit, die im allg. StVerf bei der Strafkammer liegt, fällt hier dem JSchöffG am AG zu (vgl. → § 40 Rn. 4 ff.). In der Lit. wurde die HV vor dem JSchöffG daher als Fall von Nr. 1 iVm § 140 Abs. 2 StPO eingestuft – teilw. generell (vgl. etwa Oellerich StV 1981, 434 (439); Lüderssen NJW 1986, 2742 (2745 f.); Radbruch StV 1993, 553 (556); Viehmann/Walter in BMJ 1987, 196), teilw. auch nur dann, wenn das Verfahren im allg. StR vor der Strafkammer stattfinden würde (Rieß BMJ 1987, 41; weitergehend Hartman-Hilter Verteidigung S. 76 ff.).

35 Die seit Ende 2019 geltende Fassung des **§ 140 Abs. 1 Nr. 1 StPO** hat iErg die erstgenannte Ansicht positiviert. Zwar geht die hierfür gegebene Begründung, dass bei Zuständigkeit des Schöffengerichts im allg. StVerf ohnehin immer § 140 Abs. 2 StPO (wegen der Straferwartung gem. §§ 24, 25 Nr. 2 GVG) bejaht worden sei (BT-Drs. 19/13829, 31), an den früheren Gegebenheiten des JStV vorbei (→ Rn. 49). Doch angesichts des klaren Wortlauts von Nr. 1 iVm § 140 Abs. 1 Nr. 1 StPO besteht kein Zweifel, dass eine Verteidigung vor dem JSchöffG – ebenso wie vor der **JKammer** oder dem OLG – jetzt **stets** erforderlich ist (s. auch LG Saarbrücken StV 2020, 694 = BeckRS 2020, 2274; LG Münster StV 2021, 166 = BeckRS 2020, 25129; Höynck/Ernst ZJJ 2020, 245 (247); verkannt von Diemer/Schatz/Sonnen/Diemer Rn. 9).

36 Dies kann bereits während des Ermittlungsverfahrens zum Tragen kommen und eine frühe Bestellung gem. § 68a erforderlich machen. Maßgeblich dafür ist, dass (bzw. ob und ab wann) aufgrund des Ermittlungsstandes die entspr. **Zuständigkeit zu erwarten** ist. Ein Fall von Nr. 1 iVm § 140 Abs. 1 Nr. 1 StPO liegt vor, sobald wegen eines Vorwurfs ermittelt wird, der bei Anklageerhebung zu dieser Gerichtszuständigkeit führen würde. Dies betrifft die meisten Fälle mit Verbrechensvorwurf und/oder absehbarer stationärer Rechtsfolgenanordnung. Angesichts der Parallelität der dann ebenfalls eingreifenden, anderen Beiordnungsgründe gem. Nr. 1 iVm § 140 Abs. 1 Nr. 2 (→ Rn. 37) und Nr. 5 (→ Rn. 66 ff.) sind eigenständige Anwendungsfälle von Nr. 1 iVm § 140 Abs. 1 Nr. 1 StPO selten. Sie sind am ehesten bei **Mitangeklagten** gegeben, gegen die wegen der übrigen Vorwurfsadressaten vor dem JSchöffG verhandelt wird, ohne dass bei ihnen eigene Beiordnungsgründe bestehen (Höynck/Ernst ZJJ 2020, 245 (248)).

37 **c) Verbrechensvorwurf.** Die Konstellationen iSv Nr. 1 iVm § 140 Abs. 1 Nr. 2, 4 und 5 StPO dürften ebenfalls häufig mit anderen Bestellungsgründen zusammentreffen. **§ 140 Abs. 1 Nr. 2 StPO** kommt indes auch zur Anwendung, wenn sich der Vorwurf nur formal auf ein Verbrechen bezieht, ohne dass es dabei notwendigerweise um ein gewichtiges Ereignis gehen muss. Das ist gerade im JStR praktisch von Belang (dazu anhand des sog. Abziehens unter Gleichaltrigen etwa BR-Stellungnahme BT-Drs. 19/13837, 86; Geisler NStZ 2002, 449 (450 f.)), wobei die Notwendigkeit der Verteidigung mit Blick auf die Registerfolgen in solchen Fällen oft durchaus gerechtfertigt ist (Eisenberg DRiZ 2006, 120 (123 f.)). Soweit die Rechtsfolgen ansonsten aber begrenzt bleiben werden, weil sich eine **Verfahrenseinstellung abzeichnet,** kann die Erforderlichkeit der Verteidigerbeiord-

nung im Ermittlungsverfahren hier jedoch gem. § 68a Abs. 1 S. 2 wegfallen (n. zu den Voraussetzungen → § 68a Rn. 11a).

d) Vorführung. Vergleichsweise häufig ist die Vorschrift des **§ 140 Abs. 1 Nr. 4 StPO** heranzuziehen. Durch Erwähnung der Vorführung gem. §§ 115, 115b StPO verweist die Vorschrift dabei konkret auf die Konstellationen der **Haft- oder Unterbringungsbefehle** gem. §§ 114, 126 Abs. 1, § 127b Abs. 2, § 275a StPO iVm § 2 Abs. 2 StPO oder gem. § 230 Abs. 2, § 329 Abs. 3 StPO iVm § 2 Abs. 2 (speziell zu dieser sog. Sistierhaft s. Sommerfeld ZJJ 2018, 296 (305); früher schon für das allg. StVerf Morgenstern JR 2016, 237). Hier ist bei der darauffolgenden Vorführung des ergriffenen Beschuldigten stets eine Beiordnung notwendig (zur Zuständigkeit → § 68a Rn. 16; zur Nichterforderlichkeit eines Antrags → § 68a Rn. 9). Dabei muss § 70c Abs. 4 beachtet werden. 38

Im Zusammenhang mit der Vorführung gem. §§ 128, 129 StPO iVm § 2 Abs. 2 verweist die Vorschrift allerdings zudem auch auf die **vorläufige Festnahme** gem. §§ 127 Abs. 1 und 2, 127b Abs. 1 StPO iVm § 2 Abs. 2. Hier liegt der Bestellungsgrund iSv Nr. 4 dagegen erst vor, wenn ein Haftbefehl gegen den Beschuldigten beantragt und dieser deshalb tatsächlich vorgeführt wird. Bei der **vorherigen** Abklärung der diesbzgl. Notwendigkeit (etwa einer polizeilichen Vernehmung des Festgenommenen) ist die Verteidigung nur bei Vorliegen eines anderen Grundes (etwa einer entspr. Straferwartung iSv § 68 Nr. 5) notwendig (BT-Drs. 19/13829, 32). – Im Übrigen soll die Beiordnung immer dann, wenn sie allein auf Nr. 4 beruht, **auf die Vorführung begrenzt** sein, falls es anschließend nicht zum Haft- bzw. Unterbringungsvollzug kommt (§ 143 Abs. 2 S. 4 StPO iVm § 2 Abs. 2; n. zur Beendigung der Bestellung in den Vorführungskonstellationen → § 68a Rn. 4). 39

e) Freiheitseinschränkungen. Alle Freiheitseinschränkungen, die nicht von § 140 Abs. 1 Nr. 4 erfasst werden, unterfallen **§ 140 Abs. 1 Nr. 5 StPO.** Damit soll ausgeglichen werden, dass in diesen Situationen die eigenen Verteidigungsmöglichkeiten des Beschuldigten stark eingeschränkt sind (MüKoStPO/Kämpfer/Travers StPO § 140 Rn. 19). Der Beiordnungsgrund ist daher bei jeder **richterlich** angeordneten oder genehmigten stationären Unterbringung im Ermittlungsverfahren einschlägig, auch im Falle der §§ 38, 35 BtMG iVm § 2 Abs. 2 (AG Kleve StV 1984, 507 = LSK 1986, 420123 unter Verweis auf § 140 Abs. 2 StPO) oder bei Aufenthalten in Haftvermeidungseinrichtungen bzw. Erziehungsheimen (LG Braunschweig StV 1986, 472 = LSK 1987, 130104). 40

Häufig liegt § 140 Abs. 1 Nr. 5 StPO auch beim Vollzug von **JStrafe, Unterbringung oder U-Haft** vor. Das hat va Bedeutung, wenn die Freiheitsentziehung einen vom aktuellen Verfahren unabhängigen Rechtsgrund hat – dh, wenn es sich um einen „Vollzug in anderer Sache" handelt (BT-Drs. 19/13837, 26 f.). Wenn dort bspw. U-Haft angeordnet und die Verteidigung ab der Vorführung (→ Rn. 38 f.) eine notwendige wird, bedarf es also auch in parallel geführten Verfahren der Pflichtverteidigerbestellung (dafür schon früher OLG Frankfurt a. M. NStZ-RR 2011, 19; krit. Busch NStZ 2011, 663; zur damaligen Debatte mwN auch → 23. Aufl. 2022 Rn. 22b). Allerdings macht § 141 Abs. 2 S. 1 Nr. 2 und S. 3 StPO iVm § 2 Abs. 2 zumindest die amtsseitige Bestellung bei § 140 Abs. 1 Nr. 5 StPO – in Abweichung von § 68a Abs. 1 S. 1 – davon abhängig, dass dort **keine** 41

Einstellung (§ 154 f. StPO, § 45) beabsichtigt ist und dem Beschuldigten der Tatvorwurf eröffnet wird (→ § 68a Rn. 11).

42 **f) Waffengleichheit.** Die Regelung des **§ 140 Abs. 1 Nr. 9 StPO** liegt nicht allein vor, wenn der Verletzte durch einen beigeordneten Rechtsanwalt (§§ 397a, 406h Abs. 3 und 4 StPO iVm § 2 Abs. 2) vertreten wird. Vielmehr ist – soweit man nicht Nr. 1 iVm § 140 Abs. 2 StPO (→ Rn. 60) heranziehen will – die Vorschrift weit zu interpretieren und auf strukturähnliche, die Waffengleichheit ebenfalls beeinträchtigende Konstellationen gleichermaßen anzuwenden. Das betrifft namentlich die Fälle, in denen der mutmaßlich Verletzte in der HV mit einem **Zeugenbeistand** (OLG Celle StV 2000, 70 = BeckRS 2000, 1767 zu § 140 Abs. 2 StPO) oder mit einem Beistand gem. § 406f Abs. 1, 2 StPO iVm § 2 Abs. 2 erscheint (im allg. StR OLG Zweibrücken StraFo 2005, 28 = LSK 2005, 430379 zu § 140 Abs. 2 StPO). Ebenso verhält es sich, wenn der Nebenkläger einen selbst **beauftragten Rechtsanwalt** an seiner Seite hat (OLG Hamm ZJJ 2004, 197 = BeckRS 2004, 30338802; LG Essen NStZ 1987, 184 (185); NK-JGG/Sommerfeld Rn. 10; vgl. auch MüKoStPO/Kämpfer/Travers StPO § 140 Rn. 25a; Schlothauer KriPoZ 2019, 3 (16); einschr. aber etwa KG StV 2012, 714 = BeckRS 2012, 11905; KG NStZ-RR 2016, 53; OLG Hamburg StV 2017, 149 = BeckRS 2016, 48 alle zu § 140 Abs. 2 StPO). Bei einer psychosozialen Prozessbegleitung (§ 406g StPO iVm § 2 Abs. 2) des Verletzten ist Nr. 1 iVm § 140 Abs. 2 zu prüfen (→ Rn. 60).

43 **g) Richterliche Vernehmung. § 140 Abs. 1 Nr. 10 StPO** bezieht sich auf alle richterlichen Vernehmungen von Zeugen, Sachverständigen und Beschuldigten in und außerhalb des Ermittlungsverfahrens. Normtextlich ist hierin auch die Vernehmung des Jugendlichen eingeschlossen, doch wäre Nr. 10 in dieser Hinsicht funktionslos, weil die Gebotenheit der Verteidigermitwirkung auf anderen Bestellungsgründen beruhen würde und diese durch Nr. 10 also nur wiederholt würden. Insofern geht es bei der Vorschrift um Vernehmungen Dritter (wohl ebenso Meyer-Goßner/Schmitt/Schmitt StPO § 140 Rn. 20c f.). Der wichtigste Anwendungsbereich der in Nr. 10 geregelten Variante liegt va bei richterlichen Vernehmungen von **Belastungszeugen,** bei denen der Beschuldigte gem. § 168c Abs. 3 StPO iVm § 2 Abs. 2 ausgeschlossen wird und die Aussage in der HV (ggf. ohne dortige Vernehmung) gem. § 251 Abs. 2 StPO iVm § 2 Abs. 2 eingeführt werden soll. Hier kann durch den zu bestellenden Verteidiger während der Vernehmung das Konfrontationsrecht gewahrt werden (BT-Drs. 18/11277, 28 f.; vgl. zum allg. StVR früher bereits BGHSt 46, 93 = NJW 2000, 3505).

44 **h) Körperliche Beeinträchtigungen.** Nach **§ 140 Abs. 1 Nr. 11 StPO** muss im allg. StVerf ein seh-, hör- oder sprachbehinderter Beschuldigter, wenn er es beantragt, einen Pflichtverteidiger erhalten. Das Antragserfordernis verträgt sich aber nicht mit § 68a Abs. 1. Im JStV ist daher in den fraglichen Fällen, in denen die normtextlich genannte oder eine andere verständigungsrelevante Beeinträchtigung nicht nur marginaler Art vorliegt, von einem Fall des Nr. 1 iVm **§ 140 Abs. 2 StPO** auszugehen (s. auch OLG Düsseldorf StraFo 1997, 335 = LSK 1998, 190446) und die Bestellung von Amts wegen vorzunehmen. Bei erfolgtem Antrag stellt hingegen § 140 Abs. 1 Nr. 11 StPO die Rechtsgrundlage dar.

3. Konstellationen nach angepasstem allg. StVR: Nr. 1 iVm der Generalklausel in § 140 Abs. 2 StPO

45 **a) Grundsatz.** Nach Nr. 1 liegt im JStV ferner in den von § 140 Abs. 2 StPO generalklauselartig geregelten Konstellationen des allg. StVR eine notwendige Verteidigung vor. Die hierfür maßgeblichen allg. Bedingungen, für die abermals auf die Erläuterungen in den Kommentaren zur StPO verwiesen werden kann, sind bei Jugendlichen und Heranwachsenden indes **jugendgemäß zu interpretieren** (→ § 2 Rn. 39) bzw. „extensiv und großzügig" auszulegen (OLG Hamm StraFo 2002, 293 (294) = BeckRS 2002, 3624; ebenso zB OLG Brandenburg NStZ-RR 2002, 184; OLG Saarbrücken StV 2007, 10 = BeckRS 2007, 3251; OLG Schleswig StV 2009, 86 = BeckRS 2009, 9756; LG Bremen NJW 2003, 3646; BeckRS 2021, 20605; LG Mannheim StraFo 2022, 105 = BeckRS 2022, 6177; Löwe/Rosenberg/Jahn StPO § 140 Rn. 108; s. auch schon Bottke in BMJ 1987, 79; Rieß in BMJ 1987, 41; Viehmann/Walter in BMJ 1987, 199 f.; im Grunde auch RL 1 S. 2 zu § 68 – § 68b). Geboten ist also eine beschuldigtenfreundliche Handhabung der anerkannten Untervarianten von § 140 Abs. 2 StPO. Dies beruht va darauf, dass junge Beschuldigte zur eigenen Verteidigung nur begrenzt in der Lage sind (zus. Bishop/Feld Juvenile Crime and Juvenile Justice/Feld S. 664 ff. mwN). Auch enthält das JGG ua im Bereich der strafrechtlichen Verantwortlichkeit (§ 3 S. 1), der Verfahrensdetails, der Rechtsfolgen sowie der Rechtsmittelbeschränkung durchaus komplizierte Sonderregelungen.

46 Die Notwendigkeit der Verteidigung kann sich daraus ergeben, dass einzelne oder mehrere Untervarianten von § 140 Abs. 2 StPO zu bejahen sind. Eine **wechselseitige Kompensation** der jeweiligen Ausprägung, durch die etwa eine drohende schwere Rechtsfolge durch eine besonders einfache Fallgestaltung ausgeglichen und bedeutungslos würde, scheidet aus (SK-StPO/Wohlers StPO § 140 Rn. 29). Unabhängig davon gilt fallgruppenübergreifend, dass eine Bestellung zwar nicht allein auf ein besonders niedriges Alter des Jugendlichen gestützt werden kann (LG Koblenz StRR 2019, Nr. 8, 19), dass aber die Bestellungsvoraussetzungen umso eher als gegeben anzunehmen sind, **je jünger** der Beschuldigte ist (OLG Brandenburg NStZ-RR 2002, 184 (185); OLG Karlsruhe StV 2007, 3 = BeckRS 2006, 12987; OLG Saarbrücken StV 2007, 10 = BeckRS 2007, 3251). Generell sind die Anforderungsschwellen darüber hinaus auch bei **verteidigungsrelevanten familiären Problemlagen** abzusenken – namentlich bei elterlichem Desinteresse und ausbleibender prozessualer Unterstützung oder bei innerfamiliären Interessenkonflikten (Molketin, Die Schutzfunktion des § 140 Abs. 2 StPO zu Gunsten des Beschuldigten im Strafverfahren, 1986, S. 148 f.; Dehne-Niemann/Bühler wistra 2022, 5 (9); s. auch → Rn. 61 f.).

47 **b) Schwere der Tat.** Ob die „Schwere der Tat" die Bestellung eines Verteidigers notwendig macht, wird seit jeher von der **Eingriffsintensität** der konkret absehbaren Rechtsfolge abhängig gemacht (s. etwa MüKoStPO/Kämpfer/Travers StPO § 140 Rn. 28 mwN). Dass in der seit Dezember 2019 geltenden Fassung von Abs. 2 die „Schwere der zu erwartenden Rechtsfolge" in § 140 Abs. 2 als eigenständiges Kriterium neben der „Schwere der Tat" genannt wird, zeigt allerdings an, dass das Gewicht des vorgeworfenen Delikts durchaus auch selbstständig und **rechtsfolgenunab-**

hängig die Notwendigkeit der Verteidigung begründen kann. Im JStV ist das bspw. dort der Fall, wo wegen Schuld- und Sanktionsmilderungsgründen oder den Prinzipien der jugendstrafrechtlichen Sanktionsbemessung eine moderate Reaktion auf eine erhebliche Straftat vorhersehbar ist (s. auch BeckOK JGG/Noak Rn. 13; HK-JGG/Trüg/Gundelach Rn. 8). Nach LG Mannheim StraFo 2022, 105 = BeckRS 2022, 6177 liegt die Schwere der Tat jedenfalls bei einer Strafbewehrung, die im allg. StR bei einem Jahr Freiheitsstrafe beginnt, auf der Hand. Unabhängig hiervon kann sich die erforderliche Intensität aber auch aus den fallkonkreten Begehungsmerkmalen ergeben.

48 **c) Schwere der drohenden Rechtsfolge. aa) Stationäre Sanktion.** Ungeachtet dessen stellt die prognostizierbare Sanktion in der Praxis das zentrale Beurteilungskriterium dar. Berücksichtigt man die herausgehobene Eingriffsintensität der **JStrafe,** die im Spektrum der JGG-Rechtsfolgen beinahe singulär ist, muss Nr. 1 iVm § 140 Abs. 2 StPO bei deren Absehbarkeit stets bejaht werden – und zwar **unabhängig von der JStrafdauer** (LG Gera StV 1999, 654 = LSK 1999, 310559; ebenso bei hinzukommenden weiteren Gründen OLG Hamm NStZ-RR 2006, 26; StV 2008, 120 = BeckRS 2007, 65223; StV 2009, 85 = BeckRS 2008, 9337; StV 2010, 67 = BeckRS 2009, 16012; OLG Brandenburg NStZ-RR 2002, 184; OLG Schleswig StV 2009, 86 = BeckRS 2009, 9756; OLG Bremen StV 2017, 724 = BeckRS 2016, 126955). Keine Rolle spielt es dagegen, ob evtl. die Vollstr der erwarteten JStrafe zBew ausgesetzt oder eine Aussetzung der Verhängung zBew gem. § 27 erfolgen wird (dazu mit Blick auf die Reglementierung in der Bewährungszeit LG Essen NStZ 1987, 184).

49 Die vorstehende Position ist insofern positiviert worden, als jede absehbare JStrafe zur Einschlägigkeit von Nr. 5 (→ Rn. 66 ff.) und Nr. 1 iVm § 140 Abs. 1 Nr. 1 StPO (→ Rn. 35) führt. Da das Kriterium der Rechtsfolgenschwere dahinter nicht zurückbleiben kann, sind – entgegen einzelner abw. Positionierungen (LG Stade StV 2022, 145 = BeckRS 2020, 54776) – auch iRv Nr. 1 iVm § 140 Abs. 2 jene Teile der früheren Rspr. **obsolet,** die (im nunmehrigen Widerspruch zu Art. 6 Abs. 6 S. 3 RL 2016/800) erst bei einer in Betracht kommenden JStrafe **von einem Jahr** von der erforderlichen Sanktionsintensität ausgingen (etwa OLG Frankfurt a. M. NStZ 1993, 507; KG StV 1998, 325 = BeckRS 1998, 15394; KG ZJJ 2013, 318 = BeckRS 2013, 4001; OLG Hamm NJW 2004, 1338; für neun Monate LG Essen ZJJ 2018, 242 (243) = BeckRS 2018, 3955).

50 **Verfehlt** wäre es ferner, **§ 68 Nr. 5 als Maßstab** für die erforderliche Rechtsfolgen-Schwere heranzuziehen und weniger schwere Rechtsfolgen deshalb auszuschließen (so aber BeckOK JGG/Noak Rn. 14; offenlassend Höynck/Ernst ZJJ 2020, 245 (248); wie hier Beulke FS 50 Jahre Deutsche Strafverteidiger e.V., 2024, 110). Dagegen spricht der Umstand, dass die Rechtsfolgenschwere-Konstellation gem. Nr. 1 iVm § 140 Abs. 2 StPO sonst im JStV (anders als im allg. StVerf) funktionslos wäre. Zu berücksichtigen ist auch die Eigenständigkeit der verschiedenen gesetzlichen Beiordnungskonstellationen. Da es nach § 140 Abs. 2 immer dann zu einer notwendigen Verteidigung kommen soll, wenn die Auswirkungen einer drohenden Verurteilung im individuellen Fall so gewichtig sind, dass es unter Fairnessgesichtspunkten einer anwaltlichen Unterstützung bedarf (BT-Drs. 19/13829, 35), kann die schematisierende Anknüpfung an Nr. 5 nicht trag-

fähig sein (zust. HK-JGG/Trüg/Gundelach Rn. 8). Droht eine Rechtsfolge unterhalb des JStrafniveaus, bedarf es deshalb einer einzelfallbezogenen Bewertung. Eine Bejahung der „Schwere-Variante" in Nr. 1 iVm § 140 Abs. 2 StPO kommt dann insbes. bei **Dauerarrest** in Betracht (Beulke/Swoboda JugendStrafR Rn. 666; Beulke FS 50 Jahre Deutsche Strafverteidiger e.V., 2024, 106; dies bei JA schlechthin bej. HK-JGG/Trüg/Gundelach Rn. 8; ebenso wegen Art. 6 Abs. 6 S. 3 RL 2016/800 wohl auch Höynck StraFo 2017, 267 (273); aA etwa KG 13.8.2020 – (4) 161 Ss 58/20 (92/20); NK-JGG/Sommerfeld Rn. 14; Brunner/Dölling Rn. 19).

bb) Einheitsrechtsfolge. Bei absehbarer Anwendung von § 31 kommt es für die Bewertung der Rechtsfolgenerwartung auf das absehbare Prozessergebnis an, also auf die Einheitssanktion. Die ausreichende Schwere der Rechtsfolge kann sich somit auch erst aus der **Einbeziehung** anderer verhängter Rechtsfolgen ergeben (zu diesem Grundsatz etwa KG StV 1998, 325 = BeckRS 1998, 15394; OLG Rostock StV 1998, 325 (Ls.) = BeckRS 1998, 9774; OLG Düsseldorf StV 2002, 236 = OLG Düsseldorf StV 2002, 236; OLG Köln StraFo 2002, 297 = BeckRS 2015, 6340; OLG Hamm StV 2004, 584 = BeckRS 2003, 10793; LG Saarbrücken ZJJ 2010, 427 = BeckRS 2011, 12846; LG Stendal StV 2022, 51 (Ls.) = BeckRS 2021, 16549). 51

cc) Gesamtbewertung. Die Schwere der Rechtsfolge bestimmt sich nicht allein durch eine sich abzeichnende stationäre Sanktion, sondern auch durch „sonstige schwerwiegende Nachteile, die der Angeklagte infolge der Verurteilung zu erwarten hat" (OLG Hamm StV 2004, 584 = BeckRS 2003, 10793). Bei der daher erforderlichen individualisierenden Bewertung der **Rechtsfolgengesamterwartung** ist bspw. der **Widerruf** einer Aussetzung der Vollstr zBew, der wegen des aktuellen Verfahrens in einer anderen Strafsache droht, als ein die erforderliche Schwere idR begründender Umstand zu berücksichtigen (dazu für das allg. StR etwa OLG Hamm StV 2002, 237 (Ls.) = BeckRS 2001, 17566; OLG Stuttgart NStZ-RR 2012, 214; LG Dessau-Roßlau StraFo 2015, 515 = LSK 2015, 114103; LG München StV 2020, 696 = LSK 2019, 48946). 52

In die Bewertung einzubeziehen ist gleichermaßen, wenn **Hilfeleistungen nach § 34 SGB VIII** zu erwarten sind (Brunner/Dölling Rn. 19; Hartman-Hilter Verteidigung S. 51 ff.). Ebenso verhält es sich bei einer individuell folgenschweren Fahrerlaubnisentziehung (BT-Drs. 19/13829, 34) oder bei einer zu erwartenden **Einziehung** in erheblichem Umfang und ohne absehbare Anwendung von § 421 StPO iVm § 2 Abs. 2 (AG Eggenfelden BeckRS 2021, 12680; LG Magdeburg BeckRS 2022, 14465; Brunner/Dölling Rn. 19). Auch eine sich abzeichnende **Maßregel** muss mitberücksichtigt und im Falle einer freiheitsentziehenden Variante iSv § 7 stets als ausreichend schwere Rechtsfolge betrachtet werden (wobei hier daneben auch Nr. 5 (→ Rn. 66 ff.) und Nr. 1 iVm § 140 Abs. 1 Nr. 1 StPO (→ Rn. 35) einschlägig sind). 53

Für das Gewicht der Rechtsfolgengesamterwartung sind iÜ etwaige, im Einzelfall absehbare **außerstrafrechtliche Tatfolgen** von Belang. Das betrifft etwa zivilrechtliche Schadensersatzforderungen (OLG Celle StV 1988, 290; AG Saalfeld DVJJ-Journal 1994, 360) oder erhebliche berufliche Nachteile (NK-JGG/Sommerfeld Rn. 8; Oellerich StV 1981, 434 (437)). Ähnliches gilt bei Nichtdeutschen hinsichtlich der Gefahr drohender **Auswei-** 54

sung bzw. einer Nichtverlängerung der Aufenthaltserlaubnis oder vergleichbarer (etwa asylrechtlicher) Folgen (AG Hamburg StV 1998, 326 = LSK 1998, 360383; AG Singen BeckRS 2024, 28686; Schmoll ZJJ 2020, 279 (292); für das allg. StVerf OLG Zweibrücken StV 1988, 379 = BeckRS 1988, 1377; LG Osnabrück StV 1984, 506 (Ls); LG Oldenburg StraFo 2013, 22 = BeckRS 2013, 10658; einschr. LG Hamburg StV 1998, 327 = LSK 1998, 360336).

55 **d) Komplexitäts-Variante. aa) Schwierigkeit der Sachlage.** Diese ist zB bei absehbar erheblicher Dauer des Verfahrens mit einer **Vielzahl von Zeugenvernehmungen** oder anderen Beweiserhebungen anzunehmen (OLG Stuttgart StV 1987, 8 = BeckRS 2007, 8548; LG Tübingen StV 1999, 642 = LSK 2000, 100582; LG Düsseldorf StraFo 1997, 307 = LSK 1999, 341116; LG Saarbrücken ZJJ 2020, 64). Ebenso liegt es bei „Aussage gegen Aussage"-Konstellationen ohne sonstige Beweismittel (OLG Celle NStZ 2009, 175; OLG Frankfurt a. M. NStZ-RR 2009, 207 jeweils zum allg. StR). Andere Anwendungsfälle sind gegeben, wenn sämtliche Zeugen Polizeibeamte sind (LG Bielefeld StraFo 2016, 512 = BeckRS 2016, 114637) oder wenn die Beurteilung der Tatschuld wesentlich von der Bewertung eines **Indizienbeweises** abhängig ist (allgA, vgl. nur Hartman-Hilter Verteidigung S. 70 f.). Das Gleiche gilt, wenn eine Verständigung angestrebt wird (→ § 2 Rn. 49) oder eine effektive Verteidigung nur bei Kenntnis der Beweismittel durch eine **Akteneinsicht** (§ 147 Abs. 1 StPO iVm § 2 Abs. 2) als gewährleistet gelten kann (OLG Hamm StraFo 2002, 293 = BeckRS 2002, 3624; LG Essen NStZ 1987, 184; LG Düsseldorf StraFo 1997, 308 = LSK 1999, 341116; LG Saarbrücken StraFo 2016, 513; für den Fall, dass dem Angeklagten allein eine beschränkte Akteneinsicht ermöglicht wurde, ebenso LG Frankfurt/O. BeckRS 2021, 53945). Bei der Beurteilung der Schwierigkeit kommt es allein auf die **Perspektive des Jugendlichen** an, insbes. bei sehr jungen Beschuldigten (bei einer 15-Jährigen verkannt von LG Koblenz StRR 2019, Nr. 8, 19 mit zudem fehlgehendem Hinweis auf die Möglichkeit einer mütterlichen Unterstützung).

56 Nicht anders verhält es sich bei komplizierten und für den Jugendlichen **schwer zu verstehenden Beweiserhebungen.** Das betrifft etwa die Anordnung und Verwertung von DNA-Gutachten (LG Aachen StV 2021, 163 (Ls.) = BeckRS 2020, 33074; LG Amberg StV 2022, 4 (Ls.) = BeckRS 2021, 3097). Auch wenn ein herangezogener Sachverständiger das einzige Beweismittel für den Tatvorwurf ist, stellt sich die Sachlage als schwierig dar (so LG Braunschweig BeckRS 2017, 109130 mit Blick auf die Beurteilung der Untersuchungsmethoden und Qualifikationen des Sachverständigen). Ebenso zu bewerten ist es (oft mit Nr. 4 zusammentreffend), wenn zum Zwecke der Persönlichkeitserforschung (etwa bzgl. § 20 StGB iVm § 2 Abs. 2 oder § 3) oder vor Anordnung freiheitsentziehender Maßregeln (§ 246a Abs. 1 StPO iVm § 2 Abs. 2) ein Sachverständiger hinzugezogen wird. – Eine sich aus der **Abwesenheit der JGH** in der HV ergebende tatsächliche Schwierigkeit, durch die der Angeklagte in der Geltendmachung seiner Belange überfordert wird (LG Hamburg NJW 2003, 3646), sollte keine Bedeutung mehr haben, da ein Anwesenheitsverzicht (§ 38 Abs. 7) bei drohender Überforderung des Beschuldigten ebenso ausscheidet wie eine eigenmächtige Abwesenheit (→ § 38 Rn. 60 ff.).

bb) Schwierigkeit der Rechtslage. Hierdurch begründete Anlässe für die Bestellung eines notwendigen Verteidigers ergeben sich zB dann, wenn es auf die Entscheidung von bislang nicht abschließend geklärten Rechtsfragen oder auf fallbezogen komplexe rechtliche Einordnungen ankommt. Dies ist regelmäßig zu bejahen, wo das Vorliegen von Rechtfertigungs- bzw. **Schuldausschließungsgründen** oder einer nur eingeschränkten Schuldfähigkeit in Betracht zu ziehen ist (LG Essen NStZ 1987, 184 (185); LG Düsseldorf StraFo 2015, 163 = BeckRS 2015, 12306; LG Aachen BeckRS 2019, 5125; Hartman-Hilter Verteidigung S. 84 f. mwN; Beulke in BMJ 1987, 175; betr. Straßenverkehrsdelikte s. Molketin NZV 1989, 93 (97)). Das Gleiche gilt bei Fragen nach der Geeignetheit von Beweismitteln (betr. Videoaufnahme vern. aber KG NStZ-RR 2013, 116 mablAnm Deutscher StRR 2013, 100) oder nach dem Eingreifen von Verwendungs- oder **Verwertungsverboten** (vgl. OLG Brandenburg NJW 2009, 1287; OLG Bremen BeckRS 2009, 21683; LG Köln StraFo 2016, 341 = BeckRS 2016, 16493 jeweils zum allg. StR; BVerwG StraFo 2012, 413 = BeckRS 2013, 50765 zur WDO). Ein ähnlicher Fall besteht dort, wo die strafjustizielle Amtsführung einen Befangenheitsantrag veranlassen könnte (LG Bremen StV 2005, 81 = LSK 2005, 120494 zum allg. StVerf). Bei einem zur **Urteilsanfechtung** bereiten Jugendlichen kann für die Wahl zwischen Berufung und Revision (§ 55 Abs. 2) ebenso ein Verteidiger notwendig sein (LG Gera StV 2001, 171 = LSK 2000, 060750; Hartman-Hilter Verteidigung S. 90 ff.). 57

e) Variante der Verteidigungsunfähigkeit. aa) Persönliche Gründe. Konstellationen, in denen sich der Jugendliche iSv Nr. 1 iVm § 140 Abs. 2 StPO „ersichtlich (…) nicht selbst verteidigen kann", können aus verschiedenen Gründen auftreten. Eine relevante Fallgruppe betrifft Kompetenzminderungen infolge individueller Besonderheiten. Gegeben ist das bei **Defiziten** im **Leistungsbereich** wie zB bei Lernbehinderung und verminderter Intelligenz (OLG Köln StV 1991, 151 = BeckRS 2008, 10095; KG StV 1998, 325 = BeckRS 1998, 15394; OLG Köln StraFo 2003, 420 = BeckRS 2010, 12859; LG Gera StV 1999, 654 = LSK 1999, 310559; LG Neuruppin BeckRS 2022, 37865) oder bei Schreib-/Leseschwäche (LG Hildesheim NJW 2008, 454; LG Schweinfurt StraFo 2009, 105 jeweils zum allg. StR). Auch können außergewöhnliche psychische Belastungen (OLG Hamm StV 2009, 85 = BeckRS 2008, 3528), Persönlichkeitsstörungen (LG Dortmund LSK 2023, 34618: Borderline) oder etwaige Beeinträchtigungen im (sonstigen) **Sozialverhalten** relevant sein (vgl. OLG Celle StV 1991, 151 = LSK 1991, 410133; OLG Karlsruhe StraFo 2006, 496 = BeckRS 2006, 19857), und zwar (ggf. in Kombination mit gesundheitlich belastenden Umständen) gerade bei BtM- oder Alkoholabhängigkeit (OLG Düsseldorf StV 2002, 237 = BeckRS 2000, 14453; OLG Jena NStZ 2010, 525). Eine etwa bereits bestehende „Gerichtserfahrenheit" ist für die Beurteilung der Verteidigungsfähigkeiten ohne Belang (NK-JGG/Sommerfeld Rn. 10; MüKoStPO/Kaspar Rn. 17a; abw. OLG Hamm OLGSt JGG § 109 Nr. 1 = BeckRS 2006, 5711). 58

Bei **Nichtdeutschen** begründet ein Mangel an Sprachkenntnissen uU die Verteidigungsunfähigkeit (vgl. ua OLG Stuttgart StV 1987, 8 = BeckRS 2007, 8548; OLG Zweibrücken StV 1988, 379 = BeckRS 1988, 1377; LG Bremen NJW 2003, 3646; LG Stade StV 2019, 186 = BeckRS 2019, 1684; 59

AG Hamburg StV 1998, 326 = LSK 1998, 360383). Jedoch handelt es sich insoweit nur in besonderen Fällen, in denen die (unentgeltliche) Heranziehung eines Dolmetschers (§ 187 Abs. 1 GVG iVm § 2 Abs. 2) nicht ausreichend ist, um einen Fall notwendiger Verteidigung (vgl. BGHSt 46, 178 = NStZ 2001, 107 (109); OLG Düsseldorf NJW 1989, 677 (677 f.); OLG Nürnberg NStZ-RR 2014, 183 (183 f.) zum allg. StR). Umgekehrt kann bei Personen mit **Migrationshintergrund** durch kulturell bedingte Kommunikationshindernisse (Unbeholfenheit usw.) ggf. aber auch unabhängig von ihren Sprachkenntnissen eine hinreichend kompetente Verteidigungsfähigkeit bei der Erörterung der Sachlage zw. sein (ebenso Beulke/Swoboda JugendStrafR Rn. 671).

60 **bb) Verfahrenssituative Gründe.** Die individuelle Einschränkung der Verteidigungsmöglichkeit kann ferner auf konstellativen Bedingungen beruhen. Dies kommt (über Nr. 1 iVm § 140 Abs. 1 Nr. 4 und 5 hinausgehend) in Betracht, wenn **vor der HV** ein **Freiheitsentzug** von nicht unerheblicher Dauer stattgefunden hat (OLG Hamm NStZ-RR 2006, 26; Hartman-Hilter Verteidigung S. 31 ff.). Das Gleiche gilt, wenn andere **Mitangeklagte** (etwa bei Gruppendelikten) anwaltlich vertreten sind und so prozessual (§ 240 Abs. 2 S. 2 StPO iVm § 2 Abs. 2) sowie bei der „internen Verantwortungszuweisung" einen Vorteil haben können (OLG Brandenburg NStZ-RR 2002, 184 (185); OLG Hamm StV 2009, 85 = BeckRS 2008, 9337; LG Frankfurt a. M. StV 1983, 69 (70); AG Saalfeld NStZ-RR 2002, 119; LG Düsseldorf StraFo 2015, 163 = BeckRS 2015, 12306; einschr. OLG Stuttgart StraFo 2013, 72 = BeckRS 2013, 1989; OLG Hamburg BeckRS 2013, 11342; LG Itzehoe NStZ-RR 2013, 216 zum allg. StVR). Bei einem mitangeklagten Elternteil (AG Eilenburg ZJJ 2023, 72) oder anderen, anwaltlich begleiteten erwachsenen Mitangeklagten ist die Verteidigung wegen der potenziellen **Interessenkonflikte** besonders erforderlich (AG Saalfeld NStZ 1995, 150; LG Passau BeckRS 2023, 3145). Wird das Verfahren in diesen Konstellationen abgetrennt, bleibt die Verteidigung gleichwohl notwendig, weil die bisherige Einlassung des Mitangeklagten nunmehr als Zeugenaussage wiederholt werden kann (abw. LG Essen ZJJ 2018, 242 = BeckRS 2018, 3955 mkritAnm Pieplow ZJJ 2018, 244).

4. Jugendstrafrechtsspezifische Konstellationen

61 **a) Nr. 2.** Hierfür ist Voraussetzung, dass den gesetzlichen Vertretern und Erziehungsberechtigten ihre Rechte im JStV nach **§ 67 Abs. 4** – vollständig oder in erheblichen Teilen – **entzogen** wurden (→ § 67 Rn. 44 ff.; vgl. auch LG Essen StV 2013, 39 = BeckRS 2013, 143). Entsprechendes gilt, wenn die Beteiligungsrechte dieser Personen aus Gründen der Staatssicherheit gem. § 104 Abs. 3 ruhen (vgl. bereits Dallinger/Lackner § 104 Rn. 20). Der Entzug bei nur einem Elternteil kann zur Verteidigungsunfähigkeit iSv Nr. 1 iVm § 140 Abs. 2 führen, erfüllt die Voraussetzungen von Nr. 2 aber nicht.

62 Sind die Eltern **aus tatsächlichen Gründen** an der Wahrnehmung ihrer Rechte gem. § 67 **gehindert** (zB wegen eines ausländischen Wohnortes, unbekannten Aufenthaltes, etc.) oder wird ihnen die notwendige Anwesenheit nicht gestattet, wurde darin teilw. – und zwar unabhängig von der Schwere der Tatvorwürfe – ein Fall der notwendigen Verteidigung in entspr.

Anwendung von Nr. 2 gesehen (so bei § 67 aF LG Braunschweig StV 1998, 325 (Ls.) = LSK 1998, 360455; LG Lüneburg StV 1998, 326 = LSK 1998, 360446; bei geringfügigen Vorwürfen einschr. LG Rottweil NStZ-RR 2005, 220). Nach § 67 Abs. 3 S. 3 wird diese Situation nun allerdings durch die Hinzuziehung einer erwachsenen Elternersatzperson ausgeglichen (→ § 67 Rn. 33 ff.). Wenn dies die elterliche Abwesenheit im konkreten Einzelfall nicht ausreichend kompensiert – sei es, weil die Beistandsperson bspw. nicht über die Rechte iSv § 67 Abs. 1 und 2 verfügt oder nicht anwesend ist oder nicht über eine elternähnliche Beziehung zum Jugendlichen verfügt –, begründet dies (wie der Vergleich mit Nr. 3 ergibt) keine Einschlägigkeit von Nr. 2 (zust. BeckOK JGG/Noak Rn. 22; abw. Diemer/Schatz/Sonnen/Diemer Rn. 14). Es liegt aber uU ein Fall der Verteidigungsunfähigkeit iSv Nr. 1 iVm § 140 Abs. 2 vor.

b) Nr. 3. Auch der Ausschluss der Erziehungsberechtigten und gesetzlichen Vertreter von der HV soll in erster Linie in **anderweitiger Weise ausgeglichen** werden (→ § 51 Rn. 30 ff.). Diese Maßnahmen sind dazu aber nicht immer geeignet oder ausreichend. Hinsichtlich der Elternersatzperson beruht dies oft darauf, dass sie in ihrer Rechtsstellung auf ein Anwesenheits- und Äußerungsrecht beschränkt wird (§ 51 Abs. 6 S. 3) und dass ihre individuelle Eignung (trotz dahingehender Prüfung) ohnehin kaum zu garantieren ist. Hinsichtlich der kompensatorischen Eignung der elterlichen „Unterrichtung" von dem „wesentlichen Inhalt" (§ 51 Abs. 4 S. 2) kann es wiederum zu andersartigen spezifischen Einschränkungen kommen (etwa bzgl. Auffassungsgabe, Merkfähigkeit und psychische Situation des Jugendlichen als auch der ausgeschlossenen Personen). Zudem kann das Gericht wegen seines stets nur ausschnitthaften Informationsstandes immer nur eingeschränkt einschätzen, was der unterrichtungsbedürftige „wesentliche Inhalt" ist. Wird der elterliche Ausschluss von der HV deswegen **nicht vollständig** kompensiert, ist nach Nr. 3 ein Verteidiger zu bestellen. 63

Nicht anwendbar ist Nr. 3 in den Fällen des einvernehmlichen Verlassens (§ 51 Abs. 4 S. 1) und der Entfernung gem. § 51 Abs. 3 (vgl. BT-Drs. 16/3038, 65: die Verteidigerbestellung wäre sonst für die Eltern durch entspr. Verhalten disponierbar). Hier kann aber eine Bestellung nach allg. Voraussetzungen der Nr. 1 iVm § 140 Abs. 2 StPO vorzunehmen sein,etwa wegen eines in der HV vorausgegangenen konflikthaften und daher belastenden Geschehens (zust. MüKoStPO/Kaspar Rn. 20). Ebenso verhält es sich, wenn nur einer der beiden anwesenden Elternteile gem. § 51 Abs. 2 ausgeschlossen wird (NK-JGG/Sommerfeld Rn. 12). 64

c) Nr. 4. Die Bestimmung greift ein, sobald ein **ernstlicher Antrag** auf eine Anstaltsunterbringung gestellt worden ist, um den Jugendlichen bzgl. seines Entwicklungsstandes zu beobachten oder zu untersuchen (BGH NJW 1952, 797). Die Verteidigerbestellung ist dann nicht nur für das Beschlussverfahren gem. § 73 eine notwendige, sondern wirkt für das gesamte Verfahren (BGH NJW 1952, 797), und zwar unabhängig davon, ob die Unterbringung angeordnet wird oder nicht. 65

d) Nr. 5. Nr. 5 aF erfasste die Fälle der an Jugendlichen vollstreckten U-Haft oder Unterbringung gem. § 126a StPO iVm § 2 Abs. 2, wobei man unter der Vollstreckung in diesem Zusammenhang teilw. schon die Festnahme verstand (n. → 23. Aufl. 2022 Rn. 31). Auch für die einstweilige 66

Unterbringung gem. §§ 71 Abs. 2, 72 Abs. 3 wurde die entspr. Anwendung von Nr. 5 aF befürwortet (zum Ganzen mwN → 20. Aufl. 2018, Rn. 31 ff.). All diese Konstellationen werden inzwischen durch Nr. 1 iVm § 140 Abs. 1 Nr. 4 StPO abgedeckt. Nr. 5 in der nunmehrigen Fassung schreibt stattdessen die Notwendigkeit der Verteidigung bei **Erwartung** einer **stationären** Rechtsfolge vor, wobei hier eine objektivierte Betrachtung maßgeblich ist und die fragliche Sanktion sich dabei als **überwiegend wahrscheinlich** (BT-Drs. 19/13837, 60) bzw. wahrscheinlicher als andere Rechtsfolgen (RL 2 zu § 68 – § 68b). abzeichnen muss.

67 Einschlägig ist Nr. 5 bei einer entspr. **Absehbarkeit von JStrafe,** wobei deren anzuordnende oder vorzubehaltene Aussetzung zBew (§§ 21 ff., 61 ff.) unschädlich ist (vgl. BT-Drs. 19/13837, 59: JStrafe dann ebenfalls verhängt). **Gleichgestellt** werden dem ausdrücklich die Prognostizierbarkeit einer Entscheidung nach § 27 und einer Unterbringungsanordnung gem. §§ 63, 64 StGB iVm § 7 Abs. 1. Ob eine Tat für sich genommen oder erst durch Bildung einer Einheitssanktion **(§ 31 Abs. 1 und Abs. 2)** zu einer dieser stationären Rechtsfolgen führen wird, ist dabei ohne Belang (LG Stendal StV 2022, 51 (Ls.) = BeckRS 2021, 16549; LG Gießen BeckRS 2023, 19917; BeckOK JGG/Noak Rn. 27 mwN). In Nr. 5 nicht einbezogen ist jedoch die erwartbare **Anordnung von JA,** der gerade keine JStrafe darstellt (§ 13 Abs. 3). Solange bzw. wo es sich beim JA in seiner Vollzugswirklichkeit de facto um eine kurze JStrafe handelt, ist die einschr. Fassung von Nr. 5 allerdings eine dürftige, sachlich kaum legitimierbare Differenzierungsgrundlage. Dies unterstreicht die Notwendigkeit, JA ggf. als schwere Rechtsfolge iSv Nr. 1 iVm § 140 Abs. 2 StPO anzuerkennen (→ Rn. 50).

68 Einen **eigenständigen Anwendungsbereich** hat Nr. 5 an sich kaum. Sobald eine stationäre Rechtsfolge voraussehbar ist, liegt auch ein Fall von Nr. 1 iVm § 140 Abs. 1 Nr. 1 StPO (→ Rn. 35) vor (dazu auch BT-Drs. 19/13837, 28, 45; LG Saarbrücken StV 2020, 694 = BeckRS 2020, 2274). Außerdem greift neben Nr. 5 wegen der „Schwere der Rechtsfolge" stets auch Nr. 1 iVm § 140 Abs. 2 StPO (→ Rn. 48). Diese Konkurrenz ergibt sich (anders als die zu Nr. 1 iVm § 140 Abs. 1 Nr. 1 StPO) selbst dort, wo die Erwartung einer JStrafe oder einer Unterbringungsanordnung **erst nach Eröffnung** des Hauptverfahrens vor dem JRichter entsteht (zu diesen Sachlagen → § 39 Rn. 4). Trotz dieser systematischen Überschneidung wäre es verfehlt, Nr. 5 eine nur subsidiäre Bedeutung zuzumessen und hinter die anderen Beiordnungsgründe zurücktreten zu lassen (so ohne Begründung aber offenbar Diemer/Schatz/Sonnen/Diemer Rn. 21). Hierdurch bestünde die Gefahr, unversehens auch die **Reichweite von § 51a** – ohne dass eine dahingehende Regelungsabsicht oder ein rechtfertigender Grund ersichtlich wäre – beinahe „auf Null" zu reduzieren (n. dazu → § 51a Rn. 3, 5).

Zeitpunkt der Bestellung eines Pflichtverteidigers

68a (1) [1]**In den Fällen der notwendigen Verteidigung wird dem Jugendlichen, der noch keinen Verteidiger hat, ein Pflichtverteidiger spätestens bestellt, bevor eine Vernehmung des Jugendlichen oder eine Gegenüberstellung mit ihm durchgeführt wird.** [2]**Dies gilt nicht, wenn ein Fall der notwendigen Verteidigung allein deshalb vorliegt, weil dem Jugendlichen ein Verbrechen zur Last**

gelegt wird, ein Absehen von der Strafverfolgung nach § 45 Absatz 2 oder 3 zu erwarten ist und die Bestellung eines Pflichtverteidigers zu dem in Satz 1 genannten Zeitpunkt auch unter Berücksichtigung des Wohls des Jugendlichen und der Umstände des Einzelfalls unverhältnismäßig wäre.

(2) **§ 141 Absatz 2 Satz 2 der Strafprozessordnung ist nicht anzuwenden.**

Übersicht

I. Anwendungsbereich

Die Ausführungen in → § 68 Rn. 1–4 gelten entsprechend. 1

II. Wirkung der Bestellung

1. Notwendigkeit und Dauer

Die Situation einer notwendigen Verteidigung hat keine selbstexekutive 2
Wirkung. Ihr Vorliegen **erlaubt** aber, sofern kein Verteidiger gewählt worden ist, die Bestimmung und förmliche Bestellung eines Pflichtverteidigers

(zur Frage der konkludenten Bestellung s. MüKoStPO/Kämpfer/Travers StPO § 142 Rn. 13). Sobald zudem noch einer der in Abs. 1 geregelten **Beiordnungsanlässe** eintritt (→ Rn. 8 ff.), darf mit der Bestellung nicht mehr länger gewartet werden. Spätestens zu diesem Zeitpunkt **muss** die Beiordnung zwingend erfolgen

3 Der Akt der Bestellung bindet die fragliche Person (§ 49 BRAO). Diese rückt **sofort** in die Rechtsstellung des Verteidigers ein. Die Wirkung der Bestellung **endet** gem. § 143 Abs. 1 StPO iVm § 2 Abs. 2 erst mit **Verfahrenseinstellung** oder **Rechtskraft** des Urteils. Sie umfasst also bspw. auch ein etwaiges Adhäsionsverfahren (BGH NJW 2021, 2901). Zudem wirkt die Bestellung gleichermaßen im Berufungsverfahren sowie in der **Revision** fort (zum hierfür möglichen Verteidigerwechsel s. § 143a Abs. 3 StPO iVm § 2 Abs. 2). Angesichts der bereits mit Wirkung vom 21.12.2018 durch Gesetz v. 17.12.2018 (BGBl. I 2571) erfolgten Aufhebung von § 350 Abs. 3 StPO aF schließt dies die Revisions-HV ein (BGH BeckRS 2022, 10079; zur dazu früher geführten Debatte etwa MüKoStPO/Thomas/Kämpfer, 1. Aufl. 2016, StPO § 141 Rn. 16).

3a Soweit **nach Rechtskraft** eine Verteidigung notwendig wird (vgl. für das Vollstreckungsverfahren → § 83 Rn. 14 f.; speziell für den Widerruf der Straf- und Strafrestaussetzung → §§ 26, 26a Rn. 29), bedarf es einer eigenen neuen Beiordnung (vgl. etwa Labusga NStZ 2023, 461 (462)). Das gilt etwa für das Anordnungsverfahren gem. § 81g Abs. 1 und 4 StPO iVm § 2 Abs. 2 (LG Rostock ZJJ 2024, 55 = BeckRS 2024, 20300; s. aber → § 2 Rn. 42) oder auch für das Wiederaufnahmeverfahren (OLG Celle BeckRS 2021, 12613). Wurden in dem Urteil indes Entscheidungen **ausgelagert,** die nach dessen (partieller) Rechtskraft zu treffen sind und dessen Inhalt zu ändern oder zu ergänzen vermögen, bleibt die Bestellung für jene Phase dagegen noch wirksam (vgl. für das abgetrennte Einziehungsverfahren gem. § 423 StPO klarstellend § 143 Abs. 1 Hs. 2 StPO). Das betrifft im JStV va das Nachverfahren gem. § 30, das Ergänzungsverfahren gem. § 66 (s. etwa OLG Köln NStZ-RR 2010, 283 (Ls.) = BeckRS 2010, 16665 zu § 460 StPO) und die nachgelagerte bzw. **vorbehaltene** Entscheidung über die **Aussetzung zBew gem. § 61a** (OLG Zweibrücken BeckRS 2015, 20354; OLG Hamm BeckRS 2016, 17610) bzw. den Beschluss gem. § 57 (OLG Karlsruhe StV 1998, 348 = BeckRS 1998, 2588; OLG Köln BeckRS 2022, 29691).

2. Vorzeitige Beendigung

4 Bei Hinzutreten eines Wahlverteidigers ist die Bestellung des Pflichtverteidigers aufzuheben (§ 143a Abs. 1 StPO iVm § 2 Abs. 2). Außerdem kann es nach Maßgabe von § 143 Abs. 2 StPO iVm § 2 Abs. 2 bei **Wegfall der Voraussetzungen** einer notwendigen Verteidigung zu einer vorzeitigen Beendigung der Bestellung durch Aufhebung kommen. Dabei verfügt das Gericht idR über **Entscheidungsermessen,** wobei es insbes. berücksichtigen muss, ob die früheren Einschränkungen der Verteidigungsfähigkeit durch die neue Situation tatsächlich weggefallen sind oder zumindest partiell noch fortbestehen (KG StV Spezial 2021, 107 = BeckRS 2020, 36749). Mit Rücksicht auf die Schutzbedürfnisse junger Beschuldigter ist die Beendigungsoption generell sehr **zurückhaltend** wahrzunehmen. Vielfach wird sich der Jugendliche nämlich auf die anwaltliche Unterstützung eingestellt

haben und deren Entziehung nicht ohne weiteres kompensieren können. Wo sich eine solche Problematik abzeichnet, ist dies auch bei Wegfall der Haftgründe von § 68 Nr. 1 iVm § 140 Abs. 1 Nr. 4 und Nr. 5 StPO, der gem. § 143 Abs. 2 S. 3 und S. 4 StPO iVm § 2 Abs. 2 zur Aufhebung der Bestellung führen soll, ein ausreichender Anlass für die Bejahung eines abw. Ausnahmefalls.

3. Verteidigerwechsel

In einer Reihe von Konstellationen besteht das Bedürfnis, den Pflichtverteidiger abzuberufen und durch einen anderen, neu zu bestellenden Verteidiger zu **ersetzen.** Denkbar ist dies, wenn sich beide Verteidiger und der Beschuldigte darüber einig sind. Eine solche **einvernehmliche** Auswechslung wird von den Gerichten idR aber nur anerkannt, wenn damit wegen der Zustimmung der Beteiligten keine Verfahrensverzögerungen und keine Mehrbelastung für die Staatskasse verbunden sind (vgl. BGH BeckRS 2024, 21064; OLG Stuttgart Die Justiz 2018, 555 = BeckRS 2017, 130397; KG NStZ 2017, 305 (306)). Vorausgesetzt ist also, dass der neue Pflichtverteidiger an ggf. schon festgesetzten Verhandlungsterminen teilnehmen kann (BGH BeckRS 2024, 22824) und er mit dem bisherigen Pflichtverteidiger eine kollegiale Gebührenaufteilung vereinbart (dazu Nöding Verteidigung Rn. 353). Ist 5

Seit jeher anerkannt ist der Verteidigerwechsel in Fällen, in denen das **Vertrauensverhältnis zerstört** ist (zur diesbzgl. früheren Judikatur Fromm ZJJ 2009, 26; im allg. StVerf n. bspw. Lam/Meyer-Mews NJW 2012, 177). Das Vertrauen des Jugendlichen kann etwa durch Untätigkeit des Verteidigers (vgl. BGH NStZ-RR 2018, 84) oder durch das verspätete Aufsuchen im U-Haftvollzug (so LG Paderborn StV 2016, 157 = LSK 2016, 100646 bei Erstbesuch fünf Wochen nach Inhaftierung) oder durch Nichterscheinen beim Haftprüfungstermin (AG Ottweiler ZJJ 2007, 312 mAnm Möller ZJJ 2007, 313) geschwunden sein oder im Einzelfall durchaus auch von Anfang an fehlen (vgl. Fromm ZJJ 2009, 26 (28); Nöding Verteidigung Rn. 307: „Verurteilungsbegleiter"). Diese Judikatur erhielt mit **§ 143a Abs. 2 Nr. 3 StPO** iVm § 2 Abs. 2 eine spezielle, positiv-rechtliche Grundlage (n. zu den hiervon erfassten Fallgruppen Wohlers JR 2020, 649 (652 ff.)). Dem ist es gleichgestellt, wenn aus einem **sonstigen Grund keine angemessene Verteidigung** des Beschuldigten gewährleistet ist – etwa bei fortwährender terminlicher Verhinderung des Verteidigers (OLG Zweibrücken BeckRS 2021, 13580) oder bei dessen dauerhafter Erkrankung (OLG Hamm NStZ 2021, 190). 5a

Außerdem sehen **§ 143a Abs. 2 Nr. 1 und 2 sowie Abs. 3 StPO** iVm § 2 Abs. 2 die Auswechslung des Pflichtverteidigers in anderen „schwierigen" Verteidigungsbeziehungen vor (Unzumutbarkeit für Verteidiger; aufgezwungener Verteidiger (→ Rn. 25); Erforderlichkeit revisionsrechtlicher Kompetenzen). Ein etwaiger Konflikt zwischen Gericht und Verteidiger ist dagegen kein Aufhebungsgrund (s. zum „Konfliktverteidiger" ieS etwa Kunz, Die Erscheinungsformen der Konfliktverteidigung und die Reaktionsmöglichkeiten der Justiz, 2013, S. 48 ff.). In solchen Fällen kommt es darauf an, ob der Angeklagte – ggf. nach Beratung auch durch das Gericht – an dem Verteidiger festhält (zum allg. StR eher verfehlt daher KG NStZ-RR 2009, 209 mkritAnm Weigend StV 2009, 573). Da es sich um eine (zentrale) 5b

Rechtsfrage des JStV handelt, bleiben fiskalische Erwägungen außer Betracht.

6 Die **Wahl eines anderen Verteidigers** führt idR zur Aufhebung der Bestellung (§ 143a Abs. 1 StPO iVm § 2 Abs. 2). Dafür kommt es nicht auf das Einverständnis des Pflichtverteidigers an (LG Koblenz ZJJ 2012, 321 (322) = BeckRS 2012, 14160). Eine Aufhebung ist indes abzulehnen, wenn der bisherige notwendige Verteidiger erwiesenermaßen in unzulässiger Weise verdrängt werden soll und der (neue) Wahlverteidiger nur bezweckt, alsbald selbst als notwendiger Verteidiger bestellt zu werden (vgl. dazu im allg. StR etwa OLG Frankfurt a. M. StV 2001, 610 = BeckRS 2000, 14210; OLG Oldenburg NStZ-RR 2009, 115 (Ls.)). Ebenso verhält es sich gem. § 143a Abs. 1 S. 2 StPO iVm § 2 Abs. 2, wenn die zügige Verfahrensdurchführung beeinträchtigt wäre.

III. Vornahme der Bestellung

1. Problematik des Zeitpunktes

7 Bis zur Neugestaltung des Rechts der notwendigen Verteidigung durch die Gesetze zur Stärkung der Verfahrensrechte von Beschuldigten im Jugendstrafverfahren und zur Neuregelung des Rechts der notwendigen Verteidigung war – außerhalb der insofern eindeutigen Konstellation von § 68 Nr. 5 – umstritten, ob eine Mitwirkung des Verteidigers unmittelbar nach bzw. **zu Beginn** der **strafverfolgungsbehördlichen** Tätigkeit zwingend vorgeschrieben ist (bej. unter Hinweis auf § 141 Abs. 3 S. 2 StPO aF etwa schon Ostendorf StV 1986, 308 (309); Viehmann BMJ 1987, 97 (99 ff.); Bottke BMJ 1987, 79; Beulke BMJ 1987, 183; DVJJ 1993, AK IV/1; Radbruch StV 1993, 553 (554 f.); Rieke Vernehmung S. 67 ff.). Unter Berücksichtigung der zentralen Bedeutung, die eine frühe Verteidigung für die Verfahrensergebnisse erlangen kann, und unter Beachtung der Bedeutung, die Art. 6 Abs. 3c EMRK für situativ vulnerable Beschuldigte hat (→ § 68 Rn. 7), sprachen damals die besseren Gründe dafür, die **Notwendigkeit** der Beiordnung eines Verteidigers iSv § 68 bereits während des Ermittlungsverfahrens, und zwar ggf. wiederholt, zu **prüfen** und die Bestellung bejahendenfalls durch die StA zu beantragen (n. → 20. Aufl. 2022, § 68 Rn. 37). Mit der Neuregelung wurde diese Diskussion weitgehend obsolet (zu ggf. eintretenden problematischen Nebenwirkungen → § 68 Rn. 9).

2. Bestellung von Amts wegen

8 **a) Entstehung der Bestellungspflicht. aa) Normprogramm.** Sobald die **Bestellungsbedingungen** des § 68 vorliegen, kann (unter Berücksichtigung von → Rn. 11) die Beiordnung erfolgen (ebenso LG Bad Kreuznach BeckRS 2024, 11975). Zwingend ist ihre Vornahme dagegen erst, wenn darüber hinaus auch ein **Bestellungsanlass** eintritt. Der insofern maßgebliche Zeitpunkt, zu dem der Pflichtverteidiger in den Konstellationen der notwendigen Verteidigung spätestens (→ Rn. 2) beizuordnen ist, folgt – in Umsetzung von Art. 6 Abs. 3 RL (EU) 2016/800 – an sich aus § 141 StPO, dessen prinzipielle Anwendbarkeit sich aus § 2 Abs. 2 sowie im Rückschluss auch aus Abs. 2 ergibt. Im JStV hat die speziellere Regelung in Abs. 1

allerdings zur Folge, dass § 141 Abs. 2 StPO nur subsidiär gilt (→ Rn. 9 f.) und die Bestellung **spätestens** vor Beginn einer Gegenüberstellung (§ 58 Abs. 2 StPO iVm § 2 Abs. 2) oder vor Durchführung der ersten Vernehmung des Beschuldigten (§§ 44, 70c, ggf. auch nach Festnahme bzw. Verhaftung oder im Rahmen einer Durchsuchung) von Amts wegen erfolgt sein muss. In der ggf. auch etwas längeren Zwischenzeit zwischen dem Entstehen des Bestellungsgrundes und dem Eintritt des Bestellungsanlasses kann, falls die Bestellung unterbleibt, deren Vornahme durch einen – unverzüglich umzusetzenden (§ 141 Abs. 1 S. 1 StPO iVm § 2 Abs. 2) – **Antrag** erreicht werden (→ Rn. 13 f.).

bb) Konsequenzen. Auch die **Befragung durch die JGH** darf in den Konstellationen des § 68 also, jedenfalls wenn man darin eine Vernehmung sieht (n. zu dieser Problematik und der hier vertr. aA → § 38 Rn. 26), nicht vor der Beiordnung erfolgen (Nöding StV 2022, 52 (55)). Das muss die JGH eigenständig prüfen und durch Abwarten ggf. ermöglichen (→ § 38 Rn. 26; dazu und dem Konflikt mit § 38 Abs. 3 S. 1 vgl. Nöding Verteidigung Rn. 349). Außerdem hat, da der Beschuldigte im Vorfeld der Beiordnung nach der Benennung eines auszuwählenden Verteidigers gefragt werden muss (→ Rn. 19), die Regelung de facto zur Folge, dass er in den fraglichen Fällen (von § 136 Abs. 1 S. 1 StPO iVm § 2 Abs. 2 abw.) durch das Gericht und weit vor der Vernehmung über den gegen ihn gerichteten **Vorwurf ins Bild** gesetzt werden muss. 8a

Wird der Jugendliche erst im Verlauf einer (Zeugen-)Vernehmung zum Beschuldigten, muss er im fraglichen Zeitpunkt nicht nur belehrt und über den Tatvorwurf ins Bild gesetzt werden (§ 136 Abs. 1 S. 1 StPO iVm § 2 Abs. 2). Vielmehr ist ihm in den Konstellationen des § 68 auch unverzüglich ein Verteidiger zu bestellen. Dies gilt gleichermaßen, wenn erst in der Beschuldigtenvernehmung ein Bestellungsgrund entsteht, va bei Änderung und Aufwertung des Verdachts (zur notwendigen **Unterbrechung** solcher Vernehmungen s. § 70c Rn. 24 ff. sowie RL (EU) 2016/800 Erwgr. 29). 8b

cc) Amtsseitige Initiative. Die Beiordnung hat in sämtlichen Fallvarianten wegen der Schutzbedürftigkeit junger Beschuldigter **von Amts wegen** zu geschehen (s. auch RegE BT-Drs. 19/13837, 24). Abs. 1 bestimmt nämlich für das JStV, dass – anders als im allg. StVerf (für die dortige Lage BGH NJW 2022, 2126 (2127 f.) – das Vorliegen eines **Antrags nicht** erforderlich ist. Der Jugendliche kann auf die Beiordnung deshalb nicht verzichten (→ § 68 Rn. 29), auch nicht durch Nichtausübung seines Antragsrechts (zu den sonst, dh bei Verzichtszulässigkeit drohenden rechtstatsächlichen Problemen Jahn/Zink StraFo 2019, 318 (326 f.) sowie n. → § 70c Rn. 27). Die Beiordnung durch die zuständige Institution (→ Rn. 16) muss durch die jeweils verfahrensführende Stelle (→ Rn. 17) deshalb rechtzeitig ausgelöst werden, und das idR auch bei ggf. absehbarer Verfahrenseinstellung (zu Ausnahmen → Rn. 11 f.). 9

Vorausgesetzt hierfür ist allerdings, dass bei pflichtgemäßer Situationsbeurteilung **bereits** vor bzw. während der besagten Vernehmung bzw. Gegenüberstellung ein Fall der notwendigen Verteidigung **vorliegt** (zur diesbzgl. amtsseitigen Prüfpflicht → Rn. 17). Nicht selten tritt eine Konstellation iSv § 68 jedoch erst **nach der ersten Vernehmung** bzw. Gegenüberstellung ein – sei es, weil hinterher bspw. der Vorwurf und/oder die Straferwartung gewichtiger wird (dazu RegE BT-Drs. 19/13837, 60) oder weil später noch 9a diverse für § 140 StPO und § 68 einschlägige Maßnahmen angeordnet werden. In solchen Verfahren erfolgt die Beiordnung zu dem Zeitpunkt, in dem zum nunmehrigen Beiordnungsgrund noch ein Beiordnungsanlass hinzutritt und die Bestellungspflicht nach Notwendigwerden der Verteidigung durch eines der in Abs. 1 bzw. § 141 Abs. 2 S. 1 Nr. 1 und 2 StPO iVm § 2 Abs. 2 geregelten Ereignisse ausgelöst wird (ebenso BeckOK JGG/Noak Rn. 7; zur Un-/Verwertbarkeit des zwischenzeitlich erlangten Beweismaterials → Rn. 26 f.). Die diesbzgl. in § 141 Abs. 2 S. 2 StPO vorgesehenen Einschränkungen gelten gem. **Abs. 2** im JStV nicht (s. dazu BT-Drs. 19/15162, 7 sowie → § 68 Rn. 38). Zu den besagten Auslösern zählt gem. Abs. 1 S. 1 namentlich die Durchführung einer **erneuten Vernehmung,** ggf. anlässlich einer **Vorführung** (bspw. gem. §§ 115, 115a, 128 Abs. 1 und 129 StPO). Wird nach der ersten Vernehmung, in der dem Beschuldigten der Tatvorwurf eröffnet worden war, ein (meist neuer) Anstaltsaufenthalts „in anderer Sache" bekannt, muss gem. § 141 Abs. 2 S. 1 Nr. 2 StPO iVm § 2 Abs. 2 sofort eine Beiordnung erfolgen (also auch, wenn keine Vernehmung oder Gegenüberstellung geplant ist).

10 **b) Verfahrensstadien.** Die Konstellation von § 141 Abs. 2 S. 1 Nr. 3 StPO hat im JStV wegen der Vorrangigkeit von Abs. 1 (→ Rn. 8) gar keine Bedeutung (ebenso BT-Drs. 19/15162, 7; LG Mannheim BeckRS 2020, 4792; Beulke FS 50 Jahre Deutsche Strafverteidiger e.V., 2024, 117 f.) und die Relevanz des in § 141 Abs. 2 S. 1 Nr. 4 StPO geregelten Falls ist gering. **In aller Regel** wird die Bestellung des Pflichtverteidigers bereits **im Ermittlungsverfahren** erfolgen müssen, schon weil die von Abs. 1 gesetzte „Deadline" in dieser Phase längst zum Tragen kommt. Die hierfür maßgebliche Beschuldigtenvernehmung ist nämlich, sofern das Verfahren nicht eingestellt wird, zwingend noch in dieser Verfahrensphase durchzuführen (§ 163a Abs. 1 S. 1 StPO iVm § 2 Abs. 2) und dort idR unter nunmehriger anwaltlicher Beteiligung zu wiederholen, falls das Vorwurfsgewicht erst nach der Erstvernehmung den für § 68 Nr. 1 iVm § 140 Abs. 1 Nr. 1 und 2 StPO oder § 68 Nr. 5 relevanten Grad erlangt (MüKoStPO/Kölbel/Ibold StPO § 163a Rn. 15). Insofern begründet Abs. 1 ggü. dem früheren Recht eine wesentliche **Vorverlagerung** des Zeitpunktes, zu dem die notwendige Verteidigung in vielen Fällen wirksam wird (→ Rn. 7).

10a Nur vergleichsweise selten wird sich die Notwendigkeit der Verteidigung unabhängig von und nach der (letzten) Vernehmung bis zur Anklage (dann § 141 Abs. 2 S. 1 Nr. 4 Var. 1 StPO) oder gar erst im **Zwischen- oder Hauptverfahren** ergeben (§ 141 Abs. 2 S. 1 Nr. 4 Var. 2 StPO). Denkbar ist dies bei einer dann erfolgenden U-Haft bzw. Maßnahme iSv § 68 Nr. 2 bis 4 oder auch bei einer späten Aufwertung des Vorwurfs und/oder der Straferwartung. Dann kann ggf. ein Neubeginn der HV erforderlich sein (§ 51a), dh die Fortsetzung des Verfahrens, ohne dabei die bisherigen Verfahrenshandlungen wiederholen zu müssen, ist in diesem Stadium nicht mehr möglich (Höynck/Ernst ZJJ 2020, 245 (247)).

11 **c) Ausnahmen bei absehbarer Verfahrenseinstellung.** Unterbleiben kann die amtsseitige Bestellung lediglich in zwei Konstellationen: Erstens löst das Bekanntwerden eines **Anstaltsaufenthalts** (dh oft eines Aufenthalts „in anderer Sache") iSv § 68 Nr. 1 iVm § 140 Abs. 1 Nr. 5 StPO keine Pflicht zur sofortigen amtsseitigen Verteidigerbeiordnung aus, sofern eine Einstellung des aktuellen Verfahrens (§§ 154 f., 170 Abs. 2 StPO, § 45) absehbar ist

und keine Ermittlungsmaßnahmen mit Außenwirkung erfolgen sollen (s. auch → § 68 Rn. 41). Dies ergibt sich aus der Regelung in **§ 141 Abs. 2 S. 3 iVm S. 1 Nr. 2 StPO,** die (wie der Vergleich mit der auf § 141 Abs. 2 S. 2 StPO beschränkten Festlegung in Abs. 2 zeigt) nach § 2 Abs. 2 im JStV anwendbar sein soll (zu § 141 Abs. 2 S. 3 iVm S. 1 Nr. 2 StPO → Rn. 10).

11a Zweitens muss, wenn die Notwendigkeit der Verteidigung auf dem Vorwurf eines **Verbrechens** beruht (§ 68 Nr. 1 iVm § 140 Abs. 1 Nr. 2 StPO), gem. **Abs. 1 S. 2** vor der Vernehmung oder Gegenüberstellung ebenfalls kein Verteidiger von Amts wegen bestellt werden, wenn zu diesem Zeitpunkt von einer bevorstehenden Einstellung (§ 45 Abs. 2 und 3) auszugehen ist und die amtsförmige Verteidigerbestellung angesichts von fallkonkret nur geringen Schutz- und Verteidigungsnotwendigkeiten unverhältnismäßig wäre (s. auch → § 68 Rn. 37). Dies soll bspw. bei sog. „Abziehdelikten", die trotz formaler Einordnung als Raub oder räuberische Erpressung von geringem Unrechtsgehalt sind (BT-Drs. 19/13837, 86), eine Überformalisierung und Verfahrensverzögerung vermeiden (BT-Drs. 19/15162, 7). Vergleichbare Konstellationen können sich bspw. bei § 176 StGB sowie insbesondere auch § 184b Abs. 1 StGB („Sexting") ergeben (Fuchs HRRS 2022, 86 (86)). Verfahren, in denen sich eine Einstellung nach § 170 Abs. 2 StPO abzeichnet, sind von der Einschränkung des Abs. 1 S. 2 angesichts des hier sehr klaren Normwortlauts allerdings nicht erfasst (LG Hechingen BeckRS 2020, 14359; vgl. auch LG Verden StV 2023, 158 = BeckRS 2022, 43695 für den Fall der erwartbaren Einstellung wegen eines Prozesshindernisses).

12 Der Anwendungsbereich beider Ausnahmevorschriften ist jedoch auf Konstellationen begrenzt, in denen die Notwendigkeit **ausschließlich** auf den beiden genannten Gründen (Bekanntwerden des Anstaltsaufenthaltes; Verbrechensvorwurf) beruht und nicht zugleich auch weitere Beiordnungsgründe vorliegen (zust. Beulke FS 50 Jahre Deutsche Strafverteidiger e.V., 2024, 116). Außerdem ergibt sich aus der systematischen Stellung von Abs. 1 S. 2 und § 141 Abs. 2 S. 3 StPO, dass allein die Amtspflicht zur Bestellung, **nicht** aber auch der **Bestellungsanspruch** eingeschränkt wird (ebenso LG Bad Kreuznach BeckRS 2024, 11975; zu den daraus folgenden Konsequenzen für die Notwendigkeit der audiovisuellen Aufzeichnung gem. § 70c Abs. 2 S. 2 → § 70c Rn. 20). Daher muss hier, falls die Beiordnung (ggf. auch erst nach obligatorischer Belehrung (→ Rn. 13)) beantragt wird, die Bestellung trotz absehbarer Verfahrenseinstellung erfolgen (vgl. auch → Rn. 13). Wird die dahingehende Entscheidung bis zur Einstellung hinausgeschoben (und dann gegenstandslos), kommt eine nachträgliche Bestellung in Betracht (→ Rn. 15 f.) – es sei denn, es war bei Antragstellung gar keine Vernehmung beabsichtigt und die Einstellung stand schon unmittelbar bevor (LG Heilbronn NStZ 2023, 571).

12a Im Übrigen ist, falls die Einstellungserwartung in den beiden Fällen von → Rn. 11 f. später wegfallen sollte, die Beiordnung nach der Korrektur der dahingehenden Prognose von Amts wegen **nachzuholen** (s. dazu → Rn. 9), sodass sich der Verlauf „nur" als eine Verschiebung der an sich zum früheren Zeitpunkt erforderlichen Bestellung erweist (BT-Drs. 19/13837, 27; BT-Drs. 19/15162, 7). Für die Verwertbarkeit des zwischenzeitlich erlangten Beweismaterials kommt es dann nach den allg. Regelungen darauf an, ob die anfängliche Einstellungsprognose vertretbar war oder fehlerhaft bzw. sogar missbräuchlich getroffen wurde (dazu eingehend → Rn. 26 ff.).

3. Beiordnungsantrag

13 **a) Zulässigkeit.** Dass die Beiordnung im JStV von Amts wegen zu erfolgen hat, weil Abs. 1 im Unterschied zu § 141 StPO keinen entspr. Antrag verlangt (→ Rn. 8), bedeutet keineswegs, dass entspr. Anträge nicht gestellt werden dürften (zust. LG Hechingen BeckRS 2020, 14359; Brunner/Dölling Rn. 2; BeckOK JGG/Noak Rn. 4). Vielmehr wird die **Zulässigkeit** des Beiordnungsantrags bereits durch die dahingehende **Belehrungspflicht** angezeigt (zust. MüKoStPO/Kaspar § 68 Rn. 25a). Der Beschuldigte ist nämlich unabhängig davon, ob ein Fall der notwendigen Verteidigung tatsächlich vorliegt oder nicht (MüKoStPO/Schuhr StPO § 136 Rn. 37), gem. § 114b Abs. 1 Nr. 4a, § 136 Abs. 1 S. 5, § 163a Abs. 3 S. 1 und Abs. 4 S. 2 StPO iVm § 2 Abs. 2 über seinen Anspruch auf Bestellung eines Verteidigers ins Bild zu setzen. Das gilt auch in Konstellationen, in denen die Bestellung nicht von Amts wegen erfolgt (→ Rn. 11 f.; zust. Höynck/Ernst ZJJ 2020, 245 (249)). Im Zuge der Belehrung ist erg. darauf hinzuweisen, dass es bei der Beiordnung nicht um eine Honorarvereinbarung geht und der Verteidiger auch bei einer Verurteilung zumindest nicht kurzfristig und oft auch überhaupt nicht „aus eigener Tasche bezahlt" werden muss (zur möglichen Kostenbefreiung n. → § 74 Rn. 19; s. erg. zum Vollstreckungsschutz bei Mittellosigkeit Meyer-Goßner/Schmitt/Schmitt EMRK Art. 6 Rn. 21). Hinzu kommen noch die explizit vorgesehenen Pflichten zur einschlägigen Unterrichtung gem. § 70a Abs. 1 Nr. 2 und zur Belehrung/Unterrichtung der Erziehungsberechtigten bzw. gesetzlichen Vertreter (§ 67a Abs. 1 und 2) bzgl. des auch ihnen zustehenden Antragsrechts (§ 67 Abs. 1).

14 **b) Bedeutung.** Zeitpunkt, Adressaten und die verfahrensförmige **Behandlung** des mündlich oder schriftlich möglichen Bestellungsantrags ergeben sich aus § 141 Abs. 1, § 142 Abs. 1 StPO iVm § 2 Abs. 2. Auch wenn der Jugendliche idR nicht beurteilen kann, ob die Bestellungsvoraussetzungen vorliegen, liegt der praktische Sinn eines solchen Begehrens grds. einmal darin, bei (noch) ausbleibender Beiordnung auf deren Vornahme zu drängen. So kann der Beschuldigte die Voraussetzungen des § 68 gerichtlich überprüfen lassen und, auch wenn Polizei und/oder StA in dieser Hinsicht nicht aktiv werden (dazu → Rn. 17), ggf. eine Bestellung bewirken (dazu etwa auch BT-Drs. 19/13829, 30; Schoeller StV 2019, 190 (193) für das allg. StVerf). Zum anderen bedarf es bei gegebener Wahlverteidigung, die der amtsseitig betriebenen Pflichtverteidigerbestellung idR entgegensteht (→ § 68 Rn. 29), eines entspr. Antrags (mit zumindest konkludenter Ankündigung der Mandatsniederlegung), um dank des Benennungsrechts (→ Rn. 19 ff.) eine Bestellung des (ehemals gewählten) Verteidigers zu erreichen (dazu im allg. StVerf etwa OLG Oldenburg NJW 2009, 3044 (3045); LG Würzburg NStZ 2021, 255 (256); Löwe/Rosenberg/Jahn StPO § 142 Rn. 17). Das ist im JStR sogar von besonderer Relevanz, weil hier hinsichtlich der Kosten der notwendigen Verteidigung (nach hM nicht aber jener der Wahlverteidigung (→ § 74 Rn. 26)) gem. § 74 selbst im Falle eines Schuldspruchs eine Befreiung möglich ist (zur abw. Lage im allg. StVerf Meyer-Goßner/Schmitt/Schmitt EMRK Art. 6 Rn. 21). Angesichts dieser Vorteilhaftigkeit der Pflichtverteidigung ist der Beschuldigte iÜ **auch durch** den (kontaktierten oder bereits gewählten) **Verteidiger** auf seinen Beiord-

nungsanspruch **hinzuweisen** (vgl. auch Nöding Verteidigung Rn. 341: Regress bei Unterlassen möglich).

c) Rückwirkende Entscheidung. Bestellungen infolge eines Beiordnungsantrags sind nicht nur während des Verfahrens möglich, sondern (ebenso wie unter der Geltung des § 141 StPO aF) gelegentlich auch **rückwirkend** nach dessen Ende. Dies betrifft bspw. (aber nicht nur) Sachverhalte, in denen über die Beiordnung durch gerichtsinterne Vorgänge nicht vor Verfahrensabschluss entschieden wird – und dies, obwohl mit Blick auf einen bestehenden Bestellungsgrund die Verteidigung angezeigt und/oder ein **rechtzeitiger Antrag** gestellt worden war und der Verteidiger ggf. auch schon (erfolgreich) auf die Verfahrensbeendigung (idR eine Einstellung) vor der Beschuldigtenvernehmung hingewirkt hatte. Im allg. StVerf wird in solchen Konstellationen eine rückwirkende Bestellung nicht akzeptiert, da die Verteidigerbeiordnung allein dem öffentlichen Interesse an einem ordnungsgemäßen Verfahrensverlauf und der dafür notwendigen Verteidigungskompetenz diene – also einem Zweck, der nach Verfahrensabschluss nicht mehr realisiert werden kann (vgl. bspw. BGH NStZ 1997, 299; NStZ-RR 2009, 348; OLG Brandenburg NStZ 2020, 625; OLG Bremen NStZ 2021, 253; OLG Frankfurt a. M. BeckRS 2023, 6649; Löwe/Rosenberg/Jahn StPO § 141 Rn. 2f.; näher zum Streitstand etwa MüKoStPO/Kämpfer/Travers StPO § 142 Rn. 14). Im JStV kann dies indes nicht überzeugen. 15

Im JStV hat nämlich oftmals auch der Beschuldigte ein praktisches Interesse an der rückwirkenden Bestellung. Das betrifft va Fälle, in denen ein hinzugezogener Wahlverteidiger einen Beiordnungsantrag stellt, um durch den Übergang zur Pflichtverteidigung die in → Rn. 14 erwähnte Befreiung von den Verteidigerkosten herbeizuführen. Bei einer zwischenzeitlichen Einstellung ist dies nur durch eine nachträgliche Bestellung erreichbar (zu dieser Konstellation Nöding Verteidigung Rn. 348). Dabei handelt es sich nicht um ein missbräuchliches oder verfahrensfremdes, sondern um ein **„systemkonformes“** Ziel. Denn immerhin folgt diese Kostenbefreiung exakt dem Grundgedanken des § 2 Abs. 1 und dem Anliegen, erhebliche finanzielle Belastungen des Jugendlichen wegen ihrer spezialpräventiv abträglichen Implikationen zu vermeiden (ähnlich Nöding StV 2022, 52 (56)). Auch wäre es unbillig, die Beiordnung mit ihrer Kostenwirkungen, die an sich von Amts wegen herbeizuführen wären, nur deshalb zu versagen, weil die „private“ Mandatierung etwas schneller erfolgt war. Bliebe es hierbei, hätte dies zudem zur Konsequenz, dass manche Verteidiger ihre Mandatsannahme oder Verteidigungsaktivitäten bis zur Beiordnung hinausschieben (Nöding Verteidigung Rn. 348). 15a

All dies spricht dafür, eine (im abgeschlossenen Verfahren zunächst erforderlich gewesene) Bestellung **zumindest im JStV** auch noch nachträglich vorzunehmen (so LG Neubrandenburg StV 2018, 157 = BeckRS 2016, 20411; abl. Brunner/Dölling Rn. 7). Dies gilt nicht nur bei einem Antrag, der bis zum Verfahrensende nicht beschieden wurde (vgl. im JStV OLG Bamberg NStZ-RR 2021, 315 (Ls.) = BeckRS 2021, 14711; LG Magdeburg StraFo 2003, 420 = LSK 2005, 120496; LG Hechingen BeckRS 2020, 14359; LG Mannheim BeckRS 2020, 4792; LG Aurich BeckRS 2020, 46392; AG Erfurt BeckRS 2021, 6871; AG Heidelberg BeckRS 2021, 40800; LG Verden StV 2023, 158 = BeckRS 2022, 43695; LG Gießen BeckRS 2023, 19917; LG Lüneburg BeckRS 2023, 7760; LG Bad Kreuz- 15b nach BeckRS 2024, 11975), sondern auch bei einer (gegen dessen unzutr. Ablehnung gerichteten) **Beschwerde,** bei der sich die Beschwerdeentscheidung bis nach dem Verfahrensabschluss verzögert hatte (vgl. im JStV n. zum Ganzen Nöding Verteidigung Rn. 348; vgl. auch Wohlers StV 2007, 376 (379); Möller ZJJ 2008, 10 (11 ff.)).

4. Zuständigkeit und Initiierung

16 **a) Normalfälle.** Die §§ 68 ff. enthalten keine Zuständigkeitsregelung (abw. noch § 68 aF: „der Vorsitzende"), sodass es gem. § 2 Abs. 2 allein auf die diesbzgl. Vorschriften in **§ 142 Abs. 3 und 4 StPO** ankommt. Zuständig ist hiernach im Zwischen- und Hauptverfahren immer der Vorsitzende des Gerichts, an dem das Verfahren anhängig ist (§ 142 Abs. 3 Nr. 3 StPO). Im vorherigen Ermittlungsverfahren liegt die Zuständigkeit bis zur Anklageerhebung (zum dann erfolgenden Zuständigkeitsübergang BGH NStZ-RR 2025, 18) entweder (konkret: in den Fällen der freiheitsentziehenden Maßnahmen iSv § 140 Abs. 1 Nr. 4 StPO (→ § 68 Rn. 38)) beim Gericht, dem der Beschuldigte vorzuführen ist (§ 142 Abs. 3 Nr. 2 StPO), oder (in allen anderen Fällen) bei dem AG des Gerichtsbezirks, in dem die ermittelnde StA ihren Sitz hat oder in dem eine (für die notwendige Verteidigung relevante) Vernehmung durchzuführen ist (§ 142 Abs. 3 Nr. 1 StPO). Dabei entscheidet in diesen Fällen jeweils der JRichter (§ 33a Abs. 2, § 34 Abs. 1). Für die **Aufhebung** einer Bestellung (→ Rn. 4 ff.) ist stets das Gericht zuständig, das zum Zeitpunkt der Aufhebung für die Prüfung der notwendigen Verteidigung zuständig wäre.

17 Die im Regelfall während des Ermittlungsverfahrens erfolgende gerichtliche Bestellung wird durch einen **Antrag der StA ausgelöst** (§ 142 Abs. 2 StPO iVm § 2 Abs. 2). Die Anklagebehörde muss deshalb permanent prüfen, ob ein Beiordnungsanlass entsteht und von ihr entspr. umzusetzen ist (RL 3 S. 1 zu § 68 – 68b). In der Prozesswirklichkeit bedeutet dies, dass idR die **Polizei** die Notwendigkeit der Verteidigung (etwa anhand von Sanktionsprognosen) von Amts wegen erkennen und sodann die StA einschalten muss (dazu bspw. auch Schlothauer KriPoZ 2019, 3 (9)). Insofern besteht eine Pflicht der Ermittlungsbehörden, das Vorliegen von Bestellungsgründen (aber auch der in Abs. 1 S. 2 geregelten Ausnahme) permanent zu erwägen und dafür bspw. vorsorgliche Sanktionsprognosen vorzunehmen, insbes. bzgl. der möglichen Annahme schädlicher Neigungen. Darin kann eine ganz erhebliche **praktische Herausforderung** liegen, zumal für die polizeilichen Sachbearbeiter einige der hierfür relevanten Informationen (Registerauszüge, Verfahrensakten) oft gar nicht kurzfristig verfügbar sind (hierzu bspw. auch Höynck/Ernst ZJJ 2020, 245 (252); Laustetter/Voigt Kriminalistik 2021, 227 (228); Nöding StV 2022, 52 (52 f.); s. dazu erg. § 70 Rn. 14). Nach Anklageerhebung obliegt es dem JGericht, eine gebotene Verteidigerbestellung auch ohne äußeren Anstoß vorzunehmen. Werden die Ermittlungsbehörden oder das Gericht nicht von sich aus in dieser Weise aktiv, kann dies durch einen Antrag des Beschuldigten initiiert werden (→ Rn. 14). Um die **pflichtgemäße Situationsbeurteilung** zu dokumentieren und anderenfalls eingreifende Beweisverwertungsverbote (→ Rn. 26 ff.) zu vermeiden, ist die für die Initiierung jeweils zuständige Institution angehalten, ihre Entscheidung und deren Gründe zu **dokumentieren.**

b) Eilfälle. Für Fälle, in denen die Beiordnung sehr kurzfristig erfolgen muss, sieht § 142 Abs. 4 StPO eine **Notzuständigkeit** der StA vor. Raum dafür ist nur, wenn die Sofortentscheidung der StA durch den Zeitbedarf einer richterlichen Einbindung erforderlich gemacht wird. Solche Situationen werden angesichts richterlicher Bereitschaftsdienste und verfügbarer Kommunikationstechnologien selten sein (vgl. auch Schlothauer KriPoZ 2019, 3 (9): kein diesbzgl. Bedarf). Tritt ein derartiger Fall auf, schließt sich dem ein gerichtliches Überprüfungsverfahren an. Diese gerichtliche Nachprüfung bezieht sich allerdings allein auf das staatsanwaltlich entschiedene Ob einer Nicht-/Bestellung. Für einen etwaigen Verteidigeraustausch gilt § 143a Abs. 2 Nr. 1 StPO entsprechend. Obwohl das Benennungsrecht des Beschuldigten und die allg. Auswahlkriterien (→ Rn. 19 ff.) auch im Eilverfahren zu berücksichtigen sind, dürften die bei der Verteidigerauswahl generell bestehenden Probleme (→ Rn. 24) bei einer Eilbeiordnung durch die StA besonders bedeutsam sein. Daher machen sich hier auch die Schwächen des Verteidigerwechselverfahrens (zur Fristproblematik → Rn. 29) gesteigert bemerkbar. 18

IV. Auswahl

1. Vertrauensprinzip, Benennungsrecht und Benennungsfrist

Als Pflichtverteidiger bestellbar sind insb. Rechtsanwälte (zu Rechtslehrern s. MüKoStPO/Kämpfer/Travers StPO § 138 Rn. 10). Dabei darf die Auswahl unter ihnen nicht beliebig sein. Sie muss vielmehr nach bestimmten **Kriterien** erfolgen. Mangels spezieller Vorgaben im JGG gelten hierfür die entspr. Regelungen des allg. StVR, bei denen indes eine jugendgemäße Auslegung (→ § 2 Rn. 39) angezeigt ist. Danach hat die Bestimmung des Pflichtverteidigers vorrangig nach dem Vertrauensprinzip (s. allg. BVerfGE 9, 36 (38) = NJW 1959, 571 (572); BVerfGE 39, 238 (243) = NJW 1975, 1015 (1016)) zu erfolgen: Der Beschuldigte muss danach **gefragt** werden, ob er einen Verteidiger benennen will (zu seiner Anhörung und der der Eltern s. auch RL 4 zu § 68 – § 68b). Ihm müssen Informationen zu Kontaktwegen und dem anwaltlichen Notdienst gegeben werden. Und wenn er einen Verteidiger benennt, ist dieser idR auch zu bestellen (§ 142 Abs. 5 iVm § 2 Abs. 2). Dies alles muss, damit die Bestellung gem. Abs. 1 S. 1 vor der Vernehmung oder Gegenüberstellung erfolgen kann, mit **ausreichendem zeitlichem Vorlauf** in deren Vorfeld geschehen 19

Nach den vorliegenden Hinweisen werden Pflichtverteidiger in der Praxis nur selten von den Jugendlichen bestimmt. Die Frage, ob die Beschuldigten ihr Benennungsrecht nicht wahrnehmen oder ob sie nicht gehört werden oder ob über ihre Köpfe hinwegentschieden wird, ist empirisch zwar noch nicht widerspruchsfrei geklärt (s. zu Aktenuntersuchungen Schoeller StV 2017, 194 (199); zu Praktikerbefragungen Jahn, Zur Rechtswirklichkeit der Pflichtverteidigerbestellung, 2014, S. 49 ff.). Doch unabhängig davon dürfte nicht zw. sein, dass junge Beschuldigte „bei der Frage nach einem Rechtsanwalt seines Vertrauens schlicht überfordert" sind (vgl. MAH Strafverteidigung/Schütrumpf § 52 Rn. 119). Dies gilt insb., wenn ihnen für die Benennung zu wenig Zeit gegeben wird. In einer jugendgemäßen Lesart von **§ 142 Abs. 5 S. 1 StPO** iVm § 2 Abs. 2 ist dies daher zu vermeiden. Eine sehr 20 enge Frist oder gar eine „kurze Bedenkzeit" (BT-Drs. 19/13829, 41) darf nur gesetzt werden, wo ausnahmsweise eine umgehende Bestellung unumgänglich ist – sei es, weil dies der fraglichen Konstellation innewohnt (wie bei § 140 Abs. 1 Nr. 4 StPO mit Blick auf die Vorführfrist) oder weil für eine konkrete Vernehmung bzw. Ermittlungshandlung nachweislich besonderer Eilbedarf besteht (OLG Dresden OLG-NL 2005, 188; s. auch → § 70c Rn. 30). Aber auch hier müssen mehrere Stunden gewährt werden (zur dann möglichen Auswechslung → Rn. 29).

20a Im Regelfall muss die **Benennungsfrist so lang** bemessen sein, dass der Jugendliche sich (bspw. mit seinen Eltern) beraten und Erkundigungen einholen (lassen) sowie ggf. auch mehrere Rechtsanwälte kontaktieren kann. Werden ohne rechtfertigenden Grund lediglich drei Tage gewährt, wird das Benennungsrecht jedenfalls „gesetzwidrig beschnitten" (LG Berlin StV 2009, 405 = BeckRS 2009, 7590). Die praktisch verbreitete 7- oder 10-Tagesfrist kann als Untermaß gelten (s. auch Nöding Verteidigung Rn. 351: „mindestens zwei, besser drei bis vier Wochen"). Soweit möglich, ist iÜ auch eine verfristete Benennung noch zu berücksichtigen (denn es geht hier nicht um eine Ausschlussfrist (vgl. OLG Köln StV 2015, 20 = BeckRS 2015, 968; OLG Stuttgart NJOZ 2016, 32; s. auch → Rn. 29)).

2. Abweichung von der Benennung

21 Nimmt der Beschuldigte das Benennungsrecht wahr, kann gem. § 142 Abs. 5 S. 3 iVm § 2 Abs. 2 nur dann ein anderer Verteidiger beigeordnet werden, wenn **wichtige Gründe** gegen die Bestellung der benannten Person sprechen (zum dann später möglichen Auswechslungsverfahren s. → Rn. 29; für eine dahingehende Belehrungspflicht Willumat NStZ 2021, 583). Zu diesen wichtigen Gründen zählt die vom Gesetz genannte Verhinderung (n. SK-StPO/Wohlers StPO § 142 Rn. 20), wobei die Frage, ob bzw. wann der gewünschte Verteidiger nicht rechtzeitig verfügbar ist, von der objektiven Dringlichkeit der von ihm zu begleitenden Maßnahme (Vernehmung, Vorführung usw) abhängen kann (BT-Drs. 19/13829, 42; n. zum Spannungsverhältnis von Verfahrensbeschleunigung und Benennungsrecht Wohlers JR 2020, 615 (618 ff.)). Geht es um eine Beiordnung mit Blick auf eine bevorstehende Vernehmung oder Gegenüberstellung, ist die Frage, ob der Verteidiger noch **rechtzeitig verfügbar** ist, anhand der iSv § 70c Abs. 4 S. 1 „angemessenen" Wartezeit zu entscheiden (dazu → § 70c Rn. 25). Abgesehen von diesen Konstellationen, bei denen der Verteidiger in Eilfällen nicht kurzfristig zur Verfügung steht, sind Terminfragen aber idR kein wichtiger Grund. Das gilt va für die allg. berufliche Auslastung des Verteidigers, auf die bei der Verfahrensgestaltung Rücksicht zu nehmen ist (s. auch Nöding Verteidigung Rn. 351).

21a Allerdings stellt ein drohender Verstoß gegen § 146 StPO iVm § 2 Abs. 2 einen wichtigen Grund dar. Für den Umstand, dass mehrere Mitglieder einer Anwaltskanzlei verschiedene Mitbeschuldigte derselben Tat verteidigen, gilt dies dagegen nur, wenn ein konkreter Anlass zu der Besorgnis besteht, der Verteidiger würde seiner Aufgabe nicht mit vollem Einsatz nachkommen (BVerfGE 43, 89 = NJW 1977, 99 (zum allg. StR); vgl. bspw. auch OLG Stuttgart StV 2011, 661 = BeckRS 2011, 13902; LG Essen StV 2013, 39 = BeckRS 2013, 143). Überhaupt greift die Rspr. bei sich abzeichnenden **Interessenkonflikten** eher zurückhaltend ein und überlässt die Situationsbewältigung den Beteiligten (vgl. zum allg. StR etwa BGH NStZ 2017, 59 mkritAnm Barton StV 2016, 475; strenger dagegen OLG Bremen StV 2019, 175 = BeckRS 2018, 2523; n. Pfordte/Horvat StV 2019, 200).

Dort, wo der Verteidiger früher ein Verhalten gezeigt hatte, das seine Abberufung als Pflichtverteidiger aus wichtigem Grund rechtfertigen würde, und wo konkreter Anlass besteht, mit einer Wiederholung dieses Verhaltens zu rechnen, kann ein wichtiger Grund vorliegen (OLG Köln StV 2007, 288 (289) = BeckRS 2006, 6154; Eisenberg NJW 1991, 1257 (1262)). Insgesamt bedarf es hier indes einer äußerst zurückhaltenden Handhabung (n. dazu und zu den ggf. erforderlichen Anhörungen MüKoStPO/Kämpfer/Travers StPO § 142 Rn. 27 ff.). Anderenfalls bestünde die Gefahr, dass sich die Gerichte der ihnen unbequemen Verteidiger allzu leicht entledigen könnten (für ein Bsp. „vorgeschobener Gründe“ s. BGH NJW 2016, 884 (zum allg. StR)). **Kein** wichtiger Grund liegt – sofern die Bestellung nicht besonders eilbedürftig ist (Schlothauer StV 2018, 169 (174)) – jedenfalls bei fehlender Ortsnähe vor (OLG Hamm StraFo 2002, 293 (294) = BeckRS 2002, 3624; OLG Jena NStZ 2009, 175; aA OLG Naumburg NStZ-RR 2009, 114). Ebenso verhält es sich, wenn das Gericht in der Vergangenheit mit dem fraglichen Verteidiger in Konflikt geraten war (OLG Köln StraFo 2006, 328 f. = BeckRS 2006, 6154) oder diesen als wenig überzeugend oder inkompetent empfunden hat. Erst wenn ein Verteidiger **nicht hinreichend gesetzeskundig** aufgetreten ist, darf er nicht herangezogen werden (vgl. für ein Bsp. die Schilderung bei VG Stuttgart BeckRS 2010, 48200). Dies ist im JStV wegen der besonderen richterlichen Verantwortung (§ 2 Abs. 1) noch eindeutiger als im allg. StVR (enger Schoeller StV 2019, 190 (197 f.); darüber hinausgehend Schlothauer StV 2018, 169 (173 f.): Fehlen der Fachanwaltsqualifikation als wichtiger Grund). 22

3. Auswahlkriterien bei der richterlichen Auswahl

Wird bis Fristablauf kein Verteidiger benannt (oder auf das Benennungsrecht verzichtet), bestimmt das Gericht die Person nach **pflichtgemäßem Ermessen.** Diese soll nach § 142 Abs. 6 S. 2 StPO iVm § 2 Abs. 2 zur Gruppe der Fachanwälte für Strafrecht oder jener Anwälte gehören, die zur Übernahme von Pflichtverteidigungen bereit sind (krit. zur zweiten Variante Schoeller StV 2019, 190 (198); Nöding StV 2022, 52 (57)). Innerhalb dieses Kreises ist die (dem Gericht bekannte) **Sachkenntnis** des Verteidigers ein höchst relevanter Auswahlaspekt. Nach Möglichkeit sind Verteidiger vorzuziehen, die jugendstrafrechtliche Erfahrungen bzw. eine dahingehende Spezialisierung vorweisen können. Bei nichtdeutschen Beschuldigten kann ggf. auch das Beherrschen von deren Muttersprache bedeutsam sein. Im Übrigen sprechen frühere Mandatsverhältnisse für eine Beiordnung, soweit die damalige Vertrauensbeziehung zwischenzeitlich nicht gestört worden ist (n. zum Ganzen mwN MüKoStPO/Kämpfer/Travers StPO § 142 Rn. 32 ff.). Verteidiger, denen der Beschuldigte misstraut oder zu denen er in einem gespannten Verhältnis steht, dürfen nicht gewählt werden. 23

Dass die Auswahl des Pflichtverteidigers dem JRichter überantwortet wird, begründet einen **institutionalisierten Interessenkonflikt** (dazu im Ermittlungsverfahren auch → § 34 Rn. 4). De facto beeinflussen denn auch gerichtliche Eigeninteressen und Belange die Beiordnung. So liegen Hinweise darauf vor, dass oftmals Faktoren der beruflichen und privaten Be- 24 kanntschaft oder auch der advokatorischen Anpassungsbereitschaft ausschlaggebend sind (vgl. für das allg. StR die Praktikerbefragung bei Jahn, Zur Rechtswirklichkeit der Pflichtverteidigerbestellung, 2014, S. 117, 125; s. ferner die Aktenanalysen bei Schoeller StV 2017, 194 (302)). Bestimmend sind ferner Praktikabilitätskriterien wie die Ortsnähe, die bei der Beurteilung, durch welchen Anwalt eine **wirksame Verteidigung** gewährleistet wird, an sich aber nur einen Gesichtspunkt unter mehreren darstellen darf (OLG Köln NStZ-RR 2011, 49 (zum allg. StR); vgl. auch Lehmann NStZ 2012, 188 sowie → Rn. 22). Dass § 142 Abs. 6 S. 1 StPO iVm § 2 Abs. 2 auf das deutschlandweite Gesamtverzeichnis iSv § 31 BRAO verweist, zeigt vielmehr an, dass der Ortsbezug eher nachrangig ist.

25 Kein Auswahlkriterium ist die **erzieherische Kompetenz.** Die Tätigkeit des Verteidigers im JStV besteht in der Verteidigung, wohingegen sie an erzieherischen Belangen oder einer spezialpräventiven Funktionalität gar nicht bzw. nur in nachrangiger Weise auszurichten ist (→ § 68 Rn. 13 ff.). Deshalb müssen diese Gesichtspunkte für die Beiordnungsentscheidung bedeutungslos sein. Erzieherisch vermeintlich ungeeignete Personen dürfen bei der Pflichtverteidigerbestellung folglich nicht unberücksichtigt gelassen werden (vgl. bereits Schlickum StV 1981, 359; Diehl ZRP 1984, 296 sowie Arbeitsgruppe DVJJ NJW 1989, 1024 (1025 ff.)). Dafür spricht auch, dass es an hinreichend bestimmten Kriterien für die Feststellung einer erzieherischen (Nicht-)Eignung fehlt (zust. Mager Bonner Rechtsjournal 2009, 14 (19)) und dass iÜ die hier erforderliche qualifizierte Einschätzungsfähigkeit des die Auswahl treffenden Gerichts keineswegs vorausgesetzt werden kann (vgl. allg. → § 37 Rn. 5 ff.). Auch ist bereits im Hinblick auf Art. 3 Abs. 1 GG kein sachlicher Grund erkennbar, der es rechtfertigen könnte, dem Pflichtverteidiger eine weitergehende Qualifikation als dem Wahlverteidiger abzuverlangen.

V. Fehlerfolgen und Anfechtbarkeit

1. Verwertungsverbot

26 Unterbleibt im Ermittlungsverfahren die Verteidigerbeiordnung, obwohl diese nach § 68 notwendig (→ § 68 Rn. 28 ff.) und nach § 68a vorzunehmen war (→ Rn. 8 ff.), besteht die Bestellungspflicht (soweit sie nicht gem. § 143 Abs. 2 iVm § 2 Abs. 2 weggefallen ist) zunächst einmal weiterhin fort. Die Beiordnung ist daher nach Offenbarwerden dieses Fehlers **unverzüglich nachzuholen** (zum Vorgehen in der HV → § 51a Rn. 4). Anders als beim nachträglichen Entstehen eines Beiordnungsgrundes (→ Rn. 9 f.) bedarf es hierfür keines auslösenden Anlasses (abw. offenbar AG Freiburg BeckRS 2019, 19711: Beiordnung nicht mehr veranlasst, wenn eine erste Beschuldigtenvernehmung bereits erfolgt und keine neue Vernehmung zu erwarten). Außerdem muss die (ohne Verteidiger durchgeführte) Vernehmung oder Gegenüberstellung (bei Vornahme einer qualifizierten Belehrung (→ § 70c Rn. 15)) **wiederholt** werden. Kommt es sodann zur Durchführung einer HV ohne Verteidiger, obwohl ein Fall von § 68 vorlag, begründet dies die Revision gem. § 338 Nr. 5 StPO iVm § 2 Abs. 2 (→ § 51a Rn. 6). Geht die Situation auf einen (Nicht-)Beschluss des Gerichtes in der

HV zurück, kommt auch § 338 Nr. 8 StPO in Betracht (BGH BeckRS 2024, 31754; dort auch zum denkbaren Eingreifen von § 337 StPO).

Eine praktisch größere Relevanz hat die Frage nach der Nutzbarkeit einer Aussage, die nach dem in → Rn. 8 bezeichneten Zeitpunkt ohne anwaltliche Begleitung zustande gekommen ist. Aus der Sicht des EuGH unterliegt dieses **rechtswidrig erlangte** Beweismaterial trotz der Unbedingtheit, mit der insb. Art. 6 Abs. 6 S. 2 und 3 RL (EU) 2016/800 das Bestehen einer anwaltlichen Unterstützung bei den zentralen Beweiserhebungsschritten verlangt (vgl. auch Erwgr. 27 zur Vernehmung), nicht notwendigerweise einem Beweisverwertungsverbot (BeckRS 2024, 22796, Rn. 162 ff.).. Denkbar sei auch eine Verwendung unter besonders strengen Beweis- und Begründungsanforderungen (so zur vormaligen deutschen Rechtslage auch BGHSt 46, 93 (103 ff.) = NJW 2000, 3505 (3509)). 26a

Allerdings erklärt sich die Zurückhaltung des EuGH allein damit, dass es sich bei den Folgen, die eine Verletzung von Art. 6 RL (EU) 2016/800 und dessen Umsetzung in §§ 68, 68a hat, um eine Frage des nationalen Rechts handelt. Und auf dessen Grundlage ist ein **Beweisverwertungsverbot** zu bejahen (ebenso etwa Beulke FS 50 Jahre Deutsche Strafverteidiger e.V., 2024, 130; vgl. allg. auch SK-StPO/Wohlers StPO § 141 Rn. 36; MüKoStPO/Kämpfer/Travers StPO § 140 Rn. 10; Bock/Puschke ZJJ 2019, 224 (232)). Denn angesichts der erheblichen Aufwertung, die die frühe Strafverteidigung durch § 68a erfahren hat, erlangt deren Missachtung ein solches Gewicht, dass selbst die sog. Abwägungslehre (dazu im vorliegenden Zusammenhang BGH NStZ 2006, 236 (237); Brunner/Dölling Rn. 6; für das allg. StVerf BGH NJW 2022, 2126 (2128); NStZ-RR 2024, 124) zu diesem Ergebnis gelangen muss (zust. BeckOK JGG/Noak Rn. 26; MüKoStPO/Kaspar §§ 68a, 68b Rn. 18; Nöding Verteidigung Rn. 356). Selbst wenn eine Unverwertbarkeit bei Erwachsenen nur bei schwerwiegender, bewusster oder objektiv willkürlicher Vorenthaltung der Verteidigung in Betracht käme (so BGH NStZ-RR 2024, 124), kann dies im JStR angesichts der nochmals gesteigerten Bedeutung des Rechtsbeistandes nicht gelten. 26b

Anders ist die Verwertbarkeit allerdings in jenen Sachlagen zu beurteilen, in denen der Beiordnungsgrund bei **pflichtgemäßer** Ermittlungsführung noch nicht zu erkennen und die Bestellung deshalb erst nach dessen Bekanntwerden vorzunehmen war (→ Rn. 9). Das kann insb. dort gegeben sein, wo sich die für § 68 Nr. 1 und Nr. 5 relevante Sanktionserwartung erst durch eine veränderte Verdachtslage oder durch Erhalt weiterer Informationen (bzgl. früherer Verurteilungen oder laufender Parallelverfahren) ergab (zum Fall, dass dies erst in der HV erfolgt, n. § 51a → Rn. 4 f.). Angesichts der Schwierigkeiten, den maßgeblichen Umschlagszeitpunkt ex post zu bestimmen, ist hierfür insbes. auch die **Dokumentation** aufschlussreich, mit der die Institution, deren Beiordnungsinitiative jeweils zur Debatte steht, ihre Situationseinschätzung festgehalten hat (→ Rn. 17). Hieran ist idR zu erkennen, ob der Beiordnungsanlass hätte erkannt werden müssen (ähnlich Nöding StV 2022, 52 (54)). Liegt eine solche Dokumentation nicht vor, spricht dies für eine pflichtwidrige Situationsbeurteilung (zust. Nöding Verteidigung Rn. 357). Weist die Dokumentation dagegen auf eine ex ante korrekt vorgenommene Einschätzung hin, unterliegt das **bis zur Bestellungspflicht** (und damit: rechtmäßig) erlangte Beweismaterial den in → Rn. 26 genannten Verwertungseinschränkungen **nicht.** Allerdings bedarf 27 es mit Blick auf das Verteidigungsdefizit einer besonders kritischen (Aussage-)Würdigung. Gerade hier ist außerdem stets zu prüfen, ob die sich aus § 136 Abs. 1 S. 5 StPO iVm § 2 Abs. 2 ergebende Pflicht, zu den (Antrags-) Möglichkeiten der notwendigen Verteidigung zu **belehren** (→ Rn. 13), erfüllt wurde oder ob wegen eines dahingehenden Verstoßes ein Verwertungsverbot in Betracht kommt (für die Fortgeltung der hierfür maßgeblichen bisherigen Regeln (s. → § 70c Rn. 14) etwa Laustetter/Voigt Kriminalistik 2021, 227 (230)).

28 Die genannten Regeln gelten iÜ auch, wenn sich eine Einstellungsprognose, bei der von einer an sich gebotenen Verteidigerbeiordnung abgesehen werden darf (→ Rn. 11 f.), nachträglich als falsch erweist und das Verfahren weitergeführt wird (ggf. bis zur Anklage und HV). Damit diese Anfangseinschätzung als pflichtgemäß gelten kann, muss der fragliche Amtsträger (idR der vernehmende Polizeibeamte) **verlässliche Anhaltspunkte** für die vorgesehene Einstellung gehabt (und dokumentiert) haben (zust. Brunner/Dölling Rn. 2). Dies setzt erstens die Kenntnis der (lokalen) justizeigenen Einstellungskriterien voraus (was zumindest bei einer auf § 45 Abs. 3 gerichteten Erwartung selten anzunehmen ist). Zudem muss sich der konkrete Verdacht zum Prognosezeitpunkt auf einen Tatvorwurf richten, dessen Gewicht diesen Maßstäben entspricht und das der üblicherweise eingestellten Vergleichsfälle nicht übersteigt. Und schließlich muss der Amtsträger begründeterweise davon ausgehen können, dass der fragliche Jugendliche frei von solchen strafrechtlichen Vorbelastungen oder Parallelverfahren ist, bei denen eine Diversion in der Justizpraxis entfällt. Wird die Einstellungsprognose ohne (oder gar gegen) eine solche Wissensbasis getroffen, erfolgt sie pflichtwidrig, sodass für das danach erlangte Beweismaterial im Fall der späteren Nichteinstellung die in → Rn. 26 erörterten Maßgaben gelten.

2. Verteidigeraustausch und Beschwerde

29 Speziell für die Konstellationen, in denen das Gericht nicht die vom Beschuldigten benannte, sondern eine andere Person bestellt (→ Rn. 21 f.), ist in §§ 142 Abs. 7 S. 2, 143a Abs. 2 S. 1 Nr. 1 StPO iVm § 2 Abs. 2 allein ein (einfaches) **Verfahren des Verteidigeraustauschs** vorgesehen (zur fehlenden Statthaftigkeit der Beschwerde, solange der Antrag nach § 143a Abs. 2 S. 1 StPO nicht offensichtlich aussichtslos ist, vgl. OLG Köln NStZ 2021, 637 (638)). Innerhalb von **drei Wochen** kann der Beschuldigte hiernach einen anderen Verteidiger benennen, der dann anstelle des bisherigen Pflichtverteidigers zu bestellen ist. Das Austauschverfahren kommt ebenfalls zum Zuge, wenn der Jugendliche keinen Verteidiger benannt hat, weil ihm hierfür un-/berechtigterweise eine Frist gesetzt wurde, die kürzer als die unter normalen Umständen angemessene Frist (→ Rn. 20) war. Wurde ihm vor der Bestellung **gar keine Gelegenheit zur Äußerung** gegeben, gilt dies (über den Normwortlaut hinaus) gleichermaßen (abw. vormals OLG Stuttgart StV 2014, 11 = BeckRS 2014, 451; LG München I StV 2015, 26 = LSK 2015, 040795: Aufhebung der Bestellung auf Beschwerde hin und dann Bestellung des gewünschten Verteidigers). Da in § 143a Abs. 2 S. 1 StPO keine Ausschlussfrist regelt, ist der Wunsch nach einem Verteidigerwechsel nach LG Mainz StV 2021, 167 = BeckRS 2020, 33031 in jenen Fällen, in denen die Wahlrechtsausübungsfrist in rechtswidriger Weise gar nicht oder zu kurz gewährt worden war, auch noch nach Ablauf der Dreiwochenfrist zu berücksichtigen und idR umzusetzen. Allerdings kann die Dreiwochenfrist, innerhalb derer der Verteidigerwechsel beantragt werden muss, auch in anderen Konstellationen allzu kurz sein (etwa, wenn sich die Vertrauensproblematik erst später herausstellt). Dass das Gesetz dann keine Beschwerde erlaubt, ist hoch problematisch.

30 Ansonsten ist die **sofortige Beschwerde** idR zulässig. Dies gilt einmal für die Anfechtung gerichtlicher Entscheidungen, die beim Verteidigerwechsel sowie bei der Nicht-/Aufhebung der Bestellung (→ Rn. 4 ff.) ergehen (§§ 143 Abs. 3, 143a Abs. 4 StPO iVm § 2 Abs. 2; ebenso schon KG NStZ-RR 2009, 209; n. Wohlers JR 2020, 649 (656 ff.)). Abgesehen von der eben in → Rn. 29 erörterten Konstellation gilt dies aber gem. § 142 Abs. 7 S. 1 StPO iVm § 2 Abs. 2 auch für die im Zusammenhang mit der Beiordnung zu treffenden Entscheidungen. Wenn das Gericht bspw. einen Verteidiger bestellt, nachdem der Beschuldigte nach Benennungsverzicht oder Ablauf einer angemessenen Frist niemanden bezeichnet hatte (→ Rn. 23), kann im Beschwerdeweg überprüft werden, ob das Auswahlermessen pflichtgemäß ausgeübt wurde. Die sofortige Beschwerde ist (neben den Fällen des § 142 Abs. 4 S. 2 und 3 StPO iVm § 2 Abs. 2) ferner möglich, falls das Gericht eine (von StA oder Beschuldigtem) beantragte Bestellung verweigert (ebenso vormals schon OLG Zweibrücken StV 1984, 193; LG Saarbrücken ZJJ 2007, 417 mAnm Möller ZJJ 2008, 11; OLG Naumburg NStZ-RR 2013, 49; LG Neubrandenburg StV 2018, 157 = BeckRS 2016, 20411; Brunner/Dölling Rn. 7; s. näher bereits Oellerich StV 1981, 434 (440 f.); speziell zur Zuständigkeit bei erstinstanzlich nicht erledigter Beschwerde und Nichtabhilfe durch das Berufungsgericht OLG Stuttgart NStZ-RR 2008, 21; zum Beschwerdeverfahren in der Revisionsinstanz OLG Karlsruhe StraFo 2006, 497 = BeckRS 2006, 19857). Dass in den genannten Konstellationen die Möglichkeit der sofortigen Beschwerde besteht, hat allerdings zur Konsequenz, dass die so überprüfbaren Entscheidungen der **revisionsgerichtlichen Kontrolle** (mit Ausnahme von Willkürfällen) gem. § 336 S. 2 StPO iVm § 2 Abs. 2 **entzogen** sind (beiläufig BT-Drs. 19/13829, 49; eingehend und mit zutr. Kritik dazu BeckOK StPO/Krawczyk StPO § 142 Rn. 56 ff.; s. auch MüKoStPO/Höffler § 68 Rn. 26 f.).

Vernehmungen und Gegenüberstellungen vor der Bestellung eines Pflichtverteidigers

68b **[1] Abweichend von § 68a Absatz 1 dürfen im Vorverfahren Vernehmungen des Jugendlichen oder Gegenüberstellungen mit ihm vor der Bestellung eines Pflichtverteidigers durchgeführt werden, soweit dies auch unter Berücksichtigung des Wohls des Jugendlichen**

1. **zur Abwehr schwerwiegender nachteiliger Auswirkungen auf Leib oder Leben oder die Freiheit einer Person dringend erforderlich ist oder**
2. **ein sofortiges Handeln der Strafverfolgungsbehörden zwingend geboten ist, um eine erhebliche Gefährdung eines sich auf eine schwere Straftat beziehenden Strafverfahrens abzuwenden.**

[2]Das Recht des Jugendlichen, jederzeit, auch schon vor der Vernehmung, einen von ihm zu wählenden Verteidiger zu befragen, bleibt unberührt.

I. Allgemeines

1. Anwendungsbereich

1 Die Ausführungen in → § 68 Rn. 1–4 gelten mit einer Einschränkung entsprechend: In den äußerst seltenen Ermittlungsverfahren, bei denen ausnahmsweise für den Fall der Anklage absehbar nach §§ 102, 103 Abs. 2 S. 2 die für allg. Strafsachen bestehende Gerichtszuständigkeit bestehen wird, ist die Vorschrift nicht zw. anzuwenden (vgl. § 104 Abs. 1 Nr. 10). An sich gilt deshalb nur § 141a StPO (dies aus unzutr. Gründen (→ § 104 Rn. 5) bestreitend BeckOK JGG/Noak Rn. 2). Allerdings kann § 68b – mit einer den § 141a StPO verdrängenden Wirkung – durch das Gericht im Rahmen seines Ermessens (§ 104 Abs. 2) herangezogen werden (zust. MüKoStPO/Kaspar §§ 68a, 68b Rn. 2; weitergehend NK-JGG/Sommerfeld Rn. 2; Brunner/Dölling Rn. 1).

2. Strikte Nachrangigkeit der Norm

2 Die Norm bezieht sich allein auf das Ermittlungsverfahren in Fällen, in denen eine Verteidigung iSv § 68 notwendig und eine Bestellung iSv § 68a an sich vorzunehmen ist. Für diese Sachlagen stellt sie eine von Art. 6 Abs. 8 RL 2016/800 fakultativ ermöglichte Einschränkung dar (krit. Bock StV 2019, 508 (513)). Ihre Regelungswirkung besteht darin, die notwendige Verteidigung in den Eilfällen von Nr. 1 und Nr. 2 vorübergehend zu suspendieren. In den besagten Konstellationen (→ Rn. 4 f.) darf (nicht: muss) die Beiordnung **vorerst unterbleiben** und eine Vernehmung oder Gegenüberstellung des Beschuldigten (§ 58 Abs. 2 StPO iVm § 2 Abs. 2) – **ausnahmsweise** (ebenso BGH BeckRS 2023, 27847) – **ohne** Pflichtverteidiger und ohne Einhaltung der Warte-/Unterbrechungspflicht gem. § 70c Abs. 4 durchgeführt werden.

3 Diese Option wird allerdings mehrfach begrenzt. So sind ihre Voraussetzungen **streng** auszulegen, weil es sich hier um ein Vorgehen handelt, das lediglich „unter außergewöhnlichen Umständen" (RegE BT-Drs. 19/13837, 60) eingesetzt werden darf. Es ist ferner nur zulässig, wenn sich selbst durch eine **staatsanwaltliche Verteidigerbeiordnung** (zur Eilzuständigkeit → § 68a Rn. 18) keine ausreichende Beschleunigung der Vernehmung bzw. Gegenüberstellung erreichen lässt (vgl. BT-Drs. 19/13829, 38: § 142 Abs. 4 StPO ist vorrangig). Schließlich muss, sofern nicht nach der bzw. durch die Vernehmung die vorher bestehende Notwendigkeit der Verteidigung weggefallen ist (etwa wegen einer veränderten Verdachtslage), die Bestellung unverzüglich **nachgeholt** werden (vgl. S. 1 „soweit"; vgl. auch RL (EU) 2016/800 Erwgr. 32: „zeitlich streng begrenzt"). Sobald sich während der Vernehmung zeigt, dass die besondere Eilbedürftigkeit iSv Nr. 1 oder Nr. 2 nicht (mehr) besteht, muss diese abgebrochen und/oder nach § 70c Abs. 4 verfahren werden.

II. Voraussetzungen einer Vernehmung vor Bestellung

1. Eilfall-Varianten

a) Nr. 1. Die von Nr. 1 geregelte Konstellation setzt voraus, dass schwer- 4
wiegende Beeinträchtigungen der Gesundheit oder Bewegungsfreiheit (des Beschuldigten oder eines Dritten) **nur** mittels bestimmter Informationen zu verhindern sind. Ferner müssen diese Informationen durch eine Vernehmung oder Gegenüberstellung des Beschuldigten **wahrscheinlich erlangt** werden können. Damit sind etwa laufende Entführungs- oder drohende Unglücksfälle usw gemeint, zu denen der Beschuldigte über polizeilich nutzbares Sonderwissen verfügt. Insofern kann Nr. 1 idR nur für doppel-funktionale Vernehmungen in repressiv-/präventiv-polizeilichen Gemengelagen bedeutsam werden (zust. HK-JGG/Gundelach Rn. 8).

b) Nr. 2. Nr. 2 fordert die Konstellation, in der ein Strafverfahren im 5
Hinblick auf die Nachweisführung und andere Aspekte seiner erfolgreichen Durchführung **massiv** beeinträchtigt zu werden droht („erhebliche Gefährdung"). Einfache Erschwernisse der Ermittlungen durch alltägliche Verdunklungsversuche genügen nicht. Typischerweise setzt Nr. 2 ferner voraus, dass etwa die Flucht anderer Beschuldigter oder der Verlust zentraler Beweise (Zeugenbeeinflussung, Beweismittelvernichtung usw) unmittelbar bevorsteht (s. auch BT-Drs. 19/13829, 38). Diese **konkrete Gefahr** muss sich darüber hinaus mit solchen Informationen abwenden lassen, die von der Vernehmung bzw. Gegenüberstellung mit hoher Wahrscheinlichkeit zu erwarten sind (ebenso BGH BeckRS 2023, 27847). Außerdem verlangt Nr. 2, dass das fragliche Strafverfahren auf dem Verdacht einer **schweren Straftat** beruht. Ein solches Delikt liegt nur bei Katalogtaten iSv § 100a Abs. 2 StPO vor (RegE BT-Drs. 19/13837, 61 f.), wobei es sich aber im fraglichen Einzelfall um eine **besonders gewichtige Verwirklichungsform** handeln muss (zust. MüKoStPO/Kaspar §§ 68a, 68b Rn. 16; BeckOK JGG/Noak Rn. 7; wohl auch Keller Kriminalistik 2020, 257 (261)). Anderenfalls wäre der von RL (EU) 2016/800 (Erwgr. 32) geforderte „restriktive" Zuschnitt des Ausnahmetatbestandes nicht gewahrt.

2. Wohl des Jugendlichen

Im allg. StVerf sieht § 141a S. 1 StPO vor, dass der Beschuldigte sich in 6
den vorgenannten Eilfallkonstellationen mit einer Vernehmung vor einer (von ihm bereits beantragten) Bestellung eines Verteidigers ausdrücklich einverstanden erklären muss. Im JStV gilt dies nicht. Hier soll stattdessen das Wohl des Jugendlichen berücksichtigt werden (RegE BT-Drs. 19/13837, 61 f.). Damit wurde indes eine höchst schwache Ersatzkonstruktion gewählt. Das Wohl des Jugendlichen kann nämlich kein eigenständiges Tatbestandsmerkmal des § 68b sein, weil die Vorenthaltung eines Anspruchs die Schutz- und Zukunftsbelange des Beschuldigten schwerlich zu fördern vermag (ausgenommen bei Abwehr einer ihm selbst drohenden Gefahr). Die Formel darf aber angesichts ihrer kompensatorischen Funktion für die Interpretation der Vorschrift auch nicht bedeutungslos sein. Wenn S. 1 die Mitberücksichtigung von (Verteidigungs-)Interessen verlangt, meint dies daher, dass das

Beschuldigtenwohl auch bei einer vorgezogenen Maßnahmedurchführung immer noch in einem ausreichenden Maße eingelöst werden muss. Letzten Endes ist dies als Hinweis auf die Notwendigkeit zu verstehen, die Eilfall-Konstellationen **restriktiv** zu interpretieren (→ Rn. 4 f.) und an die Dringlichkeit der Maßnahme (→ Rn. 7 ff.) **strenge** Maßstäbe anzulegen (zust. BeckOK JGG/Noak Rn. 8; HK-JGG/Gundelach Rn. 7).

3. Unentbehrlichkeit des Beiordnungsverzichts

7 **a) Konkretisierung.** Nach S. 1 muss es zur Vermeidung der in → Rn. 4 f. bezeichneten Schäden jeweils unumgänglich sein, die Vernehmung oder Gegenüberstellung vor der Pflichtverteidigerbestellung durchzuführen („dringend erforderlich" (Nr. 1) bzw. „zwingend geboten" (Nr. 2)). Bei diesem Merkmal kann es nicht um das Erfordernis einer „ungestörten" Maßnahme gehen. Bei einer solchen Deutung würde der Umstand, dass der beigeordnete Anwalt dem Jugendlichen zu einem bestimmten Prozess- bzw. Vernehmungsverhalten raten könnte, gleichsam als „Gefahr" eingestuft, was für die legitime Inanspruchnahme von Verfahrensrechten schwerlich angemessen ist. Die situative Notwendigkeit des Beiordnungsverzichts kann daher ausschließlich auf dem **Zeitbedarf** beruhen, der mit der **Bestellung und Hinzuziehung** des Pflichtverteidigers ansonsten verbunden wäre (zust. HK-JGG/Gundelach Rn. 8; ähnlich Schoeller StV 2019, 190 (194)). Der in Nr. 1 und Nr. 2 jeweils bestehende spezifische Informationsgewinnungsbedarf muss also so dringend sein, dass es einer sofortigen Vernehmung bzw. Gegenüberstellung bedarf und nicht einmal eine kurzfristig erfolgende Verteidigerbeiordnung durch die StA (→ Rn. 3) abgewartet werden kann.

8 **b) Tatsächliche Gegenstandslosigkeit.** Die Voraussetzung, dass eine unmittelbare Durchführung notwendig sein muss, steht in einem Spannungsverhältnis zu den **sonstigen** und **nicht-suspendierten** Anforderungen an die fragliche Maßnahme. So sind bei einer Vernehmung ohne vorherige Beiordnung die Vorgaben zur audiovisuellen Aufzeichnung (§ 70c Abs. 2 S. 2) zu beachten. § 68b befreit nicht von der Pflicht, über das Recht auf einen Pflichtverteidiger zu informieren (§ 70a Abs. 1 Satz 3 Nr. 2 JGG), und erlaubt es iÜ keineswegs, Abstriche bei der Belehrung oder den jugendgemäßen Vernehmungsmodi oder der Protokollierung (→ § 70c Rn. 12 ff., 23) zu machen. Auch das Elternkonsultationsrecht ist keineswegs zwangsläufig eingeschränkt (dazu n. → § 67 Rn. 24 ff., → § 67a Rn. 18 ff., 26 ff.). Dass nun diese Beschuldigtenrechte auch in den Konstellationen von Nr. 1 oder Nr. 2 einschränkungslos zu berücksichtigen sind, macht automatisch einen Vernehmungsvorlauf erforderlich, in dem auch eine kurzfristige Pflichtverteidigerbestellung zeitlich ohne weiteres noch realisierbar ist. De facto kann das in → Rn. 7 benannte Erfordernis daher an sich **niemals** vorliegen.

9 Unterstrichen wird dies durch den Umstand, dass der Anspruch des Beschuldigten, einen (gem. §§ 163a Abs. 3 S. 2 und Abs. 4 S. 3, 168c Abs. 1 StPO iVm. § 2 Abs. 2 anwesenheitsberechtigten) Wahlverteidiger zu konsultieren, unberührt bleibt (S. 2). Aus Gleichbehandlungsgründen muss dies auch für einen ggf. schon früher bestellten Pflichtverteidiger gelten (Kölbel NStZ 2021, 524 (530 Fn. 78)). Der Normtext („von ihm zu wäh-

lenden") stellt übrigens klar, dass mit der Vernehmung auch noch gewartet werden muss, bis ein gewünschter, aber noch nicht vorhandener **Wahlverteidiger** gefunden und verpflichtet worden ist (n. zu den Anforderungen an die Unterstützung bei der Kontaktherstellung s. etwa mwN MüKoStPO/Kölbel/Ibold StPO § 163a Rn. 40a f.). Durch all dies wird die Reichweite von S. 1 weiter verengt. Letztlich liegt ein **außerordentlich schmaler Anwendungsbereich** dieser Norm allenfalls in jenen Situationen, in denen erstens der gesteigerte Eilbedarf von Nr. 1 und Nr. 2 besteht und zweitens der Beschuldigte nicht nur aussagebereit ist, sondern erklärtermaßen auch keinen Wert auf die Anwesenheit von Wahlverteidigern legt. Damit hier dann noch von der amtsseitig obligatorischen Verteidigerbeiordnung abgesehen werden darf, muss der Beschuldigte allerdings auf die besagten prozessualen Rechte **verzichten** (n. zu Wirksamkeitsvoraussetzungen eines solchen Verzichts → § 70c Rn. 27 f.) – womit die Ausnahmeregelung in § 68b bei genauerem Hinsehen letztlich **funktionslos** ist.

III. Fehlerfolgen

De facto führt § 68b S. 1 zu einer Vernehmung ohne die an sich gebotene und amtsseitig sicherzustellende anwaltliche Begleitung. Aus diesem Grund entspricht die fehlerhafte Annahme oder gar die bewusst-missbräuchliche Behauptung einer dies rechtfertigenden Problemlage (→ Rn. 4 f., → Rn. 7) letztlich der Vorenthaltung einer Pflichtverteidigung in der Situation ihrer Notwendigkeit. Das gilt insb. auch für Fälle eines unzulänglichen Verzichts (→ Rn. 9). Deshalb unterliegt das Ergebnis, das in einer Vernehmung oder Gegenüberstellung unter solchen Bedingungen zustande kommt, einem **Verwertungsverbot** (→ § 68a Rn. 26; → § 70c Rn. 25; zust. HK-JGG/Gundelach Rn. 11; einschr. RegE BT-Drs. 19/13837, 61; Diemer/Schatz/Sonnen/Diemer Rn. 3; Brunner/Dölling Rn. 5: Einzelfallabwägung). Soll dessen Missachtung in der Revision gerügt werden, ist zu deren Begründung darzutun, dass und warum die Ausnahmegründe von Abs. 1 Nr. 1 und 2 nicht vorlagen (vgl. BGH BeckRS 2023, 27847: bei Anhaltspunkten für Verdunklungshandlungen ist mit Blick auf Abs. 1 Nr. 2 der Ermittlungsstand darzustellen). 10

Beistand

69 (1) **Der Vorsitzende kann dem Beschuldigten in jeder Lage des Verfahrens einen Beistand bestellen, wenn kein Fall der notwendigen Verteidigung vorliegt.**

(2) **Der Erziehungsberechtigte und der gesetzliche Vertreter dürfen nicht zum Beistand bestellt werden, wenn hierdurch ein Nachteil für die Erziehung zu erwarten wäre.**

(3) [1] **Dem Beistand kann Akteneinsicht gewährt werden.** [2] **Im übrigen hat er in der Hauptverhandlung die Rechte eines Verteidigers.** [3] **Zu einer Vertretung des Angeklagten ist er nicht befugt.**

Übersicht

I. Anwendungsbereich

1 Die Vorschrift gilt für **Jugendliche** in Verfahren vor den JGerichten, nicht aber notwendig auch in Verfahren vor den allg. Strafgerichten (§ 104 Abs. 1). Sie kann (und sollte) dort jedoch auf Grundlage einer entspr. Ermessensentscheidung zur Anwendung kommen (§ 104 Abs. 2). In Verfahren gegen **Heranwachsende** hat die Regelung keine Bedeutung (§ 109 Abs. 1 S. 1), auch nicht bei Anwendung des JStR (§ 109 Abs. 2). Mit dem Eintritt der Volljährigkeit endet eine bis dahin bestehende Beistandschaft (vgl. → § 109 Rn. 17).

II. Funktion und Einordnung

2 Der Beistand iSv § 69 soll (anders als der Betreuungshelfer iSv § 10 Abs. 1 S. 3 Nr. 5 und die Beistandschaft iSv § 12 Nr. 1) keine erzieherischen, dh keine zukunftsorientiert fördenden Aufgaben erfüllen (abw. Brunner/Dölling Rn. 1: „erzieherische Lenkung und Leitung"; ähnlich HK-JGG/Trug/Gundlach Rn. 1). Vielmehr obliegt ihm die **Unterstützung und Betreuung** des Jugendlichen **im aktuell laufenden Verfahren** (zur historischen Entwicklung MüKoStPO/Kaspar Rn. 2; Hauber Zbl 1982, 215 (216 f.)). Insofern besteht eine Parallele zum Verteidiger. Während dieser als juristischer Berater fungiert, besteht die Aufgabe des Beistandes im JStV primär darin, dem Jugendlichen in anderer Weise zu helfen: ihm erster Linie mit Rat und Zuspruch zur Seite zu stehen, ihn mit verfahrensbezogenen Anregungen zu begleiten und ihm so ein autonomes Prozessverhalten zu ermöglichen (ebenso in der Sache etwa Diemer/Schatz/Sonnen/Diemer Rn. 2; Hauber RdJB 1988, 399 (406)). Er kann aber auch fürsprechend tätig werden und **prozessuale Rechte** des Jugendlichen wahrnehmen **(Abs. 3 S. 2).** Mit dem Beistand nach § 149 StPO ist der jugendstrafrechtliche Beistand jedenfalls nicht in eins zu setzen (BGHSt 47, 62 (66) = NJW 2001, 3349 (3351); Diemer/Schatz/Sonnen/Diemer Rn. 3; aA NK-JGG/Sommerfeld Rn. 2; Bohnert ZfJ 1989, 232 (235)). Der Unterschied beruht auf seinen deutlich weitergehenden Rechten (vgl. auch BayObLGSt 97, 165 (167); LG Offenburg RPfleger 2007, 625 = BeckRS 2007, 10814).

3 Trotz des eben festgehaltenen Unterschieds besteht eine funktionale Nähe zwischen Beistand und Verteidiger. Das hat erstens zur Folge, dass der Beistand als Verfahrensbeteiligter mit einer prozessualen Stellung eigener Art

über diejenigen Tatsachen, die ihm in seiner Eigenschaft als Beistand bekannt geworden sind, gem. § 53 Abs. 1 Nr. 2 StPO (analog) iVm § 2 Abs. 2 das **Zeugnis verweigern** darf (Dallinger/Lackner Rn. 21; NK-JGG/Sommerfeld Rn. 7). In Fällen eines Konflikts mit Fürsorgepflichten muss er dies sogar. Die zweite Konsequenz besteht darin, dass das Gesetz (Abs. 1) ein **Nebeneinander** von Verteidigung und Beistand zu **unterbinden** versucht, um Divergenzen in der Wahrnehmung der Beschuldigteninteressen zu vermeiden. Dass dies außerhalb der Verfahren mit notwendiger Verteidigung nicht zum Tragen kommt (→ Rn. 10), ist insofern aber **unschlüssig.** Ohnehin lassen die Kompetenzdifferenzen von Verteidigung und Beistand (→ Rn. 2) durchaus auch ein Ergänzungs- und nicht nur ein Konfliktverhältnis als möglich erscheinen.

Während die psychosoziale Prozessbegleitung nach § 406g StPO, die beim strafprozessual involvierten Verletzten bzw. (mutmaßlich) Geschädigten beistandsähnliche Aufgaben übernehmen soll, zunehmend an Bedeutung gewinnt, führt die Beistandschaft auf Seiten des Beschuldigten in der **Verfahrenswirklichkeit** vielfach nur (noch) ein Schattendasein (zu diesem Ungleichgewicht auch → § 2 Rn. 55). Trotz gegenteiligen Werbens in der Lit. (Hauber RdJB 1988, 399 (402)) wird für eine Bestellung augenscheinlich kein Bedürfnis gesehen und stattdessen auf die Unterstützungsleistungen von gesetzlichen Vertretern, Erziehungsberechtigten und Vertretern der JGH oder von BewHelfern gesetzt. Zumindest mit Blick auf diese institutionellen Akteure fehlt es indes an Gleichwertigkeit, da sie keineswegs in einer nur-beistehenden Rolle handeln und ihnen vom Jugendlichen nicht zwangsläufig auch Vertrauen entgegengebracht wird. Berücksichtigt man ferner die bei ihnen nicht zu vernachlässigende Relevanz behördeninterner Handlungsnormen, muss diese Prozesspraxis als **bedenklich** gelten. De facto bietet sie für den Beistand, der sich iSv § 69 allein an den Belangen des Jugendlichen orientiert, kein ausreichendes Substitut. 4

III. Rechtsstellung des Beistands (Abs. 3)

1. Akteneinsicht

Grds. ist der JStA bzw. der JRichter befugt, den Beistand mündlich über den Verfahrensstand und (wesentliche) Teile des Akteninhalts zu unterrichten. Darüber, ob dem Beistand darüber hinaus Akteneinsicht gewährt wird, ist gem. Abs. 3 S. 1 nach pflichtgemäßem **Ermessen** zu befinden (vgl. auch SK-StPO/Wohlers StPO § 147 Rn. 16; für Ermessensreduzierung auf Null offenbar NK-JGG/Sommerfeld Rn. 6). § 147 StPO findet, wie sich aus dem Vergleich von Abs. 3 S. 1 und S. 2 ergibt, keine Anwendung. Bei der Entscheidung muss berücksichtigt werden, inwieweit hierdurch einerseits die Aufgabenumsetzung des Beistandes gefördert wird und andererseits die Gefahr einer missbräuchlichen Nutzung des Aktenwissens besteht. Ferner sind die Belange der Personen zu beachten, zu denen sich Informationen in den Akten befinden (vgl. auch Diemer/Schatz/Sonnen/Diemer Rn. 10: Orientierung an § 475 StPO). Für die Entscheidung **zuständig** ist gem. § 147 Abs. 5 S. 1 StPO (analog) iVm § 2 Abs. 2 im Vorverfahren die JStA und ansonsten der Vorsitzende des befassten Gerichts (vgl. auch MüKoSt- 5

PO/Kaspar Rn. 6). Gegen die Ablehnung der Akteneinsicht durch den JRichter ist Beschwerde zulässig (§ 304 StPO).

2. Rechte in der HV

6 Die Rechte, über die ein Verteidiger in der HV (sämtlicher Rechtszüge) verfügt – gem. der weiten hM auch in deren vorweggenommenen Teilen (§§ 223, 225, 233 StPO) –, kann gem. Abs. 3 S. 2 auch der Beistand in Anspruch nehmen. Er hat als Verfahrensbeteiligter gem. § 48 Abs. 2 S. 1 ein **Anwesenheitsrecht** (→ § 48 Rn. 19) und muss deshalb geladen werden (Abs. 3 S. 2 iVm § 218 Abs. 1 StPO). Ihm **ist** in der HV auf sein Verlangen **das Wort zu erteilen** (§ 257 Abs. 2 StPO iVm § 2 Abs. 2) und die Möglichkeit zu geben, sich mit dem Angeklagten zu besprechen. Er hat die **Rechte** gem. §§ 239, 240 Abs. 2, § 258 StPO iVm § 2 Abs. 2 sowie das Widerspruchsrecht nach § 249 Abs. 2 S. 2 StPO iVm § 2 Abs. 2 (allgA) und es kommt auf sein Einverständnis gem. § 251 Abs. 1 Nr. 1 und Abs. 2 Nr. 3 StPO iVm § 2 Abs. 2 an. Auch kann er **Beweisanträge** stellen (§ 244 StPO iVm § 2 Abs. 2), die verfahrensrechtlich wie solche des Verteidigers zu behandeln und zu bescheiden sind (Alsberg/Güntge Beweisantrag Kap. 5 Rn. 23; Eisenberg BeweisR StPO Rn. 168).

7 Ob dem Beistand die Anwesenheit bei Untersuchungshandlungen oder bei der mündlichen Verhandlung iRd Haftprüfung (§§ 118 f. StPO iVm § 2 Abs. 2) gestattet wird, unterliegt pflichtgemäßem **Ermessen** (weitergehend NK-JGG/Sommerfeld Rn. 6). Unterschiedlich geregelt ist die Möglichkeit, wie ein Verteidiger (§ 148 StPO) mit dem Beschuldigten zu verkehren, wenn dieser sich in **U-Haft** (vgl. → § 89c Rn. 54) oder im **JStVollzug** (vgl. → § 92 Rn. 95) befindet.

3. Einschränkungen

8 Trotz seines Anwesenheitsrechts darf der Beistand ggf. von der HV **ausgeschlossen** werden. Das betrifft zumind. nach umstr. Rspr. einmal jene ganz außergewöhnlichen Ausnahmesituationen, in denen dies auf der Grundlage von §§ 177, 178 GVG iVm § 2 Abs. 2 auch bei Verteidigern zulässig ist (BGH NJW 1974, 437 (438); n. zur Problematik MüKoStPO/Kulhanek GVG § 177 Rn. 5 ff.; Kirch-Heim NStZ 2014, 431). Handelt es sich beim Beistand um einen gesetzlichen Vertreter oder Erziehungsberechtigten, ist ein zeitweiliger Ausschluss gem. § 51 Abs. 5 zudem unter den engen Voraussetzungen von § 51 Abs. 2 und 3 möglich (iErg ebenso NK-JGG/Sommerfeld Rn. 7; Diemer/Schatz/Sonnen/Diemer Rn. 11; abw. offenbar Laubenthal/Baier/Nestler JugendStrafR Rn. 262; Bohnert ZfJ 1989, 232 (236)). Ggf. muss dann aber eine andere Beistandsperson hinzugezogen (n. → § 51 Rn. 18 und § 51 Rn. 31 ff.) oder der Beistand ausgetauscht werden (→ Rn. 15). § 247 StPO iVm § 2 Abs. 2 kommt beim Beistand wegen Abs. 3 S. 2 aber nicht zum Tragen (Brunner/Dölling Rn. 9; BeckOK JGG/Noak Rn. 8). Soll der Beistand als **Zeuge** vernommen werden, ist seine Entfernung überdies bis zu seiner Vernehmung zulässig (§ 58 Abs. 1, § 243 Abs. 2 StPO iVm § 2 Abs. 2), wobei diese allerdings zu Beginn der Beweisaufnahme vorzunehmen ist (vgl. → § 51 Rn. 16).

9 **Rechtsmittel** kann der Beistand **nicht** einlegen (vgl. → § 55 Rn. 8). Auch zu einer Vertretung des Angeklagten ist er nicht befugt **(Abs. 3 S. 3).**

Er darf deshalb (etwa im Falle des § 50 Abs. 1) nicht bevollmächtigt werden, den Angeklagten in der HV bzw. der Berufungs-HV (§ 329 Abs. 2 StPO iVm § 2 Abs. 2) zu vertreten (vgl. BT-Drs. 18/3562, 67 und 93). Soweit man **Verfahrensabsprachen** im JStR für zulässig hält (dazu → § 2 Rn. 47 ff.), ist der Beistand daran nicht zu beteiligen, weil ein originäres Mitwirkungsrecht des Verteidigers, das iRv Abs. 3 S. 2 bedeutsam wäre, hier nicht vorgesehen ist (vgl. auch MüKoStPO/Jahn StPO § 257c Rn. 71: Beteiligung des Verteidigers nur über § 137 Abs. 1 StPO).

IV. Bedingungen und Vornahme der Bestellung

1. Negativ-/Voraussetzungen

Darüber, ob ein Beistand zu bestellen ist, befindet das Gericht nach pflichtgemäßem **Ermessen.** Anlass hierfür besteht, wenn ein entsprechender Unterstützungsbedarf (vom Jugendlichen oder einem Dritten) artikuliert oder auf andere Weise erkennbar wird. Das Gesetz regelt ansonsten allein eine Ausschlussbedingung. Hiernach kommt die Bestellung eines Beistandes nicht in Betracht, sobald ein Fall der notwendigen Verteidigung (iSv § 68) vorliegt **(Abs. 1 Hs. 2).** Das schließt jene Konstellationen ein, in denen die Bestellung eines Pflichtverteidigers allein wegen der bereits erfolgten Beauftragung eines Wahlverteidigers unterblieben ist (Diemer/Schatz/Sonnen/Diemer Rn. 6; abw. NK-JGG/Sommerfeld Rn. 3). Dass ein Beistand bestellt wurde, lässt – insbes. mit Blick auf die ausgeprägtere (jugend-)strafrechtliche Befähigung des Verteidigers – die allg. Anforderungen an einen Fall von § 68 unberührt und steht daher der Bejahung von § 68 Nr. 1 iVm § 140 Abs. 2 StPO (→ § 68 Rn. 23) nicht entgegen (vgl. auch NK-JGG/Sommerfeld Rn. 5; abw. Brunner/Dölling Rn. 5; zur dann anstehenden Rücknahme der Beistandsbestellung → Rn. 15). 10

2. Auswahl der in Betracht kommenden Person

Rechtlich kann jede Person bestellt werden, die das notwendige **Vertrauen des Jugendlichen** besitzt oder voraussichtlich erwerben kann oder von ihm zumindest nicht ausdrücklich und ernsthaft abgelehnt wird (vgl. Hauber Zbl 1982, 215 (220)). Der Vorsitzende hat nach Möglichkeit eine Vertrauensperson des Jugendlichen aus dessen Verwandtschaft, Freundes- oder Bekanntenkreis oder Ausbildungs- bzw. Arbeitsbereich auszuwählen. **Erziehungsberechtigte** oder gesetzliche Vertreter kommen ebenfalls in Betracht – es sei denn, es lägen die Voraussetzungen von § 67 Abs. 4 vor (Bohnert ZfJ 1989, 232 (235)) oder die Bestellung ließe iSv **Abs. 2** verfahrensmäßige oder erzieherische Nachteile für den Jugendlichen erwarten. Vom Vorliegen dieses eng zu handhabenden Ausschlussmerkmals (s. auch → § 51 Rn. 7 f.) kann im Falle der **Eltern** des Beschuldigten mit Blick auf Art. 6 Abs. 2 GG indes nur ausnahmsweise ausgegangen werden (BVerfGE 107, 104 (130 f.) = NJW 2003, 2004 (2008 f.); s. auch Eisenberg/Zötsch GA 2003, 226 (228)). 11

Im Übrigen kann sich ein Rechtsanwalt oder ausnahmsweise auch ein Vertreter eines freien Trägers der JHilfe, des JAmtes oder der JGH eignen. Allerdings darf diese Person nicht in anderer Funktion in das Verfahren 12 eingebunden sein, also bspw. nicht zugleich die JGH vertreten (ebenso für den BewHelfer OLG Düsseldorf NStZ 1987, 340 zum allg. StR). Eine Bestellung scheidet ferner aus, wenn eine Pflichtenkollision (etwa bei Angehörigen des öffentlichen Dienstes) oder gar ein Missbrauch der Stellung zu befürchten ist (zust. Hauber RdJB 1988, 399 (407 f.)).

13 Die Auswahl der zu bestellenden Person liegt im pflichtgemäßen **Ermessen** des **Vorsitzenden** (für die gerichtliche Zuständigkeit gilt § 141 Abs. 4 StPO analog iVm § 2 Abs. 2). Ungeeignete Personen – etwa solche, bei denen ein Ausschlussgrund iSv → Rn. 8 absehbar ist – sind nicht auszuwählen. Kein Verfahrensbeteiligter hat einen Anspruch auf Bestellung eines bestimmten Beistandes. Allerdings können Anregungen gegeben werden. Besonderes Gewicht haben die stets zu berücksichtigenden Vorstellungen des Beschuldigten (→ Rn. 11), der daher vor der Auswahlentscheidung **anzuhören** ist.

14 Aus der Subjektstellung des Beschuldigten folgt, dass die richterliche Auswahl des Beistands **anfechtbar** ist (§ 304 StPO iVm § 2 Abs. 2). Das gilt gleichermaßen, wenn eine vorgeschlagene oder erwünschte Bestellung vom Vorsitzenden ganz verweigert wird (OLG Stuttgart Justiz 1976, 267; NK-JGG/Sommerfeld Rn. 10; HK-JGG/Trüg/Gundlach Rn. 9; aA Diemer/Schatz/Sonnen/Diemer Rn. 13; Brunner/Dölling Rn. 7).

3. Bestellungszeit

15 Möglich ist die Bestellung **in jeder Lage** des Verfahrens, also zB auch noch im Rechtsmittelverfahren sowie im Vollstreckungsverfahren (§ 83 Abs. 3 S. 2). Die Bestellung kann ggf. auch **zurückgenommen** werden. Dies muss geschehen, wenn im Laufe des Verfahrens eine Zulässigkeitsvoraussetzung entfällt (zB wenn sich herausstellt, dass ein Fall notwendiger Verteidigung vorliegt). Im Übrigen kann ein Beistand, der sich als ungeeignet erweist (s. etwa → Rn. 8), durch einen anderen **ersetzt** werden (Dallinger/Lackner Rn. 24). Dabei muss es sich aber um eine Ausnahmelage handeln, weil die Belange des Jugendlichen durch einen Wechsel beeinträchtigt werden könnten und es an eindeutigen Kritierien der (Un-)Geeignetheit ohnehin fehlt.

Mitteilungen an amtliche Stellen

70 (1) [1]**Die Jugendgerichtshilfe, in geeigneten Fällen auch das Familiengericht und die Schule werden von der Einleitung und dem Ausgang des Verfahrens unterrichtet.** [2]**Sie benachrichtigen die Jugendstaatsanwaltschaft, wenn ihnen bekannt wird, daß gegen den Beschuldigten noch ein anderes Strafverfahren anhängig ist.** [3]**Das Familiengericht teilt der Jugendstaatsanwaltschaft ferner familiengerichtliche Maßnahmen sowie ihre Änderung und Aufhebung mit, soweit nicht für das Familiengericht erkennbar ist, daß schutzwürdige Interessen des Beschuldigten oder einer sonst von der Mitteilung betroffenen Person oder Stelle an dem Ausschluß der Übermittlung überwiegen.**

(2) [1]**Von der Einleitung des Verfahrens ist die Jugendgerichtshilfe spätestens zum Zeitpunkt der Ladung des Jugendlichen zu seiner**

ersten Vernehmung als Beschuldigter zu unterrichten. [2] Im Fall einer ersten Beschuldigtenvernehmung ohne vorherige Ladung muss die Unterrichtung spätestens unverzüglich nach der Vernehmung erfolgen.

(3) **[1] Im Fall des einstweiligen Entzugs der Freiheit des Jugendlichen teilen die den Freiheitsentzug durchführenden Stellen der Jugendstaatsanwaltschaft und dem Jugendgericht von Amts wegen Erkenntnisse mit, die sie auf Grund einer medizinischen Untersuchung erlangt haben, soweit diese Anlass zu Zweifeln geben, ob der Jugendliche verhandlungsfähig oder bestimmten Untersuchungshandlungen oder Maßnahmen gewachsen ist. [2] Im Übrigen bleibt § 114e der Strafprozessordnung unberührt.**

Übersicht

I. Anwendungsbereich

Die sich aus der Vorschrift ergebenden Mitteilungspflichten bestehen bei **Jugendlichen** in StVerf sowohl vor den JGerichten – dort gem. § 78 Abs. 3 S. 2 auch im vereinfachten JVerfahren (OLG Düsseldorf NStZ 1999, 211) – als auch vor den allg. Strafgerichten (§ 104 Abs. 1 Nr. 11), wobei es dort aber hinsichtlich der JGH zu Einschränkungen aus Gründen der Staatssicherheit kommen kann (§ 104 Abs. 3). In Strafverfahren gegen **Heranwachsende** vor den JGerichten sind allein Abs. 2 und Abs. 3 anwendbar, während Abs. 1 durch die Vorgaben in § 109 Abs. 1 S. 3 und S. 4 ersetzt wird. Gem. § 112 S. 1 und S. 2 gilt dies in Verfahren vor den allg. Strafgerichten gleichermaßen (bei ggf. möglicher Einschränkbarkeit gem. § 104 Abs. 3). 1

Im **OWi-Verfahren** kann die Verwaltungsbehörde von der Hinzuziehung der JGH absehen, wenn (wie in den allermeisten Fällen) anzunehmen ist, dass sie für deren Aufgaben ohne Bedeutung ist (n. → § 38 Rn. 74, → § 43 Rn. 5). Naturgemäß darf sie dann gem. § 46 Abs. 1, 6 OWiG auch 2 auf eine Mitteilung iSv § 70 Abs. 1 verzichten (Göhler/Bauer OWiG Vor § 67 Rn. 28; Diemer/Schatz/Sonnen/Schatz Rn. 2).

II. Mitteilung durch Strafverfolgungsinstitutionen

1. Gesetzesvorbehalt und -konkretisierung

3 Da Ermittlungsergebnisse und Entscheidungen innerhalb eines StVerf häufig Anlass für behördliches oder gerichtliches Handeln im außerstrafrechtlichen Bereich geben, sehen zahlreiche Rechtsvorschriften für die verschiedensten Konstellationen eine **Mitteilungsbefugnis** (und bisweilen auch Mitteilungspflicht) vor (zur Frage des hier bestehenden Gesetzesvorbehalts vgl. bspw. von Wedel/Eisenberg NStZ 1989, 505 (507)). Das betrifft namentlich §§ 12 ff. EGGVG sowie eine Reihe besonderer Normen, zu denen auch Abs. 1 und die dort geregelten, erzieherisch begründeten Mitteilungen zählen (für weitere gesetzliche Mitteilungsregelungen → Rn. 12 ff.). Dies wird durch die besonderen Datenübermittlungs- bzw. Mitteilungsbefugnisse in §§ 474 ff. StPO (für die Justiz) und in den Landespolizeigesetzen (vgl. etwa für Bay Art. 56 ff. PAG für die Polizei) weiter ergänzt. Mitteilungen aus StVerf heraus, die über den Regelungsbereich dieser Rechtsgrundlagen hinausgehen, sind demgegenüber unzulässig (vgl. dazu etwa Ostendorf ZJJ 2007, 300 (300) anhand von „tagesaktuellen Intensivtäterlisten").

4 Die **Mistra,** bei der es sich letztlich um 17, nahezu wortgleiche Verwaltungsvorschriften des BMJV und der Landesjustizverwaltungen handelt (Anhang 3), hat hieran gemessen **normausfüllenden** Charakter. In ihr wird näher bestimmt, wann eine Mitteilung zu erfolgen hat. Die Mistra begründet für die Strafverfolgungsinstitutionen (StA und Gerichte) nämlich ggf. auch dort eine Pflicht, wo die besagten Gesetze allein Mitteilungsermächtigungen regeln; außerdem geht sie in der inhaltlichen Konkretheit über viele formal-gesetzliche Vorgaben hinaus. Unabhängig davon fungiert sie als **Arbeitshilfe,** insofern sie die verschiedenen, gesetzlich bestimmten Mitteilungskonstellationen zusammenstellt, systematisiert und koordiniert. Auch werden die Mitteilungsinhalte näher spezifiziert (vgl. Nr. 6 MiStra).

2. Mitteilungen gem. Abs. 1 S. 1

5 **a) Adressaten. aa) Schule.** Der vom Jugendlichen besuchten Schule sind ggf. die Einleitung und der Ausgang des Verfahrens mitzuteilen (s. auch § 109 Abs. 1 S. 3). Für die Mitteilung spricht, dass das Interesse an diesen Informationen mit Blick auf die schulische Aufgabenerfüllung (etwa Schutz von Mitschülern) berechtigt sein kann (vgl. auch → § 5 Rn. 52). Gegen die Mitteilung spricht (insbes. bei (noch) nicht abschließend aufgeklärtem Sachverhalt) die Gefahr, dass es womöglich zu **stigmatisierenden** informellen oder formellen Reaktionen der Schule kommt und/oder dass die Schule als Informationsquelle iSv § 43 Abs. 1 S. 1 und 2 ggf. an Zuverlässigkeit verliert (vgl. n. auch → § 43 Rn. 21 f.). Deshalb ist die Begrenzung in Nr. 33 MiStra (Mitteilung idR nur des Verfahrensausgangs) begrüßenswert. Aber auch insofern bedarf es einer vorrangig am „Wohl" des Beschuldigten auszurichtenden **Abwägung** (BT-Drs. 11/5829, 29 und 43). Nur, wenn die erwart-

baren Wirkungen für den Jugendlichen überwiegend günstig sein werden, handelt es sich iSv Abs. 1 S. 1 um einen „geeigneten Fall", in dem die Mitteilung zulässig ist (abw. Diemer/Schatz/Sonnen/Schatz Rn. 41: bei Tatvorwürfen iZm Schulkontext regelmäßige Information der Schule; ähnlich RL 1). Im Übrigen wird lediglich in Ausnahmefällen ein Anlass bestehen, bei Privatschulen zu anderen Bewertungen zu gelangen als bei öffentlichen Schulen (ebenso BeckOK StPO/Coen MiStra 1 Rn. 36).

bb) Familiengericht. § 22a Abs. 1 FamFG verpflichtet das JGericht zur Mitteilung an das FamG, wenn dessen Tätigkeit erforderlich ist (s. auch RL 2). Für den JStA sieht § 22a Abs. 2 FamFG dies ebenfalls vor, allerdings unter dem Vorbehalt der Ermessensausübung und entgegenstehender schutzwürdiger Beschuldigteninteressen. Diese Vorgaben stehen neben der Bestimmung in Abs. 1 S. 1, wobei durch die dortige Regelungsoffenheit eine **koordinierte** gleichartige Interpretation möglich ist (so denn auch Nr. 31 MiStra). Bei der Mitteilungsentscheidung ist nicht nur zu berücksichtigen, ob das FamG Anlass für die Einleitung erzieherischer Maßnahmen sehen könnte. Vielmehr ist auch die Möglichkeit abträglicher Effekte kumulativer Interventionen in Rechnung zu stellen, die bei einer „multi-institutionellen" Aufmerksamkeit bestehen kann. Am ehesten kommt eine Mitteilung bei Notwendigkeit des **sofortigen** familiengerichtlichen Einschreitens in Betracht (die Mitteilung hierauf sogar beschränkend NK-JGG/Sommerfeld Rn. 3). Das kann bei minderjährigen Zuwanderern, die unbegleitet eingereist sind, gegeben sein, weil das FamG dank der Unterrichtung dann kurzfristig die Erforderlichkeit einer Vormundschaft bzw. Pflegschaft prüfen kann (LG Rottweil NStZ-RR 2005, 220; BeckOK JGG/Pawlischta Rn. 12). 6

cc) JGH. Anders als bei Schule und FamG ist die JGH gem. Abs. 1 S. 1 ausnahmslos immer über die Einleitung und den Ausgang des Verfahrens zu unterrichten (s. auch § 109 Abs. 1 S. 3). Hiervon kann auch bei einem sich abzeichnenden **Berichtsverzicht** iSv § 38 Abs. 7 nicht abgesehen werden (zusr Brunner/Dölling Rn. 5; vgl. auch RegE BT-Dr. 19/13837, 62). Oft werden sich die Voraussetzungen eines Verzichts zum Mitteilungszeitpunkt iSv Abs. 2 (→ Rn. 10) noch gar nicht beurteilen lassen. Aber auch dort, wo der Verzicht bereits erklärt oder erwogen (und später erklärt) wird, bedarf es einer Information der JGH über die Verfahrenseinleitung – schon, um dem JAmt die Prüfung jugendhilferechtlicher Schritte zu ermöglichen (s. auch → § 38 Rn. 57). Abs. 1 S. 1 und Abs. 2 sehen auch gar keine Ausnahmen von der Mitteilungspflicht vor. 7

Das Spektrum der nach Nr. 32 MiStra **mitteilungsbedürftigen Umstände** geht über die Sachverhalte, die in Abs. 1 S. 1 genannt werden, deutlich hinaus. Die hierfür erforderlichen Befugnisnormen (→ Rn. 3 f.) finden sich in §§ 38, 50 und 72a. Die JGH ist bspw. nach **Nr. 32 Ziffer 5** MiStra über Ort und Zeit der HV zu informieren (§ 50 Abs. 3 S. 1; s. erg. RL 5 zu § 50). Unter **Nr. 32 Ziffer 3** MiStra fallen die vorläufige Unterbringung und der Haftbefehl (§§ 114, 126a Abs. 2 S. 1 StPO iVm § 2 Abs. 2) sowie die Unterbringungen gem. § 81 StPO iVm § 2 Abs. 2 sowie gem. § 73. Vorläufige Festnahmen sind unter den Voraussetzungen von § 72a S. 2 mitteilungspflichtig (BeckOK StPO/Gertler MiStra § 32 Rn. 8). Sonstige Abläufe, die mit vergleichsweise kurzem Freiheitsentzug einhergehen, sind nicht von der Vorschrift erfasst (und für Fragen der JHilfe oft auch nur eingeschr. relevant). **Nr. 32 Ziffer 9** MiStra schließt im Hinblick 8 auf § 38 Abs. 5 S. 5, Abs. 6 S. 1 auch Entscheidungen nach §§ 89a, 89b ein. – Agiert der Vertreter der JGH als Beistandsperson (§ 51 Abs. 6 und 7, § 67 Abs. 3, § 67a Abs. 4), können damit iÜ erweiterte Unterrichtungspflichten (§ 67a Abs. 2) einhergehen (→ § 67a Rn. 27).

9 **b) Prozessuale Einzelheiten. aa) Allgemeine Vorgaben.** Die Erfüllung von Mitteilungspflichten obliegt grds. dem **JGericht** und der **JStA.** Diese **Zuständigkeit** folgt aus ihrer Verfahrensherrschaft in den jeweiligen Verfahrensabschnitten und ergibt sich aus Nr. 4 MiStra und aus § 12 Abs. 1 EGGVG iVm § 2 Abs. 2. Manche Mitteilungen muss auch die **Polizei** vornehmen (→ Rn. 3), so va ggü. der JGH (→ Rn. 10 f.). Die Vorgaben zum Zeitpunkt der Mitteilungen variieren gem. den jeweiligen Einzelnormen und Nr. 6 MiStra.

10 **bb) Einzelheiten bei Mitteilungen an die JGH.** Aus § 38 Abs. 6 S. 2 ergibt sich die Notwendigkeit einer weiteren, deutlich früheren Mitteilung, um eine rechtzeitige Stellungnahme der JGH zu ermöglichen (n. dazu → § 38 Rn. 34). Mit Blick auf die dahingehenden Anforderungen legt **Abs. 2** den **spätestmöglichen** Mitteilungs**zeitpunkt** fest. Dies ist die Ladung des Jugendlichen zur ersten Vernehmung als Beschuldigter (zur Forderung nach einem Beweisverwertungsverbot bzgl. der Vernehmung, falls eine vom Jugendlichen gewünschte Unterstützung durch die JGH durch Nichtmitteilung verhindert wird, s. Nix MschrKrim 1993, 183 (188)). Bei einer Sofortvernehmung (→ § 70c Rn. 29), der keine Ladung vorangehen konnte (Bsp.: spontaner Beginn nach Antreffen; direkter Übergang aus Zeugenvernehmung), muss die Mitteilung auf die schnellste organisierbare Weise **nachgeholt** werden (Abs. 2 S. 2). Im Einzelfall kann die Mitteilungspflicht iÜ auch **schon früher** einsetzen (→ § 38 Rn. 59), falls nämlich für die Polizei bereits davor „erkennbar wird, dass Leistungen der JHilfe infrage kommen" (PDV 382, 3.2.7), oder falls es zu einer vorläufigen Festnahme bzw. dem Erlass eines Haftbefehls kommt bzw. dieser absehbar ist (§ 72a). Die Auffassung, der zufolge eine Mitteilung in gem. § 45 abgeschlossenen Verfahren ausscheide (NK-JGG/Sommerfeld Rn. 2), ist durch diese Vorgaben die Grundlage entzogen.

11 Zuständig für die Mitteilung ist während des Ermittlungsverfahrens die **JStA** (vgl. § 160 StPO iVm § 2 Abs. 2 und Nr. 4 Abs. 1 Ziffer 1 MiStra). Praktisch erfolgt die Information der JGH idR aber durch die hiermit betraute **Polizei** (ebenso Brunner/Dölling Rn. 5). Inhaltlich werden die Angaben in der sehr frühen Phase dabei oft nur sparsam und formularmäßig erfolgen können. Mitteilungsbedürftige Umstände und Verfahrensereignisse iSv Nr. 32 MiStra, die danach eintreten, machen eine neuerliche Nachricht erforderlich. Die von der Polizei weitergegebenen Daten scheinen den vorgesehenen **Umfang** (→ Rn. 8) allerdings oft zu übersteigen (BeckOK StPO/Gertler MiStra § 32 Rn. 5: Übersendung von Aktendoppel oder Aktenauszug). Diese Praxis kann sich nicht nur auf die Arbeit der JGH ungünstig auswirken (→ § 38 Rn. 32 f.), sondern ist auch mit Blick auf eine zw. Rechtsgrundlage bedenklich (unter Berufung auf § 13 Abs. 1 Nr. 1 EGGVG und Nr. 6 Abs. 2 MiStra dagegen befürwortend Kirchhoff NJW 2020, 1993 (1996)). Besonders problematisch ist es allerdings, dass die Mitteilungen vielfach zu spät erfolgen (n. → § 38 Rn. 59a).

3. Mitteilungen gem. anderer Regelungen

12 **a) Innerstrafprozessuale Information.** Eine „abschließende gesetzliche Grundlage für Mitteilungs- und Benachrichtigungspflichten der StA und des JGerichts" (so BeckOK/Pawlischta JGG Rn. 3) stellt Abs. 1 S. 1 nicht dar. Neben den in → Rn. 5 ff. erörterten Pflichten enthalten das JGG sowie das allg. StVR vielmehr noch weitere gesetzliche Mitteilungsregelungen im innerstrafprozessualen Kontext. **Während** des Verfahrens betrifft das namentlich die Notwendigkeit, gesetzliche Vertreter und **Erziehungsberechtigte** ins Bild zu setzen. Die dahingehenden Mitteilungen sind in §§ 67 Abs. 3 S. 3, 67a Abs. 1, Abs. 2 S. 2 und Abs. 5 sowie in § 109 Abs. 1 S. 3 und S. 4 geregelt (s. auch Nr. 34 MiStra). Unter den Voraussetzungen von § 67a Abs. 3 wird eine geeignete erwachsene Ersatzperson zum Mitteilungsempfänger (§ 67 Abs. 4 S. 1).

13 **Nach Abschluss** des Verfahrens bestehen Mitteilungspflichten gem. § 477 Abs. 2 StPO iVm § 2 Abs. 2 und Nr. 13 MiStra ggü. den in **Vollstr-** und Vollzugsfragen eingebundenen Institutionen (s. bspw. RL IV Nr. 1 zu §§ 82–85). Auch in StVerf gegen Jugendliche oder Heranwachsende ergeben sich aus § 406d Abs. 1 und Abs. 2 Nr. 1 und 3 StPO iVm § 2 Abs. 2 zusätzliche Informationspflichten ggü. dem dies beantragenden **Verletzten** (§ 373b StPO). Dagegen steht bei einer jugendorientierten Betrachtung (→ § 2 Rn. 15 ff., 51 ff.) den Anträgen gem. § 406d Abs. 2 Nr. 2 und 4 StPO idR ein überwiegendes schutzwürdiges Interesse entgegen. Ohnehin ist hier in Verfahren gegen Jugendliche vom Verletzten stets ein berechtigtes Interesse darzulegen, ohne dass ein Verzicht hierauf („ersichtlich ist") zulässig wäre (für Nr. 2 Hs. 2 ähnlich Diemer/Schatz/Sonnen/Schatz Rn. 15: nur in Fällen von § 80 Abs. 3).

14 Über den Verfahrensausgang muss schließlich auch die **Polizei** informiert werden (§ 482 StPO iVm § 2 Abs. 2; s. auch Nr. 11 MiStra), und zwar seitens der JStA (vgl. auch BeckOK StPO/Orschitt MiStra § 11 Rn. 6). Im JStV bestehen entgegen der ganz gängigen Praxis hierbei jedoch ganz erhebliche Einschränkungen, weil alle Informationen, die an das **Erziehungsregister** gemeldet werden, streng genommen aus der Mitteilung **herauszuhalten** wären (insbes. die Rechtsfolgen). Die Polizei soll über diese Informationen nicht verfügen – was daran zu erkennen ist, dass sie (anders als im allg. StR (s. § 41 Abs. 1 Nr. 5 BZRG)) diesbzgl. kein Auskunftsrecht hat (vgl. § 61 BZRG). Aus § 477 Abs. 2 StPO oder § 17 Nr. 1 EGGVG jeweils iVm § 2 Abs. 2 ergibt sich nur ausnahmsweise etwas anderes (abw. Diemer/Schatz/Sonnen/Schatz Rn. 12), weil es sowohl für die Vollstr bzw. Durchführung von Rechtsfolgen als auch für die polizeiliche Verfolgung anderer Straftaten lediglich in begründungsbedürftigen Einzelfällen erforderlich ist, dass die Polizei über die im Erziehungsregister enthaltenen Informationen zu anderen Taten verfügt.

15 **b) Mitteilungen an außer-strafprozessuale Institutionen.** Strafverfolgungsbehörden unterliegen iÜ einigen **sektoralen** Mitteilungspflichten ggü. nicht-strafprozessualen Behörden (wie bspw. gem. § 27 Abs. 3 und 4 BtMG oder mit Blick auf Soldatinnen und Soldaten gem. § 89 SG iVm § 115 BBG, s. auch Nr. 19 MiStra). Bzgl. **Nichtdeutscher,** die keine EU-Bürger sind, müssen die Einleitung eines JStV sowie die Anklageerhebung und der Erlass eines Haftbefehls der Ausländerbehörde mitgeteilt werden (§ 87 Abs. 4 Auf-

enthG; vgl. auch § 32 Abs. 1 S. 3 und 4 StAG, §§ 74 AufenthV und § 11 FreizügG/EU). Die ausdifferenzierte Umsetzung dieser Vorgaben in **Nr. 42 MiStra** ist datenschutzrechtlich nicht unumstritten (BeckOK StPO/Wußler MiStra § 42 Rn. 5). Ähnliche Verpflichtungen bestehen ggü. dem Bundesamt für Migration und Flüchtlinge (§ 8 Abs. 1a AsylG; s. auch Nr. 42a MiStra).

16 **§ 5 KKG** sieht eine Pflicht der Strafverfolgungsbehörden vor, ermittlungsbedingt erlangte Hinweise auf eine **Kindeswohlgefährdung** dem JAmt mitzuteilen. Die Vorschrift betrifft zwar in erster Linie jene Fälle, in denen es um eine (sexuelle) Viktimisierung des Minderjährigen geht (BT-Drs. 19/26107, 122 ff.), doch erstreckt sie sich durch ihren weiten Wortlaut auch auf Gefährdungen, die sich in jugendlicher Delinquenz äußern. Wegen der ohnehin bestehenden Mitteilungspflichten ggü. der JGH (→ Rn. 7 f., 10 f., → § 38 Rn. 59) kommt die Vorschrift (samt der angehobenen Zuständigkeitsanforderungen in § 5 Abs. 1 S. 2 KKG) hier aber kaum zum Tragen.

III. Mitteilung an Strafverfolgungsinstitutionen

1. Benachrichtigungspflichten gem. Abs. 1

17 Wird der JGH, dem FamG oder der Schule, denen die Einleitung eines JStV mitgeteilt wurde (→ Rn. 5 ff.), in der Folge ein **weiteres StVerf** gegen denselben Beschuldigten bekannt, haben sie diese Information weiterzugeben **(Abs. 1 S. 2).** Der richtige Empfänger ist stets der JStA, auch wenn sie selbst durch das JGericht ins Bild gesetzt worden waren (s. aber BeckOK JGG/Pawlischta Rn. 17: Doppel der Nachricht ans JGericht). Dadurch soll die Möglichkeit einer Verfahrensverbindung und einheitlichen Rechtsfolge (§§ 31, 32) sichergestellt werden. Ein diesbzgl. Bedarf besteht angesichts des länderübergreifenden Verfahrensregisters der StA (§§ 492 ff. StPO) allerdings nicht. Im Übrigen wird, da sich die geforderte Benachrichtigung auf Verfahren und nicht auf Straftaten bezieht, durch die Norm keine Strafanzeigepflicht begründet.

18 Das FamG muss gem. **Abs. 1 S. 3** der JStA darüber hinaus auch die Interventionen mitteilen, die es ggü. dem besagten Beschuldigten angeordnet hat. Hierdurch soll im Interesse des Erziehungsauftrags (§ 2 Abs. 1) die Koordinierung jugendgerichtlicher und **familiengerichtlicher Maßnahmen** unterstützt werden (→ § 9 Rn. 8 f.). Eine Mitteilung bzgl. Jugendlicher, gegen die kein Verfahren anhängig ist, kommt nicht in Betracht (Diemer/Schatz/Sonnen/Schatz Rn. 47; Brunner/Dölling Rn. 9). Auch muss das FamG auf eine Benachrichtigung verzichten, wenn dies wegen überwiegender Gründe erforderlich ist. Diese können sowohl in der Person des Beschuldigten als auch anderer mitteilungsbetroffener Dritter liegen. Allerdings hat das FamG bei seiner Entscheidung neben der Verhältnismäßigkeit einer Mitteilung insbes. den erzieherischen Belangen des Jugendlichen Rechnung zu tragen.

2. Benachrichtigungspflichten gem. Abs. 3

19 Die Regelung in **Abs. 3 S. 1** betrifft alle Varianten der „einstweiligen" Freiheitsentziehung – dh sämtliche Formen, die im JStV vor dessen rechts-

kräftigem Abschluss veranlasst werden können (s. BT-Dr. 19/13837, 31 f.: Polizeigewahrsam; U-Haft; Vollstreckung eines Europäischen Haftbefehls sowie Unterbringungen gem. § 126a StPO iVm § 2 Abs. 2, gem. § 73, gem. §§ 71 Abs. 2, 72 Abs. 4 oder gem. § 81 StPO iVm § 2 Abs. 2). Kommt es in deren Verlauf (ggf. infolge der entspr. landesrechtlichen Vollzugsvorschriften) zu einer **medizinischen** Untersuchung des Jugendlichen, sind die dabei ggf. anfallenden Informationen zur psychischen und physischen Verfassung des Jugendlichen von den Leitungen der jeweiligen Vollzugseinrichtungen unaufgefordert an die JStA und an das JGericht (da dieses in die Freiheitsentziehung eingebunden ist) weiterzugeben.

Mit Blick auf Art. 8 Abs. 2 RL (EU) 2016/800, dessen Umsetzung mit Abs. 3 ausdrücklich bezweckt wurde (BT-Dr. 19/13837, 62), existiert diese Pflicht allerdings nur bei bestimmten Feststellungen. Bei diesen muss die Möglichkeit bestehen, dass sie entweder für die (beständig und von Amts wegen vorzunehmende) Beurteilung der **Vernehmungs- und Verhandlungsfähigkeit** bedeutsam sind oder dass sie ggf. prozessuale Schutzvorkehrungen bei konkret absehbaren Ermittlungsmaßnahmen erfordern werden. Diese Relevanz muss jedenfalls bei **objektiver** Betrachtung denkbar sein („Anlass zu Zweifeln geben"). Die Pflicht entsteht also nicht erst, wenn die verpflichtete Stelle die jeweiligen Befunde für „durchschlagend" hält (zust. NK-JGG/Sommerfeld Rn. 13). Sind Untersuchungsergebnisse ggf. für andere jugendstrafrechtliche Fragen aufschlussreich (Reifeentwicklung usw) und/oder haben sie keinen medizinischen Charakter, kann sich die Befugnis (und womöglich auch Pflicht) zur Weitergabe allein aus anderweitigen Rechtsnormen ergeben (s. etwa → Rn. 21). 20

Von all dem unberührt bleibt die auf § 114e StPO iVm § 2 Abs. 2 beruhende und ähnlich strukturierte Mitteilungspflicht hinsichtlich der im **U-Haftvollzug** anfallenden Erkenntnisse **(Abs. 3 S. 2).** Die dort normierte Verpflichtung geht über die in Abs. 3 S. 1 geregelten Pflichten hinaus, da sie sich auch auf untersuchungsunabhängig entstehende und/oder **außermedizinische** Erkenntnisse erstreckt (s. auch → § 89c Rn. 4 f.). Außerdem setzt sie lediglich voraus, dass diese Befunde „für die Aufgaben der Empfänger von Bedeutung" (ebenso auch bzgl. Abs. 3 S. 1 iÜ noch der RefE vom 11.10.2018) und der JStA oder dem JGericht nicht ohnehin schon bekannt sind. Dies ist typischerweise auch bei Informationen der Fall, die für die Einschätzung des Reifestandes oder der erzieherischen Indikation aussagekräftig sein können. Allerdings kommt es insofern auf die subjektive Einschätzung der Vollzugsanstalt an. – Aus Ländergesetzen können sich iÜ weitergehende Informationspflichten ergeben (§ 114e S. 2 StPO iVm § 2 Abs. 2). 21

IV. Rechtsschutz

Mitteilungen seitens der JStA sowie der JGerichte und Familiengerichte stellen Justizverwaltungsakte dar, die nach §§ 23 ff. EGGVG einer gerichtlichen Überprüfung zugänglich sind. Erhalten Strafverfolgungsinstitutionen eine Mitteilung von öffentlichen Einrichtungen (JAmt/JGH, Schulen, Behörden), handelt es sich dagegen um Verwaltungsakte, für deren Anfechtung die Regelungen der VwGO maßgeblich sind (ebenso bspw. MüKoStPO/Kaspar Rn. 4). 22

Unterrichtung des Jugendlichen

70a (1) [1] Wenn der Jugendliche davon in Kenntnis gesetzt wird, dass er Beschuldigter ist, so ist er unverzüglich über die Grundzüge eines Jugendstrafverfahrens zu informieren. [2] Über die nächsten anstehenden Schritte in dem gegen ihn gerichteten Verfahren wird er ebenfalls unverzüglich informiert, sofern der Zweck der Untersuchung dadurch nicht gefährdet wird. [3] Außerdem ist der Jugendliche unverzüglich darüber zu unterrichten, dass

1. nach Maßgabe des § 67a die Erziehungsberechtigten und die gesetzlichen Vertreter oder eine andere geeignete volljährige Person zu informieren sind,
2. er in den Fällen notwendiger Verteidigung (§ 68) nach Maßgabe des § 141 der Strafprozessordnung und des § 68a die Mitwirkung eines Verteidigers und nach Maßgabe des § 70c Absatz 4 die Verschiebung oder Unterbrechung seiner Vernehmung für eine angemessene Zeit verlangen kann,
3. nach Maßgabe des § 48 die Verhandlung vor dem erkennenden Gericht grundsätzlich nicht öffentlich ist und dass er bei einer ausnahmsweise öffentlichen Hauptverhandlung unter bestimmten Voraussetzungen den Ausschluss der Öffentlichkeit oder einzelner Personen beantragen kann,
4. er nach § 70c Absatz 2 Satz 4 dieses Gesetzes in Verbindung mit § 58a Absatz 2 Satz 6 und Absatz 3 Satz 1 der Strafprozessordnung der Überlassung einer Kopie der Aufzeichnung seiner Vernehmung in Bild und Ton an die zur Akteneinsicht Berechtigten widersprechen kann und dass die Überlassung der Aufzeichnung oder die Herausgabe von Kopien an andere Stellen seiner Einwilligung bedarf,
5. er nach Maßgabe des § 67 Absatz 3 bei Untersuchungshandlungen von seinen Erziehungsberechtigten und seinen gesetzlichen Vertretern oder einer anderen geeigneten volljährigen Person begleitet werden kann,
6. er wegen einer mutmaßlichen Verletzung seiner Rechte durch eine der beteiligten Behörden oder durch das Gericht eine Überprüfung der betroffenen Maßnahmen und Entscheidungen verlangen kann.

(2) Soweit dies im Verfahren von Bedeutung ist oder sobald dies im Verfahren Bedeutung erlangt, ist der Jugendliche außerdem so früh wie möglich über Folgendes zu informieren:

1. die Berücksichtigung seiner persönlichen Verhältnisse und Bedürfnisse im Verfahren nach Maßgabe der §§ 38, 43 und 46a,
2. das Recht auf medizinische Untersuchung, das ihm nach Maßgabe des Landesrechts oder des Rechts der Polizeien des Bundes im Fall des einstweiligen Entzugs der Freiheit zusteht, sowie über das Recht auf medizinische Unterstützung, sofern sich ergibt, dass eine solche während dieses Freiheitsentzugs erforderlich ist,
3. die Geltung des Verhältnismäßigkeitsgrundsatzes im Fall des einstweiligen Entzugs der Freiheit, namentlich

a) des Vorrangs anderer Maßnahmen, durch die der Zweck des Freiheitsentzugs erreicht werden kann,
b) der Begrenzung des Freiheitsentzugs auf den kürzesten angemessenen Zeitraum und
c) der Berücksichtigung der besonderen Belastungen durch den Freiheitsentzug im Hinblick auf sein Alter und seinen Entwicklungsstand sowie der Berücksichtigung einer anderen besonderen Schutzwürdigkeit,

4. die zur Haftvermeidung in geeigneten Fällen generell in Betracht kommenden anderen Maßnahmen,
5. die vorgeschriebenen Überprüfungen von Amts wegen in Haftsachen,
6. das Recht auf Anwesenheit der Erziehungsberechtigten und der gesetzlichen Vertreter oder einer anderen geeigneten volljährigen Person in der Hauptverhandlung,
7. sein Recht auf und seine Pflicht zur Anwesenheit in der Hauptverhandlung nach Maßgabe des § 50 Absatz 1 und des § 51 Absatz 1.

(3) **Wird Untersuchungshaft gegen den Jugendlichen vollstreckt, so ist er außerdem darüber zu informieren, dass**

1. nach Maßgabe des § 89c seine Unterbringung getrennt von Erwachsenen zu erfolgen hat,
2. nach Maßgabe der Vollzugsgesetze der Länder
   a) Fürsorge für seine gesundheitliche, körperliche und geistige Entwicklung zu leisten ist,
   b) sein Recht auf Erziehung und Ausbildung zu gewährleisten ist,
   c) sein Recht auf Familienleben und dabei die Möglichkeit, seine Erziehungsberechtigten und seine gesetzlichen Vertreter zu treffen, zu gewährleisten ist,
   d) ihm der Zugang zu Programmen und Maßnahmen zu gewährleisten ist, die seine Entwicklung und Wiedereingliederung fördern, und
   e) ihm die Religions- und Weltanschauungsfreiheit zu gewährleisten ist.

(4) **Im Fall eines anderen einstweiligen Entzugs der Freiheit als der Untersuchungshaft ist der Jugendliche über seine dafür geltenden Rechte entsprechend Absatz 3 Nummer 2 zu informieren, im Fall einer polizeilichen Ingewahrsamnahme auch über sein Recht auf die von Erwachsenen getrennte Unterbringung nach den dafür maßgeblichen Vorschriften.**

(5) **§ 70b dieses Gesetzes und § 168b Absatz 3 der Strafprozessordnung gelten entsprechend.**

(6) **Sofern einem verhafteten Jugendlichen eine schriftliche Belehrung nach § 114b der Strafprozessordnung ausgehändigt wird, muss diese auch die zusätzlichen Informationen nach diesem Paragrafen enthalten.**

(7) **Sonstige Informations- und Belehrungspflichten bleiben von den Bestimmungen dieses Paragrafen unberührt.**

Übersicht

I. Anwendungsbereich

1 Die Bestimmung gilt in Verfahren, die vor den JGerichten und allg. Strafgerichten (§ 104 Abs. 1 Nr. 11a) gegen **Jugendliche** oder **Heranwachsende** geführt werden, bei diesen allerdings beschränkt auf jene Informationen, die auch für 18- bis 21-Jährige im JStV von Bedeutung sind (§§ 109 Abs. 1 S. 2, 112 S. 2). Für diese Einschränkung kommt es auf den Zeitpunkt der Unterrichtung an (Diemer/Schatz/Sonnen/Schatz Rn. 3). Im vereinfachten Verfahren (§ 78 Abs. 3) ist die Vorschrift gleichermaßen anwendbar.

II. Grundlagen der gesetzlichen Unterrichtungspflichten

1. Entstehung und Funktion der Norm

2 Es muss davon ausgegangenen werden, dass das Wissens- und Erfahrungsdefizit juristischer Laien (gemeinsam mit dem Bewusstsein der Vorwurfsbetroffenheit) für erhebliche Verunsicherungen im strafprozessualen Kontext sorgen kann und den Beschuldigten die Wahrnehmung der ihren Interessen dienenden Rechte erschwert (differenzierend Eisenberg/Kölbel Kriminologie § 30 Rn. 29 mwN). Bei Jugendlichen dürfte dieses Problem oftmals in gesteigertem Maße bestehen (ebenso RegE BT-Dr. 19/13837, 62). Die Bereitstellung von Informationen gilt daher (neben Fürsorgepflichten, anwaltlicher Unterstützung usw) traditionell als ein Mittel, um dem zu begegnen und den Beschuldigten ein möglichst situationsangemessenes Prozess- und Verteidigungsverhalten zu ermöglichen. So sieht auch **Art. 4 RL (EU) 2016/800** ein außerordentlich umfangreiches „Auskunftsrecht" der Jugendlichen vor, das eine deutlich breitere Unterrichtung als die in Art. 3 RL (EU) 2012/13 geregelten Belehrungen umfasst (dazu auch EuGH BeckRS

2024, 22796, Rn. 137 ff.). Zur Umsetzung dieser Vorgaben bedurfte es folglich einer weitergehenden Normierung, die durch das Gesetz zur Stärkung der Verfahrensrechte von Beschuldigten im Jugendstrafverfahren in Form von § 70a implementiert worden ist. Eine zentrale oder gar **abschließende** Regelung der prozessualen Aufklärung war damit aber **nicht** intendiert. Abs. 7 weist vielmehr ausdrücklich auf die Möglichkeit unberührt bleibender zusätzlicher Hinweis- und Informationspflichten hin.

2. Konzeption und Problematik der Norm

a) Abgestufte Struktur der Rechtsinformation. § 70a unterscheidet 3
zwischen der **anlassabhängig** zu gewährleistenden Information **(Abs. 2–4),** die nur iZm mit bestimmten prozessualen Situationen oder Entscheidungen bereitgestellt werden muss, und einer stets erforderlichen allg. Unterrichtung **(Abs. 1),** die dem Beschuldigten in einer frühen Verfahrensphase eine **Grundorientierung** über prozessuale Abläufe und wesentliche Aspekte seiner Rechtsstellung verschaffen soll. Beides – sowohl die immer obligatorische Basisaufklärung als auch die ereignisbezogene Instruktion – muss iÜ gleichermaßen ggü. den **Erziehungsberechtigten** bzw. gesetzlichen Vertretern erfolgen, damit der Jugendliche möglichst durch ein informiertes Umfeld unterstützt werden kann (→ § 67a Rn. 9 ff.).

b) Verhältnis von Unterrichtung und Belehrung. Belehrungen sind 4
informatorische Akte mit **gesteigertem Relevanz-** bzw. Dringlichkeitsgrad, weil sie unter Bezug auf **konkrete** Ermittlungsakte oder prozessuale Lagen erfolgen und jene Rechtskenntnis sicherstellen sollen, die für die **Nutzung** der dort jeweils bestehenden Rechte erforderlich ist. Die davon zu unterscheidenden „anderweitigen Informationen" klären dagegen über prozessuale Verläufe oder potenziell relevant werdende Verfahrensrechte auf und sorgen so für ein allgemeineres Orientierungsvermögen. Teilw. machen sie auch mit Rechtspositionen bekannt, die von den Inhabern nicht durch eigenes Verhalten aktiviert werden müssen. Obwohl § 70a sowohl Belehrungen als auch „bloße" Informationen zu regeln scheint (die erste Kategorie etwa bei Abs. 1 S. 3 Nr. 4 und die zweite bspw. bei Abs. 1 S. 3 Nr. 3), bleibt in der Norm weitgehend offen, ob mit dem, was nach den genannten Kriterien wie eine Belehrung wirkt, tatsächlich eine solche im engeren (technischen) Sinne normiert werden soll (dies bspw. bei Abs. 1 Nr. 6 ausdrücklich vern. RegE BT-Dr. 19/13837, 63). Der Funktion von § 70a (Sicherstellung von Entscheidungskompetenz) am besten gerecht wird indes eine systematische Norminterpretation, der zufolge es bei Abs. 1 bis 4 **nicht um Belehrungspflichten** geht, sondern um ausnahmslos hinzutretende allgemeinere Aufklärungspflichten (dazu auch Kölbel NStZ 2021, 524 (525); zust. NK-JGG/Sommerfeld Rn. 1c; Höynck/Ernst StV 2022, 58 (61)). Dies signalisiert das Gesetz durch die Überschriften von § 70a und § 70b sowie durch die Klausel in Abs. 7. Insbes. aber wäre § 70b anderenfalls auf die Unterrichtung direkt anwendbar, was mit der Anordnung der lediglich entspr. Geltung (Abs. 5) nicht zu vereinbaren ist. Belehrungspflichten ergeben sich deswegen stets unabhängig von § 70a aus einer eigenen un-/geschriebenen Rechtsgrundlage (abw., aber mit unklar bleibenden Konsequenzen Nix/Pschorr/Gmelin §§ 70a–70c Rn. 8 f., 12). Ist der jeweilige Informationsgegenstand zusätzlich auch in Abs. 1–4 erfasst, besteht folglich

eine **zweifache Aufklärungspflicht:** hierüber erstens abstrakt zu unterrichten und zweitens konkret zu belehren (n. → Rn. 17).

5 **c) Dysfunktionales informatorisches Übermaß.** Dass § 70a auch dann eine Unterrichtung einfordert, wenn über den Gegenstand darüber hinaus auch belehrt werden muss, wird vielen Beschuldigten als Überformalisierung erscheinen. Doch auch unabhängig von dieser Verdoppelung verpflichtet die Norm zu einer **übermäßig ausgreifenden Rechtsaufklärung** (bzw. sie hat dies wegen Art. 4 Abs. 1 RL (EU) 2016/800 vorzuschreiben). Während die in Abs. 2–4 geregelte Unterrichtung durch ihre Anlassbindung noch relativ überschaubar bleibt (→ Rn. 13 f.), ist der Informationskatalog, der gem. Abs. 1 jedem Beschuldigten zur Verfügung gestellt werden muss, außerordentlich umfangreich (→ Rn. 6 f.). Dass dies tatsächlich dazu beiträgt, Entfremdung, Verunsicherung und Desorientierung im JStV entgegenzuwirken, hat von Anbeginn berechtigte Zweifel geweckt. Wegen ihres Umfangs sind die Pflichtinformationen vielmehr geeignet, die **Distanz** zwischen formalisiertem Strafverfahren und jugendlicher Lebenswelt eher zu erweitern, als zu überbrücken (ebenso Sommerfeld ZJJ 2018, 296 (298 Fn. 21): kontraproduktiv wirkende Überfrachtung; Bock StV 2019, 508 (511): Gefahr der Überforderung; Diemer/Schatz/Sonnen/Schatz Rn. 6: „lebensfremde, nahezu groteske Überregulierung"). Angesichts dessen kommt es ganz wesentlich auf die Form des Informierens an, da die missliche Übermaß-Problematik durch die Präsentationsmodi etwas **gemildert,** bei ungünstiger Gestaltung aber eben umgekehrt auch noch verstärkt werden kann (n. dazu → Rn. 10 ff.). Außerdem liegt es in dieser Situation auch an der JGH, dem Jugendlichen bei der Bewältigung der Informationsflut zur Seite zu stehen (→ § 38 Rn. 15).

III. Allgemeine obligatorische Unterrichtung (Abs. 1)

1. Informationsinhalte

6 **a) Überblicksinformationen.** In Umsetzung von Art. 4 Abs. 1 S. 1 RL (EU) 2016/800 muss der Jugendliche nach **Abs. 1 S. 1 und 2** zum in → Rn. 8 bezeichneten Zeitpunkt mit dem strafprozessualen Kontext vertraut gemacht werden. Dies betrifft einmal die **Grundzüge des JStV,** dh die wichtigsten Beteiligten, die einzelnen Verfahrensstadien und die verschiedenen Entscheidungsmöglichkeiten. Zum anderen ist er über „die nächsten **anstehenden Schritte**" aufzuklären. Damit sind die den prozessualen Fortgang bewirkenden Entscheidungen und nicht etwa bevorstehende Ermittlungsmaßnahmen gegen den Jugendlichen gemeint (unklare Kritik hieran bei NK-JGG/Sommerfeld Rn. 4). Der in Abs. 1 S. 2 vorgesehene Vorbehalt (keine oder erst später erfolgende Mitteilung, wenn eine Beeinträchtigung der Nachforschungen zu befürchten ist) dürfte bei diesen Hinweisen verfahrenspraktisch kaum bedeutsam werden (abw. offenbar RegE BT-Dr. 19/13837, 62 unter Hinweis auf § 33 Abs. 4 StPO).

7 **b) Unbedingte Rechte-Informationen.** Art. 4 Abs. 1 RL (EU) 2016/800 verlangt nicht nur hinsichtlich der genannten allg. Aspekte der Verfahrensdurchführung, sondern auch bzgl. der Beschuldigtenrechte eine Unterrichtung. Dies soll, anders als bei Belehrungen im engeren und tech-

nischen Sinne (→ Rn. 4), nicht (nur/erst) dann geschehen, wenn die Rechtswahrnehmung virulent werden kann, sondern stets und „umgehend". Deswegen schreibt **Abs. 1 S. 3 Nr. 1–6** vor, den Jugendlichen im Zuge der Erstunterrichtung immer auch über die ihm nach Art. 5 ff. RL (EU) 2016/800 zustehenden, besonderen Rechte ins Bild zu setzen. Das konkret geforderte Informationsspektrum wird in der Regelung selbsterklärend aufgeführt. Insofern handelt es sich um eine **Direkttransformation** von Art. 4 Abs. 1 Buchst. a i–iv sowie b vi RL (EU) 2016/800, wobei der in Art. 4 Abs. 1 Buchst. a v RL (EU) 2016/800 vorgesehene Hinweis auf die Prozesskostenhilfe durch Abs. 1 S. 3 Nr. 2 abgedeckt wird (zum Ganzen auch RegE BT-Drs. 19/13837, 63 f.).

2. Zeitpunkt und Zuständigkeit

Die allg. Unterrichtung iSv Abs. 1 muss zu dem (meist) sehr **frühen Verfahrenszeitpunkt** erfolgen, in dem der Beschuldigtenstatus zu eröffnen ist – also typischerweise zu Beginn der Erstvernehmung oder vor einer anderen belehrungspflichtigen Ermittlungsmaßnahme. **Ausnahmen** von dieser Unterrichtungspflicht sind **nicht** vorgesehen (Diemer/Schatz/Sonnen/Schatz Rn. 4). Auch bei geringfügigen Verdachtsgegenständen und/oder in Verfahren mit zu erwartender alsbaldiger Einstellung kann hierauf also nur verzichtet werden, wenn das Verfahren ohne Beschuldigtenkontakt (dh idR ohne Vernehmung) eingestellt wird (weitergehend NK-JGG/Sommerfeld Rn. 1e: auch, falls Information dem Kindeswohl zuwiderlaufend). Dass der Informationspflicht entsprochen wurde, ist iÜ in den Akten zu **dokumentieren** (**Abs. 5** iVm § 168b Abs. 3 StPO). 8

Verantwortlich und zuständig ist die das Verfahren zum fraglichen Zeitpunkt jeweils durchführende Strafverfolgungsinstitution – konkret also jene Amtsperson, die die pflichtenauslösende Vernehmung oder Ermittlungsmaßnahme durchführt. Dabei handelt es sich nur selten um den JStA, sondern meist um Sachbearbeiter der Polizei, teilw. sogar um den Streifendienst vor Ort (va bei vorläufigen Festnahmen und/oder Sofortvernehmungen). In Fällen der notwendigen Verteidigung, in denen das JGericht wegen der Bestellung eines Pflichtverteidigers bereits im Vorfeld der Erstvernehmung beim Beschuldigten wegen der **Verteidigerwahl anfragen** muss (→ § 68a Rn. 8, 19 ff.), setzt dagegen der zuständige JRichter damit den Jugendlichen faktisch auch über die Beschuldigung in Kenntnis. Dann obliegt ihm zugleich die Unterrichtungspflicht. 9

3. Form des Informierens

Abs. 5 stellt durch den Verweis auf § 70b klar, dass die Unterrichtung iSv Abs. 1 sprachlich so gestaltet sein muss, dass sie den altersgruppentypischen und individuellen **Verständnisfähigkeiten** des jeweiligen Adressaten entspricht (vgl. auch Art. 4 Abs. 2 RL (EU) 2016/800). Darüber hinaus gehende Vorgaben macht die Vorschrift nicht. Insbes. gibt sie weder eine verschriftete noch eine mündliche Darstellung vor (zu Ausnahmen in Festnahmefällen → Rn. 15). Angesichts des Informationsumfangs drängt sich für die Praxis allerdings generell (zumindest für große Teile) ein **schriftliches** Vorgehen auf (vgl. RegE BT-Dr. 19/13837, 45: Merkblätter und Informationsmaterial; s. auch die entspr. Formularliste in der RL zu § 70a). Bei Bedarf 10 müssen die entspr. Informationsblätter allerdings auch in **fremdsprachigen** Varianten übergeben werden (§ 114b Abs. 1 S. 1 StPO analog iVm § 2 Abs. 2; vgl. auch Schmoll/Lampe/Holthusen ZKJ 20223, 94 (96) sowie RL 1 S. 2 zu § 70b).

11 Diese Informationsweise darf nicht allein durch institutionelle Praktikabilitätsbelange geleitet sein. Vielmehr sind die erheblichen Schwierigkeiten von (gerade auch jungen) Beschuldigten, die ihnen erteilten Rechtsaufklärungen zu begreifen und zur Handlungsgrundlage machen zu können (n. dazu → § 70b Rn. 3), eigens zu berücksichtigen. Wenn Rechtsinformationen in Formularen oder in anderer Schriftform vorgelegt werden, erweisen diese sich **sprachlich und inhaltlich oft als zu komplex,** um von den meisten Jugendlichen vollständig verstanden zu werden (empirisch etwa Freedman/Eastwood/Snook/Luther Applied Cognitive Psychology 2014, 427; Eastwood/Snook/Luther Crime & Delinquency 2015, 798). Allerdings können die Aussichten, dass sich Belehrungen und Rechtsinformationen den adressierten Jugendlichen erschließen, mit altersgerechten Textfassungen durchaus gesteigert werden (empirisch dazu Rogers/Blackwood/Fiduccia ua Criminal Justice and Behavior 2012, 229). Gem. Abs. 5 iVm § 70b sind die informierenden Strafverfolgungsbehörden verpflichtet, diese Möglichkeiten auszuschöpfen und sprachliche Fassungen zu wählen, die an die **Kommunikationsgewohnheiten** Jugendlicher angepasst sind. Belehrungs- und Informationsformulare, die für Erwachsene vorgesehen sind, dürfen also ohne altersbezogene Anpassungen im JStV nicht verwendet werden (EuGH BeckRS 2024, 22796, Rn. 155 f.).

12 Schriftliche Unterrichtungen iSv Abs. 1 stoßen jedoch auch unter dieser Voraussetzung an Grenzen. So lassen sich zwar die Grundzüge des JStV und die in Abs. 1 S. 3 genannten Rechte in Merkblätter fassen, nicht aber die Darstellungen der „nächsten anstehenden Schritte" (→ Rn. 6), die wegen ihrer Einzelfallabhängigkeit nur mündlich erläutert werden können (Brunner/Dölling Rn. 3; Sommerfeld ZJJ 2018, 296 (298)). Zeigt der Beschuldigte erkennbar Schwierigkeiten beim Verständnis der schriftlich erteilten Information, müssen diese ohnehin durch **weitergehende** individualisierte **Erläuterungen** behoben werden (vgl. ähnlich auch § 114b Abs. 1 S. 2 StPO). Mit Blick auf den Zweck der Unterrichtung und die Prinzipien des JStV (§ 2 Abs. 1) steht eine kaum oder gar unverständliche Aufklärung in ihrer Rechtswidrigkeit einer unterbliebenen Aufklärung nämlich gleich.

IV. Anlassabhängige Unterrichtung (Abs. 2–4)

1. Bedingte Rechte-Informationen

13 Art. 4 Abs. 1 RL (EU) 2016/800 verlangt relativ umfangreiche Allgemeininformationen (→ Rn. 6 f.), was der sinnvollen und naheliegenden Maßgabe, dass der Unterrichtungsumfang (va in Bagatellsachen) „von den Umständen des Falles abhängen" soll (RL (EU) 2016/800 Erwgr. 19 S. 3), letztlich nur eingeschränkt folgt (krit. → Rn. 5). Umgesetzt wird dieser Gedanke allein durch die Abschichtung einer Kategorie von Hinweisen, derer es (erst) in „der frühestmöglichen geeigneten Phase des Verfahrens" bedarf. In § 70a ist dies in Form einer **differenzierten Bedingtheit** umgesetzt worden: Informationen, die sich auf eine Freiheitsentziehung beziehen,

sind dem Jugendlichen (erst) bei Vornahme einer solchen zu geben (→ Rn. 15). Über einige andere Rechtspositionen – namentlich die in Abs. 2 Nr. 1, 6 und 7 genannten – ist er dagegen (erst) bei deren „Bedeutsamwerden“ aufzuklären. Mit Blick auf den Normzweck von § 70a bedeutet dies, dass die Informationspflicht entsteht, **sobald** die (sich beim Beschuldigten ergebende) **potenzielle Handlungsrelevanz** des fraglichen Wissens für die jeweils tätig werdende Strafverfolgungsinstitution erkennbar wird.

Bei den Rechtspositionen, die sich aus § 50 Abs. 1 und 2 sowie aus § 51 **14** ergeben (Abs. 2 **Nr. 6** und **Nr. 7**), ist dies der Zeitpunkt, zu dem ggü. dem Jugendlichen das Bevorstehen einer HV bekanntgemacht wird – also mit Mitteilung der Anklageschrift gem. § 201 StPO iVm § 2 Abs. 2 (NK-JGG/Sommerfeld Rn. 5b) oder spätestens mit der Ladung, in die die Information eingebunden werden kann (Brunner/Dölling Rn. 4). Der Hinweis iSv Abs. 2 **Nr. 1** muss dagegen erfolgen, sobald tatsächlich eine Ermittlung persönlicher Umstände gem. § 43 erfolgen soll – dh also sobald die JGH über das Verfahren informiert wird, ohne dass die StA wegen einer absehbaren Einstellung zugleich einen Berichtsverzicht (→ § 38 Rn. 79, → § 46a Rn. 3 f.) erklärt. Im Hinblick darauf, dass die Einbindung der JGH sehr früh erfolgen muss (→ § 38 Rn. 36, → § 70 Rn. 10 f.) und eigentlich immer eine Berücksichtigung der persönlichen Verhältnisse zu erfolgen hat, ist es angängig (oder gar angezeigt), die dahingehende Unterrichtung in die allg. Rechte-Information (→ Rn. 7) aufzunehmen (zust. NK-JGG/Sommerfeld Rn. 5b).

2. Informationen bei Freiheitsentziehungen

Mit Anordnung von U-Haft, die auch vollstreckt werden soll (RegE **15** BT-Dr. 19/13837, 64), ist der Jugendliche gem. **Abs. 3** vom Trennungsgrundsatz und einigen zentralen vollzugsrelevanten Rechtspositionen in Kenntnis zu setzen (dies jeweils an den einschlägigen Regelungen der VollzG der Länder ausgerichtet). Zu ergänzen ist dies um die in **Abs. 2 Nr. 2–5** genannten Informationen, die sich auf weitere Rechte beim Vollzug vorläufiger Freiheitsentziehungen sowie auf anordnungs- bzw. überprüfungsrelevante Prinzipien und Vorgaben beziehen. Das Bedeutsamwerden als dafür vorgesehener **Informationszeitpunkt** liegt nach dem in → Rn. 13 genannten Kriterium nämlich ebenfalls (erst) bei Anordnung des Vollzugs – also nicht bei einem außer Vollzug gesetzten Haftbefehl – vor (ebenso NK-JGG/Sommerfeld Rn. 5b). Im Falle der Anordnung einer zu vollstreckenden anderen Form der vorläufigen Freiheitsentziehung (RegE BT-Drs. 19/13837, 31 f.: Polizeigewahrsam; Vollstreckung eines Europäischen Haftbefehls; Unterbringung gem. § 126a StPO iVm § 2 Abs. 2, gem. § 73, gem. §§ 71 Abs. 2, 72 Abs. 4 oder gem. § 81 StPO iVm § 2 Abs. 2) gelten nach **Abs. 4** die gleichen, aber entspr. anzupassenden Unterrichtungspflichten (abgesehen vom Trennungsgrundsatz (Hinweis nur bei Polizeigewahrsam obligatorisch) und von Abs. 2 Nr. 4 und 5 (nur bei Europäischem Haftbefehl)).

3. Unterrichtungsmodalitäten

Aus den in → Rn. 14 f. genannten Informationsanlässen ergibt sich, dass **16** die Unterrichtung idR durch das Gericht, dh den **JRichter** erfolgen muss (s.

auch → Rn. 9). Ihm obliegt dann auch die Dokumentation (Abs. 5 iVm § 168b Abs. 3 StPO). Hinsichtlich der – notwendig jugendgemäß zu gestaltenden – Unterrichtungsform gelten sodann die Erläuterungen in → Rn. 10 ff. entsprechend. Erneut darf die Unterrichtung also in anlassbezogen gefassten **Informationsblättern** erfolgen. Soweit gem. § 114b Abs. 1 S. 1 StPO iVm § 2 Abs. 2 ohnehin eine schriftliche Belehrung zu erfolgen hat (bei **U-Haft,** anderen Haftbefehlen, vorläufiger Festnahme und Festhalten zur Identitätsfeststellung), ist dies sogar zwingend, denn dann muss die Unterrichtung in diese Belehrung integriert werden **(Abs. 6).** Inhaltlich betrifft dies alle Informationen nach Abs. 2–4 (bei Erstkontakt mit dem Beschuldigten auch nach Abs. 1). Soweit über jene Inhalte nicht ohnehin schon gem. § 114b Abs. 2 StPO iVm § 2 Abs. 2 zu belehren ist, sind sie in den auszuhändigenden „Letter of Rights" aufzunehmen (weshalb dieser im JStV umfangreicher als im allg. StVerf sein muss).

V. Parallele Belehrungen (Abs. 7)

17 Dass es sich bei den Informationen gem. § 70a nicht um Belehrungen handelt (→ Rn. 4) und Belehrungspflichten von der Unterrichtungspflicht unberührt bleiben (Abs. 7), macht bei einer Reihe von Gegenständen eine doppelte Aufklärung erforderlich. Nach Abs. 1–4 müssen die Strafverfolgungsinstitutionen den Jugendlichen zu den jeweils bezeichneten Zeitpunkten gleichsam **abstrakt** über die jeweils benannten Rechtslagen und subjektiven Rechte ins Bild setzen (idR durch eine schriftliche Übersicht oder Zusammenstellung). Auch wenn dies pflichtgemäß erfolgt, bedarf es **obendrein** aber ggf. noch einer konkret anlassbezogenen (meist mündlichen) Belehrung. Dies ist dann der Fall, wenn erstens eine Belehrungspflicht besteht, zweitens die betr. Rechte einschlägig werden und drittens der jeweils vorgegebene Belehrungszeitpunkt eintritt (ebenso wohl auch Sommerfeld ZJJ 2018, 296 (298)). So ist der Jugendliche bspw. über die Widerspruchsmöglichkeit iSv § 58a Abs. 3 S. 1 zunächst (beim Erstkontakt) allg. zu informieren (Abs. 1 S. 3 Nr. 4) und später noch einmal eigens zu belehren, sofern und sobald es tatsächlich zu einer audiovisuellen Aufzeichnung kommt (§ 70c Abs. 2 S. 4 iVm § 58a Abs. 3 S. 4 StPO). Allerdings kann der Belehrungszeitpunkt durchaus früher liegen und bei manchen Rechten mit den Informationszeitpunkten iSv Abs. 1–4 sogar **zusammenfallen,** etwa bei Rechtsbehelfsbelehrungen (zur Unterrichtung s. Abs. 1 S. 3 Nr. 6) oder beim elterlichen Konsultationsrecht im Falle einer Erstvernehmung (zur Belehrung → § 67 Rn. 28; zur Unterrichtung s. Abs. 1 S. 3 Nr. 5). Dann müssen in der fraglichen Situation beide gegenstandsgleichen Aufklärungspflichten sinnvoll verbunden und gemeinsam (in der förmlichen Belehrung) umgesetzt werden (so wohl auch NK-JGG/Sommerfeld Rn. 9b; für ein gesetzliches Bsp. → Rn. 16). Belehrungskonstellationen, die im Rahmen der von Abs. 1–4 geforderten Aufklärung gar nicht zu thematisieren sind (vgl. etwa § 136 Abs. 1 StPO iVm § 2 Abs. 2), werden von § 70a dagegen überhaupt nicht tangiert.

VI. Fehlerfolgen

Die Unterscheidung von allgemeinen Informationen und Belehrungen im engeren Sinne (→ Rn. 4) hat Konsequenzen bei auftretenden Fehlern: Unterbleibt eine erforderliche Belehrung, wird dies durch die allg. (und sich ggf. deckenden) Informationen iSv § 70a **nicht kompensiert.** Ob dies weitergehende Folgen hat (va ein Beweisverwertungsverbot), bestimmt sich daher nach den jeweiligen Regeln des fraglichen Belehrungsmangels. Ebenso verhält es sich, wenn neben der Belehrung auch die Unterrichtung nach § 70a versäumt wurde. Dagegen wird eine Verletzung von Abs. 1–4 in ausreichender Weise korrigiert, falls es anschließend zu einer Belehrung hinsichtlich der fraglichen Rechtsposition kommt und deren Kenntnis beim Beschuldigten so doch noch informatorisch gewährleistet wird (zur Heilung bei ähnlich gelagerten Verstößen gegen § 114b Abs. 2 StPO s. MüKoStPO/Böhm StPO § 114b Rn. 23 und 25). Eigenständige Bedeutung hat ein Verstoß gegen Abs. 1–4 nur bei Hinweisen, die nicht zugleich auch Gegenstand einer später oder parallel erforderlichen Belehrung sind. Dabei geht es aber um Informationen allgemeiner Art, die sich nur selten in der Nicht-/Wahrnehmung konkreter Rechte niederschlagen. Ein Verwertungsverbot ist hier allein in Ausnahmefällen denkbar, in denen eine Desorientierung aufrechterhalten wird, die sich (einem **Belehrungsmangel gleichend**) in irrtumsgetragenem Prozessverhalten niederschlägt. 18

Belehrungen

70b (1) [1] **Vorgeschriebene Belehrungen des Jugendlichen müssen in einer Weise erfolgen, die seinem Alter und seinem Entwicklungs- und Bildungsstand entspricht.** [2] **Sie sind auch an seine anwesenden Erziehungsberechtigten und gesetzlichen Vertreter zu richten und müssen dabei in einer Weise erfolgen, die es diesen ermöglicht, ihrer Verantwortung im Hinblick auf den Gegenstand der Belehrung gerecht zu werden.** [3] **Sind Erziehungsberechtigte und gesetzliche Vertreter bei der Belehrung des Jugendlichen über die Bedeutung vom Gericht angeordneter Rechtsfolgen nicht anwesend, muss ihnen die Belehrung darüber schriftlich erteilt werden.**

(2) **Sind bei einer Belehrung über die Bedeutung der Aussetzung einer Jugendstrafe zur Bewährung oder über die Bedeutung des Vorbehalts einer diesbezüglichen nachträglichen Entscheidung auch jugendliche oder heranwachsende Mitangeklagte anwesend, die nur zu Erziehungsmaßregeln oder Zuchtmitteln verurteilt werden, soll die Belehrung auch ihnen ein Verständnis von der Bedeutung der Entscheidung vermitteln.**

I. Anwendungsbereich

Die Vorschrift gilt für **Jugendliche** in Verfahren sowohl vor den JGerichten wie auch vor den für allg. Strafsachen zuständigen Gerichten (§ 104 Abs. 1 Nr. 11b). Auf **Heranwachsende** findet sie zumindest teilw. – näm- 1 lich auf Abs. 1 S. 1 und Abs. 2 beschränkt – Anwendung (§ 109 Abs. 1). Ausweislich des gesetzessystematischen Normstandortes (Unterabschnitt „Gemeinsame Verfahrensvorschriften") handelt es sich (besonders in Abs. 1) um eine allg. jugendstrafverfahrensrechtliche Regelung. Sie ist also im **gesamten Erkenntnisverfahren** zu berücksichtigen (vgl. aber § 83 Abs. 3 S. 2 für das Vollstr-Verfahren).

II. Die Regelung in Abs. 1 S. 1

1. Bedeutung und Zweck

2 **Abs. 1 S. 1** hebt die „natürliche" Voraussetzung einer Belehrung hervor, dass jeder Adressat deren Inhalt, Bedeutung und Tragweite **erfassen kann** (s. RL 2016/800 Erwgr. 13a S. 2). Das Gebot, die Aufklärung entspr. zu gestalten, ist funktionsimmanent und im Grunde so selbstverständlich, dass es (ohne eigene Positivierung) auch bei Erwachsenen (MüKoStPO/Kölbel/Ibold StPO § 163a Rn. 37) und bei Zeugen (Diemer/Schatz/Sonnen/Schatz Rn. 3) zu berücksichtigen ist. De facto wird es aber nur bedingt eingelöst. Die internationale, vorwiegend experimentell vorgehende Forschung zeigt mit großer Klarheit, das strafprozessuale Belehrungen von ganz erheblichen Anteilen ihrer Adressaten lediglich **ausschnittsweise verstanden** werden (Fenner/Gudjonsson/Clare J of Community & Applied Social Psychology 2002, 83; Eastwood/Snook Behavioral Sciences & Law 2009, 366). Dies ist keinesfalls allein mit Erfahrungsdefiziten oder kognitiven Einschränkungen der Belehrten zu erklären, sondern beruht wesentlich auch auf den Bedingungen dieses spezifischen Informationstransfers (Chaulk/Eastwood/Snook Canadian Journal of Criminology and Criminal Justice 2014, 323; Rendall/MacMahon Psychiatry, Psychology and Law 2021, 70). Durch eine Präsentation in Schriftform verbessert sich zwar die Verstehensrate. Auch wirken sich Vereinfachungen der grammatischen Struktur und andere verständlichkeitssteigernde Maßnahmen (Wiederholungen, Aufmerksamkeitsmarker, Textstrukturierung usw.) bei mündlichen und/oder schriftlichen Belehrungen durchaus positiv aus. Jedoch werden hierdurch allein begrenzte und keineswegs umfassende Verstehens-Wirkungen erreicht (Eastwood/Snook/Chaulk Criminal Justice and Behavior 2010, 453; Hughes/Bain/Gilchrist/Boyle Psychology, Crime & Law 2013, 549; Snook/Luther/Eastwood Legal and Criminological Psychology 2016, 174).

3 Diese für die prozedurale Fairness abträgliche Situation scheint bei **jugendlichen** Beschuldigten **noch stärker** als bei Erwachsenen ausgeprägt zu sein. Sie haben den professionellen Strafverfolgungsakteuren weniger entgegenzusetzen (→ Einl. Rn. 48, → § 68 Rn. 7, 45, → § 70c Rn. 8, 10) und verstehen das prozessuale Geschehen nur bedingt (→ Einl. Rn. 51 f., → § 50 Rn. 10 ff.). Sie sind aber auch über ihre Rechte kaum im Bild, da sich ihnen der Inhalt und die Relevanz strafprozessualer Rechtsbelehrungen nur ausschnittsweise erschließt (für Dtl. Artkämper/Hussels/Artkämper Kriminalistik 2022, 387 (393 f.); international Bishop/Feld Juvenile Crime and Juvenile Justice/Feld S. 669 f.; Vanderhallen Young Suspects/Panzavolta ua S. 323 f.; Sharf/Rogers/Williams/Drogin Psychological Assessment 2017, 556; APA Handbook/Goldstein/Kelley/Peterson ua S. 467 ff.; Sim/Lamb Psychology, Crime & Law 2018, 851; Kemp/Watkins Youth Justice 2022, 320; speziell

zu schriftlichen Aufklärungen und Informationen → § 70a Rn. 11). In der Praxis werden diese Schwierigkeiten durch die Neigung zu einer routinierten, formalisierten und **standardisierten Belehrungsform** (s. für die Polizei Capus/Stoll/Studer MschrKrim 2016, 42 (47 ff.); mwN auch Eisenberg/Kölbel Kriminologie § 26 Rn. 28; speziell für das JStV international etwa Sim/Lamb Psychology, Crime & Law 2018, 851; McCardle/Luther/Snook Youth Justice 2021, 299) weiter verstärkt. Dieser grundlegenden Problemlage soll Abs. 1 S. 1 entgegenwirken.

2. Vorgaben von Abs. 1 S. 1

4 Vor diesem Hintergrund verlangt die Norm ausdrücklich, dass sich die Art und Weise jeder Belehrung im JStV an den für die Altersgruppe typischen Kommunikationsformen und Verständnispotenzialen ausrichtet („Alter") sowie an dem individuellen Entwicklungs- und Bildungsstand orientiert (für Beschuldigte, die der deutschen Sprache nicht mächtig sind, s. erg. auch § 163a Abs. 5 StPO iVm § 2 Abs. 2). Die belehrende Person muss sicherstellen, dass die Belehrung für den Jugendlichen **konkret begreifbar** ist (n. dazu auch Riekenbrauk ZJJ 2014, 200 (201 ff.); zur redaktionellen Anpassung von Abs. 1 S. 1 an Art. 13 Abs. 2 RL (EU) 2016/800 und Erwgr. 44 s. RegE BT-Drs. 19/13837, 66). Das setzt Kompetenzen voraus, die in den Strafverfolgungsinstitutionen ohne entspr. Schulung nicht vorausgesetzt werden können (s. daher → § 37 Rn. 3 ff.). Die Frage, ob die Belehrung in mündlicher oder schriftlicher Form erfolgen soll, wird von der Vorschrift offengelassen. Da sich der Vernehmende allerdings idR vergewissern muss, dass der Belehrungsinhalt vom Belehrungsempfänger verstanden worden ist, bedarf es in beiden Varianten ggf. einer mündlichen Zusatzerläuterung.

5 Eine Belehrung, die entweder allg. missverständlich formuliert ist oder den genannten, altersbezogenen Anforderungen nicht genügt, ist **unwirksam** und steht daher einer unterlassenen Belehrung gleich. Die Konsequenzen hängen vom jeweiligen Zusammenhang ab. Erfolgt bspw. die nach § 60 Abs. 1 S. 2 erforderliche Belehrung in unzulänglicher Weise, kann dies gegen die Beharrlichkeit eines Weisungs- oder Auflagenverstoßes sprechen und den Bewährungswiderruf ausschließen (→ §§ 26, 26a Rn. 13; → § 60 Rn. 9, 14). Ist eine Belehrung in einer polizeilichen Vernehmung mangelhaft, weil der Beschuldigte einem gesteigerten vorwurfsbedingten Stress unterliegt (zu Auswirkungen s. Scherr/Madon Law & Human Behavior 2012, 275) und die Belehrungsperson dem in ihrem Belehrungsverhalten keine Rechnung trägt, kommt hinsichtlich der Aussagen ein Verwertungsverbot in Betracht (ebenso unter Hinweis auf die Beweisproblematik Diemer/Schatz/Sonnen/Schatz Rn. 14). Verwertbar ist die betr. Beschuldigtenaussage nach entspr. mangelhafter Belehrung nur dann, wenn der Jugendliche den Belehrungsinhalt trotz seines Zustandes zweifelsfrei kannte (BGHR StPO § 136 Belehrung 17 = BGH BeckRS 2010, 14686 mAnm Petzolt/Englert StRR 2015, 404; dazu und zur ggf. bestehenden Notwendigkeit einer qualifizierten Folgebelehrung bspw. auch MüKoStPO/Kölbel/Ibold StPO § 163a Rn. 52 f.; Eisenberg StV 2013, 44 (44); s. ferner → § 70c Rn. 15).

III. Die übrigen Regelungen

1. Abs. 1 S. 2 und 3

6 Die Vorschriften stehen in einem Funktionszusammenhang mit dem umfassenden Unterrichtungsrecht der Erziehungsberechtigten und gesetzlichen Vertreter (→ § 67a Rn. 2) und verfolgen daher eine gemeinsame Zweckrichtung: In erster Linie sollen die Eltern durch die Rechtsaufklärung in den Stand versetzt werden, dem Jugendlichen in der Konfrontation mit den Strafverfolgungsinstitutionen **unterstützend** zur Seite zu stehen (→ § 67 Rn. 6, → § 67a Rn. 4). In nachrangiger Weise ergibt sich ihr Belehrungsanspruch auch aus ihrem Erziehungsrecht (Art. 6 Abs. 2 GG). Außerdem soll speziell bei Belehrungen mit Rechtsfolgenbezug ihre kooperative Haltung gewährleistet werden, aus der heraus die Umsetzung der später verhängten Rechtsfolgen von ihnen gefördert wird und ein ablehnendes Agieren ggü. der BewHilfe oder JGH bei der Maßnahmendurchführung unterbleibt.

7 Angesichts dieser Ziele sind Erziehungsberechtigte und gesetzliche Vertreter im Falle ihrer Anwesenheit (§ 67 Abs. 3) über die Rechte des Beschuldigten (oder andere rechtliche Gegebenheiten) **im gleichen Maße zu belehren wie dieser selbst.** Dem Belehrungszweck entspr. muss dies in einer für sie verständlichen Art und Weise geschehen (→ Rn. 4; für Nichtdeutsche s. ggf. § 185 Abs. 1 S. 1 GVG iVm § 2 Abs. 2). Handelt es sich um Belehrungen über gerichtlich angeordnete Rechtsfolgen und sind die Erziehungsberechtigten und gesetzlichen Vertreter abwesend, muss ihnen eine entspr. Belehrung gem. Abs. 1 S. 3 schriftlich erteilt werden (zur Situation bei Anwesenheit nur eines Elternteils gem. § 67 Abs. 5 S. 2 → § 67 Rn. 43). Inwiefern sich eine solche (notwendig formalisierte) elterliche Aufklärung tatsächlich noch günstig auswirken kann, ist aber fraglich (sehr krit. NK-JGG/Sommerfeld Rn. 8).

2. Abs. 2

8 Die nach dieser Vorschrift vorzunehmende Aufklärung bezieht sich speziell auf die Bedeutung der erfolgten oder vorbehaltenen Aussetzung einer JStrafe zBew sowie in entspr. Anwendung auch auf die vorbehaltene JStrafe gem. § 27 (Diemer/Schatz/Sonnen/Schatz Rn. 13). Die hier vorzunehmende Belehrung des betroffenen Jugendlichen oder Heranwachsenden (§ 60 Abs. 1 S. 2, §§ 61 Abs. 3 S. 4, 61b Abs. 1 S. 7) muss sich auch an die ggf. anwesenden jugendlichen oder heranwachsenden Mitangeklagten wenden, sofern bei diesen eine weniger intensive Rechtsfolge angeordnet worden ist. Dies soll ihnen eine **adäquate Einordnung der Sanktionierung** (auch in Relation zu ihrer eigenen) ermöglichen. Relevant ist das insbes. in Fallkonstellationen, in denen für einen Angeklagten eine vorbehaltene JStrafe oder eine JStrafe mBew (oder Vorbewährung) und für den anderen ein (nicht aussetzungsfähiger) JA festgelegt wird. Hier besteht Anlass, dem etwaigen **Gefühl einer ungerechten Schlechterstellung** durch den unmittelbar spürbaren Arrestvollzug entgegenzuwirken. Es muss aufgezeigt werden, dass Bewährungssanktionen keine faktischen Freisprüche sind, sondern ein „Damoklesschwert" darstellen und durch Weisungen und Auflagen auch

erhebliche Belastungen für den zu JStrafe Verurteilten mit sich bringen. Das setzt eine jugendgemäße und adressatenorientierte Belehrungsform iSv Abs. 1 S. 1 voraus. Verzichtbar ist dieses Vorgehen nur in atypischen Ausnahmefällen („soll").

Vernehmung des Beschuldigten

70c (1) **Die Vernehmung des Beschuldigten ist in einer Art und Weise durchzuführen, die seinem Alter und seinem Entwicklungs- und Bildungsstand Rechnung trägt.**

(2) [1] **Außerhalb der Hauptverhandlung kann die Vernehmung in Bild und Ton aufgezeichnet werden.** [2] **Andere als richterliche Vernehmungen sind in Bild und Ton aufzuzeichnen, wenn zum Zeitpunkt der Vernehmung die Mitwirkung eines Verteidigers notwendig ist, ein Verteidiger aber nicht anwesend ist.** [3] **Im Übrigen bleibt § 136 Absatz 4 Satz 2 der Strafprozessordnung, auch in Verbindung mit § 163a Absatz 3 Satz 2 oder Absatz 4 Satz 2 der Strafprozessordnung, unberührt.** [4] **Wird die Vernehmung in Bild und Ton aufgezeichnet, gilt § 58a Absatz 2 und 3 der Strafprozessordnung entsprechend.**

(3) [1] **Eine Aufzeichnung in Bild und Ton nach Absatz 2 lässt die Vorschriften der Strafprozessordnung über die Protokollierung von Untersuchungshandlungen unberührt.** [2] **Wird eine Vernehmung des Beschuldigten außerhalb der Hauptverhandlung nicht in Bild und Ton aufgezeichnet, ist über sie stets ein Protokoll aufzunehmen.**

(4) [1] **Ist oder wird die Mitwirkung eines Verteidigers zum Zeitpunkt einer Vernehmung des Beschuldigten oder einer Gegenüberstellung (§ 58 Absatz 2 der Strafprozessordnung) notwendig, ist diese für eine angemessene Zeit zu verschieben oder zu unterbrechen, wenn ein Verteidiger nicht anwesend ist und kein Fall des § 68b vorliegt.** [2] **Satz 1 gilt nicht, wenn der Verteidiger ausdrücklich auf seine Anwesenheit verzichtet hat.**

Schrifttum: Bley, Vernehmer und Beschuldigte in Interaktion, 2012; Lassiter/Meissner (Hrsg.), Police Interrogations and False Confessions, 2010; Michel, Die audiovisuelle Aufzeichnung von Beschuldigtenvernehmungen im Ermittlungsverfahren, 2019; Rommerskirchen, Prekäre Kommunikation, 2011; Schröer, Verfehlte Verständigung, 2002; Vanderhallen/van Oosterhout/Panzavolta/de Vocht (Hrsg.), Interrogating Young Suspects. Procedural Safeguards from an Empirical Perspective, 2016.

Übersicht

I. Allgemeines

1. Anwendungsbereich

1 In **persönlicher** Hinsicht ist die Bestimmung in Verfahren gegen Jugendliche wie gegen Heranwachsende (§ 109 Abs. 1 S. 1) anwendbar, und dies auch vor den für allg. Strafsachen zuständigen Gerichten (§ 104 Abs. 1 Nr. 11c, § 112 S. 1 und 2).

2. Entstehung und Reichweite der Norm

2 Die Einführung der Vorschrift durch das Gesetz zur Stärkung der Verfahrensrechte von Beschuldigten im Jugendstrafverfahren verdankt sich dem Umstand, dass aus den verschiedenen Regelungen in Art. 6, 9 und 13 der RL (EU) 2016/800 diverse umsetzungsbedürftige Vorgaben resultieren, die ganz unterschiedliche Aspekte der Beschuldigtenvernehmung betreffen. Diese wurden daher – da das JGG davor (abgesehen von dem spezifischen Ermittlungsauftrag in § 44) keine Vernehmungsvorschrift enthielt – in einer neuen Regelung zusammengeführt. Das erklärt, weshalb sich § 70c auf recht heterogene Materien bezieht, nämlich auf das Vernehmungsverhalten (Abs. 1), die audiovisuelle und sonstige Vernehmungsdokumentation (Abs. 2 und 3) sowie die Gewährleistung einer ggf. notwendigen Verteidigeranwesenheit.

3 § 70c zählt als Teil des Siebenten Unterabschnitts zu den „gemeinsamen Verfahrensvorschriften" und bezieht daher (anders als § 44) in **sachlicher** Hinsicht grds. das gesamte JStV in seinen Regelungsbereich ein (RegE BT-Drs. 19/13837, 66). Allerdings kommen die Bestimmungen in Abs. 2–4 wegen ihres Sachzusammenhangs und auch ausweislich der Normtextformulierungen lediglich im Ermittlungsverfahren zum Tragen. Eine tatsächlich übergreifende Anwendungsrelevanz hat daher vorwiegend nur Abs. 1. Diese erstreckt sich mit Blick auf § 78 Abs. 3 S. 1 auch auf die mündliche Verhandlung im **vereinfachten** JVerfahren.

II. Vernehmung Jugendlicher

1. Vernehmungsbegriff

4 Ungeachtet der allg. Anwendbarkeit (→ Rn. 3) hat Abs. 1 eine besondere Bedeutung für Vernehmungen im Ermittlungsverfahren. Eine Vernehmung liegt hier bei jeder in amtlicher Funktion erfolgenden, als solche nach außen erkennbaren Befragung durch eine Auskunftsperson vor (vgl. etwa BGHSt 42, 139 (145 f.) = NJW 1996, 2940 (2941); BGHSt 52, 11 (15) = NJW 2007, 3138 (3139); BGH NJW 2018, 1986 (1987); SK-StPO/Rogall StPO § 136 Rn. 14). Dass die StPO und damit gem. § 2 Abs. 2 auch das JGG von diesem **formellen** Vernehmungsbegriff ausgehen, ergibt sich aus § 163a Abs. 3 und 4 StPO (zu den Konsequenzen für verdeckt durchgeführte Befragungen s. etwa MüKoStPO/Kölbel/Ibold StPO § 163a Rn. 7 f. mwN).

5 Bei Erkundigungen, mit denen die Ermittlungsperson herauszufinden versucht, ob überhaupt eine Anfangsverdachtslage besteht und/oder wer als Auskunftsperson in Betracht kommen könnte (sog. **informatorische Befragung**), handelt es sich aus der Warte der Praxis dagegen um erlaubte, formlose Informationserhebungen (BGHSt 38, 214 (227) = NJW 1992, 1463 (1466)). Da aber eine solche Befragung alle Merkmale des Vernehmungsbegriffs aufweist, findet mit ihr eine polizeiliche Zeugenvernehmung statt (aA etwa SK-StPO/Rogall Vor § 133 ff. Rn 43 f.). Die entspr. Belehrungspflicht (§ 52 StPO) setzt hier jedoch erst ein, wenn eingeschätzt werden kann, ob der Befragte tatsächlich als Zeuge befragt werden soll (vgl. etwa Löwe/Rosenberg/Erb StPO § 163a Rn. 19 f.). Ergeben sich indes erste Verdachtshinweise gegen die informatorisch befragte Person, muss die Befragung beendet oder in eine Beschuldigtenvernehmung unter den dazu gehörigen Formanforderungen (einschließlich der Abs. 1–4) überführt werden (s. auch zur **Sofortvernehmung** → Rn. 29). Doch selbst wenn die Befragung ohne diesen förmlichen Schritt fortgesetzt wird, kommt in ihr idR eine Überführungsabsicht zum Ausdruck, durch die das Geschehen prozessual als eine (dann: regelwidrig durchgeführte) Beschuldigtenvernehmung gilt (weshalb die dort belehrungslos entstandenen Aussagen unverwertbar sind (n. etwa MüKoStPO/Kölbel/Ibold StPO § 163a Rn. 10 f.)). Zum Schutz Jugendlicher ist die diesbzgl. Grenzlinie dabei vorverlagert, dh bei informatorisch befragten Jugendlichen ist die Beschuldigtenbelehrung vorsichtshalber **früher** als bei Erwachsenen vorzunehmen (vgl. Rieke Vernehmung S. 32 f.; nicht erörtert bei BGH NStZ 2004, 389).

2. Altersbedingte Besonderheiten

6 **a) Vernehmungsinteraktion.** Die Primärfunktion von Vernehmungen liegt in der Gewährung **rechtlichen Gehörs** – also darin, dem Beschuldigten zu ermöglichen, seine Sicht bzw. Verteidigungsaspekte vortragen zu können (s. etwa MüKoStPO/Kölbel/Ibold StPO § 163a Rn. 13; Müller, Die Täuschung des Beschuldigten, 2022, S. 38 ff.). In der (va polizeilichen) Vernehmungswirklichkeit (zur Kommunikation in der HV → Einl. Rn. 51 f., → § 50 Rn. 10 ff.) dominieren dagegen **Befragungsverfahren,** die in jeweils unterschiedlicher Weise darauf abzielen, das Zurückhalten von

Wissen kommunikativ zu überwinden und dessen Preisgabe sicherzustellen. Das kommunikative Vorgehen ist idR weniger auf eine frei entwickelte Ereignisversion der Befragten ausgelegt, sondern von einer impliziten oder gar expliziten Schuldvermutung der Vernehmenden getragen (May/Stein/Gundlach/Volbert MschKrim 2021, 81) und daher – in unterschiedlichem Grad – auf das „Hervorholen" der vom Vernehmer jeweils erwarteten bzw. gesuchten Angaben gerichtet (s. auch die Befragungsdaten bei Schell-Leugers/Hittmeyer/Volbert ua MschrKrim 107 (2024), 164 (172 f.)). Dabei verbreitet eingesetzte Gesprächstechniken (umfassende Systematisierung bei Kelly/Miller/Redlich/Kleinman Psychology, Public Policy, and Law 2013, 165) kommen zwar weitgehend ohne massive Bedrohungen oder Zwangsformen aus (s. international aber King/Snook Criminal Justive & Behavior 2009, 674 (688 f.)), enthalten jedoch durchaus gewisse auf Täuschung, Verführung und Druck setzende Elemente (für Dtl. vgl. Schicht Kriminalistik 2012, 178 (180 f.); dazu international Leo JCLC 1996, 266 (277 ff.); bei Jugendlichen Feld JCLC 2006, 219 (261 ff.); Feld Law & Society Review 2013, 1 (13 ff.); Vanderhallen Young Suspects/Panzavolta/de Vocht/Hodgson ua S. 359 ff.: Konfrontation mit angeblicher Beweislage, Lügevorwürfe, offensives Herausarbeiten und Betonen von Inkonsistenzen, Betonung negativer Bestreitensfolgen, exzessive Ausdehnung der Vernehmung usw).

7 Befunde aus neueren **deutschen Vernehmungsstudien** setzen noch einen etwas anderen Akzent und zeigen, wie Vernehmungspersonen durch Vorteilsangebote und den Hinweis auf strafrechtsspezifische Kosten-Nutzen-Kalküle auf die Kooperationsbereitschaft hinwirken (Stock/Kreuzer, Drogen und Polizei, 1996, S. 369 ff.; Klein/Berresheim/Weber Polizei & Wissenschaft 2005, 2; Niehaus/Schöer Sozialer Sinn 2004, 71 (74 ff.); zu Zwangselementen Bley, Vernehmer und Beschuldigte in Interaktion, 2012, S. 237 ff.). Entscheidend scheint zudem zu sein, dass bzw. ob sie soziokulturell verankerte und sozialisatorisch erworbene alltagskulturelle „Geständnismuster" aktivieren (Reichertz, Aufklärungsarbeit, 1991, S. 248 ff.; Schröer, Verfehlte Verständigung, 2002, S. 19 ff., 245; Niehaus/Schöer Sozialer Sinn 2004, 71 (88 ff.); Rommerskirchen, Prekäre Kommunikation, 2011, S. 91 ff., 223 ff.; Bley, Vernehmer und Beschuldigte in Interaktion, 2012, S. 230 ff.; zu nicht unproblematischen Verfahren des Beziehungsaufbaus s. Lemme/Körner/Schrader ZJJ 2021, 337 (338 f.)).

8 Ob dieses Vernehmungsverhalten zum institutionell erwünschten Erfolg führt, hängt nicht zuletzt von der Verteidigungsmacht der befragten Person ab, wobei hierfür wiederum deren kommunikative Widerständigkeit (neben einer ggf. anwesenden anwaltlichen Vertretung) maßgeblich ist. Bei Jugendlichen sind indes die (interaktionalen) **Verteidigungskomptenzen** oft noch gering entwickelt (vgl. etwa Grisso/Steinberg/Woolard ua Law and Human Behavior 2003, 333; Feld JCLC 2006, 219 (228 ff., 244 ff.); Lamb/Sim Youth Justice 2013, 131 (134 ff.)). Autoritäten kann häufig wenig entgegengesetzt und die kurz- wie langfristige Konsequenz des Aussageverhaltens kaum überblickt werden. Daher fällt es Jugendlichen auch bei formal korrekter Belehrung schwer, ihr **Schweigerecht** gegenüber der Vernehmungsperson „durchzuhalten" (Nöding Verteidigung Rn. 249). Sie zeigen sich insgesamt **geständnisbereiter** als erwachsene Beschuldigte (vgl. bereits Steffen, Analyse polizeilicher Ermittlungstätigkeit (…), 1976, S. 219 ff.; s. ferner Wernitznig, Strafverfolgung und Sanktionierung (…), 2002, S. 117 f.;

näher dazu und zu entwicklungspsychologischen Hintergründen Cleary Law & Human Behavior 2014, 271; Cleary Psychology, Public Policy, and Law 23 (2017), 118; Redlich/Quas Oxford Handbook of Developmental Psychology and Law/Cleary/Crane, 2024, S. 262 ff.). In den meisten Verfahren wird der Vorwurf von ihnen eingeräumt (aus der älteren Forschung s. Hauser Jugendrichter S. 221; Momberg MschKrim 1982, 65 (79 Fn. 51); zu neueren Studien Vanderhallen Young Suspects/Panzavolta/de Vocht/Hodgson ua S. 357 f.; Eisenberg/Kölbel Kriminologie § 26 Rn. 60).

b) Die Problematik von Geständnissen. Geständnisse können teilw. oder gänzlich **falsch** sein. Dies ist nicht nur mit theoretisch, sondern auch verfahrenspraktisch relevanter Häufigkeit der Fall (zum diesbzgl. Forschungsstand Kassin/Drizin/Grisso ua Law & Human Behavior 2010, 3 (5); Lassiter/Meissner (Hrsg.), Police Interrogations and False Confessions/Gudjonson, 2010, S. 31, 35, 38). Die Problematik hat auch deshalb Gewicht, weil die betr. Aussagen von den vernehmenden Personen nicht zuverlässig zu identifizieren sind (vgl. bspw. Kassin/Meissner/Norwick Law & Human Behavior 2005, 211; Lassiter/Meissner, Police Interrogations and False Confessions/Vrij/Fisher/Mann/Leal, 2010, S. 97). Immerhin wird in der einschlägigen Forschung ein breites Spektrum an Risikofaktoren, Motivationslagen und typischen Entstehungsverläufen differenziert (dazu die Bilanz des Forschungsstandes bei Gudjonsson Frontiers in Psychology 2021, 12:633936; zusf. und mwN auch → 20. Aufl. 2022 Rn. 9 ff.; Eisenberg BeweisR Rn. 730 ff.: bspw. Gefühl der Aussichtslosigkeit, Schutz Dritter, taktische Erwägungen, übermäßiger Geständnisdruck, täuschungsgetragene Vernehmung, innerliche Übernahme durch manipulative Befragung). 9

In diesem Zusammenhang sind auch bestimmte Merkmale der Beschuldigten von Belang, bei denen die Anfälligkeit für den Vernehmungsdruck angehoben sein kann (Überblick bei Kassin/Drizin/Grisso ua Law & Human Behavior 2010, 3 (19 ff.); Volbert FPPK 2013, 230 (231 f.)). Dass hierzu anerkanntermaßen auch das **jugendliche Alter** der vernommenen Person zählt (Gudjonsson, The Psychology of Interrogations and Confessions, 2003, S. 141 ff., 381; Redlich/Goodman Law & Human Behavior 2003, 141; Lassiter, Interrogations, Confessions, and Entrapment/Drizen/Colgan, 2004, S. 127 ff.; Volbert/Steller, Handbuch der Rechtspsychologie/Volbert/Böhm, 2008, S. 260 f.; Redlich/Shteynberg Law & Human Behavior 2016, 611), verschafft der Problematik im JStV eine erhöhte Bedeutung. Besonders gravierend scheint die Falschgeständnisrate bei Jugendlichen zu sein, die unter hohem Vernehmungsdruck (Drohungen, lange pausenfreie Vernehmungsdauer) stehen (Malloy/Shulman/Cauffman Law & Human Behavior 2014, 181). 10

All dies weist zugleich auf die Notwendigkeiten einer insofern präventiven Vernehmungsführung (→ Rn. 16) und einer kritischen Geständniswürdigung hin. Unstreitig kann ein Geständnis den **Tatnachweis** hiernach **nicht ersetzen.** Auch wenn eine Verurteilung ggf. allein darauf gestützt werden darf, ist dies nach allgA nur nach sorgfältiger und umfassender Würdigung des Beweiswertes zulässig (vgl. auch BT-Drs. 16/13142, 88: genaue Prüfung durch JStA und JGericht erforderlich). Selbst Geständnisse mehrerer als tatbeteiligt beschuldigter Personen stellen – schon, weil nach dem ersten (ggf. falschen) Geständnis der Vernehmungsdruck auf die Mitbeschuldigten steigt – für sich genommen keinen ausreichenden Beleg für die Richtigkeit 11 dar (empirisch dazu Volbert FS Eisenberg, 2009, 96). Die – sofern objektive Beweise fehlen – stets erforderliche **Überprüfung** eines (vor der Polizei abgelegten) Geständnisses setzt die Analyse der originären Vernehmungssituation voraus, wozu deren möglichst vollständige, dh alle Vor- und Nebengespräche usw enthaltende Dokumentation (vgl. n. Eisenberg BeweisR StPO Rn. 616 ff., 732a) vorhanden sein muss. Grundsätzlich ist eine audiovisuelle Aufzeichnung (→ Rn. 18 ff.) – bei für Beschuldigten und Vernehmenden gleichgewichteter Kameraperspektive (vgl. Lassiter/Geers/Handley JApplPsychol. 2002, 867; Lassiter/Meissner, Police Interrogations and False Confessions/Lassiter/Ware/Lindberg/Ratcliff, 2010, S. 144 ff.; Park/Pyo Law & Human Behavior 2012, 184) – dafür am ehesten geeignet. Eine bloße Tonaufnahme kann zwar ggf. vor Irreführungen durch äußerlich wahrnehmbare Begleiterscheinungen der Aussage schützen. Andererseits lässt sie aber weniger gut erkennen, ob anlässlich der polizeilichen Vernehmung zB „nicht passende Angaben" ignoriert oder fehlinterpretiert wurden und ob diverse Einzelheiten durch Befragungsvorgaben „in die Aussage gelangt sein können" (vgl. zu einer Fallstudie Eschelbach FS Rissing-van Saan, 2011, 136; n. Volbert FS Eisenberg, 2009, 211 (211 f.); Lassiter/Meissner, Police Interrogations and False Confessions/Leo/Drizin, 2010, S. 27).

3. Anforderungen an die Vernehmungsdurchführung

12 **a) Grundbedingungen.** Der vorgenannte Forschungsstand macht deutlich, dass die Art der Vernehmungsführung nicht nur die **Zuverlässigkeit** und Ergiebigkeit der Vernehmungsergebnisse beeinflusst (→ Rn. 9 ff.), sondern auch dafür relevant sein kann, ob das Ermittlungsgeschehen von den Jugendlichen als **fair empfunden** wird (→ Rn. 6 ff.). Dies ist wiederum für die Akzeptanz der Verfahrensergebnisse und die Aussichten auf eine günstige Beeinflussung der Jugendlichen bedeutsam (dazu n. → § 5 Rn. 71; speziell zur polizeilichen prozeduralen Fairness in den Augen der Jugendlichen Farren/Wetzels RPsych 8 (2022), 308; vgl. erg. auch mit Blick auf Polizeikontrollen Farren/Wetzels KrimOJ 4 (2022), 296). Insofern setzt die Funktionalität polizeilicher Vernehmungen im JStV die Wahrung einer Reihe von **Standards** voraus.

12a Generell sind Vernehmungen von Jugendlichen unmittelbar und mündlich durchzuführen. Eine Ersetzung durch Versenden eines Anhörungsbogens (§ 163a Abs. 1 S. 3 StPO) ist in sehr einfach gelagerten Fällen (schon wegen des Verbots der Schlechterstellung gegenüber Erwachsenen) zwar nicht ganz ausgeschlossen, wegen der Schwierigkeiten einer erschöpfenden schriftlichen Darstellung aber nur in äußersten Ausnahmen angängig. Die erforderlichen Ausdrucksfähigkeiten, bei denen die Schriftform ggf. eine vernehmungsäquivalente Äußerungschance bietet (dazu MüKoStPO/Kölbel/Ibold StPO § 163a Rn. 21), können bei Heranwachsenden teilw. eher angenommen werden (zum Ganzen auch HK-JGG/Weik/Habetha § 43 Rn. 11 f.). Dennoch sollte vom Modus der **Direktinteraktion grds. nicht abgewichen** werden. Den damit unter Umständen verbundenen gesundheitlichen Risiken (wie in der SARS-CoV-2-Pandemie) ist durch räumlichen Abstand und Schutzvorrichtungen vorzubeugen. Ob im JStV eine polizeiliche Vernehmung des Beschuldigten durch **Videokonferenz** zulässig ist, wurde bei Einführung von § 163a Abs. 1 S. 2 iVm § 58b StPO nicht erörtert (vgl. BT-Drs. 17/1224). So lange es zu den Auswirkungen, die der

Modus einer Distanzvernehmung auf das Aussagegeschehen (gerade bei Jugendlichen) haben kann, an Erfahrungswerten und wissenschaftlichen Befunden fehlt, sollte von dieser Möglichkeit lediglich restriktiv Gebrauch gemacht werden (dh nur, wenn dem Beschuldigten damit übermäßiger Aufwand erspart wird).

Die Durchführbarkeit einer Vernehmung setzt das Vorliegen der für eine entspr. Interaktion notwendigen Bedingungen voraus. So muss die **Vernehmungsfähigkeit** (vgl. Schneider ua Begutachtung, S. 230 ff.) bzw. die Verhandlungsfähigkeit des Jugendlichen stets gewährleistet sein (zu Begutachtungsdaten für Hmb. Schulz/Lach/Gehl ua Rechtsmedizin 2012, 441). Auch muss bei Beschuldigten, die der deutschen Sprache nicht ausreichend mächtig sind, eine **Übersetzungsleistung** in gleicher Weise wie in der HV (n. → § 50 Rn. 19 f.) zur Verfügung stehen (zu den hier gleichwohl auftretenden Interaktionsproblemen aber Reichertz/Schröer, Hermeneutische Polizeiforschung/Donk, 2003, S. 101 ff.; s. bspw. auch Schröer, Verfehlte Verständigung, 2002, S. 150 ff., 206 ff.; Rommerskirchen, Prekäre Kommunikation, 2011, S. 247 ff.). 13

b) Belehrungen. Die allg. Belehrungspflichten (§§ 163a Abs. 3 und 4, 136 Abs. 1 StPO iVm § 2 Abs. 2) werden bei Beschuldigten im JStV in zweifacher Hinsicht **gesteigert** (eher einschr. früher aber BGHSt 47, 233 = NJW 2002, 1279): Zum einen sind die Belehrungsinhalte um das Elternkonsultationsrecht (→ § 67 Rn. 24 ff.) erweitert. Zum anderen ist hier auf die Verständlichkeit der Rechtsinformationen besonders zu achten (§ 70b) und die Vernehmung notfalls, falls die Belehrungsgegenstände ersichtlich nicht begreifbar gemacht werden können, abzubrechen (ebenso Ostendorf FS Heinz, 2012, 474). Bei lückenhafter, miss- oder unverständlicher Belehrung kommt ein Verwertungsverbot nach den allg., für die Verletzung von § 163a Abs. 3 und 4, § 136 Abs. 1 StPO iVm § 2 Abs. 2 geltenden Regeln (s. etwa BGHSt 58, 301 = NStZ 2013, 604; MüKoStPO/Schuhr StPO § 136 Rn. 55 ff.) in Betracht (s. auch → § 67 Rn. 29; → § 70b Rn. 5). Zur Vermeidung hier ggf. aufkommender beweisrechtlicher Streitfragen, aber auch zum Schutz des Beschuldigten sollte die von § 168b Abs. 3 iVm § 2 Abs. 2 geforderte **Dokumentation** der Belehrung in eine ggf. erfolgende audiovisuelle Aufzeichnung (dazu → Rn. 18 ff.) eingeschlossen werden, da die schriftliche Protokollierung die Art der Belehrung und die dabei stattfindende Interaktion zwischen Belehrendem und Beschuldigten nicht erkennen lässt (zu empirischen Befunden → Rn. 18). 14

Liegt einer der genannten Belehrungsmängel vor, ist eine neuerliche Aussage, mit der die gemachten Angaben freiwillig wiederholt und bestätigt werden, als Folgewirkung des Fehlers ebenfalls unverwertbar. Anders verhält es sich nur bei einer vorangegangenen **„qualifizierten"** Belehrung, die zusätzlich zu den normalen Inhalten auch über die Untersagung der Erstaussagennutzung informiert (vgl. etwa MüKoStPO/Schuhr StPO § 136 Rn. 68 f.). Die Wiederholung einer einfachen, ohne diesen Zusatz bleibenden Belehrung restituiert die Verwertbarkeit selbst dann nicht, wenn der Beschuldigte zutreffend davon ausging, dass er von der zuvor getätigten Aussage noch „abrücken" könne (abw. BGHSt 53, 112 = NJW 2009, 1427; BGH NStZ 2016, 721: Abwägung mit Strafverfolgungsinteresse). Die Annahme, der Beschuldigte sei sich der nicht bestehenden Bindung an die Erstaussage wirklich bewusst, ist nämlich sogar bei erfolgter „qualifizierter 15

Belehrung“ zw. (vgl. nur Roxin HRRS 2009, 188: „Mutmaßungen“; s. auch Grasnick NStZ 2010, 158), zumal die damaligen Angaben die zwischenzeitlichen polizeilichen Ermittlungen oftmals geprägt haben dürften. Gerade bei Jugendlichen und Heranwachsenden bedarf es hierfür also nicht nur des formalen „qualifizierten“ Hinweises, sondern einer eingehenden, altersangepasst vorgetragenen Erläuterung (vgl. auch § 70b).

16 **c) Spezielle Anforderungen gem. Abs. 1.** Über die vorgenannten Anforderungen hinaus müssen nach Abs. 1 die Organisation der Vernehmung, das allg. Auftreten der Vernehmungspersonen sowie deren Sprachgebrauch auf die Besonderheiten jugendlicher und heranwachsender Beschuldigter (→ Rn. 8) ausgerichtet werden (vgl. auch RL (EU) 2016/800 Erwgr. 44). Das betrifft einmal die für die **Altersgruppe typischen** Kommunikationsformen und Verständnispotenziale, aber auch die geringere Abwehrfähigkeit gegenüber älteren und professionell erfahrenen Personen („Alter“). Darüber hinaus fordert Abs. 1 eine Anpassung an die ganz **individuellen** Gegebenheiten („Entwicklungs- und Bildungsstand“) des jeweiligen Beschuldigten, sodass das Geschehen für ihn begreifbar und mitgestaltbar wird (näher dazu auch Riekenbrauk ZJJ 2014, 200 (201 ff.)).

17 Gegen eine Art der Vernehmungsführung, die diesen Anforderungen nicht gerecht wird, sind allerdings kaum Handhaben möglich. Da das Prozessrecht vernehmungsbedingte Belastungs-, Störungs- und Eingriffswirkungen weitgehend toleriert (kennzeichnend BGH BeckRS 1979, 31113328; MüKoStPO/Schuhr StPO § 136a Rn. 20 ff.), begründet erst die Verletzung eines der in **§ 136a StPO** geregelten Methodenverbote ein Verwertungsverbot. Dabei sind jedoch die Unzulässigkeitsschwellen teilw. (zB für Übermüdung) bei hier vulnerableren Jugendlichen eher als bei Erwachsenen erreicht (für eine einschlägige Ergänzung der PDV Rieke Vernehmung S. 158). Ungeachtet ihrer schwachen Absicherung ist indes zu berücksichtigen, dass die von Abs. 1 eingeforderte Vernehmungsart nicht nur der Verfahrensfairness und dem Schutz des Beschuldigten dient. Sie liegt vielmehr auch im Strafverfolgungsinteresse. So hat die meta-analytische Auswertung der international vorhandenen Feld- und Experimentalstudien gezeigt, dass offene und adressatenorientierte „Information-Gathering-Methods“ insgesamt zu **zuverlässigeren** Aussageergebnissen gelangen als geständnisorientierte Vernehmungsmethoden mit manipulativen und Druck entwickelnden Anteilen (vgl. Meissner/Redlich/Michael ua Journal of Experimental Criminology 2014, 459).

III. Dokumentation der Vernehmung

1. Audiovisuelle Aufzeichnung

18 **a) Regelfall.** Schriftliche Protokolle sind zur Überprüfung und zum Nachvollzug des Vernehmungsgeschehens wenig geeignet (zu den Differenzen zwischen Interaktions- und Protokollwirklichkeit vgl. empirisch etwa Lamb/Orbach/Sternberg u a Law & Human Behavior 2000, 699; Hee, Polizeivernehmungen von Migranten, 2012, S. 112 ff.; Bley, Vernehmer und Beschuldigte in Interaktion, 2012, S. 275 ff.; Capus/Stoll/Vieth Zeitschrift für Rechtssoziologie 2014, 231; Capus/Stoll/Studer MschKrim 2016, 42). Eine Bild-Ton-Aufzeichnung der Vernehmung ist hier deutlich überlegen.

Sie kann für die Beschuldigten (daher) erhebliche **Schutzwirkungen** entfalten (Kontrolle des Vernehmerverhaltens; Verhinderung einer verzeichnenden Protokollierung von Aussagen usw (vgl. hierzu n. etwa Eisenberg/Kölbel Kriminologie § 26 Rn. 22 ff.; Neubacher/Bachmann ZRP 2017, 140 (141) jeweils mwN). Nicht zu verkennen ist aber gerade bei jungen Beschuldigten das Risiko, dass ihr Vernehmungsverhalten durch die Aufzeichnung in ungünstiger Weise beeinflusst wird (Gehemmtheit oder – umgekehrt – Anreiz zu (dann eben auch dokumentierten) „Posen", Prahlereien usw.).

Vor diesem Hintergrund sieht **Abs. 2 S. 1** die Option der audiovisuellen Aufzeichnung einer nicht-/richterlichen Beschuldigtenvernehmung im jugendstrafrechtlichen Ermittlungsverfahren (nicht in der HV) vor. Die regelungsgleiche Rechtsgrundlage in § 163a Abs. 1 S. 2 StPO iVm § 2 Abs. 2 wird davon verdrängt. Über die Vornahme einer Aufzeichnung entscheidet wie bei der Zeugenvernehmung (s. dafür MüKoStPO/Maier StPO § 58a Rn. 76) die vernehmungsführende Person, und zwar nach **pflichtgemäßem Ermessen.** Umstände, die das Erfordernis einer späteren Aussagerekonstruktion wahrscheinlich machen (RegE BT-Dr. 19/13837, 34: sehr geringes Alter, Entwicklungsverzögerungen, sonstige Benachteiligungen), sprechen für die Aufzeichnung, die Geringfügigkeit des Vorwurfs oder eine absehbare Diversionsentscheidung dagegen. Vorrangiges Kriterium muss wegen Art. 9 Abs. 1 R (EU) 2016/800 das **Kindeswohl** sein, für das es auf die etwaigen Belastungs- bzw. Verunsicherungseffekte der Aufzeichnung, aber auch auf deren zentralen Vorteil (die Rekonstruierbarkeit der Aussageentstehung) ankommt (ebenso Diemer/Schatz/Sonnen/Schatz Rn. 3; Borg/Swoboda FS Feltes, 2021, 431 (433); Rodenbeck/Sommerfeld ZJJ 2021, 188 (189)). 18a

b) Ausnahmefall. Unter Umständen erstarkt die Aufzeichnungsbefugnis zu einer dahingehenden **Pflicht.** Im allg. StVerf ist dies auf die von **§ 136 Abs. 4 S. 2 Nr. 1** und **2 StPO** erfassten Fälle beschränkt. Es handelt sich hier um Konstellationen, in denen den Vorteilen, die audiovisuelle Aufzeichnungen für die Tatrekonstruktion und den Beschuldigtenschutz haben, eine besondere Relevanz zugesprochen wird – einmal (bei Nr. 1) wegen des Vorwurfsgewichts und zum anderen (bei Nr. 2) wegen des besonderen Überprüfungsbedarfs, der bei Aussagen psychisch beeinträchtigter Personen (infolge von Wahrnehmungsdefiziten, Motivirrtümern, Einschätzungsfehlern, Grenzen der Ausdrucksfähigkeit usw) leicht entstehen kann (BT-Drs. 18/11277, 27). Liegen die Bedingungen von § 136 Abs. 4 S. 2 StPO bei nicht-/richterlichen Vernehmungen im Ermittlungsverfahren eines JStV vor, muss gem. **Abs. 2 S. 3** auch hier eine Aufzeichnung erfolgen. Sind die individuellen (emotionalen oder kognitiven) Ressourcen des Beschuldigten entwicklungsbedingt reduziert, stellt dies allerdings einen Fall von Abs. 2 S. 1 und nicht von Abs. 2 S. 3 dar (Höynck/Ernst ZJJ 2020, 245 (255)). 19

Darüber hinaus ist die audiovisuelle Aufzeichnung gem. **Abs. 2 S. 2** im JStV noch in einigen weiteren Sachlagen obligatorisch (de lege ferenda für eine Widerspruchsmöglichkeit Michel, Die audiovisuelle Aufzeichnung von Beschuldigtenvernehmungen im Ermittlungsverfahren, 2019, S. 215 ff.). Dies gilt für nichtrichterliche Vernehmungen im Ermittlungsverfahren, bei denen ein Fall der **notwendigen Verteidigung** (§ 68) gegeben und ein Verteidiger – aus welchen Gründen auch immer – **nicht anwesend** ist. Es 20 betrifft also namentlich die unten in → Rn. 26 ff. erörterten Konstellationen (Anwesenheitsverzicht, Ablauf der Wartefrist, Fälle des § 68b). Ebenso erfasst sind die von § 68a Abs. 1 S. 2 geregelten Sachlagen, weil die dortige Durchbrechung der amtsseitigen Beiordnungspflicht nichts daran ändert, dass die Voraussetzungen von § 68 vorliegen (→ § 68a Rn. 12) und deshalb iSv Abs. 2 S. 2 „die Mitwirkung eines Verteidigers notwendig" ist (aA Brunner/Dölling Rn. 4; Rodenbeck/Sommerfeld ZJJ 2021, 188 (189)). Stets ist es für die sich aus Abs. 2 S. 2 ergebende Pflicht (anders als für die aus § 136 Abs. 4 Nr. 1 StPO folgende) irrelevant, ob bzw. wenn „die äußeren Umstände" oder „die besondere Dringlichkeit der Vernehmung" die Vornahme einer Aufzeichnung unter Umständen erschweren. Auch kann der Beschuldigte auf eine obligatorische Aufzeichnung **nicht verzichten.** Das ergibt sich in beiden Fällen aus dem einschränkungslos gefassten Normtext in Abs. 2 S. 2 sowie der übergreifenden Schutzfunktion einer Aufzeichnung, die ua im überindividuellen Interesse steht und daher weder durch organisatorische Schwierigkeiten noch durch persönliche Entscheidungen aufhebbar sein kann.

20a Die Beurteilung, ob die pflichtbegründenden Umstände iSv Abs. 2 und/oder S. 3 vorliegen, obliegt wie bei Abs. 2 S. 1 (→ Rn. 18) der jeweiligen Vernehmungsperson, häufig also der Polizei. Kommt es dabei zu einem **Fehler** und in der Folge zu einer rechtswidrigen Nicht-Aufzeichnung, lässt dies die Verwertbarkeit der (ansonsten regulär zustande gekommenen) Aussage zunächst einmal unberührt (zust. Brunner/Dölling Rn. 4; abw. HK-JGG/Gundlach Rn. 11; Eckel/Körner NStZ 2019, 433 (435)). Angesichts der Schutzfunktion, die die audiovisuelle Aufzeichnung hier hätte ausfüllen sollen, muss das Versäumnis allerdings dann, wenn über das Vernehmungsgeschehen (dh bspw. über etwaige Belehrungsmängel oder über konkrete Aussageinhalte) gestritten wird, in der entspr. Beweiswürdigung zugunsten der Beschuldigtenversion berücksichtigt werden.

21 **c) Kritik.** In der Lit. wird gegen Abs. 2 S. 2 eingewandt, dass die audiovisuelle Vernehmung hiernach selbst dort vorgenommen werden müsse, wo die Aufzeichnung dem Kindeswohl widerspricht (darin eine Verletzung von Art. 9 Abs. 1 RL (EU) 2016/800 ausmachend Borg/Swoboda FS Feltes, 2021, 435 f.). Die Möglichkeit, die Aufzeichnung dann durch eine Aussageverweigerung zu verhindern (krit. dazu aber zB Michel, Die audiovisuelle Aufzeichnung von Beschuldigtenvernehmungen im Ermittlungsverfahren, 2019, S. 196 ff.), dürfte bei den fraglichen Beschuldigten eine nur theoretisch bestehende sein. Virulent wird die Problematik allerdings nur bei einem sehr kleinen Kreis an Ausnahmefällen, bei denen die Bedrohung des Kindeswohls dann iÜ schon gegen die Zulässigkeit der Vernehmung als solcher spricht.

21a Anlass zur Kritik gibt die in Abs. 2 S. 2 getroffene Festlegung daher eher umgekehrt wegen ihrer **Einschränkungen** (so wohl auch Diemer/Schatz/Sonnen/Schatz Rn. 4). Sie stellt zwar gemessen am allg. StVerf eine Pflichtenerweiterung dar, doch bei haft- und ermittlungsrichterlichen Vernehmungen sowie den Vernehmungen durch den zuständigen Richter (§ 44) bleibt die audiovisuelle Dokumentation ebenso fakultativ wie bei nichtrichterlichen Vernehmungen, und dies selbst in Fällen von § 68 zumindest bei anwesendem Verteidiger (dazu auch RL (EU) 2016/800 Erwgr. 42 S. 2 und 3). Diesen restriktiven Pflichtenzuschnitt erklärt man mit dem organisatorisch-technischen Aufwand und den in → Rn. 18 erwähnten Aufzeichnungsrisiken (kennzeichnend Sommerfeld ZJJ 2018, 296 (309 f.)). Zugleich aber wird die Schutz- und Kontrollfunktion hierdurch in problematischer Weise an die hierfür nicht unbedingt gerüsteten Richter und Verteidiger **delegiert** (krit. bereits → 20. Aufl. 2018, Einl. Rn. 12j; abw. RegE BT-Dr. 19/13837, 33 f.). All dies dürfte eine wesentliche Ursache dafür sein, dass die Möglichkeit einer audiovisuellen Vernehmung in der **Praxis** derzeit nur selten genutzt wird (so jedenfalls die Justizbefragungsdaten bei Höynck ua Jugendgerichtsbarometer II S. 116 ff.; für polizeiliche Angaben zum StVerf insges. s. Schell-Leugers/Hittmeyer/Volbert ua MschrKrim 107 (2024), 164 (171)).

Aus dieser Warte ist auch darauf hinzuweisen, dass § 136 Abs. 4 S. 2 **21b** Nr. 2a StPO in der durch Gesetz v. 17.8.2017 (BGBl. I 3202) für die Zeit ab 1.1.2020 an sich vorgeschriebenen Form durch Abs. 2 obsolet wurde. Hiernach sollte eine Aufzeichnung erfolgen, wenn damit die schutzwürdigen Interessen des vernommenen Jugendlichen (nicht Heranwachsenden) besser gewahrt werden können (krit. zu dieser vorgesehenen Regelung etwa Höynck StraFo 2017, 267 (274)). Anders als § 70c Abs. 2 S. 2 in der Fassung des RefE vom 11.10.2018, der sich damit noch deckte, beschränkt Abs. 2 S. 2 demgegenüber die Aufzeichnungspflicht auf einen engeren Kreis an Konstellationen, die gewissermaßen als Fälle der Interessenwahrung vermutet werden. Dies entspricht zwar Art. 9 Abs. 1 RL (EU) 2016/800 und der dort erlaubten Begrenzung der Aufzeichnungspflicht auf Fälle mit gewichtigem Vorwurf und fehlender anwaltlicher Begleitung (RegE BT-Dr. 19/13837, 67; Sommerfeld ZJJ 2018, 296 (309)). Unabhängig davon bleibt die Regelung aber (trotz der nunmehrigen Einbeziehung Heranwachsender gem. § 109 Abs. 1) hinter der umfassenderen, bereits erlassenen Verpflichtung in § 136 Abs. 4 S. 2 StPO zurück. Das kommt einem Verstoß gegen das **Regressionsverbot** (Art. 23 RL (EU) 2016/800) nahe (aA Rodenbeck/Sommerfeld ZJJ 2021, 188 (189)).

d) Schutz der Privatheit. Immer, wenn eine audiovisuelle Aufzeich- **22** nung angefertigt wird, sind die allg. Verwendungs-, Einsichts- und Schutzregelungen in § 58a Abs. 2 und 3 zu beachten. Der Beschuldigte im JStV hat in dieser Hinsicht die **gleichen Rechte** wie der nach § 58a StPO vernommene Zeuge (s. dazu im Einzelnen etwa MüKoStPO/Maier StPO § 58a Rn. 83 ff.). Daher kann er der Überlassung einer Aufzeichnungskopie an Akteneinsichtsberechtigte widersprechen (mit der Folge, dass lediglich eine Transkription zu überlassen ist). Der Herausgabe an andere dritte Stellen – etwa der JGH (DIJuF 2021, 151 (154)) – muss er zustimmen. Auf diese Widerspruchs- und Vorbehaltsrechte ist er zwar im Rahmen der allg. Informationen, die er bei Eröffnung der gegen ihn gerichteten Beschuldigung erhalten muss, eigens **hinzuweisen** (§ 70a Abs. 1 Nr. 4), doch muss dies dann im Zusammenhang mit einer tatsächlich stattfindenden Vernehmungsaufzeichnung noch einmal konkretisiert und aktualisiert werden (→ § 70a Rn. 17).

2. Protokollierung

Unabhängig davon, ob eine audiovisuelle Aufzeichnung angefertigt wird **23** oder nicht, bleiben die §§ 168–168b StPO sowie spezielle Protokollierungsregeln (§§ 118a Abs. 3 S. 3, 138d Abs. 4 S. 3) gem. **Abs. 3 S. 1** anwendbar. Dies betrifft zunächst die Vorgaben über die Art der Protokollierung, die notwendigen Inhalte, eine etwaige Hinzuziehung von Protokollierungspersonen, die Autorisierung und Unterzeichnung. Ferner folgt aus diesem Verweis, dass bei richterlichen Vernehmungen ein richterliches Protokoll stets und zwingend anzufertigen ist (§ 168 S. 1 StPO). Bei polizeilichen und staatsanwaltlichen Vernehmungen lässt die Soll-Vorschrift in § 168b Abs. 2 insofern zwar enge Ausnahmen zu (vgl. MüKoStPO/Kölbel/Neßeler StPO § 168b Rn. 5: insb. bei verweigerten oder ganz nebensächlichen Aussagen). Dies gilt im JStV aber allein bei einer zugleich erfolgten audiovisuellen Aufzeichnung, wohingegen die Protokollierung anderenfalls zwingend ist (so **Abs. 3 S. 2** in Umsetzung von Art. 9 Abs. 2 RL (EU) 2016/800). Dies führt dazu, dass Beschuldigtenvernehmungen im JStV ausnahmslos (entweder schriftlich oder audiovisuell) dokumentiert werden. Es hält aber auch den in der Praxis als misslich empfundenen Doppelaufwand aufrecht, wonach trotz einer erfolgten und transkribierten audiovisuellen Aufzeichnung idR zusätzlich noch ein Protokoll anzufertigen ist, wenngleich reduzierbar auf ein sog. Inhaltsprotokoll (n. dazu Neubacher/Bachmann ZRP 2017, 140 (141)).

IV. Sicherstellung der Verteidigeranwesenheit

1. Verschiebung oder Unterbrechung

24 Der Verteidiger des Jugendlichen hat, wie iÜ auch Abs. 4 S. 2 unterstreicht, in der Beschuldigtenvernehmung und bei der Gegenüberstellung ein **Anwesenheitsrecht** (§ 58 Abs. 2 S. 2, § 163a Abs. 3 S. 2 und Abs. 4 S. 3, § 168c Abs. 1 StPO iVm. § 2 Abs. 2). Abs. 4 S. 1 sichert (in Umsetzung von Art. 6 Abs. 7 RL (EU) 2016/800) das damit einhergehende **Verteidigerkonsultationsrecht** in den Konstellationen der **notwendigen Verteidigung** zusätzlich ab. Liegt ein Fall iSv § 68 vor (oder stellt sich dies im Laufe einer Vernehmung heraus), muss mit dem Beginn (bzw. der Fortsetzung) der Vernehmung gewartet werden, bis der Verteidiger nach entspr. **Terminbenachrichtigung** (§ 168c Abs. 5 S. 1 StPO iVm § 2 Abs. 2) erschienen ist und der Beschuldigte sich mit ihm beraten konnte (so bereits früher → 20. Aufl. 2018, § 68 Rn. 40; dafür auch im allg. StVerf etwa MüKoStPO/Schuhr StPO § 136 Rn. 33; MüKoStPO/Kölbel/Ibold StPO § 163a Rn. 41). Solange keine Terminnachricht an den Verteidiger erfolgt, fängt die angemessene Wartefrist nicht zu laufen an (s. dazu BT-Drs. 19/27654 unter Hinweis auf die Nichteinschlägigkeit von § 168c Abs. Abs. 5 S. 2 StPO). In der Konsequenz begründet Abs. 4 S. 1 eine Ausnahme von der in § 168c Abs. 5 S. 3 StPO vorgesehenen Regelung, der zufolge bei anwaltlicher Terminkollision kein Anspruch auf Verlegung des Vernehmungstermins besteht. Über all dies ist der Beschuldigte im Zuge der allg. Verfahrensinformationen ins Bild zu setzen (§ 70a Abs. 1 Nr. 2).

25 Von der Verschiebung bzw. Unterbrechung darf ausnahmsweise abgesehen werden (zu den betr. Konstellationen → Rn. 26 ff.). Jenseits dieser Sonderfälle ist jedoch stets eine „angemessene Zeit" zu warten, wobei sich die insofern geforderte Dauer nach der **Zeitspanne** bemisst, derer es für die Information des Verteidigers (zu deren Notwendigkeit auch BR-Drs. 57/21,

105) und dessen Erscheinen (sowie ggf. auch für dessen Auswahl, Bestellung und Akteneinsicht) unter normalen Umständen und ohne außergewöhnliche Beeilung bedarf. Nur innerhalb der hier regelmäßig bestehenden Einschätzungsspielräume können die etwaige Dringlichkeit der Vernehmung oder gesetzliche Zeitvorgaben (§§ 115, 115a) dazu führen, dass die „angemessene Dauer“ etwas enger oder weiter bemessen wird (vgl. erg. RegE BT-Drs. 19/13837, 68). Wird gar nicht oder zu kurz gewartet und die Verteidigeranwesenheit deshalb nicht gewährleistet, ist das, was der Beschuldigte nach Entstehung der Bestellungsvoraussetzungen iSv § 68 (bspw. ab dem Zeitpunkt eines vorliegenden entspr. Verdachts) aussagt, **unverwertbar** (vgl. → § 68a Rn. 26 sowie allg. auch SK-StPO/Wohlers StPO § 141 Rn. 36; MüKoStPO/Kämpfer/Travers StPO § 140 Rn. 10; Bock/Puschke ZJJ 2019, 224 (232); für ein relatives Verwertungsverbot Brunner/Dölling Rn. 7; zur vormaligen Rechtslage abw. BGHSt 46, 93 (103 ff.) = NJW 2000, 3505 (3509): nur geminderter Beweiswert der Aussage). – Die Maßgaben zu den Warte- und Aufklärungspflichten bestehen iÜ in gleicher Weise auch bei **Gegenüberstellungen** iSv § 58 Abs. 2, nicht aber bei sonstigen Untersuchungshandlungen (etwa Augenscheinseinnahmen).

2. Einschränkungen

Ohne eine (an sich erforderliche) Verteidigerbeiordnung ist eine Vernehmung erlaubt, wenn im Sonderfall des **§ 68a Abs. 1 S. 2** eine Einstellung absehbar ist (n. → § 68a Rn. 11 f., 28). Auch in den **Eilfällen des § 68b** (→ § 68b Rn. 4 ff.) bedarf es keiner Verschiebung oder Unterbrechung (Abs. 4 S. 1 aE), da die Vernehmung hier schon vor der Bestellung durchgeführt werden darf. Im Übrigen sieht Art. 9 RL (EU) 2013/48 die Möglichkeit des Verzichts auf einen Rechtsbeistand vor. In einem solchen Fall sollen die Vorgaben, die die RL (EU) 2016/1919 für die notwendige Verteidigung macht, nicht anwendbar sein (Erwgr. 9). Dies gilt zwar „unbeschadet des Art. 6 der Richtlinie (EU) 2016/800“, doch folgt dort aus Art. 6 Abs. 4 Buchst. b S. 1 und Abs. 7 RL (EU) 2016/800 lediglich, dass in Fällen der notwendigen Verteidigung die Anwesenheit des Anwalts bei Beschuldigtenvernehmungen im Ermittlungsverfahren beansprucht werden kann. Ein Teilnahmezwang ist dagegen nicht vorgesehen (insofern aber diffus EuGH BeckRS 2024, 22796, Rn. 110 ff.). Deshalb darf die Vernehmung auch in den Fällen von Abs. 4 S. 1 in Abwesenheit des **innerhalb der Wartefrist nicht erschienenen** Verteidigers durchgeführt werden (RegE BT-Drs. 19/13837, 68 f.; s. aber → Rn. 27 f.). Aus dem gleichen Grund besteht schon gar keine Wartepflicht, wenn der Verteidiger einen **Anwesenheitsverzicht** ausdrücklich (mündlich oder schriftlich) erklärt hat (Abs. 4 S. 2). Ein solcher Verzicht kann jedoch nicht pauschal abgegeben werden, sondern erst nachdem der Verteidiger von der Vernehmung oder Gegenüberstellung konkret informiert worden ist. 26

Es liegt in der Konsequenz dieser Disponibilität, dass die Vernehmung oder Gegenüberstellung auch dann ohne das von Abs. 4 S. 1 geforderte Zuwarten durch- oder fortgeführt werden darf, wenn der **Beschuldigte** hierzu bereit ist und ohne anwaltliche Konsultation und Begleitung mitwirken will (Nöding Verteidigung Rn. 343; für das allg. StVerf Tully/Wenske NStZ 2019, 183 (186); dazu schon früher tendierend BGHSt 47, 172 (178 f.) = NJW 2002, 975 (977); zur diesbzgl. EGMR-Judikatur s. Rap/ 27

Zlotnik EJCCLCJ 2018, 110 (121 f.)). Ein Verzicht auf das Konsultationsrecht (nicht aber auf die Pflichtverteidigerbestellung (→ § 68 Rn. 29)) ist also grds. möglich. Allerdings kann es gerade bei Jugendlichen **nicht ausreichend** sein, wenn sie bei dessen Ausübung bei geistiger Gesundheit und ordnungsgemäß belehrt worden sind (so aber im allg. StVerf BGHSt 42, 170 (171 f.) = NJW 1996, 2242 (2243); BGH NJW 2022, 2126 (2127); Tully/Wenske NStZ 2019, 183 (186); krit. Schladitz HRRS 2022, 283 (284)). Dass derartige Minimalaufforderungen letztlich auf eine vollständige **Entwertung** der in Abs. 4 S. 1 getroffenen Vorkehrung hinausliefen, wird durch eine umfangreiche internationale Forschung belegt. Hiernach ist nämlich empirisch gesichert, dass bereits der einschüchternde Kontext einer Vernehmungssituation und die vergleichsweise geringe Verteidigungskompetenz junger Menschen (→ Rn. 8) nicht nur deren Aussagebereitschaft prägen, sondern auch zu einer angehobenen Bereitwilligkeit führen, auf (Konsultations-)Ansprüche zu verzichten (vgl. etwa Peterson-Badali/Abramovitch/Koegl/Ruck Behavioral Sciences and the Law 1999, 455; Viljoen/Klaver/Roesch Law & Human Behavior 2005, 253; Vanderhallen Young Suspects/Panzavolta/de Vocht/Hodgson ua S. 335 ff.; zusf. zum Forschungsstand Bishop/Feld Juvenile Crime and Juvenile Justice/Feld S. 675 mwN; s. auch zum allg. StVerf Jahn/Zink StraFo 2019, 318 (327)).

28 Die Vernehmung oder Gegenüberstellung darf deswegen nur fortgesetzt werden, wenn sichergestellt ist, dass der Beschuldigte dies tatsächlich will und die **Tragweite** der Entscheidung korrekt eingeschätzt hat. Es bedarf der freiwilligen und **unmissverständlichen** Abgabe einer Verzichtserklärung, nachdem vorher eine eindeutige ausreichende und verständlich formulierte Information nicht nur zum Konsultationsrecht, sondern auch „zu den möglichen Folgen eines Verzichts" gegeben worden ist (so ausdrücklich RL (EU) 2016/1919 Erwgr. 9). Schlüssiges Verhalten des Beschuldigten (etwa einfaches Äußern) genügt demnach nicht (zust. HK-JGG/Gundlach Rn. 9; MüKoStPO/Höffler Rn. 12) – weshalb ohne klar formulierten Verzicht auch keine Spontanäußerungen entgegengenommen werden dürfen (abw. aus polizeilicher Sicht Keller Kriminalistik 2020, 257 (264)) und darauf bezogene Nachfragen erst recht unzulässig sind (BGHSt 58, 301 (304) = NStZ 2013, 604 (605 f.)). Der Jugendliche oder Heranwachsende darf in keiner Weise nur ansatzweise zur Fortsetzung der Vernehmung gedrängt werden (BGH NJW 2006, 1008 (1009 f.)). Scheitert ein Versuch, Kontakt zu seinem Verteidiger aufzunehmen, ist er darüber aufzuklären, dass er weitere Versuche unternehmen kann (s. auch BGH StV 2019, 798 (Ls.) = BeckRS 2019, 14505). An einem freiwilligen Verzicht fehlt es, wenn er sich mit seiner unbegleiteten Vernehmung nur deshalb abfindet, weil ihm der Zugang zu einem Verteidiger als zu schwierig erscheint (s. auch BGHSt 42, 15 (19) = NJW 1996, 1547 (1548)). Verfehlt der Verzicht die vorgenannten Kriterien, ist die Aussage **unverwertbar** (s. auch BGH StV 2019, 798 (Ls.) = BeckRS 2019, 14505).

V. Konsequenzen für Sofortvernehmungen

29 Die Vorgaben der Abs. 1–4 sind auf Vernehmungen zugeschnitten, die in einem behördlichen Kontext (ggf. nach Vorladung) erfolgen. Sie gelten aber auch für Sofortvernehmungen. Zu solchen Vernehmungsformen (ohne Vor-

ladung) kommt es bspw., wenn va die Polizei den Beschuldigten **im Zuge einer anderen Maßnahme** (etwa während einer Hausdurchsuchung, bei einer Verkehrskontrolle, im Zuge einer Festnahme) oder unmittelbar nach dem Antreffen und ggf. noch am Tatort befragt. In Ermangelung einer anwaltlichen Beratung und dank der Überraschungs- und „Überrumpelungs"-Effekte sind dabei oftmals anknüpfungsfähige Aussagen mit erheblicher Bedeutung für die Nachweisführung zu erzielen (empirische Hinweise bei Kapitaldelikten im allg. StR hierfür bei Marquardt/Bettels Kriminalistik 2019, 376 (377 ff.)). Im JStV finden Sofortvernehmungen in manchen Bagatellfällen aber auch in einer erzieherischen bzw. normverdeutlichenden und eine absehbare Einstellung (§ 45 Abs. 2) vorbereitenden Weise statt (dazu → § 45 Rn. 43 und 45; Stellungnahme BR BT-Drs. 19/13837, 86 f.).

Genau genommen werden durch das JGG aber sämtliche Varianten der Sofortvernehmung weitgehend beschränkt. Dies folgt weniger aus den Maßgaben zu den Durchführungsmodalitäten (→ Rn. 12 ff.) als aus ihrer limitierten Durchführbarkeit. In Fällen der **notwendigen Verteidigung** sind sie sogar **stark eingeschränkt** (vgl. auch Schoeller StV 2019, 190 (195 f.); Höynck/Ernst StV 2022, 58 (60)). Das beruht darauf, dass hier ggf. erst die Beiordnung eines Verteidigers vorzunehmen und eine Anhörung zur Verteidigerauswahl mit gewisser Bedenkzeit zu gewährleisten ist (→ § 68a Rn. 20; vgl. auch Nöding Verteidigung Rn. 344 und 351). Jedenfalls ist die abzuwarten und sicherzustellen (Abs. 4). Soweit insofern Ausnahmen bestehen (→ Rn. 26 ff.), muss dort ausnahmslos eine „ersatzweise" realisierte **audiovisuelle Aufzeichnung** gewährleistet sein (n. → Rn. 20). In sämtlichen Konstellationen (auch solchen ohne Notwendigkeit der Verteidigung) kann (neben den allg. Belehrungen) eine Erstinformation gem. **§ 70a Abs. 1** erforderlich sein (→ § 70a Rn. 6 ff.). Zudem ist grds. zu gewährleisten, dass der Beschuldigte seine **Erziehungsberechtigten** oder gesetzlichen Vertreter (bzw. an deren Stelle einen anderen geeigneten Erwachsenen) konsultieren kann (dazu n. → § 67 Rn. 24 ff.). Anders verhält es sich idR nur, wenn die Hinzuziehung und das Kommen der Beistandsperson länger als eine „angemessene Frist" dauern würde oder der Jugendliche auf ihr Dabeisein verzichtet (→ § 67 Rn. 32). Durch die Kombination dieser Anforderungen wird die Zulässigkeit der Sofortvernehmung jedenfalls an äußerst voraussetzungsreiche Bedingungen geknüpft (Kölbel NStZ 2021, 524 (530); aus polizeilicher Perspektive kritisch zB Keller Kriminalistik 2020, 257 (262)). 30

Vorläufige Anordnungen über die Erziehung

71 (1) **Bis zur Rechtskraft des Urteils kann der Richter vorläufige Anordnungen über die Erziehung des Jugendlichen treffen oder die Gewährung von Leistungen nach dem Achten Buch Sozialgesetzbuch anregen.**

(2) **[1] Der Richter kann die einstweilige Unterbringung in einem geeigneten Heim der Jugendhilfe anordnen, wenn dies auch im Hinblick auf die zu erwartenden Maßnahmen geboten ist, um den Jugendlichen vor einer weiteren Gefährdung seiner Entwicklung, insbesondere vor der Begehung neuer Straftaten, zu bewahren. [2] Für die einstweilige Unterbringung gelten die §§ 114 bis 115a, 117 bis 118b, 120, 125 und 126 der Strafprozeßordnung sinngemäß. [3] Die**

Ausführung der einstweiligen Unterbringung richtet sich nach den für das Heim der Jugendhilfe geltenden Regelungen.

Schrifttum: Czerner, Vorläufige Freiheitsentziehung bei delinquenten Jugendlichen zwischen Repression und Prävention, 2008; Smok, Vorläufige Anordnungen über die Erziehung nach § 71 JGG – Eine vernachlässigte Vorschrift, 2009.

Übersicht

I. Anwendungsbereich

1 Die Vorschrift gilt für **Jugendliche** in Verfahren vor dem JGericht. In Verfahren vor den für allg. Strafsachen zuständigen Gerichten liegt es in deren Ermessen, die Norm heranzuziehen (§ 104 Abs. 2; vgl. auch RL zu § 104). Auf Personen, die zur Tatzeit (n. Streng JugendStrafR Rn 156: nicht Normanwendungszeit) im **Heranwachsendenalter** sind, findet § 71 keine Anwendung, unabhängig von der Einordnung iSv § 105 Abs. 1 (§ 109 Abs. 1 S. 1 und Abs. 2; zu rechtspolitischen Erwägungen → § 109 Rn. 10).

II. Allgemeines

1. Zweck und Einordnung

2 Die Norm ermöglicht es ebenso wie § 72 und § 73, schon vor der endgültigen Verurteilung vorläufige richterliche Maßnahmen zu veranlassen. Im Falle von § 71 handelt es sich hierbei um jugendhilferechtliche oder inhaltlich ähnlich gelagerte Interventionen, die gem. Abs. 2 auch freiheitsbeschränkenden Charakter haben können. Dass das Gesetz diese Möglichkeit eröffnet, wird auf **spezialpräventive Belange** gestützt. Es soll bereits wäh-

rend des Verfahrens und vor Rechtskraft eines Urteils (und ohne die Voraussetzungen und sozialen Auswirkungen von U-Haft) auf den Jugendlichen durch eine „vorläufige Erziehungsmaßnahme" (BT-Drs. 1/5829, 29 f.) unterstützend eingewirkt werden können. Die in Abs. 2 eröffnete stationäre Option dient zudem dazu, einer Deliktswiederholung entgegenzuwirken (NK-JGG/Sommerfeld Grdl. z. §§ 71 – 73 Rn. 3), womit dieses Vorgehen auch oder gar primär im Sicherungsinteresse der Allgemeinheit erfolgt.

Diese einstweilige Unterbringung, die nach Abs. 2 in Fällen einer ent- 3
wicklungsbezogenen Problemlage erfolgt, zeigt gewisse funktionale Parallelen zur einstweiligen Unterbringung nach § 126a StPO iVm § 2 Abs. 2, die bei psychiatrischer Behandlungsbedürftigkeit angeordnet werden darf (nicht aber bei (ggf. neben § 20 StGB) vorliegender fehlender Verantwortlichkeit iSv § 3 (→ § 3 Rn. 34 ff., 49 ff.; s. auch aA SK-StPO/Paeffgen StPO § 126a Rn. 2)). Beide Rechtsinstitute stehen mit ihren jeweils eigenen Voraussetzungen (die bei § 126a StPO sehr eng sind (vgl. → § 7 Rn. 8 ff., 19 ff.)) nebeneinander und schließen einander nicht aus (ebenso iErg etwa OLG Düsseldorf MDR 1984, 603; OLG Jena NStZ-RR 2007, 217 (218); Diemer/Schatz/Sonnen/Diemer Rn. 23). Unberührt von Abs. 2 bleibt auch die Unterbringung zu Beobachtungs- und Begutachtungszwecken (§ 81 StPO iVm § 2 Abs. 2 und § 73). Diese ist aber ebenfalls nur unter den jeweils geregelten besonderen Bedingungen möglich, also nicht schon unter den Voraussetzungen von Abs. 2 (dazu, dass im Zuge der Heimunterbringung jedoch eine Persönlichkeitsuntersuchung iSv § 43 durchaus möglich ist, → § 43 Rn. 32).

2. Problematik

Auch wenn es sich bei den Interventionen iSv Abs. 1 und 2 nicht um 4
strafförmige Einwirkungen handelt, stehen sie in einem Spannungsverhältnis mit der **Unschuldsvermutung,** da sie während des noch laufenden Verfahrens – also allein auf Basis einer Verdachtslage bzw. mit Blick auf eine zu erwartende jugendstrafrechtliche Rechtsfolgenanordnung (→ Rn. 6) – ausgelöst werden. Vor diesem Hintergrund dürfen die Maßnahmen keinesfalls einen ahndenden Charakter aufweisen (ebenso MAH Strafverteidigung/Schütrumpf § 52 Rn. 99; zust. Königschulte Kompetenz S. 32: „kein Sanktionscharakter"). Maßnahmen mit Zuchtmittelcharakter scheiden aus (Diemer/Schatz/Sonnen/Diemer Rn. 8). Auch ist die Unterbringung iSv Abs. 2 nicht in einer JStrafvollzAnstalt zulässig (so hingegen noch RL Nr. 1 S. 1 zu § 45 RJGG 1943 idF v. 18.12.1944 (Deutsche Justiz 1945, 15)).

Dennoch bleibt eine jugendrichterliche Erziehungsanordnung, die bereits 5
vor rechtskräftiger Feststellung eines jugendstrafrechtlichen Reaktionsanlasses ergehen darf, rechtsstaatlich problematisch (ebenso HK-JGG/Kleimann Rn. 2), auch wegen des darin liegenden Eingriffs in das elterliche Erziehungsrecht (Streng JugendStrafR Rn. 155; Nöding Verteidigung Rn. 377; vgl. zudem die grds. übertragbaren Ausführungen in BVerfGE 107, 104 (119 f.)). Bei Abs. 2 gilt dies besonders, weil die Erziehung hier über das in § 2 Abs. 1 S. 1 genannte Ziel (Legalbewährung) hinausgreifen und auf eine auch anderweitig ungefährdete Entwicklung abzielen soll. Zudem stellt sich die Frage nach ihrer Notwendigkeit. Denn immerhin ist in Fällen, in denen auf einen offensichtlich vorhandenen sozialpädagogischen Hilfebedarf schon vor der Rechtskraft des Strafurteils reagiert werden soll, eine entspr. „Krisen-

intervention" stets auch durch jugendbehördliches Vorgehen erreichbar. Vermutlich werden die Optionen von Abs. 1 und 2 ua deshalb in der **Praxis selten** genutzt (für entspr. empirische Hinweise s. Smok, Vorläufige Anordnungen über die Erziehung nach § 71 JGG, 2009, S. 92 f.). Von verfahrenswirklicher Bedeutung ist allein die auf § 72 Abs. 4 gestützte Unterbringung iSv Abs. 2 (→ § 72 Rn. 33 ff.) – wobei die Legitimität dieser speziellen Konstellation weniger zweifelhaft ist, weil sie an die Voraussetzungen der U-Haft gebunden ist und ein altersgerechteres Surrogat zu deren Umsetzung darstellt.

III. Voraussetzungen

1. Vorläufige Anordnung oder Anregung nach Abs. 1

6 **a) Verdachtsbasierte Urteilserwartung.** Während der JRichter erzieherische Interventionen im Allgemeinen „aus Anlass der Straftat" (§ 5 Abs. 1), also nach deren rechtskräftiger Feststellung, bestimmt, darf dies nach Abs. 1 bereits in früheren Stadien erfolgen, nämlich „bis zur Rechtskraft" (Abs. 1) eines sich abzeichnenden Urteils. Prinzipiell ist dies schon im Vorverfahren möglich, da das Gesetz **keine vorherige Anklageerhebung** verlangt. Umgekehrt steht das Vorliegen eines Urteilsspruchs der Anordnung so lange nicht entgegen, wie die Entscheidung – etwa aufgrund eines Berufungs- oder Revisionsverfahrens – noch nicht rechtskräftig ist.

7 Allerdings ist nicht jede Urteilserwartung ausreichend. Vielmehr muss sie auf einem (iSv § 203 StPO) **hinreichenden Tatverdacht** beruhen (NK-JGG/Sommerfeld Rn. 2; MüKo-StPO/Kaspar JGG Rn. 8; HK-JGG/Kleimann Rn. 4; Czerner, Vorläufige Freiheitsentziehung bei delinquenten Jugendlichen zwischen Repression und Prävention, 2008, S. 101 f.; Trenczek Zbl 2000, 121 (131)). Ein geringerer Verdachtsgrad (so etwa Diemer/Schatz/Sonnen/Diemer Rn. 3: da auch vor Anklageerhebung anwendbar; ähnlich Nix/Pschorr/Pschorr Rn. 7; teilw. auch BeckOK JGG/Pawlischta Rn. 4, 10), genügt nicht, um ein Vorgehen zu rechtfertigen, das in seinen Wirkungen einer jugendstrafrechtlichen Rechtsfolge gleicht. – IÜ scheiden Anordnungen nach Abs. 1 S. 1 so lange aus, bis eine Einstellung nach **§§ 45, 47 ausgeschlossen** ist (n. Smok, Vorläufige Anordnungen über die Erziehung nach § 71 JGG, 2009, S. 55, 66 ff.). Bei einer fallkonkreten Diversionsoption besteht nämlich keine Urteilserwartung. Außerdem sind die Anordnungen iSv Abs. 1 hier angesichts der nach § 45 Abs. 2 und 3 möglichen Maßnahmen entbehrlich.

8 **b) Interventionsbedürftigkeit.** Vorausgesetzt ist ferner die fallkonkrete Notwendigkeit einer erzieherischen Maßnahme. Um eine vorläufige Anordnung zu rechtfertigen, muss der Bedarf erheblich und va auch **dringlich** sein – dh es muss, falls mit dem Eingreifen bis zur Urteilsrechtskraft abgewartet wird, von einer Intensivierung der Problemlage auszugehen sein.

9 **c) Zustimmung.** Nicht erforderlich ist die **Zustimmung** der **elterlichen** Erziehungsberechtigten (Diemer/Schatz/Sonnen/Diemer Rn. 4; aA hier bis zur → 25. Aufl. Rn. 4b; ähnlich Smok, Vorläufige Anordnungen über die Erziehung nach § 71 JGG, 2009, S. 310 ff.). Dass es hierauf nicht ankommt, markiert gerade einen wesentlichen Unterschied zwischen den

jugendstrafrechtlichen Anordnungsbefugnissen des JRichters und den jugendhilferechtlichen Leistungen des JAmtes (vgl. auch → § 10 Rn. 8). Allerdings ist es **zweckmäßig,** den Versuch zu unternehmen, neben dem Einverständnis des minderjährigen Betroffenen auch das der Eltern herbeizuführen, weil die angeordnete Intervention dann idR bessere Erfolgsaussichten hat (MüKoStPO/Kaspar Rn. 9; Brunner/Dölling Rn. 10).

d) Möglichkeiten der vorläufigen Anordnung gem. Abs. 1 Var. 1. 10
Ob der JRichter bei Interventionsbedürftigkeit und verdachtsbasierter Urteilserwartung tätig wird, unterliegt seinem **Ermessen** (vgl. Abs. 1: „kann"). Nach allg. rechtsstaatlichen Grundsätzen hat er bei der Entscheidung darüber, ob eine Anordnung erfolgt und auf welche Maßnahme sich dies bezieht, das **Verhältnismäßigkeitsprinzip** zu beachten (ebenso NK-JGG/Sommerfeld Rn. 4). Bezogen auf die individuelle Problemlage muss die Intervention iSv Abs. 1 Var. 1 geeignet und in ihren Eingriffseffekten so milde wie möglich und angemessen sein. In der Sache sind va jene Vorgehensweisen in Betracht zu ziehen, die im Urteil als **Weisungen** veranlasst werden können (→ § 10 Rn. 13 ff., 36 ff.). Allerdings soll es mit § 71 nur ermöglicht werden, die Lebensführung des Jugendlichen mit vorläufigen Interventionen zu beeinflussen, um so die Zeit bis zur endgültigen Anordnung im Urteil zu überbrücken. Einen TOA oder Arbeitsleistungen anzuordnen, liegt im Hinblick hierauf eher fern. Eher in Frage käme eine Betreuungsweisung (vgl. → § 10 Rn. 19 ff.) sowie die Aufnahme in eine Wohngemeinschaft oder eine Familie (NK-JGG/Sommerfeld Rn. 6), aber auch die Annahme oder der Wechsel eines Arbeitsplatzes oder einer Ausbildungsstelle. Da sich diese Weisungen jedoch inhaltlich mit den Hilfen zur Erziehung iSv §§ 28 ff. SGB VIII decken, bei denen nur eine Anregung möglich ist (→ Rn. 11), kommt eine Anordnung nach Abs. 1 Var. 1 bei ihnen aber gar nicht in Betracht. Das verbleibende anordnungsfähige **Maßnahmespektrum** ist deshalb **sehr schmal.** Eine Heimunterbringung kann ohnehin nur unter den besonderen Voraussetzungen von Abs. 2 veranlasst werden.

e) Leistungen nach SGB VIII (Abs. 1 Var. 2). Unter den genannten 11
Voraussetzungen (→ Rn. 6 ff.) kann der JRichter zudem von eigenen vorläufigen Anordnungen absehen und stattdessen beim JAmt anregen, dem Jugendlichen diverse jugendhilferechtliche Leistungen zu gewähren. Die Anregung kann in genereller Form erfolgen oder sich auf eine konkrete Maßnahme nach **§§ 28 ff. SGB XIII** beziehen. Ob die Voraussetzungen der fraglichen Leistungen vorliegen, ist dann indes vom JAmt eigenständig zu prüfen, zumal das weitere Vorgehen ohnehin in dessen Händen liegt.

2. Einstweilige Unterbringung (Abs. 2)

a) Besondere Interventionsbedürftigkeit. Da die Eingriffsintensität ei- 12
ner einstweiligen Unterbringung iSv Abs. 2 den Eingriffswert von Abs. 1 übersteigt (OLG Brandenburg MDR 2023, 437 = BeckRS 2023, 162), sind auch die diesbzgl. Anordnungsanforderungen ggü. Abs. 1 angehoben. Das betrifft zunächst die Spezifizierung des Interventionsbedarfs. So muss zwar anders als bei U-Haft kein Haftgrund vorliegen (KG StV 2016, 712 = BeckRS 2015, 15922), aber eine erzieherische Notwendigkeit bestehen, den Jugendlichen vor „einer weiteren Gefährdung seiner Entwicklung" zu bewahren. Ein solcher spezieller Bedarf kann sich in erster Linie aus der Gefahr

einer **neuerlichen Deliktsbegehung** ergeben. Daneben sollen grds. auch andere, deliktsunabhängige Indikatoren für eine erhebliche Entwicklungsgefährdung iSv Abs. 2 S. 1 denkbar sein (so BT-Drs. 11/5829, 29; krit. NK-JGG/Sommerfeld Rn. 3), doch müsste deren Gewicht dann dem der Deliktsprognose entsprechen, wofür Beispielsfälle nur schwer vorstellbar sind.

13 Die erwartbaren Delikte müssen nach ihrer Art nämlich **Symptomwert** aufweisen, dh den Schluss auf eine erhebliche individuelle Entwicklungsproblematik erlauben. Unterhalb einer gewissen, nicht-bagatellarischen Deliktsschwere ist das idR nicht anzunehmen (ebenso Trenczek Zbl 2000, 121 (131)). An der erforderlichen Hinweiskraft fehlt es auch, wenn nur eine passagere Straftatbegehung oder lediglich situativ-jugendtypische Delinquenz vorlag und/oder zu erwarten ist. Und schließlich bedarf es – da die Anordnungsvoraussetzungen angesichts der vergleichbaren Eingriffstiefe nicht hinter denen der U-Haft zurückbleiben können (in diesem Sinne auch BT-Drs. 11/5829, 29) – bzgl. der künftigen Delinquenz mindestens derselben **Prognosesicherheit** wie bei § 112a StPO (zu den dortigen Maßstäben etwa MüKo-StPO/Böhm StPO § 112a Rn. 50: „durch Tatsachen begründete hohe Wahrscheinlichkeit").

14 **b) Verhältnismäßigkeitsanforderungen.** Die Anforderungen an eine Anordnung iSv Abs. 2 sind bei der Verhältnismäßigkeitsprüfung ebenfalls strenger. So kommt die einstweilige Heimunterbringung nicht in Betracht, wenn der Entwicklungsgefährdung des Jugendlichen in geeigneter Weise auch durch **ambulante** Maßnahmen iSv Abs. 1 (oder durch den Aufenthalt in Wohngruppen und Pflegefamilien) begegnet werden kann. Heime mit höheren Schließungsgraden scheiden aus, wo (halb-)offene Einrichtungen ausreichend sind. Und schließlich darf die Unterbringung nur **so lange dauern,** wie sie erforderlich ist.

15 Angemessen ist die Unterbringung lediglich dann, wenn sie „im Hinblick auf die zu erwartenden Maßnahmen geboten ist". Sie darf also nicht außer Verhältnis zu der Rechtsfolge stehen, die im erwartbaren Urteil angeordnet werden wird. Diese **Proportionalität** ist nur gegeben, wenn mit einer längerfristigen Freiheitsbeschränkung oder -entziehung – also einer endgültigen Heimunterbringung gem. § 12 Nr. 2 (Nix/Pschorr/Pschorr Rn. 11) oder einer JStrafe (so Trenczek Zbl 2000, 121 (131); ähnlich NK-JGG/Sommerfeld Rn. 4) – zu rechnen ist (aA Diemer/Schatz/Sonnen/Diemer Rn. 15: „auch Jugendarrest"; HK-JGG/Kleimann Rn. 9: „wenigstens Dauerarrest"; BeckOK JGG/Pawlischta Rn. 10: auch Schuldspruch gem. § 27). Die absehbare JStrafe darf überdies nicht deutlich kürzer als die zu prognostizierende Unterbringungsdauer sein (aA OLG Brandenburg NStZ-RR 2003, 344; Brunner/Dölling Rn. 7).

16 **c) Geeignetes Heim der Jugendhilfe.** Unter den vorgenannten Voraussetzungen kann dem Jugendlichen die Freiheit insoweit entzogen werden, als er verpflichtet wird, sich vorübergehend in einem Heim der Kinder- und Jugendhilfe aufzuhalten (wobei der Versuch sinnvoll ist, ihn von den Vorteilen dieser Anordnung zu überzeugen und ihn zu einer Zustimmung zu bewegen). In Betracht kommen insofern „alle Heime (…), nicht dagegen auch andere Einrichtungen der Jugendhilfe" (OLG Hamm NJW 1999, 230).

17 Obwohl die vorläufige Unterbringung neben der Krisenintervention auch Präventionseffekte erbringen soll (→ Rn. 2), muss die fragliche Einrichtung seit der Neufassung des Abs. 2 **keinen fluchtsicheren** Charakter mehr aufweisen (ebenso OLG Schleswig bei Güntge/Füssinger SchlHA 2021, 14; OLG Brandenburg MDR 2023, 437 = BeckRS 2023, 162; Brunner/Dölling Rn. 5). Viele der zur Verfügung stehenden Heime sind denn auch nicht „entweichungsfest" (zumal manche Bundesländer überhaupt keine geschlossenen Einrichtungen vorhalten). Die Einschließung wird hier weitgehend durch eine freiwilligkeitsgewährleistende Ablaufgestaltung substituiert, wobei die Sicherung und Deliktsverhinderung aus der pädagogischen Betreuung – unter Einkalkulierung eines gewissen Risikos – erwachsen soll (ebenso MüKoStPO/Kaspar Rn. 6a; vgl. auch BeckOK JGG/Pawlischta Rn. 13: Risiko zur Flucht „erfahrungsgemäß viel zu hoch angesetzt (…) und regelmäßig vernachlässigbar"; zur Unterbringung in offenen Einrichtungen n. schon Lüthke Zbl 1982, 125). Ohnehin ist die sozialpädagogische Funktionalität der geschlossenen Heimunterbringung höchst strittig und allenfalls in wenigen besonderen Konstellationen zu bejahen (dazu n. → § 12 Rn. 25 f.; vgl. auch den Forschungsüberblick bei Eisenberg/Kölbel Kriminologie § 37 Rn. 7 ff.; zur Situationsbeschreibung und Diskussion in der älteren Literatur vgl. hier bis zur → 25 Aufl. Rn. 10a f. sowie NK-JGG/Sommerfeld Rn. 7).

Unter diesen rechtlichen und tatsächlichen Rahmenbedingungen muss 18
der JRichter aus dem Spektrum regional vorhandener Heime, die sich in ihren Konzeptionen, Alltagsgestaltungen und Sicherungsgraden stark unterscheiden (ohne bruchlos in eine Skala von „offen" zu „geschlossen" eingeordnet werden zu können) die **angemessenste Variante auswählen** und bei der Anordnung explizit benennen. Bestimmend sind dabei die Gesichtspunkte des konkreten Betroffenenbedarfs und der einrichtungsbezogenen Eignung (zur Verhältnismäßigkeit → Rn. 14). Aus der eigenverantwortlichen Gestaltungsbefugnis des JHilfeträgers bzw. des Heims folgt allerdings, dass die Aufnahme des fraglichen Jugendlichen von ihnen abgelehnt werden kann (zB aus Auslastungsgründen oder weil die pädagogische Konzeption des Heimes beeinträchtigt würde). Mit Blick auf diese Steuerungsverantwortung (§ 36a SGB VIII) bedarf es vor der Anordnung also der **Abstimmung** mit dem Träger und der Heimleitung (Trenczek/Schmoll ZJJ 2024, 192 (201)). Auch die alltagsbezogene **Umsetzung** der einstweiligen Unterbringung einschließlich der erzieherischen Einwirkung kann der JRichter nicht beeinflussen. Maßgeblich sind hierfür allein die für das jeweilige Heim bestehenden Regelungen **(Abs. 2 S. 3).** Dazu zählen neben § 34 SGB VIII und den VV der jeweiligen Aufsichtsbehörden auch die einrichtungseigenen Vorschriften und Hausordnungen.

IV. Verfahrensrechtliche Aspekte

1. Zuständigkeit und Form

Vorläufige Anordnungen iSd **Abs. 1** darf **nur** der **JRichter** treffen. Wegen der Zuständigkeit gelten die §§ 125, 126 StPO entspr. (§ 2 Abs. 2). Da der JRichter vor Anklageerhebung vom Sachverhalt kaum Kenntnis haben wird, ist es hier de facto erforderlich, dass der JStA das örtlich zuständige Gericht durch Antrag einschaltet. Die Anordnung ergeht durch **Beschluss,** der zu begründen ist (§ 34 StPO iVm § 2 Abs. 2; vgl. auch RL 1 S. 4). 19

Vorher sind der Jugendliche (§ 33 Abs. 3 StPO iVm § 2 Abs. 2) sowie seine **Erziehungsberechtigten** und **gesetzlichen Vertreter** (§ 67 Abs. 1) anzuhören. Einzubeziehen sind auch die JGH (§ 38 Abs. 6; vgl. ferner RL 1 S. 1) und der JStA (§ 33 Abs. 2 StPO iVm § 2 Abs. 2). Wegen der – formlos zureichenden – **Mitteilung** bzw. **Bekanntmachung** s. § 67a Abs. 1 nF sowie § 35 Abs. 1, Abs. 2 S. 2 StPO, § 41 StPO (jeweils iVm § 2 Abs. 2) und Nr. 34 Abs. 2 MiStra sowie – betr. die JGH –Nr. 32 MiStra. (vgl. auch Erl. zu → § 70 Rn. 5 ff.).

2. Besonderheiten bei Abs. 2

20 Sobald die einstweilige Unterbringung umgesetzt wird, liegt für das laufende JStV ein Fall der **notwendigen Verteidigung** vor (§ 68 Nr. 1 iVm § 140 Abs. 1 Nr. 5 StPO). Falls es bei der Umsetzung der Unterbringungsanordnung zu einer richterlichen Vorführung kommt, gilt dies für jene gleichermaßen (§ 68 Nr. 1 iVm § 140 Abs. 1 Nr. 5 StPO; n. → § 68 Rn. 38 f.). Für die Anordnungsentscheidung (etwa auch bei der Anhörung) sieht das Gesetz jedoch ansonsten keinen speziellen Beiordnungsgrund vor. Allerdings liegen dann idR die Voraussetzungen von § 68 Nr. 1 iVm § 140 Abs. 2 StPO (→ § 68 Rn. 45 ff.) vor (ebenso BeckOK JGG/Pawlischka Rn. 20). Außerdem dürfte es wegen des Vorwurfs, der in den Konstellationen des Abs. 2 im Raum stehen muss (→ Rn. 15), häufig schon früher zu einer Beiordnung gekommen sein (etwa nach § 68 Nr. 5).

21 Während vorläufige Anordnungen gem. Abs. 1 Alt. 1 nicht erzwingbar sind, auch nicht durch JA iSv § 11 Abs. 3, gelten für die **Vollstreckung** der vorläufigen Unterbringung gem. Abs. 2 S. 2 (auch jenseits der Konstellationen von § 72 Abs. 4) die dort genannten Vorschriften der StPO. Dabei entspricht der Unterbringungsbefehl dem Haftbefehl bezüglich der richterlichen Vorführung nach Ergreifung des Jugendlichen, der Benachrichtigung der Angehörigen, der Unterbringungsprüfung und der Aufhebung (ebenso Brunner/Dölling Rn. 4; dazu, dass § 116 StPO in Abs. 2 S. 2 nicht erwähnt und eine Außervollzugsetzung bzw. „Unterbringungsverschonung" daher unzulässig ist, vgl. LG Zweibrücken NStZ-RR 2004, 348; Nöding Verteidigung Rn. 376). Eine Vollstreckung kann jedoch nur erfolgen, wenn die im Beschluss bezeichnete Einrichtung zur Aufnahme des Jugendlichen bereit ist (→ Rn. 18). Zur **Durchführung** der Vollstreckung kann der JRichter, sofern dies nicht (wie im Regelfall) durch die Heimleitung übernommen wird, die JGH einbinden (NK-JGG/Sommerfeld Rn. 12). Stets muss die Umsetzung der **Informations- und Belehrungsvorschriften** gewährleistet sein (s. insbes. → § 70a Rn. 15).

22 Der JRichter **hebt** die vorläufige Anordnung **auf,** sobald deren Dauer die Vorwurfsproportionalität übersteigt und sie dadurch unverhältnismäßig geworden ist. Das Gleiche gilt bei Eintritt der Unzweckmäßigkeit oder Entbehrlichkeit der Unterbringung oder wenn eine andere Maßnahme angeordnet wird (AG Ludwigsburg ZJJ 2013, 76 (78)). Auch wenn das Verfahren in der Hauptsache nicht mit der gebotenen Zügigkeit durchgeführt wird, kann eine Aufhebung erforderlich werden (KG StV 2016, 712 = BeckRS 2015, 15922).

23 Kommt es in der Hauptsache zur Anordnung von JA oder JStrafe, wird die Unterbringungszeit (wie U-Haft) im Rahmen von **§§ 52, 52a angerechnet,** und dies nicht nur bei Anordnungen, die auf § 71 Abs. 4 beruhen

(vgl. BGH NStZ-RR 2014, 59; RL zu §§ 52, 52a; einschr. OLG Brandenburg NStZ-RR 2003, 344; zur entspr. Anwendung des § 450 StPO vgl. → § 52 Rn. 13 ff.). In Fällen, in denen das Verfahren dagegen eingestellt, die Eröffnung des Hauptverfahrens abgelehnt oder auf Freispruch entschieden wird, kann ein **Entschädigungsanspruch** bestehen (§ 2 Abs. 2 Nr. 1 StrEG). Für die Konstellationen des § 72 Abs. 4 entspricht dies der hM (KG NStZ 2010, 284 (285); s. auch Eisenberg GA 2004, 385 (386) zu Maßnahmen iSv Abs. 1, die gem. § 72 Abs. 1 zur Verfahrenssicherung eingesetzt werden). Es gilt aber gleichermaßen auch für die allein auf Abs. 2 gestützte einstweilige Unterbringung, die wegen ihrer Verdachtsbasiertheit und eines gewissen Sicherungszwecks der U-Haft wenigstens ähnelt (abw. Meyer StrEG § 2 Rn. 39).

3. Rechtsmittel

Gegen die Anordnungen nach **Abs. 1** und **Abs. 2** kann mit der **einfachen Beschwerde** (ohne aufschiebende Wirkung) vorgegangen werden (§§ 304, 305 S. 2 StPO, § 307 StPO iVm § 2 Abs. 2). Die Rechtsmittelbeschränkungen des § 55 Abs. 1 gelten nach dem Gesetzeswortlaut nicht (ebenso MüKoStPO/Kaspar Rn. 10; MAH Strafverteidigung/Schütrumpf § 52 Rn. 99; aA für Abs. 1 aber Brunner/Dölling Rn. 13; Diemer/Schatz/Sonnen/Diemer Rn. 12; Dallinger/Lackner Rn. 21). Im Falle der einstweiligen Unterbringung ist auch die **weitere Beschwerde** zulässig (§ 310 Abs. 1 StPO iVm § 2 Abs. 2; vgl. auch OLG Hamburg NJW 1963, 1167). Dagegen sind die für das U-Haftverfahren geltenden Vorschriften über die Nachprüfung durch das OLG bei der Unterbringungsanordnung nicht anwendbar, da Abs. 2 S. 2 nicht auf die **§§ 121 ff. StPO** verweist (OLG Celle NJW 1965, 2069; OLG Bamberg StraFo 2015, 329 = BeckRS 2015, 12779; dazu, dass sich dies in den Konstellationen des § 72 Abs. 4 anders verhält, s. → § 72 Rn. 47 ff.). Allerdings ist die Zügigkeit des Hauptsacheverfahrens, auf die die §§ 121 ff. StPO hinwirken sollen, gleichwohl sicherzustellen, um die einstweilige Anordnung alsbald durch eine endgültige Rechtsfolgenfestsetzung ersetzen zu können (OLG Naumburg JMBl LSA 2001, 277; KG StV 2016, 712 = BeckRS 2015, 15922; zu den Konsequenzen, die dies bei Unterbringungen, die der U-Haftvermeidung dienen, haben kann, n. → Rn. 22 und → § 72 Rn. 55 ff.). 24

V. Kosten

Bei den Kosten, zu denen die Anordnungen nach Abs. 1 und Abs. 2 führen, handelt es sich nicht um Auslagen des Verfahrens. Angesichts des engen Maßnahmespektrums bei Abs. 1 (→ Rn. 10) ist das aber lediglich für die vorläufige Unterbringung relevant. Hier ist die Situation dieselbe wie bei den Weisungen iSv § 10 (→ § 10 Rn. 66 ff.): Entspr. der Leistungs- und Finanzierungsverantwortung des **Trägers der öffentlichen JHilfe** übernimmt dieser die Kosten grds. nur, wenn er selbst über das Ob und Wie der Maßnahme (mit-)entschieden hat (§ 36a Abs. 1 S. 1 SGB VIII). Dies ist aber im Regelfall durch die vorherige Abstimmung mit dem JRichter gegeben (→ Rn. 18). Der Jugendliche selbst kann jedenfalls allein iRd § 36a Abs. 1 25

S. 2 iVm §§ 91 ff., insb. § 91 Abs. 1 Nr. 5b, § 92 Abs. 1 Nr. 1, § 94 Abs. 3, 4 SGB VIII, zu den Kosten herangezogen werden.

26 Um **Auslagen des Verfahrens,** die (zunächst) von der Justiz zu tragen sind, handelt es sich dann, wenn die Maßnahmen jedenfalls auch die Sicherung des Verfahrens bezwecken. Das ist gelegentlich bei Abs. 1 der Fall (→ § 72 Rn. 32), va aber dort, wo die vorläufige Unterbringung gem. § 72 Abs. 4 der **U-Haftvermeidung** dient (→ § 72 Rn. 33 ff.), und zwar auch bei einer Unterbringung in einer Einrichtung eines freien Trägers (OLG Dresden DVJJ-Journal 1998, 278). Anders verhält es sich nach der Rspr. (OLG Frankfurt a. M. NStZ-RR 1996, 183; OLG Jena NStZ-RR 1997, 320 (Ls.); OLG Koblenz NStZ-RR 2009, 160 (Ls.)) allerdings, wenn das JGericht anders vorgeht und den Jugendlichen iZm der Außervollzugsetzung eines Haftbefehls anweist, Hilfe zur Erziehung in einem Heim gem. § 12 Nr. 2 in Anspruch zu nehmen. Eine solche Anweisung stehe dem formalen Unterbringungsbefehl iSv § 72 Abs. 4 nämlich nicht gleich (dies mit Blick auf die faktische Verbindlichkeit bestr. und für eine kostenrechtliche Gleichbehandlung eintretend aber OLG Hamm JurBüro 2022, 3 = BeckRS 2021, 35167; LG Osnabrück Nds Rpfl 2001, 23 = LSK 2001, 010517; NK-JGG/Sommerfeld Rn. 13). Aus hiesiger Sicht gilt, da die fragliche Anweisung einer Anordnung iSv Abs. 2 entspricht und eine Verständigung mit dem Heim bzw. dessen Träger voraussetzt, für die Kostenfrage indes das in → Rn. 25 Ausgeführte.

Untersuchungshaft

72 (1) [1] **Untersuchungshaft darf nur verhängt und vollstreckt werden, wenn ihr Zweck nicht durch eine vorläufige Anordnung über die Erziehung oder durch andere Maßnahmen erreicht werden kann.** [2] **Bei der Prüfung der Verhältnismäßigkeit (§ 112 Abs. 1 Satz 2 der Strafprozeßordnung) sind auch die besonderen Belastungen des Vollzuges für Jugendliche zu berücksichtigen.** [3] **Wird Untersuchungshaft verhängt, so sind im Haftbefehl die Gründe anzuführen, aus denen sich ergibt, daß andere Maßnahmen, insbesondere die einstweilige Unterbringung in einem Heim der Jugendhilfe, nicht ausreichen und die Untersuchungshaft nicht unverhältnismäßig ist.**

(2) **Solange der Jugendliche das sechzehnte Lebensjahr noch nicht vollendet hat, ist die Verhängung von Untersuchungshaft wegen Fluchtgefahr nur zulässig, wenn er**

1. **sich dem Verfahren bereits entzogen hatte oder Anstalten zur Flucht getroffen hat oder**
2. **im Geltungsbereich dieses Gesetzes keinen festen Wohnsitz oder Aufenthalt hat.**

(3) **Über die Vollstreckung eines Haftbefehls und über die Maßnahmen zur Abwendung seiner Vollstreckung entscheidet der Richter, der den Haftbefehl erlassen hat, in dringenden Fällen der Jugendrichter, in dessen Bezirk die Untersuchungshaft vollzogen werden müßte.**

(4) [1] **Unter denselben Voraussetzungen, unter denen ein Haftbefehl erlassen werden kann, kann auch die einstweilige Unterbringung in**

einem Heim der Jugendhilfe (§ 71 Abs. 2) angeordnet werden. [2] **In diesem Falle kann der Richter den Unterbringungsbefehl nachträglich durch einen Haftbefehl ersetzen, wenn sich dies als notwendig erweist.**

(5) **Befindet sich ein Jugendlicher in Untersuchungshaft, so ist das Verfahren mit besonderer Beschleunigung durchzuführen.**

(6) **Die richterlichen Entscheidungen, welche die Untersuchungshaft betreffen, kann der zuständige Richter aus wichtigen Gründen sämtlich oder zum Teil einem anderen Jugendrichter übertragen.**

Schrifttum: Dorenburg, Untersuchungshaft und Untersuchungshaftvermeidung bei Jugendlichen und Heranwachsenden in Deutschland und Europa, 2017; Gebauer, Die Rechtswirklichkeit der U-Haft in der Bundesrepublik Deutschland, 1987; Hotter, U-Haftvermeidung für Jugendliche und Heranwachsende in Baden-Württemberg, 2004; Kowalzyck, U-Haft, U-Haftvermeidung und geschlossene Unterbringung bei Jugendlichen und Heranwachsenden in Mecklenburg-Vorpommern, 2008; Morgenstern, Die Untersuchungshaft. Eine Untersuchung unter rechtsdogmatischen, kriminologischen, rechtsvergleichenden und europarechtlichen Aspekten, 2018; Tinkhauser, Untersuchungshaftvermeidung, 2016; Weinknecht, Die Situation der U-Haft und der Unterbringung an Jugendlichen und Heranwachsenden, 1988; Wolf, Die Fluchtprognose im Untersuchungshaftrecht, 2017.

Übersicht

I. Anwendungsbereich

1. Persönlicher Anwendungsbereich

1 Die Vorschrift gilt für **Jugendliche** in Verfahren sowohl vor dem JGericht als auch vor den für allg. Strafsachen zuständigen Gerichten (§ 104 Abs. 1 Nr. 5; dazu, dass dies entgegen RL zu § 104 ermessensunabhängig auch Abs. 4 betrifft, vgl. → § 104 Rn. 10). Bei **Heranwachsenden** ist die Vorschrift dagegen nicht heranzuziehen (§ 109 Abs. 1 S. 1 und Abs. 2 S. 1; zu dafür relevanten kriminalpolitischen Erwägungen vgl. → § 109 Rn. 10). Auch eine analoge Anwendung kommt nicht in Betracht (LG Hamburg StV 2019, 48 = BeckRS 2018, 44755).

2. Verhältnis zu anderen Formen der Freiheitsentziehung

2 **a) Vorläufige Festnahme und Polizeigewahrsam.** Für die Festnahme gem. § 127 Abs. 2 StPO iVm § 2 Abs. 2 gilt die Vorschrift **nicht** (auch nicht entspr.), weil sich § 72 allein auf die Freiheitsentziehung bezieht, die sich an die Festnahme anschließt und die dort begründete Freiheitsentziehung aufgrund richterlicher Entscheidung verlängert. Allerdings wäre de lege ferenda eine erweiterte Regelung zu empfehlen. Die besonderen Maßgaben des § 72 haben im Übrigen auch keine Bedeutung für den **polizeirechtlichen** Gewahrsam. Dieser wird iÜ missbräuchlich und daher unzulässig eingesetzt, wenn sein Zweck darin besteht, Haftbefehlsgründe zu erlangen (n. LG Rostock NJ 2017, 420 = BeckRS 2017, 121828 zum allg. StR).

3 **b) Haft zur Erzwingung der Anwesenheit in der HV (§§ 230 Abs. 2, 236, 329 Abs. 3 StPO, 412 S. 1 StPO iVm § 2 Abs. 2).** Insoweit ist die Vorschrift entsprechend **anzuwenden,** weil es sich bei dieser Form der Freiheitsentziehung um eine der Sicherung und Weiterführung des Ver-

fahrens dienende und insofern der U-Haft vergleichbare Zwangsmaßnahme handelt (zust. Villmow/Savinsky ZJJ 2013, 388 (392); Bausch/Feuerhelm ZJJ 2016, 309 (310); aA Diemer/Schatz/Sonnen/Diemer Rn. 1; BeckOK JGG/Pawlischta Rn. 3). Bei der Prüfung der Frage, ob die Abwesenheit genügend entschuldigt ist, muss der Entwicklungsstand des Jugendlichen berücksichtigt werden, was ggf. zu anderen Ergebnissen als bei Erwachsenen führt.

c) Einstweilige Unterbringung (§ 126a StPO iVm § 2 Abs. 2). 4
§ 126a StPO dient nicht der Verfahrenssicherung, sondern dem (vorbeugenden) Schutz der „öffentlichen Sicherheit", der bis zur Anwendung der §§ 63, 64 StGB (vgl. → § 7 Rn. 7 ff., 19 ff.) vorläufig veranlasst wird. Dies unterliegt eigenen Voraussetzungen, die von den Regelungen in § 72 unabhängig sind, durchaus aber auch bei U-Häftlingen vorliegen können. In solchen Fällen kann es die Schutzpflicht gegenüber den Mitgefangenen verlangen, die Prüfung und Anordnung der Unterbringung zu veranlassen (n. dazu → § 89c Rn. 22).

d) Europäischer Haftbefehl. Soll in Deutschland ein Europäischer 5
Haftbefehl gegen einen Jugendlichen vollstreckt werden, schreibt das IRG vor, im Wesentlichen die besonderen jugendstrafrechtlichen Regelungen (einschließlich § 72) anzuwenden, die für Inlandssachverhalte gelten (n. → § 1 Rn. 48 ff.).

II. Haftpraxis und deren Grundprobleme

1. Muster des rechtspraktischen U-Haftgebrauchs

a) Häufigkeit. Der Versuch, die quantitative Bedeutung der U-Haft und 6
deren Entwicklung einzuschätzen, unterliegt Schwierigkeiten, va wegen der (in Anbetracht der Eingriffsschwere dieses Rechtsinstituts)unzulänglichen kriminalstatistischen Erfassung. Die Problematik betrifft sowohl die Heranziehung absoluter Zahlen, die nur für bestimmte Stichtage möglich ist, als auch die Nutzung verschiedener Relativzahlen, die sich auf die Anteile an den Ab- und Verurteilten oder an allen Straf- und U-Haftgefangenen (jeweils derselben oder aller Altersgruppen) beziehen können (für eine eingehende Auswertung unter detaillierter Diskussion der Methodenprobleme vgl. Heinz Sekundäranalyse S. 661 ff., 726 ff.; erg. Morgenstern, Die Untersuchungshaft, 2018, S. 396 ff.).

Unter diesen Vorbehalten kann ua festgestellt werden, dass die U-Haft- 7
häufigkeit in **absoluten** Zahlen stark schwankt. Sie variierte bspw. für Jugendliche an den jeweiligen jährlichen Stichtagen (1980 bis 2017) zwischen 321 und 934 (n. dazu → 25. Aufl. Rn. 4b), wobei sie zuletzt eher im niedrigen Bereich blieb. Im Durchschnitt der sechs monatlichen Stichtage des 1. Halbjahrs 2022 betrug sie für Jugendliche 325 und für Heranwachsende 749 (berechnet nach Bestand der Gefangenen und Verwahrten in den deutschen Justizvollzugsanstalten, 2022). Ebenso stark schwankend ist der (stichtagsbezogene) **Anteil** der Jugendlichen unter **allen** U-Haftgefangenen, der sich lange Zeit zwischen knapp 4 % und 6,3 %, nach 2009 aber bei knapp 3 % bewegte (n. → 25. Aufl. Rn. 4a). Als Durchschnittswert der sechs monatlichen Stichtage des 1. Halbjahrs 2022 ergaben sich 2,8 % bei den Jugend-

lichen und 6,5 % bei den Heranwachsenden (berechnet nach Bestand der Gefangenen und Verwahrten in den deutschen Justizvollzugsanstalten, 2022). Insg. muss die deutsche U-Haftpraxis im JStV im mittleren Bereich des europäischen Spektrums eingeordnet werden (Dorenburg, Untersuchungshaft und Untersuchungshaftvermeidung (…), 2017, S. 246 ff.).

8 Der **Verurteiltenanteil mit vorheriger U-Haft** ist im JStV hoch (s. Tab.; ferner Heinz Sekundäranalyse S. 682 f.). Er lag zuletzt sogar höher als im allg. StR (wobei U-Haftgefangene ohne spätere Verurteilung jeweils nicht berücksichtigt sind und die im JStR tendenziell stärkere Selektion durch Diversionsentscheidungen zu beachten ist).

Tab.: Nach JStR und nach allg. StR Verurteilte mit vorangegangener Untersuchungshaft (berechnet nach StrafSt Tab. 2.1 und 6.2 bzw. 24311-02).

	nach JStR Verurteilte			nach allg. StR Verurteilte		
	insg.	mit vorheriger U-Haft	U-Haftrate	insg.	mit vorheriger U-Haft	U-Haftrate
2007	121.354	3.332	2,7	776.277	22.461	2,9
2010	108.464	3.130	2,9	704.802	22.763	3,2
2015	65.342	2.676	4,1	674.145	23.176	3,4
2018	59.278	2.815	4,7	653.060	25.655	3,9
2022	42.659	2.029	4,8	604.715	20.736	3,4

Vermutlich beruht dieser Unterschied zum allg. StVerf auf der ausgeprägten U-Haftverbreitung bei Jugendlichen und Heranwachsenden, die mehrfach vorerfasst sind. Namentlich bei Heranwachsenden scheint sie die Häufigkeit bei älteren Personen zu übersteigen (vgl. die Berechnungen bei Pfeiffer StV 1991, 363 (365); Kemme/Stoll MschKrim 2012, 32 (42)) – während U-Haft im JStR sonst tendenziell zurückhaltender als im allg. StR angewandt wird (Heinz Sekundäranalyse S. 685 ff.).

9 **Regional** sind stark ausgeprägte und höchst problematische **Unterschiede** zu verzeichnen (Villmow/Savinsky FS Heinz, 2012, 346 ff.; Heinz Blindflug S. 120 ff.; speziell zu MV Kowalzyck, U-Haft, U-Haftvermeidung und geschlossene Unterbringung (…), 2008, S. 225 ff., 288 ff.; zur U-Haft insgesamt Gebauer, Die Rechtswirklichkeit der U-Haft in der Bundesrepublik Deutschland, 1987, S. 166 f., 303 ff.; Morgenstern, Die Untersuchungshaft, 2018, S. 412 ff.). Auch für das Verhältnis von U-Haft und anschließendem Freispruch ist ausweislich von Zahlen der StrafSt von (erheblichen) regionalen Unterschieden auszugehen (vgl. nur Kinzig/Vester StV 2015, 261 (263) für U-Haft allg.). Diese Heterogenität dürfte mit divergierenden Strafmentalitäten und Justizkulturen in Zusammenhang stehen (ähnlich etwa NK-JGG/Sommerfeld Grdl. z. §§ 71–73 Rn. 5).

10 **b) Dauer.** Die Dauer der U-Haft wird kriminalstatistisch nicht getrennt nach Altersgruppen erfasst (zu weiteren Einschränkungen der diesbzgl. StrafSt-Daten s. Heinz Sekundäranalyse S. 698). Insofern können nur die Befunde von Einzeluntersuchungen herangezogen werden. So waren zB nach einer früheren, nahezu bundesweiten Auswertung für die Jahre 1979–1984 die Anteile der abgeurteilten Jugendlichen mit einer U-Haft von bis zu sechs Monaten bzw. bis zu einem Jahr nicht unerheblich; selbst Fälle von

einer Dauer von mehr als einem Jahr stellten keine extreme Ausnahme dar (BT-Drs. 10/6739, Anlage 8). Für MV ermittelte Kowalzyck (U-Haft, U-Haftvermeidung und geschlossene Unterbringung (…), 2008, 270 ff.) später ähnliche Befunde (bei einem Durchschnittswert von ca. drei Monaten). Nach einer weiteren Abfrage (DVJJ/Villmow/Savinsky/Woldmann, 2012, S. 279) waren 45 % der Betroffenen **länger als drei Monate** in Haft (für andere Auswertungen vgl. bspw. Steinhilper, U-Haft bei 14- und 15-Jährigen in Niedersachsen, 1985, S. 28 ff.; Gebauer, Die Rechtswirklichkeit der U-Haft in der Bundesrepublik Deutschland, 1987, S. 165 f.; Weinknecht, Die Situation der U-Haft und der Unterbringung von Jugendlichen und Heranwachsenden, 1988, S. 262 ff.; Jehle, Entwicklung der U-Haft bei Jugendlichen und Heranwachsenden vor und nach der Wiedervereinigung, 1995, 71 ff.; zu sonstigen Studien → 25. Aufl. Rn. 8d).

2. Entwicklungsschädlichkeit der U-Haft

a) Typische Haftwirkungen. Die mit der Freiheitsentziehung verbundenen multidimensionalen Einschränkungen („pains of imprisonment") sind außerordentlich (n. Eisenberg/Kölbel Kriminologie, § 34 Rn. 1). Im Falle der U-Haft werden sie durch die oft überraschende Vornahme, die Unsicherheiten hinsichtlich des Verfahrensfortgangs und die zusätzlichen Haftrestriktionen, die der Verfahrensstand teilw. mit sich bringt, eher verstärkt. Dass dies – gerade in einer von Autonomieentwicklung geprägten Lebensphase – zu ganz erheblichen psychischen **Belastungen** sowie zu **entwicklungsschädlichen Folgen und sozialen Konsequenzen** führt, steht außer Streit (kennzeichnend etwa BT-Drs. 11/5829, 30; vgl. n. etwa Villmow FS Schwind, 2006, 473 ff.; Villmow ZJJ 2009, 226 (229 ff.); speziell zu abträglichen Wirkungen auf vor der Haft bestehende Arbeits- oder Ausbildungsverhältnisse mwN → 25. Aufl. Rn. 5; zusf. zur Suizidproblematik altersgruppenübergreifend Eisenberg/Kölbel Kriminologie, § 27 Rn. 43). Der Vollzug von U-Haft wirkt sich somit ungünstig auf die **Rückfallwahrscheinlichkeit** nach dem Verfahrensabschluss aus (Walker/Herting Crime & Delinquency 66 (2020), 1865). 11

b) Reduzierbarkeit schädlicher Haftwirkungen. Prinzipiell will das Gesetz dem Rechnung tragen (s. Abs. 1 S. 2), namentlich durch die Subsidiarität der U-Haft ggü. anderen funktional ähnlich wirkenden Maßnahmen (Abs. 1 S. 1). Das betrifft **ambulante** Optionen, insbes. aber auch die **Unterbringung in einem Heim der JHilfe** (Abs. 4; n. dazu → Rn. 33 ff.). Diese Einrichtungen können speziell für die U-Haftvermeidung eingerichtet werden. Meist handelt es sich aber um reguläre Heime, die eine gewisse Anzahl von Plätzen für Unterbringungsfälle bereithalten (s. etwa für Bln. Bindel-Kögel/Heßler DVJJ-Journal 1997, 297 (302); Heßler, Vermeidung von U-Haft bei Jugendlichen, 2001, S. 159 ff. sowie den bundesweiten Überblick bei Tinkhauser, Untersuchungshaftvermeidung, 2016, S. 199 ff.; Trenczek/Schmoll Jugendkriminalität Rn. 620 Fn. 1433; s. erg. → 25. Aufl. § 72a Rn. 6 mwN). Dass insg. aber nicht genug geeignete Plätze zur Verfügung stehen (so die Umfragedaten bei Hoynck/Leuschner Jugendgerichtsbarometer I S. 122; Höynck ua Jugendgerichtsbaromer II S. 101; Schmoll ua Jugendgerichtshilfebarometer S. 140), ist misslich. Denn neben den günstigeren Lebensbedingungen, die altersgerechter und weniger repressiv sind, 12 bietet ein Heim-Kontext deutlich bessere pädagogische Potenziale als die U-Haft (vgl. dazu die vergleichende Untersuchung bei Tinkhauser, Untersuchungshaftvermeidung, 2016, S. 163 ff.).

13 Andererseits liegen Hinweise auf eine zurückhaltende Nutzung der vorhandenen Kapazitäten (für Hmb. Villmow/Savinsky FS Heinz, 2012, 362 ff.; Villmow/Savinsky ZJJ 2013, 388 (390); vgl. auch für MV Kowalzyck, U-Haft, U-Haftvermeidung und geschlossene Unterbringung (...), 2008, 215 ff., 250 ff.) und auf **Akzeptanzhindernisse** in der Justiz vor. Erhebungen zufolge haben viele JRichter sicherheitsbezogene Vorstellungen, denen die Angebote der JHilfe-Träger nur bedingt entsprechen. Auch präferieren sie eine lediglich haftverkürzende (statt -vermeidende) Unterbringung in solchen Einrichtungen, um die Jugendlichen während der vorherigen vorübergehenden U-Haft auf ihre Eignung hin prüfen und bei ihnen eine Mitwirkungsmotivation wecken zu können. Ferner können Haftalternativen bei kurzfristigen Haftanordnungen oft aus organisatorischen Gründen nicht ohne weiteres berücksichtigt werden (s. die vorliegenden (Befragungs-)Studien zusammenfassend Villmow FS Schwind, 2006, 481 ff. sowie die Aktenanalyse bei Villmow/Savinsky ZJJ 2013, 388 (390 ff.)). In den vorhandenen Daten deutet sich folglich eine begrenzte Nutzung der U-Haftvermeidung an; die Anteile liegen **deutlich unter 10 %** der U-Haftfälle (zusf. und mwN Dorenburg, Untersuchungshaft und Untersuchungshaftvermeidung (...), 2017, S. 275 ff.; Heinz Sekundäranalyse 713).

3. Problematische Handhabungspraktiken

14 **a) Strafersatzfunktion.** Dass U-Haft häufig auch in Verfahren angeordnet wird, die mit einer nicht-stationären Sanktion (insbes. einer Bewährungsstrafe) enden, deutet darauf hin, dass sie vielfach als faktische (kurze) freiheitsentziehende Sanktion – **anstelle einer „echten" JStrafe** – eingesetzt wird. Der Anteil der zur Bewährung ausgesetzten JStrafen, denen eine U-Haft vorangegangen war, betrug 2022 zB 18,1 %. Umgekehrt erhielten im selben Jahr nur 59,2 % der von U-Haft betroffenen Personen, die nach JStR verurteilt wurden, eine unbedingte JStrafe (berechnet nach StrafSt Tab. 24311-22 und 39; n. zur Problematik auch Heinz Sekundäranalyse S. 703 ff.). Eine Reihe von Einzeluntersuchungen ist in ihren jeweiligen Stichproben ebenfalls zu dem Ergebnis gelangt, dass lediglich in einem bis zwei Dritteln der U-Haftfälle eine stationäre Sanktion verhängt wird (dazu mwN → 25. Aufl. Rn. 5a). Dass der U-Haftanteil an der gesamten Vollzugspopulation im Jugendbereich deutlich höher als bei den Erwachsenen ist (vgl. etwa Morgenstern, Die Untersuchungshaft, 2018, S. 409), spricht dafür, dass die U-Haft eher im JStV als im allg. StR als Sanktionsinstrument genutzt wird.

15 **b) (Weitere) Apokryphe Haftgründe.** Das verbreitete Zusammentreffen von nichtstationären Sanktionen und U-Haft ist kaum mit dem Verhältnismäßigkeitsprinzip (→ Rn. 38 ff.) zu vereinbaren. Es verweist auf eine **Denkzettelnutzung** der U-Haft, was indes eine illegitime Zwecksetzung darstellt, die in den Begründungen demzufolge auch nicht artikuliert wird. Ungeachtet gelegentlichen Bestreitens (wie durch BeckOK JGG/Pawlischta Rn. 15) treten solche und ähnliche geheime Haftgründe in der Praxis nicht selten auf (Zusammenstellung der wichtigsten Varianten bei Nordhues,

Untersuchungshaft im Spannungsverhältnis von Recht und Praxis, 2013, S. 50 ff.; Heinz Sekundäranalyse S. 708; für die internationale Forschung s. mwN van den Brink Youth Justice 2019, 238 (242)). Dieses Vorgehen ist gesetzwidrig (→ Rn. 20) sowie unvereinbar mit der Unschuldsvermutung, der Bedeutung der HV und den Befunden zur Abträglichkeit des U-Haftvollzugs (vgl. → Rn. 11). Nicht anders verhält sich das beim Einsatz als sog. **Krisenintervention** zB zur Unterbrechung einer etwa „ungünstigen Entwicklung" durch einen alsbald bewirkten „Schock" (vgl. Dünkel Freiheitsentzug S. 373 ff.; Zimmer DVJJ-Journal 1997, 321 (322); DVJJ/Sonnen 1997, 495), wozu ua Angaben aus Justizbefragungen vorliegen (vgl. Will DVJJ-Journal 1999, 49 (61); Hotter, U-Haftvermeidung für Jugendliche und Heranwachsende in Baden-Württemberg, 2004, S. 261 ff.). Die Problematik ist auch dort nicht geringer, wo – bei BtM-Abhängigen – eine Zwangsentziehung oder eine Überbrückung der Wartezeit für einen Therapieplatz beabsichtigt wird (s. näher Weinknecht, Die Situation der U-Haft und der Unterbringung von Jugendlichen und Heranwachsenden, 1988, S. 215 f., 264).

4. (Selektiv) Haftbetroffene Gruppen

16 Abgesehen vom Haftgrund der **Wiederholungsgefahr,** der va bei schwereren Delikten nicht selten herangezogen wird (zur regional teilw. erheblichen Nutzung etwa Will DVJJ-Journal 1999, 49 (55); Kowalzyck DVJJ-Journal 2002, 300 (303); Villmow/Savinksy ZJJ 2013, 388 (391)), begründet man die Anordnung der U-Haft in den allermeisten Fällen mit **Fluchtgefahr** (Heinz Sekundäranalyse S. 695 f.). Dies ist angesichts des Umstandes, dass Beschuldigte der fraglichen Altersgruppe typischerweise noch bei den Eltern leben, bemerkenswert. Der Verweis auf die Fluchtprävention scheint insbes. ggü. Personen mit **niedrigem sozio-ökonomischen Status** eingesetzt zu werden (so jedenfalls vormals Gebauer, Die Rechtswirklichkeit der U-Haft in der Bundesrepublik Deutschland, 1987, S. 188 ff.; betr. geschlechtsbezogen ungleiche Begründungspraxis Zender, U-Haft an weiblichen und männlichen Jugendlichen und Heranwachsenden, 1998, S. 114 ff., 121 ff.). Dafür kennzeichnend ist etwa ein Abstellen auf räumlich besonders beengte Lebensumstände, wonach „das Wohnverhältnis daher als leicht lösbar anzusehen ist" (Polizeipräsident in Berlin, Dir 6 VB III 2, Vorführungsbericht v. 27.2.2014, 5 f. aus dem Verfahren KG StV 2016, 715 = BeckRS 2015, 438 mAnm Eisenberg ZJJ 2015, 207).

17 Das U-Haftrisiko scheint jedenfalls bei bestimmten Teilgruppen angehoben zu sein, so bei Arbeits- und Wohnverhältnissen, die richterlich als instabil beurteilt werden (zu empirischen Hinweisen Hermanns, Sozialisationsbiographie und jugendrichterliche Entscheidungspraxis, 1983, S. 118; Weinknecht, Die Situation der U-Haft und der Unterbringung von Jugendlichen und Heranwachsenden, 1988, S. 64 ff., 214 f.; Gebauer, Die Rechtswirklichkeit der U-Haft in der Bundesrepublik Deutschland, 1987, S. 234 ff.), sowie bei als brüchig geltenden sozialen Bindungen. Hiernach ist es erwartungsgemäß, dass ggü. Nichtdeutschen überproportional häufig U-Haft angeordnet wird (n. Eisenberg/Kölbel Kriminologie, § 27 Rn. 24 mwN). In einer Reihe von Studien wird dies auch gezeigt (DVJJ/Sonnen 1997, S. 489 ff.; DVJJ/Emig 1997, S. 501; zuletzt DVJJ/Villmow/Savinsky/Woldmann,

2012, S. 278; vgl. auch Staudinger, U-Haft bei jungen Ausländern, 2001, S. 84 ff.; dazu mwN auch → 25. Aufl. Rn. 6d).

III. Materielle Voraussetzungen der Anordnung

1. Anforderungsstruktur

18 Prinzipiell gelten auch im JStR die materiellen U-Haftvoraussetzungen der StPO. Es bedarf also eines dringenden Tatverdachtes und eines Haftgrundes sowie der Verhältnismäßigkeit zwischen Eingriff und Verfahrensanlass (§ 112 Abs. 1 StPO iVm § 2 Abs 2). Aus § 72 ergibt sich indes eine **Verschärfung** dieser allg. Anforderungen – aus Abs. 1 und 4 hinsichtlich der Verhältnismäßigkeitsprüfung (→ Rn. 31 ff.) und insbes. aus Abs. 2 hinsichtlich der Haftgründe (→ Rn. 20 ff.). Obwohl das Gesetz durch diese strikteren Voraussetzungen die U-Haft als ein Rechtsinstitut konzipiert, das nur ganz ausnahmsweise – und va seltener als im allg. StVerf – eingesetzt werden soll, ist die Häufigkeit seiner Nutzung nicht nur beachtlich, sondern auch größer als bei der Gruppe der älteren Beschuldigten (→ Rn. 6 ff.). Das spricht für eine **eingeschränkte Umsetzung des Rechtsprogramms.**

2. Tatverdacht

19 Der festzustellende dringende Tatverdacht ist auch im JStV hinsichtlich der Tathandlung bzw. des Tatbeitrags und der übrigen Strafbarkeitsmerkmale hinreichend zu substantiieren (BVerfG EuGRZ 2020, 365 = BeckRS 2020, 3196). Dabei scheiden „voraussichtlich" unverwertbare Beweismittel zur Begründung aus (OLG Dresden StraFo 2012, 185 = BeckRS 2012, 220144; MüKo-StPO/Kölbel/Ibold StPO § 160 Rn. 37 jeweils zum allg. StVR). Im Übrigen setzt die Verdachtsbejahung (mehr noch als im allg. StVR) voraus, dass vernünftigerweise in Betracht zu ziehende alternative Abläufe widerlegt sind (verfehlt etwa LG Berlin BeckRS 2011, 9348 mAnm Eisenberg StraFo 2010, 420). Außerdem besteht die **altersbezogene Besonderheit,** dass sich der dringende Tatverdacht auch auf die jugendstrafrechtliche Verantwortlichkeit (§ 3 S. 1) beziehen und sich die Haftbefehlsbegründung hierzu verhalten muss (Eisenberg NStZ 2018, 667 (668 f.); ebenso Laubenthal/Baier/Nestler JugendStrafR Rn. 323; in diesem Sinne etwa BGH ZJJ 2016, 410 mAnm Eisenberg/Wolf; BGH BeckRS 2017, 100841; BeckRS 2017, 109884; vgl. iÜ zur Praxis aber Kurzberg Jugendstrafe S. 144: in keinem Fall geschehen (betr. BW)). – Bestätigt sich der Verdacht nicht, kann eine gleichwohl veranlasste U-Haft eine Entschädigungspflicht auslösen (§ 2 Abs. 1 StrEG; dazu bei U-Haft ersetzenden Maßnahmen iS der → Rn. 31 ff. vgl. n. → § 71 Rn. 23).

3. Besonderheiten bei den Haftgründen

20 **a) Allgemeine Maßgaben.** Prinzipiell sind die allg. Haftgründe auch im JStV relevant, weshalb mindestens einer dieser gesetzlichen Haftgründe vorliegen muss. Eine bloß formelhafte Behauptung genügt nicht. Das gilt insbes. in Fällen, in denen die U-Haft eigentlich auf andere „apokryphe" Erwägungen gestützt wird, etwa auf gesetzlich nicht vorgesehene (HK-JGG/Kleimann Rn. 2) erzieherische Haftanordnungsgründe (zur Rechtspraxis

→ Rn. 15) oder auf generalpräventive Motive (zu deren Unzulässigkeit LG Hamburg MDR 1994, 822 = LSK 1994, 440391; LG Zweibrücken StV 1999, 161 = LSK 1999, 170550; Streng, JugendStrafR Rn. 160; teilw. aA OLG Hamburg StV 1994, 590 = BeckRS 1994, 31161313 mablAnm. Rzepka StV 1994, 590). Darüber hinaus folgt aus §§ 112 f. StPO iVm § 2 Abs. 2, dass sich das Verständnis der verschiedenen Haftgründe grds. an der Auslegung des allg. StVR orientiert. Bei einzelnen Haftgründen bestehen aber doch einige **jugendstrafrechtsspezifische Besonderheiten** (rechtsvergleichend in dieser Hinsicht Dorenburg, Untersuchungshaft und Untersuchungshaftvermeidung (…), 2017, S. 114 ff.). Das betrifft konkret die Konstellationen der Flucht- und Wiederholungsgefahr sowie § 112 Abs. 3 StPO.

b) § 112 Abs. 2 Nr. 2 StPO. aa) Zur Feststellung der „Fluchtgefahr“ bedarf es stets der Darlegung von **Tatsachen** (zur fehlenden Begründungseignung von Vermutungen OLG Köln StraFo 1997, 279 = BeckRS 1997, 126397 mAnm Hiebl StraFo 1997, 280; OLG Karlsruhe StraFo 2010, 206 = BeckRS 2010, 33211; LG Frankfurt/Oder StV 2015, 302 = BeckRS 2014, 123005; in der Sache klar abw. KG ZJJ 2010, 74 = BeckRS 2009, 89218 mAnm Eisenberg/Huck ZJJ 2010, 74). Die Voraussetzungen einer Fluchtgefahr sind schon deshalb „nur selten erfüllt“, weil Beschuldigte infolge geringer Handlungskompetenz regelmäßig und rasch wieder ergriffen werden könnten (OLG Hamm StV 1996, 275 = BeckRS 1995, 31394568 betr. 14- und 15-Jährige). Deshalb müssen **konkrete Anhaltspunkte** für eine unbemerkte Änderung des Aufenthaltsortes bestehen (vern. bei festem Wohnsitz in Polen OLG Dresden StV 2005, 225 = BeckRS 2005, 3192). Das Gericht hat zu prüfen, inwieweit der Vorführungsbefehl den diesbzgl. Sachverhalt plausibel darstellt (vgl. OLG München StraFo 2016, 291 = BeckRS 2016, 11952: „an den Haaren herbeigezogen“; KG StV 2016, 715 = BeckRS 2015, 438: „verfälscht“; zu Hinweisen auf entspr. rechtspraktische Problemlagen vgl. Wolf, Die Fluchtprognose im Untersuchungshaftrecht, 2017; S. 365 ff.; als Bsp. für eine völlig unsubstantiierte Begründung s. LG Berlin BeckRS 2011, 9348). 21

Das Erfordernis konkreter Gefahrenhinweise besteht auch bei **nichtdeutschen Personen,** bei denen nur unter bestimmten Bedingungen anzunehmen ist, dass sie ihren Lebensmittelpunkt tatsächlich ins Ausland verlegen werden (dazu n. HK-JGG/Kleimann Rn. 9). Zwar ergibt sich für die Rspr., sofern die Straferwartung für einen gewissen Fluchtanreiz spricht, aus dem Fehlen inländischer Bindungen (kein Familienanschluss, Leben in Asylbewerbereinrichtungen usw.) oft eine gleichsam zwangsläufige Fluchtgefahr (→ Rn. 17; kennzeichnend bspw. BGH BeckRS 2018, 608; 2018, 10257), doch richtigerweise kommt es auch hier auf konkrete hinweiskräftige Umstände im Einzelfall an (vgl. OLG Stuttgart StV 2016, 815 = BeckRS 2016, 20606 zum allg. StVR). 22

Deshalb lässt sich Fluchtgefahr iÜ auch **nicht pauschal** aus der Schwere der zu erwartenden jugendstrafrechtlichen **Rechtsfolge** herleiten (OLG Köln StraFo 1997, 279 = BeckRS 1997, 126397 mAnm Hiebl StraFo 1997, 280; anders in der Sache aber bspw. BGH BeckRS 2023, 3256). Die Straferwartung stellt allein einen – für sich genommen nicht ausreichenden (KG StV 2012, 350 = BeckRS 2012, 2300) – Indikator für eine etwaige Fluchtgefahr dar. Diese kann demgemäß auch bei (zunächst) besonders gewichti- 23 gem Tatvorwurf verneint werden (so etwa LG Koblenz StV 2011, 290 = BeckRS 2011, 3840 bei Anklage wegen versuchten Mordes). Ungeachtet dessen ist die absehbare Sanktion mit Blick auf ihre begrenzte Relevanz festzustellen (dazu auch → Rn. 39). Dabei muss berücksichtigt werden, dass die Strafrahmen des **allg. StR nicht** gelten (§ 18 Abs. 1 S. 3) und weniger die Tatschwere als nicht zuletzt die in der HV ermittelte spezialpräventive Indikation für Auswahl und Bemessung der Rechtsfolgen bestimmend sind. Auch insofern bedarf es (selbst bei voraussichtlich langer Dauer der JStrafe) einer konkreten prognostischen Erörterung unter Berücksichtigung einer etwaigen Straf- und Strafrestaussetzung (Mayer/Hunsmann NStZ 2015, 325 (327)). Bei Heranwachsenden verlangt dies eine vorläufige Klärung der Frage, ob voraussichtlich JStR oder aber allg. StR zur Anwendung kommen wird (KG StV 2016, 715 = BeckRS 2015, 438 mAnm Eisenberg ZJJ 2015, 207). Dafür ist auch die JGH heranzuziehen (→ Rn. 44; BeckOK JGG/Pawlischta Rn. 6).

24 **bb)** Für **14-** und **15-Jährige** ergeben sich aus Abs. 2 zusätzliche **einschränkende Voraussetzungen** (nicht überzeugende Kritik daran bei BeckOK JGG/Pawlischta Rn. 8). Solange es nicht an einem festen Aufenthaltsort fehlt oder eine Fluchtabsicht nicht manifestiert worden ist, scheidet danach die Bejahung von Fluchtgefahr aus (wobei diese sich umgekehrt nicht etwa schon aus dem alleinigen Vorliegen einer der beiden Varianten ergibt). Bei der Prüfung von Abs. 2 ist dabei ein strenger Maßstab anzulegen. Das betrifft besonders Nr. 2 (s. dazu etwa BT-Drs. 11/5829, 33: „wohnsitz- und bindungslos herumreisende … Banden- oder Serientäter"). Auch genügt es zB nicht, wenn sich ein Jugendlicher mehrere Tage nächtlich „herumgetrieben" hat (OLG Hamm StV 1996, 275 = BeckRS 1995, 31394568). Für die Anwendbarkeit von Abs. 2 kommt es iÜ auf das Vorliegen der betr. typisierten Schutzbedürftigkeit – also auf das Alter zum **Zeitpunkt** der **U-Haft-Entscheidung** – an (ebenso Brunner/Dölling Rn. 9; Streng JugendStrafR Rn. 161; Nöding Verteidigung Rn. 380; bei Haftbeschwerde auf das diesbzgl. Alter abstellend KG BeckRS 2005, 30356088; dagegen offenbar das Alter bei der mutmaßlichen Tatbegehung für maßgeblich haltend BGH BeckRS 2023, 25799; OLG Frankfurt a. M. BeckRS 2019, 15451).

25 **c) § 112a StPO. aa)** Die Vorschrift, die ebenso wie § 112 Abs. 3 StPO (→ Rn. 30) auf die NS-Rechtspolitik zurückgeht (Gesetz v. 28.6.1935, RGBl. I 844 (847)), ist wegen ihres präventiv-polizeilichen Charakters unstr. systemwidrig. Gleichwohl kommt ihre Heranziehung auch bei **Anwendung von materiellem JStR** in Betracht. Daran bestehen bei Nr. 2, die die Erwartung einer über einjährigen Freiheitsstrafe (und nicht JStrafe) zur Voraussetzung hat, zwar gewisse Zweifel, doch bedarf es hier mit Blick auf den Normzweck einer Gleichstellung beider Sanktionsarten (n. → § 17 Rn. Rn. 60; die Geltung im JStV ebenfalls bej. etwa OLG Braunschweig StV 2009, 84 = BeckRS 2009, 9748; OLG Celle NdsRpfl 2014, 127 = BeckRS 2014, 1277; OLG Frankfurt a. M. BeckRS 2018, 37065). Auch durch § 71 Abs. 2 wird U-Haft wegen Wiederholungsgefahr im JStV nicht generell ausgeschlossen (aA Weber RdJB 1999, 305 (311)); allerdings ist die Unterbringung vorrangig, was sich jedoch nicht aus einem speziellen Konkurrenzverhältnis (so aber OLG Hamm StV 2002, 432 = BeckRS 2001, 9549; NK-JGG/Sommerfeld Rn. 3), sondern (wie bei allen Haftgründen)

aus Abs. 4 ergibt. IÜ gelten für § 112a StPO gerade im JStV strenge Voraussetzungen (OLG Hamm ZJJ 2004, 435 = BeckRS 2007, 5922), und dies nicht allein bzgl. der Wiederholungsgefahr (→ Rn. 29), sondern auch hinsichtlich der Deliktsqualität:

bb) Die verdachts- und verfahrensgegenständliche Katalogtat iSv § 112a Abs. 1 S. 1 Nr. 2 StPO iVm § 2 Abs. 2 muss die **Sanktionserwartung** (mehr als ein Jahr JStrafe) auch bei einer einheitlichen Rechtsfolgenentscheidung (§ 31 Abs. 2) – dh für sich genommen und ohne Einbeziehung weiterer oder früherer Delikte – begründen (LG Kiel StV 2002, 433 = LSK 2002, 450627; LG Itzehoe StV 2007, 587 = BeckRS 2011, 10991; vgl. auch LG Zweibrücken StV 1996, 158 = LSK 1996, 160308; MüKoStPO/Böhm StPO § 112a Rn. 41; abw. OLG Hamburg BeckRS 2017, 110062). Liegt bereits ein (angegriffenes) erstinstanzliches Urteil vor, ist die Rechtsfolge maßgeblich, die dort für die Katalogtat (unter Ausklammerung von gem. § 31 Abs. 1 oder Abs. 2 einbezogenen Taten) festgelegt wurde (OLG Braunschweig StV 2009, 48 = iSv § 112a Abs. 1 S. 1 Nr. 2 StPO iVm § 2 Abs. 2). 26

Bei der Anlasstat muss es sich ferner um eine **Wiederholung oder Fortsetzung** desselben, rechtlich also im Wesentlichen ebenso bewerteten Deliktes handeln. Diese mehreren Straftaten können Gegenstand des aktuellen JStV oder verfahrensfremd (Abs. 1 S. 2) und etwa teilw. schon früher abgeurteilt worden sein (abw. OLG Hamburg BeckRS 2017, 110062: wiederholte Begehung könne sich auch allein aus vergangenen Katalogtaten ergeben, sofern das Verfahren wegen weiterer Katalogtat geführt wird). Stets muss **jede dieser Taten für sich** genommen (auch bei tatmehrheitlicher Begehung) als **„schwerwiegend"** einzustufen sein (etwa OLG Celle BeckRS 2020, 2194). Das ist ggf. auch dort der Fall, wo eine frühere Tat wegen einer Gesetzeskonkurrenz durch eine noch gewichtigere Tat verdrängt worden war (OLG Bremen BeckRS 2013, 04382). 27

Schließlich kommt es für die „Schwere-Bewertung" iSv § 112a Abs. 1 S. 1 Nr. 2 StPO iVm § 2 Abs. 2 nicht allein auf die formale tatbestandliche Zuordnung an. Da die **schwerwiegende Beeinträchtigung** der Rechtsordnung eigens vorausgesetzt wird, reicht die alleinige Zugehörigkeit der jeweiligen Tat zum Deliktskatalog nicht aus. Vielmehr muss ihr konkretes Gewicht erheblich gewesen sein und eine angehobene Sanktion gerechtfertigt haben (vern. daher OLG Hamm ZJJ 2004, 435 = BeckRS 2007, 5922: räuberische Erpressung in Tateinheit mit gefährlicher Körperverletzung; OLG Oldenburg NStZ-RR 2010, 159: schwere räuberische Erpressung in Tateinheit mit gefährlicher Körperverletzung; LG Bremen StV 2010, 141 = LSK 2010, 140305: räuberischer Diebstahl in zwei Fällen). Die Rspr. stellt hier va auf das tatindividuelle Erfolgsunrecht ab und bezieht andere Aspekte (etwa Motive, Rückfallfrequenz usw.) nur gelegentlich ein (MüKoStPO/Böhm StPO § 112a Rn. 39 f.). Unter Berücksichtigung des Umstands, dass das **Handlungsunrecht** bei einem Jugendlichen **deutlich geringer** ist als bei einem Erwachsenen, der eine gleiche Tat begeht (→ § 17 Rn. 54), gilt das im JStR ganz besonders. War die Vortat lediglich mit einem Zuchtmittel oder einer Erziehungsmaßregel sanktioniert worden, kann sie nicht als „schwerwiegend" gelten (OLG Oldenburg NStZ-RR 2010, 159; StV 2012, 352 = BeckRS 2012, 12360; OLG Köln BeckRS 2018, 41408; Rentzel-Rothe StV 2013, 786 (788 f.); Fülscher NStZ 2024, 586 (588 f.); einschr. OLG Bremen StV 2013, 773 = BeckRS 2013, 4382; BeckOK 28

JGG/Pawlischta Rn. 12). Allerdings soll es dann ua nach OLG Frankfurt a. M. BeckRS 2018, 37065 möglich sein, die Vortaten explizit anders und schwerer als durch die Vorgerichte zu bewerten.

29 **cc)** Die für Nr. 1 und Nr. 2 gleichermaßen vorausgesetzte Gefahr einer zukünftigen Deliktsbegehung ist schließlich nur anzunehmen, wenn auf einer verlässlichen Tatsachengrundlage (so etwa OLG Koblenz StV 2014, 550 = BeckRS 2014, 11571 zum allg. StR) von einer **hohen Wahrscheinlichkeit** der **Tatwiederholung oder -fortsetzung** auszugehen ist (OLG Karlsruhe StraFo 2010, 199 = BeckRS 2010, 4550 zum allg. StR). Dies entspricht dem Prognosemaßstab bei § 71 Abs. 2 (→ § 71 Rn. 13; daher fallkonkret vern. LG Magdeburg DVJJ-Journal 1993, 413 mzustAnm Breymann/Staufenbiel). Wesentliche Hinweise hierfür liegen im Nicht-/Vorliegen festgestellter früherer Delinquenz (OLG Frankfurt a. M. StV 2010, 583 = BeckRS 2010, 29007).

30 **d) § 112 Abs. 3 StPO.** Die von der hM (etwa BGH BeckRS 2023, 3256) ohne nähere Problematisierung bejahte Anwendbarkeit dieses Haftgrundes steht in einem problematischen Spannungsverhältnis zur Grundstruktur des JGG, da § 112 Abs. 3 StPO allein an die Schwere des mutmaßlichen Tatereignisses anknüpft und keinen (für das JGG elementaren) Bezug zum fraglichen Jugendlichen aufweist. Geht man gleichwohl davon aus, dass die Vorschrift im JStV heranziehbar ist, muss die Feststellung des Katalogtat-Verdachts auch die Voraussetzungen der Verantwortlichkeit iSv § 3 einbeziehen. Überhaupt muss die **Verdachtsprüfung** besonders kritisch und im Bewusstsein erfolgen, dass gerade bei polizeilich als besonders schwerwiegend behandelten Delikten justiziell oftmals noch eine herabstufende Umdefinition erfolgt (zur entspr. Empirie mwN Eisenberg/Kölbel Kriminologie § 44 Rn. 21 f.). IÜ ist für die Anwendbarkeit der Vorschrift (wie auch im allg. StR) **zusätzlich** Flucht oder Fluchtgefahr oder Verdunkelungsgefahr vorausgesetzt (vgl. BVerfGE 19, 342 (350); ebenso etwa BGH NStZ-RR 2025, 16: wenngleich in geringerer Intensität als bei § 112 Abs. 2). Daher sind bei Beschuldigten im Alter von 14 oder 15 Jahren zudem die in Rn. 22 genannten Einschränkungen zu beachten (dazu n. Voigt FS Eisenberg II, 2019, 283).

4. Subsidiaritäts- und Verhältnismäßigkeitsprinzip

31 **a) Subsidiaritätsprinzip.** Auch bei Vorliegen eines Tatverdachts und eines Haftgrundes kann U-Haft nur im Rahmen der Verhältnismäßigkeit angeordnet werden (§ 112 Abs. 1 S. 2 StPO iVm § 2 Abs. 2). Hierbei erfolgt in Abs. 1 eine spezielle Ausgestaltung dieses allg. Grundsatzes, konkret des dort relevanten Erforderlichkeitskriteriums. Diese Maßgabe beruht auf den Bedenken ggü. der jugendstrafrechtlichen U-Haft und reagiert auf deren Beeinträchtigungseffekte und negative Auswirkungen (→ Rn. 11). Deshalb ist bei der Anordnungsentscheidung die **besondere Belastung** des Vollzuges für Jugendliche konkret zu **berücksichtigen (Abs. 1 S. 2)** und nicht nur die Möglichkeit einer Haftverschonung (→ Rn. 60), sondern auch die (vorrangige) Frage zu prüfen, ob der einen Haftgrund ergebenden Gefahr in der von Abs. 1 S. 1 vorgesehenen Weise begegnet werden kann. Die ausdrückliche Anführung der **Gründe,** warum es dennoch der U-Haft-

anordnung bedarf **(Abs. 1 S. 3),** verlangt obendrein die Darlegung von Tatsachen (→ Rn. 42).

32 Gem. Abs. 1 ist U-Haft also ggü. anderen Mitteln der (Verfahrens-)Sicherung **nachrangig.** Diese Subsidiarität entspricht internationalen Menschrechtsstandards (vgl. Nr. 10 ERJOSSM: „Deprivation of liberty of a juvenile shall be a measure of last resort (…) Special efforts must be undertaken to avoid pre-trial detention.“). Ebenso deckt sie sich mit den Vorgaben des **Europäischen Rechts.** Auch nach Art. 10 Abs. 2, Art 11 RL (EU) 800/2016 sind nach Möglichkeit alternative Schritte zu ergreifen, wohingegen U-Haft als „letztes Mittel“ zu gelten hat (s. auch Erwägungsgründe 54 f.; dazu BT-Drs. 19/13837, 35 f.). Umgesetzt werden diese Vorgaben in Europa durch zahlreiche verschiedene Instrumente, keineswegs immer oder nur durch Unterbringungsformen, die die U-Haft ersetzen (vgl. n. Dorenburg, Untersuchungshaft und Untersuchungshaftvermeidung (…), 2017, S. 166 ff., 288 ff.). Auch in Deutschland kommen mehrere Varianten in Betracht. Neben vorläufigen **Anordnungen über die Erziehung** gem. Abs. 1 S. 1 Var. 1 iVm § 71 Abs. 1 (etwa die Unterbringung in einer betreuten Wohnform; n. → § 71 Rn. 6 ff.) betrifft dies richterlich konkretisierbare **Maßnahmen gem. Abs. 1 S. 1 Var. 2.** Dazu zählen etwa verhaltensbezogene Zusagen des Jugendlichen und regelmäßige Zusammentreffen mit Vertrauenspersonen oder Vertretern der JGH (nach BGH BeckRS 2022, 22610 aber auch die Wohnungsnahme in einem psychiatrischen Krankenhaus). Die Anwendung von U-Haft anstelle all dieser Varianten ist hinsichtlich ihrer Notwendigkeit besonders begründungsbedürftig (Abs. 1 S. 3).

33 **b) Insbesondere: U-Haftvermeidung durch Unterbringung. aa)** Eine weitere vorrangige Maßnahme, die eine geringere Eingriffstiefe sowie deutlich bessere pädagogische Potenziale als die U-Haft bietet, stellt die Unterbringung in einem Heim der JHilfe (→ Rn. 12 f.) dar (zu den **Kostenfolgen** → § 71 Rn. 25 f.). Ein dahingehender Unterbringungsbefehl ist gem. **Abs. 4 S. 1** – unabhängig von den in § 71 Abs. 2 geregelten Voraussetzungen (→ § 71 Rn. 6 ff., 12 ff.) – immer dann zulässig, wenn grds. auch U-Haft zulässig wäre. Es kommt also auf die durch § 72 modifizierten Bedingungen der §§ 112 ff. StPO iVm § 2 Abs. 2 an (→ Rn. 18). Unter Subsidiaritätsgesichtspunkten gehen dabei sodann ausreichend wirksame ambulante Maßnahmen der Heimunterbringung vor, und die ausreichend wirksame Heimunterbringung ist ggü der U-Haft prioritär (Abs. 1 S. 1 und 3). „Wirksamkeit“ bedeutet in diesem Prüfungszusammenhang, dass der **Zweck der U-Haft erreicht** werden kann (Abs. 1 S. 1) – dh dass die Gefahr, die mit Blick auf den jeweils einschlägigen Haftgrund durch den JRichter bejaht wird, durch die Heimunterbringung (oder gar das ambulante Vorgehen) ebenfalls in geeigneter und ausreichender Weise kontrolliert wird (RL 2 S. 2 zu § 71).

34 Das einzige relevante Kriterium für die (wegen Abs. 1 S. 1 **gebundene**) Entscheidung zwischen den verschiedenen Vorgehensweisen liegt also in der zu prognostizierenden **Eignung** zur konkret **haftgrundbezogenen Sicherung.** Die Art der Straftat, derer der Jugendliche verdächtigt wird, hat hierfür nur eine untergeordnete Bedeutung. Dass das Delikt ggf. schwer wiegt und/oder „öffentliches Aufsehen“ erregt, kann nur insoweit relevant sein, als die verfahrensbezogene Gefahr (bzw. der jeweilige Haftgrund) dann

uU besonders stark ausgeprägt und die sicherungsbezogene Leistungsfähigkeit der U-Haftalternative dafür ggf. nicht ausreichend ist. Es dürfen aber generell **keine überhöhten Anforderungen** an die erwartbare Eignung der Heimunterbringung (oder der ambulanten Maßnahmen) gestellt werden (so jedoch BGH BeckRS 2017, 100841: von Eignung könne „nicht sicher ausgegangen werden"; KG ZJJ 2010, 74 = BeckRS 2009, 89218 mAnm Eisenberg/Huck ZJJ 2010, 74; BeckOK JGG/Pawlischta Rn. 16: „Gewissheit", sich auf den Beschuldigten „verlassen zu können"). Denn durch solche idR unerfüllbare Standards würde der gesetzliche Vorrang von U-Haft vermeidenden Vorgehensweisen gegenstandslos gemacht. Allerdings können bei Beschuldigten, die zum Beurteilungszeitpunkt bereits das **Heranwachsendenalter** erreicht haben, die Schwierigkeiten, eine geeignete und aufnahmebereite Heimeinrichtung zu finden, faktisch angehoben sein (OLG Frankfurt a. M. BeckRS 2019, 15451; OLG München 2 Ws 242/24 v. 24.2.2024). Ausgeschlossen ist die Anwendung von Abs. 4 S. 1 hier aber keineswegs.

35 **bb)** Das Gericht kann den Beschuldigten ggf. auch in einer Einrichtung mit herabgesetzten Öffnungsgrad unterbringen, sofern die Sicherungseignung allein unter dieser Bedingung zu bejahen ist. Ungeachtet der im sozialpädagogischen Diskurs geäußerten Skepsis (n. → § 12 Rn. 25 f.) wird durch die Strafjustiz dabei sogar eine **geschlossene Heimunterbringung** als zulässig erachtet (OLG Köln StRR 2008, 35 = BeckRS 2008, 4581; ebenso etwa Weber RdJB 1999, 305 (317); krit. bspw. Trenczek Zbl 2000, 121 (131); Heßler, Vermeidung von U-Haft bei Jugendlichen, 2001, S. 129 ff.). Zur Voraussetzung gemacht werden darf dies aber nicht, da der Gesetzgeber für die vorläufige Unterbringung keine fluchthindernden Vorkehrungen verlangt (→ § 71 Rn. 17) und die Abschließung eines Heimes damit zu einem irrelevanten Eignungskriterium erklärt (vgl. zB auch OLG Brandenburg MDR 2023, 437 = BeckRS 2023, 162). Das Vorgehen nach Abs. 4 kann also nicht deshalb abgelehnt werden, weil kein Platz in einem geschlossenen Heim zur Verfügung steht, sondern „nur" in einer Einrichtung, bei der die Fluchtsicherung mit pädagogischen Mitteln erfolgt (ähnlich Wiesner/Wapler/Wapler SGB VIII § 34 Rn. 46; abw. OLG Köln BeckRS 2009, 14917 mAnm Artkämper). In Konstellationen des Staatsversagens, in denen gar kein Heimplatz verfügbar ist, muss es indes ebenso wie dort, wo von den Einrichtungen die Aufnahme des Beschuldigten verweigert wird (→ § 71 Rn. 18), bei der U-Haft bleiben (BGH BeckRS 2022, 22610).

36 **cc)** Der JRichter ist nicht daran gehindert, die Vorgehensweise zu ändern. Sofern Verdacht und Haftgrund fortbestehen (anderenfalls wären alle Maßnahmen iSv § 72 unzulässig), kann ein **Übergang** zwischen U-Haft und ihrer Alternative in beide Richtungen erfolgen. Dafür ist abermals das Eignungskriterium (→ Rn. 33) maßgeblich. Stellt sich nach Erlass eines Haftbefehls heraus, dass die Heimunterbringung ausreichend und daher möglich ist, kann der Haftbefehl durch einen Unterbringungsbefehl ersetzt werden (RL 3 zu § 71). Hierin ist das fragliche Heim konkret zu bezeichnen (→ § 71 Rn. 18).

37 Besteht bei einem Jugendlichen der Haftgrund bzw. die betr. verfahrensbezogene Gefahr fort, obwohl er auf Basis von Abs. 4 S. 1 in einem Heim lebt, ist gem. **Abs. 4 S. 2** wiederum die Ersetzung des Unterbringungs- durch einen Haftbefehl möglich (vgl. auch RL 4 zu § 71). Dafür genügt es allerdings nicht, dass die tatsächlichen Verhältnisse anders beurteilt werden

(so aber Dallinger/Lackner Rn. 12; NK-JGG/Sommerfeld Rn. 6; BeckOK JGG/Pawlischta Rn. 16). Die von § 2 Abs. 1 geforderte erzieherische Verfahrensgestaltung setzt vielmehr die Verlässlichkeit der Strafverfolgungsinstitutionen voraus (vgl. auch Brunner/Dölling Rn. 6). Die Überführung in die U-Haft kommt daher nur in Betracht, wenn das aktuelle Beschuldigtenverhalten dazu einen Anlass gibt (Entweichen, gravierende Störung der Heimordnung).

c) Verhältnismäßigkeit. U-Haft darf nur angeordnet und vollstreckt werden, wenn sie im Hinblick sowohl auf die Bedeutung der Sache als auch die zu erwartenden Rechtsfolgen angemessen erscheint (dazu etwa LG Zweibrücken StV 1996, 158 = LSK 1996, 160308; zur Bedeutung des Verhältnismäßigkeitsgrenze für die Dauer der U-Haft s. → Rn. 56). Hier ist ein strenger Maßstab anzulegen, „um zu gewährleisten, dass der Jugendliche bis zur Grenze des Vertretbaren von Untersuchungshaft mit ihrer besonderen Belastung und seinen negativen Folgen für seine Entwicklung verschont bleibt" (OLG Zweibrücken StV 2002, 434 = BeckRS 2002, 30251652; Brunner/Dölling Rn. 3). Wegen dieses **Proportionalitätserfordernisses** kommt U-Haft lediglich in Betracht, wenn der Beschuldigte eines Delikts verdächtigt wird, das für Jugendkriminalität untypisch und schwerwiegend ist. Angesichts der Eingriffsintensität, die die Haft gerade bei Jugendlichen und Heranwachsenden entwickelt (→ Rn. 11), kann sie im JStV (anders als nach § 113 StPO im allg. StVerf) grds. allein bei **zu erwartender JStrafe** angeordnet werden (n. Eisenberg/Tóth GA 1993, 293 (296); ebenso Brunner/Dölling Rn. 3; MüKoStPO/Kaspar Rn. 4; Beulke/Swoboda JugendStrafR Rn. 833; zumindest für § 121 Abs. 1 StPO auch OLG Zweibrücken StV 2002, 434 = BeckRS 2002, 30251652; in der Konsequenz abw. LG Landshut StV 2016, 813 = BeckRS 2016, 8069 mablAnm Kulhanek StV 2016, 813). Bei absehbarer Aussetzung zBew ist U-Haft idR unverhältnismäßig (ähnlich BeckOK JGG/Pawlischta Rn. 18; s. auch NK-JGG/Sommerfeld Rn. 8: immer unzulässig). 38

Verfahrenspraktisch weist das Kriterium der Straferwartung als „Haftschwelle" allerdings Probleme auf. Zum einen ist eine Präjudizwirkung (im Sinne einer sich selbst erfüllenden Voraussage) nicht auszuschließen (zust. Albrecht DJT 2002, D 131). Zum anderen unterliegt die Strafprognose einer nicht unerheblichen Unsicherheit (kennzeichnend das Verfahren von OLG Stuttgart NStZ-RR 2014, 120: Verurteilung zu JA statt zur erwarteten JStrafe). Das gilt gerade auch, weil sich nicht selten im Urteilstenor ein anderes Delikt als im Haftbefehl findet (vgl. etwa Jabel, Die Rechtswirklichkeit der U-Haft in Niedersachsen, 1989, S. 108: in 15,6 % der Fälle). Jedenfalls stellt sich die **Verhältnismäßigkeit** vieler U-Haftfälle als **zweifelhaft** dar, weil es im Anschluss nicht zu einer JStrafenvollziehung kommt, entweder weil gar keine Sanktion verhängt wird oder diese ambulanter Art ist oder sich durch Anrechung der U-Haftzeiten erledigt hat (→ Rn. 14; ferner Eisenberg/Kölbel Kriminologie § 27 Rn. 31 f. mwN). Vor diesem Hintergrund besteht Anlass für eine **besonders strikte** Verhältnismäßigkeitsprüfung (s. aber zur rechtspraktisch recht häufigen U-Haftanordnung auch bei weniger schweren Delikten etwa Gebauer, Die Rechtswirklichkeit der U-Haft in der Bundesrepublik Deutschland, 1987, S. 175 f.; vgl. auch Jehle, Entwicklung der U-Haft bei Jugendlichen und Heranwachsenden vor und nach der Wiedervereinigung, 1995, S. 64 ff.). 39

IV. Verfahrensrechtliche Fragen

1. Besonderheiten ggü. dem allg. StVR

40 **a) Gerichtliche Zuständigkeit und deren Übertragung.** Die Gerichtszuständigkeit folgt generell aus § 34 Abs. 1 sowie §§ 125, 126, § 207 Abs. 4, § 268b StPO (s. auch → § 34 Rn. 2 ff.). Besonderheiten gelten für die weitere **örtliche** Zuständigkeit gem. § 42 (vgl. auch RL 2 S. 1; zu BezirksJRichtern → §§ 33–33b Rn. 14) und für § 126 StPO, der durch **Abs. 3,** § 34 Abs. 1 **modifiziert** wird. Nach Stellung des Antrages auf Entscheidung im vereinfachten JVerfahren ist der mit der Sache befasste JRichter zuständig. Jedoch wird der JStA, zumindest sofern er an dem vereinfachten JVerfahren nicht teilnimmt (§ 78 Abs. 2), hier vorab beim Ermittlungsrichter die Aufhebung des Haftbefehls beantragen, zumal die Straferwartung dann die U-Haft auch nicht rechtfertigen kann (→ Rn. 38).

41 Die Zulässigkeit eines Beschlusses zur **Übertragung** der die U-Haft betr. Entscheidungen **(Abs. 6)** – etwa an den **JRichter** des **Haftortes** (vgl. auch RL 2 S. 2) – soll der Verfahrensbeschleunigung und -ökonomie dienen. Die Übertragung setzt keinen Antrag der JStA voraus. Auch kommt es nicht darauf an, ob der Übertragungsadressat zum Erlass des Haftbefehls nach § 125 StPO zuständig gewesen wäre. Die Übertragung verlangt aber das Vorliegen wichtiger Gründe. Für den anderen JRichter hat der Beschluss keine bindende Wirkung, vielmehr entscheidet bei entgegenstehender Auffassung das gemeinsame obere Gericht entspr. § 42 Abs. 3 S. 2 (→ § 42 Rn. 25 f.; aA Diemer/Schatz/Sonnen/Diemer Rn. 18; NK-JGG/Sommerfeld Rn. 12; BeckOK JGG/Pawlischta Rn. 20). Die Vorschrift des § 126 Abs. 1 S. 3 StPO, für die eine Bindungswirkung überwiegend angenommen wird, ist im Hinblick auf die spezielleren Voraussetzungen des Abs. 6 im JStV gem. § 2 Abs. 2 nicht anwendbar (vgl. Brunner/Dölling Rn. 11; Dallinger/Lackner Rn. 20). Allerdings müssen die beteiligten Gerichte beachten, dass ein das Verfahren verzögernder Zuständigkeitsstreit der belastungsreduzierenden Beschleunigung des Verfahrens zuwiderlaufen würde, während Abs. 5 gerade eine erhöhte Beschleunigung verlangt.

42 **b) Begründung der U-Haftanordnung.** Besonderheiten im JStV bestehen auch bzgl. der Begründungsanforderungen. In der Anordnung muss – gestützt auf **Tatsachen** – deutlich werden, dass und weshalb der Tatverdacht und ein Haftgrund vorliegen. Insbes. ist aufzuzeigen, weshalb es keine gleichgeeigneten Sicherungsmaßnahmen gibt und U-Haft erforderlich sowie eingriffsproportional ist **(Abs. 1 S. 3).** Zu betonen ist, dass hierfür „subjektive Vermutungen und Befürchtungen ebenso wenig ausreichen wie formelhafte Wendungen“ und, dass die „Anwendung eines bereits mit Haftgründen versehenen Vordrucks (…) grds. ungeeignet“ erscheint (BT-Drs. 11/5829, 31). Hiermit ist es nicht zu vereinbaren, wenn die Begründung aus standardisierten Floskeln besteht und, bei Vorliegen eines schriftlichen Antrags der StA, ganz überwiegend in (wörtlicher oder) weitgehender Übereinstimmung mit diesem erfolgt (dazu, dass die Praxis im allg. StR aber oftmals so verfährt, vgl. etwa schon Parigger NStZ 1986, 211; Gebauer, Die Rechtswirklichkeit der U-Haft in der Bundesrepublik Deutschland, 1987, S. 233 ff.; Jabel, Die Rechtswirklichkeit der U-Haft in Niedersachsen, 1989,

S. 134 ff.; ähnliche Anhaltspunkte für das JStV bei Weinknecht, Die Situation der U-Haft und der Unterbringung von Jugendlichen und Heranwachsenden, 1988, S. 145; Kurzberg Jugendstrafe S. 144; Villmow/Savinsky ZJJ 2013, 388 (391)).

In solchen Fällen, wie überhaupt bei Nichtbeachtung von Abs. 1 S. 3, ist der **Haftbefehl aufzuheben** (OLG Köln StRR 2008, 35 = BeckRS 2008, 4581; OLG Hamm NStZ 2010, 281; OLG Karlsruhe StraFo 2010, 206 = BeckRS 2010, 33211) – jedenfalls dann, wenn das OLG die Verhältnismäßigkeit und das Fehlen von Alternativen zur U-Haft nicht ohne weiteres anhand der Akten erkennen und beurteilen kann (OLG Frankfurt a. M. BeckRS 2019, 15451). Die Sache an das zuständige Gericht zurückzugeben und dieses die Begründung nachbessern zu lassen, scheidet aus (OLG Hamm NStZ 2010, 281). 43

c) Elternrechte und Stellung der JGH. Die Rechte der Erziehungsberechtigten und gesetzlichen Vertreter (Anwesenheit, rechtliches Gehör, Verteidigerwahl usw.) ergeben sich aus **§ 67.** Wegen der **Benachrichtigung** dieser Personen und eines etwaigen Prozesspflegers im Falle der Verhaftung eines Jugendlichen s. Nr. 34 MiStra sowie § 114a StPO iVm § 2 Abs. 2. Zudem ist die **JGH** einzubeziehen (**§ 38 Abs. 3 S. 2 und Abs. 6 S. 1;** zu ihrer unverzüglichen Benachrichtigung s. § 72a sowie → § 38 Rn. 59; vgl. auch § 70 Abs. 1 S. 1 sowie Nr. 32 Nr. 3 MiStra (s. aber zur eher defizitären Praxis → § 72a Rn. 5 f.)). 44

d) Beschwerde. Gegen den Haftbefehl können der Jugendliche und sein gesetzlicher Vertreter oder Erziehungsberechtigter (§ 67 Abs. 1) **Haftbeschwerde** einlegen (§ 2 Abs. 2, §§ 304, 305 StPO iVm § § 2 Abs. 2). Zudem ist grds. auch die **weitere** Haftbeschwerde zulässig (§ 304 Abs. 1, § 310 Abs. 1 Nr. 1 StPO iVm § 2 Abs. 2). Dies kann wegen der Eingriffstiefe (Art. 2 Abs. 2 S. 2 iVm Art. 104 Abs. 1 S. 1 GG) auch dann der Fall sein, wenn der Haftbefehl zwischenzeitlich aufgehoben und der Betroffene bereits freigelassen wurde. Insoweit darf eine Rechtmäßigkeitsprüfung im fachgerichtlichen Instanzenzug nicht verwehrt werden (BVerfG NStZ-RR 2017, 379; BVerfGK 6, 303 = BeckRS 2005, 31131; KG StV 2017, 455 = BeckRS 2016, 18349). 45

e) Haftprüfung durch das OLG bzw. den BGH. aa) Bei Jugendlichen wäre wegen der besonderen spezialpräventiven Dysfunktionalität der U-Haft an sich eine regelmäßig (im Monatsrhythmus) von Amts wegen erfolgende Überprüfung der Haftvoraussetzungen angezeigt (Eberitzsch/Eichenauer/Kundt ZJJ 2015, 310 (311)). De lege lata ist dies aber nicht vorgesehen. Vielmehr gilt auch im JStVerf die allg. Regelung, die bei U-Haft (erst) ab sechsmonatiger Dauer eine besondere Haftprüfung vorsieht (§§ 121, 122, § 126 Abs. 4 StPO iVm § 2 Abs. 2). Den Prüfungsmaßstab bildet hierbei §§ 112 f., 121 StPO iVm § 2 Abs. 2, wobei dabei auch die besonderen Maßgaben des § 72 zu berücksichtigen sind (BVerfG StraFo 2013, 160 = 2 BvR 2098/12; OLG Hamm ZJJ 2004, 435 = BeckRS 2007, 5922). Da das Eingriffsgewicht der U-Haft mit der fortschreitenden Haftdauer steigt, muss – über die **besonderen Erfordernisse** gem. § 121 Abs. 1 StPO iVm § 2 Abs. 2 hinaus – auch die Subsidiaritäts- und **Verhältnismäßigkeitsprüfung** mit noch einmal größerer Strenge durchgeführt werden (zu den daran anschließenden Begründungsanforderungen Mayer/Hunsmann NStZ 2015, 46

325 (327)). Dennoch werden von der Rspr. teilw. auch sehr lange und höchst problematische U-Haftzeiten akzeptiert (so etwa – mit zudem inhaltsleerer und formelhafter Begründung – durch BGH BeckRS 2023, 3256; zum Ganzen n. → Rn. 55 ff.; ferner → § 109 Rn. 19).

47 **bb)** Die Bestimmung der in § 121 Abs. 1 StPO iVm § 2 Abs. 2 vorgesehenen Sechsmonatsfrist ist problematisch, wenn es anlässlich des Verfahrens nur oder (vor/nach der U-Haft) auch zu einer **einstweiligen Unterbringung** iSv § 71 Abs. 2 gekommen war. Dann stellt sich die Frage, ob die Unterbringungszeit bei der Frist zu berücksichtigen ist (zur vergleichbaren Frage bzgl. §§ 52, 52a → § 71 Rn. 23, → § 109 Rn. 26). Die Antwort hierauf hängt davon ab, ob der Heimaufenthalt allein wegen einer Entwicklungsgefährdung oder **funktional** (auch) an Stelle sowie aus den Gründen der U-Haft veranlasst wurde. Eine **Anrechnung** muss dann erfolgen, wenn die Unterbringung in der Sache – also „in Wirklichkeit" und ungeachtet einer ggf. allein auf § 71 Abs. 1 abstellenden Begründung (OLG Karlsruhe NStZ 1997, 452) – gem. Abs. 4 S. 1 stattfand. Bei einer entspr. Unterbringung von halbjähriger Dauer sind die §§ 121, 122 StPO dann also (anders als bei § 71 Abs. 2 (→ § 71 Rn. 24)) auch anwendbar, wenn davor oder danach gar keine U-Haft vollstreckt wurde.

48 Entscheidend ist hierbei, dass die **Voraussetzungen eines Haftbefehls** vorlagen, weil der Heimaufenthalt dann objektiv den Charakter einer die U-Haft vermeidenden Maßnahme (→ Rn. 33 ff.) hat (OLG Dresden OLG-NL 1994, 164 (165) mablAnm Brunner JR 1994, 377; OLG Karlsruhe NStZ 1997, 452; Diemer/Schatz/Sonnen/Diemer Rn. 15; NK-JGG/Sommerfeld Rn. 14; Paeffgen NStZ 1996, 72 (74)). Zu diesen anrechnungsbedürftigen Konstellationen zählt es gleichermaßen, wenn der Unterbringungsbefehl **nachträglich gem. Abs. 4 S. 2** durch einen Haftbefehl ersetzt und dieser in unmittelbarem Anschluss an den Aufenthalt in einer nicht geschlossenen Einrichtung vollzogen wurde (vgl. OLG Dresden OLG-NL 1994, 164 (165); OLG Karlsruhe NStZ 1997, 452; Diemer/Schatz/Sonnen/Diemer Rn. 15; MüKoStPO/Böhm StPO § 121 Rn. 25; SK-StPO/Paeffgen StPO § 121 Rn. 4a; Meyer-Goßner/Schmitt/Schmitt StPO § 121 Rn. 6a).

49 Die **Gegenansicht** beruft sich auf den Normtext von § 71 Abs. 1 S. 2, der keinen Verweis auf die Fristregelung in § 121 Abs. 1 StPO enthält (OLG Celle NJW 1965, 2069; ferner etwa OLG Naumburg JMBl. LSA 2001, 277; OLG Bamberg StraFo 2015, 329 = BeckRS 2015, 12779; OLG Hamm BeckRS 2017, 122502; OLG Stuttgart OLGSt JGG § 72 Nr 1 = BeckRS 2018, 35353; OLG München BeckRS 2022, 31751; KK-StPO/Gericke StPO § 121 Rn. 7). Doch dieses Argument geht fehl, weil die haftersetzende Unterbringung ihre Rechtsgrundlage gar nicht in § 71 Abs. 1, sondern in Abs. 4 S. 1 hat. Das ändert zwar nichts an der Einschlägigkeit von § 71 Abs. 1 S. 2, ist aber insofern bedeutsam, als die Unterbringung hierdurch zu einem U-Haftäquivalent erklärt wird. Unerheblich ist es iÜ auch, ob der Heimaufenthalt gewisse Außenkontakte ermöglicht oder unter haftnahen Bedingungen erfolgte und ob der U-Haftvollzug für ihn förmlich ausgesetzt worden war (aA OLG Köln NStZ-RR 2011, 121 mablAnm Eisenberg ZJJ 2011, 204; Meyer-Goßner/Schmitt/Schmitt StPO § 121 Rn. 5 und 6a). Maßgeblich für die Anrechnungsfrage ist allein der Eingriffsgrund und der auch verfahrenssichernde Zweck der Unterbringung (vgl. auch Schlothauer/Nobis/Voigt/Wolf U-Haft Rn. 898: „Sonderopfer für Verfahrenszwecke" wie bei U-Haft).

2. Rechte des Jugendlichen

a) Bei der Verhaftung. Der Jugendliche ist „bei der Verhaftung“ (§ 114a S. 1 StPO iVm § 2 Abs. 2) durch Aushändigung der Abschrift des Haftbefehls über den Grund zu informieren. Außerdem sind ihm die in § 70a Abs. 1 bis 3 vorgesehenen **Informationen** zu erteilen (→ § 70a Rn. 15). Gem. § 70a Abs. 6 ist dies zu verbinden mit den „unverzüglich“ und in geeigneter Weise (§ 70b Abs. 1) umzusetzenden **Belehrung**spflichten gem. § 114b StPO iVm § 2 Abs. 2. Weiterhin hat der Jugendliche das Recht, nahestehende Personen „unverzüglich“ zu **benachrichtigen** (§ 114c Abs. 1 StPO iVm § 2 Abs. 2; zur hier möglichen Verwendung der üblichen Kommunikationstechnologie etwa Michalke NJW 2010, 17 (19)). 50

Bei der unverzüglich vorzunehmenden **richterlichen Vernehmung** ist dem (nach § 115 Abs. 3 und 4 StPO iVm § 2 Abs. 2 abermals zu belehrenden) Jugendlichen die Ausübung des (gem. § 115 Abs. 3 StPO iVm § 2 Abs. 2 ausdrücklich geregelten) rechtlichen Gehörs in einer seinem Entwicklungsstatus iVm den Umständen des Verfahrens angemessenen Weise zu ermöglichen. Wie im allg. StVR auch (vgl. nur OLG Celle StraFo 2017, 67 = BeckRS 2016, 113630) gilt dies erneut bei wesentlicher Änderung oder Ersetzung eines Haftbefehls. Bei der Durchführung und Dokumentation der richterlichen Vernehmung ist § 70c einzuhalten (→ § 70c Rn. 12 ff., 18 ff.). 51

b) Recht auf Verkehr mit dem Verteidiger. Soweit der Jugendliche noch keinen Verteidiger hat und ihm ein solcher nicht schon aus einem allg. Grund (etwa wegen der Straferwartung) **beigeordnet** worden ist, muss dies aus Anlass der Vorführung geschehen (n. → § 68 Rn. 38). Kommt es im Vorfeld der Mandatserteilung zu einem vom Beschuldigten erbetenen **„Anbahnungsgespräch“,** darf dieses nicht überwacht werden (vgl. schon OLG Düsseldorf StV 1984, 106 = LSK 1984, 260098; KG StV 1991, 307 = LSK 1991, 520185; StV 1991, 524 = LSK 1992, 260259; KK-StPO/Willnow StPO § 148 Rn. 5; aA OLG Stuttgart StV 1993, 255 = LSK 1993, 330341). Dasselbe gilt, wenn eine Vertrauensperson (zB ein Angehöriger) das Gespräch angeregt hat (vgl. zum allg. StVR Bung StV 2010, 587 ff. unter Hinweis auf Art. 104 Abs. 4 GG sowie § 114c StPO; anders bei Beauftragung durch die Eltern aber OLG Hamm NStZ 2010, 471). – Gem. § 70c Abs. 4 ist mit der Vernehmung idR auf den Verteidiger zu **warten** (n. → § 70c Rn. 24 ff.), um dem Jugendlichen sodann eine angemessene Konsultationsmöglichkeit einzuräumen (vgl. bereits VerfG Bbg NStZ 2003, 385 (386)). 52

c) Antrag auf Haftprüfung. Der Jugendliche hat – ebenso wie der Erziehungsberechtigte und der gesetzliche Vertreter (§ 67 Abs. 1, §§ 118b, 298 StPO iVm § 2 Abs. 2) – das **Recht, selbstständig** Haftprüfung (nebst mündlicher Verhandlung) zu beantragen (§§ 117, 118 StPO iVm § 2 Abs. 2) oder Haftbeschwerde einzulegen. Allerdings ist eine Haftbeschwerde neben dem Antrag auf Haftprüfung unzulässig (§ 117 Abs. 2 S. 1 StPO iVm § 2 Abs. 2). Das gilt auch bei Meinungsverschiedenheiten zwischen dem Jugendlichen und seinen Eltern, der Haftprüfungsantrag einer der berechtigten Personen lässt die Beschwerde der anderen Person unzulässig werden (Dallinger/Lackner Rn. 22). 53

Erziehungsberechtigte und der gesetzliche Vertreter sollen von Ort und Zeit der mündlichen Verhandlung **benachrichtigt** werden, um dem Ju- 54 gendlichen zur Seite stehen zu können (§ 67a Abs. 1, §§ 118a, 122 Abs. 2 StPO iVm § 2 Abs. 2). Ob die Verhandlung durch Videozuschaltung (§ 118a Abs. 2 S. 2 StPO) im JStV zulässig ist (§ 2 Abs. 2), wurde im Gesetzgebungsverfahren nicht erörtert (vgl. BT-Drs. 17/1224). Mit Blick auf die fehlenden Erfahrungswerte schon im allg. StVR (vgl. etwa Buckow ZIS 2012, 555 f.; Schlothauer StV 2014, 55 ff.) sollte von der Kann-Vorschrift zurückhaltend Gebrauch gemacht werden.

3. Beschleunigungspflicht (Abs. 5) und dessen Missachtung

55 Die U-Haftdauer wird, falls das Urteil auf eine stationäre Rechtsfolge lautet, idR angerechnet (vgl. §§ 52, 52a). Dennoch besteht das Bedürfnis, die erzieherisch besonders abträgliche U-Haft (vgl. → Rn. 11) zur Schadensminderung zeitlich zu begrenzen (vgl. Nr. 10 ERJOSSM: „Deprivation of liberty of a juvenile shall be (…) imposed and implemented for the shortest period possible.“). Daher schreibt Abs. 5 eine **besonders zügige** Verfahrensdurchführung vor. Dies geht über das im JStV ohnehin besonders wichtige Beschleunigungsprinzip (→ Einl. 42 f.) noch hinaus (und gilt iÜ auch bei U-Haft, deren Vollstr zugunsten von JStrafe unterbrochen wurde (OLG Hamm StV 1986, 441)). Und in der Tat zeigen rechtstatsächliche Erhebungen, dass Haftsachen idR schneller durchgeführt werden als Nichthaftsachen (so jedenfalls für das Zwischen- und Hauptverfahren vor JKammern die Daten bei Ferber, Strafkammerbericht, 2017, S. 48 ff.: halb so lang; abw. rechtstatsächliche Hinweise aber bei Kurzberg Jugendstrafe S. 136 f. betr. BW). Allerdings darf die geforderte Dringlichkeit nicht zu einer Verkürzung der Ermittlungen zur Schuld- wie zur Rechtsfolgenfrage führen. Erforderlich sind aber einige **organisatorische** Beschleunigungsmöglichkeiten (zB Einstellung streitiger Anklagekomplexe gem. §§ 154, 154a StPO iVm § 2 Abs. 2, Abtrennung von Verfahren gegen inhaftierte Beschuldigte, Anlegen von Kopie-Bänden zur Erleichterung der Akteneinsicht von Verteidigern mehrerer Beschuldigter, Maßnahmen zu Nachermittlungen). Auch müssen die Verfahren im JStR gegenüber allg. StVerf grds. Priorität genießen (OLG Karlsruhe NStZ-RR 2017, 59 (Ls.) = BeckRS 2016, 19896). Haftsachen sind ohnehin vorrangig zu terminieren (OLG Köln NJW 1997, 2252).

56 Da die Eingriffsintensität der U-Haft mit deren Dauer stetig wächst und so auch deren Verhältnismäßigkeit immer kritischer wird (BVerfGE 36, 264 (270); 53, 152 (158 f.)), kann es bei sich hinziehenden Verfahren zum Eintritt der Rechtswidrigkeit kommen, was eine Aussetzung (→ Rn. 60) oder **Aufhebung** (§ 121 Abs. 1 S. 1 StPO iVm § 2 Abs. 2) erforderlich macht, notfalls in der Haftprüfung nach § 122 StPO iVm § 2 Abs. 2 (vgl. bspw. BVerfG StV 2013, 640 = BeckRS 2013, 46594; StV 2008, 421 = BeckRS 2008, 36092; BGH BeckRS 2016, 14380; OLG Hamm NStZ-RR 2004, 152 (153)), aber auch schon vor Ablauf der Sechs-Monats-Frist (KG StraFo 2013, 502). Das gilt besonders, wenn der Verfahrensfortgang in vermeidbarer (stellvertretend etwa OLG Hamm BeckRS 2022, 26273) oder gar rechtsstaatswidriger Weise verzögert wird (vgl. etwa OLG Hamm NStZ-RR 2015, 78; n. BeckOK JGG/Pawlischta Rn. 25).

57 Ebenso verhält es sich, wenn von der **zu erwartenden JStrafe** nach der U-Haft-**Anrechnung** (und auch unter Berücksichtigung einer ggf. in Betracht kommenden Entscheidung gem. § 88) gar kein vollstreckbarer Rest

mehr verbleibt oder dieser absehbar so kurz sein wird, dass dies – entgegen § 18 Abs. 2 – keine spezialpräventive Einwirkung mehr erlaubt und die Freiheitsentziehung de facto allein in Form der nicht-erzieherisch ausgestalteten U-Haft erfolgt (Eisenberg StV 2022, 686 (688); einschr. BGH StV 2022, 634 = BeckRS 2022, 9259; dazu, dass sich dies mit Blick auf den Resozialisierungszweck der Freiheitsstrafe im allg. StR ähnlich verhält, vgl. etwa BVerfG StV 2008, 421 = BeckRS 2008, 36092).

Dauert die U-Haft sechs Monate an, darf sie nur noch aufrechterhalten 58 werden, falls dies durch einen **wichtigen Grund** gerechtfertigt wird (§ 121 Abs. 1 S. 1 StPO iVm § 2 Abs. 2; s. zudem → Rn. 46 ff). Daran fehlt es, wenn eine Verzögerung auf Rechtsfehler seitens des Staates zurückgeht (vgl. etwa BVerfGK 15, 474 = BeckRS 2009, 34595), oder wenn organisatorische Beschleunigungsmöglichkeiten ungenutzt bleiben (OLG Zweibrücken StV 2002, 434 = BeckRS 2002, 30251652; vgl. auch KG StraFo 2013, 502). Das Gleiche kann bei einer allzu langfristigen (bspw. auslastungsbedingten) Terminierung der Verhandlung (OLG Hamm ZJJ 2004, 435 = BeckRS 2007, 5922; KG StV 2019, 564 (Ls.) = BeckRS 2019, 4693) oder bei grds. reduzierbaren Verzögerungen durch Sachverständige (OLG Hamm BeckRS 2019, 9227) gelten.

Beruht eine sich hinziehende Verfahrensdauer auf (gar nur angeblichen) 59 **Terminschwierigkeiten** des Wahlverteidigers, ist der Angeklagte dazu zu hören, ob ihm der Erhalt dieses Verteidigers wichtiger ist als die Beschleunigung (Schlothauer StV 2016, 508; teilw. abw. OLG Hamm BeckRS 2022, 26273). Ggf. ist eine Abwägung zwischen den Interessen des Jugendlichen an einem Verteidiger seines Vertrauens und der Beschleunigung seines Verfahrens vorzunehmen (OLG Zweibrücken BeckRS 2022, 27088; zur möglichen gerichtlichen Vorgehensweise auch KG BeckRS 2016, 116128). Entspr. gilt hinsichtlich eines – mit Zustimmung des Angeklagten bzw. seines Verteidigers ausgewählten –Sachverständigen (abw. OLG Bremen StV 2016, 508 = BeckRS 2016, 1539). – Bei Annahme eines wichtigen Verzögerungsgrundes wird von der Rspr. teilw. aber auch nach extrem langer Dauer eine weitere Fortsetzung der U-Haft erlaubt (vgl. etwa BGH StV 2022, 634 = BeckRS 2022, 9259: nach über vier Jahren und 10 Monaten).

V. Umsetzung

1. Prüfung einer Aussetzung des Vollzugs

Da nach Abs. 1 S. 1 **auch** die **Vollstr** des Haftbefehls dem **Subsidiaritätsprinzip** (vgl. → Rn. 31) unterliegt, ist **stets** nicht nur zu prüfen, ob 60 der Haftbefehl gem. § 120 Abs. 1 StPO iVm § 2 Abs. 2 aufzuheben ist (dazu → Rn. 56), sondern auch, ob zumindest sein Vollzug gem. § 116 StPO iVm § 2 Abs. 2 nach einer gewissen U-Haftzeit (oder auch von vornherein) ausgesetzt werden muss oder kann (und zwar über den Wortlaut hinaus auch bei U-Haft gem. § 112 Abs. 3 StPO iVm § 2 Abs. 2 (vgl. etwa BGH BeckRS 2024, 8009)). Da der Haftbefehl bei dieser sog. Haftverschonung fortbesteht, ist diese ggü. der eingriffsärmeren Ersetzung des Haftbefehls (→ Rn. 32 ff.) allerdings nachrangig (so in der Sache auch OLG Köln OLGSt StGB § 226 Nr. 1 = BeckRS 2007, 9403). Deshalb bleibt der Anwendungsbereich der Außervollzugsetzung im JStV eher begrenzt, weil die bei § 116

StPO denkbaren **Anweisungen** oft auch auf Basis der prioritären Abs. 1 S. 1 und Abs. 4 iVm § 71 veranlasst werden können. In Betracht kommen aber polizeiliche Meldeauflagen (zumal bei Integriertsein in Herkunftsfamilie und Schule (abw. LG Berlin BeckRS 2011, 9348 mAnm Eisenberg StraFo 2010, 420)) oder auch der Einsatz einer elektronischen Fußfessel. Die Rspr. zählt zu den zulässigen Anweisungen zudem die unverzügliche Wohnungsnahme in einem psychiatrischen Krankenhaus (BGH BeckRS 2022, 22610) oder einer konkret benannten Einrichtung der JHilfe (OLG Hamm JurBüro 2022, 3 = BeckRS 2021, 35167; ferner → § 71 Rn. 26; zur Unzulässigkeit der Änderung von Auflagen bei Haftverschonung BVerfG StV 2013, 96 = BeckRS 2012, 59280 zum allg. StVR).

61 Maßgeblich für die Aussetzung des Vollzugs ist dabei stets, dass die fragliche Anweisung den **Sicherungszweck** der U-Haft ebenfalls **zu erreichen** geeignet ist – und zwar ohne dabei eine überhöhte Prognosesicherheit als Maßstab zugrunde zu legen (so aber KG ZJJ 2010, 74 = BeckRS 2009, 89218 mAnm Eisenberg/Huck ZJJ 2010, 74; s. auch → Rn. 34). Andere Fragen sind hier irrelevant. Deshalb wurde die Aussetzung zB trotz gleichzeitiger BewZeit in anderer Sache (OLG Karlsruhe ZJJ 2005, 322 mAnm Allgeier) und trotz Mordverdachts (OLG Oldenburg StV 2008, 84 = BeckRS 2008, 638 zum allg. StR) vorgenommen.

62 Ein **Widerruf** der Haftverschonung ist nur in den eng zu interpretierenden Fällen des § 116 Abs. 4 StPO iVm § 2 Abs. 2 zulässig und setzt nachträglich bekannt gewordene schwerwiegende Tatsachen voraus. Um einen „neu hervorgetretenen Umstand" iSv § 116 Abs. 4 Nr. 3 StPO handelt es sich bspw. allein dann, wenn die Haftverschonung in Kenntnis der neuen Information nicht gewährt worden wäre. Das ist nicht gegeben, wenn es zu einer (ggf. schon angefochtenen) Verurteilung kommt und die Rechtsfolgenentscheidung im Rahmen dessen liegt, was während des Verfahrens zu erwarten war (BVerfGK 7, 239 = BeckRS 2006, 21461; BVerfG NStZ-RR 2007, 379 (381); OLG Nürnberg StraFo 2011, 224 = BeckRS 2012, 2645). Wurde die Haftverschonung ua mit einem vorausgegangenen Geständnis des Angeklagten und einer deshalb eher begrenzten Sanktionserwartung begründet (zu dieser Arg. krit. Wolf, Die Fluchtprognose im Untersuchungshaftrecht, 2017, S. 251; s. auch → Rn. 39), genügt die Distanzierung von diesem Geständnis für sich genommen noch nicht, um eine deutliche Erhöhung der zu prognostizierenden Strafe annehmen und davon ausgehen zu können, dass mit Blick auf den Haftgrund nunmehr die Vollstr des Haftbefehls erforderlich sei. Das Gleiche gilt bei Schweigen (bzw. Ausbleiben eines Geständnisses) in der HV (LG Hamburg StV 2015, 649 = BeckRS 2015, 16304 zum allg. StR).

2. Vollstreckungsvorrang ggü. anderen freiheitsentziehenden Maßnahmen

63 Werden bei einer Person gleichzeitig mehrere verschiedene freiheitsentziehende Maßnahmen veranlasst, stellt sich die Frage, welche dieser Anordnung zurückzustellen bzw. in ihrer Vollstr zu unterbrechen und welche Anordnung umzusetzen ist. Hierzu wird in **§ 116b StPO** iVm § 2 Abs. 2 bestimmt, dass die Vollstr der U-Haft sowohl der Auslieferungshaft bzw. der vorläufigen Auslieferungshaft (§§ 15, 16 IRG), der Abschiebungshaft (§ 62 AufenthG, auch iVm § 57 Abs. 3 AufenthG) und der Zurückweisungshaft

(§ 15 Abs. 5 AufenthG) **vorgeht.** Hingegen **tritt** sie hinter anderen freiheitsentziehenden Eingriffen – insbes. dem **JA** und der **JStrafe** (ebenso wie etwa der Freiheits- und Ersatzfreiheitsstrafe, der Ordnungs- oder Sicherungshaft nach der StPO und der Unterbringung nach §§ 63 ff. StGB oder nach §§ 81, 126a oder 275a StPO) – **zurück,** sofern der Zweck der U-Haft nicht „unabdingbar" (BT-Drs. 16/11644, 22) ist, dh ganz ausnahmsweise eine – der gerichtlichen Entscheidung (§ 126 StPO) vorbehaltene – Abweichung erfordert. Diese Nachrangigkeit beruht darauf, dass der andere Eingriff ohnehin feststeht und vollstreckt werden muss, während offen ist, ob es in dem der U-Haftanordnung zugrundeliegenden Verfahren zu einer Verurteilung oder gar zu einer freiheitsentziehenden Sanktion kommt.

Tritt die U-Haft zurück, lässt ihre Anordnung eine bereits laufende Vollstr **64**
des anderen freiheitsentziehenden Eingriffs unberührt (oder es wird dessen später veranlasste Vollstr aufgenommen und die laufende U-Haft unterbrochen). Bei Notwendigkeit geschieht das jeweils unter Auferlegung diverser, sich **aus dem Zweck der U-Haft ergebender Beschränkungen** (zu diesen n. → § 89c Rn. 112 ff.). Möglich ist aber, dass die fraglichen Beschränkungen gerade im JA- oder JStrafvollzug nicht realisierbar sind und die Vollstr dort deshalb abgelehnt wird. Dann muss es doch zur Umsetzung der (hier an sich kontraindizierten) U-Haft kommen (§ 116b S. 2 Hs. 2 StPO iVm § 2 Abs. 2). Allerdings ist vor einer solchen Entscheidung zunächst noch die vorrangige Möglichkeit zu prüfen, den anderen Eingriff (JA bzw. JStrafe) in der Einrichtung, die die U-Haft vollzieht, zu vollstrecken (BT-Drs. 16/11644, 23). Dem Betroffenen wird dabei indes der Anspruch auf die jeweilige Vollzugsgestaltung iSv § 90 Abs. 1 bzw. der JStVollzGe der Länder versagt.

Heranziehung der Jugendgerichtshilfe in Haftsachen

72a **[1] Die Jugendgerichtshilfe ist unverzüglich von der Vollstreckung eines Haftbefehls zu unterrichten; ihr soll bereits der Erlaß eines Haftbefehls mitgeteilt werden. [2] Von der vorläufigen Festnahme eines Jugendlichen ist die Jugendgerichtshilfe zu unterrichten, wenn nach dem Stand der Ermittlungen zu erwarten ist, daß der Jugendliche gemäß § 128 der Strafprozeßordnung dem Richter vorgeführt wird.**

Schrifttum: Heßler, Vermeidung von U-Haft bei Jugendlichen, 2001; Villmow/Robertz, U-Haftvermeidung bei Jugendlichen, 2004.

I. Anwendungsbereich

In Verfahren vor den JGerichten ist die Vorschrift nicht nur bei Jugend- **1**
lichen zu beachten, sondern (seit dem Gesetz v. 29.7.2009 (BGBl. I 2274)) auch bei Heranwachsenden (§ 109 Abs. 1 S. 1). In Verfahren vor den für allg. Strafsachen zuständigen Gerichten steht die Anwendung in deren Ermessen (§§ 104 Abs. 2, 112 S. 1; aA NK-JGG/Sommerfeld Rn. 1). Die in Haftsachen obligatorische Einbindung der JGH (→ § 72 Rn. 44) spricht indes dafür, die Norm idR heranzuziehen. In sachlicher Hinsicht gilt dies für

die Haft zur Erzwingung der Anwesenheit in der Hauptverhandlung in gleicher Weise wie für die U-Haft (zur Begründung s→ § 72 Rn. 3).

II. Kontext, Zweck und Umsetzung der Norm

2 Das JGG sieht vor, die JGH schon in einem sehr frühen Stadium über ein JStV ins Bild zu setzen. Dies hat nach Verfahrensbeginn so bald wie möglich zu geschehen (§ 38 Abs. 6 S. 2), spätestens mit der Ladung des Jugendlichen zur Vernehmung bzw. unverzüglich nach einer Sofortvernehmung (§ 70 Abs. 2). Damit will das Gesetz es der JGH ermöglichen, ihre Ermittlungen schon zeitig vornehmen und ihre Erkenntnisse der Justiz bereits im Vorverfahren zur Verfügung stellen zu können (n. → § 38 Rn. 34 ff.). Kommt U-Haft in Betracht oder wird sie schon vollstreckt, besteht daran jedoch ein **besonderer Bedarf.** Hier kann sich die JGH dazu äußern, mit welchen regional verfügbaren Maßnahmen und Unterbringungen die **U-Haft zu vermeiden oder verkürzen** ist (→ § 72 Rn. 31 ff.) und was sich dafür fallkonkret eignet (dazu, dass die JGH durch diese Mitwirkung an den (selektiven) prozessualen Eingriffen als Agentur der strafrechtlichen Sozialkontrolle amtiert, → § 38 Rn. 2). Hinzu kommt ihre Einschätzung zu Fragen der jeweiligen Fluchtgefahr und der individuellen Bedingungen iSv § 3 und § 105 Abs. 1, die für die Entscheidung über die Anordnung oder Aufrechterhaltung von U-Haft ebenfalls bedeutsam sind (s. etwa → § 72 Rn. 19, 23). All dies soll sie zum Gegenstand einer **beschleunigten Berichterstattung** machen (§ 38 Abs. 3 S. 2).

3 Optimalerweise erfolgt diese Einbeziehung der JGH bereits bei der ersten Entscheidung über die U-Haft, sodass sie aus ihrer fachlichen Perspektive hierzu Stellung nehmen und durch diese **Haftentscheidungshilfe** einen gewissen Einfluss auf die (Nicht-)Anordnung nehmen kann (für Hinweise auf den richterseitigen Beratungsbedarf, etwa zur Leistungsfähigkeit von Haftvermeidungsangeboten, vgl. die Befragung bei Eberitzsch ZJJ 2013, 296 (299 ff.)). Zumindest aber ist es erforderlich, dass dies während der laufenden Haft mit Blick auf deren Begrenzung geschieht (vgl. auch DVJJ-BAG 2022, 22: oberste Priorität). Sie sollte daher bei Haftprüfungsterminen oder der davon unabhängigen, möglichst frühzeitigen und kontinuierlichen Haftüberprüfung mitwirken – sei es in persona oder durch schriftlich vorgelegte Positionierungen (dazu, dass auf Stellungnahme der JGH bei Entscheidung nach §§ 121, 122 StPO iVm § 2 Abs. 2 nur ganz ausnahmsweise verzichtet werden darf, vgl. OLG Zweibrücken StV 2001, 182 = BeckRS 2000, 30117769). Eine **Teilnahme** an den fraglichen Terminen ist für sie zwar nicht verpflichtend (DIJuF JAmt 2021, 151 (154): Rückschluss aus § 38 Abs. 4 S. 1), entspricht aber vielfach ihrem pflichtgemäßen Ermessen.

4 Mit Blick auf diese Aufgaben müssen ihre Nachforschungen, für die sie ua auch einen engen Kontakt mit dem Jugendlichen in der U-Haft unterhalten kann (dazu und zu weiteren Zwecken → § 72b Rn. 2 f.), über die nach § 43 Abs. 1 vorzunehmenden Fragen hinaus die jeweiligen Möglichkeiten von Haftalternativen umfassen (OLG Köln StRR 2008, 35 = BeckRS 2008, 4581). Dies setzt wiederum ihre **Informierung** über die beabsichtigte bzw. erfolgte Freiheitsentziehung voraus, weshalb § 72a hierfür weitere Vorgaben macht, die die allg. Regelung (§§ 38 Abs. 6 S. 2, 70 Abs. 2) spezifizieren. In

Umsetzung dieses Normzwecks differenziert die Vorschrift zwischen vorheriger Festnahme sowie Haftbefehlserlass bzw. -vollstreckung (→ Rn. 7 ff.), ohne jedoch eine Inkenntnissetzung (und Anhörung) der JGH **vor Beantragung** des Haftbefehls vorzusehen (zu entspr. Bestimmungen in einzelnen früheren VV → 25. Aufl. Rn. 5).

Insofern trägt schon die rechtliche Vorgabe dazu bei, dass die JGH **eher (nur) zu einer Verkürzung** der U-Haft, als zu deren gänzlicher Vermeidung beizutragen vermag (n. zu den dahingehenden Befunden mwN Villmow ZJJ 2009, 226 ff. (235 f.)). Dass U-Haft nur selten durch alternative Maßnahmen und Unterbringungen gänzlich ersetzt wird, hat allerdings (neben justiziellen Akzeptanzproblemen (→ § 72 Rn. 13)) auch strukturelle Gründe. Während der häufig recht knappen Zeiträume zwischen Information und richterlicher Vorführung des Jugendlichen (§§ 115, 128 StPO iVm § 2 Abs. 2) kann eine Haftalternative (etwa ein Platz in einer aufnahmebereiten Einrichtung der JHilfe) oft gar nicht rechtzeitig bereitgestellt werden. Auch ist die JGH kurzfristig nur bedingt äußerungsfähig. 5

Jedenfalls muss nach den vorliegenden Anhaltspunkten davon ausgegangen werden, dass sie bei den meisten Haftentscheidungsterminen abwesend ist (Villmow/Savinsky ZJJ 2013, 388 (300)). Das mag damit zusammenhängen, dass **Bereitschaftsdienste** der JGH, deren Existenz eine Vorbedingung für eine schnelle Reaktion ist (Diemer/Schatz/Sonnen/Sonnen Rn. 5; Eberitzsch/Eichenauer/Kundt ZJJ 2015, 310 (311); ähnlich Heßler, Vermeidung von U-Haft bei Jugendlichen, 2001, S. 85 ff.; s. auch → 25. Aufl. Rn. 5 mwN), selten eingerichtet werden. Nach der Befragung durch Schmoll ua (Jugendgerichtshilfebarometer, S. 143 f.) besteht in ca. zwei Dritteln der JÄmter weder eine allg. noch eine spezielle Rufbereitschaft für das JStV (für NRW Eberitzsch ZJJ 2012, 296 (299 f.): bei 13 % der JGH vorhanden; s. auch den Überblick bei Heinz Sekundäranalyse S. 714). Auch liegen Hinweise vor, denen zufolge die Informierung der JGH nicht einheitlich und nicht ausreichend, oft auch nicht rechtzeitig vor der richterlichen Vorführung erfolgt (vgl. etwa Eberitzsch ZJJ 2012, 296 (300); Villmow/Savinsky ZJJ 2013, 388 (300)). Aus all diesen Gründen scheint die **Einbindung** der JGH in die justiziellen Prozesse in der Verfahrenspraxis oft so **defizitär** zu sein, dass deren Haftentscheidungshilfe kaum zur Geltung kommen kann. 6

III. Einzelheiten

1. Informierung der JGH

a) Anlässe und Zeitpunkte. Nach **S. 1 Hs. 2** ist die JGH über den **erfolgten Erlass** des Haftbefehls zu unterrichten (auch bei dessen Außervollzugsetzung). Der Normtext („Erlass") spricht von einer existierenden und nicht einer bevorstehenden Anordnung. Informationen über den beabsichtigten Erlass des Haftbefehls sind daher zwar wünschenswert, aber (mit Ausnahme der in S. 2 geregelten Konstellation) von der Vorschrift nicht vorgesehen (abw. offenbar HK-JGG/Kleimann Rn. 4). Wenngleich es sich bei der Norm um eine Soll-Regelung handelt, kann iÜ nur selten auf die Unterrichtung der JGH **verzichtet** werden (ähnlich HK-JGG/Kleimann Rn. 3: „faktische Ermessensreduzierung"). Denkbar ist dies allein in Situa- 7 tionen, in denen die Einbindung der JGH evident sinnlos wäre (Bsp.: Beschuldigter ist flüchtig und hält sich bekanntermaßen im Ausland auf). Ein ermittlungstaktisches Interesse an der Geheimhaltung des Haftbefehls stellt dagegen keinen legitimen Grund dar (so aber BeckOK/Pawlischka Rn. 3 unter Hinweis auf Nr. 6 Abs. 3 S. 3 MiStra), da es in solchen Fällen genügt, die JGH auf die Vertraulichkeit hinzuweisen (HK-JGG/Kleimann Rn. 4; s. auch → § 38 Rn. 59).

8 Fallen Anordnung und Beginn der Umsetzung der U-Haft nicht zeitlich zusammen, muss die JGH (auch) über die **Vollstr** der U-Haft separat informiert werden, und dies ausnahmslos **(S. 1 Hs. 1).** Das betrifft namentlich Sachverhalte, in denen der Jugendliche auf der Basis des Haftbefehls verhaftet wird. Hier hat die Unterrichtung dann **unverzüglich** nach der Ingewahrsamnahme zu erfolgen – mit Blick auf den Normzweck also so schnell, dass sich die JGH schon bei der Vorführung (§ 115 StPO iVm § 2 Abs. 2) äußern kann. Mit Blick auf die von der Norm beabsichtigte Haftentscheidungshilfe darf die Aufrechterhaltung der Haft (§ 115 Abs. 4 Ivm § 2 Abs. 2) keineswegs abgewartet werden.

9 In **S. 2** wird die Konstellation der **vorläufigen Festnahme** (§ 127 StPO iVm § 2 Abs. 2) geregelt. Sofern Polizei und StA hier keine Freilassung, sondern die Beantragung eines Haftbefehls beabsichtigen und das Vorliegen eines Haftgrundes dafür bereits festgestellt haben (dazu NK-JGG/Sommerfeld Rn. 7), muss dies der JGH mitgeteilt werden. Der Normtext („zu erwarten ist, dass (…) vorgeführt wird") macht hierbei lediglich deutlich, dass die Unterrichtung **vor der Vorführung** zu geschehen hat. Doch angesichts des Normzwecks muss dies auch hier so **rechtzeitig** veranlasst werden, dass die JGH noch Gelegenheit für ihre Stellungnahme bei der richterlichen Entscheidung (§ 128 Abs. 2 StPO iVm § 2 Abs. 2) hat. Wird der Haftbefehl im Vorführungstermin erlassen, ist die JGH nach S. 1 darüber sowie über die Vollstr (oder Außervollzugsetzung) in einer weiteren (gemeinsamen) Mitteilung ebenfalls zu informieren.

10 **b) Modalitäten.** Für die Informationspflichten iSv § 72a ist es ohne Bedeutung, wenn die JGH schon nach §§ 38 Abs. 6 S. 2, 70 Abs. 2 über das laufende Verfahren informiert worden war. Die zusätzliche, auf die U-Haft bezogene Mitteilung soll ihr dann deutlich machen, dass im fraglichen Fall ein besonderer Beratungsbedarf besteht. Zur **Form** der Unterrichtung macht die Norm keine Vorgaben. Eine schriftliche Information ist aber an sich nur bei Haftbefehlen angängig, die nicht kurzfristig umgesetzt werden. Bei den Mitteilungen, die im Vorfeld der Vorführung erfolgen (→ Rn. 8 f.), kommt wegen der Dringlichkeit nur ein telefonisches Vorgehen in Betracht. Dabei sind **Ort und Zeit** der Vorführung anzugeben (RL S. 2). **Zuständig** ist dafür das mit dem Haftentscheidungsprozess jeweils befasste Organ, dh bei S. 1 das Gericht und bei S. 2 idR die StA oder in Abstimmung mit ihr die Polizei (Brunner/Dölling § 38 Rn. 17; vgl. auch RL S. 1). Zur Mitteilung der Aufhebung oder Außervollzugsetzung s. Nr. 6 Abs. 3 S. 2 MiStra.

2. Folgen der unzureichenden Informierung

11 Wurde die JGH entgegen den vorgenannten Vorgaben gar nicht oder erst verspätet informiert, ist sie nicht in der von § 38 Abs. 6 S. 1 und 2 (bei

Heranwachsenden iVm § 107) geforderten Weise herangezogen worden (zur ausnahmsweise eröffneten Revision n. → § 38 Rn. 87). Die Anordnung ist dann mangelbehaftet – zumindest, wenn die Verantwortung für das Mitteilungsdefizit bei der Strafjustiz liegt. Diese hat hier die maßgebliche Ursache dafür gesetzt, dass dem Gericht nicht die vom Gesetz vorgesehene fachliche Einschätzung der JHilfe zur Verfügung stand. Soweit die JGH in solchen Fällen nicht auf anderem Wege von der Verhaftung erfahren hat (zu dieser Einschränkung OLG Jena BeckRS 2017, 135309; vgl. auch BGH NStZ 2018, 665 (666) mkritAnm Eisenberg NStZ 2018, 667), wird erwogen, daraus **Folgen für die Fortdauer** der U-Haft herzuleiten (vgl., wenngleich nicht näher konkretisiert und iErg offenlassend, OLG Hamm NStZ 2010, 281 (283); KG StV 2016, 715 = BeckRS 2015, 438 mAnm Eisenberg ZJJ 2015, 207).

Der BGH will die Aufrechterhaltung einer U-Haft jedoch nur dann ausschließen, wenn sich die Nichteinbindung der JGH in der Fortdauerentscheidung auswirken kann (BGH NStZ 2018, 665 (666) mkritAnm Eisenberg NStZ 2018, 667). Da diese Lösung indes ignoriert, dass die Grundlage der U-Haft jedenfalls anfänglich anhaltend defizitär war, überzeugt es mehr, den Haftbefehl **aufzuheben,** sofern sich die Nichthinzuziehung auf die **ursprüngliche** Haftentscheidung **ausgewirkt** hatte (Brunner/Dölling § 38 Rn. 17; stets für Aufhebung aber Diemer/Schatz/Sonnen/Sonnen Rn. 7). Darin läge eine Gleichbehandlung mit den Fällen des Begründungsmangels (→ § 72 Rn. 43). Die Konsequenzen dieser Auffassung sind aber begrenzt: Da die Auswirkung einer Nichteinbindung der JGH an sich nur darin bestehen kann, dass die Ersetzbarkeit der U-Haft durch das Gericht nicht erkannt worden war, müsste zu dem Zeitpunkt, zu dem der Mangel offenbar wird, die U-Haft aus Subsidiaritätsgründen (§ 72) zugunsten dieser Haftalternative ohnehin beendet werden (sofern die Situation zwischenzeitlich nicht anders zu beurteilen ist). 12

Verkehr mit Vertretern der Jugendgerichtshilfe, dem Betreuungshelfer und dem Erziehungsbeistand

72b **[1] Befindet sich ein Jugendlicher in Untersuchungshaft, so ist auch den Vertretern der Jugendgerichtshilfe der Verkehr mit dem Beschuldigten in demselben Umfang wie einem Verteidiger gestattet. [2] Entsprechendes gilt, wenn der Beschuldigte der Betreuung und Aufsicht eines Betreuungshelfers untersteht oder für ihn ein Erziehungsbeistand bestellt ist, für den Helfer oder den Erziehungsbeistand.**

I. Allgemeines

Für den **Anwendungsbereich** der Norm gelten die Ausführungen zu § 72a entspr. (→ § 72a Rn. 1). Die Regelung war ursprünglich in § 93 Abs. 3 enthalten, wurde dann aber durch das U-HaftRÄndG v. 29.7.2009 (BGBl. I 2274) aus systematischen Gründen als neuer § 72b zu den Verfahrensvorschriften, die das U-Haftrecht betreffen, verschoben. Eine inhaltliche Änderung erfolgte dabei nur insofern, als der BewHelfer nicht mehr 1 angeführt ist (da er bereits in § 119 Abs. 4 S. 2 Nr. 1 StPO iVm § 2 Abs. 2 berücksichtigt wird).

2 Der **Normzweck** besteht darin, den Hilfs- und Schutzbedürfnissen von Jugendlichen (und Heranwachsenden) in der U-Haft gerecht zu werden. Daher sichert die Vorschrift für drei Akteursgruppen mit jeweils genereller Beistandsfunktion die Möglichkeit ab, erleichterten Zugang zum inhaftierten Beschuldigten zu halten. Konkret betrifft dies die Vertreter der JGH (§ 38), die Erziehungsbeistände (→ § 12 Rn. 5 ff.; ferner § 31 SGB VIII) sowie die Betreuungshelfer (soweit diese nicht ohnehin von der JGH (§ 38 Abs. 5 S. 1) gestellt werden (→ § 10 Rn. 19 ff.)). In den so gewährleisteten Interaktionen soll der Jugendliche (oder Heranwachsende) emotionale Stabilisierung, soziale Stütze und Beratung erfahren, um so die vielfältigen Belastungsfaktoren in der institutionell erzeugten Extremsituation der U-Haft (→ § 72 Rn. 11) abzumildern und/oder die individuellen **Bewältigungsfähigkeiten zu erhöhen.**

3 Dafür ist eine eigene Regelung erforderlich, weil entspr. Außenkontakte während der U-Haft sonst typischerweise gerade eingeschränkt sind (§ 119 Abs. 1 StPO iVm § 2 Abs. 2; n. dazu → § 89c Rn. 117). Speziell bei der JGH dient das Verkehrsrecht iÜ auch der Realisierung ihrer **Ermittlungsaufgabe** (→ § 38 Rn. 18 ff.), die bei U-Haft häufig die Suche nach Möglichkeiten ihrer Verkürzung einschließt (→ § 72a Rn. 2 ff.; s. aber auch → § 89c Rn. 35). Vermutlich trägt dies dazu bei, dass die Betreuung junger Untersuchungsgefangener durch die JGH in der **Praxis** (inzwischen) verbreitet zu sein scheint (vgl. die Befragungsdaten bei Schmoll ua Jugendgerichtshilfebarometer S. 64 f.; anders noch Zirbeck, Die U-Haft bei Jugendlichen und Heranwachsenden, 1973, S. 105 ff.; Weinknecht, Die Situation der U-Haft und der Unterbringung von Jugendlichen und Heranwachsenden, 1988, S. 250 ff.).

II. Unbeschränkter Verkehr mit dem Beschuldigten

4 Maßstab für die Kontaktmöglichkeit iSv § 72b sind die entspr. Gewährleistungen, die sich aus **§ 148 StPO** iVm § 2 Abs. 2 für den Verteidiger ergeben (s. auch → § 89c Rn. 54, 57 f., 123). Diese werden **deckungsgleich übertragen,** so dass sich sowohl die in der Vorschrift genannten Unterstützungsakteure als auch der Beschuldigte hierauf berufen können. § 72b begründet (wie sich aus der Bezugnahme auf § 148 StPO, aber auch aus dem Normzweck ergibt) ein **Recht beider Seiten** (BGHSt 33, 347 (349 f.) = NJW 1986, 1183 (1184)), das weder von der einen noch der anderen dispensiert werden kann (MüKoStPO/Kämpfer/Travers StPO § 148 Rn. 4).

5 Durch die Vorschrift wird konkret sichergestellt, dass der Beschuldigte und die genannten Unterstützungspersonen miteinander **mündlich** (auch per Telekommunikation) und **schriftlich** kommunizieren können, ohne dafür einer Erlaubnis zu bedürfen. Die U-Haftanstalt muss dafür die notwendigen organisatorischen Vorkehrungen schaffen und darf die Interaktionen nicht beschränken, auch nicht in ihrer Frequenz und ihrem Umfang. Für Besuche wird auf Antrag in der Praxis vielfach ein Dauerbesuchsschein ausgestellt. Der vollzugsinterne Aufwand bildet, auch wenn er erheblich sein sollte (wie etwa unter Bedingungen der Pandemie, die besuchsbegleitende

Maßnahmen des Gesundheitsschutzes notwendig machten), keinen gesetzlich vorgesehenen Grund der Zugangsbegrenzung. **Überwachungen** oder anderweitige Kontrollen, die die Vertraulichkeit der mündlichen oder schriftlichen Kommunikation beeinträchtigen würden, sind ohnehin unzulässig (dazu eingehend Goerdeler StV 2005, 103). Bei Besuchen in der U-Haft können Dolmetscher beigezogen und Arbeitsmaterialien mitgeführt werden (zu diesen und weiteren Einzelheiten s. bspw. MüKoStPO/Kämpfer/Travers StPO § 148 Rn. 12 ff., 17 ff.).

Das allg. StVR sieht hinsichtlich der in § 148 Abs. 1 StPO vorgesehenen 6
Gewährleistungen nur für bestimmte Verdachtslagen in § 148 Abs. 2 StPO und in §§ 31 ff. EGGVG einige (allerdings tiefgreifende) **Einschränkungen** vor. Die mit ihnen verbundene Isolation und Überwachung sind wegen ihrer inhärenten Entwicklungsschädlichkeit mit der Maßgabe, dass „auch das Verfahren vorrangig am Erziehungsgedanken auszurichten ist" (§ 2 Abs. 1), nicht zu vereinbaren. Sie konterkarieren den Zweck von § 72b und führen, anstatt die Belastungen der U-Haft abzumildern, geradezu in das Gegenteil. Der Verweis in § 72b und § 2 Abs. 2 schließt bei **jugendgemäßer Auslegung** (→ § 2 Rn. 19 ff.) daher die Anwendbarkeit dieser Einschränkungen aus (iErg ebenso NK-JGG/Sommerfeld Rn. 3; abw. HK-JGG/Kleimann Rn. 2; Diemer/Schatz/Sonnen/Diemer Rn. 2; MüKoStPO/Kaspar Rn. 2 mwN). Ausnahmen gelten nur im ausdrücklich geregelten Sonderfall des § 104 Abs. 3.

Unterbringung zur Beobachtung

73 (1) [1]**Zur Vorbereitung eines Gutachtens über den Entwicklungsstand des Beschuldigten kann der Richter nach Anhören eines Sachverständigen und des Verteidigers anordnen, daß der Beschuldigte in eine zur Untersuchung Jugendlicher geeignete Anstalt gebracht und dort beobachtet wird.** [2]**Im vorbereitenden Verfahren entscheidet der Richter, der für die Eröffnung des Hauptverfahrens zuständig wäre.**

(2) [1]**Gegen den Beschluß ist sofortige Beschwerde zulässig.** [2]**Sie hat aufschiebende Wirkung.**

(3) **Die Verwahrung in der Anstalt darf die Dauer von sechs Wochen nicht überschreiten.**

Übersicht

I. Anwendungsbereich

1 Die Vorschrift gilt nicht nur für **Jugendliche,** sondern gleichermaßen für **Heranwachsende** (§ 109 Abs. 1 S. 1), und dies jeweils vor den JGerichten wie vor den für allg. Strafsachen zuständigen Gerichten (§ 104 Abs. 1 Nr. 12, § 112 S. 1).

II. Einordnung der Norm

1. Regelungszweck

2 Die obligatorische **Persönlichkeitsuntersuchung** gem. § 43, die in einem engen Zusammenhang mit der spezialpräventiven Reaktionslogik des JStR steht, schließt vielfach auch nähere Ermittlungen zum **Entwicklungsstand** der Beschuldigten ein. Bei Jugendlichen ist dies va mit Blick auf die jugendstrafrechtliche Verantwortlichkeit (§ 3 S. 1) und bei Heranwachsenden für die Frage, ob JStR oder das allg. StR anzuwenden ist (§ 105 Abs. 1), erforderlich. Darüber kann der individuelle Entwicklungsstand für die zu wählende Verfahrensart, für die Beurteilung des Schuldmaßes und für Auswahl und Umfang der Rechtsfolgen von Bedeutung sein. Meist ist die hierfür notwendige Beurteilung auf Basis der regulären Feststellungen möglich, die nach den üblichen Ermittlungen der JGH, der JStA und der Polizei verfügbar sind. In einigen komplexen Konstellationen bedarf es allerdings der Einbeziehung von Sachverständigen (§ 43 Abs. 2), etwa bei sehr jungen Jugendlichen oder bei Anwendung von § 17 Abs. 2 Var. 1 (n. → § 43 Rn. 27 ff.). Gelegentlich treten dabei Ausnahmefälle auf, in denen die **Gutachtenerstellung** nicht in einem ambulanten Kontext möglich ist. Um hier eine Untersuchung des Jugendlichen auch in einem dafür besser gerüsteten **stationären Setting** zu ermöglichen, regelt § 73 die entspr. Unterbringungsbefugnis.

2. Verhältnis zu anderen Unterbringungsformen

3 **a) § 126a StPO iVm § 2 Abs. 2 und § 71 Abs. 2.** Abs. 1 stellt nach allgA **keine abschließende Regelung** der einstweiligen Unterbringung im JStR dar. Daher bleiben die Möglichkeiten einer vorläufigen Unterbringung unberührt, mit der entweder der Entwicklungsgefährdung des Jugendlichen (§ 71 Abs. 2) oder seiner psychopathologisch bzw. abhängigkeitsbedingten Gefährlichkeit (§ 126a StPO iVm § 2 Abs. 2) entgegengewirkt werden soll (OLG Düsseldorf MDR 1984, 603). Diese drei Unterbringungsoptionen stehen mit ihren jeweils eigenen Voraussetzungen selbstständig nebeneinander (wobei deren Vorliegen im Falle von § 126a problematisch ist, wenn § 3 und iSv §§ 20, 21 StGB zusammentreffen (zur dann maßgeblichen Abgrenzung s. → § 3 Rn. 46 ff. sowie OLG Jena NStZ-RR 2007, 218)). Soll „bei

Gelegenheit" einer Unterbringung gem. § 126a StPO iVm § 2 Abs. 2 auch die Entwicklung des Jugendlichen begutachtet werden, ist nach den Erörterungen in → Rn. 5 zu verfahren.

b) § 81 StPO iVm § 2 Abs. 2. Eine weitere, ebenfalls selbständige und 4
neben § 73 vorgesehene Unterbringungsmöglichkeit beruht auf § 81 StPO iVm § 2 Abs. 2. Hiernach ist die max. sechswöchige Unterbringung in einer psychiatrischen Klinik erlaubt, soweit sich der psychische Zustand und die Schuldfähigkeit des Beschuldigten allein in einem stationären Beobachtungskontext beurteilen lassen. Wegen der Nähe zwischen den Konstellationen iSv § 3 und iSv §§ 20, 21 StGB kann es jedoch angezeigt sein, beim Beschuldigten **sowohl den Entwicklungsstand als auch den Geisteszustand** zu untersuchen. Hierfür müssen beide Anordnungen (gem. Abs. 1 sowie eine solche gem. § 81 StPO iVm § 2 Abs. 2) ergehen und die Beobachtungen zu beiden Fragen während derselben Unterbringung innerhalb von **max. sechs Wochen** vorgenommen werden (NK-JGG/Sommerfeld Rn. 4; HK-JGG/Kleimann Rn. 3 und 7). Eine sukzessive Anwendung beider Rechtsgrundlagen, die nacheinander zwei Unterbringungen mit einer etwaigen Gesamtdauer von 12 Wochen zur Folge hätte, scheidet dagegen aus (aA Brunner/Dölling Rn. 4; MüKoStPO/Kaspar Rn. 3: möglichst zu vermeiden). Anderenfalls wäre im JStR ein erheblich weitergehender Eingriff als bei einem Erwachsenen in vergleichbarer Verfahrenssituation möglich, ohne dass sich aus den besonderen Verfahrenszwecken (§ 2 Abs. 1) dafür eine Notwendigkeit ergäbe (Löwe/Rosenberg/Krause StPO § 81 Rn. 11; Diemer/Schatz/Sonnen/Diemer Rn. 14; dazu allg. → § 2 Rn. 23 ff.; formell enger Burscheidt Verbot S. 57 f.). Dass der zweite Untersuchungsanlass erst nach Ende der ersten Unterbringung erkennbar werden kann (für diesen Fall eine zweite Anordnung zulassend BeckOK/Pawlischta JGG Rn. 6), erscheint schwer vorstellbar.

c) Untersuchungshaft. Auch die §§ 112 ff. StPO iVm. §§ 2 Abs. 2, 72 5
stehen an sich in keinem Konkurrenzverhältnis zu § 73. Befindet sich der Beschuldigte in U-Haft, bedarf es gleichwohl einer Anordnung nach Abs. 1 (verbunden mit der U-Haftaussetzung), wenn die Beobachtung und Untersuchung in einer Einrichtung außerhalb des U-Haftvollzugs vorgenommen werden sollen. Hier gelten dann auch Abs. 2 und Abs. 3 (OLG Stuttgart NJW 1961, 2007 = BeckRS 1961, 105050). Bisweilen genügt indes die Verlegung in die psychiatrische Abteilung eines Vollzugskrankenhauses, wenn die Gutachtensvorbereitung – ausnahmsweise (→ Rn. 11) – auch dort durchführbar ist (vgl. zur Parallelproblematik bei § 81 StPO etwa KK-StPO/Hadamitzky StPO § 81 Rn. 2). Dann muss lediglich die Untersuchung (nicht aber die Unterbringung) angeordnet werden. Nach der zw. Rspr. (RGSt 34, 306 (308 ff.); OLG Stuttgart NJW 1961, 2007 = BeckRS 1961, 105050) soll in diesem Fall allerdings keine Bindung an die Höchstdauer (Abs. 3) bestehen.

3. Maßnahmen während der Unterbringung

Die Anordnung iSv Abs. 1 hat eine **begrenzte Reichweite.** Sie berech- 6
tigt allein zur Unterbringung, aber weder zu Blutproben- und Gewebeentnahmen noch zu Eingriffen in die körperliche Unversehrtheit und auch **nicht zu allg. körperlichen Untersuchungen.** Diese Maßnahmen dürfen,

selbst wenn sie der Feststellung des Entwicklungsstandes dienen können, allein auf Grundlage und unter den materiellen und formellen Voraussetzungen der §§ 81a, 81b StPO iVm § 2 Abs. 2 vorgenommen werden (allgA; s. nur BGHSt 8, 144 = NJW 1955, 1765; Meyer-Goßner/Schmitt/Schmitt StPO § 81 Rn. 20; vgl. auch → § 43 Rn. 32). Anders verhält es sich bei einem vorliegenden **Einverständnis.** Während es auch im JStV in dieser Hinsicht idR auf die Zustimmung des Jugendlichen ankommt, ist im vorliegenden Zusammenhang ausnahmsweise die elterliche Billigung maßgeblich, sofern es bei der Untersuchung um eine Entwicklungsverzögerung geht und die Beurteilungsfähigkeit des Jugendlichen daher fraglich ist (n. zu dieser Problematik → § 67 Rn. 9 ff.; Kölbel/Zierer NStZ 2023, 1; ähnlich NK-JGG/Sommerfeld Rn. 3).

7 Zentral für die Begutachtung in der Unterbringung ist das **Untersuchungsgespräch** (zur Teilnahme der Eltern und Verteidiger an der Exploration → § 43 Rn. 33; zur iSv § 70b geeigneten Belehrung und Dokumentation → § 43 Rn. 43 f.). Ohne vorhandene Freiwilligkeit kann dieses aber nicht stattfinden bzw. muss es abgebrochen werden (vgl. bereits BGH NJW 1968, 2297 (2298): Antworten des Beschuldigten nicht erzwingbar). Möglich und durch § 73 abgedeckt ist in solchen Konstellationen (neben dem Festhalten in der Anstalt) lediglich noch die **beobachtende Untersuchung,** d. h. die gezielte Wahrnehmung des vom Beschuldigten gezeigten Handelns und Benehmens. Allerdings darf dies nicht die Qualität systematischer Überwachungen haben. Vielmehr ist es unzulässig, den Jugendlichen in der Unterbringung permanent „in seinem Alltagsverhalten und seiner Interaktion mit anderen Personen zu beobachten". Eine solche **„Totalbeobachtung"** kollidiert mit dem allg. Persönlichkeitsrecht (BVerfG NJW 2022, 283 (284); NStZ-RR 2023, 213 (214) zu § 81 StPO; zu den Konsequenzen → Rn. 14).

8 Erkenntnisse, die sich nicht auf den Entwicklungsstand, sondern auf den **Vorwurfsgegenstand** (etwa den Tathergang) beziehen, dürfen nicht gezielt zum Gegenstand der Untersuchung gemacht werden. Sofern sie während der Unterbringung dennoch anfallen, sind sie verwertbar, jedenfalls wenn sie aus zulässigen Erhebungen hervorgegangen sind. Deshalb müssen bspw. entspr. Angaben in der Exploration von dem Jugendlichen nach Belehrung und nachweisbar freiwillig gemacht worden sein. Der Sachverständige hat bzgl. dieser Informationen iÜ kein Zeugnisverweigerungsrecht (§ 53 Abs. 1 Nr. 3 StPO iVm § 2 Abs. 2), da er infolge gerichtlicher Beauftragung und nicht auf der Grundlage eines Vertrauensverhältnisses zum Beschuldigten tätig wird.

III. Materielle Anordnungsvoraussetzungen

1. Tatverdacht und Unterbringungszweck

9 Die Anordnung iSv Abs. 1 ist nur zulässig, wenn hinsichtlich des verfahrensgegenständlichen **Delikts** ein **dringender Tatverdacht** gegen den Beschuldigten besteht. Dies ergibt sich aus den verdachtsbezogenen Anforderungen, die wie bei § 81 Abs. 2 S. 1 StPO zu berücksichtigen sind (und iÜ auch bei § 112 Abs. 1 StPO). Da § 73 in strukturanaloger Weise wie § 81 StPO (noch vor dem Schuldspruch) zu verfahrensbezogenen (Aufklärungs-)

Zwecken einen freiheitsentziehenden prozessualen Eingriff vorsieht, kann das Verdachtserfordernis kein verschiedenes sein (ebenso etwa HK-JGG/Kleimann Rn. 4). Auf die strafrechtliche Verantwortlichkeit (§ 3 S. 1) muss sich der dringende Tatverdacht allerdings dann nicht erstrecken, wenn deren Klärung gerade den Zweck der beabsichtigten Anordnung bildet. Hier genügt bzgl. dieses Punktes ein Anfangsverdacht.

Der Zweck der anzuordnenden Unterbringung darf lediglich darin bestehen, Erhebungen vorzunehmen, die ein **Gutachten über den Entwicklungsstand vorbereiten** sollen. Dieses Begutachtungsinteresse darf auch nicht aus der Luft gegriffen sein. Deshalb müssen konkrete **Anhaltspunkte** dafür vorliegen, dass die Entwicklung des Beschuldigten gewisse Besonderheiten aufweisen und diese für die (jugend-)strafrechtliche Beurteilung wie für die Verfahrensart relevant sein (vgl. → Rn. 2) könnte. In dieser Hinsicht muss es erforderlich sein, einen Sachverständigen hinzuziehen (§ 43 Abs. 2). – Informationen zu Tatfragen zu erlangen oder die Glaubwürdigkeit zu überprüfen (BGH JR 1955, 472), darf iÜ mit der Anordnung nicht beabsichtigt sein. Erkenntnisse zum entwicklungsunabhängigen Geisteszustand können dagegen uU als Zweitziel angestrebt sein (n. → Rn. 4). 10

2. Eignung der Anstalt

Wegen der Eignung des Sachverständigen, der in der Anstalt tätig ist und die Untersuchung durchführt, gelten die Erl. zu → § 43 Rn. 34 ff. entsprechend. Eine (öffentlich oder privat geführte) Anstalt ist geeignet, wenn sie einen günstigen Rahmen bietet, die besonderen Fragestellungen zum Entwicklungsstand junger Menschen zu untersuchen. Das ist in erster Linie bei **Kinder- und Jugendpsychiatrien** oder anderen, speziell entwicklungspsychologisch ausgerichteten Einrichtungen der Fall. Allg. psychiatrische Krankenhäuser weisen diese Eignung nur mit Einschränkungen auf. Ein Mindesterfordernis sind eigene Abteilungen für Jugendliche oder jedenfalls deren abgetrennte Unterbringung. Der **Vollzug** ist durch die Bundesländer zu regeln (dazu bzgl. des Anspruchs auf medizinische Untersuchung BT-Drs. 19/13837, 32). Dies geschieht idR durch die Einbeziehung in das Maßregelvollzugsrecht (zu diesem → § 92 Rn. 146). 11

3. Ermessensausübung und Verhältnismäßigkeit

Bei der Entscheidung besteht nach Abs. 1 Anordnungsermessen. Dabei ist das Gericht jedoch an den Verhältnismäßigkeitsgrundsatz gebunden. Die Unterbringung muss geeignet, erforderlich und angemessen sein. Da es sich bei ihr grds. um eine **eingriffsintensive** Maßnahme handelt, zumal bei einer als unschuldig geltenden Person (s. auch → § 43 Rn. 28), muss an der Klärung des Entwicklungsstands ein manifestes Beweisinteresse bestehen (entspr. der allg. Grundsätze zu § 244 Abs. 2, 4 StPO). Auch muss sich der Vorwurf auf eine **gewichtige** Tat beziehen (vgl. RL 1; ferner § 81 Abs. 2 S. 2 StPO) und eine stationäre Rechtsfolge zu erwarten sein, die in ihrer Wirkung nicht hinter der Unterbringung zurückbleibt. Ist JA absehbar, kommt aber nur eine sehr kurze Unterbringung in Betracht. Sind bei dem konkreten Beschuldigten besondere Beeinträchtigungen zu besorgen, hebt dies die **Angemessenheitsschwelle** noch einmal an. Ggf. müssen die 12

Ermittlungsbelange dann zurückstehen (und Zweifel müssen sich zu Gunsten des Beschuldigten auswirken).

13 Mit Blick auf den **Erforderlichkeitsaspekt** der Verhältnismäßigkeitsprüfung muss ferner festgestellt werden, dass noch keine aussagekräftigen Beobachtungen vorliegen und dass eine **ambulante Untersuchung** (§ 43 Abs. 2) zur Erstellung des Gutachtens über den Entwicklungsstand ausnahmsweise nicht ausreichend ist (vgl. auch → § 43 Rn. 32). Ob im ambulanten Kontext entspr. Hindernisse und Begrenzungen bestehen und ob der stationäre Kontext insofern überlegene Bedingungen bietet, ist fallkonkret zu beurteilen. Die prinzipiell gegebene Möglichkeit, eine Beobachtung ggf. noch in der HV durchzuführen, bietet bei Schwierigkeiten in der nicht-stationären Begutachtung aber höchst selten einen die Unterbringung ausschließenden Ersatz.

14 Mangels **Eignung** ist die Unterbringung ebenfalls dann unverhältnismäßig, wenn der Untersuchungs- und Unterbringungszweck nur durch mitwirkungsbedürftige Maßnahmen realisierbar und der Jugendliche zu dieser Mitwirkung von vornherein nicht bereit ist (ebenso etwa Diemer/Schatz/Sonnen/Diemer Rn. 7). Eine solche Situation liegt typischerweise dort vor, wo das **Untersuchungsgespräch** ein zentrales Beobachtungs- und Erhebungsinstrument während der Unterbringung darstellt, sich der Beschuldigte aber **erklärtermaßen weigert,** daran teilzunehmen, und damit sein Recht wahrnimmt, sich nicht explorieren zu lassen (BVerfG NJW 2022, 283; NStZ-RR 2023, 13 (214); NJW 2024, 1566). Dann muss nicht nur das Gespräch, sondern die (keinen sonstigen Nutzen erbringende) Unterbringung unterbleiben.

IV. Formelle Anordnungsvoraussetzungen

1. Zuständigkeit und Verfahren

15 Die **Zuständigkeit** liegt bei dem Gericht, bei dem das Verfahren bereits anhängig ist oder das nach dem bisherigen Stand der Ermittlungen für die Eröffnung des Hauptverfahrens zuständig wäre (Abs. 1 S. 2). Das Gericht kann die Anordnung auf Antrag der JStA (vgl. RL 1), auf Anregung (zB der JGH, des JAmtes oder eines gem. § 43 befassten Sachverständigen) oder von Amts wegen erlassen. In der **HV** kann ein Beweisantrag gestellt werden, der auf die Untersuchung des Angeklagten im Rahmen einer Unterbringung gem. § 73 gerichtet ist. In Abgrenzung zu einem Beweisermittlungsantrag kommt es hierbei insbes. auf eine konkrete Tatsachenbehauptung zu konkreten, rechtlich relevanten Entwicklungsbesonderheiten an.

16 Vor der Anordnung im vorbereitenden Verfahren sind der Jugendliche sowie die Erziehungsberechtigten und gesetzlichen Vertreter) **anzuhören** (vgl. Art. 103 Abs. 1 GG und § 67 Abs. 1; dazu auch NK-JGG/Sommerfeld Rn. 8; einschr. Diemer/Schatz/Sonnen/Diemer Rn. 9). Bei Entscheidungen iRd HV gilt dies ohnehin (§ 33 Abs. 1 StPO iVm §§ 2 Abs. 2, 67 Abs. 1). Anzuhören sind ferner die **JStA** (§ 33 Abs. 1 und 2 StPO iVm § 2 Abs. 2) und grds. auch die **JGH** (§ 38 Abs. 3 S. 1). Sofern der Jugendliche noch unverteidigt ist, muss ihm gem. § 68 Nr. 4 ein **Verteidiger** beigeordnet werden. Diesem ist – nach eingeräumter Akteneinsicht (§ 147 StPO) – ebenfalls Gehör zu gewähren (Abs. 1 S. 1). Zweckmäßigerweise sollte sich

indes zuerst der Sachverständige äußern (→ Rn. 17), damit der Verteidiger (auch) zu diesen (ihm eigens zugänglich zu machenden Äußerungen) noch Stellung nehmen kann.

Der nach Abs. 1 S. 1 anzuhörende **Sachverständige** soll die fallkonkrete Notwendigkeit der Unterbringung und deren erforderliche Dauer aus fachlicher Warte beurteilen. Bei der fraglichen Person ist neben ihrer Qualifikation (zur Auswahl → § 43 Rn. 34 ff.) vorauszusetzen, dass sie den Beschuldigten **persönlich untersucht** hat, und zwar im aktuellen Verfahren (s. jeweils zu § 81 StPO KG JR 1965, 69; OLG Karlsruhe NJW 1973, 573; OLG Düsseldorf StV 1993, 571 = LSK 1994, 070286; abw. Brunner/Dölling Rn. 8: frühere Untersuchung in einem anderen StVerf genügt; für enge Ausnahmefälle bspw. auch BeckOK/Pawlischta JGG Rn. 15). Eine Einschätzung allein auf Aktenbasis, deren Aussagekraft ohnehin eingeschränkt ist (→ § 43 Rn. 24 ff.), reicht nicht aus (zu § 81 StPO bspw. OLG Oldenburg NJW 1961, 981; OLG Rostock StV 2015, 619 = BeckRS 2014, 907). Dass der Beschuldigte durch eine **Mitwirkungsverweigerung** die Erstuntersuchung des Sachverständigen und damit dessen Ersteinschätzung sowie die Anordnung gem. Abs. 1 erschweren kann (HK-JGG/Kleimann Rn. 5), ist insofern unproblematisch, als die Unterbringung hier ohnehin unverhältnismäßig ist (→ Rn. 14). Eine Vorführung des Beschuldigten zur Vernehmung gem. § 80 Abs. 1 StPO iVm § 2 Abs. 2, an der der Sachverständige teilnimmt (so OLG Celle NStZ 1989, 242 (243)), muss deshalb zumindest dann unterbleiben, wenn die abl. Haltung des Jugendlichen feststeht. 17

2. Entscheidung und deren Umsetzung

Die Anordnung erfolgt **durch Beschluss,** der zu begründen (§ 34 StPO iVm § 2 Abs. 2) und mit einer **Rechtsmittelbelehrung** zu versehen ist (§ 35a StPO iVm § 2 Abs. 2; zu Formulierungsanforderungen s. § 70b Abs. 1). Die inhaltliche Konkretisierung des unterbringungsbedingten Eingriffs obliegt weder dem Sachverständigen (aA OLG Hamm NJW 1953, 1237) noch der JStA, sondern dem Gericht. Daher sind in dem Beschluss die **Unterbringungsdauer** und die **Anstalt** sowie der Sachverständige zu bestimmen, der dort die Beobachtung und Untersuchung durchführen soll. 18

Die Entscheidung ist zu verkünden oder, falls sie in Abwesenheit des Jugendlichen ergeht, ihm und seinen Eltern (→ § 67a Rn. 5 f.) **zuzustellen** (§ 35 Abs. 1 und Abs. 2 S. 1 StPO iVm § 2 Abs. 2, § 67 Abs. 1; zur Verkündung oder formlosen Mitteilung eines Ablehnungsbeschlusses vgl. § 35 Abs. 1 und Abs. 2 S. 2 iVm § 2 Abs. 2, § 67 Abs. 1). Die obligatorische **Mitteilung** an die JGH ist (über § 70 S. 1 hinausgehend) in Nr. 32 Nr. 3 MiStra geregelt (vgl. → § 70 Rn. 8; zur Mitteilung an etwaige andere Prozessbeteiligte s. Nr. 34 MiStra). Die **Durchführung** der Anordnung erfolgt durch die JStA (§ 36 Abs. 2 StPO). Sie darf erst nach Rechtskraft beginnen (s. dazu Abs. 2 S. 2; zu den Umsetzungsmodalitäten s. RiStBV Nr. 61 entspr.). Die bei der Umsetzung der Unterbringung entstehenden **Kosten** sind durch die Justiz zu tragen und können in keinem Fall auf den Jugendlichen übertragen werden; sie stellen (in Umsetzung von Art. 7 RL (EU) 2016/800) seit Ende 2019 gar keinen Gebührentatbestand im Kostenverzeichnis zu § 3 Abs. 2 GKG mehr dar (dazu n. BT-Drs. 19/13837, 74; NK-JGG/Sommerfeld § 74 Rn. 8a). 19

V. Dauer der Unterbringung

20 Aus Verhältnismäßigkeitsgründen ist die Unterbringungsdauer vom Gericht so **kurz wie möglich** zu bemessen (OLG Oldenburg NJW 1961, 981). Das Höchstmaß (Abs. 3) sollte idR nicht ausgeschöpft werden; dies schematisch oder prophylaktisch zu tun, ist unzulässig (BeckOK/Pawlischta JGG Rn. 11). Ggf. reicht eine eintägige Unterbringung aus (Brunner/Dölling Rn. 2). Können die für das Gutachten erforderlichen Feststellungen innerhalb der festgelegten Zeitspanne wider Erwarten nur unvollständig getroffen werden, kann mit einem **Verlängerungsbeschluss** reagiert werden. Eine nochmalige bzw. ergänzende Unterbringung nach zwischenzeitlicher Entlassung führt beim Jugendlichen dagegen zu einer gesteigerten Störung des Lebensvollzugs und ist wegen dieser zusätzlichen Eingriffswirkung kaum einmal verhältnismäßig (ähnlich NK-JGG/Sommerfeld Rn. 4; tendenziell abw. Diemer/Schatz/Diemer Rn. 13).

21 Auf keinen Fall darf die Unterbringung – weder bei der anfänglichen Bestimmung noch durch ihre Verlängerung oder Ergänzung – die **Maximaldauer** von insgesamt sechs Wochen überschreiten (Abs. 3). Ist die Untersuchung vor dem festgelegten Fristende abgeschlossen worden, muss der Jugendliche sofort entlassen werden (s. auch RiStBV Nr. 62 Abs. 1). Der Sachverständige ist angehalten (und vom Gericht darauf hinzuweisen), dass die Unterbringung auf den unbedingt erforderlichen Zeitraum zu begrenzt und die Untersuchung deshalb priorisiert und **beschleunigt** werden muss. Das schließt ein, schon vor Unterbringungsbeginn die Begutachtung vorzubereiten sowie die notwendigen Akten beizubringen und auszuwerten (BeckOK/Pawlischta JGG Rn. 11).

22 Die effektiv verbrachte Unterbringungszeit **wird,** wenn ihr **U-Haft** vor- und/oder nachfolgt (→ Rn. 5), bei der Berechnung der (sechsmonatigen) Frist für deren Überprüfung (§ 121 StPO iVm § 2 Abs. 2) angerechnet (vgl. zu entspr. Fragen bei §§ 71 Abs. 2, 72 Abs. 4 → § 72 Rn. 47 ff.; → § 109 Rn. 26). Eine Berücksichtigung bzw. **Anrechnung** bei JA und JStrafe erfolgt ebenfalls (→ § 52 Rn. 4 ff., → § 52a Rn. 4).

VI. Rechtsmittel

23 Der Anordnungsbeschluss kann mit der sofortigen Beschwerde angefochten werden, die (abw. von § 307 Abs. 1 StPO iVm § 2 Abs. 2) aufschiebende Wirkung hat **(Abs. 2).** Dies gilt auch bei einem Erlass durch das erkennende Gericht, weil Abs. 2 S. 1 als Sonderbestimmung (§ 2 Abs. 2) die Regelung des § 305 S. 1 StPO ausschließt (allgA). Für die **Anfechtungsberechtigung** gelten die allg. Maßgaben (n. → § 55 Rn. 3 ff.). Mangels Beschwer (§ 304 Abs. 2 iVm § 2 Abs. 2) hat der Sachverständige kein Beschwerderecht. Der Verteidiger darf nicht gegen den Willen des Beschuldigten eine Beschwerde einlegen (§ 297 StPO; vgl. → § 55 Rn. 5). Ausnahmen hiervon bestehen nur bei § 81 StPO iVm § 2 Abs. 2 (nicht aber hier), weil dort der Geisteszustand des Jugendlichen in Rede steht (dazu diff. MüKo/StPO/Trück StPO § 81 Rn. 21).

24 Das **Beschwerdegericht** überprüft nicht allein die Zulässigkeit des Unterbringungsbeschlusses, sondern – gem. dem (nicht einschränkenden) Wort-

laut des Abs. 2 S. 1 – die gesamte Entscheidung einschließlich ihrer Zweckmäßigkeit und der Ermessensausübung (OLG Schleswig MDR 1959, 41). Die **weitere Beschwerde** gilt nach hM als **ausgeschlossen** (§ 310 Abs. 2 StPO iVm § 2 Abs. 2), da sich die „einstweilige Unterbringung" in § 310 Abs. 1 Nr. 2 auf die idR länger währenden Freiheitsentziehungen nach § 126a StPO und § 71 Abs. 2 (→ § 71 Rn. 24), nicht aber auf § 73 (und auch nicht auf § 81 StPO) beziehe (Diemer/Schatz/Sonnen/Diemer Rn. 18). Diese Auffassung steht indes in einem problematischen Spannungsverhältnis zu der Nähe, die man zwischen Unterbringung und U-Haft (zur hier möglichen weiteren Beschwerde s. § 310 Abs. 1 Nr. 1 StPO iVm § 2 Abs. 2) ansonsten bejaht (→ Rn. 22 zur dafür kennzeichnenden Anrechenbarkeit der Unterbringungszeit).

Ein Beschluss, in dem die Anordnung iSv Abs. 1 **abgelehnt** wird, ist **25**
ebenfalls mit der Beschwerde anfechtbar, insbes. durch die JStA (abw. etwa → 25. Aufl. Rn. 25; Diemer/Schatz/Sonnen/Diemer Rn. 18). Durch Abs. 2 werden die allg. Regeln des Beschwerderechts insofern nicht modifiziert (n. hierzu und zur aA bei § 81 StPO MüKoStPO/Trück StPO § 81 Rn. 23). Auch liegt im Unterlassen der Unterbringung uU eine Verletzung der Aufklärungspflicht (§ 43, § 244 Abs. 2 StPO), waseine darauf gestützte Revision begründet sein lassen kann (vgl. schon BGH RdJB 1961, 313 = BeckRS 2016, 15971).

Kosten und Auslagen

74 **Im Verfahren gegen einen Jugendlichen kann davon abgesehen werden, dem Angeklagten Kosten und Auslagen aufzuerlegen.**

Schrifttum: Baumhöfener, Jugendstrafverteidiger – eine Untersuchung im Hinblick auf § 74 JGG, 2007; Beste, Die Kostenlast im Strafverfahren, 1988; Körner, Die Kostentragung im Jugendstrafverfahren, 2004.

Übersicht

I. Anwendungsbereich

1. Persönlicher Anwendungsbereich

1 Die Vorschrift gilt für **Jugendliche** auch in Verfahren vor den für allg. Strafsachen zuständigen Gerichten (§ 104 Abs. 1 Nr. 13). Bei **Heranwachsenden** ist die Vorschrift, falls materielles JStR auf sie angewandt wird (§ 105 Abs. 1), gleichermaßen heranzuziehen – sowohl in Verfahren vor JGerichten (§ 109 Abs. 2 S. 1) wie vor den für allg. Strafsachen zuständigen Gerichten (§ 112 S. 1 und 2, § 104 Abs. 1 Nr. 13 iVm § 109 Abs. 2 S. 1). Daran ändert sich nichts, wenn sie im Zeitpunkt der HV bereits das **Erwachsenenalter** erreicht haben sollten (BGH BeckRS 2021, 5492; KG NStZ-RR 1999, 121; de facto abw. AG Memmingen ZJJ 2014, 397 = BeckRS 2014, 129016 mAnm Eisenberg ZJJ 2014, 399; s. zu Einschränkungen aber → Rn. 14).

2. Verfahrensbezogener Anwendungsbereich

2 Der sachliche Anwendungsbereich wird durch die einschränkungsarm formulierte Vorschrift („Verfahren gegen“) **weit gefasst.** Sie gilt zunächst für das mit Urteil endende Normalverfahren (wegen der Kostenentscheidung im Falle der Einstellung nach § 47 vgl. → § 47 Rn. 21 f.). Eingeschlossen sind aber ebenso Nachentscheidungen gem. § 30 (Diemer/Schatz/Sonnen/Schatz Rn. 10), das vereinfachte Jugendverfahren (§§ 76 ff.) und bei Heranwachsenden das beschleunigte Verfahren (§§ 417 ff. StPO) – jeweils unter Einbezug des Rechtsmittel- (KK-StPO/Gieg StPO § 473 Rn. 3) und des Vollstreckungsverfahrens (s. etwa Diemer/Schatz/Sonnen/Schatz Rn. 2 f.; speziell für die Anhörungsrüge gem. § 356a StPO iVm § 55 Abs. 4 s. BGH BeckRS 2009, 88311). Dasselbe gilt bei Rechtsbehelfen während des Vollzugs stationärer Rechtsfolgen (Diemer/Schatz/Sonnen/Schatz Rn. 3).

3 Ausgeschlossen ist die Anwendung der Norm in der Konstellation des § 109 Abs. 2 S. 4 (n. → § 109 Rn. 36) sowie in solchen JStV bzw. StVerf, die sich nicht „gegen“ den Jugendlichen oder Heranwachsenden richten. Das betrifft namentlich dessen Vorgehen als Privatkläger – nicht aber die Fälle, in denen er mit einer Wider- (§ 80 Abs. 2) oder (bei Heranwachsenden) einer Privatklage konfrontiert ist (ebenso zur Bedeutung von § 74 bei § 471 Abs. 1 und Abs. 3 Nr. 3 StPO iVm § 2 Abs. 2 bspw. KK-StPO/Gieg StPO § 465 Rn. 4). Eine entspr. Anwendung von § 74 bei **sonstigen Kostenentscheidungen** im JStV kommt, sofern es hier an der von § 74 vorausgesetzten Verfahrensgerichtetheit fehlt, nicht in Betracht. Konkret betrifft dies Konstellationen, in denen der Jugendliche eine unbegründete

Anzeige erstattet (§ 469 StPO iVm § 2 Abs. 2) oder einen Strafantrag zurückgenommen hat (§ 470 StPO iVm § 2 Abs. 2 – OLG Stuttgart MDR 1982, 518; Diemer/Schatz/Sonnen/Schatz Rn. 5; abw. → 25. Aufl. 3b). Allerdings ist im zweitgenannten Fall der Gedanke des § 74 bei der Billigkeitsentscheidung gem. § 470 S. 2 zu berücksichtigen.

Im **OWi-Verfahren** gilt die Vorschrift „sinngemäß" (§ 105 Abs. 1 OWiG). Daher kann die Verwaltungsbehörde (bzw. nach Einspruch das Gericht) ganz oder teilweise davon absehen, dem Jugendlichen (bzw. gem. § 109 Abs. 2 dem Heranwachsenden) die Kosten des Bußgeldverfahrens sowie Auslagen, die einem anderen Verfahrensbeteiligten (vgl. § 472b Abs. 1 S. 2 StPO iVm § 105 Abs. 1 OWiG) entstanden sind, aufzuerlegen (AG München ZfS 2009, 596; KK-OWiG/Hadamitzky OWiG § 105 Rn. 142; Krumm NZV 2010, 68 (71)). 4

II. Systematik, Normzweck und Entscheidungsprogramm

1. Kostenlast nach allg. Regelungen

a) Verurteilung. Gem. § 2 Abs. 2 gelten die Vorschriften des allg. StVR über Kosten und Auslagen (§§ 464 ff. StPO) grds. auch im JStV. Bei einer Verurteilung sind die Kosten des Verfahrens danach durch den **Angeklagten** zu tragen (§ 465 Abs. 1 StPO iVm § 2 Abs. 2; zu Bedenken s. etwa Hassemer ZStW 1985 (1973), 651; Beste, Die Kostenlast im Strafverfahren, 1988). Für die Kostenlast des Verurteilten ist es nach allgA unerheblich, auf welche Rechtsfolge das Urteil lautet – auch wenn es sich bei ihr (wie bei den Erziehungsmaßregeln (§§ 9 ff.) oder Zuchtmitteln (§§ 13 ff.) und der Aussetzung der JStrafverhängung zBew (§ 27)) nicht um eine Strafe handelt. Maßgeblich ist die mit einer Schuldfeststellung verbundene Festsetzung „irgendwelcher Unrechtsfolgen" (BGHSt 14, 391 (393) = NJW 1960, 1867 (1868)). § 465 Abs. 1 StPO iVm § 2 Abs. 2 schließt zudem die Konstellationen ein, in denen es (allein) zur Anordnung einer Maßregel kommt, etwa neben einem Freispruch wegen Schuldunfähigkeit (vgl. etwa OLG Oldenburg NJW 1964, 2439). 5

Bei **Mitverurteilten** greifen gem. § 2 Abs. 2 die allg. Regelungen in § 466 StPO ein (dazu, dass das dortige „auf Strafe erkannt" als „Verurteilung" zu lesen ist, s. KG JR 1962, 271). Die Kostenbefreiung einzelner Mitangeklagter führt dazu, dass ihr Kostenanteil vom Staat getragen wird und aus der Gesamtschuldnerhaftung der anderen Verurteilten herausfällt (OLG Koblenz NStZ-RR 1999, 160). – Bei **Teilverurteilung** gelten die § 465 Abs. 2 S. 2 und 3 StPO, § 464d StPO iVm § 2 Abs. 2, sodass es zu einer reduzierten Kostentragung des Verurteilten oder auch zur staatlichen Übernahme von Teilen seiner Auslagen kommen kann (vgl. BGH StV 1996, 276 = LSK 1996, 270363). Wird die angeklagte Tat im Urteil einem weniger schweren Tatbestand zugeordnet, ohne dass dies auf kostenintensiven Untersuchungen des Angeklagten beruht, liegen indes weder die Voraussetzung von Abs. 1 noch von Abs. 2 des § 465 StPO vor (OLG Oldenburg NStZ-RR 2008, 64). 6

7 **b) Freispruch.** Bei einem Freispruch sind die Verfahrenskosten und die notwendigen Auslagen des Jugendlichen der **Staatskasse** aufzuerlegen (§ 467 StPO iVm § 2 Abs. 2; zur Antragsberechtigung vgl. § 467a Abs. 1 S. 1 StPO iVm § 67 Abs. 1). Dies gilt auch dann, wenn der Freispruch auf erwiesener oder wahrscheinlicher Altersunreife (§ 3 S. 1) beruht, und zwar unabhängig von einer Nicht-/Anordnung gem. § 3 S. 2 (iErg ebenso NK-JGG/Sommerfeld Rn. 4; HK-JGG/Weik/Koranyi Rn. 2). Die aA (etwa Brunner/Dölling Rn. 5) übersieht, dass die Anordnung familiengerichtlicher Maßnahmen von § 465 Abs. 1 StPO iVm § 2 Abs. 2 nicht erfasst wird.

8 Obligatorische Ausnahmen von dieser staatlichen Kosten- oder Auslagentragung bestehen in den von § 467 Abs. 2 S. 1, Abs. 3 S. 1, Abs. 5 StPO iVm § 2 Abs. 2 erfassten Konstellationen. Die **fakultativen Ausnahmen** gem. § 467 Abs. 3 S. 2 StPO iVm § 2 Abs. 2 sind indes jugendgemäß und daher restriktiv auszulegen (allg. dazu § 2 Rn. 19 ff.). Bei Nr. 1 (Selbstbelastung) muss deswegen die Möglichkeit berücksichtigt werden, dass ggf. Missverständnisse oder Fehlinterpretationen vorlagen oder das Verhalten des Jugendlichen von seiner situativen Überforderung geprägt war. Hier wie auch bei Nr. 2 (Verfahrenshindernis) ist in Rechnung zu stellen, dass es mit dem Grundgedanken des § 74 (→ Rn. 9 f.) kollidiert, dem Angeklagten die Auslagenerstattung zu versagen. Die Ausnahmen gem. Abs. 2 und Abs. 3 S. 1 sowie S. 2 Nr. 1 kommen iÜ auch dann nicht in Betracht, wenn es an der Verantwortlichkeit des Jugendlichen iSv § 3 fehlte und sich dieser Reifemangel auch in dem jeweiligen Prozessverhalten bemerkbar gemacht hat (enger BGHSt 7, 276 = NJW 1955, 997).

2. Vermeidung der spezialpräventiv dysfunktionalen Kostenlast

9 Im JStV trifft die bei Verurteilung grds. eintretende Kostenlast eine Gruppe, die hierdurch (mit noch größerer Regelhaftigkeit als im allg. StVerf) überfordert ist, weil es ihr an vorhandenen finanziellen Mitteln ermangelt. Sofern dann nicht unbeteiligte Dritte (Eltern usw.) für die Verbindlichkeiten eintreten, erzeugt dies bei den Betroffenen vielfach eine erzwungene Überschuldung, die ihre Lebensführungschancen, Entfaltungspotenziale und Entwicklungsmöglichkeiten **erheblich beschränkt.** Wenn die Sozialisationsperspektive des Jugendlichen auf diese Weise wirtschaftlich eingeschnürt wird, **konterkariert** dies das Anliegen, mit den jugendstrafrechtlichen Rechtsfolgen zukunftsorientierte und fördernde Impulse zu setzen (zu diesen Zusammenhängen n. auch → § 6 Rn. 13). Deswegen schließt das Gesetz nicht nur die Geldstrafe aus (und lässt die Geldauflage allein unter den engen Voraussetzungen von § 15 Abs. 2 zu), sondern sieht mit § 74 eine Möglichkeit vor, die den Automatismus durchbricht, der den Verurteilten nach dem allg. StVR die Kosten des Verfahrens zwangsläufig tragen lässt (zu diesem Normzweck bspw. schon OLG Hamm NJW 1963, 1168: Kostentragung des Verurteilten „erziehungsfremd" und „nicht jugendgemäß").

10 Die Vorschrift gibt dem JGericht die Möglichkeit, den Jugendlichen **von Kosten** und **Auslagen** zu **entlasten,** und zwar **ganz** oder **teilweise** (RL 1 S. 2), etwa durch Auferlegen von nur bestimmten Auslagen oder Teilsummen oder eines prozentualen Anteils (vgl. OLG Hamm NJW 1963, 1168 (1169)). Dies soll den Verurteilten vor altersunangemessenen wirtschaftlichen Überlastungen schützen. In dem Maße, in dem er hiernach von den Kosten freigestellt wird, verbleiben diese bei der Staatskasse und sind von ihr zu

tragen (s. auch OLG Koblenz NStZ-RR 1999, 160). Möglich ist dies bei regulären Verurteilungen, aber bspw. auch bei einer solchen, die eine frühere Entscheidung gem. **§ 31 Abs. 2** in eine einheitliche Rechtsfolgenverhängung einbezieht (zur hier zu treffenden neuen und einheitlichen Kostenentscheidung s. RL 2 S. 2 und 3 und → § 31 Rn. 48). Nichts anderes gilt im Falle einer Nachentscheidung gem. **§ 30 Abs. 1,** in der eigenständig und unabhängig vom ersten Urteil über die Kosten befunden werden muss (HK-JGG/Weik/Koranyi Rn. 2). Überhaupt besteht die Option des § 74 bei allen Entscheidungen, die in den oben genannten Kontexten (→ Rn. 2 ff.) zuungunsten des Jugendlichen ausgehen und daher an sich zu dessen Kostenlast führen.

3. Maßgaben für die Kostenentscheidung im JStV

a) Hauptkriterien. Die Entscheidung über die Kostentragung oder -entlastung ist vom Gericht nach **pflichtgemäßem Ermessen** zu treffen, wobei eine Bindung an die durch § 2 Abs. 1 definierte Leitlinie besteht. Deshalb muss eine **zukunftsorientierte Betrachtungsweise** im Vordergrund stehen (s. etwa OLG Düsseldorf NStZ-RR 1996, 24; OLG Saarbrücken ZJJ 2009, 262 = BeckRS 2011, 17415 mAnm Möller ZJJ 2009, 264; OLG Köln OLGSt § 74 Nr. 3 = BeckRS 2010, 435; OLG Düsseldorf NStZ-RR 2011, 294 (295); LG Münster BeckRS 2024, 31335). Das gilt umso mehr bei wirtschaftlich besonders schlecht gestellten (OLG Jena NStZ-RR 1998, 153) oder bei besonders jungen Verurteilten (problematisch daher BGH NStZ-RR 2017, 349: Kostenauferlegung ggü. „im Zeitraum der HV 15 Jahre alten" Angeklagten). 11

Nach § 74 ist immer dann vorzugehen, wenn die wirtschaftliche Belastung den Jugendlichen vermutlich **demotivieren** (OLG Düsseldorf NStZ-RR 2011, 294 (294 f.) und bspw. von der Arbeitsaufnahme abhalten (OLG Nürnberg NStZ 2024, 307; LG Gera StV 1999, 667 = LSK 2000, 080627) oder seine Weiterentwicklung anderweitig erschweren könnte (mit Blick auf die Berufsausübung einschr. aber OLG Düsseldorf MDR 1993, 1113 = LSK 1994, 070363; HK-JGG/Weik/Koranyi Rn. 6). So verhält sich, wo es zu **Barrieren** für einen Neuanfang und zu Reintegrationshindernissen nach der Entlassung aus dem JStVollzug käme (BGH StV 1998, 351 = BeckRS 1996, 31090017; BGH NStZ-RR 2006, 224; LG Saarbrücken ZJJ 2009, 263 = BeckRS 2011, 12831 mAnm Möller ZJJ 2009, 264). Da solche abträglichen Effekte für die Kostentragung typisch sind, muss § 74 **extensiv** genutzt werden (ebenso OLG Nürnberg NStZ 2024, 307; Löwe/Rosenberg/Hilger StPO § 465 Rn. 9; SK-StPO/Degener StPO § 465 Rn. 7). Deshalb ist nicht die Anwendung von § 74 gesteigert begründungsbedürftig, sondern das Vorliegen eines Falles, in dem die Kostentragung durch den Verurteilten – ausnahmsweise (ebenso Laubenthal/Baier/Nestler JugendStrafR Rn. 373) – einmal erzieherisch angemessen ist (verfehlt daher KG ZJJ 2010, 74 (75) = BeckRS 2009, 89218 mAnm Eisenberg/Huck ZJJ 2010, 75 (77)). 12

Es ist also nur selten angezeigt, von der Anwendung des § 74 aus spezialpräventiven Motiven abzusehen. Dafür, dass gerade die Belastung mit den ökonomischen Verfahrensfolgen für sich genommen entwicklungsfördernd wirken kann („Verantwortung übernehmen müssen"; „zeigen, dass Taten finanzielle Konsequenzen haben" usw.), gibt es jenseits alltagstheoretischer Erwartungen keine empirische Evidenz (krit. auch NK-JGG/Sommerfeld 13

Rn. 6). Insofern bedarf es mind. **vorhandener Eigenmittel** des Jugendlichen (BGH BeckRS 2017, 118927; OLG Jena NStZ-RR 1998, 153; OLG Düsseldorf NStZ-RR 2011, 293), wofür idR weder Sozialleistungen (LG Osnabrück JurBüro 1990, 1031) oder alterstypisch geringe (Arbeits-)Einkünfte ausreichend sind (BGH Herlan GA 1964, 135). Ist der Jugendliche durch eine Wertersatzeinziehung mit wirtschaftlichen Lasten konfrontiert, spricht dies ebenfalls gegen seine Leistungsfähigkeit (OLG Hamm BeckRS 2020, 38665). Dies gilt ebenso dort, wo er Wiedergutmachungs- und Schadensersatzleistungen erbringen muss, die erzieherisch funktional sind und nicht durch die Heranziehung zu den Verfahrenskosten erschwert werden sollten.

14 Doch selbst dort, wo relevante Einkünfte oder Vermögen vorhanden sind, müssen **besondere** Umstände gegen eine Kostenverschonung sprechen (RL 1 S. 1; BeckOK JGG/Pawlischta Rn. 7; Nöding Verteidigung Rn. 214; abw. KG BeckRS 2008, 10468). Denkbar ist dies etwa, wo ein „bislang … ausschweifender Lebensstil" gepflegt wurde (KG NStZ-RR 2007, 64) oder wo beeinträchtigende Auswirkungen auf die Lebensführung fernliegen, insbes. bei Jugendlichen mit erheblichem Vermögen (BGH BeckRS 2023, 35340). Eine Regel, wonach die Kostentragung bei **Heranwachsenden** eher als bei Jugendlichen in Betracht komme, gibt es nicht (abw. aber etwa KG NStZ-RR 2007, 64). Vielmehr kommt es in beiden Altersgruppen darauf an, dass die wirtschaftliche Belastung ausnahmsweise unbedenklich ist (→ § 109 Rn. 31). Nur bei Verurteilten, die zum Urteilszeitpunkt das 21. Lbj. bereits deutlich überschritten haben, verlieren die hinter § 74 stehenden erzieherischen Aspekte an Gewicht (BGH BeckRS 2021, 5492; 2021, 17538; 2024, 1982; KG NStZ-RR 1999, 121).

15 **b) Ausgeschlossene und nachrangige Kriterien.** Es ist ausgeschlossen, dem Jugendlichen die Kostenlast aus Abschreckungs- oder Vergeltungsgründen als ein Sanktionsübel aufzuerlegen (s. BGH StV 1998, 351 = BeckRS 1996, 31090017; NStZ-RR 2006, 224; StV 2017, 717 = BeckRS 2016, 19421; s. zudem etwa Hartman-Hilter Verteidigung S. 182). Daher ist die **Art der Tat** für die Entscheidung iSv § 74 „kein geeignetes Beurteilungskriterium" (OLG Jena NStZ-RR 1998, 153 betr. Mord) oder jedenfalls ein Aspekt von nur **geringem Gewicht** (dazu bei Tötungsdelikten BGH StV 1994, 598 = BeckRS 1993, 31086212; 2016, 15975; abw. Brunner/Dölling Rn. 4 sowie bei hinzukommenden Umständen BGHR § 74 JGG, Kosten 2 = BeckRS 1992, 31086521: Tötung aus Habgier und „Verkauf" des Geständnisses an eine Zeitung).

16 Das **Verhalten** im **Verfahren** (zB Verzögerung) darf nicht berücksichtigt werden (KK-StPO/Gieg StPO § 465 Rn. 4; SK-StPO/Degener StPO § 465 Rn. 7), zumal es regelmäßig auch von **Verteidigung**sbelangen getragen sein wird. Das gilt etwa bei sog. „hartnäckigem Leugnen", dem Veranlassen einer umfangreichen Beweisaufnahme (OLG Köln OLGSt § 74 Nr. 3 = BeckRS 2010, 435), der Ausschöpfung des Instanzenzugs (Eisenberg NStZ 2014, 410 (411)) oder auch nur der Beschwerdeeinlegung. Die verschiedentlich geübte Praxis, die Verfahrenskosten nach einem Rechtsmittel beim Jugendlichen zu belassen, weil er mit seiner prozessualen Aktivität „seine Uneinsichtigkeit" gezeigt habe (so LG Augsburg BeckRS 2015, 15024: „in ständiger Rspr …erzieherisch notwendig"), ist weder mit den Verteidigungsrechten noch mit der Garantie des Rechtmittelzuges vereinbar

(ebenso Nöding Verteidigung Rn. 215). – Eine Auferlegung scheidet schließlich ebenfalls aus, wenn die **Höhe** der Kosten „die eigentliche" Rechtsfolge in den Hintergrund treten ließe (OLG Nürnberg NStZ 2024, 307; LG Freiburg NStZ-RR 2000, 183; dazu allg. BVerfG StV Spezial 2021, 81 = BeckRS 2020, 38731).

c) Drittbezug bei Rechtsmitteln der Eltern. Dass § 74 mitsamt der eben erläuterten Entscheidungskriterien ebenfalls für die Befreiung der nach § 473 Abs. 1 StPO iVm § 2 Abs. 2 anfallenden Kosten für ein erfolgloses Rechtsmittelverfahren gilt (s. auch → Rn. 2), wird auch dort nicht eingeschränkt, wo der Rechtsbehelf nicht durch den Jugendlichen, sondern seine Erziehungsberechtigten oder gesetzlichen Vertreter eingelegt wurde. Deren Haftung für die Rechtsmittelkosten ist, da sie fremdnützig gehandelt haben, allein auf das Vermögen des von ihnen Vertretenen (soweit es ihrer Verwaltung unterliegt) bezogen und begrenzt (→ § 67 Rn. 40). Mit ihrer Kostenlast geht daher die wirtschaftliche Betroffenheit des Jugendlichen einher. Ungeachtet des Normwortlauts („Angeklagten") ist § 74 nach seinem Sinn und Zweck deswegen auch auf elterliche Rechtsmittelführer anwendbar. Ihnen dürfen die Rechtsmittelkosten **nicht** auferlegt werden, sofern andernfalls **erzieherisch abträgliche** Auswirkungen für den Jugendlichen zu besorgen sind (OLG Hamburg MDR 1969, 73; OLG Düsseldorf MDR 1985, 77; OLG Schleswig SchlHA 1998, 196; Diemer/Schatz/Sonnen/Schatz Rn. 34). 17

III. Gerichtskosten

1. Gebühren

Die von § 74 eröffnete Befreiungsmöglichkeit bezieht sich – neben den notwendigen Auslagen der Beteiligten (→ Rn. 21 ff.) – auf die Verfahrenskosten. Bei diesen Kosten handelt es sich um die (pauschalisiert bemessenen) Gebühren und (die fallkonkret angefallenen) Auslagen der Staatskasse (§ 464a StPO iVm § 2 Abs. 2). Die Gerichtsgebühren bestimmen sich in Ob und Höhe nach § 3 GKG iVm mit Anlage 1 zu § 3 Abs. 2 GKG (Kostenverzeichnis). Maßgeblich sind dabei die jeweils festgelegten Rechtsfolgen. Da das Kostenverzeichnis hierbei aber allein auf eine erkannte Strafe und eine angeordnete Maßregel abstellt (Vorbemerkung 3.1 des Kostenverzeichnisses unter (1) und (4)) und keine anderen jugendstrafrechtlichen Rechtsfolgen als Grundlage für eine Gebührenbemessung benennt, entstehen bei Urteilen, die allein auf Erziehungsmaßregeln, Zuchtmittel oder Aussetzungsentscheidungen gem. § 27 lauten, keine Gerichtsgebühren (OLG Koblenz JurBüro 1990, 382; OLG Hamm BeckRS 2020, 38665; BayObLG StV 2023, 543 = BeckRS 2023, 8998). Diese Kosten fallen vielmehr (abgesehen von einer Maßregelentscheidung gem. § 7) **lediglich bei einer Verurteilung zu einer un-/bedingten JStrafe** an, wobei sich die Gebührensätze nach der Dauer der erkannten JStrafe richten (entspr. der Vorgaben zu Freiheitsstrafen verschiedener Länge in Kostenverzeichnis 3110 ff.). Bei nachträglicher Bildung einer einheitlichen Rechtsfolge (§ 31 Abs. 2 oder § 66) erfolgt die Berechnung entspr. Vorbemerkung 3.1 des Kostenverzeichnisses unter (5)). 18

2. Auslagen der Staatskasse

19 **a) Kostenspektrum.** Bei den Auslagen handelt es sich um die der Staatskasse **konkret** entstandenen Kosten der Verfahrensdurchführung, soweit diese gesetzlich als solche bestimmt sind. Das betrifft bspw. die Pflichtverteidigervergütung, die Entschädigung für Zeugen und Sachverständige, ggf. Übersetzungskosten (s. § 464c StPO); die Kosten für beigeordnete Nebenklägerbeistände und psychosoziale Prozessbegleiter sowie die im Ermittlungsverfahren (durch Ermittlungs-, Nachweis- und Ergreifungsmaßnahmen) und bei der Vollstreckung entstandenen Kosten (§ 464a StPO). Darin eingeschlossen sind nach Kostenverzeichnis Nr. 9011 iVm § 14 S. 2 KostVfg auch die ggf. erhobenen Kosten für die U-Haft (n. OLG Nürnberg NStZ-RR 1999, 190 zum allg. StR; Körner, Die Kostentragung im Jugendstrafverfahren, 2004, 207 ff.) und für die einstweilige Unterbringung gem. §§ 71 Abs. 2, 72 Abs. 4 (OLG Dresden DVJJ-Journal 1998, 278 (278 f.)), nicht aber für Unterbringungen gem. § 71 Abs. 2 und § 73 (n. → § 71 Rn. 25 f.; → § 73 Rn. 19). All diese Auslagen sind sowohl von § 465 Abs. 1 StPO iVm § 2 Abs. 2 als auch von der Befreiungsmöglichkeit gem. § 74 erfasst, wobei dies jeweils auch bei gerichtsgebührenfreien Verfahren (→ Rn. 18) gilt (KG JR 1962, 271).

20 **b) Insbes. Vollstreckungskosten.** Für die Kosten, die nach Rechtskraft des Urteils wegen der dort festgelegten Rechtsfolgen entstehen, existieren teilw. Sonderbestimmungen. Sie werden danach idR nicht erhoben. Das betrifft bspw. die Aufwendungen, die mit dem Vollzug von JA oder JStrafe (s. aber → § 92 Rn. 112b) und stationären Maßregeln verbunden sind (zu den Kosten von Gutachtern, die für Lockerungs- und Bewährungsentscheidungen herangezogen werden, s. → § 7 Rn. 15b). Ansonsten stellen sie (wie etwa die Gebühren für einen beigeordneten Verteidiger) einen Teil der Auslagen iSv § 74 dar. Dagegen zählen die Kosten, die für den Jugendlichen mit der **Befolgung einer Weisung oder Auflage** verbunden sind (bspw. Fahrtkosten), nach hM nicht zu den befreiungsfähigen Vollstreckungskosten (RL Nr. 5 S. 1; Brunner/Dölling Rn. 10; betr. § 10 Abs. 1 S. 3 Nr. 2, 5 und 7 aA Körner, Die Kostentragung im Jugendstrafverfahren, 2004, 155 ff., 169 ff.; Ostendorf ZRP 1988, 432 (435 f.); zur Kostentragung für die weisungsgegenständlichen Maßnahmen selbst vgl. n. → § 10 Rn. 64 ff.). Insofern besteht Neuregelungsbedarf, da die in → Rn. 9 erwähnten, spezialpräventiv abträglichen Folgewirkungen auch hier virulent sind (empirische Hinweise bei Neßeler ZJJ 2019, 359 (361 f.)). Fallen für den Jugendlichen im Anschluss an eine Nichtbefolgung diverse Aufwendungen an (etwa bei der Verteidigung gegen die dann ergriffenen Maßnahmen), gelten dafür indes die allg. Regeln des § 74 (LG Flensburg StraFo 2007, 482 = BeckRS 2008, 10834).

IV. Notwendige Auslagen der Beteiligten

1. Notwendige Auslagen

21 **a) Allgemeines.** Nach § 464 Abs. 2, § 464a Abs. 2 StPO iVm § 2 Abs. 2 ist grds. auch darüber zu entscheiden, wer die notwendigen Auslagen der Beteiligten trägt. Beteiligte sind jene nicht-amtlichen Personen, die im

StVerf mit eigenen Rechten agieren, aber auch Dritte, die von strafprozessualen Maßnahmen betroffen sind (MüKoStPO/Grommes StPO § 464a Rn. 18). Soweit für diese Personen **bei ihrer zulässigen Rechtsverfolgung konkret bezifferbare Aufwendungen** entstehen, handelt es sich hierbei um notwendige Auslagen. Das betrifft auch die beim Beschuldigten bzw. Angeklagten anfallenden Ausgaben (Löwe/Rosenberg/Hilger StPO § 464a Rn. 21 f.), ua etwa die Kosten für einen etwaigen Wahlverteidiger und seine prozessbedingte Zeitversäumnis. Im Falle des Freispruchs sind diese gem. § 467 StPO iVm § 2 Abs. 2 der Staatskasse zuzuweisen (→ Rn. 7); im Falle der Verurteilung ist die Rechtslage dagegen umstr. (n. → Rn. 25 ff.). Klarheit herrscht indes darüber, dass das JGericht die Auslagen **anderer Beteiligter** grds. dem verurteilten Jugendlichen zuweisen muss (→ Rn. 5), sofern es ihn nicht durch eine Entscheidung gem. § 74 davon verschont.

b) Auslagen der Nebenklage. Das vorgenannte Grundprinzip schließt 22
die Auslagen der Nebenklage ein. Diese werden, sofern das JGericht hiervon nicht nach § 74 absieht, dem Jugendlichen gem. § 472 StPO iVm § 2 Abs. 2 (für erfolglose Rechtsmittel vgl. § 473 Abs. 1 S. 2 und 3 StPO iVm § 2 Abs. 2) auferlegt (vgl. stellvertretend BGH BeckRS 2013, 2880; 2019, 15071; KG JR 1996, 216 = LSK 1996, 340192; OLG Hamm ZJJ 2008, 193 = BeckRS 2008, 2250; OLG Düsseldorf NStZ-RR 2011, 293; NK-JGG/Sommerfeld Rn. 12). Nicht selten wird dies selbst dann praktiziert, wenn das Gericht von der Auferlegung der **sonstigen Verfahrenskosten absieht** (etwa BGH BeckRS 2016, 5080; BeckRS 2020, 3308; BeckRS 2023, 33398; OLG Köln BeckRS 2010, 00435). Die hM will mit einer solchen differenzierenden Kostenzuweisung (s. auch → Rn. 10) eine „pädagogische Botschaft" senden, die dem Jugendlichen die Konsequenzen seiner Tat und die Opferwerdung des Nebenklägers vor Augen führt (stellvertretend BGH StraFo 2019, 75 = BeckRS 2018, 29443; BeckRS 2023, 23530; Sommerfeld/Schady ZJJ 2021, 102 (103)). Dass die Konfrontation mit den Nebenklagekosten diese kommunikative Wirkung zu erzeugen vermag, stellt indes eine höchst zw. Zweckbehauptung dar (n. Kölbel/Eisenberg StraFo 2019, 75 ff.). Vielmehr ändert der (grds. verfahrenszufällige) Umstand eines Nebenklageanschlusses nichts an den Gründen, die gegen die Kostenlast des Jugendlichen sprechen (→ Rn. 9 ff.). Dem Leitgedanken des § 2 Abs. 2 wird die Entscheidung, den Verurteilten nicht von den Nebenklagekosten zu verschonen, nur in den oben (→ Rn. 13 f.) aufgezeigten (spezialpräventiv unbedenklichen) **Sonderfällen** gerecht (vgl. bereits Schaal/Eisenberg NStZ 1988, 49 (53)).

Von der Kostenverschonung darf deshalb entgegen einer verbreiteten 23
Ansicht (OLG Hamm NJW 1963, 1168 (1169); BeckRS 2017, 140643; Diemer/Schatz/Sonnen/Schatz § 74 Rn. 26) auch nicht mit der Erwägung abgesehen werden, dass das deliktische Verhalten „verwerflich" gewesen sei (s. auch → Rn. 15; iErg. ebenso Sommerfeld/Schady ZJJ 2021, 102 (103): anders ist gem. § 80 Abs. 3 S. 1 gar keine Nebenklage zulässig). Anlässe für eine Ausnahme von der Kostenbefreiung können sich nur in der erwähnten Weise mit Blick auf den erzieherischen Auftrag ergeben. Dass durch Anwendung des § 74 auf die Nebenklagekosten beim Verurteilten der (insofern abträgliche) Eindruck einer partiellen Rechtfertigung entstehen könnte, liegt fern. Ob das Gericht die Nebenklage für begreiflich (OLG Hamm BeckRS

2008, 2250) hält, ist demgegenüber weitgehend unerheblich (zur Handhabung bei Heranwachsenden → § 109 Rn. 32 ff.). Dieser Aspekt hat allein in den Ausnahmefällen, in denen dem Verurteilten die Nebenklagekosten auferlegt werden dürfen, für die Frage nach dem Umfang bzw. die Begrenzung auf einen Teil der Auslagen eine gewisse Bedeutung. Bei Einstellung des Verfahrens oder Freispruch bzgl. des nebenklagerelevanten Tatvorwurfs darf der Angeklagte iÜ schon deshalb nicht nach § 472 StPO iVm § 2 Abs. 2 belastet werden, weil der Nebenkläger hier erfolglos war (vgl. LG Nürnberg-Fürth BeckRS 2014, 60046; abw. Diemer/Schatz/Sonnen/Schatz Rn. 27).

24 Wird der Jugendliche von der Ersetzung der Nebenklagekosten freigestellt, liegt darin auch **keine finanzielle Belastung für den Nebenkläger,** die gegen eine Anwendung von § 74 spräche. Zum einen kann der Nebenkläger sein Kostenrisiko durch einen rechtzeitigen Antrag auf Beiordnung eines Beistands in vielen Fällen (vgl. §§ 397a Abs. 1, 406h Abs. 3 Satz 1 Nr. 1 StPO) ganz erheblich reduzieren (eingehend Sommerfeld/Schady ZJJ 2021, 102 (104 ff.)). Zum anderen können die Auslagen des Nebenklägers durch Beschluss (→ Rn. 29) auch der Staatskasse auferlegt werden (LG Darmstadt NJW 1964, 1736; NStZ 1983, 235; offenlassend OLG Saarbrücken NJW 1973, 1943 ff.; vgl. ferner Schaal/Eisenberg NStZ 1988, 49 (53)). Die abw. Ansicht, der zufolge sich aus § 74 keine Rechtsgrundlage für die Begründung einer staatlichen Kostenträgerschaft ergäbe (OLG Celle MDR 1975, 338; LG Koblenz BeckRS 2010, 04668; BeckOK JGG/Pawlischta Rn. 16), lässt die Tragweite von § 2 Abs. 1 unberücksichtigt. Denn die Kostentragung durch den Staat stellt in den in Betracht kommenden Konstellationen ein immanentes Element der an § 2 Abs. 1 orientierten teleologischen Auslegung von § 74 dar (Kölbel/Eisenberg StraFo 2019, 75 (77)).

2. Verteidigungskosten des verurteilten Jugendlichen

25 **a) HM und ihre Konsequenzen.** Im allg. StVerf hat der Verurteilte seine Verteidigungskosten zu tragen, da die jeweils eigenen notwendigen Auslagen bei allen Verfahrensbeteiligten grds. verbleiben, sofern eine Erstattung (wie bei ihm) nicht eigens vorgesehen ist (KK-StPO/Gieg StPO § 465 Rn. 3). Nach hM sei dies auch im JStV nicht anders. Kommt es hier zu einer Freistellung von den Kosten (zulasten der Staatskasse), schließe dies die notwendigen Auslagen des Jugendlich nämlich nicht ein. Von § 74 würden diese Aufwendungen ausweislich seines **Normtextes** gar nicht erfasst. Dem Wortlaut zufolge könne allein eine Auferlegung von Kosten unterbleiben, wohingegen der Jugendliche mit seinen Verteidigungskosten bereits belastet sei (und es daher keiner Übertragung bedürfe). Außerdem ergebe sich aus der Vorschrift allenfalls die mögliche Entlastung des Verurteilten, nicht aber die Option, die fraglichen Kosten stattdessen der Staatskasse zuzuweisen (zu diesem Arg. auch → Rn. 24). Deren Belastung mit den Aufwendungen des Jugendlichen seien in § 74 – anders als in einigen anderen Konstellationen (§ 465 Abs. 2, § 467 f. StPO) – gesetzlich nicht eigens festgelegt (BGHSt 36, 27 (29) = NStZ 1989, 239 mit ablehnenden Anmerkungen von Brunner NStZ 1989, 239; Ostendorf StV 1989, 309; Eisenberg JR 1990, 41; wie der BGH etwa KK-StPO/Gieg StPO § 465 Rn. 4; Diemer/Schatz/Sonnen/

Diemer Rn. 29 ff.; HK-JGG/Weik/Koranyi Rn. 16; BeckOK JGG/Pawlischta Rn. 14).

Diese Position wird von der überwiegenden justiziellen Entscheidungspraxis ausdrücklich geteilt (stellvertretend BGH NStZ-RR 2006, 224; StV 2023, 543 = BeckRS 2023, 8998; OLG Frankfurt a. M. GA 1994, 286; OLG Oldenburg NStZ-RR 2008, 64; OLG Brandenburg NStZ-RR 2012, 192; OLG Hamm BeckRS 2020, 38665; BayObLG StV 2023, 543 = BeckRS 2023, 8998). Konsequenzen hat dies va dort, wo der Jugendliche über einen **Wahlverteidiger** verfügte, da er nach der hM von den damit verbundenen Kosten idR nicht befreit werden kann (exemplarisch LG Mainz BeckRS 2024, 7130; anders aber § 473 Abs. 4 iVm § 2 Abs. 2 bei teilw. Rechtsmittelerfolg – dazu OLG Düsseldorf NStZ-RR 2011, 294 (294 f.)). Er haftet danach für sie auch dort, wo der gesetzliche Vertreter (vgl. → § 67 Rn. 38) den Verteidiger in Wahrnehmung eigener Rechte beauftragt hat (LG Bückeburg NJW 1960, 1026; Löwe/Rosenberg/Hilger StPO § 464a Rn. 23; Diemer/Schatz/Sonnen/Schatz Rn. 30). Anders liege es nur, sofern vom Vertreter die eigene Kostenübernahme vereinbart wurde (Schwer Stellung S. 189 f.; aA NK-JGG/Sommerfeld Rn. 5 unter Bezugnahme auf § 683 BGB). Ansonsten trifft den Jugendlichen die (nicht befreiungsfähige) Kostenpflicht, weil der Verteidiger allein in dessen Interesse tätig ist (Brunner/Dölling Rn. 2 und 15). 26

b) Kritik und vorzugswürdige aA. Diese Argumentation geht daran vorbei, dass die Last der notwendigen Auslagen bei den meist mittellosen Betroffenen wirtschaftlich ebenso wie eine Geldstrafe wirkt, welche das Gesetz im JStR aber nicht zulässt. Sie lässt ferner unberücksichtigt, dass ökonomische Zwänge bei den betroffenen Jugendlichen andernfalls anhaltende entwicklungshemmende Barrieren errichten und die Zielsetzung jugendstrafrechtlicher Rechtsfolgen unterlaufen – also § 2 Abs. widersprechen – würden. Recht besehen ergeben diese **teleologischen** und **gesetzessystematischen** Argumente eine Auslegung des § 74, aus der dessen Erstreckung auf die notwendigen Auslagen der Verurteilten folgt (ebenso LG Osnabrück JurBüro 1990, 1031; Brunner/Dölling Rn. 7; NK-JGG/Sommerfeld Rn. 10; MüKoStPO/Kaspar Rn. 3 und 5a; SK-StPO/Degener StPO § 465 Rn. 9 f.; Beulke/Swoboda JugendStrafR Rn. 798; Laubenthal/Baier/Nestler JugendStrafR Rn. 373; Mellinghoff NStZ 1982, 405 (406 ff.); offenlassend OLG Hamm ZJJ 2014, 391 = BeckRS 2014, 17898 mAnm Eisenberg ZJJ 2014, 391). Bei einer solche Auslegung stellt § 74 auch die Grundlage für die Kostenübertragung an die Staatskasse dar (dazu noch n. → Rn. 31). 27

Entgegen OLG München NStZ 1984, 138 stellt es keinen Einwand dar, dass die Staatskasse bei der hier befürworteten Auslegung auch die (gemessen an den gerichtlichen Verfahrenskosten oft) erheblich höhere Vergütung für die Wahlverteidigung (n. zu Wahl- bzw. Pflichtverteidigergebühren Baumhöfener, Jugendstrafverteidiger, 2007, S. 61 ff., 115 f. bzw. 77 ff., 116 ff.) tragen muss. Denn auf Grundlage der hM werden Jugendliche – trotz der Anhaltspunkte für die Effizienzvorteile der (häufig intensiver vorbereiteten) Wahlverteidigung (n. und mwN → § 68 Rn. 22 und 32) – **in die Pflichtverteidigung gedrängt** (zur dort bestehenden Möglichkeit der Kostenbefreiung → Rn. 19). Das widerspricht dem Individual- wie Allgemeininteresse an der bestmöglichen Verteidigung und verkehrt den auch in § 74 zum 28

Ausdruck kommenden Erziehungsauftrag (§ 2 Abs. 1) „in die entgegengesetzte Richtung" (SK-StPO/Degener StPO § 465 Rn. 10).

V. Verfahrensrechtliches

1. Entscheidung

29 Soweit das Gericht von einer Auferlegung von Kosten oder Auslagen absieht, muss dies klargestellt werden. Es genügt nicht, dies nur in den Gründen des Urteils auszuführen. Vielmehr muss nach § 464 Abs. 1 und 2 StPO iVm § 2 Abs. 2 ein diesbzgl. Ausspruch im Urteilstenor vorgenommen werden (vgl. Diemer/Schatz/Sonnen/Schatz Rn. 44; NK-JGG/Sommerfeld Rn. 13). Unterbleibt nicht nur die Entscheidung zu den eigenen Auslagen des Jugendlichen, sondern zu allen Kosten, sind diese insges. von der Staatskasse zu tragen (Meyer-Goßner/Schmitt/Schmitt StPO § 464 Rn. 8 mwN). Soll sich die Kostenfreistellung auch auf die Auslagen der Nebenklage erstrecken, bedarf es, falls die Staatskasse hierfür eintreten soll (→ Rn. 22 ff.), eines dahingehenden Beschlusses (zur Notwendigkeit vgl. Fromm ZJJ 2010, 387 (388) sowie → Rn. 31).

30 Werden dem Jugendlichen dagegen die Verfahrenskosten auferlegt, ist dies in der **Urteilsformel** auszusprechen (vgl. → § 54 Rn. 21) und zu **begründen** (vgl. → § 54 Rn. 33; zu den Fällen von § 31 Abs. 2 → Rn. 10 und 18). Es muss deutlich werden, dass sich das Gericht mit der Möglichkeit des § 74 auseinandergesetzt hat und dass es von deren Gebrauch aus konkret anzugebenden Gründen absehen will. Anders verhält es sich, wenn keine Gerichtsgebühren anfallen und nur die Auslagen des Verurteilten zur Debatte stehen. Geht man mit dem BGH davon aus, dass diese Kosten von § 74 nicht erfasst und stets vom Jugendlichen zu tragen sind (→ Rn. 25 f.), ist eine ausdrückliche Auferlegung der eigenen Auslagen hier überflüssig und **zu unterlassen.** Dies gilt nach der Rspr. auch bei Auferlegung der übrigen Verfahrenskosten (BGHSt 36, 27 (29) = NStZ 1989, 239).

31 Kann der Jugendliche dagegen von seinen **notwendigen Auslagen freigestellt** werden – sei es, weil man dies mit der hier vertr. Auslegung von § 74 auch bei der Verurteilung für möglich hält (→ Rn. 27 f.), oder weil ein Fall von § 465 Abs. 2, § 467 f. StPO vorliegt –, muss das Gericht dies gem. § 464 Abs. 2 StPO iVm § 2 Abs. 2 in der Entscheidung ausdrücklich **bestimmen** (exemplarisch KG ZJJ 2015, 420 (421)). Ohne förmlichen Ausspruch des Gerichts ist die Erstattung notwendiger Auslagen eines Verfahrensbeteiligten grds. nicht durchsetzbar; der Jugendliche hat seine Auslagen dann selbst zu tragen (vgl. aber zur nachträglichen Ergänzung einer insoweit unvollständigen Entscheidung OLG Düsseldorf MDR 1986, 76). Neben einer **Begründung,** für die indes notfalls auch der Verweis auf die jeweils andere einschlägige Rechtsgrundlage genügt, muss der Ausspruch aus Klarstellungsgründen daher zum Ausdruck bringen, dass die notwendigen Auslagen des Jugendlichen der Staatskasse **auferlegt** werden (vgl. auch NK-JGG/Sommerfeld Rn. 13).

32 Speziell bei Anwendung von § 74 auf einen Verurteilten genügt dafür indes ggf. schon die Wiedergabe des Normwortlauts. Das ist dann ausreichend, wenn aus dem Sinnzusammenhang die Freistellung auch hinsichtlich der Verteidigungskosten deutlich wird, weil dies notwendigerweise – in

Ermangelung eines anderen möglichen Kostenträgers – automatisch die Übertragung auf den Staat nach sich zieht (OLG Hamm ZJJ 2014, 391 = BeckRS 2014, 17898 mAnm Eisenberg ZJJ 2014, 391; LG Darmstadt MDR 1982, 603 (604); LG Regensburg JurBüro 1978, 86 (87); dagegen stets eine ganz explizite Kostenauferlegung verlangend OLG Zweibrücken Rpfleger 1979, 109 (110); LG Bonn JurBüro 1984, 1053; LG Hof JurBüro 1985, 908; SK-StPO/Degener StPO § 465 Rn. 11; Brunner/Dölling Rn. 8; Mellinghoff NStZ 1982, 405 (409)).

2. Rechtsmittel

Gegen den Kostenausspruch ist die **sofortige Beschwerde** möglich 33
(§ 464 Abs. 3 S. 1 Hs. 1 StPO iVm § 2 Abs. 2; zum erforderlichen Beschwerdewert s. § 304 Abs. 3 StPO iVm § 2 Abs. 2). Nach hM entfällt die Zulässigkeit indes gem. § 464 Abs. 3 S. 1 Hs. 2 StPO iVm § 2 Abs. 2 bei Unanfechtbarkeit der Hauptentscheidung (s. OLG Dresden NStZ-RR 2000, 224: auch aus Billigkeitsgründen keine Ausnahme). Eine solche Konstellation liege nicht nur dann vor, wenn in der Hauptsache wegen der allg. Erschöpfung des Rechtswegs **kein förmlicher Rechtsbehelf mehr zulässig** ist (s. etwa BGH BeckRS 2024, 5861), sondern auch dort, wo dies allein auf § 55 Abs. 2 beruht (dazu mwN und eing. Kritik → § 55 Rn. 102 f.). Sofern in der Hauptsache dagegen eine Rechtsbehelfsoption existiert und es hier lediglich an der individuellen Beschwer fehlt (oder diese Option verspätet genutzt oder zurückgenommen wurde), bleibt deren grds. Statthaftigkeit unberührt, weshalb die Kostenbeschwerde hier auch nach hM zulässig ist (OLG Brandenburg NStZ-RR 2016, 92 = BeckRS 2016, 18690; abw. etwa OLG Dresden NStZ-RR 2000, 224; KG NStZ-RR 2008, 263; OLG Hamm NStZ 2014, 412: nur, wenn gegen diesen Rechtsbehelf ein weiterer Rechtsbehelf zulässig gewesen wäre). Anders verhält es sich wegen § 304 Abs. 2 StPO iVm § 2 Abs. 2 aber bei erstinstanzlichen Entscheidungen des OLG (s. BGH BeckRS 2021, 5492).

Die Beschwerde kann grds. isoliert erhoben oder (mit der in § 464 Abs. 3 34
S. 3 StPO iVm § 2 Abs. 2 geregelten, besonderen Zuständigkeitsfolge) mit dem Rechtsmittel gegen die Hauptentscheidung verbunden werden (zur Beschwerdebefugnis des Nebenklägers s. Meyer-Goßner/Schmitt/Schmitt StPO § 464 Rn. 17a). Beanstandet eine Revision zugleich (und unabhängig von Erfolg oder Unterliegen hinsichtlich der Hauptentscheidung) die tatgerichtliche **Kostenentscheidung,** ist auch ohne entspr. Klarstellung des Rechtsmittelführers nach § 300 StPO iVm § 2 Abs. 2 von einer solchen „revisionsbegleitenden" (Kosten-)**Beschwerde** nach § 464 Abs. 3 StPO auszugehen (vgl. etwa MüKoStPO/Grommes StPO § 464 Rn. 50). Für die Zulässigkeit muss die Frist des § 311 Abs. 2 StPO (und nicht nur die Revisionsbegründungsfrist) eingehalten worden sein (BGH BeckRS 2011, 4179; BeckRS 2021, 35319; Nöding Verteidigung Rn. 218). Wird hingegen nur die Kostenentscheidung angegriffen, das Vorgehen aber unzutreffend als Revision bezeichnet, ist dies als eine Beschwerde zu deuten, die das (hier nicht iSv § 464 Abs. 3 S. 3 StPO mit der Sache „befasste") Revisionsgericht an das Beschwerdegericht abgeben muss (OLG Düsseldorf NStZ-RR 1999, 252).

Inhaltlich ist die (Ermessens-)Entscheidung nach § 74 nach allg. Grund- 35
sätzen nur **eingeschränkt überprüfbar** (vgl. BGH Herlan GA 1964, 135;

OLG Hamm NJW 1963, 1168; OLG Hamm ZJJ 2008, 193 = BeckRS 2008, 2250; OLG Jena NStZ-RR 1998, 153; KG NStZ-RR 2008, 291 (Ls.)). Diese Abweichung von § 309 Abs. 2 StPO iVm § 2 Abs. 2 ergibt sich aus den allg. Grundsätzen bei der Kontrolle von Ermessensentscheidungen (abw. OLG Köln OLGSt § 74 Nr. 3 = BeckRS 2010, 435). Kontrolliert werden kann im Wesentlichen nur, ob das Tatgericht das Ermessen rechtlich fehlerhaft ausgeübt hat (vgl. BGH BeckRS 2016, 5080; OLG Hamm BeckRS 2020, 38665). An die Feststellungen, auf denen die Kostenentscheidung beruht, ist das Beschwerdegericht gem. § 464 Abs. 3 S. 2 StPO iVm § 2 Abs. 2 gebunden (BGHR § 74 JGG, Kosten 2 = BeckRS 1992, 31086521), sodass es allenfalls noch ergänzende Tatsachen erheben kann (KK-StPO/Gieg StPO § 464 Rn. 10). Angesichts der häufig formelhaften Begründungen (etwa: Das Tatgericht habe in der HV einen unmittelbaren „Eindruck" ua von der Persönlichkeit, den wirtschaftlichen Verhältnissen und den Auswirkungen der Kostenauferlegung auf die weitere Entwicklung des Jugendlichen bzw. Heranwachsenden gewinnen können.) ist eine solche geringe Prüfdichte problematisch. Immerhin wird es zutr. als Fall der **fehlerhaften Ermessensausübung** anerkannt, „wenn erzieherische Gesichtspunkte, die gegen eine Auferlegung der Kosten sprechen, nicht hinreichend berücksichtigt worden sind" (KG NStZ-RR 2008, 291 (Ls.) = BeckRS 2008, 10468). IÜ ist das **Verschlechterungsverbot** zu beachten (→ § 55 Rn. 56).

36 Ergibt sich weder aus der Urteilsformel noch den Urteilsgründen, dass die Möglichkeit des § 74 zumindest bedacht wurde, kann eine Urteilsaufhebung erforderlich sein (vgl. BGHSt 16, 261 (263 f.) = NJW 1961, 2359 (2360); BGH StV 2017, 717 = BeckRS 2016, 19421). Erlauben die tatgerichtlichen Feststellungen eine nachgereichte Entscheidung, soll das Beschwerdegericht diese allerdings nachholen dürfen (vgl. BGH StV 2017, 717= BeckRS 2016, 19421). Auch soll das Fehlen einer eigenen Begründung unschädlich sein, wenn sich dem Gesamtzusammenhang der Urteilsgründe entnehmen lässt, dass sich das Tatgericht der nach § 74 zu treffenden Ermessensentscheidung bewusst war und ermessensfehlerfrei entschieden hat (BGH NStZ-RR 2006, 224).

Achter Unterabschnitt. Vereinfachtes Jugendverfahren

75 (weggefallen)

Voraussetzungen des vereinfachten Jugendverfahrens

76 [1] Der Staatsanwalt kann bei dem Jugendrichter schriftlich oder mündlich beantragen, im vereinfachten Jugendverfahren zu entscheiden, wenn zu erwarten ist, daß der Jugendrichter ausschließlich Weisungen erteilen, Hilfe zur Erziehung im Sinne des § 12 Nr. 1 anordnen, Zuchtmittel verhängen, auf ein Fahrverbot erkennen, die Fahrerlaubnis entziehen und eine Sperre von nicht mehr als zwei Jahren festsetzen oder die Einziehung aussprechen wird. [2] Der Antrag des Staatsanwalts steht der Anklage gleich.

Ablehnung des Antrags

77 (1) [1] Der Jugendrichter lehnt die Entscheidung im vereinfachten Verfahren ab, wenn sich die Sache hierzu nicht eignet, namentlich wenn die Anordnung von Hilfe zur Erziehung im Sinne des § 12 Nr. 2 oder die Verhängung von Jugendstrafe wahrscheinlich oder eine umfangreiche Beweisaufnahme erforderlich ist. [2] Der Beschluß kann bis zur Verkündung des Urteils ergehen. [3] Er ist nicht anfechtbar.

(2) Lehnt der Jugendrichter die Entscheidung im vereinfachten Verfahren ab, so reicht der Staatsanwalt eine Anklageschrift ein.

Verfahren und Entscheidung

78 (1) [1] Der Jugendrichter entscheidet im vereinfachten Jugendverfahren auf Grund einer mündlichen Verhandlung durch Urteil. [2] Er darf auf Hilfe zur Erziehung im Sinne des § 12 Nr. 2, Jugendstrafe oder Unterbringung in einer Entziehungsanstalt nicht erkennen.

(2) [1] Der Staatsanwalt ist nicht verpflichtet, an der Verhandlung teilzunehmen. [2] Nimmt er nicht teil, so bedarf es seiner Zustimmung zu einer Einstellung des Verfahrens in der Verhandlung oder zur Durchführung der Verhandlung in Abwesenheit des Angeklagten nicht.

(3) [1] Zur Vereinfachung, Beschleunigung und jugendgemäßen Gestaltung des Verfahrens darf von Verfahrensvorschriften abgewichen werden, soweit dadurch die Erforschung der Wahrheit nicht beeinträchtigt wird. [2] Die Vorschriften über die Anwesenheit des Angeklagten (§ 50), die Stellung der Erziehungsberechtigten und der gesetzlichen Vertreter und deren Unterrichtung (§§ 67, 67a), die Mitteilungen an amtliche Stellen (§ 70) und die Unterrichtung des Jugendlichen (§ 70a) müssen beachtet werden. [3] Bleibt der Beschul-

digte der mündlichen Verhandlung fern und ist sein Fernbleiben nicht genügend entschuldigt, so kann die Vorführung angeordnet werden, wenn dies mit der Ladung angedroht worden ist.

Schrifttum: Ben Miled, Das vereinfachte Jugendverfahren und das Neuköllner Modell, 2017; Tamm, Diversion und vereinfachtes Verfahren im Jugendstrafrecht: Eine vergleichende Betrachtung, 2007; Tausendteufel/Ohder, Das besonders beschleunigte vereinfachte Jugendverfahren in Berlin. Eine Evaluationsstudie des Neuköllner Modells, 2014.

Übersicht

I. Anwendungsbereich

1 Die §§ 76–78 sind nur bei Jugendlichen in Verfahren vor den JGerichten anwendbar. In Verfahren gegen Heranwachsende und allen Verfahren vor den für allg. Strafsachen zuständigen Gerichten kommen die Vorschriften nicht zum Tragen, da hier das beschleunigte Verfahren (§§ 417 StPO) und teilw. auch das Strafbefehlsverfahren (§§ 407 ff. StPO) zulässig sind. Deshalb scheidet das vereinfachte JVerfahren auch in verbundenen Verfahren gegen Jugendliche und Heranwachsende (oder Erwachsene) aus (BeckOK JGG/Gertler § 76 Rn. 44). – Legt der Jugendliche im Ordnungswidrigkeitsver-

fahren einen zulässigen Einspruch gegen den Bußgeldbescheid ein, gelten die Maßgaben zur mündlichen Verhandlung (→ Rn. 26 ff.) gem. 78 Abs. 3 unabhängig davon, ob die Voraussetzungen des § 76 vorliegen (vgl. auch Göhler/Bauer OWiG § 78 Rn. 4; KK-OWiG/Senge OWiG § 78 Rn. 15).

II. Allgemeines

1. Einordnung und Ziel des vereinfachten Jugendverfahrens

Das vereinfachte JVerfahren wurde 1943 eingeführt (n. dazu und den Vorläufern NK-JGG/Sommerfeld Grdl. zu §§ 76–78 Rn. 2; BeckOK JGG/Gertler § 76 Rn. 2 f.). Es stellt eine besondere Verfahrensart im JStV dar, die (gemessen an der Regelvorgehensweise mit Zwischenverfahren und Hauptverhandlung) durch eine herabgesetzte Förmlichkeit und eine **prozedurale Vereinfachung** gekennzeichnet ist, deshalb andererseits aber auch nur die Anordnung eines eingeschränkten Spektrums an Rechtsfolgen erlaubt. Verglichen mit dem formlosen jugendrichterlichen Erziehungsverfahren (§ 47) ist die Auswahl zulässiger Sanktionen aber größer. Auch unterscheidet es sich hiervon dadurch, dass nur nach mündlicher Verhandlung durch Urteil entschieden werden darf. Letztlich bietet das vereinfachte JVerfahren seiner Idee nach einen an die **spezialpräventive Ausrichtung** des JStR angepassten **Ausgleich** für den Ausschluss des Beschleunigten Verfahrens und des Strafbefehlsverfahrens (§ 79). 2

Zumindest untergründig steht die vereinfachte Vorgehensweise in einem Zusammenhang mit verfahrensökonomischen Interessen der Verwaltungs- und Justizbehörden, und zwar wegen § 78 Abs. 2 S. 1 insbes. der JStA (ebenso etwa Rose NStZ 2013, 315 (317)). Die „offizielle“, in § 78 Abs. 3 S. 1 explizierte Zielstellung besteht dagegen darin, das justizielle Vorgehen nach §§ 76 ff. durch die Informalität und Zügigkeit altersgerechter werden zu lassen und damit dem spezialpräventiven Anliegen des JStR zu dienen. Dies ist insofern begründet, als dass das vereinfachte JVerfahren bei entspr. Ausgestaltung grds. die prozessbedingte **Belastung** des Jugendlichen ggü. der HV **reduzieren** kann (ua durch jugendgemäßere Kommunikationsverläufe, geringere Stigmatisierung, kürzere Ungewissheit). 3

Der häufig stark betonte **Beschleunigungszweck** weist indes eine hohe **Ambivalenz** auf (dazu allg. → Einl. Rn. 42 f.). Zunächst einmal ist eine relevante Reduzierung der Verfahrensdauer prinzipiell auch bei einem entspr. organisierten Regelverfahren erreichbar (n. dazu Diemer/Schatz/Sonnen/Schatz § 76 Rn. 6 f.; speziell zum sog. vorrangigen JVerfahren → § 79 Rn. 11 f.). Und zum anderen wohnt der Vereinfachung und Beschleunigung per se die **Gefahr** inne, auf Kosten von Rechtsstaatlichkeit, Gründlichkeit und spezialpräventiver Entscheidungsqualität zu gehen (tendenziell ähnlich NK-JGG/Sommerfeld Grdl. zu §§ 76–78 Rn. 3 und 5; HK-JGG/Kleimann Vor. §§ 76 ff. Rn. 4; BeckOK JGG/Gertler § 76 Rn. 21 ff.; vgl. auch Gerson GVRZ 2020, 9 (Rn. 28 ff.): „latente Bedrohung für die Gerechtigkeitserfahrung des Beschuldigten“). Zwar bestehen solche Risiken ebenso bei der Diversion, nur bleiben die dort veranlassten Rechtsfolgen hinter denen zurück, die im vereinfachten JVerfahren möglich sind. Diese Zweischneidigkeit muss Konsequenzen für die Grenzen der 4 dortigen Entformalisierung (→ Rn. 27 ff.) und für die Bestimmung seines Anwendungsbereichs (→ Rn. 15 ff.) haben.

2. Praxis

5 Nach den Angaben der StA-Statistik (Tabelle 2.2.1.1 bzw. 24211-08) kam es in den Jahren 1995 in Fünfjahresabständen zu 17.831, 20.517, 18.650, 13.433, 9.346 und 6.691 Anträgen auf Durchführung des vereinfachten JVerfahrens (2021: 5.811 und 2023: 6.657). Das entspricht immerhin einem knappen Fünftel aller Verfahren vor dem JRichter (so die überschlägige Kalkulation für 2021 bei Streng JugendStrafR Rn. 240). Die Häufigkeit ist aber rapide **gesunken** (vgl. auch Hunsicker Kriminalistik 2020, 249 (252)), was weniger mit den (lange Zeit) generell zurückgehenden Fallzahlen im JStR zusammenhängt, sondern primär auf einer **Verdrängung** durch die zunehmenden Einstellungen nach § 45 Abs. 2 aF bzw. § 45 Abs. 1 und Abs. 2 (vgl. → § 45 Rn. 20 ff.) beruht (n. Heinz Sekundäranalyse, S. 809 ff.). Bzgl. der Handhabungsfrequenz und ihrer Entwicklung sind in der StA-Statistik indes beträchtliche **regionale Unterschiede** zu erkennen (dazu ebenso BT-Drs. 16/13142, 106; vgl. auch schon Schaffstein MschKrim 1978, 313 (320)).

6 Die Vorstellungen der Praxis zum spezifischen **Anwendungsbereich** des vereinfachten JVerfahrens scheinen **wenig präzise** zu sein. Demgemäß ergab eine Aktenanalyse zu vereinfachten JVerfahren in SchlH, dass sowohl die erledigten Delikte als auch die angeordneten Rechtsfolgen dem ähnelten, was in der Diversion möglich und üblich ist. Bei fast der Hälfte der eingeleiteten JVerfahren kam es in deren Verlauf zu einer Einstellung gem. § 47 (Tamm, Diversion und vereinfachtes Verfahren im Jugendstrafrecht, 2007, S. 121 ff., 135 f., 150 ff.). Ein stark ausgeprägter Übergang zur Diversion (bei sehr häufiger Anwendung ua bei vorgeworfenen „Bagatelldelikten“) wurde auch in einer Untersuchung für Bremen festgestellt (dazu Gerken/Schumann Rechtsstaat/von Minden S. 43: 17 von 117 Fälle; zur Problematik ferner Tausendteufel/Ohder, Das besonders beschleunigte vereinfachte Jugendverfahren in Berlin, 2014, 101).

7 Verschiedentlich hat man lokale interinstitutionelle Arrangements entwickelt, in denen **systematisch** angestrebt wird, die Anwendungshäufigkeit des vereinfachten JVerfahrens deutlich zu erhöhen und möglichst viele geeignete Verfahren im Wege von §§ 76 ff. zu bearbeiten (Bspe. bei Diemer/Schatz/Sonnen/Schatz § 76 Rn. 8). De facto führen diese (meist nur einige Zeit operierenden) **Modellprojekte** (ohne wesentliche Verschiebung bei den Reaktionen) zu einer Prozessdauerverkürzung (s. etwa Tausendteufel/Ohder ZJJ 2015, 38), aber auch zu einem Kompetenzgewinn der Polizei (da diese idR die geeigneten Fälle auswählt bzw. für das vereinfachte JVerfahren empfiehlt (vgl. Frenzel ZJJ 2011, 70 (71 f.)). Auch zeigt sich eine beschleunigungsbedingte Tendenz, den Verfahrensbeitrag der JGH zu relativieren (dazu die Hinweise für das sog. „Neuköllner Modells“ in Berlin bei Tausendteufel/Ohder, Das besonders beschleunigte vereinfachte Jugendverfahren in Berlin, 2014, S. 51 und für das „Modell Bamberg“ Schmidt ZJJ 2014, 31 (35): weniger persönliche Gespräche zwischen JGH und dem Beschuldigten). Eine überlegene spezialpräventive Leistungsfähigkeit ist nicht erkennbar. Insg. müssen diese Modelle skeptisch betrachtet werden (aus einer institutionell geprägten, primär effizienzorientierten Perspektive affirmativ

aber Ben Miled, Das Vereinfachte Jugendverfahren und das Neuköllner Modell, 2017, S. 88 ff.).

III. Voraussetzungen für die Durchführung des vereinfachten Jugendverfahrens

1. Antrag der Staatsanwaltschaft

a) Zulässigkeit. Das vereinfachte JVerfahren ist an einen **Antrag** des **JStA** (§ 76 1 S. 1) gebunden. Der Antrag muss sich an den **JRichter** wenden, da das vereinfachte JVerfahren ausschließlich vor ihm als Einzelrichter zulässig ist (§ 76 S. 1). Ohne Antrag darf der JRichter das Verfahren nicht durchführen; er kann allenfalls die Antragstellung anregen. Ob sich der JStA für den Antrag entscheidet (oder diesen ggf. wieder zurücknimmt, vgl. → Rn. 13), steht in seinem **Ermessen,** das allerdings nicht frei von einer jugendrichterlichen Kontrolle ist (vgl. → Rn. 14). Soweit der Antrag zulässig ist und einen geeigneten Sachverhalt betrifft, soll er nach RL 1 zu § 76 **grds.** zu **stellen** sein. 8

Der Antrag setzt erstens voraus, dass die Ermittlung abgeschlossen (zum entspr. Vermerk § 169a StPO iVm § 2 Abs. 2) und die Sache **anklagereif** ist (§ 76 S. 2; zur Erforderlichkeit eines hinreichenden, auch § 3 einschließenden Tatverdachts s. bspw. Lüttger GA 1957, 193 ff. (208); Diemer/Schatz/Sonnen/Schatz § 77 Rn. 6; MüKoStPO/Kaspar § 76 Rn. 5a; einschr. aber Brunner/Dölling Rn. 11 und 13). Zweitens darf ein Vorgehen nach **§ 45** nicht ausreichend und aus Verhältnismäßigkeitsgründen daher vorrangig sein (RL 1 zu § 76; → § 45 Rn. 18; vgl. aber zur Relativierung im „Bamberger Modell" Schmidt ZJJ 2014, 31 (36 f.)). Und drittens ist der Antrag stets unzulässig, wenn es absehbar zu einer Ablehnung nach § 77 Abs. 1 S. 1 käme, weil der Fall **nicht** die gerichtlich zu prüfende **Eignung** für das vereinfachte JVerfahren aufweist. Von den betr. Konstellationen (vgl. → Rn. 15 ff.) ist für die JStA va die Beweiskomplexität (§ 77 Abs. 1 Var. 3) relevant. Hinsichtlich der **Rechtsfolgenerwartung** braucht die JStA die richterliche Prüfung nicht antizipieren, weil § 76 S. 1 für die Antragszulassung strengere Zulässigkeitsgrenzen als § 77 Abs. 1 Var. 1 und 2 und § 78 Abs. 1 S. 2 setzt: 9

Das Vorgehen nach § 76 S. 1 **scheidet** für den JStA danach **aus,** falls sich die Anordnung von Hilfe zur Erziehung nach § 12 Nr. 2 oder JStrafe bzw. ein Schuldspruch gem. § 27 (BayObLGSt 70, 213) abzeichnet. Dies gilt gleichermaßen bei einer voraussichtlichen Unterbringung in einer Entziehungsanstalt oder in einem psychiatrischen Krankenhaus und in Konstellationen, in denen andere Nebenstrafen und Nebenfolgen als Fahrverbot oder eine Einziehung anstehen. Kommt (gem. § 53) die Überlassung der Auswahl und Anordnung von Erziehungsmaßregeln an das **FamG** in Betracht, fehlt es nach § 76 S. 1, der diese Option nicht erfasst, ebenfalls an der Zulässigkeit. IÜ wäre die JStA hier schon aus Beschleunigungsgründen gehalten, die Anordnung entspr. Maßnahmen unmittelbar beim FamG anzuregen und sodann gem. § 45 zu verfahren. 10

b) Form und Inhalt. Der Antrag der JStA bedarf **keiner besonderen** Form (**§ 76 S. 1;** zur Auslegung einer Erklärung der Nichtteilnahme iSv 11

§ 78 Abs. 2 S. 1 als Antrag nach § 76 S. 1 s. LG Tübingen Deutsche Rechtszeitschrift 1948, 217). Das Gesetz lässt auch die (fern-)mündliche Antragsstellung zu. Allerdings sind die inhaltlichen Mindestanforderungen (→ Rn. 12) hier nur schwer einzuhalten. Aus Gründen der verfahrensrechtlichen Transparenz und der Begrenzung des Verfahrensgegenstandes ist deshalb im Allg. die **Schriftform geboten** (RL 2 zu § 76), und dies ganz besonders, „wenn der JStA an der mündlichen Verhandlung nicht teilnehmen will“ (RL 2 S. 2 zu § 76).

12 In dem Antrag müssen als gesetzliche **Mindestanforderungen** gem. § 200 Abs. 1 StPO iVm § 2 Abs. 2 ua der Angeschuldigte, die vorgeworfene Tat iSv § 264 StPO sowie das anzuwendende Strafgesetz bezeichnet (RL 2 S. 3 zu § 76) und die Beweismittel angegeben werden (einschr. Diemer/Schatz/Sonnen/Schatz § 76 Rn. 13). Im Hinblick auf § 76 S. 1 kann die Anregung einer bestimmten Rechtsfolge zweckmäßig sein. Für den Antrag genügt es, wenn eine Anklageschrift formuliert und mit dem Zusatz versehen wird, dass im vereinfachten JVerfahren entschieden werden solle oder könne (dazu, dass dies dem JRichter gleichsam ein Wahlrecht über die Verfahrensart gibt, vgl. Diemer/Schatz/Sonnen/Diemer § 76 Rn. 14 und → Rn. 22). Dieser Zusatzantrag ist noch nach Einreichung einer förmlichen Anklageschrift möglich, **solange kein Eröffnungsbeschluss** (§ 156 StPO iVm § 2 Abs. 2) ergangen ist (NK-JGG/Sommerfeld Rn. 2).

13 **c) Rücknahme.** Nimmt die JStA den Antrag zurück, ist das gerichtliche Verfahren beendet. Dies hat dieselben Konsequenzen wie eine Ablehnung gem. § 77 Abs. 1 → Rn. 22). Der Antrag kann **bis zur Terminanberaumung** zurückgezogen werden (NK-JGG/Sommerfeld Rn. 3; HK-JGG/Kleimann § 76 Rn. 8; Nix/Pschorr/Pschorr Rn. 6). Allerdings werden zu dieser Frage abw. Ansichten vertreten: Die Rücknahme sei hiernach bis zum Beginn der Vernehmung des Angeklagten zur Sache (wohl hM, etwa OLG Oldenburg NJW 1961, 1127; Dallinger/Lackner § 76 Rn. 11; ebenso → 25. Aufl. Rn. 13) oder gar bis zum Beginn der Urteilsverkündung (BeckOK JGG/Gertler § 76 Rn. 57; vgl. auch Löwe/Rosenberg/Mavany StPO § 156 Rn. 3) möglich. Für die hier vertr. Ansicht spricht die Parallele mit § 156 StPO und der Umstand, dass sich das Gericht zu diesem Zeitpunkt auf einen hinreichenden Verdacht festgelegt hat und dass ab dann die wesentlichen prozessualen Besonderheiten des vereinfachten JVerfahrens wirksam zu werden beginnen.

2. Zustimmung des Gerichts

14 Ist ein Antrag auf Entscheidung im vereinfachten JVerfahren gestellt, prüft der JRichter neben den **besonderen** Zulässigkeitsbedingungen (n. → Rn. 8 ff.) und den besonderen Sachurteilsvoraussetzungen (n. → Rn. 15 ff.), die für dieses Verfahren bestehen, das Vorliegen der **allg.** Verfahrensvoraussetzungen. Bejahendenfalls wird das Verfahren durchgeführt (n. → Rn. 26 ff.). Liegen dagegen allg. Antragsmängel vor (Unzuständigkeit des JRichters; kein hinreichender Tatverdacht; Nichterfüllung von § 200 Abs. 1 StPO iVm § 2 Abs. 2), lehnt der JRichter die Eröffnung des Verfahrens gem. § 77 Abs. 1 ab (Diemer/Schatz/Sonnen/Schatz § 77 Rn. 5). Das gilt auch bei Fehlen der **örtlichen** Zuständigkeit (zur Unzulässigkeit einer Abgabe s. BGHSt 12, 180 (183 f.) = NJW 1959, 396 (397);

BGH NStZ 2019, 679 sowie → § 42 Rn. 14; abw. AG Villingen-Schwenningen BeckRS 2019, 3497; NK-JGG/Sommerfeld Rn. 17; Nix/Pschorr/Pschorr § 42 Rn. 37 f.). Die Anwendung von § 204 StPO ist durch § 77 gesperrt (§ 2 Abs. 2). Sofern sonstige Verfahrenshindernisse vorliegen, ist das Verfahren allerdings nach der spezielleren Regelung in § 206a StPO (entspr.) iVm § 2 Abs. 2 einzustellen.

3. Eignung des vereinfachten Jugendverfahrens

a) Ungeeignete Fälle. aa) An der besonderen Zulässigkeitsbedingung der Eignung für das vereinfachte JVerfahren fehlt es, wenn eine Anordnung gem. § 12 Nr. 2 oder die Verhängung einer un-/bedingten Jugendstrafe absehbar ist. Bei einigen der **Rechtsfolgen,** bei deren Erwartbarkeit der JStA durch § 76 S. 1 an der Antragstellung gehindert wird (→ Rn. 9 f.), scheint das Gesetz die Eignung also nicht ausschließen zu wollen. Teilw. muss das Gericht den Antrag hier jedoch schon deshalb ablehnen, weil ihm die Rechtsfolgenkompetenz fehlt (konkret bei sich abzeichnender Unterbringung in einer Entziehungsanstalt (§ 78 Abs. 1 S. 2) oder einer psychiatrischen Klinik (§ 39 Abs. 2)). Außerdem ist die Nennung von Rechtsfolgen in § 77 Abs. 1 S. 1 Var. 1 und 2 **nicht abschließend** („namentlich"), sodass das JGericht die Verfahrenseignung auch dann verneinen kann, wenn die anderen, nur von § 76 S. 1 ausgeschlossenen Rechtsfolgen wahrscheinlich sind. Das betrifft in erster Linie den Schuldspruch gem. § 27. 15

bb) Ebenfalls nicht geeignet ist das vereinfachte JVerfahren, wenn der Tatvorwurf ein **beweisrechtlich „kompliziertes"** Geschehen betrifft (§ 77 Abs. 1 S. 1 Var. 3). Den Hauptfall dafür bildet die Notwendigkeit einer umfangreichen Beweisaufnahme (mehrere, evtl. sich widersprechende Zeugenaussagen; besondere Schwierigkeiten bei der Persönlichkeitsuntersuchung; sonstige aufwändige Gutachten). Die entspr. Erforderlichkeit muss zum jeweiligen Beurteilungszeitpunkt feststehen. Wird der Tatvorwurf durch den Beschuldigten **bestritten,** darf dies aber schon wegen des nemo tenetur-Grundsatzes kein Anlass sein, die Eignung generell zu verneinen. Möglich ist dies vielmehr nur, wenn hierdurch eine umfangreiche Beweisaufnahme erforderlich wird. 16

In diesem Zusammenhang schließt auch das Vorliegen einer Konstellation, in der die **Verteidigung notwendig** ist (§ 68; → Rn. 33), die Verfahrenseignung meist aus (s. auch → § 68 Rn. 2). Häufig ergibt sich dies schon aus der dann gegebenen Rechtsfolgenerwartung. Außerdem kollidiert der bestellungsbedingte Zeitbedarf (Anhörung, Akteneinsicht, Beratung) mit dem Anliegen des vereinfachten JVerfahrens (HK-JGG/Kleimann § 77 Rn. 7). Obendrein beruhen die verschiedenen Beiordnungsgründe auf der Annahme, dass der Jugendliche unter den fraglichen Bedingungen besonders unterstützungsbedürftig ist, so dass ihr Bestehen einen deutlichen Hinweis auf die gesetzgeberisch angenommene Verfahrenskomplexität darstellt. Von einer Eignung für das vereinfachte JVerfahren kann hier daher nur in besonders zu begründenden Ausnahmen ausgegangen werden (s. aber NK-JGG/Sommerfeld Rn. 10: nie). Denkbar ist dies dort, wo die Beiordnung allein wegen des Ausschlusses der Eltern (§ 68 Nr. 2) oder der individuellen Hilfsbedürftigkeit des Jugendlichen (→ § 68 Rn. 58 f.) erfolgte (Diemer/Schatz/Sonnen/Schatz § 76 Rn. 23). 17

18 **cc)** Ungeeignetheit besteht schließlich bei **„Bagatelldelikten"**, also jenen sehr zahlreichen Fällen, in denen lediglich ein geringfügiges Delikt zur Debatte steht und/oder nicht mehr als eine eingriffslose/-arme normverdeutlichende Reaktion gezeigt werden muss. Ein vereinfachtes JVerfahren ist hier kontraindiziert, weil sich eine mündliche Verhandlung idR als ein unnötig aufwändiges, erzieherisch entbehrliches oder möglicherweise gar beeinträchtigendes Vorgehen darstellt (vgl. → Einl. Rn. 51 f.; → § 50 Rn. 10 ff.), dem altersgerechte informelle Erledigungsformen aus Verhältnismäßigkeitsgründen vorzuziehen sind (→ § 5 Rn. 21 f.; → § 45 Rn. 17 f.). In bestimmten Konstellationen kann es aber Gründe für die Durchführung einer mündlichen Verhandlung geben (→ Rn. 19). Dieser Eignungsaspekt ist prinzipiell schon durch die JStA zu überprüfen (→ Rn. 9). Er ist aber, wenn diese sich gegen § 45 und für den Antrag nach § 76 entschieden hat, auch durch den JRichter zu kontrollieren. Wird die Eignung von ihm wegen der Einstellungsfähigkeit des Vorwurfs verneint, kann er allerdings (anders als in den anderen Fällen fehlender Eignung) den Antrag der JStA nicht ablehnen, sondern das Verfahren nur nach § 47 einstellen (→ Rn. 24).

19 **b) Geeignete Fälle.** Vor diesem Hintergrund ist das vereinfachte JVerfahren am ehesten bei nicht ganz unbedeutenden Fällen „leichterer und mittlerer Jugendkriminalität" angebracht. Anstelle des formlosen jugendrichterlichen Erziehungsverfahrens wird es namentlich dann durchzuführen sein, wenn die dort unzulässige Anordnung einer bestimmten Weisung oder Auflage bzw. von JA erwogen wird (nicht aber von vornherein bei „Abziehen" von geringwertigen Sachen (n. Eisenberg DRiZ 2006, 120 (122) unter Verweis auf § 140 Abs. 1 Nr. 2 StPO sowie die Registerfolgen). In Betracht kommt es auch, wenn sich die Taten wiederholt ereignen oder aus einer stabilen Einbindung in eine problematische Peer Group erklären und dem entgegengewirkt werden soll (s. auch Brunner/Dölling Rn. 6).

IV. Verfahrensweise bei Ablehnung des Antrags

1. Entscheidung

20 Stimmt der JRichter dem vereinfachten JVerfahren nicht zu (dazu → Rn. 14) und kommt es auch nicht zu einer Antragsrücknahme der JStA (die Durchführung entspr. Absprachen befürwortend HK-JGG/Kleimann § 77 Rn. 3), ergeht ein ablehnender **Beschluss** (§ 77 Abs. 1 S. 1). Dieser ist noch nachträglich und bis zur Verkündung des (erstinstanzlichen) Urteils (§ 77 Abs. 1 S. 2) möglich (BGHSt 12, 180 (183) = NJW 1959, 396 (397); BGHSt 15, 314 (315 f.) = NJW 1961, 789) – was insbes. für jene Fälle bedeutsam ist, in denen sich die Ungeeignetheit für das vereinfachte JVerfahren erst während der Verhandlung erkennen lässt. Allerdings ist eine Ablehnung zu diesem **späten** Zeitpunkt aus verfahrensökonomischen und Beschleunigungsgründen ungünstig. Zur Vermeidung dieses kontraindizierten Vorgehens kann das Gericht auch einen (kleinen) Teil jener Rechtsfolgen, bei deren früherer Absehbarkeit ein Verfahrensantrag der JStA unzulässig und die richterliche Zustimmung zu verweigern gewesen wäre (§ 76 S. 1), anordnen (→ n. Rn. 42). Diese Möglichkeit darf der JRichter indes nicht gezielt herbeiführen, indem es den Ablehnungsbeschluss hinauszögert

und dann unterlässt, obwohl die Nichteignung des vereinfachten JVerfahrens frühzeitig deutlich geworden ist.

Der **Beschluss** ist ohne die beschränkte Rechtskraftwirkung iSv § 211 StPO iVm § 2 Abs. 2 (da es im vereinfachten JVerfahren an der Eröffnung der HV fehlt), aber auch **unanfechtbar** (§ 77 Abs. 1 S. 3). Eine Begründung wird vom Gesetz nicht verlangt. Aus Transparenzgründen sollte der JRichter jedoch die JStA – und bei Beschlüssen nach Mitteilung des Termins zur mündlichen Verhandlung (→ Rn. 28) auch den Jugendlichen – über seine Beweggründe unterrichten (aus Fairnessgründen auch sonst eine Beschlusszustellung an ihn befürwortend HK-JGG/Kleimann § 77 Rn. 9). 21

Mit dem ablehnenden Beschluss wird das Verfahren in den Stand des Ermittlungsverfahrens zurückversetzt (vgl. auch BGHSt 12, 180 (184) = NJW 1959, 396 (397)). Ein erneuter Antrag gem. § 76 ist – jedenfalls bei demselben Gericht (Nix/Pschorr/Pschorr Rn. 13) – ausgeschlossen, weil dies zur neuerlichen Ablehnung führen und den Beschleunigungszweck der §§ 76 ff. konterkarieren würde. Vielmehr muss der **JStA,** wenn er (wie es idR der Fall sein wird) eine gerichtliche Entscheidung inhaltlicher Art veranlassen will, **Anklage** erheben (§ 77 Abs. 2). Sofern der Antrag nach § 76 als entspr. Zusatz zu einer Anklageschrift eingereicht wurde (vgl. → Rn. 12), kann das Gericht nach dem Beschluss unmittelbar ins Regelverfahren übergehen und dem Jugendlichen gem. § 201 StPO iVm § 2 Abs. 2 die Anklageschrift mitteilen, wenn die StA erklärt, an dieser festhalten zu wollen. 22

Hat der JStA nicht (von vornherein oder nach dem Beschluss) eine Anklage erhoben, kann er das Verfahren stattdessen aber auch **einstellen** (BGHSt 12, 180 (184) = NJW 1959, 396 (397)). Einer Einstellung gem. § 170 Abs. 2 StPO iVm § 2 Abs. 2 bedarf es zwingend, wenn kein hinreichender Tatverdacht mehr besteht oder ein Verfahrenshindernis entstanden bzw. erkannt worden ist (zB Rücknahme des Strafantrages). Prinzipiell kann der JStA aber ebenso nach **§ 45** verfahren. Dies kommt etwa dann in Betracht, wenn der Antrag gem. § 76 deshalb abgelehnt wurde, weil dem Gericht eine im vereinfachten JVerfahren unzulässige Maßnahme geboten erschien, die das FamG zwischenzeitlich – ggf. auf seine Anregung hin (vgl. → Rn. 10) – eingeleitet hat. 23

2. Einstellung nach § 47

Fehlt es nach Auffassung des JRichters an der Verfahrenseignung, weil der Vorwurf diversionsgeeignet ist (→ Rn. 18), kommt **nur die Einstellung gem. § 47** in Betracht. Dagegen kann er nicht auch stattdessen den Antrag ablehnen, weil dieser Weg belastungsintensiver und daher unverhältnismäßig wäre. Dafür spielt es keine Rolle, ob die Einschätzung auf zwischenzeitlich veränderten Umständen beruht oder ob schon die JStA aus (richtlicher Sicht) hätte nach § 45 einstellen sollen. Ebenso bedeutungslos ist es, ob das vereinfachte JVerfahren dem JRichter wegen der Einstellungsfähigkeit der Sache als eindeutig ungeeignet oder nur als weniger geeignet, aber nicht gänzlich unzulässig erscheint. 24

Eine Ablehnungsentscheidung iSv § 77 Abs. 1 trifft der JRichter hier lediglich dann, wenn die Einstellung scheitert, weil der JStA seine Zustimmung verweigert (§ 47 Abs. 2 S. 1). Diese Möglichkeit hat der JStA aber allein dort, wo er an der fraglichen mündlichen Verhandlung teilnimmt oder 25 wo die Einstellung außerhalb einer Sitzung erfolgt (ohne, dass es hier darauf ankäme, ob er schon auf die Teilnahme an der Sitzung verzichtet hatte oder nicht (Dallinger/Lackner § 78 Rn. 18)). **Bleibt** der JStA dagegen **der Verhandlung fern,** kann der JRichter in deren Verlauf gem. § 78 Abs. 2 S. 2 (s. auch RL zu § 77) ohne dessen Zustimmung bis zum Schluss der mündlichen Verhandlung nach § 47 (bzw. § 153 StPO (aA LG Aachen NStZ 1991, 450 mablAnm Eisenberg)) verfahren. Selbst ein vorheriger Widerspruch der JStA wäre hier unerheblich (Dallinger/Lackner Rn. 18; Streng JugendStrafR Rn. 237). Die Einstellung gem. § 47 ist in allen Konstellationen stets **unanfechtbar** (§ 47 Abs. 2 S. 3; vgl. iÜ → § 47 Rn. 28 f.).

V. Mündliche Verhandlung und Entscheidung

1. Grundsatz

26 Liegen die Voraussetzungen für die Entscheidung im vereinfachten JVerfahren vor und kommt die (vorrangige) Einstellung des Verfahrens nach § 47 nicht in Betracht, bestimmt der JRichter den **Termin zur mündlichen Verhandlung.** Der Sinn dieser Verfahrensart gebietet eine kurzfristige Terminbestimmung. Damit befindet sich die Sache im vereinfachten JVerfahren. Einer eigenen Entscheidung über die Eröffnung des Hauptverfahrens bedarf es nicht, da kein Zwischenverfahren stattfindet (BGHSt 12, 180 (182) = NJW 1959, 396 (397)). Ein **Übergang ins Regelverfahren** ist (da eine Anklage nach Antragsrücknahme der JStA nicht mehr möglich ist (→ Rn. 13)) nur noch bei einem späteren Ablehnungsbeschluss des Gerichts (§ 77 Abs. 1) oder bei einer **Verbindung** mit einem anderen Anklageverfahren möglich. Ein entspr. Antrag der JStA kann iSv § 266 StPO behandelt werden (HK-JGG/Kleimann § 78 Rn. 4; BeckOK JGG/Gertler § 76 Rn. 64).

27 Solange dies nicht geschieht und die Sache im vereinfachten JVerfahren bleibt, sind – insbes. bei Durchführung der mündlichen Verhandlung – **Abweichungen** vom **allg. JStV** zulässig. Sie finden ihre **Grenzen** aber in der **Wahrheitsermittlungs**pflicht (§ 78 Abs. 3 S. 1; n. → Rn. 38 ff.). Allerdings liegt die Beurteilung, ob das Absehen von einer förmlichen Verfahrensvorschrift zu Lasten der Wahrheitsermittlung gehen könnte, teilw. im pflichtgemäßen Ermessen des JRichters. In jedem Fall unzulässig ist es indes, hierbei über die **Einschränkungen rechtsstaatlicher Prinzipien,** die im förmlichen JStV gesetzlich zugelassen sind (vgl. → Einl. Rn. 50), noch hinauszugehen (und diese zB zu relativieren, sofern dem die Bedeutung der Sache nicht entgegensteht). Eine solche weitere Verkürzung der Justizförmigkeit ließe sich auch nicht mit erzieherischen Belangen der Beschleunigung und der jugendgemäßen Verfahrensgestaltung begründen (→ Rn. 3; dazu, dass JStV „mit der gebotenen Sorgfalt" zu bearbeiten sind, s. Art. 13 Abs. 1 RL (EU) 2016/800).

2. Beteiligte

28 **a) Jugendliche.** Gem. § 78 Abs. 3 S. 2 sind die Vorschriften zur **Unterrichtung** (§ 70a) und **Anwesenheit** des Jugendlichen (§ 50 Abs. 1) zu beachten. Die Gewährleistungen der Art. 4 und 16 RL (EU) 2016/800

gelten auch für Verhandlungen mit herabgesetzter Förmlichkeit und ließen daher keine Ausnahmen im vereinfachten JVerfahren zu. Damit der Jugendliche ausreichende Möglichkeiten zur Vorbereitung hat, ist ihm die Antragsschrift zu übermitteln (BeckOK JGG/Gertler § 78 Rn. 16) und dabei der Verhandlungstermin mit ausreichender Vorlaufzeit mitzuteilen (→ Rn. 37).

Die Vereinfachungen und Beschleunigungen der mündlichen Verhandlung dürfen den Jugendlichen in seiner Verteidigung nicht beeinträchtigen. Das **Recht auf Gehör** (Art. 103 Abs. 1 GG) gilt uneingeschränkt. So muss ihm Gelegenheit gegeben werden, sich zum gesamten Verfahrensgegenstand zusammenhängend zu äußern (vgl. auch → § 50 Rn. 17 f., → § 70c Rn. 12 ff.). Im Falle der zeitweiligen Ausschließung von der Verhandlung muss er gem. § 51 Abs. 1 S. 2 nachträglich unterrichtet werden (krit. zu bedenklichen Einschränkungen ggü. § 247 S. 4 StPO → § 51 Rn. 11 f.). In der mündlichen Verhandlung ist ihm schließlich das **letzte Wort** (§ 258 StPO) zu gewähren. 29

Bleibt der Jugendliche dem Termin zur mündlichen Verhandlung fern, kann, wenn dies mit der Ladung angedroht wurde, die **Vorführung** angeordnet und – möglichst am Terminstag (HK-JGG/Kleimann § 78 Rn. 14) – umgesetzt werden. Dies beruht dann auf § 78 Abs. 3 S. 3 und nicht auf §§ 226, 230 Abs. 2 StPO iVm § 2 Abs. 2, denn die mündliche Verhandlung stellt keine HV dar. Ist der Jugendliche genügend entschuldigt, entfällt diese Option. Dabei kommt es nicht etwa darauf an, ob er sich entschuldigt hat, sondern nur darauf, ob ihm wegen des Fernbleibens ein Vorwurf gemacht werden darf. Insofern ist nach allg. Grundsätzen des JGG (vgl. → § 2 Rn. 14) eine dem **Entwicklungsstand** entsprechende Würdigung unerlässlich. Außerdem muss jede Vorführungsanordnung (sowie die Art und Weise ihrer Durchführung) dem Verhältnismäßigkeitsgrundsatz standhalten. Deshalb sind vor der Anordnung der Vorführung (etwa telefonisch) noch Erkundigungen zu den Abwesenheitsgründen (und den Möglichkeiten ihrer ggf. einfachen Beseitigung) einzuholen (BeckOK JGG/Gertler § 78 Rn. 7). IÜ kann das Nichterscheinen des Jugendlichen ein Hinweis auf die Ungeeignetheit des vereinfachten JVerfahrens sein (NK-JGG/Sommerfeld Rn. 17). 30

b) Gesetzliche Vertreter sowie Verteidiger. aa) Auch die Vorschriften zur (Rechts-)Stellung der Erziehungsberechtigten bzw. gesetzlichen Vertreter (§ 67), zu der (notwendigerweise) auch deren **Anwesenheitsrecht** (→ § 50 Rn. 26) gehört, sind gem. § 78 Abs. 3 S. 2 zu beachten. Dies gilt gleichermaßen für ihre **Unterrichtungsansprüche** (§ 67a), denn die Gewährleistungen der Art. 5 und 15 RL (EU) 2016/800 sind im vereinfachten JVerfahren nicht suspendiert. 31

bb) Das Recht des Jugendlichen, sich eines **Verteidigers** zu bedienen, besteht uneingeschränkt auch im vereinfachten JVerfahren (zum Wahlverteidiger s. § 137 StPO iVm § 2 Abs. 2; speziell zum notwendigen Verteidiger vgl. → § 68 Rn. 2; vgl. n. schon Bottke ZStW 1995 (1983), 69 (98)). Der Verteidiger hat sodann auch dasselbe **Mitwirkungsrecht** wie im allg. JStV. Dazu zählt wesentlich das Recht auf Akteneinsicht (§ 147 StPO, unbeschränkt spätestens vom (Zeitpunkt des Aktenvermerks über den) Abschluss der Ermittlungen an, § 169a StPO) und auf Verkehr mit dem Beschuldigten (§ 148 StPO). Der hierfür und für die Vorbereitung notwendige Zeitbedarf ist bei der Terminierung in Rechnung zu stellen (n. → Rn. 37). 32

33 **§ 68** kann **nicht** unter Berufung auf § 78 Abs. 3 S. 2 **eingeschränkt** werden (OLG Düsseldorf NStZ 1999, 211 (212); Diemer/Schatz/Sonnen/Diemer § 78 Rn. 10; Streng JugendStrafR Rn. 238). Die Beiordnungsgründe gelten also ohne Abstriche auch für das vereinfachte JVerfahren (s. aber → Rn. 17). Anderenfalls könnte der JStA die notwendige Bestellung eines Verteidigers durch einen Antrag gem. § 76 S. 1 einfach verhindern. Auch dehnt RL (EU) 2016, 1919 ihre Vorgaben, die hinter § 68 stehen, auf das vereinfachte JVerfahren aus (s. Art. 2 Abs. 4 der RL). Selbst wenn man § 68 gleichwohl für grds. einschränkbar hielte (so etwa Brunner/Dölling § 68 Rn. 26 sowie nach Nöding Verteidigung Rn. 442 auch Teile der Praxis), wäre nicht ersichtlich, wann denn die entspr. Voraussetzungen vorliegen und das Vorenthalten einer an sich vorgesehenen Verteidigung ohne abträgliche Folgen für die „Erforschung der Wahrheit" (§ 78 Abs. 3 S. 1) bleiben könnte.

34 **c) JStA und JGH.** Nach **§ 78 Abs. 2 S. 1** muss die JStA nicht an der mündlichen Verhandlung teilnehmen – und häufig erscheint sie dort auch nicht (entspr. rechtstatsächliche Hinweise etwa bei Gerken/Schumann Rechtsstaat/von Minden S. 52; Tamm, Diversion und vereinfachtes Verfahren im Jugendstrafrecht, 2007, S. 112). Ungeachtet dessen ist sie aber vom **Verhandlungstermin** zu unterrichten (MüKoStPO/Kaspar § 78 Rn. 2). Erklärt der JStA, auf die Teilnahme an der mündlichen Verhandlung zu **verzichten,** kann er dem Gericht dennoch seine Sanktionserwartungen mitteilen (HK-JGG/Kleimann § 76 Rn. 6). Bei Abwesenheit verliert der JStA die in § 78 Abs. 2 S. 2 genannten (Veto-)Rechte. Das betrifft insbes. die Einstellung nach § 47 (oder § 153 StPO iVm § 2 Abs. 2; abw. LG Aachen NStZ 1991, 450 mkritAnm Eisenberg NStZ 1991, 450), die der JRichter während der Verhandlung dann allein zu veranlassen vermag (→ Rn. 24) – nicht aber das Recht, das in seiner Abwesenheit ergangene Urteil anfechten zu können. Der dahingehende Verzicht kann erst erklärt werden, nachdem die Entscheidung ergangen ist (s. auch → Rn. 45).

35 Die **JGH** ist gem. § 78 Abs. 3 S. 2 in jedem Fall von der Einleitung und dem Ausgang des Verfahrens zu **benachrichtigen,** und zwar spätestens im Zusammenhang mit dessen erster Vernehmung (§ 70 Abs. 1 und 2). Eine Pflicht, an der mündlichen Verhandlung mitzuwirken, bestand für sie bis 2019 aber nicht (weshalb sie häufig auch nicht erschien (JuMiKo ZJJ 2007, 439 (442); „typische Konstellation für die Nichtteilnahme"); abw. für SchlH aber Tamm, Diversion und vereinfachtes Verfahren im Jugendstrafrecht, 2007, S. 182 f.). Mit dem Gesetz zur Stärkung der Verfahrensrechte von Beschuldigten im Jugendstrafverfahren hat sich diese Rechtslage jedoch geändert. Zwar beziehen sich § 38 Abs. 4 und § 50 Abs. 3 allein auf die HV und nicht auch auf die mündliche Verhandlung iSv § 78 Abs. 1 S. 1. Da aber § 38 Abs. 3 eine einschränkungslose Berichtspflicht vorsieht, ergeben sich hieraus **implizit** eine **Anwesenheitspflicht** und die damit einhergehende Notwendigkeit einer **Terminmitteilung** – sofern nicht durch JStA und JGericht auf den Bericht nach § 38 Abs. 7 verzichtet worden ist (ebenso NK-JGG/Sommerfeld Rn. 16; s. dazu n. → § 38 Rn. 62 ff., 73). Die Information der JGH muss iÜ so **rechtzeitig** erfolgen, dass sie ihren Bericht vorbereiten kann (Diemer/Schatz/Sonnen/Diemer Rn. 14).

3. Durchführung

a) Form. Die Gestaltung der mündlichen Verhandlung liegt weitgehend im Ermessen des Gerichts, wobei aber von denjenigen Vorschriften, die für das allg. StVerf und das JStV von substantieller Bedeutung sind, nicht abgewichen werden kann (zB von der Aussagefreiheit und der dahingehenden Aufklärung gem. § 243 Abs. 5 StPO iVm § 2 Abs. 2). Auch müssen diejenigen **Vorschriften eingehalten** werden, die der jugendgemäßen Ausrichtung dienen (zB Ausschluss der Öffentlichkeit gem. § 48; jugendgemäße Belehrungsformen gem. § 70b). Die besondere Fragepflicht nach § 257 Abs. 1 StPO iVm § § 2 Abs. 2 ist gleichfalls zu beachten, zumal § 258 Abs. 1 StPO iVm § 2 Abs. 2 keinen Ausgleich ermöglicht. 36

Verschiedentlich wird angenommen, dass Fristen (zB für die Ladung, § 217 StPO) nicht beachtet werden müssten. Dies ist angesichts ihrer Funktion (Überraschungsschutz, Vorbereitungsmöglichkeit) überaus fraglich (daher NK-JGG/Sommerfeld Rn. 14: Ladungsfrist entspr. § 418 Abs. 2 StPO; überzeugend HK-JGG/Kleimann § 78 Rn. 1: idR mind. eine Woche). Dagegen kann die mündliche Verhandlung ohne Protokollführer (aber durch Selbstprotokoll des JRichters), ohne Amtskleidung, außerhalb des Sitzungssaals, in Form einer Aussprache und ohne strenge Abfolge des § 243 StPO durchgeführt werden (vgl. stellvertretend Brunner/Dölling Rn. 18; zur verbreiteten Einhaltung der Vorgaben aus dem allg. JStV für SchlH aber Tamm, Diversion und vereinfachtes Verfahren im Jugendstrafrecht, 2007, S. 103 ff.). 37

b) Wahrheitsermittlung. Der JRichter unterliegt der Pflicht, den gegenständlichen Vorwurfssachverhalt umfassend zu rekonstruieren (§ 244 Abs. 2 StPO iVm § 2 Abs. 2) und die persönlichen Umstände des Jugendlichen so weit zu erforschen, wie dies für eine spezialpräventiv funktionale Rechtsfolgenentscheidung erforderlich ist (§ 43). Deshalb bedarf es einer unmittelbaren Beweisaufnahme (§§ 250 ff. StPO iVm § 2 Abs. 2) und der Erörterung des **gesamten Prozessstoffes** als Gegenstand der mündlichen Verhandlung (§ 261 StPO iVm § 2 Abs. 2; dazu, dass dies auch für die Berichte der JGH gilt, → § 38 Rn. 43 ff.). Das JGericht hat **von Amts wegen** alle Beweise zu erheben, deren Ausschöpfung der Sachverhalt mindestens nahelegt (stellvertretend BGH LM Nr. 1 zu § 244 Abs. 2 StPO = BeckRS 1951, 31193946). Wesentlich ist, dass auch die Aufklärung zu Gunsten des mutmaßlichen Täters nicht unterbleiben darf, wobei hinsichtlich der diesbzgl. Anstrengungen ua die besonderen Beeinträchtigungen des Jugendlichen im Falle eines (auch nur partiellen) Fehlurteils zu berücksichtigen sind. Vor diesem Hintergrund sind im vereinfachten JVerfahren **keine Abstriche** von der Aufklärungspflicht zu machen. 38

Da nicht ersichtlich ist, auf welcher Grundlage § 245 StPO iVm § 2 Abs. 2 im JStV ausgeschlossen sein sollte (so aber Alsberg/Tsambikakis Beweisantrag Kap. 8 Rn. 11; Löwe/Rosenberg/Becker StPO § 245 Rn. 9), muss Beweis erhoben werden, wenn eine Beweiserhebung beantragt und ein Zeuge geladen und erschienen ist (zust. BeckOK JGG/Gertler § 78 Rn. 20). Es kommt auch nicht in Betracht, auf Basis von § 78 Abs. 3 S. 1 das **Beweisantragsrecht** zu relativieren (ebenso BeckOK JGG/Gertler § 78 Rn. 20). Ähnlich verhält es sich – zumind. iErg. und de facto – bei den Grenzen, in denen ein Beweisantrag gem. **§ 244 Abs. 3–5 StPO** iVm § 2 39

Abs. 2 zurückgewiesen werden darf. Systematisch ist eine Ausweitung der Ablehnungsgründe gem. § 78 Abs. 3 S. 1 zwar durchaus denkbar (Brunner/Dölling Rn. 20; Diemer/Schatz/Sonnen/Schatz § 78 Rn. 11; MüKoStPO/Kaspar Rn. 6 f.), doch praktisch bleibt der JRichter an die Vorschrift (fast) ebenso wie im allg. JStV gebunden: In § 244 StPO sind nämlich all jene Konstellationen vertypt, in denen ein Beweisantrag abgelehnt werden kann, ohne dass nach den Vorstellungen des Gesetzgebers die Wahrheitserforschung darunter leidet. Darüberhinausgehende Umstände, in denen die Zurückweisung des Beweiserhebungsbegehrens für die Zuverlässigkeit der Fallrekonstruktion garantiert folgenlos ist, kann es daher nur wenige geben.

40 Namentlich vom **Verbot der Beweisantizipation** kann nicht abgerückt werden kann, weil sonst prinzipiell die Gefahr bestünde, dass „die Erforschung der Wahrheit" (§ 78 Abs. 3 S. 1) beeinträchtigt wird. Daher darf die Ablehnung einer Beweiserhebung nicht auf die Begründung gestützt werden, dass die behauptete Tatsache unwahrscheinlich oder die Beweiserhebung unnötig sei oder, dass der Zeuge in bestimmter Weise aussagen werde. Die in § 78 Abs. 3 S. 1 vorgesehene Bedingung, um die Begrenzungen in § 244 Abs. 3 – 5 StPO überschreiten zu können, liegen iErg damit kaum einmal vor. Deshalb ist es selten denkbar, über die in § 244 Abs. 3 StPO genannten Fälle hinaus einen Beweisantrag abzulehnen (dies grds. abl. NK-JGG/Sommerfeld Rn. 15; HK-JGG/Kleimann § 78 Rn. 11; BeckOK JGG/Gertler § 78 Rn. 20; ähnlich Tamm, Diversion und vereinfachtes Verfahren im Jugendstrafrecht, 2007, S. 73). In den fraglichen Fällen wäre iÜ eine eingehende **Begründung** vonnöten (§ 244 Abs. 6, § 34 StPO iVm § 2 Abs. 2 (ebenso Alsberg/Tsambikakis Beweisantrag Kap. 8 Rn. 11). Letztlich muss die Problematik aber bereits auf einer anderen Ebene gelöst werden: Immer dort, wo der voraussichtlich nachzuweisende Sachverhalt sich nicht als eindeutig ausnimmt und/oder wo mit nicht nur marginalen Beweisanträgen zu rechnen ist, darf das vereinfachte JVerfahren schon gar nicht durchgeführt werden (→ Rn. 16 f.; insoweit ähnlich Nix/Pschorr/Pschorr Rn. 28).

4. Urteil

41 Nach **§ 78 Abs. 1 S. 2** ist der JRichter im vereinfachten JVerfahren nur an der Anordnung der dort genannten Rechtsfolgen gehindert (JStrafe sowie Unterbringung in einem Heim gem. § 12 Nr. 2 oder einer Entziehungsanstalt gem. § 64 StGB iVm § 7 Abs. 1). Bei § 63 StGB iVm § 7 Abs. 1 folgt dies zudem aus § 39 Abs. 2. Alle anderen zulässigen Rechtsfolgen kann er dagegen veranlassen, einschließlich des Schuldspruchs nach § 27 (abw. aber die hM, etwa BayObLGSt 70, 213; Diemer/Schatz/Sonnen/Schatz § 78 Rn. 5 mwN), der Überlassung an das FamG gem. § 53 (Brunner/Dölling Rn. 3) sowie aller Nebenstrafen und Nebenfolgen und des Entzugs der Fahrerlaubnis.

42 Im Regelfall wird der JRichter jedoch auf das engere **Rechtsfolgenspektrum** von **§ 76 S. 1** zurückgreifen, weil für andere Reaktionsformen gar kein Bedarf bestehen kann. Denn dort, wo eine solche Notwendigkeit vorliegt, darf die JStA schon gar keinen Verfahrensantrag stellen (→ Rn. 10) und der JRichter das vereinfachte JVerfahren idR auch nicht als zulässig behandeln (→ Rn. 15). Die über § 76 S. 1 hinausgehende Rechtsfolgenkompetenz kommt daher allein in Ausnahmekonstellationen zum Tragen, in

denen sich die entspr. Indikation erst sehr spät herausgestellt hat (→ n. Rn. 20). – Unabhängig davon begründet die Anordnung einer **unzulässigen** Rechtsfolge (auch hier) idR nur die Anfechtung (→ Rn. 47), ohne zur Nichtigkeit zu führen (n. → § 1 Rn. 35 ff.).

Die Ausführungen **(Urteilsgründe)** dürfen zwar im Vergleich zum sonstigen Verfahren kürzer sein, müssen aber eine Tatschilderung sowie eine Persönlichkeitsbeurteilung und eine Rechtsfolgenbegründung enthalten. Die **Rechtsmittelbelehrung** ist aus Fairnessgründen nicht verzichtbar (HK-JGG/Kleimann § 78 Rn. 17). 43

Mit Blick auf die bestehenden **Mitteilungspflichten** gilt § 70 Abs. 1 auch für Entscheidungen gem. § 78 Abs. 1 S. 1. IÜ steht der Antrag auf Entscheidung im vereinfachten JVerfahren der Erhebung der öffentlichen Klage gleich (s. MiStra Nr. 6 Abs. 4, besonders auch S. 2). 44

5. Rechtsmittel

Die Anfechtung der Entscheidung des JRichters erfolgt nach **denselben Regeln** wie bei einem Urteil im allg. JStV. Die **Rechtsmittelfrist** beginnt für einen bei der Urteilsverkündung nicht anwesenden Verfahrensbeteiligten – in diesem Verfahren häufig der JStA – erst mit Zustellung des begründeten Urteils (§ 35 Abs. 2 S. 1 StPO, § 41 StPO iVm § 2 Abs. 2; vgl. dazu etwa OLG Neustadt NJW 1963, 1074; SK-StPO/Frisch StPO § 314 Rn. 32). Rechtskraft tritt wie im allg. Strafverfahren nach Ablauf der Rechtsmittelfrist oder nach allseitigem Rechtsmittelverzicht ein (wobei aus der Abwesenheit der JStA kein derartiger Verzicht folgt; → Rn. 34). 45

Hinsichtlich des Rechtsmittelverfahrens kommen keine Abstriche bei den prozessualen Vorgaben (oder gar bei den Rechten des Angeklagten) in Betracht. § 78 Abs. 3 S. 1 gilt allein für den JRichter und das ihm vorbehaltene vereinfachte JVerfahren, nicht für die Rechtsmittelinstanz. Hier gelten die **allg. Verfahrensvorschriften** (vgl. → § 55 Rn. 1 ff.). Inhaltlich hat das Rechtsmittelgericht das Verfahren und die Entscheidungen aber anhand der Vorschriften über das vereinfachte JVerfahren zu überprüfen. Es darf auch nur auf die im vereinfachten JVerfahren zulässigen **Rechtsfolgen** erkennen und in dieser Hinsicht nicht etwa in das förmliche Verfahren übergehen. 46

Falls das Rechtsmittelgericht der Auffassung ist, die Sache **eigne sich nicht** für das vereinfachte JVerfahren oder es sei eine unzulässige Rechtsfolge angeordnet worden, muss es das Verfahren wegen des Fehlens einer Prozessvoraussetzung einstellen (BayObLGSt 70, 213 (217 f.)). Diese Einstellung (§ 260 Abs. 3 StPO iVm § 2 Abs. 2) versetzt das Verfahren, ebenso wie die – nur dem JRichter zustehende – Ablehnung gem. § 77 Abs. 1, in den Stand des Ermittlungsverfahrens zurück. Die JKammer kann in der „Bagatell-Konstellation" (→ Rn. 18) aber auch einen Beschluss nach § 47 erlassen (→ Rn. 24; → § 47 Rn. 2, 17). 47

Neunter Unterabschnitt. Ausschluß von Vorschriften des allgemeinen Verfahrensrechts

Strafbefehl und beschleunigtes Verfahren

79 (1) **Gegen einen Jugendlichen darf kein Strafbefehl erlassen werden.**

(2) **Das beschleunigte Verfahren des allgemeinen Verfahrensrechts ist unzulässig.**

I. Anwendungsbereich

1 Für **Jugendliche** gilt die Vorschrift in Verfahren sowohl vor den JGerichten als auch vor den für allg. Strafsachen zuständigen Gerichten (§ 104 Abs. 1 Nr. 14). Bei Personen, die zur Zeit der (mutmaßlichen) Tat bereits im **Heranwachsendenalter** sind, ist **Abs. 1** nur dann anzuwenden, wenn bei ihnen die Voraussetzungen von § 105 Abs. 1 bejaht werden, wobei dies dann aber die Verfahren vor den allg. Strafgerichten ebenso wie vor den JGerichten betrifft (§ 109 Abs. 2 S. 1, § 112 S. 1 und 2, 104 Abs. 1 Nr. 14). **Abs. 2** hat für sie dagegen keine Bedeutung (§ 109 Abs. 1 und 2).

II. Strafbefehlsverfahren

1. Normzweck

2 Im JStR ist das Strafbefehlsverfahren nur bei Taten Heranwachsender, die nach allg. StR beurteilt werden, anwendbar (eingehend dazu → § 109 Rn. 57 ff.), ansonsten aber ausgeschlossen. Dies beruht auf seinen Strukturmerkmalen, die mit der spezialpräventiven Ausrichtung des **JGG unverträglich** sind. Die dezidierte Ermittlung der persönlichen Umstände, die zur Ermöglichung einer individuell angepassten Reaktion stattfinden soll (§ 43), lässt sich im Strafbefehlsverfahren kaum realisieren. Zwar wäre es denkbar, die Erkenntnisse und Berichte der JGH einfließen zu lassen, doch ließe der Entscheidungsprozess, der (vorbehaltlich eines Einspruchs) allein auf **Aktenbasis** und erklärtermaßen (§ 407 Abs. 1 S. 2 StPO) ohne persönlichen Kontakt zwischen Gericht und Angeklagtem erfolgt, dessen Beurteilung nur eingeschränkt zu. Die Orientierung der Rechtsfolgenentscheidung an § 2 Abs. 1 wäre jedenfalls erheblich erschwert (zur Erwägung, dass der Jugendliche den Strafbefehl zudem trivialisieren könnte, vgl. BayObLG NJW 1957, 838; Diemer/Schatz/Sonnen/Schatz Rn. 2).

3 Hinzu kommt, dass im Strafbefehlsverfahren auch die Zurichtung des Entscheidungssachverhalts in einer verkürzten Weise und geprägt durch innerjustizielle Effektivitätsroutinen erfolgt (dazu die Fallanalysen bei Stoll, Beschleunigungsstrategien der Strafjustiz, 2018, S. 112 ff.). Dass die Nachweisprozesse hier summarisch verlaufen und die Betroffenen ihre Perspektive häufig nicht einzubringen vermögen, ruft zwangsläufig ein angehobenes **Fehlerrisiko** hervor (zu nachweislich gehäuften Fehlurteilen bei Strafbefeh-

len vgl. Barton/Dubelaar/Kölbel/Lindemann, Vom hochgemuthen, voreiligen Griff nach der Wahrheit/Gilliéron, 2018, S. 65 ff.; Altenhain/Bliesener/Volbert, Fehler und Wiederaufnahme im Strafverfahren, 2024, S. 327 f.; erg. Kemme/Dunkel StV 2020, 52). Diese Gefahr der falschen Bestrafung ist bei Jugendlichen besonders hoch, weil sie seltener als Erwachsene einen (berechtigten) Einspruch einlegen dürften (zust. BeckOK JGG/Noak Rn. 2.1; Albrecht DJT 2002, 133) – und sie ist mit Blick auf die sozialisatorisch verheerenden Folgen auch besonders inakzeptabel.

Die Regelung in Abs. 1 ist insofern höchst plausibel (was umgekehrt die Zulässigkeit des Strafbefehlsverfahrens bei Heranwachsenden fragwürdig werden lässt (→ § 109 Rn. 58 ff.; BeckOK JGG/Noak Rn. 2.2)). Allerdings schließt sie bei Jugendlichen auch eine sehr dezente, sozial unauffällige und damit vergleichsweise schonende Form der Deliktsbearbeitung aus. Dies ist durch die Nutzung des vereinfachten JVerfahrens (§§ 76 ff.), insbes. aber durch einen ausgeprägten Gebrauch der **Diversionsmöglichkeiten auszugleichen.** Der Verfahrenserledigung nach § 45 und nach §§ 153 f. StPO wohnen die eben erwähnten Risiken zwar grds. ebenfalls inne, doch sind die Rechtsfolgen hier weniger invasiv, als dies bei einem Strafbefehlsverfahren im JStR möglich wäre. 4

2. Behandlung unzulässig beantragter oder erlassener Strafbefehle

Ein Strafbefehlsantrag gegen einen Jugendlichen ist durch das Gericht abzulehnen (§ 408 Abs. 2 StPO). Bei einem Heranwachsenden muss die JStA die Nichtanwendung des JStR vor Antragstellung – und idR nach Beurteilung durch die JGH (s. dazu AG Eilenburg ZJJ 2020, 402; s. auch → § 38 Rn. 24) – eindeutig verneinen können (RL 2 S. 2 zu § 109). Ist im Falle eines Strafbefehlsantrags die Einschätzung iSv § 105 Abs. 1 aus Sicht des Gerichts hingegen unklar, muss die **mündliche Verhandlung** anberaumt werden (§ 408 Abs. 3 S. 2 Var. 1 StPO). 5

Beim **unzuständigen** Gericht eingehende Strafbefehlsanträge (gegen einen Heranwachsenden beim allg. Strafgericht oder gegen einen Erwachsenen beim JGericht) sind formlos an den zuständigen Richter weiterzuleiten (s. ferner → § 109 Rn. 63). Wurde der Strafbefehl vom unzuständigen Gericht erlassen, wird das Verfahren nach Einspruch an das zuständige Gericht gleicher Ordnung abgegeben (→ § 109 Rn. 64). Die Abgabe an das JGericht eines anderen Gerichtsbezirks nach § 42 Abs. 3 JGG ist nur durch das Jugendgericht (BGHSt 18, 173 (176) = NJW 1963, 500) und erst nach Beginn der auf rechtzeitigen Einspruch hin anberaumten HV zulässig (→ § 42 Rn. 18). 6

Ergeht ein Strafbefehl gegen einen Jugendlichen bzw. gegen einen Heranwachsenden, auf den materielles JStR anzuwenden ist, wird er teilw. für **nichtig** gehalten (NK-JGG/Sommerfeld Rn. 3; MüKoStPO/Kaspar Rn. 4; zwischen Rechts- und Tatsachenfehler diff. BeckOK JGG/Noak Rn. 4 ff.; anders aber BayObLG NJW 1957, 838; Brunner/Dölling Rn. 3). Diese Konsequenz tritt jedoch **nur** unter besonderen **Umständen** ein (allg. → § 1 Rn. 35 ff., s. auch → § 80 Rn. 2) – nämlich dann, wenn die konkret angeordnete Sanktion im JStR unzulässig ist. In allen anderen Fällen muss Einspruch eingelegt werden, weil der Strafbefehl sonst in formeller und materieller Rechtskraft erwächst (s. § 410 Abs. 3 StPO) und auch von seiner 7

Vollstreckung nicht nach § 458 Abs. 1 StPO abgesehen werden kann (teilw. ähnlich Diemer/Schatz/Sonnen/Schatz Rn. 6 und 10).

8 Mit der hM wird der Mangel dadurch **geheilt,** dass nach dem Einspruch eine HV anberaumt wird, wobei der Strafbefehlsantrag die Anklage und der Strafbefehl den Eröffnungsbeschluss ersetze (vgl. BayObLG NJW 1957, 838 (839); KK-StPO/Maur StPO § 407 Rn. 26 f.; SK-StPO/Weßlau/Degener StPO Vor §§ 407 ff. Rn. 9; Meyer-Großner/Schmitt/Schmitt StPO § 407 Rn. 3; abl. NK-JGG/Sommerfeld Rn. 5). Ohne Einspruch ist eine Korrektur ggf. nach **Wiederaufnahme** möglich. Wo der Fehler bspw. auf einer falschen Altersfeststellung (KreisG Saalfeld NStE Nr 19 zu § 359 StPO) oder einer falschen Tatzeitannahme (und der deshalb unzutr. altersmäßigen Einordnung des Beschuldigten) beruhte, stellt die nachträgliche zutr. Feststellung eine neue Tatsache und die Anwendung des JGG ein milderes Gesetz iSv § 2 Abs. 2, § 359 Nr. 5 StPO dar (LG Landau NStZ-RR 2003, 28 mBspr Noak JA 2005, 539). Ansonsten muss im Gnadenweg für Abhilfe gesorgt werden (KK-StPO/Maur StPO § 407 Rn. 27).

III. Beschleunigtes Verfahren

1. Einordnung

9 Da das JGG für Jugendliche seit 1943 mit dem vereinfachten JVerfahren eine spezielle beschleunigte Verfahrensform vorsieht – freilich ohne, dass die Regelungsmotive bei der Übernahme dieser Prozessmodalität im JGG 1953 bekannt wären (BeckOK JGG/Gertler § 76 Rn. 3) –, schließt Abs. 2 deren Gegenstück aus dem allg. StVerf aus (und damit zwangsläufig auch die darauf bezogene Hauptverhandlungshaft gem. § 127b StPO). Käme es dennoch zu einem beschleunigten Verfahren, wäre die Entscheidung anfechtbar (BeckOK JGG/Noak Rn. 9; abw. NK-JGG/Sommerfeld Rn. 3: nichtig; diff. HK-JGG/Rössner/Bannenberg Rn. 4)

10 Dass bei Heranwachsenden die Möglichkeit des beschleunigten Verfahrens dagegen (unabhängig von der Prüfung gem. § 105 Abs. 1) besteht, überzeugt nicht (krit. bspw. auch BeckOK JGG/Noak Rn. 8.1 f.) – zumal beide prozessualen Vereinfachungen in sehr ähnlicher Weise als **ambivalent** gelten müssen (s. einerseits → § 76–78 Rn. 2 ff., andererseits → § 109 Rn. 45). Die Regelung ist allein mit dem zw. Bedürfnis zu erklären, bei Heranwachsenden ein gestrafftes und vereinfachtes Verfahren ohne die Sanktionsbeschränkungen in § 76 Abs. 1 durchführen zu können. Deshalb kann die gelegentlich vorgeschlagene **Streichung** von Abs. 2, die dort, wo die (mutmaßliche) Tat von Heranwachsenden gemeinsam mit Jugendlichen begangen wurde, ein einheitliches Vorgehen nach §§ 417 ff. StPO mit über § 76 Abs. 1 hinausgehenden Sanktionen ermöglichen soll (BT-Drs. 14/5014), **nicht überzeugen** (abl. auch Arbeitsgemeinschaft für Jugendhilfe ZfJ 2001, 264 ff.; Scheffler NJ 2001, 464). Dass bei Jugendlichen ein beschleunigter Verfahrensweg verschlossen ist, sofern un-/bedingte JStrafe zur Debatte steht, ist vielmehr sachgerecht, weil die hier besonders dringlichen Ermittlungen zur Person (§ 43) nur im Regelverfahren realisierbar sind. In allen anderen praktisch relevanten Fällen kann beim Jugendlichen das vereinfachte JVerfahren genutzt werden, das va hinsichtlich der Eignungskriterien (→ § 76–78 Rn. 15 ff.) besser auf das

JStV abgestimmt ist (weshalb sich am ehesten dessen Ausdehnung auf die Heranwachsenden empfiehlt).

2. Funktionale Äquivalente im Regelverfahren

11 Der Verfahrensbeschleunigung und der „schnellen Sanktion“ wird vielfach ein erhebliches Wirkungspotenzial beigemessen. Daher setzt die Praxis bisweilen auf einen dezidiert zügigen Prozessablauf. Dies bezieht sich nicht nur auf das vereinfachte JVerfahren iSv §§ 76–78, sondern – gerade dort, wo dessen Eignung als fraglich oder das dort mögliche Rechtsfolgenspektrum als unzulänglich erscheint – auch auf das Regelverfahren. Erreicht werden soll dies dann durch konzentrierte Ermittlungen, die Koordination mit der JGH, die zügige Terminierung und anderweitige Wege der Verfahrensstraffung. Solche sog. „prioritären“ bzw. **„vorrangigen“ Jugendverfahren** beruhen typischerweise auf ministeriellen Anweisungen und Modellprojekten (Übersicht bei BeckOK JGG/Gertler § 76 Rn. 7; speziell zum „Flensburger Modell“ in SchlH s. Bezjak/Sommerfeld ZJJ 2008, 251 (256 f.); Laue, Das vorrangige Jugendverfahren (…), 2011, S. 93 ff.) oder ergeben sich vor Ort aus (anderen) überinstitutionellen Absprachen (zu entspr. Fallkonferenzen und anderen Formen einer derartigen Abstimmung → § 37a Rn. 4 ff., 12 ff.).

12 IdR sind jene Praktiken jedoch – auch bei angemessener Einbindung der JGH, ausreichender Ermittlung iSv § 43 und individualisierter Rechtsfolgenentscheidung – ohne überlegene spezialpräventive Leistungsfähigkeit (dazu n. → Einl. Rn. 42 f.; abw. die Einschätzung des Justizministeriums SchlH: „landesweit erprobte, erfolgreiche und wirksam angeordnete Maßnahmen“ (zit. nach OVG Schleswig BeckRS 2010, 52536)). Ihr Vorteil liegt am ehesten in der prozessualen Entlastung des Beschuldigten. Meist sind sie indes für sog. „Intensivtäter“ vorgesehen oder stehen gar in einem dezidierten Zusammenhang mit „Intensivtäterprogrammen“. Dann werden sie ganz wesentlich durch gesellschaftliche Sicherungsinteressen geprägt (charakteristisch dafür Müller-Rackow ZJJ 2008, 277; n. → Einl. Rn. 58 ff.; s. hierzu und zu weiteren Problemen auch → § 37a Rn. 15 ff.).

Privatklage und Nebenklage

80 (1) **1 Gegen einen Jugendlichen kann Privatklage nicht erhoben werden. 2 Eine Verfehlung, die nach den allgemeinen Vorschriften durch Privatklage verfolgt werden kann, verfolgt der Staatsanwalt auch dann, wenn Gründe der Erziehung oder ein berechtigtes Interesse des Verletzten, das dem Erziehungszweck nicht entgegensteht, es erfordern.**

(2) **1 Gegen einen jugendlichen Privatkläger ist Widerklage zulässig. 2 Auf Jugendstrafe darf nicht erkannt werden.**

(3) **1 Der erhobenen öffentlichen Klage kann sich als Nebenkläger nur anschließen, wer verletzt worden ist**

1. **durch ein Verbrechen gegen das Leben, die körperliche Unversehrtheit oder die sexuelle Selbstbestimmung oder nach § 239 Absatz 3, § 239a oder § 239b des Strafgesetzbuches, durch wel-**

ches das Opfer seelisch oder körperlich schwer geschädigt oder einer solchen Gefahr ausgesetzt worden ist,

2. durch einen besonders schweren Fall eines Vergehens nach § 177 Absatz 6 des Strafgesetzbuches, durch welches das Opfer seelisch oder körperlich schwer geschädigt oder einer solchen Gefahr ausgesetzt worden ist, oder

3. durch ein Verbrechen nach § 251 des Strafgesetzbuches, auch in Verbindung mit § 252 oder § 255 des Strafgesetzbuches.

[2] Im Übrigen gelten § 395 Absatz 2 Nummer 1, Absatz 4 und 5 und §§ 396 bis 402 der Strafprozessordnung entsprechend.

Schrifttum: Ahlfeld, Die Nebenklage im Lichte spätmoderner Herausforderungen, 2024; Barton/Flotho, Opferanwälte im Strafverfahren, 2010; Niedling, Strafprozessualer Opferschutz am Beispiel der Nebenklage, 2005; Rohde, Die Rechte und Befugnisse des Verletzten im Strafverfahren gegen Jugendliche, 2009; Zapf, Opferschutz und Erziehungsgedanke im Jugendstrafverfahren, 2012.

Übersicht

I. Anwendungsbereich

Die Vorschrift gilt für Jugendliche in Verfahren sowohl vor den JGerichten als auch vor den für allg. Strafsachen zuständigen Gerichten (§ 104 Abs. 1 Nr. 14). Auf Heranwachsende findet sie dagegen keine Anwendung (§§ 109, 112 S. 2), sodass für Privat-, Wider- und Nebenklage bei ihnen keine Einschränkungen bestehen (→ § 109 Rn. 48 ff.). Gelegentlich formulierte Vorschläge, dies zu ändern (→ 25. Aufl. Rn. 2 f.), vermochten bislang keine rechtspolitischen Initiativen auszulösen. 1

II. Privat- und Widerklage

1. Unzulässigkeit der Privatklage (Abs. 1)

War der Beschuldigte **zur Zeit** der vorgeworfenen **Tat** nicht mindestens 18 Jahre alt, fehlt es einer **gegen ihn** gerichteten Privatklage an einer Prozessvoraussetzung (Abs. 1 S. 1), weshalb schon die Durchführung eines Sühneversuchs gem. § 380 StPO unzulässig ist (stellvertretend für die hM etwa Diemer/Schatz/Sonnen/Diemer JGG Rn. 5). Ausgleichsbemühungen im privaten Bereich bleiben hiervon unberührt. Eine entgegen Abs. 1 S. 1 erhobene Privatklage muss zurückgewiesen werden (§ 383 Abs. 1 S. 1 StPO); ein gleichwohl bereits eröffnetes Hauptverfahren ist einzustellen (§§ 206a, 260 Abs. 3 StPO; wegen der Kostenfolge s. § 471 Abs. 2 StPO). Ergeht auf die Privatklage hin ein Urteil gegen einen Jugendlichen, so ist dieses mit den normalen Rechtsmitteln anfechtbar, nicht aber nichtig (→ § 1 Rn. 35 ff.; abw. etwa MüKoStPO/Kaspar Rn. 5). 2

2. Verfolgung durch die Jugendstaatsanwaltschaft

a) Einordnung. Im allg. StVerf schließt die Anklageerhebung der StA (§ 376 StPO) die Privatklage aus (Vorrang des Offizialverfahrens), wobei aber die regelhafte Abwesenheit einer Privatklagebereitschaft dazu führt, dass die in § 374 Abs. 1 StPO geregelten Fälle de facto (fast) nur dann verfolgt werden, wenn sich die StA dazu entschließt. Im JStV gilt das noch mehr, weil hier eine privatklägerische Verfahrensinitiierung durch Abs. 1 S. 1 jedenfalls ggü. Jugendlichen gänzlich unterbunden wird. Damit soll eine Strafverfolgung verhindert werden, die sich **allein aus individuellen Vergeltungsbedürfnissen** speist, dh in Ob und Wie von diesen Interessen (anstatt von spezialpräventiven Belangen) geleitet ist. Ein gewisser Ausgleich für diesen Ausschluss der Privatklage liegt in der **Erweiterung der Gründe,** aus denen die StA den Prozess betreiben kann (→ Rn. 4 ff.). Diese kompensatorische Funktion betrifft namentlich Abs. 1 S. 2 Var. 2, wohingegen Abs. 1 S. 2 Var. 1 eine erzieherisch motivierte jugendstrafprozessuale Ereignisbearbeitung von Privatklagedelikten ermöglichen soll (für die Streichung dieser Variante NK-JGG/Sommerfeld Grdl. zu §§ 79–81 Rn. 8; Walter NStZ 1992, 470 (471)). Faktisch stellt diese Regelung ggü. dem allg. StVR eine Erweiterung staatlicher Eingriffsmöglichkeiten dar. Dies macht eine an **§ 2 Abs. 1** (dh an Schutz-, Förderungs- und Integrationsbelangen) orientierte Auslegung von Abs. 1 S. 2 erforderlich. 3

4 **b) Voraussetzungen. aa)** Sofern die allg. Voraussetzungen – zB bei Antragsdelikten der Strafantrag – vorliegen, muss die JStA das Delikt eines Jugendlichen verfolgen (dh strafprozessual bearbeiten), wenn mind. einer der drei gesetzlich vorgesehenen (allerdings unbestimmt gefassten) Gründe vorliegt. Gem. § 376 StPO iVm § 2 Abs. 2 ist dies bei einem gegebenem **öffentlichen Verfolgungsinteresse** der Fall. Die diesbzgl. Beurteilung bestimmt sich nach RiStBV Nr. 86 Abs. 2. Erfasst sind Konstellationen, in denen das realisierte Erfolgs- oder Handlungsunrecht nicht folgenlos bleiben kann und/oder in denen der Hintergedanke der §§ 374 ff. StPO, wonach manche alltagsdeliktischen Konflikte dem privaten Ausgleich überlassen werden können, nicht zum Tragen kommt.

5 **bb) „Gründe der Erziehung"** liegen vor, wo es einer Einwirkung auf den Jugendlichen bedarf und eine vollständige Nichtintervention kontraindiziert ist. Dabei sind weniger die Schwere und Häufigkeit der vorgeworfenen Straftaten als vielmehr deren Entstehungszusammenhänge (vgl. → § 5 Rn. 43 ff.) einschl. des Alters und der Erziehungsverhältnisse zu berücksichtigen (zur Relevanz deliktischer Vorbelastung s. RL 1). Produktive nachtatliche Reaktionen im familiären Umfeld können „Gegengründe" darstellen. Erziehungsgründe sind iÜ nicht allein dann zu ahen, wenn Bedarf an einer formellen Reaktion gesehen wird, sondern auch dort, wo die JStA eine Reaktion iRv § 45 Abs. 2 und 3 für angezeigt hält (s. auch → Rn. 7).

6 **cc)** Als **„berechtigtes Interesse des Verletzten"** gilt der mit § 2 Abs. 1 zu vereinbarende Wunsch nach einer weiterführenden Bearbeitung der Tat (Konfliktausgleich, Prävention, nicht aber Vergeltung oder rein zivilrechtliche Interessen). Ein solches Interesse muss sich aus konkreten Umständen ergeben, ohne dass sich aus der jeweiligen Schädigungsart dahingehende Vermutungen ergäben (tendenziell anders aber RL 2). Der Begriff des mutmaßlich „Verletzten" wird traditionell weit ausgelegt, ähnlich wie in § 172 StPO (n. MüKoStPO/Kölbel/Neßeler StPO § 170 Rn. 14 ff.). Inzwischen muss der Personenkreis – anders als bei § 48 (vgl. → § 48 Rn. 22) – in Orientierung an § 373b Abs. 1 und Abs. 2 StPO bestimmt werden. Das fragliche Interesse ist jedoch nur dann beachtlich, wenn der Erziehungszweck nicht entgegensteht (§ 2 Abs. 1). Dass es hierbei einer Abwägung bedarf und „geringfügige" erzieherische Bedenken hinter einem deutlich überwiegenden Verletzteninteresse zurückstehen müssten (so Brunner/Dölling Rn. 2; Diemer/Schatz/Sonnen/Schatz Rn. 8), findet im Gesetz keine Stütze (vgl. auch NK-JGG/Sommerfeld Rn. 10; MüKoStPO/Kaspar Rn. 10).

7 **c) Entscheidung.** Werden die genannten Voraussetzungen von der JStA bejaht, führt sie das Ermittlungsverfahren fort, ohne eigens über Abs. 1 S. 2 zu entscheiden. Je nach Sachverhalt und Verlauf schließt sie dann (später) mit einer Anklage oder einem Antrag nach § 76 ab (wobei das JGericht hier jeweils noch nach § 47 vorgehen kann) oder sie stellt das Verfahren ein: bei nicht begründbarem Vorwurf gem. § 170 Abs. 2 StPO und ansonsten in einer der Varianten von § 45 (bzw. §§ 153 f. StPO). Sieht die JStA dagegen keinen Verfolgungsgrund iSv Abs. 1 S. 2, liegt ein Verfahrenshindernis vor, was ebenfalls zu einer Einstellung gem. § 170 Abs. 2 StPO führen muss (anders als im allg. StR allerdings ohne „Verweisung auf den Privatklageweg"). Diese ist entspr. zu begründen.

d) Erzwingbarkeit der Verfolgung. Auch bei den Katalogtaten des 8
§ 374 StPO ist im Falle der Einstellung nach § 170 Abs. 2 StPO das Klageerzwingungsverfahren **zulässig,** sofern die Einstellung mit der rechtlichen oder tatsächlichen Nichterweisbarkeit des Vorwurfs begründet wurde (OLG Hamburg MDR 1971, 596; OLG Stuttgart NStZ 1989, 136; Löwe/Rosenberg/Graalmann-Scheerer StPO § 172 Rn. 31; MüKoStPO/Kaspar Rn. 14; aA noch OLG Frankfurt a. M. MDR 1959, 415). Dies begegnet keinen Bedenken, weil Abs. 1 S. 1 das Legalitätsprinzip in dieser Hinsicht nicht suspendiert. Bei den Entscheidungsaspekten, bei denen die JStA über Beurteilungsspielräume verfügt, ist der Verletzte dagegen gehindert, die Einhaltung der Verfolgungspflicht gerichtlich überprüfen zu lassen (MüKoStPO/Kölbel/Neßeler StPO § 172 Rn. 31). Beruht die Einstellung gem. § 170 Abs. 2 darauf, dass die Voraussetzungen des § 376 StPO oder des Abs. 1 S. 2 von der JStA abgelehnt wurden, liegt diese Situation ebenso vor wie bei einer Einstellung nach § 45: Hier ist das Klageerzwingungsverfahren wie im allg. StVerf (§ 172 Abs. 2 S. 3 StPO) jeweils **unzulässig** (dazu, dass die staatsanwaltliche Beurteilung der Gründe für eine amtliche Nicht-/Verfolgung von Privatklagedelikten gerichtsfrei gestellt ist, s. auch OLG Braunschweig NJW 1960, 1214; Brunner/Dölling Rn. 3; Löwe/Rosenberg/Graalmann-Scheerer StPO § 172 Rn. 31; Meyer-Goßner/Schmitt/Schmitt StPO § 172 Rn. 2). Es bestehen allein die Möglichkeiten der Gegenvorstellung und der Dienstaufsichtsbeschwerde.

3. Widerklage

a) Einordnung. Nach allg. StVR können **Jugendliche** – wie alle Min- 9
derjährigen – **Privatkläger** sein, wobei die Privatklage von dem gesetzlichen Vertreter erhoben werden muss (§ 374 Abs. 3 StPO). Gegen (zur Tatzeit) Heranwachsende hat die Privatklage vor dem JGericht zu erfolgen; war er schon erwachsen, sind die allg. Strafgerichte zuständig. Der Beschuldigte kann in diesen Fällen hinsichtlich eines Privatklagedeliktes seinerseits eine (Wider-)Klage gegen den jugendlichen Privatkläger erheben (Abs. 2 S. 1). Dafür gelten die allg. Voraussetzungen des § 388 StPO. Allerdings darf gegen den Jugendlichen keine JStrafe verhängt werden (Abs. 2 S. 2), was bei den in Betracht kommenden Straftaten (§ 374 Abs. 1 StPO) allerdings ohnehin kaum in Betracht kommen kann (zu den Kosten → § 74 Rn. 3).

b) Problematik. Diese Ausnahme vom Verbot der Privatklage ggü. Min- 10
derjährigen (Abs. 1) wird auf **spezialpräventive Erwägungen** gestützt: es könne erzieherisch abträglich sein, wenn der jugendliche Privatkläger zwar die Strafverfolgung betreiben dürfe und gleichzeitig vor der Gegenreaktion der von ihm beschuldigten Person geschützt sei (Dallinger/Lackner Rn. 18). Dies überzeugt aber nur bedingt, denn die Gründe, die gegen die Privatklage im JStV sprechen (→ Rn. 3), fallen in den fraglichen Konstellationen keineswegs weg. Insofern wird es häufig angezeigt sein, dass die JStA die Verfolgung des Vorwurfs gegen den Jugendlichen übernimmt (§ 377 Abs. 2 StPO iVm § 2 Abs. 2) und auf eine Trennung vom Privatklageverfahren (§ 4 StPO iVm § 2 Abs. 2) hinwirkt (s. auch KK-StPO/Allgayer StPO § 377 Rn. 11; zu etwaigen Kostenfolgen s. § 472 Abs. 3 S. 2 StPO iVm § 2 Abs. 2).

11 Besonders problematisch sind dabei Widerklagen von Erwachsenen. Denn in diesen Fällen muss darüber – da das mit der Privatklage befasste Gericht auch für die Widerklage **zuständig** bleibt (s. § 388 StPO iVm § 2 Abs. 2 sowie RL 3 S. 1) – ein allg. Strafgericht entscheiden, sodass das JStR auf den Jugendlichen in ungünstiger Weise nur über § 104 zur Anwendung kommt. Die Problematik kommt allein schon darin zum Ausdruck, dass hier allein die Anordnung von **Zuchtmitteln** möglich und die Auswahl von ggf. angezeigten Erziehungsmaßregeln dem FamG zu überlassen ist (s. § 104 Abs. 4 S. 1 und RL 3 S. 2).

12 **c) Wegfall der Privatklage.** Dies unterstreicht, dass die Widerklage nach Abs. 2 S. 1 als jugendstrafrechtlicher Ausnahmefall strikt an seine Zulässigkeitsbedingung – also an die Privatklage des Jugendlichen – gebunden sein muss. Wird diese zurückgenommen, erwächst für die Widerklage anders als im allg. StVR (§ 388 Abs. 4 StPO) ein **Verfahrenshindernis,** was eine Einstellung gem. § 206a StPO bzw. § 260 Abs. 3 StPO iVm § 2 Abs. 2 erforderlich werden lässt. Dabei macht es keinen Unterschied, ob das Verfahren gerichtshängig geworden ist (vgl. NK-JGG/Sommerfeld Rn. 16; Diemer/Schatz/Sonnen/Schatz Rn. 13; aA Brunner/Dölling Rn. 6).

III. Nebenklage

1. Unzulässigkeit im Regelfall

13 Personen, die mutmaßlich deliktisch verletzt wurden, können sich im allg. StVerf unter den Voraussetzungen von **§ 395 StPO** der erhobenen Anklage anschließen und an der Strafverfolgung mit eigenen Rechten (§§ 397 ff. StPO) mitwirken (vgl. etwa Stolp, Die geschichtliche Entwicklung des Jugendstrafrechts von 1923 bis heute, 2015, S. 198: „umfassende Handlungsmacht"; n. auch Bung/Jahn StV 2012, 754 (757 f.)). Der damit einhergehende Übergang von einer ursprünglich bipolaren zu einer **multipolaren Prozessstruktur** hat zwangsläufig abträgliche Folgen: Dass der Nebenkläger im Verfahren seine eigenen Interessen verfolgt, kann sich nachteilig auf die Wahrheitsfindung auswirken (etwa bei (Zeugen-)Aussagen, verstärkt nach Inanspruchnahme von Anwesenheits- und Akteneinsichtsrechten). Der Beschuldigte sieht sich einer Mehrzahl an Anklägern und tendenziell einer besonders „konfrontativen Stimmung" (SK-StPO/Velten StPO Vor §§ 395 ff. Rn. 26) ausgesetzt (systematisch dazu etwa Ahlfeld, Die Nebenklage (…), 2024, S. 198 ff., 206 ff.). Auch werden die Verfahren regelhaft länger, und die Prozesskosten steigen. Nicht auszuschließen ist, dass entlastende Aspekte aus (unterbewusster) Rücksicht auf den anwesenden (mutmaßlich) Verletzten weniger als sonst berücksichtigt werden, dessen Bestrafungserwartung dagegen umso mehr (zu empirischen Hinweisen auf ungünstige Wirkungen s. Niedling, Strafprozessualer Opferschutz am Beispiel der Nebenklage, 2005, S. 210 ff., 243 ff.; Barton/Flotho, Opferanwälte im Strafverfahren, 2010, 87 ff., 189 ff.).

14 Im JStV ist das **dysfunktionale** Potenzial der Nebenklage besonders erheblich. Denn mit ihr erlangen Prozessakteure, denen es an der von § 37 geforderten Qualifikation fehlt, prozessuales Gewicht. Die von ihnen darüber hinaus systematisch verfolgten Eigenbelange lenken von der spezialpräventiven Prozess- und Ergebnisausrichtung (§ 2 Abs. 1) ab und erzeugen

insofern Nebenschauplätze (Kölbel ZJJ 2015, 58 (62)). Das gilt besonders bei Verfolgung von Vergeltungsinteressen (zu dieser Gruppe Ahlfeld, Die Nebenklage (…), 2024, S. 120 ff.; vgl. fallkonkret etwa Lempp MschKrim 1998, 125 (127): Nebenklage ließ „kein Verhandlungsklima" zu, das „dem Sinn des JGG entsprochen hätte"; Möller StraFo 2003, 173: „Verhandlungsklima vergiftete"). Zugleich sind übergriffiges Verhalten von Beschuldigten und opferzeugenverletzende Verteidigungsstrategien, vor denen die Rechtsstellung des Nebenklägers schützen soll, im JStV besonders selten. Die Erwägung, dass das Zusammentreffen mit dem Nebenkläger für den Jugendlichen „lehrreich" und „pädagogisch sinnvoll" sei (HK-JGG/Rössner/Bannenberg Rn. 12), setzt wiederum eine eindeutige (genauer: idealisierte) Opferstellung voraus, die keineswegs für alle realen Tatentstehungsverläufe kennzeichnend ist und iÜ im Prozess überhaupt erst festgestellt werden muss (n. zum Ganzen Strafverteidigertag 2018/Kölbel, S. 327 ff.; eingehend Kölbel BMJV 2017, 16).

Angesichts all dieser Unzuträglichkeiten und Probleme wäre die Neben- 15
klage in Verfahren gegen einen Beschuldigten, der zur Zeit der Tat noch Jugendlicher war, ein **Fremdkörper.** Folglich ist sie grds. unzulässig (zu Ausnahmen gem. Abs. 3 vgl. → Rn. 20 ff.; rechtsvergleichend Kölbel BMJV 2017, 22 ff.; zur dagegen bestehenden Möglichkeit Jugendlicher, sich anderen Verfahren vor den Jugend- oder den allg. Strafgerichten selbst als Nebenkläger anzuschließen, n. → §§ 33–33b Rn. 39 f.). Allerdings soll dieser Nebenklageausschluss nach hM voraussetzen, dass das jugendliche Tatzeitalter feststeht. Bei **altersbezogenen Zweifelsfällen** sei die Nebenklage dagegen möglich, damit der Verletzte im Verfahren geltend machen kann, dass der Beschuldigte bei der Tat bereits volljährig war (BGH ZJJ 2007, 414 = BeckRS 2007, 16297; Brunner/Dölling Rn. 11; Streng JugendStrafR Rn. 205; Mitsch GA 1998, 159 (175 f.)). Dies ist abzulehnen. Da die Nebenklage vor dem JGericht die begründungsbedürftige Ausnahme von der Regel ist, muss der Verletzte das Risiko einer unberechtigt verweigerten Mitwirkung und nicht der Jugendliche das Risiko eine unberechtigten Nebenklägerbeteiligung tragen. **§ 1 Abs. 3** stellt dies inzwischen auch eindeutig klar (NK-JGG/Sommerfeld Rn. 2)

2. Besonderheiten bei verbundenen Verfahren

a) Taten aus verschiedenen Altersphasen. Sofern gegen **ein und** 16
denselben Beschuldigten in einem Verfahren wegen mehrerer Vorwürfe verhandelt wird, wobei nur ein Teil der Taten im Jugendalter begangen worden war, ist die Nebenklage **insges.** (also auch hinsichtlich der anderen Taten) **unzulässig.** Anderenfalls würden sich all die Nachteile der Nebenklage, die deren jugendstrafrechtliche Beschränkung erklären, im Prozessteil, der die Jugendtaten betrifft, bemerkbar machen. Denn eine Aufspaltung der HV, bei der die Nebenklage nur bzgl. der anderen Taten wirksam würde, ist praktisch nicht umsetzbar (OLG Schleswig SchlHA 2002, 175; OLG Düsseldorf NStZ 2003, 496; OLG Koblenz StV 2003, 455 (Ls.) = BeckRS 2003, 30307186; OLG Hamm ZJJ 2005, 446 = BeckRS 2007, 9471; OLG Oldenburg NStZ 2006, 521; OLG Hamburg StraFo 2006, 117 = BeckRS 2005, 31161410; KG NStZ 2007, 44; NK-JGG/Sommerfeld Rn. 2). Nach **aA** soll die Nebenklage im gesamten Verfahren dagegen zumindest bzgl. der anderen Tat möglich sein, weil der Angeklagte wegen seines zwischenzeit-

lich erreichten Alters nicht mehr schutzwürdig sei (MüKoStPO/Kaspar Rn. 23; Streng JugendStrafR Rn. 205; Mitsch GA 1998, 159 (169 ff.)). Dies überzeugt nicht, weil sonst auch in Fällen, in denen es nur um Jugendtaten geht, für das Eingreifen von Abs. 3 nicht auf das Tatzeit-, sondern auf das Alter zum Verfahrenszeitpunkt abgestellt werden müsste (daher eher noch akzeptabel die abwM von Brocke NStZ 2007, 8 (9): Nicht-/Zulässigkeit der Nebenklage abhängig davon, ob Schwerpunkt bei Jugend- oder den anderen Taten).

17 **b) Beschuldigte aus verschiedenen Altersgruppen.** Richtet sich das Verfahren gegen **mehrere Beschuldigte,** von denen lediglich ein Teil zur Tatzeit noch im Jugendalter war, ist gegen diese Person(-en) keine Nebenklage zulässig. Von der **überwiegenden Rspr.** wird jedoch unter der Voraussetzung von § 395 StPO eine Nebenklage gegen die älteren Mitangeklagten erlaubt – und zwar unabhängig davon, ob das zur Nebenklage berechtigende Delikt dem/den Jugendlichen überhaupt (im Sinne einer gemeinschaftlichen Begehung) vorgeworfen wird oder nur den heranwachsenden bzw. erwachsenen Personen (BGHSt 41, 288 = NJW 1996, 1007 mablAnm Graul NStZ 1996, 402; BGH NJW 2003, 150 (152)); OLG Düsseldorf NStZ 1994, 299; OLG Frankfurt a. M. BeckRS 2016, 110994; LG Saarbrücken StraFo 2003, 172 mablAnm Möller StraFo 2003, 173; Brunner/Dölling § 109 Rn. 6; MüKoStPO/Kaspar Rn. 25; KK-StPO/Allgayer StPO § 395 Rn. 9; ebenso iÜ. auch KG JR 1995, 259 mablAnm Eisenberg/Schönberger JR 1995, 391 für die Verbindung eines StVerf gegen Erwachsene bzw. Heranwachsende mit Sicherungsverfahren gegen den Jugendlichen).

18 Diese Ansicht, von der die Belange des Verletzten einseitig betont werden, ist **abzulehnen** (eing. zur Problematik Franze StV 1996, 289). Eine Nebenklage ist in verbundenen Verfahren gegen Jugendliche und ältere Mitangeklagte vielmehr **unzulässig** (OLG Köln NStZ 1994, 298 (299); LG Aachen MDR 1993, 679 = LSK 1993, 300435; LG Köln StraFo 1995, 23; LG Zweibrücken StV 2009, 88 = BeckRS 2009, 9871). Dies folgt schon (per Umkehrschluss) aus § 48 Abs. 3 S. 1, da die dortige Ausnahmeregelung bei der Nebenklage nicht vorgenommen worden ist. Die hM führt überdies dazu, dass der Jugendliche nicht nur bei Delikten iSv Abs. 3, sondern ggf. auch bei dem deutlich weiteren Straftatenspektrum des § 395 StPO mit einer Nebenklage konfrontiert wird. Dies beeinflusst zudem das gesamte Verfahren, weil sich die Verfahrensrechte iSv § 397 StPO nicht auf die Person des/der älteren Mitangeklagten begrenzen lassen und sich die Nebenklage somit auch ggü. dem Jugendlichen auswirkt (zust. AG Ebersberg ZJJ 2014, 297; aA Mitsch GA 1998, 159 (165 f.)). Erkennbar ist dies etwa bei Beweisanträgen zu Tatsachen, die alle Mitangeklagten betreffen (vgl. dazu etwa den Fall bei OLG Düsseldorf NJW 1995, 343, der kennzeichnend für die durch die hM erzeugten Verwerfungen ist).

19 **Keine ausreichende Problemlösung** bietet die von der hM betonte Möglichkeit, dem Nebenkläger wegen der „im Zweifel vorrangigen" Position des Jugendlichen „die Ausübung des Frage- oder des Beweisantragsrechts zu versagen" (BGH NJW 2003, 150 (152)). Dies mildert nur einen Problemausschnitt ab (so auch AG Ebersberg ZJJ 2014, 297). Ähnlich liegt es bei einer vermittelnden Ansicht, der zufolge die Nebenklage lediglich hinsichtlich jener Taten zulässig sei, die allein dem/den heranwachsenden bzw.

erwachsenen Mitangeklagten vorgeworfen werden (so etwa NK-JGG/Sommerfeld Rn. 3; Diemer/Schatz/Sonnen/Schatz Rn. 29; Beulke/Swoboda JugendStrafR Rn. 859). Das dysfunktionale Potenzial der Nebenklage (→ Rn. 13 f.) kann hier ggü. dem Jugendlichen gleichwohl zum Tragen kommen. Soll dem Verletzten eine Nebenklage gegen die Heranwachsenden oder Erwachsenen ermöglicht werden, ist dies indes durch eine **Abtrennung** der Verfahren erreichbar. Da den Opferbelangen durch diese Option ohne weiteres entsprochen werden kann, ist nicht einzusehen, weshalb eine Verfahrensverbindung die an § 2 Abs. 1 orientierte Unzulässigkeit der Nebenklage ggü. Jugendlichen obsolet machen soll.

3. Zulässigkeit in Ausnahmefällen (Abs. 3)

a) Grundsatz. Durch das 2. JuMoG v. 30.12.2006 (BGBl. I 3416) wurde 20
das Verbot der Nebenklage in JStV gegen Jugendliche durchbrochen und unter Ausnahmevorbehalt gestellt (Abs. 3 S. 1). Das geschah durch Zurückstellung der oben (→ Rn. 13 f.) genannten Gründe und trotz skeptischer Stellungnahmen aus der jugendstrafrechtlichen Literatur und Praxis (Höynck ZJJ 2005, 34 (39 f.); Höynck 2007, 76 (76 f.); Sieveking/Eisenberg/Heid ZRP 2005, 188 (191); Stuppi ZJJ 2007, 18 (19); zum „Befremden" aus staatsanwaltlicher Sicht Sommerfeld ZJJ 2011, 92 (93)). Unberücksichtigt blieben selbst die Stellungnahmen und Gesetzesentwürfe des BR (BR-Drs. 550/06) bzw. der BReg (BT-Drs. 16/3038). Die lange anerkannte Gefahr einer erheblichen Beeinträchtigung erzieherischer Zielsetzungen (so noch BR-Drs. 550/06, 143) wurde dabei für schwerwiegende Verdachtsfälle negiert und explizit hinter die Belange mutmaßlicher Verletzter zurückgestellt (BT-Rechtsausschuss BT-Drs. 16/3640, 54) – wobei diese Belange nicht anhand der heterogenen Prozesswirklichkeit („Realopfer"), sondern eines empiriefernen **legislatorischen Stereotyps** („ideales Opfer") **konstruiert** wurden (dazu iZm der insges. einseitigen Opferschutzgesetzgebung auch in anderen Bereichen eing. Barton/Kölbel Opferzuwendung/Kölbel S. 226; zu den dafür geeigneten Rahmenbedingungen in der spätmodernen Gesellschaft etwa Ahlfeld, Die Nebenklage (…), S. 100 ff.). Dies findet gleichwohl den Beifall eines Teils der Lit. (etwa MüKoStPO/Kaspar Rn. 19 f. mwN; zur berechtigten Kritik aber zB NK-JGG/Sommerfeld Rn. 2 sowie Grdl. zu §§ 79 – 81 Rn. 8; Nöding Verteidigung Rn. 444 und 446).

Berücksichtigt man neben dieser Begründungsschwäche bei der ad- 21
hoc-Implementierung von Abs. 3, die sich iÜ bei der Einfügung von Abs. 3 S. 1 Nr. 2 weiter fortsetzte (s. die Minimalthematisierung in BT-Drs. 19/15161, 12), auch dessen spannungsreiche Beziehung zu § 2 Abs. 1, kommt nur eine **stark eingeschränkte Anwendung** der Nebenklageoptionen in Betracht (vgl. auch LG Köln ZJJ 2014, 175: „äußerst restriktiv"; ähnlich LG Oldenburg ZJJ 2011, 92 = BeckRS 2010, 148255; LG Saarbrücken NStZ 2015, 231; zusf. Eisenberg StraFo 2017, 283"). Dies wird durch die rechtstatsächliche Erkenntnis unterstrichen, dass der Tatvorwurf nach einer regelmäßigen Hochstufung in den frühen Verfahrensphasen später häufig „nach unten" korrigiert wird (Eisenberg/Kölbel Kriminologie § 44 Rn. 21 f.). Daher sind gerade beim Deliktskatalog in Abs. 3 S. 1 (→ Rn. 23 ff.) strenge Maßstäbe angezeigt. Die ausgesprochen großzügige Zulassungspraxis im allg. StVerf (vgl. → Rn. 27) kommt für das JStVR jedenfalls nicht in Betracht.

22 **b) Nur im Anklageverfahren.** Ein Nebenklageanschluss ist im JStV (anders als im allg. StVerf) lediglich im Anklageverfahren möglich (ebenso statt vieler Diemer/Schatz/Sonnen/Schatz Rn. 24). Im **Sicherungsverfahren** bleibt es bei der Unzulässigkeit. Dies ergibt sich aus Abs. 3 S. 1, der die Nebenklageoption allein bei einer „erhobenen öffentlichen Klage" vorsieht. Für die Annahme, dass die allg. Nebenklagevoraussetzungen in § 395 StPO durch Abs. 3 S. 1 allein hinsichtlich des Deliktskatalogs, nicht aber hinsichtlich der Verfahrensformen enger gefasst würden, ist weder im Normwortlaut noch in den Gesetzesmaterialien eine Grundlage ersichtlich. Das Vergeltungsbedürfnis von Verletzten dürfte in Verfahren gegen Schuld- oder Verhandlungsunfähige ohnehin geringer als in Regelverfahren ausgeprägt sein (abw. HK-JGG/Rössner/Bannenberg Rn. 14).

23 **c) Nebenklagefähiges Delikt. aa)** Der nach Abs. 3 S. 1 vorauszusetzende Tatvorwurf muss sich bei **Nr. 1** auf ein **Verbrechen** beziehen, weshalb ein Anschluss zB bei gefährlicher Körperverletzung (BGH NStZ-RR 2024, 88; LG Köln ZJJ 2014, 176) oder fahrlässiger Tötung (→ Rn. 30) von vornherein unzulässig ist. Nur bei **Nr. 2** genügt mit § 177 Abs. 6 StGB der besonders schwere Fall eines Vergehens (§ 12 Abs. 3 StGB). Beide Varianten setzen zudem voraus, dass der mutmaßlich Verletzte der **tatbedingten Gefahr** einer schweren Schädigung seelischer oder körperlicher Art ausgesetzt wurde oder dass diese Gefahr sich in einer solchen **erheblichen Schädigung realisiert** hat. Das gilt nach hM für **alle** dort erwähnten Deliktsvarianten (vgl. nur OLG Celle OLGSt StPO § 396 Nr 1 = BeckRS 2016, 114152 mit insoweit zustAnm. Kölbel; LG Oldenburg ZJJ 2011, 92 = BeckRS 2010, 148255; NK-JGG/Sommerfeld Rn. 2; MüKoStPO/Kaspar Rn. 27). Die Gegenansicht BeckOK JGG/Noak Rn. 23; Noak ZRP 2009, 15 (15 f.); Noak JR 2022, 232 (234 ff.): bei Nr. 1 nur für §§ 239 Abs. 3, 239a, 239b StGB) ist schon mit dem Normwortlaut („Verbrechen (…), durch welches") nicht zu vereinbaren (Diemer/Schatz/Sonnen/Schatz Rn. 17; Zierer Grundsatz S. 217).

24 Die Schädigung muss **körperlicher oder psychischer** Art sein, während reine Entwicklungsschäden (zu dieser eigenständigen Schadensart vgl. zB § 176c Abs. Nr. 4 StGB) nicht einbezogen sind. Indem der Normtext ausdrücklich eine schwere Schädigung verlangt, setzt er eine Qualität der tatbedingten Beeinträchtigung voraus, die über das Niveau hinausgeht, das mit den in Nr. 1 und Nr. 2 genannten Delikten typischerweise verbunden ist (ebenso NK-JGG/Sommerfeld Rn. 2; vgl. auch Fischer/Fischer StGB § 176c Rn. 13 f.; ferner MüKoStGB/Renzikowski StGB § 176a Rn. 28; die Problematik verkennend Hinz JR 2007, 140 (144)). Die physische oder seelische Verletzung muss deshalb von besonderem Gewicht sein (vgl. LG Saarbrücken NStZ 2015, 231), während der erforderliche **Schädigungsgrad** bei einer „nicht unerheblichen" Beeinträchtigung noch nicht gegeben ist.

25 Allerdings genügt hinsichtlich dieser Schadensfolgen bereits eine taterzeugte **Gefahr.** Dies ist bei einer konkreten Möglichkeit (vgl. auch Noak ZRP 2009, 15 (16)) bzw. einer **erheblichen Wahrscheinlichkeit** des Schadenseintritts gegeben (LG Oldenburg ZJJ 2011, 92 = BeckRS 2010, 148255). Bloße Vermutungen oder Anhaltspunkte genügen insoweit nicht. Vielmehr müssen Umstände gegeben sein, die zur Verwirklichung des Straftatbestandes erforderlich sind (vgl. LG Saarbrücken NStZ 2015, 231). Unter

diesen Bedingungen kommen für Nr. 1 und Nr. 2 auch Versuchskonstellationen in Betracht.

bb) Auch bei **Nr. 3** wird ein Verbrechen vorausgesetzt. Dagegen ist das Schädigungs-/Gefährdungs-Erfordernis hier nicht ausformuliert. Unter den Vorzeichen einer gesetzessystematisch stimmigen Auslegung muss allerdings die konkrete Schwere der dort abschließend genannten Tatvorwürfe dem Gewicht der in Nr. 1 und Nr. 2 erfassten Konstellationen entsprechen. Tritt in Fällen von § 251 StGB bzw. § 251 StGB iVm § 252 oder § 255 StGB keine **Verletzung** beim etwaigen Nebenkläger ein, ist diese **Äquivalenz** äußerst fraglich und besonders begründungsbedürftig (tendenziell weiter aber Streng JugendStrafR Rn. 204: auch Versuchsfälle erfasst; BeckOK JGG/Noak Rn. 24: Verletzung bei Dritten ausreichend). – Der Katalog nebenklagefähiger Delikte in Nr. 1 – Nr. 3 ist iÜ **abschließend** (s. auch BT-Drs. 16/3640, 54). Dass Abs. 3 S. 2 formal auf § 396 Abs. 2 S. 2 iVm § 395 Abs. 3 StPO verweist, ändert daran nichts. Es stellt vielmehr eine technische Ungenauigkeit dar, die angesichts des eindeutigen gesetzgeberischen Willens bedeutungslos ist (BeckOK JGG/Noak Rn. 16.1). 26

d) Verurteilungsaussicht und -interesse. aa) Die Rspr. im allg. StVerf lässt die Nebenklage schon dann zu, wenn das von der Anklage umfasste Geschehen (§ 264 StPO) auch den Sachverhalt eines nebenklagefähigen Deliktes einschließt und es deshalb rechtlich als möglich erscheint, dass auch in dieser Hinsicht eine Verurteilung erfolgt. Nicht erforderlich ist, dass das Gericht mit Bezug auf die Katalogtat einen hinreichenden oder dringenden **Tatverdacht** bejaht (vgl. bspw. sowie etwa BGH NStZ-RR 2002, 340; 2008, 352; BeckRS 2011, 16369; krit. etwa Altenhain JZ 2001, 791 (794)). Dass dies auch im JStV gelten soll (KG NStZ 2022, 759 (760)), ist mit der gebotenen engen Handhabung der Anschlussvoraussetzungen (→ Rn. 21) nur schwer zu vereinbaren. Zumindest aber ist die Auffassung zurückzuweisen, der zufolge die bloß theoretische Verurteilungsmöglichkeit sogar dann ausreichen soll, wenn die fraglichen Delikte gar nicht angeklagt wurden (OLG Celle OLGSt StPO § 396 Nr 1 = BeckRS 2016, 114152). Vielmehr ist es erforderlich, dass die vorwurfsbezogenen Anschlussvoraussetzungen „institutionell bejaht und deklariert", dh zum Gegenstand des Anklagevorwurfs gemacht worden sind (Kölbel ZJJ 2017, 279 (281)). Denn die Begleitwirkungen, die die Nebenklage für den Angeklagten hat, müssen in gleicher Weise durch eine Verdachtsbejahung gerechtfertigt sein wie das Verfahren insges. (s. zum allg. StR SK-StPO/Velten StPO § 395 Rn. 13). 27

Zeigt sich im Verfahren sodann, dass eine Verurteilung wegen des Nebenklagedeliktes nicht mehr möglich ist (etwa wegen der Erkennbarkeit einer sicher dagegensprechenden Rechts- oder Beweislage oder wegen eines entstandenen oder erkannten Prozesshindernisses), muss, sofern das Verfahren wegen anderer Delikte fortgesetzt wird, die **Nebenklagezulassung widerrufen** werden (abw. OLG Düsseldorf NStZ 1997, 204; OLG Celle OLGSt StPO § 396 Nr 1 = BeckRS 2016, 114152 mablAnm Kölbel ZJJ 2017, 279 (281)). 28

bb) Obwohl das gesamte Nebenklageinstitut (nicht nur subkutan) eine Konzession an gesellschaftliche Vergeltungsbedürfnisse darstellt und der Nebenklageanschluss idR auch auf einem privaten **Bestrafungsinteresse** beruht, ist ein Anschluss iÜ durchaus auch mit dem subjektiven **Ziel** des **Freispruchs** zulässig. Für den Fall, dass vom Nebenkläger das Fehlen von 29

Schuldfähigkeit (§ 20 StGB) oder strafrechtlicher Verantwortlichkeit (§ 3) geltend gemacht wird, wird dies durch BGHSt 65, 145 = NJW 2020, 3398 konstatiert (krit. aber Kulhanek NJW 2020, 3400; Schöch JZ 2021, 382). Ebenso verhalte es sich, wenn die Tatbegehung des Angeklagten in Abrede gestellt (und so bspw. die Strafverfolgung eines Dritten erreicht werden) soll (sog. verteidigende Nebenklage; vgl. Altenhain JZ 2001, 791 (797 f.); Bock JR 2013, 428 (428 f.); Noak ZIS 2014, 189 (190 ff.); abw. OLG Schleswig NStZ-RR 2000, 270; OLG Rostock NStZ 2013, 126; Diemer/Schatz/Sonnen/Schatz Rn. 22). Dies ist insofern zutr., als weder in Abs. 3 noch in §§ 395 ff. StPO eine retributive oder ähnlich gelagerte Zielstellung als Anschlussvoraussetzung vorausgesetzt wird. Vielmehr sind die Beweggründe der Verletzten – wenn und solange eine objektive Verurteilungsaussicht (→ Rn. 27) besteht – hiernach gänzlich ohne Belang.

30 **e) Erweiterte Anschlussberechtigung.** Nach **Abs. 3 S. 2 iVm § 395 Abs. 2 Nr. 1 StPO** erstreckt sich die Befugnis zur Nebenklage bei Tötungsdelikten auf die genannten Angehörigen. Der Personenkreis wird durch § 373b StPO nicht ausgedehnt (BT-Drs. 19/27654, 101). Maßgeblich für die Nebenklageberechtigung der Angehörigen ist – unabhängig von einer feststellungsbedürftigen, eigenen schweren Schädigung – die Tötung der fraglichen Beziehungsperson, wobei es sich dabei um ein Verbrechen iSv Abs. 3 S. Nr. 1 handeln muss. Ein Fall von § 222 StGB ist nicht ausreichend (s. AG Brake ZJJ 2012, 90), denn Abs. 3 S. 2 iVm § 395 Abs. 2 Nr. 1 StPO erweitert nur den Kreis der berechtigten Personen, nicht aber das Spektrum nebenklageberechtigender Delikte.

4. Weitere Verfahrensregelungen

31 **a) Anschlussmodalitäten.** Für die erforderliche Anschlusserklärung gilt **Abs. 3 S. 2 iVm §§ 395 Abs. 4, 396 Abs. 1 StPO.** Hiernach kann sie in jeder Verfahrensphase geschehen (worauf der Verletzte rechtzeitig hinzuweisen ist (§ 406i Abs. 1 Nr. 2 StPO iVm § 2 Abs. 2)). Erfolgt der Anschluss bereits vor Erhebung der öffentlichen Klage, wird er erst mit deren Erhebung wirksam. Möglich ist er auch noch nach einem ergangenen Urteil, etwa zur nachherigen Einlegung von Rechtsmitteln. Dass das JStVR dem Nebenkläger diese Option einräumt, steht allerdings in Widerspruch zu den (Beschleunigungs-Interessen, mit denen die Rechtsmitteleinschränkungen in § 55 gerechtfertigt werden (→ § 55 Rn. 59 ff.). Deshalb ist es auch problematisch, dass der Anschluss noch bei bereits anhängigem Rechtsmittelverfahren zulässig sein soll, und zwar unabhängig davon, ob eine Rechtsmittelbefugnis des Nebenklägers besteht (so für das allg. StVerf etwa BGH BeckRS 2001, 30202954; BGH StraFo 2003, 198 = BeckRS 2003, 2850).

32 Vor der Entscheidung, in der die Berechtigung zum Anschluss (lediglich) festgestellt wird (BGHSt 41, 288 (289) = NJW 1996, 1007 (1008); BGH NStZ-RR 2024, 208 (Ls.) = BeckRS 2024, 9848), muss das Gericht die JStA **anhören** (Abs. 3 S. 2 iVm § 396 Abs. 2 S. 1 StPO). Eine Anhörung des Beschuldigten bzw. Angeklagten ist nach wohl hM im allg. StVerf dagegen nicht erforderlich (vgl. nur Meyer-Goßner/Schmitt/Schmitt StPO § 396 Rn. 11; zw. aber Löwe/Rosenberg/Wenske StPO § 396 Rn. 17; aA SK-StPO/Velten StPO § 396 Rn. 6). Das erscheint mit Blick auf Art. 103 Abs. 1 GG als fraglich. Wegen der spezialpräventiven Vorteile von prozedu-

raler Fairness empfiehlt sich die Gewährung einer Äußerungsmöglichkeit ohnehin.

b) Nebenklägerrechte. Durch den Verweis in Abs. 3 S. 2 verfügt der Nebenkläger im JStV über dieselben Rechte wie im allg. StVerf. Das betrifft auch die sog. **Offensivbefugnisse,** dh insb. das Frage-, das Äußerungs- und das Beweisantragsrecht (dazu, dass Beweisanträge des Nebenklägers nur unter denselben engen Voraussetzungen wie beim Angeklagten abgelehnt werden können, vgl. BGH NStZ 2011, 713). Hinzu kommt noch die Rechtsmittelbefugnis (n. dazu → Rn. 36). Die Einräumung **all** dieser Rechte **enthebt** die Amtsträger im JStV **nicht** von der Wahrung des **Erziehungsauftrags** (§ 2 Abs. 1). Kommt es seitens der Nebenkläger und ihrer anwaltlichen Vertreter während des Verfahrens zu Aktivitäten, die den jugend(straf)rechtlichen Zielen von Schutz, Förderung und Integration des Jugendlichen nach Form und Diktion zuwiderlaufen, ist dies vom Vorsitzenden zu unterbinden. Auch muss für eine JGG-adäquate Handhabung der **Nebenklagevorschriften** gesorgt sein. 33

Das betrifft etwa die **Akteneinsicht,** für die der Nebenkläger nicht einmal ein berechtigtes Interesse darlegen muss (§ 406e Abs. 1 S. 2 StPO iVm § 2 Abs. 2). Bei der Entscheidung über deren etwaige Versagung (§ 406e Abs. 2 StPO iVm § 2 Abs. 2) sind aber nicht nur die Folgen, die sich aus der Aktenkenntnis für die Nebenklägeraussage ergeben (→ Rn. 13), sondern auch legitime Geheimhaltungsinteressen des Beschuldigten dezidiert zu würdigen (dazu im allg. StVerf BVerfG NJW 2017, 1164). Bei einem Jugendlichen ist das besonders zentral, weil die Akten sensible Informationen über ihn enthalten können, die (wie bei Erkenntnissen der JGH) ggf. auch dem Sozialdatenschutz unterliegen und deren stigmatisierende Verbreitung nach § 2 Abs. 1 (s. bspw. auch → § 48 Rn. 8 ff.) nicht zugelassen werden darf (SK-StPO/Velten/Greco/Werkmeister StPO Vor §§ 406d–406l Rn. 9; Beulke/Swoboda JugendStrafR Rn. 867; einschr. auch Zierer Grundsatz S. 220 f.; unkritisch dagegen Diemer/Schatz/Sonnen/Schatz Rn. 25; Rohde, Die Rechte und Befugnisse des Verletzten im Strafverfahren gegen Jugendliche, 2009, S. 172 ff.). Ggf. kann das Problem durch Entheftung von Aktenteilen gelöst werden (dazu auch mit Blick auf die elektronische Akte n. NK-JGG/Sommerfeld Rn. 6). In anderen Fällen ist die Akteneinsicht abzulehnen (n. auch → § 2 Rn. 54). 34

c) Beweiswürdigung. Bei der sachlich-rechtlichen Beweiswürdigung haben die **allg. Grundsätze,** wie sie im StVerf gegen Erwachsene wegen der Informationsrechte und Offensivbefugnisse des mutmaßlich Verletzten in erhöhtem Maße anerkannt sind, im JStV wegen des dortigen Erziehungsauftrags **(§ 2 Abs. 1)** einen noch **ausgeprägteren Stellenwert.** Denn die psychisch und ggf. auch hinsichtlich der Einhaltung der Legalordnung zerstörerische Wirkung einer partiellen oder gar vollständigen Falschbeurteilung oder sogar Falschverurteilung erreicht ggü. Jugendlichen noch stärkere Wirkungen, als es ggü. Erwachsenen der Fall ist – wie auch minderjährige Nebenkläger, sofern es sich tatsächlich um Opfer handelt, besonderen Schutzes vor Bloßstellung bedürfen (→ §§ 33–33b Rn. 35 ff.). Stets ist von der sog. Nullhypothese (BGHSt 45, 164 = NJW 1999, 2746) auszugehen und bei jedem Schritt der Beweisaufnahme wie -würdigung – insbes. im Fall von Zeugenaussagen des Nebenklägers – in Erwägung zu ziehen, ob die Jugendstrafjustiz von der Nebenklage (bzw. Aktivitäten in deren Hintergrund) 35 manipuliert und/oder instrumentalisiert wird (dazu und zur unbewusst verfälschenden Nebenklägeraussage etwa BeckOK StPO/Eschelbach StPO § 261 Rn. 59 ff.; Hohoff NStZ 2020, 387 (389 f.) jeweils mwN; vgl. auch → § 2 Rn. 54 f.; außerordentlich problematisch dagegen BGH NStZ 2016, 367). Diese Möglichkeit ist grds. bei keinem Tatvorwurf auszuschließen, zumal entspr. Absichten vor Gericht allein ausschnittweise erkennbar sind.

36 **d) Rechtsmittel.** Nach **§ 400 StPO** iVm § 2 Abs. 2 kann der Nebenkläger ein Urteil nur mit dem **Ziel** anfechten, einen bislang unterbliebenen Schuldspruch bzgl. einer nebenklagefähigen Straftat zu erreichen. Soll die Verurteilung wegen eines anderen Deliktes oder die Verhängung einer anderen Rechtsfolge erreicht werden, ist das Rechtsmittel unzulässig. Dazu zählen auch Fälle, in denen bei Heranwachsenden die Anwendung von allg. StR erreicht werden soll (stRspr, vgl. nur BGH StraFo 2007, 245 = BeckRS 2007, 5016; 2007, 18505; 2013, 9514). Vor diesem Hintergrund muss der Nebenkläger innerhalb der Begründungsfrist deutlich machen, dass die Stoßrichtung seines Rechtsmittels mit § 400 StPO vereinbar ist; anderenfalls wäre dieses unzulässig (BGH BeckRS 2022, 41572; 2023, 41776). Auch die Revision muss von ihm so weit substantiiert werden, dass ein berechtigtes Anfechtungsziel deutlich wird (BGH NStZ-RR 2024, 88; BeckRS 2024, 3370). Eine **Nichtzulassung** kann vom Verletzten nur dann erfolgreich gerügt werden, wenn nicht auszuschließen ist, dass von ihm vorgebrachte Tatsachen oder Beweismittel für den Schuldspruch bedeutsam geworden wären (so etwa BGH NStZ 1997, 97). Abgesehen davon ist die Entscheidung (ebenso wie bei der Zulassung) durch **Beschwerde** angreifbar.

37 Die vom Gericht festgestellte Anschlussberechtigung wird bei einer Revision des Jugendlichen ebenfalls nur nach entspr. **Rüge** geprüft. Liegt eine solche Rüge vor und ist sie begründet, soll das Urteil im allg. StVerf allerdings generell nicht auf diesem Fehler **beruhen** (BGH BeckRS 1993, 08275; Meyer-Goßner/Schmitt/Schmitt StPO § 396 Rn. 21; KK-StPO/Allgayer StPO § 396 Rn. 14; abw. und für eine Einzelfallprüfung OLG Frankfurt a. M. NJW 1966, 1669; SK-StPO/Velten StPO § 396 Rn. 18). Diese Position ist nur mit dem (opferschutzpolitischem) Bemühen erklärbar, einer strengen Kontrolle der Anschlussgründe entgegenwirken zu wollen. Dass sich die Mitwirkung des Nebenklägers trotz seiner zahlreichen Rechte nicht ausgewirkt haben soll, ist schon deshalb unplausibel, weil der Zweck des Nebenklageinstituts ja gerade in der Ermächtigung zu solchen Wirkungen besteht. Im JStV ist ein Beruhen besonders selten auszuschließen, weil der Angeklagte ggü. der Nebenklage im Vergleich zu Erwachsenen idR weniger abwehrfähig ist (iErg ebenso Diemer/Schatz/Sonnen/Schatz Rn. 30).

5. An die Nebenklageberechtigung gebundene Verletztenbefugnisse

38 Unter den Rechten des sog. Verletzten (§ 373b StPO iVm § 2 Abs. 2), die va in §§ 406d ff. StPO geregelt sind (zu deren an § 2 Abs. 1 orientierter Auslegung n. → § 2 Rn. 51 ff.) sind einige Befugnisse enthalten, die eine Nebenklageberechtigung (nicht aber den erfolgten Anschluss als Nebenkläger) voraussetzen. Neben der erleichterten Akteneinsicht (§ 406e Abs. 1 S. 2; dazu → Rn. 34) betrifft dies die Beistands-, Anwesenheits-, Erklärungs-

und Fragerechte gem. **§ 406h StPO** (zu den Kostenfolgen bei Verurteilung s. § 472 Abs. 3 S. 1 StPO iVm § 2 Abs. 2 sowie → § 74 Rn. 19, 22 ff., 29). Durch Wahrnehmung dieser Befugnisse kann die mutmaßlich geschädigte Person eine Prozesskonstellation herbeiführen, die der Nebenklage ähnelt und die im JStV damit auch deren Problematik (→ Rn. 13 f.) aufweist. Nach der wohl hM, die dies nicht reflektiert, sei § 406h StPO vor den JGerichten dennoch einschränkungslos anwendbar (Zapf, Opferschutz und Erziehungsgedanke im Jugendstrafverfahren, 2012, S. 98 ff.; vor Einführung von Abs. 3 nF auch OLG Koblenz NJW 2000, 2437; OLG München NJW 2003, 1543; Hüls ZJJ 2005, 22 (28)). Es sei allerdings eine fallkonkret zu bejahende Nebenklageberechtigung gem. Abs. 3 (→ Rn. 20 ff.) erforderlich (mit dieser Einschränkung Diemer/Schatz/Sonnen/Schatz Rn. 32; Brunner/Dölling § 48 Rn. 18 f.; Laubenthal/Baier/Nestler Rn. 383; Streng JugendStrafR Rn. 206; Schöch ZJJ 2012, 246 (253)).

Dabei bleibt unberücksichtigt, dass **§ 48 Abs. 2 S. 1** für die Anwesenheit in der HV eine **abschließende Spezialregelung** darstellt (§ 2 Abs. 2). 39
Sofern keine besonderen Gründe (§ 48 Abs. 2 S. 3) vorliegen, hat der Beistand des nebenklageberechtigten Verletzten hiernach im JStV kein Anwesenheitsrecht (n. → § 48 Rn. 23), sodass er die anderen Befugnisse, die in § 406h Abs. 2 StPO vorgesehen sind, gar nicht auszuüben vermag (iErg. ebenso Zierer Grundsatz S. 224). Dass er deshalb für den Verletzten nur außerhalb der HV tätig werden kann, spricht auch gegen die Anwendbarkeit der Bestellungsregelung in **§ 406h Abs. 3 StPO** (da das entspr. Bestellungsinteresse objektiv nur ein geringes ist). Solange sich die mutmaßlich geschädigte Person nicht als Nebenkläger anschließt, steht ihr vor den JGerichten also insges. nur ein schmaler **Ausschnitt** der Beistandsansprüche zu (bis zur Einführung von Abs. 3 nF für deren gänzlichen Ausschluss BGH StraFo 2003, 58 = BeckRS 2002, 9740; OLG Stuttgart NJW 2001, 1588; OLG Stuttgart NStZ-RR 2003, 29 (Ls.); OLG Zweibrücken NStZ 2002, 496; OLG Düsseldorf NStZ 2003, 496; KG NStZ-RR 2007, 28; NStZ 2007, 44); Schaal/Eisenberg NStZ 1988, 49 (50 ff.); keine Einwände hiergegen bei BVerfG NJW 2002, 1487).

Adhäsionsverfahren

81 Die Vorschriften der Strafprozeßordnung über das Adhäsionsverfahren (§§ 403 bis 406c der Strafprozeßordnung) werden im Verfahren gegen einen Jugendlichen nicht angewendet.

I. Anwendungsbereich

Für **Jugendliche** ist die Vorschrift in Verfahren sowohl vor den JGerichten als auch vor den für allg. Strafsachen zuständigen Gerichten an- 1
zuwenden (§ 104 Abs. 1 Nr. 14). Dagegen gilt sie für **Heranwachsende** nicht – auch dann nicht, wenn auf sie materielles JStR angewandt wird (§ 109 Abs. 1 und Abs. 2, § 112 S. 2; krit. dazu → § 109 Rn. 51). Maßgeblich ist gem. § 1 Abs. 2 das Alter zur Zeit der vorgeworfenen Tat (BGH StV 2013, 563 = BeckRS 2012, 15073; OLG Koblenz BeckRS 2011, 1376; AG Tiergarten StV 2019, 482 mAnm. Kölbel/Eisenberg StV 2019, 484).

II. Einordnung der Vorschrift

1. Zweck und Konsequenzen

2 Der Verletzte (§ 373b StPO) kann im JStV gegen einen Beschuldigten, auf den die Vorschrift anwendbar ist, keine zivilrechtlichen Ansprüche geltend machen. Ein entspr. Adhäsionsantrag muss **stets als unzulässig** zurückgewiesen werden. Dies erfolgt durch einen Absehensbeschluss (§ 406 Abs. 5 StPO iVm § 2 Abs. 2). Über die Kosten ist dann nach § 472a Abs. 2 S. 1 StPO iVm § 2 Abs. 2 zu befinden, wobei eine Belastung des Jugendlichen nicht in Betracht kommt (OLG Koblenz BeckRS 2011, 1376). IdR ist die Kostenentscheidung vielmehr zu Lasten des Antragstellers zu treffen (NK-JGG/Sommerfeld Rn. 3; BeckOK JGG/Noak Rn. 3). Dies betrifft auch die antragsbedingt entstandenen, notwendigen Auslagen des Jugendlichen (bei fehlender Zustellung gem. § 404 Abs. 1 S. 3 StPO iErg. einschr. OLG Brandenburg JurBüro 2022, 579 = BeckRS 2022, 20844).

3 Kommt es (etwa vor einer nachträglichen Korrektur der Altersfeststellung) gleichwohl zu einem Adhäsionsausspruch, ist dieser allerdings nicht nichtig (so aber zB HK-JGG/Rössner/Bannenberg Rn. 4), sondern wirksam und nur **angreifbar** (s. auch → § 79 Rn. 7). Das Rechtsmittelgericht hat den Ausspruch aufzuheben (BGH BeckRS 1996, 31091403; 2001, 30194622; StV 2003, 458 = BeckRS 2003, 691; 2005, 8724; 2006, 7542) und eine Entscheidung zur Unzulässigkeit des Adhäsionsantrags zu treffen (BGH StraFo 2016, 435 = BeckRS 2016, 134198). Dies geschieht auch hier durch Beschluss. Darin wird erklärt, von einer Entscheidung über den Antrag abzusehen (BGH StV 2013, 563 = BeckRS 2012, 15073). Kam es während der Antragsanhängigkeit zu einem Vergleich (§ 405 StPO), besteht dieser dagegen fort (LG Schwerin BeckRS 2023, 48143), wohingegen ein (grds. angreifbarer) Adhäsionsausspruch dann gar nicht erfolgt sein kann (MüKo-StPO/Schreiner StPO § 405 Rn. 2).

4 Durch die Regelung werden die Vermögensinteressen des Verletzten – und die der anderen, in § 403 StPO genannten antragsberechtigten Personen (BT-Drs. 19/27654, 131) – dem **Erziehungsauftrag** des JGG (§ 2 Abs. 1) untergeordnet. Ähnlich wie bei § 80 (→ § 80 Rn. 3 und 13 f.) geschieht dies in der Absicht, das Verfahren und die Rechtsfolgenanordnung im JStR von spezialpräventiv kontraproduktiven Auseinandersetzungen und Anordnungen freizuhalten (BGH NStZ 1991, 235; OLG Stuttgart NJW 2001, 1588 (1588 f.)). Solche untunlichen Nebenschauplätze, auf denen allein Restitutionsinteressen thematisiert würden, wären zu erwarten, wenn sich Antragsteller iSv § 403 StPO in das JStVerf einschalten könnten. Auch liefe das Adhäsionsverfahren gegen Jugendliche wegen der für sie typischen Mittellosigkeit ohnehin meist ins Leere (den Normzweck auf die Vermeidung einer adhäsionsbedingten Verzögerung reduzierend aber BGHSt 65, 242 (252) = NStZ 2021, 679 (682)).

5 Die Unzulässigkeit des Adhäsionsverfahrens bedeutet ohnehin nicht, dass die Restitutions- und Ausgleichsinteressen des Verletzten im JStR bedeutungslos wären. Vielmehr kommt im Verfahren gegen Jugendliche – sofern es dort spezialpräventiv geboten erscheint – eine **adhäsionsähnliche** Vorgehensweise in Betracht. So kann ein TOA oder eine Schadenswiedergutmachung im Rahmen einer informellen Erledigung (§ 45 Abs. 1 und 2)

oder einer Rechtsfolgenanordnung (§ 10 Abs. 1, § 15 Abs. 1) herbeigeführt werden (vgl. RL Nr. 1). Dies gilt auch aus Anlass von Aussetzungsentscheidungen, (§ 23 Abs. 1 bzw. § 29 S. 2). Gleichwohl wird die begrüßenswerte Maßgabe des § 81 aus einer einseitig auf „Opferrechte" fokussierten Orientierung heraus kritisiert (kennzeichnend dafür die Erwägungen zu einer einschränkungslosen Anwendung des Adhäsionsverfahrens im JGG etwa bei MüKoStPO/Kaspar Rn. 3 f.; Zapf, Opferschutz und Erziehungsgedanke im Jugendstrafverfahren, 2012, S. 389 ff.; Hinz ZRP 2002, 475 (477 ff.); Schöch ZJJ 2012, 246 (253)).

2. Relativierung durch die Einziehung

Die gesetzliche Festlegung hat indes durch die erheblichen Änderungen, 6
zu denen es 2017 im Recht der **Vermögensabschöpfung** kam, bereits deutlich an Gewicht verloren. Seither sollen die Strafverfolgungsbehörden für die Durchsetzung und Befriedigung von Rückgabe- und teilweise auch von Entschädigungsansprüchen sorgen (n. → § 6 Rn. 9). Dafür wird der Vermögenswert, der durch die Tat erlangt wurde, eingezogen (§§ 73 ff. StGB) und an den betroffenen Verletzten sodann herausgegeben bzw. ausgekehrt (§ 459h StPO iVm § 2 Abs. 2). Dies führt zur weitgehenden Realisierung der Restitutionsinteressen. Unerfüllt bleiben sie im Wesentlichen nur bei manchen Geringfügigkeits- und Entreicherungsfällen (→ § 6 Rn. 12 ff.) oder bei Ansprüchen, die nicht auf die „Kehrseite des Erlangten" gerichtet sind (bspw. bei Schadensersatz wegen einer einbruchsbedingten Beschädigung oder bei Schmerzensgeld nach einer Körperverletzung).

Der Ausschluss des Adhäsionsverfahrens im JGG wirkt sich deshalb für die 7
Verletzten **nur noch partiell** – nämlich allein in den genannten Konstellationen – als Einschränkung aus. Ansonsten reduziert die Implementierung des Abschöpfungsrechts die Relevanz von § 81 in erheblichem Maße. Dass darin eine Unstimmigkeit liege, die für eine eingeschränkte jugendstrafrechtliche Anwendbarkeit der Einziehungsnormen spricht (BGH ZJJ 2020, 306 (310) = BeckRS 2020, 18436; Schady/Sommerfeld ZJJ 2019, 235 (237)), wird vom Großen Senat des BGH indes bestritten: § 81 schließe allein die Prozeduren aus, mit denen ein Ersatzanspruch im JStV gelten gemacht wird, nicht aber die materielle Anspruchserfüllung (BGHSt 65, 242 (252) = NStZ 2021, 679 (682)). Vollständig überzeugend ist das freilich nicht, zumal diese Zusammenhänge legislatorisch auch gar nicht bedacht worden sind (Kölbel/Eisenberg/Sonnen NStZ 2021, 683 (685); eing. dazu iZm mit der Wertersatzeinziehung → § 6 Rn. 12 ff.).

Zehnter Unterabschnitt. Anordnung der Sicherungsverwahrung

Verfahren und Entscheidung

81a **Für das Verfahren und die Entscheidung über die Anordnung der Unterbringung in der Sicherungsverwahrung gelten § 275a der Strafprozessordnung und die §§ 74f und 120a des Gerichtsverfassungsgesetzes sinngemäß.**

I. Anwendungsbereich

1 Die Vorschrift gilt in Verfahren gegen **Jugendliche** und **Heranwachsende,** die vor den JGerichten wie auch vor den für allg. Strafsachen zuständigen Gerichten geführt werden (vgl. § 104 Abs. 1 Nr. 15 bzw. § 109 Abs. 1, § 112 S. 1).

II. Einordnung und Entwicklung der Norm

2 Die Vorschrift regelt das Anordnungsverfahren bei der jugendstrafrechtlichen Sicherungsverwahrung. Sie wurde durch Gesetz v. 20.12.2010 (BGBl. I 2300) eingefügt. Der damalige Abs. 1, dem der heutige Normtext entspricht, ersetzte „aus Gründen der Gesetzessystematik (…) als generelle Verfahrensregelung für die Sicherungsverwahrung nach Vorschriften des JGG" (BT-Drs. 17/3403, 48) die bis dahin in § 7 Abs. 4 S. 1 aF enthaltenen prozessualen Bestimmungen. Der Regelungsgehalt besteht (wie in der Vorgängerfassung) aus einem Verweis auf die einschlägigen Zuständigkeits- und prozeduralen Normen des allg. StVR. Eine solche Regelungstechnik stärkt die Gleichstellung mit dem Erwachsenenrecht und ist nicht geeignet, den altersgruppenbezogenen Besonderheiten und den darauf basierenden Einwänden gegen die Sicherungsverwahrung (→ § 7 Rn. 34 f.) Rechnung zu tragen (zust. Radtke/Hohmann StPO/Ullenbruch StPO § 275a Rn. 202).

3 Bei ihrer Einführung erhielt die Vorschrift iÜ auch einen Abs. 2, der iZm einer nicht unerheblichen Abweichung vom allg. Maßregelrecht des StGB stand: Während dort die Vorschriften zur nachträglichen Sicherungsverwahrung (§ 66b Abs. 1 und 2 StGB aF) für jene Verfahren, die eine Tatbegehung nach Inkrafttreten des besagten Gesetzes zum Gegenstand hatten, entfielen, bestanden sie im JStR (§§ 7 Abs. 2, 106 Abs. 5 aF) „insgesamt, auch für diese Neufälle" fort (BT-Drs. 17/3403, 48). Eine entspr. Verfahrensregelung musste also nur noch für das JStR vorgesehen werden. Deshalb war die betr. Vorschrift, die ursprünglich in § 275a Abs. 1 StPO der bis dahin geltenden Fassung enthalten war, „inhaltlich in § 81a Abs. 2 zu überführen" (BT-Drs. 17/3403, 48). Infolge der Entscheidung in BVerfGE 128, 326 = NJW 2011, 1931 galt die jugendstrafrechtliche Regelung zur Sicherungsverwahrung (ua auch in der nachträglichen Variante) allerdings nur für eine kurze Übergangszeit (n. → § 7 Rn. 31). Da die verfassungsrichterlich erzwungene Neuregelung (AbstandsgebotsG v. 5.12.2012 – BGBl. I 2425) die nachträgliche Sicherungsverwahrung auch im JStR (weitgehend) abge-

schafft bzw. auf die sog. Erledigungskonstellationen beschränkt hatte, war die zugehörige Verfahrensnorm überflüssig geworden. Der damalige Abs. 2 (hier bis zur 25. Aufl. abgedruckt) wurde deshalb gestrichen. Auch seine potenzielle Restrelevanz für sog. Altfälle (n. → § 7 Rn. 33 sowie BeckOK JGG/Freuding Rn. 13 ff.) fiel durch den Zeitverlauf inzwischen de facto weg.

III. Ausgewählte Verfahrensfragen

1. Grundlage der Entscheidung und Zuständigkeit

Nach der Aktenvorlage durch den Vollstreckungsleiter (§ 82 Abs. 1 und Abs. 3 iVm § 451 Abs. 1 StPO) sowie der Vorprüfung und Antragstellung durch die StA (§ 275a Abs. 1 StPO) hat das Gericht rechtzeitig (§ 275a Abs. 5 StPO) in einer eigenen **Hauptverhandlung** (§ 275a Abs. 2 – 4 StPO) über die urteilsförmige Anordnung der vorbehaltenen (bzw. ausnahmsweise auch nachträglichen) Sicherungsverwahrung gem. § 7 Abs. 2 – 4 bzw. § 106 Abs. 3 – 6 zu entscheiden. Liegen die materiellen Anordnungsvoraussetzungen nicht vor (zu den inhaltlichen Kriterien → § 7 Rn. 44 f., § 106 Rn. 27), ergeht ein **Urteil,** in dem von der Anordnung der Sicherungsverwahrung abgesehen wird. Dagegen ist der Antrag, wenn er nicht den Mindestvoraussetzungen entspricht (oder wenn es an anderen Verfahrensvoraussetzungen fehlt), durch Prozessurteil als unzulässig zu verwerfen (BGH ZJJ 2011, 448 = BeckRS 2011, 22978). Da kein Zwischenverfahren erfolgt, kommt ein Nichteröffnungsbeschluss dagegen nicht in Betracht (BGH NStZ 2006, 178; abw. LG Zweibrücken ZJJ 2011, 453). Auch sonst ist keine Möglichkeit eines ablehnenden Beschlusses vorgesehen (KK-StPO/Greger StPO § 275a Rn. 15). 4

Zuständig ist idR die **JKammer** und zwar meist gem. § 81a iVm § 74f Abs. 1 GVG als das häufig (→ § 41 Rn. 15 f.) erstinstanzlich befasste Gericht. War das Ausgangsurteil ausnahmsweise (→ § 40 Rn. 5 ff.) vor dem JSchöffG ergangen, betrifft dies gem. § 81a iVm § 74f Abs. 2 GVG die JKammer des übergeordneten LG (vertiefend dazu Frister/Kliegel NStZ 2010, 484). Ggf. ist über die Anordnung aber auch durch das OLG zu befinden, wenn dieses gem. § 102 (dazu → § 102 Rn. 4) für die Ausgangsentscheidung zuständig war (§ 81a iVm § 120a GVG). – Die Beteiligung eines **Nebenklägers** an diesem Verfahren scheidet aus. Dies folgt aus der Nichterwähnung in § 275a StPO und dem wegen § 400 StPO fehlenden Beteiligungsinteresse (BGH BeckRS 2006, 4955; OLG Brandenburg NStZ 2006, 183; BeckOK-StPO/Peglau StPO § 275a Rn. 28). Ein Fall der **notwendigen Verteidigung** liegt dagegen zweifelsfrei vor (zur Frage der Neubeiordnung oder Fortwirkung der früheren Bestellung n. MüKoStPO/Gerhold StPO § 275a Rn. 33). Nach vorzuziehender Ansicht ist auch die **JGH** einzubinden (HK-JGG/Rössner/Bannenberg § 106 Rn. 15; BeckOK-JGG/Freuding Rn. 7). 5

2. Einzuholende Gutachten

Gem. § 81a iVm § 275 Abs. 4 bedarf es bei der vorbehaltenen Sicherungsverwahrung der Hinzuziehung eines Sachverständigen. Bei der nachträglichen Sicherungsverwahrung sind sogar Gutachten durch zwei **Sachverstän-** 6

dige (mit möglicherweise auch unterschiedlichen Fachrichtungen (vgl. BGHSt 50, 121 (129 f.) = NJW 2005, 2022 (2024 f.)) erforderlich, wobei diese nicht mit der Behandlung des Verurteilten im JStraf- oder Maßregelvollzug befasst gewesen sein dürfen. Während des Vollzugs oder der Unterbringung erlangte Erkenntnisse sind in der Begutachtung indes zwingend zu berücksichtigen (zur sich hier stellenden Frage der Schweige- und/oder Übermittlungspflicht von Vollzugsbediensteten s. Harrendorf JR 2007, 18). Getilgte oder zu tilgende Registereintragungen über eine Verurteilung dürfen gem. § 51 Abs. 1 BZRG dagegen nicht berücksichtigt werden. Soweit dem Sachverständigen (Personal-)Akten zur Kenntnis gegeben werden, muss diese auch der Verteidiger einsehen können. Andernfalls wäre der Grundsatz des fairen Verfahrens verletzt (OLG Nürnberg StV 2012, 168 = BeckRS 2012, 5579).

7 Der Betroffene kann selbst entscheiden, ob er sich an der Untersuchung beteiligen will oder nicht. Da die Untersuchung funktional den Ermittlungen zum Tatvorwurf entspricht, setzt die Verwertbarkeit der Gutachten iÜ voraus, dass er diesbzgl. in geeigneter Weise (§ 70b Abs. 1 entspr.) **belehrt worden** ist (§ 136 Abs. 1 S. 2 StPO entspr.; dazu allg. → § 43 Rn. 43). Sieht der Verurteilte von einer Mitwirkung an der Untersuchung durch einen Sachverständigen ab, bleiben allein die beweisrechtlich begrenzten und nicht selten irreführenden Möglichkeiten eines Vorgehens gem. § 80 Abs. 2 StPO iVm § 2 Abs. 2 (insb. Gutachten nach Aktenlage bzw. punktuelle Eindrücke während der Extremsituation einer strafjustiziellen Verhandlung bei anhaltender Langzeitinhaftierung). Grds. kann das Gericht auch geeignete Zeugen (etwa die Bediensteten der JStVollzAnstalt) zum psychischen Zustand des Verurteilten hören (OLG München StV 2011, 596 = BeckRS 2011, 23368 mablAnm Eisenberg StV 2011, 599). Allerdings ist bei der Würdigung zu berücksichtigen, dass es hier zu rollengeprägten Sichtweisen und „Gruppenaussagen" kommen kann.

3. Unterbringungsbefehl

8 Gem. § 81a iVm § 275a Abs. 6 StPO kann bei Verurteilten, die sich nicht ohnehin in einer Vollzugseinrichtung befinden, ggf. ein Unterbringungsbefehl angeordnet werden, um schon während des Verfahrens eine absehbare Verwahrung sicherzustellen. Das setzt aber voraus, dass im **Zeitpunkt** des Erlasses infolge dringender Gründe (dh aufgrund **bereits konkret vorliegender Tatsachen**) von einer hohen Anordnungswahrscheinlichkeit (infolge einer ungünstigen Prognose) ausgegangen werden kann (OLG München BeckRS 2016, 15967). Liegen bspw. sich widersprechende Gutachten vor, ist eine solche Erwartungssicherheit nicht gegeben. Keineswegs darf die Unterbringung zu dem Zweck geschehen, solche Tatsachen erst ermitteln zu können. Auch wenn das Gericht in umfassenden Beweiserhebungen erst noch klären müsste, ob dringende Gründe bestehen, scheidet die Anordnung aus (abw. OLG München StV 2011, 596 = BeckRS 2011, 23368 mablAnm Eisenberg StV 2011, 599).

Drittes Hauptstück. Vollstreckung und Vollzug

Erster Abschnitt. Vollstreckung

Erster Unterabschnitt. Verfassung der Vollstreckung und Zuständigkeit

Vollstreckungsleiter

82 (1) [1] **Vollstreckungsleiter ist der Jugendrichter.** [2] **Er nimmt auch die Aufgaben wahr, welche die Strafprozeßordnung der Strafvollstreckungskammer zuweist.**

(2) **Soweit der Richter Hilfe zur Erziehung im Sinne des § 12 angeordnet hat, richtet sich die weitere Zuständigkeit nach den Vorschriften des Achten Buches Sozialgesetzbuch.**

(3) **In den Fällen des § 7 Abs. 2 und 4 richten sich die Vollstreckung der Unterbringung und die Zuständigkeit hierfür nach den Vorschriften der Strafprozessordnung, wenn der Betroffene das einundzwanzigste Lebensjahr vollendet hat.**

Übersicht

I. Anwendungsbereich

1 Die Vorschrift ist bei **Jugendlichen** stets anwendbar, unabhängig davon, ob es um Entscheidungen eines JGerichts oder eines allg. Strafgerichts geht (n. → § 104 Rn. 29). Das gilt für Abs. 1 und Abs. 3 auch bei **Heranwachsenden,** sofern das JGericht oder das für allg. Strafsachen zuständige Gericht bei der Entscheidung materielles JStR angewendet hat (§ 110 Abs. 1, § 105 Abs. 1).

II. Grundlagen

1. Einordnung und Zweck der Norm

2 Die Vorschrift regelt die Zuständigkeit für die Umsetzung (Vollstr) jugendstrafrechtlicher Entscheidungen. Der umfassende strafprozessuale Begriff der **Vollstr** bezeichnet die Gesamtheit der teils richterlichen, teils verwaltungsmäßigen Tätigkeiten, die erforderlich sind, damit die Rechtsfolgen, die in einer umzusetzenden Entscheidung angeordnet wurden, durchgeführt werden können. Demgegenüber ist der **Vollzug** das verwaltungsmäßige Geschehen, das der Verwirklichung der Rechtsfolge selbst dient. In diesem Sinne stellt der Vollzug einen Teil der Vollstr dar. Das vorherrschende Verständnis grenzt beide Kategorien jedoch voneinander ab. Vollstr bezeichnet hiernach die auf die Herbeiführung des Vollzuges gerichteten (Entscheidungs-)Vorgänge.

3 § 82 überträgt die Leitung dieses Aufgabenbereichs dem im JStR **erzieherisch** als besonders geeignet geltenden) JRichter (zur örtlichen Zuständigkeit s. §§ 84 und 85). Dadurch können spezialpräventive Gesichtspunkte auch noch im Vollstr-Stadium zur Geltung gebracht werden – jedenfalls besser als in der administrativ strukturierten Verfahrensweise des allg. StR, das die Vollstr-Leitung gem. § 451 StPO grds. bei der StA lokalisiert (dazu, dass im JStR das in § 2 Abs. 1 geregelte Leitkriterium auch für die Gestaltung des Vollstr-Verfahrens maßgeblich ist, vgl. BGHSt 65, 242 (254) = NStZ 2021, 679 (682)).

4 Zudem hat der JRichter in vielen Konstellationen bereits den bisherigen Verfahrensgang (nach Anklage) geleitet. Durch seine Vollstr-Zuständigkeit kommt es zu einer kompetenziellen Einheit von Erkenntnis- und Vollstr-Verfahren, die eine zügigere Handhabung ermöglicht (zum Beschleunigungsprinzip in der Vollstr erg. RL III. Nr. 1 zu §§ 82–85). Außerdem verspricht sie ein **besser abgestimmtes** Vorgehen, da die festgelegte Rechtsfolge vom erkennenden Richter realisiert wird und so von ihm an sich ggf. neu ergebende Umstände angepasst werden kann (NK-JGG/Ostendorf Grdl. z. §§ 82–85 Rn. 3). Dass die Zuständigkeit auch in solchen Fällen beim JRichter konzentriert wird, in denen er im Erkenntnisverfahren gar nicht (allein) verantwortlich war (→ Rn. 10), erklärt sich mit dem Bemühen um eine **einheitliche** und klare Regelungsform.

2. Allgemeine Bedingungen der Vollstreckbarkeit

5 Die Umsetzbarkeit von Anordnungen im JStR hängt von einigen grundlegenden Bedingungen ab. Eine Entscheidung ist – abgesehen von § 56 (s.

RL III. Nr. 4 zu §§ 82–85) – erst mit ihrer **Rechtskraft** vollstreckbar (§ 449 StPO iVm § 2 Abs. 2). Darauf aufbauend stellt die Urschrift oder eine beglaubigte Abschrift der Entscheidung mit **Rechtskraftbescheinigung** (§ 13 Abs. 2 StrVollstrO) eine unverzichtbare urkundliche Grundlage der Vollstr dar (s. auch § 451 Abs. 1 StPO iVm § 2 Abs. 2).

Mit Blick auf den speziellen jugendstrafrechtlichen Beschleunigungsgrundsatz (→ Einl. Rn. 42 f.) muss die Vollstr einer Entscheidung idR möglichst schnell eingeleitet werden, sodass die Rechtskraftbescheinigung kurzfristig zu erteilen und dem zuständigen Vollstreckungsleiter mit den Akten unverzüglich (vgl. RL II. 2 zu §§ 82–85 aF) zu übersenden ist. Diese Schritte haben mit Eintritt der Rechtskraft also **umgehend** (in Haftsachen binnen 3 Tagen (§ 13 Abs. 4 S. 2 StrVollstrO)) – und zumindest bei einer JStrafe daher ggf. noch vor Urteilsabsetzung (RL VI. 2 S. 1 zu §§ 82–85) – zu erfolgen. Dies zielt auf eine Beschleunigung (zur offenbar abw. Praxis s. Frenzel KJ 2013, 417), die dazu führen kann, dass die Gestaltung der ersten Vollzugszeit einer JStrafe noch ohne Berücksichtigung der Urteilsgründe auskommen muss (RL VI. 2 S. 2 und 3 zu §§ 82–85). Deshalb besteht die in § 275 Abs. 1 S. 1 StPO iVm § 2 Abs. 2 geregelte Eilbedürftigkeit der Urteilsabsetzung im JStV ganz besonders. Insbes. bei JStrafe sollte der Rahmen des § 275 Abs. 1 S. 2 StPO grds. unterschritten werden. Außerdem ist eine telefonische Verständigung mit dem erkennenden Gericht möglich (s. auch HK-JGG/Kern/Buckolt § 85 Rn. 5). 6

Bei einigen Entscheidungen werden die vorgenannten Maßgaben modifiziert. Wird eine Aussetzung der Vollstr der JStrafe zBew oder eine bedingte Entlassung **widerrufen,** gilt § 14 StrVollstrO entspr., dh es bedarf der Widerrufsentscheidung. Mit Blick auf die verschiedenen Konstellationen iZm § 57 (→ § 57 Rn. 3 ff.) bildet dort, wo eine Aussetzung zBew nachträglich geprüft und abgelehnt worden ist, die mit Rechtskraftbescheinigung versehene Ausfertigung des Ablehnungsbeschlusses eine weitere Vollstr-Grundlage. Ebenso verhält es sich in Fällen des **Vorbehalts** der nachträglichen Entscheidung. Auch hier stellt – zusätzlich zu Rechtskraft und Rechtskraftbescheinigung – die eine Aussetzung ablehnende Entscheidung bzw. der Ablauf der Entscheidungsfrist eine Vollstr-Voraussetzung dar (vgl. § 89; erg. → § 57 Rn. 16, → § 61a Rn. 12). 7

Neben der Abwesenheit von Vollstreckungshindernissen (§ 87 Abs. 4, Vollstreckungsverjährung, Amnestie) dürfen speziell bei stationären Sanktionen schließlich keine Umstände vorliegen, durch die es an der **Vollzugstauglichkeit** fehlt (§ 455 StPO iVm § 2 Abs. 2). Dies kann bspw. bei schwerer Krankheit der Fall sein (zur ärztlichen Haftfähigkeitsprüfung in NRW Hupe/Huckenbeck Bewährungshilfe 2011, 66; den Strafausstand beim vorherigen Suizidversuch vern. OLG Koblenz StRR 2015, 387 = BeckRS 2015, 10695 zum allg. StR). Im JStR sind bei der entspr. Beurteilung der persönlichen Bedingungen des Verurteilten die Grundsätze des JGG zu wahren und mit Blick auf das besondere Schutzbedürfnis weniger strenge Maßstäbe anzulegen (anders aber zB § 13 Abs. 3 HmbJStVollzG: „auf Grund ihrer Krankheit in Kürze mit dem Tod gerechnet werden muss“). Besondere Bedeutung kommt hierbei dem **Vollstr-Aufschub** zu (§§ 455a, 456 StPO iVm § 2 Abs. 2), um außerhalb des Zwecks der JStrafe liegende, ggf. irreparable Nachteile für die Entwicklung des Verurteilten zu vermeiden. Dies betrifft zB einen bevorstehenden und in Haft nicht realisierbaren Ausbildungsabschluss (vgl. LG Stralsund ZJJ 2010, 81 = BeckRS 8

2011, 12980) oder eine bestehende Schwangerschaft (allg. zur Problematik. Linnartz/Sütterlin-Müsse ZJJ 2013, 407; speziell zur drohenden Trennung der Verurteilten von ihren Kleinkindern s. LG Leipzig StV 2013, 39 = BeckRS 2013, 144; vgl. auch → § 89b Rn. 13).

III. Zuständigkeit des JRichters als Vollstreckungsleiter

1. Zuständigkeitsbereiche

9 **a) Regelfälle nach JStR gem. Abs. 1 S. 1.** Die Vorschrift überträgt dem JRichter die Aufgaben, die im allg. StVerf gem. § 451 StPO durch die StA übernommen wird. Sie bezieht sich auf die Vollstr von Urteilen und ihnen gleichstehenden Entscheidungen, die auf eine **Rechtsfolge gem. §§ 9 ff.** lauten oder auf eine **Maßregel** der Besserung und Sicherung (vgl. etwa zur Führungsaufsicht OLG Brandenburg BeckRS 2023, 46927). Die Zuständigkeitsvorschrift erfasst die Umsetzung aller Entscheidungsinhalte und Folgeentscheidungen (dazu am Bsp. der Nachtragsentscheidung gem. § 69a Abs. 7 StGB n. OLG Frankfurt a. M. NStZ-RR 1996, 285 (286)). Dies betrifft gleichermaßen auch die im JStR möglichen Nebenfolgen, also das Fahrverbot und die **Einziehung** gem. §§ 73 ff. StGB einschließlich des Entschädigungsverfahrens gem. §§ 459h ff. StPO (BGH ZJJ 2019, 397 = BeckRS 2018, 46722; vgl. auch → § 6 Rn. 19 zu den oft schwierigen Entscheidungen iRv § 459g StPO iVm § 2 Abs. 2; erg. hierzu ferner BGHSt 65, 242 (253 f.) = NStZ 2021, 679 (682)). Die konkreten Arbeitsschritte bei der Vollstr all dieser Rechtsfolgen ergeben sich überwiegend aus der RL zu §§ 82–85 JGG (vgl. auch BeckOK JGG/Sengbusch Rn. 12 ff.; Nix/Pschorr/Eberz §§ 82–85 Rn. 20 ff.).

10 Die Zuständigkeit des JRichters als Vollstreckungsleiter betrifft die vorgenannten Entscheidungen, wenn diese durch ihn selbst oder unter seinem Vorsitz durch das JSchöffG ergangen sind (§ 84 Abs. 1 und 3). Im Rahmen von § 84 Abs. 2 hat er zudem die Entscheidung eines anderen JRichters oder eines anderen JSchöffG zu vollstrecken. Darüber hinaus vollstreckt er Entscheidungen, die von der JKammer im ersten Rechtszug oder von einem für allg. Strafsachen zuständigen Gericht getroffen wurden. Dies gilt auch, wenn gem. § 102 ein OLG in erster Instanz entschieden hat, weil § 462a Abs. 5 S. 1 StPO wegen § 83 Abs. 1 nicht zur Anwendung kommt (OLG Düsseldorf OLGSt § 82 Nr. 2 = BeckRS 1999, 30047613; vgl. auch → § 102 Rn. 3a). Der JRichter ist in all diesen Fällen auch dann noch zuständig, wenn für einen Mitverurteilten eine andere Vollstr-Behörde zuständig ist. Ein Auseinanderfallen der Vollstr-Zuständigkeit bei ein und derselben Entscheidung wird in diesen Fällen in Kauf genommen.

11 **b) Weitere Entscheidungen.** Der JRichter ist **gem. Abs. 1 S. 2** als Vollstreckungsleiter ist nicht nur für die Vollstr-Aufgaben zuständig, die die StPO im allg. StVerf der StA überträgt, sondern iS einer „Doppelfunktion" ebenfalls für die Entscheidungen, die dort einem Gericht – konkret: der **Strafvollstreckungskammer** (§§ 78a, 78b GVG) – zugewiesen sind. Das betrifft bspw. die Strafrestaussetzung oder die Klärung von Zweifeln bei der Strafzeitberechnung (speziell dazu KG StV 2019, 471 = BeckRS 2018, 16605; → § 52a Rn. 15; s. zum sonstigen Gegenstandsspektrum n. §§ 462a, 463 StPO). Dabei ist es ohne Belang, ob das 21. Lbj. inzwischen über-

schritten worden ist oder nicht (dazu für die anfallenden Folgeentscheidungen bei einer nach § 7 Abs. 1 angeordneten Unterbringung OLG Celle NJW 1975, 2253). Außerdem kommen hier weitere „originär richterliche" Aufgaben bei **nachträglichen Entscheidungen** hinzu. So fallen prinzipiell auch die Entscheidungen nach § 66 Abs. 2 S. 4 (→ § 66 Rn. 14) in seine Zuständigkeit, ebenso wie solche nach Art. 313 EGStGB (für den Straferlass nach Abs. 1 zB Kerpa/Kostik StV 2024, 477 (479); s. zur Kontroverse in der Rspr. bzgl. der Neufestsetzung nach Abs. 3 – 5 anhand der Korrekturentscheidungen, die durch das KCanG gem. Art. 316p EGStGB erforderlich geworden sind, n. → § 66 Rn. 13)). Allerdings wird in den fraglichen Fällen vielfach schon eine Zuständigkeitsverschiebung gem. § 85 Abs. 2 eingetreten sein (dazu n. → § 85 Rn. 9 ff., s. auch → § 85 Rn. 35).

c) Hilfe zur Erziehung. Die in → Rn. 9 genannte Grundregel wird bei Maßnahmen gem. § 12 Nr. 1 und Nr. 2 modifiziert. Hier wird lediglich die Vorbereitung der Durchführung vom JRichter veranlasst. Dies betrifft im Wesentlichen die Mitteilungen sowie die Übersendung der erforderlichen Unterlagen (vgl. RL IV. 2 zu §§ 82–85). Die **Durchführung** und Aufhebung von Hilfe zur Erziehung nach § 12 Nr. 1 und Nr. 2 richtet sich sodann jedoch nach dem **SGB VIII** (vgl. Abs. 2); sie liegen also in den Händen des JAmtes (§ 85 SGB VIII) und des FamG, jedenfalls nicht des JRichters. Dies ist die Konsequenz einer Kompetenzverteilung, die auch bei den Weisungen iSv § 10 besteht (→ § 10 Rn. 10, 64 ff.): Maßnahmen nach § 12 können zwar ggü. dem Jugendlichen angeordnet (nicht aber erzwungen (→ § 12 Rn. 2)) werden, doch ggü. dem JAmt besteht keine Verpflichtungsbefugnis (→ § 12 Rn. 4; vgl. etwa auch BeckOK JGG/Sengbusch Rn. 10.1; Possin, Heimerziehung gem. §§ 27, 34 SGB VIII als Jugendstrafrechtliche Intervention, 1995, S. 63 ff., 72 ff.; aA Lobinger Kostentragung S. 233 ff.). Darüber, ob die Maßnahme tatsächlich erfolgt, ist im sozialrechtlichen Verfahren nach den dort geltenden Kriterien zu entscheiden. Das dem JAmt vom JRichter zu übersendende Urteil hat hierbei keine Wirkung, die über einen Antrag auf Gewährung der Hilfe zur Erziehung hinausgeht. Daher kann es hier auch keine Vollstr-Zuständigkeit jugendstrafrechtlicher Institutionen geben. 12

d) Gnadenentscheidungen. Der JRichter als Vollstreckungsleiter sollte schließlich auch für Gnadenentscheidungen ggü. Jugendlichen und (nach JStR abgeurteilten) Heranwachsenden zuständig sein. Das ist aber nur teilw. entspr. geregelt (so etwa in § 5 Abs. 2 und § 7 GnO BW). In etlichen Ländern ist die StA die Gnadenbehörde (auch) in Jugendstrafsachen (vgl. etwa §§ 3 ff. NdsGnO; ferner mwN BeckOK JGG/Sengbusch Rn. 28.2). Hier muss der JRichter als Vollstreckungsleiter lediglich gehört werden (so ausdrücklich etwa § 11 Abs. 4 Nr. 2 GnO Bln. § 16 Abs. 1 Nr. e) NdsGnO; n. Birkhoff/Lemke GnadenR Rn. 183). 13

2. Einbindung des Rechtspflegers

Bei der Vollstr im JStV sind auf den Rechtspfleger gem. § 31 Abs. 5 S. 2 RPflG **allein** die Geschäfte übertragen, durch die eine **richterliche Vollstr-Anordnung** oder eine die Leitung der Vollstr nicht betr. allgemeine Verwaltungsvorschrift **ausgeführt** wird (n. Lissner StraFo 2013, 485 (486)). Durch VO können ihm nichtrichterliche Geschäfte übertragen werden, 14 soweit die jugendrichterliche Leitung der Vollstr nicht beeinträchtigt wird oder das Vollstr-Geschäft wegen seiner rechtlichen Schwierigkeit, wegen der Bedeutung für den Betroffenen (insbes. aus erzieherischen Gründen) oder zur Sicherung einer einheitlichen Rechtsanwendung nicht dem Vollstreckungsleiter vorbehalten bleiben muss (§ 31 Abs. 5 S. 3 RPflG). Bis zum Erlass einer solchen VO gelten gem. § 33a RPflG die „Bekanntmachungen der Landesjustizverwaltung über die Entlastung des JRichters bei den Vollstr-Geschäften" weiter (s. auch RL II. Nr. 6 S. 3 zu §§ 82–85 aF). Darin werden dem Rechtspfleger einige marginale formale Vollstr-Elemente übertragen (vgl. die Zusammenstellung bei Nix/Pschorr/Eberz §§ 82–85 Rn. 18; NK-JGG/Rose Rn. 3; eingehend Wolf/Kempfer, Strafvollstreckungsordnung/Wolf, 10. Aufl. 2024, StrVollstrO § 1 Rn. 18 ff.). Auf der Grundlage dieses Regelungsgefüges liegt die funktionelle Zuständigkeit für Vollstr-Entscheidungen stets in den Händen des JRichters (RL III 5 zu §§ 82–85), der den Rechtspfleger allein für deren Realisierung einsetzen kann (s. zu den Nebengeschäften der Vollstreckung RL II. Nr. 4 zu §§ 82–85 aF). Das ist besonders bei Vollstr-Entscheidungen wesentlich, denen eine eigenständige **spezialpräventive** Bedeutung zukommt. Deshalb muss bspw. die Vollstreckung der Einziehung (zu deren Problematik → § 6 Rn. 19) prinzipiell vom **JRichter selbst** übernommen werden (abw. aber offenbar NK-JGG/Rose Rn. 4; Rose NStZ 2019, 648 (648); s. auch → Rn. 9).

15 Nimmt der Rechtspfleger selbstständig ein Vollstr-Geschäft wahr, das ihm nicht übertragen worden war, ist dieses Vollstr-Geschäft unwirksam (Wolf/Kempfer, Strafvollstreckungsordnung/Wolf, 10. Aufl. 2024, StrVollstrO § 1 Rn. 23). Es wird auch nicht etwa durch richterliche Genehmigung nachträglich wirksam, weil der Mangel einer gesetzlichen Ermächtigung nicht durch richterliches Verhalten geheilt werden kann (allgA).

IV. Entscheidungen zur Sicherungsverwahrung (Abs. 3)

1. Zuständigkeit

16 Für die Vollstr der jugendstrafrechtlichen Sicherungsverwahrung (§ 7 Abs. 2 und Abs. 4) sieht Abs. 3 eine Ausnahme von Abs. 1 vor. Hiernach bestimmt sich die Leitung und Entscheidung in der Vollstr nach den Vorschriften des allg. StVR, so dass die allg. StA und die Strafvollstreckungskammer zuständig sind. Dies ist **systemwidrig,** wie va § 85 Abs. 6 deutlich macht (ähnlich NK-JGG/Rose Rn. 14). Gründe für diese Regelung wurden in den Gesetzesberatungen (vgl. etwa BT-Drs. 16/9643) nicht benannt.

17 Bei der Zuständigkeit des JRichters bleibt es demgegenüber nur **ausnahmsweise** – nämlich solange der Betroffene noch nicht 21 Jahre alt ist (s. auch RL I. 6.c) zu zu §§ 82–85). Eine solche Konstellation scheidet bei § 7 Abs. 2 de facto aber generell aus, da die besagte Altersgrenze nach der dort geregelten Mindestdauer der JStrafe (sieben Jahre) selbst dann erreicht ist, wenn die Verurteilung schon im Alter von 14 Jahren stattfand. Die jugendrichterliche Zuständigkeit kommt also nur in den außerordentlich seltenen Fällen des § 7 Abs. 4 in Betracht. Und selbst dort bleibt sie **zeitlich begrenzt,** weil die Zuständigkeit mit Erreichen des 21. Lj. auf die StA bzw. Strafvollstreckungskammer übergeht.

2. Besonderheiten vor der Vollstreckung

Bevor die Unterbringung vollstreckt werden kann, bedarf es einer Ent- 18
scheidung, in der die vorbehaltene Sicherungsverwahrung angeordnet wird (dazu n. → § 7 Rn. 44). Das diesbzgl. Verfahren wird in § 275a StPO iVm § 2 Abs. 2 normiert. Nach den dortigen Vorgaben ist für die Frage, ob die „Gefährlichkeit" des Verurteilten, die vom erkennenden Gericht im Urteil prognostiziert worden war, tatsächlich fortbesteht und die Sicherungsverwahrung trotz der Einwirkung des (Jugend-)StVollzugs (§ 66c Abs. 2 StGB) noch erforderlich (sowie verhältnismäßig) ist, **stets** das **Gutachten** eines Sachverständigen einzuholen. Das gilt auch dann, wenn eine Aussetzung zBew nicht in Betracht gezogen wird. Bei der Auswahl des Sachverständigen ist die Soll-Vorschrift des **§ 43 Abs. 2 S. 2** zu berücksichtigen (vgl. → § 43 Rn. 34 ff.). Wegen der zentralen Bedeutung früherer Delikte ist dies unabhängig von dem zwischenzeitlich erreichten Lebensalter des Verurteilten, und zwar auch dann, wenn das Gericht nach pflichtgemäßem Ermessen zur Beurteilung des Betreuungsangebots und zur Vorbereitung der Gesamtwürdigung (unter Berücksichtigung ggf. vollzugsbegleitend ergangener bindender Entscheidungen (§ 119a Abs. 7 StVollzG)) den Gutachtenauftrag erweitert oder zusätzlich einen anderen Sachverständigen heranzieht.

Hier wie in sämtlichen gerichtlichen Verfahren, in denen nach Rechts- 19
kraft des anordnenden Urteils über die Vollstr der Unterbringung in Sicherungsverwahrung entschieden wird, ist die Mitwirkung eines **Verteidigers** notwendig (BVerfGE 128, 326 (382) = NJW 2011, 1931 (1939)), sodass dem Betroffenen ein solcher zu bestellen ist (vgl. § 140 Abs. 1 Nr. 1 StPO für das Nachverfahren und ansonsten § 463 Abs. 3 S. 5 und Abs. 8 StPO iVm § 2 Abs. 2). Im JStR hat dies eine erhöhte Bedeutung. Zur Ermöglichung einer geeigneten Interessenwahrnehmung ist daher auf die Rechtzeitigkeit der Bestellung zu achten, die jedenfalls vor der Beauftragung des Sachverständigen erfolgen muss (vgl. auch BR-Drs. 17/9874, 27).

V. Entscheidungen nach §§ 35, 36 iVm § 38 BtMG

1. Zuständigkeit und Verfahrensfragen

Der JRichter ist als Vollstreckungsleiter ebenfalls für Entscheidungen zur 20
Zurückstellung der Vollstr gem. §§ 38, 35 BtMG zuständig (vgl. auch BGH BeckRS 1989, 31097792; BayObLG StV 2024, 532 (Ls.) = BeckRS 2023, 37044). Die JStA ist hieran nicht (ebenso wenig wie an einem etwaigen Widerrufsverfahren) förmlich beteiligt (LG Offenburg NStZ-RR 2002, 347). Nach Aufnahme in den Strafvollzug bestimmt sich die Zuständigkeit des JRichters als Vollstreckungsleiter nach § 85 Abs. 2. Die Entscheidung ist möglichst kurz nach Beantragung der Zurückstellung zu treffen, weil ein verzögerter Ablauf (zur Praxis s. Kurze, Strafrechtspraxis und Drogentherapie, 1993, S. 167 ff.: teilw. über Monate) aus therapeutischer Sicht abträglich ist. Gem. § 68 Nr. 1 iVm § 140 Abs. 2 StPO muss dem Betroffenen ggf. ein Verteidiger bestellt werden (zur früheren Rechtslage ähnlich schon OLG Jena NStZ 2010, 525; LG Hamburg StV 1999, 421 = LSK 1999, 490346; AG Erfurt StraFo 2016, 305; vgl. ferner Patzak/Fabricius/Fabricius BtMG § 35 Rn. 313).

21 Stets muss der JRichter eine **Stellungnahme des Gerichts** des 1. Rechtszuges einholen. Mit Blick auf die Schaffung einer möglichst umfassenden Tatsachengrundlage, aber auch aus prozessökonomischen Gründen (s. § 35 Abs. 2 S. 2 BtMG) gilt dies selbst bei einer beabsichtigten Ablehnung (OLG Karlsruhe NStZ 1986, 288; 2013, 552; aA OLG Hamm NStZ-RR 1998, 315). Treffen Vollstreckungsleiter und Gericht des 1. Rechtszuges in einer Person zusammen, bleibt das Zustimmungserfordernis unberührt (OLG Stuttgart NStZ 1986, 141; OLG Hamm StV 1988, 112 = BeckRS 1987, 3973), doch bedarf es nicht unbedingt einer entspr. ausdrücklichen Erklärung (OLG Stuttgart StV 1998, 671 = BeckRS 1998, 6039). Die Nicht-/Zustimmung wird vielmehr in der Nicht-/Zurückstellung miterklärt. Unabhängig davon kann der Verurteilte die Verweigerung der Zustimmung durch das Gericht nur angreifen, indem er die Ablehnung des vollstreckungsleitenden JRichters anficht, wohingegen der JRichter sich mit der Beschwerde gegen das Gericht wenden kann (§ 35 Abs. 2 BtMG iVm § 2 Abs. 2; zu dessen hier bestehender Gebundenheit an die Weisungen des GenStA n. und mwN HK-JGG/Kern/Buckolt § 83 Rn. 3). Wird die Zustimmung von ihm als Gericht des 1. Rechtszuges selbst versagt, ist das Beschwerderecht vom GenStA wahrzunehmen (Patzak/Fabricius/Fabricius BtMG § 35 Rn. 349).

22 Eine **Ablehnung** der Zurückstellung muss durch den JRichter hinreichend mit Tatsachen begründet werden (OLG Frankfurt a. M. NStZ-RR 2009, 215; OLG Naumburg StraFo 2012, 424 = BeckRS 2012, 221041), weil sie anderenfalls nicht überprüfbar wäre. Bei deren Anfechtung nach §§ 23 ff. EGGVG (zur Zulässigkeit s. § 35 Abs. 2 S. 2 BtMG iVm § 2 Abs. 2) ist ein **Vorschaltverfahren** durchzuführen (s. erg. → § 83 Rn. 7). Über die Einwendungen entscheidet dabei zunächst der GenStA beim OLG (OLG München NStZ 1993, 455 mzustAnm Katholnigg JR 1994, 298; OLG Stuttgart MDR 1994, 297 = BeckRS 1993, 9797; Patzak/Fabricius/Fabricius BtMG § 35 Rn. 345 ff.; n. schon Körner/Sagebiel NStZ 1992, 216 (216 f.); Körner NStZ 1995, 63 (64)).

2. Voraussetzungen einer Zurückstellung

23 Die Zurückstellung setzt eine unmittelbare Kausalität zwischen Sucht und Straftat insofern voraus, als der Drogenkonsum der „eigentliche Grund bzw. der Auslöser" (OLG Rostock NStZ-RR 2013, 250 (Ls.) = BeckRS 2013, 9506) für die Tat war (n. Patzak/Fabricius/Fabricius BtMG § 35 Rn. 96; Weber/Weber BtMG § 35 Rn. 33 ff.). Die physische oder psychische **Betäubungsmittelabhängigkeit** muss noch im **Zeitpunkt** der **Entscheidung** bestehen (OLG Frankfurt a. M. NStZ-RR 2009, 215), ohne dass Urteilsgründe, die keine Ursächlichkeit zwischen Betäubungsmittelabhängigkeit und Tat festgestellt haben, für die VollstrBehörde bindend wären (OLG Karlsruhe StraFo 2009, 470 = BeckRS 2010, 8951; anders für den umgekehrten Fall, in dem das besagte Verhältnis von Sucht und (Straf-)Tat im Urteil festgestellt worden war, hingegen OLG München StV 2017, 306 = LSK 2016, 118992). Im Übrigen muss eine unbedingte JStrafe von nicht mehr als zwei Jahren verhängt worden sein, und der Verurteilte muss sich in Behandlung befinden oder dies zusagen (wobei der Behandlungsbeginn und die Kostenübernahme geklärt sein müssen). Die Vollstr kann nicht nur zu

Gunsten einer stationären, sondern auch einer ambulanten Behandlung zurückgestellt werden (KG NStZ-RR 2009, 322; LG Berlin NStZ 2009, 396).

Eine Zurückstellung scheidet mit Blick auf § 35 Abs. 6 Nr. 2 BtMG aus, wenn neben der suchtbedingten JStrafe eine weitere Freiheits- oder JStrafe zu vollstrecken ist. Das gilt auch bei der Unterbrechung von deren Vollstr nach § 454b Abs. 2 StPO (BGHSt 55, 243 = NJW 2010, 3314). Der JRichter kann also nur nach § 35 Abs. 1 BtMG verfahren, nachdem diese andere Sanktion zBew ausgesetzt oder vollständig verbüßt wurde. Um die Zurückstellung in solchen Fällen nicht allzu lang hinausschieben zu müssen, erlaubt § 454b Abs. 3 StPO allerdings, von § 454b Abs. 2 StPO abzuweichen und die nicht zurückstellungsfähige Freiheits- oder JStrafe zunächst vollständig zu vollstrecken, sodass die suchtbedingte Sanktion danach sofort zurückgestellt werden kann. Durch die Regelungen zur Einheitssanktion dürften solche Konstellationen jedoch nur selten auftreten – wobei hier dann aber § 35 Abs. 3 BtMG iVm § 2 Abs. 2 zu beachten ist (dazu n. Patzak/Fabricius/Fabricius BtMG § 35 Rn. 120 ff.). 24

Die (Ermessens-)Entscheidung gem. § 35 Abs. 1 S. 1 BtMG muss sich allein an dem **Zweck** orientieren, zu einer notwendigen **Therapie** zu **motivieren.** Eine Anknüpfung an Tatschuld oder Deliktsschwere ist ebenso unzulässig wie die Bezugnahme auf eine „generell vorhandene kriminelle Anlage" (vgl. OLG Karlsruhe NStZ 2008, 576). Das Gleiche gilt für eine allg. ungünstige (Kriminal-)Prognose (OLG Naumburg StraFo 2012, 424 = BeckRS 2012, 221041). Die in § 35 Abs. 1 S. 1 BtMG aufgestellten Voraussetzungen sind unter Berücksichtigung des Umstandes zu prüfen, dass eine von vornherein feststehende Therapiebereitschaft nur bei einem Teil der Betroffenen angenommen werden kann. Insofern verbieten sich überzogen strenge Anforderungen an Therapiewilligkeit und -fähigkeit (vgl. OLG Hamm NStZ 1982, 485; OLG Frankfurt a. M. StraFo 2013, 351 = BeckRS 2013, 16472: Zweifel an der Motivation rechtfertigen die Ablehnung nicht). Lehnen Erziehungsberechtigte und gesetzliche Vertreter eine **Einwilligung,** derer es bei Jugendlichen nach § 38 Abs. 1 S. 2 BtMG bedarf, ab und steht dies – was aber oft nur schwer einschätzbar ist – den Interessen des Beschuldigten entgegen, kann die Zustimmung gem. § 1666 BGB notfalls durch das FamG ersetzt werden (ebenso NK-JGG/Rose Rn. 12; MüKoStGB/Kornprobst BtMG § 38 Rn. 9; Patzak/Fabricius/Fabricius BtMG § 38 Rn. 4). 25

3. Widerruf der Zurückstellung

Unter den Voraussetzungen von § 35 Abs. 5 und 6 BtMG ist die Zurückstellung vom JRichter (zu dessen sich auch darauf erstreckenden Zuständigkeit gem. Abs. 1 etwa OLG Jena BeckRS 2011, 28900) zurückzunehmen. Bei einem **Konsum-„Rückfall"** liegen die Bedingungen von **§ 35 Abs. 5 BtMG** aber solange noch nicht vor, wie damit keine Nichtaufnahme oder Beendigung der Therapie verbunden ist. Da die Wiederaufnahme des Konsums ebenso suchttypisch ist wie Behandlungsabbrüche, steht aber selbst ihr jeweils mehrfaches Auftreten einer neuerlichen Zurückstellung nicht (unbedingt) entgegen (vgl. auch Diemer/Schatz/Sonnen/Sonnen Rn. 16; BeckOK JGG/Sengbusch Rn. 22; Körner/Sagebiel NStZ 1992, 216 (219)). Das gilt ebenso bei mehrmonatiger therapiefreier Zeit, wenn der Betroffene sich alsbald nach Abbruch um Fortsetzung bemüht hat (vgl. OLG Karlsruhe NStZ-RR 2003, 311 zu § 35 Abs. 5 S. 2 BtMG). Zudem ist stets zu prüfen, 26 inwieweit Umstände der konkreten Therapieeinrichtung oder -methode – und nicht die Therapiebereitschaft des Betroffenen – ausschlaggebend für den Abbruch waren, sodass sich ggf. ein Wechsel hinsichtlich der Einrichtung anbietet. Ohnehin liegt keine Nicht-Fortführung der Behandlung iSv § 35 Abs. 5 S. 1 BtMG vor, wenn der Verurteilte nach dem Therapieabbruch drogenfrei lebt (vgl. LG Köln StV 1987, 210 = LSK 1987, 400192).

27 Obwohl § 35 Abs. 6 BtMG nach § 38 Abs. 1 S. 1 BtMG im JStR anwendbar ist, sind bei den dort geregelten Widerrufsgründen jugendstrafrechtliche Besonderheiten zu beachten. Kommt es nach der Zurückstellung der Vollstr zu einer neuen Verurteilung und dadurch auch zur Bildung einer EinheitsJStrafe (worin die zurückgestellte Sanktion eingeht), muss – sofern diese zurückgestellt wird – gem. **§ 35 Abs. 6 Nr. 1 BtMG** nicht widerrufen werden. Nach zutr. hM (NK-JGG/Rose Rn. 12; Brunner/Dölling § 17 Rn. 57) ist es dafür unerheblich, ob nach allg. StR eine nachträgliche Gesamtstrafe möglich wäre (dazu, dass dies nur bei einem Teil der von § 31 Abs. 2 erfassten Konstellationen gegeben ist, vgl. → § 31 Rn. 15). Dies ergibt sich aus dem gelockerten Verweis in § 38 BtMG. **§ 35 Abs. 6 Nr. 2 BtMG** scheidet bei Bildung einer neuen EinheitsJStrafe sogar vollständig aus. Hier liegt nämlich keine „weitere“ JStrafe vor, da die bisherige JStrafe gem. § 31 Abs. 2 entfallen ist und die neue (Einheits-)JStrafe somit nicht zu einer anderen JStrafe hinzutritt (ebenso Diemer/Schatz/Sonnen/Schatz § 31 Rn. 33). Dies kollidiert auch nicht mit dem Zweck der Norm, die verhindern soll, dass eine Therapie „in eine noch ausstehende Strafvollstr einmündet“ (KG StV 1983, 291 = LSK 1983, 460154).

28 **Gegen** den **Widerruf** kann der Verurteilte gem. § 35 Abs. 7 S. 2 BtMG vorgehen. Zuständig ist das Gericht des ersten Rechtszuges bzw., wenn der Vollstreckungsleiter zugleich erkennender Richter war, die JKammer (vgl. → § 83 Rn. 5). Gegen diese Entscheidung ist die sofortige Beschwerde zulässig (§ 35 Abs. 7 S. 2 BtMG iVm § 462 Abs. 3 S. 1 StPO). Für die StA gelten diese Möglichkeiten mangels Beteiligung am Verfahren aber nicht. Wird ein Widerruf abgelehnt, ist sie weder für einen Antrag auf gerichtliche Entscheidung legitimiert, noch steht ihr die Beschwerde zu (LG Offenburg NStZ-RR 2002, 347).

4. Anrechnung und Aussetzung der Vollstreckung der JStrafe zBew

29 Nach § 38 Abs. 1 S. 1, § 36 BtMG ist (unter den dort genannten Voraussetzungen und in dem dort genannten Rahmen) die in einer Entziehungsanstalt verbrachte Zeit auf die JStrafe anzurechnen. Der verbleibende Strafrest ist ggf. aussetzungsfähig. Dafür kommt es nicht unbedingt auf einen Mindestvollstreckungszeitraum an (vgl. auch → § 88 Rn. 6), sodass die Reststrafe ggf. bereits vor dem rechnerischen „Drittel- oder Halbstrafenzeitpunkt“ zBew ausgesetzt werden kann (allgA; vgl. nur OLG Stuttgart StV 1998, 671 = BeckRS 1998, 6039; zum allg. StR Patzak/Fabricius/Fabricius BtMG § 36 Rn. 67 mwN). Für die prozessualen Fragen und die Ausgestaltungsdetails der Bewährung(-sentscheidung) gelten gem. § 38 Abs. 1 S. 5 und 6 BtMG (teilw. erg.) die Spezialvorschriften des JGG (zur Zuständigkeit → § 85 Rn. 35). Im Übrigen ist vor der Entscheidung neben der Person, die für die Behandlung verantwortlich ist, auch der Verurteilte – nach Möglichkeit mündlich, wenngleich nicht zwingend – **anzuhören** (§§ 38, 36 Abs. 5 S. 2).

VI. Entscheidungen nach OWiG

1. Vollstreckungszuständigkeit des JRichters

Bußgeldentscheidungen gegen Jugendliche und Heranwachsende werden – wie bei Erwachsenen – durch die erlassenden Verwaltungsbehörden vollstreckt. Die Vollstr einer gerichtlichen Bußgeldentscheidung gegen Jugendliche und Heranwachsende obliegt dagegen dem JRichter als Vollstreckungsleiter (§§ 92, 91 OWiG), der insoweit als Organ der Justizverwaltung tätig wird (→ § 83 Rn. 2; vgl. auch BGH BeckRS 2014, 4347). Für die örtliche Zuständigkeit gilt dann § 84 (s. auch Brunner/Dölling § 84 Rn. 5). Der JRichter ist ebenso zuständig, falls eine richterliche Entscheidung bei der Vollstr behördlicher Bußgeldanordnungen notwendig wird (§ 104 Abs. 1 Nr. 3 OWiG). Dazu gehört etwa die Vollstr einer – von der Verwaltungsbehörde zu beantragenden und von ihm anzuordnenden – Erzwingungshaft (§§ 96, 104, 97 Abs. 1 OWiG; s. etwa BGH NStZ-RR 2002, 347). Eine Übertragung der dem JRichter obliegenden Vollstr-Geschäfte auf den Rechtspfleger ist im Rahmen von § 31 Abs. 2 RPflG möglich (zur Erteilung von Weisungen und der Zuständigkeit des JRichters bei Einwendungen gegen Maßnahmen des Rechtspflegers s. § 31 Abs. 6 RPflG). 30

2. Besondere Optionen gem. § 98 OWiG

Die Anordnung von Erzwingungshaft wird ggü. Jugendlichen aus erzieherischen Gründen allerdings idR auszuscheiden haben. Das Gleiche gilt im Grunde auch für Heranwachsende (vgl. n. KK-OWiG/Mitsch OWiG § 96 Rn. 38: nur selten). Aus legislatorischer Warte gelten auch die anderen („ambulanten") Beitreibungsformen für die Altersgruppe als inadäquat. Ohnehin setzt eine Vollstr des Geldbetrags die Zahlungsfähigkeit des Jugendlichen oder Heranwachsenden voraus, sodass sie (weil diese Bedingung nicht selten fehlen wird) oftmals unterbleiben muss (§ 95 Abs. 2 OWiG). Aus all diesen Gründen sind in § 98 OWiG andere Maßnahmen vorgesehen, die die Geldbuße (im Falle ihrer Umsetzung durch den Betroffenen) ggf. substituieren. **Zuständig** für deren Veranlassung ist der JRichter als Vollstreckungsleiter (zum Verfahren s. § 104 OWiG). Dies gilt auch dann, wenn die entspr. Entscheidung bereits im Erkenntnisverfahren getroffen wurde (§ 78 Abs. 4 OWiG). Vor einer Anordnung gem. § 98 Abs. 1 oder Abs. 2 ist stets die **JGH** zu hören (vgl. auch § 38 Abs. 2 S. 2). 31

Die Anwendbarkeit von § 98 setzt das Jugend- oder Heranwachsenden**alter** des Betroffenen voraus, wobei es auf den **Zeitpunkt** der Geldbußenfestsetzung (nicht also den der OWi-Begehung) ankommt (OLG Köln Zbl 1984, 378 (379); AG Düsseldorf StraFo 2017, 377 = BeckRS 2017, 126765; Göhler/Bauer OWiG § 98 Rn. 2). Bei **Heranwachsenden** (§ 98 Abs. 4) wird das Gericht jedoch (schon) bei der Frage einer Zahlungsvergünstigung bzw. der Reaktion auf eine Nichtzahlung sowohl die Entwicklung als auch den Reifegrad des Heranwachsenden zu berücksichtigen haben (vgl. BT-Drs. 5/1269, 122; vgl. auch KK-OWiG/Mitsch OWiG § 98 Rn. 41). 32

Wegen der **Weisungen** bzw. **Auflagen** gem. § 98 Abs. 1 Nr. 1 und 2 OWiG gelten die Erl. zu § 10 Abs. 1 S. 3 Nr. 4 bzw. § 15 Abs. 1 S. 1 Nr. 1 entspr., jedoch ist mit Blick auf den Normzweck (= Ersatz für eine individuell 33 überfordernde Geldbuße) eine Wiedergutmachung durch Geldleistung idR ausgeschlossen (tendenziell ebenso Göhler/Bauer OWiG § 98 Rn. 11; KK-OWiG/Mitsch OWiG § 98 Rn. 14). Auf Basis von § 98 Abs. 1 Nr. 4 OWiG bieten sich andere Weisungen iSv § 10 Abs. 1 an, wobei speziell bei anhaltendem **Schulabsentismus** (dazu eingehend → § 11 Rn. 28) auch der Erlass der Geldbuße in Betracht kommen kann, wenn der Betroffene die Schule wieder besucht (vgl. n. Buck DRiZ 2013, 134 (136)). Stets sind die Maßnahmen zeitlich zu **befristen.** Sie können ggf. nebeneinander angeordnet und nachträglich geändert werden (§ 98 Abs. 1 S. 2 OWiG). Im Übrigen gelten die allg. Grundsätze jugendstrafrechtlicher Rechtsfolgenverhängung und -bemessung, insb. also das **Subsidiaritäts-** und Verhältnismäßigkeitsprinzip. Die **Überwachung** der Befolgung obliegt (aus Zweckmäßigkeitsgründen wegen der Zuständigkeit zur Änderung bzw. zur Verhängung von Arrest) dem JRichter, der indes die JGH einbinden kann (§ 46 Abs. 6 OWiG iVm § 38 Abs. 5; vgl. auch → § 10 Rn. 61 ff., → § 15 Rn. 29, → § 38 Rn. 11 ff.; s. aber auch KK-OWiG/Mitsch OWiG § 98 Rn. 26). Allerdings kann der Betroffene die Anordnung gem. § 98 Abs. 1 OWiG – trotz ihrer Substitutionsfunktion (→ Rn. 31) – jederzeit durch Bezahlung der Geldbuße erledigen (vgl. schon OLG Köln iErg 1984, 378 (379); KK-OWiG/Mitsch OWiG § 98 Rn. 22).

34 Während die Erfüllung der Weisungen bzw. Auflagen nicht erzwungen werden kann (vgl. KK-OWiG/Mitsch OWiG § 98 Rn. 26), ist nach § 98 Abs. 2–4 OWiG unter den dort genannten Voraussetzungen, insb. also der Gelegenheit zur mündlichen Äußerung vor dem Richter (§ 98 Abs. 2 S. 3 OWiG), die Verhängung von **(Nichtbefolgungs-)JA** zulässig (zur Dysfunktionalität generell und speziell bei der Schulpflichtverletzung → § 11 Rn. 11 und 28). Vor allem müssen die Bestimmtheit der Anordnung und deren Erfüllbarkeit gegeben sein (dazu den Fall bei LG Kaiserslautern ZJJ 2010, 431). Eine wiederholte Verhängung des JA wegen „desselben Betrages" ist unzulässig (§ 98 Abs. 3 S. 1 OWiG). Die Vollstr und der Vollzug dieses JA bestimmen sich nach §§ 85 Abs. 1, 86, 87, 90. Die Umsetzung des JA tilgt weder die Geldbuße noch macht sie die Anordnungen iSv § 98 Abs. 1 OWiG gegenstandslos (sie wirkt vielmehr nur auf deren Befolgung und die damit einhergehende Geldbußentilgung hin). Allerdings kann nach dem JA die Geldbuße gem. § 98 Abs. 3 S. 3 OWiG (aus erzieherischen Gründen) ganz oder teilweise für erledigt erklärt werden (mit der Folge, dass dann auch die Auflage entfällt – n. zum Ganzen KK-OWiG/Mitsch OWiG § 98 Rn. 37; s. auch BeckOK JGG/Sengbusch Rn. 27.1).

3. Beschwerde

35 Gegen die Anordnung von Erzwingungshaft und (Nichtbefolgungs-) JA ist die **sofortige** Beschwerde zulässig (§ 104 Abs. 3 S. 1 Nr. 1 OWiG), über die die JKammer zu entscheiden hat (§ 46 Abs. 1 OWiG iVm § 41 Abs. 2 S. 2, § 73 Abs. 1 GVG; dazu etwa LG Kaiserslautern ZJJ 2010, 431). Die weitere Beschwerde ist nicht statthaft (§ 46 Abs. 1 OWiG iVm § 310 Abs. 2 StPO). Wird die Anordnung von Erzwingungshaft oder JA abgelehnt, ist die sofortige Beschwerde nicht eröffnet (vgl. § 104 Abs. 3 S. 1 Nr. 1 OWiG: „gegen"). Allerdings kommt bei einer Ablehnung der Anordnung allein aus formellen Erwägungen – etwa wegen Unzuständigkeit, dh wenn keine Sachentscheidung getroffen wird – die einfache Beschwerde in Betracht (vgl. KK-OWiG/Mitsch OWiG § 104 Rn. 13; erg. KK-StPO/Appl StPO § 462 Rn. 4).

Entscheidungen im Vollstreckungsverfahren

83 **(1) Die Entscheidungen des Vollstreckungsleiters nach den §§ 86 bis 89a und 89b Abs. 2 sowie nach den §§ 462a und 463 der Strafprozeßordnung sind jugendrichterliche Entscheidungen.**

(2) Für die bei der Vollstreckung notwendig werdenden gerichtlichen Entscheidungen gegen eine vom Vollstreckungsleiter getroffene Anordnung ist die Jugendkammer in den Fällen zuständig, in denen

1. der Vollstreckungsleiter selbst oder unter seinem Vorsitz das Jugendschöffengericht im ersten Rechtszug erkannt hat,

2. der Vollstreckungsleiter in Wahrnehmung der Aufgaben der Strafvollstreckungskammer über seine eigene Anordnung zu entscheiden hätte.

(3) [1] Die Entscheidungen nach den Absätzen 1 und 2 können, soweit nichts anderes bestimmt ist, mit sofortiger Beschwerde angefochten werden. [2] Die §§ 67 bis 69 gelten sinngemäß.

Übersicht

I. Anwendungsbereich

Zum persönlichen Anwendungsbereich s. die Erl. zu → § 82 Rn. 1 (betr. Soldatinnen und Soldaten vgl. § 112c Abs. 2). 1

II. Vollstreckungsentscheidungen des Jugendrichters als Justizverwaltungsakte

1. Justizverwaltungstätigkeit des Jugendrichters

Die Vollstr in Strafsachen ist grds. eine Angelegenheit der Justizverwaltung. Wenn sie im JStR durch den JRichter geleitet wird, amtiert dieser somit als Organ der Justizverwaltung. Seine Entscheidungen sind Justizverwaltungsakte (allgA; s. etwa RL II. 1 und 2 zu §§ 82–85). Das betrifft 2 sämtliche Akte, bei denen es sich um die Vollstr im JStVerf (→ § 82 Rn. 9 f.) handelt, soweit es nicht um die in → Rn. 9 genannten Entscheidungen geht, über die er iRv Abs. 1 in richterlicher Unabhängigkeit entscheidet. Abgesehen von diesen (verfahrenspraktisch indes höchst relevanten) Ausnahmefällen unterliegt der JRichter bei seiner Justizverwaltungstätigkeit der **Dienstaufsicht** des GenStA (BVerfG NJW 1994, 2750 (2751); OLG Hamm NStZ-RR 2002, 21; Löwe/Rosenberg/Graalmann-Scheerer StPO § 451 Rn. 6; MüKoStGB/Kornprobst BtMG § 38 Rn. 3; einschr. unter Hinweis auf § 151 S. 2 GVG aber NK-JGG/Rose Rn. 2; Diemer/Schatz/Sonnen/Sonnen Rn. 2). Dieser übt die sachliche Aufsicht aus und kann Weisungen erteilen. Die Befugnis zu disziplinarischen Maßnahmen bleibt indes beim Präsidenten des AG bzw. LG (Wolf/Kempfer, Strafvollstreckungsordnung/Wolf, 10. Aufl. 2024, StrVollStrO § 21 Rn. 6a).

3 Ergeben sich für den JRichter bei der Justizverwaltungstätigkeit **Zweifel über die Auslegung** eines Urteils oder die Berechnung der darin angeordneten Rechtsfolge, hat er dazu eine Entscheidung des erkennenden Gerichts herbeizuführen (§ 458 Abs 1 Var. 1 StPO iVm § 2 Abs. 2). Nach Beginn der Vollstr entscheidet er hierüber in Wahrnehmung der Aufgaben der Strafvollstreckungskammer (→ § 82 Rn. 10) selbst (§ 462a StPO iVm § 2 Abs. 2). Ebenso verhält es sich, wenn die **Zulässigkeit der Vollstr** (→ § 82 Rn. 5 ff.) bezweifelt wird (§ 458 Abs 1 Var. 1 StPO iVm § 2 Abs. 2; erg. → § 87 Rn. 6). Der JRichter muss über dahingehende Fragen selbst befinden; als exekutiv tätige Vollstreckungsbehörde kann er dies unter den Gesichtspunkten der Gewaltenteilung nicht gerichtlich klären lassen (vgl. nur OLG Hamm NStZ-RR 2002, 21). Das Erheben von Einwendungen muss er der von der Vollstr betroffenen Person, also dem Verurteilten bzw. seinem Verteidiger oder Bevollmächtigten und seinem gesetzlichen Vertreter überlassen (vgl. iÜ KK-StPO/Appl StPO § 458 Rn. 9). Dabei verlangt die Fürsorgepflicht des JRichters nach allgA, dem Verurteilten einen entspr. Antrag ggf. nahe zu legen oder ihn gerade im JStV dazu anzuhalten (Wolf/Kempfer, Strafvollstreckungsordnung/Wolf, 10. Aufl. 2024, StrVollstrO § 42 Rn. 8). Als Vollstreckungsbehörde hat der JRichter in all diesen Konstellationen auch kein Beschwerderecht (BeckOK JGG/Sengbusch Rn. 2).

2. Zuständigkeit und Zuständigkeitsstreit

4 Die örtliche Zuständigkeit ergibt sich aus §§ 84 und 85. Besteht hierüber zwischen JRichtern verschiedener AG Streit, wird der zuständige Vollstreckungsleiter **entspr. § 14 StPO** durch das gemeinsame obere Gericht bestimmt, wobei hiervon dort eine Ausnahme gemacht wird, wo nur die Zuständigkeit zur Einleitung der Vollstr strittig ist (n. zum Ganzen → § 84 Rn. 8 f.).

3. Rechtsschutz

5 **a) Entscheidungen gem. Abs. 2.** Rechtsschutz gegen justizadministrative Entscheidungen des JRichters wird idR im Verwaltungsrechtsweg gewährt (→ Rn. 7). In einigen Konstellationen sieht das allg. StVR indes für diese Überprüfung die Zuständigkeit des Tatgerichts vor. Das gilt dann

gem. § 2 Abs. 2 grds. auch im JStR (BGH StV 2022, 44 = BeckRS 2021, 19322; MüKoStPO/Nestler StPO § 456 Rn. 16). Hierdurch ergeben sich aber häufig **Interessenkollisionen,** weil der JRichter oftmals an der Entscheidung im ersten Rechtszug mitgewirkt hatte – also Teil dieses Tatgerichts ist und deshalb über seine eigene Justizverwaltungstätigkeit befinden müsste. Um dies zu vermeiden, ordnet **Abs. 2 Nr. 1** für die Fälle, in denen eine solche Konfliktlage tatsächlich besteht, die Zuständigkeit der **JKammer** an. Solche Fallgestaltungen können sich bspw. ergeben, wenn es um die Klärung von Zweifeln gem. § 458 Abs. 1 StPO (OLG Koblenz MDR 1984, 691 = FHOeffR 35 Nr. 9413; AG Pirmasens BeckRS 2018, 20141; s. auch → § 52a Rn. 15), den Widerruf einer Zurückstellung gem. § 35 Abs. 5 BtMG (OLG Karlsruhe NStZ-RR 2003, 311; LG Kassel BeckRS 2012, 21621; LG Hannover BeckRS 2017, 165543; s. auch → § 82 Rn. 28), einen Strafausstand gem. §§ 455, 456 StPO (BGH StV 2022, 44 = BeckRS 2021, 19322; LG Leipzig StV 2013, 39 = BeckRS 2013, 144; Böhm NStZ 1993, 527 (529)) oder um die Ladungsfrist sowie einen Vollstr-Aufschub bei JA geht (OLG Hamm BeckRS 2015, 4909; OLG Saarbrücken StV 2017, 724 (Ls.) = BeckRS 2017, 119038; OLG Zweibrücken BeckRS 2024, 35496; LG Oldenburg StV 2008, 120 = BeckRS 2008, 4347).

Dasselbe Kollisionsproblem ist in jenen Konstellationen möglich, in denen 6 die Anordnungen, die durch den JRichter als Vollstreckungsleiter ergehen, nach allg. StVR von der Strafvollstreckungskammer zu überprüfen sind. Da die Aufgaben der Strafvollstreckungskammer im JStV durch den JRichter wahrgenommen werden (§ 82 Abs. 1 S. 2), tritt der fragliche Interessenkonflikt hier gleichermaßen auf (dies sogar zwangsläufig). Deshalb erklärt **Abs. 2 Nr. 2** die JKammer für zuständig. Gem. **Abs. 3** ist gegen Entscheidungen, die die JKammer nach Abs. 2 Nr. 1 und Nr. 2 trifft, iÜ die sofortige **Beschwerde** (zu dieser → Rn. 13) zum OLG zulässig (vgl. etwa LG Kaiserslautern BeckRS 2005, 4094).

b) Verfahren nach §§ 23 ff. EGGVG. Abgesehen von den in → Rn. 5 f. 7 erörterten Konstellationen, in denen die Zuständigkeit speziell geregelt ist, erfolgt die Überprüfung von Entscheidungen, die vom JRichter als Organ der Justizverwaltung getroffen werden, stets im Rechtsweg nach §§ 23 ff. EGGVG (vgl. etwa BGHSt 64, 273 (281) = NJW 2020, 1152 (1154); LG Koblenz NStZ-RR 1997, 53 anhand von Einwendung der StA gegen eine Abgabe gem. § 85 Abs. 6; OLG Stuttgart NStZ 1986, 141 und → § 82 Rn. 22). anhand von Einwendungen gegen die Nichtzurückstellung iSv § 35 BtMG). Gem. § 24 Abs. 2 EGGVG setzt dies ein **Vorschaltverfahren** voraus. Hiernach ist zunächst gem. § 21 Abs. 1 Nr. 1 StrVollstrO Beschwerde beim GenStA des jeweiligen OLG einzulegen (vgl. auch BVerfG NStZ-RR 2014, 92). Gegen dessen Beschwerdebescheid kann die Entscheidung des zuständigen Senats des übergeordneten OLG beantragt werden (§ 25 Abs. 1 S. 2 EGGVG; s. auch NK-JGG/Rose Rn. 6; zur Elternbeteiligung Reuther Elternrecht S. 203 f.).

III. Vollstreckungsentscheidungen des Jugendrichters als richterliche Entscheidungen (Abs. 1)

1. Richterliche Vollstreckungsmaterien

8 Bei den in Abs. 1 genannten Entscheidungen handelt es sich kraft gesetzlicher Anordnung um jugendrichterliche Entscheidungen, die vom JRichter als Vollstreckungsleiter im Rahmen eines gerichtlichen Verfahrens und in **richterlicher Unabhängigkeit** getroffen werden (s. etwa BGH StV 2022, 44 = BeckRS 2021, 19322). Bindungen an Weisungen der Justizverwaltung und eine Dienstaufsicht des GenStA bestehen hier nicht. Auch der (Justiz-) Verwaltungsrechtsweg hat in diesem Bereich keine Bedeutung.

9 Zu diesen jugendrichterlichen Entscheidungen gehören: die Umwandlung von Freizeitarrest in Kurzarrest (§ 86); das (vollständige oder teilweise) Absehen von der Vollstr des JA (§ 87 Abs. 3); die Aussetzung des Restes einer JStrafe zBew (§ 88); die Unterbrechung und Vollstr der JStrafe neben Freiheitsstrafe (§ 89a – einschließlich der infolge der Entlassung notwendig werdenden Entscheidungen über BewZeit und -weisungen bzw. -auflagen, Widerruf der Entlassung und Straferlass); die Herausnahme aus dem JStVollzug (§ 89b Abs. 2) sowie diejenigen Entscheidungen, die der Vollstreckungsleiter in Wahrnehmung der Aufgaben der StVollstrKammer gem. §§ 462a und 463 StPO trifft (wobei sich hier aus Abs. 2 Nr. 2 auch eine Zuständigkeit der JKammer ergeben kann (→ Rn. 5). Hinzu treten die Entscheidungen nach § 112c.

10 **Nicht** unter diese Kategorie fallen Entscheidungen, die das Gesetz auch im Vollstr-Verfahren dem Tatgericht vorbehält (vgl. etwa OLG Celle StraFo 2014, 172 = BeckRS 2014, 6108 für die Anordnung von Maßnahmen gem. § 457 Abs. 3 StPO iVm § 2 Abs. 2). Um keine jugendrichterlichen Entscheidungen handelt es sich ferner bei allen justizadministrativen Entscheidungen des JRichters – also bspw. bei der förmlichen Einleitung der Vollstreckung einer JStrafe (→ § 84 Rn. 7 f.), bei der Zurückstellung gem. § 35 BtMG (→ Rn. 7) oder beim Aufschub bzw. bei der Unterbrechung der Vollstr von JA oder JStrafe (→ Rn. 5 sowie MüKoStPO/Nestler StPO § 455 Rn. 34; s. auch → § 82 Rn. 8; → § 87 Rn. 3; abw. aber OLG Karlsruhe NStZ 1993, 104 unter Verweis auf §§ 462, 462a iVm §§ 458, 455 Abs. 4 StPO). Schließlich liegt bei zwingenden gesetzlichen Anweisungen, bei denen eine richterliche Entscheidung gar nicht stattfinden kann, ebenfalls keine Konstellation von Abs. 1 vor. Das betrifft etwa die Anrechnung von U-Haft auf JA gem. § 87 Abs. 2 (vgl. dazu etwa Diemer/Schatz/Sonnen/Sonnen Rn. 5). Speziell bei sich hierbei oder aus anderen Gründen ergebenden Zweifeln greifen die diff. Maßgaben von → Rn. 3.

2. Verfahren, Entscheidung und Rechtsschutz

11 In den gerichtlichen Verfahren zur Vorbereitung der jeweiligen jugendrichterlichen Entscheidung ist das rechtliche Gehör zu beachten; daneben bestehen vielfach besondere **Anhörungspflichten** (§ 87 Abs. 3 S. 4, § 88 Abs. 4; s. auch § 33 Abs. 2 und 3 StPO iVm § 2 Abs. 2). Zur Stellung des **Erziehungsberechtigten** und des **gesetzlichen Vertreters** sowie der Bestellung eines **Beistandes** verweist **Abs. 3 S. 2** auf §§ 67 f., 69. Namentlich

für die Eltern ergeben sich hieraus va Informations-, Anhörungs- und Rechtsmittelrechte für das vollzugsrechtliche Verfahren (vgl. → § 92 Rn. 161 ff.).

12 Jugendrichterliche Entscheidungen in der Vollstr werden durch Beschluss getroffen, ohne dass eine HV oder mündliche Verhandlung obligatorisch wäre (zur gleichwohl bestehenden Möglichkeit, eine Verhandlung durchzuführen, etwa BeckOK JGG/Sengbusch Rn. 11). Der Beschluss, der stets mit einem Rechtsmittel **anfechtbar** ist, ist in allen Fällen mit Gründen zu versehen (§ 34 StPO iVm § 2 Abs. 2). Diese müssen erkennen lassen, auf welchen tatsächlichen und rechtlichen Erwägungen die Entscheidung beruht. Der Beschluss ist gem. § 35 StPO **bekanntzumachen,** idR also zuzustellen (OLG Dresden BeckRS 2000, 16642; zur Mitteilung an die Eltern s. § 67a Abs. 1) und, soweit die Entscheidung mit der **sofortigen Beschwerde** angefochten werden kann (→ Rn. 13), mit einer Rechtsmittelbelehrung zu versehen (§ 35a StPO iVm § 2 Abs. 2).

13 Die Angreifbarkeit der jugendrichterlichen Entscheidungen in der Vollstr bestimmt sich nach den jeweiligen Einzelregelungen. Ist dort keine Anfechtung vorgesehen, ergibt diese sich aus **Abs. 3 S. 1.** Hiernach ist die **sofortige Beschwerde** (§ 311 StPO) zulässig. Zuständig ist idR die JKammer (§ 73 Abs. 1 GVG; zur Zuständigkeit des OLG, wenn das erkennende Tatgericht ein OLG war, s. OLG Düsseldorf OLGSt § 82 Nr. 2 = BeckRS 1999, 30047613). Die Einlegung der (einfachen oder sofortigen) Beschwerde gegen jugendrichterliche Entscheidungen in der Vollstr hat keine aufschiebende Wirkung (§§ 307, 311a Abs. 2 StPO iVm § 2 Abs. 2), es sei denn, sie richtet sich gegen die Aussetzung der Vollstr des Strafrestes (§ 88 Abs. 6 S. 4). Teilanfechtungen, die insbes. bei Bewährungsentscheidungen und der Bewährungsausgestaltung eine Rolle spielen können, sind nach den allg. Kriterien (→ § 55 Rn. 16: Selbstständigkeit der (nicht) angefochtenen Entscheidungsteile) zulässig (LG Stralsund NStZ-RR 2008, 59).

3. Insbesondere: Notwendige Verteidigung

14 Der Verurteilte kann auch in der Vollstr seinen Verteidiger hinzuziehen (samt Kommunikations- und Akteneinsichtsrecht). Gem. Abs. 3 S. 2 iVm §§ 68 f. gelten die Regelungen zur **notwendigen Verteidigung** ebenfalls – und dies nicht allein in der Beschwerde, sondern im gesamten Verfahren, in dem eine jugendrichterliche Entscheidung ergeht (NK-JGG/Rose Rn. 5). Für die Bestellung des Pflichtverteidigers bedarf es indes einer gesonderten Anordnung (vgl. → § 68a Rn. 3), wobei der hierfür erforderliche Bestellungsgrund nicht schon deshalb besteht, weil im Erkenntnisverfahren ein Fall des § 68 bejaht worden war (BGH NStZ-RR 2022, 357). Allerdings begründen die im Vollstr-Verfahren zu klärenden Fragen nicht selten – und auch eher als im allg. StVerf (für die dortige Praxis s. den Überblick bei Lehmann StraFo 2023, 259) – eine selbstständige Notwendigkeit der Verteidigung iSv **§ 68 Nr. 1 iVm § 140 Abs. 2 StPO** (vgl. etwa NK-JGG/Rose Rn. 5; Nöding Verteidigung Rn. 458 sowie bereits Beulke in BMJ 1987, 188; Hartman-Hilter StV 1988, 312 ff.). Typischerweise kommt es hierbei mit Blick auf das Kriterium „Schwere der zu erwartenden Rechtsfolge" darauf an, ob die Vollstr-Entscheidung von eigenem Gewicht und für den Verurteilten dabei folgenschwer ist. Außerdem kann die Verteidigung wegen der „Schwierigkeit der Sach- oder Rechtslage" erforderlich sein, weil

der Betroffene von der Wahrnehmung seiner Rechte beim Entscheidungsvorgang überfordert wird (vgl. zum Ganzen n. auch Möller ZJJ 2010, 20 (22 ff.); Labusga NStZ 2023, 461 (463)).

15 Ein charakteristischer Beispielsfall für eine oft gegebene Erforderlichkeit der Verteidigerbestellung ist der **Widerruf** einer zBew ausgesetzten JStrafe (→ §§ 26, 26a Rn. 29 sowie Arbeitsgruppe DVJJ NJW 1989, 1024 (1026)). Das gilt ganz besonders, wenn die Beurteilung des Widerrufsgrundes kompliziert ist oder wenn der Widerruf ausländerrechtliche Implikationen hat (s. auch LG Saarbrücken BeckRS 2015, 132457; Diemer/Schatz/Sonnen/Sonnen Rn. 8 ff.; BeckOK JGG/Sengbusch Rn. 12.1). Ähnlich liegt es bei einem nicht unproblematisch zu bejahenden Antrag auf **Reststrafenaussetzung** oder bei deren drohendem Widerruf (LG Berlin BeckRS 2007, 2462; Nöding Verteidigung Rn. 458; einschr. LG Saarbrücken BeckRS 2011, 745; n. → § 88 Rn. 28 f.). Kommt bei einer Vorteils-/**Wertersatzeinziehung** eine Entscheidung nach § 459g Abs. 5 StPO iVm § 2 Abs. 2 in Betracht, ohne dass die notwendigen Feststellungen bereits im (die Einziehung anordnenden) Urteil enthalten sind, bedarf es ebenfalls einer Beiordnung (ähnlich wohl Rose NStZ 2019, 648 (650)). Auch besondere **individuelle Defizite** in der Fähigkeit der eigenen Rechtsverfolgung stellen einen Beiordnungsgrund dar, soweit die fraglichen Vollstr-Entscheidungen von Gewicht sind. Weitere verteidigungsbedürftige Entscheidungen ergeben sich bei der Vollstr stationärer Maßregeln (dazu mwN Lehmann StraFo 2023, 259 (262 ff.); vgl. ferner die Konstellationen in → § 82 Rn. 19 f.). Zeitlich ist die Beiordnung in all diesen Fällen allerdings immer nur auf die fragliche Entscheidung bzw. den fraglichen Vorgang beschränkt; sie erstreckt sich also nicht auf die Gesamtdauer der Rechtsfolgenvollstreckung (Labusga NStZ 2023, 461 (462 f.) mwN).

Örtliche Zuständigkeit

84 (1) **Der Jugendrichter leitet die Vollstreckung in allen Verfahren ein, in denen er selbst oder unter seinem Vorsitz das Jugendschöffengericht im ersten Rechtszuge erkannt hat.**

(2) [1] **Soweit, abgesehen von den Fällen des Absatzes 1, die Entscheidung eines anderen Richters zu vollstrecken ist, steht die Einleitung der Vollstreckung dem Jugendrichter des Amtsgerichts zu, dem die familiengerichtlichen Erziehungsaufgaben obliegen.** [2] **Ist in diesen Fällen der Verurteilte volljährig, steht die Einleitung der Vollstreckung dem Jugendrichter des Amtsgerichts zu, dem die familiengerichtlichen Erziehungsaufgaben bei noch fehlender Volljährigkeit oblägen.**

(3) **In den Fällen der Absätze 1 und 2 führt der Jugendrichter die Vollstreckung durch, soweit § 85 nichts anderes bestimmt.**

I. Anwendungsbereich

1 Es gelten die Erl. zu → § 82 Rn. 1 entspr. (zur Anwendbarkeit bei der Vollstr von Bußgeldentscheidungen nach dem OWiG → § 82 Rn. 30).

II. Örtliche Vollstreckungszuständigkeit

1. Zuständigkeit für die Einleitung

a) (Regel-)Fälle gem. Abs. 1. Die Einleitung der Vollstr obliegt idR 2
dem sog. zunächst zuständigen Vollstreckungsleiter. Dabei handelt es sich um jenen JRichter, der die zu vollstreckende Entscheidung **selbst getroffen** oder dem erkennenden **JSchöffG vorgesessen** hat (Abs. 1). Bei verfahrensübergreifend-einheitlichen Rechtsfolgenentscheidungen gem. §§ 31 Abs. 2, 66 kommt es insofern auf den JRichter bzw. das JSchöffG an, von dem die Einheitssanktion gebildet wurde (→ § 31 Rn. 13 ff.; → § 66 Rn. 13 ff.). Nach der Vorschrift geht also gleichsam die Verantwortung für das Erkenntnisverfahren in die Verantwortung für das Vollstreckungsverfahren über. An dieser originären Zuständigkeit des JRichters ändert sich auch im Falle von **Rechtsmitteln** nichts. Denn nach Abs. 1 hat der JRichter in Verfahren, in denen die Sache im 1. Rechtszug durch ihn selbst oder durch das von ihm geleitete JSchöffG entschieden worden war, die Entscheidung des übergeordneten Rechtsmittelgerichts ebenfalls zu vollstrecken.

Für die anfängliche (Einleitungs-)Zuständigkeit gem. Abs. 1 ist es glei- 3
chermaßen ohne Belang, wenn der Verurteilte inzwischen volljährig oder erwachsen wurde (OLG Celle NJW 1975, 2254 (2255); OLG Karlsruhe JR 1980, 468 = LSK 1981, 050084). Dasselbe gilt, wenn ein anschließender Zuständigkeitsübergang gem. **§ 85 Abs. 2** (→ Rn. 7) bereits konkret **absehbar** ist (zur auch hier stets bestehenden Notwendigkeit der vorherigen Vollstr-Einleitung durch das nach § 84 zuständige Gericht etwa AG Pirmasens BeckRS 2018, 20141). Das gilt selbst dann, wenn sich der Verurteilte (aus anderweitigen Gründen) bereits in der fraglichen JVA befindet. Ähnlich liegt es, wenn der JRichter oder das von ihm geleitete JSchöffG eine JStrafe zBew ausgesetzt und die weiteren Entscheidungen einem anderen JRichter übertragen hat **(§ 58 Abs. 3 S. 2).** Auch hier muss er die Vollstr selbst initiieren (und danach die Vollstr-Durchführung nach § 85 Abs. 5 abgeben), da seine Einleitungsbefugnis durch das Vorgehen gem. § 58 Abs. 3 S. 2 unberührt bleibt (→ § 58 Rn. 17).

b) Fälle gem. Abs. 2 S. 1. Hat dagegen eine **JKammer** oder ein **allg.** 4
Strafgericht im ersten Rechtszug entschieden, ist für die Vollstr der JRichter jenes AG zuständig, dem die familiengerichtlichen Erziehungsaufgaben obliegen (Abs. 2; s. erg. auch RL I. 1d und 1e zu §§ 82–85). Maßgeblich ist dafür der Ort des **gewöhnlichen Aufenthalts** des Verurteilten (§ 152 Abs. 2 FamFG; n. → § 42 Rn. 5), also der tatsächliche Lebensmittelpunkt (BeckOK JGG/Sengbusch Rn. 3.1). Dabei ist unerheblich, wenn das hiernach zuständige AG in einem anderen Bundesland liegt als das Gericht, das die zu vollstreckende Entscheidung erlassen hat (Grundsatz der Einheit der deutschen Gerichtsbarkeit – vgl. Dallinger/Lackner Rn. 6). Ebenso folgenlos ist es, wenn sich der Verurteilte bereits in U-Haft befindet; auch dann bleibt sein regulärer Wohn- bzw. Aufenthaltsort maßgeblich (BGH BeckRS 2017, 112903; OLG Jena BeckRS 2009, 86283).

Anders liegt es, falls der Verurteilte **keinen Wohnsitz** bzw. üblichen 5
Aufenthaltsort im Inland hat. Sollte er sich dann in anderer Sache in einer JVA befinden, wäre das AG, in dessen Bezirk sich die Vollzugsanstalt befin-

det, örtlich zuständig (vgl. BGH NStZ-RR 1996, 350: denn der gewöhnliche Aufenthalt iSv § 152 Abs. 2 FamFG muss nicht frei gewählt sein; ähnlich BGH StraFo 2005, 480 = BeckRS 2005, 8520; BeckOK JGG/Sengbusch Rn. 3.2; iErg. auch OLG Zweibrücken NStZ 1991, 524 (Böhm)). Ohne bestehende Haft bestimmt sich bei diesen Personen die Zuständigkeit des JRichters gem. Abs. 2 S. 1 iVm **§ 152 Abs. 3 FamFG** danach, in wessen Bezirk „das Bedürfnis der Fürsorge bekannt wird". Nach BGH StraFo 2014, 523 = BeckRS 2014, 17821 ist dies das AG, in dessen Bezirk jene HV stattfand, auf deren Grundlage die zu vollstreckende Entscheidung durch die JKammer bzw. das allg. Strafgericht ergangen ist (iErg oft ähnlich NK-JGG/Rose Rn. 3: JRichter iSv Abs. 1).

6 **c) Fälle gem. Abs. 2 S. 2.** In Verfahren, in denen eine Entscheidung der JKammer oder eines allg. Strafgerichts gegen einen **volljährigen** Verurteilten zu vollstrecken ist, geht die Regelung in Abs. 2 S. 1 eigentlich ins Leere, weil es hier keine Zuständigkeit für familiengerichtliche Erziehungsaufgaben bzw. Kindschaftssachen geben kann. Deshalb bestimmt Abs. 2 S. 2, dass Abs. 2 S. 1 auf der Basis einer **hypothetischen Minderjährigkeit** des Betroffenen anzuwenden und die anfängliche Zuständigkeit für die Vollstr daher ebenfalls nach den in → Rn. 4 f. genannten Regeln zu bestimmen ist (dazu bspw. auch BGH BeckRS 1999, 30072927).

2. Zuständigkeit für die Durchführung der Vollstreckung

7 Der JRichter, der nach Abs. 1 oder Abs. 2 für die Einleitung der Vollstr zuständig ist, bleibt auch für deren weitere Durchführung zuständig **(Abs. 3).** Allerdings ergeben sich aus § 85 (insbes. für die Vollstr stationärer Rechtsfolgen) einige Ausnahmen, bei denen die sog. nachfolgende bzw. sekundäre **Zuständigkeit** – im Anschluss an die Einleitung (OLG Jena BeckRS 2004, 6529) – an ein anderes Gericht **übergeht.** In diesen Konstellationen sind Aufgaben des zunächst zuständigen Vollstreckungsleiters daher auf die Frühphase der Vollstr beschränkt und auch inhaltlich begrenzt (n. dazu und den Ausnahmen → § 85 Rn. 4 ff., 9 ff.). Beim JA beschränken sie sich im Wesentlichen auf den Übertragungsakt (s. RL V. 1 zu §§ 82, 85 sowie → § 85 Rn. 4 ff.). Bei der **JStrafe** obliegt dem einleitenden Vollstreckungsleiter dagegen – gem. § 31 Abs. 5 S. 2 RPflG unter Einbindung des Rechtspflegers (dazu Wohlfahrt StraFo 2020, 272 (272) – auch die Ladung zum Vollzug nebst Aufnahmeersuchen sowie einiger Unterrichtungen und vorbereitender Schritte (s. RL VI. 3 – 6 zu §§ 82–85). Dies schließt die Ermittlung der zur Berechnung der Strafzeit erforderlichen Daten ein, da diese Informationen dem Aufnahmeersuchen beizufügen sind (§ 30 Abs. 1 Nrn. 3 bis 6 StVollstrO; s. auch AG Pirmasens BeckRS 2018, 20141: auch die Strafzeitberechnung selbst muss durch den ursprünglichen Vollstreckungsleiter erfolgen).

3. Zuständigkeitskonflikt

8 Die örtliche Zuständigkeit ergibt sich aus §§ 84 und 85. Besteht hierüber zwischen JRichtern verschiedener AG ein Streit, wird der zuständige Vollstreckungsleiter **entspr. § 14 StPO** durch das gemeinsame obere Gericht bestimmt (s. etwa BGHSt 16, 78 (80) = NJW 1961, 2071; BGH NStZ-RR 1996, 350; ZJJ 2019, 397 = BeckRS 2018, 46722; 2020, 7737; 2023, 45668;

BayObLG NJW 1955, 601; OLG Frankfurt a. M. NStZ-RR 2002, 380; 2023, 259; Brunner/Dölling Rn. 2).

Davon macht die neuere Judikatur jedoch eine **Ausnahme.** Dies betrifft Divergenzen darüber, welcher JRichter für die **förmliche Einleitung** der Vollstr zuständig ist. Hierbei handele es sich um keinen Kompetenzkonflikt iSv § 14 StPO iVm § 2 Abs. 2, da es um Zuständigkeit für Justizverwaltungstätigkeiten und nicht um die dort geregelte Zuständigkeit von „Gerichten" geht (vgl. etwa BGH StraFo 2014, 523 = BeckRS 2014, 17821; NStZ-RR 2020, 290; NStZ 2020, 744; BeckRS 2021, 596). Die frühere Judikatur hatte dies allerdings noch anders gesehen und den Zuständigkeitsstreit auch in der Erstphase der Vollstr unter Heranziehung von § 14 StPO aufgelöst (so ohne jede Problematisierung BGHSt 20, 157 = NJW 1965, 923; ebenso später OLG Jena BeckRS 2009, 86283). Dem ist beizupflichten, weil kein Grund ersichtlich ist, warum die besagte Konstellation anders behandelt werden sollte als ein Zuständigkeitskonflikt im begonnenen Vollstr-Verfahren, in dessen Verlauf es ja ebenfalls um Justizverwaltungstätigkeit geht. IÜ lässt die neuere, einschr. Judikatur die Frage unbeantwortet, wie das Problem ohne § 14 StPO gelöst werden kann (am ehesten in Betracht käme eine Entscheidung des GenStA bzw. eine Abstimmung zwischen verschiedenen GenStAen – dazu Wolf/Kempfer, Strafvollstreckungsordnung/Wolf, 10. Aufl. 2024, StrVollstrO § 4 Rn. 5 und § 7 Rn. 7). 9

Abgabe und Übergang der Vollstreckung[1]

85 (1) **Ist Jugendarrest zu vollstrecken, so gibt der zunächst zuständige Jugendrichter die Vollstreckung an den Jugendrichter ab, der nach § 90 Abs. 2 Satz 2 als Vollzugsleiter zuständig ist.**

(2) [1] **Ist Jugendstrafe zu vollstrecken, so geht nach der Aufnahme des Verurteilten in die Einrichtung für den Vollzug der Jugendstrafe die Vollstreckung auf den Jugendrichter des Amtsgerichts über, in dessen Bezirk die Einrichtung für den Vollzug der Jugendstrafe liegt.** [2] **Die Landesregierungen werden ermächtigt, durch Rechtsverordnung zu bestimmen, daß die Vollstreckung auf den Jugendrichter eines anderen Amtsgerichts übergeht, wenn dies aus verkehrsmäßigen Gründen günstiger erscheint.** [3] **Die Landesregierungen können die Ermächtigung durch Rechtsverordnung auf die Landesjustizverwaltungen übertragen.**

(3) [1] **Unterhält ein Land eine Einrichtung für den Vollzug der Jugendstrafe auf dem Gebiet eines anderen Landes, so können die beteiligten Länder vereinbaren, daß der Jugendrichter eines Amtsgerichts des Landes, das die Einrichtung für den Vollzug der Jugendstrafe unterhält, zuständig sein soll.** [2] **Wird eine solche Vereinbarung getroffen, so geht die Vollstreckung auf den Jugendrichter des Amtsgerichts über, in dessen Bezirk die für die Einrichtung für den Vollzug der Jugendstrafe zuständige Aufsichtsbehörde ihren Sitz hat.**

[1] **Amtl. Anm.:** Soweit § 85 Abs. 2 Ermächtigungen der obersten Landesbehörden zum Erlaß von Rechtsverordnungen vorsieht, sind die Landesregierungen zum Erlaß dieser Rechtsverordnungen ermächtigt. Die Landesregierungen können die Ermächtigungen auf oberste Landesbehörden übertragen (Gesetz über Rechtsverordnungen im Bereich der Gerichtsbarkeit vom 1.7.1960, BGBl. I S. 481).

[3]Die Regierung des Landes, das die Einrichtung für den Vollzug der Jugendstrafe unterhält, wird ermächtigt, durch Rechtsverordnung zu bestimmen, daß der Jugendrichter eines anderen Amtsgerichts zuständig wird, wenn dies aus verkehrsmäßigen Gründen günstiger erscheint. [4]Die Landesregierung kann die Ermächtigung durch Rechtsverordnung auf die Landesjustizverwaltung übertragen.

(4) **Absatz 2 gilt entsprechend bei der Vollstreckung einer Maßregel der Besserung und Sicherung nach § 61 Nr. 1 oder 2 des Strafgesetzbuches.**

(5) **Aus wichtigen Gründen kann der Vollstreckungsleiter die Vollstreckung widerruflich an einen sonst nicht oder nicht mehr zuständigen Jugendrichter abgeben.**

(6) **[1]Hat der Verurteilte das vierundzwanzigste Lebensjahr vollendet, so kann der nach den Absätzen 2 bis 4 zuständige Vollstreckungsleiter die Vollstreckung einer nach den Vorschriften des Strafvollzugs für Erwachsene vollzogenen Jugendstrafe oder einer Maßregel der Besserung und Sicherung an die nach den allgemeinen Vorschriften zuständige Vollstreckungsbehörde abgeben, wenn der Straf- oder Maßregelvollzug voraussichtlich noch länger dauern wird und die besonderen Grundgedanken des Jugendstrafrechts unter Berücksichtigung der Persönlichkeit des Verurteilten für die weiteren Entscheidungen nicht mehr maßgebend sind; die Abgabe ist bindend. [2]Mit der Abgabe sind die Vorschriften der Strafprozeßordnung und des Gerichtsverfassungsgesetzes über die Strafvollstreckung anzuwenden.**

(7) **Für die Zuständigkeit der Staatsanwaltschaft im Vollstreckungsverfahren gilt § 451 Abs. 3 der Strafprozeßordnung entsprechend.**

Übersicht

I. Anwendungsbereich

Es gelten die Erl. zu → § 82 Rn. 1 entspr. (zu Besonderheiten iZm JA bzw Abs. 1 bei Soldatinnen und Soldaten s. die Ausführungen § 112c). In der Vollstr von Bußgeldentscheidungen im OWi-Verfahren gegen Jugendliche und Heranwachsende (→ § 82 Rn. 30 ff.) ist Abs. 5 anwendbar (§ 91 OWiG). Außerdem gilt Abs. 1 für die Vollstr des JA gem. § 98 Abs. 2–4 OWiG. 1

II. Einordnung der Norm

Die Vorschrift regelt die (sich an die Vollstr-Einleitung anschließende) **nachfolgende** (sekundäre) Vollstr-Zuständigkeit. Vornehmlich (aber nicht nur) für stationäre Rechtsfolgen überträgt § 85 die sich hier stellenden Aufgaben nicht dem JRichter, der nach § 84 als allg. Vollstreckungsleiter fungiert, sondern einem sog. **besonderen** Vollstreckungsleiter. Die Ablösung des einen durch den anderen erfolgt entweder durch einen Zuständigkeitsübergang kraft Gesetzes (Abs. 2 und 4) bzw. landesbezogene Vereinbarung (Abs. 3) oder durch die Abgabe der Vollstr (Abs. 1, 5 und 6). Ohne Einfluss auf den Wechsel der Vollstr-Zuständigkeit ist es, wenn das nachfolgend zuständige Gericht zu einem anderen Bundesland gehört als das ursprünglich zuständige Gericht. 2

Der Regelung liegt die Annahme zugrunde, dass der zuständig werdende JRichter über eine **größere Sachnähe** verfügt als der JRichter, der nach den allgemeinen Anknüpfungspunkten des § 84 Abs. 1 und Abs. 2 (→ § 84 Rn. 2 ff.: bisherige Fallbefassung im Erkenntnisverfahren oder Wohnortnähe) sonst zuständig wäre. Diese gesteigerte Sachnähe wird entweder aus Einzelfallgründen (→ Rn. 32 ff.) oder deshalb vermutet, weil die umzusetzende stationäre Rechtsfolge im Bezirk des sekundär zuständigen Gerichts vollstreckt wird. Beim Zuständigkeitsübergang gilt iÜ der Grundsatz der **einheitlichen Entscheidungskompetenz:** Mit der Ablösung geht die gesamte Verantwortlichkeit des Vollstr-Organs auf den nachfolgenden Vollstreckungsleiter über. Dieser wird für alle Teilakte und (Nach-)Entscheidungen, die in der weiteren Vollstr noch anfallen, und für sämtliche umsetzungsbedürftigen Entscheidungsteile des erkennenden Gerichts zuständig (ebenso bspw. BGH BeckRS 1981, 108052 anhand der Führungsaufsicht; BGH ZJJ 3

2019, 397 = BeckRS 2018, 46722; 2020, 16685; OLG Hamm BeckRS 2019, 17336 anhand der Einziehung).

III. Vollstreckung von Jugendarrest

1. Zuständigkeit

4 **Zuständig** für die Vollstreckung von JA ist der JRichter am Ort der örtlich fallzuständigen JA-Anstalt (§ 90 Abs. 2 S. 2). Dieser JRichter amtiert dort als Vollzugsleiter und soll auch für die Vollstr verantwortlich sein (zum hierfür bedeutsamen Grundsatz der Vollzugsnähe → Rn. 9). Die konkrete Person ergibt sich dabei allerdings nicht aus der Geschäftsverteilung, sondern aus einer Festlegung der Aufsichtsbehörde (vgl. dazu Wohlfahrt StraFo 2017, 438 (441) sowie → § 90 Rn. 8; für Bay. s. etwa Art. 28 Abs. 2 BayJAVollzG). Möglich ist es danach durchaus, dass die ursprüngliche und nachfolgende Zuständigkeit zusammenfallen – entweder, weil der angeordnete JA gleichsam vor Ort umzusetzen ist, oder weil der JA an einem Soldaten der Bundeswehr durch die Bundeswehr vollzogen wird (Art. 5 Abs. 2 EGWStG) und der ursprünglich zuständige Jugendrichter daher weiter als Leiter der Vollstr. amtiert (NK-JGG/Rose Rn. 2). Jenseits solcher Konstellation muss der primär zuständige JRichter das Verfahren dagegen stets an den sekundär vollstreckungszuständigen JRichter **abgeben** (Abs. 1). Bei Unstimmigkeiten und **Streit** darüber, wo der konkrete JA zu vollstrecken und welcher JRichter somit zuständig ist, entscheidet die Aufsichts- bzw. Justizverwaltungsbehörde und nicht etwa iSv § 14 StPO das gemeinschaftliche obere Gericht (BGH BeckRS 1981, 108053; s. erg. → § 84 Rn. 8 f.; teilw. abw. NK-JGG/Rose Rn. 4).

2. Abgabe an den zuständigen Jugendrichter

5 Der **Zeitpunkt** der **Abgabe** ist gesetzlich nicht ausdrücklich bestimmt. Die Übertragung muss aber unmittelbar nach Eintritt der Rechtskraft erfolgen. Denn es ist kein Grund ersichtlich, der einen späteren Zeitpunkt und die damit verbundene Verzögerung rechtfertigen könnte (ebenso HK-JGG/Kern/Buckolt Rn. 3). Ausnahmen gelten nur dann, wenn der sekundär zuständige JRichter einer Ladung zum Antritt des JA durch den ursprünglich zuständigen Vollstreckungsleiter **zustimmt** (RL V. 1 S. 2 zu §§ 82–85 aF), sodass dieser – bei Rechtskraft nach Möglichkeit sofort nach der HV (RL V. Nr. 4 aF) – zugleich auch das Aufnahmeersuchen und die sonstigen Mitteilungen (RL V. 6) übernimmt (zur dabei erfolgenden Einbindung des Rechtspflegers s. § 31 Abs. 5 S. 2 RPflG). Hierdurch ist prinzipiell eine Beschleunigung möglich, wobei die dafür erforderlichen Abstimmungen in der Praxis aber offenbar selten erfolgen (→ § 16 Rn. 36).

6 Im Regelfall wird die Ladung durch den sekundär zuständigen JRichter übernommen. Stets, also durch den primär wie sekundär zuständigen Richter, muss diese mit einer angemessenen **Frist** versehen sein (LG Oldenburg StV 2008, 120 = BeckRS 2008, 4347). Die RL zum JGG regeln insofern die Einzelheiten und den übrigen Vollstr-Prozess (RL V. 1–6 zu §§ 82–85). Neben diesen justizadministrativen Schritten trifft der neue Vollstreckungsleiter auch die **jugendrichterlichen Entscheidungen** (§ 83 Abs. 1), die

bei der Vollstr von JA erforderlich werden können. Das betrifft die Umwandlung von Freizeitarrest in Kurzarrest (§ 86) sowie das Absehen von der Vollstr des JA bzw. JA-Restes gem. § 87 Abs. 3 (→ § 87 Rn. 8 ff.; zu den Konsequenzen für den jeweils möglichen Rechtsschutz → § 83 Rn. 4 ff., 8 ff.).

3. Zwangsmaßnahmen bei der Vollstreckung

Die in den RL enthaltenen Vorgaben zur Vollstr von JA erfüllen als 7
einfache VV die formellen Voraussetzungen einer Eingriffsgrundlage nicht, weshalb sie keine Zwangsmaßnahmen ermöglichen. Deshalb folgt aus RL V. 4 zu §§ 82–85 keine **Befugnis** für eine (polizeiliche) Zwangszuführung von jenen Verurteilten, die trotz Ladung nicht zum angeordneten JA antreten (Diemer/Schatz/Sonnen/Sonnen § 16 Rn. 26; aA ohne klar benannte Rechtsgrundlage aber Diemer/Schatz/Sonnen/Diemer § 90 Rn. 8; Wohlfahrt StraFo 2017, 438 (442)). Eine analoge Anwendung von § 457 StPO kommt wegen der Strukturunterschiede zwischen JA und Freiheitsstrafe nicht in Betracht (Hinrichs DVJJ-Journal 1991, 67 (67); zur abw. Praxis Hinrichs DVJJ-Journal 1999, 267 (268); Müller ZJJ 2010, 82 (83); Thalmann FS 2011, 79 (80)). Teilw. wird der Eingriff indes durch das JA-Vollzugsrecht der Länder erlaubt (zu § 10 S. 1 JAVollzG SchlH s. Willsch FS Ostendorf, 2015, 933 ff., die hierbei selbst das Aufbrechen der Wohnung sowie einen Schlagstockeinsatz zulassen will). Außerdem kann der JRichter die Polizei um Amtshilfe bei der Durchsetzung seines Justizverwaltungsaktes (Ladung) ersuchen, sodass auf der Basis der **Verwaltungsvollstreckungsgesetze** der Länder (s. etwa Art. 34 BayVwZVG) auch Zwang angewandt werden darf (Brunner/Dölling § 16 Rn. 16; ähnlich Rinio ZfJ 2000, 300 (302)).

Da der JA bei einer solchen Vorgehensweise von vornherein nur als 8
Machtverhältnis erlebt und keine positive Einwirkung entwickeln wird (offenbar abw. Willsch FS Ostendorf, 2015, 944 ff.), muss der JRichter (ungeachtet formal wirksamer Zustellung) sichergehen, dass der Betroffene von der Ladung tatsächlich Kenntnis erlangt hatte (Hinrichs StV 1990, 380 (381); Hinrichs DVJJ-Journal 1991, 67 (68)). Mit Blick auf § 2 Abs. 1 ist er ferner gehalten, auch andere Möglichkeiten (persönliche Intervention usw.) zu prüfen, um den Arrestantritt zu erreichen.

IV. Vollstreckung von Jugendstrafe

1. Zuständigkeit

a) Grundsatz der Vollzugsnähe. Nach **Abs. 2** soll – im Hinblick auf 9
die enge Berührung von Vollstr- und Vollzugsaufgaben – die Verantwortung für die Vollstr von JStrafen durch einen JRichter getragen werden, der in der räumlichen **Nähe der Vollzugseinrichtung** tätig ist (BGHSt 16, 78 (81 f.) = NJW 1961, 2071; zu diesem Motiv vgl. bspw. auch → § 42 Rn. 16, → § 58 Rn. 19). Davon verspricht man sich, dass gerade die Entscheidungen über die bedingte und endgültige Entlassung aus dem JStVollz für sämtliche Insassen der jeweiligen JStVollz-Anstalt durch ein und **demselben JRichter** getroffen werden, der zudem die Bedingungen der Einrichtung kennt und (nach Möglichkeit) eng mit dem Vollzugsleiter zusammenarbeitet (Dallin-

ger/Lackner Rn. 8). Dies setzt den persönlichen Kontakt sowie den Austausch über die jeweiligen entscheidungsrelevanten Fragen voraus. Außerdem ist hierfür neben den allg. Qualifikationsanforderungen (§ 37 Abs. 1 und Abs. 3 S. 1) eine gewisse Dauerhaftigkeit der Amtsführung vonnöten (ebenso Beulke/Swoboda JugendStrafR Rn. 909). Ggü. einer Besetzung mit Richtern auf Probe ist daher – über § 37 Abs. 3 S. 1 und 3 hinaus – Zurückhaltung angezeigt.

10 Sekundär zuständig nach Abs. 2 S. 1 ist der JRichter jenes AG, in dessen **Bezirk** die JStVollz-Anstalt liegt. Unterhält die Einrichtung eine **Außenstelle** (oder mehrere), soll der Sitz der Hauptanstalt entscheidend sein (BGH NStZ 1994, 204 (205)). Dem Ziel der Vollzugsnähe würde indes eine Zuordnung besser gerecht, die auf das **Standortgericht** der tatsächlichen Unterbringung abstellt. Nach der herrschenden Rspr. soll der Gerichtsbezirk von Teilanstalten aber nur bei deren organisatorischer Verselbstständigung maßgeblich sein (OLG Brandenburg BeckRS 2023, 46927).

11 **b) Ausnahmen.** Von dem vorgenannten Grundsatz darf durch die Länder auf der Grundlage einer RVO (Art. 80 Abs. 1 GG) abgewichen werden. In einer solchen RVO kann gem. **Abs. 2 S. 2 und 3** aus „verkehrsmäßigen Gründen" auch eine andere Zuständigkeit bestimmt oder ermöglicht werden. Dies hat in der Praxis eine geringe Bedeutung. IÜ ist die Bestimmung des Abs. 2 für Konstellationen unpassend, in denen die JStVollz-Anstalt eines Landes auf dem **Gebiet eines anderen Landes** liegt (wie die Anstalt Hahnöfersand). Daher besteht die Möglichkeit einer Ländervereinbarung (vgl. § 121) über die Vollstreckungsleitung **(Abs. 3),** wobei dann der JRichter zuständig wird, der am Ort der Aufsichtsbehörde der fraglichen Einrichtung amtiert (s. auch § 78a Abs. 3 GVG). Auch hier kann allerdings auf der Grundlage einer RVO aus „verkehrsmäßigen Gründen" eine andere Zuständigkeit bestimmt werden.

2. Zuständigkeitsübergang

12 **a) Auslöser.** Eingeleitet wird die Vollstr einer angeordneten JStrafe durch den ursprünglich zuständigen JRichter, der auch die Ladung, das Aufnahmeersuchen und die zugehörigen Begleitschritte übernimmt (→ § 84 Rn. 7). Sobald der Verurteilte die JStrafe angetreten hat und **in der JStVollz-Anstalt aufgenommen** wurde (Abs. 2 S. 1: „nach der Aufnahme"), geht die Zuständigkeit für die Vollstr **kraft Gesetzes** auf den nachfolgend zuständigen Richter über (BGH BeckRS 2023, 45668). Die Einleitungs- und Aufnahmeschritte sind auch erforderlich, wenn sich der Verurteilte bereits in U-Haft befindet (OLG Jena BeckRS 2009, 86283). Nach ihrer Vornahme – genauer: nach Erhalt der die Aufnahme dokumentierenden Strafantrittsanzeige – hat der ursprünglich zuständige JRichter dem zuständig gewordenen JRichter die Akten zuzusenden (RL VI 6 zu §§ 82–84; dazu, dass dies allein Folge und nicht etwa Mittel oder Voraussetzung des Zuständigkeitsübergangs ist, vgl. BGH StV 2017, 718 = BeckRS 2016, 110979). Eine Ausnahme von all dem besteht nur, wenn der ursprünglich zuständige JRichter wegen einer Standortidentität zugleich auch iSv Abs. 2 zuständig ist.

13 Als den Zuständigkeitsübergang auslösende „Aufnahme" zählt auch die **Verlegung** aus einer Einrichtung in eine andere JStVollz-Anstalt (BGHSt

26, 278 = NJW 1976, 860 zu § 462a Abs. 1 StPO). Nach dem vorherigen Zuständigkeitswechsel gem. Abs. 2 tritt hier also ein **erneuter Übergang** iSv Abs. 2 ein. Dafür ist es indes erforderlich, dass der Vollzug in der JVA auf Dauer erfolgen soll (OLG Düsseldorf MDR 1975, 863: nicht bei bloßer Verschubung). Steht im Zeitpunkt der Verlegung schon fest, dass der Gefangene alsbald in eine andere Einrichtung weitergeleitet werden wird, ist **Abs. 2** also **nicht** erfüllt (BGH NStZ 1994, 532 (Böhm)). Ebenso verhält es sich bei einer Verlegung zur Krankenbehandlung. IÜ bleibt das vorher zuständige Gericht für eine anhängige Sache, mit der es sich bereits befasst hat, bis zu deren abschließender Entscheidung weiterhin zuständig – auch wenn die Zuständigkeit wegen einer Verlegung ansonsten übergegangen ist (vgl. etwa BGH NStZ 2013, 301 (302)).

b) Folgen. Nach jedem Übergang gem. Abs 2 liegt die **weitere Durchführung** der Vollstr in den Händen des sekundär zuständigen JRichters. 14
Diese Zuständigkeit ist (sofern es nicht zu einer Verlegung des Verurteilten oder zur Anwendung von Abs. 5 oder Abs. 6 kommt) dauerhaft; die Zuständigkeit des ursprünglichen Vollstreckungsleiters lebt also auch nach Ende der JStrafe nicht wieder auf (Brunner/Dölling Rn. 7). Dem sekundär zuständigen JRichter obliegen etwa Entscheidungen nach §§ 89a f., va aber die Strafrestaussetzung und die Ausgestaltung und Überwachung der Bewährungsphase (§ 88 Abs. 4 und Abs. 6). Die Zuständigkeit für die iRd Bewährung erforderlichen jugendrichterlichen Aufgaben besteht nach BGH NStZ 1991, 524 (Böhm)) auch dann, wenn die Aussetzungsentscheidung infolge atypischer Verläufe von einem anderen – „möglicherweise" unzuständigen – Gericht getroffen wurde.

Nach dem Grundsatz der einheitlichen Entscheidungskompetenz obliegen 15
dem sekundär zuständigen JRichter auch Entscheidungen, die mit der JStrafe an sich nichts zu tun haben, sofern sie auf dieselbe Entscheidung zurückgehen. Das betrifft namentlich die Vollstr anderer, **neben der JStrafe verhängter Sanktionen,** etwa die Einziehung des Wertersatzes (→ Rn. 3). Dagegen erstreckt sich die Zuständigkeit **nicht** auf Rechtsfolgen aus **anderen** Entscheidungen. Besteht also eine weitere JStrafe neben der aktuellen JStrafe (etwa wegen § 31 Abs. 3), ist der JRichter nur unter den Voraussetzungen von Abs. 2 auch dafür zuständig. Eine „automatische" Mitzuständigkeit kennt das Gesetz dagegen nicht (BGH NStZ 1985, 448 (Böhm): § 462a Abs. 4 StPO im JStV nicht anwendbar).

3. Anwendbarkeit von Abs. 2 bei Maßregelvollzug (Abs. 4)

Für die nachträglichen Entscheidungen, die infolge der Anordnung der 16
Unterbringung eines Jugendlichen in einem **psychiatrischen Krankenhaus** oder einer **Entziehungsanstalt** erforderlich werden, ist nach den allg. Regeln (§§ 82 Abs. 1, 84, §§ 462a, 463 Abs. 1 StPO) ebenfalls der JRichter als Vollstreckungsleiter zuständig (BGHSt 26, 162 = NJW 1975, 1846; OLG Koblenz GA 1975, 285). Nach Abs. 4 findet indes mit Aufnahme in die fragliche Einrichtung (und mit jeder längerfristigen Verlegung) ein Übergang der Zuständigkeit iSv Abs. 2 statt. Es gelten dieselben Maßgaben wie bei der JStrafe (wobei aber eine Krisenintervention gem. § 67h StGB iVm § 2 Abs. 2 nach OLG Jena NStZ 2010, 283 nicht als eigene vollstreckte Maßregel gilt). Bei andauernder Unterbringung ist iÜ eine anschließende weitere

Zuständigkeitsübertragung nach Abs. 6 möglich (→ Rn. 20). Kommt es zwischen Rechtskraft der Verurteilung und dem Maßregelvollzug zu einer **Organisationshaft** in einer StVollz-Anstalt, hat dies für diese Zwischenphase eine eigene zuständigkeitsbegründende Wirkung iSv Abs. 2 (BGH NStZ-RR 2021, 226 (Ls.) = BeckRS 2021, 12066; s. allg. zur Verlegung → Rn. 13).

17 Bei Heranwachsenden muss für die Anwendbarkeit von Abs. 4 iVm Abs. 2 indes feststehen, dass es um die Vollstr einer **jugendstrafrechtlichen** Rechtsfolge geht. Anderenfalls bestimmt sich die Zuständigkeit nach allg. StVR. Im Falle einer isolierten Unterbringung eines Heranwachsenden setzt Abs. 2 deshalb nach § 110 konkrete Hinweise darauf voraus, dass die Anordnung auf Grundlage von § 7 Abs. 1 und nicht nach allg. StR erfolgt ist (OLG Hamm BeckRS 2008, 7694). Dasselbe Prüferfordernis kann notwendig werden, wenn Führungsaufsicht kraft Gesetzes eintritt (dazu, dass der JRichter als Vollstreckungsleiter gem. § 82 Abs. 1 S. 2 hier die nach der StPO der Strafvollstreckungskammer zugewiesenen Aufgaben wahrnimmt, s. → § 82 Rn. 9). IdR wird das jeweilige Urteil die Nicht-/Anwendung von JStR zumindest anhand der Kostenentscheidung (dh anhand der (nicht) erfolgten Bezugnahme auf § 109 Abs. 2 iVm § 74) erkennen lassen (BeckOK JGG/Sengbusch Rn. 12).

V. Besonderheiten bei Erwachsenenvollzug

1. Unanwendbarkeit von Abs. 2

18 **Kein Übergang** der Vollstr-Zuständigkeit nach Abs. 2 findet statt, wenn der Verurteilte nicht in einer „Einrichtung für den Vollzug der Jugendstrafe“, sondern in einer JVA des **Erwachsenenvollzugs** aufgenommen oder von Anbeginn nach § 89b Abs. 1 in eine allg. StVollz-Anstalt eingewiesen wird (vgl. BGHSt 27, 25 = BeckRS 1976, 30373098; BGHR JGG § 85 Abs. 2, Übergang 1 = BeckRS 1987, 31104379; BGH BeckRS 2008, 15245; 2017, 112903; 2023, 2653; OLG Zweibrücken BeckRS 1988, 7508; OLG Frankfurt a. M. NStZ-RR 2002, 380 (381)). Es bleibt dann bei der ursprünglichen Zuständigkeit des JRichters gem. § 84 Abs. 1 und Abs. 2. Ein Wechsel der Zuständigkeit kommt hier allein aus sonstigen Gründen (also nach Abs. 5 oder Abs. 6) in Betracht (BGH NStZ 2024, 114). Wurde der Vollz einer JStrafe dagegen in einer JStVollz-Anstalt begonnen und damit zunächst auch eine Zuständigkeit gem. Abs. 2 begründet, fällt diese nicht wieder weg, falls der Verurteilte **später nach § 89b Abs. 2** aus dem JStrafvollzug ausgenommen und in eine allg. JVA überführt wird. Bis zu einer etwaigen Entscheidung nach Abs. 6 S. 1 (→ Rn. 20 ff.) ist in solchen Konstellationen weiterhin der nachfolgende Vollstreckungsleiter (und nicht etwa der ursprüngliche Vollstreckungsleiter) zuständig.

19 Bestehen **JStrafe** und **Freiheitsstrafe nebeneinander,** geht damit eine getrennte Zuständigkeit für die Leitung der Vollstr einher (OLG Rostock BeckRS 2003, 153539; OLG Celle ZJJ 2019, 402 = BeckRS 2019, 22110). Diese liegt für die JStrafe beim JRichter und für die Freiheitsstrafe bei der StA und Strafvollstreckungskammer (BGHSt 28, 351 = NJW 1979, 1837). Das gilt gleichermaßen, wenn die JStrafe (und ggf. auch die Freiheitsstrafe) zBew ausgesetzt wurden (BGH NStZ-RR 2007, 190) oder wenn die JStrafe

(ohne Abgabe nach Abs. 6 S. 1) in einer allg. JVA weitervollzogen (→ Rn. 20) wird (BGH NStZ 1985, 92). Eine Anwendung von § 462a Abs. 4 StPO (Konzentrationsgrundsatz) kommt hier nicht in Betracht, weil eine JStrafe in ihrer Schwere, Bedeutung und Zielrichtung mit einer Freiheitsstrafe nicht zu vergleichen ist (allg. dazu → § 17 Rn. 2 ff., 60 ff.) und es für eine Zuständigkeitsfestsetzung nach der Dauer der jeweiligen Freiheitsentziehung (§ 462a Abs. 3 S. 2 StPO) daher an einer gemeinsamen Grundlage beider Rechtsfolgen fehlt (ähnlich BGHSt 28, 351 (354) = NJW 1979, 1837; BGH BeckRS 2023, 45668).

2. Abgabemöglichkeit gem. Abs. 6 S. 1

a) Voraussetzungen. Wird bei einem Verurteilten, der das 24. Lbj. vollendet hat, die JStrafe nach allg. StVollzugs-Recht vollstreckt, erlaubt die Vorschrift dem JRichter, seine Zuständigkeit als Vollstreckungsleiter an die StA abzugeben, die nach allg. StR zuständig wäre (s. ferner § 89a Abs. 3). Eine solche Sachlage liegt vor, wenn ein Verurteilter beim Vollzug der JStrafe die Altersgrenze überschreitet und deshalb in eine allg. JVA überführt wird **(§ 89b Abs. 1 S. 2)** oder wenn der Übergang in eine Erwachseneneinrichtung schon früher erfolgte **(§ 89b Abs. 1 S. 1)** und der Betreffende dort 24 Jahre alt wird (für diese Variante offenbar aA NK-JGG/Rose Rn. 8). Außerdem kommt die Regelung bei vergleichbaren **Maßregelfällen** zum Tragen – also dort, wo eine nach JStR verurteilte Person das besagte Alter erreicht und weiterhin in einem psychiatrischen Krankenhaus bzw. in einer Entziehungsanstalt untergebracht ist oder bei ihr eine Führungsaufsicht vollstreckt wird (OLG Hamm BeckRS 2014, 13010). 20

Die Abgabemöglichkeit besteht allein für den nach Abs. 2 bis Abs. 4 **(sekundär)** zuständig gewordenen JRichter (Bunner/Dölling Rn. 14; Wohlfahrt StraFo 2020, 272 (277 f.)). Im Falle der JStrafe setzt sie somit voraus, dass die Sanktion bis zur Überführung nach § 89b in einer Jugendeinrichtung vollstreckt worden war. Erfolgt der Vollzug von Anbeginn in einer allg. JVA oder war es aus einem anderen Grund nicht zum Zuständigkeitsübergang nach Abs. 2 gekommen (→ Rn. 12: weil die Einrichtung im Bezirk des primär zuständigen JRichters liegt), ist Abs. 6 unanwendbar. Für eine analoge Heranziehung (so BeckOK JGG/Sengbusch Rn. 17.1) besteht angesichts des Vorrangs der Vollstr nach JStR kein Raum. 21

Die Abgabeoption nach Abs. 6 kann iÜ lediglich so lange wahrgenommen werden, wie noch eine **längere Restdauer** des Erwachsenenvollzugs oder der Maßregel zu erwarten ist (zutr. etwa HK-JGG/Kern/Buckolt Rn. 11: mind. 6 Monate). Eine Abgabe nach Abs. 6 S. 1 scheidet also erst recht aus, wenn die JStrafe oder Unterbringung bereits zBew ausgesetzt wurde und sich der Verurteilte deshalb nicht mehr in der jeweiligen Einrichtung befindet. Hier bleibt es für die Bewährungsüberwachung und die insoweit erforderlichen nachträglichen Entscheidungen bei der Zuständigkeit des Gerichts, das die Aussetzungsentscheidung getroffen hat (vgl. auch BGH NStZ 1997, 100 mzustAnm Brunner). Die Abgabe muss ebenfalls unterbleiben, wenn **(va personenbezogene) Gründe** dafür vorliegen, die Vollstr in den Händen des jugendstrafrechtlich orientierten (§ 37) und gebundenen JRichters zu belassen. Unter solchen Umständen kommt (mangels Eignung) allerdings regelhaft schon gar keine Überführung in den allg. Erwachsenen- 22 vollzug in Betracht (Maaß NStZ 2008, 129 (130); weitergehend aber BeckOK JGG/Sengbusch Rn. 18).

23 **b) Entscheidung.** Der JRichter muss von der Möglichkeit des Abs. 6 S. 1 keinen Gebrauch machen. Vielmehr verfügt er über **Entscheidungsermessen,** bei dessen Wahrnehmung die Gesichtspunkte der Vollzugsnähe maßgebend sind. In diesem Rahmen kann er durchaus von Abs. 6 S. 1 absehen und stattdessen nach **Abs. 5** (dazu allg. → Rn. 30 ff.) eine widerrufliche Abgabe an den JRichter, in dessen Bezirk die allg. JVA liegt, vornehmen (BGHSt 30, 9 (10) = NStZ 1981, 115; BGH NStZ-RR 2004, 58 (Ls.); OLG Frankfurt a. M. NStZ-RR 2002, 380). Dies betrifft etwa Fälle, in denen in einer solchen Anstalt Freiheitsstrafe vollstreckt wird und sodann auch eine (Rest-)JStrafe, deren Aussetzung zBew abgelehnt oder widerrufen wurde, in dieser Anstalt vollzogen werden soll (OLG Frankfurt a. M. NStZ 1987, 444 (Böhm)). Die Abgabe nach Abs. 5 kann dem Vorgehen iSv Abs. 6 aber auch aus anderem Grund vorgezogen werden und an den JRichter eines sonstigen Bezirks erfolgen. Das ist etwa bei einer bevorstehenden Aussetzung der Vollstr angezeigt, wenn die weiteren Entscheidungen durch einen JRichter am Wohnsitz des Verurteilten getroffen werden sollen.

24 **c) Bindungswirkung.** Eine erfolgte Abgabe ist für die Adressaten bindend. Nach hM setzt dies aber – entgegen dem insofern einschränkungslosen Wortlaut von – **Abs. 6 S. 1 Hs. 2** – das Vorliegen aller Abgabevoraussetzungen voraus. Erfolge eine unzulässige Abgabe (weil etwa das 24. Lbj. vom Verurteilten noch nicht erreicht worden ist oder dies nicht feststeht), werde die StA hierdurch weder verpflichtet noch zuständig. Auch seien alle Entscheidungen, die nach einer **rechtswidrigen** Abgabe getroffen werden, mangels Zuständigkeit unwirksam (OLG Dresden NStZ-RR 1998, 60; OLG Jena NStZ-RR 2000, 221; OLG Koblenz StraFo 2004, 179 = BeckRS 2004, 30337149; Wohlfahrt StraFo 2020, 272 (278)). Dadurch wird zwar der Vorrang der jugendstrafrechtlichen Vollstr gestärkt. Doch andererseits hat dies zur untunlichen Konsequenz, dass die Zuständigkeit bei entspr. Divergenzen zwischen JRichter und StA (die durchaus auch bei den diffusen Fragen der Restvollzugszeit und der persönlichen Gründe bestehen können) ungeklärt „ruht" (ggf. mit entspr. Verzögerungseffekten bspw. für die Strafrestaussetzung). Darüber hinaus droht bei Entscheidungen, die für die Betroffenen von elementarer Relevanz sind (Nicht-/Aussetzung zBew), eine „schwebende" Unwirksamkeit – und zwar aus Gründen, die von den Betroffenen nicht zu beeinflussen sind. Daher ist (normtextentsprechend) von einer einschränkungslosen Bindungswirkung der Abgabe auszugehen, sofern diese nicht im **Verwaltungsweg angegriffen** (→ § 83 Rn. 7) und korrigiert wird (ebenso iErg OLG Hamm BeckRS 2019, 43478).

3. Folgen der Abgabe iSv Abs. 6 S. 1

25 **a) Grds. Anwendung des allg. StVR (Abs. 6 S. 2).** Nach der Abgabe – nicht aber schon mit der Verfügung, mit der diese erst angekündigt wird (BGH BeckRS 2008, 15245) – bestimmen sich die Zuständigkeit von StA und Strafvollstreckungskammer nach dem allg. StVR. Das gilt ebenso für das sich an die Abgabe anschließende **Verfahren.** Entscheidungen zur Strafrestaussetzung und Bewährung erfolgen also nicht mehr nach § 58, sondern nach §§ 453, 454 StPO (OLG Jena StV 2022, 51 = BeckRS 2020, 43488).

Auch für den Rechtsschutz gilt das Erwachsenenrecht. Bei einer Führungsaufsicht gem. § 68f StGB iVm § 7 Abs. 1 (→ § 7 Rn. 56 f.; zur Anordnungszuständigkeit nach § 463 Abs. 7, § 462a Abs. 1 StPO s. OLG Hamm BeckRS 2019, 43478) prüft bspw. das Beschwerdegericht nach §§ 463 Abs. 2, 453 Abs. 2 S. 2 StPO nur die Frage der Gesetzwidrigkeit (dazu mit Blick auf das unvollständige Vorliegen der Voraussetzungen des § 68f Abs. 1 S. 1 StGB OLG Saarbrücken StV 2017, 719 = BeckRS 2016, 111323).

b) Einschränkungen. Die Regelungen des allg. StVR sind aber in den 26
Konstellationen des Abs. 6 nur anwendbar, solange sich aus ihrer Auslegung nichts anderes ergibt. Dieser Vorbehalt macht sich bspw. bei **§ 454 Abs. 2 S. 1 Nr. 2 StPO** bemerkbar. Das dort vorgesehene, zwingende Erfordernis eines Prognosegutachtens kann nämlich selbst bei einer deliktseinschlägigen JStrafe schon wegen des eindeutigen Wortlauts („Freiheitsstrafe") nicht bestehen (ebenso OLG Frankfurt a. M. NStZ-RR 1999, 91; OLG Saarbrücken BeckRS 2022, 21685; **aA** OLG Celle NStZ-RR 2008, 355 mablAnm Rose NStZ 2010, 95; OLG Dresden NStZ-RR 2010, 156 (Ls.); OLG Hamm BeckRS 2015, 6744; OLG Karlsruhe NStZ-RR 2018, 30; LG Kleve ZJJ 2015, 76 = BeckRS 2014, 22374 mablAnm Eisenberg ZJJ 2015, 78). Außerdem sprechen auch Zweckfragen (eingeschränkte Möglichkeit prognostischer Einschätzungen bei jungen Gefangenen; Verzögerungseffekte der Begutachtung) für eine einschr. Lesart (vertiefend Dehne-Niemann StV 2019, 473 (475 ff.)).

4. Fortgeltung des materiellen Jugendstrafrechts trotz Abgabe iSv Abs. 6 S. 1

a) Grundsatz. Abs. 6 S. 2 ordnet ausdrücklich nur die Anwendbarkeit 27
der Vorschriften in der StPO und dem GVG an. Deshalb ist für jene Entscheidungen, die zu JStrafen und Maßregeln, die erst nach dem 24. Lbj. des Verurteilten und einer Abgabe iSv Abs. 6 S. 1 zu treffen sind, weiterhin allein das sachliche JStR anwendbar (OLG Hamm BeckRS 2014, 13010). Steht bspw. eine Unterbrechung der Vollstr der JStrafe oder eines JStrafrestes zur Debatte, ist dafür zwar die StA (und nicht mehr der JRichter) zuständig, doch muss dabei nach den speziellen materiellen Regelungen des § 89a Abs. 1 entschieden werden. Das betrifft auch § 89a Abs. 1 S. 3 und die dafür erforderlichen prognostischen Erwägungen, die durch den (neuen) Vollstreckungsleiter selbst zu treffen sind (OLG Dresden NStZ-RR 2000, 381; OLG Karlsruhe NStZ 2009, 46; OLG Schleswig ZJJ 2009, 59 = BeckRS 2011, 17629). Wird die Unterbrechung durch die StA abgelehnt, kann der Verurteilte (worauf er hinzuweisen ist) wiederum nach allg. StVR (§ 458 Abs. 2 StPO) die Entscheidung des Gerichts herbeiführen (zum Ganzen n. Kühn NStZ 1992, 526).

b) Kriterien der Strafrestaussetzung. Mit der Abgabe der Vollstr-Lei- 28
tung durch den JRichter an die StA geht gem. Abs. 6 S. 2 zwar dessen Zuständigkeit für die Aussetzung des JStrafrestes zBew auf die Strafvollstreckungskammer über, doch muss diese Entscheidung nach dem vorgannnten Grundsatz **allein nach** den speziellen (und für den Verurteilten günstigeren) Regelungen des **§ 88** (sowie für den etwaigen Widerruf nach § 26) getroffen werden (n. BGHSt 64, 273 = NJW 2020, 1152 mAnm Eisenberg ZJJ 2020, 200; Dehne-Niemann StraFo 2020, 267; Laue NStZ 2021, 377; dazu eben-

falls OLG Hamm StV 1996, 277 = LSK 1996, 300348; NStZ-RR 2000, 92; BeckRS 2015, 6744; OLG Frankfurt a. M. NStZ-RR 1999, 91; OLG Schleswig SchlHA 2000, 149 = BeckRS 1999, 17394; BeckRS 2011, 17629; SchlHA 2019, 372 (Güntge); OLG Düsseldorf ZJJ 2003, 306 = BeckRS 2003, 30314840; OLG Brandenburg OLG-NL 2006, 189; OLG Rostock BeckRS 2010, 27393; OLG Stuttgart Die Justiz 2011, 106 = BeckRS 2011, 1479; OLG Bamberg BeckRS 2011, 18134; OLG Jena NStZ-RR 2012, 187; StV 2022, 51 (Ls.) = BeckRS 2020, 43488; OLG Hamburg StraFo 2013, 349 = BeckRS 2013, 10742; OLG Karlsruhe NStZ-RR 2018, 30; OLG Zweibrücken BeckRS 2022, 7480; eingehend auch Kühn NStZ 1992, 526; Neubacher GA 2005, 737 (740 ff.); Dehne-Niemann StV 2019, 473 (474 f.)).

29 Teilw. (und bisweilen durch dieselben OLG) wurde stattdessen aber eine Heranziehung von § 57 StGB befürwortet (OLG Düsseldorf NStZ 1995, 520; BeckRS 2009, 13677; StraFo 2012, 470 = BeckRS 2012, 18201; OLG München StraFo 2009, 125 = BeckRS 2009, 4134; BeckRS 2019, 38396; KG DVJJ-Journal 2002, 467; BeckRS 2005, 159677; StraFo 2011, 373 = BeckRS 2011, 19257; OLG Bremen BeckRS 2015, 128305; Kleve ZJJ 2015, 76 = BeckRS 2014, 22374 mablAnm Eisenberg ZJJ 2015, 78; Heinrich NStZ 2002, 182 (184 ff.). Diese Auffassung, die nach der Festlegung des BGH (→ Rn. 28) weithin aufgegeben werden dürfte, unterstellt, dass die erzieherische Einwirkungsmöglichkeit auf den Verurteilten mit der Abgabe abschließend verneint werde und die im JStVollzug zu berücksichtigenden entwicklungsbedingten Aspekte Jugendlicher und Heranwachsender keine Bedeutung mehr hätten (vgl. nur OLG Nürnberg OLGSt StGB § 57 Nr. 51 = BeckRS 2010, 2716). Dies verkennt, dass die Entscheidung des erkennenden Gerichts nicht „unterlaufen" werden (NK-JGG/Rose § 88 Rn. 1) und der Status eines nach JStR Verurteilten nicht aufgehoben werden darf. Vielmehr bleibt die Sanktion „ihrer Art nach JStrafe" (Laubenthal/Baier/Nestler JugendStrafR Rn. 882), wobei eine einfache Zuständigkeitsabgabe an dieser „Rechtsnatur (…) nichts zu ändern" vermag (Streng JugendStrafR Rn. 536). Ohnehin wird von der abwA die eindeutige Begrenzung in der Vorgabe des Abs. 6 S. 2 übergangen (s. etwa OLG Karlsruhe NStZ-RR 2018, 30).

VI. Übertragung der Zuständigkeit gem. Abs. 5

1. Abgabe- und Widerrufsrecht

30 Abs. 5 gilt für die **Vollstr aller** jugendstrafrechtlichen Rechtsfolgen – anders als Abs. 1 bis 4 und Abs. 6 also weder allein noch primär für stationäre Sanktionen. Nach der Vorschrift kann jeder JRichter, der die Vollstreckungsleitung nach Abs. 1 und Abs. 2 oder nach § 84 Abs. 1 und Abs. 2 innehat, die Aufgaben der Vollstr an einen anderen JRichter **abgeben,** ohne dass hierzu die Zustimmung der StA erforderlich wäre (BGH NStZ 1992, 529 (Böhm)). Dies betrifft allerdings nur die Zuständigkeit für Vollstreckungsakte, nicht die Zuständigkeit für nachträgliche rechtsfolgenändernde Entscheidungen (§ 58 Abs. 3, § 65 Abs. 1), bei der es einer separaten Übertragung bedarf (→ § 65 Rn. 3 und 6). Erfolgt eine Abgabe der Vollstr-Zuständigkeit nach Abs. 5, bleibt der abgebende Vollstreckungsleiter außerdem

Herr des Verfahrens (BGHSt 24, 332 (335) = NJW 1972, 1289 (1290); BGH NStZ 1983, 139; 2005, 644; NStZ-RR 2005, 246; StV 2017, 718 = BeckRS 2017, 115315). Deshalb hat er (unter gebührender Beachtung der Selbstständigkeit des ersuchten JRichters) einen Anspruch auf angemessene Unterrichtung über den weiteren Verlauf (BGHSt 7, 318 = NJW 1955, 1238). Auch kann (und ggf. muss) er (anders als nach Abs. 6) bei einer Änderung der zuständigkeitsrelevanten Umstände die Abgabe nach der ausdrücklichen Regelung in Abs. 5 **widerrufen** und seine Zuständigkeit wiederherstellen (allgA, etwa BGHSt 28, 351 = NJW 1979, 1837; BGH BeckRS 2023, 45668). Ein Verzicht auf dieses Widerrufsrecht ist nicht möglich (BGHSt 7, 318 (319) = NJW 1955, 1238 (1239)).

Wegen der fortbestehenden Verfahrensherrschaft des abgebenden Gerichts 31
steht dem JRichter, der gem. Abs. 5 eingeschalten wird, **kein eigenes Abgaberecht** zu (BGHSt 24, 332 (335) = NJW 1972, 1289; BGH NStZ 1983, 139; NStZ-RR 2003, 29; StraFo 2007, 258 = BeckRS 2007, 4750; 2023, 45668) – und dies auch dann nicht, wenn er davor als ursprünglich zuständiger allg. Vollstreckungsleiter (§§ 82, 84) fungierte, bevor die Zuständigkeit gem. Abs. 2 an den abgebenden JRichter übergegangen war (vgl. etwa OLG Hamm MDR 1984, 166). Ergibt sich ein Bedarf an der weiteren Abgabe an einen dritten JRichter, kann der eingeschaltene JRichter den abgebenden JRichter nur um Rücknahme der Übertragung und eine neue, aktualisierte Abgabeentscheidung ersuchen (Wohlfahrt StraFo 2020, 272 (274)). Lediglich dort, wo mit der Abgabe zugleich die ausdrückliche Zustimmung zur weiteren Abgabe erklärt wird, ist es denkbar, dass der eingeschaltene JRichter selbst nach Abs. 5 verfahren darf (zur entspr. Praxis s. Wohlfahrt StraFo 2017, 438 (440)). Allerdings kann der primär zuständige JRichter neben der Abgabe auch seine Zustimmung widerrufen, sodass dann der dritte JRichter die Zuständigkeit wieder an ihn verliert.

2. Ermessensentscheidung

Der Vollstreckungsleiter trifft seine Entscheidung nach pflichtgemäßem 32
Ermessen, für dessen Ausübung es anhand der **Umstände** des Einzelfalles im Wesentlichen auf **Zweckmäßigkeit**sgesichtspunkte ankommt (Dallinger/Lackner Rn. 15 f.). Für die Abgabe bedarf es indes wichtiger Gründe. Besondere Bedeutung hat dabei die **räumliche Nähe** (BGH NStZ 2005, 167; OLG Frankfurt a. M. NStZ-RR 2023, 259). Allerdings muss diese sich konkret auch als stichhaltig erweisen. Gegeben ist dies etwa, wenn bei einem Verurteilten, der seinen Wohnort gewechselt hat, noch nachträgliche Entscheidungen (sowie etwaige Anhörungen) zu erwarten sind. Hier kann dem JRichter des regional nächstgelegenen AGs die Zuständigkeit übertragen werden (dazu bspw. bei Arbeitsauflage nebst Androhung von JA BGH BeckRS 2011, 19229; OLG Frankfurt a. M. NStZ-RR 2023, 259; bei Betreuungsweisung BGH StV 2017, 719 = BeckRS 2016, 21247).

Es sind aber immer Umstände möglich, hinter deren Gewicht dieser 33
Aspekt verblasst. Typischerweise ist dies bei intensiver **Vorbefassung** des abgebenden Gerichts im Erkenntnis- und Vollstreckungsverfahren gegeben (s. etwa BGH BeckRS 2019, 20309; 2023, 2653; NStZ 2024, 114; OLG Frankfurt a. M. NStZ-RR 2002, 380 (381)). Wird von der weiteren Vollstr einer JStrafe gem. **§ 456a StPO** iVm § 2 Abs. 2 abgesehen (→ § 1 Rn. 54), kommen wegen der beabsichtigten Abschiebung und der damit einher-

gehenden Abwesenheit des Verurteilten überhaupt keine Gründe in Betracht, wegen derer der nach Abs. 2 zuständig gewordene JRichter eine Abgabe (etwa an das primär zuständige Gericht) vornehmen könnte (OLG Hamm MDR 1983, 602 (Ls.); s. auch BGH NStZ 2005, 644; NStZ-RR 2005, 246: er ist bei einer vorherigen Abgabe sogar zu deren Rücknahme verpflichtet).

34 Charakteristische Abgabe-Konstellationen bestehen (neben den in → Rn. 23 genannten Fällen), wenn sich im **Anschluss an die Aussetzung** einer JStrafe, eines JStrafrestes oder einer Unterbringung zBew weitere Entscheidungen als erforderlich erweisen können und der Verurteilte nicht im Bezirk der Einrichtung wohnt. Oft wird der sekundär zuständige Vollstreckungsleiter (Abs. 2 bis Abs. 4) mit dem Verurteilten oder dem BewHelfer wegen der weiten Entfernung nur schwer Kontakt halten können (RL VI. Nr. 8 zu §§ 82–85 aF; BGHSt 30, 78 = NJW 1981, 1745; s. aber auch OLG Düsseldorf MDR 1990, 1037: 20 km Entfernung kein Abgabegrund). Eine Abgabe ist dann auch dort angezeigt, wo nach der Entlassung weitere Entscheidungen über eine Führungsaufsicht notwendig werden (BGH NStZ 1982, 415 (Böhm); NStZ 1997, 483 (Böhm); zur vorübergehenden Übertragung der Zuständigkeit für Fragen einer laufenden Führungsaufsicht auf das Gericht, in dessen Bezirk eine weitere JStrafe des Verurteilten vollstreckt wird, s. BGH NStZ-RR 2018, 227).

35 Da das Gesetz dem Gericht des 1. Rechtszuges bei der Strafvollstreckung an BtM-Abhängigen besondere Kompetenzen einräumt (§ 35 Abs. 1 und Abs. 7 S. 2; § 36 Abs. 5 BtMG – s. dazu etwa KG NStZ 2014, 413), ist der Vollstreckungsleiter idR gehalten, die Vollstr an dieses Tatgericht abzugeben, wenn die Vollstr gem. § 35 (iVm § 38 Abs. 1 S. 1) BtMG zurückgestellt ist und Entscheidungen nach **§ 36 Abs. 1** (iVm § 38 Abs. 1 S. 1) **BtMG** absehbar zu treffen sind (BGHSt 32, 58 = NJW 1984, 745; BGH NJW 1990, 2296 (Katholnigg); vgl. auch → § 82 Rn. 20 ff.). Denn nur dadurch liegen dann auch die Entscheidungen, die der Aussetzung zBew nachfolgen, in der Hand desselben Gerichts (dazu, dass sich die Zuständigkeit für die Bewährungsüberwachung und andere nachträgliche bewährungsbezogene Entscheidungen nach § 85 bestimmt, s. etwa OLG Jena BeckRS 2011, 28900). – Anders verhält es sich nach einem Teil der Rspr. in jenen Fällen, in denen eine Einheitsjugendstrafe im Rahmen einer Entscheidung nach **Art. 313 Abs. 4 und 5 EGStGB** neu festgesetzt werden muss. Hier ist die allg. Zweckmäßigkeitsbeurteilung, die sich an erzieherischen Notwendigkeiten zum Entscheidungszeitpunkt orientiert, maßgebend (dazu für den in Art 316p EGStGB geregelten Fall (ursprüngliche Einheitsrechtsfolge ua auch wegen einer Tat, die nach dem KCanG nicht mehr strafbar ist) n. etwa OLG Hamm BeckRS 2024, 9142; OLG Frankfurt a. M. BeckRS 2024, 25750; s. dazu aber auch n. → § 66 Rn. 13; → § 82 Rn. 11).

3. Bindungswirkung

36 Mit Abgabe wird der angegangene Richter für **sämtliche** vollstreckungsrechtlichen Entscheidungen zuständig (→ Rn. 3). Allerdings ist er nach hM zur Übernahme nicht verpflichtet (Rückschluss aus Abs. 6 S. 1 Hs. 2; vgl. etwa Diemer/Schatz/Sonnen/Sonnen Rn. 15; aA NK-JGG/Rose Rn. 14). Lehnt er sie ab und hält der abgebende JRichter an seiner divergierenden Auffassung fest, entscheidet gem. § 14 StPO IVm § 2 Abs. 2 das **gemein-**

schaftliche obere Gericht (s. bspw. BGHSt 30, 79 = NJW 1981, 1745; ferner BGH ZJJ 2019, 397 = BeckRS 2018, 46722; 2019, 20309; OLG Frankfurt a. M. NStZ-RR 2023, 259; OLG Hamm BeckRS 2024, 9142; vgl. auch → § 42 Rn. 25; → § 84 Rn. 8). Eine Regelung des Zuständigkeitsstreits auf dem Verwaltungswege scheidet, da hier nicht nur jugendrichterliche Administrativentscheidungen zur Debatte stehen, aus. Allerdings bedingt der Zuständigkeitsstreit die bereits in → Rn. 24 angesprochene, **untunliche Situation** einer ungeklärten Vollstr-Verantwortlichkeit. Mit Blick auf § 2 Abs. 1 und die sonst drohenden abträglichen Folgen ist der abgebende JRichter daher idR gehalten, die Abgabe zurückzunehmen und eine Auseinandersetzung zu vermeiden (weitergehend HK-JGG/Kern/Buckolt Rn. 9: verpflichtet).

VII. Zuständigkeit der Staatsanwaltschaft

Die StA ist in die Vollstr im JStV lediglich partiell eingebunden, nämlich va im Rechtsmittelverfahren und sonst nur mit der Möglichkeit, Stellung zu nehmen. Zuständig hierfür ist die StA, die im Erkenntnisverfahren mit der Sache befasst war und aktenaufbewahrende Stelle ist – und nicht diejenige am Ort des Vollstreckungsleiters (Abs. 7 iVm § 451 Abs. 3 S. 1 StPO). Auch ein Übergang der Vollstreckungsleitung lässt die staatsanwaltliche Zuständigkeit prinzipiell unberührt, selbst wenn es um verschiedene Bundesländer geht (Brunner/Dölling Rn. 22). Diese Regelung, die auf justizseitiges Betreiben zur Vereinheitlichung der Praxis eingeführt wurde (BT-Drs. 11/5829, 45), stellt das Anliegen der Vollzugsnähe und die ihm zugrunde liegende Zukunftsorientierung (→ Rn. 3) partiell hinter institutionelle Praktikabilitätsbelange zurück (krit. etwa schon Eisenberg DVJJ-Journal 1991, 151 (151 f.)). Die Gegenerwägung, wonach die in das Hauptverfahren eingebundenen StA die bessere Fallkenntnis als die StA im Bezirk des Vollstreckungsleiters aufweise (AG Wiesloch NStZ-RR 1996, 153; BeckOK JGG/Sengbusch Rn. 21.1), überzeugt jedenfalls für die JA-Vollstr kaum, da hier gem. § 87 Abs. 3 S. 4 ohnehin schon der erkennende Richter zu hören ist (anders als bei § 88 Abs. 4). Insofern ist generell eine **ausgeprägte Nutzung** von Abs. 7 iVm § 451 Abs. 3 S. 1 StPO angezeigt, wonach die StA ihre Aufgaben im Interesse des Verurteilten an jene Behörde (mit deren Zustimmung) übertragen kann, die im Bezirk des sekundär zuständigen JRichters amtiert (dagegen die Erstreckung des Abs. 7 auf JA, bei dem es anders als bei § 451 StPO nicht um eine Strafe ginge, gänzlich verneinend AG Müllheim DVJJ-Journal 1991, 434; Diemer/Schatz/Sonnen/Sonnen Rn. 21). 37

Zweiter Unterabschnitt. Jugendarrest

Umwandlung des Freizeitarrestes

86 **Der Vollstreckungsleiter kann Freizeitarrest in Kurzarrest umwandeln, wenn die Voraussetzungen des § 16 Abs. 3 nachträglich eingetreten sind.**

I. Anwendungsbereich

1 Es gelten die Erl. zu → § 82 Rn. 1 entsprechend, sofern eine auf Freizeitarrest lautende Entscheidung ergangen ist.

II. Voraussetzungen der Umwandlung

1. Art der vorausgegangenen Entscheidung

2 Was die Zulässigkeit der Umwandlung angeht, so kann die zu Grunde liegende Entscheidung sowohl ein Urteil als auch ein Beschluss (nach §§ 65, 66) sein.

2. Eintritt der Umstände iSv § 16 Abs. 3 S. 1

3 Die genannten Voraussetzungen, dh Zweckmäßigkeit des zusammenhängenden Vollzuges aus Gründen der Erziehung sowie Nicht-Beeinträchtigung der Ausbildung oder Arbeit, müssen **nachträglich** eingetreten sein (abw. NK-JGG/Rose Rn. 4 f.; BeckOK JGG/Pütz Rn. 15). Es ist danach zum einen nicht zulässig, die Umwandlung (nur) aus vollzugstechnischen Gründen vorzunehmen, etwa weil die mehrfache Aufnahme des Jugendlichen eine zusätzliche Belastung des Vollzugspersonals mit sich bringen würde (Potrykus Anm. 1). Soweit jedoch vollzugstechnische Schwierigkeiten zugleich eine Gefährdung der Erziehung zur Folge hätten, soll die erstgenannte Voraussetzung innerhalb des § 16 Abs. 3 S. 1 gegeben sein können (so Dallinger/Lackner Rn. 3; zw.). Zum anderen dürfen die Voraussetzungen **noch nicht** in dem Zeitpunkt **vorgelegen** haben, in dem ihre Berücksichtigung durch den erkennenden Richter tatsächlich oder rechtlich noch möglich war; denn sonst könnte der Vollstreckungsleiter sein Ermessen an die Stelle des Ermessens des erkennenden Richters treten lassen. Ob die besonderen Verhältnisse damals bereits gegeben, aber dem Gericht unbekannt waren, soll ohne Bedeutung sein (so Brunner/Dölling Rn. 1, zw.; vgl. aber § 16 Abs. 3 S. 1: „erscheint").

3. Kriminalpolitische Erwägungen

3a Teilweise wird angeregt, § 86 dahingehend zu ergänzen, dass umgekehrt auch Kurzarrest nachträglich in Freizeitarrest umgewandelt werden kann, falls durch den Vollzug des Kurzarrestes Ausbildung oder Arbeit des Jugendlichen beeinträchtigt würden.

III. Umwandlungsmaßstab

Es ist *§ 16 Abs. 3 S. 2* zu beachten (vgl. → § 16 Rn. 29). Im Unterschied zu der Handhabung bei unmittelbarer Anwendung des § 16 Abs. 3 darf der Vollstreckungsleiter nach überwiegender Meinung jedoch nicht *auf 1 oder 3 Tage* Kurzarrest erkennen, da dies einen übermäßigen Eingriff in die Entscheidung des erkennenden Gerichts bedeutete (so Dallinger/Lackner Rn. 8; Brunner/Dölling Rn. 1; aA Potrykus Anm. 2). – Auch eine *Teilumwandlung* ist zulässig, allerdings nur zu empfehlen, wenn besondere Gründe dafür sprechen. *Unzweckmäßig* ist idR die Umwandlung eines Restes nach bereits erfolgter Teilvollstr von Freizeitarrest. 4

IV. Verfahrensrechtliches

1. Zuständigkeit

Die Umwandlung gehört zu den Aufgaben des nach §§ 84, 85 Abs. 1 bestimmten Vollstreckungsleiters. Die Entscheidung nach § 86 ist eine **jugendrichterliche** Entscheidung (§ 83 Abs. 1), dh es sind die Verfahrensgrundsätze des § 83 zu beachten. 5

2. Keine Mitteilungspflicht

Einer Mitteilung des Umwandlungsbeschlusses an das *Erziehungsregister* bedarf es *nicht,* da § 60 Abs. 1 Nr. 2 BZRG nur vorsieht, dass die „Anordnung" von Zuchtmitteln eingetragen wird. 6

3. Sofortige Beschwerde

Im Hinblick auf § 55 Abs. 1 kann mit der sofortigen Beschwerde nur gerügt werden, dass die Voraussetzungen der Umwandlung nicht vorgelegen hätten. Da die sofortige Beschwerde keine aufschiebende Wirkung hat (§§ 311, 311a Abs. 2, 307 Abs. 1 StPO), kann die Vollstr sofort nach Erlass des Umwandlungsbeschlusses erfolgen. Nimmt jedoch der Vollstreckungsleiter die Umwandlung gegen den Willen des Verurteilten vor und ist von beachtlichen Einwänden gegen diese Maßnahme auszugehen, so empfiehlt es sich aus Gründen der Rechtsstaatlichkeit ohnehin, mit der Vollstr solange zuzuwarten, bis die formelle Rechtskraft des Beschlusses eingetreten ist (ebenso BeckOK JGG/Pütz Rn. 25) oder wenigstens das Beschwerdegericht den Erlass einer Anordnung nach § 307 Abs. 2 StPO abgelehnt hat (vgl. schon Dallinger/Lackner Rn. 13). 7

Vollstreckung des Jugendarrestes

87 (1) **Die Vollstreckung des Jugendarrestes wird nicht zur Bewährung ausgesetzt.**

(2) **Für die Anrechnung von Untersuchungshaft auf Jugendarrest gilt § 450 der Strafprozeßordnung sinngemäß.**

(3) [1] Der Vollstreckungsleiter sieht von der Vollstreckung des Jugendarrestes ganz oder, ist Jugendarrest teilweise verbüßt, von der Vollstreckung des Restes ab, wenn seit Erlaß des Urteils Umstände hervorgetreten sind, die allein oder in Verbindung mit den bereits bekannten Umständen ein Absehen von der Vollstreckung aus Gründen der Erziehung rechtfertigen. [2] Sind seit Eintritt der Rechtskraft sechs Monate verstrichen, sieht er von der Vollstreckung ganz ab, wenn dies aus Gründen der Erziehung geboten ist. [3] Von der Vollstreckung des Jugendarrestes kann er ganz absehen, wenn zu erwarten ist, daß der Jugendarrest neben einer Strafe, die gegen den Verurteilten wegen einer anderen Tat verhängt worden ist oder die er wegen einer anderen Tat zu erwarten hat, seinen erzieherischen Zweck nicht mehr erfüllen wird. [4] Vor der Entscheidung hört der Vollstreckungsleiter nach Möglichkeit das erkennende Gericht, die Staatsanwaltschaft und die Vertretung der Jugendgerichtshilfe.

(4) [1] Die Vollstreckung des Jugendarrestes ist unzulässig, wenn seit Eintritt der Rechtskraft ein Jahr verstrichen ist. [2] Im Falle des § 16a darf nach Ablauf von drei Monaten seit Eintritt der Rechtskraft der Vollzug nicht mehr begonnen werden. [3] Jugendarrest, der nach § 16a verhängt wurde und noch nicht verbüßt ist, wird nicht mehr vollstreckt, wenn das Gericht

1. die Aussetzung der Jugendstrafe widerruft (§ 26 Absatz 1),
2. auf eine Jugendstrafe erkennt, deren Verhängung zur Bewährung ausgesetzt worden war (§ 30 Absatz 1 Satz 1), oder
3. die Aussetzung der Jugendstrafe in einem nachträglichen Beschluss ablehnt (§ 61a Absatz 1).

Schrifttum: DVJJ Baden-Württemberg (Hrsg: Dölling), Jugendkriminalität – Prävention und Reaktionen, 2015.

Übersicht

I. Anwendungsbereich

1 Es gelten die Erl. zu → § 82 Rn. 1 entsprechend, sofern auf JA erkannt worden ist. – Betreffend Soldatinnen und Soldaten s. § 112c Abs. 2 (vgl. Erl. zu → § 112c Rn. 4 ff.).

II. Keine Aussetzung der Vollstreckung zBew (Abs. 1); Aufschub bzw. Unterbrechung der Vollstreckung

1. Abs. 1

2 Die Vorschrift **verbietet** eine Aussetzung der Vollstr des JA zBew, welches Verbot nach überwiegender Auffassung aus dem Wesen und der kriminalpolitischen Zielsetzung des JA folge (vgl. → § 13 Rn. 4 → § 16 Rn. 5, → § 90 Rn. 5; aA etwa BR BT-Drs., 1. Wahlperiode Nr. 3264, 55, 64; s. auch NK-JGG/Rose Grdl. zu §§ 86, 87 Rn. 5; Domzalski ZJJ 2012, 51 ff.). Demgegenüber ist die Aussetzung der Vollstr des Strafarrestes zBew zulässig (§ 14a WStG). – Das Verbot des Abs. 1 gilt auch dann, wenn auf Berufung des Angeklagten eine zBew ausgesetzte JStrafe in einen Dauerarrest umgewandelt wird, dh unbeeinflusst vom Verschlechterungsverbot (OLG Düsseldorf NJW 1961, 891; OLG Hamm JR 1972, 73; NJW 1971, 1666; Grethlein Verschlechterungsverbot S. 120; aA Potrykus NJW 1961, 863).

2a Wird die Vollstr des JA gleichwohl – *gesetzeswidrig* – zBew ausgesetzt, so ist die Entscheidung zwar nicht unwirksam, kann aber mit den zulässigen Rechtsmitteln *ohne* die *Beschränkung* des *§ 55* angefochten werden (OLG Düsseldorf NJW 1961, 891; OLG Frankfurt a. M. NJW 1963, 969). § 59 Abs. 1 ist nicht anwendbar, dh Rechtsmittel sind die Berufung oder die Revision; dabei ist die Beschränkung auf die Aussetzung der Vollstr des JA zBew zulässig (OLG Düsseldorf NJW 1961, 891; OLG Frankfurt a. M. NJW 1963, 969).

2. Aufschub bzw. Unterbrechung

3 **a) Anlässe für Aufschub.** Jedoch kann die **Vollstr** des JA im **Verwaltungswege** aufgeschoben (vgl. auch OLG Saarbrücken BeckRS 2017, 119038; vgl. allg. → § 83 Rn. 7) oder unterbrochen werden (vgl. § 5 Abs. 3 JAVollzO, §§ 455, 456 StPO entspr.). Von dieser Möglichkeit sollte nicht nur verengt (zB aus gesundheitlichen Gründen des Betroffenen) Gebrauch gemacht werden, sondern – auch gem. der Tendenz der im Jahre 1976 eingeführten Änderungen der JAVollzO und entgegen der ursprünglichen Konzeption des JA – innerhalb vorgegebener zeitlicher Grenzen (zB Abs. 4) ua zur **Vermeidung** von **Beeinträchtigungen** im **Leistungsbereich** (etwa betr. Schulbesuch, Lehr- oder Arbeitsverhältnis; vgl. dazu § 4 Abs. 1 S. 2 JAVollzG NRW) und ggf. auch wegen besonderer Anlässe im **Sozialbereich** (zB Familienfeier). Bei Nichtbefolgungs-JA wird Aufschub bzw. Unterbrechung zwecks Erfüllung der zu Grunde liegenden Weisung oder

Auflage in angemessenen Grenzen zulässig und ggf. erzieherisch angezeigt sein (vgl. dazu Eisenberg Zbl 1989, 19; vgl. auch → Rn. 7 sowie ergänzend → § 11 Rn. 20).

4 **b) Gnadenweg.** Darüber hinaus besteht die Möglichkeit, Vergünstigungen im Gnadenwege zu gewähren (eher einschr. Birkhoff/Lemke GnadenR Rn. 279). Hierbei kann ggf. zusätzlich berücksichtigt werden, wenn schon die Entscheidung fehlerhaft oder zumindest einwandbehaftet war (vgl. etwa auch → Rn. 10 aE; bejahend im Falle fehlerhaft rückwirkender Anwendung des § 16a Holste ZJJ 2013, 289 = StV 2013, 660, vern. Gernbeck/Höffler/Verrel NK 2013, 307 (314); allg. einschr. Dallinger/Lackner Rn. 2). – § 26 Abs. 1 S. 1 GnO LSA erlaubt unter besonderen, allerdings wohl – ebenso wie § 87 Abs. 3 S. 1 – auf die Lebensführung des Verurteilten bezogenen Umständen die Aussetzung der Vollstr von JA zBew, S. 3 der Vorschrift darüber hinaus, „wenn dadurch öffentliche Erziehungsmaßnahmen ermöglicht oder gefördert werden und keine dringenden Gründe die Vollstr gebieten".

III. Anrechnung von U-Haft (Abs. 2)

5 Die Vorschrift betrifft lediglich eine Frage der Berechnung, ohne dass die Regelung über die Berücksichtigung von U-Haft (§ 52) davon berührt würde. Die entsprechende Anwendung von § 450 StPO auch für JA bedeutet, dass diejenige U-Haftzeit auf den JA angerechnet wird, die nach Eintritt der relativen Rechtskraft der auf JA erkennenden Entscheidung vollstreckt wurde. Insoweit wird die U-Haft dem JAVollzug im Sinne einer Fiktion des Inhalts gleichgestellt, in dem in § 450 StPO bestimmten Zeitpunkt wäre die formelle Rechtskraft eingetreten.

IV. Absehen von der Vollstreckung (Abs. 3)

1. Voraussetzungen

6 **a) Abs. 3 S. 1.** Der Vollstreckungsleiter (wegen der Zuständigkeit s. § 85 Abs. 1) **sieht** von der Vollstr eines JA **ganz** (zur Eintragung vgl. § 60 Abs. 3 BZRG) oder, im Falle bereits teilweise erledigter Vollstr, hinsichtlich des **Restes ab,** wenn dies aufgrund von Umständen, die seit Erlass des Urteils hervorgetreten sind – ggf. iVm bereits bekannt gewesenen Umständen (nach AG Wiesloch DVJJ-Journal 1991, 282 auch dann, wenn solche nachträglich „genügend deutlich" geworden sind; zw.) – gerechtfertigt ist (Abs. 3 S. 1). Die Praxis nutzt diese Option kaum (s. die Befragung von Hinrichs DVJJ-Journal 1999, 268; näher zur Anstalt Moltsfelde aber Rose/Friese ZJJ 2016, 10 (16); krit. zur seltenen Anwendung Thalmann FS 2011, 82 f.; für systematische Prüfung der Absehensmöglichkeit Franzke RdJB 2018, 428 443 f.). – Nicht hierunter fällt die (ggf. erst nachträglich erkannte, jedoch bereits im Zeitpunkt der Entscheidung bestehende) Gesetzwidrigkeit der Verhängung (vgl. dazu ergänzend → § 83 Rn. 3), und zwar auch nicht in analoger Anwendung (LG München I ZJJ 2014, 398 mit insoweit zust. Anm. Eisenberg (aber 402: Verfahrenshindernis); aA Holste ZJJ 2013, 291), indes

kann es ein (Vollstr-)Verfahrenshindernis darstellen (so auch im Fall AG München ZJJ 2016, 83).

Ein Absehen aufgrund „Umständen" (Abs. 3 S. 1) ist regelmäßig gerecht- 6a
fertigt, wenn die Vollstr dem Betroffenen bei – dem Erziehungsauftrag (§ 2 Abs. 1; → § 82 Rn. 3) immanenter – zukunftsorientierter Betrachtungsweise **eher schadete** als ihm im Interesse zukünftiger Legalbewährung förderlich wäre (zust. LG Berlin BeckRS 2017, 133031), was zB bei Unterbrechung schulischer oder beruflicher Ausbildung bzw. Berufstätigkeit der Fall sein kann (LSG Thüringen BeckRS 2022, 31841; zum Nachweis können entsprechende Unterlagen geeignet sein, ggf. kann gem. Abs. 3 S. 4, § 38 Abs. 2 S. 9 aF bzw. § 38 Abs. 5 S. 5 nF die JGH um Äußerung gebeten werden). Aber auch zu besorgende sonstige sich negativ auswirkende „Umstände" wie zB etwaige Stigmatisierungseffekte, deren Bejahung ggf. eine besonders sorgfältige Prüfung vorussetzt, können relevant sein (Fachkommission JA ZJJ 2009, 276; speziell gem. MuSchuG (hier Versorgung von zwei Kleinkindern) AG Wiesloch DVJJ-Journal 1991, 282 sowie LG Heidelberg DVJJ-Journal 1992, 147; NK-JGG/Rose Rn. 9). Dabei kann unbeschadet der zwingenden Regelung des S. 2 im Einzelfall auch ein Zeitraum unterhalb der Sechs-Monats-Grenze als „Umstand" iSd Abs. 3 S. 1 zu einem vollständigen Absehen von der Vollstr Anlass geben. – Die **Entlassung** kann am Tag des Ablaufs vorzeitig, bei Freizeitarrest auch schon am Abend zuvor geschehen, wenn dies zB aus schulischen oder berflichen Gründen (vgl. auch → Rn. 3) iSv § 2 Abs. 1 angezeigt ist (vgl. nur § 33 Abs. 1 RefE-JAVollzG Bbg.).

Ein Absehen von der Restvollstr liegt regelmäßig nahe, wenn der Zweck 6b
des Arrestvollzuges **bereits** vor der im Urteil vorgesehenen Zeit **erreicht** ist (nach Rose/Friese ZJJ 2016, 10 (11) könne das zB bejaht werden, wenn der Insasse Angebote der Anstalt annimmt). – Umstritten ist, ob dies gleichsam umgekehrt auch dann der Fall ist, wenn sich dieser Zweck als **unerreichbar** herausstellt (vgl. dazu Höynck/Klausmann ZJJ 2012, 405). Bleibt als Grund des Nicht-Absehens lediglich, anderen Insassen zu demonstrieren, dass „Stören" etc sich „nicht lohnt", so wird abzusehen sein (vgl. LG Hamburg 26.2.1988 – (34) Qs 8/88 bei Böhm NStZ 1989, 521 (524) (betr. Unterdrückung und Hervorrufen von Angst ggü. anderen Insassen); AG Wiesloch DVJJ-Journal 1996, 86 (betr. 22-Jährigen): Gefährdung des Erziehungsziels bei den übrigen Insassen; abw. BeckOK JGG/Pütz Rn. 15). Hingegen wird, sofern der als „unerreichbar" Beurteilte einer therapeutischen Intervention zugänglich ist (und insofern ein VollstrAufschub hinsichtlich des Restes nebst anschließender Prüfung nach Abs. 3 S. 2 letzter Hs. in Betracht kommen könnte, vgl. → Rn. 6b), eine Unterbrechung der Vollstr befürwortet (vgl. Rose/Friese ZJJ 2016, 10 (13)); indes könnten demgegenüber je nach deren Dauer und Gestaltung Bedenken hinsichtlich der anschließenden Fortsetzung der Vollstr bestehen (und zwar iSd Schutzes vor einer Ausdehnung des Zeitraums der Kontrolle), bzw. es könnte ein Absehen wegen erzieherischer Abträglichkeit angezeigt sein (vgl. → Rn. 6).

Soweit ansonsten die Auffassung vertreten wird, die Arrestanstalt müsse 6c
einen „unerreichbaren" Insassen „aushalten" und einem negativen Einfluss auf die Mitinsassen zuvorkommen (vgl. BeckOK JGG/Pütz Rn. 15; vgl. etwa auch Brunner/Dölling Rn. 9), so geht eine solche Perspektive damit möglicherweise an der erzieherischen Pflicht auch diesem Insassen gegenüber vorbei. – Ein Absehen soll nicht allein damit begründet werden dürfen,

es handle sich um einen als „arrestungeeignet" beurteilten Insassen (vgl. zur Problematik → § 16 Rn. 26, → § 90 Rn. 6).

6d **b) Abs. 3 S. 2.** Darüber hinaus **sieht** der JRichter von der Vollstr dann ganz **ab,** wenn der Eintritt der **Rechtskraft** bereits **6 Monate** zurückliegt (Hs. 1) und wenn **erzieherische Gründe** es gebieten (letzter Hs.; vgl. zur Praxis in Hmb. bei Nichtbefolgungs-JA vormals Hinrichs DVJJ-Journal 1996, 60 f.). Diese Bestimmung folgt der pädagogisch gedachten Zielsetzung, eine Einwirkung alsbald eintreten zu lassen, da der zeitliche Abstand, sofern er nicht ohnehin erzieherisch abträglich wäre (vgl. → Rn. 6), einen Bezug zur Tat und damit eine realistische Chance erzieherischer Einwirkung schwinden lässt. Dabei ist auch zu berücksichtigen, dass ein Zeitraum von Monaten bei Jugendlichen im Allg. eine wesentlich dynamischere Bedeutung hat als bei Erwachsenen.

6e War aus zukunftsorientierten Gründen zwecks Wahrnehmung einer bestimmten Maßnahme ein VollstrAufschub erteilt worden, so wird betr. Abs. 3 S. 2 letzter Hs. der Verlauf zu prüfen sein (zur etwaigen Beteiligung der JGH auch hier Abs. 3 S. 4, § 38 Abs. 2 S. 9 aF bzw. § 38 Abs. 5 S. 5 nF). Liegt der Grund des Zeitablaufs im „Untertauchen" des Verurteilten, so wird Abs. 3 S. 2 letzter Hs. nicht zu bejahen sein (vgl. auch Rose/Friese ZJJ 2016, 10 (15)). Gegebenenfalls gilt dies auch für Strategien der „Verschleppung" der Vollstr, grds. aber nicht bei Ausschöpfung zustehender (Vollstreckungs-)Verfahrensrechte (diff. zum Ganzen BeckOK JGG/Pütz Rn. 25 ff.).

7 **c) Abs. 3 S. 3.** Nach dieser Ermessens-Vorschrift (vgl. auch Diemer/Schatz/Sonnen/Schatz Rn. 7) eines Absehens ist die Prognose vorausgesetzt, dass die Vollstr des JA neben einer **wegen** einer **anderen Tat** verhängten oder zu erwartenden **„Strafe"** ihren erzieherischen Zweck „nicht mehr erfüllen wird" (vgl. rechtstatsächlich die vormalige Praxis-Befragung von Hinrichs DVJJ-Journal 1999, 268). Unter den Begriff „Strafe" fallen auch Zuchtmittel, dh der Anwendungsbereich des § 13 Abs. 3 ist nicht eröffnet (vgl. etwa auch Wohlfahrt StraFo 2017, 438 (444)). Anzuwenden wird die Vorschrift zudem idR sein, wenn der Verurteilte wegen einer anderen (mutmaßlichen) Tat sich im U-Haftvollzug befindet bzw. im Falle der Verurteilung eine vergleichsweise hohe JStrafe oder eine Freiheitsstrafe zu erwarten hat, und ohnehin, wenn er bereits zu solcher verurteilt ist. Besonders sorgfältiger Abwägung bedürfen Fälle der *Aussetzung* einer JStrafe *zBew,* wobei die Gründe für die Aussetzung ebenso zu berücksichtigen sind wie die Frage, ob das erkennende Gericht sich in diesem Zusammenhang zu einem vor dem Urteil verhängten (und noch nicht vollstreckten) JA verhalten hat. – Hingegen *scheidet* die Anwendbarkeit der Vorschrift bei einem Nichtbefolgungs-Arrest *aus,* der wegen Verletzung von Bewährungsmaßnahmen betr. *dieselbe Tat* angeordnet wurde; wird aber vor VollstrBeginn wegen zusätzlicher Gründe die Aussetzungsentscheidung widerrufen, so entfällt mit dem Widerruf der zu dessen Abwendung gedachte Zweck der Anordnung von Nichtbefolgungs-JA (vgl. aber krit. → §§ 26, 26a Rn. 21), zumal eine Vollstr des JA auch dem Grundsatz der einheitlichen erzieherischen Beeinflussung zuwiderliefe (vgl. → Rn. 6).

7a Im Übrigen wird es sich im Allg. empfehlen, vor Vollstr eines *Nichtbefolgungs*-JA dann, wenn seit Anordnung der zu Grunde liegenden Rechtsfolge ein längerer Zeitraum (zB zwei Jahre) verstrichen ist (vgl. dazu → § 11 Rn. 19), dem verhängenden JRichter den Vorgang zur Überprüfung vorzulegen; Entsprechendes gilt für Fälle, in denen die angeordnete Rechtsfolge erfüllt wurde (vgl. → Rn. 3 und ergänzend → § 11 Rn. 24) sowie bei Vollendung zumindest des 24. Lbj. bis zum Arrestantritt.

2. Jugendrichterliche Entscheidungen

Da es sich betr. das Absehen von der Vollstr um jugendrichterliche Entscheidungen (§ 83 Abs. 1) handelt, sind die **Verfahrensgrundsätze** des § 83 zu beachten (gegen eine Anfechtbarkeit der Entscheidung nach Abs. 3 DVJJ 1987, 418 (Thesen AK X c)). 8

Gemäß **Abs. 3 S. 4** sind **„nach Möglichkeit"** der erkennende JRichter (dh nicht das Revisionsgericht, vgl. auch NK-JGG/Rose Rn. 12) und der JStA (Einschränkung im Vergleich zu der zwingenden Vorschrift des § 33 Abs. 2 StPO), dessen Zuständigkeit sich nach § 85 Abs. 7, § 451 Abs. 3 StPO (vgl. ggf. auch § 10 EUStAG) bestimmt aA AG Müllheim DVJJ-Journal 1991, 434, wonach § 143 Abs. 1 GVG vorgehe, da JA keine Sanktion iSv § 85 Abs. 7 sei; aber → § 85 Rn. 37), sowie der Vertreter der JGH (namentlich zur Darlegung von Umständen gem. Abs. 3 S. 3) **zu hören.** Ein Einvernehmen mit dem erkennenden JRichter ist anzustreben (besonders dann, wenn dieser weder gem. § 31 Abs. 3 S. 1 noch S. 2 verfahren ist), wobei es idR nicht um eine „Korrektur" von dessen Entscheidung, sondern um die Würdigung einer **Änderung** in den **Lebensumständen** geht (vgl. Thalmann FS 2011, 82 f.: „verhandeln"). 8a

Die Zulässigkeit der **sofortigen Beschwerde** (§ 83 Abs. 3) gegen die Entscheidung des Vollstreckungsleiters hängt von dem Vorliegen einer Beschwer ab. **Lehnt** der Vollstreckungsleiter ein Absehen von der Vollstr **ab,** so sind regelmäßig der Verurteilte ebenso wie der Erziehungsberechtigte und der gesetzliche Vertreter beschwert, im Falle der auf **Absehen** getroffenen **Entscheidung** regelmäßig nur die JStA. 8b

3. Häufigkeiten

Nach der (nicht veröffentlichten) behördeninternen Übersicht (→ § 16 Rn. 10) über die Abgänge aus den JA-Anstalten nach Absehen von der Vollstr des Restes (Abs. 3) beliefen sich die Zahlen in den Jahren 2009, 2012, 2015 und 2017 auf 6.469, 5.662, 4.160 und 4.458. Dies entspricht Anteilen von 20,56 %, 19,86 % und (für 2017) 22,61 % aller Abgänge. Jedoch ergeben sich nach der genannten Registrierungsquelle – und vorbehaltlich diesbezüglicher Verzerrungsfaktoren – erhebliche regionale Unterschiede (für die genannten Jahre zB Anteile von 52,14 %, 55,52 %, 57,96 % und 61,88 % für RhPf, von 32,86 %, 35,27 %, 27,63 % und 31,83 % für BW, hingegen solche von 0,11 %, 0,21 %, 0,47 % und 8,80 % für Nds. 9

V. Vollstreckungs- bzw. Vollzugsverbote (Abs. 4)

Die Vorschrift beinhaltet Vollstreckungsverbote (zur Eintragung der Nichtvollstr vgl. § 60 Abs. 3 BZRG) bzw. Vollzugsverbote, regelt also nicht die Vollstreckungsverjährung, dh die **§§ 79 ff. StGB** sind **nicht** anwendbar. 10

1. JA im Allgemeinen (Abs. 4 S. 1)

10a **a) Begründung der Vorschrift.** Das Verbot gem. Abs. 4 S. 1 beruht auf der Überlegung, der Arrestvollzug sei dann erzieherisch verfehlt, wenn seit der Verurteilung geraume Zeit vergangen ist und eine unmittelbare Auseinandersetzung des Jugendlichen mit seiner Verfehlung nicht mehr erwartet werden könne (vgl. auch Dallinger/Lackner Rn. 12; vgl. aber auch → § 90 Rn. 5). Deshalb ist teilw. die **kurzfristige Vollstr** des JA in ministeriellen Allgemeinverfügungen eigens vorgeschrieben (vgl. etwa NdsRpfl 2018 Nr. 8, 225). Ferner sieht Abs. 4 S. 1 ein Vollstreckungsverbot nach Ablauf eines Jahres vor. Dieses greift auch bei Fristablauf während eines interjustitiellen Zuständigkeitsstreits (OLG Saarbrücken BeckRS 2017, 119038 = StV 2017, 724 (Ls.)) oder des – inzwischen laufenden – JAVollzugs. – Entsprechend ist Abs. 4 S. 1 auf den Nichtbefolgungs-Arrest anwendbar (vgl. auch → Rn. 7 sowie → § 4 Rn. 8; ebenso Diemer/Schatz/Sonnen/Diemer Rn. 10).

10b Der Vollstreckungsleiter darf aber nicht mit Hilfe dieser Vorschrift durch Verstreichenlassen der Frist die Vollstr eines erzieherisch nicht mehr sinnvollen JA vermeiden. In einem solchen Fall kann durch Abs. 3 S. 2 oder im Gnadenwege Abhilfe geschaffen werden (allg. Auffassung). – Kriminalpolitisch zumindest vertretbar wäre aber auch eine generelle Herabsetzung der in Rede stehenden Frist auf neun oder gar sechs Monate (aA BeckOK JGG/Pütz Rn. 70 unter Hinweis auf etwaige praktische Hindernisse (oder auch Vermeidungsstrategien des Verurteilten)), zumal die geltende Frist aus erzieherischer Sicht ohnehin zu lang erscheint. Desgleichen lässt sich eine Pflicht zur Anhörung erforderlichenfalls des BewHelfers und des mit einer Betreuungsweisung Befassten empfehlen.

11 **b) Einjahresfrist.** Die **Frist** (zur Berechnung s. §§ 186 ff. BGB) **beginnt** in dem Zeitpunkt, in dem die Entscheidung (Urteil oder Beschluss) formelle Rechtskraft erlangt hat (nach allg. Auffassung ist § 79 Abs. 6 StGB entspr. anzuwenden). Wird nach § 86 Freizeitarrest in Kurzarrest umgewandelt, so gilt für den Beginn der Frist der Zeitpunkt der ursprünglichen Entscheidung, die auf Freizeitarrest erkannt hat, nicht also der Zeitpunkt der Umwandlungsentscheidung, da diese keine selbstständige Entscheidung ist (vgl. Dallinger/Lackner Rn. 13). – Die Frist wird nach §§ 187 ff. BGB berechnet.

2. Kopplungs-JA

11a **a) Abs. 4 S. 2.** Die Regelung bestimmt für den Beginn des Vollzugs (Rechtsausschusses v. 13.6.2012 (BT-Drs. 17/9990), RegE (BT-Drs. 17/9389): Beginn der Vollstr) des Kopplungs-JA ein **Verbot** nach Ablauf von 3 Monaten seit Rechtskraft (Abs. 4 S. 2). Dies entspricht der gem. dem Erziehungsauftrag (§ 2 Abs. 1) zu berücksichtigenden entwicklungspsychologischen Erkenntnis, dass ein und derselbe Zeitraum für Jugendliche und auch Heranwachsende eine andere Qualität hat als für Erwachsene und dieser Umstand bei der Kluft zwischen den Zeitpunkten der Tatbegehung und des Beginns des Rechtsfolgenvollzugs zu berücksichtigen ist, damit der Zweck der Rechtsfolge nicht von vornherein verfehlt oder gar in sein Gegenteil gekehrt wird, welches Ergebnis bei dem *Vollzug* des Kopplungs-JA (§ 16a) *erhöht abträglich* wäre. Denn dessen Zweck liegt darin, eine erfolgreiche Bewältigung der Bewährungszeit zu fördern, wogegen bei einem erheblich zeitversetzten Beginn die Gefahr besteht, dass eine nach dem Tatzeitpunkt sich abzeichnende, als legalbewährungsförderlich zu beurteilende Entwicklung (zB im Sozial- und/oder im Leistungsbereich) durch die Vollstr erheblich beeinträchtigt würde. Deshalb ist eine prioritäre Vollstr angezeigt (so denn auch NdsRpfl 2018 Nr. 8, 225). Abs. 4 S. 2 zielt auf eine Einheitlichkeit in der Wahrung der genannten Belange ab, zumal die Praxis der Vollstreckungsleiter, auf entsprechende Umstände gem. § 87 Abs. 3 S. 1 zu reagieren, zum Teil unterschiedlich ausfällt. Für Bay. wird (betr. 2015/16) eine durchschnittliche Wartezeit von 44 Tagen (Kopplungsarrest) bzw. 68 Tagen (sonstiger Arrest) berichtet (Endres/Lauchs Bewährungshilfe 2018, 284 (391 f.)).

Die allg. Handhabung bereits begonnener Vollstreckungen beim Vollstreckungsverbot gem. Abs. 4 S. 1 (vgl. → Rn. 10; NK-JGG/Rose Rn. 14) wird durch die genannte Sonderregelung nicht berührt. **11b**

b) Abs. 4 S. 3. Die Vorschrift schließt die Vollstr eines Kopplungs-JA aus, wenn er den besonderen Zweck der Förderung einer erfolgreichen Bewältigung der Bewährungszeit nicht mehr erreichen kann, weil sich zwischenzeitlich ergeben hat, dass JStrafe zu vollstrecken ist (nähere Voraussetzungen enthalten § 16a Nr. 1–3). **11c**

Aussetzung des Restes der Jugendstrafe

88 **(1) Der Vollstreckungsleiter kann die Vollstreckung des Restes der Jugendstrafe zur Bewährung aussetzen, wenn der Verurteilte einen Teil der Strafe verbüßt hat und dies im Hinblick auf die Entwicklung des Jugendlichen, auch unter Berücksichtigung des Sicherheitsinteresses der Allgemeinheit, verantwortet werden kann.**

(2) [1] Vor Verbüßung von sechs Monaten darf die Aussetzung der Vollstreckung des Restes nur aus besonders wichtigen Gründen angeordnet werden. [2] Sie ist bei einer Jugendstrafe von mehr als einem Jahr nur zulässig, wenn der Verurteilte mindestens ein Drittel der Strafe verbüßt hat.

(3) [1] Der Vollstreckungsleiter soll in den Fällen der Absätze 1 und 2 seine Entscheidung so frühzeitig treffen, daß die erforderlichen Maßnahmen zur Vorbereitung des Verurteilten auf sein Leben nach der Entlassung durchgeführt werden können. [2] Er kann seine Entscheidung bis zur Entlassung des Verurteilten wieder aufheben, wenn die Aussetzung aufgrund neu eingetretener oder bekanntgewordener Tatsachen im Hinblick auf die Entwicklung des Jugendlichen, auch unter Berücksichtigung des Sicherheitsinteresses der Allgemeinheit, nicht mehr verantwortet werden kann.

(4) [1] Der Vollstreckungsleiter entscheidet nach Anhören des Staatsanwalts und des Vollzugsleiters. [2] Dem Verurteilten ist Gelegenheit zur mündlichen Äußerung zu geben.

(5) Der Vollstreckungsleiter kann Fristen von höchstens sechs Monaten festsetzen, vor deren Ablauf ein Antrag des Verurteilten, den Strafrest zur Bewährung auszusetzen, unzulässig ist.

(6) [1] Ordnet der Vollstreckungsleiter die Aussetzung der Vollstreckung des Restes der Jugendstrafe an, so gelten § 22 Abs. 1, 2 Satz 1 und 2 sowie die §§ 23 bis 26a sinngemäß. [2] An die Stelle des erkennenden Richters tritt der Vollstreckungsleiter. [3] Auf das Verfahren und die Anfechtung von Entscheidungen sind die §§ 58, 59 Abs. 2 bis 4 und § 60 entsprechend anzuwenden. [4] Die Beschwerde der Staatsanwaltschaft gegen den Beschluß, der die Aussetzung des Strafrestes anordnet, hat aufschiebende Wirkung.

Schrifttum: Böhm/Erhard, Strafaussetzung und Legalbewährung, 1988; Brettel, Tatverleugnung und Strafrestaussetzung, 2007; Eichinger, Videokonferenz in der Strafvollstreckung. Eine rechtliche und empirische Analyse, 2015; Eisenberg/Ohder, Aussetzung des Strafrests zur Bewährung, 1987; von Moers, Die vorzeitige Entlassung aus dem Jugendstrafvollzug, 1992; Munkwitz, Die Prognose der Frühkriminalität, 1967; Röthel, Vorzeitige Entlassung aus dem Jugendstrafvollzug, 2007; Tauss, Die Veränderung von Selbstkonzeptkomponenten im Inhaftierungsverlauf jugendlicher Strafgefangener, 1992; Trenczek (Hrsg.), Freiheitsentzug bei jungen Straffälligen, 1993; Walter/Rotthaus/Geiter (Hrsg.), Bruchstücke: Strafvollzugsprobleme aus der Sicht der Beteiligten, 1992.

Übersicht

I. Anwendungsbereich

Es gelten die Erl. zu → § 82 Rn. 1 entsprechend. 1

II. Voraussetzungen

1. Absatz 2

2 Die Vollstr des **Restes** einer JStrafe darf nur dann zBew ausgesetzt werden, wenn **ein Teil** der Strafe **vollstreckt** ist (Abs. 2; zur Unterbrechung bei Vollstr von JStrafe und Freiheitsstrafe → § 89a Rn. 4f).

3 **a) Vollstreckungszeit. Berechnung der VollstrZeit.** Es gelten die allg. Grundsätze. Dabei stellt angerechnete U-Haft, auch wenn diese Anrechnung gnadenweise erfolgte, eine vollstreckte Strafzeit dar (BGHSt 6, 215; OLG Köln NJW 1954, 205; OLG Hamburg MDR 1977, 771). Dies betrifft jedoch nicht gnadenweise angerechnete Strafunterbrechungszeiten (OLG Hamburg MDR 1977, 771).

4 Eine gem. **§ 26 Abs. 3 S. 2 angerechnete Leistung** gilt als vollstreckte Strafe iSd Abs. 1 (vgl. auch OLG Köln VRS 100, 66), zumal andernfalls eine Schlechterstellung ggü. Erwachsenen in vergleichbarer Verfahrenssituation (vgl. → § 45 Rn. 7 ff.) zu besorgen wäre (zust. Diemer/Schatz/Sonnen/Sonnen Rn. 6 mwN; s. §§ 57 Abs. 4, 56f Abs. 3 S. 2 StGB; s. auch BGHSt 33, 326, BGH BeckRS 2012, 15527, jeweils betr. nachträgliche Gesamtstrafenbildung). Auch aus Gründen erzieherischer Klarheit und Konsequenz war dies schon vor Neufassung des § 57 Abs. 4 StGB zu bejahen.

5 **b) Abs. 2 S. 1.** Hiernach soll der Verurteilte idR mindestens **sechs Monate** im Vollzug verbracht haben, da davon ausgegangen wird, dass eine erzieherische Einwirkung in kürzerer Zeit nicht möglich ist (vgl. aber krit. → § 18 Rn. 3 f.; mehrheitlich für Streichung UK IV DVJJ-Journal 1992, 37). Nur **besonders wichtige Gründe** – die aber nach der aktuellen Fassung von Abs. 2 S. 1 nicht mehr nur „ausnahmsweise" (so auch OLG Schleswig SchlHA 2004, 262) in Betracht kommen können – rechtfertigen die Aussetzung der Vollstr des Restes zBew **vor Ablauf** von sechs Monaten. Hierfür können in Betracht kommen zB unverkennbar negative Auswirkungen des Vollzugs auf die Persönlichkeitsentwicklung ebenso wie (gleichsam umgekehrt) hervorragende erzieherische Erfolge bzw. Leistungen während des Vollzuges, indes etwa auch, unabhängig von den vorgenannten Gründen, eine voraussichtlich nicht wiederkehrende günstige Gelegenheit, den Verurteilten in eine Umgebung zu entlassen, die erzieherisch besonders vorteilhaft ist (vgl. Dallinger/Lackner Rn. 10). Aber auch sonstige Gründe können die Befürwortung veranlassen, zB wenn Zweifel an der Richtigkeit des Urteils entstehen und diese eine weitere Vollstr als Verletzung des Gerechtigkeitsempfindens erscheinen lassen, oder wenn etwa besondere schicksalhafte Umstände einem erzieherisch geeigneten Vollzug entgegenstehen oder im Interesse Dritter die Entlassung gebieten.

6 **c) Abs. 2 S. 2.** Wenn JStrafe von **mehr** als **einem Jahr** verhängt wurde, ist die Aussetzung der Vollstr des Restes erst nach Vollstr von **einem Drittel** der Strafe zulässig (Abs. 2 S. 2; mehrheitlich für Streichung UK IV DVJJ-Journal 1992, 37). Diese Grenze kann auch nicht aus besonders wichtigen Gründen unterschritten werden (ebenso Beulke FS Schurig, 2012, 22). Demgemäß muss bei JStrafe von mehr als einem Jahr bis zu 18 Monaten immer erst ein Drittel der Strafe vollstreckt sein, bevor der Verurteilte in der

darauf folgenden Zeit, solange nicht sechs Monate vollstreckt sind, ggf. aus wichtigen Gründen entlassen werden kann (Abs. 2 S. 1); bei JStrafe von mehr als 18 Monaten ist die Sechsmonatsgrenze des Abs. 2 S. 1 iZm der Regelung des Abs. 2 S. 2 ohne Bedeutung. – Bei Anrechnung einer Drogentherapiezeit auf die JStrafe (§ 36 Abs. 1 S. 1 BtMG) geht **§ 36 Abs. 1 S. 3 BtMG** als Spezialvorschrift dem Abs. 2 vor. Die Aussetzung der Vollstr des Strafrestes zBew ist daher auch schon **vor** Vollstr **eines Drittels** der JStrafe zulässig, wenn eine weitere Therapie nicht erforderlich ist (vgl. auch → § 82 Rn. 29).

d) Entscheidung unabhängig vom Aufenthalt. Die Aussetzung der 7 Vollstr zBew gem. § 88 ist **nicht** davon abhängig, ob der Verurteilte sich **im Strafvollzug** befindet (BVerfG, 1. Kammer des 2. Senats, ZJJ 2013, 317). Dies kann gem. dem Freiheitsgrundrecht (Art. 2 Abs. 2 S. 2 GG) bei Strafunterbrechung oder aber auch ohne Strafantritt bei angerechneter U-Haft von entsprechender Dauer (vgl. BVerfG, 1. Kammer des 2. Senats, ZJJ 2013, 317: 18 Monate ggü. JStrafe von 2 ½ Jahren; BGHSt 6, 215; s. auch § 57) relevant sein, ohne dass der Erziehungsauftrag (§ 2 Abs. 1) dem entgegensteht, dieser vielmehr die Aussetzung verlangen kann (BVerfG, 1. Kammer des 2. Senats, ZJJ 2013, 317). – Auch bei Aufenthalt im **Ausland** nach Ausweisung (§ 2 Abs. 2, § 456a StPO; vgl. auch → § 1 Rn. 54) ist eine Entscheidung zu treffen (KG StraFo 2009, 219), zumal dieser betr. die Befristung der Auslieferung oder Ausweisung (§ 11 Abs. 2 S. 3 AufenthG) bzw. die Betretenserlaubnis (§ 11 Abs. 8 AufenthG) Bedeutung zukommt.

2. Aussetzung muss „verantwortet werden" können (Abs. 1)

Diese weitere Voraussetzung für die Aussetzung des Strafrestes zBew ver- 8 langt eine **Prognose,** wobei keine gesteigerte Wahrscheinlichkeit der künftigen Legalbewährung verlangt werden kann, die diesbzgl. Erwartbarkeit aber umso höher liegen muss, je gewichtiger die in Betracht zu ziehende Delinquenz ist (so für die hM stellvertretend BGH NStZ-RR 2018, 126 mwN). Für die Beurteilung dieser Richtlinie und die Einzelheiten der Prognosestellung gelten – trotz einer negativen Formulierung des Gesetzeswortlauts im Unterschied zu § 21 Abs. 1 – die **Grundsätze** für die Aussetzung der Vollstr der JStrafe zBew nach **§ 21** entsprechend (ebenso Beulke FS Schurig, 2012, 22; vgl. → § 21 Rn. 15 ff.; wegen der Methoden vgl. → § 5 Rn. 31 ff. und speziell zu sog. *„Risikoinstrumenten"* → Rn. 31, 77). Demgemäß steht zB der Widerruf einer vorausgegangenen Aussetzung des Strafrestes einer erneuten Aussetzung nicht entgegen (vgl. auch Böhm Info DVJJ Hess. 2/88, 15).

a) Vollzugssituation; Selbstbelastungsfreiheit. Besonderheiten für die 9 Prognosestellung ergeben sich insofern, als es sich hier um Verurteilte handelt, die sich in der Vollzugssituation (vgl. → § 92 Rn. 22 ff., 61) befinden, sodass *aktuelle Ermittlungsergebnisse* im Hinblick auf den Zeitraum nach der Entlassung vielfach nur von *eingeschränkter* Aussagekraft sein werden. Dies gilt auch für solche zusätzlichen Prognosefaktoren wie Verhalten bzw. Entwicklung des Verurteilten im Vollzug (zur Häufigkeit in der Praxis krit. aber schon von Moers, Die vorzeitige Entlassung aus dem Jugendstrafvollzug, 1992, S. 269). So kann zB *„gute Führung"*, also anstaltsangepasstes Verhalten, prognostisch besonders positiv zu bewerten sein, es muss es aber nicht (vgl.

vormals etwa Munkwitz, Die Prognose der Frühkriminalität, 1967, S. 104; s. auch Meyer MschKrim 1982, 287), und Entsprechendes kann für verschiedene Streitigkeiten gelten, zumal die Befähigung zur *Selbstbehauptung* leicht zu Konflikten im Vollzug führt, in Freiheit aber „zu erfolgreicher Lebensbewährung" gehört (vgl. aus der Vollzugspraxis Walter ZfStrVo 1988, 197; ergänzend krit. für Bremen Gerken/Schumann Rechtsstaat/Claasen S. 132 f.). Wesentlich kommt es nicht oder weniger auf (wertende) Bedenken hinsichtlich „charakterlicher Mängel" als vielmehr auf die Fähigkeit des Verurteilten an, ein „nach außen angepasstes und straffreies Leben zu führen" (LG Berlin 17.12.1986 – 507 Qs 79/86; vgl. auch → § 92 Rn. 22–42; zu Tendenzen in der Praxis Dünkel Freiheitsentzug S. 249 ff.). Jedoch kann es für die Prüfung dieser Fähigkeit während des Vollzuges nur *Anhaltspunkte* geben.

10 Das *Bestreiten* der Tatbegehung und demgemäß ein *Fehlen* von *„Reue"* oder *Unrechtseinsicht scheiden* wegen des Grundsatzes der Selbstbelastungsfreiheit (und ggf. nicht auszuschließender Möglichkeit eines Fehlurteils) als Prognosekriterien *aus* (vgl. zum allg. StR etwa OLG Schleswig StraFo 2007, 430; OLG Karlsruhe VRS 114 (2008) 238; ferner auch betr. Bestreben eines Wiederaufnahmeverfahrens OLG Zweibrücken StraFo 2017, 475; n. hierzu Eisenberg/Kölbel Kriminologie § 34 Rn. 82). Für der Frage der Verantwortbarkeit kommt es allein auf die Entwicklungsprognose an, bei der das Nichtvorhandensein eines „schlechten Gewissens" nicht berücksichtigt werden darf (Kölbel FS Roxin, 2011, 1918 (1924 f.); tendenziell anders aber BGH NStZ-RR 2018, 126 (127)). Ohnehin ist das Bestehen oder Fehlen von „Reue" und Unrechtseinsicht ein nur bedingt geeigneter Prädiktor für die Einschätzung der künftigen Legalbewährung (vgl. Endres/Breuer FPPK 2014, 263). Dies kann darauf beruhen, dass die bei der Tat abgelaufenen Motivationsprozesse dem Verurteilten aufgrund seiner geistig-seelischen Möglichkeiten nicht verständlich sind. Auch können Konflikte im Vollzug (vgl. exemplarisch etwa OLG Frankfurt a. M. BeckRS 2015, 7901) die Motivation zu „Reue" oder Unrechtseinsicht untergraben haben (vgl. betr. das allg. StR dazu OLG Schleswig StraFo 2007, 430: „durch Formulierungen des Urteils verhindert wird, die den Verurteilten persönlich angreifen"). Ohnehin sind aus grundrechtlicher Sicht (vgl. etwa Art. 4 Abs. 1 GG) diverse entgegenstehende Schutzbelange des Ich zu respektieren (vgl. etwa auch Brettel, Tatverleugnung und Strafrestaussetzung, 2007, S. 201 ff.; Eisenberg NStZ 1989, 366 (jeweils zum allg. StR)).

10a Vor dem Hintergrund dieser Grundsätze stellt auch der Umstand, dass der Strafgefangene adäquate Wiedergutmachungsbemühungen im Vollzug vermissen lassen hat, für sich genommen kein erlaubtes Prognosekriterium dar. Schon gar nicht zulässig ist es, eine günstige Prognose davon abhängig zu machen, dass der Verurteilte „an einem abstrakten Schuldanerkenntnis oder einem Anwaltsvergleich und damit an den Voraussetzungen für die vereinfachte Schaffung eines zivilrechtlichen Titels mitwirkt" (so aber AG Berlin Tiergarten StV 2019, 482 (483) = BeckRS 2017, 145009 mablAnm Kölbel/Eisenberg StV 2019, 484 (485): Kompetenzüberschreitung des Vollstreckungsgerichts).

11 **b) Verhaltensanpassung.** Im Einzelnen ist die Vorstellung, ein Erzieher und/oder ein Anstalts- sowie der Vollstreckungsleiter seien aufgrund ihrer Ausbildung und Erfahrung in der Lage, einen tatsächlichen *Integrationsprozess* des JStrafgefangenen von einer *Scheinanpassung* zu unterscheiden, nur eingeschränkt vertretbar. Das Erkenntnisproblem wird zusätzlich dadurch verschärft, dass ein Integrations- oder Desintegrationsprozess betr. formeller Anstaltsnormen nicht mit einem solchen betr. allg. einschließlich strafrechtlicher Normen und Wertvorstellungen in der Außengesellschaft identisch zu sein braucht (ebenso Bottenberg/Gareis ZfStrVo 1987, 77). Aus methodischen Gründen muss es sich in Fällen des Irrtums nicht um eine mangelnde Qualifikation der genannten (Vollzugs-)Bediensteten handeln. – Soweit zB Zusammenhänge zwischen intensiverer „Rückfälligkeit" bei Entlassenen mit (vorausgegangener) intensiverer anstaltsinterner Negativ-Registrierung berechnet wurden, ist nicht auszuschließen, dass solche (zumindest teilweise) auf Auswirkungen dieser vorherigen Registrierung auf Entlassungsentscheidungen und -vorbereitungen und also auf eine zusätzliche Schlechterstellung zurückzuführen sind (vgl. dazu Tauss, Die Veränderung von Selbstkonzeptkomponenten im Inhaftierungsverlauf jugendlicher Strafgefangener, 1992).

c) Mutmaßliche bzw. getilgte Straftaten. Soweit der Verurteilte wegen des Vorwurfs **anderer** (etwa während eines Urlaubs/Langzeitausgangs begangener) **Straftaten verfolgt** wird, darf das Gericht dies nach hM (zumindest bei eigenen Ermittlungen) auch ohne rechtskräftige Aburteilung zum Nachteil des Verurteilten berücksichtigen (OLG Karlsruhe Justiz 1987, 192; OLG Hamm NStZ 1992, 350; weitergehend LG Hamburg NStZ 1992, 455 (Ls.): „hinreichender Verdacht" genüge; jeweils zum allg. StR; vgl. zudem → Rn. 25). Wegen der **Unschuldsvermutung** (Art. 6 Abs. 2 EMRK) wird es darauf ankommen, dass das Gericht eigene Ermittlungen in einer Weise vornimmt, die eine Überzeugungsbildung erlauben (vgl. zur ähnlichen Problematik näher → §§ 26, 26a Rn. 8 ff.; s. auch NK-JGG/Rose Rn. 7). 12

Getilgte oder zu tilgende Eintragungen über eine Verurteilung dürfen **nicht** berücksichtigt werden (§ 51 Abs. 1 BZRG, OLG Celle StraFo 2011, 373 = StV 2012, 171 (zum allg. StR)). 13

3. Ermessensentscheidung

Die Entscheidung über die Aussetzung der Vollstr des Restes einer JStrafe zBew steht im pflichtgemäßen Ermessen des JRichters. Eine Versagung unterliegt wegen des Grundrechts der Freiheit der Person erhöhten Begründungsvoraussetzungen (vgl. schon zu § 57 StGB VerfGH Berlin StrFo 2017, 369; vgl. auch → Rn. 16). 14

a) Gesetzliche Vorgaben. Sind die **zeitlichen** gesetzlichen Voraussetzungen gegeben (vgl. auch → Rn. 6; betr. Anschlussvollstr vgl. zum frühestmöglichen Unterbrechungszeitpunkt OLG Dresden ZJJ 2006, 323), so gebietet schon der Erziehungsauftrag (§ 2 Abs. 1) eine rechtzeitige (dh den zeitlichen Grenzen vorausgehende) **Prüfungspflicht** (und entspr. Gestaltung der in der Praxis verwandten Formulare). 15

Die **Sachentscheidung** wird nicht nur bei *günstiger* Prognose, sondern im Allg. *auch bei Zweifeln* gerade aus erzieherischen Gründen („im Hinblick auf die Entwicklung") das Ergebnis einer Aussetzung zBew haben (vgl. ergänzend → § 17 Rn. 12, → § 92 Rn. 22 ff.). *Anders* ist zu entscheiden, wenn – etwa verlässlich festgestellte (vgl. aber → Rn. 10, 11) – *konkrete Tatsachen* 16 bzgl. zu befürchtender besonders schwerer Delikte („*Sicherheitsinteresse der Allgemeinheit*" (Abs. 1, eingeführt durch Gesetz v. 26.1.1998 (BGBl. I 160); krit. zum Begriff Erdmann-Degenhardt SchlHA 1999, 295) entgegenstehen (OLG Düsseldorf StV 2001, 183 (jedoch iErg vern.) mBspr Hoffmann StV 2002, 449 ff.; OLG Karlsruhe StV 2007, 13 f. (ebenfalls iErg vern.); OLG Schleswig bei Güntge SchlHA 2019, 372 (iErg bej.)). Da jedoch die auf das Rechtsgut abstellende Wendung des § 57 Abs. 1 S. 2 StGB in § 88 nicht enthalten ist, darf – anders als im allg. StR (vgl. etwa BGH NStZ-RR 2003, 201; OLG Karlsruhe NStZ-RR 2005, 172) – bei der Prognose nicht ein je nach dem Gewicht potentieller zukünftiger Straftaten unterschiedlicher Maßstab zugrunde gelegt werden (betr. *Drogendelikte* ohne Differenzierung ggü. dem allg. StR sowie OLG Frankfurt a. M. BeckRS 2015, 7901), wenngleich das in Rede stehende Sicherheitsinteresse auch im JStR grds. zu veranschlagen sein wird. Der gesetzlich vorgegebene Unterschied rechtfertigt sich aus empirischer Sicht daraus, dass Prognosen bei Jugendlichen und Heranwachsenden tendenziell mit noch höherer Unsicherheit behaftet sind als bei Erwachsenen, zumal ein „Abbruch" der Delinquenz häufiger und eine etwaige „Perseveranz im Delikt" seltener ist (vgl. näher → § 5 Rn. 59 mN). Ohnehin stellt die auf Sicherheitsinteressen bezogene Einschränkung von Gesetzes wegen nicht etwa den Vorrang des Erziehungsauftrags („Entwicklung des Jugendlichen"; s. auch § 2 Abs. 1) in Frage.

17 Im Unterschied zu vergleichbaren Entscheidungen im allg. StR (§ 57 Abs. 1 Nr. 3, § 57a Abs. 1 Nr. 3 StGB) setzt die Entlassung *keine Einwilligung* voraus (OLG Dresden ZJJ 2006, 322). Daher hat der Verurteilte kein Recht darauf, dass die JStrafe vollständig vollstreckt wird, woran ihm zB zwecks Fortsetzung einer begonnenen Ausbildung oder Vermeidung aussetzungsbegleitender Maßnahmen gelegen sein könnte (vgl. dazu Röthel, Vorzeitige Entlassung aus dem Jugendstrafvollzug, 2007, S. 137 ff.: betr. zwei Anstalten 9 % bzw. 22 %; s. aber auch Walter/Rotthaus/Geiter Bruchstücke/Ohle S. 125: „in wenigen Fällen" nicht zur vorzeitigen Entlassung bereit; betr. allg. StR Böhm/Erhard MschKrim 1984, 365; Böhm/Erhard, Strafaussetzung und Legalbewährung, 1988; Eisenberg/Ohder, Aussetzung des Strafrests zur Bewährung, 1987). Indes werden nachvollziehbare Gründe iRd Ermessensentscheidung nicht unberücksichtigt bleiben dürfen (anders – und gegen GenStA – bei einem Widerruf des vom Jugendstrafgefangenen selbst gestellten Antrags OLG Jena BeckRS 2016, 17241).

18 **b) Zur Streitfrage nach partieller Anwendbarkeit des § 57 StGB.** Teilweise wird erwogen, in Fällen von JStrafe wegen **„Schwere der Schuld"** (§ 17 Abs. 2 Alt. 2) – unter Hervorkehrung der Tat und Hintanstellung des Alters des Verurteilten zur Tatzeit (LG Berlin NStZ 1999, 102 mablAnm Schönberger) – das Ermessen **in Anlehnung an** die Grundsätze des § 57 StGB auszuüben. Danach würde eine Aussetzung des Strafrestes zBew vor Ablauf von zwei Dritteln der Strafzeit trotz günstiger Sozialprognose nur erfolgen, wenn – wie entsprechend § 57 Abs. 2 Nr. 2 StGB aF (modifiziert durch 23. StrÄndG v. 13.4.1986, BGBl. I 393) ausgeführt wurde – besondere Umstände in der Tat und in der Persönlichkeit des Verurteilten vorliegen oder wenn diese Anordnung ausnahmsweise aus besonders wichtigen Gründen geboten erscheint (LG Bonn NJW 1977, 2226; StV 1984, 255 mablAnm Tondorf sowie mkritBspr Hoffmann StV 2002, 450 f.).

Gegen diese Art der Ermessensausübung ist zunächst einzuwenden, dass 19
die entsprechenden besonderen Voraussetzungen des § 57 StGB nicht in Abs. 2 übernommen wurden. Vielmehr ist die Regelung in **§ 88** bewusst **offen ausgestaltet** worden, damit die Aufgabe des JRichters, bei günstiger Prognose ausnahmsweise hier etwa vertretbare Belange des Vergeltungsgedankens mit den stets vorrangig zu berücksichtigenden Erfordernissen der Erziehung zu einem Ausgleich zu bringen (vgl. hierzu OLG Schleswig SchHA 1998, 196 f.; näher Neubacher GA 2006, 740–746), nicht durch eine generelle Orientierung an der Regelung des § 57 StGB behindert wird (OLG Hamm openjur 2015, 7043; Böhm NJW 1977, 2198; Schönberger NStZ 1999, 103; Brunner/Dölling Rn. 2; Weidinger Strafaussetzung S. 150: gem. § 2 Abs. 2 nicht anwendbar). Die Akzentuierung auf eine ggf. vorliegende „Schwere der Schuld" könnte – entgegen der ratio des § 88 im Vergleich zu § 57 StGB – ggf. gar die Folge einer unzulässigen Schlechterstellung im Vergleich zu nach allg. StR Verurteiten haben, weil „Schwere der Schuld" in § 57 StGB nicht vorkommt (OLG Hamm BeckRS 2015, 6744; OLG Düsseldorf BeckRS 2022, 55940; Diemer/Schatz/Sonnen/Sonnen Rn. 12; Köhler/Gerards NStZ 2023, 455 (460)). Im Übrigen entspricht es, im Einklang mit der Unzulässigkeit generalpräventiver Erwägung im JStR (vgl. → § 17 Rn. 6 f., → § 18 Rn. 43), der Fassung des § 88, dass etwaige Belange des Schuldausgleichs durch die Berücksichtigung im Erkenntnisverfahren gewissermaßen verbraucht sind.

Ähnlich verhält es sich bei der Frage, ob in Fällen, in denen die Jugend- 19a
strafe gem. § 89b nach den Vorschriften des Strafvollzugs für Erwachsene vollzogen wird und ihre Vollstreckung gem. § 85 Abs. 6 an die nach den allgemeinen Vorschriften zuständige Vollstreckungsbehörde abgegeben worden ist, im Rahmen der nach materiellem JStR erfolgenden Entscheidung (OLG Jena StV 2022, 51 (Ls.) = BeckRS 2020, 43488; OLG Zweibrücken BeckRS 2022, 7480; n. → § 85 Rn. 28) bei § 88 eine Anlehnung an § 57 StGB erfolgen könne (so wohl bej. BGHSt 64, 273 = NJW 2020, 1152 mkritAnm Eisenberg ZJJ 2020, 200; Dehne-Niemann StraFo 2020, 267 sowie mzustAnm Laue NStZ 2021, 377). Dagegen sprechen nicht nur die vorgenannten Gründe, sondern auch der durch die Rspr. eingeführte Bruch in der an sich vorgesehenen jugendstrafrechtlichen Kontinuität des Verfahrens, ganz abgesehen von der problematischen Ungleichbehandlung (zur Berücksichtigung von § 57 StGB stark einschr. auch OLG Düsseldorf BeckRS 2022, 55940).

c) Rechtstatsächliches. Ausweislich der BZR-Daten sind die **Rückfall-** 20
raten bei vollständig und teilweise vollstreckten JStrafen – anders als im allg. StR, wo für die Strafrestaussetzung günstigere Werte dokumentiert werden – sehr ähnlich (JAHT, Legalbewährung, 2016, S. 202 ff., 213 ff.; JAHT, Legalbewährung, 2021, S. 172; vertiefend Kerner ua, Systematische Rückfalluntersuchung im Hessischen Jugendvollzug, 2011, S. 138 ff.; vgl. bspw. auch die Daten bei Endres ua MschKrim 2016, 342 (348)). Ob dies auf Problemen bei der Auswahl der vorzeitig zu Entlassenden, auf den Wirkungen des Weitervollzugs bei den Nichtentlassenen oder auf den jeweiligen Bedingungen des Übergangs in Freiheit beruht, ist unklar. Die Datenlage zeigt aber immerhin an, dass vorzeitige Entlassungen insges. jedenfalls nur schwach risikoerhöhend wirken. Sie gibt also keinen Anlass zu einer restriktiven Handhabung von § 88 (s. auch → Rn. 46).

20a Die Praxis vorzeitiger Entlassung ist schwer abschätzbar, da die amtliche Vollzugsstatistik keine Quantifizierung der Anteile vorzeitiger Entlassungen erlaubt (Eisenberg/Kölbel Kriminologie § 35 Rn. 51). Die verfügbaren Länder- bzw. Regionalanalysen machen sehr unterschiedliche Angaben, die zwischen ca. 22 % und etwas über 60 % liegen (Kerner ua, Systematische Rückfalluntersuchung im Hessischen Jugendvollzug, 2011, S. 88 f.; Lobitz/Giebel/Suhling FS 2013, 340 (342); Cornel FS Ostendorf, 2015, 174). Dabei sprechen manche Anhaltspunkte dafür, dass sich – den restriktiveren Neufassungen des § 88 Abs. 1 und 3 (Gesetz v. 26.1.1998, BGBl. I 160) entspr. – sowohl der Anteil vorzeitiger Entlassungen als auch, soweit es dazu kam, der ausgesetzte Strafrest verkleinert haben (vgl. näher etwa Röthel, Vorzeitige Entlassung aus dem Jugendstrafvollzug, 2007, 117 ff., 136 ff., 143 ff. betr. die Anstalten Adelsheim, 123 ff., 139 ff., 148 ff. betr. Hameln und – eingeschränkt – 129 ff., 142 f., 153 ff. Hahnöfersand). Im Zusammenhang mit variablen Zahlen von Neueinweisungen ist allerdings nicht auszuschließen, dass bei prognostisch relevanten Beurteilungen auch (verdeckt bleibende) Eigenbelange der befassten Institutionen (oder gar Amtierender selbst) einfließen (vgl. detailliert etwa Villmov/Savinsky ZJJ 2015, 179).

21 Mitunter wird indes auf die Tendenz eines **Hinausschiebens** und einer Orientierung an den anders gestalteten Voraussetzungen im allg. StR (2/3 Zeitpunkt bzw. hälftige Vollstr) hingewiesen (Gerken/Schumann Rechtsstaat/Claasen S. 129–131 betr. Bremen; Walter/Rotthaus/Geiter Bruchstücke/Ohle S. 124 betr. Hahnöfersand; von Moers, Die vorzeitige Entlassung aus dem Jugendstrafvollzug, 1992, S. 163 f., 166 ff. betr. JVAen Siegburg und Heinsberg, wonach nur 20,3 % bzw. 9,9 % der in die Untersuchung einbezogenen Probanden vor Ablauf der Zweidrittelfrist entlassen wurden; vgl. ergänzend betr. MV Dünkel ZfStrVo 2002, 72). Im Übrigen liegen oder lagen Anhaltspunkte dafür vor, dass sich (meist mehrere) *Vorverurteilungen* (auch) dann, wenn es sich (einschließlich der der Einweisung zu Grunde liegenden Delikte) um eher weniger schwere Straftaten handelt (zB Diebstahl), entlassungshinderlich auswirken (krit. zu dieser Form des Eskalationsprinzips (vgl. → § 5 Rn. 8, → § 31 Rn. 45) von Moers, Die vorzeitige Entlassung aus dem Jugendstrafvollzug, 1992, S. 179). Die Praxis soll dazu tendieren, bei *Erstverbüßern* eine Entlassung frühestens bei 7/12 der Jugendstrafe und ansonsten erst zum 2/3-Termin von Amts wegen zu prüfen (BeckOK JGG/Kilian Rn. 10; dazu ferner – affirmierend –HK-JGG/Kern/Buckolt Rn. 23). Tatsächlich betrug in den hess. Entlassungsjahrgängen 2003 und 2006 der ausgesetzte Strafrest bei ca. 60 % der vorzeitig Entlassenen (dh bei jenen, die nicht nur weniger als eine Woche oder gar nicht vorfristig freikamen) weniger als ein Strafdrittel (Kerner ua, Systematische Rückfalluntersuchung im Hessischen Jugendvollzug, 2011, S. 86 f.). Darin deutet sich eine repressive Korrektur der offeneren Gesetzesvorgabe an (ähnlich Beulke FS Schurig, 2012, 22 (22 f.); weitergehend Weidinger Strafaussetzung S. 149: unzulässig).

21a Ferner wird von (gar unzulässigen) Verhinderungen wegen nicht abgeschlossener *Ausweisungs*verfahren (vgl. § 456a StPO; vgl. näher → § 1 Rn. 54) berichtet (s. etwa DVJJ 1987, 378; zum allg. StR OLG Nürnberg StraFo 2007, 431; OLG Karlsruhe StraFo 2008, 180 (mzustAnm Trurnit): „Strafhaft zur Abschiebehaft umzufunktionieren").

Zur **Häufigkeit des Widerrufs** von Bewährungsaussetzungen (sowie zum anteilsmäßigen Verhältnis der Widerrufsanlässe) vgl. → §§ 26, 26a Rn. 3, → § 113 Rn. 10 f. sowie Holleis Bewährungshilfe 1981, 56 ff. 21b

4. Gnadenweg

Die Aussetzung des Strafrestes zBew ist auch im Gnadenwege möglich (zu rechtstatsächlichen Angaben vgl. etwa Sonnen ZJJJ 2016, 125). Allerdings darf dieses Verfahren nicht dazu dienen, der jugendrichterlichen Entscheidung vorzugreifen oder ihr zu widersprechen (vgl. auch Birkhoff/Lemke GnadenR Rn. 288). Die Möglichkeit der gnadenweisen Aussetzung wird ggf. etwa dann in Betracht kommen, wenn die zeitlichen Schranken des Abs. 2 ein gerichtliches Verfahren unmöglich machen (vgl. § 20 ThürGnO). – Wegen der Voraussetzungen des Widerrufs und insb. vorheriger Hinweispflicht vgl. BVerfG NJW 2013, 2414 (zum allg. StR). 22

III. Verfahren

1. Einzelne Regelungen

a) Jugendrichterliche Entscheidung. Zuständig für die Entscheidung ist der – zur Zeit der Entscheidung – amtierende Vollstreckungsleiter (§ 85 Abs. 2, 3 oder § 84 Abs. 1, 2). Es handelt sich um eine jugendrichterliche Entscheidung (§ 83 Abs. 1), dh es gelten die zu § 83 dargelegten Verfahrensgrundsätze. 23

b) Abs. 3 S. 1. Nach dieser (durch das 1. JGG-ÄndG eingeführten) Vorschrift soll die Entscheidung in den Fällen der **Abs. 1** ***und*** **2** im Interesse der Entlassungsvorbereitung so **frühzeitig** getroffen werden, dass die erforderlichen (Eingliederungs-)Maßnahmen durchgeführt werden können. Die Vorschrift hat im Sinne zukünftiger Legalbewährung deshalb besondere Bedeutung, weil gerade in der ersten Zeit nach Entlassung erneute Deliktsbegehungen iZm mangelnder Integration vorkommen (zu Nachw. Eisenberg/Kölbel Kriminologie § 36 Rn. 41). – Das zur Entscheidung führende Verfahren wird idR durch **Antrag** des Verurteilten oder seiner Eltern eingeleitet, kann aber auch **von Amts wegen** begonnen werden (Diemer/Schatz/Sonnen/Sonnen Rn. 25). Dies ist gerade dann angezeigt, wenn von längeren Vollzugszeiten besondere desintegrative Wirkungen drohen (BGH BeckRS 2022, 17030: etwa bei sehr jungen Jugendlichen). 24

c) Abs. 3 S. 2. Was die in dieser (gleichfalls durch das 1. JGG-ÄndG eingeführten) Bestimmung getroffene Wiederaufhebungsmöglichkeit (Abs. 3 S. 2) angeht, so hat der Gesetzgeber es versäumt, die in Rede stehenden (wahren) Tatsachenangaben einzugrenzen und zu konkretisieren (vgl. dazu Eisenberg MschKrim 1988, 136; vgl. auch DVJJ v. 1.2.1988, S. 36, unveröffentl. Manuskript). Es geht zum einen um vollzugssituativ bedingte Implikationen prognostischer Aussagen, zum anderen um die Gefahr einer Verfestigung erzieherisch abträglicher Elemente im Sinne eines Stufenstrafvollzuges (vgl. → § 92 Rn. 77), zumal die (in der Aufhebungsmöglichkeit angelegte) Rechtsunsicherheit ihrerseits erzieherisch hemmende Wirkung 25 zeitigen könnte. Wegen des Verhältnisses der Begriffe „Entwicklung" bzw. „Sicherheitsinteresse der Allgemeinheit" zueinander vgl. → Rn. 17.

2. Besondere Anhörungspflichten (Abs. 4)

26 Diese Regelung der Pflichten in diesem Verfahren ist (nach sämtlichen Methoden der Gesetzesauslegung) abschließend, dh Vorschriften der StPO betr. die Reststrafenaussetzung im allg. StR sind nicht entsprechend anwendbar (OLG Frankfurt a. M. NStZ-RR 1999, 91; Dessecker StV 1999, 682; Ostendorf NJW 2000, 109; anders Erdmann-Degenhardt SchlHA 1999, 296). Das Verfahren steht schon im allg. StR (vgl. BVerfG, 3. Kammer des 2. Senats, BeckRS 2014, 59304), noch erhöht aber im JStR, unter einer besonderen *Beschleunigungspflicht* (OLG Frankfurt a. M. NStZ-RR 1999, 91).

27 **a) Verurteilter, Verteidiger.** Der Verurteilte ist grundsätzlich vom Vollstreckungsleiter selbst **mündlich** zu hören (Abs. 4 S. **2;** nur ausnahmsweise durch einen anderen JRichter im Wege der Rechtshilfe). Diese Anhörung dient dazu (zu Auswirkungen bei Nichtanhörung OLG Schleswig SchlHA 1998, 197 f.), sich persönlich und unmittelbar die wesentlichen Gründe erläutern zu lassen, die nach Auffassung des Verurteilten für seine Entlassung sprechen (zum Nichterfordernis einer Einwilligung in die Entlassung vgl. → Rn. 14). Insbesondere ist dem Verurteilten Gelegenheit zu geben, zu den Ausführungen der gem. Abs. 4 S. 1 gehörten Personen Stellung zu nehmen (anschaulich zur „Konferenz" Trenczek, Freiheitsentzug bei jungen Straffälligen/Gottschalk/Röttjer, 1993, S. 176 ff.). Daher müssen ihm grundsätzlich sämtliche Tatsachen mitgeteilt werden, die vom Vollzugsleiter und/oder von der JStA gegen eine Entlassung angeführt wurden. – Zugleich kann der JRichter seine bisherigen Anhaltspunkte für eine Entscheidung bzgl. des Verurteilten wie der Sachlage überprüfen und ggf. durch Fragen an den Verurteilten vertiefen (vgl. schon Dallinger/Lackner Rn. 35). – Eine *Video*konferenz ist – anders als ggf. partiell betr. Freiheitsstrafen – unzulässig, insb. wird die mündliche Anhörung wegen des Grundsatzes des § 2 Abs. 1 idR unverzichtbar sein (vgl. einschr. OLG Stuttgart StraFo 2012, 287 (zum allg. StR), e contr. abl. Gesetz v. 25.4.2013 (BGBl. I 935); näher zum Ganzen Eichinger, Videokonferenz in der Strafvollstreckung. Eine rechtliche und empirische Analyse, 2015, S. 105 ff., 113 ff.; zur Bedeutung des „persönlichen Eindrucks" in entspr. Verfahren nach allg. StR OLG Hamm NStZ-RR 2011, 325). – Die Mitwirkung eines Dolmetschers oder Übersetzers bei nicht deutschsprachigen Verurteilten ist unabhängig davon notwendig, ob der Vollstreckungsleiter die fremde Sprache „hinreichend spricht" (vgl. HK-JGG/Kern/Buckolt Rn. 13).

28 Der Verurteilte darf einen Rechtsbeistand seines Vertrauens hinzuziehen. Dem **Verteidiger** ist es stets erlaubt, an der mündlichen Anhörung teilzunehmen (LG Bielefeld ZJJ 2020, 401; vgl. schon BVerfG MDR 1993, 678 (betr. das allg. StR), unter Bezugnahme auf die Grundsätze eines fairen Verfahrens). Wird hierzu keine Gelegenheit gegeben, so muss die Verhandlung ggf. wiederholt werden (OLG Naumburg StraFo 2008, 522 (zum allg. StR)).

29 Zumindest für Fälle nicht unerheblicher Reststrafe (nach Beulke BMJ 1987, 188 f. bei Jugendlichen etwa sechs Monate; nach Hartman-Hilter StV

1988, 316 unabhängig von der Höhe; nach UK III DVJJ-Journal 1992, 25: ab JStrafe von einem Jahr) und solche, in denen der Verurteilte seine Verfahrensrechte (besonders gem. Abs. 4 S. 2) nicht wahrnehmen kann (vgl. betr. Einreise- und Aufenthaltsverbot LG Saarbrücken ZJJ 2015, 423 mAnm Möller) wird entsprechend § 83 Abs. 3 S. 2, § 68 Nr. 1 iVm § 140 Abs. 2 StPO eine **Pflichtverteidiger-**Bestellung (vgl. auch LG Saarbrücken ZJJ 2015, 426 mAnm Möller (speziell zu § 6 Abs. 1 FreizügG/EU S. 430)) zu prüfen sein (zur Analogie betr. die dem Vollstreckungsverfahren zugehörige Vorschrift LG Saarbrücken ZJJ 2015, 423 mAnm Möller). Nach weitergehender Auffassung sei die Ablehnung eines Antrages nach Abs. 2 nur vertretbar, wenn ein Verteidiger mitgewirkt hat (Arbeitsgruppe DVJJ NJW 1989, 1025 ff.: regelmäßig Schwierigkeit der Sach- und Rechtslage; vgl. auch → § 83 Rn. 14 f.). Ob der Verurteilte seine Belange selbst hinreichend vertreten kann, wird wegen der Bedeutung der Aktenkenntnis idR nicht von vornherein bejaht werden können (vgl. zum allg. StR etwa Eisenberg/Ohder, Aussetzung des Strafrests zur Bewährung, 1987). Ohnehin bedarf es eines notwendigen Verteidigers, wenn ein Sachverständiger zur Beurteilung der Prognose beauftragt wird (OLG Frankfurt a. M. StV 2015, 229 (Überforderung der Verständnismöglichkeiten; betr. allg. StR), LG Saarbrücken ZJJ 2010, 80 (gem. dem Grundsatz des fairen Verfahrens) mBspr Möller ZJJ 2010, 20 ff.), und zwar unbeschadet günstiger Prognose, sofern im Gutachten zB eine aussetzungsbegleitende Weisung empfohlen wird (OLG Frankfurt a. M. StV 2015, 229). – Liegen die Voraussetzungen notwendiger Verteidigung vor, so ist die mündliche Anhörung (Abs. 4 S. 2) ohne Pflichtverteidiger **auch** dann **unzulässig,** wenn der Verurteilte auf dessen Anwesenheit **verzichtet** (OLG Hamm StV 2016, 513 (zum allg. StR, § 454 Abs. 1 S. 3 StPO)).

Gemäß § 83 Abs. 3 S. 2, § 67 Abs. 1 stehen den **Erziehungsberechtigten** und dem **gesetzlichen Vertreter** die gleichen **Anhörungsrechte** zu wie dem Verurteilten, jedoch muss deren Anhörung nicht mündlich erfolgen. 30

b) Vollzugsleiter. Dessen Anhörung ist von besonderer Bedeutung. Er sollte seine (schriftliche) Stellungnahme möglichst nach einer seinerseits vorzunehmenden Anhörung oder Aussprache mit denjenigen Bediensteten abgeben, die mit der Erziehung des Verurteilten befasst waren oder ansonsten mit ihm in Kontakt standen (einschr. betr. Prognosen der „Vollzugsbediensteten", die diese für treffsicherer hielten als diejenigen von Sozialarbeitern und von Psychologen, Bottenberg/Gareis ZfStrVo 1987, 77 f.). Der Vollzugsleiter ist aber für seine Entscheidung allein verantwortlich. 31

In der Praxis kommt es, zumal bei getrennt kategorisierten Gefangenengruppen (zB betr. den Drogenbereich oder betr. „islamistischen Terrorismus"), nicht selten zu einer Auflistung von Negativa (unkritisch etwa BGH NStZ-RR 2018, 126; OLG Frankfurt a. M. BeckRS 2015, 7901), soweit positive Umstände während des Vollzugsablaufs etwa nicht dokumentiert werden und die Fluktuation der Gruppenleiter dazu führt, dass der jeweils neu zuständig gewordene Gruppenleiter den Probanden nicht kennt. 31a

c) Jugendstaatsanwalt. Die Anhörung des – nach § 143 Abs. 1 GVG bzw. (im Falle eines Wechsels des Vollstreckungsleiters) nach § 85 Abs. 7 (vgl. aber krit. → § 85 Rn. 37) zuständigen – JStA (vgl. ggf. auch § 10 EUStAG) soll entgegen verbreiteter Auffassung nicht dazu dienen, in Abwä- 32 gung der für oder gegen eine Entlassung sprechenden Umstände diejenigen Gesichtspunkte besonders zu betonen, die im Hinblick auf die Allgemeininteressen bestehen (so Dallinger/Lackner Rn. 33). Vielmehr wird der JStA sich nicht anders als das JGericht zumindest auch an dem Erziehungsauftrag **(§ 2 Abs. 1)** orientieren. Allerdings nimmt er üblicherweise nach Abschluss der Ermittlungen schriftlich Stellung, dh er stützt sich betr. tatsächliche Anhaltspunkte überwiegend auf das Aktenstudium. Dabei ist zu bedenken, dass hierdurch primär die Tat(en) in Erinnerung gebracht werden, ohne eine gegenwärtige Anhörung und einen (erneuten) „persönlichen Eindruck" von dem Verurteilten ersetzen oder vermitteln zu können.

32a **d) Sachverständiger.** Holt der Vollstreckungsleiter ein (Sachverständigen-)Gutachten ein, so ist bei der *Auswahl* kein Fachgebiet von vornherein vorzugswürdig (vgl. zu Vorteilen bei Psychologen Kury/Adams FS 2010, 83 (betr. allg. StR); vgl. ergänzend → § 43 Rn. 27 ff.). Im Falle des *Bestreitens* der Tatbegehung (vgl. → Rn. 10), die in der Anlassverurteilung bejaht wurde, hat der Sachverständige dies in Beziehung zu dem Urteil zu setzen, zB zur Tatsituation, zum Täter-Opfer-Verhältnis etc (vgl. OLG Zweibrücken StraFo 2017, 475). Es bedarf grundsätzlich auch der *mündlichen* Anhörung des Gutachters (einschr. LG Zweibrücken StV 2002, 434 (Ls.): bei Anlass zu Zw.). Davon unabhängig sind ggf. auch bestimmte *VollzBedienstete* mündlich anzuhören (zum allg. StR BVerfG, 3. K. des 2. S., BeckRS 2009, 41468).

3. JStrafe neben anderen freiheitsentziehenden Rechtsfolgen

33 Die StrafvollstrKammer kann über die Aussetzung der *Freiheitsstrafe* entscheiden, auch wenn noch eine JStrafe (als Anschlussstrafe) zu vollstrecken ist (OLG Karlsruhe MDR 1980, 1037).

33a Bei einem Nebeneinander von JStrafe und *Maßregel* nach § 7, § 64 StGB kann die Entscheidung über die Aussetzung nur *einheitlich* ausfallen (s. zum allg. StR gem. der hM schon OLG Frankfurt a. M. GA 1981, 40).

IV. Sperrfristen

1. Ausgestaltung

34 Der Vollstreckungsleiter kann – ggf. mehrfach – (Sperr-)Fristen von höchstens sechs Monaten festsetzen, vor deren Ablauf ein Antrag des Verurteilten, die Vollstr des Strafrestes zBew auszusetzen, unzulässig ist (Abs. 5; vgl. auch § 57 Abs. 6 StGB). Hiervon wird vielfach im Anschluss an die Ablehnung eines Entlassungsantrags Gebrauch gemacht, ohne dass dies der einzige mögliche Anlass für eine Sperrfrist wäre (zust. OLG Hamm NStZ 1983, 265 (obiter dictum)). Gemäß den erzieherischen Prinzipien (zum Erziehungsauftrag § 2 Abs. 1) der Flexibilität und Zukunftsorientierung sollte die Festsetzung von Sperrfristen die **Ausnahme** sein. Bedenklich ist allerdings, wenn ganz überwiegend ein Gespräch außerhalb des förmlichen Verfahrens mit dem Ergebnis der Rücknahme des Antrages geführt wird (Gerken/Schumann Rechtsstaat/Claasen S. 143): im Einzelnen wäre andernfalls zB zu besorgen, dass günstige Voraussetzungen zur (Wieder-) Eingliederung (etwa Arbeitsplatz) ungenutzt verstreichen, ohne dass es zu einer

erneuten Abwägung kommt. Die Dauer der Sperrfrist richtet sich nach der Höhe des zu vollstreckenden Strafrestes.

2. Tragweite

Die Sperrfrist **gilt für** den Verurteilten, nicht für die JStA (allg. Auffassung). Ein während der Sperrfrist gestellter – und daher unzulässiger – Antrag kann als Anregung zur Einleitung eines Verfahrens von Amts wegen dienen. 35

V. Eingliederungsziel; Folgeentscheidungen (Abs. 6)

1. Eingliederungsziel

a) Verhältnis zur Entscheidung nach § 21; Beschwerde der Staatsanwaltschaft. Für die nach Abs. 6 zu treffenden Entscheidungen gelten dieselben **Grundsätze** wie bei der **Aussetzung** der Vollstr zBew gem. § 21. Inhaltlich ergeben sich jedoch Unterschiede insofern, als BewWeisungen und -Auflagen hier vorrangig dazu dienen sollen, dem Entlassenen die erste Zeit in der **Freiheit** zu erleichtern, **existentielle** Probleme zu überwinden (vgl. → Rn. 38 ff.; vgl. auch Dallinger/Lackner Rn. 45) und sich in Freiheit im Sinne zukünftiger Legalbewährung fortzuentwickeln (eine Weisung etwa, das Internet nicht zu nutzen, könnte allenfalls in enger Beschränkung auf bestimmte Inhalte geeignet sein (vgl. aber zum allg. StR OLG Hamm NJW 2015, 582 mkritAnm Cornelius)). Indes wird mitunter betr. die BewHilfe von einem zeitlichen „Betreuungsloch" (Stelly/Thomas Bewährungshilfe 2003, 63) gerade für die erste Phase nach Entlassung berichtet. 36

Indem das Gesetz bestimmt, dass die **Beschwerde** der JStA **gegen** den die **Aussetzung** anordnenden Beschluss aufschiebende Wirkung hat (entspr. § 454 Abs. 3 S. 2 StPO), wird gleichfalls ein Bedürfnis nach frühzeitiger Entscheidung (s. weitreichender Abs. 3) deutlich. Um auszuschließen, dass der Jugendliche zunächst entlassen und sodann auf Beschwerde der JStA hin erneut eingewiesen wird, muss die Entscheidung nach Möglichkeit (einschr. va bei eher kurzen JStrafen HK-JGG/Kern/Buckolt Rn. 65) so rechtzeitig getroffen werden, dass über eine etwaige Beschwerde der JStA noch vor dem beabsichtigten Entlassungstermin entschieden werden kann. 37

b) Eingliederungsbemühungen. Als zentrale Aufgabe der **Betreuung** gilt die Beschaffung von Wohnung und Arbeitsstelle einschließlich sonstiger konkreter Lebenshilfe für die erste Zeit nach der Entlassung (vgl. dazu etwa Höynck FS 2008, 230 f.; speziell zu einem Wohngemeinschafts-Konzept s. Knöbl ZfStrVo 1997, 352). Im Einzelnen zählen hierzu Mittel für Miet- oder Versicherungsverträge wie auch Arbeitskleidung oder -geräte; während als Voraussetzung für diese Leistungen regelmäßige Arbeit gilt, wird Bargeld nur für den dringendsten Bedarf ausgehändigt. – Speziell den **finanziellen** Bereich betr. geht es darum, die Entlassenen bei Verhandlungen über Tilgungspläne ggü. Gläubigern zu vertreten. Entsprechende Bemühungen sind deshalb von wesentlicher Bedeutung, weil in der ganz überwiegenden Zahl der Fälle finanzielle Belastungen im Vordergrund der Schwierigkeiten einer Legalbewährung von Entlassenen stehen. Vielfach wird ein Kompromiss zwischen Gläubiger und Entlassenem in Gestalt von Tilgungsplänen 38 angestrebt, bei welchem ein Teil der **Schulden** aufgrund eines Vergleichs erlassen wird (vgl. auch → § 92 Rn. 61).

39 Im Bereich **immaterieller Unterstützung** handelt es sich um Aussprache, Beratung und Betreuung. Gerade hier soll die Tätigkeit *freiwilliger* Helfer wirksam sein. Ob dies allerdings bevorzugt dann gilt, wenn ein Kontakt mit dem Probanden bereits während des Vollzugszeitraums begonnen und nach der Entlassung weiterverfolgt wird, lässt sich generell nicht beantworten (vgl. → § 92 Rn. 62–65). – Wegen der Nachbetreuungsaufgabe der *JGH* s. § 38 Abs. 2 S. 8 und 9 aF bzw. § 38 Abs. 5 S. 4 und 5 nF (vgl. auch → § 38 Rn. 14 ff.; ergänzend Mollik FS 2010, 272).

40 Gemäß allg. Primärerfahrung lassen sich Schwierigkeiten für eine **Sozial-** und **Legalbewährung** des Entlassenen am meisten in solchen Bereichen vermuten, bzgl. derer negative Auffälligkeiten über ihn behauptet oder ihm nachgewiesen worden sind. Dabei wirkt sich **erschwerend** aus, dass ggü. Entlassenen eine erhöhte private wie auch behördliche Kontrolle (vgl. näher etwa Boers/Herlth MschKrim 1999 (16), 115; vgl. auch → § 92 Rn. 63) bei Unregelmäßigkeiten jedweder Art stattfindet. Die Chancen auf soziale Anerkennung (außerhalb negativ sanktionierter Randgruppen) werden nur mit Zeitablauf und bei geringerem Ausmaß allg. sozialer Kontrolle innerhalb zentraler Lebensbereiche des Entlassenen ansteigen, kaum jedoch zu einer Gewissheit der Überwindung der sozialen Missachtung führen. – Bei Verurteilungen wegen *massenmedial* besonders attraktiven Delikten besteht eine besondere *Gefahr* der Integration darin, dass sog. „sog. Krawallmedien" dem Entlassenen bzw. Angehörigen etc sozusagen „ständig auf den Fersen" sind (vegleichbar Abläufen betr. manche aus Sicherungsverwahrung Entlassene).

40a Methodisch schwer festzustellen ist, in welchem Umfang das Verhalten von Bezugspersonen zB aus dem Sozial- und Leistungsbereich auslösender Anlass einer etwa gescheiterten sozialen Anpassung und von erneuter Straftatbegehung nach der Entlassung ist (vgl. auch Stelly/Thomas Bewährungshilfe 2003, 58 ff.). Dabei kommt es insb. darauf an, zu überprüfen, inwieweit berichtete und als **negativ beurteilte Geschehnisse** im Arbeits-, Freizeit- und Sozialbereich untereinander im Verhältnis von unabhängigen zu abhängigen Variablen stehen.

41 **c) Ausländerrechtliche Implikationen.** Konterkariert wird die Zweckrichtung der Aussetzungsoption und ihrer Ausgestaltung durch die ausländerrechtliche Judikatur, die auch bei Aussetzung des Restes der JStrafe eine **Ausweisung** gem. § 53 Abs. 1 AufenthG erlaubt. Die damit verbundene positive Prognose im strafrechtlichen Vollstreckungsverfahren sei im ausländerrechtlichen Kontext zwar indiziell bedeutsam, aber ohne Bindungswirkung. Dass hierbei unterschiedliche Prognosen möglich seien und dass bei der Ausweisungsentscheidung dezidiert auch generalpräventive Aspekte berücksichtigt werden dürften (VGH München BeckRS 2020, 14543; 2024, 3122; VG Saarlouis BeckRS 2020, 19470 und VG Magdeburg BeckRS 2020, 18510), überzeugt nicht (s. auch BVerfG StV 2024, 659 = BeckRS 2024, 9679: substanzielle Gründe für Abweichung von Aussetzungsprognose erforderlich). Durch den damit einhergehenden Verlust der Bleibeperspektive wird der erzieherischen Einwirkung im JStVollz die Grundlage entzogen und die Haftzeit de facto – entgegen § 2 Abs. 1 – in einen reinen Verwahrvollzug überführt.

d) Sonstiges. Wegen der besonderen Anordnung betr. Strafmakel im Falle der Entlassung s. § 100 (vgl. → § 100 Rn. 5f). 41a

Betreffend erforderliche Mitteilungen s. § 13 Abs. 1 Nr. 2 BZRG sowie § 479 Abs. 2 StPO. 42

2. Widerruf

a) Abs. 6 S. 1, § 26 Abs. 1 Nr. 1, Nr. 2. Eine erneute Straftat in der BewZeit, die zu einer *Verurteilung* unter *Aussetzung der Vollstr zBew* geführt hat, kann den Widerruf der Aussetzung des Strafrestes (zur Häufigkeit → § 113 Rn. 10 ff.; erg. → §§ 26, 26a Rn. 3) bei günstiger Sozialprognose zumindest dann nicht rechtfertigen, wenn das Delikt als Ausdruck einer inzwischen überwundenen Krise erscheint (LG Hamburg StV 1984, 32). 43

Der Widerrufsgrund der „Besorgnis" iSd Abs. 6 S. 1, § 26 Abs. 1 Nr. 2 setzt tatsächliche Anhaltspunkte voraus, die sich gerade aus dem Verhalten nach der Entlassung ergeben (LG Hamburg MDR 1976, 946, speziell zu Drogenabhängigen vgl. → § 82 Rn. 20 ff. entspr.). 44

b) § 26 Abs. 1 S. 3. Aufgrund des Verweises in Abs. 6 S. 1 betrifft die Erfassung gem. § 26 Abs. 1 S. 3 auch die Frage des Widerrufs nach Restaussetzung. 45

c) Notwendige Verteidigung. Wegen der Frage notwendiger Verteidigung analog § 83 Abs. 3 S. 2, § 68 Nr. 1 iVm § 140 Abs. 2 StPO vgl. → Rn. 29 sowie → §§ 26, 26a Rn. 29. 46

3. Abgabe bzw. Einschränkung der Zuständigkeit

a) § 85 Abs. 5, § 88 Abs. 6 S. 3. Der JRichter kann die Vollstreckungszuständigkeit nach der Entlassung des Jugendlichen an einen anderen JRichter abgeben. Zulässig ist dies zum einen gem. § 85 Abs. 5, da die Restaussetzung der Vollstr zBew regelmäßig einen wichtigen Grund iSd Vorschrift darstellt. Ebenso kann der JRichter gem. Abs. 6 S. 3 iVm § 58 Abs. 3 S. 2 die notwendig werdenden Entscheidungen an den JRichter übertragen, in dessen Bezirk sich der Jugendliche aufhält; dies gilt ggf. nicht bei Entlassung im Gnadenweg (BGHSt 32, 330; vgl. → Rn. 10, aber auch → § 82 Rn. 13). Beide Abgaben sind jederzeit widerruflich (BGHSt 7, 318), dh der abgebende Vollstreckungsleiter kann die Entscheidung (zB über den Widerruf der Restaussetzung der Vollstr zBew oder den endgültigen Erlass der JStrafe) jederzeit wieder an sich ziehen. Hat der andere JRichter die Restaussetzung der Vollstr zBew widerrufen, ist seine (begrenzte) Zuständigkeit beendet, weil keine „infolge der Aussetzung" erforderlich werdenden Entscheidungen (s. Abs. 3 S. 3 iVm § 58 Abs. 1 S. 1) mehr anstehen (OLG Karlsruhe Justiz 1983, 161 (163)). 47

b) Entscheidung über den Widerruf. Der Vollstreckungsleiter ist dafür auch dann zuständig, wenn sich der Verurteilte in anderer Sache in Strafhaft befindet und (ansonsten) die StrafvollstrKammer zuständig geworden ist (OLG Stuttgart MDR 1976, 75). 48

Jugendstrafe bei Vorbehalt der Entscheidung über die Aussetzung

89 **[1] Hat das Gericht die Entscheidung über die Aussetzung der Jugendstrafe einem nachträglichen Beschluss vorbehalten, darf die Jugendstrafe vor Ablauf der nach § 61a Absatz 1 maßgeblichen Frist nicht vollstreckt werden. [2] Dies gilt nicht, wenn die Aussetzung zuvor in einem auf Grund des Vorbehalts ergangenen Beschluss abgelehnt wurde.**

I. S. 1

1 Gemäß dieser Vorschrift stellt der **Vorbehalt** der Entscheidung über die Aussetzung der Vollstr der JStrafe zBew zumindest bis zum Ablauf der nach § 61a Abs. 1 maßgeblichen Frist ein **VollstrHindernis** dar. Dieses entfällt nicht, wenn ein dem Urteil nachfolgender Beschluss zwar eine sofortige Aussetzung ablehnt (etwa nach sofortiger Beschwerde gem. § 59 Abs. 1 S. 2), der Vorbehalt einer nachträglichen Entscheidung hiervon aber nicht berührt wird.

II. S. 2

2 Hat das Gericht allerdings vor diesem Zeitpunkt die **Ablehnung** der **Aussetzung** der Vollstr zBew beschlossen, weil sich ergeben hat, dass eine solche Aussetzung nicht mehr in Betracht kommen wird, so kann nach Rechtskraft dieses Beschlusses (zur Anfechtbarkeit § 59 Abs. 1 S. 1) die Vollstr beginnen (S. 2).

Unterbrechung und Vollstreckung der Jugendstrafe neben Freiheitsstrafe

89a (1) **[1] Ist gegen den zu Jugendstrafe Verurteilten auch Freiheitsstrafe zu vollstrecken, so wird die Jugendstrafe in der Regel zuerst vollstreckt. [2] Der Vollstreckungsleiter unterbricht die Vollstreckung der Jugendstrafe, wenn die Hälfte, mindestens jedoch sechs Monate, der Jugendstrafe verbüßt sind. [3] Er kann die Vollstreckung zu einem früheren Zeitpunkt unterbrechen, wenn die Aussetzung des Strafrestes in Betracht kommt. [4] Ein Strafrest, der auf Grund des Widerrufs seiner Aussetzung vollstreckt wird, kann unterbrochen werden, wenn die Hälfte, mindestens jedoch sechs Monate, des Strafrestes verbüßt sind und eine erneute Aussetzung in Betracht kommt. [5] § 454b Absatz 4 der Strafprozeßordnung gilt entsprechend.**

(2) **[1] Ist gegen einen Verurteilten außer lebenslanger Freiheitsstrafe auch Jugendstrafe zu vollstrecken, so wird, wenn die letzte Verurteilung eine Straftat betrifft, die der Verurteilte vor der früheren Verurteilung begangen hat, nur die lebenslange Freiheitsstrafe vollstreckt; als Verurteilung gilt das Urteil in dem Verfahren, in dem die**

zugrundeliegenden tatsächlichen Feststellungen letztmals geprüft werden konnten. [2]Wird die Vollstreckung des Restes der lebenslangen Freiheitsstrafe durch das Gericht zur Bewährung ausgesetzt, so erklärt das Gericht die Vollstreckung der Jugendstrafe für erledigt.

(3) **In den Fällen des Absatzes 1 gilt § 85 Abs. 6 entsprechend mit der Maßgabe, daß der Vollstreckungsleiter die Vollstreckung der Jugendstrafe abgeben kann, wenn der Verurteilte das einundzwanzigste Lebensjahr vollendet hat.**

I. Anwendungsbereich

Betreffend Abs. 1 und 3 gelten die Erl. zu → § 82 Rn. 1 entsprechend. In den Fällen des Abs. 2 richtet sich die VollstrZuständigkeit nach allg. Recht. 1

II. Reihenfolge der Vollstreckung

1. Abs. 1 S. 1

Die Vorschrift bestimmt für den Fall des Zusammentreffens von **JStrafe** mit **Freiheitsstrafe** (bei der Vollstr), dass idR **zuerst** die **JStrafe** zu vollstrecken ist. Ausnahmen kommen insb. dann in Betracht, wenn zugunsten eines kürzeren Strafrestes der JStrafe die Unterbrechung der Vollstr der Freiheitsstrafe erforderlich wird. 2

2. Abs. 2 S. 1

Unter den Voraussetzungen dieser Vorschrift wird beim Zusammentreffen von JStrafe mit *lebenslanger* Freiheitsstrafe allein die lebenslange Freiheitsstrafe (als dem Übergewicht der Strafe und entsprechend dem Grundgedanken des § 55 Abs. 1 StGB) vollstreckt. Dieser Regelung folgt die Klarstellung des Abs. 2 S. 2. 3

III. Unterbrechung der Vollstreckung

1. Abs. 1 S. 2

Die Vorschrift betrifft die Unterbrechung der Vollstr beim Zusammentreffen von **JStrafe** und **Freiheitsstrafe** (zu den Konsequenzen der Nichtbefolgung s. OLG Zweibrücken 20.1.1994 – 1 Ws 4–5/94 bei Böhm NStZ 1994, 532; LG München StV 1999, 664). 4

a) Unterbrechungszeitpunkt. Nach dem Willen des Gesetzgebers sollte der Unterbrechungszeitpunkt mit der Regelung des § 88 in Einklang stehen, wogegen § 57 Abs. 1, 2 StGB nicht maßgebend sein sollten (vgl. Begr. BT-Drs. 11/5829, 37). Dieses Bestreben steht – bezogen allein auf S. 2 – iZm der ggü. § 88 Abs. 2 ungünstigeren „Halbstrafen"-Regelung des § 57 Abs. 2 StGB zwar in einer gewissen Diskrepanz zum Gesetzeswortlaut. Das bekundete Anliegen des Gesetzgebers erfordert indes, den Regelzeitpunkt der Unterbrechung nach § 88 Abs. 2 im Sinne einer Ermessensbindung iRd 5

Abs. 1 S. 3 nach der Drittelregelung zu berechnen (vgl. auch BT-Drs. 11/5829: Der Vollstreckungsleiter „hat" unter den gegebenen Voraussetzungen den VollstrZeitpunkt vorzuverlegen). Der Zeitraum kann sodann (unter den gegebenen Voraussetzungen) nach § 88 Abs. 2 S. 1 unterschritten und nur bis zur Höchstdauer gem. Abs. 1 S. 2 (bis zur Vollstr der Hälfte, mindestens sechs Monaten) überschritten werden. Entsprechendes gilt – unbeschadet des Verzichts auf eine ausdrückliche Regelung – bei Vollstr mehrerer JStrafen, da dem Verurteilten die Anwendung des § 31 Abs. 3 nicht zum Nachteil gereichen darf (s. auch Begr. BT-Drs. 11/5829, 37).

6 **b) Abs. 1 S. 3.** Nach dieser Vorschrift kann der Vollstreckungsleiter die Vollstr bereits zu enem früheren Zeitpunkt unterbrechen, wenn vorzeitige Entlassung zu einem früheren Zeitpunkt in Betracht kommt.

2. Abs. 1 S. 4

7 **a) Verhältnis zu § 88 Abs. 2.** Die Vorschrift übernimmt ohne Abstimmungsmöglichkeit mit den Besonderheiten der Regelung des § 88 Abs. 2 den Grundsatz der Unterbrechung nach mindestens **sechs Monaten** – ansonsten der Hälfte – auch für die Kann-Vorschrift der **Unterbrechung** bei Vollstr eines **Strafrestes** nach Widerruf einer vorausgegangenen Aussetzung (dass die Mindestverbüßungszeit vor erneuter Strafrestaussetzung zwingend ist, bestreitet indes OLG Stuttgart StV 2020, 701 (703) = BeckRS 2019, 35832). Ebenso wie der Widerruf einer vorausgegangenen Aussetzung der Vollstr des Strafrestes zBew einer erneuten Entscheidung nach § 88 nicht entgegensteht (vgl. → § 88 Rn. 8), wird eine sachgerechte Ermessensausübung ggf. zur Unterbrechung führen. Damit könnten im Einzelfall möglicherweise auch Benachteiligungen (s. Böhm Info DVJJ Hess. 2/88, 15) abgeschwächt werden, die daraus folgen, dass – begründet mit dem Erziehungsgedanken – mitunter vergleichsweise überhöht lange Strafzeiten bemessen werden (vgl. auch schon DBH Bewährungshilfe 1988, 247)). – Allerdings scheidet die Übernahme der Mindestdauer für Fälle mit einem nur noch unter sechs Monate betragenden Strafrest aus (s. ferner OLG Celle NdsRpfl 1992, 95, wonach bei fehlender Aussetzbarkeit des Restes der JStrafe auch die Entscheidung über die Aussetzung des Restes einer unterbrochenen Freiheitsstrafe erst getroffen werden kann, wenn der Zeitpunkt möglicher Entlassung für die Beurteilung der Entlassungssituation nahe genug bevorsteht).

8 **b) Nichtanwendbarkeit.** Die Vorschrift (des Abs. 1 S. 4) gilt nicht für Fälle, in denen ein Rest der **JStrafe** entgegen Abs. 1 S. 1 erst **nach** dem Rest einer Freiheitsstrafe vollstreckt wird (LG Karlsruhe NStZ-RR 2011, 155), weil andernfalls (der Zweck des Abs. 1 S. 4 verfehlt würde und) eine Schlechterstellung des nach JStR Verurteilten einträte (aA OLG Dresden NStZ 2016, 109 (111) unter geänderter Auslegung des § 85 Abs. 6 S. 2, vgl. → § 85 Rn. 25). Denn für das allg. StR hat eine Entscheidung gem. § 57 StGB im Falle des Vorliegens von dessen formalen Voraussetzungen in Bezug auf eine neuere Verurteilung dann zu ergehen, wenn ein Strafrest (entgegen § 43 Abs. 2 Nr. 1 StrVollstrO) nach der neuerlich verhängten Freiheitsstrafe vollstreckt wird, deren Ergebnis eine neuerliche Aussetzung der Vollstr zBew sein kann.

IV. Vollstreckungszuständigkeit

1. Offene Regelung

9 Das **Gesetz** enthält **keine besondere Regelung** über die Zuständigkeit für die Aussetzung der Restvollstr der JStrafe zBew im Falle ihres Zusammentreffens mit Freiheitsstrafe, sodass (vorbehaltlich eines Vorgehens nach Abs. 3) für die Vollstr der JStrafe die Vorschriften des JGG und für die Vollstr der Freiheitsstrafe die des allg. StR anzuwenden sind. Da bei Personen unter 21 Jahren vergleichsweise selten über die Aussetzung der Restvollstr von JStrafe und Freiheitsstrafe zBew zu entscheiden ist, hat der Gesetzgeber es der **Praxis überlassen,** die Entscheidungen entweder unabhängig voneinander oder aufgrund formlosen Einvernehmens zu treffen (Begr. BT-Drs. 11/5829, 37; s. näher OLG Frankfurt a. M. NStZ-RR 2000, 95; OLG Jena NStZ 2005, 167). Dabei gilt wegen des Verweises in **Abs. 1 S. 5** auf **§ 454b Abs. 4 StPO** (vormals Abs. 3, geänd. durch Gesetz v. 17.8.2017 (BGBl. I 3202)) der **Grundsatz der Einheitlichkeit** der Entscheidung auch im Verhältnis zur Freiheitsstrafe (OLG Zweibrücken JBl. RhPf. 1995, 227; vgl. auch OLG Karlsruhe Die Justiz 1998, 602). Notwendig ist hiernach aber nicht, dass zur gleichen Zeit (s. dazu OLG Zweibrücken JBl. RhPf. 1995, 227), sondern lediglich, dass in einem gewissen zeitlichen Zusammenhang entschieden wird (ebenso OLG Jena BeckRS 2006, 1028; BeckOK JGG/Kilian Rn. 8; s. aber auch OLG Frankfurt a. M. NStZ-RR 2012, 189 f.).

10 Aus der Praxis wird mitunter berichtet, es komme zu Verzögerungen bei den „koordinierten Aussetzungsentscheidungen" aufgrund verspäteter Überhaftnotierung einer Freiheitsstrafe infolge verspäteter VollstrEinleitung seitens der Staatsanwaltschaft, die idR wiederum auf verspäteter Übersendung der Rechtskraftbescheinigung und der Strafakten seitens der Gerichte beruhte oder beruhe.

2. Abs. 3

11 Die Vorschrift ermöglicht für den Fall des Zusammentreffens der Vollstr von **JStrafe** und **Freiheitsstrafe** (Abs. 1) die Abgabe der Vollstreckungsleitung an die allg. VollstrBehörden unter den Voraussetzungen des § 85 Abs. 6 (vgl. n. → § 85 Rn. 20 ff.) bereits dann, wenn der Verurteilte 21 Jahre alt geworden ist.

12 Im Falle einer Zurückstellung der Vollstr gem. *§ 35 BtMG* und einer Anrechnung gem. § 36 Abs. 1 S. 1 BtMG bleibt für die Entscheidung über die Aussetzung des Restes einer JStrafe zBew jedoch das Gericht des ersten Rechtszuges zuständig (§§ 38, 36 Abs. 1 S. 3, Abs. 5 S. 1 BtMG; KG StV 2013, 778 betr. JKammer; Patzak/Fabricius/Fabricius BtMG § 35 Rn. 316; vgl. ergänzend → § 82 Rn. 20 ff.).

Ausnahme vom Jugendstrafvollzug

89b (1) [1] **An einem Verurteilten, der das 18. Lebensjahr vollendet hat und sich nicht für den Jugendstrafvollzug eignet, kann die Jugendstrafe statt nach den Vorschriften für den Jugend-**

strafvollzug nach den Vorschriften des Strafvollzuges für Erwachsene vollzogen werden. [2]Hat der Verurteilte das 24. Lebensjahr vollendet, so soll Jugendstrafe nach den Vorschriften des Strafvollzuges für Erwachsene vollzogen werden.

(2) **Über die Ausnahme vom Jugendstrafvollzug entscheidet der Vollstreckungsleiter.**

Schrifttum: Barisch, Die Privatisierung im deutschen Strafvollzug, 2010; Borchert, Schule und Sozialarbeit im sächsischen Strafvollzug, 2007; Fröhmcke, Muslime im Strafvollzug, 2005; Jansen, Mädchen in Haft. Devianzpädagogische Konzepte, 1999; Koervers, Jugendkriminalität und Religiosität, 1988; Kreideweiß, Die Reform des Jugendstrafvollzugs, 1993; Nickolai ua, Sozialpädagogik im Strafvollzug, 1985; Reindl, Offener Jugendstrafvollzug als Sozialisationsorganisation, 1990; Rollny, Pastoraler Dienst am straffälligen jungen Menschen, 1986; Trenczek (Hrsg.), Freiheitsentzug bei jungen Straffälligen, 1993; Wegener ua (Hrsg.), Criminal Behavior and the Justice System, 1988; Werner, Jugendstrafvollzug in Deutschland, 2012.

Übersicht

I. Anwendungsbereich

1 Die Vorschrift gilt für **Jugendliche** auch dann, wenn die JStrafe von einem für allg. Strafsachen zuständigen Gericht verhängt wurde.

Die Vorschrift gilt für **Heranwachsende** nach Verhängung von JStrafe 2
durch ein JGericht wie durch ein für allg. Strafsachen zuständiges Gericht, dh wenn materielles JStR angewandt wurde (§ 110 Abs. 1, § 105 Abs. 1).

II. Voraussetzungen der Ausnahme; Verfahrensrechtliches

1. Abs. 1

a) Nichtgeeignetheit. Entgegen dem in Einklang mit dem Gesetzes- 3
wortlaut des § 17 Abs. 1 stehenden Grundsatz, dass jede JStrafe in einer JStVollzEinrichtung zu vollstrecken ist, können **Verurteilte,** die das **18., nicht** aber das **24. Lbj.** vollendet haben (wegen der Berechnung vgl. → § 1 Rn. 2), aus dem JStVollzug ausgenommen werden, wenn sie sich für diesen nicht eignen (Abs. 1 S. 1), wobei es sich um eine vollstreckungsrechtliche Entscheidung handelt. Ein Verurteilter eignet sich dann nicht, wenn die erzieherische Einwirkung in der JStVollzEinrichtung keinen Erfolg verspricht oder wenn von seiner Anwesenheit erhebliche Nachteile (ebenso Franze Jura 1997, 73 f.) für die Erziehung der anderen JStrafgefangenen zu befürchten sind (krit. zur Vagheit des Begriffs Dünkel Neue KPol 2008, 3: restriktiv, begrenzt auf bessere Chancen der (Wieder-)Eingliederung anzuwenden). Diese Kriterien sind **eng auszulegen** (LG Berlin StraFo 2003, 102, betr. „schwierigen" Verurteilten), da im Falle der Ausnahme vom JStVollzug die tatgerichtliche Entscheidung in ihren Grundlagen und Zielsetzungen verändert wird (zust. Franze Jura 1997, 73) und für den weiteren Haftverlauf der Verlust der **institutionellen Besonderheiten** der JStVollzEinrichtungen (vgl. → Rn. 6–16) die Folge wäre.

Unerlässlich ist die Zugrundelegung von feststehenden **Tatsachen,** dh 4
Mutmaßungen, Verdachtslage etc reichen nicht aus. Zudem wäre eine Vorab-Prognose hinsichtlich der Nichteignung besonders schwierig (vgl. auch → Rn. 5b) – sie ist im Übrigen prinzipiell von der Prognose zukünftiger Legalbewährung zu unterscheiden (s. Walter ZfStrVo 1988, 195 (197)). Auch ist durch das Verbleiben des Verurteilten im JStrafvollzug für diesen idR kein Schaden zu befürchten. Wirtschaftliche oder andere mit der Eignung des Verurteilten nicht zusammenhängende vollzugstechnische Gründe für die Verlegung in den Erwachsenenvollzug (zur Vollzugsgestaltung ggü. Gefangenen im Übergangsalter s. Walter ZfStrVo 1991, 276; vgl. aber auch → Rn. 11, 12) oder etwa eigene Interessen der Vollzugsbehörde an dieser Verlegung (gar Sanktionierung eines sog. „Störers") dürfen nicht berücksichtigt werden. Insofern mag im Einzelfall zu prüfen sein, inwieweit zulässige Gründe mitunter vorgeschoben werden.

b) Vollendung des 24. Lbj. Liegt diese Voraussetzung bei dem Ver- 5
urteilten vor, so soll JStrafe nach den Vorschriften des allg. Strafvollzugsrechts vollzogen werden **(Abs. 1 S. 2).** Man geht davon aus, dass ein über 24 Jahre alter Verurteilter mit den Methoden des JStVollzugs nicht mehr erreicht werden kann. Die Ausnahme vom JStrafvollzug ist daher idR anzuordnen. – Vor einer Entscheidung iSd Abs. 2 ist auch eine Ausnahme nach Abs. 1 S. 2 unzulässig (LG Rottweil StV 2001, 185 (Ls.)). Dies gilt umso mehr, als unter

verschiedenen Voraussetzungen (vgl. auch § 85 Abs. 6) von einer Entscheidung iSd Soll-Vorschrift abzusehen sein wird. Dies kann zB der Fall sein bei nur noch geringem Strafrest oder uU dann, wenn sonst eine als erfolgreich beurteilte Ausbildung oder Therapie abgebrochen werden müsste. – Von den am 31.3.1999, 2003, 2007, 2011 und 2015 im JStrafvollzug (einschließlich Freiheitsstrafenvollzug nach § 114) einsitzenden 7.150, 7.276, 6.995, 6.099 und 4.397 Gefangenen waren 115, 114, 78, 60 und 53 im Alter von 25 Jahren oder darüber (StVollzSt Reihe Tabelle 3.1; vgl. im Übrigen → § 92 Rn. 14).

2. Verfahrensrechtliches

6 **a) Zuständigkeit (Abs. 2).** Dem **Vollstreckungsleiter** obliegt die Entscheidung über die Ausnahme vom JStVollzug, keinesfalls dem Vollzugsleiter (s. auch RL). Es handelt sich um eine **jugendrichterliche Ermessensentscheidung** (§ 83 Abs. 1). Hinsichtlich des Verfahrens gelten daher die zu § 83 dargelegten Grundsätze (zur sofortigen Beschwerde s. § 83 Abs. 3 S. 1).

7 **b) Verfahren.** Bei der erforderlichen **Anhörung** des Verurteilten darf er in keiner Weise zu einem Einverständnis mit der Herausnahme gedrängt werden. Ein von ihm etwa geäußerter Wunsch oder gestellter *Antrag* darf nur berücksichtigt werden, wenn eine geeignete (§ 70a Abs. 1 aF bzw. § 70b Abs. 1 nF) **Belehrung** vorausgegangen ist und die Äußerung freiwillig geschieht, und im Übrigen ist eine Abwägung mit anderen Umständen (zB akuter Konflikt) erforderlich (vgl. auch BGH ZJJ 2011, 201 mAnm Eisenberg). So ist stets eine sorgfältige Vorbereitung der Entscheidung geboten, wozu eine Beobachtung und ein Gutachten der JStVollzEinrichtung, die Anhörung der JGH sowie – im Falle des Wunsches bzw. Einverständnisses des Verurteilten – ggf. des vormaligen gesetzlichen Vertreters und Erziehungsberechtigten gehören.

8 **c) Gesetzlicher Richter.** Grundsätzlich sind auch 18- bis 24-jährige Verurteilte zur Vollstr der JStrafe **zunächst** in die **JStVollzEinrichtung** einzuweisen (RL 1 S. 1). Auch begegnet die in RL 1 S. 2 vorgesehene Ausnahme, bei „offensichtlichen" Eignungsmängeln den über 18 Jahre alten Verurteilten „sogleich" in den allg. Strafvollzug einzuweisen, Bedenken in Hinsicht auf die Gewährleistung des gesetzlichen Richters **(Art. 101 Abs. 1 S. 2 GG),** deren Zweck es ist, Beeinflussungen seitens der Justizverwaltung nach Möglichkeit auszuschließen. Zudem ist sie geeignet, die klaren gesetzlichen Regelungen der Zuständigkeitsabgrenzung (s. Abs. 2) gem. § 82 Abs. 1 einerseits, § 85 Abs. 2, 3 andererseits mittels eines Rechtsbegriffs zu unterlaufen, dessen Gehalt vor Einweisung in den JStrafvollzug konkret methodisch kaum zu ermitteln ist (zust. Kreideweiß, Die Reform des Jugendstrafvollzugs, 1993, S. 92: „zu einem Zeitpunkt … Erfahrungswissen über das Vollzugsverhalten des Gefangenen noch gar nicht" vorliegen kann; zur Prognose → Rn. 3a).

III. Verpflichtungen des Jugendstrafvollzugs gem. dem Erziehungsauftrag (§ 2 Abs. 1)

1. Organisatorisches

9 **a) Vollstreckungsplan.** Die Verteilung auf die JStVollzEinrichtungen des jeweiligen Bundeslandes bestimmt sich nach dem von diesem erstellten Vollstreckungsplan. Dieser wiederum entspricht ua Vereinbarungen zwischen verschiedenen Bundesländern (zur Rechtswidrigkeit bei Nichtberücksichtigung familiärer Bindungen KG StRR 2009, 74 (betr. allg. StVollzR) mzustAnm Dünkel FS 2010, 61). – Beantragt ein JStrafgefangener abw. vom Vollstreckungsplan die *Verlegung* in eine VollzEinrichtung eines anderen Bundeslandes, so ist eine Entscheidung einerseits über die Verlegung und andererseits über die Übernahme zu treffen, wobei der zweitgenannten Entscheidung eine selbstständige Aufklärung des Sachverhalts vorauszugehen hat (OLG Jena NStZ-RR 2009, 156 (betr. allg. StR)).

10 **b) Vollzugseinrichtungen. aa) Trennungsgebot.** Bei dem Vollzug der JStrafe handelt sich um eine dem Erziehungsauftrag **(§ 2 Abs. 1)** verpflichtete und daher **privilegierte Form** (zur Entwicklung vgl. → § 92 Rn. 2), der grundsätzlich jede JStrafe unterliegt (ausnahmslos gilt es für Verurteilte, die zur Zeit des Vollzugs das 18. Lbj. noch nicht vollendet haben; vgl. im Übrigen → Rn. 3; s. ferner § 114).

10a Es darf sich iSd verfassungsrechtlichen Vorgaben (BVerfGE 116, 69 ff.) – und also noch weniger als schon nach § 92 Abs. 1 aF – **nicht** um eine Abteilung (getrenntes Gebäude oder gar nur Gebäudetrakt) auf dem **Gelände** einer JVA für **Erwachsene** handeln, sondern es muss eine selbstständige Einrichtung sein (vgl. Art. 166 Abs. 1 BayStVollzG, § 59 Abs. 1 S. 1 JStVollzG NRW und § 93 Abs. 2 HmbJStVollzG („in getrennten Anstalten")). Dies ist verschiedentlich nicht entsprechend klar gestellt (vgl. § 3 Abs. 4 JVollzGB BW I, § 68 Abs. 1 S. 1 HessJStVollzG, § 107 Abs. 1 S. 1 JVollzG Bbg (anders hingegen noch § 98 Abs. 1 JStVollzG Bbg aF), § 17 Abs. 1 S. 2, Abs. 3 JVollzGB LSA und – teilweise nicht vertretbar – § 71 Abs. 2, § 72 Abs. 2 S. 2 JVollzG Nds) bzw. nur einschränkend umgesetzt (vgl. – mit teilweise unterschiedlichen Fassungen – § 98 Abs. 1 S. 2 JStVollzG Bln. ua (speziell § 101 Abs. 1 S. 1 JStVollzG Bremen); zw. § 16 Abs. 2 S. 3 und (als Ausnahme) Abs. 3 JVollzG Bbg). – Die Vollstr der JStrafe in einer **U-Haftanstalt** oder in einer **Aufnahmeanstalt** des allg. Strafvollzugs ist, auch bei Unterbrechung von U-Haft, **rechtswidrig** (vgl. schon KG NJW 1978, 284).

11 Die gesetzlich angeordnete **Trennung** der von den Vorschriften über den JStVollzug erfassten jungen Gefangenen von den dem **allg. Strafvollzugsrecht** unterliegenden Gefangenen ist der Einhaltung der rechtlichen Unterschiede zwischen JStrafe und Freiheitsstrafe geschuldet. Dies umfasst auch die Entwicklung eigenständiger Methoden (vgl. schon Dallinger/Lackner Rn. 1). Vor diesem Hintergrund sehen die Gesetze der Länder unterschiedliche Regelungen zur Trennung wie auch zur Differenzierung vor (dazu und zu einer Aufstellung der für den Vollzug von JStrafe zuständigen Anstalten in den Bundesländern vgl. Werner, Jugendstrafvollzug in Deutschland, 2012, S. 14 f., 29 f.). – Soweit eine jeweils getrennte Unterbringung

nicht nur von Jugendlichen und Heranwachsenden, sondern auch von „jungen Erwachsenen" geregelt ist (s. etwa §§ 170–172 JVollzG Nds, Art. 166f BayStVollzG sowie § 4 Abs. 4 S. 1 JVollzGB BW I), scheint dies zumindest für Bay. und BW mit einer der Pflicht zu enger Auslegung der Voraussetzungen von Abs. 1 S. 1 (vgl. → Rn. 3) nicht ohne weiteres entsprechenden Praxis der Herausnahme (Abs. 1 S. 1) einherzugehen (vgl. dazu Stelzel/Kerner ZJJ 2014, 248 f. (für BW war bereits iZm § 4 Abs. 1 des vormaligen JVollzG vorgesehen, Heranwachsende zusammen mit jungen Erwachsenen unterzubringen)).

11a Überwiegend erklären die Landesgesetze Ausnahmen hinsichtlich gemeinsam durchführbarer Maßnahmen als zulässig (s. § 98 Abs. 1 S. 4 bzw. S. 3 JStVollzG Bln ua; § 17 Abs. 5 JVollzGB LSA; näher zum Ganzen Laubenthal FS Eisenberg, 2009, 743 ff.).

12 **bb) Weibliche Personen.** Rechtswidrig war schon nach § 92 aF die Unterbringung von zu JStrafe verurteilten **weiblichen Personen** in Abteilungen innerhalb allg. StVollzAnstalten für Frauen (nach ArbE-JStVollzG v. 1.6.1984 (§ 111 Abs. 2) sollte dies dennoch weiterhin auch ohne Abtrennung zugelassen werden (vgl. auch die Begriffsdifferenzierung in § 140 Abs. 2 StVollzG); krit. DVJJ 1987, 395). Die Beurteilung als rechtswidrig gilt iSd verfassungsrechtlichen Vorgaben (BVerfGE 116, 69) umso mehr (s. aber eingeschränkt anders § 4 Abs. 4 S. 3 JVollzGB BW I; vgl. auch Hinweis in ZfStrVo 1988, 356 betr. Saarl., in ZfStrVo 1991, 371 betr. Hess. (speziell zu der JVA Vechta ausführlich aber Jansen, Mädchen in Haft. Devianzpädagogische Konzepte, 1999; vgl. auch Schott DVJJ-Journal 2000, 362 betr. MV). Grundsätzlich sind eigene selbstständige JStVollzAnstalten oder zumindest solche eigene Vollzugseinheiten einzurichten (zu den vorhandenen Einrichtungen Werner, Jugendstrafvollzug in Deutschland, 2012, S. 203 ff.; vgl. aber zu unterschiedlich hohen Anteilen der Herausnahme (Abs. 1 S. 1) etwa in Bay. und RhPf Stelzel/Kerner ZJJ 2014, 248 (251)), die uU einer (ggf. länderübergreifend gemeinsamen, vgl. (betr. LSA, Sachs. und Thür.) FS 2009, 3: Chemnitz bzw. (betr. Hahnöfersand) GVBl. Hmb. 2009, 211)) JVA für Frauen lediglich angegliedert sein können (vgl. JStVollzKomm S. 50 ff.; BMJ E-JStVollzG v. 24.9.1991 (§ 128 Abs. 2); Ostendorf/Walter § 13 Rn. 5 unter Hinweis auf MV; Funk NK 2009, 50; s. aber einschr. KG StRR 2009, 74 (betr. allg. StVollzR)). In diesem Rahmen können partiell integrierte Abläufe aus sachlichen Erwägungen heraus dem Erziehungsauftrag mitunter ihrerseits Genüge leisten (vgl. dazu vormals Bulczak Zbl 1980, 403 ff.). – Eine sachlich nicht begründete Besserstellung weiblicher Gefangener im Vergleich zu männlichen ist verfassungswidrig (vgl. BVerfG, 3. Kammer des 2. Senats, NJW 2009, 661 (betr. Telefonkontakte sowie Einkauf von Kosmetika) mzustBspr Muckel JA 2009, 398 (zum allg. StVollzR)).

13 Besondere organisatorische Vorkehrungen verlangt die gemeinsame Unterbringung mit unter drei Jahre alten **Kindern** bei den Müttern (s. bspw. § 27 JStVollzG Bln ua, Art. 168 BayStVollzG (zur JVA Aichach Völkl-Fischer/Pfalzer FS 2009, 335 ff.); zu „Mutter-Baby-Therapiegruppen" in einer englischen Anstalt vgl. Windham Stewart FPPK und Psychother 17 Heft 3), nach § 21 Abs. 1 HmbJStVollzG mit unter fünf Jahre alten, nach §§ 132, 73 JVollzG Nds bis zur Schulpflicht. Nach verschiedenen Landesgesetzen gilt dies auch bei den Vätern (§ 21 Abs. 1 RhPfLJVollzG, § 21 Abs. 1 BbgJVollzG, § 21 iVm § 1 ThürJVollzGB, § 27 Abs. 1 SächsJStVollzG

(gem. S. 2 bis zu 3 ½ Jahren; zu „Vater-Kind-Gruppen" in Sachs. Doltze Bewährungshilfe 2008, 67 f.)) und bis zur Schulpflicht (§ 70 Abs. 1 HessJStVollzG, § 18 Abs. 1 S. 1 JStVollzG NRW).

cc) Abschiebungshaft. Die entsprechende Anwendung der Vollzugsvorschriften (vgl. § 422 Abs. 4 FamFG (Art. 1 des FGG-ReformG v. 17.12.2008, BGBl. I 2586)) auf den Vollzug von Zurückweisungshaft (§ 15 Abs. 5 AufenthG) bzw. von Abschiebungshaft (auf der Grundlage von § 62 AufenthG) ist insofern für den JStVollzug relevant, als gem. § 80 Abs. 1–3 AufenthG unter bestimmten Voraussetzungen Minderjährige mit Erwachsenen gleichgestellt sind (wegen Zweifeln über das Alter vgl. → § 1 Rn. 28 ff.). Dies verlangt zum einen Vollzugseinrichtungen, die von denen des JStVollzugs räumlich getrennt sind (§ 62a Abs. 1 S. 1 AufenthG), und zudem die Trennung jugendlicher (vgl. auch Art. 1, 37 Buchst. d VN-Kinderrechtsübereinkommen (BGBl. 1992 II 122)) von erwachsenen Betroffenen innerhalb dieser Einrichtungen. Soweit solche von dem JStVollzug getrennte Vollzugseinrichtungen ausnahmsweise nicht vorhanden sind, ist zumindest eine besondere Ausgestaltung der Vollzugsbedingungen in Einrichtungen des JStVollzugs vonnöten; die von JStrafgefangenen getrennte Unterbringung ist auch dann unerlässlich (§ 62a Abs. 1 S. 2 Hs. 2 AufenthG; vgl. auch EuGH BeckRS 2014, 81208 betr. Erwachsene). 14

Indes ist schon nicht abschließend geklärt, ob § 80 Abs. 1–3 AufenthG nicht hinter der Vorschrift des § 42 Abs. 1 S. 1 Nr. 3 SGB VIII zurückzutreten hat (bejahend Jöhnk FS 2009, 189; speziell zu einem besonderen Abschiebungsschutz s. § 58 Abs. 1a AufenthG), zumindest aber ist gem. dem **Verhältnismäßigkeit**sgrundsatz stets vorab zu klären, ob nicht weniger tiefgreifende Maßnahmen (zB Meldeauflage, räumliche Beschränkung oder jugendhilferechtliche Betreuung bzw. Unterbringung) zureichend sind bzw. die „kürzeste angemessene Zeit" (vgl. auch Art. 1, 37 Buchst. b VN-Kinderrechtsübereinkommen (BGBl. 1992 II 122)) eingehalten ist (zur zeitlichen Begrenzung ggü. einem 16-Jährigen s. OLG Frankfurt a. M. (20. ZS) JMBl. Hess. 1994, 51). 15

Verfahrensrechtlich ist die Verbindung zu einem für Belange des Rechtsschutzes geeigneten **Beistand** herzustellen (vgl. auch Art. 1, 37 Buchst. d VN-Kinderrechtsübereinkommen (BGBl. 1992 II 122)). Nicht auszuschließen ist, dass durch die Ersetzung der vormaligen weiteren Beschwerde durch die Rechtsbeschwerde zum BGH (§§ 70 ff. FamFG) rechtstatsächlich eine Einschränkung im Rechtszug stattfinden könnte, weil die Betroffenen auf die wenigen bei dem BGH zugelassenen Rechtsanwälte angewiesen sind (vgl. aber § 70 Abs. 3 S. 2 FamFG (eingef. durch Gesetz v. 27.7.2015, BGBl. I 1386)). 16

2. Ausstattung und Ausgestaltung der Vollzugseinrichtungen

Diese Kriterien haben sich am Vollzugsziel und den besonderen Bedürfnissen junger Gefangener auszurichten (s. § 3 Abs. 2 JStVollzG Bln ua, § 114 Abs. 1 S. 4 JVollzG Nds, Art. 124 BayStVollzG). Hinsichtlich der etwaigen Zulässigkeit einer *Privatisierung* bestehen enge Grenzen (vgl. dazu Gusy JZ 2006, 651 ff.; Sterzel Bewährungshilfe 2007, 183; tendenziell für größere Spielräume als im allg. StVollzug Barisch, Die Privatisierung im deutschen Strafvollzug: Unter Einbeziehung des Jugendstrafvollzuges. …, 2010, 17

S. 291 ff., ua bei spezifischer Betreuung (vgl. zB S. 262–264); vgl. ergänzend → § 89c Rn. 81).

18 **a) Eigenverantwortlichkeit.** Was die Binnenorganisation im Allg. angeht, so wird eine Dezentralisierung mit dem Ziel weitgehender Eigenverantwortlichkeit selbstständiger kleinerer Einheiten und (innerhalb derselben) von deren jeweiligen **Wohngruppen** (mit bis zu acht Haftplätzen) angestrebt (vgl. schon Elster/Lingemann/Sieverts KrimHdWB/Böhm S. 524 f.; JStVollzKomm S. 11; ferner etwa Bulczak Zbl 1980, 402 (auch zur Ausstattung des Individualraumes)); aus psychologischer Sicht etwa schon Claßen ZfStrVo 1983, 139 (143)). Realisiert wird der Wohngruppenbezug bei ca. zwei Dritteln der Gefangenen (Werner, Jugendstrafvollzug in Deutschland, 2012, S. 98 f.). Empirische Erhebungen lassen allerdings erkennen, dass (auch) der Wohngruppenvollzug seinerseits **Beeinträchtigungen** bestimmter Gefangenengruppen bedingen kann, zumindest bei mangelnder Differenziertheit (vgl. Nachw. bei Heilemann ZfStrVo 1986, 3; Michelitsch-Traeger ZfStrVo 1991, 285; aus Betroffenensicht Dronski in vorgänge 1986 (allerdings wohl zum allg. Strafvollzug)). – Zu berücksichtigen ist ua, dass besondere Schwierigkeiten teilweise im Verhältnis zwischen deutschen und nichtdeutschen Gefangenen bzw. zwischen Gefangenen mit *ethnisch-kulturellen Unterschieden* bestehen (vgl. dazu etwa Heber FS 2017, 104; vgl. auch → § 92 Rn. 50).

19 **b) Baulich-räumliche Voraussetzungen.** Die eingeschränkte Umsetzung der Vorgabe eines privilegierten Vollzugs (vgl. → Rn. 10) begegnet (bzw. begegnete) gewichtigen Bedenken hinsichtlich des Gebots menschenwürdiger Unterbringung bei Überbelegung (vgl. VerfGH Bln StraFo 2010, 65 zum allg. StVollzR (gegen KG StraFo 2007, 521); näher etwa OLG Schleswig NStZ 1985, 475 mAnm Schüler-Springorum; s. im Übrigen OLG Frankfurt a. M. NStZ 1985, 572 betr. Art. 3 EMRK; OLG Hamm StV 2009, 262 (betr. allg. StVollzR); zum zivilrechtlichen Entschädigungsanspruch OLG Zweibrücken OLGSt GG Art. 1 Abs. 1 (betr. allg. StVollzR); LG Braunschweig NStZ 1984, 286; betr. MV s. Hoff/Fleck DVJJ-Journal 1998, 180 bzw. Schott DVJJ-Journal 2000, 354 (362); ergänzend Barisch KJ 2008, 428). Demgemäß ist teilweise ein grundsätzliches **Verbot** der **Überbelegung** vorgesehen (vgl. § 99 JStVollzG Bln ua, §§ 7, 8 JVollzGB BW I, Art. 170 ff. BayStVollzG).

20 Einschränkungen bestehen weiterhin (auch) hinsichtlich der Verwirklichung **offener** und weitestmöglich freier Vollzugs**formen** (vgl. dazu → § 92 Rn. 53 ff.), der Unterbringung während der **Ruhezeit** sowie des **Wohngruppen**vollzugs (s. § 98 Abs. 3 JStVollzG Bln ua, Art. 169 Abs. 2 BayStVollzG, § 68 Abs. 4 S. 2–4 JStVollzG Hess., § 120 Abs. 1 JVollzG Nds; § 20 Abs. 2 S. 1 JVollzGB LSA; zu baulicher Umgestaltung schon Laubenthal ZfStrVo 1984, 71).

21 Inwieweit im Übrigen ein Mindeststandard für die Ausgestaltung der Hafträume verlangt werden kann, ergibt sich aus den zur Erreichung des **Erziehungsziels** (vgl. → § 92 Rn. 22 ff.) erforderlichen Voraussetzungen (s. aber, wohl betr. Abs. 1 S. 2 (§ 92 Abs. 2 S. 2 aF), vormals OLG Hamm BlfStVK 93 Heft 1, 10 (betr. Hafträume ohne Steckdosen)).

22 Was das Erfordernis von Anstalten mit **geringer Außensicherung** und **Übergangshäusern** angeht (vgl. zB § 19 Abs. 3 SächsJStVollzGen; vgl. auch schon JStVollzKomm S. 47 f.), so bestehen in einigen Bundesländern –

abgesehen von Vorgaben für den Vollzug in freien Formen (vgl. → § 92 Rn. 52a) – offene oder halboffene Einrichtungen für Gefangene mit günstiger Sozialprognose (s. § 3 Abs. 4 JVollzGB BW I; vgl. vormals zB JMBl. NRW 1982, 230; für Hmb. s. Hinweis in ZfStrVo 1987, 237; vgl. betr. eine Abteilung der JVA Hameln sowie das Fliedner-Haus Groß-Gerau schon Reindl (Offener Jugendstrafvollzug als Sozialisationsorganisation, 1990, S. 176 ff., 225)).

Nach § 105 JStVollzG Bln ua (betr. Sachs. und SchlH Soll-Vorschrift, vgl. aber auch § 104 Abs. 2 S. 2 JVollzGB LSA), § 107 Abs. 1 S. 2 JVollzG Bbg, §§ 132 Abs. 1, 103 JVollzG Nds und wohl auch § 24 iVm § 1 ThürJVollzGB ist eine **sozialtherapeutische Abteilung** einzurichten (ebenso § 104 Abs. 2 S. 2 JVollzGB LSA), gem. § 68 Abs. 5 HessJStVollzG „nach Bedarf" (vgl. im Übrigen näher → § 92 Rn. 57 ff.). 23

Zur Einrichtung von **Ausbildungs-** und **Arbeitsmöglichkeiten** s. etwa § 100 JStVollzG Bln ua, § 11 JVollzGB BW I, § 104 Abs. 3 S. 1 JVollzGB LSA (vgl. zur verfassungsrechtlichen Verpflichtung → § 92 Rn. 111f). 24

c) Vollzug bei Drogenabhängigen. Die Unterbringung (vgl. auch → § 17 Rn. 42 ff., → § 92 Rn. 105–107) im JStVollzug gilt als möglich in den Zentralkrankenhäusern der Haftanstalten, durch Integration in die übrige Anstaltspopulation (vormals vern. Leschhorn ZfStrVo 1981, 29 f.; Leschhorn Suchtgefahren 1983, 105; bejahend Claßen ZfStrVo 1982, 27; vgl. Claßen Suchtgefahren 1983, 97), durch Isolierung in einer besonderen Gruppe oder durch Unterbringung in besonderen Haftanstalten (vgl. etwa schon Kreuzer Zbl 1974, 219; Apitzsch ZfStrVo 1980, 95). 25

Für die Isolierung in einer besonderen Gruppe spricht, dass dadurch die „Ansteckungsgefahr" für nicht abhängige Gefangene geringer wird und die Kontrollmaßnahmen betr. Drogen eingegrenzt werden können (vgl. zur „Drogenabteilung" in der JVA Hameln vormals Bulczak Zbl 1986, 330; betr. die JVA Crailsheim Grübl ZfStrVo 1992, 296). Allerdings wird eine solche Abschirmung, dh auch das Bemühen um Verhinderung möglichen Drogennachschubs, mangels baulicher und personeller Voraussetzungen nicht gänzlich gelingen (nach KG 16.7.1987 – 4 VAs 9/87 erfordert in diesem Bereich der Verdacht, dass ein Vollzugshelfer „selbst Haschisch konsumiere und auch in entsprechenden Kreisen verkehre", dessen Ablehnung; zw.). Andererseits bringt eine solche Isolierung die Gefahr der Überbeanspruchung des Anstaltspersonals und der Beeinträchtigung von Bestrebungen der Auflockerung des Vollzugs ebenso mit sich wie diejenige einer subkulturellen Verfestigung der Drogenabhängigen (vgl. J. Walter DVJJ-Journal 1992, 118 (betr. JVA Adelsheim), unter Hinweis auch auf das Verhältnis zu Repression). 26

Bei der Abwägung ist regelmäßig auch zu berücksichtigen, inwieweit **sonstige Belange** (zB betr. Ausbildungs- oder Arbeitsangebote) gewahrt werden. 27

3. Personal

a) Unterschiedliche Funktionen und Konflikte. Das Personal einer JStVollzEinrichtung, dessen Qualifikation steter Fortbildung bedarf (vgl. auch → § 92 Rn. 29), setzt sich aus verschiedenen Gruppen zusammen (s. §§ 101 ff. JStVollzG Bln ua, § 62 JStVollzG NRW, § 12 JVollzGB BW I, 28

§§ 175 ff. JVollzG Nds, Art. 175 ff. BayStVollzG, §§ 71–73 HessJStVollzG), sodass Konflikte schon aufgrund von deren unterschiedlichen Funktionen und Subkulturen (vgl. Walkenhorst KrimPäd 1943 (15), 67) erwartungsgemäß sind (vgl. besonders krit. bereits Kersten/v. Wolffersdorff-Ehlert KrimJ 1982, 95; s. aber auch Gehlhaar/Hennings ZfStrVo 1983, 29; betr. Widersprüche zwischen der Tätigkeit von Sozialarbeitern und Lehrern (gem. qualitativer Interviews in den JVAen Bautzen, Torgau und Waldheim) Borchert, Schule und Sozialarbeit im sächsischen Strafvollzug, 2007, S. 234 ff.).

29 Die **Leitung** der Einrichtung obliegt meist einer Person mit juristischer, mitunter mit psychologischer Ausbildung. Erzieherische Aufgaben werden vorzugsweise von Personen mit Ausbildung auf dem Gebiet der **Pädagogik** und/oder der **Sozialarbeit** wahrgenommen (zur geringeren Fallbelastung als im Freiheitsstrafenvollzug vgl. Dünkel ZfStrVo 2002, 70; zu zeitlichen Anteilen der sonstigen Aufgaben Nickolai Bewährungshilfe 1992, 291). **Psychologen** sind ua für die Persönlichkeitserforschung, die Erstellung des Vollzugsplans und ggf. für die Betreuung der JStrafgefangenen zuständig (vgl. im Allg. zu fachlichen Standards Goderbauer ua FS 2007, 277 (277–279)). – Nach einer Fragebogenuntersuchung (Gehlhaar/Hennings ZfStrVo 1983, 29 (32 ff.)) wird die Rolle des Psychologen im JStVollzug von den Aufsichtsbeamten – im Vergleich zum allg. Strafvollzug – als bedeutsamer eingestuft. Andererseits scheinen Psychologen mit sozialpsychologischen gruppen- und institutionsspezifischen Untersuchungen kaum befasst zu sein (s. hierzu vormals Rieländer/E. Quensel MschKrim 1983, 84; 1983, 94; zur Diskrepanz näher Wegener ua, Criminal Behavior and the Justice System/Lösel/Bliesener, 1988).

30 Handwerksmeister, ggf. auch Ingenieure oder Informatiker, leiten **Ausbildungsbetriebe,** Lehrer den **schulischen Unterricht** (vgl. auch → § 92 Rn. 113 ff.). Einem **Geistlichen** obliegt die seelsorgerische Betreuung (zu seltener „Annahme" vgl. Hoff/Fleck DVJJ-Journal 1998, 180 (betr. JVA Neustrelitz)) mit einer tatsächlich häufig erweiterten sozialen Funktion (s. dazu Wasielewski ZfStrVo 1984, 290; Nickolai ua, Sozialpädagogik im Strafvollzug/Sperle, 1985; Rollny, Pastoraler Dienst am straffälligen jungen Menschen, 1986, besonders 7. Teil; Koervers, Jugendkriminalität und Religiosität, 1988, S. 204 ff.; betr. Muslime vgl. Fröhmcke, Muslime im Strafvollzug, 2005, S. 211 ff., 233 ff.; mit teilweise kritBspr Jahn Religion, Staat, Gesellschaft 2011, 425), wobei ggf. kein Zeugnisverweigerungsrecht (§ 53 Abs. 1 Nr. 3 StPO) anerkannt wird (BVerfG, 1. Kammer des 2. Senats, NJW 2007, 1865; BGH NJW 2007, 308 (zum allg. StR)). **Aufsichtsbeamte** bewachen und versorgen die Gefangenen; sie sind zugleich deren häufigste Gesprächspartner (betr. Qualifikation vgl. → § 92 Rn. 29; vgl. aber auch Walkenhorst KrimPäd 1943 (15), 68: „typischer Zweitberuf" mit Motivation Arbeitsplatzsicherheit).

31 **b) Kompetenzverteilung.** Die personelle Organisationsstruktur der JStVollzEinrichtung ist meist **hierarchisch** ausgerichtet. Entgegen der alleinigen Entscheidungsverantwortlichkeit der Leitung der Einrichtung wird verschiedentlich ein wesentlicher Teil der Entscheidungen über die einzelnen JStrafgefangenen und die Erziehungs- bzw. Wohngruppen einem **Kollegium** übertragen, in dem ggf. neben Fachvertretern aus den Gebieten der Sozialarbeit und der Psychologie auch Aufsichtsbeamte unmittelbar mitwir-

ken. Fragen, die für die gesamte Anstalt einheitlich entschieden werden müssen, sollten in Sitzungen erörtert werden, in denen jede Personalgruppe und jedes erzieherisch tätige Team vertreten ist (vgl. schon Denkschrift 1977, 41; Elster/Lingemann/Sieverts KrimHdWB/Böhm S. 531).

Nach allg. Primärerfahrung betr. Zusammenhänge etwaiger Bewährungs- 32
erfolge ist davon auszugehen, dass mitunter aufgrund *zwischenmenschlicher Begegnungen* bzw. individuellen Bemühens einzelner Bediensteter der Vollzugseinrichtungen eine einschlägige Wirkung erreichbar ist. Dies würde, abgesehen von dem Feld der (ehrenamtlichen) Vollzugshelfenden, nicht nur zu einer gewissen Durchlässigkeit des personalrechtlichen Systems von Einstellungsvoraussetzungen anregen müssen, sondern – im Rahmen methodischer Grundvoraussetzungen (vgl. etwa → § 92 Rn. 33) – auch eine Nicht-Reglementierung hinsichtlich der anzuwendenden erzieherischen Methoden als empfehlenswert erscheinen lassen.

IV. Zuständigkeit nach Entscheidungen iSd Ausnahme

1. Besonderer Vollstreckungsleiter, Abgabe der Vollstreckung

Zuständig für die Entscheidung über die Ausnahme vom JStVollz ist der 33
allg. Vollstreckungsleiter (§ 82 Abs. 1, § 84 Abs. 1) oder, wenn sich der Verurteilte bereits in einer Jugendstrafanstalt befindet, der besondere Vollstreckungsleiter gem. § 85 Abs. 2 (vgl. Wohlfahrt StraFo 2020, 272 (275)). Die Ausnahme vom JStrafvollzug bewirkt in den Fällen, in denen der besondere Vollstreckungsleiter nach § 85 Abs. 2, 3 zuständig ist, nicht, dass die VollstrZuständigkeit ohne weiteres wieder an den allg. Vollstreckungsleiter nach § 84 zurückfällt (BGHSt 24, 232; 28, 351; NStZ 1997, 255). Denn trotz Wegfalls der Vollzugsnähe bleiben immer noch beachtliche **Gründe für** die **weitere Zuständigkeit** des besonderen Vollstreckungsleiters bestehen. Zunächst wird dieser sich zur Vorbereitung der Entscheidung eingehend mit der Persönlichkeit des Betroffenen befassen müssen, sodass er damit schon wesentliche Voraussetzungen für die weiteren Entscheidungen im Vollstreckungsverfahren geschaffen hat. Auch liegt ein Bedürfnis für den unbedingten Übergang der VollstrZuständigkeit nicht vor, denn es besteht weiterhin die Möglichkeit der Abgabe der Vollstr nach § 85 Abs. 5 (BGH NStZ 1995, 567; Dallinger/Lackner Rn. 26; s. zudem BGH NStZ 1985, 92; vgl. auch → § 85 Rn. 30 ff.). Im Allg. bedarf es für den Zuständigkeitsübergang vielmehr der Abgabe der Vollstr gem. **§ 85 Abs. 6** (OLG Jena BeckRS 2006, 1028).

Die StVollstrKammer ist auch dann nicht ohne weiteres zuständig, wenn 34
gegen den Verurteilten *auch Freiheitsstrafe* zu vollstrecken ist (BGHSt 28, 351; BGH NStZ 1985, 92).

2. Antrag auf gerichtliche Entscheidung

Ist iSd Ausnahme gem. Abs. 2 entschieden worden, so ist für einen Antrag 35
auf gerichtliche Entscheidung gegen eine **Vollzugsmaßnahme** (dazu § 92 Abs. 6) die StVollstrKammer zuständig (BGHSt 29, 33; LG Kassel BeckRS 2019, 10948: ua um eine einheitliche Beurteilung gleichartiger Maßnahmen in der JVA zu gewährleisten). Dies ist nicht ohne Probleme (vgl. vormals

krit. etwa Scheschonka NStZ 1985, 286) und kann deshalb abträglich sein, weil dadurch dem VollstrRichter eine Mitteilung etwa bzgl. Vollzugslockerungen versagt ist.

Vierter Unterabschnitt. Untersuchungshaft

Vollstreckung der Untersuchungshaft

89c (1) [1]**Solange zur Tatzeit Jugendliche das 21. Lebensjahr noch nicht vollendet haben, wird die Untersuchungshaft nach den Vorschriften für den Vollzug der Untersuchungshaft an jungen Gefangenen und nach Möglichkeit in den für junge Gefangene vorgesehenen Einrichtungen vollzogen.** [2]**Ist die betroffene Person bei Vollstreckung des Haftbefehls 21, aber noch nicht 24 Jahre alt, kann die Untersuchungshaft nach diesen Vorschriften und in diesen Einrichtungen vollzogen werden.**

(2) [1]**Hat der Jugendliche das 18. Lebensjahr noch nicht vollendet, darf er mit jungen Gefangenen, die das 18. Lebensjahr vollendet haben, nur untergebracht werden, wenn eine gemeinsame Unterbringung seinem Wohl nicht widerspricht.** [2]**Mit Gefangenen, die das 24. Lebensjahr vollendet haben, darf er nur untergebracht werden, wenn dies seinem Wohl dient.**

(3) [1]**Die Entscheidung nach Absatz 1 Satz 2 trifft das Gericht.** [2]**Die für die Aufnahme vorgesehene Einrichtung und die Jugendgerichtshilfe sind vor der Entscheidung zu hören.**

Schrifttum: Beil/Janssen, Soziales Training: Recht, 1987; Dölling (Hrsg.), Freiheitsentzug im Jugendstrafrecht, 2011 (DVJJ Baden-Württemberg); Dorenburg, Untersuchungshaft und Untersuchungshaftvermeidung bei Jugendlichen und Heranwachsenden in Deutschland und Europa, 2017; Firchau, Das fachgerichtliche Rechtsbehelfssystem der U-Haft sowie die Regelung des Vollzugs, 2013; Hermanns, Sozialisationsbiographie und jugendrichterliche Entscheidungspraxis, 1983; Jehle, U-Haft zwischen Unschuldsvermutung und Wiedereingliederung, 1985; Forschungsgruppe Kriminologie (Hrsg.), Empirische Kriminologie, 1980; Krause, Anordnung und Vollzug der U-Haft bei Jugendlichen, 1971; Kury (Hrsg.), Prognose und Behandlung bei jungen Rechtsbrechern, 1986; Seebode, Der Vollzug der U-Haft, 1985; Trenczek (Hrsg.), Freiheitsentzug bei jungen Straffälligen, 1993; Weinknecht, Die Situation der U-Haft und der Unterbringung an Jugendlichen und Heranwachsenden, 1988; Zirbeck, Die U-Haft bei Jugendlichen und Heranwachsenden, 1973.

Übersicht

I. Anwendungsbereich

1 Die Vorschrift gilt für **Jugendliche** wie für **Heranwachsende** (§ 110 Abs. 1 bzw. Abs. 2) auch dann, wenn die U-Haft von einem für allg. Strafsachen zuständigen Gericht angeordnet wurde (§ 104 Abs. 1 Nr. 5 nF). Rechte der **JGH** können iRd §§ 104 Abs. 3, 112 S. 1 eingeschränkt werden.

II. Bundes- bzw. landesgesetzliche Regelungen

2 Der Vollzug der U-Haft (zu Verhängung und Vollstr vgl. § 72) **greift** in **Grundrechte** der nach JStVR verfolgten U-Gefangenen **ein** und steht daher unter dem Vorbehalt des Gesetzes. Diese Voraussetzung war bis Ende 2009 nur eingeschränkt erfüllt, da nur einzelne Regelungen in diesem Gesetz (vormals § 93) bzw. – gem. § 2 Abs. 2 anwendbar – in der StPO sowie im StVollzG bestanden. Stattdessen geschah die Ausgestaltung des Vollzuges idR gem. der UVollzO (von den Ländern bundeseinheitlich erlassene VV). Von Gesetzes wegen galt für Eingriffe, die neben den Entzug der Bewegungsfreiheit traten, die – auch nach der sog. Föderalismusreform (näher → Rn. 3) gem. Art. 125a Abs. 1 S. 1 GG zunächst in Geltung gebliebene – Generalklausel des § 119 Abs. 3 StPO aF (zulässig nur, soweit es „der Zweck der U-Haft oder die Ordnung in der VollzAnstalt erfordert"). Jedoch war das *Gericht* nicht nur für verfahrensrechtliche, sondern weitgehend auch für

vollzugsrechtliche Anordnungen zuständig (§ 2 Abs. 2, § 119 Abs. 6 StPO aF), wogegen durch die im Jahre 2009 verabschiedeten Landesgesetze (näher → Rn. 6) selbst bei schwerwiegenderen Eingriffen (zB Ausnahmen vom sog. Trennungsgrundsatz (n. → Rn. 44 ff.), Einzelhaft (n. → Rn. 96), besondere Sicherungsmaßnahmen (n. → Rn. 94 ff.), Arrest (n. → Rn. 100), Beschränkungen aufgrund Generalklausel (n. → Rn. 5), akustische Besuchsüberwachung (n. → Rn. 58)) der sog. Richtervorbehalt aufgegeben und – aufgrund der Unschuldsvermutung verfassungsrechtlich zumindest zw. (n. → Rn. 10) – die Entscheidungskompetenz auf die *Exekutive* übertragen wurde (vgl. zum „deutlichen Gewinn" der Anstalten Schneider FS 2009, 25). Die Landesgesetze entbehren zudem eines Schutzes der *Selbstbelastungsfreiheit* durch Verankerung gerichtlicher Belehrung vor allen Maßnahmen, die die Gefahr des Verstoßes dagegen in sich tragen.

Im internationalen Vergleich erweisen sich die Regelungslage und -inhalte des U-Haftvollzugs bei Jugendlichen als sehr heterogen (Überblick bei Dorenburg, Untersuchungshaft und Untersuchungshaftvermeidung (…), 2017, S. 204 ff.). **2a**

1. U-Haftvollzug als Teil des Jugendstrafverfahrens

a) Wahrung des Erziehungsauftrags. Die – eine verfehlte Überschrift tragende („Vollstreckung", vgl. nur Hdb-StrafR/Apfel/Piel/Raschka Kap. 26 Rn. 101) – Vorschrift (eingef. durch Gesetz v. 29.7.2009 (BGBl. I 2274)) betrifft Grundvoraussetzungen des U-Vollzuges (zu Übergangsregelungen § 13 EGStPO, § 121 Abs. 2) zwecks jugendgemäßer Ausgestaltung des JStV (§ 2 Abs. 1) und also das **U-Haftrecht,** sodass unbeschadet der sog. „Föderalismusreform" (Gesetz v. 28.8.2006 (BGBl. I 2863); krit. etwa Paeffgen StV 2009, 47) die Gesetzgebungskompetenz des Bundes fortbesteht (Art. 74 Abs. 1 Nr. 1 GG; aA Firchau, Das fachgerichtliche Rechtsbehelfssystem der U-Haft sowie die Regelung des Vollzugs, 2013, S. 87). Wegen Gefahren der Legalbewährung abträglicher Einflüsse während des U-Vollzugs darf nicht allein auf den Zweck der Verfahrenssicherung abgestellt werden, sondern es sind wesentlich die erzieherischen **(§ 2 Abs. 1),** dh zukunftsorientierten Belange zu wahren. Also bestehen qualitative Unterschiede zwischen den Anforderungen an U-Haft ggü. Jungen Gefangenen (vgl. betr. JStVollZug BVerfGE 116, 69 ff. (85 ff.)) und U-Haft schlechthin, prinzipiell nicht anders als zwischen Freiheits- und JStrafe (zum erzieherischen Auftrag einheitlicher staatlicher Reaktion vgl. etwa BT-Drs. 16/11644, 36; näher bereits JStVollZKomm S. 21 ff., 59; aA BR-Drs. 829/08, 7). **3**

Die Regelung des **S. 1** bzw. Abs. 1 S. 1 nF (vgl. auch vormals § 93 Abs. 1 und 2 sowie § 110 Abs. 2 aF) stellt klar, dass zur (mutmaßlichen) Tatzeit Jugendliche, die nunmehr 18, aber noch nicht 21 bzw. 24 Jahre alt sind, bei den Vorgaben für den U-Vollzug im Verhältnis zu solchen U-Gefangenen, die zur (mutmaßlichen) Tatzeit Heranwachsende waren (s. § 110 Abs. 2), zumindest nicht zurückstehen. Es handelt sich für 21- bis unter 24-jährige U-Gefangene um eine Kann-Vorschrift (**S. 2** bzw. Abs. 1 S. 2 (vgl. auch etwa § 34 Abs. 2 UVollzG NRW). Die betr. Entscheidung, die die Belange des Jungerwachsenen mit denen der anderen Jugendlichen und Heranwachsenden in Beziehung zu setzen hat (RegE BT-Drs. 13837, 69), wird durch das Gericht (nach Anhörung der fraglichen Einrichtung und der JGH) **4** getroffen (Abs. 3 nF). Für **unter 21-jährige** U-Gefangene ist die Regelung dagegen grundsätzlich **zwingend.** Abs. 2 nF enthält insofern zusätzliche und klarstellende Unterbringungsvorgaben zum Schutz Minderjähriger (→ Rn. 45). Die auch für diese Altersgruppe vorgesehene Ausnahme („nach Möglichkeit"; vgl. schon § 119 Abs. 1 S. 2 StPO aF: „soweit möglich"), derzufolge es sich nicht zwingend und stets um eine für den Vollzug an jungen Gefangenen vorgesehene Einrichtung handeln muss, wird ua damit begründet, dass anderes vor allem kleineren Ländern faktisch nicht immer möglich sein werde bzw. dass die geringe Anzahl Betroffener (zB bei jungen weiblichen U-Gefangenen), vollzugliche Belange (zB „Trennung" bestimmter Beschuldigter voneinander) oder Angebotsbelange (zB bestimmte Bildungsmaßnahmen nur in einer VollzEinrichtung für Erwachsene) eine gewisse Flexibilität verlangten.

5 **b) Konkurrierende Gesetzgebung.** Der konkurrierenden **Gesetzgebungs**kompetenz des **Bundes** (Art. 74 Abs. 1 Nr. 1 GG) unterfallen (auch weiterhin), neben den Regelungen zum **gerichtlichen Rechtsschutz** ggü. Maßnahmen in Durchführung des U-Vollzugs (vgl. → Rn. 112 ff.), **verfahrenssichernde Anordnungen,** die gem. den jeweiligen Normen der StPO vom Gericht, im Eilverfahren auch von der Staatsanwaltschaft, getroffen werden. Insofern ergibt sich besonders hinsichtlich Beschränkungen von Außenkontakten eine *doppelte* Zuständigkeit.

5a Die *Umsetzung* (vgl. etwa § 3 Abs. 2 UVollzG Bln. ua) gerichtlicher Anordnungen erfordert ggf. vollzugliche Einzelentscheidungen der Anstalt, die ihrerseits einer Ermächtigungsgrundlage bedürfen (vgl. zB §§ 8 Abs. 1 Nr. 1, 11 Abs. 1 S. 2 Nr. 2 und 12 Abs. 3 Hs. 1 UVollzG Bln ua) und für die im Übrigen (vorsorglich) die Gesetzestechnik der – erhöhten Anforderungen im Sinne einer qualifizierten Verhältnismäßigkeitsprüfung unterliegenden – Generalklausel für Anlässe bemüht wird, in denen das Gesetz eine besondere Regelung nicht vorsieht, Beschränkungen aber als unerlässlich beurteilt werden (vgl. zB § 4 Abs. 2 UVollzG Bln ua; § 2 Abs. 2 JVollzGB BW II, § 1 Abs. 3 UVollzG NRW). Bei der Umsetzung ist der VollzAnstalt meist ein *Gestaltungsspielraum* eröffnet, sofern nicht eine spezielle (zB Fesselung, näher dazu → Rn. 96a) oder eine entgegenstehende Anordnung (zB § 7 Abs. 4 UVollzG Bln ua betr. Verbot der Benachrichtigung einer bestimmten Person) vorliegt. Zentrales Kriterium für die Ermessensausübung ist die Verhältnismäßigkeit bezogen auf den Zweck der Anordnung.

2. Konzeption der Landesgesetze

6 **a) Gesetzgebungsstrategie. aa) Regelungsstrukturen.** Gesetzgebungsstrategisch sind die U-Vollzugsgesetze der Länder zum einen dadurch gekennzeichnet, dass sie in mehreren Ländern auf einen gemeinsamen Entwurf zurückgehen und zunächst nur mit gewissen Abweichungen hiervon untereinander verabschiedet wurden (Bln. v. 3.12.2009 (GVBl. 686) nebst ÄndG (GVBl. 2011, 287), sodann aber Art. 3 des Gesetzes zur Weiterentwicklung des Berliner Justizvollzugs v. 4.4.2016 (GVBl. 2016, 152); Bbg. V. 8.7.2009 (GVBl. I 271), sodann JVollzG (GVBl. 2013 I Nr. 14), ÄndG GVBl. 2014 I Nr. 34; Bremen v. 2.3.2010 (GBl. 191); Hess. v. 28.6.2010 (GVBl. 2010 I 185 (208)) nebst ÄndGe GVBl. 2013, 46 sowie 2015, 498 und 2017, 294 als auch 2018, 82; Hmb. v. 15.12.2009 (GVBl. 473), Änd-

GeGVBl. 2013, 211, ber. 310 und 2018, 158 sowie 2018, 265; LSA v. 22.3.2010 (GVBl. 157) nebst Ergänzung (GVBl. 2010, 510) und ÄndG GVBl. 2015, 314 sodann aber JVollzGB v. 18.12.2015 (GVBl. 666); MV v. 17.12.2009 (GVOBl. 763), ÄndG GVOBl. 2016, 302; RhPf v. 15.9.2009 (GVBl. 317), sodann LJVollzG v. 8.5.2013 (GVBl. 79), geänd. GVBl. 2015, 487 und 2018, 276; Saarl. v. 1.7.2009 (ABl. 1219) nebst ÄndG (ABl. 2013, 116 sowie ABl. 2015, 790); Sachs. v. 14.12.2010 (GVBl. 414) nebst ÄndG (GVBl. 2013, 250); SchlH v. 16.12.2011 (GVOBl. 322), geänd. GVOBl.2016, 618; Thür. v. 8.7.2009 (GVBl. 553), sodann JVollzGB (GVBl. 2014, 13)), und zwar, ebenso wie das UVollzG NRW v. 27.10.2009 (UVollzG (Art. 1 GVUVS), GV. 2009, 540 mit 2016, 310 sodann Art. 2 des Gesetzes v. 7.4.2017, GV. 511 und 2018, 555), als selbstständige Gesetze.

Innerhalb der (zusammen mit den Regelungen zum Vollzug von Jugend- 6a
bzw. Freiheitsstrafe und teilweise auch von Sicherungsverwahrung verabschiedeten) sog. Verbundgesetze bestehen konzeptionell gewichtige Unterschiede. So verzichtet das HessUVollzG weithin auf Verweisungen, wogegen rechtssystematisch wie auch iZm Verweisungen eher einwandbehaftet (krit. zu Nds. Höflich NK 2009, 135 f.) die Fassungen der Länder BW (JVollzGB II v. 10.11.2009 (GBl. 545 (563)) mit GBl. 2012, 65, sodann Gesetz v. 20.11.2012 (GBl. 581), ÄndG GBl. 2015, 1047) und Nds. (schon GVBl. 2007, 720, Fünfter Teil, nebst ÄndG GVBl. 2009, 32 und 2017, 172, ber. 319) gestaltet sind; auch das BbgJVollzG, das RhPfLJVollzG, das ThürJVollzGB und das JVollzGB LSA regeln den U-Haftvollzug weithin einheitlich (mit dem Freiheits- und dem JStrafvollzug). – Das BayUVollzG (v. 20.12.2011 (GVBl. 678), nebst ÄndG (GVBl. 2013, 275 sowie 2016, 335 und 2018, 574) s. betr. Änd. auch Art. 37a Abs. 2 RegE-BayJAVollzG v. 30.1.2018) und das UVollzG NRW idF des ÄndG gem. Art. 3 des Gesetzes v. 12.10.2018 (GV. 555)) sind als selbständige Gesetze konzipiert, enthalten jedoch extrem häufig Verweisungen auf das BayStVollzG bzw. das StVollzG NRW. – Als Übergangsregelung galten bis 31.12.2011 § 13 EGStPO, § 121 Abs. 2 und also auch § 93 Abs. 2 aF.

Ausnahmslos haben die Landesgesetze die **Belange** der **jungen U-Ge-** 7
fangenen, dh die Sicherung des (dem Erziehungsauftrag unterstellten und demgemäß im Vergleich zum allg. StVR von Besonderheiten gekennzeichneten) JStVR **herabgestuft,** indem sie jeweils nur ein *sämtliche Altersgruppen* erfassendes Gesetz verabschiedet haben (vgl. zu Einwänden betr. dieses bzgl. des JStrafvollzugs nur in wenigen Ländern zu verzeichnenden Vorgehens → § 92 Rn. 9). – Als junge U-Gefangene (vgl. auch → Rn. 4) erfasst sind die zur (mutmaßlichen) Tatzeit *Jugendlichen* und *Heranwachsenden* (auf die bei einer Verurteilung materielles JStR (§ 105 Abs. 1 JGG) zur Anwendung kommt oder kommen kann (s. nur § 34 Abs. 2 UVollzG NRW; abw. und schon hinsichtlich der Gesetzgebungskompetenz zumindest zw. (vgl. → Rn. 3, 4; ebenso Ostendorf ZJJ 2011, 254) § 69 Abs. 1 aF JVollzGB BW II: nur Jugendliche (vgl. schon Brune/Müller ZRP 2009, 146; näher Jung-Pätzold ua ZJJ 2010, 301 sowie Dölling, Freiheitsentzug im Jugendstrafrecht/Jung-Pätzold, 2011, S. 7 ff.; sodann DVJJ 2012, AK 15/I 6), korrigiert durch Gesetz v. 20.11.2012 (GBl. 581), in Kraft getreten 1.6.2013). Gemäß S. 2 *kann* U-Haft bis zur Vollendung des 24. Lbj. nach den Bestimmungen für junge U-Gefangene vollzogen werden; allerdings wird hinsichtlich der Vollzugsgestaltung teilweise nach dem Alter zu Beginn bzw. während des Vollzugs differenziert (vgl. etwa § 43 Abs. 1, Abs. 2 S. 1 HessU-

VollzG; § 157 VollzG Nds.; § 2 Abs. 2 UVollzG NRW; s. im Übrigen § 66 Abs. 1 UVollzG Bln ua; Art. 29 BayUVollzG). Nach Erreichen des Lebensalters von 24 Jahren ist gem. der Soll-Vorschrift des § 89b Abs. 1 S. 2 ggf. zu erwarten, dass JStrafe nach den Vorschriften des Strafvollzugs für Erwachsene vollzogen würde, jedoch können die Bestimmungen für junge U-Gefangene ausnahmsweise über das 24. Lbj. hinaus angewendet werden, wenn dies im Hinblick auf die voraussichtlich nur noch geringe Dauer des Haftvollzugs als zweckmäßig erscheint (vgl. § 66 Abs. 2 S. 2 UVollzG Bln ua; § 43 Abs. 2 S. 2 HessUVollzG; § 64 Abs. 2 S. 2 UVollzG Bln). Andererseits kann von der Anwendung der besonderen Bestimmungen für volljährige junge U-Gefangene abgesehen werden, wenn verlässliche *Tatsachen*feststellungen es zulassen, die erzieherische Ausgestaltung des U-Vollzugs als nicht oder nicht mehr angezeigt zu beurteilen (vgl. § 66 Abs. 2 S. 1 UVollzG Bln ua; § 69 Abs. 2 JVollzGB BW II; § 43 Abs. 1 S. 2, aber auch Abs. 2 S. 1 HessUVollzG; Rechtsgedanke des § 89b Abs. 1 S. 1). Nach § 43 HessUVollzG, § 157 VollzG Nds ist ggf. das Gericht zuständig.

8 Stattdessen enthalten die Landesgesetze nur einzelne spezielle Vorschriften betr. junge U-Gefangene. Dies läuft auch der erforderlichen Abstimmung zwischen U-Vollzug und JStrafvollzug zuwider (vgl. → Rn. 3 mN). So besteht von vornherein die Gefahr, dass bei unzureichender, teils unverbindlicher Regelung der Haftbedingungen eine weitgehende **Angleichung** an die Bedingungen im U-Vollzug an **Erwachsenen** stattfindet. Auch liegen Anhaltspunkte dafür vor, dass mangels detaillierter und verbindlicher Regelung zur Wahrung des **Erziehungsauftrags** (§ 2 Abs. 1; vgl. näher → Rn. 11f, 30 ff.) dieser in der Praxis **reduziert** oder gar zu einer zusätzlichen Rechtsgrundlage für ein umfassendes System rechtlicher Beschränkungen, Versagungen und Entziehungen wird (vgl. vormals Kreuzer RdJB 1978, 343; s. auch Rotthaus NJW 1973, 2269). Dies betrifft zB auch die zur Legitimation eines solchen Systems verschiedentlich (in den Begründungen der Gesetzesentwürfe der Länder) pauschal bemühte Begrifflichkeit der „Subkultur“, die es zu „verhindern“ gelte, ohne dass die konkrete Geeignetheit belegt oder gar die Entstehungszusammenhänge einer Subkultur innerhalb der VollzAnstalten (vgl. zusf. etwa Laubenthal Strafvollzug Rn. 211 ff.; Eisenberg/Kölbel Kriminologie § 36 Rn. 4 ff.) berücksichtigt worden wären.

9 **bb) Andere Haftarten.** Die Landesgesetze gelten entsprechend für den Vollzug anderer Haftarten, die ebenfalls der Durchführung eines geordneten Verfahrens dienen (so gem. § 127b Abs. 2 StPO, § 230 Abs. 2 StPO, §§ 236, 329 Abs. 4 S. 1 StPO, § 412 S. 1 StPO und § 453c StPO sowie der einstweiligen Unterbringung nach § 275a Abs. 6 StPO (vgl. § 1 Abs. 2 UVollzG Bln ua, § 1 UVollzG Bln; § 1 Abs. 2 JVollzG Bbg; § 82 JVollzGB BW II (vorbehaltlich entgegenstehender „Eigenart“); § 55 UVollzG NRW (gem. Abs. 1 Nr. 4 auch betr. Auslieferungs- und Durchlieferungshaft, gem. Abs. 2 findet der Vollzug der Unterbringung nach § 275a Abs. 5 StPO in einer Anstalt oder sonstigen Einrichtung des Justizvollzuges statt, die den Vorgaben der §§ 91 und 92 StVollzG NRW entspricht); weiter aber BayUVollzG § 1 Abs. 1 S. 2 Nr. 2 und Nr. 3: auch gem. § 127 StPO („soweit es mit der Eigenart dieser Haft vereinbar ist“) bzw. § 126a StPO (nur unter einschr. Voraussetzungen und nur über einen Zeitraum von 24 Stunden); anders § 1 Abs. 3 RhPfLJVollzG: Maßregelvollzug, „soweit eine Anordnung nach § 119

Abs. 1 StPO nicht entgegensteht"), jedoch finden sie schon mangels Gesetzgebungskompetenz keine Anwendung auf die Abschiebungshaft (vgl. näher → § 89b Rn. 14 ff.).

b) Zuständigkeit der Exekutive. Alle Landesgesetze haben die **Zuständigkeit** für die Ausgestaltung des U-Vollzugs und betr. Angelegenheiten der Sicherheit und Ordnung umfassend auf die (Leitung der) **U-Vollzugsanstalt** übertragen (vgl. etwa § 3 Abs. 1 S. 1 UVollzG Bln ua: eigene Zuständigkeit; § 3 JVollzGB BW II; Art. 6 BayUVollzG; § 4 UVollzG NRW), dh das Gericht hat (anders als nach § 119 Abs. 6 StPO aF) keine Zuständigkeit mehr für vollzugliche Belange (zur Besonderheit betr. Nds. vgl. → Rn. 63). Dieser **Verlust** an **gerichtlicher** Kontrolle bei entsprechendem Kompetenzzuwachs der Exekutive wurde ua mit Belangen der Vereinfachung und Beschleunigung vollzuglicher Entscheidungen zu begründen versucht, etwa dergestalt, dass die Anstalt als „sachnähere Behörde" die Entscheidung unmittelbar treffen könne. Zwar bewirkt die Kompetenzverschiebung eine Entlastung der Gerichte, ohne dass Art. 104 Abs. 2 GG entgegenstünde, da sich der darin geregelte Vorbehalt gerichtlicher Entscheidung nach hM nicht auf die Ausgestaltung des Freiheitsentzugs erstreckt. Demgegenüber können die in Rede stehenden Entscheidungen ggf. durchaus auch für das (J-)Strafverfahren selbst von Bedeutung sein, denn deren Auswirkungen auf das (J-)Strafverfahren lassen sich oftmals nicht (oder zumindest nicht eindeutig) trennen. 10

Zudem *untergräbt* die Regelung das Prinzip der *Unschuldsvermutung* insoweit, als es eine faktisch dem Vollzug nach rechtskräftiger Verurteilung vergleichbare Praxis einführt – Grundrechtseingriffe sind aber nicht weniger einschneidend, wenn sie nicht zur Sicherung eines Haftzwecks, sondern aus Gründen der Sicherheit und Ordnung der Anstalt angeordnet werden (krit. betr. Ordnung Paeffgen GA 2009, 467). Auch macht es die Weisungsgebundenheit der Anstalt bzw. des Anstaltsleiters weithin schwerlich möglich, solche tatsächliche Gegebenheiten zu schaffen, die verschiedene Beschränkungen überflüssig werden ließen (vgl. zum Ganzen auch BVerfG NStZ 2008, 521). – Soweit in der Praxis vor der in Rede stehenden landesgesetzlichen Zuständigkeitsverschiebung vielfach eher nur eine Transformation der vormaligen UVollzO in eine richterliche Anordnung stattzufinden schien, wobei abw. Entscheidungen insoweit selten blieben (Zirbeck, Die U-Haft bei Jugendlichen und Heranwachsenden, 1973, S. 28 ff.; Eisenberg/Tóth GA 1993, 309 (309 f.); vgl. auch Nr. 2 Abs. 2 der (vormaligen) UVollzO), lässt sich hieraus ein rechtliches Argument gegen die aufgezeigten Einwände nicht herleiten. 10a

c) Vollzugsgestaltung. Die Vorgaben der Landesgesetze für die *Vollzugsgestaltung* (vgl. näher → Rn. 30–43) sind an dem Erziehungsauftrag (§ 2 Abs. 1) orientiert, wenngleich unterschiedlich ausgeprägt (§ 67 Abs. 1 UVollzG Bln ua: Muss-Vorschrift, Art. 30 Abs. 1 BayUVollzG, § 35 Abs. 1 UVollzG NRW und § 158 Abs. 1 S. 1 JVollzG Nds: Soll-Vorschrift). Jedoch dürfen Bemühungen aufgrund der Unschuldsvermutung (und im Gegensatz zum JStVollZG) nicht die Auseinandersetzung mit den Tatvorwürfen umfassen (oder gar auf eine solche gerichtet sein), die der Inhaftierung zugrunde liegen. Hingegen kommt Angeboten zu Bildungs-, Beschäftigungs- und Freizeitmöglichkeiten auch und gerade im U-Vollzug wesentliche Bedeutung zu, und das Gleiche gilt für Angebote sonstiger entwicklungsfördernder 11

Hilfestellungen, die auf einen (ggf. vorhandenen) Erziehungsbedarf Rücksicht nehmen (bedenklich daher die bloße Soll-Vorschrift des § 67 Abs. 2 S. 1 UVollzG Bln ua; § 72 Abs. 2 JVollzGB BW II; Art. 30 Abs. 2 S. 1 BayUVollzG; § 35 Abs. 2 S. 1 UVollzG NRW). Allerdings sind die Angebote dergestalt vorzusehen, dass sie auch innerhalb der idR vergleichsweise kurzen Zeit des U-Vollzugs durchgeführt werden können. Wegen der Unschuldsvermutung ist nicht unbedenklich, dass „die Bereitschaft zur Annahme der Angebote zu wecken ist" (§ 67 Abs. 2 S. 2 UVollzG Bln ua; § 72 Abs. 2 S. 3 JVollzGB BW II; Art. 30 Abs. 2 S. 2 BayUVollzG; § 35 Abs. 2 S. 2 UVollzG NRW; § 158 Abs. 1 S. 4 JVollzG Nds; vgl. auch Begr. RefE BbgUVollzG, 46: „darauf hinzuwirken hat", Begr. RegE Bln (Drs. 16/2491, 97); „sie lernen, … Anderen Respekt entgegenzubringen"; vgl. auch § 73 Abs. 4 JVollzGB BW II: „eingeübt" (Soll-Vorschrift) bzw. § 75 Abs. 3 JVollzGB BW II: können verpflichtet werden; verfehlt § 158 Abs. 2 VollzG Nds: ohne Altersbeschränkung „aus erzieherischen Gründen"). Nur in den Grenzen noch bestehender Schulpflicht ist eine Teilnahmeverpflichtung Jugendlicher zulässig (vgl. etwa § 71 Abs. 2 UVollzG Bln ua; § 75 Abs. 1 JVollzGB BW II; Art. 33 Abs. 1 BayUVollzG; § 35 Abs. 3 UVollzG NRW).

12 Soweit unter Hinweis auf den Erziehungsauftrag (§ 2 Abs. 1) *rechtliche* Einschränkungen bzw. *Zurücksetzungen* junger U-Gefangener vorgesehen sind, begegnet dies Einwänden gem. dem Verbot der Schlechterstellung (vgl. → § 2 Rn. 23 ff.) zumindest insoweit, als ernste Gefahren für den U-Gefangenen nicht nachweisbar sind. Vielmehr kann es zu Konflikten kommen, wenn mögliche und als „dringend geboten" beurteilte Beschränkungen minderjährigen U-Gefangenen im Hinblick auf eine „Gefährdung ihrer Entwicklung" auferlegt werden dürfen (vgl. etwa § 67 Abs. 3 UVollzG Bln ua; § 72 Abs. 3 JVollzGB BW II, Art. 30 Abs. 3 S. 2 BayUVollzG; § 35 Abs. 5 UVollzG NRW), dh wenn es – im Unterschied zu Heranwachsenden und Erwachsenen – um die Einschränkung von Rechten mit der Begründung geht, es seien Gefahren für eine positive Persönlichkeitsentwicklung abzuwehren. Zumindest wird hier die Verhältnismäßigkeitsprüfung besonders sorgfältig vorzunehmen sein (ähnlich, wenn auch weniger deutlich, Begr. RefE BbgUVollzG, 47). – Ebenso abträglich kann es für Jugendliche sein, wenn *Personensorgeberechtigten* ein uneingeschränktes Veto-Recht eingeräumt wird (so aber etwa § 75 Abs. 3 JVollzGB BW II). Die Ausübung des Rechts wird als unbeachtlich zu beurteilen sein (vgl. auch AnwK U-Haft/Kirschke UVollzG Bln § 71 Rn. 15 ua: missbräuchlich), wenn der Minderjährige deren Auffassung aus zukunftsorientiert vertretbaren Gründen nicht teilt (vgl. näher aus der Vollzugspraxis Fiedler DVJJ 2008, 112) und seitens der Widersprechenden keine vertretbaren Gründe angegeben werden (vgl. zum Datenschutz auch → Rn. 103).

III. U-Haftvollzugsanstalt

1. Anstaltsleitung

13 Die Kompetenzzuweisung an die U-Vollzugsanstalt gilt für jede JVA, in der U-Haft vollzogen wird (vgl. § 3 Abs. 1 S. 1 UVollzG Bln ua). Eigen-

ständige U-Vollzugsanstalten bestehen in gewissem Widerspruch zu der Unschuldsvermutung auch bei nach JStVR Strafverfolgten (weiterhin) nicht.

Die mit der Anstaltsleitung betraute Person vertritt die Anstalt nach außen (vgl. etwa § 79 Abs. 1 S. 1 UVollzG Bln. § 42 Abs. 2 UVollzG NRW). Sie ist für die Organisation und dabei insb. für Führung und Aufsicht der Bediensteten ebenso verantwortlich wie für die Vollzugsgestaltung. Indes kann sie Aufgaben, auch der Vertretung der Anstalt nach außen, auf andere Bedienstete übertragen, die dann im Auftrag der mit der Leitung befassten Person tätig werden. Weist das Gesetz bestimmte Aufgaben ausdrücklich der mit der Leitung betrauten Person zu, so steht dies einer Übertragung nicht entgegen, jedoch hat solchenfalls eine besonders sorgfältige Prüfung vorauszugehen. 13a

2. Informationsaustausch und Selbstbelastungsfreiheit

a) Kooperationsgebot. Der Zweck der U-Haft ebenso wie Belange des Vollzugsablaufs gebieten einen **Informationsaustausch,** falls das Gericht oder die Staatsanwaltschaft Informationen erlangt, die für den U-Haftvollzug relevant sind. Regelungen über eine Kooperation des Gerichts und der Staatsanwaltschaft mit der VollzAnstalt können sich aus Gründen der Gesetzgebungskompetenz nur aus dem Bundesrecht ergeben (vgl. dazu §§ 114d, 114e StPO), dh die Landesgesetze dürfen eine Verpflichtung des Gerichts und der Staatsanwaltschaft nicht regeln, da solches dem Bereich des Strafverfahrens unterfällt. Hingegen unterliegt die Regelung über eine Kooperation der **VollzAnstalt** mit Gericht und Staatsanwaltschaft der Kompetenz des Landesgesetzgebers (vgl. aber auch → Rn. 112 sowie → § 70 Rn. 19 ff. zu § 70 Abs. 3). Komplementär zu dem Zuständigkeitszuwachs (vgl. → Rn. 2) besteht für die VollzAnstalt insoweit ein weitgehendes Kooperationsgebot (vgl. nur § 3 Abs. 2 S. 2 RhPfLJVollzG, § 3 Abs. 1 S. 2 UVollzG Bln: „arbeitet eng mit Gericht und StA zusammen"; ähnlich Art. 7 Abs. 2 S. 2 BayUVollzG; vgl. aber auch schon Nr. 8 UVollzO), das jedoch nicht die **Selbstbelastungsfreiheit** tangieren darf (vgl. näher → Rn. 15; vgl. zum Bundesrecht auch → Rn. 136). 14

b) Ausmaß und Grenzen des Kooperationsgebots. Indes haben die Landesgesetze die Ausgestaltung dieses Kooperationsgebots (zB auch betr. ein sonstiges Strafverfahren) nur teilweise näher bestimmt. Während § 3 Abs. 1 S. 2 UVollzG Bln ua (außer MV) sich auf den Zweck beschränkt, die „Aufgabe des U-Vollzuges zu erfüllen und die Sicherheit und Ordnung der Anstalt zu gewährleisten", verlangt § 4 Abs. 2 S. 2 UVollzG NRW, „während des Vollzugs gewonnene Erkenntnisse", die für das Strafverfahren „von Bedeutung sein können", unverzüglich dem Gericht oder der StA zu übermitteln (vgl. speziell betr. angeordnete Überwachung des Schriftwechsels § 18 Abs. 2 S. 1 UVollzG NRW), und § 134b Abs. 1 S. 2 JVollzG Nds nennt auch „Umstände, die das … Strafverfahren betreffen können" (vgl. auch Art. 7 Abs. 2 S. 1 BayUVollzG: „unterrichtet … über Erkenntnisse oder Maßnahmen, die aus Sicht der Anstalt für das Verfahren von Bedeutung sein können"; ähnlich § 3 Abs. 1 S. 3 Nr. 3 UVollzG M-V: „Erkenntnisse … von Bedeutung für ein Strafverfahren sind"). Insoweit wird eine Trennung der Erkenntnisse danach, ob sie (nur) betr. das U-Vollzugsrecht oder (auch) **betr. das Strafverfahren** von Gewicht sind, faktisch nicht immer 15 möglich sein, dh die VollzAnstalt erlangt schon wegen der unvermeidbaren **Selektivität** bei Wahrnehmung und Übermittlung von „Erkenntnissen" eine Machtposition, die ggf. zu einer mit der Unschuldsvermutung nicht mehr verträglichen Abhängigkeit des U-Gefangenen führen könnte. Je weitreichender die Übermittlungspflicht bzw. -bereitschaft, umso höher ist zudem die Gefahr, dass auch Daten übermittelt werden, die nicht unmittelbar relevant sind, und zudem, dass es zu einer Totalüberwachung bzw. einer faktischen Umgehung der Selbstbelastungsfreiheit kommt. Zumindest müsste einschränkend die Erforderlichkeit der Erkenntnisse und, für den Fall der Verneinung, die Pflicht zu unverzüglicher Löschung normiert sein.

15a Zusätzlich ist teilweise eine Verpflichtung der VollzAnstalt vorgesehen, U-Gefangene hinsichtlich ihres Verhaltens ggü. Dem **mutmaßlichen Tatopfer** zu unterstützen (vgl. § 6 Abs. 4 S. 2 UVollzG Bln ua: „Tatopfer", „Wiedergutmachung" (RhPf, Saarl.: „Ausgleich"); ähnlich § 11 Abs. 3 S. 2 JVollzG Bbg, Art. 26 Abs. 3 S. 2 BayUVollzG („Ausgleich mit dem Tatopfer"), jeweils allerdings nur „auf Wunsch" des U-Gefangenen; gem. § 4 Abs. 3 S. 1 UVollzG NRW „fördert" die Anstalt „auf Antrag der die Tatvorwürfe einräumenden" Insassen die Durchführung eines TOA, wobei indes die Vielfalt möglicher Falschgeständnisse zu berücksichtigen ist); nicht Thür. JVollzGB, Umkehrschluss aus § 8 Abs. 1 S. 2 iVm § 1). Demgegenüber ist schon die Verwendung des Begriffs „Opfer" ein – zudem kompetenzüberschreitender – Verstoß gegen die Unschuldsvermutung, und das Gleiche gilt hinsichtlich der Generalisierung *„die* U-Gefangenen" bei *„ihrem Bestreben";* soweit der Begriff „Opfer" durch den formell-strafverfahrensrechtlichen Begriff „Verletzter" ausgetauscht ist (vgl. etwa § 6 Abs. 4 S. 2 UVollzG Bln), ändert dies nichts an dem genannten Verstoß. Zum anderen vermag die verbale Einkleidung zB als „Hilfe" nicht darüber hinweg zu täuschen, dass die Selbstbelastungsfreiheit berührt ist (oder zumindest sein kann), wovor ein zu vermerkender „Wunsch" des U-Gefangenen insofern wenig schützt, als er besorgen mag, dass die Ablehnung ggf. mittelbar sanktioniert wird. Soweit von der Voraussetzung eines Geständnisses ausgegangen wird, ist aufschlussreich für die Herabwürdigung der Aussagefreiheit die (auffordernde) Wendung, „bei schweigenden Beschuldigten kann der Wunsch hingegen noch geweckt werden" (vormals Begr. RefE NRW, 131).

16 **c) Beendigung des Vollzugs.** Wenngleich der Vollzug auf Anordnung des Gerichts oder der Staatsanwaltschaft unverzüglich zu beenden ist (vgl. etwa § 10 Abs. 1 UVollzG Bln ua; Art. 10 Abs. 1 BayUVollzG; zur elektronischen Anordnung bei Verwendung einer qualifizierten Signatur (gem. SignaturG) vgl. § 9 Abs. 1 S. 2 UVollzG NRW; vgl. auch schon Nr. 17 UVollzO), darf die Anstalt den Betroffenen nicht entlassen, wenn eine andere gerichtlich angeordnete Freiheitsentziehung zu vollziehen ist (zB U-Haft in anderer Sache oder Strafhaft).

3. Anlässe der Einholung von Stellungnahmen

17 **a) Verlegung und Überstellung.** Diese Vorgänge können während der U-Haft vom Gericht oder (im Falle ihrer Zuständigkeit) der Staatsanwaltschaft ggf. bereits durch verfahrenssichernde Anordnungen verhindert werden. Ist dies nicht gegeben, so unterliegen sie gem. den meisten der Landesgesetze der Entscheidung der VollzAnstalt, jedoch ist *zuvor* (unbeschadet des Fehlens einer gesetzlichen Pflicht) dem U-Gefangenen, und im Übrigen von Gesetzes wegen dem Gericht und der Staatsanwaltschaft Gelegenheit zur Äußerung zu geben (vgl. etwa § 8 Abs. 1 S. 2 UVollzG Bln ua; Art. 9 Abs. 3 S. 1 BayUVollzG; § 7 Abs. 1 S. 2, 3 UVollzG NRW; betr. medizinische Gründe → Rn. 18, 80), nach § 8 Abs. 1 S. 3 UVollzG Bln (Soll-Vorschrift) unter einschränkenden Voraussetzungen auch dem Verteidiger (vgl. § 8 Abs. 3 S. 2 UVollzG Bln: soweit dies die Aufgabe des U-Vollzugs und die Sicherheit der Anstalt nicht gefährdet; anders Art. 9 Abs. 4 S. 1 BayUVollzG: „unverzüglich zu unterrichten"). Hiervon darf nur ausnahmsweise, dh bei – von der VollzAnstalt gebührend zu würdigender – Eilbedürftigkeit (§ 23 Abs. 3 S. 1 UVollzG Bln ua (Hmb. § 45 Abs. 3 HmbUVollzG): „nach Möglichkeit"; Art. 9 Abs. 3 S. 2 BayUVollzG) abgesehen werden. Personensorgeberechtigte sind unverzüglich zu unterrichten (vgl. nur Art. 30 Abs. 4 S. 1 BayUVollzG). Dem U-Gefangenen ist Gelegenheit zu geben, eine angehörige Person oder Vertrauensperson zu benachrichtigen (§ 7 Abs. 4 UVollzG Bln ua; Art. 9 Abs. 4 S. 2 BayUVollzG). – Wegen der Zuständigkeit betr. Arbeitsentgelt und Ausbildungsbeihilfe vgl. ausdrücklich § 8 Abs. 2 S. 2 BremUVollzG (ohne Regelung bzgl. – in manchen Landesgesetzen nicht vorgesehenen – Taschengelds, vgl. → Rn. 87).

Die *Voraussetzungen* für Verlegung und Überstellung sind in den U-Voll- 18
zugsgesetzen deshalb gleich (vgl. § 8 UVollzG Bln ua; § 5 Abs. 1, 2 JVollzG BW II; Art. 9 BayUVollzG; § 7 UVollzG NRW), weil die jeweiligen Auswirkungen weniger voneinander abweichen, als es im Vollzug der (Freiheitsstrafe bzw. der) JStrafe der Fall ist (vgl. → § 92 Rn. 131), und insb. weil es – anders als bei diesen – zumindest faktisch weniger zu Unterbrechungen von (Behandlungs- bzw.) erzieherischen Maßnahmen kommt (vgl. auch Begr. RefE BbgUVollzG, 13; betr. (vorgehende) Verlegung, Überstellung und Ausführung zu medizinischer Behandlung vgl. etwa § 23 UVollzG Bln. ua (Hmb. § 45); § 27 JVollzGB BW II; § 24 Abs. 2 UVollzG NRW).

b) Verbringungen. Dem entspricht auch die Rechtslage bei **kurzzeiti-** 19
gen Verbringungen von U-Gefangenen aus der Anstalt. Zum einen ist die Anstalt verpflichtet, jedem **Vorführung**sersuchen nachzukommen. Falls ein solches sich auf ein anderes als das der U-Anordnung zugrunde liegende Verfahren bezieht, sind Gericht und Staatsanwaltschaft, deren Zuständigkeit gem. diesem Verfahren besteht, unverzüglich zu unterrichten (vgl. etwa § 9 Abs. 1 S. 2 UVollzG Bln ua).

c) Ausführung. Das Gericht oder (im Falle der Zuständigkeit) die Staats- 20
anwaltschaft können eine Ausführung ggf. durch verfahrenssichernde Anordnungen verhindern oder zumindest erschweren. Besteht eine solche nicht, so hat die VollzAnstalt grundsätzlich *vor* einer beabsichtigten Entscheidung über eine Ausführung dem Gericht und der Staatsanwaltschaft Gelegenheit zur Stellungnahme zu geben (vgl. etwa § 9 Abs. 2 S. 3 UVollzG Bln ua; Art. 24 Abs. 6 BayUVollzG; gem. § 6 Abs. 4 JVollzG BW II betr. Ausführung: Unterrichtungspflicht). Hinsichtlich des Verteidigers besteht nach § 9 Abs. 2 S. 4 UVollzG Bln (außer Sachs.: Mitteilung nach Anordnung der Ausantwortung, § 9 Abs. 3 S. 3 SächsUVollzG) nur eine Soll-Vorschrift (anders § 9 Abs. 2 S. 3 UVollzG Bln), sofern dies die Aufgabe des U-Vollzugs und die Sicherheit (§ 9 Abs. 2 S. 3 UVollzG Bln) der Anstalt nicht gefährdet.

20a Falls die beantragte Ausführung ausschließlich im Interesse des U-Gefangenen liegt, können deren **Kosten** diesem auferlegt werden (vgl. etwa § 9 Abs. 2 S. 4 UVollzG Bln ua; § 8 Abs. 2 S. 3 HessUVollzG; enger § 6 Abs. 2 S. 1 JVollzGB BW II: auf eigene Kosten; Art. 24 Abs. 4 S. 1 BayUVollzG: „idR"), wobei eine Nicht-Leistungsfähigkeit iRd Ermessensentscheidung zu berücksichtigen sein wird (vgl. etwa Begr. RefE BbgUVollzG, 14; enger § 6 Abs. 2 S. 2 JVollzGB BW II). Diese Kostenauferlegung verstößt gegen die Unschuldsvermutung. – Hingegen ist die Anstalt (vorbehaltlich einer entgegenstehenden verfahrenssichernden Anordnung) dann zur Ausführung verpflichtet, wenn das *persönliche Erscheinen* angeordnet ist (vgl. etwa § 9 Abs. 2 S. 2 UVollzG Bln ua; Art. 24 Abs. 2 S. 2 BayUVollzG). Diese Einschränkung begegnet im Hinblick auf Art. 103 GG Bedenken.

21 **d) Ausantwortung.** Auch vor der Entscheidung über eine Ausantwortung ist Gericht und Staatsanwaltschaft Gelegenheit zur Stellungnahme zu geben (vgl. etwa § 9 Abs. 3 UVollzG Bln ua (Hmb. § 8 Abs. 3 HmbUVollzG); Art. 24 Abs. 6 BayUVollzG).

IV. Grundsätze des U-Haftvollzugs im Jugendstrafverfahren

1. Bezug zu Haftgründen; Selbstbelastungsfreiheit

22 Maßgebend für die Art und Weise, in der gem. der **Aufgabe** des U-Vollzuges (vgl. konsequent § 2 HmbUVollzG, Art. 2 BayUVollzG; § 3 SächsUVollzG; anders die meisten anderen Ländergesetze, vgl. etwa § 2 UVollzG Bln ua (außer Sachs.); § 2 Abs. 1 JVollzGB BW I) die konkret bejahten Haftgründe umgesetzt werden, ist die **Unschuldsvermutung** (Art. 6 Abs. 2 EMRK). Dem entspricht eine besondere **Fürsorgepflicht** des Staates bzgl. der psychischen und körperlichen Befindlichkeit des U-Gefangenen, um die Auswirkungen dieser ggf. mit extremer Intensität in deren Lebensführung eingreifenden Haft möglichst begrenzt zu halten (vgl. auch Hdb-StrafR/Apfel/Piel/Raschka Kap. 26 Rn. 102). Dies gilt wegen der besonderen, ua dem Erziehungsauftrag (§ 2 Abs. 1) geschuldeten jugendstrafrechtlichen **Schutz**pflicht jeweils in erhöhtem Maße für **Jugendliche** und **Heranwachsende** (zur Amtspflichtverletzung BVerfG, 3. K. des 2. S., StV 2016, 175 = NJW 2016, 1081 (unbeaufsichtigtes Zusammentreffen eines einen Hammer führenden, als Psychotiker beurteilten Insassen mit anderen) mBspr Eisenberg FS Schlothauer, 2018, 213 ff. = ZJJ 2016, 406 mAnm Goerdeler; vgl. betr. Abgrenzung zu § 126a StPO auch → § 72 Rn. 4). – Das **Personal** muss von der Persönlichkeit wie vom Fachwissen her qualifiziert sein (vgl. § 67 Abs. 4 HessUVollzG (vgl. auch § 67 Abs. 2 S. 2, erweitert um „Praxisberatung und Begleitung" durch Gesetz v. 30.11.2015) und SächsUVollzG).

23 **a) Haftgründe.** Hinsichtlich der rechtssystematisch **stimmigen** Haftgründe (vgl. → § 72 Rn. 21 ff.) hat die VollzAnstalt durch sichere Unterbringung der U-Gefangenen die Durchführung eines geordneten JStV zu gewährleisten. So sind die U-Gefangenen verpflichtet, die – notfalls (und unbeschadet der Rechte Peronensorgeberechtigter, § 74 Abs. 1 SächsUVollzG) **zwangsweise** durchsetzbaren (vgl. § 21 SächsUVollzG, § 18 HessUVollzG (jeweils neu gefasst GVBl. 2013, 250 bzw. GVBl. 2013, 46); vgl.

speziell näher → § 92 Rn. 135) – Anordnungen zum Gesundheitsschutz und zur Hygiene zu befolgen (vgl. etwa § 20 Abs. 1 S. 2 UVollzG Bln ua, diff. § 63 Abs. 1–4 HmbUVollzG (außer bei Gefahr im Verzug, Abs. 5)), und über schwere Erkrankungen (oder den Tod) von U-Gefangenen hat die VollzAnstalt unverzüglich – neben Angehörigen (vgl. etwa § 20 Abs. 3 S. 1 UVollzG Bln ua; einschr. gem. § 20 Abs. 4 S. 1 SächsUVollzG: nahen Angehörigen; nach § 20 Abs. 3 S. 1 BremUVollzG nur, wenn die U-Gefangenen dem nicht widersprochen haben, nach § 20 Abs. 3 S. 2 UVollzG Bln nur bei Einwilligung)) – Gericht und Staatsanwaltschaft zu informieren (vgl. etwa § 25 UVollzG NRW (Verweis auf das StVollzG NRW); zum Ganzen auch Art. 25 Abs. 1, Art. 38 BayUVollzG (Verweis auf BayStVollzG)), gem. § 20 Abs. 4 S. 1 SächsUVollzG auch den Verteidiger. Besonderer Differenzierungen bedarf es betr. zwangsweiser Ernährung (vgl. etwa § 77 Abs. 2–6 RhPfLJVollzG, § 21 Abs. 2–5 UVollzG Bln, § 79 BbgJVollzG).

Bzgl. derjenigen Haftgründe, die **polizeirechtlichen** Zwecken dienen 24 (vgl. → § 72 Rn. 25 ff.) geht es darum, der angenommenen Gefahr weiterer Straftaten zu begegnen. – Bei U-Gefangenen, die von – unzulässigen – „**apokryphen** Haftgründen" (vgl. → § 72 Rn. 14 f.) betroffen sind, steht die VollzAnstalt in der Pflicht, das Fehlverhalten der Strafjustiz durch möglichst schonende VollzGestaltung zu mildern.

Im Einzelnen darf bei **Einschränkungen** grundsätzlich nur der im Haft- 25 befehl angeführte **Haftgrund** umgesetzt werden, dh eine – von den Landesgesetzen nicht ausdrücklich untersagte – Praxis, ohne vorherige Erweiterung des Haftbefehls (Paeffgen StV 2009, 50) iSe abstrakten Gefahrenabwehr auch die konkret nicht angeführten Haftgründe heranzuziehen, ist insoweit unzulässig (zB darf bei Anführung von Fluchtgefahr nicht dergestalt überwacht werden, als ob der Haftbefehl auch mit Verdunkelungsgefahr begründet wäre). Denn es gibt keinen „allg" Haftgrund oder -zweck. Anders kann es sich verhalten, wenn eine konkrete Gefahr iSe anderen Haftgrundes belegt ist, jedoch ist insoweit restriktiv zu verfahren (vgl. auch → § Rn. 114, 115; allg. indes § 135 Abs. 2 JVollzG Nds; s. aber vormals Begr. RefE UVollzG NRW, 95: Zweck bestimmt sich nicht nur nach dem im Haftbefehl genannten Haftgrund, sondern es ist allg. „den Gefahren zu begegnen, die in den Haftgründen der §§ 112 ff. StPO" ihren Ausdruck gefunden haben).

b) Selbstbelastungsfreiheit. Aus der Unschuldsvermutung (Art. 6 26 Abs. 2 EMRK) iVm dem Grundsatz der Selbstbelastungsfreiheit ergibt sich für die VollzAnstalt umgekehrt die Pflicht, alles zu **unterlassen** bzw. zu unterbinden, was den Betroffenen zu einer Äußerung betr. den Tatvorwurf veranlassen oder motivieren könnte. Insbesondere hat die VollzAnstalt iRd staatlichen **Fürsorgepflicht** Gefährdungen des Betroffenen durch falsche Geständnisse (vgl. dazu Nachw. bei → § 70c Rn. 9 ff.) entgegenzuwirken.

2. Rechtsstellung des U-Haftgefangenen

Sie ist von der **Unschuldsvermutung** (Art. 6 Abs. 2 EMRK; § 1 Abs. 1 27 UVollzG NRW) gekennzeichnet (vgl. auch § 5 S. 2 BbgUVollzG: anderen „Anschein vermeiden"). Demgemäß ist der U-Vollzug einzelfallbezogen an den Grundrechten des als unschuldig zu behandelnden Gefangenen auszurichten (BVerfG StV 2009, 253) und, mehr noch als bei Verurteilten, auf

Förderung (vgl. § 10 Abs. 1 BbgJVollzG). Zu Grundrechtseingriffen bedarf es konkreter Anhaltspunkte für die Annahme einer Gefährdung des Haftzwecks oder, diesem dienend und daher subsidiär, der Sicherheit und Ordnung der Anstalt – Verwaltungsbelange hingegen sind hierfür nicht geeignet (BVerfG NStZ 2008, 521). Vollzugliche Maßnahme sind, mehr noch als im JStVollzug auch, dem Betroffenen regelmäßig zu erläutern (vgl. § 4 Abs. 2 S. 2 BbgUVollzG). Ohne besondere gesetzliche Regelung dürfen dem U-Gefangenen nur solche Beschränkungen auferlegt werden, die zur Umsetzung einer verfahrenssichernden Anordnung bzw. zur Aufrechterhaltung der Sicherheit oder zur Abwehr einer schwerwiegenden Störung der Ordnung der VollzAnstalt unerlässlich sind (§ 4 Abs. 2 S. 1 UVollzG Bln ua (ggf. iVm § 66 Abs. 1, Hmb. § 72 Abs. 1 HmbUVollzG); § 2 Abs. 2 JVollzGB BW II; Art. 3 Abs. 3 BayUVollzG; § 1 Abs. 3 UVollzG NRW; § 4 Abs. 2 S. 2 HessUVollzG); mit der Unschuldsvermutung und dem Verhältnismäßigkeitsgrundsatz nicht vereinbar und zudem unbestimmt ist demgegenüber die Fassung des § 3 S. 2 JVollzG Nds („Ordnung der Anstalt"). – Im Einzelnen ist zB bei Aufnahme die Untersuchung von *Körperöffnungen* ohne konkrete Anhaltspunkte für die Gefahr des Hereinschmuggelns (etwa von Drogen) unzulässig, und das Gleiche gilt für diesbzgl. pauschale Anordnungen ohne Ausnahmen (BVerfG, 3. Kammer des 2. Senats, StV 2009, 253 (betr. allg. StR)). Hinsichtlich des Ausmaßes der *Einschlusszeiten* ist eine Wahrung der Grundrechte des U-Gefangenen unerlässlich (BVerfG, 3. Kammer des 2. Senats, StV 2013, 521 mBspr Morgenstern StV 2013, 529).

28 **a) Schutzbelange.** Gemäß der Unschuldsvermutung sollen Betroffenen zB externe Hilfsangebote (etwa betr. Vermittlung nicht nur vorübergehender Unterkunft) genannt werden, die zu einer möglichst baldigen **Aufhebung** der U-Anordnung oder doch der Aussetzung deren Vollzugs führen könnten (vgl. etwa § 6 Abs. 4 S. 1 UVollzG Bln ua (anders SchlH); Art. 26 Abs. 3 S. 1 BayUVollzG), in anderen Ländern ist dies sachgerecht als Muss-Vorschrift ausgestaltet (vgl. etwa § 5 Abs. 1 S. 3 UVollzG NRW: Bemühen um Vermeidung weiterer U-Haft; vgl. auch § 6 Abs. 2 S. 2, 3 SchlHUVollzG: „sind zu beraten", Stellen und Einrichtungen „sind zu benennen"). Zudem müssen U-Gefangene über die notwendigen Maßnahmen zur Aufrechterhaltung etwaiger sozialversicherungsrechtlicher Ansprüche beraten werden (vgl. etwa § 6 Abs. 3 UVollzG Bln ua; Art. 26 Abs. 2 S. 2 BayUVollzG (Verweis auf BayStVollzG)).

28a In Übereinstimmung mit Art. 12 Abs. 5 Unterab. 1 Lit. a RL (EU) 2016/800 sehen iÜ die meisten der Landesgesetze eine Verpflichtung der VollzAnstalt vor, zum einen den U-Gefangenen (umgehend, dh) von der Aufnahme an durch **Hilfsangebote** der VollzAnstalt zu unterstützen (vgl. etwa § 6 Abs. 1 S. 1 UVollzG Bln ua; §§ 1 Abs. 3 S. 2, 32 JVollzG BW II; § 5 Abs. 1 UVollzG NRW; Art. 26 Abs. 1 S. 1 BayUVollzG: „nach Möglichkeit"), zum anderen, mit Einrichtungen und Organisationen sowie ggf. Personen (zB ehrenamtlich Tätige) und Vereinen **außerhalb** zusammen zu arbeiten (§ 6 Abs. 2 UVollzG Bln ua; Art. 26 Abs. 4, 30 Abs. 6 BayUVollzG), um vollzugsexterne Hilfen – auch im Hinblick auf den Zeitpunkt der Entlassung – aufzuzeigen (als solche können in Betracht kommen zB Einrichtungen für berufliche Bildung bzw. Agenturen für Arbeit, Gesundheits- und Ausländerbehörden, Suchtberatungsstellen und Schuldnerberatungen, Träger der Sozialversicherung, Träger der Freien Wohlfahrtspflege,

BewHilfe (vgl. § 11 Abs. 2 BbgJVollzG, auch schon Begr. RefE BbgUVollzG, 11)). Indes fehlt weithin zB eine Klarstellung, dass die JHilfe idR auch bei der Vollzugsplanung anzuhören ist. Immerhin ist die Verpflichtung gem. § 68 Abs. 1 UVollzG Bln ua (Hmb. § 74 Abs. 1 HmbUVollzG) dahingehend konkretisiert, dass namentlich auch mit solchen Einrichtungen (wie Schulen, beruflichen Bildungsträgern, freien Trägern der JHilfe, sowie JAmt) zusammen zu arbeiten ist, die für **junge U-Gefangene** besonders wichtig sind (nach Begr. RefE BbgUVollzG, 47, um Erfahrungswissen auszutauschen und Hilfen gemeinsam zu organisieren).

Zudem verlangt Art. 6 Abs. 2 GG die Einbeziehung der *Personensorgeberechtigten* (§ 68 Abs. 2 UVollzG Bln ua) – ggf. bei Heranwachsenden auf ihren Antrag die Einbeziehung der Eltern (§ 10 Abs. 2 BbgJVollzG) – soweit „möglich" (zB Erreichbarkeit), wenn keine verfahrenssichernde Anordnung entgegen steht. Gemäß allg. erzieherischen Grundsätzen wohl auch nicht, wenn der U-Gefangene deren Einbeziehung begründet ablehnt (vgl. auch → § 92 Rn. 88). **28b**

b) Fürsorge. Ausdruck der Unschuldsvermutung waren und sind ferner zB sog. „Bequemlichkeiten und Beschäftigungen" (vgl. § 1 Abs. 2 UVollzG NRW, entspr. § 119 Abs. 4 StPO aF) bzw. *„Annehmlichkeiten"* (vgl. etwa § 19 UVollzG Bln ua; Art. 3 Abs. 2 BayUVollzG) zB iSd Benutzung grds. eigener Kleidung, Bettwäsche etc (vgl. näher → Rn. 53). – Bei Entlassung in Freiheit kann, zumal am Wochenende oder wenn eine andere Möglichkeit der Unterkunft und Verpflegung nicht gegeben ist, ggf. eine Überbrückungs- (vgl. § 9 Abs. 3 UVollzG NRW) bzw. Entlassungsbeihilfe (vgl. § 10 Abs. 3 UVollzG Bln ua, §§ 53 Abs. 3, 50 Abs. 4 JVollzGB LSA) einschließlich sonstiger notwendiger Unterstützung – zB ausreichende (§ 9 Abs. 3 S. 1 UVollzG NRW) oder angemessene (§ 10 Abs. 3 UVollzG Bln ua) Kleidung – geleistet werden (vgl. auch § 53 Abs. 2 S. 1, Abs. 3 JVollzGB LSA). Im Übrigen kann der Betroffene auf seinen Wunsch kurzfristig in der VollzAnstalt bleiben (vgl. näher § 9 Abs. 2 UVollzG NRW (wegen der Kostenauferlegung Verweis auf das StVollzG NRW); § 10 Abs. 2 S. 1 UVollzG Bln ua; Art. 10 Abs. 2 S. 1 BayUVollzG, § 7 Abs. 2 JVollzG BW II: jeweils „auf Kosten der VollzAnstalt"). **29**

3. Erzieherische Gestaltung

a) Verfassungsrechtliche Bedenken. Diesbezügliche Bedenken sind deshalb von erhöhter praktischer Bedeutung, weil der Begriff Erziehung zur Legitimation von (zusätzlichen) Reglementierungen und Beschränkungen des Haftvollzuges geeignet ist (vgl. näher → § 2 Rn. 12 ff.). Konkret wird betr. **Jugendliche** (betr. Heranwachsende s. § 110 Abs. 2; vgl. auch → § 110 Rn. 7) teilweise die Ansicht vertreten, Erziehung in der U-Haft stelle einen Verstoß gegen **Art. 6 GG** dar, da ein Eingriff in das **elterliche Erziehungsrecht** nur bei drohender „Verwahrlosung" bzw. bei Vorliegen von Bedürfnissen iSv § 34 KJHG zulässig sei, diese Voraussetzungen bei einem Straftatverdacht aber nicht zwangsläufig gegeben seien. Auch der staatliche Strafanspruch könne das elterliche Erziehungsrecht nicht verdrängen, da noch kein rechtskräftiges Urteil vorliegt (zu nur begrenzter Einbeziehung der Sorgeberechtigten aber etwa § 158 Abs. 3 JVollzG Nds); vielmehr gestatte Art. 6 Abs. 2 S. 2 GG nur Eingriffe um der staatlichen Gemeinschaft **30**

willen, also allenfalls die Vollstr des Haftbefehls, nicht aber die Einwirkung auf die Person (Mrozynski RdJB 1973, 326).

30a Allerdings ist davon auszugehen (vgl. auch Dallinger/Lackner Rn. 11), dass während der U-Haft zumindest eine erzieherische Verantwortung des Staates besteht (vgl. auch § 1 KJHG sowie Art. 12 Abs. 5 Unterab. 1 Lit. a, b und d RL (EU) 2016/800), zumal der Staat selbst haftbedingte erzieherische Gefahren gesetzt hat (zu Folgerungen betr. Verfahrensbelange Eisenberg/Müller Jura 2006, 54 ff.); dem entspricht es, dass sonstige bisherige erzieherische Bemühungen weitgehend unterbrochen sind. Da der Staat nur ein subsidiäres Erziehungsrecht hat (s. Art. 6 Abs. 2 S. 1 GG), wäre eine völlige Ausschaltung des elterlichen Erziehungsrechts verfassungsrechtlich bedenklich. Soweit die Eltern keine missbräuchliche Erziehung verlangen oder nachgewiesenermaßen ihre Erziehungspflicht vernachlässigen, wird man eine Einschränkung ihres Erziehungsrechts **nur insoweit** annehmen können, wie es der Haftvollzug (dh der Zweck der U-Haft und die Sicherheit und Ordnung in der Anstalt) **unvermeidlich** sein lässt (zust. Laubenthal/Baier/Nestler JugendStrafR Rn. 339). Daher sollte in den wesentlichen Fragen der Erziehung eine Abstimmung mit den Erziehungsberechtigten zulässig und rechtlich geboten sein (vgl. auch schon Linck ZRP 1971, 57; Kreuzer RdJB 1978, 351).

31 Indessen erscheint es selbst bei Anerkennung einer besonderen Grundrechtsmündigkeit unabhängig vom Vorhandensein einer elterlichen Einverständniserklärung oder dem Nachweis einer Vernachlässigung oder des Missbrauchs elterlicher Pflichten und Rechte **fraglich,** ob erzieherische **Zwangsmaßnahmen,** auch soweit es sich um staatliche Leistungen handelt, gemessen an den aus Art. 2 Abs. 1 iVm Art. 1 Abs. 1 GG (betr. das Selbstbestimmungsrecht des Jugendlichen) sich ergebenden Anforderungen als noch verhältnismäßig anzusehen sind. Denn im Unterschied zur Relevanz der Grundrechtsmündigkeit bei der Bestimmung des Umfangs der Rechte der Eltern Ggü. dem Minderjährigen besteht hinsichtlich staatlicher Maßnahmen Ggü. dem Bürger Einigkeit darin, dass Staffelungen (oder Graduierungen) betr. die Grundrechtsregelung nicht in Betracht kommen.

32 **b) Pflichten der Vollzugseinrichtung. aa) Aufnahme.** Als Ausdruck erzieherischer Gestaltung kommt schon dem **Zugangsgespräch** wesentliche Bedeutung zu. Es ist gerade mit jungen U-Gefangenen wegen deren im Allg. kürzeren *Zeitempfindens* und höherer *Haftempfindlichkeit* schnellstmöglich zu führen, dh die für Erwachsene geltende Bestimmung „unverzüglich" (vgl. etwa § 7 Abs. 1 S. 1 UVollzG Bln ua (vgl. aber Begr. RefE BbgUVollzG, 12: gar nur „innerhalb der ersten 24 Std"); § 6 Abs. 1 S. 1 HessUVollzG; § 4 Abs. 1 S. 1 JVollzGB BW II: „bei der Aufnahme"; § 6 Abs. 3 UVollzG NRW: „alsbald" (ähnlich Art. 26 Abs. 2 S. 1 BayUVollzG)) ist hier grundsätzlich zu weit. Dies gilt auch deshalb, weil bei jungen U-Gefangenen iRd Fürsorgepflicht hinsichtlich des etwa erforderlichen Tätigwerdens betr. akute Konflikte, Pflichten oder sonstige Belange erhöhte Eilbedürftigkeit bestehen kann. Dies ist schon insoweit einsichtig, als es sogar bei erwachsenen U-Gefangenen hinsichtlich Maßnahmen für hilfsbedürftige Angehörige, zur Erhaltung des Arbeitsplatzes und der Wohnung sowie zur Sicherung der Habe außerhalb der Anstalt (vgl. etwa § 7 Abs. 5 UVollzG Bln ua, § 12 Abs. 4 iVm § 1 ThürJVollzGB: „werden dabei unterstützt" (nur Soll-Vorschrift in Bremen, RhPf, Saarl., SchlH); Art. 26 Abs. 2 S. 2 BayUVollzG

(Verweis auf StVollzG: „Bei der Aufnahme wird … geholfen")) ggf. auf sofortiges Handeln ankommt. Insbesondere ist dem jungen U-Gefangenen – unter dem Vorbehalt einer einschränkenden verfahrenssichernden Anordnung – möglichst bald Gelegenheit zu geben, bestimmte Personen außerhalb der Anstalt darüber zu informieren, in welcher Anstalt er sich befindet (vgl. etwa § 7 Abs. 4 UVollzG Bln).

33 Auch soweit das Zugangsgespräch der Vermittlung eines **Orientierungs**rahmens hinsichtlich der Haftsituation (bei gleichzeitiger Aushändigung der Hausordnung) sowie – auf Verlangen, worüber in geeigneter Weise (§ 70a Abs. 1 aF bzw. § 70b Abs. 1 nF) zu belehren ist – der Zugänglichmachung des UVollzG (nebst der darin in Bezug genommenen Gesetze und ferner einschlägiger Rechtsverordnungen und VVen (vgl. § 7 Abs. 1 S. 3 UVollzG Bln ua, nicht Hmb.; § 7 Abs. 1 S. 2, 3 SächsUVollzG; § 12 Abs. 1 S. 3 JVollzGB LSA); speziell betr. Auslesen von Datenspeichern § 47a Abs. 1 S. 2 SächsUVollzG, § 142 Abs. 4 JVollzGB LSA) dient, bedarf es einer dem Erziehungsauftrag gerecht werdenden Gestaltung. Dies gilt ebenso für die Informierung über die Rechtsschutzmöglichkeiten (entspr. § 114b StPO (betr. U-Recht)). – Aus Gründen des Datenschutzes dürfen, wie bei erwachsenen U-Gefangenen auch, während des Aufnahmeverfahrens andere Gefangene nicht anwesend sein (vgl. § 12 Abs. 2 BbgJVollzG; einschr. § 7 Abs. 2 UVollzG Bln ua: „idR" (ohne diese Einschränkung Bln., MV)). Hiervon soll ausnahmsweise (zB bei unüberwindbaren sprachlichen Verständigungsschwierigkeiten (so § 7 Abs. 2 UVollzG M-V: „nur wenn anders eine sprachliche Verständigung nicht möglich ist") ggf. gar durch Hinzuziehung eines als „zuverlässig" beurteilten Gefangenen (so noch Begr. RefE BbgUVollzG, 12)) abgewichen werden dürfen, jedoch wird es hierfür der Zustimmung (vgl. aber → Rn. 46, 47) des Betroffenen (so auch § 6 Abs. 4 S. 2 UVollzG NRW: Einwilligung; § 4 S. 3 JVollzGB BW II; § 7 Abs. 3 HmbUVollzG) und einer mit erzieherischer Sorgfalt vorgenommenen Prüfung der Voraussetzungen einer solchen Ausnahme bedürfen. Sachgerecht ist demgegenüber eine Regelung, derzufolge ein Dolmetscher oder Übersetzer hinzuziehen ist, wenn der Gefangene der deutschen Sprache nicht mächtig ist (nicht § 12 JVollzGB LSA; § 12 Abs. 1 S. 2 BbgJVollzG (Sprachmittler, Gebärdendolmetscher); § 7 Abs. 1 S. 2 UVollzG Bln: Sprachmittler; RL EU v. 20.10.2010 (ABl. 2010 L 280, 1) Art. 3 Abs. 3, 4 nebst Art. 9 Abs. 1; vgl. näher Sagel-Grande FS 2010, 100 ff. (104)).

33a Zumindest wie bei erwachsenen U-Gefangenen auch (vgl. aber → Rn. 32) muss die zwingend vorzunehmende gründliche **ärztliche** Untersuchung „unverzüglich" (§ 7 Abs. 4 SächsUVollzG), „alsbald" (§ 7 Abs. 3 UVollzG Bln ua; § 12 Abs. 3 BbgJVollzG (erg. Begr. RefE BbgJVollzG, 12: „ggf. sofort"); § 4 S. 2 JVollzGB BW II; Art. 8 Abs. 3 S. 3 BayUVollzG; § 6 Abs. 3 UVollzG NRW (vgl. Begr., 103: „so bald wie möglich"); § 6 Abs. 2 HessUVollzG; § 12 Abs. 3 JVollzGB LSA; § 7 Abs. 1 S. 2 HmbUVollzG: „umgehend") geschehen.

34 **bb) Bedarfserhebung.** Nach der Aufnahme ist der „**Förder-** und **Erziehungsbedarf**" der jungen U-Gefangenen unter Berücksichtigung ihrer Persönlichkeit und ihrer Lebensverhältnisse zu ermitteln (vgl. etwa § 69 UVollzG Bln ua; § 16 Abs. 1 BbgJVollzG; enger § 46 HessUVollzG: nur Förderbedarf; anders § 72 Abs. 1 S. 1, 2 VollzGB BW II: „Erforschung der Persönlichkeit" (Soll-Vorschrift); zur Verwendung als Grundlage des Voll-

zugsplans krit. → § 92 Rn. 46 sowie schon Eisenberg ZRP 1987, 239 f.), wobei gem. der Unschuldsvermutung der Tatvorwurf außer Betracht bleiben muss. Neben bedeutsamen äußeren Umständen soll sich das Bemühen um Erkenntnisse insb. auf „Stärken und Schwächen" bzw. „Ressourcen und Defizite" der Betroffenen richten sowie darauf, wie sie selbst ihre Entwicklung und Perspektiven sehen. Auch Erkenntnisse zur schulischen und beruflichen Situation, zur Intelligenz, zum emotional-affektiven Zustand und zum „sozialen Umfeld" sind wesentlich.

34a Methodisch kommen in Betracht, und zwar *jeweils* bei gebotener Zurückhaltung Ggü. dem *Wahrheitsgehalt,* eine Lebenslaufanalyse, Durchsicht aktenmäßiger Unterlagen, Kommunikation mit etwaigen Bezugs- oder Kontaktpersonen (zB Eltern), laufende aufmerksame Beobachtung, Tests (Zirbeck, Die U-Haft bei Jugendlichen und Heranwachsenden, 1973, S. 42 f.; zu Bemühungen der Messung psychischer Belastung gem. Selbstbeurteilung Köhler ua R&P 2004, 138 ff.).

34b Von Gesetzes wegen dürfen personenbezogene Daten auch *ohne Mitwirkung* der Betroffenen bei Personen und Stellen erhoben werden, die entweder bereits Kenntnis von der Inhaftierung haben oder Aufgaben der JHilfe oder der JGH wahrnehmen (§ 69 Abs. 3 UVollzG Bln ua (Hmb. § 75 Abs. 3 HmbUVollzG)). Hierzu kann Anlass bestehen, wenn die Betroffenen nicht selbst über die erforderlichen Informationen verfügen oder begründete Zweifeln an der Richtigkeit und Vollständigkeit der Angaben bestehen, jedoch sind solche Zweifel weithin auch Ggü. den Angaben der genannten Personen oder Stellen angebracht. Indes ist eine solche Datenerhebung ohne oder gar gegen den Willen des Betroffenen rechtlich wie rechtstatsächlich nicht un*bedenklich* (vgl. → § 38 Rn. 28 f.), bei bereits Heranwachsenden, dh Volljährigen, wird sie ohnehin als unzulässig zu beurteilen sein.

35 Soweit die U-Haft als eine günstige Ausgangsposition zur „Persönlichkeitsuntersuchung" erachtet wird, da der „Leidensdruck" gerade in der ersten Zeit eine Bereitschaft des Jugendlichen zur Mitarbeit herbeiführe, bestehen allerdings erhebliche Bedenken (vgl. → § 5 Rn. 5). Auch wenn im Sinne eines Auswahlverfahrens zur etwaigen späteren Einweisung in eine geeignete JVA zB Gespräche, Persönlichkeits- und Leistungstests durchgeführt werden, handelt es sich um eine schon wegen der Unschuldsvermutung nicht unbedenkliche Praxis, zumal im Allg. kaum zu klären sein wird, ob die erforderliche Zustimmung (nach dem Empfinden des U-Gefangenen) gleichsam „abgenötigt" wurde (vgl. auch → Rn. 46, 47).

36 **cc) Beteiligte.** An dem **Verfahren** zur Entscheidung über Erziehungs- und Förder**maßnahmen** müssen an der Erziehung maßgeblich beteiligte Bedienstete im Rahmen einer **Konferenz** teilnehmen. Die beabsichtigten Maßnahmen werden – nach Möglichkeit vor der Entscheidung – mit den jungen U-Gefangenen besprochen (vgl. § 69 Abs. 2 S. 1 und 2 UVollzG Bln ua (Hmb. § 75 Abs. 2 S. 1 und 2 HmbUVollzG)), um die Geeignetheit und Mitwirkungsbereitschaft in Erfahrung zu bringen. Es empfiehlt sich, dem Betroffenen einen bestimmten, im Falle von Kommunikations- oder Vertrauensmängeln ggf. auswechselbaren Bediensteten als Ansprechpartner anzubieten (ausdrücklich § 16 Abs. 3 BbgJVollzG („besondere Vertrauensperson", allerdings mit der Wendung „zuzuordnen") und § 37 Abs. 1 UVollzG NRW); nach § 73 Abs. 1 JVollzGB BW II ist vorgesehen, dass jeder U-Gefangene eine ständige Betreuungsperson hat.

37 **c) Allgemeine Gestaltungsgrundsätze.** Zur Gestaltung des U-Vollzugs im Übrigen haben mehrere der Landesgesetze den sog. **Angleichung**sgrundsatz aus dem Straf- bzw. JStrafvollzugsrecht übernommen (vgl. etwa § 5 Abs. 1 S. 1 UVollzG Bln ua; Art. 4 Abs. 1 BayUVollzG; § 2 Abs. 1 S. 1 UVollzG NRW), der besagt, dass das Leben im Vollzug den allg. Lebensverhältnissen außerhalb der Mauern so weit wie möglich anzugleichen ist. Dazu vorgenommene Einschränkungen sind zumal Ggü. jungen U-Gefangenen nur zulässig, soweit es die Aufgabe des U-Vollzugs oder die Erfordernisse eines geordneten Zusammenlebens in der Anstalt verlangen. Aufgrund der Unschuldsvermutung müsste die Angleichung weitreichender sein als im allg. Vollzugsrecht.

38 Auch der sog. **Gegensteuerung**sgrundsatz des (J)Strafvollzugsrechts, demzufolge schädlichen Folgen des Freiheitsentzugs entgegenzuwirken ist („nil nocere"), ist in den Landesgesetzen enthalten (vgl. etwa § 5 Abs. 1 S. 2 UVollzG Bln ua; § 1 Abs. 2 JVollzGB BW II; Art. 4 Abs. 2 S. 1 BayUVollzG; § 2 Abs. 1 S. 2 UVollzG NRW), teilweise ausdrücklich auch als Schutz „vor Übergriffen" (vgl. JVollzGB BW II; nicht § 7 JVollzGB LSA; vgl. auch → Rn. 22; zu einem Praxisprojekt (JVA Freiburg) des Schutzes vor Mobbing Volk-Eisemann ZJJ 2010, 202 ff.). Er ist im U-Vollzugsrecht deshalb besonders wichtig, weil der Freiheitsentzug hier – im Unterschied zum (J)Strafvollzug – nicht selten für den Betroffenen unerwartet einsetzt und schon insofern ein sog. „kritisches Lebensereignis" darstellt, das des Öfteren zB auch die Gefahr eines falschen Geständnisses (vgl. näher → § 70c Rn. 9 ff.) oder gar des Suizids (vgl. daher § 5 Abs. 1 S. 3 UVollzG Bln. und Hmb. (vgl. auch vormals § 119 Abs. 3 StPO aF), § 7 Abs. 3 BbgJVollzG) verursacht. Dies gilt bzgl. Suizids erhöht für die erste Haftwoche, wobei aufgrund extrem gesteigerter Vulnerabilität die Unterschiede hinsichtlich Bewältigungschancen im Vergleich zu kritischen Lebensereignissen in der Außengesellschaft besonders hervortreten (vgl. näher Bennefeld-Kersten, Ausgeschieden durch Suizid – Selbsttötung im Gefängnis, 2009, S. 118 ff.). – Hinzukommen bei jungen U-Gefangenen die speziellen Schutzbelange als Elemente des Erziehungsauftrags, die nicht zuletzt auf der – im Vergleich zu Erwachsenen – im Allg. größeren Prägbarkeit, Beeinflussbarkeit und Anfälligkeit für körperliche und seelische Schäden beruhen (vgl. zur Einschätzung der Suizidgefahr etwa KrimDienst Sachs Nr. 8/Sept 16).

39 **d) Berücksichtigung alters- und geschlechtsbezogener Lebensumstände. aa) Erzieherische Gestaltung.** Der Pflicht hierzu (gerade auch bei jungen U-Gefangenen) ist nachdrücklich nachzukommen (vgl. § 2 Abs. 3 UVollzG NRW; ergänzend betr. Behinderung § 7 Abs. 3 RhPfLJVollzG, § 5 Abs. 2 UVollzG Bln), zumal sofern eine Ausgestaltung iSd statistisch bei weitem überwiegenden männlichen U-Gefangenen ggf. benachteilige (vgl. auch BVerfG, 3. K. des 2. S., NJW 2009, 661 (betr. allg. StVollzR)).

39a Was die gebotene **inhaltliche erzieherische Gestaltung** im Allg. angeht, so gilt sie in den Bereichen Arbeit, Unterricht und Freizeit nach allg. Auffassung als **nur ansatzweise verwirklicht** (vgl. schon Krause, Anordnung und Vollzug der U-Haft bei Jugendlichen, 1971, S. 132 ff.; Zirbeck, Die U-Haft bei Jugendlichen und Heranwachsenden, 1973, S. 55–64; s. demgegenüber zu Defiziten der Betroffenen im Ausbildungsbereich etwa Hermanns, Sozialisationsbiographie und jugendrichterliche Entscheidungspraxis, 1983, S. 80 ff.). Im Übrigen erfordern die durch die Inhaftierung und die bisherige individuelle Entwicklung aufgetretenen Probleme in der Konflikt- und Lebensbewältigung solche Angebote, die auf die Bedingungen der U-Haft abgestellt und möglichst in sich geschlossen sind (zB sachkundige Beratung (vgl. dazu etwa schon den Bericht von Beil/Janssen, Soziales Training: Recht, 1987), allg.-bildende Angebote, soziale Trainingskurse (betr. die JVA Braunschweig vgl. schon Rittner-Strenzke Kriminalpäd Praxis 1988, 39), Entspannungs- sowie Konfliktbewältigungstraining, Rechtskundekurse, spezielle Sport- und Freizeitangebote (betr. Judo „als Mittel zur Persönlichkeitserforschung" vgl. Kramer ZfStrVo 1991, 223), Angebote für kreatives Tun (JStVollzKomm S. 63); s. näher auch Möller ZfStrVo 1989, 25 betr. die JVA Wuppertal (zur „Bildungsdimension" 28)).

40 Soweit entsprechende Angebote in der U-Haft idR nur in sehr abgeschwächter und eingeschränkter Form verwirklicht werden (können), wird es schon als Erfolg gelten können, wenn zB Depressionen abgefangen und Anregungen zu sozial akzeptierten Initiativen (vor allem im Arbeits- und Freizeitbereich) sowie **praktische Hilfestellungen,** deren Bedarf sich aus der plötzlichen Haftsituation ergibt, vermittelt werden. Wichtig erscheint auch die psychologische **Vorbereitung** auf die **HV** (vgl. näher → § 38 Rn. 14 ff., → § 68 Rn. 8), nicht zuletzt im Hinblick auf nicht selten bestehende Sprechangst bzw. Sprachlosigkeit der jugendlichen U-Gefangenen vor Gericht. Insofern kommt ggf. auch die sprachliche Hilfestellung bei der Abfassung einer schriftlichen Sachäußerung in Betracht (vgl. etwa Eisenberg/Pincus JZ 2003, 397 (401)).

41 **bb) Spezielle Programme und Problemlagen.** Möglichkeiten **erzieherischer Programme** in U-Haft (in Entsprechung zu Art. 12 Abs. 5 Unterab. 1 Lit. d RL (EU) 2016/800) zeigen Modellversuche, in denen überwiegend Gesprächspsychotherapie und verhaltenstherapeutisches Training durchgeführt werden. Dabei wird versucht, zu erreichen, dass Betroffene zunächst ermutigt werden, aus sozialer Isolation herauszutreten, Hilfsangebote anzunehmen, sich mit persönlichen Problemen und Konflikten auseinanderzusetzen, selbstsicherer zu werden sowie mehr (etwa begründbares) Vertrauen und Offenheit in soziale Beziehungen einzubringen (Kury, Prognose und Behandlung bei jungen Rechtsbrechern/Blumberg/Müller, 1986, S. 203 ff. sowie 212 ff.; s. dazu aber auch die Analyse bei Kury, Prognose und Behandlung bei jungen Rechtsbrechern/Kury, 1986; vgl. zur Anstalt Hameln Bulczak Zbl 1986, 327; zu Bemühungen sozialpädagogisch-psychologischer Ausgestaltung s. Wetzstein AFET Heft 8 (1980), 53 ff.). Ebenso seien Bemühungen erwähnt, bei denen gemeinsame Arbeit, Unterricht und Freizeitbeschäftigung im Vordergrund stehen (Kallien KrimJ 1980, 116). Desgleichen können zumindest in Einzelfällen Berufsfindungskurse relevant sein (dazu etwa schon ZfStrVo 1980, 239 f.).

42 Der U-Haft kommt in der gegenwärtigen Praxis eine besondere Bedeutung hinsichtlich der Unterbringung jugendlicher und heranwachsender **Drogenabhängiger** zu. Dabei haben die U-Haftanstalten im Rahmen einer Zwangsentziehung (und Therapiemotivation) eine zusätzliche Funktion erlangt (betr. Erzwingung einer Urinprobe abl. OLG Saarbrücken NStZ 1992, 350; OLG Jena ZfStrVo 2006, 118; bejahend bei konkreten Anhaltspunkten BVerfG, 2. K. des 2. S., NStZ 2008, 293 (betr. Selbstbelastungsfreiheit die Frage einer Verwertbarkeit im Disziplinarverfahren offenlassend; vern. Geri-

cke StV 2003, 307) = StRR 2008, 75 mAnm Herrmann; OLG Oldenburg StV 2007, 88 mkritAnm Pollähne (jeweils zum allg. StR); vgl. aber auch → § 92 Rn. 107); deren Wahrnehmung ist wesentlich für eine anschließende ambulante oder klinische Betreuung zB im Rahmen einer Aussetzung der Vollstr der JStrafe zBew. Auch liegen Anhaltspunkte dafür vor, dass mitunter die U-Haftdauer (contra legem) ausgedehnt wird, bis ein Therapieplatz für den Abhängigen zur Verfügung steht. – Die U-Haft dient insoweit nicht nur der Verfahrenssicherung, sondern sie ersetzt – in unzulässiger Weise – zugleich den angezeigten Aufenthalt in therapeutisch ausgerichteten Anstalten (vgl. ähnlich → § 72 Rn. 15). – Zur Betreuung **alkoholgefährdeter** Beschuldigter (vgl. → § 5 Rn. 56) s. etwa Fehrs (Suchtgefahren 1985, S. 83 ff.).

Hinsichtlich (extremer) **politischer** Einflussnahme zwischen Insassen wird auf die Erl. zu → § 92 Rn. 51, 51a verwiesen (instruktiv Frenzel KJ 2013, 417 ff.). – Bezüglich **Nichtdeutscher** bzw. Zugewanderter (vgl. auch → § 92 Rn. 16, 51) bestehen ggf. Sperren der (sprachlichen oder sonstigen) Kommunikation (s. anschaulich Fiedler sowie Trenczek, Freiheitsentzug bei jungen Straffälligen/Schütze, 1993, S. 135 sowie 142). 43

V. Unterbringung, Haftraum, Einkauf, Kleidung

1. Unterbringung

a) Trennung nach Haftart sowie Alter. Der sich aus der Unschuldsvermutung zwingend ergebende Grundsatz, dass (gerade auch) **junge U-Gefangene** von **JStrafgefangenen getrennt** unterzubringen sind, ist in den Gesetzen der Länder nur mit gewichtigen Einschränkungen verwirklicht (vgl. etwa § 11 Abs. 2 S. 2 UVollzG Bln ua (noch stärker einschr. § 70 Abs. 1 SchlHUVollzG); vgl. erheblich einschr. § 16 Abs. 2 S. 3 und (ausnahmsweise) Abs. 3 BbgJVollzG; § 70 JVollzGB BW II; Art. 34 BayUVollzG; § 36 Abs. 4 UVollzG NRW; § 17 Abs. 2 RhPfLJVollzG). Soweit jedoch junge U-Gefangene in besonderen Abteilungen der Anstalten oder sonstiger Einrichtungen des JStVollz (vgl. nur § 36 Abs. 1 UVollzG NRW) von JStrafgefangenen getrennt (vgl. dazu schon JStVollzKomm S. 80; zu Bsp. differenzierter Vollzugsgestaltung vgl. Eisenberg/Tóth GA 1993, 311 f.), dh innerhalb größerer Vollzugseinrichtungen untergebracht sind (hierauf könne nach vormaliger Begr. RefE UVollzG NRW S. 154 „am ehesten" verzichtet werden), ist schon insoweit ein Mangel an erzieherischer Ausgestaltung zu verzeichnen, als zur Verfügung stehendes erzieherisches Personal für Bemühungen bei JStrafgefangenen eingesetzt wird. Im Übrigen ist besonders bei dieser Organisationsform eine Hintanstellung der Unschuldsvermutung mit etwaigen Auswirkungen auf die Verteidigungsbereitschaft des U-Gefangenen nicht auszuschließen. – Zulässig ist darüber hinaus unter engen Voraussetzungen die Unterbringung junger U-Gefangener in **getrennten Abteilungen** des Erwachsenen-StVollz, wenn dies „ihrem Wohl nicht widerspricht" (§ 36 Abs. 1 S. 2 UVollzG NRW, speziell betr. Minderjährige Abs. 3 UVollzG NRW; vgl. bereits vormals Begr. RefE UVollzG NRW, 155). 44

Zumindest nicht weniger gravierend sind die Einschränkungen betr. die Trennung **junger U-Gefangener** von U-Gefangenen **anderer Altersgruppen** (vgl. etwa § 11 Abs. 2 UVollzG Bln ua (s. aber § 70 SchlHUVollzG); § 16 Abs. 2 S. 3 BbgJVollzG; Art. 34 BayUVollzG; § 36 Abs. 3 45 (betr. volljährige junge U-Gefangene) und Abs. 4 S. 3 (betr. minderjährige U-Gefangene) UVollzG NRW), zumal die Regelungen hinter dem vormaligen § 93 Abs. 1 zurückbleiben. Diese Vorschrift sah an erster Stelle eine eigenständige U-Haftanstalt vor (hiervon ist zB in § 76 Abs. 1 UVollzG Bln ua (§ 84 HmbUVollzG), § 36 UVollzG NRW nicht mehr die Rede), sodann, sofern der Vollzug in einer solchen Anstalt nicht möglich war, „wenigstens" eine besondere Abteilung (Teilanstalt) einer Haftanstalt für alle Altersgruppen, und als dritte Unterbringung eine JA-VollzAnstalt (nach Hinrichs DVJJ-Journal 1999, 270 nur noch in vier Anstalten; vgl. auch, nach Umfrage bei allen Ländern, Sommerfeld ZJJ 2011, 431 f.: kaum praxisrelevant). – **§ 89c Abs. 2 nF** schreibt indes nunmehr vor, dass unter 18-Jährige nicht mit älteren Personen gemeinsam untergebracht werden dürfen (zum gemeinsamen Vollzug → Rn. 4). Eine abw. Handhabung ist bzgl. 18- bis 24-Jähriger begründungsbedürftig und setzt voraus, dass die gemeinsame Unterbringung mit dem Wohl des Minderjährigen verträglich ist. Das gilt auch für kürzere Vollzugszeiten, etwa während der Verschubung (LG Oldenburg StV 2023, 95). Es muss also im Einzelfall und mit Blick auf die in Betracht kommenden Personen sichergestellt sein, dass keine Bedenken hinsichtlich der Sicherheit wie auch der „haftsozialisatorischen" Beeinflussung bestehen. Bei gemeinsamer Unterbringung mit noch älteren Mitgefangenen setzt die Vorschrift voraus, dass von diesen ein positiver Effekt (bzgl. Sicherheit oder persönlicher Entwicklung) ausgeht. Dies folgt den Vorgaben von Art. 12 RL (EU) 2016/800 (zu einschlägigen EU-Grundsätzen auch Morgenstern NK 2009, 141).

45a Maßgebend für den Vollzug der U-Haft an (jungen und zumal an) jugendlichen Betroffenen sind die jugendrechtlichen Ziele von Schutz, Förderung und Integration, und demzufolge die **Trennung** von **Erwachsenen** (vgl. auch Art. 10 Abs. 2 IPBPR), um einen wesentlichen Teil der im Allg. schädlichen Einflüsse der U-Haft insb. iZm als ungünstig beurteilten Beeinflussungen durch erwachsene U-Gefangene eher fernhalten zu können (vgl. aber zu einer gewissen Aufweichung betr. Fälle gem. § 2 Abs. 2, § 116 Abs. 1 StPO (unbeschadet der Aufhebung des vormaligen § 93 Abs. 1, der ausdrücklich den Vollzug in JA-Anstalten vorsah) Begr. zu § 3 E-JVollzGB BW I, 70; vgl. betr. JA-Anstalten auch § 23 Abs. 1 JVollzGB BW I e contr); vgl. vormals CSU „Leitsätze zum JStR und JStVollzug", Zbl 1982, 821 (827)). Zugleich handelt es sich bei der in Rede stehenden Trennung um eine der wichtigsten Voraussetzungen für positive erzieherische Tätigkeit, dass nämlich die Anstalten ihrer **Einrichtung** nach auf **erzieherische** Bemühungen eingestellt sind (s. schon Dallinger/Lackner Rn. 17f zu dem vormaligen § 93; vgl. auch Nr. 78 der (vormaligen) UVollzO).

45b Jedoch ist dies bei der Organisation in besonderen Abteilungen nicht hinreichend gewährleistet; gleichwohl scheint gerade diese Ausgestaltung in der Praxis zu dominieren (nach der überregionalen schriftlichen Befragung (außer Bay., Bln., Thür.) von Villmow ua DVJJ 2012, waren 25 der Abteilungen solche von VollzAnstalten „zumindest auch" für Erwachsene). – Namentlich für weibliche junge U-Gefangene steht der Vollzug in einer Abteilung innerhalb einer Erwachsenenstrafanstalt im Vordergrund (vgl. auch Trenczek, Freiheitsentzug bei jungen Straffälligen/Steinhilper, 1993, S. 146, s. auch Laubenthal FS Eisenberg, 2009, 749 (751)).

46 Soweit **Ausnahmen** mit *Zustimmung* des U-Gefangenen zulässig sind (vgl. § 69 Abs. 1 S. 1 JVollzGB BW II, § 4 Abs. 2 S. 2 JVollzGB BW I), bestehen

Bedenken. Schon wegen der Ungewissheit betr. den Verfahrensausgang und wegen etwaiger Folgewirkungen (zB betr. die Strafzumessung) dieser oder jener – iRd Kooperationsgebots (vgl. → Rn. 14, 15) übermittelter – „Bekundungen" Bediensteter über Verhalten während des U-Vollzugs wird methodisch kaum überprüfbar sein, ob eine Zustimmung unbeeinflusst zustande gekommen ist.

Was Ausnahmen mit der Begründung angeht, eine strikte Trennung von U-Gefangenen und (J)Strafgefangenen sei in der *Praxis nicht* immer *möglich* (zB bei geringer Anzahl (vgl. etwa § 11 Abs. 1 S. 3 UVollzG Bln ua; nicht § 70 SchlHUVollzG) oder beschränkt auf die Wahrnehmung von Arbeits- oder (Aus-)Bildungsangeboten (vgl. etwa § 11 Abs. 4 UVollzG Bln ua; § 4 Abs. 7 JVollzGB BW I), oder aber ein Absehen sei zur Umsetzung einer *verfahrenssichernden Anordnung* oder aus Gründen der *Sicherheit* oder *Ordnung* der Anstalt erforderlich (vgl. dazu etwa § 36 Abs. 2 UVollzG NRW; § 11 Abs. 1 S. 1 Nr. 2, Nr. 3 UVollzG Bln ua (nicht § 70 SchlHUVollzG); § 4 Abs. 7 S. 2 Nr. 2 JVollzGB BW I), so birgt diese Palette an zulässigen Ausnahmen ihrerseits gewisse Gefahren: Zum einen betrifft das Argument, eine strenge Trennung könnte auch für junge U-Gefangene Nachteile mit sich bringen, etwa in (belegungsbezogen) kleinen Abteilungen ohne Angebot entwicklungsfördernder Maßnahmen, die Schaffung der dem Erziehungsauftrag entsprechenden Voraussetzungen, nicht aber ist es von der Rechtsstellung der Betroffenen her begründbar. Zum anderen wird durch die Breite zulässiger Ausnahmen ua die Möglichkeit vermittelt, mitunter ggf. auftretenden Schwierigkeiten hinsichtlich einer Vereinzelung von U-Gefangenen oder bzgl. der Bereitstellung ausreichender vollzuglicher Angebote zu begegnen, sofern nicht insoweit eine verfahrenssichernde Anordnung entgegensteht. Zwar stehen die Einschränkungen unter dem Vorbehalt, dass die jungen U-Gefangenen keinen schädlichen Einflüssen ausgesetzt werden dürfen (vgl. etwa § 4 Abs. 6 S. 2 JVollzGB BW I), jedoch lässt sich solches bei Durchbrechung des Trennungsgrundsatzes schwerlich unterbinden. **46a**

b) Einzel- bzw. gemeinsame Unterbringung. Außerhalb der Einschlusszeiten können sich die Insassen in Gemeinschaft aufhalten (vgl. nur § 13 Abs. 1 S. 1 UVollz Bln). Während der Einschlusszeiten halten sich die Insassen einzeln in ihrem Haftraum auf (vgl. § 12 Abs. 1 S. 1 UVollzG Bln). Jedoch erlauben mehrere Landesgesetze eine gemeinsame Unterbringung – (angestrebt bzw. nur zulässig ist, eine solche) mit höchstens zwei Personen –, wenn die U-Gefangenen **zustimmen** (vgl. etwa § 11 Abs. 1 S. 2 Nr. 1 UVollzG Bln ua (§ 70 Abs. 3 S. 2 SchlHUVollzG; gem. § 113 Abs. 2 HmbUVollzG nur bis Ende 2014); § 73 Abs. 5 JVollzGB BW II; vgl. auch § 159 iVm § 120 Abs. 2 JVollzG Nds; § 18 Abs. 2 RhPfLJVollzG), dh ohne (in § 119 Abs. 2 S. 1 StPO aF vorausgesetzten) **schriftlichen Antrag** (so aber, indes ohne das Wort „schriftlich", § 10 Abs. 2 Nr. 5 UVollzG NRW). Insofern bestehen Einwände Ggü. der Tragfähigkeit (vgl. → Rn. 35, 46), und zwar auch dann, wenn die jederzeitige Widerrufsmöglichkeit garantiert ist (so noch § 10 Abs. 1 S. 3 RefE UVollzG NRW). Unabhängig davon verbietet sich eine solche – regelmäßig besonders gründlich vorzubereitende – Ermessensentscheidung, wenn von der gemeinsamen Unterbringung schädliche Auswirkungen auf den U-Haftgefangenen ausgehen bzw. zu befürchten sind (vgl. § 18 Abs. 1 Nr. 1 BbgJVollzG; § 70 Abs. 3 S. 2 Hs. 2 SchlHUVollzG; § 70 Abs. 2 SächsUVollzG). – Hinzu kommen verschie- **47**

dentlich zusätzliche Regelungen für *Minderjährige* (vgl. etwa § 70 Abs. 3 JVollzGB BW II).

47a Von einer **Zustimmung abgesehen** wird zum einen bei Unterbringung in Krankenabteilungen und Vollzugskrankenhäusern (vgl. § 13 Abs. 1 S. 4 UVollzG Bln ua; Bln. § 12 Abs. 2 S. 1 UVollzG Bln), zum anderen aus „zwingenden Gründen" und nur „vorübergehend" (zB bei plötzlich auftretenden Wasserschäden oder dergleichen, § 13 Abs. 2 UVollzG Bln ua, § 12 Abs. 3 SächsUVollzG (vgl. im Übrigen, angefügt GVBl. 2013, 250, § 91 Abs. 2). Bei als suizidgefährdet oder hilfsbedürftig beurteilten U-Gefangenen ist deren Zustimmung entbehrlich (vgl. § 13 Abs. 1 S. 3 UVollzG Bln ua, § 70 Abs. 3 S. 3 SchlHUVollzG); insoweit – bedenklich – auf Zustimmung auch des nicht dergestalt Beurteilten verzichtend jedoch §§ 73 Abs. 5, 8 Abs. 1 S. 3 JVollzGB BW II, § 172 Abs. 2 S. 2 Nr. 1 JVollzG Nds; krit. → Rn. 38, vgl. auch → § 92 Rn. 49), indes wird solchenfalls eine Befristung vonnöten sein. So ist unstreitig, dass auch gemeinschaftliche Unterbringung Suizid zwar zu reduzieren, aber nicht zu verhindern vermag (vgl. nur Bennefeld-Kersten, Ausgeschieden durch Suizid – Selbsttötung im Gefängnis, 2009, S. 161, 180). Eher vage gehalten ist die Umschreibung der Zulässigkeit mit „aus Gründen der Förderung oder Erziehung erforderlich" (§ 39 UVollzG NRW iVm § 17 Abs. 1 S. 2 Nr. 3 JStVollzG NRW). – Eine *Grundrechtsverletzung* (Art. 2 Abs. 2 S. 1 GG) liegt zB vor, wenn ohne hinreichende Begründung der Unterbringung zu mehreren kein Schutz vor Passivrauchen besteht (BVerfG, 3. Kammer des 2. Senats, NJW 2013, 1941 Rn. 16 ff.).

48 **c) Wohngruppen.** Von Gesetzes wegen ist (ganz überwiegend als Kann-Vorschrift) die Unterbringung der jungen U-Gefangenen in *Wohngruppen* vorgesehen (§ 70 Abs. 1 UVollzG Bln ua; nicht § 20 JVollzGB LSA; § 70 Abs. 3 S. 4 SchlHUVollzG: mit ihrer Zustimmung; nicht Sachs.; Art. 35 S. 1 BayUVollzG; vgl. auch § 159 iVm § 120 Abs. 1 S. 2 NJVollzG; § 73 Abs. 2 JVollzGB BW II („nach Möglichkeit"); zu laut schriftlicher Befragung (Dez 2009–April 2010) nur eingeschränktem Vorhandensein aber Villmow ua DVJJ 2012), wozu es geeigneter und zweckentsprechend ausgestatteter Räumlichkeiten bedarf (vgl. Begr. RefE BbgUVollzG, 48). Indes kann die gemeinschaftliche Unterbringung während Bildung, Arbeit und Freizeit **eingeschränkt** werden, wenn es im Einzelfall als zur Umsetzung einer verfahrenssichernden Anordnung (vgl. auch → Rn. 121) oder aus Gründen der Sicherheit oder Ordnung der Anstalt als „erforderlich" (§ 12 Abs. 3 UVollzG Bln ua; § 13 Abs. 2 UVollzG Bln und § 13 Abs. 2 SächsUVollzG; § 73 Abs. 3 S. 1 JVollzGB BW II; Art. 35 S. 2, 11 Abs. 3 BayUVollzG) beurteilt wird. Zusätzlich kann die in Rede stehende gemeinschaftliche Unterbringung auch aus erzieherischen Gründen eingeschränkt oder gar ausgeschlossen werden (vgl. nur § 68 Abs. 2 Bln), und das Gleiche gilt aus Gründen des Erfahrung-Erlangens binnen der ersten zwei Wochen der Unterbringung (vgl. etwa § 70 Abs. 2 letzter hs. UVollzG Bln ua (vgl. Begr. Bln., Drs. 16/2491, 70: der Anstalt ermöglichen, „sich ein Bild von der Persönlichkeit … zu machen", zw.; nicht Sachs.)).

48a Aufgrund des Erziehungsauftrags (vgl. auch § 2 Abs. 1) darf von diesen Formen der **Ausgrenzung** (vgl. näher → § 92 Rn. 82) nur restriktiv Gebrauch gemacht werden, zumal nicht auszuschließen ist, dass die gesetzlichen Gründe auch hergenommen werden, um Platzmangel in den Wohngruppen zu kaschieren. – Für die **zahlenmäßige** Größe der Wohngruppe empfiehlt sich idR eine Anzahl von nicht mehr als 8 bzw. 12 Personen (vgl. auch HmbUVollzG § 76 Abs. 2: mehr als 15 unzulässig; § 47 Abs. 1 S. 2, 3 HessUVollzG: 8, ausnahmsweise 10; vgl. zu überwiegend durchaus höheren Belegungszahlen aber die schriftliche Befragung von Villmow ua (DVJJ 2012)).

d) Gemeinsame Unterbringung mit Kindern. Eine Unterbringung eines inhaftierten Elternteils mit Kindern bis zur Vollendung des **3.** (Hmb.: bis zum 5.) **Lbj.** ist von den meisten Ländern nur für Mütter vorgesehen (vgl. etwa § 14 UVollzG Bln ua (nach § 14 Abs. 1 S. 1 UVollzG M-V nur, wenn „es dem Kindeswohl dienlich ist"); Art. 42 S. 1 BayUVollzG (Verweis auf Art. 86 BayStVollzG)), von anderen auch für Väter (vgl. § 21 JVollzG Bbg (nach Abs. 2 S. 2 ggf. Absehen von der Kostentragung), § 14 SächsUVollzG (gem. Abs. 1 S. 2 ggf. bis zum Alter von 3 ½ Jahren); § 65 Abs. 1 HessUVollzG (nicht schulpflichtige Kinder); vgl. im Übrigen → § 89b Rn. 13). 49

2. Haftraum

a) Größe. Die Haftraumgröße und, zumindest bei gemeinsamer Unterbringung, die Abtrennung und Entlüftung der Toilette, sind in den Landesgesetzen nicht einheitlich geregelt (vgl. aber European Prison Rules (Recommendation R (2006) 2) v. 11.1.2006, Nr. 18.3 („Specific minimum requirements in respect of the matters referred to in paragraphs 1 and 2 shall be set in national law"); zu Flächenangaben § 7 Abs. 2 und 3 JVollzGB BW I). Zumindest sind die von der Rspr. festgelegten Voraussetzungen einer menschenwürdigen Unterbringung einzuhalten (vgl. BVerfG NJW 2018, 686; OLG Hamm StV 2009, 262 (jeweils betr. allg. StrafvollzR); ergänzend → § 89b Rn. 19). 50

b) Sachen. Die Be- bzw. Überlassung von Sachen in den Haftraum ist von der **Zustimmung** der **Anstaltsleitung** abhängig (§ 11 Abs. 2 S. 2 UVollzG NRW (zu Negativvoraussetzungen S. 3)) und im Einzelnen gem. der Art der Sachen an unterschiedliche Voraussetzungen geknüpft (zB Nahrungsmittel, „Annehmlichkeiten", zwecks Informationserlangung oder zum religiösen Gebrauch). Bei der **Entscheidung** muss zunächst geprüft werden, ob eine verfahrenssichernde Anordnung als Ausschlusstatbestand vorliegt, und sodann ua, ob die Sachen den Haftraum unübersichtlich machen ua nach Beschaffenheit oder Größe bzw. – nur mit unverhältnismäßig hohem Aufwand kontrollierbarer – Anzahl der Sachen (vgl. etwa § 16 UVollzG Bln ua (§ 18 Abs. 4 UVollzG Bln: ggf. Gegenstände „mengenmäßig" beschränken),; vgl. auch § 40 JVollzGB BW II; Art. 42 S. 1 BayUVollzG (Verweis auf Art. 90 BayStVollzG); § 11 Abs. 2 S. 3 UVollzG NRW; zu Punktwerten nach dem REFA-System OLG Jena StV 2011, 38 (betr. Erwachsenenrecht)). 51

Die Zustimmung kann unter bestimmten Voraussetzungen **widerrufen** werden (vgl. etwa § 15 Abs. 5 UVollzG Bln ua (anders Hmb.); § 40 Abs. 4 JVollzGB BW II; als Ausnahme enger § 29 Abs. 2 S. 2 UVollzG Bln ua, generell § 40 UVollzG NRW iVm § 83 StVollzG NRW). 51a

3. Einkauf

Bei Vermittlung der Anstalt ist der Einkauf von Nahrungs- (vgl. zum ärztlichen Verbot krit. → Rn. 77), Genuss- und Körperpflegemitteln (vgl. betr. Kosmetika BVerfG, 3. K. des 2. S., NJW 2009, 661 (betr. allg. StR) 52 mzustBspr Muckel JA 2009, 398) ebenso wie zB von Briefpapier, Lernmitteln oder technischen Geräten zu gestatten, es sei denn, deren Überlassung steht eine verfahrenssichernde Anordnung entgegen oder sie sind ihrer Art nach geeignet, die Sicherheit oder Ordnung der Anstalt zu gefährden (vgl. etwa § 18 Abs. 2, 4 UVollzG Bln ua; § 142 Abs. 3, 4 JVollzG Nds; vgl. auch Art. 14 Abs. 3–5 BayUVollzG) – hierbei handelt es sich um eine mit der Unschuldsvermutung kaum zu vereinbarende Gleichstellung oder doch Annäherung an die Regelungen zum JStVollzug (zur Argumentation mit „Subkultur" vgl. → Rn. 8). Bezüglich des Einkaufs im Wege des Versandhandels bleiben Zulassung und Verfahren der Regelung (ggf. zB Bestimmung der Anbieter und zugelassener Sachen) durch die Anstaltsleitung überlassen (vgl. etwa § 18 Abs. 3 UVollzG Bln ua; vgl. auch § 63 Abs. 2 S. 3 BbgJVollzG). Die landesrechtlichen Vorschriften zur erlaubten Höhe der verwendeten Gelder stellen sich als teilweise nicht einheitlich dar (vgl. einschr. etwa § 14 Abs. 2 S. 1 ÄndG Hess. v. 30.11.2015 (GVBl. 498)); zu seitherigen Unterschieden schriftliche Befragung von Villmow ua DVJJ 2012).

4. Kleidung

53 **a) Grundsatz.** Vorbehaltlich anderer Vorgaben dürfen U-Gefangene grds. **eigene** Kleidung tragen sowie eigene **Bettwäsche, Hand-** und **Körperpflegetücher** benutzen, wenn sie für Reinigung, Instandhaltung und regelmäßigen Wechsel (auf ihre Kosten, § 17 Abs. 1 S. 1 UVollzG Bln, § 61 Abs. 3 S. 1 RhPfLJVollzG) sorgen (n. Höflich NK 2009, 134 f.), wobei die Anstaltsleitung (zur Reduzierung des Kontrollaufwandes) anordnen kann, dass Reinigung und Instandhaltung nur durch Vermittlung der Anstalt erfolgen dürfen (vgl. § 17 Abs. 1 UVollzG Bln ua; § 62 Abs. 2 BbgJVollzG; § 10 Abs. 1 S. 3 JVollzGB BW II; Art. 14 Abs. 1 BayUVollzG; §§ 46 Abs. 4, 13 Abs. 1 S. 2, Abs. 2 HessUVollzG). Jedoch dürfen verschiedentlich Kleidungsstücke und Bettwäsche in der VollzAnstalt „abgegeben und von dort abgeholt" oder von den U-Gefangenen versandt werden (§ 10 Abs. 1 S. 2 JVollzGB BW II; auf „im Einzelfall" beschränkt § 11 Abs. 1 S. 2 UVollzG NRW). Sind U-Gefangene nicht bereit oder in der Lage, für Instandhaltung, Reinigung und regelmäßigen Wechsel zu sorgen, werden sie mit Kleidung und/oder Wäsche der Anstalt ausgestattet.

53a **b) Einschränkung oder Ausschluss.** Das Recht zum Tragen eigener Kleidung kann eingeschränkt oder ausgeschlossen werden, soweit es zur Umsetzung einer verfahrenssichernden Anordnung oder zur Gewährleistung der Sicherheit oder Ordnung der Anstalt erforderlich ist (§ 17 Abs. 2 UVollzG Bln ua, § 60 Abs. 2 S. 2 JVollzGB LSA; nach Begr. RefE BbgUVollzG, 21 zB, wenn Kleidung mit provozierenden Aufschriften getragen wird); Art. 14 Abs. 5 BayUVollzG).

VI. Kontakte mit der Außenwelt

1. Allgemeines

54 Das Recht auf **Kontakte nach außerhalb** der Anstalt durch Besuche, Schriftwechsel, Telefongespräche und Pakete hat besondere Bedeutung, weil

diese Kontakte im Allg. geeignet sind, schädlichen Folgen der Freiheitsentziehung entgegenzuwirken (vgl. dazu → Rn. 38; krit. zu Grundrechtseinschränkungen Meyer-Mews NJ 2009, 96 (98 f.)). Sie werden daher auch normativ gefordert (Art. 12 Abs. 5 Unterab. 1 Lit. c und Abs. 6 RL (EU) 2016/800). Der mündliche und schriftliche Verkehr zumindest mit der **Verteidigung** (vgl. ergänzend → Rn. 57) ist grundsätzlich ohne Beschränkung und Überwachung zulässig (vgl. nur § 22 S. 1 UVollzG NRW iVm § 26 StVollzG NRW). In einzelnen Landesgesetzen ist der Verteidigung gleichgestellt der Verkehr mit der BewHilfe, der FA und der Gerichtshilfe (Art. 22 Abs. 2 BayUVollzG, § 21 S. 2 UVollzG NRW; vgl. auch § 2 Abs. 2, § 119 Abs. 4 Nr. 1–3 StPO). Für junge U-Gefangene gilt dies auch für **Beistände** (§ 69 JGG; § 72 Abs. 6 UVollzG Bln ua, § 74 Abs. 3 JVollzGB BW II) sowie weithin zudem für die **JGH** sowie die Personen der **Betreuungshilfe** und der **EB** (vgl. Art. 32 Abs. 3 BayUVollzG; § 38 Abs. 2 UVollzG NRW; § 72 Abs. 6 SchlHUVollzG (außer EB); nicht zB § 70 Abs. 5 UVollzG Bln; s. dazu auch Goerdeler StV 2005, 103 ff.; ergänzend → Rn. 125).

a) Vorbehalt; Wahrung des Erziehungsauftrags (§ 2 Abs. 1). Im Übrigen steht das Kontaktrecht zum einen durchweg unter dem **Vorbehalt,** dass keine dieses Recht unterbindende **verfahrenssichernde Anordnung** vorliegt (vgl. etwa § 32 UVollzG Bln ua), worüber die Vollzugsanstalt indes nicht ohne weiteres allein entscheiden darf, vielmehr ggf. verpflichtet ist, eine richterliche Zustimmung einzuholen (§ 32 Abs. 2 SchlHUVollzG)); zum anderen können die Kontakte aus bestimmten Gründen verboten oder überwacht bzw. Schreiben angehalten werden. – Soweit der Verkehr mit der Außenwelt nach den allg. Vorschriften überwacht werden darf, gilt dies für (junge und zumal für) jugendliche U-Gefangene nur in Modifizierung iSd Erziehungsauftrags und unter Würdigung des elterlichen Erziehungsrechts (Art. 6 GG) bzw. des **entwicklungsphasisch** elementaren Stellenwerts von **Gleichaltrigen**kontakten (vgl. etwa auch BVerfG (3. Kammer des 2. Senats) StV 2010, 142 Rn. 19: Clique). Dies entspricht gesetzessystematisch der Abwägung innerhalb des § 72 und gebietet, dass tendenziell in größerem Ausmaß als bei Erwachsenen soziale Beziehungen aufrechterhalten und gefördert werden (vgl. schon Dallinger/Lackner Rn. 33 zum vormaligen § 93); eine Förderung von Außenkontakten betr. Nichtangehörige nur bei „günstigem Einfluss" (vgl. § 69 Abs. 1 iVm § 12 Abs. 1 S. 2 JVollzGB BW II) kann die Gefahr einer – benachteiligenden – Bevormundung in sich tragen. 55

b) Ausnahmen. Andererseits können in besonderen Ausnahmefällen (krit. zur Unbestimmtheit des Begriffspaars „schädlicher Einfluss" in § 72 Abs. 4, 5 UVollzG Bln ua; Ostendorf/Rose SchlHA 2009, 209) auch Versagungen aus erzieherischen Gründen in Betracht kommen (zB wenn Tatsachen dazu vorliegen, dass der Kontaktpartner den U-Gefangenen persönlich, wirtschaftlich oder körperlich missbraucht). Auch dann ist jedoch ein vorheriges gesprächsweises Bemühen geboten, um dem Betroffenen die Abträglichkeit des Kontakts zu bedeuten, sodass er ggf. auf den Verkehr verzichtet. – Umgekehrt ist teilweise eine Versagung mit der (ggf. vorgeschobenen) Begründung des Schutzes der besuchswilligen Person vor etwaigen – prognostisch unterstellten – „schädlichen Auswirkungen" vorgesehen (vgl. § 25 Abs. 2 Nr. 3 HessUVollzG (seit ÄndG GVBl. 2013, 46), entgegen der Unschuldsvermutung „Opfer der Straftat"); die Ausdehnung der Versagungsmöglichkeit auf Fälle, in denen „der Kontakt geeignet ist, auf eine 55a extremistische Verhaltensweise hinzuwirken" (Abs. 2 Nr. 2 HessUVollzG (seit ÄndG GVBl. 2015, 498)) birgt ggf. Beweisschwierigkeiten und geht Gefahren gesteigerter Desintegration nicht konstruktiv an.

2. Besuch

56 **a) Dauer.** Die **Mindestbesuchszeit** für junge U-Gefangene beträgt gem. § 72 Abs. 1 S. 1 UVollzG Bln ua (§ 74 Abs. 1 JVollzGB BW II; Art. 32 Abs. 1 BayUVollzG; § 49 Abs. 2 S. 1 HessUVollzG) vier Stunden im Monat (nach § 160 Abs. 1 UVollzG Nds allerdings sechs Stunden (seit Gesetz v. 15.6.2017)), eine – auch gem. der Unschuldsvermutung – schwerlich mit dem Grundsatz der Verhältnismäßigkeit zu vereinbarende Einschränkung (dies gilt umso mehr betr. § 17 Abs. 1 S. 2 UVollzG NRW, § 33 Abs. 1 S. 2 SchlHUVollzG: nur zwei Stunden, zugleich unzulässige Schlechterstellung ggü. JStrafgefangenen (§ 23 Abs. 1 S. 1 JStVollzG NRW, § 39 UVollzG NRW argumentum e contrario; § 47 Abs. 1 S. 2 SchlHJStVollzG)), die zumindest hinsichtlich Angehöriger (s. betr. Kinder von Insassen § 17 Abs. 2 S. 1 UVollzG NRW: zwei weitere Stunden (Soll-Vorschrift)) oder bestimmter Bezugspersonen weniger eng gestaltet werden und im Übrigen die (für den Strafvollzug nicht selten vorgesehene) Möglichkeit zu Intimkontakten einbeziehen sollte (vgl. zu Langzeitbesuchen § 33 Abs. 4 SächsUVollzG). Hingegen sehen § 72 Abs. 3 und 4 UVollzG Bln ua Möglichkeiten der **Einschränkung** vor; dabei wird zumindest ein Untersagen wegen Einwänden Personensorgeberechtigter (vgl. § 70 Abs. 2 UVollzG Bln) eher restriktiv zu handhaben sein (vgl. auch → Rn. 12 sowie → § 92 Rn. 88; aus der Vollzugspraxis Fiedler DVJJ 2008, 112).

56a Andererseits sind Kontakte des U-Gefangenen zu *Angehörigen* besonders zu fördern (vgl. etwa § 33 Abs. 2 UVollzG Bln ua (§ 33 Abs. 1 S. 3 SchlHUVollzG, § 21 Abs. 2 HmbUVollzG). So sehen mehrere Länder bei Besuchen von Kindern die Nichtanrechnung auf die Regelbesuchszeit vor (vgl. § 72 Abs. 2 UVollzG Bln ua (§ 72 Abs. 1 SächsUVollzG; § 78 Abs. 2 HmbUVollzG), Art. 32 Abs. 1 S. 3 BayUVollzG (Verweisung); enger § 70 Abs. 1 S. 3 UVollzG Bln: erhöht sich die Gesamtdauer um zwei Stunden; nicht aber § 72 VollzGB BW II (vgl. indes zum JStVollzug Zwönitzer ua MschKrim 2013, 325 (328)); § 160 JVollzG Nds), und das Gleiche gilt ggf. auch für Besuche von Personensorgeberechtigten (Art. 32 Abs. 1 S. 2 BayUVollzG); teilweise ist ein aktives Hinwirken auf die Aufrechterhaltung und Entwicklung der Kontakte genannt (vgl. vormals zu § 72 BbgUVollzG Begr. RefE BbgUVollzG, 29), wogegen ein Absehen angezeigt ist, wenn der U-Gefangene diesen Kontakt (nach erzieherischen Kriterien) begründet nicht will.

56b Unabhängig von der Mindestbesuchszeit sollen (§ 23 Abs. 3 UVollzG NRW; § 12 Abs. 3 JVollzGB BW II; § 21 Abs. 2 HmbUVollzG; § 33 Abs. 3 UVollzG Bln, § 33 Abs. 2 SchlHUVollzG) Besuche zur (nicht in anderer Weise erledigungsfähigen) Regelung von **persönlichen, rechtlichen** oder **geschäftlichen Angelegenheiten** gestattet werden, dh es besteht hierauf kein Rechtsanspruch, sodass zu besorgen ist, dass von den Ablehnungsgründen (zB Erledigung schriftlich oder durch Dritte) dergestalt Gebrauch gemacht wird, dass nur eingeschränkt gestattet wird.

b) Ab- und Durchsuchen. Nach allg. Auffassung ist die Anstalt ermächtigt, Besucher abzusuchen und zu durchsuchen bzw. Besuche zu untersagen, wenn die Sicherheit oder Ordnung der Anstalt gefährdet würde (§ 33 Abs. 4 bzw. Abs. 5 UVollzG Bln ua (§ 33 Abs. 3 und 4 SchlHUVollzG, § 21 Abs. 4 bzw. 5 HmbUVollzG), § 12 Abs. 4 S. 1 JVollzGB BW II, Art. 16 Abs. 1 S. 1, Abs. 2 BayUVollzG); auch kann die Anstalt von vollzugsfremden Personen ggf. – zeitnah zu löschende – Identikationsmerkmale erfassen (vgl. § 24 JVollzDSG Bln), und zwar, wenngleich eingeschränkt (§ 24 Abs. 2 S. 2 JVollzDSG Bln), auch von Verteidigern, RAen und Notaren. Hinsichtlich der mit *Entkleidung* verbundenen körperlichen Durchsuchung der U-Gefangenen (zur geschlechtsbezogenen Bestimmung der durchsuchenden Person vgl. § 44 Abs. 2 S. 5 UVollzG Bln), bevor und/oder nachdem sie Besuch hatten, sind die Regelungen in den Landesgesetzen unterschiedlich (ausdehnend etwa § 31 Abs. 3 HessUVollzG (durch Gesetz v. 30.11.2015); zur Begründungspflicht vgl. § 44 Abs. 4 S. 1 SächsUVollzG), jedoch sind stets konkrete Anhaltspunkte einer Gefahr erforderlich (vgl. auch BVerfG StV 2009, 253). Demgegenüber wird die Anstaltsleitung teilweise gar zu einer – ausdrücklich oder doch tendenziell das Regel/Ausnahmeverhältnis umkehrenden – allg. Anordnung ermächtigt (vgl. § 46 Abs. 3 JVollzGB BW II; Art. 42 S. 1 iVm Art. 91 Abs. 3 BayUVollzG; § 44 Abs. 3 S. 1 SächsUVollzG; § 44 Abs. 3 U-VollzG Bln ua (außer Sachs.; enger § 50 Abs. 3 HmbUVollzG: zulässig nur bei konkreten Anhaltspunkten; einschr. § 44 Abs. 3 S. 2 BremUVollzG); § 23 Abs. 5 UVollzG NRW (im RefE noch Soll-Vorschrift); § 84 Abs. 5 JVollzGB LSA). 57

Verteidiger, Rechtsanwälte und **Notare** haben zwar **ungehindert Zugang** zu U-Gefangenen zur Erledigung der ihren Aufgaben entsprechenden Angelegenheiten (§ 34 S. 1 UVollzG Bln ua (weitergehend SchlH: alle Berufsgeheimnisträger iSv § 53 Abs. 1 Nr. 1–5 StPO); § 25 Abs. 3 S. 3 HessUVollzG; § 15 Abs. 1 S. 1 JVollzGB BW II), dh die Anstalt hat deren Besuche iRd ihr organisatorisch Zumutbaren (vgl. Begr. RefE BbgUVollzG, 30) ohne Einschränkung in Bezug auf Zeit und Häufigkeit zu gestatten. Indes können deren Besuche aus **Gründen der Sicherheit** davon abhängig gemacht werden, dass sich die Besucher ab- oder durchsuchen lassen (§§ 34 S. 2, 33 Abs. 4 UVollzG Bln ua (§§ 23 Abs. 1, 21 Abs. 4 HmbUVollzG); weiter § 15 Abs. 1 S. 3 JVollzGB BW II, Art. 16 Abs. 1 S. 1 BayUVollzG: „oder Ordnung"). 57a

Eine **inhaltliche** Überprüfung oder Kenntisnahme der vom **Verteidiger** mitgeführten Schriftstücke und sonstigen Unterlagen ist **ausgeschlossen** (§ 34 S. 3 UVollzG Bln ua; § 15 Abs. 1 S. 4 JVollzGB BW II; Art. 22 Abs. 1 S. 5 BayUVollzG), und das Gleiche gilt in mehreren Ländern für die beiden anderen Berufsgruppen (§ 34 S. 3 UVollzG Bln, § 34 S. 4 SchlHUVollzG, § 23 Abs. 3 HmbUVollzG, § 34 Abs. 6 S. 1 SächsUVollzG) – an einer durchgreifenden Begründung für die ansonsten bestehende Nichtgleichstellung fehlt es (vgl. auch → Rn. 59). 57b

c) Überwachung. Eine Beaufsichtigung im Sinne **optischer** Überwachung ist für Besuche vorgesehen (vgl. §§ 166, 144 Abs. 1 S. 1 VollzG Nds: offen überwacht (nach Barkemeyer FS 2009, 29 „Regelfall" und Rückgang der Zahl der Einzelbesuche)), wobei die Anstalt sich unter bestimmten Voraussetzungen technischer Hilfsmittel bedienen kann (vgl. § 35 Abs. 1 UVollzG Bln ua (Hmb. § 22 Abs. 1 HmbUVollzG; nicht Saarl.); § 14 58

Abs. 2 S. 1, 2 JVollzG BW II; Art. 17 Abs. 1 S. 1, 2 BayUVollzG; § 26 Abs. 5 S. 1–3 HessUVollzG), sofern sie die zu überwachenden Personen vorab darauf hinweist. Die erhobenen personenbezogenen Daten dürfen nur unter engen Voraussetzungen – gem. § 35 Abs. 3 S. 2 BremUVollzG, § 34 Abs. 2 S. 4 SächsUVollzG ist eine Aufzeichnung ausgeschlossen – verarbeitet und genutzt werden (vgl. § 89 Abs. 9 UVollzG Bln ua (enger Bln. §§ 65, 23 Abs. 1 bzw. Abs. 3–5 JVollzDSG Bln; § 103 Abs. 9 HmbUVollzG)).

58a Im Einzelfall ist eine **akustische** Überwachung unter engen Voraussetzungen zulässig (vgl. § 35 Abs. 2 UVollzG Bln ua (§ 22 Abs. 2 HmbUVollzG)), und zwar muss sie im Einzelfall aus Gründen der *Sicherheit* (so § 35 Abs. 2 UVollzG Bln) oder zur Abwendung einer *schwerwiegenden* Störung der Ordnung der Anstalt erforderlich sein (auf „schwerwiegend" verzichten § 17 Abs. 9 S. 1 UVollzG NRW iVm § 20 Abs. 2 S. 1 StVollzG NRW, § 14 Abs. 1 S. 2 JVollzGB BW II, Art. 17 Abs. 2 S. 1 BayUVollzG; § 144 Abs. 1 S. 2 JVollzG Nds, die erstgenannte Vorschrift verlangt aber „konkrete" Anhaltspunkte (vgl. auch OLG Hamm NStZ-RR 2009, 124, betr. allg. StVollzR), das JVollzG Nds versagt betr. die Entscheidung zur Abwehr einer Verdunkelungsgefahr die Zuständigkeit der VollzAnstalt (§ 144 Abs. 2 S. 1, Abw. von § 134 Abs. 5 S. 1)). Eine Differenzierung schon nach dem Haftgrund findet sich in den Landesgesetzen nicht (vgl. auch → Rn. 23–26), obgleich einer etwaigen Gefahr des „Sich-Versorgens" Betroffener untereinander durch sog. „Pendeln" im Wege räumlicher Trennung begegnet werden könnte. Da hier keine Vorab-Unterrichtung des U-Gefangenen vorgesehen ist, wird nicht nur das Besuchsrecht entwertet, sondern es ist auch zu besorgen, dass personenbezogene Daten, die dem Kernbereich der persönlichen Lebensgestaltung zuzuordnen sind, erfasst werden.

58b Im Übrigen darf die Anstalt Besuche **abbrechen,** wenn Besucher oder U-Gefangene gegen gesetzliche Bestimmungen oder gegen Anordnungen verstoßen, die aufgrund des Gesetzes getroffen wurden, und zwar einschließlich verfahrenssichernder Anordnungen (vgl. § 35 Abs. 3 UVollzG Bln ua (Bremen § 35 Abs. 3 BremUVollzG, § 22 Abs. 3 HmbUVollzG); § 14 Abs. 4 JVollzGB BW II; Art. 17 Abs. 4 BayUVollzG). Dem wird „eine Abmahnung in aller Regel" (vormals Begr. RefE UVollzG NRW, 119) vorauszugehen haben (§ 17 Abs. 9 S. 1 UVollzG NRW iVm § 20 Abs. 3 StVollzG NRW).

59 Besuche von **Verteidigern** dürfen **nicht überwacht** werden (allg. Auffassung); in mehreren Ländern gilt dies auch für Besuche von Rechtsanwälten und Notaren in einer den U-Gefangenen betreffenden Rechtssache (§ 35 Abs. 4 UVollzG Bln und Sachs., § 35 Abs. 5 BremUVollzG, § 23 Abs. 2 HmbUVollzG; § 15 Abs. 1 S. 2 JVollzGB BW II). Soweit hinsichtlich von Besuchen von Rechtsanwälten und Notaren hingegen die allg. Vorschriften gelten, bestehen schon wegen ggf. fließender Übergänge zwischen den Funktionen des Verteidigers bzw. des Rechtsanwalts und ohnehin wegen der Einschränkung Ggü. der Vertraulichkeit erhebliche Bedenken. Insbesondere fehlt es an einer rechtlich tragfähigen Begründung (die Nichtüberwachung betr. Verteidiger beruht auf dem Recht auf effektive Verteidigung, nicht aber auf geringerer Vertrauenswürdigkeit von Rechtsanwälten und Notaren), dh eine Kontrolle ist nur vertretbar, wenn konkrete Anhaltspunkte für einen Missbrauch der Kommunikation bestehen.

d) Übergabe von Gegenständen. § 35 Abs. 5 S. 1 UVollzG Bln ua (§ 35 Abs. 6 S. 1 BremUVollzG, § 22 Abs. 4 HmbUVollzG) **verbietet** grundsätzlich die Übergabe von Gegenständen beim Besuch an Besuchte, um zu verhindern, dass verbotene Sachen (zB Betäubungsmittel) oder Nahrungs- und Genussmittel, die nicht zugesandt werden dürfen (vgl. § 41 Abs. 1 UVollzG Bln ua (Hmb. § 28 Abs. 1 S. 3 HmbUVollzG); diff. § 14 Abs. 3 S. 1–3 JVollzGB BW II; nach § 41 Abs. 1 S. 1 SächsUVollzG auch keine Körperpflegemittel), in die Anstalt gelangen. Eine im Einzelfall zulässige Trennscheibe bedarf der Erforderlichkeit (vgl. § 34 Abs. 7 SächsUVollzG; vgl. aber zu bloßem Verdacht § 26 Abs. 5 S. 5 HessUVollzG; betr. einen „Trennscheibentisch" bei Besuch von Familienangehörigen (Art. 6 Abs. 1 GG) sind konkrete Anhaltspunkte für einen Missbrauch vorausgesetzt, KG NStZ-RR 2011, 388 (betr. allg. StVollzR)). Das Verbot gilt auch für die Übergabe an Besuchende, wozu die vorgenannte Begründung nur teilweise zu tragen vermag. 60

Von dem Verbot der Übergabe sind berufsbezogene Schriftstücke und Unterlagen der **Verteidiger** sowie Rechtsanwälte und Notare zur Erledigung einer den U-Gefangenen betreffenden Rechtssache **ausgenommen,** jedoch kann die Übergabe bei Rechtsanwälten oder Notaren aus Gründen der Sicherheit und Ordnung der Anstalt von einer Erlaubnis abhängig gemacht werden (vgl. § 35 Abs. 5 S. 2, 3 UVollzG Bln ua (§ 35 Abs. 6 BremUVollzG; nicht § 23 Abs. 3 HmbUVollzG); § 34 Abs. 6 S. 3 SächsUVollzG; § 15 Abs. 2 S. 3 UVollzG BW II; Art. 22 Abs. 3 BayUVollzO (Verweisung); § 26 Abs. 4 S. 7 HessUVollzG e contr). Solchenfalls setzt eine Versagung indes konkrete Anhaltspunkte für Missbrauch voraus. 60a

3. Schriftwechsel, Pakete

a) Allgemeines. Die Ausübung des Rechts auf **Schriftwechsel** geschieht durch Vermittlung der Anstalt (vgl. § 38 Abs. 1 UVollzG Bln ua (§ 24 Abs. 1 HmbUVollzG); § 18 Abs. 1 JVollzGB BW II; Art. 19 Abs. 4 BayUVollzG (Verweisung); § 18 Abs. 1 UVollzG NRW iVm § 21 StVollzG NRW). Soweit sie unter bestimmten Voraussetzungen Schreiben anhalten (vgl. etwa § 18 Abs. 1 UVollzG NRW iVm § 23 StVollzG NRW, § 39 Abs. 1 UVollzG Bln ua (§ 26 HmbUVollzG); § 40 SächsUVollzG; § 19 JVollzGB BW II; Art. 20 Abs. 1 BayUVollzG; näher → Rn. 65) oder den Schriftwechsel mit bestimmten Personen untersagen (vgl. etwa § 36 Abs. 2 UVollzG Bln ua (§ 24 Abs. 2 HmbUVollzG); § 16 Abs. 2 JVollzG BW II) kann (vgl. auch → Rn. 118), wird dies – auch gem. der Unschuldsvermutung – nur dann mit dem Verhältnismäßigkeitsgrundsatz zu vereinbaren sein, wenn konkrete Anhaltspunkte für eine Gefährdung von Sicherheit oder Ordnung der Anstalt vorliegen (einschr. § 36 Abs. 2 UVollzG M-V: „soweit"; betr. Briefverkehr s. zum Vorrang von Art. 2 Abs. 1 iVm Art. 6 Abs. 1 GG Ggü. den Belangen der Ordnung in der VollzAnstalt BVerfG NJW 1981, 1943 f. bzw. von Art. 2 Abs. 1 iVm Art. 1 Abs. 1 GG im Rahmen eines Vertrauensverhältnisses zu einer Freundin BVerfG (3. K. des 2. S.) StV 2010, 142). Entsprechendes gilt hinsichtlich des Kontrollaufwandes betr. Häufigkeit und Umfang von Briefen (vgl. OLG Celle StraFo 2009, 516: ein Brief von knapp 10 Seiten durchschnittlich jeden Tag nicht von vornherein unverhältnismäßig (betr. allg. StVollzR)). 61

61a Die **Kosten** des Schriftverkehrs hat der U-Gefangene selbst zu tragen (§ 36 Abs. 1 UVollzG Bln ua (ohne Ausnahme); anders § 24 Abs. 3 HmbU-VollzG), bei „bedürftigen" U-Gefangenen (§ 16 Abs. 4 S. 2 UVollzG NRW; s. auch § 16 Abs. 3 S. 2 JVollzGB BW II; Art. 18 Abs. 2 S. 2 BayUVollzG; § 36 Abs. 1 S. 3 UVollzG Bln) bzw. nur „in besonderen Härtefällen" kann die VollzAnstalt gem. dem Sozialstaatsgebot die Kosten in angemessenem Umfang übernehmen (vgl. Begr. RefE BbgUVollzG, 32). Zu Kosten für Schreibgeräte in vollzugsrechtlichen Belangen BVerfG BeckRS 2017, 130794 (betr. allg. StVollz).

61b Teilweise ist Kommunikation auf **elektronischem** Wege mit der Begründung nicht zugelassen bzw. zumindest ohne Rechtsanspruch (vgl. Art. 21 Abs. 3 BayUVollzG), Missbrauchsmöglichkeiten und Kontrollaufwand seien zu hoch. Ob dies Ggü. der zunehmend gewachsenen und mitunter dominierenden Bedeutung dieser Art des Kontakts in der Außengesellschaft mit der Unschuldsvermutung und dem Angleichungsgrundsatz (vgl. → Rn. 37) vereinbar ist, ist nicht abschließend geklärt. – Einschlägigen Angeboten der VollzAnstalten, die unter Aufsicht iRd Vollzugsgestaltung durchgeführt werden, kommt weiterführende Bedeutung zu (vgl. etwa § 28 Abs. 1 S. 2 HessUVollzG), wogegen die Kann-Vorschrift, die Teilnahme von der Einwilligung in „stichprobenartige Überwachung" abhängig zu machen (§ 28 Abs. 3 HessUVollzG (eingef. durch Gesetz v. 30.11.2015)), faktisch eine Einschränkung darstellt.

62 Der *Empfang* von **Paketen** ist nur mit Erlaubnis der Anstalt gestattet, Pakete mit Nahrungs- und Genussmitteln (nach § 41 Abs. 1 S. 1 SächsU-VollzG auch mit Körperpflegemitteln, nach § 41 Abs. 1 S. 1 UVollzG Bln auch mit Arzneimitteln) sind – mit Ausnahme von Bbg. (§ 45 Abs. 1 S. 1 BbgJVollzG) und Hmb. (§ 78 Abs. 7 S. 1 iVm § 28 Abs. 1 S. 3 HmbU-VollzG) – ausgeschlossen (vgl. § 41 Abs. 1 S. 1 UVollzG Bln ua; § 45 Abs. 1 iVm § 1 ThürJVollzGB; § 20 UVollzG NRW iVm § 28 Abs. 1 S. 2 StVollzG NRW; § 21 Abs. 1 S. 3 JVollzGB BW II; Art. 23 Abs. 1 S. 2 BayUVollzG (Verweisung); § 29 Abs. 1 S. 3 HessUVollzG; vgl. aber → § 92 Rn. 92), und zwar auch betr. Pakete von wohltätigen Organisationen – hierbei handelt es sich um eine mit der Unschuldsvermutung kaum zu vereinbarende, eine Gleichstellung mit dem JStVollzug schaffende Regelung (zur Argumentation mit „Subkultur" vgl. → Rn. 8). Neben der Befugnis der Anstaltsleitung, Pakete zu kontrollieren, kann der Empfang – allerdings nur vorübergehend – untersagt werden, wenn dies wegen Gefährdung der Sicherheit oder Ordnung der Anstalt unerlässlich ist (vgl. § 41 Abs. 3 UVollzG Bln ua). – Eine *Versendung* von Paketen kann dem U-Gefangenen gestattet werden (zur ggf. teilweisen Kostenübernahme § 41 Abs. 5 S. 2 UVollzG Bln, § 16 Abs. 4 S. 2 UVollzG NRW), jedoch kann die Anstalt aus Gründen der Sicherheit oder Ordnung den Inhalt überprüfen (vgl. § 41 Abs. 4 UVollzG Bln ua (§ 28 Abs. 3 HmbUVollzG); § 21 Abs. 3 S. 2 JVollzGB BW II). Unbestimmt und mit der Unschuldsvermutung schwerlich vereinbar ist § 41 Abs. 3 S. 3 SächsUVollzG, wonach der Versand untersagt werden kann, wenn schädlicher Einfluss „auf Opfer der Straftaten zu befürchten" ist.

63 **b) Einzelne Regelungen.** Das grundrechtlich geschützte Briefgeheimnisses (Art. 10 Abs. 1 GG) einschränkend gilt – ähnlich wie betr. die optische Besuchsüberwachung – der Grundsatz der **Sichtkontrolle** ein- und

ausgehender Schreiben, und zwar zwecks Überwachung betr. verbotene Gegenstände (vgl. etwa § 37 Abs. 1 S. 1 UVollzG Bln ua (§ 25 Abs. 1 S. 1 HmbUVollzG); § 146 Abs. 1 JVollzG Nds). Zudem erlauben die Landesgesetze der Anstaltsleitung, eine **inhaltliche** (Text-)Kontrolle anzuordnen (§ 37 Abs. 1 S. 2 UVollzG Bln ua (§ 25 Abs. 1 S. 2 HmbUVollzG); vgl. auch § 18 Abs. 1 UVollzG NRW iVm § 22 Abs. 2 StVollzG NRW; § 146 Abs. 2 S. 2, Abs. 3 JVollzG Nds: zuständig nur das Gericht), wenn dies aus Gründen der *Sicherheit* oder zur Abwendung einer *schwerwiegenden* Störung der Ordnung der VollzAnstalt erforderlich ist (einschr. § 37 Abs. 1 S. 2 UVollzG M-V: „soweit"; anders Art. 19 Abs. 2 BayUVollzG: „wird abgesehen, wenn eine Gefährdung der Sicherheit und Ordnung nicht zu befürchten ist"). – Eine Differenzierung nach den Haftgründen (vgl. → Rn. 23–26) sehen die Landesgesetze nicht vor (krit. betr. Besuch → Rn. 58).

Wegen des Grundrechtseingriffs stellt sich eine **Dokumentations-** und **Begründungspflicht** indes als unerlässlich dar, um eine effektive nachträgliche gerichtliche Kontrolle zu ermöglichen. – Tritt diese Briefkontrolle neben eine gerichtlich zur Sicherung des Haftzwecks angeordnete, so findet ein *doppelter* Grundrechtseingriff statt, der als unzumutbar erscheint, dh die Anordnung dieser Briefkontrolle ist *unzulässig,* wenn bereits eine gerichtliche vorliegt. **63a**

Werden zwecks Überwachung **Übersetzungen** erforderlich, so habe die VollzAnstalt solche nach § 144 Abs. 3 JVollzG Nds nur „in angemessenem Umfang" zu tragen (vgl. auch → § 92 Rn. 94) – eine mit Art. 6 Buchst. e EMRK kaum zu vereinbarende Restriktion (vgl. BVerfG NJW 2004, 1095). Eher wird äußerstenfalls eine Beschränkung des Schriftverkehrs zulässig sein. **63b**

Zudem müssen U-Gefangene eingehende Schreiben, sofern sie diese nicht verschlossen zu ihrer Habe geben, grundsätzlich **unverschlossen verwahren,** damit sie bei einer Durchsuchung aus Gründen der Sicherheit oder Ordnung der Anstalt überprüft werden können (vgl. § 38 Abs. 3 UVollzG Bln ua außer Hmb.); § 18 Abs. 3 JVollzGB BW II; Art. 19 Abs. 4 BayUVollzG (Verweisung)). Diese Regelung ist mit **datenschutzrechtlichen** Grundsätzen wie auch mit der **Unschuldsvermutung** nicht ohne weiteres vereinbar. **63c**

Der Schriftwechsel des U-Gefangenen mit **Verteidigern** (vgl. näher BGH StV 2015, 341 (zum allg. StR); speziell betr. Bußgeldbescheid (§ 115 Abs. 1 OWiG) trotz Befugnis zur Weitergabe OLG Karlsruhe NStZ-RR 2014, 224 (Freispruch, betr. allg. U-Haftvollz)) sowie mit Rechtsanwälten und Notaren in einer den Gefangenen betreffenden Rechtssache darf **nicht überwacht** werden (vgl. § 37 Abs. 2 UVollzG Bln., Sachs. und SchlH, Hmb. § 25 Abs. 2 HmbUVollzG); soweit Rechtsanwälte und Notare ausgenommen sind (vgl. etwa § 37 Abs. 2 UVollzG Bln ua (außer den vorgenannten Ländern), § 22 S. 1 UVollzG NRW iVm § 26 Abs. 3 StVollzG NRW; § 17 Abs. 2 JVollzGB BW II (Einschränkungen)), wird auf → Rn. 59 verwiesen. Betreffend Regelungen, denen zufolge sich eine (gar auch heimliche) Haftraumkontrolle zwar auf die „Sichtkontrolle" von Schreiben der vorgenannten Personen erstrecken darf, ohne dass dabei aber vom Inhalt Kenntnis genommen werden darf (so § 44 Abs. 5 SachsUVollzG, § 44 Abs. 4 SchlHUVollzG; anders § 44 Abs. 1 S. 5 UVollzG Bln: „in Gegenwart"), lässt sich die zweitgenannte Voraussetzung schwerlich verlässlich einhalten (vgl. zu Nachw. → § 92 Rn. 59). – Auch der Schriftverkehr des U-Gefangenen mit bestimmten **öffentlichen Stellen** (zB Petitionsausschuss, **64**

Ausschuss für Menschenrechte bzw. Ausschuss gegen Folter und andere grausame, unmenschliche oder erniedrigende Behandlung oder Strafe (jeweils Vereinte Nationen), Europäische Kommission gegen Rassismus und Intoleranz) einschließlich von deren Antworten, sofern die Identität des Absenders zweifelsfrei feststeht, wird nicht überwacht (vgl. § 37 Abs. 3 S. 1–4 UVollzG Bln ua (§ 25 Abs. 3 HmbUVollzG; zur subsidiären Sichtkontrolle § 37 Abs. 3 S. 3 UVollzG Bln); § 17 Abs. 3 JVollzGB BW II; Art. 19 Abs. 3 BayUVollzG (Verweisung); vgl. im Übrigen → Rn. 126 ff.).

65 **c) Anhalten von Schreiben.** Bzgl. der Befugnis, aus bestimmten, **abschließend** genannten **Gründen,** Schreiben anzuhalten (vgl. → Rn. 61), sieht Nds. eine ausschließliche Zuständigkeit des Gerichts vor (vgl. § 147 Abs. 1 S. 1 JVollzG Nds (Hs. 2 erst durch ÄndG v. 20.2.2009 eingefügt, GVBl. 32)), allerdings reicht hiernach bereits, dass es „die Ordnung" der VollzAnstalt erfordert. Hinsichtlich des mit „Aufgaben des U-Vollzugs" umschriebenen Grundes (§ 39 Abs. 1 Nr. 1 UVollzG Bln ua (Hmb. § 26 Abs. 1 Nr. 1)) geht es um die Kooperation mit der Strafjustiz (vgl. dazu aber → Rn. 14, 15) und betrifft etwaige Erkenntnisse zu den Haftgründen, über die Gericht oder Staatsanwaltschaft noch nicht verfügen; dies könnte zB auch für die Soll-Vorschrift gelten, „wenn der Kontakt geeignet ist, auf eine extremistische Verhaltensweise hinzuwirken" (§ 27 Abs. 3 Nr. 1 UVollzG Hess. (eingef. durch Gesetz v. 30.11.2015)). Gemäß § 39 Abs. 1 Nr. 3 UVollzG Bln ua (§ 26 Abs. 1 Nr. 4 HmbUVollzG), § 19 Abs. 1 Nr. 4 JVollzGB BW II gilt – die Unschuldsvermutung tangierend – als Grund „grobe Beleidigungen", obwohl dies im sonstigen privaten Schriftverkehr (innerhalb enger Sphäre) rechtlich neutral ist und gerade während der U-Phase das psychische Bedürfnis nach einschlägigen Formulierungen oftmals anwächst, und zwar tendenziell erhöht bei jungen U-Gefangenen (vgl. ergänzend → § 92 Rn. 94). Zumindest Briefe an nahe Angehörige dürfen grundsätzlich nicht wegen als „unsachlich" oder „beleidigend" beurteilter Passagen angehalten werden (vgl. schon BVerfGE 42, 237; näher Arloth ZIS 2010, 263 ff.).

65a Immerhin ist die Möglichkeit eingeräumt, ein Begleitschreiben zur **Gegendarstellung** (nach Begr. RefE BbgUVollzG, 34: „Richtigstellung") beizufügen (vgl. § 39 Abs. 2 UVollzG Bln, § 26 Abs. 2 HmbUVollzG, § 19 Abs. 2 JVollzGB BW II; Art. 20 Abs. 4 BayUVollzG (Verweisung)), wenn Schreiben des U-Gefangenen (nach der Version der Anstaltsleitung) falsche Darstellungen von den Anstaltsverhältnissen aufweisen.

65b Wird ein Schreiben angehalten, so ist der U-Gefangene davon zu **unterrichten,** indes kann hiervon (vorübergehend) abgesehen werden, „wenn und solange" es die Aufgabe des U-Vollzugs erfordert (§ 39 Abs. 3 S. 2 UVollzG Bln, § 26 Abs. 3 HmbUVollzG, § 19 Abs. 3 S. 2 JVollzGB BW II; § 42 Abs. 3 S. 2 JVollzGB LSA; ohne Einschränkung, aber auch ohne Zeitangabe, Art. 20 Abs. 2 BayUVollzG). – Um eine nachträgliche gerichtliche Überprüfung der Rechtmäßigkeit des Anhaltens zu ermöglichen, bedarf es einer **Dokumentation** und **Begründung.**

4. Telefonischer bzw. elektronischer Kontakt

66 **a) Telefongespräche.** Diesbezüglich räumen die gesetzlichen Regelungen nur einen Anspruch auf fehlerfreie Ermessensausübung Ggü. der Anstalt

ein (vgl. § 19 S. 1 UVollzG NRW iVm § 24 Abs. 1 StVollzG NRW; § 40 S. 1, 2 UVollzG Bln ua (MV Abs. 1 S. 1, 2 UVollzG M-V; als Soll-Vorschrift aber Hmb. § 27 Abs. 1 S. 1 HmbUVollzG); § 69 Abs. 1 iVm § 20 Abs. 1 JVollzGB BW II; s. zu § 148 VollzG Nds Barkemeyer FS 2009, 29 (Zunahme der Erteilung allg. Telefonerlaubnisse, Mithören weniger häufig); modifiziert Art. 21 Abs. 1 BayUVollzG). Generell wird eine Versagung oder eine für den Außenkontakt wesentliche Beschränkung – auch im Lichte der Unschuldsvermutung – nur dann mit dem Grundsatz der Verhältnismäßigkeit zu vereinbaren sein, wenn konkrete Anhaltspunkte für eine Gefährdung von Sicherheit und Ordnung der Anstalt vorliegen. – Eher unbestimmt und mit der Unschuldsvermutung schwerlich vereinbar verhält sich die Kann-Vorschrift des § 36 Abs. 1 S. 3 SächsUVollzG betr. ein Untersagen von Gesprächen mit Personen, die „Opfer der Straftaten" waren.

Ist die **Überwachung** angeordnet, so teilt die VollzAnstalt oder der U-Gefangene dies dem Gesprächspartner unmittelbar nach Herstellung der Verbindung mit, den U-Gefangenen informiert die VollzAnstalt „rechtzeitig vor Beginn" des Telefonats über Überwachung und bevorstehende Mitteilung an den Dritten (vgl. § 40 S. 3, 4 UVollzG Bln, § 40 Abs. 1 S. 3 UVollzG M-V, § 27 Abs. 1 S. 4 HmbUVollzG, § 36 Abs. 1 S. 4 SächsU-VollzG; § 20 Abs. 2 S. 2 JVollzGB BW II; Art. 21 Abs. 2 S. 2 BayUVollzG (Verweisung); § 19 S. 1 UVollzG NRW iVm § 24 Abs. 2 S. 2 StVollzG NRW). Indes ist die Mitteilungspflicht Ggü. dem Gesprächspartner, die mit dessen Interessen begründet wird, im Hinblick auf Schutzinteressen des U-Gefangenen einwandbehaftet (grds. zu datenschutzgerechter Insassen-Telefonie Körffer FS 2015, 323; vgl. auch → Rn. 119). – Hingegen hat der U-Gefangene ein Recht auf **unüberwachte** Telefongespräche mit dem **Verteidiger** (zur Unzulässigkeit der Versagung wegen mutmaßlichen Missbrauchs BGH NStZ 2011, 592; zu etwa zulässiger Anwesenheit Bediensteter (nur) in extremer Fallkonstellation BGH StV 1999, 39 mablAnm Lüderssen StV 1999, 490). 67

Die Kosten hat der U-Gefangene selbst zu tragen (§ 40 S. 1 UVollzG Bln, § 40 Abs. 1 S. 1 UVollzG M-V, § 27 Abs. 1 S. 1 HmbUVollzG (jeweils ohne Ausnahme)). Wie betr. den Schriftverkehr (vgl. → Rn. 61, 63) kann die Anstalt nur in begründeten Ausnahmefällen die Kosten in angemessenem Umfang übernehmen (vgl. § 40 Abs. 2 UVollzG Bln, § 16 Abs. 4 S. 2 UVollzG NRW; § 20 Abs. 3 JVollzGB BW II; ähnlich Begr. RefE BbgU-VollzG, 35). 68

b) Mobilfunkgeräte. Diese werden seither nur eingeschränkt (vgl. § 22 Abs. 1 JVollzGB BW I; § 40 Abs. 2 UVollzG M-V (als Ausnahmen); vgl. aber zur Höhe BVerfG NJW 2018, 144, betr. allg. StVollz) bzw. gar nicht (§ 40 Abs. 2 BremUVollzG und § 40 SächsUVollzG, § 28 Abs. 4 S. 1 HessUVollzG, § 36 Abs. 4 SächsUVollzG) zugelassen, da eine Überwachung zumindest erschwert wäre. Tatsächlich lässt sich das Verbot nur begrenzt durchsetzen. Disziplinarrechtliche Reaktionen berühren den Angleichungsgrundsatz (vgl. → Rn. 37). 69

Zur Regelung der **Störung** von **Frequenzen** vgl. § 27 Abs. 2 S. 1 HmbUVollzG, § 40 Abs. 3 S. 1 Nr. 3 BremUVollzG, § 40 Abs. 3 S. 1 Nr. 3 UVollzG M-V; § 36 Abs. 5 SächsUVollzG; § 28 Abs. 4 S. 2 HessU-VollzG; Art. 21 Abs. 4 BayUVollzG (Verweisung). 69a

VII. Freizeit, Religionsausübung, Gesundheit

1. Freizeit

70 Im Bereich der Freizeitgestaltung haben Angebote für sportliche Betätigung ebenso wie für die Beschäftigung in kulturellen Bereichen zentrale Bedeutung (vgl. auch → § 92 Rn. 96 ff.), damit die jungen U-Gefangenen (eigene, als positiv beurteilte) Neigungen und Begabungen entwickeln können. Wegen der Unschuldsvermutung dürfen die jungen U-Gefangenen aber nicht zur Teilnahme an den Freizeitangeboten verpflichtet werden (anders § 128 Abs. 2 S. 1 JVollzG Nds), hingegen verlangen § 73 Abs. 1 S. 2 UVollzG Bln ua, § 79 Abs. 1 S. 2 HmbUVollzG, § 76 S. 1 JVollzGB BW II, Art. 30 Abs. 2 S. 2 BayUVollzG, sie zur Teilnahme und Mitwirkung zu motivieren.

71 **a) Angebote.** Die VollzEinrichtungen sind verpflichtet, „geeignete Angebote" vorzuhalten (vgl. § 73 Abs. 1 S. 1 UVollzG Bln, § 79 Abs. 1 S. 1 HmbUVollzG, § 76 S. 2 JVollzGB BW II; vgl. aber § 14 Abs. 1 S. 2 UVollzG NRW: Soll-Vorschrift; eher unbestimmt Art. 31 BayUVollzG). Gemäß § 73 Abs. 3 S. 2 UVollzG Bln, § 79 Abs. 3 S. 2 HmbUVollzG, § 76 S. 2 JVollzGB BW II, § 51 S. 2 HessUVollzG muss Gelegenheit zu **sportlicher** Betätigung (wohl mit Sportgeräten ausgestattete Räume bzw. Außenspielfelder) in einem Mindestangebot von zwei (nach § 39 UVollzG NRW iVm § 38 S. 2 JStVollzG NRW: drei, gem. § 73 Abs. 3 SächsUVollzG vier) Stunden wöchentlich bereitgestellt werden. Nach § 67 Abs. 2 UVollzG Bln ua (spezieller § 77 Abs. 2 HmbUVollzG), § 35 Abs. 2 UVollzG NRW sollen altersgemäße Beschäftigungs-, Bildungs- und Freizeitmöglichkeiten angeboten werden. Im Einzelnen kommt eine Vielzahl von Beschäftigungen in Betracht (zB Lesen, Diskussions- und Arbeitsgruppen, musische Aktivitäten, Basteln, etc (vgl. etwa schon Zirbeck, Die U-Haft bei Jugendlichen und Heranwachsenden, 1973, S. 60 ff.)). Nach § 78 Abs. 1 S. 2 UVollzG Bln ua (nicht Bremen, MV, Saarl., Sachs., SchlH; vgl. demgegenüber noch Nr. 45 Abs. 1 UVollzO), § 22 Abs. 2 S. 1 HessUVollzG muss eine Bibliothek vorgehalten werden, nach § 65 Abs. 1 S. 2 BbgJVollzG (ebenso § 63 Abs. 1 S. 2 JVollzGB LSA) eine Mediathek. – Verschiedentlich wird die Förderung der „sittlichen und geistigen Entwicklung" empfohlen (vgl. vormals etwa Dallinger/Lackner § 93 Rn. 30), wobei indes zumindest die Unschuldsvermutung zu wahren ist.

72 **b) Zeitungen, Zeitschriften.** Die U-Gefangenen können – vorbehaltlich der Erforderlichkeit einer Vorenthaltung aufgrund verfahrenssichernder Anordnungen – in Ausübung des Grundrechts der Informationsfreiheit **(Art. 5 Abs. 1 GG)** frei darüber entscheiden, welche Zeitungen und Zeitschriften sie auf eigene Kosten beziehen wollen, soweit deren Verbreitung nicht mit Strafe oder Geldbuße bedroht ist (vgl. § 27 Abs. 1, Abs. 2 S. 1 UVollzG Bln ua; § 22 Abs. 2 S. 4 HessUVollzG). Teilweise ist ein Vorenthalten auch zulässig, wenn die Sicherheit oder Ordnung der Anstalt erheblich gefährdet würde (§ 37 Abs. 2 S. 2 HmbUVollzG; Art. 36 BayUVollzG (Verweisungen); nach §§ 42, 40 Abs. 2 JVollzGB BW II gar bei bloßer Gefährdung). – Streitig ist, ob gefährdende Postsendungen in weiterem Umfang angehalten werden dürfen als bei Erwachsenen (bejahend

OLG Stuttgart NJW 1974, 759 betr. pornographische Zusendungen an Heranwachsende mit abl. Bespr. Schneider NJW 1974, 1207; vgl. aber auch Diemer/Schatz/Sonnen/Diemer Rn. 23: Frage des Einzelfalls).

Soweit ein oder mehrere Artikel als die Sicherheit oder Ordnung der Anstalt erheblich gefährdend beurteilt werden, gilt eine Vorenthaltung der gesamten Ausgabe – dh nicht nur dieser Artikel – (aus arbeitsökonomischen Gründen) als zulässig (vgl. etwa § 27 Abs. 2 S. 2 UVollzG Bln, § 37 Abs. 2 S. 2 HmbUVollzG; vgl. aber auch § 22 Abs. 2 S. 5 HessUVollzG). 72a

c) Geräte. Die Erlaubnis, ein eigenes (es kann sich auch um gemietete oder geliehene Geräte handeln, vgl. nur Begr. RefE UVollzG NRW, 112) **Radio-** oder **Fernseh**gerät in dem Haftraum zu besitzen und zu nutzen, ist gem. dem Grundrecht auf Informationsfreiheit **(Art. 5 Abs. 1 S. 1 GG)** idR zu erteilen (vgl. nur § 14 Abs. 2 UVollzG NRW; betr. Fernsehgerät LG Offenburg NStZ 2007, 229; vern. aber zu Flachbildschirmgerät wegen Multimediafunktionen OLG Hamm NStZ 2009, 578 (betr. allg. StR); vgl. auch (vormals) Nr. 40 Abs. 2, 85 S. 2 UVollzO). Eine vorübergehende Aussetzung oder Untersagung des Empfangs ist zulässig, wenn dies zur Umsetzung einer verfahrenssichernden Anordnung oder aus Gründen der Sicherheit oder Ordnung der Anstalt unerlässlich ist (vgl. § 28 S. 2 UVollzG Bln ua (nach Begr. RefE BbgUVollzG, 27 „nur in seltenen Ausnahmesituationen"); §§ 41 Abs. 1, 40 Abs. 2 JVollzGB BW II). 73

Hinsichtlich **elektronischer Medien** (vgl. zur Erlaubnis nach Maßgabe der Anstalt etwa § 14 Abs. 3 S. 1 UVollzG NRW (vgl. betr. CD-Player und Lernprogramme in elektronischer Form schon Begr. RefE, 112); zur Voraussetzung, dass verfahrenssichernde Anordnungen oder Gründe der Sicherheit oder Ordnung der Anstalt nicht entgegenstehen vgl. abstufend § 59 Abs. 2 S. 1 bzw. 4, Abs. 4 S. 1 JVollzGB LSA) macht § 73 Abs. 2 UVollzG Bln die Zulassung auch davon abhängig, dass „erzieherische Gründe" nicht „entgegenstehen" (vgl. nur Bln. § 71 Abs. 2 UVollzG Bln; vgl. aber → § 92 Rn. 99), und nach Art. 36 BayUVollzG (Verweisung) sind nur solche elektronischen Unterhaltungsmedien zugelassen, die „pädagogischen Wert" haben. Zwar wohnt der Regelung teilweise eine sachliche Begründung inne, jedoch steht sie wegen der begrifflichen Unbestimmtheit dem Grundsatz erzieherischer Klarheit und Transparenz entgegen, zumal die Gefahr des Einsatzes als verdeckte Disziplinarmaßnahme (vgl. § 75 Abs. 5 iVm § 61 Abs. 1 Nr. 5 UVollzG Bln, § 83 Abs. 4 iVm § 65 Abs. 1 Nr. 5 HmbUVollzG) nicht zu verkennen ist. 74

Die **Kann-Vorschrift** der **Beteiligung** an den Betriebs**kosten** (vgl. § 14 Abs. 5 UVollzG NRW; § 15 Abs. 6 UVollzG Bln (vgl. auch § 38 Abs. 1 S. 2 HmbUVollzG Umkehrschluss); wohl auch § 21a Abs. 2 HessUVollzG) trägt teilweise eine sachliche Begründetheit in sich, ist jedoch wegen ihrer Unbestimmtheit nicht geeignet, ein Verhältnis der Verlässlichkeit entstehen zu lassen (krit. im Übrigen Ostendorf/Rose SchlHA 2009, 207). 74a

2. Religionsausübung

Hinsichtlich **Seelsorge, Religiöser Veranstaltungen** und **Weltanschauungsgemeinschaften** (vgl. Art. 12 Abs. 5 Unterab. 1 Lit. e RL (EU) 2016/800) entsprechen §§ 29–31 UVollzG Bln, §§ 22–24 JVollzGB BW, Art. 42 BayUVollzG, § 15 UVollzG NRW (jeweils Verweisung) den 75

Regelungen der §§ 53–55 StVollzG bzw. der StVollzGe der Länder, wenngleich Abw. hiervon der Ausschluss von der Teilnahme am Gottesdienst oder anderen religiösen Veranstaltungen auch zur Umsetzung einer verfahrenssichernden Anordnung zulässig ist.

3. Gesundheit

76 **a) Aufenthalt im Freien.** Zur Gesundheitsvorsorge ist den U-Gefangenen der Aufenthalt im Freien von **mindestens einer Stunde** täglich zu ermöglichen (vgl. § 20 Abs. 2 UVollzG Bln, § 16 Abs. 3 HessUVollzG, § 23 Abs. 2 UVollzG NRW), gem. § 77 JVollzGB BW II, Art. 38 BayUVollzG iVm Art. 151 Abs. 4 BayStVollzG an arbeitsfreien Tagen zwei Stunden. Zudem ist, zumindest soweit die Hafträume nicht über warmes Wasser verfügen, auch ohne gesetzliche Regelung die Möglichkeit zu mehrfach wöchentlichem Duschen angezeigt.

77 **b) Ärztliche Kontrolle.** Für die medizinische Versorgung (zu *Zwangs*maßnahmen → Rn. 23) gilt das aus dem Sozialstaatsgebot **(gem. Art. 20 Abs. 1 GG)** abgeleitete „Äquivalenzprinzip", wonach die **medizinischen Leistungen** im vollzuglichen Gesundheitswesen grundsätzlich *gleichwertig* mit den Leistungen an die gesetzlich Krankenversicherten sein müssen (vgl. § 22 Abs. 1 S. 2 UVollzG Bln, § 24 Abs. 1 UVollzG NRW iVm § 45 StVollzG NRW, § 26 Abs. 1 S. 3 JVollzGB BW II). Die landesgesetzlichen Vorschriften erstrecken diesen Anspruch der U-Gefangenen auf Vorsorgeuntersuchungen und die Versorgung mit Hilfsmitteln (vgl. etwa § 22 Abs. 2, Abs. 3 UVollzG Bln; einschr. Art. 38 BayUVollzG iVm Art. 151 Abs. 2, zugunsten Minderjähriger aber iVm § 151 Abs. 1 S. 2 BayStVollzG; anders § 26 Abs. 2 JVollzGB BW II). Mit Blick auf Art. 8 Abs. 1 RL (EU) 2016/800 ist dabei sicherzustellen, dass **unverzüglich** nach Beginn der Freiheitsentziehung eine erste vorsorgliche medizinische Untersuchung erfolgt.

77a Dem Äquivalenzprinzip entspr. soll sich die **Kostenbeteiligung** oder -übernahme grds. an den Regelungen für gesetzlich Versicherte außerhalb des Vollzugs orientieren (§ 22 Abs. 4, 5 UVollzG Bln ua (zu teilweiser Freistellung § 80 HmbUVollzG); vgl. auch § 24 Abs. 1 UVollzG NRW iVm § 45 StVollzG NRW (§ 39 UVollzG NRW e contr: Abw. von § 36 Abs. 1 S. 2 JStVollzG NRW keine Ausnahme bei Minderjährigen); § 26 Abs. 3 S. 1 JVollzGB BW II), es sei denn, die besonderen Umstände der Inhaftierung (zB quartalsweise Erhebung einer „Praxisgebühr") verlangen nach einer abw. Erledigung. – Im Einzelnen kann von diesen Standards allerdings abgewichen werden (vgl. § 45 Abs. 2 S. 2 UVollzG NRW (wie § 65 Abs. 2 S. 2 JStVollzG NRW): Bedienstete des allg. Vollzdienstes als *Pfleger*).

77b Hinsichtlich *Verköstigung* (zur Selbstverpflegung noch Nr. 50 Abs. 2 UVollzO) ist die Einhaltung ärztlich angeordneter, medizinisch erforderlicher Besonderheiten (§ 18 Abs. 1 S. 2 UVollzG Bln ua, § 12 S. 2 UVollzG NRW) ebenso zu beachten wie die Ermöglichung dessen, religiöse Speisevorschriften derjenigen Religionsgemeinschaft zu befolgen, der der U-Gefangene angehört (vgl. § 18 Abs. 1 S. 3 UVollzG Bln, § 12 S. 3 UVollzG NRW; § 11 Abs. 1 JVollzGB BW II (Soll-Vorschrift)); nach § 18 Abs. 1 S. 4 UVollzG Bln. sind zudem „geschlechtsspezifische Unterschiede in der Ernährungsweise" zu berücksichtigen. Soweit in der Praxis ein **ärztliches**

Einkaufsverbot von Nahrungs- und Genussmitteln (vgl. auch → Rn. 62) wegen der Befürchtung, der U-Gefangene könnte seine Gesundheit ernsthaft gefährden, verhängt wird, bereitet eine Rechtfertigung mitunter Schwierigkeiten (s. etwa Seebode, Der Vollzug der U-Haft, 1985, S. 159 f.).

In der Regel als Soll-Vorschrift ist vorgesehen, U-Gefangenen auf Antrag und – zur Vermeidung nicht auszuschließenden Missbrauchs – nach Anhörung des ärztlichen Dienstes der Anstalt Gelegenheit zu geben, sich von einer externen Ärztin oder einem externen **Arzt eigener Wahl** auf eigene Kosten beraten zu lassen (vgl. § 22 Abs. 6 UVollzG Bln, § 30 Abs. 1 JVollzGB BW, § 17 Abs. 5 S. 1 HessUVollzG; s. aber § 22 Abs. 5 S. 1 SächsUVollzG: Muss-Vorschrift, hingegen § 23 Abs. 3 UVollzG NRW, Art. 25 Abs. 2 S. 1 BayUVollzG: nur Kann-Vorschrift; vgl. auch § 154 Abs. 2 JVollzG Nds). Allerdings soll die Konsultation in der Anstalt stattfinden, da (allein) der Wunsch nach wahlärztlicher Beratung kein wichtiger Anlass für eine Ausführung sei (zw.). 78

Zudem *kann* in den meisten Ländern die Erlaubnis versagt werden, wenn der U-Gefangene den anstaltsärztlichen Dienst und die Wahlärztin oder den Wahlarzt nicht wechselseitig von der *Schweigepflicht entbindet* (vgl. etwa § 22 Abs. 6 S. 2 UVollzG Bln ua (außer Hmb. und Sachs.); § 30 Abs. 2 JVollzGB BW II; Art. 25 Abs. 2 S. 3 BayUVollzG; als Muss-Vorschrift aber § 23 Abs. 3 S. 2 UVollzG NRW, ebenso § 17 Abs. 5 S. 2 HessUVollzG), womit „ein mögliches Ausspielen" (vormals Begr. RefE UVollzG NRW, 125) des ärztlichen Anstaltsdienstes gegen eine Ärztin oder einen Arzt eigener Wahl verhindert bzw. eine uneingeschränkte Abstimmung zwischen Wahl- und Anstaltsarzt ermöglicht werden soll. Demgegenüber steht die Entscheidungsbefugnigs über *personenbezogene Daten* grundsätzlich dem Betroffenen zu, und demgemäß hat er ein Recht darauf, dass die dem Arzt bekannt gewordenen Daten geheim bleiben (vgl. zu Art. 8 EMRK auch EGMR 2.6.2009 – 36936/05 Rn. 48 ff.: Überwachung der Korrespondenz eines schwerkranken Gefangenen mit einem externen Arzt unzulässig). Daher darf die Wahl zB dann nicht versagt werden, wenn eine spezialärztliche Behandlung erforderlich ist oder wenn kein ungestörtes Vertrauensverhältnis zu dem ärztlichen Dienst vorliegt bzw. zu erwarten ist. 78a

Grundsätzlich besteht – wenn auch ggf. unter Abwägung ggü. Belangen der ärztlichen Aufgaben – ein Recht auf **Einsicht** in die **Krankenakten** einschließlich ärztlicher Wertungen (vgl. auch zu Krankenblättern § 156 Abs. 7 JVollzG LSA; zur Rspr. OLG Brandenburg StraFo 2008, 154 f. (betr. allg. StR); vgl. im Übrigen zum allg. StVollz BVerfG, 2. K. des 2. S., NJW 2017, 1014 = FS 2017, 143 mAnm Goerdeler; zum Maßregelvollzug BVerfG NJW 2006, 1116). 79

c) Versorgung anderenorts. Ist eine fachgerechte Behandlung oder Versorgung des U-Gefangenen innerhalb der VollzAnstalt nicht möglich, so kann die Anstaltsleitung ersatzweise ein geeignetes anderes Vorgehen anordnen, allerdings – abgesehen von Fällen mit aus medizinischen Gründen bestehender Eilbedürftigkeit – erst, nachdem sie dem Gericht und der Staatsanwaltschaft nach Möglichkeit Gelegenheit zur Stellungnahme gegeben hat (vgl. § 23 Abs. 3 S. 1 UVollzG Bln ua; anders § 27 Abs. 3 JVollzGB BW II, § 24 Abs. 2 UVollzG NRW: zu unterrichten). Zum einen ist die Ausführung des U-Gefangenen oder seine Verbringung in ein **Krankenhaus außerhalb** des Vollzugs zulässig (vgl. etwa § 23 Abs. 2 UVollzG Bln, § 27 Abs. 2 80

JVollzGB BW II; Art. 9 Abs. 2 BayUVollzG (Verweisung); § 24 Abs. 1 UVollzG NRW iVm § 46 Abs. 2 StVollzG NRW). Zum anderen ist eine vollzugsinterne **Verlegung** oder **Überstellung** in eine andere, etwa aus personellen oder baulichen Gründen eher geeignete Anstalt oder in ein Vollzugskrankenhaus zulässig (vgl. § 23 Abs. 1 UVollzG Bln, § 27 Abs. 1 JVollzGB BW II; § 24 Abs. 1 UVollzG NRW iVm § 46 Abs. 1 StVollzG NRW); solchenfalls ist bei längerem Aufenthalt dem U-Gefangenen Gelegenheit zu geben, Angehörige oder eine Vertrauensperson über die Maßnahme zu informieren, soweit keine verfahrenssichernde Anordnung entgegensteht (vgl. § 23 Abs. 3 S. 2, § 7 Abs. 4 UVollzG Bln).

VIII. Unterricht und Ausbildung, Arbeit, Gelder

1. Schul- und Berufsausbildung

81 Für U-Gefangene *sollen* Einrichtungen zur schulischen und beruflichen Bildung sowie Arbeitsbetriebe vorgehalten werden (vgl. § 78 Abs. 1 UVollzG Bln, § 75 Abs. 2 JVollzGB BW II). – Die auch in Art. 12 Abs. 5 Unterab. 1 Lit. b RL (EU) 2016/800 eingeforderte Bereitstellung der Angebote bezüglich Bildung, Arbeit und Freizeitbeschäftigung ist organisatorisch wegen der im Vergleich zum Vollzug der JStrafe unbestimmten und meist kürzeren Dauer des U-Vollzugs eher kompliziert. Die meisten Landesgesetze sehen vor, dass die Beschäftigung sowie die Bildungsangebote unter bestimmten Voraussetzungen auf *private* Einrichtungen und Betriebe (vgl. etwa § 78 Abs. 2 UVollzG Bln ua (insoweit nicht Hmb.); vgl. auch Art. 30 Abs. 6 BayUVollzG) bzw. auf vertraglich verpflichtete Personen (§ 43 Abs. 1 S. 2 UVollzG NRW) übertragen werden können, wobei die notwendige Aufsicht über U-Gefangenen bei der VollzAnstalt verbleibt.

82 **a) Allgemeines.** Sämtliche Landesgesetze gewährleisten für **schulpflichtige** U-Gefangene allg.- oder berufsbildenden Unterricht in Anlehnung an die für öffentliche Schulen geltenden Bestimmungen (vgl. § 71 Abs. 1 UVollzG Bln ua (einschr. § 77 Abs. 1 HmbUVollzG: „nach Möglichkeit"); § 35 Abs. 3 UVollzG NRW; § 75 Abs. 1 JVollzGB BW II; einschr. Art. 33 Abs. 1 BayUVollzG; vgl. aber zum Anteil Nichtbeschulter schriftliche Befragung von Villmow ua DVJJ 2012). Nach mehreren Landesgesetzen können *nicht mehr* schulpflichtige, aber noch minderjährige U-Gefangene – was nicht unbedenklich ist (vgl. etwa → Rn. 30, 85, 100) – zur Teilnahme an Bildungs- oder Fördermaßnahmen *verpflichtet werden* (vgl. § 71 Abs. 2 UVollzG Bln ua (außer Hmb.); § 75 Abs. 3 JVollzGB BW II; Art. 33 Abs. 2 BayU-VollzG). Volljährigen jungen U-Gefangenen soll die Teilnahme an Bildungs- oder Fördermaßnahmen angeboten werden (§ 71 Abs. 3 UVollzG Bln ua (einschr. Bremen, MV, RhPf, Saarl.: „nach Möglichkeit"); § 75 Abs. 2 JVollzGB BW II), eine Regelung, die besonders für U-Gefangene mit erheblichen Bildungsdefiziten förderlich sein kann. Gleichfalls gebietet es die Fürsorgepflicht, U-Gefangenen die Teilnahme an erforderlichen *Deutschkursen* zu ermöglichen. – Jungen U-Gefangenen, die weder Bildungs- noch Förderangebote wahrnehmen, soll nach Möglichkeit Arbeit oder sonstige Beschäftigung angeboten werden (§§ 71 Abs. 4, 24 Abs. 2 UVollzG Bln ua), nicht jedoch dürfen sie (vgl. näher → Rn. 84) „aus erzieherischen

Gründen" zur Arbeit verpflichtet werden (so aber § 161 Abs. 1 S. 1 JVollzG Nds, Art. 33 Abs. 3 BayUVollzG).

b) Einschränkungen. Insgesamt sind die Möglichkeiten wegen der Kürze der Zeit und der Fluktuation der Betroffenen im U-Vollzug begrenzt (vgl. ergänzend Lang ZStrVo 2001, 152; näher zur Handhabung auch Güttler FS 2016, 95). Längerdauernde Bildungsmaßnahmen können hier idR nicht durchgeführt werden (für den Unterrichtsinhalt „Werte" vormals Dallinger/Lackner § 93 Rn. 29). Es kann aber die Notwendigkeit für weitere Bildungsmaßnahmen festgestellt werden, der Jugendliche kann informiert, beraten und motiviert, und die Durchführung dieser Maßnahmen kann organisatorisch vorbereitet werden (s. dazu schon JStVollzKomm S. 63; vgl. auch Bernhardt ZfStrVo 1984, 82). 83

2. Arbeit

a) Unzulässigkeit einer Verpflichtung. Entgegen Nr. 80 Abs. 2 S. 1 der (vormaligen) UVollzO, die eine Arbeitspflicht aus erzieherischen Gründen vorsah, ist sie aus **verfassungsrechtlichen** Gründen im Hinblick auf die Unschuldsvermutung (Art. 6 Abs. 2 EMRK) und auf Art. 12 GG (vgl. etwa schon AG Zweibrücken NJW 1979, 1557; AG Hamburg NStZ 1985, 288; Paeffgen NStZ 1989, 422; Laubenthal/Baier/Nestler JugendStrafR Rn. 340; Molketin/Jakobs ZfStrVo 1982, 325; Bottke BMJ 1987, 75) unzulässig (ausdrücklich §§ 48 Abs. 4, 20 Abs. 1 HessUVollzG; anders aber Art. 33 Abs. 3 BayUVollzG, § 161 Abs. 1 S. 1 NdsVollzG (jeweils bei erzieherischer Begr.)). Im Übrigen ist selbst eine erzieherische Begründung nicht realistisch, weil pädagogisch sinnvolle Arbeit im U-Vollzug in größerem Umfang nicht eingeführt ist (Ansätze zB betr. JVA Bln. bei Trenczek, Freiheitsentzug bei jungen Straffälligen/Fiedler, 1993, S. 133) bzw. werden kann (JStVollzKomm S. 64; Eisenberg/Tóth GA 1993, 315 f.; s. aber zu „Arbeitstherapie" Seebode ZfStrVo 1990, 208). Auch würde eine Arbeitspflicht nicht allein unter der Annahme gerechtfertigt werden können, dass eine anspruchslose Tätigkeit ohne erzieherischen Wert (für U-Haft im Allg. berichtete Jehle, U-Haft zwischen Unschuldsvermutung und Wiedereingliederung, 1985, S. 203 f. von einfachen oder einfachsten Tätigkeiten) immerhin besser als völlige Untätigkeit sei (so aber Zirbeck, Die U-Haft bei Jugendlichen und Heranwachsenden, 1973, S. 59). 84

b) Arbeitsangebote. Jedoch gebietet es die Fürsorgepflicht, arbeitswilligen U-Gefangenen nach Möglichkeit die Gelegenheit zur Arbeit oder Beschäftigung anzubieten, allerdings unter von der Anstalt festgelegten Bedingungen (vgl. etwa § 24 Abs. 2 S. 1–3 UVollzG Bln, § 34 Abs. 2 S. 1 JVollzGB BW II), ohne dass zweifelsfrei wäre, ob die VollzAnstalt die Betroffenen dazu motivieren darf (so aber § 35 Abs. 2 S. 2 UVollzG NRW: „ist zu wecken und zu fördern", nebst Begr. RefE, 152), die Angebote anzunehmen. Indes ist wohl davon auszugehen, dass (bezahlte bzw. nicht bezahlte) *Selbstbeschäftigung,* die von Nr. 44 UVollzO (vgl. auch § 119 Abs. 4 StPO aF: „Beschäftigungen sich verschaffen") grundsätzlich vorgesehen war, unbeschadet der Nichterwähnung in den meisten der Landesgesetze – anders § 161 Abs. 1 S. 2 JVollzG Nds, § 34 Abs. 5 JVollzGB BW II – zuzulassen ist, und zwar schon um eine erhebliche Schlechterstellung ggü. JStrafgefan- 85 genen zu vermeiden, soweit es mit dem Zweck der U-Haft vereinbar ist und insb. Sicherheit und Ordnung nicht beeinträchtigt.

3. Gelder

86 **a) Arbeitsentgelt.** Arbeitende U-Gefangene erhalten ein Arbeitsentgelt, und sie sind über dessen Höhe schriftlich zu informieren (vgl. etwa § 25 Abs. 4 UVollzG Bln, § 35 Abs. 3 JVollzGB BW II). Das Arbeitsentgelt bestimmt sich (unter Anhebung des Betrags gem. § 177 S. 1 StVollzG aF) in den meisten Ländern in gleichem Maße wie bei JStrafgefangenen (vgl. → § 92 Rn. 123; vgl. auch Art. 12 Abs. 3 BayUVollzG; § 64 Abs. 3 JVollzGB LSA; vgl. für BW ab 1.1.2018 (Die Justiz 2018, 107): 9 % der Eckvergütung, Tagessatz 13,15 EUR; anders §§ 13 Abs. 3 S. 1 UVollzG NRW, § 25 Abs. 2 SchlHUVollzG: 5 % der einschlägigen Bezugsgröße), und je nach Leistung des U-Gefangenen und der Art der Arbeit kann es gestuft werden (§ 25 Abs. 2 S. 1, Abs. 3 S. 1 UVollzG Bln ua; § 75 Abs. 4 S. 1 JVollzGB BW II, § 35 Abs. 2 JVollzGB BW II; § 25 Abs. 3 S. 2 SächsUVollzG bzw. § 25 Abs. 3 S. 2 SUVollzG: mindestens 60 % bzw. grds. 75 % der Eckvergütung); nach keinem Landesgesetz liegt das Arbeitsentgelt in einer Höhe, die Verhältnissen in der Außengesellschaft entspricht, obgleich solches eher mit der Unschuldsvermutung verträglich wäre. – Hinsichtlich der Einbehaltung von **Beitragsanteilen** gelten § 25 Abs. 5 UVollzG Bln ua (nicht Sachs.), § 38 JVollzGB BW II – entsprechend § 195 StVollzG.

86a U-Gefangene, die während der Arbeitszeit an einer **Bildungsmaßnahme** teilnehmen, haben gem. § 25 Abs. 6 UVollzG Bln ua, § 75 Abs. 5 S. 1 JVollzGB BW II einen Anspruch auf Ausbildungsbeihilfe, die sich nach den für das Arbeitsentgelt bestehenden Regelungen (§ 25 Abs. 2–5 UVollzG Bln ua (Hmb. § 32 Abs. 2 HmbUVollzG); Art. 33 Abs. 4 BayUVollzG (Verweisungen)) bestimmt (anders (und reduzierend) aber § 75 Abs. 5 S. 3 JVollzGB BW II, vgl. ab 1.1.2018 (Die Justiz 2018, 107): 5 % der Eckvergütung, Tagessatz 7, 31 EUR).

86b Soweit einzelne Landesgesetze ein erzwungenes Ansparen (Überbrückungsgeld) vorsehen (vgl. § 48 Abs. 4 HessUVollzG, § 161 Abs. 2 VollzG Nds), ist dies mit der Unschuldsvermutung schwerlich vereinbar (vgl. auch AnwK/Kirschke U-Haft UVollzG Bln ua § 71 Rn. 13, 20).

87 **b) Taschengeld.** In mehreren Ländern besteht ein Taschengeld**anspruch** in Höhe von 14 % der Eckvergütung für schuldlos mittellose U-Gefangene (vgl. § 25 Abs. 7 UVollzG Bln ua (nur Kann-Vorschrift MV); § 25 Abs. 6 S. 4 SächsUVollzG; § 68 Abs. 3 BbgJVollzG; § 65 Abs. 3, 4 JVollzGB LSA; nur Kann-Vorschrift § 13 Abs. 5 S. 2 UVollzG NRW: „in Ausnahmefällen"; nur darlehensweise SchlHUVollzG § 25 Abs. 7; verneint gem. § 161 Abs. 1 S. 4 JVollzG Nds, §§ 35 ff., 69 JVollzGB BW II, § 21 HessUVollzG, Art. 33 Abs. 4 BayUVollzG (jeweils Umkehrschluss)), dh wenn ihnen weder Arbeit noch die Teilnahme an einer Beschäftigungsmaßnahme angeboten werden kann und – vom U-Gefangenen darzulegende – „Bedürftigkeit" (§ 25 Abs. 7 S. 1, 2 UVollzG Bln ua) vorliegt. Zwar ist ein vergleichbarer Anspruch (auch) gegen den Träger der Sozialhilfe (vgl. dazu SG Düsseldorf StraFo 2008, 527; SG Köln StV 2016, 822; vgl. auch Hammel ZJJ 2015, 155) geregelt, der aber wegen der oftmals insoweit eher kurzen

Dauer des U-Vollzuges (nach Begr. RefE BbgUVollzG, 26 auch dann, wenn er sich „über Monate“erstreckt) bei unzumutbar langwierigem Schriftwechsel weithin nicht erreichbar ist. – Wegen der Höhe des Taschengeldes (vgl. auch → § 92 Rn. 124) können sich Einwände gem. der Unschuldsvermutung ergeben.

IX. Sicherheit und Ordnung

Es gilt der **Verhältnismäßigkeitsgrundsatz** (vgl. § 42 UVollzG Bln ua, 88
§ 43 Abs. 2 JVollzGB BW II; Art. 42 S. 2 iVm Art. 3 Abs. 4 BayUVollzG – entspr. § 81 Abs. 2 StVollzG).

1. Kontrollbereiche

a) Einzelne Regelungen. Die Landesgesetze sehen (unbeschadet speziel- 88a
ler Verhaltenspflichten) allg. Verhaltensregeln (nach vormaliger Begr. RefE NRW, 132: „allg. Gehorsamspflicht“) vor, so insb. das Verbot, das geordnete Zusammenleben in der Anstalt zu stören (vgl. § 43 Abs. 1 S. 1 UVollzG Bln ua, Art. 42 S. 1 BayUVollzG iVm Art. 88 Abs. 1 S. 2 BayStVollzG). – Auch ist ausdrücklich bestimmt, dass U-Gefangene **Anordnungen** der **Bediensteten** auch dann zu befolgen haben, wenn sie sich durch diese „beschwert fühlen“ (§ 43 Abs. 2 S. 1 UVollzG Bln ua, § 44 Abs. 2 S. 1 JVollzGB BW II; Art. 42 S. 1 BayUVollzG iVm Art. 88 Abs. 2 S. 1 BayStVollzG; vgl. auch § 26 Abs. 3 S. 1 UVollzG NRW); dies betreffe nur rechtmäßige Anordnungen (vormalige Begr. RefE UVollzG NRW, 132), aber unabhängig davon, ob die Betroffenen mit diesen einverstanden sind (vgl. Begr. RefE Bbg., 36). Diese Regelung könnte deshalb nicht konfliktfrei sein, weil U-Gefangene als unschuldig gelten (vgl. Art. 6 Abs. 2 EMRK) und ohne den Anschein zu behandeln sind, sie seien strafrechtlich Verurteilte (§ 4 Abs. 1 S. 2 UVollzG Bln ua, § 1 Abs. 1 UVollzG NRW).

Ferner sind eine Sorgfalts- und Reinigungspflicht des U-Gefangenen 88b
hinsichtlich der Hafträume und der von der Anstalt überlassenen Sachen sowie eine Pflicht vorgegeben, bestimmte Umstände zu melden (vgl. § 43 Abs. 3, 4 UVollzG Bln ua, § 44 Abs. 3, 4 JVollzGB BW II; Art. 42 S. 1 BayUVollzG iVm Art. 88 Abs. 3, 4 BayStVollzG).

In mehreren Ländern ist die Beobachtung des Gebäudes und des Geländes 89
der Anstalt durch **Videokameras** unter der Voraussetzung zulässig, dass dies für die Sicherheit und Ordnung der Anstalt erforderlich ist und die Beobachtung durch Videotechnik zuvor erkennbar gemacht worden ist (vgl. § 46 Abs. 1, 2 UVollzG Bln. ua (Bln. §§ 65, 18 Abs. 3 JVollzDSG Bln; §§ 22, 23 JVollzDSG SH; § 102 Abs. 2 HmbUVollzG im Einzelfall auch durch „versteckt angebrachte“ Einrichtungen; nicht Saarl.); § 27 S. 1 UVollzG NRW iVm § 66 StVollzG NRW; § 54 Abs. 6 S. 1 HessUVollzG; vgl. aber auch § 23 JVollzGB BW I (hier ohne Erkennbarmachung)). Hiernach dürfen ggf. auch Gemeinschaftsräume und Flure videoüberwacht werden. Die Videoüberwachung wird nicht deshalb unzulässig, weil Dritte (zB Bedienstete, Verteidiger, Besucher, Passanten) „unvermeidbar“ betroffen werden können (vgl. § 46 Abs. 2 S. 2 UVollzG Bln ua (§ 102 Abs. 4 HmbUVollzG; vgl. auch §§ 65, 19 JVollzDSG Bln); § 32 Abs. 3 S. 1 JVollzGB BW I), jedoch

bleibt eine Aufzeichnung hinsichtlich Besuchen unzulässig (vgl. § 46 Abs. 2 S. 3 SächsUVollzG).

89a Die Videoüberwachung von **Hafträumen** ist ausgeschlossen (§ 46 Abs. 1 S. 2 UVollzG Bln ua; Bln. §§ 65, 21 JVollzDSG Bln; einschr. § 32 Abs. 1 S. 1 JVollzG BW I; bei „Beobachtung" § 24 Abs. 2–5 JVollzDSG SH). Besonders gesicherte Hafträume hingegen dürfen (nur) gem. speziellerer Vorschriften videoüberwacht werden (vgl. § 49 Abs. 2 Nr. 2 UVollzG Bln (Bln. aber §§ 65, 21 Abs. 2, 23 Abs. 2 JVollzDSG Bln; Hmb. § 54 Abs. 2 Nr. 2 HmbUVollzG; SchlH § 49 Abs. 2 Nr. 5 SchlHUVollzG); § 28 UVollzG NRW iVm § 69 Abs. 4 StVollzG NRW (nach S. 3 im Ausnahmefall zusätzlich akustische Überwachung, Abw. von dem verfassungsrechtlichen Verbot einer Totalüberwachung), § 32 Abs. 1 S. 2, 3 JVollzGB BW I – Videoüberwachung bzw. Haftraum nicht genannt in MV, RhPf, Saarl. bzw. Sachs., anders aber Art. 27 BayUVollzG iVm Art. 96 Abs. 2 Nr. 2 BayStVollzG, § 35 Abs. 2 Nr. 2 HessUVollzG). Jedoch bestehen hiergegen Bedenken wegen des besonderen Eingriffs in den Kernbereich des Grundrechtschutzes (vgl. auch → Rn. 94), sodass zumindest Voraussetzungen entsprechend der § 100c StPO nebst Verfahrensvorschriften erfüllt sein müssten (vgl. aber §§ 65, 23 Abs. 3–5 JVollzDSG Bln).

90 **b) Durchsuchung; erkennungsdienstliche Maßnahmen. aa) Durchsuchung.** Die Anstaltleitung ist zur Durchsuchung, dh zum Suchen nach Sachen oder Spuren (in oder unter der Kleidung sowie auf der Körperoberfläche und in Körperhöhlen und Körperöffnungen, die ohne Eingriff mit medizinischen Hilfsmitteln wahrzunehmen sind) ermächtigt. Ferner ist sie zum *Absuchen* mit technischen Mitteln (zB Detektorrahmen, Handdetektorsonde) befugt, wobei es sich um eine allg. Überwachungsmaßnahme ohne Eingriff in den Intimbereich handelt, die daher auch von Bediensteten des jeweils anderen Geschlechts vorgenommen werden darf (vgl. Umkehrschluss aus § 44 Abs. 1 S. 2 UVollzG Bln ua; § 46 Abs. 1 S. 2 Hs. 2 JVollzGB BW II).

90a Im Übrigen ist (nur) bei Gefahr im Verzug oder auf Anordnung der Anstaltsleitung im Einzelfall (einschr. Hmb. § 50 Abs. 2 S. 1: konkrete Anhaltspunkte) eine mit einer *Entkleidung* verbundene körperliche Durchsuchung zulässig (vgl. etwa § 44 Abs. 2 UVollzG Bln ua; § 46 Abs. 2 JVollzGB BW II; Art. 42 S. 1 BayUVollzG iVm Art. 91 Abs. 2 BayStVollzG) – zwar entsprechend § 84 Abs. 2 StVollzG (vgl. dazu BVerfG, 2. K. des 2. S., NJW 2015, 3158: bereits Entkleidung unter „expliziter visueller Kontrolle des Körpers" stellt eine Durchsuchung iSd Vorschrift dar, ohnehin zumindest dann, wenn die Genitalien entblößt werden müssen (betr. allg. StVollz)), jedoch im Hinblick auf die Unschuldsvermutung nicht unbedenklich. Zumindest wird hier eine Dokumentationspflicht zu Anlass, Art und Umfang der Maßnahme bestehen, um eine gerichtliche Überprüfung zu ermöglichen. – Wesentlich gewichtiger sind die Bedenken Ggü. der Kann-Vorschrift zu allg. Anordnung betr. Aufnahme sowie Kontakte mit Besuchern (→ Rn. 57w; vgl. auch BVerfG StV 2009, 253).

91 **bb) Erkennungsdienstliche Maßnahmen.** Als erkennungsdienstliche Maßnahmen zwecks Sicherung des Vollzugs, insb. der Erleichterung der Fahndung und des Wiederergreifens flüchtiger oder sich sonst ohne Erlaubnis außerhalb der Anstalt aufhaltender U-Gefangener, der Aufrechterhaltung der Sicherheit und Ordnung der Anstalt oder der Identitätsfeststellung sind

unter bestimmten Voraussetzungen die Erhebung und Speicherung von Daten gestattet, und zwar überwiegend auch mittels elektronischer Erfassung biometrischer Merkmale (vgl. etwa § 45 Abs. 1 UVollzG Bln ua, speziell Nr. 4 (Bln. §§ 65, 17 Abs. 1 Nr. 5 JVollzDSG Bln; § 51 Abs. 1 Nr. 2 HmbUVollzG, § 27 UVollzG NRW iVm § 68 StVollzG NRW; § 31 Abs. 1 S. 2 Nr. 5 JVollzGB BW I; Art. 42 S. 1 BayUVollzG iVm Art. 93 Abs. 1 BayStVollzG). Hiergegen könnten sich deshalb Bedenken ergeben, weil die erkennungsdienstliche Behandlung bundesgesetzlich (Art. 74 Abs. 1 GG) abschließend geregelt ist (§§ 81b, 81a, 163b StPO) und im Übrigen soweit schon aufgrund § 114d StPO ein Bedürfnis im Allg. nicht besteht.

Zudem ist die vorgesehene Übermittlung solcher Daten an die Polizei (vgl. § 45 Abs. 2 S. 2 UVollzG Bln ua (Bln. aber §§ 65, 17 Abs. 4 JVollzDSG Bln; § 51 Abs. 2 S. 2 HmbUVollzG, § 34 Abs. 2 S. 2 JVollzGB BW I; Art. 42 S. 1 BayUVollzG iVm Art. 93 Abs. 2 S. 2 BayStVollzG; § 27 UVollzG NRW iVm § 68 Abs. 3 S. 2, 3 StVollzG NRW) über die Befugnisse des § 114e StPO bzw. der §§ 485, 486 StPO hinaus und ohne hinreichende Regelung hinsichtlich Grund und Notwendigkeit unzulässig, und im Übrigen ist sie zumindest insoweit mit der Unschuldsvermutung nicht vereinbar. – Die praktische Relevanz dieser Regelung besteht vor allem in Anstalten mit vergleichsweise hohen Belegungs- und Fluktuationszahlen. Die Daten dürfen auch zur Verhinderung oder Verfolgung von Straftaten bzw. gar von Ordnungswidrigkeiten, durch welche die Sicherheit oder Ordnung der Anstalt gefährdet wird, genutzt und verarbeitet werden (vgl. §§ 45 Abs. 2 S. 3, 89 Abs. 2 Nr. 4 UVollzG Bln ua (enger Bln. §§ 65, 17 Abs. 4 JVollzDSG Bln; §§ 51 Abs. 2 S. 3, 103 Abs. 2 Nr. 4 HmbUVollzG, Art. 42 S. 1 BayUVollzG iVm Art. 197 Abs. 2 Nr. 4 BayStVollzG, teilweise anders § 27 UVollzG NRW iVm §§ 68 Abs. 3 S. 1, 109 Abs. 2 Nr. 4 StVollzG NRW). 91a

Die besondere Sensibilität dieser Daten verlangt bei Entlassung eine unverzügliche **Löschung** (so grds. §§ 65, 17 Abs. 5 JVollzDSG Bln; § 45 Abs. 3 S. 1 SUVollzG; einschr. § 27 UVollzG NRW iVm § 68 Abs. 4 StVollzG), zumindest aber erscheint die in § 45 Abs. 3 S. 1 UVollzG Bln ua (außer Saarl. und §§ 65, 17 Abs. 5 JVollzDSG Bln) vorgesehene Frist („spätestens nach drei Monaten“), die ohne Begründung der Erforderlichkeit geblieben ist, als unverhältnismäßig (vgl. auch Art. 41 Nr. 3 BayUVollzG: ein Monat). 92

Weiterhin sind die Voraussetzungen geregelt, unter denen Betroffene nach ihrer Entlassung die unverzügliche **Vernichtung** der sie betreffenden erkennungsdienstlichen Unterlagen verlangen können (vgl. § 45 Abs. 4 S. 1 UVollzG Bln ua (für Bln. anders §§ 65, 17 Abs. 5 JVollzDSG Bln; § 51 Abs. 4 S. 1 HmbUVollzG, § 27 UVollzG NRW iVm § 68 Abs. 4 S. 1 StVollzG NRW: mit Ausnahme der Lichtbilder und der Beschreibung körperlicher Merkmale). Über dieses Recht ist der U-Gefangene sowohl bei der erkennungsdienstlichen Behandlung als auch bei der Entlassung „aufzuklären“ (§ 45 Abs. 4 S. 2 UVollzG Bln, § 27 UVollzG NRW iVm § 68 Abs. 4 S. 2 StVollzG NRW). – Soweit der Gesetzgeber die Vernichtung von Amts wegen (vgl. als Muss-Vorschrift § 45 Abs. 4 SächsUVollzG) mit der – schwerlich überzeugenden – Begründung versagt hat, die Anstalt habe vom Ausgang des Verfahrens regelmäßig keine Kenntnis (vgl. Begr. RefE BbgUVollzG, 38), ließe sich dem durch die Festlegung einer Mitteilungspflicht begegnen. 92a

93 **cc) Urinproben.** Die Anstaltsleitung ist im Speziellen befugt, zur Aufrechterhaltung der Sicherheit oder Ordnung der Anstalt geeignete Maßnahmen ohne körperlichen Eingriff zur **Feststellung** von **Suchtmittelmissbrauch** (vor allem Urinproben) anzuordnen (vgl. § 47 Abs. 1 UVollzG Bln, § 27 UVollzG NRW iVm § 65 Abs. 1 StVollzG NRW, § 46 Abs. 4 S. 1, 2 JVollzGB BW II; Art. 27 BayUVollzG (Verweisung); §§ 46 Abs. 4, 32 Abs. 2 S. 1 HessUVollzG; vgl. aber → § 92 Rn. 130a), und zwar unabhängig von der Möglichkeit, Drogentests aus medizinischen Gründen anzuordnen (vgl. § 20 Abs. 1 S. 2 UVollzG Bln ua). Wird Suchtmittelmissbrauch festgestellt, wird davon ausgegangen, die Kosten der Maßnahmen dürften (im Sinne eines öffentlich-rechtlichen Erstattungsanspruchs) dem U-Gefangenen auferlegt werden (§ 47 Abs. 2 UVollzG Bln, § 47 Abs. 3 SächsUVollzG, § 27 UVollzG NRW iVm § 65 Abs. 2 StVollzG NRW, Art. 27 BayUVollzG (Verweisung); näher auch § 32 Abs. 4 HessUVollzG (eingef. durch Gesetz v. 30.11.2015); vgl. aber zum Ganzen auch → § 92 Rn. 130b).

94 **c) Besondere Sicherungsmaßnahmen.** Diese sind gem. § 49 UVollzG Bln, § 47 JVollzGB BW II, Art. 27 BayUVollzG (Verweisung) geregelt, wobei hier betr. die Sog. äußere Sicherheit der Anstalt aus Gründen der inhaltlichen Abgrenzung statt „Fluchtgefahr" (vgl. § 112 Abs. 2 Nr. 2 StPO) der Begriff „Gefahr der Entweichung" eingesetzt ist. Im Einzelnen bestehen Bedenken Ggü. der Beobachtung des U-Gefangenen (in einem Haftraum) auch mittels Videoüberwachung (§ 54 Abs. 2 Nr. 2 HmbU-VollzG; nicht § 47 Abs. 2 S. 1 Nr. 2 UVollzG Bln), Abw. von § 88 Abs. 2 Nr. 2 StVollzG – außer Kraft gesetzt in Thür. durch Art. 2 § 2 des (inzwischen gleichfalls außer Kraft gesetzten) Gesetzes v. 8.7.2009 (GVBl. 553 (573)), vgl. sodann § 89 Abs. 2 Nr. 2 iVm § 1 ThürJVollzGB) wegen der Gefahr der Dauerüberwachung iSe Totalausforschung (vgl. auch schon BGH NJW 1998, 3286; vgl. aber → Rn. 89). Ansonsten dürfen Ggü. jungen U-Gefangenen der Entzug (nach § 49 Abs. 2 S. 3 SächsUVollzG (GVBl. 2013, 250) unzulässig) oder die Beschränkung des Aufenthalts im Freien, die als erhöht erzieherisch abträglich beurteilt werden (vgl. ergänzend → § 92 Rn. 133a), nicht (vgl. § 74 Abs. 2 SächsUVollzG) oder nur eingeschränkt angeordnet werden (§ 74 iVm § 49 Abs. 3 UVollzG Bln; vgl. aber § 69 Abs. 1 iVm § 47 Abs. 2 Nr. 4 JVollzGB BW II; Art. 27 BayUVollzG (Verweisung)).

95 Bei Anordnung besonderer Sicherungsmaßnahmen hat die Anstalt bestimmte **Verfahrensvorschriften** einzuhalten (vgl. § 52 UVollzG Bln, § 50 Abs. 1 JVollzGB BW II (entspr. § 91 StVollzG)). Die Entscheidung über die Anordnung ist indes, abgesehen von der Mitteilung an den Betroffenen (§ 52 Abs. 3 UVollzG Bln ua), auch zur Ermöglichung gerichtlicher Überprüfung, mit Gründen zu dokumentieren. Im Übrigen besteht betr. jeweils bestimmte Maßnahmen eine Mitteilungspflicht Ggü. der Aufsichtsbehörde bzw. – wegen der etwaigen Bedeutung für das JStV – auch ggü. Gericht und Staatsanwaltschaft (vgl. § 52 Abs. 5 UVollzG Bln ua), wenn sie länger als drei Tage anhalten (vgl. speziell → Rn. 96). Zudem werden aus Gründen des jugendstrafrechtlichen Schutzprinzips und ohnehin der Fürsorgepflicht besondere Sicherungsmaßnahmen unverzüglich der **Verteidigung mitzuteilen** sein (besonders betr. Maßnahmen gem. § 49 Abs. 2 Nr. 2, 5 und 6 UVollzG Bln ua), wenngleich dies im Gesetz nur teilweise (vgl. § 52 Abs. 5

SächsUVollzG (beschränkt auf § 49 Abs. 2 Nr. 5 und 6): Muss-Vorschrift) ausdrücklich festgelegt ist. – Die bei bestimmten Maßnahmen angezeigte **ärztliche Überwachung** ist näher geregelt (vgl. § 53 UVollzG Bln ua, § 50 Abs. 2 JVollzGB BW II (entspr. § 92 StVollzG); Art. 27 BayUVollzG (Verweisung), speziell Art. 39 BayUVollzG).

Absonderung (iSv Einzelhaft) als dauernde vollständige Isolierung von allen Mitgefangenen während des gesamten Tagesablaufs (Arbeits-, Freizeit- und Ruhezeit) über 24 Stunden hinaus steht unter der – wegen der Unschuldsvermutung besonders sorgfältig zu prüfenden – Voraussetzung ihrer Unerlässlichkeit. Dabei muss es sich um Gründe in der Person des Jugendlichen handeln. Organisatorische Schwierigkeiten (etwa bei der Sicherstellung des Trennungsgebots) rechtfertigen die Absonderung nicht (LG Oldenburg StV 2023, 95 (96)). Überschreitet sie mehr als eine Woche (§ 78 JVollzGB BW II) oder gar einen Monat Gesamtdauer im (Kalender-)Jahr (vgl. § 52 Abs. 5 S. 2 SächsUVollzG: jeweils mehr als 20 Tage Gesamtdauer innerhalb von 12 Monaten; § 50 UVollzG Bln ua (§ 54 Abs. 3 HmbUVollzG; Saarl. zwei Monate; Art. 27 BayUVollzG iVm Artr 97 Abs. 2 BayStVollzG: drei Monate); § 35 Abs. 8 S. 3 HessUVollzG: mehr als 30 Tage Dauer oder drei Monate innerhalb 12 Monaten), darf sie nur mit Zustimmung der Aufsichtsbehörde vollzogen werden. Der Anstalt obliegt ggü. Gericht und Staatsanwaltschaft eine Mitteilungspflicht, da die Maßnahme für das JStV bedeutsam sein kann. Zum anderen veranlasst die Fürsorgepflicht eine Betreuung während des Vollzugs. Demgegenüber bedürfte es einer originären gerichtlichen Anordnungzuständigkeit (Art. 104 Abs. 2 GG), da § 119 Abs. 1 S. 4 (bzw. Abs. 4 S. 4) hierzu nicht genügt. 96

Im Falle der Unterbringung in einem **besonders gesicherten** Haftraum ohne gefährdende Gegenstände (zum Vorenthalten von Kleidung wegen angeblicher Suizidgefahr EGMR NJW 2012, 2173: Verstoß gegen Art. 3 EMRK (ggf. Zurverfügungstellung „reißfester“ Kleidung, → Rn. 56); BVerfG, 2. K. des 2. S., NJW 2015, 2100 (zum allg. StVollz, mzustBspr Muckel JA 2015, 794): Vorenthalten auch von „Papierbekleidung“ nebst Videoüberwachung Verstoß gegen Art. 2 Abs. 1 iVm Art. 1 Abs. 1 GG; Fesselung auf Fixierliege § 35 Abs. 8 S. 2 HessUVollzG: „Sitzwache“) hat die Mitteilung an das Gericht und die Staatsanwaltschaft unverzüglich zu geschehen, wenn die Maßnahme mehr als drei Tage anhält (§§ 49 Abs. 2 Nr. 5 und 6, 52 Abs. 5 UVollzG Bln ua, § 36 Abs. 6 S. 1, 2 HessUVollG), gem. § 50 Abs. 5 S. 2 UVollzG Bln im Falle der Fixierung nach Ablauf von 24 Stunden. Diese (bisherigen) Maßgaben sind nach BVerfG NJW 2018, 2619 verfassungswidrig. Bei Fesselungs- und Fixierungsmaßnahmen, die freiheitsentziehende Wirkungen haben, bedarf es einer richterlichen Anordnung oder (in Eilfällen) einer richterlichen Genehmigung (zur Zuständigkeit → § 93 Rn. 1 ff.). 96a

Im Einzelnen ist bei etwa als unumgänglich beurteilter *Fesselung* (zB anlässlich einer Ausführung; vgl. aber auch → § 92 Rn. 133; krit. betr. HV wegen Fehlens einer „eingriffsspezifischen“ gesetzlichen Regelung Esser GS Weßlau, 2016, 97 ff.) eine möglichst wenig diskriminierende Art anzuwenden (vgl. etwa § 28 UVollzG NRW iVm § 69 Abs. 2 Nr. 6, Abs. 7 StVollzG NRW; § 51 UVollzG Bln ua; Bln. § 49 Abs. 3 S. 1 UVollzG Bln: Betroffene sind zu „schonen“; Art. 27 BayUVollzG (Verweisung)). 96b

2. Unmittelbarer Zwang

97 Die Bestimmungen der UVollzGe der Länder zur Anwendung unmittelbaren Zwangs (vgl. §§ 54 ff. UVollzG Bln ua; §§ 54 ff. JVollzGB BW II; § 29 Abs. 1 UVollzG NRW (Verweis)) entsprechen in unterschiedlichem Ausmaß (vgl. näher etwa § 29 Abs. 2, 3 UVollzG NRW) den §§ 95–100 StVollzG (vgl. näher → § 92 Rn. 135).

97a **a) Schusswaffen.** Sie dürfen grundsätzlich innerhalb der Anstalt nicht gebraucht werden (§ 57 Abs. 1 S. 1 SächsUVollzG; § 74 Abs. 2 BremUVollzG). Gemäß § 79 JVollzGB BW II ist der Schusswaffengebrauch zur Vermeidung von Flucht oder Entweichung aus Anstalten, in denen „überwiegend Jugendliche" untergebracht sind, unzulässig. Nach § 163 JVollzG Nds ist Schusswaffengebrauch Ggü. jungen U-Gefangenen nur zur Abwehr einer von diesen durch Benutzung einer Waffe oder eines anderen gefährlichen Werkzeugs verursachten gegenwärtigen Gefahr für Leib oder Leben zulässig, zudem nur nach wiederholter erfolgloser Aufforderung, den in Rede stehenden Gegenstand abzulegen (ähnlich § 52 HessUVollzG; s. aber Art. 42 S. 1 BayUVollzG (Verweisung)). Gemäß § 59 Abs. 2, 3 UVollzG Bln ua jedoch dürfen Schusswaffen auch Ggü. jungen U-Gefangenen eingesetzt werden, um angriffs- oder fluchtunfähig zu machen (§ 82 HmbUVollzG: nur angriffsunfähig), allerdings ist der Gebrauch grundsätzlich vorher anzudrohen (zB durch Warnschuss), es sei denn, er ist zur Abwehr einer gegenwärtigen Gefahr für Leib oder Leben erforderlich. – Befinden sich junge U-Haftgefangene in JStVollzAnstalten, gelten die Vorschriften der U-Haftgesetze nicht (vgl. § 74 Abs. 3 SächsUVollzG).

97b **b) Remonstrationspflicht.** Bzgl. des Handelns auf Anordnung (vgl. § 57 UVollzG Bln ua, § 29 Abs. 2, 3 UVollzG NRW (vgl. Art. 17 DienstRÄndG v. 21.4.2009, GV 224) sehen die Landesgesetze eine (eher entspr. dem Polizeirecht) nur eingeschränkte Remonstrationspflicht vor bzw. sie haben nur in engen Grenzen festgelegt, wann eine Pflicht entfällt. Insbes. sind nicht Fälle einbezogen, in denen die Anordnung aus anderen Gründen rechtswidrig ist (dazu schon Eisenberg ZRP 1987, 241 mN).

3. (Erzieherische) Disziplinarmaßnahmen

98 **a) Voraussetzungen.** Es muss ein **rechtswidriges** und **schuldhaftes Verhalten** vorliegen. Die Maßnahmen gelten als zur Aufrechterhaltung der Sicherheit und des geordneten Zusammenlebens in der Anstalt erforderlich – eine Voraussetzung, die bei der Sanktionierung eines Verstoßes gegen verfahrenssichernde Anordnungen nicht ohne weiteres erfüllt ist (dazu etwa Firchau, Das fachgerichtliche Rechtsbehelfssystem der U-Haft sowie die Regelung des Vollzugs, 2013, S. 238 ff., 275 ff.; vgl. aber § 60 Abs. 1 Nr. 2 UVollzG Bln ua, Art. 40 iVm Art. 28 Abs. 1 S. 1, 2 BayUVollzG). Im Allg. wird davon ausgegangen, dass die Unschuldsvermutung kein grundsätzliches Verbot begründet. Zum Wesen dieser Maßnahmen gehört es, dass sie möglichst zeitnah verwandt werden, und die Einleitung eines JStraf- oder Bußgeldverfahrens steht (ua deshalb) nicht entgegen (vgl. § 60 Abs. 3 UVollzG Bln ua, § 62 Abs. 3 JVollzGB BW II; Art. 40 BayUVollzG iVm Art. 156 Abs. 2 BayStVollzG; § 31 Abs. 1 S. 2 UVollzG NRW).

Die Anordnung und der Vollzug einer Disziplinarmaßnahme dürfen die Durchführung des Ermittlungs- bzw. Strafverfahrens nicht behindern und insb. keine Auswirkungen auf die **Dauer** der U-Haft haben, die U-Gefangenen nicht bei der Vorbereitung ihrer **Verteidigung** beeinträchtigen oder das Verfahren behindern (vgl. § 61 Abs. 4 S. 2 UVollzG Bln ua, § 62 Abs. 4 S. 1 JVollzGB BW II). Daher ist die Anordnung dem Gericht, der Staatsanwaltschaft und der Verteidigung unverzüglich **mitzuteilen** (§ 61 Abs. 7 UVollzG Bln). **98a**

Als Vorstufe sind erzieherische Maßnahmen genannt (vgl. § 75 Abs. 1, 4 UVollzG Bln ua, § 75 Abs. 1–3 SächsUVollzG, § 80 Abs. 1 JVollzGB BW II, § 164 Abs. 1 iVm § 130 Abs. 1 JVollzG Nds; ähnlich § 31 Abs. 2, 3 UVollzG NRW), und zwar im Sinne möglichst zeitnaher Reaktion (zum Zusammenhang zwischen Verfehlung und Maßnahme § 75 Abs. 3 UVollzG Bln ua (Soll-Vorschrift)). Diese Regelungen gelten als ein Verstoß gegen das Verbot der Schlechterstellung im Vergleich zum U-Vollzug nach allg. StVR und zudem als einwandbehaftet darin, dass weder eine vorherige Erörterung noch eine Mitwirkung vorausgesetzt sind, dass inhaltlich eine Nähe zu Disziplinarmaßnahmen besteht (vgl. etwa § 75 Abs. 1 S. 3 SächsUVollzG) und dass es für (Handlungsan-)Weisungen an einer Rechtsgrundlage fehlt (wenig vertieft RegE bln UVollzG (Drs. 16/2491), 110: der Vollzug darf „Entwicklungsschädigungen nicht zulassen"). **98b**

b) Verstöße als Anlass. In § 60 UVollzG Bln ua werden die Verstöße **abschließend** genannt, die eine Disziplinarmaßnahme nach sich ziehen können, sofern sie *verhältnismäßig* ist und also eine Verwarnung als nicht genügend zu beurteilen ist (§ 60 Abs. 2 UVollzG Bln ua). Darunter soll § 60 Abs. 1 Nr. 4 UVollzG Bln ua auch Fälle umfassen, in denen U-Gefangene das Anstaltsgelände verschmutzen, indem sie Lebensmittel oder andere Gegenstände aus Haftraumfenstern werfen und damit die Ordnung der Anstalt stören (vgl. Begr. RefE BbgUVollzG, 42 sowie RegE UVollzG Bln (Drs. 16/2491), 94). Die Sanktionierung des Entweichens und des Versuchs des Entweichens (Nr. 7; § 59 Abs. 1 Nr. 6 SächsUVollzG) begegnet Bedenken (vgl. auch → § 92 Rn. 138), zumal eine strafrechtliche Ahndung von Gesetzes wegen nicht zulässig ist (für Streichung Ostendorf/Rose SchlHA 2009, 308). **99**

c) Art der Disziplinarmaßnahmen. Der Arrest ist, sofern überhaupt noch zulässig (nicht zB gem. § 59 Abs. 2 SächsUVollzG), nur unter erhöhten Voraussetzungen erlaubt – gegen junge U-Gefangene nur bis zu einer Dauer von zwei Wochen (vgl. § 75 Abs. 5 S. 2 iVm § 61 UVollzG Bln ua, Art. 40 BayUVollzG iVm 156 Abs. 3 Nr. 7 BayStVollzG; § 39 UVollzG NRW iVm § 54 Abs. 3 JStVollzG NRW; § 40 Abs. 2 Nr. 8 HessUVollzG) und erzieherisch auszugestalten (§ 164 Abs. 3 S. 2 JVollzG Nds; § 80 Abs. 2 Nr. 7 JVollzGB BW II). Zwischen den sonstigen Maßnahmen besteht keine Rangfolge. Gegenüber der Anordnung (insb. von Arrest) ohne gerichtliche Entscheidung ergeben sich Bedenken im Hinblick auf die Unschuldsvermutung. – Gemäß allg. jstr Grundsätzen ist bei mehreren Anlässen zu Disziplinarmaßnahmen eine einheitliche Anordnung zu treffen (vgl. aber § 59 Abs. 5 SächsUVollzG: können verbunden werden). **100**

Im Unterschied zur Regelung in der UVollzO ist in mehreren Landesgesetzen (vgl. aber § 39 UVollzG NRW iVm § 54 Abs. 3 JStVollzG NRW) die Beschränkung oder der Entzug des Lesestoffs und der verlängerten **100a**

Haftraumbeleuchtung ebenso entfallen wie die Beschränkung von Außenkontakten (vgl. § 61 UVollzG Bln ua) – vielmehr sind solche Kontakte, sofern sie nicht aus verfahrenssichernden Gründen eingeschränkt sind, gem. dem Zweck der Aufrechterhaltung sozialer Bindungen zu fördern (vgl. auch → Rn. 54). Jedoch tangiert die Möglichkeit des gleichzeitigen Entzugs von Rundfunk *und* Fernsehen das Grundrecht auf Informationsfreiheit (zumal soweit Tageszeitungen nicht zur Verfügung stehen oder zB eine Leseschwäche vorliegt), sodass allenfalls ein knapp befristeter Zeitraum vertretbar ist (vgl. indes zB Art. 40 BayUVollzG iVm Art. 156 Abs. 3 Nr. 2 BayStVollzG: bis zu drei Monaten). Betreffend „Annehmlichkeiten" (vgl. §§ 75 Abs. 5, 19 UVollzG Bln ua) ist als zusätzliche Sanktionsart die Beschränkung oder der Entzug bis zur Dauer von zwei Monaten vorgesehen.

100b Nach § 75 Abs. 5 UVollzG Bln ua darf gegen **junge U-Gefangene** als Disziplinarmaßnahme die zugewiesene Arbeit oder Beschäftigung nicht entzogen werden (anders etwa Art. 40 BayUVollzG iVm Art. 156 Abs. 3 Nr. 5 BayStVollzG: bis zu vier Wochen). – Bei der **Auswahl** der Disziplinarmaßnahmen sind Grund und Zweck sowie die psychischen Auswirkungen der U-Haft und des Strafverfahrens auf die U-Gefangenen zu berücksichtigen.

101 **d) Disziplinarverfahren.** Bevor es zu einer Anordnung von Sanktionen kommt, sind – jenseits erzieherischer Maßnahmen (vgl. → Rn. 98b) – Möglichkeiten der Abwendung durch einvernehmliche Beilegung zu bemühen (vgl. § 63 Abs. 2 SächsUVollzG: sollen). Mehrere Verfehlungen werden in einem Verfahren und einer Entscheidung zusammengefasst (§ 63 Abs. 3 SächsUVollzG).

101a Die Regelungen zur Disziplinarbefugnis und zum Disziplinarverfahren (speziell zum Verteidiger vgl. → § 92 Rn. 142; zur Geltung der Unschuldsvermutung auch in diesem Verfahren LG Bremen Strafo 2013, 21 (zum allg. StR); zur Selbstbelastungsfreiheit (§ 136 Abs. 1 S. 2 StPO) im Disziplinarverfahren LG Detmold StRR 2017 Nr. 9, 16 f.: wegen Nichtbelehrung Verwertungverbot der VollzBeamtin als Zeugin im Strafverfahren) entsprechen denjenigen zum JStrafvollzug (vgl. §§ 63 und 64 UVollzG Bln ua (§§ 67, 83 Abs. 2 HmbUVollzG, Sachs. §§ 62, 63 SächsUVollzG); §§ 65, 66 JVollzGB BW II bzw. §§ 105–107 StVollzG). Hiergegen bestehen Bedenken wiederum wegen der Unschuldsvermutung, die – entgegen den Landesgesetzen – eine gerichtliche Anordnung, zumindest aber Zustimmung vor Vollstr verlangt (eher verfehlt Begr. RegE UVollzG Bln (Drs. 16/2491), 109: „auch im Strafvollzug"). – Der Betroffene hat das Recht, sich vor der Entscheidung mit einem Verteidiger zu beraten und sich dessen Beistand bei der Anhörung zu bedienen (vgl., jeweils zum allg. StR, OLG Nürnberg StraFo 2011, 367 (betr. Strafhaft) = StV 2012, 169; aA (betr. U-Haft) OLG Bamberg NStZ-RR 2015, 93). Die Entscheidung ist dem Betroffenen mitzuteilen (vgl. zu gerichtlichen Entscheidungen § 2 Abs. 2, § 35 Abs. 2 StPO, idR durch Aushändigung eines Entscheidungsabdrucks, BVerfG, 2. K. des 2. S., NStZ 2008, 292 Rn. 33 (zum allg. StR)), und zwar unverzüglich auch dem Verteidiger (§ 63 Abs. 7 SächsUVollzG).

102 Disziplinarmaßnahmen werden idR sofort **vollstreckt,** jedoch kann die Vollstr „zur Gewährung eines effektiven Rechtsschutzes" (Soll-Vorschrift, § 61 Abs. 1 S. 2 SächsUVollzG) ganz oder teilweise ausgesetzt bzw. bis zu sechs Monaten (Art. 40 BayUVollzG iVm Art. 156 Abs. 4 BayStVollzG: drei Monate) zur Bewährung ausgesetzt werden (§ 62 Abs. 1, 2 UVollzG

Bln ua, § 64 Abs. 2 JVollzGB BW II). – Grund für die Unterbrechung oder das Unterbleiben des Vollzugs eines angeordneten **Arrests** kann auch die Gefährdung des Fortgangs des JStV sein (vgl. § 64 Abs. 5 S. 3 UVollzG Bln ua (§ 69 Abs. 2 HmbUVollzG)).

Vorbehaltlich besonderer Anordnung ruhen während des Arrestvollzuges **102a**
verschiedene Befugnisse, wobei zwischen mehreren Landesgesetzen Unterschiede bestehen. Nach § 62 Abs. 3 S. 3 UVollzG Bln ua sind es die Befugnisse zur Ausstattung des Haftraums mit eigenen Sachen, zum Tragen eigener Kleidung, zum Einkauf und Bezug durch Versandhandel, zur Verschaffung von „Annehmlichkeiten", zur Teilnahme an Arbeit und Bildung sowie an Freizeit- und Sportangeboten, zum Zeitungsbezug sowie zum Rundfunkempfang (ähnlich § 64 Abs. 5 S. 3 JVollzGB BW II; teilweise anders § 39 UVollzG NRW iVm § 54 Abs. 3 JStVollzG NRW bzw. Art. 40 BayUVollzG iVm Art. 156 Abs. 4 iVm Art. 111 Abs. 5 S. 3 BayStVollzG). Demgegenüber bestehen zumindest betr. das Informationsrecht sowie das Tragen eigener Kleidung Bedenken.

X. Datenschutz

1. Allgemeines

a) Allgemeines. Hinsichtlich der Regelung zum Datenschutz eröffnet **103**
§ 3 S. 1 JVollzDSG iSe Generalklausel die Anwendung des DSG Bln (ähnlich SchlH, Gesetz v. 21.7.2016 (GVOBl. 618), während andere der auf einen gemeinsamen Entwurf zurückgehenden (→ Rn. 6) Landesgesetze nur betr. bestimmte Sachverhalte auf das jeweilige **LDSG** verweisen (vgl. etwa § 121 BbgJVollzG; § 97 BremUVollzG, § 97 UVollzG M-V, § 97 SUVollzG sowie §§ 119 ff. iVm § 1 ThürJVollzGB). Im Übrigen lehnen sich die meisten der Landesgesetze an die Vorschriften zum (J)Strafvollzug an (vgl. etwa §§ 88–96 UVollzG Bln ua (JVollzDSG Bln, §§ 101–111 HmbUVollzG; Art. 41 BayUVollzG; im Verbund §§ 27 ff. JVollzGB BW I; näher → § 92 Rn. 143). Speziell hinsichtlich der Frage einer Offenbarungspflicht (so § 92 Abs. 2 S. 2–4 UVollzG Bln ua (Bln. §§ 65, 52 JVollzDSG Bln); § 53 Abs. 1 UVollzG NRW iVm § 112 Abs. 2 S. 2 StVollzG NRW; § 57 Abs. 2 S. 2 HessVollzG) oder aber -befugnis von *Ärzten, Psychologen* und *Sozialarbeitern* bestehen auch hier (vgl. → § 92 Rn. 143) unterschiedliche Regelungen. – Gemäß den Grundsätzen des § 67 sind *Personensorgeberechtigte* jugendlichen U-Gefangenen gleichgestellt, jedoch unter Vorbehalten (§§ 65, 70 Abs. 3–5, 7 JVollzDSG Bln; vgl. aber auch § 42 Abs. 2 JVollzGB BW I).

Datenschutzrechtlich nicht unumstritten ist es, Anstalt und *Aufsichtsbehörde* **103a**
in einheitlicher Weise die Erhebung bzw. die Verarbeitung und Nutzung personenbezogener Daten zu gestatten (so §§ 88 Abs. 1, 89 Abs. 1 UVollzG Bln ua (Bln. §§ 65, 52, 53 JVollzDSG Bln: „Anstaltsleitung"; nicht Hmb.); zutr. § 53 Abs. 1 UVollzG NRW iVm §§ 108 ff. StVollzG NRW: die Vollzugsbehörde; ebenso § 101 HmbUVollzG), da die Aufsichtsbehörde keine unmittelbaren Aufgaben des Vollzugs wahrnimmt und für sie deshalb insoweit keine oder zumindest nur weniger Daten erforderlich sind. Der Einwand gilt auch insoweit, als eine Speicherung, Verarbeitung und Nutzung von Daten grundsätzlich nur bei der erhebenden Stelle zulässig ist. – Was die Zulässigkeit der Datenerhebung ohne Zustimmung *bei Dritten* angeht (§ 88

Abs. 2 S. 2 Nr. 2 UVollzG Bln ua (Bln. §§ 65, 15 JVollzDSG Bln; anders § 101 Abs. 2 S. 2 HmbUVollzG: Verweis auf das LDSG); § 31 Abs. 3 S. 3 JVollzGB BW I), so wäre es – ein Interesse des Betroffenen an Vertraulichkeit und Geheimhaltung unterstellt – stimmig, wenn die Anstalt ihrerseits das Ausmaß ihres Interesses konkret darlegen müsste.

104 **b) Zentrale Vollzugsdatei.** Zumindest im Bereich der U-Haft bestehen **Bedenken** Ggü. der Einrichtung einer solchen landesweiten Datei (§ 90 Abs. 1 UVollzG Bln ua (anders Bln. §§ 65, 48 JVollzDSG Bln, § 104 Abs. 1 HmbUVollzG; § 53 Abs. 1 UVollzG NRW iVm § 110 StVollzG NRW), da eine *Erforderlichkeit* nicht nachgewiesen ist, eine unzulässige *Totalüberwachung* (vgl. nur BVerfG NJW 2002, 283) begünstigt wird und erhöhte Missbrauchsgefahren nahe liegend sind. Ohnehin als einwandbehaftet stellt sich ein *anlassunabhängiges* automatisiertes Übermittlungsverfahren (ausdrücklich genannt in § 90 Abs. 2 S. 2 UVollzG Bln ua (MV § 90 Abs. 1 S. 2 UVollzG M-V, Hmb. § 104 Abs. 2 S. 2 HmbUVollzG), nicht JVollzDSG Bln, Bremen § 90 Abs. 2 S. 2 BremUVollzG) dar, da ein solcher Eingriff in das informationelle Selbstbestimmungsrecht näherer Rechtfertigung bedarf. Dies gilt erhöht deshalb, weil der Kreis der Empfänger vergleichsweise weit und zudem unbestimmt ist.

2. Besonderheiten

105 **a) Schutzwürdige Interessen.** Aufgrund der Unschuldsvermutung steht zum einen die *Übermittlung* personenbezogener Daten an zuständige öffentliche Stellen unter dem Vorbehalt der „Erkennbarkeit" eines schutzwürdigen Interesses der Betroffenen an dem Ausschluss der Übermittlung (§ 89 Abs. 4 S. 3 UVollzG Bln ua (Bln. §§ 65, 67 Abs. 1 S. 1 JVollzDSG Bln), § 88 Nr. 1 SächsUVollzG). Zum anderen sind Auskünfte über die Vermögensverhältnisse des betroffenen U-Gefangenen zur Durchsetzung von Ansprüchen iZm dem Tatvorwurf untersagt (anders als im JStrafvollzug, vgl. nur § 89 Abs. 5 S. 1 UVollzG Bln ua (Bln. §§ 65, 67 Abs. 1 S. 2 UVollzG Bln und – speziell betr. mutmaßlich Verletzte – § 71 JVollzDSG Bln), näher § 88 Nr. 2 SächsUVollzG; Abw. aber § 41 Abs. 2 JVollzGB BW I). – Eine Datenverwendung zum Zwecke wissenschaftlicher Forschung setzt die Einwilligung des U-Gefangenen voraus (vgl. jeweils elektronisch gespeicherte personenbezogene Daten einbeziehend § 96 UVollzG Bln ua (Bln. §§ 65, 34 JVollzDSG Bln; Hmb. § 110 HmbUVollzG). Zumindest ist sie bei entgegenstehendem schutzwürdigem Interesse der Betroffenen auszuschließen.

106 **b) Einsicht bzw. Auskunftserteilung.** Diesbezüglich können sich betr. Gefangenenpersonalakten und sonstige Unterlagen der Vollzugsbehörde an den **Betroffenen,** sofern diese Datenträger ausnahmsweise Informationen enthalten, die den Zweck der U-Haft gefährden könnten, **Einschränkungen** aufgrund **verfahrenssichernder Zwecke** ergeben (vgl. § 95 Abs. 4 Nr. 5 UVollzG Bln ua (anders Bremen mit Verweis auf LDSG; Bln. §§ 65, 68 Abs. 1, 2 JVollzDSG Bln, jedoch ohne Darlegungspflicht eines berechtigten Interesses, §§ 30, 31); § 109 HmbUVollzG; SchlH § 40 Abs. 5 SchlHJVollzDSG; vgl. auch § 135 Abs. 2 iVm § 1 ThürJVollzGB). **Einwandbehaftet** ist die Regelung, derzufolge Auskunft grundsätzlich Vorrang Ggü. dem Akteneinsichtsrecht eingeräumt wird (§ 95 Abs. 8 UVollzG Bln

ua (§ 95 Abs. 7 UVollzG M-V; Bln. §§ 65, 28 Abs. 2 JVollzDSG Bln); § 49 Abs. 1 JVollzGB BW I; anders § 135 Abs. 1 iVm § 1 ThürJVollzGB).

Wegen der Regelung, dass der U-Gefangene zwecks Kenntniserlangung von Akteninhalten entstehende *Dolmetscherkosten* selbst zu tragen hat, sofern sie nicht Belange der Verteidigung im Strafverfahren betreffen (vgl. §§ 65, 28 Abs. 1 S. 2 Nr. 2 bzw. § 68 Abs. 3 JVollzDSG Bln), besteht (zur Vermeidung des darin begründeten Risikos, dass er nicht wissen kann, ob die zweitgenannte Voraussetzung gegeben ist) eine Pflicht zur „Unterstützung bei notwendigen Übersetzungen" (§ 28 Abs. 1 S. 3 JVollzDSG Bln; vgl. „wesentlich" gem. RL EU v. 20.10.2010 (ABl. 2010 L 280, 1) Art. 3 Abs. 3, 4 nebst Art. 9 Abs. 1). **106a**

Soweit gem. § 93 Abs. 2 S. 2 UVollzG Bln ua (Bln. §§ 65, 13 Abs. 2 JVollzDSG Bln), § 53 Abs. 1 UVollzG NRW iVm § 113 Abs. 2 S. 2 StVollzG NRW **Gesundheitsakten** und **Krankenblätter** getrennt von anderen Unterlagen zu führen sind, entspricht dies allg. Datenschutzstandards. Indes wird es das jugendstrafrechtliche Schutzprinzip gebieten, die Regelung auf **andere** besonders sensible **Daten** zu **erstrecken** (zB (entwicklungs-)psychologische Gutachten, angehaltene Briefe, Auflistung von Telefonverbindungsdaten wie auch von etwaigen Brief- und Telefonüberwachungen). **106b**

c) Personenbezogene Daten betr. Besuch oder sonstige Kommunikation. Daten, die bei der Überwachung der Besuche oder des **Schriftwechsels** bzw. des Inhalts von **Sendungen** sowie der **Telekommunikation** bekannt geworden sind, dürfen nur in eng bestimmten Grenzen verwendet werden (vgl. § 89 Abs. 9 Nr. 2–5 bzw. Nr. 1 UVollzG Bln ua (Bln. §§ 65, 69, 49 JVollzDSG Bln; Hmb. § 103 Abs. 9 HmbUVollzG); § 53 Abs. 1 UVollzG NRW iVm § 109 Abs. 10 StVollzG NRW; § 44 JVollzGB BW I). Nicht darunter fallen Zwecke der Behandlung (anders § 44 Abs. 1 letzte Alt. JVollzGB BW I (nach Anhörung)) bzw. – datenschutzrechtlich gewürdigt – erzieherischer Einwirkung (dazu → Rn. 30 ff.). **107**

3. Benachrichtigung

a) Restriktive Ausgestaltung. Nur eingeschränkt sind *Gründe* geregelt, die es erlauben, (einstweilen) von der Pflicht zur Auskunfterteilung Betroffener über eine Datenerhebung abzusehen, weil ua *unbestimmt* ist, wann eine Gefährdung vorliegt. Zumindest ist von einer Dokumentationspflicht bzgl. der Unterlassung der Auskunfterteilung auszugehen, um eine geeignete gerichtliche Überprüfung der Rechtmäßigkeit zu ermöglichen. Auch wird der Betroffene über das Recht zu dieser Überprüfung in geeigneter Weise (§ 70a Abs. 1 bzw. § 70b Abs. 1 nF) zu belehren sein. **108**

Unzureichend ist die Pflicht zur Benachrichtigung über die Verarbeitung und Nutzung personenbezogener Daten durch *Videoüberwachung* ausgestaltet (vgl. § 46 Abs. 4 UVollzG Bln ua (Bln. §§ 65, 27 JVollzDSG Bln; Bremen; SchlH § 40 Abs. 4 und 5, § 41 (speziell Abs. 1 S. 3) SchlHJVollzDSG; §§ 102 Abs. 7, 101 Abs. 4 HmbUVollzG; nicht Saarl., vgl. → Rn. 89); § 32 Abs. 4 JVollzGB BW I). Soweit die Pflicht entfällt, wenn die Daten innerhalb der Anstalt verbleiben und binnen eines Monats gelöscht werden, ist offen, wie der Betroffene kontrollieren kann, ob gelöscht wurde. Hinsichtlich des Entfallens, wenn die Betroffenen anderweit Kenntnis erlangt haben **108a** oder die Unterrichtung einen unverhältnismäßigen Aufwand erfordern würde, fehlt es an einer Bestimmung des Unverhältnismäßigen. Zu vermeiden ist, dass die Betroffenen über das Ausmaß der Verarbeitung und Nutzung ihrer Daten im Unklaren gelassen werden.

109 **b) Antrag des Betroffenen.** Diejenigen **Stellen,** die von der Inhaftierung Kenntnis erhalten haben, sind im Falle einer nicht nur vorläufigen Einstellung des Verfahrens, einer unanfechtbaren Ablehnung der Eröffnung des Hauptverfahrens oder einem rechtskräftigen Freispruch zu benachrichtigen, sofern der Betroffene, der auf dieses Recht **hinzuweisen** ist, es beantragt (vgl. § 89 Abs. 6 UVollzG Bln ua (Bln. §§ 65, 67 Abs. 2 JVollzDSG Bln; Sachs. § 88 Nr. 3 S. 2, 3 SächsUVollzG); § 53 Abs. 3 UVollzG NRW).

4. Löschung

110 **a) Fristen.** Bzgl. der Löschung bzw. der Übermittlungs- und Nutzungsbefugnis von Daten sind die Fristen (§ 94 Abs. 1 bzw. Abs. 2 UVollzG Bln ua (Hmb. § 108 Abs. 1, 3 HmbUVollzG; außer Bln. § 61 JVollzDSG Bln: spätestens nach fünf Jahren, jedoch zur Sperrung nach spätestens zwei Jahren §§ 65, 62 JVollzDSG Bln); § 48 Abs. 1, 3 JVollzGB BW I; § 61 Abs. 4, 5 S. 1 HessUVollzG; teilweise anders § 53 Abs. 1 UVollzG NRW iVm § 114 Abs. 2–4 StVollzG NRW) gem. der Funktion zur Verfahrenssicherung kaum als noch verhältnismäßig zu erachten), zumal die Daten tendenziell mit zunehmender Dauer unrichtiger werden (vgl. auch zu einer 2-Jahresfrist § 184 StVollzG Abs. 1 S. 1 StVollzG). Die Begründung mit „vermeidbarem Verwaltungsaufwand" bzw. Belangen kriminologischer Forschung (vgl. etwa MV (Drs. 5/2764), 109) ist schwerlich tragfähig.

111 **b) Videoüberwachung.** Soweit in den Landesgesetzen eine Videoüberwachung zugelassen ist, sind dadurch erhobene und gespeicherte personenbezogene Daten unverzüglich, dh ohne schuldhaftes Zögern zu löschen, wenn schutzwürdige Belange des Betroffenen einer weiteren Speicherung entgegenstehen (vgl. § 94 Abs. 2 S. 2 UVollzG Bln ua (§ 46 Abs. 4 S. 2 SächsUVollzG; nicht, Saarl., vgl. → Rn. 89); § 48 Abs. 2 S. 2 JVollzGB BW I; vgl. auch § 17 Abs. 9 S. 1 UVollzG NRW iVm §§ 20 Abs. 1 S. 2, 66 Abs. 3 StVollzG NRW: Bildaufzeichnungen). Im Übrigen gebietet der Verhältnismäßigkeitsgrundsatz eine vergleichsweise kurz bemessene Löschungsfrist (in mehreren Landesgesetzen sind zwei Wochen bestimmt, vgl. vormals § 95 Abs. 2 S. 1 UVollzG Bln (demgegenüber vier Wochen nach § 48 Abs. 2 S. 1 JVollzGB BW I; ein Monat nach § § 94 Abs. 2 S. 1 Bln ua, außer Bln.; nicht Saarl., vgl. → Rn. 89)), die nur dann nicht eingehalten werden muss, wenn die weitere Speicherung unter engen Voraussetzungen der Erforderlichkeit zu den in § 89 Abs. 2 Nr. 1, 2 oder 4 UVollzG Bln ua (vormals Bln § 90 Abs. 2 Nr. 1, 2 oder 4 UVollzG Bln (anders § 102 Abs. 8 S. 2 HmbUVollzG); § 53 UVollzG NRW iVm § 114 StVollzG NRW) genannten Zwecken als zulässig erachtet wird.

111a Gemäß **JVollzDSG** Bln sind mittels optischer oder akustischer Vorrichtungen erhobene Daten grundsätzlich nach 48 Stunden zu löschen (§§ 65, 23 Abs. 1), wogegen betr. den Kernbereich der privaten Lebensgestaltung restriktivere Regelung bestehen (§§ 65, 23 Abs. 3–5).

XI. Beschränkungen im Vollzug aufgrund des Haftzwecks

1. Allgemeines; Einwände gem. der Verfassung bzw. dem Erziehungsauftrag (§ 2 Abs. 1)

a) Überschneidungen. Die Regelung betr. die Anordnung solcher über die Freiheitsentziehung hinausgehender **Beschränkungen,** die zur Erreichung des **Zwecks** der **U-Haft** erforderlich sind (§ 119 Abs. 3 Alt. 1 StPO aF), unterliegt der Gesetzgebung des Bundes, da es sich um einen Bestandteil des **gerichtlichen Verfahrens** handelt (vgl. BGH NJW 2012, 1158 (zum allg. StVR); OLG Oldenburg StraFo 2013, 337; Paeffgen StV 2009, 48; aA OLG Celle NStZ-RR 2010, 159; näher OLG Celle StV 2010, 194; 2012, 417 (jeweils betr. allg. StVR), abl. dazu Kazele StV 2010, 259; Nestler HRRS 2010, 546 ff. (nur eingeschränkte Zuweisung der Gesetzgebungskompetenz)). Dem entspricht die Bundeskompetenz auch betr. den Informationsaustausch zwischen JGericht, JStA und VollzAnstalt (vgl. § 2 Abs. 2, §§ 114d, 114e StPO; vormals Nr. 7, 8, 15 UVollzO). 112

aa) Bei den Sachfragen (insb. bzgl. der Beschränkung von Außenkontakten) im Einzelnen sind jedoch Überschneidungen zwischen Belangen des gerichtlichen Verfahrens und solchen des U-Vollzugs zu verzeichnen. – Ordnet das Gericht zB aufgrund § 2 Abs. 2, § 119 Abs. 1 S. 1 StPO gar die Fesselung (iZm „Fluchtgefahr"; vgl. näher → § 89c Rn. 97) an, so hat die VollzAnstalt diese zu beachten, jedoch kann sie äußerstenfalls ihrerseits eine Fesselung auch dann, wenn das Gericht eine solche Anordnung nicht trifft, aufgrund der Voraussetzungen des jeweiligen (Landes-)UVollzG anordnen. Etwa dergestalt in den Gerichtssaal vorgeführte Beschuldigte kann das Gericht gem. seiner sitzungspolizeilichen Befugnisse von den Fesseln befreien lassen (§ 2 Abs. 2, § 176 GVG; näher zum Rechtsschutz sowie die Art der Fesselung BVerfG, 3. K. des 2. S., BeckRS 2011, 54015 Rn. 23; sowie krit. zum Mangel einer eingriffsspezifischen gesetzlichen Regelung Esser GS Weßlau, 2016, 97 ff. (jeweils betr. allg. StVR)). 112a

bb) Gemäß § 2 Abs. 2, **§ 119 Abs. 6** gelten § 119 Abs. 1–5 StPO nicht nur für die U-Haft aufgrund eines nach den §§ 112, 112a StPO erlassenen Haftbefehls, sondern **auch für** die HV-Haft nach § 127 StPO sowie für die Haft aufgrund von Haftbefehlen nach § 230 Abs. 2, §§ 236, 329 Abs. 3 und 412 S. 1 StPO. Für die vorläufige Unterbringung ergibt sich die Anwendbarkeit aus § 126a Abs. 2 S. 1 StPO (vgl. aber auch → Rn. 2c), für die Sicherungshaft aus § 453c Abs. 2 S. 2 StPO und für die Haft bei erwarteter Unterbringung in Sicherungsverwahrung aus § 275a Abs. 6 S. 4 StPO. 113

cc) § 2 Abs. 2, § 119 StPO ist auch dann anzuwenden, wenn *mehrere Haftbefehle* erlassen worden sind und aus diesem Grund solche Beschränkungen geboten sind, die über das Erforderliche hinsichtlich des tatsächlich vollzogenen Haftbefehls hinausgehen. 113a

b) Einwände gem. Verfassungsrecht bzw. Erziehungsauftrag (§ 2 Abs. 1). aa) § 2 Abs. 2, § 119 Abs. 1 StPO bestimmen, dass den in U-Haft befindlichen Beschuldigten solche über die Freiheitsentziehung selbst hinausgehende Beschränkungen auferlegt werden dürfen, die der **Zweck** der **U-Haft erfordert.** Das Gesetz führt zwar (anders als § 119 Abs. 3 Alt. 1 114

StPO aF) die zulässigen Zwecke ausdrücklich an, **bestimmt** jedoch **nicht**, dass die Anordnung von Beschränkungen **nur** auf den im Haftbefehl ausdrücklich **genannten Haftgrund** oder die darin ausdrücklich genannten Haftgründe gestützt werden darf (vgl., jeweils zum allg. StVR, OLG Karlsruhe StV 2010, 198; OLG Celle NStZ-RR 2010, 159 (vgl. aber → Rn. 21); zur Aufhebung, soweit die Voraussetzungen nicht (mehr) vorliegen, OLG Rostock StV 2010, 197). Indes begegnet § 119 Abs. 1 S. 1 StPO als allg. Grundlage für Beschränkungen („zur Abwehr einer Flucht-, Verdunkelungs- oder Wiederholungsgefahr, §§ 112, 112 a") **verfassungsrechtlichen Einwänden** gem. der Unschuldsvermutung (Art. 6 Abs. 2 EMRK) und den sich daraus ergebenden schutzwürdigen Belangen des Beschuldigten (Art. 2 Abs. 1 iVm Art. 1 Abs. 1 GG) wie auch gem. dem Bestimmtheits- und dem Verhältnismäßigkeitsgrundsatz (vgl. aber (wenig vertieft) Begr. BT-Drs. 16/11644, 24: weder erforderlich noch praktikabel, den Haftbefehl bei jeder Veränderung neu zu fassen).

114a So darf im Einzelnen zB betr. Wiederholungsgefahr der Haftbefehl nur dann auf § 2 Abs. 2, § 112a Abs. 1 StPO gestützt werden, wenn ein Haftgrund nach § 112 StPO nicht vorliegt (§ 112a Abs. 2), wozu es nicht stimmig ist, Beschränkungen auch auf die Aspekte der Flucht- oder Verdunkelungsgefahr zu stützen, wenn sich solche Gesichtspunkte „später herausstellen" (Begr. BT-Drs. 16/11644, 24). Entsprechende Einwände bestehen ggü. der Argumentation, im Haftbefehl sei deshalb (nur) einer der in § 112 Abs. 2 StPO enthaltenen Haftgründe genannt, weil Zweifel bestanden, ob auch die Voraussetzungen eines anderen Haftgrundes gegeben waren, diese Voraussetzungen sich jedoch im Laufe des Verfahrens ergeben hätten.

115 **bb)** Selbst wenn nicht auf den im Haftbefehl bezeichneten Haftgrund bezogene Beschränkungen im allg. StVR verfassungsrechtlich Bestand haben sollten, verlangen die gem. **§ 2 Abs. 1** zu berücksichtigenden **erzieherischen Grundsätze** der Klarheit und Transparenz sowie der Konsequenz bei jugendlichen und auch heranwachsenden U-Gefangenen jeweils eine *Neufassung* des *Haftbefehls* (§ 2 Abs. 2). Allenfalls äußerst *restriktiv* darf von solchen ausdehnenden Anwendungen der Kann-Vorschrift im JStV *Gebrauch* gemacht werden, zumal eher selten auszuschließen ist, dass Anhaltspunkte für zusätzliche Haftgründe *haftbedingt* und also nicht ohne staatliche Verursachung entstanden sind.

2. Anordnung von Beschränkungen; Mitteilungspflicht

116 **a) Konkrete Erforderlichkeit.** Aufgrund der Unschuldsvermutung bedarf jede über die Freiheitsentziehung hinausgehende **Beschränkung** einer besonderen, im **Einzelfall** darzulegenden **Begründung,** die tendenziell umso detaillierter vorzunehmen ist, je tiefer die etwa anzuordnenden Eingriffe in die Grundrechte des Beschuldigten sind. Dies ist iZm Überwachungsmaßnahmen zudem insofern veranlasst, als die Neuregelung des § 119 Abs. 2 S. 2 Hs. 2 StPO dazu führen könnte (vgl. näher → Rn. 45), dass U-Gefangene – trotz der für die U-Haftsituation besonderen Bedeutung (vgl. auch → § 89c Rn. 54) – von Kommunikationsmöglichkeiten nach außerhalb der VollzAnstalt Abstand nehmen.

116a § 2 Abs. 2, **§ 119 Abs. 1 S. 1 StPO** legt fest, dass jede Beschränkung ausdrücklich angeordnet werden muss und deshalb in jedem Einzelfall die konkrete Erforderlichkeit zu prüfen und zu begründen ist (§ 34 StPO), wozu die zur Anordnung von U-Haft eingestellten Gründe schon deshalb nicht zureichen, weil mit der Inhaftierung die Möglichkeiten einer Verwirklichung iSd Haftgründe zumindest verändert (und idR erschwert) sind (VerfGH Bln NStZ-RR 2011, 94 f.: „konkrete Anhaltspunkte für eine reale Gefährdung" erforderlich; ebenso OLG Köln StraFo 2013, 71 (iVm § 116b StPO, zum allg. StVR); betr. Telekommunikation mit der Familie LG Bonn StV 2011, 745). Dies gilt insb. für die Überwachung der *Kommunikation* (Telekommunikation, Schriftwechsel, Besuche (akustische Kontrolle vern. – keine Verdunkelungsgefahr wegen Nichtpreisgabe des Verstecks der Beute – OLG Düsseldorf StraFo 2014, 248 (zum allg. StVR)) der U-Gefangenen *nach außen* (dazu OLG Hamm StV 2014, 28; KG StV 2015, 306: „konkrete Gefahr" nicht belegt (zum allg. StVR); vgl. näher betr. Stellungnahmen der Länder Begr. BT-Drs. 16/11644, 25), zumal diese Kommunikation wegen der idR psychischen Belastung gerade durch U-Haft wesentlich ist. Demgegenüber wäre eine (nach der vormaligen UVollzO nicht selten praktizierte) standardmäßige Anordnung unzulässig.

b) Zulässige Beschränkungen. Der **Katalog** zulässiger Beschränkungen (§ 2 Abs. 2, **§ 119 Abs. 1 S. 2 StPO**) ist *nicht abschließend* („insb."). Diese Gestaltung dient einerseits dem Zweck, auf die „Vielschichtigkeit denkbarer Gefahren flexibel reagieren" (Begr. BT-Drs. 16/11644, 25) zu können. Andererseits jedoch verlangt der *Verhältnismäßigkeits*grundsatz, unter Wahrung der Erforderlichkeit wenn irgend möglich nur solche Beschränkungen anzuordnen, die *weniger einschneidend* sind als die gesetzlich genannten Bsp. Dies gilt gem. dem *jugendstrafrechtlichen Schutzprinzip* als einem zentralen Element des Erziehungsauftrags (§ 2 Abs. 1) umso mehr bei Jugendlichen und Heranwachsenden (vgl. auch → § 89c Rn. 55). **117**

aa) Nach § 2 Abs. 2, § 119 Abs. 1 S. 2 **Nr. 1** StPO kann angeordnet werden, dass der **Empfang** von Besuchen und die Telekommunikation der U-Gefangenen einer **Erlaubnis** bedürfen (sog. Erlaubnisvorbehalt). Zur Begründung wurde angeführt, gem. begrenzter Überwachungskapazitäten der VollzAnstalt könne es notwendig sein, solche Kontakte von vorneherein auf ein bestimmtes Ausmaß zu beschränken (Begr. BT-Drs. 16/11644, 25). Diese an der *Rechtsstellung* des Betroffenen vorbei gehende Konzeption ist schon im allg. StVR gewichtigen Einwänden ausgesetzt. Bzgl. **Jugendlichen** und auch **Heranwachsenden** ist diese Konzeption auch deshalb schwerlich vertretbar, weil sie wegen der – in dem Umstand der Reifeentwicklung begründet liegenden – (idR) erhöhten Prägbarkeit wie Vulnerabilität dazu beitragen kann, eine negative Einstellung zur Legalordnung zu verursachen oder zu fördern (vgl. ergänzend → § 89c Rn. 56 ff., 66 ff.). **117a**

Zumindest ist in Wahrung des Verhältnismäßigkeitsgrundsatzes zu berücksichtigen, dass *Erlaubnisse* mit *Weisungen* kombiniert werden können. **117b**

bb) (1) Gemäß § 119 Abs. 1 S. 2 **Nr. 2** StPO kann angeordnet werden, dass die *Telekommunikation* (nicht indes deren Aufzeichnung, vgl. spezieller insb. §§ 100a, 100b StPO), der *Schrift- und Paketverkehr* sowie die *Besuche* des U-Gefangenen **überwacht** werden (betr. akustische Besuchsüberwachung nur bei konkreten Anhaltspunkten OLG Hamm NStZ-RR 2009, 124; StV 2010, 368; zur Erstattung der Kosten eines zwecks Überwachung erforderlichen Dolmetschers nach § 1 JVEG entspr. auch dann, wenn der U-Gefangene diesen hinzugezogen hat, LG Düsseldorf StV 2012, 357 (auch dann, **118**

wenn der U-Gefangene diesen hinzugezogen hat) sowie OLG Celle StaFo 2016, 23 (jeweils zum allg. StVollzR)). Nach der Gesetzesbegründung werde die Überwachung dieser Außenkontakte gem. dem Haftzweck (auch im Sinne einer Ausdehnung, vgl. → Rn. 23) „häufiger geboten sein" (RegE BR-Drs. 829/08, 33; vgl. auch die Muss-Vorschriften Nr. 27 Abs. 1, Nr. 32, 33, 38 Abs. 1, 39 Abs. 1 der vormaligen UVollzO). Dem stehen bzgl. **jugendlicher** und auch **heranwachsender** Betroffener wiederum (vgl. → Rn. 26) die Pflicht zur Einhaltung erzieherischer Belange gegenüber, woraus das Gebot einer möglichst restriktiven Handhabung folgt (vgl. auch → § 89c Rn. 61). – Nach § 2 Abs. 2, § 119 Abs. 1 S. **7 StPO** umfasst die Überwachung von Besuchen, Telekommunikation und Schriftwechsel unter den genannten Voraussetzungen auch die Befugnis dazu, Besuche und Telekommunikation abzubrechen (vgl. zur Verhältnismäßigkeit betr. Besuch aber → § 89c Rn. 58) sowie Schreiben und Pakete anzuhalten. Angehaltene Schreiben und Pakete sind an den Absender zurückzuleiten, soweit dies nicht den Zweck der U-Haft gefährdet.

119 **(2)** Gemäß § 2 Abs. 2, § 119 **Abs. 3 StPO** ist die beabsichtigte Überwachung einer Telekommunikation nach § 119 Abs. 1 S. 2 Nr. 2 StPO dem **Gesprächspartner** des jugendlichen oder heranwachsenden U-Gefangenen zu Beginn des Telefonats **mitzuteilen** (vgl. entspr. § 32 S. 3 und 4 StVollzG). Die Bestimmung dient dem Schutz des Rechts des Gesprächspartners auf informationelle Selbstbestimmung (Art. 2 Abs. 1 iVm Art. 1 Abs. 1 GG), das sich als solches nicht danach unterscheidet, ob mit einem Straf- oder mit einem U-Gefangenen kommuniziert wird (vgl. auch Begr. BT-Drs. 16/11644, 27). Indes steht dem ggf. die Unschuldsvermutung dergestalt gegenüber, dass die Inhaftierung dem bzw. einem bestimmten Gesprächspartner nicht bekannt gemacht werden darf. Insbesondere bzgl. jugendlichen und heranwachsenden U-Gefangenen kann zumindest im Einzelfall **zw.** sein, **ob** ein solches **Informationsinteresse** des Gesprächspartners ohne weiteres den im staatlichen Erziehungsauftrag verankerten Schutzbelangen (§ 2 Abs. 1) **vorgehen** darf. – Eine Beschränkung der Telefonerlaubnis wird durch die bloße Möglichkeit eines Missbrauchs nicht gerechtfertigt (OLG Frankfurt a. M. StV 2016, 443: betr. deutsche Sprache sowie Überwachung (zum allg. StR)).

120 **cc)** Nach § 2 Abs. 2, § 119 Abs. 1 S. 2 **Nr. 3** StPO kann angeordnet werden, dass die Übergabe von **Gegenständen** bei Besuchen der Erlaubnis bedarf (sog. Erlaubnisvorbehalt, inhaltlich Nr. 27 Abs. 2 der vormaligen UVollzO entspr.; vgl. auch → § 89c Rn. 60). Auch diese Erlaubnisse können, für *jugendliche* und *heranwachsende* U-Gefangene iRd Verhältnismäßigkeitsgrundsatzes erhöht bedeutsam, mit *Weisungen* kombiniert werden.

121 **dd) (1)** Aufgrund von § 2 Abs. 2, § 119 Abs. **1** S. **2** StPO kann ferner ein begrenztes **Kontaktverbot** angeordnet werden, und zwar gem. **Nr. 4** die Trennung von einzelnen oder allen anderen Inhaftierten bzw. gem. **Nr. 5** die Einschränkung oder der Ausschluss der gemeinsamen Unterbringung oder des Aufenthalts zusammen mit anderen Inhaftierten. Jedoch ist ein (aus Nr. 22 Abs. 2 der vormaligen UVollzO abgeleitetes) Regel-Ausnahme-Verhältnis im Sinne einer *Trennung* des U-Gefangenen von allen anderen U-Gefangenen, die *als Beschuldigte oder Zeugen* mit demselben Verfahren in Verbindung stehen, schon im allg. StVR nicht vertretbar. Vielmehr bedarf es einer *Einzelfallprüfung* darauf hin, ob Anhaltspunkte einer Gefährdung der Wahrheitsermittlung bestehen, zumal Haftbefehle nur vergleichsweise selten

auf den Haftgrund der Verdunkelungsgefahr gestützt werden (vgl. auch → Rn. 7). Speziell betr. jugendliche und heranwachsende U-Gefangene widerstreiten Kontaktverbot bzw. Trennung von anderen Inhaftierten vollzuglichen Grundsätzen für diese Altersgruppen (vgl. auch → § 92 Rn. 82, → § 89c Rn. 48), dh solches darf nur in seltenen Fällen in Betracht gezogen werden. – Eher anders mag es sich verhalten, wenn es um die Anordnung von Beschränkungen nach § 2 Abs. 2, § 119 Abs. 1 S. 2 Nr. 4 oder 5 StPO (ausnahmsweise) zur Abwehr von Fluchtgefahr geht (zB betr. den Versuch, gemeinsam ein Entweichen vorzubereiten).

(2) Im Einzelnen ist zw., ob es ggf. schon aufgrund der *„Einschätzung"*, 121a einer bestimmten Delikts- oder Beschuldigtengruppe zuzugehören (zB „terroristische" oder „organisierte" Tätergemeinschaft), angezeigt sein kann, *mehrere Beschränkungen* der genannten Art anzuordnen und solche ggf. auch auf den Kontakt zu bestimmten Personengruppen zu erstrecken. Vielmehr muss eine gewisse Verlässlichkeit diesbezüglicher Erkenntnisse gegeben sein, dh kumulierende Beschränkungen aufgrund einer „Einschätzung", die ihrerseits auf (idR nicht validierten) „allg. Erfahrungen und Erkenntnissen" betr. Tat- oder Tätergruppen beruht (so aber Begr. BT-Drs. 16/11644, 26), sind nicht verhältnismäßig.

c) Mitteilungspflicht. Gemäß § 2 Abs. 2, **§ 119 Abs. 1 S. 6 StPO** sind 122 nach § 119 Abs. 1 S. 1 und 2 StPO getroffene Anordnungen den U-Gefangenen mitzuteilen. Dadurch hebt das Gesetz hervor, dass § 119 Abs. 1 StPO nicht etwa eine Befugnisnorm für die Anordnung einer einschlägigen verdeckten Überwachung ist.

3. Freier Verkehr

a) Verteidiger. § 2 Abs. 2, **§ 119 Abs. 4 S. 1 StPO** verbieten Beschrän- 123 kungen nach § 119 Abs. 1 StPO, soweit sie den durch **§ 148 Abs. 1 StPO** garantierten freien Verkehr des U-Gefangenen mit seinem Verteidiger (vgl. bzgl. Telefonat zum „Vertrauensvorschuss" BVerfG, 3. K. des 2. S., StraFo 2012, 129 Rn. 35 (betr. allg. StVR)) beeinträchtigten (zu Ausnahmen vgl. § 148 Abs. 2 iVm § 148a StPO; krit. dazu Birkhoff/Hawickhorst StV 2013, 540 ff. (zum allg. StR)). So ist ggf. auch ein *gemeinsames* Gespräch *mehrerer* Verteidiger mit mehreren einsitzenden Beschuldigten zu ermöglichen (LG Gießen StV 2012, 363 (zum allg. StR)).

b) Sonstige Personen bzw. Einrichtungen. § 2 Abs. 2, **§ 119 Abs. 4** 124 **S. 2 StPO** stellt den Verkehr des Gefangenen mit bestimmten Personen und Einrichtungen der (besonders geschützten) Kommunikation mit dem Verteidiger gleich. – Die Überwachung bei Verdacht von Straftaten nach § 129a StGB (ggf. iVm § 129b Abs. 1 StGB) „soll" gem. § 148 Abs. 2 S. 1 StPO im Einzelfall angeordnet werden, wobei betr. die im Gesetz genannten Einrichtungen auch bei solchem Verdacht oftmals von vornherein kein Anlass für eine Überwachung bestehen wird (vgl. auch Begr. BT-Drs. 16/11644, 28).

aa) Unüberwacht bleibt nach § 2 Abs. 2, **§ 119 Abs. 4 S. 2 Nr. 1–3** 125 **StPO** grundsätzlich der Kontakt des U-Gefangenen mit den für ihn zuständigen Bediensteten der **BewHilfe** und der FA-Stelle. Diese Auflistung umfasst zwar die Gerichtshilfe (vgl. schon Nr. 37a der vormaligen UVollzO), nicht aber die **JGH** und die anderen in **§ 72b** genannten **Funktions-**

träger. Jedoch wird diesen gem. den gegenüber der StPO spezielleren Normen des JGG (vgl. § 2 Abs. 2) zur Erfüllung ihrer Aufgaben (vgl. betr. die JGH § 38 Abs. 2 S. 3 aF bzw. § 38 Abs. 3 S. 2 nF) grds. uneingeschränkter, dh auch unüberwachter Zugang zu gestatten sein, weil die zur Erfüllung der Aufgaben essentielle Offenheit des Betroffenen kaum zu erwarten wäre, wenn der Kontakt (zB betr. Schreiben des Betroffenen) überwacht würde. Da die JGH ebenso wie die vorerwähnten anderen Funktionsträger staatlicherseits eingesetzt tätig werden, sind Missbrauchsgefahren eher als gering einzustufen.

126 **bb)** § 2 Abs. 2, § 119 Abs. 4 S. 2 **Nr. 4 StPO** (vgl. auch BGH StV 2015, 341) betrifft die Kommunikation mit den *Volksvertretungen* in Bund und Ländern und entspricht dem Petitionsrecht (vgl. Art. 17 GG) sowie der Beschlagnahmefreiheit von Abgeordnetenpost (Art. 47 S. 2 GG; vgl. auch schon Nr. 30 Abs. 2 der vormaligen UVollzO).

126a **cc)** Gemäß § 2 Abs. 2, § 119 Abs. 4 S. 2 **Nr. 5 StPO** ist ein unüberwachter Verkehr von U-Gefangenen mit dem *BVerfG* und dem jeweiligen Landes-VerfG garantiert (Ausnahme § 148 Abs. 2 StPO), zumal sie selbst Verfassungsbeschwerde erheben können. Empfehlenswert bleibt es weiterhin, den Verkehr auch mit *anderen* inländischen *öffentlichen Stellen* von der Überwachung auszunehmen (vgl. aber zu Widerständen aus der Praxis wegen etwaigen kollusiven Zusammenwirkens von Behördenmitarbeitern und Betroffenen Begr. BT-Drs. 16/11644, 28).

126b **dd)** Nach § 2 Abs. 2, § 119 Abs. 4 S. 2 **Nr. 6 StPO** gilt das Verbot auch für den Verkehr mit einem in dem Land etwa bestellten *Bürgerbeauftragten,* wozu abermals Art. 17 GG Bedeutung hat.

127 **ee)** Gemäß § 2 Abs. 2, § 119 Abs. 4 S. 2 **Nr. 7 StPO** besteht ungehinderter Verkehr auch mit den *Datenschutzbeauftragten* in Bund und Ländern (vgl. ebenso § 29 Abs. 2 S. 2 aE StVollzG), und zwar im Einklang mit der (deren Zeugnisverweigerungsrecht entspr.) Beschlagnahmefreiheit von Schriftstücken (vgl. § 23 Abs. 4, § 12 Abs. 3 BDSG).

128 **ff)** § 2 Abs. 2, § 119 Abs. 4 S. 2 **Nr. 8–14 StPO** schließen in den ungehinderten Verkehr Institutionen auf *europäischer* Ebene ein (was sich teilweise aus dem Grundsatz der Gleichbehandlung von nationalen und europäischen Institutionen ergibt; vgl. auch § 29 Abs. 2 S. 2 StVollzG).

129 **gg)** Gleichfalls verboten ist die Überwachung des Verkehrs mit verschiedenen Institutionen der *Vereinten Nationen* (vgl. § 2 Abs. 2, § 119 Abs. 4 S. 2 **Nr. 14–17 StPO**).

130 **hh)** Nach § 2 Abs. 2, § 119 Abs. 4 S. 2 **Nr. 18 StPO** bleibt auch der Verkehr der U-Gefangenen mit **Geistlichen** und **Abgeordneten** (als Berufsgeheimnisträgern gem. § 53 Abs. 1 S. 1 Nr. 1 und 4 StPO) grundsätzlich unüberwacht. Die Nichteinbeziehung der übrigen Berufsgeheimnisträger, deren Funktion iRd Kann-Vorschrift des § 2 Abs. 2, § 119 Abs. 1 StPO gebührend zu berücksichtigen ist, entspricht § 160a StPO.

131 **c) Eingeschränkte Nichtüberwachung.** § 2 Abs. 2, § 119 Abs. 4 S. 2 **Nr. 19 lit. a** und **19 lit. b StPO** regeln eine nur eingeschränkte Nichtüberwachung des Verkehrs von **Anstaltsbeiräten** (vgl. auch § 164 Abs. 2 S. 2 StVollzG) mit U-Gefangenen ebenso wie – betr. nichtdeutsche U-Gefangene – von **konsularischen Vertretungen** (vgl. auch Art. 36 Abs. 1a und Abs. 1c WÜK (Recht des Konsularbeamten, mit einem in U-Haft befindlichen Angehörigen des Entsendestaates Kontakt zu unterhalten)). Die Ein-

schränkung besteht darin, dass das Gericht eine Überwachung anordnen darf (hierbei kommt es nicht etwa auf die Voraussetzungen des § 148 Abs. 2 StPO an).

4. Zuständigkeit

a) Anordnung. aa) (1) Nach § 2 Abs. 2, **§ 119 Abs. 1 S. 3 StPO** sind die nach § 119 Abs. 1 S. 1 und S. 2 StPO zulässigen Anordnungen von dem gem. §§ 34 Abs. 1, 72 Abs. 3 und 6 (vgl. → Rn. 11) bzw. gem. § 126 StPO zuständigen **Gericht** zu treffen, ggf. von dem Vorsitzenden (§ 126 Abs. 1, Abs. 2 S. 3 StPO; vgl. entspr. § 119 Abs. 6 S. 2 StPO). Indes ist der Richtervorbehalt gem. § 2 Abs. 2, § 119 Abs. 1 S. 4 StPO zugunsten einer **Eilkompetenz** der JStA und der *VollzAnstalt* eingeschränkt, dh unter der Voraussetzung, dass eine gerichtliche Entscheidung nicht rechtzeitig herbeigeführt werden kann, ohne dass eine Gefährdung des Zwecks der U-Haft einträte (vgl. schon § 119 Abs. 6 S. 2 aF StPO). Solchenfalls ist die vorläufige Anordnung binnen drei Werktagen dem zuständigen **Gericht** zur Entscheidung über die Aufrechterhaltung oder Aufhebung **vorzulegen** (§ 119 Abs. 1 S. 5 StPO (enger als § 119 Abs. 6 S. 3 StPO aF)), es sei denn, die Eilanordnung hat sich (wegen nur kurzfristigen Wirkens (zB betr. Überwachung nur einer bestimmten Telekommunikation)) bereits erledigt. – Auch im Falle der Erledigung, und zwar auch dann, wenn sie erst nach erfolgter Vorlage bei dem Gericht eintritt, ist eine gerichtliche Entscheidung zu treffen, wenn der U-Gefangene dies **nachträglich beantragt** und ein berechtigtes Interesse an der gerichtlichen Feststellung besteht (vgl. nur KK-StPO/Gericke StPO § 119 Rn. 82). 132

(2) Eine **ausschließliche** Zuständigkeit des **Gerichts** besteht für die ausnahmsweise Überwachung des Verkehrs des U-Gefangenen mit dem Verteidiger (§ 2 Abs. 2, § 119 Abs. 4 S. 1 StPO; krit. Birkhoff/Hawickhorst StV 2013, 540 ff. (zum allg. StR)) bzw. mit den in § 2 Abs. 2, § 119 Abs. 4 S. 2 Nr. 1–19 StPO genannten Einrichtungen (betr. Nr. 19 unter Vorbehalt). 133

bb) Die **Prüfung** der **Voraussetzungen** für einen unüberwachten Verkehr nach § 2 Abs. 2, § 119 Abs. 4 S. 1 und 2 StPO (zB tatsächliche Herkunft eines Schreibens oder (betr. § 119 Abs. 4 S. 2 Nr. 18 StPO) etwaige Relevanz des Inhalts) nimmt die gem. § 2 Abs. 2, § 119 Abs. 2 StPO **zuständige Stelle** vor (§ 2 Abs. 2, § 119 Abs. 4 S. 3 StPO), dh ggf. die JStA bzw. – ihr helfend – ihre Ermittlungspersonen (krit. dazu → Rn. 45) oder die VollzAnstalt. 134

b) Ausführung der Anordnung. aa) Gemäß § 2 Abs. 2, **§ 119 Abs. 2 S. 1 StPO** obliegt die Ausführung der Anordnung nach § 119 Abs. 1 StPO der Stelle, die die Anordnung getroffen hat, dh grundsätzlich dem **Gericht.** Dies müsste – entgegen verbreiteter Praxis – im **JStV** ohne Einschränkungen zu gelten haben, und zwar im Allg. gem. Grundsätzen des JGG ebenso wie im Besonderen aufgrund der vom JGG dem JGericht im Vergleich zum allg. StVR zugewiesenen herausgehobeneren Funktion zwecks *unmittelbaren Zusammenwirkens* mit dem Jugendlichen bzw. Heranwachsenden. Hiernach wäre § 119 Abs. **2** S. **2** StPO, wonach das JGericht die Ausführung – widerruflich – auf die JStA übertragen kann (jederzeit sowie ganz oder teilweise, vgl. auch Begr. BT-Drs. 16/11644, 27), im JStV nicht oder 135 allenfalls mit Bedenken anwendbar (grds. krit. auch für das allg. StVR SK-StPO/Paeffgen StPO § 119 Rn. 61 ff.; Bedenken auch bei Schlothauer/Nobis/Voigt/Wolf U-Haft Rn. 1012 ff.).

136 **(1)** Falls der gegenteiligen Auffassung gefolgt wird, so ergibt sich eine zusätzliche Schwierigkeit speziell für das JStV (vgl. auch § 36) daraus, dass der Gesetzgeber – begründet ua mit Kapazitätsgründen auch iZm der räumlichen Nähe – gem. § 119 Abs. 2 S. 2 **Hs. 2 StPO** der JStA gestattet, sich der Hilfe nicht nur der VollzAnstalt (vgl. ebenso vormals bzgl. Überwachung des Besuchs Nr. 27 Abs. 1 S. 2 UVollzO bzw. der Telekommunikation Nr. 38 Abs. 1 S. 2, 3 UVollzO), sondern auch ihrer **Ermittlungspersonen** zu bedienen (krit. wegen Gewaltenteilung Radtke/Hohmann/Tsambikakis StPO § 119 Rn. 14). Dabei kann es rechtstatsächlich relevant sein, dass die Verantwortung für die ihr vom Gericht übertragene Ausführung bei der JStA verbleibt und diese deshalb, bevor sie die Hilfe in Anspruch nimmt, eine Prüfung dazu vorzunehmen hat, ob die beauftragte Stelle oder Person ihrer Aufgabe nach strafprozessualer wie praktischer Befähigung in der erforderlichen Weise nachzukommen in der Lage ist.

136a **(a)** Triftig ist zwar die Begründung, dass idR nur oder doch am ehesten die Ermittlungspersonen den Inhalt der Ermittlungsakte kennen (Begr. BT-Drs. 16/11644, 27, unter Hinweis auch auf etwaige „milieuspezifische Zusammenhänge" sowie „szenetypische Äußerungen") bzw. selbst zu verantworten haben, nicht oder doch seltener hingegen die Anstaltsbediensteten. Jedoch ist eine *Vermischung* mit dem Ermittlungsauftrag und ein *Unterlaufen* des allein legitimierenden Zwecks (§ 119 Abs. 1 S. 1 StPO) kaum zu verhindern, und nicht auszuschließen ist, dass mittelbar (speziell etwa in Anwendung von § 119 Abs. 1 S. 7 StPO) bereits bei der Anordnung apokryphe Gründe relevant werden (pointiert DRiB-NRW RiStA 2009, 17: Herrschaft der Polizei über die Haftbedingungen; instruktiv zum allg. StR LG Augsburg R&P 2014, 80 ff. mit Bspr. Eisenberg). Bereits deshalb ist § 119 Abs. 2 S. 2 Hs. 2 StPO im **JStV nicht** anwendbar (§ 2 Abs. 1 steht entgegen (im Gesetzgebungsverfahren nicht erörtert, ebenso wenig bei BeckOK JGG/Pawlischta § 72 Rn. 42), weil die Kommunikation mit der Außenwelt nur funktional ist, wenn der Jugendliche oder Heranwachsende sich „frei von der Seele" mitteilen kann, dh ohne die Befürchtung, sich ggf. durch unbedachte Artikulierung (scheinbar) selbst zu belasten. So ist zumindest im JStV ein durch die Ermittlungspersonen ggf. vermitteltes Empfinden einer *permanenten Vernehmungsphase* zu gewärtigen, das womöglich dazu führen könnte, dass – für die Haftsituation höchst abträglich – von vornherein auf eine für die Überwachung in Betracht kommende Kommunikation verzichtet wird. Dem Vernehmen nach werden diese Umstände von Ermittlungsbeamten mitunter auch durch aktives Einwirken auf die Kommunikation gezielt genutzt, um Aussagen zu erlangen.

136b **(b)** Im Übrigen ist im Hinblick auf die *Selbstbelastungsfreiheit* (vgl. auch § 2 Abs. 2, § 119 Abs. 1 S. 6 StPO (dazu → Rn. 31); vgl. auch → § 89c Rn. 2, 14) bei selten auszuschließender etwaiger inhaltlicher Doppelrelevanz erlangter Informationen (vgl. näher → § 89c Rn. 15) zu besorgen, dass die Ermittlungspersonen – unter den mit der Außengesellschaft nicht vergleichbaren Bedingungen des U-Vollzugs – alsbald nach Ausführung einer Überwachung den U-Gefangenen mit Inhalten der Kommunikation konfrontieren. Zumindest müsste neben *neuerlicher Belehrung* gem. § 2 Abs. 2, § 136 Abs. 1 S. 2–4 StPO, und zwar in geeigneter Weise (§ 70a Abs. 1 aF bzw. § 70b

Abs. 1 nF), mit einer solchen Konfrontation zugewartet werden, bis ein *Verteidiger anwesend* ist. Dabei ist auch zu berücksichtigen, dass die polizeilichen Effizienzkriterien mit denen der Strafjustiz nicht vergleichbar sind (vgl. etwa Singelnstein MschKrim 2003, 10 ff. (16, 19 ff.)) und dass – im Falle bisherigen maßgeblichen Befasstsein mit den Ermittlungen – Mängel an Objektivität (vgl. etwa Rasch/Hinz Kriminalistik 1980, 371 ff.; Eisenberg BeweisR StPO Rn. 598) zugunsten selektiver Tendenzen erwartungsgemäß sind. Die Bedenken sind erhöht deshalb, weil das Gesetz (im Unterschied zu Vorschriften der vormaligen UVollzO) *nicht* nach der Art der zu überwachenden Kommunikation *unterscheidet,* dh es bleibt der JStA unbenommen, zB auch die Brieflektüre zu delegieren.

(2) Weniger systematisch bedingt sind Einwände betr. die Delegierung der Überwachung auf die *VollzAnstalt,* wenngleich auch deren Tätigkeit von behördeninternen Handlungsnormen getragen ist. Dies betrifft schon, wie es am ehesten hinsichtlich des Haftgrundes Fluchtgefahr als angezeigt gilt, deren Überwachung der Telekommunikation oder von Besuchen (eine Delegierung der Briefkontrolle wegen Nichtkenntnis der Ermittlungsakten abl. Radtke/Hohmann/Tsambikakis StPO § 119 Rn. 14). – Ob die Überwachung in den vergleichsweise weniger häufigen Fällen des Haftgrundes Verdunkelungsgefahr namentlich bei eher komplexen Verfahren (stets) ohne weiteres auf die VollzAnstalt übertragen werden sollte, ist umstritten (vgl. ergänzend BT-Drs. 16/11644, 27 re. Sp.). **137**

bb) (1) Eine Begründung für die **Nichtanfechtbarkeit** der **Übertragung** der Ausführung von Anordnungen (§ 2 Abs. 2, **§ 119 Abs. 2 S. 3 StPO**) hat der Gesetzgeber nicht gegeben (vgl. BT-Drs. 16/11644, 27). Ob diese Lücke des Rechtsschutzes – auch im Hinblick auf die evtl. anschließende Delegation durch die JStA – mit rechtsstaatlichen Grundsätzen und speziell mit der Unschuldsvermutung vereinbar ist (und vor einer verfassungsrechtlichen Prüfung Bestand hätte), bleibt einstweilen ungeklärt. **138**

(2) Die **Übertragung** der **Ausführung** von Anordnungen nach **§ 119 Abs. 2 S. 2 StPO** ist, sofern sie entgegen der hier vertretenen Auffassung im JStV vorgenommen wird (→ Rn. 44, 46), **nicht anfechtbar** (§ 119 Abs. 2 S. 3 StPO). Dieser Ausschluss ist nach hier vertretener Auffassung im Bereich des Jugend(straf)verfahrensrechts aus den dargelegten Gründen mit § 2 Abs. 2 nicht vereinbar, zumindest soweit er auch die Delegierung gem. § 119 Abs. 2 S. 2 Hs. 2 StPO betrifft. **138a**

Ansonsten kann gem. § 2 Abs. 2, § 119 Abs. 5 StPO gegen nach § 119 StPO ergangene Entscheidungen oder sonstige Maßnahmen **Antrag** auf **gerichtliche Entscheidung** gestellt werden, und zwar „vor allem gegen" von der Staatsanwaltschaft nach § 119 Abs. 2 S. 2 StPO „angeordnete Maßnahmen" (Meyer-Goßner/Schmitt/Schmitt StPO § 119 Rn. 37). **138b**

XII. Rechtsschutz

1. Allgemeines

Die *Aufhebung* von Maßnahmen bestimmt sich nach allg. Grundsätzen (vgl. §§ 63, 64 SächsUVollzG). Rechtswidrige Maßnahmen können ganz oder teilweise mit Wirkung für die Vergangenheit oder die Zukunft zurückgenommen werden, für rechtmäßige Maßnahmen gilt dies nur unter be- **139** stimmten Voraussetzungen (§ 101 Abs. 2, 3 RhPfLJVollzG, § 62 Abs. 2, 3 UVollzG Bln). Hingegen dürfen begünstigende Maßnahmen nur bei Überwiegen der Vollzugsbelange Ggü. dem „schutzwürdigen Vertrauen der Betroffenen" (§ 101 Abs. 4 RhPfLJVollzG, § 62 Abs. 3 UVollzG Bln) aufgehoben werden, wovon insb. auszugehen sei, wenn die Aufhebung als zur Gewährleistung der Sicherheit der Anstalt unerlässlich beurteilt wird. – Die Bestimmungen betr. das *Beschwerderecht* (§ 65 UVollzG Bln ua (§ 70 HmbUVollzG), § 41 UVollzG NRW, § 167 Abs. 1 S. 1 JVollzG Nds; § 68 JVollzGB BW II) entsprechen im Wesentlichen § 108 StVollzG.

2. Gerichtliches Verfahren

140 **a) § 2 Abs. 2, § 119a StPO.** Wenngleich die Länder die Befugnis zur Entscheidung über Beschränkungen, die dem U-Gefangenen aus Zwecken der Sicherheit und Ordnung in der VollzAnstalt auferlegt werden können, weithin auf die VollzAnstalt übertragen haben (vgl. → Rn. 10), verlangt Art. 19 Abs. 4 S. 1 GG, dass gegen deren Entscheidung das gerichtliche Verfahren offen steht. Es ist (gem. der Gesetzgebungsbefugnis des Bundes) dergestalt geregelt (§ 2 Abs. 2, § 119a StPO), dass vormalige Bestimmungen über einen Antrag auf gerichtliche Entscheidung (§§ 23, 24 Abs. 1 EGGVG iVm Nr. 75 Abs. 3 UVollzO) oder aber (nach Wegfall der UVollzO) der Zuständigkeit eines Strafsenats des OLG (in dessen Bezirk die Vollzugsbehörde ihren Sitz hat) zur Entscheidung über die Rechtmäßigkeit einer vollzuglichen Anordnung (§ 23 Abs. 1 S. 2 iVm § 25 Abs. 1 EGGVG) zurücktreten. Zur Begründung dieser gesetzgeberischen Änderung wurde ua angeführt, das Verfahren nach den §§ 23 ff. EGGVG sei aufwändig und die Zuständigkeit des OLG stehe oftmals in keinem angemessenen Verhältnis zu der Bedeutung der Sache; beides gelte umso mehr, als – nach landesgesetzlicher Verlagerung der originären Zuständigkeit auf die VollzAnstalten – zukünftig vermutlich erheblich häufiger von diesem Rechtsweg Gebrauch gemacht werde.

141 § 119a StPO **gilt** neben der U-Haft aufgrund eines nach den §§ 112, 112a StPO erlassenen Haftbefehls **auch** für die HV-Haft nach § 127b StPO sowie für die Haft aufgrund von Haftbefehlen nach § 230 Abs. 2 StPO, §§ 236, 329 Abs. 3 StPO und § 412 S. 1 StPO. Für die vorläufige Unterbringung folgt die Anwendbarkeit aus § 126 Abs. 2 S. 1 StPO, für die Sicherungshaft aus § 453c Abs. 2 S. 2 StPO und für die Haft bei erwarteter Unterbringung in der Sicherungsverwahrung aus § 275 Abs. 5 S. 4 StPO.

142 **b) Einzelne Bestimmungen.** Gemäß § 2 Abs. 2, **§ 119a Abs. 1 S. 1 StPO** kann derjenige, der durch behördliche Entscheidungen und sonstige Maßnahmen (Realakte) im U-Vollzug – idR handelt es sich um solche der VollzAnstalt (s. ausdrücklich auch betr. die StA § 167 Abs. 1 S. 1 JVollzG Nds) – **beschwert** ist, einen Antrag auf gerichtliche Entscheidung stellen (systematisch § 119 Abs. 5 StPO vergleichbar). Zulässigkeitsvoraussetzung ist demgemäß eine Beschwer.

142a Im Übrigen ist ein Antrag nach allg. Grundsätzen nur zulässig, wenn ein **Rechtsschutzbedürfnis** vorliegt. Dieses Erfordernis kann zB dann nicht gegeben sein, wenn die zuständige Stelle über den Antrag schon einmal entschieden hat und weder der Antrag noch die tatsächlichen Umstände (zu diesen kann auch ein gewisser Zeitablauf gehören) sich als verändert darstellen. Jedoch werden diese Grundsätze betr. **Jugendliche** und **Heranwachsende** gem. dem Erziehungsauftrag (§ 2 Abs. 1) nur **weniger restriktiv** gelten dürfen (vgl. auch § 2 Abs. 2). Zumindest ist der Beschwerdeführer über die Gründe, warum in der Sache nicht entschieden wird, zu unterrichten (vgl. § 42 Abs. 1 S. 3 HessUVollzG). – Soweit sich die außergerichtliche Entscheidung oder Maßnahme entweder bereits vor dem Antrag auf gerichtliche Entscheidung oder (nach Antragstellung, jedoch) vor der gerichtlichen Entscheidung **erledigt** hat, gelten die allg. Grundsätze des Rechtsschutzes im Erledigungsfall (vgl. BVerfGE 96, 27). Betreffend Widerruf oder Rücknahme von Maßnahmen finden (subsidiär) die einschlägigen Vorschriften des VwVfG Anwendung (vgl. § 64 SächsUVollzG).

Für die **gerichtliche Zuständigkeit** sind § 126 Abs. 1 S. 1 StPO, §§ 34 **143** Abs. 1, 72 Abs. 3 und 6 maßgebend. Diese Regelung hat den Vorteil, dass dem hiernach zuständigen Gericht der Sachverhalt aus der Ermittlungsakte bekannt ist, im Unterschied zu einem Gericht am Ort der VollzAnstalt. Soweit das hiernach zuständige Gericht (eher ausnahmsweise) in einem anderen Land als dem der VollzAnstalt gelegen ist, muss das Gericht das Vollzugsrecht eines – ggf. von dem des Landes des zuständigen Gerichts abw. – anderen Landes anwenden. Für solche Fälle eine Zuständigkeit auch eines Gerichts des anderen Landes vorzusehen, hat der RegE zwar erwogen (BR-Drs. 829/08, 45), jedoch ua wegen der Gefahr positiver wie negativer Kompetenzkonflikte (etwa bei Anlässen sowohl iSd U-Haftrechts als auch des U-Haftvollzugsrechts) abgelehnt, zumal auch nach § 119 Abs. 3 iVm Abs. 6 StPO aF die gem. § 126 StPO zuständigen Gerichte sowohl über Anordnungen aus Zwecken der U-Haft als auch aus solchen der Ordnung in der VollzAnstalt zu entscheiden hatten.

Gemäß § 72 Abs. 6 ist die **Übertragung** richterlicher Entscheidungen **144** auf einen anderen Richter zulässig. Dies erscheint insofern als sinnvoll, als es Beeinträchtigungen des Vollzugsablaufs gibt, die in Zusammenhang damit stehen, dass für die in einer Anstalt untergebrachten U-Gefangenen häufig eine größere Zahl von Haftrichtern zuständig ist (vgl. schon Dallinger/Lackner § 93 Rn. 6).

Die vormalige Regelung des § 134 Abs. 1 Nr. 1 JVollzG **Nds** aF, derzufolge **145** das AG am Sitz der VollzBehörde auch nach Erhebung der Anklage bei einem anderen Gericht zuständig blieb (zur Vorlage an das BVerfG im Hinblick auf § 2 Abs. 2, § 119 StPO aF OLG Oldenburg StV 2008, 195 mBspr Seebode HRRS 2008, 236 ff. (nach BVerfGE 121, 233 = DRiZ 2008, 321 unzulässig, weil ggf. das AG hätte vorlegen müssen)), wurde – unbeschadet mancher praktischer Vorteile – wegen des arbeitsökonomischen Nachteils, dass dieses Gericht mit dem Stand der Ermittlungen weniger vertraut ist, mit ÄndG NJVollzG v. 20.2.2009 (Nds. GVBl. 32) aufgegeben (§ 134a Abs. 1 S. 1 NJVollzG), und zugleich wurde die Möglichkeit der Übertragung bis zur Anklageerhebung auf die mit den Ermittlungen befasste Staatsanwaltschaft eingeführt (§ 134 Abs. 3 S. 1 JVollzG Nds). – In „dringenden Fällen“ kann die Staatsanwaltschaft oder die VollzBehörde vorläufige Entscheidungen oder sonstige Maßnahmen treffen (§ 134 Abs. 6 S. 1, 2 JVollzG Nds (idF gem. ÄndG v. 20.2.2009, GBl. 32)), die der „unverzüglichen Genehmigung“ der zuständigen Stelle bedürfen. Diese Regelung ist, unbeschadet eines in bestimmten Fällen bestehenden Bedürfnisses, bezogen auf Belange der Rechtssicherheit wegen der wenig bestimmten und vergleichsweise offen gehaltenen Fassung nicht bedenkenfrei (vgl. aber → Rn. 32).

146 **c) Zum Verfahrensablauf.** Aufgrund der Unschuldsvermutung und dem ihr folgenden Grundsatz, dass nur zwingend notwendige Beschränkungen auferlegt werden dürfen, sind gem. § 2 Abs. 2, **§ 119a Abs. 1 S. 2 StPO** während des U-Vollzugs gestellte **Anträge,** über die von der für den Vollzug zuständigen Stelle zu entscheiden ist, innerhalb einer Frist von **drei Wochen** zu bearbeiten (zumal diese Entscheidung die Voraussetzung dafür ist, den Rechtsweg gem. § 2 Abs. 2, § 119a Abs. 1 S. 1 StPO beschreiten zu können), dh die Frist muss deutlich kürzer sein als die für den Strafvollzug vorgesehene von drei Monaten (vgl. § 92 Abs. 6 S. 2, § 113 Abs. 1 StVollzG). Andererseits gilt eine stärkere Verkürzung – etwa um Betroffenen der auf höchstens eine Woche begrenzten Hauptverhandlungshaft (§ 2 Abs. 2, § 127b Abs. 2 StPO) Rechnung zu tragen – als arbeitsökonomisch nicht ohne weiteres vertretbar, wenngleich die in Rede stehenden Entscheidungen meist keine umfangreichen Ermittlungen oder die Einbeziehung anderer Stellen voraussetzen.

147 Gemäß § 2 Abs. 2, § 119a Abs. 2 S. 1 StPO entfaltet der Antrag auf gerichtliche Entscheidung **keine aufschiebende Wirkung** (vgl. entspr. § 29 Abs. 2 EGGVG iVm § 307 Abs. 1 StPO bzw. § 114 Abs. 1 StVollzG). Demgegenüber mag ein nicht unerheblicher Zeitraum vergehen, bis die durch das Gericht zu veranlassende Aufklärung des Sachverhalts und die den Beteiligten zustehende Gewährung der Möglichkeit zur Stellungnahme erledigt sind, ein Zeitraum, während dessen der U-Gefangene ggf. daran gehindert ist, seine Rechte zu verwirklichen (zB wenn der Verhältnismäßigkeitsgrundsatz für ihn streitet, weil Sicherheitsbelange der VollzAnstalt auch durch mildere Maßnahmen gewahrt werden). Daher kann das Gericht eine **vorläufige Anordnung** treffen (§ 2 Abs. 2, § 119a Abs. 2 S. 2 StPO), und zwar sowohl bei einem gegen eine außergerichtliche Entscheidung oder Maßnahme gerichteten Antrag (§ 2 Abs. 2, § 119a Abs. 1 S. 1 StPO) als auch bei einem Vornahmeantrag (§ 2 Abs. 2, § 119a Abs. 1 S. 2 StPO).

148 **d) Beschwerde.** Gegen die gerichtliche Entscheidung ist die **Beschwerde** zulässig (§ 2 Abs. 2, **§ 119a Abs. 3 StPO;** vgl. auch § 116 StVollzG). Für das Beschwerdeverfahren gelten § 2 Abs. 2, §§ 304 ff. StPO.

149 Vor allem dann, wenn eine gerichtliche Entscheidung gem. § 2 Abs. 2, § 119a Abs. 1 StPO eine von der VollzAnstalt als notwendig erachtete Beschränkung für unzulässig erklärt, betrifft dies die Art der Aufgabenerfüllung der **VollzAnstalt** ggf. in erheblichem Ausmaß (vgl. auch BeckOK JGG/Sengbusch Rn. 21). Daher stellt das Gesetz klar, dass auch sie (nach § 168 Abs. 1 S. 2 NJVollzG ebenso die StA (eingef. durch ÄndG v. 20.2.2009, GBl. 32)) gem. § 2 Abs. 2, **§ 119a Abs. 3 StPO** – bei der für die vollzugliche Entscheidung oder Maßnahme zuständigen Stelle handelt es sich idR um die VollzAnstalt – gegen die gerichtliche Entscheidung Beschwerde einlegen kann.

3. Rechtsschutz gegen verfahrensbedingte Beschränkungen

150 **a) Antrag auf gerichtliche Entscheidung. aa)** Besonderheiten gelten für den Rechtsschutz hinsichtlich der Einschränkungen, die aufgrund des Haftzwecks angeordnet werden. Auf der Grundlage von Art. 19 Abs. 4 S. 1 GG können U-Gefangene gem. § 2 Abs. 2, **§ 119 Abs. 5 StPO** (zur Belehrungspflicht vgl. § 115 Abs. 4 StPO, zur Geeignetheit § 70a Abs. 1

aF bzw. § 70b Abs. 1 nF) bei allen sie beschwerenden Entscheidungen oder (faktischen) sonstigen Maßnahmen der JStA, ihrer Ermittlungspersonen und der VollzAnstalt einen Antrag auf gerichtliche Entscheidung stellen (betr. die Zuständigkeit gelten §§ 34 Abs. 1, 72 Abs. 3 und 6 bzw. § 126 StPO (vgl. → Rn. 11)). Der Antrag ist gleichfalls zulässig, wenn ein OLG oder der Ermittlungsrichter beim BGH eine Entscheidung nach § 119 Abs. 1 und 2 StPO getroffen hat, gegen die das Rechtsmittel der Beschwerde (§§ 304 ff. StPO) nach der Judikatur nicht zulässig ist (Begriff der „Verhaftung" in § 304 Abs. 4 S. 2 Nr. 1, Abs. 5 StPO betreffe nur die Haftanordnung, also nicht Haftbeschränkungen (vgl. nur BGHSt 26, 270; krit. SK-StPO/Paeffgen StPO § 116 Rn. 22)). Dies gilt gem. § 2 Abs. 2, § 119 Abs. 5 S. 1 StPO analog auch für Entscheidungen nach § 148 Abs. 2 (BGH NStZ 2018, 154). – Hingegen ist der Antrag gem. § 119 Abs. 5 S. 1 StPO gegen Entscheidungen der AGe und LGe **ausgeschlossen, soweit** gegen deren Entscheidungen zu § 119 Abs. 1 und 2 StPO die **Beschwerde** (§§ 304 ff. StPO) **zulässig** ist (bejahend die hM, vgl. nur OLG Karlsruhe StV 1997, 312; ebenso Löwe/Rosenberg/Matt StPO § 305 Rn. 31: Begriff der „Verhaftung" sei in § 305 S. 2 StPO nicht einschr. auszulegen), und zwar auch dann, wenn es sich um solche des erkennenden Gerichts (iSv § 305 StPO) handelt.

bb) Mit beiden in Rede stehenden Rechtsbehelfen kann nicht nur geltend **151** gemacht werden, dass für eine bestimmte Beschränkung oder ihre konkrete Ausführung von Anfang an die gesetzlichen *Voraussetzungen* (§ 119 Abs. 1 und 2 StPO) *nicht vorgelegen* haben, sondern jeweils kann auch eingewandt werden, dass eine bestimmte Beschränkung *nicht* mehr *erforderlich* sei (etwa Wegfall von Verdunkelungsgefahr nach einem Geständnis). – Das *Rechtsschutzinteresse* entfällt nicht schon aufgrund einer (für den Beschwerdeführer mit Nachteilen verbundenen) Ersatzbeschaffung. Betreffend eine Verfassungsbeschwerde besteht es bei gewichtigen Grundrechtsverstößen fort, wenn die unmittelbare Belastung durch den angegriffenen Hoheitsakt sich typischerweise auf eine Zeitspanne beschränkt, in welcher der Betroffene nach dem regelmäßigen Geschäftsgang eine Entscheidung des BVerfG kaum erlangen kann (stRspr des BVerfG).

cc) Die Wahrung *rechtlichen Gehörs* (Art. 103 Abs. 1 GG) verlangt, dass **152** dem U-Gefangenen vor der gerichtlichen Entscheidung die Stellungnahmen der JVA bzw. der JStA zur Kenntnis gegeben und die Möglichkeit zu einer Entgegnung eingeräumt wird (BVerfG, 3. K. des 2. S., BeckRS 2010, 56335 (zum allg. StVR)).

b) Keine aufschiebende Wirkung. Gemäß § 2 Abs. 2, **§ 119 Abs. 5** **153** **S. 2 StPO** hat der Antrag auf gerichtliche Entscheidung keine aufschiebende Wirkung (vgl. entspr. § 29 Abs. 2 EGGVG iVm § 307 Abs. 1 StPO bzw. § 114 Abs. 1 StVollzG). Das Gleiche gilt für die Beschwerde (§ 307 Abs. 1 StPO). – Indes kann das Gericht **vorläufige Anordnungen** treffen (vgl. § 2 Abs. 2, § 119 Abs. 5 S. 3 StPO).

Zweiter Abschnitt. Vollzug

Jugendarrest

90 (1) [1]**Der Vollzug des Jugendarrestes soll das Ehrgefühl des Jugendlichen wecken und ihm eindringlich zum Bewußtsein bringen, daß er für das von ihm begangene Unrecht einzustehen hat.** [2]**Der Vollzug des Jugendarrestes soll erzieherisch gestaltet werden.** [3]**Er soll dem Jugendlichen helfen, die Schwierigkeiten zu bewältigen, die zur Begehung der Straftat beigetragen haben.**

(2) [1]**Der Jugendarrest wird in Jugendarrestanstalten oder Freizeitarresträumen der Landesjustizverwaltung vollzogen.** [2]**Vollzugsleiter ist der Jugendrichter am Ort des Vollzugs.**

Schrifttum: Arndt, Kriminologische Untersuchungen zum Jugendarrest, 1970; Bihs, Grundlegung, Bestandsaufnahme und pädagogische Weiterentwicklung des Jugendarrests …, 2013 (online abrufbar); Eisenhardt, Gutachten über den Jugendarrest, 1989; Gernbeck, Stationäres soziales Training im (Warnschuss-)Arrest. Implementation und Evaluation eines Modellprojekts in Baden-Württemberg, 2017; Klatt/Bliesener, Evaluierung des Jugendarrestes in Schleswig-Holstein, 2018; Klatt/Ernst/Höynck ua, Evaluation des neu eingeführten Jugendarrestes neben zur Bewährung ausgesetzter Jugendstrafe (§ 16a JGG), 2016; Redmann/Hußmann (Hrsg.), Soziale Arbeit im Jugendarrest, 2015; Schneemann, Beobachtungen zum Jugendarrestvollzug und der Bewährung entlassener Dauerarrestanten, 1970.

Übersicht

I. (Persönlicher) Anwendungsbereich; Ersetzung

1. (Persönlicher) Anwendungsbereich

Die Vorschrift findet auch auf **Heranwachsende** Anwendung (§ 110 Abs. 1, § 105 Abs. 1), sofern eine auf JA erkennende Entscheidung vorliegt. Dies gilt auch für die JAVollzGe der Länder (vgl. nur § 52 HmbJAVollzG, § 35 JAVollzG NRW, Art. 1 Abs. 2 RegE BayJAVollzG, § 1 Abs. 2 RefE SächsJAVollzG). 1

Bei **Soldatinnen** und **Soldaten** wird JA auf Ersuchen des Vollstreckungsleiters durch Einrichtungen der Bundeswehr vollzogen (Art. 5 Abs. 2 EGWStG; vgl. auch → § 112c Rn. 4, 5). 2

2. Ersetzung

2a Mehrere Landesgesetze zum JAVollzug (vgl. → Rn. 5) erklären § 90 als ersetzt (§ 55 HmbJAVollzG, § 43 Abs. 1 JAVollzG M-V, § 41 Nr. 1 RhPfLJAVollzG, § 55 Abs. 1 SJAVollzG, § 44 Abs. 1 ThürJAVollzG; mit Ausnahme von Abs. 2 S. 2 auch § 44 Abs. 2 HessJAVollzG).

II. Grundlagen des JA-Vollzugs

1. Entstehungsgeschichte

3 Entsprechend der Einführung des JA als jstr Rechtsfolge (→ § 13 Rn. 3–6, → § 16 Rn. 3) wurde im Jahre 1943 die JAVollzO als eine Rechtsverordnung geschaffen und im Jahre 1966 beibehalten (BGBl. I 505), in der Folgezeit allerdings erheblich umgestaltet (s. Anh. 5). Mehrere Landesgesetze zum JAVollzug (vgl. → Rn. 5) erklären die JAVollzO als ersetzt (§ 55 HmbJAVollzG, § 43 JAVollzG M-V, § 41 Nr. 2 RhPfLJAVollzG, § 53 Abs. 2 SJAVollzG, § 44 HessJAVollzG wie RegE Thür.), jeweils mit Ausnahme von § 17 Abs. 4, § 25 Abs. 1, 3, 4 (MV, Hess. und RegE Thür. zudem von § 5 Abs. 3).

2. Verfassungsrechtliche Vorgaben

4 das BVerfG hat mit Entscheidungen aus den Jahren 1972 (BVerfGE 33, 1 ff.) und 2006 (BVerfGE 116, 69) deutlich gemacht, dass die JAVollzO den Vorgaben des GG nicht (mehr) entspricht. Zugleich hat es eine gesetzliche Legitimation der freiheitsentziehenden Grundrechtseingriffe auch gegenüber Jugendlichen – wie sie durch den JAVollzug geschehen – verlangt (Gernbeck, Stationäres soziales Training (…), 2017, S. 112).

3. Rechtsgrundlagen

5 Der Vollzug des JA hat bzw. hatte (vgl. → Rn. 3f) als Rechtsgrundlage iRd § 90 die JAVollzO. Geltende Landesgesetze sind das JAVollzG NRW v. 13.5.2013 (GV 201, geänd. durch Art. 5 des Gesetzes v. 7.4.2017, GV 511), das BbgJAVollzG v. 10.7.2014 (GVBl. I 2014/Nr. 34), das BWJArrG v. 25.11.2014 (GBl. 582), das SchlHJAVollzG v. 2.12.2014 (GVBl. 356; vgl. auch Goerdeler FS 2013, 231 ff.), das HmbJAVollzG v. 29.12.2014 (GVBl. 2014, 542), das HessJAVollzG v. 27.5.2015 (GVBl. 2015, 223), das NdsJAVollzG v. 17.2.2016 (GVBl. 2016, 38, geändert durch Gesetz v. 15.6.2017 (GVBl. 172, ber. 319)), das RhPfLJAVollzG v. 6.10.2015 (GVBl. 354), das (saarländische) SJAVollzG v. 20.1.2016 (ABl. I 132), das JAVollzG M-V v. 27.5.2016 (GVOBl. 302), das BayJAVollzG v. 26.6.2018 (GVBl. 438), ThürJAVollzG v. 19.3.2019 (GVBl. 9), das SächsJAVollzG v. 5.3.2019 (GVBl. 158), das JVollzGB III LSA v. 11.11.2020 (GVBl. 644) und das JAVollzG Bln v. 27.9.2021 (bis dahin wurde JA in Bln. in einer gemeinsam mit Bbg. betriebenen Einrichtung auf Grundlage des BbgJAVollzG vollzogen – vgl. dazu DVJJ 2019/Pervelz, S. 245 ff.). Bremen hat kein JAVollzG, da es keine JAVollz-Einrichtung unterhält; für Verurteilte gilt (gem. enger Vollzugskooperation mit Nds.) das NdsJAVollzG (für einen Überblick zu bundesweiten Regelungslage vgl. auch Kaplan NK 2018, 77 (83 f.); DVJJ 2019/

Knauer, S. 201 ff.; DVJJ 2022/Kaplan S. 406 ff.; zu einem vormaligen Musterentwurf (Stand Mai 2014) der Länder Bln., Bremen, Hess., MV, RhPf, Saarl., Sachs., LSA und Thür. vgl. Kunze/Decker FS 2014, 262 ff.; zuvor zu Gesetzesentwürfen vgl. Kolberg/Wetzels PraxRPsych 2012, 113 (130 ff.)).

4. Organisation (Abs. 2)

a) Vollzugsanstalten bzw. -arresträume. Die Einrichtung der JA-VollzAnstalten und der Freizeitarresträume – letztere dienen auch dem Vollzug von Kurzarrest bis zu zwei Tagen, ermöglichen jedoch nur eingeschränkt erzieherische Hilfen – obliegt den **Landesjustizverwaltungen** (Abs. 2 **S. 1**). Der JA-Vollzug darf nicht in Straf- oder U-Haftanstalten, auch nicht in Teilbereichen dieser Anstalten, stattfinden (§ 39 Abs. 1 BbgJAVollzG: „in einer selbstständigen Anstalt"; § 32 Abs. 1 BWJArrG: vom Strafvollzug und sonstigen Haftarten „getrennt", ebenso Art. 27 Abs. 1 S. 1 RegE BayJAVollzG; s. aber § 32 Abs. 1 RegE ThürJAVollzG: in Anstalten der Justizverwaltung; § 1 RefE SächsJAVollzG: den allg. VollzAnstalten „angegliederte Bereiche" (s. auch §§ 21 Abs. 3 S. 3, 54 Abs. 1, 56 Abs. 1), bereits zuvor krit. Thalmann FS 2011, 79: mehrere Länder mit einer „Station" für JA „in demselben Gebäude"; speziell betr. die Anstalt in Regis-Breitingen Fichtner, nach ZJJ 2009, 160 (vgl. auch schon betr. Leipzig Kobes/Pohlmann ZJJ 2003, 374) sowie betr. die Anstalt Hof Pürner nach ZJJ 2009, 160: „Knastatmosphäre" bewusst als „pädagogisches Mittel" eingesetzt). – Gemäß § 26 Abs. 1 JAVollzG NRW werden Dauerarrest und Kurzarrest von mehr als zwei Tagen nur in **JA-VollzAnstalten** (gem. § 26 Abs. 3 „soll" die Belegungskapazität nicht unter 10 Plätzen liegen), Freizeitarrest und Kurzarrest von bis zu zwei Tagen aber auch in **Freizeitarresträumen** vollzogen. Ansonsten besteht ein **Trennungsgebot** dahingehend, dass diese VollzEinrichtungen nicht in Anstalten eingerichtet werden dürfen, in denen Straf- oder U-Haft oder Maßregeln der Besserung und Sicherung vollzogen werden (§ 26 Abs. 2 S. 1 JAVollzG NRW). Mehrere Landesgesetze sehen VollzGemeinschaften vor. Jedoch waren rechtstatsächlich seither Ausnahmen zu verzeichnen, wonach JA-VollzAnstalten auch dem Vollzug von U-Haft an Jugendlichen oder Heranwachsenden (nicht aber Erwachsenen) dienen (vgl. vormals § 93 Abs. 1; betr. JA-Anstalten vgl. auch § 23 Abs. 1 JVollzGB BW I e contr; für eine Zusammenstellung der bundesweiten JA-Einrichtungen s. Kaplan FS 2018, 313 (313, 318 f.)). 6

Andererseits ist der Vollzug von JA in *Heimen* iSv § 12 Nr. 2, § 34 KJHG *unzulässig*, da die Vollzugsinhalte nicht miteinander vereinbar sind (vgl. aber → Rn. 19). Im Übrigen ist es allerdings gleichermaßen bedenklich, den Vollzug einer Hilfe zur Erziehung nach § 12 Nr. 2 für die Dauer des Vollzugs des JA zu unterbrechen. – Jedoch kann es sich im Einzelfall empfehlen, den zu JA Verurteilten, ohne den Vollzug des JA zu unterbrechen (§ 14 Abs. 4 BbgJAVollzG), in besonderen Erziehungseinrichtungen aufzunehmen (vgl. auch → Rn. 20). 7

b) Personal. aa) Vollzugsleiter. Es ist der **JRichter** am **Ort** des **Vollzugs** (Abs. 2 **S. 2**) oder, wenn dort kein JRichter tätig ist oder wenn dort mehrere JRichter tätig sind, derjenige JRichter, den die oberste Behörde der Landesjustizverwaltung dazu bestimmt (vgl. § 29 JAVollzG NRW; § 63 Abs. 2 SchlHJAVollzG, § 41 Abs. 1 BbgJAVollzG (indes gem. Abs. 4 aus- 8 nahmsweise jeweils mit der Möglichkeit zur Bestimmung eines Beamten, ebenso § 33 Abs. 3 RegE ThürJAVollzG, § 28 Abs. 2 S. 2, 3 RegE BayJA-VollzG; abl. DRiB SchlH, Stellungnahme Nr. 10/2012, 6)). der JRichter nimmt als Vollzugsleiter Verwaltungsaufgaben wahr; er ist insoweit dem Leiter einer JStVollzAnstalt vergleichbar. Er ist für den gesamten Vollzug verantwortlich (vgl. aber zur Delegierung → Rn. 9; wegen Nachw. zu Fragen einer Privatisierung vgl. → § 89b Rn. 9). – Da dieser JRichter gleichzeitig Vollstreckungsleiter ist (§ 85 Abs. 1), bestimmt er das gesamte Verfahren, das der Durchführung des JA dient.

9 **bb) Fachkräfte.** Bereits § 3 Abs. 3 JAVollzO sieht bzw. sah zwar vor, dass das Personal der JA-VollzAnstalten nicht (mehr) nur aus Mitarbeitern des allg. Vollzugsdienstes, sondern ggf. auch aus Psychologen, Sozialpädagogen, Sozialarbeitern, Lehrern und anderen Fachkräften besteht, jedoch scheint dies in der Praxs seither nur eingeschränkt umgesetzt worden zu sein (vgl. Thalmann FS 2011, 81; Befragung von Hinrichs DVJJ-Journal 1999, 268), obgleich ein nicht unerheblicher Anteil der Insassen auch psychische Belastungen aufweist (zu personellen Defiziten vgl. näher Köhler/Bauchowitz ZJJ 2012, 273). Entsprechendes gilt daher auch für Regelungen, denenzufolge der VollzLeiter bestimmte Aufgaben auf diese Fachkräfte übertragen kann, um sie in eigenverantwortlicher Tätigkeit stärker in Entscheidungsprozesse der Anstalt einzubeziehen. Regelmäßige Besprechungen (vgl. schon § 2 Abs. 3 JA VollzO) sollen den Informationsfluss und die Koordinierung der erzieherischen Tätigkeit fördern. – Was den allg. VollzDienst angeht, so wird berichtet, mitunter fehle es solchen JA-Anstalten, die räumlich an eine JStVollz Einrichtung gekoppelt sind (vgl. → Rn. 6), an „eigenem Personal", und sie seien bei der Zuteilung „auf das Wohlwollen der Mutteranstalt" angewiesen (Thalmann FS 2011, 81).

9a Gemäß § 30 Abs. 1 JAVollzG NRW werden für die JA-VollzEinrichtungen Bedienstete „mit der für die Arbeit im JA-Vollzug notwendigen Qualifikation" eingesetzt (vgl. krit. Bihs, Grundlegung, Bestandsaufnahme und pädagogische Weiterentwicklung des Jugendarrests …, 2013, S. 354 ff.; s. auch § 42 Abs. 1 S. 1 BbgJAVollzG: „müssen für die pädagogische Gestaltung des Arrests geeignet und qualifiziert sein" (n. Walkenhorst, Stellungnahme für den Rechtsausschuss v. 1.5.2014, 26: „kurzzeitpädagogisch und jugendpädagogisch"), ebenso § 47 S. 1 HmbJAVollzG), deren Teilnahme an Fortbildungsveranstaltungen „sicherzustellen ist" (s. ergänzend Kaplan NK 2018, 77 (86 f.)). – Nach § 32 Abs. 3 S. 3 BWJArrG können „nicht hoheitliche" Aufgaben „privaten Dienstleistern" übertragen werden (zw.).

10 **c) Personen außerhalb der JA-Anstalten.** Dem Pflichtenkreis der *JGH* und (im Falle einer Aussetzung der Vollstr der JStrafe zBew) der *BewHilfe* entspricht es, dass die jeweiligen Verantwortungsträger auch während des Arrestvollzugs Verbindung zu dem Insassen halten (vgl. nur BbgJAVollzG zur JGH § 7 Abs. 1 S. 3, zur BewHilfe § 13 Abs. 1). Nicht minder bedeutsam aber, im Einzelfall sogar eher zielführend, sind Formen der Mitwirkung ua *freier Träger* (vgl. etwa § 5 Abs. 2 S. 2, § 6 S. 2 BbgJAVollzG; vgl. auch § 4 Abs. 3 BWJArrG: die Beteiligung Ehrenamtlicher ist besonders zu fördern).

5. Zusammensetzung der Insassen

a) „Alter, Geeignetheit". Wegen der altersmäßigen Zusammensetzung der Insassen und der Häufigkeit der unterschiedlichen Arrestarten wird auf die Erl. zu → § 16 Rn. 7, 11 verwiesen. Rechtstatsächlich ist, relevant ua im Hinblick auf Vollzugsbeeinträchtigungen gerade der Jugendlichen, eine gewisse faktische Dominanz Heranwachsender im Vollzugsalltag zu verzeichnen. – Um die Ziele des JA erreichen zu können, wurde (oder wird) vielfach darauf abgestellt, dass nur sog. „Arrestgeeignete" in die JA-VollzAnstalten gelangen sollten (vgl. vormals statt vieler Dallinger/Lackner Rn. 4). Allerdings fragt sich, inwieweit dieses Kriterium der Geeignetheit eher den VollzEinrichtungen und weniger den Erziehungsbedürfnissen der Jugendlichen bzw. Heranwachsenden dient (vgl. → § 16 Rn. 26; krit. schon Plewig MschKrim 1980, 20). 11

b) Verhängung gem. § 16a. Durch Einfügung von § 8 Abs. 2 S. 2 (Gesetz v. 4.9.2012) ist die Notwendigkeit zusätzlicher (vgl. → Rn. 3) Differenzierung entstanden (vgl. → § 11 Rn. 9 ff.), da ein Erziehungsbedürfnis bei Betroffenen eines *Kopplungs-JA* im Vergleich zu den gem. § 13 Abs. 1, 2 Nr. 3 zu JA Verurteilten im Allg. ausgeprägter, hingegen im Vergleich insb. zu denjenigen Insassen des JA-Vollzugs, bei denen eine Restaussetzung der Vollstr einer JStrafe zBew vorausgegangen ist, im Allg. weniger ausgeprägt ist (vgl. näher → § 16 Rn. 23 ff.). Daher wird der Vollzug eines Kopplungs-JA voraussetzen, dass für die davon Betroffenen anhand erzieherischer Konzepte (zu einzelnen Maßnahmen etwa Endres/Breuer ZJJ 2014, 127 ff.; zur Einbeziehung in Programme Sozialen Trainings einschr. Neubacher/Bögelein, Krise – Kriminalität – Kriminologie/Höffler/Gernbeck S. 169 ff.) bauliche oder zumindest räumliche und ohnehin personelle Vorkehrungen getroffen werden (vgl. auch Begr. RegE v. 24.4.2012 (BT-Drs. 17/9389), 34). – Nach mehreren Landesverbänden sind bei Verhängung unter den Voraussetzungen des § 16a Abs. 1 Nr. 2 bzw. Nr. 3 Kontakte zu Personen des „sozialen Umfeldes nur zulässig, wenn schädliche Einflüsse nicht zu befürchten sind" (vgl. § 13 Abs. 2 bzw. Abs. 3 BbgJAVollzG, zu Nr. 2 ebenso § 40 Abs. 3 RhPfLJAVollzG sowie § 52 Abs. 3 SJAVollzG, § 43 Abs. 3 RegE ThürJAVollzG, § 9 Abs. 2 und 3 RefE SächsJAVollzG; ähnlich § 42 Abs. 3 HessJAVollzG; § 40 Abs. 3 JAVollzG M-V) bzw. es hat eine auf „die individuelle Problematik besonders zugeschnittene pädagogische Einwirkung auf die Arrestierten" zu geschehen (weniger differenziert § 29 Abs. 1 BWJArrG BW, § 2 Abs. 2 HmbJAVollzG; § 12 NdsJAVollzG). Ein Schlussbericht soll erstellt werden (Art. 37 Abs. 2 S. 2 RegE BayJAVollzG). 12

6. Fragen der „Rückfälligkeit"

Wegen Untersuchungsergebnissen zur Frage der „Rückfälligkeit" nach Entlassung wird auf die Erl. zu → § 16 Rn. 17 f. verwiesen. 13

III. Grundsätze des JA-Vollzugs

1. Vollzugsziel

14 **a) Gefahr von Widersprüchen.** Das VollzZiel auch des JA untersteht **vorrangig** demjenigen des **§ 2 Abs. 1,** und demgemäß ist jedwede Beeinträchtigung, wenn sie denn unvermeidbar ist, so gering wie möglich zu halten (vgl. nur § 4 NdsJAVollzG). Das zB in § 1 Abs. 1 S. 2 JAVollzG NRW nachrangig erklärte VollzZiel entspricht inhaltlich teilweise den Voraussetzungen für die gerichtliche Anordnung von Zuchtmitteln (§ 13), dh es richtet sich zentral auf die Förderung von Selbstwertempfinden und sozialer Verantwortung (krit. zu überhöhten Verbalisierungen Goeckenjan Rechtsausschuss NRW (Drs. 16/746) v. 21.2.2012, 5 = ZJJ 2013, 67); krit. zum Begriff „Ehrgefühl" (Abs. 1 S. 1 Hs. 1) Frehsee DVJJ 1990, 320). Bei solchen Postulaten wird allerdings das Ausmaß der **nicht geplanten** Delikte (vgl. dazu Eisenberg/Kölbel Kriminologie § 59 Rn. 7) ebenso verkannt wie die entwicklungsbedingt weit größere Bedeutung des Zeitablaufs bei Jugendlichen und auch Heranwachsenden im Vergleich zum Altersstadium zB des JStA und des JRichters. Zudem wird der Erziehungsauftrag (§ 2 Abs. 1) insofern missachtet, als (erhöht bei Dauerarrest) **zusätzlich belastende** Wirkungen verursacht werden (vgl. näher Eisenhardt, Gutachten über den Jugendarrest, 1989, S. 137 ff., 141).

15 **b) Zielbestimmungen.** Nach § 1 Abs. 1 S. 1 JAVollzG NRW dient der JA-Vollzug dazu, Insassen „zu befähigen, künftig eigenverantwortlich und ohne weitere Straftaten zu leben", wozu neben der Vermittlung der Pflicht zur Verantwortung (S. 2) auch gehören „soll", dabei zu „helfen, die Schwierigkeiten zu bewältigen, die zu der Begehung der Straftat beigetragen haben" (S. 3; vgl. neutraler § 2 SchlHJAVollzG). § 2 BbgJAVollzG (teilweise ähnlich § 3 Abs. 1 HessJAVollzG) zielt darauf ab, den Insassen das „begangene Unrecht und ihre Verantwortung hierfür bewusst zu machen und ihnen Hilfen für eine Lebensführung ohne Straftaten aufzuzeigen und zu vermitteln" (krit. Walkenhorst, Stellungnahme für den RAusschuss v. 1.5.2014, 8: „rückwärtsgerichtet" (ausgeprägt § 2 Abs. 1 S. 1 RefE SächsJAVollzG); vgl. aber § 2 RegE ThürJAVollzG: ihnen „die Potentiale" aufzeigen). Strikt zukunftsorientiert verhält sich § 2 NdsJAVollzG, dh es wird hier auf einen Bezug auf vorausgegangenes deliktisches Unrecht verzichtet (so aber dann in § 6 Abs. 1 S. 2 NdsJAVollzG).

2. Erzieherische Gestaltung

16 **a) Einzelne Ausprägungen.** Nach empirischem Kenntnisstand ist anzunehmen, dass – von Ausnahmen abgesehen – weniger eine mit dem Erziehungsauftrag (§ 2 Abs. 1) im Allg. nicht zu vereinbarende Isolierung und eher eine Interaktion zu anhaltender, als **positiv** beurteilter **erzieherischer** Beeinflussung geeignet ist (vgl. etwa § 4 Abs. 1 SchlHJAVollzG: „Die Selbstachtung der Jugendlichen … und Kompetenzen, die vor erneuter Straffälligkeit schützen, sind zu fördern"; zu Lernchancen Bihs/Walkenhorst ZJJ 2009, 17; betr. kurzzeitpädagogische Jugendbildungsarbeit Bihs/Schneider/Tölle/Zimmermann RPsych 2015, 303 (307 ff.); Kaplan/Schneider ZJJ

2016, 384 (speziell zur Asymmetrie der Machtverteilung); zum Konzept von Unterstützung, Individualität und Klarheit der Angebote McKendry/Otte ZJJ 2014, 138 (betr. die Anstalt in Regis-Breitingen); speziell etwa zu „Aufsätze schreiben" Pürner nach ZJJ 2009, 160 (betr. die Anstalt in Hof), vgl. aber auch → § 10 Rn. 40; zu kurzzeitpädagogischen Projekten in der Anstalt Halle Borchert ZJJ 2016, 291). Es müsste sich insoweit also um einen tendenziell sozialpädagogisch orientierten JA-Vollzug handeln (für Erwägungen zu diesbzgl. **Mindeststandards** vgl. Ostendorf ZRP 2010, 20 (21 f.); Kaplan NK 2018, 77 (81 f.); vgl. zur Frage der Belastung durch polizeiliche Zuführung vgl. → § 87 Rn. 12). Mit Blick auf das Umsetzungsniveau ist von beträchtlichen Unterschieden auszugehen (positive Beurteilung für Anstalt Moltsfelde (SchlH) bei Klatt/Bliesener, Evaluierung des Jugendarrestes in Schleswig-Holstein, 2018, S. 41 ff.).

So ist bspw. nach § 2 Abs. 3 JAVollzG NRW (lediglich) als Soll-Vorschrift **16a** geregelt, die „belastende Wirkung des Freiheitsentzuges zu mildern". Jedenfalls ist „das Recht der Jugendlichen auf Privatsphäre zu wahren", und es sind „Fähigkeiten und Begabungen der Jugendlichen zu wecken und zu fördern" (§ 3 Abs. 2 S. 1 JAVollzG NRW) bzw. zunächst „zu ergründen" und sodann „zu fördern" (§ 4 Abs. 2 SchlHJAVollzG) bzw. „zu stärken" (§ 5 Abs. 2 S. 1 RhPfLJAVollzG). Gemäß § 4 Abs. 2 BbgJAVollzG ist der Arrest „auf die Förderung der Arrestierten auszurichten" und sozialpädagogisch auszugestalten. Nach dem BWJArrG (vgl. auch § 3 Abs. 2 S. 1) ist tragendes Element Soziales Training (§ 5 Abs. 1; vgl. krit. etwa → Rn. 44, 45 sowie → § 16 Rn. 3).

Ähnlich wie § 18 Abs. 1 S. 3 JAVollzO kann die Teilnahme an gemein- **17** schaftlichen Veranstaltungen bzw. sonstigen *Angeboten* angeordnet werden, jedoch besteht eine Pflicht zur Teilnahme nicht (mehr), wohl aber eine Verpflichtung der VollzEinrichtung, die Insassen anzuleiten, ihre *Freizeit* sinnvoll zu gestalten (§ 7 Abs. 1 S. 1 JAVollzG NRW, § 9 Abs. 1 S. 1 BWJArrG) – wobei der Begriff „sinnvoll" deshalb zu Bedenken Anlass gibt, weil die diesbezügliche Wertung nicht selten je nach Alters- bzw. Entwicklungsstatus unterschiedlich ausfällt. Es bieten sich handwerkliche, kreative und künstlerische Aktivitäten an, nicht zuletzt deswegen, weil sie durch ihre Verläufe den Insassen bislang verborgene, ggf. kurzfristig bzw. gar iSe zufälligen Kontakts erfahrbare eigene Talente und zudem gar bereits erzielbare Erfolgserlebnisse vermitteln könnten (zum Spektrum der Maßnahmen und ihrer Wahrnehmung im NRW-Vollzug s. Lobitz/Wirth FS 2018, 326 (328 f.)).

Als Muss-Vorschrift bestimmen zB § 4 Abs. 3 RhPfLJAVollzG sowie **18** SJAVollzG die Berücksichtigung ua von *Behinderungen* von Insassen und die § 2 Abs. 4 JAVollzG NRW, § 3 Abs. 3 SchlHJAVollzG (vgl. auch § 3 Abs. 4 BWJArrG), dass die *geschlechtsbezogen* unterschiedlichen *Lebenslagen* und *Bedürfnisse* im Vollzug insgesamt „und bei allen Einzelmaßnahmen zu berücksichtigen" sind. – Soweit eine Einbeziehung von Belangen des durch die *Anlasstat Verletzten* (iSv „Unterstützung Hilfsbedürftiger oder Geschädigter") empfohlen und von Insassen die Bereitschaft zur Annahme auch diesbezüglicher Einwirkungen „erwartet" wird (zurückhaltender § 2 Abs. 1 S. 4 HmbJAVollzG: „Perspektive des Opfers" ist „ nahe zu bringen" (zu „fördernden Angeboten" § 3 Abs. 2 Nr. 2 und 3 iVm § 4 Abs. 1 S. 1 und 2, zu faktischer Sanktionierungsgefahr zB § 22 Abs. 2 S. 2, Abs. 3 S. 2) bzw. § 4 Abs. 1 S. 2 BbgJAVollzG: Bewusstsein für zugefügte Schäden „soll geweckt werden", ähnlich § 5 Abs. 1 S. 2 RhPfLJAVollzG sowie SJAVollzG; § 5 Abs. 2 BWJArrG: „in geeigneten Fällen soll…gefördert werden"), steht solches einer erzieherischen Öffnung des Insassen eher entgegen (krit. auch Goeckenjan Rechtsausschuss NRW (Drs. 16/746) v. 21.2.2012, 16, 20 = ZJJ 2013, 67) sowie zu Art. 3 Abs. 2 S. 5 RegE BayJAVollzG krit. DVJJ-Südbay. v. 6.3.2018: „resozialisierungsfeindliche Elemente"), und Entsprechendes gilt für die Soll-Vorschrift (vgl. § 5 Abs. 5 S. 2 SJAVollzG, § 4 Abs. 5 S. 2 HessJAVollzG, § 5 Abs. 2 S. 2 RegE ThürJAVollzG), Insassen anzuhalten, materielle und immaterielle Wiedergutmachung zu leisten (vgl. näher → § 92 Rn. 23).

19 **b) Einbeziehung auch im Freizeit- oder Kurzarrest.** Eine bevorzugte Orientierung der Vollzugsgestaltung zugunsten von Dauerarrest dient primär organisatorischen und fiskalischen Belangen, lässt sich indes wegen der von § 2 Abs. 1 verlangten Orientierung an den jeweiligen Umständen des *einzelnen* Betroffenen mit der Begründung, eine erzieherisch nachhaltige Einwirkung erfordere idR „Zeiträume von mindestens einer Woche" (so Begr. RegE NRW v. 29.8.2012 (Drs. 16/746); krit. Goeckenjan Rechtsausschuss NRW (Drs. 16/746) v. 21.2.2012, 5 = ZJJ 2013, 67 ff.), nicht rechtfertigen. Es bestehen keine empirisch verlässlichen Erkenntnisse dafür, ab welchem Zeitraum eine erzieherische Einwirkung möglich sein kann (vgl. auch Bihs, Grundlegung, Bestandsaufnahme und pädagogische Weiterentwicklung des Jugendarrests …, 2013, S. 396: „Kurz- und Freizeitarrestierte müssen zumindest Teile des Kerncurriculums belegen". Zwar ist es tatsächlich kaum vermeidbar, dass bestimmte Maßnahmen aus zeitlichen Gründen den Vollzug von Freizeit- und Kurzarrest nicht betreffen (vgl. etwa § 30 Abs. 1 BWJArrG; § 7 Abs. 3, § 8, § 11 Abs. 1 und 2 HmbJAVollzG (insgesamt eher ausdehnend); § 36 S. 1 JAVollzG NRW) – ob dies allerdings auch für die Muss-Vorschrift ärztlicher Untersuchung anlässlich der Aufnahme (n. dazu → Rn. 25) anzuerkennen ist (§ 36 S. 1 JAVollzG NRW, § 62 Abs. 2 S. 1 NdsJAVollzG; vgl. aber § 8 Abs. 4 S. 2 BbgJAVollzG: „soll" nur bei „Anhaltspunkten für VollzUntauglichkeit" (vgl. auch § 40 Abs. 2 S. 1 HessJAVollzG, § 7 Abs. 4 S. 3 RegE ThürJAVollzG, § 48 Abs. 2 RefE SächsJAVollzG), ähnlich § 38 Abs. 2 Nr. 3 RhPfLJAVollzG sowie § 50 Abs. 3 S. 3 SJAVollzG und tendenziell ähnlich § 30 Abs. 2 BWJArrG, § 38 Abs. 2 S. 3 JAVollzG M-V; ohne Einschränkung hingegen §§ 11 Abs. 4, 16 S. 1 iVm § 66 SchlHJAVollzG, § 7 Abs. 1 S. 2 iVm § 53 HmbJAVollzG), ist zumindest zweifelhaft. Jedoch liegt gleichsam eine Freistellung der JA-VollzEinrichtung darin, dass auch im Übrigen Vorschriften *nur insoweit* gelten, als die *Dauer* des JAVollzuges die Anwendung *zulässt* (vgl. nur § 53 S. 4 HmbJAVollzG; § 36 S. 2 JAVollzG NRW). Insgesamt weniger restriktiv verhält sich demgegenüber § 16 S. 1–3 SchlHJAVollzG (wonach die Arrestplanung (§ 12) und der Schlussbericht (§ 15) „in vereinfachter Form" zulässig sind).

3. Zur Rechtsstellung der Insassen

20 **a) Rechte und Pflichten.** Die Regelungen ua betr. Aufnahme (→ Rn. 23–26) und Rechtsschutz (→ Rn. 53, 54) einerseits sowie zu Kontroll- (→ Rn. 48–51) und Sanktionierungsbefugnissen (→ Rn. 21) der JA-Vollz-Einrichtung umgrenzen die Rechte und Pflichten des Insassen. Von der

JA-VollzEinrichtung vorrangig einzuhalten sind die *Schutzbelange* (vgl. ausdrücklich § 3 Abs. 3 S. 3 BWJArrG; § 7 Abs. 3 S. 2 NdsJAVollzG; § 3 Abs. 1 S. 1 RefE SächsJAVollzG; ergänzend → Rn. 16; auch → § 92 Rn. 3b). Diese Verpflichtung des Staates ist umso gewichtiger, als in den JA-VollzEinrichtungen Personen mit untereinander erheblich unterschiedlichen (auch strafrechtlichen) Vorbelastungen (vgl. → § 16 Rn. 23 ff.) zusammentreffen (vgl. → Rn. 3, 11, 12). – Ein Konflikt kann sich insoweit hinsichtlich bestimmter *Meldepflichten* (vgl. § 18 Abs. 4 JAVollzG NRW; wortgleich § 36 Abs. 4 SchlHJAVollzG; vgl. auch § 25 Abs. 4 BbgJAVollzG) ergeben, und zwar aufgrund von Binnennormen der Insassen (vgl. teilweise entspr. → § 92 Rn. 40 ff.).

Massive Beeinträchtigungen der Insassen können sich im *Grenzbereich* Sog. sozialer (Nicht-)Verträglichkeit ergeben, wobei absondernde Maßnahmen jedoch nur äußerstenfalls vertretbar sind, weil sie ihrerseits stets auch eine „Brandmarkung" (Begr. BT-Drs. 11/5829, 38) darstellen. § 22 Abs. 2 Nr. 3 JAVollzG NRW sieht eine regelmäßig nur kurzzeitige *Absonderung* vor, um eine *Deeskalation* und „Beruhigung aufgeheizter Situationen" (Begr. BT-Drs. 11/5829, 42) zu erreichen. Nach § 27 Abs. 2 Nr. 2 BbgJAVollzG ist dies bis zu 24 Stunden vorgesehen (vgl. zu beschränkenden Maßnahmen § 38 Abs. 3 S. 2 SchlHJAVollzG: maximal zwei Tage; vgl. aber auch § 24 Abs. 3 S. 2 BWJArrG: nach einer Woche bedarf es der Zustimmung der Aufsichtsbehörde). Ist auch durch derartige Eingriffe eine Integration in den JAVollzug nicht möglich, wird die VollzLeitung die Frage der Nichtgeeignetheit der Verhängung von JA prüfen und andere Maßnahmen (etwa nach SGB VIII, zB intensive sozialpädagogische Einzelbetreuung oder Eingliederungshilfe für seelisch behinderte Jugendliche) anregen (vgl. Begr. RegE JAVollzG NRW, 42; § 14 Abs. 1 Nr. 2 BbgJAVollzG (nach Anhörung des Richters, der JA verhängt hat)). **20a**

b) Sanktionierende Maßnahmen. Für die Insassen bestehen sanktionsbewehrte Verhaltenspflichten (vgl. § 18 JAVollzG NRW, § 22 BWJArrG, Art. 22 Abs. 1 S. 2, 3 RegE BayJAVollzG; vgl. auch § 36 SchlHJAVollzG; zu Einwänden etwa → § 92 Rn. 127 entspr.). Zur sanktionierenden Maßnahme kommt es, falls eine „Aufarbeitung" in Gesprächen (vgl. § 31 Abs. 1 BbgJAVollzG, § 40 Abs. 2 HmbJAVollzG, § 20 Abs. 1, 2 JAVollzG NRW) bzw. eine einvernehmliche Streitbeilegung (zB § 32 BbgJAVollzG) nicht gelingt. Diese Maßnahmen umfassen, wenngleich unterschiedlich ausgeprägt, faktisch auch ahndende Auflagen (vgl. nur § 40 Abs. 3 Nr. 1 HmbJAVollzG, also zB Entschuldigung, Schadenswiedergutmachung) und im eher unmittelbar „erzieherischen" Sinne Weisungen, aber auch Beschränkungen (vgl. zum Entzug einzelner Gegenstände, den zeitweiligen *Ausschluss* von gemeinsamer Freizeit bzw. von einzelnen Freizeitveranstaltungen oder von der Gruppenarbeit (§ 22 Abs. 3 Nr. 3 BWJArrG, § 31 Abs. 2 S. 2 BbgJAVollzG, § 40 Abs. 3 Nr. 2, 3 HmbJAVollzG, § 38 Abs. 3 Nr. 2, 4, 7 SchlHJAVollzG, § 31 Abs. 2 S. 2 BbgJAVollzG, § 23 Abs. 2 bzw. Abs. 4 HessJAVollzG, Art. 23 Abs. 2 Nr. 4 RegE BayJAVollzG: Verbleib im Arrestraum). Der Untersuchung von Klatt/Bliesener (Evaluation des Jugendarrestes in Schleswig-Holstein, 2018, S. 81 ff.) ist ein nicht zu vernachlässigender Anteil der Insassen von solchen Konfliktlösungsmaßnahmen betroffen (ca. 10%). **21**

21a Nach allg. rechtlichen Grundsätzen nicht unbedenklich ist, dass die Maßnahmen (trotz Gestattung von Zwangsmaßnahmen zur Durchsetzung von „Arrestmaßnahmen", § 44 Abs. 1 SchlHJAVollzG) *ohne förmliches Verfahren* angeordnet werden dürfen (§ 38 Abs. 1 SchlHJAVollzG bezieht sich auf „Ursachen und Auswirkungen", nicht aber auf die Feststellung eines Verstoßes; näher Art. 22 Abs. 3 S. 2, 3 RegE BayJAVollzG: Anhörungs- und Dokumentationspflicht). Immerhin dürfen solche Maßnahmen wegen ihres belastenden Charakters nur von Bediensteten angeordnet werden, die hierzu von der VollzLeitung bestimmt worden sind (§ 31 Abs. 3 BbgJAVollzG, § 40 Abs. 4 HmbJAVollzG, § 38 Abs. 4 SchlHJAVollzG). – Gemäß §§ 51 ff. NdsJAVollzG sind (auch förmlich) *Disziplinarmaßnahmen* vorgesehen (zum Verfahren § 55, zur Nichtvollstreckung § 53 Abs. 2, 3).

22 **c) Verhältnis zur Stellung Personensorgeberechtigter.** Wegen möglicher Konflikte zwischen Personenberechtigten und Insassen (vgl. etwa → Rn. 30, 31, 39, 40) wird auf die Erl. zu → § 92 Rn. 31, 46b, 61a, 143 verwiesen. Gemäß § 1 Abs. 2 JAVollzG NRW sind auch die Personensorgeberechtigten, „soweit möglich, in angemessener Weise" in die Bemühungen „einzubeziehen" (eher allg. §§ 2 Abs. 2, 11 Abs. 4 S. 1 BWJArrG). Nach § 8 Abs. 1 SchlHJAVollzG hingegen bestehen ihnen Ggü. nur Informationspflichten (gem. Abs. 2 soll die Anstalt aber Kontakt zu ihnen aufnehmen und sie kann sie zu Gesprächen einladen, „wenn dies dem Arrestziel dient", gem. Abs. 3 können sie – ebenso wie „andere Personen" – an der Arrestgestaltung beteiligt werden (dazu, dass dies sehr selten erfolgt, vgl. Klatt/Bliesener, Evaluation des Jugendarrestes in Schleswig-Holstein, 2018, S. 91 ff.). Nach § 5 Abs. 5 BbgJAVollzG sind Personensorgeberechtigte – bei Volljährigen mit ihrem Einverständnis die Eltern – bei der Erörterung von Fördermaßnahmen und Programmen einzubeziehen, „soweit dies möglich" ist und dem Arrestziel „nicht zuwiderläuft" (ähnlich RhPfLJAVollzG sowie SJAVollzG, vgl. auch § 5 Abs. 2 HmbJAVollzG: „die Erziehung hierdurch nicht beeinträchtigt wird"), ggf. ist ihnen der Förderplan zK zu geben (§ 10 Abs. 4 S. 4 BbgJAVollzG; zum Schlussbericht vgl. → Rn. 30a). – Zur Erstreckung auf Betreuer ua s. § 7 Abs. 3 RefE SächsJAVollzG.

IV. Planung des JA-Vollzugs

1. Aufnahme, Gespräche

23 **a) Aufnahme.** Ein Aufnahmeverbot besteht bei Personen, „die über den fünften Monat hinaus *schwanger* sind, vor weniger als drei Monaten entbunden haben oder ihr Kind selbst nähren" (§ 4 Abs. 4 JAVollzG NRW, vgl. schon § 5 Abs. 3 JAVollzO, ergänzend § 6 MutterschutzG; ähnlich § 7 Abs. 6 HmbJAVollzG, § 9 S. 2 SchlHJAVollzG, Art. 6 Abs. 3 S. 2 RegE BayJAVollzG: nach 20. Woche Gravidität). Dies wird ua damit begründet, dass drei Monate nach der Geburt bei einer Höchstdauer des JA Vollzugs von vier Wochen eine Betreuung des Kindes durch weitere Bezugspersonen idR „sichergestellt" werden könne und im Übrigen geeignete Besuchsregelungen getroffen werden könnten (Begr. RegE JAVollzG NRW, 28) – eine Auffassung, die mit den iZm Hafträumen für Elternteil und Kind im JStVollzug geläufigen Argumenten schwerlich vereinbar ist.

24 Das Aufnahme**verfahren** umfasst die Erhebung von Tatsachen betr. den Jugendlichen bzw. Heranwachsenden (§ 7 JAVollzO). Dies ermöglicht eine *Planung* (vgl. § 12 Abs. 2 S. 1 SchlHJAVollzG: „Förderplan") erzieherischer Hilfen, und es soll insb. auch Voraussetzungen für eine notwendige *Nachbetreuung* schaffen. Anlässlich der Aufnahme in den Vollzug haben die „VollzLeitung oder von ihr bestimmte Bedienstete alsbald ein Zugangsgespräch" zu führen (§ 4 Abs. 2 S. 1 JAVollzG NRW, § 8 Abs. 1 S. 1 BbgJAVollzG, nach § 13 Abs. 1 S. 1 NdsJAVollzG, § 6 Abs. 1 S. 1 RhPfLJAVollzG, § 7 Abs. 1 S. 1 SJAVollzG: „unverzüglich"; § 7 Abs. 3 HmbJAVollzG: „Perspektivgespräch"; anschaulich aus der Praxis, auch zur Dokumentation, McKendry/Otte ZJJ 2014, 138), in dem der Insasse in einer ihm verständlichen Sprache ua über seine Rechte einschließlich solcher des *Rechtsschutzes* und seine Pflichten zu informieren ist. In Ergänzung hierzu ist dem neu aufgenommenen Insassen ein Exemplar der Hausordnung (§ 19 JAVollzG NRW: Hausregeln; § 8 Abs. 1 S. 2 BbgJAVollzG (zur Anregung, diese zwecks Akzeptanz mündlich zu erläutern, Walkenhorst, Stellungnahme für den Rechtsausschuss v. 1.5.2014, 26)) auszuhändigen. – *Ausländische* Insassen haben das Recht auf konsularischen Beistand, worüber sie zu belehren sind (vgl. JAGO BW Die Justiz 2016, 307 Nr. 12). Bei Mangel an Deutschkenntnissen ist alsbald für Möglichkeiten der Kommunikation zu sorgen (s. § 5 Abs. 2 S. 1, 2 RefE SächsJAVollzG).

25 Die *eigene Beurteilung* des *Insassen* zum Förderplan wird zu würdigen und, soweit sie dem Arrestziel entspricht, auch zu berücksichtigen sein (Art. 7 S. 2 RegE BayJAVollzG; § 10 Abs. 2 S. 3 BBgJAVollzG: „Vorstellungen ... sollen"). Demgegenüber könnte verschiedentlich eine Unterschätzung der *Gefahren verfehlter Erstbeurteilung* darin zum Ausdruck kommen, dass „das Gespräch Aufschluss über die gegenwärtige Situation und persönliche Verfassung der Jugendlichen geben soll" (§ 4 Abs. 2 S. 4 JAVollzG NRW; vgl. gar Begr. 27: „beleuchtet wird"; vgl. sachlich eher angemessen noch § 7 JAVollzO). Entsprechende Bedenken bestehen betr. einen „Überblick", der „im Anschluss an das Zugangsgespräch" zu gewinnen ist (§ 5 S. 1 JAVollzG NRW (nicht anzuwenden bei Freizeit- und Kurzarrest, § 36 S. 1), § 11 Abs. 1 S. 1 BWJArrG), zumal die JHilfe nur einbezogen werden „soll" (§ 5 S. 3 JAVollzG NRW; betr. S. 4 (JGH-Bericht); vgl. zu Gefahren der Fehlinterpretation schriftlicher Unterlagen → § 43 Rn. 26) und die (sich erzieherisch ggf. gar negativ auswirkende) Rolle der Sorgeberechtigten eher offen ist (vgl. § 5 S. 5 JAVollzG NRW).

25a Der Zeitpunkt, zu dem der neu aufgenommene Insasse **ärztlich untersucht** werden muss, ist in den Landesgesetzen unterschiedlich umschrieben. So heißt es zB „bei der Aufnahme oder alsbald danach" (§ 14 Abs. 3 S. 1 JAVollzG NRW (vgl. auch Begr. RegE JAVollzG NRW, 43: zumindest aber zeitnah); ähnlich § 10 Abs. 3 S. 1 BWJArrG) oder „unverzüglich" (§ 10 Abs. 3 RefE SächsJAVollzG; ergänzend um „wenn möglich am Tag der Aufnahme" (§ 7 Abs. 1 S. 2 HmbJAVollzG) bzw. nur „alsbald" (§ 13 Abs. 2 S. 2 NdsJAVollzG, § 7 Abs. 4 RhPfLJAVollzG sowie SJAVollzG, § 7 Abs. 4 RegE ThürJAVollzG, Art. 6 Abs. 1 S. 5 RegE BayJAVollzG).

26 **b) Gespräche.** Die Aussprache mit der VollzLeitung wird herkömmlicherweise bereits als Teil der „Erziehungsarbeit" (so schon § 10 Abs. 2 JAVollzO) – neben sozialer Einzelhilfe, Gruppenarbeit und Unterricht durch Fachkräfte – verstanden. Praxisuntersuchungen zeigen, dass bei den (Auf-

nahme-)Gesprächen die alltagsbezogenen Defizit- und Problemlagen der Jugendlichen nur teilw. zur Sprache kommen (Klatt/Bliesener, Evaluation des Jugendarrestes in Schleswig-Holstein, 2018, S. 45 ff.). Vom zeitlichen Ablauf her könnte bei gedrängter Aufeinanderfolge eine Überforderung – zumal weniger redegewandter oder gesprächsgeübter Insassen – zu besorgen sein. Solchenfalls kann die Aussprache auch an dem auf die Aufnahme folgenden Tag stattfinden (Begr. RegE-JAVollzG NRW, 29).

2. Vollzug in freien Formen

27 **a) Allgemeines.** Der JA-Vollzug „kann auch in freien Formen" stattfinden, aber nur in wenigen Bundesländern (vgl. § 26 Abs. 4 JAVollzG NRW, § 14 BbgJAVollzG, § 61 Abs. 4 SchlHJAVollzG; kritisch daher Kaplan NK 2018, 77 (87 f.)). Dem kommt iZm der Einbeziehung ua von JHilfe (einschließlich derjenigen freier Träger), Schule und/oder Berufsberatung bzw. anderen Förderinitiativen sowie ggf. Drogenberatung besondere Bedeutung zu (vgl. auch DVJJ 2015, AK 5). Bislang liegen hierzu keine Evaluationen, aber erste (positive) Erfahrungsberichte vor (vgl. zu einem Dresdener Projekt Redmann/Hußmann, Soziale Arbeit im Jugendarrest/Redmann, 2015, S. 207 ff.).

28 **b) Erfüllung von Weisungen oder Auflagen.** Für den Vollzug wegen **Nichtbefolgungs-Arrest** wird es zulässig und ggf. erzieherisch empfehlenswert sein (vgl. etwa schon Thalmann FS 2011, 82 f.; Schmidt FS 2011, 90; Wulf FS 2011, 106: konsequent), von der JA-Anstalt aus Gelegenheit zur Erfüllung der zugrundeliegenden Rechtsfolge (vgl. § 31 Abs. 2 S. 3 BWJArrG BW, § 34 JAVollzG NRW, § 6 Abs. 1 S. 1 HmbJAVollzG („nach Möglichkeit")) durch Ausgang oder ggf. auch durch Ausführung zu geben (vgl. § 14 Abs. 1 Nr. 1 BbgJAVollzG und § 39 Abs. 1 JAVollzG M-V, § 49 Abs. 1 S. 3, 4 RefE SächsJAVollzG; AV Bln. v. 9.3.2005, ABl. 980). Dies gilt auch deshalb, weil solchenfalls die Vollstr vorzeitig beendet wird (§ 11 Abs. 3; zur Mitteilungspflicht der Anstalt § 6 Abs. 2 S. 2 HmbJAVollzG, § 39 Abs. 3 RhPfLJAVollzG, § 51 Abs. 3 SJAVollzG). – Nach § 12 Abs. 2 BbgJAVollzG sowie Art. 36 Abs. 1 S. 2 RegE BayJAVollzG „sollen" die Insassen zur Abwendung des weiteren Vollzuges „angehalten und motiviert" werden (vgl. enger § 34 S. 1 und 2 JAVollzG NRW) – gem. § 17 Abs. 1 S. 1, Abs. 2 SchlHJAVollzG „sind" sie „anzuhalten". Entsprechendes gilt für die Nichterfüllung von Anordnungen gem. § 98 Abs. 2 OWiG.

28a Neben Fällen des Vollzugs eines Nichtbefolgungs-Arrests empfiehlt es sich auch bei **Verurteilung** zu JA und **zusätzlich** erteilten Weisungen oder angeordneten Auflagen, dem Insassen eine solche Gelegenheit zu geben. Ob dies grundsätzlich die Zustimmung des erkennenden Gerichts voraussetzt (vgl. § 6 Abs. 1 S. 2 HmbJAVollzG (Soll-Vorschrift)), ist nicht abschließend geklärt.

3. Speziellere Interventionsbemühungen

29 Besondere Aufgaben bestehen bei **speziellen Umständen** bzw. Belastungen der Insassen. Dies gilt zB iZm **Drogenkonsum** (zur Häufigkeit solchen Konsums vor VollzBeginn vgl. die Befragungsdaten bei Köhler ua PraxR-Psych 2012, 96 ff.)). Auch für rechtsextremistisch orientierte und gewaltbereite Insassen bietet sich die Entwicklung spezieller Angebote an (für ein

diesbzgl. Aggressionsschwellentraining vgl. Speer/Menger/Jende unsere jugend 2012, 242). – Die Berücksichtigung der jeweiligen speziellen Umstände betrifft ggf. auch Fragen der räumlichen Unterbringung (vgl. ergänzend → Rn. 13).

4. Entlassungsvorbereitung

a) Kontinuität der Fürsorge. Der JA-Anstalt kommt Verantwortung auch für die Fortführung als erforderlich erachteter Maßnahmen nach Entlassung zu (vgl. nur § 6 S. 1 BbgJAVollzG, § 15 Abs. 3 RefE SächsJAVollzG (betr. JAmt); zu Fragen der Kostentragung des Wohnbedarfs während des Vollzugs LSG LSA ZFSH/SGB 2013, 285; vgl. auch Hammel ZJJ 2015, 157 sowie im Übrigen betr. nach dem Vollzug Hammel ZJJ 2015, 265). Dies umfasst ggf. auch den – ebenso aus anderen Gründen in Betracht kommenden – Verbleib bzw. die (freiwillige) Neuaufnahme des Insassen (vgl. § 28 BWJArrG, § 16 Abs. 1 RefE SächsJAVollzG; § 35 Abs. 1 S. 2 BbgJAVollzG: soll eine Woche nicht überschreiten). 30

b) Schlussbericht. Gemäß § 24 Abs. 1 JAVollzG NRW hat die Vollz-Leitung zum Ende des Vollzugs von Dauerarrest – nach § 16 S. 2 SchlHJA-VollzG auch von Freizeit- und Kurzarrest, jedoch „kann" dies „in vereinfachter Form" geschehen – einen Schlussbericht abzufassen, der sich an den „Fähigkeiten und Entwicklungsmöglichkeiten" des Insassen auszurichten hat und dessen wesentlicher Inhalt mit dem Insassen zu besprechen ist (§ 24 Abs. 1 S. 2, 3 JAVollzG NRW). Bei gem. § 11 Abs. 3 verhängtem Arrest ist auch zur Frage der Befolgung bzw. Erfüllung Stellung zu nehmen (§ 34 Abs. 2 BbgJAVollzG, Art. 36 Abs. 2 RegE BayJAVollzG). – Dem (vormaligen) Insassen und den Personensorgeberechtigten ist eine Abschrift auszuhändigen (§ 24 Abs. 2 S. 2 JAVollzG NRW; nach 15 Abs. 2 S. 2, 3 SchlHJAVollzG (betr. den Insassen nur Soll-Vorschrift), nach § 34 Abs. 4 BbgJAVollzG, § 11 Abs. 3 S. 3 HmbJAVollzG betr. Insassen wie Personensorgeberechtigte „auf Wunsch", vgl. auch § 26 Abs. 2 S. 3 BWJArrG, Art. 25 Abs. 3 S. 3 RegE BayJAVollzG: „auf Verlangen", vorbehaltlich „drohender erzieherischer Nachteile"). 30a

V. Unterbringung. Kleidung

1. Unterbringung

a) Einzel- und gemeinschaftliche Unterbringung. Die Insassen müssen während der **Ruhezeiten/Einschlusszeiten** grundsätzlich **allein untergebracht** sein (§ 12 Abs. 1 JAVollzG NRW, §§ 15 Abs. 1, 40 Abs. 2 BbgJAVollzG, § 19 Abs. 1 S. 1 SchlHJAVollzG, gem. Abs. 2 „höchstens" zu zweit und nur dann, wenn es „zumindest für einen förderlich ist, dem Wohl des anderen nicht entgegensteht" *und* beide zustimmen; nur auf Letzteres abstellend § 12 Abs. 1 BWJArrG; vgl. aber auch § 12 Abs. 1 S. 2 HmbJA-VollzG bzw. § 18 S. 2 NdsJAVollzG, § 9 Abs. 2 S. 2 RegE ThürJAVollzG: „zum Zweck der Resozialisierung" (zw.)). Jedoch gestattet § 12 Abs. 2 JAVollzG NRW (ähnlich § 10 Abs. 1 SJAVollzG, § 9 Abs. 1 RhPfJAVollzG) die „gemeinsame" Unterbringung, wenn ihr „körperlicher oder seelischer Zustand dies erfordert" (vgl. schon § 6 Abs. 1 JAVollzO; vgl. aber → § 92 31

Rn. 49) *oder,* ohne dass erzieherische Gründe entgegenstehen, sie eine gemeinsame Unterbringung „ausdrücklich wünschen" (vgl. zu Bedenken → § 92 Rn. 83 entspr.). In der Praxis ist diese Vorgabe bislang indes „nur in wenigen Anstalten" (Thalmann FS 2011, 79) vorbildlich, in anderen nicht oder eher nur eingeschränkt verwirklicht (vgl. zu Mehrfachbelegungen speziell etwa für die JA-Anstalt Leipzig Kobes/Pohlmann ZJJ 2003, 374).

32 **Außerhalb** der Ruhezeiten/Einschlusszeiten halten sich die Insassen in Gemeinschaft auf (zB bei Beschäftigung oder Veranstaltungen), nach Art. 10 Abs. 1 S. 1 RegE JAVollzG nicht gleich der Aufnahme („innere Reflektion"). – Hinsichtlich der Effizienz der VollzAusgestaltung als intervenierende Variable bestehen diesbezüglich Ungewissheiten. Es wurde zB von einer JA-VollzAnstalt mit Gemeinschaftshaft und vielfältigem Freizeitangebot berichtet, deren Entlassene zu 63,3 % „rückfällig" geworden seien (Arndt, Kriminologische Untersuchungen zum Jugendarrest, 1970, S. 114), während die entsprechende Quote bei zwei JA-VollzAnstalten mit Einzelhaft mit 62,3 % nahezu gleich gewesen sei (Schneemann, Beobachtungen zum Jugendarrestvollzug und der Bewährung entlassener Dauerarrestanten, 1970, S. 60).

32a In der Regel dürfte es auch vorzugswürdig sein, die sich in ihren Problemlagen ggf. unterscheidenden Teilgruppen der Urteils–, Ungehorsams- und Kopplungsarrestanten zu **trennen** (→ Rn. 12). In der Vollzugswirklichkeit überwiegt dagegen der Mischvollzug (vgl. Gernbeck/Höffler/Verrel NK 2013, 307 (309); Seidl/Holthusen/Hoops ZJJ 2013, 292 (294); Klatt ua, Evaluation des neu eingeführten Jugendarrestes …, 2016, S. 160 f.).

33 **Unterscheidung nach dem Geschlecht.** Während der Einschlusszeiten besteht eine strikte *Trennung* nach dem *Geschlecht* (§ 18 SchlHJAVollzG, § 12 BWJArrG). Ansonsten und insb. für gemeinsame Förderungsangebote ist die Trennung gelockert (vgl. § 12 Abs. 4 S. 2 JAVollzO NRW sowie schon § 1 Abs. 3 S. 2 JAVollzO; vgl. aber auch Hinrichs DVJJ-Journal 1995, 99 sowie 1999, 271; für koedukative Maßnahmen Wulf FS 2011, 105; speziell etwa Coerdt FS 2011, 90 (90–92)).

34 **b) Haftraum.** Gemäß § 20 SchlHJAVollzG (vgl. auch § 39 Abs. 4 BbgJAVollzG) ist der Haftraum „wohnlich" auszustatten und mit einer „eigenen abgegrenzten sanitären Einrichtung" zu versehen.

2. Freizeit

35 Nach § 7 Abs. 3 S. 2 JAVollzG NRW ist den Insassen der Zugang zu tagesaktuellen Informationen zu ermöglichen (vgl. auch § 19 Abs. 3 BbgJA-VollzG: Hörfunk im Arrestraum gestattet, ebenso § 25 Abs. 1 S. 1 RefE SächsJAVollzG, nicht aber Art. 16 Abs. 2 S. 2 RegE BayJAVollzG). Gemäß § 7 Abs. 3 S. 1 JAVollzG NRW kann die Teilnahme am gemeinschaftlichen Hörfunk- und Fernsehprogramm gestattet werden, jedoch ist der Besitz eines eigenen Fernsehgerätes bzw. eigener Geräte der Informations- und Unterhaltungselektronik nicht zugelassen (zB § 15 Abs. 2 S. 2 RegE ThürJAVollzG). Vgl. indes zB § 19 Abs. 1 S. 2 BbgJAVollzG, § 14 Abs. 1 S. 3, Abs. 3 JAVollzG M-V: stellt Mediathek zur Verfügung, Abs. 3; § 25 Abs. 3 S. 3 HmbJAVollzG: „gemeinschaftliche Nutzung anderer Geräte der Informations- und Unterhaltungselektronik"; s. demgegenüber etwa § 9 Abs. 1 S. 3 BWJArrG: Bücherei.

Bislang wurde insb. für das Wochenende von VollzDefiziten berichtet (vgl. betr. eine Anstalt in Düsseldorf Hufschmidt ZJJ 2009, 160: am Wochenende nur eine Freistunde, ansonsten durchgängig Aufenthalt in der Zelle). Demgegenüber ist die Aufrechterhaltung erzieherischer Angebote gerade auch am Wochenende für die Legitimation des freiheitsentziehenden Eingriffs wesentlich (folgerichtig zB § 5 Abs. 3 S. 2 SJAVollzG, Muss-Vorschrift). 35a

3. Kleidung

Der Insasse trägt eigene *Kleidung* und *Wäsche* (vgl. schon § 12 Abs. 1 S. 1 JAVollzO; sodann § 21 Abs. 4 S. 1 SchlHJAVollzG, § 14 Abs. 1 S. 1 HmbJAVollzG, anders § 12 Abs. 1 JAVollzG M-V), „bei Bedarf" (§ 21 Abs. 4 S. 2 SchlHJAVollzG, § 17 Abs. 2 S. 1 BbgJAVollzG, § 14 Abs. 1 S. 2 BWJArrG) oder auf seinen Wunsch (§ 11 Abs. 2 S. 2 JAVollzG NRW) bzw. auf Antrag (§ 19 S. 2 NdsJAVollzG) erhält er Kleidung der Anstalt, wobei darauf zu achten ist, dass ein Anklang von „Anstaltskleidung" vermieden wird, sondern es sich um jugendtypische Kleidung handelt. Bedarf besteht nicht wegen Missfallens Bediensteter (Begr. RegE JAVollzG NRW, 33). Jedoch dürfen solche Kleidungsstücke, die geeignet sind, die Sicherheit und Ordnung der Anstalt zu beeinträchtigen, untersagt werden (OLG Celle NStZ-RR 2013, 262 (zum allg. StR)). – Dabei wird Bedarf insb. iZm bestimmten Formen der Beschäftigung (vgl. aber noch § 12 Abs. 1 S. 1 JAVollzO: „Während der Arbeit tragen sie Anstaltssachen") und speziell zB bei sportlicher Betätigung bestehen (vgl. auch Begr. RegE-JAVollzG NRW, 33). 36

Rechtstatsächlich wurde indes berichtet, das Regel/Ausnahmeverhältnis des § 12 S. 3 zu S. 1 JAVollzO sei „in mehreren Anstalten" (Thalmann FS 2011, 79; zu abw. Praxis speziell in der Anstalt Regis-Breitingen Fichtner (nach ZJJ 2009, 161) sowie in der Anstalt Augsburg U. Müller ZJJ 2010, 82) in das Gegenteil verkehrt. Mitunter werde von S. 3 gar auch als Binnensanktionierung Gebrauch gemacht (Thalmann FS 2011, 79). 36a

VI. Kontakte mit der Außenwelt, Freizeit, Gesundheit

1. Kontakte zur Außenwelt

a) Allgemeines. Ein Kontakt zur Außenwelt kann zur Vermeidung von Isolation in mehreren Teilbereichen hergestellt werden, wenn der VollzLeiter dies aus erzieherischen Gründen als notwendig erachtet (vgl. befürwortend näher Goeckenjan Rechtsausschuss NRW (Drs. 16/746) v. 21.2.2012, S. 6f. = ZJJ 2013, 67). So können zB Arbeit, Unterricht und andere ausbildende Veranstaltungen außerhalb des Anstaltsbereichs zugelassen werden (vgl. zB Art. 20 Abs. 1 RegE BayJAVollzG; vgl. betr. Nichtbefolgungsarrest → Rn. 28). Allerdings ist solchenfalls zw., ob es überhaupt der Verhängung von JA bedurft hätte bzw. des JA-Vollzugs bedarf (vgl. Thalmann FS 2011, 81); sollte mit der jeweiligen Aktivität erst nach der Verhängung begonnen worden sein, liegt ein Absehen von der Vollstr nahe (§ 87 Abs. 3 S. 1). – Möglichkeiten zu Kontakten mit der Außenwelt bestehen auch für Freizeitveranstaltungen einschließlich sportlicher Betäti- 37 gung, falls in der JA-Anstalt keine geeigneten Voraussetzungen vorhanden sind (vgl. schon §§ 18 Abs. 2, 16 Abs. 2 JAVollzO).

37a Hinsichtlich des Kontakts iSe *persönlichen Verbindung* nach außerhalb der JA-VollzAnstalt bestehen rechtstatsächlich bislang, insgesamt betrachtet, durchaus Beschränkungen, ua aus Kostengründen. – Die VollzLeitung „kann" dem Insassen unbegleiteten oder, wenn als erforderlich beurteilt, begleiteten *Ausgang* gewähren (§ 17 Abs. 4 JAVollzG NRW, § 14 Abs. 1 Nr. 1 BbgJAVollzG, § 14 Abs. 1, 2 SchlHJAVollzG).

38 **b) Telefonate.** Gemäß § 20 Abs. 1 S. 1 HmbJAVollzG, § 17 Abs. 1 JAVollzG NRW, § 29 Abs. 1 SchlHJAVollzG „kann" die VollzLeitung Telefonate erlauben. Gemäß § 13 Abs. 3 BWJArrG ist die Nutzung „eigener Mobilfunkendgeräte" grundsätzlich untersagt; anders § 32 SchlHJAVollzG, § 20 Abs. 2 S. 1 HmbJAVollzG, § 27 Abs. 5, 6 NdsJAVollzG. – Entsprechend überwiegender Auffassung dürfen zB nach § 29 Abs. 2 JAVollzG SchlH die Telefonate – nur unter bestimmten Voraussetzungen (S. 1, 2) und ohne Aufzeichnung (S. 3) – (akustisch) überwacht werden (nicht gem. § 32 Abs. 1 S. 3 RefE SächsJAVollzG), außer solchen mit Eltern, Personensorgeberechtigten oder Personen der Verteidigung, der Rechtsanwaltschaft bzw. des Notariats (jeweils in einer den Insassen betreffenden Rechtssache), von Beiständen nach § 69 oder der JGH und aus den sozialen Diensten der Justiz.

39 **c) Besuch.** Zum Beispiel nach § 27 Abs. 1 S. 1 SchlHJAVollzG, § 28 Abs. 1 RefE SächsJAVollzG ist – vorbehaltlich des Vorliegens eines bestimmten *Untersagungsgrundes* (Abs. 3) – idR Besuch der Eltern oder Personensorgeberechtigten für eine Stunde pro Woche zu gestatten; Besuch anderer Personen hingegen kann unter der Voraussetzung der Beurteilung als „förderlich" gestattet werden. – Besuche von **Verteidiger,** Beistand (§ 69), des Vertreters der **JGH** und bestimmter anderer Personen (vgl. → Rn. 38) sind zu gestatten (§ 27 Abs. 2 S. 1, 2 SchlHJAVollzG, § 22 Abs. 2 BbgJAVollzG, § 19 Abs. 4 BWJArrG), und zwar auch bei Freizeit- oder Kurzarrest (vgl. nur § 30 Abs. 4 S. 2 BWJArrG).

39a Indes „kann" der Besuch von der Ab- und Durchsuchung der besuchenden Person abhängig gemacht werden (§ 28 Abs. 1 SchlHJAVollzG, § 28 Abs. 2 RefE SächsJAVollzG), und die VollzLeitung „kann" die – nach außen offen wahrnehmbar zu gestaltende (Begr. RegE JAVollzG NRW, 38) – *optische* Überwachung der Besuche anordnen (§ 17 Abs. 2 S. 2 JAVollzG NRW; gem. § 28 Abs. 2 RefE SächsJAVollzG: Beaufsichtigung mit technischen Mitteln unzulässig). Gespräche können gem. § 28 Abs. 2 SchlHJAVollzG bzw. § 29 RefE SächsJAVollzG überwacht werden (wobei im Falle des Einsatzes technischer Mittel eine Aufzeichnung unzulässig ist)), nicht allerdings betr. die in → Rn. 38 genannten Personen.

39b Der Besuch darf „abgebrochen werden", wenn durch den Besuchsverlauf die Sicherheit oder Ordnung der VollzEinrichtung gefährdet wird (§ 17 Abs. 3 JAVollzG NRW; einschränkend betr. Ordnung § 28 Abs. 4 S. 1 SchlHJAVollzG: in erheblicher Weise; vgl. zu Bedenken → § 92 Rn. 90d entspr.). Als ein Abbruchsgrund ist auch die Befürchtung einer „schädlichen Beeinflussung" des Insassen angeführt (§ 17 Abs. 3 JAVollzG NRW, § 28 Abs. 4 S. 2 RefE SächsJAVollzG). – Dem Abbruch wird „in aller Regel" (so schon Begr. RegE JAVollzG NRW, 38) eine Abmahnung vorausgehen müssen, sodass es sich empfehlen wird, vor Durchführung des Besuchs die

Besuchenden sowie den Insassen zu unterrichten, wie sie sich beim Besuch zu verhalten haben.

d) Schriftverkehr. Gemäß § 16 Abs. 1 JAVollzG NRW, § 30 Abs. 1 SchlHJAVollzG, § 18 Abs. 1 BWJArrG dürfen die Insassen (unbeschränkt) **Schreiben** empfangen und absenden, wobei die VollzEinrichtung die Kosten für abgehende Schreiben „in angemessenem Umfang" übernehmen kann, wenn die Insassen „dazu nicht in der Lage sind". Nach § 30 Abs. 2 Nr. 1–3 SchlHJAVollzG, § 18 Abs. 2 BWJArrG, § 16 Abs. 2 ÄndG NRW (Art. 5 des Gesetzes v. 7.4.2017, GV 511)) darf der Schriftverkehr mit bestimmten Personen und unter bestimmten Voraussetzungen untersagt werden, wobei hinsichtlich des Vetos Personensorgeberechtigter Bedenken bestehen können, da die Relevanz des Kontakts sich (vorrangig) vom Insassen her zu bestimmen hat (vgl. zu Einwänden auch → § 92 Rn. 91a, 92 entspr.). 40

Im Übrigen kommt, sofern **Ausschlussgründe** nicht vorliegen (vgl. § 31 Abs. 1 SchlHJAVollzG, § 31 Abs. 2 RefE SächsJAVollzG) – diese betreffen ua **Verteidiger** sowie Beistände (§ 69) und die in § 35 Abs. 2 JStVollzG NRW bezeichneten Personen, Einrichtungen und Institutionen –, unter bestimmten Voraussetzungen (vgl. nur § 31 Abs. 2 S. 1 SchlHJAVollzG) eine **Überwachung** von Schreiben in Betracht (krit. dazu → § 92 Rn. 94). – Gemäß Art. 6 Abs. 1 GG sind Angehörige iSv § 11 Abs. 1 Nr. 1 StGB privilegiert, ihnen ist der Schriftverkehr uneingeschränkt zu gestatten. – Weiterhin sind spezielle Formen der **Kontrolle** geregelt (vgl. etwa § 31 Abs. 2, 3 SchlHJAVollzG). 40a

e) Pakete. Wegen der Untersagung des Empfangs und des Versands von Paketen vgl. § 16 Abs. 3 JAVollzG NRW, § 17 Abs. 3 RegE ThürJAVollzG. Zur (bedingten) Empfangserlaubnis § 18 Abs. 4 S. 1 HmbJAVollzG sowie § 28 Abs. 1 und – betr. Versand – Abs. 4 NdsJAVollzG. Zu ausnahmsweiser Erlaubnis § 30 Abs. 3 S. 2 SchlHJAVollzG (nebst § 31 Abs. 2 S. 2: Inhaltskontrolle), § 22 Abs. 4 S. 1 BbgJAVollzG, § 18 Abs. 4 BWJArrG, § 16 Abs. 3 JAVollzG M-V. 41

2. Gesundheit

Die Insassen haben einen Anspruch auf medizinische Leistungen (vgl. § 25 SchlHJAVollzG). Statt einer Verlegung bzw. Überstellung wird ggf. eher eine Unterbrechung oder auch Beendigung des JA-Vollzugs angezeigt sein (vgl. auch DRiB SchlH, Stellungnahme Nr. 10/2012). 42

Auf ärztliche Anordnung wird *besondere Verpflegung* gewährt, auch ist den Insassen zu ermöglichen, Speisevorschriften ihrer *Religions*gemeinschaft zu befolgen oder vegetarisch ernährt zu werden (vgl. § 18 Abs. 1 S. 3 BbgJAVollzG, § 15 Abs. 1 S. 4 BWJArrG). – Darüberhinaus ist zB nach § 23 Abs. 2 SchlHJAVollzG die Möglichkeit des *Einkaufs* vorgesehen (vgl. auch § 15 Abs. 2 BWJArrG: kann gestattet werden, näher JAGO BW Die Justiz 2016, 307 Nr. 17.2). 42a

Das Recht des Insassen auf einen zeitlich begrenzten Aufenthalt **im Freien** ist anerkannt (vgl. § 24 Abs. 3 SchlHJAVollzG: eine Stunde, ebenso § 20 Abs. 2 BbgJAVollzG, § 16 Abs. 1 S. 2 BWJArrG, § 28 HmbJAVollzG und § 33 NdsJAVollzG sowie § 16 Abs. 2 RegE ThürJAVollzG, Art. 14 Abs. 1 RegE BayJAVollzG (jeweils mindestens), hingegen (mindestens) zwei 43

Stunden gem. § 14 Abs. 4 JAVollzG NRW). Die Insassen sind anzuhalten, von diesem Recht Gebrauch zu machen, jedoch sind sie dazu nicht verpflichtet. Während dieser Zeit „soll" den Insassen zusätzlich zu den sonstigen Sportangeboten (gem. § 35 Abs. 2 NdsJAVollzG vier Stunden wöchentlich) ermöglicht werden, sich sportlich zu betätigen (vgl. etwa zum Laufen Schubert ZJJ 2014, 377). – Zu einem strikten *Rauchverbot* (Art. 14 Abs. 1 S. 2 RegE BayJAVollzG) krit. DVJJ-Südbayern v. 6.3.2018.

VII. Beschäftigung

1. Vorrang fördernder Angebote gegenüber Arbeit

44 Entsprechend der Zielsetzung (vgl. → Rn. 14) ist der JA-Vollzug vorrangig mit entwicklungsfördernden Angeboten auszugestalten. § 6 Abs. 1 S. 1 JAVollzG NRW definiert die Beschäftigung als erzieherisch geprägte und „sinnvolle" Tätigkeit (Begr. RegE JAVollzG NRW, 29 f.; zur Gelegenheit, Ideen zu entfalten, etwa Thiel ZJJ 2014, 380 ff.; zur Praxis in NRW Lobitz/Wirth FS 2018, 326 (328 f.)), zB Unterricht oder andere Ausbildungsmaßnahmen, „soziales Training" (vgl. § 5 Nr. 1 SchlHJAVollzG („spezifisches"), § 5 Abs. 1 S. 1 BWJArrG (erg. § 6 Abs. 1 S. 1, 8 Abs. 2), vgl. zudem → Rn. 45) oder etwa auch Malen von Bildern, die Erledigung mitgebrachter schulischer Aufgaben oder auch eine der Allgemeinheit innerhalb oder außerhalb der Einrichtung dienende Aktivität; gem. § 8 Abs. 2 und 3 BWJArrG hingegen kann Arbeit zugewiesen werden und die Verrichtung ggf. zu einer „Anerkennung" führen. – Wenn jedoch die Insassen außerhalb der VollzEinrichtung einer wirtschaftlich ergiebigen und von dem Arbeitgeber adäquat entlohnten Arbeit nachgehen, etwa im Rahmen eines bestehenden Lern- oder Arbeitsverhältnisses, wird die VollzLeitung deren Fortführung während des JA-Vollzuges nach Möglichkeit gestatten.

45 Eine Mitwirkungspflicht (vgl. ua § 3 Abs. 3 S. 1 RhPfLJAVollzG sowie SJAVollzG) ist abzulehnen (vgl. auch Goeckenjan Rechtsausschuss NRW (Drs. 16/746) v. 21.2.2012, 9 = ZJJ 2013, 67 ff.; gegen eine zu allg. Fassung DRiB SchlH, Stellungnahme Nr. 10/2012). Speziell betr. „soziales Training" sind Bedürfnisse des einzelnen Insassen auch idS zu berücksichtigen, dass eine Einwirkung nur „ohne Gruppendruck" (Begr. RegE JAVollzG NRW, 24 f.) eröffnet werden darf (vgl. aber zu Soll-Vorschriften § 5 Abs. 2 BWJArrG).

2. Keine Entlohnung

46 Soweit der Begriff „Beschäftigung" im erzieherischen Sinne definiert wird und daher Arbeitsleistungen nur restriktiv abverlangt werden dürfen, ist die **Versagung** einer Entlohnung stimmig. Soweit indes weiterhin Arbeitsleistung in relevantem Ausmaß abverlangt werden sollte, käme die Versagung einer Entlohnung einer verkappten zusätzlichen Sanktion (etwa iSe Arbeitsauflage) gleich. Auch deshalb ist bei der Auswahl geeigneter Maßnahmen regelmäßig lernorientierten Angeboten der Vorrang einzuräumen (vgl. auch Begr. RegE JAVollzG NRW, 25).

46a Zum Beispiel nach § 22 Abs. 2 HmbJAVollzG ist bedürftigen Insassen ein „angemessenes" **Taschengeld** zu gewähren, dessen Auszahlung allerdings

„gestuft" nach dem Grad der Mitwirkungsbereitschaft (§ 4 HmbJAVollzG) vorgenommen werden kann.

3. Prüfung der Geeignetheit von Maßnahmen

Teilweise fehlt es an einer Bedarfsprüfung bezüglich dieser oder jener als fördernd beurteilten Maßnahme. So wird mitunter gewissermaßen pauschal davon ausgegangen, es bedürfe der Vermittlung zB der *Erkenntnis,* dass Pflichten innerhalb eines Gemeinwesens von allen zu tragen sind (§ 6 Abs. 1 S. 2 JAVollzG NRW), und Entsprechendes gilt betr. Sportmöglichkeiten (§ 8 S. 2 JAVollzG NRW) für das unterstellte Lern- bzw. Entwicklungsbedürfnis, wie es in dem Akzent auf Begriffen wie „Mannschaftssport", „Gemeinschaftssinn", Einhaltung von Regeln zum Ausdruck kommt (vgl. auch zum Verhalten im Vollzug schlechthin § 18 Abs. 1 S. 1 JAVollzG NRW, § 9 Abs. 2 BWJArrG). Demgegenüber ist eine solche Erkenntnis im Verhältnis zu Bezugsgruppen und deren als relevant erachteten Normen idR durchaus *vorhanden,* und ein (altersgruppengemäßer) Konflikt liegt eher im Bedarf einer Integration dieser Normen mit solchen gesamtgesellschaftlicher Art (vgl. allg. zu Defiziten in der Vollzugsausgestaltung Seidl ua ZJJ 2013, 292 (294 f.) betr. Nichtbefolgungsarrest). 47

VIII. Sicherheit und Ordnung

1. Durchsuchung

Nach allg. Auffassung ist, auch ohne Anlässe zu nennen, die Durchsuchung der Insassen, ihrer Sachen und der Arresträume zulässig (vgl. zu Spürhunden, deren Einsatz innerhalb der Anstalt in vielerlei Hinsicht abträglich ist, s. § 31 Abs. 1 S. 2 HmbJAVollzG). § 21 Abs. 2 JAVollzG NRW ermächtigt die VollzLeitung während der *Aufnahme* zu einer Regel-Anordnung der mit einer *Entkleidung* verbundenen körperlichen Durchsuchung (weitergehend, jedoch Grundrechte tangierend (vgl. nur BVerfG EuGRZ 2009, 159 = StV 2009, 253), § 39 Abs. 3 SchlHJAVollzG, § 31 Abs. 3 HmbJAVollzG, § 37 Abs. 3 RefE SächsJAVollzG: auch bei Kontakt mit Besuchenden sowie nach jeder Abwesenheit), wobei die Entkleidung *im Einzelfall* nur dann *unterbleibt,* wenn hierdurch die Sicherheit oder Ordnung der VollzEinrichtung nicht gefährdet wird (betr. Ordnung zur Voraussetzung „schwerwiegender Gefahren" zB § 39 Abs. 1 S. 1 SchlHJAVollzG). Im Übrigen ist, ohne dass inhaltliche Gründe genannt wären, eine mit einer Entkleidung verbundene Durchsuchung nur bei Gefahr im Verzug oder auf Anordnung der VollzLeitung im Einzelfall zulässig (§ 39 Abs. 2 S. 1 SchlHJAVollzG; ähnlich § 26 Abs. 2 S. 1 BbgJAVollzG, § 24 Abs. 2 RegE ThürJAVollzG; vgl. aber auch § 23 Abs. 2 BWJArrG; vgl. ergänzend BVerfG, 2. K. des 2. S., NJW 2015, 3158: bereits Entkleidung unter „expliziter visueller Kontrolle des Körpers" (NJW 2015, 3158 Rn. 34) stellt eine Durchsuchung iSd Vorschrift dar, ohnehin zumindest dann, wenn die Genitalien entblößt werden müssen (NJW 2015, 3158 Rn. 34), betr. allg. StVollz). – Zur *Kontrolle* des Missbrauchs von *Suchtmitteln* „können" zur Aufrechterhaltung der Sicherheit oder Ordnung der VollzEinrichtung allg. oder im Einzelfall Maßnahmen ohne körperlichen Eingriff angeordnet wer- 48 den (vgl. nur § 32 Abs. 1 S. 1 HmbJAVollzG, § 21 Abs. 3 JAVollzG NRW, § 40 SchlHJAVollzG, § 34 Abs. 3 NdsJAVollzG); der vormals sinngleich lautende § 21 Abs. 3 S. 2 JAVollzG NRW wurde hingegen dahingehend umgestaltet, dass die Entnahme von Kapillarblut durch „Punktion der Fingerbeere" zulässig ist, wenn Betroffene „einwilligen" (ÄndG gem. Art. 5 Gesetz v. 7.4.2017 (GV 511); § 53 RefE SächsJAVollzG).

48a Erkennungsdienstliche Maßnahmen gelten als zulässig (vgl. etwa § 32 Abs. 7 ÄndG JAVollzG NRW (Art. 5 Gesetz v. 7.4.2017, GV 551); § 53 RefE SächsJAVollzG).

2. Besondere Sicherungsmaßnahmen

49 Die VollzLeitung „kann" – nur bei Gefahr im Verzug „können" auch andere Bedienstete der VollzEinrichtung (s. zB § 22 Abs. 4 S. 2, 3 JAVollzG NRW) – Besondere Sicherungsmaßnahmen gegen Insassen anordnen, wenn eine *erhebliche Störung* der Sicherheit oder Ordnung der VollzEinrichtung nicht auf andere Weise vermieden oder behoben werden kann, und zwar „insb. zur Abwehr der Gefahr von Gewalttätigkeiten gegen Personen oder Sachen sowie zur Verhinderung von Selbstverletzungen" (§ 22 Abs. 1 S. 2 JAVollzG NRW), wobei jeweils die Gründe „zu dokumentieren sind" (§ 22 Abs. 4 S. 4 JAVollzG NRW). Die Maßnahmen sind Entzug von Gegenständen, die zu Gewalttätigkeiten missbraucht werden könnten; „Absonderung" von (§ 41 Abs. 2 Nr. 3 SchlHJAVollzG erlaubt eine „Trennung" bis zu 24 Stunden, ebenso § 26 Abs. 3 HessJAVollzG, § 26 Abs. 4 RegE ThürJAVollzG; weiter § 24 Abs. 3 BWJArrG: Ausschluss von Veranstaltungen und Verbleiben im Arrestraum jeweils bis zu zwei Tagen) oder die Zusammenlegung mit anderen Insassen; Unterbringung in einem besonders gesicherten Arrestraum ohne gefährdende Gegenstände bis zu 24 Stunden (wobei die Insassen von dem ärztlichen Dienst „aufzusuchen" sind, § 22 Abs. 5 JAVollzG NRW, § 26 Abs. 2 HessJAVollzG sowie RegE ThürJAVollzG, vgl. auch § 41 Abs. 2 Nr. 4 SchlHJAVollzG; nach § 24 Abs. 4 S. 1 BWJArrG ist bei Überschreiten von 24 Stunden der Aufsichtsbehörde Mitteilung zu machen, vgl. auch § 45 Abs. 6 NdsJAVollzG). § 43 Abs. 3 SchlHJAVollzG sieht „insb." Fesseln vor (vgl. auch § 43 Abs. 2 Nr. 4 NdsJAVollzG), § 24 Abs. 4 BWJArrG erlaubt die Unterbringung in einem besonders gesicherten Arrestraum und die Fesselung nur bei konkreter Gefahr der Selbsttötung oder erheblicher Selbstverletzung. § 26 ThürJAVollzG kennt dagegen keine Fesselung.

3. Unmittelbaren Zwang

50 § 22 Abs. 6 JAVollzG NRW erklärt die §§ 72–75 StVollzG NRW für entsprechend anwendbar, indes mit der klarstellenden Abweichung, dass „Waffen nicht gebraucht werden dürfen", ebenso RegE ThürJAVollzG, einschr. auf Schusswaffen aber § 22 Abs. 2 Nr. 4 RegE BayJAVollzG; nach § 43 Abs. 4 SchlHJAVollzG dürfen (nur) Hiebwaffen eingesetzt werden. Grundsätzlich ist die Anwendung vorher anzudrohen (§ 47 Abs. 1 S. 1 SchlHJAVollzO).

4. Videotechnik

51 Aus Gründen der Sicherheit oder Ordnung der VollzEinrichtung darf zur Beobachtung des Geländes der VollzEinrichtung und des Inneren ihrer Gebäude (zu diesem vern. § 46 Abs. 1 Nr. 2 BbgJAVollzG) Videotechnik eingesetzt werden (§ 52 SchlHJAVollzG; zur Hinweispflicht § 32 Abs. 2 JAVollzG NRW). Dabei sind *Bildaufzeichnungen* gestattet, die bei vorrangigen schutzwürdigen Interessen des Betroffenen „unverzüglich" zu *löschen* sind, ansonsten grundsätzlich – dh vorbehaltlich – spätestens binnen zwei Wochen (s. nur § 32 Abs. 3 S. 1 und S. 2 JAVollzG NRW, ähnlich etwa § 39 RefE SächsJAVollzG).

51a *Unzulässig* ist der Einsatz der Videotechnik für die Arrest- und Sanitärräume (§ 32 Abs. 1 JAVollzG NRW). Umstritten ist, ob der Einsatz betr. besonders gesicherte Arresträume ohne gefährdende Gegenstände „im Einzelfall und auf Anordnung der VollzLeitung" zulässig ist (vgl. aber § 33 Abs. 2 Nr. 3 bzw. Nr. 2 HmbJAVollzG, § 52 Abs. 1 S. 2 SchlHJAVollzG, § 43a NdsJAVollzG: „mit technischen Hilfsmitteln nur in dafür vorgesehenen Arresträumen und in besonders gesicherten Arresträumen"), soweit es, was zu dokumentieren ist – und wozu Bildaufzeichnungen unzulässig sind (§ 32 Abs. 4 S. 2 JAVollzG NRW) –, „im Einzelfall zur Abwehr von gegenwärtigen Gefahren für das Leben oder gegenwärtigen erheblichen Gefahren für die Gesundheit" der Insassen oder Dritter „erforderlich" ist (so § 22 Abs. 3 JAVollzG NRW). § 38 BWJArrG verweist pauschal auf Vorschriften zum JStrafvollzug.

IX. Datenschutz

52 Im Zuge der Schaffung einer gesetzlichen Grundlage des JA-Vollzugs (vgl. → Rn. 3) ist eine gesetzliche Regelung des Datenschutzes durch Verweisung (§ 38 BWJArrG, § 121 Abs. 1 HmbJAVollzG, § 33 JAVollzG NRW) vorgenommen oder spezieller vorgesehen (vgl. §§ 50–58 SchlHJAVollzG, §§ 37 ff. SJAVollzG, § 42 JAVollzG M-V). – Für Bln. wurden schon zuvor die §§ 65, 70–72 JVollzDSG Bln eingeführt, wozu §§ 65, 72 JVollzDSG Bln bestimmen, dass statt der in §§ 65, 6 Abs. 1 Nr. 1 JVollzDSG Bln genannten Zwecke derjenige des Abs. 1 gilt bzw. galt.

X. Rechtsschutz

1. Beschwerde

53 Wird ein Insasse durch eine **Maßnahme** des **Vollzugs** in unzulässiger Weise beeinträchtigt, so kann er sich an den VollzLeiter wenden (vgl. § 41 Abs. 1, 4 HmbJAVollzG, § 23 Abs. 1 S. 1 JAVollzG NRW), gegen dessen Entscheidung er Dienstaufsichtsbeschwerde erheben kann (allg. Auffassung). Hierdurch wird der unpersönliche *Schriftweg vermieden* (vgl. auch § 49 Abs. 1 S. 2 SchlHJAVollzG). Die Anstaltsleitung ist verpflichtet, „alsbald" das Gespräch mit dem Betroffenen zu suchen (vgl. auch Goeckenjan Rechtsausschuss NRW (Drs. 16/746) v. 21.2.2012, 8 = ZJJ 2013, 67 ff.). Im Übrigen hat die Anstaltsleitung „regelmäßige Sprechstunden einzurichten" (so § 41

Abs. 1 S. 2 HmbJAVollzG, § 23 Abs. 1 S. 3 JAVollzG NRW (nicht betr. Freizeit- und Kurzarrest, § 36 S. 1), § 49 Abs. 1 S. 3 SchlHJAVollzG).

2. Antrag auf gerichtliche Entscheidung

54 Gegen eine **Maßnahme** der **VollzBehörde** stehen dem Betroffenen die Rechtsschutzmöglichkeiten gem. § 92 offen (vgl. → § 92 Rn. 1, 161 ff.). Insofern ist indes schon aufgrund der Verweildauer von einer nur begrenzten Inanspruchnahme auszugehen, sodass insoweit der Beschwerde an den Vollz-Leiter eine erhöhte Bedeutung zukommen wird (vgl. auch Fachkommission JA ZJJ 2009, 278).

91 [aufgehoben]

Rechtsbehelfe im Vollzug

92

(1) [1]**Gegen eine Maßnahme zur Regelung einzelner Angelegenheiten auf dem Gebiet des Jugendarrestes, der Jugendstrafe und der Maßregeln der Unterbringung in einem psychiatrischen Krankenhaus oder in einer Entziehungsanstalt (§ 61 Nr. 1 und 2 des Strafgesetzbuches) oder in der Sicherungsverwahrung kann gerichtliche Entscheidung beantragt werden.** [2]**Für die Überprüfung von Vollzugsmaßnahmen gelten die §§ 109 und 111 bis 120 Abs. 1 des Strafvollzugsgesetzes sowie § 67 Absatz 1, 2 und 5 und § 67a Absatz 1 entsprechend; das Landesrecht kann vorsehen, dass der Antrag erst nach einem Verfahren zur gütlichen Streitbeilegung gestellt werden kann.**

(2) [1]**Über den Antrag entscheidet die Jugendkammer, in deren Bezirk die beteiligte Vollzugsbehörde ihren Sitz hat.** [2]**Die Jugendkammer ist auch für Entscheidungen nach § 119a des Strafvollzugsgesetzes zuständig.** [3]**Unterhält ein Land eine Einrichtung für den Vollzug der Jugendstrafe auf dem Gebiet eines anderen Landes, können die beteiligten Länder vereinbaren, dass die Jugendkammer bei dem Landgericht zuständig ist, in dessen Bezirk die für die Einrichtung zuständige Aufsichtsbehörde ihren Sitz hat.**

(3) [1]**Die Jugendkammer entscheidet durch Beschluss.** [2]**Sie bestimmt nach Ermessen, ob eine mündliche Verhandlung durchgeführt wird.** [3]**Auf Antrag des Jugendlichen ist dieser vor einer Entscheidung persönlich anzuhören.** [4]**Hierüber ist der Jugendliche zu belehren.** [5]**Wird eine mündliche Verhandlung nicht durchgeführt, findet die Anhörung in der Regel in der Vollzugseinrichtung statt.**

(4) [1]**Die Jugendkammer ist außer in den Fällen des Absatzes 2 Satz 2 mit einem Richter besetzt.** [2]**Ein Richter auf Probe darf dies nur sein, wenn ihm bereits über einen Zeitraum von einem Jahr Rechtsprechungsaufgaben in Strafverfahren übertragen worden sind.** [3]**Weist die Sache besondere Schwierigkeiten rechtlicher Art auf oder kommt ihr grundsätzliche Bedeutung zu, legt der Richter die Sache der Jugendkammer zur Entscheidung über eine Übernahme vor.**

[4] Liegt eine der Voraussetzungen für eine Übernahme vor, übernimmt die Jugendkammer den Antrag. [5] Sie entscheidet hierüber durch Beschluss. [6] Eine Rückübertragung ist ausgeschlossen.

(5) **Für die Kosten des Verfahrens gilt § 121 des Strafvollzugsgesetzes mit der Maßgabe, dass entsprechend § 74 davon abgesehen werden kann, dem Jugendlichen Kosten und Auslagen aufzuerlegen.**

(6) **[1] Wird eine Jugendstrafe gemäß § 89b Abs. 1 nach den Vorschriften des Strafvollzugs für Erwachsene vollzogen oder hat der Jugendliche im Vollzug einer freiheitsentziehenden Maßregel das vierundzwanzigste Lebensjahr vollendet, sind die Absätze 1 bis 5 nicht anzuwenden. [2] Für die Überprüfung von Vollzugsmaßnahmen gelten die Vorschriften der §§ 109 bis 121 des Strafvollzugsgesetzes.**

Schrifttum: Albrecht/Schüler-Springorum (Hrsg.), Jugendstrafe an 14- und 15jährigen, 1983; Alt, Das Berliner JStVollzG im Lichte verfassungsrechtlicher Vorgaben sowie europäischer und internationaler Regelungen mit Menschenrechtsbezug, 2014 (online abrufbar); Andris, Rechtliche und tatsächliche Rahmenbedingungen des Täter-Opfer-Ausgleichs in Haft, 2015; Autorengruppe Ausländerforschung (Berlin), Zwischen Getto und Knast, 1981; Baumeister, Gewalt im Jugendstrafvollzug, 2017; Bereswill/Greve (Hrsg.), Forschungsthema Strafvollzug, 2001; Bereswill/Höynck (Hrsg.), Jugendstrafvollzug in Deutschland, 2002; Biendl, Jugendstrafvollzug in freier Form, 2005; Brandenstein, Auswirkungen von Hafterfahrungen auf Selbstbild und Identität rechtsextremer jugendlicher Gewalttäter, 2012; Busch ua (Hrsg.), HIV/AIDS und Straffälligkeit, 1991; Chaidou, Junge Ausländer …, 1984; Cornel, Geschichte des Jugendstrafvollzuges, 1984; Dax, Die Neuregelung des Vollzugs der Sicherungsverwahrung, 2017; Dessecker/Egg (Hrsg.), Die strafrechtliche Unterbringung in einer Entziehungsanstalt, 1995; Dessecker/Egg (Hrsg.), Justizvollzug in Bewegung, 2013; Dölling/Jehle (Hrsg.), Täter, Taten, Opfer, 2013; Dörner, Erziehung durch Strafe. Die Geschichte des Jugendstrafvollzugs von 1871–1945, 1991; Dreßing, Das Anti-Aggressivitätstraining als Maßnahme der Jugendhilfe und Jugendstrafrechtspflege, 2016; Dünkel ua (Hrsg.), Die Wiedereingliederung von Hochrisikostraftätern, 2016; DVJJ Baden-Württemberg, Integrieren statt Ausgrenzen, 1999; Egg (Hrsg.), Brennpunkte der Rechtspsychologie, 1991; Eitzmann, Die Bedeutung der Freiheitsstrafe für die Erziehung junger Rechtsbrecher, 1988; Faber, Länderspezifische Unterschiede bezüglich Disziplinarmaßnahmen und der Aufrechterhaltung von Sicherheit und Ordnung im Jugendstrafvollzug, 2014; Fleck, Neue Verwaltungssteuerung und gesetzliche Regelung des Jugendstrafvollzuges, 2004; Focken/Gley, Junge Ausländer im Strafvollzug, 1987; Franck, Strafverfahren gegen HIV-Infizierte, 2000; Frankenberg, Offener Jugendstrafvollzug, 1999; Fröhmcke, Muslime im Strafvollzug, 2005; Gaßmann (Hrsg.), Suchtprobleme hinter Mauern, 2002; Geissler, Ausbildung und Arbeit im Jugendstrafvollzug, 1991; Glaser, The Effectiveness of a Prison and Parole System, 1969; Goerdeler/Walkenhorst (Hrsg.), Jugendstrafvollzug in Deutschland, 2007; Götte, Jugendstrafvollzug im „Dritten Reich" …, 2003; Grosch, Lockerungen im Jugendstrafvollzug, 1995; Heilemann, Realisierungsbedingungen der Erziehungs- und Behandlungsplanung im Jugendvollzug, 1985; Hein, Rechtliche Grenzen von Anti-Aggressivitätstrainings, 2007; Hürlimann, Führer und Einflussfaktoren in der Subkultur des Strafvollzuges, 1993; JuM SchlH (Hrsg.), Reform des JStrafvollzugs, 1989; Justizvollzugsbeaufrtagter NRW, Tätigkeitsbericht 2012; Kamann, Vollstreckung und Vollzug der Jugendstrafe. Verteidigung und Rechtsschutz, 2009; Kemter, Schulden und Schuldenregulierung der Gefangenen in sächsischen Justizvollzugsanstalten, 2000; Kersten/v. Wolffersdorff-Ehlert, Jugendstrafe – Innenansichten aus dem Knast, 1980; Klose, Deskriptive Darstellung der subjektiv empfundenen Haftsituation männlicher türkischer Inhaftierter im geschlossenen Jugendstrafvollzug in NRW, 2002; Knapp, AIDS im Strafvollzug, 1996; Koervers, Jugendkriminalität und Religiosität, 1988; Köhler, Psychische Störungen bei jungen Straftätern, 2004; Kreideweiß, Die Reform des Jugendstrafvollzuges, 1993; Kühl, Die gesetzliche Reform des Jugendstrafvollzug in Deutschland im Licht der European Rules for Juvenile Offenders Subject to Sanctions or Measures, 2012; Kury, Sozialstatistik der Zugänge im Jugendvollzug Baden-Württemberg, 1979; Kury (Hrsg.), Prognose und Behandlung bei jungen Rechtsbrechern, 1986; Lambropoulou, Erlebnisbiographie und Aufenthalt im Jugendstrafvollzug, 1987; Lehmkuhl (Hrsg.), Aggressives Verhalten bei Kindern und Jugendlichen, 2003; Maelicke/Plewig (Hrsg.), Erfolgreich, aber gescheitert, 2016 (DBH); Mannheim, The dilemma of penal reform, 1939; Matzke, Der Leistungsbereich bei JStrafgefangenen, 1982; Merzhäuser, Delinquentes Verhalten von inhaftierten Jugendlichen, 1985; Neubacher, Gewalt hinter Gittern, 2008; Nickolai ua, Sozialpädagogik im Jugendstrafvollzug, 1985; Niemz/Lauwitz, Sozialtherapie im Strafvollzug, 2. Aufl. 2012; Nolting, Freigänger im Jugendstrafvollzug, 1985; Özsöz, Rechtsextremistische Gewalttäter im Jugendstrafvollzug: der Einfluss von Jugendhaft auf rechtsextremistische Orientierungsmuster jugendlicher Gewalttäter, 2009; Pfeiffer ua, Ausgrenzung, Gewalt und Kriminalität im Leben junger Menschen, 1998; Prätor, Gewalt im Jugendstrafvollzug, 2017; Prittwitz (Hrsg.), AIDS, Recht und Gesundheitspolitik, 1990; Queloz ua (Hrsg.), Droit pénal et diversités culturelles, 2012; Rau, Lebenslinien und Netzwerke junger Migranten nach Jugendstrafe, 2017; Reindl, Offener Jugendstrafvollzug als Sozialisationsorganisation, 1991; Reinheckel, Bildung im Jugendstrafvollzug, 2013; Rink, Rigidität und Veränderungsmotivation, 1984; Rollny, Pastoraler Dienst am straffälligen jungen Menschen, 1986; Salman (Hrsg.), Soziale Arbeit mit Straffälligen, 1986; Schmalz, Kommunikation und Interaktion weiblicher Inhaftierter in einer Justizvollzugsanstalt, 2016; Schmidt-Esse, Lange Jugendstrafen bei jugendlichen und heranwachsenden Gewalt- und Sexualstraftätern, 2018; Schneider, Strafvollzug und Jugendstrafvollzug im Bayerischen Strafvollzugsgesetz, 2010; Schwirzer, Jugendstrafvollzug für das 21. Jahrhundert, 2008; Sessar-Karpp, Lernvoraussetzungen junger Inhaftierter, 1982; Seitz/Rautenberg, PFI – Persönlichkeitsfragebogen für Inhaftierte, 2010; Steller/Dahle/Basqué (Hrsg.), Straftäterbehandlung, 2. Aufl. 2003; Stenger, Berufliche Sozialisation … straffälliger Jugendlicher, 1984; Stentzel, Berufserziehung straffälliger Jugendlicher und Heranwachsender, 1990; Suhling, Lebensziele junger Männer im Strafvollzug, 2005; Supe, Strafgefangene und Schule, 1980; Tauss, Die Veränderung von Selbstkonzeptkomponenten im Inhaftierungsverlauf jugendlicher Strafgefangener, 1992; Tierel, Vergleichende Studie zur Normierung des Jugendstrafvollzugs, 2008; Trenczek (Hrsg.), Freiheitsentzug bei jungen Straffälligen, 1993; Vietor, Sozialtherapie für junge Gefangene im bayerischen Strafvollzug, 2012; Walter, Formelle Disziplinierung im Jugendstrafvollzug, 1998; Walter/Rotthaus/Geiter (Hrsg.), Bruchstücke. Strafvollzugsprobleme aus der Sicht der Beteiligten, 1992; Wattenberg, Arbeitstherapie im Jugendstrafvollzug, 1985; Werner, Jugendstrafvollzug in Deutschland, 2012; Wirth, Gewalt unter Gefangenen. Kernbefunde einer empirischen Studie im Strafvollzug des Landes Nordrhein-Westfalen, 2006; Zimmermann, Die Verschuldung der Strafgefangenen, 1981.

Übersicht

I. Anwendungsbereich

Die Vorschrift findet auch auf **Heranwachsende** Anwendung, sofern 1
gegen sie auf JA oder JStrafe erkannt worden ist (§ 110 Abs. 1, § 105 Abs. 1; s. aber § 89b Abs. 1 S. 2, Abs. 2; vgl. auch § 1 JStVollzG Bln ua (n. SächsJStVollzG), § 1 Nr. 3 JVollzGB BW I, § 1 NJVollzG, Art. 1 BaySt-

VollzG). Anderes gilt gem. Abs. 6, falls der Vollzug der JStrafe auf Grund einer entspr. Entscheidung gem. § 89b Abs. 2 nach den Vorschriften des StVollzG bzw. der StVollzGe der Länder erfolgt (für Disziplinarmaßnahmen LG Kassel BeckRS 2019, 10948). Allerdings ist die gelegentliche Annahme, solchenfalls stünden keine schutzwürdigen Belange dem Wegfall der in Abs. 1–5 geregelten Besonderheiten entgegen, eher undifferenziert (vgl. auch → § 89b Rn. 3, 4). Auch für Untergebrachte des Maßregelvollzuges in einem psychiatrischen Krankenhaus oder in einer Entziehungsanstalt – und (gem. RegE v. 6.6.2012 (BT-Drs. 17/9874)) vorgesehen auch für Betroffene (unter Vorbehalt stehender oder) angeordneter Sicherungsverwahrung – gilt die Vorschrift, es sei denn, sie haben das 24. Lbj. vollendet (Abs. 6). – Die einheitliche Regelung des Rechtsschutzes auch gegen Maßnahmen im JA ist systematisch nicht ganz unbedenklich, zumal JA keine Strafe ist (vgl. nur § 13 Abs. 3). Die auf Vermeidung der Inanspruchnahme „weiterer gerichtlicher Ressourcen" gestützte Begründung des Gesetzgebers auch im Hinblick auf die Erwartung „sehr geringer Fallzahlen" (BT-Drs. 17/9874, 10) ist rechtlich ungeeignet.

1a Grundlage der Entscheidungen sind die gesetzlichen Vorgaben und die tatsächlichen Verhältnisse des **Vollzuges** der jeweiligen Rechtsfolge, wozu bzgl. des JA auf die Erl. zu § 90 und bzgl. der Maßregeln auf diejenigen zu § 7 verwiesen wird; bzgl. des Vollzuges der JStrafe, der für Rechtsbehelfe besonders relevant ist, finden sich die Erl. in den nachstehenden Abschnitten II.–X.

II. Grundlagen des Jugendstrafvollzugs

1. Zur Entstehungsgeschichte

2 Das RStGB kannte eine Sollvorschrift zur **Trennung** von **jugendlichen** und **erwachsenen Gefangenen,** die aber nicht konsequent durchgeführt wurde. Unter Einfluss der JGerichtsbewegung wurde das erste deutsche Jugendgefängnis 1912 in Wittlich/Mosel gegründet. Bald danach entstanden andere Jugendgefängnisse, sodass schon vor Inkrafttreten des JGG 1923, das die Herauslösung Jugendlicher aus dem allg. Strafvollzug vornahm und den Erziehungszweck als Aufgabe des JStVollzugs benannte, die Trennung von jugendlichen und erwachsenen Gefangenen weitgehend erreicht war (s. zur Entwicklung krit. Cornel, Geschichte des Jugendstrafvollzuges, 1984). Während der NS-Herrschaft, und zwar iZm der Einführung einer partiellen Anwendbarkeit von allg. StR auch ggü. Jugendlichen (vgl. → Einl. Rn. 15 ff.) sowie der Umsetzung des Vernichtungsprogramms gegen „rassisch Minderwertige", wurde das „Ausleseprinzip" (auch) im JStVollzug verwirklicht (vgl. näher Dörner, Erziehung durch Strafe. Die Geschichte des Jugendstrafvollzugs von 1871–1945, 1991, S. 264 ff.; ferner Kruse unsere jugend 1990, 141; näher zum damaligen Vollzugsablauf betr. die Anstalt Wittlich Götte, Jugendstrafvollzug im „Dritten Reich" …, 2003).

2a Bzgl. der international vereinbarten Rechtslage s. Art. 10 Abs. 3 S. 2 IPBPR (Neubacher DVJJ 2003, 536), für den europäischen Raum → Einl. Rn. 30 ff.; zur Regelungslage des JStrafvollz in anderen europäischen Ländern s. etwa Albrecht RdJB 2007, 201 (206 ff.).

2. Verfassungsrechtliche Vorgaben, Ausgestaltung, Schlechterstellungsverbot

a) Verfassungsrechtliche Vorgaben. Die vormalige (mangelnde) gesetzliche Regelung des JStVollzugs war verfassungsrechtlich nicht vertretbar, sachlich unzureichend und benachteiligend (zum seinerzeitigen Diskussionsstand n. Albrecht RdJB 2003, 352. Mit Urteil v. 31.5.2006 (BVerfGE 116, 69 ff. = NJW 2006, 2093; zur Wegbereitung dieser Entscheidung durch einen JRichter als „politischer Unternehmer" vgl. näher Hagemann ua FS 2010, 230 ff.) hat das BVerfG daher diesen Zustand für verfassungswidrig erklärt und dem Gesetzgeber eine Übergangsfrist bis 31.12.2007 gesetzt, um ausreichende gesetzliche Regelungen zu verabschieden. Diese müssen dem Urteil zufolge besonderen verfassungsrechtlichen Vorgaben für den JStrafvollzug genügen, die für Gesetzgeber und Praxis bindend sind (s. auch Brandt ZJJ 2006, 246 f.). Insbesondere ist die spezielle, sich vom Erwachsenenvollzug (zu dessen verfassungs- und menschenrechtlicher Gestaltung Neubacher Bewährungshilfe 2011, 82 ff.) grundlegend unterscheidende Situation Jugendlicher und Heranwachsender im Hinblick auf (als Vollzugsziel aufgefasste) „soziale Integration" zu berücksichtigen (BVerfGE 116, 69 ff. = NJW 2006, 2094 f.). Als Maßstab können dabei auch internationale Regelungen des Europarates und der Vereinten Nationen dienen (dazu Dünkel NK 2006, 114; Goerdeler/Pollähne ZJJ 2006, 256 ff.; ausführlich Hartmann, Die Jugendstrafvollzugsreform, 2010, S. 54 ff.; Alt, Das Berliner JStVollzG (…), 2014, S. 35–55; für einen eingehenden Abgleich mit den Vorgaben der ERJOSSM etwa Kühl, Die gesetzliche Reform des Jugendstrafvollzug in Deutschland (…), 2012, S. 39 ff.; Verstöße hiergegen indizieren einen auch verfassungsrechtlich einwandbehafteten Zustand (zust. Alt, Das Berliner JStVollzG (…), 2014, S. 78). 3

Sowohl die Ausgangsbedingungen als auch die Folgen strafrechtlicher Zurechnung und des Strafvollzugs unterscheiden sich bei jungen Gefangenen angesichts des Entwicklungsstandes grundlegend von denen bei Erwachsenen, da der Vollzug in eine besonders entscheidende Lebensphase eingreift und sich regelmäßig besonders einschneidend auswirkt. Diesen **Besonderheiten** bei **Jugendlichen,** die größtenteils **auch Heranwachsende** betreffen (können), muss der JStVollzug im Hinblick auf die diesbzgl. verfassungsrechtlichen Anforderungen Rechnung tragen (BVerfGE 116, 69 ff. = NJW 2006, 2095). Der ultima ratio-Grundsatz und das Gebot zur Minimierung negativer Folgen des Vollzugs erlangen daher herausragende Bedeutung. Ebenso hat das verfassungsrechtlich durch Art. 1 Abs. 1 GG und das Verhältnismäßigkeitsprinzip garantierte Vollzugsziel einer „sozialen Integration", das gem. der Rspr. des BVerfG unbeschadet der unterschiedlichen Gesetzgebungskompetenz dem (im Allg. in § 2 Abs. 1 festgelegten) Erziehungsauftrag nicht zuwiderlaufen darf, besonders hohes Gewicht. Der Vollzug muss daher einerseits in noch stärkerem Maße als ohnehin bei Erwachsenen auf die Erreichung einer straffreien Zukunft des Betroffenen in Freiheit gerichtet sein. Andererseits sind die Besonderheiten des JStVollzugs auch bei den über die bloße Freiheitsentziehung hinausgehenden Eingriffen zu berücksichtigen und geeignete Rechtsschutzmöglichkeiten zu gewährleisten (s. zur defizitären Praxis Tondorf/Tondorf ZJJ 2006, 243). 3a

Vorrangig sind die JStrafgefangenen soweit wie möglich vor Übergriffen durch andere Insassen oder Bedienstete zu **schützen** (vgl. nur § 3 Abs. 5 3b

S. 2 BlnJStVollzG; BVerfG NJW 2006, 2096; vgl. auch Eisenberg MschKrim 2004, 353 ff.), und zwar im Einklang auch mit Nr. 28 der Regeln der Vereinten Nationen zum Schutz von Jugendlichen unter Freiheitsentzug (s. auch § 2 Abs. 4 S. 2 JVollzGB BW IV, § 44 Abs. 1 S. 3, Abs. 6 HessJStVollzG). Dem stehen in der Praxis die strukturellen Bedingungen in den VollzEinrichtungen tendenziell eher entgegen (zu (mutmaßlichen) Delikten seitens Insassen untereinander → Rn. 40a, 49b bzw. seitens Bediensteter gegenüber Insassen etwa Barth FS 2013, 129 (133); Beck ua US-Bureau of Justice Statistics v. 6.6.2013, 9 (18) (betr. Sexualdelikte)), soweit sie nicht auf einen solchen Schutz ausgerichtet sind oder gar ihm zuwiderlaufen (zB auch durch Belegungsdichte). Umso mehr besteht (auch) gem. Art. 3, 13 EMRK die Pflicht, in Fällen einschlägigen Vorbringens unabhängige Ermittlungen zu gewährleisten (vgl. EGMR 26.1.2006 – 77617/01 Rn. 140–142) und eine Erklärung zu den Ursachen einer im JStVollzug entstandenen Verletzung zu geben (vgl. EGMR 28.7.1999 – 25803/94 Rn. 87; 17.10.2006 – 72000/01 Rn. 53).

3c Als von justiziellen Rechtsschutzmöglichkeiten unabhängige Beschwerdeinstanz kommt der Einrichtung eines **Bundesbeauftragten** für den Strafvollzug Bedeutung zu, und zwar nicht nur iSd Prävention von Folter (gem. Art. 17–23 des Fakultativprotokolls zur Antifolter-Konvention der VN), sondern auch bzgl. sonstiger Missstände. Zu dessen Wirkungsmöglichkeiten sind eine zureichende Ausstattung sowie eine funktionale Unabhängigkeit und Unabhängigkeit des Personals vonnöten (Art. 18 Nr. 1 des genannten Fakultativprotokolls; vgl. ergänzend Feest ZJJ 2007, 306).

4 **b) Ausgestaltung.** Die Strukturen des JStrafvollzugs sollen im Einklang mit dem Kenntnisstand in Wissenschaftlicher Pädagogik und Erziehungswissenschaft begründet und durch sozialpädagogische und sozialtherapeutische Formen geprägt sein, dh durch erzieherische Bemühungen, die im Vergleich zum allg. Strafvollzug auf der Grundlage des „miteinander" zwischen Jugendlichen (und Heranwachsenden) und Personal geschehen. Hinsichtlich der *Organisations*struktur ist anzustreben, durch gruppen- und milieutherapeutische Arbeit bestehende Informations- und Misstrauensschranken zwischen Bediensteten und Gefangenen abzubauen und zugleich Isolation und „Scheinanpassung" abzumildern (vgl. schon Denkschrift 1977, 22 f. (25)), soweit dies trotz unterschiedlicher Perspektiven zwischen Gefangenen- bzw. Bedienstetengruppen (vgl. Kersten/v. Wolffersdorff-Ehlert, Jugendstrafe – Innenansichten aus dem Knast, 1980; s. aber zu „problemlösender Gemeinschaft" Weiß ZfStrV 1984, 263) möglich erscheint (vgl. auch Queloz ua, Droit pénal et diversités culturelles/Bolle, 2012, S. 137 ff., 140 f.). Die jeweilige *Interventions*strategie muss den Alters-, Entwicklungs- und geschlechts(rollen)spezifischen Sozialisationsbedingungen der Jugendlichen bzw. Heranwachsenden Rechnung tragen.

5 **c) Schlechterstellungsverbot.** Das Verbot der Schlechterstellung Jugendlicher und auch Heranwachsender ggü. Erwachsenen in vergleichbarer Verfahrenssituation (vgl. näher → § 45 Rn. 7 ff.; JuM SchlH (Hrsg.), Reform des JStrafvollzugs, 1989, S. 12) verlangt, dass die Rechtsstellung des JStrafgefangenen (mindestens) derjenigen von Freiheitsstrafgefangenen entspricht. Demgemäß dürfen nicht etwa die Rechte des JStrafgefangenen aus (angeblich) erzieherischen Gründen stärker beschnitten werden, als es aus Gründen des Vollzugsziels der Freiheitsstrafe (§ 2 S. 1 StVollzG bzw. entspr.

Vorschriften der LandesGe) zulässig ist (vgl. näher Erl. zu einzelnen Verboten bzw. Beschränkungen (exemplarisch etwa §§ 36 Abs. 2 Nr. 3, 39 Nr. 4, 41 Abs. 1 S. 3 JVollzG LSA); speziell zu datenschutzrechtlichen Anforderungen vgl. → Rn. 11, 143 ff.).

3. Rechtsgrundlagen

a) Entwicklung und Ausgestaltung. Rechtsgrundlagen für den JStraf- 6
vollzug fanden sich im Sinne förmlichen Gesetzes bis zum Jahre 2007 nur in den §§ 91, 92 aF und 115 Abs. 2 aF sowie in § 176 iVm §§ 43–52 StVollzG. Die vormals von den Landesjustizverwaltungen bundeseinheitlich vereinbarten (seitherigen) VVJug, die am 1.1.1977 in Kraft getreten und in der Folgezeit mehrfach geändert worden sind, brachten iE die Einführung eines erheblichen Teils des StVollzG und der dazu ergangenen VV in den JStVollzug. Unabhängig davon galten bzw. gelten verschiedene AVen bzw. Runderlasse der einzelnen Bundesländer.

Auch bzgl. des JStrafvollzugs ist hingegen der für Grundrechtseingriffe 7
stets geltende **Vorbehalt** des **Gesetzes** bindend, wobei eine analoge Anwendung des StVollzG von vornherein nicht in Betracht kam. Mit der sog. „Föderalismusreform" wurde die Gesetzgebungskompetenz (auch) für den JStrafvollzug zum 1.9.2006 auf die Länder übertragen (Art. 70 Abs. 1 GG), die somit nun verpflichtet waren, Regelungen zu schaffen. Dies betrifft Grundrechtseingriffe iRd Vollzuges und die Ausrichtung des gesamten Vollzugs auf das Vollzugsziel ebenso wie Festlegungen über die personelle und finanzielle Ausstattung von erfolgsnotwendigen Bedingungen und Maßnahmen. Bei der Schaffung dieser Regelungen muss sich der Gesetzgeber an vorhandenen Erkenntnisquellen und am Stand wissenschaftlicher Erkenntnis orientieren (BVerfGE 116, 69 ff. = NJW 2006, 2096 f.), wogegen eine durchsetzbare Verletzung des *Gleichheitsgrundsatzes* unter Hinweis auf günstigere Regelungen in einem anderen Bundesland verneint wurde (vgl. VerfGH RhPf NStZ-RR 2015, 262 (264) betr. allg. StR).

Im Laufe des Jahres 2007 haben sämtliche Bundesländer ein JStVollzG – 8
ganz überwiegend als selbstständiges Gesetz, in Nds. und Bay. sowie nachträglich auch in BW (vormals auch in Hmb.) indes als besonderen Abschnitt im Rahmen eines allg. StVollzG bzw. in Bbg. (formal ähnlich wie vormals Hmb.) in weithin einheitlicher Regelung für Freiheits- und Jugendstrafe (sowie den U-Haftvollzug umfassend) – verkündet, das zum 1.1.2008 (teilweise schon vorher) in Kraft getreten ist: BW (GVBl. 2007, 298 (krit. dazu Wegemund/Dehne-Niemann ZIS 2008, 565 ff.) und sodann GVBl. 2009, 545 sowie 2012, 581), Bay. (GVBl. 2007, 866, ergänzend 2008, 315; 2009, 400; 2011, 689; 2013, 275 sowie 2016, 866), Bln. (GVBl. 2007, 653 nebst ÄndG GVBl. 2009, 305 sowie 2011, 287, sodann aber Art. 2 des Gesetzes zur Weiterentwicklung des Berliner Justizvollzugs v. 16.4.2016 (GVBl. 152), unter Einbeziehung auch des Strafarrestes (§§ 1, 117f)), zunächst auch Bbg. (GVBl. 2007, 348 nebst ÄndG GVBl. 2009, 26, sodann JVollzG v. 24.4.2013 (GVBl. I Nr. 14, ÄndG GVBl. 2014 I Nr. 34)), Bremen (GBl. 2007, 233), Hmb. ((zunächst GVBl. 2007, 471, sodann aber) GVBl. 2009, 280 nebst ÄndG GVBl. 2013, 211, ber. 310), Hess. (GVBl. 2007, 758 nebst ÄndG GVBl. 2010, 185 (226), GVBl. 2013, 46 sowie GVBl. 2015, 498), LSA (GVBl. 2007, 368, sodann JVollzGB v. 18.12.2015 (GVBl. 666)), MV (GVOBl. 2007, 427 sowie GVOBl. 2016, 302), Nds. (GVBl. 2007, 720

sowie ÄndG 2009, 32, 2014, 106 und 2017, 172 ber. 319), NRW (GV 2007, 539 (sowie ÄndG GV 2015, 76 und GV 2016, 310), sodann Art. 1 des Gesetzes v. 7.4.2017, GV 511), RhPf (GVBl. 2007, 252 nebst ÄndG GVBl. 2011, 427, sodann LJVollzG v. 8.5.2013 (GVBl. 79)), Saarl. (ABl. 2007, 2370 nebst ÄndG ABl. 2013, 116), Sachs. (GVBl. 2007, 558 nebst ÄndG GVBl. 2010, 414 (431) sowie GVBl. 2013, 250), SchlH (GVOBl. 2007, 563 nebst ÄndG GVOBl. 322 sowie GVOBl. 2013, 169), Thür. (GVBl. 2007, 221 nebst ErgVollzG GVBl. 2013, 121, sodann ThürJVollzGB v. 27.2.2014 (GVBl. 13)). Eine ursprünglich weithin einheitliche, teilweise und zumal in Zuge von Änderungen in den Folgejahren sich deutlich unterscheidende Fassung hatten die Länder Bln., (zunächst auch) Bbg., Bremen, MV, RhPf, Saarl., LSA, Sachs., SchlH und Thür.) verabschiedet (zitiert Bln. ua). – AVen bzw. VVen zum JStVollzG haben alsbald mehrere dieser Länder erlassen (zB BW Die Justiz 2017, 118 ff. (158 ff.) (Neufassung v. 1.3.2017), Bln., LSA, Saarl.).

9 Hinsichtlich der von Nds. und Bay. (nebst VVen) geschaffenen Abschnitte im Rahmen eines allg. StVollzG bestehen Bedenken einerseits insoweit, als die damit notwendig verbundene Verweisungstechnik das Verständnis der Regelungen erheblich erschwert, und zwar besonders für die betroffenen Jugendlichen und Heranwachsenden. Andererseits finden sich dort auch nur vergleichsweise wenige konkrete, die Besonderheiten des JStrafvollzugs berücksichtigende Vorschriften. Hiervon kann eine in der pauschalen Verweisung auf die allg. Regelungen enthaltene Verpflichtung, bei der Anwendung die Besonderheiten des JStrafvollzugs zu beachten (s. etwa § 132 Abs. 2 NJVollzG), nur bedingt Abhilfe schaffen, da eine solche allg. Klausel ohne konkrete Voraussetzungen für einzelne Regelungen in der Praxis nur eine eingeschränkte Wirkung entfalten wird. – Eher nur teilweise gelten diese Bedenken auch für das JVollzGB BW, soweit dessen Buch IV dem vormaligen JVollzG entspricht, jedoch regeln die dortigen VVJStVollzG in erheblichem Ausmaß eine entsprechende Anwendung der VV zum allg. Strafvollzug (Die Justiz 2010, 153 (159–161)). Hinsichtlich der Konzeption des BbgJVollzG ist, anders als nach dem vormaligen Gesetz in Hmb. (GVBl. 2007, 471) und wohl auch dem RhPfLJVollzG und dem JVollzGB LSA, eine Dominanz der Belange des allg. StVollzugs eher weniger zu erkennen, eher schon in den Änderungen des – obgleich weiterhin als selbstständiges Gesetz gestalteten – JStVollzG NRW (Art. 1 des Gesetzes v. 7.4.2017, GV 511).

10 Kriminalpolitisch bestanden bereits Ggü. dem Entwurf des BMJ v. 24.9.1991 insofern Bedenken, als Grundsätze des früheren § 91 partiell eingeschränkt worden wären (krit. Dünkel DVJJ-Journal 1992, 54 ff. (59 f.); IGfH DVJJ-Journal 1992, 63 f., AG JHilfe DVJJ-Journal 1992, 61, Kommission der DVJJ in DVJJ-Journal 1992, 41–50, jeweils ua betr. den Erziehungsbegriff („Vermischung von Erziehung und Strafe"); s. indes auch den Entwurf von Kreideweiß, Die Reform des Jugendstrafvollzugs, 1993, S. 287 ff.). Ähnliches gilt für den JStVollzG-E des BMJ v. 28.4.2004 (vgl. krit. Eisenberg MschKrim 2004, 353; vgl. auch Walter ZfJ 2004, 397 ff.). Insofern hätte es sich eher empfohlen, Spezialvorschriften (nach § 92 aF) in das JGG einzufügen und im Übrigen gem. § 2 Abs. 2 das StVollzG zur Anwendung kommen zu lassen (vgl. dazu Eisenberg ZRP 1985, 41 ff.; entspr. verwirklicht im österreichischen JGG v. 20.1.1988 (BGBl. 3923 (3933–3935)); Dünkel Freiheitsentzug S. 490 f.).

11 **b) Vollzugsbehörde.** Diejenige Person, der die Leitung der JStVollzEinrichtung obliegt, ist Vollzugsbehörde. Sie trägt die Verantwortung für den gesamten Vollzug und vertritt die Anstalt nach außen (§§ 101, 106 Abs. 1 S. 2 Nr. 2 JVollzG Bln (bei im Übrigen ausf. Regelung); § 13 Abs. 2 JVollzGB BW I, § 176 Abs. 1 NJVollzG, Art. 177 BayStVollzG, § 71 Abs. 1 S. 1 HessJStVollzG; zur strafrechtlichen Veranwortlichkeit für Managemententscheidungen Hohmann NJ 2007, 5 ff.). – Höhere Vollzugsbehörde ist – nach Ländern unterschiedlich – entweder der GStA beim OLG, eine Abteilung des Ministeriums oder ein besonderes Vollzugsamt (vgl. auch seitherige Nr. 98 VVJug). Oberste Aufsichtsbehörde ist regelmäßig das Justizministerium bzw. die Senatsverwaltung für Justiz.

4. Zusammensetzung der Gefangenengruppe (Anteile)

12 **a) Allgemeines.** Hinsichtlich der am Stichtag des 31.3. des jeweiligen Jahres wegen JStrafe (einschließlich Freiheitsstrafenvollzug gem. § 114) einsitzenden Gefangenen – 2011–2017 waren es 6.099, 5.796, 5.518, 4.910, 4.397, 4.010 und 3.889 (StVollzSt Tabelle 3.1; eingehend zur Belegungsentwicklung Dünkel ua RdJB 2016, 437 (438 ff.); Endres/Maier FS 2016, 45; zu früheren Jahren s. auch Voraufl.; vgl. auch → § 89b Rn. 5) – kann eine Unterteilung in solche, die wegen „Schwere der Schuld" *(§ 17 Abs. 2 Alt. 2)* und andere, die wegen „schädlicher Neigungen" (§ 17 Abs. 2 Alt. 1) verurteilt und eingewiesen wurden, für den Vollzug ua dann bedeutsam sein, wenn bei Verhängung wegen „Schwere der Schuld" erzieherische Belange weniger ausgeprägt sind bzw. die Strafdauer erzieherisch eher ungünstig ist (Extrembeispiel: Höchststrafe). – Rechtstatsächlich ist betreffs der Verhängungsvoraussetzungen und Bemessungskriterien der JStrafe bei Verurteilten iSv *§ 17 Abs. 2 Alt. 2* historisch zu berücksichtigen, dass seit Herabsetzung des Volljährigenalters auf 18 Jahre (1.1.1975) teilweise solche Personen im Alter ab 17 Jahren betroffen sind, die vormals dem Erfassungsbereich der (auf Minderjährige begrenzten) FE unterfielen, da eine Zweispurigkeit von Hilfe zur Erziehung nach § 12 Nr. 2 (bzw. vormals FE) und JStrafe nunmehr nur noch für (jüngere) Jugendliche besteht (s. jedoch § 41 KJHG) (vgl. zum Ganzen auch → § 12 Rn. 22 und 28).

13 **b) Anlassdelikte.** Betreffend die deliktsbezogene Aufteilung sind die statistischen Angaben aus speziellen methodischen Gründen nur eingeschränkt verlässlich (vgl. dazu statt vieler Eisenberg/Kölbel Kriminologie § 35 Rn. 27). In den Jahren 1994, 1999, 2004, 2009, 2014 und 2017 betrug an dem vorgenannten Stichtag, bezogen auf alle Straftaten nach dem StGB außer im Straßenverkehr, der Anteil der wegen Diebstahlsdelikten (§§ 242, 243, 244, 244a StGB) Verurteilten 46,30 % (1992 noch 49,30 %, 1993 noch 49,63 %), 40,96 %, 32,97 %, 25,91 %, 24,09 %, 23,04 %. 22,49 % und 22,46 %, dh der genannte Anteil ist (anders als in früheren Jahren) inzwischen weiterhin nicht mehr höher als bei den wegen Freiheitsstrafe Einsitzenden (2008: 25,53 %, 2010: 20,98 %, 2012: 21,83 %; 2014: 22,72 %; 2017: 29,94 %, StVollzSt Tabelle 5 (für das Jahr 2013: 21,23 % zu 21,25 %); krit. auch Dünkel Freiheitsentzug S. 176 ff., 190 ff.: im Regelfall „nicht besonders gefährliche" Personen); für Diebstahl (§ 242 StGB) betrugen die Anteile in den Jahren 2015–2017 an dem genannten Stichtag 7,25 %, 7,62 % und 6,59 % (bzw. 12,79 %, 12,91 % und 12,98 %, StVollzSt Tabelle 5).

13a In den Jahren 1994, 1999, 2004, 2009, 2014 und 2017 machten die entsprechenden Anteile der wegen Delikten gegen das Leben (§§ 211–222 StGB) bzw. der wegen Körperverletzung (§§ 223–231 StGB) Verurteilten 7,04 %, 5,13 %, 5,05 %, 4,80 %, 4,18 % und 3,05 % bzw. 7,79 %, 13,10 %, 19,92 %, 25,74 %, 22,96 % und 21,18 % aus, und die Anteile betr. Raub und Erpressung (§§ 249–255, 316a StGB) betrugen 26,33 %, 28,30 %, 27,58 %, 28,96 %, 32,23 % und 33,27 %. Bezogen auf alle Straftaten entfiel in den genannten Jahren auf die wegen Straßenverkehrsdelikten Verurteilten unter den Gefangenen ein Anteil von 2,19 %, 2,76 %, 2,14 %, 1,15 %, 1,13 % und 0,74 % (StVollzSt Tabelle 5). – Die Anteile der wegen BtM-Delikten Verurteilten beliefen sich, bezogen auf alle Straftaten, an dem vorgenannten Stichtag in den Jahren 2015 bis 2017 auf 3,41 %, 3,84 % und 4,49 % (StVollzSt Tabelle 5).

14 **c) Demografische Struktur. aa) Alter.** Was die **altersmäßige** Gefangenenstruktur im JStrafvollzug angeht, so stehen Jugendliche ggü. Heranwachsenden und auch Erwachsenen deutlich zurück. Jedoch wird die Berechnung nur nach *einem* Stichtag von der nach Altersgruppen tendenziell unterschiedlichen Haftdauer beeinflusst. Gleichwohl ging bei einer Stichtagsberechnung die allg. Zunahme der Gefangenenziffer seit den 90er Jahren des 20. Jahrhunderts mit einem außergewöhnlichen Anstieg der Gefangenenziffer bei Jugendlichen und auch bei Heranwachsenden einher (vgl. Bereswill/Höynck, Jugendstrafvollzug in Deutschland/Dünkel/Lang, 2002, S. 27).

14a Es befanden sich am Stichtag des 31.3.1995, 1999, 2003, 2007, 2011, 2014 und 2017 im JStrafvollzug (einschließlich Freiheitsstrafenvollzug gem. § 114) JStrafgefangene im Alter von 14 Jahren absolut 3, 11, 2, 4, 1, 0 und 1, von 15 Jahren 0,70 %, 0,95 %, 0,59 %, 0,72, 0,47 %, 0,63 % und 0,97 % (absolut 35, 68, 43, 51, 29, 31 und 38), von 16 Jahren 3,33 %, 3,47 %, 3,33 %, 2,96 %, 3,11 %, 2,69 % und 3,49 % (absolut 166, 248, 242, 207, 190, 132 und 136), von 17 Jahren 6,85 %, 8,00 %, 7,35 %, 7,41 %, 6,02 %, 6,66 % und 6,73 %, von 18 Jahren 11,37 %, 12,43 %, 12,07 %, 11,97 %, 11,29 %, 10,71 % und 11,18 %, von 19 Jahren 15,90 %, 16,50 %, 15,89 %, 16,42 %, 15,93 %, 14,35 % und 15,99 %, von 20 Jahren 20,00 %, 19,15 %, 20,30 %, 19,38 %, 20,46 %, 19,28 % und 19,41 % sowie von 21 bis unter 25 Jahren 40,58 %, 37,73 %, 39,32 %, 40,27 %, 41,69 %, 44.25 % und 40,83 % (StVollzSt Tabelle 3.1).

14b Die Vollzugsbedingungen sind insb. für die (vergleichsweise kleine Zahl der) **jüngeren Jugendlichen** kaum adäquat (vgl. schon Böhm KrimGgfr 1974, 142 ff.; s. auch Angaben bei Albrecht/Schüler-Springorum, Jugendstrafe an 14- und 15jährigen, 1983), wenngleich deren Einweisung nach den VollstrPlänen der Länder weithin nur für bestimmte JStVollzEinrichtungen vorgesehen ist. Zudem sind die 14- und 15-jährigen JStrafgefangenen insgesamt mit noch höheren Defiziten belastet (nach Ludwig (in Albrecht/Schüler-Springorum, Jugendstrafe an 14- und 15jährigen, 1983, S. 72–74) waren 40 % Sonderschüler, nur 2,5 % hatten einen Schulabschluss, aber 60 % hatten einen oder mehrere Heimaufenthalte durchlebt). Daher ist sowohl die Unterbringung in geeigneten Einrichtungen der JHilfe als auch die Einführung eines „altersgemäßen“ Sondervollzugs zu erwägen, dessen wesentliche Schwerpunkte ua Spiel, Unterricht etc zu bilden hätten. – Wegen der

Dominanz Heranwachsender bzw. Erwachsener sind aber auch für ältere Jugendliche nachhaltige Belastungen unbestreitbar.

bb) Geschlecht. Hinsichtlich der Verteilung nach dem **Geschlecht** ist – entsprechend der Tendenz bei Gefangenen des Freiheitsstrafenvollzugs – auch im JStrafvollzug der Anteil weiblicher Personen außerordentlich gering (vgl. Haverkamp NK 2015, 301 (306 ff.); Eisenberg/Kölbel Kriminologie § 35 Rn. 23; betr. psychische Belastungen vgl. etwa Rothe-Gronotte ZJJ 2007, 264). Dies darf indes nicht zu einer (negativen) Ungleichbehandlung führen, sei es zum Nachteil von weiblichen oder aber von männlichen (dazu BVerfG, 3. Kammer des 2. Senats NJW 2009, 661 (zum allg. StVollzr)) JStrafgefangenen. – Am Stichtag jeweils des 31.3. beliefen sich die Anteile in den Jahren 1975, 1980, 1985 und 1990 (in den „alten" Bundesländern) auf 2,9 %, 4,2 %, 2,45 %, und 2,62 %, während sie in den Jahren 1992, 1997, 2002, 2007, 2012 und 2017 (im gesamten Bundesgebiet) 2,80 %, 2,31 %, 3,72 %, 4,34 %, 3,65 % und 3,67 % betrugen (StVollzSt Tabelle 1.1). 15

cc) Ethnie. Der Anteil der **Nichtdeutschen** im JStrafvollzug war (in den „alten" Bundesländern) seit etwa 1970 zunächst erheblich angestiegen (vgl. näher zum Ganzen Eisenberg/Kölbel Kriminologie § 35 Rn. 24). Am Stichtag des 31.3. der Jahre 1995, 1999, 2003, 2007, 2011, 2015 und 2017 betrugen die Anteile (im gesamten Bundesgebiet) 31,47 %, 24,18 %, 17,65 %, 18,71 %, 21,38 %, 23,92 % und 29,26 % (StVollzSt 4.1 Tabelle 2; ergänzend Walter DVJJ 2003, 390). Umfassende Angaben über die Anteile unterschiedlicher Ethnien bzw. (Herkunfts-)Kulturen (vgl. auch → Rn. 50f) liegen nicht vor. – Zum Anteil der Aussiedler vgl. etwa Hosser/Taefi MschKrim 2008, 131 (betr. fünf norddeutsche Vollzugseinrichtungen); vormals Pfeiffer ua, Ausgrenzung, Gewalt und Kriminalität im Leben junger Menschen, 1998, S. 24: 10 %, sodann aber Kleimann/Pfeiffer ZJJ 2004, 383; Walter NK 2003, 13: für das Jahr 2000 ca. 55 % der Zugänge junge Nichtdeutsche oder Aussiedler, vgl. aber auch Stelly/Walter NK 2011, 50 f. (jeweils betr. JVA Adelsheim). 16

Gegenüber **nichtdeutschen** bzw. solchen Gefangenen, die (oder deren Eltern) **zugewandert** sind, gilt der JStrafvollzug bislang als im Allg. besonders ungünstig. Allerdings kann nicht einheitlich von Benachteiligungen ausgegangen werden (s. etwa Dünkel Freiheitsentzug S. 203 ff. betr. Hess.). Ohnehin ist das Nichtvorhandensein der deutschen Staatsangehörigkeit als Einteilungsgesichtspunkt im Vergleich etwa zur Zugehörigkeit zu bestimmten gesellschaftlichen Minderheiten (nach ethnischen, kulturellen oder sozio-ökonomischen Merkmalen) nur partiell relevant. 16a

d) Zur tatsächlichen Verweildauer. Gegenüber der bemessenen Dauer der JStrafe (vgl. → § 18 Rn. 10; vgl. auch Lamp/Ganz MschKrim 1985, 245) ergeben sich – insb. im Hinblick auf angerechnete (§ 52a) U-Haft und Formen vorzeitiger Entlassung bzw. etwaigen Widerrufs – erhebliche Verkürzungen. – Instruktiv sind vormalige Einzelangaben für die JStVollzEinrichtung Hahnöfersand, wonach betr. die zwischen 1.12.1989 und 30.11.1990 Entlassenen (N=98) die tatsächliche Vollzugsdauer durchschnittlich 10 Monate betrug, unter Einbeziehung von U-Haft etwa 131/2 Monate (Walter/Rotthaus/Geiter Bruchstücke/Ohle S. 122, unter Hinweis auf eine breite Varianz, dh die Verweildauer im Vollzug habe für etwa 70 % weniger als 12 Monate betragen). 17

18 **e) Sozio-ökonomischer Status, psychische Belastungen.** Nach empirischen Befunden (vgl. näher → § 5 Rn. 47 ff.) weisen JStrafgefangene durchschnittlich und bezogen auf Gleichaltrige der Gesamtbevölkerung in mehreren Bereichen **Benachteiligungen** auf (eingehend dazu Stelly ua MschKrim 2014, 267 ff.; diff. Boxberg Jugendstrafe S. 183 ff.). Diese entsprechen einem ganz überwiegend extrem niedrigen sozio-ökonomischen Status schon der Eltern und scheinen durch private wie behördliche **Beeinträchtigungen** (nicht zuletzt gem. institutionalisierter Handlungsnormen (vgl. Eisenberg/Kölbel Kriminologie § 31 Rn. 1 ff.; Stelly ua Kriminalistik 1997 (2014), 271 f.) zumindest gefördert worden zu sein. So ist namentlich die spektakuläre Überrepräsentierung solcher JStrafgefangener zu berücksichtigen, bei denen – zum Teil mit Freiheitsentziehung verbundene – frühere Einwirkungen seitens der verschiedensten Kontrollbehörden vorliegen (Koervers, Jugendkriminalität und Religiosität, 1988, S. 130 ff.; nach Böhm RdJB 1973, 37 f. war im Hinblick auf registrierte „Rückfälligkeit" frühere FE bedeutungsvoller als eine frühere jugendrichterliche Maßnahme und selbst als JStrafe).

19 Hinsichtlich der **Schul-** und **Berufsausbildung** zeigt sich regelmäßig eine vergleichsweise ungünstige Bilanz (s. empirische Befunde bei Matzke, Leistungsbereich bei Jugendstrafgefangenen, 1982, S. 82; Koervers, Jugendkriminalität und Religiosität, 1988, S. 135–137; nach Stenger, Berufliche Sozialisation … straffälliger Jugendlicher, 1984, S. 51 ff. verfügten nur etwa 40 %–50 % der Inhaftierten über einen Schulabschluss und nur etwa 10 % über eine abgeschlossene Berufsausbildung (ähnlich Reinheckel, Bildung im Jugendstrafvollzug, 2013: 52 % und 7 %; betr. Berufsausbildung auch Dolde/Grübl ZfStrVo 1988, 33), und der Anteil von Sonderschülern betrug etwa 25 % (ähnl. Supe, Strafgefangene und Schule, 1980, S. 80 f.; noch ungünstigere Quoten bei Bulczak Zbl 1986, 331)). Speziell betr. Analphabetismus gab Wehrens (ZfStrV 1983, 339 ff.) an, ein solcher habe bei bis zu 5 % der JStrafgefangenen vorgelegen (nach Hinweis in ZfStrVo 1987, 347 für Hmb. bis zu 20 %), im funktionalen Sinne sogar bei bis zu 30 % (zu speziellen Behandlungsbemühungen s. Rohwedder/Thiel ZfStrVo 1987, 221; zur Notwendigkeit qualifizierter und motivierender Angebote Borchert FS 2009, 325 ff.; zu Beeinträchtigungen wegen zunehmend schriftlicher Kommunikation allg. Colin/Klinger Déviance et Société 2004, 36 f. (40 ff.) (zum Ausland)).

20 Für den **sozialpsychologischen** und **psychologischen** bzw. **psychopathologischen** Bereich wird nahezu einheitlich auf Schwächen hingewiesen, etwa bzgl. emotionaler Bindungsfähigkeit, Über-Ich-Entwicklung, Problemlösungsstrategien, Identitätsfindung (zur Bedeutung der Selbsteinschätzung für die Erziehungsfähigkeit s. Heilemann, Realisierungsbedingungen der Erziehungs- und Behandlungsplanung im Jugendvollzug, 1985; zu subjektivem Belastungsempfinden bzw. depressiver Verstimmung Bossong ua ZfStrVo 2004, 197; zur Verknüpfung von Rigidität, Selbstkonzept und Therapiemotivation s. Rink, Rigidität und Veränderungsmotivation, 1984) sowie Werthierarchie (s. etwa DVJJ 1984, AK I; zu Unterschieden im (sozialen) Selbstbild aufgrund institutioneller Deprivationen s. Rieländer/E. Quensel MschKrim 1983, 84; Quensel ua MschKrim 1983, 94; krit. zumindest zur Interpretation Schmitt MschKrim 1983, 122–124). Im Übrigen wurden regelmäßig bestimmte Anteile von JStrafgefangenen mit psychopathologischen Belastungen genannt (s. dazu betr. JVA Schleswig etwa

Köhler, Psychische Störungen bei jungen Straftätern, 2004, S. 132 ff., 215 ff.; betr. Nds. Bennefeld-Kersten Bewährungshilfe 2005, 35), im Speziellen etwa betr. ADHS (vgl. zB Rösler ua EuropAPsychiatClinNeur 2004, 365 mit einer Prävalenzrate von ca. 45 % gem. den DMS-IV Kriterien und einer solchen von 21,7 % nach den Kriterien gem. ICD-10; vgl. auch Grieger RPsych 2015, 7–9; vgl. ergänzend → Rn. 58).

5. Zu Fragen der „Rückfälligkeit"

Wegen Untersuchungsergebnissen zur Frage der „Rückfälligkeit" nach Entlassung vgl. → Rn. 115 ff. sowie näher → § 17 Rn. 16. Stets ist zu berücksichtigen, dass während des Bezugsintervalls (zumindest nach Entlassung) eine Vielzahl von Einwirkungen zu gewärtigen ist, die mit dem JStVollzug nichts zu tun haben müssen, dh dass iSd Validität von Aussagen „post hoc" nicht mit „propter hoc" gleichgesetzt werden darf (Obergfell-Fuchs/Wulf FS 2008, 232). 21

Bezüglich der **„Rückfälligkeit"** nach Vollstr einer JStrafe im **geschlossenen Vollzug** wird aufgrund von Aktenanalysen ganz überwiegend von einer „Rückfall"-Quote zwischen 60 % und 80 % ausgegangen (vgl. Schaffstein KrimGgfr 1968, 66 ff. mN; nach Meyer MschKrim 1982, 281 (282): 82,3 %). Demgegenüber beliefen sich die „Rückfälligkeits"-Ziffern nach Entlassung aus dem **offenen** JStVollzug eher auf zwischen 40 % und 65 % (vgl. Wiesbrock, Probleme des offenen Jugendstrafvollzugs, 1971, S. 106; Schalt, Der Freigang im Jugendstrafvollzug, 1977, S. 83 f.; ähnlich Frankenberg, Offener Jugendstrafvollzug, 1999, S. 127 ff.). Dieser Unterschied ist schon aus Gründen der Auswahl der Verurteilten für den offenen Vollzug (→ § 92 Rn. 52–55) und wegen unterschiedlicher sozialer Nachwirkungen erwartungsgemäß. 21a

Unbeschadet höherer Quoten wies auch die Untersuchung von Nolting (Freigänger im Jugendstrafvollzug, 1985, S. 146 f., 150) ein entsprechendes Gefälle auf, wonach – innerhalb eines deutlich ausgedehnteren Zeitraums – 72 % der sog. „Freigänger" und 85 % der sonstigen JStrafgefangenen „rückfällig" wurden. Hinsichtlich des „Rückfall"-Intervalls ergab sich für das erste Jahr nach Entlassung zwischen beiden Gruppen sogar eine Differenz von 20,3 %. Indes wurde für diejenigen Probanden innerhalb beider Gruppen, die bereits vor Strafbeginn einen Lehrabschluss aufwiesen, eine Differenz von nur 0,8 % berechnet (Nolting, Freigänger im Jugendstrafvollzug, 1985, S. 169). 21b

III. Grundsätze des Jugendstrafvollzugs

1. Ziele und Aufgaben

a) Ziele. Im JStrafvollzug kommt neben dem durch Art. 1 Abs. 1 GG und das Verhältnismäßigkeitsprinzip von Verfassung wegen garantierten **Vollzugsziel** einer **„sozialen Integration"**, das dem Erziehungsziel (§ 2 Abs. 1, vgl. auch → § 2 Rn. 14) nicht zuwider laufen darf, ein **besonders hohes Gewicht** zu (vgl. schon → Rn. 3); die verfassungsrechtliche Verankerung räumt ihm Vorrang vor sonstigen Belangen ein (vgl. BVerfG NJW 2006, 2096), wobei offen bleibt, ob es alleiniges Vollzugsziel ist (vgl. auch 22

DVJJ 2008, AK 1: „Sicherheit … keine eigenständige Bedeutung"). Die vom BVerfG verlangte gesetzliche Ausrichtung des JStVollzuges auf dieses Ziel und die gleichfalls verlangte Entwicklung eines wirksamen diesbzgl. Konzepts sind seither nicht hinreichend geleistet worden.

22a Zumindest fehlt es auch weiterhin an Regelungen des Verhältnisses der rechtstatsächlich vorhandenen *sonstigen Vollzugsziele* untereinander (vgl. → Rn. 25–30). Im Übrigen kommt bei der Beurteilung von Vollzugszielen der tatsächlichen Haftdauer wesentliche Bedeutung zu (vgl. → Rn. 17), zumal die erheblichen Anteile der U-Haft innerhalb der gesamten Haftzeit die Landesjustizverwaltungen von vornherein in gewissem Ausmaß von dem Unterrichts-, Ausbildungs- und Sozialisationsauftrag der JStVollzAnstalten entlasten.

22b Dem Verständnis des Vollzugsziels abträglich ist es, dass die Landesgesetze (Abw. von § 71 S. 1 StVollzG) keinen Anspruch auf *soziale Hilfe* einräumen, vielmehr die Entscheidungskompetenz auf die Vollzugseinrichtung verlagern (vgl. § 8 JStVollzG Bln ua; § 39 JVollzGB BW IV; § 132 Abs. 1 iVm §§ 68, 69 NJVollzG; § 5 JStVollzG NRW (obgleich die Pflicht besteht, dazu beizutragen, „individuelle Benachteiligungen zu vermeiden oder abzubauen", § 2 S. 2); gem. § 26 HessJStVollzG bzw. Art. 122 iVm Art. 74, 75 BaySt-VollzG ist gar die abwertende Zuschreibung von „Persönlichkeitsdefiziten" bzw. „Defiziten des Gefangenen" vorangestellt).

23 Im Einzelnen benennt Art. 121 S. 2 BayStVollzG (wie vormals § 91 Abs. 1) als Vollzugsziel ua einen *„rechtschaffenen Lebenswandel …"* des Verurteilten. Hinsichtlich dieser Begriffe (vgl. näher → § 5 Rn. 4) bleibt unbestimmt, nach welchen Wert- und Interesseninhalten welcher gesellschaftlicher Gruppen sie auszufüllen sind (vgl. aber § 5 Abs. 1 S. 2 HessJStVollzG: „an den verfassungsrechtlichen Grundsätzen ausgerichtetes Werteverständnis"; zu – möglicherweise verzerrten – Befragungsergebnissen iSv konformen, normorientierten Zielvorstellungen der Insassen Suhling, Lebensziele junger Männer im Strafvollzug, 2005, S. 212, 233, 255). Konkreter sind zB die in §§ 22d, 22e SchlHJStVollzG angeführten (Teil-)Ziele. – Einzelne Länder beziehen das Bestreben ein, Einsicht hinsichtlich der Beeinträchtigung des Straftat*opfers* zu wecken (vgl. als Soll-Vorschrift § 3 Abs. 1 S. 3 JStVollzG M-V, HmbJStVollzG sowie § 8 Abs. 1 S. 2 iVm § 1 ThürJVollzGB, § 8 Abs. 1 S. 2 JVollzGB LSA, § 8 Abs. 3 JStVollzG Bln (Erg. zu Abs. 1 und 2), als Muss-Vorschrift § 3 Abs. 1 S. 3 SächsJStVollzG und SJStVollzG, vgl. auch Art. 122 iVm Art. 5a Abs. 1 RegE BayJAVollzG (gem. Abs. 2 S. 2: „sind zur Schadenswiedergutmachung anzuhalten"), zu NRW FS 2012, 104 f. („symbolische" Geldleistung); Gelber/Walter FS 2012, 171 sowie Gelber MschKrim 2012, 142 ff.; vgl. betr. BW zur fallbezogenen Prüfung der Geeignetheit FS 2013, 228; zum Erlass von Verfahrenskosten (§ 464a StPO) bei geleisteten Wiedergutmachungszahlungen § 40 Abs. 5 HmbJStVollzG). Wenngleich ein solches, auf bestimmte Delikte bezogenes Bestreben aus der Sicht außerhalb des JStVollzugs als naheliegend erscheinen mag, so sind die Möglichkeiten der Verwirklichung aufgrund der Realitäten im JStVollzug – einschließlich der (mutmaßlichen) Opferwerdung der Insassen (vgl. → Rn. 40a, 40b, aber auch 49) – begrenzt (vgl. näher Walter ZJJ 2013, 90 f.; vgl. zu einem Modellprojekt Hartmann ua Bewährungshilfe 2013, 52 f. („Aufwand deutlich höher"), zu Ausschlussgründen nach Befragung Bediensteter Hartmann ua Bewährungshilfe 2013, 39 (51, betr. Methodik 47); zu sonstigen Modellprojekten Kaspar/Mayer FS 2015,

261; ergänzend Kratzer-Ceylan/Kaspar FS 2017, 295 (298 f.); zum Täter-Opfer-Ausgleich Andris, Rechtliche und tatsächliche Rahmenbedingungen des Täter-Opfer-Ausgleichs in Haft, 2015, S. 120 ff.; krit. zum Ganzen etwa auch Schaerff ZStW 128 (16), 209 (210, 231); Köhne JR 2016, 7).

Die Mehrzahl der Landesgesetze formuliert das Vollzugsziel einer „sozialen Integration" bzw. den Erziehungsauftrag demgegenüber als Befähigung, künftig „in sozialer Verantwortung ein **Leben ohne Straftaten** zu führen" (§ 2 S. 1 JStVollzG Bln ua, § 1 JVollzGB BW IV, § 113 S. 1 NJVollzG, § 2 S. 1 HmbJStVollzG, § 2 Abs. 1 HessJStVollzG, § 2 S. 1 JStVollzG NRW) und ergänzt dies durch Vorschriften über eine erzieherische Vollzugsgestaltung (→ Rn. 31 ff.). Die Regelungen knüpfen damit lediglich an § 2 StVollzG an und machen deutlich, dass es verfassungsrechtliche Grenzen für eine Erziehung iRd JStVollzugs gibt. Namentlich ist diese auf die Verhinderung zukünftiger Straftaten begrenzt und muss nicht nur geeignet, sondern hierfür auch notwendig und erforderlich sein (s. Ostendorf NK 2006, 92); eine darüber hinausgehende Einwirkung ist unzulässig. – Einen retrospektiven – dem Wirken „von Beginn an" auf Eingliederung nach Entlassung (§ 3 Abs. 3 JStVollzG Bln) ggf. entgegengesetzten – Akzent enthält § 3 Abs. 2 JStVollzG Bln (zumal iVm § 8 Abs. 2), wonach der Vollzug auf die Auseinandersetzung „mit ihren Straftaten und deren Folgen auszurichten" ist. 24

Die Durchführung des JStVollzugs ist insofern erschwert, als die Funktion der JStrafe sowohl **Übelzufügung** als auch **Erziehung** sein soll (krit. schon Peters MschKrim 1966, 49 (56)). Als Kriminalstrafe begründet die JStrafe eine Einstellung Ggü. dem Verurteilten, die einem pädagogisch aufgefassten Verständnis von vornherein widerspricht (vgl. → Rn. 4; krit. auch Ludwig Zbl 1986, 333). Die Bedingungen des JStVollzuges können tendenziell eher dazu führen, dass zentrale Grundlagen für eine Erziehung und die Entwicklung des JStrafgefangenen zerstört werden, und sie können dem Erlernen von Eigenverantwortung und Problemlösungskompetenz ggf. entgegen stehen. der JStVollzug gilt daher als ein für die Erreichung des Vollzugsziels besonders ungeeigneter Ort (vgl. Reuther Elternrecht S. 174 ff., 184 ff.). – Organisatorisch vermag das Ausmaß an Reglementierung schon bestimmten Voraussetzungen einer Sekundärprävention („Rückfall"-Verhütung) nicht Rechnung zu tragen. Solche Voraussetzungen sind ua der Ausgleich von Benachteiligungen (vgl. nur → Rn. 18 ff.) und die Vermittlung altersgemäßer Bewältigungsstrategien unter Begrenzung des Eingriffs in die individuelle Lebensgestaltung auf das insoweit Unerlässliche (vgl. etwa schon DVJJ 1984, AK I). 24a

b) Aufgaben. Trotz der verfassungsrechtlich gebotenen Vorrangstellung des Vollzugsziels einer „sozialen Integration" bzw. des Erziehungsauftrags (§ 2 Abs. 1, vgl. auch Sonnen ZJJ 2006, 238) sehen die meisten der vorliegenden Gesetze der Länder als weiteres Ziel bzw. als Aufgabe den **Schutz** der **Allgemeinheit** vor (vgl. modifiziert § 7 Abs. 1 JStVollzG NRW) und unterscheiden insofern nicht zwischen Jugend- und Erwachsenenstrafvollzug (vgl. § 2 StVollzG). Sie sind angesichts dessen im Bereich der Öffnung des Vollzuges auch insgesamt deutlich restriktiver als der vormalige Entwurf des BMJ, der in § 2 nur die Lebensführung ohne Straftaten als Vollzugsziel nannte (ebenso Alt, Das Berliner JStVollzG im Lichte verfassungsrechtlicher Vorgaben sowie europäischer und internationaler Regelungen mit Menschenrechtsbezug, 2014, S. 88). Während § 113 S. 2 NJVollzG bereits eine 25 dem § 2 StVollzG vergleichbare Regelung enthält (ähnlich § 2 Abs. 2 S. 1 HessJStVollzG; vgl. krit. Kreuzer/Bartsch FS 2010, 88 (88 f.)), lassen § 2 JStVollzG Bln ua sowie § 2 Abs. 1 S. 2 iVm § 1 ThürJVollzGB, § 2 Abs. 1 S. 2 JVollzGB LSA das Verhältnis zu dem Schutz der Allgemeinheit, der als „die Aufgabe" bezeichnet wird, eher offen (für Gleichrangigkeit hingegen § 2 S. 2 BbgJVollzG und HmbJStVollzG (vgl. dazu Dünkel/Kühl NK 2009, 82 ff.: „unzulässige Gleichgewichtung"), MV sowie SchlH: „gleichermaßen"; anders § 2 Abs. 2 S. 2 SächsJStVollzG („auch") und § 2 Abs. 2 S. 2 SJStVollzG („zugleich")). § 2 Abs. 1 JVollzGB BW I und Art. 121 Abs. 1 BayStVollzG stellen den Schutz der Allgemeinheit gesetzessystematisch gar dem Erziehungsziel voran.

26 Eine Gleichberechtigung oder Vorrangstellung von **Ordnungs-** und **Sicherungsbelangen** Ggü. dem Vollzugsziel einer „sozialen Integration" kann sich hieraus gleichwohl nach wie vor nicht ergeben (vgl. zur vormaligen Rechtslage 11. Aufl. Rn. 12, 34; zur faktischen Vorrangstellung solcher Belange Eisenberg MschKrim 2004, 356). Dem stehen die verfassungsrechtlichen Vorgaben für den JStVollzug entgegen (so auch Tondorf/Tondorf ZJJ 2006, 244 mN). Diese gebietet eine verfassungskonforme Auslegung des Terminus „Schutz der Allgemeinheit" dahingehend, dass dieser nicht im Widerspruch zum Ziel einer „sozialen Integration" steht, sondern gerade durch die Integration erreicht wird (s. BVerfG NJW 2006, 2095). Ordnungs- und Sicherungsbelange sind daher von der Formulierung nur insoweit erfasst – und zwar unabhängig von der Benennung des Schutzes der Allgemeinheit als Aufgabe oder Ziel in den verschiedenen Gesetzen (vgl. Goerdeler/Pollähne ZJJ 2006, 252 (252 f.); anders indes Art. 122 iVm Art. 4 BayStVollzG).

26a Der Umsetzung des Vorranges des Erziehungsauftrags (§ 2 Abs. 1) ggü. Ordnungs- oder Sicherungsbelangen würde es zB widersprechen, falls zur Erziehung oder Eingliederung notwendige Maßnahmen mit der allg. Begründung zurückgestellt würden, sie begünstigten die Gefahr von Störungen des Anstaltslebens oder strafbarer Handlungen; Entsprechendes gilt für Verlegungen (vgl. aber noch Arloth zu Art. 131 Abs. 1 BayStVollzG Rn. 1 auch betr. jüngere Insassen, ua „um eine kriminelle Infizierung zu unterbinden"; ergänzend zum Eilrechtsschutz BVerfG, 2. K. des 2. S., NStZ-RR 2015, 355 (betr. allg. StVollzR)).

27 **c) Zuwiderlaufende Belange.** Der Verwirklichung des Erziehungsziels stehen im Übrigen andere **rechtliche** oder **tatsächliche** Belange nicht unerheblich entgegen (vgl. vormals auch Arloth zu § 113 NdsJStVollzG, Art. 121 Rn. 1 BayStVollzG: nicht berücksichtigungsfähig).

27a **aa) Kollidierende Zweckbestimmungen.** Im allg. StVollzugsrecht werden seitens (Teilen) der Praxis neben dem Vollzugsziel nach § 2 S. 1 StVollzG auch **andere zweckorientierte** Belange bei der Gestaltung des Strafvollzugs im Einzelfall berücksichtigt (vgl. aus vollzugspsychologischer Sicht krit. Bayer ua MschKrim 1987, 171 (173); zum JStVollzug Eyrich ZfStrVo 1985, 237). Diese Auffassung erlaubt zugleich eine moralische Legitimierung für das „principle of less eligibility" (Mannheim, The dilemma of penal reform, 1939), dh für den Grundsatz, dass die Vollzugssituation weniger Vorzüge hat als jede andere Lebenssituation innerhalb der (Außen-) Gesellschaft (der wiederum als tragendes Element **außerstrafrechtlicher** gesellschaftlich positiver **Funktionen** registrierter Kriminalität gilt, näher Eisenberg/Kölbel Kriminologie § 13 Rn. 13 ff., § 35 Rn. 15 f.).

Im JStR hingegen sind **generalpräventive** Überlegungen zumindest nach der herrschenden Rspr. unzulässig (vgl. → § 17 Rn. 6 f., → § 18 Rn. 43). Hinsichtlich der **Schuld** ist zu berücksichtigen, dass für die jugendstrafrechtlichen Rechtsfolgen einschließlich der JStrafe im Gegensatz zum allg. StR nicht Schwere der Tat bzw. der Schuld bestimmend sind, sondern – auch bei JStrafe wegen „Schwere der Schuld" (§ 17 Abs. 2 Alt. 2) – **vorrangig** der **Erziehungsgedanke** zu beachten ist. Demgemäß dürfen erzieherische Überlegungen auch in diesen Fällen nicht zurücktreten, und eine „reine" Schuldstrafe wäre unzulässig (→ § 17 Rn. 55 ff.), zumal andernfalls die Konsequenz wäre, dass JStrafe (nicht nur in Extremfällen, vgl. → § 18 Rn. 37) über einen Zeitraum vollstreckt werden dürfte, der aus erzieherischen Gründen eher ungünstig ist als eine kürzere Dauer. Gemäß diesen Grundsätzen ist die Berücksichtigung der Schuldschwere zB bei der Versagung von Vollzugslockerungen im JStVollzug, wenn überhaupt (s. krit. Anm. Schüler-Springorum und Funck zu OLG Stuttgart NStZ 1987, 430; vgl. auch Schüler-Springorum StV 1989, 265: „den Vollzug zu vergiften" (jeweils betr. Freiheitsstrafe); generell abl. Diemer/Schatz/Sonnen/Sonnen § 16 Rn. 4) nur in engen Grenzen zulässig (vgl. auch → Rn. 66 ff.), da das Erziehungsziel vorrangig ist. Hinsichtlich der JStrafe wegen **„schädlicher Neigungen"** (§ 17 Abs. 2 Alt. 1) bestehen starke Ähnlichkeiten mit einer Maßregel der Besserung und Sicherung (→ § 17 Rn. 23), sodass insoweit ohnehin nur eingeschränkt Raum für eine Funktion im Sinne allg. Strafzwecke besteht. 27b

bb) Fiskalische Aspekte. Weiterhin stehen trotz der einschlägigen Vorgaben des BVerfG nach wie vor fiskalische Erwägungen einer iSd Vollzugsziels ausreichenden Ausstattung des Vollzugs entgegen (vgl. aber betr. externe Therapie OLG Hamm NStZ 2009, 220; KG NStZ-RR 2013, 189 (jeweils betr. § 58 StVollzG); vgl. speziell zu Bay. aber Schneider, Strafvollzug und Jugendstrafvollzug im Bayerischen Strafvollzugsgesetz, 2010). So sieht zB das JVollzGB BW IV (wie schon das vormalige JStVollzG) nur in Ausnahmefällen als Anspruch ausformulierte subjektive Rechte der Gefangenen vor und weist weitgehend Ermessenvorschriften auf, um den Vollzug „haushaltsverträglich zu gestalten" (Gesetzesbegründung JVollzG v. 16.1.2007, 1). Ebenso läuft eine umfängliche **Kostenbeteiligung** der Gefangenen (s. etwa § 132 Abs. 1 iVm § 52 Abs. 3 NJVollzG; vgl. auch → Rn. 124) angesichts der für die Gefangenen oft ohnehin bestehenden Schuldenbelastung dem Vollzugsziel einer „sozialen Integration" zuwider. 28

cc) Faktische Bedingungen. Hemmnisse der Verwirklichung eines erzieherisch orientierten JStVollzugs ergeben sich (auch) durch innerhalb der „Gefängnisgesellschaft" – also bei (Teilen der) Bediensteten wie Gefangenen – im Verhältnis der **(faktischen) Vollzugsziele** von Sicherheit und Ordnung einerseits und reibungslosem Vollzugsablauf andererseits. Dem kann nur durch eine besondere **Eignung** und **Ausbildung** der **Bediensteten** (zur Bedeutung für die Erreichung des Vollzugsziels Walter ZJJ 2006, 249 ff.) begegnet werden, wie sie § 102 JStVollzG Bln ua (§ 112 JStVollzG LSA; näher § 107 JStVollzG Bln), § 72 Abs. 3 HessJStVollzG und § 101 Abs. 2 S. 3 HmbJStVollzG zwingend verlangen (vgl. auch § 107 Abs. 2 S. 1 JVollzGB LSA); andere Gesetze sehen dies teilweise nur als Sollvorschrift 29

(§ 62 Abs. 2 S. 2 JStVollzG NRW, § 12 Abs. 3 JVollzGB BW I, abgeschwächter § 170 Abs. 2 NJVollzG) oder anderweit eingeschränkt vor (Art. 157 BayStVollzG: „nach Möglichkeit"). Da es weder für die Aufsichtsbeamten noch für das übrige Personal eine spezielle Ausbildung für die Erziehungsaufgabe des JStVollzugs gibt, ist die gesetzliche Forderung nur **unvollkommen erfüllt.** Immerhin finden sich neben Fortbildungsveranstaltungen teilweise Zusatzausbildungsgänge (vgl. Walter/Ostheimer ZfStrVo 1999, 92) und im Übrigen praxisverbundene, von Anstalt zu Anstalt differierende Unterweisungen (s. etwa schon Fleck/Ringelhann ZfStrVo 1986, 300; zur Frage der Verwendung von Persönlichkeitstests s. Steinhilper ZfStrVo 1986, 352).

29a Im Einzelnen ist anzustreben, dass in den **Wohngruppen** ständig zugeordnete (vgl. betr. feste Zuordnung § 62 Abs. 3 JStVollzG NRW (Soll-Vorschrift), vormals auch § 11 Abs. 4 S. 1 BWJStVollzG), einschlägig geeignete und aus- und weitergebildete **Mitarbeiter** in angemessener Anzahl und je nach den Bedürfnissen der Wohngruppenmitglieder tätig sind (s. betr. Reduzierung von aggressivem Verhalten Voßenkauf ZfStrVo 1998, 140–142; Jesse ZJJ 2015, 123), und dass sich darunter mindestens ein Mitarbeiter mit einer abgeschlossenen Fachhochschul- oder Hochschulausbildung befinden sollte. Im allg. wurden als Mindestdauer der **Ausbildung** für den allg. Vollzugsdienst 24 Monate und als Mindestdauer einer jugendstrafvollzugsspezifischen Weiterbildung im mittleren und gehobenen Vollzugs- und Verwaltungsdienst 6 Monate empfohlen (JStVollzKomm S. 58 f.).

30 Darüber hinaus begründen die vorgenannten (faktischen) Ziele **Widerstände** gegen tiefgreifende Vollzugs**reformen** (vgl. auch → Rn. 4; konkret Bredlow FS 2013, 159). Auf der Seite der JStrafgefangenen handelt es sich um mehr oder weniger erwartungsgemäße Abwehrmechanismen, die sich auch als regressiv umschreiben lassen. So erscheint es ihnen sinnvoller, eine Strafe „abzusitzen", als sich Anforderungen dieses oder jenes Erziehungsvollzugs zu stellen (vgl. auch → Rn. 34). Auch bilden in einer gewissen Konstanz nicht Erzieher, sondern Mitgefangene, die subkulturell eingebunden sind, das dominierende Orientierungs- oder gar Lernmodell (vgl. etwa schon Kersten/v. Wolffersdorff-Ehlert, Jugendstrafe – Innenansichten aus dem Knast, 1980).

30a Ein Widerstand seitens der *Aufsichtsbeamten* ist unmittelbar verständlich, da sie diejenige Gruppe innerhalb der Bediensteten sind, deren Funktion der Aufrechterhaltung des reibungslosen Vollzugsablaufs durch Reformen am ehesten betroffen würde (vgl. auch Walkenhorst KrimPäd 1943 (15), 67). Aber auch die Aufgaben von Sozialarbeitern und Psychologen würden ggf. einer Änderung unterzogen (vgl. etwa → Rn. 129). Innerhalb der Bedienstetengruppen sind bestimmte Techniken der Behinderung von Reformen zu beobachten: Zum einen können Neuerungen nach und nach inhaltlich dergestalt abgeändert werden, dass sie in das bisherige Vollzugsgeschehen passen, wobei bisweilen allein die Bezeichnung der Reform erhalten bleibt; andererseits vermögen abfällige Bemerkungen, deutliche Zurückhaltung oder ein ausgedehnter Zeit- oder Kräfteaufwand bzgl. einer Reform deren Scheitern zur Folge habe (vgl. etwa Justizvollzugsbeauftragter S. 118 f., 282 ff.). – Gelegentlich kommt es zu strategischen Fusionen zwischen Aufsichtsbeamten und JStrafgefangenen mit dem Ziel, Bemühungen um Erziehungsmaßnahmen aufzulösen (vgl. etwa auch Queloz ua, Droit pénal et diversités culturelles/Bolle, 2012, S. 140 f.).

2. Erzieherische Gestaltung

a) Landesgesetzliche Regelungen. Hinsichtlich der Gestaltung des **JStVollzugs** sehen die Gesetze der Länder Regelungen iSd überkommenen Grundsätze ebenso vor wie Vorschriften über die besondere erzieherische Ausgestaltung (zu diesbzgl. Anforderungen Walter ZJJ 2006, 241). Unterschiedlich wurden hingegen die Rechte der Personensorgeberechtigten gewürdigt (vgl. Begr. zu vormaligem Entwurf Hess., 51 und zum ArbE Sachs., 104 (der Erziehungsauftrag sei auf die JVA übertragen) ggü. Begr. zu vormaligem Entwurf NRW, 18 (Schutz von Elternrecht und Familie werde in ihrem Wesensgehalt nicht aufgehoben)). **31**

Verschiedene Landesgesetze legen ausdrücklich fest, dass der Vollzug **erzieherisch** zu gestalten ist, und zwar im Sinne einer Förderung zur „eigenverantwortlichen und gemeinschaftsfähigen Lebensführung" (§ 3 Abs. 1 JStVollzG Bln ua, § 114 Abs. 1 NJVollzG, § 3 Abs. 1 S. 2 HessJStVollzG, § 3 Abs. 1 S. 2 JStVollzG NRW; nach § 3 Abs. 3 S. 3 HmbJStVollzG ist „ein gewaltfreies Klima" als Gestaltungsgrundsatz aufgenommen, indes ohne Differenzierung (zB zwischen physischer, psychischer, strukureller Gewalt etc); zur Erfragung des sog. „Gruppen-Klimas" im JStVollzug vgl. etwa Heynen ua MschKrim 2014, 224 (Auflistung von nach Skalen unterteilten 36 Fragen)). **31a**

Das bay. Gesetz sieht demgegenüber unter der Überschrift „Behandlung" neben dem Verweis auf diesbzgl. Formen des Erwachsenenvollzugs (Art. 123 Abs. 1 iVm Art. 3 BayStVollzG) nur eine Ausbildungs- bzw. Arbeitspflicht vor (Art. 123 Abs. 3). Einzelne in § 2 Abs. 2 JVollzGB BW IV formulierte Erziehungsziele gehen über das Erziehungs- bzw. Vollzugsziel und das verfassungsrechtlich zulässige Maß hinaus, sie berühren nicht nur die negative Glaubensfreiheit aus Art. 4 Abs. 1 GG („Ehrfurcht vor Gott", „im Geiste der christlichen Nächstenliebe"; krit. Alt, Das Berliner JStVollzG im Lichte verfassungsrechtlicher Vorgaben sowie europäischer und internationaler Regelungen mit Menschenrechtsbezug, 2014, S. 95), sondern sind in ihrer konkreten positiven Ausformulierung auch darüber hinaus weder geeignet noch erforderlich („Liebe zu Volk und Heimat", „sittlicher und politischer Verantwortlichkeit"). Eingeschränkt gilt dies für einzelne in § 3 Abs. 1 S. 3 SächsJStVollzG gefasste Ziele („Ehrfurcht vor allem Lebendigen", „Nächstenliebe", „sittliches und politisches Verantwortungsbewusstsein"). **31b**

Formen und Inhalt erzieherischer Gestaltung werden zB durch § 5 JStVollzG Bln ua ((§ 4 SchlHJStVollzG)) und § 4 JStVollzG NRW) in Form von Leitlinien zur Erziehung und Förderung konkretisiert (vgl. indes einschr. als bloße Sollvorschrift § 5 Abs. 2 JStVollzG Bln ua (Bln. § 6 Abs. 2 JStVollzG Bln; § 5 Abs. 1 S. 2 SächsJStVollzG), nicht hingegen etwa § 4 Abs. 2 JStVollzG NRW, § 2 Abs. 8 JVollzGB BW IV; vgl. im Übrigen zur mangelnden Bestimmtheit → Rn. 23), wobei eine differenzierende, hinreichend **individuelle** Berücksichtigung der einzelnen JStrafgefangenen **geboten** ist, die sich nicht nur an „Angepasste" richtet (Rehn NK 2006, 122; zu extern angebotenem sozialen Trainingskurs Borchert ZJJ 2016, 164 (etwa gleichaltrige Studierende)). Vielmehr sind es gerade diejenigen, die sich nicht ohne weiteres dem Vollzugsalltag an- und einpassen, die in besonderem Maße spezielle Angebote zur Motivierung benötigen (zur Bedeutung von Beziehung Kraft ZJJ 2011, 378 (speziell betr. weibliche Gefangene)). – Soweit schon bei der Gestaltung ggf. auf eine Entscheidung nach *§ 89b* **31c**

Abs. 1 „hinzuwirken" ist (§ 3 Abs. 3 S. 2 HessJStVollzG), wird den Voraussetzungen hierfür (vgl. → § 89b Rn. 3–8) auch methodisch kaum hinreichend Genüge geleistet werden können.

32 Die Gesetze enthalten die allg., § 3 StVollzG entsprechenden **Gestaltungsgrundsätze** betr. Angleichung, Gegensteuerung und Integration (§ 3 Abs. 3 JStVollzG Bln ua (§ 3 Abs. 4 SächsJStVollzG), § 2 Abs. 3, 4 JVollzGB BW IV, Art. 122 iVm Art. 5 BayStVollzG (nur Soll-Vorschrift), § 2 NJVollzG, § 3 Abs. 2 HessJStVollzG, § 3 Abs. 2 HmbJStVollzG (vgl. auch S. 3: von Beginn an)). § 3 Abs. 3 S. 4 JStVollzG Bln ua ordnet in diesem Zusammenhang einschränkend und wiederholend die Beachtung der Belangen von Sicherheit und Ordnung (hierzu ebenso § 3 Abs. 2 S. 2 HessJStVollzG) an, die indes dem Grundsatz der Verhältnismäßigkeit genügen muss. Daher sind Risiken in Kauf zu nehmen, wenn ihnen gegenüberstehende Vorteile überwiegen. Den Insassen ist „sobald wie möglich" die Teilnahme am „Leben in der Freiheit" einzuräumen (§ 3 Abs. 6 S. 2 JStVollzG Bln).

33 **b) Zum Erziehungsziel.** Es bedürfte einer an dem Erkenntnisstand einschlägiger Fachdisziplinen ausgerichteten inhaltlichen und methodischen Klarstellung der **Grundvoraussetzungen** erzieherischen Bemühens um JStrafgefangene (ähnlich Scherr neue caritas 2006, 12; s. auch Walter ZJJ 2006, 238 ff.), soll dieses Ziel nicht (weiterhin) der Rechtfertigung vorhandener Machtpositionen dienen bzw. das **Gutdünken** dieses oder jenes Vollzugsbediensteten über die anzuwendenden „Methoden" entscheiden (zu divergierenden Perspektiven zwischen Bedienstetengruppen vgl. etwa Steller/Dahle/Basqué Straftäterbehandlung/Averbeck/Lösel S. 215, 217 ff.; vgl. aber auch → § 10 Rn. 46). Diese Notwendigkeit gilt auch für diejenigen Betroffenen, bei denen wegen der Kürze der (verbleibenden) Vollzugsdauer herkömmliche langfristige erzieherische Interventionen nicht durchgeführt werden können und im Übrigen das Verbot der Schädigung (vgl. dazu betr. den allg. Strafvollzug § 3 Abs. 2 StVollzG) erhöhte Bedeutung gewinnt.

34 Hinsichtlich der personalen und sozialen Umstände von JStrafgefangenen ergibt die Vielzahl von Benachteiligungen (vgl. → Rn. 18 ff.) eine kaum überbrückbare Kluft zwischen dem **Verständnis** von **Erziehung** im Sinne eines allg. Begriffs privater und schulischer Förderung von Kindern und Jugendlichen einerseits und den verbleibenden (Rest-)Möglichkeiten einer Erziehung im JStVollzug. So sind zB Methoden der **Strafe** im **pädagogischen Sinn,** die eine Ansprechbarkeit voraussetzen, als erzieherisches Mittel des JStVollzugs prinzipiell eher nicht geeignet (zust. Walter/Rotthaus/Geiter Bruchstücke/Ohle S. 60, 204), da JStrafgefangene idR eine solche Vielzahl von Belehrungen, Ermahnungen und Übelszufügungen erfahren haben, dass sie nur noch iSd **Ablehnung** reagieren (können (vgl. auch Hosser/Greve DVJJ-Journal 2002, 429)). Dem würde die vorsichtige Annahme entsprechen, dass der JStVollzug umso eher erzieherisch geeignete Möglichkeiten bietet, je weniger schwer die Betroffenen in der jeweiligen Lebensphase durch (auch vorausgegangene) Beeinträchtigungen belastet sind (vgl. schon Böhm RdJB 1973, 41). Zielführend und aktivierend wird eher die Orientierung an (ggf. seither verdeckten) Befähigungen als an Defiziten sein (vgl. zu Motivationsbedingungen etwa Zobrist Bewährungshilfe 2015, 336 (betr. inhaftierte Frauen)).

Unabhängig davon findet sich iSd **Schutzes** der (subjektiv empfundenen) höchstpersönlichen Wirklichkeit weithin eine **Abwehr**haltung zum (J) StVollzug und der Tatsache des Eingewiesenseins, sodass schon deshalb ein (emotionales) Interesse an Erziehung nicht bestehen kann. Dies gilt umso mehr, falls tatneutralisierende Elemente eine Erziehungswilligkeit einschränken (zu unterschiedlichen Perspektiven betr. Entstehungszusammenhänge der Straftaten s. Steller/Dahle/Basqué Straftäterbehandlung/Averbeck/Lösel S. 215, 217 ff., aber auch 226). Es handelt sich dabei im Wesentlichen um eine Verfestigung der bei Jugendlichen (wie Erwachsenen) im Falle der Deliktsbegehung festzustellenden Dissonanz zwischen dem (etwa vorhandenen) Bewusstsein, selbst Täter zu sein, und dem Wunsch nach einem davon befreiten Selbstverständnis. 35

Zu Aus- und **Folgewirkungen** des JStVollzugs auf psychische und zwischenmenschliche Bereiche liegen seither wenig empirische Untersuchungen vor (vgl. betr. Bezüge zur Legalbewährung → Rn. 58 ff., 115 ff.; Eisenberg/Kölbel Kriminologie § 36 Rn. 23 ff., § 55 Rn. 46 ff.; s. zudem Greve/Hosser MschKrim 1998, 85 (95); Hosser/Greve DVJJ-Journal 2002, 430 (betr. U-kurvenförmigen Haftverlauf)). 35a

c) Beschränkungen in der Erreichung des Vollzugsziels. aa) Einstellungsmuster. Im Einzelnen haben jugendliche und heranwachsende ähnlich wie auch erwachsene Strafgefangene soziale **Normen** und **Wertvorstellungen** bzgl. tragender Rechtsgüter wie Eigentum, Freiheit, persönliche Unversehrtheit idR **verinnerlicht.** Was die Nichteinhaltung einzelner (statistisch vorherrschender) Verhaltensnormen im Leistungs-, Sozial- und Freizeitbereich angeht, so bleibt, unbeschadet einer Plausibilität, die Annahme einer spezifischen Relevanz für die Legalbewährung fraglich (vgl. → § 5 Rn. 47 ff.). – Im Übrigen ist unstreitig, dass innerhalb der Gesellschaft unterschiedliche altersmäßige und sonstige soziale Gruppen mit unterschiedlichen Wert- und Interessensystemen sowie Verhaltensmustern bestehen. So mag es sein, dass ein JStrafgefangener innerhalb seiner Bezugsgruppe sozialisiert ist, er den Bediensteten der JStVollzAnstalt aber als erziehungsbedürftig erscheint und demgemäß eine Änderung von ihm erwartet wird. Demgegenüber kann der Anspruch einer Sozialisierung an Normen altersmäßig oder sozio-ökonomisch anderer Gruppen wohl nur als überhöht verstanden werden (vgl. indes allg. etwa § 9 Abs. 1 JVollzGB LSA: „gemeinschaftsfähige Lebensführung"). 36

Für die ganz überwiegende Mehrheit der JStrafgefangenen lässt sich lediglich feststellen, dass die von ihnen gewählten **Methoden** zur Erreichung allg. erstrebter Ziele illegal waren, und dass die Anwendung dieser Methoden strafrechtlich verfolgt wurde. Die erzieherische Strategie hätte sich demgemäß – bei konflikt-orientiertem Verständnis – zum einen darauf zu konzentrieren, die Unergiebigkeit der gewählten Methoden darzulegen; dies allerdings setzte eine tatsächlich hohe Entdeckungswahrscheinlichkeit bei einem etwaigen „Rückfall" voraus, woraus folgte, dass so verstandene Erziehung ohne reaktive Kontrollintensität inadäquat wäre. Zum anderen aber wären Verhaltenstechniken aufzuzeigen, die den Entlassenen nach Möglichkeit vor solchen Risikofaktoren und -situationen bewahren, die für die Auseinandersetzung mit der bestehenden Gesellschafts- und Rechtsordnung konfliktträchtig sind (vgl. zu einem „Problemlösungs-Training" s. Krott ZfStrVo 1985, 138, betr. Legalbewährungseffekte eines sozialen Trainings relativie- 37 rend Boxberg/Bosold FPPK 2009, 237 ff.; vgl. zu empirischen Daten ferner Merzhäuser, Delinquentes Verhalten von inhaftierten Jugendlichen, 1985; zur Auflockerung von Persönlichkeitsrigidität s. etwa Rink, Rigidität und Veränderungsmotivation, 1984, S. 445; s. auch Steinhilper KriminalpädPraxis 1988, 28 (betr. die Anstalten in Nds.); Görken ZfStrVo 1987, 83 (betr. JVA Neumünster)). Hier besteht allerdings die Schwierigkeit zu erkennen, welche Verhaltensweisen eine Bedeutung für die Entstehung des strafrechtlich erfassten Verhaltens haben und welche (allein) iZm der privaten und behördlichen strafrechtlichen Erfassung bedeutsam sind.

38 Im Übrigen ist davon auszugehen, dass **Verhalten** als Methode zur Erreichung von Zielen oder zur Verwirklichung von Interessen wesentlich auch **von Einstellungen abhängig** ist. Einstellungen ihrerseits ändern sich (nur), wenn sich das **Bewertungssystem** verschiebt oder entwickelt. Solches aber ist bevorzugt oder gar ausschließlich dann möglich, falls andere **(positive) soziale Erfahrungen** gemacht werden. – Auch im Allg. ist ein Nachholen sozialer Lernprozesse, die Weiterentwicklung der emotionalen und geistigen Fähigkeiten und die Förderung der Gemeinschaftsfähigkeit nur unter ähnlichen Bedürfnissen und Zwängen, Verlockungen und Verführungen möglich, wie sie vorhanden waren, als ein zu behebendes soziales Fehlverhalten entstanden ist. Dies aber lässt sich im JStVollzug im Hinblick auf Vollzugsbedingungen wie auch Besonderheiten der Sozialstruktur der Gefangenengesellschaft kaum erreichen (vgl. etwa schon Elster/Lingemann/Sieverts KrimHdWB/Böhm S. 526; zu empirischen Daten einer eher negativen Einstellungsänderung Eitzmann S. 88; betr. Grenzen von Mediation oder gar eines TOA (dazu etwa Rössner ZJJ 2005, 32) vgl. → Rn. 23).

39 Aus diesem Grunde ist eine wirksame Intervention kaum zu erwarten, solange der JStrafgefangene aus der Gesellschaft genommen wird und Möglichkeiten, soziale Belohnung zu erhalten, auf die Anstaltssituation beschränkt bleiben, zumal **Reglementierung** und **Beschneidung** von **Handlungschancen** innerhalb des Vollzugsgeschehens eine soziale Bestrafung bedeuten. Jedoch haben Wissenschaft und Praxis bisher keinen Erfolg versprechenden Alternativen zum stationären Vollzug angeboten, die die komplexe Schutz- und Erziehungsaufgabe des JStVollzugs erfüllen könnten. – Betreffend die Bildung von Anstalts**beiräten** (zum allg. Strafvollzug s. §§ 162 ff. StVollzG) erscheint die Beteiligung der Öffentlichkeit sowie eine dadurch erhoffte Kontrolle als nur eingeschränkt verwirklicht, soweit die Landesjustizverwaltungen über (Nicht-)Ernennung, Entlassung oder Suspendierung befinden, und zwar auf der Grundlage von Verwaltungs- bzw. Ausführungsvorschriften (vgl. etwa schon Wagner ZfStrVo 1986, 340; Felix ua KrimJ 1979, 296; aber auch Schibol/Senff ZfStrVo 1986, 202); zu ehrenamtlichen Betreuern s. etwa Siebolds ZfStrVo 1986, 269.

40 **bb) Beziehungsformen.** Die Rollengestaltung und -verteilung innerhalb der **Gefangenengesellschaft** bestimmt sich auch im JStVollzug vorrangig nach deren informellen Normen, die sich regelmäßig von den formellen Regelungen und Zielvorstellungen der Bediensteten bzw. der offiziellen Anstaltsorganisation unterscheiden und oftmals im Widerspruch hierzu stehen (vgl. zur Rollenverteilung einschließlich körperlicher Kraft Hürlimann, Führer und Einflussfaktoren in der Subkultur des Strafvollzuges, 1993, S. 139 ff.; speziell betr. Gefangene türkischer Ethnie Klose, Deskriptive Darstellung der subjektiv empfundenen Haftsituation männ-

licher türkischer Inhaftierter im geschlossenen Jugendstrafvollzug in NRW, 2002, S. 225 ff.). Dieses informelle Normensystem gilt als vergleichsweise konstant (vgl. auch zur Funktion Schmalz, Kommunikation und Interaktion weiblicher Inhaftierter in einer Justizvollzugsanstalt, 2016, S. 168 ff. (betr. weibliche Insassen); zu „häufig unmenschlichen Zugangs-, Unterwerfungs- und Bestrafungsritualen" Preusker ZfStrVo 2003, 231), und zwar unabhängig vom Ausmaß der Fluktuations- und Rücklaufquoten der JStrafgefangenen. Verschiedentlich wird angestrebt, durch Übertragung von erzieherischer **Verantwortung** (einschr. vormals Arloth zu Art. 158 BayStVollzG: nur „Vertretung") auf Gleichaltrigengruppen der JStrafgefangenen Widersprüche zum formellen Anstaltssystem einzuschränken (vgl. betr. Glen Mills Walter ZfStrVo 2002, 78; sowie zur Verneinung einer vergleichsweise günstigeren Legalbewährung Walter DVJJ-Journal 2002, 417; zu demokratischer Mitbestimmung Weyers NK 2003, 106; zu **Insassenvertretung** Graebsch FS 2016, 22 (betr. allg. StVollz)); personell wird zB die Anwesenheit eines zusätzlichen Erziehers im Spätdienst empfohlen (DVJJ 2015, AK 3).

Im Einzelnen ist zB (auch) für den JStVollzug davon auszugehen, dass die **40a** Insassen sich untereinander eher als **Konkurrenten** bzw. Tauschpartner betr. knappe wie überteuerte Waren oder bzgl. Dienstleistungen ansehen (vgl. Kersten/v. Wolffersdorff-Ehlert, Jugendstrafe – Innenansichten aus dem Knast, 1980) und ggf. untereinander auch **Straftaten** begehen. Darin liegt nicht nur ein erhebliches Problem mit Blick auf den Schutzauftrag des Staates, sondern auch hinsichtlich der spezialpräventiven Funktion von JStrafe: Gewaltförmige Viktimisierung im Vollzug scheint die Rückfälligkeit zu fördern (so international McCuish/Lussier/Corrado Journal of Developmental and Life-Course Criminology 2018, 427 (436 ff.).

Von erheblicher Bedeutung ist daher ua die (im Vergleich zum Erwachse- **40b** nenstrafvollzug wohl deutlich erhöhte) Zahl laut Gefangenenpersonalakten festgestellter Gewalttätigkeiten unter Gefangenen (vgl. Wirth 2006, 14 (16) (veröffentlicht auch Bewährungshilfe 2007, 185 ff.); teilweise ähnlich für Sachs. Hinz/Hartenstein ZJJ 2010, 176; zu vorsätzlichen Tötungen innerhalb von jeweils mit vier Personen belegten Zellen nach „Meldung" bei Bediensteten (und als eines Verstoßes gegen subkulturelle Normen) LG Erfurt 21.11.2002 – 920 Js 31952/01 – 3 Ks jug bzw. BGHSt 52, 316 = NJW 2008, 2397 mAnm Eisenberg sowie Bspr. Eisenberg ZJJ 2008, 381, wobei das jeweilige Opfer auch ausweislich der jeweils niedrig bemessenen JStrafe ggf. vor dieser Inhaftierung hätte bewahrt werden können (vgl. auch Neubacher NStZ 2008, 365); zu Vergewaltigung BGH NStZ 2011, 524 bzw. sexueller Nötigung etwa Wattenberg ZfStrVo 1990, 38 ff.); Knapp, AIDS im Strafvollzug, 1996, S. 376 f.; Barth R&P 2013, 129; zu massiven Körperverletzungen LG Berlin ZJJ 2012, 203 mBspr Eisenberg (zur Tatbegehung in der Vorphase der anstehenden Entlassung ZJJ 2012, 205) sowie LG Hof 24.5.2011 nach BGH NStZ-RR 2012, 241); nach Dunkelbefragungen liegt die Zahl noch weit höher (vgl. nur Baier/Bergmann FS 2013, 76 (78); Wolter/Häufle MschKrim 1997 (2014), 288 (288 f.) (zu den Methoden MschKrim 1997 (2014), 285)). Die überwiegende Zahl der Insassen wird sowohl als Täter als auch als Opfer erfasst (vgl. zur Affinität Hinz/Hartenstein ZJJ 2010, 176 ff. (179–181); vgl. auch Häufle ua Bewährungshilfe 2013, 20 (25 f.); Boxberg/Bögelein ZJJ 2015, 243 (243 f.), zugleich diff. nach „Gewaltklassen"; zu Risikofaktoren auf Opfer- bzw. Täterseite Klatt/Baier ZJJ 2016, 253). – Nur teilweise liegen Erhebungen zu Bediensteten als Täter vor (vgl. etwa Barth FS 2013, 129 (133); speziell zur Frage sexuellen Missbrauchs OLG München StV 2015, 495).

40c Systematisch ist zwischen *situations*bezogenen – bzw. subkulturell erwartungsgemäßen (vgl. iSv Anpassungsstrategien Boxberg ua MschKrim 1999 (16), 428 ff.; zum Wechsel zu mehr gewaltausübenden Gruppen hin Häufle ua Bewährungshilfe 2013, 20 (31 f.)) – und personenbezogenen Entstehungszusammenhängen zu unterscheiden (vgl. näher Goeckenjan FS Eisenberg, 2009, 717 ff. (720 ff.)), und dies ist bei präventiven Strategien zu berücksichtigen (vgl. als Gestaltungsnorm § 3 Abs. 3 S. 3 HmbJStVollzG; zu „Gegenstrategien" betr. Gewaltdelikte Jesse SF 2007, 23 ff.; Neubacher, Gewalt hinter Gittern, 2008, S. 28 ff., 34 ff. bzw. NStZ 2008, 364 ff. sowie näher Dessecker/Egg, Justizvollzug in Bewegung/Boxberg ua, 2013, S. 87 ff.; Boxberg Jugendstrafe S. 198 ff.; zu Resilienz Neubacher/Bögelein, Krise – Kriminalität – Kriminologie/Pauli S. 157 ff.; betr. Befunde zu sonstigen Delikten O'Donnell/Edgar HowardJ 1998, 268; Maitland/Sluder PrisonJ 1998, 55; Walkenhorst DVJJ-Journal 1999, 248 (248 f.); Kury/Brandenstein ZfStrVo 2002, 29 f. sowie Kury/Smartt ZfStrVo 2003, 332 (332 f.) (jeweils betr. JVA Hameln); zusammenfassend Bieneck PraxRPsych 2010, 279, aber auch Prätor, Gewalt im Jugendstrafvollzug, 2017, S. 17). Nach einer schriftlichen Befragung männlicher, mindestens 18-jähriger Inhaftierter (als „Täter", „Opfer" und „Informanten") in Bay., Bln., NRW, Sachs. und SchlH bei einer Rücklaufquote von durchschnittlich ca. 30 % hätten 69,3 % angegeben, im zurückliegenden Jahr Zeuge von Straftaten verschiedenster Art durch Inhaftierte ggü. Inhaftierten gewesen zu sein (vgl. Ernst Bewährungshilfe 2008, 357 ff. (360)); verschiedentlich habe sich eine Übereinstimmung zwischen eher positiver Einstellung zu Bediensteten und Meldebereitschaft ergeben (Ernst Bewährungshilfe 2008, 357 (365)). näher zu einer Längsschnittstudie zu Gewalt und Suizid Dessecker/Egg, Justizvollzug in Bewegung/Boxberg ua, 2013, S. 87 ff.).

41 Zur Frage nach **Zusammenhängen** zwischen dem **Sozialsystem** der **Gefangenen** und dem formellen Anstaltssystem bestehen im Wesentlichen zwei Theorien, die zwar vorzugsweise erwachsene Gefangene betreffen, aber auch für Jugendliche und Heranwachsende relevant sein können. Eine Integration dieser Theorien erscheint schwerlich möglich, da die jeweils als relevant erachteten Merkmalsgefüge heterogen sind (vgl. näher Tauss, Die Veränderung von Selbstkonzeptkomponenten im Inhaftierungsverlauf jugendlicher Strafgefangener, 1992, S. 263 ff.; Lehmkuhl, Aggressives Verhalten bei Kindern und Jugendlichen/Greve, 2003, S. 230 ff.; ergänzend zu Habitualisierung Paus/Remel MschKrim 2013, 35).

41a Gemäß einer Theorie der **kulturellen Übertragung** wird angenommen, das Normen-(und Wert-)System der Gefangenen sei in substantiell gleicher Ausgestaltung auch außerhalb der Strafanstalten als System einer „kriminellen" oder „nichtkriminellen" Bezugsgruppe oder Subkultur vorhanden und werde in die Strafanstalt gewissermaßen hineingetragen (vgl. auch Klingemann ua KrimJ 1978, 141). Sollte diese Theorie empirisch (einstweilen) bestätigt werden, so wären erzieherische Maßnahmen im Strafvollzug zusätzlich insofern in Frage gestellt, als eine Änderung der Normen der Subkultur (en) des Gefängnisses teilweise nur durch Änderungen entsprechender Normen außerhalb der Strafanstalt möglich wäre. Demgemäß hat die Frage nach der Richtigkeit dieser Überlegungen unmittelbare Bedeutung auch für Zielsetzung, Strategie sowie Möglichkeiten und Grenzen der Erziehung von JStrafgefangenen.

Nach einer anderen Theorie wird die Gefangenenkultur als **Reaktion** auf die **Deprivationen** des (J)StVollzugs sowie als Ausdruck eines Bindungsbedürfnisses verstanden. Sie sei ein „endemisches" Phänomen der totalen Institution Strafvollzug, dh sie bestehe und entstehe nur unter deren Bedingungen. Dabei sei der Grad der Opposition und Abweichung der Gefangenenkultur vom formellen Anstaltssystem proportional der Betonung der Sicherheitsvorschriften und der Härte der Haftbedingungen (zu einzelnen Anhaltspunkten Lambropoulou, Erlebnisbiographie und Aufenthalt im Jugendstrafvollzug, 1987, S. 254–260; betr. den Unterschied zu milieutherapeutischer Orientierung Dahle/Steller ZexPsych 1990, 31). Bei einer (gedachten) formellen Anstaltsstruktur ohne entsprechende Merkmale müsse eine informelle Gefangenenkultur nicht bestehen. – Verschiedene empirische Untersuchungen haben (einstweilige) Teilbestätigungen der einen wie der anderen Theorie erbracht (vgl. zu Nachw. Eisenberg/Kölbel Kriminologie § 36 Rn. 4 ff.), vor allem aber deutlich werden lassen, dass eine **Differenzierung** nach der Art der Organisation der jeweiligen JStVollzAnstalt (zur Relevanz für Gewalttaten seitens Insassen (vgl. → Rn. 40a, 40b) etwa Lahm CJB 1935 (08), 120; Baier ua GS Walter, 2014, 473) bzw. nach Strafgefangenengruppen etc unerlässlich ist. 42

3. Zur Rechtsstellung des Jugendstrafgefangenen

§ 6 JStVollzG Bln. ua, § 5 Abs. 3 S. 2 HmbStVollzG, § 3 Abs. 6 JStVollzG NRW und § 6 HessJStVollzG sehen eine § 4 Abs. 2 StVollzG entsprechende Regelung vor (vgl. auch § 9 Abs. 1 BbgJVollzG: vollzugliche Maßnahmen sind regelmäßig zu erläutern). Demgegenüber formulieren andere Landesgesetze die vollzugliche **Generalklausel** nicht mehr als eng begrenzte Ausnahme („schwerwiegende Störung der Ordnung", „unerlässlich"), sondern gestatten – insoweit ensprechend der polizeirechtlichen Generalklausel – gesetzlich nicht besonders geregelte Eingriffe bereits, wenn sie für die Aufrechterhaltung von Sicherheit und Ordnung erforderlich sind (§ 132 iVm § 3 S. 2 NJVollzG, Art. 125 Abs. 1 BayStVollzG (s. aber dazu vormals Arloth Rn. 2: Prüfung im Einzelfall erforderlich); eingeschränkt § 3 Abs. 2 JVollzGB BW IV („unerlässlich")). In BW und Bay. ist diese Neuregelung mit einem expliziten Verstoß gegen das **Schlechterstellungsverbot** (vgl. → Rn. 5) verbunden, da für den Erwachsenenvollzug nach wie vor ausdrücklich die eng begrenzte Generalklausel besteht (§ 3 Abs. 2 JVollzGB BW III, Art. 6 Abs. 2 BayStVollzG). 43

4. Mitwirkungspflicht

a) Begründungsdefizite. Wie bereits der Gesetzentwurf des BMJ (§ 4) sehen auch die Gesetze der Länder durchgehend und im Gegensatz zur bloßen Möglichkeit in § 4 Abs. 1 StVollzG eine allg. – und damit nicht hinreichend bestimmte – Mitwirkungspflicht des JStrafgefangenen hinsichtlich der Erreichung des Erziehungs- bzw. Vollzugsziels und diesbezüglicher Maßnahmen vor (§ 4 S. 1 JStVollzG Bln ua (§ 5 S. 1 SchlHJStVollzG; in Sachs. „Den Gefangenen obliegt"), § 114 Abs. 2 NJVollzG, § 3 Abs. 1 JVollzGB BW IV, Art. 123 Abs. 2 BayStVollzG, § 4 Abs. 1 HessJStVollzG, 44

§ 4 Abs. 4 S. 1 JStVollzG NRW (Soll-Vorschrift); § 5 Abs. 1 HmbJStVollzG (s. auch Abs. 2 sowie § 5 S. 3 UVollzG Bln: „Maßnahmen der Belohnung und Anerkennung", die indes Tendenzen eines „Stufenstrafvollzugs" (vgl. krit. → Rn. 77a) in sich bergen könnten; vgl. auch Schaerff ZStW 128 (16), 205 f.; § 6 Abs. 2 ThürJVollzGB; § 15 Abs. 3 JVollzGB LSA). Sie befinden sich damit im Gegensatz zu § 4 Abs. 1 StVollzG und führen so zu einer unzulässigen Schlechterstellung (→ Rn. 5) von Gefangenen im JStVollzug (zur Unvereinbarkeit mit Nr. 13, 50 ERJOSSM Dünkel ZJJ 2011, 148; Kühl, Die gesetzliche Reform des Jugendstrafvollzug in Deutschland (...), 2012, S. 103 f.; aA vormals Arloth NJVollzG § 114 Rn. 4, zu vormaligem HmbStVollzG § 5 Rn. 2, BayStVollzG Art. 123 Rn. 2). Zudem steht die Pflicht zur Mitwirkung zum einen in Widerspruch zu den Möglichkeiten partieller oder vollständiger Fehlurteile (bzw. zumindest nachvollziehbar als ungerecht empfundener Urteile; vgl. auch Ostendorf/Ostendorf Jugend-StrafVollzR § 1 Rn. 31: dem Insassen müsse es „gestattet sein, die Strafe für sich abzulehnen"), zum anderen verträgt sie sich nicht mit dem Charakter der JStrafe und droht die jungen Gefangenen zum bloßen Objekt der Intervention zu machen (vgl. ergänzend Reuther Elternrecht S. 184 ff.; Ostendorf DVJJ 2008, 100: „muss es gestattet sein, die Strafe für sich abzulehnen").

45 **b) Einwände.** Darüber hinausgehend begegnet eine Mitwirkungspflicht vor allem aus zwei Gründen **tief greifenden** Bedenken. Zum einen kann eine nur durch gesetzliche Verpflichtung erzwungene Mitwirkung an der eigenen Erziehung kaum tatsächlich Erfolge bringen, sondern wird eher kontraproduktiv wirken (vgl. Walter ZJJ 2006, 240). Erforderlich wäre vielmehr eine freiwillige, dem Erziehungsauftrag entsprechende Mitarbeit. Damit aber kommt einer solchen Regelung zum anderen nur noch die Funktion zu, eine Sanktionierung fehlender Mitwirkung bzw. Motivation hierzu zu ermöglichen, sei es im Wege von Erzieherischen Maßnahmen (krit. betr. § 85 HmbJStVollzG Dünkel/Kühl NK 2009, 82 ff.) oder gar Disziplinarmaßnahmen bzw. der Verweigerung von Vollzugslockerungen (vgl. ausdrücklich § 15 Abs. 2 S. 2 Bln ua (außer Bln.; einschr. Sachs.: nur „im Einzelfall"); § 42 Abs. 1 S. 2 JStVollzG NRW (Ermessenskriterien ua „Mitwirkungsbereitschaft", „sonstiges Vollzugsverhalten"); § 2 Abs. 7 JVollzGB BW II (Soll-Vorschrift); vgl. vormals auch Arloth NJVollzG § 114 Rn. 4, BayStVollzG Art. 123 und 135 Rn. 2; differenzierter § 54 S. 5 bzw. 55 Abs. 1 Nr. 2 HessJStVollzG, teilweise auch § 85 S. 3 HmbJStVollzG), da es sich dabei dann um einen Pflichtenverstoß handelt (s. Ostendorf NK 2006, 92). Die Mitwirkungspflicht droht so zu einem Einfallstor für eine repressive Vollzugspraxis (oder im Einzelfall gar von „Willkür") zu werden, die im Widerspruch zum Erziehungsauftrag steht (vgl. Eisenberg MschKrim 2004, 355). Zudem legitimiert sie (hinsichtlich des Zugangs zu Lockerungs- und Förderungsmaßnahmen) eine Selektion und ist dabei geeignet, den Mangel an vorgehaltenen Kapazitäten zu verdecken (vgl. ähnlich auch Höynck/Hosser Bewährungshilfe 2007, 396) bzw. (bei fehlender Bereitschaft) nur zu verwahren (ähnlich Ostendorf/Ostendorf/Rose JugendStrafVollzR § 10 Rn. 77).

IV. Planung des Jugendstrafvollzugs

1. Vollzugsplan

a) Aufnahme. Der **JStVollzug beginnt** regelmäßig in der Eingangsabteilung, in der neben einer unverzüglichen ärztlichen Untersuchung (§ 9 Abs. 4 SächsJStVollzG; „alsbald" hingegen ua nach § 9 Abs. 3 JStVollzG Bln) Tatsachen zu erheben sind, die für eine **erzieherische** Planung und für die **Eingliederung** des JStrafgefangenen nach seiner Entlassung notwendig sind (seither Nr. 2 Abs. 2 VVJug); im Unterschied zu § 6 Abs. 1 S. 2 StVollzG nebst VV ist ein Absehen bei Gefangenen mit kurzer Vollzugsdauer insoweit nicht zulässig. Diese Untersuchung darf nicht auf ein Aktenstudium beschränkt werden, da Akten der Verwaltungs- und Justizbehörden mitunter falsche Tatsachenangaben enthalten und aus einer behördlichen Interessenlage heraus abgefasst sind, die den Belangen des JStrafgefangenen und selbst denjenigen der JStVollzAnstalt widersprechen kann (nicht unbedenklich § 9 Abs. 2 S. 3 HessJStVollzG: „Erkenntnisse der JGH und der BewHilfe sind einzubeziehen", ähnlich § 10 Abs. 3 S. 3 JStVollzG Bln; vgl. aber § 81 Nr. 2 KJHG sowie → § 38 Rn. 30 f.). Ungeeignet sind negative Zuschreibungen (zB „Intensivtäter", vgl. aus psychologisch-psychiatrischer Sicht Huck/Mielenz ZJJ 2011, 404 (409 f.), aus soziologischer Sicht Dollinger Jugendkriminalität S. 173 ff., 217; ergänzend → § 5 Rn. 85a, 85b). – Jeweils ist während der Untersuchung und Vollzugsplanung individuell und positiv, dh weniger statisch im Sinne zugeschriebener Defizite als dezidiert zukunftsorientiert an **förderungswürdigen Potenzialen** orientiert (vgl. nur § 9 Abs. 1 BbgJVollzG; aus der Praxis näher Walter ZJJ 2013, 179 f.; näher zu Funktionen der Eingangsuntersuchungen Matthes ZJJ 2015, 127; zu retrospektiver Akzentuierung („Auseinandersetzung" mit Straftaten) aber etwa § 8 Abs. 1 S. 1, § 9 Abs. 4 JVollzGB LSA) zu entwickeln, welche erzieherischen Ziele der Vollzug anstrebt und welche Methoden angewandt werden. 46

Entsprechend sehen die Gesetze der Länder – wenngleich unterschiedlich ausführlich – iRd Aufnahme ein **Zugangsgespräch** nebst Information über Rechte und Pflichten (vgl. speziell betr. Auslesens von Datenspeichern § 69a Abs. 1 S. 2 SächsJStVollzG, § 94 Abs. 3 SJStVollzG, § 142 Abs. 4 JVollzGB LSA) in einer für die Insassen verständlichen Form (§ 6 Abs. 2 Nr. 1 HmbJStVollzG) sowie die Beurteilung (gelegentlich als „diagnostische Feststellung" oder „Diagnoseverfahren" bezeichnet, vgl. konkretisiert zB § 22c SchlHJStVollzG, § 13 BbgJVollzG, § 10 SächsJStVollzG) der Frage eines Erziehungs- und Förderbedarfs vor. Dabei ist es einer erzieherischen Atmosphäre wenig förderlich, wenn (wie zB in § 7 Abs. 1 HmbJVollzG (ähnlich § 6 Abs. 1 StVollzG)) iSe Über-/Unterordnungsverhältnisses als Beginn eine „fachkundige Erforschung ihrer Persönlichkeit und ihrer Lebensverhältnisse" genannt wird und von vornherein von „Behandlungsuntersuchung" (§ 7 Abs. 1, Abs. 2 S. 1, § 8 Abs. 1 S. 1 HmbJStVollzG (GVBl. 2013, 211 (vormals indes Aufnahme-)) die Rede ist. – Soweit es für die sprachliche *Verständigung* erforderlich ist, muss Abhilfe geschaffen werden (Hinzuziehung zB eines Dolmetschers, Übersetzersoder zumindest eines „Sprachmittler" (§ 9 Abs. 1 S. 2 JStVollzG Bln)). – Soweit Ermittlungen während U-Haft etwa im Rahmen eines Auswahlverfahrens hergenommen werden (vgl. § 12 46a

Abs. 1 S. 4 JStVollzG NRW), bestehen ähnliche Bedenken wie ggü. der vormaligen Nr. 79 UVollzO (vgl. Erl. zu → § 89c Rn. 1 ff.).

46b Während die §§ 9, 10 JStVollzG Bln ua (detailliert §§ 10–11a SächsJStVollzG) bzw. §§ 8, 9 HessJStVollzG vergleichsweise umfangreich bestimmen, wie die Aufnahme zu gestalten ist und dabei die besondere Situation jugendlicher Gefangener berücksichtigen, sind die §§ 116, 117 Abs. 1–3 NJVollzG, § 7 Abs. 2 HmbStVollzG (kriminologisch verfehlt: „Ursachen" und Umstände der Straftat (vgl. nur → § 5 Rn. 40)), Art. 128f BayStVollzG und auch (unbeschadet der Verpflichtung zu methodischer Korrektheit) § 4 Abs. 2 JVollzGB BW IV weniger detailliert gestaltet. – Soweit in den Landesgesetzen (Soll-)Vorschriften über Mitteilungen an Personensorgeberechtigte enthalten sind (vgl. vormals Arloth zu NJVollzG: keine Pflicht zur Ermittlung von deren Aufenthaltsort – diese Auffassung erscheint nicht für jeden Fall vertretbar), stehen sie unter dem Vorbehalt des jugend(straf)rechtlichen Schutzprinzips (vgl. auch § 10 Abs. 6 HessJStVollzG: „wenn dadurch das Erziehungsziel nicht beeinträchtigt wird", bzw. § 5 Abs. 6 JVollzGB BW IV: „soweit … vereinbar"; aus der Vollzugspraxis Fiedler DVJJ 2008, 112).

47 Was im Einzelnen die Anwendung von **Testverfahren** betr. die **schulische** Qualifikation bzw. auf die **Berufsvorbereitung** bezogene Fähigkeiten, Interessen und Neigungen oder aber **psychodiagnostischer Testverfahren** angeht, so ist aus vielfältigen methodischen Gründen Zurückhaltung geboten (vgl. zu den letztgenannten etwa Kury/Beckers MschKrim 1983, 63; ausführlich Kury ZfStrV 1983, 323 ff. (329); Schmitt MschKrim 1983, 121), und zwar auch bei sog. objektiven Testverfahren. Dies gilt speziell auch wegen der besonderen Vollzugssituation, etwaigen in der Anlage der Tests begründeten Benachteiligungen von Personen aus sozio-ökonomisch unteren Gruppen sowie Verfälschungstendenzen zur Vermeidung bestimmter vollzugs- oder entlassungsbezogener Konsequenzen (vgl. Bsp. schon bei Kury MschKrim 1983, 72; s. auch Rieländer MschKrim 1983, 77).

47a Eher ungeeignet sind „Merkmals"-Auflistungen, die weder im Allg. noch speziell betr. Jugendliche validiert und zudem erzieherisch schon insoweit verfehlt sind, als sie **statischen** Inhalts bzw. mehr retro- als prospektiv orientiert sind (vgl. auch → § 5 Rn. 31, 77, → § 43 Rn. 14, 35), dh die Anwendung ist (zumindest mangels Eignungsnachweis) **schwerlich** mit Art. 2 Abs. 2 S. 2 GG **vereinbar.** Dies gilt etwa für Auflistungen wie static-99/R, SAVRY bzw. SORAG (zu diesen zusf. Rettenberger/von Franqué Kriminalprognostische Verf-HdB/Klein/Rettenberger S. 66 ff. bzw. 159 ff.), HCR-20 (BGH StV 2015, 216; BeckRS 2015, 17296: allenfalls „geringe Aussagekraft") oder SVR-20 (vgl. zu Nachw. → § 5 Rn. 31a), VRAG (zusf. Rettenberger/von Franqué Kriminalprognostische Verf-HdB/Rossegger ua S. 141 ff., 149 ff., dt. Fassung Rettenberger ua KrimZ 2017 (online)) und PCL-R (sowie „Kieler Psychopathie-Inventar", dazu Flindt ua RPsych 2015, 73 ff.), auch weil sie den individuellen Besonderheiten des Betroffenen nicht Rechnung tragen (BGH StV 2008, 301 sowie 302; zu grds. methodischen Einwänden (speziell des PCL-R) H. E. Müller NStZ 2011, 565; eher krit. auch Eher ua MschKrim 1995 (2012), 235; gar affirmativ aber Endres Rechtsausschuss (BT-Drs. 17/9874), 4). Bemühungen um Entwicklung eines Persönlichkeitsfragebogens, der die Besonderheiten des Strafvollzugs berücksichtigt, fehlt es seither an (hinreichender) Validität (vgl. Seitz/Rautenberg, PFI – Persönlichkeitsfragebogen für Inhaftierte, 2010; vgl. indes zum LSI-R → § 5 Rn. 31b (n. Grieger RPsych 2015, 11), zum

CAPP-Modell → § 5 Rn. 77). Einer prospektiven Validierung entbehren aber zB auch die Zusammenstellung „MIVEA“ (vgl. zu sonstigen Bedenken → § 5 Rn. 84; Graebsch/Burkhardt ZJJ 2006, 140), zu deren Verwendung von einem ministeriellen Versprechen der „Absicherung“ ggü. drohenden Strafverfahren bzw. Regress im Falle schadensverursachender Fehlprognose berichtet wurde (vgl. etwa ZJJ 2006, 152)), und die Auflistung „BB-Just“ (vgl. Endres ua FPPK 2014 (März), zumal darin auch Verhaltensformen im Sinne bestehender Abwehrrechte als negativ einbezogen werden und grds. das (erkannte, FPPK 2014, 9 (9 f.)) Manko der eher retrospektiven Ausrichtung besteht).

Der aufgrund der genannten Erhebungen für jeden Gefangenen zu erstellende **Vollzugs-** bzw. **Erziehungsplan** (§ 11 JStVollzG Bln ua; § 11 JStVollzG Bln: „Vollzugs- und Eingliederungsplan“, § 5 JVollzGB BW IV, § 117 NJVollzG, Art. 130 BayStVollzG, § 10 HessJStVollzG („Förderplan“), § 15 Abs. 1 und (betr. Entlassungsvorbereitung) Abs. 4 BbgJVollzG) wird dem Insassen auszuhändigen sein (ausdrücklich zB § 8 Abs. 4 S. 3 HmbJStVollzG, § 11 Abs. 8 S. 1 SächsJStVollzG) und kann **gerichtlich** auf Ermessensfehler **überprüft werden,** sofern er im Zusammenwirken mit Planungsmaßnahmen eine Einzelfallregelung darstellt (vgl. schon BVerfG StV 1994, 94 (zum allg. StVollzR)); für konkrete Einzelregelungen (innerhalb des Plans) gilt dies ohnehin (vgl. zur Unzulässigkeit der Unterstellung von Missbrauchsgefahr wegen fehlender Mitarbeit an der „Behandlung“ OLG Hamburg FS 2008, 139 (betr. allg. StVollz)). Soweit zur Wahrung der Rechte des Betroffenen erforderlich, besteht – in Extremfällen unter Berücksichtigung des Rechtsgedankens gem. § 54 Abs. 2 (vgl. aber einschr. → § 54 Rn. 36 f.) – ein Anspruch auf *Aushändigung* des Vollzugsplans (OLG München NStZ-RR 2008, 391 (betr. allg. StVollzR)). **48**

Der Plan muss Angaben über die wichtigsten **erzieherischen Maßnahmen** enthalten (vgl. vormals Nr. 3 Abs. 2 VVJug) und sollte aufgrund einer **Vollzugskonferenz** erstellt werden (vgl. zu § 159 StVollzG betr. den Begriff „maßgeblich Beteiligter“ OLG Frankfurt a. M. NStZ-RR 2007, 191 (auch der Einzeltherapeut, sodass ein therapeutisch begründetes Fehlen gerichtsüberprüfbar dargelegt werden muss); betr. Anstaltsgeistlichen LG Gießen NStZ-RR 2012, 262 (zum allg. StR)), und zwar unter Beteiligung des Insassen und Teilnahme des Verteidigers (§ 11 Abs. 5 S. 3–5 SächsJStVollzG; vgl. auch Abs. 5 S. 3, 4 JStVollzG Bln). Ebenso ist zu berücksichtigen, dass die verfassungsrechtlichen Vorgaben hinsichtlich des Vollzugsziels einer „sozialen Integration“ nach einem JStVollzug verlangen, der so weit wie möglich in **freien Formen** stattfindet und den Gefangenen so früh wie möglich schrittweise an ein Leben in Freiheit heranführt. – Die Gesetze der Länder regeln die **Inhalte** des zu erstellenden Vollzugs- bzw. Erziehungsplans unterschiedlich. So zählen zB § 5 Abs. 2 JVollzGB BW IV und auch § 117 Abs. 1 NJVollzG konkrete Angaben auf, die der Plan mindestens enthalten muss. § 11 Abs. 3 JStVollzG Bln ua (besonders § 11a SächsJStVollzG) und § 12 Abs. 2 JStVollzG NRW gehen mit ihren Auflistungen eher noch darüber hinaus. Art. 130 und Art. 9 Abs. 1, 2 BayStVollzG behalten nähere Festlegungen dazu, welche Angaben der Plan enthalten soll, zu erstellenden VV vor. **48a**

Als **zeitliche Vorgaben** zur Erstellung sind zwischen vier und acht Wochen vorgesehen (vgl. zB Bln. § 11 Abs. 2 JStVollzG Bln: sechs Wochen), wobei bei einer voraussichtlichen VollzDauer von unter einem Jahr wegen **48b** der geringeren Anforderungen eine kürzere Frist bestimmt ist. Soweit diese Phase mit einem Ausschluss von erzieherischen Maßnahmen bzw. Arbeit etc einhergeht, mag dies einer alsbaldigen subkulturellen Vereinnahmung bzw. als negativ beurteilten Einflüssen wehren, jedoch stehen dem Gefahren (zusätzlicher) psychischer Beeinträchtigung und ohnehin ein Unterlassen im Hinblick auf das Vollzugsziel gegenüber, sodass generell vier Wochen nicht überschritten werden sollten (vgl. auch Ostendorf/Borchert/Walter JugendStrafVollzR § 3 Rn. 9). Die Pläne sind nach § 10 Abs. 3 HessJStVollzG mindestens alle drei Monate, nach § 11 Abs. 2 JStVollzG Bln ua (außer Sachs.), § 8 Abs. 3 S. 2 HmbJStVollzG, § 117 Abs. 5 NJVollzG mindestens alle vier Monate, nach § 12 Abs. 3 S. 3 JStVollzG NRW spätestens nach sechs Monaten zu **überprüfen** und **fortzuschreiben.** § 5 Abs. 5 JVollzGB BW IV und § 11 Abs. 2 SächsJStVollzG bestimmen in „regelmäßigen Abständen". In Bay. soll die Frist ein Jahr betragen (Art. 130 Abs. 1 iVm Art. 9 Abs. 2 BayStVollzG).

49 **b) Besondere Fürsorgepflicht.** Eine herausragende Fürsorgepflicht besteht bzgl. **unfall-** sowie **selbsttötungs**gefährdeten JStrafgefangenen (zu jeweils deutlich überhöhten Anteilen s. Dünkel Freiheitsentzug S. 269 ff.; zu einer Längsschnittuntersuchung Dessecker/Egg/Boxberg ua, Justizvollzug in Bewegung, 2013, S. 115 ff.; vgl. auch Schmidt KrimJ 2014, 15 ff.; betr. U-Haft → § 72 Rn. 11; vgl. aus der Praxis Jesse FS 2007, 25, wonach Doppelbelegungen zur Suizidprophylaxe „nicht geeignet" sind; ähnlich Neubacher, Gewalt hinter Gittern, 2008, S. 20; zu empirischen Nachw., und diff. hinsichtlich Bewältigungsmöglichkeiten bzw. Anlassdelikten Bennefeld-Kersten, Ausgeschieden durch Suizid – Selbsttötung im Gefängnis, 2009, etwa S. 118 f., 161, 180; näher zu Prävention Fehrmann/Bulla ZJJ 2017, 151 ff.). Das Gleiche gilt für die Gefährdung, **Opfer** von **Straftaten** zu werden (eingehend, auch zu Fragen einer Garantenpflicht sowie der Vermeidung von Anzeigen, Walter NStZ 2010, 57; vgl. aber → Rn. 3 aE, ergänzend auch → Rn. 40–40b).

50 Besondere Aufgaben bestehen oftmals bei (ggf. nichtdeutschen) JStrafgefangenen mit **Migrationshintergrund** und nicht selten auch bei *Aussiedlern* hinsichtlich überwiegend offenbar anhaltender (vgl. dazu Dünkel Freiheitsentzug S. 202) sozio-ökonomischer Schlechterstellung sowie gem. sozio-kulturellen Gegebenheiten (vgl. betr. JVA Adelsheim Fritsche FS 2017, 105 ff.: Flüchtlinge; s. etwa auch § 6 Abs. 2 JVollzGB BW II; vormals bereits Schütze DVJJ-Journal 1992, 126 ff. (betr. JVA Hameln); zu Sprachkursen für Deutsch Ostendorf/Willsch JugendStrafVollzR § 4 Rn. 21; Werner, Jugendstrafvollzug in Deutschland, 2012, S. 165 ff.; zu psychologischen Befunden s. etwa Focken/Gley, Junge Ausländer im Strafvollzug, 1987; einschr. die Befragungsergebnisse von Bukowski ZfStrVo 1996, 226). – Nach Art. 122 iVm Art. 40 Abs. 3 und 4, Art. 145 Abs. 5 BayStVollzG sind die Insassen im Falle des Bedarfs verpflichtet, an *Integrationsunterricht* teilzunehmen, der während der Arbeitszeit stattfinden soll.

50a Hinsichtlich religiös bedingter Konflikte sind Besonderheiten bei Muslimen zu berücksichtigen (vgl. Fröhmcke, Muslime im Strafvollzug, 2005, S. 102 ff. (Beten am Arbeitsplatz), 169 ff. (Schriften); mit teilweise kritBspr Jahn Religion, Staat, Gesellschaft 2011, 425; für Bay. Endres/Nolte ZJJ 2016, 368 ff.; zur Skizze einer Pilot-Studie Bartsch ua FS 2016, 192; aber auch FS 2017, 316). Insgesamt geht es um **Gruppenkonflikte** (zur Deeskalations-Strategie s. Finkbeiner ua ZfStrVo 1993, 347; vgl. betr. Gewaltanwendung durch Aussiedler etwa Hosser/Taefi MschKrim 2008, 134 (137 f.) (zu fünf norddeutschen VollzEinrichtungen); zu Tendenzen der Überwindung subkultureller Rigidität aber Stelly/Walter NK 2011, 52 (betr. JVA Adelsheim)) insb. **interkultureller** Ausgestaltung (vgl. auch → Rn. 51).

Rechtstatsächlich werden möglicherweise zu erwartende Ausweisung 50b (§§ 53, 54 AufenthG) als Grund für ein Fehlen eines hinreichenden Erziehungsplans sowie für eine – im Vergleich etwa zu deutschen JStrafgefangenen bzw. solchen, die EU-Bürger sind (für diese gilt das FreizügG/EU) – **restriktiven** Handhabung von Vollzugslockerungen verwandt (Chaidou, Junge Ausländer …, 1984, S. 185; DVJJ 1987, 378; DVJJ 1990, Thesen AK XV; krit. zu den Folgen Walter DVJJ-Journal 1993, 247 f.; Schmülling/ Walter StV 1998, 316; Mey/Wirth FS Böhm, 1999, 611; Bereswill/Greve, Forschungsthema Strafvollzug/Spindler/Tekin, 2001, S. 302 ff., 308 ff.; Klose, Deskriptive Darstellung der subjektiv empfundenen Haftsituation männlicher türkischer Inhaftierter im geschlossenen Jugendstrafvollzug in NRW, 2002, S. 282; ergänzend zum allg. StVollzR Pohlreich ZStW 2015 (127), 411 ff.; zur Anwendung des § 456a StPO vgl. → § 1 Rn. 54; vgl. aber betr. Restaussetzung → § 88 Rn. 18).

Spezielle Betreuungsaufgaben bestehen ggü. solchen Personen, die wegen 51 **„politischer"** bzw. **„politisch motivierter Delikte"** verurteilt wurden, zumal die Möglichkeiten zu einer Verständigung im Allg. erschwert und im Einzelnen sehr unterschiedlich sind (s. zur Sicht der JGH etwa Beha Bewährungshilfe 1988, 331; Eisenberg ZfStrVo 1989, 338 f.). – Bemühungen um Unterbindung bzw. Eindämmung des Einflusses von politischem **Extremismus** bzw. von Radikalisierung innerhalb der Vollzugspraxis bedürfen in vielfältiger Weise der Legitimation und Differenzierung (vgl. wenig bestimmt als „extremistische Verhaltensweise" betr. Kontaktkontrolle etwa § 32 Abs. 2 Nr. 2 und § 34 Abs. 3 Nr. 1 sowie betr. besondere Sicherungsmaßnahmen § 49 Abs. 3 S. 2 HessJSVollzG – vgl. betr. Sicherheitsüberprüfung Externer § 58a HessJStVollzG). Dies gilt umso mehr, als eine schriftliche Institutionenbefragung (betr. sämtliche deutsche JStVollz-Anstalten, vgl. Leuschner ZJJ 2017, 258 f.) zwar das weitgehende Fehlen einheitlicher Definitionen und die Nutzung durchaus unterschiedlicher („Merkmals"-)Auflistungen ergab (Leuschner ZJJ 2017, 258 (259, 261)), gleichwohl aber – bei aller Unterschiedlichkeit von Anstalt zu Anstalt (Leuschner ZJJ 2017, 258 (262)) – den Einsatz schärferer Sicherheitsmaßnahmen, die Erörterung bei Aufnahme und Vollzugsplanung sowie die Verwendung der Begriffe Gefährder bzw. Gefährdeter bestätigte (Leuschner ZJJ 2017, 258 (261)).

Im Einzelnen wird bzgl. als „rechtsradikal" beurteilter JStrafgefangener (s. 51a etwa Weiß ZfStrVo 1993 sowie Polizei Führungsakademie 1994, 63 ff.; Trenczek, Freiheitsentzug bei jungen Straffälligen/Schütze, 1993, S. 144; zur „Motivationsbarriere" s. Frövel DVJJ-Journal 1994, 48), auf die zB seitens einschlägiger Organisationen (auch postalisch) Einfluss ausgeübt wird (vgl. OLG Jena ZfStrVo 2003, 242; Beste ZfJ 1993, 535 (535 f.) betr. Skinheads; Nickolai/Walter ZfStrVo 1994, 70), von Angepasstheit – und ggf. einer gewissen Affinität in bestimmten Einstellungen zu Aufsichtsbeamten – berichtet (Flügge ZfStrVo 2002, 84; ähnlich aufgrund qualitativer Untersuchung betr. 11 Insassen Özsöz, Rechtsextremistische Gewalttäter im Jugendstrafvollzug, 2009, S. 168 ff. (vgl. näher, auch betr. Vorauswahl durch die Anstalten, 71 ff.), ergänzend Özsöz MschKrim 2011, 364; zur Befragung von Insassen in Großbritannien betr. „race matters" Cheliotis/Liebling BJC 2006, 296 (298 ff.)). Zugleich erfährt für sie zB die Auffassung eines zahlenmäßig übermäßigen Anteils Nichtdeutscher bzw. von Personen anderer Ethnien bzw. (Herkunfts-)Kulturen im JStVollzug eine Bestätigung (vgl. auch → Rn. 16), sodass Vorurteile eher verstärkt und Bemühungen seitens Anstaltspädagogen oder Sozialarbeitern eher erschwert werden (vgl. schon Nickolai/Walter ZfStrVo 1994, 70). Jedoch ist zu differenzieren zwischen ideologisch verfestigten Insassen und solchen, für die eher Bedürfnisse des Selbstbildes und der (gruppen-getragenen) Identität tatveranlassend waren (vgl. näher Brandenstein, Auswirkungen von Hafterfahrungen auf Selbstbild und Identität rechtsextremer jugendlicher Gewalttäter, 2012). Andererseits sei von Beeinflussung auch seitens „politischer Djihadisten" (vgl. hierzu auch → § 3 Rn. 17 und 26) auszugehen (vgl. Dienstbühl/Abou-Taam FS 2012, 43 f., indes ohne konkrete Angaben; (aufgrund Befragungen in der JVA Adelsheim) eher einschr. zu Gefahren der Radikalisierung im Vollzug Stelly/Bartsch ZJJ 2017, 68 (72 f.)). Allg. zu pädagogischen Ansätzen bei gewaltorientiertem Islamismus vgl. Nachw. bei Glaser/Figlestahler ZJJ 2016, 259 ff.; zur Uneinheitlichkeit des Vorgehens Leuschner ZJJ 2017, 256 (262).

2. Offener (oder halboffener) Vollzug

52 **a) Bedeutung.** Während § 13 E-Bund 2006 wie im StVollzG den **offenen Vollzug** als Regelfall vorsah, machen die meisten der Landesgesetze die Entscheidung im Anschluss an die Praxis der VVJug von der Beurteilung der Eignung des JStrafgefangenen im Einzelfall abhängig (vgl. § 13 JStVollzG Bln ua (in einigen der Landesgesetze heißt es „offenen oder geschlossenen", in anderen umgekehrt); vgl. klarstellend KG StraFo 2015, 261 (263): „Regelvollzugsform"), wobei im Hinblick auf die Bedeutung für das **Vollzugsziel** gewisse Risiken einzugehen sind. Im Falle der *Geeignetheit* ist die Unterbringung im offenen Vollzug *zwingend* (vgl. § 14 Abs. 1 S. 2 JStVollzG NRW; zum allg. StVollz, auch betr. etwaige Amtshaftung bei Belassen im geschlossenen Vollzug, OLG Naumburg BeckRS 2014, 02884 = NStZ-RR 2013, 124 (Ls.); zur Notwendigkeit überprüfter Tatsachen bei Ablehnung OLG Hamm StraFo 2009, 128 (betr. bloßes Telefonat einer Sozialarbeiterin), zu § 10 StVollzG). – Art. 133 iVm Art. 12 BayStVollzG, § 132 Abs. 1 iVm § 12 NJVollzG und § 13 Abs. 1 HessJStVollzG sehen den geschlossenen Vollzug als Regel vor. Damit entsprechen die Bestimmungen zwar der seitherigen Praxis, stehen aber in Widerspruch zum Erziehungsauftrag (§ 2 Abs. 1), dessen Verwirklichung grundsätzlich in Formen des offenen Vollzugs eher möglich ist (n. Walter ZJJ 2006, 242 (242 f.)). Außerdem erscheint eine solche gesetzliche Fassung insgesamt auch als nicht erforderlich iSd Verhältnismäßigkeitsprinzips. Es ist daher zw., ob diese Regelungen den verfassungsrechtlichen Vorgaben für den JStVollzug genügen (aA noch Arloth BayStVollzG Art. 133 Rn. 1). – Eine *Direktladung* in den offenen Vollzug wird, sofern die LandesGe es nicht untersagen, (auch) im JStrafvollzug zulässig sein müssen (vern. OLG Frankfurt a. M. NStZ-RR 2012, 358 unter Hinweis auf § 13 Abs. 1 HessJStVollzG, entgegen dem Verbot der Schlechterstellung im Vergleich zu Erwachsenen (§ 71 Abs. 2 Nr. 2 HessStVollzG)).

52a Entsprechend § 91 Abs. 3 aF sehen mehrere Landesgesetze – als eine neben offenem und geschlossenem Vollzug dritte Vollzugsform – die Möglichkeit des Vollzugs in freien Formen im Bereich von Einrichtungen der JHilfe vor (vgl. § 13 Abs. 3 SächsJStVollzG („mit Zustimmung des Gefangenen"), § 98 Abs. 5 SächsJStVollzG; § 13 Abs. 3 Nr. 1 HessJStVollzG; § 14 Abs. 5 JStVollzG NRW). – § 7 JVollzGB BW IV (nebst VV Die Justiz 2017, 158) bestimmt darüber hinaus eine bei Jugendlichen stets noch vorzunehmende Prüfung (vgl. betr. Sachs. §§ 13 Abs. 3, 98 Abs. 5 SächsJStVollzG wie Hess. § 13 Abs. 3 Nr. 1 HessJStVollzG: nach Anhörung des Vollstreckungsleiters), ob der Gefangene in einer Einrichtung des Vollzugs „in freien Formen" untergebracht werden kann (dort gilt die Hausordnung der Einrichtung, VV Die Justiz 2017, 158 Nr. 1.31), wobei die Entscheidung indes in ungebundenem Ermessen steht (vgl. zu dem Projekt „Chance" in Creglingen („Kloster Frauental") bzw. dem Projekt „Prisma" in Leonberg („Jugendhof Seehaus") Goll/Wulf ZfJ 2003, 219 und vertiefend Walter ZJJ 2009, 192; speziell betr. das Projekt „Chance" AG Mosbach und OLG Karlsruhe ZJJ 2006, 332; dazu rechtstatsächlich bzw. aufgrund von Interviews Dölling ua DVJJ 2008, 119 bzw. 126 sowie zur Begleitforschung Dölling/Stelly ZJJ 2009, 201, Dölling/Kerner GS Walter, 2014, 525 und (methodisch deutlich einschränkend) Stelly ZJJ 2014, 257; zur Selektion bei der Aufnahme von Manteuffel/Trapper neue caritas 2006, 16 bzw. zu Interviews mit vier „festgelegten" Insassen Biendl, Jugendstrafvollzug in freier Form, 2005, S. 57 f., 79 ff., 84 ff. sowie Bericht FS 2008, 244 (244 f.) (nach fünfjähriger Laufzeit); zur Übersicht von Manteuffel FS 2007, 266; betr. „Prisma" Merckle FS 2007, 271). Auffällig ist die akzentuierte Gruppenorientierung, das durch ein starres Binnen-Normensystem gekennzeichnete Beurteilungs- und Stufenmodell (vgl. allg. krit. → Rn. 77) sowie (etwa betr. „Prisma") eine religiöse Ausrichtung, sodass insgesamt eher eine äußerlich bleibende Anpassung vorkommt, verinnerlichte Normakzeptanz und Wertorientierung aber nicht gefördert werden. Im Vergleich zur Unterbringung im offenen JStVollzug ohne Widerruf bzw. zur vorzeitigen Entlassung aus dem JStVollzug wurde die Quote derjenigen, die das jeweilige Programm durchgehalten haben, ebenso wie die Quote vorzeitiger Entlassung als deutlich niedriger berechnet, und zwar trotz erheblicher Selektion bei der Aufnahme (vgl. zum Ganzen J. Walter ZJJ 2009, 197 (197 f.), 193; betr. das Projekt „Chance" Dölling/Stelly ZJJ 2009, 202, Stelly ua FS 2010, 291 (Anteil mit „eigener" Wohnung von 18 % auf 39 % gestiegen, Anteil der Wohungslosen von 15 % auf 6 % gesunken)).

53 Grundsätzlich bietet der offene Vollzug **eher pädagogische Möglichkeiten** als der geschlossene, zumal er die JStrafgefangenen nur in geringerem Ausmaß der Freiheit und Eigenverantwortung entwöhnt (ebenso Kreideweiß, Die Reform des Jugendstrafvollzugs, 1993, S. 100; für Förderung von Selbstständigkeit sowie Selbstaktivität und -kontrolle Reindl, Offener Jugendstrafvollzug als Sozialisationsorganisation, 1990, S. 225; s. aber zum Verhältnis zur beruflichen Ausbildung Nolting, Freigänger im Jugendstrafvollzug, 1985, S. 169 f.). Je offener der Vollzug, umso mehr sind tendenziell Möglichkeiten zu Außenkontakten gegeben (vgl. etwa § 13 Abs. 4 StVollzG; zu einem zweiphasigen Modell (Erlernen von Verhaltensweisen in einem „pädagogischen Schonraum", sodann Erprobung in gesellschaftlich authentischen Feldern) s. Reindl (Offener Jugendstrafvollzug als Sozialisationsorganisation, 1990, S. 176–223 speziell betr. Abteilung innerhalb der

JVA Hameln sowie das Fliedner-Haus Groß-Gerau), umso weniger ausgeprägt werden Gefangene emotionalen Deprivationen unterworfen und mit umso weniger finanziellen Belastungen ist die Vollzugsdurchführung verbunden. – Allerdings ergaben sich in einer Untersuchung betr. das Selbstbild von JStrafgefangenen kaum Unterschiede hinsichtlich des Kriteriums „offener" oder aber „geschlossener" Vollzug; vielmehr bestanden entsprechende Unterschiede beim Vergleich verschiedener Abteilungen innerhalb derselben Vollzugsform aufgrund der Differenzierung nach der Ausbildungssituation (s. Rieländer/Plass MschKrim 1983, 111 (112)).

54 Was die Bediensteten des allg. Vollzugsdienstes angeht, so mag sich deren berufliche Einstellung kaum von derjenigen ihrer Kollegen im geschlossenen Vollzug unterscheiden, und auch die Arbeitssituation mag vorrangig entsprechend den jeweiligen Sicherheitsregelungen, nicht aber im Sinne eines pädagogisch anderen Verständnisses differieren (vgl. zu empirischen Anhaltspunkten Ziegert MschKrim 1982, 230).

55 **b) Geeignetheit.** Wenn auch den Vollzugseinrichtungen ein Beurteilungsspielraum zugestanden wird, erschließen sich Fehlentscheidungen ggf. aus unzureichender oder gesetzeswidriger Begründung. Es ist zB hinsichtlich sog. „Missbrauchsgefahr" anerkannt, dass nicht sämtliche als prognostisch günstig erachteten Umstände bereits erfüllt sein müssen, da der offene Vollzug zur weiteren Förderung von Legalbewährung beitragen soll, und Erwägungen iSv Schuldausgleich bzw. Schuldschwere etc sind hier überholt (vgl. KG StraFo 2015, 261 (zum Allg. StR), zugleich zur Unzulässigkeit der Anlastung einer Verfahrenseinstellung nach § 45). Nur bzgl. einer negativ beurteilten Extremgruppe von Verurteilten wird davon ausgegangen, dass sie sich für den offenenen Vollzug nicht eignen (tendenziell ähnlich DVJJ 1990, Thesen AK XII; zu pauschal AV Hmb. JVBl. 2000, 46 (auch → Rn. 70); eher aA noch Arloth BayStVollzG Art. 133 Rn. 1: erhebliche Anzahl). Eine solche Beurteilung lässt sich jedoch nur eingeschränkt gem. bestimmter Straftatbestände verantworten (zur ggf. einzuholenden Stellungnahme nur einer solchen „psychiatrischen Fachkraft", die mit dem Verurteilten noch nicht therapeutisch befasst war, oder eines psychiatrischen Gutachtens, vgl. § 11 Abs. 3 S. 1, aber auch S. 2 HmbJStVollzG). – Im Einzelnen ist zu berücksichtigen, dass eine etwaige Erfahrung, die *Missbrauchs*gefahr sei umso größer, je länger die verbleibende Vollzugszeit (anders zur Fluchtgefahr OLG Celle ZfStrVo SH 1979, 1 (Ls.); s. auch Thomas ZfStrVo 1985, 228) und/oder je kürzer der Zeitraum zwischen Vollzugsbeginn und -lockerung ist, von vielfältigen anderen Faktoren einschließlich jeweiligen Sicherungsformen abhängig sein wird. Zur „Rückfälligkeit" berechnete Frankenberg (Offener Jugendstrafvollzug, 1999) ein Sinken umso mehr, je größer der Anteil des offenen Vollzuges an der Vollstr insgesamt war (betr. die JStrafvollzugsanstalt Rockenberg).

55a Entgegen dem Vorrang des *Erziehungsziels* wird (auf fachpsychologischem Hintergrund) eine vielfach nicht sachgemäße Eignungsprüfung (zur empirischen Überprüfung der Auswahlkriterien in einer JVA vormals etwa Rittner-Strenske/von der Starre ZfStrVo 1984, 201) iSv Abs. 3 beanstandet. Rechtstatsächlich wird offener Vollzug tendenziell zurückhaltend gehandhabt und eher nur bei einer positiven Extremgruppe durchgeführt (Daten bei Werner, Jugendstrafvollzug in Deutschland, 2012, S. 85 ff., 292; Dünkel ua RdJB 2016, 437 (442 ff.): meist deutlich unter 10 %). Konkret waren nach statistischer Aufbereitung (vorbehaltlich methodischer Einschränkungen ua wegen ggf. regional unterschiedlich gehandhabter Definition des Begriffs „offener" Vollzug) von den am 30.11. der Jahre 2005, 2010, 2015 und 2017 (31.8.) im JStVollzug einsitzenden 6.517, 5.782, 3.945 und 3.613 Gefangenen 581 (8,91 %), 471 (8,14 %), 368 (9,32 %) und 355 (9,27 %) im offenen Vollzug untergebracht (vgl. StBest-St, Tabelle „Geschlossener und offener Vollzug" (zu früheren Jahren vgl. Voraufl.); speziell zu den „neuen" Bundesländern Dünkel ZfStrVo 2002, 69 bzw. insgesamt Dünkel/Geng ZJJ 2007, 145 ff. sowie Dünkel ua ZJJ 2015, 233). Dabei handelte es sich um 25, 21, 10 und 11 weibliche Personen, bei insgesamt einsitzenden 274, 226, 149 und 144 (StBest-St Tabelle „Geschlossener und offener Vollzug"; krit. Funk NK 2009, 53). – Der Anteil der Nichtdeutschen im offenen JStrafvollzug ist ggü. dem Anteil der Gefangenen mit deutscher Staatsangehörigkeit geringer, hatte sich allerdings zeitweise angenähert (ua aufgrund des sich verringernden Anteils Deutscher im offenen Vollzug). Jeweils am 31.3. betrug er im Jahre 1982 (in den „alten" Bundesländen) 5,3 % ggü. 10,5 % und in den Jahren 1992, 2006 sowie 2008–2017 (jeweils im gesamten Bundesgebiet) 7,4 % ggü. 14,3 %, 7,82 % ggü. 9,29 % sowie 6,68 % ggü. 7,24 %, 4,43 % ggü. 7,36 %, 5,87 % ggü. 8,90 %, 6,13 % ggü. 8,82 %, 7,80 % ggü. 9,38 %, 7,67 % ggü. 9,84 %, 6,88 % ggü. 10,79 %, 7,50 % ggü. 10,67 %, 6,94 % ggü. 10,05 % und 5,62 % ggü. 10,94 % (StVollzSt Tabelle 2).

c) Rückverlegung, Widerruf. Eine Rückverlegung in den geschlosse- 56
nen Vollzug bzw. Widerruf ist nur unter engen landesgesetzlichen Voraussetzungen zulässig (vgl. zB §§ 13 Abs. 3, 17 Abs. 2 JStVollzG Bln ua (vgl. aber auch § 13 Abs. 2 S. 2 SächsJStVollzG); ergänzend → Rn. 73). Die VollsrLitung und ds JAmt sind umindest unvrzüglich zu benachriftigen (vgl. § 19 Abs. 3 S. 3 iVm § 19 Abs. 3 S. 2 JStVollzG Bln – nach S. 3 erhalten Beistände iSv § 69 und die Verteidigung „auf Antrag" des Betroffenen „eine Mitteilung").

Im Einzelnen handelt es sich bei den Kriterien für die Berechtigung, 56a
aufgrund *nachträglich* eingetretener (darauf beschränkt § 14 Abs. 3 Nr. 1 HessJStVollzG) oder bekannt gewordener *Umstände* zu widerrufen, um unbestimmte Rechtsbegriffe (vgl. auch § 18 Abs. 3 JStVollzG Bln zur Wertung: „genügen den besonderen Anforderungen nicht oder nicht mehr"), wozu den VollzEinrichtungen von der Rspr. (trotz der Kompetenzzuweisung für die ungleich gewichtigeren Entscheidungen gem. § 88) im Allg. ein – nur eingeschränkt überprüfbarer – Beurteilungsspielraum zugestanden wird (vgl. betr. BAK von 0,25 mg/l bei Rückkehr aus dem Urlaub OLG Karlsruhe FS 2009, 153: Aufhebung des Widerrufs (betr. allg. StVollzR)).

3. Spezielle Interventionsbemühungen

Das verfassungsrechtlich garantierte **Vollzugsziel** der Integration **ver-** 57
langt, neben der Orientierung auf eine diesem Ziel entsprechende Entwicklung schlechthin (vgl. zur „Messung" Budde FS 2015, 116 (für Hess.)), nach hinreichenden Angeboten zur Therapie, deren strukturelle, sich aus dem Vollzug ergebenden Schwierigkeiten so weit wie möglich zu reduzieren sind. Zuschreibungen iSv „nicht-therapiegeeignet" verbieten sich gem. allg. methodologischen Erkenntnissen (vgl. etwa Eisenberg NStZ 2004, 240 (zum allg. StR)), vielmehr ist solches allenfalls unter dem Vorbehalt bislang

bekannter Methoden und des Befähigtseins therapeutisch befasster Personen vertretbar, und zwar selbst hinsichtlich besonders niedriger Intelligenz des Insasssen und ohnehin betr. sonstige Hemmnisse (vgl. zB betr. „autobiographisches Gedächtnis", Instabilität des Wirklichhkeitsbezugs sowie (Abwehr-)"Rigidität" Thalmann FPPK 2013, 172). – Im Speziellen muss immer dann, wenn die Anordnung von Sicherungsverwahrung „in Betracht kommt", schon während des (J)Strafvollzugs „gewährleistet sein", dass etwa erforderliche psychiatrische, psycho- oder sozialtherapeutische Behandlungen „zeitig beginnen, mit der gebotenen hohen Intensität durchgeführt und möglichst vor dem Strafende abgeschlossen werden" (BVerfG NJW 2011, 1931 Rn. 112; vgl. näher → Rn. 176 ff.).

57a **a) Sozialtherapeutische Einrichtung.** Einige der Landesgesetze (diesbzgl. Überblick bei Dünkel FS Egg, 2013, 152) sehen vor, dass JStVollzAnstalten grundsätzlich eine **sozialtherapeutische Einrichtung** erhalten (s. etwa § 107 Abs. 1 S. 2 BbgJVollzG, § 105 JStVollzG Bln ua (als Soll-Vorschrift in Sachs., SchlH und wohl auch § 24 ThürJVollzGB; vgl. aber § 104 Abs. 2 S. 2 JVollzGB LSA); § 132 Abs. 1, § 103 NJVollzG; § 104 Abs. 2 S. 2 JVollzGB LSA; einschränkend § 59 Abs. 5 S. 1 JStVollzG NRW; näher zu Bay. Schneider, Strafvollzug und Jugendstrafvollzug im Bayerischen Strafvollzugsgesetz, 2010). Betreffend die Verlegung in solche Einrichtungen entsprechen die Landesgesetze überwiegend den Regelungen des StVollzG (§ 14 JStVollzG Bln ua, § 138 Abs. 1 iVm § 104 NJVollzG, § 10 HmbJStVollzG, Art. 132 BayStVollzG, § 15 JStVollzG NRW, § 12 HessJStVollzG), jedoch wird in mehreren Ländern – zutreffend und zur Vermeidung einer Verengung (vgl. speziell betr. wegen sexuellen Missbrauchs Verurteilte etwa Hefendehl MschKrim 2010, 29 (34): „vordergründig leichter zu behandeln") – der Art des Anlassdelikts weniger Bedeutung beigemessen und betr. andere Anlassdelikte für die Verlegung die Zustimmung des Insassen vorausgesetzt (vgl. § 15 Abs. 2 S. 1 UVollzG NRW, § 14 Abs. 2, 3 SächsJStVollzG (vgl. bereits Begr. ArbE Sachs. 2007, 105 bzw. Begr. ArbE Thür. 2007, 89 f.), § 10 Abs. 2 HmbJStVollzG, Art. 132 BayStVollzG bestimmen bei Delikten gegen die sexuelle Selbstbestimmung keine Mindesthöhe), was dem entsprechend eine eher knappe Fassung (ohne Benennung von Anlassdelikten) gefördert hat (so § 20 Abs. 2 S. 2 JStVollzG Bln, § 14 JStVollzG MV, § 14 SJStVollzG § 24 ThürJVollzGB, § 25 BbgJVollzG).

57b So bildeten zum 31.3.2010 (nach Übersicht Niemz KrimZ, 21, sodann Elz KrimZ, TabelleJ-5, J-6 (online)) hinsichtlich der – nach der „schwersten Straftat" (Deliktschwerpunkt) berechneten – *Anlassdelikte* (wie vor 2005 idR, erstmals 2010 wieder) Eigentums- und Vermögensdelikte (2009 = 21,3 %; 2010 = 26 %) die zweitstärkste und im Jahre 2014 (= 30 %) sogar die stärkste Deliktgruppe im JStVollzug anstelle der Delikte gegen die sexuelle Selbstbestimmung (2009 = 24,5 %; 2010 = 21,6 %, 2013 = 24,4 %, 2014 = 23,8 %), der bis 2013 (= 31,1 %) größte Anteil entfiel indes auf eine Sammelkategorie „sonstige" (2008 = 20,1 %, 2009 = 33,9 %, 2010 = 35 %, 2014 = 26,5 %), die ihrerseits von Körperverletzungsdelikten dominiert wird (2009 = 82,9 %, 2010 = 83,1 %, 2014 = 88,6 %). Zum 31.3. hatte der Anteil der „Tötungsdelikte" in den Jahren 1997, 2003 und 2004 mehr als 30 % betragen, seit 2008 lag er nur zweimal (geringfügig) über 20 % (Elz KrimZ, TabelleJ-5 (online)).

Sind die Voraussetzungen erfüllt, ist zu **verlegen,** dh es besteht **kein Ermessen** der JVA (OLG Celle StraFo 2007, 436 (zum allg. StR); s. aber zur Praxis, die Subsumtion ggf. auch an der Kapazität vorgehaltener Plätze zu orientieren, Suhling/Wischka MschKrim 2008, 210). Anhaltend umstritten ist, ob der JVA bei Prüfung der Voraussetzungen ein Beurteilungsspielraum zusteht (bejahend OLG Celle NStZ-RR 2007, 284 (zum allg. StR); zur Folge dass das Gericht nicht selbst ein Gutachten in Auftrag geben dürfe, OLG Hamm NStZ 2008, 344). Andererseits sind weiterhin unbestimmt die **Voraussetzungen** hinsichtlich Entscheidungsinhalten und deren Kontrolle bzgl. **Rückverlegung** (vgl. zB § 15 Abs. 5 JStVollzG NRW; zu Fragen der Akzeptanz von Therapeuten vgl. etwa Bereswill ua ZJJ 2007, 48 ff.), obgleich daraus idR mannigfache Schlechterstellungen resultieren. Auf beiden Entscheidungsebenen ist die Wertung einer Nicht-Therapierbarkeit schon betr. Erwachsene – und umsomehr ggü. in der Reifeentwicklung befindlichen Jugendlichen und Heranwachsenden – ein (zwar administrativ funktionales, indes) empirisch kaum zugängliches und rechtlich einwandbehaftetes Konstrukt (zur Aufhebung (im Eilverfahren) mangels Tatsachengrundlage LG Hamburg StraFo 2009, 255 (betr. allg. StVollzR); vgl. näher Eisenberg NStZ 2004, 240 (zum allg. StR)). 57c

In der **Praxis** finden spezielle sozialtherapeutische Bemühungen bislang nur eingeschränkt statt, und zwar bei regional nicht unerheblichem Gefälle (vgl. etwa die Befragung bei 16 Einrichtungen bzw. Abteilungen von Dünkel/Geng Bewährungshilfe 2012, 115 (127); Dünkel FS Egg, 2013, 158; zu den Behandlungsangeboten in den bay. Sozialtherapien Vietor, Sozialtherapie für junge Gefangene (…), 2012, S. 182 ff.). Auch bedeutet die Unterbringung in einer sozialtherapeutischen Anstalt nicht von vornherein, dass auch Therapie praktiziert wird, dh der Auswahlprozess folgt mitunter eher allg. funktionalen Belangen des Vollzugsauftrags (vgl. dazu etwa Krott ua MschKrim 2008, 349 f.: keine Therapie, wenn keine Persönlichkeitsstörung diagnostiziert ist). Dabei fällt auf, dass unter den Aufgenommenen 45,5 % keine Vorstrafe aufwiesen und auch aufgrund sonstiger Anhaltspunkte (vgl. zum 31.3.2012 Niemz/Lauwitz, Sozialtherapie im Strafvollzug, 2. Aufl. 2012, S. 80) anzunehmen ist, dass Verurteilte (allein) wegen „schädlicher Neigungen“ (§ 17 Abs. 2 Alt. 1) weniger häufig waren. – Es bestanden (nach Übersicht Elz KrimZ, TabelleJ-1, J-3 (online); vgl. ferner Dünkel FS Egg, 2013, 148), am 31.3.2014 für den JStVollzug sozialtherapeutische Abteilungen in den JVAen Adelsheim, Bln. (JSA), Crailsheim, Ebrach, Hamburg-Hahnöfersand, Hameln, Herford, Ichtershausen, Neuburg-Herrenwörth (S.), Neuburg-Herrenwörth (G), Neustrelitz, Ottweiler, Raßnitz, Regis-Breitingen, Rockenberg, Schifferstadt, Schleswig, Wittlich, Wriezen und Wuppertal mit 480 Plätzen (2005 = 148, 2009: 350, 2010: 406) und 402 (2013 = 429) Insassen (Belegungsquote 83,8 %), von denen 45,3 % (2009 = 58,1 %) 18- bis unter 21-Jährige, 43,5 % (2009 = 34,2 %) 21- bis unter 25-Jährige und 9,7 % (2009 = 7,1 %, 2013 = 10,0 %) Jugendliche waren (vgl. im Übrigen vormals Hinrichs MschKrim 1991, 17; Hinrichs DVJJ-Journal 1999, 445 ff. und Hinrichs/Werner KrimPäd 1993, 36 (betr. „Gewalttäter“ in der JVA Neumünster) sowie Hinrichs/Thiel ZfStrVo 1992, 173 ff. (betr. wegen Tötungsdelikten Verurteilte); speziell Weiß ZfStrVo 1991, 277 bzw. Seitz/Specht KrimPäd 2002, 55 (57) zu vergleichsweise hohen Anteilen Rückverlegter und deren Besonderheiten „ausgeprägter Vorbelastung“ und Defiziten im Schul- bzw. Leistungsbereich (jeweils betr. sozialtherapeutische 58

Abteilung der JVA Hameln) und Michelitsch-Traeger ZfStrVo 1991, 282 ff. (betr. sozialtherapeutisch orientierten Wohngruppenvollzug in der Anstalt Ludwigshafen); betr. Sozialtherapie in Hmb. AV JVerwBl. 2000, 73 f., Tauss, Die Veränderung von Selbstkonzeptkomponenten im Inhaftierungsverlauf jugendlicher Strafgefangener, 1992, S. 187 ff., 210 ff.).

58a Hinsichtlich „Erfolgen" bestehen auch hier allg. methodische Schwierigkeiten (vgl. betr. Ergebnisse in der JVA Berlin-Plötzensee bzw. Hameln Steller/Dahle/Basqué Straftäterbehandlung/Clemens ua S. 22 f. bzw. Hosser ua R&P 2006, 125; Gueridon/Suhling ZJJ 2015, 133 (136 f.); systematisch Eisenberg/Kölbel Kriminologie § 41 Rn. 49 ff.). So ist schon zwischen der Beeinflussung zB allg. Persönlichkeitsmerkmale (zB nach dem FPI) und einem Bezug zu zukünftiger Legalbewährung zu unterscheiden (vgl. näher Schwedler/Schmucker MschKrim 1995 (2012), 269; krit. betr. Sachs. Dölling/Jehle Täter – Taten – Opfer/Wößner ua S. 665: systematische Intervention betr. als „kriminogen" beurteilter Faktoren „nicht erkennbar" (zur Stichprobe 651)); zu Risiken gruppentherapeutischer Verfahren etwa Neubacher/Bögelein, Krise – Kriminalität – Kriminologie/Bieschke S. 365, 370).

59 **b) Sonstige Interventionsbemühungen.** Regelmäßig bedeutsam für bestimmte JStrafgefangene sind **psychotherapeutische** Angebote (dazu § 14a SächsJStVollzG (eingef. GVBl. 2013, 250); vgl. zur JVA Arnstadt Landgraf/Ptucha FS 2016, 352 ff. (354 f. auch krit. zu dem eingesetzten „manual"); zur Übersicht betr. die Länder Repp ua ZfStrVo 2004, 199 (199 f.); zum Bedarf Köhler, Psychische Störungen bei jungen Straftätern, 2004; betr. JVA Neumünster Müller ua FS 2007, 156) bzw. vergleichbare Interventionsbemühungen (vgl. betr. ADHS etwa Hosser ua ZJJ 2007, 249; betr. geringe Wirkungen sog. „psychosozialer Behandlung" vgl. gem. wiederholter Einzelinterviews Bosold ua PraxRPsych 2007, 274). Ohnehin angebracht sind ggf. **sozialpädagogische** Projekte (vgl. dazu etwa Blumenberg unsere jugend 1986, 343; betr. „moralische Entwicklung" Walter DVJJ-Journal 1998, 236; zur differenzierten Akzeptanz der Insassen Boxberg S. Jugendstrafe 221 ff.). – Über das Ausmaß der Verwendung von **Psychopharmaka** liegen nur vereinzelte Angaben vor (Romkopf ZfStrVo 1982, 143; krit. Brühl R&P 1987, 85; ergänzend Hinrichs ZJJ 2007, 262 (262 f.)).

59a Bzgl. bestimmter Delikte gegen die sexuelle Selbstbestimmung wurde (vorübergehend) ein sog. **„Geschlechtsrollenseminar"** in der JVA Hameln durchgeführt (vgl. dazu Bulczak Zbl 1986, 331; Heilemann DVJJ 1987; Gers/von der Starre Bewährungshilfe 1987, 397 (400 ff.)), das gem. der Auswahlpraxis der „Gesprächspartnerinnen" ein erhebliches Statusgefälle (auch betr. das Verbalisierungsniveau) aufwies, sodass ua aus diesem Grund zB auch das – ansonsten geeignete – Ziel des Angebots von Identifizierungsangeboten nur begrenzt realistisch erschien (krit. im Übrigen Mey Bewährungshilfe 1988, 378; von Weizsäcker DVJJ 1990). Seit dem Jahr 2000 wird in der Sozialtherapeutischen Abteilung der JVA Hameln betr. Personen, die wegen Taten des genannten Deliktsbereichs verurteilt wurden, eine verpflichtende Konzeption von Sozialtherapie praktiziert, wobei allerdings ca. 1/3 der Probanden als ungeeignet „abgelöst" wurden (vgl. Spitczok von Brisinski ua ZfStrVo 2005, 134; anders betr. die JVA Adelsheim, vgl. Schüßler ua ZfStrVo 2006, 274: mehr als ein Drittel unterdurchschnittliche

IQ-Werte). – Zu **sexualpädagogischen** Bildungsangeboten vgl. etwa Kaplan ua FS 2017, 335.

Speziell für wegen (bestimmter Tatgestaltungen der) Körperverletzung Verurteilte wird von **Anti-Gewalttraining** bzw. Anti-Aggressivitätstraining unterschiedlicher Ausgestaltungen (zB körper- oder sprachorientiert) berichtet, wobei einige derselben aus methodischen wie rechtlichen Gründen zu Zweifel Anlass geben, ob eine hinreichende Zulässigkeitsprüfung seitens der Anstaltsleitung vorausgegangen ist (s. betr. die JVA Hameln Weidner ZfStrVo 1989, 295; Wolters Kriminalistik Päd 1990, 26 sowie Weidner/Wolters MschKrim 1991, 210; Kilb/Weidner KrimJ 2002, 298 (auch betr. „Coolness-Training"=CT); betr. die JVA Neustrelitz Egg/Nagler 99, 152; zur Anwendung auch auf „rechtsorientierte" Gewalttäter Geretshauser ua DVJJ-Journal 1993, 33–36; vgl. betr. die JVA Neuburg-Herrenwörth zur pädagogischen Methodik Bauer-Cleve ua ZfStrVo 1995, 202; s. ferner Röskens ZJJ 2008, 279). Einwände beziehen sich ua auf eine stigmatisierende, belehrende Art von Pädagogik (vgl. Walkenhorst unsere jugend 1993, 388–391) bzw. auf das Mittel verbaler Gewalt (vgl. Nickolai/Walter ZfStrVo 1994, 71; krit. betr. sog. „konfrontative Pädagogik" Herz ZJJ 2005, 365 (mit Erwiderung Kilb ZJJ 2006, 278 ff.) bzw. Plewig ZJJ 2007, 383; 2008, 52 sowie 2013, 84 (befürwortend aber Sellinger ua Bewährungshilfe 2008, 388 sowie, modifiziert, Bewährungshilfe 2009, 58) und Heuer ZJJ 2012, 195 wegen (gar missbräuchlichen) Funktionswandels erzieherischer Hilfe) sowie auf die Ungewissheit hinsichtlich eines Erfolges im Sinne zukünftiger Legalbewährung (vern. Bereswill/Greve, Forschungsthema Strafvollzug/Ohlemacher, 2001, S. 345 (vgl. auch die Übersicht bei Bosold ua ZJJ 2006, 27), vgl. aber auch Beck/Ptucha ZJJ 2017, 373 (375 ff.) (betr. Thür.); zur Vernachlässigung situations- und gruppenbezogener Tatumstände Scherr KrimJ 2002, 305 (308); vgl. auch Dreßing, Das Anti-Aggressivitätstraining als Maßnahme der Jugendhilfe und Jugendstrafrechtspflege, 2016, S. 67 ff., 186 ff.) und auf verfassungsrechtliche Schutzbelange (vgl. Rzepka unsere jugend 2004, 126; zu rechtlichen Grenzen Hein, Rechtliche Grenzen von Anti-Aggressivitätstrainings, 2007); als ein anderer Zugang zu „aggressiven" Insassen lassen sich Formen eines „emotionalen Sensitivitätstrainings" verstehen (vgl. dazu Christian/Schönenberg FS 2016, 117 ff.).– Hinzu kommen spezielle Sportprogramme (s. Wolters Bewährungshilfe 1993, 321; Wolters MschKrim 1998, 136 (betr. Evaluationsbemühen bei 15 Probanden)) – jeweils unter Inaussichtstellung von Vergünstigungen und vorzeitiger Entlassung im Falle der Teilnahme (Wolters MschKrim 1998, 136 (320); s. auch zu Testergebnissen Wolters ZfStrVo 1994, 23; vgl. aber ergänzend van den Boogaart ua DVJJ-Journal 2000, 30). 60

4. Entlassungsvorbereitung

Diesbezügliche Maßnahmen sind ebenso wie pädagogische und therapeutische Betreuung kontinuierlich zu gewährleisten. Hierfür hat der Gesetzgeber angesichts der besonderen Bedeutung des Vollzugsziels im JStVollzug Sorge zu tragen (BVerfG NJW 2006, 2096; zu Risikofaktoren aus empirischer Sicht (anhand jeweils drei standardisierter Interviews während des Haftverlaufs) Grieger RPsych 2015, 5 ff., 13, 15 f.), was sich in den Gesetzen der Länder niederschlägt (§§ 19 ff. JStVollzG Bln ua, §§ 83 f. JVollzGB BW IV, § 119 NJVollzG, Art. 136 BayStVollzG (krit. zur unzulänglichen Um- 61 setzung in der bay. Praxis Walsh NK 2014, 273), § 16 HessJStVollzG (Abs. 3 S. 5 verhält sich zu der Möglichkeit, eine Weisung betr. „elektronische Fußfessel" zu erteilen, vgl. dazu näher Fünfsinn FS Eisenberg, 2009, 691 (700 ff.); **abl.** betr. BW Wößner/Schwedler NK 2013, 60; Ostendorf/Ostendorf JugendStrafVollzR § 2 Rn. 55). Indes fehlt es weiterhin an einheitlichen (bundesgesetzlichen) Regelungen betr. eine Verpflichtung der JHilfe sowie der Arbeits- und Sozialverwaltung, grundsätzlich und bevorzugt Maßnahmen (zur Unterstützung der Integration) für Entlassene aus dem JStrafvollzug zu prüfen (vgl. dazu etwa DVJJ 2008, AK 2), obwohl eine solche Verpflichtung gem. den Vorgaben des BVerfG konsequent wäre („Verbleib" nach Entlassung vgl. für Bremen Matt ZJJ 2016, 151 (151 f.)).

61a **a) Art der Maßnahmen.** Als derartige Maßnahmen kommen Vollzugslockerungen, ein besonderes Entlassungstraining (s. dazu etwa Nickolai ua, Sozialpädagogik im Strafvollzug/Naber, 1985, S. 135 ff.), eine Verlegung in den offenen Vollzug sowie verschiedene Formen eines der Entlassung vorgeschalteten Urlaubs/Langzeitausgangs in Betracht (nach § 19 Abs. 2–4 JStVollzG Bln ua, § 83 Abs. 2 JVollzGB BW IV, § 15 Abs. 2 Nr. 3 HmbJStVollzG: bis zu vier Monate, § 119 Abs. 2 NJVollzG: bis zu sechs Monaten; anders Art. 138 Abs. 2–5 BayStVollzG), sofern nicht schon eine vorzeitige Entlassung verantwortet werden kann bzw. angeordnet werden darf (vgl. → § 88 Rn. 14 ff., 23 ff.). Von der Häufigkeit her findet Entlassungsurlaub im geschlossenen Vollzug nur eingeschränkt statt (vgl. zu mehreren Bundesländern etwa Dünkel ua ZJJ 2015, 239: „nur eine untergeordnete Rolle"; Hinweise zur Praxis auch bei Schmidt-Esse, Lange, Jugendstrafen bei jugendlichen und heranwachsenden Gewalt- und Sexualstraftätern, 2018, S. 142).

61b Nach Möglichkeit sind auch Familienangehörige (zu eher hohem Anteil von Elternbesuch speziell türkischer Insassen s. Klose, Deskriptive Darstellung der subjektiv empfundenen Haftsituation männlicher türkischer Inhaftierter im geschlossenen Jugendstrafvollzug in NRW, 2002, S. 267) oder andere anstaltsfremde Personen oder Gruppen einzubeziehen (speziell zum Einfluss von Netzwerken betr. Migranten nach Entlassung Rau, Lebenslinien und Netzwerke junger Migranten nach Jugendstrafe, 2017, S. 318 ff., 409 ff.), soweit sie als die Legalbewährung eher fördernd beurteilt werden (zu Aufgaben des Übergangsvollzugs s. Fleck ZfStrVo 1985, 269; vgl. zu Nachsorge betr. „Projekt Chance" Belz ua FS 2008, 17); umgekehrt hat gar eine Mitteilung von der Entlassung ggü. den Personensorgeberechtigten zu unterbleiben, wenn dadurch eine Gefährdung des Jugendlichen verursacht würde (vgl. auch VGO BW (Die Justiz 2008, 203) 46.3.3; aus der Vollzugspraxis Fiedler DVJJ 2008, 112). – Mit Ausnahme von NRW (§ 45 Abs. 1 S. 1 JStVollzG) erweisen sich die Landesgesetze insofern als einwandbehaftet, als sie hinsichtlich der verschiedenen Maßnahmen das Einverständnis des JStrafgefangenen nicht verlangen (§ 19 Abs. 1 JStVollzG Bln ua, § 83 Abs. 1 JVollzGB BW IV, § 119 Abs. 1 NJVollzG, Art. 136 Abs. 1 BayStVollzG).

61c Hinzukommen ggf. die unterschiedlichsten entlassungsvorbereitenden und -begleitenden Maßnahmen – wobei hinsichtlich der diesbzgl. Praxis wohl nicht unerhebliche Unterschiede bestehen (für eine geringe Angebotshäufigkeit vgl. die Aktenauswertungsdaten bei Schmidt-Esse, Lange, Jugendstrafen bei jugendlichen und heranwachsenden Gewalt- und Sexualstraftätern, 2018, S. 142 f.; anders für ein Projekt in BW die Befragung Betroffener und Beschäftigter bei Dölling/Jehle Täter – Taten – Opfer/Pruin S. 699 ff., 705 ff.); zur Praxis des Übergangsmanagements auch Dünkel ua RdJB 2016, 437 (451 ff.)). In Betracht kommt die Vermittlung von Wohnung bzw. Unterbringung (für eine neue Umgebung Görken ZfStrVo 1987, 83 (86); s. aber nach Zahlen von Nikolai Bewährungshilfe 1992, 294: mehr als die Hälfte zu Eltern oder einem Elternteil), Ausbildungs- bzw. Arbeitsstelle (so auch § 19 Abs. 1 JStVollzG Bln ua, Art. 138 Abs. 1 BayStVollzG; weitergehend § 83 Abs. 1 JVollzGB BW IV, wonach auch ein „soziales Umfeld" „vermittelt" werden soll) und – zusätzliche – Betreuung (vgl. VG Müchen ZJJ 2013, 79: Bedarf nach §§ 41, 43 KJHG bejahend) sowie Aufgaben der **Schulden**regulierung (s. dazu die allg. Regelungen zur sozialen Hilfe nach § 8 JStVollzG Bln ua, § 39 Abs. 2 S. 2 JVollzGB BW IV, § 132 Abs. 1 iVm §§ 68 ff. NJVollzG, Art. 122 iVm Art. 74 ff. BayStVollzG). In der Lebenswirklichkeit kommt diesem zuletzt genannten Bereich gerade auch iZm Bemühungen zur **Vermeidung** eines **„Rückfalls"** bei einem erheblichen Anteil der Entlassenen wesentliche Bedeutung zu (vgl. etwa schon Zimmermann, Die Verschuldung der Strafgefangenen, 1981, S. 40, 43; Matzke, Leistungsbereich bei Jugendstrafgefangenen, 1982, S. 82; Gerstein DVJJ-Journal 1992, 130 ff. (betr. JVA Siegburg); Nikolai Bewährungshilfe 1992, 296 (betr. BtM-Abhängige der JVA Crailsheim)), wie auch empirische Angaben zur durchschnittlichen Höhe der Schulden erkennen lassen (nach Salman, Soziale Arbeit mit Straffälligen/Klotz, 1986, S. 89 f., je Proband durchschnittlich etwa 10.000,– DM Schulden; nach Kemter, Schulden und Schuldenregulierung der Gefangenen in sächsischen Justizvollzugsanstalten, 2000, S. 140 (betr. Sachs.) durchschnittlich 14.850,– DM bzw. Median 10.000,– DM; nach Daten bei Rau ZJJ 2017, 61 (63 f.) bis 40.000 EUR (n. auch zur Entstehung ZJJ 2017, 61 (64 f.)); betr. weibliche Gefangene im offenen Vollzug (ohne Differenzierung nach dem Alter und gem. eigenen Angaben) s. Bachmann ZfStrVo 1989, 279).

Das **Überbrückungsgeld** wird als oftmals zu gering zu beurteilen sein, zumal es (zwar nur, aber immerhin) auf die Dauer von 4 Wochen bezogen ist (§ 51 StVollzG, vormalige Nr. 43 VVJug; zur Form zinsbringender Anlage OLG Celle StraFo 2013, 172 (zu § 47 NJVollzG, betr. allg. StVollzR), zw.). Es hat sich zudem auch als Eingliederungshindernis herausgestellt, soweit dem Gefangenen angesichts dessen nach seiner Entlassung regelmäßig Sozialleistungen und damit auch sonstige Fördermaßnahmen verweigert werden (vgl. aber § 61 Abs. 1 SchlHJVollzG: Ansparen als Vermögen), und so ggf. auch ein Zugang zur gesetzlichen Krankenversicherung unmöglich ist. Andererseits erlaubt die Schonung des Überbrückungsgeldes nicht ohne weiteres die Versagung einer (kostentragungspflichtigen) Ausführung (vgl. OLG Nürnberg StraFo 2016, 351 zu Art. 37 Abs. 3 iVm Art. 51 BayStVollzG (zum allg. StR)). – Mehrere Landesgesetze sehen (stattdessen) jeweils die Möglichkeit von **Entlassungsbeihilfe** vor (§ 21 JStVollzG Bln ua, § 47 Abs. 6 JStVollzG NRW, § 84 JVollzGB BW IV, § 132 Abs. 1 iVm § 70 NJVollzG, Art. 122 iVm Art. 80 BayStVollzG (erg. Art. 150 Nr. 2), § 17 HessJStVollzG; für die Beibehaltung der Möglichkeit der Bildung von pfändungsfreiem Überbrückungsgeld etwa DVJJ 2008, AK 1). 61d

b) „Koordinierung" mit dem Bewährungshelfer. Nach überwiegender Auffassung wird eine Koordinierung mit dem BewHelfer (vgl. § 88 Abs. 6 S. 1; s. etwa Lochmann/Berner Bewährungshilfe 1992, 279; wegen 62 der Einbeziehung des Vertreters der JGH s. § 38 Abs. 2 S. 9 aF bzw. § 38 Abs. 5 S. 5 nF nebst Erl. bei → § 38 Rn. 13; vgl. auch Mollik FS 2010, 272 ff.) bereits während (des Restes) des Vollzugszeitraums als sinnvoll beurteilt (weitergehend zB § 8 Abs. 7 HmbJStVollzG, § 14 Abs. 5 S. 2, 3, Abs. 7 BbgJVollzG). So schlug zB die JStVollzKomm (2010) vor, es solle ein BewHelfer in Fällen der Verurteilung zu JStrafe bis zu einem Jahr trotz Versagens der Aussetzung der Vollstr zBew schon mit der Verurteilung, und in den anderen Fällen frühestens drei Monate vor dem gesetzlich frühestmöglichen Entlassungszeitraum bestellt werden.

62a Mitunter finden sich unter räumlich überschaubaren Voraussetzungen Verwirklichungen des Konzepts durchgehender Betreuung im Rahmen eines einheitlichen Sozialdienstes (zu entspr. Weisung AG Berlin-Tiergarten NStZ 1988, 428 mzustAnm Matzke). Während des Vollzugs soll der BewHelfer um die (materiellen wie ideellen) Voraussetzungen zur Entlassung bemüht sein und dazu zB Gespräche und Abreden mit Kontakt- bzw. Bezugspersonen (etwa mit den Eltern) außerhalb der JStVollzAnstalt anstreben, sozialtechnische Hilfen leisten sowie die Vorbereitung der Schadenswiedergutmachung und/oder der Schuldentilgung vornehmen (allg. zur Forderung nach „Vorbetreuung" als Pflichtaufgabe des BewHelfers DVJJ 1990, Thesen AK XV; vgl. im Übrigen → § 88 Rn. 38, 39).

63 Unbeschadet solcher Vorzüge ist nicht zu übersehen, dass eine durchgehende „Betreuung" jedenfalls auch eine durchgehende **Kontrolle** darstellt. Im Übrigen kann es in mancherlei Hinsicht vorteilhaft sein, wenn der BewHelfer dem Entlassenen gewissermaßen unbelastet von Kenntnissen über Geschehnisse des Vollzugszeitraums und ohne die personifizierte Erinnerung an den JStVollzug begegnet.

64 **c) Förderung und institutionelle Belastungen des „Übergangs".** Es sollte in allen Bundesländern die Möglichkeit geschaffen werden, den Entlassenen in einer Krisensituation kurzfristig **wieder** in die JStVollzAnstalt **aufzunehmen** (vgl. schon JStVollzKomm S. 48; Denkschrift 1977, 39; restriktiv auch § 125 StVollzG). So mag mancher „Rückfall" ua aus dem *unbewussten* Motiv heraus geschehen, wieder in die JVA zurück zu gelangen, weil die Entlassenen Angst vor dem „Draußen" haben bzw. sich dessen Anforderungen nicht gewachsen fühlen (vgl. dazu Lempp DVJJ-Journal 1994, 60 f.). Diesbzgl. Regelungen enthalten eingeschränkt § 85 Abs. 3 S. 3 JVollzGB BW IV, § 18 Abs. 3 S. 1 HmbJStVollzG, § 48 Abs. 2 JStVollzG NRW (gem. Abs. 6 ist bei Minderjährigen die Einwilligung der Personensorgeberechtigten vorausgesetzt; zw.), Art. 137 Abs. 2 S. 2 BayStVollzG (ab 1.1.2011, vgl. Art. 210 Abs. 1). In Extremfällen wird einer etwaigen Gefahr des missbräuchlichen Sich-Einschleusens vorzubeugen sein (soweit etwa die Nutzung der Gesundheitsvorsorge das Motiv sein sollte, könnte dem durch Begrenzungen begegnet werden). – In geeigneten Fällen kann es zur Entschärfung der Konfrontation mit Ungewissheiten nach Entlassung beitragen, wenn die Unterkunft in Freiheit weiter finanziert wird (vgl. betr. Extremfall BSG SozR 4–3500 § 67 Nr. 1 (zur Haftdauer → Rn. 19); näher Hammel ZJJ 2015, 157 f.; 2015 265).

65 Zum **Übergangsmanagement,** das reintegrationsförderliche Maßnahmen verschiedener Institutionen anhand einer indivuduumsbezogenen Planung koordiniert (zu Empfehlungen aus der Praxis vgl. Befragungsdaten bei Pruin ua ZJJ 2016, 247 ff.; ferner etwa DVJJ-BAG 2022, 22 f.), gibt es

inzwischen erste spezielle Vorgaben (vgl. §§ 8 ff. HmbResOG; dazu Maelicke ZJJ 2018, 327 (329 f.)). Zur Praxis liegen mehrere empirische Untersuchungen vor (vgl. etwa DGHP Juvenile/Pruin), die ua Konflikte zwischen Freien Trägern (zu deren Bedeutung in der Praxis aber Sehrbrock-Wernicke ZsozStRpflege 2013, 23 ff.) und öffentlichen Institutionen erkennen lassen (vgl. (betr. sog. „Intensivtäter", dazu krit. → § 5 Rn. 85a, 85b) zu einem Projekt Freier Träger und der JHilfe Plewig/Kohlschmidt FS 2011, 342 sowie näher Maelicke/Plewig, Erfolgreich, aber gescheitert/Plewig/Kohlschmidt, 2016, S. 13 ff. und speziell zur „Rückfallquote" (=JStrafe ohne Aussetzung der Vollstr zBew der N=24 Betreuten nach zwischen zwei und vier Jahren) von nur 13 % Plewig ZJJ 2015, 395 ff., sodann aber Auslaufen des Projekts aufgrund landespolitischer Ablehnung der Finanzierung, vgl. Maelicke/Plewig, Erfolgreich, aber gescheitert, 2016, S. 4; vgl. aber auch Becker Bewährungshilfe 2015, 5 ff. betr. ESF-Bundesprogramm „XENOS – Integration und Vielfalt"). – Bedeutsam ist auch, dass ggü. (wiederholt) vorbestraften Personen eine **erhöhte** strafrechtliche **Verfolgungsintensität** besteht (vgl. zum Ausland betr. sog. Notunterkünfte etwa Grommon CPP 2016 (17), 827 ff.; LeBel CPP 2016 (17), 891 ff.: „principle of less eligibility"), wobei schon die private Anzeigebereitschaft gesteigert ist (vgl. auch → § 88 Rn. 40) und im Übrigen die zuständigen Behörden sich untereinander Mitteilung etwa über den Zeitpunkt der Entlassung oder über Änderungen des Wohnsitzes machen (vgl. neben § 2 Abs. 1, § 13 Abs. 1 S. 1 und 2 bzw. § 13 Abs. 1 S. 3 BKAG, die regional durchaus unterschiedlich ausgelegt zu werden scheinen; vgl. speziell zB VGO BW (Die Justiz 2008, 203) 46.3.1 betr. jede Entlassung in Freiheit, spezieller betr. Urlaub oder Freistellung aus der Haft 39.2 S. 1 oder S. 2). Diese Sachlage kann in der praktischen Auswirkung zu unmittelbaren Konflikten zwischen der betreuenden Tätigkeit (von BewHelfern und Privatpersonen) einerseits und den Bemühungen (von anderen Privatpersonen sowie der Polizei wie auch der kontrollierenden Funktionen der BewHelfer) um strafrechtliche Erfassung von Verhalten andererseits führen. – Hinzukommen ggf. Beeinträchtigungen durch Mitteilungen an den Verletzten (§ 406d Abs. 2 StPO; vgl. zur Einschränkung des Datenschutzes zB § 89 Abs. 5 S. 3, Abs. 6 S. 2 SJStVollzG; vgl. für NRW FS 2012, 104 bzw. 134 (Walter, jeweils wohl betr. allg. StVollz)).

V. Lockerungen (einschließlich Urlaub/Langzeitausgang) im Jugendstrafvollzug

Die Gesetze der Länder sehen als Vollzugslockerungen jeweils Außenbeschäftigung, Freigang, Ausführung und Ausgang (ggf. zusammenhängend bis zu sechs Monaten § 19 Abs. 3 SächsJStVollzG) vor, teilweise wird auch Urlaub/Langzeitausgang unter diesen Begriff gefasst (§ 15 JStVollzG Bln ua, § 42 Abs. 3 JStVollzG NRW, § 9 JVollzGB BW IV, Art. 134 iVm Art. 13 Abs. 1 BayStVollzG, § 13 Abs. 3 HessJStVollzG; vgl. auch § 119 Abs. 2 NJVollzG), wie sich in der Ersetzung des Begriffs Urlaub durch Langzeitausgang bestätigt (vgl. nur § 46 Abs. 1 S. 1 Nr. 3 BbgJVollzG, § 46 Abs. 1 S. 1 Nr. 3 ThürJVollzGB, § 45 Abs. 1 S. 1 RhPfLJVollzG wie JVollzGB LSA). Dabei ist die Handhabung regional durchaus unterschiedlich (vgl. 66

etwa betr. begleiteten Ausgang die Zulassung Externer (vgl. ua § 45 Abs. 1 S. 1 Nr. 1 RhPfLJVollzG und § 45 Abs. 2 Nr. 2 JVollzGB LSA, § 13 Abs. 3 S. 1 Nr. 4 HessJStVollzG; zu (vormals) vergleichsweise niedrigen Zahlen betr. Ausgang und Freigang in mehreren sog. „neuen" Bundesländern Dünkel ua ZJJ 2015, 233 ff. (238 ff.)).

1. Voraussetzungen

67 **a) (Negativ-)Voraussetzungen.** Als zentrale Voraussetzungen machen die Landesgesetze – nicht anders als das StVollzG – die Gewährung von Lockerungen davon abhängig, dass **keine Flucht- oder Missbrauchsgefahr** besteht (§ 15 Abs. 2 JStVollzG Bln ua (sprachlich modifiziert § 44 Abs. 2 JStVollzG Bln), § 9 Abs. 1 BWJVollzGB, § 132 Abs. 1 iVm § 13 Abs. 2 NJVollzG, Art. 134 Abs. 2 BayStVollzG, § 13 Abs. 2 S. 2 HessJStVollzG). Jedoch würde eine voraussichtliche MindestvollstrZeit (zB 18 Monate oder mehr) dem Förderungsprinzip widersprechen (zutr. daher § 12 HmbJStVollzG (entgegen vormaliger Nr. 8 Abs. 10a VVJug)). Teilweise bringen die Gesetze dabei mit ihrem Wortlaut („verantwortet werden kann zu erproben") die auch für den Erwachsenenvollzug allg. vertretene Auffassung zum Ausdruck, dass diese prognostischen Entscheidungen in keinem Fall sicher zu treffen sind, sondern vielmehr im Hinblick auf die Erreichung des Vollzugsziels (zur Bedeutung von Lockerungen hierfür Walter ZJJ 2006, 242 f.) ein gewisses Risiko einzugehen ist. Indes ist zu besorgen, dass die Regelungen ggf. einen weiteren Beurteilungsspielraum begründen als im allg. StVollzug (vgl. etwa Art. 134 Abs. 2 ggü. Art. 13 Abs. 2 BayStVollzG). – Auf das **Bestreiten** der **Tatbegehung** darf die Annahme von Flucht- oder Missbrauchsgefahr *nicht* gestützt werden (OLG Celle NStZ-RR 2009, 64; OLG Hamm BeckRS 2015, 18004 (jeweils zum allg. StVollzR); vgl. auch → § 88 Rn. 12).

67a Abzulehnen sind solche Regelungen, die – anders als das StVollzG und § 42 Abs. 1 S. 1 JStVollzG NRW (einschr. betr. Ausführung Abs. 4), Art. 134 Abs. 2 BayStVollzG – die Zustimmung des Gefangenen nicht zur Voraussetzung für die Gewährung machen (§ 15 JStVollzG Bln ua, § 9 JVollzGB BW IV), da dies einer Förderung eigenverantwortlichen Handelns und somit der Erreichung des Vollzugsziels entgegensteht (vgl. schon Eisenberg/Singelnstein ZKJ 2007, 186; ähnlich Ostendorf/Ostendorf JugendStrafVollzR § 2 Rn. 44).

68 Mitunter sehen die Landesgesetze im Gegensatz zum StVollzG für bestimmte Gefangene ausdrücklich eine **besondere Prüfung** im Vorfeld von Entscheidungen über Vollzugslockerungen vor. So sind besondere Voraussetzungen, wie sie regelmäßig in (für Gerichte nicht verbindlichen) VV geregelt werden (vgl. betr. offenen Vollzug etwa VV BW Die Justiz 2017, 159 Nr. 2.13), in § 11 Abs. 3 S. 1 HmbJStVollzG enthalten, und zwar ua betr. wegen Delikten gegen die sexuelle Selbstbestimmung oder „grober Gewalttätigkeit" Verurteilte, und zwar teilweise unabhängig von dem Strafmaß (enger vormals AV Hmb. JVBl. 2000, 46 und schon 1997, 51; vgl. auch Rundschreiben JuM RhPf JBl. 2000, 169 sowie AV Bln. ABl. 2005, 2682). Eine vertiefte Prüfung verlangt (eher pauschal) etwa Art. 135 Abs. 3 iVm Art. 15 BayStVollzG für Gefangene, die wegen Tötungsdelikten oder bestimmten Delikten gegen die sexuelle Selbstbestimmung verurteilt sind. Die Einschränkungen gem. VV BW (Die Justiz 2017, 158 ff.; s. aber Stelly/J.

Walter MschKrim 2008, 270 ff.) sind teilweise konkret (zB Verurteilung zu drei Jahren), teilweise allerdings überhöht. – Eine zusätzliche Einschränkung von Lockerungen ergibt sich aus der Berücksichtigung etwaiger Belange des Verletzten der Anlasstat und entsprechender Anwendung des § 406d Abs. 2, Abs. 4 StPO (vgl. § 12 Abs. 5 HmbJStVollzG (eingef. GVBl. 2013, 211); zurückhaltend § 17 S. 2 SächsJStVollzG: „nach Möglichkeit", andererseits aber zum Besuchsverbot § 48 Nr. 3, zur Benachrichtigung § 88 Abs. 5 S. 5 und 6).

68a Eher unbestimmt wird gem. § 132 Abs. 1 iVm § 16 NJVollzG bei einzelnen Gefangenengruppen sowie bei mutmaßlichen Drogennutzern eine Begutachtung oder körperliche Untersuchung angeordnet (ohne Anordnung darf der Antrag auf Lockerung nicht wegen Beurteilungsschwierigkeiten abgelehnt werden (OLG Celle NStZ-RR 2009, 64, betr. allg. StVollzR)), und im Fall von Weigerungen durch den JStrafgefangenen ist Abs. 3 zufolge idR der (unzulässige, vgl. → Rn. 130) Schluss zu ziehen, dass die Voraussetzungen der Lockerungsgewährung nicht vorliegen. Mit der Zuweisung an das unmittelbar der Fachaufsicht des JuM unterstehende „Prognosezentrum" bei der JVA Hannover, das eine personelle Dominanz der Psychologie (davon drei weibliche Personen (1 männlich), vgl. aber → Rn. 15) neben einem Psychiater aufweist (Pädagogik, Kriminologie oder Soziologie etc sind nicht repräsentiert) und ua der Vermeidung externer Gutachten dient, könnten ggf. ein institutionelles Verhaftetsein ebenso wie eine Minderberücksichtigung der (auch methodischen) Besonderheiten (vgl. nur → § 43 Rn. 34 ff.) bei Jugendlichen bzw. Heranwachsenden einhergehen, und zudem werden zB „Mindestanforderungen" (vgl. dazu etwa Eisenberg BeweisR StPO Rn. 1605 Fn. 91) bejaht (s. Steinhilper ua FS 2008, 163 (165)). – Die Einschränkungen gem. VV BW (Die Justiz 2010, 109 (154 ff.); s. aber Stelly/Walter MschKrim 2008, 270 ff.) sind teilweise konkreter (zB Verurteilung zu drei Jahren), teilweise allerdings überhöht (zB aufgrund Gutachtens entgegenstehender Grund „hinreichend sicher ausgeschlossen").

69 **b) Anspruch auf ermessensfehlerfreie Bescheidung.** Auf der **Rechtsfolgenseite** hat der JStrafgefangene seither nach allg. Ansicht **keinen** unmittelbaren **Anspruch** auf Vollzugslockerungen, sondern **nur** auf ermessensfehlerfreie Bescheidung (vgl. etwa OLG Hamm ZfStrVo 1985, 248; OLG Stuttgart Die Justiz 1987, 76). Dies ist in den Gesetzen der Länder beibehalten, die – nicht anders als gem. dem StVollzG – die Entscheidung bei Vorliegen der Voraussetzungen in das Ermessen der Anstalt stellen (§ 15 Abs. 2 JStVollzG Bln ua (in Sachs. Soll-Vorschrift), § 16 Abs. 1 JStVollzG NRW, § 9 Abs. 1 JVollzGB BW IV, § 132 Abs. 1 iVm § 13 Abs. 2 NJVollzG, Art. 134 Abs. 2 BayStVollzG, § 13 Abs. 2 HessJStVollzG). – Unabhängig davon kommt der Gewährung von (zumal außengerichteten) Lockerungen die Funktion eines zentralen **Disziplinierungsmittels** für anstaltskonformes Verhalten zu (vgl. etwa § 42 Abs. 1 S. 2 JStVollzG NRW: als Ermessenskriterien ua „Mitwirkungsbereitschaft", „sonstiges Vollzugsverhalten"; s. näher Grosch, Lockerungen im Jugendstrafvollzug, 1995, S. 358 ff.).

70 Bei der Ermessensentscheidung sind **Sicherungsbelange** (vgl. vormals Nr. 6 Abs. 2 bzw. Nr. 8 Abs. 9 VVJug) weniger ausgeprägt zu berücksichtigen als im Freiheitsstrafenvollzug, und es kommt dem Erziehungsziel ein höherer Stellenwert zu (**Abs. 1** und **4** ggü. § 2 S. 2 StVollzG; vgl.

→ Rn. 27). Dies gilt angesichts der verfassungsrechtlichen Vorgaben (vgl. → Rn. 3, 22ff.) auch zukünftig und unbeschadet der in den Gesetzen der Länder erhöhten Bedeutung des Schutzes der Allgemeinheit (→ Rn. 25f). Eine Beurteilung entgegen den einschlägigen Vorschriften des JGG und der seitherigen VVJug war daher verfehlt (vgl. aber OLG Celle 13.2.1986 – 3 VAs 3/86 bei Böhm NStZ 1987, 444; s. für Bln. AV SenJust ABl. 2005, 2682, wonach die seitherigen Nr. 6 Abs. 12a und c–e sowie Nr. 8 Abs. 10a, b, d und e VVJug keine Anwendung fanden; vgl. für BW zur Zustimmungsbedürftigkeit durch das JuM unter bestimmten Voraussetzungen VV Die Justiz 2010, 109 (154ff.)). Im Einzelnen widersprachen die vormaligen Nr. 6 Abs. 13, Nr. 8 Abs. 12 sowie Nr. 30 Abs. 4 und 6 tendenziell den vorgenannten Grundsätzen (s. aber auch AV Hmb. JVBl. 2000, 46; Rundschreiben JuM RhPf JBl. 2000, 169), und ohnehin war der jeweilige S. 2 aE wegen der ihm innewohnenden Unbestimmtheit verfehlt.

71 Soweit die Lockerungen von der Erfüllung der **Mitwirkungspflicht** abhängig gemacht werden (so § 15 Abs. 2 S. 2 JStVollzG Bln ua (außer Bln.; einschr. Sachs.: nur „im Einzelfall"), § 42 Abs. 1 S. 2 JStVollzG NRW; vgl. auch Dünkel ua ZJJ 2015, 234 (237)), ist dies aus den bereits genannten allg. Gründen **abzulehnen** (vgl. → Rn. 44f; vgl. auch OLG Celle NStZ-RR 2009, 64 (betr. allg. StVollzR)). Die Berücksichtigung der Schwere der Schuld ist bei der Versagung von Vollzugslockerungen nur wesentlich eingeschränkter als (nach herrschender Rspr.) im allg. Strafvollzugsrecht zulässig (vgl. auch → Rn. 27, 70 sowie 79), während generalpräventive Belange ausscheiden (vgl. dazu → Rn. 27; Bedenken begegnet insofern zB die gem. § 9 Abs. 4 JVollzGB BW IV gewahrte, an bestimmte urteilsbezogene Voraussetzungen geknüpfte Zustimmungsbedürftigkeit durch das JuM (Die Justiz 2010, 109 (154ff.))).

72 Gemäß Nr. 6 Abs. 1 S. 2 der vormaligen VVJug wurden Lockerungen nur zum Aufenthalt innerhalb des Geltungsbereichs des JGG gewährt, und sie waren nach Nr. 6 Abs. 8c bzw. Nr. 8 Abs. 7c der vormaligen VVJug ausgeschlossen bei Gefangenen, gegen die eine vollziehbare **Ausweisung**sverfügung für den Geltungsbereich des JGG besteht *und* die aus der Haft *abgeschoben* werden sollen (vgl. aber näher Nöding Verteidigung Rn. 490, speziell auch betr. Freigang). Gemäß Nr. 6 Abs. 11d der vormaligen VVJug waren ungeeignet für Lockerungen nach Nr. 6 Abs. 8 „idR" ua solche Gefangene, gegen die ein Ausweisungsverfahren anhängig ist (weniger restriktiv AV Bln. v. 4.7.2005, ABl. 2682f.).

73 **c) Weisungen; Widerruf.** Weiterhin sehen die Gesetze der Länder Möglichkeiten vor, Weisungen zu erteilen (vgl. zB § 46 JStVollzG Bln (nach S. 3 sind auch Belange „der Verletzten von Straftaten" zu berücksichtigen)). Indes fehlt es weithin an hinreichender Bestimmtheit betreffs Geeignetheit und Grenzen der Zulässigkeit. – Im Übrigen finden sich Vorschriften dazu, Lockerungen in bestimmten Fällen zu widerrufen (§ 17 Abs. 2 JStVollzG Bln ua (§ 87a SJStVollzG), § 11 JVollzGB BW IV, § 132 Abs. 1 iVm § 15 Abs. 2 NJVollzG, Art. 122 iVm Art. 16 BayStVollzG, § 14 HessJStVollzG (zur Anwendung des HessVerwVerfG im Allg. vgl. § 5 Abs. 5 RegE-JStVollzG-ÄndG)), die im Wesentlichen den Regelungen des § 14 StVollzG entsprechen (vgl. aber auch → Rn. 165).

74 **d) Strafrechtlich relevante Verantwortung Bediensteter.** Im Einklang mit der ggü. dem allg. Strafvollzug unterschiedlichen Akzentuierung

der Vollzugsaufgaben (vgl. → Rn. 22 ff., 27 ff. sowie Abs. 3) sind Fragen einer etwaigen Strafbarkeit von Vollzugsbediensteten bei **fehlgeschlagenen Lockerungen** anders zu beurteilen als betr. den allg. Strafvollzug (vgl. zum Maßregelvollzug LG Göttingen NStZ 1985, 410; s. ergänzend StA Paderborn NStZ 1999, 51 mAnm Pollähne).

2. Lockerungsmaßnahmen

a) Art. Die Maßnahmen umfassen im geschlossenen Vollzug zB den 75
Besuch von bzw. die Mitwirkung bei Sportveranstaltungen (zum Radrennsport s. Weiß ZfStrVo 1988, 211; s. speziell zu „DLRG-Rettungswache" Hucht ZfStrVo 1986, 92; zu sonstigen erlebnispädagogisch orientierten Programmen s. Wagner ZfStrVo 1989, 285), Spaziergänge außerhalb der JStVollzAnstalt auch mit Angehörigen, Besuch „freier" Sportvereine und von Kontakt- bzw. Bezugspersonen außerhalb der JStVollzAnstalt, im Übrigen größere Freizügigkeit im Inneren der JStVollzAnstalt. Lockerungen aus wichtigem Anlass bzw. besonderen Gründen regeln zB §§ 15 Abs. 3, 16 Abs. 2 JStVollzG Bln ua (§ 16 SächsJStVollzG), § 10 JVollzGB BW IV. Eine etwaige Erwartungsverletzung bei diesen Vollzugslockerungen darf **nicht vorrangig repressiv** geahndet werden und erneuten Versuchen nicht entgegenstehen (Elster/Lingemann/Sieverts KrimHdWB/Böhm S. 529). Das Gleiche gilt betr. vorausgegangenen Therapieabbruch bei Drogengefährdeten, zumal ein „Rückfall" grundsätzlich einzukalkulieren ist (vgl. näher → § 82 Rn. 26).

b) Einzelne Tendenzen in der Praxis. Vorbehaltlich begrenzter Ein- 76
heitlichkeit der Angaben sowie abgesehen von regional erheblichen Unterschieden scheinen indes Freigang und teilweise auch Beurlaubung/Langzeitausgang **restriktiver** gehandhabt zu werden **als** im **Erwachsenenstrafvollzug** (vgl. auch Dünkel/Geng ZJJ 2007, 149: im geschlossenen JStVollzug „praktisch nicht existent", vgl. sodann auch Dünkel ua ZJJ 2015, 233 ff.; Dünkel ua RdJB 437 (446 ff.)). Im Einzelnen beanstandete Böhm (NStZ 1985, 449) dies auch hinsichtlich der Beurteilung einer noch **verbleibenden VollstrDauer** (betr. KG 9.4.1995 – 4 VAs 8/85, wonach ein JStrafgefangener bei voraussichtlich noch 18 Monaten für Vollzugslockerungen ungeeignet sei) – eine mit § 91 Abs. 1 und 3 aF schwerlich zu vereinbarende Entscheidung (nicht ganz unbedenklich auch OLG Frankfurt a. M. 25.5.1993 – 3 VAs 9/93 bei Böhm NStZ 1993, 529). Hingegen wurde die Versagung eines **Freigangs** zwecks Besuchs der Gewerbeschule zur Erlangung eines höheren Schulabschlusses aufgehoben (und zwar unbeschadet dessen, dass der in Rede stehende Abschluss auch in einem Fernkurs erreicht werden könnte und dass bis zur Vollstr der Hälfte bzw. von zwei Dritteln der 10-jährigen EinheitsJStrafe noch 5 bzw. knapp 25 Monate ausstanden), da **Belange** des **Schuldausgleichs** ggü. solchen der Erziehung (Abs. 1, Abs. 2 S. 1, 2) **zurückzustehen** haben (OLG Stuttgart NStZ 1987, 430 mAnm Schüler-Springorum und Funck).

c) Aufgelockerte und freiere Vollzugsformen. Solche waren im frü- 77
heren § 91 Abs. 3 vorgesehen, sind jedoch in den Gesetzen der Länder nur teilweise angeführt (s. etwa § 15 Abs. 1 Nr. 3 JStVollzG Bln ua (§ 44 Abs. 1 Nr. 5 JStVollzG Bln); speziell §§ 13 Abs. 3, 98 Abs. 5 SächsJStVollzG, § 9 Abs. 1 JVollzGB BW IV; vgl. auch → Rn. 52a). Sie können sowohl durch

die Öffnung der Anstalten nach innen wie auch nach außen erprobt werden. Beide Möglichkeiten sollen die Fähigkeit des JStrafgefangenen (zur Relevanz für die §§ 120, 121 StGB unbeschadet der Heimaufsicht durch das Landesjugendamt AG Mosbach und OLG Karlsruhe ZJJ 2006, 332), eigene Verantwortung zu übernehmen, fördern bzw. die Bereitschaft dazu wecken. Dabei soll auch die Bewältigung gefährdender Situationen erlernt werden, dh es muss seitens der JStVollzAnstalt auch ein gewisses Risiko eingegangen werden (vgl. ergänzend → Rn. 37, 126). Da die Bemühungen zur Erreichung des Erziehungsziels im JStVollzug ggü. der Sicherungsaufgabe einen weit höheren Rang als das Vollzugsziel ggü. der Sicherungsaufgabe in § 2 StVollzG haben, dürfen im JStVollzug nur ernste Gefahren für die allg. Sicherheit eine aus erzieherischen Gründen erforderliche Lockerung hindern (vgl. schon JStVollzKomm S. 18).

77a Tatsächlich ist die Anordnung aufgelockerter und freierer Vollzugsformen mit **Elementen** eines **Stufenstrafvollzugs** verknüpft. Entsprechende Tendenzen werden ua damit zu begründen versucht, es sollten Erziehungsmängel durch ein zeitlich gedrängtes (erneutes oder nachträgliches) Durchlaufen verschiedener Entwicklungsphasen, in denen die Erziehung von deutlicher Führung bis zu möglichst umfangreicher eigener Entscheidungskompetenz reiche, ausgeglichen werden. So erhält der JStrafgefangene Vollzugsvergünstigungen meist erst mit zunehmender Verweildauer und Anpassung an die von der JStVollzAnstalt an ihn gestellten Anforderungen. Indes bestehen insoweit Bedenken sowohl hinsichtlich statischer Elemente als auch dahingehend, dass ein Vergünstigungssystem wegen des (zunächst) meisterwünschten (Grosch, Lockerungen im Jugendstrafvollzug, 1995, S. 352 ff.) Zieles außengerichteter Vollzugslockerungen zu Manipulation und Scheinanpassung führen und seine Funktion iErg in der (informellen) anstaltsinternen **Disziplinierung** (zust. Kreideweiß, Die Reform des Jugendstrafvollzugs, 1993, S. 111; s. auch Walter MschKrim 1993, 273 sowie DVJJ 1990, Thesen AK XV) finden kann. Im Einzelnen ergibt sich als erste Stufe der (bis zu mehreren Wochen dauernde) Eingangsvollzug in einer Aufnahmeabteilung unter Trennung in Einzelhaft und als zweite Stufe die Gemeinschaftshaft mit zur Entlassung hin größer werdenden Möglichkeiten an Vergünstigungen bzw. eines Spektrums an Vollzugslockerungen nach innen und außen.

3. Urlaub/Langzeitausgang

78 **a) Dauer.** Unter den gleichen Voraussetzungen und Bedingungen wie (sonstige) Vollzugslockerungen (→ Rn. 67 ff.) können pro Jahr bis zu 24 (§ 16 JStVollzG Bln ua, § 42 Abs. 3 JStVollzG NRW, § 13 Abs. 3 Nr. 5 HessJStVollzG, § 9 Abs. 2 JVollzGB BW IV) bzw. 21 Tage (§ 132 Abs. 1 iVm § 13 Abs. 1 Nr. 3 NJVollzG, Art. 135 BayStVollzG) **Urlaub** gewährt werden (zum Entlassungsurlaub → Rn. 61a). – Ist eine durch VV bestimmte *Antragsfrist* überschritten, so entbindet dies die VollzEinrichtung nicht von einer Prüfung, da eine VV keine materielle Ausschlussfrist begründet (vgl. KG StraFo 2013, 216, betr. Antrag kurz vor Ablauf des Urlaubsjahrs (zum allg. StVollz)).

79 **b) Versagung.** Betreffend ein (neuerliches) Ermittlungsverfahren als Versagungsgrund gelten als Minima die Grundsätze des allg. Strafvollzugsrechts (vgl. dazu OLG Celle StV 2005, 340), die Anstalt muss sich eigenverantwortlich zumindest zur Frage einer Substantiierung des Tatvorwurfs und zum Ermittlungs- bzw. Verfahrensstand verhalten (OLG Hamm NStZ-RR 2017, 327 (zum allg. StVollzR)). – Zweifelhaft ist die Vertretbarkeit solcher Regelungen (vgl. → Rn. 45) bzw. Auslegungen, denen zufolge ein Urlaub/Langzeitausgang alleine wegen mangelnder Bereitschaft zur Mitarbeit am Vollzugsziel versagt werden dürfe (so vormals KG 23.3.1986 – 2 VAs 2/83 bei Böhm FS Blau, 1985, 200; ähnlich OLG Hamm NStZ 2004, 227). Gemäß § 4 Abs. 1 S. 1 StVollzG wäre dies für den Freiheitsstrafvollzug unzulässig, sodass ua eine Schlechterstellung Jugendlicher ggü. Erwachsenen in vergleichbarer Verfahrenssituation (dazu → § 45 Rn. 7 ff.) bewirkt würde (zust. Grosch, Lockerungen im Jugendstrafvollzug, 1995, S. 105). Auch können Belange des Schuldausgleichs zumindest dann nicht der Gewährung von Sonderurlaub (zur Entlassungsvorbereitung) entgegenstehen, wenn eine Entlassung schon nach Vollstr der Hälfte der Strafdauer vorgesehen ist (OLG Stuttgart Die Justiz 1987, 114).

VI. Unterbringung, Einkauf, Kleidung

1. Unterbringung

Bezüglich dieser Frage und damit des Kontakts innerhalb des Vollzuges 80
haben gesetzliche Regelungen nach verfassungsrechtlichen Vorgaben einerseits zu berücksichtigen, dass als „positiv" beurteilte Kontakte im Sinne sozialen Lernens nicht unnötig beschränkt, sondern gefördert werden. Andererseits sind die JStrafgefangenen vor Übergriffen und sonstigen schädlichen Einflüssen zu schützen (vgl. nur § 3 Abs. 5 S. 2 3 JStVollzG Bln; BVerfG NJW 2006, 2096; betr. Passiv-Rauchen eine Verletzung des Art. 2 Abs. 2 S. 1 GG bejahend BVerfG, 3. K. des 2. S., NJW 2013, 1943; OLG Hamm NStZ-RR 2017, 328 (jeweils zum allg. StVollzR)). Hierfür ist eine nächtliche Einzelunterbringung in kleineren, differenzierten Wohngruppen die am ehesten geeignete Form.

a) Wohngruppenvollzug. In diesem Sinne sehen § 26 JStVollzG Bln ua, 81
§ 18 Abs. 1 HessJStVollzG, § 17 Abs. 4 JStVollzG NRW, § 12 Abs. 1 JVollzGB BW IV den Wohngruppenvollzug für geeignete Gefangene als Regelfall an (ebenso vormals Arloth NJVollzG § 120 Rn. 4; HmbStVollzG § 21 Rn. 2). Nach § 120 Abs. 1 NJVollzG und § 20 Abs. 1 S. 1 HmbJStVollzG *sollen* geeignete Gefangene in Wohngruppen untergebracht werden, die Entscheidung steht also in gebundenem Ermessen. Art. 140 Abs. 1 BayStVollzG schließlich stellt diese Entscheidung gänzlich in das Ermessen der Anstalt („können"). Gleichwohl wird das Ermessen durch die genannten verfassungsrechtlichen Vorgaben erheblich reduziert, sodass der Wohngruppenvollzug auch hier die Regel zu sein haben wird.

Nur vereinzelt finden sich Vorschriften über die – im Allg. zB nach 81a
Ausstattung und Aufschlusspraxis eher privilegierte – **Ausgestaltung** der Wohngruppen, die für deren positiven Effekt indes von erheblicher Bedeutung ist (vgl. zu Differenzierungen Jesse FS 2009, 294). Dabei ist entgegen der auf acht Insassen lautenden allg. fachkundigen Auffassung (vgl. auch → § 89b Rn. 19 ff.) eine **zahlenmäßige Größe** von bis zu höchstens zwölf Gefangenen (so § 26 S. 2 SächsJStVollzG, § 20 Abs. 2 S. 1 HmbJStVollzG)

vorgesehen (überdehnt vormals Arloth NJVollzG § 120 Rn. 3, BayStVollzG Art. 140 Rn. 3; zwischen 10 und 20) – die Unbestimmtheit scheint nicht zuletzt Kostenbelangen zu dienen (vgl. auch Ostendorf/Borchert/Walter JugendStrafVollzR § 3 Rn. 43). – In Art. 140 Abs. 2 BayStVollzG finden sich gewisse Regelungen über eine besondere Ausstattung des Wohngruppenvollzugs, wie sie jedoch auch für den sonstigen JStVollzug angezeigt wäre.

82 Der in den Landesgesetzen durchgehend verwandte Begriff der **Geeignetheit** für den Wohngruppenvollzug sowie der Ausschlussgrund **„mangelnder Gruppenfähigkeit"** (vgl. nur § 23 Abs. 3 S. 2 BbgJVollzG) begegnen erheblichen Bedenken hinsichtlich der **Unbestimmtheit** (s. vormals auch Arloth NJVollzG § 120 Rn. 4, BayStVollzG Art. 140 Rn. 4, zu vormaligem HmbStVollzG § 21 Rn. 2: keine Geeignetheit bei „Rückzugstendenzen"), zumal nach hM nur eingeschränkt eine gerichtliche Kontrolle stattfindet. Angesichts der mit einer solchen Einstufung verbundenen massiven Konsequenzen wäre hier eine Aufzählung konkreter Ausschlussgründe und klarer Kriterien notwendig bzw. werden in der Praxis unter Berücksichtigung des Verhältnismäßigkeitsprinzips hinreichend bestimmbare Fallgruppen herauszubilden sein. Leichte Verstöße iRd Wohngruppenvollzuges oder Gefährdungen allein der Ordnung in der JStVollzAnstalt werden dabei im Hinblick auf die Bedeutung des Wohngruppenvollzugs für die Erreichung des verfassungsrechtlich gebotenen Vollzugsziels nicht ausreichen können (so aber Art. 140 Abs. 3 BayStVollzG; wie hier vormals Arloth Rn. 4, ebenso Rn. 3 zu vormaligem § 21 HmbStVollzG). Im Übrigen sollten altersbezogen Untergruppen gebildet werden (s. aber vormals Arloth NJVollzG § 120 Rn. 3, BayStVollzG Art. 140 Rn. 3: auch die Jüngsten „idR … bereits „Intensivtäter" mit hoher krimineller Energie" – wozu schon wegen der Begriffe abl. auf → § 5 Rn. 85a, 85b bzw. Schäfer/Sander/van Gemmeren Strafzumessung S. 619 („Leerformel") zu verweisen ist).

83 **b) Ruhezeit.** Außerhalb der Einschlusszeiten können sich die Insassen in Gemeinschaft aufhalten (vgl. nur § 15 Abs. 1 JStVollzG Bln), jedoch werden sie (im geschlossenen Vollzug) während der Einschlusszeiten einzeln in ihren Hafträumen untergebracht (vgl. § 25 JStVollzG Bln ua (§ 24 SächsSächsJStVollzG), § 120 Abs. 3 NJVollzG, Art. 139 Abs. 1 iVm Art. 20 BayStVollzG, § 19 Abs. 1 HmbJStVollzG, § 18 Abs. 4 HessJStVollzG, § 17 Abs. 1 S. 1 JStVollzG NRW). Indes erlauben mehrere Landesgesetze eine gemeinsame Unterbringung – (angestrebt bzw. nur zulässig ist, eine solche) mit höchstens zwei Personen –, wenn „schädliche Einflüsse" nicht zu besorgen sind und die U-Gefangenen **zustimmen** (vgl. etwa § 11 Abs. 1 S. 2 Nr. 1 UVollzG Bln ua (SchlHUVollzG)).

83a Die jeweils gestatteten Ausnahmen, die zudem weithin einer einheitlichen zahlenmäßigen Obergrenze entbehren, sind jedoch geeignet, diesen Anspruch der JStrafgefangenen (nach Jesse FS 2007, 25: „unverzichtbar"; nachdrücklich Alt, Das Berliner JStVollzG im Lichte verfassungsrechtlicher Vorgaben sowie europäischer und internationaler Regelungen mit Menschenrechtsbezug, 2014, S. 185 ff.) in der Praxis erheblich zu entwerten, zumal nicht wenige Anstalten aufwändig umgebaut werden müssten. So steht in Frage, ob die Zusammenlegung mit Zustimmung der Gefangenen regelmäßig in deren Interesse ist bzw. die entsprechende Zustimmung tatsächlich frei erteilt wird (vgl. aber betr. Staffelung des Haftkostenbeitrags

→ Rn. 112b). Zumindest wäre eine strikte Begrenzung der Mehrfachbelegung auf 2 Personen angezeigt (so § 14 Abs. 1 S. 2 JStVollzG Bln: zu zweit; vormals § 125 Abs. 1 S. 2 ThürJStVollzG, nicht mehr § 18 ThürJVollzGB; vgl. auch DVJJ 2008, AK 1), zumal bei drei oder gar vier Personen sich oftmals eine Mehrheit (von zwei oder drei) gegen einen bildet. – Darüber hinaus ist nach allen Gesetzen eine gemeinsame Unterbringung aus *„zwingenden Gründen"* vorübergehend auch ohne Zustimmung der Gefangenen zulässig. An einer genaueren Bestimmung fehlt es auch hier (betr. Nicht-Entstehen-Lassen von Unzufriedenheit wegen fehlender Arbeitsangebote krit. Ostendorf/Borchert/Walter JugendStrafVollzR § 3 Rn. 13).

c) **Arbeit und Ausbildung.** Sie finden grds. in Gemeinschaft statt (§ 24 Abs. 1 JStVollzG Bln ua, § 120 Abs. 2 NJVollzG (einschr. ggü. § 19 Abs. 3), Art. 138 Abs. 1 BayStVollzG, § 18 Abs. 1 HessJStVollzG, § 19 Abs. 2 HmbJStVollzG). – Hinsichtlich der Unterbringung in der **Freizeit** sehen Art. 138 Abs. 2 BayStVollzG, § 120 Abs. 2 NJVollzG, § 25 Abs. 2 SächsJStVollzG ebenfalls eine gemeinschaftliche Unterbringung als Regelfall an. Hingegen stellen § 24 Abs. 2 JStVollzG Bln ua und § 19 Abs. 3 HmbJStVollzG die gemeinschaftliche Unterbringung in der Freizeit in das Ermessen der Anstalt. Alle Landesgesetze enthalten Regelungen zur Einschränkung der gemeinschaftlichen Unterbringung (nicht unbedenklich etwa Art. 138 Abs. 3 Nr. 4 BayStVollzG: bei Zustimmung des Gefangenen zulässig (vgl. auch → Rn. 82). 84

2. Haftraum

Gemäß (der vormaligen Nr. 14 Abs. 1 VVJug sowie) den Gesetzen der Länder (§ 29 JStVollzG Bln ua, § 19 Abs. 2 JStVollzG NRW, § 13 JVollzGB BW IV, § 121 iVm § 21 NJVollzG, Art. 141 iVm (diesen betr. Belange des „Erziehungsauftrags" einschr.; nach Arloth nicht aber wegen Unordnung) Art. 21 BayStVollzG, § 19 HessJStVollzG) darf der Gefangene den Haftraum in angemessenem Umfang mit eigenen Sachen **ausstatten,** wozu ua Bettwäsche gehört (nach OLG Zweibrücken ZfStrVo 2004, 315 aber nicht Spannbettbezüge). Bei den zur Einschränkung geeigneten Voraussetzungen (vormals gem. Nr. 14 Abs. 2 VVJug) handelt es sich um gerichtlich voll überprüfbare unbestimmte Rechtsbegriffe (OLG Zweibrücken ZfStrVo 2003, 250). – Speziell betr. Auffindung von Unterlagen iSe Tagebuchs vgl. zur Nichtverwertbarkeit KG NStZ-RR 2013, 122 f. (zum allg. StR)). 85

3. Einkauf

Die Länder sind verpflichtet, von der Anstalt ein Angebot vermitteln zu lassen (vgl. § 31 Abs. 2 JStVollzG Bln ua; § 61 JStVollzG Bln; zu zusätzlicher Gestattung vgl. etwa § 31 Abs. 5 SächsJStVollzG). Zudem sollen Möglichkeiten des Erwerbs durch den Versandhandel eröffnet werden (vgl. etwa § 31 Abs. 3 JStVollzG Bln ua). 85a

4. Kleidung

a) **Zusammenhang mit dem Vollzugsziel.** Diesbezüglich sieht die Mehrzahl der Landesgesetze das – im Widerspruch zu erzieherischer Vollzugsgestaltung stehende – Tragen von Anstaltskleidung vor, wovon – teil- 86 weise nur enge (vgl. etwa noch Arloth BayStVollzG Art. 142 Rn. 2) – Ausnahmen zugelassen werden können (§ 30 JStVollzG Bln ua (§ 59 JStVollzG Bln), § 122 NJVollzG, Art. 142 iVm Art. 22 BayStVollzG, § 21 HessJStVollzG, § 19 Abs. 1 S. 1, 2 JStVollzG NRW). Lediglich § 14 JVollzGB BW IV, § 23 Abs. 1 HmbJStVollzG und § 30 Abs. 1 S. 1 BremJStVollzG weisen ein umgekehrtes Verhältnis auf, gestatten den Gefangenen also grundsätzlich das Tragen eigener Kleidung. § 30 Abs. 1 SächsJStVollzG hält beide Möglichkeiten offen.

86a Die Uniformierung kann zwar partiell geeignet sein, sozio-ökonomische Unterschiede und sonstige Hierarchien im Vollzug (vordergründig) zu verdecken. Indes ist die Art, sich zu kleiden, Ausdruck der Persönlichkeit bzw. entwicklungsbedingter Bedürfnisse und kann wiederum Rückwirkungen auf Befinden und Verhalten des Betroffenen haben. Im Einzelfall kann das Ablegen der eigenen Kleidung gleichbedeutend mit der Aufgabe eines Teils der Individualität sein, im Allg. zudem geschwächter Selbstbestimmung und Eigenverantwortlichkeit (s. auch Ostendorf/Borchert/Walter JugendStrafVollzR § 3 Rn. 53). Zumindest kann die Uniformierung durch einheitliche Anstaltskleidung die **Identitätsfindung** des JStrafgefangenen und damit das Ziel zukünftigen **Legalverhaltens** erschweren. Eine solche Einschränkung aber ist nicht schon wegen etwaiger vollzugstechnischer Vorteile (zB Erschwerung von Entweichungen) vertretbar, sondern es bedürfte zwingender Gründe (zust. Diemer/Schatz/Sonnen/Sonnen§ 30 Rn. 2). Somit wäre es angezeigt, das Regel-Ausnahme-Verhältnis zwischen Zivil- und Anstalts- bzw. Dienstkleidung ländereinheitlich umzukehren (vgl. ähnlich DVJJ 2008, AK 1; aA vormals Arloth zu § 122 NJVollzG: Bewusstmachen, dass „gleichartiges Strafübel erleiden"; kit Schwirzer, Jugendstrafvollzug für das 21. Jahrhundert, 2008, S. 184).

86b **b) Personal.** Betreffend desssen Dienstkleidung erscheint es im Interesse einer weniger starren Anstaltsatmosphäre angebracht, diese eher nur ausnahmsweise zuzulassen (vgl. schon JStVollzKomm S. 12).

VII. Kontakte mit der Außenwelt, Freizeit, Religionsausübung, Gesundheit

1. Kontakte mit der Außenwelt

87 Sie haben im JStVollzug eine ganz besondere Bedeutung für die Entwicklung des JStrafgefangenen im Hinblick auf den Integrationsgrundsatz und die Erreichung des Vollzugsziels (BVerfG NJW 2006, 2096; auch → Rn. 33 ff. sowie näher Walter ZJJ 2006, 241 f.; positive spezialpräventive Effekte zeigen bspw. McCuish/Lussier/Corrado Journal of Developmental and Life-Course Criminology 2018, 427 (436 ff.)). Sie sollten deshalb sorgfältig vorbereitet und gepflegt werden. Hiervon umfasst sind Besuch, Schriftwechsel und Telefongespräche. – Im Übrigen sollte seitens der Vollzugseinrichtung versucht werden, etwaige gegenseitige Beziehungen mit relevanten Kontakt- bzw. Bezugspersonen außerhalb der Anstalt (ggf. zB Eltern und sonstige Angehörige, vgl. näher Ostendorf/Drenkhahn ua JugendStrafVollzR § 7 Rn. 22) zu klären und zu verbessern (vgl. schon Elster/Lingemann/Sieverts KrimHdWB/Böhm S. 528; näher Reuther Elternrecht S. 192 ff.).

a) Besuch. Hinsichtlich der Besuchsregelungen kann speziell zB **Familienbeziehungen** ein hoher Stellenwert zukommen. Bei minderjährigen Gefangenen sind dabei Belange des Art. 6 GG allerdings nur in den **Grenzen** solcher Einschränkungen der Rechte von Sorgeberechtigten zu berücksichtigen, wie sie in Vorschriften des JStVR normiert sind (vgl. etwa § 27 Nr. 4 JStVollzG NRW: fehlendes Einverständnis muss „nachvollziehbare Gründe" haben; ohne Einschränkung hingegen zB § 123 Abs. 4 NJVollzG, § 48 Nr. 3 JStVollzG Bln ua (Nr. 4 SächsJStVollzG, § 34 Nr. 4 JVollzGB LSA), Art. 144 Abs. 2 S. 3 BayStVollzG). Idealiter sind diesbzgl. Besuchsmöglichkeiten ggf. „um ein Mehrfaches" über denen im Erwachsenenvollzug anzusetzen (BVerfG NJW 2006, 2096; zur Anerkennung von Reisekosten als Mehrbedarf SG Braunschweig ZJJ 2014, 299, näher zum Ganzen Hammel ZJJ 2015, 153 f.), und es sind kaum Gründe denkbar, die eine weitgehende Beschränkung des familiären Kontakts rechtfertigen könnten (vgl. (jeweils zum allg. StVollzR) etwa OLG Celle StRR 2009, 75: vormals häufige gemeinsame Deliktsbegehung rechtfertigt die Ablehnung von Langzeitbesuchen ohne Darlegung konkreter Gefährdung des VollzZiels nicht bzw. Überstellung bejahend OLG Celle NStZ 2013, 360). 88

Nach § 47 Abs. 2 JStVollzG Bln ua, § 23 Abs. 2 S. 1 JStVollzG NRW, § 26 Abs. 2 S. 2 HmbJStVollzG, § 33 Abs. 2 JVollzGB LSA werden Besuchszeiten von **Kindern** nicht auf die als Anspruch bestehende Mindestbesuchszeit angerechnet (anders Bln. § 31 Abs. 1 S. 4 JStVollzG Bln: erhöht sich die Gesamtdauer um zwei Stunden; zur Situation der Kinder (auch bei Insassen des JStVollzugs) Zwönitzer ua MschKrim 2013, 325 ff. (328)). Für Kinder von Gefangenen sind teilweise Langzeitbesuche geregelt (zB Art. 144 Abs. 3 BayStVollzG, wozu vormals Arloth Rn. 5 verengend auf die Prognose des (Nicht-)Zusammenlebens nach Entlassung abstellte); § 123 Abs. 3 NJVollzG zB eröffnet darüber hinausgehend die Möglichkeit solcher *Langzeitbesuche* auch für andere Familienangehörige sowie Personen, von denen ein günstiger Einfluss erwartet wird (ähnlich § 23 Abs. 4 JStVollzG NRW). – Ansonsten jedoch sehen die JStVollzGe Bln. ua, Hmb., und Hess. keine Langzeitbesuche vor (zu „inakzeptabler" Schlechterstellung im Vergleich zum allg. Strafvollzug Dünkel/Kühl NeueKrimPol 2009, 82 ff.), und nur vereinzelt finden sich Regelungen zum Feiertags- und Wochenendbesuch (vgl. etwa § 31 Abs. 1 S. 4 JStVollz Bln). Bestimmungen zum Besuch mit Intim- oder Sexualkontakt fehlen – ein mit der biographischen Lebensphase der Insassen und im Hinblick auf das Vollzugsziel abträgliches Defizit (vgl. auch Ostendorf/Drenkhahn ua JugendStrafVollzR § 7 Rn. 35 f.). 88a

Im Allg. sehen die Gesetze der Länder eine als Anspruch bestehende **Mindestbesuchszeit** von vier Stunden im Monat vor (§ 23 Abs. 1 S. 1 JStVollzG NRW; 47 Abs. 1 JStVollzG Bln ua (in Sachs. für Angehörige zwei weitere Stunden; betr. Familienorientierung in Sachs. Doltze Bewährungshilfe 2008, 70 ff.); § 123 Abs. 2 NJVollzG: sechs (seit Gesetz v. 15.6.2017); deutlich abw. und systematisch verfehlt § 17 Abs. 2 JVollzGB BW IV, § 33 Abs. 1 S. 2 HessJStVollzG, § 26 Abs. 1 S. 2 HmbJStVollzG, § 33 Abs. 1 S. 2 JVollzG LSA), wenngleich in Bay. Ausgänge und Ausführungen hierauf angerechnet werden können sollen (Art. 144 Abs. 2 BayStVollzG; vgl. dazu noch Arloth Rn. 3: Freiwerden von Besuchskapazitäten). Nicht eingerechnet werden Kontakte zB aus dienstlichem Anlass (etwa Justiz, Polizei, JGH, Bewährungshilfe). 89

89a Den meisten der Landesgesetze zufolge sollen förderliche Besuche auch darüber hinaus zugelassen werden (§ 47 Abs. 3 JStVollzG Bln ua (in Sachs. Abs. 2), § 123 Abs. 3 NJVollzG, Art. 144 Abs. 1 iVm Art. 27 Abs. 2 BaySt-VollzG). Es handelt sich also um eine Entscheidung des gebundenen Ermessens, wobei der JStrafgefangene Anspruch auf eine ermessensfehlerfreie Entscheidung hat. – Ohnehin zu gestatten sind Besuche von *Verteidigern, Rechtsanwälten* und *Beiständen* (§ 49 JStVollzG Bln ua (§ 47 Abs. 4 SächsJStVollzG), § 20 Abs. 1 JVollzGB BW IV, § 123 Abs. 6 iVm § 27 NJVollzG, Art. 144 Abs. 1 iVm Art. 29 BayStVollzG, § 32 Abs. 3 S. 2 und 3 HessJStVollzG, § 28 Abs. 1 HmbJStVollzG, § 33 Abs. 6 JVollzG LSA; zur Nichtüberwachung → Rn. 90). Zumindest für Verteidiger wäre ein genereller Ausschluss wegen der Unterbringung in einem besonders gesicherten Haftraum unzulässig (LG Marburg StraFo 2012, 116 (zum allg. StVollzR)).

90 Über die Möglichkeit der Absuchung bzw. Durchsuchung der Besucher sowie der Erfassung von Identifikationsmerkmalen vollzugsfremder Personen (vgl. näher § 24 JVollzDSG Bln) hinaus erlauben alle Landesgesetze die (optische) **Beaufsichtigung** bzw. die (akustische) **Überwachung** von Besuchen. – Besuche von **Verteidigern** und **Beiständen** (§ 69) dürfen weder beaufsichtigt noch überwacht werden (§ 50 Abs. 4 JStVollzG Bln ua (§ 49 Abs. 5 SächsJStVollzG), §§ 123 Abs. 6, 28 Abs. 4 NJVollzG, § 20 Abs. 2 S. 1 JVollzGB BW IV, Art. 144 Abs. 1, 30 Abs. 5 BayStVollzG, § 32 Abs. 3 S. 1 HessJStVollzG, § 36 Abs. 4 JVollzGB LSA). Nach § 28 Abs. 2 HmbJStVollzG, § 50 Abs. 4 S. 1 SächsJStVollzG, §§ 33 Abs. 4, 34 Abs. 2 JStVollzG Bln gilt dies auch für Besuche von Rechtsanwälten und Notaren in einer den JStrafgefangenen betr. Rechtssache.

90a Gemäß § 50 Abs. 1 JStVollzG Bln ua (§ 49 Abs. 2 SächsJStVollzG), § 23 Abs. 7 JStVollzG NRW iVm § 20 StVollzG NRW, § 19 JVollzGB BW IV, Art. 144 Abs. 1 iVm Art. 30 Abs. 1 BayStVollzG und § 33 Abs. 4 S. 1, Abs. 5 S. 1 HessJStVollzG, § 36 Abs. 1 S. 1 JVollzGB LSA ist (aus Gründen der Erziehung bzw. der Sicherheit oder Ordnung) eine generelle Beaufsichtigung zulässig, es sei denn, es liegen im Einzelfall Erkenntnisse vor, dass es deren nicht bedarf (vgl. zur Frage der Zulässigkeit einer Ablehnung unüberwachten Besuchs vormals OLG Frankfurt a. M. 10.5.1989 – 3 VAs 12/89 bei Böhm NStZ 1990, 531).

90b In einigen Ländern ist die Beaufsichtigung nach vorherigem Hinweis auch mittels „technischer Hilfsmittel" bzw. **Video** erlaubt (§ 33 Abs. 3 S. 2 JStVollzG Bln: mittels optisch-elektronischer Einrichtung (s. aber §§ 65, 22 JVollzDSG Bln), Sachs., Saarl., SchlH und § 36 Abs. 2 S. 3 ThürJVollzGB, § 33 Abs. 5 S. 1 HessJStVollzG, Art. 122 iVm Art. 30 Abs. 1 S. 2, 3, Art. 197 Abs. 8 BayStVollzG, § 19 Abs. 2 JVollzGB BW IV, § 27 Abs. 1 S. 2, 3 HmbJStVollzG, § 23 Abs. 7 JStVollzG NRW iVm §§ 20 Abs. 1 S. 2, 66 Abs. 2, 3 StVollzG NRW, § 50 Abs. 1 JStVollzG Bremen, MV, § 36 Abs. 2 BbgJVollzG; vgl. aber § 132 Abs. 1 iVm § 28 Abs. 1 S. 1 NJVollzG („offen überwacht") und dazu OLG Celle NStZ 2011, 349)). Dabei ist eine Aufzeichnung zulässig in Bln. (gem. § 23 Abs. 1 JVollzDSG Löschung nach 48 Stunden (restriktiver betr. Kernbereich der privaten Lebensgestaltung, § 23 Abs. 3–5)) sowie in Hmb. (§§ 115 Abs. 1 S. 2, 121 Abs. 2 S. 1 HmbJVollzG), Bay. und NRW (§ 23 Abs. 7 JStVollzG iVm § 20 Abs. 1 S. 2 StVollzG, § 66 Abs. 3 StVollzG: Löschungsfrist von grds. zwei Wochen), zu Ausnahmen § 121 Abs. 2 S. 2 HmbJStVollzG, § 33 Abs. 5 S. 2 HessJSt-VollzG, § 36 Abs. 3 (Begrenzung gem. § 141 JVollzGB LSA); gem. § 50

Abs. 1 S. 3 SächsJStVollzG, § 36 Abs. 2 S. 4 ThürJVollzGB und § 50 Abs. 1 S. 5 SchlHJStVollzG ist eine Aufzeichnung jedoch untersagt. – Nach OLG Celle (FS 2013, 393 = StV 2014, 355 (betr. Speicherung von fünf Tagen zwecks Auswertung, zum allg. StVollzR) mAnm Goerdeler) sei § 191 Abs. 1 NJVollzG eine geeignete Rechtsgrundlage.

Die Unterhaltung darf **akustisch** nur überwacht werden, soweit dies im Einzelfall aus benannten Gründen als erforderlich beurteilt – hierbei handelt es sich um eine begründungsbedürftige Voraussetzung –, **idR** also **nicht** (§ 50 Abs. 1 S. 2 JStVollzG Bln ua (Bln. § 34 Abs. 1 JStVollzG Bln, §§ 65, 22 Abs. 1 JVollzDSG Bln; in einzelnen Ländern S. 3 bzw. 4), § 23 Abs. 7 JStVollzG NRW iVm § 20 Abs. 2 S. 1 StVollzG NRW, § 132 Abs. 1 iVm § 28 Abs. 1 NJVollzG, § 19 Abs. 1 S. 2 JVollzGB BW IV, Art. 144 Abs. 1 iVm Art. 30 Abs. 2 BayStVollzG, § 33 Abs. 4 S. 3 HessJStVollzG, § 36 Abs. 2 JVollzG LSA). **90c**

Ausnahmeregelungen betr. **Trennvorrichtungen** (§ 33 Abs. 7 JStVollzG Bln, § 132 Abs. 1 iVm § 28 Abs. 2 NJVollzG, Art. 144 Abs. 1 iVm Art. 30 Abs. 3 BayStVollzG, § 33 Abs. 5 S. 3 HessJStVollzG, § 50 Abs. 6 SJStVollzG (im Einzelfall)), deren Verwendung nur im Einzelfall zulässig ist (vgl. zum allg. Strafvollzug OLG Frankfurt a. M. NStZ-RR 2007, 62: konkrete Anhaltspunkte für eine Gefährdung erforderlich), können sich im Hinblick auf das Vollzugsziel ggf. abträglich auswirken. Das Gleiche gilt für Vorschriften zum **Abbruch** von Besuchen ohne vorherige Abmahnung (vgl. – wie schon Nr. 22 Abs. 2 S. 3 VVJug – etwa § 50 Abs. 2 S. 2 JStVollzG Bln ua), welches Vorgehen ggf. gar auch wegen „schädlicher“ Einflussausübung zulässig ist (vgl. etwa § 50 Abs. 3 JStVollzG Bln ua, Art. 144 Abs. 5 BayStVollzG), wenngleich eine solche nach allg. Auffassung konkret festgestellt sein muss. – Bei Familienangehörigen wird ein Abbruch angesichts des Gewichts von Art. 6 Abs. 1, 2 GG nur höchst selten in Betracht kommen (zust. schon Arloth NJVollzG § 123 Rn. 3; Arloth BayStVollzG Art. 144 Rn. 7; Arloth zu vormaligem HmbStVollzG § 28 Rn. 4). **90d**

Ein umfassendes Verbot der Übergabe von **Gegenständen** ohne Möglichkeit der Erlaubnis im Einzelfall (§ 50 Abs. 5 JStVollzG Bln ua (§ 54 JVollzGB LSA, § 33 Abs. 6 S. 1 JStVollzG Bln: grundsätzlich keine)) verstößt gegen den Grundsatz der Verhältnismäßigkeit. **90e**

Besuchsverbote dürfen zwar ua bei Gefahren für die Sicherheit oder Ordnung der Anstalt sowie einem zu erwartenden „schädlichen Einfluss“ verhängt werden. Im Rahmen dieser – konkret zu begründenden (vgl. betr. Presseinterview NStZ 2013, 364 (zum allg. StVollzR)) – Ermessensentscheidung ist indes die besondere, verfassungsrechtlich abgesicherte Bedeutung von Besuchen für die Erreichung des Vollzugsziels zu berücksichtigen und in die Abwägung einzubeziehen, sodass nicht bereits jede Gefahr oder Befürchtung „schädlichen Einflusses“ geeignet ist, ein Besuchsverbot zu legitimieren. **91**

Verbote auf Antrag der *Sorgeberechtigten* sind bei volljährigen Gefangenen verfassungswidrig, bei Minderjährigen sind sie nur eingeschränkt zulässig (vgl. aber → Rn. 88), was bei der Ermessensausübung bzgl. einschlägiger Kann-Vorschriften (§ 48 Nr. 3 JStVollzG Bln ua (Bln. § 32 Nr. 4 JStVollzG Bln), § 26 Abs. 5 Nr. 3 HmbJStVollzG, § 32 Abs. 2 Nr. 3 HessJStVollzG, Art. 144 Abs. 2 S. 3 BayStVollzG) zu berücksichtigen ist. **91a**

92 **b) Schriftwechsel.** Gemäß den verfassungsrechtlichen Vorgaben für den JStVollzug ist das Recht auf Schriftwechsel allseits anerkannt (vgl. ausdrücklich § 51 JStVollzG Bln ua (§ 52 SächsJStVollzG), § 132 Abs. 1 iVm § 29 NJVollzG, § 21 JVollzGB BW IV, Art. 144 Abs. 1 iVm Art. 31 BayStVollzG, § 24 JStVollzG NRW, HessJStVollzG, § 38 Abs. 1 JVollzGB LSA). Indes regeln einzelne dieser Vorschriften dabei sogleich auch die – angesichts der Bedeutung von Schriftwechseln für die Erreichung des Vollzugsziels grundsätzlich nur höchst eingeschränkt zulässige – Möglichkeit, den schriftlichen Verkehr mit bestimmten Personen zu untersagen (vgl. § 53 Nr. 3, Nr. 4 SächsJStVollzG; wegen Fragen eines Verbots nur auf Antrag der Sorgeberechtigten vgl. → Rn. 91a entspr.). Aufgrund der zentralen Bedeutung von zwischenmenschlicher Bindung und Zuwendung wie auch von Außenkontakten für das Erziehungsziel hat im Bedarfsfall die Vollzugseinrichtung die *Kosten* für Aufwendungen, dh neben Schreibmaterial auch das Porto (zur (Teil-)Übernahme § 22 Abs. 3 S. 2 JStVollzG NRW, Art. 122 iVm Art. 31 Abs. 3 BayStVollzG, § 29 Abs. 3 HmbJStVollzG, § 38 Abs. 2 S. 2 JVollzGB LSA, § 36 Abs. 2 S. 2 JStVollzG Bln) zu tragen – entgegenstehende Regelungen (vgl. § 51 Abs. 1 JStVollzG Bln ua) sind mit den Vorgaben des BVerfG schwerlich vereinbar. Speziell betr. Kosten für Schreibgerät in vollzugsrechtlichen Belangen BVerfG BeckRS 2017, 130794 (zum allg. StVollz).

92a Der Schriftverkehr mit dem **Verteidiger** darf inhaltlich nicht überwacht werden (§ 2 Abs. 2, § 148 Abs. 1 StPO; s. auch § 29 Abs. 2 S. 1 StVollzG; ergänzend aber → Rn. 174), und zwar auch nicht bei Anbahnung eines Mandats (aA OLG München StraFo 2012, 348 mablAnm Barton (zum allg. StVollzR)); dies gilt auch für den Beistand (§ 69) und für Rechtsanwälte und Notare („in einer den Gefangenen betreffenden Rechtssache", vgl. nur §§ 54 Abs. 3, 55 S. 2 SächsJStVollzG). Sind die bei Durchsuchung des Haftraums gefundenen Unterlagen nicht als Verteidigerschriftverkehr gekennzeichnet, hat die Anstalt vor Sichtung gleichwohl rechtlich abzuwägen, ob dem JStrafgefangenen die Ausübung des Beobachtungsrechts einzuräumen ist (OLG Karlsruhe NStZ-RR 2011, 27 (zum allg. StVollzR)). – Vgl. betr. Bußgeldbescheid (§ 115 Abs. 1 OWiG) trotz Befugnis zur Weitergabe OLG Karlsruhe NStZ-RR 2014, 224 (Freispruch, betr. allg. U-Haftvollz).

92b Die enge Reglementierung des **Empfangs** von **Paketen** (nach OLG Nürnberg NStZ 2009, 217 auch die Zusendung von Internetausdrucken (Art. 36 Abs. 1 S. 1 BayStVollzG, Art. 5 Abs. 1 S. 1 GG), betr. allg. StVollzR), insb. das (auch für wohltätige Organisationen keine Ausnahmen vorsehende) Verbot von solchen mit Nahrungs- und Genussmitteln (s. etwa § 56 JStVollzG Bln ua (in Sachs. zusätzlich nicht Körperpflegemittel, gem. § 43 Abs. 1 S. 1 JStVollzG Bln zusätzlich nicht Arzneimittel), § 132 Abs. 1 S. 1 iVm § 34 Abs. 1 NJVollzG, § 26 JStVollzG NRW iVm § 28 Abs. 1 S. 2 StVollzG NRW, § 36 Abs. 1 HessJStVollzG, § 44 Abs. 1 S. 2 JVollzGB LSA; anders § 45 BbgJStVollzG sowie § 33 Abs. 1 S. 1 (s. aber auch S. 2, 3) HmbJStVollzG), scheint in dieser Form nicht erforderlich und steht im Widerspruch zu einer teilweise vorhandenen Praxis ebenso wie zur Bedeutung von Paketen für den Kontakt mit der Außenwelt (s. aber OLG Saarbrücken ZJJ 2011, 331 mit ausführlicher, zutr. abl. Anm. Schady; vgl. auch Schroven FS 2016, Heft 1; aA MRTW/Jung-Silberreis Anh. A Rn. 208 f.). – Betreffend die Versagung von Genusspaketen ist unbeschadet des Fehlens eines gesetzlich vorgesehenen Auslegungs-, Ermessens- oder Beurteilungsspielraums vor Anrufung des BVerfG eine fachgerichtliche Befassung vorausgesetzt (BVerfG, 2. Kammer des 2. Senats, BeckRS 2008, 32842 = HRRS 2008 Nr. 658 (zum allg. StR)).

Die Kostenlast der Paket**versendung** ist teilweise dahingehend geregelt, dass der JStrafgefangene sie zu tragen hat (§ 56 Abs. 4 SächsJStVollzG sowie – unter partiellen Ausnahmen – Art. 144 iVm Art. 36 Abs. 4 BayStVollzG bzw. (noch enger) § 33 Abs. 4 HmbJStVollzG, vgl. aber auch § 45 Abs. 6 BbgJVollzG), jedoch wird dies der erzieherischen Bedeutung von (zu unterstützender) zwischenmenschlicher Bindung und Zuwendung nicht gerecht, dh insoweit wäre eine Kostentragung der Vollzugseinrichtung vorzugswürdig. 92c

Die **Überwachung** des allg. Schriftwechsels ist den Gesetzen der Länder zufolge grundsätzlich zulässig, soweit es für die Erziehung (oder Behandlung) bzw. die Sicherheit oder Ordnung in der JStVollzAnstalt erforderlich ist (§ 52 Abs. 3 JStVollzG Bln ua (enger § 39 Abs. 1 JStVollzG Bln: wegen „Gefährdung der Erreichung des Vollzugsziels oder aus Gründen der Sicherheit"); § 24 JStVollzG NRW iVm § 22 StVollzG NRW, § 22 JVollzGB BW IV, § 132 Abs. 1 iVm § 30 Abs. 1 NJVollzG, Art. 144 Abs. 1 iVm Art. 32 Abs. 3 BayStVollzG, § 34 Abs. 2 HessJStVollzG, § 41 Abs. 1 JVollzGB LSA; vgl. auch die seitherige VVJug Nr. 24; speziell AV Bln. ABl. 2006, 1558). Dabei ist – im Unterschied zum allg. Strafvollzug – ggü. jungen Gefangenen mehr Liberalität geboten und mehr Souveränität seitens der JStVollzAnstalt angebracht (s. aber OLG Hamm ZJJ 2005, 77 mkritAnm Pollähne). Vor diesem Hintergrund ist zumindest zw., ob Gründe der Erziehung alleine zur Rechtfertigung einer allg. Postkontrolle zwecks Erlangung von Kenntnissen über das „soziale Umfeld" ausreichend sind (vgl. BVerfG NJW 2006, 2098). Unabhängig davon ist eine Einzelfallprüfung erforderlich. 93

Ein **Anhalten von Schreiben** ist in den Ländern entsprechend der Regelung des StVollzG zulässig (§ 54 JStVollzG Bln ua (§ 55a SächsStVollzG), § 24 JStVollzG NRW (Verweis auf das dortige StVollzG), § 24 JVollzGB BW IV, § 132 iVm § 32 NJVollzG, Art. 144 Abs. 1 iVm Art. 34 BayStVollzG, § 34 Abs. 3 S. 2 HessJStVollzG, § 42 JVollzGB LSA; zur Nichtaushändigung bei rechtsextremistischem Inhalt OLG Jena ZfStrVo 2003, 242). Dabei sollte indes bei JStrafgefangenen eine etwaige Ventilfunktion erhöht respektiert werden, die ein „kräftig formulierter" Brief haben kann (zust. Kreideweiß, Die Reform des Jugendstrafvollzugs, 1993, S. 161). Ohnehin ist ein „beleidigungsfreier" Kommunikationsbereich anerkannt (vgl. etwa BVerfG NJW 2007, 1194 betr. Strafgefangene untereinander (zum allg. StVollzR)). Hinsichtlich „grob unrichtiger Darstellung" berührt die Befugnis zum Anhalten teilweise allg. methodische Probleme von Selbst- und Fremdeinschätzung, und ohnehin kann auch hier ein grundrechtlich anerkannter Kommunikationsschutz entgegenstehen (vgl. BVerfG, 3. Kammer des 2. Senats, StraFo 2009, 379 (zum allg. StVollzR): Art. 5 Abs. 1 S. 1 iVm Art. 2 Abs. 1 S. 1, Art. 1 Abs. 1 S. 1 GG, Art. 6 Abs. 1 GG (betr. „lassen Gefangene in dieser Gummizelle … teilweise wochenlang verrotten")). – Die Befugnis zum Anhalten von „ohne zwingenden Grund" in einer *fremden Sprache* abgefassten Schreiben (vgl. nur § 34 Abs. 3 S. 2 Nr. 4 HessJStVollzG, Art. 144 Abs. 1 iVm Art. 34 Abs. 1 Nr. 6 BayStVollzG) kommt ggü. Aussiedlern einer Sanktionierung der „Loyalität zur russischen Sprache" (Klocke Muttersprache 2008, S. 263) gleich (vgl. ergänzend betr. 94

nur geraffte Übersetzung (AV Hess. JMBl. 2003, 294) Eisenberg ZfStVollz 2004, 95).

95 **c) Telekommunikation.** Die Erlaubnis zu **Telefon-** bzw. **Ferngesprächen** (zur Unzulässigkeit überhöhter Kosten BVerfG, 2. K. des 2. S., NJW 2018, 144 = StraFo 2018, 38; OLG Naumburg StV 2015, 710 (jeweils betr. allg. StVollz); vgl. auch Fährmann/Oelbermann FS 2014, 387) stellen die Gesetze in das Ermessen der Vollzugseinrichtungen (§ 55 JStVollzG Bln ua (§ 35 JStVollzG Bln, § 51), § 25 JStVollzG NRW iVm § 24 und § 27 StVollzG NRW, § 25 JVollzGB BW IV, § 132 Abs. 1 iVm § 33 NJVollzG (vgl. näher zu § 33 Abs. 2 S. 1 bzw. S. 2 iVm § 26 NJVollzG OLG Celle NStZ-RR 2009, 158: „dringender Fall" ist ein gerichtlich uneingeschränkt überprüfbarer unbestimmter Rechtsbegriff), § 35 Abs. 1 HessJStVollzG, § 37 Abs. 2 JVollzGB LSA); in Bay. ist jedoch eine Beschränkung auf dringende Fälle vorgesehen (Art. 144 Abs. 1 iVm Art. 35 BayStVollzG; näher dazu Laubenthal FS Rössner, 2015, 285). Dabei sollen jeweils die Regelungen über den Besuch Anwendung finden (vgl. aber speziell zu datenschutzgerechter Insassen-Telefonie Körffer FS 2015, 323 ff.). – Eine Überwachung von Gesprächen mit **Verteidigern** (vgl. ergänzend → Rn. 159) und **Beiständen** iSv § 69 ist grundsätzlich **unzulässig** (vgl. auch BGH NStZ 2011, 592 = StV 2011, 744, betr. allg. StVollzR: etwa missbräuchlicher Ausübung ist anderweit zu begegnen; zur Unzumutbarkeit von Störungen BVerfG, 2. Kammer des 2. Senats, NStZ-RR 2014, 121, zum allg. StVollzR), in mehreren Ländern gilt dies auch für Rechtsanwälte und Notare in einer den Insassen betreffenden Rechtssache (vgl. etwa § 35 Abs. 1 S. 1 iVm § 34 Abs. 2 JStVollzG Bln).

95a **Mobiltelefone** können nach den Vorschriften über den persönlichen Gewahrsam zugelassen werden, was aber idR im Hinblick auf die Sicherheit und Ordnung untersagt wird bzw. generell untersagt ist (vgl. nur § 22 Abs. 1 JVollzGB BW I; § 1 BlnMFunkVG (GVBl. 2009, 305), § 35 Abs. 4 S. 1 HessJStVollzG, § 55 Abs. 2 SächsJStVollzG (anders betr. offenen Vollzug)). – Das Auslesen von Daten ist wegen Verstoßes gegen Art. 1 Abs. 1 iVm Art. 2 Abs. 1 GG (informationelle Selbstbestimmung) unzulässig (LG Berlin StraFo 2013, 521 (zum allg. StVollz), § 25 JVollzDSG Bln), die Daten sind zur Begründung von VollzMaßnahmen nicht verwertbar. – Zur Regelung über technische Geräte zur Störung von Frequenzen vgl. § 2 BlnMFunkVG (GVBl. 2009, 305), § 32 Abs. 3 S. 1 HmbStVollzG, § 55 Abs. 3 SächsJStVollzG, § 22 Abs. 2 JVollzGB BW I, § 35 Abs. 4 S. 2–4 HessJVollzG), zu einem Testlauf in Bln. vgl. Bericht FS 2012, 282 f.

95b Zu anderen Formen der **Telekommunikation** (zB Internet, näher dazu etwa Esser NStZ 2018, 121 ff. (betr. allg. Vollz)) vgl. § 42 JStVollzG Bln, § 61 BbgJVollzG, § 55b SächsJStVollzG, § 32 Abs. 2 HmbJVollzG, § 55 Abs. 2 SJStVollzG.

2. Freizeit

96 Dieser Bereich und insb. zB sportliche Betätigung haben einen für die Entwicklung des Jugendlichen bzw. Heranwachsenden und damit für das Vollzugsziel wesentlichen, zeitlich dominanten Stellenwert, der im Allg. als gleichrangig mit beruflicher und schulischer Bildung und Arbeit beurteilt wird und bei der gesetzlichen Regelung insofern speziell zu berücksichtigen

ist (BVerfG NJW 2006, 2096). Wann Freizeit beginnt und endet, unterliegt der Regelung in der jeweiligen Hausordnung. – Besonders wichtig sind Freizeitangebote an *Wochenenden* und an Feiertagen (s. zu dieser Verpflichtung ausdrücklich § 39 Abs. 1 S. 2 JStVollzG NRW; ergänzend Dünkel DVJJ 2008, 78). Auch jugendgerichtlich auferlegte Freizeitarbeiten (vgl. AG Tiergarten 22.4.2009 – 47 Js 2276/08 Ls) werden an diesen Tagen abzuleisten sein. – Wegen einschlägiger Bemühungen bzgl. *Spielsüchtiger* s. vormals etwa Burgstaller ZfStrVo 1991, 287; vgl. allg. → § 5 Rn. 81a.

a) Einzelne Regelungen. Die Freizeitgestaltung soll (auch im JStVollzug) danach ausgerichtet sein, spontan geäußerte Bedürfnisse und Ideen aufzugreifen, Interessen zu fördern und Neigungen und Begabungen zu wecken (JStVollzKomm S. 36 f.). Sie dient auch der zweckfreien Entspannung und Erholung. Relevanz für Bemühungen um bestimmte Gefangenengruppen haben differenziertere pädagogische Angebote (vgl. etwa betr. „animative" Freizeitgestaltung Walkenhorst DVJJ-Journal 2000, 267 ff.; ergänzend Pöge Bewährungshilfe 2014, 87 ff.). Daher sollte ein attraktives Angebot verschiedenster Art bestehen (Elster/Lingemann/Sieverts KrimHdWB/Böhm S. 528; die Gesetze der Länder nennen teilweise zB Weiterbildung, Gruppenaktivitäten, Sport, Bücher, neue Medien). Gleichwohl legen die Gesetze nur teilweise ausdrücklich – indes ohnehin aus den **verfassungsrechtlichen Vorgaben** folgende – Verpflichtungen der JStVollzAnstalten fest, entsprechende Angebote vorzuhalten (vgl. §§ 39 Abs. 2 S. 1, 40, 41 JStVollzG NRW, § 50 Abs. 1 S. 2 HmbJStVollzG; weniger konkret § 38 S. 2 JStVollzG Bln ua (§ 45 S. 2 JStVollzG LSA), § 128 Abs. 1 NJVollzG), speziell zu einer Bücherei § 62 Abs. 1 S. 2 JStVollzG Bln, zu einer Mediathek § 65 Abs. 1 S. 2 BbgJVollzG, § 63 Abs. 1 S. 2 JVollzGB LSA). 97

Gemäß allg. erzieherischen Grundsätzen sind Eigenständigkeit und Mitspracherecht der JStrafgefangenen sowie freiwillige Teilnahme zu gewährleisten, dh eine **Verpflichtung** zur Teilnahme ist insoweit nur ausnahmsweise begründbar (zB wenn Einzelmaßnahmen aus individualtherapeutischen Gründen im Erziehungsplan vorgesehen sind), zumal andernfalls auch ein Verstoß gegen das Verbot der Schlechterstellung im Vergleich zum allg. Strafvollzug vorläge (vgl. → § 2 Rn. 23 ff.). Demgegenüber enthalten § 38 S. 3 JStVollzG Bln ua (Bln. § 62 Abs. 2 JStVollzG Bln) – nicht indes Sachs. und § 39 SchlHJStVollzG – sowie § 50 Abs. 2 HmbJStVollzG generell (vgl. dazu Dünkel/Kühl NK 2009, 82 ff.: „restriktiver Rückschritt") und § 128 Abs. 2 S. 1 NJVollzG als Möglichkeit eine spezielle Mitwirkungspflicht (abl. vormals Arloth NJVollzG § 128 Rn. 1; vgl. näher aber → Rn. 44f); vgl. im Sinne mittelbarer Pflicht § 63 Abs. 3 JVollzGB LSA, wonach Sport auch der „Erreichung des Vollzugsziels dient und zur Diagnostik und gezielten Behandlung eingesetzt werden kann." 97a

b) Sportliche Betätigung. Sie gilt – statistisch betrachtet – als besonders wichtiger Freizeitfaktor. Dem tragen mehrere Landesgesetze besonders Rechnung (vgl. § 39 BremJStVollzG und § 39 SchlHJStVollzG, § 53 JVollzGB BW IV, Art. 153 Abs. 1 S. 2 BayStVollzG, § 30 HessJStVollzG). § 39 S. 3 JStVollzG Bln ua; § 53 Abs. 3 JVollzGB BW IV, § 30 S. 3 HessJStVollzG, § 63 Abs. 2 S. 2 JVollzGB LSA enthalten vor diesem Hintergrund einen Anspruch auf sportliche Betätigung von mindestens zwei Stunden pro Woche, § 38 S. 2 JStVollzG NRW von mindestens drei Stunden, 98

§ 39 SächsJStVollzG von mindestens vier Stunden. – Wie auch die Freizeitbeschäftigung im Allg., bieten Sportveranstaltungen zudem ggf. eine Möglichkeit unter mehreren, Kontakte zu Anstaltsfremden zu fördern (JStVollz-Komm S. 36 ff.; Elster/Lingemann/Sieverts KrimHdWB/Böhm S. 528; s. auch Kruse ZfStrVo 1982, 287; auch Spang ZfStrVo 1982, 279; Nickolai ua, Sozialpädagogik im Strafvollzug/Nickolai ua, 1985, S. 119 ff.; Nickolai DVJJ-Journal 1995, 124 ff.; s. auch Nickolai/Sperle ZfStrVo 1993, 162 ff.; betr. „Motorrad-Trial" s. Thielicke/Winter ZfStrVo 1991, 229), aber auch zu Elementen von Entspannung (vgl. Asselborn/Lützenkirchen ZfStrVo 1991, 269 (272 f., gem. nicht-direktiver Orientierung des Personals)) bzw. ggf. der Förderung des Selbstbewusstseins (vgl., unter Einschränkungen, zum Boxen Bauer FS 2015, 153).

98a Andererseits scheidet auch hier ein Zwang aus (vgl. etwa schon Rössner FS Böhm, 1999, 458: Arloth Rn. 1 zum vormaligen § 53 HmbStVollzG; indes auch → § 128 Rn. 4 Abs. 2 S. 3 NJVollzG: „zur Teilnahme anzuhalten").

99 **c) Kulturelle Beschäftigungen.** Diese sind nicht minder bedeutsam (zB handwerkliche Tätigkeiten, Malen, Schreiben, Lektüre, Fremdsprachen wie auch Ausüben bzw. Hören von Musik), worauf daher gleichfalls ein Anspruch auf Mindestzeiten der Ermöglichung anzuerkennen ist (speziell zu Kunsttherapie Hammer Bewährungshilfe 2014, 43; Roggenthin FS 2016, Heft 1; zum Lesen sozusagen als Notlösung Pöge/Haertel ZJJ 2015, 144). Hierfür sowie für sonstige Freizeitgestaltung erforderliche **Gegenstände** dürfen die Gefangenen daher grundsätzlich in angemessenem Umfang besitzen (§ 42 Abs. 1 JStVollzG Bln ua, § 54 JVollzGB BW IV, § 132 Abs. 1 iVm § 67 NJVollzG, § 20 HessJStVollzG, Art. 152 Abs. 2 iVm Art. 72 BayStVollzG).

99a Hinsichtlich **elektronischer** Geräte finden sich dabei besondere Regelungen. So ist deren Zulassung nach § 42 Abs. 3 JStVollzG Bln ua (Bln. § 58 Abs. 5 JStVollzG Bln) als Ermessensentscheidung ausgestaltet, „wenn erzieherische Gründe nicht entgegenstehen", und ähnlich verhält es sich gem. § 132 Abs. 1 iVm § 67 Abs. 1 NJVollzG, wenn Versagungsgründe nicht vorliegen. Gemäß § 54 Abs. 3 JVollzGB BW IV kann die Zulassung ggf. der Zustimmung der Aufsichtsbehörde „vorbehalten sein". Nach Art. 152 Abs. 2 S. 3 BayStVollzG aE sind Unterhaltungsmedien „ohne pädagogischen Wert" nicht zugelassen; weniger restriktiv § 41 Abs. 1 JStVollzG NRW bzw. § 53 Abs. 3 HmbJStVollzG: wenn die Benutzung dem Vollzugsziel „nicht zuwiderläuft" bzw. „erzieherische Gründe nicht entgegenstehen". Nach § 29 Abs. 4 S. 2 HessJStVollzG muss die „Nutzung dem Erziehungsziel" dienen, was im Einzelnen ggf. in gewissem Widerspruch zu Wesen und Sinn der Freizeit stehen kann (vgl. auch Ostendorf/Vogel JugendStrafVollzR § 5 Rn. 88 f.). Die Zulassung kann auf die jeweilige VollzEinrichtung beschränkt werden, dh solchenfalls kann das Gerät mit Verlegung in eine andere VollzEinrichtung (bei ggf. unterschiedlichen Sicherheitsvorgaben) zur Habe genommen werden (vgl. OLG Frankfurt a. M. NStZ-RR 2009, 359 (betr. allg. StR)).

99b Die Judikatur (auch zum allg. StVollzug) ist entsprechend der technischen Entwicklung differenziert (vgl. etwa vormals OLG Frankfurt a. M. 22.11.1990 – 3 VAs 38/90 bei Böhm NStZ 1991, 525 bzw. OLG Bamberg BlStVKunde 1995, 9, denen zufolge die Aushändigung eines PC auf den

Haftraum aus Gründen der Sicherheit und Ordnung versagt werden darf, was indes zumindest die Feststellung konkreter Gefährlichkeit voraussetzt (ebenso Ostendorf/Vogel JugendStrafVollzR § 5 Rn. 89); bejahend betr. Laptop OLG Rostock StV 2016, 168 (zu § 16 UVollzG M-V), diff. Ostendorf/Borchert/Walter JugendStrafVollzR § 3 Rn. 28)). Unterschiedlich beurteilt wird auch die Frage der Überlassung eines (einfachen) **DVD-Players** (vgl. KG StV 2006, 259) bzw. von DVDs (bejahend LG Bochum ZfStrVo 2002, 186, gem. überwiegender Auffassung nicht jedoch solche pornografischen Inhalts (OLG Brandenburg NJ 2008, 274: auch betr. offenen Vollzug); zum Kriterium FSK-18-Freigabe OLG Frankfurt a. M. NStZ 2009, 220 sowie einschr. Hmb. FS 2009, 43 (zum allg. StR hingegen eine „generell-abstrakte Gefahr" bejahend OLG Koblenz NStZ 2011, 351)) bzw. von **Telespielgeräten** (s. OLG Nürnberg NStZ-RR 2002, 191; betr. Spielkonsole ‚Nintendo Game Cube' abl. OLG Brandenburg NStZ-RR 2007, 188 (internetfähig und Kontrollaufwand bei Abwägung wegen fehlenden Erziehungszwecks zu hoch), ähnlich betr. ‚Nintendo DS Lite' OLG Celle NStZ-RR 2011, 31 (Ls., zum allg. StVollzR); eher pauschal gegen Spielkonsolen, Mini-Computer sowie MP3-Player noch Arloth zum vormaligen § 56 HmbStVollzG, BayStVollzG Art. 152 Rn. 6; vgl. ergänzend Beyler ZfStrVo 2001, 142); die Spielkonsole **Sony Playstation 2** begründet nach hM eine allg. Gefährlichkeit für die Sicherheit der Anstalt (vgl. nur OLG Karlsruhe StV 2007, 316), da sie unter Verwendung von Zusatzgeräten den Zugang zum Internet ermöglicht (vgl. dazu → Rn. 100b; vgl. zum Ganzen auch MRTW/Jung-Silberreis Anl. A Rn. 182–184). – Ob die **Kosten** einer sicherheitstechnischen Überprüfung dem JStrafgefangenen auferlegt werden dürfen (bejahend OLG Brandenburg NStZ-RR 2005, 284), ist nicht abschließend geklärt (vgl. aber etwa § 58 Abs. 4 JStVollzG Bln).

d) Zugang zu Medien. Der Bezug von *Zeitungen* und *Zeitschriften* ist entsprechend dem StVollzG gestaltet (§ 40 JStVollzG Bln ua, § 56 JVollzGB BW IV, § 132 Abs. 1 iVm § 65 NJVollzG, Art. 152 Abs. 2 iVm Art. 70 BayStVollzG, § 29 Abs. 2 HessJStVollzG, § 58 JVollzGB LSA). – Wenngleich ein Abonnement nur im Falle der Erfüllung eines Straf- oder Bußgeldtatbestandes versagt werde darf, kann ansonsten ein Vorenthalten wegen (erheblicher) Gefährdung von Sicherheit oder Ordnung der Anstalt in Betracht kommen (vgl. betr. U-Haft → § 89c Rn. 72), wobei (schon zur Vermeidung einer Umgehung der vorgenannten Voraussetzung) die Kontrolle nur unter besonderen Umständen auf bloße Stichproben beschränkt werden darf (OLG Celle NdsRPfl 2011, 80 (zum allg. StVollzR)). **100**

Über den gemeinschaftlichen **Radio- und Fernseh**empfang hinaus ist der Besitz von **Geräten** im **Haftraum** gem. § 41 Abs. 2 JStVollzG Bln ua (Bln. § 58 Abs. 2, 3 JStVollzG Bln), § 52 Abs. 1 S. 3 HmbJStVollzG, § 59 Abs. 2 S. 1 JVollzGB LSA in das Ermessen der Anstalt gestellt, „wenn erzieherische Gründe nicht entgegenstehen" (nach § 41 Abs. 2 S. 2 SächsJStVollzG hingegen nur, „wenn es der Erreichung des Vollzugsziels dient"), während gem. § 41 Abs. 1 JStVollzG NRW, § 55 JVollzGB BW IV, Art. 152 Abs. 2 iVm Art. 71 BayStVollzG die allg. Regelung über den Besitz von Gegenständen Anwendung findet (vgl. iÜ § 132 Abs. 1 iVm § 66 S. 1 NJVollzG, § 29 Abs. 4 HessJStVollzG), wobei ua die Ausmaße des Gerätes, nicht aber die Bildschirmdiagonale (OLG Celle MMR 2009, 290 (betr. Flachbildgerät)), ein geeignetes Kriterium sein können (zur Unzulässigkeit einer Verpflich- **100a** tung, eine Anmietung nur bei einem bestimmten externen Anbieter vorzunehmen, OLG Dresden StV 2008, 89 (betr. allg. StVollz)).

100b Nach hM umfasst das Recht des JStrafgefangenen auf Besitz von Gegenständen zur Fortbildung und Freizeitgestaltung auch die Nutzung des **Internet** (vgl. nur § 52 Abs. 1 S. 4 JStVollzG Hmb) indes nur vermittelt (vgl. etwa schon Arloth NJVollzG § 128 Rn. 3; Arloth BayStVollzG Art. 152 Rn. 4: „Simulationen"; Ostendorf/Vogel JugendStrafVollzR § 5 Rn. 80: „Spiegeln" bestimmter Inhalte des Internet auf einen Server; zu Podknast vgl. Schaede/Neubacher FS 2010, 347 ff. (s. auch FS 2012, 4) bzw. Dessecker/Egg, Justizvollzug in Bewegung/Baucks, 2013, S. 145 ff.; näher zu Art. 10 EMRK EGMR NJOZ 2018, 1158 mBspr Bode ZIS 2017, 348 ff. (zum allg. StVollzR)). Dies betrifft auch **Online-Zeitungen** bzw. -Zeitschriften, die iRd Grundrechts auf Informationsfreiheit (Art. 5 Abs. 1 S. 1 GG) den sonstigen Regelungen unterliegen (vgl. 100), bzw. betr. – nur abstrakt-generell gefährdend – Empfangseinrichtungen für **Videotext** (zu Einschränkungen detailliert OLG Frankfurt a. M. NStZ-RR 2008, 30 (betr. allg. StVollzR)). Der Besitz eines *DVBT-Decoders* zum Empfang digitalen *Fernsehens* kann versagt werden, weil das Gerät (auch) eine unkontrollierte Informationsübermittlung ermöglicht (KG NStZ-RR 2007, 327 (Ls., betr. allg. StR); OLG Celle StraFo 2009, 172), und entsprechend wurde für USB- sowie SD-Memory-Card-Anschlüsse entschieden (OLG Frankfurt a. M. NStZ-RR 2013, 325 (zum allg. VollzR); vgl. auch → Rn. 99b). Zur Versagung von Medien mit der Kennzeichnung FSK-18 bzw. USK-18 auch ohne nähere Einzelfallprüfung OLG Naumburg NStZ 2016, 240 mit ausf. abl. Anm. Müller-Metz; anders OLG Hamburg OLGSt StVollzG § 116 Nr. 4 (jeweils zum allg. StVollz)).

3. Religionsausübung

101 Die hierzu getroffenen Regelungen der Gesetze der Länder entsprechen jeweils den §§ 53 ff. StVollzG. Insoweit wird auf die Erl.-Werke hierzu bzw. zu den Landesgesetzen zum allg. StVollzug verwiesen.

4. Gesundheit

102 **a) Fürsorge; Datenschutz.** In den Landesgesetzen finden sich vergleichsweise detaillierte Vorschriften über die Gesundheitsfürsorge der Gefangenen (§§ 32 ff. JStVollzG Bln ua, §§ 35 ff. JStVollzG NRW, §§ 30 ff. JVollzGB BW IV, § 132 iVm §§ 56 ff. NJVollzG, Art. 151 iVm Art. 58 ff. BayStVollzG, § 23 HessJStVollzG (allerdings einschr. § 24 Abs. 1 S. 1: „unter Beachtung … der Wirtschaftlichkeit")), und zwar einschließlich solcher mit Relevanz für *soziale Eingliederung* (vgl. betr. anstaltsärztliche Stellungnahme zur Erlangung einer Kostenzusage betr. § 35 BtMG OLG Nürnberg StV 2010, 704: Anspruch auf fehlerfreie Ermessensentscheidung nach § 65 BayStVollzG (betr. allg. StR, s. aber Art. 151 Abs. 1 S. 1 BayStVollzG)). § 35 Abs. 1 JStVollzG NRW kennt einen weiten Gesundheitsbegriff (körperlich, seelisch, geistig, sozial), die Mehrzahl der Landesgesetze nennen indes (nur) körperliche und geistige Gesundheit, § 32 Abs. 1 SchlHJStVollzG jedoch zusätzlich die seelische; hingegen enthalten sich § 32 SächsJVollzG, § 56 NJVollzG und § 23 HessJStVollzG einer Umschreibung. Teilweise erheblich unterschiedlich gestaltet sind auch das *Rauchverbot* (vgl.

als besonders ausgeprägt § 26 JVollzGB BW I) und dessen Grenzen (n. dazu Ostendorf/Borchert/Walter JugendStrafVollzR § 3 Rn. 74). Soweit JStrafgefangene verpflichtet sind, Maßnahmen zu *unterstützen* (vgl. Art. 122 iVm Art. 58 Abs. 2 BayStVollzG), sind Einzelheiten in den Hausordnungen geregelt (vgl. betr. Tätowieren oder Piercen AG Rosenheim NStZ 2009, 216 mBspr Rotthaus NStZ 2010, 199).

Betreffend *schuldhafte Verursachung* wie speziell auch hinsichtlich Zahnprophylaxe geht der Anspruch teilweise über denjenigen im allg. StVollzug hinaus (vgl. etwa § 127 Abs. 1, 2 NJVollzG), und zwar besonders für Minderjährige (vgl. dazu Art. 151 Abs. 1 S. 2, Abs. 2 BayStVollzG). Dabei hat sich der Umfang des Versorgungsanspruchs ggü. den Anstalten am Leistungsumfang der gesetzlichen Krankenkassen zu orientieren (s. auch Tondorf/Tondorf ZJJ 2006, 246). Die Gesundheitsfürsorge umfasst auch einen Anspruch von ein bzw. zwei Stunden Aufenthalt im Freien pro Tag, wofür Gelegenheit zum Sport zu geben ist (vgl. etwa Art. 153 Abs. 3 BaySt-VollzG). Die Reduzierung (entspr. der vormaligen Nr. 55 VVJug) auf gar nur eine Stunde (vgl. etwa § 62 HmbJStVollzG) beruht weithin auf Personalbelangen (vgl. dazu vormals Arloth BayStVollzG Art. 151 Rn. 4; vgl. ergänzend auch Jesse ZJJ 2015, 125). **102a**

Angaben des Gefangenen über seinen Gesundheitszustand unterliegen seinem Recht auf *informationelle Selbstbestimmung* ebenso wie der *ärztlichen Schweigepflicht* (zur Nichtüberwachung des Schriftverkehrs mit Ärzten von außerhalb § 30 Abs. 3 Nr. 8 HmbJVollzG; vgl. auch → Rn. 143b). Bittet der Gefangene zB unter Bezeichnung als „Notfall" um ärztliche Untersuchung, so darf diese nicht davon abhängig gemacht werden, ob er unzulässige Fragen einer Person des allg. Vollzugsdienstes betr. den Gesundheitszustand beantwortet (OLG Frankfurt a. M. NStZ 2011, 709, betr. allg. StVollz). **102b**

Der Gefangene hat gem. dem informationellen Selbstbestimmungsrecht und dem erzieherischen Grundsatz der Transparenz ein Recht nicht nur auf Auskunft, sondern auf *Einsicht* in die *Krankenakten* (bzw. -unterlagen), und zwar – wenn auch ggf. unter Abwägung ggü. Belangen der ärztlichen Aufgaben – einschließlich Wertungen (vgl. (betr. allg. StVollz), unter Hinweis auch auf die Rspr. des EGMR zu Art. 8 EMRK, BVerfG, 2. K. des 2. Senats, NJW 2017, 1014 mit PK Arloth NStZ 2018, 163 f.: § 203 BaySt-VollzG insoweit mit Art. 19 Abs. 4 GG nicht vereinbar; betr. U-Haft OLG Brandenburg StraFo 2008, 154 f. (zum allg. StR); ergänzend → Rn. 149, → § 89c Rn. 79) sowie von – zur Kontrolle nicht selten zentralen – handschriftlichen Notizen, ohne das Interesse daran näher darlegen zu müssen (§§ 65, 30, 31 JVollzDSG Bln (vorbehaltlich einer Sperrung, § 29); auch betr. Krankenblätter, jeweils zum allg. StVollzR, Bung HRRS 2010, 251; aA KG HRRS 2010 Nr. 370). Zugleich hat er einen Anspruch auf (erforderlichenfalls unter Heranziehung eines Sachverständigen vorzunehmende) *gerichtliche Überprüfung* (Art. 19 Abs. 4 GG) der Geeignetheit und Angemessenheit einer ärztlichen *Behandlung* (Abs. 1 S. 1; BVerfG NStZ 2013, 168 = StV 2013, 578 (zum allg. StVollz)). **102c**

b) Körperliche Benachteiligungen. Soweit Gefangene zB wegen Alters oder geistiger, seelischer (vgl. allg. → § 5 Rn. 69 ff.; speziell betr. eine Anstalt in SchlH Köhler, Psychische Störungen bei jungen Straftätern, 2004) oder körperlicher Beeinträchtigungen nicht in Schul-, Ausbildungs- oder **103**

Arbeitsprogramme integriert werden, finden ua **werkpädagogische** Bemühungen statt (vgl. etwa Müller/Scholz ZfStrVo 1992, 171 f.). – Bestimmte **körperliche Mängel** oder Benachteiligungen, deren ärztliche Behandlung zwar möglich, aber aus medizinischen Gründen nicht erforderlich ist (zB kosmetische Operationen, Zahnersatz), beeinträchtigen regelmäßig das Selbstwertgefühl (vgl. allg. auch → § 5 Rn. 72) und behindern vielfach ein unbefangenes Verhältnis des Gefangenen zur Umwelt; im Sinne multifaktorieller Zusammenhänge von Straftatbegehung können sie insofern relevant sein (vgl. schon Stutte Praxis KiPsych 1974, 161 ff.). Auch in diesen Fällen sollte für die ärztliche Betreuung gesorgt werden (Denkschrift 1977, 38 f.; s. zum Kriterium medizinischer Beurteilung etwa Erlass JuM Hess. JMBl. 1987, 241; vgl. allg. die vormaligen Nr. 49, 52, 53, aber auch Nr. 54 VVJug).

104 **c) Alkohol- bzw. Drogenabhängigkeit oder -gefährdung.** Zur Betreuung alkoholabhängiger bzw. -gefährdeter JStrafgefangener (vgl. auch → § 5 Rn. 43, 47, 80) s. etwa Fehrs (Suchtgefahren 1985, S. 83; vgl. für Sachs. Wößner/Vogt MschKrim 2010, 382 bzw. Hartenstein ua ZJJ 2016, 19 (22 f.); für NRW Wirth FS 2013, 351). – Nach Angaben anstaltsärztlicher Dienste seien als Anteil Alkoholabhängiger ca. 14 % genannt worden, bzgl. derer überwiegend zugleich Drogenabhängigkeit bejaht worden sei (vgl. Heimerdinger, Alkoholabhängige Täter, Justizielle Praxis und Strafvollzug, 2006, S. 75 f.; zur Entwicklung (betr. JVA Adelsheim) Stelly/Thomas FS Kerner, 2013, 820).

104a Einer dergestaltigen stichprobenartigen Atem*alkoholkontrolle,* der auch JStrafgefangene unterzogen werden, bei denen weder aktuell konkrete Anhaltspunkte für Konsum vorliegen noch jemals seither Alkoholkonsum festgestellt wurde, steht nicht nur der Verhältnismäßigkeitsgrundsatz (aA betr. Sicherungsverwahrung OLG Hamm NStZ 2010, 399 (zum allg. StR)), sondern im JStVollzug schon das Erziehungsziel (→ Rn. 22 ff.) entgegen, das ein Minimum an gegenseitiger Vorhersehbarkeit des Verhaltens voraussetzt.

105 Bezüglich Drogenabhängiger besteht grundsätzlich eine Fürsorgepflicht zur Behandlung. Für die Umsetzung dieser Pflicht ist zunächst der zahlenmäßig erhebliche Anteil dieser Personengruppe zu gewärtigen. Die diesbzgl. Angaben schwanken international und regional stark, weisen aber auf eine erhebliche Problemdimension hin (zum Forschungsstand Klatt/Baier Bewährungshilfe 2012, 5 (6 f., 12 ff.). Nach Dolde (in Gaßmann, Suchtprobleme hinter Mauern, 2002, S. 133) waren in BW gem. einer Befragung Ende der 1990er Jahre etwa 30 % therapiebedürftig (mit besonders hohen Anteilen bei Aussiedlern; dazu betr. fünf norddeutsche VollzEinrichtungen ähnl. Hosser/Taefi MschKrim 2008, 138 f.; für 2011/12 geringer Werte bei Klatt/Baier Bewährungshilfe 2012, 5 (10); zu rückläufiger Tendenz auch Stelly/Walter NK 2011, 51; s. aber auch MRTW/Jung-Silberreis Anh. A Rn. 229–231; für Sachs. Wößner/Vogt MschKrim 2010, 382 ff. (384) mit sonstigen Nachw., Hartenstein ua ZJJ 2016, 19 (22 f.); zu (vormaliger) Drogenerfahrung bei Insassen der JVA Laufen-Lebenau vgl. Tillack/Hari ZfStrVo 2000, 353 ff.). Die **Therapiemöglichkeiten** unter den Bedingungen einer **Haftanstalt** (vgl. auch → § 89b Rn. 25 ff.) sind deshalb von vornherein **begrenzt,** weil eine psychische Entwöhnung am ehesten in einem freien Umfeld durchgeführt werden kann (zur Suchtberatung, die personell von repressiver Drogenprävention zu trennen ist, vgl. schon AV NRW JMBl.

1998, 302 (4.4); speziell betr. Nichtdeutsche Schlebusch ZfStrVo 1999, 19 f.; vgl. vormals allg. krit. Scheerer/Kappel StV 1982, 182 (184 ff.)). Zwar bewirkt die bloße Inhaftierung – neben einer Entgiftung –, dass der JStrafgefangene dem gewohnten Milieu (als etwaigem Verstärker des Fehlverhaltens) entzogen wird, jedoch ist auch der Vollzug rechtstatsächlich nicht frei von einschlägigen Einflüssen (vgl. → Rn. 40–42, 109f).

Was die tatsächlich im JStVollzug **durchgeführten Therapieprogramme** angeht (zu erheblichen Anteilen des Abbruchs für Sachs. Hartenstein ua ZJJ 2016, 22), so werden – trotz Einwänden ähnlich denjenigen ggü. dem Stufenstrafvollzug (vgl. → Rn. 77) im Allg. (vgl. etwa schon Hanschmann ua KrimJ 1982, 277 (282 f., 286)) – verschiedene Etappen unterschieden (etwa Aufnahmebereich mit anamnestischen und diagnostischen Aufgaben, Motivationsprüfungsversuche bzw. beschäftigungs-, psycho- und sozialtherapeutische Maßnahmen, Unterbringung in externen Einrichtungen). Als bedeutsam erscheint die verschiedentliche Beschäftigung **externer** Drogenberater, die die Betroffenen in der JVA aufsuchen, ebenso wie Vollzugslockerungen zwecks Orientierungsbesuchen bei Therapieeinrichtungen für den Fall der Zurückstellung oder Aussetzung der (weiteren) Vollstr. 106

Wenngleich eine abschließende Würdigung nicht möglich ist, vielmehr ua der Persönlichkeit (einschließlich beruflicher Qualifikation) der Therapierenden und Betreuenden (auch) bei der hier erörterten Streitfrage maßgebliche Bedeutung zukommt, scheinen bisherige Evaluationstendenzen die vorläufige Aussage zuzulassen, dass die Ergebnisse nach Therapie unter Zwang nicht schlechter sein müssen als nach Therapie ohne Zwang (vgl. etwa schon Egg/Bühringer S. 132 ff.; Dessecker/Egg/Kurze S. 82). Bedeutung kommt dabei auch der Frage nach einer (Methadon-)Substitution zu (vgl. aber betr. allg.-ärztliche Qualifikation restriktiv OLG München NStZ-RR 2012, 385 (betr. allg. StVollzR); zur Empirie vormals etwa Althoff/Schmidt-Semisch WienerZSuchtforschung 1992, S. 23 ff.; ergänzend → § 10 Rn. 52). – Nach einer Analyse von Grübl betr. die JVA Crailsheim (ZfStrVo 1992, 297; s. dazu auch Gaßmann, Suchtprobleme hinter Mauern/Dolde, 2002, S. 138–140) sind „Rückfälle" in den Drogenkonsum während des Vollzugsprogramms nur begrenzt Grund zur Resignation, vielmehr geschehe die Erreichung oder aber Verfehlung des Vollzugsziels weithin unabhängig davon. 106a

Notwendige Voraussetzung für die Anordnung einer **Urinkontrolle** (bzw. von – wegen des Verbots der Selbstbelastung umstrittenen – Disziplinarmaßnahmen im Falle der Verweigerung) zur Abwehr von Gesundheitsgefahren (vgl. auch → Rn. 130) ist ein hinreichend konkreter Verdacht auf BtM-Missbrauch (zB nachgewiesener vorausgegangener Konsum (BVerfG, 3. K. des 2. S., FS 2011, 192 = HRRS 2009 Nr. 877, betr. allg. StR), zusätzliche Umstände (OLG Rostock StV 2004, 611); vgl. ergänzend und zu sonstigen Konsequenzen OLG Frankfurt a. M. NStZ-RR 2005, 158 (Ls.; betr. allg. StR)); nach aA sollen (als Gesundheitsfürsorge) auch ohne konkreten aktuellen Verdacht Zufallsstichproben zulässig sein (OLG Frankfurt a. M. NStZ-RR 2009, 295; KG NStZ-RR 2018, 30 (jeweils betr. allg. StR)), wogegen im erzieherisch orientierten JStVollzug erhöhte Bedenken bestehen. Soweit in den Vollzugsakten ein Drogenkonsum bestätigender Urintest vermerkt wird, wird diesem kein Regelungscharakter beigemessen, sodass der Gefangene die Streichung nicht verlangen konnte (OLG Frankfurt a. M. 3.6.1992 – 3 VAs 22/92 bei Böhm NStZ 1992, 530; zw., zumal 107 soweit wegen Weigerung der Abgabe von Urinproben Vollzugslockerungen versagt wurden, OLG Frankfurt a. M. 19.5.1993 – 3 VAs 8/93 bei Böhm NStZ 1993, 530; zur freiwilligen Abgabe als verfassungsrechtlich unbedenklich BVerfG NStZ-RR 2006, 189 (Ls.) betr. allg. Strafvollzug).

108 **d) Erkrankung an AIDS.** Besondere Probleme ergeben sich iZm Gefangenen, die diesbezüglich erkrankt bzw. mit dem HI-Virus infiziert sind. Allg. zum Umgang mit HIV-Infizierten bzw. AIDS-Kranken im (J)StVollzug bzw. zu Fragen der **Vollzugsgestaltung** und Behandlung s. betr. die unterschiedliche Handhabung in den einzelnen Bundesländern vormals BT-Drs. 11/7200 = ZfStrVo 1991, 109; vgl. im Übrigen schon Höflich ZfStrVo 1991, 81; Rex ZfStrVo 1991, 345; Hefendehl ZfStrVo 1996, 136; aus Sicht der Bewährungshilfe Busch, HIV/AIDS und Straffälligkeit/Klingmann, 1991, S. 231 ff.

108a Die Bundesländer haben (besonders für intravenös Drogenabhängige) Testempfehlungen erlassen, deren Durchführung formalrechtlich als freiwillig gilt (s. aber rechtstatsächlich vormals Knapp, AIDS im Strafvollzug, 1996, S. 137 f. (wenngleich ohne Zufallsauswahl, 77)), nach Sondervorschriften einzelner Bundesländer ggf. jedoch (zumindest indirekt dadurch, dass bei Weigerung eine vollzugliche Einordnung als HIV-Infizierter angedroht wird) erzwungen werden kann (für auch formalrechtliche Erzwingbarkeit gem. § 36 Abs. 4 S. 7 IfSG – unabhängig von Zugehörigkeit zu sog. Risikogruppe – vgl. VV Bay. zu § 5 StVollzG v. 8.7.2002 (JMBl. 2002, 105 f.); s. allg. Sigel ZfStrVo 1989, 156).

108b Nach inzwischen fast einhelliger Meinung ist eine **Zwangsuntersuchung aller** JStrafgefangener zur Erkennung einer HIV-Infektion **unzulässig** (s. etwa OLG Koblenz ZfStrVo 1989, 183; LG Bonn NStZ 1987, 140 f.; Bruns StV 1987, 505 f.). Im Übrigen wird die Zulässigkeit eines Zwangstests jedoch unterschiedlich beurteilt (bejahend für sog. Risikogruppen OLG Koblenz StV 1989, 163; LG Bonn NStZ 1987, 140 f.; einschr. Sigel ZfStrVo 1989, 159; Dargel ZfStrVo 1988, 151 f.; **abl.** Loschelder NJW 1987, 1467; Höflich ZfStrVo 1991, 79; Stöver KrimJ 1993, 184; Franck, Strafverfahren gegen HIV-Infizierte, 2000, S. 181; Prittwitz, AIDS, Recht und Gesundheitspolitik/Böllinger, 1990, S. 154 ff.).

108c Betreffend die Frage der **Bekanntgabe** der Infizierung insb. durch den untersuchenden Anstaltsarzt an den Vollzugsleiter s. vormals zum Vergleich der Praxis der einzelnen Justizverwaltungen der Länder BT-Drs. 11/7200 = ZfStrVo 1991, 109; s. auch schon Dargel ZfStrVo 1987, 161; Bruns StV 1987, 506; Sigel ZfStrVo 1989, 162; Höflich ZfStrVo 1991, 80; vgl. im Übrigen Wellbrock StV 1987, 507 ff.; Schmuck ZfStrVo 1989, 170. Zu Grenzen der Offenbarungspflicht vgl. → Rn. 143.

109 Grundsätzlich anerkannt ist, dass JStrafgefangene **nicht** eine **Risikogruppe** eigener Art darstellen, sondern dass die Übertragungswege die gleichen sind wie in der Außengesellschaft (ungeschützter GV, unsterile Fixbestecke, unsterile Nadeln beim Tätowieren). Desgleichen anerkannt ist die Notwendigkeit einer umfassenden und genauen Aufklärung der JStrafgefangenen über die Möglichkeiten der Prävention, wenngleich sich im Hinblick auf das Gewicht sonstiger Einflüsse durch entsprechende Informationen allenfalls das Tätowieren unterbinden lassen wird, (noch) weniger jedoch sexuelle Kontakte und der intravenöse Drogengebrauch.

Auch für den JStVollzug gilt die Beseitigung der illegalen Drogeninjektion als eine der wichtigsten Maßnahmen zur einschlägigen Infektionsprävention unter Drogenkonsumenten, wenn auch die Probleme, die sich im allg. Strafvollzug iZm AIDS stellen, im JStVollzug zumindest in quantitativer Hinsicht seither von geringerer Bedeutung zu sein scheinen (vgl. Sigel ZfStrVo 1989, 159; Höflich ZfStrVo 1991, 77). Im Übrigen werden sich jedoch zwischen beiden Vollzugsbereichen weithin Entsprechungen im Umgang mit der AIDS-Problematik ergeben, sodass insoweit auf die Literatur betr. den allg. StVollzug Bezug genommen werden kann. 109a

Umstritten sind Zulässigkeit und Zweckmäßigkeit sonstiger Präventionsmaßnahmen, wie zB die Abgabe steriler **Einwegspritzen** (befürwortend Bruns StV 1987, 505; Michels KJ 1988, 424; Höflich ZfStrVo 1991, 79; Stöver KrimJ 1993, 184; näher Frey ua Kriminalistik 2008, 294 ff.; abl. etwa Sigel ZfStrVo 1989, 159), und die Abgabe von **Kondomen** (zu einem Anspruch auf kostenlose Abgabe vgl. OLG Koblenz NStZ 1997, 360; Bruns StV 1987, 505; Michels KJ 1988, 425; abl. speziell betr. JStVollzug Sigel ZfStrVo 1989, 159; betr. unterschiedliche Bereitschaft zur Benutzung vgl. Bryan ua JApplPsych 2004, 918 ff. (922 ff.)). 110

VIII. Schul- und Berufsausbildung; Arbeit

1. Allgemeines

a) Bedeutung. Vor allem der schulischen und beruflichen **Aus- und Weiterbildung,** aber auch der **Arbeit,** kommen im Hinblick auf die Erreichung des Vollzugsziels einer „sozialen Integration" im JStVollzug ganz besondere Bedeutung zu (vgl. nur §§ 22 ff. JStVollzG Bln; auch § 13 KJHG). In diesem Sinne sah bereits der frühere § 91 Abs. 2 als Grundlage der Erziehung an zweiter Stelle Arbeit und Unterricht vor. Das verfassungsrechtlich abgesicherte Gewicht des Vollzugsziels verpflichtet den Gesetzgeber dazu, ausreichende Bildungs-, Arbeits- und Ausbildungsmöglichkeiten bereitzustellen, und zwar auch dann, wenn wegen der Kürze der Haftzeit ein Ausbildungsabschluss (noch) nicht möglich ist (BVerfG NJW 2006, 2096 f.; vgl. auch → § 89b Rn. 30; § 40 Abs. 1 JVollzGB BW IV und § 34 Abs. 1 HmbJStVollzG sehen ein einklagbares Recht vor). Indes regeln die Landesgesetze eine Möglichkeit der Fortsetzung der Ausbildung **über** den **Entlassung**szeitpunkt **hinaus** weithin (vgl. aber § 53 BbgJVollzG, § 35a HmbJVollzG) nur als Ausnahme (vgl. auch schon Arloth NJVollzG § 126 Rn. 1), dh unter weithin erheblichen Einschränkungen (vgl. § 85 Abs. 3 S. 1, 2 JVollzGB BW IV, Art. 137 Abs. 2 S. 2 BayStVollzG, § 22 Abs. 1 S. 1 JStVollzG Bln ua, § 28 Abs. 1 HessJStVollzG, § 126 Abs. 1 NJVollzG, § 48 Abs. 1 JStVollzG NRW; zur erneuten Aufnahme vgl. → Rn. 64) und ggf. finanziellen Belastungen (vgl. aber zur Fortzahlung von Ausbildungsbeihilfe § 22 Abs. 1 S. 3 Saarl. JStVollzG, zur Voraussetzung des Absehens von einer Kostenbeteiligung § 22 Abs. 3 SächsJStVollzG), wobei die Anstalt kein Erziehungsrecht hat (vgl. daher zB § 126 Abs. 2 NJVollzG), zumal der Betroffene nicht mehr JStrafgefangener ist (vgl. auch VGO BW (Die Justiz 2008, 203) 5). 111

b) Einzelne Regelungen. Die Gesetze der Länder sehen, auch im Sinne durchgängiger Betreuung (vgl. BVerfGE 116, 69 Rn. 61: verzahnte Ent- 112 lassungsvorbereitung), eine **Pflicht** zur Teilnahme an **Ausbildungs**maßnahmen bzw. zur **Arbeit** vor (§ 37 Abs. 2 JStVollzG Bln ua, § 29 Abs. 2 S. 1 JStVollzG NRW, § 40 Abs. 2 JVollzGB BW IV, § 124 NJVollzG (erweitert in Abs. 4 S. 2–4 durch Gesetz v. 15.6.2017), Art. 123 Abs. 3 BayStVollzG, § 27 Abs. 2 HessJStVollzG, §§ 26 ff. JVollzGB LSA). Diese Pflicht dient indes auch als „Disziplinierungsinstrument" (Walter Formelle Disziplinierung im Jugendstrafvollzug, 1998, S. 109), wie schon bislang der Anteil darauf entfallender formeller Disziplinierungen erkennen lässt (vgl. → Rn. 140). – Im Einzelnen gestattet zB § 124 Abs. 2 S. 3 NJVollzG die Zuweisung einer Hilfstätigkeit ohne Zustimmung über drei Monate hinaus, dh es handelt sich zudem ggü. § 35 Abs. 2 S. 2 NJVollzG um eine unzulässige Schlechterstellung.

112a Aus- und Weiterbildung wie auch Arbeit soll bzw. kann den JStrafgefangenen unter divergierenden Voraussetzungen im Rahmen **freier Beschäftigungsverhältnisse** gestattet werden (§ 37 Abs. 4 JStVollzG Bln ua (Bln. § 28 JStVollzG Bln), § 29 Abs. 4 JStVollzG NRW, § 42 JVollzGB BW IV, § 132 Abs. 1 iVm § 36 (vgl. aber auch § 125) NJVollzG, Art. 147 BayStVollzG, § 27 Abs. 6 HessJStVollzG, § 30 JVollzGB LSA), zumal speziell die Berufsausbildung innerhalb der VollzEinrichtung ggf. weniger „realitätsnah" (MRTW/Jung-Silberreis Anh. A Rn. 96) ist (vgl. aber zur Versagung bei „Lohnwucher" OLG Dresden NStZ 2013, 361 (zum allg. StR)). Auch Selbstbeschäftigung kommt in Betracht (vgl. etwa § 36 Abs. 1 HmbJStVollzG, Art. 147 iVm Art. 42 Abs. 2 BayStVollzG.

112b Gemäß § 46 JVollzGB BW IV, Art. 150 iVm Art. 49 BayStVollzG, § 132 Abs. 1 iVm § 52 NJVollzG wird von einem in einem freien Beschäftigungsverhältnis stehenden jungen Gefangenen ein **Haftkostenbeitrag** erhoben (eher weitergehend § 42 HessJStVollzG, § 132 Abs. 1 iVm § 52 Abs. 2 NJVollzG), allerdings vorbehaltlich verschiedener Absehenstatbestände (zB betr. (Wieder-)Eingliederung, vgl. näher BVerfG StV 2009, 421 f. (betr. „verschuldeter Arbeitslosigkeit", zum allg. StR); § 33 S. 2 JStVollzG NRW: „soweit" mit Förderung und Erziehung „zu vereinbaren"; zur Begrenzung der Höhe vgl. § 46 Abs. 2 S. 1 JVollzGB BW IV). Grundsätzlich bestimmt sich die Höhe nach dem Betrag, der nach § 17 SGB IV durchschnittlich zur Bewertung der Sachbezüge festgesetzt ist (vgl. zu den monatlichen Beträgen die jährliche Bekanntmachung im BAnz. (für 2018 v. 7.12.2017, BAnz. AT 21.12.2017 B1) sowie zum Folgenden ABl. Bln. (für 2018 v. 23.11.2017, ABl. 2017, 5896), unterteilt nach Unterbringung (gestaffelt von Einzel- bis „mehr als drei") und Verpflegung (diese entfallen bei Selbstverpflegung)). Jeweils bezogen auf einen Monat gilt hiernach bei Personen unter 18 Jahren und für Gefangene, die sich in einer Ausbildung befinden: für Einzelunterbringung ein Betrag von 156,10 EUR, für Doppelbelegung von 66,90 EUR, für Dreier-Belegung von 44,60 EUR und für eine Belegung mit mehr als drei Personen von 22,30 EUR festgelegt, bei allen anderen Personen lauten die Beträge in dieser Reihenfolge: 189,55 EUR, 100,35 EUR, 78,05 EUR und 55,75 EUR; für Verpflegung gilt: Frühstück 51,00 EUR, Mittagessen 95,00 EUR, Abendessen 95,00 EUR.

2. Schulische und berufliche Bildungsmaßnahmen

113 Diesen muss unter den Voraussetzungen der Erziehungsbedürftigkeit, -fähigkeit und -willigkeit (vgl. → § 5 Rn. 13 ff.) des JStrafgefangenen Priorität (ggü. Arbeit) zukommen, wobei besonders eine bestehende Schulpflicht **Vorrang** hat (nach Höynck/Hosser Bewährungshilfe 2007, 395 (betr. Bremen, Hmb. und Nds.) erreichten nur 7% einen regulären Schulabschluss und nur 18% einen beruflich weiterqualifizierenden Abschluss; vgl. für NRW FS 2012, 206 betr. nur diejenigen männlichen Insassen, die Teilnehmer beruflicher Bildungsmaßnahmen waren, wonach 59,71% die Ausbildung erfolgreich abgeschlossen haben). Dies sehen § 37 Abs. 2 JStVollzG Bln ua, § 124 Abs. 2 NJVollzG, § 28 Abs. 2 JVollzGB LSA vor (vgl. auch Art. 145 Abs. 1–3 BayStVollzG, § 40 Abs. 1 JVollzGB BW IV, § 27 Abs. 2 HessJStVollzG; weniger explizit § 29 Abs. 1 S. 1, 2, Abs. 2 S. 1 JStVollzG NRW). Gemäß § 69 Abs. 1 HessJStVollzG müssen für mindestens 75% der Einsitzenden auch Plätze in Einrichtungen für Schule und Ausbildung und zur arbeitstherapeutischen Beschäftigung zur Verfügung stehen. – Nach Art. 122 iVm Art. 40 Abs. 2 und 4, Art. 145 Abs. 5 BayStVollzG sind die Insassen im Falle des Bedarfs verpflichtet, an Deutschunterricht teilzunehmen, der während der Arbeitszeit stattfinden soll.

Höhere schulische Bildung wird idR nur durch externe Schulträger **113a** ermöglicht, bei als lockerungsgeeignet beurteilten Insassen kommt Ausgang in Betracht.

a) Angebotsbedarf. Bislang **mangelt** es tatsächlich vielfach an erzieherischer Fähigkeit seitens der JStVollzAnstalten (konstruktiv aber zu (auch finanziellen) Vorteilen Walkenhorst DVJJ-Journal 1999, 255; vgl. auch Walkenhorst DVJJ-Journal 1998, 134 (137); s. auch Petrau/Weber FS 2008, 210 ff.; speziell zur Geeignetheit Lehrender Walkenhorst DVJJ-Journal 2002, 411 f.; s. im Übrigen zB zu Grundlehrgängen Kruse Jugendwohl 1989, 406 bzw. zu Schulabschlüssen Walkenhorst unsere jugend 1994, 190 ff.; zu „aufsuchender Pädagogik" Henschel ZfStrVo 2001, 156 ff. (betr. weibliche Gefangene); zum zeitlich gestaffelten Berufsbildungsangebot in der JVA Schifferstadt s. Pendon ZfStrVo 1996, 87). Ein erheblicher Anteil der JStrafgefangenen erreicht lediglich einen Ausbildungsstandard, der für eine Hilfstätigkeit in der freien Wirtschaft genügt (vgl. dazu etwa schon Matzke, Leistungsbereich bei Jugendstrafgefangenen, 1982, S. 109; ähnlich Dünkel Freiheitsentzug S. 285 ff.; s. ferner Stentzel, Berufserziehung straffälliger Jugendlicher und Heranwachsender, 1990, S. 65 f. betr. Anlerntätigkeiten; vgl. zusf. auch Bunk/Stentzel ZfStrVo 1995, 73 ff.; Lauterbach ZJJ 2009, 46 (48): abgeschlossene Berufsausbildung nur bei 20% (betr. vormals *Erst*inhaftierte in fünf JStVollzEinrichtungen, zudem *selektiv,* dh ohne solche mit zwischenzeitlich erneuter Inhaftierung wegen als schwer beurteilter „Rückfall"-Delikte)). In jüngerer Zeit hat sich der Vorbildungsstand der Inhaftierten allerdings etwas verbessert (s. die Zusammenstellung bei Gudel NK 2013, 247 (252 ff.); zur Entwicklung ferner Reinheckel FS 2008, 205 ff. sowie ergänzend Stelly/Thomas FS Kerner, 2013, 823 f.; Wößner/Wienhausen-Knevzevic MschKrim 2013, 477 (479 f.)). **114**

Gerade bzgl. schulischer, berufsbildender und berufsfördernder Maßnahmen sind – unbeschadet gewisser Verbesserungen – die **Angebote** in den verschiedenen Anstalten recht **unterschiedlich** bzw. es fehlt teilweise an solchen (zur Übersicht vgl. die überregionale Befragungserhebung von Steinheckel S. 13; vormals Stenger MschKrim 1984, 145 ff. (155); betr. JVA Oranienburg als für Bbg. allein zuständig bei Vollzeitschulpflicht Nagler/Egg S. 99, 150; als Umschreibung der Aufgaben des Lehrers vgl. vormals zB **114a**

JBl. RhPf 1986, 3 f.; Rieger ZfStrVo 1986, 261 unter Trennung in vier Schwerpunkte; zu Bemühungen bei Analphabetismus Rohwedder/Thiel ZStrVo 1987, 221 sowie Budweg/Schinz ZfStrVo 1992, 232 (234 f.) („Leseclub"); zu Schulabschlüssen s. Hinweise in ZfStrVo 1987, 347 f. (für Hmb.) bzw. 357 (für BW); betr. Berufsausbildung in der JVA Bremen-Blockland s. bereits Krause unsere jugend 1991, 172; in der JVA Bln. speziell etwa Cornel KrimPäd 2011, 52; vormals zum Berufsschulunterricht in NRW vgl. JMBl. 1985, 220, zu den Angeboten in RhPf JBl. 1992, 214; vgl. auch → Rn. 121).

114b Dies gilt nicht zuletzt für den Vollzug an **weiblichen** JStrafgefangenen, bei denen wegen der geringen Anzahl besondere Formen von Kleingruppen- oder auch Einzelunterricht bzw. -ausbildung vorzusehen sein werden (vgl. zu näheren Anhaltspunkten betr. das Angebotsgefälle zwischen verschiedenen Anstalten Beer FS 2014, 358 (Fragebogen-Untersuchung bei Insassen); vgl. auch Haverkamp NK 2015, 301 (311 ff.); für Sachs. Hinz ua ZJJ 2016, 376 ff.; vormals schon StVollzKomm 50 ff.); zur gemeinsamen Nutzung mit männlichen Gefangenen krit. Goerdeler/Walkenhorst/Jansen S. 248 (eher bejahend vormals Arloth BayStVollzG Art. 123 Abs. 4 Rn. 4), zum Umgangsklima untereinander krit. Schmalz, Kommunikation und Interaktion weiblicher Inhaftierter in einer Justizvollzugsanstalt, 2016, S. 127 ff., 186 ff. – Auch kann nur selten die nötige Kontinuität zwischen Vollzug und Außengesellschaft bei Ausbildung oder Arbeit festgestellt werden (vgl. hierzu Matzke, Leistungsbereich bei Jugendstrafgefangenen, 1982, S. 124 ff.).

114c In Orientierung an (Wieder-)Eingliederungschancen nach Entlassung ist regional verschiedentlich die Umsetzung eines auf Bundesebene angelegten Programms („XENOS", vgl. dazu Becker Bewährungshilfe 2015, 5 ff.) während des Vollzugs zu verzeichnen (vgl. etwa zur JVA (Heinsheim-)Pforzheim Oechsle Bewährungshilfe 2015, 35 ff.), das Ausbildungs- und Arbeitserfahrungen bzw. ein berufliches Bildungssystem fördert (zu einer Befragung von Insassen betr. Zukunftsperspektiven Müller/Richter Bewährungshilfe 2015, 43 ff.).

115 **b) Kriminologische Bedeutung. Empirische Untersuchungen** berechtigen zu der Annahme, dass ua eine erfolgreiche schulische und berufliche Ausbildung (zum Verhältnis von Berufsausbildung und Beschäftigung während eines Jahres nach Enlassung Müller ZJJ 2015, 454 ff.) die „Rückfälligkeit" vermindern könnte (s. bereits Elster/Lingemann/Sieverts KrimHdWB/Böhm S. 527; Berckhauer/Hasenpusch MschKrim 1982, 329; anders betr. Berufsausbildung Meyer Bewährungshilfe 1982, 345 (347) = MschKrim 1982, 287; s. auch Hinweise bei Nolting, Freigänger im Jugendstrafvollzug, 1985, S. 169 f.; einschr. auch Görken ZfStrVo 1987, 83 (86)). Diesbzgl. ist (mittelbar) zB bedeutsam, dass ein entsprechender Ausbildungsabschluss zu Gunsten künftiger Sozial- oder Legalbewährung zur Förderung des Selbstwertgefühls beitragen kann (vgl. allg. auch → § 5 Rn. 72; s. aber zur Selbsteinschätzung Heilemann, Realisierungsbedingungen der Erziehungs- und Behandlungsplanung im Jugendvollzug, 1985).

115a **Methodisch** wird auch bei diesem Problembereich zu berücksichtigen sein, dass ein – gar punktuell angelegtes (krit. Mey ZfStrVo 1986, 265 (268)) – Defizitkonzept seinerseits eher destruktive Auswirkungen haben kann (vgl. allg. auch → § 5 Rn. 58, → § 3 Rn. 37 ff.). Im Übrigen stehen Befunde über **Zusammenhänge** zwischen **Arbeitsverhalten** und **„Rückfälligkeit"** unter der Einschränkung, dass Geschehnisse zB im Sozial- oder Freizeitbereich bedingend für eine (neuerliche) Deliktsbegehung bzw. die Überführung gewesen sein können (vgl. näher Eisenberg/Kölbel Kriminologie § 35 Rn. 92 f.). Zudem sind einschlägige Befunde im Verhältnis zu der jeweiligen Ausprägung von (Jugend-)Arbeitslosigkeit zu würdigen.

Gemäß einer Untersuchung von 119 Personen, bei denen (nach U-Haft- **116** vollzug) die Vollstr der JStrafe zBew ausgesetzt wurde, und von 51 Personen, bei denen dieses betr. den Strafrest geschah, ergab sich eine Widerrufsquote von mehr als 50 % bei denjenigen, die im ersten Monat arbeitslos waren, hingegen eine solche von weniger als 40 % bei denjenigen, die im ersten Monat in einem Arbeitsverhältnis standen (Kury, Prognose und Behandlung bei jungen Rechtsbrechern/Spieß, 1986, S. 517, 543). Diese Differenzierung bestand, obwohl die erstgenannte Gruppe ansonsten nicht „belasteter" war als die zweitgenannte.

Eine Auszählung bezüglich NRW zeigte, dass 74,5 % der Probanden, die **116a** während des JStVollzugs keinerlei berufliche Qualifikation erwarben, binnen 4 Jahren nach Entlassung erneut wegen einer Straftat inhaftiert wurden, von denjenigen mit einer „beruflichen Teilqualifikation" 47 %, und von Probanden der Gruppe, die einen „Gesellen- oder Facharbeiterbrief" erwarben, 36,2 % (Wirth Bewährungshilfe 2003, 311). Sofern nach Entlassung keine berufliche Beschäftigung bestand, lauteten die entsprechenden Anteile gar 90 %, 80 % und 32,8 % (Wirth Bewährungshilfe 2003, 311 (312)).

Berechnungen bzgl. in BW Entlassener erbrachten, dass bei denjenigen, **117** die während des Vollzugs eine fehlende Berufsausbildung nachgeholt hatten und nach einem Lehrabschluss entlassen wurden, die „Rückfall"-Quote besonders niedrig war (21 %, vgl. Dolde/Grübl ZfStrVo 1988, 33). Demgegenüber ergaben sich gem. einer Analyse des Verhältnisses von Teilnahme an (schulischen und berufl) Bildungsmaßnahmen während des JStVollzugs (gleichfalls in BW) und „Rückfälligkeit" (ausweislich erneuter Eintragung im BZR) nach Entlassung höhere „Rückfall"-Quoten der (vormals) Teilnehmenden im Vergleich zu den Nichtteilnehmenden, und dies gilt sogar für diejenigen, die eine Ausbildung während des Vollzuges erfolgreich abschlossen, im Vergleich zu den „Erfolglosen" (Geissler S. 91; s. auch dies DVJJ-Journal 1991, 214 (217)); als günstigere Variablen erwiesen sich ein Lehrabschluss bereits vor Haftantritt sowie Lockerungs- und Urlaubsgewährung.

In einer Untersuchung bei norddeutschen VollzEinrichtungen (in Bre- **118** men, Hmb., LSA und Nds.) ergab sich 24 Monate nach Entlassung eine Reinhaftierungsquote von 49 % bei den sich in Ausbildung oder Erwerbstätigkeit befindenden Personen, hingegen eine solche von 58 % bei den als arbeitslos erfassten (vgl. Höynck/Hosser Bewährungshilfe 2007, 395; vgl. auch die neueren Daten bei Wößner/Wienhausen-Knevzevic MschKrim 2013, 477 (485 ff.)).

Aus einer vormaligen Forschung in Großbritannien, die sich über einen **118a** Zeitraum von zehn Jahren erstreckte, wurde berichtet, dass von denjenigen Entlassenen, die zumindest ein Jahr lang am Arbeitsplatz blieben, keiner „rückfällig" geworden sei (vgl. Soothill/Holmes Howard Journal 81). – Nach früheren US-amerikanischen Untersuchungen bei zur Bewährung entlassenen Personen ergab sich, dass innerhalb derjenigen, die drei Monate an ihrem Arbeitsplatz aushielten, 49 % eine Legalbewährung aufwiesen; demgegenüber waren innerhalb derjenigen, die „rückfällig" wurden, nur

23 % während des genannten Zeitraums an ihrer Arbeitsstelle verblieben (vgl. Glaser, The Effectiveness of the Prison and Parole System, 1969, S. 322).

119 **c) Zum schulischen Unterricht.** Bei einem wohl überwiegenden Anteil der JStrafgefangenen liegen diesbezüglich negative Vorerfahrungen vor. Daher sollte der Unterricht im JStVollzug (zunächst) ohne zu starke Leistungsanforderung gestaltet sein und – dem jeweiligen Alter der JStrafgefangenen angemessen – auf soziale Einordnungsschwierigkeiten und Behinderungen sowie auf die familiäre und schulische Lernbiographie (s. dazu Sessar-Karpp, Lernvoraussetzungen junger Inhaftierter, 1982) Rücksicht nehmen. Wichtig sind zudem, ggf. zeitlich vor der Berufslehre bzw. Kurzausbildung, Berufsfindungskurse und Berufsberatung.

120 **d) Ablehnung des Angebots.** Neuere Daten zeigen, dass ein nicht unbeträchtlicher Anteil der JStrafgefangenen die angebotenen Bildungsmaßnahmen vorzeitig abbricht oder gar nicht antritt (vgl. etwa Schmidt-Esse, Lange, Jugendstrafen bei jugendlichen und heranwachsenden Gewalt- und Sexualstraftätern, 2018, S. 124 ff.; zur Inanspruchnahme der Angebote auch Boxberg Jugendstrafe S. 218 ff.) **Nimmt** ein JStrafgefangener ein Ausbildungsangebot **nicht an,** so ist zunächst einmal nicht auszuschließen, dass die Voraussetzungen des Angebots aus erzieherischer Sicht ungeeignet waren, dh es wäre verfehlt, den Betreffenden stattdessen ohne weiteres mit Hilfsdiensten zu beauftragen. Andererseits kann der JStrafgefangene mangels eines sachlichen Grundes nicht Befreiung von einer gem. Vorschriften des jeweiligen Landesgesetzes erforderlichen Maßnahme verlangen (s. betr. einen schulischen Förderkurs OLG Frankfurt a. M. bei Böhm NStZ 1984, 448, allerdings nicht unbedenklich, da berufsbildende Maßnahmen (zumindest bei einem von der Schulpflicht befreiten Betroffenen) den Vorzug verdienen), wenngleich das erzieherische Prinzip der Freiwilligkeit Vorrang haben sollte (vgl. aber auch JStVollzKomm S. 28, die von der Verbindlichkeit der im Erziehungsplan festgelegten Bildungsmaßnahmen ausgeht). Teilweise ist die Annahme entsprechender Angebote ohnehin aus anderen Gründen nicht freiwillig, weil Vollzugslockerungen (vgl. → Rn. 75–79) und insb. die Entlassungsprognose von dem Verhalten des JStrafgefangenen abhängig sind.

120a Hiernach bedarf es bei Nichtaufnahme oder Nichtausübung der Beschäftigung einer am **Erziehungsauftrag** (§ 2 Abs. 1) orientierten, ggf. vom allg. StVollzR abw. Würdigung, **bevor** eine **Ablösung,** gar mit den Folgen der Beurteilung als „verschuldet ohne Beschäftigung“ (vgl. § 27a Abs. 2 HessJStVollzG), vorgenommen wird (vgl. auch → Rn. 121b).

3. Arbeit

121 Die (grundsätzlich nachrangige) Möglichkeit bzw. Verpflichtung zur Arbeit wird insb. für diejenigen JStrafgefangenen relevant, bei denen es hinsichtlich einer Ausbildung an den Voraussetzungen der Erziehungsbedürftigkeit, -fähigkeit und -willigkeit (vgl. → § 5 Rn. 13 ff.) fehlt. Die Arbeit soll als zentraler Faktor des sozialen Integrationsprozesses dem Verurteilten auch in Freiheit die Möglichkeit bieten, soziale Bedürfnisse nach Kommunikation und Anerkennung zu befriedigen (JStVollzKomm S. 26; krit. Kersten/ v. Wolffersdorff-Ehlert KrimJ 1982, 95). – Zur Problematik der Einbeziehung in die Rentenversicherung vgl. nur BT-Drs. 18/2606, 7331, 7338 (abl. im Plenum (18.12.2014)).

a) Ausgestaltung; Zuweisung. Die vorgenannte Funktion setzt voraus, dass die Arbeitsmöglichkeiten den **differenzierten Anlagen, Neigungen, Fähigkeiten** und **Fertigkeiten** des JStrafgefangenen und deren Entwicklung entsprechen (nur eingeschränkt vorgesehen von § 37 Abs. 1 S. 2 JStVollzG Bln ua (eher weitergehend Neufassung § 37 SächsJStVollzG), § 29 Abs. 2 S. 3 JStVollzG NRW, § 40 Abs. 3 JVollzGB BW IV, § 124 Abs. 2 S. 2 NJVollzG, Art. 146 Abs. 3 iVm Art. 39 Abs. 2 BayStVollzG, § 27 Abs. 2, 5 HessJStVollzG) und den Verhältnissen der freien Wirtschaft angepasst sind, und dass bei der Auswahl der Arbeit diese Kriterien Vorrang vor der wirtschaftlichen Ergiebigkeit haben (JStVollzKomm S. 27 f.; Dallinger/Lackner Rn. 32). Danach sind Regelungen insoweit verfehlt, als sie (entsprechend der vormaligen Nr. 32 Abs. 2, 5 VVJug) eine wirtschaftlich verwertbare und in angemessenem Verhältnis zum Aufwand stehende Arbeit in den Vordergrund rücken (vgl. etwa § 40 Abs. 3 JVollzGB BW IV, Art. 146 Abs. 3 iVm Art. 39 Abs. 2 BayStVollzG, § 29 Abs. 1 JVollzG LSA; zur Arbeitstherapie in der Praxis s. etwa Wattenberg ZfStrVo 1983, 279; Wattenberg, Arbeitstherapie im Jugendstrafvollzug, 1985, S. 355 sowie ZfStrVo 1988, 199 und ZfStrVo 1992, 181 ff.). 121a

Ein *Widerruf* der Zuweisung eines bestimmten Arbeitsplatzes hat, mehr noch als im allg. Strafvollzug (verfehlt OLG Hamm NStZ 2010, 396 (ohne Mindestaufklärung des Zwecks, allein wegen Auffindens eines ärztlich nicht verordneten Medikaments mit Nebenwirkstoffen)), dieser Bedeutung Rechnung zu tragen. Eine *Ablösung* (§ 27a HessJStVollzG) von der zugewiesenen Arbeit ist nur unter den gesetzlich bestimmmten Vorausetzungen zulässig, andernfalls ist die Maßnahme rechtswidrig, sodass die Nichtaufnahme der Arbeit an der neu zugewiesenen Stelle keine Arbeitsverweigerung darstellt (vgl. OLG Frankfurt a. M. NStZ-RR 2016, 295 (zum allg. StVollzR)). 121b

b) Auswirkungen auf den Entlassungszeitpunkt. Die Voraussetzungen des **Arbeitsurlaubs** sowie der **Anrechnung** der **Freistellung** auf den Entlassungszeitpunkt (zur Verfassungswidrigkeit des Wegfalls der Freistellungstage BVerfG NStZ 2016, 236 (zum allg. StVollzR)) sind in § 58 JStVollzG Bln ua (§ 57 SächsJStVollzG (Neufassung GVBl. 2013, 250)), § 32 JStVollzG NRW, § 41 HmbStVollzG, § 44 JVollzGB BW IV, Art. 149 BayStVollzG, § 132 Abs. 1 iVm § 39 NJVollzG, § 27 Abs. 8 (sowie § 38) HessJStVollzG (mit erheblichen Änderungen durch Gesetz v. 5.3.2013, GVBl. 46)) geregelt (vgl. auch vormals Nr. 38a VVJug), wobei nicht zuletzt Aus- oder Weiterbildungsmaßnahmen Bedeutung zukommt (vgl. aber etwa VerfGH RhPf NStZ-RR 2015, 262 (264), zum allg. StR). Insbesondere hinsichtlich der Haftreduzierung wird eine zu enge Fassung beanstandet (vgl. nur Dünkel NK 2007, 61). 122

4. Gelder

Wenngleich das **Arbeitsentgelt** eine kostenträchtige Materie darstellt (für das Jahr 2018 beträgt die Eckvergütung als Tagessatz bei 100% iSv § 1 StVollzVergO gem. vollzugsgesetzlichen Regelungen und § 18 SGB IV 13,15 EUR (vgl. Die Justiz 2018, 107); zur Versagung von Mindestlohn OLG Hamburg StraFo 2015, 395 = NStZ 2016, 239: nur für Arbeitnehmer (zum allg. StVollzR), erscheint es doch erwägenswert, eine den Belangen der Ausbildung gemäße Regelung zu finden und die Arbeitsvergütung an der 123

Ausbildungsvergütung zu orientieren und nicht umgekehrt. Wird die Ausbildungsvergütung als Maßstab genommen, so entspricht dies der zentralen Bedeutung der Ausbildung im JStVollzug, ohne dass eine Kostensteigerung die notwendige Folge wäre (zur Unfallversicherung § 2 Abs. 2 SGB VII).

124 **a) Grundlage.** Die Gesetze der Länder sehen jeweils verschiedene Regelungen bzgl. der Gelder der JStrafgefangenen vor, die neben Überbrückungs-, Eigen-, Haus- und *Taschengeld* (zu diesem statt vieler § 33 S. 1 JStVollzG NRW, § 35 Abs. 1 S. 2 StVollzG NRW: 14 % der Eckvergütung – die Bedürftigkeit ist vom JStrafgefangenen darzulegen (zur Verneinung von Bedürftigkeit bei Ablehnung einer als „erforderlich" erachteten Arbeit § 68 Abs. 2 S. 2 BbgJVollzG); zur Vorschussbewilligung ua wegen subkultureller Anfälligkeit (vgl. dazu → Rn. 40 ff.) OLG Celle NStZ-RR 2014, 389) vor allem die Zahlung von **Ausbildungsbeihilfe und Arbeitsentgelt** betreffen (§§ 57 ff. JStVollzG Bln ua, §§ 30, 33 JStVollzG NRW, §§ 44 f. JVollzGB BW IV, § 132 Abs. 1 iVm §§ 40 ff. NJVollzG, §§ 44 ff. HmbJStVollzG, Art. 149f iVm Art. 46 ff. BayStVollzG, §§ 39 ff. HessJStVollzG, §§ 64 ff. JVollzGB LSA). Die Normen sind im Wesentlichen an die §§ 43 ff. StVollzG angelehnt, teilweise aber auch weitreichender (vgl. etwa Art. 149 Abs. 2 BayStVollzG; § 40 Abs. 4 HmbJStVollzG). Zur Anrechnung von AL-Geld bejahend BSG NZS 2018, 315 (zum allg. StVollz).

124a Gemäß § 62 Abs. 3 SächsJStVollzG soll (GVBl. 2013, 250, zuvor Kann-Vorschrift) der Anstaltsleiter die Inanspruchnahme des Überbrückungsgeldes zur Opferentschädigung gestatten. – Nach § 59a Abs. 2 S. 1 SächsJStVollzG ist ausdrücklich bestimmt, dass der Besitz von Bargeld in der Anstalt nicht gestattet ist, nach S. 2 entscheidet über Ausnahmen der Anstaltsleiter (nach § 59 Abs. 2 S. 4 SächsJStVollzG wird das Taschengeld dem Hausgeldkonto gutgeschrieben).

124b **b) Beteiligung an Betriebskosten.** Extensive Bestimmungen zur Kostenbeteiligung der JStrafgefangenen (s. etwa § 132 Abs. 1 iVm § 52 Abs. 3 NJVollzG, aber auch § 42 Abs. 5 S. 2 HessJStVollzG, § 52 Abs. 1 S. 5 HmbJVollzG; zu § 9 Abs. 2 JVollzGB BW I einschr. OLG Stuttgart Die Justiz 2017, 201 (zum allg. StVollzR); vgl. auch → Rn. 28) sind angesichts der regelmäßig bestehenden Schuldenbelastung geeignet, die vorgegebene Gestaltung sowie die Erreichung des Vollzugsziels zu gefährden (vgl. daher – unter Berücksichtigung des Rechtsgedankens des § 74 – § 132 Abs. 2 und schon zum allg. Vollzug § 52 Abs. 5 NJVollzG; Beteiligung (nur) betr. Stromkosten nach § 49 HmbJStVollzG). Die wenig präzisen Umschreibungen (zB „in angemessenem Umfang") stehen den erzieherischen Grundsätzen der Klarheit und Transparenz entgegen. – Unzulässig wäre eine für alle Geräte einheitliche Regelung zumindest dann, wenn sie sich an den verbrauchsintensivsten Geräten orientierte (OLG Naumburg NStZ-RR 2013, 62 (Ls., zum allg. StVollzug)).

IX. Sicherheit und Ordnung

1. Allgemeines

125 Die verschiedenen Gesetze der Länder sehen jeweils vergleichsweise umfangreiche Regelungen über die **Sicherheit** und **Ordnung** und diesbzgl.

Maßnahmen wie auch hinsichtlich des Einsatzes von Unmittelbarem Zwang und von Disziplinarmaßnahmen vor (eingehender Vergleich der Regelungen bei Faber, Länderspezifische Unterschiede bzgl. Disziplinarmaßnahmen (...), 2014, S. 101 ff.).

a) Rahmenbedingung des Erziehungsauftrags. Nach den Vorstellungen mehrerer Landesgesetze sollen (äußere und innere) Sicherheit und Ordnung die *Grundlage des Anstaltslebens* darstellen (§ 62 Abs. 1 JStVollzG Bln ua (§ 63 SächsJStVollzG); § 49 Abs. 1 S. 1 JStVollzG NRW, § 82 Abs. 1 JVollzGB LSA), während andere die Förderung des Verantwortungsbewusstseins für ein geordnetes Zusammenleben als Grundsatz vorsehen (§ 57 Abs. 1 JVollzGB BW IV, § 132 Abs. 1 iVm § 74 NJVollzG, Art. 154 iVm Art. 87 Abs. 1 BayStVollzG, § 44 Abs. 1 S. 2 HessJStVollzG). Die erstgenannte Vorstellung entspricht einer gewissen Veränderung der vormaligen Rechtslage gem. dem früheren § 91 Abs. 2, der die Ordnung als Grundlage der Erziehung an erster Stelle nennt. 126

Jedoch haben Sicherheit und Ordnung keine isolierte Bedeutung. Sie sollen vielmehr im Sinne einer Rahmenbedingung als **Erziehungsgrundlage** dazu dienen, Konflikte in möglichst akzeptabler Form auszutragen, eigene Bedürfnisse in gesetzmäßiger Weise zu befriedigen und fremde Bedürfnisse zu achten. Dazu sind aber gewisse Handlungsspielräume notwendig, dh der Vollzug muss ein gewisses Maß an Unruhe und äußerlicher Unordnung ertragen können (vgl. auch → Rn. 36–42; vgl. Elster/Lingemann/Sieverts KrimHdWB/Böhm S. 527). Demgegenüber nützt ein auf Zwang errichtetes Ordnungsgefüge im Sinne eines geregelten Tagesablaufs eher dem reibungslosen Funktionieren des Anstaltsbetriebes (vgl. → Rn. 29) als der späteren Legalbewährung der JStrafgefangenen, bedingt insoweit also eine „gute Führung" im erzieherisch negativen Sinne (Dallinger/Lackner Rn. 27 mN; Elster/Lingemann/Sieverts KrimHdWB/Böhm S. 527). 126a

Die Gesetze der Länder sehen grundlegende, der Sicherheit und Ordnung dienende **Verhaltensvorschriften** vor, die denen des § 82 StVollzG entsprechen (§ 49 Abs. 2–5 JStVollzG NRW, § 132 Abs. 1 iVm § 75 NJVollzG, § 58 Abs. 1 JVollzGB BW IV, Art. 154 iVm Art. 88 Abs. 1 BayStVollzG, § 44 Abs. 3–6 HessJStVollzG); ausdrücklich ist bestimmt, dass sie Anordnungen der Bediensteten auch dann zu befolgen haben, wenn sie sich durch diese beschwert fühlen (vgl. § 84 Abs. 2 JStVollzG Bln, § 64 Abs. 2 S. 1 SächsJStVollzG, § 63 Abs. 2 S. 1 JVollzGB LSA). – In § 63 Abs. 1 JStVollzG Bln ua 2007 (§ 64 Abs. 1 SächsJStVollzG) findet sich eine weitergehende Regelung, die eine (noch) stärkere Verantwortungsübernahme und Forderung ggü. den JStrafgefangenen vorgibt (allerdings sind die Insassen nach § 64 Abs. 1 S. 3 JStVollzG „zu einvernehmlicher Streitbeilegung zu befähigen" (ohne dass etwa geeignete Methoden bestimmt wären)). Danach dürfen diese das Zusammenleben in der JStVollzAnstalt nicht nur nicht stören, sondern müssen zu diesem beitragen und werden für mitverantwortlich erklärt. Es handelt sich mithin um eine Pflicht zum aktiven Tun, die durch bloßes Unterlassen verletzt werden kann. Dies begegnet nicht nur angesichts der damit verbundenen Ausweitung von Pflichten sowie der Frage Bedenken, anhand welchen (hinreichend bestimmten) Maßstabs ein Unterlassen festzustellen sein soll. Vielmehr ist, wie bereits bei der allg. Mitwirkungspflicht dargelegt (vgl. → Rn. 44f), zu besorgen, dass die Regelung zu einer Ausweitung von Sanktionierungen führen könnte. – Spezielle *Meldepflichten* 127 (vgl. nur § 63 Abs. 5 JStVollzG Bln ua) können zu Konflikten mit Schutzbelangen auch derjenigen führen, von denen eine Meldung verlangt wird (vgl. zu Binnennormen der Insassen → Rn. 40 ff.).

127a Die Regelungen zum *Aufwendungsersatz* und insb. diejenigen betr. Fälle von Selbstverletzungen (§ 75 JStVollzG Bln ua (§ 77 Abs. 1 S. 1 HmbJStVollzG, seit GVBl. 2013, 211 auch Beschädigung fremder Sachen), § 68 JVollzGB BW IV, § 132 Abs. 1, § 86 NJVollzG iVm § 93 Abs. 1 S. 1 StVollzG, Art. 154 iVm Art. 89 BayStVollzG, § 51 HessJStVollzG) begegnen in erhöhtem Maße den für den Erwachsenenvollzug bestehenden Bedenken (zutr. indes OLG Jena FS 2010, 181: aktiver Drogenkonsum keine Selbstverletzung), wozu auf die Spezialliteratur verwiesen wird. – Eine pauschale Erweiterung betr. Kosten, die iZm der Vorbereitung von *Behandlungsmaßnahmen* entstanden sind, mit denen der Jugendliche sich zuvor einverstanden erklärt hat, die er sodann aber „mutwillig“ ablehnt (vgl. § 51 Abs. 1 S. 1 HessJStVollzG), birgt Gefahren der Fehlinterpretation von Gründen für die Meinungsänderung.

128 Für die Auferlegung von Pflichten und Beschränkungen zur Aufrechterhaltung der Sicherheit und Ordnung als Grundrechteingriffen gilt stets der **Grundsatz** der **Verhältnismäßigkeit.** Dies ergibt sich bereits aus dem Wesen der Grundrechte und weiteren Verfassungsgrundsätzen und daher unabhängig davon, ob die Gesetze der Länder eine ausdrückliche Regelung vorsehen (so § 62 Abs. 2 JStVollzG Bln ua (§ 63 Abs. 2 SächsJStVollzG), § 52 Abs. 1 JStVollzG NRW iVm § 74 StVollzG NRW, § 57 Abs. 2 JVollzGB BW IV, Art. 154 iVm Art. 87 Abs. 2 BayStVollzG, § 44 Abs. 2 S. 1 HessJStVollzG).

129 **b) Zielkonflikt.** Innerhalb der Gefängnisgesellschaft, dh bei Personal wie JStrafgefangenen, besteht ein tatsächlicher Zielkonflikt im Verhältnis von **Sicherheit** und **Ordnung** einerseits und **reibungslosem Vollzugsablauf** andererseits (vgl. auch → Rn. 29f; Klingemann ZfSoziologie 1981, 50 ff.). Trotz der zwischen Bediensteten- und Gefangenengruppen vorhandenen beiderseitigen Zurückhaltung oder auch (gruppengetragenen) Abneigung zwingt der Anstaltsalltag zu einem Arrangement. Ohne eine gewisse Flexibilität der Bediensteten lässt sich die Anstaltsordnung kaum aufrechterhalten (zum zahlenmäßigen Verhältnis von Insassen zu Bediensteten vgl. etwa Lobitz FS 2013, 342). Eine gar zu rigide Reglementierung müsste zwangsläufig die Interessen der JStrafgefangenen übermäßig verletzen und in der weiteren Folge Streitigkeiten vor allem dieser untereinander hervorrufen. Dies wiederum würde die Aufgabe der Bediensteten erschweren, und zwar umso mehr, als die JStrafgefangenen – entsprechend der erzwungenen Unterordnung – das Verhalten der Bediensteten vergleichsweise genau beobachten und Ungerechtigkeiten registrieren (vgl. zu einer Befragung von Insassen über den „idealen“ Bediensteten Fehrmann FS 2013, 378).

129a Modifiziert wird dieser Zielkonflikt auch iRv administrativen *Steuerungskriterien* deutlich, wenngleich diese wesentlich das *Kosten*element berücksichtigen (vgl. dazu Fleck, Neue Verwaltungssteuerung und gesetzliche Regelung des Jugendstrafvollzuges, 2004, S. 43). Insofern ist Gefahren einer Zurückdrängung des Vollzugsziels oder gar der Ausgabenkonzentrierung auf ohnehin weniger belastete, eher „erfolgreiche“ JStrafgefangene zu wehren (Fleck, Neue Verwaltungssteuerung und gesetzliche Regelung des Jugendstrafvollzuges, 2004, S. 129).

2. Sicherungsmaßnahmen

a) Allgemeine Maßnahmen. Zur Aufrechterhaltung der Sicherheit und Ordnung ermöglichen die Gesetze der Länder verschiedene Sicherungsmaßnahmen, die in Teilen den Regelungen des StVollzG entsprechen, mitunter indes lediglich eine allg. Kontrollfunktion haben. Dies gilt zB für die in das informationelle Selbstbestimmungsrecht eingreifende optische Überwachung außerhalb der Hafträume mittels *optisch-elektronischer* Vorrichtungen (vgl. § 67 Abs. 1 JStVollzG Bln ua (s. auch §§ 65, 20, 22 JVollzDSG Bln; nicht in Bremen, MV), § 126 Abs. 2 BbgJVollzG, §§ 22, 23 JVollzDSG SH, § 94b SJStVollzG, § 68a SächsJStVollzG, § 44 Abs. 2 S. 2, 3 HessJStVollzG, § 115 Abs. 2 S. 1 (offen) – bzw. S. 2 (verdeckt) – HmbJStVollzG, §§ 141–143 JVollzGB LSA). Es gilt erhöht, wenn sie gar in Hafträumen zulässig ist (§ 32 Abs. 1 S. 1 JVollzGB BW I, § 2 Abs. 2 – und nach Abs. 3 „zusätzlich“ akustisch – Art. 96 Abs. 2 Nr. 2 iVm Art. 122, 154 BayStVollzG, § 49 Abs. 2 Nr. 2, Abs. 6 HessJStVollzG, § 70 Abs. 2 Nr. 2 JStVollzG M-V, abstufend § 144 Abs. 2 S. 1 JVollzGB LSA; zu besonders gesichertem Haftraum vgl. → Rn. 133b; zur Unzulässigkeit der Totalüberwachung im Allg. BVerfGE 112, 304 = NJW 2005, 1338 (1341) mN), was die Mehrzahl der Länder nicht vorsehen (vgl. nur § 21 Abs. 1 JVollzDSG Bln). 130

So sehen alle Landesgesetze Regelungen zur **Durchsuchung** (oder auch Absuchung) von JStrafgefangenen sowie ihrer Sachen und Hafträume vor (§ 64 JStVollzG Bln ua (§ 65 SächsJStVollzG), § 50 JStVollzG NRW iVm § 64 StVollzG NRW, § 70 HmbJStVollzG (Abs. 1 S. 2 betr. Spürhunde, deren Einsatz innerhalb der Anstalt in vielerlei Hinsicht abträglich ist), § 60 JVollzGB BW IV, § 132 Abs. 1 iVm § 77 NJVollzG, Art. 154 iVm Art. 91 BayStVollzG, § 45 HessJStVollzG (betr. Spürhunde Begr. RegE HessJSt-VollzG-ÄndG, 211)), § 84 JVollzGB LSA; bei der Durchsuchung von Hafträumen ist der Schutz gem. höherrangiger Normen zu wahren (vgl. betr. Verteidigerpost → Rn. 92, 174 (tatsächlich schwerlich vereinbar § 45 Abs. 4 HessJStVollzG)). 130a

Eine mit *Entkleidung* verbundene körperliche Durchsuchung ist danach nur unter besonderen Bedingungen sowie bei Gefahr im Verzug oder auf zu *begründende* Anordnung der Anstaltsleitung zulässig. Solche Anordnungen dürfen grundsätzlich nur im Einzelfall erfolgen (vgl. auch BVerfG, 2. K. des 2. S., NJW 2015, 3158: bereits Entkleidung unter „expliziter visueller Kontrolle des Körpers“ (Rn. 34) stellt eine Durchsuchung iSd Vorschrift dar, ohnehin zumindest dann, wenn die Genitalien entblößt werden müssen (NJW 2015, 3158 Rn. 34), vgl. auch BVerfG NStZ 2018, 164 mit PK Krä, jeweils betr. allg. StVollz). Lediglich für die Aufnahme, nach Abwesenheit (nicht aber, wenn eine Gefahr des „Einschmuggelns“ fern liegt, BVerfG, 3. K. des 2. S., StraFo 2013, 393 = NStZ-RR 2013, 324 (zum allg. StR); dem restriktiv folgend § 45 Abs. 3 Hs. 2 HessJStVollzG) oder Kontakt mit Besuchern kann eine allg. Anordnung erlassen werden. Jeweils wird eine *Dokumentation* von Durchführung und Ergebnis unerlässlich sein (vgl. § 65 Abs. 4 SächsJStVollzG). 130b

Darüber hinaus sind teilweise **Maßnahmen** zur **Feststellung** von **Suchtmittelkonsum** vorgesehen (§ 68 JStVollzG Bln ua (§ 69 SächsJStVollzG), § 50 JStVollzG NRW iVm § 65 StVollzG NRW, Art. 154 iVm Art. 94 BayStVollzG, § 46 HessJStVollzG, § 72 Abs. 1 HmbJStVollzG, § 86 JVollzGB LSA), die jedoch nicht mit einem (zwangsweisen) körperlichen 130c

Eingriff verbunden sein dürfen (insb. Urinproben; vgl. auch → Rn. 107). Die Regelungen begegnen Bedenken angesichts ihrer Unbestimmtheit, sie werden in der Praxis im Hinblick auf den Grundsatz der Verhältnismäßigkeit einschränkend auszulegen sein, sodass entweder die Voraussetzungen oder die ermöglichten Maßnahmen zu begrenzen sind. Die gem. § 68 Abs. 2 JStVollzG Bln ua (seit GVBl. 2013, 250 auch in Sachs., § 69 Abs. 3 SächsJSt-VollzG), § 77 JStVollzG NRW iVm § 65 Abs. 2 StVollzG NRW sowie Art. 154 iVm Art. 94 Abs. 2 BayStVollzG, § 72 Abs. 2 HmbStVollzG, § 86 Abs. 3 JVollzGB LSA zulässige, den Krankheitswert der Sucht außer Acht lassende *Kosten*abwälzung auf den Gefangenen in Fällen positiver Testung steht angesichts der ohnehin im Vollzug ganz überwiegend gegebenen Schuldenbelastung im Widerspruch zum Vollzugsziel einer „sozialen Integration" (betr. „B-Probe" besteht kein Erstattunganspruch, OLG Jena NStZ 2011, 224 ff.: Verpflichtungserklärung des Betroffenen nichtig (betr. allg. StVollzR); differenzierter, jedoch iErg gleichfalls zusätzlich belastend, § 46 Abs. 4 HessJStVollzG betr. Fälle des „Nicht-Einräumens", aber anschließender Bestätigung durch „extrenes Fachlabor"). Als eher verfehlt, weil einen mittelbaren Zwang erzeugend und in der Sache nicht ohne weiteres mit der Realität übereinstimmend, stellen sich solche Regelungen dar, die bei Weigerung des Gefangenen davon ausgehen, dass Drogenfreiheit nicht gegeben ist (so § 46 Abs. 3 HessJStVollzG, § 69 Abs. 2 SächsJStVollzG).

131 Gemäß § 65 JStVollzG Bln ua (§ 66 SächsJStVollzG), § 13 Abs. 1 Nr. 2 JStVollzG NRW, § 61 JVollzGB BW IV, Art. 154 iVm Art. 92 BayStVollzG (ähnlich auch § 138 Abs. 1 iVm § 10 Abs. 1 Nr. 3 NJVollzG, § 11 Abs. 1 Nr. 3 HessJStVollzG, § 9 Abs. 2 HmbJStVollzG; s. zur bisherigen Rechtslage Nr. 76 VVJug) ist bei erhöhter Fluchtgefahr oder (sonstigen) Gefahren für die Sicherheit und Ordnung die **Verlegung** in eine andere Anstalt zulässig, die eine sicherere Unterbringung ermöglicht. Im Einzelnen wird eine solche Maßnahme mit der Begründung, es sei in erhöhtem Maße Fluchtgefahr gegeben, dann nicht uneingeschränkt gerechtfertigt zu sein, wenn die Erreichung des Erziehungsziels dadurch erheblich behindert wird (vgl. schon zum allg. StVollzR auch BVerfG, 2. K. des 2. S., BeckRS 2015, 52555 Rn. 28, wonach eine Verlegung gegen den Willen des Insassen in sein Grundrecht aus Art. 2 Abs. 1 GG eingreift und eine „Re-Sozialisierung" gefährden kann). – Betreffend den Verdacht anstaltsinternen Drogenhandels setzt die Verlegung in eine sog. *Abschirmstation* konkrete Anhaltspunkte voraus, wozu das Ergebnis eines polizeilich durchgeführten Drogenschnelltests wegen potentieller Fehlerhaftigkeit nicht ohne weiteres ausreicht (VerfGH Berlin StV 2016, 305 (zum allg. VollzR)).

131a Im Fall von Entweichungen sehen die § 69 JStVollzG Bln ua (§ 70 SächsJStVollzG), § 52 Abs. 5 JStVollzG NRW, § 62 JVollzGB BW IV, § 132 Abs. 1 iVm § 80 NJVollzG, Art. 154 iVm Art. 95 BayStVollzG, § 48 HessJStVollzG, § 87 JVollzGB LSA weiterhin ein **Festnahmerecht** zugunsten der JStVollzAnstalt bzw. auf deren Veranlassung hin vor.

132 In unterschiedlichem Maße vorgesehen sind (abschließende) Regelungen über **erkennungsdienstliche Maßnahmen** und die Verwendung der dabei erhobenen Daten (§§ 66 f. JStVollzG Bln ua (Bln. §§ 65, 17 JVollzDSG Bln), § 67f SächsJStVollzG, § 121 Abs. 1 ThürJVollzGB), § 50 JStVollzG NRW iVm § 68 StVollzG NRW, § 71 HmbJStVollzG, § 132 Abs. 1 iVm § 78 NJVollzG, Art. 154 iVm Art. 93 BayStVollzG, §§ 58 ff. HessJStVollzG, § 136 Abs. 1 JVollzGB LSA). Zweck der Erhebung und damit auch der weiteren Verarbeitung ist – soweit keine Regelung zur Zweckumwidmung vorliegt – nur die Sicherung des Vollzugs, vor allem in Form der Identitätsfeststellung. Die Regelungen erfassen jeweils auch die – einen erheblichen Eingriff in das Recht auf informationelle Selbstbestimmung darstellende – Erhebung und Nutzung biometrischer Daten und regeln die Verwendung von Lichtbildausweisen. – Unverhältnismäßig ist eine **Löschung**spflicht erst fünf Jahre nach Entlassung aus dem Vollzug (so § 121 Abs. 1 HmbStVollzG,§ 65 Abs. 4 HessJStVollzG (zur bloßen Sperrung § 65 Abs. 3) – nach § 72 Abs. 3 JStVollzG NRW iVm § 114 Abs. 3 S. 1 StVollzG NRW: 10 Jahre, nach § 197 Abs. 1 NJVollzG: 20 Jahre (seit Gesetz v. 15.6.2017); s. aber auch § 66 Abs. 3 JStVollzG M-V und § 66 Abs. 3 SchlHJStVollzG, § 137 BbgJVollzG, § 94 Abs. 1 S. 1 SJStVollzG, § 93 Abs. 1 S. 1 SächsJStVollzG: spätestens nach zwei Jahren; hingegen (abgesehen von speziellen Daten) gem. § 66 Abs. 3 JStVollzG Bln ua (Bln. §§ 65, 61 JVollzDSG Bln; § 67 Abs. 3 SächsJStVollzG) sowie § 38 Abs. 1 S. 1 ThürJVollzGB und § 136 Abs. 5 JVollzGB LSA Löschung mit Ende der Vollstr).

b) Besondere Maßnahmen. Unter **bestimmten Vorraussetzungen** 133 sind darüber hinaus allen Gesetzen zufolge Besondere Sicherungsmaßnahmen zulässig, deren Regelung denen der §§ 88 ff. StVollzG entspricht (§§ 70 ff. JStVollzG Bln ua (§§ 71 ff. SächsJStVollzG), §§ 63 ff. JVollzGB BW IV (vgl. ergänzend § 33 JVollzGB BW I, wonach der Einsatz von RFID-Respondern gestattet ist, und zwar gem. Abs. 2 S. 1 bei „Einwilligung“ auch durch feste Verbindung mit dem Körper, s. auch § 34 Abs. 4 JVollzGB BW I; § 132 Abs. 1 iVm §§ 81 ff. NJVollzG, Art. 154 iVm Art. 96 ff. BayStVollzG, §§ 49, 50 HessJStVollzG). Die Vorgaben des JStVollzugs berücksichtigende Unterschiede, die eine restriktivere Prüfung als im allg. StVollzug verlangen (ebenso schon Arloth BayStVollzG Art. 97 Rn. 1), bestehen in mitunter ausführlicheren Verfahrensregelungen (s. § 73 JStVollzG Bln ua (§ 74 SächsJStVollzG)) sowie teilweise insofern, als bei *Absonderung* die Dauer (vgl. § 49 Abs. 7 S. 2 HessJStVollzG aF: „ununterbrochen nicht mehr als eine Woche“, entfallen durch Gesetz v. 5.3.2013, GVBl. 46)) und das *Zustimmung*serfordernis der *Aufsichtsbehörde* fristmäßig unterschiedlich gestaltet sind: Während § 51 JStVollzG NRW iVm § 70 Abs. 5 S. 3 StVollzG NRW eine Gesamtdauer von mehr als 30 Tagen im Jahr vorsieht, § 74 Abs. 3 S. 2 HmbJStVollzG und auch § 71 S. 2 JStVollzG MV und SchlH eine Gesamtdauer von zwei Monaten im Jahr vorsehen und § 132 Abs. 1 iVm § 82 Abs. 2 S. 1 NJVollzG sowie Art. 97 Abs. 2 BayStVollzG es sogar bei drei Monaten bewenden lassen, ist nach § 64 Abs. 2 S. 1 JVollzGB BW IV bzw. § 71 JStVollzG Bln ua die Zustimmung bereits nach einer Woche bzw. nach zwei Wochen (s. auch § 89 Abs. 6 S. 1 JStVollzG Bln: mehr als 14 Tage innerhab von 12 Monaten; § 91 Abs. 5 S. 2 BbgJVollzG, § 74 Abs. 5 S. 2 SächsJStVollzG: mehr als 20 Tage) Gesamtdauer im Jahr erforderlich (vgl. auch § 71 S. 2 SJStVollzG, § 89 Abs. 5 S. 2 JVollzGB LSA: 30 Tage im Jahr, § 49 Abs. 7 S. 3 HessJStVollzG: mehr als vier Wochen innerhalb von 12 Monaten; vgl. aber auch § 90 Abs. 5 S. 2 ThürJVollzGB: von mehr als 30 Tagen Dauer oder mehr als drei Monaten innerhalb von 12 Monaten). Unerlässlich ist die vorherige Beurteilung durch einen Arzt (vgl. § 76 Abs. 3 HmbJStVollzG).

Insgesamt betrachtet nehmen die Regelungen damit kaum Rücksicht auf **133a** die besonderen Bedingungen des Strafvollzugs ggü. jungen Gefangenen.

Angesichts dessen ist in der Praxis gem. dem Erziehungsauftrag (§ 2 Abs. 1) sowie dem Grundsatz der Verhältnismäßigkeit eine **restriktive Anwendung** der Vorschriften angezeigt. Dies gilt besonders auch für den Entzug des Aufenthalts im Freien (§ 70 Abs. 2 Nr. 4 JStVollzG Bln. ua (§ 71 Abs. 2 Nr. 4 SächsJStVollzG GVBl. 2013, 250: nur noch Beschränkung), § 51 JStVollzG NRW iVm § 69 Abs. 2 Nr. 4 StVollzG NRW, § 49 Abs. 2 Nr. 4 HessJStVollzG, § 74 Abs. 2 Nr. 4 HmbJStVollzG; § 88 Abs. 2 Nr. 4 (einschränkend Abs. 4 Hs. 2) JVollzGB LSA), eine betr. jüngere Menschen verstärkt erniedrigende Behandlung (vgl. ergänzend schon die Aufhebung des § 103 Abs. 1 Nr. 6 StVollzG). Es betrifft uU aber auch die Unterbringung in einem besonders gesicherten Haftraum ohne gefährdende Gegenstände (vgl. nur § 70 Abs. 2 Nr. 5 JStVollzG Bln ua; § 49 Abs. 2 Nr. 5 HessJStVollzG; § 51 JStVollzG NRW iVm § 69 Abs. 2 Nr. 5 StVollzG NRW; § 88 Abs. 2 Nr. 5 JVollzGB LSA; zum *Vorenthalten* von *Kleidung* wegen angebl Suizidgefahr EGMR NJW 2012, 2173: Verstoß gegen Art. 3 EMRK (ggf. Zurverfügungstellung „reißfester" Kleidung, NJW 2012, 2173 Rn. 56); BVerfG, 2. K. des 2. S., NJW 2015, 2100 Rn. 37 ff. (zum allg. StVollz, mzustBspr Muckel JA 2015, 794): Vorenthalten auch von „Papierbekleidung" nebst Videoüberwachung mit dem Allg. Persönlichkeitsrecht (Art. 2 Abs. 1 iVm Art. 1 Abs. 1 GG) unvereinbar)

133b Nach § 70 Abs. 2 Nr. 2 JStVollzG Bln ua (einschr. jedoch § 65 Abs. 3 JVollzDSG Bln), § 32 JVollzGB BW I, Art. 122 iVm Art. 96 Abs. 2 Nr. 2 BayStVollzG sowie § 49 Abs. 2 Nr. 2, Abs. 6 HessJStVollzG ist die *„Beobachtung"* von JStrafgefangenen unter bestimmten Voraussetzungen nicht nur bei Nacht, sondern stets (und ständig) zulässig. Eine *Video-Überwachung* ist teilweise bei „Beobachtung" (§ 24 Abs. 2 JVollzDSG SH), überwiegend nur für einen besonders gesicherten Haftraum zulässig (vgl. etwa § 21 Abs. 2 S. 1 JVollzDSG Bln (zum Verbot der Speicherung § 23 Abs. 2 JVollzDSG Bln), nicht benannt in § 71 Abs. 2 Nr. 2 SächsJStVollzG; § 51 JStVollzG NRW iVm § 69 Abs. 4 S. 1 StVollzG NRW (gem. S. 3 ist „im Ausnahmefall" zusätzlich gar eine akustische Überwachung zulässig; vgl. aber betr. das Verbot einer Totalüberwachung → Rn. 130); § 32 Abs. 1 S. 2 JVollzGB BW I iVm § 63 Abs. 2 Nr. 5 JVollzGB BW IV; krit. zu rechtlichen und präventiven Aspekten Witos ua NK 2014, 363).

133c Soweit die Gesetze über die Regelungen des StVollzG hinausgehen, liegt eine **unzulässige Schlechterstellung** der JStrafgefangenen vor (vgl. → Rn. 5). So ist im Gegensatz zu § 88 Abs. 4 StVollzG in verschiedenen LandesGen zur *Fesselung* bei Ausführung, Vorführung und Transport keine erhöhte, sondern lediglich (einfache) Fluchtgefahr vorausgesetzt (§ 70 Abs. 4 JStVollzG Bln ua (§ 71 Abs. 6 SächsJStVollzG: „die das nach Absatz 1 erforderliche Maß nicht erreicht"); § 49 Abs. 4 HessJStVollzG; noch weiter gehend § 88 Abs. 7 JVollzGB LSA); anders § 51 JStVollzG NRW iVm § 69 Abs. 1, Abs. 2 Nr. 6 StVollzG NRW: „in erhöhtem Maße", § 63 Abs. 4 JVollzGB BW IV (unbeschadet sprachlicher Abweichung von § 88 Abs. 4 StVollzG; OLG Karlsruhe StV 2013, 302 (zum allg. StVollz)). Bei Fesselungs- und Fixierungsmaßnahmen, die freiheitsentziehende Wirkungen haben (vgl etwa § 49 Abs. 8 S. 2 Hs. 2 HessJStVollzG: nur mit „Sitzwache"zulässige Fesselung auf Fixierliege), ist die bislang als ausreichend geltende Anordnung durch die Anstaltsleitung unzureichend. Nach BVerfG NJW 2018, 2619 bedarf es einer **richterlichen Anordnung** oder (in Eilfällen) einer richterlichen Genehmigung (zur Zuständigkeit s. § 93).

Die **Häufigkeit** der Anwendung besonderer Sicherungsmaßnahmen übertraf – relativ betrachtet – gem. statistischer Analyse diejenige im Erwachsenenstrafvollzug (nach BMJStVollzSt 8 für 1996 im JStVollzug 4.600 einschlägige Maßnahmen, im Freiheitsstrafenvollzug 25.541 (zur Jahresdurchschnittsbelegung vgl. → Rn. 141); Daten speziell für die Vollzugsdanstalt Neustrelitz bei Faber, Länderspezifische Unterschiede bezüglich Disziplinarmaßnahmen (…), 2014, S. 146 ff.). 134

Bei der gerichtlichen Überprüfung des Vorliegens der Tatbestandsvoraussetzungen für die Anordnung einer besonderen Sicherungsmaßnahme geht die Judikatur davon aus, es handle sich wegen des (auch) prognostischen Inhalts um unbestimmte Rechtsbegriffe, bei deren Anwendung der Vollzugsbehörde – auch wegen der nicht seltenen Notwendigkeit kurzfristig zu treffender Entscheidung – ein *Beurteilungsspielraum* zustehe, der nur einer eingeschränkten gerichtlichen Kontrolle unterliege (vgl. zur Beurteilung von Flucht- und Missbrauchsgefahr → Rn. 67). Insoweit ergibt sich eine Rechtswidrigkeit nicht schon daraus, dass die Gefahrprognose im Nachhinein nicht bestätigt wurde, zumal an die Wahrscheinlichkeit der Gefahrverwirklichung umso geringere Anforderungen zu stellen sind, je größer der möglicherweise eintretende Schaden und je höherrangiger das hierdurch ggf. betroffene Schutzgut sind. Indes bestimmen sich die *freibeweisrechtlichen Mindestvoraussetzungen* nach der Schwere der Maßnahme, sodass zB für eine Absonderung eine lediglich schriftliche Mitteilung eines Vollzugsbediensteten über Angaben eines anonym belassenen Mitinsassen schwerlich zureicht (betr. allg. StVollzR aA OLG Celle BeckRS 2010, 26925 = NdsRpfl 2011, 20 nebst dem Bemerken, es sei keine Aufklärungsrüge erhoben worden). 134a

3. Unmittelbarer Zwang

a) Allgemeines. Die Anwendung (vormals Nr. 85 VVJug) ist in den Gesetzen der Länder ebenso geregelt wie in den §§ 94 ff. StVollzG (§§ 33, 76 ff. JStVollzG Bln ua (§§ 77 ff. SächsJStVollzG, §§ 78 ff. JStVollzG Hmb, § 52 Abs. 1 JStVollzG NRW iVm §§ 72 ff. StVollzG NRW, vorbehaltlich § 52 Abs. 2–6 JStVollzG NRW, §§ 69 ff. JVollzGB BW IV, § 132 iVm §§ 87 ff. NJVollzG, Art. 122 iVm Art. 101 ff. BayStVollzG, § 52 HessJStVollzG). Generell besteht mit der Voraussetzung der Rechtmäßigkeit der Durchführung auch die Voraussetzung einer rechtmäßigen Vollzugs- oder Sicherungsmaßnahme (vgl. ausdrücklich § 87 Abs. 1 JStVollzG Nds, § 78 Abs. 1 S. 1 SächsStVollzG). – Besonderheiten ergeben sich auf dem Gebiet der Gesundheitsfürsorge, wobei Voraussetzungen einer *Zwangsernährung* bzw. deren Zulässigkeit (n. zum Ganzen Koranyi StV 2015, 257 ff.) unterschiedlich geregelt sind (vgl. § 84 Abs. 1 S. 1 HmbJStVollzG: „Ernährung gegen den natürlichen Willen"; ähnlich § 25 Abs. 1 HessJStVollzG; § 68 Abs. 1 S. 1 SächsJStVollzG: „ohne Einwilligung"; modifiziert § 79 BbgJVollzG; vgl. auch § 77 Abs. 2, Abs. 5 S. 3, Abs. 6 JVollzGB LSA und ebenso Bln.; zur Einholung der Einwilligung der Personensorgeberechtigten s. etwa § 52 Abs. 6 S. 2 bzw. S. 3 JStVollzG NRW) und neben Fragen der Zumutbarkeit und der Gefahr für das Leben des Insassen (vgl. etwa § 52 Abs. 6 JStVollzG NRW iVm § 78 Abs. 1 Nr. 3, Nr. 5 StVollzG NRW) sowie den Kriterien Erster Hilfe umstritten ist, ob ärztlicherseits eine zuvor in verlässlicher Form erklärte Ablehnung lebenserhaltender Maßnahmen zu respektieren ist (vgl. etwa § 93 Abs. 2 S. 3 NdsVollzG; Ostendorf/Ostendorf JugendStrafVollzR 135

§ 9 Rn. 58 f.). Grundsätzlich bedarf es der Anordnung des Anstaltsleiters auf der Grundlage ärztlicher Stellungnahme sowie der ärztlichen Leitung der Durchführung und Überwachung.

135a **b) Schusswaffengebrauch.** Besondere Vorschriften finden sich indes meist für den Schusswaffengebrauch durch Vollzugsbedienstete, der überwiegend unter bestimmten Voraussetzungen als zulässig verstanden wird (§ 95 Abs. 1 S. 1 JVollzGB LSA: „innerhalb"), um **angriffs-** oder **fluchtunfähig** zu machen (vgl. einschr. § 53 Abs. 1 S. 2 HessJStVollzG, § 83 Abs. 2 S. 1 HmbJStVollzG: nur angriffsunfähig; anders § 52 Abs. 2 S. 1 JStVollzG NRW: nicht zur Vereitelung einer Flucht oder zur Wiederergreifung). Indes ist der Gebrauch durch Bedienstete *innerhalb* der Einrichtungen in einigen Ländern generell untersagt (§ 81 Abs. 1 JStVollzG Bln ua (Bln. § 95 Abs. 1 S. 1 JStVollzG Bln; anders § 81 JStVollzG, § 81 SchlHJStVollzG und § 81 SJStVollzG), § 97 Abs. 1 S. 1 BbgJVollzG; s. aber auch Art. 107 BayStVollzG), § 96 Abs. 1 S. 1 ThürJVollzGB, § 77 Abs. 4 SächsJStVollzG erlaubt von vonherein als Waffen nur (dienstlich zugelassene) „Hiebwaffen" (vgl. auch Nr. 92 ERJOSSM, dazu Dünkel ZJJ 2011, 150; ferner Kühl, Die gesetzliche Reform des Jugendstrafvollzugs (…), 2012, S. 288 ff.). Außerhalb der Einrichtungen ist die Anwendung nur unter engen Voraussetzungen durch dafür bestimmte Bedienstete teilweise zulässig (vgl. § 81 Abs. 5 JStVollzG Bln ua (vgl. insoweit auch § 81 Abs. 2, 4 SchlHJStVollzG und § 81 Abs. 2, 4 SJStVollzG sowie § 96 Abs. 2–6 ThürJVollzGB), § 97 Abs. 2 –6 BbgJVollzG, § 129 NJVollzG), gem. § 81 Abs. 5 JStVollzG M-V ggü. minderjährigen (also noch jugendlichen) JStrafgefangenen – enger – nur dann, wenn die JStrafgefangenen eine Waffe oder ein gefährliches Werkzeug trotz wiederholter Aufforderung nicht ablegen. Nach § 75 Abs. 2 JVollzGB BW IV dürfen Schusswaffen bei Flucht aus Einrichtungen mit überwiegend jugendlichen JStrafgefangenen nicht gebraucht werden.

135b Selbst gegen die vorgesehenen Ausnahmen sprechen im Allg. die damit verbundene **Eskalation**swirkung und Zweifel betr. die Notwendigkeit ebenso wie der darin liegende Konflikt (wenn auch nicht Gegensatz) zu Nr. 65 der Regeln der Vereinten Nationen zum Schutz von Jugendlichen unter Freiheitsentzug (anders aber vormals Arloth BayStVollzG Art. 154 Rn. 2: Einschätzung „ihrer kriminellen Energie und Gefährlichkeit" eher wie im allg. StVollzug (vgl. zu diesen Begriffen indes Schäfer/Sander/van Gemmeren Strafzumessung S. 619: „Leerformel" bzw. Eisenberg BeweisR StPO Rn. 1814a). Die Anwendung von Schusswaffen wird kaum einmal verhältnismäßig sein (s. bereits Böhm HwKrim 1979, 529).

4. Erzieherische Maßnahmen; Disziplinarmaßnahmen

136 **a) Allgemeines.** Die Sanktionierung von Pflichtverstößen muss den physischen und psychischen Besonderheiten des Jugend- bzw. Heranwachsendenalters Rechnung tragen (vgl. BVerfG NJW 2006, 2096). Deshalb sehen die Landesgesetze durchgehend ein abgestuftes, der bestehenden Praxis entsprechendes System aus Erzieherischen Maßnahmen und Diszipl**inarmaßnahmen** vor (§§ 82 ff. JStVollzG Bln ua (§§ 81 ff. SächsJStVollzG), §§ 53 ff. JStVollzG NRW und § 96 ff. JVollzGB LSA), §§ 77 ff. JVollzGB BW IV, §§ 85 ff. HbmJVollzG, § 132 iVm §§ 94 ff. NJVollzG, Art. 155f iVm Art. 110 ff. BayStVollzG, §§ 54, 55 HessJStVollzG). Statistisch betrachtet

werden im Verhältnis zum allg. StVollzug auch unter Berücksichtigung der begrenzten Vergleichbarkeit schon der Gefangenenstruktur (einschließlich der Strafdauer) teilweise **überdurchschnittlich häufig** Verfehlungen **ggü. Bediensteten registriert** (nach BMJ StVollzSt 8 wurden zB im Jahre 1996 bei einer Jahresdurchschnittsbelegung von 4.613 im JStVollzug Inhaftierten 45 Tätlichkeiten ggü. Bediensteten erfasst, während die entspr. Zahlen für den Freiheitsstrafenvollzug 59.584 und 276 lauteten; vgl. auch betr. Disziplinarmaßnahmen → Rn. 141). Dieses Anzeichen für eine erhöhte Konfliktsituation ua aufgrund Autonomieverlusts (vgl. Walter NStZ 2010, 58) könnte ua darauf hindeuten, dass die Aufsichtsbeamten weiterhin spezieller Fortbildung bedürfen.

Die JStrafgefangenen sollen gem. dem Erziehungsauftrag im Vollzug lernen, Probleme und Konflikte zu lösen. Dies kann nur gelingen, wenn das Verhalten der Vollzugsbediensteten insofern ein Vorbild darstellt. Daher ist eine einvernehmliche Konfliktlösung (vgl. dazu nur § 98 Abs. 2 BbgJVollzG) stets vorrangig; Disziplinarmaßnahmen dürfen **nur** als – ggü. Gesprächen, Beruhigungschancen etc **subsidiäre** – **„Notlösung"** eingesetzt werden (Walter MschKrim 1993, 288) und nur dazu dienen, in einer konkreten Situation eine Gefahr für die Außenwelt und für das Zusammenleben in der Anstalt oder für die Gesundheit und das Leben des Betroffenen zu verringern (vgl. auch Alt, Das Berliner JStVollzG im Lichte verfassungsrechtlicher Vorgaben sowie europäischer und internationaler Regelungen mit Menschenrechtsbezug, 2014, S. 155). Vor diesem Hintergrund wäre als Vorstufe von Erzieherischen und Disziplinarmaßnahmen notwendig eine offene, konstruktive Strategie zur Bewältigung der bei Jugendlichen und ggf. auch bei Heranwachsenden „normalen" Regelverstöße (vgl. auch Sonnen ZJJ 2006, 239; betr. eine Ombudsperson Tondorf/Tondorf ZJJ 2006, 246), und zwar ggf. auch betr. situationsgeprägte Verstöße in Gestalt körperlicher Gewalt (vgl. iSv Anpassungsstrategien näher Boxberg ua MschKrim 1999 (16), 428). 137

Die Einführung sog. **Erzieherischer Maßnahmen** (zu einer eher weiten Fassung (auch erzieherisches Gespräch) § 77 Abs. 1 S. 2 JVollzGB BW IV, zur Regelverdeutlichung etwa § 54 HessJStVollzG) als erster Stufe und ohne förmliches, ggf. zeitaufwändiges Disziplinarverfahren (und bei sofortiger „Vollstreckbarkeit") ist grundsätzlich folgerichtig und entspricht dem Erziehungsauftrag, auch wenn eine gewisse Ausdehnung von Kontrolle (im Sinne eines net-widening-Effekts) nicht ausgeschlossen werden kann (zum Ganzen krit. Ostendorf/Ostendorf/Rose JugendStrafVollzR § 10 Rn. 20 ff.). Unstreitig muss auch hier vor Anordnung der Sachverhalt einschließlich der Entstehungszusammenhänge geklärt und dem Betroffenen rechtliches Gehör eingeräumt worden sein (vgl. insoweit → Rn. 142). – Fehlt es an der Befugniss der anordnenden Person, so löst dies zwar keinen Suspensiveffekt aus, jedoch kann – wenngleich faktisch meist verspätet – Außervollzugsetzung beantragt werden (Abs. 1, § 114 Abs. 2 StVollzG). 137a

Indes begegnet die konkrete Ausgestaltung in den Gesetzen der Länder (§ 82 JStVollzG Bln ua (§ 81 SächsJStVollzG), § 77 JVollzGB BW IV, § 130 Abs. 1 NJVollzG, Art. 155 BayStVollzG, § 54 HessJStVollzG) nicht unerheblichen Bedenken (vgl. nur § 85 S. 3 HmbStVollzG: Beschränkung in Bezug auf die Freizeit bzw. gemeinschaftliche Veranstaltungen bis zu einer Woche (abl. zum vormaligen HmbJVollzG schon Arloth Rn. 1; § 54 Abs. 3 Nr. 2 JStVollzG: gar bis zu sechs Wochen). Dies betrifft zunächst die Undif- 137b ferenziertheit (vgl. aber nunmehr § 81 Abs. 1 Nr. 2 und 3 SächsJStVollzG GVBl. 2013, 250) sowie die Unbestimmtheit der genannten Regelungen, die insb. keine Festlegungen hinsichtlich des Verfahrens und der konkreten Ausgestaltung der einzelnen Maßnahmen enthalten (zB betr. die eher zu verneinende Frage der Zulässigkeit des Fernsehverbots (bejahend aber vormals Arloth NJVollzG § 130 Rn. 2)); in Art. 155 Abs. 1 BayStVollzG findet sich darüber hinaus eine lediglich beispielhafte und daher nicht abschließende Aufzählung möglicher Maßnahmen („insb.").

137c Bei den jeweils genannten Maßnahmen – etwa Verwarnung, Weisung, Auflagen, Beschränkungen der Freizeitgestaltung – handelt es sich um solche, die in ihrer Art eher Disziplinarmaßnahmen entsprechen bzw. auch solche sind. Sie unterscheiden sich daher nicht grundlegend von Disziplinarmaßnahmen iSd StVollzG, weshalb eine besondere erzieherische Geeignetheit kaum gegeben ist. Im Übrigen könnten erzieherische Maßnahmen gar im Sinne apokrypher Disziplinarmaßnahmen, dh als Umgehung von deren Voraussetzungen hergenommen zu werden (vgl. auch Schwirzer, Jugendstrafvollzug für das 21. Jahrhundert, 2008, S. 257 f.), zumal der Verzicht auf ein förmliches Verfahren auch einen Verlust an Schutz mit sich bringen kann.

138 Die Regelungen betr. **Disziplinarmaßnahmen** in den Landesgesetzen (§§ 83 ff. JStVollzG Bln ua (§§ 82 ff. SächsJStVollzG), §§ 54 ff. JStVollzG NRW, §§ 77 ff. JVollzGB BW IV, § 132 Abs. 1 iVm §§ 94 ff. NJVollzG, Art. 156 iVm Art. 110 ff. BayStVollzG, § 55 HessJStVollzG, § 97 Abs. 3 JVollzGB LSA) entsprechen im Wesentlichen den Regelungen des StVollzG (zur Bewertung der einzelnen Maßnahmen Claßen ZfStrV 1984, 85; zum Problem der Konfliktbelastung der Anstalt s. krit. Walter ZfStrVo 1988, 195; Jansen/Schreiber MschKrim 1994, 139 (143 ff.); krit. zur Praxis der Anordnung Lambropoulou, Erlebnisbiographie und Aufenthalt im Jugendstrafvollzug, 1987, S. 21 ff., 206). Schon generell bestehen Bedenken, weniger einschlägige Verstöße seitens JStrafgefangener als solche gegen „Ordnung oder Sicherheit" der Anstalt zu bewerten (krit. Böhm FS Blau, 1985, 196 (198) mit Bsp.; krit. betr. Ausschluss vom gemeinschaftlichen Fernsehen Walter MschKrim 1993, 275; zur Interpretation des Erziehungsgedankens als repressive Ahndung Tierel, Vergleichende Studie zur Normierung des Jugendstrafvollzugs, 2008, S. 244). Ein vollständiges Besuchsverbot widerspricht der R 60.4 European Prison Rules (dazu Feest ZfStrVo 2006, 259).

138a Auf die Besonderheiten des JStVollzugs, wozu schon die im Allg. höhere Strafempfindlichkeit, das ausgeprägtere Zeitdauer-Empfinden sowie Reifungsverzögerungen gehören, wird weithin lediglich insofern Rücksicht genommen, als die zulässige Anordnungsdauer einzelner Maßnahmen teilweise kürzer ist als im StVollzG, nicht aber durch – dem Vollzugsziel abträgliche Auswirkungen vermeidende – Vorgaben als unzulässig(vgl. undifferenziert zB § 97 Abs. 3 S. 2 JVollzGB LSA; zu „im Regelfall maßvollerer" Handhabung schon Arloth BayStVollzG Art. 156 Rn. 3). Ansonsten sind die Bestimmungen kaum besonders auf die physischen und psychischen Besonderheiten des Jugend- und auch des Heranwachsendenalters zugeschnitten und werden daher den verfassungsrechtlichen Anforderungen (vgl. → Rn. 3f) nicht gerecht. Soweit als Voraussetzung von Disziplinarmaßnahmen statt bestimmter Verstoßtatbestände lediglich allg. (schuldhafte) Verstöße (so Art. 154 BayStVollzG, § 158 Abs. 1 NJVollzG, § 77 JVollzGB BW IV, § 86 Abs. 2 S. 1 Nr. 7 HmbJStVollzG, § 54 Abs. 1 iVm § 53

Abs. 1 S. 1 JStVollzG NRW) oder gar „Störungen" (§ 86 Abs. 2 S. 1 Nr. 10 HmbJStVollzG) genannt werden, sind die Vorgaben des BVerfG hinsichtlich einer den grundrechtlichen Anforderungen entsprechenden Normierung (BVerfG NJW 2006, 2097) nicht erfüllt.

Eher geeignet sind insofern die §§ 83 ff. JStVollzG Bln ua (§ 82 SächsJStVollzG, § 86 Abs. 2 HmbJStVollzG (ÄndG GVBl. 2013, 211 um drei Anlässe erweitert)) und auch §§ 54 ff. HessJStVollzG: Zum einen präzisieren und begrenzen sie die Voraussetzungen der Verhängung, indem sie die einschlägigen Pflichtverletzungen enumerativ aufzählen (§ 83 Abs. 2 JStVollzG Bln ua, § 55 Abs. 2 HessJStVollzG, § 97 Abs. 1 JVollzGB LSA), wobei indes auch die umstrittene Entweichung (vern. bei gewaltloser Selbstbefreiung Ostendorf/Ostendorf/Rose JugendStrafVollzR § 10 Rn. 64; Keller StV 1989, 441; zusf. Ostendorf NStZ 2007, 313 ff. (jeweils zum allg. Vollzug)) sowie die Entziehung aus zugewiesenen Aufgaben genannt sind (dazu Ostendorf NK 2006, 92). Zum anderen ist auch der Kreis zulässiger Disziplinarmaßnahmen deutlich eingegrenzt (diff. ÄndG Sachs. GVBl. 2013, 250 zu § 82 Abs. 3 Nr. 2 und Nr. 3), wobei insb. erzieherisch schädliche Maßnahmen (wie etwa Beschränkungen bei Ausbildung und Außenkontakten) aus dem Katalog gestrichen sind (vgl. aber § 55 Abs. 3 Nr. 7 HessJStVollzG), wenngleich der besonders eingriffsintensive Arrest enthalten bleibt (entfallen jedoch nach § 82 Abs. 3 SächsJStVollzG, GVBl. 2013, 250), der im Konflikt (wenn auch nicht im offenen Gegensatz) mit Nr. 67 der Regeln der Vereinten Nationen zum Schutz von Jugendlichen unter Freiheitsentzug steht. Im Übrigen enthebt der Arrest nicht von der Pflicht, täglich mindestens eine Stunde Aufenthalt im Freien zu ermöglichen (vgl. → Rn. 102), und auch im Übrigen ist ein pauschales Ruhen von Rechten (vgl. etwa § 84 Abs. 3 S. 3 JStVollzG Bln ua) idR erzieherisch nicht vertretbar. 138b

Disziplinarmaßnahmen sind nur unter den – im Unterschied zu § 102 StVollzG – engeren Voraussetzungen eines **schuldhaften** Verstoßes gegen die **Ordnung** oder **Sicherheit** der **Anstalt** zulässig, dh sie unterliegen dem **Gesetzesvorbehalt** (Art. 103 Abs. 2 GG; konkret vern. bei „verbalen Auseinandersetzungen" mit anderen Insassen OLG Hamm StV 2016, 302 (zum allg. StVolzR)). Nur in diesen Grenzen dürfen die in der vormaligen Nr. 86 Abs. 1 VVJug (ebenso § 103 E-JStVollzG 1991) als „Erziehungsmaßnahmen" im Sinne einer Sofortreaktion (andernfalls sind sie aufzuheben, OLG Hamburg StV 2004, 276 (zum allg. StR)) bei leichteren Pflichtverletzungen und in der vormaligen Nr. 86 Abs. 2 und 3, Nr. 87 VVJug bei eher schwereren Pflichtverstößen vorgesehenen Maßnahmen angewandt werden (Böhm FS Blau, 1985, 198 sowie Trenczek, Freiheitsentzug bei jungen Straffälligen/Böhm, 1993, S. 204 f., jeweils mit Bsp. verfehlter Judikate; Walter MschKrim 1993, 274; krit. zu „verdeckter Rache" Walkenhorst DVJJ-Journal 1999, 258). Ein Großteil der Anlässe bezieht sich auf Verfehlungen ggü. Bediensteten (vgl. auch → Rn. 136) – insofern ist idR ein interaktionistischer Vorlauf zu prüfen – bzw. iZm Drogen oder Alkohol (vgl. auch Gassmann/Preusker). 139

Der Nachweis des schuldhaften Pflichtenverstoßes unterliegt **uneingeschränkter gerichtlicher Kontrolle** (BVerfG, 2. Kammer des 2. Senats, StV 2004, 612 = NStZ-RR 2004, 220; OLG Stuttgart NStZ-RR 2011, 29 f., konkret vern. bei Beleidigung ggü. Bedienstetem (betr. allg. StVollzR)). – Gemäß allg. Grundsätzen des JGG sind allein schuldvergeltende (vgl. → § 17 Rn. 55 ff.) oder gar – bezogen auf Mitgefangene – general- 139a präventiv (vgl. → § 17 Rn. 6f., → § 18 Rn. 43, → § 21 Rn. 11) motivierte Disziplinarmaßnahmen unzulässig (vgl. auch Walter MschKrim 1993, 275; Alt, Das Berliner JStVollzG im Lichte verfassungsrechtlicher Vorgaben sowie europäischer und internationaler Regelungen mit Menschenrechtsbezug, 2014, S. 149), und ohnehin muss die Maßnahme dem Verhältnismäßigkeitsgrundsatz (geeignet, erforderlich und proportional) entsprechen (betr. Arrest konkret vern. OLG Stuttgart NStZ-RR 2011, 29 (zum allg. StVollzR); krit. speziell zum Arrest schon Walter MschKrim 1993, 276 (291 f.); zur geschichtlichen Entwicklung von Disziplinarmaßnahmen s. Walter ZfStrVo 1997, 208).

140 **b) Defizite von Disziplinarmaßnahmen.** Diese Maßnahmen stellen fast immer eine **Behinderung** der **erzieherischen** Möglichkeiten im Vollzug dar, treffen meist gerade die besonders Erziehungsbedürftigen (s. auch Eckert ZblJR 1982, 151) und sind Anzeichen für Schwierigkeiten, die vorrangig im Einzelgespräch oder in der Gruppe erörtert und aufgearbeitet werden sollten – daher wird empfohlen, insb. Arrest als Disziplinarmaßnahme nur iZm begleitenden pädagogischen Maßnahmen zu verhängen (DVJJ 2015, AK 3). Dem scheint die Praxis bislang nicht immer hinreichend Rechnung zu tragen (s. schon Nachw. bei Böhm FS Blau, 1985, 198), etwa bei Entweichung anlässlich begleiteten Ausgangs (vgl. OLG Hamm ZfStrVo 1986, 120), Arbeitsverweigerung (Walter ZfStrVo 1988, 198 sowie MschKrim 1993, 281; OLG Frankfurt a. M. 29.4.1986 – 3 VAs 19/86 bei Böhm NStZ 1987, 444 bzw. OLG Frankfurt a. M. NStZ 1992, 530: vier Wochen getrennte Unterbringung während der Freizeit; sehr zw.) oder Drogenkonsum (vgl. zu sieben Tagen Arrest wegen Haschisch-Konsums OLG Frankfurt a. M. ZfStrVo 1991, 310 (Ls.)). Als unzulässig galten bislang Disziplinarmaßnahmen wegen der Ablehnung, an der Erreichung des Vollzugsziels mitzuwirken (Eisenberg MschKrim 2004, 355 f.; vgl. aber → Rn. 45).

141 Hingegen lassen sich erzieherisch positive Ergebnisse zur Begründung oder gar Erweiterung von Disziplinarmaßnahmen nicht nennen, und zwar insb. auch nicht bzgl. zukünftiger Legalbewährung (Walter MschKrim 1993, 286; vgl. auch die entspr. Befunde bzgl. erneuter Gewaltanwendung im Vollzug bei Bachmann MschKrim 2015, 1 (11 ff.)). Gleichwohl bestehen aufgrund statistischer Analyse, obwohl diese Disziplinarmaßnahmen nach Nr. 86 Abs. 1 VVJug offenbar nicht oder nicht einheitlich einbezieht (vgl. Walter MschKrim 1993, 278; Walter ZfStrVo 1997, 213), Anhaltspunkte dafür, dass Disziplinarmaßnahmen – auch unter Berücksichtigung der begrenzten Vergleichbarkeit schon der Gefangenenstruktur (einschließlich der Strafdauer) – **häufiger** eingesetzt werden **als** im **allg. Strafvollzug** (ausführlich Walter, Formelle Disziplinierung im Jugendstrafvollzug, 1998, S. 94 ff., 131 ff.; für eine Länderabfrage zur Häufigkeit der Anwendung von Disziplinarmaßnahmen vgl. Bachmann MschKrim 2015, 1 (4 ff.)); zudem scheinen tendenziell die jüngeren JStrafgefangenen vergleichsweise stark betroffen zu sein (vgl. etwa Walter MschKrim 1993, 284). – Im Übrigen ist die Häufigkeit von Disziplinarmaßnahmen im gelockerten (halboffenen) Vollzug nach (bisherigen) Auswertungen durchaus geringer als im geschlossenen Vollzug (Dünkel Freiheitsentzug S. 262; Walter MschKrim 1993, 282; s. zur Reduzierung bei Erhöhung von Urlaubsgewährungen schon Walter ZfStrVo 1988, 196).

Im Jahre 1996 wurden im JStVollzug insgesamt bei einer durchschnittlichen Jahresbelegung von 4.613 Inhaftierten 6.436 Disziplinarmaßnahmen verhängt, während die entsprechenden Zahlen für den Freiheitsstrafenvollzug 59.584 und (nur) 28.340 lauteten (StVollzSt 8 (später keine Aufschlüsselung der Einzeldaten); vgl. auch schon Dünkel Freiheitsentzug S. 255). Speziell bzgl. der Anteile des Arrestes werden erhebliche *regionale Unterschiede* verzeichnet (vgl. näher Eisenberg/Tóth GA 1993, 313), wobei allerdings Vorbehalte hinsichtlich der statistischen Erfassung bestehen. Insgesamt ist, schon wegen Schwankungen im zeitlichen Längsschnitt auch in ein und derselben Anstalt, ein erhebliches Ausmaß an Wertungsunterschieden der (ggf. fluktuierenden) jeweiligen Bediensteten innerhalb der JStVollzAnstalt bzw. der Aufsichtsbehörden anzunehmen (Dünkel Freiheitsentzug S. 263; Walter MschKrim 1993, 279 (282–285) sowie näher Walter, Formelle Disziplinierung im Jugendstrafvollzug, 1998, S. 144 ff. (gem. Umfrage bei den Leitern sämtlicher einschlägiger Anstalten)). – Die regional unterschiedliche Disziplinierungspraxis – nicht nur auf Landesebene, sondern auch von Anstalt zu Anstalt und zudem (nach Wechsel des Anstaltsleiters) innerhalb ein und derselben Anstalt (vgl. Tierel, Vergleichende Studie zur Normierung des Jugendstrafvollzugs, 2008, S. 245 f.) – ist zudem in einer Befragung (März 2014) bei 10 Bundesländern (außer Bay., Bbg., Bremen, Hmb., Hess., LSA) betr. männliche Insassen bestätigt worden (vgl. Bachmann/Ernst MschKrim 2015 (98), 1 ff.; zur Praxis in der Vollzugsanstalt Neustrelitz vgl. Faber, Länderspezifische Unterschiede bezüglich Disziplinarmaßnahmen (…), 2014, S. 165 ff.). 141a

Im **Verfahren** steht, in Abwägung von Zeitablauf und (ggf. in Betracht kommender) Sanktionsschwere, die Pflicht zu umfassender Sachverhalts*aufklärung* im Vordergrund, die sich auf die Entstehungszusammenhänge (verkürzt zB § 100 Abs. 1, 3 JStVollzG Bln) eines etwa vorliegenden Verstoßes zu erstrecken hat (ggf. unter Beteiligung von Sorgeberechtigten, vormaligen Schullehrerinnen bzw. -lehrern etc (indes bei besonders sorgfältiger Prüfung des Wahrheitsgehalts von deren Aussagen, vgl. auch → § 5 Rn. 39, 39a, 57–64b)). Im Falle mehrerer und gleichzeitig zu beurteilender Verfehlungen ist eine einheitliche Entscheidung zu treffen (§ 85 Abs. 2 SächsJStVollzG). 142

Der Betroffene ist vor seiner Aussage über sein Schweigerecht zu **belehren** (§ 136 Abs. 1 S. 2 StPO analog; § 55 Abs. 1 S. 5 JStVollzG NRW), mit der Folge, dass in einem anschließenden Strafverfahren ein Verwertungsverbot hinsichtlich der ohne vorausgegangene Belehrung getätigten Aussage besteht (vgl. zum Ganzen (jeweils betr. allg. StVollzR) BGH NJW 1997, 2893 = StV 1997, 337; LG Detmold StV 2018, 649). Ist der Betroffene *nicht* bereit, zu *erscheinen,* so wird sich zur Vermeidung zusätzlicher Konflikte ein schriftliches Verfahren (vgl. die Vorschriften der Landesgesetze entspr. § 106 Abs. 3 Hs. 2 StVollzG) nebst Erl. durch einen betreuenden Bediensteten empfehlen (Arloth/Krä StVollzG § 106 Rn. 4; zur Frage der Erscheinenspflicht sowie dazu, ob deren Nichtbefolgung durch unmittelbaren Zwang durchgesetzt werden und ihrerseits einen Disziplinarverstoß darstellen könnte, vgl. (jeweils zum allg. StVollz) vern. OLG Frankfurt a. M. NStZ-RR 1997, 153; ebenso Ostendorf/Rose JugendStrafVollzR § 10 Rn. 55; bejahend OLG Nürnberg FS 2009, 153 sowie vormals OLG Hamm NStZ 1991, 509). Dies gilt auch deshalb, weil der Betroffene nach allg. Auffassung einer Aussagepflicht nicht unterliegt (vgl. nur OLG Frankfurt a. M. NStZ-RR 1997, 152 (zum allg. StVollz); zur Selbstbelastungsfreiheit näher → § 89c 142a

Rn. 101) und er auch seine Gründe dafür, von einem Erscheinen absehen zu wollen, nicht preisgeben muss.

142b Dem Betroffenen ist grundsätzlich die Möglichkeit zu geben, sich von einem (zumindest bei als „schwer" beurteilten Verfehlungen zu benachrichtigenden, § 85 Abs. 3 S. 2 SächsJStVollzG) **Verteidiger** beraten zu lassen (vgl. OLG Karlsruhe NStZ-RR 2002, 29, OLG Bamberg StRR 2010, 364 (Aufhebung wegen Verweigerns), jeweils zum allg. StVollz); Ostendorf/Rose JugendStrafVollzR § 10 Rn. 54: vor Arrest andernfalls Verwertungsverbot) und sich dessen bei der Anhörung zu bedienen (vgl., jeweils zum allg. StR, OLG Nürnberg StraFo 2011, 367 = StV 2012, 169; aA (betr. U-Haft) OLG Bamberg NStZ-RR 2015, 93). – Wegen *ärztlicher* Kontrolle enthalten die Landesgesetze nähere Regelungen.

X. Umgang mit personenbezogenen Daten

1. Einzelne Regelungen

143 Die vorliegenden Gesetze sehen Regelungen für den Umgang mit personenbezogenen Daten vor (§§ 88 ff. JStVollzG Bln ua (außer Bln. gem. JVollzDSG), §§ 72 JStVollzG NRW, §§ 34 ff. JVollzGB BW I, §§ 190 ff. NJVollzG, Art. 196 ff. BayStVollzG, §§ 58 ff. HessJStVollzG, §§ 120 ff. JVollzGB LSA), die grundsätzlich bei den Betroffenen zu **erheben** sind (s. etwa § 88 Abs. 2 JStVollzG Bln ua (Bln. § 14 JVollzDSG Bln; § 89 Abs. 1 SächsJStVollzG), § 72 Abs. 3 JStVollzG NRW iVm § 108 Abs. 2 S. 1 StVollzG NRW, § 125 Abs. 1 JVollzGB LSA, § 114 Abs. 2 S. 1 HmbJStVollzG, § 59 Abs. 1 HessJStVollzG, § 190 Abs. 2 NJVollzG, Art. 196 Abs. 2 BayStVollzG), es sei denn, eine Erhebung bei Dritten ist zu vollzuglichen Zwecken (einschließlich der „Erziehung" des Insassen, vgl. § 89 Abs. 2 SächsJStVollzG) „unerlässlich" (§§ 65, 15, 16 JVollzDSG Bln, gem. §§ 65 Abs. 2, 70 Abs. 1 und 2 auch bei Personensorgeberechtigten sowie über diese). – Gemäß den Grundsätzen des § 67 sind *Personensorgeberechtigte* jugendlichen Gefangenen gleichgestellt, jedoch unter Vorbehalten (§§ 65, 70 Abs. 3–5, 7 JVollzDSG Bln; s. aber auch § 42 Abs. 2 JVollzGB BW I).

143a Die *Betroffenen* haben grundsätzlich nur ein Aktenauskunftsrecht, wogegen ein *Akteneinsichtsrecht* von der Beurteilung als erforderlich abhängig gemacht ist (vgl. nur § 28 JVollzDSG Bln, § 37 iVm § 1 Abs. 2 RhPfLJVollzDSG; modifiziert § 72 Abs. 3 JStVollzG NRW iVm § 116 StVollzG NRW: „nicht ausreicht" *und* „auf die Einsichtnahme angewiesen"; OLG Hamm StV 2014, 351 (zum allg. StR)), wozu zumindest bei fachspezifischen Inhalten ein Ausdruck bzw. eine Fotokopie auszuhändigen ist (OLG Koblenz NStZ 2016, 246 betr. „Basisdiagnostik" (zum allg. StVollzR)).

143b **a) Einwände betr. die Aufsichtsbehörde.** Soweit die Landesgesetze die Berechtigung zu *Erhebung und Verarbeitung* auch der Aufsichtsbehörde einräumen, bestehen datenschutzrechtliche Einwände (vgl. auch → § 89c Rn. 103). Folgen die Vorschriften den Regelungen des StVollzG, so erweisen sich hier die gleichen Bereiche als rechtlich umstritten. Dies betrifft etwa die eingeschränkte Benachrichtigungspflicht bei heimlicher Erhebung (§ 89 Abs. 5 JStVollzG Bln ua (§ 89 Abs. 4 SächsJStVollzG, § 88 Abs. 5 JStVollzG M-V und § 88 Abs. 5 SchlHJStVollzG), § 125 S. 2 Nr. 1 BbgJVollzG, § 114

Abs. 4 HmbJStVollzG, § 190 Abs. 4 NJVollzG, Art. 196 Abs. 4 BaySt-VollzG; vgl. auch § 125 Abs. 3 JVollzGB LSA).

Die (teilweise an § 182 Abs. 2 S. 2, 3 StVollzG angelehnten) Regelungen zur Frage einer *Offenbarungs*pflicht für Ärzte, Psychologen und Sozialarbeiter (§ 72 Abs. 3 JStVollzG NRW iVm § 112 Abs. 2 S. 2 StVollzG NRW, § 195 Abs. 2 S. 2, 3 NJVollzG, Art. 200 Abs. 2 S. 2, 3 BayStVollzG sowie § 92 Abs. 2 JStVollzG Bln ua (Bln. §§ 65, 52 JVollzDSG Bln, Bremen, MV und SchlH), § 90 Abs. 2 S. 2 SächsJStVollzG (ÄndG GVBl. 2013, 250, unter Aufgabe bisheriger Soll-Vorschrift); teilweise abw. § 119 Abs. 2 S. 3, 4 HmbStVollzG; vgl. auch §§ 150, 151 JVollzGB LSA) stehen einem vertrauensanbahnenden Beratungs- und Hilfeverhältnis eher entgegen (vgl. dazu n. Ostendorf/Bunge JugendStrafVollzR § 12 Rn. 50 ff.), ohne dass die Unterrichtungspflicht dem (stets) abhelfen könnte (vgl. betr. § 7 Abs. 2 etwa Eisenberg JR 2008, 148 (zum allg. StR)). Demgegenüber sieht § 92 Abs. 2 S. 3 JStVollzG Bremen, MV und Saarl. eine begrenzte *Verpflichtung* des *Arztes* auch im Übrigen vor, betr. die Offenbarungsbefugnis von Ärzten zur Voraussetzung ua der Unerlässlichkeit § 90 Abs. 2 S. 3 SächsJStVollzG, § 92 Abs. 2 S. 2 SchlHJStVollzG, s. aber auch §§ 65, 52 JVollzDSG Bln. Außerordentlich weitgehend nimmt sich § 47 Abs. 2 S. 2 JVollzGB BW I aus (zB „sonst" für die Aufgabenerfüllung der Anstalt). 143c

Im Übrigen ist in § 92 Abs. 2 S. 2 JStVollzG Bln ua (anders §§ 65, 52, 53 JVollzDSG Bln: „Anstaltsleitung") in Abweichung von § 182 Abs. 2 S. 2 StVollzG Bln die Fassung „Erfüllung der Aufgaben der Vollzugsbehörde" (erweiternd) ersetzt durch „der Anstalt oder Aufsichtsbehörde". Hingegen ist gem. Art. 200 Abs. 2 S. 2 BayStVollzG, § 61 Abs. 2 S. 2 HessJStVollzG und § 90 Abs. 2 S. 2 SächsJStVollzG (verengend) lediglich der Begriff Vollzugsbehörde durch das Wort „Anstalt" bzw. „Anstaltsleitung" ausgetauscht. 143d

b) Einschränkende Grundsätze. Treffen die JVollzugsgesetze keine besonderen Regelungen, gelten die Landesdatenschutzgesetze und damit auch der stets zu beachtende Grundsatz der *Datenvermeidung* bzw. Datensparsamkeit (s. etwa § 5a JVollzDSG Bln). – Soweit es trotz der besonderen Sensibilität der Daten als zulässig erachtet wird (KG NStZ-RR 2011, 156 (zum allg. StVollzR)), dass entsprechend § 479 Abs. 2 Nr. 1 StPO (vgl. aber auch §§ 65, 51 ff. (53) JVollzDSG Bln, § 4 Abs. 2 Nr. 2a BDSG) ein im Vollstreckungsverfahren erstattetes Prognose*gutachten* von der VollzEinrichtung in die Gefangenenpersonalakte aufgenommen und bei Vollzugsentscheidungen verwendet wird, steht den Informationsbelangen betr. etwaiger Erkenntnisse die Gefahr einer Orientierung (oder gar Abhängigkeit) von der – ggf. verfehlten – Sichtweise des Gutachters (zu Fragen der Geeignetheit vgl. → § 43 Rn. 34 ff.) gar iSv „Brandmarkung" ggü., zumal offen ist, ob in einem neuerlichen Vollstreckungsverfahren ein anderer Gutachter herangezogen wird, der ggf. eine andere Sichtweise zum Ausdruck bringt. 144

2. Herausgabe

a) Befugnisnormen. Was den Schutz von Daten vor der Herausgabe an Empfänger **außerhalb** der Vollzugseinrichtung angeht, so ist er hinsichtlich der betr. Jugendliche und Heranwachsende bestehenden zusätzlichen Befugnisnormen (vgl. § 42 JVollzGB BW I) besonders sorgfältig zu wahren. Ansonsten ist zwischen verschiedenen öffentlichen Stellen bzw. zwischen 145 öffentlichen und nichtöffentlichen Stellen (vgl. etwa §§ 38, 39 JVollzGB BW I sowie VV (Die Justiz 2008, 268) ua Nr. 3, 5, 6; § 60 Abs. 3 HessJSt-VollzG enthält eine mit § 2 Abs. 1 kaum zu vereinbarende Ausdehnung) zu unterscheiden. Die Übermittlung personenbezogener Daten an durch die Straftat Verletzte zwecks Wiedergutmachung scheidet wegen der erzieherischen Bedeutung eigenverantwortlicher Regelung persönlicher Angelegenheiten aus, sofern begründet davon auszugehen ist, dass der Verurteilte selbst die Wiedergutmachung „betreibt" (§§ 65, 71 S. 2 JVollzDSG Bln).

145a Spezielle Regelungen finden sich bzgl. Forschungsvorhaben (vgl. etwa betr. Verpflichtung zur Geheimhaltung Nr. 4 VV BW Die Justiz 2008, 309 ff., in Ergänzung zu § 40 JVollzGB BW I, § 476 StPO). Datenschutzrechtliche Fragen bilden hier regelmäßig einen Aspekt, der neben anderen Fragen (Machbarkeit, Qualitätssicherung, ethische Ebene usw) für die Genehmigung wissenschaftlicher Untersuchungen ausschlaggebend ist. Die Prüfung obliegt vielfach den Kriminologischen Diensten (teilw. in Kooperation mit den Justizministerien). Inwieweit die sich hieraus ergebenden Zugangsschwellen die Freiheit der wissenschaftlichen Forschung beeinträchtigen, wird kontrovers beurteilt (vgl. etwa Fährmann/Knop NK 2017, 251; Breuer/Endres/Häßler ua NK 2018, 92).

145b **b) Insassen, die nicht EU-Bürger sind.** Besondere Bestimmungen bestehen bzgl. nichtdeutscher JStrafgefangener, die nicht EU-Bürger sind, deren Daten nach § 87 AufenthG, §§ 71 ff. AufenthV der Ausländerbehörde übermittelt werden müssen. Dies gilt nach § 74 AufenthV auch für besondere Ereignisse und Termine bei Strafvollzug und -vollstreckung (wie zB Strafantritt, Verlegung, geplante Entlassung und Bewährungswiderruf). Dabei sind schon wegen des Schlechterstellungsverbotes die Grenzen aus § 180 Abs. 6, 10 StVollzG einzuhalten.

XI. Vollzug von Maßregeln der Besserung und Sicherung

1. Unterbringung in einem psychiatrischen Krankenhaus

146 **a) Organisatorisches.** Der Vollzug dieser Maßregel findet in Anstalten der *Gesundheitsverwaltung* statt. Eine Auslagerung auf private Unternehmen gilt im allg. StR hinsichtlich des Funktionsvorbehalts des Art. 33 Abs. 4 GG als nicht unvertretbar (vgl. BVerfG NJW 2012, 1563 = StV 2012, 294; vgl. auch schon NdsStGH NdsVBl 2009, 77; OLG Schleswig ZJJ 2006, 79 (gegen LG Flensburg ZJJ 2005, 208 (211); zustBspr Willenbruch/Bischoff NJW 2006, 1776); aA OLG Naumburg NStZ 2011, 348). – Der Vollzug richtet sich im Wesentlichen nach anderen landes- oder bundesrechtlichen Bestimmungen als denjenigen des (J)Strafvollzugs (§§ 136, 138 StVollzG bzw. Vorschriften in den JStVollzGen der Länder; zum Datenschutz im Maßregelvollzug schlechthin vgl. Goerdeler R&P 2014, 129 ff.). Dabei handelt es sich teilweise um UnterbringungsGe der Länder, teilweise um selbstständige MaßregelvollzGe.

146a Speziell betr. Zwangsbehandlung (Zwangsmedikation) kommen am ehesten Psychosen aus den Formenkreisen Schizophrenie und bedingt auch affektiver Psychosen in Betracht. Grundsätzlich verlangen das (freie) Selbstbestimmungsrecht und der Verhältnismäßigkeitsgrundsatz eine restriktive Handhabung (vgl. BVerfG NJW 2011, 2113 mBspr Marschner R&P 2011,

160 f. sowie DGPPN R&P 2012, 62; NJW 2011, 3571; 2013, 2337, unbeschadet Einwilligung des Betreuers (NJW 2013, 2337 Rn. 71, betr. SächsPsychKG); OLG Celle StraFo 2011, 374; jeweils betr. allg. StR; vgl. aber auch Art. 44 Abs. 1, Art. 6 Abs. 3–6 BayMRVG v. 17.7.2015 (GVBl. 222) – im Übrigen krit. zu BayMRVG Greiner R&P 2017, 10 ff.). Beweisrechtlich erhebliche Schwierigkeiten bestehen insb. bei beantragter einstweiliger Anordnung des Verbots (vgl. näher BVerfG, 2. K. des 2. S., BeckRS 2017, 124089: „hypothetisch als zutreffend zu unterstellen") als auch betr. die Frage, ob eine selbstbestimmte, dh nicht abgenötigte Einwilligung erteilt wurde (vgl. zB betr. antiandrogene Mittel etwa Europarat CPT/Inf (2017) 13, v. 1.6.2017). Zur Überprüfung medizinischer Zulässigkeit sind ua Feststellungen zum Wahrscheinlichkeitsgrad des Auftretens von Nebenwirkungen und ihres Ausmaßes unerlässlich (vgl. zu § 20 Abs. 3 S. 2–5 BWPsychKHG näher OLG Karlsruhe R&P 2017, 104 (betr. „antipsychotisch wirksame" Medikamente)). Gegebenenfalls bedarf es der Heranziehung externer Sachverständiger (so § 15 Abs. 3 Nr. 7 S. 1 RhPfMVollzG; § 8a Abs. 2 S. 1 NdsMVollzG: „zwei … einvernehmlich"; einschr. § 17a Abs. 6 S. 2 MRVollzG NRW, geänd. durch Art. 7 des Gesetzes v. 7.4.2017, GV NRW 511).

Die **Vollzugsdurchführung** ist, zusätzlich zu den im Allg. ohnehin bestehenden Beeinträchtigungen psychisch Kranker in geschlossenen Institutionen, nur in begrenztem Maße therapeutisch ausgestaltet (vgl. aber zB Häßler ua ZJJ 2004, 26 ff. (betr. Klinik in Rostock); für NRW Burchard ZJJ 2015, 164 ff., 166 ff. (zur Klinik Marsberg), da das Sicherungsinteresse – teilweise unrealistisch – haftähnliche Bedingungen veranlasst (vgl. Rüping NStZ 1983, 13 f.; Schwind/Blau/Kammeier S. 108 ff.; Tessenow, Jugendliche und Heranwachsende im psychiatrischen Maßregelvollzug, 2002, S. 198) und (weitgehende) Lockerungen nur eingeschränkt stattfinden. Im Einzelnen ist besonders bei solchen Untergebrachten, bzgl. derer angenommen wird, sie erfüllten die Voraussetzungen für Urlaub und Ausgänge (noch) nicht, die Möglichkeit von Ausführungen zu prüfen (BVerfG, 3. K. des 2. S., NStZ-RR 2012, 387 (zum allg. StR); vgl. aber auch Weissbeck/Günter R&P 2010, 16; krit. zur Art der Lockerungsbeschränkungen in BW Royen StV 2005, 411 ff. (betr. allg. StR)). Der Untergebrachte hat auf der Grundlage heranzuziehender landesgesetzlicher Vorschriften sowie von Art. 2 Abs. 1 GG einen **Anspruch** auf Erstellung und Einhaltung eines **Vollzugs- und Behandlungsplans** (OLG Karlsruhe StV 2012, 301). Zusätzliche Anforderungen auf administrativer Grundlage sind unzulässig (LG Göttingen R&P 2018, 53 (zum allg StR); vgl. zum Ausbildungsstand im Allg. etwa Hollweg/Winkelkötter R&P 2012, 140 f.; zu Standards der Behandlung Schmidt-Quernheim/Hax-Schoppenhorst ForensPsych/Elsner S. 437 ff.; ausf. Müller ua Nervenarzt 88 (2017), 1 ff. (zum allg StR)). – Einschränkungen des Besuchsrechts bedürfen einer gesetzlichen Grundlage (BVerfG, 2. K. des 2. Senats, 21.1.2008 – 2 BvR 2307/07 betr. unzulässige Bedingung vorherigen Prüfungsgesprächs mit Verwandten). – Rechtstatsächlich kommt es, teilweise vergleichbar dem JStVollzug (vgl. → § 92 Rn. 40), mitunter zu Übergriffen bis hin zu (Straf-)Taten ggü. Untergebrachten (vgl. etwa BGH R&P 2009, 57). 147

b) Zum Trennungsgebot. In einem Teil der Bundesländer findet die Unterbringung Jugendlicher und Heranwachsender *zusammen* mit *Erwachse-* 148 *nen* statt (nach Weissbeck/Günter R&P 2010, 13 (17): bei ca. *2/3* der Untergebrachten im Alter von 14–21 Jahren, und ohne altersadäquate Therapie), in einigen der übrigen Bundesländer gilt dies nur für Heranwachsende (vgl. zum Ganzen schon Schniedermeyer PraxisKiPsych 1985, 239 (241); Tessenow, Jugendliche und Heranwachsende im psychiatrischen Maßregelvollzug, 2002, S. 187; Stöver ua FPPK 2008, 255 (nur betr. vor dem 18. Lbj. Aufgenommene), allg. Stöver ua FPPK 2013, 184; zu „unklarer Datenlage" Weissbeck ua Forensik 2004, 145 (149)); insofern weiter Art. 44 Abs. 1 BayMRVG, allerdings Abs. 2: „sollen nach Möglichkeit in spezialisierten Einrichtungen"). Hiergegen bestehen (auch) unabhängig von der Frage nach dem Ausmaß strafrechtlicher Vorbelastungen erwachsener Untergebrachter und den hiermit verbundenen Gefahren und Einflüssen erzieherische Bedenken (vgl. ThürVerfGH NJ 2003, 195 (Ls.): ggf. Verstoß gegen Art. 2 Abs. 1 GG; instruktiv aus der Praxis Weissbeck ua Forensik 2004, 150 ff. sowie Weissbeck/Günter R&P 2010, 10). Ein altersangepasst erzieherisch-therapeutisches Herangehen ist unter den Bedingungen eines gemeinsamen Vollzugs jedenfalls kaum durchführbar (krit. daher DVJJ Bremen ZJJ 2019, 181 (182)). – Ähnlich wie im JStrafvollzug stellt sich die Aufgabe bzgl. der Unterbringung *weiblicher* Personen in speziellerer Weise (vgl. etwa Selders/Wenzel R&P 2013, 23). Gegebenenfalls ist die Verlegung in eine geeignete Einrichtung eines anderen Bundeslandes in Betracht zu ziehen.

149 **c) Rechtsschutz.** Hinsichtlich des Rechtswegs gegen Vollzugsmaßnahmen zur JKammer vgl. → Rn. 183. Sachlich zumindest nicht weniger geeignet (und zweckmäßig) wäre die Bestimmung der Zuständigkeit des Vollstreckungsleiters gewesen (dazu → § 92 Rn. 152).

149a Bezüglich des Rechtschutzes bestehen, mehr noch als beim Vollzug der JStrafe (vgl. aber betr. Behandlung BVerfG NStZ 2013, 168), Einwände ua insoweit, als mitunter der ärztlichen Beurteilung eine gewisse Sonderstellung eingeräumt wird, und zwar in Abweichung allg. verwaltungsrechtlicher Grundsätze zur gerichtlichen Überprüfbarkeit (VerfGH Bln StV 2016, 306 (betr. Rücknahme von Lockerungen aufgrund sexualmedizinischen Gutachtens); vgl. etwa auch KG R&P 1985, 34 mkritAnm Volckart (zum allg. StR)). Demgegenüber sind zB der Entzug von Gegenständen, (grds. androhungsbedürftiger) unmittelbarer Zwang (vgl. zur „Fixierung" Art. 44 Abs. 1, Art. 26 BayMRVG nebst Begr. LT-Drs. 17/4944, 50 f.), nächtliche Sichtkontrollen (§ 21 Abs. 1 MRVG, dazu OLG Hamm StraFo 2017, 171: Fehlen positiver Feststellung von Selbstgefährdung) oder die Sanktionierung von Verhalten (als faktische Disziplinarmaßnahme) nur aufgrund eines Gesetzes zulässig (OLG Hamburg R&P 2007, 203 mAnm Lindemann (betr. allg. StR)). Disziplinarmaßnahmen im rechtlichen Sinne sind mit dem Wesen dieser Maßregel (§ 63 StGB) nicht vereinbar (s. ausdrücklich § 43 Abs. 3 BlnPsychKG, dazu LG Berlin R&P 2017, 259 mAnm Lindemann; vgl. auch schon OLG München StV 2009, 150 (jeweils zum allg. StR)).

149b Grundsätzlich besteht ein Recht auf *Einsicht* in die *Krankenakten,* und zwar – wenn auch ggf. in Abwägung mit schützenswerten Belangen der ärztlichen Aufgaben – einschließlich Wertungen (vgl. näher → Rn. 102c, betr. U-Haft → § 89c Rn. 79; teilweise noch offenlassend BVerfG, 2. K. des 2. S., NJW 2006, 1116 (betr. allg. StR)).

Hinsichtlich tatsächlicher **Arbeitsleistungen** kommt es kostenrechtlich nicht darauf an, ob sie als therapeutisch indiziert legitimiert werden (OLG Dresden StV 2016, 310 (zum allg. VollzR)). 149c

d) Dauer. Hinsichtlich der Dauer der Unterbringung und der Art einer psychischen Erkrankung bzw. Störung einerseits und dem Anlassdelikt andererseits bestehen schon im allg. StR (abgesehen zB von Befunden iSd schizophrenen Formenkreises und ggf. Delikten gegen die sexuelle Selbstbestimmung) und, wie einzelne empirische Anhaltspunkte ergeben (vgl. etwa Stöver ua FPPK 2013, 189), auch für nach JStR Untergebrachte (vgl. aber speziell betr. „Klinefelter-Syndrom" BVerfG, 2. K. des 2. S., BeckRS 2014, 54608 Rn. 4) keine deutlichen Zusammenhänge (vgl. zusf. etwa Eisenberg/Kölbel Kriminologie § 37 Rn. 33 ff.). 150

2. Unterbringung in einer Entziehungsanstalt

a) Organisatorisches. Der Vollzug auch dieser Maßregel geschieht in Anstalten der *Gesundheitsverwaltung* (zum Funktionsvorbehalt des Art. 33 Abs. 4 GG vgl. OLG Schleswig ZJJ 2006, 79: nicht offensichtlich verfassungswidrig, gegen LG Flensburg ZJJ 2005, 208 (211) (abl. betr. privates Unternehmen, ebenso Bspr. Willenbruch/Bischoff NJW 2006, 1776)) und richtet sich im Wesentlichen nach Landesrecht (vgl. auch schon § 138 StVollzG; zu VollzEinrichtungen und Belegungen vgl. etwa Stöver ua FPPK 2013, 184 f.; Schmidt-Quernheim/Hax-Schoppenhorst ForensPsych/Elsner S. 435); eine stationsbezogen gemeinsame Unterbringung mit gem. § 7 Abs. 1, 63 StGB Untergebrachten (vgl. auch → Rn. 148) wäre wegen verschiedenster Formen der Beeinträchtigung des (Wieder-)Eingliederungsanspruchs unzulässig (vgl. zum allg. VollzR OLG Karlsruhe StV 2016, 309). Zur Abgrenzung von Einrichtungen gem. § 93a vgl. Erl. → § 93a Rn. 1, 2). Üblicherweise wird eine stufenweise Intervention unter Einschaltung mehrerer Institutionen als am ehesten erfolgreich angenommen, wobei die stationäre Unterbringung nur die erste Phase darstellt und der Nachsorge zentrale Bedeutung zukommt. 151

b) Geeignetheit von Therapie. Zu dieser Frage fehlt es (auch) für jugendstrafrechtlich Verurteilte weithin an erforderlichen räumlichen und personellen Voraussetzungen, und zwar entgegen spezieller gesetzlicher Vorschrift (§ 93a (vgl. auch Erl. zu § 93a)). Dies gilt etwa insoweit, als sich dem körperlichen Entzug mitunter eine (meist eintönige) Form der Beschäftigung anschließt und psycho- oder sozialtherapeutische Bemühungen ohne hinreichende Qualität bleiben. Denn nach ganz überwiegender Erfahrung wird davon auszugehen sein, dass körperlicher Entzug ohne entsprechende Motivation und begleitende Bemühungen idR erfolglos bleibt. Differenziertere Ausgestaltungen hingegen deuten durchaus auf eine therapeutische Effektivität hin (vgl. etwa Hartl ua MschKrim 2015, 513; ausführlich zu Standards der Behandlung Müller ua Nervenarzt 88 (2017), 1 (zum allg StR)). 152

Demgegenüber ist es für zukünftige Legalbewährung tendenziell abträglich, wenn eine (nur) **punktuelle Intervention** stattfindet und eine zunehmende Beeinträchtigung der Untergebrachten im psychischen und sozialen Bereich vor sich geht, besonders dann, wenn zentrale Voraussetzungen zur (Wieder-) Eingliederung in die Außengesellschaft weniger hergestellt werden (abl. zur Art der Lockerungsbeschränkungen in BW Royen StV 2005, 411 (betr. allg. StR); vgl. zum Ausbildungsstand im Allg. etwa Hollweg/Winkelkötter R&P 152a

2012, 140). Prognostisch ist im Speziellen die Etikettierung zB als „dissozial“ (gar iSv „fehlender Reue, antisozialen Einstellungen, regelverletzendem Verhalten“ (Stöver ua FPPK 2013, 190)) einer eher einseitigen Perspektive geschuldet (vgl. auch → § 5 Rn. 77), und gegenüber vorwiegend statischen Merkmalsauflistungen bestehen auch bei differenzierender Handhabung (vgl. betr. PCL-R etwa Rotermund ua MschKrim 2013, 314 ff.) grundsätzliche Einwände (vgl. → Rn. 47a, → § 5 Rn. 31a, 77, → § 43 Rn. 35).

152b Hinsichtlich strafrechtlicher *„Rückfälligkeit“* liegen einzelne empirische Hinweise (nach einer Therapiedauer von durchschnittlich einem Jahr und acht Monaten) vor, wonach die Anteile nach Therapieabbruch signifikant höher waren (vgl. Maaß ua Nervenheilkunde 2016, S. 131 ff. (betr. psychiatrische Universitäts-Klinik Rostock)).

153 **c) Bereitschaft und Freiwilligkeit.** Auch in Anstalten mit vergleichsweise aufwändiger personeller Ausstattung hängt das therapeutische Verständnis und Vorgehen mehr von der jeweiligen Institution oder dem jeweiligen Therapeuten (mit entspr. Relevanz für den Therapieverlauf (vgl. Vollmer/Ellgring Suchtgefahren 1988, S. 281 f.)) und weniger von zuverlässigen Erkenntnissen über die Wirksamkeit verschiedener Behandlungskonzepte und -verfahren bei unterschiedlichen Probandengruppen ab (vgl. ergänzend → § 82 Rn. 20 ff.). Dies beruht neben anderen Gründen auf dem Mangel praxisbegleitender Sanktions- und Interventionsforschung wie auch auf der Ausgangsvoraussetzung von Therapie unter Zwang (vgl. etwa schon Kappel/Scheerer StV 1982, 182 (184 ff.)). Dabei entbehrt eine gelegentlich vertretene Auffassung des Inhalts, auf Bereitschaft oder Freiwilligkeit könne anhaltend verzichtet werden, weil eine suchtmittelabhängige Person kein mündiger Bürger sei, schon empirischer Grundlage. Vielmehr mag anhaltende Therapieunwilligkeit auf dem Grundwiderspruch zwischen erzwungener Unterbringung und Therapie beruhen (nach Marneros ua MschKrim 1993, 172 (zum allg. StR) berichteten 3/4 von N=90 Alkoholikern über eine negative Einstellung zur Therapie, weil sie keine „richtige“ sei bzw. Vertrauen zum Therapeuten fehle).

154 Für Fälle (angeblich) fehlender Freiwilligkeit und Motivation zur Behandlung wird vereinzelt (auch aus ärztlicher Sicht) vertreten, der Drogenabhängige müsse „dazu gebracht“ werden, den Willen des Therapeuten anzunehmen, bis er selbst (mit-)entscheiden könne; dies gelte umso mehr für solche Probanden, die Vertrauen in ihre Mitmenschen verloren hätten, fehlgeschlagene Therapieversuche aufwiesen bzw. nicht dazu in der Lage seien, Abstinenzsymptome zu bewältigen oder gar sich selbst als „unheilbar“ einschätzten. Zur Motivation sei „Leidensdruck“ erforderlich (krit. zum Begriff → § 5 Rn. 7). Derartige Auffassungen stehen in Widerspruch zu den allg. Grundvoraussetzungen jeder Therapie, nämlich Freiwilligkeit und Bereitschaft des Probanden, der Subjekt bleiben muss (s. etwa auch Hellebrand DVJJ 1990, 307, wonach sich der strafrechtliche Druck nicht beliebig steigern lässt, er vielmehr „umschlagen“ und Therapieaussichten mindern kann).

3. Vollzug bei vorbehaltener Anordnung sowie nach Anordnung von Sicherungsverwahrung

155 **a) Rechtliche Vorgaben.** Der Vollzug dieser Maßregel geschieht (bisher gem. §§ 129 ff. StVollzG bzw.) gem. **landesgesetzlichen** Bestimmungen, die (modifiziert) nach den Vorgaben in BVerfGE 128, 326 ff. spätestens zum 1.6.2013 in Kraft treten mussten (vgl. zB JVollzGB BW V (GBl. 2013, 581), NdsSvVollzG (GVBl. 2012, 566); BaySvVollzG (GVBl. 2013, 275); speziell § 5a HmbJStVollzG, § 17a Abs. 1 S. 1 HessJStVollzG (zum RegE HSVVollzG krit. Kreuzer, Stellungnahme August 2012, online abrufbar), § 5 Abs. 2 S. 2, § 10 Abs. 2 S. 4, § 11 Abs. 1 S. 2 SJStVollzG, §§ 22a, 22b SchlHJStVollzG, § 3 Abs. 3, § 102 Abs. 3 SächsJStVollzG, § 6 Abs. 1 S. 3, § 8 Abs. 2 ThürJVollzGB, § 8 Abs. 4, § 13 Abs. 2 S. 2 BbgJVollzG, § 2 Abs. 2, § 8 Abs. 3 S. 2, § 13 Abs. 4, § 107 Abs. 2 S. 2 JVollzGB LSA). Vormals hatte sich der Rechtsausschuss (BT-Drs. 16/9643, ebenso Begr. des betr. RegE) zu dieser Frage nicht verhalten (lediglich wegen entstehender Mehrkosten war vage die Rede von „möglicherweise erforderlicher besonderer Einrichtungen und Maßnahmen für junge Untergebrachte“, RegE, 11; krit. auch Nestler/Wolf NK 2008, 158; Brettel ZJJ 2009, 331). Die Erhebung eines Haftkostenbeitrags kommt nicht in Betracht (vgl. schon OLG Celle StraFo 2012, 426 (zum allg. StR)). Da es sich um eine vorbehaltene Anordnung bzw. Anordnung nach *materiellem JStR* handelt (§ 1 Abs. 2), scheidet – systematisch ebenso wie bei den Regelungen zum JStVollzug – eine Durchführung gem. dem SV-Vollzug bei nach allg. StR Abgeurteilten aus (vgl. aber zur Verweisung auf das StVollzG für NRW § 16 Abs. 1 JStVollzG (allerdings gem. Abs. 2 unter Wahrung von § 7 Abs. 3, § 106 Abs. 5)); ähnlich für Nds. § 132 Abs. 2 JVollzG, vgl. auch für BW § 88 Abs. 1 JVollzGB IV).

Das AbstandsgebotsG (v. 5.12.2012 (BGBl. I 2425)) hat **bundesgesetzliche** (vgl. Art. 74 Abs. 1 Nr. 1 GG sowie speziell BVerfGE 128, 326 **155a** Rn. 129) Vorgaben (sog. „Leitlinien“) für Einrichtungen geschaffen, in denen die Unterbringung in Sicherungsverwahrung vollzogen wird (§ 66c Abs. 1 StGB (krit. betr. Nr. 1 zur „Psychiatrisierung“ etwa Dax, Die Neuregelung des Vollzugs der Sicherungsverwahrung, 2017, S. 182 ff., 257) sowie die vorgenannten Landesgesetze), ebenso wie für den der Unterbringung vorangehenden Vollzug der JStrafe (§ 66c Abs. 2 StGB), zudem Bestimmungen mit dem Ziel, den verfassungskonformen Vollzug von Sicherungsverwahrung und vorangehendem (Jugend-)StVollzug abzusichern (insb. § 119a StVollzG bzw. § 67c Abs. 1 S. 1 Nr. 2 StGB und § 67d Abs. 2 S. 2 StGB (für diese beiden Vorschriften wäre systematisch stimmig zu § 67d Abs. 6 S. 1 StGB die Möglichkeit der Erledigterklärung gewesen); vgl. 176 ff.). Indes ist der Vollzug schon gem. der landesgesetzlichen Regelungen weitgehend demjenigen der Freiheitsstrafe angepasst (vgl. näher Dax, Die Neuregelung des Vollzugs der Sicherungsverwahrung, 2017, S. 271 ff., 322 ff. (zum allg. StVollzR)), ggü. der JStrafe bleibt er partiell gar zurück. Wegen der Einzelheiten wird auf die Spezialliteratur Bezug genommen.

b) Angebote ohne psycho(patho)logische Verengung. Soweit **§ 66c** **156** **Abs. 1 Nr. 1 lit. a StGB** die Pflicht enthält, dem Untergebrachten eine individuelle und intensive Betreuung anzubieten, wobei die den therapeutischen Bereich betr. Angebote besonders benannt sind (vgl. schon zur Förderungspflicht näher OLG Celle StV 2015, 374 (zum allg. StR); verengend aber Begr. RegE v. 6.6.2012 (BT-Drs. 17/9874), 18: „insb. medizinische Erkenntnisse“), dürfen demgegenüber gerade bei nach JStR Verurteilten sonstige dem Abstandsgebot geschuldete Betreuungsangebote – wie etwa berufliche Aus- und Weiterbildungsmaßnahmen oder Maßnahmen zur Ordnung der finanziellen oder familiären Verhältnisse – nicht zurückstehen. Dem könnte auch für den Fall besondere Bedeutung zukommen, dass länderübergreifend gemeinsame Einrichtungen unterhalten werden (vorgesehen sind (ohne Differenzierung nach JStR oder allg. StR) zB für Bay. 84 Plätze, für RhPf 60 Plätze, jeweils „in" der JVA (nach FS 2012, 160)), wodurch zB eine Anpassung an regional vertraute Lebensverhältnisse sowie Besuchsmöglichkeiten erheblich erschwert würden (betr. Intimbesuch vgl. BayLT-Drs. 16/13834, 38, zu Art. 22 Abs. 2 BaySvVollzG: „nicht umfasst"; krit. Zimmermann HRRS 2013, 170). – Die ohnehin nur eingeschränkte Umsetzung des Gebots der Trennung vom allg. (Jugend-)StVollzug (vgl. BVerfGE 128, 326 Rn. 115), wie sie 66c **Abs. 1 Nr. 2 lit. b** StGB bestimmt, ist darüber hinaus insofern wenig differenziert, als sie **nicht** zwischen nach JStR bzw. nach allg. StR Verurteilten **unterscheidet.**

156a Besonders nachdrücklich ist bei nach JStR Verurteilten § 66c **Abs. 1 Nr. 3 lit. a** einzuhalten, wonach die Einrichtung vollzugsöffnende Maßnahmen (also nicht nur Lockerungen) ebenso wie Entlassungsvorbereitungen treffen muss, soweit nicht zwingende Gründe entgegenstehen, wobei lediglich abstrakte Gefahren die Versagung solcher Maßnahmen nicht rechtfertigen können (vgl. auch schon zum allg. StVollzR OLG Hamburg StraFo 2013, 525, betr. Ausführung (nicht) durch Uniformierte). Das Begriffspaar „erhebliche Straftaten" meint solche iSv § 66 Abs. 1 S. 1 Nr. 4 StGB (vgl. Begr. RegE v. 6.6.2012 (BR-Drs. 17/9874, 21).

156b Eine durchgreifende Änderung des (Jugend-)Strafvollzugs verlangt § 66c Abs. 2 StGB, da hiernach eine individuelle und intensive Betreuung (gem. § 66c Abs. 1 Nr. 1 StGB) **zur Vermeidung** einer möglichen Unterbringung in Sicherungsverwahrung anzubieten ist – gem. der Fassung „schon im StVollzug" ist nicht nur der Vollzug derjenigen Jugend- oder Freiheitsstrafe erfasst, die wegen der Tat oder Taten verhängt wurde, die auch Anlass für die Sicherungsverwahrung ist oder sind, vielmehr handelt es sich um ein Verbot, eine Betreuung und Behandlung etwa iZm der Vollstr einer anderen Jugend- oder Freiheitsstrafe zu unterbrechen. Für die Prognose aus § 67c Abs. 1, § 67d Abs. 2 StGB ist gerade bei nach JStR Verurteilten eine Erprobung im Rahmen vollzugsöffnender Maßnahmen eine ganz wesentliche Voraussetzung, um eine (prognostische) Aussage aufgrund mehrerer Erkenntnisquellen treffen zu können (zu statistischen Daten anhand BZR-Auszügen Dölling/Jehle Täter – Taten – Opfer/Jehle/Grindel S. 122 ff.). Zwar umfasst § 67c Abs. 1 S. 1 Nr. 2 StGB nicht vollzugsöffnende Maßnahmen iSv § 66c Abs. 1 Nr. 3 StGB (krit. Stellungnahme DAV Nr. 56/2012), jedoch wäre es aus Gründen der Effektivität zumindest bei nach JStR Verurteilten angezeigt, dass deren Durchführung nicht von den allg. Kriterien des (Jugend-)Strafvollzugs abhängt (vgl. → Rn. 52 ff., 66 ff.; § 11 Abs. 2 StVollzG), dass vielmehr die Belange gem. BVerfGE 128, 326 berücksichtigt werden (vgl. auch Brettel ZJJ 2015, 162 (162 f.)).

157 Die Vollzugsbedingungen der Sicherungsverwahrung müssen in deutlichem **Abstand** zum (Jugend-)Strafvollzug gestaltet sein (vgl. zur Ist- statt nur Soll-Vorschrift (vgl. → Rn. 32) des Angleichungsgrundsatzes Art. 3 Abs. 3 S. 1 BaySvVollzG; zur wohnlichen Ausstattung des Verwahrraums OLG Naumburg BeckRS 2012, 15513 (zum allg. StR); speziell betr. Spielkonsole OLG Nürnberg StraFo 2011, 336; betr. Musikanlage ohne Aufnahmemöglichkeit auch mit analogem und USB Eingang LG Berlin 22.4.2015 – 590 StVK 196/14 Vollz; zu Playstation 2 aber OLG Frankfurt a. M. NStZ-RR

2012, 32 (jeweils zum allg. StR); vern. betr. erhöhten Selbstverpflegungszuschuss (§ 17 SVVollzG NRW) OLG Hamm NStZ-RR 2014, 158 (zum allg. StR)) und insb. über den Freiheitsentzug hinausgehende Belastungen „vermeiden", da Sicherungsverwahrung ausschließlich mit präventiven Zwecken begründet ist und dem Betroffenen „gleichsam ein Sonderopfer" (BVerfGE 128, 326 Rn. 100) auferlegt. Dabei sind tendenziell angelegte Vorab-Einengungen – zB auch durch externe und ggf. wenig qualifizierte Pflichtbegutachtungen in der Funktion der Verantwortungsdelegation – insb. hinsichtlich Vollzugslockerungen zu vermeiden, schon weil andernfalls iErg das Abstandsgebot unterlaufen würde (BVerfGE 128, 326 Rn. 121, 129, 130; vgl. anhand konkreter Verfahren (zum allg. StR) auch Beck HRRS 2013, 9 ff.). Verfassungsrechtlich erforderlich (vgl. BVerfGE 128, 326 Rn. 102, 108) ist ein „freiheitsorientierter und therapiegerichteter" Ablauf, wobei die Perspektive der Wiedererlangung der Freiheit als „System" der Sicherungsverwahrung „sichtbar die Praxis der Unterbringung bestimmt" (BVerfGE 128, 326 Rn. 100, 108). Auch ist dem Untergebrachten ein effektiv durchsetzbarer Rechtsanspruch auf Durchführung derjenigen Maßnahmen einzuräumen (vgl. → Rn. 176 ff.), die zur Reduktion der als „Gefährlichkeit" begründend erachteten Ausprägungen geboten sind, und es sind ihm ein geeigneter Beistand beizuordnen oder andere Hilfestellungen anzubieten, die ihn in der Wahrnehmung seiner Rechte und Interessen unterstützen (BVerfGE 128, 326 Rn. 117).

Gemäß § 66c Abs. 1 Nr. 1 StGB beginnt der Vollzug angeordneter **157a** Sicherungsverwahrung mit einer umfassenden Behandlungsuntersuchung, auf die ein **Vollzugsplan** aufbaut. Zwar sieht die Vorschrift keine Fristen zur Aktualisierung des Vollzugsplans vor, jedoch wird (zumal bei nach JStR Eingewiesenen) idR ein Zeitraum von zwischen drei und sechs Monaten nicht überschritten werden dürfen (vgl. etwa § 14 Abs. 3 S. 2 JVollzG LSA; zur Teilnahme des Verteidigers gem. § 463 Abs. 8 S. 1, 2, § 8 Abs. 5 S. 4 SächsSVVollzG OLG Dresden NStZ-RR 2014, 357). – Ob sich eine Orientierung an Belangen Geschädigter der Anlasstaten mit dem Status als „Sonderopfer" vereinbaren lässt, ist grundsätzlich zw. (aA § 7 und Folgevorschriften SVVollzG NRW (GVBl. 2013, 217)).

c) Therapie. Diesbezüglich bedarf es regelmäßig einer Vorab-Prüfung **158** dazu, ob das für diese oder jene Maßnahme erforderliche „kognitive Leistungsvermögens" des Untergebrachten zureicht (vgl. OLG Karlsruhe R&P 2017, 109 (zum allg. StR)). Im Übrigen fehlt es an den Voraussetzungen der **Angstfreiheit,** soweit der Verurteilte bei jedweder Äußerung besorgen muss, sie könne zu seinen Ungunsten gewertet werden. Da ein Zwang zur Therapie unzulässig wäre und eine geeignete (§ 70a Abs. 1 aF bzw. § 70b Abs. 1 nF) Belehrung (entspr. § 2 Abs. 2, § 136 Abs. 1 S. 2 StPO) vorauszugehen hat, vermag ggf. am ehesten ein Schweigen den rechtlichen Schutz zu wahren (zur Versagung eines externen Therapeuten OLG Nürnberg NStZ-RR 2016, 95 (betr. allg. StR, Art. 10 Abs. 2 Nr. 3 iVm Art. 3 Abs. 2 BaySvVollzG)). Auch kommt es vor, dass der Verurteilte in Rivalitäten zwischen Therapeuten gerät bzw. auf Anraten dieses oder jenes Therapeuten ggü. einem Sachverständigen unzutreffende und sich selbst belastende, jedoch einer Vorab-Beurteilung entsprechende Angaben macht, etwa in der Annahme, dadurch Erwartungen an eine Aufarbeitung der Tat zu genügen (vgl. zu Anhaltspunkten Eisenberg DRiZ 2009, 219 f. und JR 2010, 314 ff.

sowie (zum allg. StR) schon Eisenberg JR 2008, 148). Ohnehin sind die auch im Bereich der (Jugend-)Strafjustiz mitunter verbalisierten Vorstellungen über Möglichkeiten einschlägiger Therapie umso relitätsferner, je weniger bisherige (auch therapeutische) Bemühungen während des (Jugend)Strafvollzugs erbracht haben (vgl. auch Kröber FPPK 2011, 64 f.: Mythologisierung iSe „Wunderstabs"). – Eher ausschlaggebend für das Ziel künftiger Legalbewährung ist demgegenüber die Organisation und Qualität des Übergangs in Freiheit (zumindest in den Bereichen Unterkunft, Arbeit und Beschäftigung, Krankenversicherung, speziell etwa betreutes Wohnen etc), die im Allg. fachdienstlicher Betreuung und Kontrolle (zumindest über einen Zeitraum von einem Jahr nach Entlassung hinweg) bedürfen. Dabei ist auch die Funktion des Überbrückungsgeldes relevant (vgl. etwa § 37 Abs. 1 S. 2 ÄndG NRW (Art. 4 Gesetz v. 7.4.2017, GV NRW 511)).

159 **d) Ausbildungs- und Beschäftigungsangebote; Lockerungen.** Zur Art der Förderung sind in § 66c Abs. 1 Nr. 1 lit. a StGB zwar Arbeits-, Ausbildungs- oder sonstige Beschäftigungsangebote nicht ausdrücklich angeführt, jedoch gehört solches zu den verfassungsrechtlichen Vorgaben. Soweit die vorgesehene Regelung bestimmte **individuelle Angebote** durch die Wendung einschränkt, „soweit standardisierte nicht erfolgreich sind", lässt sich dies gem. den Vorgaben von BVerfGE 128, 326 ff. Rn. 113 nicht etwa dahingehend interpretieren, dass erst ein Scheitern solcher Verfahren abgewartet werden dürfe oder gar müsse. Vielmehr ist, zumal es sich um ein „Sonderopfer" handelt, von Anfang an der **erwartete Erfolg** maßgeblich, nicht aber die Kostenfrage. – Wegen der *Arbeitsvergütung* ist ein im Vergleich zum JStrafvollzug höherer Anteil vorgesehen (s. § 45 VollzGB BW V, Art. 39 Abs. 3 S. 1 BaySvVollzG, § 32 Abs. 1 SVVollzG NRW, jeweils: 16 % der Eckvergütung; vgl. für BW (Die Justiz 2018, 107) ab 1.1.2018: Tagessatz 23,39).

159a Die Ausnahmeregelung (§ 66c Abs. 1 Nr. 1, Nr. 2 lit. b StGB) sozialtherapeutischer Behandlung in der Gruppe in der **allg. JVA,** dh mit (Jugend-) Strafgefangenen, darf nicht zu einem Unterlaufen des Trennungsgebots führen. Zumindest ist vorauszusetzen, dass eine solche Gruppenbehandlung nicht auch im SV-Vollzug möglich und erfolgversprechend wäre, und dass der Untergebrachte der Auslagerung zustimmt.

160 Die von § 66c Abs. 2 StGB vorgesehene Verpflichtung verweist lediglich auf § 66c Abs. 1 Nr. 1, nicht auch auf dessen Nr. 2a, dh sie hebt sich nur geringfügig von der vergleichbaren Pflicht im (Jugend-)Strafvollzug ab (näher → Rn. 83, → § 89b Rn. 17 ff.; vgl. auch § 4 StVollzG). Konkreter wäre es (vgl. schon OLG Naumburg FS 2012, 55 mit iErg abl. Anm. Arloth (bei Vergleich mit Wohnbedingungen in Freiheit, zw.), eher aA OLG Hamm NStZ-RR 2013, 124, jeweils zum allg. StR), die Beschaffenheit des Haftraumes iSv § 66c Abs. 1 Nr. 2a StGB zu gestalten (vgl. Art. 16 Abs. 1 S. 4 BaySvVollzG: Raum mindestens 15m²).

160a Hinsichtlich *vollzugsöffnender* Maßnahmen ist gem. § 66c Abs. 1 Nr. 3 lit. a StGB (statt der Ausübung von Ermessen) eine bindende Entscheidung vorgesehen, die nur ausnahmsweise vermieden werden kann. Der im sonstigen (Jugend-)Strafvollzug den JVAen zugestandene Beurteilungsspielraum betr. Missbrauchs- und Fluchtgefahr (vgl. → Rn. 78 iVm → Rn. 69; § 11 Abs. 2 StVollzG) besteht dabei von Verfassungs wegen hier nur eingeschränkt (zur Beratung durch unabhängige Gremien vgl. BVerfGE 128, 326

Rn. 116; krit. zur Anhörung der StVollstrKammer oder gar der StA gem. einzelnen Landesgesetzen (zB Art. 54 Abs. 2 BaySvVollzG, § 13 Abs. 2 HessSvVollzG) Baier StraFo 2014, 397 (zum allg. StR)). – Im Einzelnen ist die Versagung der Ausführung mit der Begründung, es könnten dadurch keine Erkenntnisse für einen Ausgang gewonnen werden, nicht geeignet (OLG Hamburg StraFo 2016, 129; LG Regensburg StraFo 2012, 205; vgl. ergänzend LG Stendal StV 2013, 650 (jeweils zum allg. StR)).

XII. Rechtsbehelfe

1. Regelungssystematik

a) Entstehung der Regelungen. Gegen Entscheidungen der Vollzugsbehörde konnte der Betroffene im JA-Vollzug bzw. im JStrafvollzug bis zum Ablauf des Jahres 2007 nur gem. §§ 23 ff. EGGVG **gerichtliche Entscheidung** durch den Strafsenat des OLG beantragen (s. aber auch BGHSt 29, 33, wonach gem. §§ 109 ff. StVollzG über den Antrag die StVollstrKammer zu entscheiden hatte, wenn die JStrafe im Erwachsenenstrafvollzug vollzogen wurde (vgl. nunmehr Abs. 6)). – Eine Benachteiligung ggü. Gefangenen des Freiheitsstrafvollzugs bestand zudem darin, dass nach hM im Unterschied zu §§ 109, 116 StVollzG **keine zweite** gerichtliche **Instanz** gewährt wurde. Diese Einschränkung des Rechtsschutzes **verletzte** das **Verbot** der **Schlechterstellung** Jugendlicher ggü. Erwachsenen in vergleichbarer Verfahrenssituation (von dem das Gesetz nur einzelne bestimmte Ausnahmen vorsieht, vgl. auch → § 2 Rn. 23 ff.; zust. Dünkel Freiheitsentzug S. 500; Walter, Formelle Disziplinierung im Jugendstrafvollzug, 1998, S. 86). Eine etwa der Rechtsmittelbeschränkung des § 55 entsprechende Begründung für die vormalige Regelung wäre schon im Hinblick auf die engen Voraussetzungen des § 116 Abs. 2 StVollzG ungeeignet gewesen, da § 55 einem auf Verletzung des Gesetzes gestützten Rechtsmittel nicht entgegensteht. 161

Dies wurde durch Urteil des BVerfG v. 31.5.2006 (BVerfGE 116, 69 ff.) als den Anforderungen des Art. 19 Abs. 4 GG an einen **effektiven Rechtsschutz** nicht genügend beurteilt. Gerade im JA-Vollzug und im JStVollzug darf der Zugang zum Gericht nicht unverhältnismäßig erschwert werden, es muss vielmehr auf die besondere Situation der Insassen Rücksicht genommen werden. Diese befinden sich einerseits in einem „Rechtsverhältnis mit besonderen Gefährdungen“, das eine Unterstützung durch Dritte behindert. Andererseits sind sie nicht selten ungeübt im Umgang mit Institutionen und speziell mit der Schriftsprache (BVerfGE 116, 69 ff. = NJW 2006, 2096). Demgegenüber besteht ein zentrales Element zukünftig (möglichst) straffreier Lebensführung darin, zu lernen, Rechte selbst wahrzunehmen. Als vorzugswürdig erscheint daher eine ortsnahe Rechtsschutzgarantie, die mündliche Kommunikation vorsieht, zeitnah Entscheidungen ermöglicht, einfach zu erreichen ist und auch ansonsten möglichst wenig Hürden aufbaut (s. auch Sonnen ZJJ 2006, 239; Goerdeler/Pollähne ZJJ 2006, 252; zur Antragsberechtigung der Eltern vgl. Reuther Elternrecht S. 203 f.). Insoweit wäre es hilfreich, wenn möglichst viele Regelungen bzgl. des jeweiligen Vollzugs als Anspruch ausgestaltet wären und Ermessen eher die Ausnahme bliebe (ähnlich Ostendorf/Ostendorf/Rose JugendStrafVollzR § 11 Rn. 10), auch weil – erzieherisch angezeigt – für die betroffenen Gefangenen verschiedene Ent- 162 scheidungen dadurch eher einsehbar würden (vgl. aber zur Rechtsberatung durch Mitgefangene → Rn. 159).

162a Ob oder inwieweit die verfassungsrechtlich erforderlich gewordene Neuregelung **rechtstatsächlich** dazu führt, dass JStrafgefangene von den Rechtsschutzmöglichkeiten Gebrauch machen, ist einstweilen nicht hinreichend untersucht. Nach der vormaligen rechtlichen Ausgestaltung nutzten JStrafgefangene die Möglichkeiten nach §§ 23 ff. EGGVG mit Abstand seltener (s. näher Böhm FS Blau, 1985, 195), als es bei Freiheitsstrafgefangenen hinsichtlich der §§ 109, 116 StVollzG der Fall war bzw. ist, und zwar offenbar auch dann nicht, wenn sie eine Maßnahme „als Unrecht empfinden" (Walter MschKrim 1993, 289). Dies hing bzw. hängt ua mit Fragen der eingeschränkteren **Konfliktbewältigungsfähigkeit** bzw. **-technik** bei bloßem „Austausch von Schriftstücken" (Trenczek, Freiheitsentzug bei jungen Straffälligen/Böhm, 1993, S. 201) ggü. flexibleren informellen Regelungsmöglichkeiten innerhalb der JStVollzAnstalten zusammen. – Im Einzelnen hat das Gericht auch dann, wenn dem JStrafgefangenen (nur) ein Anspruch auf **ermessensfehlerfreie Entscheidung** zusteht, die Aufgabe, ihm Rechtsschutz gegen geltend gemachte Rechtsverletzungen zu gewähren (Art. 19 Abs. 4 GG; vgl. (betr. allg. StVollzR) BVerfG. 3. Kammer des 2. Senats, BeckRS 2012, 51068 Rn. 25). Hinsichtlich **Disziplinarmaßnahmen** bestehen statistische Anhaltspunkte dafür, dass solche wie auch besondere Sicherungsmaßnahmen im JStrafvollzug häufiger eingesetzt werden als im Freiheitsstrafenvollzug (→ Rn. 134, 141).

163 **b) Gesetzgebung des Bundes.** Die Landesgesetze zum JStVollzug enthalten keine speziellen Rechtsschutzregelungen, da dieser Bereich als zum gerichtlichen Verfahren iSv Art. 74 Abs. 1 Nr. 1 GG gehörend und daher als Bestandteil der konkurrierenden Gesetzgebungskompetenz erachtet wird, von der der Bund Gebrauch gemacht hat. Zwar ist nicht hinreichend geklärt, ob die Regelung der §§ 23 ff. EGGVG als Gebrauchmachen gerade der speziellen Kompetenz für das gerichtliche Verfahren im JStrafvollzug angesehen werden kann und daher die Sperrwirkung für den Landesgesetzgeber iSv Art. 72 Abs. 1 GG entfaltet. Jedoch ist die nunmehrige, durch Gesetz v. 13.12.2007 (BGBl. I 2894) eingeführte Regelung des Rechtsschutzes auf Bundesebene vorzugswürdig, denn es entspricht jahrzehntelanger Praxis, dass das gerichtliche Verfahren in den verschiedenen Rechtsgebieten ganz überwiegend durch den Bund geregelt wird. Auch ist nicht ersichtlich, warum der JA-Vollzug und der JStrafvollzug sowie der Vollzug der freiheitsentziehenden Maßregeln hier zu einer Ausnahme hätte gereichen dürfen. – Wird der JStrafvollzug – tendenziell entgegen dem Auftrag gem. § 2 Abs. 1 – durch *Vollstr* von U-Haft (als Überhaft) *unterbrochen,* so sind hiergegen ohnehin nur die Rechtsbehelfe der StPO gegeben (KG 29.5.1996 – 4 VAs 46/96 bei Böhm NStZ 1997, 484, der die Nichtumdeutung in einen Feststellungsantrag betr. die Rechtswidrigkeit der Vollstr beanstandet).

164 **c) Landesgesetzgebung. aa) Abs. 1 S. 2 Hs. 2.** Mit der Vorschrift wird dem Landesgesetzgeber die Möglichkeit eingeräumt, Regelungen zu erlassen, die im Vollzug des JA, der JStrafe und der Maßregeln nach § 61 Nr. 1–3 StGB die Durchführung eines **Schlichtungsverfahrens** vorsehen, und zwar mit dem Ziel einer gütlichen Streitbeilegung (vgl. vormals auch schon § 107 Abs. 1 BWJStVollzG). Soweit die Länder hiervon Gebrauch machen (vgl. § 87 Abs. 4 SJStVollzG; zu einer Ombudsperson Tondorf/

Tondorf ZJJ 2006, 246; Schwirzer, Jugendstrafvollzug für das 21. Jahrhundert, 2008, S. 279), wird es vorrangig darauf ankommen, die Voraussetzungen zur Wahrnehmung sowie zu einer rechtstatsächlich einverständlichen (und also nicht abgenötigten) Lösung nach Möglichkeit abzusichern.

bb) Aufhebung von Maßnahmen; förmliche Beschwerde. Wegen der *Aufhebung* von Maßnahmen gelten allg. Grundsätze (vgl. nur § 86 SächsJStVollzG; § 104 BbgJVollzG). Rechtswidrige Maßnahmen können ganz oder teilweise mit Wirkung für die Vergangenheit oder die Zukunft zurückgenommen werden, für rechtmäßige Maßnahmen gilt dies nur unter bestimmten Voraussetzungen (§ 101 Abs. 2, 3 RhPfLJVollzG und § 101 Abs. 2, 3 JStVollzG Bln). Hingegen dürfen begünstigende Maßnahmen nur bei Überwiegen der Vollzugsbelange ggü. dem „schutzwürdigen Vertrauen der Betroffenen" (§ 101 Abs. 4 RhPfLJVollzG und § 101 Abs. 4 JStVollzG Bln) aufgehoben werden, wovon insb. auszugehen sei, wenn die Aufhebung als zur Gewährleistung der Sicherheit der Anstalt unerlässlich beurteilt wird. 165

Grundsätzlich sinnvoll und mit dem Erziehungsauftrag vereinbar ist die (auch) in allen JStVollzGen der Länder enthaltene, dem § 108 StVollzG entsprechende Regelung eines *Beschwerderechts* (§ 87 JStVollzG Bln ua (Bln. § 102 Abs. 1 JStVollzG Bln), § 58 JStVollzG NRW, § 91 HmbJStVollzG, § 86 JVollzGB BW IV, § 132 Abs. 1 iVm § 101 NJVollzG, Art. 122 iVm Art. 115 BayStVollzG, § 57 HessJStVollzG). Die dem Rechtsschutzbedürfnis im Allg. entsprechenden Einschränkungen des § 86 Abs. 3 S. 1 JVollzGB BW IV (Nichtbescheidung bei Wiederholungen und mangelnder Form) sind (gem. den Grundsätzen des § 2 Abs. 1 und 2) betr. Jugendliche und Heranwachsende (im Rahmen teleologischer Auslegung) nur weniger restriktiv anwendbar (krit. auch BeckOK JGG/Pütz Rn. 20: „bedenklich"). Sie entheben nicht von der Pflicht, die Gründe mitzuteilen, warum in der Sache nicht entschieden wird. – Wird über die Beschwerde in einem angemessenen Zeitraum nicht entschieden und stellt der Gefangene sodann Antrag auf gerichtliche Entscheidung, so darf dieser auch dann nicht ohne weiteres im Sinne eines Untätigkeitsantrags behandelt werden (vgl. im Übrigen → Rn. 167), wenn in dem Antrag von Untätigkeit die Rede ist (OLG Schleswig NStZ-RR 2007, 326 (betr. allg. StR); zur Versagung der Untätigkeitsbeschwerde unter Hinweis auf §§ 198 ff. GVG OLG Hamburg StraFo 2012, 160, OLG Frankfurt a. M. NStZ-RR 2013, 264 (jeweils zum allg. StR)). 165a

cc) Sonstiges. Im Übrigen besteht die Möglichkeit der Dienstaufsichtsbeschwerde gegen Entscheidungen der die JStVollzugseinrichtung leitenden Person. 165b

2. Verfahren

a) Gerichtliche Zuständigkeit und Besetzung. Gemäß **Abs. 2 S. 1** ist für die gerichtliche Entscheidung über eine Maßnahme zur Regelung einzelner Angelegenheiten auf dem Gebiet des JStVollzuges die **JKammer** im Bezirk der beteiligten Vollzugsbehörde zuständig (sofern die Maßnahme nicht von der Leitung der für den Vollzug vorgesehenen Einrichtung stammt, sondern von deren Aufsichtsbehörde (vgl. auch → Rn. 11), ist dem Rechnung zu tragen, BT-Drs. 16/6293, 11). – Die Zuständigkeit des JGerichts, dem die *Vollstreckungsleitung* obliegt (§ 82), wäre wegen dessen Voll- 166 zugsnähe durchaus eine Alternative gewesen (vgl. auch Wegemund/Dehne-Niemann ZIS 2008, 580; so zB vormals noch § 102 Abs. 3 BWJStVollzG; anders bereits § 35 Abs. 3, 4 E-Bund 2006). Nicht auszuschließen ist, dass Abs. 2 S. 1 ua aufgrund von Abwehrstrategien der JVAen zustandekam (vgl. deren Gesetzentwurf von 1988), da die – nicht selten überlasteten – JKammern im Allg. als von der Sache her weniger vollzugsvertraut gelten und (möglicherweise auch weiterhin) schwerer zu erreichen seien (nach Kröner ZJJ 2006, 192 würden deshalb weniger Anträge gestellt werden; vgl. ergänzend vormals Eisenberg NStZ 1998, 104). Die Erwägung, die vollstreckungsleitende Person könnte trotz ihres Sachverstandes – „zumindest aus Sicht der Gefangenen" (BT-Drs. 16/6293, 11) – eher als befangen erscheinen, kann zwar auf gewisse tatsächliche Anhaltspunkte verweisen (bejahend Dünkel Neue KPol 2008, 4), entbehrt indes einer verallgemeinerungsfähigen empirischen Grundlage.

166a Gegen die Entscheidung der JKammer ist unter den Voraussetzungen der §§ 116 ff. StVollzG die **Rechtsbeschwerde** zum OLG zulässig (§ 121 Abs. 1 Nr. 3 GVG; die Verneinung der Zulässigkeit wegen nachträglicher justitieller Binnenkorrektur eines Rechtsfehlers setzt ua voraus, dass das OLG in anderer Sache die Rechtsfrage zutreffend beantwortet hat (konkret vern. BVerfG, 3. K. des 2. S., NJW 2011, 137 Rn. 36; vgl. auch BVerfG StraFo 2013, 393); zur Beschwer bei Anordnung nur einer Neubescheidung (auf einen Verpflichtungsantrag hin) BVerfG, 2. S. der 2. K., NJW 2017, 1735 (Ls.) = BeckRS 2017, 106848, zum allg. StVollzR)); zur Aufhebung wegen Nichtberücksichtigung des Allgemeinen Persönlichkeitsrechts (Art. 2 Abs. 1 iVm Art. 1 Abs. 1 GG) BVerfG 2. K. des 2. S., NJW 2015, 2100 Rn. 48 ff. (betr. allg. StVollzR). Beruht die Verneinung der Zulässigkeit auf einem von der Justiz verursachten Mangel, so ist Wiedereinsetzung zu gewähren (vgl. BVerfG, 3. K. des 2. S., NJW 2013, 446 (betr. unzureichende Belehrung), zum allg. StVollzR). Die Rechtsbeschwerde hat keine aufschiebende Wirkung (§ 92 Abs. 1 S. 2 Hs. 1 StVollzG, § 116 Abs. 3 S. 1 StVollzG), auch dann nicht, wenn die VollzEinrichtung sie gegen eine den Verurteilten begünstigende Entscheidung eingelegt hat (hM, vgl. nur OLG Karlsruhe StraFo 2009, 395 (zum allg. StVollzR)). – Anforderungen an die Begründung entsprechend § 238 Abs. 2 StPO bzw. § 344 Abs. 2 S. 2 StPO werden zumindest im JStVollzR und ua wegen Nichtvergleichbarkeit der jeweiligen Verfahrensgegenstände eher als überhöht zu gelten haben (vgl. aber zum allg. StVollzR OLG München NStZ-RR 2012, 385).

166b Die StA ist zur Einlegung der Rechtsbeschwerde nicht befugt, und zwar auch dann nicht, wenn Gegenstand des Verfahrens „intern" zustimmungspflichtige Lockerungen sind, deren Versagung das Gericht nicht bindet (vgl. zum allg. StVollzR OLG Karlsruhe StV 2016, 304 (betr. § 51 BWPsychKHG)).

166c Ein **Fortsetzungsfeststellungsinteresse** wurde auch dann bejaht, wenn ein gewichtiger, nach dem typischen Ablauf sich ohne zuvor erreichbaren wirksamen Rechtsschutz erledigender schwerwiegender Grundrechtseingriff oder ein gegen die Menschenwürde verstoßendes Geschehen in Rede steht (BVerfG, 3. K. des 2. S., NJW 2011, 137 Rn. 35 (betr. allg. StVollzR)). – Ansonsten ist dann, wenn das Interesse wegen zwischenzeitlicher Entlassung zu verneinen ist, eine Verletzung des Rechts auf effektiven Rechtsschutz ggf. bei der Kostenentscheidung zu berücksichtigen (vgl. betr. Eilantrag etwa BVerfG, 2. K. des 2. S., BeckRS 2015, 52401 zum allg. StVollzR).

Unterlässt die VollzEinrichtung die **Umsetzung** einer gerichtlichen Entscheidung (sog. „Renitenz"), so verneinte die überwiegende Auffassung in Judikatur und Literatur eine entsprechende Anwendung der §§ 170, 172 VwGO, jedoch war vor einer Anrufung des BVerfG ein Vornahmeverfahren (vgl. Abs. 1 S. 2, § 113 StVollzG) anzustrengen (vgl., auch mN, BVerfG, 3. K. des 2. S., StV 2012, 161; zur Entscheidung des Gerichts selbst KG StraFo 2012, 34; vgl. auch → Rn. 175). Das AbstandsgebotsG (v. 5.12.2012 (BGBl. I 2425)) hat § 120 Abs. 1 StVollzG dahingehend geändert, dass § 172 VwGO anwendbar ist. **167**

Gemäß **Abs. 2 S. 3** ändert ein der gerichtlichen Entscheidung vorausgehendes Verwaltungsverfahren die in S. 1 geregelte *örtliche* Zuständigkeit der JKammer nicht. – Abs. 2 **S. 4** regelt entsprechend § 78a Abs. 3 GVG die Zuständigkeit für den Fall, dass ein Land eine Einrichtung des Vollzuges der JStrafe auf dem Gebiet eines anderen Landes unterhält. **168**

Die Regelung des **Abs. 4** zur Besetzung der JKammer, die sich an § 78b GVG anlehnt, dient der Entlastung der Rechtspflege (BT-Drs. 16/6293, 11). **169**

b) Verfahrensrechte des Betroffenen. Nach **Abs. 3 S. 2 und 3** *muss* auf Antrag des JStrafgefangenen eine **mündliche Anhörung** idR in der Einrichtung des Vollzuges der JStrafe stattfinden bzw. *kann* das Gericht eine mündliche Verhandlung anberaumen, wenn es aufgrund der eingegangenen Schriftsätze weiteren Aufklärungsbedarf sieht, der auf dem Schriftwege nicht zu decken ist; die Möglichkeit der Anhörung auch außerhalb der Vollzugseinrichtung trage der Tatsache Rechnung, dass Gefangene bei entsprechender Eignung zur Wahrnehmung von Gerichtsterminen auch Vollzugslockerungen erhalten können (vgl. Begr. BT-Drs. 16/6293, 11). Hiernach sieht das Gesetz von der **Ausgangslage** her das **schriftliche** Verfahren vor, hingegen eine mündliche Anhörung in der Einrichtung des Vollzuges nur auf Antrag des JStrafgefangenen bzw. eine mündliche Verhandlung nur nach Ermessen der JKammer von Amts wegen. – Ob und ggf. unter welchen Voraussetzungen die Kann-Vorschrift des *§ 115 Abs. 1a StVollzG* auch für den JStVollz angewendet werden darf, ist mangels Erörterung im Gesetzgebungsverfahren (vgl. BT-Drs. 17/1224) ungeklärt – bejahendenfalls werden die Schutzbelange (§ 2 Abs. 1) eine nur restriktive Handhabung angezeigt sein lassen, zumal die Anordnung mangels Anfechtbarkeit (§ 115 Abs. 1a StVollzG) einer Kontrolle entzogen ist. **170**

Da es bei einem nicht unerheblichen Teil der JStrafgefangenen schon an der **Befähigung** bzw. dem Mut zur Antragstellung **fehlen** wird, und da die Tatsache der Antragstellung rechtstatsächlich seine sonstigen Belange ggf. gefährden könnte, ist die vorgesehene Regelung schon darin eher ungeeignet. Auch im Übrigen ist zw., ob die Ausgestaltung den Vorgaben des BVerfG genügt (BVerfGE 116, 69 ff.), dh ob sie zur Ermöglichung effektiven Rechtsschutzes der Situation der im JStrafvollzug Inhaftierten zureichend ist (auch wenn die noch in § 35 E-Bund 2006 vorgesehene Verweisung auf das Antragsverfahren des StVollzG entfallen ist; vgl. krit. auch Dünkel NK 2006, 114). Dies gilt zumindest insoweit, als die Betroffenen (ggf. schon gem. vergleichsweise niedrigem Elementarbildungsniveau, vgl. → § 5 Rn. 64b) wenig oder nicht in der Lage sind, sich ggü. der JStrafjustiz in einem dort erwarteten Stil zumal schriftlich auszudrücken (ebenso BeckOK JGG/Pütz Rn. 37). **170a**

171 Hinsichtlich des Verständnisses der **Begründung** einer gerichtlichen Entscheidung ist schon im allg. StVollz-Verfahrensrecht eine Verweisung auf **Schriftstücke** in den Akten (vgl. § 115 Abs. 1 StVollzG) **nur** zulässig, wenn im Übrigen die entscheidungserheblichen Tatsachen und die tragenden rechtlichen Gesichtspunkte und insb. das Antragsvorbringen des Gefangenen in seinem Kerngehalt wiedergegeben werden (hM, vgl. nur OLG Karlsruhe NStZ-RR 2007, 325).

172 Entsprechendes gilt für Betroffene im Vollzug des **JA** und für **Untergebrachte** in einem psychiatrischen Krankenhaus, einer Entziehungsanstalt oder in SV.

173 **c) Elternrechte.** Sie sind gewahrt, weil nach Abs. 1 S. 2 sowohl § 67 Abs. 1, 2 und 5 als auch § 67a Abs. 1 entsprechend gelten und die Erziehungsberechtigten die gleiche Stellung haben wie im Verfahren bei Aussetzung der Verhängung der JStrafe. Dies entspricht der verfassungsrechtlich durch Art. 6 GG gesicherten Position der Eltern, die Verantwortung für den Schutz der Rechte ihrer Kinder tragen und darüber hinaus das eigene Recht haben, iRd Vollzugs von JStrafe, JA und Unterbringung die eigenen Erziehungsvorstellungen geltend zu machen. Die Vorschriften der StPO über die Einlegung von Rechtsmitteln durch die gesetzlichen Vertreter (§ 298) gelten gem. § 120 Abs. 1 StVollzG auch für das Verfahren zur gerichtlichen Überprüfung von Vollzugsmaßnahmen, sodass es keiner ausdrücklichen Regelung bedarf.

174 **d) Verteidiger bzw. Rechtsbeistand.** Hinsichtlich deren Tätigkeit (vgl. Nöding Verteidigung Rn. 486: bislang selten) kommt es rechtstatsächlich ggf. zu Einschränkungen schon durch Sichtkontrolle des Schriftwechsels (vgl. etwa § 34 Abs. 3 S. 2 HessJStVollzG (partiell entgegen OLG Frankfurt a. M. NStZ-RR 2005, 61 ff., betr. ErwVollzug); zu praktischen Implikationen Eisenberg/Reuther JuS 2006, 149 f.) oder Kontrolle zB fernmündlichen Austauschs (vgl. OLG Stuttgart 28.11.1996 – 4 VAs 14/96 bei Böhm NStZ 1997, 484), etwa indem die Garantie der Überwachungsfreiheit durch Erlangung einer Zustimmung des Gefangenen unterlaufen wird (die Öffnung der Verteidigerpost auch dann abl. BVerfG StV 2012, 161 = NStZ-RR 2012, 61 („nicht berechtigt, die Aushändigung davon abhängig zu machen …", nebst Hinweis auch auf die etwaige Verletzung der Rechte des Verteidigers selbst); OLG Dresden NStZ 2007, 707; OLG München NStZ 2013, 170; aA OLG Stuttgart NStZ 2011, 349 (jeweils zum allg. StVollzR)). – Vgl. zu einem Bußgeldbescheid gem. § 115 Abs. 1 OWiG trotz Befugnis der Weitergabe eines verteidigungsrelevanten Schriftstücks OLG Karlsruhe NStZ-RR 2014, 224 (Freispruch (betr. allg. Vollz)).

174a Bzgl. *Prozesskostenhilfe* wird gem. Abs. 1, der nicht auch auf § 120 Abs. 2 StVollzG verweist, statt der Vorschriften der §§ 114 ff. ZPO auf die jugendgemäß zu beurteilende Schwierigkeit der Sach- und Rechtslage abzustellen sein (vgl. § 140 Abs. 2 StPO; s. auch BT-Drs. 16/6978, 6).

174b Rechtsberatung *durch Mitgefangene* wird als der Anstaltsordnung zuwiderlaufend beurteilt, und zwar auch nach Ersetzung des vormaligen RechtsberatungsG durch das RechtsdienstleistungsG (geänd. durch Gesetz v. 19.7.2016 (BGBl. I 1757); vgl. OLG Celle NStZ 2009, 218 (zum allg. StVollzR); Einschränkungen des Rechtsschutzes abl. BVerfG StV 2004, 277 (zum allg. StR)).

e) Vertretung und Pflichten der Vollzugseinrichtung. Sie wird durch die mit deren Leitung beauftragte Person vertreten (vgl. → Rn. 11). 175

Fällt die gerichtliche Entscheidung entgegen der Intention der Vollzugseinrichtung aus, so kommt es in der Praxis (zumindest in JVAen zum Vollzug der Freiheitsstrafe) mitunter zu *Widerständen* hinsichtlich der Umsetzung (vgl. etwa OLG Hamburg StV 2005, 564; KG StraFo 2012, 34: „inhaltlich Kampfansage an das LG"; vgl. auch → Rn. 166). Daher bestimmt **§ 120 Abs. 1 S. 1 StVollzG,** die Durchsetzung von Ansprüchen des Antragstellers dadurch effektiver machen, dass die in gerichtlichen Beschlüssen nach den §§ 109 ff. StVollzG enthaltenen vollzugsbehördlichen Verpflichtungen auch vollstreckt werden können. Der Antragsteller ist damit auch dann, wenn die Vollzugsbehörde ihre Verpflichtung nicht freiwillig erfüllt, nicht mehr auf andere, idR wenig ergiebige Rechtsbehelfe angewiesen. Die Vorschrift gilt für den Straf- und Maßregelvollzug insgesamt und insb. auch für einen durch den (J)Strafgefangenen oder den SVten selbst gerichtlich ggü. der Vollzugsbehörde durchzusetzenden Therapieanspruch. 175a

3. Besonderheiten bei angeordneter oder vorbehaltener Sicherungsverwahrung

a) (Jugend-)Strafvollzugsbegleitende gerichtliche Kontrolle. Die Vorschrift des (Abs. 1 S. 2,) **§ 119a StVollzG** (eingef. durch AbstandsgebotsG v. 5.12.2012 (BGBl. I 2425)) regelt bei angeordneter oder vorbehaltener Sicherungsverwahrung eine **von Amts wegen** durchzuführende, frühzeitig beginnende und regelmäßig fortzusetzende (jugend-)strafvollzugsbegleitende gerichtliche Kontrolle darüber, ob dem (Jugend-) Strafgefangenen eine den Vorgaben des § 66c Abs. 2 iVm § 66c Abs. 1 Nr. 1 StGB entsprechende Betreuung angeboten worden ist (und wird) oder nicht (unbeschadet dessen kann der (Jugend-)Strafgefangene auch wegen einer bestimmten Maßnahme einen Antrag gem. Abs. 1 stellen, vgl. Begr. RegE v. 6.6.2012 (BT-Drs. 17/9874, 40); betr. Verpflichtung zur Neubescheidung OLG Celle StV 2015, 34 (zum allg. StR)). Die Bundeskompetenz leitet sich aus der Aufgabe der (bundesgesetzlichen) Absicherung eines **verfassungskonformen Vollzugs** der JStrafe im Falle einer vorbehaltenen Anordnung von Sicherungsverwahrung ebenso wie von angeordneter Sicherungsverwahrung her (vgl. auch → Rn. 155). § 119a StVollzG gilt jedoch einheitlich für nach allg. StR wie nach JStR Verurteilte und nivelliert dadurch die rechtssystematischen ebenso wie die rechtstatsächlichen Unterschiede. Wegen der Vorschriften insgesamt wird auf die Spezialliteratur zum (StGB und) zum StVollzR verwiesen. 176

Das vorgesehene, an der Funktion interinstitutioneller Abstimmung orientierte Verfahren könnte ua insoweit als nicht bedenkenfrei beurteilt werden, als der **Betroffene** (als potentielles bzw. bereits selektiertes „Sonderopfer") – im Unterschied zur Vollzugsanstalt (§ 119a Abs. 2 S. 1 StVollzG; zu deren Pflicht, dabei der Umgrenzungs- und Informationsfunktion nachzukommen, OLG Nürnberg StraFo 2015, 436 (zum allg. VollzR)) – **kein Antragsrecht** (iSv § 119a Abs. 1 StVollzG) hat. Zwar bleibt es ihm unbenommen, einen Antrag nach Abs. 1 S. 2 zu stellen, mit dem er bestimmte Betreuungsmaßnahmen einfordern oder anfechten kann, jedoch schafft dies keinen Ausgleich für die Nichteinräumung des in Rede stehenden Antragsrechts – ein Defizit, das für einen nach JStR Verurteilten deshalb gewichtiger ist als für 176a einen nach allg. StR Verurteilten, weil er innerhalb der Gesamtheit der Betroffenen einer (altersbezogenen) Minderheit angehört.

177 Soweit das Gericht entgegen der vorgesehenen regelmäßigen Überprüfungs**frist** von zwei Jahren (§ 119a Abs. 3 S. 1 StVollzG) bei vergleichsweise besonders langer Strafdauer **ausnahmsweise** (vgl. Begr. RegE v. 6.6.2012 (BR-Drs. 17/9874, 39) im Tenor eines Beschlusses innerhalb von 5 Jahren eine längere Frist bestimmen darf (§ 119a Abs. 3 S. 2 StVollzG-RegE v. 6.6.2012 (BT-Drs. 17/9874, 39)), wird dies bei **JStrafe** schon wegen der Entwicklungsdynamik (auch bei Heranwachsenden und jüngeren Erwachsenen) **nicht** in Betracht kommen.

177a **Zuständig** ist gem. § 119a Abs. 6 S. 3 StVollzG iVm (§ 110 StVollzG die StVollstrKammer bzw. nach) **Abs. 2 S. 1–3** die **JKammer,** in deren Bezirk die Vollzugsbehörde ihren Sitz hat. Es ist eine Besetzung mit **drei Richtern** unter Einschluss des Vorsitzenden bestimmt (§ 119a Abs. 4 StVollzG bzw. § 92 Abs. 4 S. 1).

178 Im Verfahren nach § 119a StVollzG nimmt der **(Jugend-)Strafgefangene** die Stellung eines **Verfahrensbeteiligten** ein (§ 119a Abs. 6 S. 3 iVm § 111 Abs. 1 Nr. 1 StVollzG), ihm hat der Kammervorsitzende für das Verfahren einen **Rechtsanwalt beizuordnen** (§ 119a Abs. 6 S. 1 StVollzG, § 109 Abs. 3 S. 2 StVollzG).

178a Soweit geregelt ist, dass das Gericht hinsichtlich der zwingenden **Anhörung** vor einer Entscheidung (§ 119a Abs. 6 S. 2 StVollzG) nach pflichtgemäßem Ermessen darüber befindet, ob dies mündlich zu geschehen hat, wird es bei nach JStR Verurteilten aus Gründen, wie sie im jugendstrafrechtlichen Erkenntnisverfahren anerkannt sind, idR nicht von der mündlichen Form absehen.

179 Die **Belange** des **JStR** und insb. die Soll-Vorschrift des **§ 43 Abs. 2 S. 2** werden auch hinsichtlich der pflichtgemäßem Ermessen unterliegenden gerichtlichen Entscheidungen dazu zu berücksichtigen sein, **ob** zur Vorbereitung einer nach § 119a Abs. 1 oder Abs. 2 StVollzG zu treffenden Entscheidung ein **Sachverständiger** heranzuziehen ist (und zwar ebenso betr. die abschließende Prüfung gem. § 67c Abs. 1 S. 1 Nr. 2 StGB), und bejahendenfalls wie die **Auswahl** vorzunehmen ist, dh zB, ob ein externer oder interner Sachverständigen herangezogen wird und ob dieser zuvor mit der Betreuung des Betroffenen befasst gewesen sein darf oder nicht.

180 **b) Beiordnung eines Rechtsanwalts.** Die Vorschrift des **§ 109 Abs. 3 StVollzG** bestimmt in Einklang mit dem Rechtsschutz- und Unterstützungsgebot (BVerfGE 129, 326) die Beiordnung eines Rechtsanwalts auch für **Angelegenheiten** der **Umsetzung** iSv § **66c StGB** – sei es im SV-Vollzug oder im vorausgehenden (Jugend-)Strafvollzug (vgl. auch OLG Celle StV 2015, 374 (zum allg. StR))–, soweit die Angelegenheit eine den Vorgaben des § 66c StGB konforme Umsetzung des Abstandsgebots betrifft und der Antragsteller (bei dem Verlangen bzw. der Anfechtung einer Vollzugsmaßnahme) einer fachlichen Unterstützung bedarf (Rechtsgedanke des § 140 Abs. 2 S. 1 StPO). Hiernach ist zugleich geregelt, dass das Gericht von einer Beiordnung **ausnahmsweise absehen** kann (Begr. RegE v. 6.6.2012 (BR-Drs. 17/9874), 38), wenn es die Sach- und Rechtslage als einfach beurteilt oder davon ausgehen kann, dass der Antragsteller seine Rechte selbst ausreichend wahrnehmen kann – wobei die **Besonderheiten** bei **nach JStR** Verurteilten einem Absehen tendenziell eher entgegenstehen. Indes

wäre es verfehlt, eine Beiordnung dann als entbehrlich anzusehen, wenn das Anliegen zB die Gestaltung des Unterbringungsraums oder bestimmte Arten der Freizeitgestaltung betrifft (anders Begr. RegE v. 6.6.2012 (BR-Drs. 17/9874), 38), weil solche Fragen durchgängig von psycho-sozialem Einfluss sind, wogegen ein Antrag betr. spezielle Maßnahmen zur Verringerung einer angenommenen „Gefährlichkeit" zwar auch regelmäßig die Beiordnung verlangt, sich jedoch meist nur auf die eine oder andere Wochenstunde bezieht. – **Zuständig** für die Entscheidung und deren Widerruf ist gem. § 109 Abs. 1 S. 3 StVollzG der Vorsitzende der „kleinen" StVollstrKammer (§ 78b Abs. 1 Nr. 2 GVG; zur Verletzung von Art. 101 Abs. 1 S. 2 GG durch Überbesetzung OLG Celle StV 2013, 390 mAnm Holtermann) bzw. der JKammer.

4. Kosten

Die in **Abs. 5** im Einklang mit den für § 74 maßgebenden Erwägungen 181
vorgesehene Möglichkeit, von der Auferlegung der **Kosten** und **Auslagen abzusehen,** geht dem – im Übrigen entsprechend anwendbaren – § 121 StVollzG vor. Sie wird namentlich dann in Betracht kommen, wenn die Kostenbelastung dem Vollzugsziel widersprechen und die Eingliederung des JStrafgefangenen behindern würde (vgl. auch Ostendorf/Ostendorf/Rose JugendStrafVollzR § 11 Rn. 12).

Gemäß **Abs. 1, § 121 Abs. 3 S. 1 StVollzG** fallen die Kosten des Ver- 182
fahrens und die notwendigen Auslagen bei erstinstanzlichen Entscheidungen des Gerichts nach § 119a Abs. 1 StVollzG der Staatskasse zur Last. Denn zum einen bezweckt die strafvollzugsbegleitende gerichtliche Kontrolle auch, im Interesse der Vollzugsbehörde Rechtssicherheit zu schaffen. Zum anderen steht diese finanzielle Freistellung im Einklang mit dem Rechtsschutz- und Unterstützungsgebot.

Gerichtliche Zuständigkeit und gerichtliches Verfahren bei Maßnahmen, die der vorherigen gerichtlichen Anordnung oder der gerichtlichen Genehmigung bedürfen

93 **[1] Beim Vollzug des Jugendarrestes, der Jugendstrafe und der Maßregeln der Unterbringung in einem psychiatrischen Krankenhaus oder in einer Entziehungsanstalt oder in der Sicherungsverwahrung ist, soweit nach den Vollzugsgesetzen eine Maßnahme der vorherigen gerichtlichen Anordnung oder der gerichtlichen Genehmigung bedarf, das Amtsgericht zuständig, in dessen Bezirk die Maßnahme durchgeführt wird. [2] Unterhält ein Land eine Einrichtung für den Vollzug der in Satz 1 genannten Freiheitsentziehung auf dem Gebiet eines anderen Landes, können die beteiligten Länder vereinbaren, dass das Amtsgericht zuständig ist, in dessen Bezirk die für die Einrichtung zuständige Aufsichtsbehörde ihren Sitz hat. [3] Für das Verfahren gelten § 121b des Strafvollzugsgesetzes sowie § 67 Absatz 1, 2 und 5 sowie § 67a Absatz 1, 3 und 5 entsprechend.**

I. Allgemeines

1 Betreffend den persönlichen **Anwendungsbereich** gelten die Erl. zu → § 82 Rn. 1 entsprechend.

2 § 93 sah bis Ende 2009 einige Maßgaben des U-Haftvollzugs vor (Trennungsgebot, erzieherische Gestaltung, Zugangsrecht der JGH). Mit der Neuregelung dieser Materie (→ § 89c Rn. 2 ff.) wurde die Vorschrift aufgehoben. Seit dem Gesetz zur Stärkung der Rechte von Betroffenen bei Fixierung im Rahmen von Freiheitsentziehungen v. 19.6.2019 (BGBl. I 840) bestimmt die Norm – in Wahrnehmung der konkurrierenden Bundesgesetzgebungskompetenz (BT-Drs. 19/8939, 13 f.) und in Umsetzung des Gesetzgebungsauftrags in BVerfG NJW 2018, 2619 (2228) – die gerichtliche Zuständigkeit und das Verfahren für die Anordnung oder Genehmigung jener Vollzugsmaßnahmen, die unter **Richtervorbehalt** stehen.

II. Bestimmung der Zuständigkeit

1. Anordnungs- und genehmigungsbedürftige Maßnahmen

3 **a) Vollzugskontexte.** Die Bestimmungen gelten nach der ausdrücklichen Festlegung in S. 1 im Zusammenhang mit dem **Vollzug** von JStrafe sowie von stationären Maßregeln der Besserung und Sicherung. Für den Vollzug von U-Haft und einstweiliger Unterbringung (§ 126a StPO) machen § 126 Abs. 5, § 126 Abs. 2 StPO iVm § 2 Abs. 2 fast wortgleiche Vorgaben (BT-Drs. 19/8939, 21).

4 Dass sich das Gesetz auch auf den **JA-Vollzug** erstreckt, erklärt sich mit dem Bemühen, ein umfassendes und einheitliches Verfahrensrecht für besonders abzusichernde Vollzugsmaßnahmen zu schaffen. Bislang läuft dieser Passus allerdings leer, denn in Betracht kommende Maßnahmen sind im JA-Vollzug gar nicht vorgesehen (namentlich keine Fixierung (dazu → Rn. 5), sondern allein die „einfache" Fesselung (→ § 90 Rn. 49)). Die Aufnahme des JA-Vollzugs in die Norm ist also gleichsam „auf Vorrat" erfolgt. Gerade dies könnte sich als problematisch erweisen und Anstoß für eine (höchst dysfunktionale) Einbeziehung der besagten Eingriffsformen in die Landesgesetze erweisen (dazu auch Baur NJW 2019, 2273, (2277)).

5 **b) Maßnahmen mit Richtervorbehalt.** Die Entscheidung über Maßnahmen während des Vollzugs von Freiheitsentziehungen trifft den VollzugsG zufolge idR die (Leitung der jeweiligen) Einrichtung. Dies gilt auch bei grundrechtseingreifender Wirkung (dazu und zur Kritik bei der U-Haft → § 89c Rn. 10 f.). Bestimmte Vollzugsmaßnahmen stehen indes von Verfassungs wegen unter Richtervorbehalt. Dies ist namentlich bei einer nicht nur kurzfristigen (mindestens halbstündigen) **Fixierung** sämtlicher Gliedmaßen der Fall, weil diese eine eigenständige Freiheitsentziehung iSv Art. 2 Abs. 2 iVm Art 104 Abs. 2 GG darstellt, die nicht schon von der Anordnung der zugrunde liegenden, generellen Freiheitsentziehung abgedeckt ist. Die dahingehende Entscheidung des BVerfG NJW 2018, 2619 (2220 f.) ist zwar anhand der öffentlich-rechtlichen Unterbringung ergangen, aber auf den Vollzug freiheitsentziehender strafrechtliche Sanktionen übertragbar (allgA;

vgl. etwa Diemer/Schatz/Sonnen/Baur Rn. 1 mwN; zu daraus folgenden Konsequenzen für die VollzugsG → § 89c Rn. 96a, → § 92 Rn. 133c). Im Einzelfall können iÜ auch schon kürzere oder anderweitige Fixierungsverfahren diese Wirkung entfalten, gerade bei hierfür besonders vulnerablen jungen Menschen (BT-Drs. 19/10243, 19).

S. 1 geht allerdings – anders als der Entwurf der Regierungsfraktionen (BT-Drs. 19/8939, 9) – über Fesselungen hinaus und erstreckt sich auf alle Maßnahmen, deren Abhängigkeit von einer richterlichen Entscheidung sich aus den „Vollzugsgesetzen" ergibt (etwa Zwangsbehandlungen; vgl. auch Diemer/Schatz/Sonnen/Baur Rn. 4). Daher gilt die Zuständigkeitsbestimmung in allen Konstellationen eines vollzugsrechtlich positivierten Richtervorbehalts – **unabhängig von** dessen verfassungsrechtlicher **Determiniertheit** (also auch, wenn die VollzugsG die Entscheidungskompetenz ohne grundgesetzliche Notwendigkeit bei einem Gericht ansiedeln). Abschließenden Charakter hat diese formale Anknüpfung aber nicht. Bei **verfassungsunmittelbaren** Richtervorbehalten (dh in ggf. auftretenden Fällen, in denen die richterliche Einbindung grundgesetzlich zwingend, aber einfachrechtlich nicht vorgesehen ist) gilt die Zuständigkeitsbestimmung zwar nicht ihrem Wortlaut, aber ihrer Funktion nach gleichermaßen. 6

2. Zuständiges Gericht

Die Zuständigkeit liegt grundsätzlich beim **JRichter** (§ 34 Abs. 1) an dem AG, in dessen Bezirk die Maßnahme durchgeführt wird (S. 1). Hiervon ist auch bei Abgabe der Vollstreckungsleitung gem. § 85 Abs. 6 keine Ausnahme vorgesehen (NK-JGG/Rose Rn. 2). Für eine analoge Anwendung des jugendrichterlichen Qualifikationserfordernisses in § 94 Abs. 4 S. 2 (so Diemer/Schatz/Sonnen/Baur Rn. 8) besteht nach der Neufassung von § 37 kein Anlass mehr. Sofern es um Maßnahmen in einer Vollzugseinrichtung geht, die ein Bundesland auf dem Gebiet eines anderen Landes unterhält, kann nach S. 2 die Zuständigkeit durch die beteiligten Länder staatsvertraglich bei dem AG angesiedelt werden, in dessen Bezirk die Aufsichtsbehörde der fraglichen Einrichtung ihren Sitz hat (s. auch → § 85 Rn. 11, → 92 Rn. 168). 7

Durch Organisation von Bereitschaftsdiensten (§ 22c GVG) muss an den AGen eine kurzfristige Überprüfung von unter Richtervorbehalt stehenden Maßnahmen gewährleistet werden (vgl. BVerfG NJW 2018, 2619 (2626); s. auch BT-Drs. 19/8939, 17: jedenfalls von 6:00 Uhr bis 21:00 Uhr ist die Erreichbarkeit eines zuständigen Richters sicherzustellen). 8

III. Verfahren

Die aus S. 3 folgende Anwendbarkeit von § 121b StVollzG führt dazu, dass sich das Verfahren nach dem FamFG richtet, va nach den für Unterbringungssachen vorgesehenen Bestimmungen. Das betrifft insbesondere die im AT (Buch 1) und in **§§ 312 ff. FamFG** getroffenen Regelungen (BT-Drs. 19/8939, 17). Problematisch ist, dass hiernach selbst bei ausreichender Vorlaufzeit nicht unbedingt ein Gutachten einzuholen ist und ein ärztliches Zeugnis genügt (§ 321 Abs. 2 FamFG), wobei der zeugnisausstellende Arzt im Fall einstweiliger Anordnungen nicht einmal eine psychiatri- 9 sche Qualifikation aufweisen muss (§ 331 Nr. 2 FamFG). Selbst bei inhaltlich vollständigen Zeugnissen (Diemer/Schatz/Sonnen/Baur Rn. 6: Voraussetzungen und Dauer der Maßnahme, aber auch deren Risiken und diagnostische Hintergründe) verbietet sich daher eine schematische Übernahme durch das Gericht.

10 Abweichend von §§ 315, 320 FamFG haben die **Erziehungsberechtigten** bzw. gesetzlichen Vertreter durch den Verweis auf § 67 Abs. 1, 2 und 5 sowie auf § 67a Abs. 1, 3 und 5 die im JStV allg. vorgesehenen Beteiligungsrechte und Unterrichtungsansprüche. In den von § 126 Abs. 5 StPO erfassten Konstellationen (→ Rn. 3) ergeben diese sich aus jugendgemäßer Auslegung (→ § 2 Rn. 17 ff.). – Im Übrigen ist das insgesamt stark auf Fixierungen zugeschnittene richterliche Verfahren auch bei den ggf. auftretenden anderen Fällen des Richtervorbehalts (→ Rn. 6) entspr. anzuwenden.

Unterbringung in einer Entziehungsanstalt

93a (1) **Die Maßregel nach § 61 Nr. 2 des Strafgesetzbuches wird in einer Einrichtung vollzogen, in der die für die Behandlung suchtkranker Jugendlicher erforderlichen besonderen therapeutischen Mittel und sozialen Hilfen zur Verfügung stehen.**

(2) **Um das angestrebte Behandlungsziel zu erreichen, kann der Vollzug aufgelockert und weitgehend in freien Formen durchgeführt werden.**

Schrifttum: Dessecker/Egg (Hrsg.), Die strafrechtliche Unterbringung in einer Entziehungsanstalt, 1995; Ingenleuf, Maßregelvollzug …, 1992; Kammeier/Pollähne (Hrsg.), Maßregelvollzugsrecht, 4. Aufl. 2018; Kühne, Staatliche Drogentherapie auf dem Prüfstand, 1985; Mader/Strotzka (Hrsg.), Drogenpolitik zwischen Therapie und Strafe, 1980; Schröder, Drogentherapie nach den §§ 93a JGG, 35 ff. BtMG …, 1986; Stosberg, Sozialisation und Drogen, 1993; Weissbeck, Übersicht über Maßregelvollzugseinrichtungen für Jugendliche in Deutschland, 2008; Westerhagen, Rehabilitation jugendlicher Drogenabhängiger, 1987.

I. Anwendungsbereich

1 Die Vorschrift gilt in Verfahren gegen **Jugendliche** auch vor den für allg. Strafsachen zuständigen Gerichten (vgl. auch → § 104 Rn. 29).

2 Die Vorschrift gilt in Verfahren gegen **Heranwachsende** – vor JGerichten wie vor den für allg. Strafsachen zuständigen Gerichten – dann, wenn materielles JStR angewandt wurde (§§ 110 Abs. 1, 105 Abs. 1).

II. Tragweite der Vorschrift

1. Eingeschränkte Umsetzung der Vorschrift

3 **a) Bisherige Ansätze.** § 93a wurde durch ÄndG des BtMG v. 22.12.1971 in das JGG eingeführt (BGBl. I 2092; zu Mängeln der Gesetzgebungsstrategie s. Kühne MschKrim 1984, 379). Bisher sind solche Anstalten nur **vereinzelt eingerichtet** worden (zB die geschlossene Anstalt Parsberg (Bay.) mit ca. 50 Plätzen (Frangos Suchtgefahren 1983, S. 133; Kühne,

Staatliche Drogentherapie auf dem Prüfstand, 1985, S. 82) sowie die eher offene Anstalt Brauel (Nds.) mit ca. 76 Plätzen und unter Beteiligung der Länder Bremen, Hmb., Nds. und RhPf gem. Abkommen v. 27.6.1997, das ausdrücklich auch die Unterbringung gem. § 64 StGB nebst „erforderlichen Absonderungen … innerhalb" der Anstalt vorsieht (HmbGVBl. 1997, 421: Art. 2 Abs. 1, Art. 6 Abs. 1); zum AIDS-Risiko (vgl. auch → § 92 Rn. 108–110) – besonders bei Frauen – s. Kremer ua Kriminalpäd Praxis 1986, 18; Westerhagen, Rehabilitation jugendlicher Drogenabhängiger, 1987, S. 147; krit. auch Kohl KrimJ 1983, 259 (265 ff. mN)). Generell finden sich sowohl integrierte Versorgungsformen in forensischen Kliniken gemeinsam mit Erwachsenen oder in der Kinder- und Jugendpsychiatrie als auch hieran jeweils angegliederte spezialisierte Abteilungen und Einrichtungen (vgl. die Zusammenstellung bei Weissbeck, Übersicht über Massregelvollzugseinrichtungen (…), 2008, S. 61 ff.; vgl. auch Stöver ua FPPK 2008, 255 (261 f.); Schmidt-Quernheim/Hax-Schoppenhorst ForensPsych/Elsner S. 435; Höffler FS Eisenberg II, 2019, 237). Auf dieser Grundlage sollen der Bundesregierung zufolge in etlichen Bundesländern ausreichende Kapazitäten zur Verfügung stehen (so ohne Belege BT-Drs. 16/13142, 80). Spezielle Jugendmaßregelvollzugseinrichtungen (bundesweit 9) existieren aber lediglich in 8 Bundesländern (Häßler/Boysen/Weissbeck ZJJ 2022, 222 (223)).

Das BVerfG (JMBl. NW 1977, 222) hatte offengelassen, ob die Länder verfassungsrechtlich verpflichtet sind, diese Sondereinrichtungen zu schaffen (s. auch Tondorf RuP 1980, 114; Schroth MschKrim 1981, 103). Dabei mögen auch die vergleichsweise niedrigen Zahlen Betroffener (vgl. → § 7 Rn. 29) hemmend wirken. 4

b) Alternative. In der Praxis werden jugendliche und heranwachsende Suchtkranke zum Vollzug der Maßregel nach § 7, § 61 Nr. 2 StGB auch in psychiatrische Krankenhäuser eingewiesen (vgl. etwa Häßler ua ZJJ 2004, 26). Insofern sind die Chancen auf ein spezielles Interventionskonzept, auch betr. soziales Training etc, von vornherein eingeschränkt. 5

2. Spezielle Aufgaben

a) Kriminologische Erkenntnisse. Wegen der (jugend-)**kriminologischen** Zusammenhänge und der Problematik von (stationärer) **Drogentherapie** vgl. die Erl. zu → § 10 Rn. 50 ff., → § 17 Rn. 42 ff. sowie → § 92 Rn. 105–110. Im Falle geschlossener Unterbringung werden empirische Erkenntnisse zu Merkmalen der Untergebrachten (speziell für weibliche Personen vgl. Schwarz/Berthold/Bezzel/Stübner FPPK 2023, 160). und zur Übertragung **subkultureller** Normen, Wertsysteme und Verhaltensmuster zu berücksichtigen sein (vgl. schon Kreuzer Zbl 1974, 220; Kindermann MschKrim 1979, 222; ergänzend Eisenberg/Kölbel Kriminologie § 36 Rn. 4 ff.; vgl. ferner Brunner Zbl 1980, 415). Zu (früheren) Abläufen in den Anstalten Parsberg und Brauel liegen einzelne empirische Anhaltspunkte vor (vgl. → Rn. 6a, 6b). 6

b) Rechtstatsächliche Anhaltspunkte. Speziell für die Anstalt Parsberg wurde berichtet, dass die Probanden (entgegen personeller Kontinuität) im Verlauf der Therapie mit vier verschiedenen Betreuungsteams (ausgebildet auf dem Fachgebiet Psychologie bzw. Sozialarbeit) konfrontiert worden (gewesen) seien (vgl. Ingenleuf (zur Befragung von Probanden) Maßregel- 6a vollzug …, 1992, S. 81 ff.). Nach vorläufigen Ergebnissen betr. diese Anstalt, die sich auf Nach-Erhebungen bei 61 ehemaligen Untergebrachten (= 41,2 % der Gesamtpopulation) bezogen, ergaben sich bei nahezu der Hälfte keine Anhaltspunkte für eine Reintegration (vgl. Stosberg, Sozialisation und Drogen, 1993, S. 108 f.); tendenziell ähnlich waren die Daten bzgl. der Legalbewährung (Stosberg, Sozialisation und Drogen, 1993, S. 108), und im Übrigen stieg die Therapieeffizienz nicht mit längerer Behandlungsdauer an (Stosberg, Sozialisation und Drogen, 1993, S. 77 ff.). Dies entspricht ua dem Umstand, dass bei BtM-Abhängigen gelegentlich eine gleichsam plötzliche Beendigung des Konsums zu verzeichnen ist (zB bei Auflösung der vertrauten Szene; ergänzend → § 10 Rn. 55).

6b Bzgl. der Anstalt Brauel wurde mitgeteilt, dass Unterbringungen gem. § 93a ggü. solchen nach § 65 Abs. 2 StVollzG deutlich zurückstanden; das durchschnittliche Alter bei Aufnahme hätte (daher) mehr als 30 Jahre betragen (s. Dessecker/Egg, Die strafrechtliche Unterbringung in einer Entziehungsanstalt/Meyer, 1995, S. 66). Von allen in der genannten Anstalt mindestens neun Monate lang behandelten Probanden, die bis 31.12.1990 regulär entlassen wurden (N=189), seien nach einem Zeitraum von fünf Jahren 18 % als „erfolgreich", 20 % als „teilweise erfolgreich" und 63 % als „rückfällig" beurteilt worden, und hinsichtlich der Legalbewährung sei ein Drittel „delinquenzfrei" geblieben (Schulzke SUCHT 1995, 81).

7 **c) Mindestvoraussetzungen der Geeignetheit.** Regelungsbedarf besteht hinsichtlich der Ausgestaltung des Vollzugs der Unterbringung. Das betrifft einmal die inhaltlichen Aspekte (zu fachlichen Mindeststandards Häßler/Boysen/Weissbeck (ZJJ 2022, 222 (223 ff.)). Die Bestimmung der Aufgaben der JStVollzGe genügt abe auch den Anforderungen, die an Rechtsgrundlagen für Grundrechtseinschränkungen zu stellen sind, nicht (s. auch BVerfGE 33, 1). Die in den Bundesländern zuletzt eingeführten Maßregelvollzugsgesetze, die den bisherigen Rückgriff auf die Unterbringungsgesetze der Länder entbehrlich machen, enthalten bestenfalls wenige und kaum ausdifferenzierte Vorgaben für jugendliche, heranwachsende und sehr junge Untergebrachte (vgl. etwa Art. 44 BayMRVG), meist aber nur allg. Programmsätze (n. dazu und zur Kritik an der defizitären Regelungslage auch bei Kammeier/Pollähne/Rzepka, Maßregelvollzugsrecht, 4. Aufl. 2018, Rn. J49 und J53 f.).

8 Im Allg. wird anzustreben sein, dass **Sicherheitsmaßnahmen** und – der Prüfung im Einzelfall bedürfender – **Kontrollmechanismen** totaler Abschirmung von der Außenwelt (weder Urlaub noch Ausgang; Unterbindung körperlichen Kontakte mit Besuchern; Vornahme unregelmäßiger Urinkontrollen) nur in den ersten Phasen des körperlichen Entzugs und der Motivationsförderung vorgenommen werden. Danach sollten durch schrittweise **Öffnung** des **Vollzugs** nach außen Sicherheitsmaßnahmen zunehmend reduziert werden. – Besondere Bedeutung kommt – entgegen seither verbreiteter Praxis – **Abs. 2** zu, um der Abhängigkeit, Passivität und permanenten Reglementierung, die eine geschlossene Unterbringung (zwangsläufig) kennzeichnen, entgegenwirken und Abstinenz auch insoweit fördern zu können.

9 **d) Nachbetreuung.** Unstreitig ist eine organisierte, überwachte und langfristige ambulante Nachbetreuung (vor allem in Übergangsheimen und Selbsthilfeeinrichtungen) unerlässlich (vgl. auch BeckOK JGG/Sengbusch

Rn. 5; hierzu etwa auch schon Mader/Strotzka, Drogenpolitik zwischen Therapie und Strafe/Gratz/Werdenich, 1980, S. 233, 239).

III. Durchführung

Zu Fragen der VollstrUnterbrechung bzw. des Abgehens von der VollstrReihenfolge (§ 2 Abs. 2, § 67 Abs. 2 S. 1 StGB) vgl. → § 7 Rn. 27; vgl. auch Brunner/Dölling Rn. 6 mN). 10

Betreffend den **Vollzug** im Allg. vgl. → § 92 Rn. 146 ff. 11

IV. Rechtsweg

Wegen des Rechtswegs gegen Vollzugsmaßnahmen ist § 92 Abs. 2, Abs. 6 einschlägig. Hiernach ist grundsätzlich die JKammer zuständig, es sei denn, der Untergebrachte hat das 24. Lbj. vollendet (dann Zuständigkeit der StrVollstrKammer). Diese Differenzierung entspricht jugendstrafrechtlichen Belangen und trägt zudem der Notwendigkeit Rechnung, dass die Voraussetzungen der Anordnung wie des Vollzuges iSv §§ 63, 64 StGB ggf. danach erheblich unterschiedlich gestaltet sind, ob sie für den Altersabschnitt der Pubertät oder der Adoleszenz zu prüfen bzw. vorzuhalten sind oder nicht. Indes hätte sich – entsprechend der inneren Struktur der StVollstrKammer – die Bestimmung der Zuständigkeit des Vollstreckungsleiters auch für vollzugsrechtliche Entscheidungen angeboten (vgl. vormals näher Eisenberg NStZ 1998, 104; s. aber auch BGHSt 29, 33). 12

Viertes Hauptstück. Beseitigung des Strafmakels

94-96 (weggefallen)

Die §§ 94–96 sind aufgehoben durch das Gesetz über das Zentralregister und das Erziehungsregister (BZRG) v. 18.3.1971 (BGBl. I 243) idF der Bekanntmachung v. 22.7.1976 (BGBl. I 2005). **Sondervorschriften über die Eintragung** jugendstrafrechtlicher Maßnahmen in das Zentralregister und das Erziehungsregister ebenso wie über die **Auskunft** aus dem Register und die Eintragungen in das **Führungszeugnis** enthält nunmehr das BZRG (vgl. näher → § 5 Rn. 78 ff.). 1

Beseitigung des Strafmakels durch Richterspruch

97 (1) [1]**Hat der Jugendrichter die Überzeugung erlangt, daß sich ein zu Jugendstrafe verurteilter Jugendlicher durch einwandfreie Führung als rechtschaffener Mensch erwiesen hat, so erklärt er von Amts wegen oder auf Antrag des Verurteilten, des Erziehungsberechtigten oder des gesetzlichen Vertreters den Strafmakel als beseitigt.** [2]**Dies kann auch auf Antrag des Staatsanwalts oder, wenn der Verurteilte im Zeitpunkt der Antragstellung noch minderjährig ist, auf Antrag des Vertreters der Jugendgerichtshilfe geschehen.** [3]**Die Erklärung ist unzulässig, wenn es sich um eine Verurteilung nach den §§ 174 bis 180 oder 182 des Strafgesetzbuches handelt.**

(2) [1]**Die Anordnung kann erst zwei Jahre nach Verbüßung oder Erlaß der Strafe ergehen, es sei denn, daß der Verurteilte sich der Beseitigung des Strafmakels besonders würdig gezeigt hat.** [2]**Während des Vollzugs oder während einer Bewährungszeit ist die Anordnung unzulässig.**

I. Anwendungsbereich

Die Vorschrift gilt für **Jugendliche** auch dann, wenn die JStrafe durch ein für allg. Strafsachen zuständiges Gericht verhängt wurde (vgl. → § 104 Rn. 29). 1

Die Vorschrift gilt für **Heranwachsende** – nach Verhängung der JStrafe durch ein JGericht wie durch ein für allg. Strafsachen zuständiges Gericht – entsprechend (§ 111; vgl. § 112 sowie → § 104 Rn. 29). 2

II. Allgemeines

1. Zwei Fallgruppen

Das Gesetz unterscheidet gem. den in § 97 bzw. § 100 getroffenen Regelungen zwei Fallgruppen jugendrichterlicher Beseitigung des Strafmakels. 3

Dabei bedarf es der Voraussetzungen gem. § 97 nur dann, wenn diejenigen des § 100 nicht vorliegen. Dem entspricht die offenbar „sehr seltene" (BT-Drs. 10/6739, 15 f.) Anwendung des § 97, während überwiegend von § 100 Gebrauch gemacht werde.

2. Bedeutung

4 Die Anordnung der Beseitigung des Strafmakels hat eine im Vergleich zum allg. StR **günstigere registerrechtliche Behandlung** zur Folge (vgl. → Rn. 13f). Hierdurch werden Nachteile, wie sie gerade auch im Ausbildungs- und Berufsbereich durch die Registrierung von Straftat und jugendstrafrechtlichen Rechtsfolgen für den Verurteilten entstehen können, vermindert. Indes bewegt sich diese Vergünstigung, bezieht man sie auf die Komplexität der Beschneidung von Handlungschancen bis hin zur institutionell-interaktionistischen Förderung einer „kriminellen Karriere" (dazu → § 5 Rn. 47 ff., 67 f.), in engen Grenzen. – Zu Fragen einer moralisch-psychologischen Bedeutung jugendrichterlicher **Rehabilitation** für den Verurteilten, der die stigmatisierende Vorschrift des Abs. 1 S. 3 (eingef. durch Gesetz v. 28.1.1998 (BGBl. I 160); krit. auch Dessecker StV 1999, 683; Horstkotte DVJJ 1999)) zuwiderläuft, vgl. etwa Beulke/Swoboda JugendStrafR Rn. 1008.

III. Voraussetzungen

1. Formelle Voraussetzungen

5 **a) Antrag.** Grundsätzlich ist ein Antrag des Verurteilten, seines gesetzlichen Vertreters oder eines Erziehungsberechtigten **notwendig** (s. auch RL 1). Man nimmt an, diese Personen könnten am ehesten beurteilen, ob ein Bedürfnis besteht, die Wirkungen des Registereintrags zu beseitigen. Zudem ist zu bedenken, dass die für das Verfahren notwendig werdenden Ermittlungen den Jugendlichen uU auch beeinträchtigen können. – Wenn das Gesetz gleichwohl die Einleitung des Verfahrens **von Amts wegen** oder auf Antrag der JStA oder der JGH zulässt (für eine Sicherstellung durch Wiedervorlageverfügung NK-JGG/Goerdeler Rn. 8), so ist dies aus der Erwägung geschehen, dass der Jugendliche seine Lage nicht immer zutreffend beurteilt und dass auch die Sorgeberechtigten ihre Pflichten ihm ggü. bisweilen versäumen. Eine vorherige Anhörung des Verurteilten, seines gesetzlichen Vertreters oder seines Erziehungsberechtigten erscheint dabei idR als unerlässlich (Dallinger/Lackner Rn. 17).

6 Die Antragsberechtigung des gesetzlichen Vertreters, des Erziehungsberechtigten und der JGH entfällt, wenn der Verurteilte **nicht mehr minderjährig** ist.

7 **b) Keine Tilgung oder Tilgungsreife.** Die im Register eingetragene Verurteilung darf noch nicht getilgt oder tilgungsreif sein, da andernfalls eine Entscheidung angestrebt würde, deren Rechtswirkungen bereits in vollem Umfang eingetreten sind (allg. Auffassung).

8 **c) Zeitraum von zwei Jahren.** Grundsätzlich kann die Anordnung erst erfolgen, wenn seit der vollständigen Vollstr oder dem Erlass der Strafe der

genannte Zeitraum verstrichen ist (Abs. 2 S. 1). Maßgebend hierfür ist der Zeitpunkt der Beschlussfassung nach § 26a S. 1 (NK-JGG/Goerdeler Rn. 5; HK-JGG/Verrel § 111 Rn. 2), der Ausspruch des Gnadenerweises oder das Inkrafttreten des Amnestiegesetzes.

Die Voraussetzungen des **Abs. 2 S. 1 Hs. 2** kommen nur in Ausnahmefällen und nur uU (zB Verhalten, Leistung) in Betracht, die eine solche besonders anerkennenswerte Haltung des Jugendlichen offenbaren, die eine sonst notwendige längere Beobachtung als entbehrlich erscheinen lässt (vgl. Beulke/Swoboda JugendStrafR Rn. 1003; zur Bedeutung Nöding Verteidigung Rn. 507). Weiterhin ist hierfür erforderlich, dass der **Vollzug** der JStrafe **nicht** mehr **andauert (Abs. 2 S. 2);** unzulässig wäre auch die Anordnung während einer Strafunterbrechung oder eines Strafaufschubs, da nach dem Sinn des Gesetzes ein entsprechend vorübergehender Zustand nicht dazu geeignet ist, die Strafmakelbeseitigung durchzuführen (vgl. Dallinger/Lackner Rn. 12). Ferner darf eine BewZeit nicht mehr laufen (Abs. 2 S. 2); ob die Aussetzung der Vollstr zBew im Gnadenverfahren erfolgt ist, ist unerheblich. – Die JStrafe muss also vollstreckt, endgültig erlassen oder amnestiert sein. 9

2. Materielle Voraussetzungen

a) Rechtskräftige Verurteilung zu JStrafe. Eine solche muss vorliegen. 10
Der durch Gesetz v. 26.1.1998 (BGBl. I 160) eingeführte Ausschluss in Fällen der Verurteilung nach §§ 174–180 oder § 182 StGB (Abs. 1 S. 3) stellt ggü. dem Erziehungsauftrag einen **Systembruch** dar (ebenso Trenczek/Schmoll Jugendkriminalität Rn. 963; vgl. krit. auch → Rn. 4 aE) und trägt im Übrigen der „breiten Skala tatbestandsmäßiger Handlungsweisen" (BGH StV 2002, 477, betr. § 176 StGB nach allg. StR) nicht Rechnung. – Sind neben der Strafe Erziehungsmaßregeln, Zuchtmittel, Nebenstrafen, Nebenfolgen oder Maßregeln der Besserung und Sicherung angeordnet, so hindert dies die Beseitigung des Strafmakels nicht, da diese Rechtsfolgen ohnehin nicht in das Führungszeugnis aufgenommen werden (§ 32 Abs. 1, 2 Nr. 8 BZRG).

b) „Rechtschaffener Mensch". Weitere Voraussetzung ist, dass sich der 11
Verurteilte als eine dergestalt beurteilte Person erwiesen hat (krit. zu dem Gesetzesbegriff → § 5 Rn. 4). Nach verschiedentlich vertretener Auffassung genüge zur Bejahung ein straffreies Verhalten allein noch nicht, vielmehr sei eine positiv betätigte, die Rechtsordnung bejahende „Gesinnung" erforderlich. Die „Rechtschaffenheit" müsse durch eine „einwandfreie Führung" bewiesen worden sein, dh durch ein Verhalten, das zu Beanstandungen keinen Anlass gibt und das den Schluss rechtfertigt, dass in der abgeurteilten Verfehlung etwa offenbar gewordene erzieherische oder charakterliche Mängel (endgültig) überwunden sind. Demgegenüber wird aus Gründen der Unbestimmtheit dieser Begriffe (dazu → § 5 Rn. 4) und der Ungeklärtheit etwaiger Relevanz für Deliktsbegehung (vgl. dazu → § 5 Rn. 47 ff.) idR auf ein **straffreies Verhalten** abzustellen sein (ebenso NK-JGG/Goerdeler Rn. 7).

3. Pflichten des Jugendrichters

Liegen die Voraussetzungen vor, so muss der JRichter den Strafmakel 12
durch unabhängige jugendrichterliche Entscheidung (allg. Auffassung) für

beseitigt erklären. – Dabei muss der JRichter insb. die Tatsachen, aus denen er auf das Vorhandensein oder Fehlen der „Rechtschaffenheit" des Verurteilten schließt, im Einzelnen darlegen. Dies ist auch deshalb erforderlich, um eine revisionsgerichtliche Überprüfung der tatrichterlichen Würdigung zu ermöglichen.

IV. Regelungen betr. das Zentralregister

1. Anordnung der Beseitigung des Strafmakels

13 Die Anordnung ist dem Zentralregister mitzuteilen und in dieses einzutragen (§ 13 Abs. 1 Nr. 5, § 20 BZRG; § 22 BZRG ist nicht entspr. anwendbar (ebenso Brunner/Dölling Rn. 9)).

2. Registerrechtliche Auswirkungen

14 Die Anordnung der Beseitigung des Strafmakels hat folgende Auswirkungen: Zum einen wird die Verurteilung nicht mehr in das Führungszeugnis aufgenommen (§ 32 Abs. 2 Nr. 4 BZRG). Ferner ist die gem. § 41 BZRG für bestimmte Behörden unbeschränkte Auskunft aus dem BZR durch § 41 Abs. 3 S. 1 BZRG insofern eingeschränkt, als nur noch den Strafgerichten und Staatsanwaltschaften für ein Strafverfahren gegen den Betroffenen Auskunft erteilt wird, es sei denn, es handelt sich um Verurteilungen nach den in § 41 Abs. 3 S. 2 BZRG bezeichneten Straftatbeständen (eingef. durch Gesetz v. 28.1.1998 (BGBl. I 160)). Ein Verwertungsverbot bzgl. der Verurteilung besteht aber nicht (→ § 100 Rn. 3). Weiterhin braucht der Verurteilte den der Verurteilung zu Grunde liegenden Sachverhalt nicht mehr zu offenbaren und darf sich als unbestraft bezeichnen (§ 53 iVm § 30 Abs. 2 Nr. 4 BZRG); dies gilt unter den Voraussetzungen des § 53 Abs. 2 BZRG allerdings nicht ggü. den Behörden iSv § 41 Abs. 3 BZRG. Im Übrigen beträgt die Tilgungsfrist fünf Jahre (§ 46 Abs. 1 Nr. 1f BZRG). Indes beschränkt die Beseitigung nicht das Tilgungsverbot des § 2 Abs. 2, § 47 Abs. 3 S. 1 BZRG (BGH StraFo 2009, 243).

Verfahren

98

(1) [1] **Zuständig ist der Jugendrichter des Amtsgerichts, dem die familiengerichtlichen Erziehungsaufgaben für den Verurteilten obliegen.** [2] **Ist der Verurteilte volljährig, so ist der Jugendrichter zuständig, in dessen Bezirk der Verurteilte seinen Wohnsitz hat.**

(2) [1] **Der Jugendrichter beauftragt mit den Ermittlungen über die Führung des Verurteilten und dessen Bewährung vorzugsweise die Stelle, die den Verurteilten nach der Verbüßung der Strafe betreut hat.** [2] **Er kann eigene Ermittlungen anstellen.** [3] **Er hört den Verurteilten und, wenn dieser minderjährig ist, den Erziehungsberechtigten und den gesetzlichen Vertreter, ferner die Schule und die zuständige Verwaltungsbehörde.**

(3) **Nach Abschluß der Ermittlungen ist der Staatsanwalt zu hören.**

I. Anwendungsbereich

Es gelten die Erl. zu → § 97 Rn. 1, 2 entsprechend. 1

II. Zuständigkeit

Sachlich zuständig ist immer der JRichter, also auch in den Fällen, in denen die Verurteilung durch ein Erwachsenengericht erfolgte. 2

Örtlich zuständig ist für Verurteilte, die im Zeitpunkt der Antragstellung oder der Einleitung des Verfahrens von Amts wegen noch minderjährig sind, der JRichter des AG, dem die familiengerichtlichen Erziehungsaufgaben obliegen. Für volljährige Verurteilte gilt Abs. 1 S. 2 (s. dazu §§ 7 ff. BGB). Wird der Verurteilte während des schwebenden Verfahrens volljährig, so ändert das nichts an der örtlichen Zuständigkeit des Gerichts. 3

III. Verfahren

1. Ermittlungen

a) JRichter. Geleitet wird das Ermittlungsverfahren durch den JRichter, der ggf. auch **eigene** Ermittlungen anstellt **(Abs. 2 S. 2).** Er bestimmt Art und Umfang der durchzuführenden Ermittlungen. Er sollte darauf achten, dass die Ermittlungen so **vorsichtig** und **schonend** wie nur möglich geführt werden, damit Beeinträchtigungen vermieden werden, die durch die Tatsache der Ermittlungen sowie dadurch entstehen könnten, dass die Verurteilung bzw. die Tat in der sozialen und ausbildungs- oder berufsbezogenen Umgebung bekannt (s. hierzu besonders RL Nr. 2 S. 2: „Es muss vermieden werden") oder in Erinnerung gerufen werden (vgl. Dallinger/Lackner Rn. 3). 4

Hierzu wird der JRichter zunächst alle Akten beiziehen, die über die Verhältnisse des Verurteilten Auskunft geben können. Außer den Strafakten und den Unterlagen des Vollstreckungsleiters sowie den Personalakten der Vollzugsanstalt sind dies idR auch die Berichte der Betreuungsstelle oder des BewHelfers, die den Verurteilten nach der Entlassung aus dem Strafvollzug betreut haben (vgl. auch RL Nr. 1). 5

b) JGH oder BewHelfer. Konnte der JRichter keine genügenden Informationen über die Verhältnisse des Verurteilten erlangen, so **beauftragt** er mit den erforderlichen weiteren Ermittlungen vorzugsweise die in Abs. 2 S. 1 genannte Stelle, dh idR die JGH ((vgl. § 38 Abs. 2 S. 9 aF bzw. § 38 Abs. 5 S. 5 nF) bzw. das JAmt) oder den BewHelfer. Sinn der Beauftragung gerade dieser Stellen ist es, die Ermittlungen möglichst schonend und unauffällig vornehmen zu können, da diese Stellen meist ohnehin Informationen über den Verurteilten zur Verfügung haben. 6

2. Anhörungen

7 **a) Verurteilte.** Unabhängig von der Beurteilung aufgrund der Aktendurchsicht muss der Verurteilte angehört werden. Diese Anhörung kann, muss aber nicht mündlich geschehen.

b) Gesetzlicher Vertreter, Erziehungsberechtigter. Gegebenenfalls (Abs. 2 S. 3) müssen auch diese angehört werden.

8 **c) Abs. 2 S. 3.** Wenngleich hiernach die Anhörung der **Schule** und der **zuständigen Verwaltungsbehörde** zwingend vorgeschrieben ist, stellt sich diese Pflicht hinsichtlich der **Schule** dann als gegenstandslos dar, wenn der Verurteilte (etwa wegen Auslaufens der Schulpflicht) keine solche mehr besucht. Im Übrigen kann der Vorschrift im Hinblick auf eine etwa drohende Beeinträchtigung des Verurteilten zum einen ggf. das Grundrecht auf informationelle Selbstbestimmung (Art. 2 Abs. 1 iVm Art. 1 Abs. 1 GG) entgegen stehen, zum anderen kann ggf. der Grundsatz der **Verhältnismäßigkeit** zu einem Absehen veranlassen (vgl. näher Diemer/Schatz/Sonnen/Schatz Rn. 4; s. auch ansonsten wegen Bedenken betr. die Anhörung der Schule → § 43 Rn. 21 f.). – Welche Verwaltungsbehörde zu hören ist, richtet sich nach **Landesrecht.** Soweit nichts anderes bestimmt ist, ist dies die untere Verwaltungsbehörde, die in ihre Stellungnahme idR auch einen Bericht der Polizei einbeziehen wird (vgl. Dallinger/Lackner Rn. 8).

9 Ob weitere Behörden gehört werden sollten, hängt von den Umständen des Einzelfalles ab. Dabei sollte aber zum Schutz des Verurteilten zurückhaltend verfahren werden (enger NK-JGG/Goerdeler Rn. 5).

3. Abs. 3

10 Nach Abschluss der Ermittlungen werden die Akten dem für das JGericht zuständigen **JStA** zugeleitet. Dessen Stellungnahme sollte möglichst einen bestimmten Antrag umfassen (Anordnung der Beseitigung des Strafmakels, Aufschub der Entscheidung oder Ablehnung (vgl. → § 99 Rn. 2 ff.)).

Entscheidung

99 (1) **Der Jugendrichter entscheidet durch Beschluß.**

(2) **Hält er die Voraussetzungen für eine Beseitigung des Strafmakels noch nicht für gegeben, so kann er die Entscheidung um höchstens zwei Jahre aufschieben.**

(3) **Gegen den Beschluß ist sofortige Beschwerde zulässig.**

I. Anwendungsbereich

1 Es gelten die Erl. zu → § 97 Rn. 1, 2 entsprechend.

II. Inhalt der Entscheidung

1. Positives bzw. negatives Ergebnis

a) Beseitigung. Ist der JRichter nach seinen Ermittlungen zu dem Ergebnis gekommen, dass der Jugendliche sich „durch einwandfreie Führung als rechtschaffener Mensch erwiesen hat, so erklärt er … den Strafmakel als beseitigt" (§ 97 Abs. 1 S. 1). 2

b) Ablehnung. Liegen die Voraussetzungen für eine Beseitigung des Strafmakels nicht vor und ist deren Eintritt in absehbarer Zeit auch nicht zu erwarten, so wird der Antrag abgelehnt. – Eine Bindungswirkung besteht dann insofern, als ein (neuerlicher) Antrag nur Erfolg haben kann, wenn er auf neue Tatsachen gestützt ist (iErg ähnlich NK-JGG/Goerdeler Rn. 3). 3

2. Aufschieben

Als dritte Möglichkeit kann der JRichter die Entscheidung um höchstens **zwei Jahre** aufschieben, wenn nur die zeitlichen Voraussetzungen nicht gegeben sind, dh wenn der Antrag vor Ablauf der Frist des § 97 Abs. 2 S. 1 gestellt worden ist. Entsprechendes gilt, wenn zu erwarten ist, dass eine positive Entscheidung zu einem absehbaren späteren Zeitpunkt in Betracht kommen kann. 4

Nach Ablauf der genannten Frist muss das Verfahren **fortgesetzt** werden. Eine Einstellungsverfügung (vgl. → Rn. 7) ist nicht zulässig, weil in der Entscheidung über den Aufschub bereits eine weitere Sachentscheidung vorbehalten war. Eine erneute aufschiebende Entscheidung ist wohl zulässig (Brunner/Dölling Rn. 1; aA Dallinger/Lackner Rn. 6, da das Gesetz die Möglichkeit des Aufschubs nur für die erste Entscheidung vorsehe), aber nur unter der Voraussetzung, dass der Aufschub insgesamt zwei Jahre nicht übersteigt. 5

III. Verfahrensrechtliches

Der JRichter entscheidet ohne HV oder mündliche Verhandlung (vgl. aber → § 98 Rn. 6). 6

1. Beschluss bzw. Einstellungsverfügung

Wird das Verfahren auf Antrag durchgeführt, so ergeht die Entscheidung durch Beschluss. Ist das Verfahren von Amts wegen eingeleitet worden und wird eine Beseitigung des Strafmakels abgelehnt, so kann es durch eine Einstellungsverfügung abgeschlossen werden (Brunner/Dölling Rn. 2; aA HK-JGG/Verrel Rn. 3; NK-JGG/Goerdeler Rn. 1). Zwar kann auch in diesem Fall durch Beschluss entschieden werden, doch sollte diese gerichtliche Entscheidung vermieden werden, um den Verurteilten nicht ohne sachliche Notwendigkeit zu beschweren. 7

Der *Beschluss* ist zu *begründen* (§ 2 Abs. 2, § 34 StPO) und gem. § 2 Abs. 2, §§ 35 Abs. 2, 41 StPO, § 67 Abs. 2 aF bzw. § 67a Abs. 1 nF mit 8

Rechtsmittelbelehrung (§ 2 Abs. 2, § 35a StPO) zuzustellen. Die *Einstellungsverfügung* erfolgt durch bloße *Mitteilung* (§ 2 Abs. 2, § 35 Abs. 2 StPO).

2. Rechtsbehelf

9 Gegen den Beschluss ist die **sofortige Beschwerde** (Abs. 3, § 311 StPO) zur JKammer zulässig. Eine weitere Beschwerde ist unzulässig (§ 2 Abs. 2, § 310 StPO). – Eine etwaige Einstellungsverfügung kann nicht angefochten werden; jedoch hindert sie einen Antrag eines Beteiligten nach § 97 Abs. 1 nicht (vgl. auch → Rn. 3).

10 **Beschwerdeberechtigt** sind bei Ablehnung oder Aufschub der Entscheidung der gesetzliche Vertreter, der Erziehungsberechtigte sowie ein etwaiger sonstiger Antragsteller (§ 97 Abs. 1). Erachtet die JStA (§ 97 Abs. 1 S. 2) den Beschluss als formal oder materiell rechtswidrig, so ist sie nach allg. Grundsätzen unabhängig davon beschwerdeberechtigt, ob der Beschlussinhalt ihrem Antrag entsprochen hat (vgl. Diemer/Schatz/Sonnen/Schatz Rn. 11; Dallinger/Lackner Rn. 11; aA Brunner/Dölling Rn. 6).

3. Kosten

11 Kosten oder Auslagen werden nicht erhoben, da dieses Verfahren eine prozessuale Besonderheit des JGG darstellt, sodass die in den §§ 464 ff. StPO geregelten Fälle der materiellen Kostentragungspflicht weder unmittelbar noch entsprechend anwendbar sind (vgl. Dallinger/Lackner Rn. 13 mit weiterer Begründung).

Beseitigung des Strafmakels nach Erlaß einer Strafe oder eines Strafrestes

100 [1] **Wird die Strafe oder ein Strafrest bei Verurteilung zu nicht mehr als zwei Jahren Jugendstrafe nach Aussetzung zur Bewährung erlassen, so erklärt der Richter zugleich den Strafmakel als beseitigt.** [2] **Dies gilt nicht, wenn es sich um eine Verurteilung nach den §§ 174 bis 180 oder 182 des Strafgesetzbuches handelt.**

I. Anwendungsbereich

1 Es gelten die Erl. zu → § 97 Rn. 1, 2 entsprechend.

II. Bedeutung der Vorschrift

1. Regel und Ausnahme

2 Unter den Voraussetzungen der Vorschrift **muss** der Strafmakel als **beseitigt** erklärt werden (obligatorische Regelung; nach AG Höxter Zbl 1988, 97 ist auch § 97 Abs. 2 S. 2 nicht anwendbar (zust. Hohendorf unsere jugend 1988, 132)). Wegen der rechtlichen Wirkungen der Beseitigung vgl. → § 97 Rn. 13 f.

2a Die Negativvoraussetzung des **S. 2,** eingefügt durch Gesetz v. 28.1.1998 (BGBl. I 160), hat stigmatisierende Relevanz (ähnlich krit. Horstkotte DVJJ

1999; vgl. auch → § 97 Rn. 4, 10) und erscheint ggü. dem Erziehungsauftrag (§ 2 Abs. 1) als **Systembruch.** Zudem trägt sie der „breiten Skala tatbestandsmäßiger Handlungsweisen" (BGH StV 2002, 477 (betr. § 176 StGB nach allg. StR)) nicht Rechnung.

Zu Anhaltspunkten zur statistischen Häufigkeit vgl. vormals BT-Drs. 10/6739, 15 f. **2b**

2. Auswirkungen

a) Einschränkungen der Auskunftserteilung. Zwar werden Verurteilungen zu JStrafe von nicht mehr als zwei Jahren ohnehin dann nicht in das Führungszeugnis aufgenommen, wenn die Vollstr der Strafe oder eines Strafrestes zBew ausgesetzt ist und diese Entscheidung nicht widerrufen worden ist (§ 32 Abs. 2 Nr. 3 und 4 BZRG). Indes hat die Beseitigung des Strafmakels Auswirkungen auf die **Auskunftserteilung** aus dem **Zentralregister,** da die in § 41 Abs. 1 Nr. 1–10 BZRG festgelegte allg. Auskunftserteilung an andere Behörden durch § 41 Abs. 2 S. 1 Hs. 1 BZRG für die Fälle eingeschränkt ist (s. aber auch § 41 Abs. 2 S. 2 BZRG), in denen der Strafmakel als beseitigt erklärt wurde (nicht aber für StAen und Strafgerichte zu einem Strafverfahren gegen den Betroffenen, § 41 Abs. 2 S. 1 Hs. 2 BZRG). Jedoch enthält § 41 Abs. 2 BZRG nur ein Übermittlungsverbot, kein materielles Verwertungsverbot iSv § 51 BZRG (zur Verwendbarkeit auch durch Staatsangehörigkeitsbehörden vgl. BVerwGE 150, 17 = BeckRS 2014, 54184; s. ferner VG Berlin BeckRS 2016, 110774). **3**

b) (Nicht-)Verwertbarkeit bei der Rechtsfolgenbemessung. Nicht unbedenklich ist die allein formal argumentierende Auffassung, dass der JRichter bei der Entscheidung in anderer Sache die entsprechende Verurteilung trotz Beseitigung des Strafmakels im Rahmen der Strafzumessung berücksichtigen dürfe, weil die Beseitigung des Strafmakels aus den vorgenannten Gründen kein diesbzgl. Verwertungsverbot begründe (so BGH bei Holtz MDR 1982, 972; BGH NStZ-RR 2019, 190 (Ls.) = BeckRS 2019, 6804). Werden die Konsequenzen der Strafmakelbeseitigung derart begrenzt, kommt diese einem „Etikettenschwindel" nahe. Auch verkennt die Judikatur den materiellen Aspekt des Vertrauensschutzes, da der Betroffene doch annehmen muss, dass ihm der Makel der früheren Verurteilung von den Strafverfolgungsbehörden nicht mehr vorgehalten werden darf. **3a**

III. Verfahrensrechtliches

1. Zuständigkeit

Die Entscheidung obliegt dem nach §§ 57, 58 Abs. 3 bestimmten Gericht, ggf. nach Vorentscheidung gem. § 88 dem Vollstreckungsleiter. Hingegen gilt die Zuständigkeitsregelung des § 98 Abs. 1 nicht, wie sich aus der systematischen Einordnung der Regelung des früheren § 96 Abs. 3 als § 100 nach § 98 sowie daraus ergibt, dass mit dem Erlass der Strafe zugleich der Strafmakel zu beseitigen ist (vgl. auch Brunner/Dölling Rn. 4). **4**

2. Einzelregelungen

5 Da wegen der obligatorischen Regelung ein **Ermessensspielraum nicht** besteht, sind besondere Ermittlungen nicht erforderlich (anders in Verfahren nach § 97).

6 Die Beseitigung sollte in demselben Beschluss erklärt werden, in dem der Straferlass ergeht. Es handelt sich um eine **jugendrichterliche** Entscheidung.

3. Nichtanfechtbarkeit

7 Die Entscheidung kann nicht angefochten werden (§ 59 Abs. 4 entspr.), da – anders als bei §§ 97, 99 Abs. 3 – in diesem Falle kein Bedürfnis dafür besteht.

Widerruf

101 **[1]Wird der Verurteilte, dessen Strafmakel als beseitigt erklärt worden ist, vor der Tilgung des Vermerks wegen eines Verbrechens oder vorsätzlichen Vergehens erneut zu Freiheitsstrafe verurteilt, so widerruft der Richter in dem Urteil oder nachträglich durch Beschluß die Beseitigung des Strafmakels. [2]In besonderen Fällen kann er von dem Widerruf absehen.**

I. Anwendungsbereich

1 Es gelten die Erl. zu → § 97 Rn. 1, 2 entsprechend.

II. Voraussetzungen des Widerrufs

1. Freiheitsstrafe

2 Als eine solche Sd Vorschrift **gilt zugleich** die **JStrafe** (hM). Dies ist im Hinblick auf das Gewicht des Erziehungsauftrags (§ 2 Abs. 1) – auch im Bereich der JStrafe wegen „Schwere der Schuld" (§ 17 Abs. 2 Alt. 2; vgl. → § 17 Rn. 55 ff.) – nicht unbedenklich (vgl. zu S. 2 → Rn. 5). Jedenfalls nicht ausreichend ist eine mit Freiheitsentziehung verbundene Rechtsfolge der Kategorien Erziehungsmaßregel oder Zuchtmittel oder die Aussetzung der Verhängung der JStrafe zBew (§ 27). – Ein Widerruf aus anderen als den genannten Gründen ist unzulässig.

2. Zeitpunkt der Verurteilung

3 Die „erneute" Verurteilung muss **nach** der Anordnung der **Beseitigung** des Strafmakels ausgesprochen worden sein. Auf den Begehungszeitpunkt der zu Grunde liegenden Tat kommt es nicht an.

3. Keine Tilgung oder Tilgungsreife

Die erneute Verurteilung muss vor Tilgungsreife des Vermerks über die Beseitigung des Strafmakels ergangen sein (BGH BeckRS 2022, 35772). Ist der Vermerk zu diesem Zeitpunkt dagegen bereits getilgt oder tilgungsreif (vgl. allg. RGSt 64, 146 (147)), so darf ein Widerspruch nicht mehr erfolgen. 4

III. Absehen vom Widerruf (S. 2)

Dieses erscheint insb. bei solchen vorsätzlichen Vergehen **vertretbar,** die als leicht beurteilt werden oder die, ohne iZ zu früheren Straftaten zu stehen, als Einzelgeschehen erscheinen. Ein Absehen wird aber auch dann angezeigt sein, wenn die weitere soziale und ausbildungs- oder berufsmäßige Entwicklung durch den Widerruf in einer sachlich nicht zu rechtfertigenden Weise beeinträchtigt würde und die neue Tat keinen schwerwiegenden Strafmakel nach sich zieht. 5

IV. Verfahrensrechtliches

1. Zuständigkeit

Die Entscheidung obliegt dem Gericht des neuen Strafverfahrens, also ggf. auch einem Erwachsenengericht (s. näher Dallinger/Lackner Rn. 15f (zur früheren Rechtslage)). 6

2. Nachträgliches Beschlussverfahren

Ist der Widerruf nicht im Urteil ausgesprochen, so kann er in einem nachträglichen Beschlussverfahren – aber vor Tilgungsreife (vgl. → Rn. 4) – ohne mündliche Verhandlung nachgeholt werden. Zwecks Klarstellung ist entsprechend auch dann zu verfahren, wenn von dem Widerruf abgesehen wird (vgl. Brunner/Dölling Rn. 7; aA NK-JGG/Goerdeler Rn. 5: keine Entscheidung erforderlich). – Der Beschluss ist zu begründen und formlos mitzuteilen (§ 2 Abs. 2, § 35 Abs. 2, § 41 StPO, § 67 Abs. 2 aF bzw. § 67a Abs. 1 nF). 7

3. Anfechtbarkeit

Die Entscheidung kann, wenn sie in dem neuen Urteil ergangen ist, mit den **allg. Rechtsmitteln,** also Berufung und Revision, angefochten werden. Dies kann auch beschränkend auf die Widerrufsentscheidung geschehen. 8

Ist die Entscheidung nachträglich durch besonderen Beschluss ergangen, so ist dieser mit der **einfachen Beschwerde** (§ 2 Abs. 2, § 304 StPO) anfechtbar (hM; anders noch Potrykus Anm. 2, der entspr. § 99 Abs. 3 sofortige Beschwerde für zulässig hielt). 8a

4. Wirkung des Widerrufs

9 Der Widerruf, der dem Zentralregister mitzuteilen ist (§ 13 Abs. 1 Nr. 6 BZRG), hat zur Folge, dass die Beseitigung des Strafmakels **rückwirkend** entfällt (s. zur Berechnung von Fristen § 46 Abs. 2 BZRG).

Fünftes Hauptstück. Jugendliche vor Gerichten, die für allgemeine Strafsachen zuständig sind

Zuständigkeit

102 **[1]Die Zuständigkeit des Bundesgerichtshofes und des Oberlandesgerichts werden durch die Vorschriften dieses Gesetzes nicht berührt. [2]In den zur Zuständigkeit von Oberlandesgerichten im ersten Rechtszug gehörenden Strafsachen (§ 120 Abs. 1 und 2 des Gerichtsverfassungsgesetzes) entscheidet der Bundesgerichtshof auch über Beschwerden gegen Entscheidungen dieser Oberlandesgerichte, durch welche die Aussetzung der Jugendstrafe zur Bewährung angeordnet oder abgelehnt wird (§ 59 Abs. 1).**

I. Anwendungsbereich

Die Vorschrift gilt in Verfahren gegen **Heranwachsende** entsprechend 1
(§ 112 S. 1).

II. Allgemeines

1. Defizite der Begründung der Vorschrift

Die Vorschrift regelt **Ausnahmen** von der **Zuständigkeit** der **JGerichte.** Diese wurden vom Gesetzgeber 1953 damit begründet, dass den JGerichten in den betr. Strafsachen die erforderliche Sachkunde fehle (Amtl. Begr. 49). Die Vorschrift soll sich ferner aus Zweckmäßigkeitsgründen rechtfertigen, die eine Aburteilung von Jugendlichen und Heranwachsenden vor den für allg. Strafsachen zuständigen Gerichten erforderlich machten (Beulke/Swoboda JugendStrafR Rn. 629; vgl. aber etwa JuMiKo v. 17.11.2016 TOP II. 7). Es erscheint allerdings nicht ohne weiteres ersichtlich, welche überwiegenden Gründe eine solche **Durchbrechung** des **Vorranges** des **Erziehungsauftrags** (vgl. § 2 Abs. 1) und eine damit verbundene Beschränkung einer erzieherisch ausgerichteten Verfahrensgestaltung (zB im Hinblick auf §§ 36, 37; vgl. näher → § 104 Rn. 31) sowie – möglicherweise zukünftig nicht mehr überwindbare – Entwicklungsstörungen (vgl. zu OLG Düsseldorf NStZ 1994, 209 und NJW 1995, 343; Lempp MschKrim 1998, 125 (128 f.); ausf. Lederer StV 2016, 745) rechtfertigen könnten (insoweit unerörtert in BGH NStZ 2001, 265; anders BGH NStZ 2002, 447; vgl. aber auch Dallinger/Lackner Rn. 4). Insbesondere ist schon bei der *Subsumtion* der einschlägigen Vorschriften (vgl. auch → Rn. 4) zu berücksichtigen, dass zB im Ausland wie auch aus der Opferperspektive nach dem altersmäßigen Status der Beschuldigten *differenziert* wird. Zudem verlangt der Gleichheitsgrundsatz (Art. 3 Abs. 1 GG) bei der jeweiligen Zuständigkeitsprüfung eine restriktive Auslegung (s. aber BGH Dallinger MDR 1956, 146 und dazu krit. Eisenberg NStZ 1996, 266; aA Schoreit NStZ 1997, 70). 2

2. Tragweite der Vorschrift

3 Bereits dem Zweck der Vorschrift entsprechend sind die JGerichte nicht gehindert, rechtskräftige Urteile der nach S. 1 zuständigen Gerichte nach Maßgabe von § 31 Abs. 2 in eine **neue** jugendgerichtliche **Entscheidung einzubeziehen.** Anders verhält es sich allein bei einer Schuldfeststellungs- und Aussetzungsentscheidungen gem. § 27, weil das OLG sowohl für die Schuld- als auch für die Straffrage zuständig ist und das JGericht keine Kompetenz für die Straffrage hat (ebenso Diemer/Schatz/Sonnen/Schatz § 31 Rn. 53 und § 102 Rn. 6; Brunner/Dölling §§ 39–41 Rn. 55; HK-JGG/Buhr/Koranyi § 31 Rn. 18; abw. NK-JGG/Ostendorf § 31 Rn. 9; MüKoStPO/Höffler § 40 Rn. 6.

3a Die Vorschrift gilt für das Erkenntnis-, nicht für das Vollstreckungsverfahren. Jedoch folgt der Zuständigkeit im **Erkenntnisverfahren** diejenige zur Entscheidung über Rechtsmittel gegen die vom JRichter als Vollstreckungsleiter getroffenen Entscheidungen (OLG Düsseldorf OLGSt JGG § 82 Nr. 2, unter Hinweis auf § 120 Abs. 3, § 73 Abs. 1 GVG).

III. Umfang der Zuständigkeit der allgemeinen Strafgerichte

1. Oberlandesgerichte und Landgerichte im ersten Rechtszug

4 **a) Oberlandesgerichte.** Sie sind dem Wortlaut nur dieser Vorschrift nach im ersten Rechtszug zuständig in den Fällen von S. 1 iVm § 120 Abs. 1, 2 GVG. Jedoch gilt dies zumindest bzgl. § 120 Abs. 2 GVG wegen des kriminalphänomenologisch differenzierend zu würdigenden *Altersstatus* wie auch gem. verfassungskonformer Auslegung (vgl. zu Art. 3 Abs. 1 GG auch → Rn. 2) des Begriffs „besondere Bedeutung" (vgl. aber zur Gesetzesbegr. des § 120 Abs. 2 S. 2 GVG idF des Gesetzes v. 12.6.2015 (BGBl. I 925), BT-Drs. 18/3007: „soll" einer eher restriktiven Auslegung „entgegenwirken") nur **ausnahmsweise** (BGH NStZ 2002, 447 (betr. „überwiegend" Jugendliche und Heranwachsende); ergänzend BGH NJW 2006, 1603): Einstellung des Verfahrens gegen fünf Angeklagte gem. § 47 Abs. 1 Nr. 1 (betr. Unterstützen einer terroristischen Vereinigung, § 129a StGB); vgl. auch Eisenberg NStZ 2003, 130; 2018, 667 (668); trotz raum-zeitlicher Tatbegrenztheit bejahend aber noch BGH NStZ 2000, 161 (betr. Heranwachsenden) sowie BGH NStZ 2001, 265 (ggü. zwei zur Tatzeit 16-Jährigen); sodann **bejahend** BGH ZJJ 2016, 410 mkritAnm Eisenberg/Wolf (betr. zur Tatzeit 15-Jährige); BGH BeckRS 2017, 102669 betr. zur Tatzeit 18-Jährigen; BGH BeckRS 2017, 109884 Rn. 2 betr. „teils als strafrechtlich verantwortlicher Jugendlicher, teils als Heranwachsender"; BeckRS 2017, 114339; BGH BeckRS 2018, 608 betr. „Jugendlichen").

4a Verneint der GBA die „besondere Bedeutung", so kommt eine *Vorlage* gem. § 209 Abs. 2 StPO analog in Betracht (Auslegung des § 120 Abs. 2 S. 1 GVG aufgrund Art. 101 Abs. 1 GG, vgl. BVerfGE 22, 261 f.; Sowada Richter S. 671 sowie FS Fezer, 2016, 176; SK-StPO/Frister GVG § 120 Rn. 21 f.).

b) Landgerichte. Es kommt die Zuständigkeit einer Staatsschutzstrafkammer (§ 74a GVG) oder einer Wirtschaftsstrafkammer (§ 74c GVG) gem. **§ 103 Abs. 2 S. 2** dann in Betracht, wenn im Falle der Verbindung einer JStrafsache mit der Strafsache gegen einen Erwachsenen letztere nach den allg. Vorschriften zur Zuständigkeit einer der beiden bezeichneten Strafkammern gehört, ohne dass der Schwurgerichtskammer (vgl. § 74e GVG) der Vorrang gebührte (vgl. § 41 Abs. 1 Nr. 1). 5

c) Sonstige Zuständigkeits- und Verfahrensfragen. Besteht nach den vorgenannten Kriterien eine Zuständigkeit der allg. Strafgerichte, bestimmt sich auch die örtliche Zuständigkeit nicht nach dem JGG, sondern nach den Gerichtständen der StPO (dazu Köhler/Gerards NStZ 2023, 455 (455 f.)). Dagegen kommt das materielle und prozessuale JStR ansonsten grds. zur Anwendung – bei Jugendlichen nach Maßgabe von § 104 und bei Heranwachsenden von § 112 (zu den dort nicht genannten Regeln, die in den Verfahren sachnotwendig gleichwohl anwendbar sind, vgl. zudem → § 104 Rn. 29 4 f.). 5a

2. BGH und Oberlandesgerichte in der Rechtsmittelinstanz

a) BGH. Er ist als Revisionsgericht zuständig nach § 135 Abs. 1 GVG, als Beschwerdegericht nach § 135 Abs. 2 GVG und zusätzlich im Fall des S. 2 (vgl. zu weiteren Fällen einer Zuständigkeit des BGH nach Maßgabe von S. 1 vgl. nur Meyer-Goßner/Schmitt/Schmitt GVG § 135 Rn. 3). 6

b) Oberlandesgerichte. Sie sind (einschließlich des vormaligen BayObLG (vgl. → Rn. 4)) in der Rechtsmittelinstanz zuständig als Revisionsgerichte nach § 121 Abs. 1 Nr. 1 GVG und als Beschwerdegerichte nach §§ 120 Abs. 3, Abs. 4, 121 Abs. 1 Nr. 2 GVG (vgl. zu weiteren Fällen der Zuständigkeit der OLGe nach Maßgabe von S. 1 vgl. nur Meyer-Goßner/Schmitt/Schmitt GVG § 121 Rn. 16). 7

c) Strafkammer der allg. Strafgerichtsbarkeit. Deren Zuständigkeit nach Maßgabe von § 103 Abs. 2 S. 2 **scheidet** in der Rechtsmittelinstanz (vgl. nach allg. Recht § 74a Abs. 3, § 74c Abs. 2 GVG sowie § 74c Abs. 1 GVG) **aus** (s. § 41 Abs. 2 S. 1). 8

Verbindung mehrerer Strafsachen

103 (1) **Strafsachen gegen Jugendliche und Erwachsene können nach den Vorschriften des allgemeinen Verfahrensrechts verbunden werden, wenn es zur Erforschung der Wahrheit oder aus anderen wichtigen Gründen geboten ist.**

(2) [1] **Zuständig ist das Jugendgericht.** [2] **Dies gilt nicht, wenn die Strafsache gegen Erwachsene nach den allgemeinen Vorschriften einschließlich der Regelung des § 74e des Gerichtsverfassungsgesetzes zur Zuständigkeit der Wirtschaftsstrafkammer oder der Strafkammer nach § 74a des Gerichtsverfassungsgesetzes gehört; in einem solchen Fall sind diese Strafkammern auch für die Strafsache gegen den Jugendlichen zuständig.** [3] **Für die Prüfung der Zuständigkeit der Wirtschaftsstrafkammer und der Strafkammer nach § 74a des Gerichtsverfassungsgesetzes gelten im Falle des Satzes 2 die**

§§ 6a, 225a Abs. 4, § 270 Abs. 1 Satz 2 der Strafprozeßordnung entsprechend; § 209a der Strafprozeßordnung ist mit der Maßgabe anzuwenden, daß diese Strafkammern auch gegenüber der Jugendkammer einem Gericht höherer Ordnung gleichstehen.

(3) **Beschließt der Richter die Trennung der verbundenen Sachen, so erfolgt zugleich Abgabe der abgetrennten Sache an den Richter, der ohne die Verbindung zuständig gewesen wäre.**

Schrifttum: Kost, Verbindung und Trennung von Strafverfahren, 1989; Mohr, Jugendliche, Heranwachsende und Erwachsene gemeinsam vor dem Strafgericht, 2005; Witzmann, Die gemeinsame Verhandlung, 2012.

Übersicht

I. Anwendungsbereich

1. Persönlicher Anwendungsbereich

Die Vorschrift gilt für Verfahren gegen **Heranwachsende** entsprechend (§ 112 S. 1). – Dies wird unabhängig davon zu gelten haben, ob sie inzwischen Erwachsene sind (§ 1 und dazu → Rn. 7; anders LG Ansbach 30.7.2015 – KLs 1023 Js 8836/14 jug mBspr Eisenberg JA 2016, 623). 1

2. Verfahrensmäßiger Anwendungsbereich

Über eine **OWi,** die mit einer Jugendstraftat zusammenhängt, entscheidet (bei Einspruch gegen einen Bußgeldbescheid) das JGericht (vgl. § 45 OWiG). Eine Trennung der JStraf- und Bußgeldsache durch das JGericht ist nicht möglich, weil eine selbstständige Zuständigkeit für die OWi (ohne Verfahren vor der Verwaltungsbehörde) fehlt (§ 2 Abs. 2, §§ 4, 13 Abs. 2 StPO sind nicht anwendbar, soweit wegen der zusammenhängenden OWi das Hauptverfahren eröffnet ist; vgl. näher Göhler/Bauer OWiG § 45 Rn. 4 mN). 2

Im Hinblick auf die Voraussetzungen in § 103 Abs. 1 scheidet es idR aus, neben einer Strafsache gegen einen Erwachsenen eine OWi gegen einen Jugendlichen oder Heranwachsenden zu übernehmen (ausführlich KK-OWiG/Lampe OWiG § 45 Rn. 11 ff.; enger NK-JGG/Goerdeler Rn. 3). Es soll jedoch das Erwachsenengericht zuständig sein, wenn eine Verbindung gleichwohl erfolgt, weil die Zuständigkeit des JGerichts für OWi nur im Einspruchsverfahren bestehe (so Brunner/Dölling Rn. 28; Göhler/Bauer OWiG § 45 Rn. 5; abl. NK-JGG/Goerdeler Rn. 3; BeckOK JGG/Poell Rn. 8). 3

II. Allgemeines

1. Entwicklungsgeschichte der Vorschrift

a) Abs. 1. Eine Verbindung von JStrafsachen mit Strafsachen gegen Erwachsene war noch in § 26 Abs. 2 JGG 1923 – allerdings nur im Wege einer Sollvorschrift – untersagt. § 77 RJGG 1943 ließ unter Aufrechterhaltung der Sollvorschrift eine Ausnahme für den Fall zu, dass eine Verbindung zur Erforschung der Wahrheit oder aus anderen wichtigen Gründen geboten war. § 77 Abs. 2 RegE JGG 1953 behielt die letztere Regelung bei, allerdings ergänzt um die Möglichkeit in § 77 Abs. 1, eine Verbindung iRd allg. StVR vorzunehmen – die sodann getroffene – und seither unveränderte – gesetzliche Regelung (Abs. 1) verknüpfte mittels einer **Kannvorschrift** die Möglichkeit einer Verbindung nach allg. StVR mit den zusätzlichen Voraussetzungen der bisherigen Ausnahmebestimmung. 4

b) Abs. 2 S. 1. Welches Gericht für den Fall der Verbindung zuständig sein sollte, ließ § 77 RJGG 1943 noch offen. Sinn der Ausnahmeregelung war es aber, die für den Fall der Verbindung angenommene Zuständigkeit des Erwachsenengerichts einzuschränken, und zwar durch eine Konkretisierung des Ermessens der Staatsanwaltschaft dahingehend, bei welchem Ge- 5 richt die Anklage zu erheben war (vgl. Peters RJGG § 21 Anm. 2). In § 77 Abs. 3 RegE JGG 1953 wurde das Ermessen der (J)Staatsanwaltschaft dadurch beschränkt, dass die Anklage vor dem JGericht erhoben werden sollte, wenn das Schwergewicht bei dem Verfahren gegen Jugendliche lag. Inhaltlich hatte diese Regelung Gültigkeit bis zur Neufassung von Abs. 2 durch Art. 3 Nr. 8 StVÄG 1979; nunmehr ist – von der Ausnahme in Abs. 2 S. 2, 3 abgesehen – in den Fällen der Verbindung das JGericht zuständig (Abs. 2 S. 1; zur Begründung BT-Drs. 8/976, 70). Diese Regelung, die zu einem erheblichen Anwachsen der Geschäftsbelastung vor allem der JSchöffG und JKammern geführt hat, wurde seitens der Praxis teilweise als hinderlich bezeichnet (vgl. Blumenstein KrimGgfr 1984, 157; vgl. krit. auch → Rn. 7 aE; s. aber Brandemer Zbl 1989, 320 (320 f.)).

6 **c) Abs. 3.** Dieser wurde 1953 aufgenommen und gilt seither unverändert. Die Vorschrift knüpft an § 26 Abs. 3 JGG 1923 an, ist allerdings umfassender gestaltet.

2. Systematische Bedeutung

7 **a) Verhältnis zu erzieherischen Belangen.** Die Vorschrift gestattet aus solchen verfahrensrechtlichen Gesichtspunkten, die ggü. erzieherischen Gründen für vorrangig erachtet werden (krit. Witzmann, Die gemeinsame Verhandlung, 2012, S. 146 ff., 208 f.: § 2 Abs. 1 sowie Grundsätze des JGG vorrangig), die sog. sachliche Verbindung zwischen JStrafsachen und Strafsachen gegen Erwachsene. Jedoch gilt die **Verbindung** als **idR unerwünscht** (vgl. auch Amtl. Begr. 49; LG Köln ZJJ 2009, 382: restriktive Handhabung geboten). Hierfür sind – abgesehen von Gesichtspunkten der Zweckmäßigkeit (RL Nr. 1 S. 1) – zum einen Anhaltspunkte für eine Tendenz in der Praxis bedeutsam, im Falle einer Verbindung Auswahl und nähere Ausgestaltung der gegen den Jugendlichen anzuordnenden Maßnahmen nicht ohne Berücksichtigung der gegen den Erwachsenen verhängten Strafe zu treffen (so bereits Peters RJGG § 77 Anm. 2). Zum anderen ist es – nach Einführung der grundsätzlichen Zuständigkeit des JGerichts (Abs. 2 S. 1) – nicht unbedenklich, den Erwachsenen im Wege der Verbindung aufgrund einer bloßen Ermessensvorschrift dem Gericht der allg. Strafgerichtsbarkeit zu entziehen (vgl. auch → Rn. 5 aE; nachdrücklich auch NK-JGG/Goerdeler Rn. 6).

8 **b) Einordnung im JGG.** Die Vorschrift griff bereits vor Neufassung des Abs. 2 inhaltlich insofern über die Überschrift des fünften Hauptstücks hinaus, als sie auch die Verbindung (und Trennung) von Strafsachen gegen Jugendliche und Erwachsene vor den JGerichten betraf (vgl. Dallinger/Lackner Rn. 1). Nach der regelmäßigen Zuständigkeit des JGerichts im Falle der Verbindung ist die Vorschrift nunmehr im Fünften Hauptstück gesetzessystematisch verfehlt und wohl de lege ferenda eher dem Zweiten Abschnitt des Zweiten Hauptstücks zuzuordnen (zust. Witzmann, Die gemeinsame Verhandlung, 2012, S. 101).

III. Ausgestaltung von Verbindungen

1. Voraussetzungen der Verbindung (Abs. 1) und Entscheidung

a) Geboten zur Erforschung der Wahrheit oder aus anderen wichtigen Gründen (Abs. 1). Eine Verbindung nach Abs. 1 setzt zunächst voraus, dass sie nach den Vorschriften des **allg. StVR** (§§ 2 ff., 13, 237 StPO) und auch sonst generell **zulässig** ist (vgl. zum insoweit maßgeblichen Begriff des Zusammenhanges die Erläuterungswerke zu § 3 StPO). Eine Verbindung eines Berufungsverfahrens mit einem erstinstanzlichen Verfahren vor der Staatsschutzkammer, scheidet danach aus (BGH BeckRS 2019, 35791: dies würde der JKammer gem. Abs. 2 S. 2 die ihnen für die Berufung übertragene Zuständigkeit entziehen). – Was die vorgenannten (zusätzlichen) Voraussetzungen des Abs. 1 anbetrifft, so sind hieran im Hinblick auf den **Ausnahmecharakter** der Vorschrift (vgl. Amtl. Begr. 49 sowie → Rn. 7, LG Verden StV 2008, 118) hohe Anforderungen zu stellen, die eine sorgfältige Abwägung im Einzelfall erforderlich machen und deren Vorliegen sich **nur ausnahmsweise** wird begründen lassen (OLG Koblenz JR 1982, 479 f.; LG Darmstadt bei Allgeier DVJJ-Journal 2000, 408; Witzmann, Die gemeinsame Verhandlung, 2012, S. 127). Dem tragen Nicht-Jugendgerichte (→ §§ 33–33b Rn. 2) mitunter weniger Rechnung (vgl. etwa OLG Karlsruhe ZJJ 2013, 211 mAnm Eisenberg/Höynck ZJJ 2013, 320; KG NStZ-RR 2018, 91: ein Heranwachsender ggü. vier Erwachsenen; vgl. auch → Rn. 23; zur Begrenzung auf Fragen der Täterpersönlichkeit Fahl NStZ 1983, 310; Kost, Verbindung und Trennung von Strafverfahren, 1989, S. 30 f.). 9

So finden sich Entscheidungen, die **entgegen** der **gesetzlichen Intention** eher an Kriterien der **Erledigung** orientiert sind (OLG Köln NStZ-RR 2000, 314: Sanktionsauswahl und -bemessung „in einer Hand"; ausdehnend OLG Hamburg ZfJ 2004, 434; s. auch OLG Karlsruhe MDR 1981, 693 = GA 1982, 181). Das Gleiche gilt für die **unzulässige** (HK-JGG/Kleimann Rn. 16) und spekulative Strategie eines **„Benutzens"** der (im Ermittlungsverfahren etwa geständigen oder teilgeständigen) jugendlichen Angeklagten zwecks Überführung erwachsener Angeklagter (so aber KG NStZ 2006, 521 (mablAnm Eisenberg sowie Erl. BeckOK JGG/Poell Rn. 11) sowie KG NStZ-RR 2018, 91; OLG Hamm ZJJ 2011, 90 (andernfalls „Änderung des Aussageverhaltens nicht zu erwarten"), OLG Karlsruhe ZJJ 2013, 212 mAnm Eisenberg/Höynck ZJJ 2013, 320; s. zu Bedenken auch OLG Nürnberg StV 2011, 40 (betr. geständigen Erwachsenen)). 9a

Demgegenüber kommen nur Fälle in Betracht, in denen es um die **Ermöglichung** der Wahrheitserforschung geht, dh Fälle nur einer Erleichterung scheiden aus (ebenso BeckOK JGG/Poell Rn. 10; vgl. auch Fahl NStZ 1983, 310; zu Bsp. Mohr, Jugendliche, Heranwachsende und Erwachsene gemeinsam vor dem Strafgericht, 2005, S. 47 ff.). Ob es im Einzelnen etwa als geeignet erscheinen könnte, auch erwachsene Tatbeteiligte während der Dauer einer *HV* (und also nicht nur als Zeugen) zu **beobachten,** um Erkenntnisse für die Beurteilung des Einflusses der Umwelt auf den Jugendlichen (oder Heranwachsenden) – oder aber der Rolle des Jugendlichen (oder Heranwachsenden) iZm Tatentschluss und -ausführung des Erwachsenen – erst zu gewinnen (vgl. etwa OLG Karlsruhe ZJJ 2013, 212 mAnm 10

Eisenberg/Höynck ZJJ 2013, 320; vormals Dallinger/Lackner Rn. 4 mN), ist wegen der für derartige Fragestellungen idR nicht geeigneten **„Dramatik der Situation"** (Schüler-Springorum MschKrim 1969, 1 (13)) eher **zw.** Insbesondere wird zu bedenken sein, dass erwachsene Mitangeklagte die jugendgerichtliche Atmosphäre der HV uU beeinträchtigen (LG Darmstadt bei Allgeier DVJJ-Journal 2000, 408) und darüber hinaus den jugendlichen (oder heranwachsenden) Angeklagten noch in der HV in einer – von Amtierenden möglicherweise nicht erkennbaren – Weise beeinflussen (LG Berlin 10.3.2004 – (530) 69 Js 86/03 (6/04); vgl. schon Nowakowski JBl 1962, 469 (478)), die die gebotene **Persönlichkeitserforschung** (vgl. § 43) zu **behindern** vermag (verkürzt KG NStZ-RR 2018, 91 (indes ua schon „Opferschutz" anführend)).

10a Auch unter diesem Aspekt wird eine Verbindung **ausscheiden,** wenn es sich bei den erwachsenen Angeklagten etwa um die **Eltern** des Jugendlichen handelt (vgl. RL Nr. 1 S. 2; LG Köln ZJJ 2009, 383; HK-JGG/Kleimann Rn. 16; abw. KG NStZ 2006, 521 mablAnm Eisenberg; OLG Hamm ZJJ 2011, 89). Entsprechendes kann für den (mutmaßlichen) **„Anführer"** einer Tätergruppe gelten (AG Tiergarten 7.7.1994 – 400-111/94 betr. mindestens vier Jahre älteren Erwachsenen (anders aber LG Berlin 30.8.1994 – 530 Qs 32/94; zur Stabilisierung von Gruppenidentität durch Nichtbetreuung s. Lempp DVJJ-Journal 1994, 259).

10b Soweit es als **anderer wichtiger Grund** iSd Vorschrift angesehen wird, wenn ohne eine Verbindung die ohnehin umfangreiche Beweisaufnahme wiederholt werden müsste, so mag dies zur Beschleunigung des Verfahrens und auch der Vermeidung uU erheblicher zusätzlicher Kosten (Dallinger/Lackner Rn. 4) nicht nur unter dem Gesichtspunkt der Prozesswirtschaftlichkeit, sondern auch im Interesse der Angeklagten geboten erscheinen (s. allerdings zu etwaigen erheblichen Konsequenzen der Trennung oder Verbindung für die Verteidigerkosten schon Eisenberg NJW 1984, 2919). Dies gilt freilich nicht, sofern erwachsenen Mitangeklagten weitere Taten zur Last liegen, die ihrerseits eine Beweisaufnahme erforderlich machen, sodass es zu einer längeren Verfahrensdauer kommen wird (verfehlt daher OLG Karlsruhe ZJJ 2013, 212 mAnm Eisenberg/Höynck ZJJ 2013, 320; LG Stuttgart 25.6.2012 – 4 KLs 211 Js 28184/12 Hw., S. 4).

10c Ohnehin vermögen reine **Zweckmäßigkeitserwägungen keinen** wichtigen Grund iSd besonderen Voraussetzungen von Abs. 1 abzugeben (vgl. BGHSt 10, 327; OLG Koblenz JR 1982, 479 f.; wohl aber die Vermeidung nachträglicher Gesamtstrafenbildung, OLG Karlsruhe MDR 1981, 693 f.), und zwar schon deshalb nicht, weil bereits das Erfordernis der Zulässigkeit einer Verbindung nach den Vorschriften des allg. StVR (vgl. → Rn. 9) an die danach zu Grunde liegenden Gesichtspunkte einer Zweckmäßigkeit anknüpft. Nur formelle Gründe oder solche der Bequemlichkeit rechtfertigen eine Verbindung ohnehin nicht (vgl. bereits Peters RJGG § 77 Anm. 2; Potrykus Anm. 2 mit weiteren Erwägungen).

11 **b) Entscheidung.** Hinsichtlich der Entscheidung über die Verbindung liegt es zunächst im pflichtgemäßen Ermessen der **JStA,** ob JStrafsachen gegen Jugendliche und Erwachsene einheitlich bearbeitet (vgl. auch Nr. 25 RiStBV) und erforderlichenfalls in einer gemeinsamen Anklage bei Gericht anhängig gemacht werden (§ 2 Abs. 1 StPO; für eine einschr. Praxis Fahl NStZ 1983, 309 f.; vgl. auch Nr. 114 RiStBV). Kommt eine einheitliche

Bearbeitung in Betracht, sollte diese – wie die Entscheidung über eine verbundene Anklage – von dem JStA übernommen werden (s. bereits Peters RJGG § 77 Anm. 2). Dies gilt umso mehr, als seit der Neufassung des Abs. 2 nunmehr regelmäßig das JGericht zuständig ist (Abs. 2 S. 1).

Das **Gericht** entscheidet nach seinem **pflichtgemäßen Ermessen** darüber, ob die Verbindung der bei ihm anhängig gemachten Anklage aufrecht erhalten bleibt oder aber zu trennen ist (§ 2 Abs. 2, § 4 Abs. 1 StPO, auch § 13 Abs. 3 StPO; vgl. ergänzend → Rn. 18 ff.) bzw. ob eine Verbindung getrennt anhängig gemachter Sachen in Betracht kommt (Abs. 1 iVm § 4 Abs. 1, § 13 Abs. 2, § 237 StPO; abl. zu § 237 StPO Kost, Verbindung und Trennung von Strafverfahren, 1989, S. 27 f.; zum Umfang der Zuständigkeit des Gerichts vgl. → Rn. 13 ff.). Soweit die Verbindungsvoraussetzungen vorliegen, die Verbindung aber an der Ablehnung einer Übernahme durch die ersuchte JKammer scheitert, ist für eine Verbindung durch das gemeinschaftliche obere Gericht (§ 4 Abs. 2 S. 2 StPO) jedenfalls dann kein Raum, wenn die Gefahr eines Verfahrensstillstandes nicht besteht (OLG Düsseldorf MDR 1980, 1041 betr. die Verbindung nach § 112 S. 1 JGG, § 103 Abs. 1 JGG, § 3 StPO). 12

Die Aufrechterhaltung geschieht zusammen mit dem Eröffnungsbeschluss (vgl. auch Brunner/Dölling Rn. 12), ohne dass in der Praxis stets zu erkennen gegeben wird, mit welcher Begründung dies geschieht (vgl. etwa LG Ansbach 30.7.2015 – KLs 1023 Js 8836/14 jug mBspr Eisenberg JA 2016, 623). 12a

2. Zuständigkeit (Abs. 2); Folgen für den Rechtsmittelzug

a) Zuständigkeit (Abs. 2). Soweit nicht die **Zuständigkeit** des OLG in Betracht kommt (§ 120 Abs. 1, 2 GVG) und kein Fall des Abs. 2 S. 2 vorliegt, ist die verbundene Anklage vor dem zuständigen JGericht **(Abs. 2 S. 1)** zu erheben (ohne dass es auf ein Schwergewicht ankäme). Die Anhängigkeit ist bei der JKammer herbeizuführen, wenn für die Erwachsenen nach allg. Vorschriften eine große Strafkammer (ausschließlich der Strafkammern nach Abs. 2 S. 2) zuständig wäre (§ 41 Abs. 1 Nr. 3, vgl. → § 41 Rn. 9 f.; anders noch für die frühere Rechtslage BGHSt 9, 399). Wäre für die Erwachsenen nach allg. StVR eine große Strafkammer nicht zuständig, so wird beim JSchöffenG anzuklagen sein, soweit im Hinblick auf § 39 Abs. 1 S. 2 eine Zuständigkeit des JRichters in Fällen der Verbindung von JStraf- und Erwachsenenstrafsachen ausscheidet – ansonsten kommt ggf. auch eine vor dem JRichter erhobene verbundene Anklage in Betracht. 13

Ist das **Hauptverfahren eröffnet** (zum Verfahren bei Trennung der verbunden anhängig gemachten Sache vor Eröffnung des Hauptverfahrens vgl. → Rn. 23), so entscheidet über die Verbindung der beim SchöffenG rechtshängigen Erwachsenenstrafsache mit der beim JRichter rechtshängigen JStrafsache in entsprechender Anwendung von § 4 Abs. 2 S. 1 StPO, § 39 Abs. 1 S. 2, § 40 Abs. 1 das JSchöffenG. Im Übrigen sind – von der Ausnahme in Abs. 2 S. 2 abgesehen – die **JGerichte** für den Verbindungsbeschluss nach der Gleichstellungsklausel in § 209a Nr. 2 lit. a StPO ohnehin **auch dann** zuständig, wenn die Erwachsenenstrafsache bei einem allg. Strafgericht gleicher Ordnung innerhalb des Bezirks des JGerichts (vgl. § 4 Abs. 2 S. 1 StPO) rechtshängig war (für das Verfahren zur Begründung desselben Gerichtsstandes gilt § 13 Abs. 2 StPO entspr., jedoch nur insoweit, 14 als dadurch nicht zugleich die sachliche Zuständigkeit (zB SchöffenG/Strafkammer) geändert werden soll (vgl. BGHSt 22, 232; BGH Martin DAR 1974, 122; BGH NStZ 2000, 435), denn eine Vereinbarung über die örtliche Zuständigkeit zwischen Gerichten verschiedener Ordnung – einschließlich der insoweit ohnehin nicht geltenden Gleichstellungsklausel in § 209a StPO – sieht das StVR nicht vor).

15 **Ausnahmsweise** ist die Staatsschutzstrafkammer (§ 74a GVG) bzw. die Wirtschaftsstrafkammer (§ 74c GVG) zur Entscheidung über die Verbindung zuständig, wenn die Strafsachen gegen die Erwachsenen (dagegen nicht die Jugendlichen) nach den allg. Vorschriften des StVR (§§ 74 ff. GVG) zu ihrer Zuständigkeit gehören, ohne dass die vorrangige Zuständigkeit dem Schwurgericht (§§ 74e, 74 Abs. 2 GVG – und damit der JKammer (§ 41 Abs. 1 Nr. 1) – zukommt (Abs. 2 S. 2). Die Regelung in S. 3 soll klarstellen, dass die allg. Vorschriften über die Beachtung des Vorranges der Strafkammern in Verfahren vor den JGerichten auch dann gelten, wenn sich bei gemeinsam gegen Jugendliche und Erwachsene anhängigen Strafsachen wegen des gegen Erwachsene gerichteten Tatvorwurfs der Vorrang einer solchen besonderen Strafkammer ergibt (vgl. Begr. BT-Drs. 8/976, 70; s. auch OLG Karlsruhe NStZ 1987, 375; Meyer-Goßner NStZ 1989, 298 f.; krit. bei erzieherischer Orientierung Beha Bewährungshilfe 1988, 330).

16 Aus der **Zuständigkeit** der **besonderen Strafkammer** für die Verbindung (oder Trennung) in diesem Ausnahmefall ergibt sich hiernach, dass das JGericht seine Unzuständigkeit bis zur Eröffnung des Hauptverfahrens von Amts wegen und nach Eröffnung auf Einwand des erwachsenen Angeklagten bis zum Beginn seiner Vernehmung zur Sache in der HV ausspricht (§ 6a StPO), wenn bei ihm entweder eine JStrafsache anhängig ist, deren Verbindung mit einer Erwachsenenstrafsache geboten erscheint, für welche die besondere Strafkammer zuständig ist, oder aber, wenn ein bereits verbundenes Verfahren bei ihm anhängig ist, wobei in der Strafsache gegen den Erwachsenen die besondere Strafkammer zuständig ist (s. auch Brunner/Dölling § 47a Rn. 4). – Im Eröffnungsverfahren geht das JGericht gem. § 209 Abs. 2 StPO vor, wobei für die JKammer nach S. 3 Hs. 2 die besondere Strafkammer einem Gericht höherer Ordnung gleichsteht. Vor Beginn einer HV verfährt das JGericht nach § 225a StPO (einschließlich dessen Abs. 4), nach Beginn einer HV nach § 270 Abs. 1 StPO (der grundsätzliche Vorrang der JKammer ist auch insoweit aufgehoben, vgl. § 47a S. 2).

17 **b) Rechtsmittelzug.** Dieser richtet sich auch für die Gesamtheit der verbundenen Sachen nur danach, welches Gericht – unabhängig von seiner Zuständigkeit – in der vorhergehenden Instanz tatsächlich entschieden hat, und nicht danach, welches Gericht als erstinstanzlich zuständig hätte entscheiden müssen (BGHSt 22, 48 (49 f.) gegen BGHSt 13, 157). Hiernach entscheidet etwa die JKammer über die allein von dem erwachsenen Mitangeklagten eingelegte Berufung gegen das Urteil des JRichters (BGHSt 22, 48; vgl. OLG Düsseldorf NJW 1968, 2020; die Rechtsmittelbeschränkungen des § 55 gelten insoweit nicht; betr. Abs. 2 S. 2 auch → § 102 Rn. 8).

3. Verfahren bei Trennung der verbundenen Sachen

a) Trennung. Eine solche kann jederzeit erfolgen, sobald sich eine gesonderte Bearbeitung als zweckmäßig erweist (vgl. zu einem entspr. Antrag der StA RL 2) oder die Gründe, die eine Verbindung ausnahmsweise geboten erscheinen ließen, entfallen sind (zu den Grenzen vgl. auch BGH StV 1984, 185). Ansonsten gelten die Erl. zu → Rn. 9–16 entsprechend. Mit der Trennung hat das JGericht das Verfahren entweder (bei Vorliegen der entspr. Voraussetzungen) gem. §§ 209, 209a StPO iVm § 2 Abs. 2 zu eröffnen oder sich (namentlich bei fehlender Bezirksidentität) nach den allg. Regen (→ § 42 Rn. 14) für unzuständig zu erklären (LG Hamburg BeckRS 2016, 112925). In diesem Fall ist es an der StA, unter verschiedenen örtlich zuständigen Gerichten den Gerichtsstand zu bestimmen. **18**

b) Trennung vor Eröffnung des Hauptverfahrens. Beschließt das JGericht eine Trennung vor (oder zugleich mit) Eröffnung hinsichtlich des/der Erwachsenen und ist diesbezüglich ein Erwachsenengericht gleicher oder niedrigerer Ordnung in seinem Bezirk zuständig, so hat das **abtrennende Gericht auch** dazu über die **Eröffnung** des Hauptverfahrens zu entscheiden, da es insoweit einem Gericht höherer Ordnung gleich steht (§ 2 Abs. 2, §§ 207, 209, 209a Nr. 2a StPO, zur Unzulässigkeit einer Zuständigkeitsbegründung des eröffnenden Richters qua Geschäftsverteilung vgl. Eisenberg GA 2002, 582); die Neufassung des § 209a StPO durch das StVÄG 1979 wurde in Abs. 3 – wohl infolge eines Redaktionsversehens (ebenso MüKoStPO/Wenske StPO § 209a Rn. 28) – nicht berücksichtigt (OLG Koblenz MDR 1982, 604 = JR 1982, 479 mzustAnm Brunner; KG StV 1985, 408; OLG Düsseldorf NStZ 1991, 145; OLG Hamm NStE § 103 Nr. 1 JGG; OLG Karlsruhe ZJJ 2013, 212; vgl. ergänzend LG Verden StV 2008, 119). **18a**

Ist eine verbundene Anklage zur **Staatsschutz**strafkammer erhoben und hält diese die Voraussetzungen von Abs. 1 für nicht gegeben, eröffnet sie das Verfahren gegen die Jugendlichen nach erfolgter Trennung vor der JKammer gem. § 209 Abs. 1, § 209a Abs. 1 StPO (LG Berlin NStZ 1982, 203; vgl. Abs. 2 S. 3 letzter Hs. (Abs. 3 steht nicht entgegen)). **18b**

4. Fortdauer der durch die Verbindung begründeten Zuständigkeit

Sie bleibt auch dann bestehen, wenn die für die Verbindung maßgeblichen Gründe nachträglich weggefallen sind. Wird nunmehr getrennt, so ist für die abgetrennte Sache noch keine neue Zuständigkeit begründet. **19**

a) Zulässiger Wechsel der Zuständigkeit. Vor Eröffnung des Hauptverfahrens **oder** dann, **wenn** die abgetrennte Sache vor ein für **allg. Strafsachen** zuständiges Gericht **höherer Ordnung** gehören würde, kommt ein Wechsel der Zuständigkeit in Betracht, der jedoch nicht durch die Trennung selbst, sondern erst **mit** der **Abgabe** eintritt. Insoweit verbleibt es etwa bei der Zuständigkeit des JGerichts für die erwachsenen Angeklagten bis zur Abgabe, auch wenn die Jugendlichen und Heranwachsenden aus dem Verfahren bereits ausgeschieden sind (vgl. auch Brunner/Dölling Rn. 20; zur früheren Rechtslage BGHSt 18, 79; Dallinger/Lackner Rn. 12). Ebenso kann das Gericht von sich aus die Verbindung zu einem gemeinsamen Ver- **19a**

fahren wieder herbeiführen, solange eine Abgabe der abgetrennten Sache noch nicht erfolgt ist (BayObLG Zbl 1959, 265).

19b Die **Abgabe** nach **Abs. 3** ersetzt – soweit sie in Betracht kommt – die Begründung einer neuen Zuständigkeit nach den allg. Vorschriften. Mit der Abgabe geht die Sache in der Lage, in der sie sich befindet, an das nunmehr allein zuständige Gericht über. – Die Wirksamkeit der Abgabe setzt keine Bereitschaft des angegangenen Gerichts zur Übernahme voraus (OLG Stuttgart Justiz 1978, 174; Dallinger/Lackner Rn. 12). Die rechtswirksame Abgabe schließt gem. § 269 StPO aus Gründen der Prozessökonomie und der Verfahrensbeschleunigung eine weitere Abgabe an ein Gericht niedrigerer Ordnung auch dann aus, wenn sie sachlich zu Unrecht vorgenommen worden ist (OLG Karlsruhe NStZ 1987, 375). Eine Vorlage der Sache an das gemeinschaftliche obere Gericht zur Bestimmung der Zuständigkeit ist daher für den Fall der Abgabe nach Abs. 3 regelmäßig unzulässig (vgl. auch BGHSt 18, 381; Löwe/Rosenberg/Erb StPO Vor § 1 Rn. 14).

19c Indes enthebt – soweit nicht schon § 209 Abs. 1, § 209a Nr. 2a StPO eingreifen – die Abgabe das angegangene Gericht nicht von der Prüfung der Voraussetzungen des Eröffnungsbeschlusses nach § 203 StPO (BGH JurBüro 1987, 1168 (1169)). Dieser kann in einer Berufungsverhandlung nicht mehr nachgeholt werden (BGHSt 33, 167). Sein Fehlen führt bei der Entscheidung über die Revision zur Verfahrenseinstellung gem. § 354 Abs. 1 StPO wegen eines nicht mehr behebbaren Verfahrenshindernisses (BGH NStZ 1984, 520; s. auch Meyer-Goßner/Schmitt/Schmitt StPO § 203 Rn. 4).

20 Nach hM (BGHSt 18, 79 (84) und die Nachw. in → Rn. 19) ist ein Abweichen von Abs. 3 nicht gerechtfertigt, wenn sich das Verfahren vor dem Erwachsenengericht (Strafkammern nach §§ 74a, 74c GVG; OLG nach § 120 Abs. 1, 2 GVG) nach einer Verfahrenserledigung ggü. allen Erwachsenen nur noch gegen Jugendliche bzw. Heranwachsende richtet. Auch insoweit wird die Sache nicht unmittelbar beim JGericht anhängig, vielmehr bedürfte es der Abgabe (zust. NK-JGG/Goerdeler Rn. 9; vgl. näher → §§ 33–33b Rn. 16 ff.).

21 **b) Abtrennung nach Eröffnung des Hauptverfahrens.** Trennt das JGericht nach diesem Zeitpunkt das Verfahren gegen Erwachsene ab, so kann – abgesehen vom Ausnahmefall nach Abs. 2 S. 2, 3 – die Zuständigkeit eines für allg. Strafsachen zuständigen Gerichts gleicher oder niedrigerer Ordnung **nicht mehr** im Wege der **Abgabe** begründet werden (§ 47a S. 1 als lex specialis ggü. Abs. 3; BayObLG MDR 1980, 958; vgl. auch LG Berlin NStZ-RR 1999, 154). Dies gilt gerade auch dann, wenn die abgetrennte Sache nur noch Erwachsene betrifft (BGHSt 30, 260).

22 Seit der Neufassung von Abs. 2 S. 1 (vgl. → Rn. 5) wurde zunächst angenommen, es verbleibe auch bei **Zurückverweisung** im Falle der Urteilsaufhebung zu Gunsten lediglich des Erwachsenen durch das Revisionsgericht bei der durch die Verbindung begründeten Zuständigkeit. Diese Ansicht wurde sodann aufgegeben (BGHSt 35, 267; zur stRspr, vgl. nur BGH NStZ-RR 2009, 105; vgl. ferner NK-JGG/Goerdeler Rn. 14). Also kann das Revisionsgericht die Sache an eine allg. Strafkammer zurückverweisen; es soll aber auch nicht an einer Zurückverweisung an eine JKammer gehindert sein, wenn es dies für sachlich geboten hält (BGH StV 1994, 415 (mkritAnm Schneider), unter Hinweis zB auf verfahrens- bzw. zeitökonomische Gründe ebenso wie auf die Berücksichtigung „jugendspezifischer Umstände der Tat“ im Verfahren nur noch gegen einen Erwachsenen; KK-StPO/Gericke StPO § 355 Rn. 6). – Ohnehin anders verhält es sich, wenn – unter Verletzung von § 338 Nr. 4 StPO – bisher kein JGericht mit der Sache befasst gewesen ist und also § 47a nicht anzuwenden ist (BGH StV 1985, 357).

5. Anfechtbarkeit

a) Beschwerde. Die *vor* der *Eröffnung* des Hauptverfahrens durch Beschluss angeordnete *Abtrennung* kann durch einfache Beschwerde (§ 304 Abs. 1 StPO) angefochten werden (OLG Koblenz JR 1982, 479; OLG Düsseldorf NStZ 1991, 145; OLG Hamm NStE § 103 JGG Nr. 1). Ansonsten ist der **Verbindungs-** oder **Trennungsbeschluss** (ebenso wie dessen Ablehnung; vgl. BayObLGSt 52, 117; KG Juristische Wochenschrift 1932, 962 jeweils betr. § 237 StPO) wegen § 305 S. 1 StPO grundsätzlich **nicht** mit der Beschwerde anfechtbar. Eine Beschwerde kommt jedoch **ausnahmsweise** in Betracht, wenn die Wirkung des Beschlusses über eine bloße Verbindung oder Trennung hinausreicht (zB bei gleichzeitiger Eröffnung des HV), weil er den Fortgang des Verfahrens insgesamt auf längere bzw. unbestimmte Zeit hemmt. Denn insoweit dient er nicht mehr lediglich der Vorbereitung und Förderung der Urteilsfällung (vgl. OLG Hamburg ZfJ 2004, 432; Meyer-Goßner/Schmitt/Schmitt StPO § 2 Rn. 13; Löwe/Rosenberg/Erb StPO § 2 Rn. 27). 23

Die Frage, ob die Prüfung des Beschwerdegerichts sich auf Ermessensfehler der abtrennenden Entscheidung zu beschränken hat oder aber ob eine **volle Nachprüfung** einschließlich Erwägungen der Zweckmäßigkeit vorzunehmen ist, beantworten die OLGe unter Bezugnahme auf Kommentierungen zu § 2 StPO überwiegend im zweitgenannten Sinne (vgl. ausdrücklich OLG Düsseldorf NStZ 1991, 145; OLG Karlsruhe ZJJ 2013, 212). Indes steht einer solchen Nivellierung von allg. StVR und JStV entgegen, dass die OLGe und der BGH von Gesetzes wegen keine Jugendgerichte sind (→ §§ 33–33b Rn. 2; vgl. auch → Rn. 9; näher schon Dallinger/Lackner § 33 Rn. 5) und für sie die spezielle Befähigungsnorm des § 37 nicht gilt. Daher wird, um den Auftrag des § 2 Abs. 1 nicht zu gefährden, nach hier vertretener Auffassung eine Prüfung **nur** auf **Ermessensfehler** in Betracht kommen dürfen. 23a

b) Revision. Wird der Jugendliche vor der Entscheidung über die Trennung nicht angehört, kann auf dieser Verletzung des Anspruchs auf **rechtliches Gehör** im Einzelfall das Urteil iSv § 337 Abs. 1 StPO beruhen (vgl. BGH Pfeiffer NStZ 1982, 188 (für das allg. StVR)). 24

Auf eine fehlerhafte **Ermessen**sentscheidung hinsichtlich der Verbindung bzw. Trennung von Strafsachen kann die Revision gem. § 2 Abs. 2, § 337 StPO nach allg. Grundsätzen (vgl. etwa Meyer-Goßner/Schmitt/Schmitt StPO § 337 Rn. 16, 17) – und also nur in den diesen entsprechenden Grenzen – gestützt werden. 24a

Hat aufgrund der Verbindung (oder Trennung) ein **sachlich unzuständiges Gericht** entschieden, so erfolgt eine Aufhebung des Urteils durch das damit befasste Revisionsgericht von Amts wegen, ohne dass eine Rüge erforderlich ist (vgl. BGHSt 10, 76; KG StV 1985, 408; vgl. auch → § 39 Rn. 19, → § 41 Rn. 26). Hat infolge unzulässiger Verbindung (oder Tren- 24b nung) ein JGericht einen Erwachsenen oder umgekehrt ein Erwachsenengericht einen Jugendlichen bzw. Heranwachsenden verurteilt, so gelten die Erl. zu → §§ 33–33b Rn. 16 ff.

24c Da Abs. 2 S. 1 den **gesetzlichen Richter** bestimmt, kann sich auch ein erwachsener Mittäter auf die Verletzung dieser Vorschrift berufen (BGH Holtz MDR 1980, 456; BGH StV 1985, 357). Aus dem gleichen Grunde ist nach Verbindung der Strafrichter auch dann nicht gesetzlicher Richter, wenn nach durchgeführter HV die Abtrennung einer von mehreren verbundenen Strafsachen erfolgt und nur wegen der übrigen Taten verurteilt wird (aA OLG Koblenz OLGSt Nr. 1 zu § 47a). Dies verlangt bereits das Erfordernis einer generellen, Ermessenserwägungen ausschließenden Zuständigkeitsregelung (Art. 101 GG), und es entspricht der nach § 338 Nr. 4 StPO unwiderleglichen Vermutung, dass das Urteil auf der Gesetzesverletzung beruhe.

IV. Sonstige Fälle einer Verbindung

1. JStrafsachen gegen Jugendliche und Heranwachsende

25 Die Verbindung ist zwar nicht nach Maßgabe von Abs. 1, jedoch nach den allg. Vorschriften (§§ 2, 3, 4, 13, 237 StPO; s. aber zu § 237 StPO Kost, Verbindung und Trennung von Strafverfahren, 1989, S. 27 f.) zulässig (§ 2 Abs. 2), **nicht** aber im **vereinfachten JVerfahren** und im **beschleunigten Verfahren** (s. § 79 Abs. 2). Im Übrigen ist **Zurückhaltung** allerdings schon deswegen angezeigt, weil für Jugendliche und Heranwachsende nur teilweise dieselben Vorschriften zur Anwendung kommen (vgl. → § 109 Rn. 9; Dallinger/Lackner Rn. 19).

2. Verfahren gegen mehrere Jugendliche

26 Die Verbindung (und Trennung) von Verfahren gegen mehrere tatbeteiligte Jugendliche ist ebenfalls nach den allg. Vorschriften zulässig (§ 2 Abs. 2). – Zum Erfordernis der eigenständigen Prüfung der Eröffnungsvoraussetzungen durch das angegangene Gericht bei Verbindung nach vorausgegangener Abgabe (vor Eröffnung) vgl. → Rn. 19c.

3. Verfahren gegen denselben Jugendlichen

27 Soweit verschiedene Verfahren gegen denselben Jugendlichen nach den allg. Vorschriften verbunden werden dürfen (für die entspr. Prüfung und die Folgen einer fehlerhaften Verbindung vgl. bspw. BGH NStZ-RR 2021, 251), sollte dies – schon möglichst frühzeitig (vgl. auch Nr. 17 RiStBV sowie bereits § 26 Abs. 1 JGG 1923) – auch erfolgen. Hierfür besteht im Hinblick auf das Prinzip der einheitlichen Maßnahme bzw. Rechtsfolgenverhängung (→ § 31 Rn. 3) ein dringendes Bedürfnis. Die Notwendigkeit der Persönlichkeitsbeurteilung spricht ebenfalls für eine Verfahrensverbindung (dazu – unter Abwägung mit Beschleunigungsbelangen – n. KG BeckRS 2019, 8951).

a) Taten in verschiedenen Altersstufen. Der bezeichnete Gesichtspunkt gilt auch bei mehreren Verfehlungen desselben Jugendlichen in verschiedenen Altersstufen. 28

Zuständig für die Verbindung und Aburteilung aller Taten ist das **JGericht** (hM; BGHSt 7, 26; 10, 64; 25, 50 (52); BayObLGSt 57, 1; 66, 119; OLG Frankfurt a. M. NJW 1956, 1211; LG Berlin NJW 1962, 169; ebenso bereits Potrykus § 112 Anm. 1; Grethlein JGG Vor § 102 Anm. 1b; Kohlhaas unsere jugend 1965, 169; Schnitzerling RdJB 1958, 89). 28a

Zwar wurde die Auffassung vertreten, eine zu umfangreiche Befassung der JGerichte mit Erwachsenenstraftaten sei durch eine flexible Regelung der Zuständigkeit je nach dem Schwergewicht der Taten im Jugendlichen- und Heranwachsendenalter bzw. im Erwachsenenalter entsprechend § 32 bzw. entsprechend § 103 Abs. 2 aF zu besorgen (grundlegend Peters NJW 1956, 492 (493 f.); Dallinger/Lackner Rn. 14; aA BGHSt 8, 349 (352) mit näherer Begr.). 29

Seit der Aufhebung der Schwergewichtsformel in Abs. 2 aF durch das StVÄG 79 und der nunmehr regelmäßigen Zuständigkeit des JGerichts für den Fall der sachlichen Verbindung (Abs. 2 S. 1) wird sich die Gegenansicht für den Fall der persönlichen Verbindung nicht mehr aufrecht erhalten lassen (vgl. auch → Rn. 7 aE; s. aber OLG Nürnberg OLGSt Nr. 2 zu § 13 StPO). 30

Eine **gesetzliche Pflicht** zur **Verbindung** besteht **nicht** (BGH 10, 100 (101); vgl. aber zur Verdichtung im Sinne einer Verpflichtung NK-JGG/Goerdeler Rn. 4; vgl. zum allg. StVR auch BGHSt 18, 238). Auch ist es als zulässig erachtet worden, eine Verbindung dadurch aufzuheben, dass die Revision auf Taten einer bestimmten Altersstufe beschränkt wurde (BGHSt 10, 100 (101); vgl. ferner BGH MDR 1974, 54 mit iE zust. Anm. Brunner JR 1974, 429; vgl. ferner BGH NJW 1964, 1034). – Wegen des Verfahrens im Einzelnen vgl. → § 109 Rn. 8, 56. 31

b) Eine Tat in verschiedenen Altersstufen. Die Ausführungen unter a) (→ Rn. 28–31) gelten grundsätzlich auch für eine solche Fallgestaltung, dh es kommt nicht darauf an, wo das Schwergewicht liegt (vgl. auch Schlothauer/Wollschläger/Piel, Verteidigung im Revisionsverfahren, 4. Aufl. 2024, Rn. 194). Denn der Vorzug der Jugendgerichtsbarkeit darf nicht deshalb verloren gehen, weil einzelne deliktische Betätigungen im Sinne eines einheitlichen geschichtlichen Vorgangs erfasst wurden und dieser Geschehensablauf erst im Erwachsenenalter abgeschlossen ist. Ebenso wie es unter Anerkennung eines Fortsetzungszusammenhangs unerheblich war, ob es sich im Einzelnen unumgänglicherweise (vgl. → § 32 Rn. 15) um die Beurteilung als Fortsetzungstaten handelte (vgl. vormals BGHSt 10, 64 (65); BayObLGSt 57, 1; 66, 119 f.; OLG Hamburg StV 1985, 158), gilt dies namentlich für Fälle der natürlichen Handlungseinheit bzw. der juristischen Bewertungseinheit (etwa Urkundenfälschung). Gerade bei BtM-Delikten ist es möglich, dass die einzelnen Taten zu einer Bewertungseinheit zusammengefasst werden. Wenn davon einzelne Handlungen bis Vollendung des 21. Lbj. begangen wurden, ist das JGericht zuständig (Eberth ua, Verteidigung in Betäubungsmittelsachen, 7. Aufl. 2018, Rn. 94 ff., 392). 32

Auch eine **Einstellung** des **Verfahrens** wegen derjenigen von mehreren Taten, die vor Vollendung des 21. Lbj. begangen wurden (§ 154 StPO), oder von vor dem 21. Lbj. begangenen Einzelhandlungen (§ 154a StPO), bewirkt **keine Zuständigkeitsänderung** (vgl. speziell zum Tatentschluss 33 bei Fortsetzungszusammenhang vormals BayObLGSt 66, 119), weil Sachkunde und Erfahrung des JGerichts für dessen fortbestehende Zuständigkeit sprechen (wie hier wegen des vorrangigen Schutzzwecks jugendgerichtlicher Zuständigkeit Schlothauer/Wollschläger/Piel, Verteidigung im Revisionsverfahren, 4. Aufl. 2024, Rn. 194 f.; krit. auch Drees NStZ 1995, 481 f.; Meyer-Goßner/Schmitt/Schmitt StPO § 338 Rn. 34; KK-StPO/Gericke StPO § 338 Rn. 69; aA SK-StPO/Deiters StPO § 154a Rn. 12), dh es verhält sich insofern anders als bei tatbestandsbezogener Spezialzuständigkeit des OLG in erster Instanz (vgl. dazu BGHSt 29, 341). Demgegenüber verneint die Rspr. eine Verletzung des § 2 Abs. 2, § 338 Nr. 4 StPO (vgl. BGH NStZ 1991, 503 mablAnm Eisenberg/Sieveking NStZ 1992, 295; BGH NStZ 1996, 244 f.; 2005, 650: „offensichtlich" kein Fall „gezielter Umgehung jugendgerichtlicher Zuständigkeit" sowie – trotz zumindest nicht ausschließbar gezielter Umgehung – BGH v. 21.8.2013 – 5 StR 330/13 mBspr Baumhöfener ZJJ 2014, 159; vgl. auch OLG Zweibrücken BeckRS 2019, 28896). Davon abw. sieht die hM (BGH NStZ 2020, 299 (300); Diemer/Schatz/Sonnen/Schatz § 33 Rn. 41 f.) aber durchaus einen revisiblen Ermessensmissbrauch in der Abtrennung von Verfahrensteilen, die ohne hinreichende Berücksichtigung der Beschuldigtenrechte nur erfolgt, um für den übrigen Prozessgegenstand die Zuständigkeit eines Erwachsenengerichts herzustellen (s. auch → § 32 Rn. 23 f.). Wird die Revisionsrüge der sachlichen Unzuständigkeit auf (Ermessens-)Missbräuchlichkeit einer Trennung bzw. Verbindung gestützt, so sind Tatsachen anzugeben, die auf einen solchen Missbrauch hinweisen (vgl. auch SK-StPO/Frisch StPO § 338 Rn. 98).

Verfahren gegen Jugendliche

104 (1) **In Verfahren gegen Jugendliche vor den für allgemeine Strafsachen zuständigen Gerichten gelten die Vorschriften dieses Gesetzes über**

1. **Verfehlungen Jugendlicher und ihre Folgen (§§ 3 bis 32),**
2. **die Heranziehung und die Rechtsstellung der Jugendgerichtshilfe (§§ 38, 46a, 50 Abs. 3),**
3. **den Umfang der Ermittlungen im Vorverfahren (§ 43),**
4. **das Absehen von der Verfolgung und die Einstellung des Verfahrens durch den Richter (§§ 45, 47),**

4a. **den Ausschluss der Öffentlichkeit (§ 48 Absatz 3 Satz 2),**

5. **die Untersuchungshaft (§§ 52, 52a, 72, 89c),**
6. **die Urteilsgründe (§ 54),**
7. **das Rechtsmittelverfahren (§§ 55, 56),**
8. **das Verfahren bei Aussetzung der Jugendstrafe zur Bewährung und der Verhängung der Jugendstrafe (§§ 57 bis 64),**
9. **die Beteiligung und die Rechtsstellung der Erziehungsberechtigten und der gesetzlichen Vertreter (§ 50 Absatz 2, § 51 Absatz 2 bis 7, §§ 67, 67a),**
10. **die notwendige Verteidigung (§§ 68, 68a),**
11. **Mitteilungen an amtliche Stellen (§ 70),**

11a. **die Unterrichtung des Jugendlichen (§ 70a),**

11b. **Belehrungen (§ 70b),**

11c. die Vernehmung des Beschuldigten (§ 70c),
12. die Unterbringung zur Beobachtung (§ 73),
13. Kosten und Auslagen (§ 74),
14. den Ausschluß von Vorschriften des allgemeinen Verfahrensrechts (§§ 79 bis 81) und
15. Verfahren und Entscheidung bei Anordnung der Sicherungsverwahrung (§ 81a).

(2) **Die Anwendung weiterer Verfahrensvorschriften dieses Gesetzes steht im Ermessen des Gerichts.**

(3) **Soweit es aus Gründen der Staatssicherheit geboten und mit dem Wohl des Jugendlichen vereinbar ist, kann das Gericht anordnen, dass die Heranziehung der Jugendgerichtshilfe unterbleibt und dass die in § 67 Absatz 1 und 2 genannten Rechte der Erziehungsberechtigten und der gesetzlichen Vertreter ruhen.**

(4) [1] **Hält das Gericht Erziehungsmaßregeln für erforderlich, so hat es deren Auswahl und Anordnung dem Familiengericht zu überlassen.** [2] **§ 53 Satz 2 gilt entsprechend.**

(5) **Dem Jugendrichter, in dessen Bezirk sich der Jugendliche aufhält, sind folgende Entscheidungen zu übertragen:**

1. Entscheidungen, die nach einer Aussetzung der Jugendstrafe zur Bewährung erforderlich werden;
2. Entscheidungen, die nach einer Aussetzung der Verhängung der Jugendstrafe erforderlich werden, mit Ausnahme der Entscheidungen über die Festsetzung der Strafe und die Tilgung des Schuldspruchs (§ 30);
3. Entscheidungen, die nach dem Vorbehalt einer nachträglichen Entscheidung über die Aussetzung der Jugendstrafe erforderlich werden, mit Ausnahme der vorbehaltenen Entscheidung selbst (§ 61a).

Übersicht

I. Anwendungsbereich

1. Heranwachsende

1 Abs. 1–3 und 5 gelten für Verfahren gegen Heranwachsende entsprechend (§ 112 S. 1), jedoch mit der Einschränkung, dass die in Abs. 1 aufgeführten Vorschriften nur dann zur Anwendung kommen können, wenn sie nach dem für die Heranwachsenden geltenden Recht (§§ 105 ff.) nicht ausgeschlossen sind (§ 112 S. 2). Abs. 4 kommt in Verfahren gegen Heranwachsende nicht zur Anwendung; es ist insoweit nach § 112 S. 3 vorzugehen (vgl. näher → § 112 Rn. 7; ergänzend → § 53 Rn. 1).

2. Soldatinnen und Soldaten

2 In Verfahren gegen diese ist die ergänzende Regelung in § 112e zu beachten (vgl. → § 112e Rn. 1; vgl. Dallinger/Lackner § 112e Rn. 1).

II. Entwicklung und Zweck der Vorschrift

1. Entwicklung

3 **a) Abs. 1 und 2.** Die Vorschriften knüpfen an § 78 Abs. 1 RJGG 1943 an, der den für allg. Strafsachen zuständigen Gerichten im Wege einer Soll-Bestimmung aufgab, die Verfahrensvorschriften des RJGG bei Personen anzuwenden, die zur Zeit der Anklageerhebung noch Jugendliche waren. § 78 Abs. 1 RegE-JGG 53 beschränkte sich zunächst darauf, die Heranwachsenden mit einzubeziehen (vgl. Amtl. Begr. 49); erst im Ausschuss für Rechtswesen und Verfassungsrecht erfuhr die Vorschrift ihre geltende Ausgestaltung (Schriftl. Ber. 12).

4 **b) Bedeutung.** Zwar hat der **tatsächliche Anwendungsbereich** der Vorschrift wegen der mit der Neufassung von § 103 Abs. 2 verbundenen Einschränkung in der Zuständigkeit von Erwachsenengerichten in Verfahren gegen Jugendliche eine weitgehende Beschränkung erfahren. Jedoch wäre es gerade wegen der nunmehr zusätzlich verdeutlichten Ausnahme einer Zuständigkeit von Erwachsenengerichten in Verfahren gegen Jugendliche angezeigt, weitere Vorschriften, die der Sicherung eines jugendgemäßen Verfahrens dienen sollen (vgl. → Rn. 21), in den Katalog von Abs. 1 aufzunehmen.

2. Zweck

5 Die Vorschrift beruht auf dem Grundsatz, dass die **Regelungen** des **JGG** in Verfahren gegen Jugendliche **im größtmöglichen Umfang** vor den Erwachsenengerichten zur Anwendung kommen sollen (Dallinger/Lackner Rn. 1; anders der Grundsatz des allg. StVR für den Fall einer Verbindung in § 5 StPO). Während einige Bestimmungen unabhängig von § 104 unmittelbar (vgl. → Rn. 28f) und andere gem. Abs. 1 stets uneingeschränkt (vgl. etwa → Rn. 6) gelten, kommen von sonstigen Vorschriften einige ggf. nur in abgeänderter oder beschränkbarer Form (vgl. → Rn. 7, 13) und andere – nach Maßgabe von Abs. 2 – wiederum nur nach dem Ermessen des Gerichts (→ Rn. 19f) zur Anwendung. Darüber hinaus finden sich solche Bestimmungen, die niemals Platz greifen (vgl. → Rn. 31f). Diese Differenzierung hat va für die **HV** Bedeutung. Die Reichweite von § 104 ist aber nicht auf diese Prozessphase beschränkt (so indes BeckOK JGG/Noak § 68b Rn. 2), sondern erstreckt sich in Fällen, in denen bei Anklage ein allg. Strafgericht zuständig sein wird, auch auf das **Vorverfahren** (ebenso Köhler/Gerards NStZ 2023, 455 (456)). Dies ergibt sich daraus, dass die Norm auch die Anwendbarkeit von (ebenfalls oder nur) im Vorverfahren relevanten Vorschriften regelt (s. bspw. Abs. 1 Nr. 2–4, Nr. 5, 9, 10, 11a–12). Neben der Gestaltung der Beschuldigtenvernehmung (§ 70c) und der notwendigen Verteidigung (§§ 68 ff.) ist hierbei besonders die Einbeziehung der JGH (Abs. 1 Nr. 2 iVm § 38) praktisch relevant (n. dazu Köhler/Gerards NStZ 2023, 455 (456 f.)).

III. Umfang nach Abs. 1 geltender Vorschriften

1. Sachlich-rechtliche Vorschriften

6 Die Vorschriften des ersten Hauptstücks („Verfehlungen Jugendlicher und ihre Folgen") in §§ 3–32 sind auch vor dem Gericht der allg. Strafgerichtsbarkeit unmittelbar anzuwenden. **Abs. 1 Nr. 1** dient der ausdrücklichen Klarstellung dieser Rechtslage (s. aber die Einschränkung durch Abs. 4; vgl. → Rn. 34f).

2. Formell-rechtliche Vorschriften

7 Von diesen Vorschriften des zweiten Hauptstücks („JGerichtsverfassung und JStV") in §§ 33–81 sind gem. Abs. 1 Nr. 2–14 nachfolgende Bestimmungen anzuwenden:

7a **a) Heranziehung der JGH.** Was die Pflicht dazu betrifft (Abs. 1 Nr. 2, §§ 38, 46a nF, 50 Abs. 3), so darf hiervon nur nach der einschränkend auszulegenden Ausnahmevorschrift des **Abs. 3 nF** abgewichen werden, soweit dies aus „Gründen der Staatssicherheit" geboten (vgl. zum Begriff die Erl.-Werke zu § 172 Nr. 1 GVG entspr.) und mit dem Wohl des Beschuldigten verträglich ist. Das zweite Merkmal liegt nur – ganz ausnahmsweise (ebenso Köhler/Gerards NStZ 2023, 455 (458)) – dort vor, wo der Jugendliche des ggf. notwendig werdenden Beistandes der JGH sicher nicht bedarf und wo es zudem gewährleistet ist, dass das Gericht eine an § 2 Abs. 1 orientierte Entscheidung auch ohne deren Ermittlungen zu treffen vermag. Zudem wird der Verzicht auf die Heranziehung der JGH idR nur für Teile des Verfahrens („soweit") in Betracht kommen können (ähnlich Potrykus Anm. 4). Dies gilt nicht zuletzt wegen der herausragenden Bedeutung der JGH für ein jugendgemäßes Verfahren (vgl. → § 38 Rn. 8 ff.), wie auch die revisionsrechtlichen Folgen einer gesetzwidrigen Nichtheranziehung der JGH (vgl. → § 38 Rn. 85 ff.) erkennen lassen.

8 **b) Umfang der Ermittlungen im Vorverfahren (Abs. 1 Nr. 3, § 43).** Die Einhaltung ist im Hinblick auf die Anwendbarkeit der sachlich-rechtlichen Bestimmungen nach Abs. 1 Nr. 1 **unverzichtbar.** Denn nur aufgrund der hiernach angemessenen Persönlichkeitserforschung unter Heranziehung der JGH und – wegen der regelmäßig geringeren Erfahrung des Erwachsenengerichts im Umgang mit Jugendlichen – ggf. mit zusätzlicher Unterstützung eines Sachverständigen (vgl. → § 43 Rn. 27 ff.) wird eine sachgemäße Anwendung des materiellen JStR erfolgen können (Diemer/Schatz/Sonnen/Schatz Rn. 12; vgl. schon RL 1 zu § 78 RJGG 1943; vgl. generell → § 37 Rn. 5 ff.).

9 **c) Einschränkung des Verfolgungszwanges (Abs. 1 Nr. 4, §§ 45, 47).** Die Einschränkung beruht auf dem Grundsatz des Vorranges einer formlosen Erledigung in Verfahren ggü. Jugendlichen vor der Durchführung eines förmlichen Verfahrens als Ausfluss des Erziehungsauftrags **(§ 2 Abs. 1)** und **gilt** daher unabhängig davon, ob ein Jugend- oder ein Erwachsenengericht zuständig ist (ebenso Dallinger/Lackner Rn. 11).

d) Öffentlichkeitsgrundsatz. In Verfahren gegen Jugendliche vor den Erwachsenengerichten ist die **HV** grds. öffentlich. Dem Gericht wurde aber seit jeher die Möglichkeit zuerkannt, nicht nur nach § 171b GVG zu verfahren, sondern nach seinem Ermessen gem. Abs. 2 iVm § 48 Abs. 1 und Abs. 2 nichtöffentlich zu verhandeln (Dallinger/Lackner § 104 Rn. 29; bereits Grethlein § 48 Anm. 1c). Seit Einführung von Abs. 1 Nr. 4a durch das Gesetz zur Stärkung der Verfahrensrechte von Beschuldigten im Jugendstrafverfahren besteht durch die sich hieraus ergebende Anwendbarkeit von **§ 48 Abs. 3 S. 2** eine zusätzliche Option des Öffentlichkeitsausschlusses (zumindest, wo dem die Belange des Jugendlichen und keine anderen Gründe zugrunde liegen). Die Möglichkeit einer darüber hinausgehenden Anwendung von Abs. 2 iVm § 48 Abs. 1 und Abs. 2 bleibt samt ihrer Schwäche, dass dies vom richterlichen Ermessen abhängig ist, daneben aber bestehen (ebenso DSS/Schatz Rn. 14; zu einer Sperrwirkung von Abs. 1 Nr. 4a tendierend jedoch Köhler/Gerards NStZ 2023, 455 (458)). Insofern wäre es mit Blick auf § 2 Abs. 1 und Art. 14 RL (EU) 2016, 800 (Recht auf Privatheit) vorzugswürdig gewesen, § 48 Abs. 1 unmittelbar anwendbar werden zu lassen. Die geltende Regelung in Abs. 1 Nr. 4a nF stellt lediglich – insofern sachgerecht – für die in → § 48 Rn. 15 ff. erörterten Konstellationen, in denen vor dem für allg. Strafsachen zuständigen Gericht neben dem Jugendlichen auch Heranwachsende oder Erwachsene angeklagt sind, die Notwendigkeit einer Ausschlussprüfung klar (ebenso mit Blick auf § 2 Abs. 1 schon vor Einführung von Nr. 4a etwa 20. Aufl. Rn. 22; Dallinger/Lackner Rn. 29; Kohlhaas unsere jugend 1953, 443 (447); Kohlhaas Anm. zu BGH EJF C I Nr. 15; aA Potrykus Anm. 3). – Zur Anwendbarkeit von § 48 in Verfahren gegen Heranwachsende vor den für allg. Strafsachen zuständigen Gerichten vgl. → § 112 Rn. 8 sowie → § 48 Rn. 16. 9a

e) U-Haft. Was die Geltung der Vorschriften über deren Anordnung und Berücksichtigung bzw. Anrechnung (Abs. 1 Nr. 5, §§ 72, 52, 52a, 89c nF) angeht, so schließt sie die **unmittelbare Anwendbarkeit** von § 72 Abs. 4 iVm § 71 Abs. 2 ein (s. aber RL). – Wegen der Geltung von § 53 vgl. → Rn. 34 f. 10

f) Umfang und Mitteilung der Urteilsgründe (Abs. 1 Nr. 6, § 54). Diesbezüglich sollte ohne besondere Anhaltspunkte oder Hinweise (zB Empfehlung eines Sachverständigen) im Hinblick auf die regelmäßig geringere Erfahrung des Erwachsenengerichts im Umgang mit Jugendlichen von der Möglichkeit eines Verzichts auf die Mitteilung der Urteilsgründe (§ 54 Abs. 2) nur sehr eingeschränkt Gebrauch gemacht werden (vgl. ergänzend → § 54 Rn. 36 f.). 11

g) Besondere Rechtsmittelbeschränkungen. Diese Beschränkungen des JStVR sowie die Vorschrift über die **Teilvollstr** einer **EinheitsJStrafe** sind auch ggü. den Entscheidungen der Erwachsenengerichte in Verfahren gegen Jugendliche zu beachten **(Abs. 1 Nr. 7, §§ 55, 56).** 12

h) Verfahrensvorschriften betr. die Aussetzung der JStrafe zBew. Was diese Vorschriften betr. die **Vollstr** der **JStrafe** (§§ 21–26a) und der **Verhängung** der **JStrafe** (§§ 27–30) angeht (Abs. 1 Nr. 8, §§ 57–64), so hat der Gesetzgeber im Hinblick auf die unterstellte größere Erfahrung des JRichters ggü. den Gerichten der allg. Strafgerichtsbarkeit **besondere Vorkehrungen** getroffen. Gemäß **Abs. 5 Nr. 1** muss das Erwachsenengericht – 13 abw. von § 58 Abs. 3 – sämtliche Entscheidungen, die nach einer Aussetzung der Vollstr der JStrafe zBew erforderlich werden, in vollem Umfang dem JRichter übertragen, in dessen Bezirk sich der Jugendliche aufhält, mit der Folge, dass dieser JRichter für alle weiteren Entscheidungen – auch für deren Weiterübertragung – zuständig ist (BGHSt 25, 8 mAnm Brunner JR 1973, 206). Entsprechend sind nach **Abs. 5 Nr. 2** die Entscheidungen nach einer Aussetzung der Verhängung der JStrafe zBew – mit Ausnahme der Entscheidungen über die Festsetzung der JStrafe und die Tilgung des Schuldspruchs (§ 30) – zu übertragen (vgl. zur Zuständigkeit und zum Verfahren erg. auch → § 58 Rn. 14, 16, → § 62 Rn. 7 f., → § 65 Rn. 5f). – Gemäß **Abs. 5 Nr. 3** (angefügt iZm der Einführung der §§ 61–61b; vgl. Begr. RegE BT-Drs. 17/9389) gilt die Übertragungsvorschrift auch für Fälle, in denen das Erwachsenengericht die Entscheidung über die Aussetzung der Vollstr der JStrafe zBew einem nachträglichen Beschluss vorbehält. Wie bei der Aussetzung der Verhängung der JStrafe die diesbzgl. Entscheidung im Nachverfahren bei dem erkennenden Erwachsenengericht verbleibt (vgl. → § 62 Rn. 14), ist auch hier die nachträgliche Entscheidung über die Aussetzung selbst von der Übertragung ausgenommen (Abs. 5 Nr. 3 Hs. 2). – Zur Geltung von Abs. 5 in Verfahren gegen **Heranwachsende** vgl. → Rn. 1 und → § 112 Rn. 6.

14 **i) Erziehungsberechtigte, Gesetzliche Vertreter.** Sie sind am Verfahren gegen Jugendliche vor dem für allg. Strafsachen zuständigen Gericht mit derselben Rechtstellung und **im gleichen Umfang** beteiligt wie am Verfahren vor dem JGericht (Abs. 1 Nr. 9, §§ 50 Abs. 2, 51 Abs. 2 – 7, 67, 67a). Nur in seltenen Ausnahmefällen (vgl. → Rn. 7a entspr.) kann nach **Abs. 3 nF** hiervon hinsichtlich der Äußerungs-, Frage-, Antrags-, Verteidigerwahl- und Anfechtungsrechte (→ § 67 Rn. 16 ff., → § 67 Rn. 38 ff.) abgewichen werden. Hinsichtlich der Anwesenheits- und Unterrichtungsrechte (→ § 67 Rn. 24 ff.) ist eine Beschränkung nicht nach Abs. 3, sondern allein nach den in §§ 51, 67a geregelten Maßgaben möglich (s. auch BT-Drs. 19/13837, 72). – Die Anwendung von Abs. 3 begründet die Notwendigkeit, entsprechend § 68 Nr. 2 einen Verteidiger zu bestellen (vgl. bereits Dallinger/Lackner Rn. 20), wobei dies ohnehin schon nach § 68 Nr. 1 iVm § 140 StPO geschehen sein wird.

15 **j) Notwendige Verteidigung.** Die Regelung des Bestellungszeitpunktes und die ggü. dem allg. StVR zusätzlichen Fälle sind auch in Verfahren vor den für allg. Strafsachen zuständigen Gerichten zu berücksichtigen **(Abs. 1 Nr. 10, §§ 68, 68a nF).** Für § 68b nF gilt dies dagegen nicht (dazu, dass die ebenfalls nicht erwähnte Konstellation von § 51a nF vor den Erwachsenengerichten nicht auftreten kann, s. RegE BT-Drs. 13837, 28).

15a **k) Mitteilungen und Unterrichtung.** Auch die Vorschriften über die gesetzlich vorgeschriebenen Mitteilungen an amtliche Stellen (und von diesen (§ 70 nF) sowie die Vorschriften zur Unterrichtung des Beschuldigten (§ 70a nF) gelten in gleicher Weise (Abs. 1 Nr. 11 und 11a).

15b **l) Belehrung und Vernehmung.** Belehrungen des Jugendlichen müssen auch vor den für allg. Strafsachen zuständigen Gerichten in Übereinstimmung mit § 70b erfolgen (Abs. 1 Nr. 11b). Ebenso verbindlich sind die Vorgaben zur Vernehmungsdurchführung in § 70c (Abs. 1 Nr. 11c).

m) Unterbringung zur Beobachtung. Da das für allg. Strafsachen zuständige Gericht in Verfahren gegen Jugendliche die sachlich-rechtlichen Bestimmungen (s. Abs. 1 Nr. 1) anzuwenden hat, ist es im Hinblick auf deren erzieherisch wirksame Anwendung auch befugt, zur Vorbereitung eines Gutachtens über den Entwicklungsstand des Beschuldigten unter den Voraussetzungen von § 73 die genannte Anordnung zu treffen **(Abs. 1 Nr. 12, § 73).** 16

n) Kosten. Desgleichen kann auch das für allg. Strafsachen zuständige Gericht in Verfahren gegen Jugendliche – abw. von der allg. Vorschrift in § 465 StPO – den Angeklagten von den Kosten und Auslagen befreien **(Abs. 1 Nr. 13, § 74).** 17

o) §§ 407 ff., 417 ff. StPO sowie §§ 403 ff. StPO. Auch vor dem für allg. Strafsachen zuständigen Gericht sind in Verfahren gegen Jugendliche diese Vorschriften **ausgeschlossen,** und auch **Privatklage** und **Nebenklage** (von Ausnahmen gem. § 80 Abs. 3 S. 1 abgesehen) sind unzulässig **(Abs. 1 Nr. 14, §§ 79–81).** Jedoch kann der Jugendliche Privatkläger sein und in diesem Fall widerbeklagt (§ 388 StPO) werden (§ 80 Abs. 2 S. 1; vgl. auch NK-JGG/Goerdeler Rn. 3), ohne dass allerdings auf JStrafe erkannt werden darf (vgl. § 80 Abs. 2 S. 2). 18

p) § 81a. Endlich kommt auch in Verfahren vor dem für allg. Strafsachen zuständigen Gericht diese (eine Anordnung von Sicherungsverwahrung betr., vgl. → § 7 Rn. 30 ff., → § 106 Rn. 10 ff.) Vorschrift zur Anwendung. 18a

IV. Nach Abs. 2 anwendbare Vorschriften

Gemäß dieser Regelung können weitere Verfahrensvorschriften des JGG nach dem Ermessen des für allg. Strafsachen zuständigen Gerichts angewendet werden. Es werden hierbei die Vorschriften aus dem ersten, zweiten, sechsten und siebenten Unterabschnitt des Abschnitts „Jugendstrafverfahren" in Betracht zu ziehen sein. 19

1. § 44

Eine **Vernehmung** des **Beschuldigten durch** den **Staatsanwalt oder** den **Vorsitzenden** vor Anklageerhebung wird ggf. auch in Verfahren vor den für allg. Strafsachen zuständigen Gerichten angezeigt sein (vgl. RL 2 S. 2 Hs. 1 zu § 44). 20

2. Darstellung des wesentlichen Ergebnisses der Ermittlungen

Die Berücksichtigung erzieherischer Gesichtspunkte bei dieser Darstellung in der **Anklageschrift** sollte der Staatsanwalt auch in Verfahren gegen Jugendliche vor den Erwachsenengerichten wahren (RL 2 zu § 46). Bezüglich der Anwendung der Vorschrift durch den Staatsanwalt gilt Abs. 2 entsprechend (die Nichtgeltung der §§ 36, 37 (vgl. → Rn. 31) vor den Erwachsenengerichten steht dem nicht entgegen). 21/22

3. Anwesenheit in der HV

23 Der ggü. dem allg. StVR aus erzieherischen Gründen erweiterte Grundsatz der Anwesenheit des jugendlichen Angeklagten **(§ 50 Abs. 1)** wird auch in der HV vor dem für allg. Strafsachen zuständigen Gericht Beachtung finden müssen (hM; vgl. auch → § 50 Rn. 1).

4. Zeitweiliger Ausschluss von Verfahrensbeteiligten

24 Auch eine solche Maßnahme ist nach Abs. 2 ausnahmsweise zulässig (**§ 51;** allg. Auffassung, vgl. Dallinger/Lackner Rn. 31 sowie RL zu § 104).

5. § 66

25 Die **Ergänzung** rechtskräftiger Entscheidungen bei **mehrfacher Verurteilung** wird nach Maßgabe von Abs. 2 auch vor den für allg. Strafsachen zuständigen Gerichten zulässig sein (ebenso Brunner/Dölling § 66 Rn. 13; aA wohl Dallinger/Lackner Rn. 26; Potrykus Anm. 3; vgl. auch → § 66 Rn. 1). Zum Verbot der Schlechterstellung vgl. etwa → § 31 Rn. 20 f., 38, 53, 66 (krit. Brunner/Dölling § 66 Rn. 5).

6. Bestellung eines Beistands

26 Eine solche Bestellung für den jugendlichen Beschuldigten kann auch in Verfahren vor den für allg. Strafsachen zuständigen Gerichten angezeigt sein, und zwar auch unabhängig davon, ob ein Fall der notwendigen Verteidigung vorliegt (Abs. 2, § 69; vgl. RL).

7. Vorläufige Anordnung über die Erziehung

27 Nach Maßgabe von Abs. 2 ist eine solche Anordnung **(§ 71)** in Verfahren gegen Jugendliche auch vor dem für allg. Strafsachen zuständigen Gericht zulässig (vgl. RL; vgl. zu § 72 Abs. 4 iVm § 71 Abs. 2 → Rn. 10); Abs. 4 S. 1 steht nicht entgegen (Dallinger/Lackner Rn. 33; vgl. auch → § 71 Rn. 1).

V. Von § 104 nicht erfasste Vorschriften; vor den für allgemeine Strafsachen zuständigen Gerichten nicht anwendbare Vorschriften

1. Nicht erfasste Vorschriften

28 **a) §§ 1, 2.** Unabhängig von § 104 **gelten** – wie sich bereits aus ihrer systematischen Stellung im Gesetz ergibt – die genannten Bestimmungen (allg. Auffassung).

29 **b) Sonstige.** Die Vorschriften des dritten Hauptstückes über Vollstr und Vollzug sowie des vierten Hauptstückes über die Beseitigung des Strafmakels (§§ 82–101) einschließlich § 112c **gelten** – unabhängig von § 104 – ebenfalls unmittelbar vor den für allg. Strafsachen zuständigen Gerichten (vgl. auch Brunner/Dölling Rn. 1). Ihre Anwendung begründet sich aus einer von dem Erwachsenengericht zulässig (Abs. 1 Nr. 1) angeordneten Rechts-

folge nach sachlichem JStR. Aus der systematischen Stellung der bezeichneten Vorschriften im Gesetz kann ein gegenteiliger Schluss nicht hergeleitet werden (allg. Auffassung; vgl. auch OLG München MDR 1957, 437; vgl. → § 82 Rn. 1).

Unabhängig von § 104 gelten auch **§§ 102, 103** (vgl. auch Brunner/ 30
Dölling Rn. 1).

2. Nichtanwendbarkeit vor den für allgemeine Strafsachen zuständigen Gerichten; Besonderheit des § 53

a) Unanwendbare Vorschriften. Nicht anwendbar in Verfahren gegen 31
Jugendliche vor den für allg. Strafsachen zuständigen Gerichten sind die §§ 33–37 (vgl. aber zu §§ 36, 37 → Rn. 21), die §§ 39, 40 (eine Bestimmung der sachlichen Zuständigkeit des allg. Strafgerichts nach der Rechtsfolgenerwartung entspr. §§ 39, 40 Abs. 1 (so noch Dallinger/Lackner Rn. 9) ist durch die Neufassung von § 103 Abs. 2 gegenstandslos geworden), die §§ 41, 42 (vgl. auch BGHSt 18, 176 betr. § 42 Abs. 3) sowie die §§ 76–78 (vgl. auch NK-JGG/Goerdeler Rn. 23).

Die Unanwendbarkeit von § 34 Abs. 1 schließt nicht aus, dass dem JRich- 32/33
ter die Vernehmung von Minderjährigen in Verfahren vor den für allg. Strafsachen zuständigen Gerichten im Wege der Rechtshilfe iRd Geschäftsverteilung übertragen wird (allg. Auffassung; RL Nr. 1 S. 1 zu § 34).

b) Besonderheit des § 53. Diese Vorschrift ist in Verfahren vor den für 34
allg. Strafsachen zuständigen Gerichten durch die weitergehende Bestimmung in Abs. 4 ersetzt (vgl. → § 53 Rn. 1; s. auch RL zu § 53; für das Verfahren gegen Heranwachsende vor den für allg. Strafsachen zuständigen Gerichten s. § 112 S. 3, vgl. auch → § 112 Rn. 7). Das Erwachsenengericht darf – insoweit unter Einschränkung von Abs. 1 Nr. 1 – Erziehungsmaßregeln (§ 9) nicht aussprechen, sondern hat deren Auswahl und Anordnung – abw. von § 53 – zwingend dem FamG zu übertragen (Abs. 4 S. 1), und zwar auch dann, wenn es gleichzeitig auf JStrafe erkennt (vgl. Dallinger/ Lackner Rn. 14).

Zu Verfahren und Entscheidungen nach Überweisung vgl. näher → § 53 35
Rn. 10 entsprechend (Abs. 4 S. 2). Soweit das FamG Weisungen (betr. evtl. BewWeisungen gilt Abs. 5) ausgesprochen hat, denen der Jugendliche trotz geeigneter (§ 70a Abs. 1 aF bzw. § 70b Abs. 1 nF entspr.) Belehrung nicht nachgekommen ist, kann ein in Betracht zu ziehender JA (§ 11 Abs. 3) nicht von dem FamG angeordnet werden (vgl. → § 53 Rn. 10). Es ist hierfür vielmehr das Gericht zuständig, dass gem. § 65 Abs. 1 S. 1 für allen Folgeentscheidungen zu Weisungen und Auflagen zuständig wäre, hier also der allg. Strafrichter des ersten Rechtszugs (→ § 65 Rn. 7 f.; abw. aber NK-JGG/Goerdeler/Rose Rn. 23: der JRichter als Vollstreckungsleiter).

VI. Anfechtung

Ob die Anfechtung des Urteils darauf gestützt werden kann, dass das für 36
allg. Strafsachen zuständige Gericht – unter Verstoß gegen § 104 – Verfahrensvorschriften des JGG nicht angewendet hat, richtet sich nach dem Umfang der **Revisibilität** der einzelnen Vorschriften (vgl. deshalb die Erl.

bei den entspr. Bestimmungen; anders noch die Rechtslage unter der Geltung von § 78 RJGG 1943 (vgl. Peters RJGG § 78 Anm. 1), wonach eine versehentliche Nichtanwendung der jugendstrafrechtlichen Verfahrensvorschriften durch das Erwachsenengericht nicht anfechtbar war, da die Regelung über eine entspr. Anwendung nur als Sollbestimmung ausgestaltet war; vgl. auch → Rn. 3).

Dritter Teil. Heranwachsende

Erster Abschnitt. Anwendung des sachlichen Strafrechts

Anwendung des Jugendstrafrechts auf Heranwachsende

105 (1) **Begeht ein Heranwachsender eine Verfehlung, die nach den allgemeinen Vorschriften mit Strafe bedroht ist, so wendet der Richter die für einen Jugendlichen geltenden Vorschriften der §§ 4 bis 8, 9 Nr. 1, §§ 10, 11 und 13 bis 32 entsprechend an, wenn**

1. die Gesamtwürdigung der Persönlichkeit des Täters bei Berücksichtigung auch der Umweltbedingungen ergibt, daß er zur Zeit der Tat nach seiner sittlichen und geistigen Entwicklung noch einem Jugendlichen gleichstand, oder

2. es sich nach der Art, den Umständen oder den Beweggründen der Tat um eine Jugendverfehlung handelt.

(2) **§ 31 Abs. 2 Satz 1, Abs. 3 ist auch dann anzuwenden, wenn der Heranwachsende wegen eines Teils der Straftaten bereits rechtskräftig nach allgemeinem Strafrecht verurteilt worden ist.**

(3) [1]**Das Höchstmaß der Jugendstrafe für Heranwachsende beträgt zehn Jahre.** [2]**Handelt es sich bei der Tat um Mord und reicht das Höchstmaß nach Satz 1 wegen der besonderen Schwere der Schuld nicht aus, so ist das Höchstmaß 15 Jahre.**

Schrifttum: Birk, Entwicklungspsychologie, 7. Aufl. 2020; Busch, Rechtspsychologische Begutachtung delinquenter Heranwachsender, 2006; Eickmeyer, Die strafrechtliche Behandlung der Heranwachsenden nach § 105, 1963; Frank/Harrer (Hrsg.), Drogendelinquenz. Jugendstrafrechtsreform, 1991; Gensing, Jugendgerichtsbarkeit und Jugendstrafverfahren im europäischen Vergleich, 2014; Gniewosz/Titzmann (Hrsg.), Handbuch Jugend, 2018; Janssen, Heranwachsende im Jugendstrafverfahren, 1980; Kröplin, Die Sanktionspraxis im Jugendstrafrecht in Deutschland im Jahr 1997, 2002; Lösel/Bottoms/Farrington (Hrsg.), Young Adult Offenders. Lost in Transition?, 2012; Lohmar, Die strafrechtliche Behandlung der Heranwachsenden nach § 105 JGG, 1966; Pruin, Die Heranwachsendenregelung im deutschen Jugendstrafrecht, 2007; Schleim, Brain Development and the Law, 2025; Schulz, Die Höchststrafe im Jugendstrafrecht …, 2000; Wagler, Probleme der Verteidigung im Jugendstrafverfahren, 1988; Weiss, Die Anwendbarkeit des Jugendstrafrechts auf Heranwachsende, 2021.

Übersicht

I. Allgemeines

1. Funktion und innere Systematik der Norm

1 Die seit 1953 im JStR vorgesehenen §§ 105–112 konkretisieren die in § 1 allg. angeordnete Anwendbarkeit des Gesetzes auf Heranwachsende. Dabei ergeben sich aus § 105 Abs. 1 die Kriterien für die Heranziehung des materiellen JStR (was nach § 109 Abs. 1 und 2 auch Auswirkungen auf die Einschlägigkeit der speziellen Verfahrensvorschriften des JStR hat). Die beiden Varianten, über die anhand der in Abs. 1 geregelten Merkmale zu befinden ist (Anwendung des materiellen JStR oder des allg. StR), bilden nach dem Gesetz gleichrangige Alternativen und stehen in **keinem** irgendwie gearteten **Regel-Ausnahme-Verhältnis** zueinander (BGHSt 12, 116 (118 f.) = NJW 1959, 159 (161); BGHSt 36, 37 (40) = NJW 1989, 1490 (1491); BGH NStZ 2022, 758 (759); 2023, 434 (435); NK-JGG/Ostendorf Rn. 4). Abs. 1 obliegt deshalb eine **weichenstellende Funktion.** Ergibt sich danach in einem konkreten Fall, dass nicht die Rechtsfolgen des allg. StR (vgl. dann auch § 106), sondern die des JGG zu verhängen sind, werden diese durch Abs. 1 und 3 etwas modifiziert. Abs. 2 erweitert hier zudem die Möglichkeiten, eine Einheitssanktion nachträglich zu bilden.

2 Angesichts der genannten Normfunktion muss bei ausnahmslos allen Verfehlungen Heranwachsender (→ § 1 Rn. 21) eine **Entscheidung** nach Abs. 1 getroffen werden. Die dabei zu beantwortende Rechtsfrage scheidet – entgegen einer bisweilen stattfindenden Praxis (dazu Altenhain/Jahn/Kinzig, Die Praxis der Verständigung im Strafprozess, 2020, S. 353 ff., 374 f.) – als Gegenstand einer **Absprache** (dazu → § 2 Rn. 47 ff.) aus (BGH NJW 2001, 2642 (2643); NStZ-RR 2006, 187; Knauer ZJJ 2010, 15 (18 f.); Nowak JR 2010, 248 (251 f.); Löwe/Rosenberg/Stuckenberg StPO § 257c Rn. 28; Radtke/Hohmann/Ambos/Ziehn StPO § 257c Rn. 20; Diemer/Schatz/Sonnen/Diemer § 5 Rn. 26; Beulke/Swoboda JugendStrafR Rn. 221). Im Rahmen von Abs. 1 ist das Gericht in seinem Vorgehen an eine möglichst objektive Beurteilung einer Sachlage gebunden. Es geht hier also nicht um disponible und deshalb vereinbarungs- bzw. aushandlungsfähige Aspekte iSv § 257c Abs. 2 StPO iVm § 2 Abs. 2 (vgl. schon vormals BGH NStZ 2001, 555; NStZ-RR 2006, 187 (188); tendenziell abw. aber Meyer-Goßner/Schmitt/Schmitt StPO § 257c Rn. 7; Haasis, Die Verständigung im Jugendstrafverfahren, 2022, S. 147 ff.; Kirsch StraFo 2010, 96 (97)).

3 Die Anwendbarkeit des materiellen JStR auf Heranwachsende ist vom Vorliegen einer der beiden **Konstellationsvarianten des Abs. 1** abhängig. Beide Voraussetzungen stehen **gleichgestellt nebeneinander,** wobei sie in vielen Fällen gemeinsam bejaht werden können (BGH NStZ 2001, 102). **Nr. 2** bietet dem JRichter indes insofern eine **Beweiserleichterung,** als eine umfassende Persönlichkeitserforschung, derer es zur Feststellung der Voraussetzungen von Nr. 1 bedarf (→ Rn. 18 ff.), immer dann entbehrlich wird, wenn die einfacher aufzeigbaren Bedingungen von Nr. 2 gegeben sind. Nach teilw. vertretener Auffassung sei die Prüfung nach Nr. 1 dann sogar unzulässig (vgl. Beulke/Swoboda JugendStrafR Rn. 215; Brunner/Dölling Rn. 30; Huber JuS 1990, 732). Eine solche prinzipieller Sperrwirkung von Nr. 2 besteht aber nicht (OLG Hamm NStZ-RR 2005, 58 (59);

Diemer/Schatz/Sonnen/Sonnen Rn. 11) – schon, weil die für Nr. 1 maßgeblichen Aspekte auch vorwurfsbedeutsam sein können und damit uU für die Rechtsfolgenwahl zu erforschen sind (Weiss, Die Anwendbarkeit des Jugendstrafrechts auf Heranwachsende, 2021, S. 75 f.). Erhebungen zu Fragen von Nr. 1 scheiden allerdings dort aus, wo die persönlichkeitsrechtlichen Eingriffe, die mit ihnen einhergehen, überflüssig und daher unverhältnismäßig wären (s. auch MüKoStPO/Kölbel/Ibold StPO § 160 Rn. 83). Dies ist vornehmlich bei Massendelikten, in denen die fraglichen Informationen auch nicht für die Rechtsfolgenauswahl benötigt werden, der Fall (→ Rn. 19). Unabhängig davon empfiehlt es sich aus pragmatischen Gründen, bei der Prüfung des Abs. 1 stets mit Nr. 2 zu beginnen. Die Praxis greift indes öfter auf die Reifeverzögerung als auf die Jugendverfehlung zurück (Palmowski Sanktionierung S. 196 f. mwN).

2. Empirische, rechtspolitische und rechtsvergleichende Grundlagen

4 **a) Erste Einordnung.** Eine (einzelfallabhängige) Einbeziehung junger Erwachsener in das JStR sehen **international** durchaus manche, aber keineswegs alle Rechtsordnungen vor. Oft gilt für über 18–jährige Personen das allg. StR, wobei die konkrete Altersgrenze bisweilen variiert (sie liegt bspw. in vielen US-Bundesstaaten bei 17, teilw. auch 16 Jahren). Häufig sind (trotz des Übergangs ins allg. StR) für eine zeitlich begrenzte Phase aber Milderungen der allg. Rechtsfolgen sowie Sonderregelungen im Strafvollzug vorgesehen (n. Gensing, Jugendgerichtsbarkeit und Jugendstrafverfahren (…), 2014, S. 47 ff.; DGHP Juvenile 1568 ff.; ferner DVJJ/Dünkel 2003, 21; DVJJ/Dünkel ua 2015, 536 (540 ff.)); Pruin in DVJJ 2019, 486 f.). Zu berücksichtigen sind hierbei indes die jugendspezifischen Herausforderungen und Entwicklungsaufgaben, die in spätmodernen Gesellschaften eher wachsen und zu einer Verlängerung der Jugendphase führen (vgl. bereits Pruin, Die Heranwachsendenregelung (…), 2007, S. 166 ff.; ferner Pruin in DVJJ 2019, 482 (482 f.); Quenzel/Hurrelmann, Lebensphase Jugend, 14. Aufl. 2022, S. 15 ff.; n. BT-Drs. 18/11050, 91 ff.; Gniewosz/Titzmann, Handbuch Jugend/Buchmann/Steinhoff, 2018, S. 341 ff.). Nicht umsonst gelten für junge Volljährige auch außerhalb des JStR zahlreiche rechtliche Sonderregelungen (Meysen/Schönecker/Wrede ZJJ 2021, 135 (138 ff.)).

4a In Ansehung dessen muss die Möglichkeit, das JStR grds. auch auf junge Erwachsene anwenden zu können, im Ansatz als prinzipiell sachgerecht gelten. Das gilt auch für die in Abs. 1 vorgesehene Einzelfallabhängigkeit (ebenso die Einschätzung aus der US- bzw. Außenwarte bei Matthews/Schiraldi/Chester Justice Evaluation Journal 1 (2018), 59 (66 ff.)). Zwar führt die fallkonkrete Feststellung des personen- und tatbezogenen Jugendcharakters eines Geschehens nicht selten zu Schwierigkeiten, sodass die Rechtsanwendung nicht immer vorhersehbar ist. Doch stellten starre Altersgrenzen eine aus empirischer Sicht gleichsam „willkürliche" (für den Einzelfall mitunter unangemessene) Festlegung dar. Zudem entspricht die – aufgrund der geltenden Regelung (zumindest eingeschränkt) vorgenommene – Auseinandersetzung mit den individuellen entwicklungspsychologischen Umständen dem **Erziehungsauftrag** (§ 2 Abs. 1). Dies ist umso wichtiger, je ungünstiger die Chancen des Heranwachsenden zu selbstständiger gesellschaftlicher Eingliederung waren.

b) Die rechtspolitische Debatte. All das bedeutet keineswegs, dass die geltende Regelung nicht rechtspolitisch weiterentwickelt werden könnte (s. dazu bei der Strafmündigkeitsgrenze → § 3 Rn. 6 ff.). In der Öffentlichkeit werden bei schweren Delikten selbst für Jugendliche nicht selten Sanktionen des Erwachsenen-StR präferiert (so für die USA Bolin/Applegate/Ouellette Crime & Delinquency 2021, 262). Dennoch ist die gelegentlich vorgetragene Empfehlung, die Anwendung des allg. StR auf alle Heranwachsenden zu erstrecken (so Pflieger SchlHA 1999, 88; Hinz JR 2001, 50 (58); Gehb/Drange ZfJ 2004, 121 (127)) oder jedenfalls als den gesetzlichen Regelfall auszugestalten (bspw. BR-Drs. 238/04; Paul ZRP 2003, 204 (205 f.); Wolf DRiZ 2018, 246), schwerlich hilfreich. Berücksichtigt man, dass die Rückfallraten bei 21-Jährigen (die allein nach allg. StR sanktioniert werden) nicht besser als die der (teilw. nach JStR sanktionierten) 20-Jährigen sind (Palmowski Sanktionierung S. 535 ff.), **spricht wenig** für solche Vorschläge. **Empirische Befunde** der internationalen Forschung, die aber stets nur bedingt auf Dtl. übertragbar sind, senden jedenfalls entspr., wenn auch nicht ganz eindeutige Signale. So hat man bei Jugendlichen, deren Delikte nach allg. StR behandelt wurden (was nach den sog. Waiver and Transfer Laws in den USA uU möglich ist), eher schlechtere Konformitätsentwicklungen als bei den nach JStR behandelten Jugendlichen festgestellt (McGowan/Hahn/Liberman ua Journal of Preventive Medicine 2007 (Suppl), 7; Redding, Juvenile Transfer Laws, 2010; einschr. Zane/Welsh/Mears CPP 2016, 901). Auch hat die Anhebung der Altersgrenze für den Übergang aus dem JStR-System in das allg. StR, zu der es in einigen US-Bundesstaaten gekommen ist, das Deliktsaufkommen der fraglichen Altersgruppe nicht steigen lassen (vgl. Loeffler/Chalfin CPP 2017, 53). Die Rückfallwerte waren vielmehr verbessert (Fagan Law & Policy 1996, 77; Fowler/Kurlychek Youth Violence and Juvenile Justice 2018, S. 263 ff.; Befunde mit abw. Tendenz indes bei Loeffler/Braga CPP 2022, 595). 5

In Dtl. votiert man aus den verschiedensten Bereichen der Rechtspraxis eher für den **status quo** (vgl. für die Verfassungsjustiz Landau ZJJ 2008, 218 (219); für die JStrafjustiz Sieveking/Eisenberg/Heid ZRP 2005, 188; aus polizeilicher Sicht Hübner/Kunath DVJJ-Journal 1996, 328 (334); aus Sicht der Ministerialadministration s. Empfehlung des Ministerrats des Europarats v. 24.9.2003 (Rec (2003) 20 Nr. 11 sowie auch schon Viehmann DRiZ 1998, 340 (343)). Die in der Wissenschaft vertretenen Auffassungen sprechen sich ggü. einer Streichung von § 105 nicht minder ablehnend aus (detailliert Palmowski Sanktionierung S. 584 f.; vgl. auch aus psychologischer bzw. jugendpsychiatrischer Sicht Wegener DVJJ-Journal 1996, 325 (326); Lempp DVJJ-Journal 1996, 323 f.; Günter FPPK 2008, 169 (178); aus jugendstrafrechtlicher Sicht statt vieler Kreuzer NJW 2002, 2345 (2349 f.); Dölling FS Kreuzer, 2008, 117; Pruin in DVJJ 2019, 487). Von der Literatur wird Abs. 1 indes nicht nur verteidigt, sondern – neben dem Vorschlag, Heranwachsende **generell in das materielle JStR** einzubeziehen (stellvertretend Walter GA 2007, 503 (515); Neubacher in BMJV 2017, 147; Weiss, Die Anwendbarkeit des Jugendstrafrechts auf Heranwachsende, 2021, S. 77 ff.; umfassende Nachw. bei Heinz Sekundäranalyse S. 597 ff.) – seit langem auch eine Ausdehnung jugendbezogener Sonderregelungen bis zum 25. Lbj. diskutiert (**„Jungtäterrecht“** – dazu bereits Denkschrift 1964; Göppinger/Witter ForensPsych-HdB/Lencker S. 260; Remschmidt MschKrim 61 (1978), 79 (90); Zieger StV 1988, 305 (310); vgl. ferner Schaffstein 5a

MschKrim 59 (1976), 92; Erlemann, Heranwachsende in der Strafrechtspflege unter besonderer Berücksichtigung der Reifephase der Adoleszenz, 1988, S. 126 ff.; erg. Pruin ZJJ 2006, 257 (259 ff.); aus der neueren Lit. etwa Röpcke/Barth/Hebebrand ZKJP 48 (2020), 318 (325 f.)).

6 **c) Kriminologische Daten.** Fasst man die **empirischen Befunde zur Delinquenz von jungen Volljährigen** bzw. Heranwachsenden zusammen, zeigt sich zunächst, dass diese Altersgruppe (bei Berücksichtigung ihrer Größe) mit institutionell bearbeiteter Kriminalität am stärksten belastet ist. Dabei haben bestimmte Diebstahlsformen sowie Gewalt-, BtM- und Betrugsdelikte größere Bedeutung als bei jüngeren Bevölkerungsgruppen, wohingegen bspw. Sachbeschädigung und bagatellarische Diebstahlsvarianten seltener werden (vgl. etwa Heinz Sekundäranalyse S. 158 ff., 178 ff.; s. auch → Einl. Rn. 1 und 3). Bei Zugrundelegung von Dunkelfelddaten bestätigt sich der gelegenheits- und lebensstilbedingte Übergang zu anderen Deliktsformen (Verkehrsdelikte, Schwarzarbeit usw.), während die quantitative (nicht qualitative) Höchstbelastung nach manchen (nicht allen) Erhebungen bereits im mittleren Jugendalter einzutreten scheint (zusf. und mwN Boers/Reinecke Altersverlauf/Walburg/Verneuer S. 124 ff., 139 ff.).

6a Mit Blick auf die Häufigkeit und Intensität der Deliktsbegehung in den verschiedenen Lebensphasen können einzelne heranwachsende **Teilgruppen** identifiziert werden, bei denen die erwachsenentypische Delinquenz die (teilw. nur geringen) Rückgänge jugendtypischer Delinquenz (über-)kompensiert und zu einer fortbestehenden oder zunehmenden Hochbelastung beiträgt (Kessler, Journal of Developmental and Life-Course Criminology 6 (2020) 424)). Bei den allermeisten jungen Volljährigen ist die strafrechtliche Auffälligkeit indes schon auf ein Niveau gesunken (oder dort verblieben), das für die Mehrheit der Erwachsenen charakteristisch ist (→ Einl. Rn. 6 und → § 5 Rn. 45). Die stark belastete Teilpopulation ist daher kleiner als unter den Jugendlichen (Boers/Reinecke Altersverlauf/Walburg/Verneuer S. 136 ff.; für die Hellfelderfassung diff. Albrecht/Grundies MschKrim 2009, 326). Hinsichtlich der **Risikobedingungen,** die die Wahrscheinlichkeit ungünstiger Verläufe beeinflussen (→ § 5 Rn. 47 ff.), zeigt die Heranwachsenden-Delinquenz indes eine große Nähe zu jugendspezifischen Faktoren auf (n. bspw. Hill/Blokland/van der Geest EJC 15 (2018), 544: Beziehung zum Elternhaus, Alkoholkonsum). Aus entwicklungspsychologischen Gründen ist sie der Kriminalität von älteren Erwachsenen jedenfalls nicht gleichzustellen (zusf. zum Forschungsstand Hinrichs FPPK 2008, 169 (171 ff.)).

6b **d) Perspektiven.** In diesem Zusammenhang sind neuere Befunde bemerkenswert, denen zufolge ein für Erwachsene typischer **Entwicklungsstand** bei 21-Jährigen keineswegs sicher vorausgesetzt werden kann. Das betrifft zwar nicht die kognitiven, aber die **psychosozialen Fähigkeiten,** die für Impulskontrolle und längerfristiges Denken zentral sind (zusf. zum Forschungsstand Redlich/Quas Oxford Handbook of Developmental Psychology and the Law/Gillespie/Riano/Cauffman, 2024, S. 427 ff.). Dies ergibt sich aus psychosozialen Entwicklungsdaten (vgl. Neubacher in BMJV 2017, 123 ff.; Rocque/Posick/White Journal of Developmental and Life Course Criminology 1 (2015), 350 (370): „show that maturation tends to continue or progress throughout adolescence and into the 20s"). Ferner wird hier vielfach auf Forschungsergebnisse zum neurologischen Reifungsprozess verwiesen (vgl. Remschmidt ZJJ 2008, 336; Remschmidt FS Rössner, 2015,

342; APA Handbook/Luna/Wright S. 91 ff.: späte Ausreifung der besonders relevanten kortikalen Region; erg. zur Gehirnentwicklung Steinberg Am-Psychologist 64 (2009), 739 sowie Dünkel/Geng MschKrim 97 (2014), 387; DVJJ/Dünkel 2015, S. 542 ff.; Dünkel/Geng/Passow ZJJ 2017, 123); Casey/Simmons/Somerville/Baskin-Sommers Annual Review of Criminology 2022, 321), wenngleich in diesem Bereich auch relativierende und gegen Generalisierungen sprechende Befunde vorliegen (zusammenfassend Schleim, Brain Development and the Law, 2025, S. 29 ff., 103 ff.). Für die Definition von Adoleszenz wird deshalb inzwischen die deutlich erweiterte Lebensphase zwischen dem 10. und 24. Lbj. vorgeschlagen (Sawyer/Azzopardi/Wickremarathne/Patton Lancet Child & Adolescent Health 2018, 223).

Eine solche Perspektivenverschiebung stellt die lex lata unter Vorwurfsgesichtspunkten in Frage und lässt es erforderlich werden, über eine **Neuregelung von Abs. 1 nachzudenken.** Dass eine gesetzliche Ausweitung der JStR-Anwendung auf über 18-Jährige angezeigt sein könnte, wird ebenso durch internationale Entwicklungen deutlich (zur britischen Debatte Lösel/Bottoms/Farrington, Young Adult Offenders/Lösel/Bottoms/Farrington, 2012, S. 1 ff. und Lösel/Bottoms/Farrington, Young Adult Offenders/Allen, 2012, S. 155 ff.). So sind in den Niederlanden die Sanktionen des JStR seit 2014 auch bei bis zu 22-jährigen Personen möglich (dazu etwa Matthews/Schiraldi/Chester Justice Evaluation Journal 1 (2018), 59 (71 ff.); s. aber zur zurückhaltenden Praxis uit Beijerse ZJJ 2019, 50 (53); Schmidt/Rap/Liefaard Youth Justice 2021, 172; van der Laan/Beerthuizen/Barendregt EJC 2021, 526). Der maßgebliche Vorteil eines solchen Schrittes läge indes in der Reichweitenerhöhung, zu der es für die **spezialpräventiv überlegene,** individualisierende Sanktionslogik des JStR käme. Der Erörterung bedarf es hierbei jedoch, inwieweit die erforderlichen neuen Einwirkungsformen als „Erziehung junger Erwachsener" oder eher neutral als eine altersgerechte spezialpräventive „Intervention" zu konzipieren sind (Remschmidt FS Rössner, 2015, 350). 6c

II. Handhabungswirklichkeit

1. Anwendungspraxis

Im Jahr 2022 handelte es sich bei 6,98 % der vor den JGerichten abgeurteilten Personen um Heranwachsende (absolut: 55.237 – vgl. StrafSt Tab. 24311-01). Entscheidungen nach Abs. 1 müssen also **sehr häufig** getroffen werden. In diesen Fällen werden dann die Voraussetzungen der personen- oder deliktsbezogenen Jugendtypik oftmals bejaht. Den Daten des BZR zufolge ist dies in 64 % der Verurteilungen der Fall (so für das Bezugsjahr 2007 Palmowski Sanktionierung S. 195). Die StrafSt weist für 2019, 2021 und 2022 einen Anteil der nach Jugendstrafrecht verurteilten Heranwachsenden von 62,64 %, 62,21 % und 60,28 % aus. Anfänglich waren die Verhältnisse dagegen noch umgekehrt (1954: 20,2 %). Bis zu den Jahren um 2000 fand indes ein deutlicher Anstieg statt (2004–2006 im ehemaligen Bundesgebiet: zwischen 62,6 % und 64,3 %). In den Jahren 2007–2016 setzte sich dies im gesamten Bundesgebiet zunächst fort (Anstieg von 62,93 % auf 66,91 % in 2012), um danach wieder merklich zu sinken (StrafSt Tab 24311- 7

02; zur Entwicklung auch Heinz Sekundäranalyse S. 606 ff.; Heinz Blindflug S. 43 ff.). Auch wenn zu der Frage nach den entsprechenden Anteilszahlen bei den informellen Erledigungen (Einstellung gem. §§ 45, 47 anstatt gem. § 153 ff. StPO) auf der Basis der StrafSt keine Aussagen gemacht werden können (dazu Heinz GS Walter, 2014, 303; Heinz Sekundäranalyse S. 601), entspricht die Verteilung bei den Verurteilungen den empirischen Erkenntnissen sowohl zum Entwicklungsstand Heranwachsender als auch zur prinzipiellen Geeignetheit des täterorientierten JStR für diese Altersgruppe. Zugleich ist die langfristige Entwicklung als Konsequenz einer sich ausdehnenden Jugendphase (→ Rn. 4; sichtbar werdend bspw. an der Verlängerung von Ausbildungszeiten) interpretierbar.

8 Untersuchungen aus der 2. Hälfte des 20. Jahrhunderts weisen darauf hin, dass die Entscheidungen für oder gegen die Anwendung von materiellem JStR oft nur **unzureichend begründet** werden, wobei sich die JGerichte häufig mit der Wiederholung des Gesetzestextes oder einer allg. Wendung begnügten (nach Lohmar, Die strafrechtliche Behandlung der Heranwachsenden, 1966, S. 41 in 39 % und nach Keller/Kuhn/Lempp MschKrim 58 (1975), 153, 154 f. betr. ein AG in etwa 50 % der Fälle; nach Gerken/Schumann Rechtsstaat/Bischoff S. 59 betr. drei AGen in Nds. in 52 % und in knapp 1/3 keine Erwähnung der Vorschrift). In Ansehung der (auch neueren) revisionsgerichtlichen Rspr. (vgl. → Rn. 67, → § 54 Rn. 41) scheinen diese Befunde nicht (gänzlich) überholt zu sein. Welche Rolle hierbei das anzuerkennende Bemühen spielt, als diskriminierend (miss-)verstehbare Entscheidungsgründe zu vermeiden, ist unklar.

2. Unterschiede in der Anwendungshäufigkeit

9 Ebenso wie in vielen Bereichen der richterlichen Rechtsanwendung (auch außerhalb des JGG) bestehen beträchtliche Unterschiede in der Häufigkeit der Anwendung von materiellem JStR. Durch das Gesetz sind diese nicht immer zu rechtfertigen, zumal sie nicht selten aus innerbehördlichen Interessen hervorgehen dürften (vgl. etwa zum „Zweck" der Vermeidung eines Rechtsmittelverfahrens Franz (bei Kowalzyck in DVJJ 2003, 53)). **Geschlechtsbezogen** ergab sich bei Straftaten nach dem StGB (ohne Straßenverkehrsdelikte) für die Jahre 1994 und 2006 für das ehemalige Bundesgebiet sowie in den Jahren 2012 und 2022 für das gesamte Bundesgebiet eine zeitweilig deutlich höhere, sich zeitweilig aber etwas angleichende Anwendungsquote des Abs. 1 für männliche Betroffene (70,53 % und 71,21 % sowie 74,53 % und 65,48 % ggü. einer solchen von 57,49 % und 59,27 % sowie 61,67 % und 52,73 % für weibliche Betroffene (StrafSt Tab. 24311-02)). Eine Erklärung hierfür ist am ehesten in den geschlechtsbezogenen Unterschieden der Anzeige- und Verfolgungsintensität (vgl. nur Eisenberg/Kölbel Kriminologie § 48 Rn. 50 f.) und in der unterschiedlichen Zusammensetzung der jeweils geschlechtstypisch begangenen Deliktsarten zu sehen. Bei weiblichen Angeklagten dürften deshalb in den bis zur gerichtlichen Aburteilung gelangenden Verfahren die Sachlagen häufiger auftreten, in denen die rechtspraktisch verbreiteten Kriterien der Anwendung von allg. StR erfüllt sind. – Im Übrigen wird allg. StR aus (kriminal-)politischen wie verfahrensökonomischen (zB Strafbefehlsverfahren) Erwägungen (vgl. Fiedler GA 1973, 43; Metz Zbl 1977, 72; Rohde, Kriminalität in der Bundeswehr, 1967, S. 237; Schwenck NZW 1976, 208) offenbar auch bei Sol-

daten/innen tendenziell häufiger angewandt (so jedenfalls früher Bischoff und Gerken/Schumann Rechtsstaat/Hencken S. 61, 67 bzw. 81; zutr. Kritik bei Frank/Harrer, Drogendelinquenz/Lempp, 1991, S. 233).

Regional zeigten sich in (teilweise auch älteren) Erhebungen ein Nord-Süd- und ein Stadt-Land-Gefälle (vgl. zu Befragungsergebnissen Pfeiffer Zbl 1977, 383 (385); Janssen, Heranwachsende im Jugendstrafverfahren, 1980, S. 183 ff.; Elsner/Molnar, Kriminalität Heranwachsender und Jungerwachsener in München, 2001, S. 110 f.) und zugleich Divergenzen zwischen vergleichbaren Orten (vgl. Keller/Kuhn/Lempp MschKrim 58 (1975), 153) sowie innerhalb einzelner Gerichte (vgl. Eickmeyer, Die strafrechtliche Behandlung der Heranwachsenden (…), 1963, S. 22 ff.). Ähnliche Unterschiede bestehen noch immer (Palmowski Sanktionierung S. 363 ff.; Heinz Blindflug S. 128 ff.), und dies zudem mit Blick auf das **Delikt** (vgl. Kröplin, Die Sanktionspraxis im Jugendstrafrecht (…), 2002, S. 156 ff.; Pruin, Die Heranwachsendenregelung (…), 2007, S. 62 ff.; Heinz GS Walter, 2014, 305; Heinz Sekundäranalyse S. 620 ff.; Heinz Blindflug S. 46 f.). Überdurchschnittlich hoch sind die JGG-Anwendungsquoten bei Eigentums-, Gewalt-, Sexual- und Tötungsdelikten (wie generell bei schweren Straftaten (vgl. Remschmidt FS Rössner, 2015, 345; Heinz ZJJ 2017, 115 (121); s. bereits Lohmar, Die strafrechtliche Behandlung der Heranwachsenden, 1966, S. 29 f., 33), unterdurchschnittlich dagegen bei Verkehrsdelikten (Pruin, Die Heranwachsendenregelung (…), 2007, S. 70 f.; Reiff, Straßenverkehrsdelinquenz in Deutschland, 2015, S. 211 ff.; Palmowski Sanktionierung S. 325). Konkret lauteten 2020 und 2022 bei den verurteilten Heranwachsenden die JGG-Anwendungsanteile bspw. bei Raubdelikten 97,67 % bzw. 85,61 %, bei Diebstahlsdelikten und Unterschlagung 62,75 % bzw. 61,86 % und bei Straßenverkehrsdelikten 40,88 % bzw. 50,46 % (StrafSt Tab. 24311-04). 10

Diese Anwendungsmuster sind schwer zu interpretieren (umfassende Erörterung bei Pruin, Die Heranwachsendenregelung (…), 2007, S. 77 ff.). Für die deliktsbezogenen Unterschiede dürften Aspekte jenseits der jeweiligen Jugendtypik maßgebend sein (verfahrenspraktische Routinen; Erwägungen zu Registerfolgen usw). Auch deutet manches auf ein rechtsfolgenorientiertes Vorgehen hin (so bei schweren Delikten bspw. die Umgehung hoher Mindeststrafen des allg. StR). Außerdem dürfte die oftmalige Heranziehung von Sachverständigen (dazu → § 43 Rn. 29, 37) und die generell intensivere Persönlichkeitserforschung in diesen Fällen dazu beitragen, dass vergleichsweise häufig ein Anlass zur Anwendung von JStR erkannt wird (s. etwa Geraedts, Zur Tötungsdelinquenz bei jugendlichen und heranwachsenden Straftätern, 1998, S. 31). – Bei den Verkehrsdelikten (und einigen anderen Deliktsgruppen (Kröplin, Die Sanktionspraxis im Jugendstrafrecht (…), 2002, S. 160 f.)) ist vornehmlich in den Bundesländern mit hier sehr geringer JGG-Anwendungshäufigkeit (zu den gravierenden regionalen Unterschieden s. Heinz GS Walter, 2014, 308, 312) auch die Tendenz zu einer Erledigung durch Strafbefehl relevant. Da dieses Verfahren (ebenso wie die Verhängung von Geldstrafe) nur bei Anwendung des allg. StR zulässig ist (§ 109 Abs. 2 S. 1, § 79 Abs. 1), wird hier vielfach Abs. 1 aus verfahrensökonomischen Gründen ohne nähere Persönlichkeitserforschung (n. → § 109 Rn. 59 ff.; krit. AG Saalfeld NStZ 1994, 90) verneint, um sodann einen Strafbefehl erlassen zu können (Gerken/Schumann Rechtsstaat/Hencken S. 78; Kölbel ZfJ 1998, 10). 11

III. Abs. 1 Nr. 1

1. Grundlagen

12 **a) Das zentrale Kriterium. aa) Verlaufsprozess.** Der Normtext des Abs. 1 Nr. 1 ist missverständlich gefasst. Indem er darauf abstellt, dass der fragliche Heranwachsende „einem Jugendlichen gleichstand", unterstellt er die Existenz von zwei gleichsam **stufenartig** abgegrenzten Entwicklungsstadien mit jeweils eigenen und klar umrissenen Merkmalen (wobei die fragliche Person den Schritt von dem einen in das nächste Stadium noch nicht absolviert haben darf). Es gibt aber keine abstrakten Standards, die den „Norm-Jugendlichen" definieren und einen Vergleich mit dem konkreten Beschuldigten erlauben würden. Empirisch abgesicherte Leitbilder von „regelgerecht" entwickelten Jugendlichen und Heranwachsenden lassen sich nicht begründen. Wissenschaftlich wird vielmehr – im Gegensatz zu Stufen-, Sprung- und Phasenvorstellungen (zusf. Birk, Entwicklungspsychologie, 2020, S. 721 ff.) – von **kontinuierlich** fortschreitenden Veränderungsprozessen und fließend ansteigenden Reifungsgraden ausgegangen (vgl. etwa schon Thomae Soziale Reife S. 37; zum Abschied vom entwicklungspsychologischen Phasenmodell vgl. etwa Schneider/Lindenberger, Entwicklungspsychologie/Montada/Lindenberger/Schneider, 8. Aufl. 2018, S. 28 f.). So kann es schon lange als geklärt gelten, dass „entwicklungspsychologisch gesehen ... zwischen dem 17. und 18. Lbj. keine Zäsur" liegt (Undeutsch Psych-HdB/Suttinger S. 297; kennzeichnend Schneider/Lindenberger, Entwicklungspsychologie/Weichold/Silbereisen, 8. Aufl. 2018, S. 239 ff.). Das Gleiche gilt iÜ für die Grenzziehung bei 21 Jahren, zumal es Anzeichen für eine Verlängerung der psycho-sozialen Entwicklungsverläufe gibt (→ Rn. 6b f.). Dabei ist die Herausbildung einer „erwachsenen", dh ebenso autonomen wie sozial integrierten Persönlichkeit von einer Vielzahl von Bedingungen abhängig, zu denen neben den individuellen Dispositionen auch die (psychologisch und sozialisatorisch relevanten) Gegebenheiten im Nahraum und weiteren Umfeld, in den Lebens-, Ausbildungs-, Arbeits-, Freizeit- und medialen Konditionen und auch in den sozialstrukturellen Rahmensetzungen zählen.

13 **bb) Entwicklungsaufgaben.** Die Gruppe der Heranwachsenden befindet sich, entwicklungspsychologisch verstanden, in der Phase der **(Post-)Pubertät** bzw. **Adoleszenz,** wobei (Post-)Pubertät den körperlichen, Adoleszenz den psychischen Reifungsprozess meint. Mehrdimensional betrachtet ist im biologischen Bereich die Gesamtheit der somatischen Veränderungen zu berücksichtigen, während im (sozial-)psychologischen Bereich alle individuellen Vorgänge einzubeziehen sind, die mit dem Erleben, der Auseinandersetzung und Bewältigung der somatischen Wandlung sowie den sozialen Reaktionen auf diese verbunden sind (speziell zum Bedürfnis nach Anerkennung etwa Günter ZJJ 2011, 15). Soziologisch gesehen handelt es sich um ein Zwischenstadium, in dem zB im Hinblick auf Beruf und Partnerschaft, auf Autonomie, Individualisierung und Identitätsbildung eine Orientierung zunehmend motiviert, aber noch nicht abschließend vollzogen ist. Hinsichtlich des **Verlaufs** dieser Entwicklungsphase werden (Initial-)Stadien mit Veränderungen im somatischen, psychischen und psychosozialen Bereich

von solchen (sich anschließenden) Stadien unterschieden, die als Reorganisation und Streben nach Erwachsenenstatus erscheinen und die iRd Identitätsfindung zu Auseinandersetzungen mit bestehenden sozialen Strukturen führen. Gerade insoweit handelt es sich um einen wesentlichen Entwicklungsabschnitt zur Erlangung psychosozialer (Erwachsenen-)Reife, dh einer Übereinstimmung zwischen psychischer Entwicklung und sozialen Normen.

Konkret wird von den Heranwachsenden die Bewältigung spezifischer **Entwicklungsaufgaben** erwartet: Individuation und Identitätsbildung; intellektuelle Reifung; Fortschritte bei Bildung, Qualifikation und Berufsfindung; Entwicklung der eigenen Geschlechtsrolle und sexueller Beziehungsfähigkeit; Aufbau von Bindungsfähigkeit in Partnerschaften und Freundschaften; Kompetenz im Umgang mit materiellen Angeboten, Freizeit und Medienmöglichkeiten; Herausbildung von Werteorientierungen (s. etwa Quenzel/Hurrelmann, Lebensphase Jugend, 14. Aufl. 2022, S. 23 ff., 105 ff.; von Buch/Köhler RPsych 2019, 178 (185 ff.); Birk, Entwicklungspsychologie, 2020, S. 712 ff. sowie die Beiträge in Gniewosz/Titzmann, Handbuch Jugend, 2018, S. 165 ff.). Wie bei anderen entwicklungsbedingten Lernprozessen hängt deren Bewältigung sowohl von der sozialen Umwelt als auch von Persönlichkeitsdispositionen ab (speziell zum Verhältnis von Hirnreifung und sozio-emotionalem Kontrollsystem → Rn. 6). Schon deshalb kann es nicht darauf ankommen, dass sich der Heranwachsende auf dem „Stand eines Jugendlichen" befindet. So stellt denn auch die Rspr. darauf ab, ob er „geistig-seelisch (…) bereits im Wesentlichen ausgeformt" ist oder ob bei ihm „Entwicklungskräfte noch in größerem Umfang wirksam sind" (BGHSt 12, 116 (118) = NJW 1959, 159 (160); BGHSt 36, 337 (340) = NJW 1989, 1490 (1491) mAnm Walter/Pieplow NStZ 1989, 576 und Brunner JR 1989, 521; BGH NJW 1992, 2103 (2104); NJW 2022, 3372 (3373); krit. dazu schon Thomae Soziale Reife S. 19 sowie Weber/Rüth FDNP 1997, 247; eher zust. aber Hinrichs/Schütze DVJJ-Journal 1999, 27 (28)). Hierfür kann ein (vorübergehendes) Zurückbleiben hinter imaginären Durchschnittsprozessen (so aber etwa OLG Hamburg MDR 1980, 338: „Entwicklungsrückstand") nicht maßgeblich sein (BGH NStZ 2013, 289). 14

Dem ist im Grundsatz zuzustimmen. Bei Abs. 1 Nr. 1 geht es nicht in einem strengen Sinne nur darum, dass für den jeweiligen Angeklagten entweder mit dem allg. StR oder dem JStR das konkret geeignetere Rechtsfolgespektrum eröffnet werden soll (ferner → Rn. 18; abl. auch 20. Aufl. Rn. 33). **Die Funktion von Abs. 1 Nr. 1** besteht darin, einmal der spezifischen Vorwerfbarkeit, die bei „unreifen" Personen vergleichsweise geringer ist (→ Rn. 17), mit der Zuweisung zu den JGG-Sanktionen gerecht zu werden, durchaus zum anderen aber auch den Einsatz der spezifisch erzieherischen Interventionen des JGG von der Feststellung einer zumindest **typischerweise** bestehenden **Ansprechbarkeit** des Heranwachsenden abhängig zu machen. Deshalb muss es bei der Anwendung von Abs. 1 Nr. 1 um die Frage gehen, ob die skizzierten **Entwicklungsschritte noch laufen** (= erzieherische Zugänglichkeit) oder ob diese sich schon ihrem Abschluss genähert haben (ebenso wohl auch BGH NStZ 2013, 289; vgl. auch Undeutsch Psych-HdB/Suttinger S. 312; aA mAnm Molketin MDR 1980, 1044). Dies lässt sich allein in einer strikt **individualisierenden** Betrachtung etwaiger „Reifungsnotwendigkeiten und -potenziale" erkennen (ähnlich Weiss, Die Anwendbarkeit des Jugendstrafrechts auf Heranwachsende, 2021, S. 40 ff.: erwachsenentypische Autonomie und Stabilität noch nicht er- 15 reicht). – Bei einer solchen Sichtweise ist es kein ausreichendes Anzeichen für eine weitgehend abgeschlossene Entwicklung, dass die fragliche Person das Niveau ihres sozialen (Herkunfts-)Kontextes erreicht hat (dazu anhand der sprachlichen Ausdrucksfähigkeit BGH StV 1981, 183) oder dass sie äußerlich in devianten Lebensstilen und subkulturellen Milieus zurechtzukommen vermag (vgl. BGH NStZ-RR 2011, 218 mAnm Eisenberg ZJJ 2011, 202 (203); s. auch den bei Eisenberg JA 2006, 140 (143) besprochenen Fall; tendenziell abw. aber LG Bonn BeckRS 2008, 20084 mkritAnm Eisenberg ZJJ 2008, 381 (383)).

16 **cc) „sittliche" oder die „geistige" Entwicklung.** Das Gesetz spricht in einer kumulativ gefassten Formulierung von der „sittlichen und geistigen Entwicklung", ohne damit zu verlangen, dass tatsächlich **beide Bereiche** unabgeschlossen sind. Anderenfalls würden Fälle, in denen erzieherische Interventionen angezeigt und zielführend sind, dem JStR (zugunsten des spezialpräventiv ungeeigneteren allg. StR) entzogen. Sieht man einmal davon ab, dass sich beide Entwicklungsfelder letztlich in vielfältiger Weise bedingen und eine Abgrenzung nur iSv Schwerpunkten möglich ist, kommt JStR nach ganz hM deshalb auch dann zur Anwendung, wenn entweder die „sittliche" oder die „geistige" Entwicklung – dh die Herausbildung der **moralischen oder kognitiven Urteilsfähigkeit** – bei der fraglichen Person noch im Fluss ist und dies die gesamte Persönlichkeit prägt (vgl. schon BGH NJW 1956, 1408: Redaktionsversehen des Gesetzgebers bei Formulierung von Abs. 1 Nr. 1; s. ferner bspw. NK-JGG/Ostendorf Rn. 6).

17 **b) Zeitpunkt der Tat.** Mit Blick auf die eben (→ Rn. 13) genannte Funktion von Abs. 1 Nr. 1 läge es nahe, die bei der Entscheidung personal (noch) bestehende erzieherische Zugänglichkeit zur Voraussetzung für die Anwendung des JStR zu machen. Da die Frage der Anwendung des allg. StR oder aber des JStR nicht vom zufälligen Zeitpunkt des Verfahrens abhängen darf (Art. 103 Abs. 2 GG), legt das Gesetz aus Gründen der **Rechtssicherheit** jedoch das **tatzeitliche** Entwicklungsstadium als das maßgebliche Kriterium fest. Zugleich unterstreicht das Tatzeitkriterium, dass sich § Abs. 1 Nr. 1 mit der herabgesetzten Vorwerfbarkeit einer Tat rechtfertigt, die von Personen mit noch unabgeschlossener Entwicklung begangen werden (→ § 17 Rn. 46 ff., 54) und bei denen die Anwendung des insges. milderen JStR daher legitim ist (Weiss, Die Anwendbarkeit des Jugendstrafrechts auf Heranwachsende, 2021, S. 47 f. mwN).

17a Um zur Entwicklungssituation zum Tatzeitpunkt eine Beurteilung zu ermöglichen, bedarf es rückblickender Erhebungen zu den damaligen Gegebenheiten (BGHSt 12, 116 (120) = NJW 1959, 159 (161); BGH NStZ 2008, 696), auch wenn Ermittlungen zur „Tatzeitpersönlichkeit" und retrospektive Erkenntnisse für prospektive erzieherische Einwirkungen oft gar nicht mehr effektiv oder sachdienlich sind. Bereits wegen dieser Divergenz von Beurteilungs- und zu beurteilendem Zeitpunkt reicht es idR nicht aus, auf den **Eindruck** abzustellen, den der Heranwachsende während des Verfahrens oder speziell **in der HV** gemacht hat. Wenn er dort auf das Gericht wie ein Erwachsener oder Jugendlicher wirkt, kann dies nur als ein (mittelbar) miteinbezogener Beurteilungsbaustein fungieren (BGH MDR 1954, 694 = BeckRS 1954, 31195621; OLG Bremen StV 1993, 536 = BeckRS 1992, 31133483; problematisch BGH NStZ 2015, 230 mkritAnm Eisenberg ZJJ 2014, 388 (389)). Allerdings gilt „der Gerichtssaal als der ungeeignetste

Ort", um „in das geistig-seelische Leben eines Menschen einzudringen" (Peters Strafprozess S. 405). Deshalb bedarf es auch dort, wo ein Sachverständiger unter dem Eindruck der HV zu einem anderen Ergebnis kommt als in dem (vorläufigen) schriftlichen Gutachten, einer näheren Auseinandersetzung (vgl. BGH BeckRS 2012, 9958).

c) „Gesamtwürdigung". Die Beurteilung des Entwicklungsstandes geschieht in Form einer **Gesamtwürdigung** der zur Persönlichkeit und den Umweltbedingungen getroffenen Feststellungen. Dabei handelt es sich um eine **hochgradig individualisierte Beurteilung** eines heranwachsenden Menschen, für die alle standardisierten Kriterien (→ Rn. 19 ff.) nur von begrenztem Nutzen sind. Dem Tatgericht wird eine umfassende Einschätzung von oftmals gegenläufigen Anzeichen und heterogenen Anknüpfungspunkten abverlangt (instruktiv zu diesem diagnostischen Prozess und den dabei ggf. relevanten Aspekten von Buch/Köhler RPsych 2019, 178 (197 ff.)). Häufig weisen Heranwachsende in verschiedenen Lebensbereichen (Beziehung zu Eltern und zu Gleichaltrigen, Partnerschaften, Schule, Ausbildung usw) einen unterschiedlichen Entwicklungsgrad auf (und geben ggf. auch innerhalb einzelner Lebensbereiche ein widersprüchliches Bild ab). Dann bedarf es besonders sorgfältiger Gewichtungen und Abwägungen. Dem Tatgericht kommt hierbei ein Beurteilungsspielraum zu (BGHSt 36, 37 (38) = NJW 1989, 1490; BGH NStZ-RR 1999, 26; NStZ 2003, 493; 2004, 294 (295); 2013, 289; 2017, 217; 2019, 217). Im Ergebnis kann dabei die Reifebeurteilung für verschiedene Lebensbereiche (Sexualität, Umgang mit Geld, Straßenverkehr usw) und damit auch für mehrere angeklagte Delikte durchaus **differenziert** ausfallen (MüKoStGB/Laue Rn. 25; Blau MDR 1959, 717; Blau RdJB 1962, 310; aA und eine einheitliche Rechtsanwendung verlangend Dallinger/Lackner Rn. 30; Brunner/Dölling Rn. 17; offen gelassen bei Streng JugendStrafR Rn. 81; Beulke/Swoboda JugendStrafR Rn. 213). Dass dabei auch zu berücksichtigen sein soll, ob die Instrumente des allg. StR oder die des JStR zur Beeinflussung des fraglichen Heranwachsenden **besser geeignet** sind (Brunner/Dölling Rn. 16; Strafverteidigertag 2018/Swoboda, S. 374 f.), überzeugt jedoch nicht, weil es zu einer ergebnisorientierten Personenbeurteilung einlädt. 18

Im Übrigen besteht bei der Gesamtwürdigung **keine Bindung** an eigene Vorentscheidungen oder Entscheidungen anderer Gerichte (einschließlich der Revisionsgerichte (NK-JGG/Ostendorf Rn. 25). Dies gilt auch, wenn das Revisionsgericht eine Entscheidung des Tatgerichts unter Aufrechterhaltung der relevanten Feststellungen aufgehoben hatte (vgl. etwa BGH NStZ 2005, 644; BeckRS 2024, 25626). Die Beurteilung der Persönlichkeitsentwicklung bspw. in einem **früheren Verfahren** ist erst recht ohne präjudizierende Wirkung. Inwiefern eine vorangegangene gerichtliche Entscheidung als ein wichtiges Indiz dienen kann (BGH NJW 1959, 159 (160)), hängt von der damaligen Begründungstiefe und den seitherigen Informationen ab. 18a

d) Sachverständige Beurteilung und Kriterien. aa) Begutachtung. Für die insoweit idR notwendig werdende eingehende Persönlichkeitserforschung (BGH StV 1983, 378 = BeckRS 1983, 31112592) gelten die allg. Grundsätze, dh der JRichter hat (unter Berücksichtigung des Grundsatzes der Verhältnismäßigkeit) alle Ermittlungsmöglichkeiten (vgl. §§ 38, 43) auszuschöpfen (Dallinger/Lackner Rn. 40 ff.). Die primäre Entscheidungshilfe ist durch die JGH zu leisten (NK-JGG/Ostendorf Rn. 26). Bei schwereren 19

Delikten kommt ggf. die Beauftragung eines **Sachverständigen** in Betracht – zB dann, wenn die vorliegenden Informationen in ganz und gar unterschiedliche Richtungen weisen, so etwa wenn sich bei einem inhaftierten Angeklagten die Berichte der JGH und der JStVollzAnstalt in ihren Ergebnissen widersprechen (BGH NStZ 1985, 184). Ebenso verhält es sich bei sozialisatorischen Auffälligkeiten, bei deren Beurteilung die richterliche Sachkunde überfordert ist (OLG Koblenz StV 2011, 592 = BeckRS 2010, 19913; zu solchen Kriterien für Heranziehung von Sachverständigen s. auch Fegert/Eggers/Resch, Psychiatrie und Psychotherapie des Kindes- und Jugendalters/Schepker/Fegert, 2. Aufl. 2012, S. 267 ff.). Von einer regelhaft bestehenden Notwendigkeit, einen Sachverständigen heranzuziehen, ist aber nicht auszugehen (BGH NStZ 1984, 467 mAnm Brunner NStZ 1984, 467 und Eisenberg NStZ 1985, 84; vgl. auch BGH NStZ-RR 1999, 26; BGHR JGG § 105 Abs. 1 Nr. 1 Entwicklungsstand 8 (Gründe) = BeckRS 2002, 5109; NK-JGG/Ostendorf Rn. 27). Eine entsprechende Begutachtung findet in der Praxis denn auch nur **selten** statt (nach älteren, von Eisenberg NStZ 1985, 84 zusammengestellten Studien lediglich in ca. 5 % der Verfahren; ergänzend Daten bei Pahl, Begutachtungspraxis bei langen Jugendstrafen, 2018, S. 184).

20 **bb) Marburger Richtlinien.** Da sowohl die richterliche wie auch die sachverständige Beurteilung von aufwandsarm heranziehbaren und zugleich wissenschaftlich fundierten Maßstäben profitieren könnte, wurde vormals durch eine Gruppe von Sachverständigen und Mitgliedern der Strafverfolgungsinstitutionen eine Reihe psychosozialer Merkmalsgruppen zusammengestellt, die als aussagekräftig eingeschätzt wurden – einerseits für eine unreife, noch in der Entwicklung stehende Persönlichkeit und andererseits für eine bereits erreichte (Erwachsenen-)Reife (DVJPsychiatrie unsere jugend 1954, 283 (284)). In der Sache handelte es sich dabei aber weniger um Kriterien als um phänomenologische Defizitbeschreibungen. Diese sog. Marburger Richtlinien erlangten gleichwohl eine gewisse Anerkennung, stießen aber auch schon früh auf Kritik (vgl. etwa Mutschler FDNP 1956, 217; Frank/Harrer, Drogendelinquenz/Lempp, 1991, S. 229; zu ähnlichen Ansätzen aus jener Zeit s. Undeutsch Psych-HdB/Suttinger S. 299 ff.; dazu krit. Schmitz MschKrim 1974, 65 (66)). Tragfähige Schlussfolgerungen sollten sie freilich nur bei gleichsam kombiniertem Vorliegen erlauben und auch dies nicht bei einer schematischen Anwendung (im Sinne einer bloßen Addition), sondern erst unter Berücksichtigung der „Gesamtpersönlichkeit".

21 Als Jugendlichkeitsindikatoren stellten die Richtlinien ua auf das Vorherrschen des Gefühls- und Trieblebens (im Gegensatz zu selbstständigem, rational unterbautem Urteilen und Entscheiden) ab (vgl. dazu etwa Illchmann-Christ ZStW 53 (1965), 226 (235)). Eine gewisse Stimmungslabilität, ein „Leben im Augenblick" (im Gegensatz zur Fähigkeit zu zeitlich überschauendem Denken) zählte ebenso dazu (vgl. etwa BGH StV 1994, 607 = BeckRS 1994, 08913: sich „Anmutungs- und Evidenzerlebnissen" überlassen) wie ein Hang zum Abenteuer (vgl. Illchmann-Christ ZStW 53 (1965), 226 (239)) – der auch bei Kfz-Entwendungen zu Spazierfahrten angenommen wird (BGH EJF C I 43) – und eine spielerische Einstellung zur Arbeit im Gegensatz zu diesbzgl. Ernsthaftigkeit und Leistungsehrgeiz (anders aber schon Gerson RdJB 1964, 120 (121) bei antrainierter Arbeitsamkeit). Berücksichtigt wurden ferner Anlehnungsbedürftigkeit und naive

Vertrauensseligkeit wie auch Verführbarkeit durch andere (vgl. BGH 29.6.1983 – 2 StR 228/83 bei Böhm NStZ 1984, 447; Dallinger/Lackner Rn. 22; betr. Taten aus politischer Überzeugung Potrykus Zbl 1953, 19) im Gegensatz zu einer gewissen Eigenständigkeit ggü. anderen Menschen (zur Frage einer frühen Eheschließung aus naivem Zutrauen als Anzeichen von Unreife BGHSt 12, 116 (120) = NJW 1959, 159 (160)). Für eine noch unabgeschlossene Entwicklung sollten ferner sprechen: Ratlosigkeit und Unsicherheit ggü. der Ordnung der Erwachsenen, Eheschließung aus Drang zur Selbstständigkeit oder frühzeitige Lösung familiärer Bindungen sowie Widerstand gegen jede Autorität bzw. Suche nach neuen Vorbildern einschließlich ausgeprägter Nachahmungstendenzen (Suttinger MschKrim 1956, 65 (74)).

Die Richtlinien stießen mit Blick auf die fallkonkret verlässliche Feststell- 22
barkeit der Merkmale auf Skepsis. Auch galt die Generalisierbarkeit unter Jugendlichen als fraglich. Insbesondere aber kritisierte man die geringe Spezifität der Kriterien, was die Frage nahelegte, ob es sich möglicherweise weniger um Kennzeichnen für einen jugendgemäßen Entwicklungsabschnitt als vielmehr um Zuschreibungen bei (auch erwachsenen) **strafrechtlich registrierten** Personen handele (Wagler, Probleme der Verteidigung im Jugendstrafverfahren, 1988, S. 257 ff.; Trenczek ZJJ 2010, 249 (257 f.)). Hinzu kam ein generelles Problem bei Merkmalen der „Haltung" oder des Verhaltens, das in deren **Mehrdeutigkeit** liegt. Hierdurch ist kaum zuverlässig zu erkennen, ob die Merkmalsausprägungen durch Adoleszenz oder pathologisch bedingt (zB eine „neurotische Fixation", vgl. Undeutsch Psych-HdB/Suttinger S. 303) sind (vgl. auch schon Göppinger/Witter ForensPsych-HdB/Lenckner S. 259, 262). Soweit Abhilfe durch eine konkretisierende Operationalisierung und Einführung von 10 ähnlich aufgebauten, aber stärker differenzierten Reifemerkmalen gesucht wurde (vgl. Esser/Fritz/Schmidt MschKrim 74 (1991), 356 (367), waren diese zunächst nicht validiert (vgl. Hinrichs/Schütze DVJJ-Journal 1999, 27 (29); s. dann aber die Nachuntersuchung von Esser DVJJ-Journal 1999, 37). Auch ist die fallkonkrete Einschätzung des Merkmalsvorliegens von hoher Subjektivität und die Gewichtung, mit der die einzelnen Kriterien bei deren uneinheitlicher Ausprägung miteinander in Beziehung zu setzen sein soll, ungeklärt (zur Kritik etwa Röpcke/Barth/Hebebrand ZKJP 48 (2020), 318 (320)).

cc) Neuere Kriterienkataloge. Bei einem weiteren Vorstoß wurde der 23
Versuch unternommen, die einschlägigen Kriterien, Praxen und gehandhabten **Wissensbestände** von Justizpraktikern und Sachverständigen zu erheben und dies in einen anwendbaren Katalog von sieben Aspekten umzulegen. Deren Feststellung im Einzelfall sollte anhand von 47 Merkmalen geschehen und sich nach Art eines Algorithmus aus deren Ausprägungen ergeben (Busch ZJJ 2006, 264 (268 f.)). Ziel war es, so das diagnostische Vorgehen in der Begutachtung (also weniger im richterlichen Handeln) einheitlicher und transparenter werden zu lassen (vgl. Busch/Scholz MschKrim 86 (2003), 423, 425, krit. Esser/Wyschkon/Schmidt MschKrim 87 (2004), 458 f.; s. ferner Busch, Rechtspsychologische Begutachtung delinquenter Heranwachsender, 2006, S. 127 ff. zu einem Abgleich mit den Meinungen von nicht repräsentativ befragten Nicht-Experten (mit besonders hohen Übereinstimmungen hinsichtlich Umständen bzw. Beweggründen der Tat)). Inhaltlich kann diese Methodik freilich nicht zu Maßstäben füh-

ren, die über den bisherigen status quo der Handhabung hinausgehen (die Problematik der Methode verkennend LG Ulm BeckRS 2010, 142226; krit. dazu Eisenberg HRRS 2012, 466 (471)). Ohnehin darf der Ansatz nicht zur Überstandardisierung führen (Trenczek ZJJ 2010, 249 (257 f.)) und die fallkonkret variierende Gewichtung und Relevanz der Einzelmerkmale unberücksichtigt lassen (zum Problem der Außerachtlassung einzelner Merkmale BGH NStZ-RR 2011, 218 mAnm Eisenberg ZJJ 2011, 202 (203)).

23a Das gilt ebenso für das in der Schweiz für ganz ähnliche Fragen entwickelte Konzept von Urwyler/Sidler/Aebi, Massnahmen für junge Erwachsene nach Art. 61 StGB, 2021, S. 52 ff., dem zufolge Umwelt- und Umfeldfaktoren, etwaige psychopathologische Bedingungen und die Merkmale der tatbezogenen Handlungssteuerung sowie die Bewältigung von Entwicklungsaufgaben zu untersuchen sind. Dabei handelt es sich jedoch nicht um ein Scoringsystem (dazu allg. Lederer StV 2017, 748 (751)), sondern (wie bei den anderen Ansätzen idR auch) um zusammengestellte „Anhaltspunkte für eine umfassende Gesamtwürdigung“ (Urwyler/Sidler/Aebi, Massnahmen für junge Erwachsene nach Art. 61 StGB, 2021, S. 61). Es werden also potenziell berücksichtigungsbedürftige Aspekte benannt, die bei einer **systematischen Entwicklungs- und Tatgeschehensbeurteilung** geprüft und bedacht werden müssen, um eine erschöpfende Einordnung der Person zu ermöglichen, für die es aber keine trennscharfen Maßstäbe gibt (Bliesener ua/Dahle/Richter S. 382 ff.). – Insgesamt ist davon auszugehen, dass die Erwartung, es könne wissenschaftlich gestützte, standardisiert anwendbare Instrumente zur Beantwortung der von Abs. 1 Nr. 1 gestellten Frage geben, voraussichtlich nicht realistisch ist. Selbst wenn tragfähige Kriterien und objektive Testverfahren vorlägen, wäre die Einordnung des Einzelfalls in das Schema regelmäßig mit Schwierigkeiten verbunden und bliebe ein sensibler Punkt.

2. Un-/Geeignete Kriterien und Indikatoren

24 **a) Alter und körperliche Entwicklung.** In der Praxis besteht eine **Tendenz,** JStR umso eher anzuwenden, je jünger der Heranwachsende ist (vgl. BGHR JGG § 18 Abs. 2, Entwicklungsstand 4; BGHR JGG § 105 Abs. 1 Nr. 1, Entwicklungsstand 8; vgl. auch OLG Rostock ZJJ 2004, 82). Dies beruht vermutlich darauf, dass es sich beim Altersmerkmal um ein einfach feststellbares und „hartes“ Entscheidungskriterium handelt, das von subjektiven Bewertungen frei ist. Allerdings wird es dem gesetzlichen Ziel nur teilw. gerecht (BGH NStZ 2013, 289). Zu untersuchen und zu würdigen sind stets die gesetzlich **relevanten Entwicklungsumstände** des Einzelfalls. Das Alter gibt hierauf nur einen (sekundären) Hinweis unter vielen und entwickelt keine „Vermutungswirkung“. Deshalb ist bei biografischen Gegebenheiten, die gegen die Anwendung von Erwachsenenstrafrecht sprechen, Abs. 1 Nr. 1 trotz Annäherung an das 21. Lbj. zu bejahen (enger BGH BeckRS 2024, 37871; zutr. dagegen BGH NStZ 2016, 400: materielles JStR bei Tatzeitalter jeweils von 20 Jahren 11 Monaten; BGH NStZ-RR 2011, 218 bei einem Tatzeitalter von 20 Jahren 9 Monaten; vgl. auch schon BGH 29.6.1983 – 2 StR 228/83 bei Böhm NStZ 1984, 447: bei Tatzeitalter von 20½ Jahren und „überfordernde Situation“ durch Gruppeneinfluss; vgl. ferner bereits Thomae Soziale Reife S. 65; Frank/Harrer, Drogendelinquenz/Lempp, 1991, S. 234). Umgekehrt kann auch bei einem gerade erst

volljährig gewordenen Heranwachsenden allg. StR anwendbar sein, aber der hierfür erforderliche Entwicklungsstand ist nur selten (und nur unter Beachtung von § 43 Abs. 2 S. 2) anzunehmen (problematisch LG Ulm BeckRS 2010, 142226 mkritAnm Eisenberg HRRS 2012, 466 (471 f.) bei Tatzeitalter von 18 1/2 Jahren).

Dass vom Heranwachsenden abgegebene äußerliche Bild drängt sich in der Verfahrensinteraktion als Beurteilungskriterium vielfach auf. Aus der wahrnehmbaren **körperlichen Reife** lässt sich aber nicht auf eine entsprechende geistig-seelische Entwicklung schließen (Dallinger/Lackner Rn. 13; Streng JugendStrafR Rn. 75). Nach dem gegenwärtigen Wissensstand besteht kein direkter Zusammenhang zwischen physischer und psychischer Entwicklung, wohl aber eine gewisse Interaktion, die vorwiegend durch soziale Variablen bedingt ist (vgl. schon Thomae Soziale Reife S. 52). So beeinflussen Reaktionen der sozialen Umgebung auf eine körperliche Früh- bzw. Spätentwicklung das Selbstbild des Jugendlichen, wobei tendenziell der Reaktion auf Frühentwicklung eher positive (dh Selbstbewusstsein und Verantwortungsgefühl stärkende), der auf Spätentwicklung eher negative Auswirkungen zugeschrieben werden. 25

b) Zugehörigkeit zu besonders problembelasteten Gruppen. Bei einer kleinen Gruppe von Personen bestehen Korrelationen zwischen körperlichen Reifungsverzögerungen und intellektuellen Ausfällen bzw. psychopathologischen Reifungsverzögerungen (vgl. bereits Undeutsch Psych-HdB/Suttinger S. 302; Remschmidt in DVJJ 1977, 87). Insbesondere aber hat es für Abs. 1 Nr. 1 regelhaft Bedeutung, wenn die „sittliche" oder „geistige" Entwicklung durch besondere **konstitutionell begründete Beeinträchtigungen** beeinflusst wird, wie das zB durch frühkindliche Hirnschädigungen möglich ist. Dies gilt auch für ADHS (OLG Koblenz StV 2011, 592 = BeckRS 2010, 19913) oder eine Fetale Alkohol-Spektrumsstörung (Feldmann ZJJ 2021, 364 (365 ff.) und/oder eine (sonstige) Lernbehinderung, besonders bei deswegen fehlendem Schul- und Ausbildungsabschluss (OLG Brandenburg BeckRS 2010, 33044). 26

Delinquentes Sexualverhalten steht in der fraglichen Altersgruppe oft iZm Entwicklungsproblemen (Eisenberg/Kölbel Kriminologie § 57 Rn. 27). Dies betrifft nicht nur Entstehungsverläufe, die aus Unerfahrenheit, Unsicherheit oder Impulsivität erwachsen, sondern auch Taten, die Ausdruck **psychosexueller Entwicklungsstörungen** sind (Hummel, Aggressive Sexualdelinquenz im Jugendalter, 2008, S. 82 ff., 107 ff.). Daher ist suchtartig erscheinendes Verhalten ebenfalls regelmäßig ein Ausdruck von Unreife (Frank/Harrer, Drogendelinquenz/Lempp, 1991, S. 232). Bei sexuellen Missbrauchshandlungen ist im Einzelfall (und meist sachverständig) zu klären, inwieweit es sich hierbei um Folgen einer sexuellen Präferenz oder von (ungünstig verlaufenden) Entwicklungsprozessen handelt (die diesbzgl. tatrichterliche Einordnung hinnehmend BGH NJW 1998, 3654 (3655)). 27

Unabhängig davon, ob regelmäßiger Drogenkonsum oder eine **Drogenabhängigkeit** eine Folge von bereits anderweitig bestehenden, psychosozialen Problemlagen iSv Abs. 1 Nr. 1 ist, wird die Bewältigung der alterstypischen Entwicklungsaufgaben (→ Rn. 13) hierdurch oft in etlichen (vor allem Leistungs-)Bereichen erschwert. Dadurch ist die soziale Reifung nicht selten (ggf. zusätzlich) verzögert oder gar unterbrochen (BGH StV 1994, 608 = BeckRS 1994, 08914; OLG Köln NJW 1976, 1801; OLG Bremen StV 28

1993, 536 = BeckRS 1992, 31133483; AG Rudolstadt ZJJ 2014, 48 (50) = BeckRS 2013, 17112; Weber/Maier BtMG Vor §§ 29 ff. Rn. 1740; NK-JGG/Ostendorf Rn. 16; Brunner/Dölling Rn. 45; Eberth/Müller/Schütrumpf, Verteidigung in Betäubungsmittelsachen, 7. Aufl. 2018, Rn. 391). Eine Beurteilung des Entwicklungsstadiums Drogenabhängiger bedarf deshalb besonderer Sorgfalt (allg. → § 5 Rn. 56). Die Praxis scheint allerdings bei „harten" Drogen (Heroin) bevorzugt allg. StR anzuwenden, jedenfalls eher als bei anderen Drogen wie zB Cannabis (vormals Hachmann/Jauß MschKrim 66 (1983) 148 (156) anhand von 1.000 Urteilen). Eine solche Tendenz ist, auch wenn sie durch Unterschiede in den sozio-ökonomischen Hintergründen, Ausbildungssituationen usw der jeweiligen Teilgruppen mitbeeinflusst sein könnte, bedenklich und mit den für Abs. 1 Nr. 1 bestimmenden Kriterien nicht ohne weiteres vereinbar (krit. auch Kotz/Rahlf BtMStrafR/Schimmel Kap. 9 Rn. 32).

29 Die psychosoziale Entwicklung kann durch nachwirkende **ungünstige Umweltbedingungen,** die während der Kindheit und Jugend bestanden, bei entsprechenden Anhaltspunkten noch im Heranwachsendenalter beeinträchtigt sein. Dies ist insbes. bei massiver physischer oder psychischer Gewaltausübung seitens der Eltern oder sonstiger Erwachsener möglich (LG Münster BeckRS 2023, 2316), aber auch bei einem Angeklagten, der „in den entscheidenden Entwicklungsjahren ohne Vater aufgewachsen ist und bei seiner Mutter wenig Rückhalt gefunden hat" (BGH StV 1983, 378 = BeckRS 1983, 31112592). – Bei Heranwachsenden, die zeitweilig und/oder aktuell in mehr oder weniger totalen Institutionen lebten bzw. leben (etwa bei ggf. geschlossener **Heimunterbringung, JStVollzAnstalt**), sind die damit verbundenen Einschränkungen der persönlichen Erprobung und Entfaltung zu berücksichtigen. Durch die hiermit einhergehende Unselbstständigkeit und Abhängigkeit wird die Entwicklung von bspw. sozialen (Konfliktlösungs-)Kompetenzen, von Bindungsvermögen und finanziellen Dispositionsfähigkeiten usw nicht selten deutlich erschwert und so auch das Erreichen der (Erwachsenen-)Reife insgesamt verzögert (ebenso NK-JGG/Ostendorf Rn. 17). – Unabhängig davon kann bei einem Heranwachsenden, der sich zur Tatzeit wegen Vollstr einer JStrafe aus einem anderen Verfahren im Erwachsenenstrafvollzug befindet (§ 89b), die dahingehende Anordnung (§ 89b Abs. 2 JGG) ggf. gewisse Rückschlüsse auf den Reifegrad ermöglichen (vgl. BGH NStZ-RR 2011, 218 (219)).

30 **c) Leistungsbereich und Lebensführung.** Die Praxis orientiert sich vielfach an leicht feststellbaren, eher äußerlichen Merkmalen aus dem Bereich der **schulischen** und **beruflichen Entwicklung.** So liegen jedenfalls in der älteren Literatur empirische Anhaltspunkte dafür vor, dass Heranwachsende, die noch die Schule besuchen (und zwar keineswegs nur als Sonderschüler oder als mehrmals „zurückgestellte" und nicht in die nächsthöhere Klassenstufe versetzte Hauptschüler), ganz überwiegend nach JStR behandelt werden, wohingegen dies bei abgeschlossener Berufsausbildung zurückhaltend geschieht (vgl. Lohmar, Die strafrechtliche Behandlung der Heranwachsenden, 1966, S. 66, 78; ähnlich Eickmeyer, Die strafrechtliche Behandlung der Heranwachsenden (…), 1963, S. 63; Janssen, Heranwachsende im Jugendstrafverfahren, 1980, S. 196 ff.; Lux Zbl 1982, 384). Auch in einer für Nds. durchgeführten Untersuchung wurden Heranwachsende mit Ausbildungsabschluss deutlich häufiger nach allg. StR verurteilt als Personen

ohne Ausbildungsabschluss (Gerken/Schumann Rechtsstaat/Bischof S. 64). Allerdings ist hierbei eine differenzierte Handhabung angezeigt. So gibt eine fehlende oder problematisch verlaufende Schul- und Berufsausbildung durchaus Hinweise darauf, dass in diesem Bereich noch zu bewältigende Entwicklungsaufgaben bestehen, womit die Bejahung von Abs. 1 Nr. 1 nahe liegt (BGH StV 2022, 45 (64) = LSK 2021, 38496; NStZ 2023, 434 (435); OLG Bremen StV 1993, 536 = BeckRS 1992, 31133483; OLG Brandenburg BeckRS 2010, 33044; LG Kaiserslautern ZJJ 2015, 76). Umgekehrt ist ein erreichter Berufsausbildungsabschluss oder das Absolvieren einer fortgeschrittenen Lehrausbildung (BGH NStZ 2015, 230, 231 mAnm Eisenberg ZJJ 2014, 388 (389 f.)) für sich genommen aber kaum ein ausreichender Reifeausweis. Durch eine isolierte und schematische Anknüpfung an die formale Qualifikation würde das Gesetz also verengt und nicht selten ein sachfremdes Ergebnis erlangt, das im Übrigen auch auf die Benachteiligung einer Altersteilgruppe hinausliefe (in der Tendenz daher nicht unproblematisch etwa BGH StV 1982, 27; NStZ 2014, 408; BeckRS 2016, 21435).

Deutlicher als durch das Erreichen von Abschlüssen wird der Sozialisati- 31
onserfolg durch das Finden eines beruflichen Standorts und eine zuverlässige **Berufsausübung** angezeigt. Unter Umständen gibt auch schon das erfolgreiche Bemühen um eine Arbeitsstelle einen solchen Hinweis (vgl. BGHR JGG § 105 Abs. 1 Nr. 1, Entwicklungsstand 3). In die gegensätzliche Richtung deutet die „fehlende Kontinuität im Berufsleben" (BGH BeckRS 1989, 1495) bzw. „bei der Arbeitsaufnahme" (OLG Brandenburg BeckRS 2010, 33044; s. auch BGH StV 2020, 695 = BeckRS 2020, 6344; NStZ 2022, 558). Bei ausgebliebener Berufstätigkeit ist zu berücksichtigen, dass der Heranwachsende damit die mit dem Eintritt in die Arbeitswelt verbundene soziale Anerkennung und finanzielle Unabhängigkeit nicht erfahren kann. Möglicherweise ist die Entwicklung hier auch durch wirtschaftliche Einschränkungen erschwert (gerade bei ohnehin sozio-ökonomisch benachteiligten Gruppen). Deshalb ist bei der Prüfung der Reife von **Arbeitslosen** besondere Aufmerksamkeit angebracht (vgl. dementsprechend Gerken/Schumann Rechtsstaat/Bischoff S. 64: häufige Anwendung von JStR bei Arbeitslosen mit oder ohne Ausbildungsabschluss). – Dass die Rspr. diese Kriterien auf den **illegalen** Bereich überträgt und eine dortige, gleichsam gewerbliche Aktivität als Reifeanzeichen wertet (so für die „Betätigung im Prostituiertenmilieu" und bei „Drogengeschäften" BGH NStZ 2003, 493 (495); BeckRS 2012, 12760; 2016, 21435), lässt eine untergründige Moralisierung vermuten. Überzeugen kann dies nur unter manchen Bedingungen (ausgeprägter Geschäftssinn, sorgfältige Organisation usw), nicht aber bspw. bei einem eher unreflektierten Streben „nach dem schnellen Geld".

Ist die elterliche Abhängigkeit relativ ausgeprägt und wird die Alltags- 32
gestaltung nicht autonom, sondern weitgehend durch die familiäre Rahmensetzung bestimmt, spricht dies für die Bejahung von Abs. 1 Nr. 1 (vgl. etwa LG Aachen BeckRS 2009, 89101; AG Lübeck StV 2013, 759 = BeckRS 2013, 16591; LG Neuruppin BeckRS 2023, 43974). Dass der Heranwachsende noch bei den Eltern lebt, ist jedoch wenig aussagekräftig, wenn er dafür allein wirtschaftliche Gründe hat (BGH NStZ 2014, 408 (409)). Generell weist eine **selbstständige Lebensführung** auf eine weit entwickelte Persönlichkeit hin. Dafür genügt das Vorliegen bloß äußerlicher Umstände bzw. eher formaler Kriterien aber nicht (BGH NStZ 2013, 289). Das gilt namentlich für eine (beabsichtigte) Eheschließung (BGH StV 2020,

695 (696) = BeckRS 2020, 6344; s. auch Frank/Harrer, Drogendelinquenz/Lempp, 1991, S. 233), das „Zusammenleben mit der Mutter seines Kindes" (OLG Brandenburg BeckRS 2010, 33044) und eine eigene Wohnung (BGH NStZ-RR ZJJ 2011, 218 (219); s. ergänzend Karle PraxRPsych 2003, 274). Selbst bei Heirat und eigenem Einkommen kann die Unselbstständigkeit ggf. fortbestehen, etwa bei Verbleiben in der Herkunfts- bzw. Großfamilie und Abgabe des erarbeiteten Geldes (dazu für türkischstämmige Heranwachsende Toker DVJJ-Journal 1999, 41 (42); vgl. auch BGH NStZ 2023, 434 (435)).

33 **d) Migrationsbedingungen.** Besonderheiten ergeben sich nicht zuletzt bei **zugewanderten** bzw. **nichtdeutschen** Heranwachsenden (bzw. auch solchen mit entsprechender Herkunftsfamilie). Zum einen ist hierbei auf Sozialisationsumstände bei Heranwachsenden hinzuweisen, die in Deutschland aufgewachsen sind, teilw. die deutsche Staatsbürgerschaft haben, oft im Alltag die deutsche Sprache sprechen, aber ggf. über geringere schulische, berufliche und soziale Entfaltungsmöglichkeiten verfügen als Gleichaltrige ohne Migrationshintergrund. Manche dieser Personen changieren gleichsam „zwischen" teilweise differierenden Kulturen; insoweit kumulieren entsprechende Identifikationsprobleme mit allg. Formen altersspezifischer Orientierungsunsicherheit (vgl. etwa NK-JGG/Ostendorf Rn. 15; Toker DVJJ-Journal 1999, 41 (42); näher mwN Eisenberg/Kölbel Kriminologie § 51 Rn. 30). Den besonderen Sozialisationsproblemen entsprechend wird bei Heranwachsenden dieser Gruppe vergleichsweise häufig JStR angewandt (so zumindest vormals Lux Zbl 1982, 386).

34 Nochmals eigene Bedingungen bestehen bei Heranwachsenden, die nicht oder nur wenige Jahre in Deutschland aufgewachsen und mit ihrer **Familie** oder auch **unbegleitet** (bisweilen also ganz allein) eingereist bzw. **eingewandert** sind (hierzu und zu deren kriminalstatistischer Belastung kriminologisch etwa Wetzels/Brettfeld/Farren MschKrim 2018, 85 (93 ff.); Glaubitz/Bliesener NK 2018, 142 (146 ff., 152 ff.)). Abgesehen von den ambivalenten Auswirkungen, die der unmittelbare Migrationsvorgang auf ihre Entwicklung haben kann, sind hier die vorangegangenen Lebensphasen möglicherweise durch ungünstige Umstände belastet, insb. bei Heranwachsenden, die (zeitweilig) unter Krisen- und Kriegsbedingungen gelebt haben (Bildungsdefizite, schwierige familiäre Verhältnisse, notorische Perspektivenunsicherheit, ggf. Traumatisierungen usw (zu entwicklungshemmenden Folgen von Kriegszeiten bereits BT-Drs. I/3264, 36 bei Einführung von § 105)). Vielfach wird die Herausbildung einer psychosozial gereiften Persönlichkeit bei ihnen auch noch nach der Einwanderung durch ungünstige Bedingungen (Unterbringung in Gemeinschaftsunterkünften, teilhabe- und entfaltungshemmende Sprachbarrieren, sonstige Integrationshindernisse) merklich erschwert (ebenso BGH NStZ 2023, 434 (435): ferner grds., wenn auch nicht im entschiedenen Einzelfall OLG Dresden BeckRS 2021, 11754). Das gilt gesteigert bei einem Aufwachsen in heimähnlichen Einrichtungen und ohne Familie. Entwicklungsverzögerungen liegen daher keineswegs fern (vgl. auch Nöding Verteidigung Rn. 233).

35 Um alltagstheoretische Verkürzungen handelt es sich dagegen bei pauschalisierenden Annahmen, wonach sich die Persönlichkeitsentwicklung angesichts der gesteigerten Herausforderungen gerade beschleunige und/oder die Bewältigung einer unbegleiteten Migration einen fortgeschrittenen Reifegrad dokumentiere (dazu iErg ebenso bereits BGH StV 1990, 508 =

BeckRS 1990, 31085020; OLG Bremen StV 1993, 536 = BeckRS 1992, 31133483; OLG Hamm StV 2005, 71 (72) = BeckRS 2004, 12639). Stattdessen ist auch bei zugewanderten Heranwachsenden unter Verzicht auf solche Stereotypisierungen auf die konkrete biografische Situation und den **individuellen Entwicklungsstand** abzustellen. Dadurch wird die Praxis oftmals mit beträchtlichen Ermittlungsschwierigkeiten konfrontiert, weil Informationen zur Lebensgeschichte nicht vorliegen und nicht zu erlangen sind (vgl. auch → § 1 Rn. 24 ff. zu Problemen der Altersfeststellung). Das wird noch gesteigert, wenn Heranwachsende gleich mehrfach zwischen verschiedenen Staaten (und damit auch unterschiedlichen kulturellen Entwicklungsstandards) wechseln mussten (s. OLG Hamm StV 2001, 182 = BeckRS 1999, 14708). Ist der Reifegrad deshalb nicht eindeutig klärbar, muss auf die Maßgaben zurückgegriffen werden, die für Zweifelsfälle gelten (→ Rn. 47 f.).

e) Deliktsbasierte Merkmale. Die Begehung **bestimmter Deliktsarten** kann – mit Einschränkungen – als Indikator für das Entwicklungsstadium des jeweiligen Heranwachsenden herangezogen werden. Hinweise auf Reifeverzögerungen geben ggf. Straftaten, bei denen die strafrechtliche Mehrerfassung von 14- bis unter 21-Jährigen besonders stark ausgeprägt und die konkrete Angriffsrichtung von einer gewissen Jugendspezifik ist (wie etwa bei §§ 303, 242, 249 StGB sowie bei einfacher und gefährlicher Körperverletzung (zu § 224 Abs. 1 Nr. 4 StGB aber → § 2 Rn. 28 ff.)). Ungeachtet der abw. Tendenzen in der Praxis (→ Rn. 11) betrifft dies gerade auch den Verkehrsbereich und dort besonders Unfälle wegen überhöhter Geschwindigkeit, Trunkenheitsdelikte und Fahren ohne bzw. trotz entzogener Fahrerlaubnis (Eisenberg/Kölbel Kriminologie § 47 Rn. 27). Neben der vergleichsweise geringen Fahrerfahrung hat dies oftmals entwicklungsbeeinflusste Gründe (wie etwa stärkere Risikoneigung, Bestätigungsbedürfnisse, geringeres Verantwortungsbewusstsein usw), sodass es ggf. als Ausdruck der von Abs. 1 Nr. 1 vorausgesetzten Bedingungen gelten kann (vgl. schon OLG Hamm NJW 1960, 1966; AG Saalfeld NStZ 1994, 89 (90)). Jedenfalls darf aus dem Vorhandensein einer Fahrerlaubnis, deren sehr frühzeitiger Erwerb sozialüblich ist, nicht auf das Vorliegen von (Erwachsenen-)Reife geschlossen werden. – Für eine weit gediehene Persönlichkeitsentwicklung spricht vorwiegend die Vornahme solcher Delikte, die Kenntnisse über gesellschaftliche und wirtschaftliche Zusammenhänge erfordern, also zB Betrug (anders aber meist § 265a StGB), Untreue und Urkundsdelikte (vgl. Dallinger/Lackner Rn. 26; vgl. erg. die entsprechend anwendbaren Erwägungen in → § 3 Rn. 24 ff.; abl. für BtM-Delikte Hinrichs/Schütze DVJJ-Journal 1999, 27 (29)). 36

Unter Umständen hat auch die **Art der Deliktsbegehung** einen gewissen Hinweiswert. Geht es darum, aus Tatmodalitäten auf die (Erwachsenen-)Reife zu schließen, übt die Rspr. jedoch eine begründete Zurückhaltung. Dies gilt etwa für die Vornahme einer gleichartigen Tatserie, für das im Delikt gezeigte Durchsetzungsvermögen und für die Rolle eines „Organisators" der Taten (BGH StV 1984, 254; NStZ-RR 2006, 188). Dagegen zeigen spezielle Aggressionstaten im Rahmen pubertärer Autoritätsproteste oder besonders starker Bindungen (aus jugendpsychiatrischer Sicht) einen noch anhaltenden Entwicklungsprozess an (Frank/Harrer, Drogendelinquenz/Lempp, 1991, S. 232 f.; vgl. auch BGH NStZ 2008, 696). Ähnlich 37 verhält es sich bei gruppensituativen Umständen und gruppenförmigem Vorgehen, obwohl erfahrungsgemäß auch weitgehend und konform sozialisierte Heranwachsende infolge **gruppendynamischer** Einflüsse in ihrer Verhaltenskontrolle beeinträchtigt sein können (vgl. auch → § 5 Rn. 63 f., näher Eisenberg/Kölbel Kriminologie § 58 Rn. 4 f.). Eine erhöhte Anpassungs- oder gar Gehorsamsbereitschaft bzw. ein gesteigertes Anerkennungsbedürfnis gelten jedoch zutr. als Zeichen mangelnder Reife (vgl. auch BGH NStZ 2001, 102: „unreifes Imponiergehabe"; Hoffmann StV 2001, 196). Folglich ist auch die Suche nach Schutz, Zugehörigkeit und Anerkennung, die hinter einer autonomiemindernden Unterordnung in Gruppenstrukturen stehen kann, als Ausdruck eines noch anhaltenden sozialisatorischen Prozesses anerkannt worden (vgl. zu „Skin Heads" OLG Zweibrücken NStZ 1987, 89; NK-JGG/Ostendorf Rn. 17). – Besondere Einordnungsschwierigkeiten bestehen indes bei Zugehörigkeit zu (tatsächlich oder vorgeblich) islamistischen Gruppen, bspw. zu deliktisch agierenden sog. „Dschihadisten" oder „Salafisten" (vgl. auch → § 3 Rn. 17 und 26, → § 92 Rn. 51a). Die hier oftmals identitätsstiftende Verinnerlichung subkultureller Ziele und Normen kann jedenfalls für sich genommen noch nicht als ausreichender Reife-Beleg zählen (auch → Rn. 14). Maßgeblich ist, ob der Gruppeneinstieg und die individuelle **Radikalisierung** durch Orientierungsunsicherheiten oder ähnliche entwicklungstypische Problemlagen bestimmt sind und ob die Gruppeneinbindung sodann die psychosoziale Entwicklung (etwa die Werte- und Autonomiebildung) hemmt (vgl. auch Lederer StV 2017, 748 (752 f.); Strafverteidigertag 2018/Swoboda, S. 373; unzutr. OLG Frankfurt a. M. BeckRS 2016, 19047). Dies wird häufig anzunehmen sein (zur unveröffentlichten Judikatur, in der Nr. 1 häufig bejaht wird, s. die Auswertung bei Knauer FS Eisenberg II, 2019, 260).

38 Unergiebig für Abs. 1 Nr. 1 ist die **Häufigkeit und Frequenz der Deliktsbegehung.** Allerdings wird verschiedentlich bei bereits mehrfach strafrechtlich erfassten Heranwachsenden eine deliktsbezogen „verfestigte Haltung" angenommen (und bei ihnen deshalb allg. StR angewandt), wohingegen gelegentliche Delinquenz eher für eine Entwicklungsbedingtheit und die Bejahung von Abs. 1 S. 1 spreche (so anhand einer fragwürdig typisierenden Differenzierung zwischen Anlage- und Entwicklungs-/Verwahrlosungstätern Brunner/Dölling Rn. 14; vgl. auch Dallinger/Lackner Rn. 29; s. ferner BGH StV 1994, 607). Abgesehen von der eingeschränkten prognostischen Relevanz mehrfacher Straftatbegehung (n. Eisenberg/Kölbel Kriminologie § 55 Rn. 4 ff.) besagt diese jedoch nichts für das Erreichen von (Erwachsenen-)Reife (sondern allenfalls etwas für offene und erst noch zu bewältigende Entwicklungsaufgaben). Für die psychosoziale Einschätzung ist deshalb auch der Umstand, dass der Heranwachsende im Anschluss an einen Freiheitsentzug schnell neue Straftaten begeht, ohne Aussagekraft (BGH StV 1982, 474 (475)).

39 **f) Annahme eines Entwicklungs-„Stillstands".** Eine besondere Problematik besteht bei den sehr (wenigen) Heranwachsenden, bei denen (ohne Vorliegen von Schuldunfähigkeit) **angenommen** wird, dass ihre psychosoziale Entwicklung infolge psycho(patho)logisch relevanter Auffälligkeiten gleichsam zum „Stillstand gekommen" sei. Dabei kann es sich allerdings nur um Extremfälle handeln, da sich die völlige und auf Dauer anhaltende Entwicklungsunfähigkeit nur äußerst selten mit einer gewissen Sicherheit

vorhersagen lässt (vgl. auch BGH NStZ 2004, 294 (295 f.); zur im Zweifel gebotenen Annahme positiver Beeinflussungsfähigkeit s. Frank/Harrer, Drogendelinquenz/Lempp, 1991, S. 233). Nicht von Ungefähr wird von leicht bis schwer geistig behinderten Heranwachsenden berichtet, bei denen ein „Nachreifungs"-Prozess auch in späteren Jahren habe beobachtet werden können (vgl. schon Wegener MschKrim 1960, 147).

Ob ein solcher Fall der ausgeschlossenen oder noch möglichen „Nachreifung" vorliegt, ist eine **Beweisfrage** (die ggf. schon für die Bestimmung der Zuständigkeit (etwa gem. § 108 Abs. 3 S. 2) zu klären ist (s. bspw. OLG Karlsruhe ZJJ 2018, 163 = BeckRS 2018, 22224) und die sich dabei für eine vorläufige Beurteilung schwerlich eignet (→ § 108 Rn. 9)). Das Gericht muss grundsätzlich einen jugendpsychiatrischen oder entwicklungspsychologischen (vgl. auch → § 43 Rn. 34 f.) Sachverständigen hinzuziehen. Sieht der Heranwachsende von einer Beteiligung an der Untersuchung ab, so darf ihm dies nach dem Grundsatz der Selbstbelastungsfreiheit nicht angelastet werden (Eisenberg NStZ 2003, 124 (126)). Gegebenenfalls kann das JGericht dann durch Zeugenaussagen einen gewissen Aufschluss erhalten (wie etwa bei LG München I 16.5.2003 – 10 JKLs 122 Js 10353/97, S. 38 f.: Aussagen mehrerer Vollzugsbediensteter „sprechen deutlich für eine stattgefundene Nachreifung"). – Bei Alkohol- oder Drogenmissbrauch wird die prinzipielle Entwicklungsmöglichkeit tendenziell zu bejahen sein, wenn eine (chronische) Alkohol- oder Drogensuchterkrankung verneint wird (vgl. betr. Alkohol BGHR JGG § 18 Abs. 2, Entwicklungsstand 4; ebenso betr. „frühzeitig einsetzendes Drogen- und Alkoholproblem" BGH NStZ 2004, 294 (295)). 40

Ist von einem Entwicklungs-„Stillstand" auszugehen und wird der Heranwachsende den Entwicklungsstand eines Jugendlichen voraussichtlich nicht überschreiten, muss Abs. 1 Nr. 1 nach zutr. und in der Literatur meist vertretener Auffassung gleichwohl bejaht werden. Dies ist schon deshalb geboten, weil bei Delikten von de facto „nicht-erwachsenen" (unreifen) Personen die Vorwerfbarkeit eine vergleichsweise geringere ist (→ § 17 Rn. 54) und spezifischen Sanktionen des JStR auch diesem Umstand gerecht werden sollen (NK-JGG/Ostendorf Rn. 8; Beulke/Swoboda JugendStrafR Rn. 212; ebenso bereits Potrykus Anm. 2; Hinrichsen RdJB 1955, 44 (46); Wegener MschKrim 1960, 147). Dagegen geht ein Teil der Judikatur davon aus, dass sich Abs. 1 Nr. 1 nur auf sich noch weiter entwickelnde Heranwachsende beziehe und bei als unbehebbar beurteilten Entwicklungsrückständen unanwendbar sei (vgl. – jeweils 1. Senat – BGHSt 22, 41; BGH NJW 1959, 1500; NStZ 2002, 204 (206) mkritAnm Walter NStZ 2002, 208 (209); Eisenberg NStZ 2003, 124 (125 f.); Eisenberg JA 2006, 140 (142); OLG Karlsruhe GA 1980, 151; OLG Köln ZJJ 2011, 204 = BeckRS 2010, 28967 mkritAnm Eisenberg ZJJ 2011, 205 (207)). Das an sich zutr. Argument, wonach das Rechtsfolgensystem des JGG auf den noch prägbaren Heranwachsenden zugeschnitten ist (Dallinger/Lackner Rn. 31), rechtfertigt es aber nicht, die besondere psycho(patho)logische Problemlage zu einem systematischen Nachteil der Betroffenen führen zu lassen, nämlich zur ausnahmslosen Anwendung des allg. StR (zumal ja auch §§ 20, 21 StGB nicht immer einschlägig sind). Die sonstige Judikatur (auch der anderen Senate des BGH) steht der Ablehnung von Abs. 1 Nr. 1 denn auch eher zurückhaltend gegenüber (vgl. etwa BGH NStZ 2004, 294 (295 f.); NStZ-RR 2011, 218 (219) mAnm Eisenberg ZJJ 2011, 202). 41

IV. Abs. 1 Nr. 2

1. Grundlagen

42 Das Gesetz enthält keine Legaldefinition der Jugendverfehlung (Beulke/Swoboda JugendStrafR Rn. 214; vgl. auch BT-Drs. 1/3264, 44). Die hM fasst – entspr. dem Normtext – unter den Begriff sowohl Straftaten, die ihrer Art nach generell jugendtypisch sind (für Graffiti aber abw. OLG Düsseldorf NJW 1999, 1199 (1200) mkritAnm Böhm NStZ 1999, 511 (512)), als auch Delikte, bei denen entweder die konkreten Begehungsumstände eine jugendtümliche Verhaltensweise zeigen oder bei denen die Veranlassung der Tat solche Merkmale erkennen lässt, die als **charakteristisch** für die **jugendliche Entwicklungsphase** verstanden werden (etwa BGHSt 8, 90 = NJW 1955, 1606: „aus den Antriebskräften der Entwicklung entspringende Entgleisungen"; BGH NStZ 1986, 549 (550): „fehlende Beherrschung"; BGH NStZ 1987, 366; 2014, 408; BayObLG StV 1981, 527: Mangel an Ausgeglichenheit, Besonnenheit und Hemmungsvermögen; AG Saalfeld NStE Nr. 6 zu § 105 JGG; AG Rudolstadt StV 2017, 725 = BeckRS 2017, 114984: Unbekümmertheit). Im Vordergrund der obergerichtlichen Judikatur (zur dortigen Kasuistik und den Umschreibungsvarianten auch Laue ZJJ 2017, 108 (109)) stehen indes altersgemäße Beweggründe und Motive. Bei deren Vorliegen ist es für die Einordnung als Jugendverfehlung unschädlich, wenn das **äußere Erscheinungsbild** der **Tat** einer für **Erwachsene** charakteristischen Begehungsweise entspricht (BGH NStZ 2001, 102; betr. Spontanverhalten OLG Zweibrücken 8.3.1993 – 1 Ss 21/93 bei Böhm NStZ 1993, 530; OLG Hamm StV 2001, 182 = BeckRS 1999, 14708; OLG Brandenburg BeckRS 2010, 33044; KG StV 2013, 763 = BeckRS 2013, 01154).

43 Soweit das Delikt nicht wegen seiner Art oder den Umständen generell als jugendtypisch gelten kann, bedarf es folglich einer **individuellen Untersuchung** des Verhältnisses von Tat und Person (zur Auseinandersetzung mit der individuellen Tatmotivation OLG Hamm StV 2005, 72 = BeckRS 2004, 12639). Es geht iRv Abs. 1 Nr. 2 jedoch nicht um eine Gesamtwürdigung der Persönlichkeit, sondern um die Bedeutung des Entwicklungsverlaufs des konkreten Heranwachsenden für das Geschehen. Zur Anwendung von JStR genügt die Feststellung, dass die einzelne Tat und ihre Motivation die Züge jugendlicher Unreife trägt. Dies kann zB bei jugendlichem Leichtsinn und Abenteuerlust bei einer Reise ua zum Zweck des Handels mit BtM der Fall sein (vgl. BGHR JGG § 105 Abs. 1 Nr. 2, Jugendverfehlung 3) oder wenn die Tat „unüberlegt und aus einer Laune heraus begangen" wird (AG Rudolstadt ZJJ 2019, 292 = BeckRS 2019, 12041). Ebenso liegt es bei dem Motiv, dass „auch seine Bekannten ‚so gut angezogen' waren" (vgl. BGH StV 1991, 424 = BeckRS 1990, 31093811), oder bei Tatumständen wie „Alkoholgenuss, Auseinandersetzung zwischen jungen Leuten in einem Festzelt, provozierende Sprüche, Imponiergehabe" (vgl. OLG Zweibrücken 8.3.1989 – 1 Ss 11/89 bei Böhm NStZ 1991, 524; vgl. auch betr. „eskalierender Streit in Gegenwart von Freunden und Freundinnen beider Seiten und Imponiergehabe" OLG Zweibrücken 24.5.1993 – 1 AR 46/93, BeckRS 9998, 34996 bei Böhm NStZ 1993, 530). Stets sind die Gestaltung und Entstehungszusammenhänge der **konkreten Tat** zu würdigen, wobei

dem Tatrichter ein „erheblicher Beurteilungsspielraum" zugestanden wird (stellvertretend BGH NStZ 1986, 549 (550); NStZ-RR 1999, 26 (27); aber auch → Rn. 67).

2. Reichweite des Deliktsspektrums

Eine Jugendverfehlung ist bei **keinem Straftatbestand** von vornherein **ausgeschlossen.** Auch schwere Taten und Verbrechen können unter den vorgenannten Voraussetzungen durchaus Jugendverfehlungen sein. Dies wurde bspw. anerkannt bei Totschlag (BGH NStZ 2008, 696; zu § 212 StGB und schwerem Raub in Tateinheit mit gefährlicher Körperverletzung s. BGH NStZ-RR 2003, 188); bei schwerem Raub in zwei Fällen (BGH NStZ 1987, 366) bzw. gemeinschaftlichem schweren Raub in Tateinheit mit § 316a StGB (BGH StV 1991, 424 = BeckRS 1990, 31093811), bei Gewalt- und Rohheitsdelikten (BayObLG StV 1981, 527; OLG Zweibrücken NStZ 1987, 89; AG Rudolstadt BeckRS 2013, 17112), bei sexueller Nötigung (AG Rudolstadt ZJJ 2019, 292 = BeckRS 2019, 12041), bei § 227 StGB (BGH NStZ 1986, 549), vorsätzlicher Körperverletzung in Tateinheit mit Nötigung (AG Rudolstadt StV 2013, 43 = BeckRS 2012, 04301) sowie gefährlicher Körperverletzung unter Einsatz eines Kfz (AG Rudolstadt StV 2013, 764 = BeckRS 2013, 14831). Prinzipiell kommt die Bejahung von Nr. 2 auch bei terroristischen Straftaten in Betracht (Knauer FS Eisenberg II, 2019, 268). 44

Der Annahme einer Jugendverfehlung steht keineswegs zwingend entgegen, dass das fragliche Delikt häufig **auch durch Erwachsene begangen** wird (betr. gemeinschaftlich begangenen Diebstahl vgl. OLG Zweibrücken 7.3.1990 – 1 Ss 191/89 bei Böhm NStZ 1990, 531; LG Gera StV 1998, 346 = LSK 1998, 280294). Dies gilt bspw. für § 113 StGB (vgl. AG Saalfeld VRS 2004, 185; s. auch BayObLG StV 1984, 520 = LSK 1985, 040113; jugendkriminologisch hierzu näher Puschke FS Eisenberg, 2009, 156) und für unterschiedliche Formen von BtMG-Delikten (vgl. n. → Rn. 19 sowie Kreuzer StV 1982, 438 (441); weitere Beispiele aus der Rspr. bei Laue ZJJ 2017, 108 (110)). Prinzipiell möglich ist die Bejahung von Abs. 1 Nr. 2 gleichermaßen, wenn der Heranwachsende überlegt und zweckgerichtet (BGH StV 1983, 377 = BeckRS 1983, 31110867) bzw. planvoll und zielstrebig vorgegangen ist (OLG Hamm StV 2005, 71 (72) = BeckRS 2004, 12639; KG StV 2013, 763 = BeckRS 2013, 01154). – Bei einer Rauschtat muss diese, nicht die im Rausch begangene Tat als Jugendverfehlung zu beurteilen sein, da letztere nur eine Strafbarkeitsbedingung ist (LG Nürnberg-Fürth MDR 1955, 566; Dallinger/Lackner Rn. 35). 45

Für den Bereich von **Straßenverkehrsdelikten** (Trunkenheitsfahrt, Unfallflucht usw) gelten die gleichen Grundsätze ohne Besonderheiten (OLG Hamm NJW 1960, 1966; OLG Saarbrücken NStZ-RR 1999, 285; OLG Frankfurt a. M. ZfS 2022, 706 = BeckRS 2022, 23619; LG Gera StV 1999, 661 = LSK 1999, 010637; AG Saalfeld NStZ 1994, 89; VRS 2004, 282 = LSK 2004, 370223; DAR 2005, 52; VRS 2005, 366 = BeckRS 2005, 2890; s. bereits Grethlein NJW 1967, 840; Molketin DAR 1981, 137). Die dynamische und Risikokomponente sowie der Selbstbestätigungs- und Selbstdarstellungsaspekt des Fahrzeugführens stehen als jugendtypische Umstände mit vielen Verkehrsdelikten in Zusammenhang (vgl. dazu Kölbel ZfJ 1998, 10; Kühn NK 2008, 129; s. auch AG Lübeck StV 2013, 759 = BeckRS 2013, 46

16591: grund- und gedankenlose Hochgeschwindigkeitsfahrt aus Übermut). Für die Beurteilung als Jugendverfehlung kann zudem Gewicht haben, dass der Verurteilte „keine Fahrerlaubnis besaß" und „mit dem Fahrzeug nicht vertraut" war (wobei es dann auch nicht darauf ankommt, ob das Delikt (wie ggf. bei § 315b StGB) zur Verdeckung eines vorausgegangenen Diebstahls des Kfz geschah, OLG Brandenburg BeckRS 2010, 33044). Die schematische Annahme einer „Erwachsenentat" und die Behauptung eines dahingehenden Regel-Ausnahme-Verhältnisses (so ausdrücklich KG BeckRS 2022, 14327; OLG Frankfurt a. M. ZJJ 2021, 259 (260) = BeckRS 2020, 47408 mkritAnm Ernst/Eisenberg ZJJ 2021, 261 und Eisenberg ZKJ 2021, 358) ignorieren die tatsächlichen verkehrspsychologischen Zusammenhänge und können sich in ihrer Undifferenziertheit auch auf keine gesetzlichen Anknüpfungspunkte stützen.

V. Entscheidung bei unbehebbaren Zweifeln

47 Bestehen nach der Beweiserhebung noch Zweifel, ob der Angeklagte das 21. Lbj. zur Tatzeit bereits (oder noch nicht) vollendet hatte, ist in dubio pro reo davon auszugehen, dass er noch nicht erwachsen war (→ § 1 Rn. 18). Denkbar ist ferner, dass selbst nach Ausschöpfung aller Ermittlungsmöglichkeiten **nicht** mit Sicherheit **festgestellt werden** kann, ob der Heranwachsende noch einem Jugendlichen gleichsteht und/oder ob die Tat sich als Jugendverfehlung darstellt. In solchen Fällen will die Rspr. **grundsätzlich nur JStR** (bzw. die Rechtsfolgen des JStR) anwenden, weil der Heranwachsende nicht ohne weiteres von einer jugendgemäßen Behandlung ausgeschlossen werden dürfe und eine Fehlentscheidung beim unzutr. Einsatz des JStR (erzieherisch) weniger gravierend sei als beim unzutr. Einsatz des allg. StR (BGHSt 12, 116 (118 f.) = NJW 1959, 159 (161); BGHSt 36, 37 (40) = NJW 1989, 1490 (1491); BGH StV 1982, 27; 1983, 377 = BeckRS 1983, 31110867; NJW 2002, 73 (75); NStZ 2004, 294 (295); 2008, 696; 2022, 758 (759); NStZ 2023, 434 (435); KG StV 2013, 763 = BeckRS 2013, 01154).

48 Dagegen ist einzuwenden, dass die tatsächlichen Auswirkungen bei Anwendung von **JStR** für den Heranwachsenden im Einzelfall durchaus **belastender** als bei einer Sanktionierung nach allg. StR sein können (vgl. schon Brauneck ZStW 53 (1965), 209 (217); ferner etwa Pruin in DVJJ 2008, 318). So mag ein wirtschaftlich abgesicherter Heranwachsender bspw. durch eine Arbeitsauflage subjektiv härter als durch eine Geldstrafe beeinträchtigt sein (vgl. auch zu Einstellungen nach allg. StVR und deren Nichteintragung → § 45 Rn. 7 ff.). Im Übrigen werden durch empirische Sanktionsvergleiche ganze Bereiche höherer jugendstrafrechtlicher Sanktionshärte nahegelegt (vgl. → § 18 Rn. 11; ferner Eisenberg/Kölbel Kriminologie § 23 Rn. 45). Deshalb hat sich das Gericht in den besagten Fällen des fortbestehenden Zweifels am Grundsatz „in dubio pro reo" zu orientieren und zu prüfen, ob das allg. StR oder aber das JStR die für den individuellen Angeklagten **weniger eingriffsintensive** Rechtsfolge ergibt. Anzuwenden ist dann die konkret mildere Variante (Grethlein NJW 1959, 542; MüKoStGB/Laue Rn. 28, 35; Diemer/Schatz/Sonnen/Sonnen Rn. 29; Kotz/Rahlf BtMStrafR/Schimmel Kap. 9 Rn. 29; Beulke/Swoboda JugendStrafR Rn. 211; Kinzig FS Eisenberg, 2009, 396; ebenso OLG Hamm StV 2020,

696 (Ls.) = LSK 2020, 25558; n. auch → § 1 Rn. 32; abw. NK-JGG/Ostendorf Rn. 29; Brunner/Dölling Rn. 31: Anwendung JStR, aber die Sanktion dürfe nicht „härter" als die nach allg. StR verhängte Rechtsfolge sein). Bei diesem Rechtsfolgenvergleich haben stationäre Sanktionen prinzipiell ein größeres Eingriffsgewicht als ambulante Reaktionen. Dies betrifft etwa eine Anordnung nach § 12 Nr. 2 oder eines JA gegenüber der Geldstrafe (OLG Hamm StV 2020, 696 (Ls.) = LSK 2020, 25558). Im Verhältnis von Freiheits- und JStrafe kommt es auf die jeweilige Dauer an (BGHSt 10, 100 = NJW 1956, 680).

VI. Anzuwendende jugendstrafrechtliche Vorschriften

1. Grundlegende Maßgaben

Das staatsseitige Bemühen um eine „Besserung" von Erwachsenen ist bei Zwangsförmigkeit mit dem GG nicht zu vereinbaren. Auch sonst wirft es, wie das BVerfG als obiter dictum unterstrichen hat (BVerfGE 22, 180 (219 f.) = NJW 1967, 1795 (1799 f.)), verfassungsrechtliche Fragen auf. Vor diesem Hintergrund kommen die sozialpädagogischen Interventionen der §§ 30 ff. SGB VIII gegenüber **volljährigen** Personen nicht in Betracht. Das bedeutet aber nicht, dass im JStR gegenüber Heranwachsenden überhaupt keine Anordnungen mit dezidiert spezialpräventiver bzw. **erzieherischer** Zielstellung möglich wären; vielmehr ist ein solches Vorgehen nach den in → Rn. 4 ff. dargestellten (rechtspolitischen) Erwägungen umgekehrt sogar indiziert (BVerfGE 74, 102 (123) = NJW 1988, 45 (47)). Deswegen erlaubt das JGG gegenüber diesem Personenkreis die meisten jugendstrafrechtlichen Reaktionsformen (mit Ausnahme der Hilfen zur Erziehung iSv § 12 (dazu Abs. 1 und RL 2)). Von der Praxis, die jene Möglichkeiten durchaus auch wahrnimmt, werden allerdings solche Rechtsfolgen, die den Sanktionen des **allg. StR** (Geld- und Freiheitsstrafe) **ähneln** (Geldauflage und JStrafe), bei Heranwachsenden häufiger als bei Jugendlichen eingesetzt (Palmowski Sanktionierung S. 206; s. a. Tabelle; ferner → § 15 Rn. 27 f., → § 16 Rn. 6). 49

	2016		2022	
	Jugendliche	nach JStR verurteilte Heranwachsende	Jugendliche	nach JStR verurteilte Heranwachsende
Weisungen	25,82 % (abs. 12.224)	22,48 % (abs. 11.076)	32,02 % (abs. 10.569)	29,09 % (abs. 10.024)
Erziehungsbeistandschaft	0,22 % (abs. 106)	0,09 % (abs. 46)	0,16 % (abs. 52)	0,12 % (abs. 43)
Heimerziehung	0,04 % (abs. 18)	0,02 % (abs. 9)	0,03 % (abs. 10)	0,03 % (abs. 12)
Verwarnung	18,67 % (abs. 8.841)	16,53 % (abs. 8.143)	17,41 % (abs. 5.747)	16,32 % (abs. 5.625)
Arbeitsauflage	29,29 % (abs. 13.871)	20,47 % (abs. 10.084)	24,73 % (abs. 8.162)	14,52 % (abs. 5.003)
Geldauflage	5,13 % (abs. 2.427)	14,06 % (abs. 6.928)	8,10 % (abs. 2.672)	16,29 % (abs. 6.648)

	2016		2022	
	Jugendliche	nach JStR verurteilte Heranwachsende	Jugendliche	nach JStR verurteilte Heranwachsende
Sonstige Auflagen	1,82 % (abs. 863)	2,38 % (abs. 1.174)	1,98 % (abs. 652)	2,20 % (abs. 757)
Jugendarrest	11,90 % (abs. 5.637)	10,43 % (abs. 5.139)	9,14 % (abs. 3.016)	6,95 % (abs. 2.396)
Jugendstrafe	7,10 % (abs. 3.363)	13,54 % (abs. 6.670)	6,44 % (abs. 2.125)	11,48 % (abs. 3.955)
alle angeordneten Rechtsfolgen	abs. 47.350	abs. 49.269	abs. 33.005	abs. 34.463

Zahlen zur Verteilung der (auch nebeneinander) angeordneten Rechtsfolgen aus StrafSt Tab. 4.2 und 4.4 bzw. 24311-24, 25, 28 und 29 (Daten ohne Nebenfolgen, Nebenstrafe, Maßregeln der Besserung und Sicherung)

50 Bei der Sanktionswahl ist der Entwicklungsstand des jeweiligen Heranwachsenden in die Entscheidung einzubeziehen, um eine individuell angemessene und **altersgerechte** Anordnung treffen zu können. **Weisungen,** die demgegenüber in ihrem spezifischen Erziehungscharakter für den Heranwachsenden in erheblicher Weise ungeeignet sind (und womöglich als missachtend empfunden werden), stellen uU einen Ermessensmissbrauch des JGerichts (mit der Folge der Nichtgeltung der Rechtsmittelbeschränkung (→ § 55 Rn. 72)) dar (weitergehend Mrozynski JR 1983, 397). Berücksichtigt werden muss auch, dass die Umsetzung und Kostentragung der Weisung durch die JHilfe nur unter den Voraussetzungen von §§ 27 ff., 36a, 41 SGB VIII sichergestellt ist (dazu → § 10 Rn. 10 und 64 ff. sowie Riekenbrauk ZJJ 2007, 159 (162 ff.)). Zugleich widerspräche es § 2 Abs. 1, würde man sich ggü. Heranwachsenden auf solche Weisungsvarianten beschränken, die auch bei Erwachsenen (dort im Rahmen einer Aussetzung der Vollstr zBew) Anwendung finden (also zB: Beschränkungen, die sich auf den Aufenthalt, die Benutzung eines Kfz oder die Verwendung des Einkommens beziehen; ferner die Erfüllung einer Unterhaltspflicht; die Teilnahme an einem Verkehrsunterricht; die Betreuungsweisung). Eine solche Tendenz käme zwar der Auffassung entgegen, der zufolge der Unrechtsausgleich mit steigendem Alter stärker in den Vordergrund treten dürfe oder gar müsse. Allerdings würde damit die Unterscheidung zwischen Erwachsenen, für die das allg. StR gilt, und Heranwachsenden, die dem JStR und dem Erziehungsauftrag (§ 2 Abs. 1) unterliegen, weitgehend nivelliert (dazu, dass deshalb bspw. auch die Arbeitsweisung (§ 10 Abs. 1 S. 3 Nr. 4) zulässig ist, etwa BVerfGE 74, 102 = NJW 1988, 45).

51 Aus dem Kreis von **Zuchtmitteln** kann der Verwarnung ggf. eine Wirkung bzw. Geeignetheit auch für Heranwachsende zukommen. Im Spektrum der Auflagen zeichnet sich, vergleicht man die Praxis mit dem Vorgehen bei Jugendlichen, eine gewisse rechtspraktische Verschiebung von der Arbeitsauflage hin zu den „wirtschaftlichen" Varianten (§ 15 Abs. 1 Nr. 1 und 4) ab (s. Tabelle). Dass dies in allen (Einzel-)Fällen dadurch gerechtfertigt ist, dass Heranwachsende über größere finanzielle Mittel (und ggf. weniger Freizeit) als Jugendliche verfügen, muss man bezweifeln. Auf die

Anordnung von JA sollte zumindest bei zwischenzeitlich erwachsen gewordenen Beschuldigten verzichtet werden (dezidiert Budelmann JugendStrafR S. 103 f.; s. auch NK-JGG/Ostendorf Rn. 30). Überhaupt legen die zahlreichen Probleme, die dieser Sanktionsform innewohnen (→ § 16 Rn. 11, 19, 20 ff.), eine ausgeprägte Skepsis gegenüber dem Einsatz dieser Sanktionsform nahe. Generell sind sämtliche Aspekte, die – beim JA wie bei allen besonders **eingriffsinvasiven** Rechtsfolgen – zu einer zurückhaltenden Handhabung gegenüber Jugendlichen mahnen, bei Heranwachsenden ungeachtet ihres höheren Alters gleichermaßen zu berücksichtigen (zur JStrafe s. aber → Rn. 54). Dies gilt namentlich auch für die Sorgfaltsanforderungen, an die der Einsatz von **Maßregeln** der Besserung und Sicherung gebunden ist (dazu für § 63 StGB ebenso BGH DVJJ-Journal 2002, 464 (465) = BeckRS 2002, 7265).

2. Besonderheiten bei der JStrafe gem. Abs. 3

a) Grundregeln. aa) Voraussetzungen. Nach Abs. 3 gelten für die 52
Anordnung einer JStrafe – sei es durch das JGericht oder ein für allg. Strafsachen zuständiges Gericht (§§ 112, 104 Abs. 1 Nr. 1) – einige Besonderheiten. Zunächst ist JStrafe bei Heranwachsenden allerdings (nur) unter denselben Voraussetzungen wie bei Jugendlichen zulässig. Abstriche von den Anforderungen, die für die Anordnungsgründe gem. § 17 Abs. 2 bestehen (→ § 17 Rn. 20 ff., 45 ff.), können indes in eingeschränktem Maße gemacht werden: So verlieren die Verhältnismäßigkeitsschranken, die bei sehr jungen Angeklagten gegen eine JStrafe wegen „schädlicher Neigungen" sprechen (→ § 17 Rn. 40 f.), mit **steigendem Alter** der Heranwachsenden etwas an Bedeutung. Ebenso wird die Frage, ob die Schwere der Schuld eine JStrafe erfordert, iRd hier maßgebenden Schuldverständnisses (→ § 17 Rn. 46 und → § 17 Rn. 54) mit zunehmender Annäherung an das 22. Lbj. stärker durch Tat- und Unrechtsmerkmale bestimmt, während der Aspekt der sich erst noch entwickelnden Verantwortungsfähigkeit in seiner Relevanz sinkt (→ § 17 Rn. 49). Außerdem kommt es dann auf die (neben der Schuldschwere) erforderliche erzieherische Indiktion immer weniger an (näher → § 17 Rn. 57 sowie Kölbel JR 2019, 40 (42 f.)).

bb) Strafrahmen. Gemessen an der für 14- bis 18jährige geltenden 53
Regelung (§ 18 Abs. 1 S. 2) ist die zulässige **Höchstdauer** erweitert: Bei Heranwachsenden kann nach Abs. 3 S. 1 eine JStrafe von bis zu **zehn Jahren** verhängt werden – und dies abw. von § 18 Abs. 1 S. 2 nicht nur für bestimmte, sondern grundsätzlich für alle Taten. Die einzelgesetzlichen Strafrahmen des allg. StR gelten nicht (§ 18 Abs. 1 S. 3). Sie haben aber insofern Bedeutung, als sie – im Sinne einer **Limitierungsfunktion** – bei der Unrechts- und Schuldbewertung ebenso wie gegenüber Erwachsenen die obere Grenze einer schuldangemessenen Strafe markieren. Andernfalls würde womöglich ein Heranwachsender in unzulässiger Weise schwerer bestraft als ein Gleichaltriger (oder Erwachsener) bei Anwendung des StGB (n. dazu → § 18 Rn. 8 f.).

cc) Bemessung. Die festzulegende Dauer der JStrafe ist gem. § 18 54
Abs. 2 an der **spezialpräventiven** Erforderlichkeit auszurichten (→ § 18 Rn. 14 ff.). Dass der Erziehungsgedanke bei der Bemessung „im Vordergrund" (BGH StV 1988, 307 = BeckRS 1987, 31088719) steht, muss also

auch in einem Urteil gegen einen Heranwachsenden erkennbar und dargestellt werden (vgl. auch BGHR JGG § 18 Abs. 2 Erziehung 5 (Gründe) = BeckRS 1990, 31096649 zu einem fast 21-Jährigen; BGH NStZ 2022, 755). Das Vorwurfsgewicht kann innerhalb des Spektrums insofern geeigneter und notwendiger Strafdauern (→ § 18 Rn. 20) strafschärfend oder -mildernd (→ § 18 Rn. 24 ff.) berücksichtigt werden. Außerdem liegt die Bedeutung dieses Aspekts darin, dass die Strafdauer nicht außer Verhältnis zum Vorwurf stehen darf (→ § 18 Rn. 33). Im Übrigen ist das Vorwurfsgewicht hierbei erneut **entwicklungsbezogen** zu bewerten (→ § 18 Rn. 22), wobei allerdings das verwirklichte Tatunrecht mit steigendem Alter stärker in den Vordergrund rückt (weshalb eine falsche Altersberechnung die Strafzumessung beeinflussen kann (vgl. nur BGH 17.3.1992 – 1 StR 47/92 bei Böhm NStZ 1992, 528; 2000, 469)). – Aus Sicht der etwas **abw. hM,** die für die Bemessung das Unrechtsgewicht und die Einwirkungsfunktionalität der JStrafe in eine **umfassende Abwägung** eingehen lassen will (→ § 18 Rn. 37), wird die Strafdauerfestlegung bei höherem Alter (vor allem bei schwereren Taten) jedoch zunehmend durch den Vorwurfsausgleich bestimmt und damit an die Logik des § 46 StGB angenähert (vgl. etwa BGH NStZ 2018, 728 (729); zur Situation bei über 21-jährigen Angeklagten (→ § 17 Rn. 57). Aber auch auf dieser Grundlage ist die Bedeutung des Lebensalters im Einzelnen zu begründen (BGH StV 1998, 334 = BeckRS 1997, 31120820). Es muss konkret gezeigt werden, wieso die Tatbewertung in ähnlicher Weise wie bei Erwachsenen erfolgen kann und inwieweit sich der Verurteilte in den verschiedenen Lebensbereichen ggf. umgekehrt noch in der Entwicklung befindet (sodass die Folgen des JStVollzugs ihn möglicherweise besonders nachteilig beeinträchtigen könnten).

55 Bei **sehr langen,** mehr als drei- bis vierjährigen JStrafen ist lediglich in Ausnahmefällen davon auszugehen, dass dies iSv § 18 Abs. 2 der jeweils „erforderlichen erzieherischen Einwirkung" dient (→ § 18 Rn. 35). Solche Sanktionen können daher allein mit **Schuldgesichtspunkten** und der Zumessungslogik des § 46 Abs. 1 StGB begründet werden (zum Darlegungsmangel bei alleinigem (unsubstantiierten) Hinweis auf Erziehungsaspekte etwa BGH NStZ-RR 2020, 30 (31)). Bei Jugendlichen ist das nach vorliegend vertretener Ansicht allein im Geltungsbereich des § 18 Abs. 1 S. 2 (dh bei Verbrechen mit Mindeststrafe von 10 Jahren) zulässig, nicht aber in den (von § 18 Abs. 1 S. 1 geregelten) Normalkonstellationen (→ § 18 Rn. 38). Bei Heranwachsenden kennt das Gesetz diese Differenzierung dagegen nicht. Indem es den Strafrahmen des Abs. 3 S. 1 hier auf den Normalfall erstreckt, erlaubt es eine schuldorientierte Festlegung langer JStrafen auch bei Delikten, die nicht in § 18 Abs. 1 S. 2 genannt sind. Begrenzt wird dies aber durch das Erfordernis, wonach eine „erzieherische Einwirkung" zwar nicht unbedingt „sinnvoll", aber immerhin **noch „möglich" sein** muss und nicht wegen der absehbar dysfunktionalen Haftdauer (entgegen § 18 Abs. 2) von vornherein unerreichbar sein darf (auch dazu → § 18 Rn. 38). – Ohnehin setzt eine lange JStrafe eine entsprechende fallkonkrete Vorwerfbarkeit (unter Berücksichtigung des individuellen Entwicklungsstandes (→ Rn. 54)) voraus. Da die Schuld des heranwachsenden Verurteilten nicht größer als bei einem Erwachsenen sein kann (→ § 17 Rn. 54; → § 18 Rn. 22), muss die JStrafdauer **hinter** jener **Freiheitsstrafe** zurückbleiben, die bei einem vergleichbaren Erwachsenen angesichts der konkreten Tat

noch schuldangemessen wäre (zum Schuldprinzip und dessen Limitierungsfunktion → § 18 Rn. 33).

56 **b) Einordnung von Abs. 3 S. 2. aa) Probleme der Norm.** Bei Verurteilung wegen Mordes (§ 2 Abs. 2, § 211 StGB) und Feststellung der besonderen Schwere der Schuld liegt das Höchstmaß der JStrafe – entspr. dem Maximum bei einer StGB-Sanktion (§ 106 Abs. 1) – bei **15 Jahren** (Abs. 3 S. 2). Die Einführung dieser Regelung durch das Gesetz zur Erweiterung der jugendgerichtlichen Handlungsmöglichkeiten vom 4.9.2012 (vgl. auch schon den Gesetzentwurf durch fünf Bundesländer v. 14.5.2005 (BR-Drs. 276/05, 2)), stellt einen **Tiefpunkt** der deutschen Strafrechtspolitik dar (vgl. etwa Höynck StraFo 2017, 267 (268): „Sündenfall"). Die hierbei vorgenommene Annäherung an das allg. StR (§ 38 Abs. 2 StGB) weist nicht nur einen eklatanten Mangel an rationaler Begründung und Begründbarkeit, sondern auch einen außerordentlich hohen Grad an kriminologischer Dysfunktionalität auf (vgl. bspw. Swoboda ZStW 125 (2013), 86 (87 ff.); zu dogmatischen Inkonsistenzen vgl. Mitsch FS Beulke, 2015, 1181; s. ergänzend auch Mitsch GA 2013, 137). JStrafen der so ermöglichten Dauer lassen sich angesichts ihrer entwicklungspsychologischen Schädlichkeit spezialpräventiv schwerlich durch – empirisch nicht zu belegende – Abschreckungseffekte legitimieren (darauf aber bereits bei der Festsetzung auf 10 Jahre verweisend BT-Drs. 1/3264, 44). Auch in der Jugendstrafjustiz war kein Bedarf ersichtlich (vgl. dazu etwa die empirische Verfahrensanalyse von Schulz, Höchststrafe im Jugendstrafrecht, 2000, S. 152 ff.; ferner Sieveking/Eisenberg/Heid ZRP 2005, 188). Legislatorisch wurde Abs. 3 S. 2 auf „ethische" und gesellschaftliche Wertungen (also auf angebliche **gesellschaftliche Vergeltungsbedürfnisse**) gestützt, hinter denen „kriminologische Bedenken zurücktreten müssen" (BT-Drs. 17/9389, 8). Abgesehen davon, dass ein solcher expressiver Populismus (s. auch Nöding Verteidigung Rn. 235) mit segregierend und entsozialisierend wirkenden Maßnahmen die angedeuteten positiv-generalpräventiven Wirkungen nur zerrbildartig erreichen kann, widerspricht er (als Entstellung der täterstrafrechtlichen Struktur des JGG) der erzieherischen Grundorientierung des Gesetzes (s. auch die speziell straftheoretische Kritik bei Höffler/Kaspar RdJB 2018, 449 (450 ff.)).

57 In einigen bekannt gewordenen Verfahren wurde Abs. 3 S. 2 bei Personen angewandt, die zur Tatzeit im Alter von knapp über 18 Jahren bis knapp über 20 Jahren waren (LG Verden 24.10.2014 – 3 KLs 1/14 mkritAnm Eisenberg NK 2016, 390; LG Cottbus BeckRS 2016, 126651; LG Berlin 19.2.2016 – 234 Js 18115 KLs; LG Würzburg ZJJ 2018, 155 mkritAnm Kölbel ZJJ 2018, 160). Abgesehen von fallspezifischen Unzulänglichkeiten (insb. bei der Sachverständigenauswahl und bei der Berücksichtigung tatsituativer und entwicklungsbezogener Bedingungen (n. → 20. Aufl. 2018, Rn. 39d)) demonstrieren all diese Entscheidungen die Problematik der Norm: Sieht man von einer ggf. erzielten „Genugtuung" ab, haben die hier verhängten, sehr langen JStrafen (BGH NJW 2020, 3537: 12 Jahre, in anderen Judikaten zwischen 11 und 14 Jahren) allein **abträgliche (Entwicklungs-)Folgen** (insofern sie beim verurteilten Heranwachsenden mehr kriminogene als rehabilitative Faktoren erzeugen). – In dieser Hinsicht ist zudem (über den Einzelfall hinaus) eine **Diffundierung** zu besorgen (ebenso bspw. Verrel NK 2013, 67 (75); Swoboda ZStW 125 (2013), 86 (90)). Teile der Praxis könnten Abs. 3 S. 2 – entgegen der Gesetzesbegründung

(vgl. BT-Drs. 17/9389, 20) – dazu hernehmen, um spezialpräventive Aspekte auch bei der Bemessung nach Abs. 3 S. 1 stärker in den Hintergrund zu rücken (vgl. den kennzeichnenden Verwerfungsantrag (§ 349 Abs. 2, 3 StPO) des GBA vom 22.2.2013 – 5 StR 81/13: Abs. 3 „streitet für…eine Überprüfung der gängigen Redeweise vom Vorrang des Erziehungsgedankens in Fällen gem. § 17 Abs. 2, Altern 2"; vgl. in der Tendenz ähnlich auch BGH NStZ 2013, 658).

58 Die Inkohärenz von Abs. 3 S. 2 liegt nicht allein darin, die ohnehin schon bestehende Problematik spezialpräventiv nicht zu rechtfertigender JStrafdauern (→ Rn. 55) deutlich auszudehnen, sondern zeigt sich (als gleichsam **qualitativer** Systembruch) auch in den Kriterien der Strafrahmenerweiterung: Einerseits kommt die Norm ausschließlich für Personen in Betracht, bei denen die Heranziehung des JGG gerade auf ihrem Entwicklungsstand und den hierfür spezialpräventiv besonders geeigneten Mitteln des JGG beruht (weil bei § 211 StGB immer (zumindest auch) Abs. 1 Nr. 1 (und nicht allein Abs. 1 Nr. 2) einschlägig sein dürfte). Andererseits wird die Norm aber allein nach StGB-Kriterien konkretisiert. Denn die besondere **Schwere der Schuld** bestimmt sich nach hM anhand der gleichen Standards wie bei Erwachsenen, da die zu **§ 57a StGB** entwickelte (problematische) Judikatur (BGHSt 40, 360 = NJW 1995, 407; krit. etwa TK-StGB/Kinzig StGB § 57a Rn. 5) auch bei Abs. 3 S. 2 maßgebend sein soll (BGHSt 61, 193 (196) = NJW 2016, 2674 (2675); ebenso Brunner/Dölling Rn. 34; unklar BGH NJW 2017, 1252). Die Handhabung der Norm wird damit also gerade nicht durch die in → § 17 Rn. 46 dargestellten jugendspezifischen Kriterien (dafür etwa Laubenthal/Baier/Nestler JugendStrafR Rn. 747; Müller JR 2017, 120 (122)), sondern vorwiegend durch äußerliche tatbezogene Aspekte bestimmt (also Tatvorbereitung, Begehungsweise, Tatfolgen usw (krit. dazu Höynck StraFo 2017, 267 (269); Kölbel ZJJ 2018, 160 (162); Strafverteidigertag 2018/Swoboda, S. 379 ff.; Swoboda ZStW 132 (2020), 826 (833 ff.); Ostendorf FS Feltes, 2020, 491), wobei die darauf fußende tatrichterliche Schwerebeurteilung sodann revisionsgerichtlich nicht korrigierbar sein soll (BGHSt 61, 193 (195) = NJW 2016, 2674 (2675)).

59 **bb) Auslegung der Norm.** Nach hiesiger Ansicht wird diese Problematik von Abs. 3 S. 2 allerdings dadurch relativiert, dass die Vorschrift an sich **leerlaufen muss** (dafür auch Mitsch FS Beulke, 2015, 1193). Da die Festlegung einer absehbar erziehungsschädlichen JStrafdauer im klaren **Widerspruch zu § 18 Abs. 2 steht** (→ Rn. 55; → § 18 Rn. 38), sind über 10-jährige JStrafen selbst bei bejahter besonderer Schuldschwere streng genommen unzulässig. – Wenn man dem nicht folgt, muss Abs. 3 S. 2 zumindest einer Auslegung unterzogen werden, die den Regelungszusammenhang der Vorschrift berücksichtigt und jene hiermit harmonisiert (indifferent in dieser Hinsicht allerdings BGH NJW 2020, 3537 (3539)). Daraus ergibt sich eine restriktive Lesart der Norm, die sich bei allen drei Tatbestandsvoraussetzungen (und entsprechend hohen Begründungsanforderungen) bemerkbar macht (im Einzelnen dazu Kölbel ZJJ 2018, 160 (162)): So mag das in Abs. 3 S. 2 verwendete Merkmal des **Mordes** zwar auch Versuchs- und sämtliche Beteiligungskonstellationen einschließen (BGH NJW 2020, 3537 (3539); LG Würzburg ZJJ 2018, 155 (158 f.); Feilcke FS Breidling, 2017, 75; iErg auch Mitsch JR 2021, 223 (226 f.); anders BeckOK JGG/Schlehofer Rn. 23 ff.; NK-JGG/Ostendorf Rn. 32a; Bachmann StV 2022, 48 (49)),

doch wird bei manchen Mordmerkmalen die Frage nach der besonderen Schuldschwere von vornherein gar nicht gestellt. Dies betrifft etwa die Verdeckungsabsicht und alle anderen Merkmale des § 211 Abs. 2 StGB, deren Vorliegen durch jugendspezifische Bedingungen gefördert wird und den normativen Bewertungssprung daher nicht in der gleichen Weise wie bei Erwachsenen rechtfertigt (n. → § 2 Rn. 28 ff. sowie Eisenberg HRRS 2012, 23). Außerdem ist die Vorwerfbarkeit mit Blick auf das Alter und den Reifegrad regelhaft in einem solchem Maße reduziert (→ § 17 Rn. 54), dass sich die **Schuld** allenfalls in krassen Ausnahmefällen als **besonders schwer** einstufen lässt (zust. NK-JGG/Ostendorf Rn. 32a). Soweit Abs. 3 S. 2 schließlich erfordert, dass die 10jährige Regelhöchststrafe angesichts der Schuldschwere **nicht ausreicht,** ist dies fallkonkret unter dezidierter Berücksichtigung von § 2 Abs. 1 zu prüfen (so ausdrücklich iÜ auch BT-Drs. 17/9389, 20). Dass der Regelstrafrahmen unter spezialpräventiven Gesichtspunkten unzureichend sein kann, ist mit Blick auf die Folgen langer Haft (→ § 18 Rn. 35) dabei nur dort vorstellbar, wo eine JStrafe unter 10 Jahren der verurteilten Person als Bagatellisierung des Geschehens erschiene.

c) Aussetzung zBew. Bei einer Aussetzung der Vollstr zBew oder bei der Aussetzung der Verhängung der JStrafe zBew ist darauf zu achten, dass die iRd Aussetzung angeordneten Weisungen und Auflagen dem Alter des Heranwachsenden angemessen sind (vgl. hierzu → Rn. 50). Das gilt gleichermaßen bei der Aussetzung der Vollstr des **Strafrestes** zBew. Im Übrigen bietet die Strafrestaussetzung (im Rahmen ihrer gesetzlichen Voraussetzungen) eine Möglichkeit, den erzieherischen Bedürfnissen auch in jenen Fällen, in denen aus Schuldgesichtspunkten auf eine über die erzieherische Notwendigkeit hinausgehende Dauer der JStrafe erkannt wurde, (anschließend) doch noch teilw. Rechnung zu tragen (§ 88 Abs. 2). 60

3. Mehrere Verurteilungen bzw. Straftaten (Abs. 2)

a) Einordnung und Anwendungsfälle. Der Verweis in Abs. 1 stellt klar, dass dort, wo **innerhalb eines Verfahrens** eine Verurteilung wegen mehrerer Straftaten erfolgt, eine einheitliche Rechtsfolge angeordnet werden muss (§ 31 Abs. 1). Dies gilt auch dann, wenn auf diese Delikte teilw. JStR und teilw. allg. StR anzuwenden wäre. In solchen Fällen ist nach den Regeln des § 32 (Prüfung des „Schwergewichts") eine einheitliche Sanktionierung entweder nach dem JGG oder dem StGB herzustellen (s. etwa BGH BeckRS 2024, 15727). Soweit eine Einheitssanktion nach JStR zu bilden ist, gelten hierbei die allg. Regeln (bspw. § 8 oder → Rn. 49 ff.). – Liegt zum Zeitpunkt der Verurteilung eine **in einem anderen Verfahren** rechtskräftig gewordene, aber noch nicht vollständig vollstreckte Verurteilung nach JStR vor, kommt es gem. § 31 Abs. 2 in der Regel (einschränkend § 31 Abs. 3) zu deren Einbeziehung in die nunmehr ebenfalls zu bildende Einheitssanktion. Das gilt unabhängig davon, ob die einzubeziehende Tat im Jugendalter begangen wurde oder wegen Abs. 1 dem JStR unterstand. Anders als in diesen eindeutig geregelten Konstellationen treten Probleme auf, wenn in dem aktuellen Verfahren die Sanktionierung nach **allg. StR bzw. JStR** von der Handhabung im vorangegangenen Verfahren **differiert.** Während die Fallvariante, in der die **bereits rechtskräftige Verurteilung nach JStR** erfolgte und nunmehr eine Verurteilung nach allg. StR ansteht, nach hier 61 vertretener Ansicht gem. § 32 (nach Analogie zu § 31 Abs. 2) zu behandeln ist (eingehend zum Meinungsstand → § 32 Rn. 7 ff.), werden die umgekehrt liegenden Sachlagen durch Abs. 2 erfasst.

62 Hatte das Gericht den Heranwachsenden in dem **früheren** Verfahren (infolge – zutreffender oder fehlerhafter – Verneinung der Voraussetzungen des Abs. 1) nach **StGB** bestraft, entwickelt dies keine Bindung für künftige Entscheidungen (→ Rn. 18). Deshalb kann im **aktuellen** Verfahren eine Sanktionierung nach **JStR** erfolgen. Liegen hier die Voraussetzungen von Abs. 1 tatsächlich vor, erfordert der Erziehungsauftrag (§ 2 Abs. 1) sodann regelmäßig eine gem. **Abs. 2 iVm § 31 Abs. 2 S. 1** erfolgende einheitliche Rechtsfolgenbestimmung (→ § 31 Rn. 18). Anderenfalls käme es zu einem unkoordinierten Nebeneinander umzusetzender Rechtsfolgen aus verschiedenen Strafrechtsordnungen, das sich spezialpräventiv ungünstig auswirken kann (BT-Drs. 7/550, 332). Ausnahmen von der Einheitssanktion erlaubt nur § 31 Abs. 3 (dazu allg. BGH NStZ 2018, 660 (661); n. → § 31 Rn. 29 ff.). Hinsichtlich der einbeziehungsfähigen Rechtsfolgen bestehen keine Einschränkungen. Weil es bei der Einbeziehung nicht um eine „Privilegierung" des Verurteilten, sondern um eine sinnvolle Einwirkung geht, spielt es auch keine Rolle, ob die einzubeziehende Tat vor der aktuell abzuurteilenden Tat begangen wurde (verkannt von MüKoStGB/Laue Rn. 51). Die Bildung der einheitlichen Sanktion ist im Übrigen noch nachträglich gem. § 66 möglich (§ 109 Abs. 2 S. 2).

63 Diese Maßgaben gelten gleichermaßen, wenn das aktuelle Verfahren wegen einer schon länger zurückliegenden, aber gem. Abs. 1 gleichwohl nach JStR zu sanktionierenden Tat erfolgt und das einzubeziehende Urteil nur wegen einer **als Erwachsener** verübten Straftat ergangen ist (BGHSt 37, 34 = NJW 1990, 3157 mzustAnm Eisenberg JR 1990, 483; BGHR JGG § 31 Abs. 2, Einbeziehung 9; BGH StV 1998, 345 = BeckRS 1997, 31357095; 2002, 871; 2010, 13969; StV 2011, 590 = BeckRS 2010, 16622; 2012, 3060; 2013, 5641; DAR 2018, 377, 379; BeckRS 2023, 20407; AG Rudolstadt NStZ-RR 2013, 387 (Ls.); abl. MüKoStGB/Laue Rn. 47, 52). Unter Einbeziehung der bereits rechtskräftigen, aber noch nicht vollständig erledigten Verurteilungen nach StGB wird hier nunmehr also eine einheitliche Maßnahme nach JStR oder eine EinheitsJStrafe festgesetzt. Anlass, hiervon gem. Abs. 2 iVm § 31 Abs. 3 S. 1 abzusehen, besteht allein bei erzieherischen Gründen „von ganz besonderem Gewicht" (BGH StV 2013, 215 = BeckRS 2012, 14984; näher → § 31 Rn. 29 ff.). Ist eine Entscheidung über die Nicht-/Einbeziehung iSv § 31 Abs. 2, 3 unterblieben, muss dies (auch bei beabsichtigter Nichteinbeziehung) von Amts wegen nachträglich im Wege von § 66 erfolgen (OLG Celle NStZ-RR 2010, 27 (Ls.); hierzu auch → § 66 Rn. 6). – Scheidet die Einbeziehung des bereits rechtskräftigen Urteils deshalb aus, weil dieses durch ein **ausländisches** Gericht erlassen wurde, kann dies nach den Grundsätzen eines Härteausgleichs iRd Gesamtstrafübels nur durch eine Milderung der neuen jugendstrafrechtlichen Sanktion berücksichtigt werden. Im Falle einer JStrafe ist das auch erforderlich (vgl. zumindest für die aus Altersgründen allein schuldbasiert begründete und bemessene JStrafe (→ § 17 Rn. 57) ebenso BGH StV 2011, 589 = BeckRS 2011, 4359).

64 **b) Entscheidungskriterien und -folgen.** Aus Abs. 2 ergibt sich in den hiervon erfassten Konstellationen lediglich die Notwendigkeit, eine einheit-

liche Sanktion zu bilden. Ob dies eine Rechtsfolge des JStR oder des allg. StR ist, muss nach den **entsprechend anwendbaren** Kriterien des **§ 32** entschieden werden (BGHSt 37, 34 (37) = NJW 1990, 3157; BGH DAR 2018, 377 (380)). Diese Vorschrift regelt den Modus, wie beim Zusammentreffen verschieden eingeordneter Taten eine einheitliche Bewertung vorzunehmen ist. Der Verweis in Abs. 2 bezieht sich zwar nur auf § 31 Abs. 2 und 3, sodass § 32 allein für die Konstellationen der gleichzeitigen Aburteilung ausdrücklich (über den Verweis in Abs. 1) angeordnet wird. Es ist aber kein Grund ersichtlich, warum die identische Sachlage bei sukzessiver Aburteilung anders behandelt werden sollte. Die entsprechende Anwendung von § 32 hat – bei dahingehendem Ausgang der Schwergewichts-Prüfung – ggf. zur Folge, dass eine einheitliche Sanktion des JStR verhängt werden muss (BGH StraFo 2010, 296 = BeckRS 2010, 13969; DAR 2018, 377 (380)). Dafür sind die einbezogene und die aktuell verhandelte Tat in einer **Gesamtwürdigung** eigenständig und neu zu bewerten, um eine **originäre,** an § 2 Abs. 1 orientierte Sanktion festzulegen (→ § 31 Rn. 46 ff.). Bei umgekehrtem Ausgang der Schwergewichtsprüfung wird nach §§ 54, 55 StGB eine **Gesamtstrafe** gebildet (BGHSt 40, 1 = NJW 1994, 744; BGH StV 1998, 345 = BeckRS 1997, 31120430). Für die alternative Möglichkeit, es in solchen Fällen bei einer getrennten Aburteilung von Erwachsenen- und Jugendtat zu belassen, ist keine Rechtsgrundlage ersichtlich. Die fragliche Wirkung ist aber über Abs. 2 iVm § 31 Abs. 3 erreichbar.

c) Übertragbarkeit auf Taten im Jugendalter. Die Bildung einer Ein- **65**
heitssanktion nach den genannten Maßgaben setzt nach der Rspr. (BGHSt 27, 295 = NJW 1978, 384) voraus, dass die später (nach JStR) abzuurteilende Tat im Heranwachsendenalter begangen wurde. Ist in dem aktuellen Urteil jedoch über eine (lange zurückliegende) bereits vor Erreichen des 18. Lbj. begangene Tat zu entscheiden, scheidet diese Lösung aus, weil Abs. 2 als die maßgebende und verweisende Vorschrift ausdrücklich **nur für Heranwachsende** gilt (ebenso iErg BGH NJW 2024, 1892 (1893) mzustAnm Kölbel JR 2024, 658 (659)). Die frühere StGB-Sanktion bleibt deshalb wirksam und wird um die hinzukommende JGG-Sanktion ergänzt. Auch ein Härteausgleich (dafür Laubenthal/Baier/Nestler JugendStrafR, Rn. 530) kann bei der JGG-Rechtsfolge nur teilw. vorgenommen werden, weil er an die Logik des schuldausgleichenden Strafübels gebunden ist und sich allenfalls mit der JStrafe nach § 17 Abs. 2 Var. 2 verträgt (→ Rn. 63). Dass der Angeklagte noch mit einer offenen StGB-Strafe konfrontiert ist und diese eine fortbestehende Belastung darstellt, hat allerdings in der Regel spezialpräventive Implikationen, die in den an § 2 Abs. 1 orientierten Rechtsfolgenerwägungen des JGG-Verfahrens (meist sanktionsreduzierend) zu berücksichtigen sind.

Eine Gegenauffassung in der Literatur befürwortet hingegen eine analoge **65a**
Anwendung von Abs. 2 (abl. MüKoStGB/Laue Rn. 45). Dafür spricht zwar die dem Prinzip einheitlicher Rechtsfolgenbestimmung gerecht werdende Lösung. Allerdings setzt sich diese Auffassung nicht nur über den Normtext und dessen systematische Stellung hinweg. Unstimmig ist vielmehr auch, dass ihr zufolge für die frühere Straftat eines Jugendlichen ggf. nach § 32 S. 2 (analog) das allg. StR anwendbar wäre (zur Konsequenz einer nachträglichen Gesamtstrafe s. BGHSt 40, 1 (2) = NJW 1994, 744). Zwar wird meist versucht, dies durch eine „selektive Analogie" – entweder § 105 Abs. 2

analog i. V. m. § 31 Abs. 2 und 3 (so NK-JGG/Ostendorf § 32 Rn. 9; Diemer/Schatz/Sonnen/Schatz § 32 Rn. 16 f.) oder § 105 Abs. 2 analog i. V. m. § 31 Abs. 2 und 3, § 32 S. 1 (Streng JugendStrafR Rn. 289) – zu vermeiden. Doch weil sich eine solche „Ausschaltung" von § 32 S. 2 auf die sukzessive Verfahrensabfolge beschränken, nicht aber auf die gleichzeitige Aburteilung erstrecken würde, überzeugen diese Einschränkungen nicht (HK-JGG/Buhr/Koranyi, § 32 Rn. 11; Kölbel JR 2024, 658 (660)).

VII. Prozessuale Aspekte

1. Entscheidung und Entscheidungsbegründung

66 Die Entscheidung darüber, ob die Voraussetzungen des Abs. 1 vorliegen, betrifft nicht die Schuld-, sondern ist ein Teil der **Straffrage** (BGHSt 5, 207 = NJW 1954, 360; stRspr). Demgemäß muss nach § 263 StPO iVm § 2 Abs. 2 mit Zweidrittelmehrheit abgestimmt werden. Wird diese Mehrheit nicht erreicht, gilt gem. § 196 Abs. 3 S. 2 GVG die sich milder auswirkende Meinung, die durch einen Vergleich der im konkreten Fall nach allg. StR oder nach JStR in Frage kommenden Rechtsfolge ermittelt wird (vgl. → Rn. 48). Besteht keine Einigkeit darüber, welches im Einzelfall die milder sanktionierende Meinung ist, entscheidet die einfache Stimmenmehrheit (allgA).

67 Mit den Beurteilungsspielräumen, die dem Tatgericht in den Fragen des Abs. 1 eingeräumt werden (→ Rn. 18, → Rn. 43), korrespondiert eine gesteigerte **Begründungspflicht,** mit der die richterliche Übernahme und Umsetzung der darin liegenden Entscheidungsverantwortung dokumentiert und transparent gemacht wird. Eine detaillierte Darlegung der Entscheidungsgründe ist auch deshalb erforderlich, um die Bejahung oder Verneinung von Abs. 1 Nr. 1 oder Nr. 2 für das Rechtsmittelgericht auf (Rechts-) Fehler hin **nachprüfbar** zu machen. Dies betrifft sowohl die Kontrolle bzgl. unvertretbarer Schlüsse als auch hinsichtlich der **Nichtberücksichtigung** entscheidungserheblicher Aspekte (vgl. etwa BGH NStZ-RR 2003, 188; 2011, 218 (219); BeckRS 2016, 21435)). Denn das Tatgericht darf keine wesentlichen Gesichtspunkte außer Betracht lassen und aus seiner Gesamtwürdigung heraushalten (BGH NStZ 2008, 696; 2022, 558).

67a Die Wiederholung des Gesetzeswortlauts genügt dafür keineswegs (BGH MDR 1954, 694 = BeckRS 1954, 31195621; BGH 1965, 1444 (1445)). Es müssen betr. Abs. 1 Nr. 1 bzw. Nr. 2 die Tatsachen und rechtlichen Schlussfolgerungen angegeben werden, auf denen die jeweils konkrete Entscheidung beruht (zum Erfordernis, auch die Angaben der JGH wiederzugeben und zu würdigen, s. KG StV 2013, 763 = BeckRS 2013, 01154; OLG Hamm NStZ 2020, 748 (749); einschr. OLG Celle ZJJ 2021, 384 = BeckRS 2021, 14603 mablAnm Eisenberg ZJJ 2021, 392). Sie müssen im Einzelnen erkennen lassen, dass bei den Ermittlungen alle Möglichkeiten erschöpfend geprüft wurden, die eine Anwendung begründen könnten (stellvertretend BGH StV 1983, 377 = BeckRS 1983, 31110867; BGH NStZ 1987, 366). Dies setzt regelmäßig die Bezeichnung der verschiedenen, zumindest aber der wichtigsten Informationsquellen voraus. Bei Abs. 1 Nr. 2 ist im Urteilstext eine „umfassende Würdigung der äußeren Tatumstände sowie der Beweggründe des Täters … erforderlich" (BGH NStZ 1987, 366;

vgl. etwa auch BGH NStZ-RR 2003, 186 (188)). Bzgl. Abs. 1 Nr. 1 betrifft dies die herangezogenen „Kriterien und Tatsachen (für) die sittliche und geistige Entwicklung" (BayObLG NStZ 2005, 645). Die bloße Verneinung von Anhaltspunkten für den Schluss auf Reifeverzögerungen genügt nicht (BGH 28.2.1994 – 4 StR 796/93 bei Böhm NStZ 1994, 532; vgl. auch OLG Hamm StV 2001, 182 = BeckRS 1999, 14708 betr. Kulturkonfliktsituation).

2. Anfechtung und Aufhebung des Urteils

a) Rechtsmittelbegrenzung. Die Bejahung oder Verneinung der Voraussetzungen von Abs. 1 Nr. 1 oder Nr. 2 ist kein selbstständiger Beschwerdegegenstand iSv §§ 318, 344 StPO. Eine Begrenzung der Anfechtung und Aufhebung eines Urteils auf die nach Abs. 1 zu treffende Entscheidung ist also nicht möglich. Jeweils erfasst wird die **Rechtsfolgenfrage** stets **insgesamt** (n. → § 55 Rn. 19). Dabei begründet bspw. die Wahl des falschen Strafrahmens (etwa desjenigen des § 18 Abs. 1 S.) die **Revision** (BGH StV 2022, 171 = BeckRS 2021, 35066). Anders liegt es aber, wenn das Revisionsgericht ausschließen kann, dass bei Anwendung des zutreffenden Strafrahmens auf eine andere (für den Revisionsführer günstigere) Strafe erkannt worden wäre (BGH BeckRS 2022, 32805; wistra 2023, 212 (215) = BeckRS 2022, 42364; s. auch → § 18 Rn. 48). Revisibel ist ferner nicht nur die Verneinung, sondern auch die Bejahung von Abs. 1 – so namentlich, wenn eine stationäre jugendstrafrechtliche Sanktion (die eingriffsinvasiver als eine Geldstrafe ist (→ § 55 Rn. 59)), verhängt wurde (OLG Hamm NStZ 2020, 748 (749)). Nach Aufhebung des Strafausspruchs ist eine erneute Entscheidung nach Abs. 1 vorzunehmen, da die ursprüngliche Beurteilung ohne Bindungswirkung ist (→ Rn. 18). Es stellt ebenfalls einen auf die Sachrüge hin zu beanstandenden Rechtsfehler dar, wenn das Gericht (va ein allg. Strafgericht) gar nicht geprüft hat, ob Abs. 1 bejaht werden kann, etwa weil das Heranwachsenden-Alter übersehen wird (OLG Karlsruhe Die Justiz 1999, 142 = BeckRS 1998, 12386). 68

Wird ein Rechtsmittel auf einen Teil der Straffrage beschränkt, der erst nach der Entscheidung über Abs. 1 Nr. 1 oder Nr. 2 zu prüfen ist (zB die Bemessung oder die Aussetzung der Vollstr der Freiheits- oder JStrafe zBew), oder wird das Urteil nur in diesem Umfang aufgehoben, so war die Anwendung des Abs. 1 der älteren Rspr. zufolge von der Teilrechtskraft bei den nicht angefochtenen Teilen der Straffrage erfasst und im weiteren Verfahren der Nachprüfung entzogen (OLG Frankfurt a. M. NJW 1956, 233; Dallinger/Lackner Rn. 50). Nach der zutr. heutigen Ansicht ist dies indes abzulehnen. Wird ein Rechtsmittel auf das Strafmaß und/oder auf die Aussetzung der Vollstr einer Freiheits-/JStrafe zBew beschränkt, kann dieser angefochtene Teil von der Entscheidung nach Abs. 1 **nicht abgetrennt** werden, weil die Bemessung oder Bewährungsaussetzung im JStrafR und allg. StR völlig unterschiedlich ausgestaltet ist. Der angegriffene Entscheidungsteil ist also von der Bejahung oder Verneinung von Abs. 1 Nr. 1 oder Nr. 2 unmittelbar abhängig, sodass deren Überprüfung nicht verhindert ist (so zumindest für Aussetzung der Vollstr zBew BGH 29.2.1984 – 2 StR 604/83 bei Böhm NStZ 1984, 447; OLG Celle NStZ-RR 2014, 229). 68a

69 **b) Reformatio in Peius.** Das Verschlechterungsverbot (§§ 331, 358 Abs. 2 S. 1 StPO iVm § 2 Abs. 2) gilt für den Fall der Abänderung der Entscheidung zu Abs. 1 Nr. 1 oder Nr. 2 sowohl iRd Rechtsmittelverfahrens wie auch in einem sich daran anschließenden Verfahren. Allerdings liegt in der von der Vorinstanz abweichenden Bejahung oder Verneinung des tat- oder personenbezogenen Jugendcharakters nur keine Verschlechterung. Maßgeblich ist vielmehr der Übergang von der JGG- zur StGB-Rechtsfolge (bzw. umgekehrt) und deren jeweilige Eingriffsqualität (→ § 55 Rn. 45 sowie OLG Köln NJW 1964, 1684; OLG Frankfurt a. M. ZJJ 2021, 259 (260); NK-JGG/Schady § 55 Rn. 19 f.; BeckOK JGG/Kunkel § 55 Rn. 60). Dies macht es erforderlich, zwischen der nunmehr vorgesehenen Rechtsfolge und derjenigen der angefochtenen Entscheidung einen Vergleich hinsichtlich Art und Höhe vorzunehmen (n. → § 55 Rn. 46 ff.). Beispielsweise kann eine Freiheitsstrafe durch JA oder jede ambulante jugendstrafrechtliche Rechtsfolge ersetzt werden. Kommt eine solche Sanktion fallkonkret nicht in Betracht, ist auch JStrafe möglich. Diese darf die Dauer der angegriffenen Freiheitsstrafe aber nicht übersteigen, sodass sie uU die Mindestdauer (§ 18 Abs. 1 S. 1) ausnahmsweise unterschreiten muss.

70 **c) Doppelrelevante Tatsache.** Bei der Frage nach dem **Alter** zur Tatzeit (vgl. → § 1 Rn. 3) handelt es sich um eine sog. doppelrelevante Tatsache, dh sie ist sowohl für eine prozessuale Frage (Zuständigkeit) als auch für eine materiell-rechtliche Entscheidung (Rechtsfolge) erheblich (BGH StV 1982, 101 = LSK 1982, 260123). Daher ist das Revisionsgericht an eine im Strengbeweisverfahren und rechtfehlerfrei getroffene Feststellung **gebunden** (BGH NStZ 2000, 388 (betr. Zuständigkeit des Schwurgerichts); Eisenberg BeweisR StPO Rn. 41).

Milderung des allgemeinen Strafrechts für Heranwachsende; Sicherungsverwahrung

106 (1) **Ist wegen der Straftat eines Heranwachsenden das allgemeine Strafrecht anzuwenden, so kann das Gericht an Stelle von lebenslanger Freiheitsstrafe auf eine Freiheitsstrafe von zehn bis zu fünfzehn Jahren erkennen.**

(2) **Das Gericht kann anordnen, daß der Verlust der Fähigkeit, öffentliche Ämter zu bekleiden und Rechte aus öffentlichen Wahlen zu erlangen (§ 45 Abs. 1 des Strafgesetzbuches), nicht eintritt.**

(3) [1] **Sicherungsverwahrung darf neben der Strafe nicht angeordnet werden.** [2] **Das Gericht kann im Urteil die Anordnung der Sicherungsverwahrung vorbehalten, wenn**

1. **der Heranwachsende zu einer Freiheitsstrafe von mindestens fünf Jahren verurteilt wird wegen eines oder mehrerer Verbrechen**
   a) **gegen das Leben, die körperliche Unversehrtheit oder die sexuelle Selbstbestimmung oder**
   b) **nach § 251 des Strafgesetzbuches, auch in Verbindung mit § 252 oder § 255 des Strafgesetzbuches,**

   durch welche das Opfer seelisch oder körperlich schwer geschädigt oder einer solchen Gefahr ausgesetzt worden ist, und

2. auf Grund der Gesamtwürdigung des Heranwachsenden und seiner Tat oder seiner Taten mit hinreichender Sicherheit feststellbar oder zumindest wahrscheinlich ist, dass bei ihm ein Hang zu Straftaten der in Nummer 1 bezeichneten Art vorliegt und er infolgedessen zum Zeitpunkt der Verurteilung für die Allgemeinheit gefährlich ist.

(4) Unter den übrigen Voraussetzungen des Absatzes 3 Satz 2 kann das Gericht einen solchen Vorbehalt auch aussprechen, wenn

1. die Verurteilung wegen eines oder mehrerer Vergehen nach den §§ 176a und 176b des Strafgesetzbuches erfolgt,
2. die übrigen Voraussetzungen des § 66 Absatz 3 des Strafgesetzbuches erfüllt sind, soweit dieser nicht auf § 66 Absatz 1 Satz 1 Nummer 4 des Strafgesetzbuches verweist, und
3. es sich auch bei den maßgeblichen früheren und künftig zu erwartenden Taten um solche der in Nummer 1 oder Absatz 3 Satz 2 Nummer 1 genannten Art handelt, durch welche das Opfer seelisch oder körperlich schwer geschädigt oder einer solchen Gefahr ausgesetzt worden ist oder würde.

(5) [1] Wird neben der Strafe die Anordnung der Sicherungsverwahrung vorbehalten und hat der Verurteilte das siebenundzwanzigste Lebensjahr noch nicht vollendet, so ordnet das Gericht an, dass bereits die Strafe in einer sozialtherapeutischen Einrichtung zu vollziehen ist, es sei denn, dass die Resozialisierung des Täters dadurch nicht besser gefördert werden kann. [2] Diese Anordnung kann auch nachträglich erfolgen. [3] Solange der Vollzug in einer sozialtherapeutischen Einrichtung noch nicht angeordnet oder der Gefangene noch nicht in eine sozialtherapeutische Einrichtung verlegt worden ist, ist darüber jeweils nach sechs Monaten neu zu entscheiden. [4] Für die nachträgliche Anordnung nach Satz 2 ist die Strafvollstreckungskammer zuständig. [5] § 66c Absatz 2 und § 67a Absatz 2 bis 4 des Strafgesetzbuches bleiben unberührt.

(6) Das Gericht ordnet die Sicherungsverwahrung an, wenn die Gesamtwürdigung des Verurteilten, seiner Tat oder seiner Taten und ergänzend seiner Entwicklung bis zum Zeitpunkt der Entscheidung ergibt, dass von ihm Straftaten der in Absatz 3 Satz 2 Nummer 1 oder Absatz 4 bezeichneten Art zu erwarten sind; § 66a Absatz 3 Satz 1 des Strafgesetzbuches gilt entsprechend.

(7) Ist die wegen einer Tat der in Absatz 3 Satz 2 Nr. 1 bezeichneten Art angeordnete Unterbringung in einem psychiatrischen Krankenhaus nach § 67d Abs. 6 des Strafgesetzbuches für erledigt erklärt worden, weil der die Schuldfähigkeit ausschließende oder vermindernde Zustand, auf dem die Unterbringung beruhte, im Zeitpunkt der Erledigungsentscheidung nicht bestanden hat, so kann das Gericht die Unterbringung in der Sicherungsverwahrung nachträglich anordnen, wenn

1. die Unterbringung des Betroffenen nach § 63 des Strafgesetzbuches wegen mehrerer solcher Taten angeordnet wurde oder wenn der Betroffene wegen einer oder mehrerer solcher Taten, die er vor der zur Unterbringung nach § 63 des Strafgesetzbuches

führenden Tat begangen hat, schon einmal zu einer Freiheitsstrafe von mindestens drei Jahren verurteilt oder in einem psychiatrischen Krankenhaus untergebracht worden war und

2. die Gesamtwürdigung des Betroffenen, seiner Taten und ergänzend seiner Entwicklung bis zum Zeitpunkt der Entscheidung ergibt, dass er mit hoher Wahrscheinlichkeit erneut Straftaten der in Absatz 3 Satz 2 Nr. 1 bezeichneten Art begehen wird.

Schrifttum: Bartsch, Sicherungsverwahrung – Recht, Vollzug, aktuelle Probleme, 2010; Wüstenhagen, Sicherungsverwahrung gegen Heranwachsende und Jugendliche, 2008.

Übersicht

I. Allgemeines

1. Anwendungsbereich

1 Die Vorschrift findet auch vor den für **allg. Strafsachen** zuständigen Gerichten Anwendung (§§ 112, 104 Abs. 1 Nr. 1).

2. Abs. 1 und Abs. 2

a) Chance der (Wieder-)Eingliederung. Liegen die Voraussetzungen des § 105 Abs. 1 nicht vor und ist daher allg. StR anzuwenden, so soll dem Heranwachsenden, auch wenn er schwerste Verbrechen begangen hat, gleichwohl die (Wieder-)Eingliederung in die Gesellschaft ermöglicht bleiben (vgl. auch Hoffmann-Holland FS Eisenberg, 2009, 76 (80): Gebot der Besserstellung). Dem tragen einzelne Sonderregelungen zur Milderung bzw. Einschränkung der Rechtsfolgen Rechnung (vgl. BGHSt 31, 189 mzustAnm Brunner NStZ 1983, 218 sowie zustAnm Eisenberg JZ 1983, 507). 2

b) Weiterreichende Bedeutung. Wenngleich diese Vorschriften abschließende Regelungen darstellen (vgl. auch BGH Herlan GA 1956, 347), so ist deren Intention im Sinne allg. Grundsätze des JStR **auch** in **anderem Zusammenhang** zu berücksichtigen. Dies gilt ggü. einem Heranwachsenden ggf. schon bei Prüfung des subjektiven Tatbestandes (vgl. betr. materielles JStR → § 2 Rn. 28 ff.) oder der Entscheidung zu § 21 StGB (nicht erörtert in BGH NStZ 2007, 639; vgl. betr. materielles JStR → § 18 Rn. 26) und ohnehin zB für die Bemessung einer zeitigen Freiheitsstrafe (BGHR § 46 Abs. 1, Wiedereingliederung 1; BGH DVJJ-Journal 2003, 80 (allerdings auf § 46 Abs. 1 S. 2 StGB gestützt)). Das **junge Alter** des Heranwachsenden ist hier **zu seinen Gunsten** (bei Bemessung der Einzel- und Gesamtstrafen) zu berücksichtigen – insbesondere bei Bemessung einer Freiheitsstrafe, da anderenfalls entwicklungsrelevante Umstände unbeachtet blieben (BGH BeckRS 2022, 12907). Vergleichbare Erwägungen sind bei der Bemessung der Tagessätze einer Geldstrafe (OLG Nürnberg StV 2006, 695 (zu § 32 Abs. 2 Nr. 5 lit. a BZRG)) oder bei der Aussetzung der Vollstr zBew im Hinblick auf § 56 Abs. 3 StGB anzustellen (OLG Köln NJW 1967, 838 mAnm Grethlein). 3

II. Zeitige statt lebenslanger Freiheitsstrafe (Abs. 1)

1. Bedeutung der Vorschrift

a) Regelmäßiges Gebrauchmachen. Das Gericht **kann** statt einer verwirkten lebenslangen Freiheitsstrafe eine zeitige Freiheitsstrafe (von zehn bis zu fünfzehn Jahren Dauer) verhängen (Abs. 1; vgl. BGHSt 52, 316 = NJW 2008, 2397 (mAnm Eisenberg sowie Bspr. Eisenberg ZJJ 2008, 383) betr. zur Tatzeit 19-jährigen Inhaftierten, indes in Einschränkung des Sinngehalts der Vorschrift, vgl. → Rn. 2 sowie zu den Tatumständen → § 92 Rn. 40 – insoweit zutr. in demselben Verfahren LG Bonn BeckRS 2009, 21028 Rn. 147 ff., 158). Hierzu ist es allg. Auffassung in der Fachliteratur, dass die Vorschrift **idR** genutzt werden soll, um die Möglichkeit der (Wieder-) Eingliederung in Freiheit offen zu halten (vgl. nur Brunner/Dölling Rn. 1: „sollte sehr großzügig Gebrauch gemacht werden"; Diemer/Schatz/SonnenSonnen Rn. 3: „fast schon als ‚Muss'„; NK-JGG/Ostendorf/Drenkhahn Rn. 4: „tendenziell im Sinne einer Anwendung"; HK-JGG/Rössner/Bannenberg Rn. 3: Nichtanwendung ist „eher der Ausnahmefall"; einschr. MüKoStGB/Laue Rn. 6–8). Dem entsprechend darf die Norm nur dann nicht angewandt werden, wenn – was rechtstatsächlich kaum einmal begründbar ist (vgl. Böhm/Feuerhelm JugendStrafR S. 57: „lebenslange Freiheitsstrafe 4 darf … eigentlich nicht verhängt werden“, s. auch die über Jahrzehnte hinweg meist „Null“ lautenden Zahlen der einschlägigen Bundesstatistik) – eine zukünftige Legalbewährung als nahezu ausgeschlossen erscheint (so in der Sache wohl gewahrt bei OLG Dresden BeckRS 2021, 11754; allzu begründungsarm angenommen dagegen bei BGH NStZ-RR 2018, 327 (328)). Verfehlt wäre es demgegenüber, darauf abzustellen, ob „die Reifeentwicklung zur Tatzeit“ als „bereits abgeschlossen“ beurteilt wird (so auch BGH StraFo 2009, 124 – ohne indes aufzuheben (von BVerfG, 2. Kammer des 2. Senats, ZJJ 2009, 260 sodann nicht zur Entscheidung angenommen); verfehlt LG Ulm BeckRS 2010, 142226, nicht beanstandet von BGH BeckRS 2010, 27745 mBspr Eisenberg HRRS 2012, 466).

5 **b) Systematische Zusammenhänge.** Praktisch unmittelbar bedeutsam ist die Vorschrift nur für diejenigen Straftatbestände, bei denen eine lebenslange Freiheitsstrafe obligatorisch ist, da im Falle fakultativer Anordnung das Gericht schon nach allg. StR im Hinblick auf das Altersstadium des Beschuldigten eine zeitige Freiheitsstrafe verhängen kann. – Im Übrigen ermöglichen § 21 bzw. § 23 StGB neben § 106 eine zusätzliche Strafmilderung, und zwar sowohl im Einklang mit allg. rechtssystematischen Auslegungsregeln als auch deshalb, weil andernfalls zur Tatzeit Heranwachsende mit zur Tatzeit Erwachsenen, auf die solche Milderungsvorschriften angewandt werden, gleichgestellt würden, ihnen die Spezialvorschrift des Abs. 1 also verwehrt würde. Nicht erörtert wird dieser Aspekt in der abw. Entscheidung BGH NStZ 2005, 166 mkritAnm Eisenberg JR 2005, 81, derzufolge neben der Milderung nach allg. StR keine weitere Milderung vorzunehmen, sondern der Gedanke des Abs. 1 nur als ein Zumessungsaspekt zu berücksichtigen sei.

2. Verfahren

6 **a) Ermessensentscheidung.** Das Gericht trifft seine Entscheidung – grundsätzlich nach Anhörung der JGH (vgl. → § 107 Rn. 12 ff., § 109 Abs. 1 S. 2 sowie → § 109 Rn. 4) – nach pflichtgemäßem Ermessen. Dabei sollen die etwa noch vorhandene Entwicklungsfähigkeit des Angeklagten und seine mögliche **(Wieder-)Eingliederung** in die Gesellschaft – zur Ermittlung bieten sich ggf. Sachverständigengutachten oder Zeugenvernehmung an – gegen Sicherungs- und Vergeltungsbelange der Allgemeinheit abgewogen werden. Allerdings erfordert es der Zweck der Vorschrift, die Belange der (Wieder-)Eingliederung in den Vordergrund zu rücken (vgl. BGHSt 31, 189 mzustAnm Brunner NStZ 1983, 218 sowie mzustAnm Eisenberg JZ 1983, 507 (509); BGH NStZ-RR 2018, 327 (328)), ohne dass die Einführung des § 57a StGB zu Lasten des Angeklagten berücksichtigt werden dürfte (ebenso BGHR JGG § 106 Abs. 1, Strafmilderung 1 = NStZ 1988, 498, wonach bei einem bisher nicht in Strafhaft gewesenen Angeklagten die „Chancen einer Besserung auf Grund des Strafvollzuges“ zu prüfen sind).

6a **b) Prüfungspflicht.** Eine Erwägung, aus Gründen der „Sühne“ (vgl. zu diesem Begriff aber → § 5 Rn. 5) **von vornherein** von der Möglichkeit gem. Abs. 1 absehen und lebenslange Freiheitsstrafe verhängen zu dürfen (vgl. noch BGHSt 7, 353 (ggü. einem noch „resozialisierbaren“ Heranwachsenden)), ist **unzulässig,** (einschr. schon BGH bei Holtz MDR 1977,

283 sowie BGH 22.10.1982 – 2 StR 602/82 bei Böhm NStZ 1983, 451, wonach es im Übrigen unzulässig sei, neben dem Zweck der „Sühne" zusätzlich generalpräventive Aspekte sowie ein Genugtuungsbedürfnis der Angehörigen des Opfers zu berücksichtigen; generell vern. Zieger StV 1988, 310; Nix/Nix Rn. 4).

3. Entscheidung

Wegen des Erfordernisses der Entscheidungen mit **2/3-Mehrheit** gilt (§ 2 Abs. 2), § 263 Abs. 1 StPO. 7

Im **Entscheidungstenor** wird nur die gemilderte Rechtsfolge ausgewiesen. – In den Entscheidungs**gründen** ist auszuführen, welche Rechtsfolgen verwirkt sind und – ggf. – warum das Gericht eine Milderung vorgenommen hat. Mildert das Gericht nicht, obwohl dies nach den gesetzlichen Voraussetzungen der Vorschrift möglich wäre, so müssen die Entscheidungsgründe erkennen lassen, dass das Gericht die Milderungsmöglichkeit gegen die sonstigen Strafzwecke abgewogen hat (vgl. BGH 19.8.1958 – 5 StR 262/58; betr. Gesamtstrafe BGH StraFo 2005, 468 = NStZ 2005, 644). 8

III. § 45 Abs. 1 StGB

Ferner kann angeordnet werden, dass die nach § 45 Abs. 1 StGB ex lege vorgesehenen Nebenfolgen nicht eintreten **(Abs. 2).** Das Gericht trifft die Entscheidung – grundsätzlich nach Anhörung der JGH (vgl. § 107 sowie § 109 Abs. 1 S. 2 und → § 109 Rn. 4) – nach pflichtgemäßem **Ermessen.** Dabei erfordert es der Zweck der Vorschrift, die Belange der (Wieder-) Eingliederung vorrangig zu gewichten (vgl. auch → Rn. 6), sodass es idR geboten sein wird, die Nebenfolgen nicht eintreten zu lassen. 9

Was die Vorschriften des § 45 Abs. 2, 5 StGB angeht, so kann das Gericht das Altersstadium Heranwachsender bereits nach allg. StR berücksichtigen.

IV. Sicherungsverwahrung

Diese Maßregel darf gegen Heranwachsende unmittelbar auch bei Anwendung allg. StR nicht angeordnet werden (**Abs. 3 S. 1;** vgl. vormals BGH DVJJ-Journal 2002, 464; für Aufhebung des Verbots Gesetzentwurf v. 14.5.2004 (BR-Drs. 238/04)). Anders verhält es sich bei Verurteilung durch ein JGericht (auch) wegen solcher Straftaten, die als Erwachsener begangen wurden (BGHSt 25, 44 (51) = NJW 1973, 154; abl. aus Gründen der Prävention Wüstenhagen, Sicherungsverwahrung gegen Heranwachsende und Jugendliche, 2008). – Zur Frage der (Nicht-)Geeignetheit von JStrafe als Vorstrafe iSv § 66 StGB vgl. → § 17 Rn. 62. 10

1. Verhältnis zu GG und EMRK

a) Verhältnis zu Art. 2 Abs. 2 S. 2 iVm Art. 104 Abs. 1 GG. Die vormaligen Vorschriften über die vorbehaltene (Abs. 3 aF) bzw. die nachträgliche Anordnung (Abs. 5, 6 aF) sind – ebenso wie das gesamte System der Eingriffsnormen im Bereich der Sicherungsverwahrung nach allg. StR – wegen Verletzung von Art. 2 Abs. 2 S. 2 iVm Art. 104 Abs. 1 GG als 11

verfassungswidrig erklärt worden (BVerfGE 128, 326 ff. = NJW 2011, 1931 mAnm Kreuzer/Bartsch StV 2011, 472; Hörnle NStZ 2011, 488; BVerfG BeckRS 2011, 51793; zum allg. StR; vgl. ebenso schon Laubenthal/Baier/Nestler JugendStrafR Rn. 455), weil das **Abstandsgebot** zwischen Schuldstrafe und der in Rede stehenden freiheitsentziehenden Maßregel („gleichsam ein Sonderopfer", BVerfG 8.6.2011 – 2 BvR 2846/09, BeckRS 2011, 51793 Rn. 101) **nicht gewahrt** gewesen ist (zu Bsp. für den Änderungsbedarf vgl. BVerfG 8.6.2011 – 2 BvR 2846/09, BeckRS 2011, 51793 Rn. 112–130). Andere Vorschriften, zu denen im Schrifttum auch Abs. 5 aF gezählt wird (Mosbacher HRRS 2011, 230 (230 f., 238, 241); Hörnle NStZ 2011, 491 Fn. 27; aA etwa LG Augsburg 29.2.2012 – Jug KLs 401 Js 107041/02), wurden in BVerfGE 128, 326 ff. zudem wegen **Verletzung** des **Vertrauensschutzgebots** als verfassungswidrig erklärt.

11a Ansonsten hat sich das Urteil BVerfGE 128, 326 ff. bzgl. des Verbots der Doppelbestrafung (Art. 103 Abs. 3 GG) und des Rückwirkungsverbots (Art. 103 Abs. 2 GG) der näheren Würdigung und ausnahmslosen rechtlichen Konsequenz (Erklärung der Normen für nichtig) enthoben, indem es eine Orientierung an dem **Strafbegriff** des Art. 7 Abs. 1 EMRK abgelehnt hat. – Zu den Besonderheiten bei der Altersgruppe der zur Tatzeit Heranwachsenden im Vergleich zu Erwachsenen hat sich das BVerfG in dem Urteil nicht verhalten (sogar nicht betr. Jugendliche, vgl. Anm. Eisenberg StV 2011, 480), obgleich für die Prognose der Zeitpunkt der Anlasstat und der Zeitraum vor der Inhaftierung von zentraler Bedeutung ist (verkannt bei Endres Rechtsausschuss BT-Drs. 17/9874, 3).

12 In BVerfGE 128, 326 ff. wurde die befristete (bis spätestens 31.5.2013) Fortgeltung der in Rede stehenden Normen erklärt, allerdings nur eingeschränkt unter erhöhten Voraussetzungen (vgl. auch BVerfG BeckRS 2011, 55417 Rn. 16 = EuGRZ 2011, 665). Gemäß der Neuregelung (Art. 316f Abs. 2 S. 2, 3 EGStGB, AbstandsgebotsG v. 5.12.2012 (BGBl. I 2425); zur Erfassung auch der Anordnung vorbehaltener Sicherungsverwahrung BGH NStZ 2014, 209 zum allg. StR) ist auf **vor Inkrafttreten** des Gesetzes begangene **Taten** (sog. „Altfälle") das **bisherige Recht** – unter den Einschränkungen gem. BVerfGE 128, 326 ff. – anzuwenden (vgl. dazu → 16. Aufl. Rn. 27 ff.) – ob diese „Fortschreibung" mit der Rspr. des EGMR (vgl. auch → § 7 Rn. 37 f.) vereinbar ist, scheint bisher nicht abschließend geklärt (vern. LG Traunstein 25.9.2012 – NSV 402 Js 1100/04, S. 25: „quasi ad infinitum"; bejahend BGH NJW 2013, 2295 Rn. 24 (unter Bezugnahme auf Entscheidungen zum allg. StR); NJW 2013, 2295 = StV 2013, 767 mkritAnm Brettel). – Zu der (nicht umgesetzten) Anregung des Bundesrats (v. 30.3.2012, BR-Drs. 173/12, nicht aufrecht erhalten in der Sitzung v. 22.11.2012; vgl. aber auch Koalitionsvertrag – Bund v. 24.11.2013 (Zeilen 658–6592)), eine sog. „nachträgliche Therapieunterbringung" in das Gesetz einzufügen, um „psychisch gestörte" Personen, deren „hochgradige Gefährlichkeit" erst nach dem Strafurteil erkennbar werde („nova"), zum Schutz der Allgemeinheit unterzubringen, vgl. näher 19. Aufl.

13 **b) Verhältnis zu Art. 5 Abs. 1 S. 2 Buchst. a, Buchst. c und Buchst. e EMRK sowie zu Art. 7 Abs. 1 S. 2 EMRK.** Ob die **Abs. 3 und 4** (eingef. durch AbstandsgebotsG v. 5.12.2012 (BGBl. I 2425)) bzw. die anschließende Anordnung von Sicherungsverwahrung **(Abs. 6)** mit Art. 5 Abs. 1 S. 2 Buchst. a EMRK („nach Verurteilung") vereinbar sind, scheint bislang ungeklärt (vgl. krit. zum Vorbehalt schon Gazeas StraFo 2005, 14; Kinzig NJW 2002, 3205 sowie 2011, 179; Merkel R&P 2011, 211; aA BVerfG NJW 2012, 3357 Rn. 99 ff., speziell zur Zeitspanne Rn. 111 (betr. allg. StR); Kreuzer NStZ 2010, 479), da es an der Unmittelbarkeit eines Kausalzusammenhangs zwischen (vorausgegangener) Verurteilung nebst Vorbehalt und (späterer) Anordnung fehlt (vgl. EGMR 13.1.2011 – 6587/04 Rn. 75, NJW 2011, 3423: the „detention" must follow the „conviction" in point of time: in addition, the „detention" must result from, follow and depend upon or occur by virtue of the „conviction"), und zwar betr. Abs. 6 nicht zuletzt wegen des Verweises auf § 66a Abs. 3 S. 1 StGB („bis zur vollständigen Vollstreckung"; vgl. auch Löwe/Rosenberg/Esser EMRK Art. 5 Rn. 83–85).

Eher (noch) größere Zweifel bestehen betr. **Abs. 6** hinsichtlich eines 14 Verstoßes gegen Art. 5 Abs. 1 S. 2 Buchst. c EMRK bei Fehlen konkreter Gefahr. Zudem ist davon auszugehen, dass Abs. 6 und **Abs. 7** mit Art. 5 Abs. 1 S. 2 Buchst. e EMRK nicht vereinbar ist, es sei denn, es liegt eine verlässliche und valide Diagnose einer geistigen Gestörtheit vor (vgl. nur EGMR 13.1.2011 – 6587/04, NJW 2011, 3423 Rn. 77: „he must reliably be shown to be of unsound mind, that is, a true mental disorder must be established before a competent authority on the basis of objective medical expertise"; ebenso EGMR 13.4.2011, 13.1.2011 – 17792/07, BeckRS 2011, 80354 Rn. 55), der grundsätzlich die Art der Unterbringung entsprechen muss (EGMR 13.1.2011 – 6587/04, NJW 2011, 3423 Rn. 78 mN: „In principle, the „detention" of a person as a mental health patient will only be „lawful" … if effected in a hospital, clinic or other appropriate institution"; ähnlich EGMR 28.11.2013 – 7345/12 Rn. 75, 85, 92; ergänzend Pösl/Dürr EuCLR 2012, 158). Zwar scheidet eine Persönlichkeitsstörung nicht von vornherein aus, jedoch kommt es auf deren Intensität und sonstige Tatsachen an – es handelt sich um eine Rechtsfrage, die nicht dem den Mitgliedstaaten zugestandenen Gestaltungsspielraum (EGMR 22.10.2009 – 1431/03 Rn. 34 betr. „psychiatric institution") unterfällt (vgl. ergänzend Anm. Renzikowski NStZ 2010, 506).

Im Übrigen handelt es sich bei den (durch das AbstandsgebotsG einge- 15 führten) **Abs. 6** bzw. **Abs. 7** insoweit um einen Verstoß gegen Art. 7 Abs. 1 S. 2 EMRK, als Sicherungsverwahrung sich (weiterhin) als zusätzliche Strafe darstellt (vgl. EGMR StV 2010, 181 Nr. 100 ff. mBspr Müller StV 2010, 207; Greger NStZ 2010, 679; Pösl/Dürr EuCLR 2012, 158; vgl. auch betr. § 66b Abs. 3 StGB aF BGH StV 2010, 482 mBspr Gaede HRRS 2010, 329).

2. Empirische Anhaltspunkte

a) Prognostisches Unvermögen. Die **methodischen Schwierigkei-** 16 **ten** und rechtstatsächlichen **Belastungen** für das **Vollzug**sgeschehen (vgl. zu empirischen Erhebungen Bartsch, Sicherungsverwahrung – Recht, Vollzug, aktuelle Probleme, 2010; s. auch Kinzig StV 2002, 500; ergänzend Eisenberg ZfStrVo 2001, 131 und Jura 2001, 787) bestehen bei **vorbehaltener** Anordnung von Sicherungsverwahrung in ähnlicher, wenn auch modifizierter Weise wie bei nachträglicher Anordnung. Inwieweit die (durch AbstandsgebotsG v. 5.12.2012 (BGBl. I 2425) eingeführten) Kontrollen des Vollzugsablaufs (§§ 66c, 67c Abs. 1 StGB; vgl. → § 92 Rn. 155 ff., 176 ff.)

hierin substantiell eine Änderung ermöglichen, ist einstweilen offen. Zumindest die sachbedingten Grenzen einer verlässlichen Prognosestellung (vgl. auch → § 7 Rn. 34) können dadurch nicht überwunden, wenngleich ggf. reduziert werden (zur Gefahr der „Freiheitsberaubung (§ 239 StGB) ohne nachweisbaren Vorsatz" bei unzutreffend negativer Prognose schon Schüler-Springorum ZfStrVo 2005, 231; rechtstatsächlich bilanzierend Ullenbruch NStZ 2008, 6). Bisher ist aufgrund empirischer Untersuchungen von Anteilen **falscher negativer Prognosen** nicht unter 50 % auszugehen (vgl. Kinzig, Die Legalbewährung gefährlicher Rückfalltäter, 2. Aufl. 2010, S. 196 ff.; Alex/Feltes FS 2010, 159; Müller ua MschKrim 2011, 256; vgl. aber Begr. RegE BT-Drs. 17/9874, 34: „zur Verbesserung der Prognosesicherheit"). Inhaltlich setzt die Anordnung vorbehaltener Sicherungsverwahrung und nachfolgender Anordnung bzw. nachträglicher Anordnung (Abs. 6 bzw. Abs. 7) voraus, dass die als negativ beurteilten Tatsachen und Umstände stabil sind, dh dass sie – wie bei **haftbedingter** Entstehung bzw. Steigerung eher nicht zu erwarten (vgl. zur prognostischen Schwierigkeit auch Renzikowski NJW 2013, 1641) – auch nach Entlassung fortbestehen (zum Verfahren vgl. Erl. zu § 81a).

17 **b) Erhöhte Prüfungspflicht.** Diese **Bedenken** wirken sich bei zur Tatzeit **Heranwachsenden** – im Vergleich zu zur Tatzeit erwachsen gewesenen Verurteilten – in **gesteigerter** Weise aus (speziell zu § 66 Abs. 1 Nr. 4 StGB vgl. ergänzend → § 17 Rn. 62), weil die Betroffenen in aller Regel biographisch **weniger verfestigt** sind als Erwachsene (vgl. betr. 2. StR-ReformG v. 4.7.1969 (BGBl. I 717): Sicherungsverwahrung nur, wenn die Anlasstat nach Vollendung des 25. Lbj. begangen wurde; vgl. auch Goerdeler ZJJ 2003, 189; Rzepka KrimJ 2003, 234). Daher sind auch die **Prognose** und die **Verhältnismäßigkeitsprüfung** anders vorzunehmen als bei Erwachsenen, und sie bedürfen erhöhter Prüfung. Verstärkt gelten die Einwände insb. in Fällen **ohne** einschlägige **Vorverurteilung** (vgl. aber BGHSt 52, 316 = NJW 2008, 2397 mablAnm Eisenberg (sodann in demselben Verfahren anordnend LG Bonn 8.5.2009 – 22 KLs 38/08 Rn. 171 ff., mit der Floskel „kriminelle Energie" Rn. 175, 177, BeckRS 2009, 21028); abl. auch Laubenthal/Baier/Nestler JugendStrafR Rn. 461; Kinzig RdJB 2007, 161; Streng JugendStrafR Rn. 564; Lange, Die Kriminalprognose im Recht der Sicherungsverwahrung, 2012, S. 154 f. (schon zum allg. StR); krit. Freudig NStZ 2010, 256).

18 **c) Vor-Selektionen.** Die Beeinträchtigungen des Vollzugsziels durch Formen der „vorsorglichen" Vorab-Erfassung zum Nachteil derjenigen, die die formellen Voraussetzungen erfüllen, mögen zwar gem. (Abs. 4 Abs. 1 aF wie) Abs. 5 S. 1 idF des AbstandsgebotsG (BGBl. 2012 I 2425) ggf. in gewisser Weise abgemildert sein (zur Begrenzung auf das 27. Lbj. vgl. rechtssystematisch ergänzend § 41 iVm § 2 Abs. 2 Nr. 6, § 7 Abs. 1 Nr. 3 KJHG), sie werden aber nicht behoben. Insbesondere kann eine etwaige Abmilderung die im Vergleich zum allg. StR (§ 66a Abs. 1 StGB) bestehende Mehrbelastung Betroffener schwerlich aufwiegen, die darin liegt, dass die negative Prognose ungleich gewichtiger ist, weil gem. (Abs. 3 Nr. 3 wie) Abs. 3 S. 2 Nr. 2 idF des AbstandsgebotsG sowohl Hang als auch Gefährlichkeit feststehen müssen. – Kriminalpolitisch wurde mitunter gar eine Verlagerung vom Gericht (Abs. 4 S. 1) auf die Exekutive empfohlen (vgl. Gesetzentwurf v. 14.5.2004 (BR-Drs. 238/04)), was sich indes

wegen des damit verbundenen Verlusts an gerichtlicher Kontrolle verbietet (vgl. im Übrigen (auch) aus der justitiellen Praxis abl. Sieveking ua ZRP 2005, 188).

3. Vorbehalt und nachfolgende Anordnung

a) Abs. 3. Die (durch AbstandsgebotsG v. 5.12.2012 (BGBl. I 2425) eingeführte) Regelung des Vorbehalts der Anordnung von Sicherungsverwahrung (vgl. im Übrigen zu § 7 Abs. 2 Erl. zu → § 7 Rn. 30 ff.) weitet die Zulässigkeit gegen nach allg. StR verurteilte Heranwachsende auf **Erstverurteilte** (sog. „Ersttäter") aus (Abs. 3). Die Bestimmung ist der Vorschrift des § 66a Abs. 2 StGB insoweit entlehnt, als der Vorbehalt auch dann zulässig ist, wenn eine **„hangbedingte Gefährlichkeit"** nur zumindest **wahrscheinlich** ist. Hinsichtlich formeller Voraussetzungen des Vorbehalts wie einer sich daran etwa anschließenden Anordnung von Sicherungsverwahrung muss es sich (enger als nach Abs. 3 aF) um **Verbrechen** gegen **höchstpersönliche Rechtsgüter** nebst **schwerer Opferschädigung** oder **-gefährdung** (vgl. dazu → § 7 Rn. 40) handeln. Die Mindesthöhe der Freiheitsstrafe beträgt (wie Abs. 3 aF) fünf Jahre. – Wegen der Frage nach der Vereinbarkeit mit der **EMRK** vgl. → Rn. 13–15. 19

Die Ausweitung auf sog. Erstverurteilte übergeht **adoleszenzbedingte Unterschiede** zu Erwachsenen, zumindest stellt sie solche Unterschiede hintan (vgl. dazu LG Verden, zitiert nach Marquardt Der Kriminalistik 2016, 4 (aufschlussreich auch zu sonstigen Fehlern)). Die Ausweitung wird auch kaum dadurch aufgefangen, dass – im Vergleich zum allg. StR (§ 66a Abs. 2 StGB) – als erhöhte Voraussetzung eine schwere Opferschädigung oder -gefährdung eingestellt ist. Das Erfordernis eines „Hangs" ist – unbeschadet der empirischen Unzugänglichkeit – wegen seiner eher zur Einschränkung geeigneten Funktion bedeutsam (zu verfehlter Begründung aber BGH BeckRS 2010, 27745 mBspr Eisenberg HRRS 2012, 466). 20

Ob kriminalpolitisch verbalisierte Annahmen des Inhalts, infolge einer Vorbehaltsentscheidung komme es zu einer Verstärkung der im **StVollzug** unternommenen Interventionsbemühungen einschließlich dafür unerlässlicher Lockerungen, sich bestätigen könnten, wird ggf. teilweise davon abhängen, ob substantielle Änderungen der Vollzugsbedingungen vorgenommen werden (vgl. dazu Abs. 3 iVm § 66c Abs. 2 StGB (eingeführt durch AbstandsgebotsG, BGBl. I 2425)). Indes wird der Betroffene auch zukünftig besonderer Beobachtung ausgesetzt sein, wodurch schon die Melde- oder Anzeigebereitschaft erhöht sein kann und zudem die permanente Gefahr fingierter Anlässe nebst behördlicher Fehlbeurteilung besteht. Zum anderen ist zu besorgen, dass (auch weiterhin) die Möglichkeit anschließender Anordnung von Sicherungsverwahrung sich abträglich auf den StVollzug insgesamt auswirkt. 21

Nicht anders als im allg. StR darf zulässiges **Verteidigungsverhalten** nicht angelastet werden (vgl. nur BGH StV 2011, 482 (betr. allg. StR)). – Bezüglich Abs. 3 S. 2 Nr. 2 hat das Gericht, wie bei einem Vorbehalt nach § 66a Abs. 2 StGB, in den **Urteilsgründen** darzulegen, ob es „Hang" und „Gefährlichkeit" lediglich für wahrscheinlich hält oder bereits eine diesbzgl. Überzeugung gewonnen hat (vgl. Begr. RegE v. 6.6.2012 (BT-Drs. 17/9874), 29). 22

23 **b) Abs. 4.** Die Vorschrift sieht die Möglichkeit vorbehaltener Sicherungsverwahrung für sog. „Wiederholungs-„ und „Mehrfachtäter" auch dann vor, wenn die Anlassverurteilung ein oder mehrere **Vergehen** des sexuellen Missbrauchs von Kindern iSv §§ 176a, 176b StGB betrifft. Diese Regelung erweckt Zweifel hinsichtlich des Bestimmtheitsgrundsatzes schon angesichts der unterschiedlichen, vergleichsweise ausgeprägt zur Disposition der Rechtsanwendenden stehenden Verwirklichungsfacetten dieses StrafTb. Zudem übergeht sie die pubertäts- bzw. adoleszenzbedingten Zusammenhänge einschlägigen Verhaltens und ist geeignet, eine formelle Ausgrenzung zu veranlassen. So entbehrt die Begr. des RegE (v. 6.6.2012 (BT-Drs. 17/9874), 36) jedweder Erwähnung von oder gar Auseinandersetzung mit (entwicklungs- bzw. jugend-)psychologischen und sexualwissenschaftlichen Erkenntnissen, bescheidet sich vielmehr mit der Wendung, einschlägigen Delikten „im jungen Alter" könne „in Einzelfällen eine prognostische Bedeutung" im Sinne „künftiger Begehung schwerer Sexual- oder Gewaltstraftaten" zukommen (wozu – unter Verschweigen von Selektionkriterien der Anzeige- und Überführungsbereitschaft einschließlich des unbekannten Ausmaßes von Fehlentscheidungen betr. diese Deliktsbereiche – auf veröffentlichte Auszählungen strafrechtsbezogener Verläufe Bezug genommen wird). Zwar wird zugleich die Anwendbarkeit nur auf **„Extremfälle"** hervorgehoben (Begr. RegE v. 6.6.2012 (BT-Drs. 17/9874), 36), jedoch fehlt es an einem Nachweis dazu, dass gem. dem Verhältnismäßigkeitsgrundsatz vorrangige **außerstrafrechtliche Intervention**smöglichkeiten nicht zureichten. – Wegen der Frage der Vereinbarkeit mit der EMRK wird (auch hierzu) auf die Erl. in → Rn. 13–15 verwiesen.

24 Hinsichtlich **formeller Voraussetzungen** ist die Verurteilung wegen einer oder mehrerer Straftaten nach § 176 StGB zu einer Freiheitsstrafe von mindestens fünf Jahren erforderlich, wobei eine der Straftaten als Anlassdelikt die Wertung einer **schweren Opferschädigung** oder **-gefährdung** aufweisen muss. Diese Auslegung folgt aus Abs. 4 Nr. 1 und dem Verweis in Abs. 4 auf die übrigen Voraussetzungen des Abs. 3 S. 2. Hinsichtlich der opferbezogenen Qualifikation lässt schon der Verhältnismäßigkeitsgrundsatz keine andere Auslegung zu (vgl. auch Begr. RegE v. 6.6.2012 (BT-Drs. 17/9874), 34: „hier auf keinen Fall weniger geboten als bei den in Abs. 3 genannten Verbrechen").

24a Weiterhin müssen nach Abs. 4 Nr. 2 (wie in Abs. 3 aF) die übrigen Voraussetzungen des **§ 66 Abs. 3 StGB** erfüllt sein (vgl. auch § 66a Abs. 1 Nr. 2; ergänzend Begr. BT-Drs. 15/1311, 26). Hinsichtlich der **Vorverurteilung** verlangt § 66 Abs. 3 S. 2 – im Unterschied zu S. 1 – im Falle der Verhängung einer Gesamtstrafe nicht eine Vorverurteilung zu einer Einzelstrafe von mindestens drei Jahren (nach BGH BeckRS 2015, 19044 gelte dies auch für eine EinheitsJStrafe als Vorverurteilung; zw., näher dazu → § 17 Rn. 62, → § 31 Rn. 55 ff.). – Gemäß Abs. 4 Nr. 3 ist zudem erforderlich, dass es sich auch bei den nach Abs. 4 Nr. 2 maßgeblichen früheren Taten um solche aus dem Katalog der Anlassstraftaten mit der genannten besonderen opferbezogenen Qualifikation handelt.

25 Zu den **materiellen Voraussetzungen** gehört eine negative Prognose nach Abs. 3 S. 2 Nr. 2, wie der Verweis auf dessen „übrige Voraussetzungen" ergibt. Gemäß Abs. 4 Nr. 3 muss sich die Prognose auf Straftaten aus dem Katalog der Anlassdelikte beziehen und die Qualifikation einer schweren Opferschädigung oder -gefährdung umfassen.

c) Abs. 5. Die Vorschrift ersetzt den Begriff sozialtherapeutische Anstalt durch den genannten – umfassenderen – Begriff. Damit soll indes inhaltlich verdeutlicht werden, dass die sozialtherapeutische Bemühung nicht in organisatorisch und räumlich selbstständigen Einrichtungen erfolgen muss, sondern auch innerhalb einer besonderen Abteilung des Strafvollzugs durchgeführt werden kann (Begr. RegE v. 6.6.2012 (BT-Drs. 17/9874)). 26

Mit der Vorschrift wird – den Vorgaben des BVerfG NJW 2011, 1931, 1938 entsprechend – das Ziel verfolgt, durch eine rehabilitative Einwirkung im Vollz der JStrafe eine spätere Anordnung vorbehaltenen Sicherungsverwahrung möglichst entbehrlich zu machen (s. auch § 66c Abs. 2 StGB). Dies hat durch sozialtherapeutische Bemühungen zu geschehen. Dass in S. 1 dabei von einer sozialtherapeutischen Einrichtung und nicht von einer entspr. Anstalt die Rede ist, soll zum Ausdruck bringen, dass es hierfür keines organisatorisch und räumlich verselbstständigten Kontextes bedarf. Ausreichend ist indes eine besondere Abteilung des StVollz (Begr. RegE v. 6.6.2012 (BT-Drs. 17/9874)). Die Anordnung, die JStrafe in einer solchen Einrichtung zu vollziehen, trifft das Tatgericht. Es darf davon nur absehen, wenn dies nicht spezialpräventiv förderlicher als der Regelvollzug wäre. Für die nachträgliche Anordnung (und die turnusmäßige Prüfung eines entspr. Anlasses) ist dann aber das VollstrG zuständig (S. 2 – 4). Das gilt auch für die (bei Vorliegen neuer einwirkungsrelevanter Umstände ggf. notwendige) Änderung einer nach S. 1 getroffenen Entscheidung (vgl. OLG Hamm BeckRS 2018, 36219). 26a

d) Nachfolgende Anordnung (Abs. 6). Das Gericht ordnet an, wenn die Gesamtwürdigung ergibt, dass Straftaten der in Abs. 3 S. 2 Nr. 1 oder Abs. 4 bezeichneten Art von dem Betroffenen „zu erwarten sind". Dies verlangt zwar keine „hohe Wahrscheinlichkeit", jedoch wäre die Annahme einer „nahe liegenden Gefahr" weder hinreichend bestimmt noch kontrollierbar, dh es bedarf auch hier (vgl. → § 7 Rn. 45 entspr.) verlässlich festgestellter Tatsachen und entwicklungsbezogener Interpretation. Ein Unterschied zu § 66a Abs. 3 S. 2 StGB besteht jedoch darin, dass die Erwartung „erheblicher Straftaten" nicht ausreicht. 27

4. Nachträgliche Anordnung (Abs. 7)

Bezüglich Abs. 7 (gem. AbstandsgebotsG (BGBl. 2012 I 2425)) wird, vorbehaltlich sich aus den unterschiedlichen Altersstufen ergebender Modifizierungen, auf die Erl. zu der entsprechenden Vorschrift des § 7 Abs. 4 verwiesen (vgl. → § 7 Rn. 47). – Bei der Prüfung der inhaltlichen Voraussetzungen lässt sich ein etwaiges Interesse der psychiatrischen Krankenhäuser auf Entlastung von ggf. als „störend" beurteilten Untergebrachten, wegen des höheren Alters mutmaßlich mehr als bei jüngeren Personen (s. § 7 Abs. 4), nicht ausschließen. Entsprechendes gilt unter fiskalischen Aspekten insofern, als die Unterbringung in Sicherungsverwahrung (bislang) deutlich kostengünstiger ist als die Unterbringung in einem psychiatrischen Krankenhaus, allerdings wird sich das Gefälle durch Umsetzung der Vorgaben in BVerfGE 128, 326 ff. = NJW 2011, 1931 (vgl. auch → § 92 Rn. 155 ff., 176 ff.) reduzieren. 28

Gemäß § 14 Abs. 1 bzw. Abs. 3 ThUG ist es zulässig, nach persönlicher Anhörung (hier ggf. im Wege der Rechtshilfe) eine **vorläufige Unterbrin-** 29

gung für die Dauer von drei Monaten ohne „Anhörung" eines Sachverständigen (zivilgerichtlich) anzuordnen, die nach „Anhörung" eines solchen bis zu einem Jahr verlängert werden kann. Beweisrechtlich begegnet diese Regelung, die kriminalpolitisch dahingehend motiviert gewesen sein mag, etwaigen Bedenken bei den Gerichten zu begegnen, eine als fehlerhaft beurteilte Unterbringung für erledigt zu erklären, erheblichen Einwänden (ein „dringendes Bedürfnis" vern. OLG Frankfurt a. M. BeckRS 2012, 16595 zum allg. StR).

Zweiter Abschnitt. Gerichtsverfassung und Verfahren

Gerichtsverfassung

107 **Von den Vorschriften über die Jugendgerichtsverfassung gelten die §§ 33 bis 34 Abs. 1 und §§ 35 bis 38 für Heranwachsende entsprechend.**

Übersicht

I. Anwendungsbereich

Von den in der Bestimmung aufgeführten Vorschriften gilt in Verfahren gegen **Heranwachsende** vor den für allg. Strafsachen zuständigen Gerichten nur § 38 (§ 112 S. 1, § 104 Abs. 1 Nr. 2; vgl. aber auch die Erl. bei → § 104 Rn. 7 entspr.). 1

II. Allgemeines

1. Systematische Bedeutung

Vor 1953 waren Heranwachsende nicht in die JG-Verfassung und das JG-Verfahren einbezogen. Dies zu verändern war ein wesentliches Anliegen des Gesetzgebers für die Neufassung von 1953 (s. Amtl. Begr. 35, 36 f.). 2

Die Vorschrift bezieht Heranwachsende in gleichem Umfang wie Jugendliche in den Bereich der Jugendgerichtsbarkeit ein, damit die in der Beurteilung des Verhaltens und der Entwicklung junger Menschen ggü. den für allg. Strafsachen zuständigen Gerichten erfahreneren JGerichte jeweils die Entscheidung treffen, ob bei einem Heranwachsenden im Einzelfall JStR oder allg. StR anzuwenden ist (Amtl. Begr. 37). – Da die Ausgestaltung des Verfahrens nach JGG-Bestimmungen (§ 109) und die Anwendung materiellen JStR (§ 105 Abs. 1) unabhängig von der Einbeziehung der Heranwach- 3 senden in die JG-Verfassung ist, richten sich Reformbestrebungen teilweise auf die völlige Gleichstellung der Heranwachsenden (ggf. unter modifizierter Einbeziehung der Jungerwachsenen) mit den Jugendlichen (vgl. näher aber → § 105 Rn. 5 f.).

2. Heranwachsende; jugendgerichtliche Zuständigkeit

4 **a) Begriff.** Der Begriff des Heranwachsenden iSd Vorschrift ist identisch mit demjenigen in § 1 Abs. 2. Maßgeblich ist hiernach das Alter zur **Zeit der Tat** und nicht dasjenige zur Zeit der Anklageerhebung oder des weiteren Verfahrens. Ist der Heranwachsendenstatus zur Zeit der Tat nicht mit Sicherheit auszuschließen, entscheidet ebenfalls das JGericht (vgl. näher → §§ 33–33b Rn. 4).

5 **b) Zuständigkeit der JGerichte.** Die JGerichte sind grundsätzlich in demselben Umfang zur Entscheidung bei Verfehlungen Heranwachsender **wie bei** Verfehlungen **Jugendlicher** zuständig (vgl. § 108 Abs. 1; zu Besonderheiten im Verhältnis einzelner JGerichte zueinander s. § 108 Abs. 2, 3). Demgemäß sind JGerichte auch dann zur Entscheidung berufen, wenn eine einheitliche Tat bzw. mehrere Verfehlungen desselben Beschuldigten vorliegen, die (bzw. deren Einzelakte) dieser zumindest teilweise als Heranwachsender, teilweise als Erwachsener begangen hat (s. BGHSt 8, 349; 7, 26; BGH StV 1981, 77; 5.2.1986 – 3 StR 23/86; StV 2003, 15; StraFo 2010, 466 Rn. 4; vgl. näher → § 103 Rn. 28 ff., 32). Insbesondere kommt es hierfür nicht darauf an, bei welchen Taten das Schwergewicht liegt (BGH StV 1994, 173 Rn. 13; OLG Jena OLGSt StPO § 209 Nr. 4). Wird die Verfolgung jedoch durch das Gericht oder die StA auf die im Erwachsenenalter begangenen Taten beschränkt (§ 2 Abs. 2 iVm §§ 154, 154a StPO), entfällt die Zuständigkeit der JGerichte (soweit dies durch die Teileinstellung nicht gezielt erreicht werden sollte (BGH NStZ 1996, 244)).

5a Erfolgt die Anklage irrig vor dem falschen Gericht, hat dieses das Verfahren an das zuständige JGericht oder Erwachsenengericht abzugeben (dazu → §§ 33–33b Rn. 16 ff.); erfolgt dies nicht, hat das Folgen für die Anfechtbarkeit des Urteils (näher → §§ 33–33b Rn. 20 ff.).

6 Die bei Jugendlichen bestehenden **Ausnahmen** von der Zuständigkeit der JGerichte (§§ 102, 103 Abs. 2 S. 2, 3) gelten bei Heranwachsenden entsprechend (§ 112 S. 1). Da die Ausnahmen gesetzlich abschließend bestimmt sind, ist die Entscheidung einer Verwaltungsbehörde über Verstöße Heranwachsender gegen StR-Normen im engeren Sinne – (dh ausschließlich des OWiR; s. aber zur Zuständigkeit des JGerichts im gerichtlichen Bußgeldverfahrens nach Einspruch § 68 Abs. 2 OWiG) – unzulässig (vgl. → §§ 33–33b Rn. 5 sowie bereits Dallinger/Lackner Rn. 7).

III. Mitwirkung von Organen der Jugendgerichtsverfassung

1. Aufgaben des JGerichts

7 Es hat in Verfahren gegen Heranwachsende grundsätzlich dieselben **Aufgaben** wie in Verfahren gegen Jugendliche (vgl. deshalb die Erl. betr. § 34 Abs. 1 entspr., → § 34 Rn. 2 ff.).

a) Abweichungen. Solche bestehen zum einen insofern, als seit Einführung der Volljährigkeit Heranwachsender zugleich mit dem elterlichen Erziehungsrecht auch die nachrangige Erziehungsberechtigung des Staates entfallen ist (vgl. BVerfGE 22, 180). Da demgemäß die familiengerichtlichen Erziehungsaufgaben in § 34 Abs. 3 ggü. Heranwachsenden nicht mehr in Betracht kommen, ist insoweit auch das Prinzip der Einheit von JRichter und FamRichter (vormals Vormundschaftsrichter) in § 34 Abs. 2 aufgehoben. 8

Zum anderen ergeben sich gewisse *Besonderheiten* dadurch, dass bei der Anwendung von Verfahrensvorschriften des JGG mitunter im Verhältnis zu Jugendlichen abw. Gesichtspunkte maßgebend sein können (vgl. näher → § 109 Rn. 22 ff.). 9

b) Aufgabenverteilung. Eine Aufteilung unter mehreren JRichtern (bzw. JKammern) iRd Geschäftsverteilung nach **Jugend-Strafsachen** einerseits und **Heranwachsenden-Strafsachen** andererseits ist schon im Hinblick auf die Beurteilung nach § 105 Abs. 1 zu **vermeiden** (ähnl. Dallinger/Lackner Rn. 8 mwN; vgl. auch → § 34 Rn. 3). Auch bei der Bestellung von BezirksJRichtern ist eine solche Aufteilung abzulehnen (allg. Auffassung; vgl. auch → §§ 33–33b Rn. 13 ff.); die Bildung eines gemeinsamen JSchöffenG nur für JStrafsachen oder nur für Heranwachsenden-Strafsachen kommt nicht in Betracht (Dallinger/Lackner Rn. 9). 10

2. Aufgaben der Jugendstaatsanwaltschaft

In Verfahren vor den JGerichten werden auch Strafsachen gegen Heranwachsende regelmäßig von **JStA** bearbeitet (§§ 107, 36, 33; zur Zuständigkeit der JStA vgl. → § 36 Rn. 8 ff.). Bei der Geschäftsverteilung ist darauf zu achten, dass von mehreren JStA jeder im gleichen Ausmaß mit Strafsachen gegen Heranwachsende wie gegen Jugendliche befasst ist. 11

3. Aufgaben der JGH

In demselben Umfang wie in Verfahren gegen Jugendliche wirkt die **JGH** grundsätzlich auch in Verfahren gegen Heranwachsende mit. Dies gilt auch für Soldatinnen und Soldaten (OLG Schleswig SchlHA 1958, 341 = EJF C I Nr. 47; AG Eilenburg ZJJ 2020, 402; s. auch schon Würfflein RdJB 1958, 223; ferner → § 112d Rn. 6). 12

a) Heranziehung. Die Mitwirkungspflicht der JGH besteht **unabhängig** davon, ob aus Sicht der JStrafjustiz mit der Anwendung von **allg. StR** oder von JStR zu rechnen ist. Desgleichen ist es insoweit **unerheblich,** wenn der Heranwachsende bei Einleitung des **Verfahrens** oder während des Verfahrensverlaufs das **21. Lbj.** vollendet hat (BGHSt 6, 354; BGH StV 1982, 336 mAnm Gatzweiler). Denn anderenfalls wäre der zufällige zeitliche Abstand zwischen der Tat und der Einleitung des Ermittlungsverfahrens bzw. der Durchführung des Hauptverfahrens für die Heranziehung (und die Verwirklichung der weiteren Rechte der JGH) maßgeblich (BGHSt 6, 354 (356 f.)). Die JGH ist auch dann heranzuziehen, wenn ein Teilakt einer einheitlichen Tat erst nach Vollendung des 21. Lbj. begangen ist (Dallinger/Lackner Rn. 14 mN). – Auch im Strafbefehlsverfahren gelten die Vorschriften über die Beteiligung der JGH entsprechend (MüKoStPO/Kaspar § 108 13

Rn. 4). Vor deren Berichterstattung ist ein Antrag iSv § 407 StPO nur ausnahmsweise zulässig (→ § 46a Rn. 2).

14 **b) Besonderheiten der Aufgaben.** Was die Aufgaben der JGH in Verfahren gegen Heranwachsende im Allg. anbelangt, so hat deren Ermittlungsfunktion eine besondere Bedeutung insofern, als die Beurteilung des Entwicklungsstandes des Heranwachsenden maßgebend für die Entscheidung darüber ist, ob **JStR** oder **allg. StR** anzuwenden ist (vgl. auch AG Eilenburg ZJJ 2020, 402: verzichtbar nur, wenn Frage bspw. durch Gutachten in anderer Sache bereits klar). Dabei kommt der Stellungnahme der JGH ein erhöhtes Gewicht dann zu, wenn seit der Tat des Heranwachsenden bis zum Zeitpunkt seiner Aburteilung ein längerer Zeitraum vergangen ist, der mehrere Entwicklungsphasen einschließt (s. BGH Dallinger MDR 1956, 12 = EJF C I Nr. 7 mAnm Kohlhaas). Die Voraussetzungen der Offenbarung solcher Daten, die der JGH im Rahmen ihrer Hilfefunktion anvertraut worden sind, bestimmen sich nach § 65 Abs. 1 S. 1 Nr. 1, 5 KJHG (vgl. im Übrigen → § 38 Rn. 28 ff., 41 f. entspr.). – Die Ermittlungen der JGH werden auch im Hinblick auf die Möglichkeit einer **Strafmilderung** nach § 106 Abs. 1 für die Entscheidung des Gerichts erhebliches Gewicht erlangen können (vgl. BGHSt 6, 354 (356); Dallinger/Lackner Rn. 15).

14a Die Nachbetreuungsaufgabe der JGH tritt zwar im Hinblick auf das Erwachsenenalter des Heranwachsenden in ihrer erzieherischen Funktion zunehmend zurück. Jedoch wird ihre unterstützende Funktion bezüglich allg. Sozialisations- und Unterstützungshilfen stattdessen an Bedeutung gewinnen (vgl. → § 38 Rn. 14).

15 **c) Revision.** Wegen der revisionsrechtlichen **Folgen,** falls die **JGH** am Verfahren **nicht** beteiligt wird, vgl. → § 38 Rn. 85 ff. entsprechend. Ist die Anwendung materiellen JStR nach Prüfung von § 105 Abs. 1 ohne Beteiligung der JGH abgelehnt worden, wird das tatrichterliche Urteil regelmäßig im Revisionsverfahren aufgehoben werden müssen, wenn unter Verstoß gegen §§ 107, 38 Abs. 3, 109 Abs. 1 S. 1, 50 Abs. 3 die JGH nicht herangezogen wurde (BGH NStZ-RR 2001, 27) bzw. wenn entgegen der Aufklärungspflicht (§ 43, § 244 Abs. 2 StPO) die erforderliche umfassende Gesamtwürdigung der Persönlichkeit nicht erfolgt ist (vgl. BGH Dallinger MDR 1956, 12 = EJF C I Nr. 7 mzustAnm Kohlhaas; OLG Saarbrücken NStZ-RR 1999, 284; ebenso Dallinger/Lackner Rn. 16).

16 Mitunter wird der Gesetzesverstoß nur den Rechtsfolgenausspruch betreffen (s. BGH Dallinger MDR 1956, 146; auch ablAnm Deisenhofer zu OLG Hamburg EJF C I Nr. 34), zumal die Gesamtwürdigung zur Prüfung der Verantwortlichkeit nach § 3 S. 1 bei Heranwachsenden entfällt. Soweit jedoch auch der Schuldspruch von dem Verfahrensfehler berührt sein kann, ist das Urteil ggf. auch insoweit aufzuheben.

IV. Abgabe und Anfechtbarkeit

17 Für Fälle, in denen die Anwendung der nach § 107 in Verfahren gegen Heranwachsende entsprechend geltenden Vorschriften unterblieben oder gesetzwidrig geschehen ist, wird hinsichtlich der Anfechtbarkeit des Urteils auf die Erl. zu den jeweiligen Vorschriften verwiesen (vgl. → §§ 33–33b

Rn. 20ff.; → § 35 Rn. 17; → § 36 Rn. 19f.; → § 37 Rn. 20f.), speziell betr. die JGH auf → Rn. 15f.

Zuständigkeit

108 (1) **Die Vorschriften über die Zuständigkeit der Jugendgerichte (§§ 39 bis 42) gelten auch bei Verfehlungen Heranwachsender.**

(2) **Der Jugendrichter ist für Verfehlungen Heranwachsender auch zuständig, wenn die Anwendung des allgemeinen Strafrechts zu erwarten ist und nach § 25 des Gerichtsverfassungsgesetzes der Strafrichter zu entscheiden hätte.**

(3) [1] **Ist wegen der rechtswidrigen Tat eines Heranwachsenden das allgemeine Strafrecht anzuwenden, so gilt § 24 Abs. 2 des Gerichtsverfassungsgesetzes.** [2] **Ist im Einzelfall eine höhere Strafe als vier Jahre Freiheitsstrafe oder die Unterbringung des Beschuldigten in einem psychiatrischen Krankenhaus, allein oder neben einer Strafe, oder in der Sicherungsverwahrung (§ 106 Absatz 3, 4, 7) zu erwarten, so ist die Jugendkammer zuständig.** [3] **Der Beschluss einer verminderten Besetzung in der Hauptverhandlung (§ 33b) ist nicht zulässig, wenn die Anordnung der Unterbringung in der Sicherungsverwahrung, deren Vorbehalt oder die Anordnung der Unterbringung in einem psychiatrischen Krankenhaus zu erwarten ist.**

Übersicht

I. Anwendungsbereich

1 Die Vorschrift gilt nur in Verfahren gegen **Heranwachsende** (vgl. → § 107 Rn. 4f entspr.) **vor den JGerichten** (vgl. § 104 Abs. 1, § 112 S. 1). Eine Zuständigkeitsbeschränkung iSv Abs. 2 und Abs. 3 S. 1 für den Strafrichter bzw. das SchöffenG der allg. Strafgerichtsbarkeit ist seit der Neuregelung von § 103 Abs. 2 (iVm § 112 S. 1) durch das StVÄG 1979 gegenstandslos, weil deren Zuständigkeit im Verfahren gegen Heranwachsende vor den Gerichten der allg. Strafgerichtsbarkeit nicht mehr in Betracht kommt.

II. Systematische Bedeutung; besondere Auslandsverwendung von Soldatinnen und Soldaten

1. Anwendung von Jugend- oder von allgemeinem Strafrecht

2 Die Vorschrift enthält die Regelungen über die sachliche und örtliche Zuständigkeit der JGerichte für Verfehlungen Heranwachsender. – Hinsichtlich der sachlichen Zuständigkeit ist danach zu unterscheiden, ob die Anwendung von JStR **oder** von allg. StR zu erwarten ist. Im ersten Fall erfolgt die Prüfung nach Abs. 1 (wie in Verfahren gegen Jugendliche) in der Reihenfolge JRichter, JKammer, JSchöffenG. Für den zweitgenannten Fall bestehen – wegen der rechtsfolgenabhängigen und von der Rechtsfolgenkompetenz der allg. Strafgerichte abw. Unterteilungen der Zuständigkeit zwischen den einzelnen JGerichten – die ergänzenden Regelungen in Abs. 2 und 3.

2. Soldatinnen und Soldaten bei besonderer Auslandsverwendung

2a Der Gerichtsstand bei solcher Verwendung (§ 62 Abs. 1 SoldG) bestimmt sich, in Abweichung von § 42 Abs. 1 Nr. 2 und Nr. 3, nach § 11a StPO iVm § 143a Abs. 1 GVG (Gesetz v. 28.1.2013 (BGBl. I 1989); vgl. auch Begr. RegE, BT-Drs. 17/9694), dh zuständig ist der Gerichtsstand der Stadt Kempten. Hinsichtlich der JGH wird in Wahrung der § 87b Abs. 1 S. 2 KJHG, § 86a Abs. 1 KJHG (vgl. auch § 30 Abs. 3 S. 2 SGB I) Amtshilfe zu leisten sein (n. Sommerfeld ZJJ 2012, 309).

III. Sachliche Zuständigkeit

1. Sachliche Zuständigkeit des JRichters

3 Die Prüfung geschieht zunächst durch die **JStA vor** Erhebung der **Anklage** im Sinne einer konkreten Betrachtungsweise danach, ob im Einzelfall die Anwendung sachlichen JStR oder allg. StR zu erwarten ist.

4 **a) Anwendung von Jugend- oder von allgemeinem Strafrecht.** Soweit die Anwendung des **JStR** zu **erwarten** ist, richtet sich die sachliche Zuständigkeit des JRichters (abw. von § 25 GVG iVm § 24 Abs. 1 Nr. 2

GVG) nach Abs. 1 iVm § 39 Abs. 1 (dagegen ist die Rechtsfolgenkompetenz des JRichters nach § 39 Abs. 2 für die Frage, bei welchem Gericht der Staatsanwalt Anklage erhebt, ohne Bedeutung; ist im Zeitpunkt der Anklageerhebung JStrafe zu erwarten, folgt hieraus regelmäßig die Unzuständigkeit des JRichters; vgl. → § 39 Rn. 5).

Soweit die Anwendung des **allg. StR** zu **erwarten** ist, ist für die sachliche Zuständigkeit des JRichters im Zeitpunkt der Anklageerhebung Abs. 2 iVm § 25 GVG maßgeblich. Hiernach kommt es darauf an, ob es sich bei der Verfehlung um ein Vergehen handelt und ob im Fall des § 25 Nr. 2 GVG diese einer entsprechenden Beurteilung unterliegt. – Zur Zuständigkeit des JRichters für das Strafbefehlsverfahren vgl. näher → § 109 Rn. 63 ff. 5

Lässt sich vor der Erhebung der Anklage eine hinreichend sichere **Voraussage** (OLG Düsseldorf BeckRS 2020, 32812) darüber, ob im konkreten Fall JStR oder allg. StR angewendet werden wird, **nicht** treffen, so ist die Zuständigkeit für beide Varianten zu prüfen. Ergibt sich danach die Zuständigkeit verschiedener Gerichte, muss der Rspr. zufolge die Anklage (und anschließend auch die Eröffnung) vor dem höheren Gericht erfolgen, da hierdurch unnötige Verweisungen (infolge der beschränkten Rechtsfolgenkompetenz des unteren Gerichts) vermieden werden (OLG Karlsruhe ZJJ 2018, 163 (165) = BeckRS 2018, 22224; MüKoStPO/Kaspar Rn. 7a). Anklage beim JRichter wird folglich nur dann zu erheben sein, wenn sowohl die Voraussetzungen nach Abs. 1, § 39 Abs. 1 wie auch von Abs. 2, § 25 GVG zu bejahen sind (Bender JGG Rn. 9; Dallinger/Lackner Rn. 5). 6

b) Prüfung durch das Gericht. Dieses prüft seine sachliche Zuständigkeit in jeder Verfahrenslage **von Amts wegen** (§ 2 Abs. 2, § 6 StPO; zum Verfahren bei Unzuständigkeit vgl. → § 39 Rn. 13 ff.). In der HV ist für die sachliche Zuständigkeit nicht mehr die Rechtsfolgenerwartung (Abs. 1 iVm § 39 Abs. 1 S. 1 bzw. Abs. 2 iVm § 25 GVG) maßgeblich, vielmehr richtet sie sich – vom Ausnahmefall der Verhandlungsverbindung mit einer Erwachsenensache (Abs. 1, § 39 Abs. 1 S. 2) abgesehen – nach der Rechtsfolgenkompetenz des JRichters. 7

Bei **Anwendung** von **JStR** gilt Abs. 1, § 39 Abs. 2 (soweit eine JStrafe von über einem Jahr bzw. eine Unterbringung in einem psychiatrischen Krankenhaus in Betracht kommt, ist nach § 2 Abs. 2, § 270 Abs. 1 S. 1 StPO an das JGericht höherer Ordnung zu verweisen, vgl. → § 39 Rn. 17). 8

Bei **Anwendung** des **allg. StR** ist die Rechtsfolgenkompetenz des JRichters in der HV mit derjenigen des JSchöffenG identisch (Abs. 3 S. 1 unter Verweis auf § 24 Abs. 2 GVG). Hiernach darf der JRichter auch bei Anwendung allg. StR gegen Heranwachsende nicht auf eine höhere Strafe als vier Jahre Freiheitsstrafe und nicht auf die Unterbringung in einem psychiatrischen Krankenhaus, allein oder neben einer Strafe, oder in Sicherungsverwahrung (vgl. → § 106 Rn. 10 ff.) erkennen. Allerdings muss dem der Vorwurf eines Vergehens zugrundeliegen (vgl. bspw. den Fall bei LG Braunschweig BeckRS 2023, 20289). – Gelangt das Gericht zur Überzeugung, dass ein **JGericht höherer Ordnung** zuständig sei, verfährt es je nach Verfahrensstadium nach § 209 Abs. 2, § 225a Abs. 1 S. 1 bzw. § 270 Abs. 1 StPO jeweils iVm § 2 Abs. 2 (vgl. auch die entspr. anwendbaren Ausführungen bei → § 39 Rn. 14 ff., → § 40 Rn. 9). Was die beweisrechtlichen Voraussetzungen für eine Entscheidung nach **§ 270 Abs. 1 S. 1 StPO** anbetrifft, so wird nach allg. Auffassung davon ausgegangen, hinsichtlich des 9

Tatvorwurfs sei (nur) hinreichender Tatverdacht entsprechend § 203 StPO erforderlich, der sich allerdings „genügend verfestigt" bzw. „bestätigt" haben müsse (vgl. nur OLG Frankfurt a. M. NStZ-RR 1997, 311). Betreffend die Voraussetzungen bzgl. des Verbrechenscharakters der fraglichen Tat und/oder des Überschreitens der *Rechtsfolgenkompetenz* reicht das bloße „in Betracht kommen"nicht (vgl. nur OLG Zweibrücken NStZ-RR 1998, 280). Vielmehr müssen die Voraussetzungen „mit genügender Sicherheit" (OLG Düsseldorf NStZ 1986, 427) oder zumindest „mit genügend großer Wahrscheinlichkeit" (Löwe/Rosenberg/Stuckenberg StPO § 270 Rn. 19; SK-StPO/Frister StPO § 270 Rn. 10) erkennbar sein (abw. OLG Köln ZJJ 2011, 204 mablAnm Eisenberg), und daher muss eine **HV** ggf. so lange **fortgeführt** werden, bis ihr Ergebnis das Vorliegen der in Rede stehenden Voraussetzungen „bestätigt", dh die Deliktseinordnung und/oder Straferwartung sich „soweit verfestigt" (OLG Zweibrücken NStZ-RR 1998, 280; Radtke/Hohmann/Hagemeier StPO § 270 Rn. 9) hat, dass ein innerhalb der Zuständigkeit und Rechtsfolgenkompetenz liegender Ausspruch nicht mehr zu erwarten ist.

2. Sachliche Zuständigkeit des JSchöffenG

10 Diese richtet sich bei Verfehlungen Heranwachsender zunächst nach der **Rechtsfolgen**erwartung gem. Abs. 1, § 40 (vgl. näher → § 40 Rn. 4 ff.) und in der HV nach der Rechtsfolgenkompetenz – also bei Anwendung des JStR nach Abs. 1, § 40, bei Anwendung des allg. StR nach Abs. 3 S. 1 iVm § 24 Abs. 2 GVG (zum Vorgehen bei unklarer Voraussage über die Anwendung von JStR oder allg. StR → Rn. 6).

11 **a) Anwendung von Jugendstrafrecht.** Solchenfalls gilt wie bei Jugendlichen auch das Übernahmeverfahren nach § 40 Abs. 2–4 (vgl. näher → § 40 Rn. 10 ff.; zum Verfahren bei Unzuständigkeit vgl. → § 40 Rn. 8 f.).

12 **b) Anwendung von allgemeinem Strafrecht.** Hier bestimmt sich die Zuständigkeit grundsätzlich ebenfalls nach Abs. 1, § 40 (iVm §§ 39, 41), mit der Besonderheit, dass das JSchöffenG – wie das SchöffenG der allg. Strafgerichtsbarkeit – wegen der Verfehlung eines Heranwachsenden auf eine vier Jahre übersteigende Freiheitsstrafe und auf die Unterbringung in einem psychiatrischen Krankenhaus, allein oder neben einer Strafe, oder in Sicherungsverwahrung (vgl. näher → § 106 Rn. 10 ff.) nicht erkennen darf (Abs. 3 S. 2 iVm § 24 Abs. 2 GVG; BGH NStZ 2010, 94). – Mit der (durch Gesetz v. 24.7.2004 (BGBl. I 1838)) in Abs. 3 S. 1 ausdrücklich geregelten Anwendbarkeit des § 24 Abs. 2 GVG hat sich die vormalige Streitfrage, ob diese Vorschrift bzgl. der Rechtsfolgenkompetenz des JSchöffenG bei Anwendung allg. StR gem. § 2 Abs. 2 heranzuziehen ist, erledigt.

3. Sachliche Zuständigkeit der JKammer

13 Diese richtet sich bei Verfehlungen Heranwachsender nach Abs. 1, § 41 sowie nach Abs. 3 S. 2.

14 **a) Anwendung von Jugend- oder von allgemeinem Strafrecht.** Bei Anwendung des JStR (zu Zweifelsfällen → Rn. 6) ist die JKammer als erkennendes Gericht des 1. Rechtszuges im selben Umfang wie in Verfahren

gegen Jugendliche zuständig (→ § 41 Rn. 7 ff.; zum Verfahren bei sachl Unzuständigkeit → § 41 Rn. 17).

Bei Anwendung des allg. StR ist die JKammer erstinstanzlich zusätzlich zu den in § 41 geregelten Fällen auch dann zuständig, wenn – uU bereits vor Anklageerhebung (OLG Karlsruhe GA 1975, 27) – eine vier Jahre übersteigende Freiheitsstrafe zu erwarten ist oder wenn eine Verweisung an die JKammer deshalb erfolgt ist, weil unter Anwendung allg. StR auf eine Unterbringung in einem psychiatr Krankenhaus allein oder neben einer Strafe, oder in Sicherungsverwahrung (vgl. zur Verfassungswidrigkeit von § 106 Abs. 3, 5 und 6 → § 106 Rn. 10 ff.) zu erkennen ist, oder wenn ein Fall des § 24 Abs. 1 Nr. 3 GVG vorliegt (s. **Abs. 3 S. 2**); entsprechend wird bei Erwartung dieser Maßregel bereits vor Anklageerhebung nach § 2 Abs. 2, § 74 Abs. 1 S. 2 GVG bei der JKammer anzuklagen sein (OLG Karlsruhe ZJJ 2018, 163 (165) = BeckRS 2018, 22224; zur früheren Rechtslage Dallinger/Lackner Rn. 13). 15

Gemäß **Abs. 3 S. 3** ist entsprechend den Wertungen, die § 33b Abs. 2 S. 3 Nr. 2 und § 76 Abs. 2 S. 3 Nr. 2 GVG zugrunde liegen, die Besetzung der *großen JKammer* mit drei Berufsrichtern auch bei Heranwachsenden, die nach allg. Strafrecht zu behandeln sind, *zwingend* zu beschließen (zum Zeitpunkt gilt ggf. § 76 Abs. 4 GVG entspr.), wenn die Unterbringung in einem psychiatrischen Krankenhaus, allein oder neben der Strafe, oder die Unterbringung in Sicherungsverwahrung oder deren Vorbehalt zu erwarten ist. 15a

b) Rechtsmittelgericht. Als solches ist die JKammer auch zur Verhandlung und Entscheidung über die Urteile des JRichters und des JSchöffenG in Heranwachsendensachen dann zuständig, wenn im ersten Rechtszug allg. StR angewendet worden ist (KG VRS 23 (1962), 301; zum Umfang der sachlichen Zuständigkeit als Rechtsmittelgericht im Übrigen → § 41 Rn. 19, 24 f.). 16

IV. Örtliche Zuständigkeit

Diese Zuständigkeit des erkennenden Gerichts des ersten Rechtszuges bestimmt sich in Verfahren gegen Heranwachsende nach **Abs. 1,** § 42 (zum Vorgehen bei örtlicher Unzuständigkeit → § 42 Rn. 14). Die besonderen Gerichtsstände des JStVR stehen neben denjenigen des allg. StVR (§§ 7 ff. StPO) unabhängig davon zur Verfügung, ob mit der Anwendung des JStR oder des allg. StR zu rechnen ist. 17

Soweit davon ausgegangen wird, dass der JStA – vorbehaltlich nur einer als willkürlich beurteilten Bestimmung der Zuständigkeit – unter mehreren Gerichtsständen ein Auswahlermessen zusteht, verneint die Judikatur eine Begründungspflicht für die Auswahl (vgl. OLG Jena OLGSt StPO § 8 Nr. 12; OLG Hamm StRR 2015, 412 bei Fricke = BeckRS 2015, 8301). Genau genommen ist hierbei indes wegen Gefahren der Orientierung an Unterschieden (von Gericht zu Gericht bzw. von Kammer zu Kammer), wie sie zB bei der Rechtsfolgenauswahl und -bemessung (vgl. etwa Eisenberg/Kölbel Kriminologie § 30 Rn. 71 ff.) bzw. der Erfüllung der Voraussetzungen des § 37 (vgl. → § 37 Rn. 5 ff.) bestehen, zur Wahrung von Art. 101 Abs. 1 S. 2 GG sowie des Rechtsstaatsprinzips (Art. 3 GG) eine Überprüfung der darzulegenden Sachlichkeit der Gründe und der Fehlerfreiheit der 17a

Ermessensausübung geboten (vgl. LG Kaiserslautern 24.5.2006 – 8 Qs 12/16; LG Verden StV 2008, 118; AG Eilenburg ZJJ 2020, 402 (403); NK-JGG/Schady § 42 Rn. 11; vgl. auch → § 42 Rn. 13). Im Einzelnen werden auch dann, wenn die Voraussetzungen nach Abs. 1 iVm § 42 Abs. 1, 2 nicht vorliegen, die Schutzbelange des Heranwachsenden zu würdigen sein (vgl. aber OLG Jena OLGSt StPO § 8 Nr. 12 Rn. 3, 30, wonach davon auch dann abgesehen werden dürfe, wenn die Bestimmung für den einzigen Heranwachsenden, der zusammen mit mehreren Erwachsenen angeklagt ist, nachteilig ist).

1. Gerichtsstände

18 **a) Familiengerichtliche Zuständigkeit.** Dieser Gerichtsstand (Abs. 1 iVm § 42 Abs. 1 Nr. 1, s. § 34 Abs. 2, 3) scheidet in Verfahren gegen Heranwachsende aus, weil familiengerichtliche Maßnahmen gegen die (volljährigen) Heranwachsenden nicht in Betracht kommen (ebenso NK-JGG/Goerdeler/Rose Rn. 6; abw. offenbar AG Eilenburg ZJJ 2020, 402 (403)). Dies ist bereits bei Erhebung der Anklage (§ 42 Abs. 2) zu berücksichtigen (vgl. näher → § 42 Rn. 1 und 5; vgl. speziell OLG Jena OLGSt StPO § 8 Nr. 1; zur früheren Rechtslage Dallinger/Lackner Rn. 16; zur Problematik bei der Bestimmung des für die örtliche Zuständigkeit des nach § 84 Abs. 2 zuständigen Vollstreckungsleiters vgl. → § 84 Rn. 6).

18a **b) Freiwilliger Aufenthalt des Beschuldigten.** Dieser Gerichtsstand (Abs. 1 iVm § 42 Abs. 1 Nr. 2, Abs. 3) ist auch in Verfahren gegen Heranwachsende gegeben, wobei es (auch hier) auf den Ort des tatsächlichen Aufenthalts ankommt (vgl. nur BGH NStZ-RR 2015, 353, in Abgrenzung zu Wohnsitz (§ 8 Abs. 1 StPO) bzw. Meldeanschrift). Dies ist im Allg. auch hinsichtlich der Aufklärungsmöglichkeiten zu den Voraussetzungen des § 105 Abs. 1 Nr. 1 funktional. Abweichungen kommen (nur) zur Vermeidung erheblicher Erschwernisse für das Verfahren in Betracht (vgl. BGH StraFo 2006, 415; OLG Celle BeckRS 2008, 9893), wobei zumindest bei erwachsen gewordenen Angeklagten auch eine Abwägung mit Zweckmäßigkeitsüberlegungen (zB Wohnsitz des Zeugen, (zusätzliche) Kosten) in Einzelfällen als zulässig gilt.

18b Die RL S. 1 empfiehlt die Anklageerhebung grundsätzlich am Gerichtsstand des freiwilligen Aufenthalts des Heranwachsenden, hält aber ggf. auch eine Anklageerhebung am Gerichtsstand des Tatortes für sachgerecht (RL S. 2), wenn etwa – wie in Verkehrsstrafsachen – eine größere Anzahl von am Tatort wohnenden Zeugen zu vernehmen ist (vgl. aber → § 42 Rn. 11; einschr. bei nur einem Zeugen BGH 4.2.1987 – 2 ARs 18/87 auszugsweise bei Böhm NStZ 1987, 443 – unter Hinweis auf die Möglichkeit kommissarischer Vernehmung).

19 **c) Vollstreckungsleiter.** Dieser Gerichtsstand (Abs. 1 iVm § 42 Abs. 1 Nr. 3) ist nur begründet, wenn die neue Verfehlung vor vollständiger Vollstr (vgl. näher → § 42 Rn. 8) der JStrafe (nicht aber Freiheitsstrafe; allg. Auffassung) und vor Vollendung des 21. Lbj. (vgl. schon Scheunemann RdJB 1956, 296; Dallinger/Lackner Rn. 17; Brunner/Dölling Rn. 6; sodann auch HK-JGG/Verrel Rn. 10) zur Anklage kommt (abw. NK-JGG/Goerdeler/Rose Rn. 7; Diemer/Schatz/Sonnen/Sonnen Rn. 9). – Nach BGHSt 18, 1 (3 f.) obliegen die Aufgaben des Vollstreckungsleiters iSv § 42 Abs. 1 Nr. 3

in einem Verfahren gegen einen Heranwachsenden, gegen den eine JStrafe vollstreckt wird und gegen den im neuen Verfahren eine drei Jahre übersteigende Freiheitsstrafe zu erwarten ist, nicht dem in § 85 Abs. 2, 3 bezeichneten JRichter, sondern der ihm örtlich übergeordneten JKammer (MüKoStPO/Kaspar Rn. 13).

2. Aufenthaltswechsel

Verändert der heranwachsende Angeklagte nach Erhebung der Anklage seinen Aufenthaltsort, so besteht die Möglichkeit einer Abgabe nach Abs. 1 iVm § 42 Abs. 3 (vgl. bejahend (im Hinblick auf die JGH am Aufenthaltsort) nur BGH BeckRS 2010, 14143, – unter Inkaufnahme der Erschwernis der Anreise für den Zeugen – sowie BGH BeckRS 2010, 23040, – unter Hinweis auch auf den Säugling der Angeklagten). Vgl. im Übrigen näher → § 42 Rn. 15 ff. (betr. eine ergänzende Auslegung (bzw. Empfehlung einer Neufassung) von RL S. 1 vgl. Bezjak/Sommerfeld ZJJ 2008, 257). 20

V. Anfechtbarkeit

Von Amts wegen ist die sachliche Zuständigkeit in jeder Lage des Verfahrens zu prüfen (§ 2 Abs. 2, § 6 StPO), die örtliche Zuständigkeit bis zur Eröffnung des Hauptverfahrens (§ 2 Abs. 2, § 16 S. 1 StPO) – jeweils ggf. mit der Folge des absoluten Revisionsgrunds nach § 338 Nr. 4 StPO. Hinsichtlich der örtlichen Unzuständigkeit gilt im allg. Strafverfahren allerdings § 16 S. 2 und 3 StPO (Rügepräklusion), ohne dass die Frage gleicher Anwendbarkeit auch im JStV (§ 2 Abs. 2) im Einzelnen untersucht wäre (vgl. zu Bedenken → § 42 Rn. 27 entspr.). – Im Übrigen wird betr. Urteile gegen Heranwachsende, die unter Verletzung der gesetzlichen Zuständigkeitsbestimmungen ergangen sind, verwiesen auf Erl. zu → §§ 33–33b Rn. 20 ff., → § 39 Rn. 19, → § 40 Rn. 16, → § 41 Rn. 26; → § 42 Rn. 27 entsprechend. 21

Verfahren

109 (1) [1]**Von den Vorschriften über das Jugendstrafverfahren (§§ 43 bis 81a) sind im Verfahren gegen einen Heranwachsenden die §§ 43, 46a, 47a, 50 Absatz 3 und 4, die §§ 51a, 68 Nummer 1, 4 und 5, die §§ 68a, 68b, 70 Absatz 2 und 3, die §§ 70a, 70b Absatz 1 Satz 1 und Absatz 2, die §§ 70c, 72a bis 73 und 81a entsprechend anzuwenden.** [2]**Die Bestimmungen des § 70a sind nur insoweit anzuwenden, als sich die Unterrichtung auf Vorschriften bezieht, die nach dem für die Heranwachsenden geltenden Recht nicht ausgeschlossen sind.** [3]**Die Jugendgerichtshilfe und in geeigneten Fällen auch die Schule werden von der Einleitung und dem Ausgang des Verfahrens unterrichtet.** [4]**Sie benachrichtigen den Staatsanwalt, wenn ihnen bekannt wird, daß gegen den Beschuldigten noch ein anderes Strafverfahren anhängig ist.** [5]**Die Öffentlichkeit kann ausgeschlossen werden, wenn dies im Interesse des Heranwachsenden geboten ist.**

(2) [1] **Wendet der Richter Jugendstrafrecht an (§ 105), so gelten auch die §§ 45, 47 Abs. 1 Satz 1 Nr. 1, 2 und 3, Abs. 2, 3, §§ 52, 52a, 54 Abs. 1, §§ 55 bis 66, 74 und 79 Abs. 1 entsprechend.** [2] **§ 66 ist auch dann anzuwenden, wenn die einheitliche Festsetzung von Maßnahmen oder Jugendstrafe nach § 105 Abs. 2 unterblieben ist.** [3] **§ 55 Abs. 1 und 2 ist nicht anzuwenden, wenn die Entscheidung im beschleunigten Verfahren des allgemeinen Verfahrensrechts ergangen ist.** [4] **§ 74 ist im Rahmen einer Entscheidung über die Auslagen des Antragstellers nach § 472a der Strafprozessordnung nicht anzuwenden.**

(3) **In einem Verfahren gegen einen Heranwachsenden findet § 407 Abs. 2 Satz 2 der Strafprozeßordnung keine Anwendung.**

Schrifttum: Bartels, Das Strafbefehlsverfahren bei Heranwachsenden in Theorie und Praxis, 2007; Lubitz, Das beschleunigte Verfahren der StPO und seine rechtstatsächliche Durchführung in Berlin und Brandenburg, 2010; Putzke, Beschleunigtes Verfahren bei Heranwachsenden, 2004.

Übersicht

I. Anwendungsbereich

1. Geltung von Vorschriften auch bei Nichtanwendung materiellen Jugendstrafrechts

1 Die in **Abs. 1 S. 1** aufgeführten Vorschriften gelten unabhängig von der Anwendung materiellen Jugendstrafrechts oder allg. Strafrechts in Verfahren gegen Heranwachsende vor den für allg. Strafsachen zuständigen Gerichten entsprechend (§ 112 S. 1 und 2, § 104 Abs. 1 Nr. 2, 3, 10, 12; näher → § 112 Rn. 5); ebenso gelten **Abs. 1 S. 2, 3** sinngemäß (§ 112 S. 1, 2, § 104 Abs. 1 Nr. 11 entspr.). Unabhängig von der Anwendung materiellen JStR kann **Abs. 1 S. 4** auch in Verfahren gegen Heranwachsende vor den für allg. Strafsachen zuständigen Gerichten zur Anwendung kommen (§ 112 S. 1, 2, § 104 Abs. 2; vgl. → § 104 Rn. 22; → § 112 Rn. 8). – Das vereinfachte JVerfahren (§§ 76–78) findet in Verfahren gegen Heranwachsende keine Anwendung.

2. Geltung von Vorschriften bei Anwendung materiellen Jugendstrafrechts

2 Soweit in Verfahren gegen Heranwachsende vor den für allg. Strafsachen zuständigen Gerichten materielles JStR (§ 105 Abs. 1) zur Anwendung kommt, gelten auch die in **Abs. 2 S. 1** aufgeführten Vorschriften (§ 112

S. 1, 2, § 104 Abs. 1 Nr. 4, 5, 6, 7, 8 (mit der sich aus § 104 Abs. 5 ergebenden Besonderheit), 13, 14), nur eingeschränkt hingegen die §§ 65, 66 (vgl. → § 65 Rn. 1, 7f., → § 66 Rn. 6, → § 104 Rn. 25, → § 112 Rn. 6).

II. Sinn und Zweck der Vorschrift

1. Systematik der Geltung verfahrensrechtlicher Vorschriften

3 Die verfahrensrechtliche Stellung der Heranwachsenden zwischen derjenigen der Jugendlichen und der der Erwachsenen ist von dem Grundsatz bestimmt, dass die JGerichte in Verfahren gegen Heranwachsende die Vorschriften des allg. StVR anzuwenden haben, soweit § 109 nicht die Vorschriften des JStVR für entsprechend anwendbar erklärt (Abs. 1 S. 1, Abs. 2) oder selbst eine besondere Regelung trifft (Abs. 1 S. 2–4). Allerdings erfahren einzelne der gem. Abs. 1 nicht anwendbaren Vorschriften des allg. StVR in Verfahren gegen Heranwachsende ggf. eine Berücksichtigung des altersmäßigen Status (vgl. → Rn. 12 ff.).

4 **a) Einheitliche Normenanwendung gem. Abs. 1.** Eine gewisse Zahl von Vorschriften gilt nach Abs. 1 **unabhängig** davon, **ob** im Einzelfall **materielles JStR** zur Anwendung kommt (Abs. 1 S. 1–3; wegen Abs. 1 S. 4 vgl. → Rn. 52 ff.). Es sind dies (neben der Zuständigkeitsnorm in § 47a) zunächst die jugendstrafrechtlichen Sondervorschriften zur „Persönlichkeitserforschung" (§ 43, § 46a, § 50 Abs. 3 und 4, § 70 Abs. 2 und 3, § 73), da für die erforderliche Entscheidung nach § 105 Abs. 1 eine Gesamtwürdigung der Persönlichkeit des Heranwachsenden gewährleistet sein muss. Zudem haben die Einbindung und die Ermittlungen der JGH auch im Falle der Anwendung allg. StR für die Strafzumessung Bedeutung (BGH NStZ-RR 2001, 27). Werden etwa die Voraussetzungen von § 105 Abs. 1 Nr. 1 verneint, ohne dass eine Mitteilung an die JGH nach § 50 Abs. 3 ergangen ist, muss das Urteil auf die Aufklärungsrüge hin ggf. aufgehoben werden (→ § 107 Rn. 15f; n. → § 38 Rn. 85 ff.).

5 Die Vorgaben zur **Vernehmungsdurchführung** (§ 70c) sind bei Heranwachsenden in gleicher Weise wie bei Jugendlichen zu berücksichtigen. Ebenso verhält es sich bei den besonderen jugendstrafrechtlichen Vorschriften zur **notwendigen Verteidigung** (§§ 51a, 68–68b) mit Ausnahme der auf Erziehungsberechtigte abstellenden Bestellungsgründe (§ 68 Nr. 2 und 3; speziell zur Anwendbarkeit der für § 68 Nr. 5 maßgeblichen Kriterien (→ § 68 Rn. 66 ff.) bei einer dem Heranwachsenden drohenden Freiheitsstrafe zutr. Beulke FS 50 Jahre Deutsche Strafverteidiger e.V., 2024,106). Ferner gem. Abs. 1 S. 1 einbezogen sind die den besonderen Unterstützungs- und Schutzbelangen von U-Gefangenen dienenden Vorschriften (§§ 72a, 72b). Speziell betr. die Anordnung von Sicherungsverwahrung (vgl. näher → § 106 Rn. 10 ff.) umfasst Abs. 1 S. 1 auch die Verfahrensvorschrift des § 81a. Die besonderen **Unterrichtungs- und Belehrungsvorschriften** (§§ 70a, 70b), die gem. der systematischen Einordnung als allg. Bestimmungen für das gesamte JGG-Verfahren gelten (vgl. → § 70b Rn. 1), sind gleichermaßen in Verfahren gegen Heranwachsende anzuwenden. Dies gilt jedoch nicht für Informationen zu Rechtspositionen, die nur für Jugendliche und nicht auch Heranwachsende bestehen (Abs. 1 S. 2), und für die Erstre-

ckung der Belehrungspflicht auf die Erziehungsberechtigten (§ 70b Abs. 1 S. 2 und 3), die es jugendstrafrechtlich bei Heranwachsenden nicht gibt.

In Abs. 1 S. 2, 3 werden die Mitteilungspflichten gesondert geregelt, da 6
die in Verfahren gegen Jugendliche gem. § 70 ggf. vorgesehene Unterrichtungspflicht des FamG und dessen Benachrichtigungspflicht wegen der Volljährigkeit der Heranwachsenden ausscheiden.

b) Geltung nur bei Anwendung von Jugendstrafrecht (Abs. 2). 7
Weitere in Abs. 2 S. 1 abschließend aufgeführte, gem. Abs. 2 S. 2–4 teilweise mit Modifikationen versehene Vorschriften des JStVR gelten **nur** dann, **wenn** nach § 105 Abs. 1 gegen den Heranwachsenden **materielles** JStR zur Anwendung kommt. Ist die Bejahung von § 105 Abs. 1 **zweifelhaft,** ist nach dem Günstigkeitsprinzip zu verfahren (ähnlich bzgl. der Verfahrenseinstellung MüKoStPO/Kaspar Rn. 23). Deshalb setzt die Zulässigkeit des Strafbefehlsverfahrens (§§ 407 ff. StPO) eine verneinende Entscheidung voraus (näher → Rn. 57 ff.). Dass die Frage nach der Geltung dieser Vorschriften formal erst beantwortet wird, nachdem eine Entscheidung gem. § 105 Abs. 1 getroffen wurde, ist insoweit unschädlich, als die Vorschriften sämtlich gleichzeitig mit dieser Entscheidung bzw. erst danach Wirkung zeitigen – allerdings bleibt rechtstatsächlich die Frage offen, inwieweit die (Nicht-)Befürwortung der Anwendung der einen oder anderen dieser Vorschriften unzulässigerweise bereits die Entscheidung zu § 105 Abs. 1 beeinflusst.

c) Verbindung mehrerer Taten bzw. von Strafsachen gegen Ju- 8
gendliche und gegen Heranwachsende. Handelt es sich um mehrere Taten, die in **verschiedenen Altersstufen** begangen wurden (zur Zuständigkeit vgl. → § 103 Rn. 13 ff.), so sind grds. für jede selbstständige Tat die für sie geltenden Verfahrensvorschriften anzuwenden (hM; für Vorrang der spezielleren des JStV NK-JGG/Goerdeler/Rose Rn. 2; Diemer/Schatz/Sonnen/Sonnen Rn. 2; für eine normbezogen-differenzierende Handhabung MüKoStPO/Kaspar Rn. 3 f.), wogegen Belange der Praktikabilität zurückzustehen haben. Da das **Verfahren** im Fall der Verbindung nur **einheitlich** sein kann, scheiden allerdings alle Verfahrensformen aus, die hinsichtlich wenigstens einer der in dem Verfahren verbundenen Taten unzulässig wären (vgl. zur Nebenklage → § 80 Rn. 17 ff.). So kann etwa unter Aufrechterhaltung der Verbindung nicht hinsichtlich der vor Vollendung des 18. Lbj. begangenen Verfehlungen von dem vereinfachten JVerfahren und hinsichtlich der im Heranwachsendenalter begangenen Taten gleichzeitig von der Möglichkeit des beschleunigten Verfahrens Gebrauch gemacht werden. Auch kommt eine entsprechende Anwendung des § 32 in der Weise, dass die Straftat mit dem größeren Gewicht über die geltenden Verfahrensvorschriften entscheidet, nicht in Betracht, da das Schwergewicht erst im Verfahren festgestellt wird, die Verfahrensart aber vorher bestimmt sein muss. – Vgl. zur Anwendbarkeit der Regelung über die Nichtöffentlichkeit der HV (§ 48) → Rn. 52 sowie → § 48 Rn. 3; vgl. auch Brunner/Dölling Rn. 15.

Bei Verbindung von Strafsachen gegen **Jugendliche und gegen Heran-** 9
wachsende gelten die Ausführungen zu → Rn. 8 entsprechend (vgl. → § 103 Rn. 25), dh es sind bei jedem Betroffenen die für ihn geltenden Verfahrensvorschriften anzuwenden (vgl. auch schon Dallinger/Lackner Rn. 46). Lässt sich dies jedoch – wie bei der Nebenklage (vgl. n. → § 80

Rn. 17 ff.; zu Ausnahmen → Rn. 16–20a) – nicht wahren, so gelten einheitlich die Regelungen betr. Jugendliche, weil deren Schutzbelange vorrangig sind (Diemer/Schatz/Sonnen/Sonnen Rn. 2, 3; Eisenberg NStZ 2003, 132; aA BGHSt 48, 34 Rn. 20; Brunner/Dölling Rn. 7; HK-JGG/Verrel/Linke Rn. 3; MüKoStPO/Kaspar Rn. 4). Zu den Sonderregelungen über die Öffentlichkeit der Verhandlung im Fall der Verbindung (Abs. 1 S. 4 bzw. § 48 Abs. 3 S. 2) vgl. → Rn. 52 ff. sowie → § 48 Rn. 15 ff.

2. Reformerwägungen

10 Kriminalpolitisch wurde und wird vielfach die Aufnahme weiterer Verfahrensvorschriften in § 109 vorgeschlagen (zu §§ 76–78 in Abs. 2 S. 1 UK III DVJJ-Journal 1992, 26 (mit Hinweis auch auf beträchtliche Teile der Straßenverkehrsdelinquenz), DVJJ 1993, AK IV/3 sowie Gesetzentwurf v. 14.5.2004 (BR-Drs. 238/04), wofür Aspekte der Verfahrensökonomie (§ 78 Abs. 2, 3 S. 1), nicht jedoch rechtsstaatliche Prinzipien des JStVR sprechen). Dies gilt insb. betr. §§ 71, 72 in Abs. 2 S. 1 (vgl. AK IV und VII des 18. DJGT, Thesen (DVJJ 1981, 236 ff., 350 ff.) sowie DVJJ 1996, AK II/5; UK III bzw. IV DVJJ-Journal 1992, 25 bzw. 39; zu einem Modell in OLG Hamburg ZfStrVo 1991, 240; vgl. ergänzend bereits Peters ZStW 1937, 521; de Wyl RdJB 1958, 361 (363); Becker JR 1955, 47; vgl. zum Ganzen auch RL (EU) 2016/800 Erwägungsgründe 11 und 12, dazu → Einl. Rn. 32). Allerdings wäre – nicht zuletzt im Hinblick auf § 71 – eine ausschließlich erzieherische Einflussnahme bei Heranwachsenden zumal vor einer rechtskräftigen Verurteilung, die erst die Unschuldsvermutung (Art. 6 Abs. 2 EMRK) widerlegen könnte, rechtlich nicht ganz unbedenklich (vgl. → § 71 Rn. 4 ff.). – Verschiedentlich wird der Ausschluss des Strafbefehlsverfahrens empfohlen (vgl. SK-StPO/Weßlau StPO Vor §§ 407 ff. Rn. 26; näher zu Alternativen Bartels, Das Strafbefehlsverfahren bei Heranwachsenden in Theorie und Praxis, 2007, S. 201 ff.).

3. Häufigkeiten

11 Statistisch betrachtet kommen in der Praxis vor den JGerichten häufiger Verfahrensvorschriften des allg. StVR als solche des JGG zur Anwendung, soweit der Umstand zugrundegelegt ist, dass Heranwachsende zahlenmäßig häufiger als Jugendliche vor den JGerichten abgeurteilt werden. So wurden zB in den Jahren 2007, 2013 sowie 2021 und 2022 (im Bundesgebiet insgesamt) 121.385, 89.096, 61.210 und 55.234 Heranwachsende abgeurteilt. Jugendliche waren es 102.505, 66.303, 41.193 und 39455 Jugendliche abgeurteilt. Die – unter erheblichen Einschränkungen der Aussagefähigkeit stehende – Verurteiltenziffer betrug für Deutsche in den Jahren 2007, 2013, 2021 und 2022 bei Heranwachsenden 2.924, 2.280, 1.362 und 1.275, hingegen bei Jugendlichen 1.614, 1.095, 627 und 585 (StrafSt Tab. 24311-01; vgl. n. zum Ganzen Eisenberg/Kölbel Kriminologie § 48 Rn. 12; ferner → § 15 Rn. 27 f.).

III. Erläuterungen zu Abs. 1

1. Differenzierungen zur Anwendbarkeit

Eine Reihe jugendstrafprozessualer Vorschriften ist auch in Verfahren, die vor dem JGericht gegen Heranwachsende geführt werden, stets zu berücksichtigen (§§ 43, 46a, 47a, 50 Abs. 3 und 4, ferner die §§ 51a, 68 Nr. 1, 4 und 5 und die §§ 68a, 68b, 70 Abs. 2 und 3, die §§ 70a, 70b Abs. 1 S. 1 und Abs. 2 sowie die §§ 70c, 72a bis 73 und 81a – (n. → Rn. 4 f.)). § 70a ist mit den in Abs. 1 S. 2 bis 4 genannten Einschränkungen zu berücksichtigen (→ Rn. 6). § 48 wird durch Abs. 1 S. 5 modifiziert (→ Rn. 52 ff.). Wenngleich daher in Verfahren gegen Heranwachsende – unabhängig von der Entscheidung gem. § 105 Abs. 1 – mehrere Vorschriften des JStV **nicht** entsprechend **angewendet werden können** (§§ 44, 46, 50 Abs. 1 und 2, 51, 53, 67, 69, 71, 72, 76–78, 80), ist wegen der **praktischen Auswirkungen** gleichwohl gem. dem Auftrag des § 2 Abs. 1 bzw. aus Gründen prozessualer Fürsorge eine gewisse Berücksichtigung angezeigt. 12

2. Einzelheiten

a) § 44. Unbeschadet der Nichtanwendbarkeit dieser Vorschrift wird sich nach den allg. Vorschriften eine entsprechende Vernehmung in Verfahren gegen Heranwachsende ggf. dann empfehlen, wenn mit der Anwendung materiellen JStR zu rechnen ist (vgl. RL 2 S. 2 Hs. 2 zu § 44; ebenso Dallinger/Lackner § 44 Rn. 13). 13

b) § 46. Ferner wird auch in Verfahren gegen Heranwachsende derjenige Rechtsgedanke, wie er der Vorschrift des § 46 zugrunde liegt, nämlich nach dem **Entwicklungsstand** zu befürchtende **negative** Wirkungen zu **vermeiden,** regelmäßig zu berücksichtigen sein (vgl. RL 2 zu § 46; vgl. → § 46 Rn. 1). – Wird die Anwendung materiellen JStR erwartet, so ist iRd Anklagesatzes (§ 2 Abs. 2, § 200 Abs. 1 S. 1 StPO) § 105 Abs. 1 anzuführen, während die nähere Begründung in die Darstellung des wesentlichen Ermittlungsergebnisses aufzunehmen ist (allgA; vgl. → § 46 Rn. 6). 14

c) § 50. Desgleichen wird nach dem pflichtgemäßen richterlichen Ermessen bei Anwendung der allg. Verfahrensvorschriften dem Grundgedanken der Vorschrift des § 50 **Abs. 1** Rechnung zu tragen sein (Dallinger/Lackner Rn. 24; zu „äußerst restriktiver Anwendung" speziell der § 329 Abs. 2 StPO vgl. Begr. BT-Drs. 18/3562, 74). Insbesondere wird eine Prüfung nach § 105 Abs. 1 ohne die Anwesenheit des Heranwachsenden nur in Ausnahmefällen vertretbar sein (OLG Hamburg NJW 1963, 67; vgl. → § 50 Rn. 1). 15

Betreffend die Nichtanwendbarkeit der **§§ 50 Abs. 2, 67** ist (auch hier) 15a
zu beachten, dass – wegen der ausschließlichen Maßgeblichkeit des Alters zur Tatzeit (§ 1 Abs. 2) – zur HV gegen einen inzwischen Heranwachsenden, der die Verfehlung als Jugendlicher begangen hat, die Eltern als bisherige Erziehungsberechtigte bzw. der bisherige gesetzliche Vertreter entsprechend § 50 Abs. 2 geladen werden sollten (ebenso schon Röstel Zbl 1975, 326 (327); Brunner/Dölling Rn. 3), falls der Beschuldigte und die genannten bisher Berechtigten damit einverstanden ist. Dabei wird die Soll-Vorschrift wegen der Volljährigkeit des Angeklagten als eine (zudem nur res-

triktiv zu handhabende) Kann-Vorschrift anzuwenden sein (zust. MüKoStPO/Kaspar Rn. 28).

16 **d) § 51.** Die Nichtanwendbarkeit dieser Norm auf Heranwachsende wird aus jugendpsychiatrischer Sicht teilweise bedauert (vgl. etwa schon Klosinski ZfKiJPsychiatrie 1983, 349).

17 **e) § 69.** Was den Ausschluss eines Beistandes gem. § 69 angeht, so soll mit Eintritt der Volljährigkeit eine bereits zuvor erfolgte Bestellung zum Beistand beendet sein und deshalb, sofern abzusehen ist, dass der Jugendliche im Laufe des Verfahrens volljährig wird, ihm kein Beistand mehr bestellt werden dürfen (OLG Stuttgart Justiz 1976, 267). Dagegen ist die Bestellung eines Beistandes nach § 2 Abs. 2, § 149 StPO stets möglich. – Verschiedentlich wurde empfohlen (vgl. Denkschrift 1977, 71), eine § 149 StPO entsprechende Vorschrift aufzunehmen, die die Zulassung der Eltern als Beistände erfasst (nach geltendem Recht ist lediglich die Zulassung der Anwesenheit der Eltern in Verfahren gegen Heranwachsende iRv § 48 Abs. 2 S. 3 gestattet; näher schon Brunner Zbl 1977, 366 (367); Röstel Zbl 1975, 326 (328)).

18 **f) § 72.** Wenngleich diese Vorschrift nicht unmittelbar gilt (vgl. aber zu kriminalpolitischen Erwägungen → Rn. 6), werden zumindest bei jüngeren Heranwachsenden hinsichtlich der **Subsumtion** unter einen in Betracht kommenden Straftatbestand die bei Anwendung materiellen JStR geltenden Auslegungsgrundsätze (vgl. → § 2 Rn. 28 ff.) nicht von vornherein ausscheiden und es wird sich eine tendenziell extensive Auslegung verbieten (vgl. betr. 18 1/2-Jährigen LG Hamburg, hier zitiert nach OLG Hamburg NStZ 2017, 544 (dieses mit abw. Auffassung)). Auch bei der **Prognose** zu Haftgründen (§ 2 Abs. 2, § 112 Abs. 2 Nr. 2, Nr. 3 StPO) bzw. zu einer Rechtsfolgenentscheidung werden die bei Jugendlichen zu berücksichtigenden Kriterien (vgl. → Rn. 6 ff. sowie → § 17 Rn. 20 ff., → § 17 Rn. 45 ff. bzw. → § 18 Rn. 14 ff.) zumindest nicht von vornherein ausscheiden (anders OLG Hamburg NStZ 2017, 544 mit eher gouvernementaler Argumentation).

19 Ohnehin anerkannt ist, dass ein besonderes **Beschleunigungsgebot** besteht (vgl. BVerfG, 3. K. des 2. S., StraFo 2013, 160 (betr. nicht vorbestraften und erstmals inhaftierten 19-Jährigen); nicht erörtert trotz U-Haftdauer von 4 ½ Monaten aufgrund § 2 Abs. 2, § 112 Abs. 3 StPO, § 129a StGB in BGH BeckRS 2011, 23246 Rn. 41 ff. (allerdings allg. begrenzend) sowie trotz einer Dauer von bereits sechs Monaten aufgrund § 2 Abs. 2, § 112 Abs. 2 Nr. 2 StPO, §§ 129a Abs. 1 Nr. 1, 129b Abs. 1 S. 1, 2 StGB in BGH 17.4.2013 – AK 7/13 und auch nicht in BGH BeckRS 2015, 21040 – allerdings Außervollzugsetzung nach zwei Monaten – und nicht in BGH BeckRS 2016, 19193 sowie BeckRS 2016, 19501 und BeckRS 2017, 102669 – betr. zur Tatzeit 18-Jährigen – sowie BeckRS 2017, 122780; zu § 2 Abs. 2, §§ 112 Abs. 3, 121 Abs. 1 StPO BGH BeckRS 2014, 14298 Rn. 25–27; systematisch verfehlt, weil im Sinne allg. StR restriktiv, OLG Stuttgart StV 2014, 752 ff. (mAnm Herrmann): nach bereits „knapp 6 Monaten" im U-Haftvollzug 1 HV-Termin pro Woche (geplant 10 Wochen)), zumal schädliche Auswirkungen für die weitere Entwicklung oftmals zu verzeichnen sind (vgl. auch Heyding (bei Kowalzyck DVJJ-Journal 2003, 52)). – Auch nach erstinstanzlichem Urteil sind vom Betroffenen angebotene

Beweise gem. dem Anspruch auf rechtliches Gehör (Art. 103 Abs. 1 GG) zu erheben (OLG Hamm StV 2002, 209 (211)).

20 Im Falle einer Unterbringung außerhalb von U-VollzEinrichtungen hängt die **Anrechenbarkeit** gem. **§ 121 Abs. 1 StPO** in Würdigung der Unschuldsvermutung (und unter Berücksichtigung auch der Kriterien der Anrechnung gem. §§ 52, 52a bzw. § 51 StGB) weder davon ab, ob oder inwieweit Außenkontakte ermöglicht werden, noch davon, ob der U-Vollzug förmlich ausgesetzt wurde (§ 116 StPO; vgl. zum allg. StVR etwa KG NStZ 1997, 148 (unterbrochen); nicht verneint auch von OLG Dresden NStZ-RR 2002, 60 („öffentliches psychiatrisches Krankenhaus"); aA Meyer-Goßner/Schmitt/Schmitt StPO § 121 Rn. 5; KMR/Wankel StPO § 121 Rn. 3), zumal auf dem Hintergrund eines effektiven Grundrechtsschutzes die formale Gestaltung der Entscheidung nicht als vorrangig beurteilt werden muss. Maßgebend ist vielmehr, ob die Freiheitsentziehung (jugend-)strafgerichtlich – und also in Abhängigkeit von dem konkreten (J-)Strafverfahren stehend – an Stelle und **in der Funktion** von **U-Haft** angeordnet (Vorliegen von Haftgründen) und vollzogen wird (vgl. auch SK-StPO/Paeffgen StPO § 121 Rn. 5; Löwe/Rosenberg/Gärtner StPO § 121 Rn. 29) – zumindest dann, wenn eine U-Vollstr im engeren Sinne sich anschließt (aA OLG Köln ZJJ 2011, 204 (mablAnm Eisenberg), obwohl der vorausgegangene Beschluss des AG Aachen 5.10.2010 – 407 Js 440/10–164/10 auf „Haftgründe und nicht … Gründe des § 71 Abs. 1" bezogen war).

21 Ob die Anordnung von U-Haft allein auf § 2 Abs. 2, § 112a Abs. 1 Nr. 1 StPO gestützt werden darf, ist sowohl wegen der Zukunftsorientierung auch bei Heranwachsenden als auch wegen der iRd Reifeentwicklung erhöhten prognostischen Schwierigkeiten zw. (vgl. aber OLG Schleswig SchlHA 2001, 135). – Zu Bedenken betr. Haftgrund wie Verhältnismäßigkeit BVerfG NJW 2005, 3131 = NStZ 2005, 699.

21a Eine Wiederholungsgefahr iSv § 2 Abs. 2, § 112a Abs. 1 Nr. 2 StPO wird bei einem Heranwachsenden, auf den nunmehr allg. StR angewandt wird, mit Bezug auf frühere Taten dann zu verneinen sein, wenn in den diese betr. Verfahren keinmal auf JStrafe erkannt wurde (OLG Oldenburg ZJJ 2012, 320).

IV. Bei Anwendung materiellen Jugendstrafrechts anzuwendende Vorschriften (Abs. 2)

22 Unter Bejahung der Voraussetzungen des § 105 Abs. 1 gelten in Heranwachsenden-Strafsachen (zusätzlich) die in Abs. 2 angeführten Vorschriften des JStVR. Jedoch ergeben sich teilweise Modifikationen, und zwar sowohl betr. die in Abs. 2 S. 2–4 genannten Bestimmungen als auch bezüglich anderer Vorschriften.

1. Vermeidung eines förmlichen Verfahrens

23 Mit der Einfügung der Regelungen über die Vermeidung eines förmlichen Verfahrens (§§ 45, 47) in Abs. 2 S. 1 sollte der Vorrang des **Erziehungsauftrags (§ 2 Abs. 1)** im JStR auch ggü. Heranwachsenden gewährleistet werden (BT-Drs. 7/550, 333). Denn „auch bei dem geständigen Heranwachsenden muss gelten, dass das förmliche Strafverfahren nicht wei-

tergeführt zu werden braucht, wenn andere Maßnahmen ausreichen und dadurch der Erziehung und Resozialisierung am besten gedient ist" (BT-Drs. 7/550, 333).

24 **a) § 45.** Daher ist das Absehen von der Verfolgung nach dieser Vorschrift (zu Verfahrenseinstellungen nach allg. StVR vgl. → § 45 Rn. 7 ff.) ggü. Heranwachsenden – entgegen wörtlicher Auslegung des Abs. 2 S. 1 („der Richter") – nicht nur iRd § 45 Abs. 3, sondern grundsätzlich in demselben Umfang zulässig wie ggü. Jugendlichen (ebenso Brunner/Dölling Rn. 6 sowie RL 6; aA Böhm/Feuerhelm JugendStrafR S. 47). Allerdings kommt wegen der Volljährigkeit der Heranwachsenden bei der Wahl der anzuregenden bzw. auszusprechenden Maßnahmen einer Einflussnahme iSv „Nach-Sozialisation" bzw. Hilfe und Unterstützung im Verhältnis zu erzieherischen Gesichtspunkten im engeren Sinne der Vorrang zu. Davon abgesehen wendet der JStA das formlose Verfahren in gleicher Weise wie bei Jugendlichen an (gegen eine restriktivere Handhabung auch MüKoStPO/Kaspar Rn. 24). Er wird es also dann anregen, wenn die jeweiligen Voraussetzungen von § 45 Abs. 1 oder 2 gegeben sind und aufgrund des Ergebnisses der Ermittlungen (§ 43) nach seiner Auffassung materielles JStR anzuwenden ist (vgl. RL 6). Insbesondere bei Bejahung von § 105 Abs. 1 Nr. 2 geht das formlose Verfahren dann dem Strafbefehlsverfahren vor (vgl. auch → Rn. 17 ff.).

25 **b) § 47.** Diese Regelung über die Einstellung des Verfahrens durch den JRichter nach Einreichung der Anklage gilt mit der Einschränkung, dass Abs. 1 Nr. 4 der Regelung als nur Jugendliche betreffend in Verfahren gegen einen Heranwachsenden nicht in Betracht kommt. – Ebensowenig gilt § 47 Abs. 2 S. 4. Dies ergibt sich zwar nicht ausdrücklich, wohl aber im Wege der Auslegung aus Abs. 2 S. 1, da der Ausschluss des § 54 Abs. 2 zeigt, dass es zu befürchtende Nachteile für die Erziehung des (volljährigen) Heranwachsenden nicht rechtfertigen können, von der Mitteilung der Entscheidungsgründe an ihn abzusehen (vgl. → § 47 Rn. 20).

2. Berücksichtigung oder Anrechnung von U-Haft

26 Stets gelten die JA und JStrafe betreffenden Vorschriften (§§ 52, 52a). Soweit die Begründung, aus erzieherischen Gründen (§ 52a S. 2, 3) von einer Anrechnung abzusehen, schon bei Jugendlichen eher Bedenken begegnet (vgl. → § 52a Rn. 11), sollte von diesem Versagungsgrund, der Bedürfnis und Möglichkeit einer „Nach-Sozialisation" voraussetzt, bei Heranwachsenden nur äußerst restriktiv Gebrauch gemacht werden. Dem entspricht es, dass der in Rede stehende Grund ausscheidet, wenn bei einem Heranwachsenden nach erfolgter Prüfung der Voraussetzungen des § 105 Abs. 1 nur in Orientierung am Grundsatz „in dubio pro reo" materielles JStR angewendet worden ist (vgl. → § 105 Rn. 47 f.), weil andernfalls eine Schlechterstellung ggü. der Verfahrenslage des Heranwachsenden (bei Anwendung allg. StR) bestünde (LG Münster NJW 1979, 938).

3. Inhalt der Urteilsgründe

27 Die Vorschrift über den Inhalt (nicht dagegen über die Mitteilung, vgl. Abs. 2 S. 1 und § 54 Abs. 2) der Urteilsgründe (§ 54 Abs. 1) gilt ebenfalls,

jedoch mit der Einschränkung, dass die Überlassung von Auswahl und Anordnung von Maßnahmen an das FamG ggü. den volljährigen Heranwachsenden nicht in Betracht kommt und demgemäß auch keine Aufnahme in die Urteilsgründe findet (wegen des Aufbaus der schriftlichen Urteilsbegründung und der Anforderungen im Einzelnen vgl. Erl. zu § 54, → § 54 Rn. 22 ff.).

4. Teilvollstreckung

Die Regelung über die Teilvollstr einer **Einheitsstrafe** (§ 56) gilt ebenfalls bei Anwendung materiellen JStR ggü. Heranwachsenden. Zur zurückhaltenden Anwendung der Vorschrift vgl. → § 56 Rn. 4. 28

5. Aussetzung zur Bewährung

Ferner gelten die ergänzenden Verfahrensvorschriften zu den materiell-rechtlichen Regelungen über die Aussetzung der **Vollstr** der **JStrafe** zBew (§§ 21–26a) und die Aussetzung der **Verhängung** der JStrafe zBew (§§ 27–30) in §§ 57–60 (ausdrücklich OLG Hamm ZJJ 2017, 76 f.) sowie §§ 62–64). – Im Einzelnen besteht die zwingende Verpflichtung, Gelegenheit zu einer mündlichen Anhörung zu geben (§ 58 Abs. 1 S. 3), unabhängig davon, ob der Verurteilte inzwischen Erwachsener ist (vgl. OLG Hamm NStZ 2017, 543). Die Erwägung, für Fälle nach § 26 Abs. 1 S. 1 Nr. 1 eine ausnahmsweise Aufweichung wegen fortgeschrittenen Alters unter Hinweis auf Sinn und Zweck dieser entsprechend anzuwendenden Vorschrift (vgl. KG 11.10.2012 – 4 Ws 110/12, obiter dictum: ab 24. Lbj.) in Betracht zu ziehen, wird schon deshalb nicht zuträglich sein, weil es bei der Entscheidung weiterhin wesentlich um Entstehungszusammenhänge auch der vormaligen Tat geht. 29

6. Anwendbarkeit der §§ 56, 66

Ebenfalls haben Geltung die Vorschriften über die **nachträglichen Entscheidungen** über Weisungen und Auflagen sowie über die **Ergänzung rechtskräftiger** Entscheidungen bei mehrfacher Verurteilung (§§ 65, 66). Hierbei ist nach **Abs. 2 S. 2** der Anwendungsbereich von § 66 insofern erweitert, als die einheitliche Festsetzung von Maßnahmen oder JStrafe auch dann noch mit bereits rechtskräftig vorliegenden Verurteilungen nach allg. StR vorzunehmen ist, wenn dies bei der Anwendung von materiellem JStR – entgegen § 105 Abs. 2 – versäumt wurde (vgl. → § 105 Rn. 62). 30

7. Kosten; Auslagen der Nebenklage

a) Vermeidung geldstrafenähnlicher Belastung. Bei Anwendung sachlichen JStR kann auch im Verfahren gegen Heranwachsende davon abgesehen werden, dem heranwachsenden Angeklagten Kosten und Auslagen aufzuerlegen (§ 74). Dies wird sich besonders empfehlen, wenn zu besorgen ist, dass andernfalls eine Belastung eintritt, die in der Wirkung derjenigen der Geldstrafe nahekommt, welche bei Anwendung materiellen JStR unzulässig ist (näher → § 74 Rn. 9; ausdrücklich BGH StV 2017, 717: „einem sozial eingegliedertem Leben entgegenstehen"; LG Bonn BeckRS 2014, 13023 Rn. 177: „von den Kosten des Verfahrens zu entlasten und ihm 31 so auch in finanzieller Hinsicht nach seiner Haftentlassung die Chance einer gesellschaftlichen Eingliederung zu geben“; ohne Begr. auferlegend aber BGH BeckRS 2011, 23618; ohne geeignete Begr. (*vor* der Inhaftierung Einkünfte aus einem Ausbildungsverhältnis, Verurteilung zu JStrafe von drei Jahren) – entgegen GBA – BGH BeckRS 2016, 5080; ähnlich OLG Hamm NStZ 2014, 412 (bloßer (und unbezifferter) Hinweis auf Ausbildungseinkommen); mit teilweise unstimmiger Begr. LG Berlin 20.8.2012 – 234 Js 4850/11 KLs: von der Möglichkeit des Absehens „aus erzieherischen Gründen keinen Gebrauch gemacht“ (S. 27, wogegen das Urteil zur Bemessung der JStrafe bei einem der Verurteilten mit keinem Wort erzieherische Belange erwähnt, vgl. → § 18 Rn. 16 ff.); mit floskelhafter, die tatsächlichen Feststellungen (→ Rn. 24, 29) übergehender Begründung OLG Hamburg BeckRS 2013, 6271).

32 **b) Auslagen der Nebenklage.** Die Möglichkeit des Absehens von der Auferlegung (§ 74) bezieht sich auch auf Auslagen der Nebenklage bzw. eines (ziffernmäßig oder prozentual) bestimmten Teiles derselben, ohne dass ansonsten die bzgl. des Verurteilten von der herrschenden Judikatur vertretene Ablehnung der Freistellung von *notwendigen* Auslagen (vgl. → § 74 Rn. 25) eingehalten würde (vgl. zu § 473 Abs. 4 StPO bzw. § 472a Abs. 2 StPO BGH BeckRS 2016, 6313; zu § 472 Abs. 1 StPO etwa OLG Düsseldorf NStZ-RR 2011, 295). Richtigerweise ist von der in § 74 vorgesehenen Möglichkeit bzgl. der Nebenklagekosten nur dann kein Gebrauch zu machen, wenn dies ausnahmsweise einmal konkret erzieherisch angezeigt ist (n. → § 74 Rn. 22 f.). Bei Heranwachsenden liegt die Schwelle hierfür nur dann niedriger als bei Jugendlichen, wenn ein relevantes Einkommen erzielt wird (nicht berücksichtigt bei LG Hamburg BeckRS 2021, 31361).

33 Wird von der Auferlegung abgesehen, so können die Auslagen des Nebenklägers per Beschluss der Staatskasse auferlegt werden (→ § 74 Rn. 24).

34/35 Umstritten ist, ob die sofortige **Beschwerde** der **Nebenklage** gegen die Kostenentscheidung auch dann zulässig ist, wenn eine Urteilsanfechtung für die Nebenklage gem. § 400 Abs. 1 StPO ausscheidet (vgl. zum allg. StVR Nachw. bei Meyer-Goßner/Schmitt/Schmitt StPO § 464 Rn. 17a).

36 **c) § 472a StPO.** Bei einer Entscheidung nach dieser Vorschrift ist § 74 nicht anwendbar (Abs. 2 S. 4 (eingeführt durch 2. JuMoG v. 30.12.2006, BGBl. I 3416); vgl. auch → Rn. 12). Dies bedeutet aber nicht, dass die Kosten des Adhäsionsverfahrens zwangsläufig vom Heranwachsenden zu tragen sind (so aber BeckOK JGG/Noak § 81 Rn. 4 mwN). Vielmehr muss das Gericht bei einer Entscheidung gem. § 472a **Abs. 2** StPO den **Schutzbelangen** iSv § 74 und § 2 Abs. 1 nachdrücklich Rechnung tragen (vgl. auch Diemer/Schatz/Sonnen/Diemer § 81 Rn. 4; vgl. auch zu § 472a Abs. 2 S. 2 Diemer/Schatz/Sonnen/Sonnen Rn. 20). – Hinsichtlich der **sonstigen Kosten** des Adhäsionsverfahrens bleibt es ohnehin bei der Geltung des § 74.

8. Rechtsmittelbeschränkung

37 Die einschlägigen Regelungen (§ 55 Abs. 1, 2) gelten ebenfalls, es sei denn, es handelte sich um ein beschleunigtes Verfahren (Abs. 2 S. 3, §§ 417 ff. StPO). Im Übrigen bezieht sich der Ausschluss der Anfechtbarkeit bei Überlassung der Auswahl und Anordnung von Erziehungsmaßregeln an

das FamG in § 55 Abs. 1 S. 1 nicht auf ein Rechtsmittel, mit welchem geltend gemacht wird, die Entscheidung sei gesetzwidrig ergangen; denn insoweit ist nicht der Rechtsfolgenausspruch angegriffen, sondern die Unzuständigkeit des FamG in Verfahren gegen volljährige Heranwachsende.

a) Anfechtungsziel der Anwendung materiell allgemeinen Strafrechts. Ist nach § 105 Abs. 1 materielles JStR angewendet und sind eine oder mehrere der in § 55 Abs. 1 S. 1 aufgeführten Rechtsfolgen ausgesprochen worden, so hindert die Rechtsmittelbeschränkung des § 55 Abs. 1 nicht die Anfechtung mit dem Ziel, dass allg. StR angewendet werde (ebenso Dallinger/Lackner Rn. 13). Zu Folgerungen der Einordnung einer Entscheidung über die Anwendung des materiellen Rechts als eines Teils des Rechtsfolgenausspruchs vgl. näher → § 105 Rn. 68. 38

b) Abweichende Entscheidungen zur Anwendung materiellen Jugend- oder allgemeinen Strafrechts. Soweit die Rechtsmittelbeschränkung nach § 55 Abs. 2 davon abhängig ist, dass materielles JStR zur Anwendung gekommen ist, richtet sich die Zulässigkeit einer Revision für den Fall, dass für das anzuwendende Recht im 1. Rechtszug und im Berufungsrechtszug abw. Entscheidungen ergangen sind, danach, **welches** materielle **Recht** dem Berufungsurteil **zugrundelag.** Denn nur hiergegen – nicht aber gegen die erstinstanzliche Entscheidung – kann sich die Revision richten. 39

Hat das erstinstanzliche Gericht materielles JStR, das **Berufungsgericht** aber **allg. StR** angewendet, so ist die Revision ohne die in § 55 Abs. 2 geregelten Einschränkungen zulässig (ebenso Dallinger/Lackner Rn. 13; vgl. auch schon OLG Neustadt MDR 1956, 504). 40

Hat das erstinstanzliche Gericht allg. StR, das **Berufungsgericht** aber **materielles JStR** angewendet, so gilt für die Frage der Zulässigkeit einer Revision nach hM die Beschränkung in § 55 Abs. 2 (vgl. OLG Düsseldorf MDR 1986, 257; OLG Zweibrücken 6.11.1990 – 1 Ss 242/90 bei Böhm NStZ 1991, 523; OLG Karlsruhe StV 2001, 173 mablAnm Kutschera; OLG Bamberg NStZ 2012, 166; OLG Koblenz StV 2020, 685 (Ls.) = BeckRS 2017, 146238 mkritAnm Dehne-Niemann StV 2020, 686; Dallinger/Lackner Rn. 13; Potrykus Anm. 6). Zweifelhaft ist, ob diese Auffassung mit dem (auch dem JGG) übergeordneten strafverfahrensrechtlichen Prinzip vereinbar ist, dass ein Gericht seine materiell-rechtliche Entscheidung nicht selbst unanfechtbar machen darf (ähnlich Grethlein JGG § 55 Anm. 3b). Dies gilt zumal zB Anhaltspunkte dafür vorliegen, dass Berufungsgerichte mitunter die Einlegung eines Rechtsmittels sozusagen verdeckt sanktionieren könnten (vgl. auch → § 74 Rn. 16), wozu verbaliter zB ein Eindruck in der HV von einer uneinsichtigen Persönlichkeit oder dergleichen bemüht werden könnte – etwa wenn es die nach allg. StR (hinsichtlich verhängter Freiheitsstrafe) getroffene Versagung der Aussetzung der Vollstr zBew trotz für die JStrafe geltender anderer Vorgaben (s. § 21 Abs. 2) aufrecht erhält (zum Ganzen n. und iErg zust. Beulke FS Eisenberg II, 2019, 194 ff.; s. auch Beulke/Swoboda JugendStrafR Rn. 810). – Nach hM soll die Beschränkung auch dann gelten, wenn die Berufungs-HV nach § 2 Abs. 2, § 231 Abs. 2 StPO in Abwesenheit des Angeklagten zu Ende geführt wurde (BayObLG NStE Nr. 1 zu § 109 JGG; zw.). 41

Zur Nichtanwendbarkeit materiellen JStR, wenn die JStA mit ihrer entsprechend beschränkten Berufung nur das Ziel verfolgt, die Aufhebung einer dem Heranwachsenden nach allg. StR bewilligten Aussetzung der Vollstr 42 der Freiheitsstrafe zBew zu erreichen, vgl. OLG Frankfurt a. M. NJW 1956, 233 mzustAnm Schnitzerling.

43 Die Rechtsmittelbeschränkung nach § 55 Abs. 2 gilt jedoch nur dann, wenn gegen den Heranwachsenden im konkreten Fall tatsächlich materielles JStR angewendet worden ist (OLG Saarbrücken BeckRS 2016, 4548). Lässt sich dies nicht feststellen oder ist die Prüfung nach § 105 Abs. 1 unterblieben, weil nach der Verfahrenslage bereits ein Freispruch erging (OLG Frankfurt a. M. NStZ-RR 2003, 327; OLG Oldenburg BeckRS 2023, 29401) oder aus anderen Gründen ein Schuldspruch (etwa im Hinblick auf § 20 StGB) nicht ergehen konnte, so scheidet eine entsprechende Anwendung von § 55 Abs. 2 aus (OLG Düsseldorf NZV 1988, 151; OLG Celle NdsRpfl 1962, 88).

44 Nach hM ist in Verfahren gegen Heranwachsende dem erstinstanzlich nach materiellem JStR verurteilten Berufungsführer die Revision auch dann verwehrt, wenn seine Berufung nach **§ 329 Abs. 1 StPO** verworfen worden ist (BGH 30, 98, zust. Brunner JR 1982, 124 sowie Böhm NStZ 1982, 416; BayObLG bei Rüth DAR 1986, 246; OLG Hamm MDR 1988, 343; OLG Düsseldorf MDR 1992, 71; Meyer-Goßner/Schmitt/Schmitt StPO § 329 Rn. 46; Burscheidt Verbot S. 139 f.). Die Gegenansicht (OLG Celle NJW 1979, 1314 (Ls.) = JR 1980, 37 (unter Aufgabe der Auffassung von OLG Celle NJW 1968, 1297) mablAnm Brunner; Schmitt NJW 1968, 161) wird darauf gestützt, dass die Rechtsmittelbeschränkung in Abs. 2 mangels Sachentscheidung und damit verbundener Anwendung materiellen JStR (Abs. 2 S. 1, § 105 Abs. 1) nicht eingreifen kann (vgl. im Übrigen auch schon BayObLG JR 1974, 523 mAnm Brunner). Allerdings bliebe die insoweit kaum begründbare unterschiedliche Rechtsmittelberechtigung Jugendlicher (vgl. → § 55 Rn. 88) und Heranwachsender unzuträglich.

V. Einzelne besondere Verfahrensarten

1. Beschleunigtes Verfahren

45 Weil **§ 79 Abs. 2** in Verfahren gegen Heranwachsende nicht gilt, ist bei ihnen – unabhängig von der Anwendung sachlichen JStR oder allg. StR – das **beschleunigte Verfahren** des allg. StVR (§§ 417 ff. StPO) zulässig (vgl. auch RL 4; RL zu § 79); zuständig ist das JGericht (§ 108 Abs. 1, § 39 ff. (vgl. betr. Aufhebung LG Rostock StraFo 2008, 211)). Da gem. Abs. 1 S. 1 auch in diesem Verfahren ua im Hinblick auf die Voraussetzungen von § 105 Abs. 1 (vgl. Lubitz, Das beschleunigte Verfahren der StPO und seine rechtstatsächliche Durchführung in Berlin und Brandenburg, 2010, S. 59; DVJJ 1999, AK II-7) nach § 43 zu ermitteln und die JGH heranzuziehen ist (§ 50 Abs. 3; vgl. auch LG Rostock StraFo 2008, 211; einschr. aber zur Praxis Lubitz, Das beschleunigte Verfahren der StPO und seine rechtstatsächliche Durchführung in Berlin und Brandenburg, 2010, S. 91), handelt es sich um keinen „einfachen Sachverhalt" (§ 417 StPO), und deshalb wird von diesem Verfahren idR abzusehen sein (grds. abl. von Danwitz FS Eisenberg, 2009, 12; Lubitz, Das beschleunigte Verfahren der StPO und seine rechtstatsächliche Durchführung in Berlin und Brandenburg, 2010, S. 59; eher aA Putzke, Beschleunigtes Verfahren bei Heranwachsenden, 2004, S. 105 ff.), sodass insoweit eine HV-Haft (§ 127b StPO) entfällt. Wird gleichwohl das be-

schleunigte Verfahren praktiziert, so hat dies – gerade betr. Sanktionen oder Aufklärungsbedarf „in tatsächlicher Hinsicht“ (BT-Drs. 12/6853, 41) – die Konsequenz, dass § 55 Abs. 1 und 2 nicht gelten **(Abs. 2 S. 3).** Im Übrigen ist im beschleunigten Verfahren eine Übertragung der örtlichen Zuständigkeit durch das gemeinschaftliche obere Gericht nach § 12 Abs. 2 StPO unzulässig (BGHSt 15, 314). – Wegen der Wahrung der Funktion der *Anklage* (§ 200 Abs. 1 S. 1 StPO) vgl. näher OLG Hamburg NJW 2012, 631: Beweis nur durch die Sitzungsniederschrift (§ 274 StPO (betr. allg. StR)).

Zur Streitfrage betr. Art. 6 Abs. 3 Buchst. a und b EMRK, ob bei einem der deutschen Sprache nicht kundigen Angeschuldigten eine vorherige **Übersetzung** der **Antragsschrift** (§ 2 Abs. 2, § 147 StPO) erforderlich ist, bejahend OLG Hamm StV 2004, 364; OLG Karlsruhe StraFo 2005, 370 (betr. Pflichtverteidigerbestellung „als Ausgleich“); vern. OLG Stuttgart NStZ 2005, 471. 46

2. Annahmeberufung (§ 313 StPO)

Die Frage nach der Geltung dieser Vorschrift ist zu *verneinen,* weil andernfalls zu besorgen wäre, dass eine geeignete, also über die Aktenlage hinausgehende Überprüfung der Voraussetzungen des § 105 Abs. 1 nicht stattfände (Schäfer NStZ 2009, 334; **aA** KG BeckRS 2000, 15971; OLG Stuttgart ZJJ 2009, 156, ohne Berücksichtigung dessen, dass bei in Betracht kommenden Verfahren zB Äußerungen der JGH eher selten sind; KK-StPO/Paul StPO § 313 Rn. 2). Weil nach hier vertretener Auffassung kein Fall des § 313 StPO vorliegt, ist § 322a StPO nicht einschlägig. 47

3. Privatklage; Nebenklage

Da eine entsprechende Geltung von **§ 80** nicht vorgesehen ist, ist gegen Heranwachsende sowohl Privat- wie (unabhängig von den Ausnahmen gem. § 80 Abs. 3 S. 1) auch Nebenklage zulässig (vgl. RL Nr. 5 S. 1). Wegen den Grenzen der Anfechtbarkeit seitens der Nebenklage (§ 2 Abs. 2, § 400 Abs. 1 StPO) vgl. eher ausdehnend OLG Jena NStZ 2016, 63; ansonsten wird auf die Erläuterungswerke zum allg. StVR verwiesen (zur Empfehlung, Nebenklage für den Fall berechtigter Inanspruchnahme eines außerstrafrechtlichen Entschädigungsverfahrens abzuschaffen, von Galen StV 2013, 176 (178)). 48

Im Privatklageverfahren gegen Heranwachsende ist regelmäßig der JRichter zuständig (§§ 107, 33 Abs. 1, 108 Abs. 1 iVm §§ 39, 108 Abs. 2 iVm § 25 Nr. 1 GVG; vgl. auch RL Nr. 5 S. 2). Eine Einschränkung gilt nur insoweit, als gegen den Heranwachsenden als Privatkläger vor dem Gericht der allg. Strafgerichtsbarkeit Widerklage (§ 388 StPO) erhoben wird (vgl. → § 112 Rn. 1). 49

Auch im Privatklageverfahren erfolgt nach § 105 Abs. 1 die Prüfung, ob materielles JStR oder allg. StR im konkreten Einzelfall anzuwenden ist. Wird auf eine Rechtsfolge nach JStR erkannt, so wird – unbeschadet dessen, dass eine JStrafe bei Privatklagedelikten idR nicht in Betracht kommen wird – die aus § 80 Abs. 2 S. 2 ersichtliche gesetzliche Wertung zu beachten sein. Unabhängig von der Anwendung materiellen JStR oder allg. StR dürfen Maßregeln der Besserung und Sicherung nicht angeordnet werden (§ 384 50

Abs. 1 S. 2 StPO, ggf. iVm §§ 7, 2). Vgl. im Übrigen § 80 sowie die Erläuterungswerke zu §§ 347 ff. StPO und §§ 395 ff. StPO.

4. Entschädigung des Verletzten

51 Gegen die diesbzgl. Vorschriften (§§ 403–406c StPO) werden generell verfassungsrechtliche Einwände erhoben (vgl. Poretschkin ZRP 2020, 123: Vereinbarkeit der Wahlmöglichkeit des Verletzten mit Prinzip des gesetzlichen Richters sowie dem Gleichheitsgebot und Willkürverbot zw.). Gegen die Anwendbarkeit dieser Option im JStR, die hier bis Ende 2006 ausgeschlossen war und erst seit Inkrafttreten des 2. JuMoG (v. 30.12.2006 (BGBl. I 3416)) – *ohne* seitherige *Evaluierung* im allg. StVR – ggü. Heranwachsenden besteht und zudem durch das 2. OpferRRG eine fördernde Hinweispflicht erfuhr (§ 400h S. 1 Nr. 2 StPO), werden auch seitens der Praxis (vgl. etwa Stuppi ZJJ 2007, 21) schon wegen vorzugswürdiger Alternativen (zB Auflage Schadenswiedergutmachung bzw. Täter-Opfer-Ausgleich) gewichtige Einwände erhoben (vgl. etwa BReg, BT-Drs. 16/3038, 68: „eher nachteilige Auswirkungen für das eigentliche JStV"; zuvor statt vieler Höynck ZJJ 2005, 37; sodann Höynck ZJJ 2007, 77; vgl. auch → § 81 Rn. 4 f. sowie zur Kostenbelastung gem. Abs. 3 S. 4 → Rn. 32). Da es den Bereich materiellen JStR betrifft, ist eine „integrierte zivilrechtliche Auseinandersetzung", die das Verfahren „häufig verzögert" (BT-Drs. 16/3038, 67; vgl. zu § 406 Abs. 1 S. 4 StPO BGH BeckRS 2015, 9072 betr. allg. StR; sowie NStZ-RR 2015, 320 betr. JStR), ein Widerspruch in sich, ganz abgesehen davon, dass betroffene Heranwachsende „selten" über „ausreichende eigene Finanzmittel" (BT-Drs. 16/3038, 67) verfügen bzw. verfügen werden (instruktiv LG Würzburg 26.1.2017 – JKLs 801 Js 263/16 jug). Andererseits aber besteht das Erfordernis des Gerichts, einzelfallbezogene Umstände der Tatbeteiligten zu berücksichtigen und dies in der Begründung darzustellen (vgl. nur BGH NStZ-RR 2010, 344: „persönlichen und wirtschaftlichen Verhältnisse"; NJW 2014, 1544: „wirtschaftlichen Verhältnisse von Täter und Opfer"; vgl. auch BGH NStZ 2014, 50 Rn. 13: Wahrscheinlichkeit von Ansprüchen „nicht mit Tatsachen belegt"), betr. Heranwachsende in erhöhtem Maße.

VI. (Nicht-)Öffentlichkeit der Hauptverhandlung (Abs. 1 S. 4)

52 Die HV gegen Heranwachsende ist grundsätzlich öffentlich (für Nichtöffentlichkeit de lege ferenda Denkschrift 1964, 15; UK III DVJJ-Journal 1992, 23). Es gelten die allg. Vorschriften (§§ 169 ff. GVG). Nach Abs. 1 S. 4 tritt – unabhängig von der Anwendung materiellen JStR – neben die in §§ 171a, 171b, 172 GVG bezeichneten Gründe als ein zusätzlicher Grund das „Interesse des Heranwachsenden", das den Ausschluss der Öffentlichkeit rechtfertigen kann (vgl. auch RL 1 S. 2).

1. Auslegung

53 **a) Allgemeine Grundsätze.** Nach allg. Auffassung ist diese (dem § 48 Abs. 3 S. 2 nachgebildete) Sonderregelung weit auszulegen (vgl. nur BGHSt

44, 43 = JR 1999, 171 mAnm Wölfl). Indes darf ein Ausschluss der Öffentlichkeit nach Abs. 1 S. 4 nicht auf verfahrensrechtliche Gesichtspunkte schlechthin, sondern allein darauf gestützt werden, dass ein dem Entwicklungsstand des Heranwachsenden gemäßes Verfahren den Ausschluss gebietet (n. zu den bei der Ermessensentscheidung beachtenswerten Gesichtspunkten → § 48 Rn. 15, zum Verfahren bei Ausschluss der Öffentlichkeit vgl. → § 48 Rn. 23 ff. entspr.). Unzulässig wäre der Ausschluss insb. dann, wenn er dem Nichtbekanntwerden gesetzwidrigen Verfahrens diente (vgl. aber LG Ulm BeckRS 2010, 142226 mBspr Eisenberg HRRS 2012, 466 sowie NK 2013, 241 betr. einen – entgegen § 43 Abs. 2 S. 2 herangezogenen – ungeeigneten Sachverständigen). Wird die Öffentlichkeit nicht nur für Teile der Verhandlung ausgeschlossen, erstreckt sich dies auch auf die Urteilsverkündung (→ § 48 Rn. 14; abw. → 22. Aufl. 2021, Rn. 53a).

b) Alter zur Zeit der Tat. Hat der Angeklagte im Zeitpunkt der **HV** 54
das **21. Lbj. überschritten,** hindert dies eine Ausschließung der Öffentlichkeit in seinem Interesse nicht. Denn auch insoweit kommt es für den Heranwachsendenbegriff nur auf das Alter zur Zeit der Tat **(§ 1 Abs. 2)** an (vgl. schon BGH Herlan GA 1963, 106; ebenso Dallinger/Lackner Rn. 3; aA noch Kohlhaas unsere jugend 1964, 502). Sachlich wird dies – seit Streichung der (ausschließlich) „erzieherischen" Interessen in Abs. 1 S. 4 wegen der Volljährigkeit der Heranwachsenden – nunmehr schon deshalb gerechtfertigt sein, weil mitunter eine größere Zahl anwesender Personen ein dem Entwicklungsstand des Jungerwachsenen in der HV gemäßes Verfahren eher beeinträchtigen kann.

c) Ausnahmen. Ist im Interesse des Heranwachsenden eine Ausschlie- 55
ßung der Öffentlichkeit erfolgt, soll in **sinngemäßer** Anwendung von **§ 48 Abs. 2** den in dieser Regelung bezeichneten Personen die Anwesenheit gestattet sein bzw. sollen aus besonderen Gründen (§ 48 Abs. 2 S. 3) andere Personen zugelassen werden können (vgl. auch schon Dallinger/Lackner Rn. 4).

2. Einzelfragen

Sind mehrere Verfehlungen oder mehrere Einzelakte einer Verfehlung 56
teils in der Altersstufe des **Jugendlichen, teils** in der des **Heranwachsenden** begangen worden und Gegenstand der HV (vgl. → Rn. 39), gilt nicht Abs. 1 S. 4, sondern § 48 (vgl. BGHSt 22, 21; vgl. → § 48 Rn. 3 mwN).

Ist im Verlauf der HV (vgl. → Rn. 8) das Verfahren wegen der als Jugend- 56a
licher begangenen Taten gem. § 154 Abs. 2 StPO vorläufig eingestellt worden, so verlangt Abs. 1 S. 4, dass – unbeschadet (des auf den Verfahrenszeitpunkt abstellenden) Art. 6 Abs. 1 EMRK – die HV unter Ausschluss der Öffentlichkeit stattfindet (BGHSt 44, 43 = JR 1999, 11 mablAnm Wölfl; krit. Budelmann JugendStrafR S. 140; Streng FS Wolter, 2013, 1241).

VII. Strafbefehlsverfahren (Voraussetzungen, Einschränkung gem. Abs. 3)

Ein Strafbefehl darf in Verfahren gegen Heranwachsende nur erlassen 57
werden, wenn materielles allg. StR zur Anwendung kommt (Abs. 2 S. 1,

§ 79 Abs. 1; vgl. auch RL 2 S. 1). Ein Antrag der JStA auf Erlass eines Strafbefehls kommt demzufolge nur unter der Voraussetzung in Betracht, dass aufgrund der **Ermittlungen** nach Abs. 1, **§ 43** (wegen der Beteiligung der JGH vgl. → § 107 Rn. 12 ff.) mit der Anwendung allg. StR zu rechnen ist (vgl. auch RL 2 S. 2). Aber auch dann, wenn diese Voraussetzung erfüllt ist, die zu erwartende Rechtsfolge jedoch bei zukunftsorientierter Würdigung eine erhebliche Beeinträchtigung des Heranwachsenden verursachen kann, wird die JStA von dem Antrag absehen (vgl. schon Dallinger/Lackner § 109 Rn. 12; ebenso Löwe/Rosenberg/Gössel StPO Vor § 407 Rn. 53).

57a Im Übrigen bestimmt **Abs. 3** eine Einschränkung ggü. dem allg. StVR, dh die Verhängung einer Freiheitsstrafe im Wege des Strafbefehlsverfahrens ist ausgeschlossen.

1. Widersprüchliches

58 **a) Berücksichtigung der Persönlichkeit?** Die Notwendigkeit von Ermittlungen zur Persönlichkeit steht dem Zweck des Strafbefehls entgegen, das Verfahren zu vereinfachen und zu beschleunigen. Schon im Hinblick auf den insofern vorliegenden Widerspruch wäre von dem Antrag auf Erlass eines Strafbefehls nur mit äußerster Zurückhaltung Gebrauch zu machen (allg. Auffassung im Schrifttum).

59 In der Praxis hingegen scheint eine Tendenz zu bestehen, die Anwendung von materiellem **JStR** gar gleichsam **pauschal abzulehnen,** umso eine Erledigung durch Strafbefehl zu ermöglichen (vgl. zu Nachw. → § 105 Rn. 12). – So waren zB bei den vier StAen im Bereich des OLG Schleswig bezüglich im Jahre 2001 beantragten Erlasses eines Strafbefehls ausweislich einer Aktenuntersuchung persönliche Umstände mit etwaiger Tragweite iSv § 43 ohne Bedeutung (teilweise allenfalls das Lebensalter), und scheinbar ähnlich verhielt es sich hinsichtlich strafrechtlicher Vorbelastungen (vgl. Bartels, Das Strafbefehlsverfahren bei Heranwachsenden in Theorie und Praxis, 2007, S. 124–133 bzw. 134 ff.); Berichte der JGH (vgl. → § 107 Rn. 13) wurden bei Anträgen gem. § 2 Abs. 2, § 107 Abs. 1 S. 1 StPO nur selten angeregt (dann aber entsprach ihnen die gerichtliche Entscheidung), bei Anträgen gem. § 2 Abs. 2, § 408a Abs. 1 S. 1 StPO hingegen wurden Berichte überwiegend angeregt, jedoch nur selten noch erstellt bzw., falls sie erstellt wurden, entsprach die Staatsanwaltschaft ihnen kaum (Bartels, Das Strafbefehlsverfahren bei Heranwachsenden in Theorie und Praxis, 2007, S. 139 ff., 145 ff.).

60 Eine solche Vorgehensweise ist schwerlich mit dem Gesetz vereinbar, weil selbst bei unbehebbaren Zweifeln über den Entwicklungsstand des Heranwachsenden in der Regel materielles JStR zur Anwendung kommen muss (näher → § 105 Rn. 48), mit der Folge, dass ein Strafbefehl unzulässig ist. Dem Gesichtspunkt der Arbeitsüberlastung in Bagatellsachen sollte durch die gesetzlich vorgesehenen Formen der Vermeidung eines förmlichen Verfahrens (Abs. 2 S. 1, § 45 sowie ggf. § 153a Abs. 1 StPO; vgl. näher → § 45 Rn. 26 ff.) hinreichend begegnet werden können. Ebenso verhält es sich mit Blick auf Schwierigkeiten bei der Organisation von HV, zu denen etwa die SARS-CoV-2-Regulierung geführt hat.

61 **b) Insbesondere Verkehrsdelikte.** Auch hinsichtlich der in der Praxis zahlenmäßig häufigen **Verkehrsverfehlungen** geringfügigerer Art wird die zumeist schematische Handhabung in der Anwendung des Strafbefehlsverfahrens häufig ungeeignet sein (vgl. Kölbel ZfJ 1998, 16ff.), zumal gerade mit Relevanz für leichtere Verkehrsverfehlungen bei Anwendung von § 45 Abs. 3 die Weisung der Teilnahme an einem Verkehrsunterricht gesetzlich vorgesehen ist. Für die Annahme einer häufiger dem Entwicklungsstand der Erwachsenen entsprechenden Persönlichkeitsbeurteilung von Heranwachsenden gerade in Verkehrsstrafsachen (Dallinger/Lackner Rn. 31) bestehen keine hinreichenden empirischen Anhaltspunkte (vgl. auch → § 105 Rn. 36, 46).

c) Anforderungen. Liegen umfangreiche Beurteilungsgrundlagen vor, aufgrund derer die JStA zu der Auffassung gelangt, dass materielles allg. StR anzuwenden ist, und sind die übrigen Voraussetzungen für den Erlass eines Strafbefehls (s. § 407 StPO) gegeben, so wird bei der Fassung des Strafbefehlsentwurfs auf eine klare, übersichtliche und leicht verständliche **Darstellung** unter Vermeidung einer lediglich formelhaften Bezeichnung der Tat mit den Worten des Gesetzes zu achten sein (Nr. 177 Abs. 1 RiStBV entspr.). Im Übrigen wird betreffend das wesentliche Ergebnis der Ermittlungen der in § 46 enthaltene Rechtsgedanke nicht unberücksichtigt bleiben dürfen. 62

2. Zuständigkeit

Für den Erlass von Strafbefehlen gegen Heranwachsende ist, von der Ausnahme nach § 408a StPO abgesehen, der JRichter zuständig (§ 108 Abs. 2, § 25 GVG idF des RPflEntlG; vgl. zum allg. StVR Meyer-Goßner/Schmitt/Schmitt StPO § 408 Rn. 5f.). Ist der Erlass eines Strafbefehls beim JSchöffenG beantragt, so hat der Vorsitzende die Sache durch Vermittlung der JStA an den JRichter abzugeben (aA Löwe/Rosenberg/Gössel StPO Vor § 407 Rn. 52: Erlass durch den Vorsitzenden des JSchöffenG zulässig). 63

Der Strafrichter, der einen versehentlich bei ihm beantragten Strafbefehl gegen einen Heranwachsenden erlassen hat, muss vor Beginn einer HV nach Einspruch die Akten durch Vermittlung der JStA dem JRichter vorlegen, der über die Übernahme durch Beschluss entscheidet (§ 2 Abs. 2, §§ 225a Abs. 1, 209a Nr. 2a StPO entspr.). 64

Während vormals ein zur Einstellung führender unheilbarer Mangel für gegeben erachtet wurde, wenn ein Eröffnungsbeschluss oder ein durch Einspruch angegriffener Strafbefehl nicht von dem angegangenen JGericht, sondern von dem für allg. Strafsachen zuständigen Gericht erlassen worden war (OLG Karlsruhe Justiz 1962, 217; ebenso in einem vergleichbaren Fall BayObLGSt 60, 122), ist auf der Grundlage der nunmehr hM über das Verhältnis zwischen JGerichten und Gerichten der allg. Strafgerichtsbarkeit (BGHSt 18, 79; vgl. → §§ 33–33b Rn. 6ff., aber auch → Rn. 10) wohl entsprechend den vom Gesetzgeber für jedes Verfahrensstadium umfassend geregelten Vorschriften über die Abgabe zu verfahren (vgl. bereits Dallinger/Lackner Rn. 34). 65

3. Vorschriftswidriger Erlass eines Strafbefehls

Wird gegen einen Heranwachsenden trotz Anwendung materiellen JStR – entgegen Abs. 2 S. 1, § 79 Abs. 1 – ein Strafbefehl erlassen, so ist entsprechend den Erl. zu → § 79 Rn. 5f. zu verfahren. 66

Dritter Abschnitt. Vollstreckung, Vollzug und Beseitigung des Strafmakels

Vollstreckung und Vollzug

110 (1) **Von den Vorschriften über die Vollstreckung und den Vollzug bei Jugendlichen gelten § 82 Abs. 1, §§ 83 bis 93a für Heranwachsende entsprechend, soweit der Richter Jugendstrafrecht angewendet (§ 105) und nach diesem Gesetz zulässige Maßnahmen oder Jugendstrafe verhängt hat.**

(2) **Für die Vollstreckung von Untersuchungshaft an zur Tatzeit Heranwachsenden gilt § 89c Absatz 1 und 3 entsprechend.**

I. Voraussetzungen der Anwendung des Abs. 1

1. Anwendung materiellen Jugendstrafrechts

Die Vorschrift gilt – bei Verfahren vor JGerichten wie vor den für allg. 1
Strafsachen zuständigen Gerichten – dann, wenn materielles JStR angewandt wurde (vgl. § 105 Abs. 1).

2. Art der Rechtsfolgenentscheidung

Weitere Voraussetzung der entsprechenden Anwendung der Vollstre- 2
ckungsvorschriften des JGG ist, dass auf eine nach JStR ggü. Heranwachsenden zulässige Rechtsfolge erkannt wurde; hierzu zählen auch Nebenfolgen (§ 6) und Maßregeln der Besserung und Sicherung (§ 7). Demgemäß ist nicht der JRichter als Vollstreckungsleiter, sondern die JKammer als erstinstanzliches Gericht nach § 462a Abs. 3 StPO für die weiteren Entscheidungen zuständig, wenn in eine gem. § 460 StPO gebildete Gesamtstrafe eine von der JKammer gegen einen Heranwachsenden unter Anwendung allg. StR ausgesprochene Freiheitsstrafe eingegangen ist (vgl. OLG Schleswig NStZ 1983, 480). Bedenklich erscheint eine Entscheidung (OLG Schleswig bei Ernesti/Lorenzen SchlHA 1983, 120; s. aber OLG Düsseldorf Zbl 1983, 506), wonach bei Anordnung der Maßregel nach § 63 StGB – trotz Kostenentscheidung nach § 74 (vgl. aber § 109 Abs. 2 S. 1) – nicht materielles JStR (§ 105 Abs. 1, § 7) angewandt worden sei und folglich nach allg. Vorschriften die StrafvollstrKammer für zuständig erklärt wurde.

Soweit die VollstrBehörde zugleich Gnadenbehörde ist, wirkt sich die 3
Anwendung von JStR auch auf die **Gnadenzuständigkeit** aus (Dallinger/Lackner Rn. 4).

Unter den vorgenannten Voraussetzungen gelten auch die Vorschriften 4/5
des JGG über den Vollzug entsprechend. Dies umfasst Fälle von **U-Haft** dann, wenn eine noch nicht rechtskräftige, auf materiellem JStR beruhende Entscheidung bereits vorliegt (vgl. auch Dallinger/Lackner Rn. 8).

II. Abs. 2

1. Anwendungsvoraussetzungen

6 U-Haft wird bei einer nicht geringen Anzahl von Heranwachsenden vollzogen (zu den Problemen der statistischen Erfassung Eisenberg/Kölbel Kriminologie § 27 Rn. 27 f.). Errechnet man aus der Anzahl von 18- bis unter 21-jährigen Personen, die sich zu den drei jährlichen Stichtagen der amtlichen Belegungserfassung (31.3., 31.8. und 30.11. jeden Jahres) bundesweit in U-Haft befanden, für jedes Jahr einen Durchschnittswert und verwendet man dies als Hinweis auf die durchschnittliche tägliche Belegung mit heranwachsenden U-Haftgefangenen des jeweiligen Jahres, wird die überaus relevante Größenordnung deutlich (vgl. Tabelle).

2004	2006	2008	2010	2012	2014	2016	2018
1.618	1.336	1.222	1.000	994	948	1.086	1.219

Die Vollstr dieser U-Haftfälle erfolgt nach Abs. 2 iVm § 89c S. 1 aF bzw. § 89c Abs. 1 S. 1 nF nach jugendstrafrechtlichen Maßgaben und in Einrichtungen für Jugendliche. Diese Bestimmung gilt **unabhängig** davon, ob materielles JStR oder **allg. StR** angewandt wird, zumal diese Frage bei Anordnung von U-Haft meist noch gar nicht geklärt ist.

6a Über die in der Tabelle erfassten 18- bis unter 21-Jährigen hinaus werden die Maßgaben von → Rn. 6 durch die Kann-Regelung in Abs. 2 iVm § 89c S. 2 aF bzw. § 89c Abs. 1 S. 2 nF prinzipiell auch auf jene Personen erstreckt, die zwar zur Tatzeit heranwachsend waren, aber bei der Vollstr des Haftbefehls bereits im Alter von **21 bis 24 Jahren** sind. Anderenfalls müsste die U-Haft bei dieser jungerwachsenen Gruppe stets in einer Haftanstalt für Erwachsene umgesetzt werden, obwohl ihre sich ggf. anschließende JStrafe gem. § 89b Abs. 1 häufig im JStrafvollzug vollstreckt wird (BT-Drs. 11/5829, 39). Darüber, ob es tatsächlich zur U-Haftvollstreckung in einer Einrichtung für Jugendliche kommt, entscheidet das den Haftbefehl erlassende Gericht. Die Wahrnehmung dieser fakultativen Möglichkeit ist von der entsprechenden **Eignung** des fraglichen Jungerwachsenen, aber auch den Belangen der anderen jüngeren Insassen der Einrichtung abhängig zu machen (→ § 89c Rn. 4; vgl. auch § 114). Die bevorstehende Bejahung bzw. Verneinung von § 105 Abs. 1 ist bei der Ermessensausübung dagegen nur dann ein relevanter (für bzw. gegen diese Option) sprechender Aspekt, wenn sie sich ausnahmsweise schon einmal sicher absehen lässt. – Die dem Schutz Jugendlicher dienende Unterbringungsnorm in § 89c Abs. 2 ist weder für Heranwachsende noch auf Jungerwachsene anwendbar (vgl. den insofern eingeschränkten Verweis in Abs. 2 nF.

2. Erziehungsanspruch verfassungswidrig?

7 Hiervon wird ganz überwiegend ausgegangen, zumal das elterliche Erziehungsrecht mit der Volljährigkeit endet, sodass auch der Staat keinen Erziehungsanspruch mehr erheben kann (Linck ZRP 1971, 57; Giemulla/Barton RdJB 1982, 289 (291); Molketin/Jakobs ZfStrV 1982, 335; Bachmann JZ

2019, 759 (761 ff.)). Zum anderen erscheint der Versuch einer Herleitung eines Erziehungsrechts aus Art. 6 Abs. 2 GG iVm (§ 110) Abs. 2, § 89c wegen des Umstandes, dass sich der Heranwachsende in U-Haft befindet, als unsachgemäße Differenzierung und also als Verstoß gegen Art. 3 Abs. 1 GG wie auch gegen die Unschuldsvermutung (Art. 6 Abs. 2 EMRK; vgl. Sprenger NJW 1976, 663). – Allerdings leidet diese Auffassung an einem allzu engen Erziehungsbegriff, der als quasi-elterliche Einwirkung aufgefasst wird. Nach der vorzugswürdigen aA ist eine breiter verstandene Erziehung bei Heranwachsenden (in U-Haft) nicht generell ausgeschlossen: Soweit es sich um erzieherisch verstandene Eingriffe versagender Art handelt, sind sie unzulässig, solange der Betroffene nicht einwilligt; soweit es sich hingegen um Angebote, Leistungen und erzieherische Gestaltung im Haftvollzug handele, steht dem rechtlich nichts im Wege. Vielmehr setzt gerade hier die rechtliche Leistungspflicht ein (Kreuzer RdJB 1978, 351). Zweifelhaft bleibt indes, ob entsprechende rechtlich gebotene Leistungen mit einer Verpflichtung des Heranwachsenden korrespondieren, diese zu nutzen, zumal gestaltende Maßnahmen ggf. auch kontrollierende bis eingreifende Elemente enthalten. Zumindest für den (gem. 1. JGG-ÄndG einbezogenen) Bereich der älter als 21-Jährigen wird daher insoweit aus verfassungsrechtlichen Gründen von einem Einwilligungserfordernis auszugehen sein (vgl. auch Diemer/Schatz/Sonnen/Sonnen Rn. 5).

Beseitigung des Strafmakels

111 Die Vorschriften über die Beseitigung des Strafmakels (§§ 97 bis 101) gelten für Heranwachsende entsprechend, soweit der Richter Jugendstrafe verhängt hat.

I. Anwendungsbereich

Es gelten die Ausführungen zu → § 110 Rn. 1 entsprechend. 1

II. Sonstige Regelungen

1. BZRG

Neben der entsprechenden Geltung der §§ 97–101 kommen die besonderen Vorschriften des BZRG bei Eintragungen jugendstrafrechtlicher Rechtsfolgen zur Anwendung. 2

2. Zuständigkeit

S. § 98 Abs. 1 S. 2 (vgl. aber auch → § 101 Rn. 6). 3

Vierter Abschnitt. Heranwachsende vor Gerichten, die für allgemeine Strafsachen zuständig sind

Entsprechende Anwendung

112 **[1]Die §§ 102, 103, 104 Abs. 1 bis 3 und 5 gelten für Verfahren gegen Heranwachsende entsprechend. [2]Die in § 104 Abs. 1 genannten Vorschriften sind nur insoweit anzuwenden, als sie nach dem für die Heranwachsenden geltenden Recht nicht ausgeschlossen sind. [3]Hält der Richter die Erteilung von Weisungen für erforderlich, so überläßt er die Auswahl und Anordnung dem Jugendrichter, in dessen Bezirk sich der Heranwachsende aufhält.**

I. Zuständigkeit

Wie in Verfahren gegen Jugendliche sind die Gerichte der allg. Strafgerichtsbarkeit zur Entscheidung über Verfehlungen von Heranwachsenden nur ausnahmsweise zuständig (S. 1, § 102; vgl. näher → § 102 Rn. 2; → § 103 Rn. 5, 7, 15, 16; ferner bei Widerklage gegen die Privatklage eines Heranwachsenden gegen einen Erwachsenen, vgl. → § 109 Rn. 49). Insbesondere ist kein Gericht der allg. Strafgerichtsbarkeit, sondern stets das JGericht zuständig, wenn bei mehreren Taten (oder mehreren Einzelakten derselben Tat) desselben Beschuldigten diese teilweise als Heranwachsender, teilweise als Erwachsener begangen wurden (OLG Hamburg StV 1985, 158; vgl. → § 103 Rn. 32), und zwar – abgesehen von Fällen des S. 1 iVm § 103 Abs. 2 S. 2 – auch dann, wenn sich das Verfahren zugleich gegen einen erwachsenen Mitangeklagten richtet (BGH 11.11.1982 – 1 StR 628/82 bei Böhm NStZ 1983, 450; vgl. im Übrigen zur Verbindung (und Trennung) von Verfahren gegen Jugendliche und Heranwachsende → § 103 Rn. 25, und gegen Heranwachsende und Erwachsene → § 103 Rn. 9 ff. entspr.). 1

II. Geltungsbereich der Vorschriften des JGG

1. Allgemeines

Von den Vorschriften des JGG kommen in Verfahren gegen Heranwachsende vor den für allg. Strafsachen zuständigen Gerichten nur diejenigen zur Anwendung, die auch in Verfahren gegen Jugendliche vor den für allg. Strafsachen zuständigen Gerichten anzuwenden sind und zudem gleichzeitig in Verfahren gegen Heranwachsende vor den JGerichten gelten (S. 1, S. 2 iVm § 104 Abs. 1; vgl. zu den unabhängig hiervon geltenden JGG-Vorschriften → § 104 Rn. 28–30). 2

2. Materiell-rechtliche Vorschriften

Die Regelungen der §§ 4–8, 9 Nr. 1, 10, 11, 13–32 sind in Verfahren gegen Heranwachsende nach Maßgabe von § 105 Abs. 1 auch vor den für allg. Strafsachen zuständigen Gerichten anzuwenden (S. 1, 2 iVm § 104 3

Abs. 1 Nr. 1). Soweit das für allg. Strafsachen zuständige Gericht materielles JStR anwendet, gelten § 105 Abs. 2, 3 entsprechend (S. 1, 2 iVm § 104 Abs. 1 Nr. 1 analog; vgl. auch Diemer/Schatz/Sonnen/Sonnen Rn. 2), da diese Vorschriften nur Besonderheiten bei der Anwendung materiellen JStR auf Heranwachsende regeln, die an die Anwendbarkeit der in § 104 Abs. 1 Nr. 1 bezeichneten Vorschriften anknüpfen und sie voraussetzen. Kommt materielles allg. StR zur Anwendung, so gilt § 106 entsprechend, da diese Vorschrift nur eine Sonderregelung darstellt, die ohnehin die Anwendung materiellen allg. StR voraussetzt (iE ebenso Brunner/Dölling Rn. 8; wohl auch Dallinger/Lackner Rn. 9).

3. Verfahrensrechtliche Vorschriften

4 Hinsichtlich dieser Bestimmungen gilt der Grundsatz, dass in Heranwachsenden-Strafsachen das allg. StVR anzuwenden ist, soweit § 112 nicht die Regelungen des JStVR für anwendbar erklärt.

5 **a) Materielles Jugend- wie allgemeines Strafrecht.** Unabhängig von der Anwendung materiell-rechtlichen Jugend- oder allg. Strafrechts kommen entsprechend zur Anwendung §§ 38, 50 Abs. 3 (mit der sich aus § 104 Abs. 3 ergebenden Einschränkungsmöglichkeit; vgl. im Übrigen → § 104 Rn. 7; → § 107 Rn. 12 ff.), § 43 (vgl. BGHSt 6, 324 (326); vgl. auch → § 104 Rn. 8; → § 109 Rn. 4; Bandemer Zbl 1989, 322), § 68 Nr. 1, 4 und 5 nF (vgl. näher → § 104 Rn. 15; → § 109 Rn. 4), § 73 (näher → § 104 Rn. 16; → § 109 Rn. 4) sowie die Regelung über die Mitteilungspflichten (§ 109 Abs. 1 S. 2, 3, soweit sie § 70 entspricht; vgl. → § 104 Rn. 15a; → § 109 Rn. 4).

6 **b) Anwendung materiell-rechtlichen Jugendstrafrechts.** Unter dieser Voraussetzung gelten zusätzlich (S. 2, § 104 Abs. 1) §§ 45, 47 Abs. 1 Nr. 1–3, Abs. 2, 3 (→ § 104 Rn. 9, → § 109 Rn. 23 ff.), §§ 52, 52a (→ § 104 Rn. 10; → § 109 Rn. 26), § 54 Abs. 1 (→ § 104 Rn. 11; → § 109 Rn. 27), §§ 55, 56 (→ § 104 Rn. 12; → § 109 Rn. 37 ff.), §§ 57–60 und §§ 62–64 mit den sich nach Maßgabe von S. 1 iVm § 104 Abs. 5 ergebenden Besonderheiten (näher → § 104 Rn. 13; ferner → § 109 Rn. 29), § 74 (vgl. → § 104 Rn. 17; → § 109 Rn. 31), § 79 Abs. 1 (vgl. → § 104 Rn. 18; näher → § 109 Rn. 57) und § 81 (vgl. → § 104 Rn. 18; → § 109 Rn. 51); nur eingeschränkt gelten § 65 (vgl. näher → § 65 Rn. 1, 7 f.; → § 109 Rn. 2) und § 66.

7 **c) S. 3.** Diese Vorschrift tritt in Verfahren gegen Heranwachsende vor den für allg. Strafsachen zuständigen Gerichten an die Stelle des in Verfahren gegen Jugendliche vor den für allg. Strafsachen zuständigen Gerichten durch § 104 Abs. 4 ersetzten § 53. Vorgesehen ist bei Erforderlichkeit einer Erteilung von Weisungen – ebenso wie hinsichtlich erforderlich werdender Entscheidungen nach S. 1, § 104 Abs. 5 – die Übertragung des weiteren Verfahrens an den JRichter des Aufenthaltsortes (näher → § 53 Rn. 1, → § 104 Rn. 1, 13; vgl. auch → § 112e Rn. 1).

III. Geltung nach richterlichem Ermessen

Gemäß S. 1, § 104 Abs. 2 unterliegt die Anwendung weiterer Verfahrensvorschriften des JGG dem jugendrichterlichen Ermessen (vgl. näher → § 104 Rn. 19 ff.). Eine **entsprechende** Anwendung kommt jedoch nach dem Grundgedanken in **S. 2** nur insoweit in Betracht, als sie nach § 109 vorgesehen ist (allg. Auffassung; vgl. auch → § 104 Rn. 1, → § 109 Rn. 3 ff.). Neben der Bestellung eines Beistandes nach § 69 und einer (eingeschränkten, vgl. → § 104 Rn. 25) Anwendung von § 66 ist bedeutsam, dass das JGericht nach S. 1, §§ 104 Abs. 2, 48 Abs. 1 die Öffentlichkeit ausschließen kann, wenn dies im Interesse des Heranwachsenden geboten ist (vgl. auch § 109 Abs. 1 S. 4, → § 48 Rn. 16, → § 104 Rn. 22, aber auch → § 109 Rn. 52 ff.). 8

IV. Nicht anwendbare Vorschriften

Hierunter fallen in Verfahren gegen Heranwachsende vor den für allg. Strafsachen zuständigen Gerichten insb. § 3 sowie die §§ 33–37, 39–42, 47a, 50 Abs. 2, 67, 68 Nr. 2, 76–78, 80, aber auch – mitunter wenig folgerichtig (vgl. die Erl. bei den nachfolgend genannten Vorschriften) – §§ 50 Abs. 1, 51, 71 sowie § 72 (vgl. aber → § 109 Rn. 10). 9

Vierter Teil. Sondervorschriften für Soldaten der Bundeswehr

Anwendung des Jugendstrafrechts

112a **Das Jugendstrafrecht (§§ 3 bis 32, 105) gilt für die Dauer des Wehrdienstverhältnisses eines Jugendlichen oder Heranwachsenden mit folgenden Abweichungen:**

1. Hilfe zur Erziehung im Sinne des § 12 darf nicht angeordnet werden.

2. ***(aufgehoben)***

3. [1] Bei der Erteilung von Weisungen und Auflagen soll der Richter die Besonderheiten des Wehrdienstes berücksichtigen. [2] Weisungen und Auflagen, die bereits erteilt sind, soll er diesen Besonderheiten anpassen.

4. [1] Als ehrenamtlicher Bewährungshelfer kann ein Soldat bestellt werden. [2] Er untersteht bei seiner Tätigkeit (§ 25 Satz 2) nicht den Anweisungen des Richters.

5. [1] Von der Überwachung durch einen Bewährungshelfer, der nicht Soldat ist, sind Angelegenheiten ausgeschlossen, für welche die militärischen Vorgesetzten des Jugendlichen oder Heranwachsenden zu sorgen haben. [2] Maßnahmen des Disziplinarvorgesetzten haben den Vorrang.

Schrifttum: Lingens/Korte, WStG, 6. Aufl. 2023.

Übersicht

I. Anwendungsbereich

1 Die Vorschrift findet in Verfahren gegen (**Jugendliche** und) **Heranwachsende** auch vor den für allg. Strafsachen zuständigen Gerichten Anwendung (§ 112e).

II. Allgemeines

1. Anwendbarkeit der §§ 112a ff

2 Während das JGG im Allg. auch für **Soldatinnen** und **Soldaten** gilt (§ 3 Abs. 2 WStG), enthalten die §§ 112a ff. geringfügige verfahrens- und materiellrechtliche Besonderheiten.

3 **a) Maßgeblicher Zeitpunkt.** Es kommt darauf an, ob die betroffene Person **zur Zeit** des **Urteils,** der **Vollstr** oder des **Vollzugs** Soldatin oder Soldat ist (ebenso MüKoStGB/Dau EGWStG Art. 1 Rn. 4), nicht hingegen darauf, ob dies zur Zeit der Tat der Fall war. Zugleich gelten diese Vorschriften **nur** für die **Dauer** des **Wehrdienstverhältnisses,** dh sie sind nicht mehr anwendbar, wenn das Wehrdienstverhältnis im Zeitpunkt der Rechtsanwendung beendet ist, und zwar unabhängig davon, ob eine militärische oder eine allg. Straftat begangen worden ist. Demgegenüber ist der Zeitpunkt der Tat für die Anwendung der §§ 112a ff. nur insofern relevant, als er die Anwendbarkeit des JGG im Allg. begründet. Da nach diesem System mit Beginn und Ende des Wehrdienstverhältnisses unterschiedliche Rechtsfolgen für ein und dieselbe Tat zur Anwendung kommen, könnten **Bedenken** im Hinblick auf den **Bestimmtheitsgrundsatz** bestehen. – Wenngleich die Besonderheiten rechtssystematisch sowohl für Jugendliche als auch für Heranwachsende gelten (vgl. auch § 3 Abs. 2 WStG), wird es tatsächlich selten Jugendliche betreffen, da die Begründung des Wehrdienstverhältnisses vor Vollendung des 18. Lbj. (s. dazu Steinlechner NVwZ 1995, 39 (39 f.); krit. Walz NZWehrr 1995, 106) eher eine Ausnahme darstellt.

4 **b) Soldatin, Soldat.** Kriterium ist, ob die Person sich in einem Wehrdienstverhältnis (§ 1 Abs. 1 S. 1, Abs. 2, 4 SoldG) befindet. Das Wehrdienstverhältnis beginnt mit dem Zeitpunkt, der in der Ernennungsurkunde für den Dienstantritt der Soldatin bzw. des Soldaten bestimmt ist, und zwar

unabhängig davon, ob der Dienst pünktlich angetreten wurde. Das Wehrdienstverhältnis „endet mit dem Ablauf des Tages" des Ausscheidens aus der Bundeswehr (§ 2 Abs. 2 SoldG).

c) Rechtstatsächliche Einschränkungen. Der Anwendungsbereich der §§ 112a ff. ist ohnehin insoweit eingeschränkt, als der Disziplinarvorgesetzte, sofern ihm (mutmaßliche) strafbare Handlungen bekannt werden, eine **Ermessensentscheidung** darüber trifft, ob er den Vorgang der Staatsanwaltschaft **zur Kenntnis** gibt (zu den Entscheidungskriterien s. § 33 Abs. 3 S. 1 WDO). Dabei besteht gem. militärischen Aufgaben eine Tendenz zur (allein) internen Erledigung – abgesehen von bestimmten schwerwiegenden Taten (zB Fahnenflucht, nicht aber bei eigenmächtiger Abwesenheit). – Das Wehrdisziplinarrecht sieht Prozess**kosten**hilfe nicht vor (zur Umdeutung als Antrag auf Bestellung eines Verteidigers gem. § 90 Abs. 1 S. 2 WDO vgl. BVerwG StraFo 2017, 417). 4a

2. Verhältnis des WStG zum JGG

Vorschriften des WStG gelten iSv § 2 Abs. 2 als allg. Vorschriften und stehen demgemäß den Bestimmungen des JGG nach (§ 3 Abs. 2 WStG; vgl. auch LG Kassel NZWehrr 1979, 34 mAnm Metz). Innerhalb der allg. Vorschriften jedoch gehen sie sonstigen gesetzlichen Bestimmungen vor (§ 3 Abs. 1 WStG). Demgemäß finden die allg. Vorschriften der §§ 1–7 WStG auch auf Jugendliche und Heranwachsende Anwendung (ebenso MüKoStGB/Dau EGWStG Art. 1 Rn. 3), da das JGG keine entgegenstehenden Vorschriften kennt. Entsprechendes gilt für die besonderen Deliktstatbestände der §§ 15–48 WStG. Hingegen greifen bzgl. der Rechtsfolgen statt der Regelungen der §§ 9–14a WStG über besondere Strafarten die Vorschriften des JGG dann Platz, wenn – betr. Heranwachsende gem. § 105 Abs. 1 – materielles JStR anzuwenden ist (s. aber § 112a). Im Falle der Anwendung allg. StR ist – betr. Heranwachsende – § 106 zu beachten. – Es besteht eine zusätzliche *Mitteilungspflicht* (s. allg. § 70) an weitere militärische Stellen (vgl. MiStra 19; § 89 SoldG iVm § 125c BRRG). 5

III. Unzulässigkeit von Hilfe zur Erziehung nach § 12

Der **Sinn** der Vorschrift der **Nr. 1** ergibt sich zum einen daraus, dass ein Soldat durch den Disziplinarvorgesetzten beaufsichtigt und betreut wird (§ 10 Abs. 2, 3 SoldG) und diesem somit wesentliche Aufgaben der Hilfe zur Erziehung nach § 12 obliegen. Zum anderen sind die in Nr. 1 genannten Erziehungsmaßregeln in ihrer Durchführung mit den Besonderheiten des Wehrdienstes kaum ohne weiteres vereinbar. Handelt es sich bei dem Soldaten um einen Jugendlichen, so bleibt eine bei Beginn des Wehrdienstverhältnisses etwa bestehende EB oder Hilfe nach § 12 Nr. 2 insoweit unberührt; jedoch wird es sich idR empfehlen, eine solche Erziehungsmaßregel nach Beginn des Wehrdienstverhältnisses aufzuheben (s. vormals §§ 61 Abs. 2 S. 1, 75 Abs. 2 S. 1 JWG; vgl. auch schon Potrykus NJW 1957, 815), weil die genannten Pflichten des militärischen Vorgesetzten den Zweck dieser Erziehungsmaßregeln als fortgeführt erscheinen lassen (vgl. auch schon Schwalm JZ 1957, 398 (399)). 6

IV. Vormalige Erziehungshilfe durch den Disziplinarvorgesetzten, Gründe der Aufhebung von Nr. 2 und § 112b

7 Für Jugendliche und Heranwachsende im Wehrdienst konnte das JGericht vormals Erziehungshilfe durch den Disziplinarvorgesetzten als Erziehungsmaßregel anordnen (Nr. 2), wozu der vormalige § 112b Fragen der Ausgestaltung regelte. Diese Vorschriften (ebenso wie die DVO-Erziehungshilfe v. 25.8.1958 (BGBl. I 645)) wurden durch Gesetz v. 8.12.2010 (BGBl. I 1864) aufgehoben, und zwar aus mehreren Gründen.

1. Geringe praktische Bedeutung

8 **a) Rechtssystematische Unklarheiten.** Zum einen haben die Vorschriften kaum je praktische Bedeutung erlangt (vgl. → 14. Aufl. 2010, Rn. 9). Dies beruhte ua darauf, dass Disziplinarvorgesetzte vielfach *Skepsis* ggü. der praktischen Handhabbarkeit dieser Rechtsfolge zeigten. So war umstritten, ob Erziehungshilfe innerhalb der Kategorie von Erziehungsmaßregeln eine Weisung iSv § 10 oder aber eine selbstständige, der Weisung nur nahe stehende Erziehungsmaßregel darstellte. Die Beantwortung der Frage hing davon ab, ob Erziehungshilfe iSv Geboten und Verboten die Lebensführung des Verurteilten regeln und dazu seine Erziehung fördern und sichern sollte (§ 10 Abs. 1 S. 1), wobei sich indes nicht unerhebliche *Abweichungen* und Besonderheiten gegenüber den Weisungen ergaben. Insbesondere galt die Erziehungshilfe nicht als gezielte Einzelmaßnahme, sondern sie sollte eher umfassend der Erziehung dienen (vgl. auch Dallinger/Lackner Rn. 16). Daher war sie als eine besondere, auf Soldaten beschränkte Ergänzung des Katalogs in § 9 anzusehen, und somit wäre allenfalls – soweit Rechtsähnlichkeit vorläge – eine entsprechende Anwendung der für Weisungen geltenden Vorschriften in Betracht gekommen.

9 **b) Herabsetzung des Volljährigkeitsalters.** Zudem verlor die Möglichkeit der Erziehungshilfe mit zunehmender Verkürzung der Wehrpflichtdauer an Relevanz. Insbesondere blieben die Vorschriften hinter der allg. Rechtsentwicklung insofern zurück, als zeitlich *nach* ihrer Verabschiedung das Volljährigkeitsalter auf 18 Jahre gesenkt wurde, sodass die etwa praktizierte Anordnung der Erziehungshilfe – abgesehen von auf deren Antrag herangezogenen 17-jährigen Personen (vgl. auch → Rn. 3; ergänzend betr. Entlassung von Soldaten auf Zeit alternativ § 55 Abs. 4, 5 SoldG) – Volljährige betraf bzw. betroffen hätte. Gegenüber Volljährigen aber sind als erzieherisch beurteilte, zwangsweise durchsetzbare Maßnahmen ohne ihre Zustimmung verfassungsrechtlich schwerlich vertretbar (vgl. BVerfGE 22, 219 f. (obiter dictum)), und gleichsam umgekehrt ist die Voraussetzung der Zustimmung mit dem Wesen eines militärischen Befehls nicht vereinbar.

2. Konflikt mit dem Erziehungsauftrag

10–14 Nicht zuletzt konnten Nr. 2, § 112b ggf. in gewisser Weise in *Widerspruch* zu dem Erziehungsauftrag des JGG (nunmehr ausdrücklich **§ 2 Abs. 1**) geraten. Eine Maßnahme iSd genannten Vorschriften traf der Disziplinarvorgesetzte als militärischen Befehl, dh der Verurteilte hatte ihnen als militärischer Pflicht nachzukommen. Führte der Verurteilte einen dergestaltigen Befehl schuldhaft nicht aus, so drohte die Sanktionierung wegen eines Dienstvergehens und, bei Vorliegen sonstiger Voraussetzungen (vgl. §§ 19, 20 WStG), ggf. einer – neuerlichen – Straftat. Gemäß § 2 Abs. 1 sind aber Gefährdungen für die *künftige Legalbewährung* nach Möglichkeit zu vermeiden (vgl. → § 2 Rn. 2 ff.).

V. Weisungen und Auflagen

Die Soll-Vorschrift der **Nr. 3** gilt einheitlich für Weisungen und Auflagen und unabhängig davon, ob diese nach §§ 10, 15 selbstständig oder iRv Aussetzungsentscheidungen nach § 23, § 29 oder § 88 angeordnet worden sind (soweit Nr. 3 sich an den „Richter" wendet – hiermit meint das Gesetz idR dn erkennenden Richter –, beeinträchtigt dies nicht die Geltung der Vorschrift auch für den in Fällen des § 88 zuständigen Vollstreckungsleiter (§ 82)). In der Praxis wird es sich empfehlen, dass der Richter sich wegen der Möglichkeiten der Durchführung bei dem nächsten Disziplinarvorgesetzten des Verurteilten informiert (zu dessen Anhörung s. § 112d). 15

1. Vorrang militärischer Belange

Die Vorschrift ist zum einen Ausdruck dessen, dass **militärische Aufgaben** nach Möglichkeit nicht durch die Ausgestaltung dieser Rechtsfolgen beeinträchtigt werden sollten (s. auch NK-JGG/Ostendorf Rn. 6), ohne dass dies einen Vorrang dieser Aufgaben bedeutet (Diemer/Schatz/Sonnen/Diemer Vor § 112a Rn. 1). Zum anderen bleibt ein Verurteilter im Wehrdienstverhältnis auch dann, wenn Weisungen oder Auflagen angeordnet sind, in gleichem Umfang wie jeder andere Soldat den militärischen Dienstpflichten unterworfen. 16

a) Unvereinbarkeit mit dem Wehrdienst. Solches ist stets dann anzunehmen, wenn die Durchführung der Weisungen und Auflagen nicht ohne Störung des militärischen Dienstbetriebes möglich ist. Dies ist am ehesten dann nicht der Fall, wenn Weisungen oder Auflagen bestimmten militärischen Disziplinarmaßnahmen (§ 22 WDO) nachgebildet werden. Dabei ist das JGericht nicht an die militärische Ausgestaltung (etwa iSd WDO) gebunden, weil er den Inhalt der Weisungen nach § 10 selbstständig bestimmt. 17

b) Gerechtfertigte Zuwiderhandlung. Ein Verstoß gegen die Anordnung ist dann **nicht rechtswidrig,** wenn dadurch die Erfüllung entgegenstehender militärischer Pflichten erst ermöglicht werden soll (vgl. Dallinger/Lackner Rn. 23). Auch wenn eine Weisung oder Auflage zunächst als mit den Erfordernissen des Wehrdienstes vereinbar erscheint, im Zeitpunkt der Ausführung jedoch nur unter Verletzung einer Dienstpflicht möglich wäre, hat letztere Vorrang. Demgemäß fehlt es an der Rechtswidrigkeit der Zuwiderhandlung, sodass eine Ahndung mit JA nach §§ 11 Abs. 3, 15 Abs. 3 ebenso wie ein Widerrufsgrund nach § 26 Abs. 1 Nr. 2 oder 3 ausscheidet (vgl. auch BeckOK JGG/Gertler Rn. 35: Verstoß „nicht schuldhaft oder gröblich"). – In entsprechenden Fällen ist eine Erörterung der **Pflichten-** 18

kollision mit dem militärischen Dienstvorgesetzten, regelmäßig der Disziplinarvorgesetzte (§ 1 Abs. 4 S. 1 SoldG), und eine Benachrichtigung des JRichters angezeigt.

2. Rechtsmittel

19 **a) Allgemeines. Verletzt** die Anordnung einer Weisung oder Auflage **wehrrechtliche Vorschriften,** so wird dies durch dasjenige Rechtsmittel geltend gemacht, das gegen die Entscheidung, in der die Anordnung getroffen wurde, zulässig ist (§§ 55, 59 Abs. 2, 63 Abs. 2, 65 Abs. 2). Die Rechtsmittelbeschränkung des § 55 Abs. 1 wirkt sich dabei nicht aus, soweit die Maßnahme nicht lediglich in ihrem Umfang angefochten wird (s. auch Dallinger/Lackner Rn. 23; vgl. aber → Rn. 20). Jedoch haben weder der nächste Disziplinarvorgesetzte noch eine andere Dienststelle der Bundeswehr ein Anfechtungsrecht (allg. Auffassung, vgl. nur BeckOK JGG/Gertler Rn. 54); sie können lediglich eine Erörterung mit der JStA oder eine Anregung bei dem JRichter vornehmen (zB gem. §§ 11 Abs. 2, 23 Abs. 1 S. 3 zu verfahren).

20 **b) Einschränkungen der Begründetheit.** Da es sich (bei Nr. 3) **nur** um eine **Soll-Vorschrift** handelt, wird im Falle der **Nichtberücksichtigung** die getroffene Maßnahme **nicht gesetzwidrig,** es sei denn, es handelt sich um einen Fall der Ermessensunterschreitung oder des Ermessensmissbrauchs. Ein Rechtsmittel kann daher auf eine unzureichende Anpassung einer Anordnung an die Besonderheiten des Wehrdienstes nur gestützt werden, wenn dieses Rechtsmittel im Allg. überhaupt zulässig ist und wenn das Rechtsmittelgericht nicht auf eine nur rechtliche Nachprüfung der Entscheidung beschränkt ist. Die Rechtsmittelbeschränkung des § 55 Abs. 1 betrifft auch Fälle dieser Art – die Maßnahmen als solche sind nicht gesetzwidrig –, soweit mit dem Rechtsmittel die Anordnung anderer Erziehungsmaßregeln oder Zuchtmittel angestrebt wird (vgl. Dallinger/Lackner Rn. 25). – Handelt es sich um Weisungen oder Auflagen im Rahmen einer Aussetzungsentscheidung, so ergeben sich die Grenzen der Begründetheit der Beschwerde aus § 59 Abs. 2.

3. Anpassung

21 **a) Nr. 3 S. 2.** Hinsichtlich der Anpassung bereits ausgesprochener Rechtsfolgen der in Rede stehenden Art (Nr. 3 S. 2) ist das JGericht inhaltlich weitgehend frei. Es kann die bisherigen Maßnahmen ganz oder teilweise wegfallen lassen, sie abändern oder sie durch andere ersetzen. – Nach teilweise vertretener Auffassung sei das JGericht auch durch Urteile nicht gehindert, von *Weisungen zu Auflagen* überzugehen *oder umgekehrt,* da es eine sachlich nicht begründete Beschränkung wäre, es an die im Urteil gewählte Rechtsfolgenart zu binden. Der Gesetzeswortlaut zwinge nicht zu einer solchen engen Auslegung, während die Bedürfnisse der Anpassung an die Notwendigkeiten des Wehrdienstes eine entsprechend weite Auslegung angezeigt sein ließen (Dallinger/Lackner Rn. 28; aA Grethlein JGG § 15 Anm. 6b). Indes ist *zw.,* ob eine derart weitreichende *Abweichung* von Fällen der Weisung nach § 11 Abs. 2, in denen das Ergebnis der Änderung stets wieder eine Weisung sein muss, von der bloßen Soll-Vorschrift getragen ist.

Im Übrigen bestehen *Bedenken* im Hinblick auf die *unterschiedlichen* erzieherischen *Voraussetzungen* der jeweiligen Maßnahmen.

Das JGericht darf eine nachträgliche Anpassung auch dann vornehmen, wenn die Besonderheiten des Wehrdienstes schon bei Anordnung der Maßnahmen berücksichtigt worden sind und es nunmehr **lediglich** um eine **zusätzliche Anpassung** geht. Diese Auslegung ist vor allem für die urteilsmäßig angeordneten Auflagen bedeutsam, weil es für diese keine allg. Möglichkeit nachträglicher Änderung oder Aufhebung gibt. 21a

b) Verfahren. Die Anpassung geschieht in demjenigen Verfahren, das im Allg. für die nachträgliche Änderung oder Aufhebung der Weisungen oder Auflagen vorgesehen ist. Handelt es sich um selbstständig angeordnete Weisungen und Auflagen, so wird § 65 entsprechend anzuwenden sein, da diese Vorschrift – wenngleich sie wegen der Verweisungen auf §§ 11, 15 unmittelbar nur bestimmte Fälle nachträglicher Entscheidungen betrifft – doch alle Möglichkeiten der nachträglichen Modifizierung selbstständig angeordneter Weisungen und Auflagen dieser Art erfasst, wie sie vor Einführung der Nr. 3 im JGG bestanden haben. Sind die Weisungen oder Auflagen im Rahmen einer BewAufsicht angeordnet, so verfährt der Richter gem. §§ 58, 62 Abs. 4. 22

VI. Bewährungshilfe

Die Vorschriften der **Nr. 4** und **5** sind anwendbar bei den verschiedenen Aussetzungsentscheidungen (§§ 21 ff., 27 ff., 88). Sie entsprechen inhaltlich den Regelungen des § 14 Abs. 3 und 4 WStG betr. BewHilfe nach allg. StR. 23

1. Soldat als ehrenamtlicher BewHelfer

Bestellt werden kann jede Soldatin und jeder Soldat (Nr. 4). Indes sollte der Disziplinarvorgesetzte idR ausscheiden (vgl. auch Diemer/Schatz/Sonnen/Diemer Rn. 6; NK-JGG/Ostendorf Rn. 10), da sonst die Gefahr besteht, dass die eigenständigen Aufgaben als BewHelfer nicht oder nur in begrenztem Umfang geleistet werden können (vgl. etwa auch → Rn. 28, 29). Wegen der eingeschränkten Rechte des JRichters ggü. einem Soldaten als BewHelfer sollte die Auswahl besonders sorgsam geschehen; vor der Bestellung eines Soldaten zum BewHelfer soll der nächste Disziplinarvorgesetzte des Verurteilten gehört werden (§ 112d). – Wegen der Voraussetzungen der Bestellung eines ehrenamtlichen BewHelfers, der nicht Soldatin oder Soldat ist, s. § 24 Abs. 1 S. 2. 24

a) Eingeschränkte Berichtspflicht; Rechtsstellung. Auch ein BewHelfer, der Soldat ist, **muss** dem **JGericht** berichten. Jedoch unterliegt er bei Ausführung der BewAufsicht nicht den Anweisungen des JRichters **(Nr. 4 S. 2),** dh § 25 S. 2 ist insoweit ausdrücklich außer Kraft gesetzt. Mit dieser Regelung soll ausgeschlossen werden, dass die Gerichte auf den Pflichtenkreis der Soldaten in einer Weise Einfluss nehmen könnten, die ggf. den Maßnahmen und Absichten der militärischen Vorgesetzten entgegensteht. 25

26 Demgegenüber bleibt die Rechtsstellung des BewHelfers und seine diesbzgl. Tätigkeit von seiner militärischen Stellung und der Erfüllung von militärischen Dienstpflichten unberührt (ebenso BeckOK JGG/Gertler Rn. 40: in seiner Tätigkeit als BewHelfer „nicht an Befehl und Gehorsam gebunden"). Seine militärischen Vorgesetzten dürfen ihm keine Befehle über die Art und Weise der Ausgestaltung der BewHilfe erteilen, es sei denn, er übe im Rahmen seiner Tätigkeit als BewHelfer zugleich dienstliche Angelegenheiten aus oder greife in solche ein. Der BewHelfer ist als Soldat den Befehlen seiner Vorgesetzten nur iRd Dienstverhältnisses unterworfen; Anordnungen, die keinen Bezug zum Wehrdienst haben, trifft er selbstständig. Dem entspricht es, dass die **Aufsicht** und **Verantwortlichkeit** des **JGerichts** bzgl. der Tätigkeit des BewHelfers sowie die Verantwortlichkeit des BewHelfers ggü. dem JGericht einschließlich der Berichtspflichten unberührt bleiben.

27 **b) Entbindung.** Ergeben sich infolge der fehlenden Anweisungsbefugnis (Nr. 4 S. 2) unüberwindbare Schwierigkeiten, die auch nicht durch eine etwaige Erörterung des JGerichts mit dem Disziplinarvorgesetzten überwindbar sind, so hat das JGericht jederzeit das Recht, den BewHelfer notfalls von seinem Amt zu entbinden.

2. Nicht-Soldat als BewHelfer

28 Dieser hat gegenüber einem Verurteilten nur eingeschränkte Befugnisse **(Nr. 5).** Er muss sich im wesentlichen auf den privaten Bereich (zB Schadenswiedergutmachung, Vorbereitung für die Zeit nach dem Wehrdienst) beschränken, kann aber kaum Einfluss auf die Lebensführung des Verurteilten nehmen (Potrykus NJW 1957, 814 (817)). Zur Regelung von Streitfragen hinsichtlich der Grenzen der Aufgaben der BewHilfe ist gem. S. 1 bzw. S. 2 danach zu unterscheiden, ob eine bestimmte Angelegenheit dem militärischen Vorgesetzten vorbehalten ist (vgl. insb. § 10 SoldG) bzw. ob es sich um – nach S. 2 vorrangige – Maßnahmen des Disziplinarvorgesetzten (§ 1 Abs. 4 SoldG, §§ 27 ff. WDO) handelt. – Greifen Maßnahmen des Disziplinarvorgesetzten (gar unter Überschreitung der Befehlsgewalt, § 11 SoldG) im Einzelfall in unzulässiger Weise in den Wirkungsbereich des zivilen BewHelfers ein und wird er dadurch in seiner Tätigkeit beeinträchtigt, kann der BewHelfer ebenso wie der JRichter Dienstaufsichtsbeschwerde bei der vorgesetzten Dienststelle des Disziplinarvorgesetzten einlegen (für Streitentscheidungskompetenz des JRichters dagegen NK-JGG/Ostendorf Rn. 12; Nix/Rzepka Rn. 20). Dem Verurteilten steht insoweit ein allg. Beschwerderecht gem. § 1 WehrbeschwerdeO zu, sofern er sich seinerseits als beschwert empfindet (vgl. auch Lingens/Korte, WStG, 6. Aufl. 2023, § 14 Rn. 20; aA MüKoStGB/Dau WStG § 14 Rn. 22: keine Beschwer, da nur mittelbar betroffen).

3. Ermessensentscheidung des JGerichts

29 Gemäß der Ausgestaltung der Nr. 4 liegt es – im Unterschied zu § 24 Abs. 1 – im Ermessen des JGerichts, ob es einen amtlichen BewHelfer oder – als ehrenamtlichen BewHelfer – eine andere Zivilperson oder eine Soldatin bzw. einen Soldaten (Potrykus NJW 1957, 814 (817); für letzteres Roestel unsere jugend 1959, 200) bestellt. Dabei ist zum einen zu berück-

sichtigen, dass die allg. Sorgepflicht des militärischen Vorgesetzten (§ 10 Abs. 2, 3 SoldG) ohnehin die Aufgabe der Unterstützung dazu umfasst, dass eine Soldatin bzw. ein Soldat die Ziele einer bestehenden Aussetzung erreicht.

Zum anderen wird eine helfende Unterstützung betr. **außerdienstliche Verhältnisse,** dh solcher ohne Bezug zum Wehrdienst, eher durch die Formen der BewHilfe gewährleistet sein. Insoweit wird es sich empfehlen, die BewHilfe am Heimatort weiterzuführen (BGH NJW 1959, 1503 mAnm Grethlein) und nicht etwa die weiteren Entscheidungen nach § 58 Abs. 3 S. 2 an das JGericht am Ort der Stationierung zu übertragen (dies gilt zumindest dann, wenn die abgeurteilten Straftaten zu einem Zeitpunkt begangen worden sind, zu denen der Verurteilte noch nicht Soldatin bzw. Soldat war). 29a

VII. Auswirkungen des Wehrdienstverhältnisses auf sonstige Rechtsfolgen

Neben den in Nr. 1, 3–5 genannten Abweichungen bestehen Auswirkungen des Wehrdienstverhältnisses auch auf solche Rechtsfolgen, die in diesen Vorschriften nicht aufgeführt sind. Insoweit handelt es sich um das Ziel, zu vermeiden, dass der besondere Umstand des Wehrdienstverhältnisses bei Beachtung allg. Grundsätze und Vorschriften des JStR zu einem nicht stimmigen Ergebnis führt. 30

1. Einzelne sonstige Rechtsfolgen

Insbesondere kann die Einordnung in die militärische Disziplin für die Erfolgsaussichten von Erziehungsmaßregeln, für die Notwendigkeit von Zuchtmitteln oder JStrafe wie auch im Hinblick auf die Prognose bei Aussetzungsentscheidungen von Bedeutung sein. – Soweit unterstellt wird, **Verwarnungen** (§ 14) seien bei Soldaten kaum angebracht (Brunner/Dölling § 14 Rn. 4), ist eine hinreichende Begründung dafür nicht ersichtlich (ebenso BeckOK JGG/Gertler Rn. 23). Ist zu prüfen, ob gegen einen Soldaten **Jugendarrest** (§ 16) zu verhängen ist, so ergibt sich schon aus § 112c Abs. 2, dass auch dabei die militärischen Belange berücksichtigt werden sollten (Potrykus NJW 1957, 814 (817)). Für die **Aussetzung** der **Verhängung** der **JStrafe** zBew (§§ 27 ff.) ebenso wie für die Verhängung von **JStrafe mit** oder **ohne** Aussetzung der **Vollstr** zBew (§§ 17 ff., 21 ff.) gelten ebenso wie für **Erlass, Widerruf** und **Nachverfahren** (§§ 26, 26a, 30) unmittelbar keine Besonderheiten (vgl. jedoch → Rn. 15 ff. zu Nr. 3 sowie → Rn. 23 ff. zu Nr. 4 und 5). 31

2. Verhältnis zu Disziplinarmaßnahmen

Wird wegen der **gleichen „Tat“** gegen einen Soldaten sowohl eine Rechtsfolge im JStV als **auch** eine **Disziplinarmaßnahme** verhängt (ua die Verwarnung (§ 14) als ein Zuchtmittel ist iSd WDO als Disziplinarmaßnahme beurteilt worden (Zweiter Wehrdienstsenat NZWehrr 1988, 256)), so verstößt dies zwar nach hM (vgl. zurückhaltend BVerfGE 21, 391 (403) = NJW 1967, 1654) nicht gegen das Verbot der Doppelbestrafung 32

(Art. 103 Abs. 3 GG), jedoch dürfen beide Entscheidungen nicht unabhängig voneinander getroffen werden (vgl. allg. zum Verhältnis von Kriminalstrafe und Disziplinarstrafe BVerfGE 27, 180 = NJW 1970, 507). Dabei ist es unerheblich, welche der Entscheidungen früher ergangen ist. Dies ist mehrfach bzgl. der Disziplinarbuße entschieden worden (vgl. OLG Frankfurt a. M. NZWehrr 1973, 194 und OLG Hamm NJW 1978, 1063, jeweils zum allg. StR; OLG Oldenburg NZWehrr 1982, 157 zum JStR (Anrechnung auf JA); vgl. auch BeckOK JGG/Gertler Rn. 14); es gilt ebenso zB für den disziplinaren Arrest (BVerfG NJW 1967, 1651; zur Art der Anrechnung OLG Frankfurt a. M. NJW 1971, 852), und zwar auch dann, wenn der Arrest zugleich wegen eines anderen Vorfalles verhängt wurde (OLG Celle NJW 1968, 1103).

3. Vollstreckung von Strafarrest

33 Für VollstrEntscheidungen betr. den Strafarrest nach dem WStG (§ 82 Abs. 1 ist nicht anwendbar (§ 110 Abs. 1)) ist die **StVollstrKammer** zuständig, da der Begriff Freiheitstrafe in § 462a StPO (neben JStrafe) auch Strafarrest umfasst, und zwar unabhängig davon, ob der Strafarrest, wie es erst nach Ausscheiden aus dem Wehrdienst der Fall ist, in einer JVA (vgl. näher §§ 1, 117f JStVollzG Bln.) oder ansonsten bei der Bundeswehr (§ Art. 5 EGWStG) vollstreckt wird (OLG Stuttgart Justiz 1977, 24).

112b [aufgehoben]

Vollstreckung

112c

(1) **Der Vollstreckungsleiter sieht davon ab, Jugendarrest, der wegen einer vor Beginn des Wehrdienstverhältnisses begangenen Tat verhängt ist, gegenüber Soldaten der Bundeswehr zu vollstrecken, wenn die Besonderheiten des Wehrdienstes es erfordern und ihnen nicht durch einen Aufschub der Vollstreckung Rechnung getragen werden kann.**

(2) **Die Entscheidung des Vollstreckungsleiters nach Absatz 1 ist eine jugendrichterliche Entscheidung im Sinne des § 83.**

I. Anwendungsbereich

1–3 Die Vorschrift gilt für **Jugendliche** und **Heranwachsende** (§ 112a) auch in Verfahren vor den für allg. Strafsachen zuständigen Gerichten (§ 112e steht nicht entgegen, da § 112c nur Vollstr und Vollzug betrifft).

II. Vollzug und Absehen von der Vollstreckung des Jugendarrestes

1. Vollzug

Während des Wehrdienstes geschieht der Vollzug (auf Ersuchen des Vollstreckungsleiters) durch die Behörden der Bundeswehr (Art. 5 Abs. 2 EGWStG). Dies gilt unabhängig von der Art der Straftat, deretwegen der JA verhängt wurde, und es kommt auch nicht darauf an, ob der JA vor oder während des Wehrdienstverhältnisses verhängt worden ist. Gemäß dieser Regelung ist § 90 Abs. 2 insoweit ausgeschlossen, und eine Übertragung der VollstrZuständigkeit nach § 85 Abs. 1 findet nicht statt. Der JA wird wie Strafarrest, also durch Freiheitsentziehung (§ 9 Abs. 2 WStG), vollzogen (Art. 5 Abs. 2 EGWStG), wodurch insoweit die Trennung zwischen allg. StR und JStR aufgehoben wird und ggf. (auch) hinsichtlich der Haftbedingungen eine Schlechterstellung ggü. verurteilten zivilen Gleichaltrigen eintritt (Peschke NZWehrr 1987, 159). Die Berechnung gem. § 5 BwVollzO geschieht – anders als nach § 25 JAVollzO – nach Tagen. Die Art der Unterbringung, die Behandlung, die Beschäftigung sowie die Gewährung und der Entzug von Vergünstigungen wie auch der Verkehr mit der Außenwelt richten sich nach der BwVollzO. 4

Nach überwiegender Auffassung (vgl. vormals Dallinger/Lackner Rn. 14; Diemer/Schatz/Sonnen/Diemer Rn. 4; aA BeckOK JGG/Gertler Rn. 14) soll ein (vergleichsweise kurzer) Restzeitraum eines bereits im Ablauf befindlichen Vollzugs bei zwischenzeitlichem Eintritt in das Wehrdienstverhältnis – unter Beachtung von Abs. 1 – in der allg. JAVollzAnstalt, bei zwischenzeitlicher Entlassung in der Bundeswehreinrichtung zu Ende vollstreckt werden dürfen. 5

2. Absehen von der Vollstreckung

Für Fälle, in denen sich – auch durch etwaige Erörterung zwischen dem Vollstreckungsleiter und der zuständigen Dienststelle der Bundeswehr – ein **Einvernehmen** hinsichtlich der Belange des Wehrdienstes einerseits und solcher der Vollstr des JA andererseits **nicht erreichen** lässt, gilt die Regelung des **Abs. 1.** Sie kommt von Gesetzes wegen dann **nicht** zur Anwendung, wenn der JA wegen einer **während** des **Wehrdienstverhältnisses** begangenen **Tat** verhängt worden ist. 6

Was diejenige Voraussetzung des Abs. 1 angeht, dass die Besonderheiten des Wehrdienstes (zB zusammenhängende Grundausbildung) ein Absehen erfordern, so wird sie bei *Freizeit-* oder *Kurzarrest* eher nicht oder doch nur *eingeschränkt* erfüllt sein. Zudem kommt eine Teilvollstr in Betracht. 7

Durch einen *Aufschub* kann der Vollstr dann *nicht* Rechnung getragen werden, wenn sie dadurch unzulässig (§ 87 Abs. 4) oder zumindest erzieherisch sinnlos (§ 87 Abs. 3; vgl. → § 87 Rn. 6a, 10) wird. 8

III. Verfahrensrechtliches

1. Abs. 2

9 Die **Entscheidungen** nach Abs. 1 ergehen als solche **jugendrichterlicher Natur** in richterlicher Unabhängigkeit.

2. Gehör

10 Bevor der JRichter die Entscheidung nach Abs. 1 trifft, ist Gelegenheit zur Äußerung gem. § 33 Abs. 2 und – ggf. – Abs. 3 StPO zu geben. Ferner soll der JRichter den nächsten Disziplinarvorgesetzten des Jugendlichen oder Heranwachsenden hören (§ 112d).

3. Rechtsbehelf

11 Gegen die **Entscheidung,** die durch **Beschluss** ergeht, ist die sofortige Beschwerde zulässig (vgl. näher → § 83 Rn. 12 f.). – Der Disziplinarvorgesetzte, der nicht Verfahrensbeteiligter im prozessualen Sinne ist, kann jedoch ein **Rechtsmittel** nicht einlegen (vgl. auch → § 112a Rn. 19).

Anhörung des Disziplinarvorgesetzten

112d Bevor der Richter oder der Vollstreckungsleiter einem Soldaten der Bundeswehr Weisungen oder Auflagen erteilt, von der Vollstreckung des Jugendarrestes nach § 112c Absatz 1 absieht oder einen Soldaten als Bewährungshelfer bestellt, soll er den nächsten Disziplinarvorgesetzten des Jugendlichen oder Heranwachsenden hören.

I. Anwendungsbereich

1 Die Vorschrift findet auf **Jugendliche** und **Heranwachsende** auch in Verfahren vor den für allg. Strafsachen zuständigen Gerichten Anwendung (§ 112e).

II. Allgemeines

1. Zweck der Vorschrift

2 Die Vorschrift dient gem. jugendstrafrechtlichen Grundsätzen dem Zweck der **Ermittlung** solcher Umstände, die für die Entscheidungen zB gem. § 105 Abs. 1 oder hinsichtlich der erzieherisch am ehesten zweckmäßigen Rechtsfolge wesentlich sind (nach BeckOK JGG/Gertler Rn. 3: nur sekundäre Folge der Vorschrift). Zum anderen – bzw. primär – zielt die Vorschrift darauf ab, in den bestimmten Fällen besondere militärische Belange in Erfahrung zu bringen, um (auch aus erzieherischen Gründen) konträre Anordnungen oder Erwartungen seitens des JGerichts einerseits und des nächsten Disziplinarvorgesetzten andererseits vermeiden zu können.

2. Einzelheiten

Soweit das Gesetz im Einzelnen die Erteilung von **Weisungen** und **Auflagen** anführt (dazu § 112a Nr. 3 S. 1), so umfasst dies **auch** die **Änderung** bestehender Weisungen und Auflagen (§ 112a Nr. 3 S. 2). – Im Übrigen wird eine Anhörung ebenso angezeigt sein vor der Verhängung von **JA** nach **§ 11 Abs. 3** zur Klärung der Frage, ob die Befolgung der Weisung oder Erfüllung der Auflage dienstlich möglich gewesen wäre (vgl. auch → § 11 Rn. 18). 3

III. Verfahrensrechtliches

1. Anhörung

Der **nächste Disziplinarvorgesetzte** ist der unterste Vorgesetzte mit Disziplinargewalt, dem der Soldat unmittelbar unterstellt ist (§§ 27 ff., 29 WDO). Die **Form** der Anhörung hat das Gesetz nicht festgelegt. Sie wird nach dem jeweiligen Stand des Verfahrens bzw. nach der Art der Entscheidung unterschiedlich sein. Im Falle einer HV (oder einer mündlichen Verhandlung iSv § 78) wird die Anhörung idR in dieser Verhandlung vorgenommen werden. Dies wird weniger gelten für die Anhörung zur Bestellung einer Soldatin oder eines Soldaten zum BewHelfer, die mit dem Verfahren selbst nicht in Beziehung steht. Im Übrigen genügt es, wenn Gelegenheit zur (mündlichen oder schriftlichen) Äußerung gegeben wird. 4/5

2. Fortbestehen allgemeiner Aufklärungs- und Anhörungspflichten

Von der Beachtung dieser Pflichten (auch bzgl. der JGH) kann die Vorschrift schon wegen ihres begrenzten Zwecks (vgl. → Rn. 2, 3) nicht befreien (vgl. schon OLG Schleswig EJF C I 47 = SchlHA 1958, 341). 6

3. Anfechtbarkeit

Soweit die Nichteinhaltung dieser Soll-Vorschrift nicht zugleich einen Verstoß gegen die allg. richterliche Aufklärungspflicht darstellt (vgl. auch → § 43 Rn. 10, 49), ist sie verfahrensrechtlich nur eingeschränkt bedeutsam. – Wegen eines entsprechenden Verstoßes ist die **Anfechtung** nur durch die Verfahrensbeteiligten, nicht hingegen durch den nächsten Disziplinarvorgesetzten zulässig (Schwalm JZ 1957, 398 (400); Potrykus NJW 1957, 814 (815); vgl. auch → § 112a Rn. 19 sowie → § 112c Rn. 13). 7

Verfahren vor Gerichten, die für allgemeine Strafsachen zuständig sind

112e **In Verfahren gegen Jugendliche oder Heranwachsende vor den für allgemeine Strafsachen zuständigen Gerichten (§ 104) sind die §§ 112a und 112d anzuwenden.**

1 Die Vorschrift steht in Ergänzung zu § 104 Abs. 1 und ist iZm den Beschränkungen des § 104 Abs. 4 und 5 anzuwenden. Da § 112e die **Befugnisse** der für allg. Strafsachen zuständigen Gerichte **nicht erweitert,** dürfen diese Gerichte auch ggü. Soldatinnen und Soldaten weder Erziehungsmaßregeln (§ 104 Abs. 4) anordnen noch in Fällen der Aussetzung der Vollstr der JStrafe zBew (§§ 21–26a) oder der Aussetzung der Verhängung der JStrafe zBew (§§ 27–30) Nebenentscheidungen treffen (§ 104 Abs. 5).

2 **§ 112c** ist deshalb nicht angeführt, weil er Fragen der Vollstr und des Vollzugs betrifft und sich dabei nur an den JRichter wendet. Dies gilt unabhängig davon, ob der JA durch ein für allg. Strafsachen zuständiges Gericht verhängt wurde.

Fünfter Teil. Schluß- und Übergangsvorschriften

Bewährungshelfer

113 **[1] Für den Bezirk eines jeden Jugendrichters ist mindestens ein hauptamtlicher Bewährungshelfer anzustellen. [2] Die Anstellung kann für mehrere Bezirke erfolgen oder ganz unterbleiben, wenn wegen des geringen Anfalls von Strafsachen unverhältnismäßig hohe Aufwendungen entstehen würden. [3] Das Nähere über die Tätigkeit des Bewährungshelfers ist durch Landesgesetz zu regeln.**

Schrifttum: Cornel/Kawamura-Reindl (Hrsg.), Bewährungshilfe, 2021; Dölling/Entorf/Hermann, Kriminologisch-ökonomische Evaluation der fachlichen Qualität der Bewährungs- und Gerichtshilfe sowie des Täter-Opfer-Ausgleichs in Baden-Württemberg, 2015; Heinz, 57 Jahre Bewährungshilfe im Spiegel der Bewährungshilfestatistik, 2021; Walsh, Intensive Bewährungshilfe und junge Intensivtäter, 2018; Weigelt, Bewähren sich Bewährungsstrafen?, 2009.

I. Organisatorische Umsetzung des gesetzlichen Auftrags

1. Organisationstruktur der Jugendbewährungshilfe

Die Vorschrift schreibt die im Regelfall notwendige Einrichtung einer 1
Jugend-BewHilfe vor. Die Länder haben diesen Auftrag erfüllt, indem die BewHelfer von ihnen in den **Gerichtsbezirken** oder auf **Landesebene** angestellt werden (dazu etwa schon Stein Bewährungshilfe 1987, 153 (154)). Dies ist dann mit S. 1 vereinbar, wenn hierdurch für den Bezirk jedes JRichters ein hauptamtlicher BewHelfer zur Verfügung steht (s. aber die theoretisch nach S. 2 mögliche Durchbrechung). Geschäftsverteilungen, die nach dem Alter des Verurteilten bzw. den Verurteilungen nach JStR oder allg. StR differenzieren, sind dabei oftmals in den Hintergrund getreten (vgl. schon Wahl Bewährungshilfe 1964, 5 (30)). Nur manche Bundesländer sehen – wie etwa Bln. (dazu Brachaus/Schleinecke/Gerlach/Miniers ZJJ 2016, 235 (235 f.) – eine verselbstständigte Jugend-BewHilfe vor (dazu und zu den sich auch sonst stark unterscheidenden Organisationsformen s. Dollinger/Schmidt-Semisch Jugendkriminalität-HdB/Kawamura-Reindl S. 448 ff.). Fehlt es dann auch an einer vergleichbaren binnenorganisatorischen Aufgliederung, ist dies angesichts der (zeitweilig erheblich angestiegenen) Unterstellungen nach allg. StR (vgl. etwa Eisenberg/Kölbel Kriminologie § 29 Rn. 28) nicht unproblematisch. – Durch die Jugend-BewHilfe sind iÜ nicht nur Bewährungsfälle nach JGG zu übernehmen, sondern auch solche aus EU-Mitgliedsstaaten im Rahmen der **Internationalen Rechtshilfe** (n. → § 1 Rn. 40 ff.).

2. Hoheitliche Einbindung

Die hauptamtlichen BewHelfer, die nicht mit Beschäftigten der JGH 2
identisch sein können (vgl. Bender ZJJ 2023, 342 (343) mit Blick auf § 38 Abs. 5 S. 4), sind in den meisten Ländern (auf Vorschlag oder mit Zustim-

mung der Jugendbehörden) den Justizbehörden zugeordnet und unterstehen dann deren **Dienstaufsicht.** Sofern in einzelnen anderen Bundesländern (namentlich bei einer organisatorischen Verselbstständigung des jugendstrafrechtlichen Bereichs) eine Anbindung an die Jugendbehörden erfolgt ist, unterstehen die BewHelfer auch deren Dienstaufsicht (Diemer/Schatz/Sonnen/Sonnen Rn. 1; Nix/Rzepka Rn. 3; Cornel Bewährungshilfe 2000, 302 (304); zur Zuordnung zur Sozialbehörde in HH vgl. Bender ZJJ 2023, 342 (342)). Die hauptamtlichen BewHelfer sind **Amtsträger** iSv § 11 Abs. 1 Nr. 2 StGB. Eine „Beleihung" (im Zuge der Privatisierung bzw. Auslagerung), wie sie zeitweilig (bis zur „Rückverstaatlichung" zum 1.1.2017) in BW ua für die BewHilfe praktiziert wurde, ist mit Blick auf Art. 33 Abs. 4 und 5 GG verfassungsrechtlich nicht unbedenklich. Jedenfalls haben private Träger keine Weisungsbefugnis gegenüber hauptamtlichen BewHelfern, die als Beamte oder Angestellte tätig sind (zur Problematik BVerwGE 150, 366 = NVwZ 2015, 1061; vgl. ferner VG Sigmaringen ZJJ 2008, 297 = BeckRS 2008, 37722; Sterzel Bewährungshilfe 2007, 172 (176 ff.)). Auch die Bewertung der rechtstatsächlichen Privatisierungsfolgen ist kontrovers (krit. etwa Lübbemeier Bewährungshilfe 2013, 84; anders Steindorfner FS 2010, 269 (270); tendenziell positiv auch Dölling/Entorf/Hermann, Kriminologisch-ökonomische Evaluation (…), 2015, S. 29 ff., 94 ff.). Unabhängig von der Organisationsform unterliegt der BewHelfer iÜ in fallkonkreten Bewährungsfragen allerdings stets dem **Weisungsrecht des JRichters** (n. → § 25 Rn. 9).

II. Inhaltliche Umsetzung des gesetzlichen Auftrags

1. Rahmenbedingungen

3 Für die praktische Tätigkeit der BewHilfe und deren Ausrichtung macht § 113 keine Vorgaben. Aus § 2 Abs. 1 ergibt sich jedoch, dass die Handlungsbedingungen und das Vorgehen der Jugend-BewHilfe orientiert am **Erziehungsauftrag** zu gestalten sind. Weitere Vorgaben für die Ausgestaltung des Verhältnisses zwischen BewHelfer und Probanden ergeben sich va aus § 24 Abs. 3 sowie teilw. auch aus den länderrechtlichen Regelungen (Zusammenstellung bei BeckOK JGG/Gertler Rn. 5) und aus fachlich-professionellen Standards der BewHilfe (n. zu den Aufgaben, Pflichten und der Doppelrolle des BewHelfers Dollinger/Schmidt-Semisch Jugendkriminalität-HdB/Kawamura-Reindl S. 445 ff. sowie → § 25 Rn. 12 ff., 20 ff.). Deren Umsetzung sowie die Realisierbarkeit einer erzieherisch funktionalen Beziehung zum Probanden werden indes durch eine Reihe von Rahmenfaktoren – in de facto teilw. ungünstiger Weise – beeinflusst.

4 **a) Professioneller Hintergrund.** Eine erzieherische Gestaltung der Beziehung zum Probanden setzt zunächst einmal eine entspr. Eignung des eingesetzten BewHelfers voraus. Soweit ersichtlich, fehlt es indes an einer spezifischen Ausbildung, insbes. im Jugendbereich (zu vergleichbaren Problemen bei der JGH → § 38 Rn. 81). Die Einstellung erfolgt idR auf der Grundlage einer abgeschlossenen allg. Ausbildung im Bereich der Sozialen Arbeit und teilw. auch der Sozialpädagogik. Ein **Qualifikationshintergrund** mit dezidiert kriminologischen Anteilen sowie jugendorientierter Ausrichtung und erzieherischer Befähigung kann derzeit indes nicht durch-

gängig angenommen werden (deshalb explizit für den künftigen Einsatz spezialisierter BewHelfer für Jugendliche etwa Bosbach, Abschlussbericht der Regierungskommission „Mehr Sicherheit für Nordrhein-Westfalen", 2020, S. 57; mit Abstrichen schon Falkowski in DVJJ 1990, 478). Die Eignung des Jugend-BewHelfers – zu der es ua der besonderen Expertise hinsichtlich der kulturellen, sozialen und altersgemäßen Bedingungen in der Lebensführung junger Verurteilter bedarf (und dies ggf. noch differenziert nach männlichen und weiblichen Probanden) – muss daher in wesentlichen Teilen in der Berufstätigkeit vielfach erst entwickelt werden (zur Schulungspflicht s. Art 20 Abs. 1 RiL 2016/800).

In diesem Zusammenhang sind zudem Hinweise festzuhalten, denen zu- 5
folge bei (Jugend-)BewHelfern untergründig eine **individualisierende Perspektive** auf Jugenddelinquenz nicht selten zu sein scheint. Die Auffälligkeit ihrer Probanden wird hiernach als gleichsam „sozialpathologisch" begriffen und auf eine „Defekt-Persönlichkeit" zurückgeführt (dazu und zum darin liegenden kriminologischen Reduktionismus etwa Eisenberg/Kölbel Kriminologie § 6 Rn. 3 ff., § 54 Rn. 8 ff., § 56 Rn. 40 ff.). Andeutungen dafür finden sich in Ansätzen, in denen dichotomisierende Wertungen mit psychiatrischen Anklängen verwendet werden (vgl. zum sog. „Risikoproband" Beß/Koob-Sodtke Bewährungshilfe 2007, 249 (251 f.)) oder wonach die „Gefährlichkeit" der Unterstellten „eingeschätzt" werde und ihnen ohne „Motivation zur Selbstveränderung" keine Hilfe zu gewähren sei (vgl. etwa Klug Bewährungshilfe 2007, 235 (242); s. auch → § 25 Rn. 22). Interaktionistische Zusammenhänge, die auf die Wechselwirkungen mit institutionellen Einwirkungen (ua auch der BewHilfe selbst) oder gar auf makrostrukturelle Entstehungsanteile verweisen, bleiben dann zwangsläufig blass (dazu und zu dem davon beeinflussten Herangehen an die Probanden wie hier Diemer/Schatz/Sonnen/Sonnen Rn. 5; ebenso bereits Bruckmeier/Donner/Ohder/Thiem-Schräder, Jugenddelinquenz in der Wahrnehmung von Sozialarbeitern, 1984; Lübbemeier Bewährungshilfe 1990, 43).

b) Zuteilung. Bei der Entscheidung, welcher BewHelfer für welchen 6
Unterstellungsfall zuständig ist, richten sich die JRichter idR nach der **Geschäftsverteilung** der BewHilfe. Zuteilungsprozesse, die anhand der personalen und sozialen Merkmale sowohl des konkreten BewHelfers als auch des konkreten Probanden erfolgen und hiernach geeignete Beziehungen zu fördern versuchen, sind eher selten. In der Praxis kommt es aber verschiedentlich zu einzelfallbezogenen abw. Regelungen, Absprachen oder auch einem Austausch. Am ehesten scheint aus besonderen Gründen (zB der Geschlechtszugehörigkeit) ein anderer als der nach der Geschäftsverteilung zuständige hauptamtliche BewHelfer bestellt zu werden. Besser wäre es insoweit, den Probanden einem BewHilfe-Team zuzuweisen, das dann die individuelle Zuordnung anhand einer konkreten Eignungsprüfung abzuklären und vorzunehmen hätte. Dies dürfte der Vertrauensbildung zwischen dem Probanden und dem BewHelfer eher förderlich sein und käme auch den Vorstellungen der meisten Probanden näher, die an der Auswahl ihres BewHelfers gern mitwirken würden (so jedenfalls die ältere Befragung von Hesener, Die Arbeitsbeziehung Bewährungshelfer – Proband, 1986, S. 169 f.; zur Problematik auch → § 25 Rn. 3 ff.).

c) Fallzahlbelastung. Statistisch wurde für die Jahre ab 1968 bis 1991 ein 7
erheblicher, wenngleich nicht durchgängiger Anstieg in der Anzahl der

Unterstellungen nach JStR ausgewiesen (vgl. BewHiSt 2006 Tab. 1.1). Dieser setzte sich insges. in ähnlicher Weise auch ab 1995 (absolute Anzahl: 29.358) fort, wobei sodann aber (nach zeitweilig schwankenden Werten) ein leichter **Rückgang** bis 2011 folgte (s. dazu Tab.). Im Zuge des sinkenden jugendstrafrechtlichen Sanktionsaufkommens (→ § 5 Rn. 13) verstärkte sich dieser Trend in den Folgejahren. Die deutliche Abnahme an Verurteilungen nach JStR insges. und an Verurteilungen zu JStrafe oder Bewährungssanktionen (→ § 5 Rn. 13) schlägt sich also auch in den Unterstellungen unter BewHilfe nieder. Zwar stellt das Statistische Bundesamtes seit 2011 keine Daten mehr zur Verfügung, doch kann auf die Angaben der einzelnen Statistischen Landesämter zurückgegriffen werden. Nach den darauf beruhenden Auswertungen von Heinz (57 Jahre Bewährungshilfe im Spiegel der Bewährungshilfestatistik, 2021, S. 34 ff.) gingen die Unterstellungen im früheren Bundesgebiet auf 23.055 (31.12.2015) bzw. 18.332 (31.12.2019) zurück (vgl. erg. zu den Unterstellungszahlen anhand des BZR auch JAHT, Legalbewährung, 2021, S. 127).

8 Tab.: Bestand der Unterstellungen unter BewHilfe nach BewHiSt Tab. 1.2.1, 1.2.2. Die Angaben sind begrenzt auf die „alten" Bundesländer (mit Gesamt-Bln., aber ohne Hmb.) und auf Unterstellungen unter hauptamtlich tätige Personen der BewHilfe (jeweils auch Mehrfach-Unterstellungen)

Jahr, jeweils am 31.12.	Unterstellungen nach materiellem Jugendstrafrecht					
	insgesamt	davon in %				
		§ 21	§ 88			§ 27
				davon Strafrest bei Entlassung		
				unter 1 Jahr	1 Jahr und mehr	
2002	35.933	68,3	17,6	14,3	3,4	11,6
2004	35.933	67,1	17,5	14,3	3,3	11,5
2006	36.015	66,8	17,2	14,3	3,0	11,8
2008	35.904	64,4	17,8	14,3	3,5	13,4
2010	32.461	62,6	18,9	14,9	4,1	13,5
2011	32.002	61,6	19,7	15,4	4,3	13,6

9 Die **Betreuungsrelation,** dh die Zahl der nach JStR (und nach allg. StR) Unterstellten, die von dem einzelnen BewHelfer zu beaufsichtigen und zu betreuen sind, wird von den gängigen Berechnungen (mit regionalen Unterschieden) zwischen 40 und 90 verortet (Eisenberg/Kölbel Kriminologie § 29 Rn. 27; vgl. aber zu zeitweilig noch höheren Zahlen bspw. in MV Dünkel/Scheel/Schäpler ZJJ 2003, 119 (129): „Fallbelastung von bis zu 130 Probanden"). Am 31.12.1991 lag der durchschnittliche Verteilungsschlüssel für die damals reichlich 2.100 hauptamtlichen BewHelfer bei 1:61,4 (BewHiSt 1991 Tabelle 1). Für 2004 bis 2006 bewegten sich die bundesdurchschnittlichen Werte zwischen 1:74,3 und 1:82,05 (Heinz Sekundäranalyse S. 1203) und in 2007/08 variierten sie zwischen den Bundesländern mit Relationen von ca. 1:13 bis zu 1:99 (BT-Drs. 16/13142, 72 ff.). Für Köln wird für die Jahre ab 2010 über eine Betreuungsbelastung von 1:60 berichtet, was zu durchschnittlich einem **persönlichen Kontakt** pro Monat (bei Mitberücksichtigung von Briefen, E-Mails und Telefonaten von zwei bis vier) führte (Engel/Georg/Traxler Journal of Empirical Legal Studies 19 (2022) 447

(452 f.)). Generell wird die Fallzahlbelastung der Bewährungshelfer als **zu hoch** eingeschätzt, ua weil sie zwangsläufig zu einer Selektion der Probanden hinsichtlich der ihnen entgegengebrachten Betreuungsintensität führt (differenzierend dazu Cornel Bewährungshilfe 2014, 356 (369 ff)). Allerdings scheint es durch das Sinken der Unterstellungszahlen zu einer gewissen Entspannung gekommen zu sein (so für Bln. Brachaus/Schleinecke/Gerlach/Miniers ZJJ 2016, 235 (236)).

2. Hinweise auf die Leistungsfähigkeit

Die Frage, ob und inwieweit die Jugend-BewHilfe ihren Auftrag inhaltlich 10 erfüllt und spezialpräventiv bei den ihr unterstellten Verurteilten wirksam werden kann, ist kaum eindeutig zu beantworten (vgl. aber zu Berechnungen anhand BZR-Daten für 1994 und einen Referenzzeitraum von vier Jahren Weigelt, Bewähren sich Bewährungsstrafen?, 2009, S. 199 ff., 231 ff.). Aussagekräftig hierfür scheint am ehesten die **Häufigkeit der Bewährungswiderrufe** zu sein (erg. zum Folgenden → § 21 Rn. 9, → §§ 26, 26a Rn. 3, → § 88 Rn. 20). Doch streng genommen ist diese für die Legalbewährung bei JStraf- und JStrafrestaussetzung nur bedingt von Belang, weil der Widerruf rückfallunabhängige Gründe haben kann. Hinzu kommt, dass andererseits etliche Rückfälle nicht zu einem Widerruf führen (n. etwa Eisenberg/Kölbel Kriminologie § 41 Rn. 37 ff.), sodass sich anhand der Angaben der BewHilfe-Statistik auch die Miss-/Erfolgsquote der BewHilfe nur bedingt beurteilen lässt. Hinzu kommt die eher technische Einschränkung, dass die Angaben nicht hinreichend nach dem Unterstellungsgrund differenzieren, obwohl sich die Probanden-Struktur und zahlreiche andere widerrufsrelevante Gegebenheiten danach unterscheiden, ob es sich um eine Aussetzung der Vollstr zBew nach § 21, § 27 oder § 88 handelt. Zu berücksichtigen ist schließlich eine zeitliche Verzerrung, die dadurch entsteht, dass sich die Widerrufsquote auf die Gesamtzahl der innerhalb eines Berichtsjahres beendeten Unterstellungsfälle bezieht, ohne nach dem konkreten Unterstellungsjahr zu differenzieren (vgl. dazu schon Heinz Bewährungshilfe 1977, 296 (303 ff.) sowie die Kontroverse von Hermann MschKrim 1983, 267; Berckhauer/Hasenpusch MschKrim 1984, 176; Hermann MschKrim 1984, 185).

Legt man gleichwohl die BewHilfe-Statistik zugrunde, lag bzw. liegt die 11 **Widerrufsquote** bei Aussetzung der Vollstr zBew (mit/ohne vorherigen Vollzug) mit langfristig sinkender Tendenz bei ca. 25 %, jedenfalls wenn die Fälle mit gem. § 31 Abs. 2 beendeter Unterstellung herausgerechnet werden (n. dazu Heinz Sekundäranalyse S. 1205 ff.; vgl. stellvertretend für die früher höheren Werte die Zusammenstellung bei Höhne, Die Strafaussetzung zur Bewährung bei Jugendstrafen (…), 1985, S. 182: 35,3 %). Bei einer strengen Begrenzung auf Konstellationen iSv § 26a, § 24 Abs. 1 und 2 sowie § 30 Abs. 2 belaufen sich erfolgreich endende Unterstellungen auf jährlich stets etwa 55 % (n. Heinz, 57 Jahre Bewährungshilfe im Spiegel der Bewährungshilfestatistik, 2021, S. 78 ff.; Heinz Blindflug S. 69 ff.). Widerrufe scheinen bei JStrafen, die wegen „schädlicher Neigungen" verhängt wurden, häufiger zu sein als bei JStrafen wegen „Schwere der Schuld". Bei kürzeren JStrafen sind sie offenbar seltener als bei längeren JStrafen (Höhne, Die Strafaussetzung zur Bewährung bei Jugendstrafen (…), 1985, S. 137), ebenso wie bei vollständiger Aussetzung zBew im Vergleich zur Strafrestaussetzung (vgl.

vormals Abel Bewährungshilfe 1970, 129 (135)). Da der JStVollz die ohnehin belasteteren Verurteilten erfasst, bleibt hier aber ungeklärt, ob und inwieweit die höhere Misserfolgsquote mit abträglichen Folgen des Vollzugsaufenthaltes zusammenhängt.

12 Im Übrigen ist bei der vergleichsweise hohen Widerrufsquote bei Jugendlichen und Heranwachsenden (dazu n. und speziell zu Unterschieden nach Delikten auch Weigelt, Bewähren sich Bewährungsstrafen?, 2009, S. 199, 228; zu Unterschieden je nach strafrechtlicher Vorbelastung und namentlich bei ehemaligen BewHilfe-Probanden s. Heinz Sekundäranalyse S. 1211 ff.; erg. bereits Kerner Bewährungshilfe 1977, 285 (294)) davon auszugehen, dass dies auch durch die **unterschiedliche Kontrollintensität** der BewHilfe beeinflusst ist (s. auch Dünkel/Scheel/Schäpler ZJJ 2003, 119 (129); Dollinger/Schmidt-Semisch Jugendkriminalität-HdB/Kawamura-Reindl S. 452 ff.; n. Eisenberg/Kölbel Kriminologie § 29 Rn. 29 ff.). Wenig geklärt sind in diesem Zusammenhang auch die Effekte der unterschiedlichen **professionellen Orientierung.** In der internationalen Forschung (etwa Doekhie/van Ginneken/Dirkzwager/Nieuwbeerta Journal of Developmental and Life-Course Criminology 2018, 491) zeichnet sich dabei ab, dass BewHelfer mit einem „caseworker approach" tendenziell erfolgreicher als mit einem „surveillance approach" sind (zur Unterscheidung → § 25 Rn. 11).

13 Generell geht die BewHilfe (im Jugend- wie im Erwachsenenbereich) zunehmend zu einer **„Differenzierenden Leistungsgestaltung"** über. Dabei werden die Angebote der Idee nach auf die individuelle Bedürfnislage (und Ansprechbarkeit) abgestimmt, wofür man die jeweils konkreten Risiko- und protektiven Bedingungen identifiziert (zu diesen Prinzipien, denen auch das sog. Risk-Nee-Responsitivity-Modell entspricht, vgl. international etwa Sullivan/Childs, Juvenile Risk and Needs Assessment, 2022). Art, Ausmaß und Intensität der Maßnahmen unterscheiden sich hiernach also je nach Bedarf (und Mitwirkungsbereitschaft) der Probanden bzw. je nach deren Zugehörigkeit zu einer bestimmten „Risikoklasse" (zur Umsetzung dieses Ansatzes in Dtl. Cornel/Kawamura-Reindl/Cornel/Pruin Bewährungshilfe, 2021, 105). International hat dies zu positiven Ergebnissen geführt, allerdings nicht durchgängig (dazu etwa Welsh/Zane/Mears, Oxford Handbook of Evidence-Based Crime and Justice Policy/Myers/Orts, 2024, S. 160 ff.).

13a Auch in Dtl. scheinen die Auswirkungen auf die statistische Bewährungsrate überschaubar zu sein (dazu für MV Boers/Schaerff/Bieschke/Tetal Kriminologische Welt S. 529 ff.). Dies gilt gleichermaßen für den Teilbereich der **Intensivbewährungshilfe,** die für mehrfachauffällige Probanden vorgesehen ist (zu entspr. Modellprojekten Cornel/Kawamura-Reindl/Walsh, Bewährungshilfe, 2021, 151). Bei einem Projekt in Bay. konnten keine verbesserten Legalbewährungswerte nachgewiesen werden (Walsh, Intensive Bewährungshilfe und junge Intensivtäter, 2018, S. 107 ff.; Walsh ZJJ 2019, 241 (244 ff.); für einen Erfahrungsbericht nach gleichwohl erfolgter Verstetigung s. Hausenberger/Karlstetter/Ketterl ua FS 2023, 317). Dagegen wurde bei der Erfolgsevaluation eines Kölner Projektes eine reduzierte Rückfallhäufigkeit (im Vergleich der intensivierten zur regulären Jugendbewährungshilfe) festgestellt (Engel/Georg/Traxler Journal of Empirical Legal Studies 19 (2022) 447). Die Ergebnisse internationaler Studien wirken wiederum nur bedingt vielversprechend (dazu zus. Cornel/Kawamura-Reindl/Walsh, Bewährungshilfe, 2021, 147).

Vollzug von Freiheitsstrafe in der Einrichtung für den Vollzug der Jugendstrafe

114 In der Einrichtung für den Vollzug der Jugendstrafe dürfen an Verurteilten, die das vierundzwanzigste Lebensjahr noch nicht vollendet haben und sich für den Jugendstrafvollzug eignen, auch Freiheitsstrafen vollzogen werden, die nach allgemeinem Strafrecht verhängt worden sind.

I. Anwendungsbereich

1 Die Vorschrift gilt bei Verurteilung zu einer Freiheitsstrafe, sei es gegenüber einem Heranwachsenden nach Ablehnung von § 105 Abs. 1 oder gegenüber einem Erwachsenen. Ob die Entscheidung durch ein **JGericht** oder ein für **allg. Strafsachen** zuständiges **Gericht** getroffen wurde, ist dementsprechend unerheblich.

II. Allgemeines

2 Die Regelung betrifft unmittelbar allein den Vollzug der **Freiheitsstrafe,** mittelbar jedoch auch denjenigen der **JStrafe.** Insofern ist auch im Hinblick auf die historische Entwicklung der Trennung zwischen jugendlichen und erwachsenen Gefangenen in der Geschichte des StVollzugs (vgl. → § 92 Rn. 2) verständlich, dass diese Vorschrift in das JGG eingefügt wurde.

3 Die Vorschrift soll dem Umstand Rechnung tragen, dass in der bezeichneten Altersgruppe mitunter noch in erheblichem Maße Prozesse der **Persönlichkeitsentwicklung** vonstatten gehen, die in einer allg. StVollzugsanstalt eher beeinträchtigt werden als in einer als erzieherisch orientiert gedachten JStVollzAnstalt. – Soweit eingewandt wird, § 114 laufe einer Entscheidung nach § 105 Abs. 1 zuwider, so mag dies schon wegen der Unbestimmtheit der Kriterien des § 105 Abs. 1 (vgl. → § 105 Rn. 3, 7 ff., 34 f.) nur ein geringeres Gewicht haben (im Übrigen mag die Vorschrift im Einzelfall als Möglichkeit zur Abwendung negativer Folgen etwa rechtskräftig gewordener Fehlentscheidungen zu § 105 Abs. 1 dienlich sein können; ebenso Nöding Verteidigung Rn. 499; krit. BeckOK JGG/Gertler Rn. 9).

III. Voraussetzungen

1. Alter

4 Zum einen muss der Verurteilte bei Beginn der Vollstr ein Alter von unter 24 Jahren haben. Hat er hingegen das Alter von 24 Jahren erreicht, so muss er in eine allg. JVA überführt werden. Diese zwingende Vorschrift kann im *Einzelfall* dem langfristigen Ziel zukünftiger *Legalbewährung* (s. auch § 2 Abs. 1) *zuwiderlaufen,* etwa falls es iRv Vollzugslockerungen zu erneuter Straftatbegehung mit der Folge einer Anschlussstrafe kommt, der Betroffene jedoch innerhalb der JStVollzAnstalt integriert ist. Insofern ver-

mag die Auffassung, ein Verbleib in der JStVollzAnstalt sei für einen „geringen“ Strafrest noch nach dem 24. Geburtstag ausnahmsweise möglich (so – betr. Fälle iSv § 89b – § 5 der bereits durch die vormaligen VVJug gegenstandslos gewordenen JStVollzO (vgl. → Einl. Rn. 22); s. auch Dallinger/Lackner Rn. 3), dem Problem nicht hinreichend abzuhelfen. Eine Abweichung vom VollstrPlan gem. § 8 Abs. 1 Nr. 1 StVollzG (analog) ist zumindest deshalb nicht zulässig, weil diese Vorschrift nur eine Verlegung in eine „für den Vollzug von Freiheitsstrafe zuständige Anstalt“ erlaubt. – Kriminalpolitisch wird es sich empfehlen, die Regelung bezüglich Anschlussstrafen zu modifizieren.

2. Eignung für den JStVollzug

5 Hinsichtlich dieser zweiten Voraussetzung kommt es darauf an, ob für den jeweiligen individuellen Verurteilten die erzieherischen Bemühungen im JStVollzug der zukünftigen Sozial- und **Legalbewährung** eher **dienlich** sind, als die Gegebenheiten im allg. StVollzug. Diesbzgl. wird teilweise eine Mindestdauer der Freiheitsstrafe von sechs Monaten als Kriterium zugrundegelegt, und zwar der Annahme folgend, eine erzieherische Einwirkung von einer Dauer unterhalb dieses Zeitraumes sei von vornherein kaum Erfolg versprechend. Indes fehlt es für diese Annahme an hinreichenden empirischen Belegen (vgl. → § 18 Rn. 3). Nur von der Tendenz her – nicht also im Sinne einer Ablehnung trotz besonderer Umstände im Einzelfall – vertretbar ist es, die Eignung zu verneinen bei zu vergleichsweise sehr hohen Freiheitsstrafen Verurteilten ebenso wie bei solchen Personen, die bereits nahezu 24 Jahre alt sind (vgl. → Rn. 4).

6 Soweit RL 1 Alt. 2 die Eignung eines Verurteilten auch davon abhängig macht, ob von seiner Anwesenheit in der JStVollzAnstalt **Nachteile** für die Erziehung der **anderen Gefangenen** zu befürchten sind, so mag es sich hierbei auch um eine Voraussetzung zur Wahrung von Belangen der jeweiligen JStVollzAnstalt handeln, wodurch im konkreten Einzelfall die Bedürfnisse und Interessen des Verurteilten möglicherweise zurückgestellt werden.

IV. Durchführung

1. Einweisung

7/8 Ist der zu Freiheitsstrafe Verurteilte **unter 21 Jahren** alt, so weist die StA (§ 451 StPO) – nicht der Rechtspfleger (§ 31 Abs. 2 S. 2 RPflG, vgl. auch RL 2, § 25 StVollstrO; näher zur Begr. BR-Drs. 378/03, 81 f.) – als VollstrBehörde ihn in die JStVollzAnstalt ein (BeckOK JGG/Gertler Rn. 4). Ist der Verurteilte **zwischen 21** und **unter 24 Jahren** alt, so weist die Staatsanwaltschaft ihn in die allg. StVollzAnstalt ein (BeckOK JGG/Gertler Rn. 13). Ob der Leiter der allg. StVollzAnstalt zuständig ist, ihn dann, wenn er ihn als für den JStVollzug geeignet hält, in die JStVollzAnstalt zu *überweisen* und die VollstrBehörde lediglich zu benachrichtigen, ist umstritten (abl. BeckOK JGG/Gertler Rn. 16).

2. Endgültige Übernahme

Die Frage nach der Zuständigkeit für die Entscheidung darüber, ob der in die JStVollzAnstalt eingewiesene Verurteilte endgültig in dieser Anstalt verbleibt oder aber doch in die allg. StVollzAnstalt eingewiesen bzw. wieder eingewiesen wird, ist umstritten. Da RL 3 im Einklang mit der besonderen Sachnähe des **Leiters** der **JStVollzAnstalt** diesem für die „endgültige Übernahme" ohnehin die Kompetenz zuweist, wird teilweise dessen Zuständigkeit bejaht (Brunner/Dölling Rn. 6). Nach anderer Ansicht besteht gem. dem Vorrang des Gesetzes – und auch aus sachlichen Gründen (zB zur Vermeidung ggf. eher situativer vollzugsinterner Einflüsse oder gar partieller Eigenbelange der JStVollzAnstalt) – die Zuständigkeit des **JRichters** analog § 82 Abs. 1 S. 1 (HK-JGG/Verrel/Linke Rn. 6; NK-JGG/Ostendorf Rn. 5; Diemer/Schatz/Sonnen/Sonnen Rn. 8). Eine weitere Ansicht geht von der Zuständigkeit der **Staatsanwaltschaft** gem. § 451 StPO aus, wobei sie gem. RL 3 allerdings daran gehindert sei, entgegen der Auffassung der JStVollzAnstalt den endgültigen Verbleib anzuordnen (BeckOK JGG/Gertler Rn. 19). Da die allg. VollstrZuständigkeit der Staatsanwaltschaft (§ 451 StPO), nachdem der Verurteilte sich bereits in der JStVollzAnstalt befindet, mit der Konzeption des § 82 Abs. 1 nicht verträglich ist, erscheint die Zuständigkeit des **JRichters** (analog § 82 Abs. 1 S. 1) **vorzugwürdig.** 9

An die Eignung des Verurteilten werden höhere Anforderungen zu stellen sein als etwa in Fällen des § 89b Abs. 2. Die Entscheidung kann auch noch getroffen werden, wenn der Verurteilte sich schon eine gewisse Zeit in der JStVollzAnstalt befindet (vgl. Dallinger/Lackner Rn. 6). 10

3. Häufigkeit

In der Literatur wird verschiedentlich beanstandet, dass von § 114 in der Praxis – nicht nur aus Gründen des Raummangels in den JStVollzEinrichtungen – nur wenig Gebrauch gemacht wird und zudem die „Anschlussstrafen" das Hauptanwendungsgebiet für § 114 darstellen (Böhm/Feuerhelm JugendStrafR S. 266 f.). – Am 31.8. der Jahre 2005–2017 befanden sich, zunächst (weiterhin) sinkend, sodann schwankend 81, 57, 51, 39, 37, 41, 44, 78, 47, 65, 71, 60, 46 und 53 Gefangene gem. § 114 im JStVollzug (Daten aus: Bestand der Gefangenen und Verwahrten in den deutschen Justizvollzugsanstalten; zu früheren Jahren vgl. bis → 12. Aufl. 2007). 11

V. Rechtsnatur der endgültigen Entscheidung

Die gem. RL 3 zu treffende endgültige Entscheidung (vgl. → Rn. 9) ist – anders als die Entscheidung des JRichters als Vollstreckungsleiter (§ 83 Abs. 1 S. 1) nach § 89b Abs. 2 – ein **Verwaltungsakt.** Der gegen diese Entscheidung zulässige **Rechtsweg** zur gerichtlichen Überprüfung (Art. 19 Abs. 4 GG) bestimmt sich nach §§ 23 ff. EGGVG. 12

115 [aufgehoben]

Zeitlicher Geltungsbereich

116 Das Gesetz wird auch auf Verfehlungen angewendet, die vor seinem Inkrafttreten begangen worden sind.

1 Bei der Vorschrift handelt es sich um eine – dem Grundsatz des § 2 Abs. 2 StGB entsprechende – Übergangsregelung, die zwischenzeitlich, dh seit Inkrafttreten des JGG 1953 (§ 125), praktisch gegenstandslos geworden ist. Zu den Gründen für die Aufhebung von Abs. 1 S. 2, Abs. 2 aF vgl. BT-Drs. 17/2279, zu Art. 54 Nr. 8. – Eine vor Inkrafttreten des JGG wegen einer im Alter von zwischen 18 und 20 Jahren begangenen Tat verhängte Strafe blieb in einem späteren Verfahren auch dann rückfallbegründend oder strafschärfend, wenn nach dem (erst nunmehr geltenden) JGG 1953 ggf. nur eine Erziehungsmaßregel oder ein Zuchtmittel angeordnet worden wäre (BGH NJW 1956, 1408 mAnm Potrykus; s. Dallinger/Lackner Rn. 2).

117-120 *[aufgehoben]*

Übergangsvorschrift

121 (1) **Für am 1. Januar 2008 bereits anhängige Verfahren auf gerichtliche Entscheidung über die Rechtmäßigkeit von Maßnahmen im Vollzug der Jugendstrafe, des Jugendarrestes und der Unterbringung in einem psychiatrischen Krankenhaus oder einer Entziehungsanstalt sind die Vorschriften des Dritten Abschnitts des Einführungsgesetzes zum Gerichtsverfassungsgesetz in ihrer bisherigen Fassung weiter anzuwenden.**

(2) **Für Verfahren, die vor dem 1. Januar 2012 bei der Jugendkammer anhängig geworden sind, ist § 33b Absatz 2 in der bis zum 31. Dezember 2011 geltenden Fassung anzuwenden.**

(3) **Hat die Staatsanwaltschaft in Verfahren, in denen über die im Urteil vorbehaltene oder die nachträgliche Anordnung der Sicherungsverwahrung zu entscheiden ist, die Akten dem Vorsitzenden des zuständigen Gerichts vor dem 1. Januar 2012 übergeben, ist § 74f des Gerichtsverfassungsgesetzes in der bis zum 31. Dezember 2011 geltenden Fassung entsprechend anzuwenden.**

1 Die Vorschrift des Abs. 1 dient der Klarstellung, von welchem Zeitpunkt an die am 1.1.2008 in Kraft getretene Neuregelung über den Rechtsschutz anzuwenden ist. Zugleich bedeutet die Übergangsvorschrift, dass die Neuregelungen im GKG nur auf solche Rechtsbehelfe Anwendung finden, die nach dem genannten Datum anhängig werden.

2 Mit der Überleitungsvorschrift in *Abs. 2* wird geregelt, dass auf die vor dem 1.1.2012 bei der JKammer eingegangenen Verfahren § 33b Abs. 2 in der bis zum 31.12.2011 geltenden Fassung anzuwenden ist. Auf die danach

eingehenden Verfahren ist § 33b Abs. 2–5 in der neuen Fassung anzuwenden.

Die Überleitungsvorschrift des *Abs. 3* bezieht sich auf Verfahren, in denen über die im Urteil vorbehaltene oder die nachträgliche Anordnung der Sicherungsverwahrung nach § 7 Abs. 2 und 3 sowie § 106 Abs. 3, 5 und 6 zu entscheiden ist. Der Regelung des § 41 Abs. 2 EGGVG entsprechend, soll für die Besetzung der JKammer auch in diesen Fällen das bisherige Recht gelten, wenn die Akten dem Vorsitzenden des zuständigen Gerichts von der JStA vor dem 1.1.2012 (nach § 81a Abs. 1 iVm § 275a Abs. 1 StPO oder nach § 81a Abs. 2 bzw. – in sog. „Altfällen" betr. Sicherungsverwahrung – nach den gem. Art. 316e Abs. 1 EGStGB maßgeblichen Vorschriften) übergeben worden sind. 3

122-124 *[aufgehoben]*

Inkrafttreten

125 **Dieses Gesetz tritt am 1. Oktober 1953 in Kraft.**[1]

[1] **Amtl. Anm.:** § 125 betrifft das Inkrafttreten des Gesetzes in der ursprünglichen Fassung vom 4. August 1953 (BGBl. I S. 751). Der Zeitpunkt des Inkrafttretens der späteren Änderungen ergibt sich aus den Änderungsgesetzen.

Anhang

1. Sozialgesetzbuch (SGB) Achtes Buch (VIII) Kinder- und Jugendhilfe

In der Fassung der Bekanntmachung vom 11.9.2012 (BGBl. I S. 2022)
FNA 860-8
Zuletzt geändert durch Gesetz vom 21.11.2024 (BGBl. 2024 I Nr. 361)
– Auszug –

Erstes Kapitel. Allgemeine Vorschriften

§ 1 Recht auf Erziehung, Elternverantwortung, Jugendhilfe

(1) Jeder junge Mensch hat ein Recht auf Förderung seiner Entwicklung und auf Erziehung zu einer selbstbestimmten, eigenverantwortlichen und gemeinschaftsfähigen Persönlichkeit.

(2) [1] Pflege und Erziehung der Kinder sind das natürliche Recht der Eltern und die zuvörderst ihnen obliegende Pflicht. [2] Über ihre Betätigung wacht die staatliche Gemeinschaft.

(3) Jugendhilfe soll zur Verwirklichung des Rechts nach Absatz 1 insbesondere
1. junge Menschen in ihrer individuellen und sozialen Entwicklung fördern und dazu beitragen, Benachteiligungen zu vermeiden oder abzubauen,
2. jungen Menschen ermöglichen oder erleichtern, entsprechend ihrem Alter und ihrer individuellen Fähigkeiten in allen sie betreffenden Lebensbereichen selbstbestimmt zu interagieren und damit gleichberechtigt am Leben in der Gesellschaft teilhaben zu können,
3. Eltern und andere Erziehungsberechtigte bei der Erziehung beraten und unterstützen,
4. Kinder und Jugendliche vor Gefahren für ihr Wohl schützen,
5. dazu beitragen, positive Lebensbedingungen für junge Menschen und ihre Familien sowie eine kinder- und familienfreundliche Umwelt zu erhalten oder zu schaffen.

§ 2 Aufgaben der Jugendhilfe

(1) Die Jugendhilfe umfasst Leistungen und andere Aufgaben zugunsten junger Menschen und Familien.

(2) Leistungen der Jugendhilfe sind:
1. Angebote der Jugendarbeit, der Jugendsozialarbeit, der Schulsozialarbeit und des erzieherischen Kinder- und Jugendschutzes (§§ 11 bis 14),
2. Angebote zur Förderung der Erziehung in der Familie (§§ 16 bis 21),

3. Angebote zur Förderung von Kindern in Tageseinrichtungen und in Kindertagespflege (§§ 22 bis 25),
4. Hilfe zur Erziehung und ergänzende Leistungen (§§ 27 bis 35, 36, 37, 39, 40),
5. Hilfe für seelisch behinderte Kinder und Jugendliche und ergänzende Leistungen (§§ 35a bis 37, 39, 40),
6. Hilfe für junge Volljährige und Nachbetreuung (den §§ 41 und 41a).

(3) Andere Aufgaben der Jugendhilfe sind

1. die Inobhutnahme von Kindern und Jugendlichen (§ 42),
2. die vorläufige Inobhutnahme von ausländischen Kindern und Jugendlichen nach unbegleiteter Einreise (§ 42a),
3. die Erteilung, der Widerruf und die Zurücknahme der Pflegeerlaubnis (§§ 43, 44),
4. die Erteilung, der Widerruf und die Zurücknahme der Erlaubnis für den Betrieb einer Einrichtung sowie die Erteilung nachträglicher Auflagen und die damit verbundenen Aufgaben (§§ 45 bis 47, 48a),
5. die Tätigkeitsuntersagung (§§ 48, 48a),
6. die Mitwirkung in Verfahren vor den Familiengerichten (§ 50),
7. die Beratung und Belehrung in Verfahren zur Annahme als Kind (§ 51),
8. die Mitwirkung in Verfahren nach dem Jugendgerichtsgesetz (§ 52),
9. die Beratung und Unterstützung von Müttern bei Vaterschaftsfeststellung und Geltendmachung von Unterhaltsansprüchen sowie von Pflegern und Vormündern (§§ 52a, 53a),
10. die Erteilung, der Widerruf und die Zurücknahme der Anerkennung als Vormundschaftsverein (§ 54),
11. Beistandschaft, Pflegschaft und Vormundschaft des Jugendamts (§§ 55 bis 57),
12. Beurkundung (§ 59),
13. die Aufnahme von vollstreckbaren Urkunden (§ 60).

§ 3 Freie und öffentliche Jugendhilfe

(1) Die Jugendhilfe ist gekennzeichnet durch die Vielfalt von Trägern unterschiedlicher Wertorientierungen und die Vielfalt von Inhalten, Methoden und Arbeitsformen.

(2) [1] Leistungen der Jugendhilfe werden von Trägern der freien Jugendhilfe und von Trägern der öffentlichen Jugendhilfe erbracht. [2] Leistungsverpflichtungen, die durch dieses Buch begründet werden, richten sich an die Träger der öffentlichen Jugendhilfe.

(3) [1] Andere Aufgaben der Jugendhilfe werden von Trägern der öffentlichen Jugendhilfe wahrgenommen. [2] Soweit dies ausdrücklich bestimmt ist, können Träger der freien Jugendhilfe diese Aufgaben wahrnehmen oder mit ihrer Ausführung betraut werden.

§ 4 Zusammenarbeit der öffentlichen Jugendhilfe mit der freien Jugendhilfe

(1) [1] Die öffentliche Jugendhilfe soll mit der freien Jugendhilfe zum Wohl junger Menschen und ihrer Familien partnerschaftlich zusammenarbeiten. [2] Sie hat dabei die Selbständigkeit der freien Jugendhilfe in Zielsetzung und

Durchführung ihrer Aufgaben sowie in der Gestaltung ihrer Organisationsstruktur zu achten.

(2) Soweit geeignete Einrichtungen, Dienste und Veranstaltungen von anerkannten Trägern der freien Jugendhilfe betrieben werden oder rechtzeitig geschaffen werden können, soll die öffentliche Jugendhilfe von eigenen Maßnahmen absehen.

(3) Die öffentliche Jugendhilfe soll die freie Jugendhilfe nach Maßgabe dieses Buches fördern und dabei die Beteiligung von Kindern, Jugendlichen und Eltern stärken.

§ 4a Selbstorganisierte Zusammenschlüsse zur Selbstvertretung

(1) [1] Selbstorganisierte Zusammenschlüsse nach diesem Buch sind solche, in denen sich nicht in berufsständische Organisationen der Kinder- und Jugendhilfe eingebundene Personen, insbesondere Leistungsberechtigte und Leistungsempfänger nach diesem Buch sowie ehrenamtlich in der Kinder- und Jugendhilfe tätige Personen, nicht nur vorübergehend mit dem Ziel zusammenschließen, Adressatinnen und Adressaten der Kinder- und Jugendhilfe zu unterstützen, zu begleiten und zu fördern, sowie Selbsthilfekontaktstellen. [2] Sie umfassen Selbstvertretungen sowohl innerhalb von Einrichtungen und Institutionen als auch im Rahmen gesellschaftlichen Engagements zur Wahrnehmung eigener Interessen sowie die verschiedenen Formen der Selbsthilfe.

(2) Die öffentliche Jugendhilfe arbeitet mit den selbstorganisierten Zusammenschlüssen zusammen, insbesondere zur Lösung von Problemen im Gemeinwesen oder innerhalb von Einrichtungen zur Beteiligung in diese betreffenden Angelegenheiten, und wirkt auf eine partnerschaftliche Zusammenarbeit mit diesen innerhalb der freien Jugendhilfe hin.

(3) Die öffentliche Jugendhilfe soll die selbstorganisierten Zusammenschlüsse nach Maßgabe dieses Buches anregen und fördern.

§ 5 Wunsch- und Wahlrecht

(1) [1] Die Leistungsberechtigten haben das Recht, zwischen Einrichtungen und Diensten verschiedener Träger zu wählen und Wünsche hinsichtlich der Gestaltung der Hilfe zu äußern. [2] Sie sind auf dieses Recht hinzuweisen.

(2) [1] Der Wahl und den Wünschen soll entsprochen werden, sofern dies nicht mit unverhältnismäßigen Mehrkosten verbunden ist. [2] Wünscht der Leistungsberechtigte die Erbringung einer in § 78a genannten Leistung in einer Einrichtung, mit deren Träger keine Vereinbarungen nach § 78b bestehen, so soll der Wahl nur entsprochen werden, wenn die Erbringung der Leistung in dieser Einrichtung im Einzelfall oder nach Maßgabe des Hilfeplanes (§ 36) geboten ist.

§ 6 Geltungsbereich

(1) [1] Leistungen nach diesem Buch werden jungen Menschen, Müttern, Vätern und Personensorgeberechtigten von Kindern und Jugendlichen gewährt, die ihren tatsächlichen Aufenthalt im Inland haben. [2] Für die Erfüllung anderer Aufgaben gilt Satz 1 entsprechend. [3] Umgangsberechtigte haben unabhängig von ihrem tatsächlichen Aufenthalt Anspruch auf Beratung

und Unterstützung bei der Ausübung des Umgangsrechts, wenn das Kind oder der Jugendliche seinen gewöhnlichen Aufenthalt im Inland hat.

(2) [1] Ausländer können Leistungen nach diesem Buch nur beanspruchen, wenn sie rechtmäßig oder auf Grund einer ausländerrechtlichen Duldung ihren gewöhnlichen Aufenthalt im Inland haben. [2] Absatz 1 Satz 2 bleibt unberührt.

(3) Deutschen können Leistungen nach diesem Buch auch gewährt werden, wenn sie ihren Aufenthalt im Ausland haben und soweit sie nicht Hilfe vom Aufenthaltsland erhalten.

(4) Regelungen des über- und zwischenstaatlichen Rechts bleiben unberührt.

§ 7 Begriffsbestimmungen

(1) Im Sinne dieses Buches ist

1. Kind, wer noch nicht 14 Jahre alt ist, soweit nicht die Absätze 2 bis 4 etwas anderes bestimmen,
2. Jugendlicher, wer 14, aber noch nicht 18 Jahre alt ist,
3. junger Volljähriger, wer 18, aber noch nicht 27 Jahre alt ist,
4. junger Mensch, wer noch nicht 27 Jahre alt ist,
5. Personensorgeberechtigter, wem allein oder gemeinsam mit einer anderen Person nach den Vorschriften des Bürgerlichen Gesetzbuchs die Personensorge zusteht,
6. Erziehungsberechtigter, der Personensorgeberechtigte und jede sonstige Person über 18 Jahre, soweit sie auf Grund einer Vereinbarung mit dem Personensorgeberechtigten nicht nur vorübergehend und nicht nur für einzelne Verrichtungen Aufgaben der Personensorge wahrnimmt.

(2) [1] Kinder, Jugendliche, junge Volljährige und junge Menschen mit Behinderungen im Sinne dieses Buches sind Menschen, die körperliche, seelische, geistige oder Sinnesbeeinträchtigungen haben, die sie in Wechselwirkung mit einstellungs- und umweltbedingten Barrieren an der gleichberechtigten Teilhabe an der Gesellschaft mit hoher Wahrscheinlichkeit länger als sechs Monate hindern können. [2] Eine Beeinträchtigung nach Satz 1 liegt vor, wenn der Körper- und Gesundheitszustand von dem für das Lebensalter typischen Zustand abweicht. [3] Kinder, Jugendliche, junge Volljährige und junge Menschen sind von Behinderung bedroht, wenn eine Beeinträchtigung nach Satz 1 zu erwarten ist.

(3) Kind im Sinne des § 1 Absatz 2 ist, wer noch nicht 18 Jahre alt ist.

(4) Werktage im Sinne der §§ 42a bis 42c sind die Wochentage Montag bis Freitag; ausgenommen sind gesetzliche Feiertage.

(5) Die Bestimmungen dieses Buches, die sich auf die Annahme als Kind beziehen, gelten nur für Personen, die das 18. Lebensjahr noch nicht vollendet haben.

§ 8 Beteiligung von Kindern und Jugendlichen

(1) [1] Kinder und Jugendliche sind entsprechend ihrem Entwicklungsstand an allen sie betreffenden Entscheidungen der öffentlichen Jugendhilfe zu beteiligen. [2] Sie sind in geeigneter Weise auf ihre Rechte im Verwaltungs-

verfahren sowie im Verfahren vor dem Familiengericht und dem Verwaltungsgericht hinzuweisen.

(2) Kinder und Jugendliche haben das Recht, sich in allen Angelegenheiten der Erziehung und Entwicklung an das Jugendamt zu wenden.

(3) [1] Kinder und Jugendliche haben Anspruch auf Beratung ohne Kenntnis des Personensorgeberechtigten, solange durch die Mitteilung an den Personensorgeberechtigten der Beratungszweck vereitelt würde. [2] § 36 des Ersten Buches bleibt unberührt. [3] Die Beratung kann auch durch einen Träger der freien Jugendhilfe erbracht werden; § 36a Absatz 2 Satz 1 bis 3 gilt entsprechend.

(4) Beteiligung und Beratung von Kindern und Jugendlichen nach diesem Buch erfolgen in einer für sie verständlichen, nachvollziehbaren und wahrnehmbaren Form.

§ 8a Schutzauftrag bei Kindeswohlgefährdung

(1) [1] Werden dem Jugendamt gewichtige Anhaltspunkte für die Gefährdung des Wohls eines Kindes oder Jugendlichen bekannt, so hat es das Gefährdungsrisiko im Zusammenwirken mehrerer Fachkräfte einzuschätzen. [2] Soweit der wirksame Schutz dieses Kindes oder dieses Jugendlichen nicht in Frage gestellt wird, hat das Jugendamt die Erziehungsberechtigten sowie das Kind oder den Jugendlichen in die Gefährdungseinschätzung einzubeziehen und, sofern dies nach fachlicher Einschätzung erforderlich ist,

1. sich dabei einen unmittelbaren Eindruck von dem Kind und von seiner persönlichen Umgebung zu verschaffen sowie
2. Personen, die gemäß § 4 Absatz 3 des Gesetzes zur Kooperation und Information im Kinderschutz dem Jugendamt Daten übermittelt haben, in geeigneter Weise an der Gefährdungseinschätzung zu beteiligen.

[3] Hält das Jugendamt zur Abwendung der Gefährdung die Gewährung von Hilfen für geeignet und notwendig, so hat es diese den Erziehungsberechtigten anzubieten.

(2) [1] Hält das Jugendamt das Tätigwerden des Familiengerichts für erforderlich, so hat es das Gericht anzurufen; dies gilt auch, wenn die Erziehungsberechtigten nicht bereit oder in der Lage sind, bei der Abschätzung des Gefährdungsrisikos mitzuwirken. [2] Besteht eine dringende Gefahr und kann die Entscheidung des Gerichts nicht abgewartet werden, so ist das Jugendamt verpflichtet, das Kind oder den Jugendlichen in Obhut zu nehmen.

(3) [1] Soweit zur Abwendung der Gefährdung das Tätigwerden anderer Leistungsträger, der Einrichtungen der Gesundheitshilfe oder der Polizei notwendig ist, hat das Jugendamt auf die Inanspruchnahme durch die Erziehungsberechtigten hinzuwirken. [2] Ist ein sofortiges Tätigwerden erforderlich und wirken die Personensorgeberechtigten oder die Erziehungsberechtigten nicht mit, so schaltet das Jugendamt die anderen zur Abwendung der Gefährdung zuständigen Stellen selbst ein.

(4) [1] In Vereinbarungen mit den Trägern von Einrichtungen und Diensten, die Leistungen nach diesem Buch erbringen, ist sicherzustellen, dass

1. deren Fachkräfte bei Bekanntwerden gewichtiger Anhaltspunkte für die Gefährdung eines von ihnen betreuten Kindes oder Jugendlichen eine Gefährdungseinschätzung vornehmen,

2. bei der Gefährdungseinschätzung eine insoweit erfahrene Fachkraft beratend hinzugezogen wird sowie
3. die Erziehungsberechtigten sowie das Kind oder der Jugendliche in die Gefährdungseinschätzung einbezogen werden, soweit hierdurch der wirksame Schutz des Kindes oder Jugendlichen nicht in Frage gestellt wird.

[2] In den Vereinbarungen sind die Kriterien für die Qualifikation der beratend hinzuzuziehenden insoweit erfahrenen Fachkraft zu regeln, die insbesondere auch den spezifischen Schutzbedürfnissen von Kindern und Jugendlichen mit Behinderungen Rechnung tragen. [3] Daneben ist in die Vereinbarungen insbesondere die Verpflichtung aufzunehmen, dass die Fachkräfte der Träger bei den Erziehungsberechtigten auf die Inanspruchnahme von Hilfen hinwirken, wenn sie diese für erforderlich halten, und das Jugendamt informieren, falls die Gefährdung nicht anders abgewendet werden kann.

(5) [1] In Vereinbarungen mit Kindertagespflegepersonen, die Leistungen nach diesem Buch erbringen, ist sicherzustellen, dass diese bei Bekanntwerden gewichtiger Anhaltspunkte für die Gefährdung eines von ihnen betreuten Kindes eine Gefährdungseinschätzung vornehmen und dabei eine insoweit erfahrene Fachkraft beratend hinzuziehen. [2] Die Erziehungsberechtigten sowie das Kind sind in die Gefährdungseinschätzung einzubeziehen, soweit hierdurch der wirksame Schutz des Kindes nicht in Frage gestellt wird. [3] Absatz 4 Satz 2 und 3 gilt entsprechend.

(6) [1] Werden einem örtlichen Träger gewichtige Anhaltspunkte für die Gefährdung des Wohls eines Kindes oder eines Jugendlichen bekannt, so sind dem für die Gewährung von Leistungen zuständigen örtlichen Träger die Daten mitzuteilen, deren Kenntnis zur Wahrnehmung des Schutzauftrags bei Kindeswohlgefährdung nach § 8a erforderlich ist. [2] Die Mitteilung soll im Rahmen eines Gespräches zwischen den Fachkräften der beiden örtlichen Träger erfolgen, an dem die Personensorgeberechtigten sowie das Kind oder der Jugendliche beteiligt werden sollen, soweit hierdurch der wirksame Schutz des Kindes oder des Jugendlichen nicht in Frage gestellt wird.

§ 8b Fachliche Beratung und Begleitung zum Schutz von Kindern und Jugendlichen

(1) Personen, die beruflich in Kontakt mit Kindern oder Jugendlichen stehen, haben bei der Einschätzung einer Kindeswohlgefährdung im Einzelfall gegenüber dem örtlichen Träger der Jugendhilfe Anspruch auf Beratung durch eine insoweit erfahrene Fachkraft.

(2) Träger von Einrichtungen, in denen sich Kinder oder Jugendliche ganztägig oder für einen Teil des Tages aufhalten oder in denen sie Unterkunft erhalten, und die zuständigen Leistungsträger, haben gegenüber dem überörtlichen Träger der Jugendhilfe Anspruch auf Beratung bei der Entwicklung und Anwendung fachlicher Handlungsleitlinien

1. zur Sicherung des Kindeswohls und zum Schutz vor Gewalt sowie
2. zu Verfahren der Beteiligung von Kindern und Jugendlichen an strukturellen Entscheidungen in der Einrichtung sowie zu Beschwerdeverfahren in persönlichen Angelegenheiten.

(3) Bei der fachlichen Beratung nach den Absätzen 1 und 2 wird den spezifischen Schutzbedürfnissen von Kindern und Jugendlichen mit Behinderungen Rechnung getragen.

§ 9 Grundrichtung der Erziehung, Gleichberechtigung von jungen Menschen

Bei der Ausgestaltung der Leistungen und der Erfüllung der Aufgaben sind

1. die von den Personensorgeberechtigten bestimmte Grundrichtung der Erziehung sowie die Rechte der Personensorgeberechtigten und des Kindes oder des Jugendlichen bei der Bestimmung der religiösen Erziehung zu beachten,
2. die wachsende Fähigkeit und das wachsende Bedürfnis des Kindes oder des Jugendlichen zu selbständigem, verantwortungsbewusstem Handeln sowie die jeweiligen besonderen sozialen und kulturellen Bedürfnisse und Eigenarten junger Menschen und ihrer Familien zu berücksichtigen,
3. die unterschiedlichen Lebenslagen von Mädchen, Jungen sowie transidenten, nichtbinären und intergeschlechtlichen jungen Menschen zu berücksichtigen, Benachteiligungen abzubauen und die Gleichberechtigung der Geschlechter zu fördern,
4. die gleichberechtigte Teilhabe von jungen Menschen mit und ohne Behinderungen umzusetzen und vorhandene Barrieren abzubauen.

§ 9a Ombudsstellen

[1] In den Ländern wird sichergestellt, dass sich junge Menschen und ihre Familien zur Beratung in sowie Vermittlung und Klärung von Konflikten im Zusammenhang mit Aufgaben der Kinder- und Jugendhilfe nach § 2 und deren Wahrnehmung durch die öffentliche und freie Jugendhilfe an eine Ombudsstelle wenden können. [2] Die hierzu dem Bedarf von jungen Menschen und ihren Familien entsprechend errichteten Ombudsstellen arbeiten unabhängig und sind fachlich nicht weisungsgebunden. [3] § 17 Absatz 1 bis 2a des Ersten Buches gilt für die Beratung sowie die Vermittlung und Klärung von Konflikten durch die Ombudsstellen entsprechend. [4] Das Nähere regelt das Landesrecht.

§ 10 Verhältnis zu anderen Leistungen und Verpflichtungen

(1) [1] Verpflichtungen anderer, insbesondere der Träger anderer Sozialleistungen und der Schulen, werden durch dieses Buch nicht berührt. [2] Auf Rechtsvorschriften beruhende Leistungen anderer dürfen nicht deshalb versagt werden, weil nach diesem Buch entsprechende Leistungen vorgesehen sind.

(2) [1] Unterhaltspflichtige Personen werden nach Maßgabe der §§ 90 bis 97b an den Kosten für Leistungen und vorläufige Maßnahmen nach diesem Buch beteiligt. [2] Soweit die Zahlung des Kostenbeitrags die Leistungsfähigkeit des Unterhaltspflichtigen mindert oder der Bedarf des jungen Menschen durch Leistungen und vorläufige Maßnahmen nach diesem Buch gedeckt ist, ist dies bei der Berechnung des Unterhalts zu berücksichtigen.

(3) [1] Die Leistungen nach diesem Buch gehen Leistungen nach dem Zweiten Buch vor. [2] Abweichend von Satz 1 gehen Leistungen nach § 3 Absatz 2,

den §§ 14 bis 16g, 16k, § 19 Absatz 2 in Verbindung mit § 28 Absatz 6 des Zweiten Buches sowie Leistungen nach § 6b Absatz 2 des Bundeskindergeldgesetzes in Verbindung mit § 28 Absatz 6 des Zweiten Buches den Leistungen nach diesem Buch vor.

(4) [1]Die Leistungen nach diesem Buch gehen Leistungen nach dem Neunten und Zwölften Buch vor. [2]Abweichend von Satz 1 gehen Leistungen nach § 27a Absatz 1 in Verbindung mit § 34 Absatz 6 des Zwölften Buches und Leistungen der Eingliederungshilfe nach dem Neunten Buch für junge Menschen, die körperlich oder geistig behindert oder von einer solchen Behinderung bedroht sind, den Leistungen nach diesem Buch vor. [3]Landesrecht kann regeln, dass Leistungen der Frühförderung für Kinder unabhängig von der Art der Behinderung vorrangig von anderen Leistungsträgern gewährt werden.

(5) Soweit Leistungen zum Lebensunterhalt nach § 39 erbracht werden, gehen sie den Leistungen zum Lebensunterhalt nach § 93 des Vierzehnten Buches vor.

§ 10a Beratung

(1) Zur Wahrnehmung ihrer Rechte nach diesem Buch werden junge Menschen, Mütter, Väter, Personensorge- und Erziehungsberechtigte, die leistungsberechtigt sind oder Leistungen nach § 2 Absatz 2 erhalten sollen, in einer für sie verständlichen, nachvollziehbaren und wahrnehmbaren Form, auf ihren Wunsch auch im Beisein einer Person ihres Vertrauens, beraten.

(2) [1]Die Beratung umfasst insbesondere

1. die Familiensituation oder die persönliche Situation des jungen Menschen, Bedarfe, vorhandene Ressourcen sowie mögliche Hilfen,
2. die Leistungen der Kinder- und Jugendhilfe einschließlich des Zugangs zum Leistungssystem,
3. die Leistungen anderer Leistungsträger,
4. mögliche Auswirkungen und Folgen einer Hilfe,
5. die Verwaltungsabläufe,
6. Hinweise auf Leistungsanbieter und andere Hilfemöglichkeiten im Sozialraum und auf Möglichkeiten zur Leistungserbringung,
7. Hinweise auf andere Beratungsangebote im Sozialraum.

[2]Soweit erforderlich, gehört zur Beratung auch Hilfe bei der Antragstellung, bei der Klärung weiterer zuständiger Leistungsträger, bei der Inanspruchnahme von Leistungen sowie bei der Erfüllung von Mitwirkungspflichten.

(3) Bei minderjährigen Leistungsberechtigten nach § 99 des Neunten Buches nimmt der Träger der öffentlichen Jugendhilfe mit Zustimmung des Personensorgeberechtigten am Gesamtplanverfahren nach § 117 Absatz 6 des Neunten Buches beratend teil.

§ 10b Verfahrenslotse

(1)[1]Junge Menschen, die Leistungen der Eingliederungshilfe wegen einer Behinderung oder wegen einer drohenden Behinderung geltend machen oder bei denen solche Leistungsansprüche in Betracht kommen, sowie ihre Mütter, Väter, Personensorge- und Erziehungsberechtigten haben bei der Antragstellung, Verfolgung und Wahrnehmung dieser Leistungen Anspruch auf Unterstützung und Begleitung durch einen Verfahrenslotsen. [2]Der Verfahrenslotse soll die Leistungsberechtigten bei der Verwirklichung von Ansprüchen auf Leistungen der Eingliederungshilfe unabhängig unterstützen sowie auf die Inanspruchnahme von Rechten hinwirken. [3]Diese Leistung wird durch den örtlichen Träger der öffentlichen Jugendhilfe erbracht.

(2)[1]Der Verfahrenslotse unterstützt den örtlichen Träger der öffentlichen Jugendhilfe bei der Zusammenführung der Leistungen der Eingliederungshilfe für junge Menschen in dessen Zuständigkeit. [2]Hierzu berichtet er gegenüber dem örtlichen Träger der öffentlichen Jugendhilfe halbjährlich insbesondere über Erfahrungen der strukturellen Zusammenarbeit mit anderen Stellen und öffentlichen Einrichtungen, insbesondere mit anderen Rehabilitationsträgern.

Zweites Kapitel. Leistungen der Jugendhilfe

Erster Abschnitt. Jugendarbeit, Jugendsozialarbeit, erzieherischer Kinder- und Jugendschutz

§ 11 Jugendarbeit

(1) [1]Jungen Menschen sind die zur Förderung ihrer Entwicklung erforderlichen Angebote der Jugendarbeit zur Verfügung zu stellen. [2]Sie sollen an den Interessen junger Menschen anknüpfen und von ihnen mitbestimmt und mitgestaltet werden, sie zur Selbstbestimmung befähigen und zu gesellschaftlicher Mitverantwortung und zu sozialem Engagement anregen und hinführen. [3]Dabei sollen die Zugänglichkeit und Nutzbarkeit der Angebote für junge Menschen mit Behinderungen sichergestellt werden.

(2) [1]Jugendarbeit wird angeboten von Verbänden, Gruppen und Initiativen der Jugend, von anderen Trägern der Jugendarbeit und den Trägern der öffentlichen Jugendhilfe. [2]Sie umfasst für Mitglieder bestimmte Angebote, die offene Jugendarbeit und gemeinwesenorientierte Angebote.

(3) Zu den Schwerpunkten der Jugendarbeit gehören:
1. außerschulische Jugendbildung mit allgemeiner, politischer, sozialer, gesundheitlicher, kultureller, naturkundlicher und technischer Bildung,
2. Jugendarbeit in Sport, Spiel und Geselligkeit,
3. arbeitswelt-, schul- und familienbezogene Jugendarbeit,
4. internationale Jugendarbeit,
5. Kinder- und Jugenderholung,
6. Jugendberatung.

(4) Angebote der Jugendarbeit können auch Personen, die das 27. Lebensjahr vollendet haben, in angemessenem Umfang einbeziehen.

§ 12 Förderung der Jugendverbände

(1) Die eigenverantwortliche Tätigkeit der Jugendverbände und Jugendgruppen ist unter Wahrung ihres satzungsgemäßen Eigenlebens nach Maßgabe des § 74 zu fördern.

(2) [1]In Jugendverbänden und Jugendgruppen wird Jugendarbeit von jungen Menschen selbst organisiert, gemeinschaftlich gestaltet und mitverant-

wortet. [2]Ihre Arbeit ist auf Dauer angelegt und in der Regel auf die eigenen Mitglieder ausgerichtet, sie kann sich aber auch an junge Menschen wenden, die nicht Mitglieder sind. [3]Durch Jugendverbände und ihre Zusammenschlüsse werden Anliegen und Interessen junger Menschen zum Ausdruck gebracht und vertreten.

§ 13 Jugendsozialarbeit

(1) Jungen Menschen, die zum Ausgleich sozialer Benachteiligungen oder zur Überwindung individueller Beeinträchtigungen in erhöhtem Maße auf Unterstützung angewiesen sind, sollen im Rahmen der Jugendhilfe sozialpädagogische Hilfen angeboten werden, die ihre schulische und berufliche Ausbildung, Eingliederung in die Arbeitswelt und ihre soziale Integration fördern.

(2) Soweit die Ausbildung dieser jungen Menschen nicht durch Maßnahmen und Programme anderer Träger und Organisationen sichergestellt wird, können geeignete sozialpädagogisch begleitete Ausbildungs- und Beschäftigungsmaßnahmen angeboten werden, die den Fähigkeiten und dem Entwicklungsstand dieser jungen Menschen Rechnung tragen.

(3) [1]Jungen Menschen kann während der Teilnahme an schulischen oder beruflichen Bildungsmaßnahmen oder bei der beruflichen Eingliederung Unterkunft in sozialpädagogisch begleiteten Wohnformen angeboten werden. [2]In diesen Fällen sollen auch der notwendige Unterhalt des jungen Menschen sichergestellt und Krankenhilfe nach Maßgabe des § 40 geleistet werden.

(4) Die Angebote sollen mit den Maßnahmen der Schulverwaltung, der Bundesagentur für Arbeit, der Jobcenter, der Träger betrieblicher und außerbetrieblicher Ausbildung sowie der Träger von Beschäftigungsangeboten abgestimmt werden.

§ 13a Schulsozialarbeit

[1]Schulsozialarbeit umfasst sozialpädagogische Angebote nach diesem Abschnitt, die jungen Menschen am Ort Schule zur Verfügung gestellt werden. [2]Die Träger der Schulsozialarbeit arbeiten bei der Erfüllung ihrer Aufgaben mit den Schulen zusammen. [3]Das Nähere über Inhalt und Umfang der Aufgaben der Schulsozialarbeit wird durch Landesrecht geregelt. [4]Dabei kann durch Landesrecht auch bestimmt werden, dass Aufgaben der Schulsozialarbeit durch andere Stellen nach anderen Rechtsvorschriften erbracht werden.

§ 14 Erzieherischer Kinder- und Jugendschutz

(1) Jungen Menschen und Erziehungsberechtigten sollen Angebote des erzieherischen Kinder- und Jugendschutzes gemacht werden.

(2) Die Maßnahmen sollen

1. junge Menschen befähigen, sich vor gefährdenden Einflüssen zu schützen und sie zu Kritikfähigkeit, Entscheidungsfähigkeit und Eigenverantwortlichkeit sowie zur Verantwortung gegenüber ihren Mitmenschen führen,
2. Eltern und andere Erziehungsberechtigte besser befähigen, Kinder und Jugendliche vor gefährdenden Einflüssen zu schützen.

§ 15 Landesrechtsvorbehalt

Das Nähere über Inhalt und Umfang der in diesem Abschnitt geregelten Aufgaben und Leistungen regelt das Landesrecht.

Zweiter Abschnitt und Dritter Abschnitt

nicht abgedruckt

Vierter Abschnitt. Hilfe zur Erziehung, Eingliederungshilfe für seelisch behinderte Kinder und Jugendliche, Hilfe für junge Volljährige

Erster Unterabschnitt. Hilfe zur Erziehung. § 27 Hilfe zur Erziehung

(1) Ein Personensorgeberechtigter hat bei der Erziehung eines Kindes oder eines Jugendlichen Anspruch auf Hilfe (Hilfe zur Erziehung), wenn eine dem Wohl des Kindes oder des Jugendlichen entsprechende Erziehung nicht gewährleistet ist und die Hilfe für seine Entwicklung geeignet und notwendig ist.

(2) [1] Hilfe zur Erziehung wird insbesondere nach Maßgabe der §§ 28 bis 35 gewährt. [2] Art und Umfang der Hilfe richten sich nach dem erzieherischen Bedarf im Einzelfall; dabei soll das engere soziale Umfeld des Kindes oder des Jugendlichen einbezogen werden. [3] Unterschiedliche Hilfearten können miteinander kombiniert werden, sofern dies dem erzieherischen Bedarf des Kindes oder Jugendlichen im Einzelfall entspricht.

(2a) Ist eine Erziehung des Kindes oder Jugendlichen außerhalb des Elternhauses erforderlich, so entfällt der Anspruch auf Hilfe zur Erziehung nicht dadurch, dass eine andere unterhaltspflichtige Person bereit ist, diese Aufgabe zu übernehmen; die Gewährung von Hilfe zur Erziehung setzt in diesem Fall voraus, dass diese Person bereit und geeignet ist, den Hilfebedarf in Zusammenarbeit mit dem Träger der öffentlichen Jugendhilfe nach Maßgabe der §§ 36 und 37 zu decken.

(3) [1] Hilfe zur Erziehung umfasst insbesondere die Gewährung pädagogischer und damit verbundener therapeutischer Leistungen. [2] Bei Bedarf soll sie Ausbildungs- und Beschäftigungsmaßnahmen im Sinne des § 13 Absatz 2 einschließen und kann mit anderen Leistungen nach diesem Buch kombiniert werden. [3] Die in der Schule oder Hochschule wegen des erzieherischen Bedarfs erforderliche Anleitung und Begleitung können als Gruppenangebote an Kinder oder Jugendliche gemeinsam erbracht werden, soweit dies dem Bedarf des Kindes oder Jugendlichen im Einzelfall entspricht.

(4) Wird ein Kind oder eine Jugendliche während ihres Aufenthaltes in einer Einrichtung oder einer Pflegefamilie selbst Mutter eines Kindes, so umfasst die Hilfe zur Erziehung auch die Unterstützung bei der Pflege und Erziehung dieses Kindes.

§ 28 Erziehungsberatung

[1] Erziehungsberatungsstellen und andere Beratungsdienste und -einrichtungen sollen Kinder, Jugendliche, Eltern und andere Erziehungsberechtigte

bei der Klärung und Bewältigung individueller und familienbezogener Probleme und der zugrunde liegenden Faktoren, bei der Lösung von Erziehungsfragen sowie bei Trennung und Scheidung unterstützen. [2]Dabei sollen Fachkräfte verschiedener Fachrichtungen zusammenwirken, die mit unterschiedlichen methodischen Ansätzen vertraut sind.

§ 29 Soziale Gruppenarbeit

[1]Die Teilnahme an sozialer Gruppenarbeit soll älteren Kindern und Jugendlichen bei der Überwindung von Entwicklungsschwierigkeiten und Verhaltensproblemen helfen. [2]Soziale Gruppenarbeit soll auf der Grundlage eines gruppenpädagogischen Konzepts die Entwicklung älterer Kinder und Jugendlicher durch soziales Lernen in der Gruppe fördern.

§ 30 Erziehungsbeistand, Betreuungshelfer

Der Erziehungsbeistand und der Betreuungshelfer sollen das Kind oder den Jugendlichen bei der Bewältigung von Entwicklungsproblemen möglichst unter Einbeziehung des sozialen Umfelds unterstützen und unter Erhaltung des Lebensbezugs zur Familie seine Verselbständigung fördern.

§ 31 Sozialpädagogische Familienhilfe

[1]Sozialpädagogische Familienhilfe soll durch intensive Betreuung und Begleitung Familien in ihren Erziehungsaufgaben, bei der Bewältigung von Alltagsproblemen, der Lösung von Konflikten und Krisen sowie im Kontakt mit Ämtern und Institutionen unterstützen und Hilfe zur Selbsthilfe geben. [2]Sie ist in der Regel auf längere Dauer angelegt und erfordert die Mitarbeit der Familie.

§ 32 Erziehung in einer Tagesgruppe

[1]Hilfe zur Erziehung in einer Tagesgruppe soll die Entwicklung des Kindes oder des Jugendlichen durch soziales Lernen in der Gruppe, Begleitung der schulischen Förderung und Elternarbeit unterstützen und dadurch den Verbleib des Kindes oder des Jugendlichen in seiner Familie sichern. [2]Die Hilfe kann auch in geeigneten Formen der Familienpflege geleistet werden.

§ 33 Vollzeitpflege

[1]Hilfe zur Erziehung in Vollzeitpflege soll entsprechend dem Alter und Entwicklungsstand des Kindes oder des Jugendlichen und seinen persönlichen Bindungen sowie den Möglichkeiten der Verbesserung der Erziehungsbedingungen in der Herkunftsfamilie Kindern und Jugendlichen in einer anderen Familie eine zeitlich befristete Erziehungshilfe oder eine auf Dauer angelegte Lebensform bieten. [2]Für besonders entwicklungsbeeinträchtigte Kinder und Jugendliche sind geeignete Formen der Familienpflege zu schaffen und auszubauen.

§ 34 Heimerziehung, sonstige betreute Wohnform

[1]Hilfe zur Erziehung in einer Einrichtung über Tag und Nacht (Heimerziehung) oder in einer sonstigen betreuten Wohnform soll Kinder und

Jugendliche durch eine Verbindung von Alltagserleben mit pädagogischen und therapeutischen Angeboten in ihrer Entwicklung fördern. [2]Sie soll entsprechend dem Alter und Entwicklungsstand des Kindes oder des Jugendlichen sowie den Möglichkeiten der Verbesserung der Erziehungsbedingungen in der Herkunftsfamilie

1. eine Rückkehr in die Familie zu erreichen versuchen oder
2. die Erziehung in einer anderen Familie vorbereiten oder
3. eine auf längere Zeit angelegte Lebensform bieten und auf ein selbständiges Leben vorbereiten.

[3]Jugendliche sollen in Fragen der Ausbildung und Beschäftigung sowie der allgemeinen Lebensführung beraten und unterstützt werden.

§ 35 Intensive sozialpädagogische Einzelbetreuung

[1]Intensive sozialpädagogische Einzelbetreuung soll Jugendlichen gewährt werden, die einer intensiven Unterstützung zur sozialen Integration und zu einer eigenverantwortlichen Lebensführung bedürfen. [2]Die Hilfe ist in der Regel auf längere Zeit angelegt und soll den individuellen Bedürfnissen des Jugendlichen Rechnung tragen.

Zweiter Unterabschnitt. Eingliederungshilfe für seelisch behinderte Kinder und Jugendliche. § 35a Eingliederungshilfe für Kinder und Jugendliche mit seelischer Behinderung oder drohender seelischer Behinderung

(1) [1]Kinder oder Jugendliche haben Anspruch auf Eingliederungshilfe, wenn

1. ihre seelische Gesundheit mit hoher Wahrscheinlichkeit länger als sechs Monate von dem für ihr Lebensalter typischen Zustand abweicht, und
2. daher ihre Teilhabe am Leben in der Gesellschaft beeinträchtigt ist oder eine solche Beeinträchtigung zu erwarten ist.

[2]Von einer seelischen Behinderung bedroht im Sinne dieser Vorschrift sind Kinder oder Jugendliche, bei denen eine Beeinträchtigung ihrer Teilhabe am Leben in der Gesellschaft nach fachlicher Erkenntnis mit hoher Wahrscheinlichkeit zu erwarten ist. [3]§ 27 Absatz 4 gilt entsprechend.

(1a) [1]Hinsichtlich der Abweichung der seelischen Gesundheit nach Absatz 1 Satz 1 Nummer 1 hat der Träger der öffentlichen Jugendhilfe die Stellungnahme

1. eines Arztes für Kinder- und Jugendpsychiatrie und -psychotherapie,
2. eines Kinder- und Jugendlichenpsychotherapeuten, eines Psychotherapeuten mit einer Weiterbildung für die Behandlung von Kindern und Jugendlichen oder
3. eines Arztes oder eines psychologischen Psychotherapeuten, der über besondere Erfahrungen auf dem Gebiet seelischer Störungen bei Kindern und Jugendlichen verfügt,

einzuholen. [2]Die Stellungnahme ist auf der Grundlage der Internationalen Klassifikation der Krankheiten in der vom Bundesinstitut für Arzneimittel und Medizinprodukte herausgegebenen deutschen Fassung zu erstellen. [3]Dabei ist auch darzulegen, ob die Abweichung Krankheitswert hat oder auf einer Krankheit beruht. [4]Enthält die Stellungnahme auch Ausführungen zu

Absatz 1 Satz 1 Nummer 2, so sollen diese vom Träger der öffentlichen Jugendhilfe im Rahmen seiner Entscheidung angemessen berücksichtigt werden. [5]Die Hilfe soll nicht von der Person oder dem Dienst oder der Einrichtung, der die Person angehört, die die Stellungnahme abgibt, erbracht werden.

(2) Die Hilfe wird nach dem Bedarf im Einzelfall

1. in ambulanter Form,
2. in Tageseinrichtungen für Kinder oder in anderen teilstationären Einrichtungen,
3. durch geeignete Pflegepersonen und
4. in Einrichtungen über Tag und Nacht sowie sonstigen Wohnformen geleistet.

(3) Aufgabe und Ziele der Hilfe, die Bestimmung des Personenkreises sowie Art und Form der Leistungen richten sich nach Kapitel 6 des Teils 1 des Neunten Buches sowie § 90 und den Kapiteln 3 bis 6 des Teils 2 des Neunten Buches, soweit diese Bestimmungen auch auf seelisch behinderte oder von einer solchen Behinderung bedrohte Personen Anwendung finden und sich aus diesem Buch nichts anderes ergibt.

(4) [1]Ist gleichzeitig Hilfe zur Erziehung zu leisten, so sollen Einrichtungen, Dienste und Personen in Anspruch genommen werden, die geeignet sind, sowohl die Aufgaben der Eingliederungshilfe zu erfüllen als auch den erzieherischen Bedarf zu decken. [2]Sind heilpädagogische Maßnahmen für Kinder, die noch nicht im schulpflichtigen Alter sind, in Tageseinrichtungen für Kinder zu gewähren und lässt der Hilfebedarf es zu, so sollen Einrichtungen in Anspruch genommen werden, in denen behinderte und nicht behinderte Kinder gemeinsam betreut werden.

Dritter Unterabschnitt. Gemeinsame Vorschriften für die Hilfe zur Erziehung und die Eingliederungshilfe für seelisch behinderte Kinder und Jugendliche. § 36 Mitwirkung, Hilfeplan

(1) [1]Der Personensorgeberechtigte und das Kind oder der Jugendliche sind vor der Entscheidung über die Inanspruchnahme einer Hilfe und vor einer notwendigen Änderung von Art und Umfang der Hilfe zu beraten und auf die möglichen Folgen für die Entwicklung des Kindes oder des Jugendlichen hinzuweisen. [2]Es ist sicherzustellen, dass Beratung und Aufklärung nach Satz 1 in einer für den Personensorgeberechtigten und das Kind oder den Jugendlichen verständlichen, nachvollziehbaren und wahrnehmbaren Form erfolgen.

(2) [1]Die Entscheidung über die im Einzelfall angezeigte Hilfeart soll, wenn Hilfe voraussichtlich für längere Zeit zu leisten ist, im Zusammenwirken mehrerer Fachkräfte getroffen werden. [2]Als Grundlage für die Ausgestaltung der Hilfe sollen sie zusammen mit dem Personensorgeberechtigten und dem Kind oder dem Jugendlichen einen Hilfeplan aufstellen, der Feststellungen über den Bedarf, die zu gewährende Art der Hilfe sowie die notwendigen Leistungen enthält; sie sollen regelmäßig prüfen, ob die gewählte Hilfeart weiterhin geeignet und notwendig ist. [3]Hat das Kind oder der Jugendliche ein oder mehrere Geschwister, so soll der Geschwisterbeziehung bei der Aufstellung und Überprüfung des Hilfeplans sowie bei der Durchführung der Hilfe Rechnung getragen werden.

(3) [1] Werden bei der Durchführung der Hilfe andere Personen, Dienste oder Einrichtungen tätig, so sind sie oder deren Mitarbeiterinnen und Mitarbeiter an der Aufstellung des Hilfeplans und seiner Überprüfung zu beteiligen. [2] Soweit dies zur Feststellung des Bedarfs, der zu gewährenden Art der Hilfe oder der notwendigen Leistungen nach Inhalt, Umfang und Dauer erforderlich ist, sollen öffentliche Stellen, insbesondere andere Sozialleistungsträger, Rehabilitationsträger oder die Schule beteiligt werden. [3] Gewährt der Träger der öffentlichen Jugendhilfe Leistungen zur Teilhabe, sind die Vorschriften zum Verfahren bei einer Mehrheit von Rehabilitationsträgern nach dem Neunten Buch zu beachten.

(4) Erscheinen Hilfen nach § 35a erforderlich, so soll bei der Aufstellung und Änderung des Hilfeplans sowie bei der Durchführung der Hilfe die Person, die eine Stellungnahme nach § 35a Absatz 1a abgegeben hat, beteiligt werden.

(5) Soweit dies zur Feststellung des Bedarfs, der zu gewährenden Art der Hilfe oder der notwendigen Leistungen nach Inhalt, Umfang und Dauer erforderlich ist und dadurch der Hilfezweck nicht in Frage gestellt wird, sollen Eltern, die nicht personensorgeberechtigt sind, an der Aufstellung des Hilfeplans und seiner Überprüfung beteiligt werden; die Entscheidung, ob, wie und in welchem Umfang deren Beteiligung erfolgt, soll im Zusammenwirken mehrerer Fachkräfte unter Berücksichtigung der Willensäußerung und der Interessen des Kindes oder Jugendlichen sowie der Willensäußerung des Personensorgeberechtigten getroffen werden.

§ 36a Steuerungsverantwortung, Selbstbeschaffung

(1) [1] Der Träger der öffentlichen Jugendhilfe trägt die Kosten der Hilfe grundsätzlich nur dann, wenn sie auf der Grundlage seiner Entscheidung nach Maßgabe des Hilfeplans unter Beachtung des Wunsch- und Wahlrechts erbracht wird; dies gilt auch in den Fällen, in denen Eltern durch das Familiengericht oder Jugendliche und junge Volljährige durch den Jugendrichter zur Inanspruchnahme von Hilfen verpflichtet werden. [2] Die Vorschriften über die Heranziehung zu den Kosten der Hilfe bleiben unberührt.

(2) [1] Abweichend von Absatz 1 soll der Träger der öffentlichen Jugendhilfe die niedrigschwellige unmittelbare Inanspruchnahme von ambulanten Hilfen, insbesondere der Erziehungsberatung nach § 28, zulassen. [2] Dazu soll der Träger der öffentlichen Jugendhilfe mit den Leistungserbringern Vereinbarungen schließen, in denen die Voraussetzungen und die Ausgestaltung der Leistungserbringung sowie die Übernahme der Kosten geregelt werden. [3] Dabei finden der nach § 80 Absatz 1 Nummer 2 ermittelte Bedarf, die Planungen zur Sicherstellung des bedarfsgerechten Zusammenwirkens der Angebote von Jugendhilfeleistungen in den Lebens- und Wohnbereichen von jungen Menschen und Familien nach § 80 Absatz 2 Nummer 3 sowie die geplanten Maßnahmen zur Qualitätsgewährleistung der Leistungserbringung nach § 80 Absatz 3 Beachtung.

(3) [1] Werden Hilfen abweichend von den Absätzen 1 und 2 vom Leistungsberechtigten selbst beschafft, so ist der Träger der öffentlichen Jugendhilfe zur Übernahme der erforderlichen Aufwendungen nur verpflichtet, wenn

1. der Leistungsberechtigte den Träger der öffentlichen Jugendhilfe vor der Selbstbeschaffung über den Hilfebedarf in Kenntnis gesetzt hat,
2. die Voraussetzungen für die Gewährung der Hilfe vorlagen und
3. die Deckung des Bedarfs
a) bis zu einer Entscheidung des Trägers der öffentlichen Jugendhilfe über die Gewährung der Leistung oder
b) bis zu einer Entscheidung über ein Rechtsmittel nach einer zu Unrecht abgelehnten Leistung

keinen zeitlichen Aufschub geduldet hat.

[2] War es dem Leistungsberechtigten unmöglich, den Träger der öffentlichen Jugendhilfe rechtzeitig über den Hilfebedarf in Kenntnis zu setzen, so hat er dies unverzüglich nach Wegfall des Hinderungsgrundes nachzuholen.

§ 36b Zusammenarbeit beim Zuständigkeitsübergang

(1) [1] Zur Sicherstellung von Kontinuität und Bedarfsgerechtigkeit der Leistungsgewährung sind von den zuständigen öffentlichen Stellen, insbesondere von Sozialleistungsträgern oder Rehabilitationsträgern rechtzeitig im Rahmen des Hilfeplans Vereinbarungen zur Durchführung des Zuständigkeitsübergangs zu treffen. [2] Im Rahmen der Beratungen zum Zuständigkeitsübergang prüfen der Träger der öffentlichen Jugendhilfe und die andere öffentliche Stelle, insbesondere der andere Sozialleistungsträger oder Rehabilitationsträger gemeinsam, welche Leistung nach dem Zuständigkeitsübergang dem Bedarf des jungen Menschen entspricht.

(2) [1] Abweichend von Absatz 1 werden bei einem Zuständigkeitsübergang vom Träger der öffentlichen Jugendhilfe auf einen Träger der Eingliederungshilfe rechtzeitig im Rahmen eines Teilhabeplanverfahrens nach § 19 des Neunten Buches die Voraussetzungen für die Sicherstellung einer nahtlosen und bedarfsgerechten Leistungsgewährung nach dem Zuständigkeitsübergang geklärt. [2] Die Teilhabeplanung ist frühzeitig, in der Regel ein Jahr vor dem voraussichtlichen Zuständigkeitswechsel, vom Träger der Jugendhilfe einzuleiten. [3] Mit Zustimmung des Leistungsberechtigten oder seines Personensorgeberechtigten ist eine Teilhabeplankonferenz nach § 20 des Neunten Buches durchzuführen. [4] Stellt der beteiligte Träger der Eingliederungshilfe fest, dass seine Zuständigkeit sowie die Leistungsberechtigung absehbar gegeben sind, soll er entsprechend § 19 Absatz 5 des Neunten Buches die Teilhabeplanung vom Träger der öffentlichen Jugendhilfe übernehmen. [5] Dies beinhaltet gemäß § 21 des Neunten Buches auch die Durchführung des Verfahrens zur Gesamtplanung nach den §§ 117 bis 122 des Neunten Buches.

§ 37 Beratung und Unterstützung der Eltern, Zusammenarbeit bei Hilfen außerhalb der eigenen Familie

(1) [1] Werden Hilfen nach den §§ 32 bis 34 und 35a Absatz 2 Nummer 3 und 4 gewährt, haben die Eltern einen Anspruch auf Beratung und Unterstützung sowie Förderung der Beziehung zu ihrem Kind. [2] Durch Beratung und Unterstützung sollen die Entwicklungs-, Teilhabe- oder Erziehungsbedingungen in der Herkunftsfamilie innerhalb eines im Hinblick auf die Entwicklung des Kindes oder Jugendlichen vertretbaren Zeitraums so weit verbessert werden, dass sie das Kind oder den Jugendlichen wieder selbst

erziehen kann. [3]Ist eine nachhaltige Verbesserung der Entwicklungs-, Teilhabe- oder Erziehungsbedingungen in der Herkunftsfamilie innerhalb dieses Zeitraums nicht erreichbar, so dienen die Beratung und Unterstützung der Eltern sowie die Förderung ihrer Beziehung zum Kind der Erarbeitung und Sicherung einer anderen, dem Wohl des Kindes oder Jugendlichen förderlichen und auf Dauer angelegten Lebensperspektive.

(2) [1]Bei den in Absatz 1 Satz 1 genannten Hilfen soll der Träger der öffentlichen Jugendhilfe die Zusammenarbeit der Pflegeperson oder der in der Einrichtung für die Erziehung verantwortlichen Person und der Eltern zum Wohl des Kindes oder Jugendlichen durch geeignete Maßnahmen fördern. [2]Der Träger der öffentlichen Jugendhilfe stellt dies durch eine abgestimmte Wahrnehmung der Aufgaben nach Absatz 1 und § 37a sicher.

(3) [1]Sofern der Inhaber der elterlichen Sorge durch eine Erklärung nach § 1688 Absatz 3 Satz 1 des Bürgerlichen Gesetzbuchs die Entscheidungsbefugnisse der Pflegeperson so weit einschränkt, dass die Einschränkung eine dem Wohl des Kindes oder des Jugendlichen förderliche Entwicklung nicht mehr ermöglicht, sollen die Beteiligten das Jugendamt einschalten. [2]Auch bei sonstigen Meinungsverschiedenheiten zwischen ihnen sollen die Beteiligten das Jugendamt einschalten.

§ 37a Beratung und Unterstützung der Pflegeperson

[1]Die Pflegeperson hat vor der Aufnahme des Kindes oder des Jugendlichen und während der Dauer des Pflegeverhältnisses Anspruch auf Beratung und Unterstützung. [2]Dies gilt auch in den Fällen, in denen für das Kind oder den Jugendlichen weder Hilfe zur Erziehung noch Eingliederungshilfe gewährt wird, und in den Fällen, in denen die Pflegeperson nicht der Erlaubnis zur Vollzeitpflege nach § 44 bedarf. [3]Lebt das Kind oder der Jugendliche bei einer Pflegeperson außerhalb des Bereichs des zuständigen Trägers der öffentlichen Jugendhilfe, so sind ortsnahe Beratung und Unterstützung sicherzustellen. [4]Der zuständige Träger der öffentlichen Jugendhilfe hat die aufgewendeten Kosten einschließlich der Verwaltungskosten auch in den Fällen zu erstatten, in denen die Beratung und Unterstützung im Wege der Amtshilfe geleistet werden. [5]Zusammenschlüsse von Pflegepersonen sollen beraten, unterstützt und gefördert werden.

§ 37b Sicherung der Rechte von Kindern und Jugendlichen in Familienpflege

(1) [1]Das Jugendamt stellt sicher, dass während der Dauer des Pflegeverhältnisses ein nach Maßgabe fachlicher Handlungsleitlinien gemäß § 79a Satz 2 entwickeltes Konzept zur Sicherung der Rechte des Kindes oder des Jugendlichen und zum Schutz vor Gewalt angewandt wird. [2]Hierzu sollen die Pflegeperson sowie das Kind oder der Jugendliche vor der Aufnahme und während der Dauer des Pflegeverhältnisses beraten und an der auf das konkrete Pflegeverhältnis bezogenen Ausgestaltung des Konzepts beteiligt werden.

(2) Das Jugendamt gewährleistet, dass das Kind oder der Jugendliche während der Dauer des Pflegeverhältnisses Möglichkeiten der Beschwerde in persönlichen Angelegenheiten hat und informiert das Kind oder den Jugendlichen hierüber.

(3) [1] Das Jugendamt soll den Erfordernissen des Einzelfalls entsprechend an Ort und Stelle überprüfen, ob eine dem Wohl des Kindes oder des Jugendlichen förderliche Entwicklung bei der Pflegeperson gewährleistet ist. [2] Die Pflegeperson hat das Jugendamt über wichtige Ereignisse zu unterrichten, die das Wohl des Kindes oder des Jugendlichen betreffen.

§ 37c Ergänzende Bestimmungen zur Hilfeplanung bei Hilfen außerhalb der eigenen Familie

(1) [1] Bei der Aufstellung und Überprüfung des Hilfeplans nach § 36 Absatz 2 Satz 2 ist bei Hilfen außerhalb der eigenen Familie prozesshaft auch die Perspektive der Hilfe zu klären. [2] Der Stand der Perspektivklärung nach Satz 1 ist im Hilfeplan zu dokumentieren.

(2) [1] Maßgeblich bei der Perspektivklärung nach Absatz 1 ist, ob durch Leistungen nach diesem Abschnitt die Entwicklungs-, Teilhabe- oder Erziehungsbedingungen in der Herkunftsfamilie innerhalb eines im Hinblick auf die Entwicklung des Kindes oder Jugendlichen vertretbaren Zeitraums so weit verbessert werden, dass die Herkunftsfamilie das Kind oder den Jugendlichen wieder selbst erziehen, betreuen und fördern kann. [2] Ist eine nachhaltige Verbesserung der Entwicklungs-, Teilhabe- oder Erziehungsbedingungen in der Herkunftsfamilie innerhalb eines im Hinblick auf die Entwicklung des Kindes oder Jugendlichen vertretbaren Zeitraums nicht erreichbar, so soll mit den beteiligten Personen eine andere, dem Wohl des Kindes oder Jugendlichen förderliche und auf Dauer angelegte Lebensperspektive erarbeitet werden. [3] In diesem Fall ist vor und während der Gewährung der Hilfe insbesondere zu prüfen, ob die Annahme als Kind in Betracht kommt.

(3) [1] Bei der Auswahl der Einrichtung oder der Pflegeperson sind der Personensorgeberechtigte und das Kind oder der Jugendliche oder bei Hilfen nach § 41 der junge Volljährige zu beteiligen. [2] Der Wahl und den Wünschen des Leistungsberechtigten ist zu entsprechen, sofern sie nicht mit unverhältnismäßigen Mehrkosten verbunden sind. [3] Wünschen die in Satz 1 genannten Personen die Erbringung einer in § 78a genannten Leistung in einer Einrichtung, mit deren Träger keine Vereinbarungen nach § 78b bestehen, so soll der Wahl nur entsprochen werden, wenn die Erbringung der Leistung in dieser Einrichtung nach Maßgabe des Hilfeplans geboten ist. [4] Bei der Auswahl einer Pflegeperson, die ihren gewöhnlichen Aufenthalt außerhalb des Bereichs des örtlich zuständigen Trägers hat, soll der örtliche Träger der öffentlichen Jugendhilfe beteiligt werden, in dessen Bereich die Pflegeperson ihren gewöhnlichen Aufenthalt hat.

(4) [1] Die Art und Weise der Zusammenarbeit nach § 37 Absatz 2 sowie die damit im Einzelfall verbundenen Ziele sind im Hilfeplan zu dokumentieren. [2] Bei Hilfen nach den §§ 33, 35a Absatz 2 Nummer 3 zählen dazu auch der vereinbarte Umfang der Beratung und Unterstützung der Eltern nach § 37 Absatz 1 und der Pflegeperson nach § 37a Absatz 1 sowie die Höhe der laufenden Leistungen zum Unterhalt des Kindes oder Jugendlichen nach § 39. [3] Bei Hilfen für junge Volljährige nach § 41 gilt dies entsprechend in Bezug auf den vereinbarten Umfang der Beratung und Unterstützung der Pflegeperson sowie die Höhe der laufenden Leistungen zum Unterhalt. [4] Eine Abweichung von den im Hilfeplan gemäß den Sätzen 1 bis 3 getroffenen

Feststellungen ist nur bei einer Änderung des Hilfebedarfs und entsprechender Änderung des Hilfeplans auch bei einem Wechsel der örtlichen Zuständigkeit zulässig.

§ 38 Zulässigkeit von Auslandsmaßnahmen

(1) [1] Hilfen nach diesem Abschnitt sind in der Regel im Inland zu erbringen. [2] Sie dürfen nur dann im Ausland erbracht werden, wenn dies nach Maßgabe der Hilfeplanung zur Erreichung des Hilfezieles im Einzelfall erforderlich ist und die aufenthaltsrechtlichen Vorschriften des aufnehmenden Staates sowie

1. im Anwendungsbereich der Verordnung (EU) 2019/1111 des Rates vom 25. Juni 2019 über die Zuständigkeit, die Anerkennung und Vollstreckung von Entscheidungen in Ehesachen und in Verfahren betreffend die elterliche Verantwortung und über internationale Kindesentführungen (ABl. L 178 vom 2.7.2019, S. 1) die Voraussetzungen des Artikels 82 oder
2. im Anwendungsbereich des Haager Übereinkommens vom 19. Oktober 1996 über die Zuständigkeit, das anzuwendende Recht, die Anerkennung, Vollstreckung und Zusammenarbeit auf dem Gebiet der elterlichen Verantwortung und der Maßnahmen zum Schutz von Kindern die Voraussetzungen des Artikels 33

erfüllt sind.

(2) Der Träger der öffentlichen Jugendhilfe soll vor der Entscheidung über die Gewährung einer Hilfe, die ganz oder teilweise im Ausland erbracht wird,

1. zur Feststellung einer seelischen Störung mit Krankheitswert die Stellungnahme einer in § 35a Absatz 1a Satz 1 genannten Person einholen,
2. sicherstellen, dass der Leistungserbringer
   a) über eine Betriebserlaubnis nach § 45 für eine Einrichtung im Inland verfügt, in der Hilfe zur Erziehung erbracht wird,
   b) Gewähr dafür bietet, dass er die Rechtsvorschriften des aufnehmenden Staates einschließlich des Aufenthaltsrechts einhält, insbesondere vor Beginn der Leistungserbringung die in Absatz 1 Satz 2 genannten Maßgaben erfüllt, und mit den Behörden des aufnehmenden Staates sowie den deutschen Vertretungen im Ausland zusammenarbeitet,
   c) mit der Erbringung der Hilfen nur Fachkräfte nach § 72 Absatz 1 betraut,
   d) über die Qualität der Maßnahme eine Vereinbarung abschließt; dabei sind die fachlichen Handlungsleitlinien des überörtlichen Trägers anzuwenden,
   e) Ereignisse oder Entwicklungen, die geeignet sind, das Wohl des Kindes oder Jugendlichen zu beeinträchtigen, dem Träger der öffentlichen Jugendhilfe unverzüglich anzeigt und
3. die Eignung der mit der Leistungserbringung zu betrauenden Einrichtung oder Person an Ort und Stelle überprüfen.

(3) [1] Überprüfung und Fortschreibung des Hilfeplans sollen nach Maßgabe von § 36 Absatz 2 Satz 2 am Ort der Leistungserbringung unter Beteiligung des Kindes oder des Jugendlichen erfolgen. [2] Unabhängig von der Überprüfung und Fortschreibung des Hilfeplans nach Satz 1 soll der Träger der öffentlichen Jugendhilfe nach den Erfordernissen im Einzelfall an Ort und

Stelle überprüfen, ob die Anforderungen nach Absatz 2 Nummer 2 Buchstabe b und c sowie Nummer 3 weiter erfüllt sind.

(4) Besteht die Erfüllung der Anforderungen nach Absatz 2 Nummer 2 oder die Eignung der mit der Leistungserbringung betrauten Einrichtung oder Person nicht fort, soll die Leistungserbringung im Ausland unverzüglich beendet werden.

(5) [1]Der Träger der öffentlichen Jugendhilfe hat der erlaubniserteilenden Behörde unverzüglich

1. den Beginn und das geplante Ende der Leistungserbringung im Ausland unter Angabe von Namen und Anschrift des Leistungserbringers, des Aufenthaltsorts des Kindes oder Jugendlichen sowie der Namen der mit der Erbringung der Hilfe betrauten Fachkräfte,
2. Änderungen der in Nummer 1 bezeichneten Angaben sowie
3. die bevorstehende Beendigung der Leistungserbringung im Ausland

zu melden sowie

4. einen Nachweis zur Erfüllung der aufenthaltsrechtlichen Vorschriften des aufnehmenden Staates und im Anwendungsbereich
   a) der Verordnung (EU) 2019/1111 zur Erfüllung der Maßgaben des Artikels 82,
   b) des Haager Übereinkommens vom 19. Oktober 1996 über die Zuständigkeit, das anzuwendende Recht, die Anerkennung, Vollstreckung und Zusammenarbeit auf dem Gebiet der elterlichen Verantwortung und der Maßnahmen zum Schutz von Kindern zur Erfüllung der Maßgaben des Artikels 33

zu übermitteln. [2]Die erlaubniserteilende Behörde wirkt auf die unverzügliche Beendigung der Leistungserbringung im Ausland hin, wenn sich aus den Angaben nach Satz 1 ergibt, dass die an die Leistungserbringung im Ausland gestellten gesetzlichen Anforderungen nicht erfüllt sind.

§ 39 Leistungen zum Unterhalt des Kindes oder des Jugendlichen

(1) [1]Wird Hilfe nach den §§ 32 bis 35 oder nach § 35a Absatz 2 Nummer 2 bis 4 gewährt, so ist auch der notwendige Unterhalt des Kindes oder Jugendlichen außerhalb des Elternhauses sicherzustellen. [2]Er umfasst die Kosten für den Sachaufwand sowie für die Pflege und Erziehung des Kindes oder Jugendlichen.

(2) [1]Der gesamte regelmäßig wiederkehrende Bedarf soll durch laufende Leistungen gedeckt werden. [2]Sie umfassen außer im Fall des § 32 und des § 35a Absatz 2 Nummer 2 auch einen angemessenen Barbetrag zur persönlichen Verfügung des Kindes oder des Jugendlichen. [3]Die Höhe des Betrages wird in den Fällen der §§ 34, 35, 35a Absatz 2 Nummer 4 von der nach Landesrecht zuständigen Behörde festgesetzt; die Beträge sollen nach Altersgruppen gestaffelt sein. [4]Die laufenden Leistungen im Rahmen der Hilfe in Vollzeitpflege (§ 33) oder bei einer geeigneten Pflegeperson (§ 35a Absatz 2 Nummer 3) sind nach den Absätzen 4 bis 6 zu bemessen.

(3) Einmalige Beihilfen oder Zuschüsse können insbesondere zur Erstausstattung einer Pflegestelle, bei wichtigen persönlichen Anlässen sowie für Urlaubs- und Ferienreisen des Kindes oder des Jugendlichen gewährt werden.

(4) [1]Die laufenden Leistungen sollen auf der Grundlage der tatsächlichen Kosten gewährt werden, sofern sie einen angemessenen Umfang nicht übersteigen. [2]Die laufenden Leistungen umfassen auch die Erstattung nachgewiesener Aufwendungen für Beiträge zu einer Unfallversicherung sowie die hälftige Erstattung nachgewiesener Aufwendungen zu einer angemessenen Alterssicherung der Pflegeperson. [3]Sie sollen in einem monatlichen Pauschalbetrag gewährt werden, soweit nicht nach der Besonderheit des Einzelfalls abweichende Leistungen geboten sind. [4]Ist die Pflegeperson in gerader Linie mit dem Kind oder Jugendlichen verwandt und kann sie diesem unter Berücksichtigung ihrer sonstigen Verpflichtungen und ohne Gefährdung ihres angemessenen Unterhalts Unterhalt gewähren, so kann der Teil des monatlichen Pauschalbetrages, der die Kosten für den Sachaufwand des Kindes oder Jugendlichen betrifft, angemessen gekürzt werden. [5]Wird ein Kind oder ein Jugendlicher im Bereich eines anderen Jugendamts untergebracht, so soll sich die Höhe des zu gewährenden Pauschalbetrages nach den Verhältnissen richten, die am Ort der Pflegestelle gelten.

(5) [1]Die Pauschalbeträge für laufende Leistungen zum Unterhalt sollen von den nach Landesrecht zuständigen Behörden festgesetzt werden. [2]Dabei ist dem altersbedingt unterschiedlichen Unterhaltsbedarf von Kindern und Jugendlichen durch eine Staffelung der Beträge nach Altersgruppen Rechnung zu tragen. [3]Das Nähere regelt Landesrecht.

(6) [1]Wird das Kind oder der Jugendliche im Rahmen des Familienleistungsausgleichs nach § 31 des Einkommensteuergesetzes bei der Pflegeperson berücksichtigt, so ist ein Betrag in Höhe der Hälfte des Betrages, der nach § 66 des Einkommensteuergesetzes für ein erstes Kind zu zahlen ist, auf die laufenden Leistungen anzurechnen. [2]Ist das Kind oder der Jugendliche nicht das älteste Kind in der Pflegefamilie, so ermäßigt sich der Anrechnungsbetrag für dieses Kind oder diesen Jugendlichen auf ein Viertel des Betrages, der für ein erstes Kind zu zahlen ist.

(7) Wird ein Kind oder eine Jugendliche während ihres Aufenthaltes in einer Einrichtung oder einer Pflegefamilie selbst Mutter eines Kindes, so ist auch der notwendige Unterhalt dieses Kindes sicherzustellen.

§ 40 Krankenhilfe

[1]Wird Hilfe nach den §§ 33 bis 35 oder nach § 35a Absatz 2 Nummer 3 oder 4 gewährt, so ist auch Krankenhilfe zu leisten; für den Umfang der Hilfe gelten die §§ 47 bis 52 des Zwölften Buches entsprechend. [2]Krankenhilfe muss den im Einzelfall notwendigen Bedarf in voller Höhe befriedigen. [3]Zuzahlungen und Eigenbeteiligungen sind zu übernehmen. [4]Das Jugendamt kann in geeigneten Fällen die Beiträge für eine freiwillige Krankenversicherung übernehmen, soweit sie angemessen sind.

Vierter Unterabschnitt. Hilfe für junge Volljährige. § 41 Hilfe für junge Volljährige

(1) [1]Junge Volljährige erhalten geeignete und notwendige Hilfe nach diesem Abschnitt, wenn und solange ihre Persönlichkeitsentwicklung eine selbstbestimmte, eigenverantwortliche und selbständige Lebensführung nicht gewährleistet. [2]Die Hilfe wird in der Regel nur bis zur Vollendung des 21. Lebensjahres gewährt; in begründeten Einzelfällen soll sie für einen begrenz-

ten Zeitraum darüber hinaus fortgesetzt werden. [3]Eine Beendigung der Hilfe schließt die erneute Gewährung oder Fortsetzung einer Hilfe nach Maßgabe der Sätze 1 und 2 nicht aus.

(2) Für die Ausgestaltung der Hilfe gelten § 27 Absatz 3 und 4 sowie die §§ 28 bis 30, 33 bis 36, 39 und 40 entsprechend mit der Maßgabe, dass an die Stelle des Personensorgeberechtigten oder des Kindes oder des Jugendlichen der junge Volljährige tritt.

(3) Soll eine Hilfe nach dieser Vorschrift nicht fortgesetzt oder beendet werden, prüft der Träger der öffentlichen Jugendhilfe ab einem Jahr vor dem hierfür im Hilfeplan vorgesehenen Zeitpunkt, ob im Hinblick auf den Bedarf des jungen Menschen ein Zuständigkeitsübergang auf andere Sozialleistungsträger in Betracht kommt; § 36b gilt entsprechend.

§ 41a Nachbetreuung

(1) Junge Volljährige werden innerhalb eines angemessenen Zeitraums nach Beendigung der Hilfe bei der Verselbständigung im notwendigen Umfang und in einer für sie verständlichen, nachvollziehbaren und wahrnehmbaren Form beraten und unterstützt.

(2) [1]Der angemessene Zeitraum sowie der notwendige Umfang der Beratung und Unterstützung nach Beendigung der Hilfe sollen in dem Hilfeplan nach § 36 Absatz 2 Satz 2, der die Beendigung der Hilfe nach § 41 feststellt, dokumentiert und regelmäßig überprüft werden. [2]Hierzu soll der Träger der öffentlichen Jugendhilfe in regelmäßigen Abständen Kontakt zu dem jungen Volljährigen aufnehmen.

Drittes Kapitel. Andere Aufgaben der Jugendhilfe

Erster Abschnitt. Vorläufige Maßnahmen zum Schutz von Kindern und Jugendlichen

§ 42 Inobhutnahme von Kindern und Jugendlichen

(1) [1]Das Jugendamt ist berechtigt und verpflichtet, ein Kind oder einen Jugendlichen in seine Obhut zu nehmen, wenn

1. das Kind oder der Jugendliche um Obhut bittet oder
2. eine dringende Gefahr für das Wohl des Kindes oder des Jugendlichen die Inobhutnahme erfordert und
   a) die Personensorgeberechtigten nicht widersprechen oder
   b) eine familiengerichtliche Entscheidung nicht rechtzeitig eingeholt werden kann oder
3. ein ausländisches Kind oder ein ausländischer Jugendlicher unbegleitet nach Deutschland kommt und sich weder Personensorge- noch Erziehungsberechtigte im Inland aufhalten.

[2]Die Inobhutnahme umfasst die Befugnis, ein Kind oder einen Jugendlichen bei einer geeigneten Person, in einer geeigneten Einrichtung oder in einer sonstigen Wohnform vorläufig unterzubringen; im Fall von Satz 1 Nummer 2 auch ein Kind oder einen Jugendlichen von einer anderen Person wegzunehmen.

(2) [1]Das Jugendamt hat während der Inobhutnahme unverzüglich das Kind oder den Jugendlichen umfassend und in einer verständlichen, nachvollziehbaren und wahrnehmbaren Form über diese Maßnahme aufzuklären, die Situation, die zur Inobhutnahme geführt hat, zusammen mit dem Kind oder dem Jugendlichen zu klären und Möglichkeiten der Hilfe und Unterstützung aufzuzeigen. [2]Dem Kind oder dem Jugendlichen ist unverzüglich Gelegenheit zu geben, eine Person seines Vertrauens zu benachrichtigen. [3]Das Jugendamt hat während der Inobhutnahme für das Wohl des Kindes oder des Jugendlichen zu sorgen und dabei den notwendigen Unterhalt und die Krankenhilfe sicherzustellen; § 39 Absatz 4 Satz 2 gilt entsprechend. [4]Das Jugendamt ist während der Inobhutnahme berechtigt, alle Rechtshandlungen vorzunehmen, die zum Wohl des Kindes oder Jugendlichen notwendig sind; der mutmaßliche Wille der Personensorge- oder der Erziehungsberechtigten ist dabei angemessen zu berücksichtigen. [5]Im Fall des Absatzes 1 Satz 1 Nummer 3 gehört zu den Rechtshandlungen nach Satz 4, zu denen das Jugendamt verpflichtet ist, insbesondere die unverzügliche Stellung eines Asylantrags für das Kind oder den Jugendlichen in Fällen, in denen Tatsachen die Annahme rechtfertigen, dass das Kind oder der Jugendliche internationalen Schutz im Sinne des § 1 Absatz 1 Nummer 2 des Asylgesetzes benötigt; dabei ist das Kind oder der Jugendliche zu beteiligen.

(3) [1]Das Jugendamt hat im Fall des Absatzes 1 Satz 1 Nummer 1 und 2 die Personensorge- oder Erziehungsberechtigten unverzüglich von der Inobhutnahme zu unterrichten, sie in einer verständlichen, nachvollziehbaren und wahrnehmbaren Form umfassend über diese Maßnahme aufzuklären und mit ihnen das Gefährdungsrisiko abzuschätzen. [2]Widersprechen die Personensorge- oder Erziehungsberechtigten der Inobhutnahme, so hat das Jugendamt unverzüglich

1. das Kind oder den Jugendlichen den Personensorge- oder Erziehungsberechtigten zu übergeben, sofern nach der Einschätzung des Jugendamts eine Gefährdung des Kindeswohls nicht besteht oder die Personensorge- oder Erziehungsberechtigten bereit und in der Lage sind, die Gefährdung abzuwenden oder
2. eine Entscheidung des Familiengerichts über die erforderlichen Maßnahmen zum Wohl des Kindes oder des Jugendlichen herbeizuführen.

[3]Sind die Personensorge- oder Erziehungsberechtigten nicht erreichbar, so gilt Satz 2 Nummer 2 entsprechend. [4]Im Fall des Absatzes 1 Satz 1 Nummer 3 ist unverzüglich die Bestellung eines Vormunds oder Pflegers zu veranlassen. [5]Widersprechen die Personensorgeberechtigten der Inobhutnahme nicht, so ist unverzüglich ein Hilfeplanverfahren zur Gewährung einer Hilfe einzuleiten.

(4) Die Inobhutnahme endet mit

1. der Übergabe des Kindes oder Jugendlichen an die Personensorge- oder Erziehungsberechtigten,
2. der Entscheidung über die Gewährung von Hilfen nach dem Sozialgesetzbuch.

(5) [1]Freiheitsentziehende Maßnahmen im Rahmen der Inobhutnahme sind nur zulässig, wenn und soweit sie erforderlich sind, um eine Gefahr für Leib oder Leben des Kindes oder des Jugendlichen oder eine Gefahr für Leib oder Leben Dritter abzuwenden. [2]Die Freiheitsentziehung ist ohne gericht-

liche Entscheidung spätestens mit Ablauf des Tages nach ihrem Beginn zu beenden.

(6) Ist bei der Inobhutnahme die Anwendung unmittelbaren Zwangs erforderlich, so sind die dazu befugten Stellen hinzuzuziehen.

§ 42a Vorläufige Inobhutnahme von ausländischen Kindern und Jugendlichen nach unbegleiteter Einreise

(1) [1]Das Jugendamt ist berechtigt und verpflichtet, ein ausländisches Kind oder einen ausländischen Jugendlichen vorläufig in Obhut zu nehmen, sobald dessen unbegleitete Einreise nach Deutschland festgestellt wird. [2]Ein ausländisches Kind oder ein ausländischer Jugendlicher ist grundsätzlich dann als unbegleitet zu betrachten, wenn die Einreise nicht in Begleitung eines Personensorgeberechtigten oder Erziehungsberechtigten erfolgt; dies gilt auch, wenn das Kind oder der Jugendliche verheiratet ist. [3]§ 42 Absatz 1 Satz 2, Absatz 2 Satz 2 und 3, Absatz 5 sowie 6 gilt entsprechend.

(2) [1]Das Jugendamt hat während der vorläufigen Inobhutnahme zusammen mit dem Kind oder dem Jugendlichen einzuschätzen,

1. ob das Wohl des Kindes oder des Jugendlichen durch die Durchführung des Verteilungsverfahrens gefährdet würde,
2. ob sich eine mit dem Kind oder dem Jugendlichen verwandte Person im Inland oder im Ausland aufhält,
3. ob das Wohl des Kindes oder des Jugendlichen eine gemeinsame Inobhutnahme mit Geschwistern oder anderen unbegleiteten ausländischen Kindern oder Jugendlichen erfordert und
4. ob der Gesundheitszustand des Kindes oder des Jugendlichen die Durchführung des Verteilungsverfahrens innerhalb von 14 Werktagen nach Beginn der vorläufigen Inobhutnahme ausschließt; hierzu soll eine ärztliche Stellungnahme eingeholt werden.

[2]Auf der Grundlage des Ergebnisses der Einschätzung nach Satz 1 entscheidet das Jugendamt über die Anmeldung des Kindes oder des Jugendlichen zur Verteilung oder den Ausschluss der Verteilung.

(3) [1]Das Jugendamt ist während der vorläufigen Inobhutnahme berechtigt und verpflichtet, alle Rechtshandlungen vorzunehmen, die zum Wohl des Kindes oder des Jugendlichen notwendig sind. [2]Dabei ist das Kind oder der Jugendliche zu beteiligen und der mutmaßliche Wille der Personen- oder der Erziehungsberechtigten angemessen zu berücksichtigen.

(3a) Das Jugendamt hat dafür Sorge zu tragen, dass für die in Absatz 1 genannten Kinder oder Jugendlichen unverzüglich erkennungsdienstliche Maßnahmen nach § 49 Absatz 8 und 9 des Aufenthaltsgesetzes durchgeführt werden, wenn Zweifel über die Identität bestehen.

(4) [1]Das Jugendamt hat der nach Landesrecht für die Verteilung von unbegleiteten ausländischen Kindern und Jugendlichen zuständigen Stelle die vorläufige Inobhutnahme des Kindes oder des Jugendlichen innerhalb von sieben Werktagen nach Beginn der Maßnahme zur Erfüllung der in § 42b genannten Aufgaben mitzuteilen. [2]Zu diesem Zweck sind auch die Ergebnisse der Einschätzung nach Absatz 2 Satz 1 mitzuteilen. [3]Die nach Landesrecht zuständige Stelle hat gegenüber dem Bundesverwaltungsamt

innerhalb von drei Werktagen das Kind oder den Jugendlichen zur Verteilung anzumelden oder den Ausschluss der Verteilung anzuzeigen.

(5) [1] Soll das Kind oder der Jugendliche im Rahmen eines Verteilungsverfahrens untergebracht werden, so umfasst die vorläufige Inobhutnahme auch die Pflicht,

1. die Begleitung des Kindes oder des Jugendlichen und dessen Übergabe durch eine insofern geeignete Person an das für die Inobhutnahme nach § 42 Absatz 1 Satz 1 Nummer 3 zuständige Jugendamt sicherzustellen sowie
2. dem für die Inobhutnahme nach § 42 Absatz 1 Satz 1 Nummer 3 zuständigen Jugendamt unverzüglich die personenbezogenen Daten zu übermitteln, die zur Wahrnehmung der Aufgaben nach § 42 erforderlich sind.

[2] Hält sich eine mit dem Kind oder dem Jugendlichen verwandte Person im Inland oder im Ausland auf, hat das Jugendamt auf eine Zusammenführung des Kindes oder des Jugendlichen mit dieser Person hinzuwirken, wenn dies dem Kindeswohl entspricht. [3] Das Kind oder der Jugendliche ist an der Übergabe und an der Entscheidung über die Familienzusammenführung angemessen zu beteiligen.

(6) Die vorläufige Inobhutnahme endet mit der Übergabe des Kindes oder des Jugendlichen an die Personensorge- oder Erziehungsberechtigten oder an das aufgrund der Zuweisungsentscheidung der zuständigen Landesbehörde nach § 88a Absatz 2 Satz 1 zuständige Jugendamt oder mit der Anzeige nach Absatz 4 Satz 3 über den Ausschluss des Verteilungsverfahrens nach § 42b Absatz 4.

§ 42b Verfahren zur Verteilung unbegleiteter ausländischer Kinder und Jugendlicher

(1) [1] Das Bundesverwaltungsamt benennt innerhalb von zwei Werktagen nach Anmeldung eines unbegleiteten ausländischen Kindes oder Jugendlichen zur Verteilung durch die zuständige Landesstelle das zu dessen Aufnahme verpflichtete Land. [2] Maßgebend dafür ist die Aufnahmequote nach § 42c.

(2) [1] Im Rahmen der Aufnahmequote nach § 42c soll vorrangig dasjenige Land benannt werden, in dessen Bereich das Jugendamt liegt, das das Kind oder den Jugendlichen nach § 42a vorläufig in Obhut genommen hat. [2] Hat dieses Land die Aufnahmequote nach § 42c bereits erfüllt, soll das nächstgelegene Land benannt werden.

(3) [1] Die nach Landesrecht für die Verteilung von unbegleiteten ausländischen Kindern oder Jugendlichen zuständige Stelle des nach Absatz 1 benannten Landes weist das Kind oder den Jugendlichen innerhalb von zwei Werktagen einem in seinem Bereich gelegenen Jugendamt zur Inobhutnahme nach § 42 Absatz 1 Satz 1 Nummer 3 zu und teilt dies demjenigen Jugendamt mit, welches das Kind oder den Jugendlichen nach § 42a vorläufig in Obhut genommen hat. [2] Maßgeblich für die Zuweisung sind die spezifischen Schutzbedürfnisse und Bedarfe unbegleiteter ausländischer Minderjähriger. [3] Für die Verteilung von unbegleiteten ausländischen Kindern oder Jugendlichen ist das Landesjugendamt zuständig, es sei denn, dass Landesrecht etwas anderes regelt.

(4) Die Durchführung eines Verteilungsverfahrens ist bei einem unbegleiteten ausländischen Kind oder Jugendlichen ausgeschlossen, wenn

1. dadurch dessen Wohl gefährdet würde,
2. dessen Gesundheitszustand die Durchführung eines Verteilungsverfahrens innerhalb von 14 Werktagen nach Beginn der vorläufigen Inobhutnahme gemäß § 42a nicht zulässt,
3. dessen Zusammenführung mit einer verwandten Person kurzfristig erfolgen kann, zum Beispiel aufgrund der Verordnung (EU) Nr. 604/2013 des Europäischen Parlaments und des Rates vom 26. Juni 2013 zur Festlegung der Kriterien und Verfahren zur Bestimmung des Mitgliedstaats, der für die Prüfung eines von einem Drittstaatsangehörigen oder Staatenlosen in einem Mitgliedstaat gestellten Antrags auf internationalen Schutz zuständig ist (ABl. L 180 vom 29.6.2013, S. 31), und dies dem Wohl des Kindes entspricht oder
4. die Durchführung des Verteilungsverfahrens nicht innerhalb von einem Monat nach Beginn der vorläufigen Inobhutnahme erfolgt.

(5) [1] Geschwister dürfen nicht getrennt werden, es sei denn, dass das Kindeswohl eine Trennung erfordert. [2] Im Übrigen sollen unbegleitete ausländische Kinder oder Jugendliche im Rahmen der Aufnahmequote nach § 42c nach Durchführung des Verteilungsverfahrens gemeinsam nach § 42 in Obhut genommen werden, wenn das Kindeswohl dies erfordert.

(6) [1] Der örtliche Träger stellt durch werktägliche Mitteilungen sicher, dass die nach Landesrecht für die Verteilung von unbegleiteten ausländischen Kindern und Jugendlichen zuständige Stelle jederzeit über die für die Zuweisung nach Absatz 3 erforderlichen Angaben unterrichtet wird. [2] Die nach Landesrecht für die Verteilung von unbegleiteten ausländischen Kindern oder Jugendlichen zuständige Stelle stellt durch werktägliche Mitteilungen sicher, dass das Bundesverwaltungsamt jederzeit über die Angaben unterrichtet wird, die für die Benennung des zur Aufnahme verpflichteten Landes nach Absatz 1 erforderlich sind.

(7) [1] Gegen Entscheidungen nach dieser Vorschrift findet kein Widerspruch statt. [2] Die Klage gegen Entscheidungen nach dieser Vorschrift hat keine aufschiebende Wirkung.

(8) Das Nähere regelt das Landesrecht.

§ 42c Aufnahmequote

(1) [1] Die Länder können durch Vereinbarung einen Schlüssel als Grundlage für die Benennung des zur Aufnahme verpflichteten Landes nach § 42b Absatz 1 festlegen. [2] Bis zum Zustandekommen dieser Vereinbarung oder bei deren Wegfall richtet sich die Aufnahmequote für das jeweilige Kalenderjahr nach dem von dem Büro der Gemeinsamen Wissenschaftskonferenz im Bundesanzeiger veröffentlichten Schlüssel, der für das vorangegangene Kalenderjahr entsprechend den Steuereinnahmen und der Bevölkerungszahl der Länder errechnet worden ist (Königsteiner Schlüssel), und nach dem Ausgleich für den Bestand der Anzahl unbegleiteter ausländischer Minderjähriger, denen am 1. November 2015 in den einzelnen Ländern Jugendhilfe gewährt wird. [3] Ein Land kann seiner Aufnahmepflicht eine höhere Quote als die Aufnahmequote nach Satz 1 oder 2 zugrunde legen; dies ist gegenüber dem Bundesverwaltungsamt anzuzeigen.

(2) [1] Ist die Durchführung des Verteilungsverfahrens ausgeschlossen, wird die Anzahl der im Land verbleibenden unbegleiteten ausländischen Kinder und Jugendlichen auf die Aufnahmequote nach Absatz 1 angerechnet. [2] Gleiches gilt, wenn der örtliche Träger eines anderen Landes die Zuständigkeit für die Inobhutnahme eines unbegleiteten ausländischen Kindes oder Jugendlichen von dem nach § 88a Absatz 2 zuständigen örtlichen Träger übernimmt.

(3) Bis zum 1. Mai 2017 wird die Aufnahmepflicht durch einen Abgleich der aktuellen Anzahl unbegleiteter ausländischer Minderjähriger in den Ländern mit der Aufnahmequote nach Absatz 1 werktäglich ermittelt.

§ 42d Übergangsregelung

(1) Kann ein Land die Anzahl von unbegleiteten ausländischen Kindern oder Jugendlichen, die seiner Aufnahmequote nach § 42c entspricht, nicht aufnehmen, so kann es dies gegenüber dem Bundesverwaltungsamt anzeigen.

(2) In diesem Fall reduziert sich für das Land die Aufnahmequote

1. bis zum 1. Dezember 2015 um zwei Drittel sowie
2. bis zum 1. Januar 2016 um ein Drittel.

(3) [1] Bis zum 31. Dezember 2016 kann die Ausschlussfrist nach § 42b Absatz 4 Nummer 4 um einen Monat verlängert werden, wenn die zuständige Landesstelle gegenüber dem Bundesverwaltungsamt anzeigt, dass die Durchführung des Verteilungsverfahrens in Bezug auf einen unbegleiteten ausländischen Minderjährigen nicht innerhalb dieser Frist erfolgen kann. [2] In diesem Fall hat das Jugendamt nach Ablauf eines Monats nach Beginn der vorläufigen Inobhutnahme die Bestellung eines Vormunds oder Pflegers zu veranlassen.

(4) [1] Ab dem 1. August 2016 ist die Geltendmachung des Anspruchs des örtlichen Trägers gegenüber dem nach § 89d Absatz 3 erstattungspflichtigen Land auf Erstattung der Kosten, die vor dem 1. November 2015 entstanden sind, ausgeschlossen. [2] Der Erstattungsanspruch des örtlichen Trägers gegenüber dem nach § 89d Absatz 3 erstattungspflichtigen Land verjährt in einem Jahr; im Übrigen gilt § 113 des Zehnten Buches entsprechend.

(5) [1] Die Geltendmachung des Anspruchs des örtlichen Trägers gegenüber dem nach § 89d Absatz 3 erstattungspflichtigen Land auf Erstattung der Kosten, die nach dem 1. November 2015 entstanden sind, ist ausgeschlossen. [2] Die Erstattung dieser Kosten richtet sich nach § 89d Absatz 1.

§ 42e Berichtspflicht

Die Bundesregierung hat dem Deutschen Bundestag jährlich einen Bericht über die Situation unbegleiteter ausländischer Minderjähriger in Deutschland vorzulegen.

§ 42f Behördliches Verfahren zur Altersfeststellung

(1) [1] Das Jugendamt hat im Rahmen der vorläufigen Inobhutnahme der ausländischen Person gemäß § 42a deren Minderjährigkeit durch Einsichtnahme in deren Ausweispapiere festzustellen oder hilfsweise mittels einer

qualifizierten Inaugenscheinnahme einzuschätzen und festzustellen. [2] § 8 Absatz 1 und § 42 Absatz 2 Satz 2 sind entsprechend anzuwenden.

(2) [1] Auf Antrag des Betroffenen oder seines Vertreters oder von Amts wegen hat das Jugendamt in Zweifelsfällen eine ärztliche Untersuchung zur Altersbestimmung zu veranlassen. [2] Ist eine ärztliche Untersuchung durchzuführen, ist die betroffene Person durch das Jugendamt umfassend über die Untersuchungsmethode und über die möglichen Folgen der Altersbestimmung aufzuklären. [3] Ist die ärztliche Untersuchung von Amts wegen durchzuführen, ist die betroffene Person zusätzlich über die Folgen einer Weigerung, sich der ärztlichen Untersuchung zu unterziehen, aufzuklären; die Untersuchung darf nur mit Einwilligung der betroffenen Person und ihres Vertreters durchgeführt werden. [4] Die §§ 60, 62 und 65 bis 67 des Ersten Buches sind entsprechend anzuwenden.

(3) [1] Widerspruch und Klage gegen die Entscheidung des Jugendamts, aufgrund der Altersfeststellung nach dieser Vorschrift die vorläufige Inobhutnahme nach § 42a oder die Inobhutnahme nach § 42 Absatz 1 Satz 1 Nummer 3 abzulehnen oder zu beenden, haben keine aufschiebende Wirkung. [2] Landesrecht kann bestimmen, dass gegen diese Entscheidung Klage ohne Nachprüfung in einem Vorverfahren nach § 68 der Verwaltungsgerichtsordnung erhoben werden kann.

Zweiter Abschnitt. Schutz von Kindern und Jugendlichen in Familienpflege und in Einrichtungen

§§ 43–44 *nicht abgedruckt*

§ 45 Erlaubnis für den Betrieb einer Einrichtung

(1) [1] Der Träger einer Einrichtung, nach § 45a bedarf für den Betrieb der Einrichtung der Erlaubnis. [2] Einer Erlaubnis bedarf nicht, wer

1. eine Jugendfreizeiteinrichtung, eine Jugendbildungseinrichtung, eine Jugendherberge oder ein Schullandheim betreibt,
2. ein Schülerheim betreibt, das landesgesetzlich der Schulaufsicht untersteht,
3. eine Einrichtung betreibt, die außerhalb der Jugendhilfe liegende Aufgaben für Kinder oder Jugendliche wahrnimmt, wenn für sie eine entsprechende gesetzliche Aufsicht besteht oder im Rahmen des Hotel- und Gaststättengewerbes der Aufnahme von Kindern oder Jugendlichen dient.

(2) [1] Die Erlaubnis ist zu erteilen, wenn das Wohl der Kinder und Jugendlichen in der Einrichtung gewährleistet ist. [2] Dies ist in der Regel anzunehmen, wenn

1. der Träger die für den Betrieb der Einrichtung erforderliche Zuverlässigkeit besitzt,
2. die dem Zweck und der Konzeption der Einrichtung entsprechenden räumlichen, fachlichen, wirtschaftlichen und personellen Voraussetzungen für den Betrieb erfüllt sind und durch den Träger gewährleistet werden,
3. die gesellschaftliche und sprachliche Integration und ein gesundheitsförderliches Lebensumfeld in der Einrichtung unterstützt werden sowie die

gesundheitliche Vorsorge und die medizinische Betreuung der Kinder und Jugendlichen nicht erschwert werden sowie
4. zur Sicherung der Rechte und des Wohls von Kindern und Jugendlichen in der Einrichtung die Entwicklung, Anwendung und Überprüfung eines Konzepts zum Schutz vor Gewalt, geeignete Verfahren der Selbstvertretung und Beteiligung sowie der Möglichkeit der Beschwerde in persönlichen Angelegenheiten innerhalb und außerhalb der Einrichtung gewährleistet werden.

[3] Die nach Satz 2 Nummer 1 erforderliche Zuverlässigkeit besitzt ein Träger insbesondere dann nicht, wenn er
1. in der Vergangenheit nachhaltig gegen seine Mitwirkungs- und Meldepflichten nach den §§ 46 und 47 verstoßen hat,
2. Personen entgegen eines behördlichen Beschäftigungsverbotes nach § 48 beschäftigt oder
3. wiederholt gegen behördliche Auflagen verstoßen hat.

(3) Zur Prüfung der Voraussetzungen hat der Träger der Einrichtung mit dem Antrag
1. die Konzeption der Einrichtung vorzulegen, die auch Auskunft über Maßnahmen zur Qualitätsentwicklung und -sicherung sowie zur ordnungsgemäßen Buch- und Aktenführung in Bezug auf den Betrieb der Einrichtung gibt, sowie
2. im Hinblick auf die Eignung des Personals nachzuweisen, dass die Vorlage und Prüfung von aufgabenspezifischen Ausbildungsnachweisen sowie von Führungszeugnissen nach § 30 Absatz 5 und § 30a Absatz 1 des Bundeszentralregistergesetzes sichergestellt sind; Führungszeugnisse sind von dem Träger der Einrichtung in regelmäßigen Abständen erneut anzufordern und zu prüfen.

(4) [1] Die Erlaubnis kann mit Nebenbestimmungen versehen werden. [2] Zur Gewährleistung des Wohls der Kinder und der Jugendlichen können nachträgliche Auflagen erteilt werden.

(5) [1] Besteht für eine erlaubnispflichtige Einrichtung eine Aufsicht nach anderen Rechtsvorschriften, so hat die zuständige Behörde ihr Tätigwerden zuvor mit der anderen Behörde abzustimmen. [2] Sie hat den Träger der Einrichtung rechtzeitig auf weitergehende Anforderungen nach anderen Rechtsvorschriften hinzuweisen.

(6) [1] Sind in einer Einrichtung Mängel festgestellt worden, so soll die zuständige Behörde zunächst den Träger der Einrichtung über die Möglichkeiten zur Beseitigung der Mängel beraten. [2] Wenn sich die Beseitigung der Mängel auf Entgelte oder Vergütungen nach § 134 des Neunten Buches oder nach § 76 des Zwölften Buches auswirken kann, so ist der Träger der Eingliederungshilfe oder der Sozialhilfe, mit dem Vereinbarungen nach diesen Vorschriften bestehen, an der Beratung zu beteiligen. [3] Werden festgestellte Mängel nicht behoben, so können dem Träger der Einrichtung Auflagen nach Absatz 4 Satz 2 erteilt werden. [4] Wenn sich eine Auflage auf Entgelte oder Vergütungen nach § 134 des Neunten Buches oder nach § 76 des Zwölften Buches auswirkt, so entscheidet die zuständige Behörde nach Anhörung des Trägers der Eingliederungshilfe oder der Sozialhilfe, mit dem Vereinbarungen nach diesen Vorschriften bestehen, über die Erteilung der

Auflage. [5]Die Auflage ist nach Möglichkeit in Übereinstimmung mit den nach § 134 des Neunten Buches oder nach den §§ 75 bis 80 des Zwölften Buches getroffenen Vereinbarungen auszugestalten.

(7) [1]Die Erlaubnis ist aufzuheben, wenn das Wohl der Kinder oder der Jugendlichen in der Einrichtung gefährdet und der Träger nicht bereit oder nicht in der Lage ist, die Gefährdung abzuwenden. [2]Sie kann aufgehoben werden, wenn die Voraussetzungen für eine Erteilung nach Absatz 2 nicht oder nicht mehr vorliegen; Absatz 6 Satz 1 und 3 bleibt unberührt. [3]Die Vorschriften zum Widerruf nach § 47 Absatz 1 Nummer 2 und Absatz 3 des Zehnten Buches bleiben unberührt. Widerspruch und Anfechtungsklage gegen die Rücknahme oder den Widerruf der Erlaubnis haben keine aufschiebende Wirkung.

§§ 45a–49 *nicht abgedruckt*

Dritter Abschnitt. Mitwirkung in gerichtlichen Verfahren

§ 50 Mitwirkung in Verfahren vor den Familiengerichten

(1) [1]Das Jugendamt unterstützt das Familiengericht bei allen Maßnahmen, die die Sorge für die Person von Kindern und Jugendlichen betreffen. [2]Es hat in folgenden Verfahren nach dem Gesetz über das Verfahren in Familiensachen und in den Angelegenheiten der freiwilligen Gerichtsbarkeit mitzuwirken:

1. Kindschaftssachen (§ 162 des Gesetzes über das Verfahren in Familiensachen und in den Angelegenheiten der freiwilligen Gerichtsbarkeit),
2. Abstammungssachen (§ 176 des Gesetzes über das Verfahren in Familiensachen und in den Angelegenheiten der freiwilligen Gerichtsbarkeit),
3. Adoptionssachen (§ 188 Absatz 2, §§ 189, 194, 195 des Gesetzes über das Verfahren in Familiensachen und in den Angelegenheiten der freiwilligen Gerichtsbarkeit),
4. Ehewohnungssachen (§ 204 Absatz 2, § 205 des Gesetzes über das Verfahren in Familiensachen und in den Angelegenheiten der freiwilligen Gerichtsbarkeit) und
5. Gewaltschutzsachen (§§ 212, 213 des Gesetzes über das Verfahren in Familiensachen und in den Angelegenheiten der freiwilligen Gerichtsbarkeit).

(2) [1]Das Jugendamt unterrichtet insbesondere über angebotene und erbrachte Leistungen, bringt erzieherische und soziale Gesichtspunkte zur Entwicklung des Kindes oder des Jugendlichen ein und weist auf weitere Möglichkeiten der Hilfe hin. [2]In Verfahren nach den §§ 1631b, 1632 Absatz 4, den §§ 1666, 1666a und 1682 des Bürgerlichen Gesetzbuchs sowie in Verfahren, die die Abänderung, Verlängerung oder Aufhebung von nach diesen Vorschriften getroffenen Maßnahmen betreffen, legt das Jugendamt dem Familiengericht den Hilfeplan nach § 36 Absatz 2 Satz 2 vor. [3]Dieses Dokument beinhaltet ausschließlich das Ergebnis der Bedarfsfeststellung, die vereinbarte Art der Hilfegewährung einschließlich der hiervon umfassten Leistungen sowie das Ergebnis etwaiger Überprüfungen dieser Feststellungen. [4]In anderen die Person des Kindes betreffenden Kindschaftssachen legt das Jugendamt den Hilfeplan auf Anforderung des Familiengerichts vor. [5]Das

Jugendamt informiert das Familiengericht in dem Termin nach § 155 Absatz 2 des Gesetzes über das Verfahren in Familiensachen und in den Angelegenheiten der freiwilligen Gerichtsbarkeit über den Stand des Beratungsprozesses. [6] § 64 Absatz 2 und § 65 Absatz 1 Satz 1 Nummer 1 und 2 bleiben unberührt.

(3) [1] Das Jugendamt, das in Verfahren zur Übertragung der gemeinsamen Sorge nach § 155a Absatz 4 Satz 1 und § 162 des Gesetzes über das Verfahren in Familiensachen und in den Angelegenheiten der freiwilligen Gerichtsbarkeit angehört wird, teilt

1. rechtskräftige gerichtliche Entscheidungen, aufgrund derer die Sorge gemäß § 1626a Absatz 2 Satz 1 des Bürgerlichen Gesetzbuchs den Eltern ganz oder zum Teil gemeinsam übertragen wird oder
2. rechtskräftige gerichtliche Entscheidungen, die die elterliche Sorge ganz oder zum Teil der Mutter entziehen oder auf den Vater allein übertragen,

dem nach § 87c Absatz 6 Satz 2 zuständigen Jugendamt zu den in § 58 genannten Zwecken unverzüglich mit. [2] Mitzuteilen sind auch das Geburtsdatum und der Geburtsort des Kindes oder des Jugendlichen sowie der Name, den das Kind oder der Jugendliche zur Zeit der Beurkundung seiner Geburt geführt hat.

§ 51 Beratung und Belehrung in Verfahren zur Annahme als Kind

(1) [1] Das Jugendamt hat im Verfahren zur Ersetzung der Einwilligung eines Elternteils in die Annahme nach § 1748 Absatz 2 Satz 1 des Bürgerlichen Gesetzbuchs den Elternteil über die Möglichkeit der Ersetzung der Einwilligung zu belehren. [2] Es hat ihn darauf hinzuweisen, dass das Familiengericht die Einwilligung erst nach Ablauf von drei Monaten nach der Belehrung ersetzen darf. [3] Der Belehrung bedarf es nicht, wenn der Elternteil seinen Aufenthaltsort ohne Hinterlassung seiner neuen Anschrift gewechselt hat und der Aufenthaltsort vom Jugendamt während eines Zeitraums von drei Monaten trotz angemessener Nachforschungen nicht ermittelt werden konnte; in diesem Fall beginnt die Frist mit der ersten auf die Belehrung oder auf die Ermittlung des Aufenthaltsorts gerichteten Handlung des Jugendamts. [4] Die Fristen laufen frühestens fünf Monate nach der Geburt des Kindes ab.

(2) [1] Das Jugendamt soll den Elternteil mit der Belehrung nach Absatz 1 über Hilfen beraten, die die Erziehung des Kindes in der eigenen Familie ermöglichen könnten. [2] Einer Beratung bedarf es insbesondere nicht, wenn das Kind seit längerer Zeit bei den Annehmenden in Familienpflege lebt und bei seiner Herausgabe an den Elternteil eine schwere und nachhaltige Schädigung des körperlichen und seelischen Wohlbefindens des Kindes zu erwarten ist. [3] Das Jugendamt hat dem Familiengericht im Verfahren mitzuteilen, welche Leistungen erbracht oder angeboten worden sind oder aus welchem Grund davon abgesehen wurde.

(3) Steht nicht miteinander verheirateten Eltern die elterliche Sorge nicht gemeinsam zu, so hat das Jugendamt den Vater bei der Wahrnehmung seiner Rechte nach § 1747 Absatz 1 und 3 des Bürgerlichen Gesetzbuchs zu beraten.

§ 52 Mitwirkung in Verfahren nach dem Jugendgerichtsgesetz

(1) [1] Das Jugendamt hat nach Maßgabe der §§ 38 und 50 Absatz 3 Satz 2 des Jugendgerichtsgesetzes im Verfahren nach dem Jugendgerichtsgesetz mit-

zuwirken. [2] Dabei soll das Jugendamt auch mit anderen öffentlichen Einrichtungen und sonstigen Stellen, wenn sich deren Tätigkeit auf die Lebenssituation des Jugendlichen oder jungen Volljährigen auswirkt, zusammenarbeiten, soweit dies zur Erfüllung seiner ihm dabei obliegenden Aufgaben erforderlich ist. [3] Die behördenübergreifende Zusammenarbeit kann im Rahmen von gemeinsamen Konferenzen oder vergleichbaren gemeinsamen Gremien oder in anderen nach fachlicher Einschätzung geeigneten Formen erfolgen.

(2) [1] Das Jugendamt hat frühzeitig zu prüfen, ob für den Jugendlichen oder den jungen Volljährigen Leistungen der Jugendhilfe oder anderer Sozialleistungsträger in Betracht kommen. [2] Ist dies der Fall oder ist eine geeignete Leistung bereits eingeleitet oder gewährt worden, so hat das Jugendamt den Staatsanwalt oder den Richter umgehend davon zu unterrichten, damit geprüft werden kann, ob diese Leistung ein Absehen von der Verfolgung (§ 45 JGG) oder eine Einstellung des Verfahrens (§ 47 JGG) ermöglicht.

(3) Der Mitarbeiter des Jugendamts oder des anerkannten Trägers der freien Jugendhilfe, der nach § 38 Absatz 2 Satz 2 des Jugendgerichtsgesetzes tätig wird, soll den Jugendlichen oder den jungen Volljährigen während des gesamten Verfahrens betreuen.

Vierter Abschnitt und Fünfter Abschnitt

nicht abgedruckt

Viertes Kapitel. Schutz von Sozialdaten

§ 61 Anwendungsbereich

(1) [1] Für den Schutz von Sozialdaten bei ihrer Verarbeitung in der Jugendhilfe gelten § 35 des Ersten Buches, §§ 67 bis 85a des Zehnten Buches sowie die nachfolgenden Vorschriften. [2] Sie gelten für alle Stellen des Trägers der öffentlichen Jugendhilfe, soweit sie Aufgaben nach diesem Buch wahrnehmen. [3] Für die Wahrnehmung von Aufgaben nach diesem Buch durch kreisangehörige Gemeinden und Gemeindeverbände, die nicht örtliche Träger sind, gelten die Sätze 1 und 2 entsprechend.

(2) Für den Schutz von Sozialdaten bei ihrer Verarbeitung im Rahmen der Tätigkeit des Jugendamts als Amtspfleger, Amtsvormund und Beistand gilt nur § 68.

(3) Werden Einrichtungen und Dienste der Träger der freien Jugendhilfe in Anspruch genommen, so ist sicherzustellen, dass der Schutz der personenbezogenen Daten bei der Verarbeitung in entsprechender Weise gewährleistet ist.

§ 62 Datenerhebung

(1) Sozialdaten dürfen nur erhoben werden, soweit ihre Kenntnis zur Erfüllung der jeweiligen Aufgabe erforderlich ist.

(2) [1] Sozialdaten sind bei der betroffenen Person zu erheben. [2] Sie ist über die Rechtsgrundlage der Erhebung sowie die Zweckbestimmungen der Verarbeitung aufzuklären, soweit diese nicht offenkundig sind.

(3) Ohne Mitwirkung der betroffenen Person dürfen Sozialdaten nur erhoben werden, wenn
1. eine gesetzliche Bestimmung dies vorschreibt oder erlaubt oder
2. ihre Erhebung bei der betroffenen Person nicht möglich ist oder die jeweilige Aufgabe ihrer Art nach eine Erhebung bei anderen erfordert, die Kenntnis der Daten aber erforderlich ist für
a) die Feststellung der Voraussetzungen oder für die Erfüllung einer Leistung nach diesem Buch oder
b) die Feststellung der Voraussetzungen für die Erstattung einer Leistung nach § 50 des Zehnten Buches oder
c) die Wahrnehmung einer Aufgabe nach den §§ 42 bis 48a und nach § 52 oder
d) die Erfüllung des Schutzauftrages bei Kindeswohlgefährdung nach § 8a oder die Gefährdungsabwendung nach § 4 des Gesetzes zur Kooperation und Information im Kinderschutz oder
3. die Erhebung bei der betroffenen Person einen unverhältnismäßigen Aufwand erfordern würde und keine Anhaltspunkte dafür bestehen, dass schutzwürdige Interessen der betroffenen Person beeinträchtigt werden oder
4. die Erhebung bei der betroffenen Person den Zugang zur Hilfe ernsthaft gefährden würde.

(4) [1] Ist die betroffene Person nicht zugleich Leistungsberechtigter oder sonst an der Leistung beteiligt, so dürfen die Daten auch beim Leistungsberechtigten oder einer anderen Person, die sonst an der Leistung beteiligt ist, erhoben werden, wenn die Kenntnis der Daten für die Gewährung einer Leistung nach diesem Buch notwendig ist. [2] Satz 1 gilt bei der Erfüllung anderer Aufgaben im Sinne des § 2 Absatz 3 entsprechend.

§ 63 Datenspeicherung

(1) Sozialdaten dürfen gespeichert werden, soweit dies für die Erfüllung der jeweiligen Aufgabe erforderlich ist.

(2) [1] Daten, die zur Erfüllung unterschiedlicher Aufgaben der öffentlichen Jugendhilfe erhoben worden sind, dürfen nur zusammengeführt werden, wenn und solange dies wegen eines unmittelbaren Sachzusammenhangs erforderlich ist. [2] Daten, die zu Leistungszwecken im Sinne des § 2 Absatz 2 und Daten, die für andere Aufgaben im Sinne des § 2 Absatz 3 erhoben worden sind, dürfen nur zusammengeführt werden, soweit dies zur Erfüllung der jeweiligen Aufgabe erforderlich ist.

§ 64 Datenübermittlung und -nutzung

(1) Sozialdaten dürfen zu dem Zweck übermittelt oder genutzt werden, zu dem sie erhoben worden sind.

(2) Eine Übermittlung für die Erfüllung von Aufgaben nach § 69 des Zehnten Buches ist abweichend von Absatz 1 nur zulässig, soweit dadurch der Erfolg einer zu gewährenden Leistung nicht in Frage gestellt wird.

(2a) Vor einer Übermittlung an eine Fachkraft, die nicht dem Verantwortlichen angehört, sind die Sozialdaten zu anonymisieren oder zu pseudonymisieren, soweit die Aufgabenerfüllung dies zulässt.

(2b) [1] Abweichend von Absatz 1 dürfen Sozialdaten übermittelt und genutzt werden, soweit dies für die Durchführung bestimmter wissenschaftlicher Vorhaben zur Erforschung möglicher politisch motivierter Adoptionsvermittlung in der DDR erforderlich ist, ohne dass es einer Anonymisierung oder Pseudonymisierung bedarf. [2] Die personenbezogenen Daten sind zu anonymisieren, sobald dies nach dem Forschungszweck möglich ist. [3] Vom Adoptionsverfahren betroffene Personen dürfen nicht kontaktiert werden.

(3) Sozialdaten dürfen beim Träger der öffentlichen Jugendhilfe zum Zwecke der Planung im Sinne des § 80 gespeichert oder genutzt werden; sie sind unverzüglich zu anonymisieren.

(4) Erhält ein Träger der öffentlichen Jugendhilfe nach Maßgabe des § 4 Absatz 3 des Gesetzes zur Kooperation und Information im Kinderschutz Informationen und Daten, soll er gegenüber der meldenden Person ausschließlich mitteilen, ob sich die von ihr mitgeteilten gewichtigen Anhaltspunkte für die Gefährdung des Wohls des Kindes oder Jugendlichen bestätigt haben und ob das Jugendamt zur Abwendung der Gefährdung tätig geworden ist und noch tätig ist.

§ 65 Besonderer Vertrauensschutz in der persönlichen und erzieherischen Hilfe

(1) [1] Sozialdaten, die dem Mitarbeiter eines Trägers der öffentlichen Jugendhilfe zum Zwecke persönlicher und erzieherischer Hilfe anvertraut worden sind, dürfen von diesem nur weitergegeben oder übermittelt werden

1. mit der Einwilligung dessen, der die Daten anvertraut hat, oder
2. dem Familiengericht zur Erfüllung der Aufgaben nach § 8a Absatz 2, wenn angesichts einer Gefährdung des Wohls eines Kindes oder eines Jugendlichen ohne diese Mitteilung eine für die Gewährung von Leistungen notwendige gerichtliche Entscheidung nicht ermöglicht werden könnte, oder
3. dem Mitarbeiter, der auf Grund eines Wechsels der Fallzuständigkeit im Jugendamt oder eines Wechsels der örtlichen Zuständigkeit für die Gewährung oder Erbringung der Leistung verantwortlich ist, wenn Anhaltspunkte für eine Gefährdung des Kindeswohls gegeben sind und die Daten für eine Abschätzung des Gefährdungsrisikos notwendig sind, oder
4. an die Fachkräfte, die zum Zwecke der Abschätzung des Gefährdungsrisikos nach § 8a hinzugezogen werden; § 64 Absatz 2a bleibt unberührt, oder
5. unter den Voraussetzungen, unter denen eine der in § 203 Absatz 1 oder 4 des Strafgesetzbuchs genannten Personen dazu befugt wäre, oder
6. wenn dies für die Durchführung bestimmter wissenschaftlicher Vorhaben zur Erforschung möglicher politisch motivierter Adoptionsvermittlung in der DDR erforderlich ist. Vom Adoptionsverfahren betroffene Personen dürfen nicht kontaktiert werden; § 64 Absatz 2b Satz 1 und 2 gilt entsprechend.

[2] Der Empfänger darf die Sozialdaten nur zu dem Zweck weitergeben oder übermitteln, zu dem er sie befugt erhalten hat.

(2) § 35 Absatz 3 des Ersten Buches gilt auch, soweit ein behördeninternes Weitergabeverbot nach Absatz 1 besteht.

§ 66 (weggefallen)

[Fassung des § 66 ab 1.11.2025:]

§ 66 Auskünfte aus dem Ausländerzentralregister

Zur Erfüllung der Aufgaben nach diesem Buch dürfen die öffentlichen Träger der Jugendhilfe über junge Menschen, die Hilfen oder Leistungen nach diesem Buch erhalten oder erhalten sollen oder in Obhut genommen wurden, mittels einer Auskunft aus dem Ausländerzentralregister die in § 18d Absatz 1 des Ausländerzentralregistergesetzes genannten Daten abrufen.

§ 67 (weggefallen)

§ 68 Sozialdaten im Bereich der Beistandschaft, Amtspflegschaft und der Amtsvormundschaft

(1) [1]Der Beamte oder Angestellte, dem die Ausübung der Beistandschaft, Amtspflegschaft oder Amtsvormundschaft übertragen ist, darf Sozialdaten nur verarbeiten, soweit dies zur Erfüllung seiner Aufgaben erforderlich ist. [2]Die Nutzung dieser Sozialdaten zum Zwecke der Aufsicht, Kontrolle oder Rechnungsprüfung durch die dafür zuständigen Stellen sowie die Übermittlung an diese ist im Hinblick auf den Einzelfall zulässig. [3]Die Informationspflichten nach Artikel 13 und 14 der Verordnung (EU) 2016/679 des Europäischen Parlaments und des Rates vom 27. April 2016 zum Schutz natürlicher Personen bei der Verarbeitung personenbezogener Daten, zum freien Datenverkehr und zur Aufhebung der Richtlinie 95/46/EG (Datenschutz-Grundverordnung) (ABl. L 119 vom 4.5.2016, S. 1; L 314 vom 22.11.2016, S. 72; L 127 vom 23.5.2018, S. 2) in der jeweils geltenden Fassung bestehen nur, soweit die Erteilung der Informationen

1. mit der Wahrung der Interessen der minderjährigen Person vereinbar ist und
2. nicht die Erfüllung der Aufgaben gefährdet, die in der Zuständigkeit des Beistands, des Amtspflegers oder des Amtsvormundes liegen.

(2) § 84 des Zehnten Buches gilt entsprechend.

(3) [1]Das Recht auf Auskunft der betroffenen Person gemäß Artikel 15 der Verordnung (EU) 2016/679 besteht nicht, soweit die betroffene Person nach Absatz 1 Satz 3 nicht zu informieren ist oder durch die Auskunftserteilung berechtigte Interessen Dritter beeinträchtigt würden. [2]Einer Person, die unter Beistandschaft, Amtspflegschaft oder Amtsvormundschaft gestanden und ihr 18. Lebensjahr noch nicht vollendet hat, kann Auskunft erteilt werden, soweit sie die erforderliche Einsichts- und Urteilsfähigkeit besitzt und die Auskunftserteilung nicht nach Satz 1 ausgeschlossen ist. [3]Nach Beendigung einer Beistandschaft hat darüber hinaus der Elternteil, der die Beistandschaft beantragt hat, einen Anspruch auf Kenntnis der gespeicherten Daten, solange der junge Mensch minderjährig ist, der Elternteil antragsberechtigt ist und die Auskunftserteilung nicht nach Satz 1 ausgeschlossen ist.

(4) Personen oder Stellen, an die Sozialdaten übermittelt worden sind, dürfen diese nur zu dem Zweck speichern und nutzen, zu dem sie ihnen nach Absatz 1 befugt übermittelt worden sind.

Fünftes Kapitel. Träger der Jugendhilfe, Zusammenarbeit, Gesamtverantwortung

Erster Abschnitt. Träger der öffentlichen Jugendhilfe

§ 69 Träger der öffentlichen Jugendhilfe, Jugendämter, Landesjugendämter

(1) Die Träger der öffentlichen Jugendhilfe werden durch Landesrecht bestimmt.

(2) (weggefallen)

(3) Für die Wahrnehmung der Aufgaben nach diesem Buch errichtet jeder örtliche Träger ein Jugendamt, jeder überörtliche Träger ein Landesjugendamt.

(4) Mehrere örtliche Träger und mehrere überörtliche Träger können, auch wenn sie verschiedenen Ländern angehören, zur Durchführung einzelner Aufgaben gemeinsame Einrichtungen und Dienste errichten.

§ 70 Organisation des Jugendamts und des Landesjugendamts

(1) Die Aufgaben des Jugendamts werden durch den Jugendhilfeausschuss und durch die Verwaltung des Jugendamts wahrgenommen.

(2) Die Geschäfte der laufenden Verwaltung im Bereich der öffentlichen Jugendhilfe werden vom Leiter der Verwaltung der Gebietskörperschaft oder in seinem Auftrag vom Leiter der Verwaltung des Jugendamts im Rahmen der Satzung und der Beschlüsse der Vertretungskörperschaft und des Jugendhilfeausschusses geführt.

(3) [1]Die Aufgaben des Landesjugendamts werden durch den Landesjugendhilfeausschuss und durch die Verwaltung des Landesjugendamts im Rahmen der Satzung und der dem Landesjugendamt zur Verfügung gestellten Mittel wahrgenommen. [2]Die Geschäfte der laufenden Verwaltung werden von dem Leiter der Verwaltung des Landesjugendamts im Rahmen der Satzung und der Beschlüsse des Landesjugendhilfeausschusses geführt.

§ 71 Jugendhilfeausschuss, Landesjugendhilfeausschuss

(1) Dem Jugendhilfeausschuss gehören als stimmberechtigte Mitglieder an

1. mit drei Fünfteln des Anteils der Stimmen Mitglieder der Vertretungskörperschaft des Trägers der öffentlichen Jugendhilfe oder von ihr gewählte Frauen und Männer, die in der Jugendhilfe erfahren sind,
2. mit zwei Fünfteln des Anteils der Stimmen Frauen und Männer, die auf Vorschlag der im Bereich des öffentlichen Trägers wirkenden und anerkannten Träger der freien Jugendhilfe von der Vertretungskörperschaft gewählt werden; Vorschläge der Jugendverbände und der Wohlfahrtsverbände sind angemessen zu berücksichtigen.

(2) Dem Jugendhilfeausschuss sollen als beratende Mitglieder selbstorganisierte Zusammenschlüsse nach § 4a angehören.

(3) Der Jugendhilfeausschuss befasst sich mit allen Angelegenheiten der Jugendhilfe, insbesondere mit

1. der Erörterung aktueller Problemlagen junger Menschen und ihrer Familien sowie mit Anregungen und Vorschlägen für die Weiterentwicklung der Jugendhilfe,
2. der Jugendhilfeplanung und
3. der Förderung der freien Jugendhilfe.

(4) [1] Er hat Beschlussrecht in Angelegenheiten der Jugendhilfe im Rahmen der von der Vertretungskörperschaft bereitgestellten Mittel, der von ihr erlassenen Satzung und der von ihr gefassten Beschlüsse. [2] Er soll vor jeder Beschlussfassung der Vertretungskörperschaft in Fragen der Jugendhilfe und vor der Berufung eines Leiters des Jugendamts gehört werden und hat das Recht, an die Vertretungskörperschaft Anträge zu stellen. [3] Er tritt nach Bedarf zusammen und ist auf Antrag von mindestens einem Fünftel der Stimmberechtigten einzuberufen. [4] Seine Sitzungen sind öffentlich, soweit nicht das Wohl der Allgemeinheit, berechtigte Interessen einzelner Personen oder schutzbedürftiger Gruppen entgegenstehen.

(5) [1] Dem Landesjugendhilfeausschuss gehören mit zwei Fünfteln des Anteils der Stimmen Frauen und Männer an, die auf Vorschlag der im Bereich des Landesjugendamts wirkenden und anerkannten Träger der freien Jugendhilfe von der obersten Landesjugendbehörde zu berufen sind. [2] Die übrigen Mitglieder werden durch Landesrecht bestimmt. Absatz 3 gilt entsprechend.

(6) [1] Das Nähere regelt das Landesrecht. [2] Es regelt die Zugehörigkeit weiterer beratender Mitglieder zum Jugendhilfeausschuss. [3] Es kann bestimmen, dass der Leiter der Verwaltung der Gebietskörperschaft oder der Leiter der Verwaltung des Jugendamts nach Absatz 1 Nummer 1 stimmberechtigt ist.

§ 72 Mitarbeiter, Fortbildung

(1) [1] Die Träger der öffentlichen Jugendhilfe sollen bei den Jugendämtern und Landesjugendämtern hauptberuflich nur Personen beschäftigen, die sich für die jeweilige Aufgabe nach ihrer Persönlichkeit eignen und eine dieser Aufgabe entsprechende Ausbildung erhalten haben (Fachkräfte) oder auf Grund besonderer Erfahrungen in der sozialen Arbeit in der Lage sind, die Aufgabe zu erfüllen. [2] Soweit die jeweilige Aufgabe dies erfordert, sind mit ihrer Wahrnehmung nur Fachkräfte oder Fachkräfte mit entsprechender Zusatzausbildung zu betrauen. [3] Fachkräfte verschiedener Fachrichtungen sollen zusammenwirken, soweit die jeweilige Aufgabe dies erfordert.

(2) Leitende Funktionen des Jugendamts oder des Landesjugendamts sollen in der Regel nur Fachkräften übertragen werden.

(3) Die Träger der öffentlichen Jugendhilfe haben Fortbildung und Praxisberatung der Mitarbeiter des Jugendamts und des Landesjugendamts sicherzustellen.

§ 72a Tätigkeitsausschluss einschlägig vorbestrafter Personen

(1) [1] Die Träger der öffentlichen Jugendhilfe dürfen für die Wahrnehmung der Aufgaben in der Kinder- und Jugendhilfe keine Person beschäftigen oder vermitteln, die rechtskräftig wegen einer Straftat nach den §§ 171, 174 bis 174c, 176 bis 180a, 181a, 182 bis 184g, 184i, 184j, 184k, 184l, 201a

Absatz 3, den §§ 225, 232 bis 233a, 234, 235 oder 236 des Strafgesetzbuchs verurteilt worden ist. [2]Zu diesem Zweck sollen sie sich bei der Einstellung oder Vermittlung und in regelmäßigen Abständen von den betroffenen Personen ein Führungszeugnis nach § 30 Absatz 5 und § 30a Absatz 1 des Bundeszentralregistergesetzes vorlegen lassen.

(2) Die Träger der öffentlichen Jugendhilfe sollen durch Vereinbarungen mit den Trägern der freien Jugendhilfe sowie mit Vereinen im Sinne des § 54 sicherstellen, dass diese keine Person, die wegen einer Straftat nach Absatz 1 Satz 1 rechtskräftig verurteilt worden ist, hauptamtlich beschäftigen.

(3) [1]Die Träger der öffentlichen Jugendhilfe sollen sicherstellen, dass unter ihrer Verantwortung keine neben- oder ehrenamtlich tätige Person, die wegen einer Straftat nach Absatz 1 Satz 1 rechtskräftig verurteilt worden ist, in Wahrnehmung von Aufgaben der Kinder- und Jugendhilfe Kinder oder Jugendliche beaufsichtigt, betreut, erzieht oder ausbildet oder einen vergleichbaren Kontakt hat. [2]Hierzu sollen die Träger der öffentlichen Jugendhilfe über die Tätigkeiten entscheiden, die von den in Satz 1 genannten Personen auf Grund von Art, Intensität und Dauer des Kontakts dieser Personen mit Kindern und Jugendlichen nur nach Einsichtnahme in das Führungszeugnis nach Absatz 1 Satz 2 wahrgenommen werden dürfen.

(4) [1]Die Träger der öffentlichen Jugendhilfe sollen durch Vereinbarungen mit den Trägern der freien Jugendhilfe sowie mit Vereinen im Sinne des § 54 sicherstellen, dass unter deren Verantwortung keine neben- oder ehrenamtlich tätige Person, die wegen einer Straftat nach Absatz 1 Satz 1 rechtskräftig verurteilt worden ist, in Wahrnehmung von Aufgaben der Kinder- und Jugendhilfe Kinder oder Jugendliche beaufsichtigt, betreut, erzieht oder ausbildet oder einen vergleichbaren Kontakt hat. [2]Hierzu sollen die Träger der öffentlichen Jugendhilfe mit den Trägern der freien Jugendhilfe Vereinbarungen über die Tätigkeiten schließen, die von den in Satz 1 genannten Personen auf Grund von Art, Intensität und Dauer des Kontakts dieser Personen mit Kindern und Jugendlichen nur nach Einsichtnahme in das Führungszeugnis nach Absatz 1 Satz 2 wahrgenommen werden dürfen.

(5) [1]Die Träger der öffentlichen und freien Jugendhilfe dürfen von den nach den Absätzen 3 und 4 eingesehenen Daten nur folgende Daten erheben und speichern:

1. den Umstand der Einsichtnahme,
2. das Datum des Führungszeugnisses und
3. die Information, ob die das Führungszeugnis betreffende Person wegen einer der folgenden Straftaten rechtskräftig verurteilt worden ist:

a) wegen einer in Absatz 1 Satz 1 genannten Straftat oder
b) wegen einer nicht in Absatz 1 Satz 1 genannten Straftat, die die Person als ungeeignet im Umgang mit Kindern und Jugendlichen erscheinen lässt.

[2]Die Träger der öffentlichen und freien Jugendhilfe dürfen die gespeicherten Daten nur verarbeiten, soweit dies erforderlich ist, um die Eignung einer Person für diejenige Tätigkeit, die Anlass zu der Einsichtnahme in das Führungszeugnis gewesen ist, zu prüfen. [3]Die Daten sind vor dem Zugriff Unbefugter zu schützen. [4]Sie sind unverzüglich zu löschen, wenn die Person eine Tätigkeit nach Absatz 3 Satz 2 oder Absatz 4 Satz 2 nicht ausübt. [5]Die

Daten sind spätestens sechs Monate nach der letztmaligen Ausübung einer solchen Tätigkeit zu löschen.

Zweiter Abschnitt. Zusammenarbeit mit der freien Jugendhilfe, ehrenamtliche Tätigkeit

§ 73 Ehrenamtliche Tätigkeit

In der Jugendhilfe ehrenamtlich tätige Personen sollen bei ihrer Tätigkeit angeleitet, beraten und unterstützt werden.

§ 74 Förderung der freien Jugendhilfe

(1) [1] Die Träger der öffentlichen Jugendhilfe sollen die freiwillige Tätigkeit auf dem Gebiet der Jugendhilfe anregen; sie sollen sie fördern, wenn der jeweilige Träger

1. die fachlichen Voraussetzungen für die geplante Maßnahme erfüllt und die Beachtung der Grundsätze und Maßstäbe der Qualitätsentwicklung und Qualitätssicherung nach § 79a gewährleistet,
2. die Gewähr für eine zweckentsprechende und wirtschaftliche Verwendung der Mittel bietet,
3. gemeinnützige Ziele verfolgt,
4. eine angemessene Eigenleistung erbringt und
5. die Gewähr für eine den Zielen des Grundgesetzes förderliche Arbeit bietet.

[2] Eine auf Dauer angelegte Förderung setzt in der Regel die Anerkennung als Träger der freien Jugendhilfe nach § 75 voraus.

(2) [1] Soweit von der freien Jugendhilfe Einrichtungen, Dienste und Veranstaltungen geschaffen werden, um die Gewährung von Leistungen nach diesem Buch zu ermöglichen, kann die Förderung von der Bereitschaft abhängig gemacht werden, diese Einrichtungen, Dienste und Veranstaltungen nach Maßgabe der Jugendhilfeplanung und unter Beachtung der in § 9 genannten Grundsätze anzubieten. [2] § 4 Absatz 1 bleibt unberührt.

(3) [1] Über die Art und Höhe der Förderung entscheidet der Träger der öffentlichen Jugendhilfe im Rahmen der verfügbaren Haushaltsmittel nach pflichtgemäßem Ermessen. [2] Entsprechendes gilt, wenn mehrere Antragsteller die Förderungsvoraussetzungen erfüllen und die von ihnen vorgesehenen Maßnahmen gleich geeignet sind, zur Befriedigung des Bedarfs jedoch nur eine Maßnahme notwendig ist. [3] Bei der Bemessung der Eigenleistung sind die unterschiedliche Finanzkraft und die sonstigen Verhältnisse zu berücksichtigen.

(4) Bei sonst gleich geeigneten Maßnahmen soll solchen der Vorzug gegeben werden, die stärker an den Interessen der Betroffenen orientiert sind und ihre Einflußnahme auf die Ausgestaltung der Maßnahme gewährleisten.

(5) [1] Bei der Förderung gleichartiger Maßnahmen mehrerer Träger sind unter Berücksichtigung ihrer Eigenleistungen gleiche Grundsätze und Maßstäbe anzulegen. [2] Werden gleichartige Maßnahmen von der freien und der öffentlichen Jugendhilfe durchgeführt, so sind bei der Förderung die Grundsätze und Maßstäbe anzuwenden, die für die Finanzierung der Maßnahmen der öffentlichen Jugendhilfe gelten.

(6) Die Förderung von anerkannten Trägern der Jugendhilfe soll auch Mittel für die Fortbildung der haupt-, neben- und ehrenamtlichen Mitarbeiter sowie im Bereich der Jugendarbeit Mittel für die Errichtung und Unterhaltung von Jugendfreizeit- und Jugendbildungsstätten einschließen.

§ 74a Finanzierung von Tageseinrichtungen für Kinder

[1] Die Finanzierung von Tageseinrichtungen regelt das Landesrecht. [2] Dabei können alle Träger von Einrichtungen, die die rechtlichen und fachlichen Voraussetzungen für den Betrieb der Einrichtung erfüllen, gefördert werden. [3] Die Erhebung von Teilnahmebeiträgen nach § 90 bleibt unberührt.

§ 75 Anerkennung als Träger der freien Jugendhilfe

(1) Als Träger der freien Jugendhilfe können juristische Personen und Personenvereinigungen anerkannt werden, wenn sie

1. auf dem Gebiet der Jugendhilfe im Sinne des § 1 tätig sind,
2. gemeinnützige Ziele verfolgen,
3. auf Grund der fachlichen und personellen Voraussetzungen erwarten lassen, dass sie einen nicht unwesentlichen Beitrag zur Erfüllung der Aufgaben der Jugendhilfe zu leisten imstande sind, und
4. die Gewähr für eine den Zielen des Grundgesetzes förderliche Arbeit bieten.

(2) Einen Anspruch auf Anerkennung als Träger der freien Jugendhilfe hat unter den Voraussetzungen des Absatzes 1, wer auf dem Gebiet der Jugendhilfe mindestens drei Jahre tätig gewesen ist.

(3) Die Kirchen und Religionsgemeinschaften des öffentlichen Rechts sowie die auf Bundesebene zusammengeschlossenen Verbände der freien Wohlfahrtspflege sind anerkannte Träger der freien Jugendhilfe.

§ 76 Beteiligung anerkannter Träger der freien Jugendhilfe an der Wahrnehmung anderer Aufgaben

(1) Die Träger der öffentlichen Jugendhilfe können anerkannte Träger der freien Jugendhilfe an der Durchführung ihrer Aufgaben nach den §§ 42, 42a, 43, 50 bis 52a und 53a beteiligen oder ihnen diese Aufgaben zur Ausführung übertragen.

(2) Die Träger der öffentlichen Jugendhilfe bleiben für die Erfüllung der Aufgaben verantwortlich.

§ 77 Vereinbarungen über Kostenübernahme und Qualitätsentwicklung bei ambulanten Leistungen

(1) [1] Werden Einrichtungen und Dienste der Träger der freien Jugendhilfe in Anspruch genommen, so sind Vereinbarungen über die Höhe der Kosten der Inanspruchnahme sowie über Inhalt, Umfang und Qualität der Leistung, über Grundsätze und Maßstäbe für die Bewertung der Qualität der Leistung und über geeignete Maßnahmen zu ihrer Gewährleistung zwischen der öffentlichen und der freien Jugendhilfe anzustreben. [2] Zu den Grundsätzen und Maßstäben für die Bewertung der Qualität der Leistung nach Satz 1 zählen auch Qualitätsmerkmale für die inklusive Ausrichtung der Aufgabenwahrnehmung und die Berücksichtigung der spezifischen Bedürfnisse von

jungen Menschen mit Behinderungen. [3]Das Nähere regelt das Landesrecht. [4]Die §§ 78a bis 78g bleiben unberührt.

(2) Wird eine Leistung nach § 37 Absatz 1 oder § 37a erbracht, so ist der Träger der öffentlichen Jugendhilfe zur Übernahme der Kosten der Inanspruchnahme nur verpflichtet, wenn mit den Leistungserbringern Vereinbarungen über Inhalt, Umfang und Qualität der Leistung, über Grundsätze und Maßstäbe für die Bewertung der Qualität der Leistung sowie über geeignete Maßnahmen zu ihrer Gewährleistung geschlossen worden sind; § 78e gilt entsprechend.

§ 78 Arbeitsgemeinschaften

[1]Die Träger der öffentlichen Jugendhilfe sollen die Bildung von Arbeitsgemeinschaften anstreben, in denen neben ihnen die anerkannten Träger der freien Jugendhilfe sowie die Träger geförderter Maßnahmen vertreten sind. [2]In den Arbeitsgemeinschaften soll darauf hingewirkt werden, dass die geplanten Maßnahmen aufeinander abgestimmt werden, sich gegenseitig ergänzen und in den Lebens- und Wohnbereichen von jungen Menschen und Familien ihren Bedürfnissen, Wünschen und Interessen entsprechend zusammenwirken. [3]Dabei sollen selbstorganisierte Zusammenschlüsse nach § 4a beteiligt werden.

Dritter Abschnitt

nicht abgedruckt

Vierter Abschnitt. Gesamtverantwortung, Jugendhilfeplanung

§ 79 Gesamtverantwortung, Grundausstattung

(1) Die Träger der öffentlichen Jugendhilfe haben für die Erfüllung der Aufgaben nach diesem Buch die Gesamtverantwortung einschließlich der Planungsverantwortung.

(2) [1]Die Träger der öffentlichen Jugendhilfe sollen gewährleisten, dass zur Erfüllung der Aufgaben nach diesem Buch

1. die erforderlichen und geeigneten Einrichtungen, Dienste und Veranstaltungen den verschiedenen Grundrichtungen der Erziehung entsprechend rechtzeitig und ausreichend zur Verfügung stehen; hierzu zählen insbesondere auch Pfleger, Vormünder und Pflegepersonen;
2. die nach Nummer 1 vorgehaltenen Einrichtungen, Dienste und Veranstaltungen dem nach § 80 Absatz 1 Nummer 2 ermittelten Bedarf entsprechend zusammenwirken und hierfür verbindliche Strukturen der Zusammenarbeit aufgebaut und weiterentwickelt werden;
3. eine kontinuierliche Qualitätsentwicklung nach Maßgabe von § 79a erfolgt.

[2]Von den für die Jugendhilfe bereitgestellten Mitteln haben sie einen angemessenen Anteil für die Jugendarbeit zu verwenden.

(3) [1]Die Träger der öffentlichen Jugendhilfe haben für eine ausreichende Ausstattung der Jugendämter und der Landesjugendämter einschließlich der Möglichkeit der Nutzung digitaler Geräte zu sorgen; hierzu gehört auch eine dem Bedarf entsprechende Zahl von Fachkräften. [2]Zur Planung und Bereit-

stellung einer bedarfsgerechten Personalausstattung ist ein Verfahren zur Personalbemessung zu nutzen.

§ 79a Qualitätsentwicklung in der Kinder- und Jugendhilfe

[1] Um die Aufgaben der Kinder- und Jugendhilfe nach § 2 zu erfüllen, haben die Träger der öffentlichen Jugendhilfe Grundsätze und Maßstäbe für die Bewertung der Qualität sowie geeignete Maßnahmen zu ihrer Gewährleistung für

1. die Gewährung und Erbringung von Leistungen,
2. die Erfüllung anderer Aufgaben,
3. den Prozess der Gefährdungseinschätzung nach § 8a,
4. die Zusammenarbeit mit anderen Institutionen

weiterzuentwickeln, anzuwenden und regelmäßig zu überprüfen. [2] Dazu zählen auch Qualitätsmerkmale für die inklusive Ausrichtung der Aufgabenwahrnehmung und die Berücksichtigung der spezifischen Bedürfnisse von jungen Menschen mit Behinderungen sowie die Sicherung der Rechte von Kindern und Jugendlichen in Einrichtungen und in Familienpflege und ihren Schutz vor Gewalt. [3] Die Träger der öffentlichen Jugendhilfe orientieren sich dabei an den fachlichen Empfehlungen der nach § 85 Absatz 2 zuständigen Behörden und an bereits angewandten Grundsätzen und Maßstäben für die Bewertung der Qualität sowie Maßnahmen zu ihrer Gewährleistung.

§ 80 Jugendhilfeplanung

(1) Die Träger der öffentlichen Jugendhilfe haben im Rahmen ihrer Planungsverantwortung

1. den Bestand an Einrichtungen und Diensten festzustellen,
2. den Bedarf unter Berücksichtigung der Wünsche, Bedürfnisse und Interessen der jungen Menschen und der Erziehungsberechtigten für einen mittelfristigen Zeitraum zu ermitteln und
3. die zur Befriedigung des Bedarfs notwendigen Vorhaben rechtzeitig und ausreichend zu planen; dabei ist Vorsorge zu treffen, dass auch ein unvorhergesehener Bedarf befriedigt werden kann.

(2) Einrichtungen und Dienste sollen so geplant werden, dass insbesondere

1. Kontakte in der Familie und im sozialen Umfeld erhalten und gepflegt werden können,
2. ein möglichst wirksames, vielfältiges, inklusives und aufeinander abgestimmtes Angebot von Jugendhilfeleistungen gewährleistet ist,
3. ein dem nach Absatz 1 Nummer 2 ermittelten Bedarf entsprechendes Zusammenwirken der Angebote von Jugendhilfeleistungen in den Lebens- und Wohnbereichen von jungen Menschen und Familien sichergestellt ist,
4. junge Menschen mit Behinderungen oder von Behinderung bedrohte junge Menschen mit jungen Menschen ohne Behinderung gemeinsam unter Berücksichtigung spezifischer Bedarfslagen gefördert werden können,

5. junge Menschen und Familien in gefährdeten Lebens- und Wohnbereichen besonders gefördert werden,
6. Mütter und Väter Aufgaben in der Familie und Erwerbstätigkeit besser miteinander vereinbaren können.

(3) Die Planung insbesondere von Diensten zur Gewährung niedrigschwelliger ambulanter Hilfen nach Maßgabe von § 36a Absatz 2 umfasst auch Maßnahmen zur Qualitätsgewährleistung der Leistungserbringung.

(4) [1] Die Träger der öffentlichen Jugendhilfe haben die anerkannten Träger der freien Jugendhilfe in allen Phasen ihrer Planung frühzeitig zu beteiligen. [2] Zu diesem Zwecke sind sie vom Jugendhilfeausschuss, soweit sie überörtlich tätig sind, im Rahmen der Jugendhilfeplanung des überörtlichen Trägers vom Landesjugendhilfeausschuss zu hören. [3] Das Nähere regelt das Landesrecht.

(5) Die Träger der öffentlichen Jugendhilfe sollen darauf hinwirken, dass die Jugendhilfeplanung und andere örtliche und überörtliche Planungen aufeinander abgestimmt werden und die Planungen insgesamt den Bedürfnissen und Interessen der jungen Menschen und ihrer Familien Rechnung tragen.

§ 81 Strukturelle Zusammenarbeit mit anderen Stellen und öffentlichen Einrichtungen

Die Träger der öffentlichen Jugendhilfe haben mit anderen Stellen und öffentlichen Einrichtungen, deren Tätigkeit sich auf die Lebenssituation junger Menschen und ihrer Familien auswirkt, insbesondere mit

1. den Trägern von Sozialleistungen nach dem Zweiten, Dritten, Vierten, Fünften, Sechsten, Zwölften und Vierzehnten Buch,
2. Rehabilitationsträger nach § 6 Absatz 1 Nummer 7 des Neunten Buches,
3. den Familien- und Jugendgerichten, den Staatsanwaltschaften sowie den Justizvollzugsbehörden,
4. Schulen und Stellen der Schulverwaltung,
5. Einrichtungen und Stellen des öffentlichen Gesundheitsdienstes und sonstigen Einrichtungen und Diensten des Gesundheitswesens,
6. den Beratungsstellen nach den §§ 3 und 8 Absatz 1des Schwangerschaftskonfliktgesetzes und Suchtberatungsstellen,
7. Einrichtungen und Diensten zum Schutz gegen Gewalt in engen sozialen Beziehungen,
8. den Stellen der Bundesagentur für Arbeit,
9. Einrichtungen und Stellen der beruflichen Aus- und Weiterbildung,
10. den Polizei- und Ordnungsbehörden,
11. der Gewerbeaufsicht,
12. Einrichtungen der Ausbildung für Fachkräfte, der Weiterbildung und der Forschung und
13. Einrichtungen, die auf örtlicher Ebene Familien und den sozialen Zusammenhalt zwischen den Generationen stärken (Mehrgenerationenhäuser),

im Rahmen ihrer Aufgaben und Befugnisse zusammenzuarbeiten.

Sechstes Kapitel. Zentrale Aufgaben

§ 82 Aufgaben der Länder

(1) Die oberste Landesjugendbehörde hat die Tätigkeit der Träger der öffentlichen und der freien Jugendhilfe und die Weiterentwicklung der Jugendhilfe anzuregen und zu fördern.

(2) Die Länder haben auf einen gleichmäßigen Ausbau der Einrichtungen und Angebote hinzuwirken und die Jugendämter und Landesjugendämter bei der Wahrnehmung ihrer Aufgaben zu unterstützen.

§ 83 Aufgaben des Bundes, sachverständige Beratung

(1) [1]Die fachlich zuständige oberste Bundesbehörde soll die Tätigkeit der Jugendhilfe anregen und fördern, soweit sie von überregionaler Bedeutung ist und ihrer Art nach nicht durch ein Land allein wirksam gefördert werden kann. [2]Hierzu gehören auch die überregionalen Tätigkeiten der Jugendorganisationen der politischen Parteien auf dem Gebiet der Jugendarbeit.

(2) [1]Die Bundesregierung wird in grundsätzlichen Fragen der Jugendhilfe von einem Sachverständigengremium (Bundesjugendkuratorium) beraten. [2]Das Nähere regelt die Bundesregierung durch Verwaltungsvorschriften.

(3) Die fachlich zuständige oberste Bundesbehörde hat der Bundeselternvertretung der Kinder in Kindertageseinrichtungen und Kindertagespflege bei wesentlichen die Kindertagesbetreuung betreffenden Fragen die Möglichkeit der Beratung zu geben.

§ 84 Jugendbericht

(1) [1]Die Bundesregierung legt dem Deutschen Bundestag und dem Bundesrat in jeder Legislaturperiode einen Bericht über die Lage junger Menschen und die Bestrebungen und Leistungen der Jugendhilfe vor. [2]Neben der Bestandsaufnahme und Analyse sollen die Berichte Vorschläge zur Weiterentwicklung der Jugendhilfe enthalten; jeder dritte Bericht soll einen Überblick über die Gesamtsituation der Jugendhilfe vermitteln.

(2) [1]Die Bundesregierung beauftragt mit der Ausarbeitung der Berichte jeweils eine Kommission, der mindestens sieben Sachverständige (Jugendberichtskommission) angehören. [2]Die Bundesregierung fügt eine Stellungnahme mit den von ihr für notwendig gehaltenen Folgerungen bei.

Siebtes Kapitel. Zuständigkeit, Kostenerstattung

Erster Abschnitt. Sachliche Zuständigkeit

§ 85 Sachliche Zuständigkeit

(1) Für die Gewährung von Leistungen und die Erfüllung anderer Aufgaben nach diesem Buch ist der örtliche Träger sachlich zuständig, soweit nicht der überörtliche Träger sachlich zuständig ist.

(2) Der überörtliche Träger ist sachlich zuständig für

1. die Beratung der örtlichen Träger und die Entwicklung von Empfehlungen zur Erfüllung der Aufgaben nach diesem Buch,
2. die Förderung der Zusammenarbeit zwischen den örtlichen Trägern und den anerkannten Trägern der freien Jugendhilfe, insbesondere bei der Planung und Sicherstellung eines bedarfsgerechten Angebots an Hilfen zur Erziehung, Eingliederungshilfen für seelisch behinderte Kinder und Jugendliche und Hilfen für junge Volljährige,
3. die Anregung und Förderung von Einrichtungen, Diensten und Veranstaltungen sowie deren Schaffung und Betrieb, soweit sie den örtlichen Bedarf übersteigen; dazu gehören insbesondere Einrichtungen, die eine Schul- oder Berufsausbildung anbieten, sowie Jugendbildungsstätten,
4. die Planung, Anregung, Förderung und Durchführung von Modellvorhaben zur Weiterentwicklung der Jugendhilfe,
5. die Beratung der örtlichen Träger bei der Gewährung von Hilfe nach den §§ 32 bis 35a, insbesondere bei der Auswahl einer Einrichtung oder der Vermittlung einer Pflegeperson in schwierigen Einzelfällen,
6. die Wahrnehmung der Aufgaben zum Schutz von Kindern und Jugendlichen in Einrichtungen (§§ 45 bis 48a),
7. die Beratung der Träger von Einrichtungen während der Planung und Betriebsführung,
8. die Fortbildung von Mitarbeitern in der Jugendhilfe,
9. die Gewährung von Leistungen an Deutsche im Ausland (§ 6 Absatz 3), soweit es sich nicht um die Fortsetzung einer bereits im Inland gewährten Leistung handelt,
10. die Anerkennung als Vormundschaftsverein (§ 54).

(3) Für den örtlichen Bereich können die Aufgaben nach Absatz 2 Nummer 3, 4, 7 und 8 auch vom örtlichen Träger wahrgenommen werden.

(4) Unberührt bleiben die am Tage des Inkrafttretens dieses Gesetzes geltenden landesrechtlichen Regelungen, die die in den §§ 45 bis 48a bestimmten Aufgaben einschließlich der damit verbundenen Aufgaben nach Absatz 2 Nummer 2 bis 5 und 7 mittleren Landesbehörden oder, soweit sie sich auf Kindergärten und andere Tageseinrichtungen für Kinder beziehen, unteren Landesbehörden zuweisen.

(5) Ist das Land überörtlicher Träger, so können durch Landesrecht bis zum 30. Juni 1993 einzelne seiner Aufgaben auf andere Körperschaften des öffentlichen Rechts, die nicht Träger der öffentlichen Jugendhilfe sind, übertragen werden.

Zweiter Abschnitt. Örtliche Zuständigkeit

Erster Unterabschnitt. Örtliche Zuständigkeit für Leistungen. § 86 Örtliche Zuständigkeit für Leistungen an Kinder, Jugendliche und ihre Eltern

(1) [1] Für die Gewährung von Leistungen nach diesem Buch ist der örtliche Träger zuständig, in dessen Bereich die Eltern ihren gewöhnlichen Aufenthalt haben. [2] An die Stelle der Eltern tritt die Mutter, wenn und solange die Vaterschaft nicht anerkannt oder gerichtlich festgestellt ist. [3] Lebt nur ein Elternteil, so ist dessen gewöhnlicher Aufenthalt maßgebend.

(2) [1]Haben die Elternteile verschiedene gewöhnliche Aufenthalte, so ist der örtliche Träger zuständig, in dessen Bereich der personensorgeberechtigte Elternteil seinen gewöhnlichen Aufenthalt hat; dies gilt auch dann, wenn ihm einzelne Angelegenheiten der Personensorge entzogen sind. [2]Steht die Personensorge im Fall des Satzes 1 den Eltern gemeinsam zu, so richtet sich die Zuständigkeit nach dem gewöhnlichen Aufenthalt des Elternteils, bei dem das Kind oder der Jugendliche vor Beginn der Leistung zuletzt seinen gewöhnlichen Aufenthalt hatte. [3]Hatte das Kind oder der Jugendliche im Fall des Satzes 2 zuletzt bei beiden Elternteilen seinen gewöhnlichen Aufenthalt, so richtet sich die Zuständigkeit nach dem gewöhnlichen Aufenthalt des Elternteils, bei dem das Kind oder der Jugendliche vor Beginn der Leistung zuletzt seinen tatsächlichen Aufenthalt hatte. [4]Hatte das Kind oder der Jugendliche im Fall des Satzes 2 während der letzten sechs Monate vor Beginn der Leistung bei keinem Elternteil einen gewöhnlichen Aufenthalt, so ist der örtliche Träger zuständig, in dessen Bereich das Kind oder der Jugendliche vor Beginn der Leistung zuletzt seinen gewöhnlichen Aufenthalt hatte; hatte das Kind oder der Jugendliche während der letzten sechs Monate keinen gewöhnlichen Aufenthalt, so richtet sich die Zuständigkeit nach dem tatsächlichen Aufenthalt des Kindes oder des Jugendlichen vor Beginn der Leistung.

(3) Haben die Elternteile verschiedene gewöhnliche Aufenthalte und steht die Personensorge keinem Elternteil zu, so gilt Absatz 2 Satz 2 und 4 entsprechend.

(4) [1]Haben die Eltern oder der nach den Absätzen 1 bis 3 maßgebliche Elternteil im Inland keinen gewöhnlichen Aufenthalt, oder ist ein gewöhnlicher Aufenthalt nicht feststellbar, oder sind sie verstorben, so richtet sich die Zuständigkeit nach dem gewöhnlichen Aufenthalt des Kindes oder des Jugendlichen vor Beginn der Leistung. [2]Hatte das Kind oder der Jugendliche während der letzten sechs Monate vor Beginn der Leistung keinen gewöhnlichen Aufenthalt, so ist der örtliche Träger zuständig, in dessen Bereich sich das Kind oder der Jugendliche vor Beginn der Leistung tatsächlich aufhält.

(5) [1]Begründen die Elternteile nach Beginn der Leistung verschiedene gewöhnliche Aufenthalte, so wird der örtliche Träger zuständig, in dessen Bereich der personensorgeberechtigte Elternteil seinen gewöhnlichen Aufenthalt hat; dies gilt auch dann, wenn ihm einzelne Angelegenheiten der Personensorge entzogen sind. [2]Solange in diesen Fällen die Personensorge beiden Elternteilen gemeinsam oder keinem Elternteil zusteht, bleibt die bisherige Zuständigkeit bestehen. [3]Absatz 4 gilt entsprechend.

(6) [1]Lebt ein Kind oder ein Jugendlicher zwei Jahre bei einer Pflegeperson und ist sein Verbleib bei dieser Pflegeperson auf Dauer zu erwarten, so ist oder wird abweichend von den Absätzen 1 bis 5 der örtliche Träger zuständig, in dessen Bereich die Pflegeperson ihren gewöhnlichen Aufenthalt hat. [2]Er hat die Eltern und, falls den Eltern die Personensorge nicht oder nur teilweise zusteht, den Personensorgeberechtigten über den Wechsel der Zuständigkeit zu unterrichten. [3]Endet der Aufenthalt bei der Pflegeperson, so endet die Zuständigkeit nach Satz 1.

(7) [1]Für Leistungen an Kinder oder Jugendliche, die um Asyl nachsuchen oder einen Asylantrag gestellt haben, ist der örtliche Träger zuständig, in

dessen Bereich sich die Person vor Beginn der Leistung tatsächlich aufhält; geht der Leistungsgewährung eine Inobhutnahme voraus, so bleibt die nach § 87 begründete Zuständigkeit bestehen. [2]Unterliegt die Person einem Verteilungsverfahren, so richtet sich die örtliche Zuständigkeit nach der Zuweisungsentscheidung der zuständigen Landesbehörde; bis zur Zuweisungsentscheidung gilt Satz 1 entsprechend. [3]Die nach Satz 1 oder 2 begründete örtliche Zuständigkeit bleibt auch nach Abschluss des Asylverfahrens so lange bestehen, bis die für die Bestimmung der örtlichen Zuständigkeit maßgebliche Person einen gewöhnlichen Aufenthalt im Bereich eines anderen Trägers der öffentlichen Jugendhilfe begründet. [4]Eine Unterbrechung der Leistung von bis zu drei Monaten bleibt außer Betracht.

§ 86a Örtliche Zuständigkeit für Leistungen an junge Volljährige

(1) Für Leistungen an junge Volljährige ist der örtliche Träger zuständig, in dessen Bereich der junge Volljährige vor Beginn der Leistung seinen gewöhnlichen Aufenthalt hat.

(2) Hält sich der junge Volljährige in einer Einrichtung oder sonstigen Wohnform auf, die der Erziehung, Pflege, Betreuung, Behandlung oder dem Strafvollzug dient, so richtet sich die örtliche Zuständigkeit nach dem gewöhnlichen Aufenthalt vor der Aufnahme in eine Einrichtung oder sonstige Wohnform.

(3) Hat der junge Volljährige keinen gewöhnlichen Aufenthalt, so richtet sich die Zuständigkeit nach seinem tatsächlichen Aufenthalt zu dem in Absatz 1 genannten Zeitpunkt; Absatz 2 bleibt unberührt.

(4) [1]Wird eine Leistung nach § 13 Absatz 3 oder nach § 21 über die Vollendung des 18. Lebensjahres hinaus weitergeführt oder geht der Hilfe für junge Volljährige nach § 41 eine dieser Leistungen, eine Leistung nach § 19 oder eine Hilfe nach den §§ 27 bis 35a voraus, so bleibt der örtliche Träger zuständig, der bis zu diesem Zeitpunkt zuständig war. [2]Eine Unterbrechung der Hilfeleistung von bis zu drei Monaten bleibt dabei außer Betracht. [3]Die Sätze 1 und 2 gelten entsprechend, wenn eine Hilfe für junge Volljährige nach § 41 beendet war und innerhalb von drei Monaten erneut Hilfe für junge Volljährige nach § 41 erforderlich wird.

§ 86b Örtliche Zuständigkeit für Leistungen in gemeinsamen Wohnformen für Mütter/Väter und Kinder

(1) [1]Für Leistungen in gemeinsamen Wohnformen für Mütter oder Väter und Kinder ist der örtliche Träger zuständig, in dessen Bereich der nach § 19 Leistungsberechtigte vor Beginn der Leistung seinen gewöhnlichen Aufenthalt hat. [2]§ 86a Absatz 2 gilt entsprechend.

(2) Hat der Leistungsberechtigte keinen gewöhnlichen Aufenthalt, so richtet sich die Zuständigkeit nach seinem tatsächlichen Aufenthalt zu dem in Absatz 1 genannten Zeitpunkt.

(3) [1]Geht der Leistung Hilfe nach den §§ 27 bis 35a oder eine Leistung nach § 13 Absatz 3, § 21 oder § 41 voraus, so bleibt der örtliche Träger zuständig, der bisher zuständig war. [2]Eine Unterbrechung der Hilfeleistung von bis zu drei Monaten bleibt dabei außer Betracht.

§ 86c Fortdauernde Leistungsverpflichtung und Fallübergabe bei Zuständigkeitswechsel

(1) [1] Wechselt die örtliche Zuständigkeit für eine Leistung, so bleibt der bisher zuständige örtliche Träger so lange zur Gewährung der Leistung verpflichtet, bis der nunmehr zuständige örtliche Träger die Leistung fortsetzt. [2] Dieser hat dafür Sorge zu tragen, dass der Hilfeprozess und die im Rahmen der Hilfeplanung vereinbarten Hilfeziele durch den Zuständigkeitswechsel nicht gefährdet werden.

(2) [1] Der örtliche Träger, der von den Umständen Kenntnis erhält, die den Wechsel der Zuständigkeit begründen, hat den anderen davon unverzüglich zu unterrichten. [2] Der bisher zuständige örtliche Träger hat dem nunmehr zuständigen örtlichen Träger unverzüglich die für die Hilfegewährung sowie den Zuständigkeitswechsel maßgeblichen Sozialdaten zu übermitteln. [3] Bei der Fortsetzung von Leistungen, die der Hilfeplanung nach § 36 Absatz 2 unterliegen, ist die Fallverantwortung im Rahmen eines Gespräches zu übergeben. [4] Die Personensorgeberechtigten und das Kind oder der Jugendliche sowie der junge Volljährige oder der Leistungsberechtigte nach § 19 sind an der Übergabe angemessen zu beteiligen.

§ 86d Verpflichtung zum vorläufigen Tätigwerden

Steht die örtliche Zuständigkeit nicht fest oder wird der zuständige örtliche Träger nicht tätig, so ist der örtliche Träger vorläufig zum Tätigwerden verpflichtet, in dessen Bereich sich das Kind oder der Jugendliche, der junge Volljährige oder bei Leistungen nach § 19 der Leistungsberechtigte vor Beginn der Leistung tatsächlich aufhält.

Zweiter Unterabschnitt. Örtliche Zuständigkeit für andere Aufgaben. § 87 Örtliche Zuständigkeit für vorläufige Maßnahmen zum Schutz von Kindern und Jugendlichen

[1] Für die Inobhutnahme eines Kindes oder eines Jugendlichen (§ 42) ist der örtliche Träger zuständig, in dessen Bereich sich das Kind oder der Jugendliche vor Beginn der Maßnahme tatsächlich aufhält. [2] Die örtliche Zuständigkeit für die Inobhutnahme eines unbegleiteten ausländischen Kindes oder Jugendlichen richtet sich nach § 88a Absatz 2.

§ 87a Örtliche Zuständigkeit für Erlaubnis, Meldepflichten und Untersagung

(1) [1] Für die Erteilung der Pflegeerlaubnis nach § 43 sowie für deren Rücknahme und Widerruf ist der örtliche Träger zuständig, in dessen Bereich die Kindertagespflegeperson ihre Tätigkeit ausübt. [2] Ist die Kindertagespflegeperson im Zuständigkeitsbereich mehrerer örtlicher Träger tätig, ist der örtliche Träger zuständig, in dessen Bereich die Kindertagespflegeperson ihren gewöhnlichen Aufenthalt hat. [3] Für die Erteilung der Pflegeerlaubnis nach § 44 sowie für deren Rücknahme und Widerruf ist der örtliche Träger zuständig, in dessen Bereich die Pflegeperson ihren gewöhnlichen Aufenthalt hat.

(2) Für die Erteilung der Erlaubnis zum Betrieb einer Einrichtung oder einer selbständigen sonstigen Wohnform sowie für die Rücknahme oder den Widerruf dieser Erlaubnis (§ 45 Absatz 1 und 2, § 48a), die örtliche Prüfung

(§§ 46, 48a), die Entgegennahme von Meldungen (§ 47 Absatz 1 und 2, § 48a) und die Ausnahme von der Meldepflicht (§ 47 Absatz 3, § 48a) sowie die Untersagung der weiteren Beschäftigung des Leiters oder eines Mitarbeiters (§§ 48, 48a) ist der überörtliche Träger oder die nach Landesrecht bestimmte Behörde zuständig, in dessen oder deren Bereich die Einrichtung oder die sonstige Wohnform gelegen ist.

(3) Für die Mitwirkung an der örtlichen Prüfung (§§ 46, 48a) ist der örtliche Träger zuständig, in dessen Bereich die Einrichtung oder die selbständige sonstige Wohnform gelegen ist.

§ 87b Örtliche Zuständigkeit für die Mitwirkung in gerichtlichen Verfahren

(1) [1] Für die Zuständigkeit des Jugendamts zur Mitwirkung in gerichtlichen Verfahren (§§ 50 bis 52) gilt § 86 Absatz 1 bis 4 entsprechend. [2] Für die Mitwirkung im Verfahren nach dem Jugendgerichtsgesetz gegen einen jungen Menschen, der zu Beginn des Verfahrens das 18. Lebensjahr vollendet hat, gilt § 86a Absatz 1 und 3 entsprechend.

(2) [1] Die nach Absatz 1 begründete Zuständigkeit bleibt bis zum Abschluss des Verfahrens bestehen. [2] Hat ein Jugendlicher oder ein junger Volljähriger in einem Verfahren nach dem Jugendgerichtsgesetz die letzten sechs Monate vor Abschluss des Verfahrens in einer Justizvollzugsanstalt verbracht, so dauert die Zuständigkeit auch nach der Entlassung aus der Anstalt so lange fort, bis der Jugendliche oder junge Volljährige einen neuen gewöhnlichen Aufenthalt begründet hat, längstens aber bis zum Ablauf von sechs Monaten nach dem Entlassungszeitpunkt.

(3) Steht die örtliche Zuständigkeit nicht fest oder wird der zuständige örtliche Träger nicht tätig, so gilt § 86d entsprechend.

§§ 87c–87e *nicht abgedruckt*

Dritter Unterabschnitt . *nicht abgedruckt*

Vierter Unterabschnitt. Örtliche Zuständigkeit für vorläufige Maßnahmen, Leistungen und die Amtsvormundschaft für unbegleitete ausländische Kinder und Jugendliche. § 88a Örtliche Zuständigkeit für vorläufige Maßnahmen, Leistungen und die Amtsvormundschaft für unbegleitete ausländische Kinder und Jugendliche

(1) Für die vorläufige Inobhutnahme eines unbegleiteten ausländischen Kindes oder Jugendlichen (§ 42a) ist der örtliche Träger zuständig, in dessen Bereich sich das Kind oder der Jugendliche vor Beginn der Maßnahme tatsächlich aufhält, soweit Landesrecht nichts anderes regelt.

(2) [1] Die örtliche Zuständigkeit für die Inobhutnahme eines unbegleiteten ausländischen Kindes oder Jugendlichen (§ 42) richtet sich nach der Zuweisungsentscheidung gemäß § 42b Absatz 3 Satz 1 der nach Landesrecht für die Verteilung von unbegleiteten ausländischen Kindern oder Jugendlichen zuständigen Stelle. [2] Ist die Verteilung nach § 42b Absatz 4 ausgeschlossen, so bleibt die nach Absatz 1 begründete Zuständigkeit bestehen. [3] Ein anderer Träger kann aus Gründen des Kindeswohls oder aus sonstigen humanitären

Gründen von vergleichbarem Gewicht die örtliche Zuständigkeit von dem zuständigen Träger übernehmen.

(3) [1] Für Leistungen an unbegleitete ausländische Kinder oder Jugendliche ist der örtliche Träger zuständig, in dessen Bereich sich die Person vor Beginn der Leistung tatsächlich aufhält. [2] Geht der Leistungsgewährung eine Inobhutnahme voraus, so bleibt die nach Absatz 2 begründete Zuständigkeit bestehen, soweit Landesrecht nichts anderes regelt.

(4) Die örtliche Zuständigkeit für die Vormundschaft oder Pflegschaft, die für unbegleitete ausländische Kinder oder Jugendliche durch Bestellung des Familiengerichts eintritt, richtet sich während

1. der vorläufigen Inobhutnahme (§ 42a) nach Absatz 1,
2. der Inobhutnahme (§ 42) nach Absatz 2 und
3. der Leistungsgewährung nach Absatz 3.

Dritter Abschnitt. Kostenerstattung

§§ 89–89a *nicht abgedruckt*

§ 89b Kostenerstattung bei vorläufigen Maßnahmen zum Schutz von Kindern und Jugendlichen

(1) Kosten, die ein örtlicher Träger im Rahmen der Inobhutnahme von Kindern und Jugendlichen (§ 42) aufgewendet hat, sind von dem örtlichen Träger zu erstatten, dessen Zuständigkeit durch den gewöhnlichen Aufenthalt nach § 86 begründet wird.

(2) Ist ein kostenerstattungspflichtiger örtlicher Träger nicht vorhanden, so sind die Kosten von dem überörtlichen Träger zu erstatten, zu dessen Bereich der örtliche Träger gehört.

(3) Eine nach Absatz 1 oder 2 begründete Pflicht zur Kostenerstattung bleibt bestehen, wenn und solange nach der Inobhutnahme Leistungen auf Grund einer Zuständigkeit nach § 86 Absatz 7 Satz 1 Halbsatz 2 gewährt werden.

§ 89c *nicht abgedruckt*

§ 89d Kostenerstattung bei Gewährung von Jugendhilfe nach der Einreise

(1) [1] Kosten, die ein örtlicher Träger aufwendet, sind vom Land zu erstatten, wenn

1. innerhalb eines Monats nach der Einreise eines jungen Menschen oder eines Leistungsberechtigten nach § 19 Jugendhilfe gewährt wird und
2. sich die örtliche Zuständigkeit nach dem tatsächlichen Aufenthalt dieser Person oder nach der Zuweisungsentscheidung der zuständigen Landesbehörde richtet.

[2] Als Tag der Einreise gilt der Tag des Grenzübertritts, sofern dieser amtlich festgestellt wurde, oder der Tag, an dem der Aufenthalt im Inland erstmals festgestellt wurde, andernfalls der Tag der ersten Vorsprache bei einem

Jugendamt. [3] Die Erstattungspflicht nach Satz 1 bleibt unberührt, wenn die Person um Asyl nachsucht oder einen Asylantrag stellt.

(2) Ist die Person im Inland geboren, so ist das Land erstattungspflichtig, in dessen Bereich die Person geboren ist.

(3) *(aufgehoben)*

(4) Die Verpflichtung zur Erstattung der aufgewendeten Kosten entfällt, wenn inzwischen für einen zusammenhängenden Zeitraum von drei Monaten Jugendhilfe nicht zu gewähren war.

(5) Kostenerstattungsansprüche nach den Absätzen 1 bis 3 gehen Ansprüchen nach den §§ 89 bis 89c und § 89e vor.

§§ 89e–89h *nicht abgedruckt*

Achtes Kapitel. Kostenbeteiligung

Erster Abschnitt. Pauschalierte Kostenbeteiligung

§ 90 Pauschalierte Kostenbeteiligung

(1) Für die Inanspruchnahme von Angeboten

1. der Jugendarbeit nach § 11,
2. der allgemeinen Förderung der Erziehung in der Familie nach § 16 Absatz 1, Absatz 2 Nummer 1 und 3 und
3. der Förderung von Kindern in Tageseinrichtungen und Kindertagespflege nach den §§ 22 bis 24

können Kostenbeiträge festgesetzt werden.

(2) [1] In den Fällen des Absatzes 1 Nummer 1 und 2 kann der Kostenbeitrag auf Antrag ganz oder teilweise erlassen oder ein Teilnahmebeitrag auf Antrag ganz oder teilweise vom Träger der öffentlichen Jugendhilfe übernommen werden, wenn

1. die Belastung
   a) dem Kind oder dem Jugendlichen und seinen Eltern oder
   b) dem jungen Volljährigen

   nicht zuzumuten ist und
2. die Förderung für die Entwicklung des jungen Menschen erforderlich ist.

[2] Lebt das Kind oder der Jugendliche nur mit einem Elternteil zusammen, so tritt dieser an die Stelle der Eltern. [3] Für die Feststellung der zumutbaren Belastung gelten die §§ 82 bis 85, 87, 88 und 92 Absatz 1 Satz 1 und Absatz 2 des Zwölften Buches entsprechend, soweit nicht Landesrecht eine andere Regelung trifft. [4] Bei der Einkommensberechnung bleiben das Baukindergeld des Bundes sowie die Eigenheimzulage nach dem Eigenheimzulagengesetz außer Betracht.

(3) [1] Im Fall des Absatzes 1 Nummer 3 sind Kostenbeiträge zu staffeln. [2] Als Kriterien für die Staffelung können insbesondere das Einkommen der Eltern, die Anzahl der kindergeldberechtigten Kinder in der Familie und die tägliche Betreuungszeit des Kindes berücksichtigt werden. [3] Werden die Kostenbeiträge nach dem Einkommen berechnet, bleibt das Baukindergeld

des Bundes außer Betracht. [4]Darüber hinaus können weitere Kriterien berücksichtigt werden.

(4) [1]Im Fall des Absatzes 1 Nummer 3 wird der Kostenbeitrag auf Antrag erlassen oder auf Antrag ein Teilnahmebeitrag vom Träger der öffentlichen Jugendhilfe übernommen, wenn die Belastung durch Kostenbeiträge den Eltern und dem Kind nicht zuzumuten ist. [2]Nicht zuzumuten sind Kostenbeiträge immer dann, wenn Eltern oder Kinder Leistungen zur Sicherung des Lebensunterhalts nach dem Zweiten Buch, Leistungen nach dem dritten und vierten Kapitel des Zwölften Buches oder Leistungen nach den §§ 2 und 3 des Asylbewerberleistungsgesetzes beziehen oder wenn die Eltern des Kindes Kinderzuschlag gemäß § 6a des Bundeskindergeldgesetzes oder Wohngeld nach dem Wohngeldgesetz erhalten. [3]Der Träger der öffentlichen Jugendhilfe hat die Eltern über die Möglichkeit einer Antragstellung nach Satz 1 bei unzumutbarer Belastung durch Kostenbeiträge zu beraten. [4]Absatz 2 Satz 2 bis 4 gilt entsprechend.

Zweiter Abschnitt. Kostenbeiträge für stationäre und teilstationäre Leistungen sowie vorläufige Maßnahmen

§ 91 Anwendungsbereich

(1) Zu folgenden vollstationären Leistungen und vorläufigen Maßnahmen werden Kostenbeiträge erhoben:

1. der Unterkunft junger Menschen in einer sozialpädagogisch begleiteten Wohnform (§ 13 Absatz 3),
2. der Betreuung von Müttern oder Vätern und Kindern in gemeinsamen Wohnformen (§ 19),
3. der Betreuung und Versorgung von Kindern in Notsituationen (§ 20),
4. der Unterstützung bei notwendiger Unterbringung junger Menschen zur Erfüllung der Schulpflicht und zum Abschluss der Schulausbildung (§ 21),
5. der Hilfe zur Erziehung
a) in Vollzeitpflege (§ 33),
b) in einem Heim oder einer sonstigen betreuten Wohnform (§ 34),
c) in intensiver sozialpädagogischer Einzelbetreuung (§ 35), sofern sie außerhalb des Elternhauses erfolgt,
d) auf der Grundlage von § 27 in stationärer Form,
6. der Eingliederungshilfe für seelisch behinderte Kinder und Jugendliche durch geeignete Pflegepersonen sowie in Einrichtungen über Tag und Nacht und in sonstigen Wohnformen (§ 35a Absatz 2 Nummer 3 und 4),
7. der Inobhutnahme von Kindern und Jugendlichen (§ 42),
8. der Hilfe für junge Volljährige, soweit sie den in den Nummern 5 und 6 genannten Leistungen entspricht (§ 41).

(2) Zu folgenden teilstationären Leistungen werden Kostenbeiträge erhoben:

1. der Betreuung und Versorgung von Kindern in Notsituationen nach § 20,
2. Hilfe zur Erziehung in einer Tagesgruppe nach § 32 und anderen teilstationären Leistungen nach § 27,
3. Eingliederungshilfe für seelisch behinderte Kinder und Jugendliche in Tageseinrichtungen und anderen teilstationären Einrichtungen nach § 35a Absatz 2 Nummer 2 und

4. Hilfe für junge Volljährige, soweit sie den in den Nummern 2 und 3 genannten Leistungen entspricht (§ 41).

(3) Die Kosten umfassen auch die Aufwendungen für den notwendigen Unterhalt und die Krankenhilfe.

(4) Verwaltungskosten bleiben außer Betracht.

(5) Die Träger der öffentlichen Jugendhilfe tragen die Kosten der in den Absätzen 1 und 2 genannten Leistungen unabhängig von der Erhebung eines Kostenbeitrags.

§ 92 Ausgestaltung der Heranziehung

(1) Zu den Kosten der in § 91 Absatz 1 genannten Leistungen und vorläufigen Maßnahmen sind Elternteile aus ihrem Einkommen nach Maßgabe der §§ 93 und 94 heranzuziehen; leben sie mit dem jungen Menschen zusammen, so werden sie auch zu den Kosten der in § 91 Absatz 2 genannten Leistungen herangezogen.

(1a) Unabhängig von ihrem Einkommen sind nach Maßgabe von § 93 Absatz 1 Satz 3 und § 94 Absatz 3 heranzuziehen:

1. Kinder und Jugendliche zu den Kosten der in § 91 Absatz 1 Nummer 1 bis 7 genannten Leistungen und vorläufigen Maßnahmen,
2. junge Volljährige zu den Kosten der in § 91 Absatz 1 Nummer 1, 4 und 8 genannten Leistungen,
3. Leistungsberechtigte nach § 19 zu den Kosten der in § 91 Absatz 1 Nummer 2 genannten Leistungen,
4. Elternteile zu den Kosten der in § 91 Absatz 1 genannten Leistungen und vorläufigen Maßnahmen; leben sie mit dem jungen Menschen zusammen, so werden sie auch zu den Kosten der in § 91 Absatz 2 genannten Leistungen herangezogen.

(2) Die Heranziehung erfolgt durch Erhebung eines Kostenbeitrags, der durch Leistungsbescheid festgesetzt wird; Elternteile werden getrennt herangezogen.

(3) [1] Ein Kostenbeitrag kann bei Eltern ab dem Zeitpunkt erhoben werden, ab welchem dem Pflichtigen die Gewährung der Leistung mitgeteilt und er über die Folgen für seine Unterhaltspflicht gegenüber dem jungen Menschen aufgeklärt wurde. [2] Ohne vorherige Mitteilung kann ein Kostenbeitrag für den Zeitraum erhoben werden, in welchem der Träger der öffentlichen Jugendhilfe aus rechtlichen oder tatsächlichen Gründen, die in den Verantwortungsbereich des Pflichtigen fallen, an der Geltendmachung gehindert war. [3] Entfallen diese Gründe, ist der Pflichtige unverzüglich zu unterrichten.

(4) [1] Ein Kostenbeitrag kann nur erhoben werden, soweit Unterhaltsansprüche vorrangig oder gleichrangig Berechtigter nicht geschmälert werden. [2] Von der Heranziehung der Eltern ist abzusehen, wenn das Kind, die Jugendliche, die junge Volljährige oder die Leistungsberechtigte nach § 19 schwanger ist oder der junge Mensch oder die nach § 19 leistungsberechtigte Person ein leibliches Kind bis zur Vollendung des sechsten Lebensjahres betreut.

(5) [1] Von der Heranziehung soll im Einzelfall ganz oder teilweise abgesehen werden, wenn sonst Ziel und Zweck der Leistung gefährdet würden oder sich aus der Heranziehung eine besondere Härte ergäbe. [2] Von der

Heranziehung kann abgesehen werden, wenn anzunehmen ist, dass der damit verbundene Verwaltungsaufwand in keinem angemessenen Verhältnis zu dem Kostenbeitrag stehen wird.

§ 93 Berechnung des Einkommens

(1) [1] Zum Einkommen gehören alle Einkünfte in Geld oder Geldeswert mit Ausnahme der Leistungen nach diesem Buch, der Leistungen nach dem Vierzehnten Buch und der Leistungen nach Gesetzen, die eine entsprechende Anwendung des Vierzehnten Buches vorsehen, der Leistungen nach dem Soldatenentschädigungsgesetz, der Renten oder Beihilfen nach dem Bundesentschädigungsgesetz für Schaden an Leben sowie an Körper oder Gesundheit bis zur Höhe der vergleichbaren Leistungen nach dem Vierzehnten Buch. [2] Eine Entschädigung, die nach § 253 Absatz 2 des Bürgerlichen Gesetzbuchs wegen eines Schadens, der nicht Vermögensschaden ist, geleistet wird, ist nicht als Einkommen zu berücksichtigen. [3] Geldleistungen, die dem gleichen Zwecke wie die jeweilige Leistung der Jugendhilfe dienen, zählen nicht zum Einkommen und sind unabhängig von einem Kostenbeitrag einzusetzen; dies gilt nicht für

1. monatliche Leistungen nach § 56 des Dritten Buches bis zu einer Höhe des in § 61 Absatz 2 Satz 1 und § 62 Absatz 3 Satz 1 des Dritten Buches für sonstige Bedürfnisse genannten Betrages und
2. monatliche Leistungen nach § 122 des Dritten Buches bis zu einer Höhe des in § 123 Satz 1 Nummer 2, § 124 Nummer 2 und § 125 des Dritten Buches genannten Betrages.

[4] Kindergeld und Leistungen, die auf Grund öffentlich-rechtlicher Vorschriften zu einem ausdrücklich genannten Zweck erbracht werden, sind nicht als Einkommen zu berücksichtigen.

(2) Von dem Einkommen sind abzusetzen

1. auf das Einkommen gezahlte Steuern und
2. Pflichtbeiträge zur Sozialversicherung einschließlich der Beiträge zur Arbeitsförderung sowie
3. nach Grund und Höhe angemessene Beiträge zu öffentlichen oder privaten Versicherungen oder ähnlichen Einrichtungen zur Absicherung der Risiken Alter, Krankheit, Pflegebedürftigkeit und Arbeitslosigkeit.

(3) [1] Von dem nach den Absätzen 1 und 2 errechneten Betrag sind Belastungen der kostenbeitragspflichtigen Person abzuziehen. [2] Der Abzug erfolgt durch eine Kürzung des nach den Absätzen 1 und 2 errechneten Betrages um pauschal 25 vom Hundert. [3] Sind die Belastungen höher als der pauschale Abzug, so können sie abgezogen werden, soweit sie nach Grund und Höhe angemessen sind und die Grundsätze einer wirtschaftlichen Lebensführung nicht verletzen. [4] In Betracht kommen insbesondere

1. Beiträge zu öffentlichen oder privaten Versicherungen oder ähnlichen Einrichtungen,
2. die mit der Erzielung des Einkommens verbundenen notwendigen Ausgaben,
3. Schuldverpflichtungen.

[5] Die kostenbeitragspflichtige Person muss die Belastungen nachweisen.

(4) [1]Maßgeblich ist das durchschnittliche Monatseinkommen, das die kostenbeitragspflichtige Person in dem Kalenderjahr erzielt hat, welches dem jeweiligen Kalenderjahr der Leistung oder Maßnahme vorangeht. [2]Auf Antrag der kostenbeitragspflichtigen Person wird dieses Einkommen nachträglich durch das durchschnittliche Monatseinkommen ersetzt, welches die Person in dem jeweiligen Kalenderjahr der Leistung oder Maßnahme erzielt hat. [3]Der Antrag kann innerhalb eines Jahres nach Ablauf dieses Kalenderjahres gestellt werden. [4]Macht die kostenbeitragspflichtige Person glaubhaft, dass die Heranziehung zu den Kosten aus dem Einkommen nach Satz 1 in einem bestimmten Zeitraum eine besondere Härte für sie ergäbe, wird vorläufig von den glaubhaft gemachten, dem Zeitraum entsprechenden Monatseinkommen ausgegangen; endgültig ist in diesem Fall das nach Ablauf des Kalenderjahres zu ermittelnde durchschnittliche Monatseinkommen dieses Jahres maßgeblich.

§ 94 Umfang der Heranziehung

(1) [1]Die Kostenbeitragspflichtigen sind aus ihrem Einkommen in angemessenem Umfang zu den Kosten heranzuziehen. [2]Die Kostenbeiträge dürfen die tatsächlichen Aufwendungen nicht überschreiten.

(2) Für die Bestimmung des Umfangs sind bei jedem Elternteil die Höhe des nach § 93 ermittelten Einkommens und die Anzahl der Personen, die mindestens im gleichen Range wie der untergebrachte junge Mensch oder Leistungsberechtigte nach § 19 unterhaltsberechtigt sind, angemessen zu berücksichtigen.

(3) [1]Werden Leistungen über Tag und Nacht außerhalb des Elternhauses erbracht und bezieht einer der Elternteile Kindergeld für den jungen Menschen, so hat dieser unabhängig von einer Heranziehung nach Absatz 1 Satz 1 und 2 einen Kostenbeitrag in Höhe des Kindergeldes zu zahlen. [2]Zahlt der Elternteil den Kostenbeitrag nach Satz 1 nicht, so sind die Träger der öffentlichen Jugendhilfe insoweit berechtigt, das auf dieses Kind entfallende Kindergeld durch Geltendmachung eines Erstattungsanspruchs nach § 74 Absatz 2 des Einkommensteuergesetzes in Anspruch zu nehmen. [3]Bezieht der Elternteil Kindergeld nach § 1 Absatz 1 des Bundeskindergeldgesetzes, gilt Satz 2 entsprechend. [4]Bezieht der junge Mensch das Kindergeld selbst, gelten die Sätze 1 und 2 entsprechend. [5]Die Heranziehung der Elternteile erfolgt nachrangig zu der Heranziehung der jungen Menschen zu einem Kostenbeitrag in Höhe des Kindergeldes.

(4) Werden Leistungen über Tag und Nacht erbracht und hält sich der junge Mensch nicht nur im Rahmen von Umgangskontakten bei einem Kostenbeitragspflichtigen auf, so ist die tatsächliche Betreuungsleistung über Tag und Nacht auf den Kostenbeitrag anzurechnen.

(5) Für die Festsetzung der Kostenbeiträge von Eltern werden nach Einkommensgruppen gestaffelte Pauschalbeträge durch Rechtsverordnung des zuständigen Bundesministeriums mit Zustimmung des Bundesrates bestimmt.

2. Richtlinien zum Jugendgerichtsgesetz (RiJGG)

Vom 3. August 2024 – Az.: 4214-3/1 –[1]
(Die Justiz S. 210)

Einführung

Die bundeseinheitlichen Richtlinien zum Jugendgerichtsgesetz wenden sich vornehmlich an die Staatsanwaltschaft und geben für den Regelfall Anleitungen und Orientierungshilfen, von denen wegen der Besonderheit des Einzelfalles abgewichen werden kann.

Sie enthalten aber auch Hinweise und Empfehlungen an das Gericht. Soweit diese Hinweise nicht die Art der Ausführung eines Amtsgeschäfts betreffen, bleibt es dem Gericht überlassen, sie zu berücksichtigen. Auch im Übrigen enthalten die Richtlinien Grundsätze, die für das Gericht von Bedeutung sein können.

Soweit diese Richtlinien keine besonderen Bestimmungen aufweisen, gelten die Richtlinien für das Strafverfahren und das Bußgeldverfahren. Personen- und Funktionsbezeichnungen gelten jeweils in weiblicher und männlicher Form.

Richtlinien zu § 1:

1. Auf Handlungen, für die Ordnungs- oder Zwangsmittel vorgesehen sind, findet das Jugendgerichtsgesetz keine Anwendung.
2. [1] Für das Bußgeldverfahren gelten die Vorschriften des Jugendgerichtsgesetzes sinngemäß, soweit das Gesetz über Ordnungswidrigkeiten nichts anderes bestimmt (§ 46 Absatz 1 OWiG). [2] Bei der Anwendung des § 46 Absatz 6 OWiG, wonach im Verfahren gegen Jugendliche und Heranwachsende von der Heranziehung der Jugendgerichtshilfe (§ 38) abgesehen werden kann, wenn ihre Mitwirkung für die sachgemäße Durchführung des Verfahrens entbehrlich ist, ist im gerichtlichen Verfahren Artikel 7 Absatz 9 der RL (EU) 2016/800 zu beachten. [3] Demnach kann auf eine individuelle Begutachtung durch die Jugendgerichtshilfe nur verzichtet werden, wenn dies auf Grund der Umstände des Falles gerechtfertigt und mit dem Wohl des Jugendlichen vereinbar ist.

Richtlinie zu § 2:

Soweit die allgemeinen Vorschriften Anwendung finden, sind diese im Sinne des Erziehungsgedankens auszulegen.

Richtlinien zu § 3:

1. [1] Verbleiben nach Ausschöpfung anderer Ermittlungsmöglichkeiten ernsthafte Zweifel an der strafrechtlichen Verantwortlichkeit, ist zu prüfen, ob ein Sachverständigengutachten einzuholen ist (vgl. auch die §§ 38, 43, 73

---

[1] **Red. Anm.:** Die Richtlinien zum Jugendgerichtsgesetz in der Fassung ab 1.8.1994 sind mWv 1.10.2024 neu gefasst worden. Nachstehend ist die in Baden-Württemberg geltende Fassung abgedruckt.

und die Richtlinien dazu). [2]Dabei ist der Grundsatz der Verhältnismäßigkeit zu beachten.
2. Stellt die Staatsanwaltschaft ein Verfahren wegen Schuldunfähigkeit (vgl. § 19 StGB) oder fehlender strafrechtlicher Verantwortlichkeit ein, so prüft sie, wer zu benachrichtigen ist (vgl. insbesondere § 70 Absatz 1 Satz 1, § 109 Absatz 1 Satz 3).
3. Ergibt sich erst nach Eröffnung des Hauptverfahrens, dass der Jugendliche mangels Reife nicht verantwortlich ist oder die Verantwortlichkeit nicht sicher festgestellt werden kann, so regt die Staatsanwaltschaft die Einstellung des Verfahrens an (§ 47 Absatz 1 Satz 1 Nummer 4).

Richtlinie zu § 5:

[1]Die therapeutische Behandlung im Maßregelvollzug erfordert persönlichen Einsatz der Verurteilten. [2]Ein vorzeitig herbeigeführter Abbruch der therapeutischen Behandlung kann dazu führen, dass sich die Verurteilten jeglicher erzieherischen Einwirkung entziehen. [3]Bei der Prüfung der Entbehrlichkeit der Jugendstrafen- oder Zuchtmittelanordnung kann der Erhalt einer ausreichenden Therapiemotivation daher Berücksichtigung finden. [4]Erscheint die Jugendstrafen- oder Zuchtmittelanordnung nicht entbehrlich, so sind die Voraussetzungen der Anwendbarkeit beider Rechtsfolgen unabhängig voneinander zu prüfen. [5]Daneben ist eine selbstständige Bemessung erforderlich, die vorrangig am erzieherischen Bedarf auszurichten ist.

Richtlinien zu § 6:

1. Soweit eine in § 6 nicht genannte Nebenstrafe oder Nebenfolge nicht zwingend vorgeschrieben ist, beantragt die Staatsanwaltschaft sie nur, wenn sie erzieherisch notwendig erscheint.
2. [1]§ 6 findet auch im Verfahren gegen Heranwachsende Anwendung, sofern Jugendstrafrecht zur Anwendung kommt (§ 105 Absatz 1). [2]Wird allgemeines Strafrecht angewandt, ist § 106 Absatz 2 zu beachten.

Richtlinien zu § 7:

1. Auf die Richtlinie zu § 5 wird hingewiesen.
2. [1]Angesichts der erheblichen Bedeutung des Vorbehalts der Anordnung der Sicherungsverwahrung ist möglichst frühzeitig ein Sachverständigengutachten einzuholen. [2]Auf §§ 80a, 246a StPO wird hingewiesen.
3. Bei der Auswahl der Sachverständigen, die Gutachten zur Frage des Vorbehalts der Anordnung der Sicherungsverwahrung oder der Anordnung einer vorbehaltenen Sicherungsverwahrung erstatten, sollte darauf geachtet werden, dass es sich um erfahrene Sachverständige handelt, die angemessene Kenntnisse im Bereich der Kinder- und Jugendpsychiatrie und -psychotherapie aufweisen.
4. Bei der Ausgestaltung des Vollzugs in einer Sozialtherapeutischen Einrichtung sollte das noch vorhandene Entwicklungspotenzial des Jugendlichen/Heranwachsenden besonders beachtet und durch geeignete Therapien gefördert werden.

5. Das bei dem Vorbehalt der Anordnung der Sicherungsverwahrung im Hinblick auf zwischenzeitliche Gesetzesänderungen anzuwendende Recht ergibt sich aus Artikel 316f und 316i EGStGB.
6. [1] § 7 gilt auch im Verfahren gegen Heranwachsende, sofern Jugendstrafrecht zur Anwendung kommt (§ 105 Absatz 1). [2] Wird auf Heranwachsende allgemeines Strafrecht angewendet, richten sich der Vorbehalt der Anordnung und die Anordnung der vorbehaltenen Sicherungsverwahrung nach § 106 Absatz 3 bis Absatz 7.

Richtlinie zu § 9:

Wegen der Eintragung in das Zentralregister und das Erziehungsregister wird auf § 5 Absatz 2, § 60 Absatz 1 Nummer 2 BZRG hingewiesen.

Richtlinien zu § 10:

1. [1] Grundsätzlich sollen nur solche Weisungen erteilt werden, deren Befolgung der Jugendrichter überprüfen kann. [2] Dabei sind Gebote, die die Lebensführung positiv gestalten sollen, Verboten vorzuziehen. [3] Eine Weisung sollte, soweit möglich, so ausgestaltet werden, dass sie in einem inneren Zusammenhang mit der Tat steht.
2. [1] Die Weisung, sich einem Betreuungshelfer zu unterstellen (§ 10 Absatz 1 Satz 3 Nummer 5), wird auch im Hinblick auf die damit für den Jugendlichen verbundenen Belastungen und den personellen und zeitlichen Aufwand im Bereich der Jugendgerichtshilfe bei geringfügigen Verfehlungen nicht in Betracht kommen. [2] Widersprechen der Erziehungsberechtigte oder der gesetzliche Vertreter einer Betreuungsweisung, so sollte diese nur angeordnet werden, wenn ihre Durchführung nach Prüfung der Umstände des Einzelfalls erfolgversprechend erscheint.
   [3] Kommt eine Anordnung der Maßnahme in Betracht, so empfiehlt es sich, frühzeitig mit der Jugendgerichtshilfe Verbindung aufzunehmen. [4] Auf § 38 Absatz 5 Satz 3 und § 38 Absatz 6 Satz 2 sowie die Richtlinien dazu wird hingewiesen. [5] Die Person des Betreuungshelfers ist möglichst genau zu bezeichnen. [6] Im Verfahren nach §§ 45, 47 ist die Weisung nicht zulässig (vgl. § 45 Absatz 3 Satz 1, § 47 Absatz 1 Nummer 3).
3. [1] Die Weisung, an einem sozialen Trainingskurs teilzunehmen (§ 10 Absatz 1 Satz 3 Nummer 6), ist auch eine verhältnismäßig aufwendige Maßnahme, die für den Jugendlichen je nach struktureller und zeitlicher Gestaltung der Kurse mit nicht unerheblichen Belastungen verbunden sein kann. [2] Nummer 2 Satz 1, 3 und 6 gilt entsprechend. [3] Die Weisung, an anderen Formen sozialer Gruppenarbeit teilzunehmen, wird durch § 10 Absatz 1 Satz 3 Nummer 6 nicht ausgeschlossen.
4. [1] Der Täter-Opfer-Ausgleich (§ 10 Absatz 1 Satz 3 Nummer 7) zielt darauf ab, bei dem Verletzten den immateriellen und materiellen Schaden auszugleichen und bei dem Jugendlichen einen Lernprozess einzuleiten. [2] Er verdient im gesamten Verfahren Beachtung (vgl. § 45 Absatz 2 Satz 2, § 45 Absatz 3 Satz 1, auch in Verbindung mit § 47 Absatz 1 Satz 1 Nummer 2 und 3, § 23 Absatz 1 Satz 1, § 29 Satz 2 und § 88 Absatz 6 Satz 1, § 155a StPO). [3] Nummer 2 Satz 3 gilt entsprechend.
5. Hinsichtlich des gesetzlichen Unfallversicherungsschutzes bei Arbeitsleistungen wird auf § 2 Absatz 2 SGB VII hingewiesen.

6. [1]Vor der Anordnung einer Weisung, die mit Kosten verbunden ist, sollte geklärt werden, ob ein Kostenträger vorhanden ist, da die Finanzierung von Maßnahmen in den Ländern und Kommunen unterschiedlich ausgestaltet sein kann.
   [2]Bezüglich einer Weisung nach § 10 Absatz 2 kann sich eine Verpflichtung dritter Stellen, die Kosten für die Durchführung der Weisung zu übernehmen, aus dem Recht der gesetzlichen Krankenversicherung, den §§ 35a, 90 ff. SGB VIII und dem SGB XII (Hilfe bei Krankheit und vorbeugende Gesundheitshilfe nach §§ 47 f. SGB XII, Hilfe zur Überwindung besonderer sozialer Schwierigkeiten nach §§ 67 ff. SGB XII) ergeben.
7. Die Staatsanwaltschaft wirkt darauf hin, dass das Gericht den Jugendlichen über die Bedeutung der Weisungen und Folgen schuldhafter Zuwiderhandlung (§ 11 Absatz 3 Satz 1) belehrt und diese Belehrung in der Niederschrift über die Hauptverhandlung vermerkt oder sonst aktenkundig gemacht wird.
8. Bevor Jugendlichen die Weisung erteilt wird, sich einer heilerzieherischen Behandlung oder einer Entziehungskur zu unterziehen, wird es in der Regel notwendig sein, einen Sachverständigen zu hören.

Richtlinien zu § 11:

1. [1]Bei Weisungen, denen der Jugendliche längere Zeit hindurch nachzukommen hat, empfiehlt es sich, in angemessenen Zeitabständen zu prüfen, ob es aus Gründen der Erziehung geboten ist, die Weisung oder ihre Laufzeit zu ändern oder die Weisung aufzuheben. [2]Zur Anhörung der Jugendgerichtshilfe, eines bestellten Betreuungshelfers und des Leiters eines sozialen Trainingskurses wird auf § 65 Absatz 1 Satz 2 hingewiesen.
2. [1]Bei Zuwiderhandlungen gegen Weisungen soll Jugendarrest nur verhängt werden, wenn mildere Maßnahmen, z. B. eine formlose Ermahnung, nicht ausreichen. [2]Wird Jugendarrest nach § 11 Absatz 3 Satz 1 verhängt, so soll ein solches Maß festgesetzt werden, das im Wiederholungsfall gesteigert werden kann, falls sich dies aus erzieherischen Gründen als notwendig erweist.
3. Vor der Verhängung von Jugendarrest ist neben dem Jugendlichen auch seinem Erziehungsberechtigten und gesetzlichen Vertreter Gelegenheit zur mündlichen Äußerung zu geben (§ 65 Absatz 1 Satz 3, § 67 Absatz 1).

Richtlinien zu § 12:

1. [1]Der Erfolg der Maßnahmen nach § 12 hängt von der Mitwirkungsbereitschaft des Jugendlichen und seines Erziehungsberechtigten und gesetzlichen Vertreters ab. [2]Auf deren Mitwirkungsbereitschaft ist gegebenenfalls hinzuwirken.
2. Auf die Richtlinie Nummer 2 zu § 105 wird hingewiesen.

Richtlinie zu § 13:

Wegen der Eintragung in das Zentralregister oder in das Erziehungsregister wird auf § 5 Absatz 2, § 60 Absatz 1 Nummer 2 BZRG hingewiesen.

Richtlinien zu § 15:

1. [1]Die Wiedergutmachung des Schadens nach § 15 Absatz 1 Satz 1 Nummer 1 kann auch in Arbeitsleistungen für den Geschädigten bestehen. [2]Auf § 2 Absatz 2 SGB VII wird hingewiesen.
2. Im Hinblick auf eine Wiedergutmachung des Schadens oder eine Entschuldigung bei dem Verletzten wird auf die Richtlinie Nummer 4 zu § 10 hingewiesen.
3. Wegen der Kosten der Durchführung von Auflagen wird auf die Richtlinie Nummer 6 zu § 10 hingewiesen.
4. Die Staatsanwaltschaft wirkt darauf hin, dass das Gericht den Jugendlichen über die Bedeutung der Auflagen und Folgen schuldhafter Zuwiderhandlung (§ 11 Absatz 3 Satz 1) belehrt und diese Belehrung in der Niederschrift über die Hauptverhandlung vermerkt oder sonst aktenkundig gemacht wird.
5. [1]Wegen der Folgen schuldhafter Nichterfüllung von Auflagen wird auf die Richtlinien Nummer 2 und 3 zu § 11 hingewiesen. [2]Geldleistungen, die nach § 15 Absatz 1 Satz 1 Nummer 1 und 4 auferlegt worden sind, können nicht zwangsweise beigetrieben werden.

Richtlinien zu § 16:

1. [1]Sowohl die Art des Jugendarrestes als auch dessen Dauer sollen sich an dem Erziehungsbedarf des Jugendlichen orientieren. [2]Arrest soll nur verhängt werden, wenn seine Durchführung geeignet erscheint, eine Einstellungsänderung zu bestimmten negativen Verhaltensweisen zu erreichen. [3]Welche Angebote hierzu zur Verfügung stehen, ergibt sich aus den gegebenenfalls von den Ländern auf dem Gebiet des Jugendarrestvollzuges erlassenen Vorschriften.
2. Bei der Wahl zwischen Kurz- und Freizeitarrest sollte auch berücksichtigt werden, welche erzieherischen Angebote oder anderen sinnvollen Beschäftigungsmöglichkeiten zur erzieherischen Einwirkung auf die Verurteilten zur Verfügung stehen.
3. Wegen der Berücksichtigung von Untersuchungshaft bei Jugendarrest wird auf § 52 und die Richtlinien dazu verwiesen.

Richtlinien zu § 16a:

1. Die Anordnung des Jugendarrestes neben Jugendstrafe muss im Urteil erfolgen (§ 8 Absatz 2 Satz 2).
2. [1]Die Anordnung von Jugendarrest neben Jugendstrafe ist auch in den Fällen der sogenannten Vorbewährung zulässig (§ 61 Absatz 3). [2]Auch in diesen Fällen muss sie im Urteil erfolgen. [3]Ausgeschlossen ist die spätere Anordnung in einem nachträglichen Beschluss.
3. Um die Auswahl geeigneter fördernder Angebote im Rahmen des Jugendarrests zu erleichtern, kann die Darlegung der Gründe, die zur Anordnung des Arrestes geführt haben, auch im Falle eines abgekürzten Urteils geboten sein.
4. [1]Im Hinblick auf das in § 87 Absatz 4 Satz 2 verankerte Vollzugsverbot ist die Vollstreckung unverzüglich einzuleiten. [2]Für weitere gerichtliche Maßnahmen zur Beschleunigung der Vollstreckung wird auf die Ab-

schnitte IV und V der Richtlinien zu §§ 82 bis 85 und auf § 13 Absatz 3 Satz 1 StVollstrO verwiesen.

5. Jugendarrest, der nach § 16a verhängt wurde, ist in dem Umfang, in dem er verbüßt wurde, auf die Jugendstrafe anzurechnen, wenn
   a) die Strafaussetzung zur Bewährung widerrufen wird (§ 26 Absatz 3 Satz 3),
   b) nach Aussetzung der Verhängung der Jugendstrafe nach § 27 (so genannter Schuldspruch) eine Jugendstrafe verhängt wird (§ 30 Absatz 1 Satz 2),
   c) nach Bildung einer Einheitsjugendstrafe Jugendstrafe vollstreckt wird (§ 31 Absatz 2 Satz 3) oder
   d) nach einer sog. Vorbewährung auf eine zu vollstreckende Jugendstrafe erkannt wird (§ 61b Absatz 4 Satz 3).

Richtlinie zu § 17:

Nach Maßgabe der Bestimmungen der Ländergesetze kommt auch ein Vollzug in freien Formen in Betracht.

Richtlinien zu § 18:

1. [1] Der Umstand, dass Jugendstrafe von weniger als sechs Monaten nicht ausgesprochen werden kann, darf nicht dazu führen, dass Jugendarrest in Fällen verhängt wird, in denen dieser nicht angebracht ist. [2] Ist weder Jugendstrafe noch Jugendarrest gerechtfertigt, so kann das Gericht mehrere Maßnahmen miteinander verbinden (§ 8) und vor allem Weisungen erteilen, die eine länger dauernde erzieherische Einwirkung ermöglichen (vgl. § 10 und die Richtlinien dazu).
2. [1] Die vom Gesetz angeordnete vorrangige Berücksichtigung des Erziehungsgedankens bedeutet nicht, dass Belange des Schuldausgleichs ausgeschlossen wären. [2] Sie darf nicht dazu führen, dass die obere Grenze schuldangemessenen Strafens überschritten wird.
3. Wegen der Anrechnung von Untersuchungshaft auf Jugendstrafe wird auf § 52a und die Richtlinien dazu hingewiesen.

Richtlinien zu § 21:

1. Aus erzieherischen Gründen empfiehlt es sich, dem Jugendlichen bewusst zu machen, dass die Vollstreckung der Jugendstrafe im Vertrauen auf seine Fähigkeit und seinen Willen, sich zu bewähren, ausgesetzt wird, und dass ihm daraus eine besondere Verpflichtung erwächst.
2. Die Möglichkeit, die Vollstreckung der Strafe auch dann zur Bewährung auszusetzen, wenn erst die Verhängung eines Jugendarrests nach § 16a zu einer günstigen Prognose führt, gilt auch für Absatz 2.
3. [1] Die Verurteilung zu einer Jugendstrafe von nicht mehr als zwei Jahren wird nicht in das Führungszeugnis aufgenommen, wenn Strafaussetzung zur Bewährung bewilligt und diese Entscheidung nicht widerrufen worden ist (vgl. § 32 Absatz 2 Nummer 3 BZRG). [2] Diese Ausnahmeregelung gilt allerdings nicht bei Verurteilungen wegen einer in § 32 Absatz 1 Satz 2 BZRG aufgeführten Straftat und bei Verurteilungen wegen einer in § 32 Absatz 5 BZRG aufgeführten Straftat, wenn ein

erweitertes Führungszeugnis erteilt wird. [3]Hierauf sollte der Jugendliche hingewiesen werden.

Richtlinien zu § 23:

1. Wegen des Inhalts von Weisungen und Auflagen im Rahmen der Bewährung wird auf Richtlinie Nummer 1 zu § 10 und die Richtlinien Nummer 1 und 2 zu § 15, wegen der Kosten ihrer Durchführung auf Richtlinie Nummer 6 zu § 10 hingewiesen.
2. Für die nachträgliche Änderung von Weisungen oder Auflagen gilt Richtlinie Nummer 1 zu § 11 entsprechend.
3. [1]Die Weisungen oder Auflagen werden in einem Bewährungsplan zusammengestellt, der dem Jugendlichen persönlich auszuhändigen ist (§ 60). [2]An die Erziehungsberechtigten und gesetzlichen Vertreter soll eine entsprechende Mitteilung erfolgen (§ 67a Absatz 1).
4. Für die Befragung, ob der Jugendliche Zusagen machen oder sich zu Leistungen erbieten will, gilt § 57 Absatz 3 Satz 1.

Richtlinien zu §§ 24, 25:

1. [1]Da der Bewährungshelfer seine Überwachungsaufgaben im Einvernehmen mit dem Gericht erfüllt und das Gericht ihm auch für seine betreuende Tätigkeit Anweisungen erteilen kann, ist eine enge persönliche Zusammenarbeit zwischen Gericht und Bewährungshelfer unerlässlich. [2]Es empfiehlt sich jedoch, die Selbstständigkeit des Bewährungshelfers bei der Betreuung des Jugendlichen möglichst nicht einzuschränken.
2. [1]Um die Entwicklung des Jugendlichen während der Bewährungszeit beobachten zu können, empfiehlt es sich, dem Bewährungshelfer zur Pflicht zu machen, in anfangs kürzeren, später längeren Zeitabständen über seine Tätigkeit und über die Führung des Jugendlichen zu berichten (§ 25 Satz 3). [2]Ferner empfiehlt es sich, darauf hinzuwirken, dass der Bewährungshelfer nicht nur gröbliche und beharrliche Verstöße des Jugendlichen gegen Weisungen, Auflagen, Zusagen oder Anerbieten (§ 25 Satz 4), sondern auch alles Wesentliche mitteilt, was ihm über die Entwicklung des Jugendlichen, seine Lebensverhältnisse und sein Verhalten bekannt wird. [3]Besondere Vorfälle teilt der Bewährungshelfer dem Gericht sofort mit. [4]Für den Schlussbericht des Bewährungshelfers wird auf Richtlinie Nummer 1 zu §§ 26, 26a hingewiesen.
3. [1]Gegenüber anderen Personen und Stellen wird der Bewährungshelfer grundsätzlich Verschwiegenheit wahren, um insbesondere auch das für die Erziehungsarbeit notwendige Vertrauensverhältnis zwischen ihm und dem Jugendlichen nicht zu beeinträchtigen. [2]Dies gilt nicht im Verhältnis zu den dienstaufsichtsführenden Stellen und gegenüber Dritten, soweit der Bewährungshelfer zur Auskunft berechtigt oder verpflichtet ist.
4. Vor Bestellung eines ehrenamtlichen Bewährungshelfers soll seine Eignung für die Betreuung des Jugendlichen sorgfältig geprüft und seine Einwilligung eingeholt werden.
5. Soweit in den Ländern für die Tätigkeit der Bewährungshilfe, auch im Rahmen der Führungsaufsicht (§§ 68a ff. StGB), spezielle Verwaltungsvorschriften ergangen sind, wird auf diese hingewiesen.

Richtlinien zu §§ 26, 26a:

1. [1]Vor Ablauf der Unterstellungszeit legt der Bewährungshelfer dem Gericht einen Schlussbericht so rechtzeitig vor, dass Maßnahmen nach § 26 Absatz 2 in der gebotenen Zeit getroffen werden können, namentlich die Bewährungs- oder Unterstellungszeit noch verlängert werden kann (§ 26 Absatz 2 Nummer 2, § 22 Absatz 2 Satz 2, § 24 Absatz 2 Satz 1). [2]Der Bewährungshelfer ergänzt diesen Schlussbericht bis zum Ablauf der Unterstellungszeit, falls ihm Umstände bekannt werden, die für die Entscheidung über den Erlass der Jugendstrafe oder den Widerruf der Strafaussetzung von Bedeutung sein können.
2. [1]Die Staatsanwaltschaft teilt dem Gericht im Rahmen ihrer Anhörung nach § 58 Absatz 1 Satz 2 mit, ob weitere Verfahren gegen den Verurteilten anhängig sind, sofern dadurch nicht der Ermittlungszweck des jeweiligen Verfahrens gefährdet wird. [2]Bei der Berücksichtigung dieser Verfahren im Rahmen von Entscheidungen betreffend die Strafaussetzung kommt der Unschuldsvermutung besondere Bedeutung zu.
3. Wegen der Beseitigung des Strafmakels nach Erlass einer Strafe oder eines Strafrestes wird auf § 100 hingewiesen.
4. Falls der Widerruf der Aussetzung in Betracht kommt, kann das Gericht vorläufige Maßnahmen treffen, um sich der Person des Jugendlichen zu versichern (§ 58 Absatz 2 in Verbindung mit § 453c StPO).
5. [1]Verbüßter Jugendarrest nach § 16a ist im Rahmen der Strafzeitberechnung im Umfang der Verbüßung anzurechnen. [2]Noch nicht verbüßter Jugendarrest nach § 16a wird nach Widerruf nicht mehr vollstreckt (§ 87 Absatz 4 Satz 3 Nummer 1).

Richtlinie zu § 27:

Der Schuldspruch nach § 27 wird nicht in das Führungszeugnis aufgenommen (§ 32 Absatz 2 Nummer 2 BZRG).

Richtlinie zu § 30:

[1]Verbüßter Jugendarrest nach § 16a ist im Rahmen der Strafzeitberechnung im Umfang der Verbüßung anzurechnen. [2]Noch nicht verbüßter Jugendarrest nach § 16a wird nach Erkennung auf Jugendstrafe, deren Verhängung zur Bewährung ausgesetzt war, nicht mehr vollstreckt (§ 87 Absatz 4 Satz 3 Nummer 2).

Richtlinien zu § 31:

1. Ein rechtskräftiges Urteil wird im Gegensatz zu § 55 StGB auch einbezogen, wenn die weitere Straftat nach seiner Verkündung begangen worden ist.
2. [1]Ist durch das frühere Urteil Jugendstrafe verhängt und die Vollstreckung nach § 21 zur Bewährung ausgesetzt worden, so bedarf es zur Einbeziehung nicht des Widerrufs der Aussetzung. [2]Das Gleiche gilt, wenn nach §§ 88, 89 während der Vollstreckung einer Jugendstrafe Aussetzung zur Bewährung angeordnet worden ist. [3]Ist in dem früheren Urteil nach § 27 lediglich die Schuld festgestellt worden, so wird durch die Einbeziehung dieses Urteils auch das ihm zugrundeliegende Verfahren erledigt.

3. [1]Bei der neuen Entscheidung ist von den tatsächlichen Feststellungen und dem Schuldspruch des einzubeziehenden rechtskräftigen Urteils auszugehen. [2]Es wird jedoch insoweit erneut Beweis zu erheben sein, als dies für die Gesamtbeurteilung des Angeklagten, insbesondere im Hinblick auf die Festsetzung einer neuen Maßnahme oder Jugendstrafe erforderlich ist.
4. Hat der bereits verurteilte Jugendliche eine neue Straftat begangen und ist eine wesentliche Änderung der bereits rechtskräftig festgesetzten Rechtsfolgen nicht zu erwarten, so sollte die Staatsanwaltschaft auch die Möglichkeit einer Verfahrenserledigung, gemäß § 154 StPO oder gemäß § 45 Absatz 2 JGG prüfen.
5. Über die Anrechnung oder Berücksichtigung von Untersuchungshaft, die im Zusammenhang mit einem einbezogenen Urteil vollzogen worden ist, ist in dem einbeziehenden Urteil neu zu entscheiden, wobei gemäß § 52a im Regelfall eine Anrechnung zu erfolgen hat.
6. [1]Über die Anrechnung von Jugendarrest, der im Zusammenhang mit einem einbezogenen Urteil verbüßt wurde, ist im Falle der Verhängung einer Jugendstrafe im neuen Urteil nach pflichtgemäßem Ermessen zu entscheiden. [2]Die Anrechnung ist zwingend, wenn es sich um Jugendarrest gemäß § 16a handelt (§ 31 Absatz 2 Satz 3, § 26 Absatz 3 Satz 3, 30 Absatz 1 Satz 2).

Richtlinien zu § 34:

1. [1]Zu den Aufgaben des Jugendrichters gehören nach § 34 Absatz 1 auch die richterlichen Handlungen im Ermittlungsverfahren sowie die Erledigung der Rechtshilfeersuchen in Jugendsachen. [2]Es empfiehlt sich, ihm bei der Geschäftsverteilung auch die Erledigung der Rechtshilfe in sonstigen Strafsachen zu übertragen, wenn um Vernehmung von Minderjährigen ersucht wird.
2. [1]Wird der Richter beim Amtsgericht als Jugendrichter oder Vollstreckungsleiter mit Jugendlichen befasst, für die ein anderes Amtsgericht als Familiengericht zuständig ist, besteht die Möglichkeit, dass das Gericht des Jugendrichters oder Vollstreckungsleiters gemäß §§ 4, 5 FamFG die Aufgaben des Familiengerichts übernimmt. [2]Die übernommenen familiengerichtlichen Aufgaben kann der Jugendrichter nach den gleichen Vorschriften wieder abgeben.
3. Werden nach Einleitung eines Strafverfahrens familiengerichtliche Maßnahmen für Jugendliche erforderlich, gegen die Anklage vor einem anderen Gericht erhoben ist oder erhoben werden soll, so sollte das Familiengericht prüfen, ob sich die Abgabe der familiengerichtlichen Aufgaben an das Jugendgericht empfiehlt, das bereits mit ihnen befasst ist oder demnächst befasst werden wird.

Richtlinien zu §§ 36, 37:

1. Bei der Besetzung der Jugendgerichte und bei der Auswahl der Jugendstaatsanwälte soll in besonderem Maße auf Eignung und Interesse Rücksicht genommen werden.
2. [1]In der Jugendstrafrechtspflege sind besondere Erfahrungen notwendig, die regelmäßig erst im Laufe längerer Zeit erworben werden können.

[2]Ein häufiger Wechsel der Richter bei den Jugendgerichten und der Jugendstaatsanwälte soll daher vermieden werden.

3. Die Richter bei den Jugendgerichten und die Jugendstaatsanwälte sollen sich regelmäßig durch die Teilnahme an Fortbildungsveranstaltungen oder auf andere geeignete Weise auf den Gebieten der Kriminologie, Pädagogik, Sozialpädagogik sowie der Jugendpsychologie fortbilden.

Richtlinien zu § 37a:

1. Die in Absatz 1 beschriebene Zusammenarbeit wird Jugendrichtern und Jugendstaatsanwälten empfohlen.
2. Bei einzelfallbezogener Zusammenarbeit ist die Zulässigkeit des Austauschs personenbezogener Daten von allen Beteiligten gegenüber allen anderen beteiligten Stellen nach den allgemeinen und den jeweils geltenden bereichsspezifischen Datenschutzbestimmungen zu prüfen.

Richtlinien zu § 38:

1. [1]Die Staatsanwaltschaft und das Gericht wirken darauf hin, dass der Bericht, in dem die Jugendgerichtshilfe ihre Erhebungen niederlegt, unter Verzicht auf Ausführungen zur Schuldfrage ein Bild von der Persönlichkeit, der Entwicklung und der Umwelt der beschuldigten Person ergibt. [2]Der Bericht soll angeben, auf welchen Informationen er beruht. [3]Werden im Bericht nicht alle vorliegenden Informationen verarbeitet, so soll dies zum Ausdruck gebracht werden. [4]Es ist anzugeben, ob Leistungen der Jugendhilfe in Betracht kommen (§ 52 Absatz 2 SGB VIII). [5]Um ein koordiniertes Vorgehen sicherzustellen, wirken Staatsanwaltschaft und Gericht zudem darauf hin, dass sich der Bericht auch dazu verhält, ob und inwieweit eine andere Stelle der Jugendhilfe über den Tatvorwurf informiert wurde, und ob und welche familiengerichtlichen Maßnahmen oder sonstigen Hilfeplanungen veranlasst werden sollen bzw. worden sind.
2. [1]Der Bericht kann auch mündlich oder telefonisch erstattet werden; dies gilt insbesondere für eine Stellungnahme nach § 38 Absatz 3 Satz 1 im Vorverfahren. [2]Den Inhalt eines solchen Berichts oder einer solchen Stellungnahme vermerkt die Staatsanwaltschaft in den Akten, wenn der Bericht oder die Stellungnahme außerhalb der Hauptverhandlung erfolgt. [3]Bei Nichterscheinen des Jugendlichen zu einem Gespräch mit der Jugendgerichtshilfe kann der Bericht nach Aktenlage erfolgen. [4]In derartigen Fällen wird eine Verzichtbarkeit der Anwesenheit der Jugendgerichtshilfe in einer stattfindenden Hauptverhandlung besonders sorgfältig zu prüfen sein.
3. [1]Im Rahmen der nach § 38 Absatz 7 vorzunehmenden Abwägung, ob im Einzelfall auf die Anwesenheit der Jugendgerichtshilfe oder auf deren Berichterstattung im Vorverfahren verzichtet werden kann, sollen insbesondere die Schwere der Tat, die voraussichtlichen Rechtsfolgen und das Wohl des Jugendlichen oder Heranwachsenden Berücksichtigung finden. [2]Richtlinie Nummer 5 zu § 50 ist zu beachten. [3]Ein Verzicht auf die Anwesenheit in der Hauptverhandlung lässt das Recht der Jugendgerichtshilfe, an der Hauptverhandlung teilzunehmen und auf Verlangen das Wort zu erhalten, unberührt.

4. [1]Die Verzichtsmöglichkeiten nach § 38 Absatz 7 beziehen sich nur auf die Pflichten der Jugendgerichtshilfe nach § 38 Absatz 3 und Absatz 4. [2]Andere Vorschriften zur Beteiligung und Mitwirkung der Jugendgerichtshilfe, etwa nach § 38 Absatz 6 Satz 3, § 50 Absatz 3 Satz 1 und Satz 2, § 70 Absatz 2, § 72a, sind von einem solchen Verzicht nicht betroffen.
5. Das Jugendgericht ist an eine Verzichtserklärung der Jugendstaatsanwaltschaft nach Absatz 7 nicht gebunden.
6. [1]Berichte der Jugendgerichtshilfe sind zum Schutz der darin enthaltenen personenbezogenen Daten grundsätzlich von der Akteneinsicht an Personen und Stellen, die nicht Teil der Strafrechtspflege sind, auszuschließen. [2]Zu diesem Zweck kann es angebracht sein, die Berichte gesondert zu führen (vgl. Nummer 186 Absatz 2 RiStBV).

Richtlinien zu §§ 39, 40, 41:

1. [1]Eine Entscheidung der Jugendkammer nach § 40 Absatz 2 kann nicht die Staatsanwaltschaft oder der Angeschuldigte, sondern nur der Vorsitzende des Jugendschöffengerichts herbeiführen. [2]Für die Übernahme kommen namentlich Strafsachen in Betracht, die wegen der großen Anzahl von Angeschuldigten oder Zeugen von einem Berufsrichter allein nicht sachgemäß erledigt werden können.
2. Erhebt die Staatsanwaltschaft gemäß § 41 Absatz 1 Nummer 4 Anklage bei der Jugendkammer, soll sie diese Entscheidung begründen, sofern die Umstände nicht ausnahmsweise offensichtlich sind.

Richtlinien zu § 42:

1. Bei Verfehlungen von geringem Unrechtsgehalt, bei denen familiengerichtliche Maßnahmen nicht erforderlich sind, stellt die Staatsanwaltschaft den Antrag in der Regel bei dem Jugendgericht, in dessen Bezirk sich der auf freiem Fuß befindliche Beschuldigte zur Zeit der Erhebung der Anklage aufhält (§ 42 Absatz 1 Nummer 2) oder in dessen Bezirk der Beschuldigte ergriffen worden ist (§ 9 StPO).
2. [1]Wird die Anklage im Falle des § 42 Absatz 1 Nummer 3 nicht vor dem danach zuständigen Gericht erhoben, so übersendet die Staatsanwaltschaft dem für die Vollstreckung der Jugendstrafe zuständigen Vollstreckungsleiter eine Abschrift der Anklage. [2]Nach Abschluss des Verfahrens veranlasst das Gericht dessen Unterrichtung über den Ausgang.

Richtlinien zu § 43:

1. [1]Zur Optimierung der Verfahrensabläufe arbeitet die Staatsanwaltschaft eng mit der Polizei und der Jugendgerichtshilfe zusammen. [2]Auf § 37a Absatz 2 wird hingewiesen.
2. [1]Die Ermittlungen der Staatsanwaltschaft dienen auch dem Ziel, eine sachgerechte Entscheidung über die Rechtsfolgen der Tat zu ermöglichen. [2]Auf Nummer 17 RiStBV wird hingewiesen.
3. [1]Soweit erforderlich, sollen im Rahmen der Ermittlungen nach Absatz 1 Akten über Vorstrafen angefordert werden. [2]Wichtige Aufschlüsse über die Persönlichkeit des Jugendlichen können auch Akten der Familien-

gerichte oder von Vollzugsanstalten, Berichte von Heimen der Jugendhilfe sowie Aufzeichnungen der Schule geben.

4. [1]Befindet sich der Jugendliche in Untersuchungshaft, so fordert die Staatsanwaltschaft oder das Gericht in der Regel von der Einrichtung für den Vollzug einen Bericht über das Verhalten des Jugendlichen in der Anstalt und über seine besonderen Eigenarten sowie eventuelle sonstige, für die Ermittlungen nach Absatz 1 relevante Erkenntnisse an. [2]Ebenso ist zu verfahren, wenn der Jugendliche sich im Vollzug einer Jugendstrafe befindet. [3]Ist die einstweilige Unterbringung in einem Heim der Jugendhilfe (§ 71 Absatz 2, § 72 Absatz 4) erfolgt, so soll die Heimleitung gehört werden.
5. Wird dem Beschuldigten Hilfe zur Erziehung in einem Heim oder einer vergleichbaren Einrichtung gewährt, so soll außer der Jugendgerichtshilfe auch die Leitung der Einrichtung unmittelbar um Äußerung ersucht werden.
6. [1]Untersteht der Beschuldigte der Aufsicht und Leitung eines Bewährungshelfers oder ist für ihn ein Erziehungsbeistand bestellt, so soll auch dieser gehört werden, soweit dies für die Ermittlungen nach Absatz 1 erforderlich ist. [2]Dies gilt entsprechend, wenn der Beschuldigte einem Betreuungshelfer unterstellt ist oder an einem sozialen Trainingskurs teilnimmt.
7. Die Untersuchung des Jugendlichen durch einen Sachverständigen kann über die in § 43 Absatz 2 Satz 1 Halbsatz 2 genannten Fälle hinaus insbesondere veranlasst sein,
   a) wenn Grund zu der Annahme besteht, dass die Verfehlung mit einer psychischen Krankheit des Jugendlichen zusammenhängt,
   b) wenn der Jugendliche durch seelische, geistige oder körperliche Besonderheiten auffällt oder
   c) wenn der Jugendliche ohne erkennbare Ursachen erheblich verwahrlost ist.

Richtlinien zu § 44:

1. Hinsichtlich der Belehrung und Unterrichtung sowie der Art und Weise der Vernehmung wird auf §§ 70a bis 70c verwiesen, hinsichtlich der notwendigen Verteidigung auf § 68 Nummer 5 und § 70c Absatz 4.
2. [1]Die Vernehmung dient vor allem dem Zweck, vor der Hauptverhandlung, in der sich der Jugendliche vielfach nicht unbefangen gibt, ein persönliches Bild von ihm zu erhalten und dadurch auch die Prüfung der strafrechtlichen Verantwortlichkeit (§ 3) zu erleichtern. [2]Eine solche Vernehmung kann auch im Verfahren gegen Jugendliche vor den für allgemeine Strafsachen zuständigen Gerichten angezeigt sein, obwohl sie dort nicht vorgeschrieben ist (§ 104); das Gleiche gilt im Hinblick auf § 105 auch im Verfahren gegen Heranwachsende (§ 109). [3]Die Vernehmung kann die Grundlage für die Entschließung bilden, ob eine Untersuchung des Jugendlichen nach § 43 Absatz 2 oder § 73 Absatz 1 angezeigt ist. [4]Dies gilt auch für die Entscheidung über eine Verteidigerbestellung gemäß § 68, wenn bei Vernehmungsbeginn eine Jugendstrafe zwar möglich, aber noch nicht im Sinne überwiegender Wahrscheinlichkeit zu erwarten ist. [5]Ergibt sich die Erwartung während der Vernehmung, ist § 70c Absatz 4 zu beachten.

Richtlinien zu § 45:

1. [1]Bei kleineren bis mittel schweren Verfehlungen ist stets zu prüfen, ob auf eine jugendstrafrechtliche Sanktion durch Urteil verzichtet werden kann. [2]Soweit in den Ländern Diversionsrichtlinien bestehen, sind diese zu berücksichtigen.
2. Eine Anwendung von § 45 Absatz 1 ist insbesondere bei Taten erstmals auffälliger Jugendlicher zu prüfen, wenn es sich um jugendtypisches Fehlverhalten mit geringem Schuldgehalt und geringen Auswirkungen handelt, das über die bereits von der Entdeckung der Tat und dem Ermittlungsverfahren ausgehenden Wirkungen hinaus keine erzieherischen Maßnahmen erfordert.
3. [1]Erzieherische Maßnahmen im Sinne von § 45 Absatz 2 sollen geeignet sein, die Einsicht des Jugendlichen in das Unrecht der Tat und deren Folgen zu fördern. [2]Sie können von den Erziehungsberechtigten, aber z. B. auch vom Jugendamt, der Schule oder dem Ausbilder ausgehen. [3]Ist noch keine angemessene erzieherische Reaktion erfolgt, so prüft die Staatsanwaltschaft, ob sie – gegebenenfalls mit Unterstützung der Jugendgerichtshilfe – die Voraussetzungen für die Einstellung des Verfahrens herbeiführen kann (z. B. indem sie ein erzieherisches Gespräch mit dem Jugendlichen führt oder ihn ermahnt oder eine Schadenswiedergutmachung im Rahmen eines Täter-Opfer-Ausgleichs anregt). [4]Erforderlich hierfür ist, dass der Beschuldigte den Tatvorwurf nicht ernstlich bestreitet, das Anerbieten der Staatsanwaltschaft annimmt und die Erziehungsberechtigten und die gesetzlichen Vertreter nicht widersprechen.
4. Erwägt die Staatsanwaltschaft eine Anregung nach § 45 Absatz 3, so unterrichtet sie die Jugendgerichtshilfe unter Mitteilung des Tatvorwurfs, sofern sie diese nicht schon zur Vorbereitung dieser Entscheidung gehört hat.

Richtlinien zu § 46:

1. [1]Auf eine für den Beschuldigten verständliche Fassung der Anklageschrift hat die Staatsanwaltschaft besonderes Gewicht zu legen. [2]Einzelheiten über Straftaten gegen die sexuelle Selbstbestimmung oder kriminelle Methoden und ähnliche Angaben sind nur insoweit aufzunehmen, als dies unerlässlich ist. [3]Ausführungen über eine mangelhafte Erziehung des Jugendlichen durch die Eltern sollen unterbleiben.
2. Wenn auch § 46 im Verfahren gegen Jugendliche vor den für allgemeine Strafsachen zuständigen Gerichten und im Verfahren gegen Heranwachsende nicht unmittelbar gilt (§§ 104, 109), so wird doch sein Grundgedanke auch dort zu beachten sein.

Richtlinie zu § 46a:

Bei der Beurteilung, ob eine Anklageerhebung vor Berichterstattung dem Wohl des Jugendlichen dient, sind insbesondere die im konkreten Einzelfall drohenden negativen Folgen einer Verfahrensverlängerung zu berücksichtigen, beispielsweise die Verlängerung von Untersuchungshaft, besondere seelische Belastungen des Jugendlichen oder etwaige Beeinträchtigungen seiner Ausbildungs-, Arbeits- oder Sozialbeziehungen.

Richtlinien zu § 47:

1. [1]Das Gericht kann in jedem Verfahrensstadium – auch schon vor Eröffnung des Hauptverfahrens – prüfen, ob die Durchführung oder Fortsetzung einer Hauptverhandlung erforderlich ist oder mit Zustimmung der Staatsanwaltschaft nach § 47 in Verbindung mit § 45 verfahren werden kann. [2]Dies wird insbesondere in Betracht kommen, wenn inzwischen angemessene erzieherische Reaktionen im sozialen Umfeld des Jugendlichen erfolgt sind oder sich auf Grund der Einschaltung der Jugendgerichtshilfe entsprechende Möglichkeiten eröffnen. [3]Hält die Staatsanwaltschaft aus diesen Gründen eine Ahndung für entbehrlich, regt sie die Einstellung des Verfahrens an.
2. Im vereinfachten Jugendverfahren bedarf es der Zustimmung der Staatsanwaltschaft zu der Einstellung des Verfahrens nach § 47 Absatz 1 Satz 2, Absatz 2 Satz 1 in der mündlichen Verhandlung nicht, wenn die Staatsanwaltschaft an dieser nicht teilnimmt (§ 78 Absatz 2 Satz 2).

Richtlinie zu § 48:

[1]Personen, die sich im juristischen Studium oder Vorbereitungsdienst befinden, sowie Personen, die in Ausbildung bei der Polizei oder für soziale Dienste stehen, kann die Anwesenheit im Allgemeinen gestattet werden.

[2]Aus erzieherischen Gründen empfiehlt es sich nicht, Schulklassen oder anderen größeren Personengruppen die Teilnahme an der Verhandlung zu erlauben. [3]Dies gilt auch für die Presse, deren Informationsbedürfnis durch die Pressesprecher der Gerichte hinreichend Rechnung getragen werden kann; entschließt sich der Vorsitzende dennoch, die Presse in der Hauptverhandlung zuzulassen, so sollte er darauf hinwirken, dass in den Presseberichten der Name des Jugendlichen nicht genannt, sein Lichtbild nicht veröffentlicht und auch jede andere Angabe vermieden wird, die auf die Person des Jugendlichen hindeutet. [4]Nummer 131 Absatz 2 Satz 3 RiStBV ist zu beachten.

Richtlinien zu § 50:

1. [1]Im Jugendstrafverfahren ist der persönliche Eindruck, den das Gericht von dem Jugendlichen erhält, von entscheidender Bedeutung. [2]Eine Hauptverhandlung in Abwesenheit des Angeklagten sollte deshalb nur in Erwägung gezogen werden, wenn es sich um eine geringfügige Verfehlung handelt, auf Grund des Berichts der Jugendgerichtshilfe ein klares Persönlichkeitsbild vorliegt und das Erscheinen des Jugendlichen wegen weiter Entfernung mit großen Schwierigkeiten verbunden ist oder wenn gegebenenfalls eine Abtrennung des Verfahrens gegen den abwesenden Jugendlichen mit Rücksicht auf eine umfangreiche Beweisaufnahme unangebracht ist.
2. Nimmt die Staatsanwaltschaft im vereinfachten Jugendverfahren an der mündlichen Verhandlung nicht teil, so bedarf es ihrer Zustimmung zur Durchführung der Verhandlung in Abwesenheit des Angeklagten nicht (§ 78 Absatz 2 Satz 2).
3. [1]Hinsichtlich der Ladung der Erziehungsberechtigten und der gesetzlichen Vertreter gemäß Absatz 2 wird auf § 67 Absatz 5 hingewiesen.

[2]Wird auf deren Ladung verzichtet, muss dennoch gemäß § 67a Absatz 1 eine Mitteilung über Zeit und Ort der Hauptverhandlung erfolgen.
4. Schon vor der Hauptverhandlung sollte geprüft werden, ob es im Interesse des Angeklagten angezeigt ist, den in § 50 Absatz 4 Satz 2 und § 48 Absatz 2 genannten Helfern und Betreuungspersonen im Hinblick auf die Betreuung Nachricht vom Hauptverhandlungstermin auch dann zu geben, wenn ihre Ladung nicht aus anderen Gründen erforderlich ist.
5. Eine Mitteilung an die Jugendgerichtshilfe nach Absatz 3 Satz 1 ist auch erforderlich, wenn ein Berichts- oder Anwesenheitsverzicht (§ 38 Absatz 7) erklärt wurde.

Richtlinien zu § 51:

1. Wegen der gegebenenfalls notwendigen Verteidigung wird auf § 68 Nummer 3 hingewiesen.
2. [1]Der Begriff des „nicht unerheblichen Teils" der Hauptverhandlung ist im Interesse des Schutzes des Jugendlichen weit auszulegen. [2]Er umfasst jedenfalls wichtige Teile der Beweisaufnahme, die über Schuld und Sanktionierung des Angeklagten entscheiden.
3. [1]Soweit ein Ausschluss der Erziehungsberechtigten und der gesetzlichen Vertreter des Jugendlichen bereits zum Zeitpunkt der Terminierung in Betracht kommen, soll der Vorsitzende über die Jugendgerichtshilfe vor der Hauptverhandlung darauf hinwirken, dass eine geeignete volljährige Vertrauensperson benannt wird. [2]Von der Entpflichtung des Vertreters der Jugendgerichtshilfe von der Teilnahme an der Hauptverhandlung nach § 38 Absatz 7 soll in diesen Fällen abgesehen werden.

Richtlinie zu §§ 52, 52a:

Als eine andere wegen der Tat erlittene Freiheitsentziehung im Sinne von §§ 52, 52a Absatz 1 Satz 1 ist namentlich die Unterbringung in einem Heim der Jugendhilfe oder einer Anstalt nach § 71 Absatz 2, § 72 Absatz 4 und § 73 anzusehen.

Richtlinie zu § 53:

Hält das Gericht im Verfahren gegen Jugendliche vor den für allgemeine Strafsachen zuständigen Gerichten Erziehungsmaßregeln für erforderlich, so hat es deren Auswahl und Anordnung dem Familiengericht zu überlassen, selbst wenn es zugleich auf Jugendstrafe erkennt (§ 104 Absatz 4).

Richtlinien zu § 54:

1. [1]Für die Entscheidung im Jugendstrafverfahren ist die Persönlichkeit des Jugendlichen von ausschlaggebender Bedeutung. [2]Dies sollte sich auch in den Urteilsgründen widerspiegeln, zumal sie eine wertvolle Grundlage für die Erziehungsarbeit im Vollzug und andere spätere Maßnahmen bilden. [3]Der Vorschrift, dass in den Gründen des schuldigsprechenden Urteils die seelische, geistige und körperliche Eigenart des Jugendlichen berücksichtigt werden soll, wird durch eine bloße Schilderung des Lebenslaufes nicht genügt. [4]Das gilt namentlich für Urteile, in denen für Jugendliche eine Betreuungsweisung (§ 10 Absatz 1 Satz 3 Nummer 5) erteilt, Hilfe zur

Erziehung (§ 12) angeordnet, Jugendstrafe verhängt (§ 17 Absatz 2), die Schuld des Angeklagten festgestellt (§ 27) oder in einem der genannten Fälle gegen Heranwachsende Jugendstrafrecht wegen mangelnder Reife (§ 105 Absatz 1 Nummer 1) angewendet wird.

2. [1]Die Verkündung des Urteils ist für die Erziehung von besonderer Bedeutung. [2]Die mündliche Eröffnung der Urteilsgründe soll dem Wesen und dem Verständnis der Jugendlichen angepasst sein. [3]Alle nicht unbedingt gebotenen rechtlichen Ausführungen können unterbleiben. [4]Erörterungen, die für die Erziehung der Jugendlichen nachteilig sein können, sollten vermieden werden. [5]Auf § 70b wird hingewiesen.
3. [1]Soll der Jugendliche eine Ausfertigung oder eine Abschrift des Urteils mit Gründen erhalten (etwa nach § 35 Absatz 1 Satz 2, § 316 Absatz 2, § 343 Absatz 2 StPO), so bestimmt der Vorsitzende, inwieweit ihm die schriftlichen Urteilsgründe mitgeteilt werden. [2]Erhält der Jugendliche nur einen Auszug der Gründe, so wird dies auf der Ausfertigung oder der Abschrift vermerkt, die für ihn bestimmt ist.

Richtlinie zu § 55:

[1]Aus erzieherischen Gründen ist es regelmäßig erwünscht, dass das Jugendstrafverfahren möglichst schnell zum Abschluss gebracht wird. [2]Bei der Einlegung von Rechtsmitteln zu Ungunsten des Angeklagten ist daher besondere Zurückhaltung geboten (vgl. im Übrigen die Nummern 147 ff. RiStBV).

Richtlinie zu § 56:

[1]Von der Möglichkeit, die Teilvollstreckung einer nach § 31 gebildeten Einheitsstrafe anzuordnen, wird nur mit Zurückhaltung Gebrauch gemacht werden können. [2]Es ist vor allem zu bedenken, ob sich bei einem Wegfall einzelner Schuldfeststellungen ein anderes Bild von der Persönlichkeit des Jugendlichen ergeben und damit die Verhängung von Jugendstrafe überhaupt entbehrlich werden könnte.

Richtlinie zu § 60:

Es empfiehlt sich, die Aushändigung des Bewährungsplans und die Belehrung des Jugendlichen in einem gesonderten Termin außerhalb der Hauptverhandlung in Gegenwart der Erziehungsberechtigten, der gesetzlichen Vertreter und des Bewährungshelfers vorzunehmen.

Richtlinien zu § 61:

1. [1]Von der Möglichkeit einer Vorbewährung soll Gebrauch gemacht werden, um bei der späteren Entscheidung noch ungewisse Prognosetatsachen berücksichtigen zu können. [2]Die Entscheidung bedarf einer sachlichen Begründung. [3]Die Vorbewährung dient nicht dazu, neue Prognosetatsachen zu schaffen. [4]Ist die Sache in der Hauptverhandlung entscheidungsreif, ist eine Entscheidung im Urteil zu treffen.
2. [1]Das erkennende Gericht kann gemäß § 13 Absatz 3 Satz 1 StVollstrO die Rechtskraft bereits vor Abfassung der schriftlichen Urteilsgründe bescheinigen und der Bewährungshilfe den Bewährungsbeschluss unverzüg-

lich übersenden. [2]Dadurch kann im Hinblick auf die relativ kurze Bewährungszeit die Umsetzung der verhängten Auflagen und Weisungen beschleunigt werden.
3. Ein Jugendarrest neben Jugendstrafe (§ 16a) kann im Vorbehaltsurteil verhängt werden, nicht jedoch neben der später ausgesprochenen Bewährungsentscheidung.

Richtlinien zu § 61a:

1. Besondere Gründe im Sinne des § 61a Absatz 1 Satz 3 können insbesondere vorliegen, wenn sich eine positive Entwicklung des Jugendlichen noch nicht verfestigt hat, mit erheblichen Veränderungen im Lebensumfeld des Jugendlichen in naher Zukunft zu rechnen ist oder ergebnisoffene therapeutische Interventionen noch nicht abgeschlossen sind.
2. Das Berufungsgericht ist auch in den Fällen für die vorbehaltene Entscheidung zuständig, in denen es einen erstinstanzlich erklärten Vorbehalt durch Verwerfung einer Berufung bestätigt hat.
3. Die notwendige Beteiligung des Verteidigers, der Erziehungsberechtigten und der gesetzlichen Vertreter ist zu beachten.

Richtlinien zu § 61b:

1. [1]Das Gericht soll nur solche Weisungen und Auflagen erteilen, die in der Höchstfrist des § 61a erfüllbar und zumutbar sind. [2]Die Verhängung eines Jugendarrests nach § 11 Absatz 3 ist gemäß § 61b Absatz 1 Satz 1 2. Halbsatz ausgeschlossen.
2. [1]Grundsätzlich ist der Jugendliche der Aufsicht und Leitung eines Bewährungshelfers zu unterstellen. [2]Dies dient dazu, eine erfolgreiche Nutzung der Vorbewährung (mit dem Ziel einer positiven Bewährungsentscheidung nach Ablauf der Frist des § 61a) sicherzustellen.
   [3]Die Zuständigkeit der Jugendgerichtshilfe bzw. der Jugendhilfe nach dem SGB VIII bleibt durch die Vorbewährung unberührt. [4]Während der Bewährungszeit arbeiten Jugendgerichtshilfe bzw. Jugendhilfe eng mit dem Bewährungshelfer zusammen (§ 38 Absatz 5 Satz 4). [5]Ist kein Bewährungshelfer bestellt, wachen sie darüber, dass der Jugendliche Auflagen oder Weisungen nachkommt (§ 38 Absatz 5 Satz 1 und 2).
3. [1]Bewährungshilfe und Jugendgerichtshilfe sollen bereits ab Rechtskraft des Urteils gezielt auf eine Resozialisierung des Jugendlichen hinwirken. [2]Sie haben das Gericht unverzüglich zu unterrichten, sofern sich vor Ablauf der nach § 61a Absatz 1 maßgeblichen Frist hinreichende Gründe für die Annahme ergeben, dass eine Aussetzung der Jugendstrafe zur Bewährung abgelehnt wird. [3]Vor der nachträglichen Entscheidung über die Aussetzung der Jugendstrafe soll das Gericht regelmäßig Berichte der Jugendgerichtshilfe und der Bewährungshilfe einholen.
4. Nach § 16a angeordneter und verbüßter Jugendarrest ist gemäß § 61b Absatz 4 Satz 3 in Verbindung mit § 26 Absatz 3 Satz 3 anzurechnen.
5. Vor der Ablehnung der Aussetzung der Jugendstrafe zur Bewährung sind der Jugendliche sowie der Erziehungsberechtigte und der gesetzliche Vertreter zu hören.

Richtlinien zu § 66:

1. [1]Liegen die Voraussetzungen des Absatz 1 vor, ist eine gerichtliche Entscheidung herbeizuführen. [2]Das Gericht kann von der einheitlichen Festsetzung von Maßnahmen oder Jugendstrafe absehen (§ 31 Absatz 3).
2. Die Staatsanwaltschaft beantragt die Durchführung einer Hauptverhandlung nach Absatz 2 vor allem dann, wenn zu erwarten ist, dass die ergänzende Entscheidung von den früheren Entscheidungen erheblich abweicht.

Richtlinien zu § 67:

1. In der Hauptverhandlung wirkt die Staatsanwaltschaft darauf hin, dass auch den Erziehungsberechtigten und gesetzlichen Vertretern stets von Amts wegen das letzte Wort erteilt wird.
2. [1]Die Voraussetzungen des Anwesenheitsrechts nach Absatz 3 Satz 1 werden gemäß Absatz 3 Satz 2 vermutet, wenn keiner der in Satz 2 genannten Ausschlussgründe vorliegt. [2]Trotz deren Nichtvorliegens können im Einzelfall die Voraussetzungen des Absatz 3 Satz 1 zu verneinen sein. [3]Im Hinblick auf Absatz 3 Satz 1 Nummer 1 ist – unter Beachtung von Artikel 6 Absatz 2 GG – auch der Wille des Jugendlichen zu berücksichtigen.
3. Die Angemessenheit der Frist in § 67 Absatz 3 Satz 3 bestimmt sich im Einzelfall unter Abwägung des Wohls des Jugendlichen und verfahrensbezogener Erfordernisse.

Richtlinien zu § 67a:

1. Die Unterrichtung erfolgt durch die zum jeweiligen Zeitpunkt das Verfahren führende Stelle.
2. [1]Eine bestimmte Form der Unterrichtung ist gesetzlich nicht vorgesehen. [2]Erfolgt die Unterrichtung nicht schriftlich oder ergänzend mündlich oder in anderer Weise, sollte dies aktenkundig gemacht werden; siehe auch § 67a Absatz 2, § 70a Absatz 5. [3]Auf die Richtlinie zu § 70a wird hingewiesen.

Richtlinien zu §§ 68, 68a, 68b:

1. [1]In den Fällen des § 68 Nummer 1 in Verbindung mit § 140 Absatz 2 StPO sind das Alter und die Reife des Beschuldigten zu berücksichtigen. [2]Im Hinblick auf dessen geringere Lebenserfahrung wird allgemein eher die Beiordnung eines Pflichtverteidigers erforderlich sein als im Verfahren gegen einen Erwachsenen.
2. In den Fällen des § 68 Nummer 5 sind die genannten Rechtsfolgen zu erwarten, wenn sie, unter Heranziehung erreichbarer prognoserelevanter Erkenntnisquellen, gegebenenfalls auch Einholung von Registerauskünften, wahrscheinlicher werden als eine andere Sanktionierung.
3. [1]Die Staatsanwaltschaft ist gehalten, regelmäßig zu prüfen, ob ein Fall der notwendigen Verteidigung vorliegt. [2]Bejahendenfalls soll sie auf eine möglichst frühzeitige Verteidigerbestellung hinwirken. [3]Eine besondere Regelung zum spätesten Zeitpunkt der Verteidigerbestellung enthält

§ 68a Absatz 1 Satz 1, Absatz 2, mit begrenzten Ausnahmen in § 68a Absatz 1 Satz 2 und in § 68b. [4]Im Übrigen gelten für den Bestellungszeitpunkt über § 2 Absatz 2 die allgemeinen Bestimmungen des § 141 StPO, mit Ausnahme von § 141 Absatz 2 Satz 2 StPO (§ 68a Absatz 2).

4. Vor der Pflichtverteidigerbestellung sind der Jugendliche sowie die Erziehungsberechtigten und die gesetzlichen Vertreter zu hören.

Richtlinien zu § 70:

1. [1]Eine Benachrichtigung der Schule ist in der Regel angezeigt, wenn Interessen der Schule berührt sind. [2]Dies ist vornehmlich bei schwerwiegenden Straftaten wie Drogen-, Waffen-, Sexual- oder Gewaltdelikten bzw. bei Straftaten im unmittelbaren Zusammenhang mit dem Schulbetrieb oder zum Nachteil anderer Schüler oder des Lehrkörpers gegeben. [3]Stets ist zwischen der Gefahr einer unnötigen Stigmatisierung des Jugendlichen und einem – entsprechend ihrem Aufgabenbereich möglicherweise berechtigten – Interesse der Schule an einer Benachrichtigung abzuwägen. [4]Etwaige landesspezifische Regelungen über die Zusammenarbeit von Schule, Polizei und Justiz sind zu beachten.
2. Eine Mitteilung an das Familiengericht ist in der Regel angezeigt, wenn sich aus den Informationen familiengerichtlicher Handlungsbedarf ergeben könnte.
3. Die Jugendstaatsanwaltschaft leitet Mitteilungen des Familiengerichts an das zuständige Jugendgericht weiter, wenn dort andere Straf- oder Vollstreckungsverfahren gegen den Beschuldigten anhängig sind, soweit diese Daten aus ihrer Sicht für diese Verfahren erforderlich sind.
4. Auf die Regelungen in den Nummern 31 bis 33 MiStra wird hingewiesen.

Richtlinie zu § 70a:

Bei der Erfüllung der in § 70a aufgestellten Informations- und Unterrichtungspflichten können folgende bundeseinheitlich erarbeitete Merkblätter bzw. Belehrungsformulare genutzt werden:

a) Merkblatt „Informationen über die Grundzüge eines Jugendstrafverfahrens“,
b) Beschuldigtenbelehrung nach § 136 Absatz 1 StPO, §§ 70a, 70b, 109 Absatz 1 JGG,
c) Belehrung von auf Grund eines Haftbefehls × Personen im Jugendstrafverfahren,
d) Belehrung von vorläufig festgenommenen Personen im Jugendstrafverfahren,
e) Belehrung von auf Grund eines Unterbringungsbefehls oder Sicherungsunterbringungsbefehls festgenommenen Personen im Jugendstrafverfahren,
f) Belehrung von zur Identitätsfeststellung festgehaltenen Personen im Jugendstrafverfahren.

Richtlinien zu § 70b:

1. [1]Die in der Richtlinie zu § 70a aufgeführten Belehrungsformulare stehen in verschiedenen Sprachen zur Verfügung. [2]Den Beschuldigten und ihren

gesetzlichen Vertretern sollen diese möglichst auch in ihrer Muttersprache übergeben werden.
2. Vor der Vernehmung müssen sich die Vernehmungspersonen vergewissern, dass die Beschuldigten und ihre anwesenden Erziehungsberechtigten und gesetzlichen Vertreter den Inhalt ihrer Rechte verstanden haben.

Richtlinien zu § 71:

1. [1] Vor Erlass einer vorläufigen Anordnung über die Erziehung sind die Staatsanwaltschaft (§ 33 Absatz 2 StPO) und die Jugendgerichtshilfe (§ 38 Absatz 6) sowie regelmäßig die Erziehungsberechtigten und die gesetzlichen Vertreter (§ 33 Absatz 3 StPO in Verbindung mit § 67 Absatz 1) zu hören. [2] Von der Anhörung der Erziehungsberechtigten bzw. der gesetzlichen Vertreter kann abgesehen werden, wenn die Anordnung dem Zweck der Untersuchungshaftvermeidung dient (§ 72 Absatz 4 Satz 1) oder wenn die vorherige Anhörung den Zweck der Anordnung gefährden würde (§ 33 Absatz 4 Satz 1 StPO). [3] In diesem Fall kann eine nachträgliche Anhörung angezeigt sein. [4] Der Beschluss über die vorläufige Anordnung ist zu begründen (§ 34 StPO).
2. [1] Der einstweiligen Unterbringung in einem geeigneten Heim der Jugendhilfe kommt besondere Bedeutung zu, wenn die Voraussetzungen für den Erlass eines Haftbefehls gemäß §§ 112 ff. StPO vorliegen (§ 72 Absatz 4 Satz 1). [2] Ist die Maßnahme durchführbar und reicht sie aus, so darf Untersuchungshaft nicht angeordnet oder vollzogen werden (§ 72 Absatz 1 Satz 1 und 3). [3] Staatsanwaltschaft und Gericht sollten deshalb frühzeitig prüfen, ob ein geeignetes Heim zur Verfügung steht und gegebenenfalls mit der Leitung der Einrichtung in Verbindung treten. [4] Die Jugendgerichtshilfe ist heranzuziehen. [5] Auf § 72a und die Richtlinien dazu wird ergänzend hingewiesen.
3. Ist ein Haftbefehl bereits erlassen und stellt sich nachträglich heraus, dass die Unterbringung möglich ist, so kann der Haftbefehl durch einen Unterbringungsbefehl ersetzt werden.
4. Der Unterbringungsbefehl nach § 71 Absatz 2 sollte insbesondere durch einen Haftbefehl ersetzt werden, wenn sich die einstweilige Unterbringung als undurchführbar oder ungeeignet erweist und die Haftvoraussetzungen fortbestehen (§ 72 Absatz 4 Satz 2).

Richtlinien zu § 72:

1. [1] Das Verfahren gegen verhaftete Jugendliche soll durch Ermittlungen gegen Mitbeschuldigte oder durch kommissarische Zeugenvernehmungen nicht verzögert werden. [2] Erforderlichenfalls ist das Verfahren abzutrennen.
2. [1] Werden Jugendliche an einem Ort ergriffen, der weder ihr gewöhnlicher Aufenthaltsort ist noch zum Bezirk des Gerichts gehört, dem die familiengerichtlichen Erziehungsaufgaben obliegen, so veranlasst die Staatsanwaltschaft in der Regel unverzüglich, dass die Jugendlichen durch Einzeltransport dem Gericht überstellt werden, das für die familiengerichtlichen Erziehungsaufgaben zuständig ist. [2] Gleichzeitig beantragt sie beim bisherigen Haftrichter, dass dieser seine Aufgaben auf das Gericht überträgt, das die familiengerichtlichen Erziehungsaufgaben wahrzunehmen hat.

3. Zur einstweiligen Unterbringung in einem Heim der Jugendhilfe wird auf die Richtlinien zu § 71 hingewiesen.
4. Wegen des Vollzugs der Untersuchungshaft wird auf die ergänzenden landesgesetzlichen Regelungen hingewiesen.

Richtlinie zu § 72a:

[1] Staatsanwaltschaft und Gericht tragen dafür Sorge, dass die Jugendgerichtshilfe und, sofern der Inhaftierte unter Bewährungsaufsicht steht, der Bewährungshelfer so früh wie möglich, gegebenenfalls durch die Polizei, unterrichtet wird. [2] Ist gemäß § 128 StPO eine Vorführung zu erwarten, so teilen sie der Jugendgerichtshilfe auch Ort und Termin der Vorführung mit.

Richtlinie zu § 72b:

Auf die allgemeine Vorschrift des § 119 Absatz 4 StPO wird hingewiesen.

Richtlinien zu § 73:

1. [1] Die Staatsanwaltschaft beantragt die Unterbringung zur Vorbereitung eines Gutachtens über den Entwicklungsstand von Jugendlichen nur, wenn die Bedeutung der Strafsache diese schwerwiegende Maßnahme rechtfertigt und eine Untersuchung nach § 43 Absatz 2 nicht ausreicht. [2] Darüber hinaus sind die Nummern 61 ff. RiStBV zu beachten.
2. Dem Beschuldigten, der keinen Verteidiger hat, ist ein solcher zu bestellen (§ 68 Nummer 4).

Richtlinien zu § 74:

1. [1] Kosten und Auslagen werden Jugendlichen nur aufzuerlegen sein, wenn anzunehmen ist, dass sie aus Mitteln bezahlt werden, über die sie selbstständig verfügen können, und wenn ihre Auferlegung aus erzieherischen Gründen angebracht erscheint. [2] Reichen die Mittel der Jugendlichen zur Bezahlung sowohl der Kosten als auch der Auslagen nicht aus, so können ihnen entweder nur die Kosten oder nur die Auslagen oder ein Teil davon auferlegt werden.
2. [1] Eine Entscheidung über die Kosten und Auslagen wird auch bei der Ergänzung rechtskräftiger Entscheidungen nach § 66 getroffen. [2] Wenn in einer einbezogenen Entscheidung (§ 31 Absatz 2, § 66) von der Ermächtigung des § 74 kein Gebrauch gemacht worden ist, kann in der neuen Entscheidung ausgesprochen werden, dass es insoweit bei der früheren Kostenentscheidung verbleibt. [3] Das wird sich besonders dann empfehlen, wenn auf Grund der früheren Kostenentscheidung bereits Kosten oder Auslagen eingezogen worden sind.
3. [1] Hinsichtlich der Berechnung der Gerichtsgebühren wird auf die Vorbemerkung 3.1 der Anlage 1 zu § 3 Absatz 2 GKG hingewiesen. [2] Bei der Einbeziehung einer Strafe nach § 31 Absatz 2 oder bei Ergänzung rechtskräftiger Entscheidungen nach § 66 ist bei der Berechnung der Gerichtsgebühren Absatz 5 dieser Vorbemerkung zu beachten.
4. Zu den Auslagen des Verfahrens gehören auch die Kosten einer einstweiligen Unterbringung in einem Heim der Jugendhilfe (§ 71 Absatz 2, § 72 Absatz 4) und einer Unterbringung zur Beobachtung (§ 73).

5. [1]Die Kosten, die Jugendlichen dadurch entstehen, dass sie einer ihnen erteilten Weisung (§ 10) oder Auflage (§ 15) nachkommen, gehören nicht zu den Kosten und Auslagen im Sinne des § 74. [2]Sie werden von ihnen selbst oder von für sie leistungspflichtigen oder leistungsbereiten Dritten getragen. [3]Auf die Richtlinie Nummer 6 zu § 10 wird hingewiesen.

Richtlinien zu § 76:

1. Liegen die Voraussetzungen des § 76 Satz 1 vor, ist eine umfangreiche Beweisaufnahme nicht erforderlich und kommt ein Absehen von der Verfolgung nach § 45 nicht in Betracht, so stellt die Staatsanwaltschaft in aller Regel Antrag auf Entscheidung im vereinfachten Jugendverfahren.
2. [1]Die Staatsanwaltschaft wird den Antrag im Allgemeinen schriftlich stellen, um dem Jugendrichter eine einwandfreie Grundlage für seine Entscheidung nach § 77 Absatz 1 und für das spätere Urteil zu geben. [2]Ein schriftlicher Antrag ist besonders dann angebracht, wenn die Staatsanwaltschaft an der mündlichen Verhandlung nicht teilnehmen will. [3]In dem Antrag werden die dem Beschuldigten zur Last gelegte Tat und das anzuwendende Strafgesetz bezeichnet.

Richtlinie zu § 77:

[1]Hält der Jugendrichter eine richterliche Ahndung der Tat für entbehrlich, so kann er nach § 47 verfahren. [2]In der mündlichen Verhandlung bedarf es hierzu der Zustimmung der Staatsanwaltschaft nicht, wenn diese an der Verhandlung nicht teilnimmt (§ 78 Absatz 2 Satz 2).

Richtlinie zu § 78:

Für die rechtzeitige, notfalls fernmündliche Benachrichtigung der Jugendgerichtshilfe vom Verfahren und vom Verhandlungstermin sollte stets Sorge getragen werden.

Richtlinie zu § 79:

Wegen des Strafbefehls und des beschleunigten Verfahrens gegen Heranwachsende wird auf die Richtlinien Nummer 2 und 4 zu § 109 hingewiesen.

Richtlinien zu § 80:

1. Gründe der Erziehung können die Verfolgung eines Privatklagedeliktes namentlich dann erfordern, wenn Jugendliche wiederholt oder schwere Straftaten begangen haben und eine Ahndung zur Einwirkung auf sie geboten ist oder wenn Art und Ausführung der Tat oder die Persönlichkeit des Jugendlichen erzieherische Einwirkung erforderlich erscheinen lassen, um der künftigen Begehung von Straftaten entgegenzuwirken.
2. Ein berechtigtes, dem Erziehungszweck nicht entgegenstehendes Interesse des Verletzten an der Verfolgung ist in der Regel anzunehmen, wenn der Geschädigte erhebliche materielle oder immaterielle Schäden erlitten hat.
3. [1]Für die Widerklage bleibt das mit der Privatklage befasste Gericht zuständig. [2]Gegen den jugendlichen Widerbeklagten kann das für allgemei-

ne Strafsachen zuständige Gericht nur Zuchtmittel (§ 13) selbst verhängen; hält es Erziehungsmaßregeln für erforderlich, so verfährt es nach § 104 Absatz 4 Satz 1.

Richtlinie zu § 81:

[1] Es kann erzieherisch geboten sein, den Jugendlichen zur Wiedergutmachung des Schadens zu veranlassen. [2] Auf die Möglichkeiten des Täter-Opfer-Ausgleichs (§ 10 Absatz 1 Satz 3 Nummer 7) und der Schadenswiedergutmachung (§ 15 Absatz 1 Satz 1 Nummer 1) wird hingewiesen.

Richtlinien zu §§ 82 bis 85:

I. Zuständigkeit zur Vollstreckung

1. Bei der Vollstreckung von Erziehungsmaßregeln und Zuchtmitteln – mit Ausnahme des Jugendarrestes (vgl. § 85 Absatz 1 zur notwendigen Abgabe der Vollstreckung) – ist Vollstreckungsleiter bei Entscheidungen
   a) eines Jugendrichters der erkennende Jugendrichter (§ 82 Absatz 1, § 84 Absatz 1),
   b) eines Jugendschöffengerichts der diesem vorsitzende Jugendrichter (§ 82 Absatz 1, § 84 Absatz 1),
   c) eines Bezirksjugendgerichts der Bezirksjugendrichter (§ 82 Absatz 1, § 84 Absatz 1, § 33 Absatz 3),
   d) einer Jugendkammer der Jugendrichter des Amtsgerichts, dem die familiengerichtlichen Erziehungsaufgaben obliegen (§ 82 Absatz 1, § 84 Absatz 2, § 34 Absatz 3) und
   e) eines Erwachsenengerichts der Jugendrichter des Amtsgerichts, dem die familiengerichtlichen Erziehungsaufgaben obliegen (§ 82 Absatz 1, § 84 Absatz 2, § 34 Absatz 3).
2. Bei der Vollstreckung von Jugendarrest sind für die Zuständigkeit § 85 Absatz 1, § 90 Absatz 2 Satz 2 und gegebenenfalls landesspezifische Regelungen zu beachten.
3. Bei Verurteilung zu einer Jugendstrafe ist Vollstreckungsleiter
   a) bei Aussetzung der Vollstreckung zur Bewährung und vor Aufnahme des Verurteilten in die Einrichtung für den Vollzug der Jugendstrafe der Jugendrichter, der oder unter dessen Vorsitz das Jugendschöffengericht im ersten Rechtszug erkannt hat, bei Entscheidungen einer Jugendkammer oder eines Erwachsenengerichts der Jugendrichter des Amtsgerichts, dem die familiengerichtlichen Erziehungsaufgaben obliegen (§ 82 Absatz 1, § 84 Absatz 1 und 2, § 34 Absatz 3),
   b) im Falle einer zu vollstreckenden Jugendstrafe nach Aufnahme des Verurteilten in die Einrichtung für den Vollzug der Jugendstrafe der Jugendrichter des Amtsgerichts, in dessen Bezirk die Einrichtung liegt (§ 82 Absatz 1, § 85 Absatz 2 Satz 1) bzw. dessen Zuständigkeit durch Rechtsverordnung oder Ländervereinbarung bestimmt wurde (§ 82 Absatz 1, § 85 Absatz 2 Satz 2 und 3 und Absatz 3).
4. [1] Von der Zuständigkeit in Ziffer 3 unberührt bleiben die weiteren Entscheidungen, die in Folge der Strafaussetzung zur Bewährung

erforderlich werden (z. B. Änderung von Bewährungsauflagen oder -weisungen). [2] Auf die Zuständigkeitsregelung in § 58 Absatz 3 wird hingewiesen.

5. In den Fällen der Vorbewährung (§ 61) und der Aussetzung der Verhängung der Jugendstrafe (§ 27) verbleibt es bis zu der dabei vorbehaltenen Entscheidung bei der Zuständigkeit des erkennenden Gerichts (§ 61b Absatz 1 Satz 6 in Verbindung mit § 58 Absatz 3 Satz 1; § 62 Absatz 4 in Verbindung mit § 58 Absatz 3 Satz 1).
6. Bei der Vollstreckung von Maßregeln der Besserung und Sicherung in Form von
   a) Unterbringung in einem psychiatrischen Krankenhaus (§ 61 Nummer 1 StGB) ist Vollstreckungsleiter
      aa) in Fällen der Aussetzung der Unterbringung zur Bewährung der Jugendrichter, unter dessen Vorsitz das Jugendschöffengericht im ersten Rechtszug erkannt hat, bei Entscheidungen einer Jugendkammer oder eines Erwachsenengerichts der Jugendrichter des Amtsgerichts, dem die familiengerichtlichen Erziehungsaufgaben obliegen (§ 82 Absatz 1, § 84 Absatz 1 und 2, § 34 Absatz 3),
      bb) vor Aufnahme des Verurteilten in die Einrichtung für den Vollzug der Unterbringung der Jugendrichter, unter dessen Vorsitz das Jugendschöffengericht im ersten Rechtszug erkannt hat, bei Entscheidungen einer Jugendkammer oder eines Erwachsenengerichts der Jugendrichter des Amtsgerichts, dem die familiengerichtlichen Erziehungsaufgaben obliegen (§ 82 Absatz 1, § 84 Absatz 1 und 2, § 34 Absatz 3),
      cc) nach Aufnahme des Verurteilten in die Einrichtung für den Vollzug der Unterbringung der Jugendrichter des Amtsgerichts, in dessen Bezirk die Einrichtung liegt (§ 82 Absatz 1, § 85 Absatz 2 Satz 1, Absatz 4) bzw. dessen Zuständigkeit durch Rechtsverordnung bestimmt wurde (§ 82 Absatz 1, § 85 Absatz 2 Satz 2 und 3 und Absatz 4).
   b) Unterbringung in einer Entziehungsanstalt (§ 61 Nummer 2 StGB)
      aa) in Fällen der Aussetzung der Unterbringung zur Bewährung der Jugendrichter, der oder unter dessen Vorsitz das Jugendschöffengericht im ersten Rechtszug erkannt hat, bei Entscheidungen einer Jugendkammer oder eines Erwachsenengerichts der Jugendrichter des Amtsgerichts, dem die familiengerichtlichen Erziehungsaufgaben obliegen (§ 82 Absatz 1, § 84 Absatz 1 und 2, § 34 Absatz 3);
      bb) vor Aufnahme des Verurteilten in die Entziehungsanstalt der Jugendrichter, der oder unter dessen Vorsitz das Jugendschöffengericht im ersten Rechtszug erkannt hat, bei Entscheidungen einer Jugendkammer oder eines Erwachsenengerichts der Jugendrichter des Amtsgerichts, dem die familiengerichtlichen Erziehungsaufgaben obliegen (§ 82 Absatz 1, § 84 Absatz 1 und 2, § 34 Absatz 3),
      cc) nach Aufnahme des Verurteilten in die Entziehungsanstalt der Jugendrichter des Amtsgerichts, in dessen Bezirk die Einrich-

tung liegt (§ 82 Absatz 1, § 85 Absatz 2 Satz 1 und Absatz 4) bzw. dessen Zuständigkeit durch Rechtsverordnung bestimmt wurde (§ 82 Absatz 1, § 85 Absatz 2 Satz 2 und 3 und Absatz 4),

c) Sicherungsverwahrung
nach § 7 Absatz 2 und 4 ist Vollstreckungsbehörde die Staatsanwaltschaft, sofern der Verurteilte das 21. Lebensjahr vollendet hat (§ 82 Absatz 3, §§ 463, 451 StPO), im Übrigen der Jugendrichter des Amtsgerichts, dem die familiengerichtlichen Erziehungsaufgaben obliegen (§§ 82 Absatz 1, 84 Absatz 1 und 2, 34 Absatz 3),

d) Führungsaufsicht und Entziehung der Fahrerlaubnis
gelten die allgemeinen Vorschriften über die Zuständigkeit (vgl. die Ausführungen zu I. Nummer 1).

7. Bei der Vollstreckung von Entscheidungen gegen Heranwachsende,
   a) die nach Jugendstrafecht verurteilt worden sind, gelten die Nummern 1 bis 6 entsprechend (§ 110 Absatz 1)
   b) die nach Allgemeinem Strafrecht verurteilt worden sind, ist Vollstreckungsbehörde die Staatsanwaltschaft (§ 451 StPO).

II. Stellung des Vollstreckungsleiters und Entscheidungen im Vollstreckungsverfahren

1. [1] Der Jugendrichter nimmt als Vollstreckungsleiter Justizverwaltungsaufgaben wahr, soweit seine Entscheidungen nicht jugendrichterliche Entscheidungen nach § 83 Absatz 1 und § 112c Absatz 1 sind. [2] Hinsichtlich dieser Entscheidungen unterliegt er der Dienstaufsicht und ist daher weisungsgebunden. [3] Auf § 21 Absatz 1 Nummer 1 StVollstrO wird hingewiesen.

2. [1] Handelt es sich bei den Entscheidungen des Vollstreckungsleiters um Justizverwaltungsakte, ist grundsätzlich der Rechtsweg nach §§ 23 ff. EGGVG gegeben. [2] Ausnahmen bestehen allerdings für die in den § 458 Absatz 1 und 2, § 462 Absatz 1 StPO genannten voll Streckungsrechtlichen Verwaltungsentscheidungen. [3] Über Einwendungen gegen diese entscheidet das Gericht des ersten Rechtszuges. [4] War allerdings der Vollstreckungsleiter an der Entscheidung des erstinstanzlichen Gerichts beteiligt, ist für die Entscheidung über die Einwendungen die Jugendkammer zuständig (§ 83 Absatz 2 Nummer 1).

3. [1] Handelt es sich bei den Entscheidungen des Vollstreckungsleiters um jugendrichterliche Entscheidungen (§ 83 Absatz 1, § 112c Absatz 2 in Verbindung mit Absatz 1), ist für Einwendungen gegen diese der Jugendrichter anstelle der Strafvollstreckungskammer als Vollstreckungsleiter nach § 82 Absatz 1 Satz 2 zuständig. [2] Eine Ausnahme besteht dann, wenn dieser in Wahrnehmung der Aufgaben der Strafvollstreckungskammer über seine eigene vollstreckungsrechtliche Anordnung zu entscheiden hätte (§ 83 Absatz 2 Nummer 2). [3] In diesen Fällen ist die Jugendkammer zuständig.

4. Gegen die in Nummer 2 Satz 2 und Nummer 3 genannten gerichtlichen Entscheidungen ist die sofortige Beschwerde zulässig (§ 83 Absatz 3 Satz 1).

III. Allgemeines zur Vollstreckung

1. Die Vollstreckung ist wegen des Beschleunigungsgebots zeitnah einzuleiten.
2. [1] Vor und während der Vollstreckung von Weisungen, Auflagen und Jugendarrest soll der Vollstreckungsleiter prüfen, ob der Erziehungsgedanke die Vollstreckung noch erfordert. [2] Gegebenenfalls sind die Maßnahmen aufzuheben bzw. ist von ihrer Vollstreckung abzusehen (§ 11 Absatz 2, § 15 Absatz 3 und § 87 Absatz 3).
3. [1] Hat ein Mitangeklagter gegen die Verurteilung wegen einer Tat, an der der rechtskräftig Verurteilte nach den Urteilsfeststellungen beteiligt war, Revision eingelegt, so ist dem Vollstreckungsheft eine Abschrift der Revisionsbegründung beizufügen oder nachzusenden. [2] Auf die Beachtung von § 19 StVollstrO und § 357 StPO wird hingewiesen.
4. Wird die Teilvollstreckung einer Einheitsstrafe nach § 56 angeordnet, so werden dem Vollstreckungsleiter unverzüglich nach Eintritt der Rechtskraft des Beschlusses je zwei beglaubigte Abschriften des vollständigen Urteils und des Beschlusses übersandt.
5. Auch hinsichtlich der dem Rechtspfleger übertragenen Geschäfte der Vollstreckung bleibt der Vollstreckungsleiter für die Vollstreckung insgesamt verantwortlich.

IV. Ergänzende Richtlinien für die Vollstreckung von Weisungen, Auflagen und Hilfen zur Erziehung

1. Bei der Vollstreckung von Weisungen oder Auflagen wird der Jugendgerichtshilfe oder in Bewährungsfällen (§§ 21, 27, 57) dem Bewährungshelfer eine beglaubigte Abschrift des Urteils mit dem Ersuchen übersandt, die Befolgung der Weisungen bzw. Erfüllung der Auflagen zu überwachen, erhebliche Zuwiderhandlungen mitzuteilen (§ 38 Absatz 5 Satz 2) und gegebenenfalls eine Änderung oder Aufhebung der Weisungen oder Auflagen (§ 11 Absatz 2, § 15 Absatz 3) anzuregen.
2. Bei der Vollstreckung von Hilfe zur Erziehung im Sinne von § 12 übersendet der Vollstreckungsleiter die Strafakten mit der Bescheinigung der Rechtskraft des Urteils dem zuständigen Familiengericht (§ 82 Absatz 2).

V. Ergänzende Richtlinien für die Vollstreckung von Jugendarrest

1. [1] Bei der Vollstreckung von Jugendarrest übersendet der zunächst zuständige Vollstreckungsleiter unmittelbar nach Eintritt der Rechtskraft des Urteils dem zuständigen Vollstreckungsleiter die Strafakten mit der Bescheinigung der Rechtskraft des Urteils. [2] Falls die Akten zunächst noch nicht entbehrlich sind, leitet er diesem ein Vollstreckungsheft zu. [3] Etwaige landesspezifische Regelungen sind zu beachten.
2. In Fällen des Jugendarrests neben Jugendstrafe (§ 16a) ist das Verfahren bei der Übersendung der Akten an den Vollstreckungsleiter als besonders eilbedürftig zu kennzeichnen, weil in diesen Fällen drei Monate nach Eintritt der Rechtskraft nicht mehr mit dem Vollzug des Arrestes begonnen werden darf (§ 87 Absatz 4 Satz 2).
3. [1] Der Vollstreckungsleiter lädt auf freiem Fuße befindliche Verurteilte unter Einhaltung einer angemessenen Frist zum Antritt des Ju-

gendarrestes. [2]Im Hinblick auf eine mögliche spätere Zuführung zum Arrest sollte die Ladung mit Postzustellungsurkunde erfolgen. [3]Bei der Festsetzung der Antrittszeit sind die Schul-, Ausbildungs- und Berufsverhältnisse der Verurteilten (insbesondere Ferien- und Urlaubszeiten) sowie die Verkehrsverhältnisse zu berücksichtigen. [4]Bei nachträglichem Bekanntwerden soll die Arrestzeit angepasst werden.

[5]Nichtdeutsche Jugendliche sind spätestens bei Arrestantritt zu befragen, ob sie die unverzügliche Benachrichtigung des Konsulats wünschen (Artikel 36 des Wiener Übereinkommens über konsularische Beziehungen vom 24. April 1963 – WÜK).

[6]Zugleich mit der Ladung sind die Erziehungsberechtigten und die gesetzlichen Vertreter, in Fällen der Hilfe zur Erziehung nach § 34 SGB VIII auch das Jugendamt, von der Ladung zu benachrichtigen und zu ersuchen, für den rechtzeitigen Antritt des Jugendarrestes zu sorgen.

4. [1]Folgen Verurteilte der Ladung zum Antritt des Jugendarrestes ohne genügende Entschuldigung nicht, veranlasst der Vollstreckungsleiter, dass sie dem Vollzug zugeführt werden. [2]Für die Zwangszuführung kann sich der Vollstreckungsleiter der Hilfe der Polizei oder anderer geeigneter Stellen bedienen. [3]Die Polizei ist auf die Dringlichkeit der Vorführung – insbesondere in den Fällen, in denen Jugendarrest neben Jugendstrafe vollstreckt werden soll- und die strikte Trennung von Arrestanten und Strafgefangenen hinzuweisen. [4]Insbesondere ist mitzuteilen, dass eine Beförderung im Gefangenensammeltransport nicht in Betracht kommt.
5. [1]Bei der Vollstreckung von Jugendarrest neben Jugendstrafe (§ 16a) hält der Vollstreckungsleiter bereits während des Vollzuges engen Kontakt zu dem Bewährungshelfer, um dem Verurteilten den Übergang in die Bewährungszeit zu erleichtern. [2]Er hat das Gericht, das die Bewährungsaufsicht führt, über das Verhalten des Verurteilten im Vollzug schriftlich zu unterrichten. [3]Der Vollstreckungsleiter hat dafür Sorge zu tragen, dass die Erfassung der Verhängung von Jugendarrest neben Jugendstrafe statistisch ordnungsgemäß erfolgt.
6. Im Übrigen wird auf die in den Ländern geltenden Vorschriften zum Vollzug des Jugendarrests verwiesen.

VI. Ergänzende Richtlinien für die Vollstreckung von Jugendstrafe

1. Nach Eintritt der Rechtskraft des Urteils veranlasst der Vollstreckungsleiter (vgl. Nummer I.3.) die Ladung des auf freiem Fuß befindlichen Verurteilten zum Strafantritt bzw. die Einweisung des in Untersuchungshaft befindlichen oder einstweilen untergebrachten Verurteilten (§ 71 Absatz 2, § 72 Absatz 4) in die für den Vollzug der Jugendstrafe zuständige Einrichtung.
2. [1]Der Umstand, dass das Urteil noch nicht mit den Gründen bei den Akten ist, rechtfertigt einen Aufschub der Vollstreckung nicht. [2]In den Fällen, in denen dem Aufnahmeersuchen eine Abschrift des vollständigen Urteils nicht beigefügt wurde, ist die Abschrift der Einrichtung für den Vollzug der Jugendstrafe nachzureichen, sobald das Urteil abgefasst ist. [3]Auch hierbei ist Beschleunigung geboten, da

die Kenntnis des Urteilsinhalts für die wirksame Gestaltung des Vollzugs unentbehrlich ist.

3. [1]Der Vollstreckungsleiter weist den Verurteilten in die zuständige Einrichtung für den Vollzug der Jugendstrafe ein und führt die Vollstreckung so lange, bis der Verurteilte in die Einrichtung für den Vollzug der Jugendstrafe aufgenommen worden ist. [2]Dem Aufnahmeersuchen sollen mindestens zwei Abschriften des vollständigen Urteils beigefügt oder nachgesandt werden. [3]War gegen den Verurteilten früher Hilfe zur Erziehung nach § 12 angeordnet worden, so sollte dies der Einrichtung für den Vollzug der Jugendstrafe unter Angabe der mit der Durchführung der Erziehungsmaßregel befassten Behörde mitgeteilt werden. [4]Nach Aufnahme des Verurteilten in die Einrichtung geht die Vollstreckung auf den neuen Vollstreckungsleiter über (Nummer I.3).
4. Zugleich mit der Ladung sollen die Erziehungsberechtigten und die gesetzlichen Vertreter, in Fällen der Hilfe zur Erziehung nach § 34 SGB VIII auch das Jugendamt von der Ladung benachrichtigt und ersucht werden, für den rechtzeitigen Antritt der Jugendstrafe zu sorgen.
5. Nichtdeutsche Verurteilte sind spätestens bei Strafantritt zu befragen, ob sie die unverzügliche Benachrichtigung des Konsulats wünschen (Artikel 36 des Wiener Übereinkommens über konsularische Beziehungen vom 24. April 1963 – WÜK).
6. Sobald der zunächst zuständige Vollstreckungsleiter Nachricht von der Aufnahme von Verurteilten in die Einrichtung für den Vollzug der Jugendstrafe erhalten hat (Strafantrittsanzeige), übersendet er die Strafakten oder das Vollstreckungsheft an den neuen Vollstreckungsleiter (vgl. Nummer I.3).
7. Im Falle der Aussetzung eines Strafrestes zur Bewährung soll die Vollstreckung an den für den zukünftigen Aufenthaltsort des Verurteilten zuständigen Jugendrichter übertragen werden (§ 85 Absatz 5).
8. [1]Bei über 24 Jahre alten Verurteilten kann die Vollstreckung nach § 85 Absatz 6 an die Staatsanwaltschaft abgegeben werden. [2]Zuvor muss die Ausnahme vom Jugendstrafvollzug erfolgen (§ 89b Absatz 2).

VII. Ergänzende Richtlinien für die Vollstreckung von Maßregeln der Besserung und Sicherung in Form der Unterbringung in einem psychiatrischen Krankenhaus oder einer Entziehungsanstalt

1. Nach Eintritt der Rechtskraft des Urteils sorgt der Vollstreckungsleiter für die Vollstreckung der Maßregeln der Besserung und Sicherung.
2. a) Im Fall der Anordnung der Unterbringung in einem psychiatrischen Krankenhaus oder einer Entziehungsanstalt veranlasst er die Ladung des auf freiem Fuß befindlichen Verurteilten zum Strafantritt bzw. die Einweisung des in Untersuchungshaft befindlichen oder einstweilen untergebrachten Verurteilten (§ 71 Absatz 2, § 72 Absatz 4) in die für den Vollzug der Maßregel zuständige Einrichtung, gegebenenfalls nach Maßgabe der nach Landesrecht für die Vergabe von Maßregelvollzugsplätzen zuständigen zentralen Stelle.

b) Der Umstand, dass das Urteil noch nicht mit den Gründen bei den Akten ist, rechtfertigt einen Aufschub der Vollstreckung nicht. In den Fällen, in denen dem Aufnahmeersuchen eine Abschrift des vollständigen Urteils nicht beigefügt wurde, ist die Abschrift der Einrichtung für den Vollzug der Maßregel nachzureichen, sobald das Urteil abgefasst ist.

c) Der Vollstreckungsleiter weist den Verurteilten, gegebenenfalls nach Maßgabe der für die Platzvergabe nach Landesrecht zuständigen zentralen Stelle, in die zuständige Einrichtung für den Vollzug der Maßregel ein und führt die Vollstreckung so lange, bis der Verurteilte in die Einrichtung aufgenommen worden ist. Dem Aufnahmeersuchen sollen mindestens zwei Abschriften des vollständigen Urteils beigefügt oder nachgesandt werden. Zugleich mit der Ladung sollen die Erziehungsberechtigten, in Fällen der Hilfe zur Erziehung nach § 34 SGB VIII das Jugendamt, von der Ladung benachrichtigt und ersucht werden, für den rechtzeitigen Antritt der Maßregel zu sorgen.

d) Sobald der Vollstreckungsleiter Nachricht von der Aufnahme des Verurteilten in die Einrichtung für den Vollzug der Maßregel erhalten hat, übersendet er die Strafakten oder das Vollstreckungsheft an denjenigen Jugendrichter, auf den die Vollstreckung nach § 85 Absatz 4 in Verbindung mit Absatz 2 mit der Aufnahme übergegangen ist.

e) Im Falle der Aussetzung einer Maßregel zur Bewährung (§ 67b Absatz 1, § 67d Absatz 2 StGB) soll die Vollstreckung an den für den zukünftigen Aufenthaltsort des Verurteilten zuständigen Jugendrichter übertragen werden (§ 85 Absatz 5).

Richtlinie zu §§ 88, 89:

Auf die Gesetze der Länder über den Vollzug der Jugendstrafe und auf die Beseitigung des Strafmakels nach § 100 wird hingewiesen.

Richtlinien zu § 89b:

1. [1] Auch wenn zu Jugendstrafe Verurteilte das 18. Lebensjahr bereits vollendet haben, werden sie in der Regel zunächst in eine Einrichtung für den Vollzug der Jugendstrafe eingewiesen, damit geprüft werden kann, ob eine spezielle Förderung möglich ist. [2] Lediglich in den Fällen, in denen die mangelnde Eignung für den Jugendstrafvollzug offenkundig ist, werden sie sogleich in die zuständige Justizvollzugsanstalt eingewiesen.
2. [1] Ein Verurteilter, der das 18. Lebensjahr vollendet hat, eignet sich nicht mehr für den Jugendstrafvollzug, wenn die erzieherische Einwirkung in der Einrichtung für den Vollzug der Jugendstrafe bei ihm keinen Erfolg verspricht oder von seiner Anwesenheit in der Jugendstrafanstalt Nachteile für die Erziehung der anderen Gefangenen zu befürchten sind. [2] Die fehlende Eignung ist sorgfältig zu prüfen und zu begründen.
3. [1] Die Entscheidung über die Eignung von Verurteilten für den Jugendstrafvollzug (§ 89b Absatz 1) wird von dem nach § 85 Absatz 2 oder Absatz 3 zuständigen Vollstreckungsleiter nach Anhörung des Verurteilten und Einholung einer Stellungnahme der Einrichtung für den Vollzug

der Jugendstrafe getroffen. [2]Soweit erforderlich, sind auch das erkennende Gericht und die Jugendgerichtshilfe anzuhören.

Richtlinien zu § 89c:

1. § 89c wird ergänzt durch Regelungen in Landesgesetzen zum Vollzug der Untersuchungshaft, soweit diese Vorschriften zur Trennung von minderjährigen oder jungen Untersuchungsgefangenen von Untersuchungsgefangenen anderer Altersgruppen enthalten.
2. [1]Auch in den Fällen des § 89c Absatz 1 Satz 1 trifft das Gericht eine Entscheidung, indem es die zur Tatzeit jugendlichen, nunmehr heranwachsenden Gefangenen nur dann in eine für junge Gefangene vorgesehene Einrichtung einweist, wenn diese nicht offenkundig für den Untersuchungshaftvollzug an jungen Gefangenen ungeeignet sind. [2]Dies ist der Fall, wenn von ihrer Anwesenheit in der für junge Gefangene vorgesehenen Einrichtung Nachteile für die Erziehung und Förderung oder sonst für das Wohl der anderen Gefangenen zu befürchten sind. [3]Die fehlende Eignung ist sorgfältig zu prüfen und zu begründen.
3. [1]Vor den Entscheidungen nach Absatz 1 Satz 1 und Satz 2 soll neben dem Beschuldigten und der Jugendgerichtshilfe auch die Staatsanwaltschaft, die den Haftbefehl beantragt hat, angehört werden. [2]Im Falle einer Entscheidung nach Absatz 1 Satz 1 soll diese Anhörung nur erfolgen, wenn das Gericht heranwachsende Gefangene mangels Eignung nicht in eine für junge Gefangene vorgesehene Einrichtung einweisen will.

Richtlinie zu § 90:

Für den Vollzug des Jugendarrestes in Vollzugseinrichtungen der Landesjustizverwaltungen bestimmen die Gesetze der Länder über den Vollzug des Jugendarrestes beziehungsweise die Jugendarrestvollzugsordnung das Nähere.

Richtlinien zu § 97:

1. [1]Wird wegen einer Jugendstrafe eine Vergünstigung nach §§ 39, 49 BZRG erbeten, so ist das Gesuch in der Regel zunächst dem nach § 98 zuständigen Jugendgericht vorzulegen, damit dieses prüfen kann, ob die Beseitigung des Strafmakels durch Richterspruch angebracht ist. [2]Wird der Strafmakel als beseitigt erklärt, so ist dem Verurteilten zu eröffnen, dass sein Gesuch als damit erledigt angesehen wird.
2. Wegen der Eintragung der Entscheidung nach § 97 in das Zentralregister wird auf § 13 Absatz 1 Nummer 5 BZRG hingewiesen.

Richtlinien zu § 98:

1. In dem Verfahren zur Beseitigung des Strafmakels empfiehlt es sich in der Regel, außer den Strafakten und den Vollstreckungsvorgängen die Personalakten der Einrichtung für den Vollzug der Jugendstrafe heranzuziehen.
2. [1]Bei der Erteilung von Ermittlungsaufträgen empfiehlt es sich, die beauftragte Stelle auf die Notwendigkeit schonender Durchführung der Ermittlungen hinzuweisen. [2]Es muss vermieden werden, dass die Verurteilung Personen bekannt wird, die bisher darüber nicht unterrichtet waren.

Richtlinie zu § 100:

Wegen der Eintragung in das Zentralregister wird auf § 13 Absatz 1 Nummer 5 BZRG hingewiesen.

Richtlinie zu § 101:

Wegen der Eintragung in das Zentralregister wird auf § 13 Absatz 1 Nummer 6 BZRG hingewiesen.

Richtlinien zu § 103:

1. [1]Die Verbindung von Strafsachen gegen Jugendliche und Erwachsene ist im Allgemeinen nicht zweckmäßig. [2]Sie ist namentlich dann nicht angebracht, wenn der Jugendliche geständig und der Sachverhalt einfach ist oder wenn es sich bei den Erwachsenen um die Eltern des Jugendlichen handelt.
2. Die Staatsanwaltschaft beantragt die Trennung der verbundenen Sachen, sobald sich die gesonderte Bearbeitung als zweckmäßig erweist (z. B. wenn gegen die erwachsenen Beschuldigten in Abwesenheit des Jugendlichen verhandelt worden und ein Urteil ergangen ist oder der Durchführung des Verfahrens gegen die erwachsenen Beschuldigten für längere Zeit Hindernisse entgegenstehen).

Richtlinie zu § 104:

Als Verfahrensvorschriften, deren Anwendung nach Absatz 2 im Ermessen des Gerichts steht, kommen z. B. § 51 (zeitweilige Ausschließung von Beteiligten), § 69 (Beistand), § 71 (vorläufige Anordnung über die Erziehung) und § 72 Absatz 4 (Unterbringung in einem Heim der Jugendhilfe anstelle von Untersuchungshaft) in Betracht.

Richtlinien zu § 105:

1. [1]Die strafrechtliche Verantwortlichkeit Heranwachsender kann nicht wegen mangelnder Reife nach § 3 ausgeschlossen sein; sie wird nur nach den allgemeinen Vorschriften beurteilt. [2]Schwerwiegendere Entwicklungsmängel können Anlass zu der Prüfung geben, ob die Schuldfähigkeit nach §§ 20 bzw. 21 StGB ausgeschlossen oder vermindert ist.
2. [1]Hilfe zur Erziehung (§ 9 Nummer 2, § 12) kann gegen Heranwachsende nicht angeordnet werden. [2]Stattdessen kommt namentlich die Weisung in Betracht, sich einem Betreuungshelfer zu unterstellen (§ 10 Absatz 1 Satz 3 Nummer 5).

Richtlinie zu § 108:

[1]Die Staatsanwaltschaft erhebt die Anklage gegen den Beschuldigten, der sich auf freiem Fuß befindet, grundsätzlich bei dem Gericht, in dessen Bezirk er sich zur Zeit der Erhebung der Anklage aufhält. [2]Eine Anklageerhebung kann aus überwiegenden Gründen der Verfahrensökonomie ausnahmsweise bei dem für den Tatort zuständigen Gericht erfolgen. [3]Dies kann insbesondere dann in Betracht kommen, wenn eine größere Zahl von am Tatort wohnenden Zeugen zu vernehmen sein wird, für die eine Anreise zu dem

für den Aufenthaltsort des Beschuldigten zuständigen Gericht einen unverhältnismäßigen Aufwand bedeuten würde.

Richtlinien zu § 109:

1. [1]Im Gegensatz zum Verfahren gegen Jugendliche ist das Verfahren gegen Heranwachsende grundsätzlich öffentlich. [2]Die Öffentlichkeit kann aber nicht nur aus den in §§ 171a, 171b, 172 GVG genannten Gründen, sondern auch im Interesse der Heranwachsenden ausgeschlossen werden (vgl. hierzu die Richtlinie zu § 48).
2. [1]Gegen Heranwachsende darf ein Strafbefehl nur erlassen werden, wenn das allgemeine Strafrecht anzuwenden ist (§ 109 Absatz 2, § 79 Absatz 1). [2]Die Staatsanwaltschaft beantragt deshalb den Erlass eines Strafbefehls gegen Heranwachsende nur, wenn sie Ermittlungen nach § 43 angestellt hat und zu der Auffassung gelangt ist, dass das allgemeine Strafrecht anzuwenden ist.
3. Das vereinfachte Jugendverfahren ist gegen Heranwachsende nicht zulässig.
4. [1]Das beschleunigte Verfahren nach §§ 417 ff. StPO ist gegen Heranwachsende zulässig. [2]Angesichts der dort geltenden kurzen Fristen (vgl. § 418 StPO) können einer Anwendung dieser Verfahrensart jedoch der Umfang der Ermittlungen nach § 43 und die Heranziehung der Jugendgerichtshilfe nach § 38 entgegenstehen.
5. [1]Privatklage, Nebenklage und das Adhäsionsverfahren sind gegen Heranwachsende zulässig, unabhängig davon, ob allgemeines Strafrecht oder Jugendstrafrecht anzuwenden ist. [2]Auch insoweit ist grundsätzlich das Jugendgericht zuständig.
6. Die Staatsanwaltschaft wendet § 45 bei Heranwachsenden an, wenn sie auf Grund der Ermittlungen nach § 43 zu der Auffassung gelangt ist, dass Jugendstrafrecht anzuwenden ist.

Richtlinien zu § 114:

1. Zu Freiheitsstrafe Verurteilte unter 24 Jahren sind für den Jugendstrafvollzug nicht geeignet, wenn die erzieherische Einwirkung in der Einrichtung für den Vollzug der Jugendstrafe bei ihnen keinen Erfolg verspricht und von ihrer Anwesenheit in der Jugendstrafanstalt Nachteile für die Erziehung der anderen Gefangenen zu befürchten sind.
2. Die Entscheidung darüber, ob zu Freiheitsstrafe Verurteilte unter 24 Jahren in die Einrichtung für den Vollzug der Jugendstrafe oder in die Justizvollzugsanstalt einzuweisen sind, wird dem Rechtspfleger nicht übertragen.
3. Über die endgültige Übernahme von Verurteilten in den Jugendstrafvollzug und über ihr Verbleiben in der Einrichtung für den Vollzug der Jugendstrafe entscheidet die Leitung dieser Anstalt.

3. Anordnung über Mitteilungen in Strafsachen (MiStra)

In der ab dem 1.8.2022 geltenden Fassung vom 10.5.2022
(BAnz Allgemeiner Teil 20.7.2022 B1)
– Auszug –

6 Inhalt und Zeitpunkt der Mitteilungen

(1) [1] Der Inhalt und der Zeitpunkt der Mitteilungen richten sich nach den besonderen Vorschriften. [2] Neben den mitzuteilenden Daten dürfen weitere Daten unter den Voraussetzungen des § 18 Absatz 1 EGGVG übermittelt werden. [3] Im Übrigen gelten die folgenden Bestimmungen.

(2) [1] Ist die Einleitung eines Verfahrens mitzuteilen, richtet sich der Inhalt der Mitteilung nach deren Zweck und den Umständen des Einzelfalles. [2] Die Mitteilung unterbleibt, solange kein begründeter Verdacht vorliegt.

(3) [1] Ist der Erlass und der Vollzug eines Haft- oder Unterbringungsbefehls mitzuteilen, sind auch die Aufhebung dieser Entscheidungen sowie die Aussetzung des Vollzuges mitzuteilen. [2] Der Haft- oder der Unterbringungsbefehl selbst werden grundsätzlich nicht übermittelt. [3] Soll der Erlass eines Haft- oder Unterbringungsbefehls vor dessen Vollzug mitgeteilt werden, ist besonders zu prüfen, ob Zwecke des Strafverfahrens dem entgegenstehen (Nummer 2 Absatz 1 Satz 4).

(4) [1] Ist die Erhebung der öffentlichen Klage mitzuteilen, sind die Anklageschrift, eine an ihre Stelle tretende Antragsschrift nach § 414 Absatz 2 Satz 2 StPO, der Antrag auf Erlass eines Strafbefehls, der Antrag auf Entscheidung im beschleunigten Verfahren (§ 417 StPO) bzw. der Antrag im vereinfachten Jugendverfahren (§ 76 JGG) zu übermitteln. [2] Staatsanwältinnen oder Staatsanwälte können im Einzelfall anordnen, dass die Übermittlung des wesentlichen Ergebnisses der Ermittlungen unterbleibt.

(5) [1] Ist das Urteil mitzuteilen, sind die Urteilsformel und die Urteilsgründe zu übermitteln. [2] Richterinnen oder Richter, Staatsanwältinnen oder Staatsanwälte können im Einzelfall anordnen, dass die Übermittlung der Urteilsgründe unterbleibt. [3] Mitzuteilen ist auch, ob und von wem ein Rechtsmittel gegen das Urteil eingelegt worden ist.

(6) [1] Ist die rechtskräftige Entscheidung (Urteil, Strafbefehl, Gesamtstrafenbeschluss) mitzuteilen, ist auch anzugeben, wann sie rechtskräftig geworden ist. [2] Ist mit der rechtskräftigen Entscheidung ein Rechtsmittel verworfen worden oder wird darin auf eine angefochtene Entscheidung Bezug genommen, ist auch die angefochtene Entscheidung mitzuteilen; Absatz 5 Satz 2 gilt entsprechend.

(7) [1] Ist der Ausgang des Verfahrens mitzuteilen, ist jede das Verfahren endgültig oder – außer in den Fällen des § 153a StPO – vorläufig abschließende Entscheidung mit Begründung mitzuteilen, insbesondere die Einstellungsverfügung (Ablehnung der Strafverfolgung) der Staatsanwaltschaft, der nicht mehr anfechtbare Beschluss, der die Eröffnung des Hauptverfahrens ablehnt, die Einstellung des Verfahrens durch gerichtlichen Beschluss und die rechtskräftige Entscheidung. [2] Richterinnen oder Richter, Staatsanwäl-

tinnen oder Staatsanwälte können im Einzelfall anordnen, dass die Übermittlung der Begründung unterbleibt.

11 Mitteilungen an die Polizei

§ 482. StPO

(1) Die Staatsanwaltschaft teilt der Polizeibehörde, die mit dem Verfahren befasst war, ihr Aktenzeichen mit.

(2) Die Staatsanwaltschaft teilt der Polizeibehörde, die mit dem Verfahren befasst war, den Ausgang des Verfahrens mit.

(3) [1] Die Mitteilung nach Absatz 2 erfolgt

1. in den Fällen des § 20 Absatz 1 Satz 1 BZRG durch Übersendung einer Mehrfertigung der Mitteilung an das Bundeszentralregister,
2. im Übrigen grundsätzlich nur durch Übermittlung der Entscheidungsformel (Tenor), der entscheidenden Stelle sowie des Datums und der Art der Entscheidung (Urteil, Beschluss, Entschließung der Staatsanwaltschaft).

[2] Eine Mehrfertigung des Urteils (gegebenenfalls auch der nach § 267 Absatz 1 Satz 3, Absatz 4 Satz 1 StPO in Bezug genommenen Abbildungen und Schriftstücke) oder einer mit Gründen versehenen Einstellungsentscheidung kann auf Ersuchen der befassten Polizeibehörde übersandt werden.

(4) Die Mitteilung des Verfahrensausgangs von Amts wegen unterbleibt in Verfahren gegen Unbekannt sowie bei Verkehrsstrafsachen, soweit sie nicht unter die §§ 142, 315 bis 315c StGB fallen. Die Befugnis zur Erteilung von Auskünften oder der Gewährung von Akteneinsicht auf Ersuchen bleibt hiervon unberührt.

13 Bewährungs- und Führungsaufsichtsfälle

§ 477 Absatz 2 Nummer 3 StPO

(1) Ist durch eine Entscheidung des Gerichts oder durch eine Gnadenentscheidung

1. die Vollstreckung einer Freiheitsstrafe oder des Restes einer Freiheitsstrafe,
2. die Vollstreckung oder weitere Vollstreckung einer Unterbringung,
3. ein Berufsverbot,
4. die Vollstreckung einer Jugendstrafe oder des Restes einer Jugendstrafe,
5. die Vollstreckung eines Strafarrestes oder des Restes eines Strafarrestes zur Bewährung ausgesetzt oder
6. die Strafe oder der Strafarrest nach Ablauf der Bewährungszeit erlassen

worden, ist dem Gericht oder der Gnadenbehörde Mitteilung zu machen, sobald Umstände bekannt werden, die zu einem Widerruf der Aussetzung oder des Straferlasses oder des Erlasses des Strafarrestes führen können.

(2) Ist durch die Entscheidung eines Gerichts oder kraft Gesetzes Führungsaufsicht eingetreten, so ist dem Gericht sowie der Führungsaufsichtsstelle Mitteilung zu machen, sobald Umstände bekannt werden, die zu nachträglichen Entscheidungen führen können.

(2a) [1]Ist eine unter Bewährung stehende Verurteilte bzw. ein unter Bewährung stehender Verurteilter in anderer Sache in Strafhaft genommen worden, so ist der die Bewährungsstrafe vollstreckenden Staatsanwaltschaft zur Weiterleitung an das bis zu diesem Zeitpunkt die Bewährungsaufsicht führende Gericht Mitteilung zu machen. [2]Gleiches gilt in den Fällen, in denen Maßregeln der Besserung und Sicherung vollstreckt werden.

(3) Ist die Verurteilung zu einer Geldstrafe vorbehalten oder die Entscheidung über die Verhängung einer Jugendstrafe ausgesetzt worden, ist dem Gericht Mitteilung zu machen, sobald Umstände bekannt werden, die zur Verurteilung zu der vorbehaltenen Strafe oder zur Verhängung einer Jugendstrafe führen können.

(4) Ist Bewährungs- oder Führungsaufsicht angeordnet, ist die Mitteilung in zwei Stücken zu machen.

19 Strafsachen gegen Soldatinnen und Soldaten

§ 89 Absatz 1 und 3 SG, § 115 BBG

(1) [1]In Strafsachen gegen Soldatinnen und Soldaten der Bundeswehr sind mitzuteilen

1. der Erlass und der Vollzug eines Haft- oder Unterbringungsbefehls,
2. die Anklageschrift oder eine an ihre Stelle tretende Antragsschrift,
3. der Antrag auf Erlass eines Strafbefehls und
4. die einen Rechtszug abschließende Entscheidung mit Begründung sowie gegebenenfalls mit dem Hinweis, dass ein Rechtsmittel eingelegt worden ist.

[2]Endet das Wehrdienstverhältnis nach der Übermittlung einer Mitteilung, so ist der Empfänger vom Ausgang des Verfahrens nach § 20 Absatz 1 EGGVG zu unterrichten, soweit er hierauf nicht verzichtet hat.

(2) [1]Absatz 1 gilt in Verfahren wegen Privatklagedelikten nur, wenn die Staatsanwaltschaft das öffentliche Interesse an der Strafverfolgung bejaht hat; Nummer 29 bleibt unberührt. [2]In Verfahren wegen fahrlässig begangener Straftaten sind Mitteilungen nach Absatz 1 Ziffer 2 bis 4 nur zu machen, wenn

1. es sich um schwere Verstöße, namentlich Vergehen der Trunkenheit im Straßenverkehr oder der fahrlässigen Tötung, handelt oder
2. in sonstigen Fällen die Kenntnis der Daten aufgrund der Umstände des Einzelfalles erforderlich ist, um zu prüfen, ob dienstrechtliche Maßnahmen zu ergreifen sind.

(3) [1]Entscheidungen über Verfahrenseinstellungen, die nicht bereits nach Absatz 1 oder 2 zu übermitteln sind, sollen übermittelt werden, wenn die in Absatz 2 Ziffer 2 genannten Voraussetzungen erfüllt sind. [2]Dabei ist zu berücksichtigen, wie gesichert die zu übermittelnden Erkenntnisse sind. [3]Übermittelt werden sollen insbesondere Einstellungsentscheidungen gemäß § 170 Absatz 2 StPO, die Feststellungen zu einer Schuldunfähigkeit nach § 20 StGB enthalten. [4]Die Mitteilung ordnen Richterinnen oder Richter, Staatsanwältinnen oder Staatsanwälte an.

(4) Übermittlungen nach den Absätzen 1 bis 3 sind auch zulässig, soweit sie Daten betreffen, die dem Steuergeheimnis (§ 30 AO) unterliegen.

(5) [1] Mitteilungen sind zu richten

1. bei Erlass und Vollzug eines Haft- oder Unterbringungsbefehls schriftlich an die nächsten Disziplinarvorgesetzten oder deren Vertretung im Amt,
2. in allen übrigen Fällen zum Zwecke der Weiterleitung an die zuständige Stelle an das Kommando Territoriale Aufgaben der Bundeswehr (Kurt-Schumacher-Damm 41, 13405 Berlin).

[2] Die Mitteilungen sind als „Vertrauliche Personalsache" zu kennzeichnen. [3] Im Falle der Ziffer 2 sind nur die Personendaten der Soldatinnen oder Soldaten, die zur Ermittlung der zuständigen Stelle erforderlich sind (Name, Geburtsname, Vorname, Geburtsdatum, Dienstgrad, Truppenteil oder Dienststelle sowie Standort), dem Kommando Territoriale Aufgaben der Bundeswehr mitzuteilen. [4] Die übrigen Daten sind zur Weiterleitung in einem verschlossenen Umschlag zu übermitteln. [5] Ist das Wehrdienstverhältnis zwischenzeitlich beendet, soll neben den bekannten, zuletzt gültigen Personendaten auch die bekannte Anschrift der entlassenen Soldatinnen oder Soldaten mitgeteilt werden.

21 Strafsachen gegen Zivildienstleistende

§ 45a ZDG, § 115 BBG

(1) [1] In Strafsachen gegen Zivildienstleistende sind mitzuteilen

1. der Erlass und der Vollzug eines Haft- oder Unterbringungsbefehls,
2. die Anklageschrift oder eine an ihre Stelle tretende Antragsschrift,
3. der Antrag auf Erlass eines Strafbefehls und
4. die einen Rechtszug abschließende Entscheidung mit Begründung sowie gegebenenfalls mit dem Hinweis, dass ein Rechtsmittel eingelegt worden ist.

[2] Endet das Zivildienstverhältnis nach Übermittlung einer Mitteilung, ist der Empfänger über den Ausgang des Verfahrens nach § 20 Absatz 1 EGGVG zu unterrichten, soweit er hierauf nicht verzichtet hat.

(2) [1] Absatz 1 gilt in Verfahren wegen Privatklagedelikten nur, wenn die Staatsanwaltschaft das öffentliche Interesse an der Strafverfolgung bejaht hat; Nummer 29 bleibt unberührt. [2] In Verfahren wegen fahrlässig begangener Straftaten sind Mitteilungen nach Absatz 1 Ziffer 2 bis 4 nur zu machen, wenn

1. es sich um schwere Verstöße, namentlich Vergehen der Trunkenheit im Straßenverkehr oder der fahrlässigen Tötung, handelt oder
2. in sonstigen Fällen die Kenntnis der Daten aufgrund der Umstände des Einzelfalles erforderlich ist, um zu prüfen, ob dienstrechtliche Maßnahmen zu ergreifen sind.

(3) [1] Entscheidungen über Verfahrenseinstellungen, die nicht bereits nach Absatz 1 oder 2 zu übermitteln sind, sollen übermittelt werden, wenn die in Absatz 2 Ziffer 2 genannten Voraussetzungen erfüllt sind. [2] Dabei ist zu berücksichtigen, wie gesichert die zu übermittelnden Erkenntnisse sind. [3] Übermittelt werden sollen insbesondere Einstellungsentscheidungen gemäß § 170 Absatz 2 StPO, die Feststellungen zu einer Schuldunfähigkeit nach § 20 StGB enthalten. [4] Die Mitteilung ordnen Richterinnen oder Richter, Staatsanwältinnen oder Staatsanwälte an.

(4) Übermittlungen nach den Absätzen 1 bis 3 sind auch zulässig, soweit sie Daten betreffen, die dem Steuergeheimnis (§ 30 AO) unterliegen.

(5) Die Mitteilungen sind an das
Bundesamt für Familie und zivilgesellschaftliche Aufgaben
50964 Köln
Telefon: 02 21/36 73-0
zu richten und als „Vertrauliche Personalsache" zu kennzeichnen.

31 Mitteilungen an das Betreuungsgericht und an das Familiengericht

§ 22a FamFG, § 70 Satz 1 JGG

(1) Werden in einem Strafverfahren – gleichgültig, gegen wen es sich richtet – Tatsachen bekannt, die Maßnahmen des Betreuungs- oder des Familiengerichts erfordern können, so sind diesen die Tatsachen mitzuteilen, soweit nicht für die übermittelnde Stelle erkennbar ist, dass schutzwürdige Interessen der Betroffenen an dem Ausschluss der Übermittlung das Schutzbedürfnis von Minderjährigen oder Betreuten oder das öffentliche Interesse an der Übermittlung überwiegen.

(2) Die Mitteilung ordnen Richterinnen oder Richter, Staatsanwältinnen oder Staatsanwälte an.

32 Mitteilungen an die Jugendgerichtshilfe in Strafsachen gegen Jugendliche und Heranwachsende

§§ 38, 50, 70 Absatz 1 Satz 1 und Absatz 2, §§ 72a, 107, 109 Absatz 1 JGG

In Strafsachen gegen Jugendliche und Heranwachsende sind der Jugendgerichtshilfe mitzuteilen

1. die Einleitung des Verfahrens zu den in § 70 Absatz 2 JGG genannten Zeitpunkten,
2. vorläufige Anordnungen über die Erziehung,
3. der Erlass und der Vollzug eines Haft- oder Unterbringungsbefehls sowie die Unterbringung zur Beobachtung,
4. der Verzicht auf die Erfüllung von Anforderungen an die Jugendgerichtshilfe (§ 38 Absatz 7 Satz 1 und 2 JGG),
5. die Erhebung der öffentlichen Klage,
6. Ort und Zeit der Hauptverhandlung,
7. die Urteile,
8. der Ausgang des Verfahrens,
9. der Name und die Anschrift der Bewährungshelferin oder des Bewährungshelfers,
10. die nachträglichen Entscheidungen, die sich auf Weisungen oder Auflagen beziehen oder eine Aussetzung der Vollstreckung einer Jugendstrafe oder des Restes einer Jugendstrafe zur Bewährung, eine Aussetzung der Verhängung der Jugendstrafe oder die Führungsaufsicht betreffen.

33 Mitteilungen an die Schule in Strafsachen gegen Jugendliche und Heranwachsende

§ 70 Satz 1, § 109 Absatz 1 JGG

(1) [1]In Strafsachen gegen Jugendliche und Heranwachsende sind Mitteilungen an die Schule nur in geeigneten Fällen zu machen. [2]Es wird in der Regel genügen, die Schule von dem Ausgang des Verfahrens zu unterrichten. [3]Die Einleitung des Verfahrens oder die Erhebung der öffentlichen Klage wird mitzuteilen sein, wenn aus Gründen der Schulordnung, insbesondere zur Wahrung eines geordneten Schulbetriebs oder zum Schutz anderer Schülerinnen oder Schüler, sofortige Maßnahmen geboten sein können.

(2) Die Mitteilungen sind an die Leiterin oder den Leiter der Schule oder die Vertretung im Amt zu richten.

(3) Die Mitteilung ordnen Richterinnen oder Richter, Staatsanwältinnen oder Staatsanwälte an.

34 Mitteilungen an andere Prozessbeteiligte in Strafsachen gegen Jugendliche

§ 67 Absatz 5, §§ 67a, 43 Absatz 1 JGG, Artikel 104 Absatz 4 GG

(1) Sind in Strafsachen gegen Jugendliche durch verfahrensrechtliche Bestimmungen Mitteilungen an die Beschuldigten vorgeschrieben, so sind diese auch zu richten an

1. die Erziehungsberechtigten,
2. die gesetzlichen Vertreterinnen und gesetzlichen Vertreter,
3. die Verfahrenspflegerin oder den Verfahrenspfleger,
4. andere für den Schutz der Interessen des Jugendlichen geeignete volljährige Personen, wenn ein Fall des § 67a Absatz 3 JGG vorliegt.

(2) [1]Die in Absatz 1 bezeichneten Personen werden ferner benachrichtigt von

1. der Einleitung des Verfahrens,
2. der Verhaftung, Verwahrung oder Unterbringung.

[2]Die Mitteilungen nach Satz 1 Ziffer 1 können bei Geringfügigkeit der Verfehlung unterbleiben.

(3) Die Mitteilung ordnen Richterinnen oder Richter, Staatsanwältinnen oder Staatsanwälte an, soweit nicht in den Akten dokumentiert ist, dass sie bereits durch die Polizei erfolgt ist.

35 Mitteilungen zum Schutz von Kindern und Jugendlichen

§ 13 Absatz 2, § 14 Absatz 1 Nummer 5, § 17 Nummer 5 EGGVG, § 5 KKG

(1) [1]Werden in einem Strafverfahren – gleichgültig, gegen wen es sich richtet – Tatsachen bekannt, deren Kenntnis aus der Sicht der übermittelnden Stelle zur Prüfung gewichtiger Anhaltspunkte für die Gefährdung des Wohls eines Kindes oder Jugendlichen erforderlich ist, sind diese unverzüg-

lich der zuständigen öffentlichen Stelle mitzuteilen. [2]Nummer 2 Absatz 1 bleibt unberührt.

(2) Mitteilungen erhalten insbesondere

1. das Jugendamt und das Familiengericht, wenn wegen einer vollendeten oder versuchten Straftat gegen die sexuelle Selbstbestimmung von Kindern und Jugendlichen (Dreizehnter Abschnitt des Besonderen Teils des StGB), nach den §§ 171, 225, 232 bis 233a, 234 bis 236 StGB oder nach § 145a StGB, soweit Führungsaufsicht wegen einer in § 181b StGB genannten Tat angeordnet oder kraft Gesetzes eingetreten ist, ein Verfahren eingeleitet wird oder wenn der Täter wegen einer solchen Straftat verurteilt wurde,
2. die zuständige Aufsichtsbehörde für betriebserlaubnispflichtige Kinder- oder Jugendeinrichtungen nach § 45 SGB VIII, wenn Anlass zur Prüfung von Maßnahmen zur Abwendung einer drohenden Beeinträchtigung oder Gefährdung des Wohls eines Kindes und Jugendlichen besteht,
3. das Jugendamt und die für die Gewerbeaufsicht zuständige Stelle, wenn eine Verurteilung wegen Zuwiderhandlungen gegen die §§ 27, 28 JuSchG ausgesprochen worden ist,
4. das Familiengericht, wenn Anlass zur Prüfung gerichtlicher Maßnahmen wegen Kindeswohlgefährdung nach § 1666 BGB oder der Anordnung einer Vormundschaft (Pflegschaft) besteht,
5. die für die Gewerbeaufsicht zuständige Stelle, das Landesjugendamt sowie die sonst zuständigen Stellen, wenn der Schutz von Kindern und Jugendlichen die Unterrichtung dieser Stellen erfordert (vgl. §§ 28, 29, 32 BBiG, §§ 22, 22a, 23 HwO, §§ 25, 27 JArbSchG),
6. das Jugendamt zur Einschätzung des Gefährdungsrisikos in sonstigen Fällen, wenn gewichtige Anhaltspunkte für die Gefährdung des Wohls eines Kindes und Jugendlichen bekannt werden. Gewichtige Anhaltspunkte liegen insbesondere in den in § 5 Absatz 2 KKG genannten Fällen vor.

(3) In Strafsachen gegen einen Elternteil wegen einer an seinem minderjährigen Kind begangenen rechtswidrigen Tat ist die Erhebung der öffentlichen Klage oder die Einstellung des Verfahrens wegen Schuldunfähigkeit dem Familiengericht und dem Jugendamt mitzuteilen.

(4) In Strafsachen, die eine Gefährdung von Kindern und Jugendlichen erkennen lassen, sowie in Jugendschutzsachen (§ 26 Absatz 1 Satz 1 GVG) werden dem Jugendamt Ort und Zeit der Hauptverhandlung mitgeteilt.

(5) Die Mitteilung ordnen Richterinnen oder Richter, Staatsanwältinnen oder Staatsanwälte an.

42 Mitteilungen über Ausländerinnen und Ausländer

§ 87 Absatz 2 und 4, § 88 Absatz 2 und 3 AufenthG, auch in Verbindung mit § 11 Absatz 1 und 7 FreizügG/EU, § 74, auch in Verbindung mit § 79 AufenthV

(1) [1]In Strafsachen gegen Ausländerinnen und Ausländer (§ 2 Absatz 1 AufenthG) sind unverzüglich mitzuteilen

1. die Einleitung des Verfahrens unter Angabe der gesetzlichen Vorschriften,
2. der Erlass und die Aufhebung eines Haftbefehls, solange dies nicht den Untersuchungszweck gefährdet,

3. die Erhebung der öffentlichen Klage,
4. der Ausgang des Verfahrens,
5. der Widerruf einer Strafaussetzung zur Bewährung,
6. der Widerruf der Zurückstellung der Strafvollstreckung.

[2]Die Mitteilung nach Ziffer 1 kann unterbleiben, wenn in den Akten dokumentiert ist, dass sie bereits durch die Polizei erfolgt ist.

(2) [1]Wird in einem Strafverfahren – gleichgültig, gegen wen es sich richtet –

1. der Aufenthalt einer Ausländerin oder eines Ausländers, wenn weder ein erforderlicher Aufenthaltstitel erteilt noch die Abschiebung ausgesetzt ist,
2. der Verstoß gegen eine räumliche Beschränkung,
3. die unberechtigte Inanspruchnahme oder Beantragung von Sozialleistungen durch eine Ausländerin oder einen Ausländer, für sich selbst, ihre oder seine Familienangehörigen oder für sonstige Haushaltsangehörige in den Fällen des § 7 Absatz 1 Satz 2 Nummer 2 oder Satz 4 SGB II oder in den Fällen des § 23 Absatz 3 Satz 1 Nummer 2, 3 oder 4, Satz 3, 6 oder 7 SGB XII oder
4. ein sonstiger Ausweisungsgrund bekannt, so ist dies unverzüglich mitzuteilen.

[2]Die Mitteilung kann unterbleiben, wenn in den Akten dokumentiert ist, dass sie bereits durch andere Stellen erfolgt ist.

(2a) [1]Absatz 2 Satz 1 findet keine Anwendung auf Ausländerinnen und Ausländer, die das Recht auf Einreise und Aufenthalt nach Maßgabe des Gesetzes über die allgemeine Freizügigkeit von Unionsbürgern (FreizügG/EU) haben. [2]Bei diesen sind die in Absatz 2 Satz 1 genannten Umstände dann mitzuteilen, wenn sie für die Feststellung nach § 2 Absatz 7, § 5 Absatz 4 und § 6 Absatz 1 FreizügG/EU entscheidungserheblich sein können. [3]Die in Absatz 2 Satz 1 genannten Umstände sind bei Personen, die

1. sich selbst als drittstaatsangehörige Familienangehörige im Bundesgebiet aufgehalten haben und nach § 3 Absatz 2 FreizügG/EU nach dem Tod eines Unionsbürgers ein Aufenthaltsrecht behalten,
2. nicht Unionsbürger sind, sich selbst als Ehegatten oder Lebenspartner im Bundesgebiet aufgehalten haben, und die nach der Scheidung oder Aufhebung der Ehe oder Aufhebung der Lebenspartnerschaft nach § 3 Absatz 4 FreizügG/EU ein Aufenthaltsrecht behalten,
3. als nahestehende Personen eines Unionsbürgers ein Aufenthaltsrecht nach § 3a Absatz 1 FreizügG/EU haben oder
4. ein Recht auf Einreise und Aufenthalt nach § 16 FreizügG/EU (Britische Staatsangehörige und ihre Familienangehörigen) haben, wenn ein Verhalten, auf Grund dessen eine Beendigung des Aufenthalts erfolgt oder durchgesetzt wird, nach dem 31. Dezember 2020 stattgefunden hat, ohne die Einschränkungen des Satzes 2 mitzuteilen.

(3) Bei den Mitteilungen sind, soweit bekannt, jeweils folgende Daten mit anzugeben:

1. Familiennamen,
2. Geburtsnamen,
3. Vornamen,
4. Tag und Ort mit Angabe des Staates der Geburt,

5. Geschlecht,
6. Staatsangehörigkeiten,
7. Anschrift,
8. zum Zwecke der eindeutigen Zuordnung die AZR-Nummer in den Fällen und nach Maßgabe des § 10 Absatz 4 Satz 2 Nummer 4 des AZR-Gesetzes.

(4) Personenbezogene Daten, die von einer Ärztin, einem Arzt oder einer der in § 203 Absatz 1 Nummer 1, 2, 4 bis 7 und Absatz 4 StGB bezeichneten Personen in Strafverfahren zugänglich gemacht worden sind, dürfen übermittelt werden,

1. wenn dies zur Abwehr von erheblichen Gefahren für Leib und Leben der Ausländerin oder des Ausländers oder von Dritten erforderlich ist, die Ausländerin oder der Ausländer die öffentliche Gesundheit gefährdet und besondere Schutzmaßnahmen zum Ausschluss der Gefährdung nicht möglich sind oder von der Ausländerin oder dem Ausländer nicht eingehalten werden oder
2. soweit die Daten für die Feststellung erforderlich sind, ob die in § 54 Absatz 2 Nummer 4 AufenthG bezeichneten Voraussetzungen vorliegen.

(5) Personenbezogene Daten, die nach § 30 AO dem Steuergeheimnis unterliegen, dürfen übermittelt werden, wenn gegen die Ausländerin oder den Ausländer wegen eines Verstoßes gegen eine Vorschrift des Steuereinschließlich des Zoll- und des Monopolrechts oder des Außenwirtschaftsrechts oder gegen Einfuhr-, Ausfuhr-, Durchfuhr- oder Verbringungsverbote oder -beschränkungen ein strafrechtliches Ermittlungsverfahren eingeleitet worden ist.

(6) Die Mitteilungen sind an die nach jeweiligem Landesrecht örtlich zuständige Ausländerbehörde zu richten.

(7) [1] In den Fällen des Absatzes 2 Satz 1 Ziffer 1 und 2 und sonstiger nach dem Aufenthaltsgesetz strafbarer Handlungen kann statt der Ausländerbehörde die zuständige Polizeibehörde unterrichtet werden, wenn eine der in § 71 Absatz 5 AufenthG bezeichneten Maßnahmen (Zurückschiebung, Festnahme, Durchsetzung der Verlassenspflicht, Durchführung der Abschiebung) in Betracht kommt. [2] Absatz 2a gilt entsprechend.

(8) In den Fällen des Absatzes 5 dürfen auch die mit der polizeilichen Kontrolle des grenzüberschreitenden Verkehrs betrauten Behörden unterrichtet werden, wenn ein Ausreiseverbot nach § 46 Absatz 2 AufenthG erlassen werden soll.

(9) Mitteilungen nach Absatz 2a Satz 2 und 3 sowie den Absätzen 4, 5 und 8 ordnen Richterinnen oder Richter, Staatsanwältinnen oder Staatsanwälte an.

43 Strafsachen gegen Gefangene und Untergebrachte

§ 479 Absatz 2 Nummer 1 und 2 StPO

Wird gegen Untersuchungsgefangene, Strafgefangene, Sicherungsverwahrte oder in einem psychiatrischen Krankenhaus oder in einer Entziehungsanstalt Untergebrachte ein weiteres Verfahren eingeleitet, sind der

Leitung der Justizvollzugsanstalt, des psychiatrischen Krankenhauses oder der Entziehungsanstalt mitzuteilen

1. die Einleitung des Verfahrens,
2. die Erhebung der öffentlichen Klage,
3. der Ausgang des Verfahrens.

50 Betäubungsmittelsachen

§ 27 Absatz 3 und 4 BtMG

(1) In Strafsachen nach dem Betäubungsmittelgesetz sind mitzuteilen:

1. der für die Überwachung nach § 19 Absatz 1 Satz 3 BtMG zuständigen Landesbehörde die rechtskräftige Entscheidung mit Begründung, wenn
a) auf eine Strafe oder eine Maßregel der Besserung und Sicherung erkannt oder der bzw. die Angeklagte wegen Schuldunfähigkeit freigesprochen worden ist und
b) die Entscheidung Informationen zum Betäubungsmittelverkehr bei Ärztinnen und Ärzten, Zahnärztinnen und Zahnärzten, Tierärztinnen und Tierärzten oder in Apotheken, tierärztlichen Hausapotheken, Krankenhäusern und Tierkliniken enthält,
2. dem
Bundesinstitut für Arzneimittel und Medizinprodukte
Kurt-Georg-Kiesinger-Allee 3
53175 Bonn
in Verfahren gegen Ärztinnen und Ärzte, Zahnärztinnen und Zahnärzte, Tierärztinnen und Tierärzte,
a) die Anklageschrift oder eine an ihre Stelle tretende Antragsschrift,
b) der Antrag auf Erlass eines Strafbefehls und
c) die das Verfahren abschließende Entscheidung mit Begründung; ist mit dieser Entscheidung ein Rechtsmittel verworfen worden oder wird darin auf die angefochtene Entscheidung Bezug genommen, ist auch diese zu übermitteln.

(2) [1] In gegen Ärztinnen und Ärzte, Zahnärztinnen und Zahnärzte, Tierärztinnen und Tierärzte, Apothekerinnen und Apotheker gerichteten sonstigen Strafsachen ist der für die Überwachung nach § 19 Absatz 1 Satz 3 BtMG zuständigen Landesbehörde die abschließende Entscheidung mit Begründung mitzuteilen, wenn

1. ein Zusammenhang der Straftat mit dem Betäubungsmittelverkehr im Sinne von Absatz 1 Ziffer 1 Buchstabe b besteht und
2. die Kenntnis der Entscheidung aus der Sicht der übermittelnden Stelle für dessen Überwachung erforderlich ist.

[2] Absatz 1 Ziffer 2 Buchstabe c zweiter Halbsatz gilt entsprechend.

4. Strafvollstreckungsordnung (StVollstrO)

Vom 1.8.2011 (BAnz. Nr. 112a S. 1)
Zuletzt geändert durch ÄndAV vom 8.8.2024 (BAnz AT 14.8.2024 B2)

– Auszug –

Abschnitt 1. Allgemeine Bestimmungen

§ 1 Geltungsbereich

(1) Die Vorschriften der Strafvollstreckungsordnung gelten für die Vollstreckung von Urteilen und ihnen gleichstehenden Entscheidungen, die auf eine Strafe, Nebenstrafe, Nebenfolge oder Maßregel der Besserung und Sicherung lauten.

(2) Die Vorschriften der Strafvollstreckungsordnung gelten ferner, soweit die §§ 87, 88 dies bestimmen, für die Vollstreckung gerichtlicher Entscheidungen nach dem Gesetz über Ordnungswidrigkeiten sowie für die Vollstreckung von Ordnungs- und Zwangshaft in Straf- und Bußgeldsachen.

(3) Für die Vollstreckung von Entscheidungen gegen Jugendliche und Heranwachsende gelten die Vorschriften der Strafvollstreckungsordnung nur, soweit das Jugendgerichtsgesetz (JGG), die Richtlinien dazu (RiJGG), die Landesgesetze zum Jugendstrafvollzug, die Bundeswehrvollzugsordnung und das Gesetz über Ordnungswidrigkeiten (OWiG) nichts anderes bestimmen.

§ 2 Nachdrückliche Vollstreckung

(1) Im Interesse einer wirksamen Strafrechtspflege ist die richterliche Entscheidung mit Nachdruck und Beschleunigung zu vollstrecken.

(2) Durch Gnadengesuche sowie durch andere Gesuche und Eingaben darf die Vollstreckung grundsätzlich nicht verzögert werden.

§ 13 Urkundliche Grundlage der Vollstreckung

(1) Die Vollstreckung setzt die Rechtskraft der Entscheidung voraus (§ 449 StPO).

(2) Urkundliche Grundlage der Vollstreckung ist die Urschrift oder eine beglaubigte Abschrift der Entscheidung oder ihres erkennenden Teils; auf ihr muss die Rechtskraft bescheinigt und angegeben sein, wann sie eingetreten ist (§ 451 Absatz 1 StPO).

(3) Wird eine Einziehungsentscheidung gegen einen Einziehungsbeteiligten oder zulasten eines Nebenbetroffenen getroffen, bedarf es für deren Vollstreckung der Rechtskraft der Entscheidung gegenüber diesen (§ 430 Absatz 1 und 4 Satz 1, § 432 Absatz 1 Satz 1, § 438 Absatz 3 StPO).

(4) [1] Die Rechtskraft kann bereits bescheinigt werden, bevor die schriftlichen Urteilsgründe vorliegen. [2] Ist die verurteilte Person in Haft, so hat die die Rechtskraft bescheinigende Stelle die urkundliche Grundlage der Voll-

streckung binnen drei Tagen nach Eintritt der Rechtskraft der Vollstreckungsbehörde zu übersenden.

(5) [1]Die Rechtskraft bescheinigt die Urkundsbeamtin oder der Urkundsbeamte der Geschäftsstelle beim Gericht des ersten Rechtszuges. [2]Wird gegen ein Berufungsurteil keine Revision eingelegt, so bescheinigt sie die Urkundsbeamtin oder der Urkundsbeamte der Geschäftsstelle beim Berufungsgericht.

§ 14 Weitere urkundliche Grundlagen der Vollstreckung

(1) Weitere urkundliche Grundlage der Vollstreckung ist die Urschrift oder eine beglaubigte Abschrift der Entscheidung oder ihres erkennenden Teils, durch die

1. eine Verurteilung zu der vorbehaltenen Strafe (§ 59b StGB) ausgesprochen wird;
2. die Aussetzung einer Strafe, eines Strafrestes oder einer Unterbringung (§ 56f Absatz 1, § 57 Absatz 3, § 57a Absatz 3, § 67g Absatz 1 bis 3 StGB) oder ein Straferlass (§ 56g Absatz 2 StGB) widerrufen wird;
3. eine Anordnung über eine vom Urteil abweichende Reihenfolge der Vollstreckung von Freiheitsstrafen und freiheitsentziehenden Maßregeln (§ 67 Absatz 3 StGB) getroffen wird;
4. der Vollzug der Freiheitsstrafe angeordnet wird (§ 67 Absatz 5 Satz 2, zweiter Halbsatz StGB);
5. die Überweisung in den Vollzug einer anderen freiheitsentziehenden Maßregel angeordnet wird (§ 67a Absatz 1 bis 3 StGB);
6. nach § 67c Absatz 2 StGB die Vollstreckung einer Unterbringung angeordnet wird;
7. nach § 67d Absatz 5 StGB bestimmt wird, dass die Unterbringung in einer Entziehungsanstalt nicht weiter zu vollziehen ist;
8. der Vollzug der nächsten freiheitsentziehenden Maßregel angeordnet wird (§ 72 Absatz 3 StGB).

(2) § 13 Absatz 2, 3 und 4 Satz 1 gilt entsprechend.

§ 21 Beschwerden

(1) Über Einwendungen gegen eine Entscheidung oder eine andere Anordnung der Vollstreckungsbehörde entscheidet, soweit nicht das Gericht dafür zuständig ist (§§ 458, 459o StPO, § 83 Absatz 1 JGG),

1. die Generalstaatsanwaltschaft, wenn die Staatsanwaltschaft bzw. die Jugendrichterin als Vollstreckungsleiterin oder der Jugendrichter als Vollstreckungsleiter,
2. die oberste Behörde der Landesjustizverwaltung, wenn die Generalstaatsanwaltschaft,
3. das Bundesministerium der Justiz, wenn der Generalbundesanwalt beim Bundesgerichtshof

die beanstandete Entscheidung oder Anordnung getroffen hat.

(2) Durch Einwendungen nach Absatz 1 wird die Vollstreckung nicht gehemmt.

Abschnitt 2. Vollstreckung von Freiheitsstrafen

§ 22 Vollstreckungsplan

(1) Aus dem Vollstreckungsplan ergeben sich für jeden Gerichtsbezirk die Vollzugsanstalten, die für die Vollstreckung von Jugendarrest, Freiheitsstrafen und freiheitsentziehenden Maßregeln der Besserung und Sicherung sachlich und örtlich zuständig sind.

(2) Der Vollstreckungsplan regelt auch die sachliche Zuständigkeit zur Vollstreckung von Jugendarrest, Freiheitsstrafen und freiheitsentziehenden Maßregeln der Besserung und Sicherung, die im ersten Rechtszug in Ausübung von Gerichtsbarkeit des Bundes verhängt worden sind.

(3) [1] Vollzieht die Bundeswehr Strafarrest (Artikel 5 Absatz 1 des Einführungsgesetzes zum Wehrstrafgesetz – EGWStG) oder auf Ersuchen der Vollstreckungsbehörde Freiheitsstrafe von nicht mehr als sechs Monaten oder Jugendarrest (Artikel 5 Absatz 2 EGWStG), so gibt die Befehlshaberin oder der Befehlshaber im Wehrbereich durch die Rechtsberaterin oder den Rechtsberater die zuständige Vollzugseinrichtung der Bundeswehr an. [2] Von einem Vollstreckungsersuchen (Artikel 5 Absatz 2 EGWStG) ist regelmäßig abzusehen, wenn

1. die Soldatin oder der Soldat aus persönlichen Gründen oder wegen der der Verurteilung zugrunde liegenden Straftat für den Vollzug bei der Bundeswehr ungeeignet ist;
2. die Bildung einer höheren als einer sechsmonatigen Gesamtstrafe zu erwarten ist;
3. die Soldatin oder der Soldat vor dem voraussichtlichen Strafende aus dem Dienst bei der Bundeswehr ausscheidet;
4. gegen die Soldatin oder den Soldaten in anderer Sache Untersuchungshaft, Sicherungshaft nach § 453c StPO oder eine einstweilige Unterbringung nach § 126a StPO angeordnet worden ist.

[3] Im Falle des Satzes 2 Nummer 4 ist ein bereits eingeleiteter Strafvollzug in Vollzugseinrichtungen der Bundeswehr in der Regel zu unterbrechen.

§ 25 Strafvollstreckung bei jungen Verurteilten

Für die Vollstreckung von Freiheitsstrafen an Verurteilten unter 24 Jahren gelten die Richtlinien zu § 114 JGG.

§ 35 Anzeige vom Strafantritt und andere Mitteilungen an die Vollstreckungsbehörde

(1) Die Vollstreckungsbehörde erhält von der Vollzugsanstalt eine Mitteilung,

1. wenn die im Aufnahmeersuchen angegebene Frist abgelaufen ist, ohne dass die verurteilte Person die Strafe angetreten hat;
2. wenn die verurteilte Person die Strafe einen Monat nach Ablauf der im Aufnahmeersuchen angegebenen Frist noch nicht angetreten hat. Ist der verurteilten Person durch die Vollstreckungsbehörde ein Vollstreckungsaufschub gewährt worden, beginnt die Frist mit Ablauf des Aufschubes.

Das Aufnahmeersuchen wird spätestens vier Monate nach Ablauf der Frist der Vollstreckungsbehörde zurückgesandt;
3. wenn eine verurteilte Person vorläufig aufgenommen worden ist, durch Anforderung eines Aufnahmeersuchens;
4. wenn eine verurteilte Person endgültig aufgenommen worden ist, durch Rücksendung des mit den erforderlichen Ergänzungen, insbesondere der Strafzeitberechnung versehenen zweiten Stückes des Aufnahmeersuchens und durch Übersendung einer Bescheinigung über die Aushändigung der in § 29 Absatz 3 Nummer 1 und 2 bezeichneten Schriftstücke;
5. wenn die verurteilte Person in eine andere Vollzugsanstalt verlegt worden ist, und zwar unter Angabe der Gründe, sofern diese der Vollstreckungsbehörde offenbar noch nicht bekannt sind;
6. sobald sich Umstände ergeben, welche die Strafzeitberechnung beeinflussen;
7. wenn die verurteilte Person mehrere Strafen in derselben Vollzugsanstalt zu verbüßen hat;
8. wenn die vorläufig aufgenommene verurteilte Person entlassen worden ist, weil die endgültige Aufnahme unterblieben ist;
9. sobald die verurteilte Person ohne Unterbrechung der Strafe wegen körperlicher oder geistiger Erkrankung in eine Anstalt verbracht worden ist, die nicht dem Vollzug dient;
10. sobald der Strafvollzug beendet ist;
11. wenn der Strafvollstreckung eine Überstellung der verurteilten Person aus dem Ausland voraus ging.

(2) Wird eine Freiheitsstrafe in Unterbrechung einer in anderer Sache verhängten Untersuchungshaft vollstreckt, so übersendet die Vollzugsanstalt dem Gericht, das die Untersuchungshaft verhängt hat, sowie der Staatsanwaltschaft, in deren Verfahren sie angeordnet wurde, die Strafzeitberechnung.

§ 37 Allgemeine Regeln für die Strafzeitberechnung

(1) [1]Die Strafzeit ist für jede selbständige Strafe getrennt zu berechnen, auch wenn in derselben Sache auf mehrere Freiheitsstrafen erkannt worden ist. [2]Bei jeder Strafzeitberechnung ist darauf zu achten, dass sie nicht zu einer Verlängerung der nach § 39 StGB ausgesprochenen Strafe führt. [3]Zur Berechnung der Strafzeit gehört bei zeitigen Freiheitsstrafen von mehr als zwei Monaten und bei lebenslangen Freiheitsstrafen auch die Errechnung des Zeitpunktes, zu dem die Vollstreckung des Strafrestes nach § 57 Absatz 1, 2 Nummer 1, § 57a Absatz 1 StGB zur Bewährung ausgesetzt werden kann.

(2) [1]Hat die verurteilte Person nicht mehr als eine Woche im Strafvollzug zuzubringen, so wird die Strafe dem Tage und der Stunde nach berechnet; die für die Berechnung maßgebenden Umstände, die im Laufe einer Stunde eintreten, gelten als zu Beginn der Stunde eingetreten.

[2]Bei längerer Vollzugsdauer wird die Strafe nur nach Tagen berechnet; Umstände, die im Laufe eines Tages eintreten, gelten als zu Beginn des Tages eingetreten. [3]Die im Laufe einer Stunde (Satz 1) oder eines Tages (Satz 2) eingetretenen Umstände gelten jedoch als am Ende der Stunde oder des Tages eingetreten, wenn dies für die verurteilte Person günstiger ist. [4]Ist die genaue Feststellung des Tages oder der Stunde nicht möglich, so wird der Tag oder die Stunde zugrunde gelegt, die der Wirklichkeit mutmaßlich

am nächsten kommen. [5]Ist der Lauf der Strafzeit aus irgendeinem Grunde unterbrochen worden, so ist für die Anwendung von Satz 1 oder 2 nicht der Strafrest, sondern die Zeit maßgebend, welche die verurteilte Person insgesamt im Strafvollzug zuzubringen hat.

(3) Ist eine Strafe an Soldatinnen oder Soldaten durch eine Behörde der Bundeswehr zu vollziehen (Artikel 5 EGWStG), so wird die Strafe auch dann nur nach Tagen berechnet, wenn die verurteilte Person nicht mehr als eine Woche im Vollzug zuzubringen hat (§ 5 Absatz 1 der Bundeswehrvollzugsordnung – BwVollzO –).

(4) [1]Der Tag ist zu 24 Stunden, die Woche zu sieben Tagen, der Monat und das Jahr sind nach der Kalenderzeit zu berechnen. [2]Demgemäß ist bei der Berechnung nach Monaten oder Jahren bis zu dem Tage zu rechnen, der durch seine Zahl dem Anfangstage entspricht. [3]Fehlt dieser Tag in dem maßgebenden Monat, so tritt an seine Stelle dessen letzter Tag.

(5) Treffen mehrere Zeiteinheiten zusammen, so geht bei Vorwärtsrechnung die größere Zeiteinheit der kleineren, bei Rückwärtsrechnung die kleinere der größeren vor.

§ 38 Strafbeginn

Als Beginn der Strafzeit ist anzusetzen:

1. bei einer verurteilten Person, die sich selbst stellt, der Zeitpunkt, in dem sie in einer Anstalt in amtliche Verwahrung genommen wird;
2. bei einer verurteilten Person, die auf Grund eines nach § 457 StPO erlassenen Vorführungs- oder Haftbefehls oder eines nach § 453c StPO ergangenen Sicherungshaftbefehls festgenommen und sodann eingeliefert worden ist, der Zeitpunkt der Festnahme; ist die verurteilte Person im Ausland festgenommen worden, so beginnt die Strafzeit mit ihrer Übernahme durch deutsche Beamtinnen oder Beamte;
3. bei einer verurteilten Person, die sich im Zeitpunkt des Eintritts der Rechtskraft in Untersuchungshaft befindet, dieser Zeitpunkt; ist das Rechtsmittel, das eine in Untersuchungshaft befindliche angeklagte Person verspätet eingelegt hat, als unzulässig verworfen worden, so beginnt die Strafzeit mit dem Ablauf der Rechtsmittelfrist;
4. bei einer verurteilten Person, die eine Strafe in Unterbrechung einer in anderer Sache verhängten Untersuchungshaft verbüßt, der Zeitpunkt, in dem das Aufnahme- oder Überführungsersuchen bei der Untersuchungshaftanstalt eingegangen ist; wird die verurteilte Person zur Verbüßung der Strafe von der Untersuchungshaftanstalt in eine andere Anstalt verbracht, so teilt die Untersuchungshaftanstalt den Zeitpunkt des Eingangs des Überführungsersuchens der Vollzugsanstalt mit.

§ 39 Anrechnung von Untersuchungshaft, einer anderen Freiheitsentziehung oder von Geldstrafe

(1) [1]Untersuchungshaft oder eine andere Freiheitsentziehung (Absatz 3), welche die verurteilte Person aus Anlass einer Tat, die Gegenstand des Verfahrens ist oder gewesen ist, erlitten hat, ist kraft Gesetzes (§ 51 Absatz 1 Satz 1 StGB, § 52a JGG) auf eine zeitige Freiheitsstrafe und auf eine Geldstrafe anzurechnen, und zwar, wenn neben einer Freiheitsstrafe auf eine Geldstrafe erkannt worden ist, zunächst auf die Freiheitsstrafe. [2]Satz 1 gilt

nicht, soweit sich aus dem erkennenden Teil der Entscheidung etwas anderes ergibt. [3]Bei der Vollstreckung von Jugendarrest ist Untersuchungshaft oder eine andere Freiheitsentziehung nach Absatz 3 nur zu berücksichtigen, wenn und soweit das Gericht sie angerechnet hat (§ 52 JGG).

(2) [1]Die Anrechnung nach Absatz 1 erstreckt sich vorbehaltlich einer abweichenden gerichtlichen Entscheidung auf die Untersuchungshaft und die in Absatz 1 Satz 1 genannte andere Freiheitsentziehung, welche die verurteilte Person bis zu dem Tage erlitten hat, an dem die Entscheidung rechtskräftig geworden ist.

[2]Hat sich die verurteilte Person an dem Tage, an dem die Rechtskraft eingetreten ist, in Untersuchungshaft befunden oder hat sie an diesem Tage eine andere in Absatz 1 Satz 1 genannte Freiheitsentziehung erlitten, so wird dieser Tag nur angerechnet, wenn er nicht bereits unverkürzt als Strafhaft zählt (§ 37 Absatz 2).

(3) Zu der nach Absatz 1 anzurechnenden anderen Freiheitsentziehung gehören vor allem:

1. die Haft, welche die verurteilte Person auf Grund vorläufiger Festnahme durch eine Amtsperson erlitten hat;
2. die Auslieferungshaft und die vorläufige Auslieferungshaft, welche die verurteilte Person aus Anlass einer Tat erlitten hat, die Gegenstand des Verfahrens gewesen ist;
3. die Unterbringung nach den §§ 81, 126a StPO und nach § 71 Absatz 2, § 73 Absatz 1 JGG;
4. der Disziplinararrest nach der Wehrdisziplinarordnung, soweit er wegen der Tat oder gleichzeitig auch wegen einer anderen Pflichtverletzung vollstreckt worden ist;
5. Jugendarrest nach § 16a JGG in dem Umfang, in dem er verbüßt worden ist (§ 26 Absatz 3 Satz 3 JGG).

(4) [1]Untersuchungshaft sowie eine andere anzurechnende Freiheitsentziehung werden vom errechneten Ende der Strafzeit nach vollen Tagen rückwärts abgerechnet. [2]Wenn sich im Rahmen einer Vergleichsberechnung eine für die verurteilte Person günstigere Strafzeit ergibt, ist im Hinblick auf § 37 Absatz 1 Satz 2 diese für die Vollstreckung maßgeblich. [3]Bei an zwei aufeinander folgenden Tagen ununterbrochen vollzogener Freiheitsentziehung ist nur ein Tag anzurechnen, wenn sich den Vollstreckungsunterlagen nachvollziehbar entnehmen lässt, dass zusammen nicht mehr als 24 Stunden verbüßt worden sind.

(5) [1]Für die Anrechnung von Geldstrafe gilt Absatz 1 sinngemäß. [2]Bei der Anrechnung von Geldstrafe oder auf Geldstrafe entspricht ein Tag Freiheitsentziehung einem Tagessatz (§ 51 Absatz 4 Satz 1 StGB). [3]Ist eine ausländische Strafe oder Freiheitsentziehung anzurechnen, so führt die Vollstreckungsbehörde eine Entscheidung des Gerichts über den Maßstab der Anrechnung herbei (§ 51 Absatz 4 Satz 2 StGB).

§ 39a Anrechnung einer nach Rechtskraft des Urteils im Ausland erlittenen Freiheitsentziehung

(1) Im Ausland erlittene Freiheitsentziehung, welche die verurteilte Person in einem Auslieferungsverfahren zum Zwecke der Strafvollstreckung erlitten hat, ist nach § 450a Absatz 1, 2 und 3 Satz 2 StPO anzurechnen.

(2) Erscheint eine Anrechnung ganz oder teilweise im Hinblick auf das Verhalten der verurteilten Person nach dem Erlass des Urteils, in dem die dem Urteil zugrunde liegenden tatsächlichen Feststellungen letztmalig geprüft werden konnten, nicht gerechtfertigt, so wirkt die Vollstreckungsbehörde auf eine Prüfung hin, ob ein Antrag nach § 450a Absatz 3 Satz 1 StPO gestellt werden soll.

§ 40 Berechnung des Strafrestes

(1) [1] Ist der Strafvollzug unterbrochen worden, so wird der Strafrest nach Tagen und bei einer Vollzugsdauer von insgesamt nicht mehr als einer Woche auch nach Stunden berechnet. [2] § 37 Absatz 1 Satz 2 gilt dabei entsprechend. [3] Ist eine Strafe an Soldatinnen und Soldaten durch Behörden der Bundeswehr zu vollziehen, so wird der Strafrest nur nach Tagen berechnet (§ 5 Absatz 2 BwVollzO).

(2) [1] Als Zeitpunkt, von dem an der Strafvollzug fortgesetzt wird, gilt bei einer verurteilten Person, die aus dem Strafvollzug entwichen ist, der Zeitpunkt, in dem sie zwecks weiteren Strafvollzugs polizeilich festgenommen worden ist oder sich in einer Anstalt zur weiteren Strafverbüßung gestellt hat. [2] Bei Soldatinnen und Soldaten steht die Festnahme durch eine Feldjägerin oder einen Feldjäger der polizeilichen Festnahme gleich.

§ 43 Vollstreckung mehrerer Freiheitsstrafen und Ersatzfreiheitsstrafen

(1) Freiheitsstrafen und Ersatzfreiheitsstrafen, aus denen keine Gesamtstrafe gebildet werden kann, sind grundsätzlich unmittelbar nacheinander zu vollstrecken (§ 454b Absatz 1 StPO).

(2) Die Reihenfolge der Vollstreckung bestimmt sich wie folgt:

1. Beim Zusammentreffen mehrerer Freiheitsstrafen werden kürzere Freiheitsstrafen vor den längeren und gleich lange in der Reihenfolge, in der die Rechtskraft eingetreten ist, vollstreckt. Vorab werden Freiheitsstrafen von nicht mehr als zwei Monaten und nach diesen Strafreste vollstreckt, deren Vollstreckung bereits nach § 57 StGB oder im Gnadenwege zur Bewährung ausgesetzt war.
2. Ersatzfreiheitsstrafen werden nach Freiheitsstrafen vollstreckt; für die Vollstreckung mehrerer Ersatzfreiheitsstrafen gilt Nummer 1 Satz 1 entsprechend.

(3) Hat die Vollstreckung einer zeitigen Freiheitsstrafe oder Ersatzfreiheitsstrafe bereits begonnen, wird sie, unbeschadet des § 454b StPO, fortgesetzt.

(4) Aus wichtigem Grund, insbesondere bei Hinzutreten von Strafresten nach Widerruf der Strafaussetzung zur Bewährung, kann die Vollstreckungsbehörde eine von den Absätzen 2 und 3 abweichende Reihenfolge der Vollstreckung bestimmen.

(5) Sind für die Vollstreckung mehrerer Freiheitsstrafen und Ersatzfreiheitsstrafen verschiedene Vollstreckungsbehörden zuständig, treten sie, soweit erforderlich, unverzüglich miteinander in Verbindung und sorgen dafür, dass bei der Vollzugsanstalt unverzüglich Überhaft für die weiteren Strafen vermerkt wird.

(6) [1] Sind mehrere Freiheitsstrafen zu vollstrecken, die ihrer Art nach in derselben Vollzugsanstalt vollzogen werden können, so richtet sich die sachliche Vollzugszuständigkeit nach der Gesamtvollzugsdauer. [2] Tritt nachträglich eine Anschlussstrafe hinzu, so gilt § 23 Absatz 1 Satz 2 Halbsatz 2 entsprechend.

(7) [1] Sind bei der Vollstreckung mehrerer Freiheitsstrafen verschiedene Vollstreckungsbehörden beteiligt und können sie sich über die Reihenfolge der Vollstreckung nicht einigen, so entscheidet die Generalstaatsanwaltschaft, welche der Vollstreckungsbehörde übergeordnet ist, die für die längste Strafe oder bei gleicher Dauer die für die zuerst rechtskräftig gewordene Strafe zuständig ist. [2] Ist eine Generalstaatsanwaltschaft als Vollstreckungsbehörde beteiligt, so entscheidet sie. [3] Sind mehrere Generalstaatsanwaltschaften als Vollstreckungsbehörden beteiligt, so gilt Satz 1 entsprechend. [4] Ist der Generalbundesanwalt beim Bundesgerichtshof als Vollstreckungsbehörde beteiligt, so ist seine Entscheidung maßgebend.

§ 44a Zusammentreffen von Freiheitsstrafe mit Unterbringung in einem psychiatrischen Krankenhaus oder in einer Entziehungsanstalt aus demselben Verfahren[2]

(1) [1] Ist neben einer Freiheitsstrafe eine Unterbringung in einem psychiatrischen Krankenhaus oder in einer Entziehungsanstalt zu vollstrecken, auf die in demselben Verfahren erkannt wurde, so wird die Maßregel vor der Strafe vollzogen, sofern nicht das Gericht für die gesamte Strafe oder einen Teil etwas anderes bestimmt (§ 67 Absatz 1 bis 3, 5 Satz 2 StGB). [2] Wird die Maßregel ganz oder zum Teil vor der Strafe vollzogen, ist die Zeit des Vollzuges der Maßregel auf die Strafe anzurechnen, bis zwei Drittel der Strafe erledigt sind.

(2) Wird die Strafe ganz oder zum Teil vor der Unterbringung vollstreckt, so gilt § 44 Absatz 1 Satz 2 sinngemäß.

(3) Liegen die Voraussetzungen für den Widerruf der Aussetzung der Unterbringung und der Strafe vor, so führt die Staatsanwaltschaft eine Entscheidung des Gerichts auch darüber herbei, ob die Strafe vor der Maßregel zu vollziehen ist (§ 67 Absatz 3 StGB).

§ 44b Zusammentreffen von Freiheitsstrafe mit Unterbringung in einem psychiatrischen Krankenhaus oder in einer Entziehungsanstalt aus verschiedenen Verfahren

(1) [1] Ist neben einer Freiheitsstrafe eine Unterbringung in einem psychiatrischen Krankenhaus oder in einer Entziehungsanstalt zu vollstrecken, auf die in einem anderen Verfahren erkannt wurde, wird die Maßregel vor der Strafe vollzogen, es sei denn, dass der Zweck der Maßregel durch den vorherigen Vollzug der Strafe oder eines Teils leichter erreicht wird. [2] Die Anrechnung des Vollzugs der Maßregel auf die Strafe erfolgt nach Maßgabe des § 67 Absatz 6 StGB.

---

[2] **Amtl. Anm.:** Ist die Unterbringung vor dem 1. Mai 1986 angeordnet worden, so ist Artikel 316 EGStGB zu beachten.

(2) [1]Die Vollstreckungsbehörde bestimmt, in welcher Reihenfolge die Freiheitsstrafe und die Maßregel zu vollstrecken sind. [2]§ 44 Absatz 4 gilt sinngemäß.

§ 47 Mitteilungen der Vollstreckungsbehörde an die Bundeswehr

(1) [1]Ist die verurteilte Person Soldatin oder Soldat, so teilt die Vollstreckungsbehörde der nächsten disziplinarvorgesetzten Person alsbald mit:

1. das Strafende nach jeder Strafzeitberechnung;
2. die Vollzugsanstalt, in der die Strafe jeweils vollzogen wird.

[2]Die Mitteilung nach Nummer 2 unterbleibt, wenn die Verlegung nur für kurze Zeit erfolgt oder die Strafe von einer Behörde der Bundeswehr vollzogen wird.

(2) Entweicht die Soldatin oder der Soldat aus dem Vollzug, so wird die nächste disziplinarvorgesetzte Person unverzüglich verständigt, sofern nicht die Strafe von einer Behörde der Bundeswehr vollzogen wird.

§ 54a Führungsaufsicht

(1) Entscheidungen, in denen die Führungsaufsicht angeordnet ist (§ 68 StGB) oder die ihren Eintritt kraft Gesetzes zur Folge haben (§§ 67b bis 67d, 68f StGB), teilt die Vollstreckungsbehörde der zuständigen Aufsichtsstelle mit.

(2) [1]In den Fällen der §§ 68f und 67d Absatz 3 und 4 StGB veranlasst die Vollstreckungsbehörde, dass die Akten drei Monate vor der Entlassung der verurteilten Person dem Gericht vorgelegt werden, damit die Entscheidungen nach § 68f Absatz 2 oder nach den §§ 68a bis 68c StGB alsbald getroffen werden können.[2]Abschriften ihrer Stellungnahme übersendet die Vollstreckungsbehörde unter Beifügung von Abschriften des Urteils und einer bereits vorliegenden Stellungnahme der Justizvollzugsanstalt der Führungsaufsichtsstelle des voraussichtlichen Wohnorts der verurteilten Person; ist der künftige Wohnsitz ungewiss, so unterrichtet sie die nach § 463a Absatz 5 Satz 2 StPO voraussichtlich zuständige Führungsaufsichtsstelle. [3]Die Vollstreckungsbehörde teilt die Entscheidung des Gerichts der Führungsaufsichtsstelle mit, die nach Satz 2 benachrichtigt worden war. [4]In den Fällen des § 67c Absatz 1 und 2 sowie des § 67d Absatz 2 und 5, 6 StGB wirkt die Vollstreckungsbehörde darauf hin, dass die Entscheidungen nach den §§ 68a bis 68c StGB so rechtzeitig getroffen werden können, dass die Führungsaufsicht vorbereitet werden kann.

(3) Die Vollstreckungsbehörde übersendet der Aufsichtsstelle in allen Fällen der Führungsaufsicht je zwei Abschriften der der Führungsaufsicht zugrunde liegenden Unterlagen (z. B. Gutachten über den körperlichen und geistigen Zustand der verurteilten Person, Berichte der Gerichtshilfe, der Bewährungshilfe oder von Jugend- oder Sozialbehörden).

(4) Die Vollstreckungsbehörde teilt die von ihr nach den §§ 68c bis 68g StGB berechnete Dauer der Führungsaufsicht sowie deren Beginn und Ende der Aufsichtsstelle mit.

(5) Wird eine verurteilte Person, die unter Führungsaufsicht steht, auf behördliche Anordnung in einer Anstalt verwahrt (§ 68c Absatz 4 Satz 2 StGB), so teilt die Behörde, welche die Verwahrung vollstreckt, Beginn und

Ende der Verwahrung der Behörde mit, welche die Führungsaufsicht vollstreckt.

5. Verordnung über den Vollzug des Jugendarrestes (Jugendarrestvollzugsordnung – JAVollzO)

In der Fassung der Bekanntmachung vom 30.11.1976 (BGBl. I S. 3270)

FNA 451-1-1

Zuletzt geändert durch Gesetz vom 8.12.2010 (BGBl. I S. 1864)

§ 1. Vollzugseinrichtungen

(1) [1] Dauerarrest und Kurzarrest von mehr als zwei Tagen werden in Jugendarrestanstalten, Freizeitarrest und Kurzarrest bis zu zwei Tagen in Freizeitarresträumen vollzogen. [2] Freizeitarrest und Kurzarrest bis zu zwei Tagen können auch in einer Jugendarrestanstalt vollzogen werden.

(2) [1] Jugendarrestanstalten dürfen nicht, Freizeitarresträume dürfen nicht gleichzeitig dem Vollzug von Strafe oder dem Vollzug an Erwachsenen dienen. [2] Jugendarrestanstalten und Freizeitarresträume dürfen nicht in Straf- oder Untersuchungshaftanstalten, auch nicht im Verwaltungsteil dieser Anstalten, eingerichtet werden.

(3) [1] Männliche und weibliche Jugendliche werden getrennt. [2] Hiervon darf abgesehen werden, um Jugendlichen die Teilnahme an religiösen Veranstaltungen und an erzieherischen Maßnahmen zu ermöglichen.

(4) Jugendarrestanstalten sollen nicht weniger als 10 und nicht mehr als 60 Jugendliche aufnehmen können.

§ 2. Leitung des Vollzuges

(1) [1] Vollzugsleiter ist der Jugendrichter am Ort des Vollzuges. [2] Ist dort kein Jugendrichter oder sind mehrere tätig, so ist Vollzugsleiter der Jugendrichter, den die oberste Behörde der Landesjustizverwaltung dazu bestimmt.

(2) [1] Der Vollzugsleiter ist für den gesamten Vollzug verantwortlich. [2] Er kann bestimmte Aufgaben einzelnen oder mehreren Mitarbeitern gemeinschaftlich übertragen.

(3) Die Zusammenarbeit aller an der Erziehung Beteiligten soll durch regelmäßige Besprechungen gefördert werden.

§ 3. Mitarbeiter

(1) [1] Die Mitarbeiter des Vollzugsleiters sollen erzieherisch befähigt und in der Jugenderziehung erfahren sein. [2] Sie sollen so ausgewählt und angeleitet werden, daß sie mit dem Vollzugsleiter in einer erzieherischen Einheit vertrauensvoll zusammenarbeiten.

(2) [1] Männliche Jugendliche werden von Männern, weibliche Jugendliche von Frauen beaufsichtigt. [2] Hiervon darf abgewichen werden, wenn Unzuträglichkeiten nicht zu befürchten sind.

(3) Nach Bedarf werden Psychologen, Sozialpädagogen, Sozialarbeiter, Lehrer und andere Fachkräfte als Mitarbeiter bestellt.

(4) Ehrenamtliche Mitarbeiter können zur Mitwirkung an der Erziehungsarbeit herangezogen werden.

§ 4. Nachdrückliche Vollstreckung

Der Jugendarrest ist in der Regel unmittelbar nach Rechtskraft des Urteils zu vollziehen.

§ 5. Aufnahme

(1) [1]Der Jugendliche hat sämtliche eingebrachten Sachen, die er während des Vollzuges nicht benötigt, bei der Aufnahme abzugeben und, soweit tunlich, selbst zu verzeichnen. [2]Sie werden außerhalb des Arrestraumes verwahrt. [3]Der Jugendliche wird über seine Rechte und Pflichten unterrichtet. [4]Anschließend wird er, nach Möglichkeit ohne Entkleiden, gründlich, aber schonend durchsucht. [5]Männliche Jugendliche dürfen nur von Männern, weibliche Jugendliche nur von Frauen durchsucht werden. [6]Gegenstände der eingebrachten Sachen, die einem berechtigten Bedürfnis dienen, können dem Jugendlichen belassen werden.

(2) Fürsorgemaßnahmen, die infolge der Freiheitsentziehung erforderlich werden, sind rechtzeitig zu veranlassen.

(3) Weibliche Jugendliche, die über den fünften Monat hinaus schwanger sind, vor weniger als sechs Wochen entbunden haben oder ihr Kind selbst nähren, dürfen nicht aufgenommen werden.

§ 6. Unterbringung

(1) Der Jugendliche wird während der Nacht allein in einem Arrestraum untergebracht, sofern nicht sein körperlicher oder seelischer Zustand eine gemeinsame Unterbringung erfordert.

(2) [1]Während des Tages soll der Jugendliche bei der Arbeit und bei gemeinschaftlichen Veranstaltungen mit anderen Jugendlichen zusammen untergebracht werden, sofern Aufsicht gewährleistet ist und erzieherische Gründe nicht entgegenstehen. [2]Im Freizeitarrest und Kurzarrest bis zu zwei Tagen kann er auch während des Tages allein untergebracht werden. [3]Erfordert sein körperlicher oder seelischer Zustand eine gemeinsame Unterbringung, so ist er auch während des Tages mit anderen Jugendlichen zusammen unterzubringen.

§ 7. Persönlichkeitserforschung

Der Vollzugsleiter und die an der Erziehung beteiligten Mitarbeiter sollen alsbald ein Bild von dem Jugendlichen und seinen Lebensverhältnissen zu gewinnen versuchen, soweit dies für die Behandlung des Jugendlichen während des Arrestes und für eine Nachbetreuung notwendig ist.

§ 8. Behandlung

(1) An den Jugendlichen sind während des Vollzuges dieselben Anforderungen zu stellen, die bei wirksamer Erziehung in der Freiheit an ihn gestellt werden müssen.

(2) Der Jugendliche ist mit „Sie“ anzureden, soweit nicht der Vollzugsleiter etwas anderes bestimmt.

(3) Alle Mitarbeiter haben wichtige Wahrnehmungen, die einen Jugendlichen betreffen, unverzüglich dem Vollzugsleiter zu melden.

§ 9. Verhaltensvorschriften

(1) [1]Der Jugendliche soll durch sein Verhalten zu einem geordneten Zusammenleben in der Anstalt beitragen. [2]Er darf die Ordnung in der Anstalt nicht stören.

(2) [1]Die Anforderungen, die an das Verhalten des Jugendlichen gestellt werden, sind durch die Vollzugsbehörde in besonderen Verhaltensvorschriften zusammenzufassen, die in jedem Arrestraum ausgehängt werden. [2]Diese Verhaltensvorschriften sind so abzufassen, daß sie einem Jugendlichen verständlich sind. [3]Der Sinn der Verhaltensvorschriften und der Anordnungen der Vollzugsbediensteten soll dem Jugendlichen nahegebracht werden.

(3) Der Jugendliche hat die Anordnungen der Vollzugsbediensteten zu befolgen und die Verhaltensvorschriften zu beachten.

§ 10. Erziehungsarbeit

(1) Der Vollzug soll so gestaltet werden, daß die körperliche, geistige und sittliche Entwicklung des Jugendlichen gefördert wird.

(2) [1]Die Erziehungsarbeit soll im Kurzarrest von mehr als zwei Tagen und im Dauerarrest neben Aussprachen mit dem Vollzugsleiter namentlich soziale Einzelhilfe, Gruppenarbeit und Unterricht umfassen. [2]Beim Vollzug des Freizeitarrestes und des Kurzarrestes bis zu zwei Tagen soll eine Aussprache mit dem Vollzugsleiter nach Möglichkeit stattfinden.

§ 11. Arbeit und Ausbildung

(1) [1]Der Jugendliche wird zur Arbeit oder nach Möglichkeit zum Unterricht oder zu anderen ausbildenden Veranstaltungen herangezogen. [2]Er ist verpflichtet, fleißig und sorgfältig mitzuarbeiten.

(2) Im Freizeitarrest und während der ersten beiden Tage des Kurzarrestes und des Dauerarrestes kann von der Zuweisung von Arbeit und von der Teilnahme am Unterricht oder an anderen ausbildenden Veranstaltungen abgesehen werden.

(3) Arbeit, Unterricht und andere ausbildende Veranstaltungen außerhalb des Anstaltsbereichs kann der Vollzugsleiter aus erzieherischen Gründen mit Zustimmung des Jugendlichen zulassen.

(4) Der Jugendliche erhält kein Arbeitsentgelt.

§ 12. Lebenshaltung

(1) [1]Der Jugendliche trägt eigene Kleidung und eigene Wäsche. [2]Während der Arbeit trägt er Anstaltssachen. [3]Dasselbe gilt, wenn die eigene Kleidung oder Wäsche unangemessen ist.

(2) [1]Der Jugendliche erhält ausreichende Kost. [2]Selbstbeköstigung und zusätzliche eigene Verpflegung sind ausgeschlossen. [3]Alkoholgenuß ist nicht gestattet. [4]Rauchen kann Jugendlichen über 16 Jahren gestattet werden.

(3) Der Jugendliche erhält das anstaltsübliche Bettlager und, soweit erforderlich, Mittel zur Körperpflege.

(4) [1] Der Aufenthalt im Freien beträgt, soweit die Witterung es zuläßt und gesundheitliche Gründe nicht entgegenstehen, täglich mindestens eine Stunde. [2] Am Zugangs- und Abgangstag sowie bei Freizeit- und Kurzarrest bis zu zwei Tagen kann von dem Aufenthalt im Freien abgesehen werden.

(5) Der Jugendliche hat die notwendigen Maßnahmen zum Gesundheitsschutz und zur Hygiene zu unterstützen.

§ 13. (weggefallen)

§ 14. (weggefallen)

§ 15. (weggefallen)

§ 16. Sport

(1) [1] Im Vollzug des Jugendarrestes wird nach Möglichkeit Sport getrieben. [2] Der Jugendliche ist verpflichtet, daran teilzunehmen.

(2) Wenn in der Jugendarrestanstalt keine geeigneten Anlagen für sportliche Übungen vorhanden sind, kann der Vollzugsleiter mit Zustimmung des Jugendlichen gestatten, Sporteinrichtungen außerhalb der Anstalt zu benutzen.

§ 17. Gesundheitspflege

(1) Der Jugendliche wird bei der Aufnahme oder bald danach und nach Möglichkeit vor der Entlassung ärztlich untersucht und während des Vollzugs, soweit erforderlich, ärztlich behandelt.

(2) Bei Freizeit- und Kurzarrest bis zu zwei Tagen kann der Vollzugsleiter von der Aufnahme- und Entlassungsuntersuchung absehen.

(3) Aus Gründen der Gesundheit des Jugendlichen kann der Vollzugsleiter auf Empfehlung des Arztes von Vollzugsvorschriften abweichen.

(4) Erkrankt der Jugendliche und kann er in der Jugendarrestanstalt nicht behandelt werden, so ordnet der Vollstreckungsleiter die Unterbrechung der Vollstreckung an.

§ 18. Freizeit

(1) [1] Der Jugendliche erhält Gelegenheit, seine Freizeit sinnvoll zu verbringen. [2] Er wird hierzu angeleitet. [3] Aus erzieherischen Gründen kann seine Teilnahme an gemeinschaftlichen Veranstaltungen angeordnet werden.

(2) Die Teilnahme an Veranstaltungen außerhalb der Jugendarrestanstalt kann der Vollzugsleiter aus erzieherischen Gründen mit Zustimmung des Jugendlichen zulassen.

(3) [1] Der Jugendliche kann die Anstaltsbücherei benutzen. [2] Aus erzieherischen Gründen kann ihm auch eigener Lesestoff belassen werden.

§ 19. Seelsorge

(1) Eine geordnete Seelsorge ist zu gewährleisten.

(2) Der Jugendliche hat das Recht, den Zuspruch des bestellten Geistlichen seines jetzigen oder früheren Bekenntnisses zu empfangen und an gemeinschaftlichen Gottesdiensten und anderen religiösen Veranstaltungen seines Bekenntnisses in der Anstalt teilzunehmen.

(3) Wenn ein Geistlicher dieses Bekenntnisses nicht bestellt ist, so kann der Jugendliche durch einen Geistlichen seines Bekenntnisses besucht werden.

§ 20. Verkehr mit der Außenwelt

(1) [1]Der Verkehr mit der Außenwelt wird auf dringende Fälle beschränkt. [2]Im Kurzarrest von mehr als zwei Tagen und im Dauerarrest können Schriftwechsel und Besuche aus erzieherischen Gründen zugelassen werden.

(2) [1]Die Entscheidung über die Zulassung des Schriftwechsels und der Besuche ist dem Vollzugsleiter vorbehalten. [2]Ist dieser nicht erreichbar, so trifft der dazu bestimmte Vollzugsbedienstete die Entscheidung.

§ 21. Ausgang und Ausführung

[1]Fordern wichtige unaufschiebbare Angelegenheiten die persönliche Anwesenheit des Jugendlichen außerhalb der Anstalt, so kann der Vollzugsleiter ihm einen Ausgang gestatten oder ihn ausführen lassen. [2]§ 20 Abs. 2 Satz 2 ist anzuwenden.

§ 22. Sicherungsmaßnahmen

(1) [1]Die Jugendlichen, ihre Sachen und die Arresträume dürfen jederzeit durchsucht werden. [2]§ 5 Abs. 1 Satz 5 ist anzuwenden.

(2) [1]Gegen einen Jugendlichen, der die Sicherheit oder Ordnung gefährdet oder bei dem die Gefahr der Selbstbeschädigung besteht, können Sicherungsmaßnahmen getroffen werden. [2]Sie dürfen nur so lange aufrechterhalten werden, wie sie notwendig sind.

(3) Als Sicherungsmaßnahmen sind nur zulässig

1. Entziehung von Gegenständen, die der Jugendliche zu Gewalttätigkeiten oder sonst mißbrauchen könnte;
2. Absonderung oder Zusammenlegung mit anderen Jugendlichen;
3. die Unterbringung in einem besonders gesicherten Arrestraum ohne gefährdende Gegenstände.

(4) [1]Die Sicherungsmaßnahmen ordnet der Vollzugsleiter an. [2]Bei Gefahr im Verzug darf sie vorläufig auch der die Aufsicht führende Vollzugsbedienstete anordnen. [3]Die Entscheidung des Vollzugsleiters ist unverzüglich einzuholen.

(5) Soweit das Verhalten oder der Zustand des Jugendlichen dies erfordert, ist ein Arzt zu hören.

(6) Die gesetzlichen Vorschriften über die Anwendung unmittelbaren Zwanges bleiben unberührt.

§ 23. Hausstrafen

(1) [1]Gegen einen Jugendlichen, der schuldhaft seine Pflichten verletzt, kann der Vollzugsleiter eine Hausstrafe verhängen. [2]Der Jugendliche wird vorher gehört.

(2) [1]Die Hausstrafe wird durch schriftliche Verfügung verhängt. [2]Diese wird dem Jugendlichen mit kurzer Begründung eröffnet.

(3) Hausstrafen sind
1. der Verweis,
2. die Beschränkung oder Entziehung des Lesestoffes auf bestimmte Dauer,
3. Verbot des Verkehrs mit der Außenwelt bis zu zwei Wochen,
4. Ausschluß von Gemeinschaftsveranstaltungen und
5. abgesonderte Unterbringung.

(4) Ist eine Hausstrafe teilweise vollzogen, so kann der Vollzugsleiter von der weiteren Vollstreckung absehen, wenn der Zweck der Hausstrafe bereits durch den teilweisen Vollzug erreicht ist.

§ 24. Bitten und Beschwerden

Dem Jugendlichen wird Gelegenheit gegeben, Bitten und Vorstellungen sowie Beschwerden in Angelegenheiten, die ihn selbst betreffen, an den Vollzugsleiter zu richten.

§ 25. Zeitpunkt der Aufnahme und der Entlassung

(1) [1]Für die Vollstreckung von Dauerarrest und Kurzarrest wird der Tag zu 24 Stunden, die Woche zu sieben Tagen gerechnet. [2]Die Arrestzeit wird von der Annahme zum Vollzug ab nach Tagen und Stunden berechnet. [3]Die Stunde, in deren Verlauf der Jugendliche angenommen worden ist, wird voll angerechnet.

(2) Der Jugendliche wird am Tage des Ablaufs der Arrestzeit vorzeitig entlassen, soweit das nach den Verkehrsverhältnissen oder zur alsbaldigen Wiederaufnahme der beruflichen Arbeit des Jugendlichen erforderlich ist.

(3) [1]Der Freizeitarrest beginnt am Sonnabend um 8.00 Uhr oder, wenn der Jugendliche an diesem Tag vormittags arbeitet oder die Schule besuchen muß, um 15.00 Uhr. [2]Ausnahmen werden nur zugelassen, soweit die Verkehrsverhältnisse dazu zwingen. [3]Der Freizeitarrest endet am Montag um 7.00 Uhr. [4]Der Jugendliche kann vorzeitig, auch schon am Sonntagabend entlassen werden, wenn er nur so seine Arbeitsstätte oder die Schule am Montag rechtzeitig erreichen kann.

(4) Absatz 3 gilt entsprechend, wenn die Freizeit des Jugendlichen auf andere Tage fällt.

§ 26. Fürsorge für die Zeit nach der Entlassung

(1) Fürsorgemaßnahmen, die für die Zeit nach der Entlassung des Jugendlichen notwendig und nicht schon anderweitig veranlaßt worden sind, werden in Zusammenarbeit mit den Trägern der öffentlichen und freien Jugendhilfe vorbereitet.

(2) Ist es den Umständen nach angemessen, daß der Jugendliche nach der Entlassung ein öffentliches Verkehrsmittel nach seinem Wohn- oder Arbeitsort benutzt, so wird ihm eine Fahrkarte aus Haushaltsmitteln beschafft, wenn die eigenen Mittel des Jugendlichen nicht ausreichen oder aus Billigkeitsgründen nicht in Anspruch genommen werden sollen.

(3) Maßnahmen nach den Absätzen 1 und 2 sind, soweit erforderlich, auch im Fall des § 17 Abs. 4 zu veranlassen.

§ 27. Schlußbericht

(1) [1]Bei Dauerarrest faßt der Vollzugsleiter über jeden Jugendlichen einen Schlußbericht ab, in dem er sich zu dessen Führung und, soweit dies möglich ist, auch zu dessen Persönlichkeit sowie zur Wirkung des Arrestvollzuges äußert. [2]Der Bericht wird zu den Vollzugs- und den Strafakten gebracht. [3]Eine Abschrift ist dem Jugendamt, bei unter Bewährungsaufsicht stehenden Jugendlichen auch dem zuständigen Bewährungshelfer zuzuleiten.

(2) Bei Freizeit- und Kurzarrest wird ein Schlußbericht nur bei besonderem Anlaß abgefaßt.

§ 28. [aufgehoben]

§ 29. (weggefallen)

§ 30. Heranwachsende

Die Vorschriften dieser Verordnung gelten auch für Heranwachsende.

§ 31. (weggefallen)

§ 32. [aufgehoben]

§ 33. Inkrafttreten

Diese Verordnung tritt am 1. Oktober 1966[3] in Kraft.

---

[3] **Amtl. Anm.:** § 33 betrifft das Inkrafttreten der Verordnung in der ursprünglichen Fassung vom 12. August 1966. Der Zeitpunkt des Inkrafttretens der späteren Änderungen ergibt sich aus den Änderungsverordnungen.

6. Verordnung über den Vollzug von Freiheitsstrafe, Strafarrest, Jugendarrest und Disziplinararrest durch Behörden der Bundeswehr – Bundeswehrvollzugsordnung (BwVollzO) –

Vom 29.11.1972 (BGBl. I S. 2205)
FNA 452-3
Zuletzt geändert durch § 184 StrafvollzugsG vom 16. März 1976 (BGBl. I S. 581)

Auf Grund des Artikels 7 des Einführungsgesetzes zum Wehrstrafgesetz vom 30. März 1957 (Bundesgesetzbl. I S. 306) und des § 115 des Jugendgerichtsgesetzes vom 4. August 1953 (Bundesgesetzbl. I S. 751), beide zuletzt geändert durch das Gesetz zur Neuordnung des Wehrdisziplinarrechts vom 21. August 1972 (Bundesgesetzbl. I S. 1481), wird von der Bundesregierung mit Zustimmung des Bundesrates und auf Grund des § 49 Abs. 4 der Wehrdisziplinarordnung in der Fassung der Bekanntmachung vom 4. September 1972 (Bundesgesetzbl. I S. 1665) von dem Bundesminister der Verteidigung verordnet:

§ 1. Geltungsbereich

Diese Verordnung gilt für den Vollzug von Freiheitsstrafe, Strafarrest und Jugendarrest sowie für den Vollzug von Disziplinararrest an Soldaten durch Behörden der Bundeswehr.

§ 2. Behandlungsgrundsatz

(1) Im Vollzug soll die Bereitschaft des Soldaten gefördert werden, ein gesetzmäßiges Leben zu führen, namentlich seine soldatischen Pflichten zu erfüllen.

(2) Der Soldat nimmt in der Regel am Dienst teil.

§ 3. Vollzugseinrichtungen

(1) Der Vollzug wird in militärischen Anlagen und Einrichtungen und, soweit der Soldat am Dienst teilnimmt, bei einer militärischen Einheit oder Dienststelle durchgeführt.

(2) Der Soldat wird von anderen Soldaten getrennt in einem Arrestraum untergebracht, soweit er nicht wegen der Teilnahme am Dienst oder wegen seiner Beschäftigung außerhalb des Arrestraumes eingesetzt wird.

§ 4. Vollzugsleiter und Vollzugshelfer

(1) Die Vollzugsbehörden der Bundeswehr bestellen Vollzugsleiter und Vollzugshelfer; der Vollzugsleiter und die Vollzugshelfer sind für die Dauer des Vollzuges Vorgesetzte des Soldaten nach § 3 der Verordnung über die Regelung des militärischen Vorgesetztenverhältnisses.

(2) Der Vollzugsleiter ist für die ordnungsgemäße Durchführung des Vollzuges verantwortlich; er trifft die im Rahmen des Vollzuges erforderlichen Entscheidungen.

(3) Die Vollzugshelfer unterstützen den Vollzugsleiter nach dessen Weisungen in der Durchführung des Vollzuges.

§ 5. Dauer der Freiheitsentziehung

(1) Die Dauer der Freiheitsentziehung wird nach Tagen berechnet; dabei ist die Woche mit sieben Tagen, der Monat nach der Kalenderzeit zu berechnen.

(2) Der Tag, an dem sich der Soldat zum Vollzug meldet, und der Tag, an dem er entlassen wird, sind voll anzurechnen; das gleiche gilt, wenn der Vollzug unterbrochen wird.

(3) Der Freizeitarrest beginnt am Sonnabend um 8.00 Uhr und endet am Montag eine Stunde vor Dienstbeginn.

(4) Wird Freiheitsstrafe, Strafarrest oder Jugendarrest vollzogen und fällt der Entlassungszeitpunkt auf den ersten Werktag nach Ostern oder Pfingsten oder in die Zeit vom 22. Dezember bis zum 2. Januar, so kann der Soldat an dem diesem Tag oder Zeitraum vorhergehenden Werktag entlassen werden, wenn dies nach der Länge der Freiheitsentziehung vertretbar ist und keine Nachteile für die Disziplin zu besorgen sind.

§ 6. Vollzugsplan

[1]Der Vollzugsleiter hat einen auf die Persönlichkeit des Soldaten ausgerichteten Vollzugsplan zu erstellen, soweit dies wegen der Teilnahme des Soldaten am Dienst oder wegen seiner Beschäftigung geboten erscheint. [2]Der Vollzugsplan ist dem Soldaten zu eröffnen. [3]Die Anordnungen im Vollzugsplan können widerrufen oder geändert werden, soweit die Persönlichkeit des Soldaten, die Sicherheit oder Ordnung im Vollzug oder die militärische Ordnung dies erfordern; dies ist unter Angabe der Gründe im Vollzugsplan zu vermerken.

§ 7. Ärztliche Untersuchung vor Beginn des Vollzuges

[1]Der Disziplinarvorgesetzte veranlaßt vor Beginn des Vollzuges eine ärztliche Untersuchung, wenn ihm Anhaltspunkte dafür bekannt geworden sind, daß der Gesundheitszustand des Soldaten den Vollzug nicht zuläßt. [2]Ist der Soldat nicht vollzugstauglich, so hat

1. der vollstreckende Vorgesetzte, wenn Disziplinararrest zu vollziehen ist, die Vollstreckung aufzuschieben,
2. der Vollzugsleiter, wenn Freiheitsstrafe oder Strafarrest zu vollziehen ist, die Entscheidung der Vollstreckungsbehörde, wenn Jugendarrest zu vollziehen ist, die Entscheidung des Vollstreckungsleiters herbeizuführen.

§ 8. Mitnahme dienstlicher und persönlicher Gegenstände

(1) [1]Der Soldat hat zum Vollzug nur die Gegenstände mitzubringen, die für den dienstlichen und persönlichen Gebrauch als notwendig bestimmt worden sind. [2]Lichtbilder nahestehender Personen, Erinnerungsstücke von

persönlichem Wert sowie Gegenstände des religiösen Gebrauchs sind ihm zu belassen. [3]Der Besitz von Büchern und anderen Gegenständen zur Fortbildung oder zur sonstigen Freizeitbeschäftigung ist ihm in angemessenem Umfang zu gestatten, soweit der Besitz oder die Überlassung oder Benutzung nicht mit Strafe oder Geldbuße bedroht ist oder die Sicherheit oder Ordnung im Vollzug oder die militärische Ordnung gefährden würde.

(2) Entscheidungen nach Absatz 1 können eingeschränkt oder widerrufen werden, soweit sich nachträglich ergibt, daß die Voraussetzungen für die Entscheidung nicht mehr gegeben sind.

(3) [1]Der Soldat, seine Sachen und der Arrestraum dürfen durchsucht werden. [2]Gegenstände, die der Soldat nicht besitzen darf, sind ihm abzunehmen und für ihn aufzubewahren.

§ 9. Pflichten und Rechte des Soldaten

Der Soldat hat auch während des Vollzuges die Pflichten und Rechte des Soldaten, soweit sich nicht aus den Vorschriften über den Vollzug etwas anderes ergibt.

§ 10. Teilnahme am Dienst und Beschäftigung

(1) [1]Der Soldat soll während des Vollzuges in seiner Ausbildung gefördert werden. [2]In der Regel soll er bei einer militärischen Einheit, wenn dies nicht möglich oder nicht tunlich ist, bei einer militärischen Dienststelle am Dienst teilnehmen; die Teilnahme kann auf bestimmte Arten des Dienstes oder auf eine bestimmte Zeit beschränkt werden. [3]Ist die Teilnahme am Dienst wegen der Persönlichkeit des Soldaten, der Art des Dienstes, der Kürze des Vollzuges oder aus anderen Gründen nicht tunlich, so soll der Soldat nach Möglichkeit in einer Weise beschäftigt werden, die seine Ausbildung fördert.

(2) Soweit der Soldat nicht am Dienst teilnimmt oder in anderer Weise beschäftigt wird, kann er innerhalb dienstlicher Unterkünfte und Anlagen zu Arbeiten herangezogen werden, die dem Erziehungszweck und den Fähigkeiten des Soldaten angemessen sind.

(3) Der Soldat darf nicht zum Wachdienst eingeteilt und nicht zu Sicherheitsaufgaben herangezogen werden.

§ 11. Aufenthalt im Freien

[1]Dem Soldaten wird täglich mindestens eine Stunde Aufenthalt im Freien ermöglicht, wenn die Witterung dies zu der festgesetzten Zeit zuläßt. [2]Der Aufenthalt im Freien kann versagt werden, wenn der Soldat während des Dienstes oder seiner Beschäftigung sich schon mindestens eine Stunde im Freien aufgehalten hat.

§ 12. Verpflegung, persönlicher Bedarf

[1]Der Soldat erhält Truppenverpflegung; Tabakwaren, andere Genußmittel, zusätzliche Nahrungsmittel und Mittel zur Körperpflege sind in angemessenem Umfang gestattet. [2]Gegenstände, die die Sicherheit oder Ordnung im Vollzug gefährden, können ausgeschlossen werden. [3]Besitz und Genuß alkoholischer Getränke sowie anderer Rauschmittel sind untersagt.

§ 13. Seelsorgerische Betreuung

(1) [1]Der Soldat hat Anspruch auf seelsorgerische Betreuung durch einen Militärgeistlichen seiner Religionsgemeinschaft. [2]Ist ein solcher Militärgeistlicher nicht bestellt, so ist dem Soldaten nach Möglichkeit zu helfen, mit einem Seelsorger seines Bekenntnisses in Verbindung zu treten.

(2) Dem Soldaten ist Gelegenheit zu geben, am Gottesdienst und an anderen religiösen Veranstaltungen seines Bekenntnisses innerhalb der militärischen Anlage oder Einrichtung, in der der Vollzug durchgeführt wird, teilzunehmen.

(3) Besteht an Sonntagen oder gesetzlichen Feiertagen keine Möglichkeit zur Teilnahme am Gottesdienst innerhalb der militärischen Anlage oder Einrichtung, so darf der Soldat im Standort an einem Gottesdienst seines Bekenntnisses teilnehmen; das gilt auch an sonstigen kirchlichen Feiertagen, soweit ihm außerhalb des Vollzuges Dienstbefreiung zu erteilen wäre.

(4) [1]Die Teilnahme an Gottesdiensten und religiösen Veranstaltungen kann aus Gründen der Sicherheit oder Ordnung untersagt werden. [2]Die Teilnahme am Gottesdienst im Standort kann auch zeitlich oder auf den Gottesdienst in einer bestimmten Kirche beschränkt werden.

§ 14. Ärztliche Betreuung

(1) Der Soldat erhält ärztliche Betreuung durch den Truppenarzt im Rahmen der freien Heilfürsorge.

(2) Aus Gründen der Gesundheit des Soldaten kann der Vollzugsleiter auf Vorschlag des Truppenarztes von Vollzugsvorschriften abweichen; solche Abweichungen sind im Vollzugsplan zu vermerken.

§ 15. Brief- und Paketpost

(1) [1]Der Soldat darf Brief- und Paketpost empfangen und absenden. [2]Sein Schriftverkehr wird nicht überwacht. [3]Pakete und Päckchen darf der Soldat nur unter Aufsicht öffnen oder verpacken; dies gilt nicht, wenn Disziplinararrest vollzogen wird.

(2) Ist gegen den Soldaten in einer anderen Sache die Untersuchungshaft angeordnet, so gelten die Bestimmungen des Absatzes 1 nur, soweit nicht der Richter hinsichtlich der Überwachung des Postverkehrs des Soldaten andere Anordnungen trifft.

§ 16. Empfang von Besuchen

(1) [1]Der Soldat darf wöchentlich einmal Besuch empfangen. [2]Weitere Besuche können gestattet werden, insbesondere wenn ein wichtiger Grund vorliegt und der Vollzug nicht gefährdet wird. [3]Besuche können untersagt oder überwacht werden, soweit dies für die Sicherheit oder Ordnung im Vollzug notwendig ist; die Unterhaltung des Soldaten mit Besuchern darf nur dann überwacht werden, wenn es aus diesen Gründen unerläßlich ist.

(2) [1]Die Beschränkungen des Absatzes 1 gelten nicht für Besuche von Verteidigern sowie von Rechtsanwälten und Notaren in einer den Soldaten betreffenden Rechtssache. [2]Sie gelten ferner nicht für Besuche von Vertretern der Jugendgerichtshilfe und, wenn der Soldat unter Bewährungsauf-

sicht steht oder Erziehungshilfe angeordnet ist, für Besuche des Bewährungshelfers und des Erziehungshelfers.

(3) Ist gegen den Soldaten in einer anderen Sache die Untersuchungshaft angeordnet, so gelten die Bestimmungen des Absatzes 1 nur, soweit nicht der Richter hinsichtlich der Überwachung der Besuche andere Anordnungen trifft.

§ 17. Vollzugserleichterungen

(1) [1] Der Vollzugsleiter kann dem Soldaten wegen dringender persönlicher Gründe Urlaub bis zu sieben Tagen erteilen. [2] Durch den Urlaub wird die Vollstreckung nicht unterbrochen.

(2) [1] Ist Strafe oder Arrest mehr als einen Monat ununterbrochen vollzogen worden, so können dem Soldaten bei guter Führung auch andere Vollzugserleichterungen bewilligt werden, soweit dies mit der Sicherheit und Ordnung im Vollzug vereinbar ist. [2] Als besondere Erleichterungen können das Verlassen des Arrestgebäudes oder der militärischen Anlage oder Einrichtung auch außerhalb der Dienstzeit und für jeden Monat ununterbrochenen Vollzuges ein Tag Urlaub bewilligt werden. [3] Der Urlaub ist auf den Jahresurlaub anzurechnen; Absatz 1 Satz 2 gilt entsprechend.

(3) Die Vollzugserleichterungen können eingeschränkt oder widerrufen werden, soweit sich nachträglich ergibt, daß die Voraussetzungen für ihre Bewilligung nicht mehr gegeben sind.

§ 18. Vollzugsuntauglichkeit

(1) Wird der Soldat wegen Krankheit in ein Bundeswehrkrankenhaus oder in eine andere Krankenanstalt verbracht oder ist er nach Feststellung des Truppenarztes sonst nicht mehr vollzugstauglich, so hat der Vollzugsleiter, wenn Disziplinararrest vollzogen wird, die Entscheidung des vollstreckenden Vorgesetzten, wenn Freiheitsstrafe oder Strafarrest vollzogen wird, die Entscheidung der Vollstreckungsbehörde, und wenn Jugendarrest vollzogen wird, die Entscheidung des Vollstreckungsleiters herbeizuführen, ob die Vollstreckung unterbrochen wird.

(2) Bis zur Entscheidung über die Unterbrechung der Vollstreckung kann von den Vollzugsvorschriften abgewichen werden.

§ 19. Ordnung und Sicherheit im Vollzug

(1) [1] Verstößt ein Soldat gegen die Ordnung oder gefährdet er die Sicherheit im Vollzug, so können besondere Maßnahmen getroffen werden. [2] Sie dürfen nur insoweit und solange aufrechterhalten werden, als notwendig ist, um die Sicherheit oder Ordnung im Vollzug zu gewährleisten oder wiederherzustellen.

(2) [1] Als besondere Maßnahmen sind zulässig:

1. der Entzug oder die Vorenthaltung von Gegenständen, die der Soldat zu Gewalttätigkeiten, zur Flucht, zum Selbstmord oder zur Selbstbeschädigung oder sonst mißbrauchen könnte,
2. die Beobachtung bei Nacht,
3. der Entzug oder die Beschränkung des Aufenthalts im Freien,

4. die Unterbringung in einem besonders gesicherten Arrestraum ohne gefährdende Gegenstände.

[2] Maßnahmen nach den Nummern 1 und 2 sind unzulässig, wenn der Soldat nur gegen die Ordnung im Vollzug verstößt.

(3) [1] Mehrere Maßnahmen können nebeneinander angeordnet werden, soweit die Ordnung oder Sicherheit im Vollzug nur dadurch gewährleistet oder wiederhergestellt werden kann. [2] Eine in ihrer Wirkung schärfere Maßnahme darf nur angeordnet werden, wenn eine leichtere keinen Erfolg verspricht.

(4) [1] Die Anordnungen sind unter Angabe der Gründe im Vollzugsplan zu vermerken oder sonst aktenkundig zu machen. [2] Sie können bei Gefahr im Verzug auch vorläufig von den Vollzugshelfern getroffen werden; in diesen Fällen ist die Entscheidung des Vollzugsleiters unverzüglich einzuholen.

§ 20. Behandlung von Beschwerden

Für Beschwerden gegen unrichtige Behandlung durch militärische Vorgesetzte oder Dienststellen der Bundeswehr im Vollzug gelten die Vorschriften der Wehrbeschwerdeordnung.

§ 21. Einschränkung von Grundrechten

Das Grundrecht der körperlichen Unversehrtheit (Artikel 2 Abs. 2 Satz 1 des Grundgesetzes) sowie das Grundrecht des Postgeheimnisses (Artikel 10 Abs. 1 des Grundgesetzes) werden nach Maßgabe dieser Verordnung eingeschränkt.

§ 22. [aufgehoben]

§ 23. Inkrafttreten

(1) Diese Verordnung tritt am Tage nach ihrer Verkündung in Kraft.

(2) Gleichzeitig treten die Rechtsverordnung über den Vollzug des Strafarrestes vom 25. August 1958 (Bundesgesetzbl. I S. 647) und § 29 der Verordnung über den Vollzug des Jugendarrestes vom 12. August 1966 (Bundesgesetzbl. I S. 505) außer Kraft.

Sachverzeichnis

Die fett gedruckten Zahlen bezeichnen die Paragrafen, die mager gedruckten Zahlen beziehen sich auf die Randnummern.

Sachverzeichnis